权威性 科学性 准确性 实用性

2019年（第十四卷）

长三角年鉴

Yangtze River Delta Yearbook（2019）

孙克强 / 主编

长三角与长江经济带研究中心
长江经济网
主办

长三角城市经济协调会办公室
南京大学文化产业发展研究院
协办

河海大学出版社
HOHAI UNIVERSITY PRESS
·南京·

长江三角洲政区示意图

山东省
河南省
湖北省
江西省
福建省
江苏省
安徽省
浙江省
上海市
黄海
东海
连云港市
徐州市
宿迁市
盐城市
淮安市
淮北市
宿州市
亳州市
阜阳市
蚌埠市
淮南市
扬州市
泰州市
南通市
滁州市
合肥市
南京市
镇江市
常州市
六安市
马鞍山市
无锡市
苏州市
芜湖市
铜陵市
宣城市
湖州市
嘉兴市
安庆市
池州市
黄山市
杭州市
绍兴市
宁波市
舟山市
衢州市
金华市
台州市
丽水市
温州市
图例
省、直辖市政府驻地
地级市政府驻地
省、直辖市边界
地级市边界
海岸线

《长三角年鉴》编纂指导委员会

（排名不分先后）

长三角城市经济协调会

长江三角洲城市经济协调会的前身是1992年建立的长江三角洲15个城市协作部门主任联席会议制度。为推动和加强长江三角洲地区经济联合与协作，促进长江三角洲地区的可持续发展，由区域内的上海、无锡、宁波、舟山、苏州、扬州、杭州、绍兴、南京、南通、泰州、常州、湖州、嘉兴、镇江（按城市笔画为序）等15个城市，经过沟通协商，于1997年升格为长江三角洲城市经济协调会。在2003年8月第四次会议上，台州市被接纳为正式成员。2010年3月26日，第十次会议正式吸收合肥、盐城、马鞍山、金华、淮安、衢州为会员。2013年4月13日，第十三次市长联席会议正式吸收芜湖、连云港、徐州、滁州、淮南、丽水、宿迁、温州等8个城市为会员。常务主席方是上海市，常设联络处设在上海市人民政府合作交流办公室。

长江经济网：WWW.yangtze.org.cn

长江经济网由长三角联合网升格而成，主要面向长江经济带地区的政府部门、高等院校、研究机构、金融机构、企业集团、产业园区及海内外关心长江经济带发展的各类机构，为他们提供关于长江经济带地区专业的、一线的、动态的经济信息、形势分析、统计数据、文献资料等。

长江经济网，具有五大功能：（1）长江经济带地区最具权威的专业门户网站；（2）覆盖上海、江苏、浙江、安徽、江西、湖南、湖北、贵州、云南、四川、重庆沿江区域；（3）聚焦长江沿岸地区的经济发展与最新动向；（4）定期发布长三角地区和长江经济带的经济形势分析与预测报告；（5）建立大容量的长江文献统计数据库。

扫码阅读

《长三角年鉴》编辑部

主　　编	孙克强				
副 主 编	程建新	吴　芸	曹　敏	戴　亮	丁　宏
	周昌林	方维慰	蔡荣治	王　婷	
编　　写	王艳梅	王媛媛	张宗伟	张春莉	李　丽
	肖　平	孟　静	范　玮	李　慧	孙剑秋
	陈　涵	丁敬文	冯　亮	赵新芬	杨　岚
	贾小梅	刘蓉梅	裴尔念	卞佳颖	姜小云
	孙贞贞	庄爱玲	姚敏慧	杜叶挺	
通 联 部	杜叶挺	蔡建宁	王海达	王徐挺	
英文编辑	王艳梅				
美术编辑	段　伟				

江苏省南京市

南京简称宁，江苏省省会，是东部地区重要的中心城市、长三角城市群中唯一的特大城市和长三角辐射带动中西部地区发展重要门户城市。全市总面积6587平方公里，辖11个区和1个国家级江北新区，100个街（镇），常住人口超过840万人。

南京积极抢抓“一带一路”、长江经济带等国家战略深入实施机遇，聚力“创新名城 美丽古都”建设，不断提升省会城市功能和首位度，经济社会快速发展。2018年地区生产总值比上年增长8%，达到1.28万亿元人民币（约1900亿美元），着力打造集聚创新资源“强磁场”经验获国务院通报表扬。

古　城

南京是中国四大古都之一，拥有近2500年的建城史和450多年的建都史，素有“六朝古都”“十朝都会”之称。南京历史底蕴深厚，名胜古迹众多，拥有世界文化遗产明孝陵和人类非物质文化遗产云锦织造、金陵刻经等，还有秦淮河、中山陵、鸡鸣寺等一大批名胜古迹，现正积极参与“中国明清城墙”和“海上丝绸之路”两个联合申遗项目。南京明城墙现完整保存25.1公里，是世界现存规模最大、保存原真性最好和最长的古代城墙。

南京是一座文学之城，文化资源丰厚，文学成就卓越，文化名人荟萃，是王羲之、顾恺之、李白、汤显祖、曹雪芹等文学艺术家生活与创作的地方，向中国乃至世界贡献了一批又一批传世名著。当前，南京正在申报联合国教科文组织“创意城市网络·文学之都”。

中山陵

玄武湖

南京市博物馆——朝天宫

南京城墙——石头城段

绿　城

南京位于长江下游，属亚热带季风气候，雨量充沛，四季分明，地形以低山丘陵为主。南京自然生态优美，巍巍钟山矗立城中，滚滚长江穿城而过，与秦淮河、玄武湖、古城墙交相辉映，山水城林融为一体，郁郁葱葱的城市森林和星罗棋布的街心公园点缀其间，建成区绿化覆盖率达44.75%。南京是全国优秀旅游城市、国家森林城市、国家生态市、全国文明城市，连续10年入选中国“最具幸福感城市”，曾获联合国人居奖特别荣誉奖、“国际花园城市”金奖等荣誉。梧桐树是南京的一张绿色名片。

夫子庙

鸡鸣寺

明孝陵石象路

阅江楼

科教城

自古以来，南京人才荟萃、名家辈出，被誉为“天下文枢”。如今，南京是中国的科教重地、人才高地，拥有53所普通高等院校，其中有12所入选“双一流”；在校大学生85.16万，每万人在校大学生和研究生数量均居全国第二；拥有80多位两院院士、120多个国家级研发平台和一批大院大所；中科院在南京设有分院、6个研究所和中国科学院大学南京学院。

当前，南京正在建设具有全球影响力的创新名城，重点打造综合性科学中心和科技产业创新中心“两个中心”。海内外高端创新资源加速向南京集聚，其中包括未来网络国家重大试验设施、剑桥大学设立的科创中心等。在长三角城市群科技创新驱动力城市排名中，南京综合得分位居第二、仅次于上海，其中科技创新绩效指数位居第一。在《自然》杂志评选的全球科研城市50强中排名第12位。

枢纽城

南京历史上就是连南接北、承东启西的交通要冲，1800年前就已成为商旅往来的通海港口。600多年前，中国航海家郑和率两万多人的庞大船队从南京启程，先后“七下西洋”，大大促进了中国与南亚、东非等30多个国家和地区的经贸文化交流，比哥伦布首次远航早了近百年，为中国打开了通往世界的大门。

如今，南京是“一带一路”交汇点重要枢纽城市、中国重要的综合交通枢纽城市，各种运输方式一应俱全，拥有千万级国际机场、亿吨级深水江海港、国家级高铁枢纽。南京是国家互联网骨干直联点城市，已率先启动5G试点，智慧城市建设水平位居全国前列，正在打造东部地区信息数据中心。

南京是中国除北京之外的第二个奥运城市，自举办2014年南京青年奥林匹克运动会之后，又分别举办了2017年世界轮滑锦标赛和2018年世界羽毛球锦标赛等重大国际赛事。

目前，南京与全球230多个国家和地区建立经贸联系，与五大洲47个国家的81个城市建立友城关系，在南京创业和工作的外国专家和留学归国人员超过3万人。

产业城

南京是中国近代工业的重要发祥地，创造了新中国工业史上的多个第一。目前，南京的主导产业方向是“4+4+1”，即4个先进制造业，4个现代服务业和一批未来产业。人工智能、集成电路、新能源汽车是南京着力培育的产业地标，新型显示、物联网、信息通讯设备、智能电网、新材料和节能环保6个产业年营收规模均超千亿元人民币。

南京拥有3个国家级开发区，以及15个功能完备、服务高效的综合性高新园区。江北新区是江苏唯一的国家级新区，是国家重点打造的对外开放合作重要平台，重点打造芯片之城、基因之城、新金融中心。大众创业、万众创新氛围日益浓厚，在2017年和2018年福布斯发布的“中国大陆最佳商业城市排行榜”中，南京均位列前五。

全球第一家以及最大的专业集成电路制造服务企业——台积电落地南京。

南京创新周上，人工智能机器人索菲亚致辞

南京创新周2019中国人工智能峰会现场

南瑞集团2015年起建设“智能电网保护和运行控制”国家重点实验室，图为其全国领先的“电波暗室”。

浙江省杭州市

2018年，杭州市委、市政府以习近平新时代中国特色社会主义思想为指导，围绕建设独特韵味别样精彩世界名城和打造展示新时代中国特色社会主义重要窗口的目标，全面实施拥江发展、“三化融合”、文化兴盛、改革攻坚、民生福祉、强基固本等“六大行动”，坚持发展重创新、改革重突破、建设重推进、民生重品质，精准发力抓落实，全市经济社会保持健康发展态势，各项工作取得新成效。

全市实现地区生产总值13509.15亿元，比上年（指2017年）增长6.7%。其中：第一产业增加值305.51亿元，增长1.8%；第二产业增加值4571.93亿元，增长5.8%；第三产业增加值8631.71亿元，增长7.5%。三次产业结构为2.3 ∶ 33.8 ∶ 63.9。财政总收入3457.46亿元，增长14.5%，其中一般公共预算收入1825.06亿元，增长12.5%。社会消费品零售总额5715亿元，增长9.0%。固定资产投资增长10.8%，其中民间投资增长10.1%、基础设施投资增长26.9%。货物进出口总额5245亿元，增长3.1%。其中：出口3417亿元，下降1.0%；进口1828亿元，增长11.8%。全年跨境电商进出口总额113.7亿美元，增长14.4%。其中，出口80.2亿美元，进口33.5亿美元，分别增长14.2%和14.9%。2月13日，浙江杭州出口加工区升级杭州综合保税区获国务院批准。数字经济核心产业增加值3356亿元，增长15.0%，占全市生产总值的24.8%。

2018年4月26日，第十四届中国国际动漫节开幕（杭州日报社 供稿）

市场主体活力有效激发。“移动办事之城”建设取得重大进展，公民个人凭身份证通办事项增加198项，总数494项，占个人办理事项的85.9%；“杭州办事服务”累计上线事项195个，使用人次508万；“24小时不打烊”综合自助机服务覆盖网点600个，累计上线事项156个。深化商事登记制度改革，网上办理系统2.0版上线运行，涉企证照事项全部实现“多证合一、证照联办、一网通办”。市场主体新增22.57万户，增长12.7%。实施“凤凰行动”计划，新增境内外上市公司10家。《杭州市城市国际化促进条例》公布实施。组织企业参加首届中国国际进口博览会。“一带一路”地方合作委员会在杭州举行首次全体大会。第14届国际泳联世界游泳锦标赛（25米）成功举办。

新旧发展动能加快转换。杭州市财政科技支出118亿元，增长28%。全社会研发经费支出占地区生产总值的3.3%。发明专利申请36539件、发明专利授权10267件，分别增长42.8%和4.0%。认定（包括复审通过）国家重点扶持高新技术企业1557个，其中新认定1059个。科技企业孵化器138个，其中国家级32个。累计有众创空间129个，其中国家级55个。实施新一轮全球引才“521”计划等人才工程，全年新引进高层次人才、应届高校毕业生等各类人才11.4万名，增长16.2%。大力实施“名校名院名所”

建设工程，西湖大学获批成立、云谷校区启动建设；城西科创大走廊南湖科学中心启动建设，之江实验室首批五个研究中心挂牌，阿里达摩院“4+X”实验室模式初步建成。杭州创新平台呈梯次发展，区域合作向一体化融合。G60科创走廊从“沪嘉杭”三地扩展到“沪嘉杭苏芜宣合金湖”九地合作。创新创业国际化进程加速，杭州硅谷协同创新中心、G5澳洲创新中心、贝壳社澳洲基金等海外创新中心相继挂牌。

2018年12月10日，2018年第14届FINA世界游泳锦标赛（25米）美莎泳池举行投入使用剪彩仪式（杭州日报社 供稿）

城市建设成效明显。全市固定资产投资增长10.8%。其中城市基础设施建设投资增长26.9%。亚运村项目完成规划设计，全面开工建设。奥体主体育场、网球中心竣工，奥体中心体育馆、游泳馆加快建设。轮滑馆、乒乓球馆、皮划艇（静水）等新建项目开工建设。杭州地铁、杭州铁路西站枢纽、快速路网建设、杭州机场轨道快线等重大交通基础设施项目推进力度加大，九峰环境能源等环境基础设施项目进展顺利。全年境内公路总里程16520千米，其中高速公路632千米。年末主城区公共交通运营线路378条，其中新辟线路11条，优化线路45条。地铁运营里程117.6千米，在建里程329千米。12月13日，《杭州市拥江发展行动规划》获市政府批复。

环境质量不断改善。全年市区空气优良天数269天，优良率73.7%。市区PM2.5平均浓度40微克/立方米，下降10.8%。深化落实河（湖）长制，高标准推进全市域“污水零直排区”创建，市控以上断面达标率96.2%、提高3.8个百分点，钱塘江、苕溪和西湖水体均全域达到或优于Ⅲ类。城市污水集中处理率95.2%。削减重点挥发性有机物（VOCs）排放7746吨。深入推进生活垃圾分类“三化四分”，垃圾资源化利用率72.3%，无害化处理率保持100%。累计建成国家级生态县（市、区）8个，国家级生态乡镇119个。全市森林覆盖率66.8%。年末市区建成区园林绿地22097公顷，市区人均公园绿地面积达13.8平方米，建成区绿化覆盖率40.6%。

民生事业持续发展。城镇居民人均可支配收入61172元，增长8.7%；农村居民人均可支配收入33193元，增长9.2%。新增城镇就业人员39.9万人，安置失业人员再就业11.3万人。年末城镇登记失业率1.6%。至年末，职工基本养老保险参保人数、职工基本医疗保险参保人数分别为671.1万人和632.7万人，增长6.8%和9.0%；失业、生育保险参保人数分别为459.4万人和430.4万人，增长10.4%和10.2%。主城区居民最低生活保障标准调整至每人每月955元，增长4.1%。全市最低生活保障对象10.59万人，全年发放困难家庭救助金8.57亿元，增长14.4%。多元化住房保障体系加快构建，开工建设公租房50.32万平方米、人才租赁房36.9万平方米，蓝领公寓开工建设25个、筹集房源10568套；安置房项目开工1624万平方米、回迁安置17770户。

2018年4月2日，西湖大学正式获教育部批准设立（杭州市志办 供稿）

2018年3月30日，“智涌钱塘”2018年AI Cloud生态国际峰会在杭州举行（市经信局 供稿）

2018年9月19—22日，“2018杭州·云栖大会”在云栖小镇举行（杭州市经信局 供稿）

杭州奥体中心、杭州国际博览中心俯瞰（杭州日报社 供稿）

安徽省合肥市

自长三角区域一体化上升为国家战略后，合肥市深入实施《长江三角洲区域一体化发展规划纲要》，全面落实《安徽省实施长江三角洲区域一体化发展规划纲要行动计划》，深刻把握"一体化"和"高质量"两个关键，在发展目标、重点任务等各方面，体现"一体化"发展和合作共进。同时，对合肥的优势领域，强力推进、拉长长板，为更高质量一体化发展贡献合肥力量。

一、以科学中心为引领，全面释放高质量创新动能

合肥既是国家科技创新型试点市、"全创改"试验省核心区、合芜蚌国家自主创新示范区，更是全国三大国家综合性科学中心之一，基础创新能力较强。以科学中心建设为引领，大力推进长三角科技创新共同体建设。

一是推进两心同创。加快合肥与上海张江两大综合科学中心联动发展，既是国家《规划纲要》的明确要求，更是提升长三角原始创新能力的重要路径。目前，在"墨子号""天宫二号"空地量子密钥分配专项、共建量子实验室等方面，两大科学中心已经开展了一系列密切合作。今后将建立两大科学中心常态化联络机制，探索推进规划联动、管理联动、设施联动、平台联动、人才联动，推动重大科研基础设施、科学数据开放共享，联手突破卡脖子核心关键技术，联合提升长三角科技创新能力，着力打造科技创新策源地。

二是推进平台共建。我市已与包括长三角在内的全国20个知名高校和科研院所建立了26个协同创新平台，形成了院所合作"合肥模式"。同时，也支持、鼓励在肥高校及科研院所"走出去"，如中科院合肥物质院在常州设立先进制造技术研究所，安徽大学在绍兴建设新昌技术转移中心。下一步将依托长三角丰富的科教资源和科研实力，积极探索建设新型研发机构，推进中科院上海高等研究院、清华长三角研究院、浙江之江实验室等在肥建设分支机构，共建多层次产业创新大平台。

三是推进成果转化。我市建成了占地150亩、建筑面积8.2万平方米、全国首座以创新为主题的安徽创新馆，形成了"聚集展示、捕捉寻找、研发转化"的环形功能链。我市将充分发挥安徽创新馆的科技成果展示、知识产权交易和科技孵化服务功能，大力构建长三角科技成果交易中心。加强科技金融深度融合，探索开展创新贷业务，加大科技型中小企业支持力度。持续举办"创响中国""合创汇"等创新创业赛事，探索与杭州、宁波等共建科技成果转化示范区，借鉴杭州梦想小镇经验建设"合杭梦想小镇"，共同支持全球科技创新成果在长三角转移转化。

四是推进改革创新。聚焦科技创新的难点堵点，合力推进长三角地区全面创新改革试验。充分发挥上海证券交易所资本市场服务安徽基地作用，搭建企业上市服务咨询平台，支持优质创新型企业科创板上市。联合引进高层次科技人才团队，促进高层次人才双向流动，实行人才双聘制度，加强外国专家工作室、院士工作站等引才载体建设，厚植长三角科创人才优势。

巢湖

合肥　滨湖新区

合肥新桥国际机场

二、以新兴产业为龙头，全力打造世界级产业集群

长三角地区的科创产业融合是比较紧密的，在电子信息、生物医药、高端装备、新能源等领域已经形成了一批国际竞争力较强的产业集群。在日前国家发改委公布的首批五大领域66个国家级战新产业集群中，长三角城市占14个，合肥有新型显示、集成电路、人工智能3个入选。我们将重点依托国家级产业集群，加快形成长三角各具特色、错位发展、互相支持的一体化产业布局，努力打造内聚力、竞争力更强的世界级产业集群。

一是大力发展合肥优势产业。重点围绕家电、装备制造、新能源汽车、新型显示、集成电路、人工智能等特色优势产业，通过增量引进提升产业层级，通过技术改造提升制造水平，通过园区集中实现集群发展，着力做优做强做大，加快打造合肥特色、协调发展的"芯屏器合"、"集终生智"战略性新兴产业体系（"芯"指芯片产业，"屏"指平板显示产业，"器"指装备制造及工业机器人产业，"合"指人工智能和制造业融合；"集"指集成电路和相关产业集群，"终"指智能终端，"生"指生物医药和大健康产业，"智"指智能语音、智能制造和人工智能）。同时，加快推进合六工业走廊、合淮工业走廊、合滁工业走廊等建设，依

全超导托卡马克核聚变实验装置

天鹅湖

中科大先进技术研究院

托合肥都市圈，打造长三角产业转移的重要承接平台，建立起长三角城市间产业链、价值链、创新链、供应链互补发展的纽带。下一步，将全面融入长三角产业分工体系，加快装备制造、家用电器、汽车及零部件等产业智能改造，推动新型显示、集成电路、光伏及新能源、智能语音及人工智能等产业更加集聚，培育量子信息、大数据、机器人等产业加快发展，全力创建国家制造业创新中心和国家制造业高质量发展示范区。

二是加强园区和产业对接合作。在这方面我市已经开展了大量有效的工作，共建了很多特色鲜明、错位发展的合作园区，特别是长三角G60科创走廊9城市，已经组建了11个产业联盟和1个产业园区联盟。扎实做好自己的事，着力扩大由我市牵头组建的“G60科创走廊新能源和网联汽车产业联盟”影响力，建设好物联网、生物医药、环境产业这三个长三角G60科创走廊产业合作示范园，深耕细作合肥上海产业园、合肥青浦工业园等。下一步，将充分学习借鉴长三角先发园区经验，精准对接沪苏浙各类园区，主动谋求新的合作共建，共同打造跨区域的产城融合发展新型示范园区，携手发展“飞地经济”。

三是支持企业合作交流。出台精准的招商导则和优惠政策，吸引长三角企业“走进来”，2018年以来合肥引进的资金有1/3来自长三角地区；推动本地企业“走出去”，在长三角优化布局、提升能级，如科大讯飞、科大国盾、中科智能、安科生物等企业在长三角其他城市设立研发中心或生产基地。下一步，优化完善企业全生命周期的支持政策，同时持续办好世界制造业大会、世界显示产业大会，为长三角企业交流、合作搭建更多平台。

三、以基础设施为先导，全速推进高水平扩大开放

长三角地区拥有通江达海、承东启西、连南接北的区位优势，营商环境全国居前，协同开放水平较高。

一是推进基础设施互联互通。围绕构建长三角高效便捷的1小时生活圈、2小时金融和商务圈、3小时高端服务和文化圈，加快建设现代化立体交通体系。铁路方面，已实现1小时到南京、2小时到杭州、上海，3个半小时到北京，下一步随着时速350公里的商合杭、北沿江、合新等高铁建设开通，通行将更加便捷。公路方面，与长三角省际公路通道不断优化提升，将加快形成直达国内主要城市群的快速交通网络。航运方面，积极融入长三角港航协同发展，与宁波港、上海港探索开展铁海联运、河海联运，打造江淮航运中心。航空方面，新桥国际机场已开通81条航线，通航城市达69个。近期客运吞吐量4000万人次、货运吞吐量30万吨，远期客运吞吐量8000万人次、货运吞吐量80万吨的新桥机场二期正在推进建设。

二是推进开放平台协同联动。我市出台专项政策重点建设“四港三区一平台”，即合肥水运港、国际内陆港、航空港、跨境电子商务港、综合保税区、经开区综合保税区、空港保税物流中心B型、对外经济合作服务平台。合肥中欧班列发运368列居全国第8位，货物贸易进出口总值达2221.2亿元人民币，进出口总值跻身省会城市十强，位列第9。下一步，将加强与“义新欧”“苏满欧”等长三角区域中欧班列合作交流，优化班列线路，拓展回程资源；复制推广上海自贸区经验，推动合肥芜湖马鞍山片区创建国家级自贸试验区。

三是推进营商环境优化提升。把营商环境作为城市高质量发展、可持续发展的核心竞争力，深入推进“放管服”“一网一门一次”改革，获得了全国十大“办事不跑腿”城市、2019年长三角地区营商环境十佳政务机构、首届中国营商环境评选进步奖第1名、全国7个网上政务服务能力“非常高”城市等多项荣誉。当前，合肥正在开展营商环境再提升行动，对标长三角先发城市和国家营商环境评价体系，全力打造市场化、法治化、国际化的营商环境，为长三角各市场主体准入提供高效、优质、便利服务。

四、推动两大城市群“牵手”，共寻一体化发展路径

合肥连南接北、承东启西，既是长三角世界级城市群副中心城市，又是长江中游省会城市，在推动长三角一体化和长江中游城市群协同发展进程中区位特殊，作用独特。

2019年12月3—5日，主题为“对接长三角一体化发展国家战略，推动长江中游城市群高质量协同发展”的长江中游城市群省会城市第七届会商会在合肥召开。会上，两大城市群签署《长江三角洲城市经济协调会与长江中游城市群城市协调会合作联动机制框架协议》，进一步加强两大城市群的合作，达成“1+1＞2”的合作效果，共同探索区域一体化发展的制度体系和路径模式。长江三角洲城市群和长江中游城市群同为长江经济带城市群，是支撑长江经济带发展的重要增长极，具有各自的比较优势。通过此次对接，两大城市群将从共同关注的重点领域入手，探索有效合作模式和合作机制，合力争取国家政策支持，逐步向更高层次更宽领域方向拓展，最终实现全方位的战略对接和持续合作。充分发挥两区域内政府引导作用，加强顶层设计，谋划搭建两大城市群政府、企业、社会组织之间更多的合作交流平台。尊重市场规律和企业主体地位，引导要素有序流动，鼓励企业双向投资。

江苏省常州市

2018来，全市经济社会运行总体平稳、稳中有进、稳中向好。一是主要指标平稳增长。完成地区生产总值7050.27亿元，增长7%；固定资产投资增长7.5%，其中工业投资增长7.1%；完成进出口总额2266.4亿元，增长7%；实际到账外资26.11亿美元；社会消费品零售总额增长9.1%。二是质量效益明显提升。完成税收收入915.17亿元、增长10.4%，总量前进一位、列全省第四；一般公共预算收入560.3亿元、增长8%，税比87.3%、全省第二；规上工业企业利润总额增长19.1%，其中民营工业企业利润总额增长20%；高新技术产业产值占比达47%以上；高新技术产业投资增长13.3%。三是创新活力显著增强。全社会研发经费占比达2.81%，科技进步贡献率达63.8%，万人发明专利拥有量超32.5件，实现中国专利金奖零的突破，新增高新技术企业280家、市级以上企业研发机构220家，科教城连续5年荣膺中国最佳创业园区第二名。四是人民生活不断改善。全体居民人均可支配收入增长8.5%，城镇登记失业率控制在3%以内，物价保持平稳运行，居民消费价格涨幅控制在2.2%左右。30件民生实事扎实推进，解决了安阳里危积陋改造等一批百姓关注的操心事烦心事。全面小康指数位居江苏第四、全国第十二位。

聚焦提质增效，实体经济呈现新发展。抓牢实体经济这个根本，突出质量效益导向，全力以赴抓转型、调结构。扎实开展“重大项目增效年”活动，新增签约30亿元或3亿美元以上重大项目20个，其中时代新能源三期等3个项目超100亿元或10亿美元，新恒东光学薄膜一期、蒂森克虏伯汽车转向柱等41个项目竣工。深入实施“三位一体”工业转型升级战略，十大产业链产值增长12.8%、占比达42%，新能源汽车及零部件、新一代信息技术、智能制造装备产业产值分别增长24.2%、35.3%、19.8%。全域旅游加快推进，接待游客7244.91万人次、增长9.8%，旅游总收入1088.64亿元、增长14.2%；万帮充电获批国家中小企业公共服务示范平台，检验检测认证产业园创成国家检验检测高技术服务业集聚区。稳步发展现代农业，国家现代农业示范区建设水平位居全国前列，国家农产品质量安全市创建成效显著。

聚焦创新驱动，转型升级实现新突破。坚持把创新作为引领发展的第一动力，新增省市共建重大科技载体平台项目5个，新能源汽车能源与信息创新中心、石墨烯创新中心获批省级制造业创新中心试点，新增省级以上众创空间、孵化器、加速器等科技创业平台23家。企业创新主体地位加快提升，天合光能和上上电缆获第五届中国工业大奖、武进不锈获提名奖，5家企业中标国家工业强基工程项目、累计15家，均居全国地级市第一；常州大学等单位参与的3个项目获国家科学技术进步二等奖；获评工信部单项冠军4个、省隐形冠军企业5家，新增11家省级工业设计中心、工业互联网四星以上上云企业13家，均居全省第一。

聚焦改革开放，发展环境得到新优化。全面深化重点领域改革，提升双向开放水平，位居福布斯2018年中国大陆最佳地级城市30强第四位。继续深化"放管服"改革，在全省率先实现工商登记和不动产登记"一城通办"。大力支持民营经济发展，兑现各类减免税优惠超500亿元；强化金融服务功能，新增贷款841亿元、历史最多，设立50亿元产业投资引导基金；积极防范金融风险，成立首期30亿元的上市公司纾困基金。深入推进市属国资国企改革发展，完成新一轮战略性重组。有序推进农村承包地"三权分置"、集体产权制度改革，溧阳市实施土地综合整治新增耕地2.47万亩；武进区顺利完成国家农村土地制度"三项改革"试点任务，集体经营性建设用地入市8万亩，走在全国前列。全面推进工业企业资源集约利用综合评价，建设用地节约集约利用综合指数位居全国前十。外资外贸保持平稳增长，制造业实际到账外资增长58.2%。积极推进跨境贸易便利化，海关特殊监管区域货物通关时间压缩三分之一。大力推进园区平台高质量发展，江苏中关村获批省级高新区，新增省级特色小镇3家。

聚焦区域融合，城乡建设展现新面貌。主动融入长江经济带、长三角一体化发展等重大国家战略，城市集聚辐射带动力不断增强。加强交通基础设施建设，溧高、常宜等高速公路以及苏南沿江城际铁路工程加快推进，常泰过江通道开工建设，京沪铁路常州站南北站房一体化改造工程竣工投用。城市长效管理深入推进，成为建筑垃圾资源化利用国家试点城市。统筹推进特色田园乡村和全域美丽乡村建设，2个村庄获评中国美丽休闲乡村，7个村庄入选省特色田园乡村建设试点。加快完善农村基础设施，农村污水设施覆盖率达80%。溧阳创成"四好农村路"全国示范县，"1号公路"品牌进一步打响。创成全省首家全域省级节水型社会示范区。

聚焦绿色发展，生态建设取得新进展。坚持生态优先、绿色发展，认真落实长江经济带"共抓大保护、不搞大开发"要求，编制完成沿江地区绿色转型发展规划，出台推动长江经济带高质量发展走在前列实施方案，统筹推进长江生态安全带、太湖生态保护圈、武进生态保护引领区建设。组织开展大气污染防治攻坚行动，全年完成重点治气工程1835项，专项整治化工、"散乱污"企业（作坊）、成品油取得阶段性成果，关停化工企业205家。全面落实河长制、湖长制，主城区畅流活水工程完成年度目标任务，省考以上断面水质优Ⅲ类比例达60.6%、高于省定年度目标，完成84个黑臭水体治理。加快提升环境设施能力，全市危险废物集中焚烧年处置能力达10.3万吨，新增污水日处理能力5.5万吨。推进绿色转型，节能降耗完成省定目标，新增工信部绿色工厂7家、全省第二。提升生态绿城建设水平，建成老运河生态绿道和一批公园绿地，创成省生态园林城市。溧阳天目湖、金坛长荡湖湿地公园成为国家湿地公园，溧阳市荣获国家生态文明建设示范市称号。

聚焦富民惠民，民生福祉获得新提升。扎实推进就业创业，全年城镇新增就业13.23万人。大力改善百姓居住条件，11个易淹易涝片区整治工程全面完成。推进义务教育优质均衡发展，集团化办学覆盖率达66.86%；普高招生计划划占比提高到56%。综合医改持续深化，打造高品质现代健康养老"常州品牌"经验做法得到国务院领导批示肯定。持续推进全域文明城市建设，社会文明测评指数全省第一，溧阳市跻身全国新时代文明实践中心建设试点。生产安全事故起数和死亡人数实现双下降；深入开展扫黑除恶专项斗争，创成全域法治城市。

城市篇

江苏省丹阳市

经济运行稳中有进。2018年全市实现地区生产总值1250亿元，增长2.8%；一般公共预算收入61.4亿元，税占比86%；工业应税销售1452亿元，增长17%；工业用电量增长5.9%，工业固定资产抵扣增长12%；外贸进出口31.8亿美元，增长14.6%。

项目推进扎实有效。34个镇江市级、200个丹阳市级重点产业类项目分别完成投资74.5亿元、150.5亿元。全年制造业实到外资1.8亿美元。省级重点项目鱼跃生命科学产业园完成投资19.5亿元。仅一"一号园"、大赛璐气体发生器等一批具有带动示范作用的重大项目顺利推进。

科技创新取得实效。省级高新区正式获批设立。开发区列全省省级开发区科学发展综合考评榜首。新认定41家国家高新技术企业。万人发明专利拥有量20.25件。成立江苏省眼镜光学标准化技术委员会。获批苏南国家自主创新示范区高性能合金材料科技成果转化示范区。天工高速工具钢入选全国制造业"单项冠军"产品。

优化营商环境。深化"放管服"改革，落实"3550"改革普惠制。搭建跨部门联合审批系统，不动产登记实现"一窗受理，集成服务"，基本建设项目实现"一网通办"，全程不见面审批率达93.1%。认真落实各项减税降费政策，降低企业成本近38亿元。公共资源进场交易18.76亿元，节资率10%。

维护社会稳定。强化风险预警预防，健全社会矛盾纠纷多元化解机制，调解纠纷7087起，成功率99.8%。加快"雪亮工程"、"技防城"升级、大数据指挥中心等项目建设，开展"扫黑除恶"专项斗争和"清风行动"，公众安全感率达98%。创新网格化社会治理机制，建立全要素网格治理体系。成立8个安全生产专业委员会，实施乡镇安全生产委托执法机制，实现监管"关口前移、重心下移"，安全生产形势持续稳定好转。

交通格局持续优化。镇丹高速建成通车，境内新增3个枢纽互通。完成357省道吕城段、胡高路、

虎墅大荆村建成省级三化示范村－虎墅大荆村垃圾分类收集亭

中国丹阳生命科学产业园

日本汽车零部件产业园二期（南区）奠基仪式暨首届樱花节

开发区九曲河新貌

南三环东延建设，提档升级农村公路71.46公里，中心城区辐射能力得到增强。实施华南路拓宽改造、麻巷门桥改建，城区路网体系持续优化。加快丹金溧漕河、新孟河桥梁建设，横塘桥、老丹金闸桥、邓家桥、皇蒋线公路桥竣工通车。

城市功能持续完善。启动东风片区改造，完成老旧小区改造9.28万平方米。建立完善农贸市场长效管理机制，丹金路菜市场、吕城河北农贸市场投入使用。开工建设生活垃圾焚烧发电与餐厨垃圾协同处置项目，生活垃圾分类投放设施覆盖率45.8%。建成全国首座“源网荷储”一体化储能电站，长湾水厂深度处理工程投入运行，新增天然气管网80公里。建成启用丹阳大数据中心，智慧停车开始运营。

乡村面貌持续改善。推进新一轮村庄生活污水治理工作，完成120个村庄治理任务。访仙镇草塘村完成省级美丽乡村建设任务，萧家村完成省级传统村落保护项目，全市建成25个市级美丽宜居村庄。2018年小型农田水利重点县项目、三陵河流域防洪除涝等农村水利工程高标准完成，创成国家节水型社会达标县市。开展农业“两区”划定①，成功举办首届“丹阳农民丰收节”。在镇江范围内率先完成农村集体资产股份制改革。创成省级出口农产品示范区。

社会更加文明。开展“建精美丹阳城、做文明丹阳人”行动，推进更高水平文明城市建设，被中央列为新时代文明实践中心试点县市。弘扬诚信文化，开展诚信金融年、企业信用管理贯标和诚信示范村（社区）、街区创建等工作。中国丹阳国际眼镜城创成首批江苏省诚信示范街区。

保障更加完善。新增城镇就业1.8万人，转移农村劳动力4500人，城镇登记失业率2.27%。城乡居民最低生活保障标准提高至每人每月710元。建成丹阳市智慧养老服务中心。异地就医系统正式上线。扎实推进精准扶贫“两年行动计划”，69个经济薄弱村、3004户5220人完成脱贫。坚持军民融合式发展，拓宽退役军人就业渠道，连续7次荣获省级双拥模范城称号。

公共服务更加均衡。高考成绩取得历史性突破，创成全国中小学责任督学挂牌督导创新市，荣获国家义务教育质量监测“县级优秀组织奖”。人民医院门急诊住院综合大楼完成土建封顶，精神病防治院、皇塘卫生院投入使用，家庭医生签约服务覆盖率35.7%。美术馆、民族工商业展馆对外开放。延陵村农家书屋被授予“全国示范农家书屋”。足球训练中心被认定为全国青少年足球训练基地。建成镇江首家省级5A数字档案馆。

江苏省句容市

在江苏省会南京的东郊，坐落着一座小城，这便是被誉为石头城边的一块“美玉”——句容。不同于相毗邻的宏伟繁华的金陵，这里绿水环抱青山，苍松掩映古寺，远离尘嚣，古老安宁。

句容自西汉置县至今，已有2100余年，岁月的积淀赋予了这座城市厚重的文化底蕴，时光的变迁雕琢着这座城市绝美的自然风光。“第一福地，第八洞天”——茅山，宛如一条巨龙，守护着这片土地上的生灵；“律宗第一名山”——宝华山，与茅山佛道相望，掩映在国家森林公园中的千年古刹隆昌寺肃穆静谧，承载着香客虔诚的期盼；“江南九寨沟”——九龙山，苏南的最后一片净土，峰峦奇秀，古木参天；“候鸟的天堂”——赤山湖，碧波千里，形似腾飞的凤凰，与茅山相配，“龙凤呈祥”更添福气……目前句容拥有国家5A级景区1家、4A级景区2家，全国休闲农业与乡村旅游五星级园区2家，省级旅游度假区1个，江苏省三星级乡村旅游点41家，荣膺全国“最佳旅游目的地城市”称号，入选国家首批“全域旅游示范区创建单位”。

如果您厌倦了城市的“水泥山林”和霓虹闪烁，请到句容来看看著名画家陈逸飞先生眼中的“中国最美乡村”，品尝“春有草莓夏有桃，秋有葡萄冬有枣”的四季鲜果。远离世俗纷扰，漫步绿道花海，吹晚风，听虫鸣，逐萤火，在点点繁星下回归心灵的平静。句容是您牧心的沃壤，润肺的旷野，醒脑的净土，养生的福地！葛洪故里　秦淮源头　福地句容欢迎您。

句容福道

赤山湖风光（王镇容 摄）

宝华山千华古村

伏热花海

岩藤农场

宝华山国家森林公园

江苏泰兴黄桥经济开发区

时光荏苒，岁月如梭，从2009年4月黄桥工业园区成立，10年栉风沐雨，10年砥砺奋进，一批批经开区人以敢叫日月换新天的壮志豪情，以撸起袖子加油干的脚踏实地，一年接着一年干，一件事情接着一件事情办，开创了经开区跨越发展历史性的成就与变革。开发区平台能级持续提升，2014年，经省政府批准，与江阴高新区合作共建，成立了"江阴高新区黄桥工业园"；2018年9月，省政府批复同意黄桥经济开发区为省级经济开发区，园区高质量发展驶入了快车道。

（一）综合实力稳步提升

1. 工业经济整体平稳运行。2019年1—10月份，完成工业开票销售109.59亿元，占全年任务的73.06%，同比增长1.22%；工商税收收入10.15亿元，占全年任务的85.28%，同比增长17%；完成实际利用外资876.42万美元，协议利用外资2418.93万美元，完成自营进出口6636万美元，占全年任务的82.95%，同比下降15.21%；完成规上工业产值增幅18.83%，利润增幅23.04%，工业投资增幅12.85%。预计全年，区镇可实现完成工业开票销售143亿元，同比增长9.66%；完成工商税收收入12.2亿元，同比增长8%；自营进出口8000万美元。主要经济指标均能完成或超额完成市交任务。

2. 重大项目加快突破。以双招双引"百日赛"活动和2019年中国泰兴金秋经贸科技洽谈会活动为契机，聚力攻坚重大项目招引，项目大开发成效显著。认定签约亿元以上项目34个，计划总投资125.86亿元，完成年度计划的97%，其中：外资项目3个，5-10亿元项目3个，10亿元以上项目5个。已认定新开工项目14个，其中5亿元项目3个，10亿元项目2个，服务业项目4个，战略性新兴产业6个，高层次项目5个，外资项目1个，计划总投资16.28亿元。认定新竣工项目10个，其中3000万美元以上项目2个，服务业项目3个，总投资18.86亿元。

3. 服务业加快转型。1-10月份，服务业产业投资，增幅6.77%；服务业税收6.56亿元，完成全年任务的89.5%；物流税收183.48万元，占全年任务的73.4%；规上交通运输业营业收入443.3万元，占全年任务的14.3%；规上营利性服务业营业收入1.04亿元，占全年任务的120.7%；限上单位零售额5.0亿元，占全年任务的62.7%；已完成新开工亿元项目4个，分别是恒富国际大酒店、康居养老中心、城市客厅、定慧加油站；完成新竣工亿元项目3个，分别是祁巷特色田园乡村、五期标房、木屋旅游，均超额完成全年任务。

（二）平台功能承载有力

一是"三篇融合"铸就发展高平台。做好了跨江融合、跨区融合、与大集团融合三篇文章。南北共建推进有力，成功承办2018年度南北共建考核评审会（苏中片区），江阴黄桥共建园连续两年在全省南北共建园区考核中进入综合优秀序列。三杰新能源与四川长虹、光科真空与恒润重工两家股权并购企业放大高位嫁接优势，在建项目正加快推进。二是科技助力搭建发展软平台。加快创新平台建设，东圣生物与上海交大生命科学院和江南大学都建立了战略合作，强势引进了邓子新院士、陈坚院士和詹晓北"千人计划"教授，"一企两院士"树立了黄桥的科创标杆。开发区同步加快孵化平台的建设，积极创建省级琴韵小镇众创空间。诺兴生物获省双创项目，是今年全市2个获批项目之一。2019年，组织19家企业申报国家高企，15家企业申报省高企，数量居全市第一。三是完善设施务实发展硬平台。新建工业污水处理厂日处理1万吨一期工程已竣工并正式运营，配套工业污水管网铺设完成，中水回用管网已制定方案。进一步完善开发区路网建设，何韩路（致富路—姜八公路）、工业污水处理厂门前道路等4条主干道路已竣工，西华中沟桥春节前通车。顾何安置区二期、韩庄安置区三期、吴韩安置区四期等安置工程已竣工，推动了征地动迁工作。

（三）项目服务精准高效

开发区组建项目服务中心，实行"345"工作法，努力打造"新黄桥、心服务"管家式的项目服务品牌。强化制度创新和流

开发区全景

东圣生物

惠尔信

东方九天

程再造，建立“一次告知、容缺准备、并联办理、资料共享”的服务模式。梳理出项目从企业注册（名称核准）到领取施工许可证所有流程，共需办理审批事项18件（其中许可备案事项44件，涉及中介服务事项10件），制定流程图，明确手续办理时限。规范中介机构服务，收集、整理113家中介机构的服务质量、服务费用、服务时限等情况，分别拟定了中介机构“推介名单”和“限制名单”。自项目服务中心成立以来，已经为虹安机械、嘉麟德、德柯林等3个项目办结开工手续，江苏智核、赛铭电器、梯爱司等21个项目相关手续正在有序推进。另外，为三杰、东圣、中一等企业集中补办了“两证”，解决了历史遗留问题。

（四）要素供给加力赋能

资源要素制约企业发展日趋明显，为妥善处理企业用地难、转型升级难、融资难等问题，开发区多措并举，助推企业良性健康发展。一是“五未”处置缓解用地难题。成立了“五未”土地处置专项行动领导小组，全面彻底摸清低效闲置土地总量、类型、成因、现状，把处置措施办法落实到每一个项目、每一个地块、每一个业主。截至目前已经先行处置了创新园、交鸿光约105亩土地，目前推进奥博纳米、海泰重工的处置，确保全年完成8宗“五未”土地处置。二是政银企对接解决融资难题。加强银企对接合作，搭建银企合作平台，促进经济与金融良性互动。组织市地方金融监督局、科技局、金融机构和有融资需求的企业负责人共同参与，截至目前已经累计为企业新增授信3.57亿元、累计授信8亿元。三是双招双引解决人才难题。今年共引进各类高层次人才65名，其中海外人才15名；新增省双创人才1个；新增市双创人才3个，分别为东圣生物、诺兴生物、亿尔等离子体；新增“六大人才高峰”项目1个，为我区经济发展和产业转型作出了贡献。

（五）筑牢生态安全屏障

生态文明建设方面，一是细化工作责任。进一步健全网格化管理体系，主要领导亲自抓，分管领导具体抓，职能部门配合抓，环保部门监督抓，层层传达压力，层层落实责任。二是抓好环境保护宣传教育。对企业主进行培训和普法教育，做好“6•5”世界环境日宣传，在镇（园区）醒目位置制作宣传横幅共20条，在村（居）宣传栏张贴环保宣传画册40幅，在南街文明广场开展“6•5”环境日宣传活动。三是开展“散乱污”专项整治。按照“四个一批”的原则，齐抓共管、综合施策，强力推进“散乱污”企业整治。截至10月底，共整改完成426家（排查数471家），占比90%，其中，关停179家（共207家），升级改造247家（共264家）。四是抓好信访交办件应急处理。实时监控泰州市污染防治综合监管平台，截止目前，通过污染防治综合监管平台，共受理处理信访335件，已处置办结311件，办结率92.83%。对于江苏卫视政风行风热线曝光开发区聚隆电器违规生产问题，第一时间组织调查处置到位。

安全生产方面，一是抓关键时间节点监管。抓住各重要时段和节日期间开展安全生产大排查大整治攻坚，全年共组织9次大检查，检查企业2124家次，排查整治隐患5107条，关闭取缔10家，追究刑事责任1人，实施行政处罚41.5万元。二是抓日常监督推进。根据年度工作计划，对部分企业开展了安全生产监督检查，监督检查企业60家，查出隐患321条，已全部整改到位。三是抓安全专项整治。4月，在重点行业领域开展安全生产专项整治百日行动。对重点企业进行安全生产大检查，共检查出隐患647条，现已全部整改到位。针对国务院安委办考核巡查、省委省政府巡查、省明查暗访反馈问题，涉及惠尔信机械（泰兴）有限公司问题已完成整改并报市相关部门复查通过。四是抓安全生产教育。开展安全生产宣传，组织企业负责人、安全管理人员、各村居安全负责人进行安全管理知识培训。同时，组织村（居）、化工企业、重点工贸企业和部分企事业单位进行应急预案演练。

（六）锤炼作风提升能力

一是多样化人才培养方式。与江南大学进行合作，开设配套培训课程。今年，共组织开发区40余人分两批次前往江南大学，参加招商实务、公文写作、商务礼仪等定制培训。从黄桥镇“墩苗强基”队伍中筛选了部分公务员、事业编制年轻人员充实到招商条线。另外，安排杨继红、何尧等同志前往上海金桥集团、泰兴市金融办挂职锻炼，新进2名党政青年人才。二是细化开发区管理制度。紧紧抓住制度建设这个牛鼻子，坚持用制度管人，靠制度管事，以制度化确保机关作风的好转，使政风行风得到净化，解决了工作中的难题，推了各项工作的落实。三是强化作风效能建设。定期召开作风效能建设推进会，时刻以反面案例警醒广大员工严守底线。纪工委不定期开展作风效能督查，对违规违纪行为严肃通报批评，今年春节后上班第一天即开展作风效能监察，对各局室出勤、工作作风等进行督查，通报1人。

产城融合

编写说明

近年来，长江三角洲地区的发展引起了人们的广泛关注，以长江三角洲的发展为对象的研究活动正在迅速兴起。为组织和协调区域内的重要学术研究力量，进一步加强对长江三角洲地区的跟踪报道与深入研究，从2005年12月起，我们分别与上海社会科学院、江苏省社会科学院、浙江省社会科学院和安徽省社会科学院的部分研究人员决定共同研究长三角地区经济、社会、文化与生态等方面的问题，并从2006年开始，共同组织编写与出版《长三角年鉴》。

在对长三角地区的定义上，学术界与实际工作部门的同志曾经有多种不同的解释。一种观点认为，“长三角”主要是指上海市全境与江苏省的苏南及苏中8市，以及浙江省的7个城市，共16个城市。这被称为“小长三角”。一种观点认为，“长三角”主要是指上海市与江苏省、浙江省三个省市区的全部行政区域。这被称为“长三角”。一种观点认为，“长三角”主要是指上海市、江苏省、浙江省与安徽省三省一市。这被称为“大长三角”。

本年鉴中使用的“长江三角洲地区”原来主要是指上海市、江苏省、浙江省三个省市行政区域，后来又加上安徽省的全部行政区域，即使用的是“大长三角”的概念。

《长三角年鉴》重点分析长三角地区年度经济社会发展的基本情况与基本成就。但在年鉴的部分内容中也使用了前几年的发展数据，主要用于说明事情发展变化的过程，便于使用者从历史变化的角度对长三角地区的发展有一个整体认识。部分数据使用了相关地区的政府工作报告和年度统计公报中的材料。

《长三角年鉴》主要开设以下栏目：长三角区域概况，重点介绍和分析本区域的自然条件与自然状况、气候与行政区划等方面的基本情况；长三角地区经济社会发展总报告，介绍和分析长三角地区总体发展情况，长三角地区三次产业结构和市县发展情况，同时对一年中上海市、江苏省、浙江省和安徽省及各省辖市经济社会发展的主要进展与主要成就进行分析和研究；长三角地区区域经济社会发展报告，重点分析和研究一年来上海市、江苏省、浙江省和安徽省及各省辖市经济社会发展基本情况；长三角地区经济社会发展专题报告，重点是从长三角整体的角度对区域内年度经济与社会发展的主要方面进行分析和总结；长三角地区经济社会发展重要指标，用经济发展数据和社会发展数据介绍、分析和研究长三角地区总体和各市县综合实力，居民收入，经济国际化水平，社会财富等；重要文献，主要介绍一年中上海市、江苏省、浙江省和安徽省政府制定和实施的重要文件；大事记。

《长三角年鉴》采用篇章编纂法编写，篇下设章，篇和章的标题分别使用不同字体和字号以示区别，篇目标明于页眉，以便于检索。

编　者

2019 年 12 月

目　录
Content

长三角年鉴(2019)
Yangtze River Delta Yearbook 2019

特　载

扫码阅读

长江三角洲区域一体化发展规划纲要

前　言

2018年11月5日，习近平总书记在首届中国国际进口博览会上宣布，支持长江三角洲区域一体化发展并上升为国家战略，着力落实新发展理念，构建现代化经济体系，推进更高起点的深化改革和更高层次的对外开放，同"一带一路"建设、京津冀协同发展、长江经济带发展、粤港澳大湾区建设相互配合，完善中国改革开放空间布局。

长江三角洲(以下简称长三角)地区是我国经济发展最活跃、开放程度最高、创新能力最强的区域之一，在国家现代化建设大局和全方位开放格局中具有举足轻重的战略地位。推动长三角一体化发展，增强长三角地区创新能力和竞争能力，提高经济集聚度、区域连接性和政策协同效率，对引领全国高质量发展、建设现代化经济体系意义重大。为深入贯彻党的十九大精神，全面落实党中央、国务院战略部署，编制本规划纲要。

规划范围包括上海市、江苏省、浙江省、安徽省全域(面积35.8万平方公里)。以上海市，江苏省南京、无锡、常州、苏州、南通、扬州、镇江、盐城、泰州，浙江省杭州、宁波、温州、湖州、嘉兴、绍兴、金华、舟山、台州，安徽省合肥、芜湖、马鞍山、铜陵、安庆、滁州、池州、宣城27个城市为中心区(面积22.5万平方公里)，辐射带动长三角地区高质量发展。以上海青浦、江苏吴江、浙江嘉善为长三角生态绿色一体化发展示范区(面积约2300平方公里)，示范引领长三角地区更高质量一体化发展。以上海临港等地区为中国(上海)自由贸易试验区新片区，打造与国际通行规则相衔接、更具国际市场影响力和竞争力的特殊经济功能区。

本规划纲要是指导长三角地区当前和今后一个时期一体化发展的纲领性文件，是制定相关规划和政策的依据。规划期至2025年，展望到2035年。

第一章 发展背景

改革开放特别是党的十八大以来，长三角一体化发展取得明显成效，经济社会发展走在全国前列，具备更高起点上推动更高质量一体化发展的良好条件，也面临新的机遇和挑战。

第一节 发展基础

经济社会发展全国领先。深入实施“八八战略”等重大战略部署，勇挑全国改革开放排头兵、创新发展先行者重担，经济社会发展取得举世瞩目的成就，成为引领全国经济发展的重要引擎。经济实力较强，经济总量约占全国1/4，全员劳动生产率位居全国前列。社会事业加快发展，公共服务相对均衡，社会治理共建共治共享格局初步形成，人民获得感、幸福感、安全感不断增强。

科技创新优势明显。科教资源丰富，拥有上海张江、安徽合肥2个综合性国家科学中心，全国约1/4的“双一流”高校、国家重点实验室、国家工程研究中心。区域创新能力强，年研发经费支出和有效发明专利数均占全国1/3左右，上海、南京、杭州、合肥研发强度均超过3%。科创产业紧密融合，大数据、云计算、物联网、人工智能等新技术与传统产业渗透融合，集成电路和软件信息服务产业规模分别约占全国1/2和1/3，在电子信息、生物医药、高端装备、新能源、新材料等领域形成了一批国际竞争力较强的创新共同体和产业集群。

开放合作协同高效。拥有通江达海、承东启西、联南接北的区位优势，口岸资源优良，国际联系紧密，协同开放水平较高。拥有开放口岸46个，进出口总额、外商直接投资、对外投资分别占全国的37%、39%和29%，自由贸易试验区探索形成了国际贸易“单一窗口”等一批可复制可推广经验，首届中国国际进口博览会成功举办。统一市场体系联建共享，“一网通办”“最多跑一次”“不见面审批”等改革成为全国品牌，营商环境位居前列。设立长三角区域合作办公室，建立G60科创走廊等一批跨区域合作平台，三级运作、统分结合的长三角区域合作机制有效运转。

重大基础设施基本联通。交通干线密度较高，省际高速公路基本贯通，主要城市间高速铁路有效连接，沿海、沿江联动协作的航运体系初步形成，区域机场群体系基本建立。电力、天然气主干网等能源基础设施相对完善，防洪、供水等水利基础设施体系基本建成，光纤宽带、4G网络等信息基础设施水平在全国领先。

生态环境联动共保。绿水青山就是金山银山理念深入人心，“千村示范、万村整治”工程谱写美丽中国建设新篇章，新安江流域生态补偿形成可复制可推广经验，全国森林城市、环保模范城市和生态城市较为密集，河长制湖长制率先施行并在全国推广。空气、水、土壤污染联防联治联动机制逐步完善，太湖、淮河等流域合作治理取得明显成效。333条地表水国考断面中水质Ⅲ类及以上占77%，41个城市细颗粒物(PM2.5)平均浓度较2015年下降19%。

公共服务初步共享。公共服务体系相对完善，依托名牌高校成立了4家跨区域联合职业教育集团，城市医院协同发展联盟成员已覆盖长三角30个城市112家三甲医院，养老服务协商协作机制初步建立。跨区域社会保障便利化程度明显提高，目前参保患者跨省异地就医直接结算近23.6万人次、结算医疗费用约54亿元。

城镇乡村协调互动。城镇体系完备，常住人口城镇化率超过60%，大中小城市协同发展，各具特色的小城镇星罗棋布，城镇之间经济社会联系密切。上海中心城市辐射带动作用较好发挥，南京、杭州、合肥、苏锡常、宁波等城市群建设成效明显，同城化效应日益显现。城乡发展比较协调，城乡居民收入差距相对较小，城乡要素双向流动，形成了可复制可推广的乡村成功发展模式。

第二节　机遇挑战

重要机遇。当今世界面临百年未有之大变局，全球治理体系和国际秩序变革加速推进，世界新一轮科技革命和产业变革同我国经济优化升级交汇融合，为长三角一体化发展提供了良好的外部环境。中国特色社会主义进入新时代，我国经济转向高质量发展阶段，对长三角一体化发展提出了更高要求。“一带一路”建设和长江经济带发展战略深入实施，为长三角一体化发展注入了新动力。党中央、国务院作出将长三角一体化发展上升为国家战略的重大决策，为长三角一体化发展带来新机遇。

主要挑战。国际上保护主义、单边主义抬头，经济全球化趋势放缓，世界经济增长不确定性较大，长三角一体化发展面临更加复杂多变的国际环境。区域内发展不平衡不充分，跨区域共建共享共保共治机制尚不健全，基础设施、生态环境、公共服务一体化发展水平有待提高；科创和产业融合不够深入，产业发展的协同性有待提升；阻碍经济社会高质量发展的行政壁垒仍未完全打破，统一开放的市场体系尚未形成；全面深化改革还没有形成系统集成效应，与国际通行规则相衔接的制度体系尚未建立。这些都给长三角一体化发展带来新的挑战。

第三节　重大意义

实施长三角一体化发展战略，是引领全国高质量发展、完善我国改革开放空间布局、打造我国发展强劲活跃增长极的重大战略举措。推进长三角一体化发展，有利于提升长三角在世界经济格局中的能级和水平，引领我国参与全球合作和竞争；有利于深入实施区域协调发展战略，探索区域一体化发展的制度体系和路径模式，引领长江经济带发展，为全国区域一体化发展提供示范；有利于充分发挥区域内各地区的比较优势，提升长三角地区整体综合实力，在全面建设社会主义现代化国家新征程中走在全国前列。

第二章 总体要求

第一节 指导思想

以习近平新时代中国特色社会主义思想为指导，全面贯彻党的十九大和十九届二中、三中全会精神，坚持党中央集中统一领导，按照党中央、国务院决策部署，统筹推进“五位一体”总体布局，协调推进“四个全面”战略布局，坚持稳中求进工作总基调，坚持新发展理念，坚持推动高质量发展，坚持以供给侧结构性改革为主线，坚持深化市场化改革、扩大高水平开放，加快建设现代化经济体系，着力推动形成区域协调发展新格局，着力加强协同创新产业体系建设，着力提升基础设施互联互通水平，着力强化生态环境共保联治，着力加快公共服务便利共享，着力推进更高水平协同开放，着力创新一体化发展体制机制，建设长三角生态绿色一体化发展示范区和中国（上海）自由贸易试验区新片区，努力提升配置全球资源能力和增强创新策源能力，建成我国发展强劲活跃增长极。

第二节 基本原则

——坚持创新共建。推动科技创新与产业发展深度融合，促进人才流动和科研资源共享，整合区域创新资源，联合开展卡脖子关键核心技术攻关，打造区域创新共同体，共同完善技术创新链，形成区域联动、分工协作、协同推进的技术创新体系。

——坚持协调共进。着眼于一盘棋整体谋划，进一步发挥上海龙头带动作用，苏浙皖各扬所长，推动城乡区域融合发展和跨界区域合作，提升区域整体竞争力，形成分工合理、优势互补、各具特色的协调发展格局。

——坚持绿色共保。践行绿水青山就是金山银山的理念，贯彻山水林田湖草是生命共同体的思想，推进生态环境共保联治，形成绿色低碳的生产生活方式，共同打造绿色发展底色，探索经济发展和生态环境保护相辅相成、相得益彰的新路子。

——坚持开放共赢。打造高水平开放平台，对接国际通行的投资贸易规则，放大改革创新叠加效应，培育国际合作和竞争新优势，营造市场统一开放、规则标准互认、要素自由流动的发展环境，构建互惠互利、求同存异、合作共赢的开放发展新体制。

——坚持民生共享。增加优质公共服务供给，扩大配置范围，不断保障和改善民生，使改革发展成果更加普惠便利，让长三角居民在一体化发展中有更多获得感、幸福感、安全感，促进人的全面发展和人民共同富裕。

第三节 战略定位

全国发展强劲活跃增长极。加强创新策源能力建设，构建现代化经济体系，提高资源集约节约利用水平和整体经济效率，提升参与全球资源配置和竞争能力，增强对全国经济发展的影响力和带动力，持续提高对全国经济增长的贡献率。

全国高质量发展样板区。坚定不移贯彻新发展理念，提升科技创新和产业融合发展能力，提高城乡区域协调发展水平，打造和谐共生绿色发展样板，形成协同开放发展新格局，开创普惠便利共享发展新局面，率先实现质量变革、效率变革、动力变革，在全国发展版图上不断增添高质量发展板块。

率先基本实现现代化引领区。着眼基本实现现代化，进一步增强经济实力、科技实力，在创新型国家建设中发挥重要作用，大力推动法治社会、法治政府建设，加强和创新社会治理，培育和践行社会主义核心价值观，弘扬中华文化，显著提升人民群众生活水平，走在全国现代化建设前列。

区域一体化发展示范区。深化跨区域合作，形成一体化发展市场体系，率先实现基础设施互联互通、科创产业深度融合、生态环境共保联治、公共服务普惠共享，推动区域一体化发展从项目协同走向区域一体化制度创新，为全国其他区域一体化发展提供示范。

新时代改革开放新高地。坚决破除条条框框、思维定势束缚，推进更高起点的深化改革和更高层次的对外开放，加快各类改革试点举措集中落实、率先突破和系统集成，以更大力度推进全方位开放，打造新时代改革开放新高地。

第四节　发展目标

到2025年，长三角一体化发展取得实质性进展。跨界区域、城市乡村等区域板块一体化发展达到较高水平，在科创产业、基础设施、生态环境、公共服务等领域基本实现一体化发展，全面建立一体化发展的体制机制。

城乡区域协调发展格局基本形成。上海服务功能进一步提升，苏浙皖比较优势充分发挥。城市群同城化水平进一步提高，各城市群之间高效联动。省际毗邻地区和跨界区域一体化发展探索形成经验制度。城乡融合、乡村振兴取得显著成效。到2025年，中心区城乡居民收入差距控制在2.2：1以内，中心区人均GDP与全域人均GDP差距缩小到1.2：1，常住人口城镇化率达到70%。

科创产业融合发展体系基本建立。区域协同创新体系基本形成，成为全国重要创新策源地。优势产业领域竞争力进一步增强，形成若干世界级产业集群。创新链与产业链深度融合，产业迈向中高端。到2025年，研发投入强度达到3%以上，科技进步贡献率达到65%，高技术产业产值占规模以上工业总产值比重达到18%。

基础设施互联互通基本实现。轨道上的长三角基本建成，省际公路通达能力进一步提升，世界级机场群体系基本形成，港口群联动协作成效显著。能源安全供应和互济互保能力明显提高，新一代信息设施率先布局成网，安全可控的水网工程体系基本建成，重要江河骨干堤防全面达标。到2025年，铁路网密度达到507公里/万平方公里，高速公路密度达到5公里/百平方公里，5G网络覆盖率达到80%。

生态环境共保联治能力显著提升。跨区域跨流域生态网络基本形成，优质生态产品供给能力不断提升。环境污染联防联治机制有效运行，区域突出环境问题得到有效治理。生态环境协同监管体系基本建立，区域生态补偿机制更加完善，生态环境质量总体改善。到2025年，细颗粒物（PM2.5）平均浓度总体达标，地级及以上城市空气质量优良天数比率达到80%以上，跨界河流断面水质达标率达到80%，单位GDP能耗较2017年下降10%。

公共服务便利共享水平明显提高。基本公共服务标准体系基本建立，率先实现基本公共服务均等化。全面提升非基本公共服务供给能力和供给质量，人民群众美好生活需要基本满足。到2025年，人均公共财政支出达到2.1万元，劳动年龄人口平均受教育年限达到11.5年，人均期望寿命达到79岁。

一体化体制机制更加有效。资源要素有序自由流动，统一开放的市场体系基本建立。行政壁垒逐步消除，一体化制度体系更加健全。与国际接轨的通行规则基本建立，协同开放达到更高水平。制度性交易成本明显降低，营商环境显著改善。

到2035年，长三角一体化发展达到较高水平。现代化经济体系基本建成，城乡区域差距明显缩小，公共服务水平趋于均衡，基础设施互联互通全面实现，人民基本生活保障水平大体相当，一体化发展体制机制更加完善，整体达到全国领先水平，成为最具影响力和带动力的强劲活跃增长极。

第三章　推动形成区域协调发展新格局

发挥上海龙头带动作用，苏浙皖各扬所长，加强跨区域协调互动，提升都市圈一体化水平，推动城乡融合发展，构建区域联动协作、城乡融合发展、优势充分发挥的协调发展新格局。

第一节　强化区域联动发展

提升上海服务功能。面向全球、面向未来，提升上海城市能级和核心竞争力，引领长三角一体化发展。围绕国际经济、金融、贸易、航运和科技创新"五个中心"建设，着力提升上海大都市综合经济实力、金融资源配置功能、贸易枢纽功能、航运高端服务功能和科技创新策源能力，有序疏解一般制造等非大都市核心功能。形成有影响力的上海服务、上海制造、上海购物、上海文化"四大品牌"，推动上海品牌和管理模式全面输出，为长三角高质量发展和参与国际竞争提供服务。

发挥苏浙皖比较优势。强化分工合作、错位发展，提升区域发展整体水平和效率。发挥江苏制造业发达、科教资源丰富、开放程度高等优势，推进沿沪宁产业创新带发展，加快苏南自主创新示范区、南京江北新区建设，打造具有全球影响力的科技产业创新中心和具有国际竞争力的先进制造业基地。发挥浙江数字经济领先、生态环境优美、民营经济发达等特色优势，大力推进大湾区大花园大通道大都市区建设，整合提升一批集聚发展平台，打造全国数字经济创新高地、对外开放重要枢纽和绿色发展新标杆。发挥安徽创新活跃强劲、制造特色鲜明、生态资源良好、内陆腹地广阔等优势，推进皖江城市带联动发展，加快合芜蚌自主创新示范区建设，打造具有重要影响力的科技创新策源地、新兴产业聚集地和绿色发展样板区。

加强区域合作联动。推动长三角中心区一体化发展，带动长三角其他地区加快发展，引领长江经济带开放发展。加强长三角中心区城市间的合作联动，建立城市间重大事项重大项目共商共建机制。引导长三角市场联动发展，推动跨地域跨行业商品市场互联互通、资源共享，统筹规划商品流通基础设施布局，推动内外贸融合发展，畅通长三角市场网络。加强长三角中心区与苏北、浙西南、皖北等地区的深层合作，加强徐州、衢州、安庆、阜阳等区域重点城市建设，辐射带动周边地区协同发展。探索共建合作园区等合作模式，共同拓展发展空间。依托交通大通道，以市场化、法治化方式加强合作，持续有序推进G60科创走廊建设，打造科技和制度创新双轮驱动、产业和城市一体化发展的先行先试走廊。深化长三角与长江中上游区域的合作交流，加强沿江港口、高铁和高速公路联动建设，推动长江上下游区域一体化发展。

第二节　加快都市圈一体化发展

推动都市圈同城化。以基础设施一体化和公共服务一卡通为着力点，加快南京、杭州、合肥、苏锡常、宁波都市圈建设，提升都市圈同城化水平。统一规划建设都市圈内路、水、电、气、邮、信息等基础设施，加强中心城市与都市圈内其他城市的市域和城际铁路、道路交通、毗邻地区公交线路对接，构建快速便捷都市通勤圈。实现都市圈内教育、医疗、文化等优质服务资源一卡通共享，扩大公共服务辐射半径，打造优质生活空间。推动中心城市非核心功能向周边城市（镇）疏解，在有条件的地方打造功能疏解承载地。推动都市圈内新型城市建设，打造功能复合、智慧互联、绿色低碳、开放包容的未来城市。

推进都市圈协调联动。加强都市圈间合作互动，高水平打造长三角世界级城市群。推动上海与近沪区域及苏锡常都市圈联动发展，构建上海大都市圈。加强南京都市圈与合肥都市圈协同发展，打造东中部区域协调发展的典范。推动杭州都市圈与宁波都市圈的紧密对接和分工合作，实现杭绍甬一体化。

建设宁杭生态经济带，强化南京都市圈与杭州都市圈协调联动。加强淮河生态经济带、大运河文化带建设，发展环太湖生态文化旅游，促进都市圈联动发展。加强都市圈间重大基础设施统筹规划，加快大通道、大枢纽建设，提高城际铁路、高速公路的路网密度。加快建立都市圈间重大事项协调推进机制，探索协同治理新模式。

第三节 促进城乡融合发展

*提高城乡基础设施联通水平。*加快覆盖城乡的公路、电力、天然气、供水、信息、物流和垃圾污水收集处理等基础设施建设，形成联通中心城市、县城、中心镇、中心村的基础设施网络。推动中心区农村公路提档升级、电网升级改造、天然气管网延伸布局、宽带网络建设应用、垃圾污水集中处置，鼓励有条件的县市区建设统一的供水管网，加强农村饮水安全设施建设，提高城乡基础设施互联互通和便捷高效水平。加大苏北、浙西南、皖北等城乡基础设施投入和支持力度，加强大别山革命老区对外联通通道建设，实施农村基础设施补短板工程，提高区域交通通达能力和其他基础设施综合配套水平。

*推动城乡公共服务一体化。*统筹推进城乡公共服务一体化发展，推动城乡公共服务便利共享，提升农村基本公共服务水平。完善统一的城乡居民基本医疗保险和基本养老保险制度，提升农村居民保障水平。优化农村基础教育学校布局，建立城乡教育联合体，推动城乡校长教师轮岗交流，提高农村基础教育整体水平。鼓励县级医院与乡村医疗卫生机构组建县域医疗服务共同体，推动城市大医院与县级医院建立对口支援、巡回医疗和远程医疗制度。加大农村医务人员培训力度，提高农村医疗服务能力。推行城乡社区服务目录制度，促进城乡社区服务标准衔接和区域统筹。

*全面推进人的城镇化。*加快以人为核心的综合配套改革，破除制约人全面发展的体制机制障碍，提升人的城镇化水平。深化户籍制度改革，构建城乡居民身份地位平等的户籍登记制度。推进城镇基本公共服务常住人口全覆盖，提高城市包容性，有序推进农业转移人口市民化。完善适应上海超大城市特点的户籍管理制度和南京、杭州特大城市的积分落户制度，提升中心区其他城市人口集聚能力，全面放开Ⅱ型大城市、中小城市及建制镇的落户限制，有序推动农村人口向条件较好、发展空间较大的城镇、特色小镇和中心村相对集中居住和创业发展。推动城乡人才双向流动，鼓励和引导城市人才回乡创业兴业。

*提升乡村发展品质。*大力实施乡村振兴战略，推动农村一二三产业深度融合，提高农民素质，全面建设美丽乡村。加强农产品质量安全追溯体系建设和区域公用品牌、企业品牌、产品品牌等农业品牌创建，建立区域一体化的农产品展销展示平台，促进农产品加工、休闲农业与乡村旅游和相关配套服务融合发展，发展精而美的特色乡村经济。推广浙江“千村示范、万村整治”工程经验，加快农村人居环境整治，打造农村宜居宜业生产生活生态空间。加强独具自然生态与地域文化风貌特色的古镇名村、居住群落、历史建筑及非物质文化遗产的整体性保护，全面繁荣乡村文化。建立健全党组织领导的自治、法治、德治相结合的乡村治理体系，促进农村社会全面进步。提高农民文化素养，提升农村现代文明水平。

第四节 推进跨界区域共建共享

*推动省际毗邻区域协同发展。*加强跨区域合作，探索省际毗邻区域协同发展新机制。推动宁波前湾沪浙合作发展区、嘉兴全面接轨上海桥头堡建设，打造上海配套功能拓展区和非核心功能疏解承载地。加强浙沪洋山区域合作开发，共同提升国际航运服务功能。支持虹桥—昆山—相城、嘉定—昆山—太仓、金山—平湖、顶山—汊河、浦口—南谯、江宁—博望等省际毗邻区域开展深度合作，加强规划衔接，统筹布局生产生活空间，共享公共服务设施，强化社会治安协同管理，加强重大污染、安全事故等联合管控与应急处置，共同推动跨区域产城融合发展。

共建省际产业合作园区。加强省际产业合作，有序推动产业跨区域转移和生产要素双向流动。推广上海临港、苏州工业园区合作开发管理模式，提升合作园区开发建设和管理水平。继续推进皖江城市带承接产业转移示范区、连云港东中西区域合作示范区、江苏沿海地区发展。加快推进沪苏大丰产业联动集聚区、上海漕河泾新兴技术开发区海宁分区、中新苏滁现代产业合作园、中新嘉善现代产业合作园等一批省际合作园区建设，推动产业深度对接、集群发展。

联合推动跨界生态文化旅游发展。加强跨界江河湖荡、丘陵山地、近海沿岸等自然与人文景观保护开发，在共同保护中开发，在共同开发中保护，形成自然生态优美、文化底蕴深厚、旅游资源充分利用的生活休闲开敞空间。统筹规划建设长江、淮河、大运河和新安江上下游两岸景观，加强环太湖、杭州湾、海洋海岛人文景观协同保护，强化跨界丘陵山地的开发管控和景观协调，加快江南水乡古镇生态文化旅游和皖南国际文化旅游发展，加强浙皖闽赣生态旅游协作，共同打造长三角绿色美丽大花园。

第四章　加强协同创新产业体系建设

深入实施创新驱动发展战略，走“科创＋产业”道路，促进创新链与产业链深度融合，以科创中心建设为引领，打造产业升级版和实体经济发展高地，不断提升在全球价值链中的位势，为高质量一体化发展注入强劲动能。

第一节　构建区域创新共同体

联合提升原始创新能力。加强科技创新前瞻布局和资源共享，集中突破一批卡脖子核心关键技术，联手营造有利于提升自主创新能力的创新生态，打造全国原始创新策源地。加强上海张江、安徽合肥综合性国家科学中心建设，健全开放共享合作机制。推动硬X射线自由电子激光装置、未来网络试验设施、超重力离心模拟与实验装置、高效低碳燃气轮机试验装置、聚变堆主机关键系统综合研究设施等重大科技基础设施集群化发展。优先布局国家重大战略项目、国家科技重大专项，共同实施国际大科学计划和国际大科学工程。加快科技资源共享服务平台优化升级，推动重大科研基础设施、大型科研仪器、科技文献、科学数据等科技资源合理流动与开放共享。

协同推进科技成果转移转化。充分发挥市场和政府作用，打通原始创新向现实生产力转化通道，推动科技成果跨区域转化。加强原始创新成果转化，重点开展新一代信息技术、高端装备制造、生命健康、绿色技术、新能源、智能交通等领域科技创新联合攻关，构建开放、协同、高效的共性技术研发平台，实施科技成果应用示范和科技惠民工程。发挥长三角技术交易市场联盟作用，推动技术交易市场互联互通，共建全球创新成果集散中心。依托现有国家科技成果转移转化示范区，建立健全协同联动机制，共建科技成果转移转化高地。打造长三角技术转移服务平台，实现成果转化项目资金共同投入、技术共同转化、利益共同分享。

共建产业创新大平台。瞄准世界科技前沿和产业制高点，共建多层次产业创新大平台。充分发挥创新资源集聚优势，协同推动原始创新、技术创新和产业创新，合力打造长三角科技创新共同体，形成具有全国影响力的科技创新和制造业研发高地。发挥长三角双创示范基地联盟作用，加强跨区域“双创”合作，联合共建国家级科技成果孵化基地和双创示范基地。加强清华长三角研究院等创新平台建设，共同办好浦江创新论坛、长三角国际创新挑战赛，打造高水平创新品牌。

强化协同创新政策支撑。加大政策支持力度，形成推动协同创新的强大合力。研究制定覆盖长三角全域的全面创新改革试验方案。建立一体化人才保障服务标准，实行人才评价标准互认制度，允许地方高校按照国家有关规定自主开展人才引进和职称评定。加强长三角知识产权联合保护。支持地方探索建立区域创新收益共享机制，鼓励设立产业投资、创业投资、股权投资、科技创新、科技成果转化引导基金。在上海证券交易所设立科创板并试点注册制，鼓励长三角地区高成长创新企业到科创板上市融资。

第二节　加强产业分工协作

共同推动制造业高质量发展。制定实施长三角制造业协同发展规划，全面提升制造业发展水平，按照集群化发展方向，打造全国先进制造业集聚区。围绕电子信息、生物医药、航空航天、高端装备、新材料、节能环保、汽车、绿色化工、纺织服装、智能家电十大领域，强化区域优势产业协作，推动传统产业升级改造，建设一批国家级战略性新兴产业基地，形成若干世界级制造业集群。聚焦集成电路、新型显示、物联网、大数据、人工智能、新能源汽车、生命健康、大飞机、智能制造、前沿新材料十大重点领域，加快发展新能源、智能汽车、新一代移动通信产业，延伸机器人、集成电路产业链，培育一批具有国际竞争力的龙头企业。面向量子信息、类脑芯片、第三代半导体、下一代人工智能、靶向药物、免疫细胞治疗、干细胞治疗、基因检测八大领域，加快培育布局一批未来产业。

合力发展高端服务经济。加快服务业服务内容、业态和商业模式创新，共同培育高端服务品牌，增强服务经济发展新动能。围绕现代金融、现代物流、科技服务、软件和信息服务、电子商务、文化创意、体育服务、人力资源服务、智慧健康养老九大服务业，联合打造一批高水平服务业集聚区和创新平台。在研发设计、供应链服务、检验检测、全球维修、总集成总承包、市场营销、制造数字化服务、工业互联网、绿色节能等领域，大力推动服务业跨界发展。在旅游、养老等领域探索跨区域合作新模式，提高文化教育、医疗保健、养老安老等资源的供给质量和供给效率。积极开展区域品牌提升行动，协同推进服务标准化建设，打造一批展示长三角服务形象的高端服务品牌。

引导产业合理布局。坚持市场机制主导和产业政策引导相结合，完善区域产业政策，强化中心区产业集聚能力，推动产业结构升级，优化重点产业布局和统筹发展。中心区重点布局总部经济、研发设计、高端制造、销售等产业链环节，大力发展创新经济、服务经济、绿色经济，加快推动一般制造业转移，打造具有全球竞争力的产业创新高地。支持苏北、浙西南、皖北和皖西大别山革命老区重点发展现代农业、文化旅游、大健康、医药产业、农产品加工等特色产业及配套产业。充分发挥皖北、苏北粮食主产区综合优势，实施现代农业提升工程，建设长三角绿色农产品生产加工供应基地。建设皖北承接产业转移集聚区，积极承接产业转移。推动中心区重化工业和工程机械、轻工食品、纺织服装等传统产业向具备承接能力的中心区以外城市和部分沿海地区升级转移，建立与产业转移承接地间利益分享机制，加大对产业转移重大项目的土地、融资等政策支持力度。

第三节　推动产业与创新深度融合

加强创新链与产业链跨区域协同。依托创新链提升产业链，围绕产业链优化创新链，促进产业链与创新链精准对接，打造产业链为基础、创新链为引领的产业升级版。聚焦关键共性技术、前沿引领技术、应用型技术，建立政学产研多方参与机制，开展跨学科跨领域协作攻关，形成基础研究、技术开发、成果转化和产业创新全流程创新产业链。支持龙头企业跨区域整合科研院所研究力量，鼓励科研人员深度参与产业创新活动。成立区域产业联盟。综合运用政府采购、首台套政策、技术标准等政策工具，加快科研成果从样品到产品、从产品到商品的转化。

共同培育新技术新业态新模式。推动互联网新技术与产业融合，发展平台经济、共享经济、体验经济，加快形成经济发展新动能。加强大数据、云计算、区块链、物联网、人工智能、卫星导航等新技术研发应用，支持龙头企业联合科研机构建立长三角人工智能等新型研发平台，鼓励有条件的城市开展新一代人工智能应用示范和创新发展，打造全国重要的创新型经济发展高地。率先开展智能汽车测试，实现自动驾驶汽车产业化应用。提升流通创新能力，打造商产融合产业集群和平台经济龙头企业。建设一批跨境电商综合试验区，构建覆盖率和便捷度全球领先的新零售网络。推动数字化、信息化与制造业、服务业融合，发挥电商平台、大数据核心技术和长三角制造网络等优势，打通行业间数据壁垒，率先建立区域性工业互联网平台和区域产业升级服务平台。

第五章　提升基础设施互联互通水平

坚持优化提升、适度超前的原则，统筹推进跨区域基础设施建设，形成互联互通、分工合作、管理协同的基础设施体系，增强一体化发展的支撑保障。

第一节　协同建设一体化综合交通体系

共建轨道上的长三角。加快建设集高速铁路、普速铁路、城际铁路、市域（郊）铁路、城市轨道交通于一体的现代轨道交通运输体系，构建高品质快速轨道交通网。围绕打通沿海、沿江和省际通道，加快沪通铁路一期、商合杭铁路等在建项目建设，推动北沿江高铁、沿江高铁武合宁通道、沪通铁路二期、沪苏湖、通苏嘉甬、杭临绩、沪乍杭、合新、镇宣、宁宣黄、宁扬宁马等规划项目开工建设，推进沿淮、黄山—金华、温武吉铁路、安康（襄阳）—合肥、沪甬、甬台温福、宁杭二通道的规划对接和前期工作，积极审慎开展沪杭等磁悬浮项目规划研究。以都市圈同城化通勤为目标，加快推进城际铁路网建设，推动市域铁路向周边中小城市延伸，率先在都市圈实现公交化客运服务。支持高铁快递、电商快递班列发展。

提升省际公路通达能力。加快省际高速公路建设，对高峰时段拥堵严重的国省道干线公路实施改扩建，形成便捷通达的公路网络。加快推进宁马、合宁、京沪等高速公路改扩建，提升主要城市之间的通行效率。完善过江跨海通道布局，规划建设常泰、龙潭、苏通第二、崇海等过江通道和东海二桥、沪舟甬等跨海通道。滚动实施打通省际待贯通路段专项行动，取消高速公路省界收费站，提升省际公路通达水平。

合力打造世界级机场群。编制实施长三角民航协同发展战略规划，构建分工明确、功能齐全、联通顺畅的机场体系，提高区域航空国际竞争力。巩固提升上海国际航空枢纽地位，增强面向长三角、全国乃至全球的辐射能力。规划建设南通新机场，成为上海国际航空枢纽的重要组成部分。优化提升杭州、南京、合肥区域航空枢纽功能，增强宁波、温州等区域航空服务能力，支持苏南硕放机场建设区域性枢纽机场。完善区域机场协作机制，提升区域航空服务品质。加强航空货运设施建设，加快合肥国际航空货运集散中心、淮安航空货运枢纽建设，规划建设嘉兴航空联运中心。统筹空域资源利用，促进民航、通用航空融合发展。深化低空空域管理改革，加快通用航空发展。

协同推进港口航道建设。推动港航资源整合，优化港口布局，健全一体化发展机制，增强服务全国的能力，形成合理分工、相互协作的世界级港口群。围绕提升国际竞争力，加强沪浙杭州湾港口分工合作，以资本为纽带深化沪浙洋山开发合作，做大做强上海国际航运中心集装箱枢纽港，加快推进宁波舟山港现代化综合性港口建设。在共同抓好长江大保护的前提下，深化沪苏长江口港航合作，苏州（太仓）港建设上海港远洋集装箱运输的喂给港，发展近洋航线集装箱运输。加强沿海沿江港口江海联运合作与联动发展，鼓励各港口集团采用交叉持股等方式强化合作，推动长三角港口协同发展。加快建设长江南京以下江海联运港区、舟山江海联运服务中心、芜湖马鞍山江海联运枢纽、连云港亚欧陆海联运通道、淮河出海通道，规划建设南通通州湾长江集装箱运输新出海口、小洋山北侧集装箱支线码头。完善区域港口集疏运体系，推进重点港区进港铁路规划和建设。加强内河高等级航道网建设，推动长江淮河干流、京杭大运河和浙北高等级航道网集装箱运输通道建设，提高集装箱水水中转比重。

第二节　共同打造数字长三角

协同建设新一代信息基础设施。加快构建新一代信息基础设施，推动信息基础设施达到世界先进水平，建设高速泛在信息网络，共同打造数字长三角。加快推进 5G 网络建设，支持电信运营、制造、IT 等行业龙头企业协同开展技术、设备、产品研发、服务创新及综合应用示范。深入推进 IPv6 规模部署，加快网络和应用升级改造，打造下一代互联网产业生态。统筹规划长三角数据中心，推进区域信息枢纽港建设，实现数据中心和存算资源协同布局。加快量子通信产业发展，统筹布局和规划建设量子保密通信干线网，实现与国家广域量子保密通信骨干网络无缝对接，开展量子通信应用试点。加强长三角现代化测绘基准体系建设，实现卫星导航定位基准服务系统互联互通。

共同推动重点领域智慧应用。大力发展基于物联网、大数据、人工智能的专业化服务，提升各领域融合发展、信息化协同和精细化管理水平。围绕城市公共管理、公共服务、公共安全等领域，支持有条件的城市建设基于人工智能和5G物联的城市大脑集群。加快长三角政务数据资源共享共用，提高政府公共服务水平。支持北斗导航系统率先应用，建设南京位置服务数据中心。推进一体化智能化交通管理，深化重要客货运输领域协同监管、信息交换共享、大数据分析等管理合作。积极开展车联网和车路协同技术创新试点，筹划建设长三角智慧交通示范项目，率先推进杭绍甬智慧高速公路建设。全面推行长三角地区联网售票一网通、交通一卡通，提升区域内居民畅行长三角的感受度和体验度。加强长三角数字流域和智能水网建设。推动智慧广电建设，加快广播电视技术革新与体系重构。加强智慧邮政建设，支持快递服务数字化转型。

合力建设长三角工业互联网。积极推进以"互联网＋先进制造业"为特色的工业互联网发展，打造国际领先、国内一流的跨行业跨领域跨区域工业互联网平台。统筹推进省际之间工业互联网建设，推动企业内外网改造升级，积极参与国家标识解析与标准体系构建。加快建设以跨行业跨领域跨区域平台为主体、企业级平台为支撑的工业互联网平台体系，推动企业上云和工业APP应用，促进制造业资源与互联网平台深度对接。全面建立工业互联网安全保障体系，着力推动安全技术手段研发应用，遴选推广一批创新实用的网络安全试点示范项目。

第三节　协同推进跨区域能源基础设施建设

统筹建设油气基础设施。完善区域油气设施布局，推进油气管网互联互通。编制实施长三角天然气供应能力规划，加快建设浙沪联络线，推进浙苏、苏皖天然气管道联通。加强液化天然气(LNG)接收站互联互通和公平开放，加快上海、江苏如东、浙江温州LNG接收站扩建，宁波舟山LNG接收站和江苏沿海输气管道、滨海LNG接收站及外输管道。实施淮南煤制天然气示范工程。积极推进浙江舟山国际石油储运基地、芜湖LNG内河接收(转运)站建设，支持LNG运输船舶在长江上海、江苏、安徽段开展航运试点。

加快区域电网建设。完善电网主干网架结构，提升互联互通水平，提高区域电力交换和供应保障能力。推进电网建设改造与智能化应用，优化皖电东送、三峡水电沿江输电通道建设，开展区域大容量柔性输电、区域智慧能源网等关键技术攻关，支持安徽打造长三角特高压电力枢纽。依托两淮煤炭基地建设清洁高效坑口电站，保障长三角供电安全可靠。加强跨区域重点电力项目建设，加快建设淮南—南京—上海1000千伏特高压交流输电工程过江通道，实施南通—上海崇明500千伏联网工程、申能淮北平山电厂二期、省际联络线增容工程。

协同推动新能源设施建设。因地制宜积极开发陆上风电与光伏发电，有序推进海上风电建设，鼓励新能源龙头企业跨省投资建设风能、太阳能、生物质能等新能源。加快推进浙江宁海、长龙山、衢江和安徽绩溪、金寨抽水蓄能电站建设，开展浙江磐安和安徽桐城、宁国等抽水蓄能电站前期工作，研究建立华东电网抽水蓄能市场化运行的成本分摊机制。加强新能源微电网、能源物联网、"互联网＋智慧"能源等综合能源示范项目建设，推动绿色化能源变革。

第四节　加强省际重大水利工程建设

以长江为纽带，淮河、大运河、钱塘江、黄浦江等河流为骨干河道，太湖、巢湖、洪泽湖、千岛湖、高邮湖、淀山湖等湖泊为关键节点，完善区域水利发展布局。长江沿线，重点加强崩塌河段整治和长江口综合整治，实施海塘达标提标工程，探索建立长三角区域内原水联动及水资源应急供给机制，提升防洪(潮)和供水安全保障能力。淮河流域，启动实施淮河入海水道二期等淮河治理重大工程，保障淮河防洪排涝安全。太湖流域，实施望虞河拓浚、吴淞江整治、太浦河疏浚、淀山湖综合整治和环太湖大堤加固等治理工程，开展太湖生态清淤试点，形成太湖调蓄、北向长江引排、东出黄浦江供排、南排杭州湾的流域综合治理格局。以巢湖、洪泽湖、高邮湖、淀山湖、华阳湖等湖泊为重点，完善湖泊综合管控体系，加强湖泊上游源头水源涵养保护和水土保持，强化水资源保护与水生态修复。加快实施引江济淮工程，完善引江济太运行机制。

第六章 强化生态环境共保联治

坚持生态保护优先，把保护和修复生态环境摆在重要位置，加强生态空间共保，推动环境协同治理，夯实绿色发展生态本底，努力建设绿色美丽长三角。

第一节 共同加强生态保护

合力保护重要生态空间。切实加强生态环境分区管治，强化生态红线区域保护和修复，确保生态空间面积不减少，保护好长三角可持续发展生命线。统筹山水林田湖草系统治理和空间协同保护，加快长江生态廊道、淮河—洪泽湖生态廊道建设，加强环巢湖地区、崇明岛生态建设。以皖西大别山区和皖南—浙西—浙南山区为重点，共筑长三角绿色生态屏障。加强自然保护区、风景名胜区、重要水源地、森林公园、重要湿地等其他生态空间保护力度，提升浙江开化钱江源国家公园建设水平，建立以国家公园为主体的自然保护地体系。

共同保护重要生态系统。强化省际统筹，加强森林、河湖、湿地等重要生态系统保护，提升生态系统功能。加强天然林保护，建设沿海、长江、淮河、京杭大运河、太湖等江河湖岸防护林体系，实施黄河故道造林绿化工程，建设高标准农田林网，开展丘陵岗地森林植被恢复。实施湿地修复治理工程，恢复湿地景观，完善湿地生态功能。推动流域生态系统治理，强化长江、淮河、太湖、新安江、巢湖等森林资源保护，实施重要水源地保护工程、水土保持生态清洁型小流域治理工程、长江流域露天矿山和尾矿库复绿工程、淮河行蓄洪区安全建设工程、两淮矿区塌陷区治理工程。

第二节 推进环境协同防治

推动跨界水体环境治理。扎实推进水污染防治、水生态修复、水资源保护，促进跨界水体水质明显改善。继续实施太湖流域水环境综合治理。共同制定长江、新安江—千岛湖、京杭大运河、太湖、巢湖、太浦河、淀山湖等重点跨界水体联保专项治理方案，开展废水循环利用和污染物集中处理，建立长江、淮河等干流跨省联防联控机制，全面加强水污染治理协作。加强港口船舶污染物接收、转运及处置设施的统筹规划建设。持续加强长江口、杭州湾等蓝色海湾整治和重点饮用水源地、重点流域水资源、农业灌溉用水保护，严格控制陆域入海污染。严格保护和合理利用地下水，加强地下水降落漏斗治理。

联合开展大气污染综合防治。强化能源消费总量和强度“双控”，进一步优化能源结构，依法淘汰落后产能，推动大气主要污染物排放总量持续下降，切实改善区域空气质量。合力控制煤炭消费总量，实施煤炭减量替代，推进煤炭清洁高效利用，提高区域清洁能源在终端能源消费中的比例。联合制定控制高耗能、高排放行业标准，基本完成钢铁、水泥行业和燃煤锅炉超低排放改造，打造绿色化、循环化产业体系。共同实施细颗粒物（PM2.5）和臭氧浓度“双控双减”，建立固定源、移动源、面源精细化排放清单管理制度，联合制定区域重点污染物控制目标。加强涉气“散乱污”和“低小散”企业整治，加快淘汰老旧车辆，实施国Ⅵ排放标准和相应油品标准。

加强固废危废污染联防联治。统一固废危废防治标准，建立联防联治机制，提高无害化处置和综合利用水平。推动固体废物区域转移合作，完善危险废物产生申报、安全储存、转移处置的一体化标准和管理制度，严格防范工业企业搬迁关停中的二次污染和次生环境风险。统筹规划建设固体废物资源回收基地和危险废物资源处置中心，探索建立跨区域固废危废处置补偿机制。全面运行危险废物转移电子联单，建立健全固体废物信息化监管体系。严厉打击危险废物非法跨界转移、倾倒等违法犯罪活动。

第三节 推动生态环境协同监管

完善跨流域跨区域生态补偿机制。建立健全开发地区、受益地区与保护地区横向生态补偿机制，探索建立污染赔偿机制。在总结新安江建立生态补偿机制试点经验的基础上，研究建立跨流域生态补偿、污染赔偿标准和水质考核体系，在太湖流域建立生态补偿机制，在长江流域开展污染赔偿机制试点。积极开展重要湿地生态补偿，探索建立湿地生态效益补偿制度。在浙江丽水开展生态产品价值实现机制试点。建设新安江—千岛湖生态补偿试验区。

健全区域环境治理联动机制。强化源头防控，加大区域环境治理联动，提升区域污染防治的科学化、精细化、一体化水平。统一区域重污染天气应急启动标准，开展区域应急联动。加强排放标准、产品标准、环保规范和执法规范对接，联合发布统一的区域环境治理政策法规及标准规范，积极开展联动执法，创新跨区域联合监管模式。强化环境突发事件应急管理，建立重点区域环境风险应急统一管理平台，提高突发事件处理能力。探索建立跨行政区生态环境基础设施建设和运营管理的协调机制。充分发挥相关流域管理机构作用，强化水资源统一调度、涉水事务监管和省际间水事协调。发挥区域空气质量监测超级站作用，建设重点流域水环境综合治理信息平台，推进生态环境数据共享和联合监测，防范生态环境风险。

第七章　加快公共服务便利共享

坚持以人民为中心，加强政策协同，提升公共服务水平，促进社会公平正义，不断满足人民群众日益增长的美好生活需要，使一体化发展成果更多更公平惠及全体人民。

第一节　推进公共服务标准化便利化

建立基本公共服务标准体系。全面实施基本公共服务标准化管理，以标准化促进基本公共服务均等化、普惠化、便捷化。统筹考虑经济社会发展水平、城乡居民收入增长等因素，逐步提升基本公共服务保障水平，增加保障项目，提高保障标准。开展基本公共服务保障区域协作联动，确保覆盖全体居民。

提升公共服务便利化水平。创新跨区域服务机制，推动基本公共服务便利共享。建立异地就医直接结算信息沟通和应急联动机制，完善住院费用异地直接结算，开展异地就医门急诊医疗费用直接结算试点工作。加强基本公共卫生服务合作，推动重大传染病联防联控。推进社会保险异地办理，开展养老服务补贴异地结算试点，促进异地养老。实施民生档案跨区查档服务项目，建立互认互通的档案专题数据标准体系。探索构建长三角区域基本公共服务平台，促进居民异地享受基本公共服务并便捷结算，推动实现资源均衡分布、合理配置。

第二节　共享高品质教育医疗资源

推动教育合作发展。协同扩大优质教育供给，促进教育均衡发展，率先实现区域教育现代化。研究发布统一的教育现代化指标体系，协同开展监测评估，引导各级各类学校高质量发展。依托城市优质学前教育、中小学资源，鼓励学校跨区域牵手帮扶，深化校长和教师交流合作机制。推动大学大院大所全面合作、协同创新，联手打造具有国际影响的一流大学和一流学科。鼓励沪苏浙一流大学、科研院所到安徽设立分支机构。推动高校联合发展，加强与国际知名高校合作办学，打造浙江大学国际联合学院、昆山杜克大学等一批国际合作教育样板区。共同发展职业教育，搭建职业教育一体化协同发展平台，做大做强上海电子信息、江苏软件、浙江智能制造、安徽国际商务等联合职业教育集团，培养高技能人才。

打造健康长三角。优化配置医疗卫生资源，大力发展健康产业，持续提升人民健康水平。推动大中城市高端优质医疗卫生资源统筹布局，采取合作办院、设立分院、组建医联体等形式，扩大优质医疗资源覆盖范围。共建以居民健康档案为重点的全民健康信息平台和以数字化医院为依托的医疗协作系统，实现双向转诊、转检、会诊、联网挂号等远程医疗服务。逐步建立统一的急救医疗网络体系，实现急救信息共享和急救网络连通。依托优质医疗资源、现代医药产业、养老产业，制定区域产业资本和品牌机构进入当地养老市场指引，培育养老从业人员专业化市场，支持民营养老机构发展。建设一批国际知名的健康医疗服务、养生养老基地。推动跨区域体育资源共享、信息互通、项目合作和人才交流培养，建立长三角体育产业联盟，推动群众体育、竞技体育和体育产业协调发展。

第三节　推动文化旅游合作发展

共筑文化发展高地。加强文化政策互惠互享，推动文化资源优化配置，全面提升区域文化创造力、竞争力和影响力。加强革命文物保护利用，弘扬红船精神，继承发展优秀传统文化，共同打造江南文化等区域特色文化品牌。构建现代文化产业体系，推出一批文化精品工程，培育一批文化龙头企业。继续办好长三角国际文化产业博览会，集中展示推介长三角文化整体形象。加强广播电视产业跨区域合作发展。推动美术馆、博物馆、图书馆和群众文化场馆区域联动共享，实现城市阅读一卡通、公共文化服务一网通、公共文化联展一站通、公共文化培训一体化。加强重点文物、古建筑、非物质文化遗产保护合作交流，联合开展考古研究和文化遗产保护。

共建世界知名旅游目的地。深化旅游合作，统筹利用旅游资源，推动旅游市场和服务一体化发展。依托长江、沿海、域内知名河流、名湖、名山、名城等特色资源，共同打造一批具有高品质的休闲度假旅游区和世界闻名的东方度假胜地。联合开展旅游主题推广活动，推出杭黄国际黄金旅游线等精品线路和特色产品。依托高铁网络和站点，推出“高铁＋景区门票”“高铁＋酒店”等快捷旅游线路和产品。整合区域内红色旅游资源，开发互联互通的红色旅游线路。建设旅游信息库，建立假日旅游、旅游景区大客流预警等信息联合发布机制。探索推出“畅游长三角”“惠民一卡通”“旅游护照”等产品，改善游客旅游体验。

第四节　共建公平包容的社会环境

推进社会治理共建共治共享。加强和创新社会治理，提高社会化、法治化、智能化、专业化水平，共同建设平安长三角。制定出台区域社会治理地方性法规和政府规章，建立覆盖全体居民的公共法律服务体系。加强城市管理和社会治安防控体系建设，建立城市公共安全风险防控标准体系和规划体系。健全区域性重大灾害事故联防联控机制，完善总体应急预案及相关专项预案。加强跨地区跨部门的业务协同、信息共享、应急演练，推进重点城市和都市圈防灾减灾救灾一体化、同城化。建立健全基层社会治理网络，全域推广网格化服务管理。建立健全安全生产责任体系和联动长效机制，有效防范和坚决遏制重特大安全生产事故发生。深化文明城市、文明乡镇、文明村庄创建，倡导文明礼仪新风，共同提升区域文明程度。

合力营造良好就业创业环境。健全就业创业服务体系，促进人力资源高效配置，提高就业创业水平。制定相对统一的人才流动、吸引、创业等政策，构建公平竞争的人才发展环境。实施有针对性的项目和计划，帮助高校毕业生、农民工、退役军人等重点群体就业创业。联合开展大规模职业技能培训，提高劳动者就业创业能力。加强劳动保障监察协作，强化劳动人事争议协同处理，建立拖欠农民工工资“黑名单”共享和联动惩戒机制。成立区域公共创业服务联盟，开展长三角创新创业大赛，打造公共创业服务品牌。推动市级层面开展“双结对”合作，共促创业型城市（区）建设。

打造诚信长三角。推动诚信记录共享共用，健全诚信制度，建立重点领域跨区域联合奖惩机制，不断提升各类主体的诚信感受度。加强信用建设区域合作，优化区域整体信用环境。聚焦公共服务、食品药品安全、城市管理、全域旅游、生态环保、安全生产等领域，实行失信行为标准互认、信息共享互动、惩戒措施路径互通的跨区域信用联合惩戒制度。建设长三角公共信用信息共享平台，与全国信用信息共享平台实现信息交换共享。推动信用服务领域供给侧改革，培育一批专业化、特色化信用骨干服务机构，打造一批区域性信用服务产业基地。

第八章　推进更高水平协同开放

以“一带一路”建设为统领，在更高层次、更宽领域，以更大力度协同推进对外开放，深化开放合作，优化营商环境，构建开放型经济新体制，不断增强国际竞争合作新优势。

第一节　共建高水平开放平台

协力办好中国国际进口博览会。高水平举办中国国际进口博览会，打造规模更大、质量更优、创新更强、层次更高、成效更好的世界一流博览会。加强综合服务、专业贸易等线下展示交易平台建设，联合打造海外投资和专业服务平台。强化进口博览会参展商对接服务，推进招商引资项目协同，共同策划和开展贸易投资配套活动。加强进口商品通关便利化协同，强化安保、环境、交通等各项保障。加强长三角地区各类品牌展会和相关贸易投资活动协调联动，提升整体效果和影响力。

打造虹桥国际开放枢纽。推动虹桥地区高端商务、会展、交通功能深度融合，建设中央商务区和国际贸易中心新平台，进一步增强服务长三角、联通国际的枢纽功能。全面提升虹桥综合交通枢纽管理水平，完善联通浦东机场和苏浙皖的轨道交通体系，优化拓展虹桥机场国际航运服务功能。加快建设虹桥进口商品展示交易中心、虹桥海外贸易中心、长三角区域城市展示中心、长三角电子商务中心等功能性平台，聚焦发展总部经济、创新经济、商务会展等现代服务业。加快提升教育、医疗、文化等优质公共服务能力，提高对国际人才和企业的综合服务水平。

共同构建数字化贸易平台。积极对接全球电子商务新模式新规则新标准，联合加强数字化贸易平台建设，加强跨境电商国际合作，推动国际贸易制度创新、管理创新、服务创新。加快上海、南京、杭州、合肥、宁波、苏州、无锡、义乌跨境电子商务综合试验区建设，合力打造全球数字贸易高地。加快义乌国际贸易综合改革试验区建设。推动外贸业务流程改造和各环节数据共享，促进贸易监管数字化转型、便利化发展。

加强国际合作园区建设。“引进来”和“走出去”并重，加快推进国际产业双向合作，实现互利共赢、共同发展。依托上海国际大都市和南京、杭州、合肥等中心城市，高水平打造国际组织和总部经济聚集区。依托经济技术开发区、高新技术产业开发区等各类开发区，加快建设中韩（盐城）产业园、中意宁波生态园、中德（合肥）合作智慧产业园及太仓、芜湖、嘉兴等中德中小企业合作区。加快推进中国（宁波）“16＋1”经贸合作示范区建设，深化与中东欧国家的投资贸易合作。依托重大国际产能合作项目和对外投资聚集区，稳步推进建设中阿（联酋）产能合作示范园、泰国泰中罗勇工业园、莫桑比克贝拉经贸合作区等一批境外园区，支持国内企业组团出海。支持企业按市场化法治化原则在拉美、非洲、中东欧等地区科学合理地建设境外园区，打造一批高水平国际研究机构和海外产业创新服务综合体。

第二节　协同推进开放合作

推动重点领域开放合作。进一步扩大制造业、服务业、农业领域对外开放，逐步放宽市场准入，不断提升协同开放合作水平。降低汽车、飞机、船舶、装备、电子信息、新材料、新能源等行业进入门槛，积极招引全球500强和行业龙头企业，共同开拓建立全球创新链、产业链、供应链。加快金融市场对外开放，逐步放宽银行业外资市场准入。加大交易所债券市场对外开放，支持境外机构在交易所发行人民币债券，引入境外机构投资者直接投资交易所债券，研究推进基于沪港通的债券市场互联互通。积极引进境外专业服务行业，有序推进服务贸易创新发展试点，完善跨境交付、境外消费、自然人模式下服务贸易准入制度，提升服务贸易自由化便利化水平。加快服务外包产业转型升级，建设具有国际竞争优势的服务外包产业高地。适度增加国内紧缺农产品进口，积极引进国际现代农业先进生产技术和经营管理方式，不断提升农业国际竞争力。

共同提升对外投资合作水平。稳步扩大对外投资，进一步优化结构、拓展布局、创新方式、提升水平，共同推动对外投资可持续高质量发展。加强优势产能、油气矿产开发等领域国际合作，扩大商务服务、先进制造、批发零售、金融服务、境外并购等对外投资，提升工程承包合作水平，加快技术、装备、服务和标准走出去。加强国际对接合作，在对外投资相对密集国家和地区，布局建设一批集物流集散、加工制造、展示展销、信息资讯等多功能于一体的境外系列服务站。依托长三角一体化对外投资合作发展联盟，携手打造面向全球的综合服务平台，鼓励企业联合走出去。共同推进境外安全保障体系建设，增强风险防范能力。

深化国际人文合作。加强多层次多领域国际人文交流，着力打造国际人文交流汇聚地。办好世界互联网大会、世界智能制造大会、世界制造业大会、联合国世界地理信息大会、第十九届亚运会等重大国际会议展会，开展系列重大国际文化、旅游、体育赛事等活动。联合开展具有长三角品牌特色的海外经济文化交流活动，推动优秀文化、文学作品、影视产品走出去。深化科技、教育、医疗等国际合作，提升国际友城合作水平，加强高端智库国际交流。发挥华侨华商资本、人脉等资源优势，扩大民间交往、深化民心沟通。

第三节　合力打造国际一流营商环境

加快大通关一体化。深化口岸合作，加强协调对接，提升通关一体化水平。加快建设具有国际先进水平的国际贸易“单一窗口”，推动港航物流信息接入，实现物流和监管等信息的全流程采集。建立进出口商品全流程质量安全溯源管理平台，开发信息化电子标签，整合生产、监测、航运、通关数据共享和业务协同，实现全链条监管。统筹区域内中欧班列资源，提高班列双向常态化运行质量效益。

共同打造国际一流市场环境。全面对接国际高标准市场规则体系，打造稳定、公平、透明、可预期的市场环境。提升外商投资管理和服务水平，全面实施外商投资准入前国民待遇加负面清单管理制度，放宽外资准入限制，健全事中事后监管体系。共同加强国际知识产权保护，加大侵权违法行为联合惩治力度，协同开展执法监管。建立健全外商投资企业投诉工作机制，保障外国投资者和外商投资企业合法权益。

完善国际人才引进政策。加大国际人才招引政策支持力度，大力引进海外人才，提升国际高端要素集聚能力。推动国际人才认定、服务监管部门信息互换互认，确保政策执行一致性。总结推广张江国家自主创新示范区国际人才试验区经验，稳步开展外国人永久居留、外国人来华工作许可、出入境便利服务、留学生就业等政策试点。推进国际社区建设，完善国际学校、国际医院等配套公共服务，提高国际人才综合服务水平。

第九章 创新一体化发展体制机制

坚持全面深化改革，坚决破除制约一体化发展的行政壁垒和体制机制障碍，建立统一规范的制度体系，形成要素自由流动的统一开放市场，为更高质量一体化发展提供强劲内生动力。

第一节 建立规则统一的制度体系

健全政策制定协同机制。建立重点领域制度规则和重大政策沟通协调机制，提高政策制定统一性、规则一致性和执行协同性。全面实施全国市场准入负面清单，实行统一的市场准入制度。加强政策协同，在企业登记、土地管理、环境保护、投融资、财税分享、人力资源管理、公共服务等政策领域建立政府间协商机制，根据达成一致的意见形成协同方案，由各级政府依据协同方案制定相关政策措施。建立统一规则，规范招商引资和人才招引政策。提高政策执行的协同性，强化环境联防联控、食品安全监管、知识产权保护等领域的执法联动。

建立标准统一管理制度。加强长三角标准领域合作，加快推进标准互认，按照建设全国统一大市场要求探索建立区域一体化标准体系。协同建立长三角区域标准化联合组织，负责区域统一标准的立项、发布、实施、评价和监督。在农产品冷链物流、环境联防联治、生态补偿、基本公共服务、信用体系等领域，先行开展区域统一标准试点。推进地区间标准互认和采信，推动检验检测结果互认，实现区域内重点标准目录、具体标准制定、标准实施监管三协同，建立层次分明、结构合理的区域协同标准体系。

第二节 促进要素市场一体化

共建统一开放人力资源市场。加强人力资源协作，推动人力资源、就业岗位信息共享和服务政策有机衔接、整合发布，联合开展就业洽谈会和专场招聘会，促进人力资源特别是高层次人才在区域间有效流动和优化配置。加强面向高层次人才的协同管理，探索建立户口不迁、关系不转、身份不变、双向选择、能出能进的人才柔性流动机制。联合开展人力资源职业技术培训，推动人才资源互认共享。

加强各类资本市场分工协作。加快金融领域协同改革和创新，促进资本跨区域有序自由流动。完善区域性股权市场。依法合规扩大发行企业债券、绿色债券、自贸区债券、创新创业债券。推动建立统一的抵押质押制度，推进区域异地存储、信用担保等业务同城化。联合共建金融风险监测防控体系，共同防范化解区域金融风险。鼓励地方政府联合设立长三角一体化发展投资专项资金，主要用于重大基础设施建设、生态经济发展、盘活存量低效用地等投入。支持符合监管政策的地方法人银行在上海设立营运中心。支持上交所在长三角设立服务基地，搭建企业上市服务平台。

建立城乡统一的土地市场。推动土地要素市场化配置综合改革，提高资源要素配置效能和节约集约利用水平。深化城镇国有土地有偿使用制度改革，扩大土地有偿使用范围，完善城乡建设用地增减挂钩政策，建立健全城镇低效用地再开发激励约束机制和存量建设用地退出机制。建立城乡统一的建设用地市场，探索宅基地所有权、资格权、使用权“三权分置”改革，依法有序推进集体经营性建设用地入市，开展土地整治机制政策创新试点。用好跨省补充耕地国家统筹机制，支持重点项目建设。按照国家统筹、地方分担的原则，优先保障跨区域重大基础设施项目、生态环境工程项目所涉及新增建设用地和占补平衡指标。

完善跨区域产权交易市场。推进现有各类产权交易市场联网交易，推动公共资源交易平台互联共享，建立统一信息发布和披露制度，建设长三角产权交易共同市场。培育完善各类产权交易平台，探索建立水权、排污权、知识产权、用能权、碳排放权等初始分配与跨省交易制度，逐步拓展权属交易领域与区域范围。建立统一的技术市场，实行高技术企业与成果资质互认制度。加强产权交易信息数据共享，建立安全风险防范机制。

第三节　完善多层次多领域合作机制

建立健全重点领域合作机制。加强地方立法、政务服务等领域的合作，形成有效的合作体制机制，全面提升合作水平。建立地方立法和执法工作协同常态化机制，推动重点区域、重点领域跨区域立法研究，共同制定行为准则，为长三角一体化发展提供法规支撑和保障。共同推进数字政府建设，强化公共数据交换共享，构建跨区域政务服务网，加快实现民生保障和企业登记等事项"一地受理、一次办理"。建立健全长三角一体化发展的指标体系、评价体系、统计体系和绩效考核体系。

建立各类市场主体协同联动机制。充分发挥市场机制的作用，进一步释放市场主体活力和创造力。深化国资国企改革，积极稳妥推进国有企业混合所有制改革，加强国资运营平台跨区域合作。优化民营经济发展环境，鼓励民营经济跨区域并购重组和参与重大基础设施建设，促进民营经济高质量发展。支持浙江温州、台州开展跨区域发展政策协同试验，为民营经济参与长三角一体化发展探索路径。鼓励行业组织、商会、产学研联盟等开展多领域跨区域合作，形成协同推进一体化发展合力。

建立区域间成本共担利益共享机制。充分发挥区域协调机制的作用，提升一体化发展水平。探索建立跨区域产业转移、重大基础设施建设、园区合作的成本分担和利益共享机制，完善重大经济指标协调划分的政府内部考核制度，调动政府和市场主体积极性。探索建立区域互利共赢的税收利益分享机制和征管协调机制，促进公平竞争。探索建立区域投资、税收等利益争端处理机制，形成有利于生产要素自由流动和高效配置的良好环境。

第十章　高水平建设长三角生态绿色一体化发展示范区

加快长三角生态绿色一体化发展示范区建设，在严格保护生态环境的前提下，率先探索将生态优势转化为经济社会发展优势、从项目协同走向区域一体化制度创新，打破行政边界，不改变现行的行政隶属关系，实现共商共建共管共享共赢，为长三角生态绿色一体化发展探索路径和提供示范。

第一节　打造生态友好型一体化发展样板

探索生态友好型高质量发展模式。坚持绿色发展、集约节约发展。沪苏浙共同制定实施示范区饮用水水源保护法规，加强对淀山湖、太浦河等区域的保护。建立严格的生态保护红线管控制度，对生态保护红线以外区域制定严格的产业准入标准，从源头上管控污染源。共同建立区域生态环境和污染源监控的平台，统一监管执法。提升淀山湖、元荡、汾湖沿线生态品质，共建以水为脉、林田共生、城绿相依的自然生态格局。切实加强跨区域河湖水源地保护，打造生态品牌，实现高质量发展。

推动改革创新示范。积极探索深入落实新发展理念、一体化制度率先突破、深化改革举措系统集成的路径，充分发挥其在长三角一体化发展中的示范引领作用。坚持把一体化发展融入创新、协调、绿色、开放、共享发展中，实现共商共建共治共享共赢；打破行政壁垒，聚焦一体化制度创新，建立有效管用的一体化发展新机制；系统集成改革举措，增强改革的系统性、整体性、协同性，放大改革效应，为长三角地区全面深化改革、实现高质量一体化发展提供示范。

第二节　创新重点领域一体化发展制度

统一规划管理。创新规划编制审批模式，探索建立统一编制、联合报批、共同实施的规划管理体制。统一编制长三角生态绿色一体化发展示范区总体方案，按程序报批实施。地方依据总体方案共同编制国土空间规划和控制性详规，联合按程序报批。各类专项规划由沪苏浙共同编制、共同批准、联合印发。逐级落实划定生态保护红线、永久基本农田保护线、城镇开发边界和文化保护控制线，建立覆盖全域的“四线”管控体系。加快建立统一的规划实施信息平台，推进各类规划实施的有效衔接和信息共享。

统筹土地管理。加强土地统一管理，探索建立跨区域统筹用地指标、盘活空间资源的土地管理机制。建立统一的建设用地指标管理机制。建立建设用地收储和出让统一管理机制，统筹平衡年度土地收储和出让计划。依法推进农村集体经营性建设用地使用权出让、租赁、入股，实行与国有土地同等入市、同权同价，盘活区内土地存量。

建立要素自由流动制度。统一企业登记标准，实行企业登记无差别办理。为区内企业提供全生命周期服务，允许区内企业自由选择注册地名称，建立区内企业自由迁移服务机制。加强区内企业诚信管理，建立公共信用联合奖惩机制。打破户籍、身份、人事关系等限制，实行专业技术任职资格、继续教育证书、外国人工作证等互认互准制度。建立技术创新成果市场交易平台，制定统一的成果转移转化支持政策，实现区内技术创新成果转化的市场化配置。

创新财税分享机制。理顺利益分配关系，探索建立跨区域投入共担、利益共享的财税分享管理制度。推进税收征管一体化，实现地方办税服务平台数据交互，探索异地办税、区域通办。研究对新设企业形成的税收增量属地方收入部分实行跨地区分享，分享比例按确定期限根据因素变化进行调整。建立沪苏浙财政协同投入机制，按比例注入开发建设资本金，统筹用于区内建设。

协同公共服务政策。加强与国家基本公共服务标准和制度衔接，研究编制区内基本公共服务项目清单，建立部分基本公共服务项目财政支出跨区域结转机制。建立区内公共服务便捷共享制度，推进实施统一的基本医疗保险政策，逐步实现药品目录、诊疗项目和医疗服务设施目录的统一。探索组建跨区域医疗联合体，建立区内居民在医疗联合体范围内就医的绿色通道。完善医保异地结算机制，逐步实现异地住院、急诊、门诊直接结算。统筹学区资源，逐步实现教育均等化。鼓励老人异地养老，实现市民卡及老人卡互认互用。鼓励知名品牌养老服务机构在区内布局设点或托管经营，建立跨区域养老服务补贴制度。建立居民服务一卡通，在交通出行、旅游观光、文化体验等方面率先实现"同城待遇"。按可达性统筹120服务、110服务范围，统一使用021电信区号。

第三节　加强改革举措集成创新

系统集成重大改革举措。党的十八大以来党中央明确的全面深化改革举措，允许在区内系统集成，集中落实，建设改革新高地。率先推动实施高质量发展的指标体系、政策体系、标准体系、统计体系、绩效评价及政绩考核体系。复制推广沪苏浙改革创新试点经验，加快上海和浙江自由贸易试验区、上海全球科创中心建设、浙江国家信息经济示范区、嘉善县域科学发展示范点、江苏国家新型城镇化综合改革试点、苏州工业园区构建开放型经济新体制综合试点试验等制度创新成果的集成落实。

全面强化制度政策保障。成立高层级决策协调机制、高效率的开发建设管理机构、市场化运作的开发建设平台公司，负责示范区改革创新和开放建设的统筹协调。在政府债务风险可控前提下，加大对地方政府债券发行的支持力度，中央分配新增地方政府债券额度向示范区倾斜。支持开展土地综合整治，在基本农田总量不减、质量不降、结构优化的前提下完善空间布局。制定实施特殊的人才政策，按照党中央、国务院统一部署探索统筹使用各类编制资源的有效途径，赋予更大用人自主权。

第四节　引领长三角一体化发展

加快复制推广示范区一体化发展制度经验，按照中心区、全域、全国推广层次，定期形成推广清单并按程序报批。充分发挥示范区引领带动作用，提升上海虹桥商务区服务功能，引领江苏苏州、浙江嘉兴一体化发展，构建更大范围区域一体的创新链和产业链。充分发挥示范区人才高地的溢出效应，实现各类高端人才与周边区域的流动共享。依托示范区高品质的生态和人居环境，为周边区域集聚企业、加快经济发展提供有力支撑。

第十一章　高标准建设上海自由贸易试验区新片区

加快中国(上海)自由贸易试验区新片区建设,以投资自由、贸易自由、资金自由、运输自由、人员从业自由等为重点,推进投资贸易自由化便利化,打造与国际通行规则相衔接、更具国际市场影响力和竞争力的特殊经济功能区。

第一节　打造更高水平自由贸易试验区

强化开放型经济集聚功能。在上海大治河以南、金汇港以东以及小洋山岛、浦东机场南侧区域设置新片区,先行启动面积控制在120平方公里以内。重点发展跨国公司地区运营管理、订单中心、结算中心等总部经济,积极发展生物医药、集成电路、工业互联网、高端装备制造业等前沿产业,大力发展大宗商品、金融服务、数字贸易等新型国际贸易,推动统筹国际业务、跨境金融服务、前沿科技研发、跨境服务贸易等功能集聚。

实施特殊开放政策。对标国际上公认的竞争力最强的自由贸易园区,选择国家战略需要、国际市场需求大、对开放度要求高但其他地区尚不具备实施条件的重点领域,实施具有较强国际市场竞争力的开放政策和制度,加大开放型经济的风险压力测试。推进投资贸易自由化便利化,实现区内与境外之间的投资经营便利、货物自由进出、资金流动便利、运输高度开放、人员自由执业、信息快捷联通,打造更具国际市场影响力和竞争力的特殊经济功能区。

第二节　推进投资贸易自由化便利化

实行投资自由。借鉴国际上自由贸易园区的通行做法,实施外商投资安全审查制度,进一步减少投资限制。实施更加便利的商事制度,完善外资企业投资服务体系,放宽外资企业注册资本、投资方式等限制,促进各类市场主体公平竞争。

实行贸易自由。取消不必要的贸易监管、许可和程序要求,实行高标准的货物贸易便利化和服务贸易自由化。对境外抵离海关围网区域的货物,探索实施以安全监管为主、更高水平贸易自由化便利化监管模式,提高口岸监管服务效率,增强国际中转集拼枢纽功能。推进服务贸易自由化,加快文化服务、技术产品、信息通讯、医疗健康等资本技术密集型服务贸易发展,创新跨境电商服务模式,鼓励跨境电商企业在区内建立国际配送平台,允许具有境外职业资格的金融、建筑、规划、专利代理等服务领域专业人才经备案后为区内企业提供专业服务。

实行资金自由。在风险可控的前提下,按照法律法规规定,借鉴国际通行的金融监管规则,进一步简化优质企业跨境人民币业务办理流程,推动跨境金融服务便利化。探索区内资本自由流入流出和自由兑换。支持区内企业参照国际通行规则依法合规开展跨境金融活动,在依法合规、风险可控、商业可持续的前提下支持金融机构为区内企业提供跨境金融服务。

实行国际运输自由。提升拓展全球枢纽港功能,在沿海捎带、国际船舶登记、国际航权开放等方面加强探索,提高对国际航线、货物资源的集聚和配置能力。进一步完善启运港退税相关政策,优化监管流程,扩大中资方便旗船沿海捎带政策实施效果,研究在对等原则下外籍国际航行船舶开展以洋山港为国际中转港的外贸集装箱沿海捎带业务。推动浦东机场与"一带一路"国家(地区)扩大包括第五航权在内的航权安排,吸引相关国家(地区)航空公司开辟经停航线。

实行人员从业自由。放宽现代服务业高端人才从业限制,在人员出入境、外籍人才永久居留等方面实施更加开放便利的政策措施。建立外国人在区内工作许可制度和人才签证制度,提高外籍高端人才参与创新创业的出入境和停居留便利化程度。为外籍人才申请永久居留提供便利。探索实施外籍人员配额管理制度，为区内注册企业急需的外国人才提供更加便利的服务。

提升网络信息服务能力。建设完备的国际通信设施，加快5G、云计算、物联网等新一代信息基础设施建设，提升区内宽带接入能力、网络服务质量和应用水平。

第三节　完善配套制度和监管体系

创新税制安排。探索实施具有国际竞争力的税收制度安排。对境外进入海关围网区内的货物、海关围网区内企业之间的货物交易和服务实行特殊的税收政策。扩大新片区服务出口增值税政策适用范围，研究适当的支持境外投资和离岸业务发展的新片区税收政策。在新片区集成电路、人工智能、生物医药等重点产业领域的关键环节，研究税收支持政策。

建立健全风险安全监管体系。以风险防控为底线，分类监管、协同监管、智能监管为基础，全面提升风险防范和安全监管水平。高标准建设智能化监管基础设施，实现监管信息互联互认共享。强化边界安全，守住"一线"国门安全、"二线"经济社会安全。加强信用分级管理，按照"守法便利"原则，把信用等级作为区内企业享受优惠政策和制度便利的重要依据。对金融、知识产权、生产安全、人员进出、反恐怖、反洗钱等重点领域，实施严格监管、精准监管、有效监管。

第四节　带动长三角新一轮改革开放

定期总结评估新片区在投资管理、贸易监管、金融开放、人才流动、运输管理、风险管控等方面的制度经验，制定推广清单，明确推广范围和监管要求，按程序报批后有序推广实施。加强自由贸易试验区与海关特殊监管区域、经济技术开发区联动，放大自由贸易试验区辐射带动效应。

第十二章 推进规划实施

加强党对长三角一体化发展的领导，明确各级党委和政府职责，建立健全实施保障机制，确保规划纲要主要目标和任务顺利实现。

第一节 加强党的集中统一领导

坚定不移加强党的全面领导，增强“四个意识”，坚定“四个自信”，做到“两个维护”。充分发挥党总揽全局、协调各方的领导核心作用，把党的领导始终贯穿长三角一体化发展的全过程。切实加强党对长三角一体化发展的领导，涉及的重大事项决策、重大规划制定和调整必须报党中央、国务院审定。充分发挥党的各级组织在推进长三角一体化发展中的领导作用和战斗堡垒作用，激励干部担当作为，全面调动各级干部干事创业的积极性、主动性、创造性，为实现规划纲要目标任务提供坚强的领导保障。

第二节 强化组织协调

长三角一体化发展是新时代党中央、国务院确定的重大战略。各级党委和政府要认真贯彻党中央、国务院战略部署，履行好本级党委和政府职责，激发各类主体的活力和创造力，组织动员全社会力量落实规划纲要，形成推动长三角一体化发展的强大合力。成立推动长三角一体化发展领导小组，统筹指导和综合协调长三角一体化发展战略实施，研究审议重大规划、重大政策、重大项目和年度工作安排，协调解决重大问题，督促落实重大事项，全面做好长三角一体化发展各项工作。领导小组办公室设在国家发展改革委，承担领导小组日常工作。

第三节 健全推进机制

上海市、江苏省、浙江省、安徽省作为推进长三角一体化发展的责任主体，要明确工作分工，完善工作机制，落实工作责任，制定具体行动计划和专项推进方案，把规划纲要确定的各项任务落到实处。要完善三级运作、统分结合的长三角区域合作机制。建立市场化、社会化推进机制，设立一批跨区域一体化运作的轨道交通、发展银行和社会组织管理等专业推进机构。各有关部门要按照职责分工，加强对规划纲要实施的指导，在相关专项规划编制、重大政策制定、重大项目安排、重大体制创新方面予以积极支持。

第四节 建立1＋N规划政策体系

领导小组办公室要会同三省一市和有关部门，依据本规划纲要，抓紧组织编制基础设施互联互通、科创产业协同发展、城乡区域融合发展、生态环境共同保护、公共服务便利共享等专项规划，组织制定实施长三角生态绿色一体化发展示范区总体方案、中国（上海）自由贸易试验区新片区建设方案，研究出台创新、产业、人才、投资、金融等配套政策和综合改革措施，推动形成1＋N的规划和政策体系。

第五节 抓好督促落实

在推动长三角一体化发展领导小组的直接领导下，领导小组办公室要加强规划纲要实施的跟踪分析、督促检查、综合协调和经验总结推广，全面了解规划纲要实施情况和效果，适时组织开展评估，协调解决实施中存在的问题，及时总结可复制可推广的政策措施。重大问题及时向党中央、国务院报告。完善规划实施的公众参与机制，广泛听取社会各界的意见和建议，营造全社会共同推动长三角一体化发展的良好氛围。

长三角生态绿色一体化发展示范区总体方案

推动长江三角洲区域一体化发展，是习近平总书记亲自谋划、亲自部署、亲自推动的重大战略。建设长三角生态绿色一体化发展示范区（以下简称“一体化示范区”）是实施长三角一体化发展战略的先手棋和突破口。一体化示范区范围包括上海市青浦区、江苏省苏州市吴江区、浙江省嘉兴市嘉善县（以下简称“两区一县”），面积约2300平方公里（含水域面积约350平方公里）。推进一体化示范区建设，有利于集中彰显长三角地区践行新发展理念、推动高质量发展的政策制度与方式创新，率先实现质量变革、效率变革、动力变革，更好引领长江经济带发展；有利于率先将生态优势转化为经济社会发展优势，探索生态友好型发展模式；有利于率先探索从区域项目协同走向区域一体化制度创新，不破行政隶属、打破行政边界，实现共商、共建、共管、共享、共赢。为贯彻落实《长江三角洲区域一体化发展规划纲要》，高起点规划、高水平建设一体化示范区，特制定本方案。

一、总体要求

（一）指导思想

以习近平新时代中国特色社会主义思想为指导，全面贯彻党的十九大和十九届二中、三中全会精神，坚持稳中求进工作总基调，坚持新发展理念，坚持推动高质量发展，坚持以供给侧结构性改革为主线，坚持深化市场化改革、扩大高水平开放，发挥中央和地方两个积极性，加大改革创新力度，集中落实、系统集成重大改革举措，进一步提升服务水平和核心竞争力，实现绿色经济、高品质生活、可持续发展有机统一，走出一条跨行政区域共建共享、生态文明与经济社会发展相得益彰的新路径。

（二）基本原则

——生态筑底、绿色发展。锚固生态基底、厚植生态优势、发展生态经济，凸显江南水乡的自然生态之美。加大存量更新、功能重构、品质提升力度，在怡人的湖光山色、水乡文脉中植入创新功能，实现更有活力、更可持续的高质量发展。

——改革创新、共建共享。聚焦全面深化改革和创新驱动发展，加强通盘谋划和顶层设计，在跨省级行政区、没有行政隶属关系、涉及多个平行行政主体的框架下，探索一体化推进的共同行为准则，形成制度新供给，注入发展新动能。

——追求品质、融合发展。顺应新时代发展潮流，全面对标国际最高标准，以更宽视野、更卓越要求，在建设中实现新理念、新方法、新技术的综合集成，在发展中实现生态、创新、人文的有机融合，打造高质量发展标杆。

——远近结合、联动发展。着眼长远，保持战略定力，把握好建设节奏，久久为功，一张蓝图干到底。加强一体化示范区与周边区域联动发展，以点上集中突破，推动形成面上更大发展带动效应，进一步提升区域一体化发展水平。

二、定位和目标

（三）战略定位

——生态优势转化新标杆。充分发挥环淀山湖区域生态环境优势，构建蓝绿交织、林田共生的生态网络，把好山好水好风光融入大都市圈，形成绿色田园、古朴乡村、现代城镇和谐共生的空间格局，积极探索和率先实践生态优先、绿色发展、乡村振兴有机结合的新路子。

——绿色创新发展新高地。依托优美风光、人文底蕴、特色产业，集聚创新要素资源，打造国际一流的产业创新生态系统，构建更大范围区域一体的产业创新链。

——一体化制度创新试验田。聚焦规划管理、生态保护、土地管理、要素流动、财税分享、公共服务政策等方面，探索行之有效的一体化制度安排，推进全面深化改革系统集成，高起点扩大开放，为长三角一体化发展提供示范。

——人与自然和谐宜居新典范。构建便捷、绿色、智能、安全的现代化基础设施体系，建立多层次、跨区域、高水平的公共服务网络，打造凸显江南水乡特点的文化标识地，促进城乡有机融合、均衡发展，为居民创造高品质生活环境。

（四）区域发展布局

统筹生态、生产、生活三大空间，把生态保护放在优先位置，不搞集中连片式开发，打造“多中心、组团式、网络化、集约型”的空间格局，形成“两核、两轴、三组团”的功能布局。

“两核”即环淀山湖区域和虹桥区域。环淀山湖区域作为创新绿核，打造生态、创新、人文融合发展的中心区域。虹桥区域作为动力核，大力提升商务服务能力，聚焦发展现代服务业，进一步增强服务长三角、联通国际的重要功能。

“两轴”即沿沪渝高速和通苏嘉高速的两条创新功能轴，重点围绕科技创新，集聚国内外创新要素资源，推动产学研深度融合，发展生态友好型创新产业集群。

“三组团”即以青浦新城、吴江城区、嘉善新城等节点为支撑的城市功能组团，推动形成层次丰富、功能互补的多中心发展格局。

（五）先行启动区空间及功能布局

选择青浦区金泽镇、朱家角镇，吴江区黎里镇，嘉善县西塘镇、姚庄镇作为一体化示范区的先行启动区，面积约 660 平方公里，着力构建“十字走廊引领、空间复合渗透、人文创新融合、立体网络支撑”的功能布局，严格控制开发强度，蓝绿空间占比不低于 75%，规划建设用地不超过现有总规模。

十字走廊引领，重点是以水为脉，保护水生态、提升水品质、做好水文章，打造绿色人文和创新功能两条走廊。南北向人文走廊，以湖荡水系资源为依托，串联金泽、西塘古镇，形成绿色人文纽带。

东西向创新走廊，以西岑科创中心、汾湖高新区和高铁科创新城等为发展组团，形成蓝色创新珠链。

空间复合渗透，围绕朱家角、金泽、黎里、西塘、姚庄等小镇，塑造若干高品质宜居宜业宜游的人居空间，体现城镇空间、乡村空间、生态空间、创新空间的复合发展和融合渗透。

人文创新融合，依托古镇群落和风貌区组团，融入创新创意基因，构建更富魅力、彰显特色的江南水乡文化景观风貌。

立体网络支撑，构建以蓝网、绿网、交通网、信息网为支撑的空间网络。以蓝色网络彰显江南水乡河网湖荡密布特色，以绿色网络锚固开发边界，以多模式交通网络带动城镇和功能区发展，以高速泛在的信息网络促进智慧高效发展。

（六）发展目标

到 2025 年，一批生态环保、基础设施、科技创新、公共服务等重大项目建成运行，先行启动区在生态环境保护和建设、生态友好型产业创新发展、人与自然和谐宜居等方面的显示度明显提升，一体化示范区主要功能框架基本形成，生态质量明显提升，一体化制度创新形成一批可复制可推广经验，重大改革系统集成释放红利，示范引领长三角更高质量一体化发展的作用初步发挥。到 2035 年，形成更加成熟、更加有效的绿色一体化发展制度体系，全面建设成为示范引领长三角更高质量一体化发展的标杆。

三、率先探索将生态优势转化为经济社会发展优势

把保护和修复生态环境摆在优先位置，坚持绿色发展、集约节约发展，加快探索生态友好型高质量发展新模式，为长三角践行绿水青山就是金山银山理念探索路径和提供示范。

（七）打造生态价值新高地

1. 加强生态环境综合治理。以太浦河、淀山湖、元荡、汾湖"一河三湖"为重点，大力推进周边及沿岸地区工业点源污染治理、岸线综合整治。落实最严格水资源管理制度，促进节水减排治污，提升水环境质量，修复水体底部水生动物栖息生态环境，保持一体化示范区水面率稳中有升。实施耕地和水源保护区土壤保护，开展区域土壤污染治理。到2025年，主要水体水功能区水质达标率达到95%以上，太浦河水质稳定达到Ⅲ类，淀山湖水质除总氮外所有指标达到Ⅳ类（总氮Ⅴ类）。

2. 构建优美和谐的生态空间。加强生态空间管控，优化城镇与湖荡之间、组团与组团之间的生态空间结构。加强区域生态廊道和自然保护地建设，通过林地绿地、郊野公园、区域绿道串联，提升区域生态环境品质，构建以水为脉、林田共生、城绿相依的自然格局。到2025年，绿化覆盖率达到42%以上，森林覆盖率达到20%。

3. 建设著名文化生态湖区。以淀山湖等湖泊为关键节点完善区域水利发展布局，提升淀山湖、元荡、汾湖沿线生态品质，贯通环湖岸线，打造一体化的环湖生态景观廊道和慢行交通系统。到2025年，先行启动区骨干绿道达到200公里以上，一体化示范区骨干绿道达到500公里以上。推动湖区水乡古镇文化休闲和旅游资源综合开发利用，形成文化休闲生态战略新空间。

（八）打造绿色创新发展新高地

4. 着力发展绿色经济。依托湖荡水网、田园风光、古镇文化等资源，提升旅游休闲、文化创意、健康养生等产业品质和能级。围绕环淀山湖、元荡、汾湖联合打造马拉松、自行车、水上运动等体育活动品牌，大力发展体育产业。融合科技、人文等元素，培育发展生物科技农业、创意农业、观光农业、"互联网＋农业"等新产业新业态。发展节能环保、绿色低碳第三方服务、绿色金融等产业，加强交通运输新能源、清洁能源应用，实施园区循环化改造，培育绿色新动能。

5. 提升创新发展水平。打造知识创新型总部聚集区，集聚一批拥有技术创新、商业模式创新、功能创新的高成长性总部企业。引进高水平的研究型机构、企业技术研发中心、新型研发组织等，推进科技创新资源开放共享，推动产学研深度协同联动。建设长三角产权共同交易市场。构建多层次创新空间，围绕西岑科创中心、元荡科技城、汾湖高新区、中新嘉善现代产业园、祥符荡创新中心等打造创新组团，布局特色鲜明的创新小镇、创新社区。鼓励吸引社会资本兴办各类创新创业支撑平台，营造良好创新创业环境。加快培育数字化新业态，规划建设长三角数据中心，打造区域信息枢纽港。

（九）打造绿色宜居新高地

6. 打造江南水乡文化品牌。传承江南水乡风情，做好城市设计、乡村设计，推动富有文化魅力的历史建筑、清新怡人的开放空间、美观清澈的湖荡水系有机融合，彰显水清岸绿、粉墙黛瓦的城乡风貌，形成人文与自然交融的独特空间形态。联合建设物质和非物质文化遗产保护体系，合作开展地方戏曲振兴、传统工艺传承、曲艺传承发展等文化工程。挖掘名镇名村、传统村落历史文化价值，保护传统文化遗产。推动古镇群落文化休闲和旅游资源的联动开发，打造江南水乡古镇生态文化旅游圈。

7. 建设美丽宜居乡村环境。强化乡村规划引领，加强特色自然村落保护开发和农居建设，建设美丽乡村精品村，打造田园水乡风光线和生态水韵风情线。强化乡村环境治理，围绕水、土、气、林等重点领域，促进乡村生态环境明显改善、自然生态功能全面提升。

8. 建设互联互通基础设施体系。建立多层次、立体化、跨区域的交通网络体系，完善城际和市域（郊）铁路网络布局和轨道交通布局，加强城镇组团之间中低运量局域线、公共交通网建设，强化“毛细血管”交通网络连接。推动物联网等新型基础设施和智慧应用超前布局、协同发展，实现重点区域5G网络全覆盖与综合应用，推进IPv6等新技术规模化部署。建设一体化示范区智慧大脑，推进跨区域数据信息共享，实现交通、旅游、文化、环保等“智能+”应用场景。

9. 提升公共服务保障水平。增加多层次、高水平的教育、医疗、文化等公共服务资源供给，布局建设一批重点项目。推进医疗保险互联互通，促进医师跨区域多点执业，合作共建医疗联合体。提升社会保障服务便利化水平，稳妥做好基本养老保险、医疗保险、失业保险关系的跨区域转移接续。

四、率先探索区域生态绿色一体化发展制度创新聚焦规划管理、生态保护、土地管理、要素流动、财税分享、公共服务、公共信用等方面，建立有效管用的一体化发展新机制，为长三角地区全面深化改革、实现高质量一体化发展提供示范。

（十）探索建立统一编制、联合报批、共同实施的规划管理体制

10. 建立统一的国土空间规划体系。构建一体化示范区统一的“总体规划—单元规划—详细规划”三级国土空间规划体系，统一基础底板和用地分类，统一规划基期和规划期限，统一规划目标和核心指标。

一体化示范区国土空间规划和各类专项规划由上海市、江苏省、浙江省（以下简称“两省一市”）共同组织编制、共同报批、联合印发；控详规由一体化示范区开发建设管理机构会同两区一县共同编制，按程序报批实施。逐级落实划定生态保护红线、永久基本农田保护线、城镇开发边界和文化保护控制线，制定细化可操作的国土空间用途管制规则，实施分级分类用途管制，建立覆盖一体化示范区全域的“四线”管控体系。

11. 实现“一个平台”管规划实施。建立统一的基于地理信息系统（GIS）数据库的规划管理信息平台，推进一体化示范区各级各类规划成果统筹衔接、管理信息互通共享。研究制定统一的规划建设导则，以更高标准共同提升一体化示范区规划建设品质。

（十一）探索统一的生态环境保护制度

12. 加快建立统一的饮用水水源保护和主要水体生态管控制度。两省一市共同制定实施一体化示范区饮用水水源保护法规，明确管控范围、管控标准和管控措施，探索建立原水联动及水资源应急供应机制，加强湖泊上游源头涵养保护和水土保持，共同制定太浦河、淀山湖等重点跨界水体生态建设实施方案。协调统一太浦河、淀山湖、元荡、汾湖“一河三湖”等主要水体的环境要素功能目标、污染防治机制以及评估考核制度。

13. 加快建立生态环境“三统一”制度。统一生态环境标准，执行最严格的污染物排放等标准。统一环境监测监控体系，建立区域生态环境和污染源监测监控“一平台”，实现信息互通、结果互认、平台共用。统一环境监管执法，制定统一的生态环境行政执法规范，以“一把尺”实施严格监管，推进联动执法、联合执法、交叉执法。

14. 探索生态治理新机制。在统一的生态环境目标下，以共建共享、受益者补偿和损害者赔偿为原则，探索建立多元化生态补偿机制。探索建立跨区域的生态治理市场化平台，建立跨区域生态项目共同投入机制。探索建立企业环境风险评级制度和信用评价制度。建立吸引社会资本投入生态环境保护的市场化机制，规范运用政府和社会资本合作模式。支持金融机构和企业发行绿色债券，探索绿色信贷资产证券化。

（十二）探索跨区域统筹土地指标、盘活空间资源的土地管理机制

15. 建立统一的建设用地指标管理机制。两省一市依据国民经济和社会发展规划、国土空间规划等研究制订一体化示范区年度用地计划，由一体化示范区开发建设管理机构负责统筹安排使用。

16. 建立统一的存量土地盘活机制。一体化示范区开发建设管理机构会同两区一县研究制定存量土地盘活工作方案，形成年度工作计划，按照属地要求由地块所在区县予以落实。完善盘活存量建设用地机制，推进城镇低效用地再开发，开展调整（撤销）建设用地批文审批，盘活批而未供土地转用指标。推进存量用地二次开发，实施增量土地差别化出让制度改革。完善符合城乡统一建设用地市场要求的建设用地使用权转让、出租、抵押二级市场。探索建立建设用地指标市场化调剂和有偿使用平台，鼓励项目建设用地指标跨省域调剂。

17. 建立建设用地收储和出让统一管理机制。一体化示范区开发建设管理机构依据相关规划，会同两区一县统筹平衡一体化示范区的年度土地收储和出让计划，明确具体的用地结构、布局和规模。在一体化示范区率先探索执行统一绩效标准和资源利用效率标准的土地利用全生命周期管理机制。

（十三）探索项目跨区域一体化管理服务机制

18. 统一项目准入标准。制定统一的项目准入标准，统筹招商引资政策，按照《企业投资项目核准和备案管理条例》有关规定，在两省一市现行政策基础上，整合制定统一的一体化示范区企业投资项目核准目录，对目录以外的企业投资项目实行告知性备案。

19. 统一项目管理平台。赋予一体化示范区开发建设管理机构省级项目管理权限，统一管理跨区域项目。一体化示范区开发建设管理机构负责先行启动区内的项目审批、核准和备案管理。对一体化示范区内、先行启动区外的非跨区域企业投资项目，按照权限由两区一县各自负责。对政府投资项目按照“谁出资、谁负责”的原则加强管理。一体化示范区项目在统一的项目在线审批监管平台办理，实行统一受理、并联审批、实时流转、跟踪督办。

（十四）探索促进各类要素跨区域自由流动的制度安排

20. 统一企业登记标准。一体化示范区内企业登记在政策条件、程序方式和服务措施等方面执行统一的标准规范。开展统一的企业开办服务试点示范。建设企业开办全程网上服务平台。开展“一照多址”改革试点，加快企业名称登记制度改革。在一体化示范区内注册企业可自由选择注册地名称。统一跨区域迁移的登记注册条件和程序，建立一体化示范区内企业自由迁移服务机制。对落户一体化示范区的企业，在企业经营许可、各类资质认定等方面建立统一标准、实施统一便利化服务。

21. 完善企业全生命周期服务体系。建立覆盖企业准入、业务开展、投资运作、清算退出全生命周期的便利化服务监管制度。探索建立普通注销登记制度和简易注销登记制度相互配套的市场主体退出制度。

22. 推行人才资质互认共享。在一体化示范区推行专业技术人员职业资格、继续教育证书、外国人工作许可证跨区域同行业认证、人力资源市场服务人员资质互认等互认互准制度。探索建立统一的人才评价体系。打破户籍、身份、学历、人事关系等制约，促进人才合理流动。制定实施符合一体化示范区发展需求的特殊人才政策，赋予一体化示范区统筹使用各类编制资源的自主权和更大用人自主权。

23. 推进要素资源跨区域交易。在一体化示范区建立土地使用权、排污权、用能权、产权、技术等要素综合交易平台。加强各类公共资源交易平台合作，深化公共资源交易平台整合，研究建立区域交易合作机制，推进信息、场所、专家等资源共享，鼓励市场主体跨省市自主选择平台进行公共资源交易，促进要素跨区域流动。

（十五）探索跨区域投入共担、利益共享的财税分享管理制度

24. 推动税收征管一体化。推进电子税务局一体化建设，实现办税服务平台数据交互，探索异地办税、区域通办。

25. 探索创新财税分享机制。建立两省一市财政共同投入机制，共同出资设立一体化示范区投资开发基金，统筹用于一体化示范区开发建设。结合建设进程逐步探索财税分享机制，研究对新设企业形成的税收增量属地方收入部分实行跨地区分享，分享比例按确定期限根据因素变化进行调整。

（十六）探索共建共享的公共服务政策

26. 加强区域基本公共服务标准和制度衔接。以国家基本公共服务项目清单及两省一市清单为基础，加强清单内项目、标准、制度的对接和统筹，结合清单动态调整，选取若干项目试点实行统一标准。探索部分基本公共服务项目财政支出跨区域结转机制。促进基本公共服务城乡标准水平统一衔接和可持续，创新农村基础设施和公共服务设施决策、投入、建设和运行管护机制。

27. 探索区域公共服务便捷共享的制度安排。实行不受行政区划和户籍身份限制的公共服务政策。推进实施统一的基本医疗保险政策，逐步实现药品目录、诊疗项目和医疗服务设施目录的统一。探索组建跨区域医疗联合体，建立居民就医绿色通道。完善医保异地结算机制，开展异地就医急诊、门诊医疗费用直接结算试点。鼓励优秀品牌养老服务机构在一体化示范区布局设点或托管经营，探索试点跨行政区养老服务补贴异地结算。探索以社会保障卡为载体建立居民服务"一卡通"，在交通出行、旅游观光、文化体验等方面率先实现"同城待遇"。按可达性统筹120服务、110服务范围，统一使用021固定电话长途区号。

（十七）建立统一的公共信用管理制度

28. 统一公共信用评价体系。统一公共信用信息数据归集标准，探索建立覆盖企业、自然人、社会组织、事业单位等主体的公共信用评价体系。统一红黑名单认定标准，推动结果互认。统一信用修复标准，保障信用主体权益。推动形成区域统一的公共信用报告制度。

29. 建立区域信用联合奖惩机制。推动信用信息嵌入一体化政务服务平台，实现事前差异化政务服务、事中分类监管、事后联动奖惩。聚焦生态环境、食品药品、文化旅游、产品质量等重点领域，统一信用治理，建立以信用为基础的市场监管机制。

五、加快重大改革系统集成和改革试点经验共享共用

党的十八大以来党中央明确的全面深化改革举措，可以在地方试点的，一体化示范区要集中落实、率先突破，进行系统集成，两省一市实施的改革创新试点示范成果均可在一体化示范区推广分享。

（十八）加快构建高质量发展体系

30. 率先建立跨行政区域的一体化高质量发展的指标体系，率先构建财政、金融、产业、创新、投资、消费、城乡区域、社会发展等协同配合、良性互动的高质量发展政策体系，率先建立生态环保、营商环境、公共服务、产品、工程和服务等领域的高质量发展标准体系，率先构建全面反映和衡量区域高质量发展水平的统计体系，率先实施体现新发展理念落地的绩效评价制度，率先实施以高质量发展为主要导向的政绩考核制度。

（十九）推进城乡统筹发展

31. 深化农村产权制度改革。探索农村宅基地有偿使用、自愿退出、跨区域置换的机制。建立完善

集体经营性建设用地出让、租赁、入股等机制。探索建立农村承包土地、宅基地、住房不动产权和农民集体资产股份权利抵押、转让、继承、退出等“活权”机制。推进农村集体资产股份合作制改革。

32. 探索乡村产业混合所有制经营。推动国有企业、供销社等集体企业、农业科研机构等加强与一体化示范区村集体股份经济合作社、农民专业合作社合作，共建具有科技含量的大型现代农业基地、田园综合体等。鼓励村集体经济组织探索联合组建农业投资公司，发展农业农旅项目。

（二十）激发创新创业活力

33. 完善吸引海外高端人才制度。在一体化示范区设立外国人业务“单一窗口”，完善外国人来华居留工作许可制度和人才签证制度，为其提供出入境和居停留便利。支持持有外国人永久居留证的外籍高层次人才创办科技型企业。

34. 完善创新激励制度。鼓励符合条件的高新技术企业和科技服务机构等按照国有科技型企业股权和分红激励相关规定，采取多种方式开展股权和分红激励。从事科技研发的民办非企业单位，登记开办时允许其国有资产份额突破合法总财产的三分之一。发展国有资本和民间资本共同参与的非营利性新型产业技术研发组织。鼓励知识产权评估机构积极开发专利价值评估工具，完善商业模式等创新成果保护制度。加快完善创新成果专利化、专利标准化、标准产业化的科技成果转化机制。

（二十一）提高政府行政效能

35. 深入推进行政审批制度改革。实行一体化示范区“一网、一门、一次、一章”式审批，集中统一行使审批职能。科学优化行政审批流程，探索实现“一窗式受理、一站式审批”的综合审批服务运行模式，全面推行并联审批。

36. 深入推进事中事后监管制度改革。在一体化示范区深入推进“双随机、一公开”监管、“互联网＋监管”。深化分类综合执法改革。建立健全会计、审计、法律、检验检测、认证等第三方专业机构参与市场监管的制度安排。落实市场主体首负责任制，在安全生产、产品质量、环境保护等领域建立市场主体社会责任报告制度和责任追溯制度。

37. 推进信息资源互联共享。探索建立跨行政区域、跨部门的政府数据资源统筹管理制度，实现对数据资源采集、传输、存储、共享和开放的规范管理。深入推进地理位置类、市场监管类、民生服务类等政务公共数据资源开放应用。

六、强化实施保障

（二十二）加强组织领导和统筹协调

38. 在推动长三角一体化发展领导小组领导下，各有关部门要在重大规划、重大改革、重大政策等方面加强对一体化示范区建设的宏观指导和统筹协调。两省一市在推进一体化示范区建设中承担主体作用，在改革集成、资金投入、项目安排、资源配置等方面加快形成政策合力，激励干部担当作为，为一体化示范区建设提供坚强保障。

39. 支持两省一市联合成立一体化示范区理事会，作为一体化示范区建设重要事项的决策平台，研究确定一体化示范区发展规划、改革事项、支持政策，协调推进重大项目。

40. 支持两省一市设立一体化示范区执行委员会。执行委员会按照授权充分、精简高效的原则设立，工作人员由两省一市共同选派或聘任，积极探索更加开放灵活、互联互通的干部选用和激励机制。执行委员会作为一体化示范区开发建设管理机构，负责一体化示范区发展规划、制度创新、改革事项、重大项目、支持政策的具体实施，重点推动先行启动区相关功能建设。

41. 支持两省一市共同遴选具有丰富开发经验的市场化主体，共同出资发起成立一体化示范区发展公司，受一体化示范区执行委员会委托，作为先行启动区的建设主体，负责基础性开发、重大设施建设和功能塑造等。

42. 加强一体化示范区与周边区域的协同联动发展。充分发挥一体化示范区引领带动作用，提升上海虹桥商务区服务功能，强化与嘉昆太创新圈、G60科创走廊功能联动，引领江苏苏州、浙江嘉兴一体化发展。

（二十三）强化政策支撑和法制保障

43. 两省一市要加大对一体化示范区重大生态类项目、产业结构调整项目、存量低效用地盘活项目、重大功能性项目等财政支持力度。在政府债务风险可控前提下，中央财政加大地方政府债券对长三角一体化发展的支持力度，两省一市新增地方政府债券额度向一体化示范区倾斜。

44. 支持一体化示范区开展土地综合整治，在确保耕地总量不减、质量提升、结构优化的前提下完善各类空间布局。开展基本农田规划调整试点，用好跨省补充耕地国家统筹机制。对于先行启动区及外围基础设施建设项目，凡符合补充耕地国家统筹条件的，可按照规定申请国家统筹补充耕地。

45. 加强地方立法研究，为一体化示范区改革创新探索实践提供法制保障。本方案提出的一体化制度创新、重大改革集成等举措需要暂时调整实施有关地方性法规或规定的，由一体化示范区执行委员会向两省一市人大常委会提出并办理相关手续；需暂时调整实施有关行政法规、国务院文件和经国务院批准的部门规章有关规定的，待国务院作出相关决定后，授权执行委员会制订相关规定并实施。

长江三角洲地区交通运输更高质量一体化发展规划

为贯彻落实《长江三角洲区域一体化发展规划纲要》和《交通强国建设纲要》工作部署，指导长江三角洲（以下简称“长三角”）地区交通运输实现更高质量一体化发展，编制本规划。规划期至2025年，展望到2035年。

一、规划基础

（一）发展现状

改革开放以来特别是党的十八大以来，长三角地区交通网络进一步完善，运输服务水平显著提升，综合交通运输体系初步建成，交通一体化发展取得明显成效，总体适应长三角地区经济社会发展需要。一是一体联通的综合交通网络初步成型。形成了以高速铁路、高速公路和长江黄金水道为主的多向联通对外运输大通道和城际综合交通网络，高速铁路、高速公路和民用机场覆盖率显著高于全国平均水平。二是一体衔接的运输服务质量不断提升。客运一体化服务和货运保障能力显著增强，上海、南京、杭州等城市间基本实现城际客运高频次1～1.5小时快速通达，江海、铁水等多式联运积极推进，城际速递、同城物流等多样化、专业化物流模式快速发展。三是一体融合的业态模式深入探索。新业态新模式蓬勃发展，信息资源区域间共享共用稳步推进，交通与旅游深度融合，枢纽综合开发持续探索推进，枢纽经济发展效能初步显现。四是一体协同的体制机制持续完善。上海市、江苏省、浙江省、安徽省（以下称三省一市）在推动长三角一体化发展领导小组统筹指导下，依托长三角区域合作办公室，协调推进交通一体化发展，港航资源整合持续推进，民航协同发展工作机制建立运行，一批跨区域的重大项目统筹衔接推进，货运车辆超限超载治理等交通联合执法行动机制加快完善。

对标更高质量一体化发展要求，目前长三角地区综合交通运输体系一体化发展水平仍待提升，与国土空间、人口分布、产业布局衔接适应能力有待加强。主要表现在：一是综合交通网络结构性矛盾突出。部分对外和城际通道能力不足，局部区域轨道交通网络覆盖不够、功能定位不准、标准层级不清，公路、内河航道待贯通或通而不畅等问题依然存在。二是枢纽分工协作水平和国际竞争力不强。港口、机场分工协作不足，综合交通枢纽衔接水平不高，上海国际航运中心现代航运服务功能有待加强。三是运输服务一体化水平亟待提升。同城化通勤化运输服务短板明显，全流程、一站式、一单制等模式发展不足，集装箱铁水联运比例偏低。四是一体化体制机制亟待健全。跨地区、跨部门规划建设运营等统筹协调力度不够，土地、空域等供需矛盾突出，资源集约节约利用效率不高，统一开放的运输市场尚未形成，信息不共享、政策不完善、标准不统一等制约因素依然存在。

（二）形势要求

当今世界面临百年未有之大变局，全球经济环境深刻变化，我国经济转向高质量发展阶段，长三角地区肩负着推进更高起点的深化改革、更高层次的对外开放等新使命，对综合交通运输发展提出新的更高要求。一是应对新一轮国际分工格局调整和更好服务国家发展战略，要求构建更高质量的对外运输大通道，全面提升资源要素流通中转和聚集辐射功能，加强与共建“一带一路”、长江经济带发展等国家战略衔接协调，增强国际合作竞争能力。二是更好支撑引领区域人口经济空间布局调整，要求加快建设一体衔接的城际交通运输网络，推进城际交通快速化、通勤交通便捷化和城乡交通一体化，推动中心城市与周边城镇之间形成更加合理的层级结构，实现交通运输与城镇形态、人口布局协调融合发展。三是更好促进现代化产业体系构建和产业链分工协作，要求全面提升一体联动高效的物流服务功能，强化运输通道、运输服务和运输市场一体化发展，提高物流效率，降低物流成本，促进产业合理分工布局和深度融合发展。四是更好探索生态优先、绿色发展的新路子，要求加快转变交通运输发展方式，优化交通运输结构，倡导绿色出行，节约集约利用资源，推进交通运输绿色低碳发展。五是更好把握世界新一轮科技革命和产业变革新趋势，要求加快创新交通运输发展模式与组织运行机制，推进信息技术与交通运输深度融合，提升智能化水平，培育发展新动能。

二、总体要求

（一）指导思想

以习近平新时代中国特色社会主义思想为指导，全面贯彻党的十九大和十九届二中、三中、四中全会精神，按照党中央、国务院决策部署，坚持稳中求进工作总基调，坚持新发展理念，坚持推动高质量发展，坚持以供给侧结构性改革为主线，坚持深化市场化改革、扩大高水平开放，落实交通强国建设要求，紧扣“一体化”和“高质量”两个关键，以服务人民为中心，以互联互通为目标，以改革创新为动力，以打造“轨道上的长三角”为重点，坚持优化提升、适度超前的原则，加快推进长三角地区对外交通、城际交通、都市圈交通高效衔接和有机融合，提升港口群和机场群辐射能级，全面提高一体化运输效率、服务品质和融合水平，构建安全、便捷、高效、绿色、经济的现代化综合交通运输体系，有效支撑带动长三角地区更高质量一体化发展，为更好引领长江经济带发展、更好服务国家发展大局奠定坚实基础。

（二）基本原则

*分层布局、一体衔接。*适应长三角地区城镇空间布局特征，以区域内超大城市、特大城市、大城市为重点，构建区域对外、城际、都市圈等不同空间尺度高效衔接的一体化、多层次综合交通网络。

*服务为本、优化升级。*积极适应个性化、多样化出行和新业态、新模式发展需求，优化交通网络布局和运输结构，全面提升运输组织水平，提供品质更优、效率更高、安全可靠的运输服务。

*改革创新、融合高效。*深化重点领域和关键环节改革，打破行政分割和市场壁垒，深度融合新技术新业态，推动各类要素高效配置和便捷流动。

*生态优先、绿色发展。*充分考虑生态环境因素，有效避绕生态环境敏感区域，降低交通运输对生态空间的占用和资源能源消耗，建设与生态环境相协调的绿色交通体系。

*统筹协调、有序推进。*强化地区间、部门间在重大政策、重大工程等方面衔接协调，统筹规划、设计、建设、运营、管理、维护各环节，充分考虑地区差异和运输需求，因地制宜、有序实施。

（三）发展目标

到2025年，以一体化发展为重点，在精准补齐发展短板基础上，加快构建长三角地区现代化综合交通运输体系。一体化交通基础设施网络总体形成，对外运输大通道、城际交通主骨架、都市圈通勤网高效联通，基本建成“轨道上的长三角”，铁路密度达到507公里/万平方公里，省际公路通达能力进一步提升，高速公路密度达到500公里/万平方公里，世界级机场群和港口群全球竞争能力显著增强。一体化运输服务能力大幅提升，中心城市之间享受1～1.5小时客运服务，上海大都市圈以及南京、杭州、合肥、苏锡常、宁波都市圈内享受1小时公交化通勤客运服务，传统公共交通、城际客运与个性化、定制化客运服务有效衔接，运输结构持续优化，铁路和水路货运量年均增长率不低于5%，现代化多式联运与城乡物流配送效率明显提升。一体化发展机制更加完善，三省一市协同共建机制更加健全，政策、标准等充分对接，城际轨道交通一体化运营管理机制取得突破，民航、港口一体化协同发展取得更大进展，运输市场一体化运行更为有效，形成交通一体化体制机制改革创新的“长三角样板”。智能绿色安全发展水平大幅提高，大城市中心城区绿色出行分担率超过65%，交通科技创新体系基本形成，信息服务基本实现共享共用，交通环境污染和排放联防联治取得积极成效，资源利用效率明显提升。

到2035年，以更高质量发展为重点，全面建成供需能力精准匹配、服务品质国际一流、资源集约高效利用的长三角地区现代化综合交通运输体系，形成与国土空间开发、产业布局优化、人口要素流动、生态环境保护良性互动的发展格局，以上海为龙头的国际门户枢纽影响力辐射全球，以智能绿色为导向的交通科技创新水平领先世界，运输规则、标准规范、一体化机制引领国际。

三、以轨道交通为骨干构建一体化设施网络

以轨道交通为骨干，公路网络为基础，水运、民航为支撑，以上海、南京、杭州、合肥、苏锡常、宁波等为主要节点，构建对外高效联通、内部有机衔接的多层次综合交通网络。第一层，打造多向立体、内联外通的大能力快速运输通道，统筹优化干线铁路、高速公路、长江黄金水道等内河航道、港口、机场布局，实现与国际、国内其他经济板块高效联通。第二层，构建快捷高效的城际交通网，依托快速运输通道，以城际铁路、高速公路、普通国省道等为重点，实现区域内部城际快速直连。第三层，建设一体衔接的都市圈通勤交通网，围绕上海大都市圈和南京、杭州、合肥、苏锡常、宁波都市圈，以城际铁路、市域（郊）铁路、城市轨道交通、城市快速路等为骨干，打造都市圈1小时通勤圈。

（一）优化内联外通运输通道

依托沿海、京沪、京港台、陆桥、沿江、沪瑞等国家综合运输通道，加快构建长三角地区多向立体、内联外通的综合运输通道，高效对接"一带一路"、京津冀地区、长江经济带和粤港澳大湾区。研究完善连云港—黄山、徐州（新沂）—丽水、盐城—阜阳、宁波—阜阳等区域综合运输通道。加大对贫困地区交通基础设施建设支持力度，统筹布局开发性铁路、高等级公路等交通基础设施，加强大别山革命老区对外通道建设，实施农村交通基础设施补短板工程，提高区域交通通达能力。

专栏一　综合运输通道布局

1. 连云港—温州运输通道。国家沿海运输通道的组成部分，对外连接海上丝绸之路、粤港澳大湾区、山东半岛和海峡西岸城市群，内部串联连云港、盐城、南通、上海、宁波、舟山、台州、温州等城市。

2. 连云港—淮北运输通道。国家陆桥运输通道的组成部分，对外连接丝绸之路经济带和中原、关中平原、太原等城市群，内部串联连云港、徐州、淮北等城市。

3. 徐州—上海（杭州）运输通道。国家北京至上海运输通道的组成部分，对外连接海上丝绸之路、京津冀地区以及山东半岛等城市群，内部串联徐州、蚌埠、滁州、南京、镇江、常州、无锡、苏州、上海等城市，支线串联南京、湖州、杭州等城市。

4. 亳州—安庆（黄山）运输通道。国家北京至港澳台运输通道的组成部分，对外连接京津冀地区、粤港澳大湾区以及海峡西岸等城市群，内部串联亳州、阜阳、淮南、合肥、安庆等城市，支线串联铜陵、黄山等城市。

5. 上海—安庆（六安）运输通道。国家沿江运输通道的组成部分，对外连接海上丝绸之路和长江中游、成渝等城市群，内部串联上海、南通、泰州、扬州、南京、马鞍山、芜湖、铜陵、池州、安庆等城市，北侧支线串联滁州、合肥、六安等城市。

6. 上海（宁波）—衢州运输通道。国家上海至瑞丽运输通道的组成部分，对外连接海上丝绸之路和长江中游、黔中、滇中等城市群，内部串联上海、嘉兴、杭州、金华、衢州等城市，南侧支线串联宁波等城市。

以提升高速铁路通道能力为重点，优化对外铁路布局，贯通沿海、沿江等高速铁路，充分发挥徐州经合肥至黄山高速铁路作用，完善长三角地区高速铁路环状布局，优化普速铁路网络。完善高速公路网络，强化公路对外互联互通。推进高速公路拥挤路段扩容改造，对高峰时段拥堵严重的国省道干线公路

实施改扩建。充分发挥长江黄金水道功能，积极推进京杭大运河、江淮运河、芜申运河等高等级航道建设，完善高等级航道网。

专栏二 对外综合运输通道重点项目

1. 干线铁路

加快沪通铁路一期、宣城至绩溪铁路、黄山至池州铁路、沪通铁路二期、上海经苏州至湖州铁路、商合杭铁路等项目建设，规划建设上海经乍浦至杭州铁路(含杭州、绍兴枢纽联络线)、沿江高铁(武合宁、北沿江段)、南通经苏州嘉兴至宁波铁路(含如东延伸段)、湖州至杭州西至杭黄铁路连接线、宁波经台州温州至福州铁路、合肥至新沂铁路、镇江至宣城铁路、宣城至黄山铁路、金华至建德铁路、南京经滁州至蚌埠铁路、蚌埠经宿州至淮北铁路、衢州至建德铁路、杭州经临安至绩溪铁路、阜阳经蒙城至宿州铁路、杭州湾货运铁路、临沂至新沂等干线铁路项目。有序推进沿淮铁路、黄山至金华铁路、温州经武夷山至吉安铁路、安康(襄阳)至合肥铁路、上海至宁波铁路、南京至杭州二通道规划对接和前期工作。

2. 国家高速公路和国省干线

继续推进G0321德上高速安徽段，G4012溧宁高速江苏溧阳至安徽广德段、浙江淳安段、景宁至泰顺段、安徽歙县至浙江建德段，G25长深高速建德至金华段等国家高速公路待贯通路段建设。推进G2、G15、G25、G42、G50、G56、G4211等国家高速公路以及国省干线公路低等级路段、拥挤路段扩容改造。

3. 干线航道

推进长江南京以下12.5米深水航道后续完善和长江口南槽航道一期工程建设。继续推进淮河出海航道三河尖至京杭大运河段工程。加快实施京杭大运河升级改造工程、杭甬运河宁波段三期建设及杭甬运河升级改造工程、京杭大运河杭州二通道北延工程。

(二) 打造城际交通网

依托多向立体、内联外通的运输主通道，以上海为核心，南京、杭州、合肥、宁波为中心，强化沪宁合、沪杭、合杭甬、宁杭、沪甬、合安、宁芜安、甬舟等城际运输通道功能。加快高速铁路连接线、城际铁路建设，利用干线铁路富余运力开行城际列车，构建以轨道交通为骨干的城际交通网，实现中心城市间1～1.5小时快速联通。优化高速公路网络层次结构，加快省际高速公路建设，实施打通省际高速公路待贯通路段专项行动，逐步实现相邻城市间高速公路直连。有序推进支线航道建设。集约节约利用通道、线位等资源，统筹推进铁路、公路、城市交通等合并过江、跨海。

专栏三 城际交通网重点工程

1. 城际铁路

规划建设上海至杭州铁路、南京至淮安铁路、南京至宣城铁路、杭州至丽水铁路义乌至缙云段、合肥至池州铁路、宁波至舟山铁路、衢州至丽水铁路、扬州经镇江南京至马鞍山铁路(镇江至马鞍山段)、巢湖至马鞍山铁路、义乌至金华铁路、盐城经泰州无锡常州宜兴至湖州铁路等城际铁路，积极审慎开展磁浮高铁项目规划研究。

2. 省际高速公路

加快推进宁马、合宁、京沪等高速公路改扩建。有序实施江苏太仓—上海宝山、江苏泗洪—安徽蚌埠、江苏徐州—安徽宿州、江苏苏州—浙江台州、浙江安吉—安徽宁国、浙江长兴—江苏宜兴、江苏南京—安徽滁州、江苏南京—安徽广德、江苏盱眙—安徽明光、江苏徐州—安徽蚌埠、江苏南京—安徽和县、江苏徐州—安徽淮滨、江苏南京—安徽黄山等一批跨省地方高速公路建设。

3. 支线航道

实施连申线、徐宝线、徐宿连航道、通扬线、水阳江、沱浍河、沙颍河、合裕线、芜申线、江淮运河、德胜河、苏申外港线、苏申内港线西段、长湖申线、杭申线嘉兴段、乍嘉苏线、梅湖线、浙北高等级航道网集装箱通道等工程，推进杭湖锡线、瓯江、东宗线、曹娥江、钱塘江中上游等航道四级攻三级，研究论证浙赣运河等扩能提升工程。

4. 过江跨海通道

推进北沿江铁路沪崇段、轨道崇明线、南京市域快线18号线，南京地铁4、13、14、17号线过江通道，常泰、龙潭、苏通第二、崇海、南京七乡河、张靖、南京上元门、江阴第二、江阴第三、宁仪扬城际、南京锦文路、汉中西路、润扬、池州长江公路大桥、芜湖城南、芜湖龙窝湖、宿松、海口、池安、江口、梅龙、铜陵横港、铜陵开发区、芜湖泰山路、马鞍山龙山路、马鞍山姑孰、马鞍山九华路、马鞍山湖北路、马鞍山慈湖、安庆(第二)等过江通道建设。规划研究沪甬、沪舟甬、东海二桥等跨海通道。

（三）构建都市圈通勤交通网

统一规划建设都市圈交通基础设施，加强中心城市与都市圈内其他城市的城际和市域(郊)铁路、道路交通、毗邻地区公交线路对接，加快构建上海大都市圈以及南京、杭州、合肥、苏锡常、宁波都市圈1小时通勤网，完善昆山、嘉善等临沪地区一体化轨道交通系统。编制《长三角地区多层次轨道交通体系规划》，统筹研究都市圈范围内城际铁路建设，鼓励建设中心城区连接周边城镇的市域(郊)铁路，研究选择合理制式与周边毗邻地区衔接，充分利用既有干线铁路、城际铁路开行市域(郊)列车，有序推进中心城区城市轨道交通建设。提升轨道交通服务重要旅游景区的能力，研究规划水乡旅游线、黄山旅游T1线等项目。强化干线公路与城市道路有效衔接，因地制宜推进公共交通专用道建设和潮汐车道布设。加强静态交通能力建设和设施管理，分类优化城市中心区、枢纽周边区域、旅游景区等重点区域停车设施布局。加强城市道路环线、联络线等建设，推进干线公路过境段、出入口路段升级改造，在城镇密集地区实施普通国省干线提质工程，提高部分路段建设标准，推进繁忙路段扩建、改线或立交改造。

专栏四　都市圈通勤交通网重点工程

1. 城际铁路

规划建设上海经苏州无锡至常州铁路、南京至马鞍山铁路、南京至滁州铁路、南京经仪征至扬州铁路、杭州至德清铁路、宁波至象山铁路、杭州下沙至长安铁路等城际铁路。

2. 市域(郊)铁路

规划建设上海机场联络线(含南站支线)、上海嘉闵线(含北延伸)、上海崇明线、上海南汇支线、上海市域17号线西延伸、金山至平湖、南京市域18号线、镇江市域句容至茅山线、温州市域S2线一期工程、温州市域S3线一期工程、台州市域S2线调整、合肥新桥机场S1线等市域(郊)铁路，实施一批既有铁路的市域(郊)功能改造。

（四）强化综合交通枢纽衔接和辐射功能

重点强化上海国际性综合交通枢纽功能，联动苏州、南通、嘉兴等打造国际门户枢纽集群，提升南京、杭州、合肥、宁波—舟山等枢纽国际服务水平。加快连云港、徐州、无锡、温州、金华—义乌、蚌埠、芜湖等全国性综合交通枢纽建设，强化淮安、湖州、阜阳等区域性综合交通枢纽衔接辐射带动作用，优化不同层次枢纽城市分工协作。

优化城市内客运枢纽站场层次功能与空间布局，以重要枢纽站场为依托，推动支撑对外、城际、都市圈不同空间尺度轨道交通同站布置，实现同站高效便捷换乘，具备条件的要实现同台或立体换乘。分类构建各层次站场集疏运网络，强化重要站场间快速直通。规划建设上海浦东、南京北站、杭州西站、合肥西站、合肥新桥机场站、宁波西站、苏州北站、温州东站等一批综合客运枢纽，推进上海浦东机场、南京禄口机场、杭州萧山机场、宁波栎社机场等既有枢纽改造升级，实现对外运输通道和城际交通网有机衔接。规划建设上海松江南站、南京仙林站等综合客运枢纽，实现城际交通网与都市圈通勤交通网一体衔接。推进长三角地区内各层次轨道交通网络融合发展，推动实现多网合一。

统筹推动物流枢纽建设，发挥长三角地区产业基础优势和物流枢纽经济要素聚集优势，整合区域内干线运输、区域分拨、多式联运、仓储服务、跨境物流、城市配送等物流服务资源，促进物流与制造、商贸等产业融合创新发展，培育物流、信息、金融等高度融合的服务新业态。强化区域内物流枢纽功能错位与协同发展，推动枢纽间通过多种方式建立业务运营协作机制，加强标准协同和信息互联互通。加快推进长三角地区多式联运特别是铁水联运体系建设，推进重点港区进港铁路规划建设。

专栏五　综合交通枢纽重点工程

1. 综合客运枢纽

推进上海虹桥综合交通枢纽、上海浦东综合交通枢纽、上海松江南站、上海新杨行站、南京北站、南京禄口机场站、杭州西站、杭州萧山机场站、钱塘新区站、宁波西站、宁波慈溪站、宁波栎社机场站、新合肥西站、合肥新桥机场站、南通西站、苏州南站、徐州东站、江东站、金义站、湖州东站、绍兴北站、绍兴东关站、台州中心站、台州机场枢纽站、温州东站、金华枢纽扩容改造、丽水高铁站、嘉兴南站、衢州西站、芜湖宣城机场、芜湖高铁北站、阜阳高铁西站、阜阳机场站、新安庆西站、安庆机场站、黄山高铁北站、六安站、宣城站等综合客运枢纽建设或改扩建。

2. 货运铁路专用线和支线

推进上海港外高桥港区装卸线、上海港南港支线、上合组织（连云港）国际物流园专用铁路、国家东中西区域合作示范区（徐圩新区）产业区专用铁路、南通洋吕铁路、南通港通海港区至通州湾港区铁路专用线二期工程、盐城港大丰港区支线铁路、连云港徐圩港区铁路支线、苏州太仓港铁路专用线、苏州张家港铁路专用线、钱塘新区货运铁路、宁波穿山港铁路、乐清湾港区铁路支线、乍浦港铁路支线、盛虹炼化一体化配套铁路装卸站项目等建设，实施南京港龙潭、徐州工业园化工园区、淮安季桥物流园、铜陵港江北港区、安庆港长风港区、池州港香隅化工园、皖河新港、合肥派河港区、蚌埠港长淮卫作业区等铁路专用线工程。

四、建设世界级机场群和港口群

主动适应新一轮国际经贸格局调整和全球产业链分工，强化国际枢纽机场与周边干线、支线机场协调联动，优化提升港口国际供应链位势和价值链协作水平，打造具有国际竞争力的世界级机场群和港口群。

（一）构建协同联动的世界级机场群

*提升航空枢纽综合服务功能。*统筹长三角地区航空运输市场需求和机场功能定位，优化配置各类资源，通盘考虑上海周边城市机场布局规划和建设，巩固提升上海国际航空枢纽地位，增强面向全国乃至全球的辐射能力。优化提升杭州、南京、合肥区域航空枢纽功能，增强宁波、温州等区域航空服务能力，支持苏南硕放机场建设区域性枢纽机场。规划建设南通新机场，作为上海国际航空枢纽的重要组成部分。积极推动航空货运发展，加强现有机场货运基础设施建设，优化货运网络布局，充分挖掘航空货运能力，有序推进以货运功能为主的机场建设。加快通用航空发展，建设南京、宁波、绍兴、芜湖通用航空产业综合示范区。

统筹优化航线网络结构。优化上海浦东国际机场、虹桥机场与国际、国内主要节点城市航线网络，疏解非枢纽核心功能，完善杭州萧山、南京禄口、合肥新桥、宁波栎社等机场航线网络布局，建设全向辐射、连通性好、直达性高的空中大通道。加强与"一带一路"国家（地区）航空联系，推动浦东机场与"一带一路"国家（地区）扩大包括第五航权在内的航权安排。

提升机场集疏运能力。推进机场与轨道交通等交通方式高效衔接，建设一批以空铁联程联运为核心的现代航空枢纽。全面提升虹桥综合交通枢纽管理水平，完善联通浦东机场和苏浙皖的轨道交通体系。研究推动干线铁路引入杭州、南京、宁波、温州机场，推动地铁线路引入合肥机场。

促进航空产业发展。积极发展现代临空经济，加快上海、南京、杭州、宁波国家临空经济示范区建设，培育长三角地区航空经济产业群。推动虹桥地区高端商务、会展、交通功能深度融合，聚集发展总部经济、创新经济、商务会展等现代服务业，建设中央商务区和国际贸易中心新平台，优化拓展国际航运服务功能。

专栏六　长三角地区机场群重点工程

新建嘉兴、丽水、芜湖宣城、亳州、蚌埠、宿州、滁州等机场，研究论证金寨机场等建设。

推进实施上海浦东、南京、无锡、杭州、宁波、温州、台州、舟山、合肥等机场改扩建工程。

推动大场机场迁建。迁建连云港等机场。研究迁建义乌机场的必要性。

（二）推动港口群更高质量协同发展

优化区域港口功能布局。推动港航资源整合，健全一体化发展机制，布局形成以上海、宁波舟山港为核心，南京、杭州、苏州、镇江、芜湖、南通、徐州、无锡、淮安、连云港、温州、嘉兴内河、湖州、合肥、马鞍山、安庆为骨干，其他港口共同发展的总体格局。加强沪浙杭州湾港口分工合作，以资本为纽带深化沪浙洋山开发合作。上海港以集装箱干线运输、集装箱江海联运、邮轮运输、高端航运服务为重点，打造智慧高效的集装箱枢纽港、国际一流的邮轮母港。宁波舟山港以大宗能源、原材料中转运输及对应的江海联运服务为重点，强化集装箱枢纽港功能，集聚海事和航运服务高端要素。推进上海港、宁波一舟山港和苏州港集装箱运输优化发展。在共同抓好长江大保护的前提下，深化沪苏长江口港航合作，依托上海国际航运中心建设，规划建设南通通州湾长江集装箱运输新出海口，建设苏州（太仓）港作为上海港远洋集装箱运输的喂给港，发展近洋航线集装箱运输。加强沿海、沿江港口江海联运合作与联动发展，鼓励各港口集团采取交叉持股等方式强化合作，推动长三角地区港口协同发展。深入推进安徽、江苏港口资源整合。完善港口集疏运网络，推进重点港区疏港铁路规划建设，结合实际向堆场、码头前沿延伸，实现铁水联运无缝衔接。

协调推动江海河联运发展。高品质推进舟山江海联运服务中心建设，构建国际一流的江海河联运枢纽港、航运服务基地和国际大宗商品储运加工交易基地。依托长江南京以下12.5米深水航道，优化整合长江南京以下江海联运港区布局和功能，推进南京区域性航运中心建设。有序推动南通通州湾港区江海航运发展，构建分工协作、运转高效的干散货江海联运系统和集装箱、干散货江海直达系统。加强安徽、江苏沿江港口江海直达、江海联运相关码头技术改造和锚地建设，有序整合芜湖、马鞍山港口资源，提升江海联运中转功能。加快建设连云港亚欧陆海联运通道、淮河出海通道。加强内河高等级航道网建设，推动长江淮河干流、京杭大运河和浙北高等级航道网集装箱运输通道建设，提高集装箱水水联运比重。

协同提升航运服务功能。大力发展航运金融、航运信息、航运交易、海事仲裁等现代高端航运服务业，全面提升全球航运资源组织配置能力。依托上海自由贸易试验区新片区，提升拓展全球枢纽港功能，在沿海捎带、国际船舶登记等方面加强探索，提高对国际航线、货物资源的集聚和配置能力。进一步完善启运港退税相关政策，优化监管流程，扩大中资方便旗船沿海捎带政策实施效果，依托上海自由贸易试验区新片区，研究在对等原则下外籍国际航行船舶开展以洋山港为国际中转港的外贸集装箱沿海捎带业务。

专栏七　长三角地区港航一体化重点工程

加快推进小洋山北侧开发建设(含集装箱江海联运码头工程等),实施温州港乐清湾港区C区一期工程、太仓港区集装箱四期工程、连云港港盛虹炼化一体化项目配套码头工程、徐圩港区一港池二期工程、二港池多用途泊位一期工程、南通港通海港区码头一期工程、南通港通州湾港区码头及配套工程、洋口港区LNG专用码头工程、上海第二液化天然气站等项目。

实施连云港港30万吨级航道二期工程、南通港通州湾港区网仓洪和小庙洪进港航道工程、盐城港响水港区灌河口5万吨级航道工程等沿海港口进港航道工程。

五、推进交通运输服务一体化

围绕客运"一体化"、货运"一单制"、交通"一卡通"和信息服务"一站式",加快完善长三角地区品质高端、经济高效的客货运输服务供给体系。

(一)提升客运服务能力

完善城际客运服务。优化城际客运班线网络、运力匹配与时刻安排,鼓励定制客运服务有序发展。推进城际旅客联程运输发展,鼓励开展空铁、公铁等联程运输服务,全面推行长三角地区联网售票一网通、交通一卡通,在长三角生态绿色一体化发展示范区率先实现交通出行"同城待遇"。探索开展城际旅客跨运输方式异地候机候车、行李联程托运和城际"行李直挂"等业务。鼓励开展基于移动互联网技术的定制客运等个性化服务。积极推进运输服务与旅游融合发展,推出杭黄国际黄金旅游线等精品线路和特色产品。

提高都市圈通勤服务品质。结合实际需求和出行规律,推进都市圈城际铁路、市域(郊)铁路"公交化"运营,发展大站快车、站站停等多样化都市圈铁路服务,积极推动毗连地区公交线路对接,提升中心城市与毗邻城镇、中心城区与郊区之间通勤化客运水平。完善都市圈旅客联程、往返、异地等出行票务服务,推行月票、年票、积分等多样化票制。

营造宜居宜业宜游的城市交通系统。倡导绿色低碳出行方式,推进公交都市建设,构建多层次多模式的城市公共交通系统,积极发展社区公交、支线小公交,构筑微循环公交系统,增强公交服务社区能力。推进无障碍设施建设,提高无障碍公交车辆占比,实现无障碍设施系统化,提供"门到门"服务。全面改善城市慢行交通体系,鼓励城市重新分配道路空间,建造优质步行空间。积极推进内河水上旅游客运发展。

推动城乡客运一体化发展。推进城乡客运服务均等化,优化城乡客运班线,加强与城市公交对接,逐步对客运班线进行公交化改造。积极发展镇村公交,鼓励开展适应乡村出行需求的个性化客运服务,提高规范化服务能力和运营安全水平。

提升客运枢纽服务水平。简化枢纽内运行流程,规避重复环节,提升取购票、值机、安检、验票等环节运行效率,推进铁路、城市轨道交通间安检互认,推广智能化安检设备应用。按照全覆盖、无盲点、不间断、明晰化原则,科学布设枢纽标志标线。依托客运枢纽建设完善旅游集散中心,拓展枢纽旅游集散功能,推出"高铁+景区门票""高铁+酒店"等快捷旅游路线和产品。

加快大通关一体化。加快建设具有国际先进水平的国际贸易"单一窗口",推动港航物流信息接入,实现物流和监管等信息全流程采集。建立进出口商品全流程质量安全溯源管理平台,开发信息化电子标签,整合生产、监测、航运、通关数据共享和业务协同,实现全链条监督。统筹区域内中欧班列资源,提高班列双向常态化运行质量效益。研究将沪苏浙外国人144小时过境免签政策扩大到长三角地区所有对外空港口岸。

专栏八　推动客运服务高质量发展行动

客运联程服务行动。推进跨运输方式的客运联程运输发展，逐步实现航空、铁路、公路等运输方式一站式服务，推动各种运输方式在枢纽站场互设自助售票取票设备。

客运普惠便捷行动。推进机场、车站、码头、地铁站、公交站等交通场站无障碍改造，增加特殊需求群体标识覆盖，开展特殊人群指引服务，推动低地板公交车、无障碍出租车等设施普及使用。

客运消费升级行动。加快发展通航旅游、邮轮游艇、房车旅游、观光列车、观光巴士等深度体验型出行服务，打造“出行即出游”消费新模式。

（二）提升综合物流服务能力

提升国际物流竞争能力。加强与“一带一路”沿线港口合作，支持建立跨区域港口联盟、港航联盟，拓展国际集装箱航线，加强与国际港口互联互通。积极培育和引进国内外知名货运航空公司，鼓励和支持企业开通至日韩、欧美、东南亚及港澳台地区的全货运航线，构建通达欧美、辐射亚洲的国际航空货运网络。依托以新亚欧大陆桥为主轴的国际铁路货运通道，加快提升铁路货运场站国际集装箱运输中转功能，推动集装箱国际班列发展。

建设专业化物流系统。对接产业升级、区域分工和国际合作，在具备条件的区域和领域研究推进交通网络客货分离，构建并推广精益物流、共同配送等专业化、高效率、低成本物流系统。结合高速铁路建设和干线铁路扩能改造，推进南京、杭州等城市中心区铁路客货分线，对有需求的重点线路研究开行双层集装箱。支持高铁快递、电商快递班列发展。针对宁波港等重要枢纽、物流园区和城市繁忙拥堵路段，研究货运专用车道布局建设。强化交通运输与邮政快递融合发展，加快推动快递服务发展，推进服务规范、末端门店、信息分类编码、采集传输等标准统一，实现乡乡有网点、村村通快递，建制村电商寄送、配送全覆盖。

全面提升货物多式联运水平。大力发展铁水、江海等货物多式联运，有序发展甩挂运输，促进货运“一单制”建设，推广“电子运单”。支持有实力的运输企业向多式联运经营人、综合物流服务商转变，整合物流服务资源，向供应链上下游延伸。加快托盘、集装箱等标准化基础装载单元推广使用和循环共用，统一交通物流各领域设施、设备、技术、操作等标准，对接工业设计和流通标准规范，支撑供应链一体化运作。依托电子赋码制度和绿色畅行物流单，强化交通物流全程组织，以整箱、整车等标准化货物单元为重点，实现货物一站托运、无缝转运、智能仓储。加快内河运输船舶检验、登记、运输等相关证件信息电子化进程，推进内河船型标准化，促进江海直达和江海联运发展。

专栏九　推动物流高质量发展行动

物流平台一体化升级行动。建设统一的长三角地区交通运输物流公共服务平台，鼓励企业投资建设跨运输方式的经营性平台，充分利用现代信息技术手段整合资源，拓展增值服务。

绿色畅行物流单推广行动。以集装箱、危险品、冷链、整车运输等领域为重点，实现赋码货物一站托运、一次收费、一单到底，物流全链条、全环节畅行无阻、无缝衔接。在快运班列、高铁快递、卡车航班等新兴业态领域，率先推广使用绿色畅行物流单，逐步推动与其他运输方式单证互通互认。

城市绿色货运配送示范行动。支持建设具有干支衔接功能的现代物流园区，支持中心城市铁路货场转型升级为配送中心，发展集中配送、统一配送和共同配送，推进公共信息平台共享互通，加快新能源和清洁能源城市配送车辆的推广应用。完善配送车辆便利化通行政策，促进城际干线甩挂运输和城市末端共同配送有机衔接。

六、协同共建现代化智能交通系统

高效集聚整合国际国内交通创新要素资源，以智能化、信息化为手段，加快打造智能交通系统，提升交通运输技术装备综合保障能力，实现运输服务水平提升和管理组织模式创新。

（一）率先探索建设智能交通设施

积极开展车联网和车路协同技术创新试点，筹划建设长三角地区智慧交通示范项目。构建长三角国家级车联网先导区，稳妥提升车联网市场渗透率，推动公交车、大货车、出租车、网约车等相关运营车辆信息联网互通。构建长三角地区智慧公路体系，共同谋划打造连接宁波—杭州—上海—南京—合肥的"Z"字形新一代国家交通控制网和智慧公路示范通道，推进杭绍甬、沪宁智慧高速公路建设。构建车路协同环境，在长三角地区部分高速公路和城市主要道路开展车用无线通信网络（5G-V2X）示范应用。在机场、港口和产业园区等场景下，率先推动自动驾驶技术商业化应用示范。有序开展自动驾驶区域性示范应用，提升自动驾驶汽车产业化应用水平。加快自动化或半自动化码头新建和改造，完善港口智慧物流体系，深入推进港口作业单证电子化。

（二）提高智能化管理水平

优化高速公路不停车收费（ETC）服务体系，完善移动终端支付配套设施，推动多种电子支付手段兼容互认，健全通行费跨省清分结算机制，探索推进基于北斗的高速公路自由流收费。促进船岸协同，实现船岸港信息互联互通，推动船舶航行、靠离泊、营运管理、货物装卸等智能化管理和服务。推进一体化智能化交通管理，深化重要客货运输领域协同监管、信息交换共享、大数据分析等管理合作。加快综合交通运输调度与应急指挥系统联网建设，建立覆盖全面、反应迅速、统一指挥、协调联动的交通运输安全保障体系。

（三）打造一体互联的交通信息平台

全面加强长三角地区交通运输数据资源共享开放。整合区域内既有平台和公共资源，依托企业平台，提供全链条、一站式综合交通信息服务。运用人工智能等现代化信息技术手段，深化国家交通运输物流公共信息平台建设，支撑区域一体化智慧物流服务，完善长三角地区电子运单互联标准。完善江海联运数据交换节点和数据交换规范，共建船货交易、船舶拍卖、综合物流等专业平台。进一步加强长江入海口及沿海主要港口航标、潮汐、水文、气象等监测终端布局建设，构建航行保障信息感知体系和公共信息服务平台。建设区域数字化监控平台，推动区域内运输管理全过程无缝衔接和监管数据实时交换，打造道路危险货物运输电子运单报备系统。

专栏十　推动智能交通高质量发展行动

智慧公路示范行动。实施长三角国家级车联网先导区建设行动，建设杭绍甬、沪宁等智慧公路示范工程。

智能信息平台建设行动。实施长三角地区综合交通运输信息共享应用与服务示范工程。推进港航物流公共信息平台建设，依托国家交通运输物流公共信息平台和港航电子数据交换中心，加强电子报文标准的应用，推进多式联运信息交换共享，积极建设大宗散货、集装箱江海联运等公共信息平台，建成舟山江海联运公共信息平台，主要港航企业与国家交通运输物流公共信息平台实现对接。

七、推动交通绿色低碳可持续发展

以绿色为底色，推动交通运输与生态环境和谐发展，大力推进节能减排和资源集约节约高效利用，强化生态保护和污染防治，构建可持续发展长效机制。

（一）深化运输结构调整

以推进大宗货物运输"公转铁、公转水"为主攻方向，强化公路货运车辆超载超限治理，大力推进货车车型标准化，鼓励研发跨运输方式和快速换装转运专用设备，优化铁路运输组织模式，推动大宗货物集疏港运输向铁路和水路转移，重点提升年货运量150万吨以上的钢铁、有色、建材、化工、汽车制造等大型工矿企业和大型物流园区铁路、水路集疏运比重。

（二）发展集约低碳运输

加快新能源和清洁能源汽车、船舶推广应用，新增或者替换的城市公共汽车、物流配送车辆全面采用新能源汽车或清洁能源汽车。加强电动汽车充电基础设施建设，进一步提升充电设施覆盖率，积极协调推进长江干线船舶LNG加气站建设。加快港口码头岸电设施建设和改造，严格落实新建码头按标准同步规划、设计、建设岸电设施，加快推动航运企业对现有船舶加装受电设施，着力推动船舶靠港后优先使用岸电。加强码头资源整合，促进规模化、集约化公用港区（码头）建设，提升港口岸线效率效能。积极推进长江干线洗舱站码头建设。提高集装箱道路运输专业化程度，鼓励无车承运人发展，推进大宗干线、城市配送、农村物流等规模化、集约化发展，降低车辆空驶率。

（三）统筹交通污染治理和资源利用

严格落实治理车辆超标排放联合执法，统一三省一市公路货运车辆污染排放认定标准，开展船舶污染物排放区域协同治理。统筹规划布局线路和枢纽设施，集约利用土地、线位、桥位、岸线等资源，提高资源利用效率。协同开展危险货物运输罐车、超长平板半挂车、超长集装箱半挂车治理工作，做好既有营运车辆情况排查，加快更新淘汰不合规车辆。

专栏十一　推动绿色交通高质量发展行动

运输结构调整行动。重点实施铁路运能提升、水运系统升级、公路货运治理、多式联运提速、城市绿色配送、信息资源整合等行动，大幅提升港口铁路和水路集疏运量、集装箱多式联运量、内河集装箱运输量，打造运输结构调整样板。

运输减排与污染物防治行动。实施公共汽车和物流配送车辆能源替换行动，建设区域电动充电基础设施共享信息平台。实施船舶污染物排放区域协同治理行动，继续推进400总吨以下内河货船生活污水防污染改造，推进内河港口码头船舶污染物接收转运处置设施建设，完善健全船舶污染物接收、转运、处置联合监管机制，落实船舶水污染物联合监管。支持LNG运输船舶在长江上海、江苏、安徽段开展航运试点。

八、构建一体化协同体制机制

以重点领域先行先试为突破，建立健全交通运输全链条协同体制机制，逐步消除交通运输更高质量一体化发展体制机制障碍。

（一）建立交通一体化协同推进机制

强化综合统筹力度，建立健全央地、中央部门之间协同推进机制，协调解决跨区域重大交通基础设施规划、建设、运营等关键问题，完善跨部门查验互认、资源共享等重大政策。发挥区域合作机构作用，充分调动三省一市积极性，优化轨道交通网络一体化布局，统筹推进省际公路、航道等互联互通，协同推进重大项目。更好发挥上海组合港管委会作用，协同推进长三角港航一体化发展。

（二）推进重点领域体制机制改革创新

创新轨道交通管理体制机制。依托长三角区域合作办公室，研究设立轨道交通协调推进机构，统筹推进轨道交通一体化规划、建设、运营。探索成立城际铁路公司，负责城际铁路投资建设，参与城际轨道交通运营，逐步实现城际铁路运营一体化。推进轨道交通技术标准、建设时序、合作模式、路网联通、运营管理等协调统一。开展城际、市域（郊）铁路建设规划审批试点，支持有条件的城市编制市域（郊）铁路建设规划并按程序报批。

构建空域资源一体化协同共享机制。以需求融合为牵引，研究建立军地协调机制，协调优化空域资源配置。推动低空空域管理改革，统筹空域资源利用，逐步扩大民用航空和通用航空空域资源利用的空间、时间和范围。建立民航协同发展机制，强化区域机场间常态化多层次交流，推进区域机场协同运行和联合管理。

建立跨省和城市内外交通互联互通推进机制。建立省际互联互通项目储备库，实行定期评估和动态调整，将条件成熟项目纳入年度实施计划。结合城市道路与干线公路布局，建立市政道路部门与自然资源、交通运输等部门协同推进机制，因地制宜，推进城市内外交通一体衔接。

完善客运枢纽建设运营机制。统筹客运枢纽规划、建设、运营全周期和运输服务全过程，同步做好工程预留。鼓励以城市为主体成立综合客运枢纽运营管理公司，统一负责日常运营。创新合作模式，建立健全枢纽与周边区域协同发展体制机制，打造枢纽经济区。

健全投融资机制。按照交通运输领域中央和地方财政事权划分改革的总体要求，运用多元化投融资手段，统筹投融资与建设、运营、管理关系，开展交通基础设施投融资模式创新。支持三省一市研究成立交通一体化发展投资基金。鼓励企业跨区域投资建设和运营交通基础设施。建立债务动态监测体系，在严控债务风险前提下，加大金融机构信贷资金支持力度，积极引导社会资本参与重大交通基础设施建设。研究建立城际铁路、市域（郊）铁路等建设资金和运营补贴分担机制。

（三）构建融合开放的市场管理体系

完善运输市场一体化体制机制。突破地方保护和体制机制障碍，建立利益共享的区域合作机制，推进港航、航空等交通资源跨区域整合。协同建立公平统一的规则，促进自动驾驶等技术创新有序发展。创新交通投资、物流、贸易自由化便利化制度，促进资源要素自由流动。

建立跨区域运输联合执法机制。围绕超载超限治理，建立定期联席会议制度和日常工作联络机制，定期开展联合执法行动，统一治超非现场执法标准，探索建立公路执法超限黑名单惩戒措施。建立常态化联动监管机制，不断提升交通执法规范化水平。

建立跨区域大通关综合协作机制。加强区域内口岸“一关两检”资源协调力度，建立健全口岸、海关、联检等单位综合协作的多层次、宽领域、全方位区域“大通关”体系，优化客货过境通关政策环境。

统筹交通运输信用体系建设。建设交通运输市场信用联网管理平台，推进线上线下一体化监管，加快建立以信用为基础的交通运输新型监管机制。建立健全区域交通运输市场主体信用承诺、信用监管、信用评价和信用奖惩制度，依法联动实施守信联合激励和失信联合惩戒措施，完善市场主体信用修复机制。引导、鼓励第三方信用服务机构和行业组织参与交通运输信用建设。

九、保障措施

（一）加强组织领导

国务院有关部门、三省一市要建立交通运输更高质量一体化发展推进工作机制，在推动长三角一体化发展领导小组领导下，统筹协调解决重大问题，为本规划实施创造有利条件。三省一市要紧密结合发展实际，细化落实本规划确定的主要目标和重点任务，协调解决跨区域交通基础设施建设标准和时序、一体化运营管理、政策法规协同等具体问题。规划实施涉及的重大事项、重大政策和重大项目按程序报批。

（二）健全法规标准体系

要强化长三角地区交通运输政策法规协同，重点在国际航运中心建设、智能绿色交通发展等领域开展先行探索。积极探索构建体现交通运输更高质量一体化发展要求的标准体系和统计体系，加快制定和完善符合长三角地区实际的城际铁路、市域（郊）铁路、综合交通枢纽、智能交通等技术标准，强化各类标准衔接，合理确定都市圈城际铁路设计速度目标值、平均站间距等关键指标。

（三）推动重大项目实施

积极推进交通强国建设试点，按照急需先建、稳慎推进原则，在切实防范地方政府债务风险和严格保护生态环境的前提下，有序启动实施一批交通重点建设项目。要探索优化项目前期工作流程，深化重大项目方案研究，与国土空间规划等同步对接，用好跨省补充耕地国家统筹机制，保障重大基础设施项目用地和用海需求。

十、环境影响评价

（一）环境影响分析

本规划与《长江三角洲区域一体化发展规划纲要》《全国主体功能区规划》《全国国土规划纲要（2016—2030 年）》《国家新型城镇化规划（2014—2020 年）》《“十三五”现代综合交通运输体系发展规划》《节能中长期专项规划》《“十三五”生态环境保护规划》等规划有效衔接，符合国家对长三角地区发展战略定位和主体功能定位，对支撑长三角地区一体化发展具有积极作用。

本规划实施不可避免会对环境产生影响，主要体现在资源占用、生态影响和污染排放三个方面。交通基础设施建设需要消耗一定的土地和水资源，并可能对局部地区资源承载力产生影响。各交通基础设施运营产生的废气、污水、噪声和固体垃圾等污染物，如未得到妥善处理，会对周边大气、水等生态环境产生一定影响。通过严格落实规划和建设项目环境影响评价制度，加强交通基础设施节能环保和风险防控能力，规划实施产生的不利环境影响总体可控。长三角地区绿色交通建设工作目前已走在全国前列，规划实施对绿色交通发展、推进生态文明建设将发挥重要作用。

（二）预防和减轻不良环境影响的对策措施

*加强生态保护。*将绿色发展理念融入交通发展各方面和全过程，坚持科学布局，严格落实规划和建设项目环境影响评价制度。严守生态保护红线，按照“保护优先、避让为主”原则，避让国家公园、自然保护区、各类自然公园、饮用水水源保护区等环境敏感区。严防突破环境质量安全底线，严格执行“三同时”制度，做好水土保持和生态环境恢复工作。

*节约集约利用土地、岸线等资源。*坚持源头控制，做到土地复垦与交通项目建设统一规划。优先利

用存量用地，高效实施土地综合开发利用。线性交通工程建设尽量共用交通廊道。机场应严格项目审批和土地准入，减少土地占用和资源消耗。港口等项目应依据国家滨海湿地保护和围填海管控政策，除国家重大项目外全面禁止围填海，尽量避免占用自然岸线，最大限度保护生态环境。

强化能源节约利用。采取综合节能与效能管理措施，提高交通基础设施建设标准和技术装备现代化水平。淘汰能耗高、污染重、技术落后的生产装备，积极推广“油改电”“油改气”、节能照明等低碳技术应用，提高电能、LNG等清洁能源和太阳能等可再生能源在交通行业中使用比重。发展先进适用的节能减排技术，加强新型智能、节能环保技术装备的研发和应用。

做好污染物排放控制。线性交通工程应采用综合措施有效防治沿线噪声和振动，严格控制气体和固体污染物排放。水运工程应按照环境影响评价批复的要求建立并完善环境风险事故的预防和处理机制，建立环境风险应急体系，配备环境风险应急物资储备，切实防范水上溢油等环境风险。落实船舶排放控制区政策，有效减少船舶排放及其环境影响。鼓励航空公司使用低噪声、低排放机型，积极控制航班环境影响。

完善生态环境管理制度。明确环境治理主体责任，政府履行监管职责，企业承担主体责任，社会组织和公众发挥参与和监督作用。健全生态环境损害赔偿、污染排放严惩重罚等制度，完善污染排放标准，强化排污者责任。严格环境执法监管，推进联合执法、区域执法、交叉执法，对破坏生态环境的行为严厉打击、严罚重惩，有效提高生态环境保护水平。

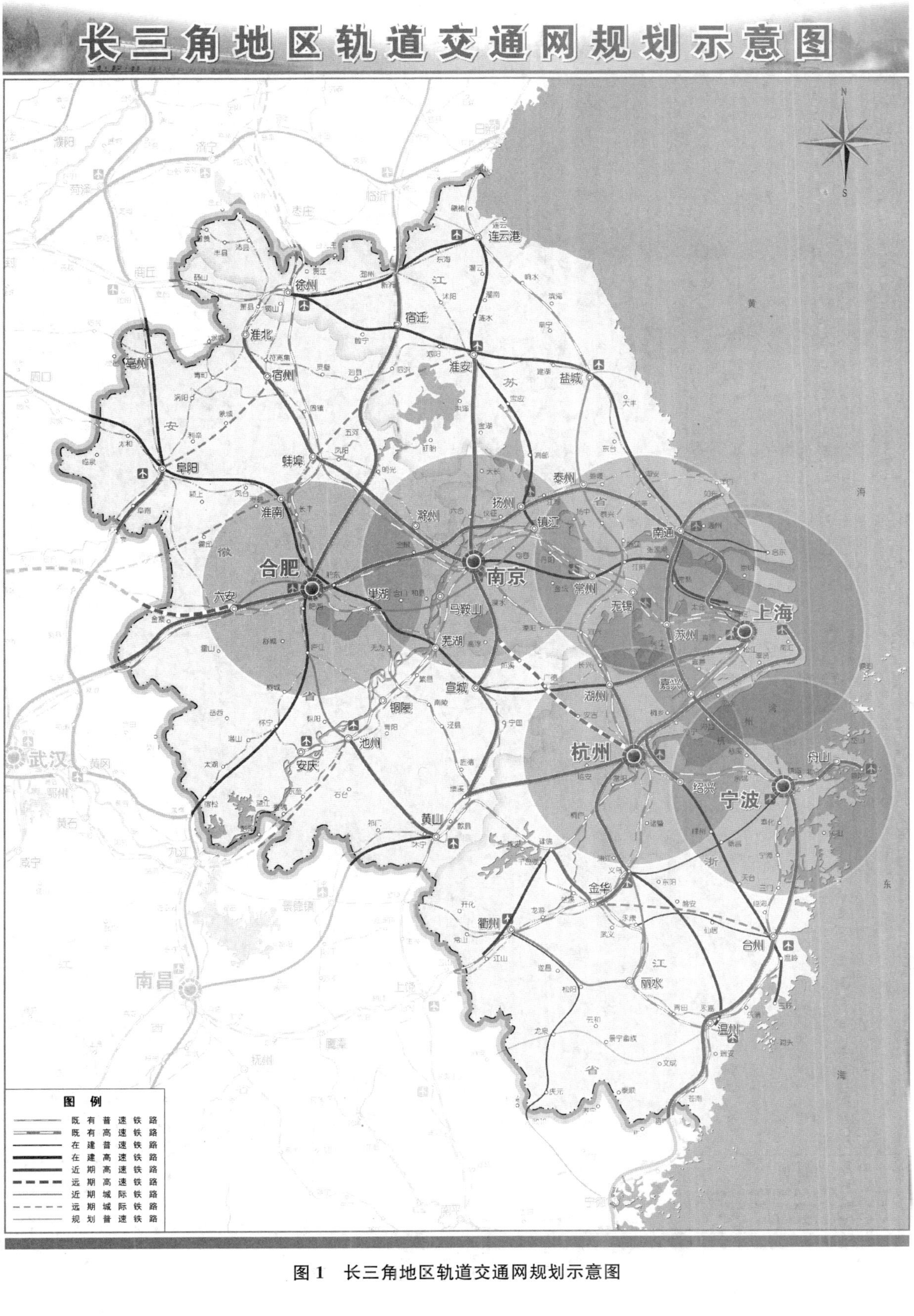

图 1 长三角地区轨道交通网规划示意图

图 2　长三角地区高速公路规划示意图

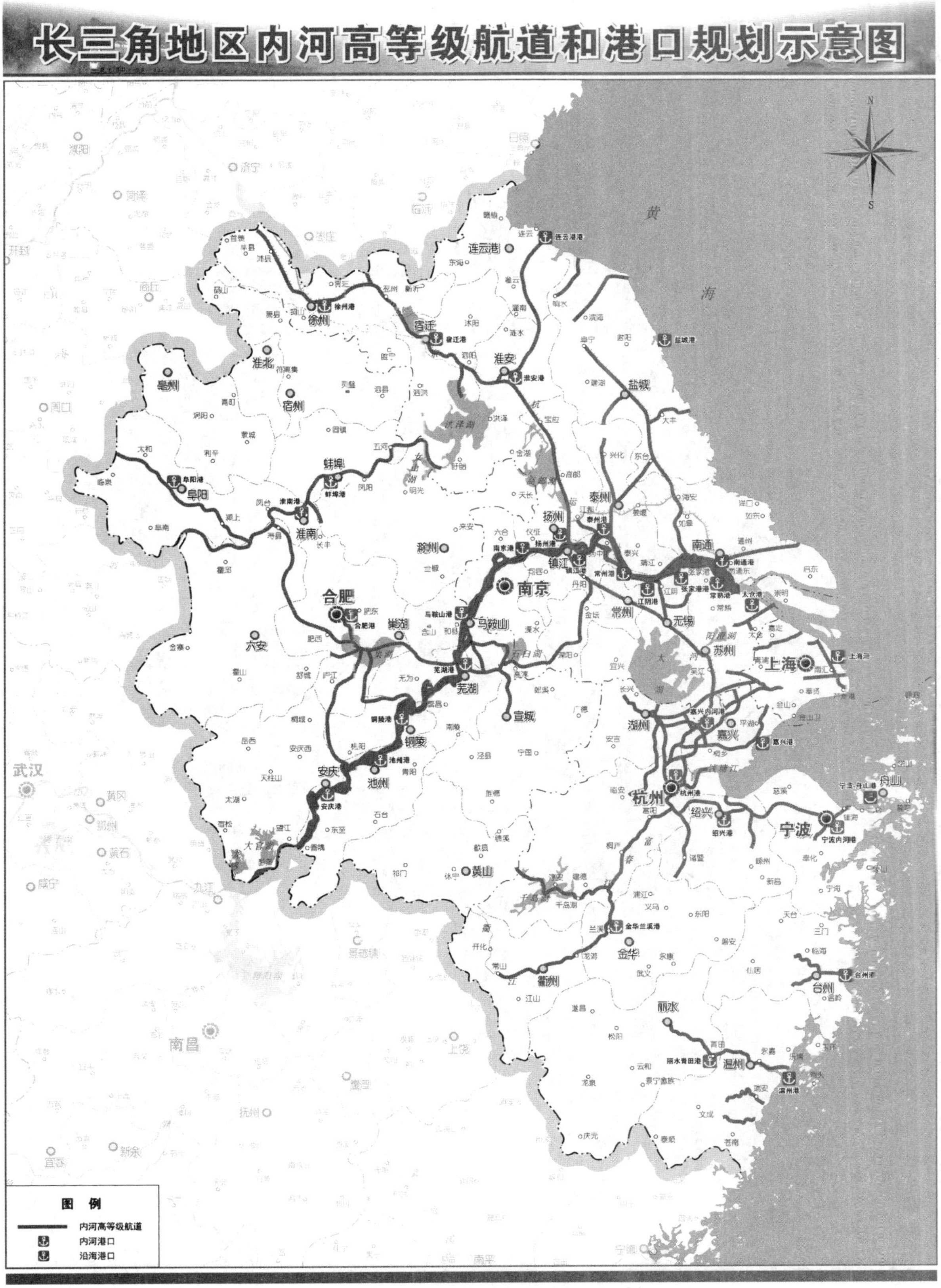

图 3　长三角地区内河高等级航道和港口规划示意图

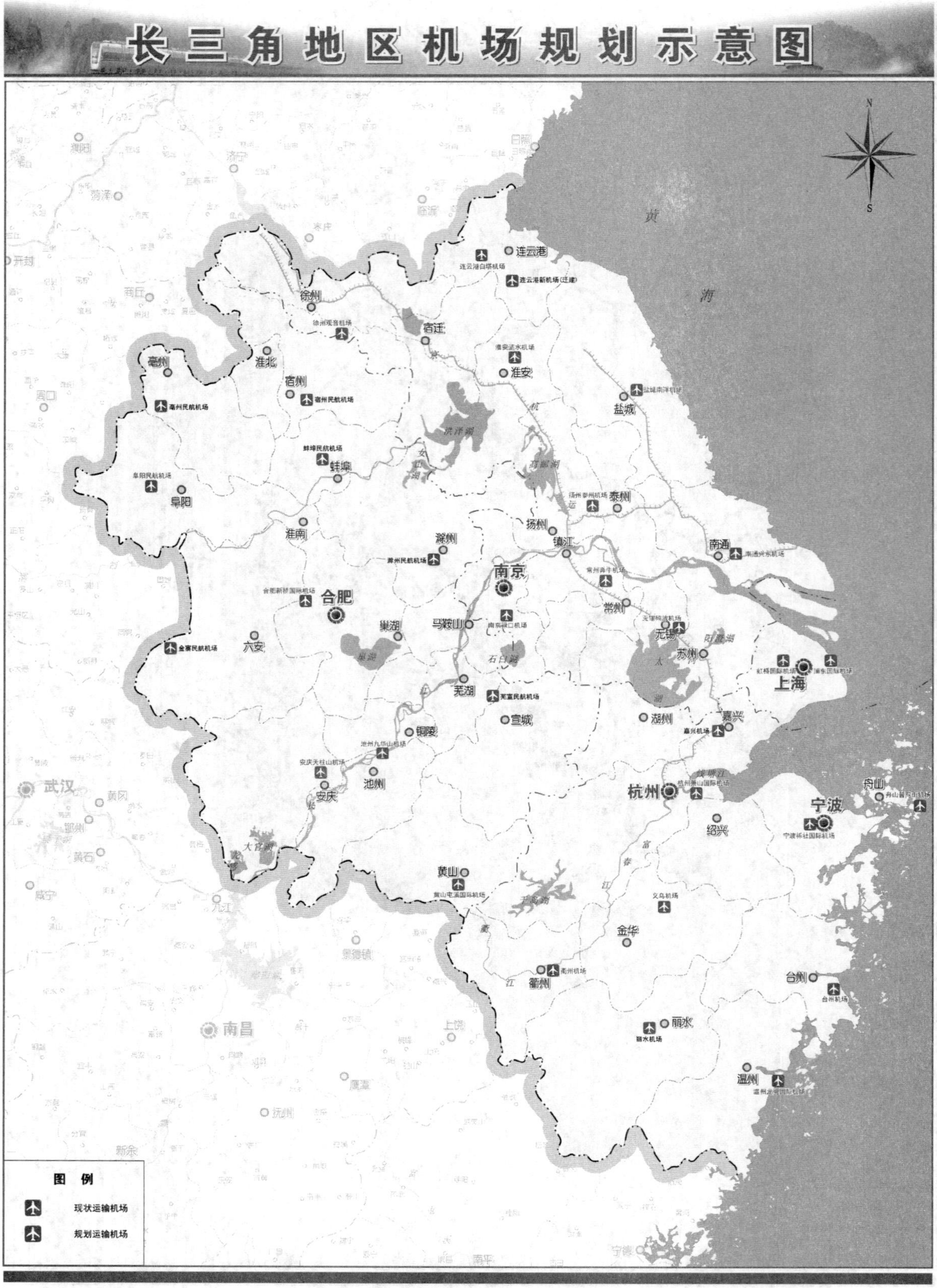

图 4　长三角地区机场规划示意图

上海市贯彻《长江三角洲区域一体化发展规划纲要》实施方案

实施长江三角洲区域(以下简称长三角)一体化发展战略,是以习近平同志为核心的党中央作出的重大决策部署,是习近平总书记亲自关心、亲自谋划、亲自推动的引领全国高质量发展、完善我国改革开放空间布局、打造我国发展强劲活跃增长极的重大战略举措。上海要主动承担国家使命,强化在国家发展格局中的战略支点地位,充分发挥改革开放前沿和集聚辐射优势,引领长三角更高质量一体化发展。为深入实施《长江三角洲区域一体化发展规划纲要》,进一步发挥上海核心城市功能和龙头带动作用,推动国家战略更好贯彻落实,制订本实施方案。

一、明确总体要求

(一)指导思想

以习近平新时代中国特色社会主义思想为指导,深入贯彻习近平总书记关于推进长三角一体化发展重要讲话和指示精神,坚持新发展理念,紧扣“一体化”和“高质量”两个关键,牢固树立“一体化”意识和“一盘棋”思想,充分发挥上海龙头带动作用,以供给侧结构性改革为主线,以长三角生态绿色一体化发展示范区(以下简称示范区)、中国(上海)自由贸易试验区(以下简称上海自贸试验区)新片区和上海虹桥商务区建设为重要抓手,深化市场化改革,扩大高水平开放,加强跨区域分工合作,促进全方位协同联动,率先探索区域一体化制度创新和路径模式,不断提升区域发展的整体效能和核心竞争力,努力实现高质量发展、创造高品质生活,当好服务“一带一路”建设桥头堡,带动长江经济带和华东地区发展,更好服务国家发展大局。

(二)基本原则

1. 坚持服从服务国家战略。始终把上海发展放在国家对长三角一体化发展的总体部署中思考和谋划,着眼国家战略定位,立足国家有需要、区域有需求、上海有优势的重点领域,着力增强高端要素集聚和辐射能力,提升核心竞争力和综合服务功能,推动长三角形成高质量发展的区域集群。

2. 坚持发挥龙头带动作用。面向全球、面向未来,着力构筑战略新优势,积极牵头协调,主动做好服务,以重点领域、重点区域、重大项目为载体,增强核心城市辐射带动作用,推进对内对外开放,努力当好新时代全国改革开放排头兵、创新发展先行者,引领长三角共筑全国强劲活跃增长极。

3. 坚持项目化清单化推进。加强沟通对接、协调互动,梳理形成重点工作、重点事项、重大项目清单,逐条逐项细化指标、分解责任,明确任务书和时间表、责任方、路线图,加强督促检查,狠抓落地落实,确保长三角一体化发展各项目标任务有力有序有效推进。

4. 坚持多方联动形成合力。在国家统筹指导、综合协调下,推动完善“上下联动、三级运作、统分结合、各负其责”工作机制,坚持各扬所长、优势互补,坚持共商、共建、共享、共赢,支持各类市场主体充分发挥作用,鼓励多元社会主体广泛参与,营造良好社会氛围,形成各领域、各地区、各方面联动协同、高效务实的一体化工作推进机制。

(三)发展目标

到 2025 年,上海“五个中心”核心功能和服务辐射能级显著增强,跨区域多领域深化合作达到较高水平，长三角一体化发展的体制机制全面建立，上海龙头带动作用更好发挥，努力形成长三角共性与个性相得益彰、合作与竞争相互促进、集聚与辐射相辅相成的高质量一体化发展格局。

高水平对外开放新高地率先形成。大力推进制度创新，加快构建开放型经济新体制，建成一批标杆性高层次开放平台，全球高端资源要素集聚和配置能力显著增强，高水平外资集聚地和对外投资策源地加快建立，总部经济能级全面提升，引领带动长三角参与国际竞争合作水平迈上新台阶。

科创产业融合发展体系加快建立。具有全球影响力的科技创新中心建设取得实质性进展，支撑国家创新体系发展的核心作用进一步凸显，共同推动长三角成为全国重要创新策源地，加快建设实体经济、科技创新、现代金融、人力资源协同发展的现代产业体系，培育和集聚一批具有品牌影响力的龙头企业和若干世界级产业集群。

功能性枢纽型网络化基础设施体系基本建成。国际大都市一体化综合交通体系不断提升完善，与周边城市和主要节点互联互通，枢纽航线通达全球，设施功能齐全完备，管理运行和服务高效便利，能源互济互保能力明显提高，率先构建清洁低碳、安全高效的能源体系，新一代信息基础设施率先布局成网并推广应用。

生态环境共保联治取得重大进展。重要生态空间和生态系统得到有效保护，跨区域环境污染联防联治机制有效运行，主要污染物排放总量继续下降，资源利用效率显著提高，大气和水环境质量持续改善，生活垃圾等固体废弃物协同处置机制初步建立，生态文明制度建设和跨区域生态补偿机制加快建立，绿色生产生活和城市治理水平明显提升，推动长三角打造和谐共生绿色发展样板。

公共服务便利共享水平不断提升。跨区域公共服务政策协同机制不断完善、便利化程度持续提升，基本公共服务标准体系和管理制度更加健全、保障水平逐步提升，率先实现基本公共服务均等化，全面提升公共服务供给能力和供给质量，率先实现区域教育现代化，医疗卫生、养老服务、文化旅游等社会事业均衡发展，城市管理社会化、法治化、智能化、专业化水平明显提升。

一体化发展体制机制加快建立。上海城市功能布局持续优化，城乡融合、乡村振兴取得显著成效，与周边城市同城化水平显著提高，上海大都市圈相互联系更加紧密，区域合作协调机制进一步健全，统一开放透明、要素自由流动的市场体系基本建立，国际一流营商环境基本形成，区域发展成本分担和利益共享机制建立健全。

到 2035 年，上海城市核心功能更加凸显，现代化经济体系率先建成，城乡实现高质量融合发展，公共服务水平趋于均衡，生态环境质量显著改善，基本建成具有世界影响力的社会主义现代化国际大都市、具有国际竞争力的世界级城市群的核心城市，基本建成令人向往的创新之城、人文之城、生态之城，引领长三角成为全国最具影响力和带动力的强劲活跃增长极。

二、聚焦重点领域协同推进

围绕增强辐射带动能力，聚焦关键领域，在增强科技创新策源能力、完善基础设施网络布局、加强生态环境共保联治、推进公共服务普惠便利、全面扩大开放和建立统一大市场体系等方面不断取得新突破、新成效。

（一）提升上海服务辐射能级，共推城乡区域协调发展

1. 持续深化“五个中心”核心功能建设。牢固树立“以亩产论英雄”“以效益论英雄”“以能耗论英雄”“以环境论英雄”的导向，建立推动高质量发展的指标体系、政策体系、标准体系、统计体系、绩效评价及政绩考核体系。保持建设用地合理开发强度，分类确定土地利用规划参数，拓展单位土地的经济承载容量，提高单位土地产出水平。增强国际金融中心资源配置功能，积极探索合格境外投资者全面参与上海各类要素市场，大力吸引国际金融组织、国内外大型金融机构总部入驻，建设全球资产管理中心，加快打造全球性人民币产品创新、交易、定价和清算中心。提升在全球贸易网络中的枢纽作用，大力推动文化

贸易、技术贸易、转口贸易和离岸贸易创新发展，打造一批服务全国、面向国际、内外连接、期现联动的大市场和大平台，加快发展跨境电子商务、数字贸易等新型贸易业态。巩固世界级国际海空枢纽港地位，优化航运发展环境，吸引更多国际航运组织、功能性机构和知名企业入驻，探索更具国际竞争力的航运制度创新，提升高端航运服务能力。大力集聚跨国公司和培育本土跨国公司。加快构建高水平科技创新平台，推进张江综合性国家科学中心建设，打造世界一流科学城、世界一流实验室和世界级大科学装置集群，深度参与全球科技合作，促进创新链、产业链、价值链深度融合。深入推进全面创新改革试验，营造一流创新生态系统。

2. 持续打响上海“四大品牌”。打响优质高端的“上海服务”品牌，扩大服务半径和辐射范围，推动生产性服务业向专业化和高端化拓展、生活性服务业向精细化和高品质提升，提高服务型企业提供解决方案、开展跨地区业务、运作全球市场的水平。打响享誉全球的“上海制造”品牌，加快发展高端制造、智能制造、绿色制造和服务型制造，促进互联网、大数据、人工智能和实体经济深度融合，聚焦发展集成电路、人工智能等新一代信息技术产业，加快培育生物医药、民用航空、前沿新材料、智能网联汽车等战略性新兴产业。着力提升上海制造在质量、标准、研发、设计和管理等方面的核心竞争力，加快迈向全球卓越制造基地。打响时尚繁荣的“上海购物”品牌，以支持品质消费、时尚消费、服务消费为发力点，建设一批具有全球知名度的“上海购物”平台，打造面向全球市场的新品首发地、引领潮流的风向标和创新发展的新零售，加快建成具有全球影响力的国际消费城市。打响独具魅力的“上海文化”品牌，充分发挥红色文化、海派文化、江南文化优势，做大做强文创产业，推出“上海原创”的文化精品，打造城市精神标识和文化地标，培育集聚文化名家大家，建设更加开放包容、更具时代魅力的国际文化大都市。以“上海品牌”认证活动为抓手，推动“四大品牌”的培育、评价和发展，持续提升“上海品牌”认证服务能级，树立一批新时代品牌标杆，着力把“上海品牌”打造为驰名中外的城市名片。

3. 推进上海大都市圈协同发展。加快编制上海大都市圈空间协同规划，围绕上海和苏州、无锡、常州、南通、宁波、嘉兴、舟山、湖州的“1＋8”区域范围构建开放协调的空间格局，发挥空间规划的引领作用，加强在功能、交通、环境等方面的衔接，促进区域空间协同和一体化发展。

鼓励支持虹桥—昆山—相城、嘉定—昆山—太仓、金山—平湖、枫泾—嘉善等跨省市城镇合作。推进崇明东平—南通海永—南通启隆、嘉定安亭—青浦白鹤—苏州花桥、金山枫泾—松江新浜—嘉兴嘉善—嘉兴平湖等三个跨省城镇圈协调发展，进一步实现功能布局融合、基础设施统筹、公共服务资源共建共享。

4. 大力推进城郊融合型乡村振兴。实施“美丽家园”工程，全面完成村庄布局规划、郊野单元（村庄）规划编制，实施乡村规划师、建筑师制度，优化村庄布局，加大政策力度，鼓励和引导农民相对集中居住，编制“四好农村路”建设规划和设计导则，推进实施提档升级改造，有序推进农村生活垃圾分类，巩固完善农村生活垃圾治理收运处置体系，全面完成农村卫生厕所改造、生活污水处理。实施“幸福乐园”工程，实施城乡学校携手共进计划，推进城乡一体医联体建设，实施上海市农村地区养老服务美好生活行动计划，发展互助式养老，实施“离土农民就业促进计划”和“新型职业农民培育计划”，推进农村综合帮扶。实施“绿色田园”工程，推进都市现代农业绿色发展行动计划，创建农村产业融合新载体，建设一批优质农产品线上线下产销对接平台，打造一批精品乡村旅游路线、民宿集群，提升和培育一批农村双创空间，加快长三角农创平台建设，支持长三角“田园五镇”乡村振兴先行区等省际毗邻地区探索乡村振兴一体化发展模式。加快健全城乡融合发展体制机制和政策体系。

（二）增强科技创新策源能力，共建协同创新产业体系

1. 全力打造张江综合性国家科学中心。推动张江实验室创建为国家实验室，与安徽合肥共建量子信息科学国家实验室。加快推进软 X 射线自由电子激光装置、上海超强超短激光实验装置、活细胞结构与功能成像线站工程、转化医学国家重大科技基础设施、高效低碳燃气轮机试验装置、国家海底科学观测网、上海光源线站工程、硬 X 射线自由电子激光装置重大科技基础设施项目建设，积极开展若干个重

大科技基础设施储备项目前期研究工作。

2. 集中突破一批关键核心技术。聚焦集成电路、人工智能、生物医药等重点领域，推动产学研用联合攻关，加快推动关键共性技术、前沿引领技术、现代工程技术和颠覆性技术不断取得突破。深入推进国家集成电路创新中心、国家智能传感器创新中心建设运营，加快培育上海集成电路研发中心装备材料产业创新中心，共同打造集成电路共性技术研发公共平台。在人工智能基础算法、核心芯片、脑机融合、开源框架等重点领域加快布局，筹建类脑智能、算法研究院等重大基础平台，加快建设上海国家人工智能创新发展试验区和创新应用先导区、马桥人工智能创新试验区，办好世界人工智能大会。推进生物制品、创新化学药物、高端医疗器械等领域发展布局。

3. 加快科技成果转移转化。依托上海技术交易所深化国家技术转移东部中心功能，建设线上技术转移服务平台，推进长三角技术市场一体化，建设全球技术交易市场。依托科技创新承载区、张江国家自主创新示范区、闵行国家科技成果转移转化示范区，推动创新产品在长三角示范应用。建设一批高水平功能平台和新型研发组织，推动重点领域关键共性技术的研发供给、转移扩散和首次商业化。探索市场化的"绿色技术＋金融"综合解决方案，推进高新区"零排放"试点示范。引进和培育市场化、专业化科技服务中介机构，推动建设高校技术转移服务平台。合力打造长三角双创示范基地联盟，合力办好浦江创新论坛、中国(上海)国际技术进出口交易会，组织好长三角国际创新挑战赛。

4. 加快推进全面创新改革试验。出台本市科技创新中心建设条例，开展新一轮全面创新改革试验。深化科技人才和科研院所管理体制机制改革。创新规划土地、财政金融支持科技创新中心建设政策。扩大外资参与科技创新中心建设的范围和领域。推动长三角优质科创企业在科创板上市。联合加强知识产权保护。加强长三角协同创新产业体系总体方案设计，合力培育"长三角科创圈"，共同建设长三角科技创新共同体。加大国家重大科技基础设施开放共享力度，完善长三角科学仪器设备协作共用平台。构建长三角科技资源数据目录体系，推动建立区域科技资源共建共享服务机制。拓展"科技创新券""四新券"通用通兑范围和领域，在合力提升原始创新能力、协同推进科技成果转移转化、共建产业创新平台、强化创新政策协同等方面出台一批新举措。

5. 持续推进长三角 G60 科创走廊建设。坚持市场化、法治化导向和科技创新、制度创新双轮驱动，积极开展产业园区合作共建，加快建设全要素科技成果对接转化平台和产业协同创新中心，共同打造长三角高端制造业主阵地。通过实体化运营上海证券交易所资本市场服务 G60 基地、建立特色产业基金等方式，不断提高金融服务实体经济特别是科创型企业的成效。深化 G60 科创走廊政务服务"一网通办"试点，在推动长三角政务服务一体化中发挥先行先试的区域作用。

6. 着力提升制造业产业链水平。围绕长三角共同打造电子信息、生物医药、航空航天、高端装备、新能源和智能网联汽车、新材料等世界级制造业集群，立足上海优势，聚焦研发设计、高端制造等环节，培育一批具有国际竞争力的龙头企业和"隐形冠军"企业，推动产业迭代升级和产业链延伸，提升在全球价值链的位势。加快推动船舶、汽车、化工、钢铁等传统优势产业改造提升，加快生产方式向数字化、网络化、智能化、柔性化转变，培育发展新优势。聚焦"3＋5＋X"重点区域整体转型，打造高经济密度"产业新区"。鼓励临港、漕河泾、张江、市北高新等品牌园区输出开发管理标准和品牌，支持沪苏大丰产业联动集聚区、上海漕河泾开发区海宁分区等一批跨省合作载体发展，推动产业链优化布局。

7. 促进现代服务业提质增效。推动研发设计、文化创意、信息技术、总集成总承包、检验检测认证、供应链管理、人力资源等生产性服务业向专业化和高端化拓展，牵头研究编制长三角高端生产性服务业发展指导目录，支持"双推"工程，加强生产性服务业功能区建设，引导高端生产性服务业集聚。推进实体零售、文化服务、家庭服务、体育服务、旅游服务、健康服务等生活性服务业向精细化和高品质提升，加快在科技金融、现代物流、教育、医疗、养老等领域布局建设专业化平台。协同推动专业服务标准化建设，加强服务业集聚区建设，共同培育高端服务品牌。大力发展高能级的总部经济，支持现有跨国公司总部提升能级、拓展功能。落实《上海市鼓励设立民营企业总部的若干意见》，支持本市民营企业总部依托长三角腹地开拓市场。推进互联网新技术与产业融合，共同培育新技术新业态新模式。

（三）完善基础设施网络布局，共同提升互联互通水平

1. 加快建设区域轨道交通网络。加快构筑“五个方向、十二条干线”的铁路网络，推进沪通铁路一期等项目建设，开工建设沪通铁路二期，重点推进北沿江、沪苏湖高铁等项目规划建设，启动沪乍杭铁路项目前期工作。促进城市轨道、市域铁路、城际铁路等不同层次轨道网络的融合，谋划统一的技术制式和运营组织保障。

2. 构建便捷高效的公路网络。加强跨省高速与普通国省道的规划建设，推进G15沈海高速嘉浏段拓宽等改扩建及S16蕰川高速、G228公路出省段项目前期工作。持续推进省际断头路建设，开展毗邻地区公交客运衔接线路试点。科学编制本市高速公路省界收费站撤除方案，2019年底前取消路中收费站。

3. 提升上海航空枢纽辐射能力。开展浦东国际机场总体规划修编和三期扩建工程建设等相关工作，提高浦东国际机场服务能级。加快推进浦东综合交通枢纽规划建设，构建空铁联运体系，提升浦东国际机场对长三角的服务能力。加快推进机场联络线建设，完善浦东国际机场与虹桥国际机场之间的快速联系通道。制定实施航班正常性工作提升计划和旅客体验提升计划，提升两场航班放行正常率。优化空域资源利用。

4. 强化国际航运枢纽港功能。落实《长三角港航一体化发展六大行动方案》，推进区域港航协同发展。推进铁路进外高桥港区，促进海铁联运发展。大力推进长湖申线、杭平申航道项目建设，开展苏申内港线规划衔接和前期工作。推进长江集装箱江海联运综合服务信息平台的建设。鼓励上港集团与长三角港航企业开展多层次合作，联合浙江省开展上海国际航运中心洋山深水港小洋山北侧作业区规划编制工作和项目前期工作，推进项目建设。深化沪苏长江口港航合作，以市场化为导向优化集装箱航线布局。

5. 推动综合交通管理服务再提升。坚持客车拥有与使用双控管理，抑制机动车总量过快增长。推进交通相关标准在长三角对接和互认，构建一体化的管理标准体系。强化与苏浙之间省际交通运输监管与协同共治，有效推进区域联合执法。加大互联网技术在交通行业应用与管理力度，全面提升智慧交通水平。

6. 建设世界级的信息基础设施标杆城市。推动5G网络规模部署，打造“双千兆宽带城市”。到2025年，实现5G网络市域全覆盖。支持行业龙头企业开展综合应用示范，打造若干5G网络建设和应用先行区。构筑“城市神经元系统”，赋能“城市大脑”。完善全市互联网数据中心布局规划，试点毗邻地区网络互联。推动广电、网络、有线电视等基础设施全面升级，加大5G、工业互联网、物联网等新兴领域推广力度，提升网络和应用基础设施的IPv6承载能力。到2025年，上海网络、应用、终端全面支持IPv6。

7. 推动重点领域智慧应用。聚焦社会治理、民生服务、产业融合等重点领域开展示范应用，发展“互联网＋”“智能＋”等新业态。深化工业互联网标识解析国家顶级节点（上海）建设，做强工业互联网国家级新型工业化产业示范基地，建设长三角工业互联网平台国家先行区，建立长三角工业互联网创新应用体验中心，发布工业互联网平台和专业服务商推荐目录，培育壮大专业运营商。推动上海电气、上海汽车等企业集团开展安全试点示范。深化国家智能网联汽车（上海）试点示范区建设，在G2京沪高速、G60沪昆高速上海段等开展车联网和交通设施智能化技术创新试点，组织实施洋山港自动驾驶集卡示范运营项目，探索建立智能网联汽车一体化测试认证示范体系和产业发展标准。

8. 推进能源设施规划建设。组织编制长三角天然气供应能力规划。加快推进崇明—长兴—五号沟天然气管道、洋山LNG储罐扩建工程等项目建设，配合推进沪浙联络线、中石油中俄东线南段工程等项目建设。积极推进上海第二液化天然气站线项目前期工作和建设。完善港口LNG加气站布局，扩大LNG在港口集卡、水上交通的使用，鼓励地方能源龙头企业围绕LNG加注业务开展多方合作。加快建设500千伏崇明输变电工程、东吴—黄渡—徐行500千伏和黄渡—泗泾—新余线路改造工程、远东—亭卫线路加装串抗等项目。稳步推进东海大桥、临港和奉贤海上风电基地建设，探索实施深远海域重大示范工程，开展分散式风电和用户侧分布式风电试点示范。依托工商业建筑、公共建筑屋顶和产业园区实

施分布式光伏发电工程，积极实践农光互补、渔光互补等多种开发模式。

9. 提升能源服务保障水平。探索运用物联网、大数据、云计算等技术，加快提高能源综合效率和服务水平。推动国家新能源微网、能源互联网示范项目建设，在张江科学城、西虹桥等区域建设泛在电力物联网示范工程。通过示范应用，推动关键技术产业攻关和能源体制机制创新。推进上海石油天然气交易中心、上海国际能源交易中心原油期货市场建设，进一步增强长三角在国内外能源市场上的话语权和影响力。

（四）加强生态环境共保联治，共筑绿色美丽长三角

1. 构建多元共生的生态系统。制定本市生态空间专项规划，全面落实生态空间差异化管控，构筑以自然保护区（地）、公园、生态廊道、农田林网、绿地组成的多层次、网络化、功能复合的区域生态空间格局。加强对崇明东滩鸟类自然保护区、九段沙湿地自然保护区、长江口中华鲟自然保护区、金山海洋生态自然保护区的协同保护。推进湿地野生动物栖息地生态系统的保护性修复工程。加快开展长江口国家公园的规划研究工作。高水平推进崇明世界级生态岛建设。到 2025 年，本市生态用地占陆域面积 59%以上，森林覆盖率达到 19%以上，湿地总面积保持在 46.5 万公顷。

2. 强化水源地保护和防洪安全保障能力。共护太浦河、淀山湖、长江口等重要饮用水水源生态安全，建立全流域水源保护预警体系。制订落实太湖水资源调度方案、太湖生态水位及黄浦江松浦大桥生态流量保障实施方案，建立跨省级行政区应急水源一网调度体系。加快实施青草沙—陈行原水系统连通方案，不断提高水资源供应的安全稳定能力。按规划标准实施江堤海塘达标改造工程，推进吴淞江（上海段）工程、太浦河后续工程建设，共同推进淀山湖岸线达标贯通工程，加强骨干河湖水系和排涝泵站建设，不断提高流域防洪和水资源调控能力。

3. 加大跨界水环境污染综合治理力度。配合制订并实施新一轮太湖流域水环境综合治理方案。联合制订并落实太浦河等重要跨界河道联保专项治理方案。共同制订淀山湖联保专项治理方案，协调急水港、千灯浦、大朱厍和白石矶等主要入湖河流纳入治理范围。深化落实跨界河（湖）一河（湖）一策方案，按规划标准实施城镇污水处理厂达标改造及完善污水收集管网。联合制订长江口、杭州湾联保专项治理方案，落实港口船舶污染物接收、转运及处置设施的规划建设，严禁航运船舶非法排污。到 2025 年，主要河流断面水质达到或优于Ⅲ类的比例提升到 35%，淀山湖水质达到Ⅳ类（除总氮达到Ⅴ类外）。

4. 深入推进大气污染联防联控。强化能源和煤炭总量双控，继续深化燃煤污染防治，禁止新建燃煤设施，全面完成中小燃油燃气锅炉提标改造，深化钢铁行业污染治理，全市钢铁行业铁水产能规模控制在 1502 万吨以内，完成钢铁行业超低排放改造。落实挥发性有机物总量控制和行业控制，在汽车制造及汽修、包装印刷、家具、集装箱制造、船舶制造及维修、工程机械制造、建筑等重点行业全面推广低挥发性有机物含量产品替代。持续加强大气移动污染源管控，实施机动车国六排放标准，制定出台老旧车淘汰补贴延续政策。实施进入排放控制区船舶换烧 0.1%低硫油措施，加强跟踪评估和执法检查。实行外环线（含）以内区域使用的机械排放满足国三标准要求，推进全市禁止使用国一及以前标准的非道路移动机械。全面完成涉气“散乱污”企业整治，落实精细化排放清单管理制度。到 2025 年，全市细颗粒物（PM2.5）平均浓度达到 33 微克/立方米。

5. 统筹固废处置设施布局和危废协同监管。制定上海市固废处理处置综合规划，统一固废危废防治标准，提高无害化处置和综合利用水平，探索固废区域转移处置合作机制，完善危废产生申报、安全储存、转移处置的一体化标准和管理制度，严格防范环境风险。探索建立跨区域固废危废处置补偿机制。建立健全区域危险废物、医疗废物全过程信息化管理体系，开展危险废物规范化管理督察考核工作，严厉打击危险废物非法跨界转移、倾倒等违法犯罪活动。

6. 健全生态环境保护协作机制。研究构建区域生态环境大数据综合管理平台，逐步实现常态化数据共享和智能化应用管理。统一环境监测监控体系，先行衔接跨界地区空气质量监控站点体系和水环

境自动监控站点体系建设。统一长三角移动污染源的油品质量标准和燃油、挥发性有机物排放控制政策。完善高污染机动车的信息共享和联动监管。深化落实临界市区县生态环境协作机制试点并复制推广成功经验。建立健全长三角应急指挥体系，完善水源地过境危化品船舶信息共享机制和突发水环境污染事故应急预案及应急处置联动机制，完善长三角空气质量预测预报机制和应对重污染天气应急联动机制，联合做好重大活动环境质量的协同保障工作。共同制定区域环保标准统一建设规划，逐步推进区域统一的污染物排放标准、清洁生产标准、绿色产品标准和环境执法规范，配合研究建立太湖流域生态补偿和污染赔偿机制。

（五）强化政策协同制度衔接，共享公共服务普惠便利

1. 全面实施基本公共服务标准化管理。落实国家基本公共服务标准体系，推进制度衔接和标准统一，在实现省（市）域基本公共服务均等化的基础上，促进长三角全域基本公共服务水平大致相当。适应经济社会发展和跨区域人员流动趋势，加强协作联动，逐步提升基本公共服务保障水平，逐步增加保障项目，提升保障标准。创新跨区域服务机制，共同探索建设长三角基本公共服务平台。

2. 持续提升异地公共服务便捷度。建立信息沟通和应急联动机制，探索异地就医备案互认，深化推进异地就医直接结算，争取实现全部统筹区和主要医疗机构两个全覆盖，完善异地就医协同监管体制和运行机制。推动公共卫生联防联控，加强重大传染病疫情信息通报和卫生应急联动，建立严重精神障碍重点患者信息交换机制，完善跨省市食品安全事故流行病学调查协作机制。探索建立信息比对认证合作机制，便利长三角居民异地办理社会保险。推动实施民生档案跨区查档服务项目，建立互认互通的档案专题数据标准体系。

3. 共同营造良好就业创业环境。制定相对统一的人才流动、吸引、创业等政策，完善长三角高校毕业生就业、参保等信息共享机制，联合制定针对性项目和计划，帮助促进重点群体就业创业。成立区域公共创业服务联盟，推动公共创业服务资源共享，开展长三角创新创业大赛，共推创业型城区（城市）建设。加强紧缺急需技能人才培养，推进技能人才培养评价和培训实训资源共享，协同开展大规模职业技能培训。深化劳动保障监察跨区域协查制度、劳动者工资支付异地救济制度，制定协同处理劳动人事争议案件的指导意见。加强欠薪治理，建立拖欠农民工工资“黑名单”共享和联动惩戒机制。

4. 在互动合作中扩大优质教育资源供给。联合开发长三角教育现代化指标体系，协同开展监测评估应用，推动率先实现区域教育现代化。发挥长三角研究型大学联盟等平台作用，鼓励大学大院大所开展跨区域全面合作，推进校校、校企协同创新，联手打造具有国际影响力的一流大学和一流学科。推进校长和教师联合培训、交流合作，鼓励上海一流大学、科研院所面向长三角设立分支机构，鼓励上海学校开展跨区域牵手帮扶。推进区域开放教育和社区（老年）教育联动发展。加强与国际知名高校合作办学，强化长三角国际化人才服务。统筹区域职业教育院校和专业布局，做大做强联合职业教育集团。探索教育人才评价标准互认机制。

5. 推动医疗卫生资源优化配置。推动高端优质医疗卫生资源统筹布局，采取合作办院、设立分院、组建医联体和专科联盟等形式，支持推进优势医疗资源品牌和管理向外输出，探索高层次医疗卫生人才柔性流动。以常见病、多发病为切入点，实施跨区域联合医疗质量控制。共建全民健康信息平台，推进居民电子健康档案、电子病历互联互通。共建医疗协作系统，完善远程医疗服务，实现双向转诊、转检、会诊、联网挂号。加强急救信息共享和网络连通，完善突发公共卫生事件应急联动机制，逐步建立统一的急救医疗网络体系。加强中医药合作，共建中医药传承创新一体化发展平台。

6. 加快推进区域养老服务合作。推动养老服务产业统筹规划布局，建设区域养老服务公共信息平台，推进养老服务机构设施建设标准、服务标准、照护需求评估标准互认衔接，制定区域产业资本和品牌机构进入当地养老市场指引，支持养老服务机构规模化、连锁化发展。协同开展养老服务行业联合执法监管。培育养老从业人员专业化市场，共同建立养老护理员综合水平评价制度。建立跨区域养老服务

补贴等异地结算制度，研究规划和建设异地康养基地。

7. 促进体育产业联动发展。共同编制体育产业一体化发展规划，推动建立长三角体育产业联盟，搭建体育资源交易平台，完善体育产业项目库和数据库，推动体育资源共享、赛事联办、信息互通、项目合作和人才交流培养，共同打造区域性体育品牌项目。加快群众体育、竞技体育与体育产业协同发展，促进长三角“体育＋”发展。

8. 提升区域文化协同发展能级。加强革命文物保护利用，打造一批彰显文化特征的示范点和城市文化地标。加快构建现代文化产业体系，协同共建一批资本化、数字化、平台化重大创意产业和文化项目，培育一批文化龙头企业，办好长三角国际文化产业博览会。建立长三角影视拍摄基地合作机制。深化国家公共文化服务合作机制，加强美术馆、博物馆、图书馆和群众文化场馆等馆际联动。强化长三角新闻宣传联动和网信协作发展机制。建立长三角非遗保护联盟，开展联合考古发掘和文化遗产保护研究，推进江南水乡古镇联合申报世界文化遗产工作。

9. 打造世界级高品质旅游目的地。深化旅游合作，鼓励扶持优势旅游企业组建战略联盟。依托上海特色自然人文资源，打造一批高品质休闲度假旅游区和世界闻名东方度假胜地，推出“乐游长三角”网络服务平台和优惠联票产品，联手开发“一程多站”精品旅游线路和互联互通红色旅游线路。推进高铁站点文化和旅游咨询、集散和服务设施建设，推出“高铁＋景区”“高铁＋住宿＋门票”“高铁＋汽车租赁”等自由行要素组合产品。以“中国长三角”为统一品牌形象，共同拓展入境旅游市场。建立假日旅游、旅游景区大客流预警等信息联合发布机制。

10. 合作提升社会治理共建共治共享水平。加强法规规章立法协同，研究制定区域社会治理地方性法规和政府规章，促进法律适用标准统一，推动重点领域执法司法合作，探索公共法律服务标准化、规范化体系建设。推动建设一体化城市管理和社会治安防控体系，建立联管联控机制，完善重大活动维稳安保协作机制，联手开展整治执法行动。建立城市公共安全风险防控标准体系和规划体系，建立安全风险防控与应急联动机制，强化重大案事件防范处置合作。优化网格化管理标准和流程，建设和推广标准明确、管理规范、联动高效的城市综合管理指挥监督体系。健全区域性重大灾害事故联防联控机制，统筹应急救援基地规划建设，依托华东应急指挥骨干网建设，推动跨地区跨部门信息共享、预警联动、演练协同，加快推进上海都市圈防灾减灾救灾一体化。加快安全应急产业发展。建立健全安全生产责任体系和联动长效机制，有效防范和坚决遏制重特大安全生产事故发生。完善文明城市（区）、文明乡镇、文明村庄共建协作机制，推进志愿服务信息互联互通、资源共建共享和项目协同协作。

（六）深化对内对外开放联动，共促全方位开放新格局

1. 加快跨境贸易平台建设。深化跨境电商综合试验区建设，出台市级跨境电商示范园区管理办法。建设跨境电商零售出口海关监管作业场所，吸引跨境电商出口企业集聚。推进业务流程改造，采取“清单核放、汇总统计”方式报关，提高直邮出口平台业务问题半小时内解决比例。建设数字贸易交易促进平台，拓展与国际标准相接轨的数字版权确权、估价和交易流程服务功能，打造数字内容和产品资源库。

2. 着力推动重点领域扩大开放。全面贯彻外商投资法，落实外商投资准入前国民待遇加负面清单管理制度。完善自贸试验区跨境服务贸易负面清单管理模式，缩减限制措施。加快金融市场对外开放，逐步放宽金融业外资市场准入，逐步扩大外资金融机构经营范围。加快建设中以（上海）创新园。强化国家知识产权运营公共服务平台国际运营（上海）试点平台功能，探索扩大知识产权跨境交易，完善知识产权纠纷多元化解决机制。实施外商投资信息报告制度，健全外商投资权益保护工作机制，探索实现长三角外国人工作许可异地办理，吸引高层次创新人才以柔性流动方式开展工作。支持持永久居留身份证外籍高层次人才创办科技型企业。

3. 进一步优化对外投资促进服务。落实《上海服务国家“一带一路”建设发挥桥头堡作用行动方案》，深入推进“一带一路”伙伴关系计划，加强长三角经贸外事协作，完善贸易投资促进网络，支持印尼

青山产业园区建设，深化沪仰全面合作，打造一批示范性项目。做大做强长三角一体化对外投资合作发展联盟，依托上海市企业“走出去”综合服务中心，为企业“走出去”提供一站式综合服务。引导金融机构服务企业“走出去”。打造服务长三角的产业国际竞争力合作联盟，加强重点产业国际经贸风险防范，推动上海自贸试验区贸易调整援助制度复制推广。依托上海国际争议解决中心，推动多元化商事争议解决服务机制联动，提升区域商事争议解决国际化水平。深化国际友城合作，组团参加中国国际进口博览会，举办友城论坛，加强高端智库国际交流。发挥新侨人事交流会平台功能作用，用好华侨华商资源。

4. 共同推进长三角口岸通关一体化建设。完善长三角国际贸易“单一窗口”数据互联互通合作机制，开放上海口岸企业评价结果信息查询功能，推进上海口岸与长三角重点口岸实现“通关＋物流”数据点对点对接共享。协同推进亚太示范电子口岸网络(APMEN)互联互通。健全进出口商品质量安全追溯平台，推广应用溯源标签，建立基于大数据风险评估的进出口商品差异化检验与监管机制。加强联动协作，逐步在长三角推广144小时过境免签电子申请系统。

(七) 建设统一开放市场体系，共创国际一流营商环境

1. 加快建立城乡统一的土地市场。推进产业用地高质量标准化出让和先租后让试点，深化城镇国有土地有偿使用制度改革，扩大土地有偿使用范围。落实新增建设用地和低效建设用地减量化全面挂钩，开展低效产业用地专项处置，推进存量建设用地盘活利用。探索建立“同权同价、流转顺畅、收益共享”的农村集体经营性建设用地入市制度体系。稳妥推进宅基地改革，完善宅基地权益保障和取得方式，探索宅基地有偿使用制度、自愿有偿退出机制和闲置宅基地统筹利用方式。加强生态保护，统筹田水路林村等空间要素，有序推进区域土地综合整治。探索建立区域土地指标跨省调剂机制，优先保障跨区域重点项目落地。

2. 进一步完善多层次资本市场体系。完善区域性股权市场。完善专项建设债券、绿色债券、自贸区债券、创新创业债券发行机制，推动区域专项债发行常态化制度化。推动建立统一的抵押质押制度，推进异地存储、信用担保等业务同城化。支持符合监管政策的地方法人银行在上海设立营运中心。推动上海证券交易所加强服务基地建设，支持优质新型企业在科创板上市。支持依法合规发起设立主要投资于长三角的各类产业投资基金、股权投资基金。与浙江省共同建设期现一体化油气交易市场，合作建设国际油品交割基地。建立金融风险监测预警协作机制，联合打击非法金融活动和开展互联网金融等专项整治。推动区域内公共资源交易平台互联共享，建立统一信息发布和披露制度，逐步完善统一交易规则和操作流程，建立安全风险防控机制，推动建设长三角产权交易共同市场。培育完善各类产权交易平台，探索水权、排污权、知识产权等初始分配和跨省交易制度，逐步拓展权属交易领域与区域范围。

3. 加快建设信用长三角。聚焦生态环保、全域旅游、食品药品安全、产品质量、交通运输、安全生产、养老服务等重点领域，深化推进跨区域信用联合奖惩机制。建设完善信用长三角平台，加大对行业协会商会、信用服务机构、金融机构、大数据企业的市场信用信息采集力度，推动信用信息按需共享、深度加工、动态更新和广泛应用，与全国信用信息共享平台实现信息交换共享。鼓励信用行业服务创新，共同打造一批信用服务产业集聚区，培育一批具有国际影响力的信用服务企业，加快研究设立市场化个人征信机构。

4. 加强市场准入标准统一和市场监管执法协同联动。推动实行统一的市场准入制度，优化办理流程，简化登记材料。建立长三角标准化联合组织，制定区域协同标准编号规则，在农产品冷链物流、基本公共服务、环境联防联治等领域开展统一标准试点。建设区域检验检测认证信息服务平台，推进信息共享、结果互认。推动实施统一的境内自然人与境外投资者合资、合作设立企业登记办法。以垄断、不正当竞争、价格违法、广告违法、假冒伪劣、侵犯知识产权等行为以及食品质量、食品药品安全等领域为重点，加强监管协同，强化执法联动。协同开展“满意消费长三角”行动，建设安全满意消费环境。制定食品安全信息追溯统一技术标准，建设统一的食品安全追溯体系。

5. 推动政务服务“一网通办”。统一规范区域政务服务标准,推进高频事项接入长三角“一网通办”平台,实现线上“一地认证,全网通办”、线下“收受分离、异地可办”。创新政务服务移动端“无感漫游”应用,实现跨区域异地服务自动切换。建设长三角数据中心和政务数据交换共享平台,推进电子证照共享互认,促进区域数据资源互通共享、统筹调动和创新应用,实现区域数据广泛共享和应用。

三、聚焦重点区域率先突破

聚焦示范区等重点区域,探索一体化制度创新,全面深化改革系统集成,协同推进对外开放,实现共享共赢,为长三角一体化发展探索路径、提供示范。

(一)高水平建设示范区,引领长三角一体化发展

1. 打造生态友好型一体化发展样板。探索生态友好型高质量发展模式,与江苏省、浙江省共同制定实施示范区饮用水水源保护法规,加强对淀山湖、太浦河等区域的保护。建立严格的生态保护红线管控制度,对生态保护红线以外区域制定严格的产业准入标准,从源头上管控污染源。提升淀山湖、元荡、汾湖沿线生态品质,共建以水为脉、林田共生、城绿相依的自然生态格局。切实加强跨区域河湖水源地保护,打好生态品牌,实现高质量发展。

2. 创新重点领域一体化发展制度。统一编制示范区总体方案,按照程序报批实施。共同编制示范区国土空间规划和控制性详细规划。统筹土地管理,探索建立跨区域统筹用地指标、盘活空间资源的土地管理机制。建立统一的建设用地指标管理机制,开展基本农田规划调整试点。建立要素自由流动制度,统一企业登记标准,实行企业登记无差别办理,实行专业技术任职资格、继续教育证书、外国人工作证等互认互准制度,制定统一的成果转移转化支持政策。创新财税分享机制,理顺利益分配关系,探索建立跨区域投入共担、利益共享的财税分享管理制度。加强公共服务政策协同,实行不受行政区划和户籍身份限制的公共服务政策。

3. 加强改革举措集成创新。系统集成、集中落实党的十八大以来党中央明确的全面深化改革举措。率先推动实施高质量发展的指标体系、政策体系、标准体系、统计体系、绩效评价及政绩考核体系。成立高层级决策协调机制、高效率的开发建设管理机构、市场化运作的开发建设平台公司,负责示范区改革创新和开放建设的统筹协调。争取国家加大对地方政府债券发行的支持力度,争取中央分配新增地方债券额度向示范区倾斜。开展土地综合整治,完善空间布局。

(二)高标准建设上海自贸试验区新片区,带动长三角新一轮改革开放

1. 着力发展总部经济。建设亚太供应链管理中心,完善新型国际贸易与国际市场投融资服务的系统性制度支撑体系,吸引全球或区域资金管理中心等总部型机构集聚。

2. 积极发展前沿产业。聚焦集成电路、人工智能、生物医药、航空航天、维修和绿色再制造等前沿领域,制定新片区创新型产业发展规划,推动国际开放型合作平台建设,建立以关键核心技术为突破口的前沿产业集群。

3. 大力发展新型国际贸易。支持发展数字贸易,推动建立跨境电商海外仓。推进大宗商品交易服务平台建设,不断提升以人民币计价的大宗商品交易规模。扩大服务贸易规模,重点发展文化服务、技术产品、信息通讯、医疗健康等资本技术密集型服务贸易。

4. 扩大投资自由。推动在电信、保险、证券、科研和技术服务、教育、卫生等重点领域,放宽注册资本、投资方式、经营范围等限制,促进各类市场主体公平竞争。制订商事登记改革创新方案,加快推出新片区涉企政务服务方案。

5. 深化贸易自由。研究出台上海自贸试验区新片区海关特殊监管区域管理办法。支持浦东国际机场探索航空中转集拼业务。创新跨境电商服务模式,鼓励跨境电商企业在区内建立国际配送平台。

6. 推动资金自由。研究出台金融支持上海自贸试验区新片区的相关措施。推动开展自由贸易账户本外币一体化功能试点，支持新片区内企业和金融机构参照国际通行规则依法合规开展跨境金融活动。

7. 实施国际运输自由。研究制定上海自贸试验区新片区开展沿海捎带、国际船舶登记、第五航权等业务的管理办法和实施细则，提高对国际航线、货物资源的集聚和配置能力。

8. 实行人员从业自由。推动建立外国人在区内工作许可制度和人才签证制度。制定完善海外人才引进政策和管理办法。研究制定境外专业人才执业备案管理办法。

9. 提升网络信息服务能力。研究制定上海自贸试验区新片区跨境数据安全评估标准。加快推进国际通信设施建设，着力布局5G、云计算、物联网等新一代信息基础设施，不断提升区内宽带接入能力、网络服务质量和应用水平。

10. 创新税制安排。研究出台上海自贸试验区新片区税收政策实施细则（含产业目录），重点在贸易、产业、人才等方面创新税制安排，加快推动开放型经济功能集聚。

11. 建立健全风险安全监管体系。建立涵盖上海自贸试验区新片区管理机构、行业主管部门、区内企业和相关运营主体的一体化信息管理服务平台。建设智能化监管基础设施，实现相关监管信息联网共享，提高监管严密性、有效性和时效性。制定信用评价基本规则和标准，建立守信激励、失信惩戒的信用管理机制，实施失信名单披露、市场禁入和退出制度。建立主动披露制度。聚焦金融、知识产权、生产安全、人员进出、反恐怖、反洗钱等重点领域，制订新片区风险防控总体方案，实施严格监管、精准监管、有效监管。

12. 高标准规划建设上海自贸试验区新片区。结合上海"十四五"规划编制工作，重点聚焦空间及土地利用、产业体系、交通运输、社会服务等领域，加快推进上海自贸试验区新片区中长期专项规划编制。出台上海自贸试验区新片区管理暂行办法。根据上海自贸试验区新片区发展的目标定位，加大特殊政策支持力度。建立上海自贸试验区新片区重大项目资源储备和实施机制，布局符合上海自贸试验区新片区产业导向、具有标志意义的重大项目。

13. 加强与长三角其他地区的协同发展。开展定期评估，制定推广清单，按照程序报批后有序推广实施。加强上海自贸试验区新片区与海关特殊监管区域、经济技术开发区联动，放大上海自贸试验区辐射带动效应。

（三）高品质建设上海虹桥商务区，全力打造国际开放枢纽

1. 高水平协同办好中国国际进口博览会。建立跨区域协同服务保障机制，强化安保、口岸通关、大气、环保、水域、航空、知识产权保护等重点领域协作，联合做好外事接待、住宿、旅游、招商引资等工作，提供一流服务保障。完善会展配套相关重大基础设施建设，持续加强国家会展中心（上海）周边综合保障，形成常态长效机制。持续放大中国国际进口博览会溢出带动效应，加快建设虹桥进口商品展示交易中心，推进常态化交易服务平台建设，助力上海成为联动长三角、服务全国、辐射亚太的进口商品集散地。开展虹桥国际经济论坛永久会址和高端国际会议中心规划研究，协力把虹桥国际经济论坛打造成为比肩达沃斯的国际一流高层次经济论坛，发出更多"中国声音"。依托长三角城市会展联盟，梳理目标展会和重点项目清单，推动长三角国际会展制造和装备产业园项目建设。

2. 加快建设国际化的中央商务区。对标国际最高水平，制定"虹桥标准"，健全统一规划建设机制。聚焦发展总部经济、创新经济、会展经济，推动功能融合、产业联动的国际企业总部园区建设。大力发展高端会展业和配套专业服务业，培育具有世界影响力的品牌展会活动，加强会商旅文体联动发展，推动长三角各类品牌展会和贸易投资活动联动，打造长三角高端商务活动集聚区。提升上海虹桥商务区对示范区的服务功能。

3. 推进建设开放共享的国际贸易中心新平台。加快建设虹桥海外贸易中心，集聚国际化区域性贸易组织和投资促进机构，建立服务"一带一路"建设与中国国际进口博览会的长效互动机制。建设上海数字贸易国际枢纽港，探索促进区域产业数据汇集、互联、共享和应用，建立数字贸易城市联盟。深化与

长三角城市间的战略合作与发展联动，建成长三角城市特色展示平台和知名品牌展销平台。加快建设长三角电子商务中心，吸引知名电商及供应链企业集聚，形成技术新颖、特色鲜明的电子商务集聚区。继续推进长三角医学联盟、智慧能源与智慧办公示范平台等平台建设，推动建设商事法律、贸易仲裁、海外投资等专业服务平台。

4. 营造具有国际竞争力的商务生态环境。全面提升虹桥综合交通枢纽功能，完善上海虹桥商务区联通内外的综合交通体系，拓展国际航运、客运中转功能，探索空陆、公铁联运，推动安检一体化，加快长三角城际快线规划建设，成为长三角联通国际的枢纽节点。加快5G网络技术、城域物联专用网平台融合应用升级落地，建设虹桥综合指挥"智慧"平台。引进长江商学院、新虹桥国际医学中心等一批国际知名教育培训和高端医疗服务平台，推动教育、医疗和文化等市级公共服务项目优先落地。创新国内外高端人才服务机制，集聚便利化出入境相关机构和服务窗口，完善长三角企业海外人才互通机制，建成虹桥国际人才港。对标国际水准，全面提升商务区绿色建设和生态运行标准。

四、做好实施保障

坚持和加强党的全面领导，提高政治站位、强化协同配合，全方位推进、项目化重点突破，形成上下联动、多方参与、共同推进的一体化工作格局和体制机制保障，确保国家规划纲要明确的各项任务措施落地落实。

（一）加强组织领导

成立上海市推动长三角一体化发展领导小组（以下简称领导小组），加强指导、统筹、协调，研究重大规划、重大政策、重点项目和年度工作安排，督促检查有关工作落实情况。领导小组办公室设在市发展改革委，承担领导小组日常工作并加强与各部门、相关区和有关单位沟通对接，做好日常统筹协调工作。发挥好长三角区域合作办公室对接中央推动长三角一体化发展领导小组办公室的服务平台功能和协调三省一市抓落实的枢纽作用，做好统筹协调和综合服务工作。

（二）动员各方参与

市相关部门和单位要担负起主体责任，按照本实施方案健全机制、细化措施、明确分工，切实抓好各项工作任务的落实。充分激发市场主体和社会组织的积极性、主动性、创造性，引导各方参与推进长三角一体化发展各项工作。充分发挥人大立法保障、专项执法检查督促落实作用，充分发挥政协专题协商、民主监督作用，形成全社会共同支持参与长三角一体化国家战略实施的良好氛围。

（三）强化政策支撑

全力配合国家制定实施专项规划和配套政策，健全区域政策协同机制，加强区域政策制定、执行和评估的衔接。继续深入推进实施长三角一体化发展三年行动计划和年度工作计划，确保各项任务顺利完成。集思广益，组织推动开展事关长三角一体化发展的重大前瞻性议题、课题研究工作，为国家有关部门和三省一市党委、政府做好决策储备。积极推动设立长三角一体化发展投资专项资金及各类基金，探索跨区域一体化发展的成本共担、利益共享机制。牵头创新统计体系，加强一体化发展水平监测分析评价等工作。

（四）加强督查考核

加强跟踪分析，动态掌握年度计划和重点任务落实情况。加强督促检查，将年度重点工作和重大合作事项纳入市委、市政府重点工作督查范围。建立评估制度，适时组织第三方评估机构对本实施方案落实进展进行评估。建立通报制度，定期将年度工作落实情况和第三方评估结果向领导小组报告，并在一定范围内通报。加强考核管理，研究将相关工作成效和第三方评估结果纳入部门和单位绩效考核的内容。

江苏省实施《长江三角洲区域一体化发展规划纲要》方案

实施长三角区域一体化发展战略，是以习近平同志为核心的党中央作出的重大决策部署，是习近平总书记亲自谋划、亲自部署、亲自推动的重大战略举措。2018 年 11 月 5 日，习近平总书记在首届中国国际进口博览会上宣布，支持长江三角洲区域一体化发展并上升为国家战略，着力落实新发展理念，构建现代化经济体系，推进更高起点的深化改革和更高层次的对外开放，同“一带一路”建设、京津冀协同发展、长江经济带发展、粤港澳大湾区建设相互配合，完善中国改革开放空间布局。为深入贯彻习近平总书记重要指示精神，全面落实中共中央、国务院印发的《长江三角洲区域一体化发展规划纲要》，结合江苏实际，制定本实施方案。

一、紧抓长三角区域一体化发展国家战略机遇

长江三角洲（以下简称长三角）区域一体化发展，同“一带一路”建设、长江经济带发展等国家重大战略叠加，为新时代江苏发展提供了宝贵的历史机遇，为实现高质量发展走在前列、加快建设“强富美高”新江苏注入了强劲动力和活力。

（一）提高政治站位

江苏是长三角一体化发展的坚定参与者、推动者和实践者。全省上下要进一步增强“四个意识”，坚定“四个自信”，做到“两个维护”，切实把思想和行动统一到习近平总书记重要指示批示和中央决策部署上来，与深入贯彻落实习近平总书记对江苏发展系列重要指示批示精神紧密结合，以《规划纲要》为行动指南，通过深入推进区域一体化实现高质量发展，通过高质量发展促进更深层次一体化，抓住国家重大战略叠加机遇，发挥制造业发达、科教资源丰富、开放程度高等优势，突出对标对表，重在深化转化，狠抓落地落实，在服务一体化中担当重大使命，在融入一体化中拓展发展空间，在推动一体化中实现高质量发展，更好引领长江经济带发展，更好服务国家发展大局。

（二）明确总体要求

以习近平新时代中国特色社会主义思想为指导，深入贯彻习近平总书记系列重要指示批示精神，按照党中央、国务院决策部署，统筹推进“五位一体”总体布局，协调推进“四个全面”战略布局，坚持新发展理念，坚持深化市场化改革、扩大高水平开放，牢固树立“一体化”意识和“一盘棋”思想，紧扣“一体化”和“高质量”两个关键，围绕“一极三区一高地”的战略定位（即全国发展强劲活跃增长极、全国高质量发展样板区、率先基本实现现代化引领区、区域一体化发展示范区、新时代改革开放新高地），准确把握“创新共建、协调共进、绿色共保、开放共赢、民生共享”的基本原则，落实“六个高质量”要求，加快产业创新、基础设施、区域市场、绿色发展、公共服务、省内全域“六个一体化”，率先探索区域一体化制度创新和路径模式，合力建设长三角生态绿色一体化发展示范区，加快建设现代化经济体系，努力建成全国发展强劲活跃增长极。

（三）确立发展目标

到 2025 年，区域一体化发展取得实质性进展，产业创新、基础设施、生态环保、市场开放、公共服务等领域基本实现一体化发展，跨界区域、城市乡村等区域板块一体化发展达到较高水平，全面建立一体化发展体制机制，打造具有全球影响力的科技产业创新中心和具有国际竞争力的先进制造业基地，在长三角更高质量一体化发展新征程中走在前列。城乡区域协调发展格局基本形成，全省城乡居民收入差

距缩小到 2∶1 左右，常住人口城镇化率达到 75%。科创产业融合发展体系基本建立，研发投入强度达到 3%以上，科技进步贡献率达到 65%以上，高新技术产业产值占规模以上工业总产值比重达到 48%以上。基础设施互联互通基本实现，铁路网密度达到 550 公里/万平方公里，高速公路密度达到 5.1 公里/百平方公里，5G 网络覆盖率达到 85%以上。生态环境共保联治能力显著提升，细颗粒物（PM2.5）平均浓度、地级及以上城市空气质量优良天数比率、跨界河流断面水质达标率完成国家下达目标任务，单位 GDP 能耗较 2017 年下降 10%～11%。公共服务便利共享水平明显提高，人均公共财政支出达到 2.1 万元，劳动年龄人口平均受教育年限达到 11.9 年，人均期望寿命达到 80 岁左右。一体化发展体制机制更加有效，统一开放的市场体系建立健全，与国际接轨的通行规则基本建立，国际一流营商环境基本形成。

到 2035 年，区域一体化发展达到较高水平，现代化经济体系基本建成，成为最具影响力和带动力的强劲活跃增长极。城乡区域深度融合发展格局基本形成，公共服务水平优质化并趋于均衡，综合交通基础设施全面达到世界先进水平，一体化发展体制机制更加完善，走在全国更高质量一体化发展前列。

二、聚焦“一体化”合力构建区域协调发展新格局

主动服务、积极支持上海发挥龙头作用，充分集成江苏优势，加强与浙皖战略协同，深化“1＋3”重点功能区建设，在长三角一体化框架下加速全省域一体化发展。

（一）强化区域联动发展

提升区域发展整体水平。以南京、无锡、常州、苏州、南通、盐城、扬州、镇江、泰州等 9 个长三角中心区城市为主体，着眼于一盘棋整体谋划，推动科技创新和产业发展深度融合，增强高端要素集聚和辐射能力，提升核心竞争力和综合服务功能，建立健全一体化制度体系，打造高质量发展的区域集群和强劲活跃增长极。加快苏北全面融入一体化发展，增强中心区对徐州、连云港、淮安、宿迁的辐射带动作用，大力推进基础设施互联互通，积极推动产业升级转移，着力建立城乡融合发展制度体系，全面提升区域协调发展水平。

加快推进都市圈发展。着眼于高水平打造长三角世界级城市群，着力提升南京城市首位度，进一步增强特大城市能级，充分释放科教资源优势，大力推进南京江北新区建设，加快建设实体经济、科技创新、现代金融、人力资源协同发展的现代产业体系，增强长三角世界级城市群中心城市支撑作用。加快编制《南京都市圈发展规划》，支持都市圈扩容，更好发挥引领带动作用，以宁镇扬一体化为先导，加快建立协同治理机制，推动扬州、镇江特色新型城市功能提升，强化宁淮深度合作，增强对周边区域辐射能力。加强南京都市圈与合肥都市圈协同发展，打造东中部区域协调发展典范。大力推进苏锡常都市圈一体化发展，坚持各扬所长、优势互补、分工协作，加快建设自主可控的现代产业体系，建立跨区域多领域合作联动机制，加大资源共建共享和有效整合力度，探索都市圈协同治理新模式，积极深化与泰州、南通跨江融合发展，合力打造高质量一体化发展样板区。积极推进苏锡常通对接上海“五大中心”建设，以局部先行一体化加快提升发展能级，进一步增创全球合作竞争新优势，融入上海大都市圈发展。加快徐州淮海经济区中心城市建设，推进淮海国际陆港建设，提升全国性综合交通枢纽功能，积极推进新型工业化，促进先进制造业和现代服务业融合发展。支持连云港充分发挥独特的区位优势，加快建设“一带一路”交汇点战略支点，积极推进国家东中西区域合作示范区建设，在加快融入长三角一体化发展中谋求新突破。推动宿迁与长三角中心区深层合作，加强产业链深度对接，提升与徐州区域重点城市的紧密度、融合度，努力走出一条后发地区特色发展的新路子。大力提升都市圈同城化水平，进一步推进都市圈内路、水、电、气、邮、信息等基础设施互联互通，构建快速便捷多层次都市通勤圈；实现都市圈内教育、医疗、文化等优质服务资源一卡通共享，打造优质生活空间；推动中心城市非核心功能向周边城市（镇）合理有序疏解，在有条件的地方打造功能疏解承载地；引导都市圈内城市精明增长，发展功能复合、智慧互联、绿色低碳、开放包容的未来城市。加强都市圈间互动合作，统筹规划都市圈间重大基础设施，加快

大通道、大枢纽建设，提高城际铁路、高速公路的路网密度，积极发展枢纽经济。

推进区域协调联动。充分发挥苏南国家自主创新示范区引领作用，加快建设沿沪宁产业创新带(G42)，布局国家产业创新中心"珍珠链"，建设世界级的新兴产业和先进制造业集群。依托南京和杭州特大城市综合功能，加快推进宁杭生态经济带建设，构建与生态环境保护相适宜的高水平产业集聚区和科技创新走廊，建设长三角中心区"绿丝带"，强化两大都市圈协调联动。坚持传承好、保护好、利用好的原则，建设大运河文化带，突出文化为魂和生态优先，大力推进创造性转化、创新性发展，提升经济、社会、文化、旅游、生态效益，成为展示"吴韵汉风""水韵书香"江苏文化和旅游的鲜明标志和闪亮名片。积极推动沿海经济带建设，坚持生态优先、陆海统筹、江海联动，加快港产城融合发展，推进基础产业向沿海布局，大力发展海洋经济和临港产业，建设长三角城市群北向发展的"蓝色板块"。协同推进淮河生态经济带建设，加强流域综合治理、特色产业发展、新型城镇化建设，积极探索把生态优势转化为发展优势的新路径，形成生产生活生态相协调的新格局，打造淮河流域生态文明建设样板。加强长三角中心区域市间合作联动，建立城市间重大事项、重大项目共商共建机制。

（二）促进城乡融合发展

提高城乡基础设施联通水平。加快覆盖城乡的公路、电力、天然气、供水、信息、物流和垃圾污水收集处理等基础设施建设，形成联通中心城市、县城、中心镇、中心村的高品质基础设施网络。推动中心区农村公路提档升级、电网升级改造、天然气管网延伸布局、宽带网络建设应用、垃圾污水集中处置，鼓励有条件的县市区建设统一的供水管网，加强农村饮水安全设施建设。加大苏北城乡基础设施投入和支持力度，实施农村基础设施补短板工程，提高区域交通通达能力和其他基础设施综合配套水平。

推动城乡公共服务一体化。完善统一的城乡居民基本医疗保险和基本养老保险制度。优化农村基础教育学校布局，加强农村学前教育、幼儿教育，建立城乡教育联合体，推动城乡校长教师轮岗交流。鼓励县级医院与乡村医疗卫生机构组建县域医疗服务共同体，推动城市大医院与县级医院建立对口支援、巡回医疗和远程医疗制度，促进经济发达地区的县级医院提档升级。推行城乡社区服务目录制度，促进城乡社区服务标准衔接和区域统筹。

全面推进人的城镇化。加快以人为核心的综合配套改革，积极探索高质量新型城镇化路径，提高城市包容性，推进农业转移人口市民化。构建城乡居民统一的户籍登记制度。推进城镇常住人口基本公共服务均等化全覆盖。完善南京等特大城市的积分落户制度，进一步提升中心区其他城市人口聚集能力，全面放开Ⅱ型大城市、中小城市及建制镇落户限制，有序推动农村人口向城镇、特色小镇和中心村相对集中居住和创业发展。促进城乡人才、资本、技术等要素双向流动，建立健全返乡农民工创业就业的激励机制，鼓励和引导城市人才下乡创业兴业。

提高乡村发展品质。大力实施乡村振兴战略，推动农村一二三产业深度融合。加强农产品质量安全追溯体系建设，推进区域公用品牌、企业品牌、产品品牌和地理标志品牌等农业品牌创建，参与建立一体化农产品展销展示平台，发展精而美的特色乡村经济。加快农村人居环境整治，改善苏北农民群众住房条件，优先推进农村危房改造，打造农村宜居宜业新空间。加强古镇名村、居住群落、历史建筑及非物质文化遗产的整体性保护，建立健全党组织领导的自治、法治、德治相结合的乡村治理体系，提高农民文化素质，提升农村现代文明水平。健全村务档案管理制度。

（三）推进跨界区域共建共享

推动省际毗邻区域协同发展。探索省际毗邻区域协同发展新机制，推进虹桥—昆山—相城深度合作，强化功能协同，积极发展面向国际的总部经济和枢纽经济；推进嘉定—昆山—太仓协同创新，在资源共享、产业合作、科技创新等方面取得突破进展；加强顶山—汊河、浦口—南谯区域协作，推进公共服务共享和跨界生态资源共保；积极推动江宁—博望区域联动，促进协同协作发展。支持南通沪苏跨江融合试验区建设，探索江海联动、跨江融合新模式，在基础设施、高端产业、要素流动、公共服务等方面加强协同共建，打造上海北翼门户。依托苏浙皖交界地区的溧阳市、宜兴市、郎溪县、广德县、长兴县、安吉县和上海白茅岭农场，协同推进长三角产业合作发展区建设。推进毗邻地区班线公交化，支持定制客运发展。

共建跨区域产业合作园区。推广苏州工业园区合作开发管理模式，加快南北合作共建园区高质量发展，推进苏宿合作高质量发展创新实验区建设，形成一批可复制可推广的经验制度。加强沪苏大丰产业联动集聚区建设，积极承接上海产业升级转移，打造"飞地经济"样板。继续做好中新苏滁、中新嘉善等省际合作产业园建设。支持徐州与宿州、淮北合作共建产业园区。支持江阴—靖江工业园区建设跨江融合发展试验区。

三、聚力"高质量"协同打造强劲活跃增长极

全面创新一体化发展体制机制，着力在区域产业创新协同、基础设施互联互通、生态环境共保联治、公共服务便利共享、开放合作深化共赢等方面不断取得新突破新成效。

（一）建设协同创新产业体系

联合提升原始创新能力。走"科创＋产业"道路，加强基础性、战略性关键技术研发，组织实施前沿引领技术基础研究专项和前瞻性产业技术创新专项，集中突破集成电路、生物医药、物联网、人工智能、车联网、新材料、新能源、高端装备制造等一批卡脖子问题，奋力走在全国前列。积极推动未来网络试验设施、高效低碳燃气轮机试验装置等重大科技基础设施布局和建设。积极争取布局国家重大战略项目、国家科技重大专项，共同实施国际大科学计划和国际大科学工程，加快建设网络通信与安全紫金山实验室、纳米真空互联实验站。培育一批布局合理、竞争力强的核心专利，到 2025 年万人发明专利拥有量达到 42 件。

协同推进科技成果转移转化。依托苏南国家科技成果转移转化示范区，支持国家技术转移中心苏南中心建设，建立健全协同联动机制，共建科技成果转移转化高地。加强原始创新成果转化，重点开展新一代信息技术、高端装备制造、生命健康、绿色技术、新能源、智能交通等领域科技创新联合攻关，构建开放、协同、高效的共性技术研发平台，实施科技成果应用示范和科技惠民工程。发挥长三角技术交易市场联盟作用，推动技术交易市场互联互通，共建全球创新成果集散中心。

共建产业创新大平台。以上海为龙头，以南京、苏州、无锡、杭州、合肥为重要极点，以沿沪宁产业创新带、G60 科创走廊、宁杭生态经济带为支撑，推动原始创新、技术创新和产业创新，共同打造长三角科技创新共同体。依托优势产业和创新型领军企业，发挥长三角双创示范基地联盟作用，加强跨区域"双创"合作，联合共建国家级科技成果孵化基地和双创示范基地。共同建设长三角国家技术创新中心。

营造协同创新生态环境。积极配合国家实施覆盖长三角全域的全面创新改革试验方案，抓紧研究制定本省配套政策措施。参与国家建立一体化人才保障服务标准，实行人才评价标准互认制度，争取地方高校按照国家有关规定自主开展人才引进和职称评定。建立严格的知识产权保护制度，加大侵权违法行为联合惩治力度，协同开展执法监管。鼓励设立各类产业投资、创业投资、股权投资、科技创新、科技成果转化引导基金。支持高成长创新企业到科创板上市融资。鼓励支持众创空间、孵化器建设，举办创新创业大赛、要素对接大会等科技合作交流活动，不断优化创新创业环境。

大力推动制造业高质量发展。主动参与制定并组织实施长三角制造业协同发展规划，研究调优做强优势产业的政策措施，努力增创竞争合作新优势，到 2025 年制造业增加值占 GDP 比重不低于 35%。围绕电子信息、生物医药、航空航天、高端装备、新材料、节能环保、汽车、绿色化工、纺织服装、智能家电十大领域，聚焦新型电力（新能源）装备、工程机械、物联网等 13 个先进制造业集群，强化区域优势产业协作，推动传统产业升级改造，创建一批国家级战略性新兴产业基地，形成世界级先进制造业集群。加

快发展新能源、智能汽车、新一代移动通信产业，延伸机器人、集成电路产业链，培育具有国际竞争力的龙头企业和“隐形冠军”。面向量子通信、未来网络、第三代半导体、下一代人工智能、靶向药物、免疫细胞治疗、干细胞治疗、基因检测等前沿领域，加快培育布局未来产业。实施制造业品牌提升工程。

加快发展高端服务经济。积极发展现代金融、现代物流、科技服务、工业设计、软件和信息服务、电子商务、文化创意、人力资源服务、节能环保服务等生产性服务业，促进先进制造业和现代服务业融合发展；扩大健康养老、旅游休闲、体育健身以及教育培训等社会服务有效供给，协同打造一批高水平服务业集聚区和创新平台。大力推进研发设计、供应链服务、检验检测、总集成总承包、制造数字化服务、工业互联网、绿色节能等领域跨界发展，积极探索旅游、养老等领域跨区域合作新模式。积极开展区域品牌提升行动，协同推进服务标准化建设，打造一批高端服务品牌。

引导产业优化布局。坚持市场机制主导和产业政策引导相结合，强化中心区产业集聚能力，推动重点产业优化布局和统筹发展。中心区重点布局总部经济、研发设计、高端制造、销售等产业链环节，大力发展创新经济、服务经济、绿色经济，打造具有全球竞争力的产业创新高地。推动中心区重化工业和工程机械、轻工食品、纺织服装等传统产业向具备承载能力的中心区以外城市和沿海地区升级转移，建立与产业转移承接地间利益分享机制，研究制定产业转移重大项目的土地、能耗、融资等支持政策。重点推进沿江、环太湖区域钢铁、石化向沿海地区有序升级转移。支持苏北地区重点发展现代农业、文化旅游、大健康、医药产业、现代物流、农产品加工、高端装备制造、新材料等特色产业及配套产业。充分发挥粮食主产区综合优势，进一步提升农业现代化水平，建设长三角绿色优质农产品生产加工供应基地。

推进创新链与产业链深度融合。聚焦关键共性技术、前沿引领技术、应用型技术，探索开展新型产业技术集成创新试点，建立政产学研多方参与机制，开展跨学科、跨领域协作攻关，形成基础研究、技术开发、成果转化和产业创新全流程创新产业链。支持龙头企业跨区域整合科研院所力量，鼓励科研人员深度参与产业创新活动。综合运用政府采购、首台套政策、技术标准等政策工具，加快科研成果从样品到产品、从产品到商品的转化。支持成立各类区域产业联盟，提升产业链整体发展水平。

加快培育新技术新业态新模式。积极推动互联网新技术与产业融合，发展平台经济、分享经济、共享制造、体验经济，培育壮大经济发展新动能。加强大数据、云计算、区块链、物联网、人工智能、卫星导航等新技术研发应用，支持龙头企业联合科研机构建立人工智能等新型研发平台，鼓励南京、苏州、无锡等城市开展新一代人工智能应用示范和创新发展。支持无锡等建设国家级车联网（智能网联汽车）先导区、常州建设空间信息综合应用创新服务平台，加快构建产业生态，推动实现无人驾驶汽车产业化应用。提升流通创新能力，构建新零售网络，打造商产融合产业集群和平台经济龙头企业。

（二）推进基础设施互联互通

共建轨道上的长三角。围绕打通沿海、沿江和省际通道，加快南沿江高铁、沪通铁路一期、连淮扬镇等项目建设，积极推动北沿江、通苏嘉甬、沪通铁路二期、沪苏湖、合新、镇宣、宁宣黄、宁扬宁马、宁淮、盐泰锡常宜、苏锡常快线铁路等规划项目开工建设，加强沿淮、宁杭二通道的规划对接和前期工作。以都市圈同城化通勤为目标，加快建设城际铁路网，推动市域（郊）铁路向周边中小城市延伸，加快南京北站、苏州高铁北站等综合交通枢纽建设，构建高铁、城际、城市地铁一体化多层次的轨道交通网络，率先在都市圈实现公交化客运服务。支持高铁快递、电商快递班列发展。

提升区域公路通达能力。加快推进宁马、宁合、京沪、沪武等高速公路江苏段改扩建项目，以及溧宁、连宿、宁盐、苏台等高速公路新建项目，形成便捷通达的高速公路网络。完善过江通道建设布局，加快推进常泰、龙潭、苏通第二、崇海、江阴第二、润扬第二以及张皋等过江通道规划建设。滚动实施打通省际待贯通路段专项行动，取消高速公路省界收费站，积极推动提升苏皖等省际公路通达水平。

合力打造世界级机场群。以国家编制实施长三角民航协同发展战略规划为契机，统筹布局分工明确、功能齐全、联通顺畅的机场体系，大幅增强在长三角世界级机场群体系中的支撑能力。优化提升南京区域航空枢纽功能，重点提升国际运输能力，加快推进南京禄口国际机场T1航站楼改扩建和三期工程前期工作；支持苏南硕放机场建设区域性枢纽机场，加快淮安航空货运枢纽建设；规划建设南通新机场，成为上海国际航空枢纽重要组成部分。完善区域机场协作机制，统筹空域资源利用，加快发展通用航空，促进民航、通用航空融合发展。

*协同推进港口航道建设。*统筹沿江沿海港口布局，积极推进港航资源整合，加强联动协作，健全一体化发展机制，做优做强长三角世界级港口群北翼。规划建设南通通州湾长江集装箱运输新出海口，完善江海河联运集疏运体系，加强跨江联动发展，努力成为长三角世界级港口群的重要组成部分。深化沪苏长江口港航合作，推进苏州(太仓)港建设上海港远洋集装箱运输的喂给港，发展近洋航线集装箱运输。在共同抓好长江大保护的前提下，进一步提升南京区域性航运物流中心功能，加快建设长江南京以下海江河一体化联运港区。积极推进连云港港30万吨级航道二期工程建设，增加远洋运输航线，提升中哈物流合作基地、上合组织国际物流园建设水平，进一步完善亚欧陆海联运通道。加快建设淮河出海通道，实施淮河入海水道叠加二级航道工程，支撑淮河生态经济带发展。加强沿海沿江港口联运合作与联动发展，鼓励采用交叉持股方式强化合作，推动港口协同发展。完善区域港口集疏运体系，推进南京港、苏州港、连云港港、盐城港、南通港等重点港区进港铁路规划和建设。加强内河高等级航道网建设，增强长江淮河干流、京杭大运河集装箱运输能力，提高集装箱水水中转比重。加强沿江港口、高铁和高速公路联动建设，推动长江上下游区域和省内一体化发展。

*加快建设新一代信息基础设施。*围绕建设数字经济强省、打造数字长三角，加快推进5G网络建设，支持龙头企业开展技术、设备、产品研发、服务创新及综合应用示范。深入推进IPv6规模部署，加快网络和应用升级改造，打造下一代互联网产业生态。协同建设长三角数据中心，推进区域信息枢纽港建设，支持盐城打造国家级大数据产业基地。加快量子通信产业发展，支持龙头企业开展量子通信应用试点。

*深化重点领域智慧应用。*支持有条件的城市建设基于人工智能和5G物联的城市大脑集群。支持北斗导航系统率先应用，建设南京位置服务数据中心。加强重要客货运输领域协同监管、信息交换共享、大数据分析等管理合作，推进一体化、智能化交通管理，建设长三角智慧交通示范项目。全面推行长三角地区联网售票一网通、公共交通一卡通。加强数字流域和智能水网建设，推动智慧广电、智慧邮政建设。

*积极推进工业互联网发展。*加快“互联网＋先进制造业”为特色的工业互联网发展，合力建设跨行业、跨领域、跨区域工业互联网平台。推动工业互联网标识解析体系建设，促进各级节点的互联互通和业务协同。推动企业上云和工业APP应用，促进制造业资源与互联网平台深度对接，培育一批工业互联网示范平台和示范应用企业。推动数字化、信息化与制造业、服务业融合，建立区域工业互联网应用和产业升级服务平台。

*推进跨区域能源基础设施建设。*配合研究制定长三角天然气供应能力规划，推进苏浙、苏皖天然气管道联通。加快如东LNG接收站扩建、滨海LNG接收站及外输管道、赣榆LNG接收站等项目和江苏沿海输气管道建设，支持LNG运输船舶开展航运试点。加快区域电网建设，完善电网主干网架结构，提高区域电力交换和保障供应能力。推进电网建设改造与智能电网应用，加快建设淮南—南京—上海1000千伏特高压交流输电工程过江通道，实施南通—上海崇明500千伏联网工程、省际联络线增容工程。因地制宜积极开发陆上风电与光伏发电，有序推进海上风电建设。加强新能源微电网、能源物联网、互联网＋智慧能源等综合能源示范项目建设。

*推进重大水利工程建设。*以长江为纽带，淮河、大运河等河流为骨干河道，太湖、洪泽湖、高邮湖、淀山湖、骆马湖等湖泊为关键节点，完善区域水利发展布局。长江沿线，重点加强崩塌河段整治和长江口综合整治，实施长江堤防防洪能力提升工程，探索建立长三角区域内原水联动及水资源应急供给机制，增强防洪(潮)和供水安全保障能力。淮河流域，启动实施淮河入海水道二期等淮河治理重大工程，加快

实施里下河平原洼地治理，继续实施海堤巩固完善工程，保障淮河流域防洪排涝安全。太湖流域，实施吴淞江整治、望虞河拓浚、太浦河疏浚、环太湖大堤加固和淀山湖综合整治等治理工程，开展太湖生态清淤试点，形成太湖调蓄、北向长江引排、东出黄浦江供排、南排杭州湾的流域综合治理格局。以洪泽湖、高邮湖、淀山湖等湖泊为重点，完善湖泊综合管控体系，加强湖泊上游源头水源涵养保护和水土保持，强化水资源保护与水生态修复。加快实施引江济淮工程，完善南水北调、引江济太跨流域调水工程体系及运行机制。

（三）强化生态环境共保联治

*保护重要生态空间。*加强生态环境分区管治，强化生态红线区域保护和修复，共同建设绿色美丽长三角。统筹山水林田湖草系统治理和空间协同保护，加快长江、淮河—洪泽湖、京杭大运河等生态廊道和江淮生态大走廊建设，共筑绿色生态屏障。切实加强自然保护区、风景名胜区、重要水源地、森林公园、重要湿地等生态空间保护。

*保护重要生态系统。*加强森林、河湖、湿地等重要生态系统保护，建设沿海、长江、淮河、京杭大运河、太湖、洪泽湖等江河湖岸防护林体系，实施黄河故道造林绿化工程，建设高标准农田林网，开展丘陵岗地森林植被恢复。强化长江、淮河、太湖等森林资源保护，实施重要水源地保护工程、水土保持生态清洁型小流域治理工程、长江流域露天矿山和尾矿复绿工程、淮河行蓄洪区安全建设工程。实施湿地修复治理工程，恢复湿地景观，完善湿地生态功能，推进盐城国家级珍禽自然保护区等湿地生态恢复工程。

*联合治理跨界水体环境。*大力实施太湖流域水环境综合治理，扎实推进水污染防治、水生态修复、水资源保护，坚决打好太湖治理攻坚战。全面加强水污染治理协作，共同推进长江、京杭大运河、太湖、太浦河、淀山湖等重点跨界水体联保专项治理，开展废水循环利用和污染物集中处理，建立长江、淮河等干流跨省联防联控联治机制。着力推进洪泽湖等湖泊协同治理。加强港口船舶污染物接收、转运及处置设施的统筹规划建设。持续加强长江口整治和重点饮用水源地、重点流域水资源、农业灌溉用水保护，严格控制陆域入海污染。严格保护和合理利用地下水，加强地下水降落漏斗治理。

*协同推进大气污染防治。*强化能源消费总量和强度“双控”，进一步优化能源结构，依法淘汰落后产能，推动大气主要污染物排放总量持续下降，打好蓝天保卫战。控制煤炭消费总量，实施煤炭减量替代，推进煤炭清洁高效利用，提高清洁能源在终端能源消费中的比例。联合制定控制高耗能、高排放行业标准，基本完成钢铁、水泥行业和燃煤锅炉超低排放改造，打造绿色化、循环化产业体系。推进实施细颗粒物（PM2.5）和臭氧浓度“双控双减”，建立固定源、移动源、面源精细化排放清单管理制度，联合制定区域重点污染物质控制目标。加强涉气“散乱污”和“低小散”企业整治，加快淘汰老旧车辆，实施国Ⅵ排放标准和相应油品标准。

*加强固废危废污染联防联治。*执行统一的固废危废防治标准，加强联防联治，落实危险废物产生申报、规范贮存、转移、利用、处置的一体化标准和管理制度，严格防范工业企业搬迁关停中的二次污染和次生环境风险。统筹规划建设固体废物资源回收基地和危险废物资源处置中心，落实跨区域固废危废处置补偿机制。全面运行危险废物转移电子联单，建立健全固体废物信息化监管体系。严厉打击危险废物非法跨界转移、倾倒等违法犯罪活动。

*落实跨流域跨区域生态补偿机制。*认真落实国家关于开发地区、受益地区与保护地区横向生态补偿机制，跨流域生态补偿、污染赔偿标准和水质考核体系，太湖流域生态补偿机制以及湿地生态效益补偿制度。

*健全区域环境治理联动机制。*实施区域统一的重污染天气应急启动标准，开展区域应急联动。加强排放标准、产品标准、环保规范和执法规范对接，联合发布统一的区域环境治理政策法规及标准规范，积极开展联动执法，创新跨区域联合监管模式。参与建立重点区域环境风险应急统一管理平台，建设江阴沿江危险化学品应急救援基地，提高环境突发事件处理能力。

（四）加快公共服务便利共享

推进公共服务标准化便利化。全面实施基本公共服务标准化管理。逐步提升基本公共服务保障水平，增加保障项目，提升保障标准。开展基本公共服务保障区域协作联动，确保覆盖全体居民。创新跨区域服务机制，建立健全异地就医直接结算信息沟通和应急联动机制，推进电子健康档案信息平台跨区域联通，完善住院费用异地直接结算，开展异地就医门、急诊医疗费用直接结算试点工作。加强基本公共卫生服务合作，推进重大传染病联防联控。推进社会保险异地办理，开展养老服务补贴异地结算试点，促进异地养老。实施民生档案跨区查档服务项目，建立互认互通的档案专题数据标准体系。深化以“不见面审批”为重点的“放管服”改革，推动长三角政务数据资源共享共用，探索协同构建长三角区域基本公共服务平台。

共同打造现代化教育体系。协同扩大优质教育供给，研究发布统一的教育现代化指标体系，加强监测评估。依托城市优质学前教育、中小学资源，鼓励学校跨区域牵手帮扶，深化校长和教师交流合作机制，利用“互联网＋教育”等新模式，扩大优质教育覆盖面。推动长三角高校联合培养和学分互认，深化大学大院大所全面合作、协同创新，联手打造具有国际影响的一流大学和一流学科。加强与国际知名高校合作办学，打造昆山杜克大学、西交利物浦大学等一批国际合作教育样板区。搭建职业教育一体化协同发展平台，做大做强江苏软件等联合职业教育集团，支持常州等地创建国家产教融合试点城市。

共享高品质医疗和健康资源。优化配置医疗卫生资源，推动大中城市高端优质医疗卫生资源统筹布局，全面实施医师区域注册，鼓励采取合作办院、设立分院、组建医联体等形式，促进医疗服务均质化发展，扩大优质医疗资源覆盖范围。共建以居民健康档案为重点的全民健康信息平台和以数字化医院为依托的医疗协作系统，实现双向转诊、转检、会诊、联网挂号等远程医疗服务。协同推进健康科技创新，深化中医药创新合作，建设中医专科联盟。逐步建立统一的急救医疗网络体系和卫生健康综合执法监督联动协同机制。研究制定产业资本和品牌机构进入养老市场指引，培育养老从业人员专业化市场，支持民营养老机构发展，建设一批国内外知名的健康医疗服务、养生养老基地，稳步扩大长期护理保险试点范围。协同建立长三角体育产业联盟，推动跨区域体育资源共享、信息互通、项目合作和人才交流培养。

共筑文化发展高地。践行社会主义核心价值观，加强文化政策互惠互享，推动文化资源优化配置。加强革命文物保护利用，继承发展优秀传统文化，共同打造江南文化、大运河文化等区域特色文化品牌。高质量办好长三角文博会。加快构建现代文化产业体系，推出一批文化精品工程，培育一批文化龙头企业，加强创意、影视、版权、出版等产业合作，推动文化产品和服务走出去。推进广播电视和网络视听产业跨区域合作发展。推动美术馆、博物馆、图书馆和群众文化场馆区域联动共享，实现城市阅读一卡通、公共文化服务一网通、公共文化联展一站通、公共文化培训一体化。加强重点文物、古建筑、非物质文化遗产联合保护与合作交流。

共建世界知名旅游目的地。深化旅游合作，统筹利用旅游资源，依托运河、太湖、名城、名镇等特色资源，打造一批具有高品质的休闲度假旅游区和世界闻名的东方度假胜地。推动旅游市场和服务一体化发展，联合开展旅游主题推广活动，推出精品线路和特色产品。依托高铁网络和站点，推出“高铁＋景区门票”“高铁＋酒店”等快捷旅游线路和产品。整合红色旅游资源，开发互联互通的红色旅游线路。探索推出“畅游长三角”“惠民一卡通”等产品，改善游客旅游体验。

协同打造共建共治共享社会治理结构。加强和创新社会治理，提高社会治理社会化、法治化、智能化、专业化水平，促进社会治理区域协同，共同建设平安长三角。制定出台区域社会治理地方性法规和政府规章，加强城市管理和社会治安防控体系建设，建立城市公共安全风险防控标准体系和规划体系。健全区域性重大灾害事故联防联控机制，完善总体应急预案及相关专项预案，推进重点城市和都市圈防灾减灾一体化、同城化。建立严格的安全生产制度，落实安全生产责任体系和联动长效机制，深入开展化工企业和化工园区专项整治，有效防范和坚决遏制重特大安全生产事故发生。建立健全基层社会治理体系，提升全域网格化服务管理水平。深入推进文明城市、文明乡镇、文明村庄创建，倡导文明礼仪新风，提升社会文明程度。

营造良好就业创业环境。制定相对统一的人才流动、吸引、创业等政策，构建公平竞争的人才发展环境。实施有针对性的项目和计划，帮助高校毕业生、退役军人、农民工等重点群体就业创业。联合开展大规模职业技能培训，提高劳动者就业创业能力。加强劳动保障监察协作，强化劳动人事争议协同处理，建立拖欠农民工工资"黑名单"共享和联动惩戒机制。共同成立区域公共创业就业联盟，合力打造公共创业服务品牌。

协同推进诚信体系建设。加强诚信记录共享共用，建立完善跨地区守信联合激励和失信联合惩戒制度，优化整体信用环境，不断提升各类主体的诚信感受度。聚焦公共服务、食品药品安全、城市管理、全域旅游、生态环保、知识产权、安全生产、规范信访秩序等领域，实行失信行为标准互认、信息共享互通、惩戒措施路径互通的跨区域信用联合惩戒制度。共同建设长三角公共信用信息共享平台，加快培育一批专业化、特色化品牌信用服务机构，打造一批区域性信用服务产业基地。

（五）全面扩大对外开放合作

复制推广上海自由贸易试验区改革创新制度经验。着眼于全面提升对外开放水平，学习上海自由贸易试验区政策制度，借鉴国际上自由贸易园区通行做法，推进投资贸易自由化便利化，按照国家有关要求重点复制上海自由贸易试验区及新片区在投资管理、贸易监管、金融开放、人才流动、运输管理、风险管控等方面的改革试点经验，进一步推动实体经济创新发展和制造业转型升级，加快现代服务业集聚发展和总部经济发展。

推动重点领域扩大开放。全面贯彻《外商投资法》，落实外商投资准入前国民待遇加负面清单管理制度，放宽外资准入限制，健全事中事后监管体系。进一步扩大先进制造业、现代服务业、现代农业领域对外开放，逐步放宽市场准入，降低汽车、飞机、船舶、装备、电子信息、新材料、新能源等行业进入门槛，积极招引全球500强和行业龙头企业，共同开拓建立全球创新链、产业链、供应链。高水平举办世界智能制造大会、世界物联网博览会，进一步扩大江苏国际影响力。加快金融市场对外开放，逐步放宽银行外资市场准入。积极引进境外专业服务行业，有序推进服务贸易创新发展试点，完善跨境交付、境外消费、自然人模式下服务贸易准入制度，提升贸易自由化便利化水平。加快服务外包产业转型升级，建设具有国际竞争优势的服务外包产业高地。联合加强数字化贸易平台建设，加快南京、苏州、无锡等跨境电子商务综合试验区建设。支持推动张家港保税港区转型升级。设立无锡国际邮件互换局。

加强国际合作园区建设。依托南京、苏州、无锡等重点城市和重点园区，研究制定相关政策措施，高水平打造国际总部经济聚集区。重点支持中新苏州工业园区创新发展，加快建设中韩（盐城）产业园、中德（太仓）合作创新园、中以（常州）创新园，全面提升经济技术开发区、高新技术产业开发区等开放合作水平。稳步推进中阿（联酋）产能合作示范园、中柬（埔寨）西哈努克特区等合作园区建设，引导企业科学合理建设境外园区，促进国际产业双向合作，打造一批高水平国际研究机构和海外产业创新服务综合体。

提升对外投资合作水平。加强优势产能、油气矿产开发等领域国际合作，进一步扩大商务服务、先进制造、批发零售、金融服务、境外并购等对外投资，提升工程承包合作水平，加快技术、装备、服务和标准走出去。依托长三角对外投资合作发展联盟，联合打造全球性综合服务平台，协助企业联合走出去。

协力办好中国国际进口博览会。支持上海高水平举办中国国际进口博览会，在苏州、南通设立协办地，建设南京、昆山等特色化进口商品展销平台，共同策划和开展贸易投资配套活动。推进综合服务、专业贸易等线下展示交易平台建设。主动对接融入虹桥国际开放枢纽建设，积极发展总部经济、商务会展等现代服务业。

着力打造国际一流营商环境。加快大通关一体化，建设具有世界先进水平的国际贸易“单一窗口”，推动实现物流和监管等信息的全流程采集；共同建立进出口商品全流程质量安全溯源管理平台，开发信息化电子标签，整合生产、监测、航运、通关数据共享和业务协同，实现全链条监管。全面对标国际高标准市场规则体系，打造稳定、公平、透明、可预期的市场环境。建立健全外商企业投诉工作机制，保障外国投资者和外商投资企业合法权益。完善国际人才引进政策，按程序报请开展外国人永久居留、外国人来华工作许可、出入境便利服务、留学生就业等政策试点。推进国际社区建设，完善国际学校、国际医院等配套公共服务，提高国际人才综合服务水平。

（六）创新一体化发展体制机制

建立规则统一的制度体系。全面实施市场准入负面清单，实行统一的市场准入制度，在企业登记、土地管理、环境保护、投融资、财税分享、人力资源管理、公共服务等政策领域建立政府间协商机制，形成协同方案，制定协同措施。强化环境联防联控、食品安全监管、知识产权保护等领域执法联动，提高区域执行协同性。根据国家部署探索建立区域一体化标准体系，协同建立长三角区域标准化联合组织，在农产品冷链物流、环境联防联治、生态补偿、基本公共服务、信用体系等领域，先行开展区域统一标准试点。

共建统一开放人力资源市场。推动人力资源、就业岗位信息共享和服务政策有机衔接、整合发布，联合开展就业洽谈会、专场招聘会。加强面向高层次人才的协同管理，建设G42沪宁沿线人才创新走廊，推动人才资源互认共享，完善户口不迁、关系不转、身份不变、双向选择、能出能进的人才柔性流动机制，促进人力资源优化配置。

加强各类资本市场分工协作。完善区域性股权市场。依法合规扩大发行企业债券、公司债券、绿色债券、自贸区债券、创新创业债券。参与联合设立长三角一体化发展投资专项资金，主要用于重大基础设施建设、生态经济发展、盘活存量低效用地等投入。鼓励开发性、政策性金融机构加大对跨区域交通能源建设、跨流域生态环境综合治理、科技产业协同创新等领域项目投入力度。支持符合监管政策的地方法人银行在上海设立营运中心。支持上交所在省内城市设立服务基地，搭建企业上市服务平台。联合共建金融风险监测防控体系，共同防范化解区域金融风险。

建立城乡统一的土地市场。根据国家部署深化城镇国有土地有偿使用制度改革，扩大土地有偿使用范围，完善城乡建设用地增减挂钩政策，建立健全城镇低效用地再开发激励约束机制和存量建设用地退出机制。争取授权探索宅基地所有权、资格权、使用权三权分置改革，依法有序推进集体经营性建设用地入市，开展土地整治机制政策创新试点。用好跨省补充耕地国家统筹机制，支持重点项目建设。按照国家统筹、地方分担的原则，优先保障跨区域重大基础设施项目、生态环境工程项目所涉及新增建设用地和占补平衡指标。

完善跨区域产权交易市场。加强公共资源交易平台互联共享，建立统一信息发布和披露制度，推动建设长三角产权交易共同市场。培育完善各类产权交易平台，落实国家水权、排污权、知识产权、用能权、碳排放权等初始分配与跨省交易制度。参与建立统一的技术市场，实行高技术企业与成果资质互认制度。支持苏州高新区国家知识产权示范园区建设。

建立健全重点领域合作机制。建立地方立法和执法工作协同常态化机制，推动重点区域、重点领域跨区域立法研究，共同制定行为准则。共同推进数字政府建设，强化公共数据交换共享，构建跨区域政务服务网。推动建立健全长三角一体化发展的指标体系、评价体系、统计体系和绩效考核体系。

建立各类市场主体协同联动机制。深化国资国企改革，积极稳妥推进国有企业混合所有制改革，加强国资运营平台跨区域合作。优化民营经济发展环境，鼓励支持民营经济跨区域并购重组和参与重大基础设施、民生工程建设。鼓励行业组织、商会、产学研联盟、行业领军企业等开展多领域跨区域合作，形成协同推进一体化发展合力。

建立区域间成本共担利益共享机制。探索建立跨区域产业转移、重大基础设施建设、园区合作的成本分担和利益共享机制、税收征管协调机制、利益争端处理机制，完善重大经济指标协调划分的政府内部考核制度。

（七）合力建设长三角生态绿色一体化发展示范区

打造生态友好型一体化发展样板。以上海青浦、江苏吴江、浙江嘉善为长三角生态绿色一体化发展示范区，充分发挥苏州在示范区建设中的重要作用，示范引领长三角地区更高质量一体化发展。探索生态友好型高质量发展模式，参与共同制定实施示范区饮用水水源保护法规，加强对淀山湖、太浦河等区域的保护。建立严格的生态保护红线管控制度，对生态保护红线以外区域制定严格的产业准入标准，从源头上管控污染源。提升淀山湖、元荡、汾湖沿线生态品质，共建以水为脉、林田共生、城绿相依的自然生态格局。推动改革创新示范，积极探索深入落实新发展理念、一体化制度率先突破、深化改革举措系统集成的路径，建立有效管用的一体化发展新机制。

创新重点领域一体化发展制度。探索建立统一编制、联合报批、共同实施的规划管理体制，共同编制长三角生态绿色一体化发展示范区总体方案，按程序报批实施。共同编制示范区国土空间规划和控制性详细规划。统筹土地管理，争取授权会同有关地区探索建立跨区域统筹用地指标、盘活空间资源的土地管理机制，建立统一的建设用地指标管理机制。建立要素自由流动制度，统一企业登记标准，实行企业登记无差别办理，实行专业技术任职资格、继续教育证书、外国人工作证等互认互准制度，制定统一的成果转移转化支持政策。创新财税分享机制，理顺利益分配关系，探索建立跨区域投入共担、利益共享的财税分享管理制度。

加强改革举措集成创新。系统集成、集中落实党的十八大以来党中央明确的全面深化改革举措。率先推动实施高质量发展的指标体系、政策体系、标准体系、统计体系、绩效评价及政绩考核体系。加大重点领域统计改革创新。共同成立高层级决策协调机制、高效率开发建设管理机构、市场化运作开发建设平台公司，负责示范区改革创新和开放建设的统筹协调。争取国家加大对地方政府债券发行的支持力度，争取新增地方政府债券额度向示范区倾斜。支持开展土地综合整治，完善空间布局。研究制定实施特殊的人才政策，赋予示范区更大用人自主权。

引领长三角更高质量一体化发展。按照国家统一部署，依照中心区、全域层次，加快复制推广示范区一体化发展制度经验。充分发挥示范区引领带动作用，提升苏锡常都市圈一体化发展水平。

四、加强组织保障

坚持和加强党的全面领导，明确重点任务，落实主体责任，创新工作方法，建立健全实施保障机制，确保《规划纲要》主要目标和任务有力有序有效推进落实。

（一）加强组织领导

充分发挥党总揽全局、协调各方的领导核心作用，坚定不移把党的领导始终贯穿长三角一体化发展全过程。各级党委和政府要切实加强对长三角一体化发展的领导，涉及的重大事项决策、重大规划制定和调整必须报省委、省政府审定。省委、省政府成立推进长三角一体化发展领导小组，由省委书记任第一组长，省长任组长，组织领导和统筹协调长三角一体化发展战略和《规划纲要》实施工作，研究审议重大规划、重大政策、重大项目和年度工作安排，协调解决重大问题，督促落实重大事项，全面做好一体化发展各项工作。领导小组办公室设在省发展改革委，承担领导小组日常工作。根据工作需要，设立若干专题工作组。

（二）健全推进机制

长三角一体化发展是新时代党中央、国务院确定的重大战略。各设区市要切实承担主体责任，将推进一体化发展纳入国民经济和社会发展规划，相应成立组织领导机构，依据《规划纲要》及实施方案，结合本地区实际，制定具体行动计划，组织动员全社会力量参与，形成市场化、社会化的推进机制，激发各类主体的活力和创造力，确保各项任务落到实处。领导小组办公室要充分发挥职能作用，切实加强综合协调和督促检查，落实国家和省领导小组议定事项和工作部署，密切与国家领导小组办公室协调对接，并做好与国家发展改革委以及上海、浙江、安徽的联系沟通。各专题工作组牵头部门要研究制定工作计划，聚焦重点领域，全力推进实施。进一步完善三级运作、统分结合的长三角区域合作机制，继续深入推进实施《长三角地区一体化发展三年行动计划》。

（三）强化政策支撑

国家建立“1＋N”规划政策体系，主要包括长三角交通一体化发展、科技创新共同体发展、制造业协同发展、民航协同发展、生态环境共同保护、公共服务便利共享等专项规划，以及产业协同发展、长三角跨流域生态补偿和污染赔偿标准等支持政策。省各有关部门要主动积极向国家争取在专项规划编制、重大政策制定、重大项目安排、重大体制创新等方面给予支持，同时研究制定推进一体化发展的具体措施和配套政策。要强化法治保障，健全区域政策协调机制，加强区域政策制定、执行和评估的衔接。

（四）强化督促落实

各地各有关部门要把实施长三角一体化发展战略摆在突出位置，主要领导亲自抓、负总责，逐条逐项细化任务、分解责任，实行工作项目化、项目清单化、清单责任化，明确时间表和路线图，施行过程控制，做到一级抓一级、层层抓落实。把年度重点任务和重点事项纳入全省高质量发展综合考核，建立通报制度和评估制度，适时组织开展《规划纲要》实施情况和效果评估。落实“三项机制”，激励干部担当作为。完善公众参与机制，广泛听取社会各界意见建议，营造全方位推动一体化发展的良好氛围，形成全社会推动高质量发展走在前列的强大合力。

浙江省推进长江三角洲区域一体化发展行动方案

前　言

2018 年 11 月 5 日，习近平总书记在首届中国国际进口博览会上宣布，支持长江三角洲区域一体化发展并上升为国家战略，标志着长三角区域进入一个新的历史阶段。全面贯彻落实习近平总书记重要指示批示精神和党中央、国务院战略决策部署，共同加快推进长三角高质量一体化发展，既是浙江的重大政治责任，也是浙江新一轮发展的重大历史机遇。

为深入实施《长江三角洲区域一体化发展规划纲要》（以下简称《规划纲要》），充分发挥浙江优势，推动全省域全方位融入国家战略，进一步明确本省推进长三角一体化发展的总体要求、重点任务和工作举措，特编制本行动方案。

本行动方案是指导本省当前和今后一个时期推进长三角一体化发展的纲领性文件，是制定相关规划和政策的重要依据。

一、总体要求

（一）指导思想

以习近平新时代中国特色社会主义思想为指导，全面贯彻党的十九大和十九届二中、三中全会精神，统筹推进“五位一体”总体布局和协调推进“四个全面”战略布局，贯彻落实新发展理念，按照高质量发展要求，以“八八战略”再深化、改革开放再出发为主题，坚持发挥浙江特色优势，坚持全省域全方位推进，坚持将浙江重大决策部署融入长三角一体化发展国家战略，着力创新一体化发展体制机制，推进更高起点的深化改革和更高层次的对外开放，努力在实施长三角一体化发展国家战略中彰显浙江担当、展现浙江作为，共同推动长三角区域建设成为全国发展强劲活跃增长极。

（二）基本原则

坚持全域融入。牢固树立“一体化”意识和“一盘棋”思想，主动服务国家战略，推动全省域全方位融入长三角一体化发展格局，鼓励各地探索各有特色的一体化发展模式与路径。

坚持战略协同。充分发挥绿水青山、数字经济、海洋经济、民营经济等特色优势，把大湾区大花园大通道大都市区建设等重大决策部署融入长三角一体化发展国家战略，强化统筹推进、同步实施，共同推动长三角更高质量一体化发展。

坚持重点突破。突出抓好长三角一体化发展的重点领域、重点区域、重大项目、重大改革，加强联合攻坚突破，积极破解瓶颈障碍，聚焦聚力打造一批体现浙江特色、具有国际水平的重点板块和标志性工程。

坚持合力推进。以政府有为助推市场有效，充分调动各方面积极性，发挥多主体作用，强化区域分工合作和优势集成，不断增强区域发展活力，共同提升长三角区域国际竞争力。

（三）推进路径

结合浙江实际，按照统筹部署、分类指导、以点带面、有序推进的要求，形成示范区先行探索、中心区率先融入、多板块协同联动、全省域集成推进的一体化发展格局。

示范区先行探索。共建长三角生态绿色一体化发展示范区，重点推进规划、土地、要素、财税、公共服务、生态等领域的一体化发展制度创新，实现共商共建共管共享共赢，为长三角一体化发展探索路径、提供示范。高水平建设一体化发展示范区浙江片区，打造新时代中国现代化标杆。

中心区率先融入。率先在杭州、宁波、温州、湖州、嘉兴、绍兴、金华、舟山、台州九个设区市复制推广长三角生态绿色一体化发展示范区经验，提升一体化发展水平，共建长三角世界级城市群，带动全省域融入长三角一体化发展。

多板块协同联动。强化省际毗邻重点区域、省内一体化合作先行区协调联动发展，推进规划共绘、设施共建、生态共保、产业共兴、品牌共创，探索协同治理新模式，打造一批跨行政区深度融合、协同发展引领板块。

全省域集成推进。深化推进全面接轨上海、共同参与长三角一体化发展，以"四大"建设为核心，以交通廊道、科创廊道、生态文化廊道等为纽带，加强地区间、都市圈间和省域间的协调联动，形成全省域全方位推进一体化发展整体格局。

（四）愿景目标

持续、协同、高水平推进长三角一体化发展，共同推动长三角区域建设成为全国发展强劲活跃增长极、全国高质量发展样板区、率先基本实现现代化引领区、区域一体化发展示范区、新时代改革开放新高地。

到 2022 年，跨区域多领域合作联动水平明显提高，区域协同创新产业体系初步形成，综合交通体系更加健全，生态环境联保共治机制更加完善，公共服务跨区域便利共享水平不断提升，一批标志性工程全面推进，一体化发展示范区浙江片区建设初显成效，长三角一体化发展体制机制初步建立。

到 2025 年，全省域全方位融入长三角一体化发展格局基本形成，科创产业、城乡区域、基础设施、生态环境、公共服务等领域基本实现一体化发展，区域一体化发展体制机制较为完善。

打造长三角创新发展增长极。充分发挥浙江数字经济强、民营经济活等优势，高水平建设产业创新协同体系和创新创业生态圈，实现创新主体高效协同、创新要素顺畅流动、创新资源优化配置，建成一批具有国际先进水平和较强竞争力的高能级创新平台，形成若干世界级产业集群，推动全省产业迈向全球价值链中高端。到 2025 年，争创 2 至 3 个国家实验室，研发经费投入强度达到 3%以上，科技进步贡献率达到 70%，高新技术产业增加值占规模以上工业增加值比重达到 52%，省际科创产业合作平台超过 70 家，每万人发明专利拥有量达到 30 件以上。

打造长三角世界级城市群金南翼。全省四大都市区建设成效明显，与长三角各都市圈实现协同发展，基础设施实现高水平互联互通，跨界区域实现深度融合发展。乡村振兴战略全面实施，城乡区域差距明显缩小。到 2025 年，常住人口城镇化率达到 75%，中心区城乡居民收入水平差距缩小到 1.8∶1，中心区人均 GDP 与全省平均水平基本相当。新增轨道里程数 1500 公里、高速公路里程数 1100 公里；与沪苏皖省际轨道接口总数达到 13 个，省际高速接口总数达到 16 个。

打造长三角幸福美丽大花园。公共服务跨区域共建共享机制不断健全，人民群众在教育医疗、劳动保障、食品安全、文化旅游、健康养老等领域跨区域公共服务获得感明显增强。跨区域、跨流域生态保护和污染联防联治机制有效运行，形成若干跨区域重要生态廊道、生态经济带和生态文化旅游圈。到 2025 年，人均公共财政支出达到 2.5 万元，高等教育毛入学率达到 70%以上，人均期望寿命达到 79 岁，跨省市异地就医直接结算率达到 90%，细颗粒物（PM2.5）浓度控制在 30 微克/立方米以下，空气质量优良天数比率达到 90%，跨行政区域河流交接断面水质达标率力争达到 100%。

打造长三角改革开放引领区。跨区域行政壁垒逐步消除，资源要素有序自由流动，统一开放市场体系基本建立，区域发展成本分担和利益共享机制基本形成，高质量一体化发展的法治保障更加完善，协同对外开放水平进一步提升，国际一流营商环境加快形成。

到2035年，本省现代化经济体系基本建成，基础设施实现更高水平互联互通，公共服务实现优质均衡，城乡区域差距基本消除。长三角跨区域共建共享机制全面建立，统一开放的市场体系更趋完善，高质量一体化发展格局全面形成。

二、重点任务

（一）高水平建设大湾区，共同构建长三角产业创新协同体系

以环杭州湾经济区为核心，加快集聚高端创新要素，大力发展高端产业，加强科技体制改革和创新体系建设合作，建设一批高能级创新合作平台，打造全国发展强劲活跃增长极的主载体和长三角高质量一体化发展的领航地。

协同建设长三角重大创新平台。全面对接上海全球科创中心建设，加强与长三角高端科研创新平台的全面合作，共同研究制定长三角区域全面创新改革试验方案。建成超重力离心模拟和实验装置，推进未来网络试验设施等申报国家重大科技基础设施，合力争取国家重大科研任务落户长三角区域，共同承接国家科技创新2030重大项目和国家科技重大专项。推动之江实验室等创建国家实验室，探索建立长三角跨区域联合实验室。加快建设西湖大学、中科院宁波材料所、中科院肿瘤与基础医学研究所、阿里达摩院、浙大杭州国际科创中心、浙江清华长三角研究院、北航杭州创新研究院、中电科长三角创新中心等重大创新平台，支持浙大国际联合学院建设浙大国际联合创新中心和国际科创城。共同提升长三角G60科创走廊合作发展水平，规划建设环杭州湾高新技术产业带，加快推进杭州城西、宁波甬江、嘉兴G60等科创大走廊建设，支持打造温州环大罗山、台州湾、绍兴、金义等科创廊道及沪湖绿色智造廊道。加快建设杭州、宁波、温州国家自主创新示范区，争取自主创新示范区扩区提升。

推动科技创新资源开放共享。共同打造长三角区域面向全球的国际科创要素对接服务平台，构建一流创新创业生态环境。复制推广国家全面创新改革试验区经验，建立完善长三角科技资源共建共享和服务机制。支持龙头企业跨区域整合创新资源和研究力量，推动长三角创新要素跨区域流动共享。积极探索在上海等地共建“创新飞地”，强化与省内孵化平台和产业化基地紧密联动，推动开展国际人才引进、国内人才居住落户、人才培训培养等领域创新试点，制定实施人才柔性引进政策。探索建立统一的区域性创新券服务平台，促进创新券在长三角区域更大范围通用通兑。

共建长三角世界级先进制造业集群。围绕新一代信息技术、高端装备制造、生命健康、节能环保、新材料、智能交通等产业领域，跨区域打造现代化的产业创新体系和全产业链，加快大数据、云计算、物联网、量子信息、未来网络、类脑芯片、第三代半导体、下一代人工智能等未来产业布局。共同筹建长三角人工智能产业联盟，促进车联网、智慧健康、在线教育、新零售等新业态新模式培育和发展。选择一批具备核心技术、产业链完整、骨干企业支撑的优势产业，共同培育打造若干世界级先进制造业集群。集中建设一批高能级战略平台，率先打造杭州钱塘新区、宁波前湾新区、绍兴滨海新区、湖州南太湖新区等标志性创新大平台。加快建设一批国家和省级新型工业化产业示范基地。

打造长三角文化产业发展高地。加强长三角文化产业联动发展，推动建立长三角文化科技基地、文化出口基地联盟，依托之江文化产业带、横店影视文化产业集聚区等重大文化产业发展平台，打造一批数字文化产业合作载体，加大文化领域科技应用力度。探索设立长三角文化产业创新发展基金，推进文化与金融融合发展。

打造长三角现代服务业新引擎。围绕服务业平台经济、分享经济、体验经济和创意经济等新业态，提升电子商务应用平台，构建一体化产能分享平台，培育体验经济新模式，推动创意经济与传统产业融合提升。主动对接“上海服务”品牌建设，推动金融、信息、物流、会展等服务业向专业化、高端化和国际化发展。推动生产性服务业与制造业深度融合，支持制造业由生产型向生产服务型转变。加快推动生活性服务业向便利化、精细化和高品质提升，支持长三角品牌企业布局发展家政、文化旅游、体育等生活

性服务业。

*打造跨区域合作产业发展平台。*依托国家级、省级产业发展平台，加快建设一批省际产业合作园区。支持宁波前湾新区打造沪浙产业合作发展区、中新嘉善现代产业合作园打造智能传感谷、张江长三角科技城平湖园打造跨行政区新型功能区、上海漕河泾新兴技术开发区海宁分区打造泛半导体产业园和科技绿洲、嘉定工业区温州园打造上海科技产业转移重要承载区。进一步创新产业合作模式，推动产业深度对接和产城融合发展。借鉴国内外一流园区模式经验，提升合作园区开发建设和管理水平。

（二）高品质建设大花园，共同加强长三角生态环境联保共治

全面践行“两山”理念，以大花园为基础底色，坚持生态优先、绿色发展，大力推进生态文明建设，加强跨区域跨流域生态屏障、生态廊道联合共建和环境污染联防联治，合力打造生态美丽长三角。

*全力保护重要生态空间和生态系统。*严守生态保护红线，加强自然保护区、重要水源地、森林公园、重要湿地等重要生态空间保护力度，推动集生态保护、科学研究、环境教育、生态旅游等功能于一体的自然保护地体系建设。统筹推进山水林田湖草生态保护与修复，强化矿山整治，严格保护耕地、林地、湿地和海岛，构建生物多样性保护网络。严格管控各类开发活动，不断提高空间开发质量和效率。深入推进美丽城镇和美丽乡村建设，打造整洁田园，发展美丽农业，建设美丽河湖、森林城市，不断改善城乡人居环境，着力打造“千万工程”升级版。加快推进衢州、丽水大花园核心区建设，支持湖州、衢州、丽水等地打造“绿水青山就是金山银山”实践创新基地。提升开化钱江源国家公园建设水平，支持丽水争取创建国家公园。

*共同打造省际生态屏障。*以浙西、浙南山区为重点，共筑长三角绿色生态屏障，保护好长三角可持续发展生命线。共同推动建立长江流域及海湾河口污染联防联治机制，推进长江口—杭州湾协同治理，加强海岸线生态保护和修复整治，合力打造蓝色生态屏障。加强重点流域水资源保护和水生态建设，联手打造跨区域湿地景观和生态湖区。开展森林生态廊道建设，实施林相改造工程。合力推进宁杭生态经济带建设，打造绿色生态走廊和低碳智能绿色产业发展高地。

*联动实施长三角污染防治攻坚战。*共同加强新安江—千岛湖、太湖等流域水污染综合治理，持续推进“五水共治”，提升城乡环保基础设施建设和运行水平，深入实施湖州南太湖流域水环境综合治理与可持续发展试点。持续开展大气污染防治行动，调整优化产业结构、能源结构、运输结构、用地结构，加快挥发性有机物和柴油货车污染治理，切实改善区域空气质量。加强危险化学品跨界运输管控协作和固体废物、危险废物污染联防联治，提高固体废物、危险废物的无害化处置和综合利用水平。建设生态环境信息共享平台，统一制定与发布环境治理政策法规及标准规范，加强环境执法和环境突发事件应急联动，共同打造生态环境监管执法最严区域。

*合力建设长三角生态文化旅游圈。*开展浙皖闽赣生态旅游协作，着力打造杭黄世界级自然生态和文化旅游廊道，建成以名城、名江、名湖、名山、名园、名镇、名村为特色的国际黄金旅游线。开展环太湖文化、旅游、体育等多领域合作，共同打造具有国际影响力的环太湖生态文化旅游圈。实施大运河遗产综合保护整治工程，共同推进大运河文化带建设，高水平打造千年古韵、江南丝路、通江达海、运济天下的大运河文化带浙江样本。加大乌镇、西塘、南浔等江南水乡古镇联合申遗力度。依托大运河诗路文化带、钱塘江诗路文化带、浙东唐诗之路文化带、瓯江山水诗路文化带和海湾海岛旅游带，着力打造特色旅游精品线路。

*协同创新生态环境联保共治机制。*推动共建新安江—千岛湖生态补偿试验区，探索建立太湖流域生态补偿机制，加快完善省内流域生态补偿机制，强化实施生态环境损害赔偿制度。支持丽水开展生态产品价值实现机制试点，建立生态产品价值科学核算体系，培育生态产品交易市场。

（三）高标准建设大通道，共同构筑长三角基础设施互联互通网络

加快推进联结长三角、辐射全国、通达国际的大通道大枢纽建设，高标准建成长三角区域便捷畅通的智慧交通和综合物流体系、互济互保能源供应体系、安全高效水利保障体系。

共建轨道上的长三角。加快建设集高速铁路、城际铁路、市域铁路于一体的现代轨道交通体系，提升杭州、宁波、温州、金义等综合交通枢纽功能。突出沪杭、杭绍甬舟、沪甬、沪舟、沪湖、义甬舟以及杭州湾南岸沿湾、沿海等大通道规划布局及运力提升，着力构建长三角省际省会城市和本省省域、市域、城区一小时交通圈。加快建设商合杭、杭绍台、杭温、金甬、衢宁、金台等铁路项目。推进沪苏湖、通苏嘉甬、沪乍杭、杭临绩、甬台温福、黄山—金华、温武吉、衢丽、沪甬、甬舟等铁路项目。谋划杭丽、金龙等铁路以及沪嘉、沪平、环太湖、杭绍、杭德、宁象等都市圈城际项目。适时启动沪杭磁悬浮规划研究。

构筑长三角便捷通达公路网络。加快完善高速公路网，强化跨区域通道对接和能力提升。规划建设沪甬高速(G15杭州湾二桥)、沪舟跨海通道、甬舟高速复线等公路大桥。全面提升省域高速公路数字化、智慧化水平，高起点规划建设环杭州湾智慧交通系统，重点推进杭绍甬智慧高速和长三角智慧高速公路测试中心(嘉兴)建设，推动实施沪杭甬高速和杭州湾大桥及接线智慧化改造，开展杭州绕城西复线部省联动试点，加快形成智能化道路交通环境，大幅提高路网运行效率和安全水平，引领带动长三角智慧高速公路网建设。加快取消高速公路省际边界收费站，全面打通跨行政区断头路、瓶颈路。加快推进城市近郊班线公交化，打造城乡一体化公路客运网络。

推进长三角港航协同发展。围绕上海国际航运中心建设，推动上海港和宁波舟山港分工合作、错位发展。巩固提升宁波舟山港综合能级，积极推动大、小洋山全域一体化开发合作，合力打造长三角现代化世界级港口集群。推动组建长三角港口联盟，加强以资本为纽带、以增量业务为重点的港口资源整合、项目合作、业务协同，探索建立相对统一的港航政策体系和经营机制。加强浙苏、浙皖江海联运合作和模式创新，充分发挥舟山江海联运服务中心功能。加快宁波舟山港、嘉兴、温州、台州、浙中多式联运枢纽和海陆联运通道建设，完善区域港口集疏运体系，规划建设北仑、金塘、梅山等重点港区进港铁路，提升海陆联运辐射带动力。推进京杭、杭甬运河航道改造提升和浙北高等级航道网集装箱运输通道建设，提高集装箱水水中转比重。

加快长三角机场群建设。共同推进长三角区域民航协同发展，对接上海国际航空枢纽，加快建设杭州、宁波、温州区域航空枢纽，提升衢州、台州、义乌等机场服务能力。积极推进杭州机场三期改扩建和四期飞行区扩建、宁波机场四期扩建、温州机场三期扩建、嘉兴机场新建、丽水机场新建，加快完成舟山、台州等机场改扩建，规划建设嘉兴航空联运中心和浙西航空物流枢纽。高水平建设杭州、宁波国家级临空经济示范区，支持温州争创国家级临空经济示范区。

加强区域重大能源基础设施建设。推动完善长三角区域油气设施布局，加强油气管网互联互通。加快建设浙沪、浙苏天然气管道联络线，推进宁波舟山LNG登陆中心、温州LNG接收站、舟山国际石油储运基地等建设。加快长龙山、宁海、缙云、衢江等抽水蓄能电站建设，推进磐安、泰顺等抽水蓄能电站前期工作，打造长三角区域抽水蓄能示范基地。完善区域电网建设，提高区域电力交换和保障供应能力。加快新能源微电网、能源物联网、互联网＋智慧能源等综合能源项目建设。

推进重大水利工程建设。以钱塘江、太湖流域和大运河等跨界河流为骨干，太湖、千岛湖等湖泊为关键节点，完善跨区域重大水利设施布局。加快推进杭嘉湖南排、杭州湾南翼平原骨干排涝、环太湖大堤提标加固等工程建设，着力打造高标准防洪排涝安全网。推进杭州第二水源千岛湖配水、湖州和嘉兴太湖取水、嵊泗大陆引水等引调水工程实施，提升水资源保障水平和供给品质。加强浙西南大中型水库群项目规划建设，有效发挥重大水利工程防洪、供水和生态综合功能。

（四）高能级建设大都市区，共同打造长三角城市群金南翼

主动融入上海大都市圈，推动杭州、宁波、温州、金义四大都市区联动发展，加快建设创新、开放、便捷、宜居、花园、智慧、人文之城，着力打造长三角世界级城市群金南翼。

主动融入上海大都市圈。加强杭州、宁波都市圈与上海大都市圈协调联动，共同编制实施上海大都市圈空间协同规划，探索建立重点领域一体化体制机制。加强都市圈间重要廊道统筹布局，推动创新协同、产业合作、环境共治、服务共享。支持嘉兴建设全面接轨上海桥头堡，积极承接虹桥商务区服务功能，打造上海配套功能拓展区，提升同城化水平。支持湖州、绍兴、舟山等地积极承接上海非核心功能疏解。

推动大都市区一体化发展。着力提高杭州、宁波、温州、金义四大都市区核心城市首位度和综合能级，强化中小城市分工合作，共同建立协调融合的国土空间规划体系，加快构建快速便捷都市通勤圈，联合制定跨区域产业发展目录，着力强化生态环境联保共治，不断提升优质公共服务资源共享水平。以杭绍、杭嘉、甬绍、甬舟、嘉湖五个区域一体化合作先行区建设为突破口，加快建立都市区重大事项协调推进机制，积极探索协同治理新模式。

推进城乡融合发展。加快人口转移市民化进程，全面放开中小城市落户限制，推动未落户城镇常住人口共享基本公共服务。大力推进城乡基础设施和公共服务体系建设，推动城乡要素市场一体化发展，建立完善党组织领导的自治、法治、德治相结合的乡村治理体系，加快构建平等互惠、双向流动新型城乡关系。深入实施乡村振兴战略，推动农村一二三产业深度融合。继续加大浙西南山区、重点海岛城乡基础设施建设投入，提升建设一批农村公路网、信息网和美丽乡村风景线，打造山海协作升级版。支持衢州建设省际边界区域重点城市。

（五）高层次扩大对外开放，共同打造长三角“一带一路”枢纽

以“一带一路”建设为统领，加快推进开放强省建设，构筑一批高水平开放发展平台，增强国际竞争合作优势，共同打造对外开放新高地。

建设高水平开放发展平台。支持杭州建设国际组织和总部经济集聚区，全面提升杭州城市国际化水平。加快推进宁波“一带一路”综合试验区建设，深化与中东欧国家投资贸易合作，建设“16＋1”经贸合作示范区，办好中国—中东欧国家博览会。加快杭州、宁波、义乌跨境电商综合试验区建设，支持电子世界贸易平台（eWTP）以市场化方式推进全球布局，推动全省电商国际化进程。加快建设义乌国际贸易综合改革试验区，高水平打造世界“小商品之都”。做大做强“义新欧”中欧班列，共同打造多功能境外系列服务站。发挥温州、丽水等侨商优势，扩大国际人文合作交流，加快建设世界（温州）华商综合发展试验区、青田华侨经济文化合作试验区，提升金华中非经贸文化合作交流水平。加快推进中印尼区域综合经济走廊产业园区、泰中罗勇工业园等一批境外经贸合作区，以及中意宁波生态园、嘉兴中德中小企业合作区等省内国际产业合作园建设，打造国际产业合作重要支撑平台。高水平举办世界互联网大会、世界浙商大会、世界油商大会、联合国世界地理信息大会、云栖大会、世界旅游联盟湘湖对话等重大国际会议和活动，不断提高国际知名度和影响力。

共同参与办好中国国际进口博览会。协同做好中国国际进口博览会服务保障工作，着力提升采购成交规模。放大中国国际进口博览会溢出效应，策划开展贸易投资配套活动，共同扩大长三角国际影响力。加快培育杭州、宁波、温州、嘉兴、义乌、青田等地进口商品“世界超市”。支持打造温州浙南闽北赣东进口商品集散中心、嘉兴长三角进口水果集散中心、舟山国际农产品贸易中心、衢州四省边际商贸中心。

打造国际一流营商环境。推动国际贸易“单一窗口”跨区域互联互通。加强海关特殊监管区域合作，促进跨关区保税货物流转便利化，推动港航物流信息接入“单一窗口”，进一步简化进出境备案清单。

全面实施外商投资准入前国民待遇加负面清单管理制度，全面对接国际高标准市场体系，提升外商投资和服务水平，打造稳定、公平、透明、可预期的法治化、国际化、便利化营商环境。借鉴上海张江国家自主创新示范区国际人才试验区经验，加大对国际人才招引的政策支持，加快推进国际社区、外籍人员子女学校、国际医院建设，提升国际人才综合服务水平，增强国际高端要素集聚能力。

（六）高起点发展数字经济，共同打造长三角全球数字经济创新高地

以数字科技创新为关键动力，强化“云上浙江”和“数据强省”两大基础支撑，加快布局新一代信息基础设施建设，全力推进数字经济“一号工程”，共同把长三角区域打造成为全球数字经济创新高地。

*加快推进长三角新一代信息基础设施建设。*共同加强长三角5G网络协同布局，加快下一代互联网(IPv6)规模部署和应用，统筹推进骨干网、城域网和接入网建设，推进杭州国家新型互联网交换中心建设，优化提升杭州、宁波互联网国际专用通道，争取嘉兴、义乌互联网国际专用通道建设。全面布局“云上浙江”，统筹规划建设安吉、淳安等若干超大规模高等级绿色云数据中心，搭建云计算、边缘计算等多元普惠计算设施。共同推进长三角一体化数据共享平台建设，以数据互联互通支撑长三角一体化发展。加快数字湾区建设，统筹布局海洋大数据中心，推进江海联运数据标准规范建设和长江沿江港口互联互通，促进江海联运信息共享。加快推进区域量子通信商用干线网络建设，为量子通信产业市场化运营创造基础条件。

*合力建设长三角工业互联网。*推进以“互联网＋先进制造业”为特色的工业互联网发展，打造国际领先、国内一流的跨行业、跨领域、跨区域工业互联网平台。聚焦汽车、装备制造、电子信息、石油化工、轻工纺织等重点行业，打造长三角工业互联网平台群，推动区域内平台差异定位、功能互补、资源共享的集群式发展。加快构建长三角工业互联网标识解析服务体系。深入实施“企业上云”行动，推进云计算广泛覆盖，推广设备联网上云、数据集成上云等深度用云，推动企业数字化转型。建立完善企业“上云用云”标准体系。

*共同打造长三角数字经济产业集群。*加强长三角数字经济合作，大力发展大数据、人工智能、工业互联网、新一代集成电路等新技术产业和未来产业，共同培育数字经济生态。支持杭州打造具有全球影响力的“互联网＋”创新创业中心，加快培育形成万亿级数字经济产业集群。推动乌镇互联网创新发展综合试验区建设，加快建设梦想小镇、德清地理信息小镇，支持云栖小镇、人工智能小镇，重点打造阿里云、卫星云、物联网芯片、5G和智能硬件创新生态，支持温州北斗产业基地建设，推动特色产业集聚发展。

*加强重点领域智慧应用跨区域合作。*推动物联网、大数据、人工智能和实体经济的深度融合，聚焦汽车、高端装备、电子信息、航空航天、船舶海工等重点产业领域，建设智能生产线、智能车间、智能工厂。全面推进长三角联网售票一网通、交通一卡通，实现区域内居民畅行长三角。支持有条件城市围绕城市公共管理、公共服务、公共安全等领域，建设基于人工智能和5G物联的城市大脑，推动长三角区域城市大脑集群建设。深化长三角数字经济领域开放合作，构建数字经济区域协同创新网络。

（七）高质量发展民营经济，共同促进长三角民营经济转型升级

贯彻落实促进民营经济高质量发展举措，共同优化民营经济发展环境，着力解决民营经济发展的瓶颈制约，推动民营经济深度参与长三角一体化发展。

*争创民营经济高质量发展新优势。*推动民营企业发展战略转型，加快建立现代企业制度，创新管理方式，加快实现企业治理机制专业化和产权结构多元化。持续推进“雄鹰计划”“凤凰行动”、隐形冠军培育、小微企业成长等各类主体升级行动计划，提升企业创新力、竞争力，支持创新型民营企业登录科创板，培育打造一批世界级龙头企业和隐形冠军企业。支持民营企业对接长三角优质创新资源，共建产业创新平台，开展重大技术联合研发，增强自主创新能力。搭建人才信息云平台，定期向民营企业发布重

点引才目录、产业人才地图。弘扬企业家精神和工匠精神，引导民营企业向“专、精、特、新”方向转型提升发展。

*支持民营企业参与长三角一体化。*鼓励民营经济积极参与长三角重大基础设施建设，积极引导和支持行业龙头企业以市场化方式加快长三角区域产业链布局。支持民营企业在上海等地设立“飞地”孵化器，柔性引进高端创新人才。加强民营企业参与长三角一体化的长效服务、政策协同和要素支持，积极推进土地弹性年期出让制度，强化民营企业发展和小微企业园用地保障。鼓励行业组织、商会、产学研联盟等开展多领域跨区域合作，形成协同推进一体化发展合力。

*打造温台民营经济协同发展高地。*充分发挥温台民营经济先发和集聚优势，积极开展民营经济跨区域发展政策协同试验，使之成为引领民营经济高质量发展、创造一流营商环境、弘扬新时代优秀企业家精神的先行区。加快推进温州新时代“两个健康”先行区、海峡两岸（温州）民营经济创新发展示范区建设。深化台州国家民间投资创新综合改革试点，探索组建基础设施民间投资基金，鼓励民营企业发起设立民间资本管理公司。

（八）高普惠共享公共服务，共同提升长三角居民美好生活水平

建立健全长三角区域基本公共服务标准体系，促进基本公共服务均等化、普惠化、便捷化，加快建设公平包容的社会环境，满足人民日益增长的美好生活需要。

*聚力提升长三角教育合作发展水平。*共同制定长三角区域教育一体化发展规划，联合发布区域教育发展计划，着力培育长三角教育合作发展高地。依托长三角“双一流”大学探索开展合作办学，支持上海、江苏、安徽“双一流”高校来浙合作办学。支持湖州、嘉兴、绍兴等地建设高水平应用型大学。共同打造长三角研究型大学联盟，共建一流学科联合体，共享优质高等教育资源。推动共建基础教育校长及教师培训联动平台。搭建职业教育一体化协同发展平台，重点支持长三角智能制造职业教育集团发展。建立与上师大联合国教科文组织教师教育中心的协作联动机制，共同开展相关师资培训。提高浙大国际联合学院、宁波诺丁汉大学、温州肯恩大学等中外合作办学水平，联合开展长三角留学生文化之旅、中国（宁波）—中东欧教育合作交流会等品牌活动，提升教育对外开放水平。

*加快推进长三角医保一体化。*扩大长三角异地就医门诊直接结算覆盖面，积极推进医保药品目录统一和联合采购。提升异地就医备案便利性，探索三省一市异地就医备案互认。规范业务流程，探索设立异地就医结算专窗、开展院内自助查询等方式。完善异地就医信息沟通和应急联动机制。

*共同打造健康长三角。*推进打造长三角城市群医院协同发展战略联盟，推动长三角区域医疗卫生与健康事业协同发展。创新区域性分级诊疗和远程医疗医联体等模式，推动跨区域医疗联合体发展，协同扩大优质医疗资源供给。加快长三角区域居民健康信息共建共享，推动长三角智慧医疗发展，开展远程网络会诊、遥感超声检查和远程机器人手术等。建立健全区域重大疫情、突发公共卫生事件联防联控和应急救援机制，健全血液联动保障机制。建立公平规范的养老服务业区域准入制度，鼓励社会资本参与兴办长三角养老服务机构，支持湖州、金华、丽水等地建设面向长三角区域的康养基地。推动组建长三角体育产业联盟，高水平举办第 19 届亚运会，联合申办、承办国际国内重大体育赛事，联手打造区域性大型体育赛事活动，共同完善体育赛事管理体系。

*推进长三角公共文化互惠共享。*弘扬红船精神，共同打造重走“一大”路等红色文化品牌，加强革命文物保护利用。推动长三角区域各类美术馆、博物馆、图书馆和群众文化场馆等机构联盟建设，加强馆际联动和服务功能联通，实现城市阅读一卡通、公共文化服务一网通、公共文化联展一站通、公共文化培训一体化。推进长三角文化活动优质品牌资源整合，持续放大越剧、婺剧等优秀传统文化和中国国际动漫节等文化活动品牌效应。

*建设包容共享的公共服务圈。*优化城市公共资源配置，建立面向常住人口的公共设施配置体系，构建一小时同城服务圈和 15 分钟步行可达的社区公共服务圈。建立健全长三角一体化社会治理联动机

制，协同加强流动人口管理和服务，互相开放人口信息管理系统，开展跨区域矛盾联合调处。有序推进集智慧公安、智慧交通、智慧安防社区等多种功能的长三角区域智能安防体系建设。健全区域性重大灾害事故联防机制，推进都市圈和重点城市防灾减灾体系一体化。

（九）高效能深化“最多跑一次”改革，共同建立长三角统一开放大市场

以深化“最多跑一次”改革为引领，加强三省一市“放管服”改革联动，推动建立统一开放大市场，为长三角更高质量一体化发展提供强劲内生动力。

*加强“放管服”改革联动。*持续深化“最多跑一次”改革，进一步规范审批事项、精简审批要素、推进审批权层级配置合理化，扩大改革领域和范围。加快政府数字化转型，深入推进政务服务全流程网上办理，实现政府核心业务“掌上办事”和“掌上办公”全覆盖。共同推动长三角“一网通办”建设，完善网上身份认证、电子签名、电子文书归档、手机版电子营业执照发放等功能，设立线下“一网通办”服务专窗，实现长三角政务服务线下异地办理和全流程线上办理。

*加快推进长三角标准一体化。*推动建立长三角标准一体化工作组织，完善区域协同标准统一研究、立项、发布、实施等机制。围绕公共服务、城市管理、文化旅游、生态环境、物流等领域制定实施区域协同标准，推动形成区域内重点标准目录、具体标准制定和标准实施三协同，逐步建立层次分明、结构合理的区域协同标准体系。加强长三角区域资源整合协同，积极参与国际标准、国家标准制定，争取一批特色优势领域的国际、全国标准化技术组织落户浙江。推动具有浙江特色的社会公用计量标准升级为长三角区域社会公用计量标准，开展长三角区域计量标准比对，推进计量技术规范共建和专家资源共享。深化推进长三角区域检验检测认证信息互通、结果互认，组织实施一批合格评定一体化示范项目。

*推进长三角要素市场一体化。*加强长三角人力资源协作，建立统一的人才一体化评价和互认体系，强化信息共享、政策协调、制度衔接和服务贯通，探索建立户口不迁、关系不转、身份不变、双向选择、能出能进的长三角人才柔性流动机制。深化农村土地制度改革，构建城乡统一的土地要素市场。强化省股权交易中心、宁波股权交易中心与上海证券交易所合作，支持上海证券交易所在浙江设立服务基地。共同建立长三角一体化发展投资基金，支持市场主体建立长三角一体化 ETF 基金以及其他创新协同和产业发展基金。探索联合共建金融风险监测防控体系，深入推进 P2P 网络借贷等互联网金融风险专项整治，共同防范化解区域金融风险。

*加快推进长三角信用一体化。*深化推进长三角国家社会信用体系建设区域合作示范区建设，建立信息共享、监管共用、规制共建的全域信用体系一体化工作机制。推动在环境保护、食品药品、产品质量、文化旅游等重点领域实施跨区域信用联合奖惩制度。共同打造“信用长三角”平台建设，实现各类红黑名单信息的跨部门归集和跨区域应用，健全企业信用信息公示制度、经营异常名录制度和严重违法失信企业名单制度。加强长三角区域征信机构协同监管。全面实现长三角区域内统一社会信用代码共享共用，全面完成各类法人组织存量代码的转换工作。

*推进长三角市场体系一体化发展。*共同打造“满意消费长三角”，全面开展重点行业和新兴领域满意消费建设，建立健全促进满意消费机制，鼓励打造长三角满意消费城市。共同推进供应链创新与应用试点建设，培育一批打通全产业链的供应链服务平台。发挥本省电子商务优势，推动新零售等新业态新模式在长三角区域布局。推进区域农产品市场一体化发展，加快区域公益性农产品流通市场建设，搭建长三角农产品流通平台。

三、共建长三角生态绿色一体化发展示范区

长三角生态绿色一体化发展示范区地处沪苏浙交界，范围包括上海市青浦区、江苏省苏州市吴江区、浙江省嘉兴市嘉善县。长三角生态绿色一体化发展示范区是集中体现新发展理念、率先实现高水平一体化发展的先行区。加快建设示范区浙江片区，要充分发挥嘉善建设长三角生态绿色一体化发展示

范区和县域科学发展示范点的双重优势，聚力打造创新活力新引擎、未来城市新样板、江南水乡新天地、现代治理新典范，努力成为凝聚浙江智慧、彰显浙江特色的新时代中国现代化标杆。

（一）建设创新活力新引擎

构建高质量科创产业体系。瞄准数字信息、智慧能源、智能装备、生命健康、生态环保等重点领域，加快集聚具有国际影响力的高能级科创资源，打造“生态＋科创”发展高地。

打造高水平科创平台。积极引入和培育设立一批科创企业研发中心、重点（工程）实验室、工程（技术）研究中心、院士工作站，打造科创企业总部集聚区和技术创新高地。建立健全人才引进、科技成果转移转化、知识产权保护、咨询评估等跨区域科技服务链条，营造国际一流创新创业生态环境。

（二）建设未来城市新样板

塑造圈层式组团化空间形态。完善多层级公共空间系统，构建低密度组团式建设模式。科学布局科创核心功能和科技成果转化基地，构建形成亲水绿廊、湖荡小镇、创新绿园、品质善城圈层结构和一湖一聚落、一荡一总部形态格局，着力打造高品质田园城市。

建设智能交通网络体系。提升区域综合交通网络连通性和设施运载效率，构建新型智能交通体系，加密高铁、市域铁路和高速公路、骨干道路网络，谋划建设连通上海、苏州的轨道环线。完善旅游交通体系建设，构建安全、畅达、精致的全域绿道系统。

注重高品质服务供给。提升区域整体教育质量，引进建设一批优质幼儿园、中小学校，鼓励中小学开展多层次、宽领域的国际合作交流。结合产业布局引进职业教育机构，形成小镇模式的校企合作共同体。探索建立长三角医疗共同体，建设一流的综合性医院。

（三）建设江南水乡新天地

开展生态保护及修复。严格规定蓝绿空间比例，推进重要河湖岸线贯通和生态廊道建设，整体提升水体环境品质，重点加强汾湖湿地、祥符荡湿地保护和修复，保护原生特色湿地景观，建设江南水乡湿地公园。

塑造共同文化品牌。推动西塘与周边古镇保护和联合申遗，共同构建国内一流古镇集群，深入挖掘“吴根越角”历史人文内涵，融合创新创意元素，探索传统文化与现代文化交相辉映、优秀传统文化传承发展的新模式。

扩大国际文化影响力。高标准建设博物馆、图书馆、美术馆、影剧院、艺术中心等公共文化设施和服务体系，高水平举办重大国际会议、展会、文化、旅游、体育、演艺等活动，共同打造江南文化新品牌。

（四）建设现代治理新典范

重视顶层设计和规划引导。借鉴国内外先进经验，引入智慧城市、海绵城市、绿色城市等建设理念，运用大数据、虚拟现实等智能化技术手段，提升规划设计水平。

推进城市管理方式变革。以智慧城市建设为契机，加快建设共享数据平台、城市大脑，健全城市信息系统、城市安全监控系统，推动规划管理、交通运行、公共服务、市政建设、生态环境、社区管理、灾害应急处置等城市治理模式创新。

加快探索一体化发展体制机制。共同探索一体化规划管理制度，构建统一的规划体系、规划管理体制、规划管理信息平台。共同探索一体化土地管理政策，建立跨行政区统筹用地指标、盘活空间资源的土地管理机制。共同探索一体化投资管理政策，统一制定发布产业发展目录。共同探索一体化要素流动政策，推行人才资质互认，实行与上海接轨的外国人就业管理制度、高层次人才福利政策等。共同探索一体化财税分享政策，建立股份合作模式和财政共同投入机制、财税分享机制。共同探索一体化公共服务政策，推动建立公共服务便捷共享制度。共同探索一体化生态管控政策，推动建立统一的生态环境标准、环境监测监控体系、生态环境执法规范。共同探索一体化公共信用政策，推动形成统一的公共信用信息数据归集标准、红黑名单认定标准。

（五）推进周边区域联动发展

以嘉兴全市域、湖州市区为重点，共同构建一体化示范区紧密型联动发展区，加快复制推广一体化示范区经验，推动全方位深度融合，探索更大范围一体化发展体制机制。

推动交通设施互联互通。按照通勤化、网络化、立体化要求，共同构建区域高铁、城际铁路、城市轨道、高速公路、城市公共交通和水运港口等综合交通运输体系，加快建设嘉兴高铁新城。

构建开放高效的协同创新体系。推动人才、资本、技术等创新要素在区域内顺畅流动，共同推进创新平台和创新基础设施合作共建，提升科技服务能力。

加强产业体系分工协同。以智能装备、航空航天、高端生物医药、前沿新材料等为重点，积极对接示范区产业发展方向和功能布局，建立“示范区创新研发＋联动发展区转化制造”的产业分工模式，共同打造高质量创新智造集群。

实现公共服务共建共享。提升城乡公共服务一体化发展水平，促进与示范区在教育、医疗、文化、社会治理等公共服务领域的融合共享。

加强生态环境共治共保。共同塑造水乡田园生态格局，重点保护南太湖—黄浦江源区域生态安全，建设嘉兴北部湿地公园，联合开展污染防治，强化生态环境信息共享及协同监管，共建生态走廊，打造生态绿心。

共同打造区域文化品牌。发挥中国革命红船起航地优势，共同谋划建设红色教育基地。提升江南文化品牌影响力，打造吴越文化江南水乡风光带。构建高端商务会展产业体系，共同举办承办国际重大会议、展览和文体赛事等。

四、推进跨区域重点板块协同发展

加强与上海自由贸易试验区新片区联动，推动省际毗邻区域和省内都市区跨市域协同发展，着力打造一批全方位融合、一体化发展协同板块。

（一）加强与上海自由贸易试验区新片区联动

共建上海自由贸易试验区新片区小洋山岛区块。充分发挥洋山区域区位条件和组合港优势，以资本为纽带，深化推进浙沪洋山开发合作，加快建设小洋山北侧集装箱支线码头，提升小洋山岛港航服务功能。联合开展大洋山开发研究，探索新型合作开发模式，把大洋山建设成为集港航服务、保税物流及配套加工增值服务于一体的高度开放综合功能区。

加强浙沪自由贸易试验区合作联动。推动浙江自由贸易试验区复制推广上海自由贸易试验区新片区政策制度，放大上海自由贸易试验区新片区辐射带动效应。深化国际油气交易中心与上海期货交易所的期现合作，共同建设期现一体化油气交易市场。

争取浙江自由贸易试验区赋权扩区。着力提升以油气全产业链为特色的大宗商品投资便利化和贸易自由化水平，优化口岸通关监管环境，推动人民币国际化领域的相关金融政策及业务创新，打造大宗商品跨境贸易人民币国际化示范区。进一步提升油气流通领域市场化配置能力，扩大油品加工领域对外开放，拓展国际船舶低硫燃料供应市场，大力发展国际航行船舶物料供应业务。探索建设数字自由贸易试验区。加强自由贸易试验区与海关特殊监管区域、经济技术开发区联动，发挥自由贸易试验区辐射带动作用。

（二）促进省际毗邻区域协同发展

推动共建苏浙皖产业合作区。全面践行“两山”理念，发挥安吉、长兴等地绿色产业比较优势，加强与苏皖毗邻区域生态旅游、节能环保、新能源、新材料等产业协作创新，推进基础设施互联互通和生态环境联保共治，打造一批科技成果转化承载和战略性新兴产业集聚发展合作平台，成为长三角跨区合作、绿色发展样板区。

共建平湖—金山产城融合发展区。以枫泾镇—新埭镇、金山卫镇—独山港镇、廊下镇—广陈镇、吕巷镇—新仓镇等毗邻区域为切入点，推动交通设施、产业发展、民生保障、平安建设、生态旅游、文化科创、人才建设等领域合作。重点推进张江长三角科技城合作建设，加快沿海重化工产业布局优化和转型升级，统筹协调和保护生态、生活岸线，加强轨道铁路网、公路公交网和水路运输网对接。

共建千岛湖—黄山生态旅游合作区。以千岛湖及新安江流域水资源和生态环境保护为核心，以打造杭黄国际黄金旅游线为主线，推动杭州市与安徽省黄山市深度合作。深化开展新安江流域生态补偿试点合作，加强杭黄全域旅游合作，共同传承发展钱塘文化、新安文化，合力推进千岛湖—新安江大画廊建设，打造世界级自然生态和文化旅游廊道。

共建温州浙南闽北合作发展区。支持温州建设浙南闽北区域中心城市，构筑长三角联通海西经济区的重要枢纽。以苍南、泰顺为重点，加强与福建省宁德市等地的海岸带和流域开发合作。整合区域内太姥山、飞云湖和廊桥、古道、温泉等特色旅游资源，联动推进浙闽边际生态旅游合作。以海峡两岸（温州）民营经济创新发展示范区、苍南对台贸易试验区、浙南闽北赣东进口商品集散中心为平台，促进对台经贸合作和民间交流。

共建浙赣边际（衢饶）合作区。合作区位于江山市、常山县和江西省上饶市玉山县交界区域。探索建立跨省域共建共享的市场化开发机制，创新绿色发展、集约发展模式，推进规划共绘、平台共建、产业共融、要素共享、生态共保，加大一体化的基础设施建设力度，大力发展绿色制造、现代服务、文化旅游、幸福康养等生态型产业，建设成为共推跨越发展的新型合作区。

（三）打造省内一体化合作先行区

建设杭绍一体化合作先行区。以杭州萧山、绍兴柯桥和诸暨交界地区为切入点，加强杭州都市区跨区重大交通、能源、水利等基础设施互联互通，加快推进杭绍甬智慧高速公路、杭甬运河水运通道、杭绍平原水环境综合整治等项目建设。推动杭州钱塘新区—绍兴滨海新区产业协同和差异化发展，支持绍兴柯桥建设临杭创新园和融杭新城、诸暨实施与杭同城行动计划。

建设甬绍一体化合作先行区。以宁波、绍兴交界地区为切入点，以宁波前湾新区—绍兴滨海新区等跨市域产业平台协同为重点，加强空间策略、功能布局、产业协作、重大基础设施等规划对接和实施协同，共同打造世界级先进制造业大平台。聚焦嵊州、新昌、奉化等跨市域毗邻区域对接联动，发挥义甬舟大通道节点支撑作用，优化提升一批开发平台能级。

建设甬舟一体化合作先行区。充分发挥宁波港口资源、开放高地、产业集群、海洋经济等优势和舟山通江达海区位优势、海洋海岛资源优势，聚焦六横、金塘等区域，以跨海交通、能源、水利等基础设施通道为支撑，以管理体制和开发模式创新为突破口，探索建立全域统筹、宁波为主的开发管理体制和资本为纽带、企业为主体的股份合作模式。

建设嘉湖一体化合作先行区。发挥湖州、嘉兴接沪融杭联苏通皖的区位优势，以吴兴—南浔—秀洲—嘉善、乌镇—练市等跨市域毗邻区域为重点，推进跨区域多领域一体化创新合作，共同推动G60科创走廊提升发展，构建沪湖绿色智造廊道，率先打造长三角高质量一体化发展先行区块。

建设杭嘉一体化合作先行区。以杭州、嘉兴交界地区为切入点，联动推进杭州钱塘新区、余杭区、海宁市合作联动，共建杭州大都市区同城化发展先行区。加快余杭、海宁合作开发区块规划建设，延伸杭州城东产业智造走廊，高水平建设杭海新城，主动承接临平、下沙城市功能。加快推进杭海城际铁路、海宁西站高铁新城等互联互通重大项目建设。

五、保障措施

（一）加强统筹协调

贯彻落实党中央、国务院关于长江三角洲区域一体化发展决策部署，共同完善长三角区域合作与发展“三级运作”机制。强化省推进长三角一体化发展工作领导小组统筹协调职能，研究重大规划、重大政策、重大项目，协调解决跨省合作的重点问题。省发展改革委要切实履行省推进长三角一体化发展工作领导小组办公室、长三角区域合作与发展联席会议办公室职责，加强与中央推动长三角一体化发展领导小组办公室、长三角区域合作办公室对接，推动重大事项落地见效。省直有关部门和各市、县（市、区）要强化主体意识，明确重点任务，细化实施方案，落实推进机制，确保《规划纲要》和本行动方案顺利实施。

（二）强化制度保障

发挥地方立法对加快长三角一体化发展的推动作用，加强地方立法规划、年度立法计划和具体立法项目协作，探索地方人大执法检查工作协同，为长三角一体化高质量发展提供有力的法治保障。加强长三角重点领域制度和重大政策沟通协调，建立企业登记、土地管理、环境保护、投资、人力资源和公共服务等领域的政策协商机制。探索建立长三角区域干部互派挂职制度。

（三）制定专项计划

省直有关部门要牵头组织编制推进长三角一体化发展专项行动计划。省发展改革委会同省交通运输厅编制交通一体化发展专项行动计划。省科技厅会同省发展改革委编制科创产业协同发展专项行动计划。省发展改革委会同省自然资源厅、省建设厅、省农业农村厅编制城乡区域融合发展专项行动计划。省市场监管局会同省商务厅编制市场体系一体化发展专项行动计划。省发展改革委会同省直有关部门编制公共服务便利共享专项行动计划。省生态环境厅牵头编制生态环境保护一体化专项行动计划。

（四）打造项目载体

谋划实施一批长三角一体化发展重大载体、项目和改革举措。发挥浙江优势，加强合作联动，在科创产业、生态环保、基础设施、数字经济、对外开放、公共服务、市场一体化、民营经济等领域，谋划打造一批一体化标志性工程，推进实施一批一体化重点项目，研究推出一批一体化重大改革举措。

（五）强化督查评估

推动建立长三角一体化督查考核体系，通过检查、督查、评价等多种方式，推动长三角一体化发展各项工作落地落实。省推进长三角一体化发展工作领导小组办公室定期对重大规划、重大项目、重大工程、重大举措、重大事项进行监测分析和动态评估。各市要研究制定具体落实措施。行动方案任务落实情况纳入对各地党委、政府考核体系。

安徽省实施长江三角洲区域一体化发展规划纲要行动计划

前　言

党中央、国务院将长三角一体化发展上升为国家战略，出台《长江三角洲区域一体化发展规划纲要》（以下简称《规划纲要》），擘画了新时代长三角一体化发展宏伟蓝图，进一步完善了中国改革开放空间格局，对增强长三角地区创新能力和全球竞争力、建设现代化经济体系、更好引领长江经济带发展和更好服务全国发展大局意义重大。

安徽国土面积、常住人口分别占长三角的39.1%、28.1%，创新活跃强劲，制造特色鲜明，生态资源良好，内陆腹地广阔。全域纳入长三角一体化发展国家战略，提升了安徽在全国发展格局中的地位，为更好发挥比较优势、增添发展动能、实现整体跃升带来了历史性机遇。但也要看到，安徽发展不平衡不充分问题比较突出，综合竞争力不强，在长三角更高质量一体化发展过程中，面临新的压力和挑战。未来一个时期，是安徽全面开启社会主义现代化建设新征程的关键时期。要牢牢把握长三角一体化发展上升为国家战略的重大机遇，在上海龙头带动下，联手苏浙，扬皖所长，主动作为，彰显安徽担当，发挥安徽作用，作出安徽贡献。

为深入贯彻习近平总书记关于推动长三角更高质量一体化发展重要指示批示精神，全面落实《规划纲要》，结合安徽实际，制定本行动计划。范围包括全省16个市，其中，合肥、芜湖、马鞍山、铜陵、安庆、滁州、池州、宣城8个市为中心区。计划期为2019—2025年，重大问题展望到2035年。

一、总体要求

（一）指导思想

以习近平新时代中国特色社会主义思想为指导，全面贯彻党的十九大和十九届二中、三中全会精神，深入贯彻习近平总书记关于推动长三角更高质量一体化发展重要指示批示精神，深入贯彻习近平总书记视察安徽重要讲话精神，全面落实《规划纲要》，坚持新发展理念，坚持推动高质量发展，坚持以供给侧结构性改革为主线，紧扣"一体化"和"高质量"两个关键，按照创新共建、协调共进、绿色共保、开放共赢、民生共享基本原则，坚持上海龙头带动，联手苏浙，扬皖所长，打造具有重要影响力的科技创新策源地、新兴产业聚集地、绿色发展样板区，推动制造业高质量发展，推进城乡深度融合，建设长三角联通中西部的重要开放枢纽，为打造"一极三区一高地"作出安徽贡献，奋力开创现代化五大发展美好安徽建设新局面。

在实施《规划纲要》过程中，注意把握好四个方面的要求。

坚持落实国家战略，主动担当作为。坚决服从服务国家战略，坚决把党中央、国务院决策部署和《规划纲要》要求不折不扣落到实处。同时，聚焦最需率先突破、最能增强群众获得感的领域，加强改革举措集成创新，敢想敢做，敢闯敢试，探索形成具有安徽特色的更高质量一体化发展路径与格局。

坚持全面等高对接，发挥比较优势。进一步解放思想，坚决破除条条框框、思维定势、路径依赖，在思想观念、体制机制、政策措施、重大平台、重点项目等方面，与沪苏浙全方位对标对接。同时，强化分工合作、推进错位发展，发挥优势、拉长长板，在一体化发展中进一步强化科技创新力，增添产业新活力，提升生态竞争力，为安徽高质量发展注入强大动能。

坚持树立全球视野，强化创新引领。放眼全球、立足大局，更高水平扩大开放，统筹利用国际国内两个市场、两种资源，全面提升开放型经济水平。同时，始终把创新摆在应对环境变化的突出位置，坚持变中求新、新中求进、进中突破，对标顶级、创造一流、打造卓越，塑造更多依靠创新的引领型发展。

坚持中心区率先突破，全省域一体推进。中心区要拉高标杆、率先接轨、争先进位，加快与沪苏浙中心区联动，辐射带动全省加快发展。同时，充分激发各地积极性、创造性，主动对接沪苏浙，强化产业协同发展，完善基础设施体系，提升公共服务能力，形成多主体、多层级、多领域集成推进的良好态势。

（二）发展目标

到 2025 年，主要经济指标增幅保持前列，人均水平相对差距进一步缩小，中心区现代化水平明显提高，全省域与沪苏浙一体化发展水平明显提升，城乡区域、科创产业、基础设施、生态环境、公共服务、体制机制等领域一体化取得实质性进展。

——城乡区域协调发展水平显著提升。区域联动协作、城乡融合发展、优势充分发挥的发展态势初步形成。合肥都市圈能级和同城化水平显著提高，“一圈五区”高效联动。中心区人均 GDP 达到长三角平均水平的 80%，全省人均 GDP 与长三角平均水平的差距持续缩小，中心区城乡居民收入差距控制在 2.23∶1 以内，常住人口城镇化率达到 62%。

——科创产业融合水平显著提升。协同创新体系更加完善，科技创新策源功能进一步增强，科技创新对提高产业链水平、提升产业竞争力的驱动作用明显增强。“高新基”全产业链项目体系高效运转，加快形成若干世界级新兴产业集群。全省研发投入强度达到 2.5%以上，科技进步贡献率达到 65%，高技术产业产值占规模以上工业总产值比重达到 16%左右。

——基础设施联通水平显著提升。现代轨道交通运输体系基本形成，省际公路通达能力明显提升，机场布局和功能定位不断优化，港口航道一体化协同性进一步增强，能源互联互通、互济互保能力显著提高，新一代信息基础设施加快建设、智慧应用加快拓展，水安全保障能力持续加强。铁路网密度达到 507 公里/万平方公里，高速公路密度力争达到 4.85 公里/百平方公里，5G 网络覆盖率达到 80%左右。

——生态环保共治水平显著提升。绿色发展生态本底进一步夯实，长三角生态屏障功能充分发挥。环境治理联防联控体系更加紧密健全，突出环境问题得到有效治理。生态环境协同监管体系基本建立，区域生态补偿机制更加完善。细颗粒物（PM2.5）平均浓度达到国家考核要求，设区市空气质量优良天数比率达到 80%以上，跨界河流断面水质达标率达到 80%，单位 GDP 能耗下降完成国家下达任务。

——民生共享水平显著提升。基本公共服务保障水平明显提高，基本公共服务均等化一体推进。非基本公共服务供给能力和供给质量全面提升，人民群众美好生活需要基本满足。人均公共财政支出增速高于长三角平均水平，劳动年龄人口平均受教育年限达到 11.1 年，人均期望寿命达到 78 岁。

——一体化体制机制基本建立。制约一体化发展的行政壁垒和体制机制障碍有效破除。资源要素有序流动，统一开放市场初步建立。对内对外开放水平显著提升，制度性交易成本明显降低，“四最”营商环境加快形成。

到 2035 年，与沪苏浙一体化发展机制高效运转，创新创业创造活力充分释放，城乡区域差距进一步缩小，基础设施互联互通全面实现，基本公共服务水平趋于均衡，生态环境根本好转，人民基本生活保障水平与长三角平均水平大体相当，现代化经济体系基本形成，高质量一体化发展格局基本构成，现代化五大发展美好安徽基本建成。

二、高质量推进“一圈五区”建设，推动区域协调发展

立足比较优势，坚持整体推进、重点突破，进一步明确发展定位和主攻方向，加强与沪苏浙对标对接、合作共进，形成核心引领、板块联动、多点支撑、特色鲜明的区域发展新格局。

(一)高质量建设合肥都市圈

提升合肥省会城市能级,加快都市圈同城化步伐,建设具有较强影响力的国际化都市圈、支撑全省发展的核心增长极。(1)增强合肥引领带动力。加快科技、产业、制度创新,提升绿色、开放、共享水平,完善现代综合交通运输体系,支持参与长江中游城市群建设,加快打造具有国际影响力的创新之都、国际组织和总部经济聚集区、长三角世界级城市群副中心、联通中西部重要开放枢纽的节点城市。(2)推进都市圈同城化步伐。加快合六经济走廊、合淮蚌产业走廊建设,积极建设合芜、合马、合铜、合滁、合桐发展带,有序推动都市圈扩容提质。以强化制度、政策和模式创新为引领,以基础设施一体化和公共服务一卡通为着力点,构建便捷的都市通勤圈、优质生活圈、功能疏解承载地。(3)深化与长三角都市圈协调联动。重点加强与南京都市圈协同发展,打造东中部区域协调发展典范。加强与上海大都市圈对标对接,深化与杭州、宁波都市圈互动互补,共建长三角世界级城市群。

(二)加快发展合芜蚌国家自主创新示范区

全面对接沪苏浙的国家自主创新示范区,推动创新链与产业链深度融合,打造产业创新升级引领区、科技成果转化示范区、科技体制改革和创新政策先行区、大众创新创业创造生态区,更好引领和服务全省创新发展。(4)加快产业创新升级。以G60科创走廊为依托,大力发展新兴产业,改造升级传统产业,积极培育未来产业,着力推动产业迈向中高端。建立健全产业协同发展机制,强化全产业链合作,合力打造若干世界级产业集群。以合肥、芜湖、蚌埠国家级高新区为核心,充分发挥各类产业园区特色优势,推动产业创新升级,打造具有重要影响力的品牌园区。支持蚌埠依托高新区创建科技创新特色园区。(5)强化科技成果转移转化。创建合芜蚌国家科技成果转移转化示范区,加强与浙江、上海闵行、苏南等现有示范区对接,共建科技成果转移转化高地。(6)推进科技体制改革。用活用好全面创新改革试验成果,进一步完善科研组织管理,健全科研评价体系,激发创新人才活力,强化科技金融支撑,促进知识产权保护,构建充满活力的科技发展体制机制和政策支撑体系。(7)优化创新创业创造生态环境。不断完善创业孵化链条,支持科学家和企业家联合开展科技创业,搭建共享融合的创新创业服务平台,培育爆发式成长的企业主体,构建创新创业生态体系。

(三)提升发展皖江城市带承接产业转移示范区

突出"承接"导向、"示范"功能和"中心区"定位,高质量承接产业转移,扎实推进水清岸绿产业优美丽长江(安徽)经济带建设,打造引领全省高质量发展的支撑带。(8)增强发展新动能。对接沿沪宁产业创新带和G60科创走廊,强化合肥、芜湖"双核"要素集聚力,提升马鞍山、铜陵、池州、滁州、宣城等城市能级,强化创新驱动,加快科技成果转化,加大承接产业转移力度,错位承接、高端承接、链式承接、集群承接,努力在新兴产业发展、传统产业提升、未来产业布局上不断突破。(9)提升发展支撑力。坚持共抓大保护,不搞大开发,优化沿江产业布局,加快推进长江(安徽)经济带绿化美化生态化。对标对接沪苏浙产业园区,推动各类开发区特色发展,制定促进江北、江南产业集中区改革创新发展实施方案,支持集中区与沪苏浙开展合作共建。进一步完善基础设施体系,构建全面对接沪苏浙的现代化综合交通网络,在全省率先实现5G全覆盖。加快提升公共服务水平,创优营商环境,增强引领高质量发展"软实力"。(10)加强安庆区域重点城市建设。强化现代化基础设施体系建设,大力培育新兴产业,加快装备制造等传统优势产业向中高端发展,打造全国重要的现代绿色安全综合性化工产业基地,成为带动皖西南、辐射皖赣鄂交界地区的重要增长极。

(四)高水平打造皖北承接产业转移集聚区

充分发挥皖北地区粮食主产区、劳动力、煤电资源、消费市场等优势,在保障国家粮食安全的基础上，有序承接产业转移，打造区域高质量发展新的增长极。(11) 集中集约承接。制定皖北承接产业转移集聚区建设实施方案，遴选一批条件较好的开发区与沪苏浙开展园区结对共建，强化土地供给、环境容量、财税金融等政策支持，重点发展现代农业、文化旅游、大健康、医药、农产品加工等特色产业及配套产业，积极承接沪苏浙中心区工程机械、轻工食品、纺织服装等传统产业升级转移，有序承接新型、绿色重化工业，力争骨干企业迁移布点、相关企业配套跟进，实现全产业链高质量承接。(12) 夯实承接基础。紧密结合中原城市群、淮河生态经济带建设，全面提升综合交通运输能力，谋划推进皖北城际轨道和综合运输枢纽建设。提升蚌埠、亳州、宿州、淮北、淮南等城市能级，增强集聚力、带动力。加快推动园区提质增效，补齐配套短板。加强人才队伍建设，强化劳动职业技能培训。(13) 加强阜阳区域重点城市建设。依托商合杭、郑阜高铁开通运营等有利条件，大力发展机械电子、绿色食品、现代医药、精细化工、再生资源利用等优势产业，加快发展商贸物流、文化旅游等现代服务业，打造重要的国家综合物流枢纽载体城市，成为带动皖北、支撑中原城市群发展的重要增长极。

(五) 大力振兴皖西大别山革命老区

依托农林、矿产、生态、旅游等资源优势和产业基础，着力发展适应性产业和特色经济，努力打造全国重要的特色优质农产品供应基地和旅游康养地。(14) 发展特色优势产业。提升六安城市能级。创建一批特色农产品优势区，培育大别山地理标志农产品品牌。做好"水文章"，促进水资源优势向产业优势转化。积极承接产业转移，做大做强现代农业、农产品深加工、医药、大健康等特色产业及配套产业，整合开发铁矿等优势矿产资源，提升发展汽车及汽车零部件、高档纺织服装、电子信息、高端装备等制造业。(15) 强化红色文化传承。把弘扬大别山精神与弘扬红船精神等结合起来，深度开发红色、生态、文化等旅游资源，鼓励引导各类资本布局建设一批健康医疗、养生养老项目，打造长三角高品质红色旅游示范基地和康养基地。(16) 提升精准脱贫基础支撑力。实施大别山革命老区对外联通通道建设工程，推进连接大别山革命老区的铁路、高速公路、支线机场建设。

专栏一　大别山革命老区对外联通通道建设工程

加快合肥—安庆—九江高铁建设，开工建设沿江高铁武汉—六安(北)—合肥—南京段、六安—安庆(景德镇)铁路、合肥—新桥机场—六安城际铁路等项目，开展合肥—襄阳—安康、沿淮铁路、安徽北沿江铁路、宿松—望江—宣城城际铁路、安庆—枞阳—铜陵市域铁路等项目规划研究和前期工作。

加快 G42S 沪汉高速公路无为—岳西段、G40 沪陕高速公路合肥—大顾店—叶集段、G4212 合安高速公路改扩建等项目建设，推进宣商高速公路合肥—金寨—商城段、合武高速公路天堂寨支线、合肥—霍邱—阜阳高速公路等项目前期工作，开展安庆—九江高速公路、北沿江高速公路无为—安庆段等项目前期研究。

推进新建金寨机场、迁建安庆机场前期研究。

(六) 高标准建设皖南国际文化旅游示范区

深入实施皖南国际文化旅游示范区规划，加快建设美丽中国建设先行区、世界一流旅游目的地、中国优秀传统文化传承创新区。(17) 创建国家全域旅游示范区。按照国际旅游城市标准，提升黄山城市能级。着力推动示范区生态、文化、体育、旅游、科技融合互动，建设新安江百里大画廊、皖南川藏线、石台原生态最美山乡等，全面提升文化旅游发展质量和国际化水平。(18) 深化与沪苏浙旅游合作。推进苏浙皖、浙皖闽赣生态旅游和全域旅游协作，联合打造跨界文旅精品、风光廊道、黄金线路，规划建设杭黄国际黄金旅游线、"皖浙一号风景道"等精品旅游线路。(19) 积极打造新安江生态经济示范区。严守生态保护红线，全面加强生态修复，强力推进污染防治，实施森林和湿地资源保护等重大生态工程。打通绿水青山与金山银山转化通道,加快生态产业化、产业生态化,形成以生态旅游、徽文化、大健康、绿色食品等为主导的生态经济产业体系。推进黄山市融入杭州都市圈,共建杭黄绿色产业带。

三、强化创新能力建设,合力打造科技创新共同体

依托"四个一"创新主平台和"一室一中心"分平台,构建"高新基"全产业链项目体系,促进基础研究、应用基础研究、技术创新融通发展,不断提升协同创新能力,打造具有重要影响力的科技创新策源地。

(一)构建高水平科技创新平台体系

着眼产业链布局创新链,以合肥、上海张江综合性国家科学中心"两心共创"为牵引,以合肥滨湖科学城建设为重要载体,形成多点支撑、多层并进的创新平台体系。(20)加快国家实验室创建和重大科技基础设施集群建设。以合肥为总部,统筹各方创新力量,加快中国科学院量子信息与量子科技创新研究院建设,推进合肥综合性国家科学中心能源研究院、人工智能研究院建设,争创相关领域国家实验室,探索国家实验室运行建设模式。加快实施重大科技基础设施集群建设工程。(21)推动国家重点实验室和交叉前沿研究平台建设。加大对火灾科学、深部煤矿采动响应与灾害防控、茶树生物学与资源利用等国家重点实验室及合肥微尺度物质科学国家研究中心等支持力度,推进在皖中科院"十三五"科教基础设施建设。推进安徽省实验室、安徽省技术创新中心建设和新布局,培育国家级科技创新平台"预备队"。(22)支持各类重要科技创新平台建设。支持中国科学技术大学先进技术研究院、上海交通大学安徽陶铝新材料研究院、清华大学合肥公共安全研究院、北京航空航天大学合肥创新研究院的核心创新平台纳入合肥综合性国家科学中心建设范围,加快中国工程科技发展战略安徽研究院等建设,推进国家临床试验医院(中科院临床研究医院)申报建设,积极争取国家超算中心、临床医学研究中心布局落户,共建中科院芜湖机器人及智能制造研究院等。围绕重大科技设施,打造一批指向明确的科技创新功能性平台。支持各市着眼产业发展,积极开展与长三角高校、科研院所合作,加快各类科技创新平台建设。

专栏二　长三角科技创新共同体建设工程

以合肥、上海张江两大综合性国家科学中心"两心共创"推动原始创新,以上海、南京、杭州、合肥"四城同创"推动技术创新,以沪通、宁苏锡、杭甬、合芜蚌"多组团联创"推动产业创新。推动组建科技创新共同体委员会,共同出资成立长三角创新发展基金,建立合肥、上海张江综合性国家科学中心常态化对接机制。加大基础研究、应用基础研究、技术创新协作力度,联合破除一批制约创新要素跨区域流动的制度障碍,共建一批重大基础研究平台、产业创新平台和产业合作园区,攻克一批"卡脖子"共性关键技术,形成一批具有国际影响力的重大科技成果,促进科技成果转移转化,形成机制高效、协同创新、成果共享、活力迸发的科技创新共同体。

专栏三　合肥滨湖科学城(合肥滨湖新区)建设工程

编制完善合肥滨湖科学城(合肥滨湖新区)总体规划,建立高效率运行机制,积极构建高质量创新服务体系,建设国家实验室核心区、大科学装置集中区、教育科研集聚区、产学研用创新成果孵化加速转化区"四个先行区",集中布局一批重大科技基础设施和交叉前沿研究平台,配套建设国际化的教育、医疗、文化、商业、娱乐等公共服务设施,集聚技术、资金、人才等创新要素,打造国家实验室和合肥综合性国家科学中心的重要载体和展示窗口。聚力建设现代化的道路交通体系、绿色空间体系、公共服务体系、智慧治理体系"四个体系",打造现代城市建设新高地。聚力建设具有国际竞争力的高端战略性新兴产业、先进制造业、现代服务业、现代农业"四个产业群",打造高质量发展新高地。积极争创国家级合肥滨湖新区。

专栏四　重大科技基础设施集群建设工程

加快聚变堆主机关键系统综合研究设施等建设，争取合肥先进光源、大气环境立体探测实验研究设施、强光磁集成实验装置等预研项目纳入国家相关规划，谋划推进一批新的重大基础设施预研，提升合肥同步辐射光源等已建成设施性能水平。开展合肥综合性国家科学中心大科学装置集中区建设。促进长三角重大科技基础设施集群化发展和开放共享机制建设，实现现有重大科技基础设施共享共用，进一步提升装置运行水平和效率。

（二）组织实施重大科技联合攻关

面向国家重大需求、世界科技前沿、发展重点领域，聚焦“卡脖子”核心关键技术，组织联合科技攻关，力争取得更多原创性成果和前瞻性突破。（23）加强科技创新前瞻布局。聚焦信息、能源、健康、环境及其交叉领域，重点支持战略性前沿基础研究和新兴产业的应用基础研究，着力突破一批带动技术创新、促进产业革命的前沿科学问题。联合争取量子通信与量子计算机、脑科学与类脑研究、天地一体化信息网络等重大项目，以及国家科技重大专项、重点研发计划等国家科技计划项目。支持高校、科研院所共同参与国际热核聚变实验堆计划（ITER）等国际大科学计划和国际大科学工程。（24）集中突破一批“卡脖子”核心关键技术。对接国家计划，在新一代信息技术、高端装备制造、新材料、生命健康、绿色技术、新能源、智能交通等领域，通过一市三省联合科技攻关、揭榜挂帅等方式，突破一批核心关键技术。

专栏五　“高新基”全产业链项目体系建设工程

围绕服务国家战略，聚焦增强科技创新能力，整合优势资源，充分发挥相关政策叠加效应，以高科技攻关为方向，以新领域产业创新为落点，以基础设施和平台载体建设为支撑，建立健全“高新基”全产业链项目库，持续加大投入力度，强化体制机制保障，实现三类项目“信息共享、分层管理、科学评估、动态调整、融通发展”，加快形成集原始创新、技术创新、产业创新为一体的项目体系和科技创新全链条格局，为安徽创新型省份建设提供强大动力支撑。

（三）推进科技成果转移转化

加强科技成果转移转化区域联动，推动技术市场互联互通，促进更多科技成果汇聚转化。（25）加快技术转移转化平台体系建设。打造安徽科技大市场，加强与上海技术交易所、江苏省技术产权交易市场、浙江科技大市场联动发展，共建全球创新成果集散中心。支持国家技术转移东部中心在安徽开展技术转移服务，鼓励高校、科研机构建设专业化技术转移平台，支持合肥、芜湖、宣城等市参与长三角区域技术市场联盟，共同打造长三角技术转移服务平台和专利信息资源库，促进科技成果跨区域转移转化与推广应用。（26）完善科技成果转移转化机制。实施支持科技型初创企业发展等政策，探索建立科技成果限时转化机制，鼓励设立各类产业投资基金、股权投资基金、科技创新基金、科技成果转化引导基金，鼓励保险机构为科技成果转化应用提供保险服务，联合培养技术转移管理人员、技术经纪人、技术经理人等人才队伍，建立综合性国家科学中心及其他平台重要科技创新成果技术熟化、产业孵化、企业对接、成果落地的完整机制，常态化举办大院大所对接活动、科技创新成果转化交易会等，大力支持科技成果在县域转化，开展科技成果应用示范和科技惠民工程。

专栏六　安徽科技大市场打造工程

依托安徽创新馆，强化科技成果展示、知识产权交易、科技孵化服务功能作用，整合全省各类知识产权和技术交易平台主体，组建法人主体运作、线上线下互动的安徽科技大市场。通过集聚成果、资金、人才、服务、政策等各类创新要素，对接投融资机构、高校、科研院所和企业等，构建“政产学研用金”六位一体科技成果转化交易机制，完善技术转移与产权交易服务体系，定期开展科技成果路演展示、对接交易活动，打造全国领先、国际有影响的安徽科技大市场。

专栏七　科技成果应用示范和科技惠民工程

聚焦公共安全、食品安全、民生保障、生态环境、智慧城市等社会发展重点领域，强化与沪苏浙科技创新衔接，畅通共性技术交流渠道，加快共性技术的成果开放与共享。积极推进服务长三角跨境食品安全技术平台开发及示范应用。针对电子信息、生物医药、纺织印染、化工材料等领域，共同在高新区工业废水近零排放及资源化利用方面开展试点工作。

构建科技惠民技术服务体系，在防灾减灾、城镇化与城市发展、质量安全、保密科技等领域开展云计算、大数据等新一代信息技术应用示范，开发公共服务数据，形成各类民生应用，提升公共服务水平。

（四）优化创新生态环境

着力破除阻碍科技创新的体制机制障碍，创新科技金融支持方式，充分激发各类主体创新活力。(27)深入推进全面创新改革试验。在完善科研组织管理、健全科研评价体系、激发创新人才活力、建立科技创新联合体、强化科技金融支撑、促进知识产权保护运用等方面进行改革探索。推动长三角全域开展全面创新改革试验，积极推广安徽经验，共同开展体制机制先行先试。(28)推动科技资源开放共享。积极参与长三角大型科学仪器协作共用网建设，完善重点实验室、大科学工程、大型仪器中心与实验装置、分析测试平台等共享机制，逐步构建科技数据共享平台、科技文献资源共享平台。探索建立区域性创新券服务平台，提供便捷高效的网上注册、合同备案、创新券申领和兑付等一体化服务，推动创新券通用通兑。(29)加强科技金融深度融合。深入推进科技金融试点，支持引导科技创新投融资交易服务平台建设。改革财政科技投入方式，引导和带动社会资本投入创新活动。扩大创新创业投资规模，支持省产业发展基金加大对高新技术企业的投资力度。培育和发展服务科技创新的金融服务机构，鼓励商业银行在国家级高新区设立“科技支行”。实施省股权托管交易中心科技创新专板对接上交所科创板工程，推动具备条件的高新技术企业上市融资。(30)探索科技创新合作模式。鼓励与沪苏浙合作设立“创新飞地”，完善创新投入和成果分享机制，探索建立研发在外、落地在皖合作模式，积极推进区域协同创新合作。

专栏八　省股权托管交易中心科技创新专板与上交所科创板对接工程

发挥省股权托管交易中心科技创新专板平台作用，制定实施与上交所科创板相对接的挂牌条件、审核标准、信息披露等运营规则，构建匹配企业成长阶段的基础层、培育层、精选层的分层挂牌机制，建立省市县三级科创板企业挂牌后备资源库，大力推动入库企业股份制改造，鼓励银行、证券、保险机构为区域科创板挂牌企业提供信贷、投资保险等金融服务，打造上交所科创板上市“安徽预备队”，孵化培育更多科技创新企业在上交所科创板首发上市，服务全省实体经济高质量发展。

四、积极承接产业转移，推动制造业高质量发展

强化产业规划和政策引导，主动对接和服务上海“五个中心”建设，积极承接上海非大都市核心功能疏解和苏浙产业转移，整体融入长三角产业分工协作，打造具有重要影响力的新兴产业聚集地，加快构

建现代产业体系。

(一) 大力发展新兴产业

深入推进“三重一创”建设，充分利用沪苏浙人才、科技和资金优势，围绕产业链承接产业转移，补齐、壮大、拓展创新型现代产业链条，争创国家级战略性新兴产业基地，共同打造长三角世界级制造业集群。(31) 明确重点发展领域。聚焦智能家电、电子信息、新能源汽车、机器人和人工智能领域，携手打造若干世界级新兴产业集群。围绕生物医药、航空航天、高端装备、新材料、节能环保、装配式建筑等领域，强化区域优势产业协作，培育在全国具有影响力的产业集群。(32) 推动“龙头＋配套”。培育一批具有核心竞争力的国际化企业，引导龙头骨干企业开展战略性重组，引导中小企业走“专精特新”之路，提升产业集群的产业分工地位和整体竞争力。(33) 强化政策支撑。积极参与制定长三角制造业协同发展规划。实施推进重大新兴产业基地高质量发展若干措施。支持基地多源多点对接创新资源，与上海张江、合肥综合性国家科学中心等创新平台及长三角高校院所建立长期稳定的合作关系。实施基地竞赛计划。强化“基地＋基金”支撑体系，完善省重大新兴产业基地协同创新、竞争发展机制。

专栏九　重点新兴产业集群建设工程

智能家电。以合肥、芜湖、滁州为依托，进一步提升安徽在智能家电领域的基础制造能力和智能化水平，加强产品创新能力、电商营销能力建设，增强智能家电产业集群在全球的影响力。

电子信息。积极参与国家集成电路制造业创新中心等平台建设，加快建设海峡两岸集成电路产业合作试验区，重点围绕存储、驱动、模拟等芯片领域，迅速提升集成电路制造规模和能级，支持新型显示龙头企业通过超高清、柔性面板及高世代电子玻璃基板等量产技术研发带动产品创新，提升云计算、大数据产业基础支撑能力，打造“屏—芯—端”高效协同联动发展的电子信息产业集群。

新能源汽车。支持江淮、奇瑞、华菱星马等企业加快在新能源汽车、智能网联汽车等领域战略布局，加速壮大产业规模，加强动力电池、电机等关键配套能力建设，积极推动燃料电池汽车产业化，率先开展智能汽车测试，实现自动驾驶汽车产业化应用，加快培育形成具有国际竞争力的新能源汽车产业集群。

机器人。推动机器人为主的智能制造产业加速壮大，加快工业机器人智能化升级，拓展智能服务机器人和特种机器人产业化应用，依托芜湖机器人产业集聚发展基地，推动合肥、蚌埠、马鞍山等地分工协作，加快培育形成具有国际竞争力的机器人产业集群。

人工智能。坚持研发攻关、产品应用和产业培育“三位一体”推进，依托“中国声谷”、合肥智能语音基地等集群，吸引国内外一流的科研院所、企业等，着力打造具有重要影响力的人工智能产业集群。

专栏十　芜湖航空器维修保障中心和通用航空基地建设工程

航空器维修保障中心。聚焦航空器维修保障需求，依托芜湖宣城民航机场、芜湖三元通用机场等，围绕航空器维修保障、航空教育培训等领域，加速打造商飞大飞机配套基地、航空地面装备生产基地、飞机循环再制造基地，着力打造航空器维修保障中心。

通用航空基地。集聚发展通航研发制造产业链，重点布局通用航空、临空产业、空港物流和航空高端服务业，着力建设航空小镇和生态航空港，加快推进国家通用航空产业综合示范区建设。积极对接世界先进航空制造企业，合作发展通勤飞机、基础教练机、直升机、公务机、水上飞机、航空模拟器等产品，优先发展长航时、多用途、大载重的中高端无人机，实现通航发动机、航空电子和螺旋桨产品系列化发展，加速集聚机载设备、航空部件制造、特种材料等配套产业，全力打造国家通航研发制造产业基地。

（二）加快优势传统产业转型升级

大力实施制造强省战略，积极引进优质产能，把好项目准入关、投资强度关和环境评价关，推动钢铁、化工、有色、建材等优势传统产业向高端化、智能化、绿色化、品牌化发展。（34）提升传统产业创新力。支持企业加大研发投入，实施新一轮大规模技术改造，实现全省规模以上企业技改全覆盖。加快重点制造领域机器换人、数字化车间建设和智能工厂示范，推动智能化发展。深入开展节能环保“五个一百”专项行动，加快实现绿色制造。实施增品种、提品质、创品牌“三品”战略，持续开展安徽工业精品培育行动计划。

（三）培育布局未来产业

把握科技变革大势和消费升级趋势，发挥产业创新优势，引进更多沪苏浙新兴产业主体，促进更多新兴产业资源集聚。面向人工智能、现代医疗医药、新材料等产业前沿领域，携手打造未来产业发展高地。（35）实施未来产业培育计划。加强量子信息、类脑芯片、下一代人工智能等新技术的研发应用，缩短从技术到样品到产品到商品的过程，加快形成一批核心自主知识产权，开发一批具有竞争力的高端产品。加快推进靶向药物、免疫细胞治疗、干细胞治疗、基因检测等研发产业化，合作开展高端医学影像设备、超导质子放射性治疗设备、植入介入产品、体外诊断等关键共性技术研发。加快新材料技术与信息技术、纳米技术、智能技术等融合，重点发展石墨烯、第三代半导体、金属铼等前沿材料产业，推动创新成果转化与典型应用。

（四）推动先进制造业和现代服务业深度融合

借力沪苏浙加快现代服务业集聚集群发展，积极推进品牌化标准化，推动向专业化和价值链高端延伸，不断提升全产业链整体竞争能力。（36）打造高水平服务业集聚区。聚焦金融商务、现代物流、科技服务、软件和信息服务、电子商务、人力资源服务等生产性服务业重点领域，推动布局优化和功能整合，加强公共服务平台建设，与沪苏浙对接合作，积极争创国家级集聚区，形成若干国内综合竞争优势明显的生产性服务业集群。（37）推动服务业跨界融合。围绕研发设计、供应链服务、检验检测、全球维修、总集成总承包、市场营销、制造数字化服务、工业互联网、绿色节能等重点领域，实施融合发展示范试点，支持牵动性强的示范项目建设，培育壮大一批示范企业，推动全产业链条整合创新。（38）推进服务品牌化标准化。积极开展区域品牌提升行动，参与长三角服务标准和监管体系建设，形成一批服务业重点领域国家、行业和地方标准，强化与“上海服务”等联动，共同塑造长三角服务品牌。（39）积极推动制造业主辅分离。鼓励有条件的大中型制造业企业细化专业分工，剥离科技研发、物流运输、工业设计、融资租赁、商务服务、电子商务等非核心但具有一定规模和比较优势的服务环节，提高专业化水平。

（五）完善承接产业转移支撑体系

围绕补链延链强链和推动产业与创新深度融合，建优平台、做优模式、创优机制，推动形成高质量发展的现代产业体系。（40）共建产业创新平台体系。依托优势产业和创新型领军企业，创建国家产业创新中心。积极争创更多国家制造业创新中心、国家工程研究中心、国家企业技术中心等其他创新平台，布局建设一批省级产业创新平台。发挥长三角“双创”示范基地联盟作用，支持各类“双创”载体建设，共促创业型城市（区）建设。（41）加强创新链与产业链跨区域协同。支持宣城、芜湖、合肥参与G60科创走廊建设，牵头建好新能源、机器人、新能源和网联汽车、通用航空等产业联盟，打造科技和制度创新双轮驱动、产业和城市一体化发展的先行先试走廊。积极推行“创新成果＋园区＋基金＋‘三重一创’政策”四位一体的“四融”模式，有机链接政策资源、创新资源、产业资源、要素资源。（42）高质量共建合作园区。搭建产业转移供需信息对接和磋商平台，支持各市县选择 1 个开发区、1 个主导产业高质量承接，推动全省各地与沪苏浙开展多种形式的产业合作。建设"一岭六县"长三角产业合作发展试验区。加强杭州—黄山、宣城—湖州、和县—浦口、顶山—汊河、浦口—南谯、江宁—博望、徐州—宿州—淮北、慈湖高新区—滨江开发区等省际毗邻地区深度合作，大力推进产城融合，共同打造跨行政区发展新型功能区。积极推进市县开发区与沪苏浙产业园区开展战略合作，大力提升现有共建园区建设水平，支持中新苏滁高新技术产业开发区依法依规扩区建设，打造一批高能级省际产业合作园区。(43) 建立健全成本共担利益共享机制。探索建立跨区域产业转移、重大基础设施建设、园区合作的成本分担和利益共享机制，税收利益分享机制和征管协调机制，利益争端处理机制。完善重大经济指标协调划分的政府内部考核制度。

专栏十一　产业创新中心建设工程

积极争创国家产业创新中心。围绕集成电路、新型显示、智能语音、新能源及智能网联汽车、新材料、新医药、智能家电、通用航空等优势产业，支持有条件的领军企业牵头联合现有国家工程研究中心、国家企业技术中心以及行业、地方等创新平台，广泛吸纳高校院所、产业链上下游配套企业等创新力量，通过共同出资、协作研发、技术入股、创新平台共建、人才联合培养等多种方式，形成紧密合作的创新网络，促进颠覆性技术创新、先进适用产业技术开发与推广应用、系统性技术解决方案研发供给、高成长型科技企业投资孵化，培育壮大经济发展新动能。

专栏十二　合肥国家人工智能发展试验区创建工程

坚持突出特色、政策先行，结合综合性国家科学中心建设，开展人工智能政策试验、技术示范和社会实验，在先进制造、智能语音、公共安全等具有产业优势或资源优势的细分领域实施人工智能创新应用示范工程，形成一批有效的行业解决方案和典型案例，以及人工智能伦理法规、安全标准、市场监管规则等，打造人工智能制度供给、科技供给、产业集聚、应用示范高地。

专栏十三　"一岭六县"长三角产业合作发展试验区建设工程

依托苏浙皖交界地区的溧阳市、宜兴市、长兴县、安吉县、郎溪县、广德县和上海市白茅岭农场，以生态、旅游、文化方面的合作为主题，按照共建共管共享共赢的模式，规划建设长三角产业合作发展试验区，努力打造成为区域合作发展引领区、生态创新试验区。积极复制推广一体化发展示范区建设经验，加强交通互联、资源共享、产业协作、生态同护、民生互惠等方面的积极探索，特别是依托良好的生态资源禀赋，着力打通绿水青山通向金山银山的价值实现路径，让绿水青山充分发挥经济社会效益，切实做到经济效益、社会效益、生态效益同步提升，实现百姓富、生态美有机统一，为长三角一体化发展提供经济与生态和谐共生的新实践。

专栏十四　省际产业合作园区打造工程

加强与沪苏浙政府、园区合作共建，推广上海临港、苏州工业园区合作开发管理模式。支持民营资本开发运营特色产业园区，有序推动产业转移和生产要素双向流动，加快建设一批高质量合作园区，不断提升各类园区的开发建设和管理水平。加快苏皖合作示范区、中新苏滁高新技术产业开发区、合肥上海产业园、张江萧县高科技园等载体建设，鼓励各地依托现有省级以上开发区谋划建设一批省际合作园区。推动上海市白茅岭、军天湖农场等"飞地经济"发展。

五、加快乡村振兴步伐，推动城乡融合发展

坚持农业农村优先发展，大力推进乡村振兴战略，高质量推进新型城镇化战略，促进城乡要素自由流动、平等交换和公共资源合理配置，实现城乡高质量融合发展。

（一）扎实推进精准脱贫

坚持精准扶贫精准脱贫基本方略，聚焦“两不愁三保障”目标，不折不扣完成脱贫攻坚任务。(44) 着力攻克深贫堡垒。持续强化大别山等革命老区和深度贫困地区脱贫攻坚，解决重点难点问题，加大政策扶持、项目资金支持力度。(45) 完善精准帮扶措施。注重扶贫与扶志扶智相结合，全面推广“四带一自”“三有一网”产业扶贫模式，更多采用生产奖补、劳务补助、以工代赈等机制，积极推进参与式扶贫，进一步激发贫困群众脱贫致富内生动力。(46) 巩固扩大脱贫攻坚成果。进一步健全防范返贫机制，研究相关扶贫政策。加强对非贫困村和收入略高于建档立卡贫困户的群体政策扶持。同步做好脱贫攻坚与乡村振兴的衔接，持续推动贫困县经济社会发展和群众生活改善。

（二）推进城乡基础设施一体化

统筹规划城乡公共基础设施和市政公用设施，推动城市基础设施向城市郊区乡村和规模较大中心镇延展，形成中心城市—县城—中心镇—中心村一体化的基础设施网络。(47) 强化城乡道路客运有机连接。科学编制农村公路网规划，实施“四好农村路”提升工程，扫除通村盲点，全面提升农村公路通达水平。加快发展农村公共交通，加强与城市公共交通有效衔接，积极推进城乡客运融合。推动与苏浙毗邻地区客运公交一体化。(48) 有序推进县域公用设施一体建设。鼓励有条件的县(市、区)建设统一的供水管网，提高农村饮水安全保障水平，推动天然气管网延伸布局、宽带网络建设应用、垃圾污水集中处置。在皖北地区和皖西大别山革命老区实施农村基础设施补短板工程。(49) 加强农村基础设施管护。合理确定城乡基础设施统一管护运营模式，健全有利于基础设施长期发挥效益的体制机制。

（三）加快城乡公共服务一体化

推动公共服务向农村延伸、社会事业向农村覆盖，加快推进城乡基本公共服务标准统一、制度并轨。(50) 大力发展农村教育事业。优化农村基础教育学校布局，推进城乡义务教育学校统一标准。探索建立城乡教育联合体，建立城乡校长教师交流机制，鼓励吸引高校毕业生到农村支教任教。改善农村学校基本办学条件，运用信息化手段推动优质教育资源城乡共享。(51) 整合城乡医疗卫生资源。推进紧密型县域医共体建设，开展紧密型医联体试点。积极发展“互联网＋”医疗健康，推动各级各类医疗机构完善远程医疗服务平台建设。加强基层医疗卫生人才队伍建设。全面建立统一的城乡居民基本医疗保险、大病保险和基本养老保险制度。(52) 推动城乡社区服务标准衔接和区域统筹。推行城乡社区服务目录制度，提高农村社区服务标准化、信息化、专业化水平。(53) 鼓励基础较好的市县积极争创国家城乡融合发展试验区。

（四）提高人的城镇化水平

加快实施以促进人的城镇化为核心、以提高质量为导向的新型城镇化战略。(54) 有力有序有效深化户籍制度改革。进一步放宽合肥城区落户条件。构建城乡居民身份地位平等的户籍登记制度，同步推进城镇基本公共服务常住人口全覆盖，促进农民工特别是新生代农民工融入城市，增强农业转移人口的城市归属感。落实“三权”不变政策，维护进城落户农民土地承包权、宅基地使用权、集体收益分配权，引导依法自愿有偿转让。(55) 推动农业人口就近转移。加强中小城市、小城镇和美丽集镇建设，大力发

展县域经济，引导农业转移人口集聚。有序发展特色小镇，打造集聚特色产业的创新创业生态圈。(56) 推动城乡要素资源双向流动。制定财政、金融、社会保障等激励政策，引导各类人才返乡入乡创业。优化乡村营商环境，引导撬动工商资本投入城乡融合发展项目。提高农业科技创新能力，加强科技推广和科研成果入乡转化应用。

(五) 建设长三角绿色农产品生产加工供应基地

发挥农产品主产区优势，以农业产业化优势企业为龙头，推进农村一二三产融合发展，做大做强优质农产品、特色农产品，高起点建设一批优质农产品生产基地和优势特色产业带。(57) 提升区域农产品供给水平。充分发挥皖北等粮食主产区综合优势，实施现代农业提升工程，依托划定的5200万亩粮食生产功能区，建成长三角地区粮食生产核心区和保障我国粮食安全的高产、高品质中心产区，以及服务国家和长三角地区宏观调控的粮食储备中心。瞄准长三角地区消费升级趋势，大力发展紧缺、专用和绿色优质农产品生产，加快推进农产品质量安全认证体系建设，以农产品加工业"五个一批"工程为抓手，着力培育一批在长三角有影响力的皖字号农产品品牌。(58) 打造区域农产品生产加工供应平台。充分利用沪苏浙资金、人才、技术等资源，引进一批沪苏浙知名食品加工企业，共建一批全国领先的农产品加工联合体和农产品加工区，在毗邻地区谋划启动一批跨区域现代农业合作园区试点，着力打造长三角优质农产品加工集聚区。(59) 建立区域一体化农产品展销物流平台。主动加强与沪苏浙电商企业合作，加快冷链物流、直销配送体系建设，高起点打造一批农产品产地批发市场，共建长三角3小时鲜活农产品物流圈。推进区域农业品牌目录和数据库建设，打造长三角农产品电商物流集散地。创建一批名优农产品展会，继续办好中国安徽名优农产品暨农业产业化交易会(上海)、中国安徽国际农业博览会(合肥)等重要展会，不断提升安徽优质农产品的知名度和市场占有率。

专栏十五　现代农业提升工程

提升农业综合生产能力。加快高标准农田建设，实施粮食主产功能区和重要农产品生产保护区建管护行动，创建一批国家级和省级特色农产品优势区。提升现代种业发展水平，在皖北、沿江等地规划建设一批水产种质资源和良种繁殖场，加快主要粮食作物新一轮品种更新换代。加快绿色农业科技创新，推动重型农机、绿色投入品等领域自主创新，持续提高主要农作物耕种收综合机械化率。构建智慧农业体系，打造智慧农田、智慧粮食、智慧水利、智慧农业气象。加强农业面源污染全面防控，推进养殖业"规模养殖、集中屠宰、冷链运输、冰鲜上市"新模式。加快"绿色皖农"品牌培育，提高"三品一标"认证覆盖率。确保粮食总产量稳定在3900万吨以上。

提升农村产业融合发展水平。实施农产品加工业提升行动，支持发展粮食精深加工、主食产业化和大豆制品产业等，推进优势产业和优势企业向优势区域聚集。推进农业与旅游、教育、文化、康养等产业深度融合，积极创建国家农村产业融合发展示范园。

(六) 提升乡村发展品质

深入推进美丽乡村建设，持续改善农村人居环境，提升现代乡村治理能力。(60) 强化农村人居环境整治。学好用活浙江"千万工程"经验，深入开展以"三大革命""三大行动"为重点的农村人居环境整治，持续开展美丽宜居村庄和最美庭院创建活动。(61) 积极推进省界美丽乡村建设。在苏浙皖交界地带，依托毗邻区山水相依、村庄相连、人文相亲的独特优势，推动跨区域美丽乡村合作共建、等高对接。(62) 加强乡村文化建设。实施历史文化名镇、名村、传统村落保护利用工程，开展古镇名村等农村传统建筑挂牌保护，保存历史记忆。深入推进"送戏进万村"等活动，深化文明村镇创建，加强村级综合文化服务中心建设，推动农村传统工艺振兴，提升农民精神风貌。(63) 完善乡村治理体系。强化党组织领导下的自治、法治、德治，打造乡村综合服务平台，推动县乡政务服务向行政村延伸，扩大农村社区建设试点，倡导新时代乡规民约。

六、提升互联互通水平，构建现代化基础设施网络

坚持适度超前、协同推进，着眼于加快长三角区域互联互通，进一步完善网络、扩大能力、提高水平，不断提升安徽区位优势和综合枢纽作用，服务和支撑长三角地区更高质量一体化发展。

（一）建设一体化现代综合交通体系

1. 积极共建轨道上的长三角。以构筑通勤圈、对接沪苏浙、服务国家战略为导向，构建多层次、高品质、有机衔接的现代轨道交通运输体系。(64) 畅通沿江和省际高铁通道。加快商合杭等在建项目建设，推动沿江高铁武合宁通道、合新高铁等开工建设，推进沿淮、合肥—襄阳—安康(西安)高铁等项目前期工作，谋划推动一批省际高铁通道项目实施。(65) 构建区域城际铁路网。加快推进皖江、皖北地区城际铁路网建设。加强重点旅游景区之间快速连接，规划建设串联齐云山、黄山、九华山、天柱山和大别山的“五山”联动快速铁路。(66) 谋划都市圈市域(郊)铁路网。在合肥都市圈和南京、徐州等都市圈毗邻区域规划建设同城化通勤市域(郊)铁路，研究利用既有线路开行城际、市域(郊)列车，实现中心城区至周边主要城镇的快速联通。(67) 积极发展高铁快递班列。

专栏十六　现代轨道交通运输体系建设工程

到 2025 年，实现快速轨道交通网基本覆盖 20 万以上人口城市，相邻省辖市之间、省会与其他省辖市之间 1.5 小时通达，所有省辖市至沪苏浙主要城市 3 小时通达。

干线铁路。加快建设商丘—合肥—杭州、郑州—阜阳、合肥—安庆—九江、南昌—景德镇—黄山、池州—黄山、宣城—绩溪等高速铁路，开工建设合肥—新沂、沿江高铁武汉—六安(北)—合肥—南京段、巢湖—马鞍山—句容、杭州—临安—绩溪、南京—宣城—黄山等高速铁路，开展沿淮、黄山—金华(衢州)、合肥—襄阳—安康(西安)、安徽北沿江、池州—九江、镇江—宣城高速铁路、宁杭二通道和“五山”联动(六安—安庆)铁路前期工作。开展南沿江高铁规划研究。

城际铁路。开工建设淮北—宿州—蚌埠、阜阳—蒙城(—宿州—淮北)、合肥—新桥机场—六安、南京—天长—淮安等城际铁路，开展亳州—蒙城—蚌埠—滁州—南京、合肥—芜湖—宣城—宁国、宿松—望江—宣城、南陵—繁昌—芜湖—江北集中区、合肥—池州—温州、滁州—天长—扬州、驻马店—阜阳、蒙城—淮南、定远—淮南等城际铁路规划研究和前期工作。开展高速磁悬浮试验线建设研究。

市域(郊)铁路。推动合肥—巢湖、合肥—新桥机场—淮南、合肥新桥机场 S1 线、合肥—六安—金寨、和县—南京、马鞍山—南京、南京—天长二期、安庆—枞阳—铜陵、黄山市域旅游 T1 线、萧县—徐州、滁州—南京等市域铁路研究、规划和建设。

2. 提升省际公路通达能力。加快打通省际待贯通路段，加密扩容省际高速公路通道，消除省际国省干线公路“瓶颈”路段。(68) 畅通省际高速公路通道。滚动实施省际待贯通路段专项行动，谋划建设一批东联沪苏浙、西接中西部的省际高速公路通道，加快推进宁芜、合宁、宁滁、宣广等高速公路主通道改扩建，取消高速公路省界收费站。(69) 等高对接国省干线公路通道。加快与苏浙地区相连的普通国省干线公路建设，提升“瓶颈”路段通行能力。(70) 加快长江干线过江通道建设。

专栏十七 省际公路畅通工程

国家高速公路。建设G3W德上高速公路合肥—枞阳段和祁门—皖赣界段、G4012溧宁高速公路黄山—千岛湖段工程。实施G4211宁芜高速公路、G36宁洛高速公路界首—蚌埠—滁州段和淮南联络线、G50沪渝高速公路芜湖—宣城—广德—长兴安徽段、G3京台高速公路合肥—徐州段、G30连霍高速公路安徽段、G5011芜合高速公路等工程改扩建。

省际高速公路。建设宁国—安吉、徐州—宿州—蚌埠、徐州—淮北—阜阳—淮滨、明光—盱眙、合肥—周口、太湖—蕲春等高速公路和沪蓉高速公路天堂寨支线，开展G40沪陕高速公路复线、G42沪蓉高速公路复线、合芜宣杭二通道、南京—和县、连云港—宿迁—宿州—阜阳—淮滨、淮北—砀山—商丘、池州—宣城—长兴、东至—鄱阳、宁杭二通道高速公路前期研究。力争贯通溧阳—广德、高淳—宣城、蚌埠—五河—泗洪、来安—六合、宁国—临安、黄山—千岛湖等高速公路。

普通国省道。实施G206曹村—符离北段、G344五河—泗洪段、G345来安—天长段、G233广德—溧阳段、G318宣城—广德段、S334芜太段、S435水口—六合段、S407宿城—皖苏界、S205/S410铜城—冶山、S442(博望段)、G318广德段(山关—郎溪界)、S224皖苏界—杨疃段、S223皖苏界—灵城段、312全椒段、G347和县乌江—驷马山干渠、S446皖苏省界—S445段、S343皖浙一号旅游风景道等新改建工程。

过江通道。加快建设商合杭芜湖长江公铁大桥、池州长江公路大桥、芜湖城南过江隧道。开工建设G3铜陵、望江长江公铁大桥，姑孰、江口、海口、安庆(第二)、铜陵开发区、池安、泰山路等过江通道，宿松至彭泽、安庆新洲长江大桥。开展彭泽至望江、池州东流公路大桥，梅龙、铜陵横港、芜湖华电大道、龙窝湖、北京路、天门山、马鞍山龙山路、九华路、湖北路、慈湖等过江通道前期研究。

3. 合力打造世界级机场群。完善区域机场协作机制，加强与沪苏浙航空枢纽功能对接，全面提升现代化航空服务能力，成为长三角世界级机场群重要组成部分。(71) 加快构建"一枢十支"运输机场体系。优化提升合肥区域航空枢纽功能，加快合肥新桥机场总体规划修编，大力推进合肥空港经济示范区建设，打造合肥国际航空货运集散中心。加快亳州、宿州、阜阳、蚌埠、滁州、芜湖宣城、池州、安庆、黄山、金寨等新建、迁建或改扩建机场步伐，提升支线机场服务能力。(72) 加快通用机场体系建设。科学规划布局通用机场，逐步实现所有县级行政单元通用航空服务全覆盖。完善通用航空飞行服务站、固定运营基地、维修基地等配套设施，增强通用航空服务保障能力。

专栏十八 世界级机场群建设工程

合肥区域航空枢纽。推进合肥新桥机场二期建设，增加机场通道。支持合肥新桥机场增加国际航线，加密国际航班。加快仓储、物流、集疏运体系建设，加强与国内大型航空公司合作，大力引进基地航空公司，积极承接上海等枢纽机场外溢效应，打造合肥国际航空货运集散中心。

支线机场。推进阜阳、安庆、池州机场改扩建和芜湖宣城机场建设，加快新建亳州、蚌埠、宿州、滁州和迁建黄山机场前期工作，开展新建金寨、安庆民航机场前期研究。

通用机场。加快推进肥东白龙、肥西官亭、肥西严店、濉溪、杜集区、蒙城、利辛、砀山、泗县、固镇、五河、界首、颍上、谢家集区、寿县、天长、明光、定远、金安区、金寨、当涂、和县、芜湖市区、无为、旌德、广德、义安区、枞阳、青阳、石台、桐城、岳西、太湖、黄山区、休宁、黟县等一批通用机场建设。

4. 提升水运通江达海水平。积极落实长三角港航一体化发展六大行动方案，加快建设畅通、高效、集约、智慧的现代水路运输体系。(73) 完善长三角高等级航道网。推进长江干流整治，实施淮河出海航道三河尖至红山头段建设。依托引江济淮工程，加快建设航运配套工程，打通江淮运河。做好芜申运河、新汴河、滁河、水阳江等与邻省的规划衔接，尽快打通省际“断头航道”。(74) 打造世界级港口群。积极参与长三角港口联盟建设，加强安徽港航集团与上海港、宁波舟山港等在联合运输、江海联运等领域开展合作。加强内河港口集装箱与沿海港口无缝对接，完善集装箱江海联运体系。推进芜湖马鞍山、安庆江海联运枢纽，合肥江淮联运中心和蚌埠淮河航运枢纽建设，研究淮南淮河航运枢纽建设，提升江海联运中转功能。推进港口信息化建设，建成江海联运公共信息平台，实现长江船货供需有效对接。加快连接沿江、沿淮主要港口集疏运铁路、公路建设，实现港口与铁路、公路运输衔接互通，推动综合物流枢纽加快形成。

专栏十九　港航一体化重点建设工程

航道。加快实施长江淮河干流、沙颍河、沱浍河、涡河、新汴河、兆西河、水阳江等航道整治，加快建设引江济淮航运工程。开工建设淮河临淮岗复线船闸、合裕线巢湖一线船闸扩容改造、淮河蚌埠三线船闸，滁河、窑河、姑溪河航道整治等工程。开展茨淮新河、青山河、皖河、新安江(旅游)等航道整治工程前期研究。

港口。加快建设合肥派河港国际综合物流园一期、蚌埠港长淮卫综合港区一期工程，开工建设芜湖港朱家桥外贸综合物流园码头、马鞍山港郑蒲港区二期、铜陵港江北港区一期、安庆港长风作业区二期、合肥港中派港区、合肥派河港国际综合物流园二期、淮河阜阳港、涡河亳州港、淮南临港经济区一期、宣州综合码头二期、池州港江口港区四期等工程。

集疏运铁路。开工建设铜陵港江北港区、安庆港长风港区、皖河新港、池州港香隅化工园、合肥派河港区、蚌埠港长淮卫作业区、蚌埠沫河口等铁路专用线工程。

(二) 协同打造数字长三角

1. 加快新一代信息基础设施建设。强化信息发展互动合作，建设高速移动泛在信息网络，加大力度推进光网城市建设，提升应用基础设施建设水平，推动长三角信息基础设施达到世界先进水平。(75) 构建新一代信息基础设施总体架构。加快5G网络建设和商用步伐，加大5G网络建设资源的开放和共享，以应用场景为突破口，打造5G创新示范中心。加快部署基于IPv6的下一代互联网，统筹布局骨干网、城域网和接入网，推进在合肥建设互联网国际通信专用通道。(76) 统筹数据中心布局建设。建设一批公共服务、互联网应用服务、重点行业的云计算数据中心，促进已有数据中心资源整合。加快省级电子政务数据中心和灾备中心、大数据交易中心建设，推进国家高分辨率对地观测系统安徽数据应用中心、国家北斗卫星导航位置服务数据中心安徽分中心建设。积极参与长三角数据中心和存算资源协同布局。(77) 规划建设量子保密通信网络。实现与国家广域量子保密通信骨干网络无缝对接。

2. 协调推进重点领域智慧应用。促进公共信息基础设施和数据资源共建共享，开展多领域大数据应用协同。(78) 加快城市大脑建设。支持有条件的城市围绕城市公共管理、公共服务、公共安全等领域，建设基于人工智能和5G物联的城市大脑。搭建省、市、县互联互通的城市管理信息平台，实现实时监控、智能感知、精确调度、快速处置。(79) 加快政务数据资源共享开放。加快推进政府网站集约化建设，构建全省统一的政务大数据共享交换服务平台，促进部门业务协同和互联互通，避免“信息孤岛”。(80) 推进一体化智能化交通管理。深化重要客货运输领域协调监管、信息交换共享、大数据分析等管理合作。积极开展车联网和车路协同技术创新试点，争取长三角智慧交通示范项目建设。全面推行长三角地区联网售票一网通、交通一卡通。(81)推动警务数据汇聚共享。统筹建设“皖警智云”大数据中心，打造分布式协同计算“公安超脑”，推动公安便民服务长三角全域通办。(82)加快长三角数字流域、智慧水网、智慧广电、智慧邮政建设。

3. 推进长三角工业互联网共建共用。围绕工业互联网网络、平台、安全三大功能体系建设，深化协同合作，促进优势互补，共同创建长三角工业互联网一体化发展示范区。(83)加快工业互联网基础设施体系建设。大力推动工业企业内外网升级改造，协同推进5G在工业企业的应用部署，加快标识解析体系建设，以上海工业互联网顶级节点建设为基础，推进汽车、家电、化工等行业二级节点建设。(84)建设多行业跨领域强功能的平台体系。聚焦汽车、电子信息、家电、纺织服装等重点行业，联合打造1～2个达到国内先进水平的工业互联网平台。积极参与组建长三角工业互联网产业联盟，协同建设跨行业跨领域跨地区的长三角工业互联网平台体系，实施“皖企登云”计划，联合开展区域工业企业上云上平台、服务目录推荐、产融对接等，培育一批面向特定行业、特定场景的工业APP。(85)健全工业互联网安全保障体系。加强工业互联网信息安全技术攻关和产业化，遴选一批创新实用的网络安全试点项目并加以推广，加快推进网络信任体系建设，探索建立工业互联网信息安全管理新机制。

(三)推进区域能源互济互保

1. 融入长三角油气产供储销体系。以增强油气供应能力为目标，强化跨区域及省内干线油气基础设施规划建设。(86)推进油气管网联通和开发合作。积极参与长三角天然气供应能力规划编制，推进苏皖豫天然气联络线安徽段和淮北分输枢纽设施规划建设。谋划皖浙油气管线建设，推动淮河能源控股集团、皖能集团等企业与浙能集团开展战略合作。支持芜湖—宣城—湖州成品油输送管道、芜湖—宣城—湖州天然气支线建设。加快滨海LNG接收站及配套苏皖外输管线建设进度，积极参与滨海LNG接收站后期扩建工程和江苏、浙江沿海新建接收站建设。推进芜湖、铜陵、池州、安庆LNG内河接收(转运)站建设，开展长江干线LNG运输航行试点，推动LNG江海联运，打通LNG内河运输通道。鼓励建设LNG调峰储蓄站。(87)提高区域天然气生产供应能力。加大两淮煤系天然气和宣城页岩油、页岩气勘探开发力度，推进淮南煤制天然气示范项目前期工作，争取主体装置尽快开工建设。

2. 打造长三角特高压电力枢纽。完善电网主干网架结构，推进电网建设改造与智能化运用。积极拓展区外来电通道，优化“皖电东送”，强化“送受并举”电网，为华东电网的电力供应提供安全保障。(88)加强跨区域重点电力项目建设。依托两淮煤炭基地，规划建设清洁高效煤电一体化坑口和资源综合利用电厂。积极推进申能淮北平山电厂二期国家示范工程建设，规划建设淮南潘集电厂、淮南平圩电厂四期、亳州板集电厂二期、淮北国安电厂二期、华电宿州电厂二期、大唐淮南田家庵电厂扩建、淮南张集电厂、阜阳口孜东电厂等高效清洁坑口电站和阜阳刘庄、谢桥、亳州涡北等资源综合利用电站。优化区域电网通道结构，打造长三角特高压电力枢纽，推进安徽—江苏电力通道增容改造、白鹤滩至华东特高压直流、内蒙古至安徽特高压直流等项目前期工作。

3. 推动新能源基础设施建设。发挥合肥、滁州、蚌埠、芜湖等地在新能源产业上的生产制造优势，加快新能源基础设施建设。(89)建设长三角绿色储能基地。加快推进绩溪、金寨抽水蓄能电站建设，有序推进桐城、宁国、岳西、石台、霍山等抽水蓄能电站前期工作，做好广德、琅琊山二期、黄山天湖、黄山月潭—里庄抽水蓄能电站站址保护，提高长三角大规模调峰设施共建共享水平。(90)加快生物质能开发利用。提升中粮生化蚌埠、宿州等生物燃料乙醇生产能力，加快推进淮北长源、阜阳国祯、中粮生化宿州纤维素乙醇示范项目前期工作。(91)推动互联网与分布式能源技术深度融合。开展风光储一体化等新能源微电网技术研发，实现分布式能源高效、灵活接入以及生产消费一体化。

4. 推进长三角煤炭产供储销体系建设。统筹考虑长三角地区煤炭产能、实物储备能力和通道运力，建立两淮、“海进江”两大资源统筹互济的跨省区煤炭产供储销体系。(92) 实施跨省区煤炭产供储重点项目。加快板集、信湖等先进产能煤矿项目建设，推进赵集煤矿前期工作，谋划芜湖港煤炭储配中心二期项目建设。(93) 建设区域性煤炭交易市场。依托两淮煤炭基地和芜湖港国家煤炭应急储备基地，推动煤炭生产、物流等企业发起筹建长三角煤炭交易中心。

(四) 优化区域水利发展布局

1. 完善防洪保安基础设施网络。围绕长江、淮河、新安江、巢湖四大水系，继续加强干流治理，补齐重要支流和中小河流短板，推进水利薄弱环节建设性治理。(94) 加快重点流域治理。重点加强长江河势控制工程和华阳河等蓄滞洪区建设，优化长江干支流岸线功能布局。加快淮河流域行蓄洪区安全建设，建成淮河干流蚌埠至浮山段、王家坝至临淮岗段、正阳关至峡山口段、峡山口至涡河口段、浮山以下段行洪区调整和建设工程以及九里保庄圩工程。加快推进新安江流域综合治理。建成巢湖环湖防洪工程，提高巢湖环湖防洪能力，启动实施巢湖流域水生态治理与修复工程。

2. 构筑供水安全保障基础设施网络。参与建立长三角原水联动及水资源应急供给机制，以“三纵三横”为骨架，构建干支连通的水资源开发利用和配置格局。(95) 加强引调水工程建设。发挥淮水北调工程效益，全面建成引江济淮工程，启动实施引江济淮供水配套工程，开工建设驷马山引江补源工程。(96) 加快水库和水源地建设。重点推进月潭、江巷、牛岭等大中型水库工程建设进度，支持大别山水库群提升建设。

七、主动参与全球分工，推动更高水平协同开放

以“一带一路”建设为统领，积极对接全面开放新格局，加快培育国际经济合作和竞争新优势，以更大的开放抢抓机遇，以更好的合作谋求发展，协同打造新时代改革开放新高地。

(一) 共建高水平开放平台

1. 积极申建安徽自贸试验区。跟进上海自贸试验区改革发展，探索复制推广新路径，抓紧抓实安徽自贸试验区申建工作。(97) 优化提升安徽自贸试验区申建方案。跟进国家自贸试验区战略部署，找准深化改革切入点，提高安徽自贸试验区申建方案与国家战略契合度，力争早日获批。(98) 加快复制推广自贸试验区改革创新经验。对标上海、浙江自贸试验区以及上海自贸试验区新片区，积极做好试点经验、创新成果复制推广。支持综合保税区积极争取全面复制推广自贸试验区中与海关特殊监管区域相关的改革试点经验。

2. 协力办好重大展会。积极参与国家和沪苏浙重大展会活动，全面提升安徽展会能级，打造一批具有重要影响力和开放推动力的展会品牌。(99) 深度参与中国国际进口博览会。与沪苏浙加强公共安全、口岸通关、环境治理、知识产权保护、展会人才培养等领域合作，保障大会顺利举办。积极承接溢出效应，争取相关分会场落户。引导专业采购商、社会公众等积极参与大会，鼓励采购商入驻“6 天+365 天”交易服务平台，加强与参展商的精准对接，扩大采购成交。(100) 高水平举办安徽品牌展会。进一步提升世界制造业大会、中国国际徽商大会、中国(合肥)国际家用电器暨消费电子博览会、中国(芜湖)科普产品博览交易会、中国(芜湖)国际动漫创意产业交易会、淮北食品工业博览会、国际(亳州)中医药博览会等重大展会整体效果和影响力，围绕科技创新和新兴产业筹划新型展会、长三角轮值展会。(101) 积极对接沪苏浙品牌展会。支持和参与世界互联网大会、世界智能制造大会、联合国地理信息大会等品牌展会和贸易投资活动，加强投资促进和贸易合作。借助沪苏浙境外展会资源，联合举办境外商品展，推介重点企业、重点品牌和商品，促进外贸提质增效。

专栏二十　世界制造业大会品牌提升工程

按照“国家级、世界性、制造业”定位，对标国内最高标准，将世界制造业大会打造成为具有国际影响力的全球制造业盛会。

拓展办会依托力量。进一步加大与参与主办的国家部委对接力度。积极争取更多国际性制造业专业机构、权威国际组织参与合作办会。邀请沪苏浙作为大会主宾省(市)，设立长三角制造业馆，展示长三角制造业发展新成效、新突破。

提高邀商和项目质量。聚焦先进制造业，积极引进一批代表世界级水平的企业参展。瞄准境外500强、世界制造业100强，制造业“隐形冠军”和“独角兽”企业，加强项目策划，遴选一批质量高、规模大、引领性强的签约项目。

提升办会层次和影响。积极邀请外国政要、国际嘉宾、制造业技术权威、管理权威参会。开设世界水平的论坛，对制造业的发展进行前瞻性、前沿性、创新性讨论。突出高层次、权威性、影响力，打造世界制造业大会“权威发布”。

3. 对接虹桥国际开放枢纽。主动对接虹桥综合交通枢纽，提升安徽国际航运能力和现代服务业水平。(102) 加强轨道交通体系对接。充分挖掘路网潜力，完善通达便捷的轨道交通体系，争取增加主要城市至虹桥枢纽的班列。积极对接上海虹桥国际机场，重点推动合肥新桥国际机场承接国际货运业务，黄山屯溪国际机场承接国际客运业务。(103) 加强功能对接。主动对接虹桥进口商品展示交易中心、虹桥海外贸易中心、长三角区域城市展示中心、长三角电子商务中心建设，支持各市、园区、企业入驻，引导有需求的现代服务业企业和外向型企业在虹桥地区建立分支机构、营销服务网络，参与中央商务区和国际贸易中心新平台建设。

4. 共同构建数字化贸易平台。积极对接全球电子商务新模式新规则新标准，推动电商展示展销对接平台建设，促进跨境电子商务大发展。(104) 打造安徽“电商之家”。推动省市县电商公共服务信息互联互通、资源灵活配置和服务快速协同。积极与沪苏浙各大电商平台和企业开展深度对接合作，开展皖货品牌线上线下融合促销活动，推动长三角电商资源整合、交换、共享，助力安徽产品走出去。(105) 加快跨境电商发展。推进中国(合肥)跨境电子商务综合试验区建设，支持有条件的市申建新的综合试验区，推进省级跨境电商园区建设，培育跨境电子商务产业链和生态圈。积极复制推广义乌国际贸易综合改革试验区试点成熟经验。(106) 延伸电子商务产业链。引导和鼓励沪苏浙跨境电子商务龙头企业布局设点，建设跨境电商物流基地、空港基地、展示及保税备货中心等项目。与沪苏浙共同推动企业共建、共享“海外仓”，提升跨境电商物流中转效率。(107) 推动流程改造。促进贸易监管数字化转型、便利化发展，加强各环节数据共享，开展包容审慎有效的监管创新。

专栏二十一　跨境电商市场主体培育工程

积极引进跨境电商龙头企业，支持发展跨境电商平台企业，培育跨境电商配套服务企业。重点推进中国(合肥)跨境电商综合试验区建设，鼓励各地加强与知名跨境电商平台企业沟通衔接，举办跨境电商与外贸企业业务对接活动。鼓励外贸综合服务体系与跨境电商融合发展，为跨境电商企业提供报关报检、结汇退税、信保融资等全方位服务。加强跨境电商人才队伍建设，优化人才服务生态，建立人才联盟平台，打造人才培养网络。

5. 加快发展国际产业合作园。探索对外经济合作新模式、新路径、新体制，加快推进国际产业双向合作。(108) 加快集聚国际组织和总部经济。充分发挥合肥长三角城市群副中心作用，积极吸引国际组织和跨国公司设立总部、区域总部及研发中心、技术中心、采购中心、结算中心等功能性机构，扩大辐射带动效应。(109) 支持开发区建设国际合作产业园。充分发挥开发区对外开放平台作用，大力推进安徽中德（合肥）国际合作智慧产业园、安徽中德（芜湖）国际合作智能制造生态产业园、中德（芜湖）中小企业国际合作区、中德（合肥）智能制造国际创新园等对德合作园区建设，促进更多德国企业来皖集聚发展。围绕外资主要来源地、重大外资项目和友城资源，通过招大引强、延链引进、集群承接，培育一批新的国际产业合作园。(110) 推进境外经贸合作园区建设。稳步推进省级境外经贸合作区建设，加强招商引资、配套建设和规范管理，集聚企业、做强产业，争创国家级境外经贸合作区。依托重大国际产能合作项目和对外投资聚集区，支持企业按市场化法治化原则科学合理建设新的境外园区。打造一批高水平国际研究机构和海外产业创新服务综合体。探索有条件的开发区参与境外园区运营管理，有效输出园区管理经验和服务标准。支持建筑业企业参与境外园区工程建设。

（二）培育国际竞争合作新优势

1. 推动重点领域开放合作。推动引资引技引智相结合，提高引进来的质量和水平。(111) 扩大开放领域降低准入标准。按照国家部署，进一步扩大制造业、服务业、农业领域对外开放，逐步放宽市场准入，重点在汽车、飞机、船舶、装备、电子信息、新材料、新能源和金融等行业谋划和储备一批新的招商引资重点项目。(112) 提高制造业全产业链利用外资水平。聚焦“高新基”，大力引进全球500强和行业龙头企业，补齐、壮大、拓展全产业链。积极承接企业返程投资，转化境外投资并购成果。(113) 持续推进服务业开放。积极引进境外专业服务行业，有序推进服务贸易创新发展，提升服务贸易自由化便利化水平。推动服务外包产业转型升级。加快金融市场对外开放，积极稳妥引进外资银行、证券、基金管理、期货、保险等金融机构设点展业。(114) 提升农业国际竞争力。适度增加国内紧缺农产品进口，积极引进国际现代农业先进生产技术和经营管理方式。

2. 共同提升对外投资合作水平。稳步扩大对外投资，全方位深度参与全球产业分工。(115) 积极推进国际产能合作。以境外直接投资、对外工程承包、装备出口和技术合作等形式，加强建材、汽车、钢铁、化工、煤炭、电力、工程机械、轻工纺织、农业、矿产资源等领域国际合作，加快技术、装备、服务和标准走出去。(116) 推动服务业走出去。鼓励商务服务、设计研发、批发零售、金融服务等对外投资。支持有实力的企业在对外投资相对密集的国家和地区，探索建设集物流集散、加工制造、展示展销、信息资讯等多功能于一体的境外系列服务站。(117) 协同开拓国际市场。依托长三角一体化对外投资合作发展联盟，与沪苏浙共同举办境外投资推介、境外工程承包对接活动，并在“一带一路”项目实施、政府驻外机构和商会协会平台支持、对外投资培训和咨询服务等方面加强协作，推动信息互通、资源共享、平台共建。支持企业与沪苏浙企业通过项目合作、股份合作、组建联合体等方式“抱团出海”。(118) 增强风险防范能力，共同推进境外安全保障体系建设。

专栏二十二　国际产能合作推进工程

引导建材行业优势产能转移。

引导汽车及零部件制造行业开拓国际市场。

引导农业提高国际合作水平。

引导提高境外矿产资源供应保障能力。

引导科技国际合作增强自主创新能力，深化智能制造、数字经济等前沿领域合作，集聚创新资源，积极融入全球科技创新网络。

引导加强境外工程承包合作，积极参与基础设施建设，支持企业提升工程承包合作水平。

3. 深化国际交流合作。大力开展多领域有特色的国际交流活动，加强国际友城建设，促进民心相通。(119) 积极参与国际科技交流合作。支持高校院所和企业参与国际科技合作，推进科技人文交流、共建联合实验室、科技园区合作、技术转移。加强高端智库国际交流。推进与俄罗斯伏尔加河沿岸联邦区合作。(120) 搭建文化交流桥梁。开展“一带一路上的安徽人”大型媒体新闻活动，积极申报“丝绸之路影视桥”工程，推动优秀文化、文学作品、影视产品走出去。(121) 促进教育及青年交流。大力推进双向留学，推动教师和学生赴“一带一路”沿线国家留学，打造“留学安徽”品牌，吸引沿线国家青年来皖学习。推进合肥中德教育合作示范基地建设。(122) 强化卫生领域合作。加强医疗人才培养、防治技术交流、高端医疗技术等领域国际合作，大力传播中医药文化。组织医疗技术人员赴南苏丹、苏里南等国开展医疗援助行动。(123) 发挥侨商徽商作用。高水平规划建设安徽(合肥)侨梦苑，打造海外华人华侨创新创业集聚区。积极推进“徽商回归”，鼓励海内外皖籍人士回乡投资创业。办好巢湖侨创峰会。

(三) 推进投资贸易自由化便利化

1. 加快大通关一体化。提升口岸便利化水平，推进区域通关一体化合作，打造高效便捷大通关。(124) 加快互联互通口岸通道建设。完善长三角区域大通关协作机制，重点推进口岸城市群大通关项目合作和联动发展，围绕水水中转、铁海联运、空陆联运、保税货物流转等，优化监管模式，提升物流效率。深化长三角口岸物流项目合作，拓展中转集拼业务，对接长江流域港航、铁路、空港等信息平台，实现跨区域口岸物流协同联动。(125) 加快区域国际贸易“单一窗口”合作。推动港航物流信息接入“单一窗口”，推进通关数据交换、口岸物流信息对接、企业信用信息互认、监管执法信息共享。推动扩大长三角“单一窗口”跨区申报试点范围。推动与上海“单一窗口”数据查询和统计对接。(126) 健全全链条监管体系。有序扩大金关二期特殊监管区域管理系统使用范围，加强进出口商品全流程质量安全溯源管理。(127) 推进中欧班列协作发展。加快合肥中欧国际货运班列站场设施和信息化建设，争创国家多式联运示范工程。主动加强与沪苏浙合作，优化班列线路布局，共建境外综合服务体系，拓展回程资源，提高双向常态化运行质量效益。(128) 构建更为便捷宽松的出入境软环境。全面优化服务举措，强化政策便利体验。

2. 优化外商投资环境。对标国际高标准市场规则体系，打造稳定、公平、透明、可预期的市场环境。(129) 提升外商投资管理和服务水平。认真贯彻落实外商投资法，全面实施外商投资准入前国民待遇加负面清单管理制度，健全事中事后监管体系。全面清理与现行开放政策不符的法规、规章和政策性文件，提升外商投资便利度。(130) 保障外国投资者和外商投资企业合法权益。保持外资政策稳定性连续性。建立健全外商投资企业投诉工作机制。

3. 加强国际人才引进。发挥合肥综合性国家科学中心和“全创改”试点省的聚才作用，积极引进国际高端人才，营造外国专家“来得了、待得住、用得好、流得动”良好引才氛围。(131) 完善国际人才引进政策。建立海外人才职称评审绿色通道，推广实施持永久居留身份证外籍高层次人才创办科技型企业改革，大力引进海内外高层次创新创业人才和团队，建设海归人才创新创业创造中心。积极复制推广张江国家自主创新示范区国际人才试验区经验，稳步开展外国人永久居留、外国人来华工作许可、出入境便利服务、留学生就业等政策试点。完善外国人才评价标准，推动长三角区域内国际人才认定、服务监管部门信息互换互认，保持政策执行一致性。(132) 提高国际人才综合服务水平。学习借鉴上海、南京、杭州、苏州等地国际社区建设经验，完善国际学校、国际医院等配套公共服务，依法保障在皖工作国际人才享有医疗、子女教育、住房、社会保障等基本公共服务。

八、优化区域生态系统，推动生态环境共保联治

以改善生态环境质量为核心，以中央环保督察反馈问题整改为推动，以保护好山好水为重点，突出生态廊道促联保，突出问题整改促联治，突出生态补偿促联管，夯实绿色发展生态本底，打造具有重要影响力的绿色发展样板区，共建绿色美丽长三角。

（一）加快建设绿色生态屏障

1. 加强生态空间保护。强化生态红线区域保护和修复，划定并严守生态保护红线、永久基本农田、城镇开发边界三条控制线，持续扩大绿色生态空间，建设生机勃勃的绿色安徽。（133）加快生态廊道建设。重点打造长江、淮河、江淮运河、新安江4条生态廊道，强化以水源涵养林、水土保持林、农田林网和堤岸林为主的防护林体系建设，开展全线两岸植绿复绿，确保宜林地段绿化率90%以上。（134）提升生态屏障功能。增强皖西大别山区、皖南山区水源涵养、水土保持等生态功能，打造森林生态安全屏障。整合优化现有各类自然保护地，加快建设以国家公园为主体的自然保护地体系。（135）加快建设环巢湖生态示范区。谋划实施环巢湖十大湿地生态系统保护与修复工程，高质量打造环巢湖湿地公园群。

专栏二十三　环巢湖十大湿地生态系统保护与修复工程

围绕生境、水系、水质、水量等湿地保护的核心问题，以十五里河、南淝河、兆河、杭埠河等入湖河流河口及滩涂湿地保护为重点，加快建设肥东十八联圩、玉带河、肥西三河、包河湖滨、派河口、巢湖半岛、槐林、柘皋河、庐江马尾河、栖凤洲十大湿地，恢复湿地景观，完善湿地生态功能。到2030年，创建4个国家级湿地公园，建成4个省级湿地公园、2个市级湿地公园，打造生态系统保护与修复总面积近100平方公里的环巢湖湿地公园群，创建合肥国际湿地城市，为美丽中国建设作出安徽贡献。

2. 加强重要生态系统保护。坚持山水林田湖草系统治理，改善和提升生态功能。（136）保护和恢复森林生态系统。实施天然林保护工程，全面有效管护天然林森林资源，停止天然林商业性采伐。按照保护优先、预防为主的原则，加强公益林建设和后备森林资源培育。推深做实林长制改革，创建全国林长制改革示范区。（137）加强长江、淮河流域自然湿地保护。实施华阳湖、太平湖、升金湖、南漪湖、城西湖、瓦埠湖、女山湖、平天湖等湿地保护与恢复工程，对过度利用、遭受破坏或其他原因导致生态功能降低、生物多样性减少的湿地进行综合治理，开展湿地可持续利用示范。（138）加强水源保护和水土流失治理。实施重要水源地保护工程，全面开展重点饮用水水源地安全保障达标建设。实施水土保持生态清洁型小流域治理工程，加强丘陵山地水土流失综合治理。实施长江流域露天矿山和尾矿库复绿工程，加强矿山废弃地恢复治理。实施两淮矿区沉陷区综合治理工程。

专栏二十四　两淮矿区沉陷区综合治理工程

坚持资源开采与沉陷防控同步、综合治理与综合利用结合，科学规划，厘清责任，深化改革，完善政策体系，继续推进淮北市濉溪县和杜集区、淮南市谢家集区全国重点采煤沉陷区综合治理试点建设，切实保障沉陷区人民群众的生命财产安全与合法权益，大力促进沉陷区生产方式转变和群众创业就业，努力实现两淮煤炭资源型城市可持续发展。

（二）强化更高标准重点领域污染防治

1. 加强重点河湖水环境治理。纵深推进“三大一强”专项行动，以解决“23＋N”问题整改为主攻点，全面推进水污染防治、水生态修复、水资源保护，促进水体水质明显改善。（139）打好重点流域水污染治理攻坚战。构筑“1公里、5公里、15公里”分级管控体系，持续推进长江、淮河流域“禁新建、减存量、关污源、进园区、建新绿、纳统管、强机制”七大行动，制定实施长江、淮河、新安江—千岛湖、巢湖等重点跨界水体联保专项治理方案，持续改善长江、淮河、巢湖流域水体水质，稳定保持新安江水环境质量。（140）持续加强水资源保护。全面落实最严格的水资源管理制度，大力实施国家节水行动，建立节约高效的农业用水制度，严格保护和合理利用地下水，加强皖北地区地下水降落漏斗治理。

2. 深入推进大气污染防治。打赢蓝天保卫战，推动大气主要污染物排放总量持续下降，切实改善空气质量。(141) 强化能源消费总量和强度“双控”。控制煤炭消费总量，新建、改建、扩建用煤项目实行煤炭消费等量或减量替代。推动华东电网公司、沪苏浙共同做好皖电东送机组的煤炭消费总量控制，同步参与安徽电网深度调峰。(142) 推进重点行业超低排放改造。基本完成钢铁、水泥行业和燃煤锅炉超低排放改造，全面推进工业企业污染物稳定达标排放。(143) 持续加强其他各类污染源治理。实施细颗粒物(PM2.5)和臭氧浓度“双控双减”，完善秋冬季大气污染治理攻坚行动任务清单和重污染天气应急减排清单，加强涉气“散乱污”和“低小散”企业整治，制定老旧车淘汰更新目标及实施方案，实施国六排放标准和相应油品标准。

3. 提升固废危废防治水平。健全固体废物污染防控长效机制，加强固废危废无害化处置和综合利用。(144) 有效防控固废危废非法跨界转移。建立涉固体废物单位清单，实行危险废物和工业固体废物产生、贮存、运输、利用、处置全过程申报登记，严格防范工业企业搬迁关停中的二次污染和次生环境风险。全面运行危险废物转移电子联单，健全固体废物信息化监管体系。严厉打击危险废物非法跨界转移、倾倒等违法犯罪活动。(145) 强化固废危废处置和综合利用。统筹规划固废资源回收基地和危废资源处置中心，推行垃圾分类，支持建设大宗固体废弃物综合利用基地，鼓励各地建立“无废城市”建设综合管理制度和技术体系，探索建立跨区域固废危废处置补偿机制。

(三) 健全更加紧密联防联控体系

1. 全面推行生态补偿机制。加快推进新安江生态补偿机制十大工程建设，全面推广新安江生态补偿机制试点经验，积极探索跨区域生态补偿污染赔偿标准和水质考核体系。(146) 建设新安江—千岛湖生态补偿试验区。配合编制新安江—千岛湖生态补偿试验区建设实施方案，深入实施新安江流域生态补偿机制第三轮试点，在水权交易、排污权交易、园区建设、生态工程等方面，进一步探索和拓展生态补偿的方式和领域。(147) 在长江、淮河流域推行生态补偿机制。实施滁河流域上下游横向生态补偿。积极推进洪泽湖流域生态补偿机制建设。建立完善沱河流域生态补偿机制。(148) 逐步在湿地等其他生态领域推广“新安江模式”。

专栏二十五　新安江—千岛湖生态补偿试验区建设工程

新安江—千岛湖生态补偿试验区建设范围暂定为皖浙5市22县(市、区)，人口约830万人，面积约31981平方公里。建设内容包括持续推进流域水环境保护合作，深入推进大气污染协同防治，着力推进森林资源保护协同发展，着力推进自然保护地体系建设协同发展，推动旅游一体化发展等。目标是引领美丽中国先行区建设，流域水质保持优良，生态环境全面提升，生态经济高效发展，人与自然和谐共处。

2. 健全区域环境治理联动机制。强化源头防控，健全环境保护监测预警、严惩重罚、责任追溯等制度，提升区域污染防治的科学化、精细化、一体化水平。(149) 强化大气、水污染联防联控。推动排放标准、环保规范和执法规范对接，逐步实现区域环境治理政策法规和标准规范的统一和联合发布。统一区域重污染天气应急启动标准，开展区域应急联动。积极参加长江、淮河等干流跨省联防联控机制，充分加强相关流域管理机构的对接合作，联合推进跨界断面水质联合检测和水环境质量信息共享制度。发挥空气质量超级监测站作用，建设重点流域水环境综合治理信息平台，建立健全生态环境大数据系统，深化数据共享。(150) 建立多维参与、协作共治的环境风险联防联控体系。加强长三角跨界环境污染纠纷处置和应急联动，深化信息共享机制，建立重点区域环境风险应急统一共享平台。探索建立跨行政区生态环境基础设施建设和运营管理的协调机制。

九、增强民生保障能力，推动公共服务便利共享

坚持以人民为中心，推进公共服务共建共享，加快公共服务制度接轨，扩大优质公共服务资源供给，促进社会治理共建共治，提升全省人民在一体化发展中的获得感、幸福感和安全感。

（一）推进公共服务标准化便利化

1. 加快基本公共服务标准衔接统一。加强标准化管理，促进基本公共服务均等化、普惠化、便捷化。(151) 健全标准体系。制定安徽省地方标准和分行业领域标准规范，参与制定并落实长三角中心区基本公共服务标准。(152) 推动区域达标。积极调整财政支出结构，不断加大民生投入，重点向皖西、皖北等地区倾斜，逐步提升基本公共服务保障水平，努力缩小与沪苏浙的差距。

2. 促进公共服务便利化。加强区域协作联动，促进居民异地享受基本公共服务并便捷结算。(153) 建立健全医保异地结算机制。完善住院费用异地直接结算制度，逐步扩大异地门诊费用直接结算覆盖范围。创新异地就医登记备案方式，探索开展异地备案互认合作，提高异地就医便利性。推动建立跨省异地就医直接结算信息沟通机制和应急联动机制，加强异地就医直接结算服务监管合作。(154) 推进社会保险异地办理。开展长三角地区异地居住人员数据交换和比对，推进社会保险待遇领取资格认证合作。推进工伤保险相关政策逐步统一。开展养老服务补贴异地结算试点。(155) 实施民生档案跨区查档服务项目，推动建立互认互通的档案专题数据标准体系。

（二）提升教育文化卫生优质资源共建共享水平

1. 提升教育合作发展水平。推动优质教育资源合作共享，促进教育均衡发展，加快教育现代化进程。(156) 加强区域教育标准体系建设。参与研究统一的教育现代化指标体系，联合开发区域基础教育质量评价指标体系，协同开展评估监测。(157) 深化基础教育合作。积极引进沪苏浙优质学前教育、中小学资源，通过设立分校、整体托管、协作帮扶、学校联盟等方式提升办学水平，共建校长及教师培训联动平台，打造优质均衡的基教统一体。(158) 支持高等教育协同发展。实施“551”重点工程建设和高峰学科建设计划。推动中国科学技术大学、合肥工业大学、安徽大学等高校与沪苏浙优质高校全面合作，构建一流学科联合体，共建“双一流”大学。加强与国际知名高校合作办学，支持安徽大学纽约石溪学院等国际化教育试点示范。鼓励有条件的市引进沪苏浙一流大学、科研院所设立分支机构。加快推进安徽高校协同创新联盟建设，探索建立长三角跨区域联合实验室，联合成立长三角高校创新创业教育协同中心。(159) 打造长三角产教融合的职教共同体。调整优化职业院校及专业区域布局，错位培养技术技能人才，推进产教融合基地、标杆城市和企业建设。探索联合建立涵盖行业企业的职教集团，搭建职教一体化发展平台，办好安徽国际商务职教集团，努力打造长三角区域的“职教人才成长带”。

专栏二十六　沪苏浙一流大学设立分支机构及高校合作交流推进工程

支持复旦大学、上海交通大学、同济大学、华东师范大学、南京大学、东南大学、浙江大学等“双一流”大学到安徽设立分支机构、研究院或特色学院，推进世界一流大学和一流学科建设。支持沪苏浙皖高校合作办学，鼓励联合共建优势学科、实验室和研究中心，支持安徽中医药大学与沪苏浙相关高校建设产教研医一体机构。充分发挥沪苏浙皖高校联盟作用，促进四地高校探索开展相互承认特定课程学分、实施更灵活的交换生安排、科研成果分享转化等方面的合作交流。支持滁州市建设沪苏浙高教科创项目。

2. 促进文化交流合作。强化政策联动协同，促进资源优化配置，推动文化相互融通，系牢人文交流纽带。(160) 加强文化遗产保护利用。深化历史文物保护合作，联合开展考古研究，推动建立长三角非物质文化遗产展示交流、传承创新发展长效机制。推进徽州文化生态保护实验区建设，加强楚汉文化、

淮河文化、老庄文化等研究，推动传统文化创新性发展，提升区域文化影响力。统筹推动大运河安徽段文化保护传承利用，打响“千年运河”品牌。(161) 整合提升红色文化资源。深入挖掘红色教育资源，丰富价值内涵和文化元素，弘扬革命文化和社会主义先进文化，共同打造长三角红色文化传承创新区。(162) 强化公共文化机构联通合作。加强长三角美术馆、博物馆、图书馆和群众文化场馆等馆际联动和服务功能联通，实现城市阅读一卡通、公共文化服务一网通、公共文化联展一站通、公共文化培训一体化，推动舞台艺术、展览策划、美术创作和群文创作等全方位合作交流。

3. 共同打造健康长三角。推动长三角医疗卫生事业合作共享、协同发展，持续提升人民健康水平。(163) 推动优质医疗资源共建共享。共同制定长三角区域卫生资源发展规划。积极引进上海等地优质医疗资源，采取合作办医、设立分院、委托管理、组建医联体等形式开展全方位深度合作。加快推进合肥、芜湖、蚌埠三市省级区域医疗中心建设。积极创建国家区域医疗中心。推进长三角专科联盟建设，开展医疗、教育、科研合作，协同打造国际领先的优势学科群。(164) 加强医疗协作。加快全民健康信息平台建设，加强信息互联互通，开展远程医疗服务，建立区域分级诊疗制度，支持合肥国家健康医疗大数据中部中心建设。逐步实现疾病诊断标准、治疗方案、质量控制、数据归集、疗效分析“五个统一”，推进医学检验、医学影像等检查结果互认。发掘中医药文化内涵，深化中医药传承创新合作，建设中医专科联盟和区域中医专科平台，共建科研协作网络。(165) 强化公共卫生合作。健全区域重大疫情、突发公共卫生事件联防联控和应急救援机制，建立卫生健康综合执法监督联动协调机制，推动建立长三角区域性航空医疗救援体系，加强血液联动保障。(166) 加强医改联动。深化长三角城市群医院协同发展战略联盟建设，探索长三角药品和耗材联合带量采购。(167) 推进养老区域合作。搭建区域养老信息咨询、信息发布及行业服务管理平台，制定区域产业资本和品牌机构进入养老市场指引，培育养老专业化市场，推进区域养老服务机构设施、服务标准和照护需求评估标准、养老护理员从业资格互认互通。加快养老产业发展，统筹规划养老产业布局，支持池州、芜湖等地开展长三角区域一体化养老试点，建设一批健康养生基地。

专栏二十七　国家区域医疗中心建设工程

依托国家区域医疗中心建设试点省，围绕肿瘤、心血管、儿科、中医、创伤等重点方向，制定支持政策清单，通过合作共建、委托管理、专科联盟等方式，与上海等地国内高水平医院开展合作，建成一批国内一流医疗中心，实现优质医疗资源下沉，满足人民群众就近享有高水平医疗服务的需求。推进安徽省立医院(中国科学技术大学附属第一医院)与复旦大学附属肿瘤医院、安徽省儿童医院与复旦大学附属儿科医院等合作共建项目，实现引进国内高水平医院取得实质性进展。

专栏二十八　长三角健康养生基地建设工程

发挥生态、中医药、生物医药等资源优势，加强与沪苏浙合作，积极引入社会资本，促进健康与养老、旅游、运动休闲、互联网、食品等融合发展，加快培育健康养生新业态，支持项目集中建设、企业集聚发展。充分发挥职校资源、技工大省优势，储备养老护理人才。建设100个左右健康小镇，努力把安徽建设成为长三角重要的健康养生基地。

(三) 加快文化旅游产业合作发展

1. 共筑文化产业发展高地。立足区域文化产业优势，加强区域分工协作，打造重点发展产业链，推动长三角文化产业一体化发展。(168) 强化重点领域合作。推动签订一市三省文化产业一体化发展框架协议，在文化科技融合、文化金融服务、对外文化贸易、文化旅游融合、文创产品开发等方面加强合作。加快建设合肥、蚌埠国家级文化和科技融合示范基地。探索建立长三角地区国家级文化和科技融合示范基地合作联盟，鼓励金融机构加强文化金融产品开发合作交流，推动建立长三角地区国家文化出口基地合作机制。加强广播电视、新媒体和电影产业合作发展，推动安徽卫视与东方卫视、江苏卫视、浙江卫视打造卫视品牌联盟。(169) 壮大文化市场主体。建设一批文化产业重大项目，培育一批龙头文化企业，推动省内文化企业跨地区、跨所有制兼并重组，打造实力雄厚、具有强大竞争力和影响力的大型文化企业集团。(170) 打造国际交流平台。继续办好长三角国际文化产业博览会、合肥国际文化产业博览会等展会，举办安徽国际文化旅游节，争取举办中国(黄山)国际文化旅游高峰论坛。

2. 共同打造世界级旅游目的地。加快推进长三角旅游市场和服务一体化建设，积极发展“旅游+”，共同打造高品质的休闲度假旅游区和世界闻名的东方度假胜地。(171) 加快文化旅游资源统筹和高效利用。联手打造一批名山、名湖、名城、名镇、名村、名园、名馆等文旅精品，谋划上海“一大”会址—浙江嘉兴南湖—泾县云岭—皖西大别山红色旅游精品线路，开发“高铁+景区门票”“高铁+酒店”等系列快捷旅游产品，推出安徽小岗“中国农村改革发源地”等文化旅游品牌。(172) 逐步建立统一的区域旅游服务规范。推动建立“乐游长三角”网络服务平台，共建共享旅游信息库，建立旅游安全提示、旅游景区(点)大客流预警等信息联合发布机制。共同推出“畅游长三角”“惠民一卡通”“旅游护照”等产品。推动制定区域性旅游服务标准、规范，建立统一认证体系。(173) 推动休闲产业发展。开展全民健身合作，共同推动建立长三角体育产业联盟，举办长三角汽车联赛，办好长三角运动休闲体验系列活动。大力发展乡村旅游，推进休闲农业品牌化发展，加强长三角区域合作交流，共同推动长三角休闲产业大发展。

专栏二十九　世界级文化旅游目的地建设工程

提升旅游业特色化、现代化、国际化、标准化水平，推动长三角建成世界级文化旅游目的地。

加快建设杭黄国际黄金旅游线。充分发挥自然生态和人文景观交相辉映的特色，大力发展全域旅游，推进旅游国际化。以沿线4个世界遗产、7个5A级景区、50多个4A级景区，以及众多国家级森林公园和地质公园为黄金节点，以点串线、多线成区，探索区域旅游合作新模式，共建“城—山—江—湖—村”有机互融、旅游产业健康发展的杭黄国际黄金旅游示范区。

协作推进皖浙闽赣生态旅游区建设。以皖南国际文化旅游示范区为主体，重点依托现有的世界级自然文化遗产集群，推进景区共建共享、客源互送互通，打造省际旅游合作发展的典范。

建设皖江城市文化黄金旅游带。充分发挥长江黄金旅游通道作用，突出都市休闲、游轮观光、主题公园、生态旅游、工业旅游、健康养生等，串接马鞍山、芜湖、宣城、铜陵、池州、安庆等皖江城市及重要景区，努力打造面向长三角、联动长江中游城市群、具有重要影响力的城市文化黄金旅游带。

打造皖北历史和中医药文化黄金旅游圈。充分发挥皖北历史文化名人名镇、文物古迹、中医药文化等资源丰富的优势，依托商合杭、京沪高铁，构建连接长三角、面向国内外的皖北历史文化和中医药文化黄金旅游圈。

(四) 共建公平包容社会环境

1. 推进社会治理共建共治共享。学习借鉴新时代“枫桥经验”，加强和创新社会治理，提高社会化、法治化、智能化、专业化水平，共同建设平安长三角。(174) 注重社会治理法制建设。研究制定社会治理地方性法规和政府规章，建立覆盖全体居民的公共法律服务体系，加强重点领域执法司法合作，一体化推进法治建设。(175) 加强城市管理和社会治安防控体系建设。建立城市公共安全风险防控标准体系和规划体系。开展社会治理联建联创活动，推动建立跨区域矛盾纠纷联合调解组织。健全基层社会治理网络，全域推广网格化服务管理。(176) 健全区域性重大灾害事故联防联控机制。完善总体应急预案及相关专项预案，加强跨地区、跨部门的业务协同、信息共享、应急演练，推进重点城市和都市圈防灾减灾救灾一体化、同城化。推进安全生产“铸安”行动常态化实效化，健全和落实安全风险管控“六项机制”，有效防范和坚决遏制重特大安全生产事故发生。

2. 共同打造诚信长三角。深化国家社会信用体系建设区域合作示范区建设，优化区域整体信用环境。(177) 建立健全信用平台体系。健全省、市信用平台体系和公共信用信息目录体系，拓展信用信息归集共享范围，构建覆盖全社会的信用信息数据库。共同建设"信用长三角"平台，与全国信用信息共享平台实现信息交换共享。(178) 强化区域信用联合奖惩。全面推进环境保护、食品药品、产品质量、旅游等领域联合奖惩机制建设，逐步在公共服务、城市管理、安全生产等领域实行失信行为标准互认、信息共享互动、惩戒措施路径互通的跨区域信用联合奖惩制度。(179) 支持信用服务产业发展。推广"信易贷""道德信贷""金农易贷"等守信激励产品，推动信用产品应用，努力培育长三角知名的皖企信用服务机构。

十、加快体制机制创新，建设统一开放市场体系

协同沪苏浙全面推进更高起点的深化改革，加快破除制约一体化发展的行政壁垒和体制机制障碍，为更高质量一体化发展提供强劲内生动力。

（一）建立统一规范的制度体系

1. 深化立法协同。建立地方立法和执法工作协同协作常态化机制，发挥地方立法对长三角一体化发展的引领推动作用。(180) 全面落实省人大常委会《关于支持和保障长三角地区更高质量一体化发展的决定》。(181) 推动重点区域重点领域立法协作。实行立法工作联席会议制度，加强地方立法规划、年度立法计划和具体立法项目协作，优先考虑选择经济社会发展迫切需要、社会已有普遍共识、执法条件和执法力量基础较好以及适合法律调整和规范的立法项目。(182) 探索地方人大执法检查工作协作。落实深化长三角地区人大工作协作机制的协议，在生态环境保护、食品安全监管等领域开展人大执法检查工作协作。(183) 开展地方性法规和规范性文件清理。及时清理与推动长三角一体化发展不相适应的法规、规章和规范性文件，根据实际需要进行"立改废"。

2. 推进政策协同。建立重点领域制度规则和重大政策沟通协调机制，强化政策制定统一性、规则一致性和执行协同性。(184) 建立长三角政策协商机制。在企业登记、土地管理、环境保护、投融资、财税分享、人力资源管理、公共服务等政策领域建立政府间协商机制，根据达成一致的意见形成协同方案，由各级政府依据协同方案制定相关政策措施。(185) 提高政策执行协同性。在环境联防联控、食品安全监管、知识产权保护等领域，实行违法案件的线索信息共享、案件调查取证协作配合制度，联合开展专项执法和集中整治行动。(186) 参与长三角一体化发展统计合作机制建设。推进经济社会发展主要数据和信息资料共享，推动建立长三角一体化发展的统计体系，联合开展长三角一体化发展统计监测与分析。

3. 强化标准统一。加强长三角标准领域合作，按照建立全国统一的大市场要求，逐步推动重点标准目录、具体标准制定、标准实施监管三协同，探索建立层次分明、结构合理的区域协同标准体系。(187) 协同设立区域标准化联合组织。协同沪苏浙建立专门组织，负责长三角区域统一标准的立项、发布、实施、评价和监督。(188) 开展区域统一标准试点。在农产品冷链物流、环境联防联治、生态补偿、基本公共服务、信用体系等领域实施区域标准一体化试点。推进区域内标准互认采信和检验检测结果互认。(189) 联合开展先进标准研制。发挥安徽在科技创新和先进制造业领域优势，积极争取设立更多的全国专业标准化技术委员会，协同沪苏浙围绕重点领域研制先进标准，发挥标准化对产业发展的引领指导作用。

（二）建设统一开放的要素市场

1. 建设统一开放的人力资源市场。加强人力资源协作，促进人力资源特别是高层次人才在长三角地区自由流动和优化配置，弘扬科学家精神、工匠精神、劳模精神，构建公平竞争的人才发展环境。(190) 推动政策衔接信息共享。推动建立人力资源市场建设联席会议制度，整合就业和人才政策，联合举办具有品牌效应的人才交流洽谈会和人力资源招聘活动，探索举办网络洽谈会、招聘会。(191) 创新人才引进方式。实施新时代"江淮英才计划"，积极引进高层次人才和团队，鼓励在皖单位与沪苏浙有关单位联合成立长三角院士工作站。建立人才柔性流动机制，鼓励采取"双聘制"等方式开展人才合作，大

力发展“星期天工程师”“云端工程师”和“轨道人才”等人才共享模式。推动人才资格认证标准统一，逐步建立互认共享的人才评价和培养体系。(192) 促进重点就业群体就业创业。加强长三角劳务对接，促进高校毕业生、农村劳动力、化解过剩产能职工及其他特定群体就业，推进实施“创业江淮”行动计划。重点面向技能劳动者和创业者，持续组织开展“接您回家”系列活动。联合开展职业技能培训，大力推行订单式、定向定岗等培训模式，积极探索“互联网＋”职业技能培训。开展“名师带高徒”活动，评选一批“江淮杰出工匠”。(193) 加强劳动保障监察协作。完善工伤认定、劳动能力鉴定协作、劳动争议案例会商等机制，建立健全长三角打击欠薪联动协作机制。

2. 建设统一开放的资本市场。加快金融领域协同改革和创新，促进资本跨区域有序自由流动。(194) 推进一体化直接融资体系建设。持续推动企业对接多层次资本市场，优化省股权托管交易中心企业挂牌审核措施，加强省股权托管交易中心与沪苏浙区域性股权市场对接。发挥上交所资本市场服务安徽基地作用，完善上市企业后备资源库，搭建企业上市服务平台。依法合规扩大专项建设债券、绿色债券、创新创业债券发行规模。争取上海期货交易所在铜陵设立铜期货交易仓库。(195) 推进一体化间接融资体系建设。推动建立统一的抵押质押制度，推进区域异地存储、信用担保等业务同城化。推动合肥国际金融服务后台基地等金融业态集聚区参与上海国际金融中心建设，争取在上海设总部的内外资金融机构入驻安徽或设立后台中心。鼓励支持地方法人金融机构到沪苏浙地区设立分支机构。(196) 推进设立一体化投资资金。积极参与设立长三角一体化发展投资专项资金，加大对重大基础设施建设、生态经济发展、存量低效用地盘活的投入力度。鼓励与沪苏浙市县政府对口设立专项建设资金。(197) 联建区域金融风险监测防控体系。加强长三角地区金融规划及政策协调，强化在地方金融监管领域的法规政策制定、监管科技发展等方面交流。研究建立长三角金融风险联防联控机制，推动现有金融风险监测系统互通共享，及时发现风险点，加强会商研判和联合处置，共同防范化解区域金融风险。

专栏三十　合肥国际金融服务后台基地提升工程

积极对接沪苏浙金融产业，助力上海国际金融中心建设，重点发展金融研发、数据、电子银行等业务，吸引银行、保险、基金、期货、证券公司等机构设立区域管理总部和后台服务中心，加快建设国际一流的金融后台产业集聚区。推进交通银行金融服务中心、农业银行客户服务中心等重大项目建设，加快打造中国科学技术大学金融研究院、星泓金融创新城、光谷金融港、滨湖金融服务集聚区等重点平台。围绕建设区域金融资本集聚、投资基金集聚、资本市场服务、金融科技研发和金融人才服务“五大中心”，打造特色鲜明、集聚效应突出的金融小镇。

3. 建设统一开放的土地市场。推动土地要素市场化配置综合改革，提高资源要素配置效率效能和节约集约利用水平。(198) 深化城镇国有土地有偿使用制度改革。用好用活用足城乡建设用地增减挂钩政策，建立健全城镇低效用地再开发激励约束机制和存量建设用地退出机制。(199) 建立城乡统一的建设用地市场。探索宅基地所有权、资格权、使用权“三权分置”改革，建立农村集体经营性建设用地入市制度，争取开展土地整治机制政策创新试点。(200) 积极争取土地利用指标奖励。争取补充耕地国家统筹，保障项目用地需求。

4. 建设统一开放的产权市场。推进各类产权交易市场联网交易，公共资源交易平台互联共享。(201) 加强公共资源交易平台建设。完善“省市共建、市县一体”公共资源交易平台系统功能，推动林权等自然资源、农村集体产权等资产股权、用能权等环境权交易活动有序纳入平台体系。推进专家资源和信用信息共享。(202) 推进国有企业产权交易。积极稳妥推进国有企业混合所有制改革，加强国资运营平台跨区域合作，推动国有资本做强做优做大。(203) 推进知识产权交易市场建设。发起设立国内一流的知识产权交易中心，健全集知识产权评估、担保、贷款、投资和交易“五位一体”的综合服务体系。

(三) 构建统一有序的市场环境

1. 合力打造一体化的市场准入环境。以深入开展“四送一服”双千工程、实施创优“四最”营商环境提升行动为抓手，大力推进“放管服”改革协同和市场准入政策共享，深化对接服务机制建设，为长三角地区市场主体准入提供同质化、便利化服务。(204) 实行统一市场准入规则。全面实施全国统一的市场准入负面清单制度，持续压减行政审批事项，全面提升行政审批效能。(205) 加快实现证照管理一体化。实施长三角地区统一的工商登记后置审批事项，落实经营范围标准化用语表述，推行“证照分离”“多证合一”改革事项相同、改革措施相同。(206) 协力推动“一网通办”。共同推进数字政府建设，构建跨区域政务服务网，强化公共数据交换共享，完善网上身份认证、电子签名、电子文书归档、手机版电子营业执照发放等功能，设立线下“一网通办”服务专窗，实现长三角地区政务全流程线上办理和线下异地办理。(207) 优化民营经济发展环境。实施民营经济上台阶行动计划，破除制约民营经济发展的各种歧视性限制和隐形障碍，加强涉政府产权纠纷治理，依法保护企业和企业家合法权益，调动民营企业家积极性，发展壮大民营经济。

2. 合力打造一体化的市场监管环境。深入推进市场主体事中事后监管制度创新，营造规则统一、公开透明的监管环境，全面提高市场监管效能。(208) 推进知识产权一体化保护。引导市场主体积极创造、运用和保护知识产权，完善长三角地区知识产权价值评估机制，鼓励以知识产权利益分享机制为纽带，促进创新成果知识产权化。建立和完善长三角地区知识产权创造和保护协作网络，加强知识产权保护维权建设，强化跨地区行政执法，进一步完善知识产权案件移送制度，降低企业维权成本。共同加强国际知识产权保护。(209) 推进消费者权益一体化保护。同步推进“满意消费长三角”行动。共育一批定制消费、体验消费、智能消费、时尚消费等基地。联合开展“美丽乡村放心消费”行动，实现消费投诉处理不出村。加强消费维权数据应用共享和分析研判，一体化推进消费领域社会监督。(210) 协同加强网络交易监管。推动区域重点电商平台切实履行主体责任和法定义务，开展网络市场监管与服务示范区联合创建。

3. 合力打造一体化的质量供给环境。完善长三角地区质量发展合作机制，逐步实现质量技术资源共享，更好地以质量支撑区域一体化发展。(211) 推进产品质量安全监管一体化。在信息、业务、资源等方面推进一体化建设，实现信息互通共享、工作协同联动、效率共同提升。(212) 完善长三角区域计量保障体系。加快推进长三角和华东地区社会公用计量标准建设，促进区域社会公用计量标准建设整体水平跃升。加强长三角和华东地区计量比对工作，促进区域计量检测能力提升、计量检测互认及信息共享。探索长三角和华东地区社会公用计量标准共建新模式，推进重要计量标准器具和工作计量器具就地就近检定溯源。(213) 推动检验检测认证监管一体化。建设长三角地区检验检测认证服务平台，推进特种设备单位、人员、设备信息互查互享，检验检测结果互认互用。大力推进上海汽车检测中心机动车检测基地(广德)建设。创新区域检验检测认证联合监管，探索形成专家共用、违法共治、信息共享等监管机制。

4. 合力打造一体化的食品安全环境。以落实企业追溯管理责任为基础，推进长三角地区食品领域全产业链追溯体系建设，实现顺向可追踪、逆向可溯源、风险可管控，更加有效保障人民群众饮食安全。(214) 建立食品安全信息追溯体系。完善食品安全信息追溯管理机制，研究制定统一技术标准，整合追溯链条，扩大追溯覆盖面，建设一体化追溯体系。推动成立长三角食品追溯行业协会，促进追溯信息互联互通，推动实现统一平台对外查询。(215) 建立食品销售联合监管机制。推动形成区域性联合监管体系，实现监管信息和资源共享。完善异地仓储协查、专项整治联动、执法查处互助等机制，探索开展跨区域飞行检查协作。(216) 健全食品安全交流协作机制。围绕食品安全示范创建、评议考核、产业发展等有关内容，发挥好省市县三级粮油产品质量监督检测体系作用，开展定期交流，提升长三角地区食品安全治理水平，助推食品产业高质量发展。

十一、保障措施

坚持和加强党的全面领导，增强“四个意识”，坚定“四个自信”，做到“两个维护”，把党的领导贯穿推动长三角一体化发展的全过程。明确各级党委和政府职责，建立健全实施保障机制，确保行动计划目标任务顺利实现。

（一）加强组织协调

省推动长三角地区更高质量一体化发展领导小组坚决贯彻中央决策部署，在国家推动长三角一体化发展领导小组统筹指导下，统筹协调行动计划实施，研究重大政策、重大事项和年度工作安排，协调解决重大问题，重大事项及时向国家领导小组报告。领导小组办公室（设在省发展改革委）要切实履行职责，加强向国家领导小组办公室汇报对接，加强与长三角区域合作办公室沟通衔接，协调推动重大事项落地见效。各地要相应成立领导小组，日常工作由相关部门承担。

（二）健全推进机制

各地各有关部门是实施行动计划、推动长三角一体化发展的责任主体，要提高政治站位，明确重点任务，细化工作措施，建立工作机制，制定具体实施方案，把行动计划确定的各项目标任务落到实处。创新做实区域合作机制，在已经形成的“三级运作”机制基础上，进一步完善省级、市级、园区常态长效对接机制和干部培训互派机制，完善优质资源共建共享和联合培育机制，加强与沪苏浙信息沟通、工作联动和资源统筹。设立市场化、社会化专业推进机构，承担重大基础设施建设等跨区域合作事项运作。各有关部门要按照职能分工，加强对行动计划实施的指导，在相关政策、项目、改革等方面予以积极支持。

（三）完善规划政策

领导小组办公室要会同各地各有关部门，主动配合国家推动长三角一体化发展领导小组办公室和国家有关部委，围绕基础设施互联互通、科创产业协同发展、城乡区域融合发展、生态环境共同保护、公共服务便利共享等编制专项规划，围绕创新、产业、人才、投资、金融等研究相关配套政策和综合改革措施，努力争取国家更多支持。各地各有关部门要主动对接、深入谋划，依据本行动计划，及时制定皖江城市带承接产业转移示范区提升发展、区域重点城市建设、科技成果转移转化、重点新兴产业集群建设、“一岭六县”长三角产业合作发展试验区建设、长三角绿色农产品生产加工供应基地建设、省际公路通达能力提升、5G网络建设和应用、生态屏障建设、自贸试验区申建、教育医疗优质资源共建共享等指导意见或专项推进方案。建立长三角新型高端智库，支持高校院所、科研机构、党校（行政学院）参与建设一批高端智库，研究设立安徽推动长三角一体化发展专家咨询委员会，加强重大课题研究。

（四）强化项目支撑

深入实施高质量“四督四保”制度和“五项机制”，确保开工一批、建设一批、竣工一批、储备一批，滚动推进项目实施。携手沪苏浙共同谋划实施一批重大合作项目，以“项目化”带动“一体化”。坚持扬皖所长、主动作为，围绕区域协调、科创产业、乡村振兴、基础设施、生态环保、对外开放、公共服务等方面，持续谋划推进一批具有示范带动性的重大项目。推进项目审批管理便利化，优化土地资源配置，加强金融支持，全面提升重大项目要素保障水平。

（五）抓好督促落实

领导小组办公室要加强综合服务，建立健全工作推进机制，对各地各有关部门的任务落实情况进行定期调度、跟踪分析，及时总结推广好的经验做法，适时组织开展评估，重大问题及时向省委、省政府报告。共同探索建立长三角一体化发展指标体系、评价体系、统计体系和绩效考核体系。各地各有关部门落实行动计划情况纳入年度综合考核，与要素奖励、干部任用挂钩，激励新时代新担当新作为，全面调动干事创业的积极性、主动性、创造性。完善行动计划实施的公众参与和监督机制，广泛听取社会各界的意见和建议，加强舆论宣传引导，营造全省域、全方位推动长三角一体化发展的浓厚氛围。

第一篇

概况

扫码阅读

第一章 历史沿革

第一节 上海市历史沿革

上海，春秋属吴国。战国先后属越国、楚国，春秋战国时期，上海是楚国春申君黄歇的封邑，故别称为“申”。晋朝时期，因渔民创造捕鱼工具“扈”，江流入海处称“渎”，因此松江下游一带被称为“扈渎”，以后又改“扈”为“沪”，故上海简称“沪”。唐天宝十载(751年)，上海地区属华亭县(今松江区)。北宋淳化二年(991年)，因松江上游不断淤浅，海岸线东移，大船出入不便，外来船舶只得停泊在松江的一条支流“上海浦”上(其位置在今外滩至十六铺附近的黄浦江)。南宋咸淳三年(1267年)，在上海浦西岸设置市镇，定名为“上海镇”。元至元二十九年(1292年)，中央政府把上海镇从华亭县划出，批准设立上海县，标志着上海建城之始。

秦汉及以后先后属会稽郡、吴郡，分属海盐、由拳、娄县诸县。

唐天宝十载(751年)，吴郡太守奏准设立华亭县，上海地区始有相对独立的行政区划。华亭县辖境约今上海地区吴淞江故道以南，川沙—惠南—大团一线以西地区。

北宋时期，上海大陆地区分属华亭县和昆山县，崇明地区属海门县。宋熙宁十年(1077年)，设上海务。

南宋嘉定十年十二月初九(1218年1月7日)立嘉定县，上海地区始有两个独立行政区划。

元朝至元十四年(1277年)，华亭县升为府，次年改称松江府，仍置华亭县隶之。至元二十九年(1292年)上海县立，辖于松江府。上海县面积约2000平方公里，县域约今吴淞江故道以南市区、青浦县大部、闵行区大部、浦东新区大部和南汇县。元代后期，上海地区有松江府和嘉定、崇明2州及华亭、上海2县。

明末，有松江府及所属华亭、上海、青浦3县，苏州府所属嘉定、崇明2县，金山卫。

清雍正四年(1726年)，有松江府华亭(治所)、娄(与华亭共用府城)、上海、青浦、奉贤、福泉、金山、南汇8县，太仓州嘉定、宝山2县。

嘉庆十年(1805年)，上海地区基本形成10县1厅的格局，有松江府华亭、上海、青浦、娄、奉贤、金山、南汇7县及川沙抚民厅，太仓州嘉定、崇明、宝山3县。嘉庆十五年(1810年)缩存600平方公里，县域约今吴淞江故道以南市区、浦东新区大部、闵行区大部。县城为原南市区人民路、中华路环线内区域。

道光二十三年(1843年)上海开埠，道光二十五年(1845年)上海县洋泾浜以北一带划为洋人居留地，后形成英租界。道光二十八年(1848年)以虹口一带划为美租界。

民国元年(1912年)1月，裁松江府、太仓州，上海地区属江苏省，有上海、华亭(后改名松江)、嘉定、宝山、川沙、南汇、奉贤、金山、青浦、崇明等10县。民国三年(1914年)，江苏省划分为沪海等5道，其中沪海道驻上海县，辖今属上海市的上海、松江、南汇、青浦、奉贤、金山、川沙、嘉定、宝山、崇明等县以及今属江苏省的海门县。民国十四年(1925年)，北洋政府允准上海改为淞沪市。民国十五年(1926年)，孙传芳督江苏省，成立淞沪商埠，分全境为上海、闸北、浦东、沪西以及吴淞5区。民国十六年(1927年)7月7日，上海特别市成立，直辖于中央政府，上海始有直辖市一级建置。

国民政府成立后，根据孙中山的大上海计划，民国十七年(1928年)国民政府设立上海特别市，扩大市区范围包括上海、宝山县的一部分，设立17个区，而上海地区各县则仍属江苏省，从此上海市与上海县分离。城市范围东达浦东，西至静安寺、徐家汇，南趋龙华，北达宝山路底。民国十七年(1928年)春，上海特别市宣布租界为特别区。7月，接收上海县属上海(沪南)、闸北、蒲淞、洋泾、引翔港、法华、漕河泾、高行、陆行、塘桥、杨思和宝山县吴淞、殷行、江湾、彭浦、真如、高桥等17市乡，为上海特别市的实际境域，面积 494.69 平方公里(不含租界)。并改 17 市乡为 17 区，上海始有区一级建置。上海地区的上海、嘉定、宝山、松江、川沙、青浦、南汇、奉贤、金山、崇明 10 县仍隶属江苏省。民国十九年(1930 年)7 月，上海特别市改称上海市。

民国二十六年(1937 年)11 月，上海沦陷。次年 12 月，江苏省川沙、南汇、奉贤、崇明、宝山、嘉定等县和上海县浦西地区划归汪伪上海市政府管辖。民国三十二年(1943 年)7 月 30 日和 8 月 1 日，汪伪国民政府宣布"收回"公共租界和法租界。民国三十四年(1945 年)11 月 24 日，国民政府外交部宣布接收上海公共租界、上海法租界，历时百年的上海租界结束。(上海都市图集的图册资料来源)民国三十七年(1948 年)12 月上海市划分为 30 个区。

上海解放(1949 年 5 月 27 日)后，成立上海市人民政府，设黄浦、老闸、邑庙、蓬莱、嵩山、卢湾、常熟、徐汇、长宁、普陀、闸北、静安、新成、江宁、北站、虹口、北四川路、提篮桥、杨浦、榆林等 20 个区和新市、江湾、吴淞、大场、新泾、龙华、洋泾、真如、高桥等 10 个郊区。同时，上海的郊县划入苏南、苏北行署，后由江苏省管辖。1949 年 10 月 1 日，中华人民共和国成立。上海仍为中央直辖市。上海市划分为 20 个市区和 10 个郊区。

1956 年经过行政调整，上海市辖区减为 18 个，辖 15 个市区和 3 个郊区。1958 年，为了适应城市发展的需要，将江苏所属上海地区的郊县划入上海市，至此，上海市辖黄浦、邑庙、蓬莱、卢湾、徐汇、长宁、普陀、闸北、新成、江宁、虹口、提篮桥、杨浦、榆林等 14 个区，浦东、嘉定、宝山、上海、崇明、松江、奉贤、南汇、青浦、川沙和金山等 11 个县，总面积达 6340.5 平方公里，比中华人民共和国成立初大十倍以上。1960 年 1 月，撤销邑庙、蓬莱设立南市区，有 12 个区和 11 个县。1960 年 3 月，浙江省舟山县嵊泗人民公社划属上海市。1961 年上海市辖 12 区、10 县。1962 年嵊泗又划归浙江省。1964 年，撤销闵行区与吴淞区，此后上海保持了 10 个区和 10 个县不变达 10 余年之久。

"文化大革命"结束后，1980、1981 两年，再置吴淞区与闵行区。1988 年，撤销吴淞区和宝山县改为宝山区。1992 年，撤销嘉定县，设立嘉定区。为进一步改革开放，1993 年撤销川沙县，将其境域与黄浦、杨浦、南市的浦东地区和闵行的三林乡合并设立浦东新区。同年，撤销上海县和闵行区，组建新的闵行区。1995 年，上海市辖浦东新区、徐汇、长宁、普陀、闸北、虹口、杨浦、黄浦、南市、卢湾、静安、宝山、闵行、嘉定等 14 个区和南汇、奉贤、松江、金山、青浦、崇明 6 个县，有 106 个街道、208 个镇、10 个乡和 3590 个居民委员会、2986 个行政村。面积 6340.5 平方公里，其中陆地面积 6218.65 平方公里、水面积 697 平方公里。20 世纪末，松江县、青浦县和金山县也改为区。

2000 年南市区划入黄浦区。2001 年 1 月奉贤县、南汇县撤县建区。2009 年，撤南汇区、浦东新区，组建新的浦东新区。2011 年，撤销黄浦区和卢湾区建制，组建新的黄浦区。2015 年，静安区与闸北区正式合并，组成新的静安区。2016 年，上海市下辖的唯一一个县——崇明县撤县设区，改制为崇明区，标志着上海市告别下辖县，全市至此形成下辖 16 个市辖区的新局面。

第二节　江苏省历史沿革

夏、商、周三代，江苏北部属东夷、淮夷，江苏南部属勾吴。夏朝隶属九州中的徐州和扬州。商朝后期至西周，出现了徐、吴两个诸侯国。

春秋期间(前 770—前 476 年)，分属齐、鲁、宋、吴、楚等国。

秦代实行郡县制，境内长江以南属会稽郡，以北分属东海郡和泗水郡。

西汉初年，郡国并行，江苏省先后分属楚、荆、吴、广陵、泗水等国，会稽、丹阳、东海、临淮、琅琊、沛等郡。东汉永和五年(140 年)，省境长江以南属扬州，以北属徐州。

三国鼎立期间，分属孙吴、曹魏二国。

西晋建国初，江南复属扬州，江北复属徐州。东晋及南北朝时期，江苏省大体上以淮河一线为界，以南属南朝，以北属北朝。从晋怀帝永嘉年间到南朝宋元嘉年间(307—453年)，南迁移民，其中接受移民最多的是江苏省，在今南京、镇江、常州一带最为集中，苏北地区则以扬州、淮阴等地为主。孙吴、东晋和南朝的宋、齐、梁、陈均定都于南京。

隋统一中国后，境内分置苏州、常州、蒋州(今南京)、润州(今镇江)、扬州、方州(今六合区)、楚州(今淮安区)、邳州、泗州、海州和徐州。

唐分中国为十道，江苏分属河南道、淮南道及江南东道。

五代时期(907—960年)，淮北的徐州先后属梁、唐、晋、汉、周，江南的苏州属吴越钱氏，其他各州先后属杨吴和南唐。

北宋政和元年(1111年)，分属江南东路、两浙路、淮南东路、京东东路和京东西路。宋室南渡，宋金对峙，金人据有淮北，南宋据有江南和淮南。

元代实行行省制，江苏南北分属江浙行省、河南江北行省。

靖康之乱后，靖康元年至绍兴十一年(1126—1141年)，北方人民南迁以本阶段人数最多，短短十余年，"江、浙、湖、湘、闽、广，西北流寓之人遍满"。绍兴十一年(1141年)，绍兴和议达成，和约规定南宋不得接收金朝"逃亡之人"，南迁的浪潮始告消退。

明初定都应天府(今南京)，今江苏范围内先后称为南京、京师，明成祖迁都北京后，复称南京，大致辖有今江苏、安徽两省和上海市，因相对于北直隶称南直隶，南京是明朝陪都。南京应天府治江宁、上元(今南京主城)。辖江宁(县治在今南京主城东南部)、上元(县治在今南京主城西北部)、句容(县治在今江苏省句容市)、溧水(县治在今江苏省南京市溧水区)、高淳(县治在今江苏省南京市高淳区)、江浦(县治在今江苏省南京市浦口区)、六合(县治在今江苏省南京市六合区)、溧阳(县治在今江苏省溧阳市)共8县。

明洪武十三年(1380年)，罢中书省，苏州府归属南直隶(南京)六部管辖。明永乐十九年(1421年)，明迁都北京，苏州府归属直隶南京六部(简称南直隶)管辖，吴、长洲两县隶苏州府。

清初灭南明，废南京，以南京原辖区域改设江南省。康熙六年(1667年)，分江南省为江苏(含今上海)、安徽二省，江苏省(巡抚衙门驻苏州)辖江宁府(今南京)、苏州府、徐州府、常州府、镇江府、松江府(今上海)、扬州府、淮安府，两江总督署驻江宁，江苏巡抚衙门驻苏州。这是江苏建省之始。"江苏"之名取江宁、苏州两府首字而得名，简称"苏"。

到清末时，江苏省辖有8府3直隶州1直隶厅。期间，太平天国曾在咸丰三年至同治三年(1853—1864年)间建都南京，称天京，并曾在境内短暂地设置过天京省、天浦省和苏福省。光绪三十年(1904年)以江宁府、淮安府、扬州府、徐州府4府和通州、海州2直隶州范围置江淮省后旋即撤裁。

民国元年(1912年)，中华民国临时政府在南京成立。

民国十六年(1927年)，国民政府定都南京，析置江苏省江宁县设立南京特别市，析置江苏省上海县、宝山县设立上海特别市，分出江苏省，直隶于国民政府行政院，称院辖市。

民国十七年(1928年)至1949年，镇江成为江苏省省会。

民国二十二年(1933年)设立行政督察区。江苏省的体制一直延续到民国以后。

1949年4月23日，中国人民解放军横渡长江，南京解放。1949年6月，江苏全境解放，设苏北、苏南行署区及南京直辖市三个省级行政区。

1952年9月，苏北、苏南行署区及南京直辖市合并，南京市降为省辖市，并将省会设在南京市。江苏省辖6个省辖市(南京、无锡、徐州、常州、苏州、南通)，8个专区(徐州、淮阴、盐城、扬州、镇江、苏州、松江、南通)，69个县，6个县级市。

1955年，为了更好地治理洪泽湖，安徽的盱眙县和泗洪县划归江苏，作为交换，萧县和砀山县划归安徽。

1958年3月至1959年1月，原江苏省松江专区9县(上海、嘉定、宝山、松江、金山、川沙、南汇、奉贤、青浦9县)和南通专区的崇明县先后划归上海市管辖,松江专区撤销。上海面积自此扩大了10倍。

1983年,江苏实行市管县体制,设立南京、无锡、徐州、常州、苏州、南通、连云港、淮阴、盐城、扬州、镇江11个地级市。

1996年,扬州、泰州分设,撤县级泰州市,设地级泰州市;淮阴(今淮安)、宿迁分设,撤县级宿迁市,设地级宿迁市。

2001年,淮阴市更名为淮安市。

第三节　浙江省历史沿革

时期	行政建制	行政区划大事记
史前	于越原始氏族公社	浙江各地出现原始氏族公社文化。距今7000年的河姆渡文化、距今6000年的马家浜文化和距今5000年的良渚文化
夏商	扬州	《禹贡》
春秋	分属吴、越两国	史学家杜佑:吴越分界处,在嘉兴之语儿溪,后并于越
战国	属楚国	周显王四十六年(公元前323年),楚威王灭越国,尽取浙江以北地
秦朝	分属会稽、鄣、闽中等郡	在今浙江省境内设15个县
西汉	分属会稽、丹阳郡	增设5县,共20县,隶属扬州
东汉	分属会稽、吴、丹阳郡	会稽郡分拆,钱塘江以北属吴郡,以南属会稽郡,隶属扬州
三国	属东吴	增设4个郡,县共44个,隶属扬州
晋朝	属扬州	分属吴、会稽
南朝	属东扬州	孝建初年(454年),置东扬州,分为5郡23县
隋朝	属扬州刺史部吴州总管府	分为10州。隋末,沈法兴、李子通等割据于此
唐朝	属江南道/江南东道,乾元元年(758年)江南东道分拆,分属浙江西道、浙江东道	分为11个州(郡)
五代十国	属吴越国	设11州、1军、63县
北宋	属两浙路	设11州、府
南宋	分属两浙东路、两浙西路	迁都临安。浙西治临安,浙东治绍兴
元朝	设浙江等处行中书省	元置浙江等处行中书省,为省级行政区划的开始。至元十三年(1276年)临安陷落,立两浙都督府于杭州。至元二十一年(1284年),自扬州迁江淮行省治此,改名江浙行省。元末,方国珍、张士诚等割据于此
明朝	浙江承宣布政使司	浙江作为省名的开始,行政区域从此开始稳定少变
清朝	浙江省	有11府(地区)、63县(州、厅)

第四节 安徽省历史沿革

安徽建省于清朝康熙六年(1667年),省名取当时安庆、徽州两府首字合成,因境内有皖山、春秋时期有古皖国而简称皖。

安徽建制沿革

安徽分属不同的部落(扬越、百濮)和诸侯国。

西周出现了吴国、六国、舒国3个诸侯国。

东周出现了越国、楚国、吴国、萧国、桐国5个诸侯国。

春秋期间(前770—前476年),分属宋国、楚国、蔡国、徐国。

秦代实行郡县制,境内长江以南属会稽郡、九江郡,以北分属泗水郡、砀郡、陈郡。

秦末至楚汉相争期间,增置鄣郡、衡山郡、庐江郡,并为九江、西楚、衡山等诸侯国分领。

西汉,安徽先后分属淮南国、庐江国、衡山国、六安国、荆国、淮阳国、梁国。

东汉,省境长江以南属扬州,以北属徐州、豫州。

三国鼎立期间,分属孙吴、曹魏二国。

东晋时期,淮北地区分属"五胡十六国"中的刘汉、后赵、前燕、前秦、后秦、后燕等国,常守旧制,仍为徐、豫(含东豫)2个州分领。

南北朝时期,宋、齐、梁、陈均先后收复过淮北地区,领有江南地区,并长期以江淮地区为南北纷争的战场。陈朝后期则以长江为限,江淮及以北地区分属北齐、北周。南朝后期,安徽长江以北先后分属北朝的北魏、东魏、北齐、北周。

隋统一中国后,境内分置庐江、谯郡、汝阴、淮南、钟离、弋阳、同安、宣城、新安、历阳。

唐分中国为十道,安徽分属河南道、淮南道、江南东道。

五代十国时期,淮北地区先后分属后梁、后唐、后晋、后汉、后周,南方(含江淮、江南地区)先后分属吴国和南唐国。

北宋政和元年(1111年),分属江南东路、京西北路、京东西路、淮南西路、淮南东路5个路。宋室南渡,宋金对峙,金人据有淮北,南宋据有淮南、江南。

元朝设置"行中书省"(简称行省),全国分为十一个行省。安徽地属河南、江浙两行省。

明朝,安徽属南京管辖,分为安庆、徽州、宁国、池州、太平、庐州、凤阳七府,以及滁、和、泗、广德四州。洪武二年(1369年),朱元璋曾在凤阳建中都城。现凤阳县尚有中都城遗址、明皇陵及明太祖御制皇陵碑。

清初灭南明,废南京,以南京原辖区域改设江南省。康熙六年(1667年),分江南省为江苏(含上海)、安徽二省,清朝安徽建省时共辖徽州、宁国、池州、太平、安庆、庐州、凤阳、颍州八府和广德、滁、和、泗、六安五个直隶州以及五十五县。省界、县名基本定型。

太平天国在安徽境内占领区建政是采取省、郡(州)、县三级管理体制,改清代的府为郡。

民国初期,安徽省分为芜湖、安庆、淮泗三道。芜湖道包括太平、徽州、宁国、池州四府及广德州;安庆道包括安庆、庐州二府及六安、和二州;淮泗道包括凤阳、颍州二府及泗、滁二州。后废道,改设行政督察专员公署。省设省长(省主席),县设县长。省会先在安庆,抗日战争爆发后,省会临时迁往立煌(今金寨)县;抗战胜利后,省会迁至合肥。

民国三年(1914年),砀山、萧县属江苏省徐海道;长江以北属淮泗道、安庆道,江南属芜湖道。

民国二十一年(1932年),实行首县制;10月10日,实行行政专员督察区(专区)制。

抗日战争期间,省境建政根据地分属皖中(江)、淮北、淮南。

日伪、汪伪政权时期,今省境分属淮海省、安徽省。

安徽解放初,分为皖北、皖南二行署,皖北行署驻合肥市,皖南行署驻芜湖市。1952年合并皖南、皖北行署，恢复安徽省，省会设于合肥市。

1949年4月15日，安徽省长江以北地区解放。1949年4月20日，安徽全部解放，设皖北、皖南行署区两个省级行政区。

1952年8月7日，皖北行署区与皖南行署合并成立安徽省政府，并将省会设在合肥。

1955年4月14日，为了更好地治理洪泽湖，安徽的盱眙县和泗洪县划归江苏，作为交换，江苏的萧县和砀山县划给安徽。

1966年1月，安徽省人民委员会中断。1968年，安徽省人民政府正式恢复办公。

1983年，安徽实行市管县体制，设立合肥、蚌埠、安庆、淮南、芜湖、马鞍山、淮北、铜陵8个地级市。

1987—2000年，增设黄山、滁州、阜阳、宿州、六安、巢湖、亳州、池州、宣城9个地级市。

2011年8月，撤销地级巢湖市。设立县级巢湖市，原地级巢湖市所辖的一区四县分别划归合肥、芜湖、马鞍山三市管辖。

2015年10月12日、12月3日，国务院分两次批复同意安徽省铜陵、安庆、六安、淮南四市部分行政区划调整。

2018年8月10日，撤销潜山县，设立县级潜山市。潜山市由安徽省直辖，安庆市代管。

第二章 行政区划

第一节 上海市行政区划

310000	上海市	200000
310101	黄浦区	200001
310104	徐汇区	200030
310105	长宁区	200050
310106	静安区	200040
310107	普陀区	200333
310109	虹口区	200080
310110	杨浦区	200082
310112	闵行区	201100
310113	宝山区	201900
310114	嘉定区	201800
310115	浦东新区	200135
310116	金山区	200540
310117	松江区	201600
310118	青浦区	201799
310120	奉贤区	201499
310151	崇明区	202150

飞地:除上述行政区域,上海在浙江省、江苏省和安徽省尚有行政上完全属上海市管辖的四块飞地。

上海洋山深水港,隶属浙江省舟山市嵊泗县崎岖列岛,由大、小洋山等数十个岛屿组成。

上海大丰农场,在江苏省盐城市大丰区中部地区,“文化大革命”时期,上海在此建有三个农场安置知识青年和关押劳教人员,最盛期拥有 8 万知青,每年供应上海粮油等物产。

上海白茅岭监狱,在安徽省郎溪地区,是关押在上海犯下刑事犯罪人员的监狱。上海在战争时期遗留的未爆弹药均在此销毁。

上海军天湖监狱,位于安徽省宣城市西南约 20 公里处,距离上海约 318 公里,318 国道、申苏浙皖高速从北侧穿过。

第二节　江苏省行政区划

截至2018年5月，江苏省共辖13个地级市、22个县级市、19个县、55个市辖区，767个乡镇，县(市)中包含昆山、泰兴、沭阳3个江苏试点省直管市(县)。

江苏省行政区划详情

区划名称	行政代码	车牌代码	电话区号	市辖区、县、县级市
南京市	3201	苏A	025	玄武区、秦淮区、鼓楼区、建邺区、栖霞区、雨花台区、江宁区、浦口区、六合区、溧水区、高淳区
无锡市	3202	苏B	0510	滨湖区、梁溪区、新吴区、锡山区、惠山区、江阴市、宜兴市
徐州市	3203	苏C	0516	云龙区、鼓楼区、贾汪区、泉山区、铜山区、丰县、沛县、睢宁县、邳州市、新沂市
常州市	3204	苏D	0519	天宁区、钟楼区、新北区、武进区、金坛区、溧阳市
苏州市	3205	苏E/苏U	0512	姑苏区、虎丘区、吴中区、相城区、吴江区、昆山市、常熟市、张家港市、太仓市
南通市	3206	苏F	0513	崇川区、港闸区、通州区、如东县、如皋市、海门市、启东市、海安市
连云港市	3207	苏G	0518	连云区、海州区、赣榆区、东海县、灌云县、灌南县
淮安市	3208	苏H	0517	清江浦区、淮安区、淮阴区、洪泽区、涟水县、盱眙县、金湖县
盐城市	3209	苏J	0515	亭湖区、盐都区、大丰区、响水县、滨海县、阜宁县、射阳县、建湖县、东台市
扬州市	3210	苏K	0514	广陵区、邗江区、江都区、宝应县、仪征市、高邮市
镇江市	3211	苏L	0511	京口区、润州区、丹徒区、丹阳市、扬中市、句容市
泰州市	3212	苏M	0523	海陵区、高港区、姜堰区、兴化市、靖江市、泰兴市
宿迁市	3213	苏N	0527	宿城区、宿豫区、沭阳县、泗阳县、泗洪县

第三节 浙江省行政区划

截至2018年底，浙江省下辖11个地级市(其中2个副省级市)，下分89个县级行政区，包括37个市辖区、20个县级市、32个县，1个自治县。

行政区	电话区号	邮编	车牌	面积(平方千米)	下辖行政区
杭州	0571	310000	浙A	16596	上城区、下城区、江干区、拱墅区、西湖区、滨江区、余杭区、萧山区、富阳区、临安区、建德市、桐庐县、淳安县
宁波	0574	315000	浙B	9714	海曙区、江北区、北仑区、镇海区、鄞州区、奉化区、余姚市、慈溪市、象山县、宁海县
温州	0577	325000	浙C	12065	鹿城区、龙湾区、瓯海区、洞头区、瑞安市、乐清市、永嘉县、平阳县、苍南县、文成县、泰顺县、龙港市
绍兴	0575	312000	浙D	8256	越城区、柯桥区、上虞区、诸暨市、嵊州市、新昌县
湖州	0572	313000	浙E	5820	吴兴区、南浔区、德清县、长兴县、安吉县
嘉兴	0573	314000	浙F	3915	南湖区、秀洲区、海宁市、平湖市、桐乡市、嘉善县、海盐县
金华	0579	321000	浙G	10942	婺城区、金东区、兰溪市、东阳市、永康市、义乌市、武义县、浦江县、磐安县
衢州	0570	324000	浙H	8845	柯城区、衢江区、江山市、常山县、开化县、龙游县
台州	0576	318000	浙J	9411	椒江区、黄岩区、路桥区、临海市、温岭市、玉环市、三门县、天台县、仙居县
丽水	0578	323000	浙K	17298	莲都区、龙泉市、青田县、缙云县、遂昌县、松阳县、云和县、庆元县、景宁畲族自治县
舟山	0580	316000	浙L	1440	定海区、普陀区、岱山县、嵊泗县

第四节 安徽省行政区划

截至2018年12月31日，安徽省共有16个省辖市(地级市)，8个县级市，53个县，44个市辖区，249个街道办事处，1239个乡镇[其中968个镇，271个乡(7个回族乡，1个回族满族乡，1个畲族乡)]。省政府驻合肥市包河区中山路1号。

行政区	车　牌	下辖行政区
合肥	皖A	瑶海区、庐阳区、蜀山区、包河区、肥东县、肥西县、长丰县、庐江县、巢湖市
芜湖	皖B	镜湖区、弋江区、鸠江区、三山区、无为县、芜湖县、繁昌县、南陵县
蚌埠	皖C	龙子湖区、蚌山区、禹会区、淮上区、五河县、固镇县、怀远县
淮南	皖D	大通区、田家庵区、谢家集区、八公山区、潘集区、凤台县、寿县
马鞍山	皖E	花山区、雨山区、博望区、含山县、和县、当涂县
淮北	皖F	相山区、杜集区、烈山区、濉溪县
铜陵	皖G	铜官区、郊区、义安区、枞阳县
安庆	皖H	迎江区、大观区、宜秀区、桐城市、潜山市、怀宁县、太湖县、宿松县、望江县、岳西县
黄山	皖J	屯溪区、黄山区、徽州区、歙县、休宁县、黟县、祁门县
阜阳	皖K	颍州区、颍泉区、颍东区、颍上县、界首市、临泉县、阜南县、太和县
宿州	皖L	埇桥区、萧县、砀山县、灵璧县、泗县
滁州	皖M	琅琊区、南谯区、天长市、明光市、全椒县、来安县、凤阳县、定远县
六安	皖N	金安区、裕安区、叶集区、霍邱县、霍山县、金寨县、舒城县
宣城	皖P	宣州区、郎溪县、广德市、宁国市、泾县、绩溪县、旌德县
池州	皖R	贵池区、青阳县、石台县、东至县
亳州	皖S	谯城区、蒙城县、涡阳县、利辛县

第三章 地理环境

第一节 上海市地理环境

上海市地处东经120°52′至122°12′，北纬30°40′至31°53′之间，土地面积为6340.5平方千米，位于太平洋西岸，亚洲大陆东沿，中国南北海岸中心点，长江和黄浦江入海汇合处。北界长江，东濒东海，南临杭州湾，西接江苏和浙江两省。

一、上海地形地貌

上海是长江三角洲冲积平原的一部分，平均高度为海拔2.19米左右。海拔最高点是位于金山区杭州湾的大金山岛，海拔为103.70米。

西部有天马山、薛山、凤凰山等残丘，天马山为上海陆上最高点，海拔高度99.8米，立有石碑"佘山之巅"。海域上有大金山、小金山、浮山(乌龟山)、佘山岛、小洋山岛等岩岛。

在上海北面的长江入海处，有崇明岛、长兴岛、横沙岛3个岛屿。崇明岛为中国第三大岛，由长江挟带下来的泥沙冲积而成，面积为1041.21平方公里，海拔3.5～4.5米。长兴岛面积88.54平方公里，横沙岛面积55.74平方公里。

二、上海气候环境

上海属亚热带季风性气候，四季分明，日照充分，雨量充沛。上海气候温和湿润，春秋较短，冬夏较长。2013年，全市平均气温17.6℃，日照1885.9小时，降水量1173.4毫米。全年60%以上的雨量集中在5月至9月的汛期。

月 份	1	2	3	4	5	6	7	8	9	10	11	12
气温(℃)	4.2	6.9	9.4	14.9	20.6	24.4	27.9	27.1	24.4	17.6	12.2	7.3
降水量(毫米)	42	64	90	112	117	153	138	119	141	102	88	71

第二节 江苏省地理环境

江苏地处中国大陆东部沿海地区中部，长江、淮河下游，东濒黄海，北接山东，西连安徽，东南与上海、浙江接壤，是长江三角洲地区的重要组成部分。地跨东经116°18′～121°57′，北纬30°45′～35°20′。陆域面积10.72万平方千米，占中国土地总面积的1.12%，高邮市周山镇志光村龙华组确定为江苏省陆域地理几何中心点。海域面积3.75万平方公里，共26个海岛。

一、江苏地形地貌

江苏地形以平原为主，江苏陆地面积为103229.17平方千米，其中，平原面积占比86.89%，达89706.03平方千米，丘陵面积11916.16平方千米，山地面积1606.98平方千米，比例居中国各省首位，主要由苏北平原、黄淮平原、江淮平原、滨海平原、长江三角洲平原组成。

江苏是中国地势最低的一个省区，绝大部分地区在海拔50米以下，低山丘陵集中在西南部，占江苏省总面积的14.3%，主要有老山山脉、云台山脉、宁镇山脉、茅山山脉、宜溧山脉。连云港云台山玉女峰为江苏省最高峰,海拔 625 米。

二、江苏水文

长江横贯江苏东西 433 千米,京杭大运河纵贯南北 718 千米,海岸线长 957 千米。江苏地处江淮沂沭泗五大河流下游,长江横穿江苏省南部,江水系江苏省最可靠的水资源。境内有太湖、洪泽湖、高邮湖、骆马湖、白马湖、石臼湖、微山湖等大中型湖泊,以及大运河、淮沭河、串场河、灌河、盐河、通榆运河、灌溉总渠和通扬运河等各支河,河渠纵横,水网稠密。

中国五大淡水湖,有两个位于江苏,太湖 2250 平方公里,居第三;洪泽湖 2069 平方公里,居第四,此外还有大小湖泊 290 多个,其中 50 平方公里以上的湖泊 12 个。

三、江苏气候

江苏属于温带向亚热带的过渡性气候,气候温和,雨量适中,四季气候分明,以淮河、苏北灌溉总渠一线为界,以北属暖温带湿润、半湿润季风气候,以南属亚热带湿润季风气候。

江苏各地平均气温介于 13～16 ℃,江南 15～16 ℃,江淮流域 14～15 ℃,淮北及沿海 13～14 ℃,由东北向西南逐渐增高。最冷月为 1 月份,平均气温－1.0～3.3 ℃,其等温线与纬度平行,由南向北递减,7 月份为最热月,沿海部分地区和里下河腹地最热月在 8 月份,平均气温 26～28.8 ℃,其等温线与海岸线平行,温度由沿海向内陆增加。江苏省春季升温西部快于东部,东西相差 4～7 天;秋季降温南部慢于北部,南北相差 3～6 天。

第三节　浙江省地理环境

浙江省位于中国东南沿海、长江三角洲南翼,地跨北纬 27°02′～31°11′,东经 118°01′～123°10′。东临东海,南接福建,西与江西、安徽相连,北与上海、江苏为邻。浙江东西和南北的直线距离均为 450 公里左右,陆域面积 10.55 万平方公里,为中国的 1.1%,是中国面积较小的省份之一。

一、地形地貌

浙江山地和丘陵占 74.63%,平坦地占 20.32%,河流和湖泊占 5.05%,耕地面积仅 208.17 万公顷,故有“七山一水二分田”之说。

浙江地形自西南向东北呈阶梯状倾斜,西南以山地为主,中部以丘陵为主,东北部是低平的冲积平原。大致可分为浙北平原、浙西丘陵、浙东丘陵、中部金衢盆地、浙南山地、东南沿海平原及滨海岛屿等六个地形区。

面积 495.4 平方公里的舟山岛(舟山群岛主岛)为中国第四大岛,在《大清一统舆图》上,中国最大的岛屿是东北一隅的库页岛,比台湾岛、海南岛、崇明岛加在一起还要大。1860 年,沙俄通过《中俄北京条约》逼迫清朝政府割让该岛.从此,这个历史上的中国第一大岛变成了现在俄罗斯第一大岛,中国第一大岛从库页岛变成台湾岛,中国原来的第五大岛舟山岛变成中国第四大岛。

浙北地区水网密集的冲积平原,浙东地区的沿海丘陵,浙南地区的山区,舟山市的海岛地貌,可谓山河湖海无所不有。西南多为千米以上的群山盘结,其中位于龙泉境内的黄茅尖,海拔 1929 米,为浙江省最高峰。地形以丘陵、山脉、盆地为主。四大平原有杭嘉湖平原(杭州、嘉兴、湖州)、宁绍平原(宁波、绍兴)、金丽衢平原(金华、丽水、衢州)、温台平原(温州、台州)。

二、浙江气候

浙江属亚热带季风气候,季风显著,四季分明,年气温适中,光照较多,雨量丰沛,空气湿润,雨热季节变化同步，气候资源配置多样，气象灾害繁多。年平均气温 15～18 ℃，1 月、7 月分别为全年气温最低和最高的月份，5 月、6 月为集中降雨期。极端最高气温 44.1 ℃，极端最低气温 −17.4 ℃；浙江省年平均雨量在 980～2000 毫米，年平均日照时数 1710～2100 小时。

春季，东亚季风处于冬季风向夏季风转换的交替季节，南北气流交会频繁，低气压和锋面活动加剧。浙江春季气候特点为阴冷多雨，沿海和近海时常出现大风，浙江省雨水增多，天气晴雨不定，正所谓“春天孩儿脸，一日变三变”。浙江春季平均气温 13～18 ℃，气温分布特点为由内陆地区向沿海及海岛地区递减；浙江省降水量 320～700 毫米，降水量分布为由西南地区向东北沿海地区逐步递减；浙江省雨日 41～62 天。春季主要气象灾害有阴雨、倒春寒等。

夏季，随着夏季风环流系统建立，浙江境内盛行东南风，西北太平洋上的副热带高压活动对浙江天气有重要影响，而北方南下冷空气对浙江天气仍有一定影响。浙江省各地雨日为 32～55 天。夏季主要气象灾害有台风、暴雨、旱涝等。

秋季，夏季风逐步减弱，并向冬季风过渡，气旋活动频繁，锋面降水较多，气温冷暖变化较大。浙江省秋季平均气温 16～21 ℃，东南沿海和中部地区气温偏高，西北山区气温偏低；降水量 210～430 毫米，中部和南部的沿海山区降水量较多，东北部地区虽降水量略偏少，但其年际变化较大；浙江省各地雨日 28～42 天。

冬季，东亚冬季风的强弱主要取决于蒙古冷高压的活动情况，浙江天气受制于北方冷气团（即冬季风）的影响，天气过程种类相对较少。冬季气候特点是晴冷少雨、空气干燥。冬季平均气温 3～9 ℃，气温分布特点为由南向北递减，由东向西递减；各地降水量 140～250 毫米，除东北部海岛偏少明显外，其余各地差异不大；浙江省各地雨日为 28～41 天。冬季主要气象灾害有寒潮、雨雪等。

三、浙江水文

浙江境内有西湖、东钱湖等容积 100 万立方米以上湖泊 30 余个，海岸线（包括海岛）长 6400 余公里。自北向南有苕溪、京杭运河（浙江段）、钱塘江、甬江、灵江、瓯江、飞云江和鳌江等八大水系，钱塘江为第一大河，上述 8 条主要河流除苕溪、京杭运河外，其余均独流入海。

第四节 安徽省地理环境

安徽地处中国华东地区，经济上属于中国东部经济区。地理位置东经 114°54′～119°37′，北纬 29°41′～34°38′。地处长江、淮河中下游，长江三角洲腹地，居中靠东、沿江通海，东连江苏、浙江，西接湖北、河南，南邻江西，北靠山东，东西宽 450 千米，南北长 570 千米。辖境面积 14.01 万平方千米，土地面积 13.94 万平方千米，占全国的 1.45%，居第 22 位。

一、地形地貌

安徽省平原、台地（岗地）、丘陵、山地等类型齐全，可将全省分成淮河平原区、江淮台地丘陵区、皖西丘陵山地区、沿江平原区、皖南丘陵山地五个地貌区，分别占全省面积的 30.48%、17.56%、9.99%、24.91%和 16.70%。安徽有天目—白际、黄山和九华山，三大山脉之间为新安江、水阳江、青弋江谷地，地势由山地核心向谷地渐次下降，分别由中山、低山、丘陵、台地和平原组成层状地貌格局。山地多呈北东向和近东西向展布，其中最高峰为黄山莲花峰，海拔 1873 米。山间大小盆地镶嵌其间，其中以休歙盆地为最大。

二、安徽省10大名山

黄山(1864米)	九华山(1342米)	天柱山(1488.4米)	白马尖(1774米)	琅琊山(317米)
齐云山(585米)	万佛山(1539米)	皇藏峪(389米)	八公山(241.2米)	相山(342.8米)

三、安徽气候

安徽省在气候上属暖温带与亚热带的过渡地区。在淮河以北属暖温带半湿润季风气候,淮河以南属亚热带湿润季风气候。其主要特点是:季风明显,四季分明,春暖多变,夏雨集中,秋高气爽,冬季寒冷。安徽又地处中纬度地带,随季风的递转,降水发生明显季节变化,是季风气候明显的区域之一。

春秋两季为由冬转夏和由夏转冬的过渡时期。全年无霜期200～250天,10 ℃活动积温在4600～5300 ℃左右。年平均气温为14～17 ℃,1月平均气温零下1～4 ℃,7月平均气温28～29 ℃。全年平均降水量773～1670毫米,有南多北少,山区多、平原丘陵少的特点,夏季降水丰沛,占年降水量的40%～60%。

四、安徽水文

安徽省共有河流2000多条,河流除南部新安江水系属钱塘江流域外,其余均属长江、淮河流域。长江自江西省湖口进入安徽省境内至和县乌江后流入江苏省境内,由西南向东北斜贯安徽南部,在省境内416千米,属长江下游,流域面积6.6万平方千米。长江流经安徽境内400千米,淮河流经省内430千米,新安江流经省内242千米。

安徽省共有湖泊580多个,总面积为1750平方千米,其中大型12个、中型37个,湖泊主要分布于长江、淮河沿岸,湖泊面积为1250平方千米,占全省湖泊总面积的72.1%。淮河流域有八里河、城西湖、城东湖、焦岗湖、瓦埠湖、高塘湖、花园湖、女山湖、七里湖、沂湖、洋湖11个湖泊,长江流域有巢湖、南漪湖、华阳河湖泊群、武昌湖、菜子湖、白荡湖、陈瑶湖、升金湖、黄陂湖、石臼湖10个湖泊。其中巢湖面积770平方千米,为安徽省最大的湖泊,全国第五大淡水湖。

五、安徽境内10大湖泊

巢湖(770)	大官湖(261)	泊湖(240)	龙感湖(223.22)	石臼湖(207.65)
南漪湖(189)	城东湖(180)	菜子湖(173)	瓦埠湖(160)	破罡湖(140)
面积单位:平方千米				

第四章 自然资源

第一节 上海市自然资源

一、矿产资源

上海境内缺乏金属矿产资源,建筑石料也很稀少,陆上的能源矿产同样匮乏。20世纪70年代以来开始在近海寻找油气资源,在多口钻井中获得工业原油和天然气。

据初步估算,东海大陆架油气资源储量约有60亿吨,是中国近海海域最大的含油气盆地。附近的南黄海,经过调查和勘探,也发现油气资源,估算有2.9亿吨储量。东海海水中化学资源丰富,在长江口浅海底下,还发现一些矿物异常区,有锆石、钛铁砂、石榴石、金红石等重要矿物。

二、 上海生物资源

(一) 植物资源

上海市境内天然植被残剩不多,绝大部分是人工栽培作物和林木。天然的木本植物群落,仅分布于大金山岛和佘山等局部地区,天然草本植物群落分布在沙洲、滩地和港汊。栽培的农作物共有100多个种类,近万个品种。蔬菜达400多种,居全国之冠,瓜果和观赏花卉品种也很多。

(二) 动物资源

动物资源主要是畜禽品种,野生动物种类已十分稀少。水产资源丰富,共有鱼类177属226种,其中淡水鱼171种,海水鱼55种。

三、上海水资源

上海市地处长江入海口、太湖流域东缘。境内河道(湖泊)面积约500多平方公里,河面积率为9%～10%;上海市河道长度2万余公里,河网密度平均每平方公里3～4公里。

上海境内江、河、湖、塘相间,水网交织,主要水域和河道有长江口,黄浦江及其支流吴淞江(苏州河)、蕰藻浜、川杨河、淀浦河、大治河、斜塘、圆泄泾、大泖港、太浦河、拦路港,以及金汇港、油墩港等。其中黄浦江干流全长80余公里,河宽大都在300～700米之间,其上游在松江区米市渡处承接太湖、阳澄淀泖地区和杭嘉湖平原来水,贯穿上海至吴淞口汇入长江口。吴淞江发源于太湖瓜泾口,在市区外白渡桥附近汇入黄浦江,全长约125公里,其中上海境内约54公里,俗称苏州河,为黄浦江主要支流。上海的湖泊集中在与苏、浙交界的西部洼地,最大的湖泊为淀山湖,面积为60余平方公里。

第二节 江苏省自然资源

一、江苏水资源

江苏境内降雨年径流深在150～400毫米之间。江苏省平原地区广泛分布着深厚的第四纪松散堆积物,地下水源丰富。

江苏地处江、淮、沂沭泗流域下游和南北气候过渡带,河湖众多,水系复杂。江苏省本地水资源量321亿立方米。全省多年平均过境水量9492亿立方米,其中长江径流占95%以上。

江苏地下水资源量142.4亿立方米，其中，平原区地下水资源量134.4亿立方米，山丘区地下水资源量13.1亿立方米，重复计算量5.1亿立方米。

2018年12月10日从江苏省水利厅获悉，自全面推行河长制以来，江苏河长湖长已实现水体全覆盖，共落实省市县乡村五级河长5.7万余人，恢复水域面积92平方公里。

二、江苏土地资源

截至2018年4月，江苏耕地面积6870万亩，人均占有耕地0.86亩。全省海域面积3.75万平方公里，共26个海岛。沿海未围滩涂面积5001.67平方公里，约占全国滩涂总面积的1/4，居全国首位。

江苏湿地资源丰富，江苏湿地面积为282.19万公顷，其中自然湿地195.32万公顷，人工湿地86.87万公顷。湿地的分布，沿海以近海与海岸湿地为主，苏南以湖泊、河流、沼泽类型为主，里下河地区以河流湖泊为主，苏北以人工输水河与运河为主。

三、江苏矿产资源

江苏地跨华北地台和扬子地台两大地质构造单元，有色金属类、建材类、膏盐类、特种非金属类矿产是江苏矿产资源的特色和优势。截至2018年4月，江苏发现的矿产品种有133种，探明资源储量的有68种，其中铌钽矿、含钾砂页岩、泥灰岩、凹凸棒石黏土、二氧化碳气等矿产查明资源储量居中国前列。

四、江苏植物资源

截至2016年，江苏省森林面积156万公顷，林木覆盖率22.8%，活立木总蓄积量9609万立方米，国有林场76个、面积10.67万公顷。

江苏重点国家保护植物有金钱松、银缕梅、宝华玉兰、天目木兰、琅琊榆、香樟、青檀、榉树、香果树、银杏、短穗竹、秤锤树、明党参、珊瑚菜、独花兰、莼菜、野菱、野大豆、水蕨、中华水韭等，计20种，分属17科19属，其中中国特有种13种。全省共建立林木种质资源原地保存地46处，面积1.29万公顷，主要分布在自然保护区和森林公园内，保护种质资源树种1063种，如金钱松、宝华玉兰、南京椴、楸树、青檀、黄连木、银杏、银缕梅等。

五、江苏动物资源

截至2016年，江苏共有野生动物604种，其中兽类79种，爬行类56种，两栖类21种，鸟类448种。鸟类主要是野鸡、野鸭，沿海有丹顶鹤、白鹤、天鹅等珍稀飞禽，沿海地区还建有世界上第一个野生麋鹿保护区。植物资源非常丰富，约有850多种，尚有可利用和开发前途的野生植物资源600多种。水生动物资源极为丰富。东部沿海渔场面积达10万平方公里，其中包括著名的吕四、海州湾、长江口、大沙等四大渔场，盛产黄鱼、带鱼、鲳鱼、虾类、蟹类及贝藻类等水产品。内陆水面有2600多万亩，养殖面积1140万亩。有淡水鱼类140余种，是中国河蟹、鳗鱼苗的主要产地。被称为“长江三鲜”的鲥鱼、刀鱼、河豚，“太湖三白”的白鱼、银鱼、白虾，都是水中珍品。

第三节　浙江省自然资源

一、浙江水资源

浙江地处亚热带季风气候区，降水充沛，年均降水量为1600毫米左右，是中国降水较丰富的地区之一。

浙江省多年平均水资源总量为937亿立方米，但由于人口密度高，人均水资源占有量只有2008立方米，最少的舟山等海岛人均水资源占有量仅为600立方米。

二、浙江土地资源

土地调查是一项重大的国情国力调查。浙江省第二次土地调查自2007年启动，历时3年，至2010年1月完成了标准时点（2009年12月31日）调查成果的汇总分析，全面查清了浙江省土地利用状况，掌握了各类土地资源底数。2014 年 6 月 20 日，经省政府同意，省国土资源厅、省统计局联合公布浙江省第二次土地调查主要数据成果。

截至 2009 年 12 月 31 日(标准时点)，浙江省境内耕地 2980.03 万亩，占 18.83%；园地 943.52 万亩，占 5.96%；林地 8530.94 万亩，占 53.91%；草地 155.76 万亩，占 0.97%；城镇村及工矿用地 1333.49 万亩，占 8.43%；交通运输用地 319.07 万亩，占 2.02%；水域及水利设施用地 1289.53 万亩，占 8.15%；其他土地 273.53 万亩，占 1.73%。

浙江省的土壤以黄壤和红壤为主，占浙江省面积 70%以上，多分布在丘陵山地，平原和河谷多为水稻土，沿海有盐土和脱盐土分布。

三、浙江生物资源

浙江省植被资源在 3000 种以上，属国家重点保护的野生植物有 45 种。树种资源丰富，素有“东南植物宝库”之称。

浙江林地面积 667.97 万公顷，其中森林面积 584.42 万公顷。森林覆盖率为 60.5%，活立木总蓄积 1.94 亿立方米。森林面积中，乔木林面积 420.18 万公顷，竹林面积 78.29 万公顷，国家特别规定灌木林面积 85.95 万公顷。

浙江的森林覆盖率、毛竹面积和株数位于中国前茅。其中竹林面积占中国的 1/7，竹业产值约占中国的 1/3，森林群落结构比较完整，具有乔木林、灌木林、草本三层完整结构的面积占了乔木林的54.2%，只有乔木层的简单结构的面积仅占乔木林的 1.5%。森林的健康状况良好，健康等级达到健康、亚健康的森林面积比例分别为 88.45%和 8.23%。森林生态系统的多样性总体上属中等偏上水平，森林植被类型、森林类型、乔木林龄组类型较丰富。

野生动物种类繁多，有 123 种动物被列入国家重点保护野生动物名录。野生动物有兽类 80 多种，鸟类 300～400 种，其中国家一级保护动物 22 种，二级保护动物 103 种，省级保护动物 44 种。

四、浙江矿产资源

浙江境内矿产种类繁多，有铁、铜、铅、锌、金、钼、铝、锑、钨、锰等，以及明矾石、萤石、叶蜡石、石灰石、煤、大理石、膨润土、硐石等。明矾石矿储量居世界第一(60%)，萤石矿储量居中国第二。

浙江省境内已发现矿产 113 种。截至 2009 年底浙江省统计矿产资源储量的矿产 93 种(不包括油气、放射性矿产)。浙江省列入统计的矿区有 2392 个，比上年(2008 年)减少 302 个，其中固体矿产矿区 2343 个，地热矿泉水矿区 49 个。

非金属矿产丰富，部分矿种探明资源储量位居全国前列。以探明资源储量而言，明矾石、叶蜡石居全国之冠，萤石、伊利石、铸型辉绿岩居全国第二，饰面闪长岩第三，沸石、硅灰石、透灰石、硼矿、膨润土、珍珠岩等列前十名之内。多数矿床规模大，埋藏浅，开采条件好。

金属矿产点多面广，但规模不大。浙江省铁、铜、钼、铅、锌、金、银、钨、锡矿产较多，但多数为小型矿床或矿点，仅少数矿产地达到大中型规模，且矿石组成复杂，共伴生多种元素。

浙江省域成煤地质条件差，煤炭资源贫乏；陆域尚无发现油气资源，但海域油气前景看好。

五、浙江海洋资源

浙江省海洋资源十分丰富，海岸线总长 6486.24 公里，占中国的 20.3%，居中国首位。其中大陆海岸线 2200 公里，居中国第 5 位。

有沿海岛屿 3000 余个，水深在 200 米以内的大陆架面积达 23 万平方公里，海域面积 26 万平方公里。面积大于 500 平方米的海岛有 3061 个，是中国岛屿最多的省份，其陆域面积有 1940.4 万公顷，90%以上无人居住。

浙江岸长水深，可建万吨级以上泊位的深水岸线 290.4 公里，占中国的 1/3 以上，10 万吨级以上泊位的深水岸线 105.8 公里。东海大陆架盆地有着良好的石油和天然气开发前景。港口、渔业、旅游、油气、滩涂五大主要资源得天独厚，组合优势显著。截至 2013 年，有港口 58 个，泊位 650 个，年吞吐量 2.5 亿吨。海岸滩涂资源有 26.68 万公顷，居中国第三。舟山是浙江唯一的海岛市，是国家重点开发区域之一。

浙江海域辽阔，气候温和，水质肥沃，饵料丰富，适宜多种海洋生物的栖息生长与繁殖。生物种类繁多，素有“中国鱼仓”美誉。

浙江可供海水养殖的品种：石斑鱼、鲍鱼、扇贝、海参、鳗鲡、褐菖鲉、黑鲷、真鲷、鲈鱼、鮸状黄姑鱼、黄条鰤、河豚、卵形鲳鲹、鲻鮻鱼、海鳗、中华乌塘鳢、中国对虾、日本对虾、斑节对虾、长毛对虾、刀额新对虾、脊尾对虾、梭子蟹、青蟹、海马。

六、浙江其他资源

（一）二次能源

电力生产：浙江省电力总装机容量 5728 万千瓦，总发电量 2568 亿千瓦时，其中 6000 千瓦及以上发电机组发电量 2503 亿千瓦时。

热电联产：地方热电联产企业年发电量 172 亿千瓦时，年集中供热量 3.2 亿吉焦。（截至 2010 年）

（二）可再生能源

风能利用：浙江省已建成投产风力发电总装机容量 24.9 万千瓦，风力发电量 4.7 亿千瓦时。

太阳能利用：浙江省已建成投产的光伏利用示范项目装机容量 2.96 万千瓦，累计推广太阳能热水器 920 万平方米。

垃圾焚烧发电：浙江省已建成投产的垃圾焚烧发电机组装机容量 33.3 万千瓦，年发电量约 20.1 亿千瓦时。

农村生物质能：浙江省农村地区生产、生活用能中，秸秆和薪柴消费折合标准煤 57.8 万吨和 95.6 万吨。沼气用户 14.4 万户，大中型沼气工程 7240 处，年产沼气 1.7 亿立方米，折合标准煤 10.3 万吨。农村清洁能源利用率已达 66.0%。（截至 2010 年）

第四节　安徽省自然资源

一、安徽植物资源

截至 2012 年，全省维管束植物 3200 多种，分属 205 科，1006 属，约占全国维管束植物科的 60.3%、属的 31.7%、种的 11.7%。其中蕨类植物 34 科 71 属 240 种，种子植物 171 科、938 属。种子植物中裸子植物 7 科 17 属 21 种，被子植物 164 科、921 属、2900 余种，约占全国种子植物科的 51.4%、属的 31.8%、种的 12.2%。皖南丘陵山区中保存了丰富的古老科、属、种孑遗植物。

二、安徽动物资源

安徽省野生动植物资源丰富、种类繁多。截至 2012 年，有高等植物 4245 种，占全国种数的 14.2%，其中国家一级保护植物 6 种，二级保护植物 25 种。脊椎动物 44 目 121 科 742 种，占全国种数的14.1%，其中国家一级保护野生动物 21 种、二级保护野生动物 70 种，世界特有的野生动物扬子鳄和白鳍豚就产在安徽中部的长江流域。

三、安徽矿产资源

安徽省矿产种类较全，截至 2011 年，全省已发现的矿种为 158 种（含亚矿种）。查明资源储量的矿种 126 种（含普通建筑石料矿种），其中能源矿种 6 种，金属矿种 22 种，非金属矿种 96 种，水气矿产 2 种，探明储量的 67 种，煤、铁、铜、硫、磷、明矾、石灰岩等 38 种矿产储量居全国前 10 位。现已探明煤炭储量 250 亿吨，铁矿储量 29.9 亿吨，铜矿储量 384.9 万吨，硫铁矿储量 5.64 亿吨，分别居全国第 7 位、第 5 位、第5 位和第 2 位。

第五章 人口

第一节 上海市人口

上海市历年人口

年度	1930	1949	1959	1969	1978	1990	2000	2010	2018
人口(万人)	315	503	1028	1094	1104	1334	1609	2303	2424

至2018年末，全市常住人口总数为2423.78万人。其中，户籍常住人口1447.57万人，外来常住人口976.21万人。全年常住人口出生17.4万人，出生率为7.2‰；死亡13万人，死亡率为5.4‰；常住人口自然增长率为1.8‰。全年户籍常住人口出生9.6万人，出生率为6.6‰；死亡12.2万人，死亡率为8.4‰；户籍常住人口自然增长率为−1.8‰。

全市户籍人口平均期望寿命达到83.63岁。其中，男性81.25岁，女性86.08岁。

唐、宋、元代人口：

唐天宝十载(751年)，华亭县立，约有19017户、90360人。唐末有12780户。北宋大中祥符年间，华亭县有主户54941、113143人。南宋绍熙年间，华亭县有户约97000。元至元十三年(1276年)，华亭县有户234471，旋因宋元鼎革，户口减半，仅13万户。至元十八年(1281年)，嘉定县有69425户、333552人。至元二十七年(1290年)，松江府实在163926户、888051人。至元二十九(1292年)年，上海县立，人口约10万人。至元中，松江府有户177348，其中华亭县有户97786；上海县有户72502。是年，嘉定县有户95795、373755人。至正年间，崇明州有户12786。

明清人口：

明代开国至洪武二十四年(1391年)，上海户与口始分别记录；是年，上海县有114326户、532803人。永乐十年(1412年)，100924户、378428人。宣德七年(1432年)，100358户、330498人。正统七年(1442年)，100984户、319970人。景泰三年(1452年)，100832户、305457人。天顺六年(1462年)，89400户、270927人。成化八年(1472年)，91291户、257652人，成化二十三年(1487年)，92789户、261145人。弘治五年(1492年)，92195户、260677人、弘治十五年(1502年)，93884户(实在93023户)、269094人(实在260821人)。嘉靖元年(1522年)，94109户、253013人；嘉靖二十一年(1542年)，划地置青浦县，约有5万多户、10万多人。隆庆六年(1572年)，上海县有户113985、192967人(不计老少、妇女)。万历二年(1574年)，上海县有户117795。

清咸丰二年(1852年)，上海华界人口544413人，租界人数极少。太平天国运动爆发后，周边省市居民涌入租界，同治四年(1865年)，公共租界92884人，法租界55925人；华界人口变化不大，次年为543110人。太平天国运动结束后，逃亡到沪人员大批返乡。公共租界人口至同治九年(1870年)减至最低，为76713人，此后又逐年上升。至宣统元年(1909年)，华界人口达671866人。

近现代人口：

民国时期，上海人口增长格局基本不变。1914年，上海华界人口1173653人。1930年，上海市人口3144805人，1936年3814315人，1945年3370230人。1946—1949年3月，因外地人口大量涌入上海，上海人口增长61.86%，年递增率23.9%。1949年，全市人口5029160人。

1949—1958年，全市户籍人口高速增长。1949年502.92万人，1958年750.80万人，净增247.88

万人，合计增长 49.29%，年均增长率 4.55%。1958 年，江苏省 10 县划归上海市，全市人口大幅度增加。1959—1968 年，因严格控制外省市人口迁入上海市，精简城市职工回原籍农村，知识青年赴新疆参加兵团生产，国家开始实行计划生育等，人口缓慢增长。1959 年 1028.39 万人，1968 年 1108.97 万人，净增 80.58 万人，合计增长 7.84%，年均增长率 0.84%。1969—1976 年，大批中学毕业生上山下乡，强化计划生育管理，人口下降。1969 年 1093.99 万人，1972 年降为 1064.11 万人，1973 年回升至 1070.01 万人，1976 年又回升至 1081.30 万人。7 年净减 12.69 万人，合计净减率为 1.16%，年均净减 0.17%。1977—1989 年，因大批“文化大革命”中上山下乡的知识青年返沪、20 世纪 50 年代高峰期出生人口进入婚育年龄，人口增长迅速。1977 年 1086.47 万人，1989 年 1276.45 万人，净增 189.98 万人，合计增长 17.49%，年均增长 1.35%。1990—1995 年，人口自然增长率逐年下降，人口迁入始终大于迁出，人口稳定增长。1990 年 1283.35 万人，1995 年 1301.37 万人，净增 18.02 万人，年均增长 2.79%。

中华人民共和国成立，进行 4 次全国人口普查，两次 1%人口抽样调查。1953 年 7 月 1 日，上海市常住人口620.44 万人，江苏省 10 县常住人口 285.97 万人；1964 年 7 月 1 日，上海市常住人口 1081.7 万人，1982 年7 月 1 日 1185.97 万人，1990 年 7 月 1 日 1334.19 万人，1995 年 10 月 1 日 1%抽样调查推断 1373.58 万人。

第二节 江苏省人口

2018 年末，全省常住人口 8050.7 万人，比上年末(2017 年)增加 21.4 万人，增长 0.27%。在常住人口中，男性人口 4051.15 万人，女性人口 3999.55 万人；0～14 岁人口 1115.83 万人，15～64 岁人口 5805.36 万人，65 岁及以上人口 1129.51 万人。全年人口出生率 9.32‰，比上年下降 0.39 个千分点；人口死亡率 7.03‰，与上年持平；人口自然增长率 2.29‰，比上年下降 0.39 个千分点。

江苏绝大部分人口为汉族，占比 99.5%。江苏是少数民族散居省区。据第六次全国人口普查统计，有少数民族人口 70 多万。其中常住人口 384926 人，占江苏总人口的 0.5%。江苏少数民族有 4 个特征：一是 55 个少数民族齐全，江苏 98 个县(市、区)都有少数民族居住，其中高邮市菱塘回族乡是江苏省唯一的少数民族乡。二是少数民族占江苏总人口的比例小，仅为 0.5%。超过千人的少数民族有 25 个，其中超过万人的只有 10 个(蒙古族、回族、苗族、彝族、壮族、布依族、满族、侗族、土家族、水族)；100 人以下的有 15 个少数民族。三是回民占少数民族人口的比例较大，占 34%。城镇少数民族居多，约占 60%；少数民族人口最多的是南京市，有 9 万多人，占全市总人口的 1.37%。四是少数民族干部数占江苏干部总数的 0.4%，少数民族人口文化素质也高于江苏平均水平，每十万人拥有各种受教育程度人口为 88960 人，比江苏平均数高 2716 人。

第三节 浙江省人口

据 2018 年全省 5‰人口变动抽样调查推算，年末全省常住人口 5737 万人，比上年末(2017 年)增加 80 万人。其中，男性人口 2939 万人，女性人口 2798 万人，分别占总人口的 51.2%和 48.8%。全年出生人口62.8 万人，出生率为 11.02‰；死亡人口 31.8 万人，死亡率为 5.58‰；自然增长率为 5.44‰。城镇化率为 68.9%。

浙江省主要的民族成分为汉族，2000 年第五次人口普查时(下同)有 45535266 人，占浙江省人口的 99.1%，少数民族总人口为 39.97 万，畲族是浙江世居的少数民族，也是人口最多的少数民族。

2012 年，浙江省内有畲族人口 170993 人，占浙江省人口的 0.4%，占省内少数民族人口的约 43%。景宁畲族自治县是中国唯一的畲族自治县，也是华东地区唯一的少数民族自治县，畲族主要居住于县城鹤溪镇周围低山区。畲族人口在 1 万以上的县市依次为丽水市莲都区(19455 人)、景宁县(16144 人)、苍南县(16133 人)、泰顺县(13862 人)、遂昌县(13658 人)。若以占全县人口比例而言,则景宁 10.55%最高,云和 8.6%。

浙江省各市概况(截至 2012 年末)

城市	常住人口(万人)	出生率(‰)	死亡率(‰)	城镇人口比重(‰)
杭州	880.2	9.22	5.08	74.3
宁波	763.9	8.98	4.86	69.4
温州	915.6	12.61	5.08	66.7
绍兴	494.3	7.94	6.61	60.1
湖州	290.5	8.06	6.54	55.1
嘉兴	454.4	9.67	5.89	55.3
金华	539.9	11.13	5.73	61.4
衢州	212.0	10.27	5.97	46.6
舟山	114.0	7.89	6.35	65.3
台州	600.5	11.25	5.26	56.9
丽水	211.7	11.35	6.22	52.5
总计	5477.0	10.12	5.52	63.2

第四节 安徽省人口

截至 2018 年底,全省户籍人口 7082.9 万人,比上年(2017 年)增加 23.7 万人;户籍人口城镇化率 32.65%,比上年(2017)年提高 1.59 个百分点。常住人口 6323.6 万人,增加 68.8 万人;常住人口城镇化率 54.69%,提高1.2 个百分点。全年人口出生率 12.41‰,比上年(2017 年)下降 1.66 个千分点;死亡率 5.96‰,上升 0.06 个千分点;自然增长率 6.45‰,下降 1.72 个千分点。

安徽省属少数民族散居省份,55 个少数民族成分俱全,其中回族、满族、畲族为本省世居少数民族,现有少数民族人口约 50 万人。其中,回族人口较多,约占全省少数民族总人口的 93%,居全国第 9 位。少数民族人口呈“大分散、小聚居”状分布,沿淮淮北相对集中,沿江江南少而分散,各市、县(市、区)均有少数民族。

第六章　历史文化

第一节　上海市历史文化

一、上海方言

上海话，是一种吴语方言，属于吴语太湖片苏沪嘉小片。

上海话一般是指上海市区话，也就是现在被广泛使用和认同的上海主流通用方言。松江本地话是上海话的基础。上海话是上海开埠以后吴语区各地移民口音在松江话基础上自然融合而成的新型城市吴语，成为吴语区的代表和共通语言。语音受移民中占优势的宁波和苏州两地影响巨大。吴语上海话是上海文化及气质的载体，是海派文化的重要根基。上海话也和老洋房、弄堂、石库门、旗袍等一样，成为上海风情的代表性符号。

广义的上海话还包括上海郊区各大方言，上海郊区各乡镇属于典型的江南文化。上海旧属松江府，上海本地话包括松江话、嘉定话、浦东话、崇明话、金山话、青浦话、奉贤话等各区县方言。上海话是在上海悠久历史中形成的方言，有深厚文化积淀，语音、词语和语法现象反映江东文化信息。

上海话融合了北部吴语的主流特征，是吴语太湖片的强势方言，上海话曾经在 20 世纪 80 年代前成为吴越地区通用语。21 世纪以来，由于普通话的推广，上海话在吴语区的影响力有所降低。上海少年一代对于上海话的掌握能力开始下降，社会上也出现了一些保护上海话的行动。如今上海话仍然在日常占有主要地位。上海话的使用和发展一直是上海社会讨论的话题。

二、上海饮食

上海人称的本帮菜指的是上海本地风味的菜肴，特色可用浓油赤酱（油多味浓、糖重、色艳）概括。常用的烹调方法以红烧、煨、糖为主，品味咸中带甜，油而不腻。

本帮炒菜中，荤菜中特色菜有响油鳝糊、油爆河虾、油酱毛蟹、锅烧河鳗、红烧圈子、佛手肚膛、红烧回鱼、黄焖栗子鸡等，真正体现本帮菜浓油赤酱的特点。上海蔬菜按季节不同有各种时令菜。马兰头、荠菜、鸡毛菜、上海小油菜等都非常清爽。市民早点——四大金刚：大饼、油条、粢饭、豆腐浆。

三、上海宗教

和中国内地其他地方一样，上海有 5 种宗教是得到政府承认的合法宗教：道教、佛教、伊斯兰教、天主教和新教。有宗教信仰群众 88.76 万人，已登记开放的宗教活动场所有 394 个，有宗教团体85 个、在沪宗教院校 4 所、宗教出版机构 2 个。宗教界全年捐赠慈善公益事业共 3825 万元。历史上上海还曾经存在过许多其他宗教，例如犹太教、东正教、锡克教等。

四、上海电影

电影传入中国从上海开始。从 1896 年到 1898 年，一个美国商人先后在上海福建北路唐家弄的徐园、泥城桥下的奇园，以及天花茶园等处，短期放映美、法等国的短片，如《俄国皇帝游历法京巴里府》等，并在当时《申报》上刊登电影广告，引起轰动。1931 年华光片上有声电影公司在日本完成中国第一部片上发音影片《雨过天晴》。1949 年前，中国的电影业基本集中于上海，而在上海有过制片活动的电影企业，总数约 200 家。

上海电影集团有限公司是中国利润最高的电影公司之一，2008 年利润（2.16 亿）相当于中国电影集团公司(0.15亿)的近20倍。2001年,中国首座IMAX电影院落户上海,IMAX的亚太区总部位于上海。

五、上海电视

2001年,上海电视台、上海东方电视台和上海有线电视台合并组建为上海东方传媒集团有限公司(SMG)。广播事业也从原来一个单一的上海人民广播电台,演变成很多调频、调幅各种不同内容的电台。

上海东方传媒集团有限公司(SMG)中也包括上海人民广播电台和上海东方广播电台。另外还有上海教育电视台和辐射全国乃至世界的卫星频道东方卫视。

六、上海戏曲

海派特色的滑稽戏产生于抗日战争中期,是由上海的曲艺"独脚戏"接受了中外喜剧、闹剧和江南各地方戏曲的影响而逐步形成的新兴戏曲剧种。因为方言隔阂,只流行于上海、苏南、浙江等吴语地区。一人演出的滑稽曲艺称作"独脚戏"。

沪剧(旧时也称申曲)是用上海话演唱的上海本地戏曲。上海说唱、浦东说书等也是上海特色曲艺。

苏州评弹、越剧等江苏南部、浙江北部的曲艺,因其与上海语言文化相近,在沪上拥有许多观众。

七、上海报刊

《申报》创刊于1872年4月,至1949年5月上海解放时停刊,是近代中国出版最早、历史最悠久的报纸。《新民晚报》创办于1929年,也是一份发行全国的有影响力的报纸。《解放日报》《文汇报》是上海的政府性报纸。新闻时政类的报纸还有:《新闻晨报》《青年报》《东方早报》。生活服务类的报纸有《上海壹周》《申江服务导报》《上海星期三》《外滩画报》等。另外知名的报纸还有:《东方体育日报》《上海证券报》《第一财经日报》。英语报纸有《Shanghai Daily》《Shanghai Star》等。

八、上海会展

上海举办的会展数量居全国前列,会展年总收入占全国近50%。上海国际车展是亚洲展出规模最大的车展之一,跨国公司全球首发车数量位居全国前列。上海的China Joy则是全球三大互动娱乐展之一。

九、上海音乐

上海是中国近代流行乐的发源地之一,上海音乐学院是亚洲顶尖的音乐学府,上海的流行乐曾一度风靡东南亚,部分歌曲被美国歌手英文翻唱后曾一度创下连续数月雄踞美国流行歌曲排行榜冠军的传奇。大量歌曲脍炙人口,如夜上海、夜来香、何日君再来、天涯歌女、上海滩等都已成不朽经典。

十、上海节日

上海的文化节日有上海国际电视节、上海国际电影节、上海国际艺术节、上海国际旅游节、上海之春国际音乐节等。上海电视节是中国创办最早的国际电视节,1986年创立。上海国际电影节创办于1993年,是国际九大A类电影节之一,最高奖项为"金爵奖"。

第二节　江苏省历史文化

一、古代文化

江苏是中国古代文明的发祥地之一。1993年发现的南京汤山直立南京猿人化石表明,距离2017年的50万年前就有古人类在此活动。考古工作者于1954年在泗洪双沟镇东下草湾发现的人类化石,据测定年代介于北京猿人和现代人之间，距2017年约4万～5万年，属于旧石器时代晚期，古人类学界称之为下草湾人，又叫泗洪新人。距2017年的六七千年前后，大江南北进入新石器时代兴盛阶段，据初步调查，江苏及相邻地区的新石器时代文化遗址约有上千处。其中南京湖熟文化、淮安青莲岗文化、高邮龙虬文化、海安青墩文化、苏州草鞋山文化、南京北阴阳营文化、常州圩墩文化等，五彩缤纷，星罗棋布。在草鞋山遗址发现了马家浜文化水稻田，该稻田距2017年约有6000年的历史，是中国发现最早有灌溉系统的古稻田。明代中期的吴门画派，因苏州为古吴都城，有吴门之谓，而其主要代表人物如沈周、文徵明、唐寅、仇英、张宏等名家，均属吴郡(今江苏苏州)人，故名。

二、现代文化

吴韵汉风是形象表达江苏文化的一种说法，江苏文化主要由"楚汉文化""吴文化""金陵文化""淮扬文化""徐淮文化""海洋文化"等组成。

截至2016年12月，江苏共拥有国家历史文化名城13座和江苏省历史文化名城3座，中国历史文化名镇和江苏省历史文化名镇32座，中国历史文化街区5处，拥有的国家历史文化名城、中国历史文化名镇和中国历史文化街区的数量均列全国首位。

江苏省非物质文化遗产众多，根据2017年7月政府官网显示，江苏已有联合国教科文组织"人类非物质文化遗产代表作"10项，国家级非遗代表性项目125个、国家级代表性传承人132名、国家级非遗生产性保护示范基地5个。省级非遗代表性项目611个、省级非遗代表性传承人532名。省级非遗传承示范基地21个、非遗生产性保护示范基地25个、非遗研究基地14个、文化生态保护实验区10个。

三、江苏地域文化

分　类	简　介
楚汉文化	楚汉文化是以国家历史文化名城徐州为中心的区域性文化，它以6000年前的青莲岗文化、大墩子文化乃至更早的下草湾新人文化为渊源。它的显性特征是刚强雄浑。
吴文化	吴文化的地域通常指靠近太湖的苏、锡、常地区，其具有清新气息、柔美风格、鲜活灵性，形成了聪颖灵慧、细腻柔和而又视野开阔、乐于创新等显性特征。
金陵文化	金陵文化以古都南京为中心，其显性特征是南北交汇、兼容并蓄、开放包容，可谓独树一帜。金陵文化主要包括六朝文化、明文化和民国文化，这三大块历史文化又可统属于"都城文化"。
淮扬文化	淮扬文化以扬州为中心，淮扬地区河多水多，船多桥多，呈现出古、文、水、绿、秀的地域风貌，在南北文化交流中形成了清新优雅与豪迈超俊相结合的显性特征。
海洋文化	江苏海洋文化区通常指连云港、盐城、南通的沿海区域，早在先秦时期，长江古沙咀由扬州向东经过二千多年向外伸展，形成了一个海洋文化区。苏东海洋文化主要包括山海文化、西游文化、海盐文化、江海文化。南北之间同中有异，具有沧海桑田、大胆开放的海派气概。

四、江苏文学

西汉淮阴(今淮安)枚乘是汉大赋的开山祖师，被后人推崇为"文章领袖"。盛行于梁、陈间的宫体诗，追求声律上的和谐美与韵律上的回旋美，对唐代律诗的形成有重要影响。唐江都张若虚的《春江花月夜》韵律和谐婉转，被闻一多称为"顶峰上的顶峰"。南唐后主李煜词作极富感染力，后人尊之为"词圣"。长篇小说《水浒传》《西游记》都享誉世界。和它们并称四大古典名著的《三国演义》《红楼梦》，也与江苏有割舍不断的联系。唐代的传奇、明代的话本和拟话本，受读者喜爱。江苏民间口述文学丰富性和艺术性在国内外享有盛誉。20 世纪 80 年代启动中国民族民间文学三部集成(故事、谚语、歌谣)编纂,江苏省收录 2 亿多字资料。

五、江苏美术

公元 1634 年,明代杰出画家张宏所绘《栖霞山图》描绘了明朝时期南京近郊的栖霞山风貌。

六、江苏音乐

江苏素有"二胡之乡"美誉,"江南丝竹"是最富代表性的民间音乐。

古琴艺术在中国具有突出地位,先后形成常熟虞山琴派、扬州广陵琴派、南京金陵琴派(金陵派)等重要的地方性音乐流派。江苏流传的民歌有 12800 余首,有六合民歌《茉莉花》、二胡演奏曲《二泉映月》等,广为流传。历史上产生过大小曲种 50 余种,现尚存 20 余种,苏州评弹(苏州评话、苏州弹词)、扬州评话、扬州弹词、扬州清曲、徐州琴书、南京白局都是代表性曲种。

七、江苏戏剧

江苏戏剧表演艺术历史悠久,品种较多,名家迭出。地方戏种有 20 余种,影响较大的有昆曲、锡剧、扬剧、淮剧、淮海戏、柳琴戏、梆子等。小剧种主要有海门山歌剧、通剧、丹剧、海州童子戏、徐州丁丁腔、洪山戏、淮红戏、高淳阳腔目连戏。外来剧种主要有京剧、越剧、徽剧、沪剧、黄梅戏、吕剧等。泰兴、扬州等地木偶戏历史悠久,艺术手段丰富。

八、江苏饮食

江苏菜简称苏菜,主要由金陵菜、淮扬菜、苏锡菜、徐海菜组成。起始于南北朝、唐宋时,经济发展,推动饮食业的繁荣,苏菜成为"南食"两大台柱之一。

九、江苏方言

江苏分为 3 个方言区,即江淮官话区、吴语区、中原官话区。

江苏省方言分区表

江淮官话区	总体分布	分布于南京、扬州、淮安、盐城、镇江、泰州和南通、宿迁、连云港三市的一部分
	淮扬小片	扬州全市、淮安全市、镇江市区、盐城市区(除大丰)、建湖、射阳、阜宁、滨海、响水南部
	南京小片	南京市区(含江宁、浦口、六合、溧水北部)
	泰如片	泰州市区(含姜堰)、泰兴、兴化、大丰、东台、南通市区、如皋、海安、如东
	海泗小片	连云港市区(除赣榆)、灌云、灌南、泗阳、泗洪、沭阳、响水北部
吴语区	总体分布	分布于苏州、无锡、常州和南通、镇江、南京三市的一部分
	苏沪嘉小片	苏州全市、无锡市区(东部)、海门、启东、通州
	毗陵小片	常州市区、无锡市区(西部)、通州、溧阳、江阴、宜兴、靖江、丹阳、高淳和溧水的一部分
	宣州片	高淳、溧水(南部)
中原官话区	总体分布	分布于徐州和连云港、宿迁两市的一部分
	徐州片	徐州全市、宿迁市区(含宿豫)
	赣榆片	赣榆

第三节 浙江省历史文化

一、浙江方言

浙江人大部分属江浙民系，其中吴语人口占浙江省总人口的98%以上，除此以外还有闽南语、蛮话、客家语、畲家话、官话等语言人口分布在省内个别县市。

吴语分片	使用地区
吴语太湖片	杭州、嘉兴、湖州、宁波、绍兴、舟山
吴语台州片	台州、宁波局部地区、温州局部地区
吴语金衢片	金华、衢州
吴语瓯江片	温州
吴语上丽片	丽水

二、浙江象征

樟树为省树、兰花为省花。

金钱松（吉祥之树）、银杏（长寿之树）、毛竹（富民之竹）、榧树（造福之树）为浙江省特色树。

梅花（高洁之花）、荷花（清纯之花）、桂花（天香之花）、山茶花（幸福之花）为浙江省特色花。

三、文化遗产

浙江境内已发现新石器时代遗址100多处，有距今7000年的河姆渡文化、距今6000年的马家浜文化和距今5000年的良渚文化，新近发现的新石器时代萧山“跨湖桥遗址”也获得了丰富的遗迹、遗物。2005年，浙江省在中国率先公布首批省级非物质文化遗产名录；2006年，列入首批国家级非物质文化遗产名录的项目数量位居中国第一。2007年，省政府又公布了第二批省级非物质文化遗产名录，共计10大类225项。

在中国率先公布首批省级非物质文化遗产名录，2006年列入首批国家级非物质文化遗产名录的项目数量位居中国第一。

<table>
<tr><td rowspan="12">民间表演
（36个）</td><td rowspan="5">戏曲</td><td>越剧［嵊州］</td><td>调腔［新昌］</td><td>平调［宁海］</td></tr>
<tr><td>昆剧［永嘉］</td><td>婺剧［金华］</td><td>皮影戏［海宁］</td></tr>
<tr><td>三脚戏［淳安］</td><td>杭剧［杭州］</td><td>绍剧［绍兴］</td></tr>
<tr><td>莲花落［绍兴］</td><td>甬剧［宁波］</td><td>姚剧［余姚］</td></tr>
<tr><td>瓯剧［温州］</td><td>湖剧［杭嘉湖］</td><td></td></tr>
<tr><td rowspan="4">曲艺</td><td>宁波四明南词</td><td>宁波明州走书</td><td>杭州西湖小热昏</td></tr>
<tr><td>瑞安鼓词</td><td>绍兴莲花落</td><td>绍兴平湖调</td></tr>
<tr><td>金华道情</td><td>平湖钹子书</td><td>兰溪摊簧</td></tr>
<tr><td>临海词调</td><td>舟山锣鼓</td><td></td></tr>
<tr><td rowspan="3">舞蹈</td><td>奉化布龙</td><td>长兴百叶龙</td><td>青田鱼灯</td></tr>
<tr><td>十八蝴蝶（永康）</td><td>海盐滚灯</td><td>淳安竹马</td></tr>
<tr><td>浦江板凳龙</td><td>大头和尚舞［宁波］</td><td></td></tr>
</table>

续表

造型艺术（24个）	朱炳仁铜雕	青田石雕	东阳木雕	乐清黄杨木雕
	龙泉宝剑	宁波朱金木雕	骨木镶嵌	都锦生织锦[杭州]
	西湖绸伞	硖石灯彩[海宁]	王星记扇[绍兴]	乐清细纹刻纸
	桐庐剪纸	萧山花边	苍南夹缬	桐乡蓝印花布
	瓯塑和瓯绣	黄岩翻簧竹雕	东阳竹编	嵊州竹编
	浦江麦秆贴			
民俗风情（5个）	衢州南宗祭孔	景宁畲族祭祀仪式	海盐骚子	炼火[磐安]
	扫蚕花地[德清]			
浙江非物质文化遗产	湖州山歌和琴书	路桥气象谚语	渔民号子	天台山佛教音乐
	织里刺绣	杭州刺绣	昌化竹编	松阳端午茶
	台州道情	桑生产习俗	杭派书画装裱工艺	
国家非物质文化遗产	宁海县平调	青田石雕	杭州铜雕	宁波金银彩绣
世界非物质文化遗产	西泠印社金石篆刻	乐清细纹刻纸	中国传统蚕桑丝织技艺	龙泉青瓷传统烧制技艺
世界遗产	杭州西湖	江山江郎山	良渚古城遗址	

第四节　安徽省历史文化

一、历史文化综述

在繁昌县人字洞发现距今约250万年前人类活动遗址。在和县龙潭洞发掘的三四十万年前旧石器时代的“和县猿人”遗址，表明远古时期已有人类生息繁衍在安徽这块土地上。

在东至县发掘了有着安徽“周口店”之称的距今40万年前的华龙洞，在蚌埠发现了距今约7000年的双墩遗址，是淮河中游地区已发现的年代最早的新石器时代文化遗存，是淮河流域早期文明的有力证据。安徽及相邻地区的新石器时代文化遗址约有上千处。

安徽文化主要由淮河文化、新安文化、皖江文化、庐州文化等组成。

二、安徽地域文化

分　类	简　介
淮河文化	淮河流域是中华文明的发祥地之一。根据考古发现，早在旧石器时代，淮河流域就有人类活动。已经发现的远古时代的文化遗址，就达100多处。
新安文化	新安文化，隋朝设立新安郡，明代为徽州府，明清之际经济文化发达，因而产生徽学。
皖江文化	皖江文化，是以潜山为中心的古皖文化，是江淮文化的发祥地，包含以张英、张廷玉、陈独秀为代表的政治文化；以京剧、黄梅戏、徽剧为代表的戏剧文化；以李公麟、邓石如为代表的书画文化；以敬敷书院、省立安徽大学、发达的基础教育为代表的教育文化；以禅宗二祖、三祖为代表的宗教文化、科技文化、旅游文化、桐城派文化、新文化、民俗文化、美食文化等等。
庐州文化	以庐州为代表的庐州文化，在人类历史上产生了极其深远的影响，孕育出庐剧等优秀戏曲。

三、安徽省非物质文化遗产名录

类　别	项目名称			
民间文学	鞭打芦花的传说	孔雀东南飞传说	六尺巷传说	老子故事的传说
	桐城歌	徽州楹联匾额	徽州民谣	涂山大禹传说
	皇藏峪的传说	梁山伯与祝英台传说	白牡丹的传说	捻军歌谣
民间音乐	砀山唢呐	五河民歌	皖西大别山民歌	寿州锣鼓
	凤阳民歌	金寨古碑丝弦锣鼓	繁昌民歌	铜陵牛歌
	淮河锣鼓	贵池民歌	石台唱曲	九华山佛教音乐
	谢郢锣鼓	潜山弹腔	徽州民歌	齐云山道教音乐
民间舞蹈	棒鼓舞	卫调花鼓	临北狮子舞	祁门傩舞
	旱船舞	火老虎	秧歌灯	东至花灯
	太和狮子灯	肘歌抬歌	竹马灯	黎阳仗鼓
	云舞	十兽灯	无为鱼灯	板凳龙
戏曲	黄梅戏	庐剧	徽剧	泗州戏
	皮影戏	亳州二夹弦	推剧	南陵目连戏
	淮北梆子戏	坠子戏	含弓戏	皖南花鼓戏
	曲子戏	洪山戏	文南词	石台目连戏
	白曲	淮北花鼓戏	嗨子戏	鸡公调
	灵璧琴书	门歌	锣鼓书	淮北大鼓
	扁担戏	清音	渔鼓道情	梨簧戏
杂技与竞技	华佗五禽戏	晰扬掌	埇桥马戏	叶村叠罗汉
民间美术	吴山铁字	火笔画	萧县剪纸	望江挑花
	萧县石刻	灵璧钟馗画	凤画	青阳农民画
	皖南木雕	萧县农民画	徽派版画	徽州篆刻
传统手工技艺	淮河柳编工艺	宿州乐石砚制作技艺	豆腐传统制作技艺	舒席制作技艺
	大救驾制作工艺	紫金砚制作技艺	太平府铜壶技艺	石台油坊榨制技艺
	临泉毛笔制作工艺	传统加工纸制作技艺	无为剔墨纱灯技艺	徽墨制作技艺
	博望打铁工艺	桑皮纸制作技艺	徽州漆器制作技艺	徽州建筑技艺
	五城米酒制作工艺	徽派盆景技艺	滁菊制作技艺	安徽茶叶
传统医药	新安医学	西园喉科		
民俗	花车转阁	洋蛇灯	走太平	霸王祠三月三庙会
	琅琊山初九庙会	涂山禹王庙会	九华山庙会	跳五猖
	安苗节	界首苗湖书会	徽菜	程大位珠算法
	天长孝文化	徽州祠祭	轩辕车会	九曲黄河阵

四、安徽戏曲

安徽被称为中国戏曲之乡，安徽戏剧表演艺术历史悠久，品种较多，名家迭出。地方戏种现存 30 余种，分别有黄梅戏、徽剧、庐剧、泗州戏、坠子戏、花鼓灯、推剧、嗨子戏、文南词、目连戏、含弓戏、四平调、洪山戏、太湖曲子戏、怀腔、弹腔等等。黄梅戏，旧称黄梅调或采茶戏，是中国五大戏曲剧种之一。徽剧是京剧的主要源流之一，池州的傩戏号称"戏剧活化石"，淮河两岸流行的花鼓灯被誉为"东方芭蕾"。

五、安徽文学

安徽古代代表文学是徽文化、新安理学、道教文化、理学、桐城派、建安文学，桐城派文论体系和古文运动的形成，始于方苞，经刘大櫆、姚鼐而发展成为一个声势显赫的文学流派。新安理学是中国思想史上曾起过重大影响的学派，其奠基人程颢、程颐及集大成者朱熹，祖籍均在安徽新安江畔。朱熹亦自称"新安朱熹"。理学的奠基人洛阳程颢、程颐和集大成婺源朱熹的祖籍均在安徽歙县篁墩，故誉为"程朱阙里"。

六、安徽美术

安徽历史上有新安画派、龙城画派，版画流派有芜湖铁画、徽派版画等。新安画派先驱程家燧、李永昌、李流芳，鼎盛时期主要成员有方式玉、王尊素、吴山涛、王家珍、戴本孝、吴龙、吴田标、雪庄等，新安画派在中国绘画史上具有重要地位。

七、安徽方言

主词条：安徽方言

类别	分　布
徽语	皖南徽语是现代汉语中新近被确定的十大方言区之一(也有专家认为是吴语的分支)。皖南徽语主要指旧徽州府及部分毗邻地区的方言。歙县、绩溪、旌德、屯溪、休宁、黟县、祁门、宁国(南鸿门乡等地)、东至县(东南部木塔一带)、石台县(占大区)等地的方言。
吴语	吴语是现代汉语的十大方言之一。安徽省的吴语主要分布在黄山山脉以北和以东的 14 个县市范围内。其中太平县、泾县、石台县、铜陵、繁昌、南陵、芜湖县等地吴语的通用面较广。
赣语	安徽省的赣语主要指通用于皖西南大别山南麓和沿江两岸的安庆市、岳西、潜山、太湖、宿松、望江、怀宁、东至县、贵池市西部及东南角等 8 个市县的方言。当地人传说，他们的祖先大概是在明初由江西的"瓦西坝"成批迁徙此地定居的。
江淮官话	安徽省的江淮官话区，包括长江以南的池州、铜陵、芜湖、宣城、马鞍山等 11 个市县，和淮河以北的怀远县、江淮之间的合肥(除长丰县北部)、滁州(除明光部分地区、凤阳县)、六安市(除霍邱、寿县北部、金寨县西北部)、淮南(限东部九龙岗、上窑、洛河等地)、安庆(除望江县、怀宁县等赣语地区)等县市。
中原官话	安徽省淮河以北的淮北、宿州、阜阳、亳州和沿淮以南的凤阳县、蚌埠(不含怀远县南部)、淮南(不含东部九龙岗、上窑、洛河等地区)、寿县(北部)、霍邱、金寨县(西北部)、长丰县(北部)等市县的话，均属中原官话。

第七章　旅游资源

第一节　上海市旅游资源

一、综述

截至 2017 年底，上海共有 A 级景区（点）99 家，其中 5A 级景区（点）3 家，4A 级景区（点）50 家，3A 级景区（点）46 家。

二、上海历史建筑

历史建筑			
中共一大会址	中共二大会址	和平饭店	汇中饭店
百乐门	上海美术馆	国际饭店	大光明电影院
大世界	国泰大戏院	诺曼底公寓	徐家汇天主堂
华懋公寓	枕流公寓	美琪大戏院	兰心大戏院
百老汇大厦	黑石公寓	马勒别墅	沙逊别墅
上海音乐厅	花园饭店	浦江饭店	仙乐斯
沐恩堂圣母院	上海自然博物馆	小红楼	西郊宾馆
1933 老场坊	永安百货	爱丁堡公寓	基督青年会
上海工艺美术博物馆	大可堂普洱会	孙中山故居	宋庆龄故居
鲁迅纪念馆	金门大酒店	衡山路	静安区石库门建筑区
大上海计划核心区（原市政府大厦）	上海图书馆	江湾体育场	雷士德工学院旧址
原国立音乐院（上海音乐学院）	中华航空协会飞机楼	龙华寺及古塔	原沪江大学（上海理工大学）
老西门	小南门	河南路桥	外白渡桥

三、上海现代建筑

东方明珠电视塔、金茂大厦、环球金融中心、上海中心大厦、中华艺术宫（原世博会中国馆）、世博会主题馆、上海国际金融中心、上海科技馆、港汇恒隆广场、正大广场、上海欢乐谷、梅赛德斯奔驰文化中心（原世博文化中心）、尚街、8 号桥、M50、智造局、同乐坊、上海迪士尼乐园、国家会展中心。

四、上海自然风景

佘山国家森林公园、东滩世界地质公园、淀山湖、奉贤碧海金沙海滩、上海野生动物园、上海植物园、上海世纪公园、滴水湖、陆家嘴中心绿地。

五、上海人文古迹

<table>
<tr><td colspan="5">人文古迹</td></tr>
<tr><td>枫泾古镇</td><td>朱家角镇</td><td>老城隍庙</td><td>玉佛寺</td><td>大观园</td></tr>
<tr><td>七宝古镇</td><td>上海文庙</td><td>上海老街</td><td>静安寺</td><td>下海庙</td></tr>
<tr><td>鲁迅故居</td><td>蔡元培故居</td><td>方塔园</td><td>古城公园</td><td>宋庆龄故居</td></tr>
<tr><td>玉佛禅寺</td><td>韬奋纪念馆</td><td>大韩民国临时政府旧址</td><td>刘海粟美术馆</td><td></td></tr>
<tr><td colspan="3">中国共产党第一次全国代表大会会址纪念馆</td><td colspan="2">长宁区革命文物陈列馆</td></tr>
<tr><td colspan="2">中华人民共和国名誉主席宋庆龄陵园</td><td>宋教仁墓</td><td>德艺陶瓷陈列馆</td><td>鲁迅墓</td></tr>
<tr><td>陶行知纪念馆</td><td>宝山烈士陵园</td><td>黄炎培故居</td><td>周恩来故居</td><td>张闻天故居</td></tr>
<tr><td>叶家花园</td><td>土山湾博物馆</td><td>徐光启纪念馆</td><td>黄道婆纪念馆</td><td>复旦大学博物馆</td></tr>
<tr><td colspan="3">董浩云航运博物馆（上海交通大学内）</td><td>陈云故居</td><td>徐汇中学</td></tr>
<tr><td colspan="2">长宁区革命文物陈列馆</td><td>刘海粟美术馆</td><td>徐悲鸿故居</td><td>沐恩堂</td></tr>
<tr><td>国际饭店</td><td>龙华塔</td><td>醉白池</td><td>松江方塔</td><td>豫园</td></tr>
<tr><td>青龙塔</td><td>松江唐经幢</td><td>龙华烈士陵园</td><td>普陀区真如古镇</td><td>七宝古镇</td></tr>
<tr><td>国泰电影院</td><td>花园饭店</td><td>大世界</td><td>马勒别墅</td><td>松江西林禅寺</td></tr>
</table>

六、上海餐饮购物

上海拥有世界各国的饮食文化、经典时尚的购物和浓郁商业气息。西餐汇聚世界各地 30 多个国家的风味。中餐汇聚中国几乎所有地方风味，著名的有老城隍庙、云南路、黄河路、仙霞路等饮食文化区。

中华商业第一街南京路、时尚高雅的淮海路是闻名全国的商业大街，正大广场、徐家汇的港汇恒隆广场、南京西路的恒隆广场、中信泰富广场等。

第二节　江苏省旅游资源

一、综述

江苏旅游资源丰富，自然景观与人文景观相互交融，有古镇水乡，有千年名刹，有古典园林，有湖光山色，有帝王陵寝，有都城遗址，可谓是“吴韵汉风，各擅所长”。

2018 年，全年接待境内外游客 81823.7 万人次，比上年增长 9.6%；实现旅游业总收入 13247.3 亿元，增长 13.6%。接待入境过夜游客 400.9 万人次，增长 8.3%。其中，外国人 264.7 万人次，增长 9.5%；港澳台同胞 136.2 万人次，增长 6.1%。旅游外汇收入 46.5 亿美元，增长 10.8%。接待国内游客 81422.8 万人次，增长 9.6%，实现国内旅游收入 12851.3 亿元，增长 13.7%。

二、江苏旅游景区

截至 2016 年 8 月，江苏有 6 处世界遗产（其中 3 处正申遗中）、5A 级景区 22 家、4A 级景区超 100 家、2 处国家级旅游度假区、2 处国家级地质公园、3 处国家级自然保护区、16 个国家级森林公园、5 处国家重点风景名胜区、28 座全国优秀旅游城市、120 处全国重点文物保护单位、645 处省级文物保护单位。

世界遗产(3 处)	苏州古典园林、明孝陵、大运河、中国海上丝绸之路(正在申遗)、徐州汉楚王陵墓群(正在申遗)、明清城墙(正在申遗)
国家重点风景名胜区(5 处)	太湖、南京钟山风景区、云台山、蜀冈瘦西湖、三山

三、江苏国家 5A 级旅游景区

城市	景区
南京	钟山风景名胜区、夫子庙秦淮风光带景区
无锡	无锡中视影视基地景区、灵山大佛景区、太湖鼋头渚风景区
徐州	徐州云龙湖风景区
常州	环球恐龙城、天目湖旅游度假区
苏州	周庄古镇、同里古镇、苏州园林、金鸡湖景区、苏州吴中太湖旅游区、沙家浜·虞山尚湖旅游区
南通	濠河风景区
连云港	连云港花果山景区
淮安	周恩来故里旅游景区
盐城	大丰中华麋鹿园景区
扬州	瘦西湖风景区
镇江	三山景区、句容茅山景区
泰州	溱湖国家湿地公园
截止日期 2016 年 8 月	

四、长江旅游区

城市	旅游景点
南京	中山陵、明孝陵、明城墙、秦淮河、玄武湖、灵谷寺、南京总统府、朝天宫、秦淮风光带、夫子庙、江南贡院、莫愁湖、燕子矶、阅江楼、雨花台、甘熙宅第、瞻园、栖霞寺、汤山温泉、南京博物院、鸡鸣寺、莫愁湖、南京长江大桥、梅花山、白鹭洲公园、中华门、将军山风景区、阳山碑材、静海寺、天妃宫
镇江	金山、焦山、北固山、茅山、赤山、宝华山、南山、伯先公园、英国领事馆、西津渡、蒜山、招隐寺、圌山、五柳堂、五卅演讲厅、扬中园博园
扬州	瘦西湖、何园、个园、大明寺、运河三湾风景区、东关街、茱萸湾风景区、凤栖湖公园、九龙湖公园、扬子津生态园、扬子津古渡公园、引潮河公园、邵伯湖风景旅游区、扬州西郊森林公园、扬州凤凰岛生态旅游区、花都汇生态公园、南水北调源头公园、润扬森林公园、蜀冈西峰生态园、扬州唐城遗址博物馆、隋炀帝陵、扬州崔致远纪念馆、汉广陵王博物馆、高邮旅游集聚区、宝应旅游集聚区、仪征旅游集聚区、抗日战争最后一役纪念馆、仙鹤寺、汉陵苑、神居山、盂城驿、龙虬庄遗址、镇国寺塔、文游台、菱塘清真寺、中国邮驿文化城、高邮湖芦苇荡湿地公园、高邮湖滩郊野公园、宝应湖国家湿地公园
泰州	梅兰芳纪念馆、溱湖国家湿地公园、溱潼古镇、兴化垛田风光带、凤城河景区
南通	濠河风景区、南通博物苑、狼山、如皋水绘园、余西古镇、余东古镇、文天祥渡海亭、曹公亭、骆宾王墓、张氏宗祠、绿博园、南山湖、南山寺、定慧寺、香光寺、白蒲法宝禅寺、圆陀角、通州湾、东灶港、吕四港、洋口港、忠孝文化园、江南大院、蛎岈山、集庆庵、南通鲜花小镇、青墩文化遗址、江海风情园、中国珠算博物馆、中国审计博物馆、东方大寿星园、中国乒乓球通州训练基地、精进书院、苏中七战七捷纪念馆、中国工农红军第十四军纪念馆、海门张謇纪念馆、海上迪斯科、小洋口度假区、黄金海滩、金蛤岛、江淮文化园、曹家镇德肋萨堂、新四军联抗烈士陵园、叠石桥南通家纺城

五、太湖旅游区

城市	旅游景点
苏州	拙政园、留园、网师园、狮子林、沧浪亭、环秀山庄、退思园、锦溪镇、周庄镇、同里镇、角直镇、木渎镇、虎丘、寒山寺、苏州乐园、玄妙观、盘门三景、苏州乐园
无锡	鼋头渚风景区、锡惠公园、无锡影视基地、灵山胜境、灵山大佛、善卷洞、竹海
常州	武进太湖湾旅游度假区、嬉戏谷、中华孝道园、中国春秋淹城旅游区、淹城春秋乐园、淹城野生动物世界、淹城遗址、常州大运河、天宁风景名胜区、红梅公园、东坡公园、舣舟亭、红梅阁、青枫公园、常州亚细亚影视城、武进市新天地公园、天目湖旅游度假区、南山竹海、吴越弟一峰、熊猫馆、天目湖御水温泉、茅山风景名胜区、茅山东方盐湖城

六、运河徐海旅游区

城市	旅游景点
徐州	云龙湖、云龙山、龟山汉墓、彭祖园、邳州艾山风景名胜区、马陵山风景区、沛县汉城、汉画像石艺术馆、窑湾古镇、蟠桃山佛教文化景区、徐州潘安湖湿地公园、徐州博物馆、大洞山风景区、泉山国家森林公园、徐州滨湖公园、沛公园、戏马台、徐州艺术馆、竹林寺、李可染艺术馆、徐州民俗博物馆、徐州无名山公园、李超时纪念馆、张伯英艺术馆、卧龙泉度假生态园、铜山悬水湖景区、邳州银杏博览园、徐州古黄河公园、徐州汉城、沛县滨河公园、睢宁岠山景区、云河公园、泗水亭公园、永宁寺、铜山楚河景区、徐州乐园
淮安	周恩来故居、周恩来纪念馆、淮安府衙、吴承恩故居、河下古镇、里运河文化长廊、钵池山公园、勺湖、清晏园、楚秀园、金湖荷花荡、金湖水上森林公园、嵇圩林场、镇淮楼、韩信故里、文通塔、水下泗州城、明祖陵、梁红玉祠、关天培祠、古淮河文化生态景区、第一山国家森林公园、铁山寺森林公园、中国淮扬菜文化博物馆、中国西游记博览馆、中国漕运博物馆、中国南北地理分界线标志园
盐城	盐城新四军纪念馆、大丰荷兰花海、大丰中华麋鹿园景区、丹顶鹤自然保护区、大纵湖旅游度假区、新四军重建军部旧址(泰山庙)、新四军重建军部纪念塔、盐城海盐历史文化景区、东台西溪旅游文化景区、大丰港海洋世界
连云港	花果山、墟沟海滨浴场、孔望山、抗日山、大伊山、桃花涧、石棚山风景区、宿城世外桃源风景区、东海猎趣园、高公岛风景游览区、安峰山烈士陵园、连云港市革命纪念馆、连岛海滨浴场、云台山国家森林公园、海州湾旅游度假区、东磊风景区、海州古城、将军崖岩画、李汝珍纪念馆、东海温泉
宿迁	项王故里、乾隆行宫、宿迁皂河龙王庙、骆马湖、洪泽湖湿地自然保护区、中国水城、克拉嗨谷、宿北大战纪念馆、嶂山森林公园、雪枫烈士陵园

七、江苏名优特产

城市	特产
南京	金陵小吃、云锦、香肚、南京烤鸭、南京盐水鸭、雨花石、桂花糖芋苗、雨花茶、金陵小笼包、牛肉锅贴、如意回卤干、鸭血粉丝汤、龙袍蟹黄汤包、固城湖大闸蟹、南农烧鸡、金陵烤鸭、秦淮八绝、活珠子、五香蛋、什锦豆腐脑、梅花糕、状元豆、支肚面、烤鸭包、金陵片皮鸭、星甸清真烤鸭、田家茶叶、浦桥玉剑、青山碧螺春、洪蓝玉带糕、水八仙、南京绒花、金陵金箔、天鹅绒、雕花天鹅绒、金陵竹刻、金陵折扇、南京仿古牙雕、羽毛贡扇、老街布鞋、慢城叶画、南京木雕、高淳陶瓷
无锡	长江三鲜、惠山泥人、惠山油酥、江阴黑杜酒、宜兴紫砂、清水油面筋、三凤桥酱排骨、蜀山陶器、无锡水蜜桃、方糕、无锡毫茶、豆腐花、无锡小笼包、和桥豆腐干、无锡肉骨头、大浮杨梅、黑杜酒、太湖三白、太湖珍珠、惠山腊烧片(已失传)、拱北楼阳春面、聚丰园腐乳肉、惠泉黄酒、马山芋头、萝卜丝饼、酒酿棉子圆、海棠糕、油豆腐干

续表

城市	特　　产
徐州	小孩酥糖、徐州烙馍、徐州地锅鸡、徐州辣汤、易牙五味鸡、霸王别姬、鸳鸯鸡、葱烧孤雁、徐州三鲤、四孔鲤鱼、梁王鱼、彭城鱼丸、愈灸鱼、蜜三刀、丸子汤、冬瓜四灵、西楚贡菜、油炸金蝉、东坡回赠肉、锅贴饺、八股油条、羊方藏鱼、饣它汤、蝴蝶散子、道家菜、释家菜、金丝缠葫芦、太极山药泥、蜜汁地瓜、羊肉滑脊
常州	加蟹小笼包、大麻糕、芝麻糖、萝卜干、虾饼、马蹄酥、天目湖砂锅鱼头、刻纸留青竹刻、乱针绣、梳篦、银丝面、金钱菜、茅尖花红、南式麻糖、沙河、桂明茶；武进特产：淡水鱼类、太湖三白、茶叶、水蜜桃、葡萄、珍珠
苏州	碧螺春茶、采芝斋糖果、宋锦苏式蜜饯、苏式糕点、卤汁豆腐干、太湖银鱼、桃花坞木刻年画红木雕刻、缂丝（刻丝）、太仓肉松、太仓糟油、常熟花边、昆山并蒂莲、昆山奥灶面、锦溪袜底酥、昆山阳澄湖大闸蟹、长江三鲜
南通	西亭脆饼、正场熏糕、石港窨糕、嵌桃麻糕、南通火饺、缸爿、茗荷、芦穄、京枣、狼山鸡、天下第一鲜、蓝印花布、沈绣、烤鳗、蛋饼、林梓潮糕、董糖、南通跳面、如皋萝卜、如皋肉松、南通油饼、如皋火腿、肉松、油馓子、如派盆景、白蒲黄酒、如皋香肠、南通甜包瓜、白蒲茶干、文蛤、薄荷脑、扎染、季德胜蛇药片、王氏保赤丸、石港乳腐、凤尾鱼罐头、海门山羊、云片糕、海安糯米陈酒、海安河豚鱼、海门朝天小辣椒、金钱萝卜饼、李堡麻虾酱、吕四带鱼、文峰双竹、长江刀鱼、泥螺、醉虾、醉蟹、海蜇、长江三鲜、糖醋黄鱼、白汁鮰鱼、烹籽鱼、藕饼、香芋烧竹鸡
连云港	灌云豆丹、板浦凉粉、汪恕有滴醋、花果山凤鹅、东海水晶、云雾茶、葛藤粉、汤沟酒、王子啤酒、沙光鱼、对虾、山板栗
淮安	灌汤蒸饺、高沟捆蹄、淮安菜炒饭、文楼汤包、震丰圆馄饨、盱眙十三香龙虾、平桥豆腐、淮安茶馓、淮城蒲菜、钦工肉圆、高沟大曲、软兜长鱼、朱桥甲鱼、洪泽湖螃蟹
盐城	建湖藕粉圆子、参燕八珍糕、伍佑醉螺、东台鱼汤面、奇园蟹黄包、拆烩推浪鱼、烩素鱼皮、鯮鱼饼东沟茶干、白首乌粉、阜宁大糕、糯米肉圆、滨海香肠、钩针衣生炝条虾、白炖鲻鱼、叉烤野鸡片、四鳃鲈鱼、青蒲螃蟹、大纵湖醉蟹、伍佑糖麻花
扬州	扬州炒饭、扬州狮子头、牛皮糖、馋神风鹅、黄珏老鹅、平山绿茶（郊区）、仪征老鹅、捺山绿茶（仪征）、高邮双黄鸭蛋（高邮）、秦邮董糖（高邮）、界首茶干（高邮）、宝应藕粉（宝应）、江都方酥（江都）、嘶马拉豆腐（江都）、琼花露酒、邵伯菱角、三丁包、扬州绿茶、扬州煮干丝、扬州酱菜、扬州三头宴
镇江	镇江香醋、肴肉、锅盖面、百花贡酒、镇江鲥鱼、扬中河豚、刀鱼、镇江膏药、小磨麻油、句容新坊老鹅、句容食砂朱鲤、葛根茶
泰州	梅兰春酒、靖江肉脯、难得米酒、兴化清炒鲨鱼片、泰州三麻（麻油、麻糕、麻饼）、刁铺羊肉、溱湖八鲜（溱湖螃蟹、溱湖甲鱼、溱湖银鱼、溱湖青虾、溱湖水禽、溱湖螺贝、溱湖四喜、溱湖水蔬）
宿迁	水晶山楂糕、天岗湖银鱼、沭阳石榴、泗洪空心挂面、龙嫂米线、埠子车轮饼、穿城大饼、八集小花生、五香大头菜、老汤黄狗、猪头肉、软熘长鱼、双沟大曲、泗洪大枣、泗阳膘鸡、泗阳新袁羊肉

第三节　浙江省旅游资源

一、综述

浙江文化属于典型的"中国东南文化区"，其主体构成是吴越文化。拥有国家级文物保护单位88处，省级321处，市县级1674处，共有文物保护点近4万处。中国历史文化名城13个。

浙江省有重要地貌景观800多处，水域景观200多处，生物景观100多处，人文景观100多处；18个国家级重点风景名胜区，42 个省级风景名胜区；6 座国家级历史文化名城，12 座省级历史文化名城；全国重点文物保护单位 134 处，省级重点文物保护单位 279 个；国家级自然保护区 10 个，国家森林公园 35 个。浙江省有国家级风景名胜区 127 处，国家自然保护区 65 处，是森林公园最多的省，有丝绸、茶叶、服装、南宋官窑等博物馆。

二、著名景点

城市	名称
杭州	西湖、京杭大运河、良渚古城遗址、西溪国家湿地公园、千岛湖、天目山、富春江、南宋御街、宋城
宁波	象山影视城、雪窦山、蒋氏故居、四明山、东钱湖、甬江、浙东大峡谷
嘉兴	南湖、乌镇、西塘、钱塘潮、南北湖、盐官镇、九龙山（九龙山国家森林公园）、莫氏庄园、茅盾故居、京杭大运河、杭州湾跨海大桥、嘉绍跨海大桥
温州	雁荡山、楠溪江、洞头列岛、铜铃山森林公园
舟山	普陀山、桃花岛、舟山群岛、衢山岛观音山、嵊泗列岛
湖州	莫干山、苕溪、南浔古镇、莲花庄、太湖、中南百草园、九龙峡
金华	横店影视城、双龙洞、仙华山
绍兴	会稽山、绍兴东湖、沈园、镜湖、兰亭、新昌大佛寺
衢州	江郎山、龙游石窟、仙霞岭
台州	天台山、台州府城墙、神仙居、长屿硐天、括苍山、紫阳街
丽水	千峡湖、沙湾十景、仙都风景区、飞云江

三、浙江地方特产

城市	特产
杭州	西湖龙井、杭州丝绸、西湖藕粉、径山茶、西湖绸伞、雪水云绿茶、萧山萝卜干、临安山核桃、东坞山豆腐皮、萧山鸡、杭州炖菜、富春江鲥鱼、杭州塘栖枇杷等
宁波	奉化芋艿头、奉化水蜜桃、邱隘咸菜、宁波汤圆、宁波红膏炝蟹、楼茂记香干、宁波臭冬瓜等
嘉兴	五芳斋粽子、南湖菱、文虎酱鸭、三珍斋八宝饭、西塘八珍糕、蓝印花布、杭白菊、汾湖蟹、凤桥水蜜桃、平湖西瓜、乌镇姑嫂饼、乌镇丝绵、荷叶粉蒸肉、斜桥榨菜、濮院羊毛衫、海宁皮革、桐乡槜李等
温州	温州鸭舌、温州鱼饼、温州瓯柑、文戌粉丝、平阳马蹄笋、瑞安白毛茶、苍南翠龙茶、苍南四季柚、苍南槟榔芋、温州灯盏糕等
舟山	嵊泗贻贝、舟山三疣梭子蟹、普陀水仙、金塘李、登步黄金瓜、普陀佛茶、舟山晚稻、杨梅等
湖州	安吉白片、湖丝、湖笔、太湖三宝、太湖百合、湖州雪藕、长兴白果、长兴板栗、莫干黄芽、顾渚紫笋等
金华	金华火腿、义乌蜜枣、永康鹅肥肝等
绍兴	新昌小京生、新昌春饼、绍兴黄酒、绍兴茴香豆、绍兴梅干菜等
衢州	三头一掌、龙游发糕、开化纸、龙游方山茶等
台州	临海蜜橘、黄岩蜜橘、临海蟠毫、天台山云雾茶、糟羹、仙居云峰茶、黄岩龙乾春、临海羊岩勾青、仙居三黄鸡、温岭高橙、仙居杨梅、玉环文旦、邵家渡草莓、三门青蟹等
丽水	缙云烧饼、安仁鱼头、高山田螺、卷饼等

第四节 安徽省旅游资源

一、综述

截至2017年11月，安徽拥有1处世界文化与自然双重遗产，2处世界文化遗产，2处世界地质公园，5座国家历史文化名城（歙县、寿县、亳州、安庆、绩溪），6个国家级自然保护区，9家国家湿地公园，12处国家级重点风景名胜区（黄山、九华山、天柱山、琅琊山、齐云山、采石矶、巢湖、花山谜窟、太极洞、花亭湖），11处国家地质公园，11家5A级景区，184家4A级景区，30个国家级森林公园，130处全国重点文物保护单位，708处省保单位，3161处市县保单位。

2018全年入境旅游人数607万人次，比上年增长10.5%。其中，外国人354万人次，增长10.3%；港澳台同胞253万人次，增长10.9%。国内游客7.21亿人次，增长15.2%。旅游总收入7241亿元，增长16.8%。其中，旅游外汇收入31.9亿美元，增长10.7%；国内旅游收入7030亿元，增长17.1%。皖南国际旅游文化示范区旅游收入3785.2亿元，增长16.4%。年末全省有A级及以上旅游景点（区）600处。

二、安徽省十六座城市的代表性旅游资源

合肥的三国胜迹	宿州的楚风汉韵
芜湖的滨江湖影	淮南的八公山
安庆的皖江文化	阜阳的淮河生态
蚌埠的淮畔明珠	滁州的山水名亭
黄山的名山古城	六安的革命红区
马鞍山的江水诗城	淮北的隋唐山水
宣城的名村古镇	池州的佛教圣地
铜陵的铜都风光	亳州的曹操故里

三、著名景区——山

安徽山多秀丽，且负盛名，其中有黄山市的黄山、齐云山，合肥的大蜀山、宣城的敬亭山、柏枧山，池州的九华山，淮南的八公山，芜湖的赭山、丫山、马仁奇峰，滁州的琅琊山、皇甫山、韭山，宿州的皇藏峪、突山，安庆的天柱山、小孤山，铜陵的浮山，六安的万佛山、大别山天堂寨，淮北的相山、龙脊山等。

四、著名景区——江河湖

安徽的水兼江河湖，中国第一大河——长江横穿东西，江面辽阔。我国五大淡水湖之一巢湖，及被称为东方日内瓦湖——太平湖，皖北第一大湖泊——龙子湖。宿州的黄河故道是安徽的湿地旅游资源。安徽的名泉极多，有江南第一泉——圣泉、天下第七泉——白乳泉。安徽主要古道有徽杭古道、旌歙古道、徽安古道、徽开古道、徽饶古道、徽青古道。

五、历史遗产与重点景区

世界遗产(3处)	黄山、皖南古村落(西递-宏村)、大运河(通济渠-新汴河)
非物质文化遗产(17项)	当涂民歌、巢湖民歌、花鼓灯、肘阁抬阁、桐城歌、大别山民歌、徽州民歌、齐云山道场音乐、凤阳民歌、砀山唢呐、无为鱼灯、花鼓戏、淮北梆子戏、豆腐传统制作技艺、孔雀东南飞传说、老子传说、灵璧菠林喇叭
国家重点风景名胜区(12处)	黄山、九华山、天柱山、琅琊山、齐云山、采石矶、巢湖、花山谜窟、太极洞、花亭湖、龙川、齐山·平天湖

六、国家5A级景区

所在地	景 区
合肥	三河古镇
黄山	黄山风景区、古徽州文化旅游区、皖南古村落(西递宏村)
芜湖	芜湖方特旅游区
池州	九华山风景区
宣城	绩溪龙川景区
六安	天堂寨风景区、万佛湖风景区
安庆	天柱山风景区
阜阳	八里河风景区

七、江淮旅游区

所在地	旅游景点
合肥	合肥城隍庙、逍遥津、周瑜墓、三国遗址公园、大蜀山、鹤翔湖、天鹅湖、翡翠湖、南艳湖、少荃湖、岱山湖、双凤湖、方兴湖、瓦蚌湖、北雁湖、王咀湖、巢湖风景名胜区、徽园、包公园、包氏宗祠、袁术古堆墓、合肥大剧院、安徽博物院、六家畈古民居、欧洲风情街、吴复墓石雕群、三河古镇、李鸿章故居、安徽名人馆、清风阁、瑶岗渡江战役总前委旧址、大陈墩遗址、刘铭传故居、李鸿章享堂、渡江战役纪念馆、孙立人故居、合肥市野生动物园、紫蓬山国家森林公园、岱山湖旅游度假区、丰乐生态园、坝上街、淮河路步行街、三孝口、四牌楼、三里庵、小东门、百花井、中国非物质文化遗产园、五里井、三里街
滁州	琅琊山风景区、醉翁亭、高邮湖旅游度假区、高邮湖、明皇陵、吴敬梓纪念馆、狼巷迷谷、滁州西涧、清流河、女山湖、碧云湖、丰乐亭、清流关、白鹭岛、皇甫山、滁州长城影视基地、韭山洞、小岗村
六安	天堂寨、大别山国家地质公园、万佛湖、大别山庄、横排头、铜锣寨、皖西大裂谷、佛子岭

八、皖南国际旅游文化示范区

黄山	黄山、齐云山、西递宏村、屯溪老街、花山迷窟、徽州古城、潜口、唐模、呈坎、棠樾、新安江山水画廊、南屏、卢村、白际乡、汤口镇、关麓、塔川、渔梁村、太平湖、翡翠谷、牯牛降风景区、芙蓉谷景区、打鼓岭、雄村景区、新安江滨水旅游区、潜口民宅博物馆、丰乐湖、赛金花故居、东黄山旅游度假区、宋代瓷窑遗址、九龙峰、木坑竹海、徽州文化园、徽州大峡谷、三溪风景区、凤凰源、黄山野生猴谷景区、许村、十八道弯、搁船尖、许国石坊、霞坑、协里、渔梁
马鞍山	濮塘风景区、甄山寺、灵墟山、李白墓园、朱然陈列馆、采石矶、太白楼、雨山
芜湖	芜湖方特、赭山风景区、天门山风景区、镜湖公园、九莲塘公园、芜湖滨江公园、银湖公园、马仁奇峰、丫山花海石林、响水涧、芜湖博物馆、徽商博物馆、雨耕山、王稼祥纪念园、广济寺、中山路步行街、鸠兹广场、大浦乡村世界

续表

铜陵	天井湖、五松山、浮山、葛仙洞、铜陵钟鸣、江南文化园、护国寺、云崖寺、大士阁、五里亭、岱鳌山
宣城	敬亭山、谢朓楼、太极洞、桃花潭、江村、绩溪龙川、新四军军部旧址纪念馆、王稼祥故居、查济古镇、赤滩古镇、三吴纪念馆、障山大峡谷、石佛山、湖村(太极村)、黄田村、徽杭古道、皖南事变烈士陵园
池州	九华山、杏花村、升金湖、平天湖、牯牛降、南溪古寨、蓬莱仙洞、九子岩、九华天池、大王洞、九天仙寓景区、大历山、东流古文化区、龙源旅游度假村
安庆	天柱山、司空山、巨石山、菱湖风景区、独秀园、麻塘湖、花亭湖、嬉子湖、龙眠山、大龙山、小孤山、白崖寨、鹞落坪、妙道山、浮山、六尺巷、陈独秀纪念馆、安徽中国黄梅戏博物馆、五千年文博园

九、皖北淮河旅游区

所在地	旅游景点
宿州	皇藏峪、圣泉寺、淮海战役总前委旧址、磬云山国家地质公园、新汴河、龙泉湖、涉故台、垓下古战场遗址、扶疏亭、车牛返、闵子骞祠、宿州三角洲公园、虞姬文化园、黄河故道湿地自然保护区、永堌古镇、萧国古城、王子云故居、中国古鞋博物馆、汉墓群、白土古镇、中国宿州白居易文化园、灵璧奇石文化园、萧窑遗址、萧县城隍庙、萧县博物馆、凤山森林公园、费村、朱陈村、陶潜墓、林探花府、苏迈墓、三仙台、宿州古城墙、梅山森林公园、宿州市植物园、天门寺、金寨文化遗址、虞姬墓、赛珍珠故居、白居易东林草堂遗址、雪枫公园、中国百孝文化园、突山风景区、郭庄知青园、宿州博物馆
蚌埠	淮河文化广场、珠园、淮畔观柳、花鼓灯嘉年华、涂山、龙子湖、张公山、双墩遗址、白乳泉、城西公园、谷阳城遗址公园、胡洼闸风景区、三叉河国家湿地公园、淮北西大门抗战烈士陵园、许慎文化公园、伯牙墓、严氏墓、大巩山、卞和洞、荆山、禾泉农庄、湖上升明月
阜阳	八里河风景区、颍州西湖、阜阳生态园、迪沟
淮北	相山森林公园、龙脊山、清龙寺、南湖、华家湖、临涣古镇
亳州	花戏楼、古井酒文化博物馆、华祖庵、天静宫、柘王宫、曹操公园、新四军纪念馆、郑店子、万佛塔、曹操地下运兵道、庄子祠、华祖庵、汤王陵、曹操宗族墓群、亳州市博物馆
淮南	八公山、上窑山、舜耕山、寿县古城、焦岗湖、龙湖公园、春申君陵园、新四军纪念林、淮河民俗风情园、卧龙山

第二篇

长三角地区经济社会发展总报告

扫码阅读

第一章　长三角地区总体发展情况

2018年，全球贸易保护主义和单边主义抬头，经济全球化遭遇波折，多边主义和自由贸易体制受到冲击，世界经贸格局出现深刻调整。中美贸易摩擦不断升级，世界贸易受到影响，除美国等少数经济体的经济增速继续上升外，其他大部分经济体的经济增速出现回落。我国经济运行总体平稳，稳中有进，保持在合理区间。我国GDP全年增长6.6%，实现了预期发展目标；我国外贸进出口总额增长9.7%，首次突破30万亿元，但增幅有所减小。长三角地区GDP较上年增长7.5%，高于全国平均增长水平；长三角地区外贸进出口总额增长8.9%。

一　长三角地区生产总值总体情况

2018年，长江三角洲三省一市实现地区生产总值211479.24亿元，占2018年国内生产总值的23.5%，实现年净增16190.23亿元，名义增长8.3%。其中，第一产业增加值8851.11亿元，增长2.06%；第二产业增加值88329.03，名义增长6.3%；第三产业增加值114299.10亿元，名义增长10.3%。

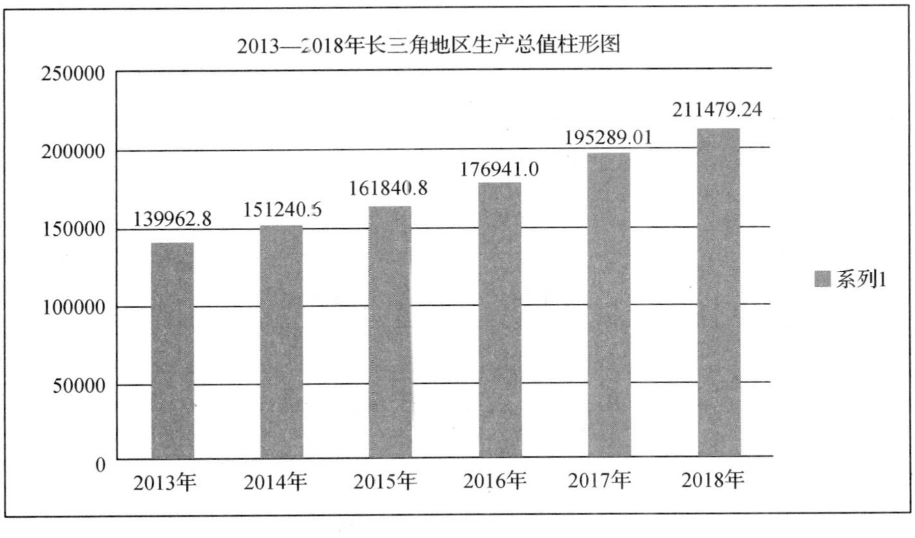

图1　2013—2018年长三角地区生产总值总体情况（单位：亿元）

二　上海市、江苏省、浙江省和安徽省地区生产总值情况

2018年，长三角地区三省一市GDP总量依次为江苏（92595.40亿元）、浙江（56197.15亿元）、上海（32679.87亿元）、安徽（30006.82亿元）。

2018年，上海市经济增长总体平稳，第三产业比重提高。全年全市生产总值完成32679.87亿元，按可比价格计算，比上年增长6.6%，继续处于合理区间。其中，第一产业增加值104.37亿元，下降6.9%；第二产业增加值9732.54亿元，增长1.8%；第三产业增加值22842.96亿元，增长8.7%。第三产业增加值占全市生产总值的比重为69.9%，比上年提高0.7个百分点。从主要行业看，全年工业增加值8694.95亿元，比上年增长1.9%；批发和零售业增加值4581.49亿元，增长3.3%；交通运输、仓储和邮政业增加值1533.36亿元，增长10.4%；住宿和餐饮业增加值421.46亿元，下降2.8%；金融业增加值5781.63亿元，增长5.7%；房地产业增加值1992.52亿元，增长4.8%；社会服务业增加值8490.73亿元，增长14.8%。

江苏省经济发展稳中有进，高质量发展实现良好开局。2018年全省实现生产总值92595.40亿元，按可比价格计算，比上年增长6.7%。第一产业增加值4141.7亿元，增长1.8%；第二产业增加值41248.5亿元，增长5.8%；第三产业增加值47205.2亿元，增长7.9%。2018年加快淘汰低水平落后产能，制造业发展提质增效。2018年压减钢铁产能80万吨、水泥产能210万吨、平板玻璃产能660万重量箱；关闭高耗能高污染及“散乱污”规模以上企业3600多家；关停低端落后化工企业1200家以上。多措并举为企业降低成本1200亿元以上。着力聚焦提升民生福祉，补短板扎实推进。全省200个补短板重大项目完成年度投资3600亿元。

2018年，浙江省生产总值(GDP)为56197.15亿元，稳居全国第4位，按可比价格计算，比上年增长7.1%，增速比全国高0.5个百分点。人均生产总值达98643元(合14907美元)，比上年增长5.7%。分产业看，第一产业增加值1967亿元，增长1.9%；第二产业增加值23506亿元，增长6.7%；第三产业增加值30724亿元，增长7.8%。三次产业对生产总值的增长贡献率分别为1.0%、42.8%和56.2%。三次产业增加值比例由上年3.7∶43.0∶53.3调整为3.5∶41.8∶54.7。

2018年，安徽省经济运行在合理区间，保持了平稳运行态势，主要指标增速全国靠前、中部领先，产业结构不断优化，发展质效不断提升。全年全省生产总值(GDP)30006.8亿元，按可比价格计算，比上年增长8.02%。其中，第一产业增加值2638亿元，增长3.2%；第二产业增加值13842.1亿元，增长8.5%；第三产业增加值13526.7亿元，增长8.6%。一二三次产业比例为8.8∶46.1∶45.1。全年退出煤炭产能690万吨，压减生铁粗钢产能228万吨，有序处置省属“僵尸企业”58户。全年服务业增加值增速快于GDP0.6个百分点，占比由上年的42.9%提高到45.1%，为历史新高；特别是以信息传输、互联网为代表的新兴服务业快速发展。

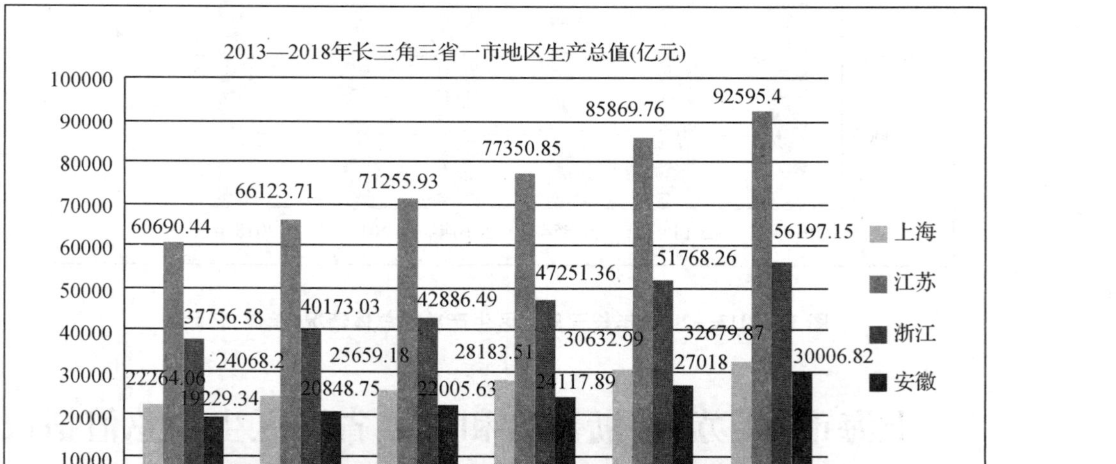

图2　2013—2018年上海、江苏、浙江和安徽地区生产总值情况(单位:亿元)

三省一市GDP增速在6.6%～8.02%之间，上海增速6.6%，较上年下滑0.3个百分点；江苏增速6.7%，较上年回落0.5个百分点；浙江增速7.1%，较上年下滑0.7个百分点；安徽增速8.02%，较上年回落0.48个百分点。

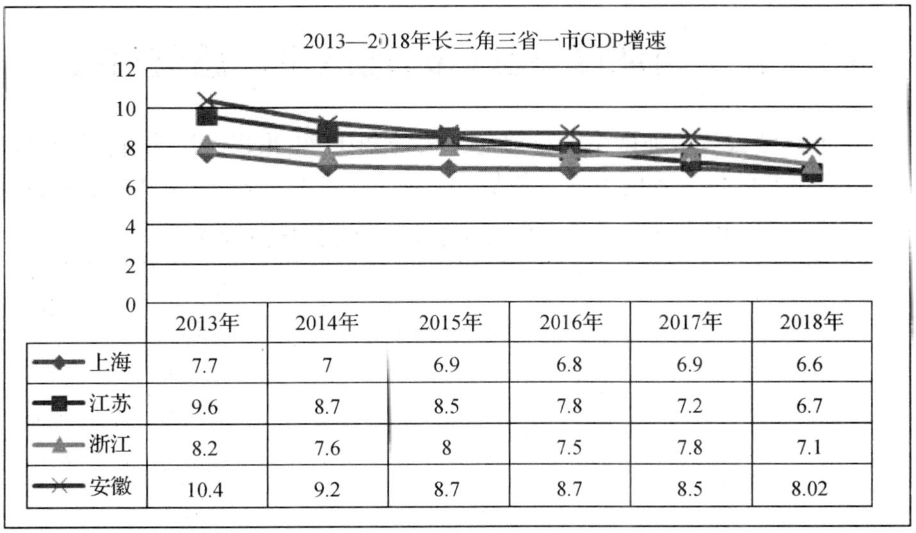

图 3　2013—2018 年上海、江苏、浙江和安徽 GDP 增速情况（单位：%）

三　长三角地区各省辖市地区生产总值情况

2018 年，长三角 40 个地级市地区生产总值前五名排次与上年相同，其余排次略有变动。前五名依次是苏州市（18597.47 亿元）、杭州市（13509.15 亿元）、南京市（12820.40 亿元）、无锡市（11438.62 亿元）和宁波市（10745.46 亿元）。

表 1　2018 年长三角地区各省辖市地区生产总值情况　（单位：亿元）

地　区	总　值	排　名	地　区	总　值	排　名
苏州市	18597.47	1	杭州市	13509.15	2
南京市	12820.40	3	无锡市	11438.62	4
宁波市	10745.46	5	南通市	8427.00	6
合肥市	7822.91	7	常州市	7050.27	8
徐州市	6755.23	9	温州市	6006.16	10
盐城市	5487.08	11	扬州市	5466.17	12
绍兴市	5416.90	13	泰州市	5107.63	14
台州市	4874.67	15	嘉兴市	4871.98	16
金华市	4100.23	17	镇江市	4050.00	18
淮安市	3601.25	19	芜湖市	3278.53	20
连云港市	2771.70	21	宿迁市	2750.72	22
湖州市	2719.07	23	马鞍山市	1918.10	24
安庆市	1917.59	25	滁州市	1801.75	26
阜阳市	1759.52	27	蚌埠市	1714.66	28
宿州市	1630.22	29	衢州市	1470.58	30
丽水市	1394.67	31	宣城市	1317.20	32
舟山市	1316.70	33	六安市	1288.05	34
亳州市	1277.19	35	铜陵市	1222.36	36
淮南市	1133.31	37	淮北市	985.19	38
池州市	684.93	39	黄山市	677.91	40

四　长三角地区各县(市)地区生产总值情况

2018年，长三角地区各县(市)地区生产总值前十名与2017年相比有所变动，排序慈溪市超过宜兴市进入前五名，海门市上升两位进入前十名。各县(市)地区生产总值较2017年均有不同程度的增长。

表2　2018年长三角地区各县(市)地区生产总值情况　　(单位:亿元)

地　区	总　值	排　名	地　区	总　值	排　名	地　区	总　值	排　名
昆山市	3832.06	1	江阴市	3806.18	2	张家港市	2720.18	3
常熟市	2400.23	4	慈溪市	1737.03	5	宜兴市	1713.28	6
太仓市	1330.72	7	丹阳市	1250.25	8	海门市	1249.00	9
义乌市	1248.11	10	诸暨市	1225.25	11	如皋市	1120.48	12
余姚市	1105.08	13	温岭市	1091.07	14	乐清市	1078.52	15
启东市	1063.33	16	泰兴市	1050.34	17	靖江市	1002.05	18
海安市	993.00	19	如东县	952.29	20	海宁市	948.73	21
瑞安市	948.02	22	溧阳市	935.51	23	邳州市	920.66	24
兴化市	905.13	25	桐乡市	893.51	26	东台市	878.68	27
沭阳县	825.45	28	沛　县	762.62	29	肥西县	703.08	30
平湖市	693.92	31	仪征市	673.94	32	临海市	670.92	33
高邮市	669.02	34	新沂市	653.32	35	宝应县	630.46	36
肥东县	619.54	37	长兴县	609.78	38	宁海县	603.64	39
东阳市	585.00	40	嘉善县	582.60	41	玉环市	580.77	42
睢宁县	577.30	43	句容市	571.10	44	建湖县	561.68	45
嵊州市	560.65	46	苍南县	560.59	47	永康市	557.71	48
扬中市	542.00	49	射阳县	536.61	50	象山县	531.65	51
德清县	517.00	52	海盐县	503.27	53	东海县	494.42	54
阜宁县	482.83	55	泗阳县	479.22	56	泗洪县	478.95	57
长丰县	477.72	58	涟水县	476.00	59	滨海县	475.42	60
平阳县	460.17	61	丰　县	460.14	62	盱眙县	441.00	63
无为县	438.15	64	新昌县	421.09	65	永嘉县	414.47	66
安吉县	404.32	67	天长市	400.05	68	桐庐县	391.99	69
当涂县	385.78	70	巢湖市	381.37	71	兰溪市	375.13	72
灌云县	375.00	73	建德市	367.90	74	灌南县	352.99	75
响水县	349.86	76	濉溪县	341.88	77	宁国市	323.03	78
庐江县	317.68	79	怀远县	311.53	80	江山市	300.47	81
桐城市	300.41	82	涡阳县	300.27	83	萧　县	298.27	84
金湖县	296.00	85	蒙城县	294.40	86	繁昌县	283.14	87
颍上县	279.59	88	凤台县	272.31	89	太和县	272.26	90
芜湖县	270.81	91	广德县	260.14	92	枞阳县	259.50	93

续表

地　区	总　值	排　名	地　区	总　值	排　名	地　区	总　值	排　名
天台县	254.51	94	武义县	246.58	95	南陵县	245.52	96
怀宁县	244.67	97	淳安县	243.19	98	龙游县	241.98	99
固镇县	240.74	100	青田县	239.15	101	缙云县	237.05	102
仙居县	230.11	103	利辛县	229.96	104	三门县	229.38	105
霍邱县	227.45	106	灵璧县	222.65	107	浦江县	221.88	108
界首市	216.04	109	五河县	215.84	110	岱山县	215.49	111
临泉县	211.05	112	泗　县	208.94	113	凤阳县	207.97	114
砀山县	204.11	115	定远县	201.76	116	和　县	198.21	117
舒城县	197.34	118	宿松县	193.44	119	阜南县	179.98	120
来安县	179.86	121	寿　县	178.58	122	霍山县	176.69	123
含山县	173.58	124	潜山县	169.58	125	歙　县	168.71	126
东至县	167.83	127	全椒县	161.93	128	明光市	152.61	129
郎溪县	148.67	130	常山县	140.42	131	龙泉市	133.53	132
开化县	131.99	133	太湖县	129.60	134	望江县	126.91	135
遂昌县	116.53	136	嵊泗县	114.35	137	金寨县	113.94	138
泾　县	107.16	139	松阳县	106.06	140	青阳县	103.38	141
泰顺县	98.97	142	岳西县	98.75	143	文成县	97.47	144
磐安县	96.62	145	休宁县	90.29	146	绩溪县	73.43	147
云和县	73.21	148	庆元县	72.26	149	祁门县	68.34	150
景宁自治县	59.34	151	旌德县	42.98	152	黟　县	32.15	153
石台县	26.50	154						

第二章　长三角地区第一产业发展情况

一　长三角地区第一产业发展总体情况

2018 年，长三角地区第一产业产值较上年有所增长，第一产业产值为 8851.11 亿元，较上年名义增长 2.06%。

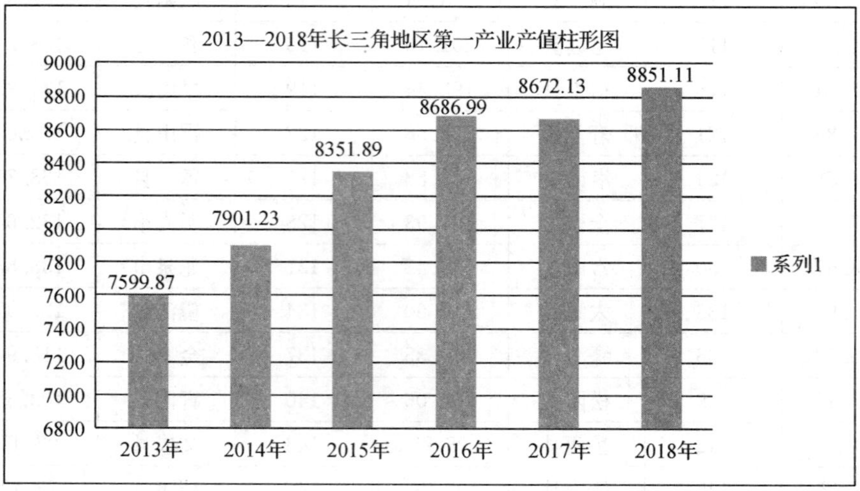

图 4　2013—2018 年长三角地区第一产业产值情况(单位:亿元)

二　上海市、江苏省、浙江省和安徽省第一产业发展情况

2018 年，长三角三省一市第一产业增加值分别为：江苏 4141.72 亿元，比上年增长 1.8%；安徽 2638.01 亿元，比上年增长 3.2%；浙江 1967.01 亿元，比上年增长 1.9%；上海 104.37 亿元，比上年下降 6.9%。

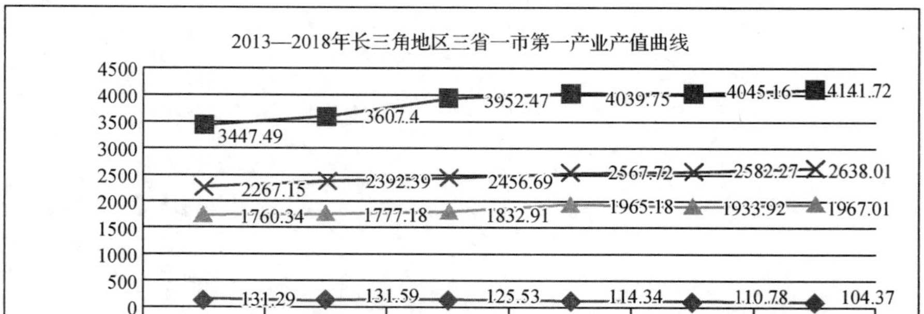

	2013年	2014年	2015年	2016年	2017年	2018年
上海	131.29	131.59	125.53	114.34	110.78	104.37
江苏	3447.49	3607.4	3952.47	4039.75	4045.16	4141.72
浙江	1760.34	1777.18	1832.91	1965.18	1933.92	1967.01
安徽	2267.15	2392.39	2456.69	2567.72	2582.27	2638.01

图 5　2013—2018 年上海市、江苏、浙江和安徽第一产业产值情况(单位:亿元)

三　长三角地区各省辖市第一产业发展情况

2018 年，长三角三省一市农业生产基本稳定，农业结构不断优化，农业综合机械化水平不断提升。40 个地市的第一产业产值大都保持稳定增长。排在前五位的是：徐州市（631.39 亿元）、盐城市（573.40 亿元）、南通市（397.77 亿元）、淮安市（358.70 亿元）和连云港市（325.57 亿元）。

表 3　2018 年长三角地区各省辖市第一产业产值情况　（单位：亿元）

地　区	总　值	排　名	地　区	总　值	排　名
徐州市	631.39	1	盐城市	573.40	2
南通市	397.77	3	淮安市	358.70	4
连云港市	325.57	5	阜阳市	310.68	6
宁波市	305.96	7	杭州市	305.51	8
宿迁市	300.84	9	泰州市	280.05	10
合肥市	277.59	11	南京市	273.42	12
扬州市	273.34	13	台州市	264.28	14
宿州市	253.62	15	滁州市	220.73	16
苏州市	213.99	17	亳州市	210.41	18
蚌埠市	207.89	19	安庆市	200.01	20
六安市	196.68	21	绍兴市	196.12	22
常州市	156.25	23	舟山市	142.63	24
温州市	141.75	25	镇江市	138.40	26
金华市	135.86	27	宣城市	135.40	28
芜湖市	133.03	29	湖州市	127.69	30
无锡市	125.07	31	淮南市	122.41	32
嘉兴市	115.03	33	丽水市	94.16	34
马鞍山市	86.85	35	衢州市	80.93	36
池州市	74.95	37	淮北市	65.29	38
黄山市	56.90	39	铜陵市	50.00	40

四　长三角地区各县（市）第一产业发展情况

2018 年长三角地区各县（市）第一产业产值情况见下表，大部分县（市）第一产业产值总量上升，排名前十位的依次是邳州市、兴化市、沛县、东台市、沭阳县、睢宁县、射阳县、丰县、高邮市、如东县。

表 4　2018 年长三角地区各县(市)地区第一产业产值情况　　(单位:亿元)

地　区	总　值	排　名	地　区	总　值	排　名	地　区	总　值	排　名
邳州市	132.32	1	兴化市	124.85	2	沛　县	104.11	3
东台市	99.03	4	沭阳县	97.35	5	睢宁县	96.40	6
射阳县	87.67	7	丰　县	86.85	8	高邮市	77.71	9
如东县	75.22	10	温岭市	75.11	11	新沂市	73.82	12
东海县	73.46	13	象山县	73.42	14	临泉县	72.53	15
启东市	72.04	16	宝应县	71.79	17	泗洪县	69.99	18
如皋市	69.39	19	灌云县	69.15	20	肥东县	64.50	21
固镇县	63.97	22	怀远县	63.78	23	滨海县	63.45	24
涟水县	62.39	25	海安县	61.41	26	泗阳县	61.22	27
泰兴市	60.42	28	盱眙县	59.39	29	阜宁县	58.88	30
海门市	58.80	31	长丰县	58.79	32	灌南县	57.24	33
萧　县	55.41	34	定远县	53.97	35	蒙城县	53.80	36
五河县	52.90	37	肥西县	52.36	38	灵璧县	52.25	39
慈溪市	52.24	40	庐江县	52.16	41	霍邱县	51.62	42
溧阳市	51.06	43	宜兴市	50.61	44	建湖县	50.17	45
泗　县	50.05	46	颍上县	49.82	47	阜南县	49.80	48
利辛县	49.13	49	太和县	48.66	50	丹阳市	48.56	51
句容市	46.41	52	寿　县	45.57	53	无为县	45.39	54
诸暨市	45.18	55	涡阳县	44.74	56	临海市	44.58	57
余姚市	44.08	58	宁海县	43.40	59	濉溪县	43.35	60
岱山县	43.17	61	响水县	42.82	62	宿松县	42.14	63
常熟市	39.90	64	金湖县	37.04	65	江阴市	36.98	66
凤阳县	36.84	67	嵊州市	36.62	68	淳安县	35.99	69
凤台县	35.80	70	巢湖市	35.38	71	太仓市	34.98	72
明光市	34.48	73	玉环市	34.37	74	枞阳县	33.96	75
建德市	33.65	76	长兴县	33.39	77	砀山县	33.33	78
苍南县	33.02	79	天长市	32.28	80	嵊泗县	32.22	81
昆山市	31.62	82	三门县	30.71	83	南陵县	30.68	84
舒城县	30.67	85	张家港市	30.63	86	当涂县	29.55	87
东至县	28.35	88	太湖县	26.80	89	安吉县	26.38	90
桐城市	26.36	91	界首市	26.20	92	望江县	25.64	93
和　县	24.74	94	靖江市	24.44	95	仪征市	23.84	96
瑞安市	23.64	97	桐庐县	23.53	98	兰溪市	22.87	99
潜山市	22.71	100	嘉善县	22.40	101	德清县	22.39	102
广德县	22.25	103	来安县	22.25	104	桐乡市	21.76	105
宁国市	21.75	106	全椒县	21.59	107	义乌市	21.05	108

续表

地　区	总　值	排　名	地　区	总　值	排　名	地　区	总　值	排　名
新昌县	21.00	109	江山市	20.85	110	含山县	20.32	111
乐清市	20.00	112	怀宁县	19.53	113	芜湖县	19.50	114
金寨县	18.90	115	扬中市	18.36	116	海宁市	17.63	117
泾　县	17.57	118	平阳县	16.92	119	东阳市	16.79	120
歙　县	16.70	121	海盐县	16.67	122	霍山县	15.73	123
郎溪县	15.54	124	仙居县	14.72	125	永嘉县	14.61	126
武义县	14.57	127	龙泉市	14.54	128	岳西县	14.36	129
天台县	13.54	130	开化县	13.09	131	休宁县	12.99	132
松阳县	12.47	133	龙游县	12.01	134	平湖市	11.91	135
绩溪县	11.68	136	磐安县	11.57	137	青阳县	11.29	138
遂昌县	11.06	139	缙云县	10.64	140	浦江县	9.92	141
繁昌县	9.49	142	文成县	8.88	143	青田县	8.74	144
泰顺县	8.08	145	永康市	7.93	146	常山县	7.91	147
旌德县	6.92	148	祁门县	6.59	149	庆元县	6.55	150
景宁自治县	6.24	151	云和县	4.86	152	石台县	4.54	153
黟　县	3.70	154						

第三章　长三角地区第二产业发展情况

一　长三角地区第二产业发展总体情况

2018 年，长三角地区实体经济保持良好发展态势，新兴动能不断壮大，战略新兴产业增速高于规模以上工业增速，第二产业产值达到 88329.03 亿元，名义增长 6.3%。

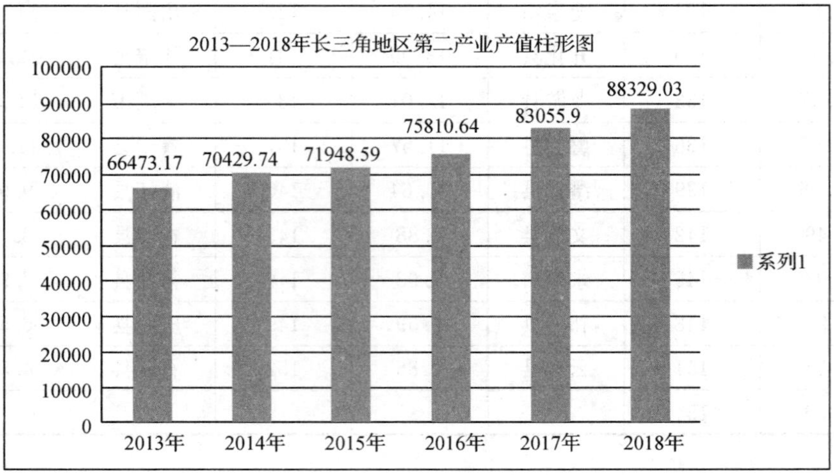

图 6　2013—2018 年长三角地区第二产业产值情况(单位:亿元)

二　上海市、江苏省、浙江省和安徽省第二产业发展情况

2018 年，长三角三省一市第二产业增加值分别为：江苏 41248.52 亿元，按可比价格计算，比上年增长 5.8%；安徽 13842.09 亿元，比上年增长 8.5%；浙江 23505.88 亿元，比上年增长 6.7%；上海 9732.54 亿元，比上年增长 1.8%。

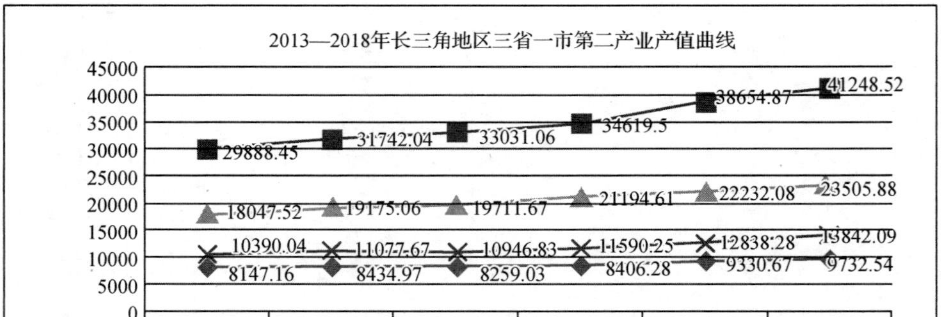

	2013年	2014年	2015年	2016年	2017年	2018年
上海	8147.16	8434.97	8259.03	8406.28	9330.67	9732.54
江苏	29888.45	31742.04	33031.06	34619.5	38654.87	41248.52
浙江	18047.52	19175.06	19711.67	21194.61	22232.08	23505.88
安徽	10390.04	11077.67	10946.83	11590.25	12838.28	13842.09

图 7　2013—2018 年上海市、江苏、浙江和安徽第二产业产值情况(单位:亿元)

三　长三角地区各省辖市第二产业发展情况

2018年，长三角三省一市工业生产小幅增长，企业经营效益良好。40个地市的第二产业产值均有不同程度的增长，排在前五位的依次是：苏州市（8933.28亿元）、宁波市（5507.53亿元）、无锡市（5464.01亿元）、南京市（4721.61亿元）和杭州市（4571.93亿元）。

表5　2018年长三角地区各省辖市第二产业产值情况　（单位：亿元）

地　区	总　值	排　名	地　区	总　值	排　名
苏州市	8933.28	1	宁波市	5507.53	2
无锡市	5464.01	3	南京市	4721.61	4
杭州市	4571.93	5	南通市	3947.88	6
合肥市	3612.25	7	常州市	3263.29	8
徐州市	2812.02	9	嘉兴市	2624.49	10
扬州市	2623.24	11	绍兴市	2611.80	12
盐城市	2436.45	13	泰州市	2434.01	14
温州市	2379.53	15	台州市	2182.60	16
镇江市	1976.60	17	金华市	1745.47	18
芜湖市	1710.64	19	淮安市	1508.11	20
宿迁市	1279.54	21	湖州市	1273.63	22
连云港市	1207.39	23	马鞍山市	1027.96	24
安庆市	956.27	25	滁州市	930.07	26
蚌埠市	762.29	27	阜阳市	737.22	28
铜陵市	712.02	29	衢州市	661.68	30
宣城市	641.62	31	宿州市	600.57	32
丽水市	577.79	33	淮北市	539.97	34
淮南市	527.81	35	六安市	523.09	36
亳州市	496.80	37	舟山市	428.37	38
池州市	289.67	39	黄山市	236.60	40

四　长三角地区各县（市）第二产业发展情况

2018年长三角地区各县（市）第二产业产值情况见下表，总量较上年均有不同程度的增加，排名前十位的依次是昆山市、江阴市、张家港市、常熟市、慈溪市、宜兴市、太仓市、余姚市、丹阳市和海门市。

表6　2018年长三角地区各县(市)第二产业产值情况

(单位:亿元)

地　区	总　值	排　名	地　区	总　值	排　名	地　区	总　值	排　名
昆山市	2074.53	1	江阴市	2071.91	2	张家港市	1423.68	3
常熟市	1230.01	4	慈溪市	1052.59	5	宜兴市	890.31	6
太仓市	675.47	7	余姚市	642.43	8	丹阳市	631.07	9
海门市	609.51	10	诸暨市	605.90	11	海宁市	538.02	12
如皋市	534.36	13	启东市	505.34	14	靖江市	492.51	15
泰兴市	490.63	16	海安市	467.40	17	桐乡市	466.94	18
乐清市	456.62	19	温岭市	454.79	20	溧阳市	453.97	21
肥西县	445.00	22	如东县	439.13	23	平湖市	417.23	24
义乌市	409.53	25	瑞安市	385.37	26	肥东县	379.08	27
沭阳县	373.98	28	邳州市	364.44	29	东台市	356.12	30
仪征市	347.49	31	兴化市	339.92	32	沛　县	332.87	33
嘉善县	320.50	34	宁海县	315.97	35	玉环市	314.51	36
永康市	310.33	37	临海市	310.31	38	长兴县	300.41	39
海盐县	293.85	40	高邮市	291.33	41	宝应县	282.24	42
长丰县	277.28	43	东阳市	276.48	44	扬中市	273.24	45
嵊州市	272.16	46	德清县	267.55	47	句容市	264.19	48
新沂市	261.91	49	天长市	247.39	50	建湖县	238.93	51
泗阳县	236.25	52	睢宁县	235.56	53	当涂县	233.07	54
象山县	225.59	55	阜宁县	210.42	56	无为县	208.68	57
东海县	207.78	58	泗洪县	203.20	59	苍南县	201.23	60
新昌县	200.08	61	兰溪市	196.94	62	射阳县	196.71	63
宁国市	196.15	64	桐庐县	195.56	65	滨海县	193.75	66
桐城市	193.70	67	巢湖市	193.42	68	繁昌县	186.11	69
涟水县	183.93	70	丰　县	182.69	71	平阳县	179.25	72
安吉县	178.30	73	永嘉县	177.40	74	濉溪县	176.30	75
响水县	173.91	76	盱眙县	173.78	77	建德市	165.50	78
芜湖县	163.68	79	灌南县	162.12	80	凤台县	160.79	81
灌云县	159.06	82	怀宁县	155.10	83	颍上县	144.95	84
江山市	140.25	85	界首市	135.36	86	广德县	133.97	87
怀远县	131.83	88	涡阳县	131.56	89	太和县	127.96	90
武义县	127.57	91	枞阳县	126.51	92	庐江县	125.19	93
青田县	117.28	94	缙云县	117.05	95	萧　县	114.47	96
金湖县	111.51	97	蒙城县	110.63	98	浦江县	110.56	99
南陵县	110.19	100	龙游县	107.40	101	天台县	104.55	102
和　县	101.14	103	仙居县	98.04	104	霍山县	95.77	105
砀山县	93.29	106	来安县	91.89	107	固镇县	91.05	108

续表

地　区	总　值	排　名	地　区	总　值	排　名	地　区	总　值	排　名
潜山市	88.29	109	三门县	86.32	110	郎溪县	86.14	111
宿松县	84.77	112	含山县	84.65	113	凤阳县	83.44	114
舒城县	82.47	115	岱山县	81.66	116	霍邱县	78.84	117
灵璧县	74.10	118	歙　县	73.26	119	全椒县	70.83	120
淳安县	67.82	121	利辛县	66.46	122	东至县	64.41	123
泗　县	63.77	124	定远县	63.74	125	寿　县	62.55	126
常山县	59.99	127	阜南县	59.70	128	望江县	59.15	129
太湖县	57.91	130	五河县	56.81	131	临泉县	56.09	132
岳西县	53.66	133	龙泉市	47.61	134	青阳县	47.46	135
明光市	46.32	136	泾　县	44.62	137	松阳县	44.44	138
磐安县	43.60	139	开化县	43.44	140	遂昌县	43.33	141
金寨县	40.95	142	绩溪县	36.02	143	云和县	35.92	144
休宁县	33.61	145	庆元县	28.45	146	泰顺县	26.03	147
文成县	23.56	148	祁门县	22.87	149	旌德县	19.40	150
景宁自治县	17.52	151	嵊泗县	16.43	152	黟　县	11.66	153
石台县	7.10	154						

第四章　长三角地区第三产业发展情况

一　长三角地区第三产业发展总体情况

2018 年，长三角地区产业结构加快调整，服务业增加值占 GDP 比重有所提高，经济活力增强，第三产业产值达到 114299.10 亿元，名义增长 10.3%。

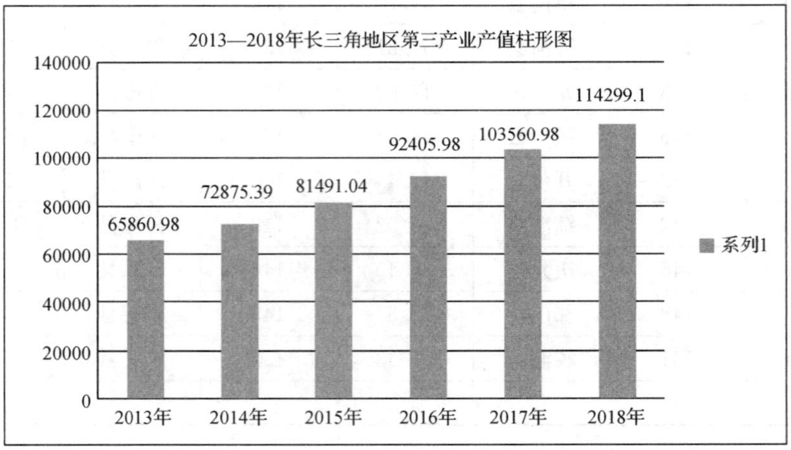

图 8　2013—2018 年长三角地区第三产业产值情况（单位：亿元）

二　上海市、江苏省、浙江省和安徽省第三产业发展情况

2018 年，长三角三省一市第三产业发展情况良好，占 GDP 比重有不同程度的增长，增加值分别为：江苏 47205.16 亿元，按可比价格计算，比上年增长 7.9%；安徽 13526.72 亿元，比上年增长 8.6%；浙江 30724.26 亿元，比上年增长 7.8%；上海 22842.96 亿元，比上年增长 8.7%。

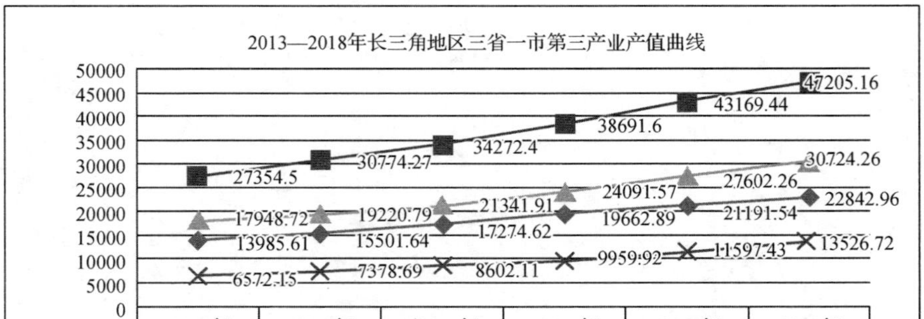

	2013年	2014年	2015年	2016年	2017年	2018年
上海	13985.61	15501.64	17274.62	19662.89	21191.54	22842.96
江苏	27354.5	30774.27	34272.4	38691.6	43169.44	47205.16
浙江	17948.72	19220.79	21341.91	24091.57	27602.26	30724.26
安徽	6572.15	7378.69	8602.11	9959.92	11597.45	13526.72

图 9　2013—2018 年上海、江苏、浙江和安徽第三产业产值情况（单位：亿元）

三　长三角地区各省辖市第三产业发展情况

2018年，长三角地区40个地级市第三产业产值持续增长，排序前五名的依次是：苏州市（9450.20亿元）、杭州市（8631.71亿元）、南京市（7825.37亿元）、无锡市（5849.54亿元）、宁波市（4931.97亿元）。

表7　2018年长三角地区各省辖市第三产业产值情况　（单位：亿元）

地　区	总　值	排　名	地　区	总　值	排　名
苏州市	9450.20	1	杭州市	8631.71	2
南京市	7825.37	3	无锡市	5849.54	4
宁波市	4931.97	5	南通市	4081.35	6
合肥市	3933.07	7	常州市	3630.73	8
温州市	3484.88	9	徐州市	3311.82	10
绍兴市	2608.98	11	扬州市	2569.59	12
盐城市	2477.23	13	台州市	2427.79	14
泰州市	2393.57	15	金华市	2218.90	16
嘉兴市	2132.46	17	镇江市	1935.00	18
淮安市	1734.44	19	芜湖市	1434.86	20
湖州市	1317.75	21	连云港市	1238.74	22
宿迁市	1170.34	23	马鞍山市	803.29	24
宿州市	776.03	25	安庆市	761.31	26
舟山市	745.70	27	蚌埠市	744.48	28
衢州市	727.97	29	丽水市	722.72	30
阜阳市	711.62	31	滁州市	650.95	32
亳州市	569.99	33	六安市	568.28	34
宣城市	540.18	35	淮南市	483.09	36
铜陵市	460.34	37	黄山市	384.42	38
淮北市	379.93	39	池州市	320.31	40

四　长三角地区各县（市）第三产业发展情况

2018年，长三角地区各县（市）第三产业产值情况见下表，排名前十的次序较上年有所变化，依次是：昆山市、江阴市、张家港市、常熟市、义乌市、宜兴市、慈溪市、太仓市、乐清市和海门市。

表 8　2018 年长三角地区各县(市)第三产业产值情况　(单位:亿元)

地　区	总　值	排　名	地　区	总　值	排　名	地　区	总　值	排　名
昆山市	1726.00	1	江阴市	1697.29	2	张家港市	1266.00	3
常熟市	1130.00	4	义乌市	817.53	5	宜兴市	772.36	6
慈溪市	632.20	7	太仓市	620.00	8	乐清市	601.90	9
海门市	580.69	10	诸暨市	574.17	11	丹阳市	570.62	12
温岭市	561.17	13	瑞安市	539.01	14	如皋市	516.73	15
泰兴市	499.29	16	启东市	485.95	17	靖江市	485.10	18
海安市	464.19	19	兴化市	440.36	20	如东县	437.94	21
溧阳市	430.48	22	邳州市	423.90	23	东台市	423.53	24
余姚市	418.57	25	桐乡市	404.81	26	海宁市	393.09	27
沭阳县	354.11	28	苍南县	326.34	29	沛　县	325.64	30
新沂市	317.59	31	临海市	316.03	32	仪征市	303.00	33
高邮市	300.00	34	东阳市	291.73	35	宝应县	276.00	36
长兴县	275.97	37	建湖县	272.58	38	平湖市	264.78	39
平阳县	263.99	40	句容市	260.50	41	射阳县	252.23	42
嵊州市	251.87	43	扬中市	250.40	44	睢宁县	245.34	45
宁海县	244.27	46	嘉善县	239.70	47	永康市	239.44	48
象山县	232.64	49	玉环市	231.89	50	涟水县	229.95	51
德清县	227.06	52	永嘉县	222.45	53	滨海县	218.22	54
阜宁县	213.53	55	东海县	213.18	56	盱眙县	208.17	57
泗洪县	205.76	58	肥西县	205.72	59	新昌县	200.01	60
安吉县	199.65	61	海盐县	192.75	62	丰　县	190.60	63
无为县	184.08	64	泗阳县	181.75	65	肥东县	175.96	66
桐庐县	172.90	67	建德市	168.75	68	兰溪市	155.32	69
巢湖市	152.57	70	金湖县	147.74	71	灌云县	146.79	72
长丰县	141.65	73	庐江县	140.32	74	淳安县	139.38	75
江山市	139.37	76	天台县	136.42	77	灌南县	133.63	78
响水县	133.13	79	蒙城县	129.96	80	萧　县	128.39	81
涡阳县	123.97	82	当涂县	123.16	83	龙游县	122.57	84
濉溪县	122.23	85	天长市	120.37	86	仙居县	117.35	87
怀远县	115.92	88	利辛县	114.38	89	青田县	113.14	90
三门县	112.35	91	缙云县	109.36	92	五河县	106.13	93
宁国市	105.13	94	南陵县	104.65	95	武义县	104.44	96
广德县	103.92	97	浦江县	101.40	98	枞阳县	99.03	99
霍邱县	96.99	100	灵璧县	96.30	101	太和县	95.64	102
泗　县	95.12	103	岱山县	90.66	104	凤阳县	87.68	105
芜湖县	87.63	106	繁昌县	87.54	107	固镇县	85.72	108

续表

地　区	总　值	排　名	地　区	总　值	排　名	地　区	总　值	排　名
颍上县	84.82	109	舒城县	84.20	110	定远县	84.05	111
临泉县	82.43	112	桐城市	80.36	113	歙　县	78.76	114
砀山县	77.50	115	凤台县	75.71	116	开化县	75.46	117
东至县	75.07	118	岗山县	72.51	119	和　县	72.33	120
明光市	71.81	121	龙泉市	71.37	122	阜南县	70.49	123
寿　县	70.47	124	怀宁县	70.03	125	全椒县	69.51	126
含山县	68.60	127	宿松县	66.54	128	来安县	65.73	129
嵊泗县	65.69	130	霍山县	65.19	131	文成县	65.03	132
泰顺县	64.86	133	遂昌县	62.14	134	潜山市	58.58	135
界首市	54.48	136	金寨县	54.09	137	松阳县	49.15	138
郎溪县	46.99	139	泾　县	44.97	140	太湖县	44.90	141
青阳县	44.63	142	休宁县	43.69	143	望江县	42.13	144
磐安县	41.45	145	祁门县	38.89	146	庆元县	37.26	147
景宁自治县	35.58	148	云和县	32.44	149	岳西县	30.73	150
绩溪县	25.74	151	黟　县	16.79	152	旌德县	16.66	153
石台县	14.87	154						

第五章　长三角地区财政收入情况

一　长三角地区财政预算收入情况

2018 年，长三角地区一般财政预算收入增势良好，三省一市合计达 25385.06 亿元。

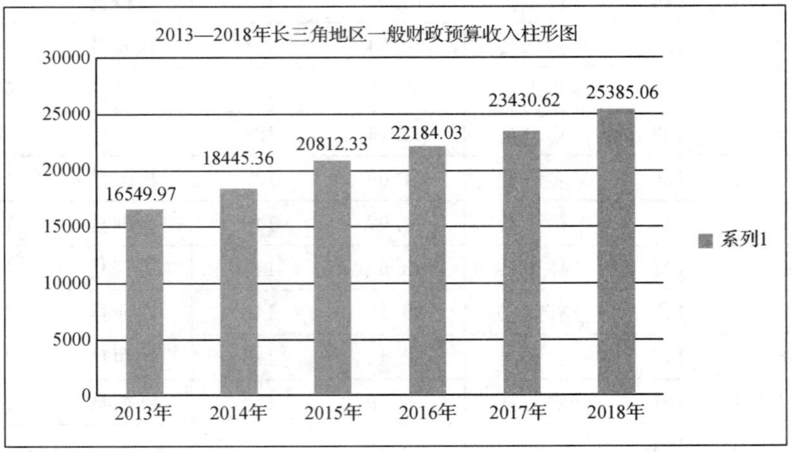

图 10　2013—2018 年长三角地区财政预算收入情况（单位：亿元）

二　上海市、江苏省、浙江省和安徽省财政收入情况

2018 年，江苏完成一般公共预算收入 8630.16 亿元，同口径增长 5.6%。其中，税收收入 7263.7 亿元，增长 12%；上海完成一般公共预算收入 7108.15 亿元，比上年增长 7.0%。其中，增值税 2624.82 亿元，增长 6.7%；企业所得税 1518.71 亿元，增长 8.3%；个人所得税 770.21 亿元，增长 11.2%；契税 284.95 亿元，增长 4.9%。浙江实现一般公共预算收入 6598.08 亿元，比上年增长 11.1%。其中，税收收入 5587 亿元，增长 11.6%；安徽完成一般公共预算收入 3048.67 亿元，比上年增长 8.4%，其中，税收收入 2180.74 亿元。

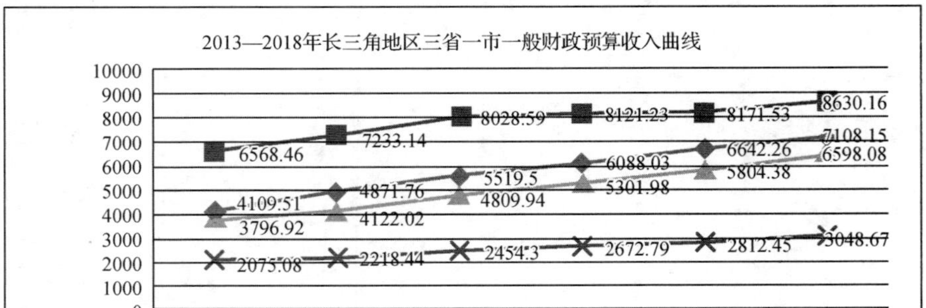

	2013年	2014年	2015年	2016年	2017年	2018年
上海	4109.51	4871.76	5519.5	6088.03	6642.26	7108.15
江苏	6568.46	7233.14	8028.59	8121.23	8171.53	8630.16
浙江	3796.92	4122.02	4809.94	5301.98	5804.38	6598.08
安徽	2075.08	2218.44	2454.3	2672.79	2812.45	3048.67

图 11　2013—2018 年上海、江苏、浙江和安徽一般财政预算收入情况（单位：亿元）

三　长三角地区各省辖市地方财政收入情况

2018 年，长三角地区各省辖市财政金融运行平稳，一般财政预算收入稳定增长，排名前五的依次为：苏州市(2119.99 亿元)、杭州市(1825.06 亿元)、南京市(1470.02 亿元)、宁波市(1379.69 亿元)、无锡市(1012.28 亿元)。

表 9　2018 年长三角地区各省辖市财政收入情况　(单位：亿元)

地　区	总　值	排　名	地　区	总　值	排　名
苏州市	2119.99	1	杭州市	1825.06	2
南京市	1470.02	3	宁波市	1379.69	4
无锡市	1012.28	5	合肥市	712.49	6
南通市	606.19	7	常州市	560.33	8
温州市	547.58	9	徐州市	526.21	10
嘉兴市	518.55	11	绍兴市	501.34	12
台州市	431.18	13	金华市	392.62	14
盐城市	381.00	15	泰州市	357.15	16
扬州市	340.03	17	芜湖市	318.12	18
镇江市	301.50	19	湖州市	287.10	20
淮安市	247.27	21	连云港市	234.31	22
宿迁市	206.20	23	滁州市	199.28	24
阜阳市	187.14	25	宣城市	153.07	26
蚌埠市	152.65	27	马鞍山市	151.02	28
舟山市	146.02	29	安庆市	133.20	30
丽水市	130.01	31	衢州市	128.10	32
六安市	122.41	33	亳州市	112.00	34
宿州市	111.56	35	淮南市	105.38	36
黄山市	77.61	37	铜陵市	73.77	38
淮北市	70.33	39	池州市	64.49	40

四　长三角地区各县(市)地方财政收入情况

2018 年，长三角地区各县(市)一般财政预算收入情况见下表，大部分县(市)较上年有所增长，排在前十位的依次为：昆山市(387.89 亿元)、江阴市(254.04 亿元)、张家港市(233.43 亿元)、常熟市(211.06 亿元)、慈溪市(180.00 亿元)、太仓市(155.06 亿元)、宜兴市(120.01 亿元)、余姚市(100.63 亿元)、义乌市(95.20 亿元)、乐清市(94.30 亿元)。

表10　2018年长三角地区各县(市)财政收入情况　(单位:亿元)

地　区	总　值	排　名	地　区	总　值	排　名	地　区	总　值	排　名
昆山市	387.89	1	江阴市	254.04	2	张家港市	233.43	3
常熟市	211.06	4	慈溪市	180.00	5	太仓市	155.06	6
宜兴市	120.01	7	余姚市	100.63	8	义乌市	95.20	9
乐清市	94.30	10	海宁市	89.00	11	诸暨市	87.37	12
平湖市	81.88	13	温岭市	77.29	14	泰兴市	74.51	15
桐乡市	72.40	16	启东市	72.31	17	瑞安市	71.09	18
海门市	71.01	19	如皋市	70.01	20	溧阳市	66.29	21
东阳市	65.75	22	靖江市	65.71	23	临海市	64.07	24
海安市	61.71	25	宁海县	61.63	26	嘉善县	61.60	27
丹阳市	61.40	28	长兴县	59.37	29	德清县	59.15	30
邳州市	58.78	31	如东县	57.55	32	苍南县	56.86	33
东台市	56.70	34	永康市	56.36	35	沛　县	56.21	36
玉环市	53.34	37	新沂市	52.38	38	肥西县	51.52	39
仪征市	50.92	40	句容市	50.00	41	海盐县	47.52	42
沭阳县	47.00	43	安吉县	46.92	44	嵊州市	45.49	45
新昌县	41.88	46	肥东县	41.86	47	睢宁县	41.74	48
象山县	41.00	49	平阳县	39.56	50	兴化市	39.41	51
长丰县	38.83	52	高邮市	36.80	53	天长市	36.30	54
永嘉县	35.07	55	扬中市	32.77	56	当涂县	32.13	57
繁昌县	31.54	58	桐庐县	30.67	59	宁国市	30.41	60
滨海县	28.94	61	芜湖县	28.46	62	建湖县	28.32	63
建德市	28.27	64	丰　县	28.10	65	太和县	27.75	66
阜宁县	27.70	67	宝应县	27.59	68	兰溪市	26.60	69
射阳县	26.36	70	泗洪县	26.03	71	武义县	25.98	72
凤台县	25.82	73	广德县	25.65	74	泗阳县	25.46	75
响水县	25.35	76	无为县	24.71	77	岱山县	24.15	78
东海县	23.00	79	灌南县	22.50	80	灌云县	22.33	81
界首市	22.19	82	颍上县	22.12	83	金湖县	22.03	84
天台县	21.90	85	涟水县	21.50	86	仙居县	20.84	87
萧　县	20.67	88	巢湖市	20.62	89	南陵县	20.26	90
蒙城县	20.11	91	凤阳县	19.85	92	怀远县	19.73	93
淳安县	19.50	94	庐江县	19.27	95	江山市	19.21	96
浦江县	19.14	97	青田县	19.11	98	郎溪县	19.05	99
三门县	18.63	100	全椒县	18.44	101	濉溪县	18.40	102
和　县	18.38	103	来安县	18.23	104	盱眙县	18.01	105
龙游县	17.63	106	桐城市	17.27	107	定远县	16.75	108

续表

地　区	总　值	排　名	地　区	总　值	排　名	地　区	总　值	排　名
舒城县	15.56	109	临泉县	15.53	110	缙云县	15.34	111
涡阳县	15.11	112	霍邱县	14.68	113	泾　县	14.62	114
利辛县	13.43	115	明光市	13.18	116	寿　县	12.72	117
怀宁县	12.63	118	固镇县	12.33	119	歙　县	12.30	120
含山县	11.68	121	金寨县	11.48	122	常山县	10.98	123
阜南县	10.83	124	泗　县	10.80	125	五河县	10.75	126
砀山县	10.55	127	霍山县	10.29	128	青阳县	10.28	129
遂昌县	10.10	130	灵璧县	10.02	131	磐安县	10.01	132
东至县	9.75	133	开化县	9.39	134	枞阳县	9.17	135
龙泉市	9.10	136	泰顺县	8.76	137	潜山县	8.55	138
休宁县	8.48	139	文成县	8.26	140	绩溪县	8.12	141
景宁自治县	7.74	142	宿松县	7.46	143	松阳县	7.27	144
溧泗县	7.20	145	望江县	6.19	146	旌德县	6.07	147
云和县	5.89	148	太湖县	5.42	149	祁门县	5.36	150
岳西县	5.06	151	庆元县	5.05	152	黟　县	3.71	153
石台县	1.83	154						

第六章 长三角地区城镇居民可支配收入情况

一 上海市、江苏省、浙江省和安徽省城镇居民可支配收入情况

2018 年，长三角地区城镇居民人均可支配收入保持上升态势，上海市城镇居民可支配收入达 68034 元，位列地区第一，增长 8.7%，扣除价格因素，实际增长 7.0%；其次是浙江省，城镇居民人均可支配收入 55574 元，增长 8.4%，扣除价格因素，实际增长 6.0%；江苏第三，城镇居民人均可支配收入 47200 元，增长 8.2%；安徽省城镇居民人均可支配收入 34393 元，增长 8.7%，扣除价格因素，实际增长 6.6%。

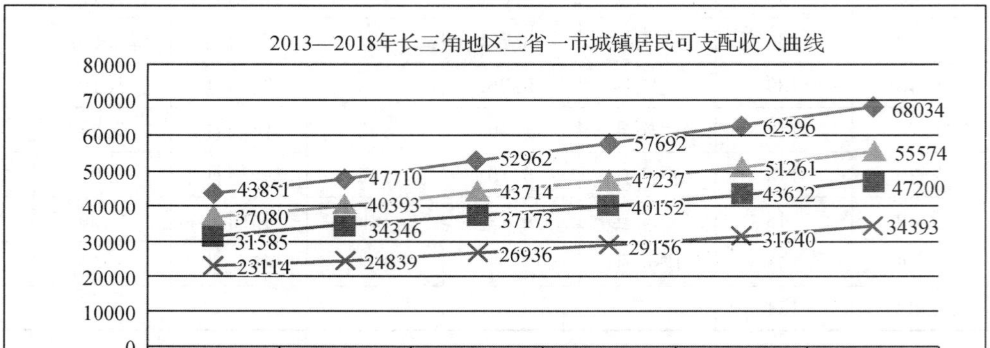

	2013年	2014年	2015年	2016年	2017年	2018年
上海	43851	47710	52962	57692	62596	68034
江苏	31585	34346	37173	40152	43622	47200
浙江	37080	40393	43714	47237	51261	55574
安徽	23114	24839	26936	29156	31640	34393

图 12 2013—2018 年上海、江苏、浙江和安徽城镇居民人均可支配收入情况(单位:元)

二 长三角地区各省辖市城镇居民可支配收入情况

2018 年，长三角地区各省辖市城镇居民人均可支配收入情况见下表，排名前五位的分别是：苏州市(63481 元)、杭州市(61172 元)、宁波市(60134 元)、南京市(59308 元)、绍兴市(59049 元)。

表 11 2018 年长三角地区各省辖市城镇居民可支配收入情况 (单位:元)

地区	总值	排名	地区	总值	排名
苏州市	63481	1	杭州市	61172	2
宁波市	60134	3	南京市	59308	4
绍兴市	59049	5	嘉兴市	57437	6
无锡市	56989	7	舟山市	56622	8
温州市	56097	9	台州市	55705	10
金华市	54883	11	湖州市	54393	12

续表

地　区	总　值	排　名	地　区	总　值	排　名
常州市	54000	13	镇江市	48903	14
南通市	46321	15	马鞍山市	45108	16
泰州市	43452	17	衢州市	43126	18
丽水市	42557	19	扬州市	41999	20
合肥市	41484	21	芜湖市	38397	22
宣城市	36554	23	铜陵市	35995	24
盐城市	35896	25	淮安市	35828	26
蚌埠市	33855	27	徐州市	33586	28
黄山市	33551	29	淮南市	32852	30
连云港市	32749	31	淮北市	31959	32
滁州市	31230	33	安庆市	31187	34
池州市	30884	35	阜阳市	30113	36
宿州市	30100	37	亳州市	29711	38
六安市	29070	39	宿迁市	28281	40

三　长三角地区各县(市)城镇居民可支配收入情况

2018年,长三角地区各县(市)城镇居民人均可支配收入见下表,排名前十位的依次为:义乌市、玉环市、张家港市、江阴市、昆山市、常熟市、太仓市、诸暨市、海宁市和瑞安市。

表12　2018年长三角地区各县(市)城镇居民可支配收入情况　(单位:元)

地　区	总　值	排　名	地　区	总　值	排　名	地　区	总　值	排　名
义乌市	71207	1	玉环市	66027	2	张家港市	64055	3
江阴市	63957	4	昆山市	63926	5	常熟市	63712	6
太仓市	63076	7	诸暨市	62623	8	海宁市	60600	9
瑞安市	59507	10	慈溪市	59264	11	海盐县	59172	12
乐清市	59063	13	嘉善县	58654	14	平湖市	58397	15
温岭市	57793	16	余姚市	57250	17	桐乡市	56707	18
嵊州市	56360	19	宁海县	56186	20	新昌县	55725	21
长兴县	54985	22	德清县	54863	23	象山县	54706	24
永康市	54581	25	宜兴市	53891	26	扬中市	53675	27
东阳市	52688	28	安吉县	52617	29	临海市	51520	30
嵊泗县	50617	31	岱山县	50192	32	桐庐县	50073	33
溧阳市	49489	34	建德市	49026	35	丹阳市	48791	36
海门市	47877	37	句容市	47431	38	苍南县	47051	39
平阳县	47021	40	靖江市	46777	41	江山市	45464	42
永嘉县	45293	43	天台县	45265	44	三门县	44933	45

续表

地　区	总　值	排　名	地　区	总　值	排　名	地　区	总　值	排　名
浦江县	44743	46	龙泉市	44399	47	启东市	44248	48
龙游县	44246	49	海安市	44112	50	遂昌县	44108	51
青田县	43874	52	如东县	43811	53	淳安县	43611	54
如皋市	43255	55	泰兴市	43104	56	仪征市	42900	57
缙云县	41555	58	兰溪市	41263	59	仙居县	40506	60
云和县	40177	61	兴化市	39499	62	武义县	39252	63
文成县	38687	64	磐安县	38621	65	东台市	38351	66
泰顺县	37143	67	松阳县	37128	68	高邮市	37071	69
庆元县	36949	70	景宁自治县	36778	71	常山县	36423	72
金湖县	36391	73	盱眙县	36179	74	建湖县	34873	75
开化县	34617	76	邳州市	33796	77	宁国市	32693	78
沛　县	32336	79	东海县	32228	80	宝应县	31773	81
射阳县	31254	82	滨海县	31234	83	当涂县	31215	84
响水县	30086	85	阜宁县	30074	86	涟水县	29781	87
新沂市	29633	88	灌南县	28819	89	繁昌县	28688	90
广德县	28642	91	芜湖县	28389	92	肥西县	28211	93
沭阳县	27993	94	睢宁县	27718	95	泗阳县	27681	96
巢湖市	27678	97	南陵县	27544	98	丰　县	27277	99
灌云县	27086	100	肥东县	27077	101	泗洪县	27046	102
天长市	26578	103	和　县	26188	104	无为县	25533	105
长丰县	25161	106	庐江县	24474	107	含山县	24334	108
郎溪县	23305	109	霍山县	22832	110	青阳县	22682	111
绩溪县	22095	112	桐城市	22087	113	怀宁县	22026	114
东至县	21650	115	全椒县	21223	116	来安县	21116	117
五河县	20929	118	凤台县	20918	119	黟　县	20889	120
界首市	20778	121	固镇县	20775	122	泾　县	20728	123
祁门县	20657	124	歙　县	20600	125	怀远县	20349	126
休宁县	20324	127	明光市	19450	128	砀山县	19303	129
舒城县	18962	130	太和县	18933	131	潜山市	18850	132
蒙城县	18617	133	旌德县	18560	134	濉溪县	18261	135
颍上县	17896	136	定远县	17834	137	利辛县	17612	138
望江县	17587	139	太湖县	16706	140	灵璧县	16673	141
寿　县	16657	142	涡阳县	16654	143	凤阳县	16617	144
萧　县	16601	145	宿松县	16554	146	枞阳县	16377	147
石台县	16315	148	岳西县	16222	149	阜南县	16036	150
金寨县	16016	151	泗　县	15728	152	临泉县	15501	153
霍邱县	15190	154						

第七章　长三角地区农村居民可支配收入情况

一　上海市、江苏省、浙江省和安徽省农村居民人均可支配收入情况

2018 年，长三角地区城乡居民收入差距进一步缩小，农村居民人均可支配收入增速高于城镇居民可支配收入，上海市农村居民可支配收入达 30375 元，位列第一，增长 9.2%，扣除价格因素，实际增长 7.5%；其次是浙江省，农村居民人均可支配收入 27302 元，增长 9.4%，扣除价格因素，实际增长 7.0%；江苏第三，农村居民人均可支配收入 20845 元，增长 8.8%；安徽省农村居民人均可支配收入 13996 元，增长 9.7%，扣除价格因素，实际增长 7.6%。

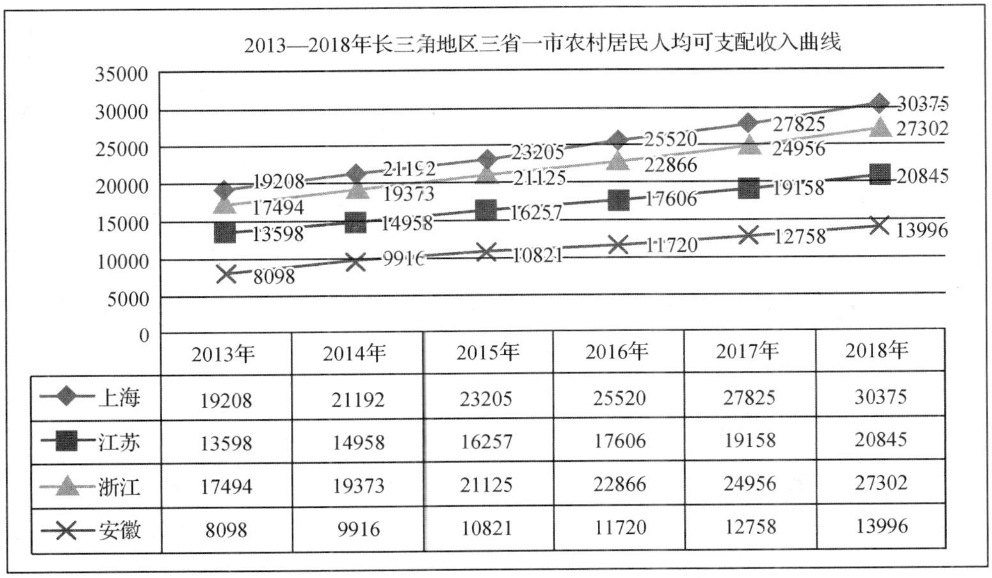

	2013年	2014年	2015年	2016年	2017年	2018年
上海	19208	21192	23205	25520	27825	30375
江苏	13598	14958	16257	17606	19158	20845
浙江	17494	19373	21125	22866	24956	27302
安徽	8098	9916	10821	11720	12758	13996

图 13　2013—2018 年上海、江苏、浙江和安徽农村居民人均可支配收入情况（单位：元）

二　长三角地区各省辖市农村居民可支配收入情况

2018 年，长三角地区各省辖市农村居民人均可支配收入情况见下表，排名前五位的均是浙江省辖市，分别是：嘉兴市（34279 元）、舟山市（33812 元）、宁波市（33633 元）、杭州市（33193 元）、绍兴市（33097 元）。

表 13　2018 年长三角地区各省辖市农村居民可支配收入情况　　（单位：元）

地　区	总　值	排　名	地　区	总　值	排　名
嘉兴市	34279	1	舟山市	33812	2
宁波市	33633	3	杭州市	33193	4
绍兴市	33097	5	苏州市	32420	6
湖州市	31767	7	无锡市	30787	8
常州市	28014	9	台州市	27631	10

续表

地　区	总　值	排　名	地　区	总　值	排　名
温州市	27478	11	金华市	26218	12
南京市	25263	13	镇江市	24687	14
南通市	22369	15	衢州市	22255	16
扬州市	21457	17	马鞍山市	21267	18
泰州市	21219	19	芜湖市	20649	20
合肥市	20389	21	盐城市	20357	22
丽水市	19922	23	徐州市	18206	24
淮安市	17058	25	宿迁市	16639	26
连云港市	16607	27	宣城市	16013	28
黄山市	15391	29	蚌埠市	15114	30
池州市	14709	31	铜陵市	14335	32
滁州市	13127	33	安庆市	12990	34
淮南市	12926	35	亳州市	12756	36
淮北市	12745	37	六安市	11959	38
宿州市	11941	39	阜阳市	11830	40

三　长三角地区各县(市)农村居民可支配收入情况

2018 年,长三角地区各县(市)农村居民人均可支配收入见下表,排名前十位的均为浙江县(市),依次为:义乌市、诸暨市、海宁市、慈溪市、桐乡市、海盐县、嘉善县、平湖市、岱山县和余姚市。

表 14　2018 年长三角地区各县(市)农村居民可支配收入情况　　(单位:元)

地　区	总　值	排　名	地　区	总　值	排　名	地　区	总　值	排　名
义乌市	36389	1	诸暨市	36053	2	海宁市	35440	3
慈溪市	34927	4	桐乡市	34886	5	海盐县	34853	6
嘉善县	34788	7	平湖市	34443	8	岱山县	33860	9
余姚市	33792	10	江阴市	33136	11	昆山市	32916	12
常熟市	32820	13	德清县	32723	14	张家港市	32664	15
嵊泗县	32601	16	太仓市	32458	17	玉环市	32453	18
乐清市	32158	19	长兴县	32114	20	宁海县	31069	21
象山县	30882	22	温岭市	30743	23	安吉县	30541	24
瑞安市	30455	25	东阳市	29544	26	嵊州市	29459	27
桐庐县	29222	28	永康市	28342	29	扬中市	28199	30
新昌县	28185	31	宜兴市	27860	32	临海市	27418	33
建德市	26302	34	溧阳市	25908	35	丹阳市	25633	36
海门市	24654	37	三门县	24313	38	江山市	24082	39
当涂县	24050	40	启东市	23687	41	东台市	23317	42

续表

地　区	总　值	排　名	地　区	总　值	排　名	地　区	总　值	排　名
靖江市	23220	43	青田县	22825	44	平阳县	22730	45
龙游县	22636	46	天台县	22468	47	芜湖县	22450	48
南陵县	22380	49	句容市	22313	50	繁昌县	22301	51
永嘉县	22190	52	苍南县	22166	53	肥西县	21832	54
海安县	21473	55	浦江县	21471	56	肥东县	21429	57
泰兴市	21268	58	龙泉市	21249	59	仙居县	20970	60
仪征市	20688	61	如东县	20387	62	建湖县	20184	63
常山县	20184	64	如皋市	20166	65	高邮市	20140	66
宝应县	20119	67	巢湖市	20078	68	兴化市	20066	69
兰溪市	19906	70	射阳县	19653	71	缙云县	19571	72
长丰县	19515	73	淳安县	19316	74	庐江县	19080	75
和　县	18862	76	遂昌县	18811	77	沛　县	18799	78
含山县	18730	79	金湖县	18718	80	云和县	18573	81
无为县	18320	82	天长市	18285	83	阜宁县	18282	84
邳州市	18207	85	景宁自治县	18170	86	广德县	18159	87
宁国市	18009	88	武义县	17899	89	磐安县	17809	90
滨海县	17746	91	松阳县	17546	92	文成县	17352	93
新沂市	17325	94	东海县	17291	95	开化县	17283	96
盱眙县	17206	97	庆元县	17157	98	响水县	17020	99
泰顺县	17018	100	沭阳县	16877	101	丰　县	16725	102
泗阳县	16648	103	睢宁县	16546	104	泗洪县	16274	105
涟水县	15939	106	郎溪县	15542	107	灌云县	15493	108
青阳县	15483	109	黟　县	15462	110	怀远县	15309	111
固镇县	15306	112	桐城市	15289	113	歙　县	15266	114
五河县	15209	115	祁门县	15202	116	休宁县	15199	117
灌南县	14826	118	怀宁县	14789	119	东至县	14721	120
凤台县	14531	121	泾　县	14323	122	全椒县	13394	123
霍山县	13360	124	绩溪县	13243	125	蒙城县	13091	126
来安县	13000	127	界首市	12910	128	旌德县	12858	129
濉溪县	12710	130	定远县	12280	131	砀山县	12222	132
枞阳县	12198	133	明光市	12163	134	太和县	12117	135
潜山县	11996	136	舒城县	11995	137	灵璧县	11974	138
涡阳县	11956	139	颍上县	11941	140	萧　县	11873	141
利辛县	11828	142	望江县	11744	143	岳西县	11676	144
宿松县	11627	145	凤阳县	11541	146	太湖县	11500	147
泗　县	11455	148	临泉县	11342	149	阜南县	11273	150
霍邱县	11165	151	金寨县	11097	152	寿　县	11056	153
石台县	10513	154						

第三篇

长三角地区区域经济社会发展报告

扫码阅读

第一章　上海市 2018 年经济社会发展报告

2018 年，全市在以习近平同志为核心的党中央坚强领导下，以习近平新时代中国特色社会主义思想为指导，深入学习贯彻落实习近平总书记考察上海重要讲话精神，全面贯彻落实党的十九大和十九届二中、三中全会精神，坚决贯彻落实党中央、国务院和中共上海市委、市政府的决策部署，按照当好新时代全国改革开放排头兵、创新发展先行者的要求，坚持稳中求进工作总基调，全面贯彻新发展理念，落实高质量发展要求，坚持以供给侧结构性改革为主线，开拓创新，克难奋进，坚决打好三大攻坚战，加快实施新一轮城市总体规划，加快提升城市能级和核心竞争力。全市经济社会发展总体平稳、稳中有进、稳中向好，经济发展的韧性、活力和包容性增强，呈现结构更优、效益更好、更趋协调、更可持续的高质量发展态势。

一　上海市 2018 年经济发展概况

（一）综合经济

1. 经济总量

全年实现上海市生产总值（GDP）32679.87 亿元，比上年增长 6.6%，继续处于合理区间。其中，第一产业增加值 104.37 亿元，下降 6.9%；第二产业增加值 9732.54 亿元，增长 1.8%；第三产业增加值 22842.96 亿元，增长 8.7%。第三产业增加值占上海市生产总值的比重为 69.9%，比上年提高 0.7 个百分点。按常住人口计算的上海市人均生产总值为 13.50 万元。全市三次产业增加值比例为 0.3∶29.8∶69.9。

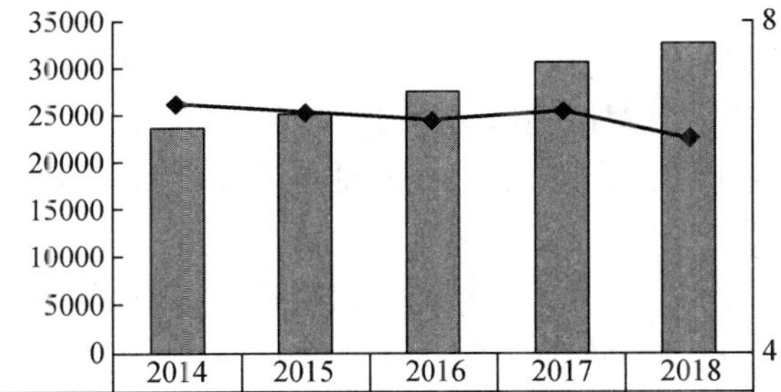

	2014	2015	2016	2017	2018
地区生产总值(亿元)	23567.7	25123.45	27466.15	30632.99	32679.87
增幅(%)	7	6.9	6.8	6.9	6.6

图 1　2014—2018 年上海市生产总值及增长速度

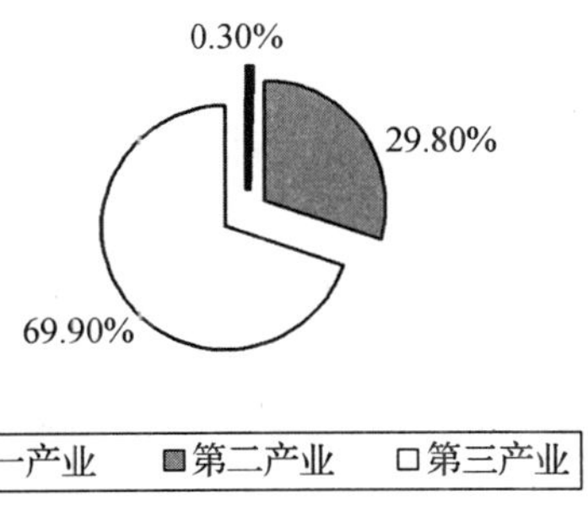

图 2　2018 年上海市三次产业结构图

在上海市生产总值中，公有制经济增加值 15896.97 亿元，比上年增长 6.6%；非公有制经济增加值 16782.90 亿元，增长 6.5%。非公有制经济增加值占上海市生产总值的比重为 51.4%。

全年战略性新兴产业增加值 5461.91 亿元，比上年增长 8.2%。其中，工业增加值 2377.60 亿元，增长 4.2%；服务业增加值 3084.31 亿元，增长 11.3%。战略性新兴产业增加值占上海市生产总值的比重为 16.7%，比上年提高 0.3 个百分点。

2. 财政收支

全年地方一般公共预算收入 7108.15 亿元，比上年增长 7.0%；非税收入占全市一般公共预算收入比重为 11.6%。地方一般公共预算支出 8351.54 亿元，增长 10.7%。全年税务部门组织的税收收入完成 13823.77 亿元(不含关税及海关代征税)，增长 7.7%。

3. 物价指数

以上年价格为 100，全年居民消费价格指数为 101.6。其中，食品烟酒类价格指数为 102.3，居住类价格指数为 100.2，医疗保健类价格指数为 102.4；固定资产投资价格指数为 105.6；工业生产者出厂价格指数为 101.7，工业生产者购进价格指数为 105.2。

以上年 12 月价格为 100，新建商品住宅销售价格指数为 100.4，二手住宅价格指数为 97.3；以上年价格为 100，全年新建商品住宅销售价格指数为 99.8，二手住宅销售价格指数为 98.2。

4. 固定资产投资

全年全社会固定资产投资总额比上年增长 5.2%。其中，第二产业投资增长 17.2%；非国有经济投资增长 7.0%。

5. 自由贸易区建设

中国(上海)自由贸易试验区建设五年来，先后推进实施了 1.0 版、2.0 版、3.0 版等三个总体方案，按照“三区一堡”的目标要求，大力推动投资、贸易、金融和事中事后监管等领域的制度创新，着力营造法治化、国际化、便利化的营商环境，以改革促发展、促转型，区域经济发展总量规模稳步提升，区域经济转型发展步伐不断加快。

投资环境逐步优化。市场准入管理新体制初步建立。外商投资负面清单管理制度经过多轮修订完善，负面清单由 190 条缩减到 45 条，90%左右的国民经济行业对外资实现了准入前国民待遇，并且负面清单管理模式已向全国其他自贸试验区和近 400 个国家级开发区复制推广。服务“一带一路”的桥头堡作用逐步发挥。目前，浦东新区企业在新加坡、捷克等 30 个“一带一路”沿线国家投资近 200 个项目，中方投资额达 46.8 亿美元。

贸易服务体系不断完善。目前，上海自贸区保税片区进出境时间较全关水平缩短 78.5%和31.7%，物流成本平均降低 10%，进出口通关无纸化率达 95.6%。建成上海“国际贸易”单一窗口 3.0 版，覆盖 23 个口岸和贸易监管部门，口岸货物申报和船舶申报 100%通过单一窗口办理，服务企业超过 27 万家，企业申报数据项在船舶申报环节缩减 65%，在货物申报环节缩减 24%，累计为企业节省成本超过 20 亿元。

金融市场体系日益完备。自由贸易账户功能不断拓展，实现本外币一体化管理，成为境外融资、结售汇便利化等许多重要金融改革的基础。截至 12 月底，累计开立 FT 账户 13.6 万个，全年跨境人民币结算总额 25518.88 亿元，比上年增长 83.9%，占全市 35.3%；跨境双向人民币资金池收支总额 4826 亿元，增长 1.8 倍。

政务服务更加高效透明。商事登记制度改革持续深化，率先开展企业名称登记改革，推出可选用名称库，推进企业名称全程电子化，80%企业名称通过网络申报，企业名称核准时间提速 40%。“六个双”政府综合监管机制不断完善，已实现全区所有 21 个监管部门和所有 108 个行业领域的全覆盖。

(二) 农业经济

全年全市实现农业总产值 282.48 亿元，比上年下降 4.4%。其中，种植业 147.54 亿元，下降 2.1%；林业 15.26 亿元，下降 3.6%；牧业 46.34 亿元，下降 17.9%；渔业 55.90 亿元，下降 4.5%；农林牧渔服务业 17.44 亿元，增长 125.4%。

全年全市农作物播种面积 28.53 万公顷，比上年减少 0.2%。其中，粮食播种面积 12.99 万公顷，减少 2.5%。粮食产量 103.74 万吨，比上年增长 4.0%；生牛奶产量 33.44 万吨，下降 8.1%；水产品产量 30.85 万吨，增长 4.4%。

至年末，全市有 1701 家企业、6396 个产品获得“三品一标”农产品认证。其中，无公害农产品证书使用企业 1342 家，产品 5824 个；绿色食品证书使用企业 350 家，产品 536 个；有机农产品生产企业 9 家，产品 22 个；农产品地理标志 14 个。

至年末，全市累计建成设施粮田面积 8.65 万公顷，市级蔬菜标准园 177 家，农业产业化龙头企业 378 家，具有一定经营能力的农民专业合作社 2865 家，经农业主管部门认定的家庭农场 4434 户。

（三）工业和建筑业

全年实现工业增加值 8694.95 亿元，比上年增长 1.9%。全年完成工业总产值 36451.84 亿元，增长 1.3%。其中，规模以上工业总产值 34841.84 亿元，增长 1.4%。在规模以上工业总产值中，国有控股企业总产值 13588.42 亿元，增长 1.1%。

全年节能环保、新一代信息技术、生物、高端装备、新能源、新能源汽车、新材料等工业战略性新兴产业完成工业总产值 10659.91 亿元，比上年增长 3.8%，增速快于规模以上工业总产值 2.4 个百分点，占全市规模以上工业总产值比重达 30.6%。

全年六个重点工业行业完成工业总产值 23870.77 亿元，比上年增长 1.4%，占全市规模以上工业总产值的比重为 68.5%。

全年规模以上工业产品销售率为 99.8%。全年燃料油产量 195909 吨，比上年增长 50.8%；金属切削机床 5990 台，增长 12.4%；智能手机产量 4711.44 万台，增长 4.5%；3D 打印设备产量 578 台，增长 12.5%。

全年规模以上工业企业实现利润总额 3350.44 亿元，比上年增长 4.3%；实现税金总额 1972.63 亿元，下降 5.4%。规模以上工业企业亏损面为 20.4%。

全年实现建筑业总产值 7072.21 亿元，比上年增长 10.0%；房屋建筑施工面积 47577.35 万平方米，增长 15.5%；竣工面积 7960.06 万平方米，下降 1.3%。

（四）服务业

1. 国内贸易

全年实现批发和零售业增加值 4581.49 亿元，比上年增长 3.3%。

全年实现商品销售总额 11.95 万亿元，比上年增长 5.6%。其中，批发销售额 10.79 万亿元，增长 5.3%。

全年实现社会消费品零售总额 12668.69 亿元，比上年增长 7.9%。其中，无店铺零售额 1925.99 亿元，增长 13.8%。网上商店零售额 1506.70 亿元，增长 15.8%，占社会消费品零售总额的比重为 11.9%。

全年完成电子商务交易额 28938.2 亿元，比上年增长 19.3%。其中，B2B 交易额 18552.6 亿元，增长 14.1%，占电子商务交易额的 64.1%；网络购物交易额（含服务类交易）10385.6 亿元，增长 29.7%，占 35.9%。

至年末，全市已开业城市商业综合体达 256 家。其中，商场商业建筑面积 10 万平方米以上的有 63 家。全年全市城市商业综合体实现营业额达 1777.02 亿元，比上年增长 16.7%。

全年全市新集聚商业零售品牌首店 835 家，其中，国际品牌首店 300 余家，国际零售商集聚度升至全球城市第二位。境外旅客购物离境退税销售额占全国总量的 75%。

2. 交通运输和邮电

全年实现交通运输、仓储和邮政业增加值1533.36亿元，比上年增长10.4%。

全年各种运输方式完成货物运输量107386.82万吨，比上年增长10.4%。旅客发送量21496.62万人次，增长3.1%。

全年上海港口货物吞吐量73047.94万吨，比上年下降2.7%；集装箱吞吐量4201.02万国际标准箱，增长4.4%。集装箱水水中转比例达46.8%，其中，国际中转比例为8.8%。上海浦东、虹桥两大国际机场全年共起降航班77.16万架次，比上年增长1.5%；进出港旅客11763.43万人次，增长5.1%。其中，国内航线进出港旅客7665.00万人次，增长3.7%；国际及地区航线进出港旅客4098.43万人次，增长8.0%。

全年上海港接待国际邮轮靠泊406艘次。其中，以上海为母港的邮轮378艘次。邮轮旅客吞吐量275.29万人次，比上年下降7.4%。邮轮母港旅客吞吐量占比97.7%。

年内轨道交通5号线和13号线延伸段实现开通运行。至年末，全市轨道交通运营线路长度达到704.91公里，运营车站415个。至年末，公交运营车辆1.75万辆，运营线路1543条，线网长度8813.80公里；运营出租车4.13万辆。全年市内公共交通客运量58.56亿人次，日均1605万人次，比上年增长1.2%。其中，轨道交通客运量37.10亿人次，增长4.9%；公共汽电车客运量20.65亿人次，下降4.4%。

至年末，全市拥有各类民用汽车393.42万辆，比上年增长9.0%。其中，私人汽车302.17万辆，增长10.1%。

全年完成邮政业务总量820.62亿元，比上年增长15.3%；电信业务总量1432.00亿元，增长1.1倍。邮政业全年完成邮政函件业务5.74亿件、包裹业务221.4万件、快递业务34.86亿件；快递业务收入1020.28亿元。

3. 旅游业

全年实现旅游产业增加值2078.64亿元，比上年增长8.1%。

至年末，全市星级宾馆206家，旅行社1639家，A级旅游景区(点)113个，红色旅游基地34个。

全年接待国际旅游入境者893.71万人次，比上年增长2.4%。其中，入境外国人685.9万人次，增长2.2%；港、澳、台同胞207.81万人次，增长3.0%。在国际旅游入境者中，过夜旅游者742.04万人次，增长3.2%。全年接待国内旅游者33976.87万人次，增长6.7%。其中，外省市来沪旅游者16209.12万人次，增长4.4%。全年入境旅游外汇收入73.71亿美元，增长8.2%；国内旅游收入4477.15亿元，增长11.2%。

4. 金融、证券和保险

全年实现金融业增加值5781.63亿元，比上年增长5.7%。

金融业深化改革创新，实现平稳发展。上海国际金融中心建设步伐加快，上海金融法院获批成立，原油期货成功上市，中国人寿上海总部、建信金融科技等总部型功能性机构落户，人民币跨境使用范围进一步拓展。

至年末，全市中外资金融机构本外币各项存款余额121112.33亿元，比年初增加8654.40亿元；贷款余额73272.35亿元，比年初增加5736.67亿元。

全年金融市场交易总额达到1645.78万亿元，比上年增长15.2%。上海证券交易所总成交额264.62万亿元，比上年下降13.6%。其中，债券成交额216.95万亿元，下降12.3%；股票成交额40.32万亿元，下降21.1%。全年通过上海证券市场股票筹资6113.96亿元，比上年减少19.3%；发行公司债17780.87亿元，增长19.0%。至年末，上海证券市场上市证券14069只，比上年末增加1850只。其中，股票1494只，增加54只。

全年上海期货交易所总成交金额81.54万亿元，比上年下降9.3%。中国金融期货交易所总成交金额26.12万亿元，增长6.2%。银行间市场总成交金额1262.83万亿元，比上年增长26.6%。上海黄金交易所总成交金额 10.66 万亿元，增长 9.2%。

全年保险公司原保险保费收入 1405.79 亿元，比上年下降 11.4%。其中，财产险公司原保险保费收入 582.10 亿元，增长 20.6%；人身险公司原保险保费收入 823.69 亿元，下降 25.4%。全年保险赔付支出 581.56 亿元，增长 5.9%。其中，财产险赔款支出 271.62 亿元，增长 16.2%；寿险给付 207.93 亿元，下降 12.3%；健康险赔款给付 82.20 亿元，增长 30.8%；意外险赔款支出 19.81 亿元，增长 30.5%。

5. 房地产业

全年完成房地产开发投资额比上年增长 4.6%。其中，住宅投资增长 3.4%；办公楼投资增长 7.9%；商业营业用房投资下降 8.9%。商品房施工面积 14672.37 万平方米，下降 4.5%；竣工面积 3115.76 万平方米，下降 8.0%。商品房销售面积 1767.01 万平方米，增长 4.5%。其中，住宅销售面积 1333.29 万平方米，下降 0.6%。全年商品房销售额 4751.5 亿元，增长 18.0%。其中，住宅销售额 3864.03亿元，增长 15.8%。全年存量房买卖登记面积 1547.11 万平方米，下降 1.1%。

加大租赁房建设力度，新建和转化租赁房源 21.2 万套，新增代理经租房源 14.60 万套。全年新增供应各类保障房 8 万套。完成中心城区二级旧里以下房屋改造 42.7 万平方米、受益居民 2.2 万户；完成 1046 万平方米旧住房综合改造、受益居民 17 万户；完成 110 万平方米里弄房屋修缮保护。

6. 城市信息化

全年实现信息产业增加值 3508.30 亿元，比上年增长 13.7%。其中，信息服务业增加值 2387.87 亿元，增长 18.5%。

加快部署新型城域物联专网，至年末，神经元感知节点数量超过 35 万。全市千兆光纤用户覆盖总量达 900 万户，比上年末增加 495 万户。家庭光纤用户数达 644 万户，比上年末增加 65 万户。家庭宽带用户平均接入带宽达 139M，固定宽带用户感知速率达 31.86 Mbps，移动通信用户感知速率达 25.63 Mbps。至年末，第四代移动通信网络(4G)用户数达 3252 万户，比上年末增加 863 万户。年内完成 5G 百站规模试验网建设，组建上海 5G 创新发展联盟。开展 i-Shanghai 服务优化升级，按新标准新增 600 处场所，累计开通 2600 处。至年末，城域网出口带宽 16092GB，比上年末增加 4780GB；互联网国际出口带宽 3565GB，比上年末增加 1548GB。IPTV 用户数达 397 万户，比上年末增加 80 万户。

健全市公用信用信息服务平台“1+6+N”总体架构，启动二期项目建设，完善信用联合奖惩子系统、政务诚信子平台，输出公共信用产品，加大公共信用信息向社会开放力度。至年末，市信用平台累计对外提供查询 5473 万次。其中，法人信用信息被查询 2310 万次；自然人信用信息被查询 3163 万次。96 家单位确认向市信用平台提供 39796 项信息事项。其中，涉及法人信息事项 24798 项，涉及自然人信息事项 14998 项。平台可查询数据 3.2 亿条。其中，法人数据 1130 万条；自然人数据 3.09 亿条。

至年末，市信用平台已建 24 个子平台，除市信用平台服务大厅外，已设立 19 家服务窗口。

(五) 开放型经济

1. 对外贸易

全年上海口岸货物进出口总额 85317.0 亿元，比上年增长 7.7%。其中，进口 36403.1 亿元，增长 8.8%；出口 48913.9 亿元，增长 6.9%。全年上海关区货物进出口总额 64064.29 亿元，比上年增长 7.3%。其中，进口 26965.19 亿元，增长 9.2%；出口 37099.10 亿元，增长 6.0%。

全年上海市货物进出口总额 34009.93 亿元，比上年增长 5.5%。其中，进口 20343.08 亿元，增长 6.4%；出口 13666.85 亿元，增长 4.2%。高新技术产品出口占全市比重为 42.0%。按市场分，对欧盟进口 4635.49 亿元，增长 3.3%；出口 2432.99 亿元，增长 4.5%；对美国进口 1935.18 亿元，下降 6.6%；出口 3134.44 亿元，下降 0.4%；对东盟进口 2525.88 亿元，下降 4.4%；出口 1696.06 亿元，增长 6.3%；对日本进口 2377.44 亿元，增长 6.8%；出口 1417.74 亿元，增长 8.3%。与“一带一路”沿线国家和重要节点城市建立经贸合作伙伴关系，货物贸易额占全市比重达到 20.6%。

2018年上海市进出口总额及其增长速度

指　标	绝对值(亿元)	比上年增长(%)
上海市货物进出口总额	**34009.93**	**5.5**
上海市货物进口总额	20343.08	6.4
＃国有企业	3594.03	17.4
外商投资企业	13070.95	2.7
私营企业	3527.52	9.6
＃一般贸易	11308.7	7.1
加工贸易	2261.97	5.5
＃机电产品	9539.76	2.9
＃高新技术产品	5820.95	1.9
上海市货物出口总额	13666.85	4.2
＃国有企业	1532.84	－1.0
外商投资企业	8870.67	1.3
私营企业	3156.5	16.2
＃一般贸易	6336.06	9.7
加工贸易	5241.73	－2.2
＃机电产品	9481.19	2.1
＃高新技术产品	5742.22	0.8

2. 对外合作

全年新设外商直接投资项目5597项，比上年增长41.7%；合同金额469.37亿美元，增长16.8%；全年外商直接投资实际到位金额173亿美元，增长1.7%。全年制造业外商直接投资实际到位金额17.84亿美元，增长1.2倍，占全市实际利用外资比重为10.3%；第三产业外商直接投资实际到位金额154.55亿美元，下降4.3%，占比为89.3%。“一带一路”沿线国家在沪投资合同金额占全市比重达10.9%。至年末，在上海投资的国家和地区达182个，在上海落户的跨国公司地区总部累计达670家。其中，亚太区总部88家；投资性公司360家；外资研发中心441家。年内新增跨国公司地区总部45家。其中，亚太区总部18家；投资性公司15家；外资研发中心15家。

全年备案和核准对外直接投资项目792项，比上年增长30.3%；对外直接投资中方投资额168.7亿美元，增长57.0%。签订对外承包工程合同金额119亿美元，增长9.6%；实际完成营业额75.4亿美元，下降24.1%；派出人员8764人次，下降37.0%。对外劳务合作派出人员9808人次，下降48.2%。

全年举办各类展览会项目1032个，总展出面积1879.55万平方米，比上年增长6.2%。其中，国际展览会项目300个，展出面积1415.30万平方米，增长6.5%；国内展览会项目732个，展出面积464.25万平方米，增长5.3%。

成功举办首届中国国际进口博览会。共有172个国家、地区和国际组织参会，3617家境外企业参展，展览总面积达30万平方米。按一年计累计意向成交578.3亿美元。

二　上海市2018年社会发展概况

(一) 人口、人民生活

至年末，全市常住人口总数为2423.78万人。其中，户籍常住人口1447.57万人，外来常住人口

976.21万人。全年常住人口出生17.4万人，出生率为7.2‰；死亡13万人，死亡率为5.4‰；常住人口自然增长率为1.8‰。全年户籍常住人口出生9.6万人，出生率为6.6‰；死亡12.2万人，死亡率为8.4‰；户籍常住人口自然增长率为－1.8‰。

全市户籍人口平均期望寿命达到83.63岁。其中，男性81.25岁，女性86.08岁。

全年全市居民人均可支配收入64183元，比上年增长8.8%，扣除价格因素，实际增长7.1%。其中，城镇常住居民人均可支配收入68034元，增长8.7%，扣除价格因素，实际增长7.0%；农村常住居民人均可支配收入30375元，增长9.2%，扣除价格因素，实际增长7.5%。全市居民人均消费支出43351元，比上年增长8.9%。其中，城镇常住居民人均消费支出46015元，增长8.8%；农村常住居民人均消费支出19965元，增长10.4%。

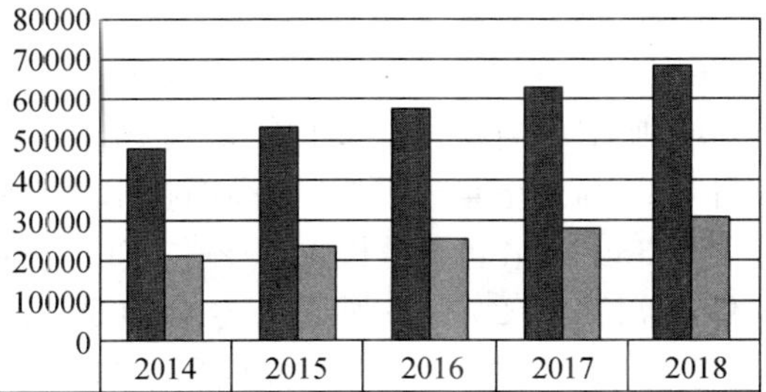

	2014	2015	2016	2017	2018
城镇居民人均可支配收入(元)	47710	52962	57692	62596	68034
农村居民人均可支配收入(元)	21192	23205	25520	27825	30375

图3　2014—2018年上海市城镇和农村居民家庭人均可支配收入对比

（二）就业、社会保障

全年新增就业岗位58.17万个（其中战略性新兴产业19.37万个）。全年新安置就业困难人员49280人，新消除零就业家庭372户。全年帮扶引领成功创业11583人，其中，青年大学生7029人；帮助8777名长期失业青年实现就业创业。全年共完成职业培训105.83万人。其中，农民工职业培训46.26万人。高技能人才占技能劳动者比例达到33.03%。至年末，全市城镇登记失业人员19.41万人，城镇登记失业率为3.57%。

至年末，全市共有1573.37万人（包括离退休人员）参加城镇职工基本养老保险，有78.70万人参加城乡居民基本养老保险。最低生活保障标准从上年的每人每月970元提高到1070元，增长10.3%。月最低工资标准从2300元提高到2420元，小时最低工资标准从20元提高到21元。

至年末，全市共有1524.82万人（包括离退休人员）参加职工基本医疗保险，有342.76万人参加城乡居民基本医疗保险。

至年末，全市民政部门共有各类提供住宿的收养性社会服务机构830个，床位15.08万张。其中，养老机构712家，床位14.41万张。在全市养老机构中，由社会投资开办的352家，床位6.31万张。全市建有社区老年人日间服务中心641家，社区老年人助餐服务点815家。

全年各级政府支出城镇居民最低生活保障金18.23亿元，农村居民最低生活保障金3.04亿元，特困供养金0.66亿元，粮油帮困0.83亿元，医疗救助金4.58亿元。

（三）教育与科技创新

1. 教育

至2018学年末，全市共有普通高等学校64所，普通中等学校913所，普通小学721所，特殊教育学校30所。普通高等学校在校生数有所增加，毕业生数有所减少，中等专业学校的在校生和毕业生数均有所减少。全市共有49家机构培养研究生，全年招收全日制研究生5.27万人，在校全日制研究生15.85万人，毕业全日制研究生4.31万人。九年义务教育入学率保持在99.9%以上,高中阶段新生入学率达99.4%。

至2018学年末,全市共有民办普通高校19所,在校学生11.03万人;民办普通中学131所,在校学生8.37万人;民办小学111所,在校学生10.66万人。全市共有成人中高等学历教育学校26所,成人职业技术培训机构631所,老年教育机构290所。全市共有校外教育机构23所。其中,青少年活动中心(含少年宫)19所,少年科技站3所,少年之家1所。

2. 科技创新

全年用于研究与试验发展(R&D)经费支出相当于上海市生产总值的比例为4.00%左右。

全市科技小巨人和科技小巨人培育企业共1798家,技术先进型服务企业305家(含2018年向国家备案认定技术先进型服务企业12家)。年内共认定高新技术企业3653家,全市2016—2018年有效期内高新技术企业总数达到9206家,净增长1564家。全年共落实高新技术企业减免所得税额160.97亿元,享受企业数3310家。落实技术先进型企业减免所得税额5.12亿元,享受企业数174家。全年共认定高新技术成果转化项目656项,比上年增长33.1%,认定数量创5年新高。其中,电子信息、生物医药、新材料等重点领域项目占86.3%。至年末,共认定高新技术成果转化项目12118项。

全年专利申请量150233件,比上年增长14.0%。其中,发明专利申请62755件,增长14.9%;实用新型专利申请69564件,增长14.2%;外观设计专利申请17914件,增长10.7%。全年专利授权量92460件,比上年增长27.0%。其中,发明专利授权量21331件,增长3.1%;实用新型专利授权量55581件,增长39.2%;外观设计专利授权量15548件,增长27.6%。全年PCT国际专利申请量2500件,比上年增长19.1%。至年末,全市有效发明专利达114966件,比上年末增长14.5%,有效发明专利五年以上维持率为78.6%;每万人口发明专利拥有量达47.5件,比上年增长14.5%。全年经认定登记的各类技术交易合同21630件,比上年增长0.3%;合同金额1303.20亿元,增长50.2%。

(四)文化、卫生和体育

1. 文化事业

年内成功举办第三十五届"上海之春"国际音乐节、第二十届中国上海国际艺术节、第三届上海艾萨克·斯特恩国际小提琴比赛、上海国际电影电视节、第六届市民文化节等重大文化活动。全年市民参与文化活动人数3255万人次。继续实施新一轮公共文化从业人员"三年万人培训"项目,年内参训1万余人次。历史博物馆、国际乒联博物馆、中国证券博物馆、广富林文化遗址公园、海昌海洋公园等建成开放。至年末,全市有市、区级文化馆、群众艺术馆25个,艺术表演团体329个,市、区级公共图书馆23个,档案馆49个,博物馆131个。全市共有公共广播节目22套,公共电视节目25套。至年末,全市共有有线电视用户804万户,有线数字电视用户736万户。全年生产电视剧51部,共2190集;动画电视8388分钟。全年共出版报纸8.17亿份、各类期刊0.85亿册、图书4.80亿册;摄制完成86部影片。

2. 卫生事业

至年末,全市共有医疗卫生机构5298所,卫生技术人员20.65万人。全年全市医疗机构共完成诊疗人次2.76亿人次;上海地区婴儿死亡率3.52‰;孕产妇死亡率1.15/10万,其中,户籍人口孕产妇死亡率1.10/10万;全市常住人口出生性别比为107。

继续推进家庭医生"1+1+1"签约服务,至年末,签约居民666.30万人,常住居民签约率为30%。其中,60岁以上老年人签约373.59万人,重点人群签约377.03万人。签约医疗机构组合内就诊率70.58%,签约社区就诊率46.51%。

全年向7.25万计划生育特殊对象发放特别扶助金5.66亿元,27.68万人领取了农村计划生育家庭奖励扶助金4.3亿元。21.83万人领取了年老退休时一次性计划生育奖励费,共计11.19亿元。继续推进"60岁以上老人接种肺炎疫苗"项目,累计接种142万余剂次。持续推进第三轮社区大肠癌筛查工作,截至年底,完成初筛571638人,初筛阳性121417例,初筛阳性率21.2%。

持续推进儿科医疗联合体建设，年内新增62家签约医疗机构。至年末，全市提供儿科诊疗服务的医疗机构增加到234家。儿科联合体五家牵头医院普通儿内科门诊量比2017年下降。加快28家综合医院儿科示范门急诊建设。全年累计抢救危重孕产妇657例、危重新生儿4352例，抢救成功率分别为99.7%和87.4%。

年内新增社区综合为老服务中心80家、老年人日间服务中心81家、养老床位7103张、完成1194张失智老人照护床位、44家农村薄弱养老机构改造。继续推进"新建医疗急救分站"市政府实事项目，新建"7个医疗急救分站"，全市急救分站合计164个，平均服务半径缩短为3.5公里，急救平均反应时间缩短至14分钟。在全国率先开通"962120"热线，开展非急救转运业务，试运营以来共服务近5万人次。全年招录全科住院医师规范化培训400人（含中医全科48人），为历年之最；通过住院医师规范化培训合格的全科医生249人（含中医全科55人），其中231人到本市基层就业。

3. 体育事业

年内成功举办国际国内重大赛事175次。成功举办F1中国大奖赛、ATP1000网球大师赛、环球马术冠军赛、上海国际马拉松赛等品牌赛事。上海城市业余联赛共开展赛事活动6186个，参与市民近250万人次。成功举办上海市第十六届运动会，共有约220万人次参与。共有76名上海体育健儿在雅加达亚运会上共获得19人次金牌。年内全市共新建89条市民健身步道、新建改建72片市民球场、342个市民益智健身苑点。

（五）城市基础建设

全年城市基础设施建设投资比上年增长9.3%。其中，公用事业投资增长51.8%；交通运输投资增长12.3%；电力建设投资增长11.6%。

至年末，全市公交专用道路达到363.70公里。完成黄浦江两岸20公里岸线、4座跨江大桥景观灯光提升改造。完成116公里架空线入地及合杆整治，拆除有安全隐患、违法违规的广告招牌3.9万块。

全市自来水供水能力为1250万立方米/日，比上年增加66万立方米/日。全年供水总量为30.55亿立方米，下降1.5%；售水总量为24.35亿立方米，下降0.7%。其中，工业用水量、生活用水量分别为4.33亿立方米、20.02亿立方米，分别比上年下降4.3%和增长0.1%。全年全市用电量1566.66亿千瓦时，增长2.6%。至年末，全市家庭液化气用户240万户，比上年下降14.7%；家庭天然气用户699.6万户，增长3.6%。

（六）环境保护和绿地建设

全年全社会用于环境保护的资金投入989.19亿元，相当于上海市生产总值的比例为3%左右。

全年环境空气质量（AQI）优良率为81.1%，比上年上升5.8个百分点。二氧化硫年日均值10微克/立方米，比上年下降16.7%；可吸入颗粒物（PM10）年日均值51微克/立方米，下降7.3%；细颗粒物（PM2.5）年日均值36微克/立方米，下降7.7%；二氧化氮年日均值42微克/立方米，下降4.5%；一氧化碳年日均值0.67毫克/立方米，下降11.8%；臭氧日最大8小时滑动平均值达标率90.1%，上升4.6个百分点。

至年末，城市污水处理厂日处理能力达817.7万立方米，比上年末下降1.0%，城镇污水处理率达到94.7%。全市生活垃圾末端处理能力达28650吨/日，其中，焚烧13300吨/日。全年清运生活垃圾984.31万吨，生活垃圾无害化处理率达100%。大力推进生活垃圾全程分类，建成再生资源回收点3374个，开工建设15个垃圾资源化利用设施。

全年完成新建绿地1307公顷，新建林地7.55万亩，新建城市绿道224公里，新建立体绿化40万平方米，启动建设市级重点生态廊道17条（片）。全市森林覆盖率达16.9%。至年末，人均公园绿地面积达到8.2平方米，湿地保有量46.46万公顷。继续推进崇明世界级生态岛建设，成功申办第十届中国花卉博览会。

（七）安全生产和食品药品安全

全年共发生生产安全事故503起、死亡485人，分别比上年上升12.3%和11.2%。其中，工矿商贸事故250起，死亡220人，分别上升23.8%和14.6%；生产经营性道路交通事故224起，死亡219人，分别与上年持平和上升1.0%；生产经营性火灾事故13起，死亡10人，分别上升85.7%和25.0%；水上交通事故10起、死亡34人，分别下降9.1%和上升161.5%；铁路事故2起、死亡1人；农业机械事故1起（无死亡）；渔业船舶事故3起，死亡1人。全年亿元生产总值生产安全事故死亡人数为0.014人，工矿商贸企业从业人员10万人死亡率为1.653/10万，道路交通事故万车死亡率为1.5人/万车。

全市食品安全风险监测总体合格率为97.8%，同比提高0.3个百分点。全年共报告发生10人以上集体性食物中毒2起，中毒人数43人（无死亡），中毒发生率为0.18例/10万人。全年共立案查处食品药品安全违法案件8292件，罚没金额逾1.91亿元；移送食品药品涉嫌犯罪案件127起，侦破食品药品犯罪案件310起，抓获犯罪嫌疑人603人。促进食品安全社会共治，受理并办理市民食品安全投诉、举报、咨询信息12.28万件。

三　上海市在泛长三角地区经济发展中的地位

2018年，上海市经济社会发展总体平稳、稳中有进、稳中向好，经济发展的韧性、活力和包容性增强，呈现结构更优、效益更好、更趋协调、更可持续的高质量发展态势。全年实现上海市生产总值32679.87亿元，比2017年增长6.6%。

（一）地区生产总值

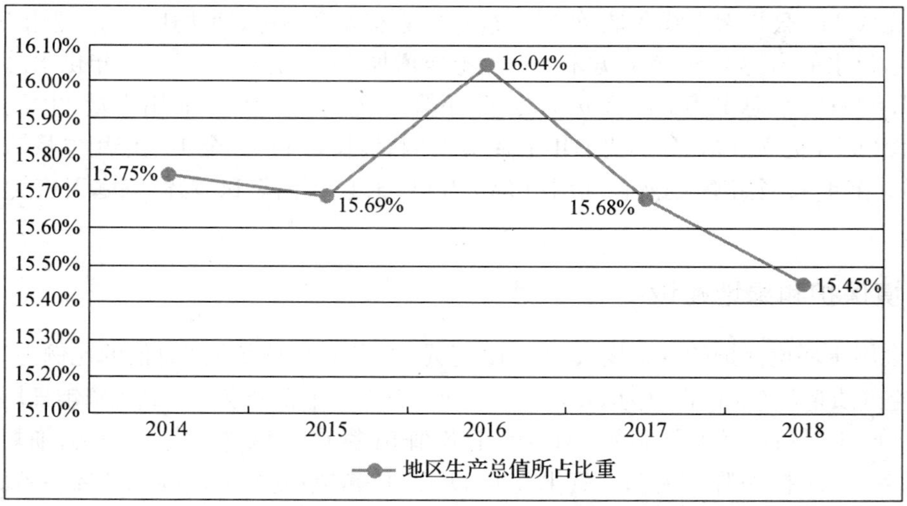

图4　2014—2018年上海市地区生产总值在泛长三角（江苏、浙江和安徽三省及上海市三省一市，下同）所占比重的变化趋势

2014—2018年上海市地区生产总值所占比重分别为：15.75%、15.69%、16.04%、15.68%和15.45%，整体呈倒“U”形变化态势。2018年较2017年减少了0.23个百分点。5年间，占比累计减少了0.30个百分点。在泛长三角中排名为第3位，在泛长三角41市（苏浙两省24个地级市、上海市和安徽省16市，下同）排名为第1位。

近年来，国际、国内经济社会环境都日趋复杂，但上海市的经济依然保持中高速增长，并处于合理区间。2018年，上海市生产总值达到32679.87亿元，按可比价格计算，比2017年增长6.6%。上海经济的平稳增长不仅确保了经济社会发展稳定的大局，更好地促进了经济转型，也让各项政策实施拥有更多回旋余地，为改革创造了更大空间。

上海经济平稳增长，离不开全市产业结构的加快升级。统计显示，2018 年，全市第三产业增加值 22842.96 亿元，比 2017 年增长 8.7%，快于第二产业增速，占全市生产总值的比重为 69.9%，比 2017 年提高 0.7 个百分点，对全市经济增长的贡献率达到 92.0%，在经济增长中发挥了"稳定器"的作用。在第三产业之外，上海的战略新兴产业的比重进一步提升也成为上海产业结构得以进一步转型升级的重要因素之一。2018 年，上海战略性新兴产业增加值 5461.91 亿元，比 2017 年增长 8.2%。其中，工业增加值增长 4.2%，服务业增加值增长 11.3%。战略性新兴产业增加值占上海市生产总值的比重为 16.7%，比 2017 年提高 0.3 个百分点。在供给侧结构性改革总体方针的指引下，通过去产能减少无效低端供给、促进行业转型升级等方式，上海的主要行业发展效益持续提升。

（二）地方财政一般预算收入

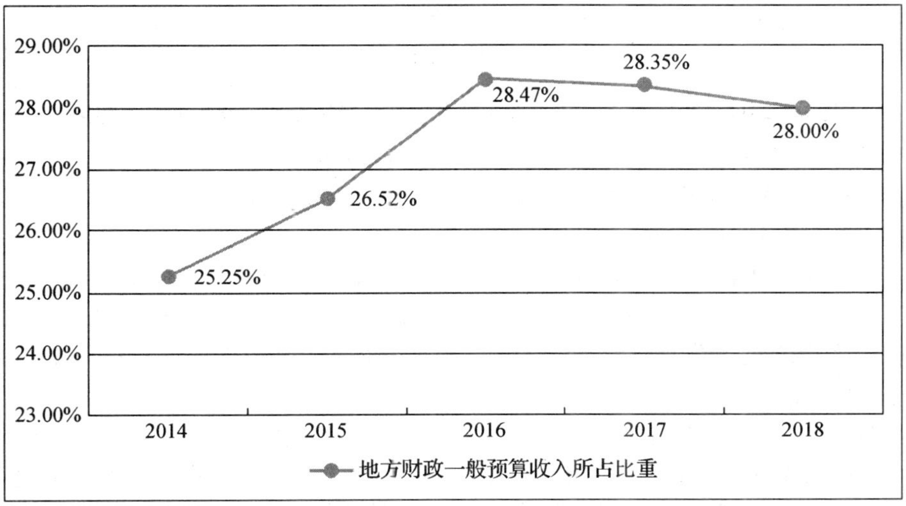

图 5　2014—2018 年上海市地方财政一般预算收入在泛长三角所占比重变化趋势

2014—2018 年上海市地方财政一段预算收入在泛长三角所占比重为：25.25%、26.52%、28.47%、28.35%和 28.00%，五年间整体呈增加态势，2018 年轻微下跌，五年时间累计增幅为 2.75 个百分点。在泛长三角三省一市中排第 2 位，在泛长三角 41 市排名为第 1 位。

2018 年，全市一般公共预算收入 7108.1 亿元，为预算的 100%，比 2017 年增长 7%。加上中央财政税收返还和补助收入 850.8 亿元，2017 年结转收入、调入资金、动用预算稳定调节基金等 1085.8 亿元，以及地方政府一般债务收入 382.1 亿元，收入总量为 9426.8 亿元。全市一般公共预算支出 8351.5 亿元，完成调整预算的 99.1%，增长 10.7%。加上上解中央财政支出 256.7 亿元、地方政府一般债务还本支出 173.5 亿元、补充预算稳定调节基金 471.6 亿元、结转下年支出 173.5 亿元，支出总量为 9426.8 亿元。全市一般公共预算收支执行基本平衡。市级一般公共预算收入 3362 亿元，为预算的 100%，增长 6.5%。加上中央财政税收返还和补助收入 850.8 亿元，2017 年结转收入、区级上解收入、调入资金、动用预算稳定调节基金等 645 亿元，以及地方政府一般债务收入 382.1 亿元，收入总量为 5239.9 亿元。

2018 年，全市财政收入总体呈现结构优化、质量提升的增长态势。一是收入平稳健康增长。市级收入增长 6.5%、区级收入增长 7.5%。二是税费结构较为合理。税收收入 6285 亿元，占比 88.4%；非税收入 823.1 亿元，占比 11.6%。税收收入中，增值税、企业所得税和个人所得税等主体税种保持增长势头，分别增长 6.7%、8.3%和 11.2%，贡献全市收入增量近八成。三是三产增长快于二产。二产、三产收入分别增长 3.3%和 8.2%。其中：商业、金融业收入分别增长 14.3%和 15.1%，贡献全市收入增量逾五成。

（三）工业生产总值

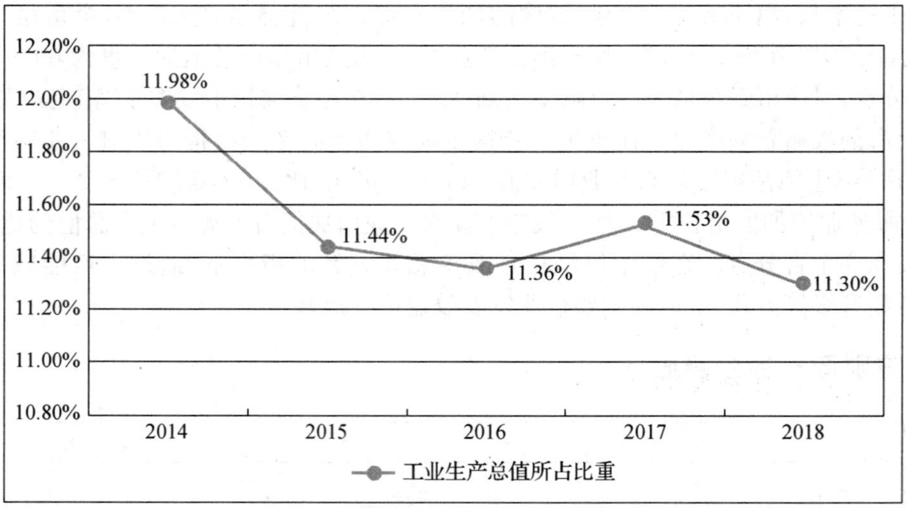

图 6　2014—2018 年上海市工业生产总值在泛长三角所占比重的变化趋势

2014—2018 年上海市工业生产总值在泛长三角的占比分别为：11.98%、11.44%、11.36%、11.53%和 11.30%，五年时间总体呈下滑态势，累计减少了 0.68 个百分点。在泛长三角三省一市中排名为第 4 位，在泛长三角 41 市排名为第 1 位。

2018 年，工业经济面对复杂严峻的国内外经济形势，工业生产呈现总体平稳、稳中有变的发展态势。全年规模以上工业增加值比 2017 年增长 2.0%，实现工业总产值 34841.84 亿元，增长 1.4%。

多数工业行业实现增长。分行业看，本市工业行业总体保持增长态势。2018 年，在 35 个工业行业中，20 个行业工业总产值比 2017 年实现增长，行业增长面达到 57.1%。

工业战略性新兴产业继续领跑本市工业。2018 年，新经济新动能对本市工业的拉动作用进一步发挥，工业战略性新兴产业完成总产值 10659.91 亿元，比 2017 年增长 3.8%，增速高出本市工业 2.4 个百分点，占本市工业的 30.6%。分领域看，除新材料制造业外，工业战略性新兴产业各行业增速均领先本市工业。

六个重点行业实现平稳增长。2018 年，六个重点行业实现工业总产值 23870.77 亿元，比 2017 年增长 1.4%，增速与本市工业持平。分行业看，六个重点行业呈现“四升二降”的格局。其中，生物医药制造业得益于各项政策利好，生产形势良好，增长 9.8%，增速居六个重点行业之首。汽车制造业积极克服下半年国内乘用车市场销售放缓和库存增加等不利影响，增长 0.8%，居第四位。2018 年，本市部分新兴产品、高技术产品生产继续保持较快增长，对工业经济助推力加大，支撑作用加强。

（四）进出口总额

2014—2018 年上海市进出口总额在泛长三角的占比分别为：32.52%、32.43%、32.76%、31.77%和 30.78%，2018 年持续下降，五年时间减少了 1.44 个百分点。在泛长三角三省一市中排第 2 位，在泛长三角 41 市排名为第 1 位。

2018 年本市累计实现外贸进出口总额 34009.93 亿元，比 2017 年同期增长 5.5%。其中出口 13666.85 亿元，增长 4.2%；进口 20343.08 亿元，增长 6.4%。

从经营主体看，全年本市国有企业出口 1532.84 亿元，比 2017 年同期下降 1.0%，进口 3594.03 亿元，增长 17.4%；私营企业出口 3156.50 亿元，增长 16.2%，进口 3527.52 亿元，增长 9.6%；外商投资企业出口 8870.67 亿元，增长 1.3%，进口 13070.95 亿元，增长 2.7%。

从贸易方式看，本市一般贸易出口 6336.06 亿元，比 2017 年同期增长 9.7%，进口 11308.70 亿元，增长 7.1%；加工贸易出口 5241.73 亿元，下降 2.2%，进口 2261.97 亿元，增长 5.5%。

图 7 2014—2018 年上海市进出口总额在泛长三角所占比重的变化趋势

从主要贸易产品看，本市机电产品出口 9481.19 亿元，比 2017 年同期增长 2.1%，进口 9539.76 亿元，增长 2.9%；高新技术产品出口 5742.22 亿元，增长 0.8%，进口 5820.95 亿元，增长 1.9%。

从主要出口市场看，本市对欧盟出口 2432.99 亿元，比 2017 年同期增长 4.5%；对美国出口 3134.44 亿元，下降 0.4%；对日本出口 1417.74 亿元，增长 8.3%；对香港出口 1321.17 亿元，增长 8.5%。

（五）实际外商直接投资金额

图 8 2014—2018 年上海市实际外商直接投资金额在泛长三角所占比重的变化趋势

2014—2018 年上海市实际外商直接投资金额在泛长三角地区所占比重分别为 24.39%、25.18%、24.55%、22.40%和 22.03%，整体呈下降态势，五年累计下降了 2.36 个百分点。在泛长三角三省一市中排第 3 位，在泛长三角 41 市排名为第 1 位。

2018 年，上海市实际利用外资 173 亿美元，居全国第二。全年新设外商直接投资项目 5597 项，比 2017 年增长 41.7%；合同金额 469.37 亿美元，增长 16.8%；全年外商直接投资实际到位金额 173 亿美元，增长 1.7%。全年制造业外商直接投资实际到位金额 17.84 亿美元，增长 1.2 倍，占全市实际利用外资比重为 10.3%；第三产业外商直接投资实际到位金额 154.55 亿美元，下降 4.3%，占比为 89.3%。“一带一路”沿线国家在沪投资合同金额占全市比重达 10.9%。

第二章 江苏省及各市 2018 年经济社会发展报告

2018 年，全省上下坚持以习近平新时代中国特色社会主义思想为指导，深入贯彻党的十九大精神和习近平总书记对江苏工作的重要指示要求，全面落实中央和省委省政府决策部署，坚持稳中求进工作总基调，深入贯彻新发展理念，统筹做好改革发展稳定工作，凝心聚力，攻坚克难，经济运行总体平稳、稳中有进，综合实力显著增强，改革开放加力提效，新旧动能接续转换，质量效益稳步提升，城乡建设统筹推进，民生福祉日益改善，高质量发展实现良好开局，“强富美高”新江苏建设迈出坚实步伐。

一 江苏省 2018 年经济社会发展报告

一 江苏省 2018 年经济发展概况

（一）综合经济

1. 经济总量

2018 年江苏省加强对经济形势的分析研判，认真贯彻“六稳”要求，及时采取针对性措施，推动经济平稳健康发展。经济运行保持在合理区间和中高速增长。经济总量再上新台阶，全年实现地区生产总值 92595.4 亿元，比上年增长 6.7%。其中，第一产业增加值 4141.7 亿元，增长 1.8%；第二产业增加值 41248.5 亿元，增长 5.8%；第三产业增加值 47205.2 亿元，增长 7.9%。全省人均地区生产总值 115168 元，比上年增长 6.3%。劳动生产率持续提高，平均每位从业人员创造的增加值达 194759 元，比上年增加 14247 元。

产业结构加快调整，全年三次产业增加值比例调整为 4.5∶44.5∶51，服务业增加值占 GDP 比重比上年提高 0.7 个百分点。经济活力增强，全年非公有制经济实现增加值 68057.6 亿元，占 GDP 比重达 73.5%，较上年提高 0.1 个百分点；私营个体经济增加值占 GDP 比重达 49.9%，民营经济增加值占 GDP 比重达 55.6%。2018 年末全省工商部门登记的私营企业 286.79 万户；全年新登记私营企业 48.95 万户，注册资本 25838.02 亿元。年末个体户 590.10 万户，全年新登记 109.54 万户。区域协调发展有力推进，扬子江城市群对全省经济增长的贡献率达 81.4%；沿海经济带对全省经济增长的贡献率达 16.6%。新型城镇化建设步伐加快，年末城镇化率达 69.61%，比上年提高 0.85 个百分点。

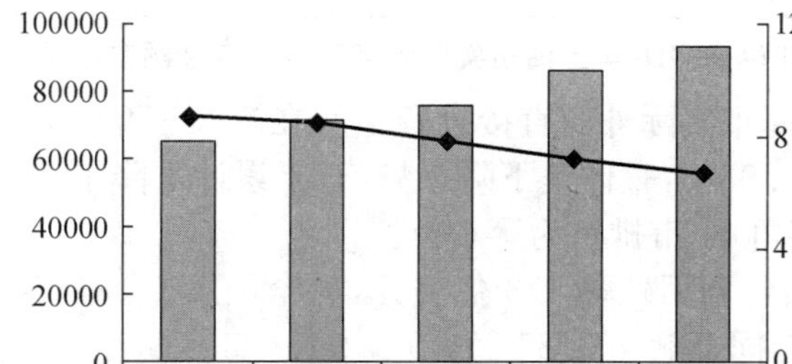

	2014	2015	2016	2017	2018
地区生产总值(亿元)	65088.32	70116.38	76086.17	85900.94	92595.4
增幅(%)	8.7	8.5	7.8	7.2	6.7

图 1 2014—2018 年江苏省地区生产总值及增长速度

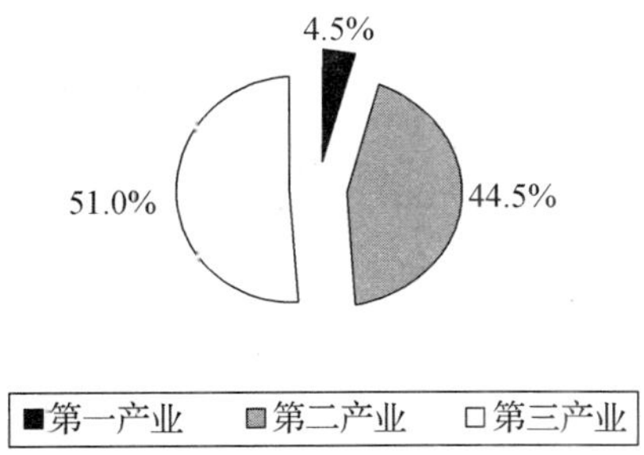

图 2　2018 年江苏省三次产业结构图

2. 财政收支

全年完成一般公共预算收入 8630.16 亿元，比上年增长 5.6%；其中，税收收入 7263.7 亿元，比上年增长 12%；税收占一般公共预算收入比重达 84.2%，比上年提高 4.8 个百分点。

全年一般公共预算支出 11657.35 亿元，比上年增长 9.8%。一般公共预算支出中，教育支出 2056.5 亿元，比上年增长 3.9%；公共安全支出 826.6 亿元，增长 15.3%；医疗卫生支出 845.5 亿元，增长7.1%；社会保障和就业支出 1309 亿元，增长 25.5%；住房保障支出 430 亿元，增长 22.2%。

3. 物价指数

全年居民消费价格比上年上涨 2.3%，其中城市上涨 2.3%，农村上涨 2.4%。分类别看，食品烟酒类上涨 2.3%，衣着类上涨 2.2%，居住类上涨 2.4%，生活用品及服务类上涨 3.4%，交通和通信类上涨 2.5%，教育文化和娱乐类上涨 2.4%，医疗保健类上涨 1.2%，其他用品和服务类上涨 2.2%。食品中，粮食上涨 1.2%，食用油上涨 0.2%，鲜菜上涨 8.0%，水产品上涨 0.2%，蛋类上涨 12.5%，畜肉类下跌 3.0%。工业生产者价格涨幅回落。全年工业生产者出厂价格上涨 2.8%，涨幅比上年回落 2.0 个百分点；工业生产者购进价格上涨 4.6%，涨幅回落 5.1 个百分点。

4. 固定资产投资

投资增长保持稳定。全年固定资产投资比上年增长 5.5%。其中，国有及国有经济控股投资下降 8.6%；港澳台及外商投资增长 0.8%。民间投资增长 10.8%，民间投资占全部投资比重达 71.0%。分类型看，项目投资比上年增长 2.2%；房地产开发投资比上年增长 14.1%。全年商品房销售面积 13484.2 万平方米，比上年下降 5.1%。其中，住宅销售面积 12040.7 万平方米，比上年下降 3.6%。

投资结构继续优化。第一产业投资比上年增长 6.7%，第二产业投资增长 7.9%，第三产业投资增长 3.7%。第二产业投资中，工业投资增长 8.0%，其中制造业投资增长 11.2%；制造业投资占项目投资比重为 59.0%，对全部投资增长的贡献率达 79.9%。工业技术改造投资增长 10.7%，占工业投资比重达 55.0%。高新技术产业投资增长 15.2%。电子及通讯设备、计算机及办公设备、新能源、医药、智能装备、仪器仪表制造业投资分别增长 23.9%、22.6%、19.0%、14.9%、14.8%和 11.4%。第三产业投资中，科学研究和技术服务业增长 6.8%，水利、环境和公共设施管理业增长 2.4%，文化、体育和娱乐业增长 8.5%。

重点项目扎实推进。全省 228 个省重大实施项目完成投资 5300 亿元。现代综合交通运输体系加快建设，开工建设南沿江城际铁路、宁句城际轨道交通项目，加快推进连淮扬镇铁路、盐通高铁、连徐高铁、徐宿淮盐铁路建设，青连、连盐、宁启二期铁路相继建成通车，连云港和盐城跨入高铁时代。南京禄口国际机场 T1 航站楼改扩建工程顺利实施。连云港港 30 万吨级航道二期工程、苏州太仓港区四期工程建设进展顺利，长江南京以下 12.5 米深水航道二期工程提前建成试运行。

（二）农林牧渔业

种植业结构不断优化。全年粮食播种面积547.6万公顷，比上年减少5.1万公顷；棉花种植面积1.7万公顷，减少0.4万公顷；油料种植面积26.3万公顷，减少0.5万公顷；蔬菜种植面积142.5万公顷，增加1.7万公顷。全年粮食总产量3660.3万吨，比上年增产49.5万吨，增长1.4%。其中，夏粮1326.4万吨，下降0.7%；秋粮2333.9万吨，增长2.6%。粮食亩产445.6公斤，比上年增加10.1公斤，增长2.3%。

林牧渔业生产总体平稳。全年造林面积4.3万公顷，比上年增长27.6%。全年猪牛羊禽肉产量321.9万吨，比上年下降4.0%；禽蛋产量178万吨，下降3.0%；牛奶总产量50万吨，增长2.1%。水产品总产量493.4万吨（不含远洋捕捞），下降2.1%，其中，淡水产品354.0万吨、海水产品139.3万吨，分别下降1.1%、4.6%。

现代农业加快推进。农业产业结构不断优化，绿色农业、智慧农业、订单农业等现代农业加快发展。全省高效设施农业面积占比达19.6%，高标准农田占比达61%，农业机械化水平达84%，农业科技进步贡献率提高到68%。全省有效灌溉面积达418万公顷，新增有效灌溉面积4.8万公顷，新增节水灌溉面积15.3万公顷；新增设施农业面积3.4万公顷。年末农业机械总动力5042万千瓦，比上年增长1.0%。

（三）工业和建筑业

工业运行总体稳定。全年规模以上工业增加值比上年增长5.1%，其中轻工业增长3.5%，重工业增长5.5%。分经济类型看，国有工业增长5.6%，集体工业增长4.8%，股份制工业增长5%，外商港澳台投资工业增长5.3%。在规模以上工业中，国有控股工业增长8.1%，民营工业增长4.1%。

先进制造业发展加快。全省高技术产业、装备制造业增加值比上年分别增长11.1%和8%，高于规模以上工业6个和2.9个百分点；对规上工业增加值增长的贡献率达43.4%和74.2%。分行业看，电子、医药、汽车、专用设备等先进制造业增加值分别增长11.3%、10.4%、7.2%和12.5%。代表智能制造、新型材料、新型交通运输设备和高端电子信息产品的新产品产量实现较快增长。新能源汽车、城市轨道车辆、3D打印设备、智能电视、服务器等新产品产量比上年分别增长139.9%、107.1%、51.4%、36.4%和26.2%。

工业企业盈利能力提升。全年规模以上工业企业实现主营业务收入比上年增长7.3%，利润比上年增长9.4%。规模以上工业企业主营业务收入利润率、成本费用利润率分别为6.6%、6.9%，比上年提高0.12个和0.13个百分点。规模以上工业企业资产负债率为52.6%，总资产贡献率为12.1%。全年规模以上工业企业产销率达98.8%。

建筑业稳定健康发展。全年实现建筑业总产值30846.7亿元，比上年增长10.3%；竣工产值22551.7亿元，增长4.7%；竣工率达73.1%。全省建筑业企业实现利税总额2168.7亿元，增长9.1%。建筑业劳动生产率为33.6万元/人，增长7.5%。建筑业企业房屋建筑施工面积249176.8万平方米，增长7.4%；竣工面积74806.3万平方米，下降0.9%，其中住宅竣工面积54411.4万平方米，下降0.6%。

（四）服务业

1. 国内贸易

全年社会消费品零售总额比上年增长7.9%。按经营单位所在地分，城镇消费品零售额增长7.8%；农村消费品零售额增长9%。按行业分，批发和零售业零售额增长7.7%；住宿和餐饮业零售额增长9.7%。全省限额以上社会消费品零售总额比上年增长3.6%。从消费品类值看，基本生活类消费增长平稳，部分消费升级类商品零售额增长较快。在限额以上企业商品零售额中，粮油食品饮料烟酒类、服装鞋帽针纺织品类、日用品类商品零售额分别增长4.4%、7.6%和9.5%。以智能手机、平板电脑等为代表的通讯器材类商品零售额增长30.8%；书报杂志类增长15.9%；家具类增长11.8%。石油制品类商品零售额增长12.2%。

2. 交通运输、邮电

交通运输基本平稳。全年货物运输量比上年增长5.7%，旅客运输量下降4.7%；货物周转量比上年下降0.4%，旅客周转量增长2.0%。全省机场飞机起降51.6万架次，比上年增长11.5%；旅客吞吐量5164.6万人次，增长16.2%；货邮吞吐量59.7万吨，增长4.5%。完成规模以上港口货物吞吐量23.3亿吨，比上年增长0.6%，其中外贸货物吞吐量4.9亿吨，增长0.5%；集装箱吞吐量1798万标准集装箱，增长4.4%。年末全省公路里程16万公里。其中，高速公路里程4710公里。铁路营业里程3014公里，铁路正线延展长度5258.6公里。年末民用汽车保有量1783.2万辆，增长10.1%；净增163.8万辆。年末私人汽车保有量1537.6万辆，增长9.2%；净增129.4万辆。其中，私人轿车保有量1066.8万辆，增长8.0%；净增79.2万辆。

邮政电信快速发展。全年邮政行业业务总量1050.2亿元，比上年增长19.2%；电信业务总量4811.6亿元，增长132.7%。邮政行业业务收入647亿元，比上年增长15.4%；电信业务收入975.1亿元，增长6.3%。年末局用交换机总容量121.2万门。年末固定电话用户1364万户，城市固定电话用户945.9万户，乡村固定电话用户418.1万户。年末移动电话用户9794万户，比上年末增加986.3万户。电话普及率达139部/百人。年末长途光缆线路总长度4.04万公里；年末互联网宽带接入用户3351.9万户，新增245.7万户。

3. 旅游业

旅游业较快增长。全年接待境内外游客81823.7万人次，比上年增长9.6%；实现旅游业总收入13247.3亿元，增长13.6%。接待入境过夜游客400.9万人次，增长8.3%。其中，外国人264.7万人次，增长9.5%；港澳台同胞136.2万人次，增长6.1%。旅游外汇收入46.5亿美元，增长10.8%。接待国内游客81422.8万人次，增长9.6%，实现国内旅游收入12851.3亿元，增长13.7%。

4. 金融、证券和保险业

金融信贷规模扩大。年末全省金融机构人民币存款余额139718亿元，比年初增长7.5%，增加9775.1亿元。其中，住户存款比年初增加4663.9亿元，非金融企业存款比年初增加2712.4亿元。年末金融机构人民币贷款余额115719亿元，比年初增长13.3%，增加13572.4亿元。其中，中长期贷款比年初增加7839.3亿元，短期贷款比年初增加3768.9亿元。

证券交易市场保持稳定。年末全省境内上市公司401家，省内上市公司通过首发、配股、增发、可转债、公司债在上海、深圳证券交易所筹集资金2249.8亿元。江苏企业境内上市公司总股本3639.3亿股，比上年增长11.7%；总市值31986.1亿元，比上年下降21.4%。年末全省共有证券公司6家，证券营业部928家；期货公司9家，期货营业部172家；证券投资咨询机构3家。全年证券市场完成交易额28.7万亿元。分类型看，证券经营机构股票交易额13.4万亿元，比上年下降22.3%；期货经营机构代理交易额15.3万亿元，比上年增长20.7%。

保险行业有所波动。全年保费收入3317.3亿元，比上年下降3.8%。分类型看，财产险收入858.8亿元，增长5.5%；寿险收入1985.3亿元，下降10.2%；健康险收入395亿元，增长11.4%；意外伤害险78.1亿元，增长12.1%。全年赔付额996.7亿元，比上年增长1.3%。其中，财产险赔付512.5亿元，增长12.5%；寿险赔付355.9亿元，下降17.9%；健康险赔付104.4亿元，增长42.0%；意外伤害险赔付23.9亿元，增长12.4%。

（五）开放型经济

1. 对外贸易

2018年江苏省进出口规模继续扩大。全省完成进出口总额43802.4亿元，比上年增长9.5%。其中，出口26657.7亿元，增长8.4%；进口17144.7亿元，增长11.3%。从贸易方式看，一般贸易进出口总额21342.6亿元，增长10.9%；占进出口总额比重达48.7%，超过加工贸易9.4个百分点。从出口主体看，国有企业、外资企业、私营企业出口额分别增长17.7%、3.6%和15.1%。从出口市场看，对美国、欧盟、日本出口比上年分别增长6%、6.9%和5.5%，对印度、俄罗斯、东盟出口分别增长4.4%、10.5%和13%。从出口产品看，机电、高新技术产品出口额分别增长8.9%、8.5%。对“一带一路”沿线国家出口保持较快增长，出口额6459.6亿元，增长8.9%；占全省出口总额的比重为24.2%，对全省出口增长的贡献率为25.7%。

江苏省2018年进出口贸易主要分类情况

指　　标	绝对数(亿元)	比上年增长(%)
出口总额	26657.7	8.4
#一般贸易	13400.8	12.6
加工贸易	10234.8	−0.1
#工业制成品	24980.0	8.2
初级产品	385.4	2.9
#机电产品	17624.4	8.9
#高新技术产品	10126.2	8.5
#国有企业	2989.2	17.7
外商投资企业	14810.2	3.6
私营企业	8456.0	15.1
进口总额	17144.7	11.3
#一般贸易	7941.8	8.1
加工贸易	6967.1	11.9
#工业制成品	13975.7	11.7
初级产品	2203.1	8.5
#机电产品	10204.9	11.5
#高新技术产品	7288.0	13.4
#国有企业	1336.5	22.9
外商投资企业	12125.1	8.4
私营企业	3453.0	18.9

2. 利用外资保持增长

全年新批外商投资企业3348家，比上年增长2.9%；新批协议注册外资605.2亿美元，比上年增长9.2%；实际使用外资255.9亿美元，比上年增长1.8%。新批及净增资9000万美元以上的外商投资大项目353个，比上年增长1.1%。全年新批境外投资项目786个，中方协议投资额94.8亿美元。加快推进“一带一路”交汇点建设，全年新增“一带一路”沿线对外投资项目235个，比上年增长46.8%，中方协议投资额23.1亿美元。

二　江苏省 2018 年社会发展概况

（一）人口、人民生活

人口总量保持增长。年末全省常住人口 8050.7 万人，比上年末增加 21.4 万人，增长 0.27%。在常住人口中，男性人口 4051.15 万人，女性人口 3999.55 万人；0～14 岁人口 1115.83 万人，15～64 岁人口 5805.36 万人，65 岁及以上人口 1129.51 万人。全年人口出生率 9.32‰，比上年下降 0.39 个千分点；人口死亡率 7.03‰，与上年持平；人口自然增长率 2.29‰，比上年下降 0.39 个千分点。

居民收入稳定增长。据城乡一体化住户调查，全省居民人均可支配收入 38096 元，比上年增长 8.8%。其中，工资性收入 21948 元，增长 7.6%；经营净收入 5386 元，增长 7.8%；财产净收入 3746 元，增长 15.7%；转移净收入 7016 元，增长 9.8%。按常住地分，城镇居民人均可支配收入 47200 元，增长8.2%；农村居民人均可支配收入 20845 元，增长 8.8%。城乡居民收入差距进一步缩小，城乡居民收入比由上年的 2.28∶1 缩小为 2.26∶1。全省居民人均消费支出 25007 元，比上年增长 6.6%。按常住地分，城镇居民人均消费支出 29462 元，增长 6.3%；农村居民人均消费支出 16567 元，增长6.1%。

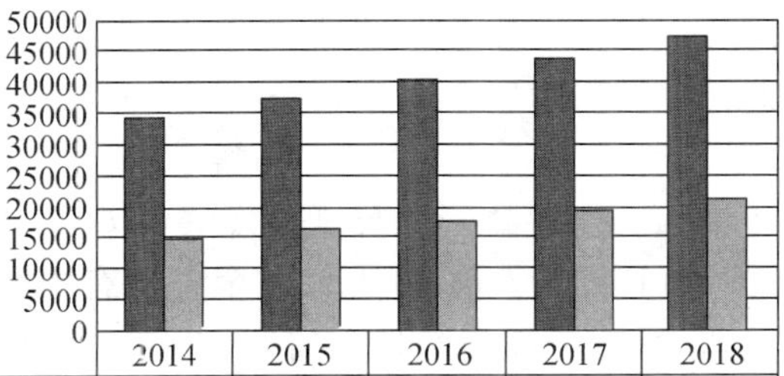

	2014	2015	2016	2017	2018
城镇居民人均可支配收入(元)	34346	37173	40152	43622	47200
农村居民人均可支配收入(元)	14958	16257	17606	19158	20845

图 3　2014—2018 年江苏省城乡居民收入对比一览

（二）就业和社会保障

1. 就业

就业形势持续向好。年末全省就业人口 4750.9 万人，第一产业就业人口 764.9 万人，第二产业就业人口 2033.4 万人，第三产业就业人口 1952.6 万人。城镇就业人口 3227.5 万人，城镇新增就业 153 万人。失业保持较低水平，年末全省城镇登记失业率 2.97%，比上年下降 0.01 个百分点。全年新增转移农村劳动力 25.5 万人，转移率达 75.2%，比上年末提高 0.9 个百分点。城镇失业人员再就业 89.5 万人，城乡就业困难人员就业再就业 31.9 万人，分别比上年增长 11.0%和 26.6%。

2. 社保体系更加完善

2018 年江苏省稳步实施全民参保计划，参保覆盖面持续扩大。年末全省城乡基本养老、城乡基本医疗、失业、工伤、生育保险参保人数分别为 5538 万人、7721.18 万人、1671.3 万人、1777.2 万人和1694.46 万人，比上年末分别增加 160.4 万人、102.08 万人、88.4 万人、87 万人和 112.45 万人。城乡居民基本养老保险基础养老金最低标准由每人每月 125 元提高到每人每月 135 元。城乡居民医保人均财政补助最低标准提高到每人每年 589 元。

（三）教育和科学技术

1. 教育事业

教育事业全面发展。全省共有普通高校142所。普通高等教育招生62.74万人，在校生200.09万人，毕业生53.87万人；研究生教育招生6.91万人，在校生19.46万人，毕业生4.74万人。高等教育毛入学率达58.3%，比上年提高1.6个百分点；高中阶段教育毛入学率达99%以上。全省中等职业教育在校生62.6万人（不含技工学校）。特殊教育招生0.48万人，在校生3.12万人。全省共有幼儿园7222所，比上年增加240所；在园幼儿255.58万人，比上年减少4.95万人。学前三年教育毛入园率达98%以上。

2. 科技与创新

科技创新能力持续增强。全省专利申请量、授权量分别达60.03万件、30.7万件，其中发明专利申请量19.88万件，比上年增长6.31%；发明专利授权量4.2万件，增长1.21%；PCT专利申请量达5500件，增长19.8%；万人发明专利拥有量达26.45件，增长17.56%。全省企业共申请专利43.76万件。全年共签订各类技术合同4.2万项，技术合同成交额达1152.6亿元，比上年增长32%。省级以上众创空间达746家。2018年，江苏共有50个项目获国家科技奖，获奖总数位列全国各省第一。

高新技术产业加快发展。组织实施省重大科技成果转化专项资金项目124项，省资助资金投入8.38亿元，新增总投入72.81亿元。新认定国家高新技术企业超过8000家，企业研发经费投入占主营业务收入比重提高至1.3%，大中型工业企业和规模以上高新技术企业研发机构建有率保持在90%左右，国家级企业研发机构达到145家，位居全国前列。全省已建国家级高新技术特色产业基地160个。

科研投入力度逐步增强。全社会研究与试验发展（R&D）活动经费占地区生产总值比重达2.64%（新口径），研究与试验发展（R&D）人员78万人。全省拥有中国科学院和中国工程院院士98人。各类科学研究与技术开发机构中，政府部门属独立研究与开发机构达466个。建设国家和省级重点实验室171个，科技服务平台277个，工程技术研究中心3404个，企业院士工作站326个，经国家认定的技术中心117家。

（四）文化、卫生和体育

1. 文化事业

公共文化服务水平提升。城乡公共文化服务体系不断完善。全省共有文化馆、群众艺术馆115个，公共图书馆115个，博物馆322个，美术馆31个，综合档案馆113个，向社会开放档案79.55万件。共有广播电台8座，中短波广播发射台和转播台21座，电视台8座，广播综合人口覆盖率和电视综合人口覆盖率均达100%。全省有线电视用户1666.82万户。全年生产故事影剧片61部；出版报纸21.92亿份，出版杂志1.14亿册，出版图书6.84亿册。

2. 卫生事业

卫生事业稳步推进。年末全省共有各类卫生机构33254个。其中，医院1853个，疾病预防控制中心117个，妇幼卫生保健机构114个。各类卫生机构拥有病床49.08万张，其中医院拥有病床38.72万张。共有卫生技术人员59万人，其中执业医师、执业助理医师23.34万人，注册护士26.03万人，疾病预防控制中心卫生技术人员0.63万人，妇幼卫生保健机构卫生技术人员1.23万人。

3. 体育事业

体育事业蓬勃发展。成功举办第19届省运会，促进群众体育和竞技体育、体育事业和体育产业协调发展，江苏健儿在第18届亚运会上取得优异成绩。在重大比赛中获世界冠军5项，获金牌58人次，获银牌37人次，获铜牌55人次。

（五）城乡统筹发展

推动城乡融合发展，实现区域优势互补，城乡区域协调发展水平进一步提升。乡村振兴战略深入实施。培育壮大优势特色产业，加强农业基础建设，开展品牌强农行动，农业产业结构不断优化，高效设施农业占比达19.6%，高标准农田占比达61%，农业综合机械化水平达84%，农业科技进步贡献率提高到68%，粮食总产量达732亿斤。扎实推进特色田园乡村建设，130多个村庄试点有序展开。"四好农村路"建设扎实推进，完成新改建道路4838公里、桥梁2874座。农村土地制度、集体产权制度、农村金融等各项改革向纵深推进，超过一半的行政村完成集体资产股份合作制改革。总结推广马庄经验，农村文化建设、农民精神面貌和乡村治理水平不断提升。

区域一体化发展扎实推进。深入落实长江经济带"共抓大保护，不搞大开发"要求，制定出台推动本省长江经济带高质量发展走在前列的实施意见，统筹推进沿江产业结构调整、生态文明建设、交通枢纽建设和城市规划发展，沿江地区转型发展步伐加快。认真实施长三角一体化《三年行动计划》和《近期工作要点》，各项重点任务有力推进。深入实施"1+3"重点功能区战略，扬子江城市群、江淮生态经济区、沿海经济带、徐州淮海经济区中心城市建设扎实推进。切实加大对口支援合作和东西部扶贫协作力度，各项工作取得新成效。现代综合交通运输体系加快建设。沿江城市群城际铁路建设规划获国家批复，组建省铁路集团、东部机场集团，开工建设南沿江城际铁路、宁句城际轨道交通项目，加快推进连淮扬镇铁路、盐通高铁、连徐高铁、徐宿淮盐铁路建设，青连、连盐、宁启二期铁路建成通车。南京禄口机场T1航站楼改扩建工程顺利实施。连云港港30万吨级航道二期工程、苏州太仓港区四期工程建设进展顺利，长江南京以下12.5米深水航道二期工程提前建成试运行。

（六）生态建设和节能减排

2018年江苏省狠抓中央环保督察"回头看"反馈意见整改，大力推进沿江化工污染整治、饮用水水源地安全检查和达标建设等行动，坚决打好污染防治攻坚战。污染防治力度加大。全省PM2.5年均浓度48微克/立方米，104个国考断面水质优Ⅲ类比例68.3%、劣Ⅴ类比例1%，化学需氧量、二氧化硫、氨氮、氮氧化物四项主要污染物排放量削减指标均完成国家下达的目标任务。长江、淮河等重点流域及近岸海域水质总体保持稳定，太湖治理连续11年实现"两个确保"。实施农村人居环境整治三年行动，大力推进生活垃圾处理、生活污水处理、村容村貌提升和厕所革命，城乡人居环境持续改善。全省林木覆盖率达23.2%，建成国家生态园林城市5个，国家生态工业园区21个，国家生态文明建设示范市县9个。

节能减排成效显著。加快淘汰低水平落后产能，全年压减钢铁产能80万吨、水泥产能210万吨、平板玻璃产能660万重量箱；关闭高耗能高污染及"散乱污"规模以上企业3600多家；关停低端落后化工企业1200家以上。全省规模以上工业综合能源消费量同比下降2.5%。

（七）安全生产

安全生产形势稳定。开展重点行业领域专项治理和隐患排查整治，生产安全事故起数和死亡人数实现"双下降"。全年共发生各类生产安全事故7076起，死亡3909人，同比减少584起、483人，分别下降7.62%和11.0%，没有发生重大及以上生产安全事故。

三　江苏省在泛长三角地区经济发展中的地位

2018年，在国内外经济环境发生深刻变化的背景下，江苏主动调结构促转型，确保经济运行在合理区间，主动调结构促转型，全省经济社会发展水平和质量显著提高，经济运行的稳定性、协调性和可持续性进一步增强。可以说基本做到了"增长稳、结构优、质态好"。

（一）地区生产总值

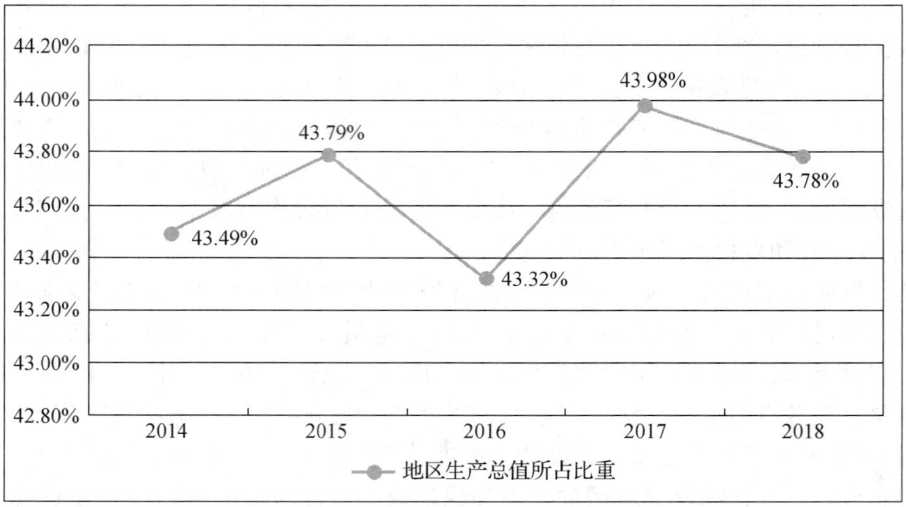

图 4　2014—2018 年江苏省地区生产总值在泛长三角（江苏、浙江、安徽和上海市三省一市，下同）所占比重的变化趋势

近年来，江苏省地区生产总值在泛长三角地区稳居第一位，所占比重总体呈现波动态势。2014—2018 年，江苏省地区生产总值在长三角所占比重分别为 43.49%、43.79%、43.32%、43.98%和 43.78%，五年时间 2016 年、2018 年出现下跌，五年累计增幅为 0.29 个百分点。

2018 年，在泛长三角地区 41 市（苏浙两省 24 个地级市、安徽省 16 个地级市和上海市，下同）地区生产总值所占比重排名的前十位中，江苏省 13 个地级市占据 6 席，与 2017 年持平。

2018 年，江苏全年实现生产总值 92595.4 亿元，按可比价格计算，比 2017 年增长 6.7%，首次突破 9 万亿元大关，江苏经济再上新台阶。从物价涨幅看，全省居民消费价格比 2017 年上涨 2.3%，处于温和上涨区间。从供给侧看，一、二、三次产业结构比为 4.5：44.5：51，其中第三产业（服务业）比重比 2017 年提高 0.7 个百分点，对 GDP 增长的贡献率达到 58.8%，高于第二产业 18.9 个百分点。农业结构显著优化。全省高效设施农业面积、高标准农田占比分别达 19.6%、61%，农业综合机械化水平达 84%，农业科技进步贡献率提高到 68%。大型规模户饲养量占比比 2017 年提高 6.8 个百分点，畜禽生态健康养殖比重达 30%。先进制造业快速壮大。高技术行业、装备制造业增加值分别增长 11.1%、8%，占规模以上工业总产值比重达 32%和 43,8%，贡献率分别达到 43.4%、74.2%。新能源汽车、城市轨道车辆、3D 打印设备、智能电视、服务器等新产品产量大幅增长。现代服务业蓬勃发展。2017 年前 11 个月，规上服务业中，软件和信息技术服务业、专业技术服务业、互联网和相关服务业等重点行业营业收入同比分别增长 13.7%、10.9%和 41.6%。高技术服务业、战略性新兴服务业、科技服务业等高新服务业营业收入分别增长 13.2%、13.3%、13.6%。

苏州以 1.85 万亿元的 GDP 总量位居全省第一，南京 GDP 增速位居全省第一，南通市 GDP 首次突破 8000 亿。全省 GDP 突破 1 万亿的城市有 3 个，分别是苏州、南京和无锡；GDP 总量在 5000 亿元～10000 亿元之间的城市有 6 个，分别是南通、常州、徐州、盐城、扬州、泰州；镇江 GDP 突破 4000 亿，淮安 GDP 在 3500 亿以上，连云港和宿迁的 GDP 在 2500 亿元以上。

（二）地方财政一般预算收入

2014—2018 年，江苏省地方财政一般预算收入在泛长三角地区的占比分别是 39.83%、38.58%、36.09%、34.88%和 34.00%，五年整体下跌 5.83 个百分点，总体持续出现下跌。但在泛长三角地区稳居第一位。2018 年，在泛长三角地区 41 市地方财政一般预算收入所占比重排名的前十位中，江苏省 13 个地级市占据 5 席，较 2017 年减少一席。

图 5　2014—2018 年江苏省地方财政一般预算收入在泛长三角所占比重的变化趋势

2018 年，全省一般公共预算收入 8630.16 亿元，增长 5.6%，税收占比 84.2%。其中：税收收入 7263.65 亿元，增长 12%；非税收入 1366.51 亿元，下降 19%。考虑到年中国家出台的增值税、企业所得税等减税降费政策因素，全省一般公共预算收入实际增幅在 7%以上。全省一般公共预算支出 11658.22 亿元，增长 9.8%。

（三）工业生产总值

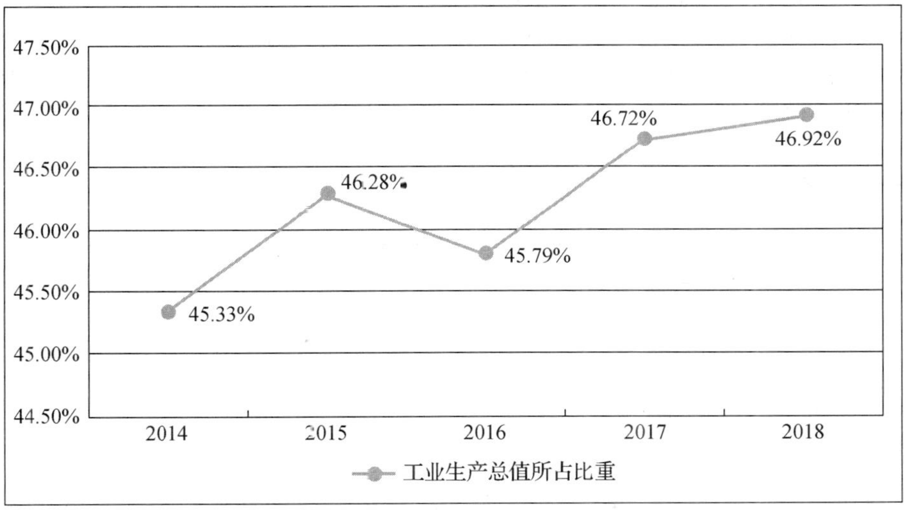

图 6　2014—2018 年江苏省工业生产总值在泛长三角所占比重变化趋势

2014—2018 年，江苏省工业生产总值在泛长三角地区的占比分别是 45.33%、46.28%、45.79%、46.72%和 46.92%，整体呈持续增长的态势，累计增幅高达 1.59 个百分点，较 2017 年减少一席。

2018 年，在泛长三角地区 41 市工业生产总值所占比重排名的前十位中，江苏省 13 个地级市占据 5 席。

2018 年，全省规模以上工业企业完成增加值同比增长 5.1%，继续保持在中速增长区间。轻工业完成增加值增速同比增长 3.5%，重工业增速快于轻工业，重工业完成增加值同比增长 5.5%。国有企业增加值增长 5.6%，对稳定工业增长发挥了重要作用。股份制企业增加值增速同比增加 5.0%。外商港澳台投资企业增速依旧保持在5.3%左右的中速区间。民营工业继续保持同比增长4.1%，其中私营工业企业完成增加值增速达到3.5%。

从全国和部分省市工业运行形势来看，2018年，全国、广东、浙江、上海、山东规模以上工业增加值增速分别为6.2%、6.3%、7.3%、2.0%、5.2%，江苏低于全国1.1个百分点、广东1.2个百分点，浙江2.6个百分点、山东0.1个百分点，高于上海3.1个百分点。

2018年，全省工业生产实现产值同比增长8.4%，保持稳步增长态势。战略性新兴产业、高新技术产业产值分别增长8.8%、11%，占比提高至32%、43.8%。高技术制造业、装备制造业增加值分别增长11.1%和8.0%，高于规模以上工业6.0和2.9个百分点。41个工业大类行业中有35个行业产值比2017年有不同程度增长，其中仪器仪表制造业增长12.5%，专用设备制造业增长16.6%，计算机、通信和其他电子设备制造业增长8.3%。医药制造业增长12.0%，电气机械和器材制造业增长8.2%，通用设备制造业增长10.5%。新产业新业态新模式发展迅猛，全年城市轨道车辆、新能源汽车、3D打印设备、智能电视产量分别增长107.1%、139.9%、51.4%和36.4%。在去产能、降成本、去杠杆等系列政策促进下，2018年规模以上工业企业利润增长8.4%。

2018年，全省工业经济运行平稳，"1+3"重点功能区板块工业增加值整体保持稳定增长，但各区域之间工业经济增速呈现一定程度的分化。其中扬子江城市群的工业增加值增速分别是：南京增长7.8%、无锡增长9.0%、苏州增长5.4%、常州增长6.6%、镇江下降3.5%、泰州增长5.2%、南通增长7.7%、扬州增长5.1%。沿海经济带中三个设区市，除南通之外，其他两个设区市工业增加值增速分别为：连云港下降6.7%、盐城增长4.0%。淮海经济区的工业增加值增速分别是：淮安增长4.8%、宿迁增长7.8%、徐州下降9.9%。和2017年同期相比，全省工业增加值增速呈现负增长设区市有三个，分别是镇江、连云港、徐州。

2018年，全省完成工业投资同比增长8.0%，比2017年上升1.3个百分点。其中传统制造业投资增速放缓，高技术产业投资、装备制造业投资保持较高增速，工业投资结构继续改善。计算机通信和其他电子设备制造业、电气机械和器材制造业等行业分别完成投资同比分别增长18.3%、14.4%，分别超过全省平均水平10.3个百分点和6.4个百分点。部分轻工业投资增速放缓，食品制造业完成投资同比下降6.7%，印刷和记录媒介复制业完成投资同比下降8.3%。高耗能行业投资显著回落，有色金属冶炼和压延加工业行业投资连续下滑，同比下降7.0%；电力、热力、燃气及水生产和供应业完成投资同比下降25.0%。

（四）进出口总额

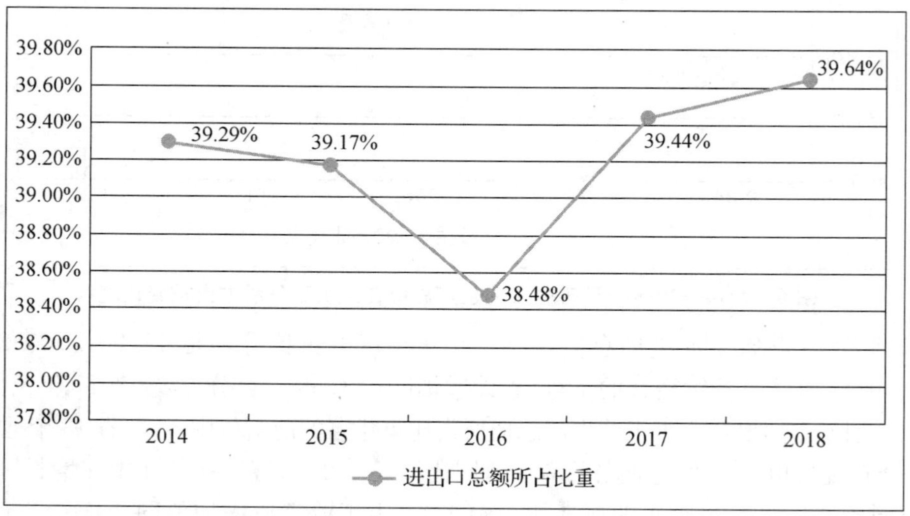

图7　2014—2018年江苏省进出口总额在泛长三角所占比重的变化趋势

2014—2018 年，江苏省进出口总额在泛长三角地区的占比分别是 39.29%、39.17%、38.48%、39.44%和 39.64%，自 2017 年以来止跌上扬趋势，五年增加了 0.35 个百分点，始终保持着泛长三角地区三省一市第一的位置。2018 年，在泛长三角地区 41 市进出口总额所占比重排名的前十位中，江苏省 13 个地级市占据 5 席，较 2017 年持平。

2018 年，实现进出口总额 43802.4 亿元，同比增长 9.5%，规模创历史新高，外贸内生动力增强。

2018 年，江苏应对外部环境变化，在 2017 年进出口同比增长 19.1%，且基数较大基础上，保持外贸稳中有进。全年完成进出口 43802.4 亿元，同比增长 9.5%。其中，出口 26657.7 亿元，增长 8.4%；进口 17144.7 亿元，增长 11.3%。

2018 年江苏一般贸易进出口比重增加，外贸自主性提高。当年度江苏一般贸易方式进出口增长 10.9%，占进出口值的 48.7%，占比较 2017 年同期提升 0.6 个百分点。此外，江苏进出口结构在动态中平衡。汽车、金属加工机床、照相机等高技术产品出口分别增长 27.8%、25.2%和 23.3%，传统劳动密集型产品出口增速放缓。江苏与“一带一路”沿线国家贸易增势良好。对中东欧 16 国外贸增长 14.3%，对东南亚 11 国增长 12%，对西亚北非 16 国增长 10.4%，均高于同期进出口总体增速。

（五）实际外商直接投资金额

图 8　2014—2018 年江苏省实际外商直接投资金额在泛长三角所占比重的变化趋势

2014—2018 年，江苏省实际外商直接投资金额在泛长三角地区的占比分别是 37.83%、33.11%、32.55%、33.10%和 32.59%，2018 年较 2017 年减少了 0.51 个百分点，较 2014 年减少了5.24个百分比。

2018 年，在泛长三角地区 41 市实际外商直接投资金额所占比重排名的前十位中，江苏省 13 个地级市占据 4 席，与 2017 年持平。

2018 年，全省新设立 3348 个外商投资项目，同比增长 2.9%；新增合同外资 605.2 亿美元，同比增长 9.2%；实际使用外资 255.9 亿美元，同比增长 1.8%。根据商务部统计口径，实际利用外资规模位居全国第一。

新设及净增资 3000 万美元以上企业 1074 家，同比增长 8.4%；新设及净增资 1 亿美元以上企业 304 家，同比增长 0.3%。全省增资扩股项目 1293 个，增资合同外资 212.2 亿美元，占全省合同外资总额的 35.1%。

2018 年，全省服务业实际使用外资为 128.2 亿美元，同比增长 17.5%，占全省实际使用外资的 50.1%，占比比 2017 年同期提高了 7.2 个百分点。全省制造业实际使用外资 111.7 亿美元，占全省实际使用外资的43.7%。以先进制造业为主的十大战略性新兴产业实际使用外资124.0亿美元,同比增长13.9%,占全省实际使用外资的48.4%,占比比2017年同期提高了5.1个百分点。其中,高端软件和信息服务业、高端装备制造产业、新一代信息技术产业实际利用外资同比分别增长71.2%、47.4%、36.7%。现代服务业实际使用外资51.2亿美元,占全省服务业实际使用外资的39.9%。其中,教育、信息传输及计算机服务和软件业、现代物流业、租赁和商务服务业实际使用外资分别同比增长48.5%、37.5%、13.9%、6.7%。

2018年,全省来自东盟的实际使用外资15.2亿美元,同比增长19.6%,其中来自新加坡的实际使用外资同比增长17.5%。来自"一带一路"沿线国家的实际使用外资15.7亿美元,同比增长19.8%。其他主要投资来源地中,来自澳大利亚、韩国、德国的实际使用外资分别同比增长218.3%、12.4%、11.5%。

2018年,苏南地区实际使用外资153.6亿美元,同比下降0.2%,占全省总量的60.0%;苏中地区实际使用外资52.6亿美元,同比增长3.6%,占全省总量的20.6%;苏北地区实际使用外资49.7亿美元,同比增长6.5%,占全省总量的19.4%。

二　南京市 2018 年经济社会发展报告

2018 年，全市上下深入贯彻习近平新时代中国特色社会主义思想和党的十九大精神，全面落实党中央国务院、省委省政府重大决策部署以及市委市政府工作要求，聚力建设“创新名城、美丽古都”，坚持新发展理念，按照高质量发展要求，对标找差、创新实干，统筹推进稳增长、促改革、调结构、惠民生、防风险各项工作，全市经济保持了总体平稳、稳中有进的发展态势，在高水平全面建成小康社会、高质量推进“强富美高”新南京建设上迈出新的更大步伐。

一　南京市 2018 年经济发展概况

（一）综合经济

1. 经济总量

经济运行稳中有进。全年实现地区生产总值 12820.40 亿元，比上年增长 8.0%。分产业看，第一产业增加值 273.42 亿元，比上年增长 0.6%；第二产业增加值 4721.61 亿元，增长 6.5%；第三产业增加值 7825.37 亿元，增长 9.1%。按常住人口计算人均地区生产总值为 152886 元，按国家公布的年平均汇率折算为 23104 美元。结构调整扎实推进。聚力培育“4+4+1”主导产业，重点打造人工智能、集成电路、新能源汽车等产业地标，加快推动“两钢两化”企业转型，三次产业增加值比例调整为 2.1∶36.9∶61.0，服务业增加值占 GDP 比重比上年提高 1.3 个百分点。新动能不断发展壮大。全年高新技术产业实现制造业产值增长 19.1%，占规上工业总产值比重为 47.85%，较上年提升 1.96 个百分点。规模以上服务业中，高技术服务业营业收入增长 21.4%。全年高技术产业投资增长 13.5%。

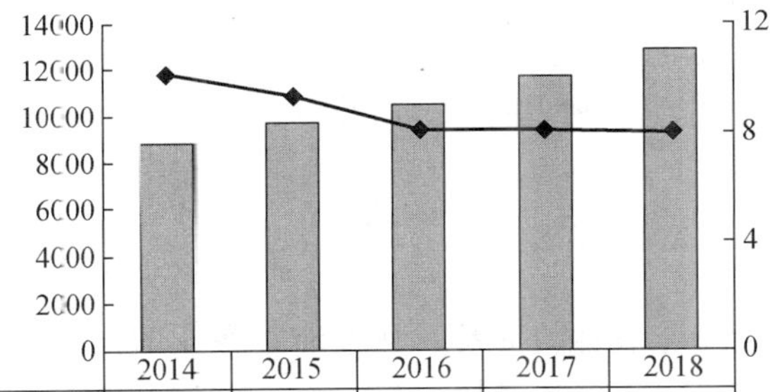

	2014	2015	2016	2017	2018
地区生产总值(亿元)	8820.75	9720.77	10503.02	11715.1	12820.4
增幅(%)	10.1	9.3	8	8.1	8

图 1　2014—2018 年南京市地区生产总值及增长速度

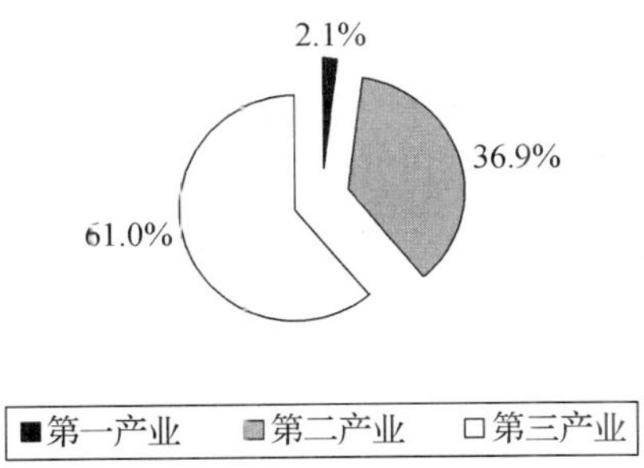

图 2　2018 年南京市三次产业结构图

2. 财政收支

财政收入较快增长。全年完成一般公共预算收入1470.02亿元，同口径增长11.1%。其中，税收收入1242.49亿元，增长13.3%。一般公共预算收入中税收占比84.5%。全年一般公共预算支出1532.71亿元，比上年增长13.2%。其中，住房保障、教育、社会保障和就业、医疗卫生与计划生育、支出分别增长39.3%、16.2%、10.2%、6.9%。财政一般公共预算支出中民生支出占比达75%，连续10年入选中国“最具幸福感城市”。

3. 物价指数

居民消费价格温和上涨。全年城市居民消费价格比上年上涨2.4%。分类别看，食品烟酒类上涨3.6%，衣着类上涨1.7%，居住类上涨2.4%，生活用品及服务类上涨4.6%，交通和通信类上涨1.3%，教育文化和娱乐类上涨1.6%，医疗保健类上涨0.9%，其他用品和服务类上涨2.0%。

4. 固定资产投资

固定资产投资增势平稳。全年全社会固定资产投资比上年增长9.4%。分经济主体看，国有经济控股和非国有经济投资均增长8.6%，港澳台及外商投资下降4.1%。民间投资增长22.7%。分产业看，第一产业投资下降22.6%；第二产业投资增长10.6%，其中工业投资增长8.9%，较上年提高7.9个百分点；第三产业投资增长9.5%。三次产业投资比例为0.1∶16.3∶83.6。工业技改投资增长12.9%，占工业投资比重65.5%。比上年提高1.4个百分点。

重点项目推进有力。南沿江城际铁路正式开工，长江五桥等重大基础设施建设进展顺利，长江大桥公路桥维修改造工程竣工通车，地铁宁溧线建成运营，6条过江通道同步建设，地铁建设7线并进。江北新区建设快速推进，一批重要基础设施和公共服务设施建成并投入使用。宁句城际等南京都市圈、宁镇扬同城化重点项目有序推进。

5. 民营经济

全年民营经济实现增加值5953.76亿元，可比增长8.1%，占GDP比重为46.4%，比上年提升0.5个百分点。11家民营企业进入全国500强。年末全市工商部门登记的私营企业59.63万户，注册资本24230.99亿元，分别比上年增长8.4%和27.2%；个体工商户62.19万户，比上年增长19.2%。全年新登记私营企业7.26万户，下降14.3%，注册资本4743.06亿元，增长13.8%；新登记个体工商户13.16万户，增长20.9%。

（二）农业

农业生产总体稳定。全年农林牧渔及农林牧渔服务业增加值288.41亿元，比上年增长0.9%。全年粮食播种面积227.07万亩，比上年增加6.57万亩；油料种植面积20.66万亩，减少3.23万亩；蔬菜种植面积123.15万亩，增加11.36万亩。全年粮食总产量106.92万吨，比上年增产1.54万吨，增长1.5%。其中，夏粮26.33万吨，增长10.4%；秋粮80.59万吨，下降1.2%。粮食亩产470.9公斤，比上年减少7.0公斤，下降1.5%。蔬菜总产量284.46万吨，比上年增产27.57万吨，增长10.7%。畜禽禁养政策有效落实，养殖结构不断调整优化。

现代农业高效发展。蔬菜园艺产业布局进一步优化，新建省级标准园9个，高效特色园艺基地17个，高标准农田累计达247万亩，设施蔬菜园艺面积累计达78.2万亩。市级、省级、国家级现代农业园区分别达到40个、9个和3个。休闲农业和乡村旅游等新产业、新业态较快发展，全年休闲农业接待游客达2500万人次，实现综合收入75亿元。

（三）工业和建筑业

1. 工业

工业生产平稳增长。全年实现全部工业增加值4055.14亿元，比上年增长7.3%。其中，规模以上工业增加值3091.83亿元，增长7.8%。在规模以上工业中，分经济类型看，国有控股企业增加值增长9.2%，民营企业增长8.7%，外商及港澳台商投资企业增长5.7%。分行业看，计算机、通信和其他电子设备制造业增加值增长12.1%，石油加工、炼焦和核燃料加工业增长12.1%，黑色金属冶炼和压延加工业增长14.0%，仪器仪表制造业增长14.7%。新产品增长潜力不断释放，全年规模以上工业新产品产值增长18.9%。新能源汽车产量增长253.1%，工业机器人增长108.9%，智能电视增长17.9%，城市轨道车辆增长107.1%。

工业企业盈利能力增强。全年规模以上工业企业实现利润总额比上年增长6.1%，增速较上年提升4.3个百分点，工业企业利润增长面57.9%，较上年提升16.0个百分点。规模以上工业企业主营业务收入利润率、成本费用利润率分别为7.5%、9.3%，较上年提高0.1和0.2个百分点。规模以上工业企业资产负债率为52.9%，较上年下降0.6个百分点。全年规模以上工业企业产销率达99.08%。

2. 建筑业

建筑业稳定发展。全年具有资质等级的总承包和专业承包建筑业企业完成建筑业总产值3833.69亿元，比上年增长12.3%，其中本市建筑企业在外省完成建筑业总产值1374.77亿元，增长13.1%。

（四）服务业

1. 国内贸易

消费品市场总体稳定。全年实现社会消费品零售总额5832.46亿元，比上年增长8.4%。分行业看，批发业和零售业零售额5262.21亿元，增长8.5%；住宿和餐饮业零售额570.25亿元，增长7.6%。全年限额以上社会消费品零售总额3568.32亿元，增长6.1%。

从消费品类值看，部分消费升级类商品零售额增长较快。在限额以上企业（单位）批发零售贸易业零售额中，通讯器材类增长49.3%，家具类增长21.0%，日用品类增长17.9%，电子出版物及音像制品类增长15.1%，家用电器和音像器材类增长11.8%，文化办公用品类增长11%，化妆品类增长9.6%，汽车类增长0.7%，石油及制品类增长1.1%。网上零售较快增长，全年限上批零业通过公共网络实现商品零售额增长36.7%。

2. 交通运输和邮电

交通枢纽地位加快提升。南京铁路枢纽总图规划正式获批，以南京为中心、辐射全国全省的“米”字形高铁网络进入建设实施阶段。禄口机场加快建设全国服务最佳机场，高铁、机场换乘服务体系建成投运。重大交通基础设施建设大力度展开，7条轨道交通线路、6条过江通道同步建设，全市地铁通车里程达到378公里，位居全国第四位。

2018年南京市货物运输总量38563.56万吨，比上年增长8.7%。货物运输周转量3123.57亿吨公里，下降6.2%。全年港口货物吞吐量25411万吨，增长4.9%。其中，外贸货物吞吐量3103万吨，增长26.5%。港口货物吞吐量中，集装箱吞吐量321万标箱，增长1.2%。

全年旅客运输总量16062万人次，比上年下降2.2%。旅客运输周转量490.76亿人公里，增长3.5%。

年末机动车保有量273.79万辆，比上年末增加15.86万辆，增长6.2%。民用汽车258.24万辆，比上年末增加19.04万辆，增长8.0%，其中本年新注册29.21万辆。其中，私人汽车207.25万辆，比上年末增加5.69万辆，增长2.8%；私人汽车中轿车148.39万辆，比上年末增加2.65万辆，增长1.8%，其中本年新注册17.73万辆。

全年新增、更新公交车1023辆。城市公共汽车运营线路网长度达12035公里；轨道交通运营总里程394.3公里，其中地铁总里程377.6公里。公共汽车运营车辆9246辆11197标台；有轨交通运营车辆1725辆4141.5标台。公共汽车客运总量8.88亿人次，比上年下降1.2%；地铁承担客运人数11.15亿人次，增长14.1%。出租车总数13354辆。

全年完成邮电业务总量（按2010年价格计算）461.06亿元，比上年增长50.5%。其中，邮政业务总量161.41亿元，增长15.9%；电信业务总量299.65亿元，增长53.3%。全年完成邮电业务收入(按现价计算)245.36亿元，比上年增长20.8%。其中，邮政业务收入110.58亿元，增长14.8%；电信业务收入134.76亿元，增长4.9%。全年完成国际国内快递业务量76634.53万件，比上年增长20.8%。年末拥有移动电话用户1284.06万户，其中4G移动电话用户1004.39万户，增长16.9%；拥有固定电话用户201.17万户；年末互联网宽带接入用户492.01万户。

3. 旅游业

旅游业较快增长。据旅游委统计，全年实现旅游总收入2460.20亿元，比上年增长13.4%。接待海内外旅游者1.34亿人次，增长9.3%。接待入境过夜旅游者81.06万人次，增长12.9%；旅游外汇收入8.83亿美元，增长16.2%。国内旅游收入2400.4亿元以上，增长13.2%。年末共有等级旅游景区53家，其中4A级以上高等级景区24家；国家、省市级旅游度假区4家。拥有星级宾馆饭店76家，其中五星级以上酒店21家。拥有各类旅行社694家，其中具有组织出境游资质旅行社68家。

4. 金融和保险

金融业发展稳定。全年金融业实现增加值1473.32亿元，比上年增长4.9%。年末金融机构本外币各项存款余额34524.86亿元，比年初增加3760.21亿元，比上年增长12.2%。其中住户存款7106.00亿元，比年初增加903.05亿元；非银行业金融机构存款5930.47亿元，比年初增加2286.98亿元。年末金融机构本外币各项贷款余额29065.66亿元，比年初增加3880.90亿元，比上年增长15.5%。其中住户贷款9136.16亿元，比年初增加1432.49亿元；非金融企业及机关团体贷款19723.57亿元，比年初增加2429.94亿元。

全年实现保费收入603.55亿元，比上年下降13.6%。分类型看，财产险收入162.22亿元，增长11.2%；寿险收入353.30亿元，下降25.1%。

5. 房地产业

全市房地产开发投资2354.17亿元，比上年增长8.5%。其中，住宅投资1547.64亿元，增长0.3%；商业用房投资351.93亿元，增长33.8%。全年新开工保障房456万平方米，竣工356万平方米。

（五）开放型经济

1. 对外贸易

进出口规模继续扩大。全年实现进出口总额654.91亿美元，比上年增长7.6%。其中，出口总额378.79亿美元，增长10.8%，进口总额276.12亿美元，增长3.4%。

从进出口商品市场看，全年对欧盟、美国、日本、韩国和东盟等传统市场进出口额445.40亿美元，增长5.1%，占全市进出口总额的比重为68.0%。其中，出口238.17亿美元，增长8.9%，占全市出口总额的62.9%；进口207.23亿美元，增长1.0%，占全市进口总额的75.1%。

从进出口商品构成看，全年高新技术产品出口91.52亿美元，下降4.0%，进口82.42亿美元，下降12.6%。机电产品出口185.48亿美元，增长0.7%，进口158.55亿美元，下降3.0%。

2. 利用外资

利用外资稳定增长。全年吸收外商直接投资新设立企业439家。新增合同利用外资(不含减资)98.22亿美元，增长26.5%；新批准总投资净增资千万美元以上大项目186个，投资总额190.61亿美元，合同外资82.47亿美元，占全市新增合同外资总额(不含减资)的83.96%。全年实际使用外资38.53亿美元，比上年增长4.9%。分产业看，第一产业使用外资0.07亿美元；第二产业使用外资11.83亿美元，下降32.0%，其中制造业使用外资增长8.8%，占全市29.1%；第三产业使用外资26.63亿美元，增长37.8%。全年开发区合同利用外资62.33亿美元，占全市比重63.5%；开发区实际使用外资28.35亿美元，占全市比重73.6%。全年实现对外投资总额42亿美元。境外世界500强设立法人企业、分公司及分支机构数达210个。

二　南京市 2018 年社会发展概况

（一）人口、人民生活

人口总量稳定增长。年末常住人口 843.62 万人，比上年末增加 10.12 万人，增长 1.21%。其中城镇人口 695.99 万人，占总人口比重（常住人口城镇化率）82.50%。在常住人口中，0～14 岁人口为 94.13 万人，占比 11.16%；15～64 岁人口 644.33 万人，占比 76.38%；65 岁及以上人口 105.16 万人，占比 12.47%。全年常住人口出生率为 9.74‰，比上年提高 0.99 个千分点；死亡率 5.04‰，比上年下降 0.01 个千分点；自然增长率 4.70‰，比上年提高 1 个千分点。年末户籍总人口 696.94 万人，比上年末增加 16.27 万人，增长 2.4%。

居民收入稳定增长。根据城乡一体化住户抽样调查，全市居民人均可支配收入为 52916 元，比上年增长 9.1%。其中工资性收入 33067 元，增长 9.2%；经营净收入 5911 元，增长 8.5%；财产净收入 5534 元，增长 9.8%；转移净收入 8404 元，增长 9.0%。按常住地分，城镇居民人均可支配收入 59308 元，增长 8.7%；农村居民人均可支配收入 25263 元，增长 9.2%。人均生活消费支出 30706 元，比上年增加 2061 元，增长 7.2%。分城乡看，城镇居民人均生活消费支出 33537 元，增长 6.9%；农村居民人均生活消费支出 18457 元，增长 7.6%。

全体居民人均生活消费支出中，食品烟酒支出占比为 25.7%，比上年下降 0.1 个百分点，其中城镇为 25.3%，农村为 29.1%。

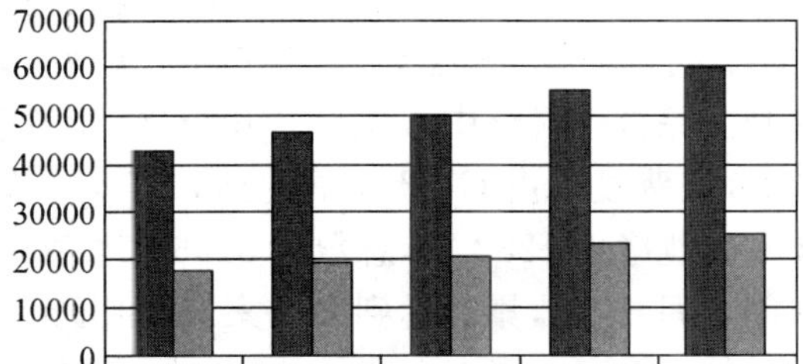

	2014	2015	2016	2017	2018
■城镇居民人均可支配收入(元)	42568	46104	49997	54538	59308
■农村居民人均可支配收入(元)	17661	19483	20704	23133	25263

图 3　2014—2018 年南京市城乡居民收入对比一览

（二）就业

就业创业形势稳定。全年城镇新增就业人数 31.05 万人。城镇登记失业率为 1.78%。实现再就业 11.33 万人，援助困难人员就业 1.41 万人，农村劳动力转移 1.14 万人次。新培育自主创业者 3.74 万人，其中大学生创业 6595 人。开展各类职业技能培训 51.42 万人次。

（三）社会保障

民生保障持续改善。据人社部门统计，年末城镇职工社会保险五大险种累计参保人数为1603.84 万人次，其中企业职工基本养老保险参保 317.36 万人、城镇职工基本医疗保险参保 432.06 万人、失业保险参保 289.12 万人、工伤保险参保 286.50 万人、生育保险参保 278.8 万人。低保标准提高到每月 860 元，企业退休人员月均养老金达 2984 元，位居全省第一，医疗救助标准进一步提高并惠及 14 万困难群众。城乡居民享受最低生活保障 6.3 万人，享受国家抚恤、补助等各类优抚人员 2.16 万人。符合市定标准的低收入农户和经济薄弱村脱贫率分别达到 96%、96.5%。据民政部门统计，年末全市福利收养单位拥有床位 4.83 万张，收养人员 2.41 万人。其中社会福利院拥有床位 7022 张，收养人员 4489 人。全市建立城镇各类社区服务设施 11477 处，区、街镇、社区服务中心 1503 个。全市现有养老机构 279 家，机构床位数 4.3 万张，其中当年新增养老机构床位 4500 张。每千名老人拥有养老床位数 39 张。

（三）教育和科学技术

1. 教育事业

教育事业成效显著。据市教育部门统计，全市在宁普通高等学校 53 所（不含部队院校），在校学生（不含研究生）72.16 万人，比上年增加 103 人。在宁高校及研究生培养机构在学研究生 13 万人，比上年增加 1.08 万人。普通中学 240 所，在校学生 24.52 万人，比上年增加 1.1 万人；中等职业学校（含成人中专，不包括技工学校）22 所，在校学生 6.28 万人，比上年减少 0.35 万人。小学 360 所，在校学生 42.21 万人，比上年增加 2.90 万人；共有幼儿园 939 所，在园儿童 24.52 万人，比上年增加 0.95 万人。全年新改扩建达省优建设标准幼儿园 30 所，义务教育优质资源覆盖率达 95.8%。“弹性离校”“空中课堂”等创新举措得到国家和省有关部门肯定。

2. 科学技术和创新

创新名城建设开新篇。深入实施创新驱动发展“121”战略，出台市委“1 号文件”，全力推进“两落地一融合”等十大工程，成功举办世界智能制造大会、全球未来网络发展峰会、新型研发机构国际合作大会等重要活动。资源要素加速集聚，新增 3 名诺贝尔奖得主、55 名国内外院士来南京创新创业，斯坦福、剑桥等一批国际一流高校创新团队落户南京。新增就业参保大学生 34.15 万人，首批 29 名高层次人才通过“举荐制”产生。年末在宁中国科学院院士、中国工程院院士分别为 45 名和 36 名，两院院士合计 81 名。南京着力打造集聚创新资源“强磁场”经验获国务院通报表扬。

创新能力不断提升。综合性科学中心建设展开布局，15 个高新园区健康运营并快速发展。全社会研究与试验发展（R&D）经费投入占 GDP 比重达到 3.07%。集中签约新型研发机构 208 个，孵化引进企业 951 家。高新技术企业净增 1282 家，总数达 3126 家。新增境内外上市企业 7 家，累计达到 109 家。新增科技部门备案众创空间 64 家，累计达到 282 家，其中国家级备案 53 家。新增市级以上工程技术研究中心 128 家，累计达到 1047 家。拥有省市科技公共服务平台 130 家，国家和省重点实验室 88 家，其中国家 31 家。

创新成果不断涌现。全年南京地区共有 33 项成果获得国家科学技术奖励，其中获得国家自然科学奖 5 项；国家技术发明奖 6 项；国家科技进步奖一等奖 3 项、二等奖 19 项。全年共签订各类输出技术合同 26035 项，技术合同成交额 403.81 亿元，比上年增长 41.8%。全年完成专利申请量 99070 件，比上年增长 31.38%。其中发明专利申请量 40652 件，增长 9.0%。专利授权量 44089 件，比上年增长 37.5%，其中发明专利授权量 11090 件，增长 3.4%。全年 PCT 专利 926 件，比上年增长 92.5%。万人发明专利拥有量 59.71 件。

（四）文化、卫生和体育

1. 文化事业

公共文化服务水平提升。据市文广新局统计，年末全市共有文化馆 14 个，公共图书馆 15 个，文化站 100 个，博物馆 62 个，市级以上文物保护单位 516 处，拥有国家级历史文化街区 2 个，省级历史文化街区 7 个，国家级历史文化名镇（村）3 个。全年市级层面组织公益演出 1500 场；放映公益电影 8159 场，送戏 970 场；为农村和基层送书 19.09 万册，更新 200 家书屋出版物，创建 42 家星级示范农家书屋；新增图书漂流文化驿站 83 个。居民综合阅读率 95.63%。完善公共文化服务体系，达到省级标准的村（社区）综合性文化服务中心 1185 个。每万人拥有公共文化设施面积 2900 平方米。年末拥有南京市文化产业基地15个；江苏省文化产业示范基地（园区）24个；国家文化产业示范基地12个。

2. 卫生事业

卫生事业稳步发展。市中医院新院、鼓楼医院江北国际医院建成运营，基层医疗机构医联体实现全覆盖。据卫计委统计，年末全市拥有各类医疗卫生机构2801个。其中，医院、卫生院及社区卫生服务中心360个，疾病预防控制中心17个，妇幼卫生保健机构14个。各类卫生机构拥有病床5.5万张，其中医院、卫生院病床5.0万张。各类卫生机构共有卫生技术人员8.41万人，其中执业（含助理）医师3.16万人，注册护士3.83万人。全市累计建成社区卫生服务中心（卫生院）138个、社区卫生服务站（村卫生室）680个。社区卫生服务城市人口覆盖率达100%。

3. 体育事业

体育事业扎实推进。成功举办2018世界羽毛球锦标赛、南京马拉松、世界女排大奖赛总决赛、国际排联沙滩排球U19世界锦标赛、世界滑板精英赛等10项国际赛事，有序推进2019年篮球世界杯和2020年世界室内田径锦标赛筹备工作，南京体育城市指数位列全球第十。

（五）城乡建设

统筹推进规划建设管理，城乡功能品质显著提升。深入贯彻中央城市工作会议精神，聚力提升省会城市功能和中心城市首位度，打造更加宜创宜居宜业城市。

城市空间布局持续优化。高标准推进新一轮城市总体规划修编，深入实施“多规合一”，城市设计、城市双修“双试点”取得阶段性成果。江北新区直管区基本实现控制性详规全覆盖，中央商务区、研创园等片区加快建设，国际健康城确立“三中心一高地”发展新定位。河西新城、南部新城开发持续推进。综合交通体系加快构建。南沿江城际铁路正式开工，长江五桥等重大基础设施进展顺利，长江大桥公路桥维修改造工程竣工通车，地铁宁溧线建成运营，红山路-和燕路、扬子江大道节点改造有序推进，打通“断头路”专项行动加快实施。长江南京以下12.5米深水航道二期工程建成试运行，南京至长江出海口深水航道全线贯通。

城市更新改造有序推进。颐和路等历史文化街区保护利用不断加强。新开工保障房456万平方米，竣工356万平方米；改造棚户区488万平方米。实施8个重点片区环境综合整治、16条主次干道及沿街建筑立面出新，完成192个老旧小区、600条背街小巷整治。

乡村振兴战略有力实施。建成美丽乡村示范村80个、宜居村100个，打造6个市级田园综合体。完成农村公路提档升级452公里、农路桥梁20座。江宁区成功创建“四好农村路”全国示范区。精细化管理不断深化。

深入实施精细化建设管理十项行动，城市功能面貌加快提升。实施玄武湖、秦淮河夜景亮化工程，“最南京”夜景名片形象初显。开展交通堵点治理攻坚，新建成65个公共停车场，新增停车泊位9万多个。在550个小区推进垃圾分类，覆盖居民40余万户。

（六）节能减排和生态环境

节能减排成效显著。挂牌督办减煤减化等“十大项目”。关停化工企业、整治铸造企业各42家。全社会用电量606.40亿千瓦时，比上年增长8.9%。其中工业用电量331.27亿千瓦时，增长4.2%。全年规模以上工业综合能耗3826.97万吨标煤，增长0.7%，低于规模以上工业增加值增速7.1个百分点，规模以上工业消费煤炭下降5.7%。

坚决抓好中央环保督察“回头看”问题整改，持续开展“263”专项行动，实施滨江生态环境保护要点和长江岸线保护办法，打好水环境治理等“六场硬仗”，完成2000多个雨污分流片区建设，城北、江心洲等污水处理厂提标改造基本完成。建成区基本消除黑臭水体，22个省考以上断面全部达标，5个主要入江支流控制断面消除劣Ⅴ类。建成区绿地率达40.75%。全年空气质量达到国家二级标准天数257天，空气优良率为70.4%;PM2.5平均浓度43.5微克/立方米。全面实施农村人居环境整治,着力打造6个田园综合体、6个省级特色田园乡村,完成市级80个美丽乡村示范村、100个宜居村建设。

三 南京市在泛长三角地区经济发展中的地位

2018年,面对错综复杂的国内外环境,全省上下认真贯彻落实党中央、国务院和省委、省政府各项决策部署,坚持稳中求进工作总基调,深入贯彻新发展理念,以供给侧结构性改革为主线,凝心聚力,攻坚克难,全省经济运行总体平稳、稳中有进,经济结构持续优化,新旧动能接续转换,质量效益稳步提升,民生福祉持续改善,高质量发展实现良好开局。

(一)地区生产总值

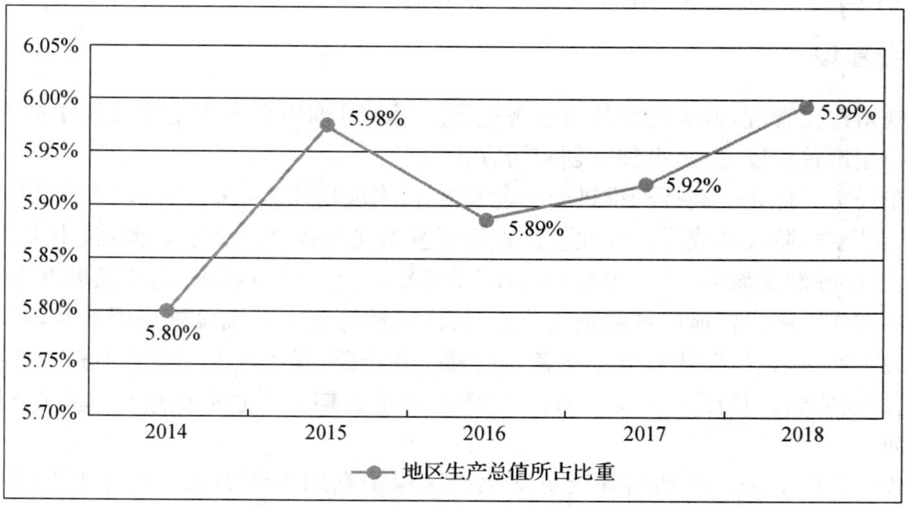

图4 2014—2018年南京市地区生产总值在泛长三角（江浙24个地级市、安徽省16个地级市和上海市41市）所占比重的变化趋势

2014—2018年南京市地区生产总值在泛长三角所占比重分别为5.80%、5.98%、5.89%、5.92%和5.99%,五年整体上呈增加态势,2017年以来出现轻微上扬。2018所占比重比2014年增加了0.19个百分点。2018年南京市地区生产总值在泛长三角地区41个市排名第4位,与2017年排名相一致。

2018年,全年实现生产总值92595.4亿元,按可比价格计算,比2017年增长6.7%。分产业看,第一产业增加值4141.7亿元,增长1.8%;第二产业增加值41248.5亿元,增长5.8%;第三产业增加值47205.2亿元,增长7.9%。前三季度,南京经济增长率继续超过全国、全省平均水平,地区生产总值比全国、全省增幅均高出1.3个百分点。多项指标在省内城市、GDP万亿城市中的位次前移。与GDP万亿城市相比,前八月,南京GDP增速在14个万亿元GDP城市中位居第五。得益于实体经济的较快发展,在保持三大产业共同发展的同时,第二产业发展步伐进一步加快,二、三产业发展趋于均衡。

(二)地方财政一般预算收入

2014—2018年南京市地方财政一般预算收入在泛长三角所占比重分别为5.31%、5.22%、5.38%、5.70%和6.13%,整体呈上升态势,2018年较2017年增加了0.43个百分点。2018年南京市地方财政一般预算收入在泛长三角地区41个市中排名第4位,与2017年保持一致。

图 5　2014—2018 年南京市地方财政一般预算收入在泛长三角所占比重的变化趋势

2018 年坚持依法组织收入，实现量质同升，一般公共预算收入规模在全国万亿元 GDP 城市中进一位列第 10，税收占比 84.5%，较 2017 年提高 2.4 个百分点。积极落实国家税费优惠政策，全年涉企减税近 591 亿元，涉企减费近 24 亿元，企业社保缴费减少近 45 亿元。

2018 年，全市一般公共预算收入 1470 亿元，同口径增长 1.1%，完成年初预算的 103%。其中，税收收入 1242.5 亿元，同口径增长 13.3%。按照财政体制，预计全市总财力为 2130 亿元，一般公共预算支出 1532.7 亿元，增长 13.2%，加上解支出地方政府一般债务还本支出、补充预算稳定调节基金(170 亿元)等，总支出 2039 亿元。收支相抵，预计结转下年 91 亿元。

市本级一般公共预算收入 234.8 亿元，按照财政体制，预计市本级总财力为 862 亿元。一般公共预算支出 4256 亿元，增长 11.2%，预算完成率 93.8%，加上解支出、补助下级支出、地方政府一般债务还本支出、补充预算稳定调节基金(50 亿元)等总支出 812 亿元。收支相抵，预计结转下年 50 亿元江北新区一般公共预算收入 172.6 亿元，同口径增长 16%。

按照财政体制，预计总财力为 207.8 亿元。一般公共预算支出完成 97.7 亿元，增长 19.4%，加上解支出、地方政府一般债务还本支出、补充预算稳定调节基金等，总支出 205.9 亿元。收支相抵，预计结转下年 1.9 亿元。

(三) 工业生产总值

2014—2018 年南京市工业生产总值在泛长三角所占比重分别为 5.00%、5.33%、5.28%、5.13%和 5.08%，2018 年比 2017 年下降了 0.05 个百分点，五年时间累积增加了 0.08 个百分点。2018 年南京市工业生产总值在泛长三角地区 41 个市中排名第 6 位，与 2017 年持平。

2018 年全年实现全部工业增加值 4055.14 亿元，比 2017 年增长 7.3%。其中，规模以上工业增加值 3091.83 亿元，增长 7.8%。在规模以上工业中，分经济类型看，国有控股企业增加值增长 9.2%，民营企业增长 8.7%，外商及港澳台商投资企业增长 5.7%。分行业看，计算机、通信和其他电子设备制造业增加值增长 12.1%、石油加工、炼焦和核燃料加工业增长 12.1%、黑色金属冶炼和压延加工业增长 14.0%、仪器仪表制造业增长 14.7%。新产品增长潜力不断释放，全年规模以上工业新产品产值增长 18.9%。新能源汽车产量增长 253.1%，工业机器人增长 108.9%，智能电视增长 17.9%，城市轨道车辆增长 107.1%。

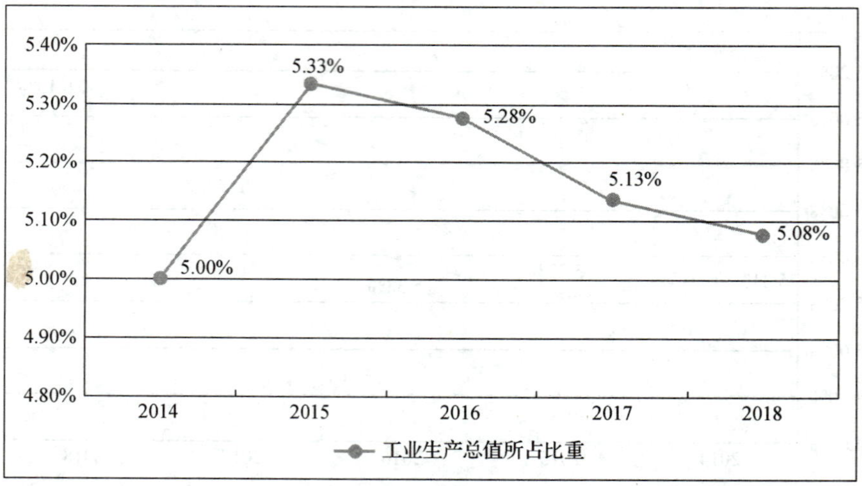

图 6　2014—2018 年南京市工业生产总值在泛长三角所占比重的变化趋势

坚定不移推动产业结构优化调整和提档升级，积极培育新增长点，加快构建现代化经济体系。大力发展先进制造业。推进化工钢铁煤电行业转型升级，宝武梅钢基地等钢铁产能布局调整取得重要进展。积极推进智能制造，大力发展“互联网＋先进制造业”，重点培育 13 个先进制造业集群。制定高技术发展重点项目计划，实施 20 项战略性新兴产业重点专项工程。强化科技创新支撑带动作用。深入推进苏南国家自主创新示范区建设，未来网络试验设施、高效低碳燃气轮机试验装置可研报告获国家批复。出台科技体制改革 30 条和人才 10 条政策措施，实施“一深化四提升”专项行动，高新技术企业超过 1.8 万家。率先启动创建专业性国家产业创新中心。全年 PCT 专利申请量 5500 件，增长 19.8%。积极促进新动能加快成长。加快发展现代服务业，软件和信息技术服务业、互联网和相关服务业营业收入保持两位数增长。新产品新业态发展势头良好，新增国家制造业单项冠军 25 个，3D 打印设备、智能电视、工业机器人快速增长。新增国家级专业化众创空间 5 家和小微企业双创示范基地 4 家、省级双创示范基地 40 家和小微企业双创示范基地 31 家。统筹推进区域协调发展。大力推进扬子江城市群建设，宁镇扬同城化取得新进展。扎实推进江淮生态经济区、沿海经济带、徐州淮海经济区中心城市建设，《淮河生态经济带发展规划》获国务院批复。加快推进能源结构调整。实施削减煤炭消费总量专项行动，预计煤炭消费总量比 2016 年减少 1800 万吨以上，关停落后煤电机组 48.8 万千瓦，可再生能源装机规模占比超过 20%。

（四）进出口总额

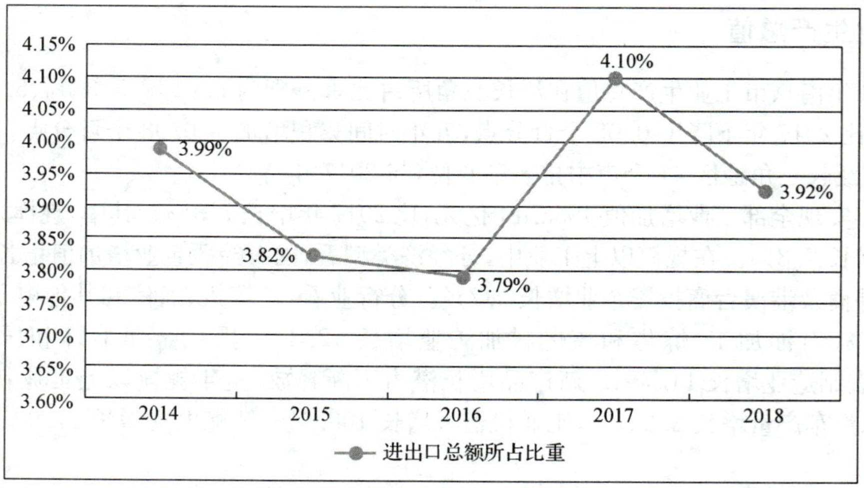

图 7　2014—2018 年南京市进出口总额在泛长三角所占比重的变化趋势

2014—2018 年南京市进出口总额在泛长三角所占比重分别为 3.99%、3.82%、3.79%、4.10%和 3.92%，出现小幅下跌。2018 年较 2014 年下降了 0.07 个百分点。2018 年南京市进出口总额在泛长三角地区 41 个市中排名第 6 位，与 2017 年排名保持一致。

2018 年全年，进出口规模继续扩大。全年实现进出口总额 654.91 亿美元，比 2017 年增长 7.6%。其中，出口总额 378.79 亿美元，增长 10.8%，进口总额 276.12 亿美元，增长 3.4%。

从进出口商品市场看，全年对欧盟、美国、日本、韩国和东盟等传统市场进出口额 445.40 亿美元，增长 5.1%，占全市进出口总额的比重为 68.0%。其中，出口 238.17 亿美元，增长 8.9%，占全市出口总额的 62.9%；进口 207.23 亿美元，增长 1.0%，占全市进口总额的 75.1%。从进出口商品构成看，全年高新技术产品出口 91.52 亿美元，下降 4.0%，进口 82.42 亿美元，下降 12.6%。机电产品出口 185.48 亿美元，增长 0.7%，进口 158.55 亿美元，下降 3.0%。

（五）实际外商直接投资金额

图 8　2014—2018 年南京市实际外商直接投资金额在泛长三角所占比重的变化趋势

2014—2018 年南京市实际外商直接投资金额在泛长三角所占比重分别分 4.40%、4.55%、4.52%、4.83%和 4.90%，2018 年较 2014 年增加了 0.5 个百分点。2018 年南京市实际外商直接投资金额在泛长三角地区 41 个市中排名第 5 位，与 2017 年排名保持一致。

2018 年，利用外资稳定增长。全年吸收外商直接投资新设立企业 439 家。新增合同利用外资（不含减资）98.22 亿美元，增长 26.5%；新批准总投资净增资千万美元以上大项目 186 个，投资总额 190.61 亿美元，合同外资 82.47 亿美元，占全市新增合同外资总额（不含减资）的 83.96%。全年实际使用外资 38.53 亿美元，比 2017 年增长 4.9%。分产业看，第一产业使用外资 0.07 亿美元；第二产业使用外资 11.83 亿美元，下降 32.0%，其中制造业使用外资增长 8.8%，占全市 29.1%；第三产业使用外资 26.63 亿美元，增长 37.8%。全年开发区合同利用外资 62.33 亿美元，占全市比重 63.5%；开发区实际使用外资 28.35 亿美元，占全市比重 73.6%。全年实现对外投资总额 42 亿美元。境外世界 500 强设立法人企业、分公司及分支机构数达 210 个。

三　无锡市 2018 年经济社会发展报告

2018 年，全市上下以习近平新时代中国特色社会主义思想为指引，紧紧围绕省委提出的“当好全省高质量发展标杆、示范、领跑者”的新目标，牢固树立新发展理念，坚持稳中求进工作总基调，深化供给侧结构性改革，推动新旧动能转换，综合实力迈上新台阶，转型升级步伐持续加快，质量效益稳步提高，增进民生福祉百姓幸福感提升，各项社会事业蓬勃发展，高水平全面建成小康社会、“强富美高”新无锡建设迈出了新步伐。

一　无锡市 2018 年经济发展概况

（一）综合经济

1. 经济总量

全市经济发展再上新台阶，实现地区生产总值 11438.62 亿元，按可比价格计算，比上年增长 7.4%。按常住人口计算人均生产总值达到 17.43 万元。

全市实现第一产业增加值 125.07 亿元，比上年下降 0.3%；第二产业增加值 5464.01 亿元，比上年增长 8.0%；第三产业增加值 5849.54 亿元，比上年增长 7.1%；三次产业比例调整为 1.1∶47.8∶51.1。

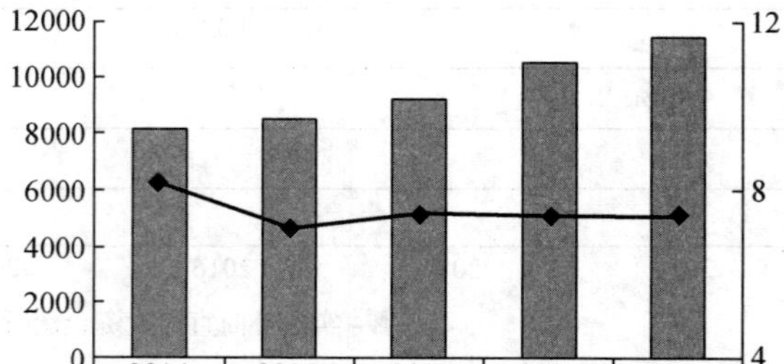

	2014	2015	2016	2017	2018
地区生产总值(亿元)	8205.31	8518.26	9210.02	10511.8	11438.62
增幅(%)	8.2	7.1	7.5	7.4	7.4

图 1　2014—2018 年无锡市地区生产总值及增长速度

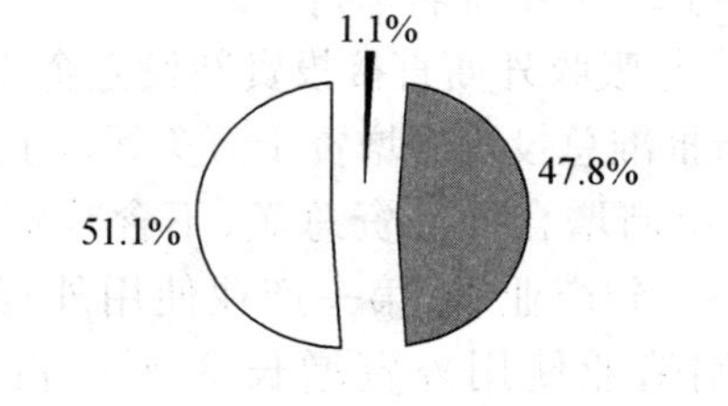

图 2　2018 年无锡市三次产业结构图

2. 财政收支

全市一般公共预算收入突破千亿元大关，达到 1012.28 亿元，比上年增长 8.8%。财政支出结构继续调整，一般公共预算支出 1056.02 亿元，比上年增长 6.9%。

3. 物价水平

全年市区居民消费价格指数(CPI)为102.3，比上年提高0.4个百分点。其中服务项目价格指数为102.3，消费品价格指数为102.4，商品零售价格指数为102.3。

4. 固定资产投资

全年固定资产投资比上年增长5.8%。分产业投向：第一产业投资比上年下降27.7%，第二产业投资比上年增长10.7%，第三产业投资比上年增长1.8%。

(二) 农业

全年粮食总产量56.80万吨，比上年下降0.2%。预计，油料总产量4768吨，比上年增长0.1%，其中油菜籽3807吨，比上年下降7.5%；茶叶总产量6573吨，比上年增长2.5%；水果总产量18.76万吨，比上年增长0.5%。

全年粮食种植面积84.34千公顷，比上年减少2.48千公顷。预计，油料种植面积2.15千公顷，比上年减少0.02千公顷；蔬菜种植面积43.63千公顷，比上年减少2.12千公顷。

主要畜产品中，预计，肉类总产量2.00万吨，比上年下降61.4%，其中猪牛羊肉1.46万吨，比上年下降65.1%；禽蛋总产量2.16万吨，比上年增长208.6%。奶牛存栏0.28万头，比上年下降66.3%。全年水产品产量12.23万吨，比上年下降6.6%。

(三) 工业和建筑业

全市规模以上工业企业实现增加值3618.71亿元，比上年增长9.0%。分经济类型看，内资企业总产值增长15.1%，港澳台商投资企业总产值增长13.1%，外商投资企业总产值增长8.7%。全市统计的264只主要工业产品中，产品产量比上年增长的有136只，占全市统计产品数的51.5%。在全市跟踪统计的30种重点产品中，有14种产品的产量实现增长。全市规模以上工业实现主营业务收入16576.71亿元，比上年增长9.8%；工业产销率98.4%，比上年下降0.7个百分点。

全年建筑业完成增加值455.31亿元，比上年增长0.9%；实现建筑业总产值874.63亿元，比上年增长17.8%。施工房屋建筑面积3768.63万平方米。1个建设工程项目获得鲁班奖，18个建设工程项目获江苏省优质工程奖“扬子杯”(房屋建筑工程)。

(四) 服务业

1. 国内贸易

全年实现社会消费品零售总额3672.70亿元，比上年增长9.0%。其中，批发和零售业零售额3382.76亿元，比上年增长8.9%，住宿和餐饮业零售额289.94亿元，比上年增长9.5%。按经营地统计，城镇社会消费品零售总额3136.07亿元，比上年增长9.1%；乡村社会消费品零售总额536.63亿元，比上年增长8.4%。

在限额以上批发和零售业零售额中，汽车类增长2.6%；粮油、食品类增长6.4%；石油及制品类增长16.1%；通讯器材类增长33.3%；服装、鞋帽、针纺织品类增长9.8%；化妆品类增长8.3%；金银珠宝类增长11.7%。

2. 交通、邮电业

年末公路总里程7575.68公里，其中高速公路273.88公里。年末全社会拥有车辆210.43万辆，比上年增长8.1%。其中汽车194.53万辆，比上年增长9.3%。私人汽车拥有量年末达到161.63万辆，比上年增长8.5%。年末城市轨道交通运营线路总长55.01公里，全年运营总里程531.56万列公里，线网客流总量10312.02万人次。市区新辟公交线路2条，年末营运线路293条，线路总长5806公里，全年公交运客总量3.99亿人次。年末市区营运巡游出租汽车4040辆。

全年完成客运量 8445.77 万人次，比上年下降 4.0%，完成货运量 18639.80 万吨，比上年增长 7.2%。完成港口吞吐量 23240.08 万吨，比上年增长 8.8%。空港旅客吞吐量 720.93 万人次，比上年增长 7.8%。

全年邮电业务总量 300.10 亿元，发送函件 2225.20 万件。全年规模以上快递服务企业业务量完成 5.12 亿件，比上年增长 13.5%。率先建成国内高标准全光网城市，覆盖用户超过 879.02 万户，城域网出口带宽 5.02T。建设 4G 基站累计达到 33508 个。年末移动电话用户 945.32 万户，其中 4G 手机用户达到 756.14 万户。固定互联网宽带接入用户 313.03 万户，移动互联网宽带接入用户 778.35 万户。

3. 旅游业

全年共接待国内游客 9817.68 万人次，比上年增长 7.0%；接待旅游、参观、访问及从事各项活动的入境过夜旅游者 58.60 万人次，比上年增长 18.3%。旅游总收入达 1951.97 亿元，比上年增长 11.9%。全市拥有年接待游客 10 万人以上的景区 50 个，国家 5A 级景区 3 家，国家 4A 级景区 27 家，3A 级景区 14 家，2A 级景区 9 家。省星级乡村旅游区（点）117 个。年末全市星级宾馆 40 家，其中五星级宾馆 13 家，四星级宾馆 10 家。全市拥有旅行社 229 家，其中出境游组团社 34 家。

4. 金融、保险业和证券

年末金融机构各项本外币存款余额达 16056.79 亿元，比上年增长 6.1%；各项本外币贷款余额 12102.76 亿元，比上年增长 7.8%。存款中，非金融企业存款余额 7044.32 亿元，比上年增长 5.8%；住户存款余额 5599.85 亿元，比上年增长 8.9%。贷款中，非金融企业及机关团体贷款 9355.30 亿元，比上年增长 5.9%；住户贷款 2739.73 亿元，比上年增长 15.0%。全年现金净投放 225.59 亿元。

全年实现保费收入 374.36 亿元，比上年下降 8.4%。其中财产险收入 96.21 亿元，比上年增长 3.5%；人寿险收入 278.15 亿元，比上年下降 11.9%。保险赔款支出 68.16 亿元，比上年增长 14.4%。保险给付支出 32.63 亿元，比上年下降 0.1%。

全年证券市场完成交易额 2.39 万亿元，比上年下降 24.8%。本年新增上市公司 11 家，累计138 家。全市证券交易开户总数 152.82 万户，托管市值 1958.97 亿元，下降 25.9%。年末全市共有证券公司 2 家，证券营业部 155 家。全年新三板企业挂牌 9 家，累计挂牌 268 家。

5. 房地产业

全年房地产业实现增加值 591.93 亿元，比上年增长 7.9%。房地产开发投资比上年增长 9.4%，商品房施工面积为 5994.51 万平方米，比上年增长 4.5%，竣工面积 761.67 万平方米，比上年下降 32.6%。全年商品房销售面积 1378.35 万平方米，比上年增长 16.6%，商品房销售额 1582.44 亿元，比上年增长 26.2%。

（五）开放型经济

1. 对外贸易

按美元计，全年实现对外贸易进出口总额 934.44 亿美元，比上年增长 15.0%。其中，进口总额 366.63亿美元，比上年增长 15.5%；出口总额 567.81 亿美元，比上年增长 14.7%。一般贸易实现出口额 253.02 亿美元，占出口总额的比重 49.8%。按人民币计，全年实现对外贸易进出口总额 6161.83 亿元，比上年增长 12.0%。其中，进口总额 2418.15 亿元，比上年增长 12.6%；出口总额 3743.68 亿元，比上年增长 11.6%。

2. 利用外资

全年批准外资项目 434 个，新增协议注册外资 104.78 亿美元，比上年增长 54.0%。到位注册外资 37.15 亿美元，比上年增长 1.1%。战略性新兴产业利用外资占到位注册外资比重 58.3%，全年完成协议注册外资超 3000 万美元的重大外资项目 59 个。至年底全球财富 500 强企业中有 101 家在本市投资兴办了 197 家外资企业。

3. 服务外包产业

全市服务外包产业接包合同总额 142.22 亿美元，比上年下降 11.9%，执行金额 112.12 亿美元，比上年下降 7.1%；离岸合同总额 103.31 亿美元，比上年增长 9.0%，离岸执行金额 81.12 亿美元，比上年增长 8.2%。

4. 对外经济合作

全年备案投资项目 103 个，中方协议投资额达到 15.23 亿美元，比上年增长 26.4%，其中 1000 万美元以上项目 26 个。

二　无锡市 2018 年社会发展概况

（一）人口、人民生活

年末全市户籍人口 497.21 万人，比上年增长 0.84%。全年出生人口 42117 人，出生率 8.5‰；死亡人口 36939 人，死亡率 7.5‰，人口自然增长率为 1.0‰。户籍人口城镇化率 76.02%。年末全市常住人口 657.45 万人，比上年增长 0.33%，其中城镇常住人口 501.50 万人，比上年增长 0.7%，常住人口城镇化率 76.28%。

全体居民人均可支配收入 50373 元，比上年增长 8.6%。城镇常住居民人均可支配收入 56989 元，比上年增长 8.2%。农村常住居民人均可支配收入 30787 元，比上年增长 8.6%。全体居民人均生活消费支出 31593 元，比上年增长 6.7%，城镇常住居民人均生活消费支出 35016 元，比上年增长 6.2%，农村常住居民人均生活消费支出 21460 元，比上年增长 7.3%。

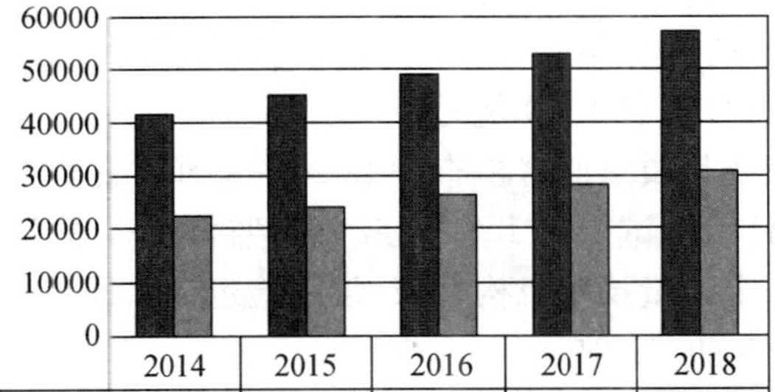

	2014	2015	2016	2017	2018
■城镇居民人均可支配收入(元)	41731	45129	48628	52659	56989
■农村居民人均可支配收入(元)	22266	24155	26158	28358	30787

图 3　2014—2018 年无锡市城乡居民收入对比一览

（二）就业与社会保障、福利

1. 就业

全年城镇新增就业 16.14 万人，其中：各类城镇下岗失业人员实现就业再就业 8.86 万人，援助就业困难人员再就业 2.15 万人。全市城镇登记失业率为 1.78%。

2. 社会保障

全市企业职工基本养老保险人数达到 272.42 万人，扩面 19.02 万人。全市参加城镇职工基本医疗保险人数达到 266.48 万人，扩面 17.81 万人。全市参加失业保险职工人数为 221.00 万人，扩面 12.21 万人。全市参加工伤保险人数 224.02 万人，扩面 15.88 万人。全市参加生育保险人数 223.86 万人，扩面 15.88 万人。市区月低保标准提高至 900 元。年末在领失业保险金人数为 3.19 万人。

城乡居民最低生活保障对象 17213 人，全年共发放低保金 1.46 亿元。实施城乡医疗救助 41.23 万人次，支付救助金 9910.74 万元；实施临时救助 24246 人次，发放救助金 2434.07 万元。全市享受国家抚恤、生活补助的优抚对象 17787 人。保障性安居工程建设有序推进，全市新开工保障性住房 17204 套，基本建成 18565 套。

全年累计抽检各类食品 4.2 万批次，每千人抽检率达 6.41 批次，食品监测合格率为 98.38%。

（三）教育和科学技术

1. 教育事业

2018 年无锡市落实全市教育大会精神，完成中小学、幼儿园基建项目 35 个，新建 4 所省现代化示范性（优质特色）职业学校，完成 1158 家学科类校外培训机构集中整治。与东南大学签署新一轮市校合作共建框架协议，南京信息工程大学滨江学院无锡校区正式招生，南京理工大学江阴校区、江南大学宜兴研究生院开工建设，江南大学江阴校区正式签约，无锡太湖学院获批硕士学位立项建设单位。

全市共有普通高校 12 所。普通高等教育本专科招生 3.40 万人，在校生 10.60 万人，毕业生 3.20 万人；研究生教育招生 0.27 万人，在校生 0.78 万人，毕业生 0.23 万人。全市中等职业教育在校生达 6.66 万人（含技校）。九年义务教育巩固率 100%，高中阶段教育毛入学率 100%，普及高中阶段教育。特殊教育招生 193 人，在校生 1330 人。全市共有幼儿园 436 所，比上年增加 33 所；在园幼儿 19.95 万人，比上年增加 0.88 万人。

2. 科学技术

全市共有国家级工程技术研究中心 6 家，省级以上重点实验室 9 家，省级以上企业重点实验室 6 家，国家级国际合作基地 8 家，省级国际技术转移中心 11 家。当年自主培育“千人计划”专家 1 人，累计培育国家“千人计划”专家 90 人，年末在锡创新创业“千人计划”专家 264 人。

全市高新技术产业产值占规模以上工业总产值比重达到 43.23%，高新技术产业产值同比增长 12.3%。

万人有效发明专利拥有量达 38 件。全市获国家、省科技计划到位经费 6.35 亿元，比上年增长 40.3%，其中获国家科技经费 1.19 亿元。

全市共有国家级产品质量监督检查中心 10 个，国家级型式评价实验室 1 个，国家级检测重点实验室 6 个，国家级产业计量测试中心 1 个，全年省级监督抽查本市产品预计 1200 多批次，强制性产品认证获证企业 1245 家，法定计量技术机构 3 家，强制检定计量器具 76.03 万台（件），全年新增主导和参与制修订国际、国家、行业标准 61 项。

（四）文化、卫生和体育

1. 文化事业

2018 年无锡市成功承办首届江南文脉论坛，惠山古镇二期开工建设，启动龙光塔等文物修缮工程 46 项，建成基层综合性文化服务中心 471 个，歌剧《二泉》入选“全国优秀歌剧巡演”，舞剧《英雄·玛纳斯》获“丝路文化贡献奖”。年末共有艺术表演团体 72 个，文化馆 8 个，公共图书馆 8 个，文化站 82 个，博物（纪念）馆 58 个。全市人民广播电台节目 8 套，电视台节目 8 套，无锡有线电视总用户已达 121.89 万户。电视人口总覆盖率和广播人口覆盖率均达 100%。全市档案馆 8 个，已向社会开放档案 59.77 万卷（件、册）。

2. 卫生事业

落实全市卫生与健康大会精神，深化医药卫生体制改革，实施市属医疗卫生机构布局调整优化方案，锡山人民医院新院区建成投用，17 家基层医疗卫生机构完成提档升级，新建一批医疗技术协作中心，顺利通过国家卫生城市复审评估。全市拥有卫生医疗机构 2480 个，其中综合医院 81 家，社区卫生服务中心（卫生院）106 家，社区卫生服务站（村卫生室）700 家，护理院 30 家，疗养院 7 家。年末全市共有卫生技术人员 5.48 万人，其中执业（助理）医师 2.10 万人；拥有医疗床位 4.69 万张，其中医院、社区卫生服务中心(卫生院)4.57万张。全市各级医疗机构全年完成诊疗5587.56万人次,比上年增长2.2%。

3. 体育事业

年末全市人均公共体育设施面积1.53平方米,新增各级社会体育指导员1994人,国民体质总体达标率95.6%。城乡社区"10分钟体育健身圈"实现全覆盖,成功举办无锡马拉松、第九届环太湖国际公路自行车赛、世界击剑锦标赛等一批大型国际赛事,世界跆拳道中心成功落户无锡。全年无锡籍运动员在全国以上各级各类比赛中共取得52个冠军,其中5人获9项世界冠军。全市体育彩票销售达到45.06亿元,增长55.1%。

(五) 城乡建设

城乡区域协调发展。锡澄锡宜一体化取得新进展。南沿江铁路开工建设,苏锡常南部高速进入太湖隧道主体结构施工阶段,锡澄城际轨道S1线完成工可报告编制,宜兴丁蜀通用机场获批立项,340省道无锡段改扩建等项目开工建设。城市建设管理水平得到新提升。主动融入长江经济带高质量发展大局,积极呼应长三角一体化发展国家战略,新一轮城市总体规划编制形成阶段性成果,宜兴市城市总体规划获省政府批复。梁溪区八大片区棚改全面启动,太湖新城、锡东新城、惠山新城综合功能进一步完善。无锡火车站一体化改造工程竣工投用。地铁1号线南延线全线"电通",3号线一期全线"洞通",4号线一期进入盾构施工。蠡湖大道、江海西路快速化改造工程及具区路、吴桥东路等重点道桥建成通车。新沟河拓浚延伸工程基本完成。全市林木覆盖率达到27.3%以上,自然湿地保护率达到54%以上。制定出台新型智慧城市建设三年行动计划,无锡入选"全球智慧城市20强"榜单。

落实全市城市管理工作会议精神,启动优美环境合格区建设,开展七大专项提升行动和'小飞龙"专项整治,制定市区停车泊位三年建设计划,完成30条主要道路包装出新和30个背街小巷综合治理,拆除违法建设69.6万平方米。大力实施乡村振兴战略。

落实全市乡村振兴大会精神,十大工程建设取得良好开局,成功举办首届"中国农民丰收节"江苏主场活动和现代农业博览会等重大活动。全市种植业绿色优质农产品面积比重达到60%,首个市级农产品地理标志"无锡毫茶"通过国家认定。实施"百企建百园"工程,新增省级农业产业化龙头企业5家、国家级示范合作社7家、省级示范合作社11家、省级示范家庭农场16家。聚焦农村发展短板,启动农村住房更新改造首批试点工作。阳山镇成功入围中央农业产业强镇示范建设名单,璜土镇获评全国"一村一品"示范镇,斗山村获评中国美丽休闲乡村。

(六) 环境保护

"减煤""减化"任务超额完成。整治燃煤锅炉102台、燃煤工业窑炉34座,减少煤炭消费总量138.5万吨,全市单位GDP能耗下降4%以上。扎实推进化工企业"四个一批"专项行动,关停化工企业250家,升级改造373家。组织实施261项太湖治理和114项水污染防治重点工程项目,完成沿太湖3公里缓冲带水产养殖整治和滆湖围网拆除工作,全面加强河道环境综合整治,基本完成城市黑臭水体治理任务,45个国省考断面优Ⅲ比例提升到64.4%,重点水功能区水质达标率稳步提升,太湖无锡水域主要水质指标好于全太湖,连续第十一年实现安全度夏和"两个确保"。组织实施1208项大气污染防治重点工程项目,开展挥发性有机物污染治理专项行动,全市PM2.5平均浓度下降到43微克/立方米,空气优良天数比率提高到70.7%,大气污染防治年度考核综合评分全省第一。

推进4个重金属重点防控区专项整治,完成土壤修复项目7个。固危废处置能力稳步提升,惠联餐厨废弃物处理厂、蓝藻藻泥和市政污泥处置项目启动建设,益多环保大修项目如期复产,江阴秦望山危废集中焚烧处置设施、宜兴凌霞危废焚烧扩建项目顺利建成。开展"绿刃"环保专项行动,关停取缔"散乱污"企业(作坊)8106家,整治完成5475家。环保督察整改任务全面落实。中央环保督察整改工作基本完成,"清废2018"通报问题实现整改销号,县级饮用水水源地环境问题提前完成整改,中央环保督察

“回头看”、太湖治理督导、长江经济带生态环保审计、省环保督察反馈问题整改工作扎实推进。

（七）生产安全

全年发生各类事故 618 起，死亡 323 人。亿元 GDP 生产安全事故死亡率 0.028 人/亿元。

三　无锡市在泛长三角地区经济发展中的地位

2018 年，市政府以习近平新时代中国特色社会主义思想为指导，认真贯彻落实党的十九大精神和习近平总书记对江苏工作的重要指示要求，在中共无锡市委的坚强领导下，在市人大、市政协的监督和支持下，紧紧依靠全市广大人民，按照当好全省高质量发展领跑者的目标定位，坚持稳中求进工作总基调，深入践行新发展理念，坚定实施六大发展战略，较好完成了市十六届人大二次会议确定的目标任务，为决胜“十三五”后半程打下了坚实基础。

（一）地区生产总值

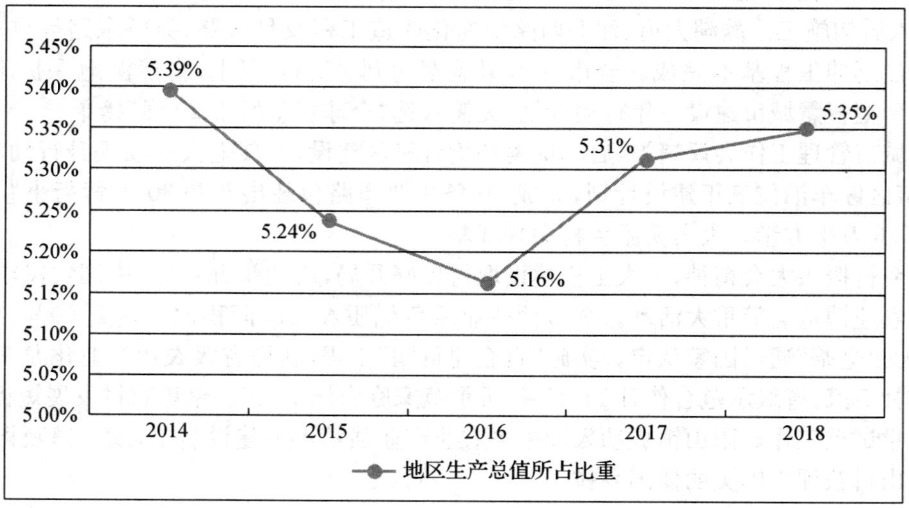

图 4　2014—2018 年无锡市地区生产总值在泛长三角
（苏浙两省 24 个地级市、安徽 16 个地级市和上海市，下同）所占比重的变化趋势

2014—2018 年无锡市地区生产总值在泛长三角所占比重为 5.39%、5.24%、5.16%、5.31%和 5.35%，逆势上扬。2018 年所占比重较 2017 年上升了 0.04 个百分点，较 2014 年下降了 0.04 个百分点。2018 年无锡市地区生产总值在泛长三角地区 41 个市中排名第 5 位，与 2017 年保持一致。

2018 年，无锡市实现地区生产总值 11438.62 亿元，按可比价格计算，比 2017 年增长 7.4%。按常住人口计算人均生产总值达到 17.43 万元。无锡市实现第一产业增加值 125.07 亿元，比 2017 年下降 0.3%；第二产业增加值 5464.01 亿元，比 2017 年增长 8.0%；第三产业增加值 5849.54 亿元，比 2017 年增长 7.1%；三次产业比例调整为 1.1∶47.8∶51.1。

无锡各县区经济表现亮眼，5 个县区的 GDP 超过了千亿。其中江阴市的 GDP 达 3806 亿元，再次位居全市第一；新吴区 GDP 为 1800 亿元，居第二位；宜兴市 GDP 为 1713 亿元，位居第三位；梁溪区 GDP 为 1269 亿元，位居第四位；第五滨湖区，GDP 达到了 1050 亿元。

（二）地方财政一般预算收入

图 5　2014—2018 年无锡市地方财政一般预算收入在泛长三角所占比重的变化趋势

2014—2018 年无锡市地方财政一般预算收入在泛长三角所占比重为 4.51%、4.25%、4.12%、4.17%和 4.22%，2018 年较 2014 年减少了 0.29 个百分点。2018 年无锡市地方财政一般预算收入在泛长三角地区 41 个市中排名第 6 位，与 2017 年持平。

2018 年全市一般公共预算收入完成 1012.28 亿元，增长 8.8%，完成年度预算的 102.3%。其中：税收收入 860.5 亿元，增长 14.4%，占一般公共预算收入的比重为 85%。

2018 年财政一般公共预算收入增速达到 2012 年以来最好水平。这是财政一般公共预算收入首次突破“千亿”大关。与此同时实现一般公共预算口径的税收收入 860.51 亿元，占一般公共预算收入的比重达到 85.0%，较 2017 年大幅提升 4.1 个百分点。税收收入占财政收入比重越大，财政收入质量越高，这意味着财税在总量增加的同时，还有“质”的优化。

（三）工业生产总值

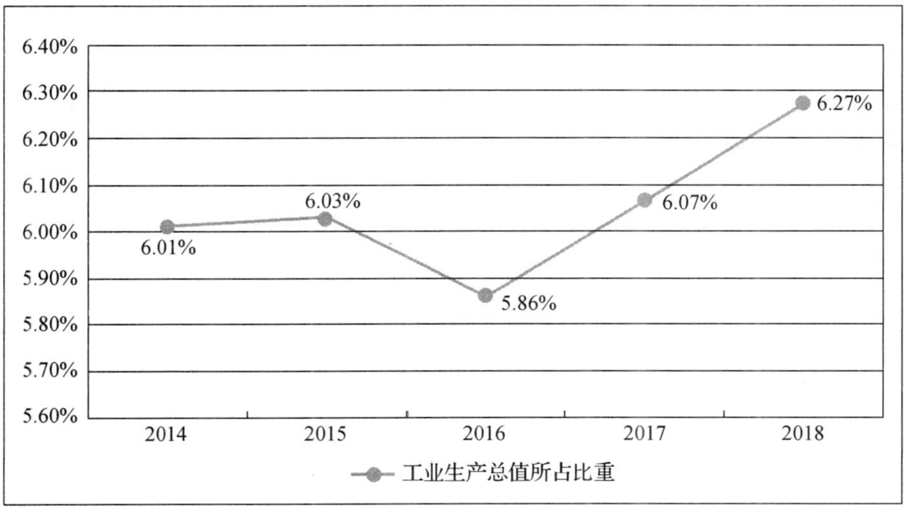

图 6　2014—2018 年无锡市工业生产总值在泛长三角所占比重的变化趋势

2014—2018年无锡市工业生产总值在泛长三角所占比重为6.01%、6.03%、5.86%、6.07%和6.27%,总体呈现上升的趋势,累计增加了0.26个百分点。2018年无锡市工业生产总值在泛长三角地区41个市中排名第3位,较2017年上升1位。

2018年全市实现规模以上工业增加值3618.71亿元,同比增长9.0%,较2017年提升0.4个百分点。从工业产销看,2018年全市规模以上工业产销率为98.4%。30种重点产品中14种产品产量呈现增长,其中产量增速较快的有:装备制造工业中的电子元件、集成电路、工业锅炉产量同比分别增长17.6%、11.6%、11.6%;消费品工业中的用钢质船舶、电动自行车、合成纤维聚合物产量同比分别增长34.5%、20.3%、18.4%。

(四)进出口总额

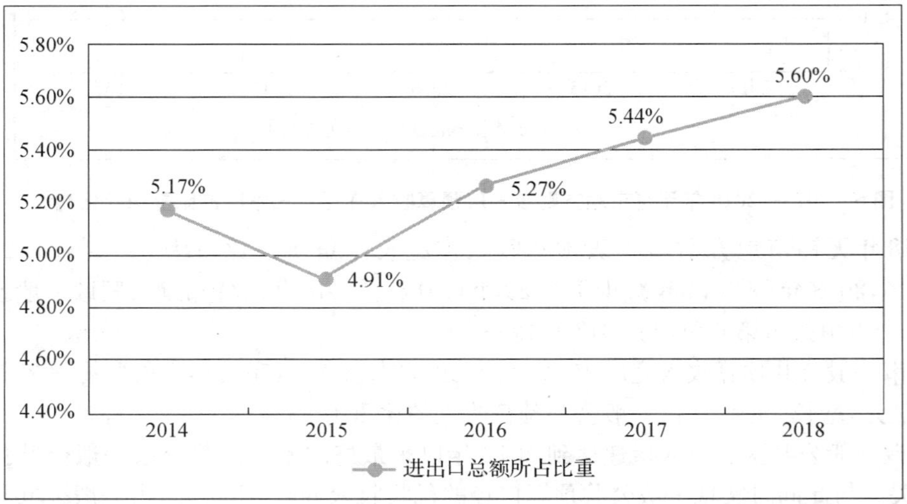

图7 2014—2018年无锡市进出口总额在泛长三角所占比重的变化趋势

2014—2018年无锡市进出口总额在泛长三角所占比重为5.17%、4.91%、5.27%、5.44%和5.60%,2016年以来逆势大幅上扬,2018年较2017年增加了0.16个百分点。2018年无锡市进出口总额在泛长三角地区41个市中排名第4位,与2017年保持一致,排名较靠前。

2018年无锡外贸需求向好,进出口增长保持稳定。2018年全年,无锡市外贸进出口934.4亿美元,较2017年同期增长15%,大于全省增速2.6个百分点,占全省外贸进出口总值的14.1%。其中,出口567.8亿美元,同比增长14.7%;进口366.6亿美元,同比增长15.5%。其次,外贸结构稳定,风险防范能力提升。2018年,一般贸易出口额占全部出口额的49.8%,高于加工贸易比重10.4个百分点,依然处于主导地位。无锡对外贸易往来的国家和地区达到223个,贸易伙伴更趋多元。

(五)实际外商直接投资金额

2014—2018年无锡市实际外商直接投资金额在泛长三角所占比重为3.89%、4.36%、4.43%、4.82%和4.70%,整体呈上升态势,2018年与2017年比减少了0.12个百分点,较2014年增加了0.81个百分点。2018年无锡市实际外商直接投资金额在泛长三角地区41个市中排名第6位。

2018年,发展潜力巨大的无锡,依旧是外资企业投资最青睐的城市之一。全年批准外资项目434个,新增协议注册外资104.78亿美元,比2017年增长54.0%。到位注册外资37.15亿美元,比2017年增长1.1%。战略性新兴产业利用外资占到位注册外资比重58.3%,全年完成协议注册外资超3000万美元的重大外资项目59个。至年底全球财富500强企业中有101家投资兴办了197家外资企业。

图 8　2014—2018 年无锡市实际外商直接投资金额在泛长三角所占比重的变化趋势

开放型经济稳中向好。“引进来”“走出去”取得新成绩。制定扩大利用外资政策意见，完成到位注册外资 36.7 亿美元，其中制造业占比 60%，新增跨国公司地区总部和功能性机构 7 家。完成境外投资中方协议投资额 12 亿美元，柬埔寨西港特区入驻企业达到 118 家，无锡一棉埃塞俄比亚纺织生产基地项目正式签约。

四　徐州市2018年经济社会发展报告

2018年，全市上下在市委市政府的坚强领导下，以习近平新时代中国特色社会主义思想为指导，认真贯彻党的十九大精神，坚持稳中求进工作总基调，切实贯彻新发展理念，克难奋进、开拓创新，落实高质量发展要求，以供给侧结构性改革为主线，以建设淮海经济区中心城市为重点，经济运行总体平稳，综合实力显著增强，质量效益稳步提升，人民生活持续改善，高质量发展实现良好开局。

一　徐州市2018年经济发展概况

（一）综合经济

1. 经济总量

经济运行保持平稳。2018年，全市实现地区生产总值(GDP)6755.23亿元，按可比价计算，比上年增长4.2%。其中，第一产业增加值631.39亿元，增长2.4%；第二产业增加值2812.02亿元，增长1.5%；第三产业增加值3311.82亿元，增长7.0%。全市人均地区生产总值76915元，比上年增长3.7%。全社会劳动生产率持续提高，全年平均每位从业人员创造的增加值达139961元，比上年增加3206元。

产业结构持续优化。全市三次产业结构调整为9.4∶41.6∶49.0，第三产业增加值比重比上年提高1.8个百分点，超过二产7.4个百分点。全市规模以上工业实现高新技术产业产值比上年增长2.2%，占规模以上工业总产值比重为38.3%；六大战略新兴产业产值比上年增长5.8%，占规模以上工业总产值比重达到37.7%，提高4.2个百分点。

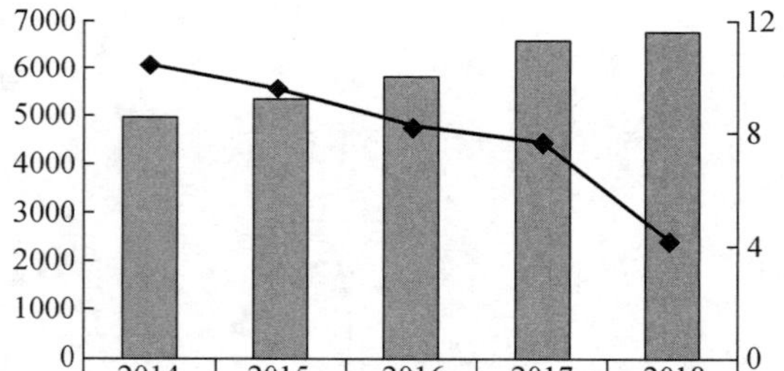

	2014	2015	2016	2017 ·	2018
地区生产总值(亿元)	4963.91	5319.88	5808.52	6605.95	6755.23
增幅(%)	10.5	9.5	8.2	7.7	4.2

图1　2014—2018年徐州市地区生产总值及增长速度

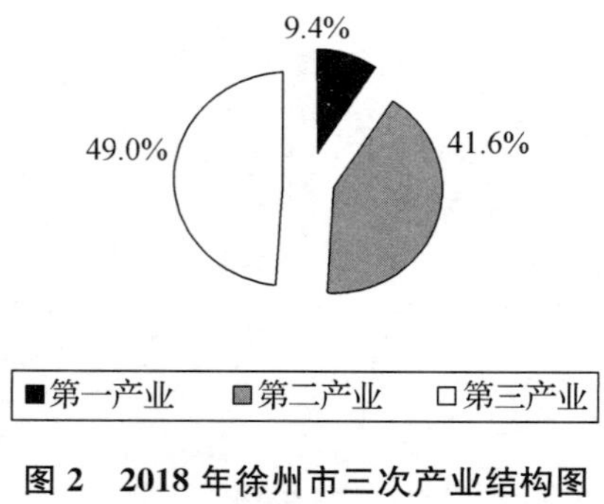

图2　2018年徐州市三次产业结构图

2. 财政收支

财税收入平稳发展。全市实现一般公共预算收入526.21亿元，比上年增长4.9%。国税、地税和财政部门分别实现一般公共预算收入199.65亿元、217.17亿元和109.39亿元。完成税收收入416.77亿元，增长14.1%，占一般公共预算收入比重为79.2%；主体税种增势良好，增值税（含营业税）、企业所得税、城市维护建设税和契税分别完成173.81亿元、38.73亿元、31.92亿元和38.22亿元，分别增长23.1%、14.0%、11.5%和7.4%。

财政支出结构不断优化。全年一般公共预算支出880.85亿元，比上年增长6.5%。其中，一般公共服务支出77.34亿元，增长9.2%；科学技术支出25.43亿元，增长13.9%；社会保障和就业支出111.54亿元，增长17.1%；医疗卫生与计划生育支出74.03亿元，增长9.6%；节能环保支出22.31亿元，增长18.0%；城乡社区事务支出139.35亿元，增长6.1%。

3. 物价指数

价格指数平稳上涨。全年城市居民消费价格比上年上涨2.3%。分类别看，食品烟酒类上涨2.4%，衣着类上涨0.4%，居住类上涨2.1%，生活用品及服务类上涨3.1%，交通和通信类上涨3.5%，教育文化和娱乐类上涨3.1%，医疗保健类上涨1.6%，其他用品和服务类上涨0.3%。全市工业生产者出厂价格上涨3.0%，涨幅比上年下降2.4个百分点；购进价格上涨4.8%，涨幅比上年下降7.8个百分点。

4. 固定资产投资

固定资产投资平稳增长。2018年，全市完成固定资产投资较上年增长2.0%。全年在建项目3548个，其中本年新开工项目2914个。分所有制类型看，项目投资中国有经济控股投资下降17.4%；外商及港澳台商投资增长54.0%；民间投资下降1.5%，其中私营企业投资下降1.0%。分投资领域看，制造业投资增长6.1%，增速快于全部投资4.1个百分点，拉动全部投资增长2.6个百分点；基础设施投资下降3.3%；房地产投资增长33.0%，拉动全部投资增长5.3个百分点。

投资结构继续优化。第一产业投资比上年增长14.7%；第二产业投资增长2.2%；第三产业投资增长1.0%，占全部固定资产投资比重为52.4%，比上年提升8.2个百分点。第二产业投资中，工业投资增长4.0%，其中，工业技改投资增长30.0%，占工业投资比重为54.3%，较上年提高11.3个百分点。高新技术产业中，电子及通讯设备制造业、电子计算机及办公设备制造业、新能源制造业投资分别增长99.3%、17.0%和11.3%，三类产业占工业投资比重同比提高0.8个百分点；高耗能行业投资下降13.5%，占工业投资比重同比降低3.1个百分点。

（二）农业和农村建设

农业生产保持稳定。全年实现农林牧渔业总产值1211.96亿元，比上年增长5.4%。全年粮食总产量484.48万吨，增长0.4%，粮食亩产422公斤，减少11公斤；其中夏粮产量204.42万吨，增长0.1%；秋粮产量280.07万吨，增长0.6%。棉花总产量1.03万吨，下降45.5%；油料产量12.32万吨，下降4.1%；水果（含瓜果类）产量215.03万吨，下降11.5%；蚕茧产量0.45万吨，下降3.0%。全年猪牛羊禽肉产量69.90万吨，下降3.2%；禽蛋产量29.67万吨，增长2.8%；水产品产量16.87万吨，增长2.1%。

现代农业加快推进。全年新增设施农业面积6.69千公顷，设施农业面积累计达146.22千公顷，比上年增长4.8%；新增设施渔业面积0.17千公顷，累计达7.08千公顷，增长2.5%；新建高标准农田43.39万亩，累计建成549.18万亩，占耕地面积比重提升到60.1%，比上年提高4.8个百分点。新增有效灌溉面积7.93千公顷，累计达535.20千公顷；新增节水灌溉面积16.19千公顷，累计达359.13千公顷；年末农业机械总动力736.85万千瓦，增长0.5%。

农业产业化水平不断提升。全市新增国家级农业龙头企业2家；新增市级农业龙头企业39家。全部市级农业龙头企业销售收入454.19亿元，比上年增长4.1%。全年秸秆还田面积达853.52万亩；累计建设秸秆收储中心和临时堆放点1300处，年收储能力达125万吨。全市土地承包经营权流转面积达

384.54 万亩；家庭农场、农民合作社分别达到 1.09 万家和 1.68 万个，分别比上年增长 15.1%和 1.9%。

（三）工业和建筑业

工业生产下行压力较大。为加速转型振兴，打赢蓝天保卫战，全市对高污染、高耗能、高排放行业加大治理力度。全年规模以上工业增加值比上年下降 9.9%，其中轻工业下降 8.5%，重工业下降 10.8%。工业用电量下降 10.4%。分经济类型看，股份制工业下降 10.9%；外商及港澳台投资工业下降 2.4%；国有控股工业增长 7.5%，民营工业下降 22.9%。重点培育的六大优势产业产值下降 14.1%，占规模以上工业总产值比重为 94.6%。其中，装备制造业增长 12.0%，能源、食品加工、煤盐化工、冶金和建材分别下降 11.0%、24.0%、34.5%、28.9%和 12.7%。

工业结构向中高端攀升。规模以上工业中，新兴产业、高端产业增长情况好于传统产业，2018 年，全市六大新兴产业产值同比增长 5.8%，增速快于传统优势产业 19.9 个百分点，占规模以上工业产值比重为 37.7%，较 2017 年提高 4.2 个百分点，其中，高端装备制造业、新一代信息技术和软件业产值分别增长 32.6%和 17.2%，分别拉动全市工业产值增长 13.1 和 1.0 个百分点；高新技术产业产值占规模以上工业比重较 2017 年提高 1.8 个百分点；高耗能行业产值下降 19.9%，占比同比下降 1.9 个百分点。

建筑业稳定发展。年末全市资质以上建筑业企业 551 家；全年实现建筑业总产值 1554.63 亿元，比上年增长 4.1%。全年房屋建筑施工面积 10980.20 万平方米，其中新开工面积 4764.56 万平方米。全年建筑业竣工产值 1155.36 亿元，下降 3.1%。

（四）服务业

1. 国内贸易

消费品市场平稳增长。全年实现社会消费品零售总额 3102 亿元，比上年增长 7.5%。按经营单位所在地分，城镇消费品零售额 2553.47 亿元，增长 7.5%；农村消费品零售总额 548.54 亿元，增长 7.2%。按消费形态分，批发业实现零售额 503.63 亿元，增长 7.6%；零售业零售额 2345.43 亿元，增长 7.7%；住宿业 44.12 亿元，增长 0.8%；餐饮业 208.83 亿元，增长 5.8%。

消费结构日渐优化。在限额以上单位中，粮油食品类、饮料类、服装鞋帽针纺织品类、日用品类和体育娱乐用品类商品分别实现零售额 168.72 亿元、23.66 亿元、142.55 亿元、73.19 亿元和 8.65 亿元，分别增长 4.2%、2.7%、6.8%、5.3%和 5.7%；石油及制品类、家具类和建筑及装潢材料类商品分别实现零售额 95.68 亿元、55.15 亿元和 146.26 亿元，分别增长 13.3%、13.9%和 6.8%；家用电器和音像器材类、中西药品类和通讯器材类分别实现零售额 138 亿元、45.53 亿元和 30 亿元，分别增长 6.6%、8.6%和 43.7%；文化办公类、五金电料类、汽车类分别实现零售额 31.86 亿元、82.32 亿元和 340.82 亿元，分别下降 1.2%、11.3%和 0.8%。

2. 交通、邮电

综合交通网络日趋完善。全市年末公路总里程 16610.62 公里，比上年增长 1.6%，其中高速公路 463.93 公里；输油管道里程 7270 公里，增长 1.1%；铁路营业里程 797.3 公里，其中高铁 234.9 公里；铁路正线延展长度 1584.75 公里。全年公路货运量 21164 万吨，比上年增长 8.6%；水运货运量 6456 万吨，增长 2.7%。分别完成公路、水运货物周转量 536.45 亿吨公里和 242.03 亿吨公里，分别增长 7.8%和 4.6%；完成港口吞吐量 3139.64 万吨，下降 57.7%，徐州港集装箱吞吐量 3.15 万 TEU；管道货物运输量 14402 万吨，管道货物周转量 719.99 亿吨公里；航空货物运输量 1.0 万吨，增长 9.0%；全年公路旅客运输量 9960 万人次，公路旅客周转量 63.68 亿人公里，分别下降 9.6%和 6.8%；观音机场航空旅客运输量 251.88 万人次，增长 31.4%；徐州直属站铁路客运发送量 2534.52 万人次。年末全市机动车总计 159.01 万辆，比上年末增长 10.5%，其中民用汽车保有量 136.64 万辆，增长 13.6%。年末私人汽车保有量 125.53 万辆，增长 13.8%，其中私人轿车 75.86 万辆，增长 14.0%。

邮政电信业较快发展。全年邮政行业业务总量和业务收入(不包括邮政储蓄银行直接营业收入)分别完成65.72亿元和34.03亿元，比上年分别增长23.7%和16.8%。邮政寄递服务业务量累计完成1.50亿件；邮政寄递服务业务收入累计完成2.19亿元，增长31.4%。全市快递服务企业业务量累计完成2.63亿件，增长22.9%；业务收入累计完成20.19亿元，增长15.2%。全年完成电信业务总量和电信业务收入381.18亿元和67.55亿元，比上年分别增长144.9%和6.9%。年末全市固定电话用户总数94.55万户，下降8.6%；移动电话用户903.74万户，增长11.4%。年末互联网宽带接入用户313.81万户，增长16.8%。

3. 旅游业

旅游行业健康发展。全市共有国家A级旅游景区68家，省级旅游度假区3家，星级酒店50家，旅行社210家，乡村旅游示范区59家。共接待国内外游客5762.89万人次，比上年增长13.0%；旅游总收入775.10亿元，增长16.3%。接待入境过夜旅游者4.45万人次，增长11.5%，其中，外国人3.39万人次，增长8.3%；旅游外汇收入5430.62万美元，增长9.4%。接待国内游客5758.44万人次，增长13.0%；实现国内旅游收入766.03亿元，增长16.3%。

4. 金融、证券和保险

金融市场运行稳健。年末全市金融机构人民币各项存款余额7107.39亿元，较年初增加711.01亿元，比上年增长11.1%。其中，住户存款3604.84亿元，增长7.6%。金融机构人民币各项贷款余额4912.47亿元，较年初增加739.30亿元，比上年增长17.7%。按贷款期限分，中长期贷款2918.83亿元，增长19.8%；短期贷款1534.94亿元，增长10.0%。

资本市场保持稳定。年末全市共有证券公司(分公司)3家；证券营业部41家；期货经纪公司1家；期货营业部3家。年末全市共有上市公司12家，其中境内11家、境外1家；"新三板"挂牌企业26家、新增2家；区域股权交易市场挂牌企业681家、新增216家。新发企业债券规模16亿元，累计发行469.5亿元；新发行银行间各类债务融资工具265.8亿元。

保险业务增势良好。新增保险机构8家，年末保险机构达69家。全年保费总收入220.64亿元，比上年增长16.8%。其中寿险保费收入159.68亿元，增长22.1%，财产险保费收入60.73亿元，增长4.6%。全年累计赔付和给付支出61.24亿元，增长7.8%；其中赔付额41.07亿元，增长30.0%。在赔付额中，财产险赔付33.19亿元，增长17.5%；保险深度和保险密度分别为3.3%和2531元/人。

5. 房地产业

房地产市场较快发展。全年房地产开发投资增长33.0%。其中，住宅开发投资增长38.8%；办公楼、商业营业用房投资分别下降34.6%和2.7%。全年商品房施工面积5842.17万平方米，增长24.6%；新开工面积2077.32万平方米，增长64.0%；竣工面积766.19万平方米，增长47.2%。全年商品房销售面积1253.45万平方米，增长5.9%，其中住宅1160.67万平方米，增长7.7%；商品房销售额863.08亿元，增长16.3%，其中住宅788.95亿元，增长22.1%。

（五）开放型经济

1. 对外贸易

外贸进出口发展向好。全年实现进出口总额773.69亿元，比上年增长46.8%；其中出口总额638.35亿元，增长49.1%。按美元计价的进出口总额实现117.4亿美元，增长50.6%。服务贸易进出口总额9.05亿美元，占对外贸易比重为8.76%。出口结构有所优化，一般贸易出口额575.7亿元，增长50.5%，占出口总额比重为90.2%，比上年提高0.8个百分点；加工贸易出口额60.4亿元，增长36.1%。机电产品出口额276.3亿元，增长60.9%，高新技术产品出口额18.5亿元，增长16.9%。分出口市场看，对东南亚国家联盟出口101.5亿元，增长32.1%；对欧盟出口86.8亿元，增长51.5%；对美国出口124.1亿元，增长67.2%；对拉丁美洲出口33.6亿元，增长20.5%；对日本出口19.4亿元，增长33.6%；

对非洲出口 43.6 亿元，增长 46.5%。

2. 对外经济

对外经济合作发展良好。全年实际使用外资 18.98 亿美元，比上年增长 14.4%。新批外商投资企业 263 个，增加 75 个；新批协议外资 57.17 亿美元，增长 34.3%；新批及净增资 3000 万美元以上的项目 169 个，增加 72 个，其中 1 亿美元以上的项目 17 个，增加 3 个。新签对外承包工程合同额、新签对外承包工程完成营业额分别为 2.17 亿美元和 1.36 亿美元；新批境外投资项目 21 个，境外投资中方协议外资 2 亿美元。

3. 开发区建设

开发区经济稳定发展。全市共有省级以上开发园区 16 个，其中国家级开发区 2 个。全年开发区业务总收入 1.12 万亿元，比上年增长 2.6%；一般公共预算收入 275.42 亿元，增长 5.2%。全市开发区实现进出口总额 614.53 亿元，增长 36.3%，占全市总量的 79.4%；其中，出口总额 477.74 亿元，增长 34.0%，占全市总量的 74.8%；实际到账注册外资 15.98 亿美元，增长 18.5%，占全市总量的 84.2%。

二　徐州市 2018 年社会发展概况

（一）人口、人民生活

常住人口总量继续回升。年末全市常住人口 880.20 万人，比上年末增加 3.85 万人，增长 0.4%；全市城镇化率 65.1%，比上年提高 1.3 个百分点。在常住人口中，0～14 岁人口 178.96 万人，15～64 岁人口 593.10 万人，65 岁及以上人口 108.14 万人。全年人口出生率 11.81‰，比上年下降 1.90 个千分点；人口死亡率 7.62‰，下降 0.25 个千分点；人口自然增长率 4.19‰，下降 1.65 个千分点。年末全市户籍人口 1044.77 万人；其中男性人口 540.65 万人，女性人口 504.13 万人；户籍人口出生率为 1.34%，死亡率为 0.5%。

居民收入持续增长。全年全市居民人均可支配收入 27385 元，比上年增长 9.0%。城镇居民人均可支配收入 33586 元，增长 8.4%；农村居民人均可支配收入 18206 元，增长 9.0%。城乡收入比由上年的 1.856∶1 调整为 1.845∶1，收入差距进一步缩小。全市居民人均生活消费支出 16818 元，增长 7.2%，其中，城镇居民人均生活消费支出 19463 元，增长 6.7%；农村居民人均生活消费支出 12902 元，增长 7.2%。全市居民恩格尔系数为 30.0%，比上年下降 0.1 个百分点，其中城镇为 29.6%，农村为 30.8%。

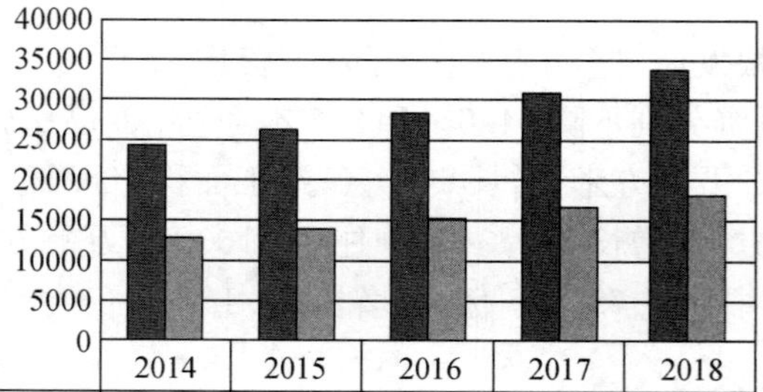

	2014	2015	2016	2017	2018
■城镇居民人均可支配收入(元)	24080	26219	28421	30987	33586
■农村居民人均可支配收入(元)	12811	13982	15274	16697	18206

图 3　2014—2018 年徐州城乡居民收入对比一览

（二）就业和社会保障

就业情况总体稳定。年末全市就业人口 483.1 万人，其中，第一产业 119.9 万人，第二产业 170.2 万人，第三产业 193.0 万人。全年城镇新增就业 13.33 万人，比上年增长 5.0%；城镇失业人员再就业 11.23 万人，城乡就业困难人员就业 3.38 万人；新增农村劳动力转移 5.60 万人。年末城镇登记失业率为 1.78%，比上年下降 0.04 个百分点。新增大学生创业人数 3015 人。全年城乡劳动者就业技能培训人数5.75万人。新增高技能人才4.68万人。规模以上企业劳动合同签订率达99.95%,已建工会企业集体合同签订率达95.0%。

社会保障体系不断完善。年末职工养老保险、城乡居民养老保险(含离退休人员)参保人数分别达194.09万人和326.01万人,比上年分别增长6.7%和1.1%,城乡基本养老保险覆盖率达97.45%;城镇居民医疗保险、职工医疗保险参保人数分别达792.12万人和159.62万人,城镇基本医疗保险覆盖率达97.2%。全市城镇和农村低保标准分别达到每人每月586元和550元,农村低保标准比上年增加60元,最低生活保障救济人数14.10万人;全年实施直接医疗救助25.75万人次,支出救助金2.90亿元。年末各类养老机构达247家,养老床位6.4万张,千名老人拥有机构养老床位38.7张。

养老服务和社区治理成效明显。全年新建成街道老年人日间照料中心23个、老年中央厨房7个、社区老年人助餐点113个、城乡社区标准化居家养老服务中心76个和140个。累计完成经济薄弱村服务中心提档升级256个,新改扩建城乡社区综合服务中心143个。

保障性住房建设有序推进。公共租赁住房累计达到17391套;城镇常住人口保障性住房覆盖率为25.40%;已完成第七期经济适用住房(12万平方米)和第二期公租房(9万平方米)建设。

(三)教育与科技创新

1. 教育事业

教育事业全面发展。年末全市拥有各级各类学校2321所,在校学生200.55万人,毕业生46.75万人,专任教师11.43万人。其中普通高等院校10所,全日制本专科招生6.68万人,在校学生18.98万人,毕业生5.28万人;成人高等学校在校学生4.43万人,毕业生1.55万人。研究生教育招生0.53万人,在校生1.48万人,毕业生0.37万人。中等职业教育在校生8.18万人,毕业生2.91万人。普通高中在校生11.13万人,毕业生3.87万人。全市共有初中267所,在校学生34.44万人,比上年增长20.2%;小学924所,在校学生95.58万人,比上年增长1.4%;特殊教育学校13所,在校学生0.32万人;幼儿园(含民办)997所,在园幼儿31.93万人。学龄儿童入学率为99.3%,九年义务教育巩固率保持在99.9%。

2. 科学技术

科技创新空间持续扩大。省级以上科技创新平台232个,当年新增17个;省级以上孵化器达到51个,新增15个;全市大中型工业企业和规模以上高新技术企业研发机构建有率达91.92%。国有独立科研机构21个;民营型科技企业10454家,比上年增长1.7%。技术市场签订技术合同1291个,技术合同成交金额38.46亿元,增长16.1%。

科技创新能力逐步增强。新增国家高新技术企业174家。全市科技成果获国家专利奖4项;省级科学技术奖29项(公示)。全市专利申请量25951件,其中发明专利申请量12388件,分别比上年增长39.9%和57.3%;专利授权量11247件,其中发明专利授权量2097件,分别增长6.9%和17.0%。万人发明专利拥有量达9.79件,比上年增加2.47件。

质量强市取得新成效。年末全市共有质量检验机构183家、国家级产品质量监督检验中心3个、国家公证实验室3个、省级产品质量监督检验中心7个。全年监督抽查产品108种810批次,合格738批次,平均抽样合格率90.9%,较上年提升2个百分点。企业获批强制性产品认证证书1696张,比上年增长4.0%。共有法定计量技术机构7个,其中省级计量中心1个,全年强制检定计量器具32.96万台(件),比上年增长17.9%。获批建设2项国家级和3项省级标准化项目,制修订国家标准和行业标准40项、地方标准3项。全市质量管理体系证书达3416张。

(四)文化、卫生和体育

1. 文化事业

公共文化服务水平稳步提高。年末全市文化系统共有艺术表演团体9个、文化馆11个、博物馆

21个、美术馆1个，共有公共图书馆8个，公共图书馆总藏量3864.85千册，电子图书藏量6715.25千册，总流通229.44万人次，其中书刊文献外借152.12万人次。有线广播电视实际用户123.83万户，其中数字电视实际用户104.25万户。共有电影放映单位49家、广播电台7座、中短波广播发射台和转播台2座、电视台8座，广播和电视综合人口覆盖率均为100%。全市现有市级以上文物保护单位260处，其中全国重点文物保护单位8处，省级29处。拥有9个国家级、58个省级非物质文化遗产名录项目和8位国家级、26位省级非遗代表性传承人。

2. 卫生事业

卫生健康事业取得积极成效。年末全市共有各类卫生机构4599个，其中医院、卫生院322个，卫生防疫防治机构13个，妇幼保健机构14个。各类卫生机构拥有病床5.86万张，比上年增长5.4%，其中，医院、卫生院床位5.42万张，增长5.5%。每千人拥有医疗机构床位数6.7张，比上年增加0.4张。共有各类卫生技术人员6.74万人，比上年增长17.2%。其中，执业（助理）医师2.58万人，注册护士3.17万人，分别增长12.7%和25.2%；每千人拥有执业（助理）医师数和每千人拥有注册护士数分别为2.93人和3.60人，分别比上年增加0.3人和0.7人。卫生防疫防治机构卫生技术人员453人，妇幼卫生保健机构卫生技术人员1340人。全市三级医院数量达17家、其中三甲10家。全市家庭医生全人群签约率38.73%，重点人群签约率68.66%，其中建档立卡低收入人口、离休干部有效人群家庭医生签约率100%。

3. 体育事业

全民体育蓬勃发展。年末全市共有体育场馆61所，游泳馆32所，市属体育社会组织174个，晨晚练健身站点达5638个。共有56名一级运动员、157名二级运动员，参加省级注册运动员1948名，向省优秀运动队输送25人。全年获得省级以上比赛奖牌数314个，其中金牌107个、银牌92个、铜牌115个。全市社会体育指导员3.50万人，其中国家级204人、一级767人；国际级裁判9人，国家级裁判员35人。体育彩票全年销售额12.77亿元，增长3.6%。

（五）城乡建设

城建重点工程进展顺利。协调推进六大类170项城建重点工程，开工153项，开工率达91%。徐派园林展示工程、公园绿地便民提升、特色田园示范村建设等工程已完工。轨道交通1、2、3号线强力推进，观音机场二期扩建项目正式启用，迎宾大道高架快速路主线已通车，城东大道高架正紧张施工，城市交通枢纽地位更加巩固；第一人民医院迁建、文化活动中心、一中迁建等项目正在加快实施。

村镇建设水平继续提升。协助做好美丽乡村建设工作，行政村双车道四级公路覆盖率和行政村百兆光纤宽带覆盖率均实现100%。美丽宜居乡村建设达标率78.3%，比上年提高44.2个百分点。沛县张庄镇陈油坊村等4个村庄入选第二批省级特色田园乡村建设试点村庄。新沂市双塘镇、丰县赵庄镇、邳州市炮车街道果园村入选省第五批特色旅游名镇、名村。

城乡一体化进程明显加快。统筹推进中心城市建设、新型城镇体系构建、乡村振兴战略和区域协同发展，荣膺联合国人居奖，成功举办“世界城市日”中国主场活动，成为国务院表彰的老工业基地调整改造真抓实干成效明显城市，获国家节能减排示范市考核优秀等次，徐州资源枯竭城市转型发展经验全国推广，跻身国家创新型城市、国家知识产权示范市，通过全国文明城市和国家森林城市复检，淮海经济区协同发展机制初步建立，中心城市地位进一步巩固。

（六）资源、环境保护和节能减排

自然资源储备丰富。全年水资源总量51.31亿立方米，平均年降水量924.2毫米。全年总用水量39.01亿立方米，比上年减少3.0%。其中，生活用水增长5.5%，工业用水下降5.0%，农业用水下降4.9%，生态补水增长7.6%。万元国内生产总值（现价）用水量50.75立方米，比上年下降5.2%。人均综合用水量 407.94 立方米，比上年下降 11.2%。全年成片造林面积 4.2 千公顷，其中人工造林面积 3.9 千公顷，占全部造林面积的 92.8%。森林抚育面积 6167 公顷。新建及更新农田林网面积 39 万亩，新建省级绿化示范村 97 个。

环境治理卓有成效。全市林木覆盖率为 30.3%，比上年提高 0.2 个百分点。截至年底，全市自然保护区 6 个，自然保护区面积 46.07 千公顷。空气质量明显改善。市区环境空气质量达到二级以上的天数为 205 天，比 2017 年同期增加 29 天，优良率 56.2%，比上年提高 8.0 个百分点。市区 PM2.5 浓度为 61.6 微克/立方米，较 2017 年下降 6.7%。水环境治理持续领先。地表水国控断面优于Ⅲ类水质的比例为93.3%，省考以上地表水断面水质优良（达到或优于Ⅲ类）比例为 83.3%，无劣Ⅴ类水断面。

（七）安全生产

安全生产形势良好。全年各类生产安全事故 593 起，死亡 315 人，按可比口径计算，比上年分别下降 17.5%和 12.5%。亿元 GDP 生产安全事故死亡人数 0.047 人，比上年下降 13.0%。

三 徐州市在泛长三角地区经济发展中的地位

2018 年，是徐州发展史上极不寻常的一年，是外部环境复杂多变、经济下行压力加大、发展遇到诸多矛盾困难的一年，也是进一步匡正发展理念、夯实发展基础、加快转型升级的一年。一年来，在市委的坚强领导下，坚持以习近平新时代中国特色社会主义思想为指导，认真贯彻党的十九大精神，坚持稳中求进工作总基调，切实贯彻新发展理念，克难奋进、开拓创新，基本完成了十六届人大二次会议确定的目标任务。以贯彻落实习总书记视察徐州重要指示为主线，逐项明确时间表、路线图、任务书和牵引性工作抓手，系统性专题化推进指示精神落地生根，在发展实体经济、抓好创新驱动、推动乡村振兴、建设生态文明等方面拿出了一系列过硬措施，交出了阶段性合格答卷。以推动高质量发展为主旋律，全面落实省委“六个高质量”要求，更加注重调结构、强基础、补短板、增后劲、惠民生，经济社会发展总体平稳、稳中有进、稳中向好。

（一）地区生产总值

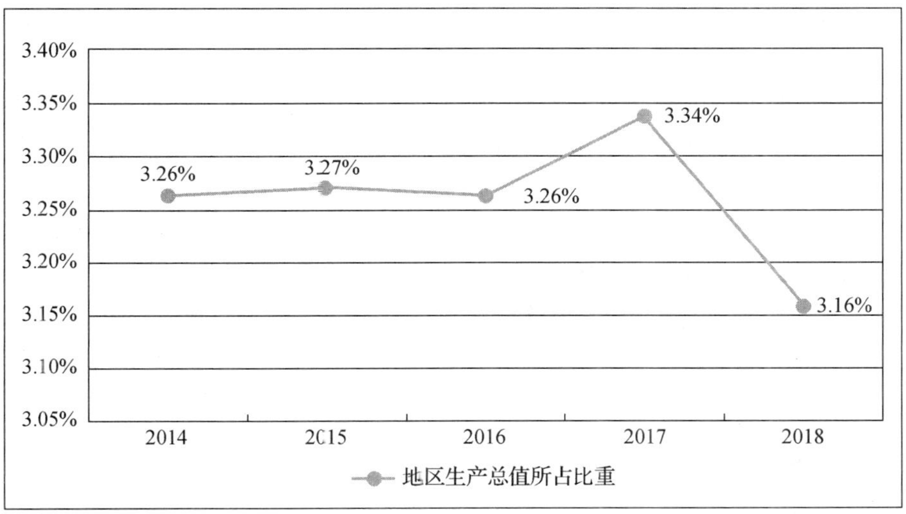

图 4 2014—2018 年徐州市地区生产总值在泛长三角（苏浙两省 24 个地级市、安徽 16 个地级市和上海市，下同）所占比重的变化趋势

2014—2018 年徐州市地区生产总值在泛长三角所占比重分别为 3.26%、3.27%、3.26%、3.34%和 3.16%，整体上呈下降态势，其中 2018 年比 2017 年占比减少了 0.18 个百分点，五年累计减少了 0.10 个百分点。2018 年徐州市地区生产总值在泛长三角地区 41 个市所占比重中与 2017 年持平，排名第 10 位。

2018 年，全市实现地区生产总值 6755.23 亿元，总量继续居全省第 6 位。按可比价计算，比 2017 年增长 4.2%。其中，第一产业增加值 631.39 亿元，增长 2.4%；第二产业增加值 2812.02 亿元，增长1.5%；第三产业增加值 3311.82 亿元，增长 7.0%。全市人均地区生产总值 76915 元，比 2017 年增长3.7%。全社会劳动生产率持续提高，全年平均每位从业人员创造的增加值达 139961 元，比 2017 年增加 3206 元。

（二）地方财政一般预算收入

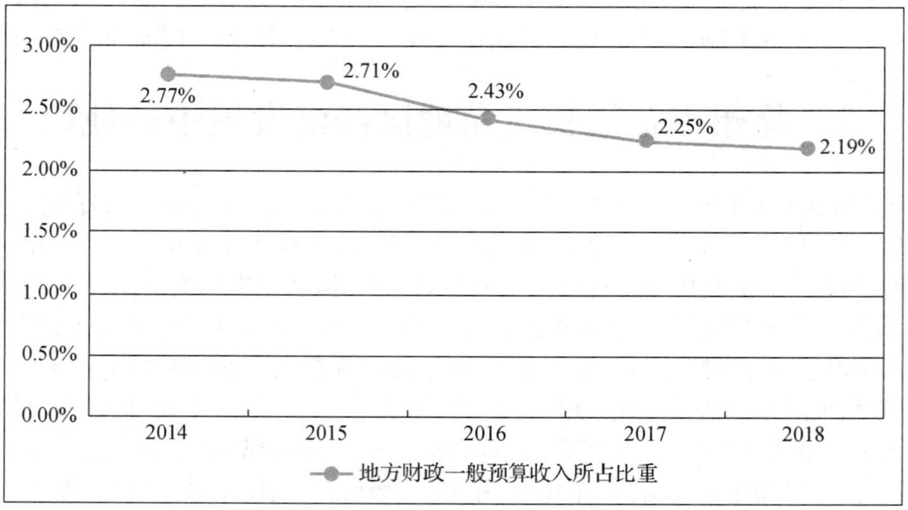

图 5 2014—2018 年徐州市地方财政一般预算收入在泛长三角所占比重的变化趋势

2014—2018 年徐州市地方财政一般预算收入在泛长三角所占比重分别为 2.77%、2.71%、2.43%、2.25%和 2.19%，整体呈振荡下降趋势。2018 年比 2017 年减少 0.06 个百分点，五年累计减少了 0.58 个百分点。2018 年徐州市地方财政一般预算收入在泛长三角地区 41 个市中排第 11 位，较 2017 年下降 1 位。

2018 年，全市各级财政部门坚持抓收入增长和质量提升不放松，深挖增收潜力，实现财政收入稳步增长。同时多措并举加快预算执行进度，有力保障重点领域投入和民生支出需求，财政收支平稳高效运行。全市财政总收入(含基金)完成 1454.2 亿元，增收 227.9 亿元，增长 18.6%。全市一般公共预算收入完成 526.2 亿元，增长 4.9%，总量保持全省第 6 位，较好地完成了市委、市政府和省财政厅确定的收入目标。其中：税收收入 416.77 亿元，增长 14.1%，占一般公共预算收入比重 79.2%，高于 2017 年 6.4 个百分点，税占比增幅居全省第 2 位；非税收入 109.44 亿元，下降 19.8%。按征收部门分：国税部门完成 199.65 亿元，增长 21.9%；地税部门完成 217.12 亿元，增长 7.8%；财政部门完成 109.44 亿元，下降 19.8%。

（三）工业生产总值

2014—2018 年徐州市工业生产总值在泛长三角所占比重分别为 3.02%、3.11%、3.13%、3.26%和 2.92%，2018 年大幅下降，五年累计增幅达 0.10 个百分点，2018 年所占比重比 2017 年减少 0.34 个百分点。2018 年工业生产总值在泛长三角地区 41 个市中排第 11 位，较 2017 年下降 1 位。

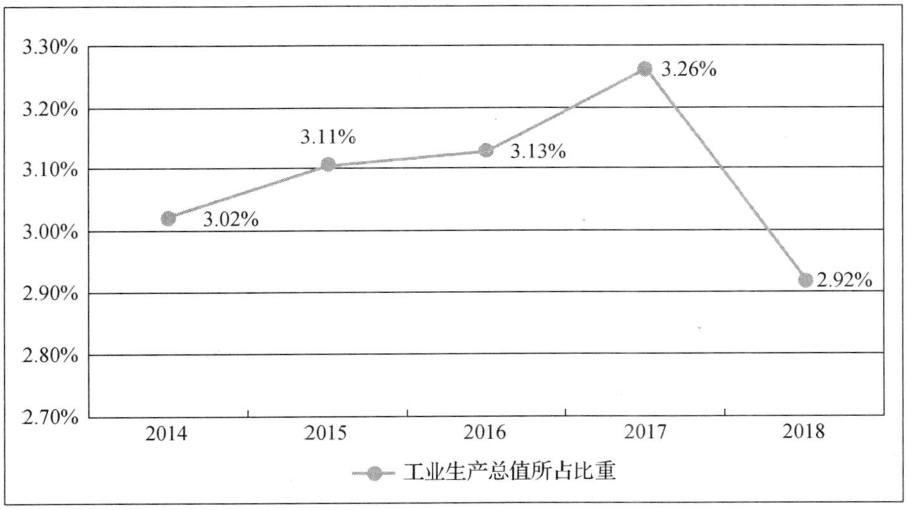

图 6　2014—2018 年徐州市工业生产总值在泛长三角所占比重的变化趋势

2018 年，工业生产下行压力较大。为加速转型振兴，打赢蓝天保卫战，全市对高污染、高耗能、高排放行业加大治理力度。全年规模以上工业增加值比 2017 年下降 9.9%，其中轻工业下降 8.5%，重工业下降 10.8%。工业用电量下降 10.4%。分规模看，全市国有控股企业产值增长 14.4%，拉动全市规模以上工业产值增长 2.9 个百分点；在重点监测的 100 家工业企业中，有 45 家企业保持增长，拉动全市规模以上工业产值增长 5.6 个百分点，分行业看，按产值排序的前十大行业中，有 7 个行业增长情况好于全市平均水平。

（四）进出口总额

图 7　2014—2018 年徐州市进出口总额在泛长三角所占比重的变化趋势

2014—2018 年徐州市进出口总额在泛长三角所占比重分别为 0.42%、0.39%、0.47%、0.52%和 0.70%，2016 年以来止跌上扬，2018 年较 2017 年增加了 0.18 个百分点；2018 年较 2014 年增加了 0.28 个百分点。2018 年徐州市进出口总额在泛长三角地区 41 个市排名第 20 位，较 2017 年上升 2 位。

对外贸易快速增长。2018 年，全市实现进出口总额 773.69 亿元，较 2017 年增长 46.8%，其中，出口总额 638.35 亿元，增长 49.1%，两项增速较 2017 年同期分别加快 19.4 和 26.1 个百分点，快于全省平均水平 37.3 和 40.7 个百分点，均居全省首位。外贸结构继续优化，一般贸易进出口额 681.58 亿元，占货物贸易进出口总额比重达 88.1%，高于全省 39.4 个百分点；对“一带一路”沿线国家出口 327 亿元，增长 48.3%，占全市总额的 33.7%，占比高于全省 9.4 个百分点。

（五）实际外商直接投资金额

图 8　2014—2018 年徐州市实际外商直接投资金额在泛长三角所占比重的变化趋势

2014—2018 年徐州市实际外商直接投资金额在泛长三角所占比重分别为 2.22%、1.95%、1.96%、2.18%和 2.42%，五年整体增加了 0.20 个百分点。2018 年徐州市实际外商直接投资金额在泛长三角地区 41 个市中排第 13 位，与 2017 年持平。

2018 年，全年实际使用外资 18.98 亿美元，增长 14.4%，增速快于全省 12.6 个百分点，居全省第 2 位。新批外商投资企业 263 个，增加 75 个；新批协议外资 57.17 亿美元，增长 34.3%；新批及净增资 3000 万美元以上的项目 169 个，增加 72 个，其中 1 亿美元以上的项目 17 个，增加 3 个。新签对外承包工程合同额、新签对外承包工程完成营业额分别为 2.17 亿美元和 1.36 亿美元；新批境外投资项目 21 个，境外投资中方协议外资 2 亿美元。

五　常州市2018年经济社会发展报告

2018年是全面贯彻党的十九大精神的开局之年，全市上下坚持稳中求进工作总基调，深入贯彻高质量发展理念，有效应对各种困难和挑战，全力推进“种好幸福树、建好明星城”各项工作。全市综合实力迈上新台阶，转型升级步伐不断加快，社会事业取得新发展，民生改善取得新成效，高质量发展实现良好起步。

一　常州市2018年经济发展概况

（一）综合经济

1. 经济总量

经济运行总体平稳。全市地区生产总值（GDP）突破7000亿，达到7050.27亿元，按可比价计算增长7%。分三次产业看，第一产业实现增加值156.25亿元，下降1.0%；第二产业实现增加值3263.29亿元，增长6.2%；第三产业实现增加值3630.73亿元，增长8.1%。三次产业增加值比例调整为2.2∶46.3∶51.5。2018年全市按常住人口计算的人均生产总值达149275元，按平均汇率折算达22558美元。民营经济完成增加值4760亿元，按可比价计算同比增长7.4%，占地区生产总值的比重达到67.5%，提升0.1个百分点。

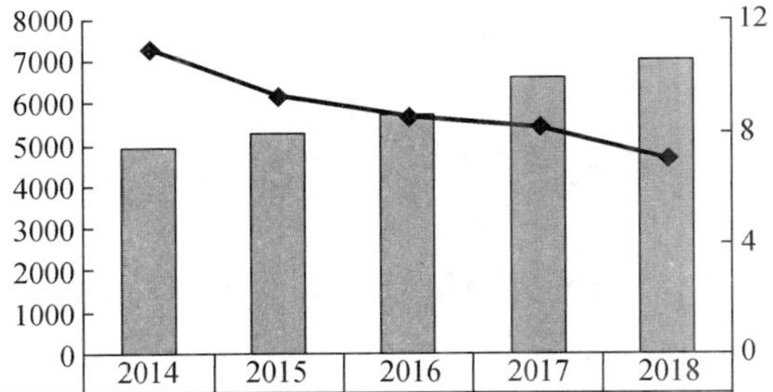

	2014	2015	2016	2017	2018
地区生产总值(亿元)	4901.87	5273.15	5773.86	6618.42	7050.27
增幅(%)	10.9	9.2	8.5	8.1	7

图1　2014—2018年常州市地区生产总值及增长速度

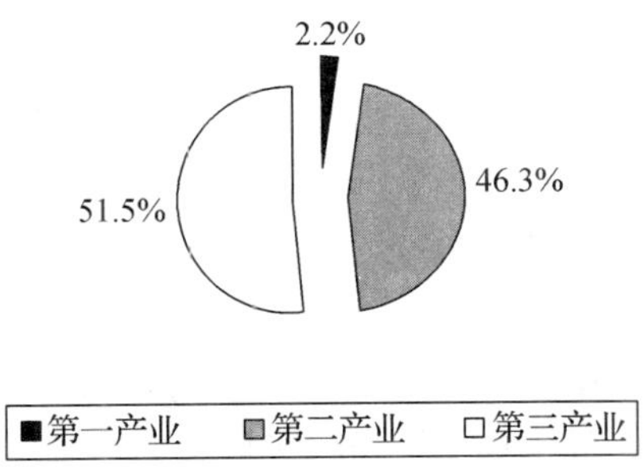

图2　2018年常州市三次产业结构图

2. 财政收支

财政收入稳步增长。全年完成全口径税收收入915.17亿元、增长10.4%，总量前进一位、列全省第四。完成一般公共预算收入560.3亿元，增长8%。一般公共预算收入中，税收收入占比87.3%、全省第二。其中，增值税和营业税(50%)218.1亿元，增长8.6%；企业所得税81.1亿元，增长24.3%；个人所得税完成33.3亿元，增长21.1%。全年一般公共预算支出589.1亿元，增长6.8%，其中教育支出102.4亿元，增长4.6%，社会保障和就业支出66.3亿元，增长9.5%，住房保障支出31.3亿元，增长6.1%。

3. 物价水平

居民消费价格温和上涨。全年居民消费价格总指数为102.2。八大类商品均有所上涨，其中食品烟酒类上涨3.3%，生活用品及服务类上涨3.0%，交通和通信类上涨2.3%，居住类上涨1.9%，衣着类上涨1.8%，医疗保健类上涨1.7%，教育文化和娱乐类上涨0.5%，其他用品和服务上涨0.4%。

4. 固定资产投资

固定资产投资结构优化。全市固定资产投资同比增长7.5%，其中工业投资增长7.1%，服务业投资增长7.8%。高新技术产业投资保持较快增长，全年增长13.3%，快于工业投资6.2个百分点。亿元以上项目投资支撑有力，全年投资增长12.9%，高于全市投资增速5.4个百分点。

（二）农业与农村经济

农业生产总体平稳。全市完成农林牧渔业现价总产值293.8亿元，增长0.1%。其中，农业产值162.5亿元，增长2.3%；林业产值2.1亿元，增长3.1%；牧业产值27亿元，下降23.6%；渔业产值81亿元，增长3.5%；农林牧渔服务业产值21.2亿元，增长11.2%。全年粮食播种面积109.5公顷，比上年下降3%；粮食总产量78.2万吨，比上年减少3.2万吨，其中小麦20万吨，增产1.1万吨；水稻54.6万吨，减少3.9万吨。全市粮食亩产475.8公斤，下降1%，其中小麦亩产309.3公斤，增长0.7%，水稻亩产623.6公斤，增长0.6%。

现代农业稳步发展。国家现代农业示范区建设水平位居全国前列。农业物质装备水平不断提升，全市高标准农田面积达149.4万亩，比上年增长2.3%，高效设施渔业面积20.6万亩，增长2.8%。绿色农业加快发展，全面推进种植业清洁生产、养殖业综合整治、农业废弃物资源化利用和生态循环农业示范创建。全市规模畜禽养殖场治理率达96%，实现化肥减量农药零增长。创意休闲农业蓬勃发展，预计全市农业休闲观光接待游客900万人次，增长14.9%，实现营业收入28.6亿，增长13.5%。

（三）工业、建筑业

工业经济缓中趋稳。全年全市规模以上工业增加值按可比价计算增长6.6%。全年规模以上工业总产值增长9.7%，七大行业产值五增二降，其中电子行业增长24.3%、建材行业增长19.3%、机械行业增长14.8%、生物医药行业增长13.5%、冶金行业增长7%、纺织服装和化工行业发展有所放缓，分别下降11.4%和3%。企业效益稳定增长，全年规模以上工业企业利润总额增长19.1%。

十大产业链贡献提升。十大产业链发展加快，全年十大产业链规模以上工业企业产值增长12.8%，高于全市规模以上工业产值增幅3.1个百分点，对全市工业产值增长的贡献率为54.1%。其中新一代信息技术产业链增长35.3%、新能源汽车及汽车核心零部件产业链增长24.2%、智能制造装备产业链增长19.8%、新医药及生物技术产业链增长18.2%、轨道交通产业链增长17.2%。

建筑行业稳步增长。建筑企业全年完成施工产值1607.6亿元，比上年增长15.6%；房屋施工面积11104.4万平方米，增长16%；房屋竣工面积3190.2万平方米，下降7.9%。建筑业按施工产值计算的全员劳动生产率为30.4万元/人，比上年增长4.5%。

（四）服务业

1. 国内贸易

消费品市场稳定繁荣。全年实现社会消费品零售总额 2613.19 亿元，增长 9.1%，增速列全省第二。从消费形态看，批发业实现零售额 350.5 亿元，增长 14.5%；零售业实现零售额 2006.8 亿元，增长 7.1%；住宿业实现零售额 25.5 亿元，增长 24.1%；餐饮业实现零售额 230.4 亿元，增长 18.4%。从经营地看，城镇消费品零售额 2415 亿元，增长 8.5%；农村消费品零售额 198.1 亿元，增长 17.2%，农村消费增幅快于城镇 8.7 个百分点。

2. 交通运输和邮电

交通运输基本平稳。年末全市公路总里程 9331 公里，其中高速公路 306 公里。全年营业性客运量 6048.7 万人，比上年下降 5.5%，货运量 15663.8 万吨，比上年增长 6.8%。公路客运量 4087 万人，比上年下降 9.6%，公路旅客周转量 30.1 亿人公里，下降 6.8%；公路货运量 13068 万吨，增长 7.3%，公路货物周转量 143.5 亿吨公里，增长 6.2%。铁路客运量 1521.6 万人，增长 4%；铁路货运量 130 万吨，增长 9.1%。民用航空旅客吞吐量 332.8 万人次，增长 32.6%，货邮吞吐量 2.8 万吨，增长 49.3%。港口货物吞吐量 10170 万吨，下降 2.5%，其中常州长江港货物吞吐量 4862.5 万吨，增长 3.1%，集装箱吞吐量 31.2 万标箱，增长 23.1%。年末全市民用汽车拥有量 133.8 万辆，其中个人汽车 113.4 万辆。

邮电业务快速发展。全年邮政业务总量 61.8 亿元，比上年增长 18.5%；全年邮政业务总收入 47.7 亿元，增长 19.1%，其中快递业务收入 34.5 亿元，增长 20.3%。邮政业全年发送特快专递 2.3 亿件，增长 20.5%。全年通信业务收入 61.1 亿元，增长 7.7%。年末全市固定电话用户 104 万户，移动电话用户 579.8 万户，其中 4G 用户达到 516.2 万户。年末互联网用户 252 万户，其中宽带网用户 249.5 万户。全市城域网出口带宽突破 6T。

3. 金融、保险和证券

金融市场运行平稳。全年实现金融业增加值 420.5 亿元，增长 7.5%。年末全市金融机构本外币存款余额 10090.1 亿元，其中住户存款 3888.4 亿元，非金融企业存款 3834.2 亿元。全市金融机构本外币贷款余额 7564.8 亿元，其中住户贷款 2231.7 亿元，非金融企业及机关团体贷款 5332.1 亿元；全年新增本外币贷款 840.9 亿元，创历史最高。

保险业务发展平缓。年末全市保险公司共 74 家，其中产险公司 29 家，寿险公司 45 家。全年保费总收入 263.9 亿元，下降 5.8%，其中人寿险 202.4 亿元，下降 8.4%，财产险 61.5 亿元，增长 4.2%。全年保险赔（结）款支出 69.5 亿元，与上年持平，其中人寿险 33.1 亿元，下降 3.5%，财产险 36.4 亿元，增长 3.3%。2018 年全市保险深度为 3.74%，位居全省第三；保险密度 5580 元/人，居全省第四位。

证券市场保持稳定。年末全市证券营业部 72 个，资金账户总数 114.9 万户。证券市场全年各类证券交易总额 14432.8 亿元，比上年下降 1.3%。其中 A 股交易额 9195 亿元，增长 1.1%；B 股交易额 958.4 亿元，增长 68.1%；基金成交额 1373.6 亿元，下降 5%；债券成交额 2605.9 亿元，下降 13.6%。新增上市企业 4 家，总数达 58 家；新增新三板挂牌企业 10 家，总数达 113 家。

4. 旅游业

旅游业稳步发展。全年接待游客 7244.9 万人次，增长 9.8%，实现旅游总收入 1088.6 亿元，增长 14.2%；接待国内游客 7224.5 万人次，国内旅游收入 1070.3 亿元，分别增长 9.8%和 14.2%。接待入境过夜旅游者 20.4 万人次，旅游外汇收入 1.8 亿美元，分别增长 15%和 14.6%。全市拥有国家 A 级旅游景区 31 家，其中 5A 级 3 家，位居全省第二；花谷奇缘成功创建成为国家 4A 级旅游景区，全市 4A 级景区增加到 10 家。

5. 房地产业

房地产市场发展平稳。全市房地产开发投资同比增长24.4%，其中住宅投资同比增长35.7%。全年商品房新开工面积1002.9万平方米，增长7.7%，其中住宅新开工774.8万平方米，增长26.7%。年末商品房待售面积412.9万平方米，下降2.5%，其中住宅待售面积104.6万平方米，下降9.7%。

（五）开放型经济

1. 对外贸易

对外贸易难中求进。按人民币计价，全市完成进出口总额2266.4亿元，增长7%，其中出口总额1652.9亿元，增长6.3%，进口总额613.5亿元，增长9%。一般贸易进出口1789.3亿元，增长8.2%，占全市比重78.9%。从主要出口市场来看，全市对美国出口353.1亿元，增长9.1%；对欧盟出口304.9亿元，增长17.6%；对东盟出口220.1亿元，增长7.6%；新兴市场加快拓展，对非洲出口增长14.1%，对拉美出口增长13.7%。获评国家级外贸转型升级示范基地3家，新认定市级出口基地4家、进口交易中心2家。

2. 利用外资

利用外资力度加大。全年实际使用外资26.1亿美元，其中产业类外资占比55.8%。十大产业链实际到账外资9.1亿美元，同比增长39.5%。全年新增外资项目356个，其中新设项目225个、增资项目131个，累计新签协议注册外资51.2亿美元，新增总投资超亿美元项目30个，其中产业类项目17个。新增世界500强投资项目2个，省级跨国公司功能性机构1家。

3. 开放开发水平提升

对外投资稳步推进。全年新增境外投资项目84个，中方协议投资额8.4亿美元，其中"一带一路"投资项目30个，同比增加了14个，中方协议投资额近亿美元，继续保持高位运行。新增境外并购项目19个，中方协议投资额5.8亿美元，增长110%，今创集团、恒立液压、远东文化等一批重点企业通过跨国并购整合全球资源、加快海外布局。全年新增国际产能和装备制造合作项目41个，中方协议投资额5.7亿美元。

4. 开发区提档升级

开发区加快发展。全市开发区完成一般公共预算收入320.1亿元，实际到账外资23亿美元，进出口总额1731.6亿元。全市开发区一般公共预算收入、实际到账外资、进出口总额占全市的比重分别为57.2%、90.6%和76.4%，园区经济对经济增长贡献率达到62.3%。各开发区排位稳中有升，武进高新区在全国高新区排位中提升6位，常州国家高新区继续稳居前30位；常州经开区省内排位提升13位，江苏中关村列省级高新区第2位。

5. 外事活动保持活跃

对外交流不断深化。全年接待外宾213批1480人次，其中外国驻华使领馆团组26批113人次，外国友好城市团组47批381人次，外国来访记者3批10人次。

二　常州市2018年社会发展概况

（一）人口、人民生活

人口规模平稳增长。年末全市常住人口472.9万人，其中城镇人口342.8万人，城镇化率达到72.5%。全市户籍总人口382.2万人，增长0.9%。其中，男性187.8万人，增长0.7%；女性194.4万人，增长1.1%。户籍人口出生率8.9‰，死亡率7.2‰，人口自然增长率1.7‰。

居民收入稳步增长。全市居民人均可支配收入 45933 元，增长 8.5%，其中城镇居民人均可支配收入 54000 元，增长 8.1%，农村居民人均可支配收入 28014 元，增长 8.4%，城乡居民收入比为 1.93∶1。全市居民人均生活消费支出 26863 元，增长 7%，其中城镇居民人均生活消费支出 30351 元，增长 6.7%，农村居民人均生活消费支出 19116 元，增长 7.1%。城镇居民恩格尔系数 26.8%，农村居民恩格尔系数 29.7%。

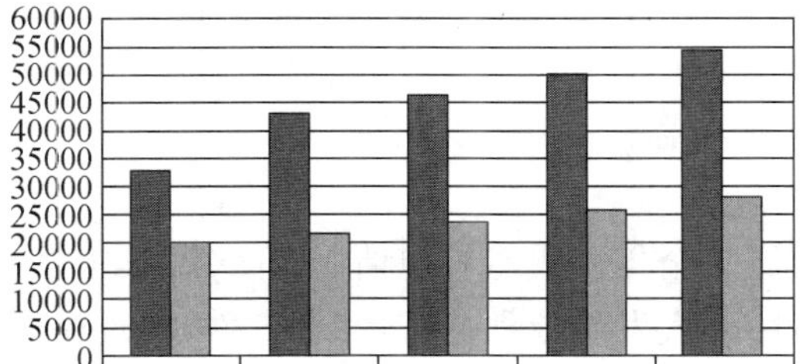

	2014	2015	2016	2017	2018
■城镇居民人均可支配收入(元)	32662	42710	46058	49955	54000
■农村居民人均可支配收入(元)	20133	21912	23780	25835	28014

图 3　2014—2018 年常州市城乡居民收入对比一览

（二）就业与社会保障

1. 就业形势良好

全年城镇新增就业 13.2 万人，失业人员实现再就业 5.5 万人，扶持创业 1.9 万人，创业带动就业 8.1 万人，年末城镇登记失业率为 1.78%。

2. 住房保障体系不断完善

全年新开工各类保障房 24807 套，基本建成 18535 套。继续扩大住房保障覆盖面，年内新增实物配租家庭 473 户，租金补贴家庭 748 户。全市累计保障城镇中低收入住房困难家庭 5.2 万户，为新就业、外来务工人员提供公租房近 4.3 万套，棚户区（危旧房）改造累计超过 13 万套（户）。

3. 社会保障水平进一步提高

年末全市企业职工基本养老保险参保人数 153.6 万人，比上年增长 5.1%；城镇职工基本医疗保险参保人数 211.3 万人，增长 5%；城镇失业保险参保人数 121.6 万人，增长 4.5%。养老、医疗、失业三大保险综合覆盖率达到 98%以上。企业离退休养老金实现“十四连调”，平均增幅 5.8%。

4. 社会福利事业持续推进

城乡低保标准提高到每人每月 800 元，全市 12290 户、18159 人纳入低保范围，其中城镇低保对象 4415 户、6119 人，农村低保对象 7875 户，12040 人，累计发放保障金 1.5 亿元。截至年末，全市医疗直接救助 33.3 万人次、医疗直接救助金额达 15212 万元。年末全市拥有各类养老机构 109 个，养老机构床位数 26017 张，收养人数达 14134 人。全市拥有法律援助中心 7 个，社会矛盾纠纷调处成功率 99.5%。

（三）教育和科学技术

1. 教育事业

教育事业优质发展。年末全市拥有各级各类学校 739 所，在校学生 86.6 万人，教职工 6.2 万人。其中普通高等学校 10 所，普通本专科在校学生 12.5 万人；中等职业学校（含技工学校）19 所，在校学生 6.1 万人；普通高中 36 所，在校学生 5.3 万人；初中 128 所，在校学生 12.6 万人；小学 216 所，在校学生 30.5 万人；幼儿园 325 所，在校学生 14.2 万人。全市九年义务教育巩固率 100%，高中阶段教育毛入学率100%。教育资源建设取得新进展，全年实施教育重点建设项目68个，建成投入使用学校20所，新增学位16955个。学前教育优质普惠发展，新增省、市级优质幼儿园30所(其中省级8所、市级22所)，省市优质园达300所，占比96.2%，就读学生占92.6%。义务教育优质均衡发展，创建“新优质学校”14所，学前教育、义务教育集团化办学覆盖率均超50%。普通高中教育高品质发展，本一进线率达56.04%。职业教育优势进一步凸显，常州信息职业技术学院等3所高职院创建省高水平高等职业院校，新增省现代化示范性职业学校和省优质特色职业学校各1所，总数达5所，占比全省第一。社会教育品质进一步优化，常州“青果在线学校”上升为国家数字教育公共服务资源，实现城区“送教进社区”全覆盖。

2. 科技创新

创新能力不断提高。全年完成专利申请41858件，其中发明专利13648件；专利授权23334件，其中发明专利授权2759件；万人发明专利拥有量32.8件，实现中国专利金奖零的突破。全年新增高新技术企业280家，累计1444家；预计高新技术产业产值占规模以上工业总产值比重达到47.3%。全市获评国家科学技术进步二等奖项目3个。全年争取省级以上科技项目329项。天合光能和上上电缆获第五届中国工业大奖、武进不锈获提名奖。全市中国驰名商标累计107件，列全省第二。深入实施“龙城英才计划”，引进创业人才项目247个、市级层面引进各类高层次紧缺人才621名，每万劳动者中高技能人才数达1143人，连续五年全省第一。

创新载体建设提质加速。全年新增省级以上企业研发机构65家，全市企业研发机构累计达1658家，其中省级以上768家。新增孵化器20家，累计155家。新增11家省级工业设计中心，工业互联网四星以上上云企业13家，均居全省第一。安泰创明新能源材料研究院等5个载体平台被列为新增省市共建重大项目，列苏南五市第二。59家创新载体列入苏南自创区优秀创新载体，其中光伏智慧能源、机器人及智能装备等4家基地被认定为科技成果产业化基地，中简科技、爱尔威2家企业被认定为潜在独角兽企业，53家企业被认定为瞪羚企业。

(四) 文化、卫生和体育

1. 文化事业

文化事业繁荣发展。年末全市共有艺术表演团体11个，群众艺术馆、文化馆7个，博物馆28个；公共图书馆7个，图书总藏量533.5万册，全年总流通285.1万人次；自办广播节目7套，电视台节目7套，有线电视用户98.3万户。精品创作取得丰收，锡剧《卿卿如晤》入选国家艺术基金，实现本市国家艺术基金大型项目零的突破；大型滑稽戏《陈奂生的吃饭问题》作为江苏唯一大戏参加首届“中国戏曲百戏盛典”，并作为全省两部戏之一，推荐申报国家舞台艺术精品工程。文化惠民品质不断提升，持续五年成功举办“文化100”大型惠民行动，全年共推出305项高品质文化惠民活动；以“书香常州·幸福阅读”为主题，推出各类阅读活动近千场次，顺利通过省“书香城市”建设示范市的实地测评；扎实推进农村文化“三送”工程，全年送戏超千场、送电影超万场、送书五万多册。

2. 卫生事业

医疗服务水平不断提升。年末全市共有各级各类医疗卫生机构1401个，拥有总床位2.66万张，卫生技术人员3.48万人，其中执业(助理)医师1.41万人、注册护士1.54万人，全市每千人拥有执业(助理)医师2.97人。推进“健康常州”建设，14类55项基本公共卫生服务基本覆盖居民生命健康全过程、全周期，全面提供免费唐氏筛查服务，新生儿疾病筛查病种数扩大到29种。综合医改取得新成效，医联体内基层门急诊、住院、手术人次等指标均实现大幅度增长，省内率先实施委属公立医院总会计师派驻制度，积极推进法人治理结构改革试点和全面预算管理，完成新一轮药品和市管医用耗材、检验检测试剂集中采购工作。市妇幼保健院、市一院钟楼院区等建设项目投入运行。

3. 体育事业

体育事业稳步发展。年末全市拥有体育场地 14297 个，其中体育场 33 个，体育馆 34 个。年内新增公共体育设施面积 101.1 万平方米。年内承办国际级比赛 10 项、国家级比赛 15 项、省级比赛 27 项。第 23 届冬季奥林匹克运动会上，武大靖获得短道速滑男子 500 米冠军并打破世界纪录；第 18 届亚运会上，常州运动健儿代表中国参赛，在 11 个大项 13 个小项中勇夺 5 金 3 银 3 铜，金牌数量位列全省第一；第 19 届省运会上，常州体育代表团获得 136.5 枚金牌、80 枚银牌、101 枚铜牌和 3627.5 分，金牌数稳居全省第三，创市外参赛的历史最好成绩。

（五）城乡建设和公用事业

基础设施建设不断加快。溧高、常宜、溧宁、苏锡常南部高速公路以及苏南沿江城际铁路工程加快推进，常泰过江通道开工建设，锡溧漕河前黄枢纽工程进展顺利，德胜河航道整治工程、魏村枢纽工程前期工作积极推进。233 国道金坛段、360 省道溧阳段等国省公路项目有序实施；加快完善城市路网，紫荆西路、河滨东路、大明路主线等项目建成通车。地铁 1 号线实现“洞通”“轨通”“电通”，2 号线土建工程过半。全市及各辖市区顺利通过省级“四好农村路”示范市及示范县验收，溧阳创成“四好农村路”全国示范县。全年完成各类水利建设土方 1042 万立方米，恢复治理水土流失面积 10 平方公里。新沟河延伸拓浚主体工程基本完成。

公交服务水平提升。年末全市公交线路 290 条，公交营运车辆 2388 辆，营运出租汽车 3042 辆，投放有桩公共自行车 2 万辆，开辟校园定制公交和校车专线 19 条。城市万人公共交通车辆拥有量 19.4 标台，镇村公交开通率、覆盖率继续保持 100%。

公用事业不断发展。全年全社会用电量 489.7 亿千瓦时，比上年增长 7.6%，其中城乡居民生活用电 50.3 亿千瓦时，增长 12.1%。全年城区自来水供水 3.2 亿立方米，管道燃气供气量 13.6 亿立方米，污水处理 3 亿立方米。全年生活垃圾清运量 189.4 万吨，生活垃圾无害化处理率 100%。

（六）生态环境与城市绿化

生态绿城建设水平不断提高。建成区绿地总面积 10477.9 公顷，比上年增长 0.9%。建成区绿化覆盖率达 43.12%，林木覆盖率达 26.4%。建成老运河生态绿道和一批公园绿地，顺利通过江苏省生态园林城市创建验收，溧阳天目湖、金坛长荡湖湿地公园成为国家湿地公园。推进特色田园乡村和全域美丽乡村建设，2 个村庄获评中国美丽休闲乡村，7 个村庄入选省特色田园乡村建设试点。

环境保护力度加大。积极推进打好污染防治攻坚战暨“263”专项行动，全力做好中央环保督察“回头看”和省级环保督察交办问题整改。组织开展大气污染防治攻坚行动，全年完成重点治气工程 1835 项，专项整治化工、“散乱污”企业（作坊）、成品油取得阶段性成果，关停化工企业 205 家，圆满完成进博会等重大活动空气质量保障任务。加快绿色转型，新增工信部绿色工厂 7 家，列全省第二。城市空气质量达到或好于二级标准天数比例 63.0%，PM2.5 年均浓度 52.9 微克/立方米。地表水达到或好于Ⅲ类水体比例 60.6%。

三　常州市在泛长三角地区经济发展中的地位

2018 年，在市委、市政府正确领导下，各辖市区各部门牢牢把握稳中求进的工作总基调，坚持新发展理念，落实高质量发展要求，深入开展“重大项目增效年”活动，全市经济呈现总体平稳、稳中有进的运行态势，转型升级步伐加快，质量效益持续提升，高质量发展实现良好起步。全市经济呈现总体平稳、稳中有进的运行态势，转型升级步伐加快，质量效益持续提升，高质量发展实现良好起步。

（一）地区生产总值

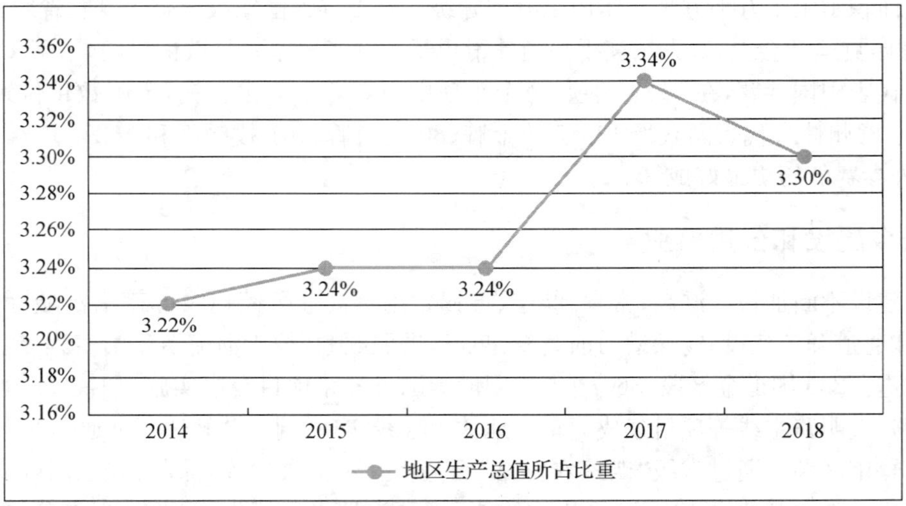

图 4　2014—2018 年常州市地区生产总值在泛长三角（苏浙两省 24 个地级市、安徽省 16 个地级市和上海市，下同）所占比重的变化趋势

2014—2018 年，常州市地区生产总值在泛长三角所占比重分别为 3.22%、3.24%、3.24%、3.34%和 3.30%，整体呈现增长的态势，五年累计增幅为 0.08 个百分点，其中，2018 年所占比重较 2017 年减少了 0.04 个百分点。2018 年常州市地区生产总值在长三角地区 41 个市中排名第 9 位，较 2017 年保持一致。

2018 年，全市地区生产总值达 7050.3 亿元，按可比价计算增长 7%；第一产业实现增加值 156.3 亿元，下降 1%；第二产业实现增加值 3263.3 亿元，增长 6.2%；第三产业实现增加值 3630.7 亿元，增长 8.1%。常州经济总量规模不断扩大，服务经济稳步提升，这就意味着在高质量发展的过程中，抗风险能力进一步增强，经济发展的韧性进一步增强，高质量发展基础更稳、结构提优、可持续动能源源不断，也激活了富民增收新动力。2018 年常州市全体居民人均可支配收入为 45933 元，比 2017 年增加 3597 元，同比增长 8.5%，收入水平位于苏州、南京、无锡之后居全省第四；人均消费支出为 26863 元，同比增长 7%，衣食住行、文教娱乐、医疗保健等八大类消费呈现全面增长格局。

（二）地方财政一般预算收入

图 5　2014—2018 年常州市地方财政一般预算收入在泛长三角所占比重的变化趋势

2014—2018年，常州市地方财政一般预算收入在泛长三角所占比重分别为2.55%、2.39%、2.26%、2.32%和2.34%，整体呈持续下滑态势，2018年轻微上扬，2018年较2017年增加了0.02个百分比，较2014年下降了0.21个百分点。2018年常州市地方财政一般预算收入在泛长三角地区41个市中排名第9位，较2017年保持一致。

2018年，全市一般公共预算收入完成560.3亿元，较2017年增长8.0%，增收41.53亿元。市级一般公共预算收入完成41.51亿元，较2017年增长3.6%，增收1.44亿元。全市一般公共预算支出完成598.48亿元，增长8.5%，增支46.93亿元。其中市级一般公共预算支出完成133.11亿元，较2017年增长2.5%，增支3.29亿元。全市一般公共预算收入加上上级补助收入、地方政府债券收入、2017年结转、调入预算稳定调节基金和调入资金，减去全市一般公共预算支出、上缴上级支出、地方政府债券支出等收支相抵后，年终结转39.47亿元。市级一般公共预算收入加上上级补助收入、下级上缴收入、地方政府债券收入、2017年结转、调入预算稳定调节基金和调入资金等，总收入合计363.8亿元，减去一般公共预算支出、上缴上级支出、补助下级支出、地方政府债券转贷下级等支出合计344.8亿元，当年结余5亿元按规定补充预算稳定调节基金，年终结转14亿元。2018年全市财政实现收支平衡。

（三）工业生产总值

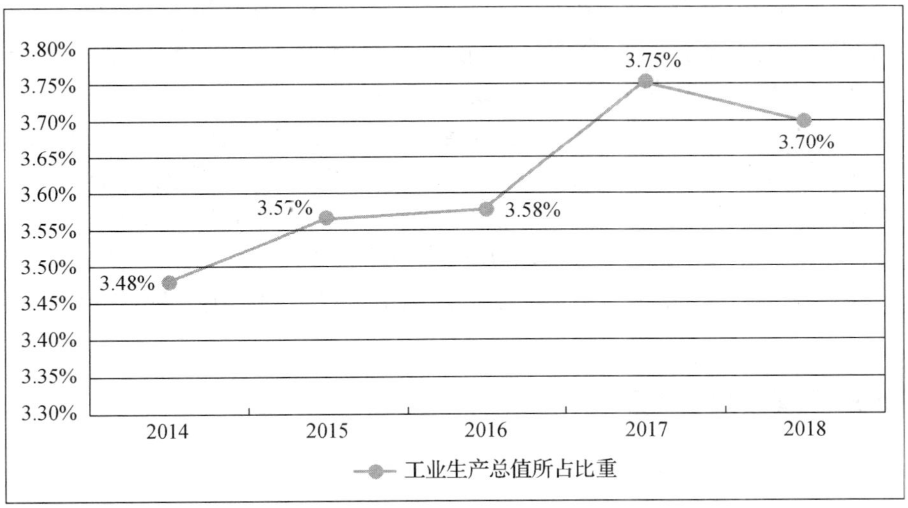

图6　2014—2018年常州市工业生产总值在泛长三角所占比重的变化趋势

2014—2018年，常州市工业生产总值在泛长三角所占比重分别为3.48%、3.57%、3.58%、3.75%和3.70%，整体呈上扬态势，2018年所占比重较2014年上升了0.22个百分点。2018年常州市工业生产总值在泛长三角地区41个市中排名第8位，与2017年保持一致。

2018年，工业经济缓中趋稳，十大产业链加快发展。全年全市规模以上工业增加值按可比价计算增长6.6%，增速高于全省平均1.5个百分点，工业增加值增速在上半年时有所回落，下半年开始基本维持在这一水平。全年规模以上工业总产值增长9.7%，分行业看，七大行业产值增速五增二降，其中电子和建材行业增长最快，增速分别达24.3%和19.3%；机械行业贡献最大，全年增长14.8%，对全市规模以上工业产值增长的贡献率达67.1%；纺织服装和化工行业发展有所放缓，同比分别下降11.4%和3%。全年十大产业链规模以上工业企业产值增长12.8%，高于全市规模以上工业产值增幅3.1个百分点，对全市工业产值增长的贡献率为54.1%。

（四）进出口总额

图 7　2014—2018 年常州市进出口总额在泛长三角所占比重的变化趋势

2014—2018 年，常州市进出口总额在泛长三角所占比重分别为 2.01%、2.01%、2.08%、2.09%和 2.06%，2018 年较 2014 年增加了 0.05 个百分点，较 2017 年减少了 0.03 个百分点。2018 年常州市进出口总额在泛长三角地区 41 个市中排名第 10 位，较 2017 年保持一致。

2018 年外资规模不断壮大。按人民币计价，全年全市完成进出口总额 2266.4 亿元，增长 7%，其中出口总额 1652.9 亿元，增长 6.3%，进口总额 613.5 亿元，增长 9.0%。从主要出口市场来看，对美国出口 353.1 亿元，增长 9.1%；对欧盟出口 304.9 亿元，增长 17.6%；对东盟出口 220.1 亿元，增长 7.6%；新兴市场加快拓展，对非洲出口增长 14.1%，对拉美出口增长 13.7%。利用外资力度加大，全年新增协议注册外资 51.2 亿美元，实际到账外资 26.1 亿美元，新增总投资超亿美元项目 30 个，其中产业类项目 17 个。

（五）实际外商直接投资金额

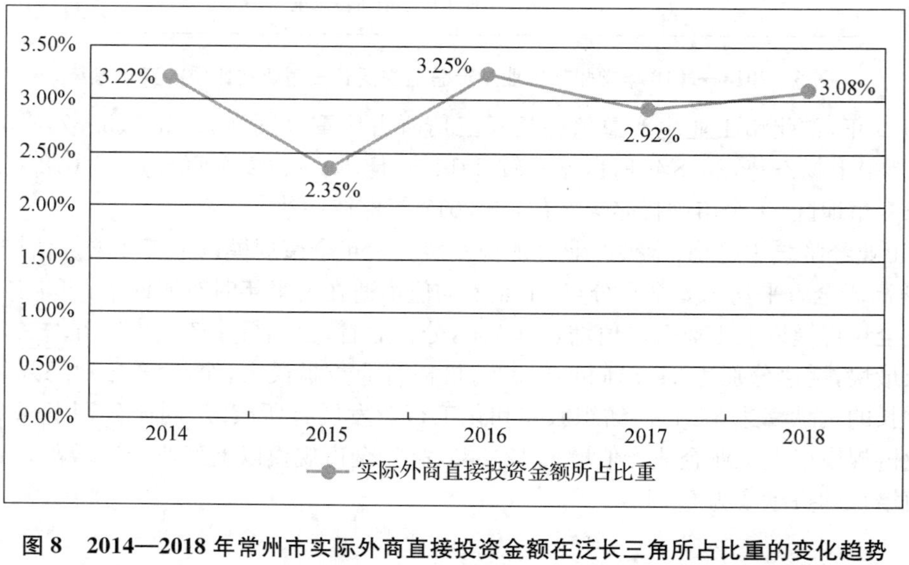

图 8　2014—2018 年常州市实际外商直接投资金额在泛长三角所占比重的变化趋势

2014—2018 年，常州市实际外商直接投资金额在泛长三角所占比重分别为 3.22%、2.35%、3.25%、2.92%和 3.08%，2018 年较 2017 年增加了 0.16 个百分点，较 2014 年下跌了 0.14 个百分点。2018 年常州市实际外商直接投资金额在泛长三角地区 41 个市中排名第 12 位，较 2017 年保持一致。

2018 年，常州实际到账外资 26.11 亿美元，增幅列苏南第一。利用外资不仅稳中有进，而且稳中趋优，呈现出三方面特点：一是稳的基础更加牢固。2018 年，全市新增外资项目 356 个，新增协议注册外资 51.24 亿美元，同比增长 11.2%。新增协议外资超 3000 万美元项目 56 个，如：爱思开电池材料项目、瑞声精密制造项目、诺贝丽斯项目、亚什兰项目等；新增增资项目 131 个，比 2017 年同期增加 9 个，新增协议外资 15.94 亿美元，同比增长 39.9%。二是进的步伐持续加快。2018 年，制造业引资持续提升，全年新增制造业项目 159 个，制造业新增协议外资和实际到账外资均实现显著增长，占全市比重分别提升8.4和 11.1 个百分点。制造业实际到账外资占比 48.1%，占比分别较全国、全省高出 17.5 和 4.4 个百分点。阿朗新科项目、爱科农业机械项目、爱思开电池项目、光宝汽车电子项目等 11 个制造业项目年内累计到账外资突破 3000 万美元。三是优的成效逐步显现。据省商务厅测算，全市战略性新兴产业利用外资占比高出全省 8.5 个百分点，战略性新兴产业利用外资水平指数和发展指数综合得分居全省首位。SK 集团、光大集团 2 家世界 500 强企业分别投资设立爱思开电池材料科技(江苏)有限公司、常州光控投资有限公司。莱尼电气线缆(中国)有限公司被认定为江苏省跨国公司功能性机构。

六　苏州市 2018 年经济社会发展报告

2018 年，面对错综复杂的宏观环境，全市上下坚持以习近平新时代中国特色社会主义思想为指导，全面贯彻党的十九大精神，紧紧围绕“六个高质量”发展目标，坚持稳中求进工作总基调，自觉践行新发展理念，扎实推进供给侧结构性改革，大力实施十二项“三年行动计划”，全市经济运行总体平稳，创新驱动、改革开放、城乡建设、生态保护、民生事业等各项工作取得新进展，高质量发展取得新成效。

一　苏州市 2018 年经济发展概况

（一）综合经济

1. 经济总量

全市实现地区生产总值 18597.47 亿元，按可比价计算比上年增长 6.8%。其中，第一产业增加值 213.99 亿元；第二产业增加值 8933.28 亿元；第三产业增加值 9450.2 亿元，其中工业增加值 8240.37 亿元。按常住人口计算的人均地区生产总值为 173765 元。结构调整扎实推进，三次产业结构调整为 1.2∶48∶50.8。

经济结构不断优化。全市服务业增加值占地区生产总值比重达到 50.8%。实现制造业新兴产业产值 1.73 万亿元，占规模以上工业总产值比重达 52.4%，比上年提高 1.6 个百分点。先导产业加快发展。新一代信息技术、生物医药、纳米技术、人工智能四大先导产业产值占规模以上工业总产值比重达 15.7%。成为首批国家服务型制造示范城市。

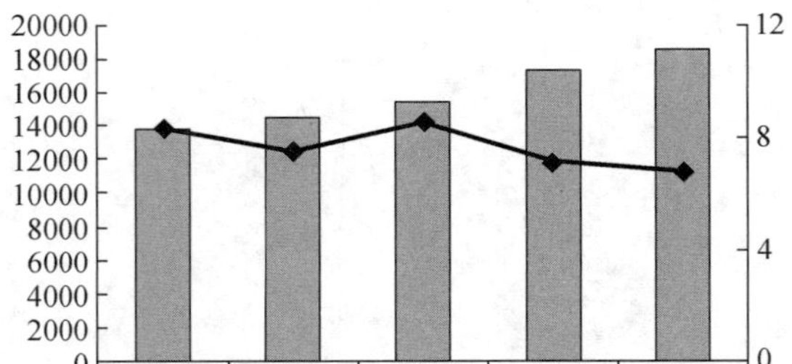

	2014	2015	2016	2017	2018
地区生产总值(亿元)	13760.89	14504.07	15475.09	17319.51	18597.47
增幅(%)	8.3	7.5	8.5	7.1	6.8

图 1　2014—2018 年苏州市地区生产总值及增长速度

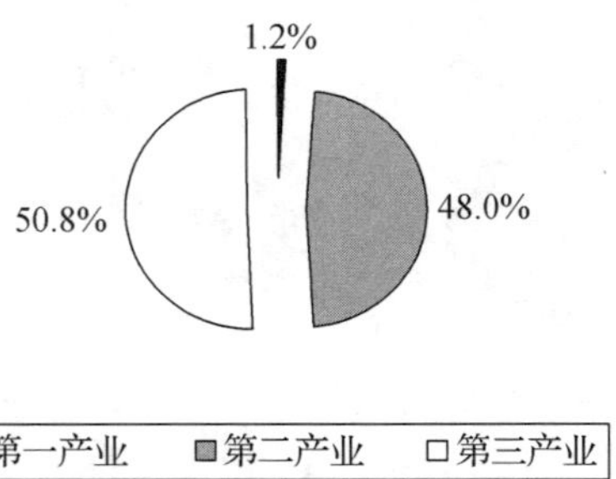

图 2　2018 年苏州市三次产业结构图

2. 财政收支

全年实现一般公共预算收入 2120 亿元，比上年增长 11.1%。其中税收收入 1929.5 亿元，增长

15.3%，占一般公共预算收入的比重达91%。全年一般公共预算支出1952.8亿元，比上年增长10.2%。其中城乡公共服务支出1483亿元，占一般公共预算支出的比重达75.9%。

3. 物价水平

物价水平温和上涨。市区居民消费价格总水平比上年上涨2.6%。其中食品烟酒类价格上涨2.2%；衣着类价格上涨5.0%；居住类价格上涨2.9%；生活用品及服务类价格上涨3.5%；交通和通信类价格上涨1.6%；教育文化和娱乐类价格上涨3.1%；医疗保健类价格上涨0.8%；其他用品和服务类价格上涨2.5%。

4. 固定资产投资

投资需求保持稳定。全市完成固定资产投资4556亿元，同口径增长4.5%。其中工业投资1102亿元，同口径持平；服务业投资3450亿元，增长6.1%；民间投资2949亿元，增长14%。投资结构继续优化调整。服务业投资占固定资产投资的比重达75.7%，比上年提高1.1个百分点；工业技术改造投资和高新技术产业投资占工业投资比重分别达77.5%和40.5%。民间投资主体地位稳固，占固定资产投资比重达64.7%。

（二）农业和农村建设

农业生产调整优化。全市实现农林牧渔业总产值410.09亿元。推广耕地轮作休耕，提升耕地质量。全年夏粮总产量23.85万吨，比上年下降9.6%；秋粮总产量64.07万吨，比上年下降3.0%。夏粮、秋粮亩产分别比上年提高3.5%和1.3%。畜禽养殖环境整治力度加大，全年猪牛羊禽肉产量3.85万吨，比上年下降49.6%；禽蛋产量0.92万吨，比上年下降58.9%；水产品产量19.56万吨，比上年下降16.9%。

现代农业稳步发展。全年新增高标准农田7.37万亩，新增现代农业园区面积5.38万亩。年末全市农业机械化水平达89.3%。全市农业龙头企业实现销售收入1390亿元，比上年增长6.1%。产业融合发展加快推进。新型农业经营主体不断壮大，全市组建农业产业化联合体46个，认定新型职业农民1562名。年末全市各类农民合作社3772家，持股农户比例超过98%。集体合作农场216家。农村集体经济总资产1970亿元，村均年稳定性收入850万元，分别比上年增长7.1%和4.3%。

（三）工业和建筑业

工业经济增量提质。全市实现规模以上工业总产值3.31万亿元，比上年增长6.1%。其中民营工业企业实现产值1.12万亿元，比上年增长8.5%；外商及港澳台工业企业实现产值2.12万亿元，比上年增长4.6%。35个行业大类中有26个行业保持增长，行业增长面达74.3%。10个行业大类产值超一千亿元，其中前六大行业实现产值2.17万亿元，比上年增长5.7%。高端产品产量较快增长。新能源汽车产量比上年增长83%，3D打印设备产量增长51.4%，工业机器人产量增长32.2%。新增国家智能制造新模式和试点示范项目5个，新增省级示范智能车间144个，累计达262个。

建筑业稳步发展。全市完成建筑业总产值2367亿元，比上年增长21.1%，其中建筑安装工程产值2349亿元，比上年增长20.9%。竣工产值1665亿元，比上年增长7.9%，竣工率70.3%。全市资质以上建筑业企业房屋施工面积10395万平方米，比上年增长11.3%，其中新开工面积4072万平方米，比上年增长19.4%。年末拥有总承包和专业承包资质建筑企业1345家，实现利税155亿元，比上年增长8.4%。建筑业全员劳动生产率37万元/人，比上年增长12.7%。建筑业企业在外省完成建筑业产值713亿元，比上年增长27.2%。

（四）服务业

1. 国内贸易

市场消费保持稳定。全年实现社会消费品零售总额5746.9亿元，比上年增长7.4%。其中批发和零售业零售额 5034.6 亿元，比上年增长 7.1%；住宿和餐饮业零售额 712.3 亿元，比上年增长 9%。生活类商品增势较好。限额以上批发和零售业粮油食品类、日用品类、家具类商品零售额分别比上年增长 12.8%、15.3%和 19%。新型商业模式较快发展。全年电子商务网络零售交易额超 2000 亿元。限额以上批发和零售业实现互联网零售额 475 亿元，比上年增长 14.8%。

2. 交通运输、邮电业

交通运输健康发展。年末全市公路总里程 12174 公里，其中高速公路 598 公里。全市公路、水路客运量 2.98 亿人次，客运周转量 121.18 亿人公里；全市公路、水路货运量 1.62 亿吨，货物周转量 267.82 亿吨公里，分别比上年增长 8.2%和 7.3%；苏州港集装箱吞吐量 635.51 万标箱，比上年增长 8.2%。

汽车保有量稳步增长。年末拥有汽车 391 万辆，其中私家客车 328 万辆，分别比上年增长 9.9%和 9.2%。

邮政业务快速发展。全年邮政业务收入 181.57 亿元，比上年增长 14.7%。全年发送快递 12.5 亿件，增长 20.1%；实现快递业务收入 156.21 亿元，增长 17.8%。

3. 金融、证券和保险

金融运行保持稳定。年末全市金融机构总数 868 家，金融总资产 5.5 万亿元。年末全市金融机构人民币存款余额 28560.4 亿元，比年初增加 2092.9 亿元，比年初增长 7.9%；金融机构人民币贷款余额 26546.2 亿元，比年初增加 2555.1 亿元，比年初增长 10.7%。

保险业务保持平稳。全年新增保险公司 4 家，年末达 86 家，保险公司分支机构 916 家。全年保费收入 629.7 亿元，比上年下降 2.8%；保险赔付支出 181.3 亿元，比上年增长 10.9%。

资本市场稳步发展。全年新增上市公司 8 家，年末上市公司总数达 135 家，累计募集资金 2770 亿元。其中境内 A 股上市公司 107 家，数量列全国第五、全省第一，累计募集资金 2560 亿元。全年新增债券融资 1184 亿元。年末全市证券机构托管市值总额 5000 亿元，各类证券交易额 4 万亿元，期货市场交易额 2.5 万亿元。

4. 旅游业

旅游市场健康发展。全市实现旅游总收入 2609 亿元，比上年增长 12%，其中旅游外汇收入 24.89 亿美元。全年接待入境过夜游客 188 万人次，接待国内游客 12768 万人次，分别比上年增长 7%和 6%。年末全市共有 5A 级景区 6 家(11 个点)、4A 级景区 35 家、五星级饭店 28 家。高等级景区、星级酒店、旅游度假区、乡村旅游点数量继续保持全省领先。

5. 房地产业

房地产市场平稳发展。全年完成房地产开发投资 2558 亿元，比上年增长 10.9%。全市房屋新开工面积 2801 万平方米，比上年增长 9.2%；房屋施工面积 11659 万平方米，比上年下降 2%；房屋竣工面积 1507 万平方米，比上年下降 29.7%；商品房销售面积 1994 万平方米，比上年增长 3%，其中住宅销售面积 1788 万平方米，比上年增长 5.9%。

（五）开放型经济

1. 对外贸易

对外贸易迎难而上。全年实现进出口总额 3541.1 亿美元，比上年增长 12%。其中出口突破 2000 亿美元，达 2068.3 亿美元，增长 10.5%；进口 1472.8 亿美元，增长 14.2%。分注册类型看，外商投资企业实现进出口 2558.9 亿美元，比上年增长 7.8%，占全市进出口总额比重达 72.3%；民营企业和国有企业进出口分别增长 19.9%和 41.2%。从贸易市场看，对美国出口 578.3 亿美元，比上年增长8.3%；对欧盟、东盟出口分别增长 8.6%和 15.7%；对“一带一路”沿线国家和地区出口 425.9 亿美元，增长 11.3%。贸易方式积极转变。全市实现一般贸易出口 688.7 亿美元，比上年增长 13.6%。一般贸易出口占全市出口比重达 33.3%，较上年提高 0.9 个百分点。

服务贸易创新发展。全年服务贸易进出口 246 亿美元，比上年增长 10%。获批国家深化服务贸易创新发展试点。跨境电子商务、市场采购贸易、外贸综合服务等新业态出口增长10%。服务外包平稳发展。全市服务外包接包合同额117.5亿美元，服务外包离岸执行额47.7亿美元。

2. 利用外资和外经合作

“引进来”与“走出去”同步发展。全年新设外商投资项目1013个，实际使用外资45.2亿美元，其中服务业实际使用外资占比达43.7%，新兴产业和高技术项目使用外资占比达51.5%。年末全市具有地区总部特征或共享功能的外资企业超300家。全年新批境外投资项目中方协议投资额26.8亿美元。对外投资扩面增量。在“一带一路”沿线国家和地区新增投资项目64个，中方协议投资额9.11亿美元。

二　苏州市2018年社会发展概况

（一）人口、人民生活

人口总量保持稳定。年末全市常住人口1072.17万人，其中城镇人口815.39万人。全市户籍人口703.55万人，户籍人口出生率9.82‰，户籍人口自然增长率2.79‰。

居民收入稳步提高。根据抽样调查，全市城镇常住居民人均可支配收入63481万元，比上年增长8%；农村常住居民人均可支配收入32420万元，比上年增长8.2%。

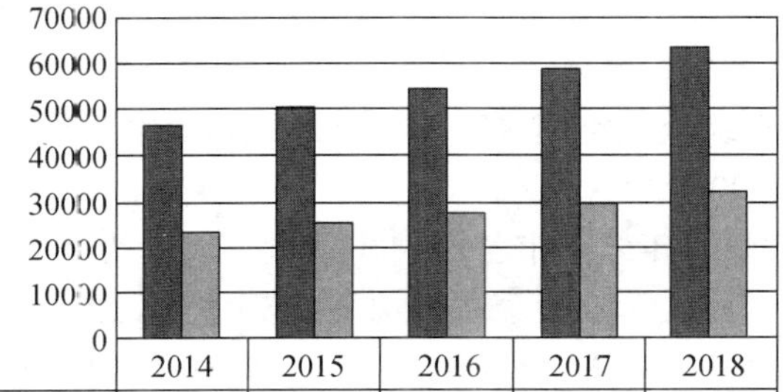

	2014	2015	2016	2017	2018
城镇居民人均可支配收入(元)	46677	50390	54400	58806	63481
农村居民人均可支配收入(元)	23560	25580	27750	29977	32420

图3　2014—2018年苏州市城乡居民收入对比一览

（二）就业与社会保障

1. 就业

就业创业形势良好。全市新增就业17.55万人，开发公益性岗位8941个，城镇就业困难人员实现就业3.75万人。城镇登记失业率1.78%。苏州籍应届高校毕业生就业率达98.7%。全力推进大众创业。全年支持成功自主创业人数19441人，其中引领大学生创业2344人，扶持农村劳动力自主创业2467人。

2. 社会保障

社会保障水平进一步提高。全市最低工资标准上调至2020元/月。年末全市企业职工养老保险缴费人数543.27万人，比上年增加32.44万人。城镇职工基本医疗保险参保人数737.57万人，失业保险参保人数505.02万人，工伤保险参保人数511.75万人，生育保险参保人数533.44万人，分别比上年增加49.25、40.45、38.49和43.09万人。全年新增缴存公积金职工81.64万人，年末缴存住房公积金职工数达307.15万人，全年职工提取公积金319.7亿元。

城乡最低生活保障标准提高至每人每月945元。年末全市1.43万户、共计2.15万人享受低保，全年发放低保金2.17亿元。全市新增养老机构床位1054张、日间照料中心110个、助浴点20个。开工建设保障性住房21205套，基本建成27196套，新增租赁补贴发放2604户。

强化食品药品安全监管。全年累计抽检各类食品7.26万批次，每千人抽检率6.8批次，动态合格率98.22%。全年查办食品药品违法案件6198件,比上年增长32%。在省内率先启动食品药品生产经营严重失信联合惩戒机制,出台评定严重失信者管理办法。

(三)教育与科技创新

1. 教育事业

推动基础教育均衡优质发展,建成投用69所中小学幼儿园,新增学位6.8万个。全面优化学校内涵建设,推进集团化办学,增加普通高中教育学位5600个。开展教育领域人民群众反映强烈的突出问题专项治理,促进校外培训机构规范有序发展。统筹全市名优教师,打造免费线上教育平台。完善现代职教体系,新增2所国家中等职业教育改革发展示范学校。深入推进名城名校融合发展,支持在苏高校提升办学水平,中国人民大学丝路学院开始招生,昆山杜克大学开展本科阶段教学。

2. 科技事业

科技创新加快推进。全市财政性科技投入152亿元,占一般公共预算支出的7.8%。张家港、常熟、昆山入围国家首批创新型县(市)建设名单。高新技术产业产值占规模以上工业总产值的比重达到47.7%。全市新增高新技术企业952家,累计达5416家。新增省级以上工程技术研究中心73家,累计达733家;新增省级以上企业技术中心86家,累计达505家;新增省级以上工程中心(实验室)11家,累计达90家;年末省级以上公共技术服务平台60家,其中国家级15家。

创新载体加快培育。启动建设市产业技术研究院,与中科院、南京大学、牛津大学等一批国内外大院大所合作共建的重大创新载体落户苏州。年末全市省级以上科技孵化器112家,孵化面积458.1万平方米。新增42家省级众创空间,年末共有国家级众创空间52家,省级众创空间190家。各类众创空间共孵育创新团队4000余个。

创新实力不断增强。年末全市各类人才总量274.2万人,其中高层次人才24.54万人。全市拥有高技能人才56.92万人。新增国家级人才引进工程入选者13人,累计达250人,其中创业类人才131人。新增省"双创人才"91人,累计达873人。专利工作成效显着。中国(苏州)知识产权保护中心获批建设。新增国家知识产权示范企业16家。年末万人有效发明专利拥有量达53件,比上年增加7件。

(四)文化、卫生、体育

1. 文化事业

文化事业繁荣兴盛,苏州湾文化中心主体结构封顶,苏州博物馆西馆、吴文化博物馆等项目建设顺利推进,完成671个村(社区)综合性文化服务中心标准化建设。依法加强江南水乡古镇保护,统筹推进大运河文化带建设。成功举办世界遗产城市组织第三届亚太区大会、中国昆剧艺术节、中国苏州评弹艺术节、苏州国际设计周、2018戏曲百戏(昆山)盛典等重大活动。苏州市荣获全球首个世界遗产典范城市称号。世界记忆项目苏州学术中心正式设立。31部地方志书获评省级优秀成果。

2. 卫生事业

健康苏州建设扎实推进。加快实施卫生与健康提升行动,持续深化医改,开展全方位全周期健康服务,推动健康惠民。张家港、太仓获得世界卫生组织健康城市最佳实践奖。苏大附二院浒关院区建成运行,市疾控中心迁建,苏大附一院二期项目开工建设。引进高水平临床医学专家团队26个,年末累计达到53个。新建、改扩建基层医疗卫生机构24家。年末全市拥有各类医疗卫生机构3368个,其中医院206个,社区卫生服务中心(卫生院)171个。卫生机构床位数6.93万张,其中医院病床5.84万张;拥有卫生技术人员8.22万人,其中执业医师和执业助理医师3.12万人。

3. 体育事业

体育事业稳步发展。启动创建国家全民运动健身模范市,全民健身工程提档升级。新增健身步道264公里。苏州奥林匹克体育中心、东园体育休闲公园建成投用。成功举办2018年国际田联世界竞走团体锦标赛、2018 冰壶世界杯苏州站等高规格体育赛事。在第十九届省运会上取得历史最好成绩。体育彩票销售首次突破 50 亿元。

（五）城乡建设

城乡建设协调并进。苏州市城市总体规划（2035）和综合交通体系规划形成成果，"多规合一"空间规划信息平台通过验收，完成 20 个古城街坊城市设计。沪通铁路苏州段一期工程开展铺轨作业，江苏南沿江城际铁路苏州段、通苏嘉甬纳入盐通铁路先行实施段开工建设。加快打通省际断头路，昆山锦淀公路与青浦崧泽大道对接通车，开工建设太仓岳鹿路等连通工程。524 国道相城段改扩建、桐泾路北延、独墅湖第二通道以及春申湖路、苏同黎公路快速化改造等一批道路交通项目开工建设。轨道交通三期规划获批，3 号线主体完工，5 号线加快推进，6 号线、S1 线开工建设，苏州高新区有轨电车 1 号线延伸线、2 号线开通试运营。苏州港完成货物吞吐量 5.32 亿吨，太仓港集装箱吞吐量突破 500 万标箱，太仓港集装箱码头四期、张家港港集装箱码头改扩建项目启动建设。京杭大运河苏州段堤防加固工程全线开工，望虞河除险加固工程提前竣工，阳澄湖中西湖连通工程完工通水。1000 千伏淮上线苏通管廊过江隧道全线贯通。新增人防设施 130 万平方米。5G 通信试点稳步推进。生活垃圾分类收集处理加快推广，七子山垃圾焚烧发电提标改造项目取得重大进展。"厕所革命"有序开展，新建改建公共卫生间700 座。历史文化名城保护和提升六大工程深入实施，古城区域"扫地扫尾"专项行动取得实效。第四批 18 个园林进入《苏州园林名录》保护体系，"天堂苏州·园林之城"保护管理工程获亚洲都市景观奖。

乡村振兴战略全面实施。农村土地制度、集体产权制度改革不断深化，农民集体收益分配权退出、土地承包经营权有偿退出等国家级改革试点工作取得成效。成功举办首届农民丰收节活动。成立全省首家乡村振兴学堂。全市统一的农村集体资产、资源、资金管理信息系统基本建成，"三资"监管机制创新获评首届"中国廉洁创新奖"。农业现代化稳步发展，推进粮食生产功能区和重要农产品生产保护区划定工作，新增现代农业园区 5.38 万亩。新型农业经营主体加快培育，组建农业产业化联合体 46 个，认定新型职业农民 1562 名。相城区成为全国农村创业创新典型范例。新增国家和省级乡村旅游区 5 家，实现乡村旅游收入 410 亿元。美丽镇村建设持续推进，被撤并镇面貌有效改善，新建康居特色村 10 个、三星级康居乡村 350 个。常熟蒋巷、吴中西巷和东林渡入选省第二批特色田园乡村试点。提档升级农村公路 130 公里，改造四五类危桥 41 座。

（六）环境保护

环境治理加快推进。狠抓中央环保督察、省环保督察及"回头看"、长江经济带审计等反馈问题整改，一批突出环境问题得到有效解决。打好污染防治攻坚战，持续开展"两减六治三提升"专项行动，大力实施长江环境大整治环保大提升"百日攻坚"、长江经济带固体废物大排查等系列行动，淘汰低端落后化工企业 260 家，整治"散乱污"企业（作坊）3.54 万家，取缔内河非法码头 845 个，规模化养殖场污染治理率达到 95.9%，完成省下达的煤炭消费总量削减任务。新增危废焚烧年处置能力 8.58 万吨、工业污泥年处置能力 49 万吨。水环境治理有效开展，河（湖）长制改革全面落实，在全省最严格水资源管理考核中名列第一。

持续推进太湖治理和阳澄湖生态优化行动，4.5 万亩太湖围网拆除签约率达到 100%。整治黑臭水体 525 个，中心城区干河清淤 26 条。国考、省考断面水质优Ⅲ比例分别为 68.8%和 76%，分别高出考核标准 12.5 个百分点和 28 个百分点，通江支流优Ⅲ比例达到 95.2%。大气环境治理深入实施，市区空气质量优良天数比例达到 73.7%、提高 2.2 个百分点，PM2.5 平均浓度为 42 微克/立方米、名列全省第二。加强土壤环境保护，完成重点行业 4270 家企业用地信息采集和风险筛查工作，原苏州溶剂厂北区等地块土壤污染得到治理修复。市区新增及改造绿地 350 万平方米，全市新增成片造林 7520 亩，陆地森林覆盖率达到 29.9%。常熟成为全球第一批国际湿地城市。太仓、吴江、吴中入选首批省级生态文明示范县(市、区)。

三 苏州市在泛长三角地区经济发展中的地位

2018 年,在中共苏州市委的正确领导下,深入学习贯彻习近平新时代中国特色社会主义思想和党的十九大精神,认真落实党中央、国务院和省委、省政府的决策部署,团结依靠全市人民,坚持稳中求进工作总基调,自觉践行新发展理念,按照高质量发展要求,有效应对外部环境深刻变化,全力推进供给侧结构性改革,突出打好三大攻坚战,大力实施十二项“三年行动计划”全面做好改革发展稳定各项工作,较好地完成了市十六届人大二次会议确定的目标任务。

(一) 地区生产总值

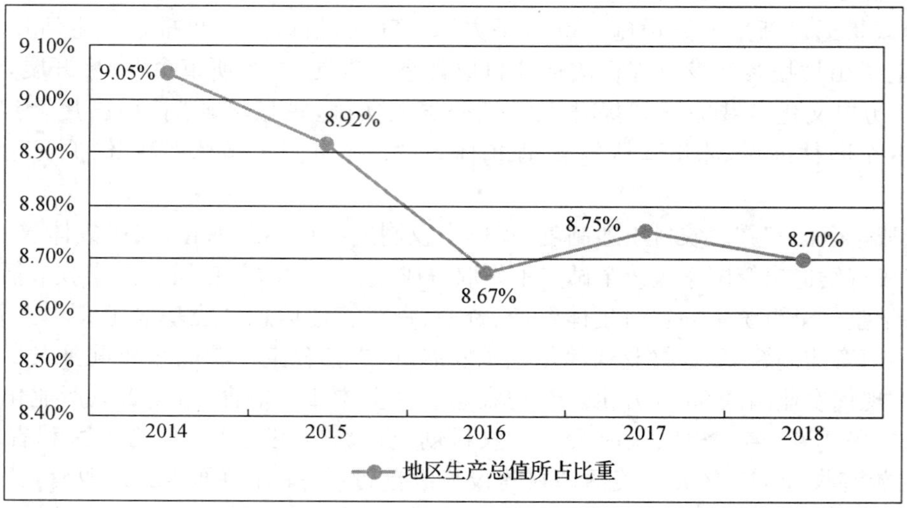

图 4 2014—2018 年苏州市地区生产总值在泛长三角
(苏浙两省 24 个地级市、安徽省 16 个地级市和上海市,下同)所占比重的变化趋势

2014—2018 年苏州市地区生产总值在长三角所占比重分别为 9.05%、8.92%、8.67%、8.75%和 8.70%,2018 年轻微下跌,2018 年较 2017 年减少了 0.05 个百分点,较 2014 年下降了 0.35 个百分点。2018 年苏州市地区生产总值在泛长三角地区 41 个市中排名第 2 位。

2018 年,实现地区生产总值 1.86 万亿元,增长 6.8%。一般公共预算收入首次突破 2000 亿元,达到 2120 亿元,增长 11.1%。固定资产投资 4556 亿元,同口径增长 4.5%。社会消费品零售总额 5747 亿元,增长 7.4%。工业经济平稳增长,规模以上工业总产值达到 3.31 万亿元,增长 6.1%,工业增加值率提高 0.5 个百分点。新兴产业产值占规上工业总产值的比重达到 52.4%,新一代信息技术、生物医药、纳米技术、人工智能四大先导产业占比达到 15.7%。新增国家智能制造新模式和试点示范项目 5 个,成功举办 2018 全球人工智能产品应用博览会。工业企业资源集约利用工作取得实效,在全省率先出台差别化用地、用能、信贷政策。顺利完成第四次全国经济普查第一阶段任务。现代服务业优化发展,服务业增加值占地区生产总值比重达到 50.8%。实现旅游总收入 2609 亿元、增长 12%,文化产业营业收入增长 10%。成为首批国家服务型制造示范城市,获评国家级示范企业 5 家。供给侧结构性改革深入实施,关停淘汰落后低效企业 1757 家,商品住房库存量去化周期为 11 个月,新增上市公司 8 家,降低企业负担 360 亿元,“补短板”项目完成投资 259.7 亿元。

（二）地方财政一般预算收入

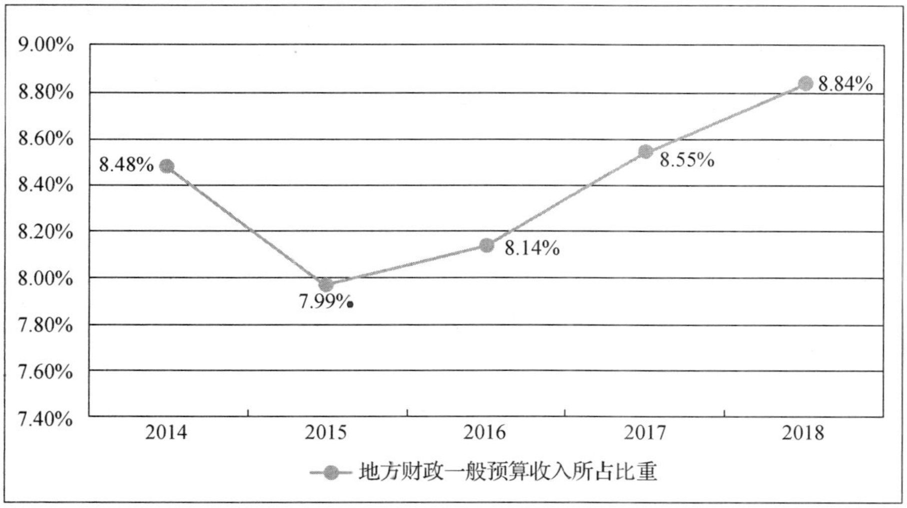

图5　2014—2018年苏州市地方财政一般预算收入在泛长三角所占比重的变化趋势

2014—2018年苏州市地方财政一般预算收入在泛长三角所占比重分别为8.48%、7.99%、8.14%、8.55%和8.84%，2018年比2017年增加了0.29个百分点，五年累计增加了0.36个百分点。2018年苏州市地方财政一般预算收入在泛长三角地区41个市中排名第2位。

2018年，全市一般公共预算收入2120.0亿元，增长11.1%。其中，税收收入1929.5亿元，增长15.3%，税收占比91.0%。财政收入总量、增量、税收占比继续保持全省第一。

（三）工业生产总值

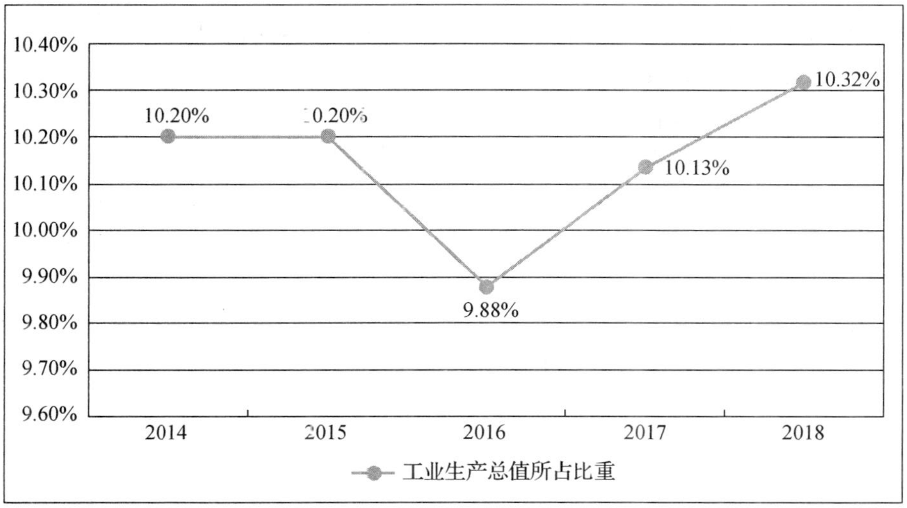

图6　2014—2018年苏州市工业生产总值在泛长三角所占比重的变化趋势

2014—2018年苏州市工业生产总值在泛长三角所占比重分别为10.20%、10.20%、9.88%、10.13%和10.32%，2018年较2017年增加0.19个百分点，五年累计增加了0.12个百分点。2018年苏州市工业生产总值在泛长三角地区41个市中排名第2位。

2018年,工业经济平稳增长,规模以上工业总产值达到3.31万亿元,增长6.1%,工业增加值率提高0.5个百分点。新兴产业产值占规上工业总产值的比重达到52.4%,新一代信息技术、生物医药、纳米技术、人工智能四大先导产业占比达到15.7%。新增国家智能制造新模式和试点示范项目5个,成功举办2018全球人工智能产品应用博览会。工业企业资源集约利用工作取得实效,在全省率先出台差别化用地、用能、信贷政策。顺利完成第四次全国经济普查第一阶段任务。

(四)进出口总额

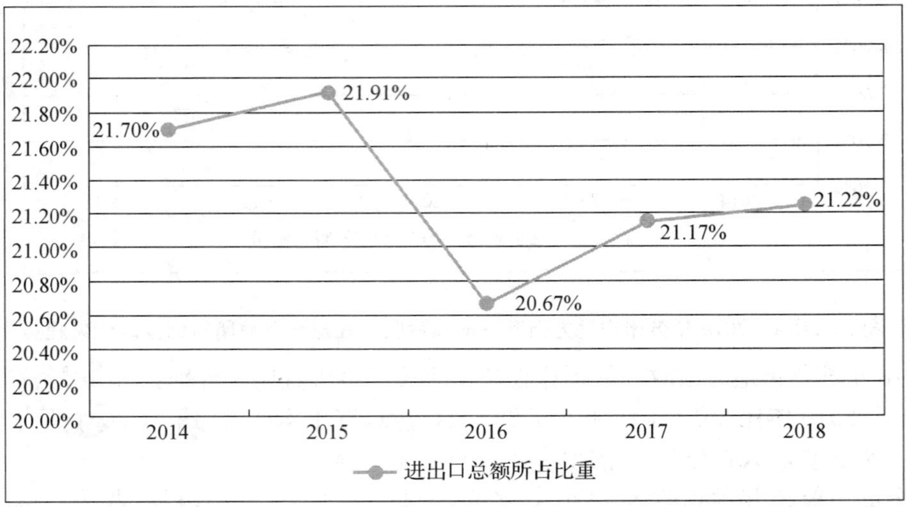

图7 2014—2018年苏州市进出口总额在泛长三角所占比重的变化趋势

2014—2018年苏州市进出口总额在泛长三角所占比重分别为21.70%、21.91%、20.67%、21.17%和21.22%,2017年以来呈增加态势,2018年较2017年增加了0.05个百分点,五年累计下降了0.48个百分点。2018年苏州市进出口总额在泛长三角地区41个市中排名第2位。

2018年,开放型经济发展量稳质升。稳妥应对中美经贸摩擦,大力开拓新兴市场,对外贸易额创历史新高。进出口总额达到3541亿美元,增长12%。

2018年全市外贸进出口呈现稳中有升的总体走势,继2017年破纪录后再创历史新高,全年进出口呈"上半年平稳、三季度加速、四季度承压"的态势。2018年,苏州市实现外贸进出口23375.6亿元人民币,比2017年增长9.3%,其中出口13656.9亿元,增长7.8%,进口9718.7亿元,增长11.4%。苏州市进出口总值占全国的比重为7.7%、占全省比重为53.4%,苏州市外贸总值在全国大中城市中排名上海、深圳、北京之后名列第4位。

获批国家深化服务贸易创新发展试点,服务贸易总额达到246亿美元。实现跨境电商交易额15亿美元,市场采购贸易出口额8.8亿美元。精心做好首届中国国际进口博览会相关工作,采购商成交额居全省第一。

(五)实际外商直接投资金额

2014—2018年苏州市实际外商直接投资金额在泛长三角所占比重分别为10.87%、8.18%、7.80%、5.90%和5.76%,2014至2018年连续五年出现下降,累计降幅达5.11个百分点。2018年苏州市规模以上工业总产值在泛长三角地区41个市排名第3位,较2017年保持一致。

图 8　2014—2018 年苏州市实际外商直接投资金额在泛长三角所占比重的变化趋势

2018 年，苏州全市实际使用外资 45.2 亿美元，同比增长 0.47%，占全省比重为 17.7%。服务业实际使用外资 19.8 亿美元，占比 43.7%；新兴产业和高技术项目占比 51.5%。全市新设外资项目 1013 个，新增注册外资 107.7 亿美元，同比增长 20.3%。

新兴产业和高技术项目占比达到 51.5%。完成境外中方协议投资额 26.8 亿美元。参与"一带一路"建设成效显著，埃塞俄比亚东方工业园二期列入中埃两国政府 A 类重点支持项目，印度尼西亚吉打邦农林生态产业园被认定为省级境外产业合作集聚区。苏州工业园区深化开放创新综合试验又有11 项改革经验在全国推广，昆山深化两岸产业合作试验区在金融开放等方面取得新成效，太仓中德先进制造技术国际创新园正式投运。张家港保税港区获批全省唯一汽车平行进口试点。外贸整体通关时间比 2017 年压缩三分之一，口岸提效降费取得积极成效。首届"一带一路"能源部长会议、中日第五次高级别政治对话、第八届中日韩旅游部长会议、第二十次中日韩环境部长会议等国际会议活动在苏成功举办。出台"惠及台胞 55 条措施"，两岸经济文化交流合作不断深化。外事、港澳、侨务等工作取得新进展。积极投身长三角一体化，推动道路交通互联互通，加快融入 G60 科创走廊，嘉昆太协同创新核心圈、青昆吴联动发展等合作机制先后建立。南北挂钩共建、对口支援帮扶积极开展，荣获全国东西部扶贫协作先进单位称号。

七　南通市 2018 年经济社会发展报告

2018 年，全市上下坚持以习近平新时代中国特色社会主义思想为指导，认真贯彻党的十九大精神，按照省委提出的争当“一个龙头，三个先锋”的要求，坚持稳中求进工作总基调，自觉践行新发展理念，加快建设上海大都市北翼门户城市，经济运行平稳有序，综合实力显著增强，改革开放持续深入，新旧动能接续转换，质量效益稳步提升，城乡建设统筹推进，民生福祉日益改善，高质量发展实现良好开局。

一　南通市 2018 年经济发展概况

（一）综合经济

1. 经济总量

2018 年南通市国民经济平稳增长。全市实现生产总值 8427 亿元，按可比价格计算，比上年增长 7.2%。其中：第一产业增加值 397.77 亿元，增长 2.2%；第二产业增加值 3947.88 亿元，增长 6.5%；第三产业增加值 4081.35 亿元，增长 8.4%。人均 GDP 达到 115320 元，增长 7.1%。按 2018 年平均汇率计算，人均 GDP 为 17427 美元。

产业结构继续优化。全市三次产业结构演进为 4.7∶46.8∶48.4。“两新”产业较快发展，高新技术产业产值增长 16.8%，占规模以上工业比重达到 50.1%，同比提高 1.1 个百分点；六大新兴产业完成产值增长 12.9%，占规模以上工业的比重达到 33.5%，同比下降 0.3 个百分点。投资结构加快调整，服务业投资占固定资产投资比重达到 50.6%，同比提高 0.4 个百分点。

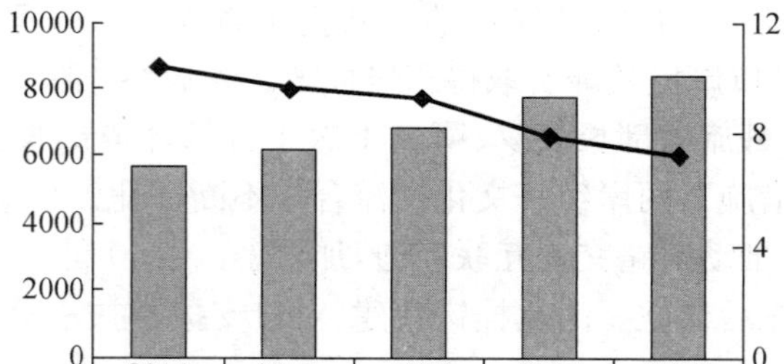

	2014	2015	2016	2017	2018
地区生产总值(亿元)	5652.69	6148.4	6768.2	7734.64	8427
增幅(%)	10.5	9.6	9.3	7.8	7.2

图 1　2014—2018 年南通市地区生产总值及增长速度

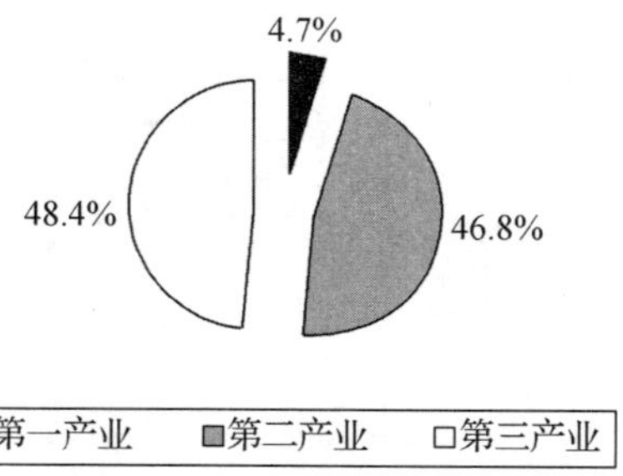

图 2　2018 年南通市三次产业结构图

2. 财政收支

全年一般公共预算收入606.19亿元，增长2.6%，其中，增值税增长1.9%，改征增值税增长26.7%，企业所得税增长24.9%，个人所得税增长8.0%，契税增长5.4%。全年一般公共预算支出877.12亿元，增长8.1%。一般公共预算支出中民生支出684.20亿元，占一般公共预算支出的比重达到78%，比上年提高1个百分点。

3. 物价指数

市区居民消费价格总指数102.3，物价总水平比上年增长2.3%，其中，服务项目价格上涨2.6%，消费品价格上涨2.2%。八大类消费价格全部上涨。

4. 固定资产投资

全市固定资产投资额增长8.8%，其中，民间投资增长10.8%，工业投资增长8.0%，其中技改投资增长24.8%，服务业投资增长9.6%，基础设施投资增长10.8%。

（二）农林牧渔业

全市农林牧渔业总产值761.23亿元，按可比价计算，增长3.0%。其中，农业产值324.55亿元，增长3.7%；牧业产值167.67亿元，增长0.9%；渔业产值178.57亿元，增长1.3%。

粮食播种面积803.04万亩，下降2.2%；棉花种植面积10.6万亩，下降9.7%；油料种植面积98.7万亩，下降7.5%；蔬菜种植面积206.2万亩，增长1.2%。全年粮食亩产419.5公斤，增长0.8%。

现代农业加快发展。新增设施农业面积6.5万亩。年末农业机械总动力413.93万千瓦，比上年增长0.8%。全年家庭农场总数达4188家，其中新增省级示范家庭农场28家，累计113家。全市建成农业产业化龙头企业380家，其中国家级8家。

（三）工业和建筑业

全市规模以上工业增加值增长7.7%，其中，轻重工业分别增长6.9%和8.1%。分经济类型看，国有企业增长21.4%，股份制企业增长8.7%，外商及港澳台投资企业增长5.1%。"3+3"重点产业较快增长，重点产业产值同比增长13.7%，其中，电子信息、智能装备、新材料产业等三大重点支柱产业同比分别增长18.4%、17.1%和16.9%。

全市规模以上工业主营业务收入14029.55亿元，增长13.7%，利润总额1165.55亿元，增长25.3%。亏损企业亏损总额32.8亿元，下降11.2%。

深入实施"263"专项行动，全市煤炭消费量（除公用燃煤机组外）同比减少105万吨，万元地区生产总值能耗稳步下降，超额完成全市减煤及节能强度控制目标任务。2018年全市规模以上工业企业中，六大高耗能行业能耗下降5.7%，占规模以上工业综合能耗比重为62.9%。

全市实现建筑业增加值667.4亿元，增长1.5%。全市建筑企业承建施工面积8.76亿平方米，增长13.4%。全市建筑队伍人数180万人，建筑队伍遍及40个国家和地区，年末出国人数0.6万人；年末全市拥有特级资质建筑企业24家，拥有一级建造师10382人。全年新入围鲁班奖3项，累计获103项，居全国地级市之首。

（四）服务业

1. 国内贸易

全年社会消费品零售总额3088.77亿元，增长9.0%。其中，城市消费品零售额2311.75亿元，增长9.0%；农村消费品零售额777.01亿元，增长8.9%。分行业看，批发和零售业消费品零售额2817.63亿元，增长8.9%；住宿和餐饮业消费品零售额271.13亿元，增长9.6%。

限额以上贸易单位商品零售额中，汽车类零售额比上年下降0.3%，石油及制品类增长25.9%，粮油、食品类增长6.9%，饮料类下降5.7%，烟酒类增长11.7%，服装鞋帽针织纺品类增长17.1%，日用品类下降5.4%，金银珠宝类增长4.7%，家用电器和音像器材类下降2.3%。

2. 交通、邮政电信和电力业

全年交通运输、仓储及邮政业增加值264.55亿元，比上年增长4.3%。兴东国际机场年末拥有国际航线4条、开通周航班量12班；国内航线31条，开通周航班量250班，完成旅客运输量277.1万人次，增长37.9%；全年民航货邮吞吐量5.6万吨，增长15.2%。年末铁路南通站始发列车24对；全年铁路客运量516.25万人次，增长12.0%；货运量119.24万吨，增长8.9%。全年公路货运量13746万吨，增长8.6%；公路客运量6807万人次，下降6.9%。

南通港全年货物吞吐量26702.11万吨，增长13.3%，其中，进港15839.01万吨，增长12.3%；外贸吞吐量6063.08万吨，增长2.0%。集装箱吞吐量96.79万标准箱，下降3.9%，其中，外贸航线36.16万标准箱，下降7.8%。

年末全市机动车保有量195.7万辆，比上年末增加8.3万辆。其中，载客汽车156.9万辆，增加14.3万辆；载货汽车9.6万辆，增加1万辆；摩托车27.5万辆，减少7.1万辆。年末全市个人汽车保有量达149.3万辆，比上年末增加13.6万辆。

全年实现邮政业务收入45.78亿元，增长22.4%，电信业务收入81.11亿元，增长15.2%。年末全市固定电话用户168.21万户，比上年减少9.32万户，其中，城市电话用户103.8万户，减少3.5万户；住宅电话用户92.0万户，减少26.5万户。年末移动电话用户861.50万户，净增20.51万户。年末互联网用户974.55万户，新增49.87万户，其中固定宽带互联网用户294.42万户，新增35.79万户，无线宽带互联网用户680.13万户，增加14.08万户。

全年用电量433.31亿千瓦时，增长8.2%。分产业看，第一产业用电量6.81亿千瓦时，增长7.9%；第二产业用电量301.46亿千瓦时，增长7.5%，其中，工业用电量295.86亿千瓦时，增长7.3%；第三产业用电量56.64亿千瓦时，增长11.2%。全年城乡居民生活用电量68.40亿千瓦时，增长8.8%。

全市拥有发电装机容量1162.14万千瓦，其中燃煤火电厂装机738.2万千瓦，占全市总装机容量的63.5%，风力发电、光伏发电、生物质发电、燃气发电装机容量分别为238.65万千瓦、118.46万千瓦、8.5万千瓦、46.33万千瓦，占全市总装机容量的比重分别为20.5%、10.2%、0.7%和4.0%。

3. 金融、保险和证券

全年金融机构新增本外币存款493.01亿元，年末存款余额12211.17亿元，其中，储蓄存款余额5596.37亿元，比年初增加125.67亿元；非金融企业存款余额3736.89亿元，比年初减少117.07亿元。全年金融机构投放贷款988.41亿元，年末各项贷款余额8878.00亿元。

全年缴存公积金116.08亿元，比上年增长12.7%；发放住房公积金贷款74.42亿元，比上年下降5.9%；本年提取公积金90.51亿元，增长7.4%。全年新增公积金开户人数15.52万人，至年末有76.1万人正常缴存住房公积金。

年末全市拥有保险机构80家，保险行业从业人员3.45万人。全年保费收入300.59亿元，比上年下降9.3%，其中，财产险收入67.23亿元，增长5.1%；人寿险收入193.38亿元，下降16.2%。

年末全市上市公司41家，其中境内上市公司33家，比上年新增1家，上市公司通过首发、配股、增发、可转债、公司筹集资金77.32亿元。企业境内上市公司年末总股本312.3亿股，市价总值2292.7亿元。

4. 旅游业

全年接待海内外旅游者总人数4786.45万人次，比上年增长12.2%。其中，国内旅游者4766.93万人次，增长12.2%，旅游住宿设施和居民家中接待过夜海外旅游者19.52万人次，增长5.1%。全年实现旅游总收入709.19亿元，比上年增长15.3%，其中，外汇收入1.37亿美元，增长9.2%；国内旅游收入693.33亿元，增长15.3%。年末全市拥有旅游星级饭店62家，旅行社187家，A级旅游景区(点)51处，省星级乡村旅游区 81 家。

5. 房地产业

全年房地产开发投资 759.52 亿元，比上年增长 24.5%。商品房施工面积 5718.53 万平方米，增长 10.9%，其中，普通商品房施工面积 4265.61 万平方米，增长 11.9%。全市商品房竣工面积 1114.1 万平方米，增长 1.2%，其中，普通商品房竣工面积 837.82 万平方米，增长 3.6%。商品房销售面积 1731.53 万平方米，增长 4.5%，其中普通商品房 1570.45 万平方米，增长 6.8%。

（五）开放型经济

1. 对外贸易

全年进出口总值 2542.90 亿元，增长 7.7%，其中，出口总值 1676.88 亿元，下降 0.9%；进口总值 866.02 亿元，增长 29.6%。年末与本市建立进出口贸易关系的国家和地区 199 个，与上年持平。全市有进出口业绩的企业 6521 家，增长 7.5%。

2. 外经合作

全年新批外商投资项目 294 个，比上年下降 15.5%，其中，千万美元以上项目 212 个，比上年下降 17.2%；新批协议外资 70.1 亿美元，增长 30.7%；实际到账注册外资 25.8 亿美元，增长 6.6%。

全年新批境外企业 68 家，中方协议投资额 10.48 亿美元。新签对外承包劳务合同额 17.26 亿美元，增长 80.5%；完成对外承包劳务营业额 17.79 亿美元，下降 1.7%；新派劳务人员 0.89 万人次，增长 0.5%；年末在外劳务人员 2.35 万人，下降 2.4%。

二　南通市 2018 年社会发展概况

（一）人口、人民生活

年末全市常住人口 731.00 万人，其中，城镇人口达到 490.50 万人，增长 1.69%，城镇化率 67.1%，比上年提高 1.07 个百分点。年末户籍人口 762.52 万人。全市人口出生率 6.9‰，人口死亡率 9.1‰，人口自然增长率－2.2‰。

城乡居民收入稳步增加。全体居民人均可支配收入 37071 元，比上年增长 9.3%，按常住地分，城镇居民人均可支配收入 46321 元，增长 8.3%；农村居民人均可支配收入 22369 元，增长 9.3%。全体居民人均消费支出 23379 元，增长 7.2%，按常住地分，城镇居民人均消费支出 28259 元，增长 6.6%；农村居民人均消费支出 15624 元，增长 6.7%。

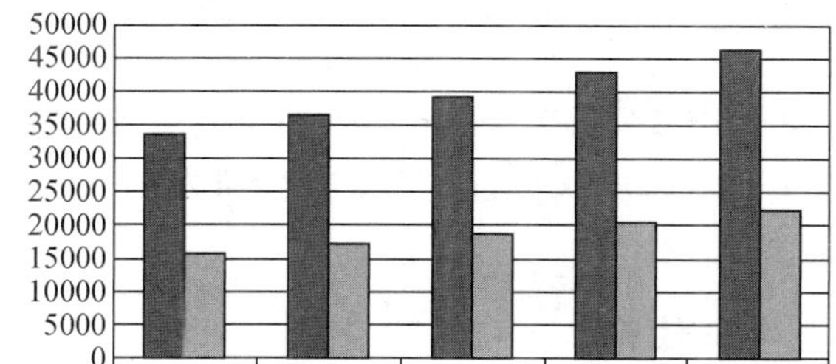

	2014	2015	2016	2017	2018
■ 城镇居民人均可支配收入(元)	33374	36291	39247	42756	46321
■ 农村居民人均可支配收入(元)	15821	17267	18741	20472	22369

图 3　2014—2018 年南通市城乡居民收入对比一览

年末，城镇居民家庭每百户拥有电冰箱 118 台，空调 230 台，移动电话 257 部，家用电脑 82 台，家用汽车 68 辆。农村居民家庭每百户拥有电冰箱 125 台，空调 168 台，移动电话 251 台，家用电脑 49 台。

年末全市城镇居民人均住房建筑面积 48.6 平方米，比上年增长 0.2%。农村居民人均住房面积 62.0 平方米，比上年增长 0.8%。

（二）就业与社会保障

就业持续增加。全年新增就业人数 10.4 万人，新增转移农村劳动力 1.51 万人。全年提供就业岗位 32 万个。年末从业人员达 455.0 万人，其中，第一产业 83.7 万人，第二产业 211.6 万人，第三产业 159.7 万人。劳动生产率稳步提高。2018 年，全员劳动生产率为 173266 元/人，比上年提高 7.2%。

年末全市参加城镇职工基本养老保险人数 159.5 万人，比上年增加 6.0 万人。全市城镇职工基本养老保险离退休人数 68.8 万人，比上年增加 4.4 万人。城乡居民养老保险参保人数 141 万人；参加失业保险人数 111.91 万人，比上年末增加 5.55 万人；参加工伤保险人数为 131.20 万人，比上年末增加0.44 万人。

年末参加基本医疗保险人数 717.5 万人，比上年末减少 4.43 万人；其中：参加职工基本医疗保险人数 210.63 万人，比上年末增加 10.46 万人；参加城乡居民基本医疗保险人数 506.87 万人，比上年末减少 14.89 万人。

年末全市拥有各类养老机构 242 家，总床位数 70183 张，其中养老机构床位数 47604 张，农村敬老院 91 家，床位 21750 张。年末农村五保对象 21337 名，集中供养 8886 人，农村五保集中供养能力达到 101.9%。全年结婚登记 54589 对。

（三）教育与科技

1. 教育

全市拥有普通高等学校 8 所，年末在校学生 10.68 万人；成人高校 2 所，在校学生 2.12 万人；中等职业教育学校 28 所，在校学生 7.48 万人；普通高中 43 所，在校学生 7.78 万人；普通初中 163 所，在校学生 16.32 万人；小学 324 所，在校学生 34.62 万人；特殊教育学校 7 所，在校学生 0.15 万人；各级各类幼儿园 508 所，在园儿童 17.67 万人。

2. 科技

2018 年南通市围绕推动科技与产业结合，优化创新环境，提高创新能力。强化企业创新主体地位。落实省科技改革“30 条”，出台支持产学研合同研发、重大科技专项配套补助等系列政策，年末全市拥有高新技术企业 1308 家；新建省级工程中心 6 家，省级企业院士工作站 6 家。新建市级公共技术服务平台 1 家，市级工程技术研究中心 18 家，企业院士工作站 1 家。全年有 26 项科技成果获国家及江苏省科技进步奖，其中，国家级一等奖 1 项，二等奖 4 项；省级二等奖 9 项，三等奖 12 项。年末，全市共建成科技孵化器 52 家，其中国家级 14 家、省级 32 家。全年专利申请量 52799 件，比上年下降 3.5%；专利授权量 24578 件，同比增长 29.0%；其中，发明专利申请量 9837 件，下降 26.5%，发明专利授权量 2240 件，下降 14.8%，实现国家级知识产权强县工程试点（示范）全覆盖，万人发明专利拥有量 27.30 件，增长 14.7%，PCT 专利申请量达 1069 件，增长 8.1%。全社会研发投入占 GDP 的比重达到 2.7%，比上年提高 0.02 个百分点。

（四）文化、卫生与体育

1. 文化

年末全市拥有文化馆 9 个，文化站 97 个，公共图书馆 10 个，“农家书屋”1643 个。城乡社区综合性文化服务中心建成率 100%。全市已备案的各类博物馆（纪念馆）22 家，年末万人拥有公共文化设施面积 2835 平方米。市级以上文物保护单位 92 处，其中全国重点文物保护单位 11 处，省级文物保护单位 22 处。市级以上非物质文化遗产 125 项，其中国家级 10 项，省级 53 项。全市拥有广播电视台 7 个，年末有线电视用户 213.47 万户，其中数字电视用户 199.02 万户，高清电视用户 46.51 万户。年末全市共有文化市场经营单位 4091 家。全市拥有文化产业示范园区(基地)56 个，其中国家级 2 个，省级 6 个。

2. 卫生

年末全市拥有卫生机构 1733 个(不含农村社区卫生服务站、村卫生室)，其中，医院、卫生院 345 个，妇幼保健院(所、站)8 个，专科疾病防治院(所、站)2 个。卫生机构床位数 4.41 万张，卫生技术人员 4.80 万人。其中，执业医师和执业助理医师 1.99 万人，注册护士 2.04 万人。疾病预防控制中心(站)9 个，卫生技术人员 476 人。卫生监督所 7 个，卫生技术人员 207 人。乡镇卫生院 99 个，床位 0.78 万张，卫生技术人员 0.77 万人。

崇川区、港闸区和开发区共建成城市社区卫生服务中心 21 个，以街道(镇)为单位建成率 100%。全市累计建成农村社区卫生服务站、村卫生室 1543 个，行政村覆盖率 100%。

3. 体育

全年成功承办了 11 项次全国赛事、6 项次省级赛事。全市新增晨晚练健身点 129 个，各级各类全民健身活动参与群众超过 10 万人次。体育彩票销售创历史新高，全年销售额 18.55 亿元。

(五) 城乡建设

突出统筹协调，城乡建设更有质量。编制完善 2035 城市总体规划，推动“四化”同步，城乡发展协调性进一步提升。加强中心城市建设和管理。中创区“一带四中心”建设全面实施，国家级五山森林公园获批，濠河风景区整治提升工程启动，获国家森林城市、省生态园林城市称号。

轨道交通 1 号线进入主体施工阶段，2 号线开工建设，啬园路隧道主体贯通，机场大道高架主线通车。推出以智能化、便捷化为重点的公交惠民“八项举措”。开展城市“微治理”三年行动，“八整治八提升”扎实推进。实施乡村振兴战略。编制战略规划，出台实施意见，抓好乡村振兴重点工程。“三个全覆盖”试点持续突破，新型合作农场建设稳步推进，新增高标准农田 53.3 万亩、规模经营主体 952 个。促进农村一二三产业融合发展，新增省级农业产业化龙头企业 8 家、国家级农民专业合作社示范社 17 家。推进农村人居环境整治三年行动，15 个镇、25 个村获省生态文明建设示范称号。夯实城乡协调发展基础。制定加快新型城镇化建设行动方案，3 个经济发达镇行政管理体制改革试点启动实施。土地节约集约利用获国务院通报表扬。农村承包地确权登记颁证通过省级验收，集体产权制度改革完成清产核资。统筹城乡基础设施建设，“四好农村路”创建全省示范，九圩港复线船闸和提水泵站建成运行，通吕运河水利枢纽开工建设。

(六) 环境保护

2018 年南通市着力打好污染防治攻坚战。整合设立市打好污染防治攻坚战指挥部，健全四级污染防治工作体系。以中央环保督察“回头看”、国家海洋督察、长江经济带生态环保审计等反馈意见整改为重点，扎实解决环境突出问题。制定碧水、蓝天保卫战三年行动实施方案，全力推进大整治，PM2.5 平均浓度全省最低，优良天数比例全省最高。

2018 年全年市区新增绿地 443 公顷，城市绿化覆盖率 44%；日供水能力达到 200 万立方米，水质综合指标合格率 100%；市区燃气普及率、用水普及率、生活垃圾无害化处理率均达到 100%。全年市区新增路灯、景观灯 10935 盏，城市道路亮灯率达到 99.6%，农村自来水普及率 100%。

全年共新建(改造)燃煤火电、热电机组脱硫设备 17 套、脱硝设施 17 套、除尘改造 17 套，锅炉平均脱硫效率达 90%以上、综合脱硝效率达 75%以上，烟尘排放基本达到重点区域特别排放限值。全市各地根据实际划定了禁燃区范围。

环境质量保持稳定，环境空气主要污染物年平均值为：二氧化硫 17 微克/立方米，二氧化氮 35 微克/立方米，可吸入颗粒物 62 微克/立方米，PM2.5 浓度为 41 微克/立方米，其中二氧化硫、二氧化氮和可吸入颗粒物年均值符合国家空气质量二级标准，PM2.5 年均值超过国家空气质量二级标准；全年空气质量指数达到良好以上的天数达 291 天，占全年有效监测天数的 79.7%。长江南通段主流水质符合国家地表水环境质量Ⅲ类水质标准，饮用水源地水质达标率 100%。区域环境噪声平均值为 56.2 分贝，交通干线噪声平均值为 67.2 分贝，均符合国家环境噪声质量标准。

（七）安全生产

全年共发生各类安全生产事故 485 起，死亡 336 人，比上年分别下降 1.4%和 1.5%，其中，工矿商贸企业（含建筑业）发生生产安全亡人事故 144 起，死亡 153 人。全年发生一次死亡 3 人（含 3 人）以上安全生产事故 2 起，死亡 8 人。全市共发生火灾 1366 起，死亡 1 人，受灾 234 户，烧毁建筑面积 18140.2 万平方米，直接经济损失 601.04 万元。全市共发生一般以上交通事故 1233 起，死亡 419 人，伤 1031 人，直接经济损失 296.7 万元。

三　南通市在泛长三角地区经济发展中的地位

2018 年，面对复杂多变的宏观环境，全市上下深入贯彻习近平新时代中国特色社会主义思想和党的十九大精神，坚持稳中求进工作总基调，认真落实中央、省和市委、市政府决策部署，按照高质量发展要求，对标争当“一个龙头、三个先锋”新使命，扎实开展解放思想大讨论，统筹推进稳增长、促改革、调结构、惠民生、防风险工作，全市经济运行总体平稳、稳中有进、稳中育新，主要指标保持在合理区间，高质量发展开局良好。

（一）地区生产总值

图 4　2014—2018 年南通市地区生产总值在泛长三角
（苏浙两省 24 个地级市、安徽省 16 个地级市和上海市，下同）所占比重的变化趋势

2014—2018 年南通市地区生产总值在泛长三角所占比重分别为 3.72%、3.78%、3.79%、3.91%和 3.94%，呈现持续增加的态势，累计增幅为 0.22 个百分点，2018 年较 2017 年增加了 0.03 个百分点。2018 年南通市地区生产总值在泛长三角地区 41 个市中排名第 7 位，在长三角地区中继续保持靠前的位置。

2018 年，全市坚持稳中求进工作总基调，按照高质量发展要求，有效应对内外部环境变化，继续推进供给侧结构性改革，经济运行总体平稳，GDP 增幅全省第三，产业结构继续优化，经济发展质效不断提高。2018 年南通完成地区生产总值 8427.0 亿元，按可比价计算，增长 7.2%，增速分别高于全国、全省 0.6 和 0.5 个百分点，列全省第三。其中，第一产业增加值 397.8 亿元，同比增长 2.2%；第二产业增加值 3947.9 亿元，同比增长 6.5%；第三产业增加值 4081.4 亿元，同比增长 8.4%。经济增速领先的同时，全市人均总量迈上新台阶。2018 年全市人均 GDP 达到 115320 元，首次超出全省平均水平(115168 元)。

2018 年三次产业增加值占 GDP 比重分别为 4.7%、46.8%和 48.4%，产业结构更趋优化，第三产业占比较 2017 年提升 0.4 个百分点。第三产业对经济增长的支撑增强，第三产业增加值增速快于 GDP 增速 1.4 个百分点，快于第二产业增速 1.9 个百分点。从各产业对 GDP 增长的贡献率看，三次产业对经济增长的贡献率分别是 1.5%、44.2%和 54.3%，第三产业已经成为拉动经济增长的主要力量。

2018 年九县区 GDP 增速极值差为 2.9 个百分点，较 2017 年扩大 1.9 个百分点，地区间发展速度差距拉大。海安、海门增速领先，分别增长 8.1%和 8.0%。通州增长 7.8%，崇川、港闸、开发区增速趋缓，均低于全市平均水平。

2018 年全市四个季度 GDP 核算增速逐季回落，分别为 7.5%、7.4%、7.3%、7.2%，全省四个季度的 GDP 增速分别为 7.1%、7.0%、6.7%、6.7%。经济增长速度的回落并非个别现象，与全省趋势一样，既受国际金融危机等外部因素影响，也与结构调整、产业升级、能源消耗、环境治理等经济发展周期及约束条件有关，更与经济发展的内部支撑因素有关。

(二) 地方财政一般预算收入

图 5　2014—2018 年南通市地方财政一般预算收入在泛长三角所占比重的变化趋势

2014—2018 年南通市地方财政一般预算收入在泛长三角所占比重分别为 3.23%、3.20%、2.78%、2.65%和 2.53%，整体呈现下降的态势，累计减少了 0.70 个百分点，2018 年较 2017 年减少了 0.12 个百分点。2018 年南通市地方财政一般预算收入在泛长三角地区 41 个市中排名第 8 位，较 2017 年持平。

2018 年全市一般公共预算收入 606.2 亿元，增长 2.6%；地方税收收入 504 亿元，增长 9%；税收占比 83.1%，同比提高 4.8 个百分点；总量列全省第四位，税收占比列全省第六位，量质齐升，圆满完成年度人代会收入预期目标。

分税种看，增值税完成 206 亿元，增长 9.7%；企业所得税完成 76.6 亿元，增长 24.9%；个人所得税完成 29.5 亿元，增长 8%。

（三）工业生产总值

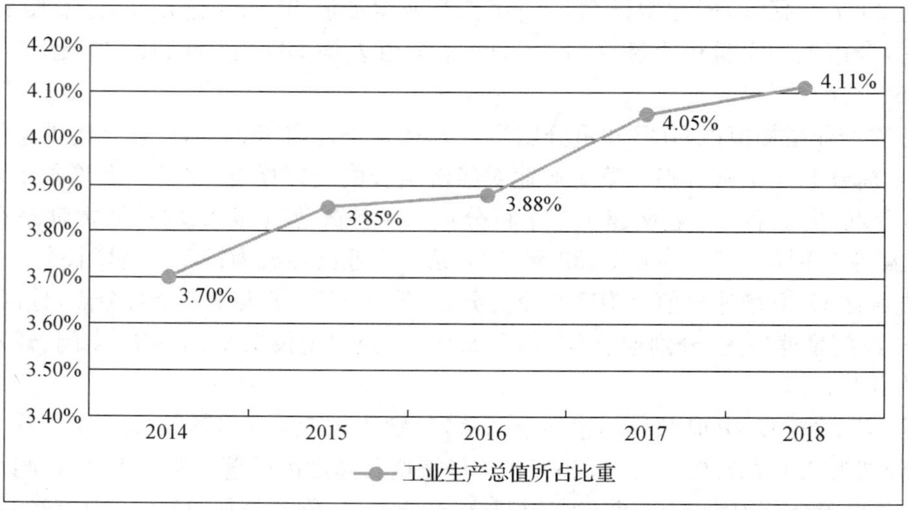

图6 2014—2018年南通市工业生产总值在泛长三角所占比重的变化趋势

2014—2018年南通市工业生产总值在泛长三角所占比重分别为3.70％、3.85％、3.88％、4.05％和4.11％，总体呈增加的态势，达到历史新高，2018年较2017年增加了0.06个百分点，五年时间累积增加了0.41个百分点。2018年南通市工业生产总值在泛长三角地区41个市中排名第7位。

2018年，全市工业增加值3283.2亿元，增长7.4％。其中，规模以上工业增长7.7％列全省第四，较2017年前进3位。分县市区看海安、海门增速靠前，分别增长12.8％、10.3％。四个区的规上工业增加值增速低于全市平均水平，其中开发区同比下降9.3％。

新旧动能接续转换。创新转型步伐加快。全市拥有高新技术企业1309家，比2017年增加264家。高新技术产业产值占规模工业总产值比重达50.1％，比2017年提高1.1个百分点。先进制造业加速发展。工业“3＋3”产业产值增长13.7％，占规模工业总产值的比重达60.7％，其中电子信息产业增长18.4％，智能装备业增长17.1％。

（四）进出口总额

图7 2014—2018年南通市进出口总额在泛长三角所占比重的变化趋势

2014—2018年南通市进出口总额在泛长三角所占比重分别为2.21%、2.27%、2.33%、2.33%和2.31%，2018年与2017年减少了0.02个百分点，五年时间累积增加了0.10个百分点。2018年南通市进出口总额在泛长三角地区41个市中排名第9位。

2018年，面对复杂严峻的宏观经济形势，南通市主动适应新常态，以"一个龙头、三个先锋"为新使命，坚持解放思想，以开放促改革、以开放促发展，外贸进出口在稳中有进的同时实现了提质增效。据南通海关统计，2018年，南通市实现外贸进出口总值2542.9亿元人民币（下同），比2017年（下同）增长7.7%，占同期江苏省进出口总值的5.8%，在全省继续稳居第四位、在苏中苏北地区稳居首位。其中，出口1676.9亿元，下降0.9%，占同期江苏省出口总值的6.3%；进口866亿元，增长29.6%，占同期江苏省进口总值的5.1%；实现贸易顺差810.9亿元，比2017年减少20.8%。

2018年南通市外贸进出口的主要特征：

（一）一般贸易主导地位增强，加工贸易增速创5年新高。2018年，南通市企业以一般贸易方式进出口1829亿元，增长19.5%，增速高于总体11.8个百分点，占南通市进出口总值的71.9%，所占比重比2017年提升7个百分点。同期，加工贸易进出口608.6亿元，增长7.9%，增速为2014年来最高值，占23.9%。

（二）对传统市场依赖持续降低，市场多元化程度进一步加深。2018年，南通市企业对外贸易涉及国家（地区）达到199个。其中，对美国和日本分别进出口342.4亿元和325亿元，分别增长6.3%和9.4%；对东盟和欧盟分别进出口324.6亿元和306亿元，分别下降3%和5%；四者合计占南通市进出口总值的51%。其中，对日欧美三大传统市场进出口合计占38.3%，比2017年下降1.6个百分点，连续第4年下滑。在对发达市场依赖度逐年下降的同时，南通市对新兴市场进出口继续保持较快增速。其中，对拉丁美洲、非洲进出口分别增长11.5%和11.2%。

（三）外贸主体"新陈代谢"加快，龙头企业集中度明显上升。从企业类型来看，2018年，南通市民营企业与外资企业进出口值基本相当，分别为1124.5亿元和1123.3亿元，均占南通市进出口总值的44.2%；国有企业进出口295.1亿元，占11.6%。从企业数量来看，2018年，南通市有进出口实绩的企业共6521家，比2017年增加455家，增长7.5%；其中，新企业比重较2017年提高1.8个百分点。外贸行业加快"换血"，在带动南通市外贸体量不断攀升的同时，也为南通市外向型经济带来活力。从企业集中度来看，进出口值前10位的企业合计占南通市进出口总值的28%，比2017年大幅提升5.8个百分点。

（四）出口产品层次提升，"优进优出"趋势显现。出口方面，2018年，南通市出口机电产品693.8亿元，增长4.4%，占出口总值的41.4%；出口纺织品470.2亿元，下降3%，占28%；出口石化产品123.3亿元，增长21%，占7.4%。从具体品种来看，船舶、集装箱、集成电路、体育用品出口分别增长35.3%、19.1%、33.6%和19.6%；服装及衣着附件、二极管及类似半导体器件、太阳能电池出口分别下降5.1%、16.6%和18.8%。值得注意的是，高新技术产品（与机电产品范围部分重合）出口值达到223.4亿元，增长9.5%，所占比重由2017年的12.1%提升至13.3%。2018年，南通市出口商品价格平均上涨6.4%，高于同期国内PPI涨幅2.9个百分点，出口产品结构升级取得实效。

进口方面，2018年，南通市进口石化产品458.1亿元，增长47.9%，占进口总值的52.9%。其中，天然气258亿元，增长1倍。同期，进口机电产品167.3亿元，增长26.2%；进口农产品91.5亿元，下降6.8%，其中，大豆28.4亿元，下降5.8%；进口高新技术产品115.9亿元，增长27.3%。

（五）实际外商直接投资金额

图 8　2014—2018 年南通市实际外商直接投资金额在泛长三角所占比重的变化趋势

2014—2018 年南通市实际外商直接投资金额在泛长三角所占比重分别为 3.08%、3.16%、3.10%、3.19%和 3.28%，2016 年出现下跌，2018 年继续上涨，2018 年较 2017 年增加了 0.09 个百分数，五年累计上升了 0.20 个百分点。2018 年南通市实际外商直接投资金额在泛长三角地区 41 个市排名第 10 位，较 2017 年保持一致。

2018 年，全年新批外商投资项目 294 个，比 2017 年下降 15.5%，其中，千万美元以上项目 212 个，比 2017 年下降 17.2%；新批协议外资 70.1 亿美元，增长 30.7%；实际到账注册外资 25.8 亿美元，增长 6.6%。

八　连云港市 2018 年经济社会发展报告

2018 年，全市上下紧紧围绕“高质发展、后发先至”主题主线，凝心聚力推进三年行动计划，努力打造“一带一路”战略支点，统筹抓好稳增长、促改革、调结构、惠民生、防风险各项工作，经济发展稳中有进，转型升级步伐加快，改革开放持续深入，生态建设成效显著，民生福祉不断增进，各项事业实现新的进步。

一　连云港市 2018 年经济发展概况

（一）综合经济

1. 经济总量

经济总量不断扩大。2018 年，全市实现地区生产总值 2771.70 亿元，比上年增加 131.39 亿元，增长 4.7%。其中，第一产业增加值 325.57 亿元，增长 2.6%；第二产业增加值 1207.39 亿元，增长 1.9%；第三产业增加值 1238.74 亿元，增长 8.2%。人均地区生产总值 61332 元，增长 4.5%。

高质量发展步伐加快。一是产业结构优化，第三产业占比 20 年来首次超过第二产业，三次产业结构调整为 11.7∶43.6∶44.7；二是消费对经济增长的贡献率上升，2018 年达到 52.0%，已经成为拉动经济增长“三驾马车”中的首要因素；三是财政收入质量提升，税收占比达到 80%；四是创新成效显现，高新技术产业产值占规模以上工业比重达 43.7%。

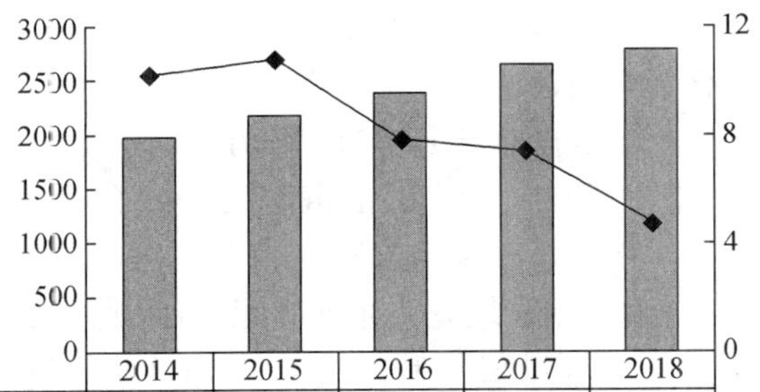

	2014	2015	2016	2017	2018
地区生产总值(亿元)	1965.89	2160.64	2376.58	2640.31	2771.70
增幅(%)	10.2	10.8	7.8	7.4	4.7

图 1　2014—2018 年连云港市地区生产总值及增长速度

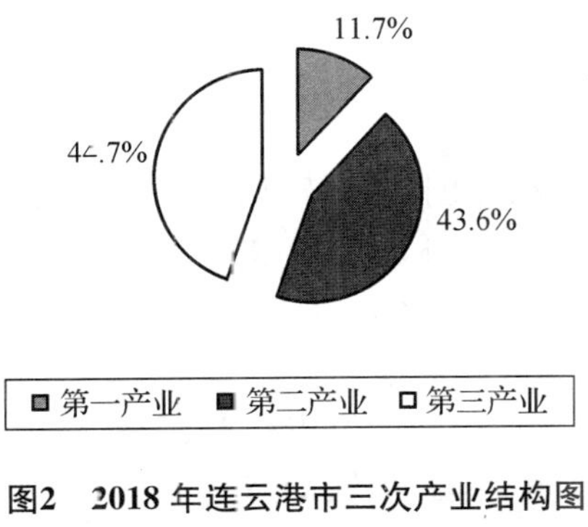

图2　2018 年连云港市三次产业结构图

2. 财政收支

财政收入稳定增长。全年实现一般公共预算收入234.31亿元，增长9.1%。其中，税收收入187.45亿元，增长17.6%，税收占比达80.0%，比上年提高5.8个百分点。增值税(含营业税)90.0亿元，增长16.8%；企业所得税28.38亿元，增长47.2%；个人所得税8.51亿元，增长14.2%。

3. 物价水平

物价温和上涨。全年居民消费价格上涨2.3%，八大类商品和服务项目价格指数全部上涨。其中，教育文化和娱乐类价格上涨3.6%，涨幅最大；其他依次为居住、生活用品及服务、交通和通信、医疗保健、衣着、食品烟酒、其他用品和服务，分别上涨2.8%、2.7%、2.7%、2.3%、1.6%、1.5%、1.3%。工业生产者出厂价格小幅上涨1.5%，其中生产资料类上涨3.9%，生活资料类下降6.7%；工业生产者购进价格上涨3.6%。

4. 固定资产投资

固定资产投资稳步增长。全年固定资产投资1859.28亿元，增长6.7%，比全省平均水平高1.2个百分点。其中，工业投资1073.92亿元，增长13.7%；房地产开发投资341.52亿元，增长24.2%；民间投资1075.10亿元，增长14.1%。

制造业投资快速增长。全年完成制造业投资929.17亿元，增长18.1%，比全市平均水平高11.4个百分点；占全市项目投资比重61.2%，比上年提高7.6个百分点；拉动全市投资增长8.2个百分点。

高新技术产业投资拉动作用上升。全年完成高新技术产业投资235.51亿元，增长23.5%，比全市平均水平高16.8个百分点，占全部投资的比重为12.7%，比上年提高1.8个百分点，对全市投资增长贡献率达38.3%。

（二）农林牧渔业

农业生产结构进一步调整。全年实现农林牧渔业总产值636.65亿元，可比价计算增长2.4%。其中，农业产值304.65亿元，增长1.8%；林业产值16.0亿元，下降1.1%；牧业产值115.89亿元，下降0.5%；渔业产值155.49亿元，增长4.4%；农林牧渔服务业产值45.38亿元，增长8.7%。

粮食生产稳中有升。全年粮食总产量364.03万吨，增长0.5%。其中，夏粮亩产388公斤，下降2.1%，总产为141.12万吨，下降1.5%；秋粮亩产为565公斤，增长0.7%，总产为222.91万吨，增长1.8%。

现代农业加快发展。全市有国家级龙头企业2家，省级龙头企业49家，市级龙头企业230家。高标准农田、高效设施农业占比分别达到59%和20%，“合作社＋家庭农场＋基地＋农户”等多种经营快速推进，葡萄架下养鸡养鹅、稻虾共生等立体种养模式进一步推广，种养效益和农产品质量显著提升。

三次产业融合发展步伐加快。农业信息化快速发展，9家单位入选省农委公布的农业信息化示范基地名单，创建涉农电商产业园11个，利用网络开展农业营销的各类主体数量8400多家。国家农业开放合作试验区建设全面启动，农产品出口超6亿美元。

（三）工业和建筑业

1. 工业经济

工业结构调整步伐加快。全市主动抓创新、促转型，大力淘汰落后产能，高新产业快速发展。全年高新技术产业占规模以上工业比重达43.7%，比上年提高8.9个百分点。其中，新医药、新材料、新能源和高端装备制造等“三新一高”产业占高新技术产业产值比重达97.0%。实现新产品产值494.5亿元，增长12.5%，高于规模以上工业20.6个百分点。

重点企业较快增长。全市30强工业企业产值增长15.7%，高于全市平均水平24.6个百分点，拉动全市工业产值增长8.4个百分点。其中，镔鑫钢铁增速达59.7%，兴鑫钢铁、斯尔邦、虹港石化、润众制药等企业增速超过30%。销售过百亿企业达到7家。

工业出口增速明显回升。全年规模以上工业实现出口交货值126.22亿元，增长12.2%，比上年提高9.1个百分点。

工业企业效益下行。全年规模以上工业实现主营业务收入2493.70亿元，下降7.9%。在统的34个行业大类中9个实现正增长，占比26.4%。实现利润总额230.47亿元，下降10.4%。企业亏损面、亏损额双增长，亏损企业298家，增长56.8%，亏损企业亏损额25.18亿元，增长131.4%。

2. 建筑业

建筑业平稳发展。全年实现建筑业增加值245.50亿元，增长3.0%。资质以上建筑业企业完成总产值719.22亿元，增长1.0%；房屋施工面积5945.08万平方米，下降0.6%；房屋竣工面积2380.43万平方米，与上年基本持平。

（四）服务业

1. 国内贸易

消费品市场运行良好。全年实现社会消费品零售总额1121.31亿元，增长8.3%。其中，批发业实现零售额209.54亿元，增长60.5%；零售业实现零售额748.53亿元，下降2.3%；住宿业实现零售额31.22亿元，增长70.7%；餐饮业实现零售额132.02亿元，增长9.0%。

城乡消费均衡增长。居民收入快速增长，城镇化步伐不断加快，农村消费不断升级，农村消费需求旺盛。三县实现零售额467.46亿元，增长8.2%，市区实现零售额653.85亿元，增长8.4%。

2. 港口、交通运输与邮电

港口向高质量发展阶段迈进。连云港绿色智能港口建设与运营科技示范工程经过6年奋斗，顺利通过交通运输部验收。工程结合连云港港口建设与运营实际，紧扣“绿色、智能、创新、示范”主题，实施完成了新型岸壁结构、疏浚土筑堤、高压岸电以及铁水联运信息平台等11个建设类和运营类项目，取得了丰硕的科技成果，培养了一批工程科技创新人才，经济效益、社会效益和环境效益显着。全年港口货物吞吐量2.36亿吨，增长3.2%；集装箱474.56万标箱，增长0.7%。海河联运完成1189万吨，增长38.6%。

铁路运输进入高速时代。连云港铁路综合客运枢纽投入使用，连青、连盐铁路实现通车运营，动车直达首都北京，连镇、连徐铁路加快建设，港城阔步跨入高铁时代。全年铁路客运总量404.43万人次，增长2.0%；货运总量突破5000万吨，达到5473.17万吨，增长11.1%。

民航旅客吞吐量大幅增长。机场在运航线30条，通达北京、上海、广州、徐州、厦门、哈尔滨等27个国内城市和泰国曼谷。全年飞机起降1.50万架次，增长33.4%；旅客吞吐量继上年首次突破百万基础上一跃跨上150万台阶，达151.62万人次，增长38.7%；货邮行吞吐量8188吨，增长52.0%。花果山国际机场开工，千万人次级别的航空枢纽建设拉开序幕。

邮政通讯业务较快增长。全年邮政通讯总收入55.61亿元，增长12.4%。其中，邮政速递业务收入17.36亿元，增长24.8%；通讯业务总收入38.25亿元，增长7.5%。邮政寄递服务完成7755万件，增长11.1%；快递业务量达到13242万件，增长39.4%。年末，全市电话用户540.71万户，增长7.5%。其中，移动电话用户483.75万户，增长9.7%。互联网用户519.27万户，增长10.9%。其中，固定宽带用户153.95万户，移动电话上网用户365.32万户，分别增长8.7%和11.9%。

3. 旅游业

旅游经济表现活跃。新增灌云伊甸园、伊芦山梅园和赣榆秦山岛等三家3A级旅游景区，年末全市国家等级旅游景区总数达42家。其中，4A级及以上景区11家，3A级景区20家，2A级景区11家。灌云县潮河湾景区继青松岭森林公园、连岛海滨旅游度假区创成“江苏省自驾游基地”。旅行社116家，星级饭店20家，特色旅游镇村15个。全年旅游接待人数达到3805万人，增长12.4%；实现旅游收入首次跨上500亿台阶达531亿元，增长15.9%。

4. 金融和保险业

金融信贷较快增长。年末，全市金融机构存款余额为3261.64亿元，比年初增加284.66亿元，同比增长9.6%。其中，住户存款余额1429.18亿元，比年初增加139.25亿元，同比增长10.8%。贷款余额为2945.04亿元，比年初增加468.96亿元，同比增长18.9%，增速居全省第一位。

保险市场快速发展。全市保险业务总收入突破百亿，达到103.41亿元，增长12.5%，居全省第三位。其中，财产险27.87亿元，增长7.1%；寿险61.58亿元，增长10.0%；健康险12.28亿元，增长46.0%，居全省第一位。

（五）对外经济

进出口总额较快增长。全年完成进出口总额95.47亿美元，增长16.2%，居全省第三位。其中，进口总额53.88亿元，增长25.4%，拉动全市进出口增长13.3个百分点；出口总额41.59亿美元，增长6.0%，拉动全市进出口增长2.9个百分点。其中，医药产业技术出口表现抢眼，恒瑞医药与美国企业累计签订价值5.7亿美元的技术转让许可协议。

实际利用外资下降。全年实际利用外资6.03亿美元，下降11.0%。其中，新设项目平均规模2983万美元，增长43.9%。

“一带一路”支点建设成效明显。上合物流园铁路装卸场站地基处理全部完工，园区公路、内河、铁路、保税等功能优势逐步显现。上合物流园成功获批江苏省级粮食物流产业园，全年物流业总收入2.3亿元，增长超过50%。中哈物流基地效益提高，从连云港中哈物流基地发出的国际班列实现中亚地区主要站点全覆盖，并延伸形成至土耳其伊斯坦布尔、德国杜伊斯堡南北两条中欧班列线路，运营水平从日均0.8列递增至2.1列，特别是连云港至阿拉木图、塔什干点对点直达班列，领先优势明显。中哈物流基地全年接卸铁合金、小麦、棉纱等货物的东行集装箱超过1万车，比上年增长近40%。

二　连云港市2018年社会发展概况

（一）人口、人民生活

人口总量保持稳定。年末户籍人口534.34万人，比上年末增加1.81万人，增长0.3%。年末常住人口452.0万人，比上年末增加0.16万人，增长0.04%。其中，城镇常住人口282.95万人，比上年末增加4.17万人，增长1.5%。常住人口城镇化率62.6%，比上年提高0.9个百分点。

居民收入较快增长。根据城乡一体化住户抽样调查，全市居民人均可支配收入25864元，增长8.8%。其中，城镇常住居民人均可支配收入32749元，增长8.1%；农村常住居民人均可支配收入16607元，增长8.7%。

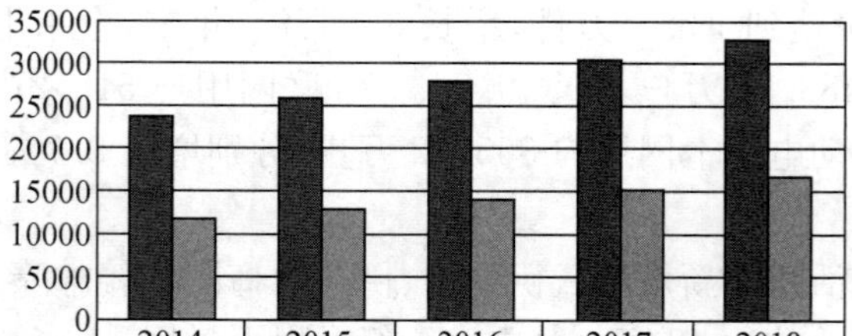

	2014	2015	2016	2017	2018
■城镇居民人均可支配收入(元)	23595	25728	27853	30293	32749
■农村居民人均可支配收入(元)	11698	12778	13932	15273	16607

图3　2014—2018年连云港市城乡居民收入对比一览

（二）就业、社会保障

就业创业形势稳中向好。年末城镇登记失业率1.8%，比上年末下降0.06个百分点。深入落实“鼓励全面创业政策28条”，全年新增城镇就业6.27万人，支持成功自主创业1.5万人，转移农村劳动力2.5万人。发放创业补贴、创业担保贷款等各类扶持资金1.06亿元，惠及创业者1.96万人次，创业带动就业5.6万人，新增自主创业大学生1601人。“智能化海鲜储运系统”项目获创新组全省第一名，代表省参加国赛并获“创翼之星”奖。

保障体系不断完善。全面提高城乡居民医保住院、门诊及生育等待遇，医保报销比例稳步提高，城镇职工医保、城乡居民医保住院费用报销比例分别为89.1%、70.2%。城乡居民养老、居民医保参保人数分别为103万人、380万人，基本实现参保全覆盖。企业职工养老保险净增2.28万人，基金征缴62.93亿元，增长24%；市区五险保费征缴总收入63.76亿元，增长20.7%。企业退休人员基本养老金实现14连调，城乡居保基础养老金7连调，被征地农民社会保障待遇5连调。

（三）教育与科技创新

1. 教育事业

教育事业加快发展。全年新建中小学、幼儿园42所，改造中小学校舍45.9万平方米，义务教育学校实现集团办学、结对共建全覆盖。教育现代化加快推进，创建省职业教育现代化示范校和优质特色学校2所、省现代化实训基地项目5个，“云海在线”服务平台推广应用，全市学生在线听课达37万人次，应用“微课”师生数达2415万人次。28名教师获评省特级教师，17名教师通过正高级教师评审，省“师陶杯”、“教海探航”论文竞赛、省信息化教学能手决赛成绩居全省第一，第八届江苏省职业教育创新大赛综合成绩列全省第四、苏北第一。

2. 科学技术

创新平台建设力度加大。国家创新型城市、国家知识产权试点城市建设稳步推进，高效低碳燃气轮机试验装置国家重大科技基础设施项目获批建设。新增市级众创空间8家、省级众创空间2家、省级孵化器1家、省级加速器1家。综合保税区、国家海洋经济发展示范区成功获批，高新区获批省级“苗圃-孵化器-加速器”科技创业孵化链条试点，东海高新区获批省级开发区。

科技创新成果丰硕。中复神鹰碳纤维项目荣获国家科技进步一等奖，22个项目入围国家级、省级科学技术奖。万人有效发明专利6.2件，比上年增加0.8件。新药创制获批16项国家科技重大专项，四大药企跻身中国药品研发20强。716研究所获批省级高价值专利培育示范中心建设，全市总数达5家，列全省第三；赣榆区获批创建2018年度知识产权强省建设示范区域。

（四）文化、卫生与体育

1. 文化事业

文化服务水平提升。全年建成综合性文化服务中心803个，全市覆盖率达到87.1%。市文化馆公共服务数字推广业绩全省领先，国家级试点项目“连云港市图书馆服务标准化”通过中期评估，3家公共图书馆均被评为国家一级馆。持续开展文化惠民活动，组织举办群众性展演展映活动2万余场次，获评省“紫金文化艺术节”优秀组织奖。小戏《孤岛夫妻哨》参加2018年戏曲百戏（昆山）开幕式及央视新年戏曲晚会，女子民乐团获2018上海“周浦杯”全国民族管弦乐及地方曲种邀请赛金奖。

2. 卫生事业

健康城市建设有序推进。医疗卫生服务不断优化，医联体建设实现全覆盖，市妇幼保健院扩建、省海滨康复医院等工程有序推进。基层诊疗人次占总诊疗人次比例达到70.1%，县域内就诊率90.3%。基本药物制度巩固提高，基层医疗机构和二级及以上医疗机构基药占比分别达80%、60%以上，超省定标准。国家卫生县城和省级卫生乡镇实现全覆盖，灌云、赣榆建成全省基层卫生十强县区。"健康宝贝"工程全面实施，出生缺陷防治工作走在全国前列。

3. 体育事业

体育事业稳步发展。山海休闲体育城市加快打造，成功举办中国首个"齐天大圣"元素品牌的西游文化精品赛事——第二届(2018)连云港花果山国际越野赛，全国各地900多名运动员参加。全民健身活动蓬勃开展，连云港市首届全民健身运动会(农民部)比赛圆满成功，参赛运动员达5万人次，参与群众超过100万人次，历史上参与人数最多、规模档次最高、持续时间最长。

(五) 城乡建设

致力协调发展，优布局，强功能，城乡融合得到新加强。城市组团加快发展，赣榆加速融入主城区，海州老城区加快改造更新，连云新城规划开发全面提速。县城发展能级稳步提升。242省道朝阳互通、环云台山大道等联通工程全面建成。城市配套不断完善，市区新改建主次干道50公里，新增供水、燃气、污水管道125公里。改造供电线路2211公里。调整优化公交线路11条，新增智慧站点100个。新开工海绵城市项目7个、地下综合管廊15.6公里。瀛洲公园、人文纪念园开工建设，新增公共绿地270公顷。国内首条生活垃圾干化生产线投用，162个小区实现垃圾分类。居住条件持续改善，整治危旧房5.2万平方米，改造老旧小区51个。开展既有住宅加装电梯试点。公租房分配率98.6%。存量房交易"四价合一"做法全国推广。农村基础设施得到加强，新改建农村公路810公里、桥梁30座。改造供水管网212公里，新增受益人口12.8万。农村改厕7.2万座。新增14个乡镇开通镇村公交。石梁河镇树墩村等8个省级美丽乡村、李集镇新民村等5个省级特色田园乡村加快建设。

(六) 环境治理和节能减排

2018年连云港市致力绿色发展，下决心，出实招，生态文明建设成效显著。中央环保督察"回头看"交办事项全部办结。化工园区环保设施提档升级，关停取缔企业75家。

全面推进环境综合治理。建立完善政府行政主要负责人抓环保制度，在全省率先成立生态环境犯罪侦查支队。以"河长制""湾长制"为抓手，全面打响水环境治理攻坚战，城市和建制镇污水处理设施基本实现全覆盖，治理黑臭水体11条，地表水国省考断面全面消除劣Ⅴ类。近岸海域水质优良率达91.7%，比年初上升58.4个百分点，劣Ⅳ类海水全部消除，入海河流水质明显改善。科学推进生态保护修复，严格落实"三线一单"管理，在全省率先出台实施海洋生态红线保护规划。全面展开国家生态文明建设示范市、国家森林城市创建，新增造林面积20万亩，森林覆盖率达28.3%，空气优良率77.3%，居全省前列。

节能减排扎实推进。积极推进生产方式绿色化转型，加强重点领域节能减排，扎实开展"263"专项行动，灌云、灌南化工园区企业全面停产整治，关停取缔企业75家。全市单位GDP能耗下降3.8%。

三　连云港市在泛长三角地区经济发展中的地位

2018年，在市委、市政府的坚强领导下，在市人大及其常委会的监督指导下，全市上下认真贯彻市委、市政府决策部署，紧紧围绕"高质发展、后发先至"主题主线，深入推进"以港兴市、产业强市、创新驱动、绿色发展、协调共进"五大发展战略，坚持稳中求进工作总基调，自觉践行新发展理念，认真执行市十四届人大二次会议审议批准的 2018 年国民经济和社会发展计划，凝心聚力、攻坚克难，经济社会发展取得新成效，一批事关全局的大事要事获得新突破，一批攻坚多年的重大项目落地开工，“高质发展、后发先至”取得首战胜利。

（一）地区生产总值

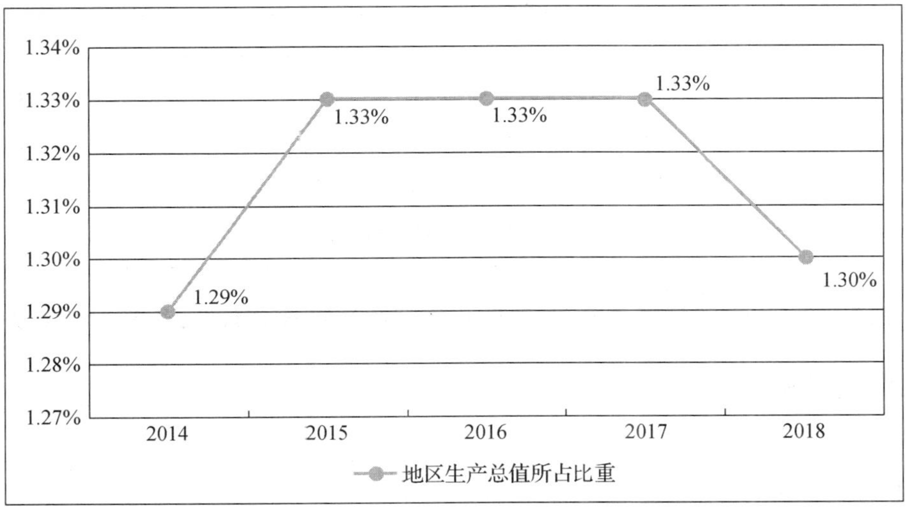

图 4　2014—2018 年连云港市地区生产总值在泛长三角
（苏浙两省 24 个地级市、安徽省 16 个地级市和上海市，下同）所占比重的变化趋势

2014—2018 年连云港市地区生产总值在长三角所占比重分别为 1.29%、1.33%、1.33%、1.33%和 1.30%，五年累计增幅为 0.01 个百分点，2018 年较 2017 年减少了 0.03 个百分点。2018 年连云港市地区生产总值在泛长三角地区 41 个市排名第 22 位，较 2017 年下降两位。

2018 年，全市实现地区生产总值 2771.70 亿元，比 2017 年增加 131.39 亿元，增长 4.7%。其中，第一产业增加值 325.57 亿元，增长 2.6%；第二产业增加值 1207.39 亿元，增长 1.9%；第三产业增加值 1238.74 亿元，增长 8.2%。人均地区生产总值 61332 元，增长 4.5%。产业结构优化，第三产业占比 20 年来首次超过第二产业，三次产业结构调整为 11.7∶43.6∶44.7；二是消费对经济增长的贡献率上升，2018 年达到 52.0%，已经成为拉动经济增长“三驾马车”中的首要因素；三是财政收入质量提升，税收占比达到 80%；四是创新成效显现，高新技术产业产值占规模以上工业比重达 43.7%。

（二）地方财政一般预算收入

2014—2018 年连云港市地方财政一般预算收入在泛长三角所占比重分别为 1.54%、1.49%、0.99%、0.96%和 0.98%，2018 年较 2017 年增加了 0.02 个百分点。2018 年连云港市地方财政一般预算收入在泛长三角地区 41 个市中的排名达到第 23 位，较 2017 年保持一致。

2018 年，全市一般公共预算收入 234.3 亿元，增长 9.1%；一般公共预算支出 419.3 亿元，增长 7.3%。全市政府性基金收入 144.6 亿元，增长 2.5%；政府性基金支出 199 亿元，增长 21.1%。全市国有资本经营预算收入 7.2 亿元，增加 5.1 亿元；国有资本经营预算支出 5.5 亿元，增加 4.7 亿元。全市社会保险基金收入 169.7 亿元，增长 16.8%；社会保险基金支出 166.1 亿元，增长 26%。

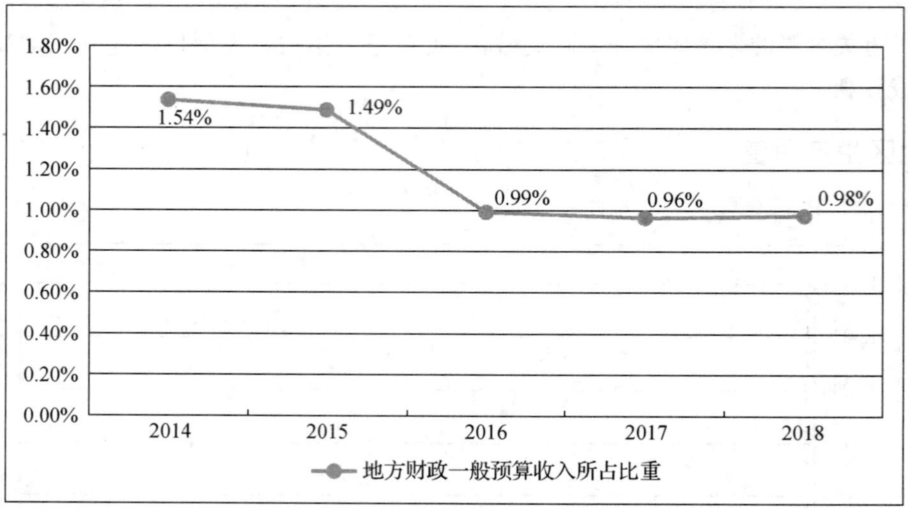

图5　2014—2018年连云港市地方财政一般预算收入在泛长三角所占比重的变化趋势

（三）工业生产总值

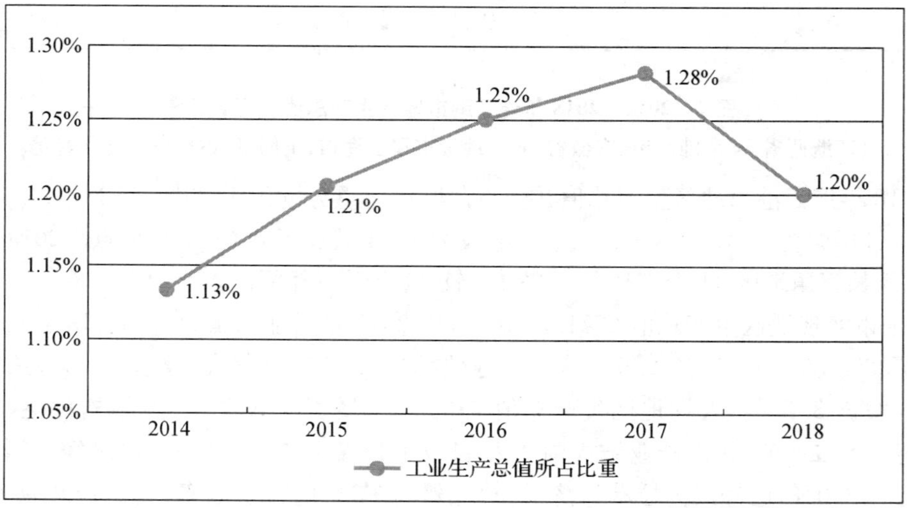

图6　2014—2018年连云港市工业生产总值在泛长三角所占比重的变化趋势

2014—2018年连云港市工业生产总值在泛长三角所占比重分别为1.13%、1.21%、1.25%、1.28%和1.20%，2018年较2017年下降了，五年累计增幅为0.07个百分点，2018年较2017年减少了0.08个百分点。2018年连云港市工业生产总值在泛长三角地区41个市中排在第24位。

2018年，工业结构调整步伐加快。全市主动抓创新、促转型，大力淘汰落后产能，高新产业快速发展。全年高新技术产业占规模以上工业比重达43.7%，比2017年提高8.9个百分点。其中，新医药、新材料、新能源和高端装备制造等“三新一高”产业占高新技术产业产值比重达97.0%。实现新产品产值494.5亿元，增长12.5%，高于规模以上工业20.6个百分点。重点企业较快增长。全市30强工业企业产值增长15.7%，高于全市平均水平24.6个百分点，拉动全市工业产值增长8.4个百分点。其中，镔鑫钢铁增速达59.7%，兴鑫钢铁、斯尔邦、虹港石化、润众制药等企业增速超过30%。销售过百亿企业达到7家。

（四）进出口总额

图 7　2014—2018 年连云港市进出口总额在泛长三角所占比重的变化趋势

2014—2018 年连云港市进出口总额在泛长三角所占比重分别为 0.56%、0.58%、0.53%、0.55%和 0.57%，整体呈振荡发展的态势，2018 年比 2017 年增加了 0.02 个百分点，五年时间累积增加了 0.01 个百分点。2018 年连云港市进出口总额在泛长三角地区 41 个市中排在第 22 位，较 2017 年下降一位。

2018 年，全市完成进出口总值 95.5 亿美元，同比增长 16.2%，高于全省平均增幅 3.8 个百分点，进出口规模首次超过 90 亿美元大关，创历史新高。其中出口 41.6 亿美元，同比增长 6.0%；进口 53.9 亿美元，同比增长 25.4%。

全市有进出口实绩的各类企业 1165 家，比上一年同期增加 57 家，其中进口企业 477 家，出口企业 988 家。30 家重点企业完成进出口总额 57.0 亿美元，同比增长 12.9%，占全市比重 59.7%。

在进出口市场方面，全市与 188 个国家和地区有进出口贸易。其中对亚洲国家和地区进出口 46.0 亿美元，同比增长 9.7%，占全市进出口总额的 48.2%；对拉丁美洲进出口 22.8 亿美元，同比增长 37.6%，占全市进出口总额的 23.9%；对北美洲进出口 9.8 亿美元，占全市进出口总额的 10.3%；对欧洲进出口 7.5 亿美元，同比增长 4.6%，占全市进出口总额的 7.9%；对非洲和大洋洲分别完成进出口 4.1 亿美元和 5.2 亿美元，同比分别增长 11.1%和 165.6%。美国、日本和韩国成为全市前三大出口市场，出口额分别为 6.4 亿美元、5.2 亿美元和 3.1 亿美元。全市前三大进口市场分别是巴西、韩国和伊朗，进口额分别为 15.5 亿美元、4.2 亿美元和 3.7 亿美元。

从进出口商品结构来看，化工医药产品、机电产品、农产品仍为出口主力产品。其中，化工医药产品完成出口 11.7 亿美元，机电产品出口 10.4 亿美元，农产品出口 6.2 亿美元，高新技术产品出口 3.4 亿美元，纺织服装制品出口 3.2 亿美元。本地出口大宗产品为铝合金轮毂、40 英尺集装箱、尿素、干香菇、20 英尺集装箱和太阳能电池。

与"一带一路"沿线国家和地区进出口规模再上新台阶。全年进出口贸易额达 27.3 亿美元，同比增长 13.2%。其中，出口完成 13.6 亿美元，同比增长 2.0%；进口 13.7 亿美元，同比增长 27.1%。在"一带一路"沿线国家和地区中，全市出口排名前三的分别为印度、越南和马来西亚，进口排名前三的国家分别为伊朗、印度尼西亚和马来西亚。全市对"一带一路"沿线国家出口的主要商品有干香菇、尿素、切片化学元素、碳酸钠和太阳能电池，从“一带一路”沿线国家进口的主要商品有甲醇、铁矿砂、对二甲苯、铜矿砂和已烧结的铁矿砂及其精矿。

（五）实际外商直接投资金额

图 8　2014—2018 年连云港市实际外商直接投资金额在泛长三角所占比重的变化趋势

2014—2018 年连云港市实际外商直接投资金额在泛长三角所占比重分别为 1.28%、1.09%、0.71%、0.89%和 0.77%，2018 年较 2017 年减少了 0.12 个百分点，较 2014 年减少了 0.51 个百分点。2018 年连云港市实际外商直接投资金额在泛长三角地区 41 个市中排在第 26 位，较 2017 年保持一致。

2018 年，实际利用外资下降。全年实际利用外资 6.03 亿美元，下降 11.0%。其中，新设项目平均规模 2983 万美元，增长 43.9%。

九　淮安市 2018 年经济社会发展报告

2018 年，面对严峻复杂的宏观环境和艰巨繁重的发展任务，全市上下坚持以习近平新时代中国特色社会主义思想为指引，全面贯彻党的十九大精神，牢牢把握稳中求进总基调，深入践行新发展理念，以供给侧结构性改革为主线，统筹抓好改革发展稳定各项工作，经济社会保持平稳健康发展，主要经济指标保持在合理区间，高质量发展实现良好开局。

一　淮安市 2018 年经济发展概况

（一）综合经济

1. 经济总量

经济发展总体稳定。全年实现 GDP3601.25 亿元，按可比价格计算，比上年增长 6.5%。其中，第一产业增加值 358.7 亿元，增长 3.1%；第二产业增加值 1508.11 亿元，增长 4.9%；第三产业增加值 1734.44 亿元，增长 8.8%。三次产业结构比例为 10.0∶41.8∶48.2，第三产业增加值占 GDP 比重比上年提升 0.6 个百分点。人均 GDP 达到 73203 元人民币，按可比价格计算，增长 6.1%，按当年平均汇率折算为 11062 美元。

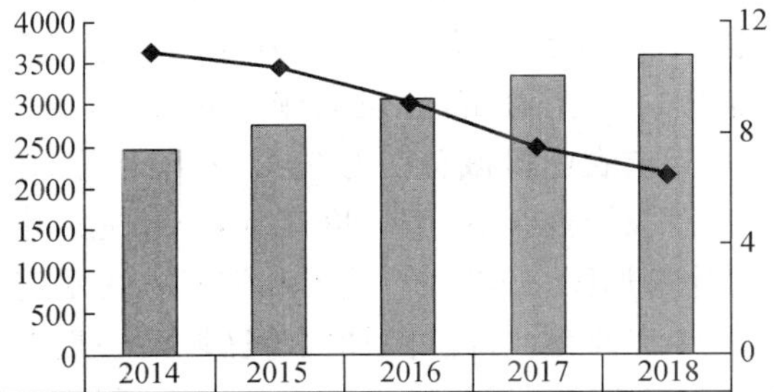

	2014	2015	2016	2017	2018
地区生产总值(亿元)	2455.39	2745.09	3048	3328.88	3601.25
增幅(%)	10.9	10.3	9	7.4	6.5

图 1　2014—2018 年淮安市地区生产总值及增长速度

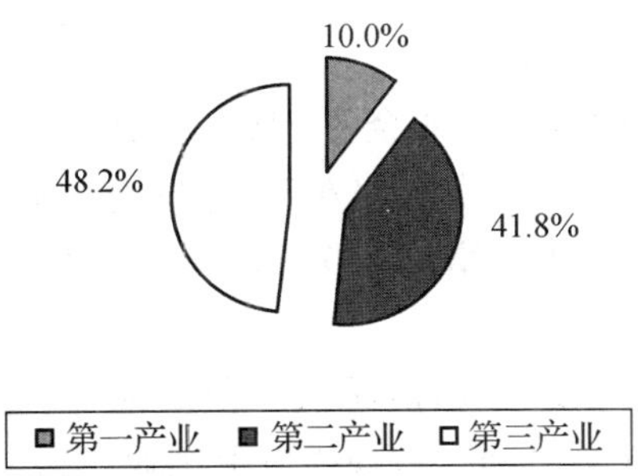

图 2　2018 年淮安市三次产业结构图

2. 财政收支

财政收支结构改善。全年实现一般公共预算收入 247.27 亿元，比上年增长 7.2%。其中税收收入

203.49 亿元，增长 14.9%；占一般公共预算收入比重达 82.3%，较上年提升 5.5 个百分点。一般公共预算支出 486.81 亿元，增长 7.6%，其中民生类支出 354.25 亿元，占一般公共预算支出比重 72.8%。

3. 物价指数

消费价格温和上涨。居民消费价格比上年上涨 2.1%。八大类商品价格“七涨一跌”：食品烟酒类上涨 1.6%，居住类上涨 2.9%，生活用品及服务类上涨 1.8%，交通和通信类上涨 1.7%，教育文化和娱乐类上涨 4.6%，医疗保健类上涨 1.5%，其他用品和服务类上涨 4.3%，衣着类下跌 1.8%。食品价格中，鲜菜价格上涨 7.4%，鸡价格上涨 11.2%，虾蟹价格上涨 19.5%，鸡蛋价格上涨 10.1%，鲜瓜果价格上涨 8.5%；受非洲猪瘟疫情影响，猪肉价格下跌 4.4%。

4. 固定资产投资

固定资产投资持续增长。全年规模以上固定资产投资完成额比上年增长 9.0%，其中工业投资增长 16.1%，房地产开发投资增长 3.0%，民间投资增长 12.8%，民间投资占固定资产投资比重 69.3%。全年新开工亿元以上工业项目 154 个，新竣工设备投资超千万元项目 107 个。实施 725 个城建重点项目。金融中心一期工程顺利竣工，京杭运河淮海路大桥主体结构基本完成，里运河文化长廊、高铁商务区建设加速推进，淮安东站综合客运枢纽开工建设，市区内环高架一期进展顺利。制造业投资高质量推进，德淮一期、时代芯存等龙头制造业项目主体竣工，首辆“淮安造”纯电动新能源汽车正式亮相。

（二）农林牧渔和水利业

农业生产获得丰收。全年粮食总产量 482.26 万吨，比上年增产 0.01 万吨。其中，夏粮 181.09 万吨，减产 0.32 万吨；秋粮 301.17 万吨，增产 0.33 万吨。全年粮食播种面积 1021.59 万亩，比上年增加 0.87 万亩。蔬菜种植面积 143.57 万亩，建设大棚 6.6 万亩，成片造林 3.93 万亩。全年水产品总产量 26.1 万吨，增长 4.46%。年末农业机械总动力 634.92 万千瓦，增长 0.9%。

水利建设成效显著。总投资连续 8 年超 30 亿元，全年完成水利建设投资 32.17 亿元。重大基建项目扎实推进，洪泽湖大堤除险加固、分淮入沂整治和淮河入江水道综合整治等三大流域性治淮骨干工程圆满收官；盱眙县蔡港等 19 座小型水库除险加固等区域治理重点项目进展迅速。城市水利建设质态提升，淮河行蓄洪区及淮河干流滩区居民迁建工程启动实施，茭陵一站引河等中小河流得到有效治理。农村水利强力推进，完成农村河道疏浚及河塘整治土方 2005 万方，累计修建小沟级以上建筑物 8877 座；新改造农村供水管网 3600 公里，新增受益人口超过 55 万人，全市饮水安全巩固提升工作提前 2 年完成省定计划。

（三）工业和建筑业

工业经济平稳运行。全市有规模以上工业企业 2192 户，规模以上工业增加值比上年增长 4.8%，其中，轻工业增长 3.1%，重工业增长 6.0%。分经济类型看，国有工业下降 9.9%，集体工业增长 4.9%，股份制工业增长 5.3%，外商港澳台投资工业增长 2.7%。规模以上工业企业主营业务收入增长 10.9%，利润总额增长 9.2%。

优势产业集聚发展。新一代信息技术、新能源汽车及零部件、盐化凹土新材料、食品等“三新一特”优势特色产业完成工业总产值 1116.70 亿元，占规模以上工业产值比重 27.9%，增长 9.9%。其中，新能源汽车和零部件、生物医药产业产值分别增长 11.9%、22.9%。

建筑业稳步增长。全市有具有资质等级的总承包和专业承包建筑业企业 568 户，全年完成建筑业总产值 1395.9 亿元，比上年下降了 0.05%。其中，建筑工程产值 1350.57 亿元，下降 0.01%。实现建筑业增加值 241.4 亿元，增长 10%。

（四）服务业

1. 国内贸易

全年实现社会消费品零售总额1239.7亿元，比上年增长7.8%。按经营单位所在地分，城镇实现消费品零售额1105.5亿元，增长6.9%；农村实现消费品零售额134.2亿元，增长15.2%。按消费类型分，批发和零售业实现零售额1116.3亿元，增长7.6%，住宿和餐饮业实现零售额123.4亿元，增长8.8%。以智能手机、平板电脑等消费升级类商品销售保持较快增长，其中限额以上单位通讯器材类商品零售额增速达20.3%。全年限额以上网上销售额增长17.4%，零售额增长24.5%。

2. 交通运输与邮电

交通投资再创新高。完成交通建设投资134亿元，比上年增长9.8%，投资总额创历史新高。连淮扬镇、徐宿淮盐铁路完成线下主体工程，徐宿淮盐铁路完成铺轨，综合客运枢纽全面开工建设，宁淮铁路前期工作取得重大突破。348省道洪泽绕城段、淮安区东段建成通车，420省道金湖段、235国道盱眙段等干线公路建设有序推进。京沪高速公路扩建淮安东、淮安两个互通开工建设。淮安港许渡作业区、城东作业区一期工程建成使用，新增港口吞吐能力800万吨。淮安机场二期扩建工程建成使用，金湖通用机场开工建设。

运输业稳定增长。完成公路水路货运量1.29亿吨，货运周转量398亿吨公里，比上年分别增长1.9%、2.1%。港口集装箱吞吐量20.2万标箱，增长17%，占全省内河运量60%。淮安机场完成旅客吞吐量151.6万人次、货邮吞吐量6286吨，分别增长18%、26%；新增柬埔寨、泰国等航线，通航城市增至30个。全市行政村双车道四级公路覆盖率大幅提升至97.09%；新增18个乡镇开通镇村公交，镇村公交覆盖率100%。全市公路总里程达1.34万公里，其中高速公路里程404公里，一级公路里程749公里。

邮电通讯业快速发展。全年完成电信业务收入32.67亿元，比上年增长22.7%；邮政业务收入21.79亿元，增长17.32%。年末固定电话用户39万户，下降9.3%。移动电话用户481.77万户，增长8.3%。年末互联网固定宽带用户91万户，增长8.4%。

3. 旅游业

旅游业较快发展。全年旅游业总收入413亿元，比上年增长15.6%。其中，国内旅游收入409.23亿元，增长15.7%；旅游外汇收入2357.36万美元，增长11%。全年接待境内外游客3292.71万人次，比上年增长12.2%；接待入境过夜游客2.6万人次，增长8.6%。全市共有国家A级旅游景区42家，其中5A级1家，4A级16家；省星级乡村旅游区52家，省级自驾游基地3家、旅游度假区2家、工业旅游区2家、生态旅游示范区2家，省旅游风情小镇1家。星级旅游饭店29家。旅行社110家，其中四星级旅行社2家、出境社5家。持有电子导游证导游2013人。西游乐园、白马湖生态旅游度假区二期、中国漕运城、金湖水上森林休闲旅游度假区、萧湖景区生态旅游二期等，被列为2018年省级重点旅游项目。

4. 金融

金融信贷规模扩大。年末全市金融机构人民币存款余额3638.01亿元，比上年末增长6.0%，其中住户存款1605.25亿元，增长8.2%。金融机构人民币贷款余额3303.44亿元，比上年末增长18.4%，其中小微企业贷款691亿元，占企业贷款比重40.8%。

（五）开放型经济

1. 对外贸易

全年外贸进出口总额50.1亿美元，比上年增长8.1%，总量创历史新高。其中，出口33.7亿美元，增长12.1%；进口16.4亿美元，增长0.6%。机电和高新技术产品出口占比40%以上；一般贸易进出口占货物进出口比重58.6%。全市有进出口实绩企业934户，较上年增加71户，进出口超亿美元企业

11户。新设境外投资项目10个，完成外经营业额1.73亿美元，增长10.8%。

2. 利用外资

全年新设外资项目168个，实际到账注册外资11.8亿美元（省口径），比上年增长0.3%。新设总投资3000万美元以上外资项目73个，其中1亿美元以上项目16个；制造业实际利用外资占比40%，和兴汽车被认定为全省跨国公司地区总部。台资高地建设加快推进，新引进及增资台资项目48个，其中超千万美元项目数增长45%，连续7年获评台商投资“极力推荐城市”。

二　淮安市2018年社会发展概况

（一）人口、人民生活

人口总量小幅增长。年末户籍人口561.33万人，比上年增加0.43万人；其中男性287.89万人，女性273.45万人。年末常住人口492.50万人，比上年增加1.1万人，其中城镇常住人口307.52万人。常住人口城镇化率62.4%。人口出生率10.20‰，死亡率7.50‰，人口自然增长率2.70‰。

居民收入稳步增长。全体居民人均可支配收入27696元，比上年增长9.5%；人均现金消费支出15634元，增长7.2%。城镇居民人均可支配收入35828元，增长8.6%；人均现金消费支出19015元，增长6.9%。农村居民人均可支配收入17058元，增长9.3%；人均生活消费支出11210元，增长6.5%。城镇常住居民人均住房面积45.2平方米，农村常住居民人均住房面积54.4平方米。

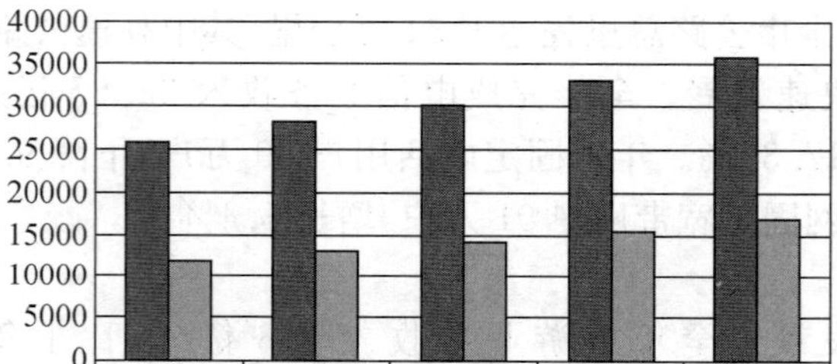

	2014	2015	2016	2017	2018
城镇居民人均可支配收入(元)	25798	28105	30335	32976	35828
农村居民人均可支配收入(元)	12010	13128	14319	15601	17058

图3　2014—2018年淮安市城乡居民收入对比一览

（二）就业与社会保障

全年城镇新增就业9.24万人；下岗失业人员再就业6.27万人，其中困难群体再就业8562人。年末城镇登记失业率1.78%，保持在较低水平。新增转移农村劳动力2.61万人，城乡劳动者职业技能培训3.45万人，创业培训1.53万人。实施“创富淮安”行动计划，新增省级创业型街道（乡镇）43个、创业型社区（村）436个、创业型园区2个。

社保体系不断完善。年末全市企业职工养老保险参保人数91.3万人，比上年增加0.46万人；城镇职工基本医疗保险参保人数86.99万人，增加2.86万人；工伤保险参保人数56.26万人，增加2.6万人；生育保险参保人数54.81万人，增加2.81万人；失业保险参保人数66.84万人，增加0.85万人。个体工商户、灵活就业人员企业职工养老保险参保人数达36.9万人。城乡居民基本医疗保险参保人数426.32万人；城乡居民基本养老保险参保人数200.63万人；机关事业单位养老保险参保人数14.65万人。全年共支付32.30万名企业离退休人员养老金76.17亿元，养老金按时足额100%社会化发放。全市32.25万名企业退休人员纳入社区管理服务，管理率100%。

（三）教育与科技创新

1. 教育

教育事业协调发展。全市有各类各级学校 920 所，在校生 92.16 万人，专任教师 6.01 万人。其中：幼儿园 450 所，在园幼儿 17.63 万人，幼儿教师 0.92 万人；小学 245 所，在校生 35.16 万人，小学教师 2.26 万人；初中 164 所，在校生 16.92 万人，初中教师 1.44 万人；普通高中 31 所，在校生 7.43 万人，高中教师 0.68 万人；中等职业学校 15 所，在校生 5.56 万人，专任教师 0.28 万人；普通高校 8 所，在校生 9.36 万人，高校教师 0.41 万人；特殊教育学校 7 所，在校生 0.11 万人，专任教师 0.02 万人。

2. 科技创新

科技创新能力增强。全市新增国家高新技术企业 135 家。全年专利申请量 17227 件，比上年增长 2.68%，其中发明专利申请量 4746 件，增长 4.4%；专利授权量 8689 件，增长 18.5%，其中发明专利授权 407 件，增长 13.7%；万人有效发明专利拥有量 4.44 件。全市创新型企业 34 家，创新型领军企业 3 家。省级以上孵化器孵化面积超过 90 万平方米。

科研实力显著增强。全市年末拥有知名高校院所重大产学研机构 38 个，其中省级 7 个。全年组织签订大院名校科技合作交流项目 91 项。全年引进高层次科技人才 85 名(约)，其中博士 75 人(约)；入选国家双创人才 1 个，省“双创团队”1 个，省双创博士 3 人，省科技副总 65 人。新获认定省级工程技术研究中心 6 个，市级工程技术研究中心 60 个。新认定国家级星创天地 2 家、省级众创空间 1 家。

人才队伍发展壮大。全市人才总量 56.3 万人，其中：专业技术人才 30.36 万人，当年新增 1.85 万人；高技能人才(具有高级工、技师或高级技师职业资格)14.03 万人，当年新增 1.31 万人。共有省级以上技能大师工作室项目 4 个，高技能人才公共实训基地项目 3 个，省首席技师项目 33 个。共有海外留学回国人员 394 人，其中当年新增 50 人。有国务院特殊津贴专家 116 名、省级突出贡献中青年专家 58 名。国家级博士后科研工作站 10 家，省级博士后创新实践基地 29 家。

（四）文化、卫生和体育

1. 文化

文化事业繁荣发展。全市新增公共文化设施面积 33.66 万平方米，人均拥有公共文化设施面积 0.22 平方米。全年提档升级 946 个基层综合性文化中心，基本达到全覆盖。全市有市级、县(区)级文化馆 8 个，公共图书馆 9 个(含少儿)，美术馆 2 个，乡镇街道文化站 95 个，村(社区)基层综合性文化服务中心 1596 个。其中国家一级文化馆 4 个、公共图书馆 7 个。有线数字电视总户数 62.73 万户，有线数字电视村民小组接通率 100%。

2. 卫生

卫生事业稳步推进。公立医院综合改革获国务院表彰激励。全市卫生资源总量不断增加，共有各类卫生机构(不含村卫生室)804 个，其中：疾病预防控制机构 8 个，卫生监督机构 8 个，综合医院 38 个，专科医院 19 个，中医院 6 个，妇幼保健机构 8 个，卫生院 129 个，社区卫生服务中心(站)80 个；各类卫生机构实有病床 29417 张，其中：医院 18597 张，卫生院 8372 张；全市有卫生技术人员 3.43 万人，其中：执业(助理)医师 13394 人，注册护士 15484 人，疾病预防控制机构卫生技术人员 405 人，卫生监督机构卫生技术人员 159 人，妇幼卫生保健机构卫生技术人员 1858 人。

3. 体育

体育事业成果显著。成功举办淮安市第四届全民健身运动会、2018 中国淮安“一带一路”户外运动挑战赛等系列高级别赛事，以及第十一届万人自行车骑行、第十三届“长江经济带”全民健身大联动等传统品牌活动。在第十九届省运会中勇夺赛会金牌 57.5 枚、赛会奖牌 156.5 枚。建成恩来干部学院户外拓展攀岩主题公园，填补了高标准专业户外攀岩拓展设施历史空白；建成健身步道 60 公里。创新举办

2018 中国(淮安)淮河生态经济带体育产业博览会。全年销售体育彩票 10.62 亿元。

(五) 环境保护

环境保护能力提升。获批全国第一批生态文明先行示范区试点。全市累计建成国家生态乡镇 85 个,省级生态文明建设示范乡镇 15 个。全市设立自然保护区 5 个,自然保护区面积 7.09 万公顷。全市空气质量优良天数 282 天,PM2.5 为 50 微克/立方米;集中式饮用水源地水质达标率 100%;市区环境噪声平均等效声级 53.9 分贝,声环境质量等级较好。全年分别比上年削减化学需氧量、氨氮、二氧化硫和氮氧化物排放量 2517 吨、302 吨、2031.51 吨和 3833.13 吨。单位 GDP 能耗下降率先完成省定目标。

三 淮安市在泛长三角地区经济发展中的地位

2018 年,全市经济社会保持平稳健康发展,主要经济指标保持在合理区间,位居全省或苏北前列,高质量发展实现良好开局。

(一) 地区生产总值

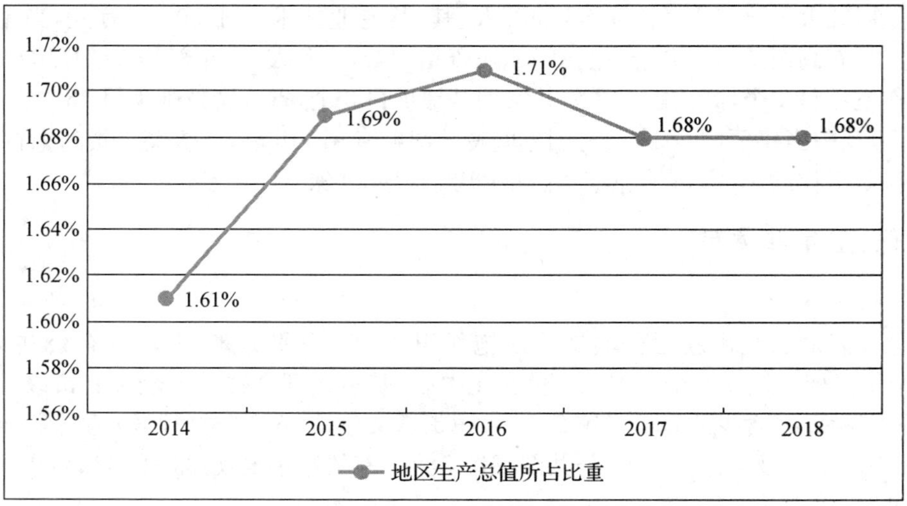

图 4 2014—2018 年淮安市地区生产总值在泛长三角
(苏浙两省 24 个地级市、安徽省 16 个地级市和上海市,下同)所占比重的变化趋势

2014—2018 年,淮安市地区生产总值在泛长三角所占比重分别为 1.61%、1.69%、1.71%、1.68% 和 1.68%,五年累计增幅为 0.07 个百分点,2018 年较 2017 年保持基本一致。2018 年淮安市地区生产总值在泛长三角地区 41 个市中排名第 20 位。

2018 年,淮安市实现 GDP3601.3 亿元,按可比价格计算,比 2017 年增长 6.5%。位居全省靠后位置(高于连云港和宿迁两座城市)。其中,第一产业增加值 358.70 亿元,增长 3.1%;第二产业增加值 1508.11 亿元,增长 4.9%;第三产业增加值 1734.44 亿元,增长 8.8%。三次产业结构比例为 10∶41.8∶48.2,第三产业增加值占 GDP 比重提升 0.6 个百分点。年末常住人口 492.5 万人,比 2017 年增加 1.1 万人。人均 GDP 达到 73203 元人民币,按可比价格计算,增长 6.1%。

（二）地方财政一般预算收入

图 5　2014—2018 年淮安市地方财政一般预算收入在泛长三角所占比重的变化趋势

2014—2018 年，淮安市地方财政一般预算收入在泛长三角所占比重分别为 1.81%、1.79%、1.48%、1.03%和 1.03%，整体呈现下降的态势，累计减少了 0.78 个百分点，2018 年较 2017 年基本持平。2018 年淮安市地方财政一般预算收入在泛长三角地区 41 个市排名第 22 位，较 2017 年保持一致。

2018 年全市实现一般公共预算收入 247.3 亿元，超额完成全市人代会 231 亿元预期目标。加上上级补助、2017 年结转支出等，全市完成一般公共预算支出 486.8 亿元。其中：市本级实现一般公共预算收入 45.5 亿元，加上上级补助、2017 年结转支出等，完成一般公共预算支出 73.9 亿元。经济技术开发区实现一般公共预算收入 32 亿元，完成一般公共预算支出 27.9 亿元。工业园区实现一般公共预算收入 0.9 亿元，加上上级补助、2017 年结转支出等，完成一般公共预算支出 1.1 亿元。生态文旅区实现一般公共预算收入 6.4 亿元，完成一般公共预算支出 5.1 亿元。苏淮高新区实现一般公共预算收入 0.9 亿元，完成一般公共预算支出 0.7 亿元。市本级、经济技术开发区、工业园区、生态文旅区、苏淮高新区收入加上上级税收返还及转移支付收入和 2017 年结转等，减去上解上级支出后，与本级支出相抵保持平衡。

（三）工业生产总值

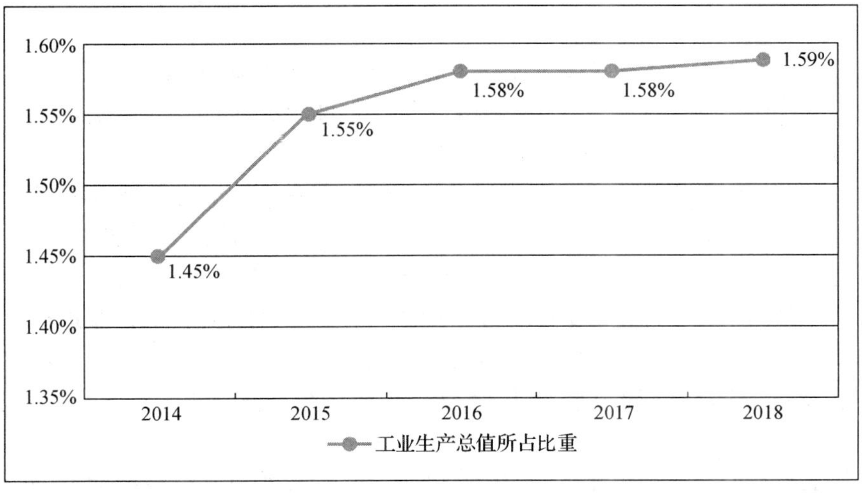

图 6　2014—2018 年淮安市工业生产总值在泛长三角所占比重的变化趋势

2014—2018 年，淮安市工业生产总值在泛长三角所占比重分别为 1.45%、1.55%、1.58%、1.58% 和 1.59%，总体呈现逐年增加的趋势，累计增幅为 0.14 个百分点，2018 年较 2017 年增加了 0.01 个百分点。2018 年淮安市工业生产总值在泛长三角地区 41 个市排名第 21 位。

2018 年，全市规模以上工业增加值比 2017 年增长 4.8%，实现利润总额增长 9.2%。分产业看，新一代信息技术、新能源汽车及零部件、盐化凹土新材料、食品“三新一特”优势特色产业完成工业总产值 1116.70 亿元，占规模以上工业产值比重达 27.9%，增长 9.9%，其中新能源汽车和零部件、生物医药产业产值分别增长 11.9%、22.9%。单位 GDP 能耗下降率为 6.5%，完成省定目标任务。

（四）进出口总额

图 7　2014—2018 年淮安市进出口总额在泛长三角所占比重的变化趋势

2014—2018 年，淮安市进出口总额在泛长三角所占比重分别为 0.29%、0.30%、0.26%、0.31% 和 0.30%，2018 年较 2017 年减少了 0.01 个百分点。2018 年淮安市规模以上工业总产值在泛长三角地区 41 个市排名第 26 位，较 2017 年保持一致。

2018 年，淮安市完成进出口总额 50.1 亿美元，突破 50 亿美元，比 2017 年增长 8.1%。其中，出口 33.67 亿美元，增长 12.1%；进口 16.43 亿美元，增长 0.6%。一般贸易进出口占比达 58.6%，较 2017 年提升 8.7 个百分点。

从贸易方式上看，一般贸易占比大幅提升。2018 年全市一般贸易进出口 193.1 亿元，增长 23.2%，占全市外贸总值的 58.5%，占比较 2017 年同期增长 8.5 个百分点，高于 55%的高质量发展省定考核目标任务。与此同时，加工贸易进出口 132.8 亿元，占 40.2%。

从贸易国别上看，对美国、欧盟和东盟贸易占据半壁江山，对日本进出口增长较快。2018 年，全市对美国、欧盟和东盟分别进出口 66.7 亿元、56.1 亿元和 44.2 亿元，分别增长 23.6%、4.8%和 3.0%，三者合计占全市同期进出口总值的 50.5%。此外，对日本进出口 23.5 亿元，增长 49.3%。

从企业性质看，实体企业强劲激发外贸活力。2018 年，全市实体生产型企业进出口 292 亿元，增长 6.3%，占全市同期进出口总值的 88.4%，占比较 2017 年同期提升 0.8 个百分点，占据主导地位，实体经济已成为激发全市外贸快速发展的主要动力；此外，贸易型企业进出口 38.3 亿元，台资企业进出口 113.8 亿元。

从进出口产品上看，机电和纺织服装等传统优势产业发展平稳。出口机电产品 80.5 亿元，增长 16.7%，出口纺织纱线、服装等 51.8 亿元，增长 2.6%，二者合计占全市同期出口总值的 59.6%；进口方面，受庆鼎精密电子进口的推动，进口机电产品 73.3 亿元，占同期进口总值的 67.8%。农产品方面，进口 8.4 亿元，增长 10.5%，主要是棉花和奶油进口；出口 2.3 亿元，下降 8.3%，主要为桉叶油、水海产品和宠物食品出口。

（五）实际外商直接投资金额

图 8　2014—2018 年淮安市实际外商直接投资金额在泛长三角所占比重的变化趋势

2014—2018 年，淮安市实际外商直接投资金额在泛长三角所占比重分别为 1.60%、1.65%、1.51%、1.55%和 1.50%，2018 年较 2017 年减少了 0.05 个百分点，5 年减少了 0.10 个百分点。2018 年淮安市实际外商直接投资金额在泛长三角地区 41 个市排名第 20 位，较 2017 年下降了一位。

2018 年，协议利用外资 28.3 亿美元，实际到账外资（省口径）11.82 亿美元，比 2017 年增长 0.3%，其中制造业利用外资占比达 40%。新引进和增资台资项目 48 个，其中超千万美元项目数同比增长 45%。具体来看，重大项目数创历史新高。全市新设及净增资总投资 3000 万美元以上项目 72 个，同比增长 26.3%，其中新设及净增资 1 亿美元以上项目达 16 个。战略性新兴产业利用外资占比显著提升。全市制造业到账外资占全市到账外资总量的 38.6%，占比较上一年同期提高近 5 个百分点；战略性新兴产业到账外资 4.2 亿美元，同比增长 26.9%，占全市到账外资总量的 35.2%，占比较上一年同期提高 7 个百分点。跨国公司地区总部实现零突破。江苏和兴汽车科技有限公司继 2014 年获省商务厅认定为跨国公司功能性机构后，2018 年被认定为跨国公司地区总部，成为全市首个跨国公司地区总部，也是 2017 年苏北地区获认定的唯一一家跨国公司地区总部。

十　盐城市 2018 年经济社会发展报告

2018 年，面对错综复杂的宏观经济形势，在市委、市政府的正确领导下，全市上下深入贯彻落实党的十九大和习近平总书记系列重要讲话精神，坚持稳中求进工作总基调，深入贯彻新发展理念，全力打好“三大攻坚战”，统筹做好稳增长、促改革、调结构、惠民生、防风险、保稳定各项工作，全市经济总体运行平稳，呈现稳中有进、稳中向好的发展态势。

一　盐城市 2018 年经济发展概况

（一）综合经济

1. 经济总量

经济保持稳定增长。2018 年，全市实现地区生产总值 5487.08 亿元，总量居全省第 7 位，按可比价计算，比上年增长 5.5%。其中，第一产业实现增加值 573.4 亿元，比上年增长 3.2%；第二产业实现增加值 2436.45 亿元，比上年增长 3.7%；第三产业实现增加值 2477.23 亿元，比上年增长 8.1%。产业结构持续优化，三次产业增加值比例调整为 10.5∶44.4∶45.1，二、三产业比重比上年提高了 0.6 个百分点，人均地区生产总值达 75987 元（按 2018 年年平均汇率折算约 11483 美元），比上年增长 5.8%。

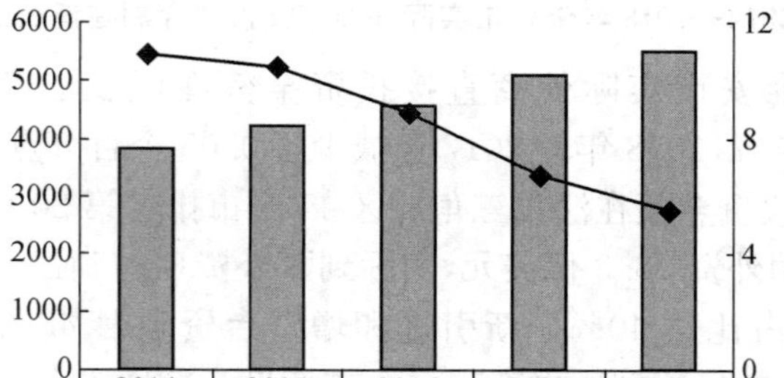

	2014	2015	2016	2017	2018
地区生产总值(亿元)	3835.62	4212.5	4576.08	5082.69	5487.08
增幅(%)	10.9	10.5	8.9	6.8	5.5

图 1　2014—2018 年盐城市地区生产总值及增长速度

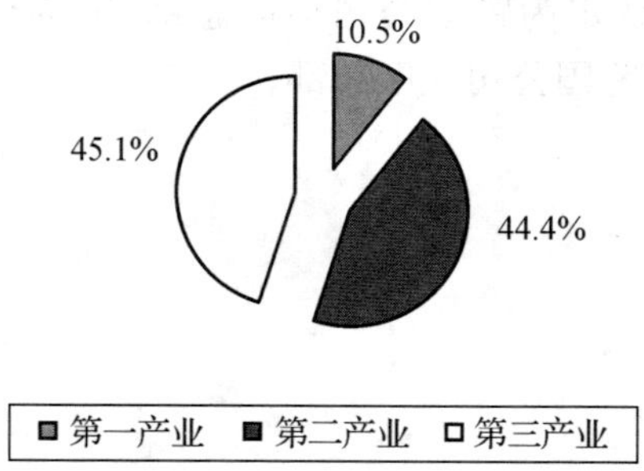

图 2　2018 年盐城市三次产业结构图

2. 财政收支

财政收支总体平稳。2018 年，全市实现一般公共预算收入 381 亿元，比上年增长 5.8%，其中税收收入 305.1 亿元，比上年增长 12.2%，税收占一般公共预算收入的比重为 80.1%。主体税种保持稳定，实现国内增值税 74.8 亿元、改征增值税（含营业税）47.4 亿元、企业所得税 31.9 亿元、个人所得税 14.6 亿元。财政惠民力度不断加大，2018 年全市用于民生保障支出 601.3 亿元，占一般公共预算支出的 71.1%。

3. 物价指数

物价水平温和上涨。2018 年，市区居民消费价格总指数（CPI）同比上涨 1.9%。其中：食品烟酒类上涨 1.9%，衣着类上涨 2.3%，居住类上涨 1.2%，生活用品及服务类上涨 3.8%，交通和通信类上涨 3.8%，教育文化和娱乐类上涨 1.1%，医疗保健类上涨 1.1%，其他用品和服务类下跌 0.3%。全市工业生产者出厂价格指数（PPI）同比上涨 3.5%，工业生产者购进价格指数（IPI）同比上涨 4%。

4. 固定资产投资

投资结构更加优化。2018 年，全市固定资产投资增长 9.4%。其中，项目投资同口径增长 9.8%；房地产开发投资增长 6.6%。投资结构进一步优化，全市第一产业投资同口径增长 9%，第二产业投资同口径增长 16.1%，第三产业投资同口径增长 0.3%。

工业投资质量提升。2018 年，全市工业投资同口径增长 16.2%，增幅列全省第一，高于全省平均水平 8.2 个百分点。其中高质量发展重要考核指标制造业占项目投资比重达到 63%，比 2017 年同期提高 5.7 个百分点，制造业对全部投资增长的贡献率为 107.7%，拉动全部投资增长 10.1 个百分点。高耗能行业投资一直处于负增长区间，全年高耗能行业同口径下降 3.4%，比全部投资增速低 12.8 个百分点，比工业投资增速低 19.6 个百分点，占工业投资的比重为 16.9%，比 2017 年同期低 3.5 个百分点。

民间投资快速增长。2018 年，全市民间投资同口径增长 15.1%，占全部投资的比重为 75%，比 2017 年同期高 3.8 个百分点，对全市投资增长的贡献率为 116.6%，拉动全市投资增长 10.9 个百分点。其中制造业民间投资增长 21.7%，对全部民间投资增长的贡献率达 90.4%。本市民间投资在结构上逐渐向信息技术类、社会民生类等领域倾斜，上述行业民间投资较往年较快增长。2018 年，盐城住宿和餐饮业民间投资增长 48.3%，教育业民间投资增长 34.8%，科学研究和技术服务业民间投资增长 33%，卫生和社会工作民间投资增长 32.3%。

（二）农林牧渔业

农业生产稳中趋缓。2018 年，全市实现农林牧渔业总产值 1183.9 亿元，可比价增长 2.9%。全市粮食总产量达 704.3 万吨，比上年减少 9.4 万吨，下降 1.3%；粮食播种面积 1474.7 万亩，比上年减少 21.8 万亩。粮食亩产 477.6 公斤，比上年增加 0.7 公斤。棉花播种面积 1.04 万亩，比上年减少 2.8 万亩，总产 0.08 万吨。全市油料作物播种面积 64.1 万亩，比上年减少 5.8 万亩，油料总产量 13.1 万吨。

农业机械化规模扩大。2018 年，全市农机总动力 703.8 万千瓦。大中型拖拉机、联合收割机、水稻插秧机保有量分别达到 28540 台、27595 台和 24966 台。全市秸秆机械化还田面积 933 万亩，2018 年农机化作业收入 53.2 亿元。

农业现代化进程加快。2018 年，全市累计新增设施农业 10.3 万亩，总规模达 220 万亩，总面积全省第一。全市绿色优质农产品比重 62%，比上年提高 20%，建成绿色食品原料标准化生产基地省级 75 个，部级 6 个。全市新增省级农业产业化重点龙头企业 11 家，总数达 84 家，全省第一。全市累计认定家庭农场共 4858 家，经营总面积达 112 万亩，创成省级示范家庭农场 141 个，市级示范农场 306 个。

（三）工业和建筑业

工业生产总体平稳。2018 年，全市规模以上工业企业实现总产值 6247 亿元，比上年增长 10%，规模以上工业增加值增长 4%。其中轻工业比上年下降 1.8%，重工业比上年增长 15.5%。民营工业持续向好。2018 年，全市民营企业实现产值 4683.4 亿元，比上年增长 11%，占规模以上工业比重 75%。全市工业用电量 212.5 亿千瓦时，比上年增长 11.8%。

支柱产业稳定发展。2018 年，全市工业企业实现全口径开票销售 5528.7 亿元，比上年增长 17%，其中汽车、机械、纺织、化工四大传统支柱产业实现工业开票销售 3511.6 亿元，占工业总量的 63.5%，其中机械装备制造业实现开票 1755.2 亿元，增长 30.6%，汽车产业实现开票 631.1 亿元。汽车累计产销突破 500 万辆，东风悦达起亚焕驰轿车出口埃及、菲律宾，迈出开辟海外汽车市场第一步。非车产业实现开票销售 4896.5 亿元，比上年增长 21.3%。

建筑业稳步增长。2018 年，全市完成建筑业总产值 1750.6 亿元，比上年增长 4.6%，建筑业企业在外省完成的产值 743.5 亿元，增长 12.9%。全市有资质的建筑业企业总产值超亿元的共 307 家，比 2017 年增加 15 家，实现总产值 1572.8 亿元，占建筑业总产值的 89.8%，其中产值超 10 亿元的企业达到 39 家。

（四）服务业

1. 国内贸易

消费市场保持平稳。2018 年，全市实现社会消费品零售总额 1778.7 亿元，比上年增长 6.8%。分城乡看，乡村消费增速领先城镇，全年城乡分别实现社会消费品零售总额 1669.8 亿元和 108.9 亿元，比上年增长 6.4%和 11.9%。分行业看，批发、零售、住宿、餐饮业分别实现零售额 198.8 亿元、1380.8 亿元、20.9 亿元和 178.2 亿元，比上年分别增长 6.7%、6.5%、12.1%和 8.0%。分规模看，限额以上零售额 631.9 亿元，比上年增长 0.9%；限额以下零售额 1146.9 亿元，比上年增长 10.3%。

消费升级步伐加快。在限额以上批发和零售业主要经营类别中，肉禽蛋类实现销售额 18 亿元，比上年增长 6.1%；烟酒类 95.1 亿元，比上年增长 4.1%；建筑及装潢材料类实现销售额 48.6 亿元，增长 18.5%；化妆品类、电子出版物及音像制品类和计算机及其配套产品类销售增长较快，均超过 15%。2018 年，全体居民消费支出 17580 元，增长 5.7%。其中，交通通信支出 2399 元，增长 21%；医疗保健支出 1148 元，增长 45%；生活用品及服务支出 1015 元，增长 19.3%；居住支出 3454 元，增长 7.3%。

2. 交通运输和邮电业

运输能力逐步增强。截至 2018 年底，全市共有公路总里程 20550.2 公里，其中国道 996.7 公里，省道 1063.2 公里；拥有等级公路 20333.3 公里，其中高速公路 395.5 公里、一级公路 1628 公里、二级公路 2778.7 公里、三级公路 1677.4 公里、四级公路 13853.7 公里，等外公路 216.7 公里。2018 年，全社会客运量 6428 万人，比上年下降 6.9%，客运周转量 67.7 亿人公里，比上年下降 4%；全社会货运量 1.79 万亿吨，比上年增长 3.3%，货运周转量 485.5 亿吨公里，比上年增长 3.7%。全年保障航班 1.67 万架次，年旅客吞吐量 182.2 万人次，分别比上年增长 27.4%、39.8%，货邮吞吐量 6587.2 吨，比上年增长 18.9%。

邮电业务平稳发展。2018 年，全市完成邮电业务总量 93.4 亿元，比上年增长 16.5%。邮政业务收入（不包括邮政储蓄银行直接营业收入）累计完成 21.2 亿元，比上年增长 14.8%，快递服务企业业务量累计完成 14009.4 万件，比上年增长 30.8%，实现业务收入 11.2 亿元，比上年增长 18%。电信业务收入 55.9 亿元，比上年增长 8.9%。

3. 旅游业

旅游业蓬勃发展。2018 年，全市共接待海内外游客 3333.9 万人次，比上年增长 13.7%，实现旅游总收入 374.2 亿元，比上年增长 16.9%，旅游外汇收入 8821.9 万美元，比上年增长 7.4%。景区建设进一步加快。东台黄海森林公园创成省级旅游度假区，全市共有 6 家省级旅游度假区，总数位列全省第二。2018 年，创成国家 4A 级旅游景区 4 家，全市共有国家 4A 级以上景区 17 家，列全省第五。乡村旅游集聚发展。大丰丰收大地创成省五星级乡村旅游区，全市共有 4 家省五星级乡村旅游区，列全省第二。旅游业态更加丰富。荷兰花海在省首批 13 家省级旅游风情小镇考核中名列优秀等次（全省仅 3 家）。旅游品牌渐已打响。本市荣膺“2018 锦绣中国榜 · 新时代中国最佳文化旅游名城”“2018 最美中国榜 · 首批全国优质康养休闲旅游胜地”等称号。

4. 金融和保险

信贷规模持续扩大。2018 年，全市共有银行业金融机构 42 家，年内净增 1 家，为光大银行盐城分行。金融机构年末本外币存款余额 6421.4 亿元，比年初增长 3.3%，其中储蓄存款 2902.1 亿元，比年初增长 5.8%。金融机构年末本外币贷款余额 5003.8 亿元，比年初增长 16.6%，其中中长期贷款 2560.4 亿元，比年初增长 11.6%。

保险业健康发展。2018 年，全市拥有各类保险机构 78 家，其中市级产险公司 22 家 寿险公司 39 家，保险专业中介一级法人机构 11 家，保险经纪分支机构 3 家，保险公估分支机构 3 家。保险分支机构及营销网点 646 个，保险从业人员 4.8 万人。全市实现保费收入 176.4 亿元，比上年下降 1.5%，其中财产险 40.9 亿元，比上年增长 3.9%；人身险 135.5 亿元，比上年下降 3%。全市各项赔偿和给付 52.5 亿元，比上年下降 3.7%。

5. 房地产业

房地产销售总体平稳。2018 年，全市房地产开发投资 454.9 亿元，比上年增长 6.6%，其中住宅投资完成 360.6 亿元，比上年增长 4.5%。全市实现商品房销售面积 915.1 万平方米，比上年下降 6.1%，其中住宅 811.5 万平方米，比上年下降 7.7%；商品房销售额 566.9 亿元，比上年增长 1.7%，其中住宅销售额 497 亿元，比上年增长 4.4%。

（五）对外经济

对外贸易稳定增长。2018 年，全市实现进出口总额 95.5 亿美元，比上年增长 10.4%，其中出口 60.3 亿美元，比上年增长 3.3%，进口 35.2 亿美元，比上年增长 25.1%。新批利用外资项目 144 个，其中 3000 万美元以上项目 46 个，比上年增长 4.5%。注册外资实际到账 9.1 亿美元，比上年增长 15.8%，比上年同期提高 4.2 个百分点，高于全省平均水平 14 个百分点，增速全省第一。

二　盐城市 2018 年社会发展概况

（一）人口、人民生活

人口总量保持稳定。2018 年末，全市户籍人口 824.7 万人，比上年末减少 1.42 万人，其中城镇人口 496.5 万人，乡村人口 328.2 万人。全年人口出生率为 9.89‰，死亡率为 6.46‰，自然增长率为 3.43‰。年末常住人口 720 万人，城镇化率 64.03%，比上年提高 1.13 个百分点。

生活水平不断提高。2018 年，全体居民人均可支配收入 29488 元，比上年增长 8.9%。城镇常住居民人均可支配收入 35896 元，比上年增长 8.4%；人均消费支出 19731 元，比上年增长 7%。农村常住居民人均可支配收入 20357 元，比上年增长 8.8%；人均生活消费支出 14515 元，比上年增长 2.6%。

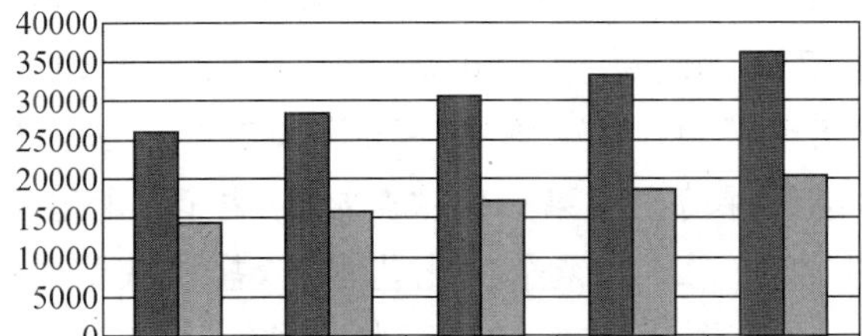

	2014	2015	2016	2017	2018
城镇居民人均可支配收入(元)	25854	28200	30496	33115	35896
农村居民人均可支配收入(元)	14414	15748	17172	18711	20357

图 3　2014—2018 年盐城市城乡居民收入对比一览

（二）就业与社会保障

1. 就业

城镇就业基本稳定。2018年末，全市从业人员431.8万人，比上年减少9.8万人，其中第一产业从业人员95.9万人，第二产业从业人员158.5万人，第三产业从业人员177.4万人。新增城镇就业人员12.2万人，城镇登记失业率保持1.78%的较低水平。

2. 社会保障

社会保障日臻完善。2018年，全市共保障城乡低保对象6.8万户11.8万人，累计发放最低生活保障金6.2亿元。将1.1万名失去劳动能力的建档立卡低收入农户纳入低保，将1800多名低保边缘家庭的成年无业重度残疾人纳入低保，安排413名生活不能自理的五保、三无老人入住护理型特困人员护理机构，全市2.6万户建档立卡低收入农户全部纳入托底救助，给予因灾、因祸、因病、因残等重大支出救助累计近2000万元。全市建有公办养老机构140家，民办养老机构62家，城乡居家养老服务中心2215家。每千名老人拥有养老床位数34.76张，农村敬老院改造全部达到省定星级标准。

（三）教育与科学技术

1. 教育

教育事业协调发展。2018年，全市共有普通高校6所，招生1.99万人，在校生6.39万人，毕业生1.73万人；普通中专5所，在校生2.26万人；职业高中10所，在校生2.21万人；普通中学282所，在校生30.51万人；小学333所，在校生45.42万人。全市初中毕业生升学率99.51%，在校生年巩固率99.6%；小学毕业生升学率98.99%，在校生年巩固率99.8%。学龄儿童入学率100%。幼儿园在园幼儿21.16万人。全市共有教职工数9.09万人，其中专任教师7.56万人。

2. 科技

创新能力不断增强。2018年，全市科技研发投入占地区生产总值的比重为2.1%，科技进步贡献率56%，全市战略性新兴产业产值增长22%。全市国家高新技术企业898家，净增285家，居苏北苏中第一。2018年，全年申请发明专利10547件，比上年增长15.4%；授权发明专利1490件，比上年增长7.2%；有效发明专利量5497件，比上年增长37.7%。持续实施“515”人才引进计划，出台人才激励“10条政策”，全年发放人才资助资金1.12亿元，引进各类领军人才361名。

（四）文化、卫生与体育

1. 文化事业

文化建设成果丰硕。文化惠民工程扎实推进。全年下基层送戏2000多场，送电影22000多场，送展览200多次。新建阅读新空间60家、阅读便民设施100个，一批图书馆自动借还系统等设施相继投入使用，基本实现城市15分钟“阅读圈”和农村3公里“文化圈”建设目标。全年新创作大戏17部、小戏23部，继续保持全省第一位次。淮剧《小镇》走进中央党校，第4次进京展演，戏剧创作的“盐城现象”进一步放大。2018紫金文化艺术节，盐城获奖作品数和受表彰人数均列全省前列；第十三届省五星工程奖，2部作品分获小戏类、曲艺类第一名，4部作品受邀参加江苏20台优秀现代戏沿大运河城市巡演。

2. 卫生事业

卫生体系更加健全。2018年，全市拥有卫生计生机构3211个，其中：医院、卫生院301个，疾病预防控制中心10个，妇幼卫生机构11个。各类卫生机构拥有床位3.99万张，卫生技术人员4.28万人，其中执业（助理）医师1.88万人，注册护士1.67万人。

3. 体育事业

体育赛事蓬勃开展。2018年，本市承办了第28届东亚保龄球锦标赛、2018中华龙舟大赛（盐城站）、江苏省第十九届运动会群众项目乒乓球比赛等大赛。体育设施不断完善。2018年，完成了市区50个老旧小区体育设施安装更换工作，市区新建了25公里健身步道，全市健身步道总长度约805公里，位列苏北第一。体育产业质效明显提升。本市悦达健身广场、大丰梦幻迷宫项目入选全省首批14家体育服务综合体认定名单，入选数位居苏中、苏北第一。本市9个体育产业项目获省级体育产业发展专项资金，项目数量居全省第3位，总金额740万元，较2017年增长了124%。

（五）城乡建设

城乡建设成效显著。2018年，全市交通基础设施建设完成投资173.6亿元，比上年增长7.9%。高铁高速高架全面推进。沿海铁路大通道的重要组成盐青铁路正式通车，盐城驶入"高铁时代"。规划新增的盐宁高速等五条高速公路，全部进入新一轮省高速公路网调整规划，新增里程218公里，是江苏省高速公路新增规划里程最多的省辖市。内环高架快速路网已建成通车57公里，三期项目已完成主体工程50%，工程建成后，全市快速路网总里程将达90公里，基本覆盖整个大市区。2018年，区域供水通达全市所有乡镇，建成城镇污水处理厂3座，城市（县城）污水处理率超92%，建制镇污水处理设施覆盖率100%，生活垃圾无害化处理率达100%。

（六）生态环境建设

生态环境持续改善。2018年，全市始终坚持生态优先、绿色发展新理念，转型发展取得新成效。"一片林"工程加快推进，新增成片林15.45万亩，改造提升16.8万亩，建成森林小镇24个，森林村庄112个，新增城镇绿地面积3447公顷，绿化造林总量保持全省第一，林木覆盖率达27%。全年整治城市黑臭河道21条，城镇污水集中处理率84%，空气质量六项指标综合指数全省第一，其中PM2.5平均浓度和优良天数比例位居全省前列。新水源地及跨区域引水工程建成通水，在全省率先完成全市域水源地达标整治任务，"一桶水"任务全面完成，全市人民喝上了更加安全优质的饮用水。

三　盐城市在泛长三角地区经济发展中的地位

2018年，面对错综复杂的宏观形势，认真贯彻落实习近平新时代中国特色社会主义思想和党的十九大精神，按照中央和省市委决策部署，坚持稳中求进工作总基调，全面贯彻新发展理念，围绕"两高"目标、"三市"战略，深入践行"两海两绿"发展路径，全力打好"三大攻坚战"，统筹做好稳增长、促改革、调结构、惠民生、防风险、保稳定各项工作，经济社会发展稳中有进，高质量发展开局良好，较好地完成了市八届人大二次会议确定的目标任务。

（一）地区生产总值

2014—2018年盐城市地区生产总值在泛长三角所占比重分别为2.52%、2.59%、2.56%、2.57%和2.57%，整体呈增长趋势，五年累计增加了0.05个百分点，2018年较2017年基本保持一致。2018年盐城市地区生产总值在泛长三角地区41个市位居第12位，较2017年保持一致。

2018年，全市实现地区生产总值5487.1亿元，总量居全省第7位，按可比价计算，比2017年增长

5.5%。其中，第一产业实现增加值 573.4 亿元，比 2017 年增长 3.2%；第二产业实现增加值 2436.5 亿元，比 2017 年增长 3.7%；第三产业实现增加值 2477.2 亿元，比 2017 年增长 8.1%。产业结构持续优化，三次产业增加值比例调整为 10.5：44.4：45.1，二、三产业比重比 2017 年提高了 0.6 个百分点，人均地区生产总值达 75987 元(按 2018 年年平均汇率折算约 11483 美元)，比 2017 年增长 5.8%。

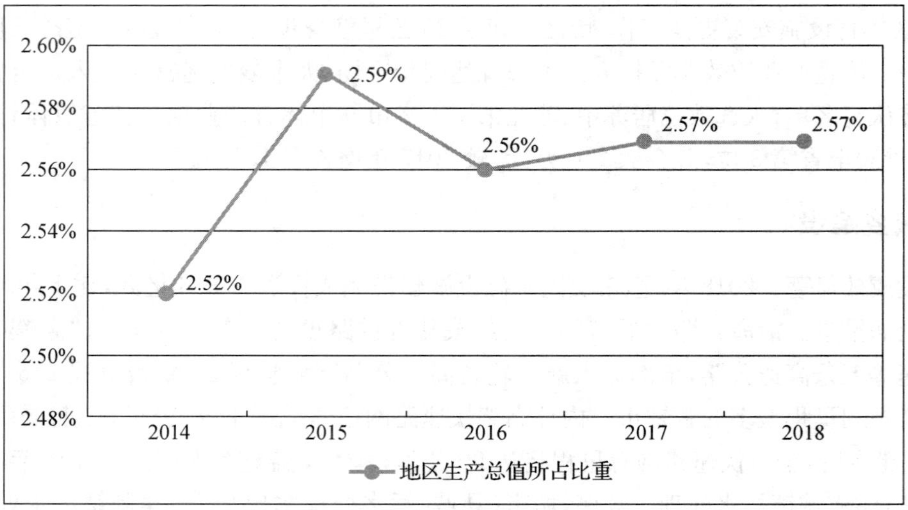

图 4　2014—2018 年盐城市地区生产总值在泛长三角
(苏浙两省 24 个地级市、安徽 16 个地级市和上海市，下同)所占比重的变化趋势

(二) 地方财政一般预算收入

图 5　2014—2018 年盐城市地方财政一般预算收入在泛长三角所占比重的变化趋势

2014—2018 年盐城市地方财政一般预算收入在泛长三角所占比重分别为 2.46%、2.45%、1.95%、1.61%和 1.59%，整体下降的态势，五年累计跌幅为 0.87 个百分点，2018 年较 2017 年减少了 0.02 个百分点。2018 年盐城市地方财政一般预算收入在泛长三角地区 41 个市中的排名达到第 16 位，较 2017 年下降了一位。

2018 年盐城市实现一般公共预算收入 381 亿元，增长 5.8%，其中税收收入 305.1 亿元，增长 12.2%，税比 80.1%，超省考核目标 2.1 个百分点。11 个县(市、区)均实现收入总量预期目标和税比省考核目标。完善财政收入考核办法，坚持量质并重、质量优先，着力提高一般公共预算收入占 GDP、税收收入占一般公共预算收入“两个占比”。重点税源培植成效明显，2018 年全市纳税超千万元企业总税收增长 9.2%，当年新增纳税超千万元企业 185 户，其中纳入超亿元企业总税收增长 27%，新增纳税超亿元企业 10 户，全市增值税占一般公共预算收入比重比 2017 年提高 1.9 个百分点。财政支出提速增效，2018 年全市实现一般公共预算支出 840 亿元，增长 12.3%，增幅排名全省第 2 位、苏北苏中第 1 位。

(三) 工业生产总值

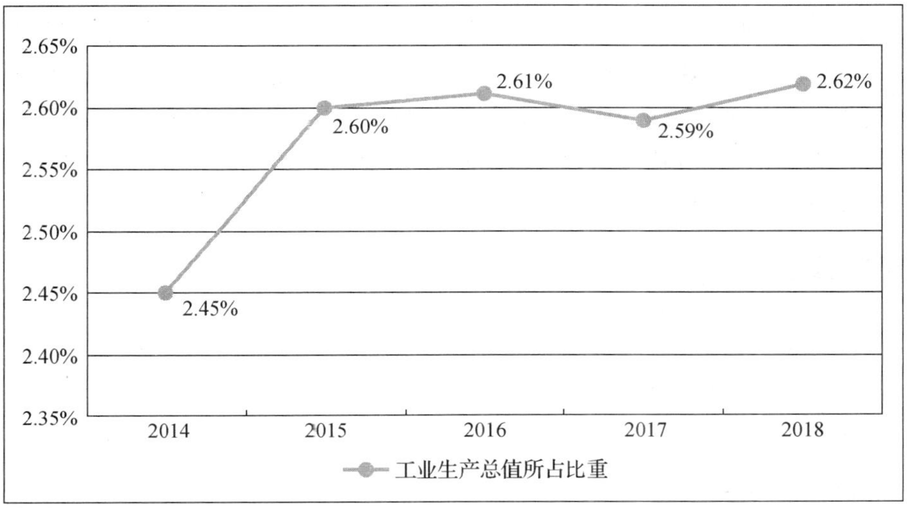

图 6 2014—2018 年盐城市工业生产总值在泛长三角所占比重的变化趋势

2014—2018 年盐城市工业生产总值在泛长三角所占比重分别为 2.45%、2.60%、2.61%、2.59%和 2.62%，整体呈增长的态势，2018 年较 2017 年增加 0.03 个百分点。2018 年盐城市工业生产总值在泛长三角地区 41 个市中排在第 15 位。

2018 年，全市工业经济克服了汽车、化工等行业不利因素影响，新动能成长较快，盈利能力有所增强，发展走势总体向好，但工业企业融资贵、融资难的情况仍然客观存在。

工业经济走势向好，高质量发展基础更加牢固。工业生产增速走势向好。2018 年，特别四季度以来，全市工业经济克服了汽车、化工等行业的不利因素，走势向好。中小微企业蓬勃发展。全市中小微企业 2887 家，实现产值 5097 亿元，同比增长 12.5%，快于全市规上工业平均增速 2.5 个百分点。产品出口形势总体良好。2018 年，规模以上工业企业实现出口交货值 263.5 亿元，同比增长 16.2%，出口交货值增速高于产值增速 6.2 个百分点。分行业看，全市有出口活动的 25 个行业中 14 个行业同比增长。其中：电子行业出口交货值 44.5 亿元，同比增长 21.4%；化学原料和化学制品制造业 42.4 亿元，同比增长 30.1%。

工业新动能成长较快，战新产业成为新增长极。高技术行业产值增长快于全市。随着转型升级不断推进，高加工度工业和高技术产业增速保持快速增长，成为工业经济增长的重要引领力量。2018 年，全市高技术行业实现产值 535.2 亿元，增长 10.8%，对全市规上工业产值增长贡献率达到 9.2%。其中，电子及通信设备制造业，实现产值 244.5 亿元，增长 27.3%；医疗仪器设备及仪器仪表制造业，实现产值

159.0亿元，增长21.0%。战略性新兴产业增长贡献超七成。全市战略性新兴产业完成工业总产值1482亿元，同比增长14.6%。从行业看，机械装备行业768亿元，增长23.5%，对全市战新产业的贡献达77.6%；冶金行业224亿元，增长104.3%，对全市战新产业的贡献达60.7%。从地区看，响水县、建湖县、东台市、盐都区对全市战新产业的贡献分别为86.1%、12.7%、11.4%和11.4%。工业企业新产品产值同比翻倍。2018年，工业企业实现新产品产值455.7亿元，增速超同期两倍。

企业盈利能力增强，经济风险有所降低。利润快速增长，企业效益总体提升。2018年，规模以上工业实现利润总额继续保持较快增速，同比增长17.5%，增长较快。对利润增长贡献较大的行业主要有属于基础工业行业。其中，黑色金属冶炼和压延加工业利润增长6.5倍，金属制品业增长1.2倍，有色金属冶炼和压延加工业增长1.1倍，专用设备制造业增长67.7%。四个行业合计对规模以上工业企业利润增长的贡献率超过100%。盈利能力增强，企业利润率明显提高。2018年，规模以上工业企业主营业务收入利润率为5.1%，同比提高0.4个百分点。其中，黑色金属冶炼和压延加工业利润率提升6个百分点，金属制品业提升1.6个百分点，有色金属冶炼和压延加工业提升5个百分点，专用设备制造业提升1.2个百分点。产成品周转加快，企业经营风险降低。2018年1—12月，产成品存货周转天数为31.4天，比1—11月缩短0.6天。2018年1—12月，应收账款周转天数48.2天，比1—11月缩短1.8天。

（四）进出口总额

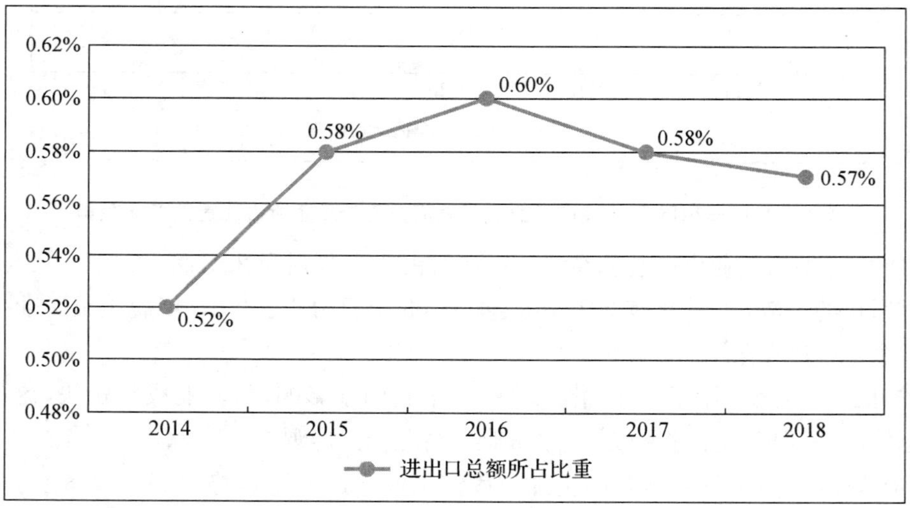

图7　2014—2018年盐城市进出口总额在泛长三角所占比重的变化趋势

2014—2018年盐城市进出口总额在长三角所占比重分别为0.52%、0.58%、0.60%、0.58%和0.57%，五年累计增幅为0.05个百分点，其中，2018年较2017年减少了0.01个百分点。2018年盐城市进出口总额在泛长三角地区41个市中排在第21位，较2017年下降一位。

2018年，全市实现进出口总额95.5亿美元，比2017年增长10.4%，其中出口60.3亿美元，比2017年增长3.3%，进口35.2亿美元，比2017年增长25.1%。新批利用外资项目144个，其中3000万美元以上项目46个，比2017年增长4.5%。注册外资实际到账9.1亿美元，比2017年增长15.8%，比2017年同期提高4.2个百分点，高于全省平均水平14个百分点，增速全省第一。

（五）实际外商直接投资金额

2014—2018 年盐城市进出口总额在泛长三角所占比重分别为 1.40%、1.08%、0.92%、1.04%和 1.16%，整体呈下跌态势，五年跌幅为 0.24 个百分点，2018 年较 2017 年增加了 0.12 个百分点。2018 年盐城市进出口总额在泛长三角地区 41 个市中排在第 23 位，较 2017 年保持一致。

2018 年盐城实际使用外资 9.13 亿美元，增幅居江苏第一。全市新设外商投资项目 144 个，协议利用外资 19.85 亿美元，实际使用外资 9.13 亿美元，超额完成市委、市政府下达的 8.68 亿美元目标任务。实际使用外资同比增长 15.8%，增幅在 2017 年全省第三的基础上进位到全省第一。利用外资的来源分布比较广泛，全市重大项目和新开工项目中，境外投资者国别（地区）达到 31 个，投资主体的国别或地区遍布五大洲，其中亚洲地区新设项目数和实际使用外资分别占全市总量的 79.2%和 78.6%，来自新加坡、日本、欧美地区以及大洋洲的投资增幅较大。

图 8　2014—2018 年盐城市实际外商直接投资金额在泛长三角所占比重的变化趋势

十一　扬州市 2018 年经济社会发展报告

2018 年，全市上下坚持以习近平新时代中国特色社会主义思想为指导，全面贯彻党的十九大精神，深入落实习近平总书记对江苏重要指示要求，全面落实省委省政府决策部署，践行新发展理念，把握稳中求进工作总基调，深化供给侧结构性改革，打好“三大攻坚战”，统筹做好改革发展稳定工作，全市高质量发展实现良好开局。

一　扬州市 2018 年经济发展概况

（一）综合经济

1. 经济总量

经济运行稳中有进。全年实现地区生产总值 5466.17 亿元，比上年增长 6.7%。其中，第一产业增加值 273.34 亿元，增长 3.0%；第二产业增加值 2623.24 亿元，增长 5.8%，其中工业增加值 2283.60 亿元，增长 6.4%；第三产业增加值 2569.59 亿元，增长 8.2%。按常住人口计算的人均地区生产总值为 120944 元，按年均汇率折算达 18277 美元。结构调整扎实推进，三次产业结构调整为 5∶48∶47，第三产业增加值占地区生产总值比重比上年提高 1.1 个百分点。

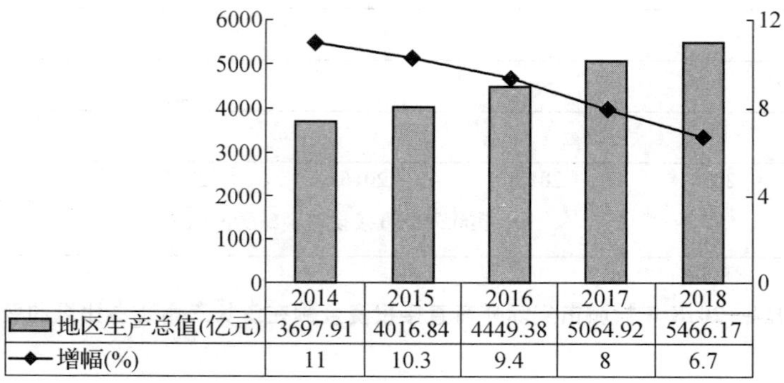

图 1　2014—2018 年扬州市地区生产总值及增长速度

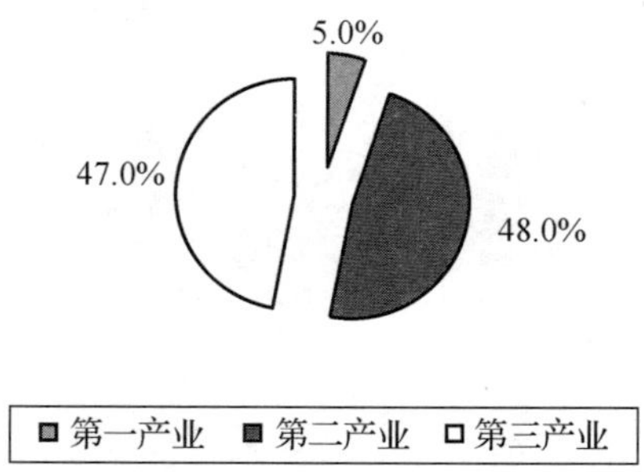

图 2　2018 年扬州市三次产业结构图

2. 财政收支

财政收入较快增长。全市一般公共预算收入 340.03 亿元，增长 6.2%，其中，税收收入 272.11 亿元，增长 12.7%，税收占一般公共预算收入比重为 80%。主体税种中，增值税 131.92 亿元，增长16.4%；企业所得税 38.73 亿元，增长 29.2%；个人所得税 13.40 亿元，增长 26.6%；契税 19.71 亿元，下降 9.5%。

支出结构持续改善。全市一般公共预算支出 563.57 亿元，增长 12.6%，其中一般公共服务支出 65.64 亿元，下降 5%；教育支出 92.33 亿元，增长 1.8%；科学技术支出 15.31 亿元，下降 23.3%；社会保障和就业支出 67.42 亿元，增长 21.5%；医疗卫生支出 39.36 亿元，下降 13.9%；交通运输支出 24.87 亿元，增长 66.1%。

3. 物价指数

居民消费价格温和上涨。全年居民消费价格比上年上涨 2.2%。其中食品烟酒类上涨 1.7%，衣着类上涨 4.2%，居住类上涨 1.8%，生活用品及服务类上涨 5.2%，交通和通信类上涨 4.2%，教育文化和娱乐类上涨 1.1%，医疗保健类上涨 0.2%，其他用品及服务类上涨 1.7%。

4. 固定资产投资

投资保持较快增长。全市固定资产投资增长 11%，其中：工业投资增长 16.2%，服务业投资增长 5.0%。

制造业投资持续扩张。全市制造业投资增长 22.0%，占固定资产投资比重（不含房地产）达64.3%，占比较 2017 年提高 6.8 个百分点。重点行业增长较快，其中，化学原料和化学制品制造业投资增长 49.4%，金属制品业投资增长 47.2%，电气机械和器材制造业投资增长 38.1%，汽车制造业投资增长 21.5%。

重点项目扎实推进。连淮扬镇高铁扬州段完成投资 83%。沪陕高速枣林湾互通、352 省道江都段、金湾路万福路以南段、观潮路跨古运河大桥建成通车，完成真州路与文昌路交叉口立体化改造。京沪高速扩容先导段、328 国道仪征段、扬州西外环路、芒稻河特大桥和通扬线航道整治工程开工建设，启动快速路网二期建设。瓜洲泵站完成水下主体工程，长江防洪能力提升一期工程全线开工。

（二）农业

粮食播种面积、总产双增。全年粮食播种面积 594.14 万亩，增长 1.1%。其中，水稻 294.83 万亩，下降 1.8%；小麦 268.5 万亩，增长 2.7%。粮食总产 287.36 万吨，增长 0.4%。其中，水稻 179.43 万吨，下降 1.1%；小麦 99.84 万吨，增长 2.0%。

主要畜禽品种存出栏有升有降。全年生猪出栏 116.84 万头，下降 0.6%；存栏 51.04 万头，下降 7.6%。家禽出栏 3726.77 万只，增长 3.7%；家禽存栏 1141.84 万只，下降 4.4%。全市水产养殖面积 112 万亩，下降 6.7%；水产品产量 39.6 万吨，下降 1.98%，其中养殖产量为 36.8 万吨，捕捞产量为 2.8 万吨。

现代农业稳步发展。全市登记家庭农场 3181 家，成立农民专业合作社（含农地股份合作社）3763 家，累计创成国家级示范合作社 39 个，创成省级示范家庭农场 128 个，建成市级以上现代农业园区 50 个，全市实现农业电商网上销售额达 57.9 亿元。

（三）工业和建筑业

工业运行总体稳定。全年规模以上工业增加值增长 5.1%，其中轻工业增长 3.8%，重工业增长 5.5%。分经济类型看，国有工业增长 0.8%，集体工业下降 17.3%，股份制工业增长 6.7%，外商港澳台投资工业增长 2.0%。在规模以上工业中，国有控股工业增长 8.5%，民营工业增长 5.7%。

先进制造业发展加快。全市先进制造业总产值增长 10.1%，对规上工业产值增长的贡献率达 56.9%。分产业看，海工装备和高技术船舶、新型电力装备、高端纺织服装、汽车及零部件（含新能源汽车）、生物医药和新型医疗器械、电子信息、高端装备、食品先进制造业产值分别增长 21.9%、18%、12%、8.2%、8%、7.1%、4.7%、1%。全市高技术产业、装备制造业产值分别增长 16.5%、8.9%，对规上工业产值增长的贡献率分别为5.5%、39.8%。

工业企业盈利能力提升。全年规模以上工业企业主营业务收入增长7.8%,利润增长46.6%。规模以上工业企业主营业务收入利润率、成本费用利润率分别为6.3%、6.7%,比上年分别提高1.7、1.8个百分点。规模以上工业企业资产负债率为51.7%,总资产贡献率为14.3%。全年规模以上工业企业产销率为97%。

用电量稳步增长。全社会用电量248.99亿千瓦时,增长5.0%。第一产业用电量2.84亿千瓦时,增加10.6%;第二产业168.74亿千瓦时,增长2.5%,其中,工业用电165.64亿千瓦时,增长2.1%;第三产业36.71亿千瓦时,增长13.1%;城乡居民生活用电40.70亿千瓦时,增长9.0%。

建筑业稳定健康发展。全市实现建筑业总产值3915亿元,增长7.7%;建筑业增加值340.34亿元,增长11.2%。房屋建筑施工面积28533.9万平方米,增长3.8%,其中新开工面积12094.1万平方米,下降1.6%;竣工产值3168.5亿元,增长2.5%;竣工面积10650.2万平方米,下降0.8%。

(四)服务业

1. 国内贸易

消费品市场增势稳定。全市社会消费品零售总额1557.03亿元,增长9.2%。按经营单位所在地分,城镇消费品零售额1442.99亿元,增长9.1%;农村消费品零售额114.04亿元,增长9.3%。按行业分,批发业198.04亿元,增长10.3%;零售业1173.90亿元,增长9.2%;住宿业26.13亿元,增长10.3%;餐饮业158.95亿元,增长7.2%。全市限额以上批发和零售业实现零售额402.36亿元,增长4.8%。在22个大类商品的零售额统计中,增幅居前5位的是饮料类、中西药品类、石油及制品类、通讯器材类、日用品类,分别增长21.7%、21.3%、16.9%、14.0%、10.9%。

2. 交通运输和邮电

交通运输基本平稳。全市货运总量和货物周转量分别完成1.41亿吨和413.32亿吨公里,分别增长5.2%、5.8%。客运量和旅客周转量完成3101万人和27.91亿人公里,分别下降9.5%、6.7%。港口货物吞吐量14132万吨,增长6.9%;集装箱吞吐量50.8万标箱,下降0.3%。扬州泰州国际机场新开辟国内航线1条,国际航线2条,累计开通航线45条,其中国内32条,国际/地区13条;全年旅客吞吐量238.4万人次,增长29.8%,货邮吞吐量11136.8吨,增长18.8%。年末全市公路里程9729.92公里,年末高速公路里程293.68公里。截至2018年底,全市机动车保有量980156辆,其中汽车771252辆,私人轿车478516辆。

邮电通信业快速发展。全市邮政通讯业务收入73.15亿元,增长9.1%,其中,通讯业务收入45.54亿元,增长4.3%;邮政业务收入27.61亿元,增长18.2%。年末电话用户625.1万户,增长2.8%,其中移动电话用户531.7万户,增长4.5%。互联网宽带接入用户171.6万户,增长11.5%。

3. 金融、保险和证券

金融信贷规模扩大。年末人民币存款余额5997.55亿元,增长5.2%,其中,住户存款余额2860.65亿元,增长7.4%。人民币贷款余额4630.51亿元,增长15.5%,其中,个人消费贷款1356.17亿元,增幅20.9%;住房消费贷款1210.79亿元,增幅23.7%。

证券市场保持稳定。全市证券资金账户数67.79万户,比上年增加5.15万户,增长8.2%。证券交易额9950.41亿元,比上年减少1780.62亿元,下降15.2%,其中,股票交易额6714.03亿元,比上年减少1796.64亿元,下降21.1%,占交易额的67.5%;基金交易额546.86亿元,比上年增加102.51亿元,增长23.1%,占交易额的8.1%。

保险行业稳定发展。全市各类保险机构实现保费收入175.75亿元,增长11.1%。其中,财产险保费收入37.20亿元,增长6.2%;人身险保费收入138.55亿元,增长12.5%。保险赔款总支出26.58亿元,增长8.0%,其中财产险支出22.58亿元,增长7.1%;人身险支出4.01亿元,增长13.2%。

4. 旅游业

旅游业实现较快增长。全年接待境内外游客 7044.23 万人次，增长 11.9%；实现旅游业总收入 917.90 亿元，增长 15.2%。接待入境过夜游客 7.64 万人次，增长 12.6%，其中，外国人 5.17 万人次，增长 13.6%；港澳台同胞 2.47 万人次，增长 10.6%。旅游外汇收入 8341.10 万美元，增长 11.1%。接待国内游客 7036.56 万人次，增长 11.9%，实现国内旅游收入 904.76 亿元，增长 15.2%。全市拥有国家 A 级景区 54 家，旅行社个数 157 个，出境旅行社 14 个。

（五）开放型经济

1. 对外贸易

进出口规模继续扩大。全市实现进出口总额 119.9 亿美元，增长 11.1%。其中，出口 85.4 亿美元，增长 8.6%；进口 34.5 亿美元，增长 17.7%。从出口行业看，全市十大出口行业累计出口 48.8 亿美元，较 2017 年同期增加 3.4 亿美元，占全市出口总额的 57.1%。十大出口行业中有八类实现增长，化学化工、新光源新能源、电动工具与机床等加工设备出口分别增长 29.3%、22%、17.4%。从出口主体看，国有企业出口额减少 15.9%，外资企业、私营企业出口额分别增长 5.9%和 19.3%。从贸易方式看，一般贸易进出口总额 91.17 亿美元，增长 19.7%，占进出口总额比重 76.0%；加工贸易进出口额 21.49 亿美元，下降 13.2%，占进出口总额比重 19.9%。从出口市场看，对前十出口国家（地区）累计出口额 76.5 亿美元，占全市出口 89.6%；对东盟、南亚、台湾等市场出口保持较快增长，出口分别增长 20.3%、33.5%、26.9%；对欧盟市场出口保持稳定，累计出口增长 10.5%；对“一带一路”沿线国家地区累计出口额 19 亿美元，增长 18%，占全市出口比重 22.3%。

2. 利用外资

全市实际利用外资 12.20 亿美元，增长 12.3%。新设立 135 个外商投资项目，增长 10.7%；新增合同外资 25.15 亿美元，增长 6.1%；新设及净增资 1000 万美元以上企业 83 家，增长 2.5%。来自“一带一路”沿线国家的实际外资 2481 万美元，增长 129.3%。全市完成外经营业额 9.68 亿美元，增长 6%。

二　扬州市 2018 年社会发展概况

（一）人口、人民生活

人口总量保持稳定。全市总户数 147.2 万户，户籍人口 458.34 万人，其中男性 228.70 万人，女性 230.13 万人，男性占总人口的 49.84%，女性占总人口的 50.16%。

年末全市常住人口 453.1 万人，比上年末增加 2.28 万人，增长 0.51%。0—14 岁人口 51.09 万人，15—64 岁人口 324.97 万人，65 岁及以上人口 77.04 万人。全年人口出生率 7.43‰，比上年上升 0.03 个千分点；人口死亡率 7.92‰，比上年上升 0.61 个千分点；人口自然增长率−0.49‰，比上年下降 0.58 个千分点。常住人口城镇化率 67.13%。

居民收入稳定增长。全体居民人均可支配收入 34076 元，比上年增长 8.9%，其中，工资性收入 20360 元，增长 8.8%；经营净收入 5672 元，增长 8.7%；财产净收入 2734 元，增长 9.7%；转移净收入 5310 元，增长 9.1%。按常住地分，城镇居民人均可支配收入 41999 元，增长 8.2%；农村居民人均可支配收入 21457 元，增长 8.9%。城乡居民收入差距进一步缩小，城乡居民收入比由上年的 1.97：1 缩小为 1.96：1。居民人均消费支出 20683 元，比上年增长 7.7%。按常住地分，城镇居民人均消费支出 23718 元，增长 7.4%；农村居民人均消费支出 15848 元，增长 7.3%。

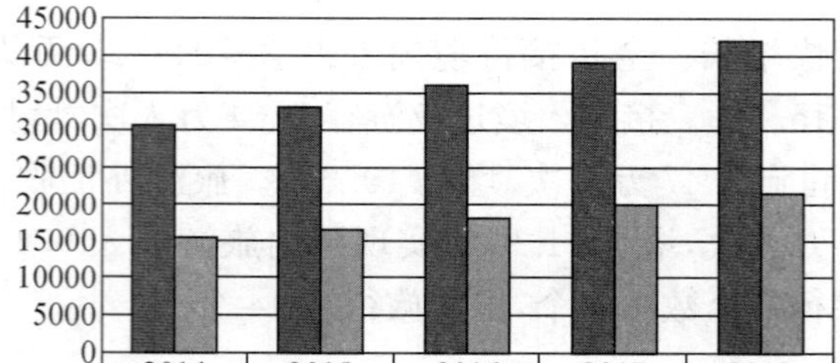

	2014	2015	2016	2017	2018
■城镇居民人均可支配收入(元)	30322	32946	35659	38828	41999
■农村居民人均可支配收入(元)	15284	16619	18057	19694	21457

图 3　2014—2018 年扬州市城乡居民收入对比一览

（二）就业、社会保障与福利

1. 就业

年末全市就业人口 267.1 万人，第一产业就业人口 39.4 万人，第二产业就业人口 120.4 万人，第三产业就业人口 107.3 万人。失业保持较低水平，年末全市城镇登记失业率 1.78%，城镇新增就业人数 79103 人。全年新增转移农村劳动力 15200 人。城镇失业人员再就业 85772 人，城乡就业困难人员就业再就业 16142 人。

2. 社会保障

社会保障体系日益完善。年末全市城乡基本养老、城乡基本医疗、失业、工伤、生育保险参保人数分别为 106.52 万人、434.80 万人、67.03 万人、80.61 万人和 74.62 万人。城乡居民基本养老保险基础养老金最低标准由每人每月 125 元提高到 135 元。城乡居民医保人均财政补助最低标准提高到每人每年 510 元。

（三）教育与科技创新

1. 教育

教育事业全面发展。全市共有普通高校 8 所。普通高等教育招生 2.87 万人，在校生 8.69 万人，毕业生 2.29 万人；其中研究生教育招生 0.32 万人，在校生 0.79 万人，毕业生 0.19 万人。高等教育毛入学率达 60.2%，比上年提高 1.3 个百分点。高中阶段教育毛入学率达 100%。中等职业教育在校生 4.03 万人(不含技工学校)。特殊教育招生 0.015 万人，在校生 0.11 万人。全市小学在校生 214547 人，普通中学在校生 175123 人。全市共有幼儿园 354 所，比上年增加 56 所；在园幼儿 10.95 万人，比上年减少 0.34 万人。学前三年教育毛入园率达 99.4%。

2. 科技创新

科技创新能力持续增强。全年专利申请量和授权量分别是 41222 件和 22804 件，分别同比增长 26.3%和 60.4%，其中企业申请量和授权量分别是 23498 件和 11847 件，分别同比增长 41.1%和 82.5%；万人发明专利拥有量 12.51 件，比 2017 年末增长 27.5%。新投用科技产业综合体 65.7 万平方米，新入驻企业 1020 家，新获批省级孵化器 8 家、众创空间 14 家；新签约产学研合作项目 488 个，引进研创中心 42 家，新建国家级博士后科研工作站 4 家，新增省级企业技术中心 23 家、工程研究中心 11 家；新获批国家技术创新示范企业 2 家、省级示范智能制造车间 9 家；新入选国家“千人计划”3 人、“万人计划”5 人、省“双创计划”领军人才(团队)33 人。

（四）文化、卫生和体育

1. 文化

公共文化服务水平提升。城乡公共文化服务体系不断完善。全市共有文化馆、群众艺术馆 7 个，公共图书馆 7 个，博物馆 16 个，美术馆 1 个，综合档案馆 7 个，向社会开放档案 9.15 万件。共有广播电台电视台 4 座，广播综合人口覆盖率和电视综合人口覆盖率均达 100%。全市有线电视用户 101 万户。开展公益文化活动 470 场，在全省率先实现公共文化机构全覆盖，“文明有礼 24 条”市民素质提升行动全面推开。

2. 卫生

卫生事业稳步推进。2018 年末全市共有各类卫生机构 1813 个。其中，医院 80 个，疾病预防控制中心 7 个，妇幼卫生保健机构 8 个。各类卫生机构拥有病床 23355 张，其中医院拥有病床 17119 张。共有卫生技术人员 34255 人，其中执业医师、执业助理医师 11209 人，注册护士 11659 人，疾病预防控制中心卫生技术人员 406 人，妇幼卫生保健机构卫生技术人员 1278 人。

3. 体育

体育事业蓬勃发展。圆满承办第十九届省运会，新改建扬州体育公园、游泳健身中心、广陵体操馆等省运场馆 20 个，举办比赛 6115 场次，参赛人员 2 万人，扬州参赛总成绩创历史最好。

(五) 城乡建设

城乡建设不断完善。市区新建停车位 2343 个，新添置新能源公交车 242 辆，新辟调整公交线路 26 条，群众出行更为方便。加快推进“厕所革命”，全市新改建公厕 53 座。新铺设污水管网 100 公里。新建垃圾分类小区 380 个，通过国家餐厨废弃物资源化利用和无害化处置试点验收。实施“三路一环”“六路一环一河”整治提升工程，出新建筑立面 57 万平方米，改造亮化道路 65 公里、楼宇 1400 栋。建设美丽乡村，疏浚县乡河道 65 条、村庄河塘 873 条。新改建农村公路 238 公里、农桥 438 座。完成 2 个省级特色田园乡村和 10 个省级美丽乡村建设试点，11 个重点中心镇全部创成国家级生态镇。

(六) 生态环境

生态环境建设力度不断加大。新增城市绿地 158.5 万平方米，新增植树 665 万株。林木覆盖率 23.1%，自然湿地保护率 51%，同比提升 1.8 个百分点。市区空气优良率 66.6%，同比上升 4.1 个百分点；PM2.5 平均浓度 49 微克/立方米，同比下降 9.3%；全市 32 个省考断面水质达标率 93.8%，其中，优于Ⅲ类水比例 71.9%，无劣Ⅴ类断面，阶段性达到 2020 年水环境质量改善目标。紧紧围绕江淮生态大走廊规划建设的“八大工程”，全年完成 24 个重点项目，投资 27.24 亿。“一带一廊”沿岸、高等级公路等重点交通干线沿线绿化率达 100%。宝应、邗江、仪征、高邮创成省级生态文明建设示范县区。全市创成示范乡镇 18 个、示范村 14 个。

三　扬州市在泛长三角地区经济发展中的地位

2018 年，全市以习近平新时代中国特色社会主义思想为指导，深入贯彻落实党的十九大精神，在中共扬州市委的坚强领导下，自觉践行新发展理念，坚持稳中求进工作总基调，坚持以思想大解放引领发展高质量，积极推进新兴科创名城、国际文化旅游名城和公园城市建设，经济社会保持了总体平稳、稳中有进的发展态势，高质量发展迈出坚实步伐，完成了市八届人大二次会议确定的各项目标任务。

(一) 地区生产总值

2014—2018 年扬州市地区生产总值在泛长三角所占比重分别为 2.43%、2.47%、2.49%、2.56%和 2.56%，整体呈增长的态势，累计增幅为 0.13 个百分点，其中 2018 年较 2017 年基本保持一致。2018 年扬州市地区生产总值在泛长三角地区 41 个市中排名第 13 位。

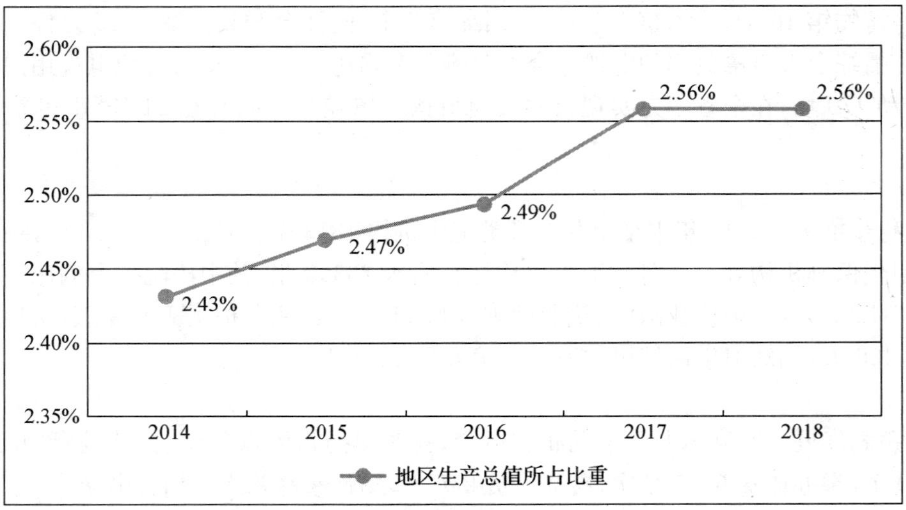

图 4　2014—2018 年扬州市地区生产总值在泛长三角
(苏浙两省 24 个地级市、安徽省 16 个地级市和上海市,下同)所占比重的变化趋势

2018 年全年实现地区生产总值 5466.17 亿元,比 2017 年增长 6.7%。其中,第一产业增加值 273.34 亿元,增长 3.0%;第二产业增加值 2623.24 亿元,增长 5.8%,其中工业增加值 2283.60 亿元,增长 6.4%;第三产业增加值 2569.59 亿元,增长 8.2%。按常住人口计算的人均地区生产总值为 120944 元,按年均汇率折算达 18277 美元。结构调整扎实推进,三次产业结构调整为 5∶48∶47,第三产业增加值占地区生产总值比重比 2017 年提高 1.1 个百分点。

(二)地方财政一般预算收入

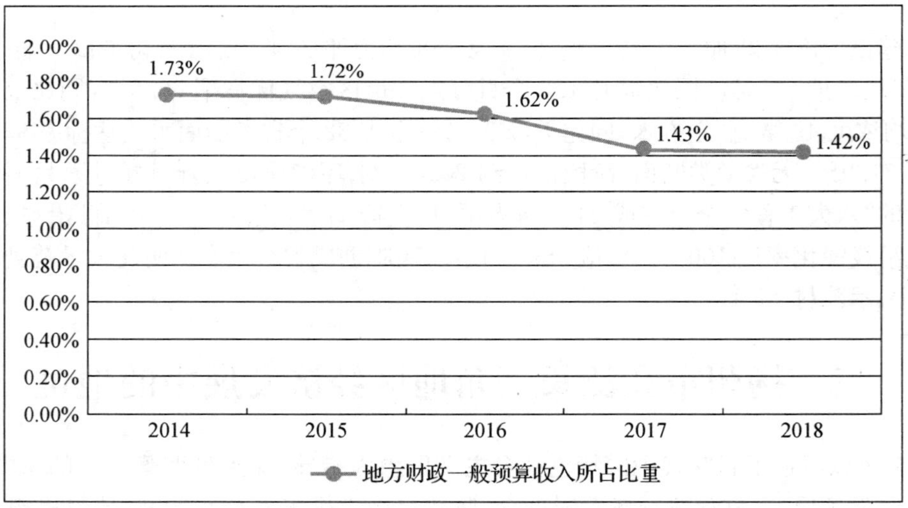

图 5　2014—2018 年扬州市地方财政一般预算收入在泛长三角所占比重的变化趋势

2014—2018 年扬州市地方财政一般预算收入在泛长三角所占比重分别为 1.73%、1.72%、1.62%、1.43%和 1.42%,2018 年较 2017 年减少了 0.01 个百分点。2018 年扬州市地方财政一般预算收入在泛长三角地区 41 个市中的排名达到第 18 位,较 2017 年保持一致。

2018 年,全市一般公共预算收入完成 340.03 亿元,完成年初预算的 100.2%,比 2017 年同期增收 19.86 亿元,增长 6.2%,增幅比全省平均高 0.6 个百分点;其中税收收入完成 272.11 亿元,完成年初预算的 102.7%,比 2017 年同期增收 30.67 亿元,增长 12.7%,增幅比全省平均高 0.7 个百分点,税收占比

80.0%。全市一般公共预算收入和税收收入总量均居全省第 9 位，均与 2017 年同期持平；一般公共预算收入增幅和税收收入增幅均居全省第 8 位，均比 2017 年同期上升 2 位；税收占比居全省第 8 位，比 2017 年同期上升 3 位。

收入增幅高开低走，总体保持平稳增长。2018 年前五个月全市收入累计增幅分别为 31.7%、25.1%、7.4%、9%、9%，6 月份直线回落至 0.1%，下半年逐步回升至 6.2%。增幅前高后低，主要是金融行业改征增值税财政体制是从 2017 年 6 月实施的，前五个月基数相对较低；其次是受部分重点企业减收、楼市行情走低趋稳、减税效应加速显现等因素的影响，收入形势出现转折，8—12 月全市一般公共预算税收收入仅增长 7.6%，不到 1—7 月增幅的一半。截至 12 月底，收入累计增幅除市直小幅下降 0.3%外，其他地区均实现不同程度的增长，增幅在 10%以上的有：景区增长 21.3%、化工园区增长 19.4%、广陵区增长 16.8%、高邮增长 12.8%。

共享税收增长较快，对财政增量贡献较大。2018 年全市增值税完成 131.91 亿元，同比增长16.4%，其中国内增值税、改征增值税分别入库 86.05 亿元、45.86 亿元，分别增长 9.1%、32.9%；企业所得税、个人所得税分别入库 38.73 亿元、13.4 亿元，分别增长 29.2%、26.6%。以上三个税种合计为 134.05 亿元，占全市税收总量的 67.6%，占一般公共预算收入总量的 54.1%；“三税”增量合计为 30.12 亿元，占全市税收总增量的 98%以上，分别拉动全市一般公共预算收入、税收收入增幅 9.4、12.5 个百分点。

地方税小幅增长，土地和房地产税收减收。2018 年全市地方税收共入库 87.96 亿元，同比增长0.7%，其中土地和房地产税收完成 60.95 亿元，同比减少 3.06 亿元，下降 4.8%。分税种看：土地增值税完成 19.5 亿元，增长 1.0%；房产税完成 10.68 亿元，增长 0.3%；契税完成 19.71 亿元，下降 9.5%，其中土地契税下降 25.2%；耕地占用税完成 3.04 亿元，下降 13.7%；城镇土地使用税完成 8.03 亿元，下降 8.5%。城市维护建设税增长 13.3%，印花税增长 11.9%，环境保护税顺利开征并平稳入库，净增收 0.73 亿元。

二产税收增幅高于三产，制造业、建筑业、房地产业税收贡献突出。2018 年全市第二产业税收完成 141.91 亿元，同比增收 19.19 亿元，增长 15.6%；第三产业税收完成 130.04 亿元，同比增收 11.85 亿元，增长 10%。第二产业税收拉动全市一般公共预算收入增幅 6 个百分点，比第三产业高 2.3 个百分点。制造业、建筑业、房地产业分别增收 14.67 亿元、4.51 亿元、8.75 亿元，分别增长 15.3%、25.1%、14.3%，合计增收 27.93 亿元，占全市税收增量的 90%以上，同比增长 16%，拉动全市一般公共预算收入增幅 8.7 个百分点，成为拉动全市财政收入增长的“三驾马车”。

（三）工业生产总值

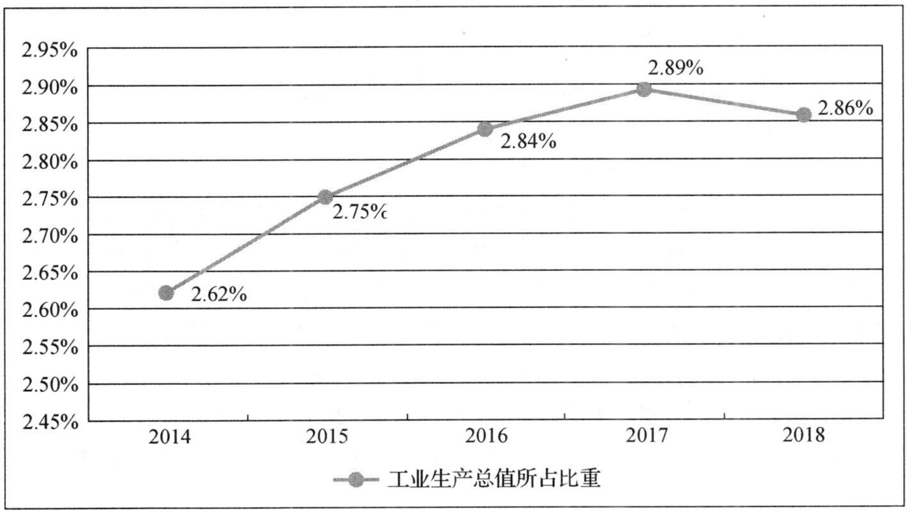

图 6　2014—2018 年扬州市工业生产总值在泛长三角所占比重的变化趋势

2014—2018 年扬州市工业生产总值在泛长三角所占比重分别为 2.62%、2.75%、2.84%、2.89%和 2.86%，总体呈持续上涨态势，五年时间累积增幅达 0.24 个百分点。2018 年扬州市工业生产总值在泛长三角地区 41 个市中排在第 12 位，较 2017 年下降一位。

2018 年，工业经济加快转型。制定出台激励制造业企业加快发展的政策意见，汽车、机械等基本产业全面增长，全市工业开票销售、入库税收、技改投资分别增长 15.7%、7%和 15%；净增规上工业企业 130 家，规上工业企业盈利面达到 88%；制造业投资占固定资产投资比重达 60%。"两新"产业快速成长，高新技术产业产值占规上工业比重达 46%，高新技术企业总数突破 1000 家；战略性新兴产业增加值占 GDP 比重达 17%。建筑业平稳发展，实现总产值 3750 亿元，增长 6%。全市规上工业实现利润 424.9 亿元，同比增长 46.6%，增幅位列全省第一；工业投资增长 16.2%，增幅同样位列全省第一。2018 年，全年新开工的工业重大项目数超人代会目标 5 项、超省高质量考核目标 3 项，入选省重点工业投资项目数与南京并列全省第一，技术改造券发放数再创新高，"制造业投资占固定资产投资比重"这一省高质量考核共性指标达到了 64.3%，创造了近年来工业项目建设的最好成绩。

（四）进出口总额

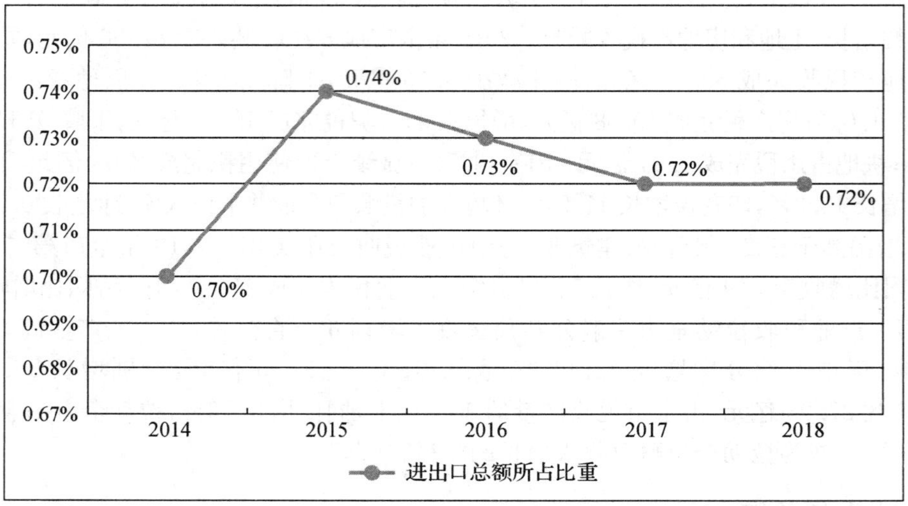

图 7　2014—2018 年扬州市进出口总额在泛长三角所占比重的变化趋势

2014—2018 年扬州市进出口总额在长三角所占比重分别为 0.70%、0.74%、0.73%、0.72%和 0.72%，五年时间整体增加了 0.02 个百分点。2018 年扬州市进出口总额在泛长三角地区 41 个市中排在第 18 位，较 2017 年保持一致。

2018 年，全市实现进出口总额 119.9 亿美元，增长 11.1%。其中，出口 85.4 亿美元，增长 8.6%；进口 34.5 亿美元，增长 17.7%。从出口行业看，全市十大出口行业累计出口 48.8 亿美元，较 2017 年同期增加 3.4 亿美元，占全市出口总额的 57.1%。从出口主体看，国有企业出口额减少 15.9%，外资企业、私营企业出口额分别增长 5.9%和 19.3%。从贸易方式看，一般贸易进出口总额 91.17 亿美元，增长 19.7%，占进出口总额比重 76.0%；加工贸易进出口额 21.49 亿美元，下降 13.2%，占进出口总额比重 19.9%。从出口市场看，对前十出口国家（地区）累计出口额 76.5 亿美元，占全市出口 89.6%；对东盟、南亚、台湾等市场出口保持较快增长，出口分别增长 20.3%、33.5%、26.9%；对欧盟市场出口保持稳定，累计出口增长 10.5%；对"一带一路"沿线国家地区累计出口额 19 亿美元，增长 18%，占全市出口比重 22.3%。

（五）实际外商直接投资金额

图 8　2014—2018 年扬州市实际外商直接投资金额在泛长三角所占比重的变化趋势

2014—2018 年扬州市实际外商直接投资金额在泛长三角所占比重分别为 1.86%、1.16%、1.56%、1.43%和 1.55%，2018 年轻微上扬，2018 年比 2017 年增加了 0.12 个百分点，五年时间下降了 0.31 个百分点。2018 年扬州市实际外商直接投资金额在泛长三角地区 41 个市中排在第 19 位，上升了一位。

2018 年，全市实际利用外资 12.2 亿美元，同比增长 12.32%，增幅比 2017 年同期提高 22 个百分点；全年新设立 135 个外商投资项目，同比增长 10.65%；新增合同外资 25.15 亿美元，同比增6.14%；新设(含增资)1000 万美元以上企业 83 家，同比增长 2.5%。

从排名看，2018 年实际利用外资 12.2 亿美元，比 2017 年增加 1.34 亿美元，同比增长 12.32%，增幅位列全省第 3，总量位列全省第 8，增幅、总量全省排名较 2017 年分别前移九个、两个位次。

从产业看，全市服务业利用外资 6.28 亿美元，同比增长 26.74%，占全市利用外资的 51.48%，占比较 2017 年提升 5.8 个百分点；制造业利用外资 5.89 亿美元，同比增长 0.28%，占全市利用外资的 48.26%。以先进制造业为主的十大战略性新兴产业实际利用外资 4.23 亿美元，同比增长 36.95%，占全市总量的 34.69%，比 2017 年增长 6.23 个百分点。

从地区看，全市 10 家外资考核单位中，除广陵外，其余 9 家地区均完成全年任务，完成率分别为：高邮 132.51%，蜀冈瘦西湖风景区 108.80%，开发区 103.21%，邗江 103.20%，化工园区 100.88%，江都 100.05%，仪征 100.02%，宝应 100.01%，生态科技新城 100.00%，广陵 50.50%。

从来源地看，全市来自亚洲的到账外资 10.02 亿美元，同比增长 17.64%。其中，实际利用港资 9.29 亿美元，同比增长 16.87%。“一带一路”沿线国家到账外资 2481 万美元，同比增长 129.3%。其他主要来源地中，来自欧洲的到账外资 3907 万美元，同比增长 447.2%。来自南美洲到账外资 4871 万美元，同比下降 35.3%。来自北美洲到账外资 1229 万美元，同比下降 39.93%。

十二　镇江市 2018 年经济社会发展报告

2018 年，面对错综复杂的宏观经济形势，全市上下在市委市政府的坚强领导下，围绕高质量发展，坚持新发展理念，坚持产业强市不动摇，深化改革创新，增强发展活力，进一步推动经济转型升级，扎实推动高质量发展，全市经济运行总体平稳，城乡建设扎实推进，各项社会事业不断发展，民生保障不断提高。

一　镇江市 2018 年经济发展概况

（一）综合经济

1. 经济总量

全年实现地区生产总值 4050 亿元，按可比价计算增长 3.1%，其中第一产业增加值 138.40 亿元，下降 4.2%；第二产业增加值 1976.60 亿元，增长 3.0%；第三产业增加值 1935.00 亿元，增长3.7%。人均地区生产总值 126906 元，增长 2.9%。产业结构继续优化，三次产业增加值比例调整为 3.4∶48.8∶47.8，服务业增加值占 GDP 比重提高 0.7 个百分点。

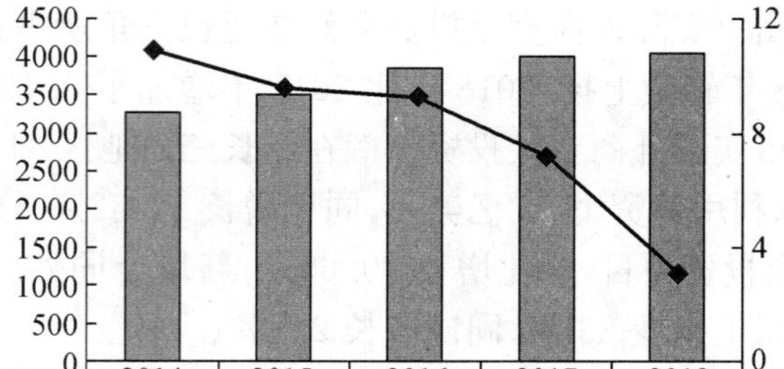

	2014	2015	2016	2017	2018
地区生产总值(亿元)	3252.44	3502.48	3833.84	4010.36	4050
增幅(%)	10.9	9.6	9.3	7.2	3.1

图 1　2014—2018 年镇江市地区生产总值及增长速度

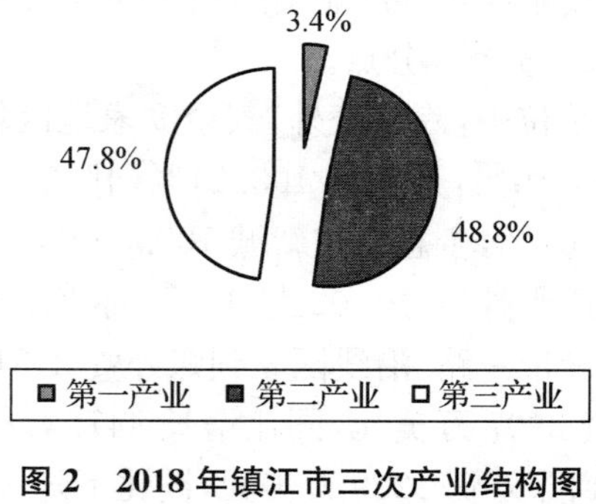

图 2　2018 年镇江市三次产业结构图

2. 财政收支

全年实现一般公共预算收入 301.50 亿元，比上年增长 6.0%，其中税收收入 241.24 亿元，增长 10.7%；非税收入 60.26 亿元，下降 9.4%。从主要税种看，增值税增长 15.0%，企业所得税增长22.4%，个人所得税增长 25.0%。全年一般公共预算支出 408.65 亿元，增长 5.7%，其中教育支出 77.80 亿元，社会保障和就业支出 46.80 亿元，医疗卫生支出 29.63 亿元，环境保护支出 12.67 亿元。

3. 物价指数

全年居民消费价格(CPI)总指数为 102.0，比上年上涨 2.0%。消费品价格上涨 2.6%，服务价格上涨 1.1%。分类别看，八大类消费价格全部上涨：食品烟酒类上涨 3.3%，衣着类上涨 1.5%，居住类上涨 1.7%，生活用品及服务类上涨 2.7%，交通和通信类上涨 0.8%，教育文化和娱乐类上涨 2.1%，医疗保健类上涨 1.0%，其他用品和服务类上涨 0.6%。

4. 固定资产投资

全年固定资产投资比上年下降 26.5%，其中国有及国有经济控股投资下降 23.4%，港澳台及外商投资下降 28.3%，民间投资下降 30.4%。分产业看，第二产业投资下降 28.9%，其中：工业投资下降 27.9%；第三产业投资下降 24.3%。

(二) 农林牧渔业

全年粮食播种面积 229.95 万亩，比上年减少 17.60 万亩，下降 7.1%。全市粮食总产量 107.30 万吨，比上年减少 3.52 万吨，下降 3.2%，其中夏粮总产量 31.69 万吨，减少 0.84 万吨，下降 2.6%；秋粮总产量 75.61 万吨，减少 2.68 万吨，下降 3.4%。全年油料总产量 3.25 万吨，比上年下降 39.5%。蔬菜总产量 94.14 万吨，比上年下降 2.6%。

全年肉类总产量 6.80 万吨，比上年下降 3.2%，其中猪肉产量 4.37 万吨，增长 0.4%；禽肉产量 2.21 万吨，下降 8.9%。全年生猪出栏量 52.26 万头，下降 1.2%；家禽出栏量 1448.16 万只，下降 13.0%。水产品产量 9.57 万吨，比上年增长 0.3%。

年末全市拥有高标准农田 152.45 万亩，占比重 65.6%，比上年提高 5.5 个百分点，其中当年新建 12.98 万亩。全年新增高效设施园艺面积 1.7 万亩，新增永久性蔬菜基地面积 4558 亩。新创全国休闲农业与乡村旅游三星级示范点 3 个、五星级示范点 2 个，省级主题创意农园 5 个、省级休闲观光农业精品示范村 6 个。全市新增绿色农产品 43 个，年末绿色优质农产品面积占比 46.0%。新增省级、市级示范家庭农场分别达到 17 家、46 家，新增国家级示范社 12 家、省级示范社 21 家。年末农机总动力 149.5 万千瓦，比上年增加 1.7 万千瓦。

(三) 工业、建筑业

年末全市拥有规模以上工业企业 2044 个，实现总产值比上年增长 3.2%，其中大中型企业增长 3.9%。分轻重工业看，轻工业增长 1.8%；重工业增长 3.6%。分经济类型看，国有企业下降 15.4%；股份制企业增长 2.8%；三资企业增长 6.0%。在规模以上工业企业中，民营企业总产值增长 2.7%，其中私营企业增长 2.7%。

全年规模以上工业企业实现主营业务收入增长 0.4%、利润总额下降 1.3%。企业亏损面 18.9%，亏损企业亏损额 38.37 亿元，增长 64.3%。年末应收账款 870.71 亿元，增长 9.0%，产成品存货 222.83 亿元，增长 8.0%。产品销售率 98.7%，下降 0.1%。

年末全市拥有资质以上建筑业企业 413 家。全年实现建筑业总产值 537.64 亿元，比上年增长 8.6%，其中工程产值 525.01 亿元，增长 7.8%。建筑业全员劳动生产率为 33.93 万元/人，增长 9.2%。建筑业企业房屋建筑施工面积 1933.35 万平方米，下降 7%；竣工面积 579.57 万平方米，下降 19%，其中住宅竣工面积 303.76 万平方米，下降 30.2%。

(四) 服务业

1. 国内贸易

全年实现社会消费品零售总额 1360.92 亿元，比上年增长 5.0%。按经营单位所在地分，城镇市场零售额 1281.99 亿元，增长 4.8%；乡村市场零售额 78.93 亿元，增长 7.6%。按消费形态分，批发业零售额 191.44 亿元，下降 4.0%；零售业零售额 983.49 亿元，增长 6.4%；餐饮业零售额 166.86 亿元，增长 7.1%；住宿业零售额 19.12 亿元，增长 12.0%。

从限额以上批发和零售业分类商品零售情况看，汽车类零售额 86.82 亿元，比上年下降 6.6%；石油及制品类零售额 75.53 亿元，增长 5.2%；通讯器材类零售额 5.23 亿元，下降 19.7%；日用品类零售额 17.12 亿元，下降 10.1%；家用电器和音像器材类零售额 26.00 亿元，下降 18.3%；化妆品类零售额 4.27 亿元，增长 5.3%；金银珠宝类零售额 15.58 亿元，下降 0.4%；文化办公用品类零售额 7.26 亿元，下降 24.0%；粮油食品、饮料烟酒类零售额 60.26 亿元，下降 9.1%。

2. 交通、邮电

全年公路客运量 2965 万人，比上年下降 6.9%；铁路客运量 1196 万人，增长 4.5%。公路旅客周转量 20.06 亿人公里，下降 4.0%。公路货运量 8058 万吨，增长 6.7%；水路货运量 1583 万吨，增长1.7%；铁路货运量 197 万吨，下降 4.3%。公路货物周转量 90.00 亿吨公里，增长 5.7%；水路货物周转量 43.43 亿吨公里，增长 2.6%。全年完成港口货物吞吐量 16264 万吨，比上年增长 1.9%，其中长江港口吞吐量 15331 万吨，增长 7.9%；港口集装箱吞吐量 43.18 万标箱，增长 6.5%。年末全市民用汽车拥有量 60.61 万辆，其中个人载客汽车 51.53 万辆，分别比上年增长 9.0%和 8.4%。

全年邮政电信业务总量 163.30 亿元，比上年增长 102.5%，其中：邮政业务总量 23.95 亿元，增长 23.8%；电信业务总量 139.34 亿元，增长 127.3%。邮政电信业务收入 46.16 亿元，比上年增长 9.2%，其中：邮政业务收入 15.52 亿元，增长 17.3%；电信业务收入 30.64 亿元，增长 5.6%。年末固定电话用户 60.32 万户，下降 10.8%。移动电话用户 354.73 万户，增长 9.8%。年末互联网宽带接入用户 144.73 万户，增长 5.5%。

3. 旅游业

年末全市拥有 A 级景区 38 个，其中 5A 级景区 2 家，4A 级景区 7 家，3A 级景区 14 家。拥有省级旅游度假区 3 家，省星级乡村旅游区 101 家。拥有星级旅游饭店 30 家，其中五星级宾馆 3 家；拥有旅行社 112 家，其中星级旅行社 35 家。全年接待境内外游客 6554.27 万人次，比上年增长 9.8%；实现旅游业总收入 934.46 亿元，增长 13.6%。接待国内游客 6546.70 万人次，增长 9.8%，实现国内旅游收入 923.77 亿元，增长 13.6%。接待入境过夜游客 7.57 万人次，增长 8.8%；其中，外国人 5.94 万人次，增长9.9%；港澳台同胞 1.63 万人次，增长 4.9%。旅游外汇收入 0.94 亿美元，增长 10.4%。

4. 金融、保险和证券

年末全市拥有各类金融机构 33 家，金融机构人民币存款余额 5042.97 亿元，比年初增加 165.48 亿元，其中：住户存款 2161.07 亿元，比年初增加 177.64 亿元；非金融企业存款 1852.42 亿元，比年初减少 63.13 亿元。年末金融机构人民币贷款余额 4450.60 亿元，比年初增加 586.45 亿元，其中：短期贷款 1510.48 亿元，比年初增加 102.37 亿元；中长期贷款 2702.22 亿元，比年初增加 392.13 亿元。

截至年末，全市上市挂牌企业达 279 家，其中主板上市公司 19 家（境内 13 家，境外 6 家），“新三板”挂牌企业 43 家，区域股权市场挂牌企业 217 家。全年新增上市挂牌企业 117 家（主板上市公司 1 家，区域股权交易中心挂牌企业 116 家），上市挂牌企业新增股票融资 11.56 亿元。

年末全市拥有市级保险机构 62 家，其中财险公司 29 家，寿险公司 33 家。全年保费收入 128.19 亿元，比上年增长 9.3%。其中，财产险收入 27.80 亿元，增长 3.3%；寿险收入 100.39 亿元，增长 11.1%；健康险和意外伤害险收入 5.10 亿元，增长 24.6%。全年赔付额 35.22 亿元，比上年下降 8.9%。其中，财产险赔付 16.94 亿元，增长 1.5%；寿险赔付 18.28 亿元，下降 16.8%；健康险和意外伤害险赔付7.54 亿元，增长 26.9%。

5. 房地产业

全年完成房地产开发投资 356 亿元，比上年增长 3.6%，其中住宅投资 281.22 亿元，增长 7.1%。房地产开发企业房屋施工面积 3262.41 万平方米，比上年增长 1.1%，其中住宅施工面积 2487.47 万平方米，增长 0.8%。商品房竣工面积 575.35 万平方米，比上年增长 68.2%，其中住宅竣工面积 432.98 万平方米，增长58.0%。商品房销售面积512.74万平方米，比上年下降27.3%，其中住宅销售面积471.75万平方米，下降27.4%。商品房销售额508.77亿元，比上年下降15.5%，其中住宅销售额462.29亿元，下降14.6%。

（五）开放型经济

1. 对外贸易

全年实现进出口总额118.39亿美元，比上年增长12.4%，其中出口总额79.80亿美元，增长14.2%；进口总额38.59亿美元，增长8.7%。从出口方式上看，一般贸易出口63.50亿美元，增长17.8%；加工贸易出口15.88亿美元，增长3.3%。分企业类型看，国有企业出口2.27亿美元，增长13.3%；外商投资企业出口34.76亿美元，增长6.9%；民营企业出口41.93亿美元，增长21.5%。从主要出口产品看，机电产品出口31.28亿美元，增长19.9%；纸及纸制品出口6.10亿美元，增长35.1%，高新技术产品出口5.57亿美元，下降14.8%。从出口市场看，对东盟组织出口10.75亿美元，增长11.1%；对日本出口5.22亿美元，增长7.2%；对印度出口4.92亿美元，增长21.5%；对欧盟出口10.94亿美元，增长25.9%；对美国出口16.66亿美元，增长24.1%。

2. 利用外资

全年新批外商投资企业85家，新批协议外资9.95亿美元，实际利用外资8.68亿美元。新批及净增资1000万美元以上项目23个。

3. 对外投资

截至年末，全市累计批准233家企业在64个国家和地区，投资294个境外项目，中方协议投资14.79亿美元。全年新批及增资境外投资项目28个，与上年持平；中方协议投资1.38亿美元，新签订对外承包工程合同额0.53亿美元；完成营业额4.29亿美元，增长30.2%。

二　镇江市2018年社会发展概况

（一）人口、人民生活

年末常住人口319.64万人，比上年增加1.01万人，其中城镇人口227.72万人，城镇化率71.2%。全年常住人口出生率8.05‰，死亡率7.02‰，自然增长率为1.03‰。在常住人口中65岁及以上人口占比达到14.2%，比上年提高0.6个百分点。年末户籍人口270.78万人，比上年减少0.12万人，其中男性133.68万人，减少0.18万人；女性137.10万人，增加0.06万人。

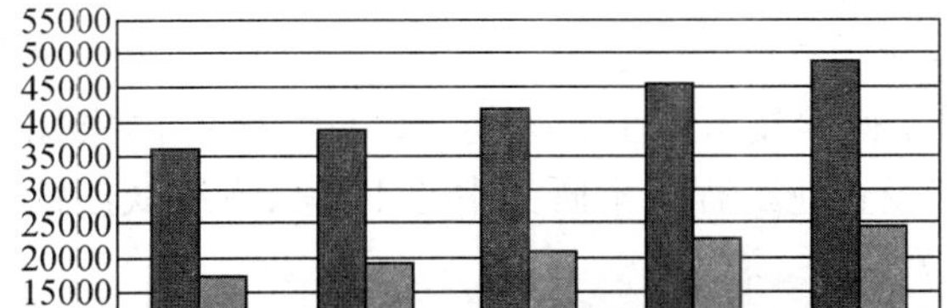

	2014	2015	2016	2017	2018
■城镇居民人均可支配收入(元)	35752	38666	41794	45386	48903
■农村居民人均可支配收入(元)	17617	19214	20922	22724	24687

图3　2014—2018年镇江市城乡居民收入对比一览

全年常住居民人均可支配收入40883元，增长8.5%，其中，工资性收入26351元，增长7.6%；经营净收入5863元，增长5.9%；财产净收入3503元，增长14.6%；转移净收入5166元，增长12.6%。常住居民人均消费支出24359元，增长7.1%。按常住地分，城镇常住居民人均可支配收入48903元，增长

7.7%，城镇常住居民人均消费支出27278元，增长6.4%。农村常住居民人均可支配收入24687元，增长8.6%，农村常住居民人均消费支出18463元，增长7.8%。年末城镇居民现住房人均建筑面积48.6平方米，百户家庭拥有汽车56辆、电脑112台、手机268部；年末农村居民现住房人均建筑面积57.3平方米，百户家庭拥有汽车43辆、电脑67台、手机262部。

（二）就业与社会保障

1. 就业

年末从业人员194.82万人，比上年增加0.32万人，其中第一产业22.86万人、第二产业85.12万人、第三产业87.84万人。全年新增城镇就业8.35万人，城镇失业人员再就业人数3.40万人，新增转移农村劳动力0.99万人，城镇登记失业率1.78%。全年新增登记注册私营个体从业人员22.46万人，其中私营企业12.78万人、个体工商户9.68万人。

2. 社会保障

年末全市企业职工养老保险、医疗保险、失业保险参保人数分别为89.68万人、96.37万人、53.95万人。全市54个经济薄弱村达标，3300余户建档立卡低收入人口实现脱贫，达标率超过80%。城乡困难人群纳入保障体系，最低生活保障标准由655元/月提高到710元/月，增加55元/月。全市退休人员养老金比上年增加136元/月，实现“十四连增”。新建老年人日间照料中心5个、助餐点100个、居家养老服务中心15个。实施医疗救助31.6万人次。全市最低工资标准由上年的1890元/月提高到2020元/月，增加130元/月。

（三）教育与科技创新

1. 教育

全市共有普通高校8所，本专科招生2.45万人，在校学生8.38万人，毕业生1.98万人；研究生教育招生4314人，在校生12093人，毕业生2835人。全市中等职业学校（不含技工学校）11所，在校学生1.89万人。普通中学111所，在校学生10.29万人，毕业生3.06万人。小学113所，在校学生15.35万人，毕业生2.34万人。九年义务教育巩固率100%，高中阶段教育毛入学率100%。全市共有幼儿园253所，比上年增加9所；在园幼儿7.97万人，比上年增加0.29万人。

2. 科技

全市每万劳动力中研发人员数162人年，比上年提高7人年。全市专利申请量29635件，其中发明申请量12466件；专利授权量15348件，发明专利授权量2790件，万人发明专利拥有量达37.56件，比上年增加4.28件。全市技术交易市场网络平台投入运营，新增国家级高新技术企业120家。2家企业入选“独角兽”企业榜，新增省级“科技小巨人”企业6家、上市挂牌企业117家，1家企业获得中国专利金奖，4家企业获得国家科学技术进步二等奖，京口区获评“国家知识产权强县工程示范区”。新增省级企业技术中心9家、省级企业工程技术研究中心10家、省级众创社区4家和省级孵化器5家。年末拥有国家高新技术企业数750家。

年末共有产品质量检验机构4个，国家检测中心2个。法定计量技术机构5个，强制检定计量器具23.94万台（件），比上年增加2.12万台（件）。全年监督抽查产品58种，完成强制性产品认证的企业1389家，比上年增加362家。

（四）文化、卫生与体育

1. 文化

年末全市共有艺术表演团体5个，文化馆8个，公共图书馆9个，文化站59个，博物（纪念）馆14个，美术馆2个。年末有线电视总用户75万户，其中数字电视用户72万户。年末拥有省级以上重点保护文物单位67处，其中全国重点保护文物单位13处。2018年建成省级村（社区）基层综合文化服务中心246个（总数665），农村文化礼堂251个。实施文化广场提升工程，完成30个镇（街道）和37个村（社区）文化广场提升任务。开展“文心”系列公益活动526场。举办全民艺术普及活动528场，送戏下乡565场，送电影下乡7687场。开展纪念改革开放40周年系列活动15场。1家农家书屋获评“全国示范农家书屋”，1名管理员获评“全国优秀农家书屋管理员”。凤凰新华镇江分公司漫书阁店入选2018江苏省最美书店。

2. 卫生

年末全市拥有各类卫生机构（医疗卫生机构）972个，其中医院50个、卫生院49个，社区卫生服务中心35个，卫生防疫防治机构（疾病预防控制中心）7个，妇幼保健机构7个，村卫生室308个。卫生机构床位15623张，其中医院、卫生院13163张，社区卫生服务中心1511张。年末拥有卫生技术人员21080人，其中执业医师及执业助理医师8200人，注册护士9183人。全市医疗机构（医疗卫生机构）全年总诊疗2445.96万人次。疾病预防控制中心卫生技术人员322人，妇幼卫生保健机构卫生技术人员1548人。

3. 体育

年末市区新建5个体育小公园、15个乡镇（街道）多功能运动场、70条健身路径、6个笼式足球场、完成安装80张室外乒乓球桌、15副篮球架。全年共组织开展有影响的全民健身活动和比赛300余场次。承办了第九届环太湖国际公路自行车赛（句容赛段）、镇江国际马拉松等9项国际、国家级竞技类体育赛事，承办了5项省级青少年竞赛，举办市级比赛21项次。年末共有注册教练员111人，运动员1137人。全年参加省级以上竞赛共获得41枚金牌、37枚银牌、61枚铜牌。全市拥有全国校园足球特色学校117所，开展校园足球活动的特色幼儿园62所，其中省级12所，市级50所。

（五）城乡建设

2018年镇丹高速、句容西部干线建成通车，南沿江高铁、宁句城际轨道交通、高铁南站优化提升工程正式开工，连淮扬镇铁路镇江段、五峰山过江通道及其接线高速公路加快推进；长江南京以下12.5米深水航道工程镇江段全面完成。老旧小区改造力度加大，全年共安排财政资金3亿元，推进中营等五个老旧小区改造，完成危房和空斗墙房屋改造2.37万平方米，市区完成棚户区改造7024户。城市公用设施进一步完善，全年市区建设市政燃气管道79公里，改造老旧燃气管道83公里，完成上党液化天然气储配站二期扩建工程；新建污水管网约10.63公里，完成农村供水管网改造约38.03公里；建成世界最大规模电网侧储能电站群。农村环境持续改善，提档升级农村公路200公里，改造农桥20座，新增81个美丽宜居村，基本建3个省级特色田园乡村成。

（六）生态建设

全市实施大气污染防治项目411项，燃煤锅炉整治10项。整治建筑工地161家、重点排污企业69家，分类治理“散乱污”企业（作坊）7811家，对172家企业分类实施错峰生产。全年PM2.5平均浓度54微克/立方米，比上年下降1.8%；空气优良天数达标率64.4%，比上年提高0.8个百分点。大力推进水污染治理。全面落实河（湖）长制，整治入河排口215个，实施61个年度水污染防治项目和28个治理太湖项目。全年治理畜禽规模养殖场585家，其中已关闭198家，规模养殖场治理率达到95.0%。长江镇江水域非法采砂全面禁绝，完成江心洲水源地达标建设，长江豚类自然保护区问题整改到位。完成四明河等5条黑臭水体治理任务，全市地表水国考、省考断面水质优Ⅲ比例分别为87.5%、90%。

三 镇江市在泛长三角地区经济发展中的地位

2018年，面临的环境复杂多变，经受的考验非同寻常。在省委、省政府和市委的坚强领导下，深入学习贯彻习近平新时代中国特色社会主义思想，团结和依靠全市人民，自觉践行新发展理念，统筹抓好改革发展稳定各项工作，扎实推动高质量发展落地见效，较好完成了市八届人大二次会议确定的目标任务。

（一）地区生产总值

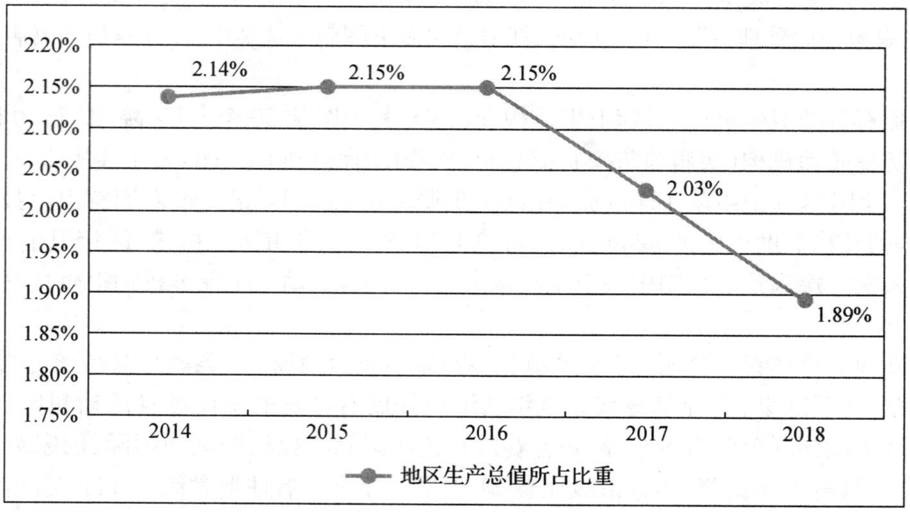

图4　2014—2018年镇江市地区生产总值在泛长三角
（苏浙两省24个地级市、安徽省16个地级市和上海市，下同）所占比重的变化趋势

2014—2018年镇江市地区生产总值在泛长三角所占比重分别为2.14%、2.15%、2.15%、2.03%和1.89%，2017年以来出现下跌，较2014年减少了0.25个百分点。2018年镇江市地区生产总值在泛长三角地区41个市排名第19位，较2017年下降一位。

2018年，全年实现地区生产总值4050亿元，按可比价计算增长3.1%，其中第一产业增加值138.40亿元，下降4.2%；第二产业增加值1976.60亿元，增长3.0%；第三产业增加值1935.00亿元，增长3.7%。人均地区生产总值126906元，增长2.9%。产业结构继续优化，三次产业增加值比例调整为3.4∶48.8∶47.8，服务业增加值占GDP比重提高0.7个百分点。

（二）地方财政一般预算收入

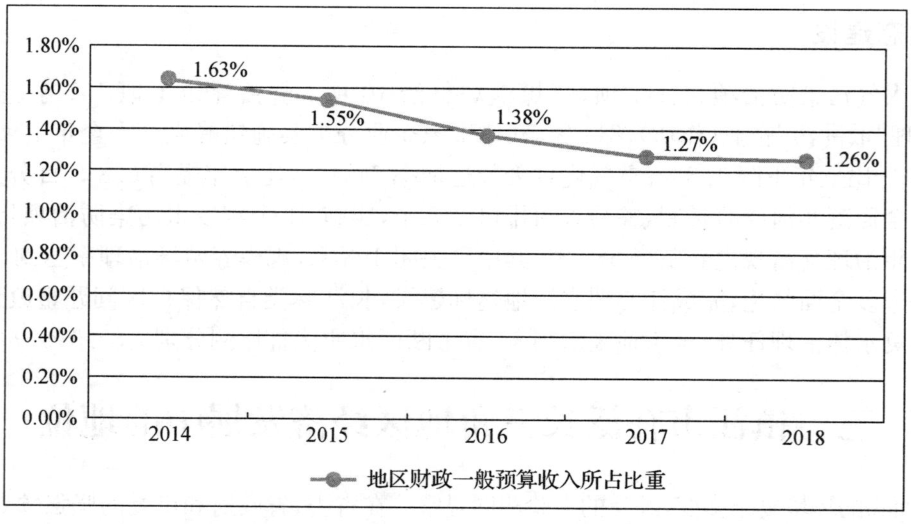

图5　2014—2018年镇江市地方财政一般预算收入在泛长三角所占比重的变化趋势

2014—2018 年年镇江市地方财政一般预算收入在泛长三角所占比重分别为 1.63%、1.55%、1.38%、1.27%和 1.26%，整体呈减小态势，五年累计减少了 0.37 个百分点，其中 2018 年较 2017 年减少了 0.01 个百分点。2018 年镇江市地方财政一般预算收入在泛长三角地区 41 个市排名第 20 位，较 2017 年保持一致。

2018 年，全年实现地区生产总值 4050 亿元，按可比价计算增长 3.1%，其中第一产业增加值 138.40 亿元，下降 4.2%；第二产业增加值 1976.60 亿元，增长 3.0%；第三产业增加值 1935.00 亿元，增长3.7%。人均地区生产总值 126906 元，增长 2.9%。产业结构继续优化，三次产业增加值比例调整为 3.4∶48.8∶47.8，服务业增加值占 GDP 比重提高 0.7 个百分点。

（三）工业生产总值

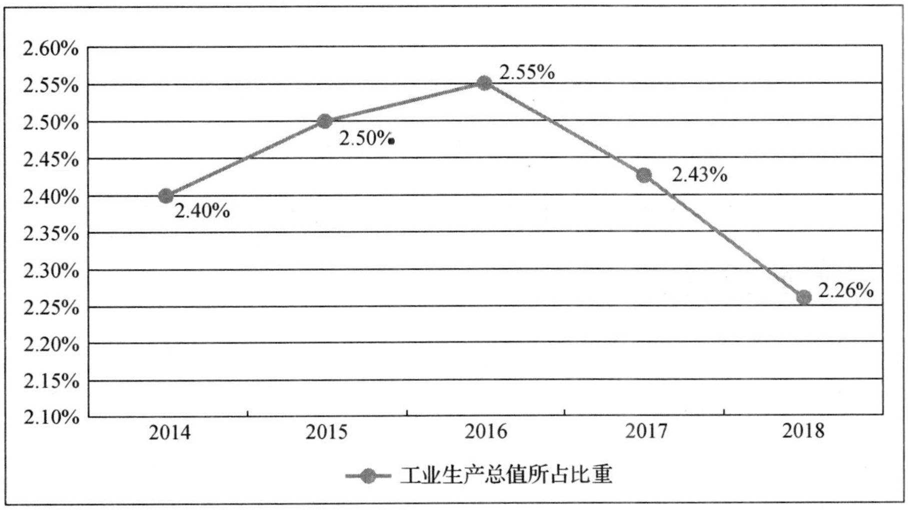

图 6　2014—2018 年镇江市工业生产总值在泛长三角所占比重的变化趋势

2014—2018 年镇江市工业生产总值在泛长三角所占比重分别为 2.40%、2.50%、2.55%、2.43%和 2.26%，五年累计减少了 0.14 个百分点，其中 2018 年较 2017 年减少了 0.17 个百分点。2018 年镇江市工业生产总值在泛长三角地区 41 个市排名较 2017 年下降两位，排名第 18 位。

2017 年全市拥有规模以上工业企业 2044 个，实现总产值比 2017 年增长 3.2%，其中大中型企业增长 3.9%。分轻重工业看，轻工业增长 1.8%；重工业增长 3.6%。分经济类型看，国有企业下降 15.4%；股份制企业增长 2.8%；三资企业增长 6.0%。在规模以上工业企业中，民营企业总产值增长 2.7%，其中私营企业增长 2.7%。全年规模以上工业企业实现主营业务收入增长 0.4%、利润总额下降 1.3%。企业亏损面 18.9%，亏损企业亏损额 38.37 亿元，增长 64.3%。年末应收账款 870.71 亿元，增长9.0%，产成品存货 222.83 亿元，增长 8.0%。产品销售率 98.7%，下降 0.1%。

（四）进出口总额

2014—2018 年镇江市进出口总额在泛长三角所占比重分别为 0.72%、0.72%、0.78%、0.71%和 0.71%，2018 年较 2014 年减少了 0.01 个百分点。2018 年镇江市进出口总额在泛长三角地区 41 个市排名第 19 位。

2018 年，镇江外贸进出口总额为 779.1 亿元人民币，比 2017 年增长 9.1%，其中出口 525.6 亿元，进口 253.5 亿元，分别增长 11.0%和 5.4%。从进出口贸易结构来看，一般贸易进出口明显增长。全年一般贸易方式进出口值为 603.1 亿元，增长 13.2%，占全市外贸比重达到 77.4%。另外，对外承包工程出口货物进出口 2.2 亿元，增长 20.5%。从贸易伙伴来看，对印度、加拿大和澳大利亚出口明显增长，自印度、加拿大和非洲进口增幅均超两成。

图 7　2014—2018 年镇江市进出口总额在泛长三角所占比重的变化趋势

（五）实际外商直接投资金额

图 8　2014—2018 年镇江市实际外商直接投资金额在泛长三角所占比重的变化趋势

2014—2018 年镇江市实际外商直接投资金额在泛长三角所占比重分别为 1.73%、1.78%、1.76%、1.78%和 1.10%，五年整体下跌了 0.63 个百分点，其中 2018 年较 2017 年减少了 0.68 个百分点。2018 年镇江市实际外商直接投资总额在泛长三角地区 41 个市排名第 25 位，较 2017 年大幅下滑。

2018 年，全年新批外商投资企业 85 家，新批协议外资 9.95 亿美元，实际利用外资 8.68 亿美元。新批及净增资 1000 万美元以上项目 23 个。

十三　泰州市 2018 年经济社会发展报告

2018 年，在习近平新时代中国特色社会主义思想指引下，在市委市政府坚强领导下，全市上下认真贯彻落实中央、省、市各项决策部署，坚持稳中求进工作总基调，坚持新发展理念，坚持推动高质量发展，坚决打好三大攻坚战，全力打造江苏高质量发展中部支点城市，全市综合实力迈上新台阶，经济发展、改革开放、城乡建设、文化建设、生态环境、人民生活不断向高质量发展迈进！

一　泰州市 2018 年经济发展概况

（一）综合经济

1. 经济总量

综合实力再上新台阶。地区生产总值首次突破 5000 亿大关，达到 5107.63 亿元，按可比价计算，比上年增长 6.7%。其中第一产业增加值 280.05 亿元，增长 2.7%；第二产业增加值 2434.01 亿元，增长 6.8%；第三产业增加值 2393.57 亿元，增长 7.0%。三次产业增加值比例调整为 5.5∶47.6∶46.9。按常住人口计算，全市人均地区生产总值为 109988 元，增长 6.8%。

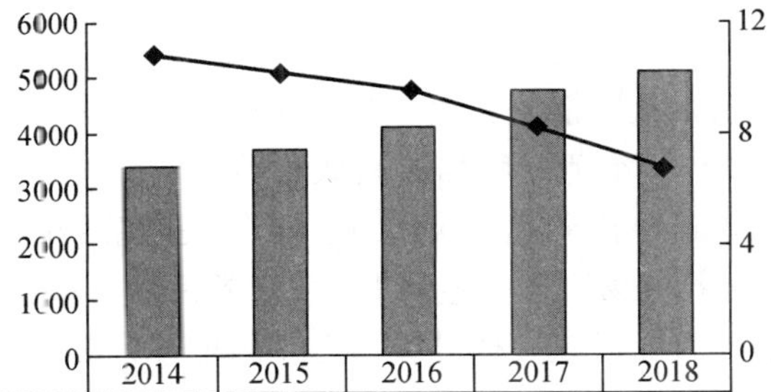

	2014	2015	2016	2017	2018
地区生产总值(亿元)	3370.89	3687.9	4101.78	4744.53	5107.63
增幅(%)	10.8	10.2	9.5	8.2	6.7

图 1　2014—2018 年泰州市地区生产总值及增长速度

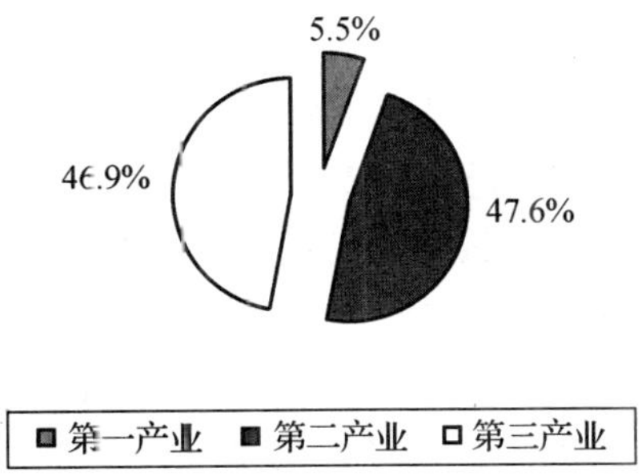

图 2　2018 年泰州市三次产业结构图

2. 财政收支

财政收支平稳增长。全年完成一般公共预算收入 366.64 亿元，增长 6.6%，其中税收收入 294.86 亿元，增长 11.3%。一般公共预算支出 532.65 亿元，增长 12.0%，其中一般公共服务支出增长 15.2%，科学技术支出增长12.1%，社会保障和就业支出增长31.2%，节能环保支出增长24.2%，农林水事务支出增长10.6%，交通运输支出增长15.8%，住房保障支出增长31.7%。

3. 物价水平

价格指数保持在合理区间。消费价格指数温和上涨。全年居民消费价格指数(CPI)上涨2.0%。从调查项目看，食品烟酒价格上涨1.4%，非食品烟酒价格上涨2.2%；服务项目价格上涨1.9%，消费品价格上涨2.0%。工业价格指数保持上涨。全年工业生产者购进价格指数(IPI)上涨6.3%，工业生产者出厂价格指数上涨0.9%。

4. 固定资产投资

固定资产投资增长平稳。全年固定资产投资增长9.2%，其中第一产业投资下降54.9%，第二产业投资增长8.9%，第三产业投资增长11.6%。在二产投资中，工业投资增长8.5%，其中食品行业投资增长5.5%，医药制造业投资增长12.1%，金属制品业投资增长34.0%，电气投资增长13.2%，通信设备、计算机及其他电子设备制造业投资增长14.4%，仪器仪表制造业投资增长24.5%。在服务业投资中，金融业投资增长102.1%，租赁和商务服务业投资增长36.9%，科学研究和技术服务业投资增长37.1%，文化、体育和娱乐业投资增长25.1%，信息传输、软件和信息技术服务业投资增长10.8%。

（二）农林牧渔业

粮食生产总体平稳。全年粮食总产量287.11万吨，比上年减少3.9万吨，其中夏粮106.94万吨，比上年减少1.01万吨；秋粮180.17万吨，比上年减少2.89万吨。粮食播种面积570万亩，比上年减少13.02万亩。粮食亩产495.9公斤，比上年增加4.3公斤，粮食综合亩产继续位居全省第一。

农业供给侧结构性改革扎实推进。大力推广绿色农业。全年农药实际使用量下降2.4%，化肥施用量减少3024吨，下降1.9%。示范推广稻田高效种养模式。全市稻田综合种养和“水稻＋N”模式示范面积达到10.87万亩。推进畜禽养殖污染治理。全年关停禁养区内养殖场1231家，全市规模化养殖场治理率达96%，非规模化养殖场治理率达88%，畜禽粪污综合利用率达96%。

现代农业稳步发展。农业设施提档升级。全年新增连片50亩以上高效规模设施农业基地122个，新增设施农业面积6.5万亩，新增设施渔业面积1.17万亩。农业机械化进程加快。全年新增各类农业机械3200台，年末农业机械总动力达284.02万千瓦，比上年增长1.7%。培训新型职业农民。全年举办新型职业农民培训班253期，培训农民36176人。

（三）工业和建筑业

工业生产平稳运行。全年规模以上工业产值增长9.8%，规模以上工业增加值增长5.5%，其中轻工业增加值增长6.2%，重工业增加值增长5.1%。分经济类型看，国有企业增加值增长2.2%，集体、股份制、外商和港澳台投资企业增加值分别增长8.8%、5.0%、8.9%。支柱行业增长平稳。全年医药、石化、装备制造、食品产业产值分别增长17.1%、11.0%、7.8%、4.4%。

工业向高质量发展迈进。先进制造业加快发展。全年高新技术产业产值增长11.8%，占规模以上工业产值比重为44.2%，比上年提高1.2个百分点。战略性新兴产业产值增长15.6%，占规模以上工业产值比重为22.0%。五大主导产业发展势头良好。全年五大主导产业产值增长11.6%，其中生物医药及高性0能医疗器械产值增长16.8%，高端装备制造及高技术船舶产值增长11.6%，新一代信息技术产业产值增长33.3%。

建筑业平稳发展。全年完成建筑业总产值3335.67亿元，增长11%。年末全市具有资质等级的总承包和专业承包建筑企业747家，比上年增加116家。其中具有特级、一级和二级资质企业308家，比上年增加33家。年末建筑业从业人员达116.94万人，增长9.5%。

（四）服务业

1. 国内贸易

消费品市场发展稳中趋缓。全年实现社会消费品零售总额1282.87亿元，增长5.8%。按经营单位所在地分，城镇消费品零售额1177.21亿元，增长5.0%；乡村消费品零售额105.67亿元，增长14.5%。从消费形态看，批发和零售业1100.09亿元，增长5.3%；住宿和餐饮业182.79亿元，增长8.6%。从限额以上单位看，全年限额以上社会消费品零售额432.33亿元，下降1.1%，其中批发和零售业零售额403.80亿元，下降1.3%；住宿和餐饮业零售额28.54亿元，增长2.8%。全年限额以上单位实现网络零售额8.75亿元，增长5.5%。

消费市场呈现多样化发展态势。限额以上零售额中，基本生活类商品消费平稳增长，全年增长2.0%；发展享受型消费出现分化，全年家具消费增长77.8%，建筑及装潢材料消费增长24.0%，石油及制品类消费增长15.1%，家用电器及音像器材消费下降10.8%，汽车消费下降9.6%。

2. 交通运输和邮电

交通运输基本平稳。全年公路客运量6057万人，公路客运周转量41.8亿人公里。公路货运量3041万吨，增长8.6%；公路货运周转量78.4亿吨公里，增长7.7%。水路货运量18715万吨，增长2.7%；水路货运周转量851.4亿吨公里，增长4.6%。港口货物吞吐量2.62亿吨，增长21.0%，其中外贸吞吐量2196.12万吨，增长22.7%。

居民汽车保有量稳步增长。年末民用汽车拥有量76.82万辆，本年新增7.03万辆；私人轿车拥有量47.83万辆，本年新增3.91万辆。

邮电业快速发展。全年邮政行业业务总量29.63亿元，增长25.9%，其中快递业务量9836.04万件，增长33.1%；邮政行业业务收入19.92亿元，增长17.3%，其中快递业务收入11.15亿元，增长20.6%。全年电信业务总量262.97亿元，增长13.9%；电信业务收入41.27亿元，增长8.7%。年末移动电话用户495.57万户，增长3.6%。

3. 旅游业

旅游市场发展良好。全年接待国内旅游者2868万人次，增长12%；接待入境过夜游客4.57万人次，增长12%。全年实现旅游总收入375亿元，增长15%；实现旅游外汇收入4657万美元，增长11%。

4. 金融、保险和证券

金融信贷规模不断扩大。年末金融机构人民币存款余额6119.38亿元，增长6.8%，其中住户存款余额2876.63亿元，增长9.1%。金融机构人民币贷款余额4784.04亿元，增长14.6%，其中短期贷款余额1837.26亿元，增长12.03%；中长期贷款余额2710.88亿元，增长14.0%。

保险业发展总体平稳。全年保费收入162.71亿元，下降9.3%，其中人身险125.14亿元，下降12.4%；财产险37.57亿元，增长2.8%。全年赔付金额46.52亿元，下降8.8%，其中人身险21.77亿元，下降26.6%；财产险24.75亿元，增长15.8%。

证券交易有所回落。全年证券交易额4846.10亿元，下降26.0%，其中股票交易额3615.17亿元，下降25.8%；基金交易额277.73亿元，下降21.0%。

5. 房地产业

房地产市场健康发展。全年房地产开发投资353.71亿元，增长21.3%，其中住宅投资281.59亿元，增长19.6%。商品房施工面积2563.06万平方米，增长13.6%。商品房新开工面积739.36万平方米，增长21.2%。商品房竣工面积377.75万平方米，增长9.0%。商品房销售面积704.76万平方米，下降20.2%。商品房待售面积283.36万平方米，下降10.8%。

（五）开放型经济

1. 对外贸易

对外贸易稳中向好。全年完成进出口总额147.30亿美元，增长13.8%，其中出口95.31亿美元，增长16.0%，进口51.99亿美元，增长9.9%。按贸易方式分，一般贸易出口55.84亿美元，增长13.4%；加工贸易出口38.79亿美元，增长18.4%；一般贸易进口34.41亿美元，增长11.5%；加工贸易进口11.60亿美元，下降2.3%。

按企业性质分，外商投资企业出口47.34亿美元，增长8.2%；民营企业出口45.97亿美元，增长26.3%；外商投资企业进口36.79亿美元，增长11.3%；民营企业进口13.96亿美元，增长4.5%。

按商品类别分，机电产品出口50.33亿美元，增长15.2%；农产品出口4.04亿美元，增长13.4%；机电产品进口9.03亿美元，增长6.6%；农产品进口12.08亿美元，下降8.7%。

按出口地区分，对亚洲出口44.06亿美元，增长43.5%；对欧洲出口16.33亿美元，下降5.2%；对美国出口18.53亿美元，增长17.8%。服务贸易出口有所回落。全年完成服务贸易出口3.14亿美元，下降9.6%。

2. 利用外资

外资利用有所回落。全年新批协议注册外资29.43亿美元，下降37.4%；新批外商投资企业129个，比上年减少12个；新批及净增资9000万美元以上项目15个，比上年减少11个；实际到账注册外资15.07亿美元，下降6.8%。

二　泰州市2018年社会发展概况

（一）人口、人民生活

人口基本稳定。年末户籍总人口503.39万人，其中市区163.95万人。当年出生人口4.23万人，人口出生率8.39‰；死亡人口4.26万人，人口死亡率8.44‰；人口自然增长率−0.06‰。年末全市常住人口463.57万人，其中市区163.49万人。年末常住人口城镇化率为66.0%，比上年提高1.13个百分点。

居民收入稳定增长。全体居民人均可支配收入34642元，增长9.0%。其中城镇常住居民人均可支配收入43452元，增长8.5%；农村常住居民人均可支配收入21219元，增长8.8%。

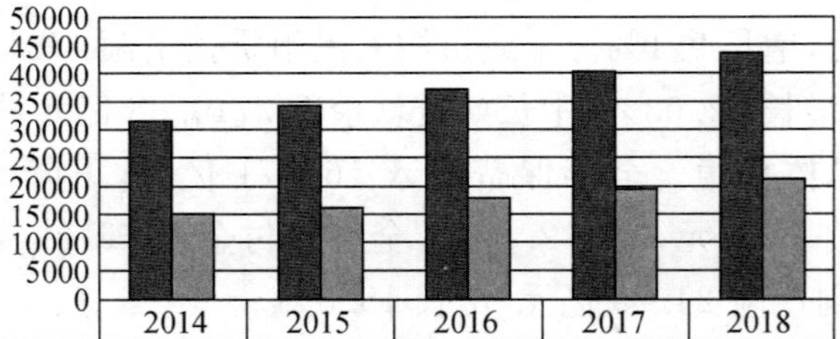

	2014	2015	2016	2017	2018
■城镇居民人均可支配收入(元)	31346	34092	36828	40059	43452
■农村居民人均可支配收入(元)	15076	16410	17861	19494	21219

图3　2014—2018年泰州市城乡居民收入对比一览

（二）就业与社会保障

就业形势稳定。年末全市就业人员275.5万人，其中第一产业就业人员55.7万人，第二产业就业人员111.9万人，第三产业就业人员107.9万人。全年城镇新增就业10.37万人，年末城镇登记失业率为 1.78%，比上年下降 0.04 个百分点。

社会保障水平不断提升。大力实施全民参保计划，年末基本养老保险参保人数达 203.48 万人，城乡基本养老保险覆盖率 97.71%，为 4.45 万低收入人口等困难群体代缴养老保险费 674 万元。全面推行企业职工养老保险断保救助，累计救助 1333 人，救助金额达 2700 多万元。民生保障取得新进展，全市城乡低保标准统一提高到每人每月 650 元，在苏中苏北提前两年实现全市城乡低保标准一体化，特困人员供养标准也同步提高。扩大政府购买养老服务范围，13.96 万名居家老人接受上门服务，占比达到 10.7%。新建城乡标准化社区居家养老服务中心 111 家，其中城市 56 家、农村 55 家，覆盖率分别提高到 60.3%、32.8%；新建街道日间照料中心 5 个、城市社区老年人助餐点 186 个。现有养老床位总数 50349 张，每千名老人拥有床位数达到 38.6 张。开展护理型养老机构达标创建活动，现有护理型床位 14508 张，占养老机构床位比例达到 53.27%。

（三）教育和科学技术

1. 教育事业

教育优质均衡发展。学前教育优势扩大。全年新创优质园 22 所，省优比例达到 86.62%，连续四年位居全省第一。城乡义务教育一体化程度不断提升。深化教育集团、学区管理、城乡结对等"名校＋"模式，全市建有教育集团(联盟)76 个。普通高中高品质发展成效明显。全市三星高中比例 100%、位列全省第一，高考成绩再续辉煌，文科全省第 2 名、理科全省第 3 名花落泰州，文理科前一百人数稳居全省前列。年末全市拥有小学 138 所，在校学生 22.89 万人；初中 146 所，在校学生 11.10 万人；高中 35 所，在校学生 6.37 万人；普通高等学校 7 所，在校学生 6.34 万人。

2. 科技创新

科技创新能力不断增强。预计全社会 R&D 经费支出占 GDP 比重 2.53%，比上年提高 0.03 个百分点。全年专利申请 35045 件，专利授权 15555 件，其中发明专利授权 1267 件；年末万人发明专利拥有量 13.47 件。全年 378 家企业进入国家高新技术企业公示阶段，189 家企业通过省高新技术企业培育入库评审，预计年末高新技术企业达到 730 家。全年新建省级工程技术研究中心 14 家，新增省级众创空间 2 家、省级孵化器 7 家。

（四）文化、卫生和体育

1. 文化事业

文化事业蓬勃发展。文化产业不断壮大。持续推进文化产业"1133"工程，深入指导 6 个重点文化产业园区、8 个特色产业街区以及重点文化企业发展。文化服务体系不断完善。年末全市拥有文化馆 7 个、公共图书馆 7 个、博物馆 19 个、美术馆 3 个，公共图书馆总藏量 312.52 万册；有线电视入户率 79.8%，电视综合人口覆盖率 100%。

2. 卫生事业

卫生事业加快发展。年末全市拥有各类卫生机构 1997 家，其中医院、卫生院 195 家，卫生防疫防治机构 10 家，妇幼保健机构 7 家。各类卫生机构拥有床位 28275 张，其中医院、卫生院拥有床位 26812 张。拥有卫生技术人员 29390 人，其中执业医师、执业助理医师 12251 人，注册护士 12454 人。年末农村无害化卫生户厕普及率为 90.07%，新型农村合作医疗人口覆盖率为 100%。

3. 体育事业

体育事业迈上新台阶。公共体育服务体系建设提档升级。改造升级居民健身场所 50 个，完成 10000 人国民体质监测工作计划。开展全面健身活动。举办 2018 年元旦"骑跑"、春节"健身大拜年"系列活动等全民健身赛事。扩大品牌赛事影响力。举办 2018 年铁人三项亚洲杯赛，全国游泳邀请赛，第十二届春兰杯世界职业围棋锦标赛，第五届高港杯全国象棋青年大师赛等品牌赛事活动。竞技体育综合实力提升，在省运会上，本市竞技项目共夺得金牌 42.5 枚，银牌 36 枚，铜牌 44 枚，总分 1423 分，金牌数名列全省第九名，远大足球俱乐部成功获得 2019 年度中乙联赛名额。

（五）城乡统筹

城乡发展协调推进。开展 2035 版城市总体规划和城市总体设计编制，突出中心城市十大开工、十大竣工、十大在建项目建设，抓好乡村振兴战略的贯彻落实，加快城乡融合发展步伐。城市功能环境加速提升。328 国道海姜段快速路正式通车，东环高架北延、永定路西段、站前路快速化改造有序推进。红旗大道东延全线贯通，鼓楼路、春兰路、祥泰路南延等主次干道建成通车，莆田路南延、运河路西延、开发路东延等“微循环”项目完工。汽车客运西站项目竣工，关帝庙地下立体停车库投入使用。智堡公园、凤凰河海棠岛建成开放，创成省生态园林城市。完成黑臭水体达标整治 11 条，铺设污水管网 71.5 公里。新辟优化公交线路 11 条，新增停车位 5000 个。建成 71 个便民服务“城市港湾”，农贸市场提档升级完工率 84%。重大交通基础设施进一步完善。北沿江高铁完成预可研审查，正式进入工可研究阶段，常泰过江通道开工建设。京沪高速江广段扩容工程建成通车，5 条高速公路前期工作加快推进。长江崩岸应急治理工程完工，马甸水利枢纽、川东港整治通过验收。泰州港吞吐量达 2.45 亿吨，增幅居全省首位。扬泰国际机场完成一期改扩建，飞行区等级提升至 4E 级。乡村振兴战略稳步实施。深化农业供给侧结构性改革，新建高标准农田 30 万亩，新培育家庭农场 850 家、为农服务综合体 45 家，农业适度规模经营比重 86.5%，获省粮食安全责任制考核优秀等次。市农业开发区通过国家农业科技园区创建验收，高港通过国家农产品质量安全区创建验收，兴化、姜堰获批创建全国农村一二三产业融合发展先导区。入围国家新型城镇化标准化试点，特色田园乡村建设考核全省第一，碧水东罗农民丰收节列入全国系列、全省重点活动。完成农村户厕无害化改造 12778 座，铺设乡镇污水管网 134 公里，疏浚乡村河道 636 条，改造农村道路 505 公里、桥梁 312 座、危房 1389 户。农村集体“三资”监督管理创新做法全省推广，“农牧旺”、小杨村家庭农场建设等入选全省基层改革创新案例。

（六）生态环境与节能减排

生态环境建设取得成效。打好污染防治攻坚战。实施蓝天保卫战，全市 PM2.5 浓度为 48.8 微克/立方米，下降 5.1%；空气优良天数比例为 70%。实施碧水保卫战，预计全市 24 个省考及以上断面达到或优于Ⅲ类水质比例 91.7%，排名全省第一。实施净土保卫战，开展固体废物整治百日行动，排查问题点位 241 处并完成整改 171 处；开展“减存量、控风险”专项行动，全市危废产生企业库存量比 2017 年削减 50%。

节能降耗取得进展。全年规上工业累计综合能耗 936.72 万吨标准煤，下降 1.2%；规上工业万元产值能耗 0.1318 吨标准煤，下降 9.6%。预计全年单位 GDP 能耗下降 3.7%。

（七）安全生产

安全生产形势稳定。全年各类安全生产事故 325 起，下降 7.9%；死亡人数 2219 人，下降 3.5%，亿元 GDP 生产安全事故死亡 0.043 人。

三　泰州市在泛长三角地区经济发展中的地位

2018 年，在习近平新时代中国特色社会主义思想指引下，在市委市政府的坚强领导下，全市上下坚持稳中求进工作总基调，坚定践行新发展理念，深化供给侧结构性改革，主动对标对表高质量发展要求，打造江苏高质量发展中部支点城市，全年泰州经济运行保持总体平稳、稳中有进的发展态势。

（一）地区生产总值

图 4　2014—2018 年泰州市地区生产总值在泛长三角
（苏浙两省 24 个地级市、安徽省 16 个地级市和上海市，下同）所占比重的变化趋势

2014—2018 年泰州市地区生产总值在长三角所占比重为 2.22%、2.27%、2.30%、2.40%和 2.39%，整体呈增长态势，其中，2018 年比 2017 年减少 0.01 个百分点，五年时间累计增加了 0.17 个百分点。2018 年泰州市地区生产总值在泛长三角地区 41 个市排名第 15 位，与 2017 年保持一致。

2018 年泰州实现地区生产总值 5107.63 亿元，同比增长 6.7%。其中第一产业增加值 280.05 亿元，增长 2.7%；第二产业增加值 2434.01 亿元，增长 6.8%；第三产业增加值 2393.57 亿元，增长 7.0%。按常住人口计算，泰州全市人均地区生产总值为 109988 元，增长 7.1%。

新动能持续快速发展，成为推动经济平稳增长的重要动力。泰州五大主导产业发展势头良好，全年五大主导产业产值增长 11.6%，快于规上工业产值增速 1.8 个百分点，其中生物医药及高性能医疗器械产值增长 16.8%，高端装备制造及高技术船舶产值增长 11.6%，新一代信息技术产业产值增长 33.3%。

泰州固定资产投资结构不断优化，居民消费不断升级，贸易结构不断改善，工业开票、工业用电、服务业税收、社会消费品零售总额、固定资产投资等都平稳增长。亮点是，2018 年，全市固定资产投资增长 9.2%，高于全省平均水平 3.7 个百分点，增速居全省第四位。其中工业投资增长 8.5%，高于全省平均水平 0.5 个百分点；服务业投资增长 11.6%，高于全省平均水平 7.9 个百分点，增速居全省首位。

从支撑 GDP 增长的产业发展来看，服务业比重不断提高。2018 年，泰州服务业增加值占 GDP 比重为 46.9%，高于工业占比 5.4 个百分点，服务业增加值对经济增长的贡献率为 48.4%。高新技术产业产值占比不断提升。2018 年高新技术产业产值增长 11.8%，快于规上工业产值增速 2.0 个百分点；高新技术产业产值占规上工业产值比重为 42.2%，同比提升 1.2 个百分点。

人均可支配收入增速全省第 5。2018 年，泰州市居民人均可支配收入为 34642 元，比 2017 年增长 9.0%，增速列全省第 5 位。

按常住地看，城镇居民人均可支配收入 43452 元，比 2017 年增长 8.5%，增速列全省第 3 位；农村居民人均可支配收入 21219 元，比 2017 年增长 8.8%，增速列全省第 7 位；按构成看，人均工资性收入 21505 元，增长 8.6%；人均经营净收入 5310 元，增长 9.0%；人均财产净收入 3124 元，增长 14.8%；人均转移净收入 4703 元，增长 6.8%。

（二）地方财政一般预算收入

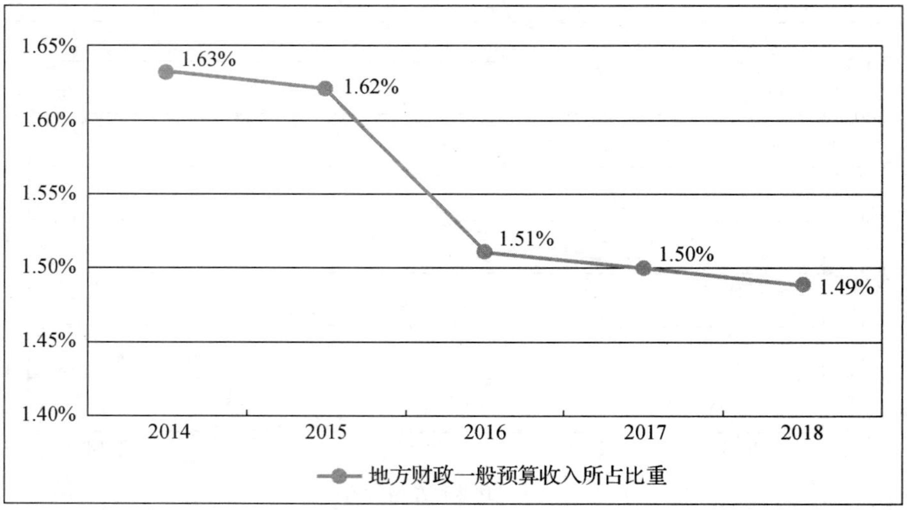

图 5　2014—2018 年泰州市地方财政一般预算收入在泛长三角所占比重的变化趋势

2014—2018 年泰州市地方财政一般预算收入在泛长三角所占比重分别为 1.63%、1.62%、1.51%、1.50%和 1.49%，2018 年较 2017 年减少了 0.01 个百分点，五年下降了 0.14 个百分点。泰州市地方财政一般预算收入在泛长三角地区 41 个市排名第 17 位，较 2017 年保持一致。

全市 2018 年一般公共预算收入年初预算为 364.61 亿元，其中：税收收入 295.33 亿元、非税收入 6928 亿元。预计全市一般公共预算收入完成 3666 亿元，占年初预算的 100.6%，比 2017 年实际增长 6.6%。全市一般公共预算收入总量位列全省第 8，增幅居苏中地区首位。

全市当年一般公共预算收入 357.15 亿元（不含江阴园区），加上 2017 年结余结转、上级补助以及地方政府一般债务转贷收入等，收入总计为 721.87 亿元。根据各地上报数据汇总，2018 年全市一般公共预算支出预计完成 53265 亿元，加上上解上级支出、地方政府一般债务还本支出、补充预算稳定调节基金，实际支出总计为 688.22 亿元。收支相抵，预计年终结余 33.65 亿元，全部为结转下年项目支出，实现财政收支平衡。

（三）工业生产总值

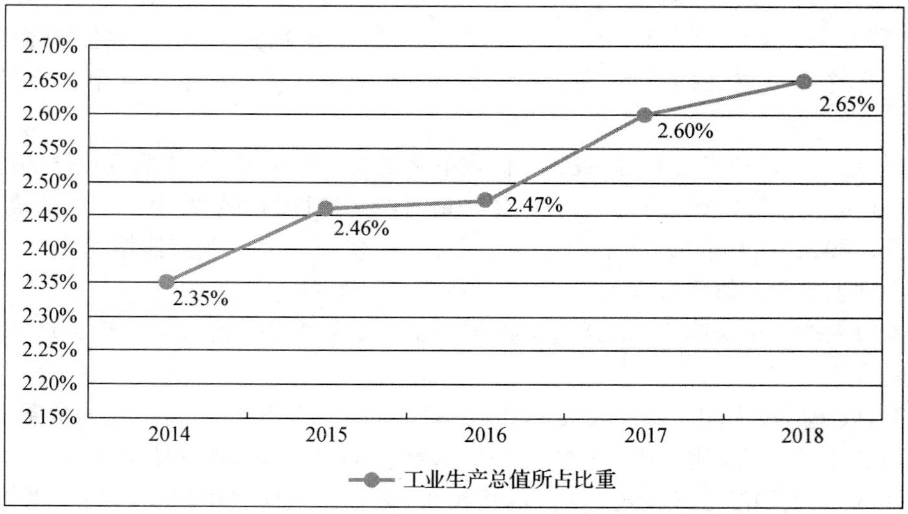

图 6　2014—2018 年泰州市工业生产总值在泛长三角所占比重的变化趋势

2014—2018年泰州市工业生产总值在泛长三角所占比重分别为2.35%、2.46%、2.47%、2.60%和2.65%，保持明显增长的态势，五年累计增幅为0.30个百分点，2018年与2017年比增加了0.05个百分点。2018年工业生产总值在泛长三角地区41个市排名第14位。

2018年，在经济下行压力加大和外部环境发生明显变化的宏观形势下，全市工业战线持续攻坚克难，大力推进转型升级，发展环境持续优化，经济质态稳步提升，顺利完成全年各项目标任务。

主要经济指标平稳增长。2018年，全市规模以上工业增加值可比增长5.5%，高于全省0.4个百分点；实现现价产值7337.65亿元，同比增长9.8%；实现主营业务收入6979.61亿元、利润455.51亿元，同比分别增长7.1%、8.4%。完成征收期工业一般纳税人开票销售5997.88亿元，增长12.56%；实现入库税金236.29亿元，同比增长11.23%；实现工业用电量205.74亿千瓦时，同比增长1.94%。

经济发展质态持续向好。2018年，全市五大主导产业完成现价产值3979.25亿元，同比增长11.62%；实现主营业务收入3830.31亿元、利润284.54亿元，同比分别增长10.22%、10.83%，生物医药及高性能医疗器械产业、高端装备制造及高技术船舶产业利润增长较快，分别增长22.53%、18.14%。工业“50强”企业完成产值2907.61亿元，同比增长12.2%；实现主营业务收入2870.19亿元、利润220.03亿元，分别增长13.1%、6.4%，其中隆基乐叶光伏、乐金电子、扬子鑫福、海阳化纤等10家企业利润增长超过50%。

工业投资保持较快增长，重点项目进展顺利。2018年，全市工业投资同比增长8.5%，高于全省平均0.5个百分点，其中工业技改投资同比增长12.8%，快于工业投资增幅4.3个百分点。2018年，全市实施亿元以上重点工业投资项目1015个，其中新开工431个、竣工347个；实施5亿元以上项目137个，其中新开工48个、竣工36个；实施10亿元以上项目67个，其中新开工21个、竣工20个。泰隆减速机传动机械科技产业园项目、安若维他药品制剂生产项目、卓越石油机器人项目、瑞科超高速AGV机器人侧向搬运式智能停车设备项目、泰海药品生产项目、硕世生物泰州总部产业园项目、衡川锂电池湿法隔膜项目等一批总投资5亿元以上的项目开工建设，可利科技二期项目、巨腾电子二期项目、万向精工年产1000万套轮毂轴承单元项目、大同盟药品制剂项目、中智能源高效异质结太阳能电池项目等一批总投资5亿元以上的项目顺利竣工投产。

“专精特新”企业培育成效明显。2018年，大力实施“专精特新”企业培育工程，入库培育企业250家，引导中小企业走“专业化、精细化、特色化、新颖化”发展之路，全市专精特新企业实现良好发展势头。全市新增国家级制造业单项冠军示范企业2家、省级专精特新小巨人企业13家、市级专精特新小巨人企业85家。2018年，52家省级以上专精特新小巨人企业实现主营业务收入205.67亿元，同比增长12.2%，实现利润16.45亿元，同比增长8.3%，指标增幅明显高于全市规上工业平均水平。

市(区)指标完成存在不平衡性。从增加值增速来看，医药高新区、高港区、海陵区、泰兴市均超过全市平均，分别增长13.88%、12.10%、9.27%、5.63%，靖江市、姜堰区分别增长5.50%、5.11%，兴化市下降7.75%。从征收期工业一般纳税人开票销售来看，兴化市、医药高新区、海陵区、高港区、姜堰区增速超过全市平均，分别增长16.80%、16.62%、15.34%、15.22%、14.25%，靖江市、泰兴市分别增长11.55%、10.40%。从入库税金增速看，医药高新区、靖江市、泰兴市增速超过全市平均，分别增长19.87%、14.78%、11.73%，高港区、兴化市、姜堰区、海陵区分别增长9.48%、8.80%、4.56%、4.14%。从工业投资增速情况看，医药高新区、姜堰区、高港区、靖江市、海陵区、泰兴市增速超过全市平均，分别增长32.14%、20.78%、17.66%、17.28%、14.00%、9.00%，兴化市下降16.31%。

（四）进出口总额

2014—2018年泰州市进出口总额在泛长三角所占比重分别为0.76%、0.73%、0.78%、0.87%和0.88%，2016年以来持续上扬，2018年较2014年增加了0.12个百分点。2018年泰州市进出口总额在泛长三角地区41个市排名第16位。

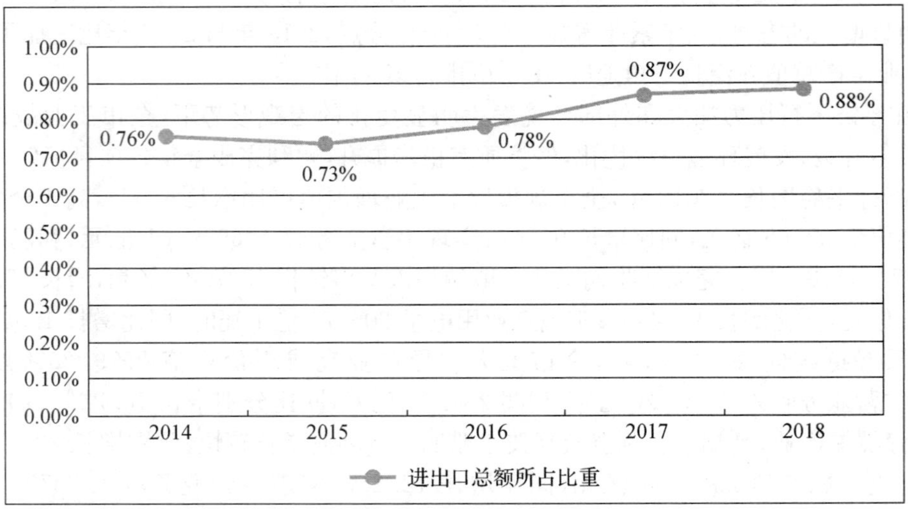

图 7　2014—2018 年泰州市进出口总额在泛长三角所占比重的变化趋势

2018 年，泰州市外贸保持较快增长，完成进出口 147.30 亿美元，增长 13.8%，高于全省平均水平 1.4 个百分点，增速居全省第五位。其中，全年完成出口 95.31 亿美元，增长 16.0%，高于全省平均水平 4.7 个百分点，增速居全省第三位。

（五）实际外商直接投资金额

图 8　2014—2018 年泰州市实际外商直接投资金额在泛长三角所占比重的变化趋势

2014—2018 年泰州市实际外商直接投资金额在泛长三角所占比重分别为 1.26%、1.45%、1.75%、2.14%和 1.92%，五年时间增加了 0.67 个百分点，2018 年较 2017 年减少了 0.22 个百分点。2018 年泰州市实际外商直接投资金额在泛长三角地区 41 个市排名第 14 位，较 2017 年保持一致。

2018 年，全市完成进出口 147.30 亿美元，增长 13.8%，高于全省平均水平 1.4 个百分点，增速居全省第五位。全年完成出口 95.31 亿美元，增长 16.0%，高于全省平均水平 4.7 个百分点，增速居全省第三位。利用外资处于较高水平。全年实际到账注册外资超过 15 亿美元，达到 15.07 亿美元，下降 6.8%。

十四　宿迁市 2018 年经济社会发展报告

2018 年，全市上下以习近平新时代中国特色社会主义思想为指引，认真贯彻党的十九大精神和中央经济工作会议精神，坚持稳中求进工作总基调，牢牢抓住"高质量发展"核心要义，按照"六增六强"发展要求，以供给侧结构性改革为主线，统筹做好稳增长、促改革、调结构、惠民生、防风险各项工作，综合实力迈上新台阶，社会事业实现新进步，民生福祉获得新改善，高质量发展迈出新步伐。

一　宿迁市 2018 年经济发展概况

（一）综合经济

1. 经济总量

经济总量再上新台阶。2018 年全市实现地区生产总值 2750.72 亿元，比上年增长 6.8%，比全省增速快 0.1 个百分点。其中，第一产业增加值 300.84 亿元，增长 3.0%；第二产业增加值 1279.54 亿元，增长 7.4%；第三产业增加值 1170.34 亿元，增长 7.3%。人均 GDP 达 55906 元，按平均汇率达 8448 美元。

产业结构进一步优化。全市三次产业结构调整为 10.9 ∶ 46.5 ∶ 42.6。其中，第一产业增加值比重比上年下降 0.3 个百分点，第二产业增加值比重下降 1.5 个百分点，第三产业增加值比重提升 1.8 个百分点。

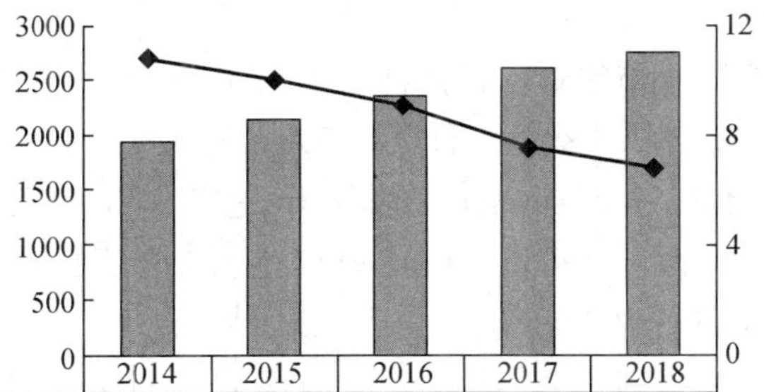

	2014	2015	2016	2017	2018
地区生产总值(亿元)	1930.68	2126.19	2351.12	2610.94	2750.72
增幅(%)	10.8	10	9.1	7.5	6.8

图 1　2014—2018 年宿迁市地区生产总值及增长速度

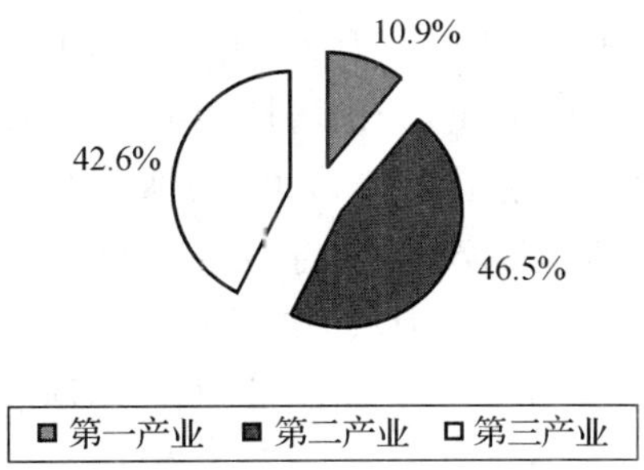

图 2　2018 年宿迁市三次产业结构图

2. 财政收支

财政收支总体平稳。2018 年，全市实现财政总收入 507.48 亿元，比上年增长 15.4%，其中一般公共预算收入 206.20 亿元，增长 2.8%。完成财政总支出 635.39 亿元，比上年增长 6.6%。其中一般公共预算支出 433.73 亿元，增长 2.2%。

3. 物价水平

消费价格涨势温和。全年居民消费价格总水平(CPI)上涨 2.1%，比上年涨幅扩大 0.2 个百分点。八大类消费价格“七升一降”。其中，“七升”为：食品烟酒上涨 2.9%、衣着上涨 0.6%、居住上涨 1.5%、生活用品及服务上涨 2.6%、交通和通信上涨 2.1%、教育文化和娱乐上涨 2.6%、其他用品和服务上涨 4.6%；“一降”为：医疗保健下降 0.6%。

4. 固定资产投资

投资总体较为平稳。2018 年，全市在建项目 2093 个，其中新开工项目 1739 个。固定资产投资总体平稳发展，比上年增长 7%，分别高于全国、全省 1.1 个、1.5 个百分点。分产业看，受大项目投资拉动，第二产业投资增速最快，增长 10.0%，高于全部投资增速 3.0 个百分点；第一产业投资下降 7.2%，第三产业投资增长 2.5%，三次产业投资分别占投资总量的 1.8%、60.2%和 37.9%。

工业投资平稳增长。全市工业投资比上年增长 10.3%，增速比上年提高 1.5 个百分点。其中制造业投资增长 15.5%，制造业投资占固定资产投资的比重达 57.8%，比上年提高 2.7 个百分点。

（二）农林牧渔业

农业经济稳步发展。2018 年，全市实现农林牧渔业总产值 559.37 亿元，可比价比上年增长 3.1%。其中，农业 334.65 亿元，林业 19.86 亿元，牧业 89.21 亿元，渔业 98.78 亿元，农林牧渔服务业 16.85 亿元，占比分别为 59.8%、3.6%、15.9%、17.7%和 3.0%。

粮食生产总体稳定。全市粮食作物播种面积 898.14 万亩，比上年减少 3.27 万亩，下降 0.4%；亩均产量 447 公斤，比上年减产 2.4 公斤，下降 0.5%；总产量 401.02 万吨，比上年减产 3.63 万吨，下降 0.9%。其中，夏粮面积 436.04 万亩，亩产 374 公斤，总产 163.11 万吨，分别下降 0.1%、2.3%和 2.4%；秋粮面积 462.11 万亩，下降 0.6%。秋粮单产上升，拉动总产增收。秋粮亩产为 515 公斤，总产 237.9 万吨，分别增长 0.8%和 0.1%。

农业现代化水平不断提高。全年设施农业面积 119.95 万亩，比上年增加 4.55 万亩，增长 3.9%；设施渔业面积 29.6 万亩，比上年增加 1.5 万亩，增长 5.3%。新增高标准农田 35.92 万亩，农业机械化水平达 83%，新增绿色食品 107 个、地理标志农产品 3 个，成功获批“国家农业科技园区”。

蔬菜面积、产量稳步增长。全年蔬菜播种面积 136.36 万亩，比上年增加 2.38 万亩，增长 1.8%；蔬菜及食用菌产量 486.49 万吨，比上年增加 1.87 万吨，增长 0.4%。重点发展西瓜、草莓等主打品种，瓜果类产业初具规模。全年瓜果类播种面积 19.98 万亩，比上年增加 0.81 万亩，增长 4.2%，其中西瓜、草莓种植面积分别达到 16.35 万亩和 1.62 万亩，分别增长 2.4%和 17.4%。

畜牧业、渔业保持稳定发展。全年生猪出栏 233.08 万头，比上年增长 4.5%；年末存栏 140.88 万头，比上年下降 4.2%。家禽、牛、羊养殖形势较好，存、出栏均有所增长。家禽出栏 5954.5 万只，增长 8.2%，年末存栏增长 2.8%；大牲畜出栏 5.22 万头，增长 12.4%，年末存栏增长 6.9%；羊出栏 43.48 万只，增长 22.4%，年末存栏增长 3.0%。全年水产品产量 26.16 万吨，比上年增长 0.4%。

（三）工业和建筑业

工业生产运行平稳。2018 年，全市规模以上工业实现增加值 746.95 亿元，比上年增长 7.8%；实现产值2403.37亿元，增长10.7%；实现出口交货值103.8亿元，增长20.8%，增速比上年高12.1个百分点。

企业效益增长平稳。全市规模以上工业实现主营业务收入2188.65亿元，比上年增长4.3%；实现利润总额271.83亿元，增长4.2%；主营业务收入利润率为12.4%，高出全省平均水平5.8个百分点。

重点产业增长较快。五大重点产业增长较快，实现产值1796.7亿元，比上年增长11.6%，快于全市工业平均增速0.9个百分点；产值贡献率为80.7%，拉动全市产值增长8.6个百分点，支撑作用明显。其中，食品饮料、纺织服装、机电装备三大拟打造的千亿级产业加速集聚，全年实现规上工业总产值1382.69亿元，增长13.1%，快于规上工业2.4个百分点；家居制造、功能材料两大拟打造的五百亿级产业实现产值414.01亿元，增长7.1%。

主要产品产量有增有降。列入全市统计范围的工业产品共132个，其中44.6%的产品产量增长，增幅在30%以上的有24个，占18.1%。

建筑业平稳发展。全年列统总承包和专业承包建筑业企业384家，实现建筑业总产值682.82亿元，比上年下降1.4%；竣工产值570.51亿元，比上年增长3.2%。房屋建筑施工面积5918.36万平方米，比上年增长2.6%；房屋建筑竣工面积2478.56万平方米，增长1.2%。其中住宅竣工面积1728.08万平方米，增长5.3%。

（四）服务业

1. 国内贸易

国内消费运行平稳。2018年，全市实现社会消费品零售总额833.82亿元，比上年增长7.0%。按消费形态分，批发和零售业实现713.67亿元，增长6.1%；住宿和餐饮业实现120.15亿元，增长12.3%。按经营单位所在地分，城镇实现653.54亿元，增长7.2%；乡村实现180.28亿元，增长5.9%。

全年限额以上单位实现社会消费品零售额278.85亿元，比上年增长4.4%。其中，粮油、食品类增长4.6%，石油及制品类增长9.1%，书报杂志类增长22.8%，中西药品类增长21.0%。

2. 交通运输和邮电

交通运输业基本平稳。2018年，全市完成货运量5492万吨，比上年增长2.8%。其中，公路货运4163万吨，增长2.1%；水路货运1329万吨，增长5.1%。实现货物运输周转量178.98亿吨公里，比上年增长3.0%。其中，公路货物周转量139.94亿吨公里，增长2.4%；水路货物周转量39.04亿吨公里，增长5.3%。完成港口货物运输吞吐量1217万吨，比上年下降17.6%。完成客运量7636万人，比上年增长1.7%；实现旅客运输周转量51.20亿人公里，增长2.0%。

邮政电信业发展较好。全年完成邮政业务总量50.60亿元，比上年增长34.4%；实现邮政业务收入19.10亿元，比上年增长28.3%。快递业务量完成2.08亿件，增长32.3%；快递业务收入完成11.60亿元，增长30.9%。实现电信业务收入37.63亿元，比上年增长8.8%。年末全市有各类电话用户487.28万户，比上年末减少9.30万户。其中，移动电话用户454.37万户，减少2.91万户；固定电话用户32.91万户，减少6.40万户。年末全市互联网宽带接入用户141.81万户，比上年末净增16.30万户。

3. 旅游业

旅游业进一步繁荣。全市接待国内外游客2486万人次，比上年增长12.0%；实现旅游总收入

293亿元,增长15.0%。其中旅游外汇收入1389万美元,增长33.1%。年末全市共有等级旅游景区49个,其中4A级景区数量达10个,比上年末增加1个。4A级景区接待游客1226.71万人次,增长22.3%。年末旅行社数量达到87家,比上年末增加7家。

4. 金融和保险业

金融业发展较快。全年金融业实现增加值142.39亿元,比上年增长6.6%。金融机构人民币各项存款余额2746.69亿元,比年初增加231.74亿元,增长9.2%。其中住户存款余额1344.78亿元,比年初增加135.18亿元,增长11.2%。金融机构人民币各项贷款余额2563.61亿元,比年初增加337.16亿元,增长15.1%。其中制造业贷款余额257.20亿元,比年初增长5.0%。企业直接融资占比达24%,提高1.7个百分点。

保险体系日趋完善。全市共有保险机构110家,其中人寿保险48家,财产保险62家。全年实现保费收入75.81亿元,较上年增长14.5%。其中,财险保费收入29.72亿元,增长10.8%;人身险保费收入46.09亿元,增长17.0%

5. 房地产业

房地产市场总体稳定。全年房地产开发投资完成253.04亿元,比上年增长4.1%。其中住宅投资完成206.61亿元,增长8.9%。商品房施工面积3602.60万平方米,下降0.8%。其中商品住宅施工面积2715.01万平方米,下降1.1%。网签数据显示,全市商品房销售面积为779.46万平方米,比上年下降16.8%。其中住宅销售面积669.60万平方米,下降12.4%。

(五)开放型经济

1. 对外贸易

对外贸易增长较快。全年实现进出口总额36.01亿美元,比上年增长22.1%。其中,出口27.17亿美元,增长25.1%;进口8.84亿美元,增长13.8%。新批外商投资企业94个,比上年增长118.6%;完成协议注册外资10.57亿美元,比上年增长63.6%。实际利用外资3.77亿美元,比上年增长3.7%。

2. 园区建设

工业经济保持增长。2018年,全市开发区规模以上工业企业实现工业总产值1540.75亿元,比上年增长18.0%;实现主营业务收入1458.61亿元,增长12.6%。

特色产业增长较快。全市开发区“四大特色产业”实现规模以上工业产值871.90亿元,占全部开发区规上工业产值的56.6%,比上年增长17.5%。分行业看,机电装备业体量最大,实现规上工业产值556.61亿元,占四大特色产业产值的63.8%;其次分别是纺织服装业、酿酒食品业和家居制造业,分别占四大特色产业产值的18.6%、16.9%和0.7%。

民营经济支撑明显。全市开发区民营企业实现规上工业产值比上年增长20.5%,高于开发区全部规上工业产值增速2.5个百分点,占开发区全部规上工业产值的77.6%;开发区国有控股企业规上工业产值增长19.4%,占5.1%;开发区港澳台外商控股企业规上工业产值增长7.5%,占17.4%。

财政收入保持增长。全市开发区实现一般公共财政预算收入86.93亿元,占全市一般公共财政预算收入的42.2%,比上年增长4.0%。

外资外贸总体形势良好。全市开发区实际使用外资实现3.62亿美元,比上年增长7.4%;本地企业进出口总额实现27.08亿美元,比上年增长10.5%。

二　宿迁市 2018 年社会发展概况

(一) 人口、人民生活

人口数量平稳增长。2018 年末，全市户籍总户数 151.52 万户，户籍总人口 591.26 万人。常住人口为 492.59 万人，比上年增加 1.13 万人，增长 0.2%，连续九年平稳增长。分年龄结构看，少儿(0～14 岁) 103.38 万人，占比 21.0%，比上年占比提高 0.8 个百分点；劳动力人口(15～64 岁)333.18 万人，占比 67.6%，比上年占比回落 1.2 个百分点；老年人口(65 岁及以上)56.03 万人，占比 11.4%，比上年占比提高 0.4 个百分点。常住人口出生率 13.8‰，死亡率 7.2‰，人口自然增长率 6.6‰。全市城镇化率 60.0%，比上年提高 1.5 个百分点。

居民生活水平持续改善。2018 年，全市居民人均可支配收入 22918 元，比上年增长 9.1%。按收入来源分，工资性收入 12150 元，增长 8.8%；经营净收入 6170 元，增长 8.4%；财产净收入 987 元，增长 11.6%；转移净收入 3611 元，增长 10.7%。按常住地分，城镇居民人均可支配收入 28281 元，增长 8.3%；农村居民人均可支配收入 16639 元，增长 9.0%。全市居民人均消费支出 14350 元，比上年增长 6.9%。全市恩格尔系数为 33.9%。

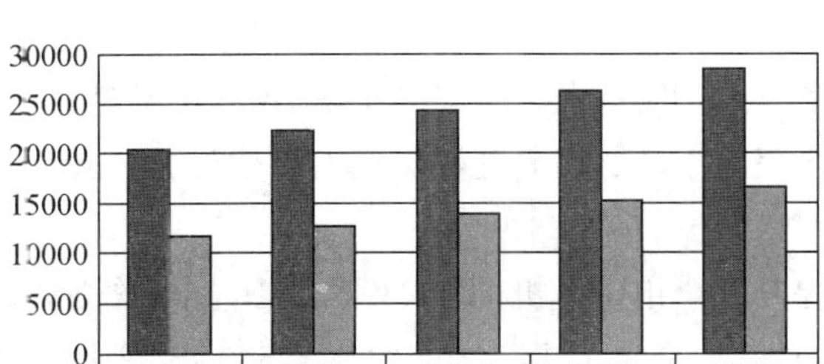

	2014	2015	2016	2017	2018
■城镇居民人均可支配收入(元)	20396	22233	24086	26118	28281
■农村居民人均可支配收入(元)	11677	12772	13929	15268	16639

图 3　2014—2018 年宿迁市城乡居民收入对比一览

(二) 就业、社会保障

就业形势总体平稳。年末全市从业人员 282.7 万人，比上年减少 2.3 万人，下降 0.8%。其中，一产 84.3 万人，下降 3.0%；二产 101.1 万人，下降 5.1%；三产 97.3 万人，增长 6.2%。

社会保障体系更加完善。企业职工"五险"新增 34.6 万人次，基本养老、基本医疗保险覆盖率均达 96%以上，低收入农户养老和医疗保险参保率双双实现 100%。农村"五保"、城乡孤弃儿童保障标准稳步提高，3541 名残疾儿童享受基本康复免费服务。率先建立失能特困老人集中供养制度，被列为国家级居家和社区养老服务改革试点地区。

社会治理成效显著。荣获全国城市信用建设创新奖和全国守信激励创新城市，"宿迁之声"微博荣获 2018 年江苏政务新媒体十大最具影响力奖，政府信息公开标准化建设获批全国唯一国家级试点项目。12345 政府服务热线接听群众来电 24.66 万件，群众满意率达 96.23%。法治政府建设满意度始终保持 90%以上。安全生产事故数量和死亡人数继续实现双下降。

（三）教育和科学技术

1. 教育事业

中心城市基础教育布局调整有序推进，教育事业加快发展。创建省优质园 17 所，启动高品质高中创建工作，创成 1 所省现代化示范性职业学校、5 个省现代化实训基地、5 个省现代化专业群、2 所智慧校园。高考成绩取得新突破，2018 年全市高考本科达线率 73.5%，一本达线率 19.1%，比上一年提升 3.1 个百分点。全市共有 21 人被清华、北大录取，录取数苏北第一。职业教育技能大赛省赛共获得 19 金43 银 82 铜，省赛金牌数及奖牌数均位列全省第七。

2. 科学技术

科技创新成绩显著。2018 年，全市专利申请数 15531 件，比上年增长 39.6%。其中，发明专利 3664 件，增长 84.5%，增幅位居全省第一。专利授权量 8488 件，比上年增长 94.3%，增幅位居全省第一。有效发明专利数 1230 件，比上年末增长 27.9%。全市国家高新技术企业总数累计达 252 家，江苏宿迁国家农业科技园区成功获批。全年共落实科技政策减免税 3.51 亿元，比上年增长 44%；企业获“苏科贷”贷款 3.31 亿元，比上年增长 34%。新增省级企业研发机构 30 家，总数达 349 家。

（四）文化、卫生和体育

1. 文化事业

文体事业不断繁荣。“时尚体育四季嘉年华”系列活动持续开展，“文化四季”等活动深入推进，完成 524 个基层综合文化服务中心、20 个农村文化大院建设。

2. 卫生事业

医疗保障继续提升。全市卫生机构共 2394 个，比上年增长 1.9%；卫生技术人员 31687 人，增长4.4%；执业医师 12169 人，增长 5.5%；卫生机构床位数 28530 张，增长 4.6%。乡镇医院能力提升工程深入实施，完成新一轮 219 家村居卫生机构提档升级。人均基本公共卫生服务经费补助标准提高到 65 元。

3. 体育事业

十九届省运会金牌数、奖牌数和总分取得历史性突破，宿迁籍运动员周欣茹夺得青奥会摔跤项目金牌，胡道亮实现第三届亚残会参赛项目“大满贯”。

（五）城乡建设

着眼一体发展，大力推动城乡协调并进、融合共进。中心城市品质持续提升。创成省生态园林城市，以全省第一名通过全国水生态文明城市建设试点验收。着力改善市民生活环境，完成棚户区改造 130 万平方米、老旧小区改造 33 个，累计惠及群众 7.6 万人；16 个街头绿地建成投用，9 家单位庭院完成开放式改造，中心城市建成区绿地率、人均公园绿地面积分别提高到 40.57%、15.47 平方米；依法拆除中心城区 48 座高立柱广告。全面优化功能配套，完成双星大道、黄浦江路北延等 12 条道路改造，新改建停车场 12 个，新增停车泊位 5000 余个，完成 50 组公共场所充电桩建设、3350 辆公共自行车更新升级，市民出行更加便捷；高标准建成城市之家 5 个，新改建菜市场 9 个，万达广场开业运营，建成现代公厕 88 座，市民生活更加方便；新铺设雨污管网 60.1 公里，雨污分流率达 89.8%。实施文明城市长效建设十大专项行动，推行“宿迁文明 20 条”2.0 版，市区社会文明程度测评指数保持全省前列；文明交通不断深化，市交警支队被公安部记集体一等功。

县城建设联动推进。沭阳县成功入选“全国新型城镇化质量百强县”，土地节约集约利用工作得到国务院表彰。泗阳县创成国家生态文明建设示范县，高分通过全国文明城市提名城市测评。泗洪县“五城同创”扎实推进，通过省级优秀管理城市验收，获批省级食品安全示范县。

乡村风貌有效改善。制定13个专项行动计划，全力推动乡村振兴。谋划并启动农民群众住房条件改善工作，完成农村危房改造2276户。实施村庄环境综合整治工程，着力抓好“点亮乡村”“四好农村路”建设，完成129条乡村道路路灯安装、总里程达274.8公里，新改建农村公路447公里、危桥108座，完成安全生命防护工程1460公里，农村道路交通事故死亡人数同比下降38%。

（六）环境保护和节能减排

生态环境持续良好。持续实施“263”专项行动，全年PM2.5为53微克/立方米，较上年下降3.6%；空气质量达标率为64.6%，较上年提升1.0%；PM2.5浓度、空气质量优良率改善幅度分别位居全省第四、第七位。30条城市水体消除黑臭，“一线一岸”整治基本完成，12个县级以上集中式饮用水水源地、7个国考断面水质达标率均为100%。完成10个乡镇垃圾分类运输体系建设，中心城区生活垃圾分类投放设施覆盖率、餐厨废弃物集中处理率分别达50%、85%。

环保基础进一步夯实。持续推进百万亩生态林建设，新造生态林10.7万亩，完成杨树更新改造26.9万亩。生态修复工作有序开展，建成30条生态示范河道，完成骆马湖“退渔还湖”2.07万亩、洪泽湖湿地修复超过1万亩。基础设施持续完善。新建改造城镇污水收集管网525.8公里，建成乡镇污水处理设施12个、村庄污水处理设施252个。

三　宿迁市在泛长三角地区经济发展中的地位

2018年，全市上下齐心协力，力排万难，牢牢抓住“高质量发展”核心要义，认真贯彻党的十九大和中央经济工作会议精神，按照“六增六强”发展要求，强化招商地位，深入推进供给侧结构性改革，发展新动能不断积累，全市经济呈现“总体趋稳、稳中有进、进中调优”的运行态势，高质量发展迈出新步伐。

（一）地区生产总值

图4　2014—2018年宿迁市地区生产总值在泛长三角（苏浙两省24个地级市、安徽省16个地级市和上海市，下同）所占比重的变化趋势

2014—2018 年宿迁市地区生产总值在长三角所占比重分别为 1.27%、1.31%、1.32%、1.32%和 1.29%,2018 年出现下跌,五年累计增幅为 0.02 个百分点,其中 2018 年较 2017 年减少了 0.03 个百分点。2018 年宿迁市地区生产总值在泛长三角地区 41 个市排名第 23 位,与 2017 年持平。

2018 年,全年实现地区生产总值 2750.72 亿元,增长 6.8%;其中,第一产业实现增加值 300.84 亿元,增长 3.0%;第二产业实现增加值 1279.54 亿元,增长 7.4%;第三产业实现增加值 1170.34 亿元,增长 7.3%。

经济结构进一步优化。近年来,加快供给侧结构性改革步伐,着力夯实三次产业基础,三次产业结构进一步优化。2018 年,全市三次产业结构为 10.9∶46.5∶42.6;与 2017 年相比,第一产业增加值占比下降 0.3 个百分点,第二产业增加值占比下降 1.5 个百分点,第三产业增加值占比提升 1.8 个百分点。

优势产业进一步集聚。50 强企业贡献突出。全市前 50 位的企业实现工业总产值 1048.22 亿元,同比增长 22.7%,对规模以上工业产值增长贡献率为 77.1%,拉动工业产值增长 8.2 个百分点。

收入结构进一步调优。工资性收入支撑性较强,财产净收入增速最快。2018 年,全体居民人均可支配收入实现 22918 元,增长 9.1%。其中,城镇居民人均可支配收入实现 28281 元,增长 8.3%;农村居民人均可支配收入实现 16639 元,增长 9.0%,快于城镇居民 0.7 个百分点。

(二)地方财政一般预算收入

图 5 2014—2018 年宿迁市地方财政一般预算收入在泛长三角所占比重的变化趋势

2014—2018 年宿迁市地方财政一般预算收入在泛长三角所占比重分别为 1.23%、1.21%、1.12%、0.90%和 0.86%,2015 年以来持续下探。五年减小了 0.37 个百分点,其中 2018 年较 2017 年减少了 0.04个百分点。2018 年宿迁市地方财政一般预算收入在泛长三角地区 41 个市排名第 24 位,较 2017 年保持一致。

2018 年,全年实现一般公共预算收入 206.20 亿元,增长 2.8%。其中,税收收入 173.20 亿元,增长 12.0%;占一般公共预算收入 84.0%,处苏北首位。主体税种增收稳定,全年实现增值税 151.50 亿元,增长 19.3%;消费税 34.47 亿元,增长 50.9%;所得税 97.43 亿元,增长 5.0%。

（三）工业生产总值

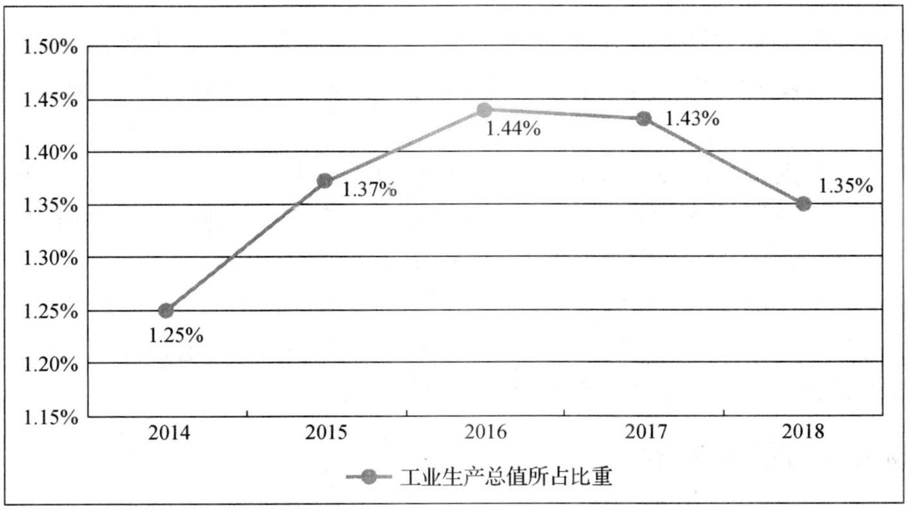

图 6 2014—2018 年宿迁市工业生产总值在泛长三角所占比重的变化趋势

2014—2018 年宿迁市工业生产总值在泛长三角所占比重分别为 1.25％、1.37％、1.44％、1.43％和 1.35％，五年累计增幅为 0.10 个百分点，其中 2018 年较 2017 年减少 0.08 个百分点。2018 年宿迁工业生产总值在泛长三角地区 41 个市排名第 23 位，较 2017 年下降一位。

2018 年，全年实现规模以上工业增加值 746.95 亿元，增长 7.8％；实现工业用电量 123.84 亿千瓦时，增长 8.7％。规模以上工业总产值 2403.37 亿元，增长 10.7％，快于前三季度和同期 0.8 个百分点。其中，大中型企业实现产值 1203.16 亿元，增长 15.4％。优势产业进一步集聚。50 强企业贡献突出。全市前 50 位的企业实现工业总产值 1048.22 亿元，同比增长 22.7％，对规模以上工业产值增长贡献率为 77.1％，拉动工业产值增长 8.2 个百分点。

（四）进出口总额

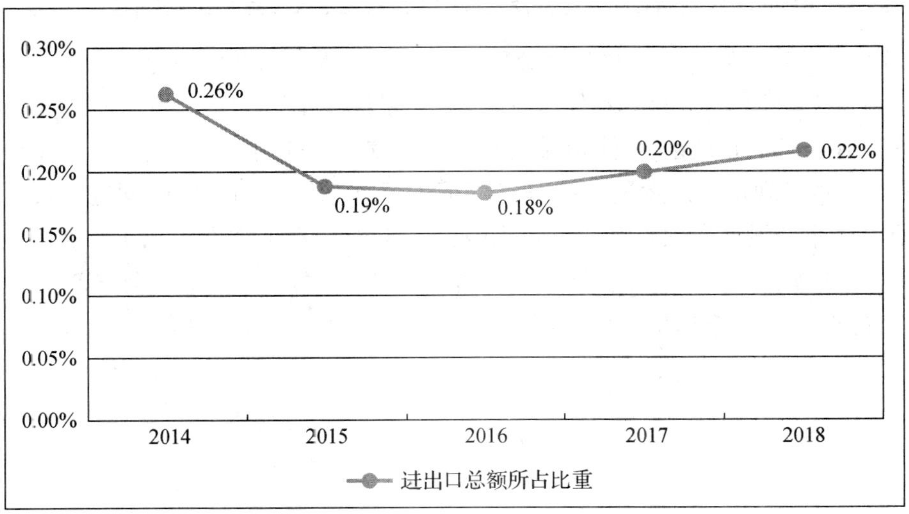

图 7 2014—2018 年宿迁市进出口总额在泛长三角所占比重的变化趋势

2014—2018 年宿迁市进出口总额在泛长三角所占比重分别为 0.26%、0.19%、0.18%、0.20%和 0.22%，五年整体上减少了 0.04 个百分点。2018 年宿迁进出口总额在泛长三角地区 41 个市排名第 29 位，与 2017 年持平。

2018 年，全年实现进出口总额 36.01 亿美元，增长 22.1%。其中，出口形势总体稳定，自年初增长 39.3%的高点回调后，四月份以后基本维持在 26%上下波动，全年实现出口总额 27.17 亿美元，增长25.1%。

其中，进口 58.2 亿元，增长 10.8%；出口 179.3 亿元，增长 21.8%，高于全省平均增幅 13.4 个百分点，增幅居全省第二位。一般贸易进出口 197.8 亿元，增长 20.3%，占同期进出口总值的83.1%；加工贸易进出口 31.6 亿元，增长 11.3%，实现双增长。对美国、欧盟进出口分别增长 8.5%、14.3%，对日本进出口微降。民营企业进出口值 159.9 亿元，增长 23.9%，占同期全市进出口总值的 67.1%；外商投资企业进出口值 77.5 亿元，增长 9.9%，占同期全市进出口总值的 32.6%。机电、纺织、竹木草制品三大传统产品出口均实现增长；机电、农产品进口增速较快，占比超七成。

（五）实际外商直接投资金额

图 8　2014—2018 年宿迁市实际外商直接投资金额在泛长三角所占比重的变化趋势

2014—2018 年宿迁市实际外商直接投资金额在泛长三角所占比重分别为 0.89%、0.41%、0.58%、0.48%和 0.48%，2018 年较 2017 年基本保持一致，五年累计减小达 0.41 个百分点。2018 年宿迁实际外商直接投资金额在泛长三角地区 41 个市排名第 32 位，较 2017 年上升了一位。

2018 年，利用外资呈现良好的发展态势，全年实际使用外资 3.76 亿美元，同比增长 3.66%，高于全省 1.8 个百分点。全市新设外资项目 94 个，同比增长 118.6%，高于全省 115.1 个百分点；协议注册外资 10.56 亿美元，同比增长 63.6%，高于全省 54.4 个百分点；后两项指标增幅全省第一。新设及净增资 3000 万美元以上企业 21 个，同比增长 40%，高于全省 31.6 个百分点，增幅全省第二。

第三章 浙江省及各市2018年经济社会发展报告

2018年，浙江坚持以习近平新时代中国特色社会主义思想为指导，全面贯彻党的十九大和十九届二中、三中全会精神，深入贯彻省第十四次党代会精神，围绕"八八战略"再深化、改革开放再出发，坚持稳中求进工作总基调，坚持新发展理念，坚持供给侧结构性改革主线，聚焦聚力高质量、竞争力、现代化，扎实推进富民强省十大行动计划，全力打好三大攻坚战，持续打好高质量发展组合拳，全省经济持续健康发展，社会保持和谐稳定。

一 浙江省2018年经济社会发展报告

一 浙江省2018年经济发展概况

（一）综合经济

1. 经济总量

2018年全年地区生产总值（GDP）56197.15亿元，比上年增长7.1%。其中，第一产业增加值1967.01亿元，第二产业增加值23505.88亿元，第三产业增加值30724.26亿元，分别增长1.9%、6.7%和7.8%，第三产业对GDP增长的贡献率为56.2%。三次产业增加值结构由上年的3.7∶43.0∶53.3调整为3.5∶41.8∶54.7。人均GDP为98643元（按年平均汇率折算为14907美元），增长5.7%。

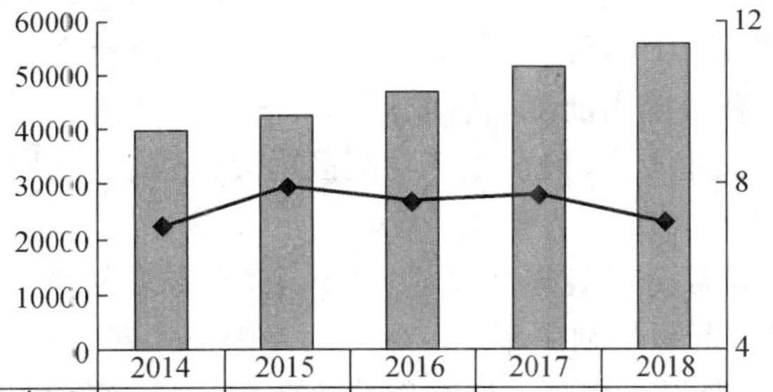

	2014	2015	2016	2017	2018
地区生产总值(亿元)	40173.03	42886.49	47251.36	51768.26	56197.15
增幅(%)	7	8	7.6	7.8	7.1

图1 2014—2018年浙江省地区生产总值及增长速度

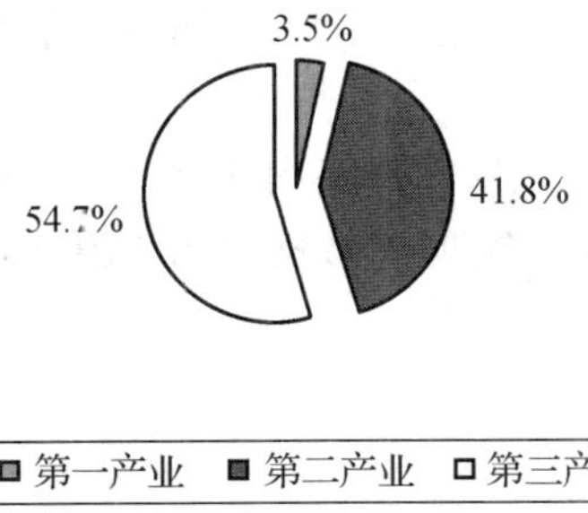

图2 2018年浙江省三次产业结构图

2. 财政收入

全年财政总收入11705.82亿元,比上年增长13.6%;一般公共预算收入6598.08亿元,增长11.1%,其中,税收收入5586.5亿元,增长11.6%,占一般公共预算收入的84.7%。一般公共预算支出8627.51亿元,增长14.6%,民生支出占财政支出的73.4%。规模以上工业企业利润总额4452亿元,增长5.3%,其中,高新技术、战略性新兴产业利润总额分别增长5.6%、5.4%,17个传统制造业利润增长7.2%。主营业务收入利润率为6.48%。规模以上服务业企业营业利润2142亿元,增长7.1%。全年全员劳动生产率为14.7万元/人,按可比价计算比上年提高6.0%;规模以上工业劳动生产率22.5万元/人,提高8.3%。

3. 物价水平

全年居民消费价格(CPI)比上年上涨2.3%,其中食品类价格上涨2.6%。商品零售价格上涨2.1%。农业生产资料价格上涨1.8%。工业生产者出厂价格(PPI)上涨3.4%,工业生产者购进价格上涨5.1%。固定资产投资价格上涨5.7%。

4. 固定资产投资

全年固定资产投资比上年增长7.1%。非国有投资增长15.9%,占68.0%;民间投资增长17.8%,占63.1%。基础设施、服务业、高新技术产业、装备制造业投资分别增长7.7%、10.1%、22.6%、9.6%。

(二)农业和农村建设

2018年全年粮食总产量599万吨,比上年增长3.3%;油菜籽播种面积97千公顷,增长0.9%;蔬菜646千公顷,增长0.2%;花卉苗木161千公顷,增长0.1%;中药材51千公顷,增长4.6%;果用瓜102千公顷,与上年基本持平。

全年肉类总产量105万吨,比上年下降8.8%;水产品总产量611万吨,增长2.8%,其中,海水产品产量481万吨,增长1.8%;淡水产品产量130万吨,增长6.6%。年末生猪存栏517万头,下降4.8%,生猪出栏912万头,下降10.8%。

累计创建省级现代农业园区48个、特色农业强镇85个,建成单条产值10亿元以上的示范性农业全产业链68条。严格保护好819万亩粮食生产功能区,完成提标改造65万亩。新增省名牌农产品30个、区域名牌农产品15个,有效期内浙江名牌农产品238个。新增"三品一标"农产品1128个,新增绿色食品基地12.3万亩,现代农业园区、粮食生产功能区内无公害农产品整体认定139.4万亩,主要食用农产品中"三品"比率53%以上。

新增开展农村生活垃圾分类处理建制村4969个,全省农村生活垃圾分类处理建制村覆盖率61%,垃圾回收利用率32.1%,资源化利用率82.3%,无害化处理率99%;完成改造公厕5.1万座。在建省级历史文化村落重点村、一般村949个。培育创建美丽乡村示范乡镇100个、特色精品村300个、农村生活垃圾示范村200个、历史文化保护利用示范村20个。全国休闲农业与乡村旅游示范县24个,中国重要农业文化遗产8个,中国美丽休闲乡村36个。

建成农家乐休闲旅游特色村(民宿集聚村)1162个、农家乐特色点(农庄)2100个,农家乐经营户2.2万户,直接从业人员16.9万人,带动就业超过100万人。接待游客4亿人次,增长17.4%,营业总收入427.7亿元,增长20.9%。

全年共组织农民培训57.9万人次,其中,农村实用人才18万人次,新型职业农民2.7万人次,农村富余劳动力转移就业技能培训5.1万人次;实现转移就业4.4万人,转移就业率为86%。

(三)工业和建筑业

1. 工业

全年规模以上工业增加值14714亿元,比上年增长7.3%。分经济类型看,国有及国有控股企业增长5.8%,私营企业增长7.0%;外商投资企业增长7.4%,港澳台商投资企业增长5.9%。17个传统制造业增加值增长6.0%。规模以上工业销售产值67384亿元，增长10.6%，其中，出口交货值11698亿元，增长8.6%。

2. 建筑业

全年建筑业增加值3099亿元，占GDP的比重为5.5%。具有资质等级的总承包和专业承包建筑业企业总产值28756亿元，增长5.6%；实现利税总额1358亿元，增长5.4%。

（四）服务业

1. 国内贸易

全年社会消费品零售总额25007.9亿元，比上年增长9.0%。按经营地统计，城镇消费品零售额20684.28亿元，增长8.6%；乡村消费品零售额4323.61亿元，增长10.6%。按消费类型统计，商品零售额22292亿元，增长8.5%；餐饮收入额2716亿元，增长12.5%。

在限额以上批发零售贸易业零售额中，通讯器材类零售额比上年增长17.8%，家具类增长17.3%，日用品类增长16.7%，石油及制品类增长15.9%，粮油、食品类增长14.3%，服装、鞋帽、针纺织品类增长14.1%，中西药品类增长12.2%，五金、电料类增长4.2%，金银珠宝类增长3.9%，建筑及装潢材料类增长0.3%，汽车类下降0.7%。

全省各类商品市场3759个，全年交易额为2.19万亿元，比上年增长2.0%。其中，十亿级市场268个，百亿级市场39个，千亿级市场2个。

2. 交通运输、邮电

全年交通运输、仓储和邮政业增加值2082亿元，比上年增长6.1%。

全省公路总里程12万公里，其中高速公路4421公里。共有民航机场7个，全年旅客吞吐量6539万人，其中发送量3375万人。铁路、公路和水运完成货物周转量11538亿吨公里，比上年增长14.2%；旅客周转量1104亿人公里，增长0.7%。港口完成货物吞吐量16.9亿吨，增长6.5%，其中，沿海港口完成13.4亿吨，增长6.2%。宁波-舟山港完成货物吞吐量10.8亿吨，增长7.4%，集装箱吞吐量跃居全球第三，达2635万标箱，增长7.1%。

至2018年年末全省民用汽车保有量1534万辆，比上年末增长9.8%，其中个人汽车1347万辆，增长9.7%。民用轿车保有量964万辆，增长8.6%，其中个人轿车892万辆，增长8.4%。

全年邮政业务总量2326亿元，比上年增长34.6%；电信业务总量4099亿元，增长129.1%。年末移动电话用户8309万户，比上年增加719万户，其中使用3G、4G移动电话用户7071万户。固定互联网宽带接入用户2648万户，增加183万户，其中固定互联网光纤宽带接入用户2349万户，增加238万户。移动互联网用户8136万户，增加680万户。全省快递业务量101亿件，比上年增长27.5%。

3. 旅游业

全年旅游产业增加值4391亿元，比上年增长10.0%，占GDP的7.8%；旅游总收入10005亿元，增长11.9%，接待游客6.9亿人次，增长8.7%，其中接待入境过夜游客456.8万人次，下降4.2%。

4. 金融、证券和保险

年末全部金融机构本外币各项存款余额116513亿元，比上年末增长8.6%，其中人民币存款余额增长9.4%。住户本外币存款余额46458亿元，增长13.9%。全部金融机构本外币各项贷款余额105775亿元，增长17.2%，其中人民币贷款余额增长17.5%。年末主要农村金融机构（农村信用社、农村合作银行、农村商业银行）人民币贷款余额13946亿元，比年初增加1822亿元。

年末境内上市公司432家，累计融资10112亿元；其中，中小板上市公司142家，占全国中小板上市公司的15.4%；创业板上市公司82家，占全国创业板上市公司的11.1%。

全年保险业实现保费收入2273亿元，比上年增长5.9%。其中，财产险保费收入827亿元，增长8.7%；人身险保费收入1446亿元，增长4.4%。支付各类赔款及给付762亿元，增长16.6%。其中，财产险赔付支出490亿元，人身险赔付支出272亿元。

5. 房地产业

全年房地产开发投资比上年增长20.9%，其中住宅投资增长26.8%。商品房销售面积9755万平方米，增长1.6%；商品房销售额14090亿元，增长14.2%。

（五）对外经济

1. 对外贸易

全年货物进出口总额28519亿元，比上年增长11.4%。其中，出口21182亿元，增长9.0%，出口占全国的12.9%，份额比上年提高0.2个百分点；进口7337亿元，增长19.0%。民营经济出口16530亿元，增长10.6%，占出口总额的78.0%，比重比上年提高1.1个百分点。机电产品出口9214亿元，增长9.6%；高新技术产品出口1408亿元，增长11.5%。对欧盟、美国进出口分别增长9.3%、10.1%，其中，出口分别增长7.8%和12.2%。对“一带一路”沿线国家合计进出口8967亿元，增长12.3%，其中出口6822亿元，增长8.3%。中欧（义新欧）班列开行320列。推动中国（浙江）自由贸易试验区扩权，2018年自贸区固定资产投资419亿元，新增注册企业7413家，新增油品企业1998家，大宗商品电子交易额1487亿元。

全年服务贸易进出口额3815亿元，比上年增长83.5%，居全国第4位，服务贸易进出口额占货物和服务贸易总额的11.8%。其中，出口1069亿元，增长72.2%；进口2745亿元，增长88.3%。

2018年进出口主要分类情况

指　　标	金额（亿元）	比上年增长（%）
货物进出口总额	28519	11.4
货物出口额	21182	9.0
其中：一般贸易	16968	9.5
加工贸易	1874	2.2
市场采购贸易	2054	7.6
其中：机电产品	9214	9.6
高新技术产品	1408	11.5
货物进口额	7337	19.0
其中：一般贸易	5557	15.9
加工贸易	814	13.3
其中：机电产品	1276	19.6

2. 外资状况

新批外商直接投资项目3529个，比上年增加499个；合同外资430.6亿美元，实际利用外资186.4亿美元，分别增长24.1%和4.1%。第二产业中，制造业实际利用外资59.7亿美元，增长9.2%。第三产业投资项目2940个，比上年增加502个，占外商直接投资项目总数的83.3%，合同外资307.8亿美元，实际利用外资120.0亿美元，分别增长28.7%和2.6%，占外资总额的比重分别为71.5%和64.4%。

3. 对外承包

国外经济合作完成营业额518.9亿元，比上年增长9.0%。其中，对外承包工程完成营业额506.9亿元，增长8.6%；新签合同额273.0亿元，下降17.6%；共派出各类劳务人员22589人次，外派劳务人员实际收入12.0亿元。

二　浙江省2018年社会发展概况

（一）人口、人民生活

据2018年全省5‰人口变动抽样调查推算，年末全省常住人口5737万人，比上年末增加80万人。其中，男性人口2939万人，女性人口2798万人，分别占总人口的51.2%和48.8%。全年出生人口62.8万人，出生率为11.02‰；死亡人口31.8万人，死亡率为5.58‰；自然增长率为5.44‰。城镇化率为68.9%。

根据城乡一体化住户调查，全年全省居民人均可支配收入为45840元，比上年增长9.0%，扣除价格因素增长6.5%。按常住地分，城镇和农村居民人均可支配收入分别为55574和27302元，增长8.4%和9.4%，扣除价格因素分别增长6.0%和7.0%。全省居民人均可支配收入中位数为40085元，比上年增加2747元，增长7.4%。

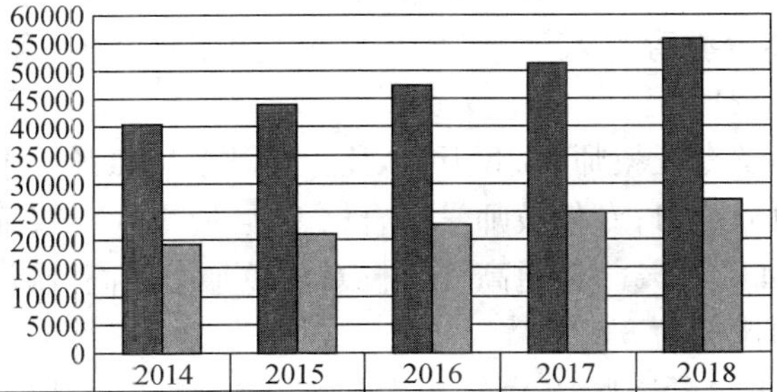

	2014	2015	2016	2017	2018
■城镇居民人均可支配收入(元)	40393	43714	47237	51261	55574
■农村居民人均可支配收入(元)	19373	21125	22866	24956	27302

图3　2014—2018年浙江省城乡居民收入对比一览

全省居民人均生活消费支出29471元，比上年增长8.8%，扣除价格因素增长6.4%。按常住地分，城镇和农村居民人均生活消费支出分别为34598和19707元，增长8.4%和8.9%，扣除价格因素分别增长6.0%和6.6%。

年末每百户居民家庭拥有家用汽车44.4辆；拥有计算机72.6台，其中接入互联网的计算机64.7台；拥有移动电话243.6部，其中接入互联网的移动电话178.8部；拥有彩色电视机173.2台、电冰箱104.0台、洗衣机90.6台、空调193.1台、热水器101.9台。

（二）就业、社会保障与社会福利

1. 就业

全年城镇新增就业125.3万人。年末城镇登记失业率为2.6%，比上年下降0.13个百分点。城镇调查失业率各季保持在4.1%—4.5%，四季度为4.1%。

2. 社会保障和社会福利

年末全省参加基本养老保险人数4081万人，参加基本医疗保险人数5369万人，参加失业保险、工伤保险、生育保险人数分别为1478、2088和1477万人。正常缴费企业退休人员基本养老金月人均超过3200元。城乡居民养老保险基础养老金月人均最低标准提高到155元，因工死亡职工供养亲属抚恤金月人均提高100元。

年末在册低保对象72.7万人（不含五保），其中，城镇22.1万人，农村50.6万人。低保资金（含各类补贴）支出45.2亿元，比上年增长33.9%；城乡低保标准已实现一体化，平均每人每月771元。全年支出医疗救助资金12.1亿元，比上年增长36.9%。中央和省财政投入补助资金62.7亿元，新增各类机构养老床位数2万张。

全年发行各类福利彩票167.8亿元，比上年增加11.4亿元，筹集公益金48.3亿元。

（三）教育和科学技术

1. 教育事业

年末全省共有小学3301所，招生66.2万人；在校生360.6万人，比上年增长1.9%，小学学龄儿童入学率为100%。小学生均校舍建筑面积9.5平方米；生均图书31.2册；每百名学生拥有计算机20.5台；小学体育运动场（馆）面积达标的学校比例为99.7%。共有初中1742所，招生54.3万人；在校生161.5万人，比上年增长3.6%，初中入学率为100%。初中生均校舍建筑面积19.9平方米；生均图书50.6册；每百名学生拥有计算机31.8台；初中体育运动场（馆）面积达标的学校比例为99.5%。全省各类中等职业教育学校246所（不含技工学校），招生17.8万人，在校生52.6万人；普通高中591所，招生25.5万人，在校生76.9万人，毕业生25.3万人。

全省共有普通高校109所（含独立学院及筹建院校）。研究生（含非全日制）、本科、专科招生比例为1.0∶5.5∶4.9；高等教育毛入学率为60.1%。全年研究生（含非全日制）招生29760人，其中，博士生3339人，硕士生26421人。

义务教育中小学专任教师33.8万人，比上年增长2.4%。中等职业教育（不含技工学校）专任教师3.4万人，生师比15.3∶1；专任教师学历合格率为97.5%。双师型教师占专任教师和专业课教师的比例分别为45.3%和83.6%。普通高等学校专任教师中副高及以上职称教师所占比例为45.7%；具有硕士及以上学位教师比例为84.0%。

全省共有幼儿园8453所，在园幼儿193.4万人，比上年减少1.2%。幼儿园专任教师13.0万人，比上年增加0.5万人；幼儿教师学历合格率为99.97%。

2. 科学技术

全年全社会研究和发展（R&D）经费支出占生产总值的2.52%，比上年提高0.07个百分点。财政一般公共预算支出中科技支出379.7亿元，比上年增长25.1%。

有国家认定的企业技术中心113家（含分中心）。新认定高新技术企业3187家，累计14649家。新培育科技型中小企业10539家，累计50898家。全年专利申请量45.6万件；授权量28.5万件，其中发明专利授权量3.3万件，比上年增长13.2%。科技进步贡献率为61.8%。新增“浙江制造”标准559个。

（四）文化、卫生和体育

1. 文化事业

年末全省共有公共图书馆103个，文化馆101个，文化站1374个，博物馆337个，隶属文化部门艺术表演团体64个。广播、电视人口综合覆盖率分别为99.73%和99.80%。共有影视制作机构3368家，其中上市公司26家；全年制作电视剧52部2358集，动画片54部19393分钟；制作影片117部，电影票房收入48.9亿元，比上年增长11.3%。图书出版社14家；公开发行报纸95种，出版期刊233种；新闻出版营业收入23.4亿元。

2. 卫生事业

年末全省卫生机构3.3万个（含村卫生室），其中，医院1288个，卫生院1166个，社区卫生服务中心（站）5310个，诊所（卫生室、医务室）11089个，村卫生室11483个，疾病预防控制中心100个，卫生监督所（中心）102个。卫生技术人员48.6万人，比上年末增长5.5%，其中，执业（助理）医师19.1万人，注册护士20.2万人，分别增长6.4%和7.1%。医疗卫生机构床位数33.2万张，增长5.7%，其中，医院

29.4万张，卫生院1.9万张。医院全年总诊疗28292万人次，增长2.4%。

全省预约诊疗服务平台预约请求量1063万人次，预约成功量747万次，比上年分别增长15.3%和9.2%，日均预约成功量2.0万次，新增注册用户215万人，增长3.1%，日均注册量为0.6万人次。全年新接入医院238家，累计接入医院522家。

3. 体育事业

全年浙江运动员在各类国际性、洲际性、全国性比赛中共获得世界锦标赛、世界杯总决赛冠军14个，世界杯分站赛、系列赛冠军25个，世界青年锦标赛冠军4个，亚洲锦标赛、亚洲杯赛冠军9个，亚洲青年锦标赛冠军17个，全国一类比赛冠军80个、二类比赛冠军96个、青少年比赛冠军343个。

年末全省人均体育场地面积2.16平方米，经常参加体育锻炼人数占总人口的41.3%，城乡居民国民体质合格率保持在92.9%以上。有省级全民健身中心24个、中心村全民健身广场(体育休闲公园)534个、社区多功能运动场585个。国家级体育后备人才基地18个，省级体育后备人才基地50个。国家级体育传统项目学校17个。省级青少年体育俱乐部413所。国家体育产业示范基地(运动休闲示范区)5个、体育旅游示范基地1个、国家级运动休闲特色小镇3个。省级运动休闲基地17个、运动休闲旅游示范基地26个。

全年销售体育彩票206.2亿元，比上年增加69.2亿元，增长50.5%。

(五) 城乡建设

2018年浙江大湾区建设全面启动。制定大湾区建设行动计划，高起点谋篇布局杭州湾经济区，湾区智慧交通体系、重大科创平台等标志性工程启动建设，一批重大产业项目落户大湾区。杭州经济总量达到1.35万亿元、宁波突破万亿大关。

大花园建设开局良好。制定大花园建设行动计划，推动浙东唐诗之路、钱塘江唐诗之路、瓯江山水诗之路、大运河(浙江)文化产业带建设，编制诗路文化带发展规划，出台衢州、丽水大花园核心区规划，打响"诗画浙江"品牌。世界旅游联盟总部落户萧山湘湖。全年接待游客6.9亿人次，旅游总收入1万亿元。

大通道建设明显加快。制定大通道建设行动计划，杭黄铁路开通运营，甬台温高速公路复线、台州湾大桥、三门湾大桥、乐清湾大桥、鱼山大桥建成通车，中断60年的钱塘江中上游航道全线通航，杭绍台、杭温、金台铁路和景文泰高速公路加快推进，杭州萧山机场枢纽、丽水机场开工建设。国际航空航线达到31条，浙江省率先成为拥有杭州、宁波、温州三家千万级客流量机场的省份。

大都市区能级提升。制定大都市区建设行动计划，规划建设综合交通枢纽，加快集聚高端人才、高端要素、高端产业，都市区辐射带动作用明显增强。

乡村振兴势头良好。大力推进"五万工程"。新建高标准农田257万亩，完成粮食生产功能区提标改造65万亩。启动乡村全域土地综合整治工程150个。消除集体经济薄弱村6171个。建成农村电商服务站1.6万个、电商专业村1235个。启动农村人居环境提升三年行动，新增A级以上景区村庄2640个、3A级景区村庄465个。新增珍贵树木2413万株。新建和改造提升农村公路1万公里。新增中国历史文化名镇7个、名村16个。湖州桑基鱼塘成为全球重要农业文化遗产，龙游姜席堰成为世界灌溉工程遗产。新增147万农村人口喝上了达标饮用水。

(六) 环境保护和生态建设

全年平均降水量为1640毫米(折合降水总量1702亿立方米)，全省水资源总量为867亿立方米，人均水资源量为1521立方米。

全年完成造林更新面积16.9千公顷，比上年减少11.8%，其中，人工造林7.4千公顷，迹地更新8.8千公顷。森林抚育面积128.6千公顷，完成义务植树2679万株。新植珍贵树木2413万株，重点建设珍贵彩色森林29.8万亩。根据2018年浙江省森林资源公告，全省森林覆盖率为61.2%(含灌木林)。完成水土流失治理面积454.5平方公里。

年末有气象雷达观测站点10个，卫星云图接收站点26个，区域自动气象观测站2968个。全年霾平均日数22天，比上年减少12天。11个设区城市环境空气PM2.5年均浓度平均为33微克/立方米，比上年下降15.4%；日空气质量优良天数比例为71.0%—95.1%，平均为85.3%，比上年提高2.6个百分点。69个县级以上城市日空气质量优良天数比例为71.0%—100%，平均为90.8%，提高0.8个百分点。

221个省控断面中，Ⅲ类及以上水质断面占84.6%，比上年提高1.8个百分点；满足水环境功能区目标水质要求断面占89.6%，提高3.6个百分点。按达标水量计，11个设区城市的主要集中式饮用水水源地水质达标率为97.0%，下降0.4个百分点；县级以上城市集中式饮用水水源地水质达标率为97.0%，提高0.6个百分点。按个数计，11个设区城市的主要集中式饮用水水源地水质达标率为90.5%，与上年持平；县级以上城市集中式饮用水水源地水质达标率为94.5%，提高1.1个百分点。145个跨行政区域河流交接断面水质达标率为90.3%，与上年持平。近岸海域发现赤潮18次，累计面积约1069平方千米，其中有毒有害赤潮6次，面积180平方千米。与上年相比，赤潮发现次数减少15次，累计面积减少999平方千米。

全年城市污水排放量37.0亿立方米，比上年增长3.9%，城市污水处理量为35.3亿立方米，增长4.8%，城市污水处理率95.55%，比上年提高0.78个百分点。城市生活垃圾无害化处理率100%，城市用水普及率100%，城市燃气普及率99.83%。人均公园绿地面积13.6平方米。

累计建成国家生态文明建设示范市1个，国家生态文明建设示范县(市、区)10个，国家"绿水青山就是金山银山"实践创新基地5个，省级生态文明建设示范市5个，省级生态文明建设示范县(市、区)38个。建成国家级生态市2个，国家级生态县(市、区)39个，国家级生态乡镇691个，国家环境保护模范城市7个，省级生态市5个，省级生态县(市、区)67个，省级环保模范城市15个。

全年规模以上工业企业能源消费量比上年增长2.1%，单位工业增加值能耗下降4.8%。其中，千吨以上和重点监测用能企业能源消费量分别下降0.7%和1.1%，单位工业增加值能耗分别下降6.6%和7.2%。

(七)社会安全

全年发生各类生产安全事故(包括工矿商贸企业、道路运输、水上交通、渔业船舶、铁路交通、海上交通事故)2276起、死亡1963人、受伤789人，比上年分别下降33.0%、28.0%和45.1%。其中，较大生产安全事故13起、死亡52人，比上年减少2起、增加1人；未发生重大生产安全事故。道路运输共发生事故1767起、死亡1446人、受伤680人，比上年分别下降35.4%、29.1%和47.0%。

三　浙江省在泛长三角地区经济发展中的地位

2018年是改革开放40周年、"八八战略"实施15周年，是新一届省政府的开局之年。一年来，面对错综复杂的外部环境和艰巨繁重的改革发展任务，在党中央、国务院和中共浙江省委的坚强领导下，省政府坚持以习近平新时代中国特色社会主义思想为指导，全面贯彻党的十九大和十九届二中、三中全会精神，认真落实习近平总书记对浙江工作的重要指示，深入贯彻省第十四次党代会精神，统筹推进"五位一体"总体布局，协调推进"四个全面"战略布局，围绕"八八战略"再深化、改革开放再出发，全面落实省委各项决策部署和省十三届人大一次会议确定的目标任务。坚持稳中求进工作总基调，坚持新发展理念，坚持供给侧结构性改革主线，聚焦聚力高质量、竞争力、现代化，扎实推进富民强省十大行动计划，全力打好三大攻坚战，持续打好高质量发展组合拳，集中财力办大事，全省经济持续健康发展，社会保持和谐稳定，十方面民生实事圆满完成，“两个高水平”建设开局良好。

（一）地区生产总值

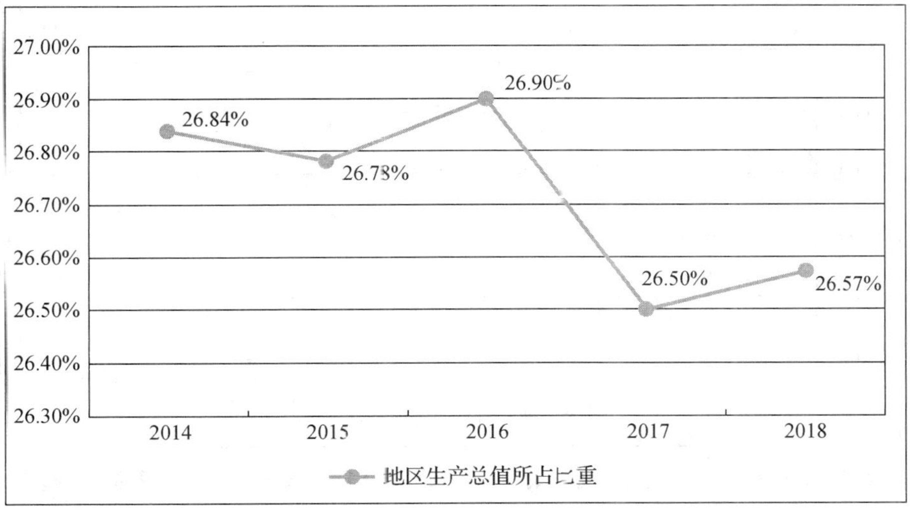

图 4　2014—2018 年浙江省地区生产总值在泛长三角（江苏省、浙江省、安徽省和上海市）所占比重的变化趋势

按总量来讲，多年来浙江省地区生产总值在泛长三角地区位居第二位。2014—2018 年浙江省地区生产总值在泛长三角所占比重分别为 26.84%、26.78%、26.90%、26.50%和 26.57%。浙江省地区生产总值在泛长三角占比整体呈现下降态势，2018 年与 2014 年比下降了 0.27 个百分点。

2018 年，在泛长三角地区 41 市（苏浙两省 24 个地级市、安徽省 16 个地级市和上海市，下同）地区生产总值所占比重排名的前十位中，浙江省 11 个地级市仅占据 2 席。

2018 年，全省生产总值（GDP）为 56197 亿元，稳居全国第 4 位，按可比价格计算，比 2017 年增长 7.1%，增速比全国高 0.5 个百分点。人均生产总值达 98643 元（合 14907 美元），比 2017 年增长 5.7%。分产业看，第一产业增加值 1967 亿元，增长 1.9%；第二产业增加值 23506 亿元，增长 6.7%；第三产业增加值 30724 亿元，增长 7.8%。三次产业对生产总值的增长贡献率分别为 1.0%、42.8%和 56.2%。三次产业增加值比例由 2017 年 3.7∶43.0∶53.3 调整为 3.5∶41.8∶54.7。

其中，宁波 GDP 首次突破 1 万亿元，温州 GDP 突破 6000 亿元，嘉兴增速位居全省第一。2018 年杭州实现生产总值 1.35 万亿元，名义增速为 7.19%，同比 2017 年增长了 905 亿元，GDP 总量位居全省第一；宁波实现生产总值 1.07 万亿元，名义增速为 9.17%，同比 2017 年增长了 902 亿元，GDP 总量位居全省第二；温州实现生产总值 6006 亿元，名义增速为 10.14%，同比 2017 年增长了 553 亿元，GDP 总量位居全省第三。

从 GDP 总量来看，全省 GDP 在 4000 亿元以上的城市有 7 个，GDP 在 5000 亿元以上的城市有 4 个，分别是杭州、宁波、温州、绍兴，GDP 在 1 万亿元以上的城市有 2 个，为杭州和宁波。同时，全省 11 个城市的 GDP 总量都在 1000 亿元以上，最低的是舟山，GDP 为 1316 亿元。

从增速来看，嘉兴增速位居全省第一，名义增速为 11.87%，GDP 总量为 4872 亿元，同比 2017 年增长了 516 亿元；台州增速位居全省第二，名义增速为 11.09%，同比 2017 年增长了 486 亿元；温州增速位居全省第三，名义增速为 10.14%，同比 2017 年增长了 553 亿元。全省增速最低的城市是金华，名义增速为 5.94%，但是金华 2018 年 GDP 突破了 4000 亿元，增量为 229 亿元。

（二）地方财政一般预算收入

图5　2014—2018年浙江省地方财政一般预算收入在泛长三角所占比重的变化趋势

2014—2018年浙江省地方财政一般预算收入在泛长三角所占比重分别为22.70%、23.11%、23.56%、24.77%和25.99%，整体呈现上升态势，2018年较2014年上升了3.29个百分点。

2018年，在泛长三角地区41市（苏浙两省24个地级市、安徽省16个地级市和上海市，下同）地方财政一般预算收入所占比重排名的前十位中，浙江省11个地级市占据3席，比2017年增加一席。

2018年浙江省一般公共预算收入6598亿元，增长11.1%，特别有意义的是2018年浙江的一般公共预算收入首次超过山东113个亿，位列全国第四，本来是前五，现在到前四了。全省一般公共预算支出8628亿元，增长13%，税收占一般公共预算收入比重为84.7%，连续12年新增支出的2/3以上用于民生，财政收支规模结构、质量均居全国前列。

2018年，全省一般公共预算收入完成年度预算的106.3%，增长11.1%，其中税收收入5586.50亿元，增长11.6%；非税收入1011.58亿元，增长8.1%。

主要收入项目完成情况：

增值税（50%部分）2403.63亿元，增长9.6%。分行业看，二产增值税增长4.6%，其中制造业增值税收入占比为80.7%，增长3.2%，受减税政策影响较大；三产增值税增长16.7%，整体增长较高，但受政策影响部分行业降幅明显，其中信息传输软件和信息技术服务业增幅由年初的15.0%降至年末的5.7%，批发零售业、房地产业、租赁和商务服务业成主要拉动因素，分别增长15.8%、34.3%、27.4%。企业所得税（40%部分）972.36亿元，增长11.8%，增幅与规模以上工业企业利润总额增长（11.7%）保持一致。分行业看，二产、三产企业所得税分别增长11.5%、22.8%，其中批发零售业、信息传输软件和信息技术服务业、房地产业分别增长19.0%、29.2%、49.3%。

个人所得税（40%部分）465.86亿元，增长14.3%。分行业看，制造业、信息传输软件和信息技术服务业、租赁和商务服务业、房地产业分别增长22.8%、42.5%、33.5%、153.0%。分项目看，工资薪金所得依旧是增收主动力，增长21.3%，带动个人所得税增长10个百分点。

其他收入1744.63亿元，增长14.0%。其中房产税、土地增值税、契税因前期房地产市场的活跃增幅较高，分别增长19.4%、18.4%、18.6%。

非税收入1011.58亿元，增长8.1%。因为降费政策，着力减轻企业负担，各项非税收入均保持较低增长，其中行政事业性收入因取消各项收费力度较大，同比下降24.9%。

（三）工业生产总值

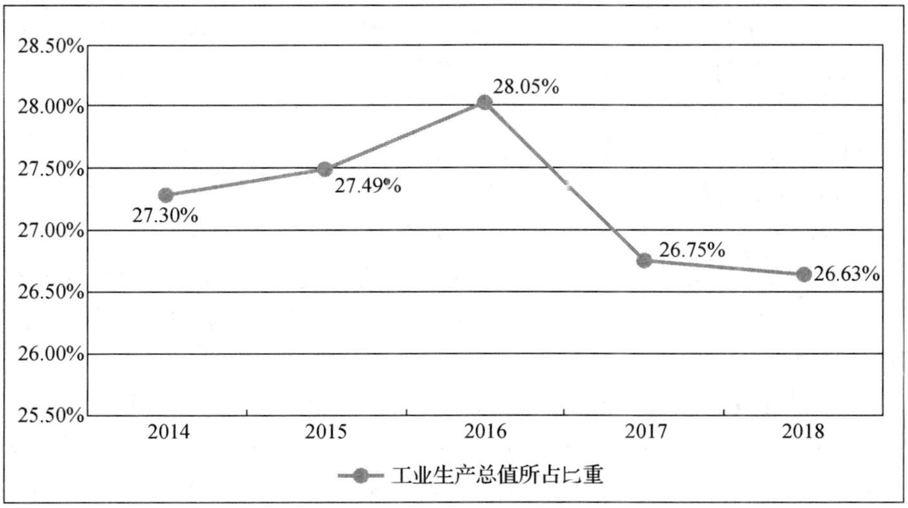

图 6　2014—2018 年浙江省工业生产总值在泛长三角所占比重的变化趋势

2014—2018 年浙江省工业生产总值在泛长三角所占比重分别为 27.3%、27.49%、28.05%、26.75%和 26.63%，总体上呈现下降趋势，只有 2016 年有小幅度回升，累计降幅达 2.73 个百分点。

2018 年，浙江省工业生产总值在泛长三角地区三省一市的排名中，为第 2 位；在泛长三角地区 41 市工业生产总值所占比重排名的前十位中，浙江省 11 个地级市占据 3 席，较 2017 年增加一席。

2018 年，全年规模以上工业增加值 14714 亿元，比 2017 年增长 7.3%。分经济类型看，国有及国有控股企业增长 5.8%，私营企业增长 7.0%；外商投资企业增长 7.4%，港澳台商投资企业增长 5.9%。17 个传统制造业增加值增长 6.0%。规模以上工业销售产值 67384 亿元，增长 10.6%，其中，出口交货值 11698 亿元，增长 8.6%。

（四）进出口总额

图 7　2014—2018 年浙江省进出口总额在泛长三角所占比重的变化趋势

2014—2018年浙江省进出口总额在泛长三角所占比重分别为24.75%、24.90%、25.41%、25.21%和25.82%，总体上呈现增长态势，五年间增加了1.07个百分点，其中2018年较2017年增加了0.61个百分点。

2018年，浙江省进出口总额在泛长三角地区三省一市的排名为第3位；在泛长三角地区41市地方财政一般预算收入所占比重排名的前十位中，浙江省11个地级市占据4席，较2017年持平。

2018年，浙江省进出口总值2.85万亿元，比2017年(下同)增长11.4%(全国增长9.7%)，其中，出口2.12万亿元，增长9%；进口7337.2亿元，增长19%。进出口、出口、进口继续保持全国第4、3、6位，占全国比重分别为9.3%、12.9%、5.2%，出口份额创历史新高。

按照美元统计，2018年浙江省进出口4324.8亿美元，增长14.4%；其中，出口3211.6亿美元，增长12.0%，进口1113.2亿美元，增长22.2%。进出口、出口、进口分别突破4000亿、3000亿、1000亿美元大关。

2008年浙江出口总值首次突破1万亿元，2018年出口规模创新高，首超2万亿元。2018年，全省进口实现了高增长，全年有10个月的月度进口值呈两位数增长，进口总值对全省外贸增长贡献率达到40.2%，有力拉动外贸增长。

浙江省对前三大贸易市场欧盟、美国、东盟进出口分别为5568.9亿元、4619.6亿元、3159.9亿元，增长9.3%、10.1%、22.5%。浙江民营企业进出口2.04万亿元，增长12.7%，占浙江进出口总值的71.7%，比2017年提升0.8个百分点。其中，出口1.65万亿元，增长10.6%，占出口总值78%，继续保持第一大出口主体地位；进口3905.2亿元，增长22.6%。2018年，浙江民营企业对外贸出口、进口的贡献度分别为90.6%、61.4%。

浙江机电产品出口9214.1亿元，增长9.6%，占出口总值的43.5%，比重提升0.3个百分点。

(五) 实际外商直接投资金额

图8　2014—2018年浙江省实际外商直接投资金额在泛长三角所占比重的变化趋势

2014—2018年浙江省实际外商直接投资金额在泛长三角所占比重分别为21.21%、23.13%、23.31%、23.57%和23.73%，呈持续上涨态势，2018年较2014年增加了2.52个百分点。

2018年，浙江省实际外商直接投资金额在泛长三角地区三省一市的排名为第2位；在泛长三角地区41市地方财政一般预算收入所占比重排名的前十位中，浙江省11个地级市占据3席，较2017年持平。

2018年，浙江对外投资合作增速强劲，全年完成对外直接投资备案额183.8亿美元，比2017年增长90.6%；稳外资成效初显，全年实际利用外资达186.4亿美元，比2017年增长4.1%，位居全国第5，比2017年提升1位。

二　杭州市2018年经济社会发展报告

2018年，全市深入贯彻党的十九大精神，坚持“稳中求进”工作总基调，牢固树立新发展理念，准确把握杭州发展的阶段性特征，全面实施“六大行动”，统筹抓好发展、改革、建设和民生各项工作，推动全市经济社会平稳健康发展。

一　杭州市2018年经济发展概况

（一）综合经济

1. 经济总量

全年地区生产总值13509.15亿元，比上年增长6.7%。其中第一产业增加值305.51亿元，第二产业增加值4571.93亿元，第三产业增加值8631.74亿元，分别增长1.8%、5.8%和7.5%。三次产业结构由上年的2.5∶34.6∶62.9调整为2.3∶33.8∶63.9。全年人均地区生产总值为140180元（按年平均汇率折算为21184美元）。

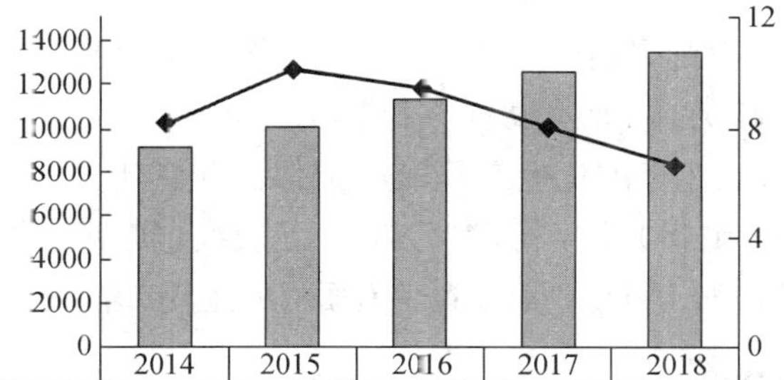

	2014	2015	2016	2017	2018
地区生产总值(亿元)	9206.16	10050.21	11313.72	12603.36	13509.15
增幅(%)	8.2	10.2	9.5	8.1	6.7

图1　2014—2018年杭州市地区生产总值及增长速度

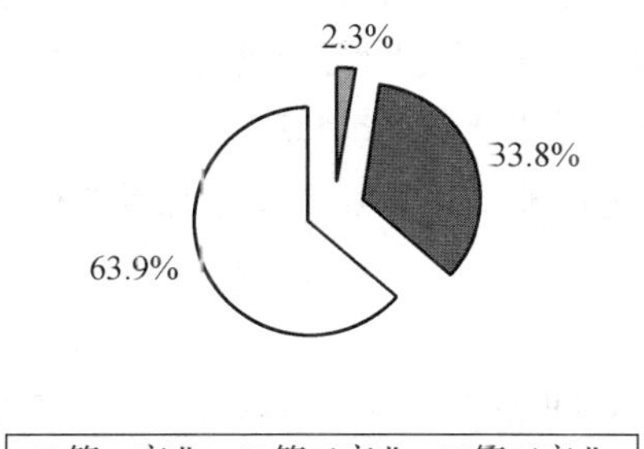

图2　2018年杭州市三次产业结构图

全年数字经济核心产业增加值3356亿元，增长15.0%，占GDP的24.8%。电子商务产业增加值1529亿元，增长17.5%；软件与信息服务产业2508亿元，增长17.0%；数字内容产业2098亿元，增长15.8%。

六大产业群整体势头良好，其中文化创意产业增加值3347亿元，增长11.6%；旅游休闲产业1038亿元，增长13.0%；健康产业809亿元，增长10.0%。

2. 非公经济

全年民营经济增加值8175亿元，占GDP的60.5%。年末，全市私营企业55.5万户，比上年末增长15.3%；个体工商户51.0万户，增长8.2%。全年新设个体工商户10.6万户，增长13.1%。

3. 财政收支

全年财政总收入3457.46亿元，一般公共预算收入1825.06亿元，分别增长14.5%和12.5%。其中国内增值税、企业所得税和个人所得税分别增长10.7%、19.5%和17.0%。一般公共预算支出1717.08亿元，增长11.4%。其中民生支出1333.2亿元，占一般公共预算支出的77.6%。

4. 市场价格

全年市区居民消费价格比上年上涨2.3%。其中居住类价格上涨3.7%、食品烟酒类价格上涨2.7%。商品零售价格上涨2.0%。工业生产者出厂价格上涨2.4%，工业生产者购进价格上涨3.7%。

5. 固定资产投资

全年固定资产投资增长10.8%，其中民间投资增长10.1%，基础设施投资增长26.9%。从产业投向看，第二产业下降11.9%，其中工业下降11.3%；第三产业增长14.2%。

（二）农业

全年农林牧渔业增加值312亿元，增长2.0%。其中农业201亿元、林业45亿元、渔业30亿元，分别增长2.4%、6.3%和2.1%；农林牧渔专业及辅助性活动6.3亿元，增长11.4%；牧业30亿元，下降6.8%。粮食总产量66.8万吨，增长3.3%；蔬菜产量342.7万吨，增长1.3%；水果产量84.7万吨，增长3.3%；水产品产量21.4万吨，增长3.0%；肉类产量21.1万吨，下降14.2%。市级“菜篮子”基地514个，其中新建12个；农业标准化生产程度达65%。新创建美丽乡村精品村76个，新完成美丽乡村精品示范线12条；农家乐（民宿）共接待游客6477万人次，实现经营收入69亿元，分别增长30.5%和32.9%。农村电商销售额120亿元。“千万农民素质提升工程”培训农民7.1万人，实用人才累计14.7万人。

（三）工业和建筑业

1. 工业

全年工业增加值4160亿元，增长6.3%，其中规模以上工业增加值3405亿元，增长6.3%。规模以上工业中高新技术产业、战略性新兴产业、装备制造业增加值分别增长10.8%、13.1%和9.3%，占规模以上工业的57.2%、33.3%和45.0%；八大高耗能行业增加值占比24.3%，下降0.3个百分点。新产品产值率由上年37.7%提高到38.8%。工业产品产销率为98.4%。规模以上工业企业实现利润974亿元，增长1.2%。规上工业全员劳动生产率33万元/人，比上年增长9.2%；规上工业单位增加值能耗下降5.9%，降幅比上年扩大1.8个百分点。

2. 建筑业

全年建筑业增加值413亿元，占GDP的3.1%。具有总承包和专业承包资格的建筑企业1541家，完成施工产值4417亿元，增长2.1%，其中省内3210亿元，增长2.8%。新签合同额5434亿元，增长7.9%。实现利税总额201亿元，增长0.7%。

（四）服务业

1. 国内贸易

2018年全年批发和零售业增加值1051亿元，增长4.8%；住宿和餐饮业增加值208亿元，增长4.9%。

全年社会消费品零售总额5715亿元，增长9.0%，按消费类型统计，商品零售5061亿元，增长

8.9%，餐费收入654亿元，增长9.6%。按经营地分，城镇消费品零售额5401亿元，增长8.9%；乡村消费品零售额314亿元，增长10.0%。

2. 交通运输与邮电

全年交通运输、仓储和邮政业增加值371亿元，增长6.8%。

全年全社会货物运输总量3.5亿吨，增长1.1%。旅客运输量2.0亿人次，下降9.7%。至年末萧山国际机场已开通航线292条，其中国际航线51条，港澳台航线7条。航空客运吞吐量达3824万人次，货邮吞吐量64.1万吨，分别增长7.5%和8.7%。全年地铁客运量5.3亿人次，增长55.9%，日均客流145万人次，增长55.5%。

年末社会机动车辆保有量288.1万辆，增长3.1%。民用汽车保有量238.7万辆，下降2.6%，其中私人汽车207.8万辆，增长4.0%。

全年邮政企业和规模以上快递服务企业实现业务收入364.7亿元，增长32.6%，其中快递业务收入296.6亿元，增长18.2%。年末固定电话用户241.8万户，下降6.9%；移动电话用户1913.9万户，增长11.0%；宽带用户537.7万户，增长6.5%。

3. 旅游业

全年旅游总收入3589.1亿元，增长18.0%，其中旅游外汇收入38.3亿美元，增长8.1%。旅游总人数18403.4万人次，增长13.0%，其中接待入境旅游者420.5万人次，增长4.5%。年末各类旅行社848家，增长11.0%。星级宾馆145家，其中五星级23家。A级景区109个，其中5A级3个。

4. 金融、证券和保险

全年金融业增加值1197亿元，增长9.0%。

年末全市金融机构525家，当年新增26家。年末金融机构本外币存款余额39810.5亿元，增长9.1%；贷款余额36598.3亿元，增长25.0%。

年末上市公司172家，其中境内上市132家；全年新增上市公司10家，IPO融资98.6亿元。中小板上市公司34家，创业板上市公司38家。

全年保费收入663.6亿元，增长4.7%。其中，财产险保费收入236.5亿元，增长14.0%；人身险保费收入427.1亿元，增长0.2%。支付各类保险赔款202.9亿元，增长19.6%。其中财产险133.8亿元，增长22.0%；人身险69.1亿元，增长15.3%。

5. 房地产业

全年房地产开发投资增长12.2%。房屋施工面积11750万平方米，增长2.0%；新开工面积2709万平方米，增长24.4%；竣工面积1637万平方米，下降21.5%。商品房销售面积1675万平方米，下降18.4%。

（五）对外经济

1. 对外贸易

全年货物进出口总额5245亿元，增长3.1%，其中出口3417亿元，下降1.0%，进口1828亿元，增长11.8%。高新技术产品出口518亿元，增长8.3%，机电产品出口1460亿元，增长0.4%。对“一带一路”沿线国家出口1072亿元，占出口总额31.4%。

全年服务贸易进出口总额358.9亿美元、增长132.6%，其中出口71.7亿美元，增长21.7%，进口287.2亿美元，增长201%。

2. 对外合作

年末全市设立各类境外投资企业（机构）2008个，增长12.8%。全年对外承包工程和劳务合作营业额25.8亿美元，增长9.8%。离岸服务外包合同执行额69.2亿美元，增长7.0%。

3. 利用外资

全年新引进外商投资企业744家，增长29.4%，其中总投资3000万美元以上企业224家，增长17.9%。实际利用外资68.3亿美元，增长3.3%，其中第二产业12.5亿美元，第三产业55.7亿美元。至年末，有121家世界500强企业来杭投资212个项目。

4. 跨境电子商务

全年跨境电商进出口总额113.7亿美元，增长14.4%，其中出口80.2亿美元，进口33.5亿美元，分别增长14.2%和14.9%。

二 杭州市2018年社会发展概况

（一）人口、人民生活

至2018年年末全市常住人口980.6万人，比上年末增加33.8万人，其中城镇人口759.0万人，占常住人口的77.4%，比2017年提高0.6个百分点；人口出生率为11.3‰，自然增长率为6.2‰。全市户籍人口774.1万人，人口出生率为12.4‰，自然增长率为6.3‰。

2018年全市全体居民人均可支配收入54348元，增长9.1%，扣除价格因素实际增长6.6%。其中城镇居民人均可支配收入61172元，增长8.7%；农村居民人均可支配收入33193元，增长9.2%。扣除价格因素，城乡居民收入实际增速分别为6.3%和6.7%。

全年全市全体居民人均生活消费支出37369元，增长9.4%，扣除价格因素实际增长6.9%。其中城镇居民人均生活消费支出41615元，农村居民人均生活消费支出24203元，分别增长9.0%和10.1%，扣除价格因素分别增长6.5%和7.6%。

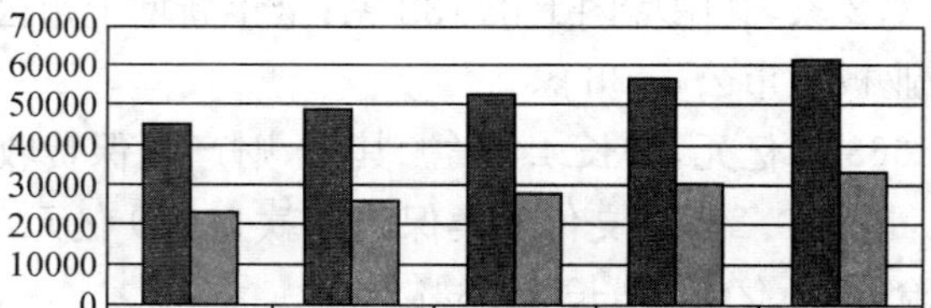

	2014	2015	2016	2017	2018
城镇居民人均可支配收入(元)	44632	48316	52185	56276	61172
农村居民人均可支配收入(元)	23555	25719	27908	30397	33193

图3 2014—2018年杭州市城乡居民收入对比一览

年末城镇居民人均住房建筑面积37.3平方米，每百户家庭拥有家用汽车59.7辆、空调243.2台，分别增长7.0%和3.3%，每百户家庭拥有家用电脑88.1台，下降23.5%。农村居民人均住房建筑面积72.5平方米，每百户家庭拥有家用汽车50.9辆、空调206.4台，分别增长9.5%、10.6%，每百户家庭拥有家用电脑60.2台，下降21.2%。

（二）就业、社会保障与社会福利

1. 就业

全市新增城镇就业人员39.9万人，安置失业人员再就业11.3万人。年末城镇登记失业率1.6%。私营企业和个体工商户从业人员分别为342.2万人和95.8万人，增长9.6%和3.7%。

2. 社会保障和社会福利

年末职工基本养老保险参保人数、职工基本医疗保险参保人数分别为671.1万人和632.7万人，增长 6.8%和 9.0%；年末失业、生育保险参保人数分别为 459.4 万人和 430.4 万人，增长 10.4%和 10.2%。全年推出公共租赁住房和人才租赁用房配租房源 6235 套，其中人才租赁用房 1005 套。筹建蓝领公寓 10568 套。主城区居民最低生活保障标准调整至每人每月 955 元，增长 4.1%。年末全市最低生活保障对象 10.59 万人，全年发放困难家庭救助金 8.57 亿元，增长 14.4%。

年末全市拥有城乡社区居家养老服务照料中心 2810 个，标准化打造 60 家示范型居家养老服务中心、50 家示范型医养结合居家养老服务照料中心、100 家示范型老年食堂(助餐服务点)。拥有各类福利院、敬老院 300 所，床位 6.98 万张，收养人员 2.23 万人。全年发行各类福利彩票 31.13 亿元，增长 10.5%。

（三）教育和科学技术

1. 教育事业

至 2018 年年末共有幼儿园 991 所，在园幼儿 34.4 万人，增加 0.7 万人，学前三年幼儿入园率为 99.0%；共有小学 478 所，在校学生 59.1 万人，增加 3.0 万人；初中 264 所，在校学生 23.5 万人，增加 1.0 万人，初中毕业生升入各类高中比例为 99.7%；普通高中 87 所，在校学生 11.4 万人，增加 0.1 万人；职高和中等专业学校 36 所，在校学生 6.1 万人，减少 0.2 万人；普通高等学校 40 所，在校学生 49.6 万人，增加 1.2 万人，其中研究生 6.4 万人，高等教育毛入学率 66.1%。全市累计解决义务教育阶段外来务工人员子女入学 28.7 万人。全市各级各类中外合作办学项目 65 个，其中市属高校项目 7 个，高中段学校项目 7 个。

2. 科技

全年发明专利申请 36538 件、发明专利授权 10267 件，分别增长 42.8%和 4.0%。认定(包括复审通过)国家重点扶持高新技术企业 1557 家，其中新认定 1059 家。新增省级研发中心 149 家，累计 984 家。科技企业孵化器 138 家，其中国家级 32 家，省级 75 家。累计拥有众创空间 129 家，其中国家级 55 家。

全年研究与试验发展(R&D)经费支出占地区生产总值比重 3.3%。财政一般公共预算支出中科技支出 118.2 亿元，增长 28.0%。

（四）文化、卫生和体育

1. 文化事业

年末有各类专业艺术表演团体 11 个，文化馆(不含省)14 个，博物馆、纪念馆 91 个，全国重点文物保护单位 39 处，公共图书馆 15 个(不含省)，图书馆藏书 2210 万册(不含省)。全市有线电视接入户343.5 万户，其中数字电视 334.8 万户。全市 173 家影院，放映电影 253 万场次，电影票款收入 13.7 亿元。12 人入选国家级非遗代表性项目代表性传承人名单，8 个非遗代表性项目入选第一批国家传统工艺振兴目录。

2. 卫生事业

年末拥有各类医疗卫生机构 5377 个，其中医院 316 个，比上年末分别增长 9.0%和 4.6%。社区卫生服务中心(站)1304 个，疾病预防控制中心 15 个。拥有床位 8.12 万张，其中医院床位 7.52 万张，分别增长 7.0%和 7.1%。各类专业卫生技术人员 11.74 万人，其中执业(助理)医师 4.49 万人，注册护士 4.99 万人，分别增长 6.3%、7.4%和 7.8%。全市医疗机构完成诊疗人数 13874.4 万人次，增长 7.8%。全市预约诊疗服务平台预约成功 791.8 万次，增长 24.3%。全市婴儿死亡率和 5 岁以下儿童死亡率分别为 1.79‰和 2.48‰。孕产妇死亡率为 6.64 人/10 万。

3. 体育事业

全年运动员共获得国际性比赛奖牌 62 枚，其中金牌 25 枚，银牌 22 枚。获得全国性奖牌 300 枚，其中金牌 135 枚，银牌 89 枚。举办世界游泳锦标赛(25 米)，杭州运动员摘获 4 银 2 铜。举办杭州国际马拉松、国际(杭州)毅行大会、钱塘江国际冲浪对抗赛、2018 中国杯国际排舞公开赛等国际体育品牌赛事活动。雅加达亚运会摘获8金9银1铜,金牌总数实现历史性突破。

全年销售体育彩票43.45亿元,增长58.2%。

(五) 城乡统筹

2018年杭州市坚持块抓条保、上下联动,全面推进城中村改造、小城镇环境综合整治,深入推进"三改一拆"。完成"三改"3077.1万平方米,拆除违法建筑2516.9万平方米,拆后利用率79.3%。坚决打好劣V类水剿灭战,深入推进工业污染、农业面源污染等专项治理,完成截污纳管项目356个、雨污分流项目349个,河道清淤1254万方、综合整治281.9公里。钱塘江杭州段全面禁止采砂。持续开展大气治理,启动全市域"清洁排放区"建设,组织实施减排项目124个,全面完成热电锅炉、工业锅炉清洁化改造;淘汰老旧汽车23119辆,新增清洁能源和新能源公交车879辆;削减挥发性有机物排放量9974吨。深化垃圾分类、清洁直运、末端处置工作,制定实施源头分类减量、处置能力建设两个三年行动计划。

市区全年新增绿地487万平方米。推进新一轮区县(市)协作、联乡结村工程,实施协作项目84个,投入4亿元。成为首批国家历史建筑保护利用试点城市。继续实施古村落保护工程,启动第二批"杭派民居"示范村创建工作,创建美丽乡村精品示范线12条。加强农房建设管理,规范农村宅基地管理。农村土地综合整治试点为乡村振兴找到一条好的路子。

(六) 环境保护

全年国有建设用地供应总量5304公顷,其中住宅用地1244公顷;工矿仓储用地807公顷,商服用地287公顷,基础设施等其他用地2966公顷。

全年市区空气优良天数269天,优良率73.7%。市区PM2.5平均浓度39.8微克/立方米,下降10.8%。市控以上断面达标率96.2%,提高3.8个百分点。钱塘江、苕溪以及西湖水体全域均达到或优于Ⅲ类。城市污水集中处理率95.2%。削减重点挥发性有机物(VOCs)排放7746吨。累计建成国家级生态县(市、区)8个,国家级生态乡镇119个,省级生态县(市、区)9个,全市森林覆盖率达66.8%。

(七) 安全生产

全年共发生各类生产安全事故315起、死亡309人、受伤58人,分别下降32.0%、31.3%和36.3%。

三　杭州市在泛长三角地区经济发展中的地位

2018年是全面贯彻党的十九大精神的开局之年。市政府以习近平新时代中国特色社会主义思想为指导,在省委省政府和市委的正确领导下,围绕建设独特韵味别样精彩世界名城和打造展示新时代中国特色社会主义重要窗口的目标,全面实施拥江发展、"三化融合"、文化兴盛、改革攻坚、民生福祉、强基固本等"六大行动",坚持发展重创新、改革重突破、建设重推进、民生重品质,精准发力抓落实,全市经济社会保持健康发展态势,各项工作取得新成效,较好完成了市十三届人大三次会议确定的年度任务。

(一) 地区生产总值

2014—2018年杭州市地区生产总值在长三角所占比重分别为6.05%、6.18%、6.34%、6.37%和6.32%,2018年较2017年减少了0.05个百分点,较2014年增加了0.27个百分点。2018年杭州市地区生产总值在泛长三角地区41个市排名第3位,继上海、苏州之后。

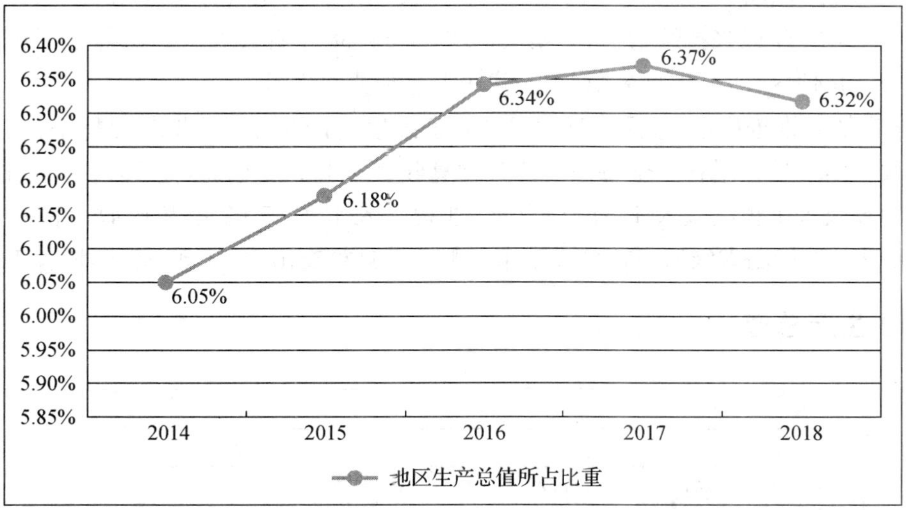

图 4　2014—2018 年杭州市地区生产总值在泛长三角
（苏浙两省 24 个地级市、安徽省 16 个地级市和上海市，下同）所占比重的变化趋势

2018 年，全省生产总值（GDP）为 56197 亿元，稳居全国第 4 位，按可比价格计算，比 2017 年增长 7.1%，增速比全国高 0.5 个百分点。人均生产总值达 98643 元（合 14907 美元），比 2017 年增长5.7%。分产业看，第一产业增加值 1967 亿元，增长 1.9%；第二产业增加值 23506 亿元，增长 6.7%；第三产业增加值 30724 亿元，增长 7.8%。2018 年，全体居民人均可支配收入 45840 元，比 2017 年增长 9.0%，扣除价格因素增长 6.5%。城镇、农村居民人均可支配收入分别为 55574 和 27302 元，分别为增长 8.4%和 9.4%，扣除价格因素增长 6.0%和 7.0%。城乡居民人均收入倍差为 2.04，低于 2017 年的 2.05。全体居民人均可支配收入为全国平均水平（28228 元）的 1.6 倍，居全国第 3 省区第 1 位；城镇常住居民人均可支配收入为全国平均水平（39251 元）的 1.4 倍，连续 18 年居全国第 3 省区第 1 位；农村常住居民人均可支配收入为全国平均水平（14617 元）的 1.9 倍，居全国第 2 位，连续34 年居省区第 1 位。

（二）地方财政一般预算收入

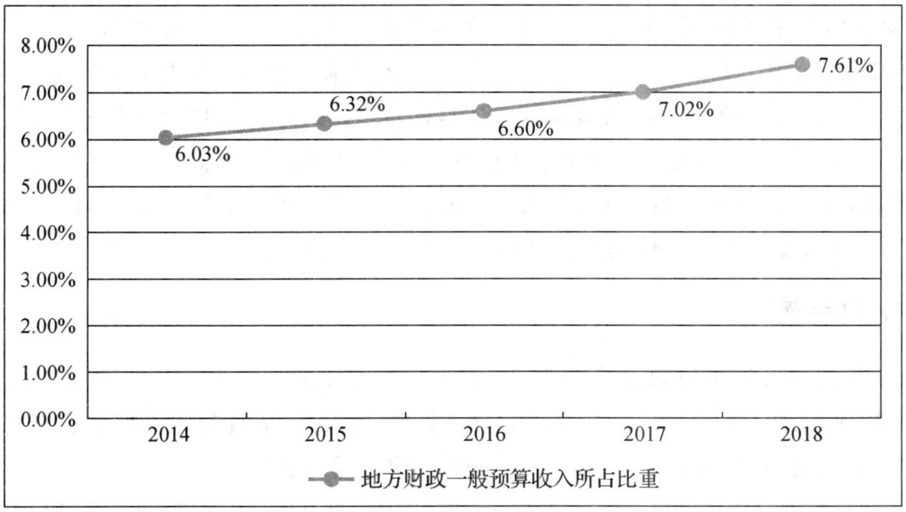

图 5　2014—2018 年杭州市地方财政一般预算收入在泛长三角所占比重的变化趋势

2014—2018年杭州市地方财政一般预算收入在泛长三角所占比重分别为6.03%、6.32%、6.60%、7.02%和7.61%,2014年以来持续增长,五年累积增幅达1.58个百分点。2018年杭州市地方财政一般预算收入在泛长三角地区41个市排名第3位,位居上海和苏州之后。

2018年,全市统筹推进稳增长、促改革、调结构、惠民生、防风险,经济增长保持平稳健康发展态势,一般公共预算收支实现较快增长。全市一般公共预算收入1825.06亿元,比2017年同比增长12.5%。全市一般公共预算收入中税收收入1651.21亿元、非税收入173.85亿元,税收收入占一般公共预算收入的比重为90.5%,保持副省级城市首位。全市一般公共预算支出1717.08亿元,增长11.4%。

(三)工业生产总值

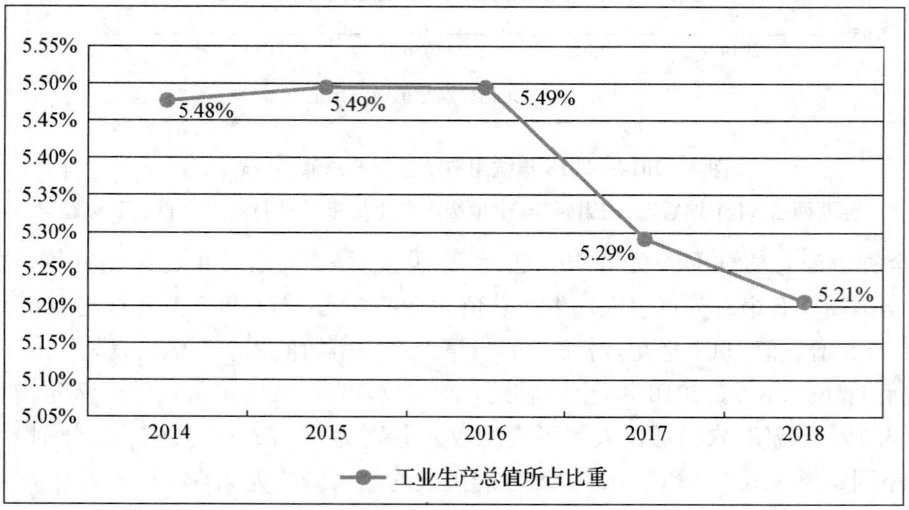

图6 2014—2018年杭州市工业生产总值在泛长三角所占比重的变化趋势

2014—2018年杭州市工业生产总值在泛长三角所占比重分别为5.48%、5.49%、5.49%、5.29%和5.21%,整体呈现下降态势,五年累计降幅为0.27个百分点,2018年较2017年减少了0.08个百分点。2018年杭州市工业生产总值在泛长三角地区41个市排名第5位。

2018年,规模以上工业增加值14714亿元,比2017年增长7.3%。销售产值增长10.6%,其中,内销产值和出口交货值分别增长11.0%和8.6%。全年工业增加值4160亿元,增长6.3%,其中规模以上工业增加值3405亿元,增长6.3%。规模以上工业中高新技术产业、战略性新兴产业、装备制造业增加值分别增长10.8%、13.1%和9.3%,占规模以上工业的57.2%、33.3%和45.0%;八大高耗能行业增加值占比24.3%,下降0.3个百分点。新产品产值率由2017年37.7%提高到38.8%。工业产品产销率为98.4%。规模以上工业企业实现利润974亿元,增长1.2%。规上工业全员劳动生产率33万元/人,比2017年增长9.2%;规上工业单位增加值能耗下降5.9%,降幅比2017年扩大1.8个百分点。

(四)进出口总额

2014—2018年杭州市进出口总额在泛长三角所占比重分别为4.74%、4.78%、5.13%、4.62%和4.41%,2017年以来出现下跌,2014—2018年累计下跌量为0.33个百分点,2018年杭州市进出口总额在泛长三角地区41个市排名第5位,位居上海、苏州、宁波、无锡之后。

2018年,杭州市实现进出口总值5245.3亿元,同比增长3.1%,占同期全省进出口总值的18.4%,“十三五”以来已连续三年实现外贸正增长。其中,进口1828.2亿元、出口3417.1亿元,分别增长

11.8%和下降1.0%，分别占全省份额的24.9%和16.1%。

图7　2014—2018年杭州市进出口总额在泛长三角所占比重的变化趋势

杭州市对欧盟和美国进出口分别下降0.2%和下降2.2%，合计占全市外贸总值的35.7%，同比下降1.5个百分点。横向对比，2018年杭州市外贸进出口总值居全国15个副省级城市第6位，出口居第4位(仅次于深圳、广州和宁波)，进口居第8位。

贸易顺差持续收窄，贸易结构更趋平衡。除2月和9月同比扩大以外，其余月份贸易顺差同比均呈现下降态势，全年实现贸易顺差1588.9亿元，收窄12.5%。新兴业态进口快速增长。2018年，全市跨境电商进口104.2亿元，增长36.0%，拉动全市进口增长1.5个百分点；外贸综合服务平台企业进口2.9亿元，增长68.2%。

商品结构更趋优化，机电高新比重上升。2018年，杭州出口机电产品1460.1亿元，增长0.4%，占出口总值的42.7%，比重同比提高0.6个百分点；出口高新技术产品518.2亿元，增长8.3%，占出口总值的15.2%，比重同比提高1.3个百分点。其中，太阳能电池和电动载人汽车出口分别增长62.4%和2.3倍。劳动密集型产品中，纺织品出口增速最快，达1.5%，快于整体增速2.5个百分点。进口仍以大宗商品为主。2018年，全市进口铁矿砂、初级形状塑料、铜矿砂等前20类大宗商品911.8亿元，增长12.1%，占全市进口总值的49.9%。

"一带一路"稳步开拓，新兴市场增长较快。2018年，杭州对"一带一路"沿线国家进出口1575.5亿元，增长5.7%，出口1071.9亿元，增长2.5%，进口503.6亿元，增长13.3%，分别占全市进出口、出口和进口总值的30.0%、31.4%和27.5%，同比分别提高0.7、1.1和0.4个百分点；对东盟、拉丁美洲和非洲等新兴市场进出口均保持较快增速，合计进出口1353.4亿元，增长10.2%，占总值的25.8%，同比提高1.7个百分点。

外贸主体不断扩大，民营企业进出口比重超六成。2018年，杭州市进出口实绩企业达12200家，增加3.6%，其中，出口实绩企业10314家，增加2.6%，进口实绩企业突破5000家达到5196家，增加4.5%。2018年，全市民营企业进出口3160.9亿元，增长3.9%，占全市进出口总值的60.3%，比重同比提高0.4个百分点；其中，出口2288.7亿元，下降1.4%，进口872.2亿元，增长20.7%，分别占同期全市出口、进口总值的67.0%和47.7%，比重同比分别下降0.3和提高3.5个百分点。

外贸发展区域集中度提高。2018年，萧山、滨江、余杭继续位列全市出口前三甲，均保持明显高于整体增速，合计占全市出口总值的44.3%，比重同比提高4.3个百分点。

（五）实际外商直接投资金额

图 8　2014—2018 年杭州市实际外商直接投资金额在泛长三角所占比重的变化趋势

2014—2018 年杭州市实际外商直接投资金额在泛长三角所占比重分别为 8.48%、9.69%、9.37%、8.70%和 8.69%，2018 年较 2017 年减少了 0.01 个百分点，五年增加了 0.21 个百分点。2018 年杭州市实际外商直接投资金额在泛长三角地区 41 个市排名第 2 位，位居上海之后。

2018 年，新引进外商投资企业 744 家，实际利用外资 68.27 亿美元，同比增长 3.28%，其中第二产业 12.5 亿美元，第三产业 55.7 亿美元。至年末，有 121 家世界 500 强企业来杭投资 212 个项目，呈现招商引资逆势而上的积极态势。

三　宁波市2018年经济社会发展报告

2018年，全市上下深入贯彻落实国家和省市各项决策部署，坚持稳中求进工作总基调，坚持以供给侧结构性改革为主线，按照高质量发展要求，全面开展“六争攻坚、三年攀高”行动，经济运行总体平稳、稳中有进，结构调整积极推进，质量效益稳步提升，新经济发展态势良好，社会民生持续改善。

一　宁波市2018年经济发展概况

（一）综合经济

1. 经济总量

全年全市实现地区生产总值10745.46亿元，跻身万亿GDP城市行列，仅用全国0.1%的陆域面积创造了全国1.19%的GDP，按可比价格计算，同比增长7.0%。分产业看，第一产业实现增加值305.96亿元，增长2.2%；第二产业实现增加值5507.53亿元，增长6.2%；第三产业实现增加值4931.97亿元，增长8.1%。三次产业之比为2.8∶51.3∶45.9。按常住人口计算，全市人均地区生产总值为132603元（按年平均汇率折合20038美元）。

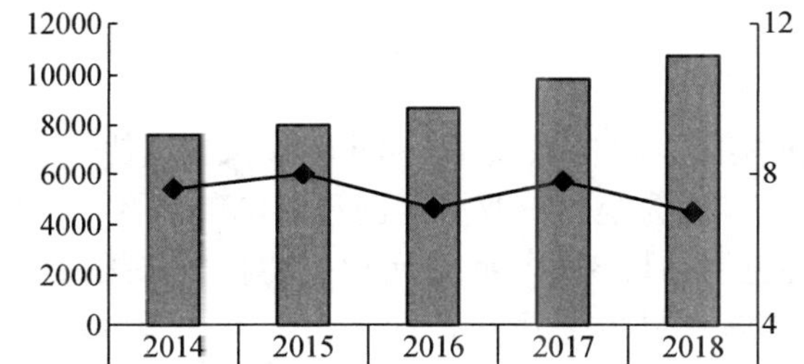

	2014	2015	2016	2017	2018
地区生产总值(亿元)	7610.28	8003.61	8686.49	9842.06	10745.46
增幅(%)	7.6	8	7.1	7.8	7

图1　2014—2018年宁波市地区生产总值及增长速度

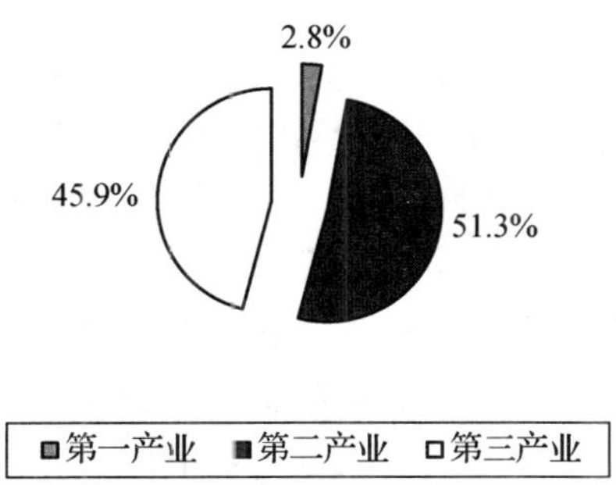

图2　2018年宁波市三次产业结构图

2. 财政收支

2018年全年全市完成财政总收入2655.3亿元，比上年增长9.9%，其中一般公共预算收入1379.7亿元，增长10.8%。全市完成一般公共预算支出1594.1亿元，增长13.0%，其中城乡社区和科学技术支出分别增长46.7%和33.1%。

3. 物价水平

全年宁波市区居民消费价格同比上涨2.2%，涨幅高于全国平均水平0.1个百分点、低于全省平均水平0.1个百分点，在全国36个大中城市中列第16位。八大类商品和服务项目价格呈“七升一平”格局：医疗保健上涨5.0%，食品烟酒上涨2.6%、居住上涨2.4%，教育文化和娱乐、生活用品及服务、交通和通信、其他用品和服务分别上涨2.3%、2.3%、1.2%和0.1%；衣着价格持平。

全年工业生产者出厂价格同比上涨4.2%，购进价格同比上涨7.5%，分别较上年同期回落2.5和5.5个百分点。12月宁波新建住宅销售价格环比下降0.2%，同比上涨6.1%，同比涨幅在全国70个大中城市中排第56位。

4. 固定资产投资

2018年全年全市固定资产投资比上年增长3.6%。全年共安排55个省市县长项目，其中34个已开工建设；共安排197个市重点建设工程项目，122个市重大前期项目取得突破性进展。全年商品房销售面积1624.4万平方米，增长5.2%。

（二）农业和农村建设

1. 农业生产

全年全市完成农林牧渔业增加值317.1亿元，同比增长2.4%。蔬菜、花卉苗木、果用瓜播种面积分别增长0.9%、2.7%、3.2%。肉类总产量10.6万吨，下降5.8%；水产品总产量102.1万吨，增长2.0%。全年新增市级农业龙头企业16家，累计达283家，其中农业产业化国家重点龙头企业9家，省级骨干农业龙头企业51家。

2. 新农村建设

2018年宁波市全面实施乡村振兴战略三年行动计划，成功创建国家农产品质量安全市，全年创建国家级美丽宜居示范村1个，入选全国农业示范创建名单项目8个。争创省级美丽乡村示范县1个、美丽乡村示范乡镇11个、特色精品村30个，省级历史文化村落保护利用重点村3个。全年全市共投入“百千工程”资金23.0亿元，实施农村生活污水扩面提升自然村204个；年末农村生活垃圾分类处理行政村499个，覆盖率达到62.0%。

（三）工业和建筑业

1. 工业

全年全部工业实现增加值4953.7亿元，比上年增长6.7%。全市规模以上工业增加值3730.8亿元，增长6.3%，其中民营企业增加值增长8.4%。分行业看，在35个行业大类中，26个行业增加值同比正增长；增加值占比前十大行业均实现正增长，其中汽车制造业增长11.6%，专用设备制造业增长8.4%，计算机、通信和其他电子设备制造业增长8.0%。分经济类型看，国有企业增加值增长10.4%，股份制企业增长14.4%，有限责任公司增长3.3%，私营企业增长6.8%，外商投资企业增长6.3%，港澳台投资企业增长6.8%。全年规模以上工业企业实现销售产值16513.5亿元，增长10.0%，其中出口交货值3134.2亿元，增长9.8%。全年规模以上工业企业实现利税总额2043.1亿元，下降1.6%，其中，利润总额1227.5亿元，下降1.4%。全市规模以下工业增加值增长8.1%。

全年全市规模以上工业技术（研究）开发费316.2亿元，比上年增长25.5%；规模以上工业新产品产值增长11.6%，新产品产值率达到32.5%。规模以上工业中，战略性新兴产业、高新技术产业、装备制造业增加值分别增长12.0%、6.9%和9.3%。十七大传统制造业增加值增长6.0%。

2. 建筑业

全年全市建筑业实现增加值557.8亿元，比上年增长2.1%。完成建筑业总产值4915.5亿元，增长6.6%。房屋建筑施工面积3.0亿平方米，增长6.0%。全年建筑业从业人员平均人数140.1万人，比上年增加 5.9 万人。

（四）服务业

1. 国内贸易

2018 年全年全市批发和零售业完成商品销售总额 2.66 万亿元，比上年增长 14.1%。全年完成社会消费品零售总额 4154.93 亿元，增长 8.1%。分城乡看，城镇消费品市场实现零售额 3538.1 亿元，增长 7.9%；农村消费品市场实现零售额 616.8 亿元，增长 8.7%。完成限额以上社会消费品零售总额 1527.3 亿元，增长 4.2%。在限额以上企业销售的商品类值中，粮油、食品类零售额增长 3.8%，服装、鞋帽及纺织品类增长 6.5%，家用电器类下降 1.7%，汽车类增长 0.8%。年末全市限额以上贸易企业达 4165 家，全年实现营业收入 17733.0 亿元，实现利润总额 250.6 亿元。

2. 港口和交通运输

港口生产。全年宁波舟山港货物吞吐量 10.8 亿吨，比上年增长 7.4%，连续 10 年位居世界第一。其中，宁波港域完成吞吐量 5.8 亿吨，增长 4.5%。宁波港域全年完成铁矿石吞吐量 8419.9 万吨，增长 0.4%；煤炭吞吐量 5797.9 万吨，下降 3.1%；原油吞吐量 6096.7 万吨，下降 7.3%。全年宁波舟山港集装箱吞吐量 2635.1 万标箱，增长 7.1%，超越了深圳港，跃居全球第三大集装箱港，其中宁波港域完成集装箱吞吐量 2509.5 万标箱，增长 6.5%。年末宁波舟山港集装箱航线总数达 246 条，其中远洋干线 120 条，近洋支线74 条，内支线 20 条，内贸线 32 条。全年完成海铁联运 60.2 万标箱，增长 50.2%，增速居全国首位。

交通基础设施。全年全市完成交通固定资产投资 299.5 亿元，其中公路建设投资 193.7 亿元，农村公路改造完成投资 4.4 亿元。新增高速公路里程 56.7 公里，新增 20 万吨级码头 2 个，集装箱通过能力 172 万标箱。推进“桥头跳车”整治，牵头排查道路里程 13968 公里、各类桥梁 6965 座，前期 358 座问题点位全部整治完成。

综合运输。全年全社会完成货运量 6.1 亿吨，比上年增长 17.0%，货物周转量 3597.2 亿吨公里，增长 32.6%。全年完成全社会客运量 1.1 亿人次，增长 3.6%。其中，公路客运量 3858 万人次，下降 9.8%；水路客运量 190.2 万人次，增长 2.7%；铁路客运量 5745.1 万人次，增长 10.9%；民航客运量首次突破千万人次，达到 1171.8 万人次，增长 24.8%。

公共交通体系。年末全市共有公交运营车辆 9135 辆，比上年增长 4.0%，其中节能与新能源汽车 5201 辆，占比 56.9%；运营线路 1250 条，增长 3.1%。轨道交通流量快速增长，全年轨道交通完成客运量 12436.4 万人次，增长 10.7%。年末全市共有公共自行车 43265 辆，受共享单车影响，全市公共自行车累计租车 2902.4 万辆次，下降 21.6%。年末全市共有出租车 6266 辆，累计运营里程 75352.4 万公里。

3. 电子商务

全年全市完成网络零售额 1778.3 亿元，比上年增长 28.8%。全年完成跨境电商进出口额 1093.7 亿元，增长 77.0%，进口和出口额分别为 144.5 亿元和 949.2 亿元，分别增长 85.3%和 75.8%。

4. 旅游业和会展

2018 年全年全市实现旅游总收入 2005.7 亿元，比上年增长 19.7%。接待国内游客 1.2 亿人次，增长 13.9%；实现国内旅游收入 1977.9 亿元，增长 19.9%。住宿设施接待入境过夜游客 84.0 万人次，实现入境旅游收入 4.2 亿美元。年末全市共有星级酒店 108 家，其中五星级 21 家。天一阁 · 月湖景区获国家 5A 级旅游景区授牌，成为该市继溪口—滕头景区后第二家国家 5A 级旅游景区。全年新增市级农家乐特色村（点）14 个，累计达 193 个。

全年全市举办各类会展项目 319 个，比上年增加 7 个。其中，举办展览会 192 个，增加 2 个，展览总面积 212 万平方米。展览面积 2 万平方米以上的大型展会 25 个。举办商务会议（论坛）85 个，特色节庆活动46个。年度获"中国会展之星·中国最佳会展目的地城市"和"金五星优秀会展城市"等荣誉称号。

5. 银行、证券和保险业

2018年年末全市银行业金融机构达65家，其中政策性银行3家，大型银行5家，股份制商业银行12家，城市商业银行13家，邮储银行1家，外资银行5家，农村合作金融机构9家，新型农村金融机构13家，非银行金融机构4家。

全年全市证券成交总额4.7万亿元，比上年下降15.4%，其中股票和基金成交额2.7万亿元，下降18.4%。年末证券客户交易结算资金余额100.6亿元，下降9.1%。期货代理交易量6619.4万手，下降12.3%；代理交易额4.2万亿元，增长6.1%。年末证券投资者开户数200.2万户，增长6.7%。年内新增证券分公司5家，证券营业部7家，期货分公司2家。年末全市共有22家证券分公司，148家证券营业部，1家证券投资咨询公司，1家期货公司，5家期货分公司和39家期货营业部。推进"凤凰行动"宁波计划，年内新增境内上市公司2家，实现首发(IPO)融资10.0亿元，年末境内上市公司总数达75家。全年各类公司通过定向增发、公司债券等工具再融资269.5亿元。

年末全市共有市级及以上产险机构32家、寿险机构24家、专业中介机构98家，保险资产管理有限公司1家。全年全市实现保费收入320.6亿元，比上年增长5.8%。其中，财产险保费收入158.5亿元，增长10.2%；人身险保费收入162.1亿元，增长1.9%。全年累计提供风险保障19.7万亿元，增长2.1%。全年赔付支出130.1亿元，其中，财产险赔付支出96.3亿元，人身险赔付支出33.8亿元。年内新推出创新项目29个，保险创新项目总数达160余项，保险服务广度和深度持续提升。

（五）对外经济

1. 对外贸易

2018年全年全市完成口岸进出口总额16016.5亿元，比上年增长15.8%。全年完成外贸自营进出口总额8576.3亿元，增长12.9%，其中出口5550.6亿元，增长11.4%；进口3025.6亿元，增长15.7%。外贸出口占全国比重为3.38%，比上年提高0.13个百分点。全年新增对外贸易经营备案登记企业5350家，累计达42566家；全年有进出口实绩企业20413家。民营企业(包括私营企业和集体企业)出口额占全市出口总额的71.0%，出口额增长14.6%，拉动全市出口增长10.1个百分点；进口额占全市进口总额的54.5%，进口额增长20.7%，拉动全市进口增长10.8个百分点。从产品结构看，机电产品出口额占全市出口总额的55.9%，比上年提高0.4个百分点。从贸易伙伴看，直接与该市开展贸易往来的国家和地区达222个，其中欧盟、美国和东盟分别完成进出口额1801.0亿元、1541.0亿元和792.8亿元，分别增长15.1%、11.8%和24.9%，三者合计占同期进出口总额的48.2%。全年完成对"一带一路"沿线64国进出口额2233.4亿元，增长12.5%，其中对中东欧16国进出口额243.6亿元，增长23.1%。

2. 利用外资

全市累计批准外商投资项目数623个，比上年增加68个；合同利用外资73.5亿美元，增长18.3%；实际利用外资43.2亿美元，增长7.2%，累计实际利用外资达到543.3亿美元。第三产业新批项目467个，增长13.6%；实际利用外资26.8亿美元，增长25.4%。

3. 对外合作

全年全市新批境外投资企业和机构172家；备案中方投资额41.4亿美元，比上年增长142.1%。全年完成境外承包工程劳务合作营业额16.8亿美元，下降18.9%。

二　宁波市 2018 年社会发展概况

（一）人口、人民生活

2018 年年末全市拥有户籍人口 603.0 万人，其中市区 295.6 万人。全年出生 51061 人，其中男性 26578 人，男女性别比为 109∶100。人口出生率为 8.51‰，自然增长率为 1.83‰，连续 21 年低于 5‰。年末全市常住人口为 820.2 万人，城镇人口占总人口的比重（即城镇化率）为 72.9%。

2018 年全年全市居民人均可支配收入 52402 元，比上年增长 8.6%。按城乡分，城镇居民人均可支配收入 60134 元，增长 8.0%，扣除价格因素影响，实际增长 5.7%；农村居民人均可支配收入 33633 元，增长 8.9%，实际增长 6.6%。城乡居民人均收入倍差为 1.79。全市居民人均生活消费支出 32200 元，增长 9.8%。按城乡分，城镇居民人均生活消费支出 36712 元，增长 10.6%；农村居民人均生活消费支出 21248 元，增长 5.0%。

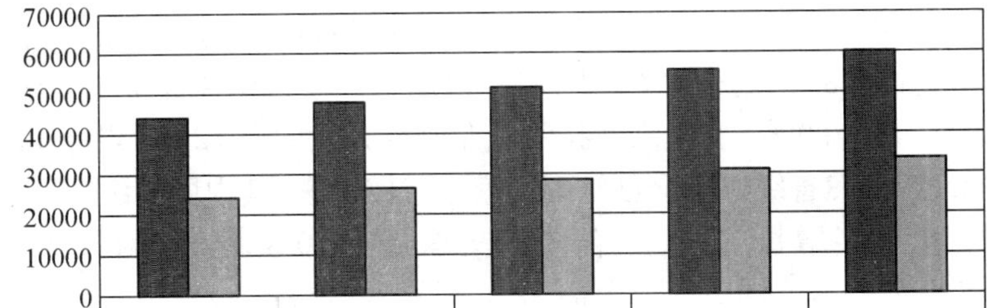

	2014	2015	2016	2017	2018
■城镇居民人均可支配收入(元)	44155	47852	51560	55656	60134
■农村居民人均可支配收入(元)	24283	26469	28572	30871	33633

图 3　2014—2018 年宁波市城乡居民收入对比一览

（二）就业、社会保障

1. 就业

2018 年全年全市新增城镇就业人员 23.2 万人，5.3 万名城镇失业人员实现再就业，其中困难人员 1.2 万人。年末城镇登记失业率为 1.79%。全年完成技能人才培训 21.0 万人次；完成各类农民培训 4.8 万人次，其中农村实用人才培训 2.2 万人次，全市农村实用人才总数达到 18.6 万人。

2. 社会保障

2018 年年末全市企业基本养老、医疗、失业、工伤和生育保险参保人数分别为 453.0 万人、405.0 万人、281.8 万人、369.9 万人和 278.2 万人，城乡居民基本养老保险、被征地人员养老保障、城乡居民医保分别为 113.3 万人、33.9 万人和 327.4 万人。年末全市累计发行社保卡 916.3 万张，社保卡金融账户激活率达到 72.0%。

年末全市拥有养老机构 266 个，床位数 5.9 万张。全年全市共有最低生活保障对象 6.8 万人，低保资金实际支出 4.7 亿元。城区居民最低生活保障标准为每月 885 元。企业职工最低工资标准为 2010 元、1800 元和 1660 元三档。全年有 5.8 万名困难残疾人享受生活补贴，7.9 万名重度残疾人享受护理补贴。落实国务院《关于建立残疾儿童康复救助制度的意见》，全市 671 名 0～6 岁残疾儿童得到基本康复服务与补贴。年末全市特困对象集中供养 3446 人，集中供养率为 87.6%。

全市完成棚改投资 158.2 亿元，完成棚改面积 164.8 万平方米，建成并交付保障性安居工程 8375 套，新增分配使用政府投资公共租赁住房 1540 套，新增发放低收入家庭租赁补贴 1077 户。

（三）教育和科学技术

1. 教育事业

2018年年末全市共有各级各类学校2020所，在校学生总数133.9万人。其中，在甬高校15所，在校学生15.6万人；普通高中84所，在校学生8.6万人；中职学校38所，在校学生6.6万人；初中220所，在校学生20.9万人；小学433所，在校学生49.0万人。年末全市共有全日制民办中小学（幼儿园）1013所，在校（园）生30.1万人，占全市全日制中小学（幼儿园）在校（园）生数的26.3%。义务段有26.8万名外来务工子女就学问题得到妥善解决。

2. 人才与科技创新

2018年全年全市人才总量达241.2万人，比上年增长9.8%，人才净流入率跃居全国第二。其中，新引进海外人才2080人，总量达1.3万人；新增博士、博士后924人，总量达6876人；新增高技能人才5.0万人，累计达42.5万人；"3315系列计划"新入选创业创新个人65人，高端创业创新团队81个；新增博士后科研工作（流动）站17家，累计161家；新建技能大师工作室10家，累计80家。

全年全市专利申请量7.3万件，其中发明专利2.6万件；专利授权4.5万件，比上年增长21.0%，其中发明专利5302件，下降1.5%。全年有217项科技创新获得国家自然科学基金项目支持，1项获得国家重大专项支持，13项入选国家重点研发计划，共计获得国拨经费1.5亿元。全年全市新认定省级企业研究院30家，累计99家；省级高新技术企业研究开发中心72家，累计462家；省级企业技术中心11家，累计162家；新备案省级以上众创空间9家，累计77家，其中国家级23家。全年全市共认定登记技术合同2418项，比上年增长18.1%，合同成交总金额70.2亿元，增长64.0%；全市吸纳全国各地技术3372项，增长9.7%，合同成交总金额92.6亿元，增长22.3%。

（四）文化、卫生和体育

1. 文化事业

2018年年末全市共有国家级非物质文化遗产代表性项目25项，省、市级非物质文化遗产代表性项目362项。文艺精品创作继续走在全国全省前列，舞剧《花木兰》荣获第十一届中国舞蹈最高奖项"荷花奖"。全市公共图书馆、文化馆全部获评国家一级馆，大榭史前制盐遗址获评全国"田野考古奖"二等奖，余姚河姆渡遗址获批浙江省考古遗址公园。

2. 卫生事业

年末全市共有卫生事业医疗机构4252家，医院170家，其中三级甲等医院8家，三级乙等医院12家。年末全市实有病床3.8万张，拥有各类专业卫生人员8.0万人，卫生技术人员6.6万人，其中执业医师（含助理）2.6万人，注册护士2.7万人。按户籍人口统计，每千人床位数、卫技人员数、执业医师（含助理）数和注册护士数分别达到6.4张、11.0人、4.3人和4.5人。全市适龄儿童免疫规划疫苗接种率95.0%，户籍人口孕产妇死亡率为2.41/10万人，婴儿死亡率1.84‰。

3. 体育事业

全年全市共举办50多项全国性以上赛事和活动。组队参加浙江省第十六届运动会，共获得金牌173.5枚，银牌154.75枚，铜牌160枚，团体总分4745.5分，奖牌数和总分双双位居全省第二。全年新建健身路径448条，总数达7253条，新建成各类球场66个。全年体育彩票销售额达27.9亿元，创历史新高。

（五）城乡建设

2018年宁波市乡村振兴战略加快实施。学习贯彻习近平总书记给余姚横坎头村重要回信精神，坚持红色引领绿色发展，全面实施乡村振兴战略三年行动计划。建成十亿级农业全产业链10条，获评国家农产品质量安全市，渔山列岛海域成为首批国家级海洋牧场示范区，慈溪成功创建国家级现代农业产业园。完成小城镇环境综合整治57个，建成“四好农村路”359公里。创建美丽乡村示范村48个、A级景区村庄256个，改造提升农村家宴放心厨房351个。全面完成农村承包地确权登记颁证，符合条件的农房确权登记率达76%，象山颁发全省首本农村宅基地“三权分置”不动产权证。所有行政村集体经济收入20万元以上，低收入农户收入增长14.3%。大湾区中心城市建设扎实推进。

启动实施大湾区建设行动方案，前湾新区和甬江科创大走廊列入省大湾区建设七大重点平台。创新人才、土地、财政等政策，推动产业园区整合提升，宁波杭州湾新区通用航空机场获批建设，吉利研究院二期及三期等一批重大项目加快推进。大花园美丽城市建设开局良好。成功创建天一阁·月湖5A级景区，建成省全域旅游示范县3个，余姚四明山获批省级旅游度假区。新建各类绿道176公里，中心城区新增公园绿地136万平方米。完成围挡提升项目1392个，“三改”和拆违面积均超过1800万平方米。新改建各类公厕6000余座。中心城区生活垃圾分类收集覆盖面达89%。大通道枢纽城市加快建设。

沪嘉甬铁路、甬舟铁路等项目前期进展顺利，杭甬高速复线一期等项目开工建设，沈海高速石浦连接线等项目加快推进，三门湾大桥及接线宁波段、梅山港区6号集装箱泊位等项目竣工建成，义甬舟开放大通道建设持续推进。大都市区核心城市品质不断提升。完成宁波2049城市发展战略研究，推进“拥江揽湖滨海”统筹开发。海曙高桥等58个重点区块、宁波中心等247个重点项目有序推进。启动中心城区46.5万平方米老旧住宅小区改造，建设海绵城市项目181个。获评国家公交都市建设示范城市。轨道交通2号线二期、3号线一期、4号线、5号线一期等顺利推进。机场路南延、三官堂大桥等项目加快建设。

（六）生态建设

全年全市中心城区空气质量优良天数比率为87.7%，比上年提高2.5个百分点；PM2.5浓度为33微克/立方米，下降10.8%。全年新增排污权交易97笔，交易金额6511.3万元，新增有偿使用347笔，金额1.6亿元。继续推进大气污染防治，全年累计淘汰老旧车2.9万辆，淘汰燃煤小锅炉14台。全市地表水省控以上断面水质Ⅰ～Ⅲ类比例为89.5%，全面消除市控以上劣Ⅴ类水质断面。全市117个县控以上监测断面水质类别均达到或优于Ⅴ类。13个县级以上集中式饮用水源地水质达标率为100%。推进生态文明建设，市本级、镇海区和江北区分别被评为第二批省级生态文明建设示范市和示范区。根据全省统一部署划定全市生态保护红线1670.4平方公里。

（七）平安宁波

全年全市共发生各类生产安全事故277起，死亡226人，比上年分别下降53.1%和27.6%。其中，较大生产安全事故3起，死亡12人。全年共立案查处食品安全各类违法案件2844件，其中大要案24件，罚没款2879.8万元，移送公安机关涉嫌犯罪案件37件。全年人民调解组织共调处各类民事纠纷10.7万件，调解成功10.5万件，成功率达99.0%，防止民间纠纷引起的自杀1件、1人次；防止民间纠纷转化为刑事案件58件、135人次。

三　宁波市在泛长三角地区经济发展中的地位

2018年是全面贯彻党的十九大精神的开局之年，是改革开放40周年。一年来，面对错综复杂的外部环境和艰巨繁重的改革发展任务，坚持以习近平新时代中国特色社会主义思想为指导，全面贯彻党的十九大和十九届二中、三中全会精神，认真落实习近平总书记对浙江和宁波工作的重要指示精神，在省委、省政府和市委的坚强领导下，在市人大、市政协的监督支持下，坚持稳中求进工作总基调，坚持新发展理念，坚持以供给侧结构性改革为主线，全面实施“六争攻坚”行动，全力打好高质量发展组合拳，全市经济社会平稳健康发展，一些重点领域取得突破性进展，较好完成了市十五届人大三次会议确定的目标任务。

（一）地区生产总值

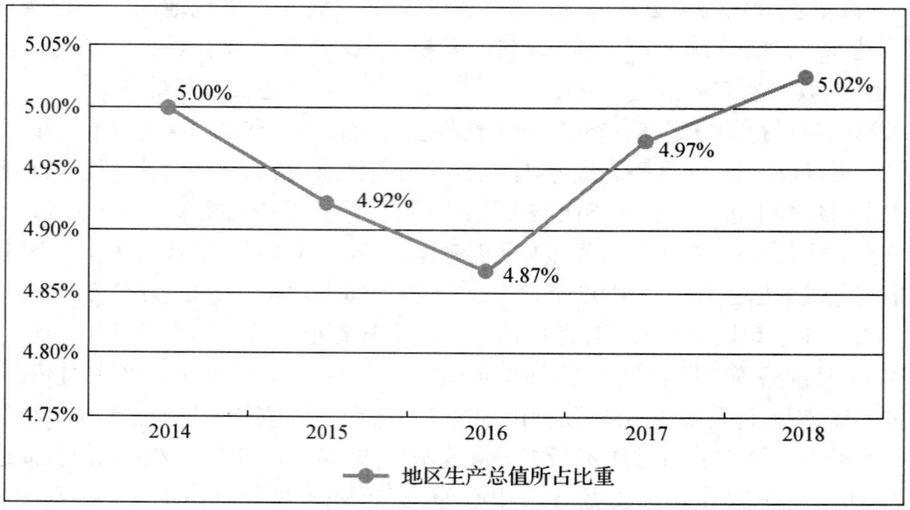

图 4　2014—2018 年宁波市地区生产总值在泛长三角
（苏浙两省 24 个地级市、安徽省 16 个地级市和上海市，下同）所占比重的变化趋势

2014—2018 年宁波市地区生产总值在长三角所占比重分别为 5.00%、4.92%、4.87%、4.97%和 5.02%，2017 年以来逆势上扬，2018 年较 2017 年增加了 0.05 个百分点，较 2014 年增加了 0.02 个百分点。2018 年宁波市地区生产总值在泛长三角地区 41 个市排名第 6 位，与 2017 年持平。

2018 年宁波全年实现地区生产总值 10745.5 亿元，跻身万亿 GDP 城市行列，按可比价格计算，同比增长 7.0%，增速快于全国 0.4 个百分点。总量和增速分别列万亿城市第 15 位和第 9 位，位次均与 2017 年持平。2018 年宁波实现人均 GDP132603.2 元，按年平均汇率折合突破 2 万美元，总量列万亿城市第 11 位。宁波分别实现一产、二产和三产增加值 306.0 亿元、5507.5 亿元和 4932.0 亿元，分别列万亿城市第 7 位、第 10 位和第 16 位，位次均与 2017 年持平。其中宁波规模以上工业增加值同比增长 6.3%，增速比 2017 年下降 3.3 个百分点，列万亿城市第 8 位，比 2017 年下降 6 位。

（二）地方财政一般预算收入

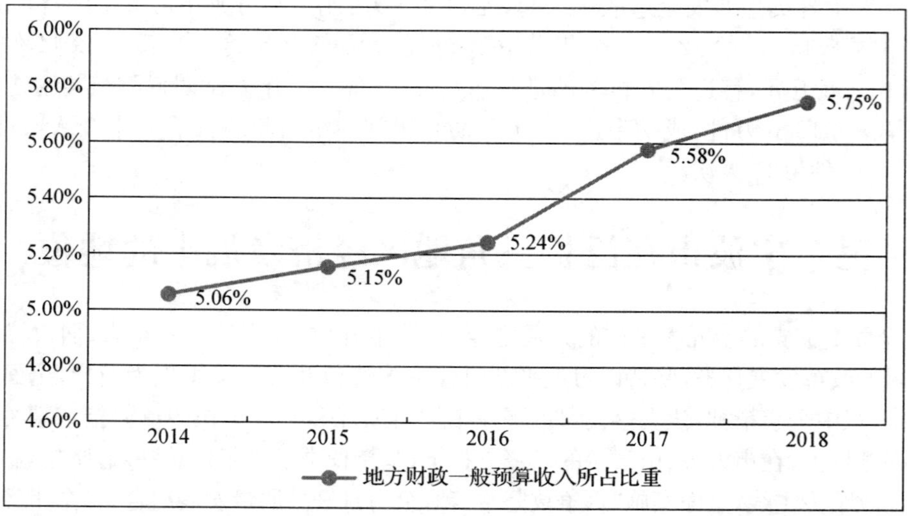

图 5　2014—2018 年宁波市地方财政一般预算收入在泛长三角所占比重的变化趋势

2014—2018 年宁波市地方财政一般预算收入在泛长三角所占比重分别为 5.06%、5.15%、5.24%、5.58%和 5.75%，2018 年较 2017 年增加了 0.17 个百分比，五年时间增加了 0.69 个百分点。2018 年宁波市地方财政一般预算收入在泛长三角地区 41 个市排名第 5 位。

2018 年，全市一般公共预算收入 1379.66 亿元，完成调整预算的 103.1%，比 2017 年增长 10.8%；加上地方政府一般债券收入 259.16 亿元、转移性收入 449.21 亿元(其中：中央税收返还等返还性收入 47.04 亿元，上级转移支付收入 82.55 亿元，调入资金 291.47 亿元，使用结转资金 28.15 亿元)，全市一般公共预算可用资金为 2088.03 亿元。

(三) 工业生产总值

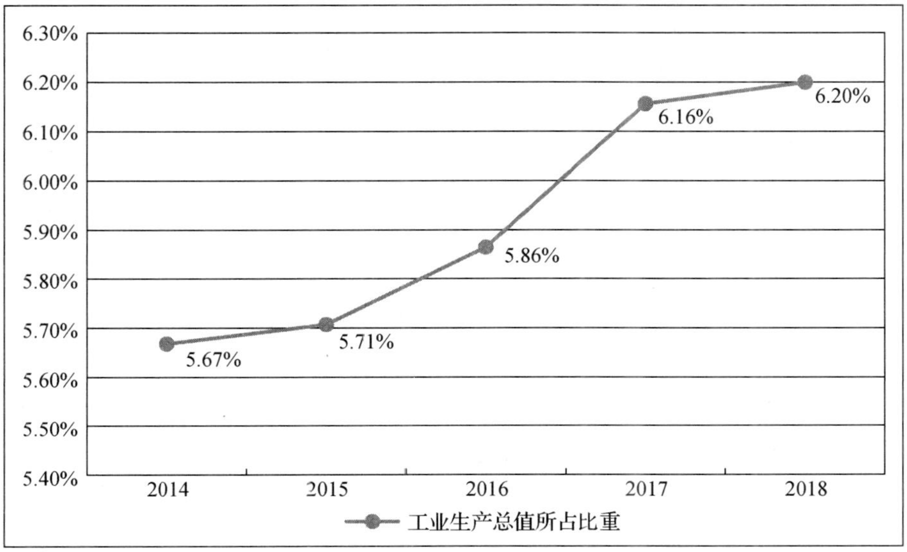

图 6　2014—2018 年宁波市工业生产总值在泛长三角所占比重的变化趋势

2014—2018 年宁波市工业生产总值在泛长三角所占比重分别为 5.67%、5.71%、5.86%、6.16%和 6.20%，整体呈上升趋势，五年涨幅达 0.53 个百分点，2018 年较 2017 年增加了 0.04 个百分点。2018 年宁波市工业生产总值在泛长三角地区 41 个市排名第 4 位。

2018 年，全市规模以上企业共实现工业总产值 16830.1 亿元，同比增长 10.3%。实现销售产值 16513.5 亿元，同比增长 10.0%，产销率 98.12%。实现出口交货值 3134.2 亿元，同比增长 9.8%。实现新产品产值 5473.9 亿元，同比增长 11.6%，新产品产值率 32.5%。

工业增长情况。2018 年，全市完成规上工业增加值 3730.8 亿元，同比增长 6.3%。其中，高新技术产业(制造业)、战略新兴产业(制造业)、装备制造业分别实现增加值 1872.1 亿元、993.6 亿元、1806.4 亿元，分别同比增长 6.9%、12.0%、9.3%。

工业效益情况。2018 年，全市规上企业共实现利润总额 1227.5 亿元，主营业务收入利润率 7.5%。

(四) 进出口总额

2014—2018 年宁波市进出口总额在泛长三角所占比重分别为 7.30%、7.20%、7.17%、7.52%和7.79%。2017 年以来大幅上扬，宁波市进出口总额占比在五年时间整体增加了 0.49 个百分点。2018 年宁波市进出口总额在泛长三角地区 41 个市排名第 3 位，位居上海、苏州之后，始终保持着领先优势。

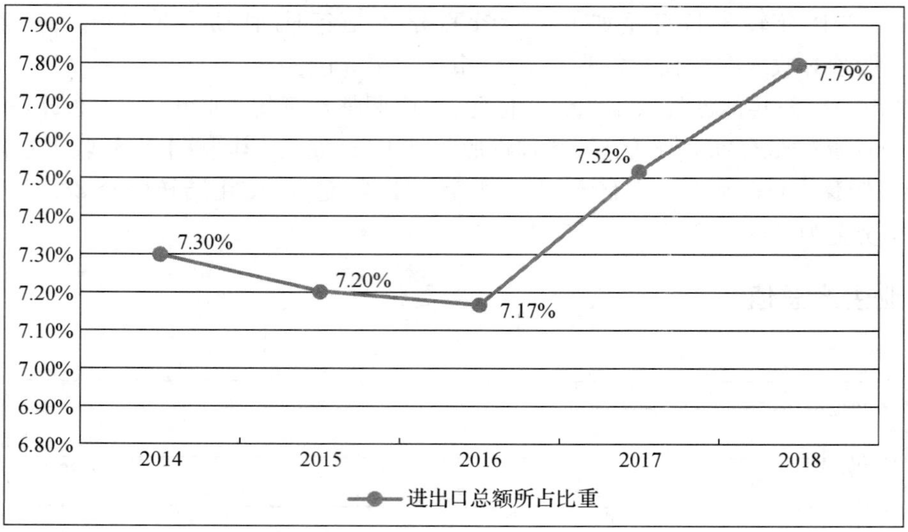

图 7　2014—2018 年宁波市进出口总额在泛长三角所占比重的变化趋势

2018 年宁波市外贸进出口总额达 8576.3 亿元，与 2017 年同期相比(下同)增长 12.9%；其中，进口 3025.6 亿元，增长 15.7%，出口 5550.7 亿元，增长 11.4%，累计实现贸易顺差 2525.1 亿元。

民营企业和外商投资企业作为全市进出口主力，分别进出口 5589.6 亿元、2274.5 亿元，分别增长 16.4%、4.5%，两者合计占同期全市进出口总额的 91.7%。民营企业作为宁波市外贸的"稳定器"，作用发挥显著。全年进出口额继续领跑其他企业类型，占同期宁波市进出口总额的 65.2%。其中，出口 3941.9 亿元，进口 1647.7 亿元，分别增长 14.6%和 20.9%，实现贸易顺差 2294.2 亿元。

对主要贸易伙伴进出口稳定增长。2018 年宁波市对主要贸易伙伴进出口增势稳定，对前三大贸易伙伴欧盟、美国和东盟分别进出口 1801 亿元、1541 亿元和 792.8 亿元，分别增长 15.2%、11.8%和 24.9%，三者合计占同期全市进出口总额的 48.2%。此外，对日本进出口 501.7 亿元，增长 7.2%；对台湾地区进出口 436.9 亿元，增长 8.7%；对韩国进出口 424.3 亿元，增长 7.3%；对澳大利亚进出口 397 亿元，增长 13.9%；对俄罗斯进出口 220.9 亿元，增长 14.6%；对巴西进出口 201.5 亿元，增长 16.4%；对印度进出口 196.6 亿元，增长 14.7%。

对中东欧 16 国的进出口增长超 2 成。2018 年，宁波市与中东欧十六国进出口额达 243.6 亿元，增长 23.1%；其中，出口 210.5 亿元，增长 22%，进口 33.1 亿元，增长 30.5%。民营企业为进出口主力，全年共进出口 189.4 亿元，增长 26.6%，占同期进出口总额的 77.8%。2018 年，中东欧十六国除爱沙尼亚和阿尔巴尼亚外与宁波市双边贸易均实现增长，其中，前三大贸易伙伴分别为波兰、斯洛文尼亚和捷克，分别进出口 94.7 亿元、25.4 亿元和 23 亿元，分别增长 19.9%、53%和 30.1%，三者合计占同期进出口总额的 58.7%。

机电产品出口额持续增长，出口 3048.4 亿元，增长 10.4%，占同期全市出口总额的 54.9%。大宗商品进口量增减互现，其中，进口铁矿砂 3119 万吨，减少 9.9%；进口煤及褐煤 1392.6 万吨，增加 31.1%；进口初级形状的塑料 410.8 万吨，增加 18%；进口成品油 193.5 万吨，减少 33.7%。

（五）实际外商直接投资金额

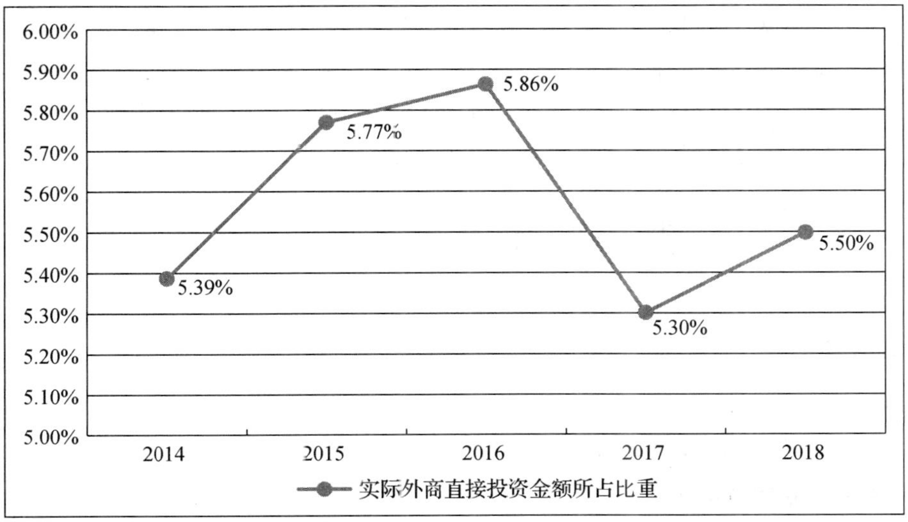

图 8　2014—2018 年宁波市实际外商直接投资金额在泛长三角所占比重的变化趋势

2014—2018 年宁波市实际外商直接投资金额在泛长三角所占比重分别为 5.39%、5.77%、5.86%、5.30%和 5.50%，五年增幅达 0.11 个百分点。2018 年较 2017 年增加了 0.20 个百分点。2018 年宁波市实际外商直接投资金额在泛长三角地区 41 个市排名第 4 位。

2018 年，全年全市新批外商投资项目 623 个，比 2017 年增加 68 个；合同利用外资 73.5 亿美元，同比增长 18.3%；实际利用外资 43.2 亿美元，增长 7.2%。全市新批境外投资企业和机构 172 家；备案（核准）中方投资额 41.4 亿美元，增长 142.1%。完成境外承包工程劳务合作营业额 16.8 亿美元，下降 18.9%。

四　温州市 2018 年经济社会发展报告

2018 年，全市上下深入贯彻落实中央和省市各项决策部署，坚持稳中求进工作总基调，紧扣“‘八八战略’再深化，改革开放再出发”这条主线，以“温州擂台・六比竞赛”为主抓手，深化改革开放，优化发展环境，促进民营经济发展，提升经济运行质量。全市经济运行总体平稳、稳中有进，供需结构持续优化，动能转换步伐加快，人民生活持续改善，高质量发展取得成效。

一　温州市 2018 年经济发展概况

（一）综合经济

1. 经济总量

2018 年全市生产总值(GDP)6006.16 亿元，比上年增长 7.8%。其中，第一产业增加值 141.75 亿元，增长 2.0%；第二产业增加值 2379.53 亿元，增长 7.6%；第三产业增加值 3484.88 亿元，增长 8.2%。按常住人口计算，人均地区生产总值 65055 元(按年平均汇率折算 9831 美元)，增长 7.3%。国民经济三次产业结构为 2.4∶39.6∶58.0，第三产业比重比上年提高 0.4 个百分点。

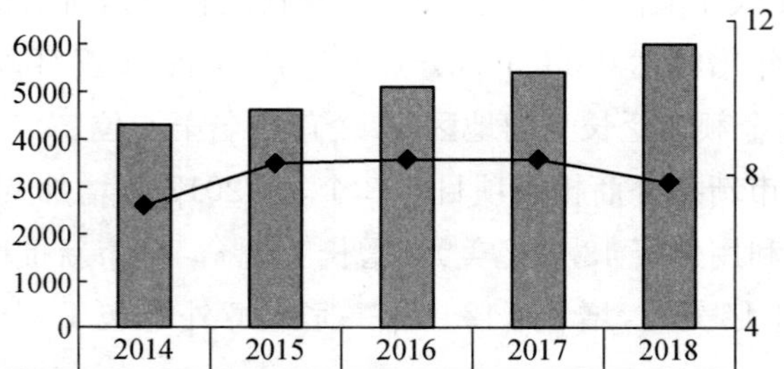

	2014	2015	2016	2017	2018
地区生产总值(亿元)	4303.05	4618.08	5101.56	5411.59	6006.16
增幅(%)	7.2	8.3	8.4	8.4	7.8

图 1　2014—2018 年温州市地区生产总值及增长速度

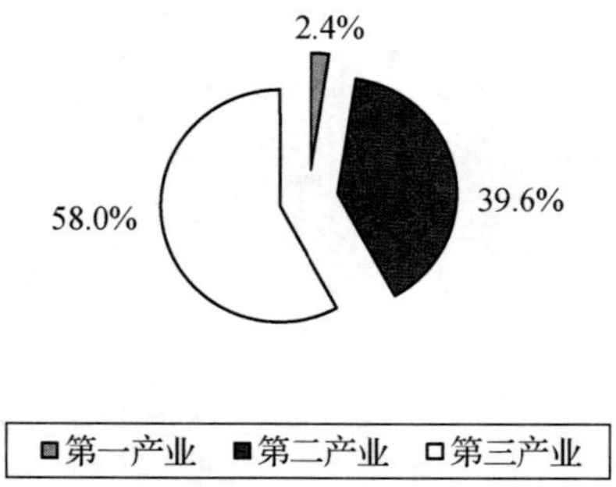

图 2　2018 年温州市三次产业结构图

2. 财政收支

全年实现财政总收入和一般公共预算收入 895.26 亿元和 547.58 亿元，分别增长 15.0%和 17.7%。剔除一次性因素，财政总收入和一般公共预算收入为 862.5 亿元和 514.8 亿元，分别同口径增长 10.8%和 10.6%。全年完成一般公共预算支出 874.14 亿元，增长 14.8%。

3. 物价水平

全年市区居民消费价格(CPI)比上年上涨2.3%。其中:食品烟酒、医疗保健、居住、教育文化和娱乐、生活用品及服务、衣着、交通和通信类分别同比上涨4.0%、3.1%、2.2%、2.1%、1.3%、0.8%、0.7%;其他用品和服务类同比下降0.4%。工业生产者出厂价格(PPI)上涨2.0%,工业生产者购进价格上涨3.5%。

4. 固定资产投资

全年固定资产投资同比增长8.1%。全市民间投资同比增长12.4%,高新技术产业投资同比增长30.3%,工业投资和服务业投资分别增长10.4%和8.5%。159个全省集中开工项目全部进场施工,省"152"工程落地开工42个。

(二)农业和农村建设

2018年全年全市完成农林牧渔业增加值144.8亿元,同比增长2.1%。在经济作物中,蔬菜播种面积101.1万亩,增长3.2%;油菜籽8.1万亩,增长1.9%;中草药材13.4万亩,增长6.6%;果用瓜17.5万亩,增长2.0%;花卉苗木5.5万亩,增长10.7%。

全年肉类总产量10.0万吨,比上年增长0.3%。其中,猪肉产量6.1万吨,增长4.5%;牛肉产量0.5万吨,增长4.9%;羊肉产量0.2万吨,增长19.9%;兔肉产量0.1万吨,下降3.2%。全年水产品总产量60.4万吨,比上年下降2.6%。其中,海洋捕捞43.3万吨,下降7.7%;淡水捕捞0.6万吨,增长23.6%;海水养殖14.7万吨,增长14.9%;淡水养殖1.9万吨,下降3.7%。

新建成粮食高产示范区40个,粮食生产功能区提标改造4.08万亩。新增高标准农田28.8万亩,新增高效节水灌溉面积4.31万亩,省级农产品质量安全抽检合格率达99.1%。新建美丽牧场25个,新植珍贵树315万株,新建气象防灾减灾标准化村268个。全年共组织农村实用人才(含新型职业农民)培训1.2万人次,新建省级农业科技创新载体6家。新建电商专业村255个,创建休闲乡村16个,接待休闲农业和乡村旅游3996万人次。

(三)工业和建筑业

1. 工业增加值

全年实现工业增加值1921.2亿元,比上年增长8.6%。规模以上工业企业4618家,实现工业增加值996.2亿元,增长8.4%,其中轻、重工业增加值分别为359.3和637.0亿元,增长6.2%和9.7%。规模以上工业销售产值4571.7亿元,增长8.5%,其中出口交货值651.0亿元,增长6.3%。

规模以上工业中,高新技术产业、装备制造业、战略性新兴产业增加值分别比上年增长10.9%、11.5%、10.1%,占规模以上工业的54.4%、48.8%、18.6%。数字经济核心产业制造业、高端装备、环保、健康、时尚制造业增加值分别增长8.8%、13.4%、12.4%、4.3%、9.7%。规上工业新产品产值增长28.4%;新产品产值率为32.0%,比上年提高3.6个百分点。

全年规模以上工业企业实现利润255.4亿元,同比增长4.8%。其中制造业利润总额237.1亿元,同比增长7.8%;高新技术产业、战略性新兴产业利润总额分别增长9.0%、5.7%。全年规上工业全员劳动生产率达14.7万元/人,比上年提高11.7%。

2. 建筑业

全年实现建筑业增加值459.1亿元,占GDP的比重为7.6%。具有总承包和专业承包资质的建筑企业793家,完成建筑业总产值2018.2亿元,增长9.7%;工程结算收入1480.0亿元,增长11.5%;税金总额56.4亿元,增长9.7%。

（四）服务业

1. 国内贸易

全年社会消费品零售总额3337.1亿元，比上年增长9.0%。从城乡消费情况看，城镇消费品零售额2800.8亿元，增长8.9%；乡村消费品零售额536.3亿元，增长9.4%。按消费形态分，商品零售2845亿元，增长8.1%；餐饮收入492.1亿元，增长14.5%。全市网络零售额1968.2亿元，增长25.5%；居民网络消费额1127.5亿元，增长24.4%。

在限额以上批发零售业商品零售额中，粮油、食品类增长19.6%；服装、鞋帽、针纺织品类增长13.4%；日用品类增长2.2%；中西药品类增长29.1%；通讯器材类增长25.9%，文化办公用品类增长11.3%；化妆品类增长22.5%，建筑及装潢材料类增长41.1%；家具类增长42.3%；汽车类同比零增长；石油及制品类增长15.3%。

2. 交通运输、邮电

年末公路总里程14613公里，其中高速公路365公里，一级公路552公里，二、三级公路1919公里。年末实有公共汽（电）车营运车辆3812辆，年载客量3.73亿人次，年末实有出租车7572辆。

年末机动车保有量244.1万辆，比上年末增长4.6%；其中汽车保有量218.5万辆，增长10.1%；私人汽车保有量201.6万辆，增长10.0%。全年公路和水路完成货物周转量431.7亿吨公里，比上年增长8.9%；旅客周转量95.6亿人公里，下降6.9%。铁路客运量2658.2万人次，增长8.2%；货运量530.1万吨，增长13.3%。航空旅客吞吐量1121.9万人次，增长20.8%；货邮吞吐量8.0万吨，增长6.2%。港口货物吞吐量8239万吨，下降7.7%。

全年电信业务总量600.9亿元，电信业务收入119.1亿元。年末固定电话用户数137万户，移动电话用户数1238.5万户；固定互联网宽带接入用户410.3万户，移动互联网用户1036.6万户。

全市邮政业务总量（含快递）194.4亿元，比上年增长26.7%。全年函件2059.1万件，包裹17.1万件，汇兑6.0万笔，订销报纸9397.2万份，订销杂志398.5万份。全市快递业务量9.15亿件，增长26.5%。

全市电力系统最高负荷861.6万千瓦，增长4.5%。全年用电量423.3亿千瓦时，增长6.1%。其中工业用电量250.2亿千瓦时，增长4.7%；建筑业用电量9.8亿千瓦时，增长13.7%；服务业用电量65.9亿千瓦时，增长13.2%；居民生活用电量96.6亿千瓦时，增长4.7%。

3. 旅游业

全年接待海内外游客11917万人次，比上年增长15.8%；实现旅游总收入1334.4亿元，比上年增长18.8%。其中，接待国内游客11861万人次，实现收入1315.1亿元，分别比上年增长15.9%和19.2%；接待海外游客56万人次，实现海外创汇2.9亿美元。

4. 金融、证券和保险

年末金融机构本外币存款余额11966亿元，比上年末增长6.7%，其中人民币存款余额11737亿元，增长7.9%。年末住户人民币存款余额6621亿元，增长17.9%。年末金融机构本外币贷款余额10051亿元，增长16.1%，其中人民币贷款余额9971亿元，增长15.9%。

全年新增境内外上市公司4家，累计达27家；新增新三板挂牌（含报股转）企业10家，累计挂牌和报股转达88家；新增股份制改造企业226家，累计达1260家。全年证券交易额18522亿元，期货交易额17295亿元。全市民间融资综合年化利率指数（简称温州指数）为15.9%，比上年提升0.3个百分点。

全年保险业保费收入265.2亿元，比上年增长9.7%。其中人身险保费收入176.6亿元，增长10.0%；财产险保费收入88.6亿元，增长9.0%。支付各类赔款及给付74.3亿元，比上年增长15.8%。其中人身险赔付27.6亿元，增长29.9%；财产险赔款46.7亿元，增长8.9%。

5. 房地产业

全市房地产开发投资同比增长14.9%。房屋施工面积4866.8万平方米，增长3.1%；商品房销售面积 1165.8 万平方米，增长 8.9%。

（五）对外经济

1. 对外贸易

温州市全年货物进出口总额 1507.2 亿元，比上年增长 13.6%。其中进口 204.7 亿元，增长 20.9%；出口 1302.4 亿元，增长 12.5%。民营企业出口 1190 亿元，增长 14.5%，占全市货物出口总额的91.4%，比上年提高 1.6 个百分点。对“一带一路”沿线国家出口 474.9 亿元，同比增长 13.1%，从“一带一路”沿线国家进口 102.9 亿元，同比增长 65.3%。全市累计获自营进出口权企业达 1.7 万家，比上年末增长 15.2%，其中本年度自营出口超千万美元企业数 403 家，比上年末增加 50 家，出口超 5000 万美元企业数 40 家。全市国际服务贸易进出口额 165.4 亿元，同比增长 24.3%；其中服务贸易出口额 87.8 亿元，增长 54.8%。

2. 外资状况

全年实际利用外资总额 5.34 亿美元，同比增长 49.2%。在“一带一路”沿线建成经营俄罗斯、越南、乌兹别克斯坦 3 个国家级境外经贸合作区，塞尔维亚、乌兹别克斯坦 2 个省级境外经贸合作区。全市境外投资中方投资总额达 5.92 亿美元，新批境外投资项目 35 个，其中“一带一路”沿线国家投资 3.81 亿美元，占全部境外投资比重 64%。

二　温州市 2018 年社会发展概况

（一）人口、人民生活

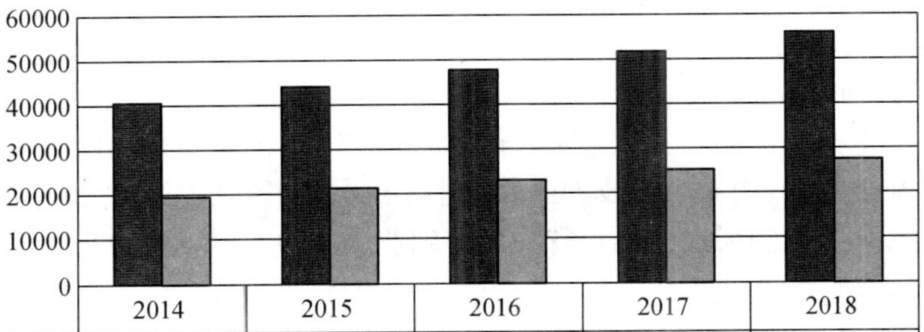

	2014	2015	2016	2017	2018
■城镇居民人均可支配收入(元)	40510	44026	47785	51866	56097
■农村居民人均可支配收入(元)	19394	21235	22985	25154	27478

图 3　2014—2018 年温州市城乡居民收入对比一览

至 2018 年年末全市户籍总人口 828.7 万人，其中市区人口 172.4 万人。从性别看，男性人口 429.1 万人，女性人口 399.6 万人，分别占总人口的 51.8%和 48.2%。年末全市常住人口为 925 万人，比上年增加 3.5 万人；城镇化率为 70.0%，比上年提高 0.3 个百分点。

全年全市居民人均可支配收入 46920 元，比上年增长 8.7%，扣除价格因素增长 6.3%。按常住地分，城镇居民和农村居民人均可支配收入分别为 56097 元和 27478 元，增长 8.2%和 9.2%，扣除价格因素分别增长 5.8%和 6.7%。全市居民人均消费支出 31213 元，比上年增长 9.0%，扣除价格因素增长 6.5%。其中，城镇居民和农村居民人均消费支出分别为 36709 元和 19568 元，增长 9.0%和 7.7%，扣除价格因素分别增长 6.5%和 5.3%。城乡居民恩格尔系数分别为 29.8%和 35.7%。年末全市居民人均住房建筑面积 45.8 平方米，其中城镇居民人均住房建筑面积 43.9 平方米，农村居民人均住房建筑面积 49.8 平方米。年末每百户城镇居民家用汽车拥有量 58.4 辆，每百户农村居民家用汽车拥有量 34.1 辆。

（二）就业与社会保障

1. 就业

全年新增城镇就业人数 11.7 万人，城镇失业人员再就业 1.8 万人，年末城镇登记失业人数 3.3 万人，城镇登记失业率为 1.8%，同比下降 0.03%，创历史新低。

2. 社会保障

全年全市参加企业职工基本养老保险人数 295 万人，参加城乡居民基本养老保险人数 217 万人，参加城镇职工基本医疗保险人数 193.6 万人，参加城乡居民基本医疗保险人数 594.8 万人，参加失业保险 124.1 万人，参加工伤保险 258.6 万人，参加生育保险 122.2 万人。全市企业退休人员基本养老金月人均水平为 2600 元；全市城乡居民养老保险基础养老金最低月标准 155 元；全市社会保险基金（五大险种）支出总额 460.5 亿元。

年末全市在册低保对象 14.71 万人，其中城镇 1.27 万人，农村 13.44 万人，低保资金（含各类补贴）支出约 8.83 亿元。新增各类养老机构床位数 0.72 万张，建成示范型居家养老服务中心 46 个。全市全年共办理结婚登记 55528 对、离婚登记 18135 对；办理收养登记 213 件、解除收养登记 3 件。

（三）教育和科学技术

1. 教育事业

年末全市共有小学 562 所，招生 11.20 万人，在校生 62.86 万人，小学学龄儿童入学率为 100%。小学生均校舍建筑面积 7.75 平方米。共有初中 339 所，招生 9.2 万人，在校生 27.20 万人。初中生均校舍建筑面积 17.95 平方米。全市各类中等职业教育学校 37 所，招生 2.87 万人，在校生 8.08 万人；普通高中 104 所，招生 3.91 万人，在校生 11.73 万人，毕业生 4.03 万人。全市共有普通高校 11 所（其中本科独立学院 2 所），在校生 9.36 万人。义务教育中小学专任教师 5.84 万人，比上年增长 1.9%。中等职业教育（不含技工学校）专任教师 0.47 万人。全市共有幼儿园 1423 所，在园幼儿 30.02 万人。

2. 科技与创新

年末全市拥有国家高新区 1 家、省级高新区 2 家；国家级火炬计划特色产业基地 5 个、省级高新技术特色产业基地 7 个；国家级科技创业服务中心（国家级孵化器）4 个、国家级大学科技园 1 家、国家级众创空间 21 个（其中星创天地 6 个），省级科技创业服务中心（孵化器）7 个、省级众创空间 47 个（其中星创天地 6 个）、市级科技企业孵化器 13 家；省级产业创新服务综合体创建 4 家、培育 2 家；国家级企业技术中心 6 家，省级企业研究院 111 家（其中省级企业重点研究院 15 家）、省级高新技术企业研发中心 358 家、市级企业研发中心 843 家。全年新增高新技术企业 391 家，有效高新技术企业 1305 家，新培育省级科技型中小企业 1802 家，累计 6216 家。全年专利申请量、授权量分别为 5.3 万件和 3.8 万件，其中发明专利授权量为 3415 件，增长 23.8%。全年评出温州市技术发明奖 8 项，温州市科技进步奖 79 项。

（四）文化、卫生和体育

1. 文化事业

年末全市共有文化站 185 个，文化馆 12 个，博物馆 47 个，公共图书馆 13 个，电影放映单位 82 个，城市书房 68 家，百姓书屋 42 家，文化驿站 60 家，文化礼堂 1882 家。公共图书馆藏书 12444 千册，比上年增加 1242 千册。全年院线电影放映 121.61 万场次，观众 1455.4 万人次；农村数字电影放映 5.14 万场次，观众 700.1 万人次。年末拥有人类非遗代表性项目 4 个，国家级非遗代表性项目 34 个，省级非遗代表性项目 145 个，市级非遗代表性项目 747 个，国家级非遗代表性传承人 37 人，省级非遗代表性传承人 206 人，市级非遗代表性传承人 733 人。全市广播节目综合人口覆盖率 98.75%，电视节目综合人口覆盖率 99.06%。

2. 卫生事业

全市共有医疗卫生机构 5676 家，其中医院 145 家，卫生院（社区卫生服务中心）263 家，村卫生室 2317 家，各类诊所（卫生所、医务室）2221 家。年末医疗卫生机构床位数 42363 张，增长 6.05%；卫生技术人员 66743 人，增长 4.7%；其中，执业（助理）医师 28422 人，注册护士 27418 人，分别增长 6.6%和 5.4%。医院年诊疗 3641.17 万人次，增长 5.4%。孕产妇死亡率 2.88/10 万，5 岁以下儿童死亡率 3.48‰，婴儿死亡率 2.16‰。

3. 体育事业

全市共有公共体育场馆 36 个，独立设置的业余体校 9 所，各类公共体育场所 19238 个。全年该市运动员在全国以上比赛获世界冠军 5 个、亚洲冠军 10 个。现有省级体育强镇 135 个，省级体育强县 11 个。全年新增公共健身设施 2083 个，年末拥有公共健身设施 19238 个。全年发行体育彩票 25 亿元。

（五）城乡建设

2018 年温州市“大建大美”成果丰硕。完成温州都市区规划编制。开工“大建大美”项目 252 个、建成 193 个，“两线三片”一批亮点工程在国庆节集中亮相。全市完成整村（区块）改造 137 个，拆除旧房 3.2 万户，中心城区 2015—2017 年城中村改造范围的 2645 处建筑实现“清零”。开工棚改安置住房 10.8 万套（含货币安置），竣工 8.4 万套、交付 7.7 万套，开工数为历年之最、全省之首。瓯海入选全国新型城镇化质量百强区。实施市区道路综合整治 15 条，打通断头路 22 条，建成 BRT3 号线、4 号线，市区和乐清、瑞安实现全域公交化。

重大基础设施建设提速推进。市域铁路 S1 线一期开通运营，甬台温高速复线乐清段、绕城高速北线二期等建成通车。溧宁高速文景段开工，杭温高铁一期、龙丽温高速瑞文段、溧宁高速文泰段等提速建设。地铁 M 线启动报批。龙湾国际机场 T2 航站楼投用，跻身千万级客流量机场行列。百项千亿防洪排涝工程扎实推进，平阳水头水患治理力度加大。温州液化天然气项目开工。完成城镇低效用地再开发 2.5 万亩，处置“批而未供”“供而未用”土地 7.9 万亩，争取各类新增计划指标 2 万亩。

生态环境治理铁腕推进。狠抓中央环保督察、国家海洋督察和土地例行督察反馈问题整改，整治七大重污染行业企业 1850 家，全市环保执法 9.5 万次、立案处罚 1487 起。建成“污水零直排区”72 个，76 个市控以上断面Ⅰ～Ⅲ类水质占比提高 5.2 个百分点。实施 20 个污水处理厂一级 A 提标改造，中心片污水处理厂建成投用，全市新增污水日处理能力 31 万吨。创成全国水生态文明城市，龙湾、乐清、瑞安、平阳、泰顺夺得“大禹鼎”。全市 PM2.5 平均浓度 27 微克/立方米，空气质量优良率 96.7%，环境空气质量综合指数在全国 169 个重点城市中排名 17 位。温州市区和泰顺空气优良率分类排名均居全省第一。

乡村振兴“六千六万”行动深入实施。西部生态休闲产业带 186 个产业类项目加快推进，192 亿工商资本下乡，建成乡村振兴示范带 16 条，创成省美丽乡村示范乡镇 13 个、3A 级景区村 76 个，新增森林康养基地 14 个。落地首个国家级农业科技园。完成异地搬迁 2.6 万人，低收入农户人均可支配收入增幅高于农村居民收入 6 个百分点。洞头获评全国“两山”实践创新基地，永嘉在全省 26 个加快发展县综合考核中名列第一。新建改造“四好农村路”2929 公里，里程数居全省第一。新增 32.9 万农村居民饮用水达标提标。53 个小城镇环境综合整治通过验收。改造提升城镇公厕 282 座、农村公厕 9688 座。

（六）水资源、生态建设和环境保护

全年全市平均降水量为 1912.3 毫米（折合降水总量 225.3 亿立方米），全市水资源总量为 128.5 亿立方米，人均水资源量为 1391.5 立方米。全市完成营造林面积 13107 公顷，其中人工造林 1342 公顷；森林抚育面积 8391 公顷。

全市已建成省级生态文明建设示范县（市、区）3 个，省级生态旅游（示范）区 13 个，省级以上生态乡镇（街道）147 个。

2018年市区环境空气质量达到一级标准的有111天，二级标准的有236天，全年温州市区空气质量优良率为95.1%，PM2.5年均浓度为30微克/立方米。全市地表水市控及市控以上站位76个，水质在Ⅰ至Ⅲ类的站位46个，市控以上监测断面水质类别均达到或优于Ⅴ类。市区区域环境噪声昼间等效声级平均值54.9分贝；交通噪声昼间等效声级平均值66.8分贝。

全市单位GDP能耗比上年下降4.5%，其中规模以上工业单位增加值能耗下降6.3%。

（七）平安温州

全市共发生各类生产安全事故238起、死亡203人，同比分别下降24.9%和25.6%，未发生较大以上生产安全事故。道路运输共发生事故150起、死亡128人，同比分别下降25.4%和23.4%。

三　温州市在泛长三角地区经济发展中的地位

2018年是改革开放40周年、“八八战略”实施15周年。面对错综复杂的外部环境和艰巨繁重的改革发展任务，我们以习近平新时代中国特色社会主义思想为指导，在中共温州市委的正确领导下，以新担当推动“八八战略”再深化、改革开放再出发，以新作为再造改革开放新优势、再创高质量发展新辉煌，较好地完成了市十三届人大三次会议确定的目标任务，稳的基础更加巩固、进的动力更加强劲、好的势头更加明显，温州人对温州发展的信心持续增强，外界对温州的认同感不断提升。

（一）地区生产总值

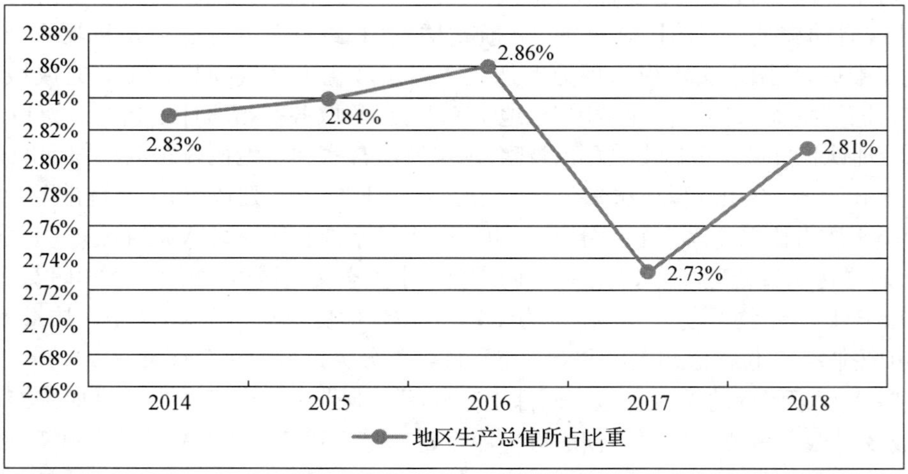

图4　2014—2018年温州市地区生产总值在泛长三角
（苏浙两省24个地级市、安徽省16个地级市和上海市，下同）所占比重的变化趋势

2014—2018年温州市地区生产总值在泛长三角所占比重分别为2.83%、2.84%、2.86%、2.73%和2.81%，五年时间降幅为0.02个百分点，2018年较2017年增加了0.08个百分点。2018年温州市地区生产总值在泛长三角地区41个市排名第11位，与2017年持平。

2018年本市实现地区生产总值（GDP）6006.2亿元，经济综合实力迈上新台阶，首次突破六千亿大关，经济总量居全省第3位，按可比价计算，比2017年增长7.8%。分产业看，第一产业增加值141.8亿元，比2017年增长2.0%；第二产业增加值2379.5亿元，增长7.6%；第三产业增加值3484.9亿元，增长8.2%。三次产业结构调整为2.4∶39.6∶58.0，第三产业比重比2017年提高0.4个百分点。2018年本市经济增速分别高于全国和全省1.2和0.7个百分点，居全省第3位，已经连续15个季度稳定运行在

7.5%～8.5%的增长区间。

（二）地方财政一般预算收入

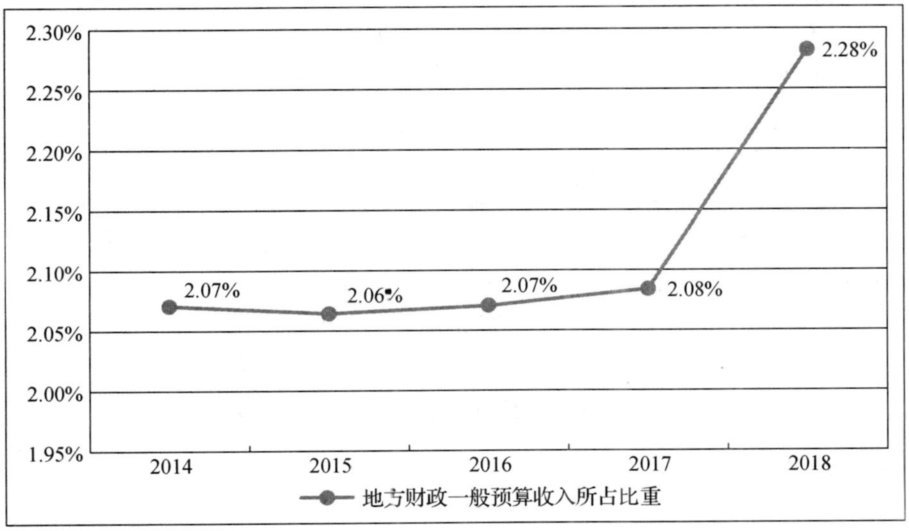

图5　2014—2018年温州市地方财政一般预算收入在泛长三角所占比重的变化趋势

2014—2018年温州市地方财政一般预算收入在泛长三角所占比重分别为2.07%、2.06%、2.07%、2.08%和2.28%，五年时间增加了0.21个百分点，其中2018年较2017年增加了0.20个百分点。2018年温州市地方财政一般预算收入在泛长三角地区41个市排名第10位，较2017年上升了一位。

2018年，全年实现财政总收入和一般公共预算收入895.3亿元和547.6亿元，分别增长15.0%和17.7%。剔除一次性因素，财政总收入和一般公共预算收入为862.5亿元和514.8亿元，分别同口径增长10.8%和10.6%。全年完成一般公共预算支出874.1亿元，增长14.8%。

（三）工业生产总值

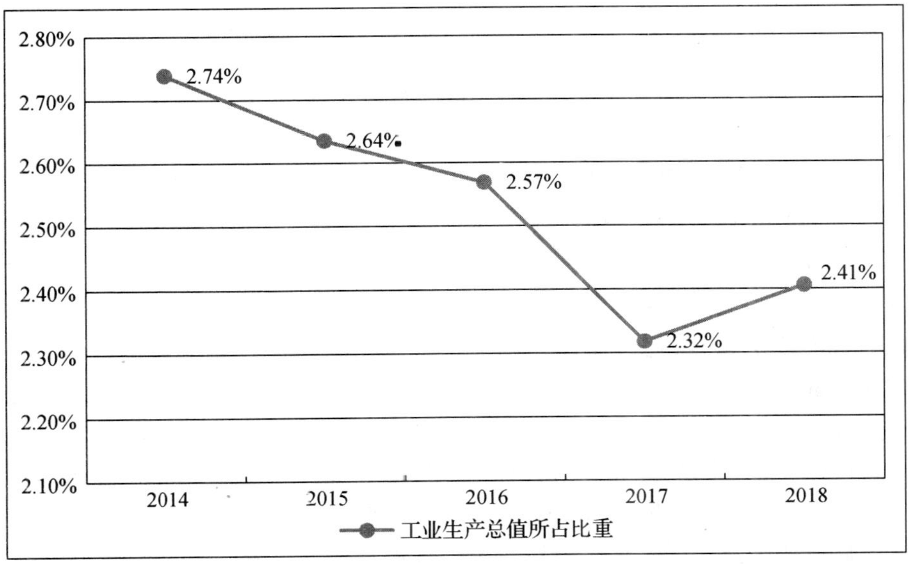

图6　2014—2018年温州市工业生产总值在泛长三角所占比重的变化趋势

2014—2018年温州市工业生产总值在长三角所占比重分别为2.74%、2.64%、2.57%、2.32%和2.41%，总体呈下降的态势，近5年累计降幅为0.33个百分点，其中2018年比2017年增加了0.09个百分点。2018年温州市工业生产总值泛长三角地区41个市排名第16位，较2017年上升一位。

2018年，全年实现工业增加值1921.2亿元，比2017年增长8.6%。规模以上工业企业4618家，实现工业增加值996.2亿元，增长8.4%，其中轻、重工业增加值分别为359.3和637.0亿元，增长6.2%和9.7%。规模以上工业销售产值4571.7亿元，增长8.5%，其中出口交货值651.0亿元，增长6.3%。

工业经济在支柱行业、重点优势企业等带动下，实现了平稳较快的发展态势，但是企业分化发展比较明显。全年实现工业增加值1921.2亿元，同比增长8.6%，其中4618家规模以上工业企业实现增加值996.2亿元，占比重51.9%，同比增长8.4%，增速比2017年提高0.5个百分点，全年工业生产呈现“高开低走”的态势。工业销售产值增长8.5%，其中，内销产值和出口交货值分别增长8.8%和6.3%。从分行业看，规上工业33个大类行业中，有28个行业增加值实现正增长，有13个行业增速超过10%。五大传统支柱产业同比增长10.7%，其中电气、泵阀和服装增加值分别增长11.4%、26.8%和11.6%，比规上工业高出3.0、18.4和3.2个百分点。大企业引领作用增强，规上工业大、中、小型企业增加值分别增长10.8%、6.6%和8.0%。二是服务业较快增长。

（四）进出口总额

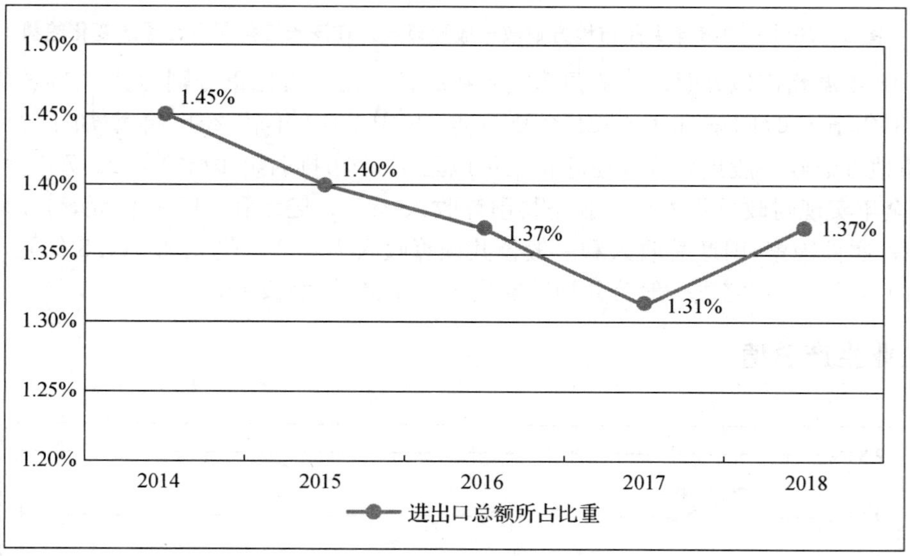

图7　2014—2018年温州市进出口总额在泛长三角所占比重的变化趋势

2014—2018年温州市进出口总额在泛长三角所占比重分别为1.45%、1.40%、1.37%、1.31%和1.37%，2018年逆势上扬，较2017年增加了0.06个百分点，五年时间跌幅达0.08个百分点。2018年温州市进出口总额在泛长三角地区41个市排名第14位，与2017年持平。

2018年进出口额1507.15亿元，同比增长13.58%，增速居舟山市、湖州市、嘉兴市之后，列全省第四。其中，出口额1302.43亿元，同比增长12.50%，列全省第三；进口额204.72亿元，同比增长20.91%，列全省第四。

高新技术产品出口增幅较大。机电产品、鞋、服装、眼镜等商品是本市出口的前十大类产品，其中机电产品以出口额601.47亿元居首位。从增幅看，2017年本市出口前十大类商品中有5类实现两位数增长，依次分别是金属制品、机械设备、机电产品、眼镜、仪器仪表，像金属制品出口增幅高达25.99%。机床类产品进口额成倍增长。过铁合金、液化气、塑料、原木等商品进口额增长乏力。服装鞋帽进口大幅下降。从温州海关列出进口额较大的近 20 类消费品中，仅有食品烟酒类、洁具及厨房用品、化妆品、肉类、水果及坚果、文化娱乐类、其他类商品等七个品类同比增长，其他品类商品进口额同比均下降。

（五）实际外商直接投资金额

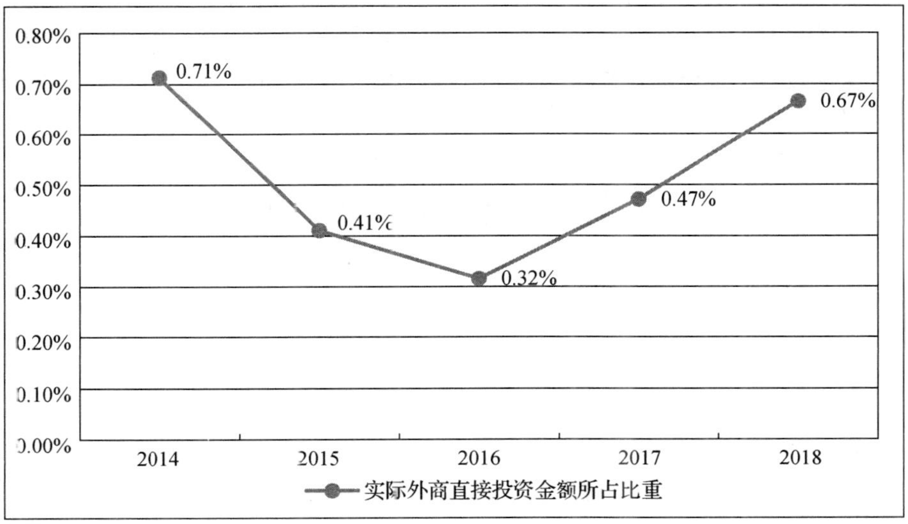

图 8　2014—2018 年温州市实际外商直接投资金额在泛长三角所占比重的变化趋势

2014—2018 年温州市实际外商直接投资金额在泛长三角所占比重分别为 0.71%、0.41%、0.32%、0.47%和 0.67%，2017 年以来出现上扬，2018 年较 2017 年增加了 0.20 个百分点，五年累计减少了 0.04 个百分点。2018 年温州市实际外商直接投资金额在泛长三角地区 41 个市排名第 27 位，较 2017 年上升了七位。

2018 年，全年实际利用外资总额 5.34 亿美元，同比增长 49.2%。在"一带一路"沿线建成经营俄罗斯、越南、乌兹别克斯坦 3 个国家级境外经贸合作区，塞尔维亚、乌兹别克斯坦 2 个省级境外经贸合作区。全市境外投资中方投资总额达 5.92 亿美元，新批境外投资项目 35 个，其中"一带一路"沿线国家投资 3.81 亿美元，占全部境外投资比重 64%。1～11 月，温州市进出口总值 1378 亿元人民币，增长 14.7%，连续 11 个月保持两位数增长。温州将坚持进口、转口与出口贸易发展并重，全市进出口年均增长 10%以上，到 2020 年，进出口总额达 1800 亿元，其中进口额三年翻番，达 340 亿元；坚持引进来和走出去并重，到 2020 年，实际利用外资比 2017 年翻番，境外投资总额达 11 亿美元。温州市外资招引正朝着"招大引强"的方向转变。新批总投资 3000 万美元以上项目 13 个，其中总投资 1 亿美元以上项目 4 个；实际到资 2000 万美元以上项目 7 个，其中到资 5000 万美元以上项目 2 个，到资额 1.3 亿美元，占全市实际外资总额的 34%。其中，新疆广汇实业、新加坡益海嘉里、韩国 SK 集团等 3 家世界 500 强企业的投资项目陆续落地出资，总计实到外资近 1 亿美元，占全市实际外资总额的 25.5%。

五　嘉兴市2018年经济社会发展报告

2018年，面对复杂严峻的国际形势和改革发展的艰巨任务，全市以习近平新时代中国特色社会主义思想为指导，全面贯彻党的十九大和十九届二中、三中全会精神，围绕“八八战略”再深化、改革开放再出发，坚持稳中求进工作总基调，坚持新发展理念，主动对标高质量发展要求，攻坚克难，做好稳就业、稳金融、稳外贸、稳外资、稳投资、稳预期工作，经济运行呈现总体平稳、稳中有质的发展态势，较好地完成了经济社会发展主要目标任务。

一　嘉兴市2018年经济发展概况

（一）综合经济

1. 经济总量

全市生产总值（GDP）4871.98亿元，比上年增长7.6%。其中，第一产业增加值115.03亿元，增长0.1%；第二产业增加值2624.49亿元，增长8.4%；第三产业增加值2132.46亿元，增长7.1%。三次产业结构调整为2.3∶53.9∶43.8。按常住人口计算，全年人均生产总值103858元（按年平均汇率折算为15695美元），增长6.3%。

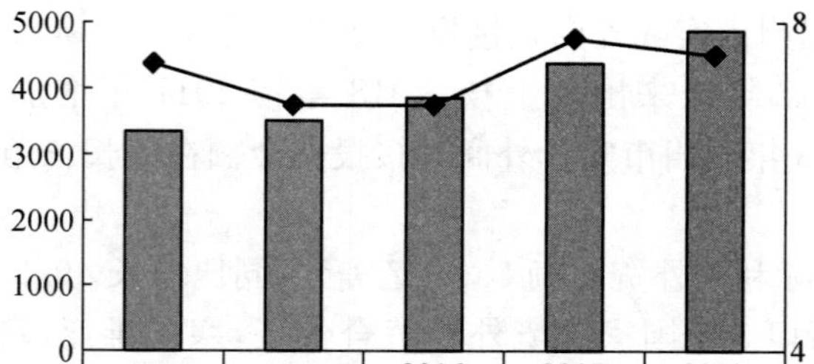

	2014	2015	2016	2017	2018
地区生产总值(亿元)	3352.6	3517.81	3862.11	4380.52	4871.98
增幅(%)	7.5	7	7	7.8	7.6

图1　2014—2018年嘉兴市地区生产总值及增长速度

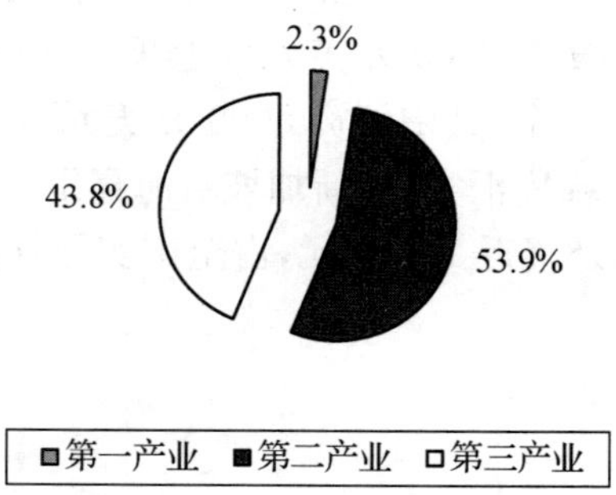

图2　2018年嘉兴市三次产业结构图

2. 财政收支

全市财政总收入895.29亿元，比上年增长16.4%，其中一般公共预算收入518.55亿元，增长16.8%。各级财政用于民生支出464.96亿元，占一般公共预算支出的79.0%。

3. 物价水平

2018年，嘉兴市区居民消费价格总水平比上年上涨2.3%，涨幅与全省持平。其中，食品烟酒类价格上涨2.7%，服务项目价格上涨2.2%，工业品价格上涨2.0%。2018年，全市工业生产者出厂价格累计上涨4.1%，工业生产者购进价格累计上涨5.8%。

4. 固定资产投资

2018年，全市固定资产投资比上年增长7.7%。非国有控股固定资产投资增长15.8%，占全部固定资产投资额比重80.7%。重点领域投资加快。2018年，全市高新技术产业投资、交通运输投资、民间投资、生态环境和公共设施投资等四大领域投资增长均快于上年，分别比上年增长29.4%、33.9%、19.9%、29.1%。

（二）农业

全市完成农林牧渔业增加值123.03亿元，同比增长0.4%。蔬菜播种面积121.00万亩，下降8.8%；果用瓜播种面积10.40万亩，下降22.0%；花卉播种面积2.38万亩，增长4.8%，盆栽类园艺销售8701.25万盆，增长171.4%；园林水果产量34.84万吨，增长0.8%。年末全市生猪存栏18.53万头，增长0.8%，肉类总产量8.57万吨，下降9.8%；水产品总产量15.79万吨，增长0.5%。

累计创建省级现代农业园区5个、特色农业强镇7个，建成单条产值10亿元以上的示范性农业全产业链5条。严格保护好115.7万亩粮食生产功能区，完成提标改造6.4万亩。新创建"嘉田四季"农产品市域公用品牌和"绿秀洲"县（区）域公用品牌，新增省名牌农产品2个、有效期内浙江名牌农产品15个。新增无公害农产品67个、绿色食品22个、地理标志农产品2个，主要食用农产品中"三品"1比率达56.75%。新增绿色农产品基地9700亩，现代农业园区、粮食生产功能区内无公害农产品和绿色食品面积达149.5万亩，占"两区"面积的56%。

全市累计创建省级高标准农村生活垃圾分类示范村19个，建成省级农村生活垃圾减量化资源化处理试点村132个，农村生活垃圾分类处理行政村覆盖率达100%。累计建成优美庭院示范户20.26万户，建成省级美丽乡村示范镇22个、特色精品村75个，精品示范村（3A级景区村庄）28个，历史文化村落一般村26个，16条美丽乡村精品线初具形象。

累计创建全国休闲农业与乡村旅游示范县2个、示范点2个，三星以上示范企业10家，省级农家乐特色村21个、特色点23个。全年农家乐休闲旅游接待游客数4322.4万人，同比增幅18.9%，直接营业收入27.49亿元，同比增幅15.1%。

全年共培训新型职业农民2458名，新招收农民中等职业教育学员394名。累计培育农创客236名，家庭农场3574家、经营面积43.04万亩，农民专业合作社1302家，市级以上农业龙头企业226家。

（三）工业和建筑业

1. 工业

2018年，全市工业增加值2387.18亿元，比上年增长8.7%，占全市生产总值的49.0%。规模以上（主营业务收入2000万元以上）工业企业数5543家，实现增加值1968.14亿元，增长8.9%；其中重工业增加值1082.14亿元，增长10.0%；轻工业增加值886.00亿元，增长7.7%。全市规模以上工业企业全年主营业务收入9261.25亿元，增长13.5%；利润总额587.84亿元，增长8.5%。其中，私营企业利润总额同比增长9.1%。全市33个行业大类中，32个行业盈利。规模以上工业产品销售率97.94%，总资产贡献率10.65%，资本保值增值率108.83%，成本费用利润率6.71%。

2. 建筑业

2018年，全社会建筑业增加值238.46亿元，比上年增长5.1%。全市资质内建筑业企业完成建筑业总产值1177.86亿元，较上年增长11.5%。

（四）服务业

1. 国内贸易

2018年，全市社会消费品零售总额1938.59亿元，比上年增长8.9%，扣除价格因素增长6.6%。从行业看，批发零售业零售额1725.65亿元，增长8.4%，住宿餐饮业零售额212.94亿元，增长12.4%。按经营地分，城镇消费品零售额1639.38亿元，增长8.7%；乡村消费品零售额299.21亿元，增长9.6%。2018年末，全市拥有各类实体交易市场288个，全年成交额2190.35亿元，比上年增长9.5%。

2. 交通运输、邮电

2018年，全市公路通车里程8242公里，增长1.3%。各种运输方式（不包括铁路，下同）货物周转量333.63亿吨公里，增长6.9%，其中公路141.50亿吨公里，增长4.6%；全年旅客周转量（营业性车辆）21.30亿人公里，下降1.4%。全年嘉兴港货物吞吐总量9689.35万吨，增长9.8%，其中，外贸货物吞吐量1240.25万吨，增长1.2%，集装箱172.27万标箱，增长19.4%。

全市机动车总量达165.53万辆，其中汽车133.11万辆，增长11.4%，私人汽车114.29万辆，增长11.7%。

邮政业务总量60.01亿元，增长22.1%；电信业务总量340.58亿元，增长137.8%。年末城乡固定电话用户98.12万户，比上年末下降3.2%。移动电话用户719.80万户，增长13.9%。固定互联网用户192.30万户，增长9.7%。全市快递业务量5.38亿件，比上年增长30.8%。

3. 旅游业

全市接待海内外游客1.07亿人次，旅游总收入1231.44亿元，分别增长16.4%和19.5%。其中，接待外国、港澳台游客53.33万人次，旅游外汇收入2.90亿美元；接待国内游客1.06亿人次，增长16.5%，国内旅游收入1212.22亿元，增长19.9%。

4. 金融、证券和保险

2018年末，全部金融机构本外币存款余额8298.46亿元，比上年末增长9.6%，其中人民币存款余额8104.32亿元，比上年末增长10.3%。住户本外币存款余额3748.56亿元，增长9.1%。金融机构本外币贷款余额6863.38亿元，比上年末增长13.1%，其中人民币贷款余额6770.69亿元，比上年末增长13.3%。

2018年末，全市境内外上市公司54家，累计融资957.79亿元；其中，中小板上市公司13家，占全省中小板上市公司的9.2%；创业板上市公司4家，占全省创业板上市公司的4.9%。

全市保险业保费收入169.30亿元，比上年增长1.9%。其中，财产险保费收入62.81亿元，增长6.1%；人寿险保费收入106.49亿元，下降0.41%。全年赔付额42.72亿元，增长9.7%。其中，财产险赔付金额35.16亿元，增长5.4%；人寿险赔付金额7.56亿元，增长35.9%。

（五）对外经济

1. 对外贸易

2018年，全市进出口总值2821.20亿元，比上年增长14.2%，其中出口总值2017.33亿元，增长13.6%，进口总值803.87亿元，增长15.8%。出口结构进一步优化。机电产品、高新技术产品出口分别比上年增长17.7%、20.4%，均快于全市出口平均增速；占全市出口总值比重分别为37.9%和7.3%，占比同比分别提高1.3个和0.4个百分点。

2. 外资状况

全市新批外商投资项目350个；合同利用外资63.86亿美元，比上年增长12.2%；实际利用外资31.40亿美元，增长4.9%（同口径增长57.7%）。全市制造业实际利用外资18.2亿美元，占全市实际利用外资总额的57.8%。三产实际利用外资12.5亿美元，同比增长24.3%，占全市实际利用外资总额的39.8%，其中高技术服务业实际利用外资为1.64亿美元，占全市实际利用外资总额的5.2%。

二　嘉兴市 2018 年社会发展概况

(一) 人口、人民生活

2018 年末，全市户籍人口 360.44 万人，比上年末增加 4.07 万人。全市户籍人口出生率 8.93‰，死亡率 7.18‰，自然增长率 1.75‰。全年迁入人口 4.83 万人，迁出人口 1.38 万人，人口机械增长率 9.62‰。

据省统计局 5‰人口抽样调查结果审定，2018 年末，全市常住人口总量 472.6 万人，其中城镇人口达到 311.92 万人，人口城镇化率达到 66.0%，比上年提高 1.5 个百分点。

2018 年，全市城镇居民人均可支配收入 57437 元，较上年增长 8.3%，剔除价格上涨因素实际增长 5.9%；农村居民人均可支配收入 34279 元，较上年增长 9.0%，剔除价格因素影响，实际增长 6.5%。城镇居民人均生活消费支出 32366 元，增长 8.3%；农村居民人均生活消费支出 21708 元，增长 7.3%。城乡居民家庭恩格尔系数(即居民家庭食品消费支出占家庭消费总支出的比重)分别为 26.9%和 28.5%。年末城镇常住居民人均住房建筑面积 41.26 平方米；农村居民人均住房建筑面积 71.82 平方米。

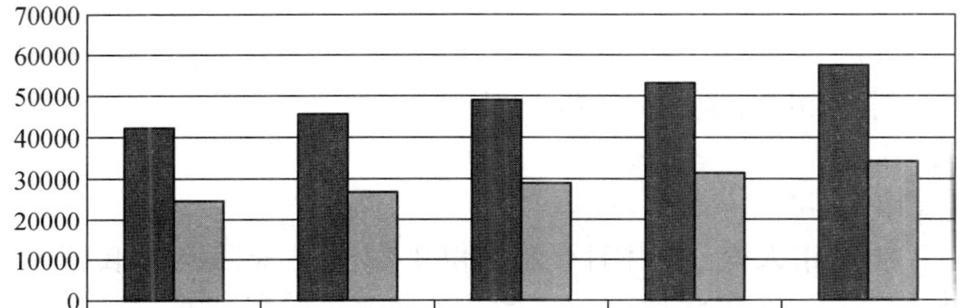

	2014	2015	2016	2017	2018
■城镇居民人均可支配收入(元)	42143	45499	48926	53057	57437
■农村居民人均可支配收入(元)	24676	26838	28997	31436	34279

图 3　2014—2018 年嘉兴市城乡居民收入对比一览

(二) 就业与社会保障

1. 就业工作

全市城镇新增就业人数 11.0 万人，城镇登记失业率 2.74%。

2. 社会保障

全市城乡享受最低生活保障家庭 1.79 万户，比上年增加 0.6 万户；保障人数 2.88 万人。全市投入城乡最低生活保障资金 1.79 亿元，增长 17.8%，提供城乡各种社会救济 32.42 万人次。全市基本养老、基本医疗保险参保人数分别达到 303.62 万人和 403.14 万人，城乡低保标准 796 元，最低月工资标准 1800 元。失业保险参保人数达 144 万人，增长 17.9%；领取失业保险金的人数 3.63 万人。

(三) 教育和科学技术

1. 教育事业

2018 年，全市拥有各类学校(含幼儿园)699 所，在校生 70.65 万人。全市普通高等学校 10 所，在校生 9.56 万人，其中全日制普通高校 4 所，在校生 5.74 万人；普通高中 37 所，在校生 5.32 万人；初级中学 133 所，在校生 10.93 万人；小学 147 所，在校学生 26.02 万人。初中、小学入学率和巩固率均达到 100%。初中毕业生升高中段各类学校比例达 99.02%。普通本专科招生 2.63 万人，毕业学生 1.69 万人，分别比上年增长 9.48%和 3.7%。高等自学考试报考人数 1.3 万人，获得大专以上文凭人数 936 人。农村各类文化技术培训112.1万人次，比上年增长7.8%。全市各类民办学校57所，在校学生11.5万人，比上年下降7.2%。

2. 科技与创新

2018年，全市发明专利申请量和发明专利授权量分别为16885件和2506件，全年获得省级科技成果奖15项；技术市场发展平稳，全年经认定登记技术交易金额56.48亿元，交易合同数1152项。全市年末国家级高新技术企业达1267家，省级科技型中小企业3607家，比上年增加816家。

（四）文化、卫生和体育

1. 文化事业

2018年末，全市拥有文化艺术表演团体11个，艺术表演场所16个，文化馆8个，文化站73个，公共图书馆6个，图书总藏量877万册，图书馆总流通量1601万人次。全市电影院56家，广播电台6座，电视台6座，全市行政村有线电视联网率达到100%，广播和电视人口覆盖率均达100%。

2. 卫生事业

2018年末，全市共有医疗卫生机构1554个，各类卫生工作人员35209人，其中医生12340人，注册护士15083人，医疗床位27969张。平均每千人拥有医生3.42名，每千人拥有医院床位7.76张。全年门诊病人4153万人次，住院85.97万人次。2018年全市人均预期寿命82.43岁。

全市无偿献血54757人次，献血量1740万毫升；无偿献血占临床用血比例达100%。

全市镇、村合作医疗覆盖率均达100%，镇初保达标率100%。全市农村自来水受益率100%，农村农户改厕率99.96%。

3. 体育事业

2018年末，全市人均公共体育设施面积2.24平方米，城乡居民国民体质合格率93.1%。全市共有公共体育场馆20个，全民健身中心1个、中心村全民健身广场47个、社区多动能运动场37个、300个小康体育村完成升级工程，城乡社区“10分钟体育健身圈”实现全覆盖。成功举办世界女子大金属地掷球锦标赛、省地掷球锦标赛、省幼儿体育大会足球表演及象棋比赛、端午民俗文化节龙舟等赛事。全市体育彩票销售达到18.61亿元，增长106.4%。

（五）城乡统筹

2018年，湖州市统筹协调促融合，进一步优化发展布局。深入开展“多规合一”，完成新一轮城市总体规划纲要编制，建成全国首个全空间城市大数据模型。启动中心城区品质提升“十大专项行动”，实施“一环四路”整治，改造老旧小区18个，新建城市道路10.2公里，完成海绵城市试点任务。全市完成“三改”面积4813万平方米，拆除违法建筑2633万平方米。深化特色小镇建设和小城市培育试点，全面推广驻镇规划师制度，70个镇(街道)通过小城镇环境综合整治省级考核验收。实施乡村振兴战略，新建美丽公路635公里，新增美丽乡村特色精品村48个、3A级景区村庄13个。

（六）资源、生态环境与节能减排

2018年，全市建设用地供应总量4133.33公顷，比上年增长28.8%。其中，工矿仓储用地1520公顷，比上年增长10.3%；房地产用地906.67公顷，比上年下降0.8%；基础设施等用地1706.67公顷，比上年增长85.4%。

城市污水年排放量2.50亿立方米，比上年增长0.4%，城市污水处理量为2.34亿立方米，增长1.52%，城市污水处理率93.53%，比上年提高1.12个百分点。城市生活垃圾无害化处理率100%，城市用水普及率100%，城市燃气普及率99.68%。年内新增绿地面积351.85公顷，人均公园绿地面积14.90平方米，建成区绿地率达35.17%。

2018年末，全市水资源总量36.51亿立方米，总量较上年增长33.7%；人均水资源量772.5立方米(按当年常住人口计算)；全市平均降水深 1678.5 毫米，较上年增长 25.8%。73 个市控断面中，Ⅰ～Ⅲ类水质断面占 41.1%，比上年提高 2.7 个百分点；Ⅳ类水质断面占 56.2%，下降 2.7 个百分点；Ⅴ类水质断面占 2.74%。

市区城市环境空气 PM2.5 年平均浓度 39 微克/立方米，比上年下降 7.1%；日空气质量(AQI)优良天数比例 76.7%，比上年上升 4.1 个百分点。

2018 年，全市规模以上工业综合能源消费(等价值，下同)1466.36 万吨标准煤，较上年增长 1.8%，全市规模以上工业单位工业增加值能耗下降 6.5%。八大高耗能行业能耗总量 1102.38 万吨标煤，增长 1.0%，八大高耗能行业单耗下降 5.9%。

(七) 社会安全

建设"平安嘉兴"取得新成效。2018 年，全市人民群众安全感满意率达到 96.35%，比上年提升 0.7 个百分点。全市累计发生各类生产安全事故 218 起，死亡 165 人，同比分别下降 30.6%和 20.7%。其中，工矿商贸企业生产安全事故 53 起、死亡 52 人；道路运输安全事故 162 起、死亡 110 人；水上交通事故 3 起、死亡 3 人；渔业船舶未发生安全事故。

三　嘉兴市在泛长三角地区经济发展中的地位

2018 年，面对复杂严峻的国际形势和改革发展的艰巨任务，全市以习近平新时代中国特色社会主义思想为指导，坚持稳中求进工作总基调，坚持新发展理念，主动对标高质量发展要求，攻坚克难，经济运行呈现总体平稳、稳中有质的发展态势，较好完成年度预期目标。

(一) 地区生产总值

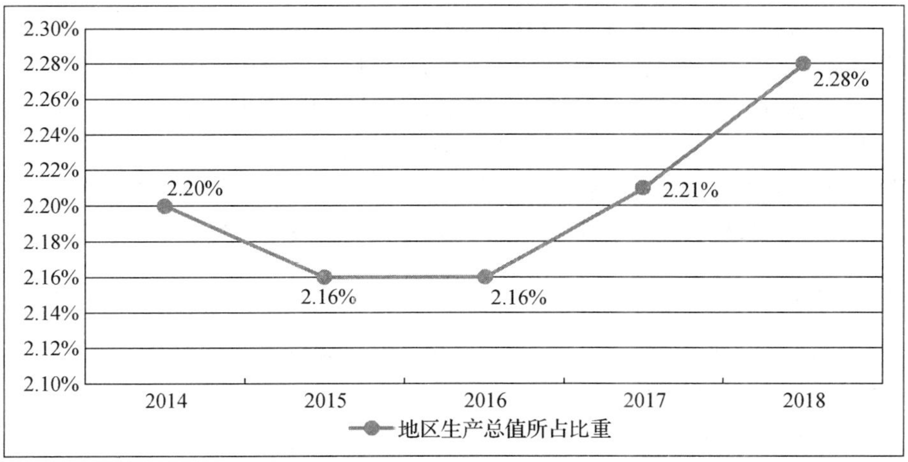

图 4　2014—2018 年嘉兴市地区生产总值在泛长三角
(苏浙两省 24 个地级市、安徽省 16 个地级市和上海市，下同)所占比重的变化趋势

2014—2018 年嘉兴市地区生产总值在泛长三角所占比重分别为 2.20%、2.16%、2.16%、2.21%和 2.28%，2017 年以来逆势上扬，2018 年较 2017 年增加了 0.07 个百分点，较 2014 年增加了 0.08 个百分点。2018 年嘉兴市地区生产总值在泛长三角地区 41 个市排名第 10 位，较 2017 年大幅上升。

2018 年，全市生产总值 4871.98 亿元，按可比价格计算，增长 7.6%，增幅比 2017 年回落 0.2 个百分点。其中，第一产业增加值 115.03 亿元，增长 0.1%；第二产业增加值 2624.49 亿元，增长 8.4%，其中工业增加值 2387.18 亿元，增长 8.7%；第三产业增加值 2132.46 亿元，增长 7.1%。

（二）地方财政一般预算收入

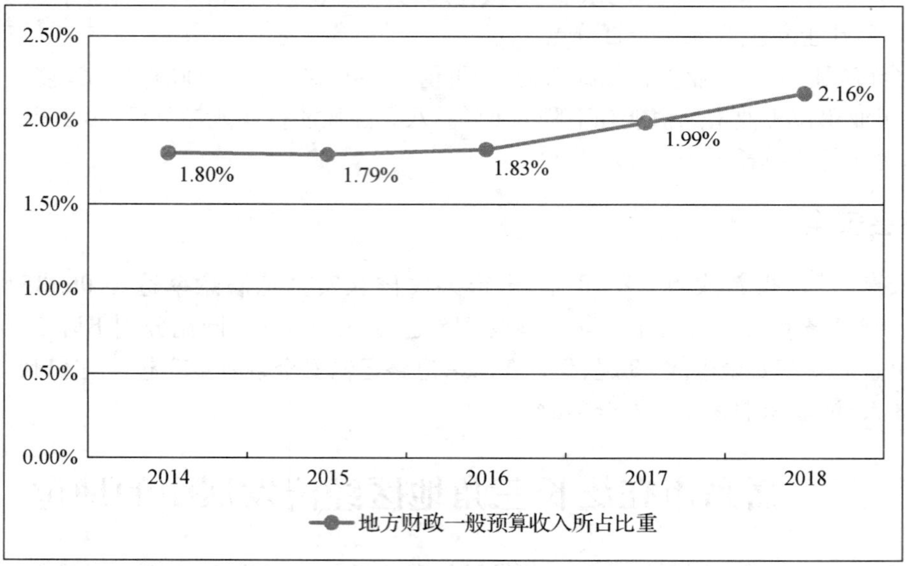

图 5　2014—2018 年嘉兴市地方财政一般预算收入在泛长三角所占比重的变化趋势

2014—2018 年嘉兴市地方财政一般预算收入在泛长三角所占比重分别为 1.80%、1.79%、1.83%、1.99%和 2.16%，五年累积增加了 0.36 个百分点，2018 年较 2017 年增加了 0.17 个百分点。2018 年嘉兴市地方财政一般预算收入在泛长三角地区 41 个市排名第 12 位，较 2017 年保持一致。

2018 年，全市一般公共预算收入 518.55 亿元，增长 16.8%，为预算的 108.2%。全市一般公共预算当年支出预算 478.61 亿元，执行中加上上级转移支付、2017 年结转以及地方政府债务转贷支出等，年终支出预算调整为 634.87 亿元，实际支出 588.87 亿元，增长 19.0%，为预算的 92.8%。经初步结算，2018 年全市按现行财政体制结算的一般公共预算收入 518.55 亿元，加上税收返还、各项补助、地方政府债务转贷收入、调入资金以及 2017 年结转结余等转移性收入，全市收入合计 839.35 亿元。2018 年实际支出 588.87 亿元，加上上解上级支出、债务还本支出以及安排预算稳定调节基金等转移性支出，全市支出合计 793.35 亿元。年终结转 46.0 亿元。全市一般公共预算收支平衡。

（三）工业生产总值

2014—2018 年嘉兴市工业生产总值在泛长三角所占比重分别为 2.63%、2.62%、2.69%、2.81%和 2.99%，2018 年较 2017 年增加了 0.18 个百分点，较 2014 年增加了 0.36 个百分点。2018 年嘉兴市工业生产总值在泛长三角地区 41 个市排名第 10 位，较 2017 年上升三位。

2018 年，全市规模以上工业增加值 1968.14 亿元，增长 8.9%，增速稳中趋缓，分别较前三季度、上半年和 2017 年回落 0.9 个、0.7 个和 0.6 个百分点，高于全省(7.3%)1.6 个百分点，列全省第 5 位。全市 33 个行业大类中，增加值同比实现增长的有 29 个。前 10 大行业中计算机通信、化纤、通用设备、橡胶和塑料分别增长 23.6%、18.1%、14.8%、12.0%，增速高于全市平均。10 大传统制造业增加值 979.7 亿元，比 2017 年增长 7.3%，增速高于全省 2.5 个百分点，增速列全省第 3 位。

生产：规上工业总产值 9627.8 亿元，增长 14.6%，低于 2017 年同期 3.0 个百分点。规上工业增加值 1968.1 亿元，增长 8.9%，低于 2017 年同期 0.6 个百分点，高于全省平均 1.6 个百分点，总量列全省第三，增速列全省第五。九个主体中，南湖、经开和港区的规上工业增加值增长超过两位数，其中南湖的增加值增长 15.3%，居全市首位。

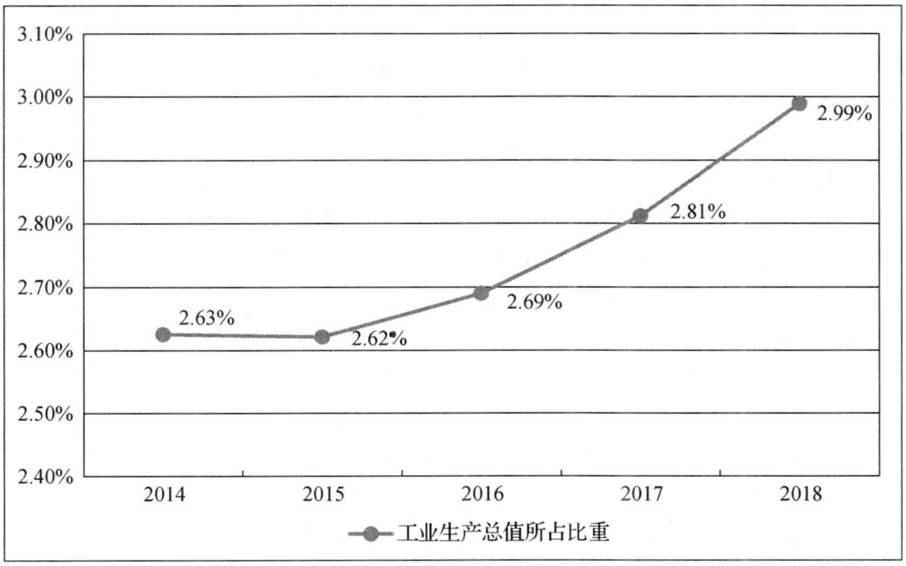

图 6 2014—2018 年嘉兴市工业生产总值在泛长三角所占比重的变化趋势

（四）进出口总额

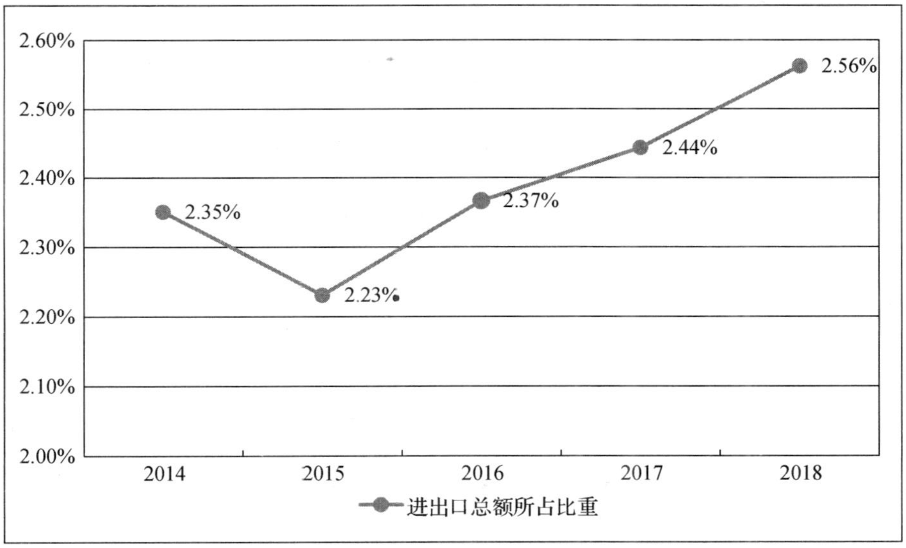

图 7 2014—2018 年嘉兴市进出口总额在泛长三角所占比重的变化趋势

2014—2018 年嘉兴市进出口总额在泛长三角所占比重分别为 2.35%、2.23%、2.37%、2.44%和 2.56%，总体呈上升趋势，2018 年较 2017 年增加了 0.12 个百分点，五年累计增加了 0.21 个百分点。2018 年嘉兴市进出口总额在泛长三角地区 41 个市排名第 8 位，与 2017 年持平。

2018 年，全年进出口 2821.2 亿元人民币，比 2017 年同期（下同）增长 14.2%，高于全省平均增速 2.8 个百分点，增速列全省第 3 位；其中，出口 2017.3 亿元，增长 13.6%，高于全省平均增速 4.6 个百分点，增速列全省第 1 位；进口 803.9 亿元，增长 15.8%，增速列全省第 7 位。2018 年，嘉兴市进出口、出口和进口总值继续分列全省 11 个地市的第 4 位、第 5 位和第 3 位。

进出口市场更趋多元，对主要贸易市场进出口稳步增长，新兴市场增速较快。2018 年，嘉兴市对美国、欧盟、东盟等前三大主要市场分别进出口 590.8 亿元、541.6 亿元、304.9 亿元，分别增长 10.9%、9.9%、17.5%，分别占全市进出口总值的 20.9%、19.2%、10.8%。同期，全市对拉丁美洲、非洲等新兴市场分别进出口 140.1 亿元、136.9 亿元，分别增长 32.8%、20.1%。此外，2018 年，嘉兴市对“一带一路”沿线国家进出口贸易稳步推进，进出口总值达 734.0 亿元，增长 12.6%。

进出口企业发展更趋全面，民营企业进出口增幅较大，比重提升。2018 年，嘉兴市民营企业进出口 1640.6 亿元，增长 19.8%，其中，出口 1240.6 亿元，增长 19.6%，进口 400.0 亿元，增长 20.4%。分别占同期全省进出口、出口、进口总值的 58.2%、61.5% 和 49.8%，比重较 2017 年分别提升 2.7、3.1 和 1.9 个百分点。此外，2018 年，全市外资企业和国有企业进出口增长 7.5% 和 5.5%，分别占全市进出口总值的 37.5% 和 4.4%。嘉兴市本级及各县市外贸出口均保持增长态势。2018 年，嘉兴市本级及各县市外贸出口均保持增长。其中，市本级出口 548.8 亿，居全市第一，增长 7.6%；海宁出口 506.0 亿元，增长 19.3%，增速列全市第一。

进出口商品结构更趋优化，出口以劳密产品和机电产品为主，高新技术产品出口增速较快。2018 年，嘉兴市出口传统劳密产品 939.2 亿元，增长 9.9%，占同期全市出口总值的 46.6%；出口机电产品 764.1 亿元，增长 17.7%，占 37.9%。同期，出口纺织品、服装和家具分别为 351.8 亿元、252.1 亿元和 172.5 亿元，分别增长 11.9%、2.3% 和 10.9%。此外，2018 年，全市出口高新技术产品 147.6 亿元，增长 20.4%。

进口商品以机电产品和农产品为主，二甲苯、成品油进口大幅增长。2018 年，嘉兴市进口机电产品 174.2 亿元，增长 9.3%，占同期全市进口总值的 21.7%；进口农产品 85.3 亿元，下降 0.6%，占 10.6%。同期，进口二甲苯和成品油 80.7 亿元和 18.0 亿元，分别增长 1.5 倍和 60.4%。此外，2018 年，全市进口高新技术产品 69.3 亿元，增长 3.0%。

（五）实际外商直接投资金额

图 8　2014—2018 年嘉兴市实际外商直接投资金额在泛长三角所占比重的变化趋势

2014—2018 年嘉兴市实际外商直接投资金额在泛长三角所占比重分别为 3.34%、3.66%、3.50%、3.94% 和 4.00%，2018 年较 2017 年增加了 0.06 个百分点，较 2014 年增加了 0.66 个百分点。2018 年嘉兴市实际外商直接投资金额在泛长三角地区 41 个市排名第 8 位，与 2017 年持平。

2018 年全市新批外商投资项目 350 个；合同利用外资 63.86 亿美元，比 2017 年增长 12.2%；实际利用外资 31.40 亿美元，增长 4.9%（同口径增长 57.7%）。全市制造业实际利用外资 18.2 亿美元，占全市实际利用外资总额的 57.8%。三产实际利用外资 12.5 亿美元，同比增长 24.3%，占全市实际利用外资总额的 39.8%，其中高技术服务业实际利用外资为 1.64 亿美元，占全市实际利用外资总额的 5.2%。全市引进招大引强项目 60 个，其中世界 500 强项目 9 个，行业龙头项目 10 个，总投资（增资）超亿美元项目 44 个（含世界 500 强项目 3 个）。

六　湖州市2018年经济社会发展报告

2018年，湖州市深入学习贯彻习近平新时代中国特色社会主义思想，紧紧围绕市委"一四六十"①工作体系，聚焦聚力高质量赶超发展，全市经济运行稳中有进、稳中向好。

一　湖州市2018年经济发展概况

（一）综合经济

1. 经济总量

2018年全年实现地区生产总值（GDP）2719.07亿元，比上年增长8.1%。分产业看，第一产业增加值127.69亿元，增长2.8%；第二产业增加值1273.63亿元，增长8.2%，其中工业增加值1152.53亿元，增长9.2%；第三产业增加值1317.75亿元，增长8.5%。三次产业结构比例为4.7∶46.8∶48.5。按户籍人口计算的人均GDP为101990元，增长7.6%，折合15412美元；按常住人口计算的人均GDP为90304元，增长7.1%，折合13646美元。

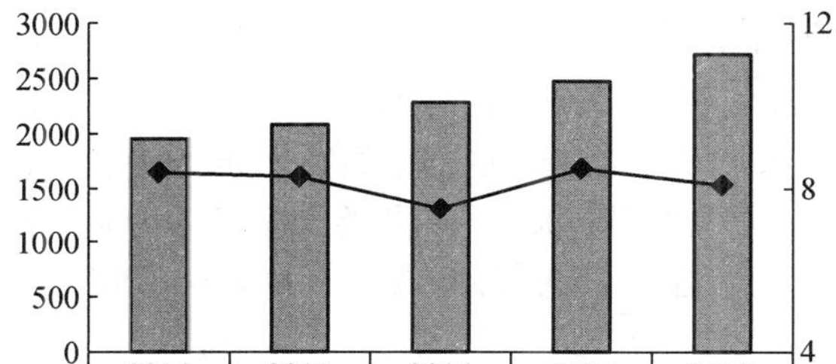

	2014	2015	2016	2017	2018
地区生产总值(亿元)	1956	2084.26	2284.37	2476.13	2719.07
增幅(%)	8.4	8.3	7.5	8.5	8.1

图1　2014—2018年湖州市地区生产总值及增长速度

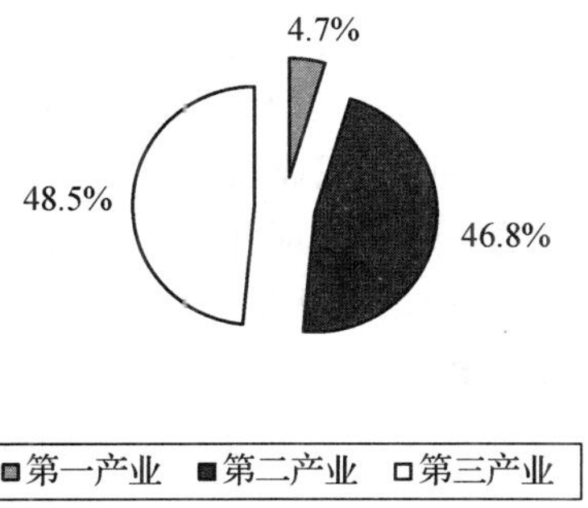

图2　2018年湖州市三次产业结构图

① 一四六十：湖州市委八届四次全会提出，具体是指"一个目标"、突出"四个定位"、打造"六个城市"、开展"十大专项行动"。

2. 财政收支

全年实现财政总收入 490.7 亿元，其中地方财政收入 287.1 亿元，分别比上年增长 20.0%和 20.9%。财政总收入占 GDP 的比重为 18.0%。地方财政收入中，税收收入 240.9 亿元，增长 19.0%，占比为 83.9%；从主要税种看，增值税、企业所得税、个人所得税分别为 105.6 亿元、35.4 亿元和 21.3 亿元，分别增长 13.2%、33.9%和 10.4%。全年财政支出 397.5 亿元，增长 22.3%，其中民生改善支出 288.4 亿元，增长 19.6%。

3. 物价水平

全年城市居民消费价格总水平比上年上涨 2.2%，其中服务项目价格上涨 2.4%，消费品价格上涨 2.0%。从八大类商品和服务价格看，居住上涨 4.0%，交通和通信上涨 1.9%，教育文化和娱乐上涨 1.9%，食品烟酒上涨 1.8%，衣着上涨 1.6%，医疗保健上涨 1.5%，生活用品及服务上涨 1.3%，其他用品和服务下降 0.7%。

4. 固定资产投资

全年固定资产投资额比上年增长 6.2%。其中，民间投资增长 22.4%，占比为 73.7%，比上年提高 5.1 个百分点；交通投资增长 21.4%；高新技术产业投资增长 5.5%；生态环保与公共设施投资下降 26.0%。

（二）农业和农村建设

全年实现农林牧渔业总产值 216.4 亿元，比上年增长 2.3%。其中，农业产值 98.5 亿元，增长 2.7%；林业产值 21.8 亿元，增长 1.1%；牧业产值 17.6 亿元，下降 16.6%；渔业产值 66.5 亿元，增长 7.3%。经济作物播种面积 116.6 万亩，其中蔬菜面积 56.9 万亩，花卉苗木面积 34.6 万亩。油菜籽产量 2.0 万吨；生猪出栏 35.7 万头，下降 25.4%；肉类产量 7.2 万吨，下降 18.2%；蚕茧产量 0.5 万吨，减少 10.1%；家禽出栏 2510.3 万羽，下降 6.7%；禽蛋产量 2.9 万吨，下降 15.7%；水产品产量 46.5 万吨，增长 9.9%。

全市年末拥有现代农业示范园 342 个，其中省级 110 个；全年新建现代农业示范园 30 个，其中省级 1 个。年末拥有无公害水产品基地 212 个；拥有农业龙头企业 261 家；拥有省级无公害农产品基地 122.87 万亩，无公害农产品 1264 只，绿色食品 215 只。

（三）工业和建筑业

1. 工业

全年规模以上工业增加值比上年增长 9.3%，其中轻、重工业分别增长 7.5%和 10.6%。33 个大类行业中，有 27 个行业增加值实现增长。其中，纺织业增长 4.7%；非金属矿物制品业增长 8.1%；电气机械和器材制造业增长 5.3%；电力、热力的生产和供应业增长 7.3%；通用设备制造业增长 7.1%；家具制造业增长 9.6%；化学原料和化学制品制造业增长 12.7%。从重点产业看，高新技术产业增长 10.4%，战略性新兴产业增长 11.7%，装备制造业增长 9.5%。

全年规模以上工业实现主营业务收入比上年增长 14.2%，利税、利润分别增长 7.3%和 5.5%。

2. 建筑业

全市年末拥有建筑企业 341 家，其中特级资质企业 5 家，一级资质企业 35 家。全年建筑企业完成建筑业总产值 822.8 亿元，比上年增长 5.3%，其中建筑工程产值 711.0 亿元，安装工程产值 62.7 亿元，分别增长 3.1%和 11.4%；房屋建筑施工面积 4167.2 万平方米，下降 2.4%；竣工面积 1630.5 万平方米，下降 16.1%。

（四）服务业

1. 国内贸易

全年社会消费品零售总额1297.24亿元，比上年增长10.0%。其中，批发零售业增长9.3%；住宿餐饮业增长14.9%。限额以上批发零售贸易企业零售额增长21.8%。其中，石油及制品类增长17.8%；服装类增长15.0%；粮油食品类增长13.7%；汽车类增长0.3%；家用电器和音像器材类下降6.8%；金银珠宝类增长8.5%。

2. 交通运输、邮电

全市年末公路通车里程达到8079公里，其中高速公路319公里、一级公路540公里、二级公路651公里。全年完成客运量5340万人，比上年增长1.5%；客运周转量18.5亿人公里，增长7.6%。完成货运量18783万吨，增长12.1%，其中公路11504万吨，增长17.2%，水路7279万吨，增长4.9%；货运周转量186.6亿吨公里，增长5.8%，其中公路84.1亿吨公里，增长8.7%，水路102.5亿吨公里，增长3.5%。全年内河港口货物吞吐量10486万吨，下降0.5%，内河集装箱吞吐量47.9万标箱，增长35.3%。

全市年末汽车保有量达到81.2万辆，比上年增加7.9万辆，增长10.7%；私人汽车保有量73.8万辆，增加6.9万辆，增长10.4%，其中轿车70.3万辆，增加3.9万辆，增长5.9%。全年小型汽车上牌量10.3万辆，增长0.4%。

全年邮政业务收入26.0亿元，其中快递业务收入20.5亿元，比上年增长15.4%。全年电信业务收入36.5亿元，增长7.3%；全市年末固定电话用户76.2万户，比上年减少4.1万户；移动电话用户502.7万户，增加6.0万户，其中4G用户320.6万户；年末宽带用户193.1万户，增加3.5万户。

3. 旅游业

全年接待过夜游客人数4448.6万人次，比上年增长5.1%。全年旅游景区门票收入12.0亿元，增长15.3%。

4. 金融、证券和保险

全市金融机构年末本外币存款余额4589.4亿元，比上年增长13.4%，其中住户存款2131.6亿元，增长11.3%；本外币贷款余额3886.2亿元，增长18.4%；年末金融机构不良贷款余额为27.79亿元，比年初减少3.43亿元；不良贷款率为0.72%，比年初下降0.24个百分点。

全年证券营业机构股票成交额4517.5亿元，比上年下降18.3%，其中代理A股成交4472.3亿元，下降19.1%。中源家居、长城科技在上交所主板成功上市，实现首发融资11.85亿元；美都能源、超威动力等9家上市公司通过资本市场平台实现再融资56.41亿元。全市年末已拥有上市公司32家，其中境外8家，境内24家。

全年保险公司保费收入100.6亿元，增长11.2%。其中，财产险37.8亿元，增长8.1%；人身险62.8亿元，增长13.2%。各项保险赔款和给付支出34.3亿元，增长14.6%。其中，财险赔款22.0亿元，增长11.1%；人身险赔款和给付支出12.3亿元，增长21.4%。

5. 房地产业

全年完成房地产开发投资523.3亿元，比上年增长73.8%。全年房屋施工面积2741.6万平方米，增长25.0%，其中新开工面积1070.2万平方米，增长49.4%；商品房销售面积809.0万平方米，增长8.7%，其中住宅723.0万平方米，增长13.1%；商品房销售额851.4亿元，增长37.0%，其中住宅769.4亿元，增长42.3%。

（五）对外经济

1. 对外贸易

2018年全年实现外贸进出口总额885.1亿元，比上年增长14.6%。其中，出口771.0亿元，增长13.1%；进口114.1亿元，增长25.9%。按贸易方式分，一般贸易出口732.5亿元，增长14.3%；加工贸易出口38.4亿元，下降5.1%。按企业性质分，生产企业出口531.8亿元，增长21.9%；流通企业出口99.2亿元，增长2.0%；外资企业出口140.0亿元，下降5.4%。按主要产品分，机电产品出口259.1亿元，增长12.2%，纺织原料及纺织制品出口223.1亿元，增长12.5%。按主要市场分，非洲出口增长较快，达到27.0%；北美洲、拉丁美洲、亚洲、大洋洲、欧洲分别增长17.8%、17.5%、9.3%、8.8%、8.7%。

2. 利用外资情况

全年新批准及增减资利用外资项目218个。其中，外商投资企业136家，增资项目51个；总投资千万美元以上项目107个。全年合同外资34.0亿美元，比上年增长27.9%。全年实到外资12.7亿美元，比上年增长20.7%。其中，第一产业0.04亿美元，下降14.7%；第二产业6.8亿美元，增长58.3%；第三产业5.8亿美元，下降5.4%。

二　湖州市2018年社会发展概况

（一）人口、人民生活

全市年末户籍人口267.06万人，其中男性131.85万人、女性135.22万人；城镇人口117.88万人；60岁以上人口68.03万人，占总人口的25.5%，占比提高0.7个百分点。全年出生人口2.50万人，出生率为9.37‰；死亡人口2.00万人，死亡率为7.49‰；人口自然增长率为1.89‰。

据667户城镇居民家庭抽样调查，全年城镇居民人均可支配收入达到54393元，比上年名义增长8.9%。其中，工资性收入增长9.5%，经营净收入增长6.7%，财产净收入增长10.8%，转移净收入增长8.4%。人均生活消费支出31829元，增长9.9%。据578户农村居民家庭抽样调查，全年农村居民人均可支配收入达到31767元，比上年名义增长9.5%。其中，工资性收入增长10.0%，经营净收入增长7.0%，财产净收入增长15.0%，转移净收入增长12.7%。人均生活消费支出20718元，增长11.0%。按户籍人口计算的人均本外币住户存款余额达79955元。

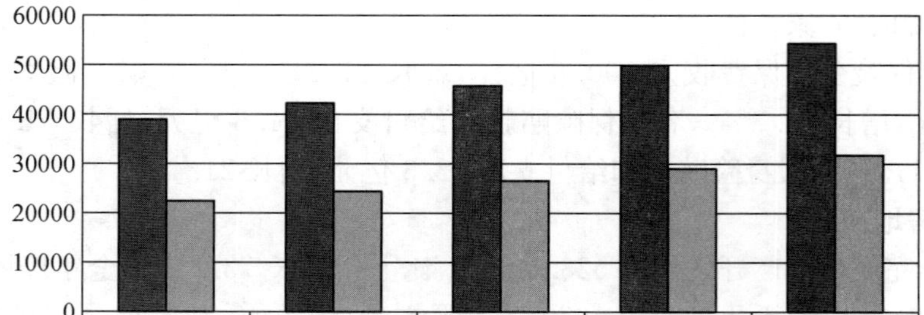

	2014	2015	2016	2017	2018
■城镇居民人均可支配收入(元)	38959	42238	45794	49934	54393
■农村居民人均可支配收入(元)	22404	24410	26508	28999	31767

图3　2014—2018年湖州市城乡居民收入对比一览

（二）就业与社会保障

1. 就业

全年新增城镇就业 12.10 万人，帮扶下岗失业人员再就业 3.91 万人；年末城镇登记失业率为 2.32%。

2. 社会保障

全市年末参加城镇基本养老保险人数达到 151.82 万人，比上年增加 8.0 万人；参加城镇职工基本医疗保险人数 135.18 万人，增加 10.4 万人；参加失业保险人数 77.17 万人，增加 4.9 万人；参加工伤保险人数 95.19 万人，增加 11.62 万人；参加生育保险人数 75.68 万人，增加 4.04 万人。全市年末住房公积金正常缴存人数达到 37.79 万人，比上年增加 4.03 万人；全年归集住房公积金 55.37 亿元，增长 14.8%；当年发放个人住房贷款 24.32 亿元，下降 31.4%。

全年最低生活保障家庭 19030 户，人数 30266 人，其中农村 24531 人、城镇 5735 人；全市城镇和农村低保标准均为每人每月 810 元。全年销售社会福利彩票 7.4 亿元，筹集社会福利资金 3.0 亿元。

（三）教育和科学技术

1. 教育事业

全市年末拥有各级各类学校 486 所，全年招收学生 12.49 万人，在校学生 44.35 万人，毕业生 11.23 万人。高等教育毛入学率 61.12%，比上年提高 0.52 个百分点；初中毕业升高中段比例 99.20%，提高 0.05 个百分点；初中、小学入学率均为 100%；十五年教育毛入学率 99.59%，提高 0.1 个百分点。全市各类学校拥有专任教师 2.99 万人，其中中小学专任教师 2.15 万人；每百名中小学生拥有专任教师6.9 人。

2. 科技与创新

全年专利申请量 37284 项，比上年增长 29.4%；专利授权量 18672 项，其中发明专利 1831 项，比上年减少 359 项，下降 16.4%。全年经认定登记的技术成交项目 847 项，比上年下降 3.4%；技术成交金额 66.0 亿元，增长 57.9%。全市年末拥有省级高新技术研究开发中心 352 家，比上年增加 55 家；拥有国家级高新技术企业 758 家，减少 211 家。全年获市级以上政府奖的科技成果 27 项。

（四）文化、卫生和体育

1. 文化事业

全市年末拥有剧场、影剧院 38 个，文化馆、艺术馆 6 个，全年举办展览 291 个，组织文艺活动 1491 次；公共图书馆 6 个，总藏量 315.8 万册件；乡镇街道文化站 69 个；博物馆（纪念馆）29 个；文物保护单位 404 个，其中国家级 24 个，省级 56 个。

全年建成文化礼堂 110 个，共送戏下乡 2815 场，送书 8 万余册，送电影 12984 余场次，送讲座（展览）523 场次。全年出版各类报纸 14.2 万份，其中湖州日报 4.5 万份，湖州晚报 6.2 万份，湖州广播电视报 3.5 万份。

2. 卫生事业

全市年末拥有医疗卫生机构 1460 个，其中医院 62 家、卫生院（社区服务中心）89 家、妇幼保健院 4 家、社区卫生服务站（村卫生室）709 个；等级医院 24 家，其中三级医院 8 家；拥有医疗床位 16873 张，其中医院（含妇保院、卫生院）床位 16420 张；卫生技术人员 24660 人，其中执业医师 7573 人、执业助理医师 1274 人、注册护士 10452 人。全年婴儿死亡率、5 岁以下儿童死亡率分别为 1.73‰、2.87‰，分别比上年下降 0.49 和 0.07 个千分点。

3. 体育事业

2018年湖州市圆满完成浙江省第十六届运动会承办任务，首次实现了省运会参赛项目全覆盖，获得金牌74.75枚，金牌和奖牌数均位列全省第五位，创该市参加省运会最佳成绩。环太湖国际公路自行车赛闭幕站和总颁奖仪式首次落户湖州。完成体育彩票销售15.3亿元。

（五）城乡建设

城市建设管理更加精细。完成“湖州城市总规2035”编制，南太湖新区规划基本形成。全面启动现代智慧城市规划建设，建成物联网安防小区463个。率先完成城中村改造省定四年目标任务，拆除1462万平方米，腾出发展空间14.3万亩。南浔区、长兴县通过“基本无违建县（区）”创建验收，52个小城镇环境综合整治通过省级验收，织里镇获得全省小城市培育试点考核第一名。开展生活垃圾精准分类试点，实施烟花爆竹全域“双禁”、中心城区部分区域摩托车禁行。市区公交实现纯电动化、一票制和移动支付全覆盖。城市精细化管理水平逐步提升，网格化、路长制、门前“三包”、志愿者服务等组合拳进一步形成，犬类规范管理等工作有效加强。

乡村振兴迈出新步伐。大力实施乡村振兴“六大行动”，市级美丽乡村覆盖率达到94%，发布全国首个乡村振兴发展指数，全国改善农村人居环境工作会议在湖州市召开。落实粮食安全责任制，进一步稳定粮食生产。国家农产品质量安全市创建通过验收，建成“两山”农产品直销总汇7家。创建A级以上景区村庄199个，完成农村公厕改造2151座，建成美丽乡村路180公里。开展全国农村集体产权制度改革试点，农村承包地确权登记颁证基本完成，农村集体经营性建设用地入市、宅基地有偿退出等改革扎实推进。

（六）环境保护

牢固树立“人家100分是满分，我们100分才是及格分”的意识，实施环境从严执法九项铁规，全力补齐污染防治领域短板，绿色发展指数居全省第二位。市区PM2.5平均浓度每立方米36微克，下降14.3%，空气优良率71%，提高2.5个百分点。深化整治涉挥发性有机物重点企业445家，建成运行乡镇（街道）空气质量自动监测站60个。13个国家“水十条”考核断面全部达标，县控及以上断面水质全部达到或优于Ⅲ类。建成污水零直排区101个，完成渔业尾水治理28.8万亩，创建美丽生态河道1020条，国家节水型城市创建通过验收。完成废弃矿山生态修复治理9700亩，新增珍贵彩色森林8.2万亩。生态文明建设领域发布标准27项，国有自然资源统一确权登记试点经验在全省推广。

三　湖州市在泛长三角地区经济发展中的地位

2018年，面对深刻变化的发展环境和艰巨繁重的改革发展民生稳定任务，坚持以习近平新时代中国特色社会主义思想和党的十九大精神为指引，在市委的坚强领导下，在市人大、市政协等各方面的监督和支持下，认真贯彻落实中央和省委、省政府各项决策部署，紧紧围绕市委“一四六十”工作体系，迎难而上，扎实工作，全力主攻55件重大事项，统筹推进经济社会发展，较好地完成了市八届人大三次会议确定的主要目标任务，三大攻坚战初战告捷，高质量赶超发展呈现良好开局。

（一）地区生产总值

2014—2018年湖州市地区生产总值在泛长三角所占比重分别为1.29%、1.28%、1.28%、1.25%和1.27%，最近5年所占比重整体呈下降态势，五年时间下跌了0.02个百分点。2018年湖州市地区生产总值在泛长三角地区41个市排名第24位，与2017年持平。

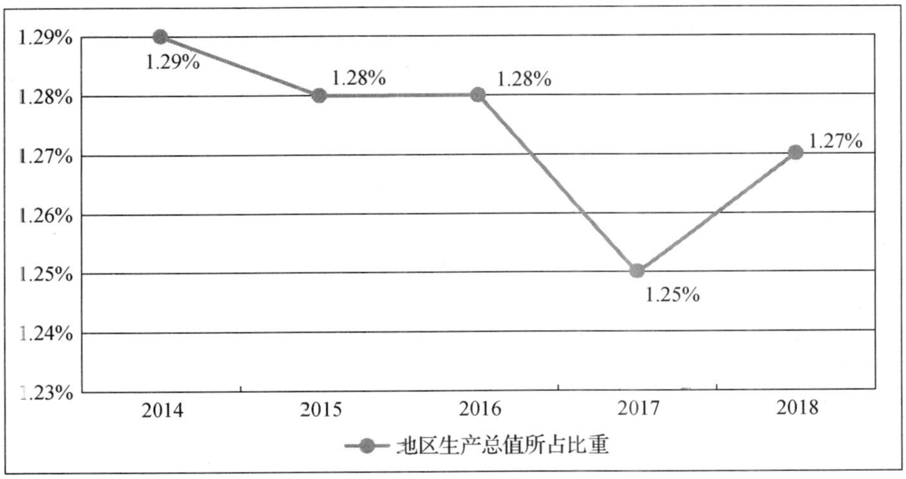

图 4　2014—2018 年湖州市地区生产总值在泛长三角
(苏浙两省 24 个地级市、安徽省 16 个地级市和上海市,下同)所占比重的变化趋势

2018 年,实现地区生产总值 2719 亿元,按可比价格计算,比 2017 年增长 8.1%,居全省第 2 位。分产业看,第一产业增加值 127.7 亿元,增长 2.8%;第二产业增加值 1273.6 亿元,增长 8.2%,其中工业增加值 1152.5 亿元,增长 9.2%;第三产业增加值 1317.7 亿元,增长 8.5%。

2018 年,湖州农业生产稳中有升,全市农林牧渔业增加值比 2017 年增长 3.1%。其中,农业增长 2.8%,林业增长 1.1%,牧业下降 16.5%,渔业增长 7.2%,农林牧渔服务业增长 7.8%。湖州的工业经济实现了稳步增长,全市规上工业增加值比 2017 年增长 9.3%。分企业规模看,大、中、小型企业分别增长 11.9%、9.9%和 8.4%。分行业看,33 个行业中有 27 个行业实现增长,其中计算机、通信和其他电子设备制造业、化学纤维制造业、家具制造业、化学原料和化学制品制造业等行业增长快、贡献大,分别增长 58.3%、19.5%、9.6%和 12.7%。从重点产业看,战略性新兴产业、高新技术产业和装备制造业分别增长 11.7%、10.4%和 9.5%。服务业发展平稳,消费市场较快增长。湖州的服务业发展平稳,全市服务业增加值比 2017 年增长 8.5%。其中,交通运输、仓储和邮政业增长 4.7%,批发和零售业增长 6.7%,住宿和餐饮业增长 4.2%,金融业增长 8.5%,房地产业增长 5.9%,其他服务业增长 13.4%。从主要行业业务量看,全市货运周转量增长 5.8%,其中公路、水运分别增长 8.7%和 3.5%;限上批发零售业销售额增长 21.8%,限上住宿餐饮业营业额增长 6.9%;商品房销售面积增长 8.7%。在消费市场方面,湖州的增长速度还是比较快的。数据显示,2018 年,全市社会消费品零售总额比 2017 年增长 10.0%。从限额以上单位销售商品分类看,石油及制品类、化妆品类和服装类增长贡献较大,分别增长 17.8%、29.4%和 15.0%。还有网络消费,继续高速增长,其中网络零售额增长 34.3%,而居民网络消费额则增长了 26.3%。

(二) 地方财政一般预算收入

2014—2018 年湖州市地方财政一般预算收入在泛长三角所占比重为 0.99%、0.98%、0.99%、1.06%和 1.20%,2018 年出现上升,较 2017 年增加了 0.14 个百分点。2018 年湖州市地方财政一般预算收入在泛长三角地区 41 个市中排名第 21 位,较 2017 年保持一致。

2018 年,在市委、市政府的正确领导下,在市人大、市政协的监督指导下,全市各级政府部门以习近平新时代中国特色社会主义思想为指导,全面贯彻党的十九大、市第八次党代会和八届人大三次会议决议精神,严格落实预算法,紧紧围绕市委"一四六十"工作体系,聚焦聚力高质量发展、三大攻坚战、十大民生实事项目等重大决策部署,有效实施积极的财政政策,扎实做好"生财、聚财、管财、用财"四篇文章,集中财力办大事,全市和市本级财政预算执行情况良好,有力地促进全市经济社会平稳健康发展。

2018 年全市财政总收入 490.71 亿元，完成预算的 111.1%，比 2017 年增长（以下简称“增长”）20.0%，增幅位列全省第一。全市一般公共预算收入（即地方财政收入）287.10 亿元，完成预算的 112.0%，增长 20.9%，增幅位列全省第一。全市一般公共预算支出 397.54 亿元，完成调整预算的 102.9%，增长 22.3%。

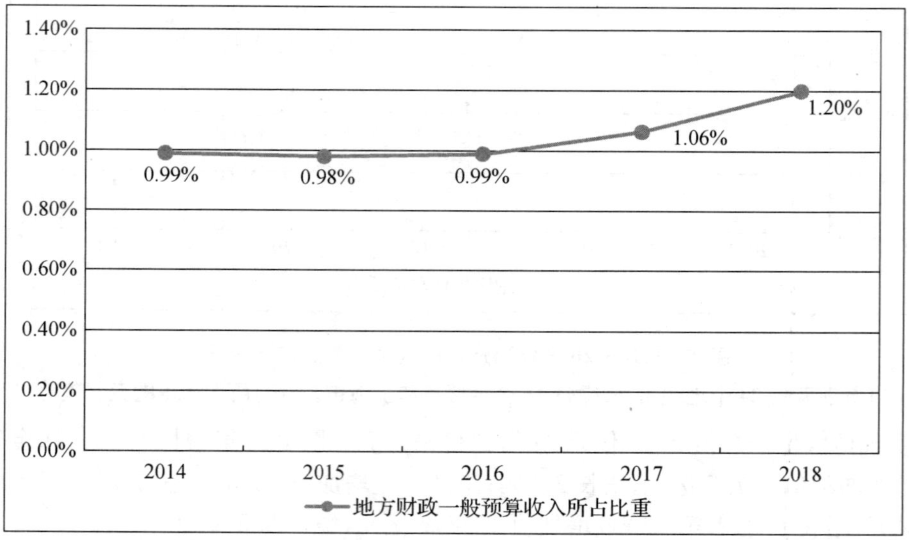

图 5　2014—2018 年湖州市地方财政一般预算收入在长三角所占比重的变化趋势

（三）工业生产总值

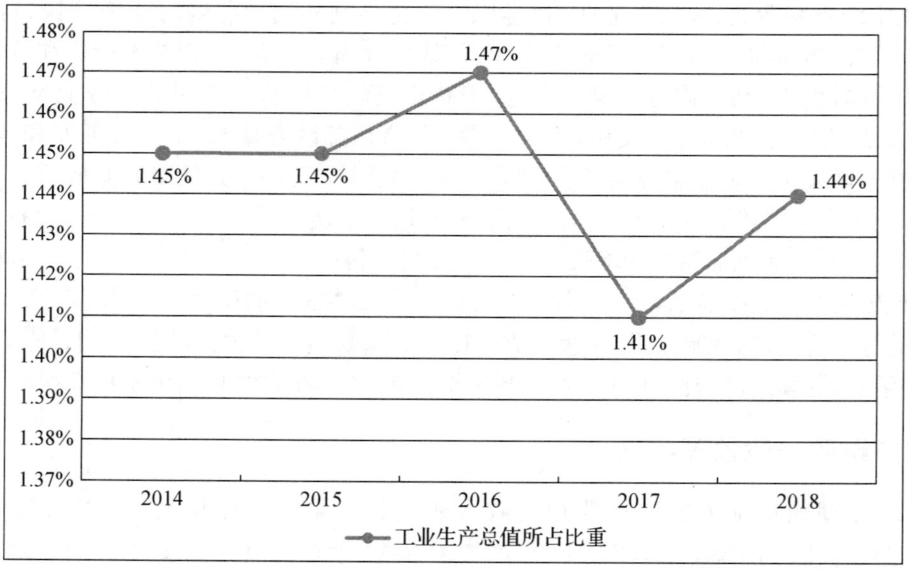

图 6　2014—2018 年湖州市工业生产总值在泛长三角所占比重的变化趋势

2014—2018 年湖州市工业生产总值所占比重分别为 1.45%、1.45%、1.47%、1.41% 和 1.44%，2018 年较 2017 年增加了 0.03 个百分点，五年时间减少了 0.01 个百分点。2018 年湖州市工业生产总值在泛长三角地区 41 个市中排名第 22 位，较 2017 年上升了一位。

2018 年，全力开展稳增长、促转型、抓改革、增后劲、转动能、降成本等系列工作，多项主要指标在全省保持领先，全市工业经济加快迈向高质量发展。数据显示，全市实现规上工业增加值 801.5 亿元，同比增长 9.3%，增幅居全省第三，快于全省平均 2.0 个百分点，较 2017 年加快 0.6 个百分点，创下近五年以来的新高，对全市 GDP 增速保持全省第二的贡献率达到 50.8%。

国务院办公厅发布了《关于对 2017 年落实有关重大政策措施真抓实干成效明显地方予以督查激励的通报》，公布了 14 个 2017 年促进工业稳增长和转型升级成效明显城市、直辖市名单，成为浙江省唯一入选城市。荣誉背后折射出的是湖州工业绿色转型的诸多成功实践。从全国首个绿色发展大会召开到绿色发展指数、绿色园区、绿色工厂等一系列评价办法的首推，湖州工业的转型之路绿意盎然。在国家工信部公布的第三批绿色制造名单，列入名单的绿色工厂达到了 20 家，占全省的 50%；湖州经济技术开发区成为全省唯一入选的绿色园区；绿色供应链共有 3 家入围，占全省的 75%；绿色设计产品方面，共有铅酸电池、锂电池、羊绒针织三个领域 9 个产品。

目前绿色工厂的星级覆盖进度良好，截至 12 月底，全市 2 至 5 星级绿色工厂认定达 1468 家，其中二星级 928 家、三星级 399 家、四星级 115 家、五星级 26 家，星级绿色工厂数占全市规上工业企业覆盖率 55.9%。

在转型过程中，推进智能制造是湖州工业的主攻领域。为了加速制造业的智能化发展，持续推进智能化技术改造、两化融合、智造项目、企业上云和产品创新等，多项工作走在全省前列。

湖州工业对质量和效益提出了新的要求，以“亩均论英雄”改革为抓手，制定出台了《关于深化“亩均论英雄”改革促进高质量发展的实施意见》，明确评价的指标体系，建立大数据平台推动科学评价，通过对用电、用水、用气、城镇土地使用税等九个方面实施资源要素的差别化配置，倒逼企业转型升级，全市 9172 家工业企业都已完成亩均效益评价。

（四）进出口总额

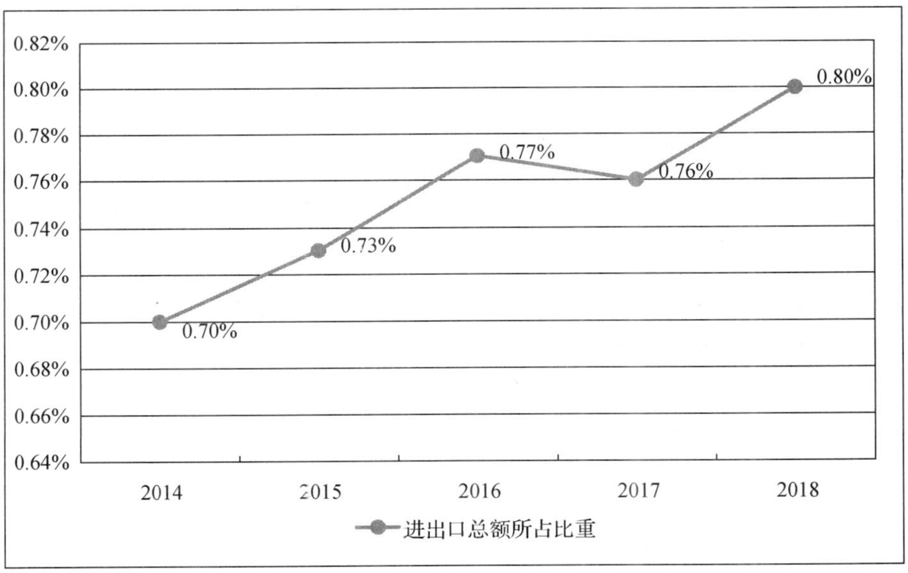

图 7　2014—2018 年湖州市进出口总额在泛长三角所占比重的变化趋势

2014—2018 年湖州市进出口总额在泛长三角所占比重分别为 0.70%、0.73%、0.77%、0.76% 和 0.80%，整体呈增长态势，五年累计涨幅为 0.10 个百分点，2018 年所占比重较 2017 年增加了 0.04 个百分点。2018 年湖州市进出口总额在泛长三角地区 41 个市中排名第 18 位。

2018 年，全年实现外贸进出口总额 885.1 亿元，比 2017 年增长 14.6%。其中，出口 771.0 亿元，增长13.1%;进口114.1亿元,增长25.9%。按贸易方式分,一般贸易出口732.5亿元,增长14.3%;加工贸易出口38.4亿元,下降5.1%。按企业性质分,生产企业出口531.8亿元,增长21.9%;流通企业出口99.2亿元,增长2.0%;外资企业出口140.0亿元,下降5.4%。按主要产品分,机电产品出口259.1亿元,增长12.2%,纺织原料及纺织制品出口223.1亿元,增长12.5%。按主要市场分,非洲出口增长较快,达到27.0%;北美洲、拉丁美洲、亚洲、大洋洲、欧洲分别增长17.8%、17.5%、9.3%、8.8%、8.7%。2018年1～11月全市生产企业合计出口483.3亿元,增长22.9%,拉动全市出口增长14.7个百分点,占比由2017年同期64.2%提高至69.2%;进口45.9亿元,增长22.9%。

(五)实际外商直接投资金额

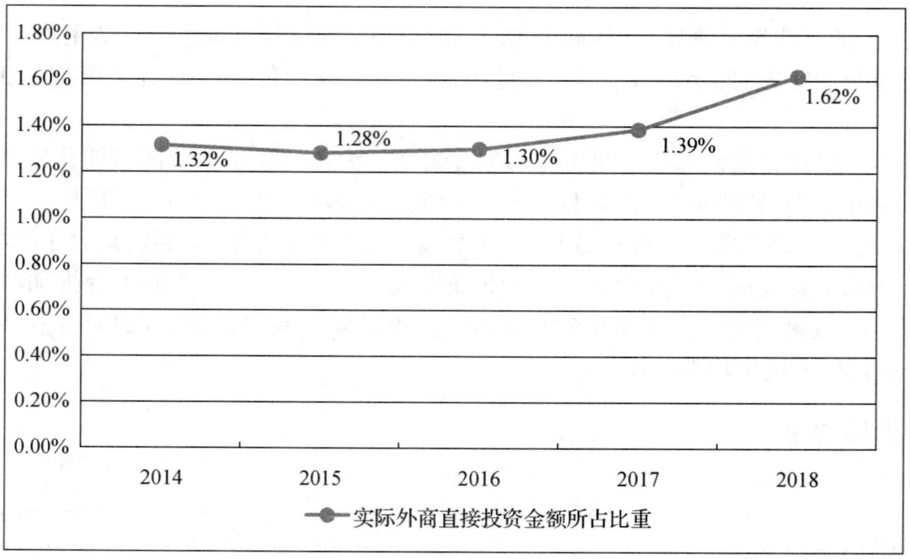

图8　2014—2018年湖州市实际外商直接投资金额在泛长三角所占比重的变化趋势

2014—2018年湖州市实际外商直接投资金额在泛长三角所占比重分别为1.32%、1.28%、1.30%、1.39%和1.62%,整体呈增加态势,2018年较2017年增加了0.23个百分点,较2014年增加了0.30个百分点。2018年湖州市实际外商直接投资金额在泛长三角地区41个市中排名第18位,较2017年上升三位。

2018年,全年新批准及增减资利用外资项目218个。其中,外商投资企业136家,增资项目51个;总投资千万美元以上项目107个。全年合同外资34.0亿美元,比2017年增长27.9%。全年实到外资12.7亿美元,比2017年增长20.7%。其中,第一产业0.04亿美元,下降14.7%;第二产业6.8亿美元,增长58.3%;第三产业5.8亿美元,下降5.4%。

七　绍兴市 2018 年经济社会发展报告

2018 年，绍兴市坚持以习近平新时代中国特色社会主义思想为指导，坚定践行“八八战略”，认真落实高质量发展要求，坚持稳中求进工作总基调，凝心聚力谋发展，齐心协力搞建设，合力唱响“双城记”，齐声念好“两业经”，精心打造“活力城”，全力打好三大攻坚战，积极推进全市经济社会高质量发展。

一　绍兴市 2018 年经济发展概况

（一）综合经济

1. 经济总量

2018 年全市生产总值（GDP）5416.9 亿元，比上年增长 7.1%。其中第一产业增加值 195.12 亿元，增长 2.3%；第二产业增加值 2611.8 亿元，增长 6.9%；第三产业增加值 2608.98 亿元，增长 7.7%。三次产业增加值结构由上年的 4.1∶48.7∶47.2 调整为 3.6∶48.2∶48.2。人均生产总值 107853 元（按年平均汇率 6.6174 折算为 16298 美元），按可比价计算，比上年增长 6.6%。

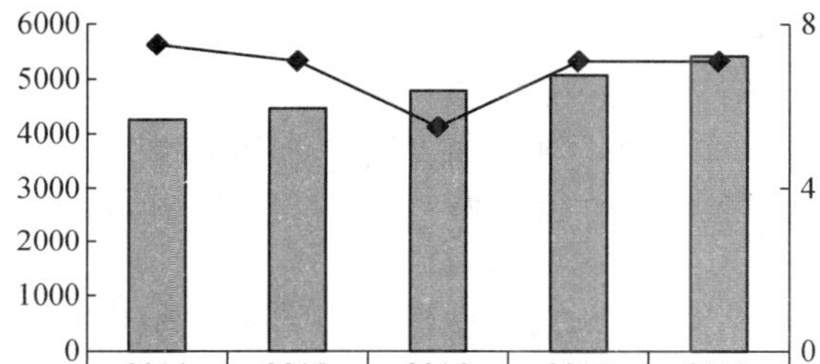

	2014	2015	2016	2017	2018
地区生产总值(亿元)	4265.88	4465.97	4789.03	5078.39	5416.9
增幅(%)	7.5	7.1	5.5	7.1	7.1

图 1　2014—2018 年绍兴市地区生产总值及增长速度

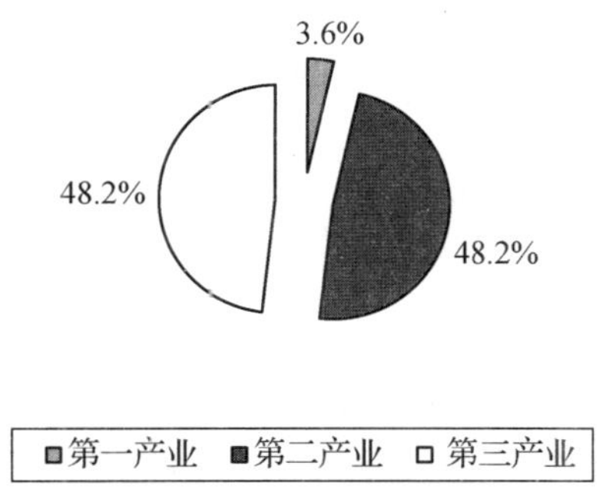

图 2　2018 年绍兴市三次产业结构图

2. 财政收支

全年财政总收入 812 亿元，比上年增长 15.1%，其中一般公共预算收入 501 亿元，增长 16.2%。一般公共预算支出 557 亿元，增长 18.5%。其中民生支出 432 亿元，占一般公共预算支出比重 77.7%，增长 17.0%。

3. 物价水平

居民消费价格比上年上涨2.4%。调查的八大类商品价格"六涨一平一跌"。工业生产者出厂价格和购进价格分别上涨6.9%和7.1%。

4. 固定资产投资

全年固定资产投资比上年增长1.9%。其中民间投资增长20.2%,占全部投资比重69.7%。交通投资、高新技术产业投资分别比上年增长28.1%、22.9%。

(二)农业和农村建设

全年农林牧渔业总产值295亿元,比上年增长2.4%。农林牧渔业增加值198亿元,比上年增长2.4%。其中,农业增加值137亿元,增长2.6%;林业增加值21亿元,增长3.9%;牧业增加值14亿元,下降4.4%;渔业增加值24亿元,增长3.6%;农林牧渔服务业增加值2亿元,增长10.3%。

粮食作物播种面积121.05千公顷,比上年下降1.3%。粮食总产量76.26万吨,增长1.5%。茶叶总产量4.14万吨,下降13.5%。果园、中草药材种植面积分别增长1.9%、2.3%。生猪存栏、出栏分别下降3.3%、10.6%。肉类总产量8.04万吨,比上年下降6.1%,其中猪肉产量6.55万吨,下降11.4%;禽蛋产量1.80万吨,增长13.0%。水产品总产量11.58万吨,增长2.7%。其中,海水产品产量0.33万吨,增长3.0%;淡水产品产量11.25万吨,增长2.9%。

实施粮食生产功能区提标改造3.7万亩,新创建粮食绿色高产示范片19个。诸暨市国家现代农业产业园、柯桥区"花香漓渚"田园综合体2个国家级项目有序推进。4个省级现代农业园区、7个特色农业强镇列入省级创建计划。省级以上农业龙头企业42家。农民专业合作社4621家、家庭农场2469家。基本完成农村土地承包经营权确权登记颁证,承包土地合同签订率98.2%,权证颁发率97.0%。

深入推进"五星达标、3A争创",全市首批851个村创建成为"五星"达标村、51个村创建成为3A景区村。加快美丽乡村景观带建设。深化美丽乡村"四级联创",柯桥区成功创建省级美丽乡村示范县,新创建省级美丽乡村示范乡镇9个、特色精品村24个。加快实施农村"厕所革命",完成农村公厕改造提升4805座。推进农村"三线"(电力线、通信线、广播电视线)整治,保护利用农村历史文化村落,加快农家乐(民宿)提档升级。全面消除年收入15万元以下薄弱村。低收入农户人均可支配收入12803元,增长14.4%。实施"闲置农房激活计划",带动农户就业9339人,分别增加村级集体经济和农户租金收入4723万元、6781万元,列为经济体制重点领域改革典型经验在全省推广。

(三)工业和建筑业

1. 工业

全年工业增加值2234亿元,比上年增长7.4%。其中,规模以上工业增加值增长7.4%,按登记注册类型分,国有企业增长6.8%,集体企业下降33.8%,有限责任公司增长4.9%,股份有限公司增长14.7%,私营企业增长8.6%,港澳台投资企业下降0.7%,外商投资企业增长7.4%,国有及国有控股企业增长12.2%;按规模分,大型企业增长11.2%,中型企业增长0.6%,小型企业增长11.2%。

规模以上工业销售产值增长9.3%,其中出口交货值增长5.0%。

规模以上工业利润总额396.59亿元,增长11.1%。主营业务利润率6.3%,提高0.1个百分点。

2. 建筑业

具有资质等级的总承包和专业承包建筑业企业全年总产值7991亿元,比上年增长7.3%;利润总额156亿元,增长0.1%;税金总额214亿元,下降7.0%。新开工装配式建筑724.93万平方米,占新建建筑比例25.2%。

（四）服务业

1. 国内贸易

全年社会消费品零售总额2007.61亿元，同比增长11.0%，其中限额以上社会消费品零售总额761亿元，增长11.7%。

按经营地分，城镇消费品零售额1617亿元，增长10.7%；乡村消费品零售额391亿元，增长12.0%。按消费类型分，商品零售额1818亿元，增长10.1%；餐饮收入额190亿元，增长19.4%。

限额以上批发零售企业27种零售商品中，占比前八位的商品增长情况分别为：汽车类下降1.5%，石油及制品类增长19.7%，服装、鞋帽、针纺织品类增长22.9%，粮油、食品类增长18.6%，家用电器和音像器材类增长21.4%，中西药品类增长21.0%，金银珠宝类增长11.7%，通讯器材类增长107.2%。

全年批发和零售业销售额13526亿元，同比增长15.5%。住宿和餐饮业营业额320亿元，增长17.5%。

年末，纳入统计的商品交易市场有392家，其中成交额超亿元市场65个，超十亿元市场23个，超百亿元市场7个。全年商品市场成交额3545亿元，比上年增长5.1%，其中消费品市场成交额2191亿元，增长6.8%；生产资料市场成交额1355亿元，增长2.6%。中国轻纺城、钱清轻纺原料市场成交额分别为1214亿元、594亿元，比上年分别增长12.3%和5.8%。

2. 交通运输、邮电

全年货物运输总量14160万吨，比上年增长5.5%。其中，公路货物运输总量12595万吨，增长4.5%；水运货物运输总量1565万吨，增长14.1%。货物运输周转量128亿吨公里，增长3.4%。其中，公路货物运输周转量95亿吨公里，增长4.0%；水运货物运输周转量33亿吨公里，增长1.9%。旅客运输总量2905.5万人，基本与上年持平。其中，公路旅客运输总量2798万人，下降0.3%；水运旅客运输总量107.5万人，下降11.3%。旅客运输周转量29.85亿人公里，增长1.1%。其中，公路旅客运输周转量29.80亿人公里，增长1.2%；水运旅客运输周转量415万人公里，下降19.3%。年末公路通车里程10137公里，与上年持平。

持续打造现代化交通体系，金甬铁路、杭绍台铁路、杭绍城际铁路、杭绍台高速、31省道北延等加快建设，风情旅游新干线实现三区贯通运营，轨道交通1号线进展顺利，越东路、二环北路、329国道市区段智慧快速路和南部综合交通枢纽工程等开工建设。高水平推进“四好农村路”建设，提升改造等外公路182公里，基本实现全域“500米公交通村”，柯桥成为“四好农村路”全国示范县。完成市区公交一体化改革，新增优化城市公交线路80余条次，新增（更新）公交车615辆，新增停车位25789个。

据车管所统计，年末民用车辆拥有量153.67万辆，比上年末增长2.8%。其中汽车138.53万辆，增长11.7%。

全年邮电业务收入63.50亿元，比上年增长6.7%。年末电话用户数（含小灵通）106.79万户，下降8.7%。移动电话用户数（通话用户）596.81万户，增长3.1%。固定电话普及率23.88号线/百人，下降8.8%。移动电话普及率133.45部/百人，增长3.0%。互联网用户数（不含手机上网用户）218.52万户，增长8.8%。

3. 旅游业

全年旅游总收入1184亿元，比上年增长15.1%。其中，国内旅游收入1179亿元，增长17.2%。接待游客10893万人次，增长13.1%。其中接待国内游客10879万人次，增长14.0%。

年末，有A级景区79处，其中5A级景区1处，4A级景区18处，3A级景区32处，2A级景区28处。省AAA级景区村庄84家。

4. 金融、证券和保险

年末，金融机构本外币存款余额8437亿元，比上年末增长7.6%，其中住户存款4109亿元，增长13.1%。金融机构本外币各项贷款余额7517亿元，增长12.1%。其中，中长期贷款余额3945亿元，增长22.6%；短期贷款余额3344亿元，下降0.1%。

着力推进上市公司引领产业发展示范区建设。全年新增股份公司203家，新增A股上市公司4家。年末，有上市公司75家。上市公司牵头组建产业并购和科技创新基金，各类基金规模达400亿元。

34家小额贷款公司全年发放贷款6619笔，共155.4亿元。证券交易32355亿元，下降19.6%。期货交易11430亿元，增长5.0%。

年末，有保险市场主体58家，其中财产险28家，人身险30家。全年保费收入158.27亿元，比上年增长1.2%，总赔付金额51.93亿元，增长18.0%。其中，财产险公司保费收入63.60亿元，增长7.6%，赔款金额37.18亿元，增长10.9%；人身险公司保费收入94.67亿元，比上年下降2.6%，赔付金额14.75亿元，增长40.7%。

5. 房地产业

全年房地产开发投资798亿元，比上年增长17.7%。其中，住宅投资634亿元，增长26.0%。商品房销售面积1068万平方米，销售额1210亿元，比上年分别增长2.8%和29.5%。

（五）对外经济

1. 对外贸易

全年货物进出口2240亿元，比上年增长12.2%。其中，出口2046亿元，增长10.5%；进口194亿元，增长33.3%。按贸易方式分，加工贸易进出口134亿元，一般贸易进出口2096亿元，其他贸易进出口10亿元。按国家和地区分，有进出口国家和地区218个，其中出口超6500万元的国家和地区124个。在15个主要出口国家和地区中，出口前三位为美国、印度、越南；增幅前三位为孟加拉国、印度尼西亚、墨西哥。“一带一路”沿线国家进出口894亿元，比上年增长12.0%，其中出口841亿元，增长11.2%。按出口产品分，纺织服装出口1221亿元，增长9.0%；机电产品出口412亿元，增长8.8%；高新技术产品出口38亿元，增长1.6%；化工产品出口167亿元，增长18.7%。按企业类型统计，年末有出口实绩企业9740家（包括三资企业），比上年末增加555家，其中出口超6500万元企业720家。

全市实现服务进出口总额126亿元，同比增长10.1%，其中，服务出口总额96亿元，增长13.7%，服务进口总额31亿元，与上年基本持平。对“一带一路”沿线国家和地区服务出口总额24亿元。实现离岸服务外包执行额17801万美元，同比增长24.7%。

2. 利用外资

全年新批外资项目230只，合同利用外资21.29亿美元，实到外资13.51亿美元，增长5.0%。其中，新批三产项目186只，合同外资13.07亿美元，实到外资8.98亿美元。新引进总投资亿美元以上项目13个，新引进合同外资3000万美元以上制造业项目17个，合同外资5000万美元以上服务业项目4个。外资来源以港资为主，实到港资8.39亿美元，占全市总量的62.2%。

3. 外经合作

全市新批境外投资企业31家，企业增资13家，总投资额71286万美元，中方投资额62450万美元，境外工程营业额18021万美元。境外工程主要分布在委内瑞拉、赞比亚、卡塔尔、澳大利亚、阿尔及利亚、巴基斯坦等国家和地区。

二　绍兴市2018年社会发展概况

（一）人口、人民生活

据5‰人口变动抽样调查，年末常住人口503.5万人，比上年末增加2.5万人。城镇化率66.6%，比上年末提高1.1个百分点。

据市公安局户籍人口年报统计，年末总户数161.34万户，与上年基本持平。户籍人口447.21万人，比上年末增加0.73万人。其中，男性222.75万人，女性224.46万人。出生人数37466人，出生率8.38‰。死亡人数32728人，死亡率7.32‰。人口自然增长率1.06‰，比上年下降1.82个千分点。

据城乡一体化住户调查，全年全体居民人均可支配收入49389元，比上年增长9.0%。其中，城镇常住居民和农村常住居民人均可支配收入分别为59049元和33097元，增长8.5%和9.1%。

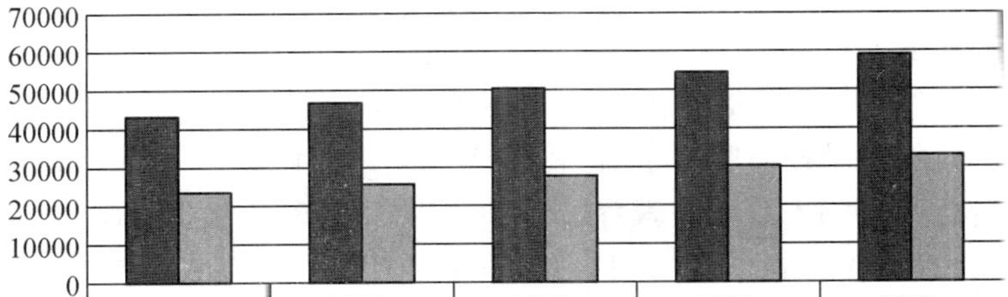

	2014	2015	2016	2017	2018
■城镇居民人均可支配收入(元)	43167	46747	50305	54445	59049
■农村居民人均可支配收入(元)	23539	25648	27744	30331	33097

图3　2014—2018年绍兴市城乡居民收入对比一览

全年全体居民人均生活消费支出28691元，比上年增长8.4%。其中，城镇常住居民和农村常住居民人均生活消费支出分别为33319元和20888元，增长7.9%和8.7%。城镇常住居民恩格尔系数27.1%，比上年下降0.3个百分点，农村常住居民恩格尔系数30.1%，与上年持平。

年末全体居民人均住房建筑面积57.4平方米。其中，城镇常住居民人均住房建筑面积51.5平方米，农村常住居民人均住房建筑面积67.4平方米。

年末，每百户居民家庭拥有家用汽车54.22辆，比上年末增长10.4%；拥有计算机73.10台，降低7.1%；拥有移动电话246.16部，增长3.0%；拥有洗衣机95.54台、电冰箱(柜)107.97台、彩色电视机199.09台、空调211.00台、热水器100.00台，分别增长1.6%、3.6%、0.7%、15.6%、4.9%。

（二）就业与社会保障

1. 就业

当年新增城镇就业人员13.94万人，城镇失业人员实现再就业5.27万人，就业困难人员实现再就业1.13万人。年末城镇登记失业人员38464人，城镇登记失业率2.25%，与上年持平。

全年引进各类人才9.6万人，其中新增就业大学生6.17万人，引进外国人才智力192人，开展职业技能鉴定5.54万人次，培养高技能人才3.3万人。

2. 社会保障

年末，基本养老保险参保人数357万人，比上年末增长3.2%；企业职工养老保险参保人数237万人，增长5.3%。城镇失业保险参保人数120.7万人，下降8.43%。

全市共建成乡镇(街道)级示范型居家养老中心50家，271家城乡社区居家养老服务照料中心实现公建民营，助餐、配送餐服务覆盖1190个城乡社区，助餐覆盖率达50.4%，39家公办养老机构实现公建民营改革，73家乡镇敬老院实现转型升级。

开展农村留守儿童"合力监护、相伴成长"关爱保护专项行动，农村留守儿童总人数由上年末的2906人下降到2573人，并将所有农村留守儿童纳入有效监护范围。年末，在册低保对象41046人，其中，城镇5823人，农村35223人。低保资金(含各类补贴)支出2.84亿元。城乡低保平均标准每人每月810元。从2018年1月1日起实现低保标准城乡统标。救助临时困难群众3375户，8092人次，支出临时救助金1096.26万元。

福利彩票销售13.94亿元，筹集公益金1.24亿元，公益金支出1.71亿元。

当年保障性安居工程住房基本建成58798套，竣工65533套，完成省定目标的113.7%、109.1%。棚户区改造住房新开工54168套，完成省定目标的108.3%。完成城中村和城市旧住宅区拆迁(征收)20692户、650.99万平方米，完成率115.4%。108个小城镇全部通过省级考核验收。

(三) 教育和科学技术

1. 教育事业

年末，有普通高校11所，普通本专科招生3.34万人，在校生9.93万人，毕业生2.83万人。中等职业教育学校(含技工学校)19所，招生1.55万人，在校生4.76万人，毕业生1.59万人。其中11所中职学校18个专业开设"3+2"职业教育，16所中职学校39个专业开设"五年一贯制"职业教育。普通高中50所，招生2.88万人，在校生9.11万人，毕业生3.09万人。初中137所，招生4.47万人，在校生13.94万人，毕业生4.39万人。初中毕业生升学率99.15%。小学330所，招生4.65万人，在校生25.79万人，毕业生4.59万人。小学毕业生升学率100%。幼儿园599所，在园幼儿13.77万人。专任教师5.7万人，其中普通高校0.48万人，中等职业教育0.31万人，普通高中0.8万人，初中1.16万人，小学1.6万人，幼儿园0.89万人。

2. 科技与创新

全市一般公共预算支出中用于科学技术支出32亿元，比上年增长21.1%。编制《绍兴科创大走廊三年建设计划》。新认定国家高新技术企业323家、省高成长企业155家、省科技型中小企业1360家。新认定省重点实验室1家、省级企业研究院13家、省级高新技术企业研发中心33家，实施省级新产品计划1718项、13项成果获省科学技术奖。新增省级产业创新综合体4家。开展纺织印染、智能制造、新材料、中东欧国家科技成果对接会等各类活动30余场。参加实施发明专利产业化项目140项，技术交易额52.25亿元。全面实施"大院名所"建设工程，引进浙江大学、武汉理工等8家高校在绍兴建设研究院。入选省领军型创新创业团队4个、省"万人计划"4名，总数列全省第二。

(四) 文化、卫生和体育

1. 文化事业

年末有国有艺术表演团体7个，全年演出843场次，观众144万人次。国有剧院6个，全年演出524场次，观众31万人次。群艺馆、文化馆(站)125个，组织文艺活动次数1055次。公共图书馆7个，公共图书馆总藏量536万册。

越剧《王阳明》、优秀越剧巡演、小歌剧《外婆桥》、小戏曲《十五的月亮十六圆》等4个项目入选2018年度国家艺术基金扶持项目。非遗保护发展指数列全省第三。新增国家级非物质文化遗产项目代表性传承人7人。新增2家非国有博物馆。

2. 卫生事业

年末，有卫生机构2559个(含村卫生室943个)，比上年末增加57个。其中医院81个，增加5个；卫生院及分院(社区卫生服务中心、站)848个，减少1个。卫生机构床位数27329张，增长1.0%，其中医院床位 21651 张，增长 1.9%。医生数 15662 人，注册护士数 15691 人，分别增长 3.1%、4.2%。每万人拥有医疗床位 61.11 张，比上年增加 0.5 张。每万人拥有医生 35.02 人，比上年增加 0.98 人。

高标准推进健康绍兴建设。医疗服务"最多跑一次"改革全面推进。申报国家级卫生乡镇 26 个，创建省级卫生乡镇 35 个。市级卫生乡镇实现全覆盖。家庭医生签约 170 万人，签约率 38.1%。65 岁以上老人健康管理 52.86 万人，管理率 71.9%。建设规范化母婴室 113 家，为 10.78 万名享受对象发放奖特扶金 1.40 亿元。完成妇女的免费"两癌"筛查 24.45 万人次。未发生重大医疗和公共卫生事件。

3. 体育事业

2018 年绍兴市举办国际性、国家级赛事 33 项。其中，2018 绍兴国际马拉松赛、第三届曹娥江摩托艇国际公开赛入选浙江省第二届十佳商业品牌赛事。

绍兴籍健儿当年获世界级金牌 7 人次、银牌 2 人次，铜牌 4 人次。亚洲级金牌 7 人次、银牌 1 人次、铜牌 2 人次。全国级比赛金牌 91 人次，银牌 69 人次，铜牌 93 人次。

年末，人均体育场地面积 2.49 平方米，列全省第一。全年开展各类全民健身活动 2318 场，体质监测 13000 余例，合格率达到 92.6%。

成功创建浙江省运动休闲旅游示范基地 1 个、精品线路 1 条、优秀项目 2 个，绍兴市荣获 2018 年度最佳体育投资大奖，柯桥区获得世界休闲创新奖，柯桥酷玩小镇获 2018 年度最佳运动休闲小镇，瓜渚湖入选省十佳运动休闲湖泊。

全年体彩销售 17.44 亿元，比上年增长 35.8%。

（五）资源和环境保护

2018 年年末，有气象雷达观测站点 3 个，卫星云图接收站点 5 个，区域自动气象观测站 256 个。全年平均气温 18.1 ℃，总日照时数 1748 小时。

全年平均降水量 1556.8 毫米，较多年平均降水量增加 6.4%，较上年降水量增加 7.5%。总水资源量 59.82 亿立方米，较多年平均偏少 6.2%，较上年偏少 3.6%，其中地表水资源量 57.36 亿立方米。人均水资源量 1188 立方米。

据自然资源和规划局统计，年末，实有耕地面积 198.53 千公顷，与上年基本持平。其中，水田 138.42 千公顷，增长 0.7%；旱地 60.11 千公顷，下降 1.5%。

全年完成造林更新 2.35 万亩，其中平原绿化 2.2 万亩。新建省级森林城镇 5 个，市级森林城镇 9 个、森林村庄 81 个。建成森林通道建设 183.7 公里。新种植珍贵树 173.2 万株，建成珍贵树种示范林 17 片、示范点 16 个、示范单位 16 个。

全年完成水利建设投资 80.5 亿元。水利工程年供水量 18.09 亿立方米，下降 2.3%。年末，已建成水库 555 座，比上年减少 2 座。水库总容量 15.46 亿立方米。完成病险水库除险加固 14 座，农村山塘综合整治 100 座，农村饮用水达标提标 5.57 万人，新增改善灌溉面积 2.6 万亩，新增高效节水面积 2.47 万亩。河湖库塘清污(淤)量 865 万方，城镇污水配套管网 125 公里。完成水土流失治理 36 平方公里。

全市空气质量综合指数 4.02，比上年改善 6.1%。空气质量优良天数比例 83.8%，比上年提升 0.8 个百分点。PM2.5 浓度 37 微克/立方米，比上年下降 9.8%。

全市 7 个国家"水十条"考核断面、24 个省控以上断面、70 个市控及以上断面Ⅰ～Ⅲ类水比例均达到 100%。128 个市级考核断面Ⅰ～Ⅲ类水比例和功能区达标率达到 99.2%，水质实现质的飞跃。

全市域开展国家、省级生态文明建设示范市创建工作。成功创建 2018 年美丽山水城市。新昌县创建成为全国首批国家级生态文明建设示范县，诸暨市创建成为省级生态文明建设示范县。拥有国家级生态乡镇(街道)63 个，省级生态乡镇(街道)109 个。

单位 GDP 能耗下降 5.4%，下降幅度列全省第一。规模以上工业企业能源消费量同比减少 0.9%，单位工业增加值能耗下降 7.7%。其中八大高耗能行业单位增加值能耗同比下降 5.8%。

完成既有公共建筑节能改造 23.75 万平方米、可再生能源建筑应用 504.21 万平方米，完成率分别达到 237.5%、315.1%。

（六）社会安全

全年发生各类生产安全事故 165 起、死亡 138 人，比上年分别下降 13.6%、22.5%。其中，较大生产安全事故 1 起、死亡 3 人，与上年持平。生产经营性道路运输共发生事故 143 起、死亡 112 人，分别下降 10.6%和 23.3%。

三　绍兴市在泛长三角地区经济发展中的地位

2018 年是贯彻党的十九大精神的开局之年，是改革开放 40 周年。在中共绍兴市委的坚强领导下，高举习近平新时代中国特色社会主义思想伟大旗帜，深入学习贯彻党的十九大精神，落实高质量发展要求，坚定践行“八八战略”，凝心聚力、开拓进取，较好完成了市八届人大三次会议确定的目标任务。

（一）地区生产总值

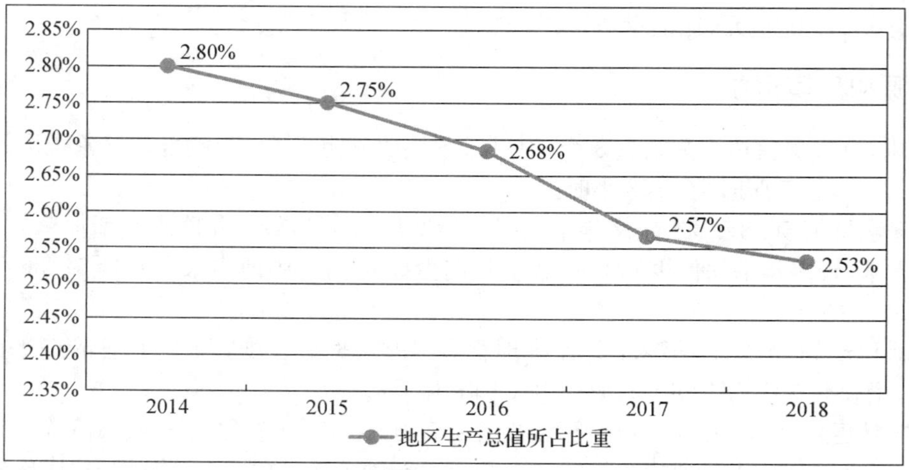

图 4　2014—2018 年绍兴市地区生产总值在泛长三角（苏浙两省 24 个地级市、安徽省 16 个地级市和上海市，下同）所占比重的变化趋势

2014—2018 年绍兴市地区生产总值在泛长三角所占比重分别为 2.80%、2.75%、2.68%、2.57%和 2.53%，五年持续下降，减少了 0.27 个百分点，2018 年较 2017 年下跌了 0.04 个百分点。2018 年绍兴市地区生产总值在泛长三角地区 41 个市排名第 14 位，较 2017 年下降一位。

经济总量稳步提升。2018 年全市生产总值(GDP)5417 亿元，比 2017 年增长 7.1%。其中第一产业增加值 196 亿元，增长 2.3%；第二产业增加值 2612 亿元，增长 6.9%；第三产业增加值 2609 亿元，增长 7.7%。三次产业增加值结构由 2017 年的 4.0∶48.8∶47.2 调整为 3.6∶48.2∶48.2。人均生产总值 107853 元(按年平均汇率 6.6174 折算为 16298 美元)，按可比价计算，比 2017 年增长 6.6%。

新动能加快发展。规模以上工业中，数字经济核心产业、节能环保、健康产品、高端装备、时尚制造业增加值分别增长 8.7%、9.6%、12.6%、11.0%、6.3%，占比分别为 4.8%、10.4%、7.2%、19.0%、13.6%；高技术、高新技术、装备制造、战略性新兴产业增加值分别增长 14.5%、10.1%、9.2%、15.3%，占比分别为 10.1%、48.5%、29.7%、41.5%。在战略性新兴产业中，新一代信息技术产业、生物产业增加值分别增长 7.4%、25.4%。

(二) 地方财政一般预算收入

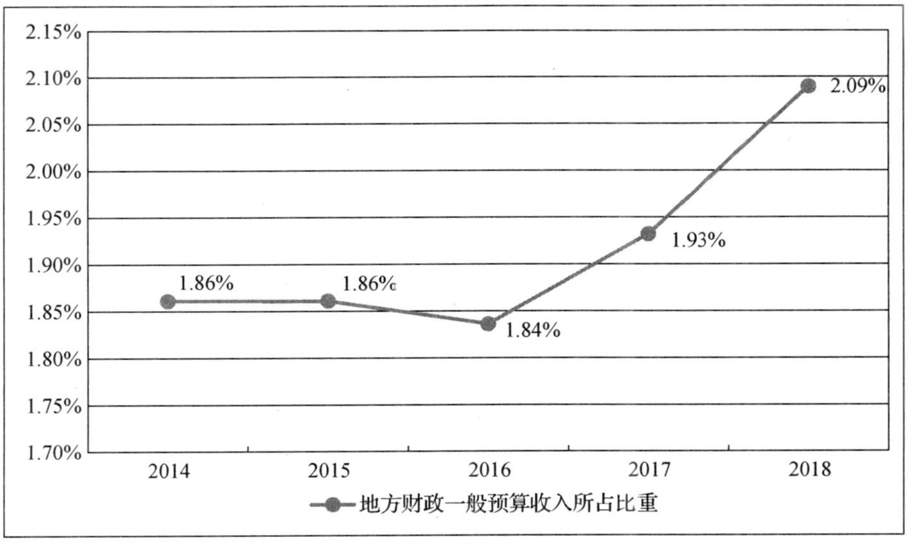

图 5　2014—2018 年绍兴市地方财政一般预算收入在泛长三角所占比重的变化趋势

2014—2018 年绍兴市地方财政一般预算收入在泛长三角所占比重分别为 1.86%、1.86%、1.84%、1.93%和 2.09%，2018 年较 2017 年增加了 0.16 个百分点，较 2014 年增加了 0.23 个百分点。2018 年绍兴市地方财政一般预算收入在泛长三角地区 41 个市排名第 13 位，与 2017 年持平。

全年财政总收入 812 亿元，比 2017 年增长 15.1%，其中一般公共预算收入 501 亿元，增长 16.2%。一般公共预算支出 557 亿元，增长 18.5%。其中民生支出 432 亿元，占一般公共预算支出比重 77.7%，增长 17.0%。

(三) 工业生产总值

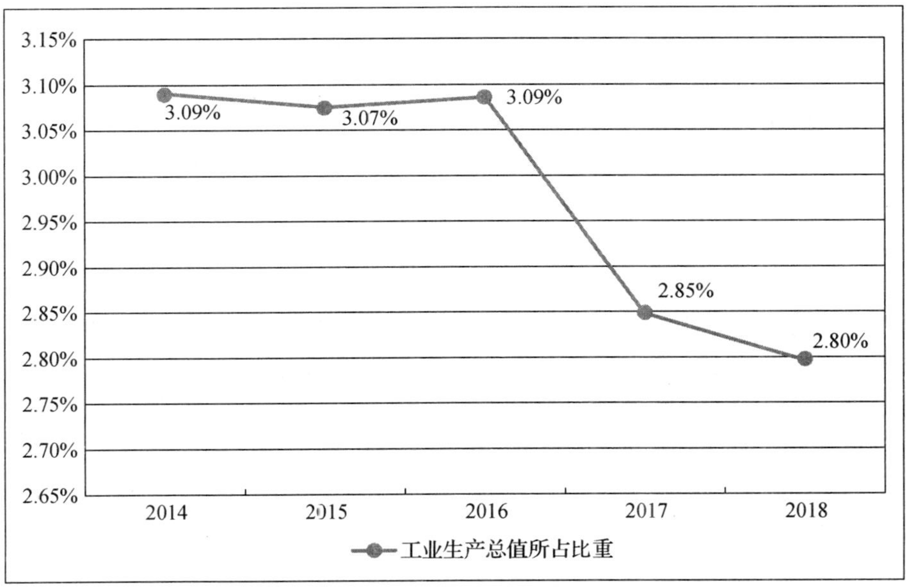

图 6　2014—2018 年绍兴市工业生产总值在泛长三角所占比重的变化趋势

2014—2018 年绍兴市工业生产总值在泛长三角所占比重分别为 3.09%、3.07%、3.09%、2.85%和 2.80%，总体呈下降态势，2018 年较 2017 年减少了 0.05 个百分点，五年减少了 0.29 个百分点。2018 年绍兴市工业生产总值在泛长三角地区 41 个市排名第 13 位，较 2017 年下降了一位。

2018 年，全年工业增加值 2234 亿元，比 2017 年增长 7.4%。其中，规模以上工业增加值增长7.4%，按登记注册类型分，国有企业增长 6.8%，集体企业下降 33.8%，有限责任公司增长 4.9%，股份有限公司增长 14.7%，私营企业增长 8.6%，港澳台投资企业下降 0.7%，外商投资企业增长 7.4%，国有及国有控股企业增长 12.2%；按规模分，大型企业增长 11.2%，中型企业增长 0.6%，小型企业增长 11.2%。规模以上工业销售产值增长 9.3%，其中出口交货值增长 5.0%。

（四）进出口总额

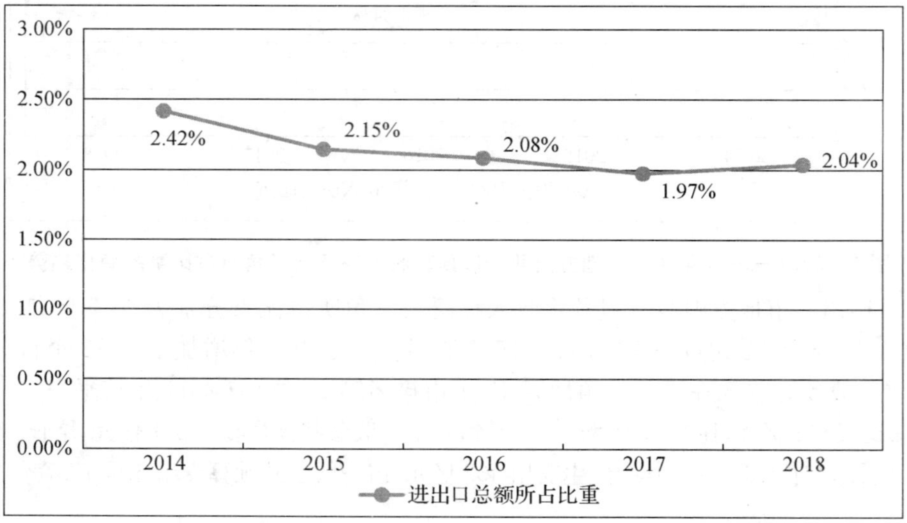

图 7　2014—2018 年绍兴市进出口总额在泛长三角所占比重的变化趋势

2014—2018 年绍兴市进出口总额在泛长三角所占比重分别为 2.42%、2.15%、2.08%、1.97%和 2.04%。2018 年较 2017 年增加了 0.07 个百分点，较 2014 年减少了 0.38 个百分比。2018 年绍兴市进出口总额在泛长三角地区 41 个市排名第 11 位，较 2017 年保持一致。

2018 年浙江省绍兴市外贸进出口 2240.3 亿元，超过 2011 年保持的 2174.6 亿元历史高点，增长 12.2%。同时，2018 年该市与 218 个国家(地区)有进出口贸易记录，其中对 149 个国家(地区)进出口实现增长。

2018 年，绍兴市外贸实现了近 7 年来的首次两位数增长，进出口规模达到新的历史高点，质量效益进一步提高。

其中，民营企业成为拉动进出口增长的主动力，且比重继续提升。2018 年绍兴有进出口实绩的企业，由 2017 年 9534 家提升到 1.01 万家，增加 6.4%，市场主体活力进一步提升。其中，民营企业进出口 1851.2 亿元，增长 14.5%，拉动该市进出口增长 11.7 个百分点，占该市总进出口值的 82.6%。

同时，纺织服装、机电产品仍为出口主力，医药品、未锻轧铜及铜材出口高增长。2018 年，绍兴纺织服装出口 1228.4 亿元，增长 9.0%，占该市出口值的 60.0%，占比同比下降 0.9 个百分点；机电产品出口 411.9 亿元，增长 9.0%，占 20.1%，占比同比下降 0.3 个百分点；医药品出口 65.7 亿元，增长 23.9%，占 3.2%，同比提升 0.3 个百分点；未锻轧铜及铜材出口 26.1 亿元，增长 24.8%，占 1.3%，同比提升 0.2 个百分点。

值得一提的是，2018 年绍兴市与 218 个国家(地区)有进出口贸易记录，其中对 149 个国家(地区)进出口实现增长，占贸易国家（地区）总数的 68. 3%。对欧盟、东盟等主要市场的进出口均保持了稳定增长。

（五）实际外商直接投资金额

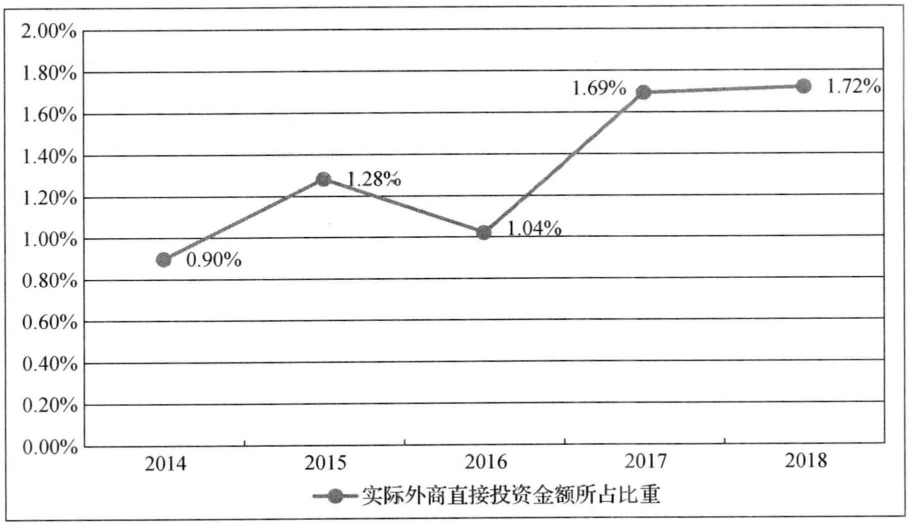

图 8　2014—2018 年绍兴市实际外商直接投资金额在泛长三角所占比重的变化趋势

2014—2018 年绍兴市实际外商直接投资金额在泛长三角所占比重分别为 0. 90%、1. 23%、1. 04%、1. 69%和 1. 72%，整体呈振荡上升，2018 年较 2017 年增加了 0. 03 个百分点，五年时间所占比例增加了 0. 82 个百分点。2018 年绍兴市实际外商直接投资金额在泛长三角地区 41 个市排名第 17 位，较 2017 年保持不变。

全年新批外资项目 230 只，合同利用外资 21. 29 亿美元，实到外资 13. 51 亿美元，增长 5. 0%。其中，新批三产项目 186 只，合同外资 13. 07 亿美元，实到外资 8. 98 亿美元。新引进总投资亿美元以上项目 13 个，新引进合同外资 3000 万美元以上制造业项目 17 个，合同外资 5000 万美元以上服务业项目 4 个。外资来源以港资为主，实到港资 8. 39 亿美元，占全市总量的 62. 2%。

八　金华市2018年经济社会发展报告

2018年全市坚持稳中求进总基调，以供给侧结构性改革为主线，贯彻落实高质量发展要求，新旧动能持续转换，质量效益稳步提升，社会民生逐步改善。全市上下围绕“全面小康、浙中崛起”总目标，坚决打赢实体经济翻身战、改革开放攻坚战等“九场硬战”，加快金华赶超发展步伐。

一　金华市2018年经济发展概况

（一）综合经济

1. 经济总量

2018年全市实现生产总值（GDP）4100.23亿元，按可比价计算，比上年增长5.5%。其中：第一产业增加值135.86亿元，增长1.2%；第二产业增加值1745.47亿元，增长5.9%；第三产业增加值2218.90亿元，增长5.4%。三次产业对地区生产总值增长的贡献率分别为0.8%、48.5%和50.7%。全市人均生产总值达到73428元（常住），增长4.7%，按2018年年均汇率折算为11096美元。第一、二、三产业增加值占地区生产总值的比重为3.3∶42.6∶54.1。

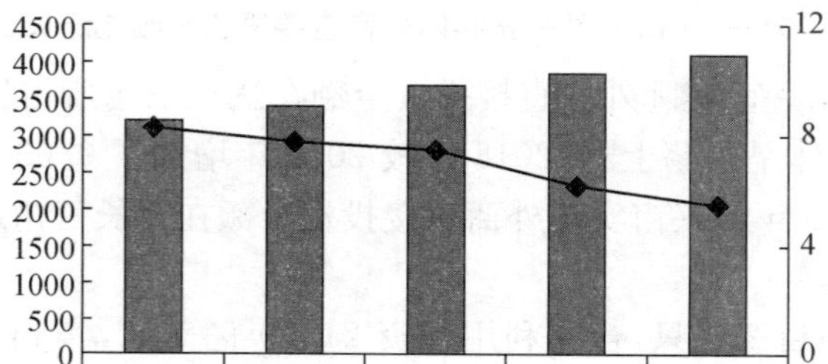

	2014	2015	2016	2017	2018
地区生产总值(亿元)	3208.2	3402.34	3684.94	3848.62	4100.23
增幅(%)	8.3	7.8	7.5	6.2	5.5

图1　2014—2018年金华市地区生产总值及增长速度

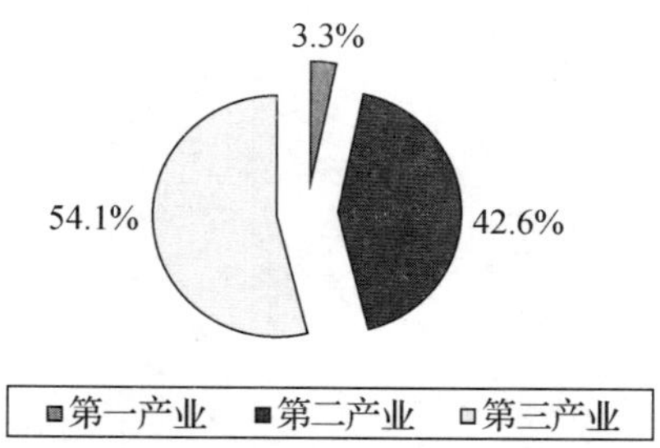

图2　2018年金华市三次产业结构图

2. 财政收支

全市财政总收入661.74亿元，比上年增长10.1%，其中：上划中央财政收入269.1亿元，增长10.5%；一般公共预算收入392.62亿元，增长9.8%。全市一般公共预算支出574.0亿元，增长7.0%。财政更加关注民生，一般公共预算支出的77.8%用于保障和改善民生。其中社会保障和就业支出、住房保障支出、文化体育与传媒支出、医疗卫生与计划生育支出、教育支出、科学技术支出同比分别增长

8.0%、71.3%、4.9%、7.9%、8.7%、13.4%。

3. 物价水平

市区居民消费价格总水平比上年同期上涨2.3%，涨幅比上年扩大0.4个百分点。所调查的八大类消费品及服务项目价格"七涨一跌"，食品烟酒价格上涨3.1%；衣着价格上涨3.0%；居住价格上涨2.8%；生活用品及服务价格上涨0.8%；教育文化和娱乐价格上涨2.4%；医疗保健价格上涨2.2%；其他用品和服务价格上涨0.8%；交通和通信价格下跌0.2%。商品零售价格指数上涨2.2%。全市工业生产者出厂价格上涨2.3%，工业生产者购进价格上涨3.7%，购销价格差1.4个百分点。

4. 固定资产投资

全市固定资产投资比上年增长4.5%，其中重点领域投资实现较快增长，民间投资、交通投资、生态环境和公共设施投资、高新技术产业投资分别增长14.6%、49.4%、24.6%、47.6%。民间投资占投资总额的66.5%。

从投资结构看，第一产业投资下降62.9%，第二产业投资下降3.1%，第三产业投资增长7.4%，三次产业投资结构调整为0.1∶23.7∶76.2。

重点建设项目。全市省级重点建设项目79个，年计划投资271.77亿元，其中新增省重点项目18个，全年完成投资335.1亿元，为年度计划的123.3%，开工率为100%，竣工投产项目13个。列入市重点建设实施类项目共计304个，年计划投资641.15亿元，其中新增项目120个，全年完成投资863.8亿元，为年度计划的134.7%，开工项目296个，开工率97.4%。

（二）农业建设

全市农林牧渔业增加值140.36亿元，比上年增长1.5%。全市农作物播种面积202.64千公顷，增长1.0%，其中粮食播种面积78.65千公顷，总产量44.79万吨；棉花播种面积1.4千公顷，产量0.21万吨；蔬菜播种面积为49.51千公顷，产量116.35万吨；药材播种面积10.98千公顷，产量3.92万吨；果用瓜种植面积11.12千公顷，产量25.31万吨；花卉苗木种植面积20.47千公顷。

全市完成新造林0.81万亩、迹地更新2.01万亩、森林抚育13.47万亩、平原绿化2.23万亩(全市平原林木覆盖率达20.9%以上)，新植珍贵树265.6万株；完成森林通道建设313.4公里，折合绿化面积3579亩，完成通道沿线林相改造面积1.75万亩。全市省级以上生态公益林建设面积达487.8万亩。全市森林覆盖率达61.4%。

全市肉类总产量为14.2万吨，其中猪肉11.86万吨，全年生猪出栏146.26万头；家禽出栏1389.9万只；牛奶产量5.35万吨；水产品产量8.4万吨。

全年化肥施用量(折纯)9.18万吨，下降2.8%；农村用电量58.66亿千瓦时，增长1.0%。

（三）工业和建筑业

1. 工业

2018年全市完成工业增加值1502.85亿元，比上年增长7.1%。规模以上工业增加值增长6.0%，实现销售产值3812.78亿元，增长6.1%。规模以上工业企业完成出口交货值961.24亿元，占销售产值的比重为25.2%。全市规模以上工业中高新技术产业、装备制造业、战略性新兴产业、数字经济核心产业制造业等新兴产业增加值分别增长7.6%、6.1%、13.9%、20%。

规模以上工业企业研发经费支出70.2亿元，增长27.4%；完成新产品产值1272.62亿元，新产品产值率达到32.5%；全年实现利税294.29亿元，其中利润172.17亿元，利润占利税比重58.5%。

2. 建筑业

全市建筑业总产值3519.89亿元，增长1.4%；房屋建筑施工面积45142.13万平方米，完成房屋竣工面积9862.62万平方米。

（四）服务业

1. 国内贸易

全市社会消费品零售总额2253.0亿元，比上年增长6.5%，按城乡消费结构分，城镇社会消费品零售总额1889.1亿元，增长5.5%；乡村社会消费品零售总额363.9亿元，增长12.1%。按消费类型分，餐饮收入199.9亿元，增长8.1%；商品零售2053.1亿元，增长6.3%。

分商品类别看，蔬菜类、粮油类、肉禽蛋类、石油及制品类商品消费增长较快，分别增长17.2%、13.3%、10.9%、15.9%；服装类、家电类商品消费分别增长8.4%、4.0%；汽车类、烟酒类、金银珠宝类商品消费则分别下降6.4%、8.7%、9.9%。

全年实现网络零售额2869.6亿元，增长22.3%，占全省网络零售额的17.2%，总量居全省第二位。居民网络消费额862.9亿元，同比增长25.6%，实现顺差2006.7亿元。跨境网络零售出口310.3亿元，占全省跨境网络零售出口的54.0%，位列全省第一。

全市共有各类市场337个，市场总成交额为3231.56亿元，其中实体市场331家，年成交额3095.11亿元；网上交易市场6家，年成交额136.45亿元。拥有年成交额超亿元的市场91家，总成交额为3164.65亿元。

2. 交通运输、邮电

2018年全市共完成综合交通建设投资251.71亿元，完成年度计划的107.2%。其中：铁路建设完成投资99.23亿元；公路建设完成投资113.67亿元；水运建设完成投资0.2亿元；物流站场建设完成投资38.61亿元。全市境内公路总里程达到12952公里。年内旅客周转量42.05亿人公里，货物周转量73.69亿吨公里。

邮电业务收入104.59亿元，比上年增长12.7%，其中邮政业务收入26.32亿元，比上年增长37.8%；电信业务收入78.27亿元，增长6.1%。年末移动电话用户达1373.36万户，增长33.4%，移动电话普及率233.64部/百人；互联网宽带接入用户达287.37万户，比上年末增长13.4%。全市完成快递业务量36.61亿件，增长43.3%；实现快递业务收入169.94亿元，增长7.7%。快递业务量和快递业务收入分别居全国第2和第6位。

3. 旅游业

全市共接待游客1.21亿人次，增长16.3%，实现旅游收入1350.88亿元，增长17.7%，其中接待国内旅游者1.2亿人次，增长16.7%；实现国内旅游收入1317.74亿元，增长19.0%；接待入境旅游者84.3万人次，下降1.1%，实现旅游外汇收入50088.72万美元，下降0.1%。

4. 金融和保险

2018年末，全市金融机构本外币各项存款余额8696.28亿元，增长9.4%，其中住户存款余额4646.44亿元，增长12.8%；非金融企业存款2017.43亿元，增长5.2%；广义政府存款1625.32亿元，增长9.5%。金融机构本外币各项贷款余额7356.37亿元，增长9.9%，其中住户贷款3273.80亿元，增长18.2%；企业及机关团体贷款4082.32亿元，增长4.1%。

全市保险机构全年保费收入248.77亿元，增长9.2%，其中财产险保费收入85.18亿元，增长8.0%；人寿险保费收入163.59亿元，增长9.9%。全年支付各类赔偿及给付80.40亿元，增长22.6%，其中财产险赔款49.61亿元，增长13.4%；人寿险赔款及给付30.79亿元，增长41.1%。

5. 房地产业

全市房地产开发房屋施工面积为2805.52万平方米，比上年增长19.8%；竣工面积322.61万平方米，下降4.3%。全市商品房销售面积为532.28万平方米，增长8.7%；其中住宅销售面积465.08万平方米，增长8.6%。

（五）对外经济

1. 对外贸易

2018 年全市服务贸易实现进出口总额 248.5 亿元，占全市外贸总额 6.2%，增长 10.3%，其中出口 188.3 亿元，增长 10.4%，进口 60.1 亿元，增长 9.9%。国际服务外包离岸合同执行额 20.9 亿元，文化服务出口 9.7 亿元。运输服务、旅游服务两大重点领域进出口额和出口额分别占总额的 55.5%和 56.5%。阿尔及利亚、马来西亚、科威特为该市服务贸易出口前三大市场。

全市完成货物贸易进出口总额 3769.0 亿元，比上年增长 10.7%，其中出口总额 3658.3 亿元，增长 10.5%；进口总额 110.8 亿元，增长 18.1%。全年有进出口实绩企业 8548 家，比上年净增 1256 家。全市与 232 个国家和地区建立了贸易关系，其中出口超 10 亿元的国家和地区 71 个。全年对“一带一路”国家和地区出口 1571.5 亿元，总量居全省首位。

2. 外资状况

全市新批外商投资企业 1007 家；合同利用外资 12.1 亿美元；实际利用外资 3.19 亿美元。二产实际利用外资金额 1.46 亿美元，占全市实际利用外资总额的 45.8%；三产实际利用外资金额 1.73 亿美元，占全市实际利用外资总额的 54.2%。全市省级及以上开发区实际利用外资 2.16 亿美元，占全市总数的 67.7%。

3. 对外合作

全市新批核准境外投资项目 36 个，境外投资总额 2.34 亿美元，其中中方投资 1.65 亿美元。在“一带一路”沿线国家地区中方投资额 1.36 亿美元，占全市总额的 82.8%。全市完成对外承包工程劳务合作营业额 3.29 亿美元。全年设立境外营销网络项目 30 个，中方投资额 1.28 亿美元。“一带一路”捷克站授牌捷克（浙江）经贸合作园，成为金华市首个浙江省级境外经贸合作区。

二　金华市 2018 年社会发展概况

（一）人口、人民生活

2018 年年末全市拥有户籍人口 483.97 万人，其中市区 98.85 万人。全市出生人口 600[illegible]5 人，人口出生率为 12.3‰，人口自然增长率为 5.69‰。年末全市常住人口为 560.4 万人，城镇人口占总人口的比重（即城镇化率）为 67.7%。

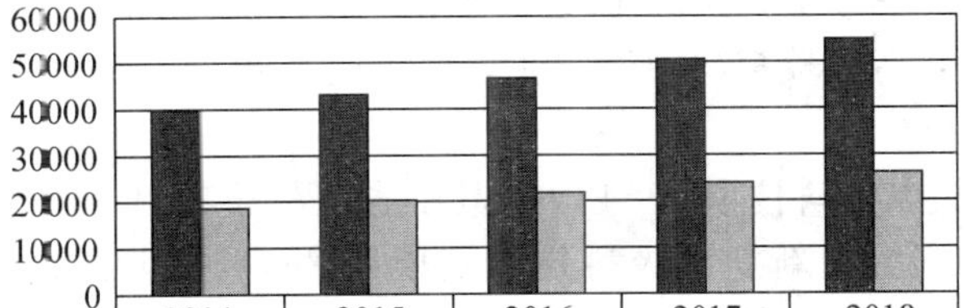

	2014	2015	2016	2017	2018
■城镇居民人均可支配收入（元）	39807	43193	46554	50653	54883
□农村居民人均可支配收入（元）	18544	20297	21896	23922	26218

图 3　2014—2018 年金华市城乡居民收入对比一览

金华市全体居民人均可支配收入 44326 元，比上年增长 9.1%。分城乡看，城镇常住居民人均可支配收入为 54883 元，增长 8.4%；农村常住居民人均可支配收入为 26218 元，增长 9.6%。全体居民从收入来源看，人均工资性收入 24786 元，增长 9.1%；人均经营净收入 7664 元，增长 7.0%；人均财产净收入 5970 元，增长 10.0%；人均转移净收入 5905 元，增长 11.2%。全体居民人均生活消费 28623 元，增长 7.4%，其中城镇常住居民人均生活消费支出 34503 元，增长 6.6%；农村常住居民人均生活消费支出 18550 元，增长 8.2%。

（二）就业与社会保障

1. 就业

2018 年，全市城镇新增就业 110049 人，新增就业人数比上年增长 6.0%；城镇失业人员实现再就业 36733 人，再就业人数比上年增长 2.5%；年末城镇登记失业率 2.1%，失业率比上年下降 0.4 个百分点。

2. 社会保障

年末全市城镇职工养老保险参保人数 211.2 万人，职工基本医疗保险参保人数 159.46 万人，失业保险参保人数 91.61 万人，工伤保险参保人数 145.78 万人，生育保险参保人数 93.06 万人；城乡居民养老保险参保人数 142.82 万人，城乡居民医疗保险参保人数 342.32 万人，被征地农民基本生活保障参保人数 25.01 万人。

3. 社会福利

2018 年末全市拥有各类社会福利单位 171 个，社会福利床位数 39379 张，收养各类人员 1.6 万人。农村五保对象集中供养率为 97%。全市共有低保对象 58685 人，发放最低生活保障金 29784 万元；筹集医疗救助资金 9656.17 万元，救助医疗困难群众 10.13 万人次；改扩新建避灾场所 284 个。社区服务功能日益完善，建立乡镇（街道）社区服务中心 147 个、城市社区服务中心（站）380 个、村级社区服务中心（站）3595（现有）/3404（应有）个、捐赠接收站（慈善超市）43 个。全市共有社会组织 5318 家，其中社会团体 2220 家，民办非企业单位 3087 家。全市共有抚恤优待对象 37123 人，发放抚恤金 54680.23 万元、义务优待金 32393.9 万元、困难补助经费 1146.2 万元，退役义务士兵自主就业率达到 100%，发放自主就业一次性经济补助金 5596.87 万元。

（三）教育和科学技术

1. 教育事业

金华市共有各级各类全日制学校 2102 所（不含技工学校，下同），在校生 109.11 万人，教职工 8.62 万人。其中小学 395 所，在校生 42.19 万人；初中 177 所，在校生 17.99 万人；普通高中 69 所，在校生8.69万人；中等职业学校 24 所，在校生 5.09 万人；特殊教育学校 9 所，在校生 911 人；全日制高校 8 所，在校生 8.43 万人，其中全日制在校研究生 5209 人，博士生 117 人；成人高校 2 所，在校生 5100 人；幼儿园 1418 所，在园幼儿 26.10 万人。全市学前三年幼儿入园率 99.59%，省等级幼儿园 1298 所，省等级幼儿园招生覆盖面 95.0%；全市十五年教育普及率 99.7%，小学入学率、巩固率 100%，初中入学率、巩固率 100%；初中毕业生升入高中段学校比例 98.8%，初中毕业生升入普通高中与中等职业学校的比例为 1∶0.86，普通高中教育与中等职业教育协调发展。

2. 科技与创新

全市列入市级以上科技项目 549 项，其中省级科技项目 259 项（工业 211 项、农社 48 项），新到位上级科技资金 1.01 亿元。新立市级科技计划项目 290 项，其中工业类 51 项、农业类 18 项、社会发展类 36 项、公益类 183 项、农业科技成果转化项目 2 项。获专利授权 23711 件，其中发明专利 1649 件。新认定国家级高新技术企业 176 家，累计达到 685 家。新认定省科技型中小企业 613 家，累计达到 2824 家。新认定市级以上研发机构 159 家，其中省级企业研究院 15 家，省级高新技术研发中心 36 家、市级 108 家。新建市级以上各类创新载体 44 家，目前全市累计拥有省级以上科技孵化器 9 家（国家级 1 家、省级 8 家），省级以上众创空间 19 家（国家级 1 家、省级 18 家），省级以上星创天地 13 家（国家级 7 家，省级 6 家）。全市共发放创新券 3101 万元，确认使用 1900 万元。

全市新增浙江名牌产品 37 只，累计 330 只；新认定金华名牌产品 70 只，累计 447 只；新增“浙江制造”标准 77 项，累计已有 185 项“浙江制造”标准立项成功。新增“品字标”企业 92 家，其中新增“浙江制造”认证企业 42 家。参与制定修订国际、国家或行业标准 68 项，累计 522 项。规上企业采标率 60.4%。获国家和省级农业标准化示范项目和服务试点项目 5 个。产品质量监督抽查合格率 94%。特种设备定检率、登记率和操作人员持证上岗率达99%以上，每万台特种设备事故率为0.295起，结案率100%。计量器具强制检定15.61万台件。

（四）文化、卫生和体育

1. 文化事业

全市拥有文化馆10个，公共图书馆11个。配合市委宣传部建成农村文化礼堂523家，制定全市文化系统农村文化礼堂建设服务菜单，提供点单式服务1000余场次。创建市级文化示范村（社区）32个。积极实施文化惠民工程，完成送戏下乡3256场，送电影下乡43861场，“非遗文化礼堂百村行”活动120余场，送书446214册、送展览讲座1627场、文化走亲（县级以上）170场。全市文化市场健康平稳有序，出动检查5286次，出动检查15704人次，检查文化经营单位28540家次，全市广播综合覆盖人口483.28万人，覆盖率99.5%。电视综合覆盖人口484.75万人，覆盖率99.8%。

2. 卫生事业

全市共有医疗卫生机构3967家，其中医院137家；卫生院（含社区服务中心）157家；门诊部131家；专业公共卫生机构42家，其中妇保院10家，疾病预防控制机构10家，卫生监督检验机构10家，专科疾病防治院（所、站）4家；其他卫生机构20家；诊所、医务室、社区卫生服务站、村卫生室3480个。全市共有实际开放床位数33120张。全市共有卫生技术人员44609人，其中执业医师和执业助理医师17313人，注册护士17833人。全市共有艾滋病实验室62个，其中初筛实验室58个，中心实验室1个，确诊实验室3个。

3. 体育事业

全市建设小康体育村提升工程100个、社区多功能公共运动场25个、笼式足球场12个、拆装式游泳池12个、中心村全民健身广场3个、省级全民健身中心1个、老年体育活动中心俱乐部10个、职工体育俱乐部4个、体育示范幼儿园12个、健身气功活动站点186个。全市建成休闲健身场所29处，创建省级品牌赛事7个，创建省级运动休闲旅游示范基地1处、优秀项目4处，17个项目列入浙江省体育产业发展专项资金项目库。在竞技体育比赛中，共夺得省级以上比赛金牌136.5块，在第16届省运会中，金华市共获得41.5块现场金牌，比第15届省运会增加9.5块，其中田径项目16块、重竞技项目12.5块、男子足球丙组打进省运会决赛并取得3金。全市举办体育赛事活动超400场，参与运动员30余万人次，观赛群众340多万人次，其中国际级赛事6场、国家级赛事15场、省级赛事活动40余场。全市共有7项赛事入选《浙江省重点培育品牌体育赛事名录库》，品牌赛事培育初见成效。

（五）城乡建设

优化都市区规划体系。组织编制金义都市区规划、金义一体化规划，明确都市区“以丝路开放为特色的世界‘小商品之都’、国际影视文化之都、创新智造基地、和美宜居福地”的发展定位。制定实施都市能级提升战三年行动计划，推进金义一体共融等八大行动，启动实施十类标志性重大项目。金华铁路地区总图规划获批。市县“一张蓝图”和“多规合一”业务协同平台初步建成。

同城化项目有序实施。完成综合交通投资251亿元，金义综合交通枢纽列入省大通道建设行动计划。推进金义东市域轨道交通、金台铁路、金武快速路建设，杭金衢高速拓宽二期、义东高速东阳段、义永快速路义乌段开工建设。开通义东、义浦城际公交，衢江航运金华段通航。供水、供电、供气、通讯等基础设施建设统筹推进，市区“西水东输”等项目加快建设。

城市核心区展现新貌。有序实施“十大区块、十大工程、十大项目”，亚运分村、市第二生活垃圾焚烧发电等城建项目集中开工，金华之光文化广场主体完工，浙中总部经济中心一期结顶，铁路金华站全新亮相，三江六岸和双龙南街亮化提升工程完工，市城展馆投入使用。实施《金华市养犬管理规定》《金华市城市市容与环境卫生管理规定》。扎实推进城市有机更新，完成拆违2133万平方米、“三改”3193万平方米。

和美乡村建设彰显特色。实施《金华市农村生活垃圾分类管理条例》，推进小城市试点、小城镇环境综合整治、农村人居环境整治工作，省级湿地公园实现县市全覆盖，浦江治水为省“千万工程”获“地球卫士奖”贡献金华元素，横店、佛堂入选全国最美特色小城镇，浦阳江生态廊道入围世界建筑节“景观奖”。农村电商和乡村旅游蓬勃发展，磐安“共享农屋”等经验全省推广，新增省休闲农业与乡村旅游精品线路10条、省A级景区村庄410个，浦江、磐安获评全省首批全域旅游示范县。现代农业加快发展，基本完成农村承包地确权颁证，“金华两头乌”入选中国区域农业品牌影响力十大品牌，“武阳春雨”“浦江葡萄”“东阳东白”“磐安云峰”等区域公共品牌加快培育，国家畜禽标准化养殖示范场、省美丽牧场新增数量居全省首位。稳妥推进行政村规模调整，行政村数量调减35.7%。

（六）环境保护和生态建设

2018年全市以绿色发展理念为指引，以环境质量改善为核心，扎实推进生态环保各项工作，积极开展碧水提升、蓝天保卫、净土清废等行动，不断夯实“美丽金华”建设的生态环境基础。全市43个地表水断面、11个“水十条”国家考核断面、17个省控断面、10个市界出境断面、20个县市交接断面、8个县级以上集中式饮用水源地水质实现6个100%达标，其中5个饮用水源地水质达到了Ⅰ类，同比提高25%，为历年最好、全省最优。2018年金华市区空气质量优良率84.4%，同比上升6.4%，升幅全省第一，PM2.5浓度34微克/立方米，同比下降19.0%，降幅全省第三，优良天数308天，同比增加25天，三项指标均为历年最好。据省生态环境厅考核，上一年度该市化学需氧量、氨氮、二氧化硫、氮氧化物排放量同比下降9.2%、9.8%、8.5%和5.2%，超额完成省下达的减排目标任务，分别完成“十三五”主要污染物总量减排目标任务的80%、93%、76%和52%。2018年公众对金华市生态满意度得分为85.12分，同比提高6.6分，为历年最高得分。

全市完成新造林0.81万亩、迹地更新2.01万亩、森林抚育13.47万亩、平原绿化2.23万亩（全市平原林木覆盖率达20.9%以上），新植珍贵树265.6万株；完成森林通道建设313.4公里，折合绿化面积3579亩，完成通道沿线林相改造面积1.75万亩。全市省级以上生态公益林建设面积487.8万亩。全市森林覆盖率达61.4%。全市新建（改造）生态廊道彩色林119公里，新增彩色林1.6万亩；成功创建东阳东江源省级自然保护区；新增婺城九峰、金华金满湖、义乌南江和武义十里荷花等4个省级湿地公园（率先全省实现省级湿地公园县级全覆盖）；新增义乌市萧皇岩等6个市级森林公园。全市“一区两园”建成数为39个，位居全省首位。

（七）安全生产

全市共发生各类生产安全事故（含生产经营性火灾事故）279起、死亡203人、受伤152人，分别比上年下降28.3%、30.0%、17.4%。

三　金华市在泛长三角地区经济发展中的地位

2018年是改革开放40周年、“八八战略”实施15周年。一年来，面对错综复杂的外部环境和艰巨繁重的发展任务，市政府高举习近平新时代中国特色社会主义思想伟大旗帜，全面贯彻党的十九大和十九届二中、三中全会精神，坚决贯彻省委、省政府和市委决策部署，认真执行市人大及其常委会的决议，推进“八八战略”再深化、改革开放再出发，聚力“高质量、强改革、促共建、抓攻坚、惠民生”，大力弘扬新时代金华精神，全力打好“九场硬战”。

（一）地区生产总值

2014—2018年金华市地区生产总值在泛长三角所占比重分别为2.11%、2.09%、2.07%、1.94%和1.92%，总体上呈下跌趋势，2018年比2017年减少了0.02个百分点，较2014年减少了0.19个百分点。2018年金华市地区生产总值在泛长三角地区41个市排名第18位。

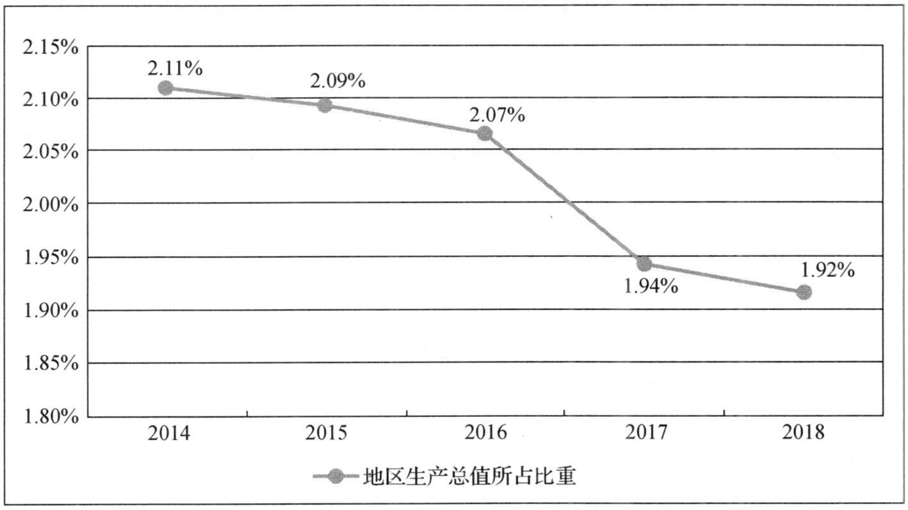

图 4　2014—2018 年金华市地区生产总值在泛长三角
（苏浙两省 24 个地级市、安徽省 16 个地级市和上海市，下同）所占比重的变化趋势

2018 年全市实现地区生产总值（GDP）4100.23 亿元，增长 5.5%，低于全省 1.6、全国 1.1 个百分点。其中：第一产业增加值 135.86 亿元，增长 1.2%；第二产业增加值 1745.46 亿元，增长 5.9%；第三产业增加值 2218.91 亿元，增长 5.4%。三次产业对地区生产总值增长的贡献率分别为 0.8%、48.5%和 50.7%。全市人均生产总值达到 73428 元（常住），增长 4.7%，按 2018 年年均汇率折算为 11096 美元。第一、二、三产业增加值占地区生产总值的比重为 3.3∶42.6∶54.1。

（二）地方财政一般预算收入

图 5　2014—2018 年金华市地方财政一般预算收入在泛长三角所占比重的变化趋势

2014—2018 年金华市地方财政一般预算收入在泛长三角所占比重分别为 1.58%、1.59%、1.59%、1.60%和 1.64%，2018 年较 2017 年增加了 0.04 个百分点，较 2014 年增加了 0.06 个百分点。2018 年金华市地方财政一般预算收入在泛长三角地区 41 个市排名第 13 位，较 2017 年上升了三位。

2018 年一般公共预算收入 392.62 亿元，完成预算的 101.8%，增长 9.8%。其中，税收收入 345.01 亿元，增长 11.1%，增幅略高主要是 2018 年上半年房地产市场行情较好，行业相关的契税、土地增值税增幅较大。加上转移性收入 249.19 亿元，收入合计 641.81 亿元。浙江省金华市下辖婺城区、金东区、浦江县、磐安县、武义县，代管四个省辖县级市义乌市、东阳市、永康市、兰溪市，境内建置九个县级行政区。金华市各县市区 2018 年地方财政收入均已公布，排名名次具体如下：第一名：义乌市 95.2 亿元；第二名：东阳市 65.7 亿元；第三名：永康市 56.4 亿元；第四名：兰溪市 26.6 亿元；第五名：武义县 25.98 亿元；第六名：浦江县 19.1 亿元；第七名：金东区 15.39 亿元；第八名：婺城区 10.41 亿元；第九名：磐安县 10 亿元。

（三）工业生产总值

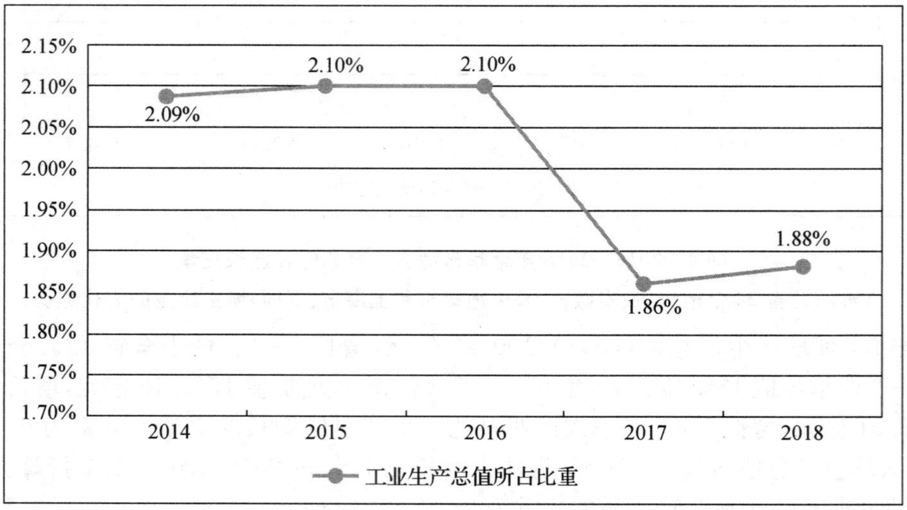

图 6　2014—2018 年金华市工业生产总值在泛长三角所占比重的变化趋势

2014—2018 年金华市工业生产总值在长三角所占比重分别为 2.09%、2.10%、2.10%、1.86%和 1.88%，2018 年较 2017 年增加了 0.02 个百分点，较 2014 年减少了 0.21 个百分点。2018 年金华市工业生产总值在泛长三角地区 41 个市排名第 20 位，与 2017 年保持不变。

2018 年全市完成工业增加值 1502.85 亿元，比 2017 年增长 7.1%。规模以上工业增加值增长 6.0%，实现销售产值 3812.78 亿元，增长 6.1%。规模以上工业企业完成出口交货值 961.24 亿元，占销售产值的比重为 25.2%。全市规模以上工业中高新技术产业、装备制造业、战略性新兴产业、数字经济核心产业制造业等新兴产业增加值分别增长 7.6%、6.1%、13.9%、20%。规模以上工业企业研发经费支出 70.2 亿元，增长 27.4%；完成新产品产值 1272.62 亿元，新产品产值率达到 32.5%；全年实现利税 294.29 亿元，其中利润 172.17 亿元，利润占利税比重 58.5%。

2018 年，全市规模以上工业增加值 790.07 亿元，增长 6.0%，比上半年回升 0.6 个百分点，主要拉动行业是电力、电气机械、医药、计算机通信。虽然规模以上工业增速有回升，但回升的基础还不牢固，增长后劲不足，下行压力加大，部分重点行业继续走弱。如汽车制造业一直是金华工业经济增长的主要拉动力量，但 2018 年尤其是下半年以来，受全国汽车市场销量低迷影响，汽车制造业生产连续下滑，2018 年汽车制造业总产值同比下降 18.2%、销售产值同比下降 36.3%。

（四）进出口总额

2014—2018 年金华市进出口总额在泛长三角所占比重分别为 2.89%、3.52%、3.65%、3.36%和 3.42%，2018 年较 2017 年增加了 0.06 个百分点，5 年累计增幅为 0.53 个百分点。2018 年金华市进出口总额在泛长三角地区 41 个市排名第 7 位，保持着相对领先的位置。

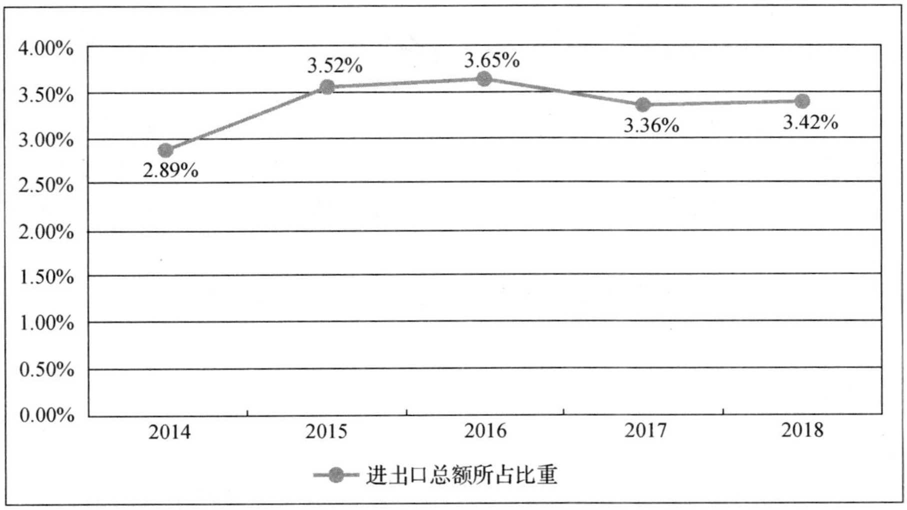

图7　2014—2018年金华市进出口总额在泛长三角所占比重的变化趋势

2018年全市进出口3769亿元，增长10.7%，其中出口3658.3亿元，增长10.5%，其中市场采购出口2037.3亿元，占全市出口比重高达55.69%，同比增长7.58%。从出口市场看，全市对美国出口408.8亿元，同比增长18.47%，占全市出口比重为11.17%。在中美贸易战局势尚未明朗的情况下，其解决进度将直接影响企业出口信心。

（五）实际外商直接投资金额

图8　2014—2018年金华市实际外商直接投资金额在泛长三角所占比重的变化趋势

2014—2018年金华市实际外商直接投资金额在泛长三角所占比重分别为0.37%、0.37%、0.45%、0.57%和0.41%，2018年较2017年减少了0.16个百分点，较2014年增加了0.04个百分点。2018年金华市实际外商直接投资金额在泛长三角地区41个市排名第34位，较2017年下降了四位。

2018年，全市新批外商投资企业1007家；合同利用外资12.1亿美元；实际利用外资3.19亿美元。二产实际利用外资金额1.46亿美元，占全市实际利用外资总额的45.8%；三产实际利用外资金额1.73亿美元，占全市实际利用外资总额的54.2%。全市省级及以上开发区实际利用外资2.16亿美元，占全市总数的67.7%。

九　衢州市2018年经济社会发展报告

2018年，衢州市委、市政府以习近平新时代中国特色社会主义思想为指导，全面贯彻落实中央、省的各项重大决策部署，大力实施“1433”发展战略体系，加快建设“活力新衢州、美丽大花园”，稳步推进经济社会高质量发展，全市经济运行平稳，质量效益提升，发展活力不断增强，生态环境持续改善，社会民生和谐稳定。

一　衢州市2018年经济发展概况

（一）综合经济

1. 经济总量

2018年全年全市生产总值1470.58亿元，按可比价格计算，比上年增长7.2%。其中：第一产业增加值80.93亿元，增长2.3%；第二产业增加值661.68亿元，增长8.2%；第三产业增加值727.97亿元，增长7.0%。在第三产业中：交通运输、仓储及邮政业增加值增长3.6%，批发和零售业增加值增长6.0%，住宿和餐饮业增加值增长5.5%，金融业增加值增长7.3%，房地产业增加值增长1.2%。三次产业增加值结构为5.5∶45.0∶49.5。全市人均生产总值按户籍人口计算为57034元，合8619美元，比上年增长7.1%；全市人均生产总值按常住人口计算为66936元，合10115美元，比上年增长6.1%。

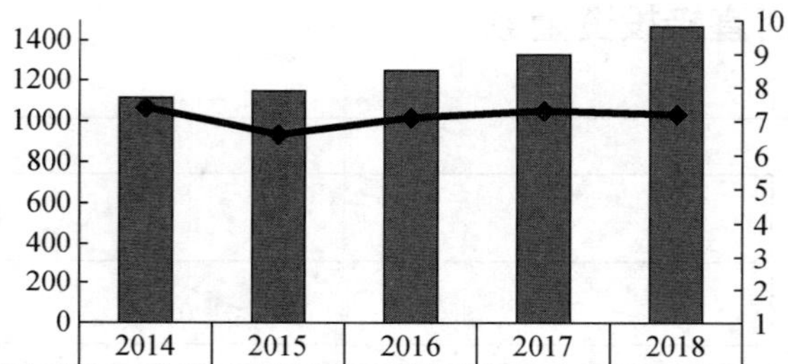

	2014	2015	2016	2017	2018
地区生产总值(亿元)	1115.1	1146.13	1251.59	1331.27	1470.58
增幅(%)	7.4	6.6	7.1	7.3	7.2

图1　2014—2018年衢州市地区生产总值及增长速度

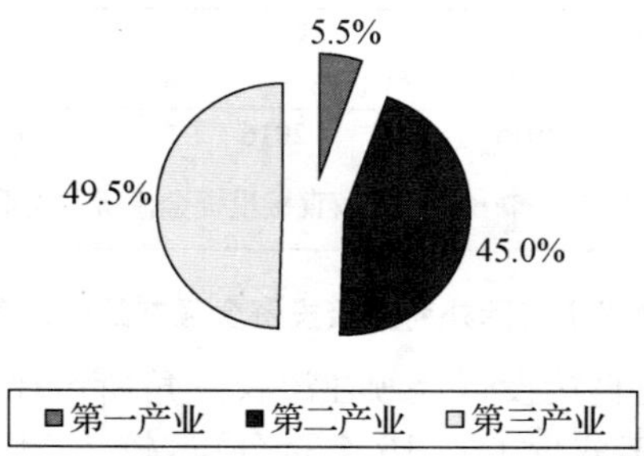

图2　2018年衢州市三次产业结构图

2. 财政收入

全年实现财政总收入206.90亿元，比上年增长18.6%，其中一般公共预算收入128.10亿元，增长15.1%。在一般公共预算收入中实现税收收入106.88亿元，增长20.0%，其中增值税43.90亿元，增长16.9%；企业所得税15.94亿元，增长58.9%，个人所得税4.57亿元，增长1.6%。

3. 物价水平

市区居民消费价格全年同比上涨2.2%。工业生产者出厂价格比上年上涨7.4%，其中：重工业产品出厂价格上涨10.4%，轻工业产品出厂价格上涨0.4%。工业生产者购进价格上涨7.3%，其中：有色金属材料及电线类上涨14.7%，燃料、动力类上涨12.8%，化工原料类上涨12.5%，木材及纸浆类上涨6.0%，黑色金属材料类下跌3.0%。

4. 固定资产投资

全年全市固定资产投资比上年增长4.3%。其中：民间投资、交通投资、生态环保和公共设施投资、高新技术产业投资四项结构性投资增幅均超过10%，完成省定目标。

全市有省集中开工项目98个，年内全部开工入库，至年末完成投资196.50亿元。

年内衢州锂电材料小镇获批第四批省级创建特色小镇，柯城新材料小镇、衢江光导小镇获省级培育小镇。至年末，全市共培育和创建了30个省、市级特色小镇，其中省级创建类特色小镇7个，省级培育类特色小镇4个。

年内全市棚户区开工15505套，完成计划的104%；基本建成保障性安居工程5430套，完成计划的381%；竣工5430套，完成计划的242%；交付入住5566套，完成计划的312%；发放家庭租赁补贴2094户，完成计划的135.7%；公租房分配578套，完成计划的100%。

（二）农业和农村建设

2018年全年实现农林牧渔业增加值82.69亿元，按可比价比上年增长2.4%。

全年农作物播种面积184042公顷，其中：粮食播种面积89485公顷，油料播种面积27381公顷，蔬菜种植面积41032公顷，果用瓜种植面积6182公顷。

全年粮食总产量56.84万吨，比上年增长1.4%。油料产量5.32万吨，增长2.3%，其中油菜籽产量4.69万吨，增长2.7%。蔬菜产量111.81万吨，增长0.7%。食用菌产量11.42万吨，下降10.1%。果用瓜产量17.64万吨，下降0.9%。茶叶产量8900吨，增长7.8%。水果产量79.12万吨，下降6.5%，其中柑橘产量53.31万吨，下降10.2%。

全年肉类总产量18.61万吨，比上年下降3.9%，其中猪肉14.05万吨，下降6.3%。全年生猪出栏176.58万头，下降5.4%。家禽出栏3376.21万只，增长6.8%；禽蛋产量3.81万吨，增长2.4%。蜂蜜产量1.41万吨，增长25.7%；蜂皇浆产量73.41吨，增长6.8%。牛奶产量2102吨，增长70.5%。水产品产量7.08万吨，增长3.2%。

全年开展省级农村垃圾减量化资源化处理试点村40个，建制村已全部实现生活垃圾集中收集有效处理；新增符合“四分四定”标准的分类村296个，累计达935个，占建制村总数63.1%。完成第四批历史文化村落保护利用项目43个，其中重点村7个、一般村36个；建设实施第五批、第六批项目共91个，其中重点村12个、一般村79个。创建省级美丽乡村示范乡镇7个、特色精品村18个，省高标准农村生活垃圾分类示范村19个，省历史文化（传统）村落保护利用示范村2个。农家乐特色村183个，特色点（各类农庄、山庄、渔庄）229个，经营农户3017户，直接从业人员12858人，接待游客4934.81万人次，全年营业收入27.40亿元。全年“千万农民素质提升工程”培训6.10万人，其中，各类农村实用人才2.19万人。

（三）工业和建筑业

1. 工业

全市年末共有规模以上工业企业单位873家，其中：主营业务收入亿元以上的企业275家；大中型企业105家。

全年全部工业增加值553.16亿元，按可比价格计算比上年增长9.2%。规模以上工业企业全年完成产值1704.87亿元，增长16.3%，其中：重工业1260.37亿元，增长17.4%；轻工业444.50亿元，增长

13.0%。规模以上工业销售产值1664.28亿元，增长14.9%，产销率97.62%，比上年下降1.13个百分点。全年完成工业出口交货值142.51亿元，增长18.0%。

在规模以上工业中：化工行业344.24亿元，增长20.6%；机械行业实现产值310.21亿元，比上年增长9.6%；黑色金属冶压业222.04亿元，增长16.3%；造纸行业173.48亿元，增长17.1%；电力生产供应业158.08亿元，增长12.5%；建材行业106.14亿元，增长42.4%；有色金属冶压业95.65亿元，增长24.0%；木材加工业35.30亿元，增长17.5%；农副食品加工业33.14亿元，增长7.7%；饮料制造业32.05亿元，增长2.9%；纺织业31.96亿元，增长3.2%；食品制造业22.14亿元，增长26.8%；通信设备制造业21.81亿元，增长10.6%。在规模以上工业中，高新技术产业增加值159.10亿元，增长7.4%，占规上工业的40.9%；装备制造业增加值65.50亿元，增长7.3%，占规模以上工业的16.8%；战略性新兴产业增加值80.34亿元，增长11.2%，占规模以上工业的20.6%；数字经济核心产业增加值22.23亿元，增长7.0%，占规模以上工业的5.7%。

全年规模以上工业企业实现利税184.46亿元，增长27.6%，其中利润134.18亿元，增长39.0%。分行业看，化工行业40.33亿元，增长133.3%；建材行业20.90亿元，增长160.6%；黑色金属冶压业15.64亿元，增长68.4%；机械行业12.71亿元，增长26.5%；造纸行业9.16亿元，下降36.2%；饮料制造业6.61亿元，下降15.4%；有色金属冶炼业6.62亿元，下降44.0%；农副食品加工业3.64亿元，增长162.9%；竹木加工业2.16亿元，增长8.8%。

2. 建筑业

全年建筑业实现增加值108.62亿元，按可比价格计算比上年增长1.3%。全市建筑业企业353家，其中：具有一级资质企业27家，二级资质企业101家。全年建筑业实现总产值469.97亿元，增长1.9%，超亿元产值的企业98家。

（四）服务业

1. 国内贸易

全年实现社会消费品零售总额717.46亿元，比上年增长9.2%，实现限额以上社会消费品零售额162.10亿元，增长9.6%。按消费形态分：餐饮收入7.30亿元，增长7.9%；商品零售154.80亿元，增长9.7%。按类值分：粮油、食品类增长12.8%，服装、鞋帽、针、纺织品类增长12.8%，家用电器和音像器材类增长18.4%，汽车类下降6.0%，石油及制品类增长19.7%。

全市共培育电子商务产业基地38个。共有限额以上电商企业数46家。全年共实现网络零售额277.50亿元，增长43.0%；居民网络消费164.80亿元，增长25.7%。跨境网络零售出口额3.70亿元，增长31.3%。

2. 交通运输与邮电

全年完成交通运输、仓储和邮政业增加值49.78亿元，按可比价格计算，比上年增长3.6%。

全年各种运输方式完成货物运输量13469.35万吨，比上年增长16.4%，其中：铁路303.34万吨，增长0.6%；公路13162万吨，增长16.9%；水运3.93万吨，下降19.9%；民航750.20吨，增长24.7%。全年各种运输方式完成旅客运输量4621.24万人，比上年下降20.1%，其中：铁路627.98万人，增长14.9%；公路3966万人，下降23.9%；水运2.16万人，下降62.8%；民航25.10万人，增长23.9%。

年末民用汽车拥有量48.84万辆，比上年增长26.8%，其中：载客汽车35.12万辆；载货汽车2.95万辆。私人汽车38.41万辆，增长11.3%。全市摩托车拥有量10.40万辆。年末共有城乡公共汽车营运车辆1467辆，运送乘客9630.91万人次，其中城市公共汽车646辆，运送乘客6142.31万人次。年末共有出租汽车848辆。

年末各类公路里程8408.93公里，其中高速公路422.37公里，一般国道370.94公里，省道185.64公里，县道2277.95公里，乡道1257.17公里，村道3894.86公里。

全年邮电业务收入（含快递）25.09亿元，比上年增长10.4%，其中邮政业务收入（含快递）7.38亿元，增长 19.8%；通信业务收入 17.71 亿元，增长 6.5%。全年邮政传送函件 442.3 万件、包裹 2.4 万件，订销报纸累计 3750.9 万份，订销杂志累计 172.3 万份。年末全市共有快递企业 65 家，全年实现业务收入 4.92 亿元，增长 21.4%；快递收件 7369.6 万件，增长 29.7%，其中国际收件 15.7 万件，下降 13.4%；快递派件 6585.4 万件，增长 28.9%。年末城乡固定电话用户 34.62 万户，比上年下降 2.5%。年末移动电话用户（办卡数）441.78 万户，比上年增长 31.3%。互联网用户（不含手机）114.50 万户。

3. 旅游业

全年旅游总收入 532.18 亿元，比上年增长 18.4%，其中：接待国内旅游 7453.86 万人次，增长 15.0%，国内旅游收入 531.79 亿元，增长 18.4%。住宿设施接待入境旅游者人数 14080 人，增长 4.1%，住宿设施接待入境游客收入 586.77 万美元，增长 5.1%。全市拥有星级饭店 29 家，星级饭店客房间数 3839 间。至年末，全市共有 A 级旅游景点 66 个，名胜风景区 4 个。

4. 金融、证券和保险

全年完成金融业增加值 98.94 亿元，按可比价格计算，比上年增长 7.3%。

年末金融机构本外币存款余额 2440.22 亿元，比上年末增长 14.3%，其中人民币存款余额 2408.63 亿元，增长 14.0%。年末金融机构本外币贷款余额 2248.06 亿元，增长 16.7%，其中人民币贷款余额 2240.11 亿元，增长 16.6%。年末住户本外币存款余额 1173.98 亿元，增长 11.0%。

年末共有证券营业部 22 家，与上年持平，全年证券交易量 3470.84 亿元，比上年下降 25.3%；实现佣金收入 1.18 亿元，下降 30.3%；期末保证金余额 10.41 亿元，下降 15.2%；托管市值 215.43 亿元，下降 30.7%；实现利润 0.32 亿元，下降 52.0%；新开证券账户 28341 个，下降 23.8%。全市共有挂牌上市企业 40 家，其中，主板上市企业 6 家。

年末共有保险机构 38 家，全年保费收入 63.60 亿元，比上年增长 8.9%，其中：寿险保费收入 41.12 亿元，增长 9.1%；财产险保费收入 22.48 亿元，增长 8.5%。支付各类赔付额 20.33 亿元，增长 11.0%，其中：寿险业务赔付额 7.33 亿元，增长 12.7%；财险业务赔付额 13.00 亿元，增长 10.0%。

5. 房地产

全年完成房地产开发投资 253.43 亿元，比上年增长 59.9%，其中住宅投资 213.86 亿元，增长 87.5%。本年房屋施工面积 923.66 万平方米，增长 6.1%；竣工面积 242.60 万平方米，下降 0.3%。商品房销售面积 271.06 万平方米，下降 5.7%，其中：住宅销售 235.47 万平方米，增长 6.9%；商业营业用房销售 13.89 万平方米，下降 34.8%。商品房销售额 299.72 亿元，增长 8.6%，其中住宅销售额 275.52 亿元，增长 18.6%，商业营业用房销售额 13.84 亿元，下降 37.1%。

（五）对外经济

1. 对外贸易

2018 年衢州市实现进出口总额 350.35 亿元，比上年下降 4.5%。其中：出口 232.05 亿元，下降 11.3%；进口 118.30 亿元，增长 12.5%。

全市有出口实绩的企业 914 家，比上年增加 116 家，其中当年新启动出口业务企业 211 家，增加 58 家。出口额在 100 万元以上企业 610 家，其中 1000 万元以上的企业 294 家，增加 10 家。

全市出口排前三位的市场依次是：美国、欧盟、东盟。对美国出口 34.60 亿元，增长 4.7%；对欧盟出口 32.35 亿元，下降 8.8%；对东盟出口 30.44 亿元，比上年下降 17.1%。对这三大主要市场出口额合计占全市出口总额的 42.0%。

在主要商品出口中：机电产品出口 59.38 亿元，比上年下降 21.7%；高新技术产品出口 9.83 亿元，下降 13.0%；化工医药产品出口 80.99 亿元，增长 20.7%；服装、纺织品出口 20.29 亿元，下降 15.6%。

2. 外资状况

全年新批外商投资企业 13 家，合同利用外资 3.32 亿美元，比上年下降 42.4%；实际利用外资 0.74 亿美元，增长 0.5%。

二　衢州市2018年社会发展概况

（一）人口、人民生活

年末户籍总人口257.88万人，其中男性人口131.52万人、女性人口126.36万人，分别占总人口的51.0%和49.0%。全年出生人口2.70万人，出生率为10.47‰；死亡人口1.78万人，死亡率为6.91‰；全年自然增加人口0.92万人，自然增长率为3.56‰。根据全市5‰人口抽样调查结果推算，全市常住人口为220.9万人，城市人口占总人口比重为58%。

全体居民人均可支配收入32269元，增长9.8%，扣除价格因素增长7.5%。其中：城镇居民人均可支配收入43126元，增长9.0%，扣除价格因素增长6.6%；农村居民人均可支配收入22255元，增长10.0%，扣除价格因素增长7.7%。全体居民生活消费支出18736元，增长11.6%，扣除价格因素增长9.2%。其中，城镇居民和农村居民人均生活消费支出分别为24273元和13629元，增长10.7%和11.9%，扣除价格因素分别增长8.3%和9.5%。

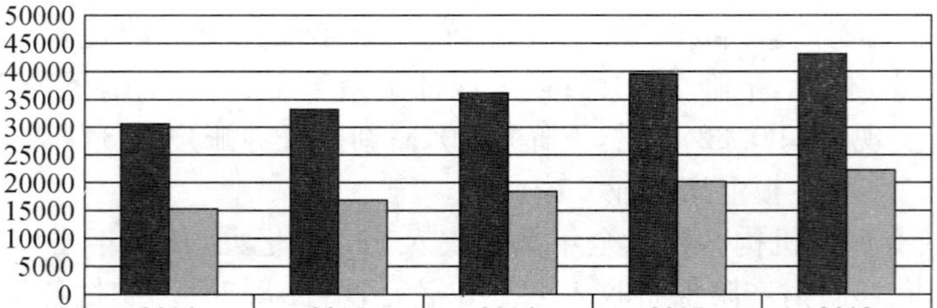

	2014	2015	2016	2017	2018
■ 城镇居民人均可支配收入(元)	30583	33212	36188	39577	43126
□ 农村居民人均可支配收入(元)	15354	16884	18421	20225	22255

图3　2014—2018年衢州市城乡居民收入对比一览

全市城镇居民人均住房建筑面积50.2平方米，农村居民人均住房建筑面积79.5平方米。

（二）就业与社会保障

1. 就业

全市城镇新增就业人数5.47万人，比上年增长37.6%；年末城镇登记失业人数1.18万人，比上年末下降13.8%；城镇登记失业率为2.22%，比上年末下降0.45个百分点。

2. 社会保障

年末全市参加基本养老保险的人数176.10万人，比上年末下降2.4%，其中：企业职工参保人数74.34万人，增长7.8%；机关事业参保人数8.80万人，增长2.9%；城乡居民社会养老保险参保人数92.96万人，下降9.7%。参加基本医疗保险的人数240.71万人，增长1.1%，其中：城镇职工基本医疗保险参保人数67.43万人，增长4.8%；城乡居民基本医疗保险参保人数173.28万人，下降0.2%。参加失业保险的人数32.15万人，增长11.7%；全年享受失业保险待遇人数0.82万人，下降12.1%。参加工伤、生育保险的职工分别40.53万人和34.59万人，分别增长7.6%和增长6.8%。正常缴费企业退休人员基本养老金月均水平3788元；城乡居民养老保险基础养老金最低标准提高到155元。

年末拥有各类收养性社会福利单位154个，床位20563张，在院人数5948人。农村五保人员集中供养率91.8%，城镇"三无"对象集中供养率87.69%。

年末在册低保对象69070人，其中，城镇3832人，农村65238人，最低生活保障标准每人每月680元。低保资金（含各类补贴）支出3.50亿元，比上年增长22.0%。全年支出医疗救助资金1.41亿元，比上年增长 18.5%。

（三）教育和科学技术

1. 教育事业

全市拥有普通高校 2 所，其中本科 1 所、专科 1 所，在校生 14413 人。中等职业教育学校 14 所，在校生 2.63 万人。普通高中 29 所，在校生 3.84 万人。普通初中 66 所，在校生 7.38 万人。小学 200 所，在校生 13.38 万人。特殊教育 7 所，在校生 575 人。全市拥有幼儿园 478 所，在园幼儿 7.03 万人。

全市学前教育入园率 97.73%，小学入学率 100%，初中入学率 100%，初中毕业升高中段的比例 98.19%，高中段毛入学率 98.08%，15 年教育普及率 98.75%，“三残”儿童入学率 98.81%。

全市有普通高校专任教师 702 人；普通高中专任教师 3463 人，学历合格率 99.59%；初中专任教师 5726 人，学历合格率 100%；小学专任教师 8922 人，学历合格率 100%；幼儿园专任教师 4397 人，学历合格率 99.79%；中等职业教育专任教师 1631 人，学历合格率 96.81%；特殊教育专任教师 185 人，学历合格率 100%。

2. 科技与创新

全市拥有国家级高新技术企业 269 家，市级高新技术企业 264 家。国有独立研究开发机构 16 个，企业技术开发机构 418 个。全年获得省级科技进步奖 5 项。当年专利申请授权 6125 项，其中发明 667 项。财政一般公共预算支出中，科学技术支出 11.08 亿元，比上年增长 22.4%。

年末拥有产品质量检验机构 85 家，法定计量技术机构 5 个。全年强制检定计量器具 98348（件），其中：贸易结算用计量器具 64679 件，安全防护用计量器具 23821 件。全年检验特种设备 16029 台（件），其中：电梯 6249 台，压力容器 4897 台。

（四）文化、卫生和体育

1. 文化事业

年末共有专业艺术表演团体 2 个，艺术表演场所建筑面积 10300 平方米。公共图书馆 7 个，面积 28528 平方米，藏书 3005 千册。博物馆 4 个，面积 18857 平方米。文化馆 7 个，面积 23594 平方米。文化站 102 个，面积 99560 平方米。有广播电台 6 座，广播节目综合人口覆盖率 100%。电视台 6 座，电视节目综合人口覆盖率 100%。数字电视用户数 71.70 万户。全年城市影院观看电影观众 358.47 万人次，票房收入 1.09 亿元。全市日均发行《衢州日报》5.2 万份，《衢州晚报》5 万份。年末有综合档案馆 7 个和国家专门档案馆 1 个，面积 36921.75 平方米，馆藏档案全宗 1169 个。全年查阅档案、资料 1.75 万人次，45274 卷/件次。

2. 卫生事业

年末共有卫生机构（含村卫生室）1809 个，其中医院 84 个，基层医疗卫生机构 1684 个，专业卫生机构 29 个。卫生机构共有病床床位 14765 张，卫生技术人员 18310 人，其中医生 7234 人。孕产妇和 5 岁以下儿童死亡率分别为 5.19/10 万和 3.27‰。农村卫生厕所普及率 99.71%。

3. 体育事业

全年举办市、县运动会 380 次，参加人次 16.79 万人。在全国及全省各类体育比赛中，全市共获金牌 228 枚、银牌 210 枚、铜牌 244 枚。年内成功承办 2018 衢州马拉松、2018 衢州 TF 铁人三项国际邀请赛、2018 年中国·衢州滑水公开赛暨中国皮划艇巡回赛（衢州站）、2018 全国男子举重冠军赛、2018 年全国健美操锦标赛、2018 年全国草地滚球精英赛等重大赛事。

（五）城市建设

2018 年，衢州市坚持规划引领，聚焦高铁新城、南孔古城、核心圈层，主攻大征迁、强攻大项目、专攻大创建，全力打造高品质的中心城市。高铁新城开发首战告捷，1.72 万亩土地征收全面完成，100 万平方米房屋拆迁基本签约；四省边际中心医院、体育中心等重大项目破土动工，九华西大道、养生大道等基础配套工程开工建设，特色小镇群落从蓝图走向现实。南孔古城5A级景区创建工作全面启动，谋划实施古城双修十大工程。信安湖光影秀闪亮登场，为衢城增添新的魅力。核心圈层开发稳步推进，文化艺术中心和便民服务中心项目开工建设，西安门大桥拓宽改造、九华过江隧道工程进展顺利，信安湖活力岛生态堤防工程先行启动，鹿鸣半岛酒店综合体规划方案推出招商。城市有机更新步伐加快，斗潭片区、衢化片区改造有序推进，46个老旧小区完成改造提升，衢化东路、衢化西路建成通车，衢江北路改造、三衢路绿化美化提升工程加快实施，火车站片区基础设施配套工程全面完工。全国文明城市创建众志成城、如火如荼，礼让斑马线、志愿者服务成为靓丽风景，城市面貌焕然一新。

全市城区面积773.25平方公里，其中建成区面积139.39平方公里，城区人口约84万人（含暂住人口）。全市日供水能力64万立方米/日（含自建设施供水），全年供水总量约1.3亿立方米。全市用气人口80.64万人，燃气普及率96%（按城区人口计算），其中：液化气供气量约2.4万吨，人工煤气供气量430万立方米，天然气供气量约1.5亿立方米。全市共有污水处理厂8座，日处理能力27.7万立方米，城市污水处理率96.35%。城市生活垃圾处理率100%。市区人均城市道路面积35.96平方米。全市建成区绿化覆盖率40%，建成区绿地率36.5%，全市人均公园绿地面积13.65平方米（城区范围）。

（六）资源、环境保护和生态建设

全年完成造林更新面积1.313千公顷，比上年下降33.5%，其中，人工造林0.563千公顷，迹地更新0.75千公顷。森林抚育面积5.133千公顷，完成义务植树318万株。新植珍贵树木269.6万株，重点建设珍贵彩色森林1.642万亩。

全市地表水环境功能区达标率为100%，县级以上城市集中式饮用水水源地水质达标率为100%，全市跨行政区域河流交接断面水质达标率为100%。市区空气质量（AQI）优良天数比例88.8%；市区PM2.5浓度平均值为每立方米33微克。市区区域环境噪声昼间53.1分贝、夜间44.9分贝，符合功能区要求。

全年全市万元GDP综合能耗比上年同期下降3.4%左右，五项减排指标年度计划目标（化学需氧量削减4.47%，氨氮削减4.62%，二氧化硫削减3%，氮氧化物削减3%）可全面完成。

全市共新增省级绿色家庭26户、省级生态文明教育基地2个。全市实施平原绿化16637亩，建成公益林优质林分面积是375.8万亩。

全年自然灾害受灾人口12.41万人，倒塌房屋13间，无因灾死亡人口。农作物受灾面积40.23千公顷，无绝收面积。因灾害造成的直接经济损失2.89亿元，其中农业经济直接损失2.35亿元。

（七）社会安全

全年共发生各类事故（包括工矿商贸企业、道路运输、水上运输、农业机械、渔业船舶）159起，死亡129人，受伤71人。全年未发生较大事故。从行业领域来看，工矿商贸领域共发生事故23起、死亡25人；道路交通领域共发生事故136起、死亡104人。未发生造成人员伤亡或经济损失大于100万的生产经营性火灾事故。水上运输、渔业船舶、铁路运输等行业领域未发生事故。据调查，全市群众安全感满意率97.39%。

三　衢州市在泛长三角地区经济发展中的地位

2018年，面对更加复杂严峻的内外部发展环境，全市上下在市委、市政府的坚强领导下，高举习近平新时代中国特色社会主义思想伟大旗帜，坚持稳中求进工作总基调，全面贯彻党中央、国务院和省委、省政府各项决策部署，全力推动市委"1433"发展战略体系落实落地，紧扣市七届人大三次会议确定的目标任务，坚定不移走"绿水青山就是金山银山"绿色发展之路，坚定不移打好高质量发展组合拳，"活力新衢州、美丽大花园”建设步伐不断加快，经济结构继续优化，质量效益明显提升，社会保持和谐稳定，生态环境持续走在全省前列，较好完成年初确定的各项目标任务。

（一）地区生产总值

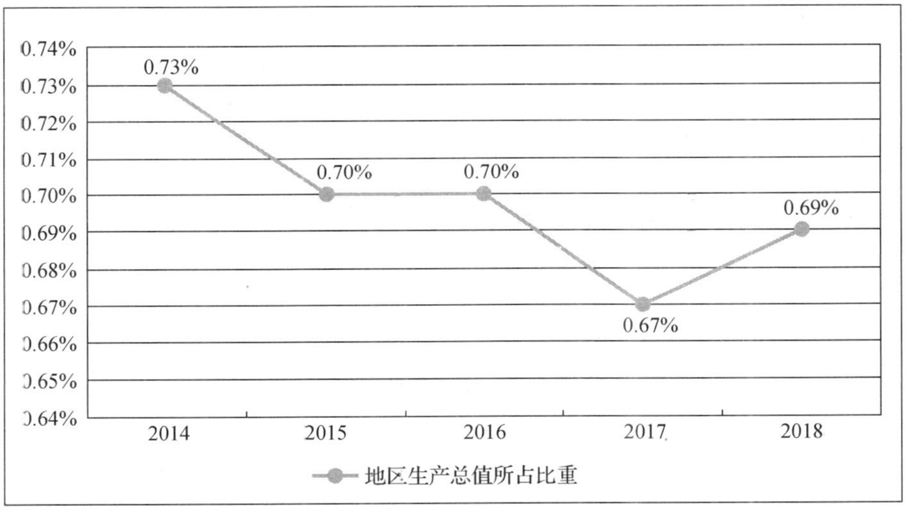

图 4 2014—2018 年衢州市地区生产总值在泛长三角（苏浙两省 24 个地级市、安徽省 16 个地级市和上海市，下同）所占比重的变化趋势

2014—2018 年衢州市地区生产总值在泛长三角所占比重分别为 0.73%、0.70%、0.70%、0.67%和 0.69%，整体呈下降趋势，2018 年较 2017 年增加了 0.02 个百分点，较 2014 年减少了 0.04 个百分点。2018 年衢州市地区生产总值在泛长三角地区 41 个市中排名第 31 位，与 2017 年持平。

2018 年，全市地区生产总值 1470.58 亿元、增长 7.2%。固定资产投资增长 4.3%。民间投资、高新技术产业投资、交通投资、生态环境和公共设施投资分别增长 14.4%、32.6%、11.1%、10.5%。社会消费品零售总额增长 9.2%，网络零售额增长 43%。货物贸易进出口总额 350.4 亿元、下降 4.5%。财政总收入、一般公共预算收入分别达到 203.9 亿元、128.1 亿元，同比增长 18.6%、15.1%。存贷款余额分别增长 14.3%、16.7%。全市不良贷款余额、不良贷款率“双降”。各类事故起数和死亡人数分别下降 24.3%、16.8%。居民消费价格上涨 2.2%。

产业结构优化提升，创新动力持续增强。规模以上数字经济核心产业制造业、高新技术产业、战略性新兴产业增加值分别增长 7.0%、7.4%和 11.2%，新产品产值增长 24%。新增应用工业机器人 435 台，完成企业上云 2000 家。新增国家高新技术企业 80 家、省级科技型中小企业 276 家。全市十大传统制造业增加值增长 10.3%，增幅位居全省第 1。全面启动“亩均论英雄”改革，淘汰落后产能企业 50 家、生产线97 条，整治“低散乱”企业 733 家。衢州海创园二期开工建设，浙大工程师学院衢州分院、浙大衢州研究院正式落地。“创新飞地”新引进硕士博士 75 人、海归人才 36 人、高质量创业团队 16 个。仙鹤股份成功主板上市。全市接待游客 7453.9 万人次、旅游收入 531.8 亿元，同比增长 15%和 18.4%。

（二）地方财政一般预算收入

2014—2018 年衢州市地方财政一般预算收入在泛长三角所占比重分别为 0.47%、0.48%、0.48%、0.50%和 0.53%，2018 年较 2017 年增加 0.03 个百分点，较 2014 年增加 0.06 个百分点。2018 年衢州市地方财政一般预算收入在泛长三角地区 41 个市中排名第 33 位，较 2017 年上升一位。

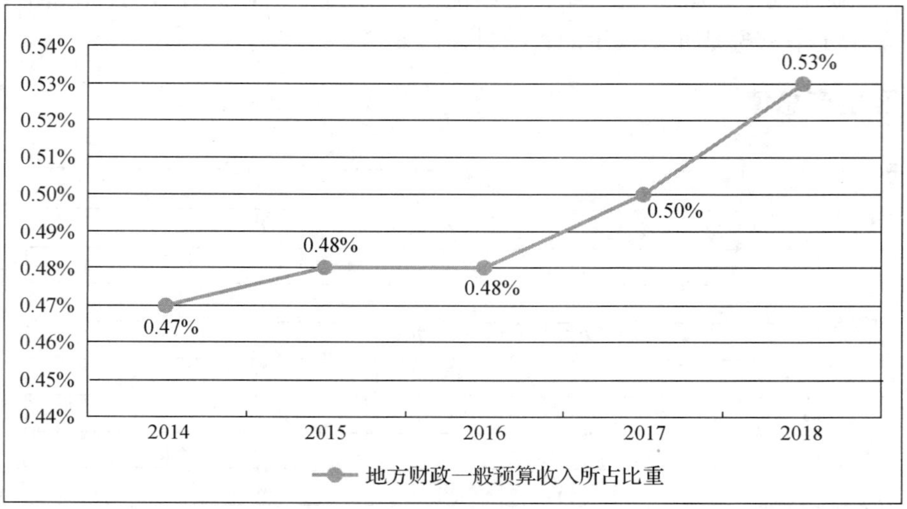

图5　2014—2018年衢州市地方财政一般预算收入在泛长三角所占比重的变化趋势

全市一般公共预算收入1280960万元，比上年增长15.1%，加上预计转移性收入2766034万元，收入合计4046994万元。全市一般公共预算支出3559423万元，增长18.5%，加上预计转移性支出487571万元，支出合计4046994万元。其中：市级一般公共预算收入425822万元，增长11.2%，加上预计转移性收入368900万元，收入合计794722万元。

（三）工业生产总值

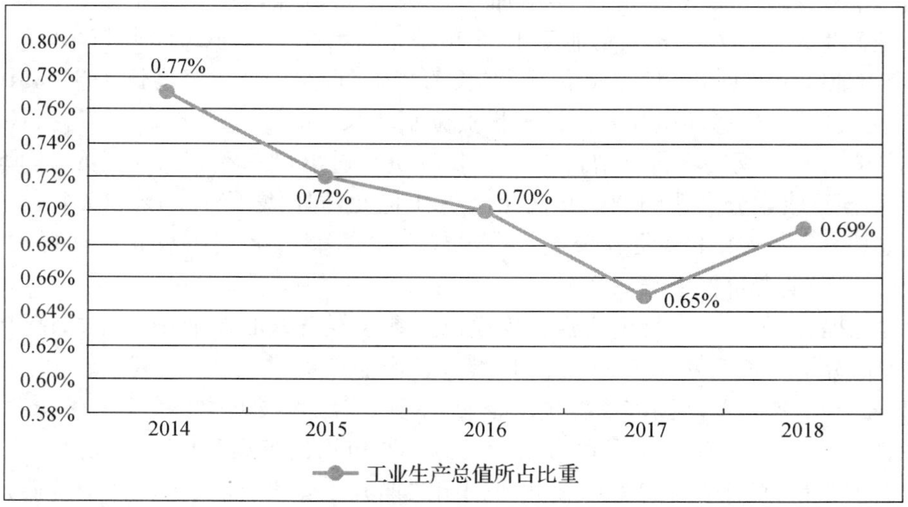

图6　2014—2018年衢州市工业生产总值在泛长三角
（江浙24个地级市、安徽16个地级市和上海市，下同）所占比重的变化趋势

2014—2018年衢州市工业生产总值所占比重分别为0.77%、0.72%、0.70%、0.65%和0.69%，2018年较2017年增加了0.04个百分点，较2014年减少了0.08个百分点。2018年湖州市工业生产总值在泛长三角地区41个市排名第31位。

2018年，全市全年规模以上工业总产值同比增长19.9%，比2017年提高15.7个百分点；规模以上工业增加值增长7.6%，提高1.5个百分点。主要特点有：一是行业增长面近9成。全市33个主要工业行业大类中，有29个行业增加值同比增长，行业增长面为87.9%。二是大企业增势好。全年大型企业增加值同比增长 17.1%，高于平均增速 9.5 个百分点，贡献率达 45.7%。三是主要依靠传统产业拉动。全年规模以上工业十大传统制造业增加值同比增长 8.6%，高于全市平均 1 个百分点，高于全省 4.1 个百分点，增速列全省第一位。

增速创近五年来最高水平。2018 年，衢州规模以上工业在大中型企业的拉动下，增加值同比增长 9.1%，增速创近五年来最高水平(2014 年至 2017 年增速分别为 6.5%、2.8%、6.1%、7.6%)；增速快于全省 1.8 个百分点，居全省第四位。

利润总额创历史新高。2018 年，在大宗商品价格上涨的拉动下，衢州规模以上工业企业生产和销售总体较好，利润总额达到 134.18 亿元，总量创历史新高。一是"速度快"。2018 年，衢州规模以上工业企业利润总额同比增长 39.0%。增速领跑全省，高出全省 5.3%的增速 33.7 个百分点；同时高出丽水 24.3%的增速(全省第 2)14.7 个百分点。二是"总量大"。2018 年，衢州规模以上工业企业利润总额 134.18 亿元，总量创历史新高，是十年前(2009 年利润总额为 43.0 亿元)的 3.12 倍。2018 年，衢州规模以上工业企业利润总额是丽水的 1.83 倍，是金华市的 0.78 倍(2018 年衢州规上工业单位数为金华市 0.23 倍)。三是"集聚高"。2018 年，化工、水泥、钢铁、造纸、有色金属、饮料、通用设备、电器机械、电力和医药十大行业利润总额合计 118.38 亿元，占比达到 88.2%；其中化工、水泥和钢铁三大行业利润总额占比为 57.3%，对规模以上工业利润增长的贡献率为 112.3%。

主导行业作用突出。全市 33 个规模以上工业行业大类中，28 个行业增加值同比增长，其中化学原料和化学制品制造业、造纸和纸制品业、有色金属冶炼和压延加工业、非金属矿物制品业、电力热力生产与供应业等主导行业保持快速发展态势，增加值同比分别增长 15.3%、14.1%、11.4%、11.3%和 10.7%，五大主导行业合计对规模以上工业增加值增长的贡献率为 60.7%。

龙头企业带动明显。2018 年，大型和中型企业增加值同比分别增长 10.1%和 11.2%，增速分别高出规模以上工业 1.0 和 2.1 个百分点；其中以元立公司、华友钴业、巨化股份、衢化氟化、浙江交通科技股份有限公司、巨新氟化学、华友新能源等为代表的前 30 家龙头企业，以 3.4%的企业家数占比，贡献了全市 47.2%的增加值，对规模以上工业增加值增长的贡献率为 46.3%，成为拉动全市工业经济增长的重要力量。

产业结构不断优化。2018 年，全市规模以上工业企业技术(研究)开发费 24.26 亿元，增长 36.0%；高出全省 6.8 个百分点，增速居全省第 2 位。随着企业科技创新投入的不断加大，企业产品创新能力也不断增强，新产业动能逐步显现，工业产业结构持续改善。2018 年，规模以上工业健康产品制造业、时尚产业制造业、高技术制造业和战略性新兴产业均实现较快增长，增加值分别增长 24.5%、13.7%、12.1%和 11.2%，占规模以上工业增加值的比重分别为 1.4%、3.7%、2.8%和 20.6%。

发展质量稳步提升。"机器换人"红利不断释放，2018 年，全市规模以上工业企业全员劳动生产率为 30.37 万元/人·年，比 2017 年同期提高 4.46 万元/人·年，全员劳动生产率同比增长 9.9%。去杠杆降成本效果明显，2018 年，规模以上工业企业资产负债率为 51.6%，比 2017 年同期下降 2.6 个百分点，比全省低 3.9 个百分点。同时企业降成本效果不断显现，2018 年，规模以上工业企业每百元主营业务收入中成本为 84.7 元，比 2017 年同期下降 0.2 元。

(四) 进出口总额

2014—2018 年衢州市进出口总额在泛长三角所占比重分别为 0.31%、0.32%、0.32%、0.36%和 0.32%，2018 年较上年减少了 0.04 个百分点，五年累计增加 0.01 个百分点。2018 年衢州市进出口总额在泛长三角地区 41 个市排名第 25 位，较 2017 年持平。

2018 年，全年实现进出口总额 350.35 亿元，比上年下降 4.5%。其中：出口 232.05 亿元，下降 11.3%；进口 118.30 亿元，增长 12.5%。全市有出口实绩的企业 914 家，比上年增加 116 家。其中当年新启动出口业务企业 211 家，增加 58 家。出口额在 100 万元以上企业 610 家，其中 1000 万元以上的企业 294 家，增加 10 家。全市出口排前三位的市场依次是：美国、欧盟、东盟。对美国出口 34.60 亿元，比上年增长 4.7%；对欧盟出口 32.35 亿元，比上年下降 8.8%；对东盟出口 30.44 亿元，比上年下降 17.1%。对这三大主要市场出口额合计占全市出口总额的 42.0%。在主要商品出口中：机电产品出口 59.38 亿元，比 2017 年下降 21.7%；高新技术产品出口 9.83 亿元，下降 13.0%；化工医药产品出口 80.99 亿元，增长 20.7%；服装、纺织品出口 20.29 亿元，下降 15.6%。

图 7　2014—2018 年衢州市进出口总额在泛长三角所占比重的变化趋势

（五）实际外商直接投资金额

图 8　2014—2018 年衢州市实际外商直接投资金额在泛长三角所占比重的变化趋势

2014—2018 年衢州市实际外商直接投资金额在泛长三角所占比重分别为 0.09%、0.08%、0.08%、0.10%和 0.09%，呈现些许摆动，2018 年较 2017 年减少了 0.01 个百分点，与 2014 年基本保持一致。2018 年衢州市实际外商直接投资金额在泛长三角地区 41 个市中排名第 41 位，位置靠后。

2018 年，全年新批外商投资企业 13 家，合同利用外资 3.32 亿美元，比 2017 年下降 42.4%；实际利用外资 0.74 亿美元，增长 0.5%。

十　舟山市 2018 年经济社会发展报告

2018 年，舟山市坚持以习近平新时代中国特色社会主义思想和党的十九大精神为指导，全面贯彻省第十四次党代会精神，深入贯彻落实市委市政府决策部署，以“八八战略”为指引，以新型城市化为方向，全力打好“五大会战”、建设“四个舟山”，加快建设品质高端、充满活力、独具韵味的海上花园城市，新区和自贸区建设稳步推进，全市经济持续健康发展，社会保持和谐稳定。

一　舟山市 2018 年经济发展概况

（一）综合经济

1. 经济总量

全年地区生产总值（GDP）1316.7 亿元，按可比价格计算（下同），比上年增长 6.7%。其中，第一产业增加值 142.63 亿元，第二产业增加值 428.37 亿元，第三产业增加值 745.7 亿元，分别增长 5.8%、6.0%和 7.2%。第一产业增加值占地区生产总值的比重为 10.8%，第二产业增加值比重为 32.6%，第三产业增加值比重为 56.6%。按常住人口计算，人均地区生产总值 112490 元，增长 6.0%。

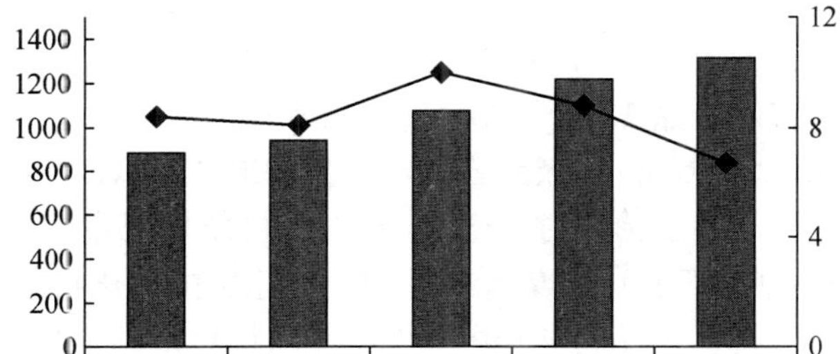

	2014	2015	2016	2017	2018
地区生产总值(亿元)	886.1	942.61	1076.19	1219.78	1316.7
增幅(%)	8.4	8.1	10	8.8	6.7

图 1　2014—2018 年舟山市地区生产总值及增长速度

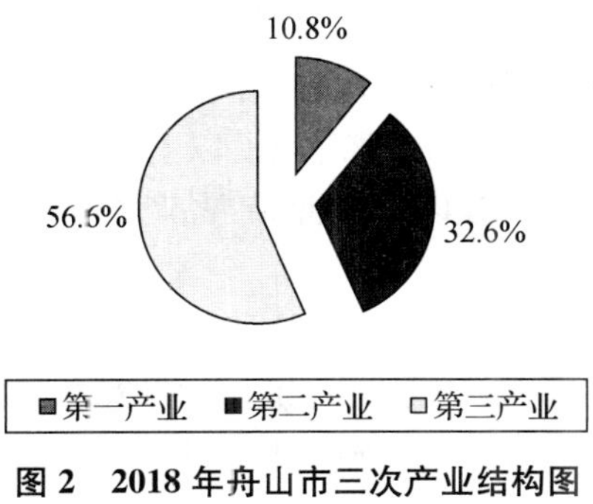

图 2　2018 年舟山市三次产业结构图

2. 财政收支

全年财政总收入 218.35 亿元，比上年增长 16.6%；财政一般公共预算收入 146.02 亿元，增长16.1%。在一般公共预算收入中，国内增值税 19.3 亿元，下降 0.6%；改征增值税 18.7 亿元，增长 8.0%；企业所得税 14.1 亿元，增长 42.4%；个人所得税 6.9 亿元，增长 32.2%。一般公共预算支出 308.49 亿元，增长 19.3%。其中，城乡社区事务支出增长 41.4%，节能环保支出增长 40.0%，社会保障和就业支出增长 34.4%，交通运输支出增长26.6%,农林水事务支出增长17.9%,一般公共服务支出增长13.7%。

3. 物价水平

全年居民消费价格(CPI)比上年上涨2.8%,其中食品类价格上涨3.2%。商品零售价格上涨2.2%。工业生产者出厂价格上涨2.9%。

4. 固定资产投资

全年固定资产投资比上年增长7.5%。其中,民间投资增长34.3%;高新技术产业增长95.2%;交通投资增长43.9%;生态环保和环境治理业增长6.5%。

在固定资产投资中,第一产业比上年增长2.3倍;第二产业增长26.2%,其中,工业增长26.3%;第三产业下降4.6%,其中,交运仓储邮政业增长28.2%。

(二)农林牧渔业

农作物播种面积15.41千公顷,比上年下降4.8%;其中,粮食播种面积4.9千公顷,下降4.4%。粮食总产量2.4万吨,下降4.4%。油菜籽产量1766吨,增长22.0%;蔬菜12.6万吨,下降6.4%;水果7.7万吨,增长1.1%;茶叶79吨,增长2.6%。年末生猪存栏3.5万头,比上年下降21.1%;家禽存栏29.1万只,下降0.4%。全年肉类总产量5094吨,下降23.5%;其中,猪肉产量3861吨,下降30.5%。鸡鸭鹅蛋产量1256吨,下降49.0%。全年水产品总产量179.1万吨,增长7.1%。其中,远洋渔业产量49.1万吨,增长28.5%。全市年末海水养殖面积4401公顷,增长0.5%;海水养殖产量31.8万吨,增长31.2%。

年末累计建成省级现代农业园区1个,核心区面积2.5万亩,累计建成粮食生产功能区3万亩。累计土地流转面积7.7万亩,农地流转率57.8%,比上年提高1.8个百分点。年末全市有市级以上农业龙头企业79家、无公害农产品134个、无公害养殖水产品37个、绿色食品36个。全市有省级无公害农产品产地88个,面积12.1万亩;省级无公害水产品基地38个,面积1.42万亩。

全年开展农村生活污水治理村296个,开展农村垃圾减量化资源化处理试点村79个。截至年底,100%建制村实现生活垃圾集中收集有效处理。在建历史文化村落保护利用重点村5个;创建省级美丽乡村示范乡镇14个、特色精品村40个。渔农家乐特色7村43个,渔农家精品民宿500家,经营农户3231户,直接从业人员7355人,全年营业收入28.3亿元。

(三)工业和建筑业

1. 工业

全年规模以上工业增加值比上年增长6.4%。全市规模以上工业企业资产总计2326.1亿元,实现利税总额24.6亿元,其中利润总额5.9亿元。规模以上工业中,高新技术产业总产值增长6.0%,产值占规模以上工业的37.9%;装备制造业总产值增长4.8%,产值占规模以上工业的38.8%;战略性新兴产业总产值增长9.1%,产值占规模以上工业的34.2%。规模以上工业新产品产值率19.3%,比上年提高5.2个百分点。

2. 建筑业

全年全社会建筑业增加值152.8亿元,按可比价计算,比上年增长4.8%。年末全市具有资质等级的总承包和专业承包建筑业企业177家,比上年增加20家,实现总产值360.7亿元,增长15.9%,实现利税总额13.5亿元,增长24.9%;建筑(房屋)施工面积1379.6万平方米,增长6.0%,其中新开工面积465.5万平方米,增长43.8%。

(四)服务业

1. 国内贸易

全年社会消费品零售总额536.9亿元,比上年增长8.7%。按经营地统计,城镇消费品零售额434.8亿元,增长8.9%;乡村消费品零售额102.1亿元,增长7.8%。按消费形态统计,商品零售额452.2亿元，增长8.6%；餐饮收入额84.6亿元，增长9.0%。网络零售额56.9亿元，增长61.5%；居民实现网络消费162.6亿元，增长24.1%。

限额以上批发业销售额2302.4亿元，比上年增长37.4%。从限额以上批发业商品销售额分类情况看，四大类商品年销售额在200亿元以上，分别是：石油及制品类销售额1009.4亿元；化工材料及制品类销售额462.0亿元；金属材料类销售额322.8亿元；煤炭及制品类销售额224.8亿元，这四大类商品合计实现销售额2019.0亿元，占全市限上批发业商品销售额的87.7%。

年末已登记商品交易实体市场127家，其中，消费品市场121个，生产资料市场6个；全年商品交易市场成交额为447.5亿元，比上年增长19.9%。亿元以上商品交易市场27个，年成交额459.1亿元，增长17.6%。

2. 交通运输、邮电

全年全市水路货运量27756万吨，比上年增长19.4%，水路货运周转量3327.9亿吨公里，增长12.0%；水路客运量2922万人，增长4.1%，水路客运周转量4.86亿人公里，下降0.3%。公路货运量10374万吨，增长22.6%，公路货运周转量176.3亿吨公里，增长17.5%；公路客运量2584万人，下降3.1%，公路客运周转量11.2亿人公里，增长5.5%。普陀山机场全年完成客运量121万人次，增长18.2%；货邮运量(不包括行李)112吨，下降42.9%。年末全社会民用车辆拥有量21.4万辆，比上年末增长6.1%，其中，小型客车拥有量16.9万辆，增长12.3%；摩托车拥有量3.1万辆，下降18.4%。

年末全市有海上运输船舶1600艘，运力749.5万载重吨，比上年末增长23.2%。其中，万吨级以上船舶174艘，比上年末增加24艘，运力465.2万载重吨，占全市总运力的62.1%。年末全市有舟山户籍运输船海员4.02万人，比上年末增长1.5%。

全年舟山港域港口货物吞吐量50737万吨，比上年增长10.9%；其中，外贸货物吞吐量15158万吨，增长5.8%。从主要品种看，石油及天然气吞吐量7119万吨，增长1.8%；金属矿石吞吐量18019万吨，增长13.7%；粮油类吞吐量681万吨，下降17.8%；煤炭及制品吞吐量2711万吨，增长9.1%。全年集装箱吞吐量125.6万标箱，增长20.6%。年末全市有生产性泊位288个，其中万吨以上深水泊位69个。

全年邮电业务收入15.6亿元，比上年增长4.1%。年末全市固定电话用户22.6万户，比上年末下降15.7%；移动电话用户170.8万户，下降4.3%，其中使用3G、4G移动电话用户146.6万户。年末邮路长度1545公里，下降13.6%；宽带网用户55.4万户，增长6.5%。

3. 旅游业

全年实现旅游总收入942.2亿元，比上年增长16.8%，实现旅游外汇收入16354.1万美元，下降7.2%。旅游接待人数6321.4万人次，增长14.8%，其中，入境过夜人数17.7万人次，增长3.7%。从主要景区看，普陀山景区接待游客915.1万人次，增长6.7%；朱家尖景区接待游客921.9万人次，增长20.5%；桃花岛景区接待游客314.7万人次，增长12.0%。

年末全市有旅行社175家，比上年末增加19家。全市有星级宾馆26家、客房2738间、床位4765张，星级宾馆客房入住率为45.1%。全市有A级景区40个；其中，5A级景区1个、4A级景区4个。

4. 金融和保险

年末全市有各类金融机构71家。其中，银行业机构27家，保险业机构23家，证券业营业部11家，小额贷款公司10家。年末全部金融机构本外币各项存款余额2034.1亿元，比上年末增长1.3%。全部金融机构本外币各项贷款余额2028.9亿元，增长17.9%。金融机构融资总量余额3719.6亿元，比年初新增671.1亿元。其中，市内银行融资总量余额2248.8亿元，比年初增加313.9亿元；市外金融机构融资余额1470.8亿元，比年初新增357.2亿元。

全年保险业实现保费收入35.9亿元，比上年增长11.7%。其中，财产险保费收入14.0亿元，增长6.7%；人身险保费收入21.9亿元，增长15.1%。保险公司赔款支出11.4亿元，增长14.8%；保险公司给付支出2.7亿元，增长7.5%。

5. 房地产业

全年房地产开发投资比上年下降10.5%。商品房销售面积201.1万平方米，下降7.9%。年末商品房待售面积80.9万平方米，下降25.4%。

（五）对外经济

1. 对外贸易

全年货物进出口总额1135.5亿元，比上年增长44.9%，进出口总额首次突破千亿大关，创历史新高。其中，出口424.8亿元，增长10.6%；进口710.7亿元，增长78.0%。大宗商品实现进出口额734.8亿元，增长67.0%，占全市进出口比重的64.7%，其中成品油实现进出口529.8亿元，增长1.1倍。服务贸易进出口153.9亿元，增长17.7%，其中出口128.2亿元，增长19.5%，进口25.7亿元，增长9.6%。

2. 外资状况

全年全市引进外资合同项目271个，比上年增长3.8倍；实际利用外资4.18万美元，增长3.1%；实际利用市外资金665.2亿元；浙商回归到位资金241.3亿元。

全市国外经济合作营业额9.48亿美元，比上年增长92.8%；其中，对外承包工程完成营业额8.08亿美元，增长96.8%，占全市外经合作营业额的85.2%，较上年提升1个百分点；共派出各类劳务人员11372人次，期末在外人数16173人，期末在外各类人数较上年同期增加2069人。

3. 口岸经济

全年舟山口岸进出口货运量13945万吨，比上年增长6.3%。其中，进口货运量13284万吨，增长5.8%；出口货运量661万吨，增长18.4%。年末舟山口岸对外开放陆海域面积1344.8平方公里，与上年持平。

4. 自贸区建设

浙江自贸区挂牌以来，按照国务院批复的《中国（浙江）自由贸易试验区总体方案》，勇于创新，先行先试，探索形成了59项制度创新成果，其中全国首创23项，6项被国务院复制推广。全年新增注册企业7413家（包括新设和换发），注册资本总额2015.9亿元，日均注册企业20家；新增注册企业中油品企业1998家，注册资本总额703.5亿元；新增外商投资企业299家，合同外资38.9亿美元，占全市90.3%，实际利用外资2.9亿美元，占全市70.4%；船用燃料油（保税油）直供量达到359.3万吨，同比增长96.5%，结算量566.3万吨，同比增长17.8%，占全国50%左右；跨境人民币结算金额达到727.9亿元，占全省12.1%。

二　舟山市2018年社会发展概况

（一）人口、人民生活

据2018年全市5‰人口抽样调查推算，年末全市常住人口117.3万人，比上年末增加约0.5万人，城镇化率为68.1%，比上年提高0.2个百分点。全市家庭总户数37.2万户，户籍人口96.9万人，其中，男性人口为47.7万人，女性人口为49.2万人，分别占总人口的49.3%和50.7%。全年出生人口6011人，出生率为6.2‰；死亡人口7532人，死亡率为7.8‰；自然增长率为－1.6‰。

全年全体常住居民人均可支配收入49217元，比上年增长8.9%。城镇常住居民人均可支配收入56623元，增长7.8%；城镇常住居民人均生活消费支出33826元，增长5.0%。全年渔农村常住居民人均可支配收入33812元，增长9.8%；渔农村常住居民人均生活消费支出22007元，增长7.5%。城镇、渔农村居民收入比为1.67∶1。城镇居民恩格尔系数为30.0%，比上年下降0.8个百分点；渔农村居民恩格尔系数为32.5%，比上年下降0.1个百分点。年末城镇居民人均现住房建筑面积36.2平方米，渔农村居民人均现住房建筑面积54.3平方米。

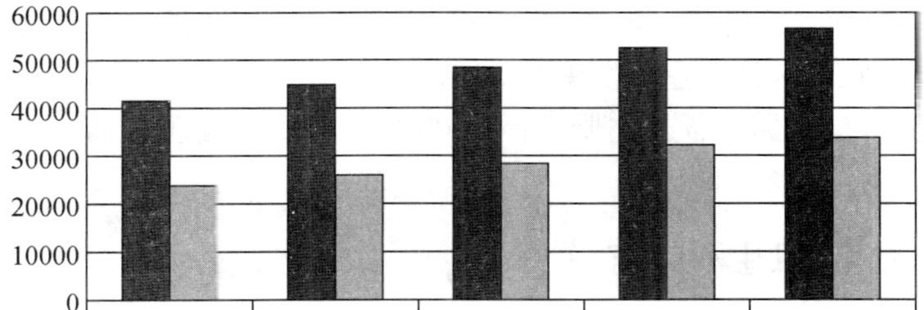

	2014	2015	2016	2017	2018
■城镇居民人均可支配收入(元)	41466	44845	48423	52516	56622
■农村居民人均可支配收入(元)	23783	25903	28308	32218	33812

图3　2014—2018年舟山市城乡居民收入对比一览

（二）就业与社会保障

1. 就业

全年新增城镇就业人口1.69万人，年末城镇登记失业率为2.47%，比上年下降0.15个百分点。

全年新设企业10036户，比上年增长52.2%；新设个体工商户10352户，下降8.8%。年末在册市场主体11.4万户，增长15.1%，其中企业4.0万户，增长20.9%。

2. 社会保障

年末全市参加基本养老保险人数90.9万人，基本医疗保险参保人数96.8万人，失业保险参保人数23.7万人，工伤保险参保人数36.9万人，生育保险参保人数23.3万人。

年末全市有敬老院32所，社会福利院10所，共有床位数4742张。城镇"三无"对象集中供养率100%，渔农村"五保"老人集中供养率95.0%。城乡居民得到政府最低生活保障人数10743人，其中，城镇低保对象1565人，渔农村低保对象9178人。城乡低保对象最低生活补助标准每人每月720元。

（三）教育和科学技术

1. 教育事业

年末全市共有小学57所，全年招生8912人；在校生49418人，比上年增长2.5%；小学学龄儿童入学率为100%。小学生均校舍建筑面积11.3平方米；生均图书44册；每百名学生拥有计算机30台；小学体育运动场(馆)面积达标的学校比例为100.0%。共有初中28所，招生7279人；在校生21151人，比上年增长2.6%，小学毕业生升学率为100%。初中生均校舍建筑面积17.4平方米；生均图书53册；每百名学生拥有计算机38台；初中体育运动场(馆)面积达标的学校比例为100%。义务教育中小学专任教师5661人，比上年增长3.0%。

全市各类中等职业教育学校4所，招生2128人，在校生6884人，毕业生3038人；普通高中13所，招生3734人，在校生11322人。全市共有普通高等院校4所，招生9600人，在校生26972人，毕业生7743人；成人高校1所，招生574人，在校生1228人，毕业生591人。中等职业教育专任教师590人，增长1.2%。普通高等学校专任教师中副高职称以上教师所占比例为42.8%，具有硕士以上学位教师比例为55.6%。

全市共有幼儿园129所，全年招生8835人，在园幼儿26875人；3～5周岁幼儿入园率99.97%。

2. 科技与品牌

全年财政一般公共预算支出中科技支出6.8亿元，比当年预算多支出22.3%。2017年全社会研究和发展(R&D)经费支出14.1亿元，相当于地区生产总值的比例为1.16%。

全年组织实施各级各类科技项目564项；其中，国家级50项，省级322项。申请专利2938件，授权专利2216件；其中，申请发明专利1332件，授权发明专利508件。年末全市有高新技术企业140家，省级创新型试点、示范企业 13 家，省级科技型企业 744 家，省级农业科技企业 80 家，省级高新技术研发中心 51 家，省级农业科技企业研发中心 37 家。

截至年末，全市拥有各类注册商标 7100 件；其中，中国驰名商标 11 件，中国地理标志（包括证明、集体）商标 19 件。

（四）文化、卫生和体育

1. 文化事业

年末全市有文化艺术表演团体 1314 个，艺术表演场所 6 处，文化馆 5 个，文化站 36 个，公共图书馆 5 个，藏书 224.8 万册。年末全市有线电视用户数 35.1 万户，其中数字电视用户数 31.6 万户。广播人口综合覆盖率 100%，电视人口综合覆盖率 100%。

2. 卫生事业

年末全市共有卫生机构 713 个（含村卫生室）。其中，医院 33 个，社区卫生服务中心（卫生院）36 个，社区卫生服务站 140 个。卫生技术人员（含村卫生室）9984 人，比上年末增长 8.1%，其中，执业医师 4105 人，注册护士 3827 人，分别增长 14.6%和 9.0%。医疗卫生机构开放床位 6407 张，增长 12.0%。全年累计报告传染病（甲、乙、丙类）11165 例，报告发病率 955.90/10 万。5 岁以下儿童死亡率 4.1‰，同比提高 2.0 个千分点，婴儿死亡率 2.61‰，同比提高 1.4 个千分点。免费婚检率 78.2%，孕产妇住院分娩率 99.98%，一孩率 63.9%，二孩率 35.2%。

3. 体育事业

全年全市新建全民健身路径 125 条、各类体育健身场所 163 个；开展群众体育活动 269 次，参加体育活动 10.6 万人次。在省级以上比赛获得奖牌 78 枚，其中金牌 33 枚，银牌 8 枚，铜牌 37 枚。

（五）城市建设和新渔农村建设

2018 年年末全市城市建成区面积 76.3 平方公里，实有城市道路面积 1568.3 万平方米，建成区绿地率 36.7%，人均公园绿地面积 18.0 平方米。城市生活垃圾无害化处理率 100%，全年新建污水管网 42.9 公里，河湖库塘清污（淤）量 142.1 万方，城市污水处理率 95.0%。年末城区排水管道长度 1227.7 公里，全年城区供水总量 6736 万立方米，液化石油气供气总量 3.2 万吨，天然气供气总量 4520 万立方米。

2018 年舟山市以走新型城市化道路，打造海上花园城市，建设品质舟山为抓手。加快城市设施建设。甬舟铁路列入全省大通道建设十大标志性项目，顺利通过铁总工可审查。宁波舟山港主通道、定沈快速路、百里滨海大道建设进展顺利，鱼山大桥、秀山大桥主体贯通。完成海天大道定海段改造，小干岛基础设施建设加快推进。建成普陀山机场新候机楼。建成 500 千伏联网输变电主体工程，大陆引水三期加快建设，岱山火箭盐田复垦全面实施。新建改建城市道路 19 条。建成公交电子站亭 195 个，新增停车位 1586 个。团鸡山垃圾焚烧站投入运行，在全省率先实现城市生活垃圾全部焚烧处理。打好城乡环境综合整治大会战，基本完成城中村改造 27 个，改造老旧小区 11 个、农村危旧房 3446 户。实施小城镇环境综合整治，34 个小城镇全部通过省级考核验收。

深化“千村示范、万村整治”，实施美丽乡村建设三年行动，重点完成 18 个省市美丽乡村精品村、4 条主题风景线，2 个省级历史文化保护利用重点村和 3900 户美丽庭院创建。推进整洁村庄专项行动，177 个社区村环境得到全面整治，新完成渔农村生活垃圾分类处理村 85 个、提升村 3 个，投放分类垃圾桶4.57 万余套，村风村貌不断改善。全面消除省定集体经济薄弱村，全市所有渔农村（股份）经济合作社年收入达 10 万元以上，经营性收入达 5 万元以上。低收入渔农户人均可支配收入增长 12.1%。

（六）能源和环境

全年规模以上工业单位工业增加值能耗降低率为 7.1%。全社会用电量 55.7 亿千瓦时，比上年增长 6.0%。其中，工业用电 23.9 亿千瓦时，下降 1.4%；城乡居民生活用电 10.1 亿千瓦时，增长 5.7%。

全年 PM2.5 年平均浓度为 22 微克/立方米，日空气质量(AQI)优良天数比例 94.8%，居全国前三。全市县级以上集中式饮用水源水质达标率 100.0%。区域环境噪声平均等效声级 52.4 分贝。全年实施平原绿化面积 1643 亩，建设珍贵彩色健康森林 1.54 万亩，新植珍贵树 39.27 万株。全年有效灌溉面积15.6 千公顷，节水灌溉面积 8.1 千公顷。开展治水治污大会战，实施"五水共治"碧水行动，创建污水零直排区、美丽河库、品质河道。推进拓库扩容，增加水库调蓄能力 108 万方，完成全省首批县域节水型社会达标建设。

全市达到一、二类海水水质标准的海域面积占 25.2%，四类和劣四类海水海域面积占 61.6%，近岸海域环境功能区达标率 14.6%，与上年持平。全年舟山海域共发生赤潮 4 次，比上年减少 11 次，累计赤潮面积 420 平方公里，下降 30.6%。

(七) 社会安全

全年全市共发生各类生产安全事故 53 起，比上年下降 20.9%，亿元 GDP 生产安全事故死亡率 4%，比上年降低 1.5%。全年共发生道路交通事故 337 起，死亡人数 45 人，交通事故损失额 111.7 万元。全年共发生火灾事故 26 起，损失额 117.5 万元。

根据 2018 年度"平安浙江"建设人民群众安全感调查结果显示，舟山市人民群众安全感满意率为 97.64%，知晓率为 89.38%，参与率为 64.31%。

三　舟山市在泛长三角地区经济发展中的地位

2018 年是全面贯彻党的十九大精神的开局之年，是改革开放 40 周年，也是建设"四个舟山"的实干之年。一年来，面对错综复杂的外部环境和艰巨繁重的改革发展任务，市政府坚持以习近平新时代中国特色社会主义思想和党的十九大精神为指导，认真落实李克强总理考察舟山时的重要指示精神，全面贯彻省委省政府决策部署，在市委的坚强领导下，在市人大、市政协的监督支持下，紧紧团结和依靠全市人民，打好"五大会战"、建设"四个舟山"，全市经济平稳健康发展，社会保持和谐稳定。

(一) 地区生产总值

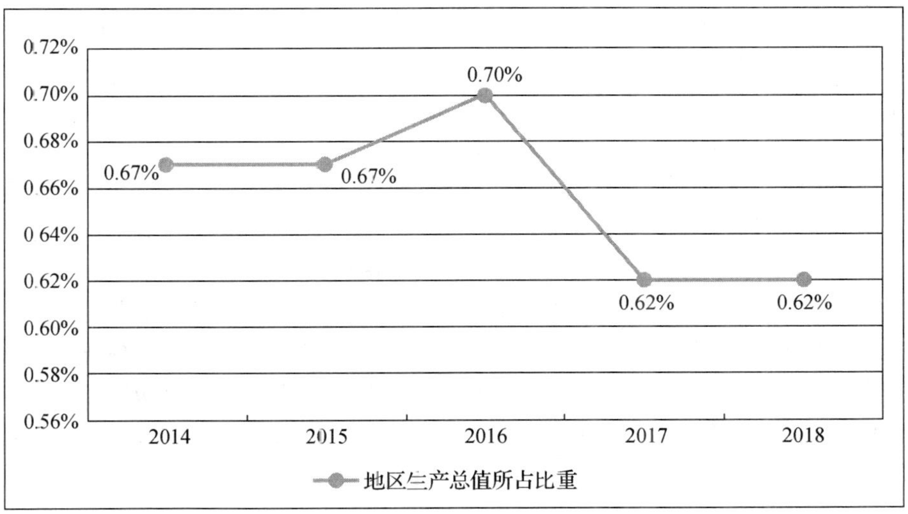

图 4　2014—2018 年舟山市地区生产总值在泛长三角
(苏浙两省 24 个地级市、安徽省 16 个地级市和上海市，下同)所占比重的变化趋势

2014—2018 年舟山市地区生产总值在泛长三角地区占比分别为 0.67%、0.67%、0.70%、0.62%和 0.62%，2018 年 2017 年基本保持一致。2018 年舟山市地区生产总值在泛长三角地区 41 个市排名第 34 位，较 2017 年下降了一位。

2018 年，舟山全体居民人均生活消费支出 29989 元，同比增长 6.1%，比 2017 年增加 1.1 个百分点。其中，城镇居民人均生活消费支出 33826 元，增长 5.0%；渔农村居民人均生活消费支出 22007 元(居全省第 2 位)，增长 7.5%。

(二) 地方财政一般预算收入

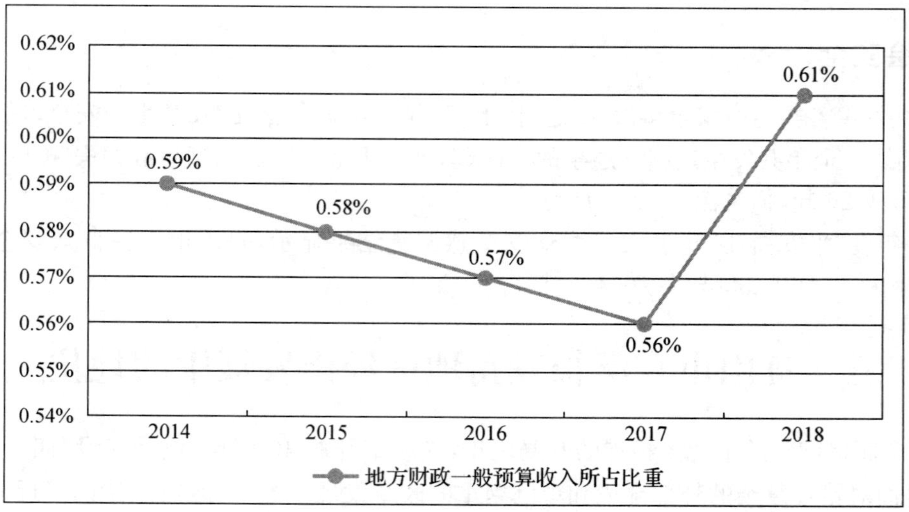

图 5　2014—2018 年舟山市地方财政一般预算收入在泛长三角所占比重的变化趋势

2014—2018 年舟山市地方财政一般预算收入在泛长三角地区占比分别为 0.59%、0.58%、0.57%、0.56%和 0.61%，2018 年较 2017 年增加了 0.05 个百分点，较 2014 年增加了 0.02 个百分点。2018 年舟山市地方财政一般预算收入在泛长三角地区 41 个市排名第 30 位，与 2017 年保持一致。

2018 年，舟山全市实现一般公共预算收入 146.02 亿元，增长 16.1%，增幅处于全省第 5 位，完成年度预算 107.5%。其中地方税收收入 101.90 亿元，增长 6.4%，完成年度预算 103.3%；非税收入 44.12 亿元，增长 47.2%，完成年度预算 118.7%。

(三) 工业生产总值

2014—2018 年舟山市工业生产总值在泛长三角地区占比分别为 0.54%、0.56%、0.62%、0.39%和 0.38%，2018 年较 2017 年下降了 0.01 个百分点，较 2014 年下降了 0.16 个百分点。2018 年舟山市工业生产总值在泛长三角地区 41 个市排名第 39 位，与 2017 年保持一致。

2018 年，全年规模以上工业增加值比 2017 年增长 6.4%。全市规模以上工业企业资产总计 2326.1 亿元，实现利税总额 24.6 亿元，其中利润总额 5.9 亿元。规模以上工业中，高新技术产业总产值增长 6.0%，产值占规模以上工业的 37.9%；装备制造业总产值增长 4.8%，产值占规模以上工业的 38.8%；战略性新兴产业总产值增长 9.1%，产值占规模以上工业的 34.2%。规模以上工业新产品产值率 19.3%，比 2017 年提高 5.2 个百分点。

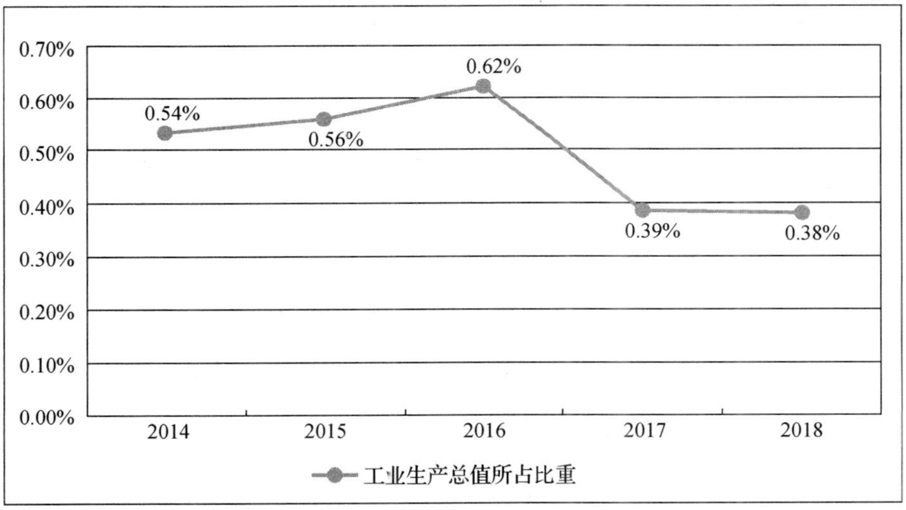

图 6　2014—2018 年舟山市工业生产总值在泛长三角所占比重的变化趋势

（四）进出口总额

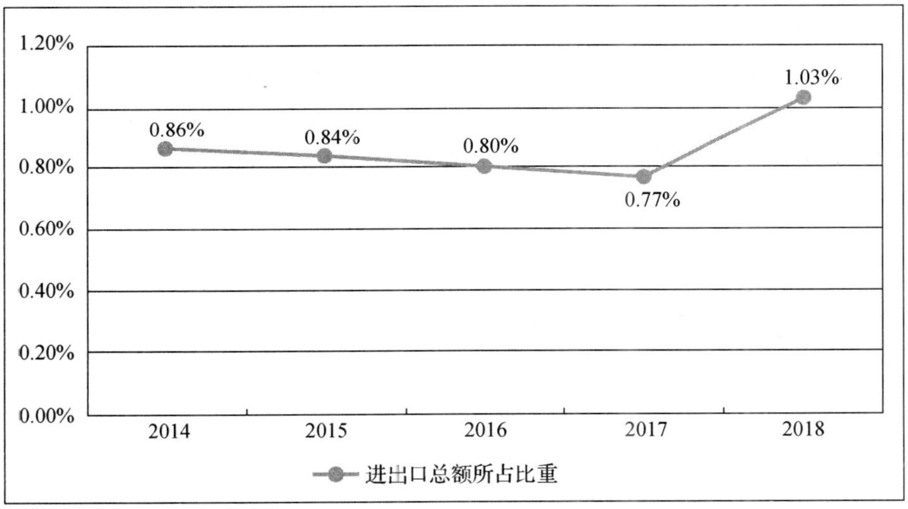

图 7　2014—2018 年舟山市进出口总额在泛长三角所占比重的变化趋势

2014—2018 年舟山市进出口总额在泛长三角地区占比分别为 0.86%、0.84%、0.80%、0.77%和 1.03%，2018 年较 2017 年增加了 0.26 个百分点，较 2014 年增加了 0.17 个百分点。2018 年丹山市进出口总额在泛长三角地区 41 个市排名第 15 位，较 2017 年上升了一位。

2018 年舟山市实现外贸进出口总值 1135.5 亿元，与上一年同期相比增长 44.9%，增幅列全省一一地市第一。其中，进口总值达 710.7 亿元，增长 78.0%，增幅列十一地市第一。而“大飞机”“混矿”“油品”“天然气”，则是这份好成绩的“助推剂”。舟山口岸实现船用燃料油供应 359.3 万吨，同比增长 96.5%，带动舟山市成品油进出口快速增长，助推舟山市外贸进出口总体规模不断扩大。舟山市水海产品进口值达 13.1 亿元，同比增长 81.1%。出口水海产品 79.3 亿元，同比增长 17.8%。

（五）实际外商直接投资金额

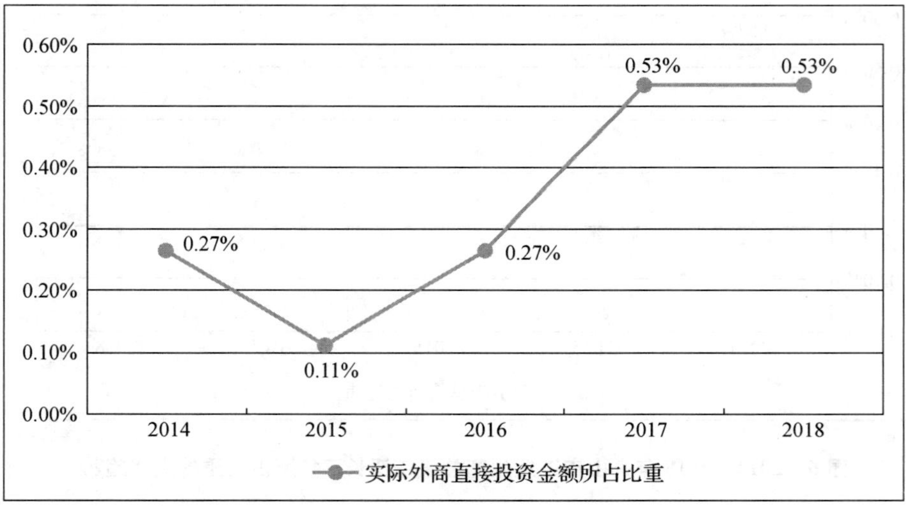

图 8　2014—2018 年舟山市实际外商直接投资金额在泛长三角所占比重的变化趋势

2014—2018 年舟山市实际外商直接投资金额在泛长三角地区占比分别为 0.27％、0.11％、0.27％、0.53％和 0.53％，2016 年以来持续大幅上扬，2018 年与 2017 年基本一致，较 2014 年增加了 0.26 个百分点。2018 年舟山市实际外商直接投资金额在泛长三角地区 41 个市排名第 29 位，较 2017 年上升了两位。

2018 年，全年全市引进外资合同项目 271 个，比 2017 年增长 3.8 倍；实际利用外资 4.18 万美元，增长 3.1％；实际利用市外资金 665.2 亿元；浙商回归到位资金 241.3 亿元。

十一 台州市 2018 年经济社会发展报告

2018 年，面对错综复杂的国内外经济形势，台州坚持以习近平新时代中国特色社会主义思想为指导，全面贯彻落实党的十九大、十九届二中、三中全会精神，认真落实省委省政府、市委市政府各项决策部署，围绕“八八战略再深化、改革开放再出发”，聚焦“再创民营经济新辉煌”，着力深化供给侧结构性改革，统筹推进“五位一体”总体布局，聚心聚力高质量、竞争力、现代化，深入推进“妈妈式”服务，全市经济展现了新活力，转型升级取得了新进展，社会事业呈现了新气象，民生保障得到了新提升，台州高质量发展的基础更加坚实。

一 台州市 2018 年经济发展概况

（一）综合经济

1. 经济总量

2018 年全市实现生产总值 4874.67 亿元，按可比价格计算，比上年增长 7.6%。其中，第一产业增加值 264.28 亿元，增长 0.9%；第二产业增加值 2182.60 亿元，增长 8.7%；第三产业增加值 2427.79 亿元，增长 7.3%；三次产业结构为 5.4∶44.8∶49.8。全市人均生产总值为 80644 元（按年平均汇率折算达 12187 美元），比上年增长 7.1%。

市区实现生产总值 1808.20 亿元，按可比价格计算，比上年增长 8.3%。市区人均生产总值达到 111645 元（按年平均汇率折算达 16871 美元），比上年增长 7.5%。

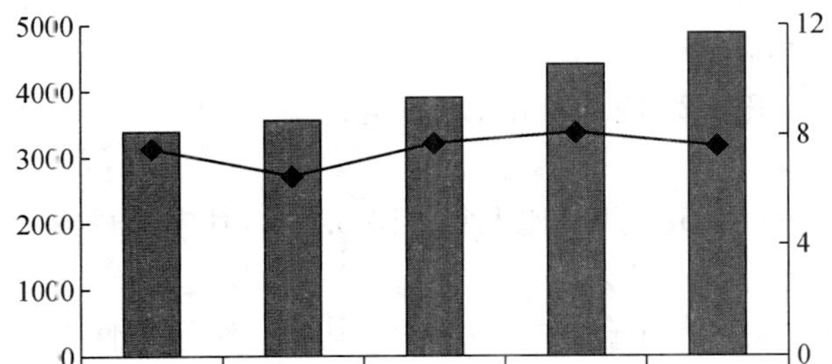

	2014	2015	2016	2017	2018
地区生产总值(亿元)	3387.38	3553.85	3898.66	4407.37	4874.67
增幅(%)	7.5	6.5	7.7	8.1	7.6

图 1　2014—2018 年台州市地区生产总值及增长速度

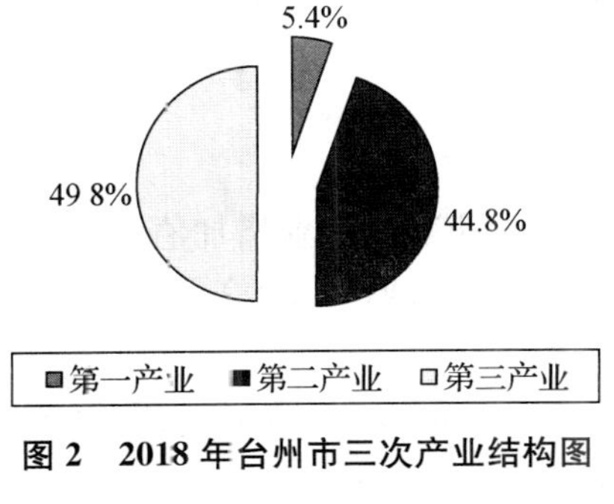

图 2　2018 年台州市三次产业结构图

2. 财政收入

全年财政总收入745.19亿元，比上年增长13.4%；其中，地方财政收入431.18亿元，增长12.8%。

3. 物价水平

全市居民消费价格总水平比上年上涨2.5%，其中，消费品价格上涨1.7%，服务价格上涨3.7%。工业生产者出厂价格比上年上涨2.0%，工业生产者购进价格比上年上涨3.9%。

4. 固定资产投资

2018年全市固定资产投资施工项目3042个，其中本年新开工项目1397个。全年固定资产投资比上年增长8.1%。其中，第一产业下降52.8%，第二产业增长5.2%，第三产业增长9.6%。固定资产投资中，工业性投资比上年增长5.2%，基础设施投资下降17.1%，民间投资增长30.1%。

重点工程建设扎实推进，沿海高速、台金高速东延段二期项目建成通车，三门核电一期并网运行，吉利汽车临海产业园30万辆扩建项目投产，新吉奥能源汽车下线；孟溪水库、三门洋市涂围垦等项目完工；市域铁路S1线一期、金台铁路、朱溪水库、台州市引水工程、台州市地下综合管廊项目加快推进；台州方特动漫主题园、台州市委党校迁建工程、台州湾文旅综合体等项目开工建设。

（二）农业建设

2018年台州市农业生产基本稳定。全市实现农林牧渔业总产值469.93亿元，按可比价格计算，比上年增长0.7%。其中，农业产值152.53亿元，增长3.7%；林业产值6.72亿元，增长3.7%；牧业产值26.17亿元，增长1.5%；渔业产值279.43亿元，下降1.1%；农林牧渔服务业产值5.08亿元，增长8.6%。

全年农作物总播种面积199.68千公顷，比上年增长1.3%。全年蔬菜产量219.22万吨，比上年增长2.4%；油料产量1.18万吨，下降2.0%；水果产量147.27万吨，增长1.7%。

全年完成造林更新面积944公顷，其中，人工造林面积464公顷。年末实有封山育林面积24.89千公顷。全市有林地面积632.39千公顷，森林覆盖率为61.6%。全市有自然保护区（含小区）35个，面积9.84千公顷。

全年水产品产量152.52万吨，比上年下降3.4%，其中，海洋捕捞产量93.59万吨，下降5.7%；海水养殖产量49.26万吨，下降1.3%。

全市注册登记的农民专业合作社8184家，其中省级示范性专业合作社109家。全市共认证有机食品54个，绿色食品182个，国家无公害农产品305个，浙江省无公害农产品产（基）地305个。市级农业龙头企业共有231家，省级农业龙头企业47家。

全市完成河湖库塘疏浚清淤858万立方米，其中，市区220万立方米。治理水土流失面积38.41平方公里，新增防渗渠道164公里，新增节水灌溉面积3892公顷。年末全市拥有农业机械总动力256.32万千瓦，全年农村用电量120.04亿千瓦时。

（三）工业和建筑业

1. 工业经济

2018年台州市工业生产稳中有进。全市实现工业增加值1895.25亿元，按可比价格计算，比上年增长9.4%。全市规模以上工业企业（年主营业务收入2000万元及以上工业企业）数为3801家，实现工业增加值1102.43亿元，比上年增长9.7%。

全市规模以上轻工业实现工业增加值352.67亿元，比上年增长4.3%；重工业实现工业增加值749.76亿元，增长12.2%。轻重工业比例为32.0∶68.0。

全市规模以上工业增加值总量排在前五位的行业中，汽车制造业、通用设备制造业、电力热力生产供应业、医药制造业、橡胶和塑料制品业分别完成工业增加值180.98亿元、145.36亿元、117.02亿元、99.96亿元和95.30亿元，分别比上年增长25.1%、8.2%、7.4%、7.2%和4.3%。

全年规模以上装备制造业实现增加值566.38亿元，比上年增长14.5%；规模以上战略性新兴产业实现增加值176.93亿元，增长6.3%；规模以上数字经济核心产业实现增加值45.74亿元，增长17.0%。

全市规模以上工业企业产品产销率为97.8%；新产品产值1851.17亿元，比上年增长30.1%；新产品产值率为36.96%，比上年提高4.4个百分点。

全市规模以上工业企业实现利税总额(不含台州电业局)494.77亿元，比上年增长13.1%，其中，利润总额314.17亿元，增长20.9%。

2. 建筑业

全市实现建筑业增加值290.53亿元，按可比价格计算，比上年增长4.1%。资质以上建筑企业完成房屋建筑施工面积18998.70万平方米，比上年增长1.0%；房屋竣工面积6708.01万平方米，下降10.7%。

(四)服务业

1. 国内贸易

全市实现社会消费品零售总额2366.88亿元，比上年增长10.2%，扣除价格因素，实际增长8.3%。按消费类型分，商品零售额2094.81亿元，增长10.0%；餐饮收入272.07亿元，增长11.9%。按经营地分，城镇零售额1910.60亿元，增长9.2%；乡村零售额456.28亿元，增长14.5%。限额以上批发零售企业中，服装鞋帽针纺织品类、中西药品类、石油及制品类和日用品类零售额分别比上年增长94.8%、43.8%、15.8%和11.5%；汽车类零售额增长放缓，比上年增长5.2%。

全年新设市场主体10.83万家，其中，新设企业3.17万家，新设个体工商户7.60万家。年末在册市场主体58.55万家，其中，企业17.41万家，个体工商户39.85万家。

年末全市拥有各类商品交易市场470家，成交额1414.30亿元，年成交额超亿元的市场有138家。全年网络零售额1191.40亿元，比上年增长26.0%。全市已创设淘宝村206个，电商产业园32个，活跃网络零售网店6.40万家，其中活跃天猫网店1752家。

2. 交通运输、邮电

全年交通运输、仓储和邮政业增加值为181.95亿元，比上年增长3.6%。

全年完成货物周转量1830.78亿吨公里，比上年增长0.9%；旅客周转量为71.56亿人公里，下降4.9%。全年台州港完成货物吞吐量7167万吨，比上年增长1.6%，其中，外贸吞吐量618万吨，下降17.9%；完成集装箱吞吐量24.4万标箱，增长14.6%。民航完成旅客年吞吐量111.22万人次，货邮吞吐量7581吨，分别比上年增长35.3%和10.8%。全年铁路发送旅客1373万人次，比上年增长7.3%。

年末全市公路总里程(含村道)13014公里，其中，高速公路447公里，比上年增加149公里。年末全市汽车保有量达162.93万辆，比上年增加14.63万辆；其中，私人汽车148.38万辆，比上年增加13.19万辆。

全年邮电业务收入79.59亿元，比上年增长6.6%。年末国际互联网宽带接入用户245.07万户，比上年增加18.81万户，移动互联网用户688.67万户，与上年基本持平。年末移动电话用户为958.0万户，比上年增加131.54万户；城乡固定电话用户为107.70万户，比上年增加15.44万户。

全年快递服务企业完成业务量7.03亿件，比上年增长30.3%；完成业务收入39.96亿元，增长20.4%。

3. 旅游业

临海灵湖景区、黄岩九峰景区成功获批国家4A级景区。全年共接待旅游总人数11840.08万人次，比上年增长15.0%，其中，接待国内游客11821.70万人次，增长15.0%；接待入境旅游人数18.38万人次，下降6.9%。全年实现旅游总收入1302.23亿元，增长16.9%，其中，国内旅游收入1298.02亿元，增长16.9%；入境旅游收入6355.22万美元，下降3.3%。全市共有5A级旅游区2个，4A级旅游区13个，3A级旅游区53个，2A级旅游区12个。共有星级饭店54家，客房8041间，床位13166张。旅行社174家，其中，星级旅行社63家。

4. 金融、证券和保险

年末全市金融机构本外币存款余额8518.92亿元，比上年末增长11.8%，当年新增存款900.51亿元。年末本外币住户存款余额4603.46亿元，比上年末增长13.3%，当年新增540.73亿元。年末金融机构本外币贷款余额7354.34亿元，比上年末增长14.7%，当年新增贷款941.77亿元。年末金融机构本外币存贷款比率为86.3%，不良贷款率为0.75%。

全年新增上市公司1家，年末已有上市公司53家，其中，中小板上市公司25家，累计融资总额达到1002.52亿元。当年新三板挂牌企业数4家。年末有小额贷款公司31家，注册资本金总额40.91亿元，全年发放贷款54.46亿元。

年末有证券营业部108家，全年股票交易额1.55万亿元，比上年下降26.3%。

全年保险业实现保费总收入178.5亿元，其中，财产险保费收入73.8亿元，人身险保费收入104.7亿元。全年各类赔款、给付支出57.96亿元，其中，财产险支出39.21亿元，人身险支出18.75亿元。

5. 房地产业

全年房地产开发投资比上年增长43.1%。房屋施工面积3758.26万平方米，比上年增长13.1%；房屋竣工面积382.95万平方米，下降14.7%。全年商品房销售面积933.35万平方米，比上年增长12.5%，其中，住宅销售面积612.34万平方米，下降1.7%。

（五）对外经济

1. 对外贸易

全年外贸进出口总额1742.99亿元，比上年增长10.4%。其中，出口总额1537.6亿元，增长11.5%；进口总额205.4亿元，增长3.1%。全年外贸企业出口268.89亿元，比上年增长11.8%；三资企业出口131.86亿元，增长2.1%；生产企业出口1136.84亿元，增长12.6%。在出口总额中，一般贸易出口1407.53亿元，比上年增长10.3%；加工贸易出口129.81亿元，增长26.0%。全年高新技术产品出口96.47亿元，增长15.2%；机电产品出口873.87亿元，增长13.4%。全年对美国出口318.81亿元，增长14.7%；对欧盟出口399.75亿元，增长10.7%；对“一带一路”沿线国家出口545.69亿元，比上年增长10.4%。全年有进出口实绩企业6102家，比上年增加544家。出口国家和地区为222个。

2. 对外经济

全年新批外商投资项目44个，总投资8.21亿美元，合同利用外资5.05亿美元，实际利用外资2.89亿美元。

全年新批境外投资企业35家，中方投资额20.63亿美元。全市累计境外投资项目660个，中方累计投资额35.0亿美元。

3. 服务外包

全年服务贸易进出口总额86.6亿元，其中出口额54.4亿元。全年服务外包离岸合同执行额8470万美元，增长49.1%。

二　台州市 2018 年社会发展概况

（一）人口、人民生活

全市户籍总人口 605.40 万人，其中，男性人口 309.06 万人，女性人口 296.34 万人，男女性别比为 104.29∶100。全年共出生 6.48 万人，死亡 3.92 万人，人口出生率为 10.72‰，死亡率为 6.48‰，人口自然增长率为 4.24‰。市区户籍人口 162.50 万人。据 2018 年浙江省 5‰人口变动抽样调查，年末全市常住人口 613.90 万人，城镇人口比重为 63.0%。

全市全体居民人均可支配收入 43973 元，比上年增长 8.7%，扣除价格因素实际增长 6.1%。城镇常住居民人均可支配收入 55705 元，增长 8.4%，扣除价格因素实际增长 5.8%；农村常住居民人均可支配收入 27631 元，增长 8.9%，扣除价格因素实际增长 6.3%。城乡居民收入差距倍数为 2.02。全体居民人均生活消费支出 29421 元，比上年增长 8.4%。城镇常住居民和农村常住居民人均生活消费支出分别为 35100 和 21510 元，增长 8.0%和 9.1%，扣除价格因素实际增长 5.3%和 6.5%。

年末城镇常住居民和农村常住居民人均现住房建筑面积分别为 50.82 平方米和 58.50 平方米。城乡居民每百户家庭家用汽车、空调等高档耐用消费品拥有量继续增加。

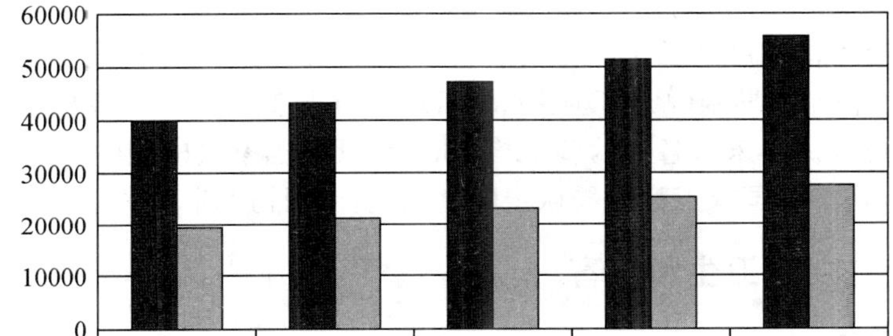

	2014	2015	2016	2017	2018
■城镇居民人均可支配收入(元)	39763	43266	47162	51374	55705
■农村居民人均可支配收入(元)	19362	21225	23164	25369	27631

图 3　2014—2018 年台州市城乡居民收入对比一览

（二）就业与社会保障

1. 就业

截至 2018 年 11 月 30 日，全年城镇新增就业人数 13.38 万人，帮助 3.49 万名城镇失业人员实现再就业。年末城镇登记失业率为 1.87%。

2. 社会保障

建立统一的多层次的全民医保制度，全面建立职工医保账户，大病保险实现市级统筹、全市统一管理。年末全市城镇职工基本养老保险（含被征地农民）、基本医疗保险、工伤保险、生育保险和失业保险参保人数分别达到 241.65 万人、149.62 万人、194.60 万人、97.96 万人和 98.59 万人。全市有 211.38 万人参加城乡居民社会养老保险，有 453.98 万人参加城乡居民医疗保险。全年收缴各类保险基金 382.25 亿元，支出 360.18 亿元。

全市城乡居民最低生活保障人数为 8.68 万人，全年共投入低保资金 4.40 亿元。低保对象月人均补助为 423 元。全市共有各类养老机构 302 个，床位 48683 张，年末在院老人 23835 人。全市有城乡社区居家养老服务照料中心 3654 家。全年共支出医疗救助资金 1.52 亿元，医疗救助 10.55 万人次。全年发行各类福利彩票 15.10 亿元。

（三）教育和科学技术

1. 教育事业

2018 年台州市教育发展成效明显。镇海中学台州分校、华师大台州附中、北大附中飞龙湖学校等一批优质教育资源落户台州，台州学院通过教育部本科教学工作审核评估。全市有幼儿园 1166 所，在园幼儿 20.11 万人；普通小学 360 所，在校生 44.57 万人；初中 209 所，在校生 22.06 万人；高中 72 所，在校生 9.36 万人；中等职业学校 22 所，在校生 6.84 万人；高中段在校生 16.20 万人，初升高比例 99.44%。全市特殊教育学校招生(不含随班就读)195 人，在校生 1316 人。全市全日制普通高校招生 11366 人，在校生 35216 人，成人高校在校学生 34718 人。

2. 科技与创新

2018 年台州市科技创新加快推进。新引进建设南方科技大学台州研究院、浙江工业大学台州研究院、同济大学科技成果转移转化台州中心等各类科创服务平台。全市实现规模以上高新技术产业增加值 621.81 亿元，比上年增长 15.1%。全市共有省级企业研究院 104 家，省级高新技术研发中心 360 家；新增国家重点扶持的高新技术企业 163 家，累计 749 家；新增省级科技型中小企业 865 家，累计 3787 家。众创平台建设成效明显，建成市级以上众创空间 28 家，其中，国家级 3 家，省级 18 家。全年申请专利 35695 件，专利授权 26288 件，其中发明 2767 件，比上年增长 50.1%。全年共签订各类技术合同 1326 项，技术交易额 63.36 亿元。

全市有中国名牌产品 19 个，浙江名牌产品 322 个，地理标志保护产品 3 个。“浙江制造”认证企业 46 家，全市企业主导制(修)订国家标准 11 项，主导制(修)订行业标准 13 项。全市有 508 家单位取得食品生产许可证。年末有各类检验机构 138 家，其中国家级检测中心 2 家，省级质检中心 12 家。新增驰名商标 1 件，全市被国家工商总局认定的驰名商标累计达到 58 件。

（四）文化、卫生和体育

1. 文化事业

成功创建国家公共文化服务体系示范区。市科技馆开馆。年末全市有文化馆 10 个，公共图书馆 10 个，博物馆 52 个，自办广播节目 16 套，自办电视节目 16 套。年末全市有线广播电视覆盖用户 181.09 万户，其中数字电视实际用户 179.47 万户。全年广播节目播出时间 77559 小时，电视节目播出时间 64782 小时。广播人口综合覆盖率和电视人口综合覆盖率分别为 100%和 99.87%。全市共有农村文化礼堂 1495 家。年末全市拥有国家级非物质文化遗产项目 12 项、省级 85 项、市级 283 项。

2. 卫生事业

开展县域医共体试点，创新实施“智慧医疗”项目。市妇女儿童医院开诊。年末全市有各类医疗卫生机构 3691 家，其中，社区卫生服务机构 345 家。大力推动社会办医，全市共有民营医院 81 家。全市医疗卫生机构床位 29892 张，各类卫生技术人员 44797 人，其中，执业医生和执业助理医生 18103 人，注册护士 18493 人。每千人拥有卫生技术人员 7.40 人，其中，医生 2.99 人。全年总诊疗 5929.38 万人次。全市甲、乙类传染病发病率为 170.64/10 万。全市五岁以下儿童死亡率 4.03‰，其中，婴儿死亡率 2.53‰，户籍孕产妇死亡率 7.90/10 万。全年有 5.33 万人次参加无偿献血。农村自来水普及率 100%，卫生户厕普及率 99.6%。

3. 体育事业

成功举办首届全民运动健身大会暨首届体育文化节、第四届台州国际马拉松比赛、首届全国气排球大奖赛、2018“中国杯”国际软式网球锦标赛、第三届中国台州国际武术节、第三届国际传统武术暨绝技大赛等赛事。全市运动员参加国际国内各项赛事共夺得国际比赛金牌 10 枚、银牌 5 枚、铜牌 1 枚，全国、全省比赛金牌 334.7 枚、银牌 273.5 枚、铜牌 333.5 枚。全市共建有市、县级体育社团 246 个。全年销售各类体育彩票 15.57 亿元。

（五）城乡统筹

2018年台州市推进新一轮城市总体规划编制试点。中央商务区基本成型，“一江两岸”、商贸核心区、高铁新区等区块加快推进。“两个大陈”建设驶上快车道，大陈岛青垦文化旧址公园等15个项目开工，陆岛交通时间缩短至45分钟。实施“城市美丽行动”，开展城市街景、路景、水景、生态“三景一态”整治提升，内环线两侧景观提升加快推进，改造整治街巷26.7公里，新增绿道153公里。

完成城中村改造4万多户，开工建设棚改安置房2.3万套。台州机场年旅客吞吐量突破110万人次，市客运南站投入使用。市、县两级成立城市管理委员会，“大城管”机制全面运行。深入开展“三改一拆”，天台创无违建县（市、区）通过初评，椒江、路桥、温岭创基本无违建县（市、区）通过现场验收。小城镇环境综合整治三年任务两年完成。实施垃圾、公厕、物业三大革命，生活垃圾分类全面启动，市餐厨垃圾有机处理中心、黄岩垃圾焚烧发电工程、路桥旺能焚烧厂三期等13个垃圾处理项目动工建设；新（改）建生态型公厕212座；全市80%小区成立了业委会。认真落实中央和省环保督察、国家海洋督察、长江经济带生态环保审计等反馈意见整改。全面推进治水治气治土，再次荣获“大禹鼎”，成为全国首批无黑臭水体城市，空气质量居全国前十，“台州蓝”成为金名片，土壤污染综合防治先行区建设走在全国前列，“湾（滩）长制”试点工作经验全国推广，生态环境状况指数居全省第二。仙居创成国家生态文明建设示范县。出台乡村振兴五年行动计划，建成精品村20个、A级景区村庄223个，提升美丽乡村公路1230公里。“三位一体”农合联改革走在全省前列，农村承包地确权登记颁证工作全面完成。在全国率先建立市县两级乡村振兴学院，新型职业农民培育工作全国领先。行政村规模调整圆满完成，撤并率34.5%，省定集体经济薄弱村全部实现消薄目标，天台“万户百村”下山移民工作成为全省典型。培育减贫增收示范村15个，低收入农户增收12%。

（六）环境保护

全市万元生产总值综合能耗预计比上年下降3.5%。主要污染物化学需氧量、氨氮、二氧化硫、氮氧化物排放量预计分别比上年下降7.6%、7.6%、6.4%和5.23%。全市省控以上断面Ⅰ～Ⅲ水质断面占比65.4%，地表水满足水域功能达标率为80%。城镇生活污水集中处理率为96.38%，城镇生活垃圾无害化处理率为100%。城市空气综合污染指数为3.19，比上年下降0.18。市区PM2.5年均浓度为29微克/立方米，比上年下降4微克/立方米；市区环境空气质量达到二级标准以上的天数有342天，占全年总天数的93.7%。

（七）社会安全

全市共发生各类生产经营性安全事故166起，死亡154人，受伤27人，分别比上年下降44.1%、41.7%和68.6%。

三　台州市在泛长三角地区经济发展中的地位

2018年是贯彻党的十九大精神开局之年，也是改革开放40周年。市政府坚持以习近平新时代中国特色社会主义思想为指导，认真落实省委省政府和市委决策部署，聚焦聚力高质量、竞争力、现代化，迎难而上、扎实工作，圆满完成了市五届人大三次会议确定的目标任务。

（一）地区生产总值

2014—2018年，台州市地区生产总值在泛长三角所占比重分别为2.23%、2.19%、2.18%、2.22%和2.28%，2017年以来逆势上扬，2018年较2017年上升了0.06个百分点，五年累计增加了0.05个百分点。2018年台州市地区生产总值在泛长三角地区41个市中排名第16位，与2017年持平。

2018年，全市实现生产总值4874.67亿元，按可比价格计算，比2017年增长7.6%。其中，第一产业增加值264.28亿元，增长0.9%；第二产业增加值2182.60亿元，增长8.7%；第三产业增加值2427.79亿元，增长7.3%；三次产业结构为5.4∶44.8∶49.8。全市人均生产总值为80644元(按年平均汇率折算达12187美元)，比2017年增长7.1%。

图4　2014—2018年台州市地区生产总值在泛长三角
(苏浙两省24个地级市、安徽省16个地级市和上海市，下同)所占比重的变化趋势

市区实现生产总值1808.20亿元，按可比价格计算，比2017年增长8.3%。市区人均生产总值达到111645元(按年平均汇率折算达16871美元)，比2017年增长7.5%。

(二)地方财政一般预算收入

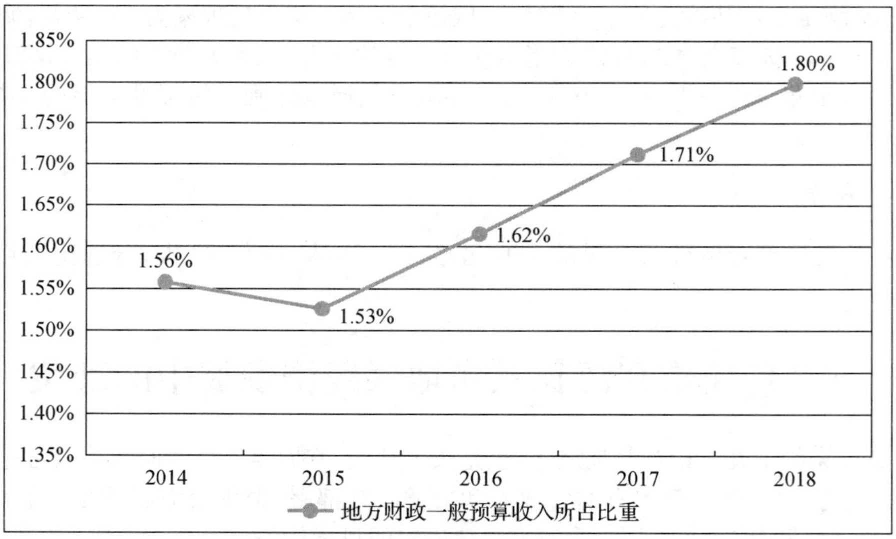

图5　2014—2018年台州市地方财政一般预算收入在泛长三角所占比重的变化趋势

2014—2018年台州市地方财政一般预算收入在泛长三角所占比重分别为1.56%、1.53%、1.62%、1.71%和1.80%，2018年较2017年增加了0.09个百分点，较2014年增加了0.24个百分点。2018年台州市地方财政一般预算收入在泛长三角地区41个市中排名第14位，与2017年保持一致。

2018年1～12月，全市财政总收入完成745.2亿元，同比增长13.4%，完成年初预算的104.9%，全市地方收入完成 431.2 亿元，同比增长 12.8%，完成年初预算的 109.42%。其中税收收入完成 376 亿元，增长 13.5%，非税收入完成 55.1 亿元，增长 8.2%。市区财政总收入 306.3 亿元，增长 13.3%；一般公共预算收入 175.1 亿元，增长 11.6%。市区一般公共预算支出 231.8 亿元，增长 21%。

（三）工业生产总值

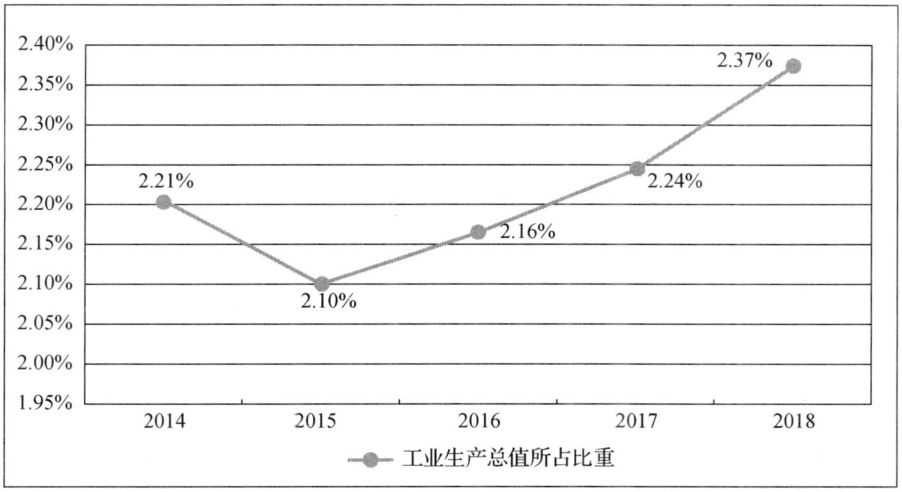

图 6　2014—2018 年台州市工业生产总值在泛长三角所占比重的变化趋势

2014—2018 年台州市工业生产总值在泛长三角所占比重分别为 2.21%、2.10%、2.16%、2.24%和 2.37%。2018 年较 2017 年增加了 0.13 个百分点，较 2014 年增加了 0.16 个百分点。2018 年台州市工业生产总值在泛长三角地区 41 个市中排名第 17 位，较 2017 年上升一位。

2018 年，工业生产稳中有进。全市实现工业增加值 1895.25 亿元，按可比价格计算，比 2017 年增长 9.4%。全市规模以上工业企业（年主营业务收入 2000 万元及以上工业企业）数为 3801 家，实现工业增加值 1102.43 亿元，比 2017 年增长 9.7%。全市规模以上轻工业实现工业增加值 352.67 亿元，比 2017 年增长 4.3%；重工业实现工业增加值 749.76 亿元，增长 12.2%。轻重工业比例为 32.0∶68.0。全市规模以上工业增加值总量排在前五位的行业中，汽车制造业、通用设备制造业、电力热力生产供应业、医药制造业、橡胶和塑料制品业分别完成工业增加值 180.98 亿元、145.36 亿元、117.02 亿元、99.96 亿元和 95.30 亿元，分别比 2017 年增长 25.1%、8.2%、7.4%、7.2%和 4.3%。全年规模以上装备制造业实现增加值 566.38 亿元，比 2017 年增长 14.5%；规模以上战略性新兴产业实现增加值 176.93 亿元，增长 6.3%；规模以上数字经济核心产业实现增加值 45.74 亿元，增长 17.0%。

（四）进出口总额

2014—2018 年台州市进出口总额在泛长三角所占比重分别为 1.54%、1.52%、1.50%、1.56%和 1.58%，2018 年较 2017 年增加了 0.02 个百分点，较 2014 年增加了 0.04 个百分点。2018 年台州市进出口总额在泛长三角地区 41 个市中排名第 13 位，与 2017 年保持一致。

2018 年全市进出口总值 1743.0 亿元，较 2017 年同期增长 10.4%。其中，出口 1537.6 亿元，增长 11.5%；进口 205.4 亿元，增长 3.1%。出口增速位居全省第 4 位。1 至 4 季度，全市进出口规模分别为 394.4 亿元、423.0 亿元、451.3 亿元和 474.2 亿元，逐季提升且均高于 2017 年同期水平。2018 年，欧盟、美国和东盟依旧是台州前三大贸易伙伴，分别占全市贸易总值的 24.8%、19.2%和 7.3%。全年，台州与上述三大贸易伙伴的贸易值分别为 431.4 亿元、334.3 亿元和 127.5 亿元，同比分别增长 7.4%、12.1%和 19.9%。

民企活力进一步显现。2018 年全市有进出口实绩的企业共 6102 家，其中民营企业 5852 家，同比增加 10.6%，占全市有进出口实绩企业数量的 95.9%。全年民营企业进出口额达 1547.9 亿元，增长 12.7%，占全市进出口总值的 88.8%，明显高于全省 71.6%的比重。台州进出口产品结构明显优化。过去一年，台州机电产品出口增速明显快于出口整体增速，当期出口机电产品 874.4 亿元，增长 13.5%，占全市出口总值的 56.9%，同比提高 1 个百分点。同期，传统劳动密集型产品出口 316.7 亿元，增长 6.7%，占 20.6%。此外，部分重要设备、关键零部件和消费品进口保持了较快增长。

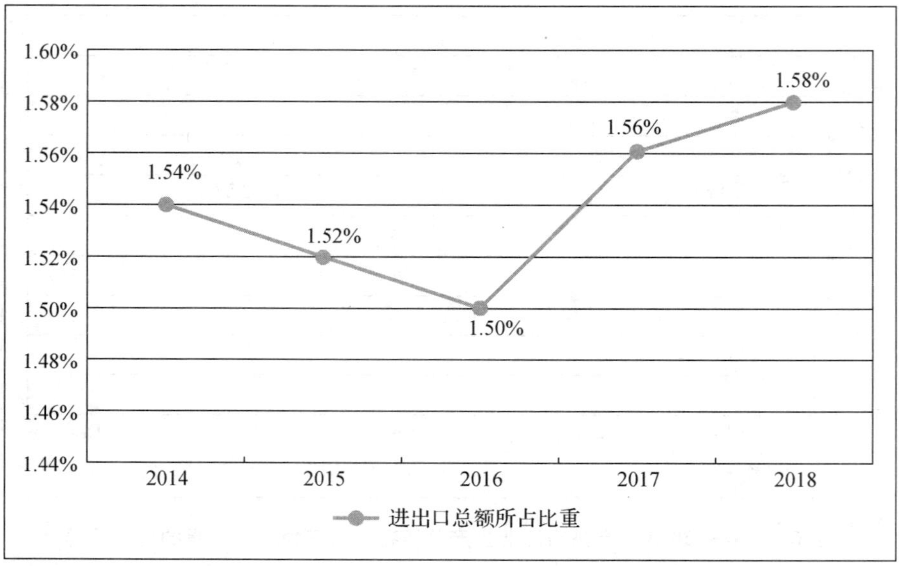

图 7　2014—2018 年台州市进出口总额在泛长三角所占比重的变化趋势

（五）实际外商直接投资金额

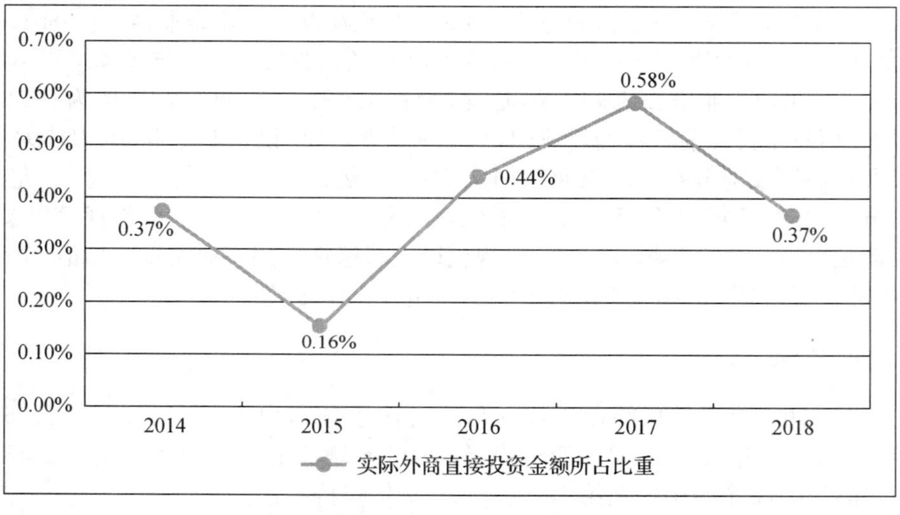

图 8　2014—2018 年台州市实际外商直接投资金额在泛长三角所占比重的变化趋势

2014—2018 年台州市实际外商直接投资金额在泛长三角所占比重分别为 0.37%、0.16%、0.44%、0.58%和 0.37%，2018 年比 2017 年减少了 0.21 个百分点，与 2014 年基本保持一致。2018 年台州市实际外商直接投资金额在泛长三角地区 41 个市中排名第 35 位，较 2017 年大幅下滑。

2018 年，全年新批外商投资项目 44 个，总投资 8.21 亿美元，合同利用外资 5.05 亿美元，实际利用外资 2.89 亿美元。全年新批境外投资企业 35 家，中方投资额 20.63 亿美元。全市累计境外投资项目 660 个，中方累计投资额 35.0 亿美元。

十二　丽水市 2018 年经济社会发展报告

2018 年，全市上下认真贯彻落实党的十九大精神，以习近平新时代中国特色社会主义思想为指引，认真贯彻落实省委省政府的决策部署，深入开展“大学习大调研大抓落实”活动，以“丽水之赞”为动力，聚焦聚力“丽水之干”，高起点、高水平、高质量推进绿色发展，全市经济稳中向好，生态农业、工业、消费等主要经济指标增幅居全省前列，社会和谐稳定，较好完成年初确定的各项目标和任务。

一　丽水市 2018 年经济发展概况

（一）综合经济

1. 经济总量

2018 年地区生产总值（GDP）1394.67 亿元，比上年增长 8.2%。其中，第一产业增加值 94.16 亿元，第二产业增加值 577.79 亿元，第三产业增加值 722.72 亿元，分别增长 3.1%、9.0%和 8.1%，三大产业对经济增长的贡献率分别为 2.7%、50.1%和 47.2%。三次产业结构为 6.8∶41.4∶51.8。人均 GDP 为 63611 元（按年平均汇率折算为 9613 美元），增长 7.3%。

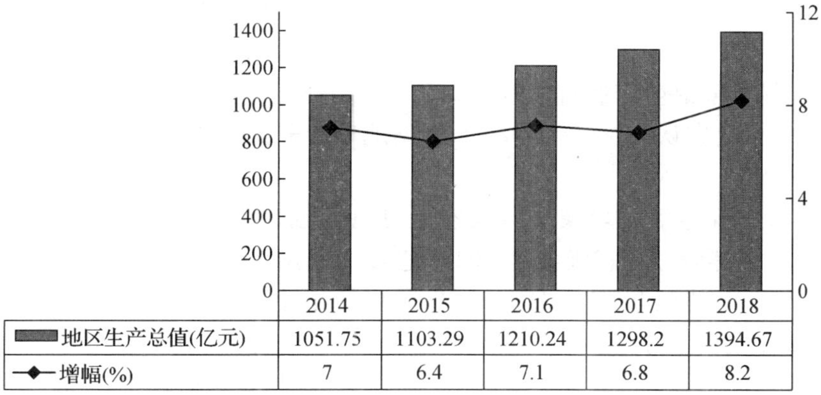

图 1　2014—2018 年丽水市地区生产总值及增长速度

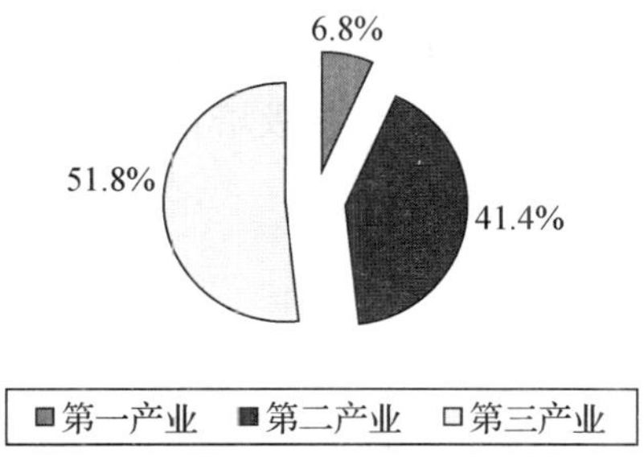

图 2　2018 年丽水市三次产业结构图

2. 财政收支

2018 年丽水市财政总收入 211.18 亿元，比上年增长 17.0%；一般公共预算收入 130.01 亿元，同口径增长 15.1%。民生保障水平进一步提高，一般公共预算民生支出 341.39 亿元，增长 14.0%。

3. 物价水平

2018年市区居民消费价格总水平比上年上涨2.5%，其中：消费品价格上涨2.7%，服务价格上涨2.3%，工业品价格上涨2.7%，商品零售价格上涨2.5%。

4. 固定资产投资

2018年固定资产投资项目1721个，其中新开工项目960个。省市县长项目谋划41个，落地21个，实现省定"落地率达到50%"目标。投资4个结构指标全面完成增长"15%"目标，其中，民间投资增长22.6%，交通投资增长19.6%，生态环保和公共设施投资增长41.3%，高新技术产业投资增长31.3%。

（二）农业和农村建设

2018年粮食播种面积69.91千公顷，比上年增长2.9%；粮食总产量35.29万吨，增长3.7%。油菜籽播种面积2.23千公顷，增长9.4%；蔬菜45.81千公顷，下降0.2%；花卉苗木1.24千公顷，下降3.2%；中药材4.85千公顷，增长1.8%；果用瓜3.06千公顷，增长0.1%。

生猪年末存栏36.86万头，比上年增长4.0%，年内出栏57.97万头，比上年下降0.6%；全年肉类总产量6.78万吨，增长2.0%；水产品总产量2.47万吨，增长12.8%。

2018年完成粮食生产功能区提标改造49个，累计建成粮食生产功能区548个，总面积44.83万亩。累计成功申报5个省级现代农业园区、7个特色农业强镇，创成特色农业强镇1个。农业产业化组织3037家，农业龙头企业444家（县级以上）。全年新增土地流转面积1500亩，土地流转总量55.45万亩。

新培育农产品旅游地商品生产经营主体250家、农产品旅游地商品306个，实现年营销额46.85亿元。新增绿色、有机和无公害认证农产品148个，新增地理标志农产品4个。"丽水山耕"区域公用品牌背书农产品累计达974个。

年末，建制村全部实现生活垃圾集中收集有效处理。创建省级美丽乡村示范县1个、示范乡镇12个、特色精品村32个，累计创建省级美丽乡村示范县2个、示范乡镇32个、特色精品村89个。累计发展农家乐特色村203个，特色点（各类农庄、山庄、渔庄）323个，经营农户4394户。全年农家乐（民宿）共接待游客3451.14万人次，增长23.8%；实现营业收入41.46亿元，增长32.8%。"千万农民素质提升工程"培训7.29万人，其中，各类农村实用人才1.51万人，农村富余劳动力0.66万人，实现转移就业0.57万人，转移就业率为87.0%。年末金融系统涉农贷款余额959.49亿元，增长9.4%。林权抵押贷款余额达64.34亿元，增长5.9%。

2018年新增龙泉汽车空调小镇、莲都区万洋低碳智造小镇2个省级培育小镇。至年末，全市共有省级特色小镇18个，其中省级创建小镇12个，省级培育小镇6个，实现省级特色小镇县（市、区）全覆盖。

（三）工业和建筑业

1. 工业

2018年规模以上工业增加值增长12.2%。销售产值增长22.8%，其中出口交货值增长20.4%。

规模以上工业中，高技术、高新技术产业、装备制造业和战略性新兴产业增加值分别增长15.0%、9.8%、15.3%和29.1%，占规上工业的4.0%、33.9%、24.5%和16.4%。新产品产值率36.2%，比上年下降0.4个百分点。十七大重点传统制造业增加值增长6.3%。

规模以上工业企业实现利润比上年增长24.3%。其中，高新技术、装备制造和战略性新兴产业利润总额分别增长17.8%、18.9%和30.3%。全员劳动生产率18.58万元/人，比上年提高12.0%。

2. 建筑业

2018年建筑业增加值99.47亿元，占GDP的比重为7.1%。具有资质的总承包和专业承包建筑业企业总产值388.73亿元，增长7.8%；实现利税总额29.23亿元，下降5.2%。

（四）服务业

1. 国内贸易

2018年丽水市社会消费品零售总额682.91亿元，比上年增长11.4%。按经营地统计，城镇消费品零售额536.86亿元，增长9.9%；乡村消费品零售额146.05亿元，增长17.1%。按消费类型统计，商品零售额576.62亿元，增长9.8%；餐饮收入额106.29亿元，增长20.9%。网络零售额350.5亿元，增长34.9%；居民网络消费210.3亿元，增长29.4%。

年末已登记商品交易实体市场108个，交易额为344.10亿元，比上年增长2.3%。其中，1亿元以上市场49个，成交额319.55亿元；10亿元以上市场10个，成交额213.79亿元。

2. 交通运输、邮电

2018年交通运输、仓储和邮政业增加值43.47亿元，比上年增长2.2%。

年末，全市公路总里程15481公里，其中高速公路419公里。公路和水运完成货物周转量82.46亿吨公里，比上年增长5.1%；公路和水运旅客周转量10.72亿人公里，下降12.7%。铁路客运量1105.59万人，增长12.3%；货运量207.46万吨，增长9.9%。

年末，全市民用汽车保有量39.36万辆，比上年末增长9.7%，其中个人汽车36.22万辆，增长9.9%。民用轿车保有量34.53万辆，增长10.0%，其中个人轿车32.74万辆，增长10.2%。

2018年全市邮政企业和规模以上快递服务企业业务收入完成11.93亿元，增长18.9%；业务总量完成27.89亿元，增长24.9%。

年末，移动电话用户263.01万户，其中使用3G、4G移动电话用户240.60万户。固定互联网宽带接入用户88.33万户，增加11.73万户。移动互联网用户229.54万户，增加14.65万户。全市快递业务量突破1亿件，达到1.11亿件，比上年增长31.0%。

3. 旅游业

2018年实现旅游总收入667.88亿元，增长16.6%（同口径，下同）。其中，国内旅游收入667.62亿元，增长16.6%；旅游外汇收入392.07万美元，增长11.7%。

2018年成功创建庆元巾子峰景区、松阳松阴溪景区2家4A级景区，全市4A级旅游景区达到22家。

4. 金融、证券和保险

年末，全市金融机构本外币各项存款余额2572.33亿元，比上年末增长11.4%，其中人民币存款余额增长12.4%。年末住户本外币存款余额1601.51亿元，增长15.0%。金融机构本外币各项贷款余额1935.92亿元，增长11.6%，其中人民币贷款余额增长11.6%。年末主要农村金融机构人民币贷款余额431.32亿元，比年初增加48.66亿元。

年末境内上市公司3家，累计融资40亿元。其中，主板上市公司1家，中小板上市公司2家。

2018年保险业实现保费收入51.90亿元，比上年增长6.9%。其中，财产险保费收入18.80亿元，增长4.4%；人身险保费收入33.10亿元，增长8.4%。支付各类赔款及给付17.61亿元，增长6.7%。其中，财产险赔付支出10.03亿元，人身险赔付支出7.59亿元。

5. 房地产业

2018年房地产开发投资202.33亿元，比上年增长6.2%，其中住宅投资137.31亿元，增长8.0%。商品房销售面积316.77万平方米，增长19.2%；商品房销售额292.99亿元，增长20.0%。

（五）对外经济

1. 对外贸易

2018年全市货物进出口总额247.13亿元，比上年增长10.8%。其中，出口225.91亿元，增长10.2%；进口21.23亿元，增长17.4%。对“一带一路”沿线主要国家出口额88.11亿元，增长13.3%。

2. 外资状况

2018年丽水市新设外商直接投资项目29个，比上年增加4个；合同外资2.96亿美元，实际利用外资1.07亿美元，分别下降19.4%和50.7%。

二　丽水市2018年社会发展概况

（一）人口、人民生活

2018年末，全市户籍人口270.19万人，其中，城镇人口82.45万人，乡村人口187.74万人；男性人口138.82万人，女性人口131.37万人，分别占总人口的51.4%和48.6%。全年出生人口33002人，出生率为12.24‰；死亡人口18474人，死亡率为6.85‰；自然增长率为5.39‰。

2018年全市居民人均可支配收入32245元，比上年增长9.9%，扣除价格因素增长7.2%。按常住地分，城镇常住居民和农村常住居民人均可支配收入分别为42557元和19922元，分别名义增长9.1%和10.2%，扣除价格因素分别增长6.4%和7.5%。

全市居民人均生活消费支出23508元，比上年名义增长9.0%。其中，城镇常住居民和农村常住居民人均生活消费支出分别为29271元和16623元，增长8.3%和9.2%。

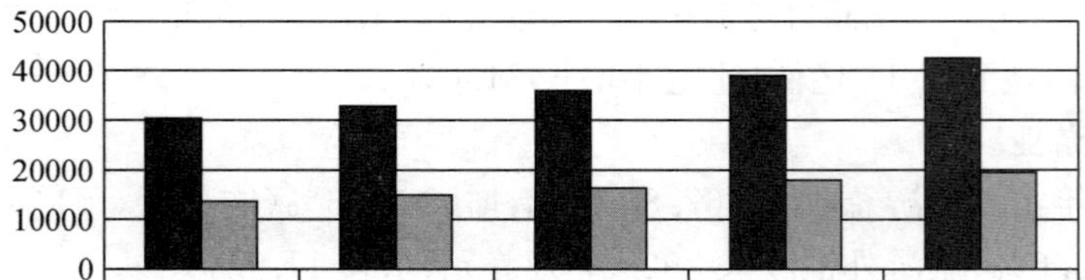

	2014	2015	2016	2017	2018
■ 城镇居民人均可支配收入(元)	30413	32875	35968	38996	42557
▨ 农村居民人均可支配收入(元)	13635	15000	16459	18072	19922

图3　2014—2018年丽水市城乡居民收入对比一览

年末城镇常住居民人均住房建筑面积48.8平方米，比上年末增加3.3平方米；农村常住居民人均住房建筑面积64.6平方米，增加3.9平方米。年末每百户城镇居民家用汽车拥有量38.1辆，比上年末增加2.9辆；每百户农村居民家用汽车拥有量20.8辆，增加3.1辆。

（二）就业与社会保障

1. 就业

2018年新增城镇就业22542人，其中8079名城镇失业人员实现再就业，2691名就业困难人员实现就业。年末城镇登记失业率为1.91%，比上年下降0.75个百分点。

2. 社会保障

年末全市参加企业基本养老保险人数74.62万人，比上年末增加6.02万人；参加城镇职工基本医疗保险人数 44.39 万人，比上年末增加 2.35 万人；参加失业保险人数 25.13 万人，比上年末增加 2.0 万人；参加工伤保险人数 57.06 万人；参加生育保险人数 28.51 万人，比上年末增加 1.73 万人。被征地农民基本生活保障累计参保人数 3.16 万人。正常缴费企业职工基本养老保险退休人员月人均养老金 2198 元；城乡居民养老保险基础养老金最低标准 155 元。

2018 年末在册低保对象 8.15 万人，其中，城镇 0.34 万人，农村 7.81 万人。城乡低保平均标准分别为每人每月 399 元和 372 元，分别增长 5.5%和 23.0%。新增各类机构养老床位数 976 张，新建成乡镇（街道）级示范型居家养老服务中心 30 个，累计建成社区居家养老服务照料中心 1842 个。

2018 年销售各类福利彩票 5.46 亿元，筹集公益金 1.52 亿元。

2018 年新开工保障性安居工程住房 9562 套，竣工保障性安居工程住房 12618 套。

（三）教育和科学技术

1. 教育事业

年末，全市幼儿园 468 所，比上年减少 3.9%。在园幼儿 7.52 万人，比上年减少 5.5%。幼儿园专任教师 0.52 万人，幼儿教师学历合格率为 99.85%。

全市小学 211 所，招生 2.69 万人；在校生 15.07 万人，比上年减少 1.0%。初中 74 所，招生 2.79 万人；在校生 8.23 万人，比上年增长 5.2%。全市各类中等职业教育学校 15 所，招生 0.92 万人，在校生 2.81 万人。普通高中 21 所，招生 1.18 万人，在校生 3.46 万人，毕业生 1.06 万人。

全市共有普通高校 3 所（含独立学院及筹建院校）。高考录取率 95.64%，高等教育毛入学率为 59.29%。

义务教育中小学专任教师 1.6 万人，比上年增长 1.8%。双师型教师占专任教师和专业课教师的比例分别为 46.8%和 84.9%。普通高等学校专任教师中具有硕士以上学位教师比例为 38.3%。

2. 科技与创新

新认定高新技术企业 67 家，累计 356 家。新培育科技型中小企业 195 家，累计 886 家。全年专利申请量 1.40 万件，比上年增长 28.4%；授权量 0.74 万件，增长 29.5%，其中发明专利授权量 38[illegible] 件，增长 14.4%。财政一般公共预算支出中科技支出 9.32 亿元，比上年增长 28.2%。新增“浙江制造”标准 21 个。年末有效期内省名牌产品 101 个，比上年末增加 5 个。

全年有 94 家企业获得 434 张 3C 证书。法定计量技术机构 9 个，全年强制检定计量器具 24.1 万台件。2018 年 369 家企业获得了管理体系认证。

（四）文化、卫生和体育

1. 文化事业

全市公共图书馆 10 个，文化馆 10 个，文化站 172 个，博物馆 20 个。

全市综合档案馆 10 个。馆藏各类档案 1630 个全宗，共计 104.3 万卷 124.8 万件，其中已开放全宗 1172 个，共计 35.5 万卷。

2. 卫生事业

年末，全市卫生机构 1697 个（含村卫生室、诊所），其中，医院 56 个，乡镇卫生院 188 个，社区卫生服务中心（站）38 个，诊所（卫生所、门诊部、医务室）562 个，村卫生室 809 个。卫生技术人员 19679 人，比上年末增长 3.2%，其中，执业（助理）医师 8032 人，注册护士 8066 人，分别增长 1.5%和 5.1%。医疗卫生机构床位数 13472 张，增长 1.6%。医院年诊疗 1122.51 万人次，增长 11.0%。孕产妇死亡率 4.6/10 万，5 岁以下儿童死亡率 3.54‰，婴儿死亡率 2.34‰。

3. 体育事业

2018 年成功举办丽水半程马拉松赛、2018 全国轮滑锦标赛、浙江省首届智力运动会等大型赛事活动。丽水运动员在各类国际性、洲际性、全国性比赛中共获得世界冠军1个，全国各类比赛冠军14个。全年销售体育彩票7.13亿元，增长71.2%。

（五）城乡建设

2018年丽水机场开工建设。衢宁、金台铁路建设进展顺利，杭丽铁路纳入省铁路网规划。景文高速、滩坑引水工程顺利开工。金丽温输气管道丽水段全线贯通。500千伏丽西输变电工程启动建设。41个项目入选省市县长项目，已开工建设21个，完成投资34.2亿元。组织两批63个重大项目集中开工，总投资416亿元。

城中村改造完成326.41万平方米，其中市区160.9万平方米，置换出中心城市发展空间8200多亩，解决了水东老村、专建区块等一批"老大难"问题。完成52个老旧小区、城中村雨污分流改造，拆违1156.75万平方米、"三改"1062.88万平方米。全市新增城市道路58.15公里、城镇污水管网67.41公里、雨水管网92.91公里、供水管网57.74公里，分别完成年度任务的193.8%、120.3%、232.3%、192.5%，新增城市园林绿地100.89公顷，停车位8403个，实现新能源汽车分时租赁网络县(市、区)全覆盖。在全省城市文明程度指数测评中继续保持前列，获评省级小城镇环境综合整治优秀市。常住人口城镇化率达到61.5%，较上年提高1.8个百分点。

出台争当乡村振兴排头兵行动计划，实现县(市)域乡村建设规划全覆盖。推进大搬快治"解危清零"，完成地质灾害解危471处，减少受威胁人数15825人。新建和改造提升农村公路1384公里，新增20.8万农村人口喝上了达标饮用水。推动441个村与475家企业(商会)"村企结对"，招募"乡村振兴合伙人"105名，乡贤联谊会实现乡镇(街道)全覆盖。

编制实施美丽乡村建设"正负面清单"，打造美丽乡村风景线10条。松阳、遂昌乡村建筑入选2018威尼斯国际建筑双年展，松阳松阴溪古市段、景宁鹤溪城区段被评为省级"美丽河湖"，云和"童话视窗"获省级精品示范入城口第一名，缙云仙都风情绿道被评为全省十大最美绿道，完成美丽林相建设103.4万亩。20个村入选首批省级农村引领型社区，50个村创成省级"一村万树"示范村。厕所革命、垃圾革命稳步推进。

（六）资源、环境保护和生态建设

2018年全市平均降水量为1463.0毫米，比上年减少3.3%。水资源总量133.26亿立方米，比多年平均减少27.8%；人均水资源量为6059.94立方米，比上年减少22.9%。

2018年完成更新造林面积3747.5公顷。其中，人工造林599公顷，无林地和疏林地封育74.6公顷，迹地更新3074公顷。森林抚育面积22356公顷，完成义务植树429.1万株。全市森林覆盖率为81.70%。

全市年平均气温18.8度。市区PM2.5浓度平均为28微克/立方米，日空气质量(AQI)优良天数比例为95.6%。

全市96个地表水断面Ⅰ～Ⅲ类水质断面占99%，无劣Ⅴ类水质断面。县级以上城市集中式饮用水水源地水质达标率为100%。跨行政区域河流交接断面中，满足水环境功能区目标水质要求断面占100%。

全市城市污水处理率96.32%，比上年提高1.65个百分点。城市生活垃圾无害化处理率100%，城市用水普及率100%，城市燃气普及率99.37%。

年末，累计创成国家级生态文明建设示范县(市、区)1个，省级生态文明建设示范县6个。

全市建成区绿地面积3936公顷，其中公园绿地面积1276公顷，建成区绿地率35.94%，人均公园绿地面积12.83平方米。

2018年规模以上工业企业能源消费比上年上升17.0%，单位工业增加值能耗上升4.3%。

（七）社会安全

2018年因山洪暴发等自然灾害倒塌房屋9间，损坏房屋6378间，造成直接经济损失8746万元，其中农业直接经济损失3549万元。发生各类生产安全事故124起、死亡109人、受伤36人，同比分别下降33.0%、25.9%和59.1%。未发生各类较大及以上生产安全事故。

三　丽水市在泛长三角地区经济发展中的地位

2018年是全面贯彻党的十九大精神开局之年、改革开放40周年、“八八战略”实施15周年，也是全市上下深受鼓舞、倍感振奋的一年。习近平总书记在深入推动长江经济带发展座谈会上专门点赞丽水，指出：“浙江丽水市多年来坚持走绿色发展道路，坚定不移保护绿水青山这个金饭碗，努力把绿水青山蕴含的生态产品价值转化为金山银山，生态环境质量、发展进程指数、农民收入增幅多年位居全省第一，实现了生态文明建设、脱贫攻坚、乡村振兴协同推进。”这是值得深深铭记的大事、喜事，更是对推进新时代丽水高质量绿色发展的极大鞭策！

（一）地区生产总值

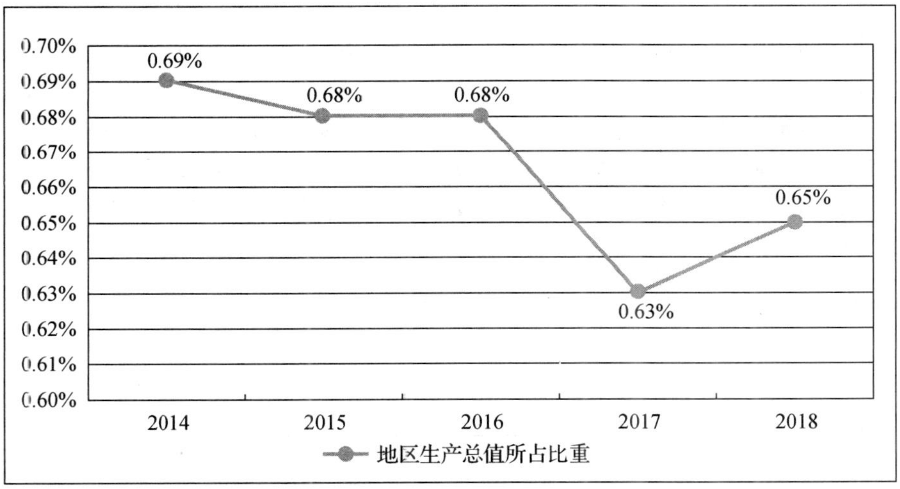

图4　2014—2018年丽水市地区生产总值在泛长三角（苏浙两省24个地级市、安徽省16个地级市和上海市，下同）所占比重的变化趋势

2014—2018年丽水市地区生产总值在长三角所占比重分别为0.69%、0.68%、0.68%、0.63%和0.65%，2018年较2017年增加了0.02个百分点，较2014年减少了0.04个百分点。2018年丽水市地区生产总值在泛长三角地区41个市中排名第32位，较2017年上升一位。

2018年丽水市实现地区生产总值1394.67亿元，按可比价格计算，增长8.2%，增幅列全省11市首位，这是2014年以来GDP增幅首次“超8”，且连续4个季度稳定在8%以上，高开稳走向好态势明显。

三次产业协调发展。第一产业增加值94.16亿元，比2017年增长3.1%；第二产业增加值577.79亿元，增长9.0%；第三产业增加值722.72亿元，增长8.1%。三大产业对经济增长的贡献率分别为2.7%、50.1%和47.2%，分别拉动GDP增长0.2个百分点、4.1个百分点和3.9个百分点。

产业结构进一步优化。三次产业结构由2017年的7.4∶40.8∶51.8调整为6.8∶41.4∶51.8，一产比重降低，二产比重提高，主要是工业增加值快速增长 11.4%，带动产业结构调整。

（二）地方财政一般预算收入

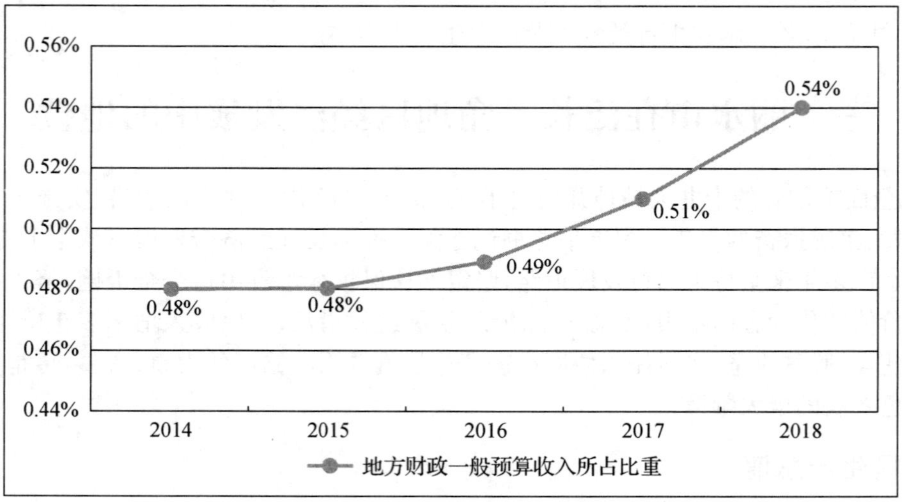

图 5　2014—2018 年丽水市地方财政一般预算收入在泛长三角所占比重的变化趋势

2014—2018 年丽水市地方财政一般预算收入在泛长三角所占比重分别为 0.48%、0.48%、0.49%、0.51%和 0.54%，2018 年较 2017 年增加了 0.03 个百分点，较 2014 年增加了 0.06 个百分点。2018 年丽水市地方财政一般预算收入在泛长三角地区 41 个市中排名第 32 位，与 2017 年持平。

2018 年，丽水全市财政总收入首次突破 200 亿元，达 211 亿元，增长 17.0%；一般公共预算收入 130 亿元，增长 15.1%，完成年初预算的 107.1%，其中：一般公共预算税收收入 105 亿元，增长 18.1%，完成年初预算的 109.6%。

（三）工业生产总值

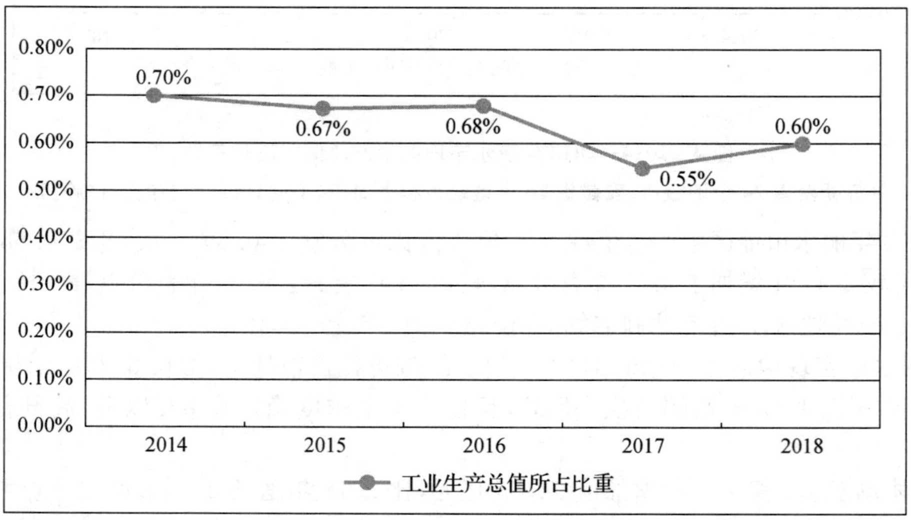

图 6　2014—2018 年丽水市工业生产总值在泛长三角所占比重的变化趋势

2014—2018 年丽水市工业生产总值在泛长三角地区所占比重分别为 0.70%、0.67%、0.68%、

0.55%和 0.60%，2018 年较 2017 年增加了 0.05 个百分点，较 2014 年减少了 0.10 个百分点。2018 年丽水市工业生产总值在泛长三角地区 41 个市中排名第 35 位，较 2017 年上升一位。

2018 年规模以上工业增加值增长 12.2%。销售产值增长 22.8%，其中出口交货值增长 20.4%。规模以上工业中，高技术、高新技术产业、装备制造业和战略性新兴产业增加值分别增长 15.0%、9.8%、15.3%和 29.1%，占规上工业的 4.0%、33.9%、24.5%和 16.4%。新产品产值率 36.2%，比 2017 年下降 0.4 个百分点。十七大重点传统制造业增加值增长 6.3%。规模以上工业企业实现利润比 2017 年增长 24.3%。其中，高新技术、装备制造和战略性新兴产业利润总额分别增长 17.8%、18.9%和 30.3%。全员劳动生产率 18.58 万元/人，比 2017 年提高 12.0%。2018 年建筑业增加值 99.47 亿元，占 GDP 的比重为 7.1%。具有资质的总承包和专业承包建筑业企业总产值 388.73 亿元，增长 7.8%；实现利税总额 29.23 亿元，下降 5.2%。

（四）进出口总额

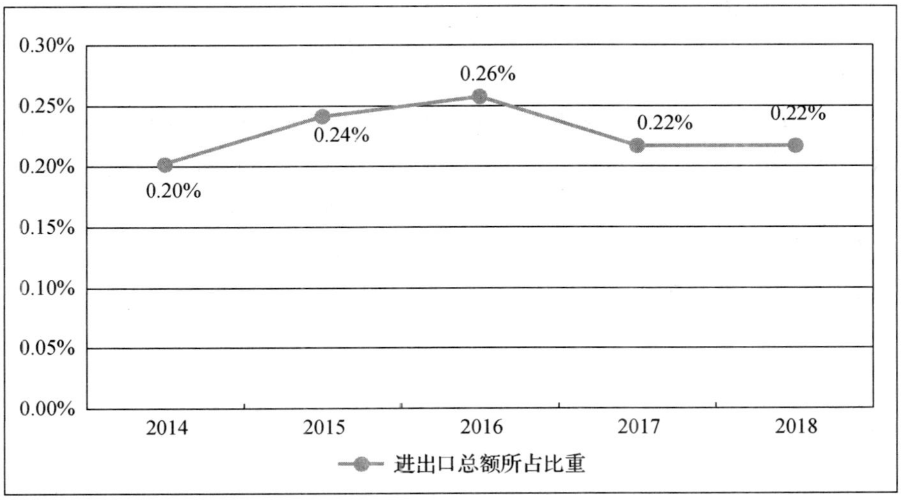

图 7　2014—2018 年丽水市进出口总额在泛长三角所占比重的变化趋势

2014—2018 年丽水市进出口总额在泛长三角所占比重分别为 0.20%、0.24%、0.26%、0.22%和 0.22%，五年时间增加了 0.02 个百分点，2018 年较 2017 年基本保持一致。2018 年丽水市进出口总额在泛长三角地区 41 个市中排名第 28 位，较 2017 年保持一致。

2018 年，积极应对复杂多变的国际经济形势和中美贸易摩擦的不利影响，努力推进对外贸易转型发展、创新发展、提升发展。全年全市实现进出口总额 247.1 亿元，同比增长 10.8%，其中出口 225.9 亿元，同比增长 10.2%；进口 21.2 亿元，同比增长 17.4%，增幅及在全省排位较上一年度都有所提升。

一是从地域来看，各县（市、区）普遍较快增长，增幅好于预期。全市除松阳下降外，其余各地出口增幅均超过两位数，其中青田出口增速 46.5%，增幅全市第一，景宁、庆元、云和增速超过 30%。二是从产业来看，区域特色产业出口总体喜忧参半。户外家具、食用菌和车辆及配件等行业较快增长，灯具灯饰、文体用品等行业出口降幅较大，钢铁制品、鞋服、玩具等行业相对平稳，属于行业正常波动区间。三是从结构来看，全市外贸逐步呈现持续健康发展的良好态势。外贸生产企业在产品研发、市场开拓等方面主动作为、勇于创新，取得了突出业绩，实现了外贸出口较快增长。全市生产企业出口超过 122 亿元，同比增长 23%，高于流通企业增长 31 个百分点，占出口总额的 55%，份额持续扩大。新兴市场不断拓展，对“一带一路”沿线国家出口超过 85 亿元，增速高于全市 4 个百分点，占全市出口总额近四成。四是从企业主体来看，无转有、小升规成效明显。全年办理对外贸易经营者备案登记 484 件，其中新办 291 件；全年有出口实绩的企业 928 家。

（五）实际外商直接投资金额

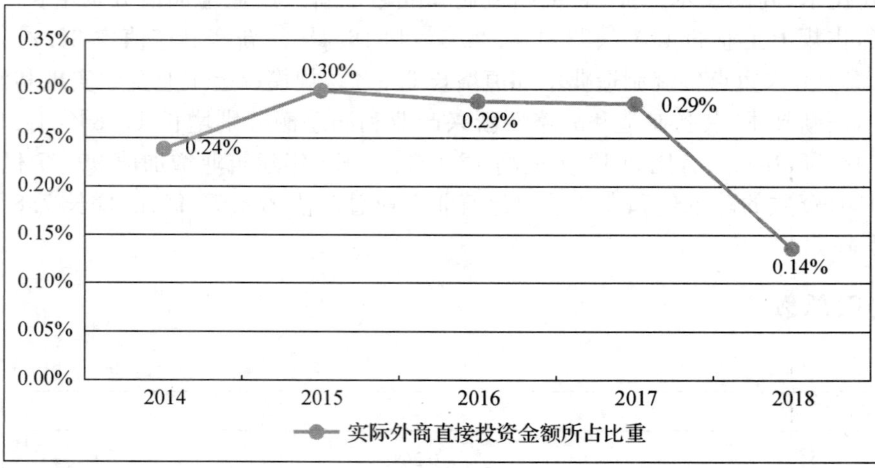

图 8　2014—2018 年丽水市实际外商直接投资金额在泛长三角所占比重的变化趋势

2014—2018 年丽水市实际外商直接投资金额在泛长三角所占比重分别为 0.24%、0.30%、0.29%、0.29%和 0.14%，2018 年较 2017 年减少了 0.15 个百分点，较 2014 年减少了 0.10 个百分点。2018 年丽水市实际外商直接投资金额在泛长三角地区 41 个市中排名第 40 位，较 2017 年下降两位。

2018 年，新设外商直接投资项目 29 个，比 2017 年增加 4 个；合同外资 2.96 亿美元，实际利用外资 1.07 亿美元，分别下降 19.4%和 50.7%。

第四章 安徽省及各市 2018 年经济社会发展报告

2018 年，面对复杂多变的外部环境和艰巨繁重的改革发展任务，全省上下坚持以习近平新时代中国特色社会主义思想为指导，认真贯彻落实党中央、国务院各项决策部署，坚持稳中求进工作总基调，按照高质量发展要求，有效应对外部环境深刻变化，改革创新，攻坚克难，奋力拼搏，保持了经济社会平稳健康发展，地区生产总值、财政收入等多项指标突破重要关口，一些体现高质量发展的指标持续向好，现代化五大发展美好安徽建设迈出了新的步伐。

一 安徽省 2018 年经济社会发展报告

一 安徽省 2018 年经济发展概况

（一）综合经济

1. 经济总量

经济总量突破 3 万亿元。全年生产总值（GDP）30006.82 亿元，按可比价格计算，比上年增长 8.02%。分产业看，第一产业增加值 2638.01 亿元，增长 3.2%；第二产业增加值 13842.09 亿元，增长 8.5%；第三产业增加值 13526.72 亿元，增长 8.6%。三次产业结构由上年的 9.6∶47.5∶42.9 调整为 8.8∶46.1∶45.1，其中工业增加值占 GDP 比重为 38.9%，服务业增加值占比与全国差距由上年的 9 个百分点缩小到 7.1 个百分点。全员劳动生产率 68484 元/人，比上年增加 6654 元/人。人均 GDP 47712 元（折合 7210 美元），比上年增加 4311 元。

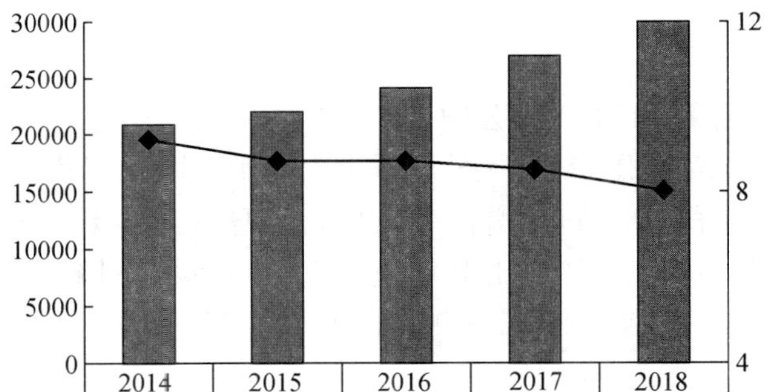

	2014	2015	2016	2017	2018
地区生产总值(亿元)	20848.7	22005.63	24117.89	27018	30006.82
增幅(%)	9.2	8.7	8.7	8.5	8.02

图 1 2014—2018 年安徽省地区生产总值及增长速度

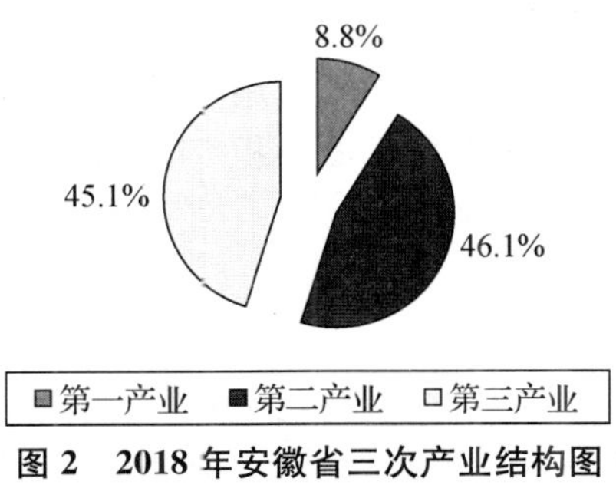

图 2 2018 年安徽省三次产业结构图

2. 财政收支

全年全省财政收入突破5000亿元，达5363.3亿元，比上年增长10.4%，其中地方财政收入3048.7亿元、增长8.4%。全部财政收入中，税收收入4419亿元，增长11.9%，其中增值税和营业税增长12.6%、企业所得税增长22.3%。财政支出6572.1亿元，增长5.9%。重点支出项目中，社会保障与就业支出增长10.7%，城乡社区事务支出下降1.7%，科学技术支出增长13.2%，教育支出增长9.7%。全年33项民生工程累计投入1067.3亿元。

3. 物价水平

全年居民消费价格比上年上涨2%，其中食品烟酒价格上涨2.1%。商品零售价格上涨1.9%。工业生产者出厂价格上涨3%，工业生产者购进价格上涨5.3%。固定资产投资价格上涨5.8%，农业生产资料价格上涨1.5%。

4. 固定资产投资

全年固定资产投资按可比口径计算比上年增长11.8%，增速居全国第2位，比上年前移9位。其中，工业技术改造投资增长34.6%，基础设施投资增长7%，民间投资增长18.5%。分区域看，皖江示范区投资增长10.2%，皖北六市投资增长14.4%。分产业看，第一产业投资增长33%，第二产业投资增长24.6%，第三产业投资增长5.6%。分行业看，工业投资增长24.8%，其中制造业投资增长33.3%；制造业中装备制造业投资增长29.4%。六大高耗能行业投资增长0.5%。

全年共安排亿元以上重点项目5962个，当年完成投资15316.2亿元。开工建设合肥聚变堆主机关键系统综合研究设施建设园区工程、京东方第10.5代薄膜晶体管液晶显示器件(TFT-LCD)30K扩产、南昌至景德镇至黄山高铁安徽段、G3W德州至上饶高速公路池州至祁门段等2545个项目，建成投产投运合肥哈工大机器人集团华东产业基地暨国际科技创新中心、合肥高端及纯电动轻卡、黄山至杭州高铁、滁州至淮南高速滁州至定远段等1518个项目。

年末煤炭产能为13251万吨。发电装机容量7089万千瓦，其中燃煤火电5070万千瓦、新能源和可再生能源1839万千瓦。

（二）农业

全年粮食种植面积7316.3千公顷，比上年减少5.5千公顷。油料种植面积520.2千公顷，增加1.9千公顷。棉花种植面积86.3千公顷，减少1.8千公顷。蔬菜种植面积652.2千公顷，增加24千公顷。稻渔综合种养面积160万亩，增长77.8%。净增"三品一标"农产品1114个。

全年粮食产量4007.3万吨，比上年减产12.5万吨，下降0.3%。其中，夏粮1607.5万吨，减产37.2万吨，下降2.3%；秋粮2287.1万吨，增产38.5万吨，增长1.7%。油料产量158万吨，增长2.2%。棉花产量8.9万吨，增长2.9%。

年末全省生猪存栏1356.3万头，比上年下降4.3%；全年生猪出栏2837.4万头，增长0.3%。肉类总产量421.7万吨，增长1.6%，其中猪牛羊肉产量269.7万吨，增长0.9%。禽蛋产量158.3万吨，增长2.3%。牛奶产量30.8万吨，增长3.2%。

年末全省农业机械总动力6542.7万千瓦，比上年增长3.6%。农用拖拉机231.1万台，减少0.9%。全年化肥施用量(折纯)311.1万吨，下降2.4%。农村用电量180.8亿千瓦时，增长5.5%。有效灌溉面积4543.4千公顷，新增40.7千公顷；新增节水灌溉面积54.8千公顷。

（三）工业和建筑业

1. 工业经济

年末全省规模以上工业企业19421户，比上年减少1028户。全年规模以上工业增加值比上年增长9.3%，增速居全国第4、中部第1，创近四年新高。其中，国有及国有控股企业增长7.2%，股份制企业增长8.6%，外商及港澳台商投资企业增长12.3%。分门类看，采矿业增长0.8%，制造业增长9.6%，电力、热力、燃气及水生产和供应业增长13.9%。

规模以上工业中，40个工业大类行业有32个增加值保持增长。其中，计算机、通信和其他电子设备制造业增长28.8%，医药制造业增长17%，黑色金属冶炼和压延加工业增长15.7%，电力、热力生产和供应业增长14%，有色金属冶炼和压延加工业增长13.4%，电气机械和器材制造业增长12.1%，化学原料和化学制品制造业增长10.4%，通用设备制造业增长7%，农副食品加工业增长6.8%，汽车制造业增长6%。工业结构持续优化，全年装备制造业增加值增长12%，高技术产业增加值增长22.6%；战略性新兴产业产值增长16.1%，占规模以上工业比重达29.5%，24个战略性新兴产业集聚发展基地工业总产值增长16.6%。

规模以上工业统计的主要产品产量中，原煤下降2.3%，发电量增长9.1%，粗钢、钢材分别增长6.7%和7.2%，水泥增长1.8%，彩色电视机增长47.7%，家用洗衣机、家用电冰箱、房间空调器分别增长2.7%、7.2%和3.2%，汽车下降14.4%。新产品中，新能源汽车增长1倍，运动型多用途乘用车(SUV)下降34.5%，锂电池增长27.5%，工业机器人增长18.3%，光纤下降25.6%。

全年规模以上工业企业实现利润2448.2亿元，增长27.8%，增速为近7年新高。其中，国有企业下降4.7%，股份制企业增长32.9%，外商及港澳台商投资企业增长2.6%；中小企业增长34.4%；民营企业增长28.8%。降成本取得实效，规上工业企业每百元主营业务收入成本85.6元，比上年减少0.6元，为近9年最低水平。

2. 建筑业

年末具有资质等级的总承包和专业承包建筑业企业3980家，比上年增加764家。全年房屋建筑施工面积46758.4万平方米，比上年增加2537.1万平方米；房屋竣工面积15894.5万平方米，增加913.2万平方米。

(四) 服务业

1. 国内贸易

全年社会消费品零售总额12100.1亿元，比上年增长11.6%，扣除价格因素实际增长9.4%。按经营地统计，城镇消费品零售额9731.8亿元，增长11.3%；乡村消费品零售额2368.2亿元，增长12.9%。按消费类型统计，商品零售额10778.1亿元，增长11.5%；餐饮收入1322亿元，增长11.8%。全省纳入统计的786家开展网络零售业务的限额以上企业，实现网上零售额492.2亿元，增长36.1%。

限额以上企业商品零售额中，吃、穿、用类商品零售额分别比上年增长13.9%、8.7%和11.1%，粮油类增长6.8%，肉禽蛋类增长14.3%，服装类增长9.5%，日用品类增长12%，中西药品类增长13.4%，家用电器和音像器材类增长12.5%，家具类增长7.3%，通讯器材类增长29.5%，建筑及装潢材料类增长15.3%，汽车类增长5.9%，石油及制品类增长17.5%。

2. 交通运输、邮电

全年旅客运输量6.4亿人，比上年下降8.3%；货物运输量40.7亿吨，增长0.8%。旅客运输周转量1206.2亿人公里，增长0.8%；货物运输周转量11783.7亿吨公里，增长3.2%。全年港口货物吞吐量5.1亿吨，下降0.2%。全省民航机场旅客吞吐量1360万人次，增长19.1%，其中合肥新桥机场旅客吞吐量1111.1万人次，增长21.5%。

年末全省民用汽车拥有量1087.3万辆，比上年增长9.3%，其中私人汽车820.1万辆、增长14.5%。民用轿车拥有量460.8万辆，增长14.3%，其中私人轿车435.5万辆、增长14.8%。全年新增高速公路163公里、一级公路713公里、铁路营业里程51.7公里。到2018年末，全省高速公路达4836公里、一级公路达4864公里、铁路营业里程达4198.5公里，其中高速铁路营业里程1456.4公里。

全年电信业务总量2257.8亿元，比上年增长171.3%；邮政业务总量316.8亿元，增长27.7%。快递业务量11.2亿件，快递业务收入111亿元，比上年分别增长30.1%和23.9%。年末本地固定电话用户517.2万户，比上年减少34.2万户；移动电话用户5727.6万户，增加728.2万户。每百人拥有电话（含移动）99.8部，增加10.2部。年末基础电信运营企业计算机互联网宽带接入用户1662.4万户，增加338.8万户。

3. 旅游业

全年入境旅游人数607万人次，比上年增长10.5%。其中，外国人354万人次，增长10.3%；港澳台同胞253万人次，增长10.9%。国内游客7.21亿人次，增长15.2%。旅游总收入7241亿元，增长16.8%。其中，旅游外汇收入31.9亿美元，增长10.7%；国内旅游收入7030亿元，增长17.1%。皖南国际旅游文化示范区旅游收入3785.2亿元，增长16.4%。年末全省有A级及以上旅游景点（区）600处。

4. 金融、证券和保险

全年社会融资规模增量累计5382.2亿元，比上年减少2616.5亿元。年末全省金融机构人民币各项存款余额50677.3亿元，比上年末增加5068.5亿元，增长11.1%。其中，非金融企业存款余额14929.1亿元，增长5.1%；住户存款余额22994.8亿元，增长12%。年末金融机构人民币各项贷款余额38815.3亿元，比上年末增加4334.1亿元，增长12.6%。其中，境内短期贷款10532.5亿元，增长6.2%；境内中长期贷款25750.1亿元、增长14.8%，中长期贷款中住户贷款12624.3亿元、增长21.9%。

全年上市公司通过境内市场累计筹资535.1亿元，比上年增加71.7亿元。其中，首次公开发行A股3只，筹资14.5亿元；A股再筹资（包括配股、公开增发、非公开增发、认股权证）372.6亿元；上市公司通过发行可转债、可分离债、公司债筹资148亿元。到2018年末，全省有上市公司103家，上市公司市价总值7903亿元，比上年减少32.3%。

全年企业发行短期融资券570.4亿元。

全年全省境内证券经营机构证券代理成交额43400亿元，期货经营机构代理交易量205500亿元。

全年保险业原保险保费收入1209.7亿元，比上年增长9.3%。其中，财产险业务原保险保费收入408.8亿元，增长11.6%；人身险业务原保险保费收入800.9亿元，增长8.1%。赔款和给付419.2亿元，增长5.4%。其中，财产险业务赔款支出222.8亿元，增长19.1%；人身险业务赔款和给付支出196.5亿元，下降6.7%。

5. 房地产业

全年房地产开发投资5974.1亿元，比上年增长6.4%。商品房销售面积10038.4万平方米，增长9.1%；商品房销售额7077亿元，增长20.6%；年末商品房待售面积1682.6万平方米，下降16.8%。

（五）对外经济

1. 对外贸易

全年进出口总额629.7亿美元，比上年增长16.6%。其中，出口362.1亿美元，增长18.3%；进口267.6亿美元，增长14.3%。从出口经营主体看，生产型企业出口增长20.1%，贸易型企业出口下降1.2%。从出口商品看，机电产品、高新技术产品出口分别增长23%和31.1%。

2018 年全省出口主要分类及地区分布

指　标	绝对数(亿美元)	比上年增长(%)
出口额	362.1	18.3
其中:机电产品	209.7	23.0
其中:高新技术产品	100.4	31.1
其中:一般贸易	249.3	16.6
加工贸易	96.6	13.5
其中:对亚洲	141.4	5.8
对欧洲	72.3	21.2
对北美洲	83.6	35.4
对非洲	21.1	20.3
对拉丁美洲	35.6	34.7
对大洋洲	7.9	17.8

2. 外资状况

全省亿元以上在建省外投资项目 5499 个,当年实际到位资金 11942 亿元,比上年增长 9%。全年新备案外商投资项目 379 个,增长 12.1%;合同利月外资 60.8 亿美元,下降 3.3%;实际利用外商直接投资 170 亿美元,增长 7%。到 2018 年末,来皖投资的境外世界 500 强企业增加到 84 家,其中当年新引进 4 家。

3. 对外合作

全年对外承包工程新签合同金额 50.5 亿美元,比上年下降 3.8%;完成营业额 30.1 亿美元,下降 13.4%;当年外派劳务人员 9539 人,下降 18.1%。全年新批境外企业(机构)99 个,实际对外投资 14.5 亿美元,增长 56%,其中对"一带一路"沿线国家和地区投资 1.9 亿美元,增长 1.1 倍。

二　安徽省 2018 年社会发展概况

(一) 人口、人民生活

年末全省户籍人口 7082.9 万人,比上年增加 23.7 万人;户籍人口城镇化率 32.65%,比上年提高 1.59 个百分点。常住人口 6323.6 万人,增加 68.8 万人;常住人口城镇化率 54.69%,提高 1.2 个百分点。全年人口出生率 12.41‰,比上年下降 1.66 个千分点;死亡率 5.96‰,上升 0.06 个千分点;自然增长率 6.45‰,下降 1.72 个千分点。

全年全省常住居民人均可支配收入 23984 元,比上年增长 9.7%,扣除价格因素实际增长 7.5%。城镇常住居民人均可支配收入 34393 元,增长 8.7%,扣除价格因素实际增长 6.6%;人均消费支出 21523 元,增长 3.8%。其中,食品烟酒支出增长 0.1%,衣着支出增长 7.6%,居住支出增长 15.9%,生活用品及服务支出增长 8.8%,交通和通信支出下降 9.7%,教育文化娱乐支出与上年持平,医疗保健支出增长 11.4%。城镇常住居民恩格尔系数为 31%,比上年下降 1.1 个百分点。年末城镇常住居民人均住房建筑面积 41.2 平方米,比上年增加 3.8 平方米。

全年农村常住居民人均可支配收入 13996 元,比上年增长 9.7%,扣除价格因素实际增长 7.6%。农村居民收入与全国平均水平差距比上年缩小 53 元,扭转了绝对差距逐年扩大的局面。人均消费支出 12748 元,增长 14.8%。其中,食品烟酒支出增长 12.9%,衣着支出增长 12.3%,居住支出增长 15.1%,生活用品及服务支出增长 31.2%,交通和通信支出增长 15.6%,教育文化娱乐支出增长 18.2%,医疗保健支出增长 3%。农村常住居民恩格尔系数为 33%,比上年下降 0.5 个百分点。年末农村常住居民人均住房建筑面积 52.9 平方米，比上年增加 2.2 平方米。

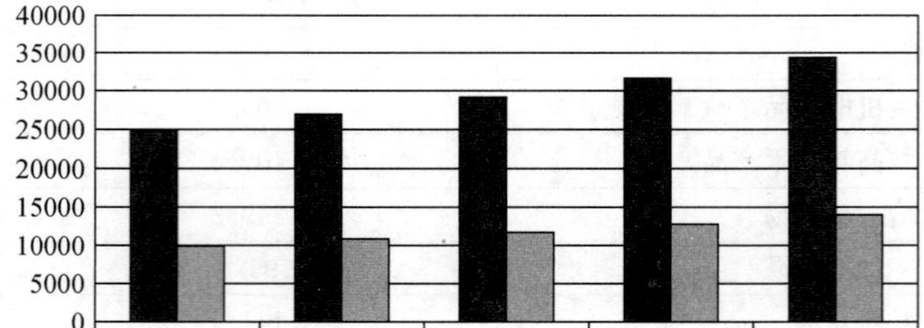

	2014	2015	2016	2017	2018
■城镇居民人均可支配收入(元)	24839	26936	29156	31640	34393
■农村居民人均可支配收入(元)	9916	10821	11720	12758	13996

图 3　2014—2018 年安徽省城乡居民收入对比一览

（二）就业和社会保障

1. 就业

年末全省从业人员 4385.3 万人，比上年增加 7.4 万人。其中，第一产业 1353.6 万人，减少 9.7 万人；第二产业 1263.3 万人，增加 3.8 万人；第三产业 1768.4 万人，增加 13.3 万人。城乡私营企业从业人员和个体劳动者 1410 万人，增加 177.3 万人。全年城镇实名制新增就业 70.5 万人，下岗失业人员再就业 21.15 万人。年末城镇登记失业率 2.83%，比上年下降 0.05 个百分点。全省农民工总量 1952.4 万人，其中外出农民工 1429.1 万人。

2. 社会保障及福利

年末全省参加城镇职工养老保险人数为 1141.5 万人。参加失业保险人数为 505.53 万人，全年为 14.9 万名失业人员发放了不同期限的失业保险金。全省参加工伤、生育保险人数分别为 601.82 万人和 586.3 万人。城乡居民养老保险参保人数 3487.76 万人。参加新型农村合作医疗的农业人口 4653 万人，参合率为 104%。

年末 42.7 万人享受城市居民最低生活保障，180.6 万人享受农村居民最低生活保障，农村五保供养 37.7 万人。全年民政部门直接救助 286.7 万人次，资助参加基本医疗保险 403.9 万人次。

（三）教育和科学技术

1. 教育事业

2018 年安徽省持续改善义务教育薄弱学校基本办学条件，提前完成五年任务。新建、改扩建公办幼儿园 402 所。首批 364 所智慧示范学校和实验学校加快推进，金寨县智慧学校建设试点取得成效。大力提升高等教育质量，中国科学技术大学世界一流大学建设和合肥工业大学、安徽大学一流学科建设深入推进。率先出台全面深化新时代教师队伍建设改革的实施意见，实行财政转移支付与中小学教师待遇优先保障政策落实挂钩，教师待遇得到有效保障。

至 2018 年年末全省有研究生培养单位 21 个，在学研究生 63464 人。普通高校 110 所，普通本专科在校生 113.9 万人。高等教育毛入学率 52.2%。各类中等职业教育（不含技工学校）344 所，在校生 75.3 万人。普通高中 661 所，在校生 107.5 万人。高中阶段毛入学率 91.7%。初中 2833 所，在校生 209.2 万人，初中阶段适龄人口入学率 99.56%。小学 7908 所，在校生 456.8 万人，小学学龄儿童入学率 99.98%。

2. 科技与创新

年末全省有各类专业技术人员 230.7 万人，比上年增长 1.01%。科研机构 6018 个，其中大中型工业企业办机构 1390 个。从事研发活动人员 24.4 万人。全年用于研究与试验发展（R&D）经费支出 630 亿元，增长 11.5%；相当于全省生产总值的 2.1%。

全省有国家大科学工程 5 个；有国家重点（工程）实验室 26 个，省重点实验室 152 个；有省级以上工程（技术）研究中心 721 家，其中国家级 39 家。有省级高新技术产业开发区 19 个，其中国家级 6 个。有高新技术企业 5403 家，其中当年新认定 1432 家。

全年登记科技成果 8213 项，其中登记各类财政资金支持形成的科技成果 888 项。安徽省科技奖科技成果有：城域量子通信组网技术、面向语音语言新一代人工智能关键技术及开放创新平台、分布式光纤应变测试技术及应用、智能化移动微创装备关键技术及产业化、空天探测光电图像精细处理技术及应用等。全年受理申请专利 207428 件、增长 17.9%，授权专利 79747 件、增长 36.9%。年末全省有效发明专利 61475 件。全年输出技术合同成交额 321.31 亿元，增长 28.7%；吸纳技术合同成交额 354.49 亿元，增长 31%。

年末全省有获得资质认定的检验检测机构 1293 个，国家质量监督检验中心 26 个；有产品质量、体系认证机构 26 个（包含在皖分部、分公司），累计完成强制性产品认证的企业 1678 个；法定计量技术机构 210 个，全年强制检定计量器具 446 万台（件）。截至 2018 年末，累计制定国际标准 15 项、国家标准 2176 项，制定、修订地方标准 2379 项。有国家地理标志产品 78 个、安徽名牌产品 1892 个。

全年省测绘资料档案馆为社会各界提供各种比例尺地形图共 36525 幅；测绘基准成果 2274 点（次）；航空航天遥感 106.3 万平方千米、数据量达到 7928.45GB；完成国家基本比例尺地形图生产与更新 34774 幅；地理国情动态监测 14 万平方千米；“天地图·安徽”地图网站数据更新 4096GB。

（四）文化、卫生和体育

1. 文化事业

年末全省拥有文化馆 123 个，公共图书馆 124 个，博物馆 196 个（含民营博物馆），乡镇街道综合文化站 1438 个。全国重点文物保护单位 130 处、合并国保项目 2 处，省级重点文物保护单位 708 处。国家级非物质文化遗产名录 72 项，省级名录 478 项。年末全省广播电视台 79 座。中波发射台和转播台 25 座，广播节目综合人口覆盖率 99.84%。电视节目综合人口覆盖率 99.82%。有线电视用户 792.65 万户。全年出版报纸 98 种，总印数 7.18 亿份；期刊（杂志）180 种，总印数 0.43 亿册；图书 10059 种，总印数 3.22 亿册。有各级国家综合档案馆 124 个，馆藏档案资料 3001.48 万卷（件、册），库馆总建筑面积 46.96 万平方米。

2. 卫生事业

年末全省有医疗卫生机构 24926 个，其中医院 1140 个、基层医疗卫生机构 23076 个、专业公共卫生机构 605 个，其他卫生机构 105 个。基层医疗卫生机构中，卫生院 1366 个，社区卫生服务中心（站）1891 个，村卫生室 15317 个；专业公共卫生机构中，疾病预防控制中心 120 个，专科疾病防治院（所、站）45 个，妇幼保健院（所、站）120 个，卫生监督所（中心）112 个。全省卫生技术人员 33.4 万人，其中执业（助理）医师 12.7 万人，注册护士 15 万人。乡村医生和卫生员 3.8 万人。医疗卫生机构床位 32.9 万张，其中医院、卫生院床位 31.2 万张。全年医疗卫生机构共诊疗 3 亿人次。

3. 体育事业

全年在国际国内重大比赛中，安徽省运动健儿共获得 47 枚金牌、45 枚银牌、67 枚铜牌。全年共举办百人以上的群众体育健身活动 3127 次，参加活动总人数 361 万人次。人均体育场地面积约为 1.51 平方米。全年体育彩票销售 97.27 亿元。

（五）城乡建设

深度融入国家区域总体战略，“一圈两带三区”联动发展机制加快构建。积极推动长三角区域更高质量一体化发展，贯通长三角省际“断头路”2条、开工建设4条，合肥、芜湖、宣城市加入G60科创走廊，长三角产业合作示范基地规划编制、港口群协同发展、异地就医门诊费用直接结算试点等工作顺利推进。水清岸绿产业优美丽长江（安徽）经济带建设全面展开，淮河生态经济带发展规划获批实施。100万农业转移人口落户城镇，4个省级特色小镇入围全国最美特色小镇50强。制定实施县域经济振兴支持政策，县域经济发展取得新成效。

农业农村现代化建设扎实推进。粮食总产801.5亿斤，实现“十五连丰”。基本完成粮食生产功能区、重要农产品生产保护区划定。优质专用粮面积1455万亩，稻渔综合种养面积160万亩、增长77.8%。农产品加工业产值增长7.6%，“三品一标”农产品净增1114个。培训新型职业农民4.7万人。开展农村集体资产股份合作制改革、“三变”改革的村分别达5856个和3752个，累计分红1.2亿元。完成114.9万户农村厕所改造，农村生活垃圾无害化处理率达66%，建成247个乡镇政府驻地污水处理设施，农村人居环境明显改善。建成817个省级美丽乡村中心村。

（六）资源和环境保护

全省已发现的矿种为128种（计算到亚矿种为161种）。查明资源储量的矿种125种（含亚矿种），其中能源矿种6种，金属矿种23种，非金属矿种94种，水气矿种2种。全年地质勘查部门开展各类地质（科研）项目（省级）23项。新增查明资源储量的大中型矿产地30处。

全年生态保护和环境治理业投资增长42.1%。

年末全省有省、市、县级环境监测站87个。全省16个省辖市空气质量平均优良天数比例为71%，比上年上升4.3个百分点；有1个市空气质量达到二级标准。全省PM2.5年均浓度为49微克/立方米，比上年下降12.5%。已建成国家级自然保护区8个，省级自然保护区30个。当年人工造林面积55.7千公顷。年末森林面积3958.5千公顷，活立木总蓄积量26145.1万立方米，森林蓄积量22186.6万立方米。

全年能源消费总量13328.9万吨标准煤，比上年增长2.1%。电力消费量增长11.1%。单位GDP能耗下降5.4%。

淮河干流安徽段水质以Ⅲ类为主，总体水质优。长江干流安徽段以Ⅱ类水质为主，总体水质优；主要支流总体水质良好。巢湖湖区整体水质中度污染，9条主要环湖支流整体水质轻度污染。新安江干、支流水质优。全省城市集中式饮用水水源地水质达标率为95.8%。

（七）安全生产

全年亿元GDP生产安全事故死亡人数为0.048人，比上年下降21.31%；煤矿百万吨死亡人数为0.121人，上升137.25%。全年发生道路交通事故11328起，发生火灾事故7861起。

三　安徽省在泛长三角地区经济发展中的地位

2018年，是全面贯彻党的十九大精神的开局之年。全省人民在党中央、国务院及中共安徽省委的坚强领导下，坚持以习近平新时代中国特色社会主义思想为指导，坚持稳中求进工作总基调，按照高质量发展要求，有效应对外部环境深刻变化，改革创新，攻坚克难，奋力拼搏，较好完成省十三届人大一次会议确定的主要目标任务，现代化五大发展美好安徽建设迈出了新的步伐。

（一）地区生产总值

图4　2014—2018年安徽省地区生产总值在泛长三角（江苏、上海、浙江和安徽三省一市）所占比重的变化趋势

按总量来讲，多年来安徽省地区生产总值在泛长三角（江苏、上海、浙江和安徽三省一市）地区一直位居第四位。2014—2018年安徽省地区生产总值在长三角所占比重分别为13.93%、13.74%、13.73%、13.83%和14.19%。安徽省地区生产总值在泛长三角（江苏、上海、浙江和安徽三省一市）占比整体呈现倒“U”形，2018年与2014年相比增加了0.26个百分点，较2017年增加了0.36个百分点。

2018年，在泛长三角地区41市（苏浙两省24个地级市、上海市和安徽省的16个市，下同）地区生产总值所占比重排名的前十位中，安徽省16个地级市占据1席。

2018年安徽省生产总值（GDP）30006.82亿元，按可比价格计算，比2017年增长8.02%。分产业看，第一产业增加值2638.01亿元，增长3.2%；第二产业增加值13842.09亿元，增长8.5%；第三产业增加值13526.72亿元，增长8.6%。三次产业结构由2017年的9.6∶47.5∶42.9调整为8.8∶46.1∶45.1，其中工业增加值占GDP比重为38.9%，服务业增加值占比与全国差距由2017年的9个百分点缩小到7.1个百分点。全员劳动生产率68484元/人，比2017年增加6654元/人。人均GDP 47712元（折合7210美元），比2017年增加4311元。

合肥实现地区生产总值7822亿元，很遗憾未能突破8000亿大关，名义增速为11.71%，同比2017年增长了819亿元，GDP总量位居全省第一；芜湖实现生产总值3278亿元，名义增速为10.64%，同比2017年增长了315亿元，GDP总量位居全省第二；马鞍山实现生产总值1918亿元，名义增速为12.16%，同比2017年增长了208亿元，GDP总量位居全省第三。

从GDP总量来看，全省GDP总量在1000亿元以上的城市有13个，淮北、池州和黄山只有百亿的经济体量，淮北2019年GDP可以突破1000亿元。GDP总量在2000亿元以上的城市仅有两个，就是合肥和芜湖，作为第三名的马鞍山仅有1900多亿，尚未突破2000亿。芜湖与合肥之间的差距也很大，相差4000多亿元。

从增速来看，滁州市名义增速位居全省第一，名义增速为12.30%；安庆市名义增速位居全省第二，实现生产总值1917亿元，名义增速为12.22%，同比2017年增长了208亿元；马鞍山名义增速位居全省第三。全省名义增速在10%以上的城市有12个，名义增速最低的城市是淮北市，名义增速仅为6.7%。

（二）地方财政一般预算收入

2014—2018年安徽省地方财政一般预算收入在泛长三角（江苏、上海、浙江和安徽三省一市）所占比重分别为12.22%、11.79%、11.88%、12.00%和12.01%，2018年较2014年减少了0.21个百分点。

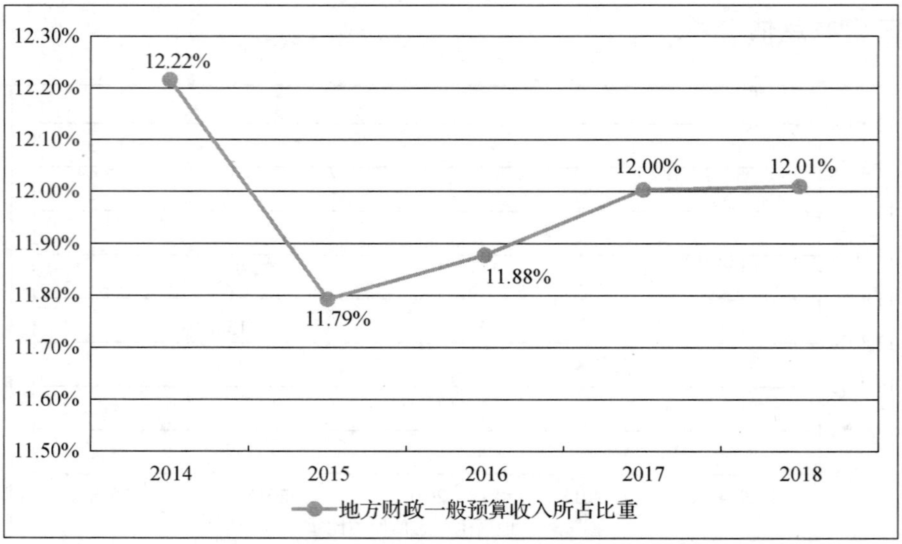

图5　2014—2018年安徽省地方财政一般预算收入在泛长三角（江苏、上海、浙江和安徽三省一市）所占比重的变化趋势

2018年，安徽省地方财政一般预算收入在泛长三角（江苏、上海、浙江和安徽三省一市）地区的排名中，与2017年保持一致，仍为第四位，未能有所改善；在泛长三角地区41市地方财政一般预算收入所占比重排名的前十位中，安徽省16个地级市占据1席。

2018年，安徽省财政收支运行稳中有进，好于预期，全省财政总收入完成5363亿元，比2017年增长10.4%；其中，地方财政收入3049亿元，同比增长8.4%，地方财政收入中税收占比71.5%，较2017年提高1.4个百分点，收入质量进一步提升；全省财政支出超过6500亿元，为全省经济持续健康发展和社会大局稳定提供了坚实的财政保障。

（三）工业生产总值

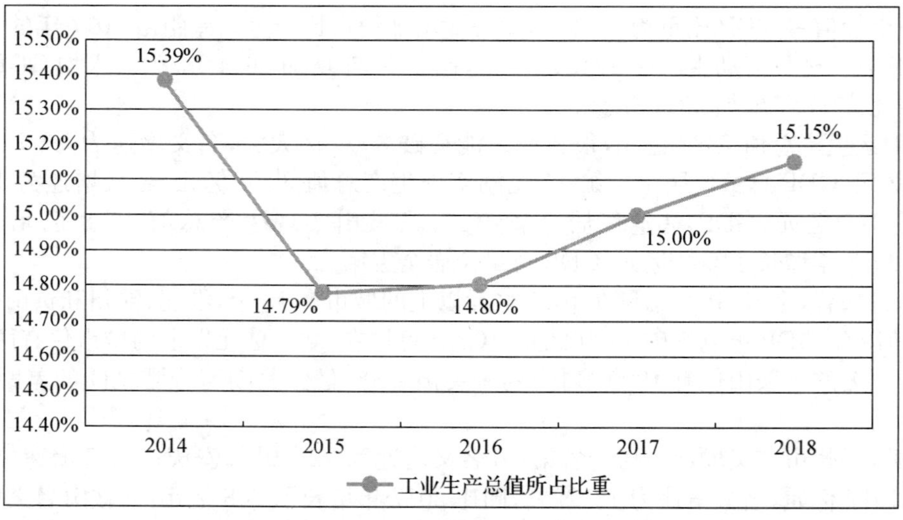

图6　2014—2018年安徽省规模以上工业总产值在泛长三角（江苏、上海、浙江和安徽三省一市）所占比重的变化趋势

2014—2018年安徽省工业生产总值在泛长三角（江苏、上海、浙江和安徽三省一市）所占比重分别为15.39%、14.79%、14.80%、15.00%和15.15%，五年累计降幅达0.24个百分点，较2017年增加了0.15个百分点。

2018 年，安徽省工业生产总值在泛长三角（江苏、上海、浙江和安徽三省一市）的排名中为第三位；在泛长三角地区 41 市工业生产总值所占比重排名的前十位中，安徽省 16 个地级市占据 1 席。

2018 年，全省规模以上工业增加值同比增长 9.3%，增幅创 2015 年以来最高水平，比 2017 年提高 0.3 个百分点，比全国高 3.1 个百分点，居全国第 4 位、中部第 1 位。主要特点如下：

八成行业保持增长。2018 年，全省 40 个大类行业中有 32 个行业增加值保持同比增长。其中，电子信息业增长 28.8%，医药制造业增长 17%，钢铁业增长 15.7%，电力业增长 14%，烟草业增长 13.4%，有色业增长 13.4%，家电业增长 12.1%，化工业增长 10.4%。新兴产业发展较快。2018 年，全省高新技术产业增加值增长 13.9%，增速比全省规模以上工业高 4.6 个百分点；高技术产业增加值增长 22.6%，高 13.3 个百分点；战略性新兴产业产值增长 16.1%，高于全省规模以上工业 4 个百分点。发展活力不断增强。2018 年，全省规模以上民营工业增加值增长 10.4%，增幅高于 2017 年 1.4 个百分点，对全省规模以上工业增长的贡献率由 2017 年的 71.8%提高到 74.2%；中小微型企业增加值增长 9.8%，高1.1 个百分点，贡献率由 63.6%提高到 66.3%。

主要新产品产量大幅增长。2018 年，统计的 437 种主要工业产品中，有 257 种产量保持增长，增长面达 58.8%。其中，新能源汽车产量增长 104.6%，比 2017 年高 66.1 个百分点，微型计算机设备增长 28.4%，高 15.3 个百分点；液晶电视机增长 50.3%，高 16 个百分点；手机增长 15.3%，高 32.4 个百分点。

（四）进出口总额

图 7　2014—2018 年安徽省进出口总额在泛长三角（江苏、上海、浙江和安徽三省一市）所占比重的变化趋势

2014—2018 年安徽省进出口总额在泛长三角（江苏、上海、浙江和安徽三省一市）所占比重分别为 3.43%、3.50%、3.35%、3.58%和 3.76%，2017 年以来逆势大幅度上扬，五年间增加了 0.33 个百分点，其中 2018 年较 2017 年增加了 0.18 个百分点。

2018 年，安徽省进出口总额在泛长三角（江苏、上海、浙江和安徽三省一市）的排名中，与 2017 年保持一致，仍为第四位，稳定不变；在进出口总额所占比重排名的前十位中，安徽省所占席位数量为零。

2018 年安徽进出口总额 629.7 亿美元，比 2017 年增长 16.6%。其中，出口 362.1 亿美元，增长 18.3%；进口 267.6 亿美元，增长 14.3%。整体看，外贸排名全国第 13 位，提高 1 位，超越广西。全年出口增速位居全国第 8 位，为近 5 年来最快，快于 2017 年 4.9 个百分点。

从出口经营主体看，生产型企业出口增长 20.1%，贸易型企业出口下降 1.2%。从出口商品看，机电产品、高新技术产品出口分别增长 23%和 31.1%。从贸易主体看，2018 年安徽省进出口业绩企业超过8000家，进出口过亿美元企业71家，过10亿美元企业达到7家。从贸易结构看，2018年，全省机电产品、高新技术产品分别出口208.2亿美元和99.9亿美元，增速分别高达22.9%和32.5%，占出口总值的比重分别达58%和27.8%。从贸易市场看，安徽贸易伙伴已达到219个，前五大贸易伙伴分别是美国、日本、智利、韩国、澳大利亚。

开放平台带动明显。2018年，全省有外贸实绩的国家级园区增加至21个，新增淮南高新区、合肥空港B保、马鞍山综保区。国家级园区进出口1549.4亿元，增长21.5%。海关特殊监管区进出口563.7亿元，增长33.6%。市场主体活力增强。2018年，全省民营企业进出口1772.7亿元，增长24.9%，占比42.7%，一枝独秀。外商投资企业、国有企业分别进出口1283.8亿元和1094.4亿元，分别增长9.6%和2.7%。

（五）实际外商直接投资金额

图8　2014—2018年安徽省实际外商直接投资金额在泛长三角（江苏、上海、浙江和安徽三省一市）所占比重的变化趋势

2014—2018年安徽省实际外商直接投资金额在泛长三角（江苏、上海、浙江和安徽三省一市）所占比重分别为16.57%、18.58%、19.58%、20.93%和21.65%，呈现连续上扬姿态，2018年较2014年增加了5.08个百分点。

2018年，安徽省实际外商直接投资金额在泛长三角（江苏、上海、浙江和安徽三省一市）的排名中，与2017年保持一致，为第4位；在实际外商直接投资金额所占比重排名的前十位中，安徽省16个地级市占据2席。

2018年，安徽亿元以上在建省外投资项目5499个，当年实际到位资金11942亿元人民币，比2017年增长9%。全年新备案外商投资项目379个，增长12.1%；合同利用外资60.8亿美元，下降3.3%；实际利用外商直接投资170亿美元，增长7%。到2018年末，来皖投资的境外世界500强企业增加到84家，其中当年新引进4家。1984年安利人造革有限公司成为安徽第一家外商投资企业。34年来，全省累计利用外资约1217亿美元。安徽利用外资单个项目平均合同外资额由初期的26万美元提高到2017年的2679万美元。1992年，设立第一家由世界500强瑞士ABB集团投资的合肥ABB变压器有限公司。到2018年10月底，累计有大众、大陆、博世、康宁、惠而浦、霍尼韦尔、联合利华、日立、三菱、鸿海精密等84家境外世界500强企业来安徽省投资设立159家企业。

此外，外资来源地由初期的香港地区增加到2018年末的63个国家和地区。外商投资方式从传统的合资、合作、独资等扩展到BOT、TOT、资产并购、股权并购、境外上市等。利用外资领域从初期的轻纺、化工，逐渐扩展到冶金、机械、电子、汽车等工业、农业以及商业、市政建设、教科文等服务业，先进制造业、现代服务业、现代农业、高技术产业、基础设施等领域利用外资力度不断加大。

二　合肥市 2018 年经济社会发展报告

2018 年，全市人民在市委、市政府坚强领导下，坚持以习近平新时代中国特色社会主义思想为指导，全面贯彻落实党的十九大和十九届二中、三中全会精神，坚持稳中求进工作总基调，以供给侧结构性改革为主线，坚决打好三大攻坚战，坚持新发展理念，高质量实施五大发展行动，全市经济呈现稳中有进、稳中蓄力、稳中提质的良好态势，高质量发展迈出坚实步伐。

一　合肥市 2018 年经济发展概况

（一）综合经济

1. 经济总量

全年生产总值（GDP）7822.91 亿元，按可比价格计算，比上年增长 8.5%。其中，第一产业增加值 277.59 亿元，增长 2.2%；第二产业增加值 3612.25 亿元，增长 9.5%；第三产业增加值 3933.07 亿元，增长 8.0%。三次产业结构由上年的 3.9∶49.0∶47.1 调整为 3.5∶46.2∶50.3，其中第三产业占 GDP 比重首次突破 50%，达 50.3%，同比提高 3.2 个百分点。全员劳动生产率 144748 元/人，比上年增加 13654 元/人。按常住人口计算，人均 GDP 为 97470 元（折合 14729 美元），比上年增加 9014 元。

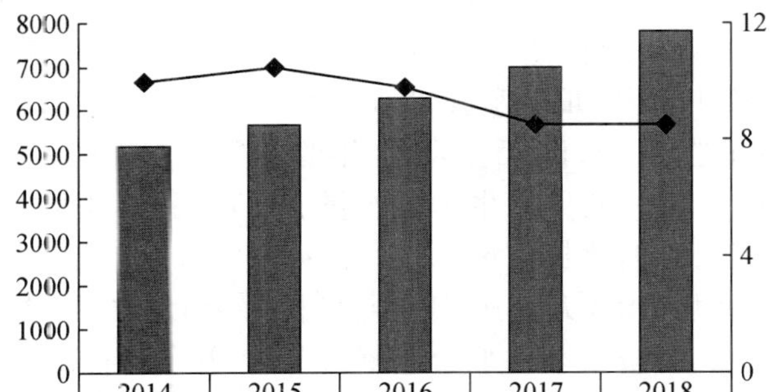

	2014	2015	2016	2017	2018
地区生产总值(亿元)	5180.56	5660.27	6274.38	7003.05	7822.91
增幅(%)	10	10.5	9.8	8.5	8.5

图 1　2014—2018 年合肥市地区生产总值及增长速度

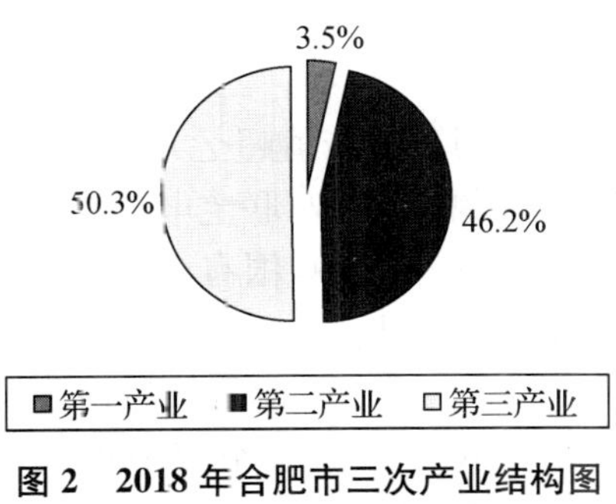

图 2　2018 年合肥市三次产业结构图

2. 财政收支

全年财政收入 1378.33 亿元，比上年增长 10.2%，其中地方财政收入 712.49 亿元，增长 8.6%。财政支出 1004.91 亿元，比上年增长 4.1%。其中，民生支出 859.77 亿元，占全部支出的 85.6%，比上年提高0.7个百分点。从重点支出项目看，科技支出增长32.2%，教育支出增长15.3%，社会保障和就业支出增长13.0%。

3. 物价水平

全年居民消费价格比上年上涨2.0%，其中食品烟酒价格上涨2.7%。工业生产者出厂价格下降0.4%，工业生产者购进价格上涨6.3%。

4. 固定资产投资

全年固定资产投资按可比口径计算比上年增长7.1%。分产业看，第一产业投资增长24.8%；第二产业投资增长18.9%，其中工业投资增长17.5%；第三产业投资增长3.4%。基础设施投资增长22.9%，工业技术改造投资增长27.8%，民间投资增长12.7%。

全年计划总投资亿元以上施工项目1085个，比上年增加160个，其中本年新开工项目449个，增加18个。聚变堆主机关键系统园区顺利开工，引江济淮、量子信息与量子科技创新研究院、维信诺第六代柔性显示生产线等全面建设，商合杭、合安高铁加快推进，合宁、合安、合芜高速扩容进展顺利，滁淮高速、庐铜铁路建成通车。

（二）农业

全年农作物总播种面积为67.84万公顷，比上年下降0.2%。其中，粮食作物52.56万公顷，下降0.7%；棉花1.12万公顷，增长3.2%；蔬菜8.12万公顷，增长3.3%；瓜果0.88万公顷，增长4.3%；油料4.96万公顷，下降2.2%。

全年粮食总产量301.35万吨，比上年增长1.3%。其中，稻谷238.04万吨，增长0.9%；小麦54.99万吨，增长2.1%。油料产量14.88万吨，下降1.5%。棉花产量0.83万吨，增长10.6%。蔬菜产量208.41万吨，增长4.5%。瓜果产量22.75万吨，增长14.6%。

年末全市生猪存栏量118.55万头，比上年增长0.3%；出栏量268.40万头，下降4.7%。肉类总产量43.60万吨，下降2.6%，其中猪牛羊肉产量23.59万吨，下降4.5%。禽蛋产量19.20万吨，增长1.2%。牛奶产量7.46万吨，增长0.6%。

年末农业机械总动力485万千瓦，比上年增长3.0%。农用拖拉机21.53万台，增长0.1%，其中大、中型拖拉机1.48万台，增长4.0%；联合收割机1.41万台，增长5.2%；排灌动力机械17.56万台，增长3.1%。全市水稻、油菜、小麦等八大主要农作物耕种收综合机械化水平达到81.7%，比上年提高3.7个百分点。化肥施用量（折纯）24.32万吨，下降5.6%。农村用电量17.12亿千瓦时，增长2.3%。

全年农林牧渔业总产值474.82亿元，按可比价格计算，比上年增长1.6%。

（三）工业和建筑业

1. 工业经济

年末全市规模以上工业企业2287户。其中，产值超亿元企业851户，比上年增加13户；超50亿元企业23户，增加4户；超百亿元企业11户，增加3户，联宝电子成为合肥市首个年产值超600亿元企业。全年规模以上工业增加值比上年增长11.3%。其中，国有企业增长13.3%，集体企业增长6.7%，股份制企业增长8.9%，外商及港澳台商投资企业增长16.8%。

规模以上工业中，37个工业大类行业有22个增加值保持增长。六大主导产业增加值比上年增长15.6%，占规模以上工业的64.4%，比上年提高0.8个百分点；其中平板显示及电子信息产业增长31.4%，家用电器制造业增长19.0%。规模以上工业出口交货值比上年增长17.7%。

规模以上工业统计的主要产品产量中，彩色电视机、家用电冰箱分别比上年增长68.6%和6.4%，太阳能电池增长17.9%，微型计算机设备增长28.4%，液晶显示屏增长2.4%，挖掘机增长15.1%，新能源汽车增长107.3%。

规模以上工业企业实现利润346.5亿元，比上年下降6.5%，其中盈利超亿元工业企业62户，实现利润264.18亿元，增长23.9%。实现税金244.40亿元，增长7.7%。

2. 建筑业

全年建筑业增加值752.74亿元，按可比价计算，比上年增长2.5%。纳入统计范围的具有建筑业资质等级的总承包和专业承包建筑施工企业1363户，比上年净增410户。房屋建筑施工面积24517.03万平方米，比上年增长16%，房屋竣工面积6116.72万平方米，增长4.1%。年末建筑业从业人员79.47万人，比上年增长11.1%。企业劳动生产率49.07万元/人，比上年增长6.4%。

（四）服务业

1. 国内贸易

全年社会消费品零售总额2976.74亿元，比上年增长9.1%。按经营地统计，城镇消费品零售额2893.20亿元，增长9.0%；乡村消费品零售额83.54亿元，增长14.4%。按消费类型统计，商品零售额2639.72亿元，增长8.5%；餐饮收入337.02亿元，增长13.9%。

年末全市限额以上批发零售和住宿餐饮企业(单位)2758户，比上年增加592户，其中累计零售额超亿元企业(单位)283户。限额以上商品零售额中，粮油、食品类增长18.7%，烟酒类增长16.2%，日用品类增长14.7%，家用电器及音响器材类增长12.7%，建筑及装潢材料类增长16.8%，体育、娱乐用品类增长26.0%，化妆品类增长19.7%，汽车类增长1.7%，石油及制品类增长26.4%。

2. 交通运输、邮电

全年交通运输、仓储和邮政业增加值271.18亿元，比上年增长4.6%。旅客运输量1.24亿人，下降3.0%；货物运输量3.95亿吨，增长1.4%。全年港口货物吞吐量4786.53万吨，增长35.0%，其中外贸货物吞吐量42.48万吨，增长56.7%。合肥新桥机场旅客吞吐量1111.06万人次，增长21.5%。

年末民用汽车拥有量193.9万辆，比上年增长14.2%，其中私人汽车165.9万辆，增长14.5%。民用轿车拥有量124.07万辆，增长12.9%，其中私人轿车115.18万辆，增长12.8%。

全年电信业务总量492.44亿元，比上年增长161.7%；邮政业务总量103.43亿元，增长19.8%。快递业务量4.73亿件，增长20.9%，实现快递业务收入46.49亿元，增长16.6%。

年末本地固定电话用户117.92万户，比上年减少5.83万户。移动电话用户1006.5万户，增加129.49万户。基础电信运营企业计算机互联网接入用户315.06万户，增加56.9万户。

3. 旅游业

全年国内游客1.28亿人次，比上年增长15.7%；国内旅游收入1721.62亿元，增长17.3%。年末全市有星级饭店54家，其中五星级11家、四星级19家；A级及以上旅游景点(区)59处。

4. 金融、证券和保险

全年社会融资规模增量累计183亿元。年末全市金融机构本外币各项存款余额15677.27亿元，比上年末增加1441.87亿元，增长10.1%。其中，住户存款4049.35亿元，增长14.5%；非金融企业存款6425.10亿元，增长1.0%；广义政府存款4538.85亿元，增长18.4%；非银行业金融机构存款654.10亿元，增长31.5%。年末金融机构本外币各项贷款余额14196.54亿元，比上年末增加795.32亿元，增长5.9%。其中，住户贷款5159.80亿元，增长11.3%；非金融企业及机关团体贷款8778.84亿元，增长2.9%。

5. 房地产业

全年房地产开发投资1527.17亿元，比上年下降1.9%，其中住宅投资1165.86亿元，增长6.4%。新建商品房销售面积1389.58万平方米，增长8.3%；商品房销售额1687.91亿元，增长22.3%；年末商品房待售面积191.26万平方米，下降6.5%。

（五）对外经济

1. 对外贸易

全年进出口总额 308.13 亿美元，比上年增长 23.5%。其中，出口 182.46 亿美元，增长 25.3%；进口 125.67 亿美元，增长 21.1%。从出口商品看，机电产品出口额 131.98 亿美元，增长 31.4%；高新技术产品出口额 80.59 亿美元，增长 39.5%。

2. 利用外资

全年新备案外商投资企业 140 户，比上年增加 12 户。实际利用外商直接投资 32.30 亿美元，比上年增长 6.9%。其中，工业投资 12.40 亿美元，增长 22.8%；服务业投资 19.4 亿美元，下降 1.8%。新增总投资（含增减资）31.7 亿美元，下降 17.4%。

3. 对外合作

对外经济合作新签合同额 36.9 亿美元，增长 20.5%。劳务合作年末在外人员 6673 人，增长 3.7%。年末境外世界 500 强企业共 46 家，在合肥投资设立 64 家外资企业，新增 4 家。

二 合肥市 2018 年社会发展概况

（一）人口、人民生活

年末户籍人口 757.96 万人，比上年增加 15.2 万人，其中市区户籍人口 281.27 万人，增加 11.16 万人。全市常住人口 808.7 万人，比上年增加 12.2 万人。常住人口城镇化率 74.97%，比上年提高1.22 个百分点。全年人口出生率 13.2‰，比上年上升 1.12 个千分点；死亡率 4.41‰，下降 0.29 个千分点；自然增长率 8.79‰，上升 1.41 个千分点。

全年常住居民人均可支配收入 35175 元，比上年增长 10.1%；人均消费支出 21547 元，比上年增长 9.4%。

全年城镇常住居民人均可支配收入 41484 元，比上年增长 9.3%；人均消费支出 25339 元，增长 8.7%，其中食品烟酒支出增长 2.5%、衣着增长 9.9%、居住增长 14.3%、生活用品及服务增长 10.5%、医疗保健增长 11.9%、交通通信增长 8.2%、教育文化娱乐增长 12.5%。城镇居民恩格尔系数为 29.9%，比上年下降 1.8 个百分点。年末城镇居民人均住房建筑面积 35.2 平方米。

全年农村常住居民人均可支配收入 20389 元，比上年增长 9.7%；人均消费支出 12659 元，增长8.5%，其中食品烟酒支出增长 4.0%、衣着增长 4.4%、居住增长 10.1%、生活用品及服务增长 14.2%、医疗保健增长 11.8%、交通通信增长 12.6%、教育文化娱乐增长 12.5%。农村居民恩格尔系数为34.7%，比上年下降 1.5 个百分点。年末农村居民人均住房建筑面积 42.8 平方米，比上年增加 0.9 平方米。

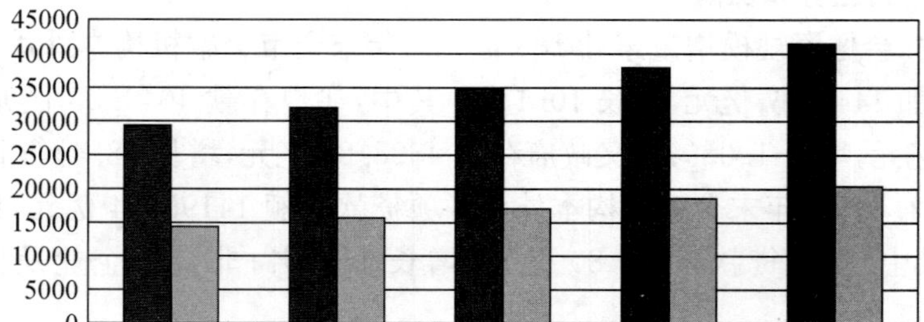

	2014	2015	2016	2017	2018
■城镇居民人均可支配收入(元)	29348	31989	34852	37972	41484
■农村居民人均可支配收入(元)	14407	15733	17059	18594	20389

图 3　2014—2018 年合肥市城乡居民收入对比一览

（二）就业与社会保障

1. 就业

年末全市从业人员 542.8 万人，比上年增加 4.7 万人。其中，第一产业 70.4 万人，减少 7.5 万人；第二产业 189.5 万人，增加 1.2 万人；第三产业 282.9 万人，增加 11 万人。城乡私营企业从业人员和个体劳动者 227.5 万人，增加 29.9 万人。全年城镇实名制新增就业 25.28 万人，失业人员再就业 3.38 万人，转移农村劳动力 7 万人。年末城镇登记失业率为 2.94%。

2. 社会保障和福利

市区最低月工资标准为 1550 元。年末参加城镇职工养老、医疗、失业、工伤、生育保险人数分别为 243.44 万人、202.68 万人、160.66 万人、168.88 万人和 166.69 万人。城乡居民养老保险参（续）保人数 301.28 万人。城乡居民基本医疗保险（新农合）参保人数 404.62 万人，参合率达 106.19%，其中城镇居民基本医疗保险参保人数 172.07 万人。

年末 225.29 万人次城乡居民享受政府最低生活保障，其中城市 40.09 万人次，农村 185.2 万人次；累计发放低保金 9.37 亿元，其中城市 2.27 亿元，农村 7.1 亿元。全市特困供养人员集中供养率达 24.63%，城市“三无”人员全部纳入特困供养范围。全年临时救助 10969 人次，支出救助金 2690.2 万元。全年实施城乡医疗救助 53.95 万人次，支出医疗救助金 2.66 亿元。

年末拥有各类收养性社会福利机构 175 个，床位 4.68 万张，收养各类人员 1.74 万人。城镇建立各种社区服务中心（站）1345 个，其中乡镇、街道及县（市、区）级社区服务中心 149 个。全年销售社会福利彩票 20.86 亿元，筹集公益金 5.85 亿元，全市共接收社会捐赠 3534.66 万元。

（三）教育和科学技术

1. 教育事业

合肥市用心办好人民满意的教育，深入推进义务教育“三大提升”工程，实施特殊教育二期提升计划，建成中小学 27 所、幼儿园 56 所，市区中小学午餐服务工程覆盖率超过 98%。合肥四中、合职院汇心湖校区、市公共实训中心等投入使用，黄麓师范学校改扩建一期建设完工，北外德国中心（合肥）正式挂牌。合肥学院建设应用型大学、合肥幼专幼师培养模式改革创新、合肥六中数字实验研究推广等 8 项成果获 2018 年国家级教学成果奖。

全市各类高等院校 60 所，在校学生 63.59 万人；其中普通高校 50 所，在校学生 49.89 万人；成人高校 4 所，在校学生 8.98 万人。中等职业教育学校（不含技工学校）54 所，在校生 10.74 万人；特殊教育学校 6 所，在校生 1427 人。普通高中 103 所，在校生 15.52 万人，高中阶段毛入学率 132.28%。普通初中 247 所，在校生 23.83 万人，初中阶段毛入学率 106.61%。小学 515 所，在校生 53.15 万人，小学毛入学率 106.41%。幼儿园 1076 所，在园幼儿 29.30 万人。各类专任教师 10.39 万人，其中普通高校 2.73 万人、中等职业学校 0.36 万人、普通中学 3.06 万人、小学 2.83 万人、幼儿园 1.36 万人。全市义务教育经费保障机制改革惠及学生 77.13 万人，其中城市 35.41 万人，农村 41.72 万人。

2. 科技与创新

全市有院士工作站 47 个；省部级以上重点实验室和工程实验室 210 个，其中国家重点（工程）实验室 17 个；省级以上工程技术研究中心 139 个，其中国家级（含分中心）7 个；省级以上工程研究中心66个，其中国家级 15 个；省级以上企业技术中心 322 个，其中国家级 46 个。省级以上创新型（试点）企业 218 个，其中国家级 14 个。市级以上科技企业孵化器 59 个，其中国家级 12 个。市级以上众创空间 75 个，其中国家级 18 个。

全年有 9 项科技成果获国家科技奖，其中国家自然科学二等奖 2 项，科技进步二等奖 6 项。全年受理专利申请 65814 件，其中发明专利 32831 件；授权专利 28438 件，其中发明专利 5597 件，比上年增长

13.8%。全年签订输出技术合同17077项，成交金额191.85亿元，增长34.4%；签订吸纳技术合同成交金额165.57亿元，增长14.8%。

（四）文化、卫生和体育

1. 文化事业

新建57个城市阅读空间，成功举办第十届中国曲艺牡丹奖大赛（合肥赛区）、第十二届合肥国际文博会等一批重大文化活动，现代舞《命运》、小品《等爱回家》等荣获国家级大奖。至年末全市有文化馆10个，公共图书馆8个，博物馆35个（其中国有博物馆15个、非国有博物馆20个），各级国家综合档案馆10个，专业档案馆（城建馆）1个，乡镇街道综合文化站130个。全国重点文物保护单位6处，省级重点文物保护单位36处，市级重点文物保护单位89处。国家级非物质文化遗产项目4项，省级非物质文化遗产项目28项，市级非物质文化遗产项目89项。图书馆总藏量646.5万册（件）（不含电子图书），比上年增长14.5%，其中图书551.7万册，比上年增长20.3%。各级国家档案馆馆藏档案资料484.2万卷，增长9.8%。电影院91家，全年票房收入6.14亿元。各类动漫企业108家，具有原创能力和代表作品的企业38家。全年共举办各类展览活动107场。年末广播综合人口覆盖率99.5%，电视综合人口覆盖率达99.5%。

2. 卫生事业

统筹县（市）城乡低保标准，整合城乡居民基本医疗保险、大病保险、医疗救助政策，推进居家养老服务三级中心建设。国家健康医疗大数据中部中心及产业园启动建设，滨湖智慧医院一期建成。至年末拥有医疗卫生机构（含村卫生室）2293个，其中医院171个、卫生院98个、妇幼保健院（所、站）12个、疾控中心和专科疾病防治机构18个、社区卫生服务机构201个。卫生机构床位数5.59万张，其中医院、卫生院床位5.22万张。卫生技术人员6.10万人，其中执业（助理）医师2.23万人，注册护士2.96万人。每千人常住人口拥有床位数6.91张，拥有医院卫生院床位数6.46张；每千人常住人口拥有卫生技术人员7.54人，拥有医生2.76人，拥有注册护士3.66人。婴儿死亡率3.4‰，孕产妇死亡率9.51/10万。城市社区卫生机构覆盖率达98%以上。

3. 体育事业

全年成功组织国家级和省级体育赛事19项、市级体育赛事56项。在各种省级以上体育赛事中，合肥市运动健儿共获得604枚金牌、317枚银牌和385枚铜牌。成功举办2018合肥国际马拉松赛，吸引来自22个国家和港澳台地区以及31个省市自治区的3万名选手参赛。成功举办2018环巢湖全国自行车公开赛，吸引来自4个国家和港澳台地区以及30个省市自治区的1000余名选手参赛。全市完成2个体育特色小镇、7个体育公园、150个全民健身苑工程、9个笼式多功能健身场和7个乡镇全民健身广场建设。全年共举办全民健身活动432次，参加活动总人数71.85万人次。全年销售体育彩票29.2亿元，比上年增长83.6%。

（五）城乡建设

提质提品，城市功能持续完善。提升全国性综合交通枢纽地位，商合杭、合安高铁加快建设，新合肥西站完成设计方案，南站南广场工程主体结构完工；滁淮高速、集贤路互通等竣工通车，德上高速合枞段、岳武高速东延无岳段开工建设。引江济淮工程全面建设。启动编制新一轮城市总体规划，完成东部新中心、空港国际小镇等重点片区规划。持续推进大建设，新建续建工程1248项，完成投资529亿元。城市轨道交通1、2号线日均客流达42万人次，扫码乘车成为现实；3、4、5号线和1号线三期工程进展顺利。铜陵路、阜阳路高架北延、长江西路快速化改造建成通行，南淝河路、龙岗路等开工建设，首批12个城市拥堵点治理工程全部完工。建成公共停车泊位5348个、充电桩9582个，公交都市创建深入推进。长江中路、科学岛路等一批精品道路加快实施，金寨路高架等景观亮化工程顺利完工。开展城市“大综管”试点，数字城管水平显著提升。合肥市坚持提升城市品质，在有温度中建设，在求精度中管理，打造宜居宜业的美好家园。

统筹协调，城乡融合持续深化。扎实开展脱贫攻坚"重精准、补短板、促攻坚"专项行动，不断提高精准脱贫质量，"十大工程"省定任务全面完成，全年减少贫困人口2477人。实施乡村振兴工程，一批重点项目稳步推进。现代都市农业发展步伐加快，新增新型农业经营主体1400家，"三品一标"发展到957个，长丰草莓成功入选中国特色农产品优势区。粮食产量突破300万吨，虾稻综合种养面积突破20万亩，肉蛋奶及水产品总量超过93万吨。美丽乡村建设扎实推进，完成70个中心村建设，改造农村危房3703户。农村环境"三大革命"纵深推进，建成18个乡镇政府驻地污水处理设施，超额完成10万户农村改厕任务，生活垃圾无害化处理率达到90%以上。建成农村道路畅通工程2379公里，肥西成功创建"四好农村路"全国示范县。大力实施土地整治，连续20年实现占补平衡。全面完成农村安全饮水建设任务，解决26.8万农村居民饮水安全问题。合肥市坚持城乡融合发展，推动以城带乡，促进城乡一体，全面开启乡村振兴的新征程。

（六）环境保护和生态建设

标本兼治，生态环境持续改善。制定坚决打好污染防治攻坚战实施意见、水清岸绿产业优美丽长江（合肥）经济带实施方案、巢湖综合治理绿色发展总体规划，狠抓中央和省环保督察问题整改。环巢湖生态保护与修复工程顺利推进，建成胡大郢、于湾污水处理厂，完成城区污水处理厂提标改造。严格落实"河长制""湖长制"，创新实施"排长制"，新建雨污管网559公里，双桥河、派河2条重污染河流消除劣Ⅴ类。突出抓好烟花爆竹禁燃、餐饮油烟专项整治，空气质量明显改善，优良天数比率达到74%，同比提高12.3个百分点。在全省率先开展地表水、空气质量生态补偿试点。城市十大公园和环湖一大湿地启动建设，四级"林长制"实现全覆盖，全年植树造林6万多亩，城镇绿化1377万平方米，新增绿色长廊240公里，新建花境528处。一年来，合肥市坚持践行绿色发展理念，实施铁腕治污，坚守生态底线，绘就蓝天白云、水清岸绿的美丽画卷。

2018年末，全市共有市、县（区）级环境监测站6个。区域噪声等效声级55.4分贝，道路交通噪声等效声级68.4分贝，保持稳定。可吸入颗粒物（PM10）、细颗粒物（PM2.5）年均浓度分别为73微克/立方米和48微克/立方米，分别比上年下降8.8%和14.3%，均完成年度目标任务。二氧化硫、二氧化氮、一氧化碳、臭氧年均浓度分别为7微克/立方米、41微克/立方米、0.8毫克/立方米和101微克/立方米，均达到空气环境质量年均值二级标准要求。全年空气质量优良天数269天，优良率74%。巢湖湖区整体水质保持稳定。饮用水源地水质达标率100%。辐射环境质量良好。

全市森林资源面积280万亩，森林覆盖率28%。新增城区绿化面积606.72万平方米，绿化覆盖率46%。建成区绿地率达40.3%。生活垃圾无害化处理率100%。

全年能源消费量2309.78万吨标煤，比上年增长4.2%，电力消费增长16.5%，单位GDP能耗比上年下降4.0%。

（七）安全生产

全年亿元GDP生产安全事故死亡人数为0.047人，比上年下降11.3%；道路交通万车死亡人数为1.991人，下降8.8%；工矿商贸企业就业人员十万人生产安全事故死亡人数为2.032人。全年发生一般程序道路交通事故1912起，造成470人死亡，2074人受伤。

三　合肥市在泛长三角地区经济发展中的地位

2018年，在省委省政府和市委的坚强领导下，全面贯彻落实习近平新时代中国特色社会主义思想和党的十九大精神，主动对标高质量发展要求，坚持稳中求进工作总基调，大力实施五大发展行动计划，攻坚克难，锐意进取，较好完成了市十六届人大一次会议确定的各项目标任务，实现了本届政府良好开局。

（一）地区生产总值

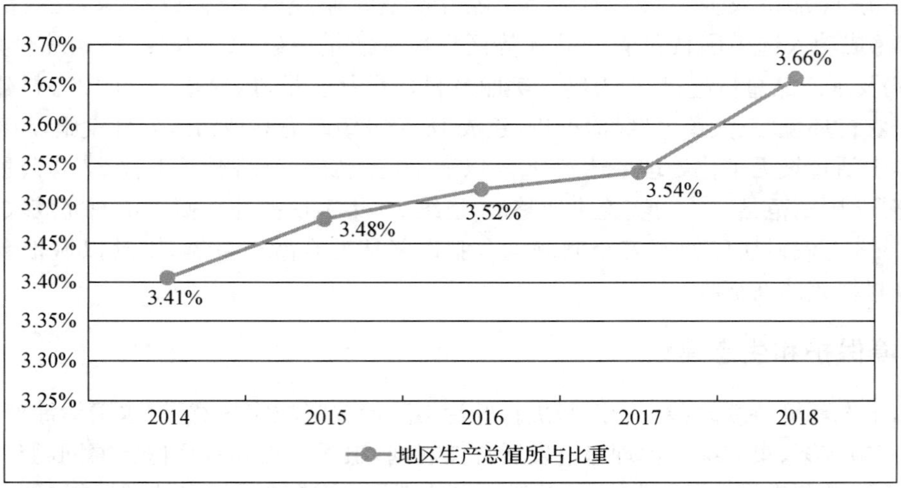

图 4　2014—2018 年合肥市地区生产总值在泛长三角地区 41 市
（苏浙两省 24 个地级市、上海市和安徽省 16 个地级市，下同）所占比重的变化趋势

2014—2018 年合肥市地区生产总值在泛长三角地区 41 市所占比重分别为 3.41%、3.48%、3.52%、3.54%和 3.66%。合肥市地区生产总值在泛长三角 41 市占比整体呈现上扬态势，2018 年与 2014 年比增加了 0.25 个百分点，较 2017 年增加了 0.12 个百分点。2018 年，合肥市在泛长三角地区 41 市地区生产总值所占比重排名第 8 位，与 2017 年持平。

2018 年，全市生产总值(GDP)7822.9 亿元，按可比价格计算，同比增长 8.5%，增速逐季回升。规模以上工业增加值同比增长 11.3%，创近三年新高，分别高于全国、全省 5.1 和 2.0 个百分点；进出口总额 308.13 亿美元，增长 23.5%，分别高于全国、全省 10.9 和 6.9 个百分点；固定资产投资增长 7.1%，为年内最高点，高于全国 1.2 个百分点；社会消费品零售总额 2976.74 亿元，增长 9.1%，高于全国 0.1 个百分点；财政收入 1378.33 亿元、增长 10.2%，其中地方财政收入 712.49 亿元、增长 8.6%。

（二）地方财政一般预算收入

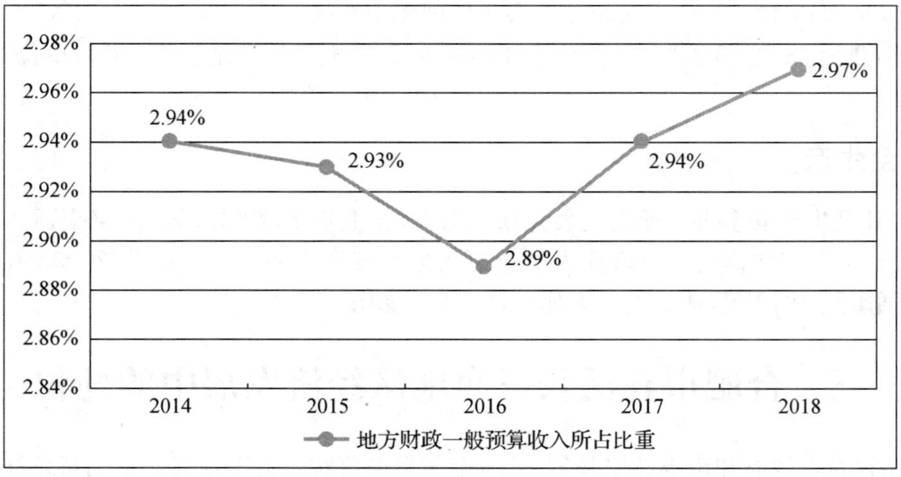

图 5　2014—2018 年合肥市地方财政一般预算收入在泛长三角 41 市所占比重的变化趋势

2014—2018 年合肥市地方财政一般预算收入在泛长三角 41 市所占比重分别为 2.94%、2.93%、2.89%、2.94%和 2.97%，2018 年较 2014 年增加了 0.03 个百分点，较 2017 年增加了 0.03 个百分点。2018 年，合肥市地方财政一般预算收入在泛长三角 41 市排名第 7 位，与 2017 年持平。

2018 年，全市财政收入 1378.33 亿元，完成预算的 100.26%，比 2017 年增长 10.17%，其中税收收入 1217.59 亿元，占比 88.34%。地方收入 712.49 亿元，完成预算的 102.11%，增长 8.63%。

（三）工业生产总值

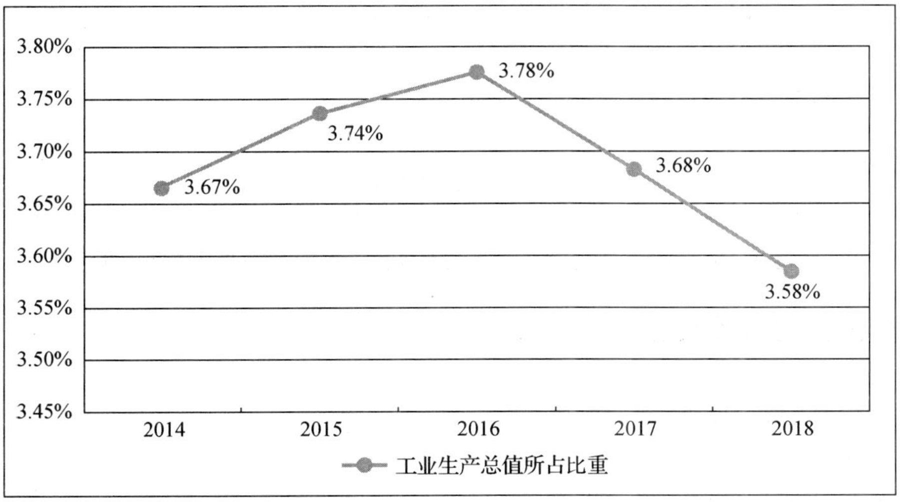

图 6 2014—2018 年合肥市工业生产总值在泛长三角 41 市所占比重的变化趋势

2014—2018 年合肥市工业生产总值在泛长三角 41 市所占比重分别为 3.67%、3.74%、3.78%、3.68%和 3.58%，2018 年较 2014 年减少了 0.09 个百分点，较 2017 年减少了 0.10 个百分点。2018 年，合肥市工业生产总值在泛长三角 41 市地区所占比重排名第 9 位，与 2017 年保持一致。

2018 年全年，工业实现增加值 2862.5 亿元，增长 11.1%，对 GDP 增长贡献率达 55.5% 同比提高 9.1 个百分点；其中规上工业增长 11.3%，同比加快 1.9 个百分点。规上工业中，战略性新兴产业产值增长 13.1%，对规上工业增长的贡献率达到 62.4%，同比提高 6.5 个百分点。其中，新一代信息技术增长 21.7%，新材料产业增长 17.2%，生物产业增长 13.8%，节能环保产业增长 15%。新产品快速放量，新能源汽车产量增长 1.1 倍，微型计算机设备增长 28.4%，太阳能电池增长 17.9%。合肥工业高质量发展扎实推进、主要指标好于预期。

（四）进出口总额

2014—2018 年合肥市进出口总额在泛长三角 41 市所占比重分别为 1.45%、1.46%、1.41%、1.67%和 1.85%，总体上呈现增长态势．五年间增加了 0.40 个百分点，其中 2018 年较 2017 年增加了 0.18个百分点。2018 年，合肥市进出口总额在泛长三角 41 市排名第 12 位，与 2017 年保持一致。

2018 年，全市进出口总额突破 300 亿美元，达到 308.13 亿美元，增长 23.5%，占全省比重达到 48.9%。加入 G60 科创走廊，深度融入长三角更高质量一体化发展，全年，进出口总额突破 300 亿美元中，进口额 125.67 亿美元，增长 21.1%；出口额 182.46 亿美元，增长 25.3%。出口额中，附加值较高的高新技术产品出口 131.98 亿美元，增长 31.5%，同比加快 9.5 个百分点。合肥中欧班列开行 182 列、增长 1.6 倍，水运港集装箱吞吐量突破 30 万标箱。

图7　2014—2018年合肥市进出口总额在泛长三角41市所占比重的变化趋势

（五）实际外商直接投资金额

图8　2014—2018年合肥市实际外商直接投资金额在泛长三角41市所占比重的变化趋势

2014—2018年合肥市实际外商直接投资金额在泛长三角41市所占比重分别为3.02%、3.42%、3.65%、3.97%和4.11%，整体呈现上扬态势，2018年较2014年增加了1.09个百分点，较2017年增加了0.14个百分点。2018年，合肥市实际外商直接投资金额在泛长三角41市排名第7位，与2017年保持一致。

2018年合肥市吸引外商直接投资达到32.3亿美元，同比增长6.9%。新引进境外世界500强企业3家，截至目前共有46家境外世界500强企业在合肥设立64家法人公司。

三　芜湖市 2018 年经济社会发展报告

2018 年，面对复杂严峻的宏观经济环境，全市人民在市委、市政府的坚强领导下，以习近平新时代中国特色社会主义思想为指导，持续深化供给侧结构性改革，深入实施五大发展行动计划，全力打好三大攻坚战，高质量发展取得重要进展，人民生活水平日益提高，经济基本面向好，社会和谐稳定，为实现“两个一百年”奋斗目标打下坚实基础。

一　芜湖市 2018 年经济发展概况

（一）综合经济

1. 经济总量

全年实现地区生产总值 3278.53 亿元，比上年增长 8.4%。其中，第一产业增加值 133.03 亿元，增长 3.1%；第二产业增加值 1710.64 亿元，增长 8.6%；第三产业增加值 1434.86 亿元，增长 8.5%。按常住人口计算，人均生产总值 88085 元，按年均汇率折算为 13311 美元。三次产业增加值比例由上年的 4.2∶56.0∶39.8 调整为 4.0∶52.2∶43.8。民营经济实现增加值为 2094.47 亿元，比上年增长 8.7%，占地区生产总值比重为 63.9%，对经济增长贡献率达到 66.2%。

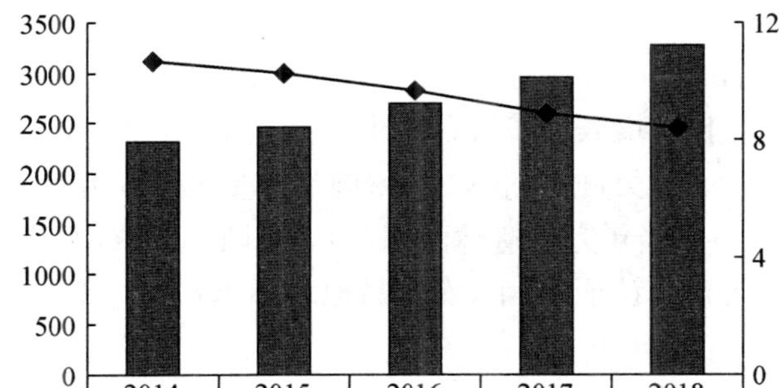

	2014	2015	2016	2017	2018
地区生产总值(亿元)	2309.55	2457.32	2699.44	2963.26	3278.53
增幅(%)	10.7	10.3	9.7	8.9	8.4

图 1　2014—2018 年芜湖市地区生产总值及增长速度

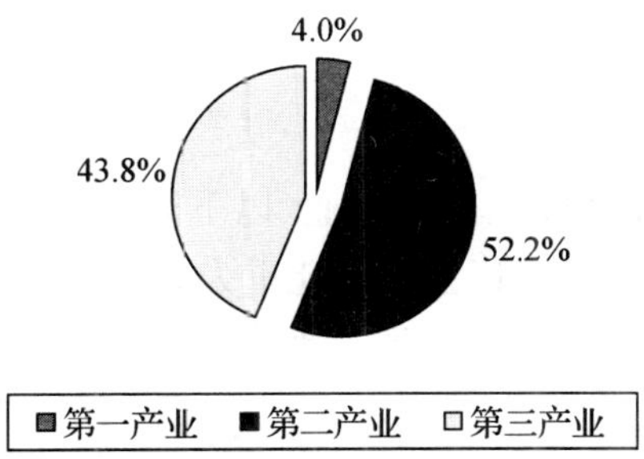

图 2　2018 年芜湖市三次产业结构图

2. 财政收支

全年实现财政收入 603.1 亿元，比上年增长 8%，其中，地方财政收入 318.1 亿元，增长 2.2%。在地方财政收入中，增值税 116.4 亿元，增长 12.5%；企业所得税 27 亿元，增长 31.9%；城市建设维护税

19.8亿元,增长18.2%;契税16亿元,下降3.8%。全年完成财政支出457亿元,比上年下降1.4%,其中,教育支出74.4亿元,增长1.7%;科学技术支出59.8亿元,增长4.2%;社会保障和就业支出50.6亿元,增长5.1%;医疗卫生与计划生育支出39.9亿元,下降0.7%;城乡社区支出98.3亿元,下降5.1%;农林水支出26.4亿元,下降1.2%。

3. 物价水平

2018年,城市居民消费价格比上年上涨2.3%,其中,消费品价格上涨2.2%,服务价格上涨2.4%;非食品价格上涨2.2%,食品价格上涨2.4%。工业生产者出厂价格比上年上涨4.6%,工业生产者购进价格比上年上涨4.1%。

4. 固定资产投资

全年完成固定资产投资比上年增长9.7%。本年项目建成投产率24.3%,固定资产投资资产交付使用率54.0%。固定资产投资中,第一产业投资增长3.0%;第二产业投资增长19.5%,其中工业投资增长20.1%;第三产业投资增长2.9%,其中房地产开发投资增长7.8%。

(二)农业

2018年,芜湖市现代农业加速壮大。新增家庭农场593家、农民专业合作社517家。"三品一标"有效认证108个,"芜湖大米"获得农产品地理标志认证。建设高标准农田11万亩,整理复垦开发补充耕地、增减挂钩及工矿废弃地复垦1.3万亩。完成"大棚房"问题专项清理整治。繁昌县完成农村产权制度改革全国试点县任务。

1. 农业生产

全年粮食种植面积221.71千公顷,油料种植面积31.37千公顷,棉花种植面积13.95千公顷。粮食产量139.70万吨,比上年增长3.7%;油料产量8.76万吨,下降4.5%;棉花产量1.30万吨,增长106.4%;蔬菜产量148.63万吨,增长5.2%;肉类产量17.65万吨,下降0.6%;水产品产量16.45万吨,增长2.8%(参见附表)。当年完成造林面积3403公顷。年末,全市拥有无公害农产品认证214个,绿色食品认证246个,有机食品认证14个,农产品地理标志8个。年末拥有省级及以上农业产业化龙头企业56家。

2. 农业生产条件和基础设施

年末,拥有农业机械总动力215.98万千瓦,农用拖拉机53579台。全年农用化肥施用量(折纯)17.40万吨,农村用电量15.28亿千瓦时。2018年,农村人口饮水安全工程惠及0.85万农村居民,农村自来水普及率达到95.7%,农村饮水安全集中供水率达到98%。

(三)工业和建筑业

1. 工业生产

全年年主营业务收入2000万元及以上工业企业(以下简称规模以上工业)实现增加值比上年增长8.8%。其中,国有及国有控股企业占规模以上工业比重为9.8%(以下简称占比),增加值增长13.2%;股份制企业占比76.8%,增加值增长9.4%;外商及港澳台商投资企业占比13.1%,增加值增长2.7%。工业产品销售率达到98.8%。

规模以上工业主要工业产品产量:水泥1626.32万吨,增长9.7%;钢材534.94万吨,增长15.6%;铜材26.05万吨,增长4.1%;汽车37.52万辆,下降9.6%;新能源汽车5.92万辆,增长110.4%;发动机5134.01万千瓦,增长8.7%;工业机器人4606套,增长14.2%;电力电缆119.92万千米,增长6.9%;空调1783.50万台,增长2.3%;汽车仪表497.05万台,增长1.6%;发电量182.80亿千瓦时,增长6.1%。

2. 工业效益

全年规模以上工业实现主营业务收入比上年增长 1.2%；利润总额增长 17.5%；利税总额增长 21.9%。工业经济效益综合指数达到 305.1%。

3. 建筑业

全年完成总产值 604.40 亿元，比上年增长 17.3%。全年房屋建筑施工面积 2572.08 万平方米，比上年增加 36.41 万平方米；房屋建筑竣工面积 1281.92 万平方米，比上年增加 175.38 万平方米。

（四）服务业

1. 国内贸易

全年实现社会消费品零售总额 1028.26 亿元，比上年增长 12.2%。分区域看，城镇零售额 929.09 亿元，增长 12.2%；乡村零售额 99.18 亿元，增长 12.9%。分行业看，批发和零售业零售额 911.46 亿元，增长 12.2%；住宿和餐饮业零售额 116.81 亿元，增长 12.7%。

2. 交通运输、邮电

全年交通运输、仓储和邮政业实现增加值 102.69 亿元，比上年增长 3.8%。

全年公路客运量 2456 万人；公路货运量 7998 万吨。铁路旅客发送量 1058.6 万人，增长 6.1%；铁路货运发送量 246.3 万吨，增长 66.6%。水路货运量 2.1 亿吨，增长 3.2%。港口货物吞吐量 1.2 亿吨，下降 6.2%，其中，外贸货物吞吐量 304.7 万吨，同比下降 3.3%；港口集装箱吞吐量 80.3 万标准箱，增长 14.1%。年末，民用汽车拥有量 53.64 万辆，比上年增长 12.5%，其中私人汽车拥有量 49.53 万辆，增长 11.2%。民用船舶拥有量 3920 艘。公路里程 10997 公里，其中等级公路 10828 公里。在等级公路中，高速公路 292 公里，一级公路 324 公里，二级公路 672 公里。

全年邮电业务总量 73.44 亿元，比上年增长 17.0%，其中，邮政业务总量完成 34.25 亿元，比上年增长 31.4%；电信业务总量 39.19 亿元，比上年增长 6.8%。全年快递业务量 1.38 亿件，增长 34.4%。年末本地固定电话用户 38.56 万户，比上年减少 2.45 万户；移动电话 362.22 万户，新增 14.61 万户。年末计算机互联网用户达到 123.93 万户，新增 30.34 万户。

3. 旅游业

全年接待国内外各类游客 5749.11 万人次，其中接待国内游客 5699.54 万人次。实现旅游业总收入 728.01 亿元，其中旅游外汇收入 31312.74 万美元。年末共有旅行社 79 家；星级饭店 29 家，其中三星级及以上 28 家；A 级及以上旅游景点（区）33 处，其中 4A 级及以上 11 处，5A 级景区 1 处。成功举办各类会展 72 个。

4. 金融和保险

年末金融机构本外币存款余额 3743.69 亿元，比年初增加 487.94 亿元，其中，非金融企业存款 1525.58 亿元，比年初增加 225.47 亿元；住户存款 1749.89 亿元，比年初增加 174.62 亿元。金融机构本外币贷款余额 3413.50 亿元，比年初增加 202.08 亿元，其中，短期贷款 786.69 亿元，比年初减少 8.04 亿元；中长期贷款 2140.79 亿元，比年初增加 306.35 亿元。年末外汇存款余额 7.53 亿美元，比年初减少 1.58 亿美元；外汇贷款余额 0.79 亿美元，比年初减少 0.65 亿美元。全市完成直接融资 368.9 亿元。

全年，实现保费收入 68.33 亿元，比上年增长 11.3%。其中，人身险 39.42 亿元，增长 6.8%；财产险 28.91 亿元，增长 18.1%。赔款及给付支出 25.98 亿元。其中，人身险 11.83 亿元，财产险 14.15 亿元。

（五）对外经济

1. 对外贸易

全年实现进出口总额 68.76 亿美元，比上年增长 3.6%。其中，进口总额 24.59 亿美元，增长 3.6%；出口总额 44.16 亿美元，增长 3.6%。从出口产品类别看，机电产品出口额 35.11 亿美元，占出口总额的

79.5%。从产品出口地区看，对欧洲出口 7.42 亿美元，占出口总额的 16.8%；对亚洲出口 15.84 亿美元，占出口总额的 35.9%；对北美洲出口 13.49 亿美元，占出口总额的 30.5%。

2. 招商引资

当年新批外商投资企业 30 家，合同利用外资 1.34 亿美元。全年实际利用外资 29.16 亿美元，比上年增长 8.5%，其中外商直接投资 29.16 亿美元，增长 8.5%。实际利用亿元以上省外资金 1280.54 亿元，增长 1.7%。截至 2018 年底，全市共有 43 家境外世界 500 强企业在芜投资项目 51 个。

3. 园区建设

全年省级及以上开发区完成固定资产投资 817.58 亿元，其中基础设施投资 29.35 亿元；实际利用亿元以上省外资金 1231.7 亿元，实际利用外商直接投资 24.67 亿美元；区内规模以上工业实现总产值比上年增长 11.3%。芜湖经济技术开发区全年实际利用省外境内资金 272.06 亿元，实际利用外商直接投资 7.64 亿美元；进出口总额 41.22 亿美元。

二　芜湖市 2018 年社会发展概况

（一）人口、人民生活

年末，全市常住人口 374.8 万人，比上年增加 5.2 万人。城镇化率 65.54%，比上年提高 0.49 个百分点。公安户籍人口 388.85 万人，比上年增加 1.2 万人。人口中，男性人口 200.43 万人，女性人口 188.42 万人。全年人口出生率 11.28‰，死亡率 6.71‰，自然增长率 4.58‰。

据抽样调查，全年城镇常住居民人均可支配收入 38397 元，增长 9.2%；人均消费支出 22629 元，增长 5.5%；人均住房建筑面积 35.9 平方米。农村常住居民人均可支配收入 20649 元，增长 9.7%；人均消费支出 12709 元，增长 9.2%；人均住房建筑面积 43.1 平方米。城镇居民的恩格尔系数为 32.8%，比上年下降 0.7 个百分点；农村居民的恩格尔系数为 34.7%，比上年下降 3.1 个百分点。

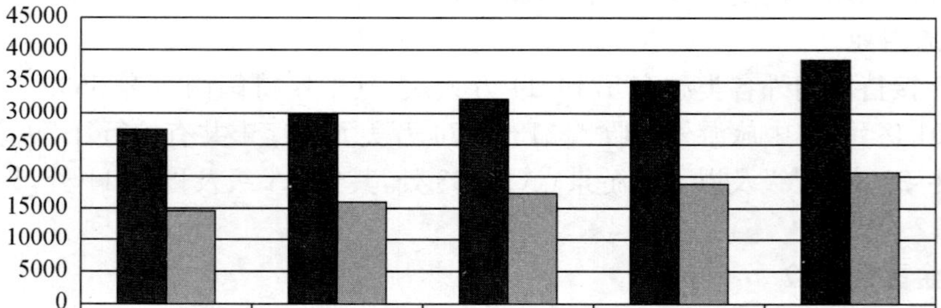

	2014	2015	2016	2017	2018
■城镇居民人均可支配收入(元)	27384	29766	32315	35175	38397
■农村居民人均纯收入(元)	14606	15964	17308	18830	20649

图 3　2014—2018 年芜湖市城乡居民收入对比一览

（二）就业与社会保障

1. 就业工作

以实干稳就业。发放稳岗就业补贴 5893 万元。2018 年末，共有人力资源服务机构 57 个。全年新增城镇就业人员 9.21 万人，其中安置下岗失业人员 0.94 万人。企业新录用员工岗前培训 1.29 万人。城镇登记失业率 2.8%。

2. 社会保障和福利

年末，企业职工基本养老保险(含离退休)参保人数87.97万人，比上年增加4.17万人；城镇职工基本医疗保险参保人数77.86万人，增加3.15万人；失业保险参保人数44.87万人，增加1.97万人；工伤保险参保人数44.21万人，增加1.94万人；生育保险参保人数45.66万人，增加2.06万人。城镇居民参加基本医疗保险参保人数104.87万人。城乡居民养老保险参保人数158.13万人；农民参加新型农村合作医疗205.36万人，参合率达107.6%。有4.3万城镇居民、6.8万农村居民享受最低生活保障。市区最低工资标准达到1380元/月，失业保险金标准达到1242元/月，企业离退休人员人均养老金水平提高112元/月。

全市拥有各类福利机构121个，床位1.3万张，收养各类人员0.6万人。全年销售社会福利彩票5.7亿元，筹集市级公益金6028.4万元。直接接收慈善捐款650万元。

(三) 教育和科学技术

1. 教育事业

2018年，芜湖市启动第三期学前教育行动计划，新建公办幼儿园5个。推进义务教育优质均衡发展，消除66人以上超大班额。芜湖县、弋江区试点“幼升小”网上报名。芜湖市获评“第一批教育信息化试点”区域性优秀单位。推进现代学徒制试点，成立华师大长三角职教研究院专家工作室。

年末，拥有普通高等院校10所，专任教师0.64万人，在校学生17万人，招生5.5万人，毕业生4.95万人；普通中学215所，专任教师1.31万人，在校学生16.04万人；中等职业学校23所，在校学生5.46万人；小学288所，专任教师1.18万人，在校学生19.32万人；幼儿园520所，在园儿童9.93万人。小学学龄儿童入学率100%，初中阶段适龄人口入学率100%。

2. 科学技术

2018年芜湖市提升创新要素推动发展效力，组建了市产业创新中心。出台了支持战略性新兴产业发展人才专项政策，引进高层次科技人才团队76个。新批国家地方联合工程研究中心、国家级企业技术中心2家，国家级博士后科研工作站2家，省级研发机构21家，建成国家工业机器人产品质量监督检验中心(安徽)，中科院上海光机(芜湖)激光应用示范中心投入运营。西电芜湖研究院正式挂牌。举办大院大所合作暨科技成果对接会、全国机器人专利等系列创新创业大赛、“我有嘉宾”独角兽峰会，万人有效发明专利拥有量突破31件。芜湖东旭公司参与项目荣获国家科技进步一等奖。新增高新技术企业130家。新增省级青年创业园1家。

年末全市拥有省级及以上工程(技术)研究中心101个，其中国家级8个，新增省级2个；省级及以上企业技术中心176个，其中国家级13个，新增省级20个。省级及以上重点(工程)实验室16个；省级及以上质检中心4个，其中国家级3个。院士工作站38个，新增7个。拥有高新技术企业647家，其中当年新认定163家；拥有省级高新技术产品1182个，其中当年新认定308个。省级以上创新型(试点)企业119家，国家创新型(试点)企业4家。国家知识产权示范企业5家、优势企业19家，省级知识产权示范培育企业8家、优势企业38家。

全市有省级以上科技企业孵化器18家，孵化面积41万平方米，其中国家级孵化器2家；省级以上众创空间23家，其中国家级5家。全年组织实施各类科技计划项目278项，其中国家项目1个；全年获各类科技奖27项，其中省级以上27项。专利申请量36205件，其中发明专利25340件；专利授权量10781件，其中发明专利2816件。万人有效发明专利拥有量32.1件。拥有中国驰名商标39件，当年新认定2件；拥有安徽省政府质量奖1家；省级名牌产品(含服务名牌)213个，当年新增28个。

（四）文化、卫生和体育

1. 文化事业

年末，全市拥有国有艺术表演团体1个，文化馆8个；公共图书馆10个，馆藏图书249.25万册，其中市区藏书121.69万册；档案馆13个，向社会开放档案数17.7万卷（件）。广播电台5座，电视台5座，广播综合人口覆盖率和电视综合人口覆盖率均达到99.9%。全国重点文物保护单位9处，省级重点文物保护单位29处。列入国家级非物质文化遗产名录2项，省级名录22项。全年举办大型文化活动15场次；大型群众性文化活动25场次；文艺团体演出1305场次，其中送文化下乡（含送戏进万村）1187场次。《芜湖日报》《大江晚报》《金周刊》全年总印数1912.45万份，其中《芜湖日报》953.1万份、《大江晚报》956.63万份、《金周刊》2.72万份。

2. 卫生事业

2018年，芜湖市中医院儿童治疗中心、市四院和皖南康复医院住院楼建成使用。智慧医院、网上预约挂号全面上线。建立2个医学院士工作站、19个医疗联合体。推行公立医院编制周转池制度改革。全面两孩政策稳步实施。精神卫生综合管理经验在全国推广。

2018年末，全市拥有各类卫生机构757个（不含村卫生室），其中，医院81所，基层医疗卫生机构635所，专业公共卫生机构34所。基层医疗卫生机构中，社区卫生服务中心（站）136所，乡镇卫生院55所，门诊部54所，诊所、卫生所和医务室390所。专业公共卫生机构中，疾病预防控制中心9所，卫生监督机构9所，妇幼保健机构8所，专科防治机构6所，急救中心1所，采供血机构1所。卫生机构拥有床位21448张，其中医院18355张。卫生技术人员22527人，其中执业（助理）医生8885人，注册护士10201人。

3. 体育事业

全年，芜湖市运动员在省级以上国内外重要赛事中共获得奖牌275枚，其中金牌142枚。向省级优秀运动队、省体校输送运动员54人，获省优秀后备人才输送奖。审批二级运动员134名、二级社会体育指导员119名。全市举办全民健身活动165次，参加活动人员20.8万人次。销售体育彩票6.41亿元。成功举办了第五届中国汽车（房车）露营大会。芜湖代表团参加安徽省第十四届运动会，赛场获得金牌数位居全省第三。

（五）城乡建设

立足自然规律开展城乡规划。围绕全面打造水清岸绿产业优美丽长江（芜湖）经济带的要求，修订了城市总体规划及海绵城市建设、城市供水、慢行系统、生态网络、湿地保护、龙窝湖等规划，推进市县“多规合一”，建立统一的空间规划数据库。

立足开放共享打造城乡交通。中山桥改建工程、芜湖火车站改扩建工程、黄山东路东延建成。弋江路快速化改造全线通车。商合杭高铁、芜宣机场、轨道交通1号线和2号线一期等项目稳步推进。沪武高速无为段、八里湾大桥、皖赣铁路湾沚南站等工程开工。农村道路畅通工程完成396公里。

立足规范精细管理美丽家园。推进“两治三改”，整治违法建设9.5万平方米、违法用地24宗，城镇棚户区改造新开工2258套，城中村改造项目新开工10432套，43个老旧小区改造完成。实施加装电梯试点。新改建城区厕所143座，改造农户厕所7.7万座。出台了互联网租赁自行车、户外广告设置、市区餐厨废弃物管理办法。新增分配公租房6032套，完成租赁补贴3683户。房地产市场总体平稳。殷港艺创小镇入围全国最美特色小镇50强。

（六）环境保护

坚决打赢污染防治攻坚战。贯彻中央和省生态环保督察及省委巡视整改要求，扎实做好反馈问题整改。完成大气污染整治项目 1168 个。推进水污染防治行动计划，建立地表水断面生态补偿机制，国家考核水质断面综合达标率 100%。大龙湾等 4 座污水处理厂新建及提标改造工程开工。基本完成城东污水管网整治。完成 24 条黑臭水体治理。加强固体废物排查整治，及时实施无害化处置。开展自然保护区监督检查专项行动。推进第二次污染源普查。餐厨废弃物资源化利用和无害化处理试点城市通过验收。完成造林 5.3 万亩、森林长廊 60 公里，新增绿地 155.6 万平方米。完成 16 家矿山地质环境恢复治理，建成 20 家市级绿色矿山。芜湖县成为国家生态文明建设示范县。

三 芜湖市在泛长三角地区经济发展中的地位

2018 年是全面深入贯彻落实党的十九大精神的开局之年和改革开放四十周年，也是实施“十三五”规划承上启下的关键一年，面对复杂的宏观经济环境，全市上下认真贯彻市委、市政府决策部署，以习近平新时代中国特色社会主义思想为指导，紧紧抓住系统推进全面创新改革试验、国家自主创新示范区建设机遇，持续深化供给侧结构性改革，深入实施五大发展行动计划，全力打好三大攻坚战，高质量发展取得重要进展，经济基本面向好、社会和谐稳定。

（一）地区生产总值

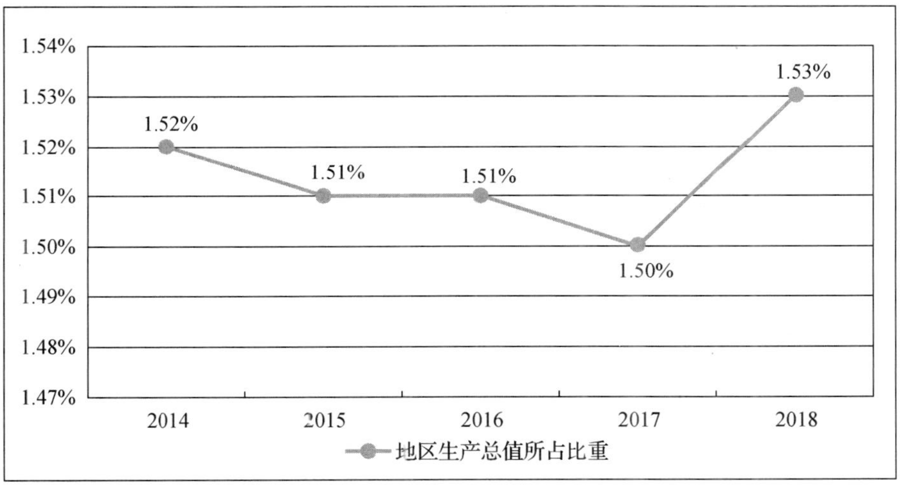

图 4 2014—2018 年芜湖市地区生产总值在泛长三角地区 41 市（苏浙两省 24 个地级市、上海市和安徽省 16 市，下同）所占比重的变化趋势

2014—2018 年芜湖市地区生产总值在泛长三角地区 41 市所占比重分别为 1.52%、1.51%、1.51%、1.50%和 1.53%。地区生产总值在泛长三角 41 市占比 2018 年逆势上扬，2018 年与 2014 年比增加了 0.01 个百分点，较 2017 年增加 0.03 个百分点。

2018 年，芜湖市在泛长三角地区 41 市（苏浙两省 24 个地级市、上海市和安徽省 16 市，下同）地区生产总值所占比重排名第 21 位，与 2017 年持平。

2018 年全市实现地区生产总值（GDP）3278.53 亿元，比 2017 年增长 8.4%，比全省平均水平高 0.4 个百分点。芜湖市经济运行呈现转型升级步伐加快等特点。统计分析表明，2018 年，全市服务业增加值占地区生产总值比重达 43.8%，比 2017 年提高 4.0 个百分点。战略性新兴产业增加值占规模工业比重达 29.8%，比 2017 年提高 0.3 个百分点。机器人及智能装备、新能源汽车、现代农机、通用航空产业四大省级战略性新兴产业基地产值增长 18.4%。工业投资中，技改投资占比 45.0%，比 2017 年提高 13.1 个百分点；高耗能产业投资占比 15.1%，比 2017 年下降 4.6 个百分点。

2018 年，芜湖市积极加快“调、转、促”步伐，新动能对经济增长贡献进一步提升。二三产业协同发展，分别增长 8.6%和 8.5%；战略性新兴产业加快发展，对规模以上工业增长贡献率达 39.7%；网上零售贡献突出，全年全市共有 128 家限额以上批发零售企业实现网上零售额 176.66 亿元，比 2017 年增长 41%，对全社会消费品零售额增长贡献率达 45.9%。一批重大项目，为打造经济和城市两个升级版增添动力。2017 年全市在建亿元以上项目 1196 个，其中新开工亿元以上项目 514 个；新开工亿元以上项目全年完成投资额比 2017 年增长 16.6%。其中，天弋能源锂电池项目、信义光能光伏电站项目、新兴铸管焦化技术改造重点项目相继建成投入使用；芜黄高速（芜湖段）、芜湖宣城民用机场、忠旺铝合金项目、奇瑞 M 系列乘用车技改项目等重点项目相继开工建设；华电芜湖电厂二期、城市轨道交通一号线和二号线一期工程、商合杭高铁及长江南路高架等重点项目加快建设。

江城经济增长活力增强，民营企业实力进一步提升。全市新增规模以上工业企业 91 户，对全市规模以上工业增长贡献率达 8.2%；新增限额以上商贸企业 185 户，实现零售额 30.62 亿元，对全市消费品零售总额增长贡献率达 14.1%；新增规模以上服务业企业 150 个，实现营业收入 91.45 亿元，对规模以上服务业营业收入增长贡献率达 56.8%。全市规模以上工业中，民营企业增加值增长 9.0%，增幅高于全部规模以上工业 0.2 个百分点，占规模以上工业比重为 73.3%，对规模以上工业增长贡献率达 75.1%。

（二）地方财政一般预算收入

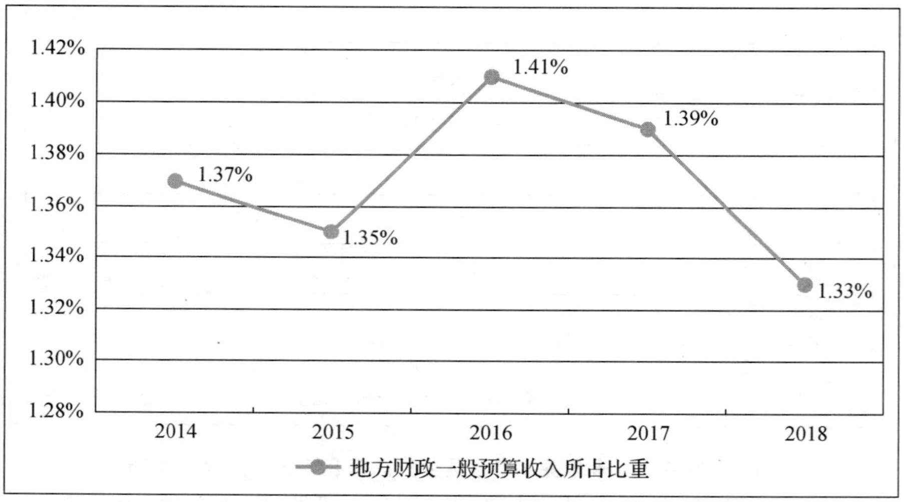

图 5　2014—2018 年芜湖市地方财政一般预算收入在泛长三角 41 市所占比重的变化趋势

2014—2018 年芜湖市地方财政一般预算收入在泛长三角 41 市所占比重分别为 1.37%、1.35%、1.41%、1.39%和 1.33%，2018 年较 2014 年减少了 0.04 个百分点，较 2017 年减少了 0.06 个百分点。2018 年，芜湖市地方财政一般预算收入在泛长三角 41 市地区排名第 19 位，较 2017 年下降了两位。

2018 年，全市实现财政收入 603.1 亿元，其中地方财政收入 318.1 亿元，分别比 2017 年增长 8%和 2.2%。财政支出 457.1 亿元，下降 1.3%。其中，地方财政收入 318.1 亿元，增长 2.2%。在地方财政收入中，增值税 116.4 亿元，增长 12.5%；企业所得税 27 亿元，增长 31.9%；城市建设维护税 19.8 亿元，增长 18.2%；契税 16 亿元，下降 3.8%。

（三）工业生产总值

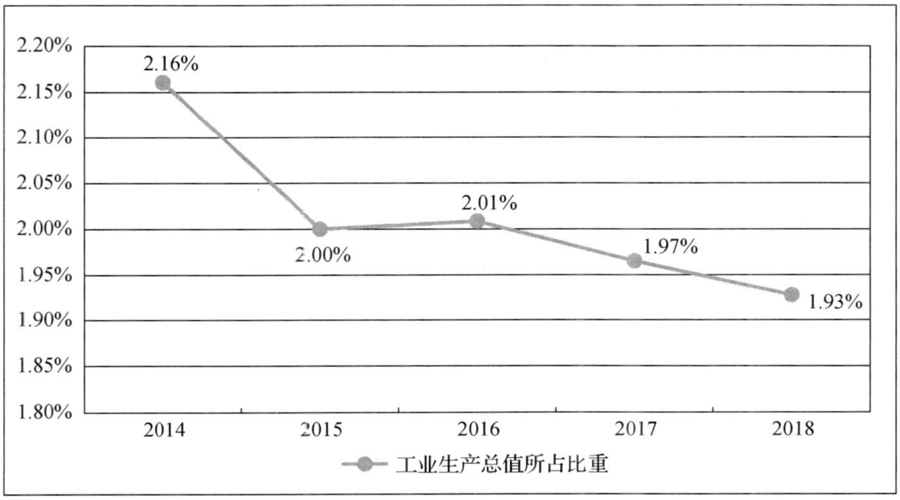

图 6　2014—2018 年芜湖市工业生产总值在泛长三角 41 市所占比重的变化趋势

2014—2018 年芜湖市工业生产总值在泛长三角 41 市所占比重分别为 2.16%、2.00%、2.01%、1.97%和 1.93%，2018 年较 2014 年减少了 0.23 个百分点，较 2017 年减少了 0.04 个百分点。2018 年，芜湖市工业生产总值在泛长三角 41 市所占比重排名第 19 位，与 2017 年保持一致。

2018 年，全市规模以上工业实现利润总额 311.38 亿元，同比增长 17.5%，全年各项任务目标均圆满完成。

按照中央提出“六稳”工作要求全力抓好各项措施落实，完成工业技改投资增幅 69.5%，占工业投资比重 45%；工业用电量 138.57 亿度，同比增长 6.15%。规模以上工业实现利润总额 311.38 亿元，同比增长 17.5%，主营业务收入利润率达 6.49%，高于全省平均水平 0.27 个百分点，全年全市单位工业增加值能耗同比下降 9.6%，超额完成年度目标。被工信部授予全国消费品工业“三品”战略示范城市，新芜经济开发区荣获国家级绿色园区称号。

2018 年，运用工业企业云平台对 1965 户规模以上企业进行运行监测，创新运行调度新模式，启动完成 20 家企业兼并重组。启动市企业服务中心实体大厅建设，全面改版升级“易企网”平台，建立全市企业服务工作联席会议制度，制定了《芜湖市企业经营管理人才培训五年行动计划（2018—2022 年）》，启动了涉企培训工作。全市 220 个项目获得奖补，争取奖补资金 1.64 亿元，居全省第二。依托世界制造业大会和家博会平台，展示制造转型最新成果，成功举办各类产需对接会，扩大芜湖品牌知名度。出台《芜湖市工业园区环境污染突出问题专项整治工作奖补办法》，取缔“地条钢”2 家企业，建成 23 家绿色矿山企业，其中 2 家获得国家级绿色矿山试点单位资格。引导 171 家企业启动“企业登云”，49 家企业通过两化融合管理体系贯标评定，建立机器人产业工业互联网平台。出台支持民营经济发展 35 条，兑现支持企业发展奖补资金 34 亿元，减轻企业负担 115.2 亿元，在全省率先开展中小企业信用贷试点，215 家企业获得总额 13 亿元的贷款，规模以上民营工业企业实现增加值增长 9.0%，占规模工业比重 73.3%，全市有 39 户企业入选安徽省百强民企，居全省第一。全年全市规模以上工业增加值增长 8.8%。其中，汽车及零部件、材料、电子电器和电线电缆四大支柱产业增加值增长 6.9%；战略性新兴产业增加值增长 11.8%。

（四）进出口总额

2014—2018 年芜湖市进出口总额在泛长三角 41 市所占比重分别为 0.45%、0.49%、0.43%、0.43%和 0.41%，五年间减少了 0.04 个百分点，其中 2018 年较 2017 年减少了 0.02 个百分点。

2018 年，芜湖市进出口总额在泛长三角 41 市排第 23 位，与 2017 年持平。

图 7　2014—2018 年芜湖市进出口总额在泛长三角 41 市所占比重的变化趋势

全年实现进出口总额 68.76 亿美元，比 2017 年增长 3.6%。其中，进口总额 24.59 亿美元，增长 3.6%；出口总额 44.16 亿美元，增长 3.6%。从出口产品类别看，机电产品出口额 35.11 亿美元，占出口总额的 79.5%。从产品出口地区看，对欧洲出口 7.42 亿美元，占出口总额的 16.8%；对亚洲出口 15.84 亿美元，占出口总额的 35.9%；对北美洲出口 13.49 亿美元，占出口总额的 30.5%。

（五）实际外商直接投资金额

图 8　2014—2018 年芜湖市实际外商直接投资金额在泛长三角 41 市所占比重的变化趋势

2014—2018 年芜湖市实际外商直接投资金额在泛长三角 41 市所占比重分别为 2.68%、3.14%、3.26%、3.54%和 3.71%，整体呈现上扬姿态，2018 年较 2014 年增加了 1.03 个百分点，较 2017 年增加了 0.17 个百分点。2018 年，芜湖市实际外商直接投资金额在泛长三角 41 市排第 9 位，排名相对靠前。

2018 年，新批外商投资企业 30 家，合同利用外资 1.34 亿美元。全年实际利用外资 29.16 亿美元，比 2017 年增长 8.5%，其中外商直接投资 29.16 亿美元，增长 8.5%。实际利用亿元以上省外资金 1280.54 亿元，增长 1.7%。截至 2018 年底，全市共有 43 家境外世界 500 强企业在芜投资项目 51 个。

四　蚌埠市2018年经济社会发展报告

2018年，在市委、市政府的坚强领导下，全市上下以习近平新时代中国特色社会主义思想为指导，认真贯彻落实省委、省政府各项决策部署，全面推进淮河流域和皖北地区中心城市建设，扎实做好稳增长、促改革、调结构、惠民生、防风险各项工作，保持了经济高质量发展、社会和谐稳定的良好态势。

一　蚌埠市2018年经济发展概况

（一）综合经济

1. 经济总量

全年地区生产总值(GDP)1714.66亿元，按可比价格计算，比上年增长8.5%。分产业看，第一产业增加值207.89亿元，增长3.5%；第二产业增加值762.29亿元，增长9.2%；第三产业增加值744.48亿元，增长9.4%。三次产业结构由上年的13.2∶43.9∶42.9调整为12.1∶44.5∶43.4。人均GDP 50662元(折合7656美元)，比上年增加4429元。

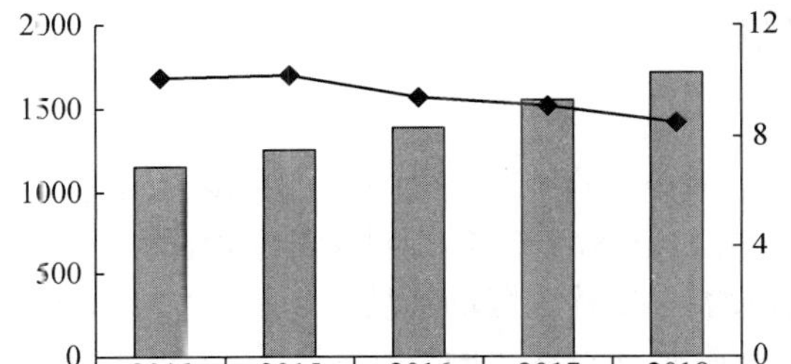

	2014	2015	2016	2017	2018
地区生产总值(亿元)	1151.19	1253.05	1385.82	1550.66	1714.66
增幅(%)	10.1	10.2	9.4	9.1	8.5

图1　2014—2018年蚌埠市地区生产总值及增长速度

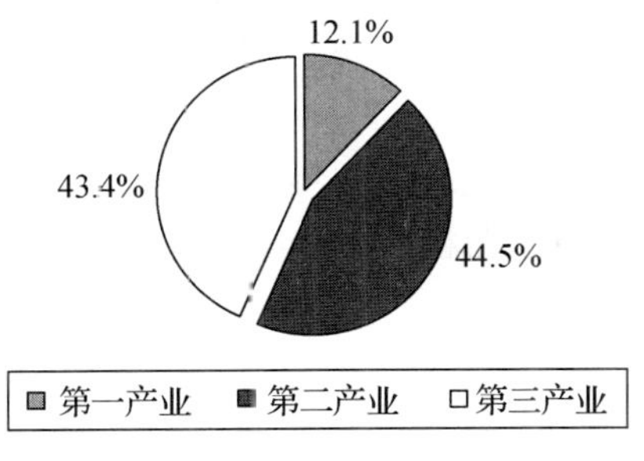

图2　2018年蚌埠市三次产业结构图

2. 财政收支

全年财政收入294.72亿元，比上年增长7.4%，其中地方财政收入152.65亿元，增长8.2%。在地方财政收入中，增值税增长1.1%，企业所得税增长1.8%，个人所得税增长9.9%。财政支出295.79亿元，下降0.6%。全年33项民生工程累计投入70亿元，惠及100%城乡居民。

3. 物价水平

居民消费价格上涨2.2%，涨幅较上年提高1.2个百分点；商品零售价格上涨2.5%。

4. 固定资产投资

全年固定资产投资比上年增长14%，其中，技术改造投资增长48.5%，民间投资增长18.6%。分产业看，第一产业投资增长88.5%，第二产业投资增长37.8%，第三产业投资增长4.8%。

全年完成省亿元以上项目投资1125亿元，总量居全省第3位，完成率居全省第3位。蚌埠市体育中心、中粮生物热电厂改造、高美福导光板等71个项目建成投用，水蚌线外迁、凯盛科技集团新型显示产业园、15万吨乳酸菌加工10万吨/年聚乳酸等123个项目开工建设。

（二）农业

全年粮食作物种植面积51.57万公顷，其中，小麦面积24.78万公顷，稻谷面积10.68万公顷。油料种植面积5.22万公顷，棉花种植面积0.02万公顷，蔬菜种植面积5.08万公顷。

全年粮食产量277.06万吨，下降2%。油料产量33.52万吨，增长3.7%。棉花产量0.02万吨，增长31%。蔬菜产量232.74万吨，增长4.5%。水果产量55.77万吨，增长18.9%。

年末全市生猪存栏92.97万头，比上年增长3.1%；全年生猪出栏201.42万头，增长3.8%。肉类总产量39.85万吨，增长4.8%。禽蛋产量8.44万吨，增长1.8%。水产品产量12.05万吨，增长1.9%。

全年化肥施用量(折纯)30.11万吨，下降1.3%。农用薄膜使用量0.92万吨，下降1.9%。农药使用量0.57万吨，下降4.7%。

（三）工业和建筑业

1. 工业经济

年末全市规模以上工业企业达1150户，全年规模以上工业增加值增长10.3%。

全市多数工业行业增加值保持增长，其中：农副食品加工业增长17.3%，食品制造业增长3.9%，酒、饮料和精制茶制造业增长8.5%，烟草制品业增长12.1%，化学原料及制品制造业增长10.9%，医药制造业增长21.4%，非金属矿物制品业增长2.6%，汽车制造业增长14.1%。高新技术产业增加值增长13.3%，战略性新兴产业产值增长22.4%。

主要工业产品产量中，罐头、饲料、卷烟分别增长24.6%、15.4%、8.5%，布、水泥、钢材分别下降4.9%、0.6%和87.2%。

全市规模以上工业经济效益综合指数为379.7%。规模以上工业实现主营业务收入2347.51亿元，增长12.8%；实现利税总额173.35亿元，增长23.8%，其中利润总额79.88亿元，增长33.1%。

2. 建筑业

全年全社会建筑业增加值111.34亿元，比上年增长3.2%。具有资质等级建筑企业完成产值626.71亿元，增长15.6%。房屋建筑施工面积3613.07万平方米，增长0.1%；房屋竣工面积288.25万平方米，下降47%。

（四）服务业

1. 国内贸易

全年社会消费品零售总额823.46亿元，比上年增长14.3%。按经营单位所在地分，城镇消费品零售额755.91亿元，增长14.2%；乡村消费品零售额67.55亿元，增长14.6%。按消费形态分，商品零售721.48亿元，增长14.3%；餐饮收入101.98亿元，增长14%。按单位规模分，限额以上企业(单位)零售额325.56亿元，增长15.3%；限额以下企业(单位)零售额497.9亿元，增长13.4%。

在限额以上企业(单位)零售额中，批发、零售、住宿、餐饮四大行业比上年分别增长6.1%、17.2%、9.3%、9.1%。电子出版物及音像制品类增长7%，化妆品类增长25.5%，体育、娱乐用品类增长32.3%，石油及制品类增长7.8%，中西药品类增长7.6%，家用电器和音像器材类增长7.4%，汽车类增长21.4%。网上商品零售额14.73亿元，增长54.9%。

2. 交通运输、邮电

全年交通运输、仓储和邮政业增加值55.54亿元，比上年增长2.7%。

全年公路客运量2049万人，比上年下降12.5%；公路货运量23826万吨，增长1.1%。

年末全市汽车拥有量39.27万辆，比上年增长18.1%，其中个人汽车31.63万辆，增长19.1%。小型、微型载客汽车拥有量30.28万辆，增长17.9%，其中个人小型、微型载客汽车28.83万辆，增长19.3%。

全年邮政营业收入3.8亿元，增长10.6%。电信业务总量(收入)22.88亿元，比上年增长6.9%。年末全市固定电话用户数30.44万户，比上年下降8.5%；移动电话用户数279.82万户，比上年增长6.7%。

3. 旅游业

全年实现旅游总收入297.52亿元，比上年增长19%，接待国内游客4454.9万人次，接待入境游客9万人次。全市星级饭店(宾馆)12个。旅行社55家，其中分社14家。A级旅游景区31个，其中，4A级旅游景区5个，3A级旅游景区12个，2A级旅游景区14个。

4. 金融和保险

年末全市金融机构各项存款余额(人民币口径，下同)2113.6亿元，比年初增加160.65亿元，增长8.2%，其中住户存款余额为1030.5亿元，增长10.3%。金融机构各项贷款余额1801.95亿元，比年初增加236.36亿元，增长15.1%。其中，短期贷款余额530.38亿元，下降1.3%；中长期贷款余额1186.48亿元，增长20.8%。

全年实现保费收入53.63亿元，比上年增长9.1%。其中，财险保费收入23.96亿元，增长13%；寿险保费收入29.67亿元，增长6.2%。年末，全市保险公司已达46家。

5. 房地产业

全年房地产开发投资576.64亿元，比上年增长7.4%；房屋销售面积894.69万平方米，增长7.8%；房屋销售额522.46亿元，增长22.8%。

(五) 对外经济

1. 对外贸易

全年进出口总额14.8亿美元，比上年下降16.4%。其中，出口7.09亿美元，下降24.6%；进口7.71亿美元，下降7.2%。

2. 利用外资

全年外商直接投资13.98亿美元，下降13.1%。实际到位内资1010.16亿元，增长11%，其中省外资金999.89亿元，增长13.9%。

二　蚌埠市2018年社会发展概况

(一) 人口、人民生活

全年人口出生率为15.47‰，死亡率5.74‰，自然增长率为9.7‰。年末户籍人口383.94万人，比上年增加2.69万人；其中男性198.89万人，占总人口的51.8%，女性185.05万人，占总人口的48.2%。性别比(以女性人口为100)为100∶107.5。常住人口339.2万人，比上年增加1.53万人。城镇化率57.22%，比上年提高1.91个百分点。

全年城镇居民人均可支配收入33855元，比上年增长8.7%。人均消费支出18396元，增长8.9%。其中，食品支出增长9.5%，医疗保健支出增长39.1%，交通和通信支出下降4.3%，教育文化娱乐服务支出增长9.7%。城镇居民家庭恩格尔系数为36%。城镇居民人均住房建筑面积35平方米。

全年农村居民人均可支配收入 15114 元，比上年增长 9.8%。农民人均消费支出 7950 元，增长 9.6%。其中，食品支出增长 4.9%，居住支出增长 14.0%，医疗保健支出增长 15.9%。农村居民家庭恩格尔系数为 35%。农村居民人均住房面积 56 平方米。

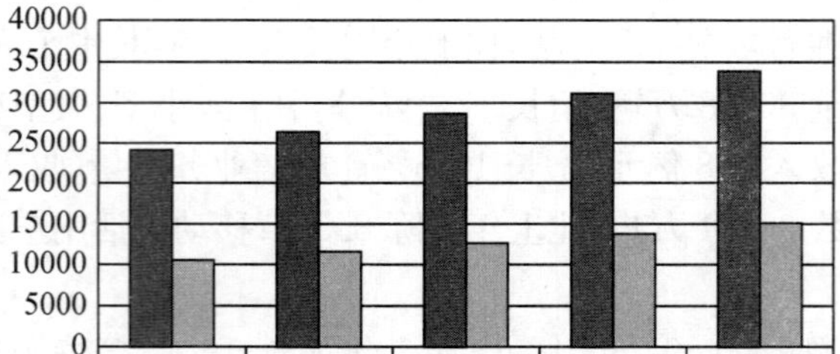

	2014	2015	2016	2017	2018
■城镇居民人均可支配收入(元)	24147	26369	28653	31160	33855
□农村居民人均可支配收入(元)	10511	11552	12591	13769	15114

图 3　2014—2018 年蚌埠市城乡居民收入对比一览

（二）就业与社会保障

1. 就业工作

全年城镇新增就业 8 万人，失业人员再就业 1.66 万人，新增农村劳动力转移 3.17 万人。年末城镇登记失业率 3.18%。

2. 社会保障

年末全市职工基本养老、失业、医疗、工伤、生育五项社会保险参保人数分别为 40.96 万人、23.71 万人、32.22 万人、26.3 万人、26.62 万人，城镇居民医疗保险参保 37.47 万人，城乡居民养老保险参保 174.97 万人。企业退休人员养老金和失业人员失业金 100%按时足额发放。

（三）教育和科学技术

1. 教育事业

全市共有普通高等教育学校 5 所；全市共有中等职业教育学校 18 所，其中普通中专 14 所，职业高中 1 所，成人中等专业学校 3 所；普通教育学校 1301 所，其中，普通中学 181 所（高中 29 所，初中 142 所），小学 641 所，幼儿园 473 所，特殊教育学校 5 所，工读学校 1 所。

全市普通高等学校专职教师 3000 人，在校学生 6.03 万人，招生学生数 1.66 万人，毕业生数 1.55 万人。

全市中等职业学校专任教师 1808 人，普通中学专任教师 13084 人，其中，高中 4135 人，初中 8949 人。

全市中等职业教育学校在校学生 5.29 万人；普通教育学校在校学生 60.94 万人，其中，普通中学在校学生 16.88 万人（高中在校学生 5.54 万人，初中在校学生 11.34 万人）；小学在校学生 30.37 万人。幼儿园在园幼儿 13.63 万人，特殊教育学生 1716 人（特殊教育学校在校生 562 人）。

全市小学适龄儿童入学率 100%，初中学龄人口入学率 100%，高中阶段毛入学率 99.82%。

2. 科技与创新

全年新认定高新技术企业 51 家，高新技术企业总数达 268 家。全市有省级以上（重点）实验室 11 个，其中国家级 1 个；有省级工程技术研究中心 54 家。有国家级高新技术产业开发区 1 个。

全年发明专利申请量 4997 件，发明专利授权量 659 件。共签订各类技术合同 1359 项。技术市场合同交易 23.1 亿元，比上年增长 11.1%。万人发明专利拥有量达 12.7 件。

（四）文化、卫生和体育

1. 文化事业

公共文化服务水平不断提升。全面启动第四批国家公共文化服务体系示范区创建工作。大禹文化活动中心项目获批立项，文化馆二期工程建设即将完工。送戏下乡 1026 场，放映农村公益电影 11231 场。加速推进 20 个共享书屋和 20 个阅读点建设；推出“好书大家读”活动，举办全市读书朗诵大赛；开展“我们的节日”文艺汇演 290 余场；开展“温馨蚌埠 · 欢乐珠城”系列群众文化展演。开展全市广场舞展演，2 支广场舞代表队入围全省广场舞展演并获奖。加快推进基层公共文化场馆开通免费无线上网服务，全市乡镇（街道）、村（社区）公共文化场馆无线网覆盖率达 45%。做好安徽省第十四届运动会和第七届残运会开闭幕式文艺演出工作并取得圆满成功。中国（蚌埠）花鼓灯艺术交流展演周推出“艺术家走基层”“精品节目展演”等 7 个板块的活动。

2. 卫生事业

年末全市有医疗卫生机构 1615 个，其中医院 114 个、基层医疗卫生机构 1144 个、专业公共卫生机构 20 个，其他卫生机构 337 个。全市卫生技术人员 24671 人，其中执业（助理）医师 10115 人，注册护士 12356 人。医疗卫生机构床位 1.94 万张，其中医院床位 1.43 万张。每万人拥有床位数 54 张，每万人拥有卫生技术人员数 62 人。

3. 体育事业

高质量完成省运会组织办赛、参赛、开闭幕式等各项任务。蚌埠市体育健儿获 169.5 枚金牌、88.5 枚银牌、103 枚铜牌，团体总分 5732 分，9 人次破 8 项全省青少年纪录，实现金牌、奖牌、团体总分和破纪录全面位居全省第二位，创历史最佳。专业性体育场馆全省领先。蚌埠体育中心全面建成，成为蚌埠市地标式建筑。老体育场提升改造全面完成。新建标准化、高配置游泳跳水馆、射击馆、龙子湖水上运动中心。建设 10 个体育生态公园，建设涂山国家登山健身步道，一期 66 公里包括 1 条穿越线、6 条环线已向市民开放。新建龙子湖区、禹会区、淮上区、怀远县全民健身中心、固镇县体育中心，改造五河县体育中心。群众体育蓬勃发展。蚌埠市先后承办国际体育舞蹈邀请赛、全国田径锦标赛、全国青年赛艇锦标赛、全国青年游泳锦标赛、中超羽毛球联赛、中超乒乓球赛等大型体育赛事。组织 2018 环江淮万人骑行大赛五河站比赛和 2018 中国 · 蚌埠“一带一路”国际龙舟邀请赛暨全国大学生龙舟公开赛。开展国民体质监测 10000 次，培训社会体育指导员 300 名。

（五）城乡建设

承载能力逐步增强。实施城市大建设项目 180 个，完成投资 345 亿元。水蚌线外迁、国道 329 蚌埠至怀远段开工建设。京台高速东海大道出入口主体完工。民用机场预可研通过国家评审。改造棚户区（城中村）13608 户，建设安置房 12247 套、回迁安置 24312 户；完成老旧小区整治 78 个；建设保障房 2640 套，实物配租 2644 套，租赁补贴 1996 户。完成迎河、四十米大沟、八里沟黑臭水体整治。新建各类综合管网 228 公里。新增街头绿地（游园）23 个、绿道 62 公里、绿地面积 347 万平方米。新开、优化市区公交线路 10 条。新建立体停车场 3 处，新增机动车停车泊位 4.7 万个。

城市内涵不断提升。顺利通过全国文明城市年度复查。改造提升 581 个居民小区、132 条主次干道、10 个公园广场。市体育中心、游泳跳水馆、龙子湖体育公园等大型体育场馆建成投用。大美中国 · 成龙岛-徽派古民居抢救性复建全面展开。双墩、禹会村国家考古遗址公园启动建设。北大培文、行知实验学校新校区开学招生。蚌医一附院肿瘤综合楼、三院妇儿中心建成运营。民政园基本建成，列入省智慧城管建设试点。开通全省首条新时代文明传习专线，建成新时代文明实践中心（所、站）512 家、共享书屋 7 个。4 人获评中国好人。

乡村面貌持续改善。完成 22 个美丽乡镇和 21 个省级、53 个市县级美丽乡村建设。乡风文明培育不断深化。实现县域农村生活垃圾治理市场化全覆盖，建成乡镇生活污水处理项目 18 个，完成农村改厕 8 万户。新增农村安全饮水受益人口 13.2 万人。实施四好农村路建设工程 574 公里、安防工程 731 公里。天河-张公湖连接工程全线贯通，水系连通补水蓄水工程有序推进。新增高效节水灌溉面积 2.3 万亩。人工造林 3.7 万亩，建设森林长廊示范段 21.4 公里，房前屋后零星植树 120 万株。

（六）环境保护

2018 年蚌埠市努力打好污染防治攻坚战。坚决抓好中央和省环保督察问题整改，大洪山生态修复成效初显，淮河河道非法采砂全面遏制。河（湖）长、林长制全面推行。文明祭祀、禁放烟花爆竹成效显著，空气质量优良天数占比 65%。引进 6 家秸秆综合利用龙头企业，秸秆产业化利用率 40%。三县生物质电厂均并网发电，新建 1 个生活垃圾焚烧发电项目。在省内率先建立河湖污染跨行政区域联防联控体系。全国水生态文明城市通过验收。入列全国建筑垃圾治理试点城市，参与国际合作项目-中国城市生活垃圾领域国家适当减缓行动。

全年环境空气质量达二级标准以上天数 66.8%，区域噪声昼间平均等效声级 55.8 分贝，夜间平均等效声级 46.1 分贝。

（七）社会安全

推进安全风险管控六项机制建设，安全生产形势持续向好，生产安全事故起数、死亡人数分别下降 22.5%和 11.7%。2018 年全市共发生各类生产安全事故 88 起、死亡 84 人。其中：道路运输事故 67 起、死亡 64 人，工矿商贸事故 18 起、死亡 18 人，铁路交通事故 3 起、死亡 2 人。未发生较大以上生产安全事故。农机、水上交通等领域没有发生生产安全死亡事故。

三　蚌埠市在泛长三角地区经济发展中的地位

2018 年，面对错综复杂的宏观形势，在市委的坚强领导和市人大及其常委会的监督支持下，全市上下坚持以习近平新时代中国特色社会主义思想为指导，全面贯彻落实党的十九大和十九届二中、三中全会精神，认真贯彻落实中央和省委各项决策部署，全面推进淮河流域和皖北地区中心城市建设，扎实做好稳增长、促改革、调结构、惠民生、防风险各项工作，着力稳就业、稳金融、稳外贸、稳外资、稳投资、稳预期，保持了经济高质量发展、社会和谐稳定的良好态势。

（一）地区生产总值

2014—2018 年蚌埠市地区生产总值在泛长三角地区 41 市所占比重分别为 0.76%、0.77%、0.78%、0.78%和 0.80%。地区生产总值在泛长三角 41 市占比整体呈现上扬态势，2018 年与 2014 年比增加了 0.04 个百分点，较 2017 年增加了 0.02 个百分点。2018 年，蚌埠市在泛长三角地区41 市（苏浙两省 24 个地级市、上海市和安徽省 16 市，下同）地区生产总值所占比重排名第 29 位，与 2017 年持平。

2018 年，全年地区生产总值（GDP）1714.66 亿元，按可比价格计算，比 2017 年增长 8.5%。分产业看，第一产业增加值 207.89 亿元，增长 3.5%；第二产业增加值 762.29 亿元，增长 9.2%；第三产业增加值 744.48 亿元，增长 9.4%。三次产业结构由 2017 年的 13.2∶43.9∶42.9 调整为 12.1∶44.5∶43.4。人均 GDP 50662 元（折合 7656 美元），比 2017 年增加 4429 元。

总量居全省第 8，同比前移 1 位；增长 10.1%，增速居全省第 2，连续 8 年保持两位数增长，连续14 个季度高于全省平均水平。一、二、三产业齐头并进，增幅均居全省前三。蚌埠市一产增加值居全省第 2；二产增加值 572.25 亿元，居全省第 1；三产增加值居全省第 3。

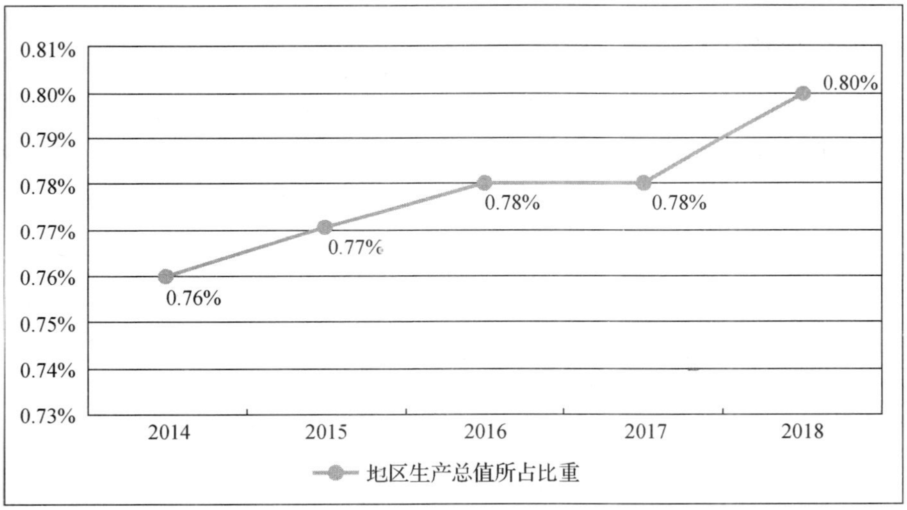

图 4　2014—2018 年蚌埠市地区生产总值在泛长三角地区 41 市
(苏浙两省 24 个地级市、上海市和安徽省 16 市,下同)所占比重的变化趋势

(二) 地方财政一般预算收入

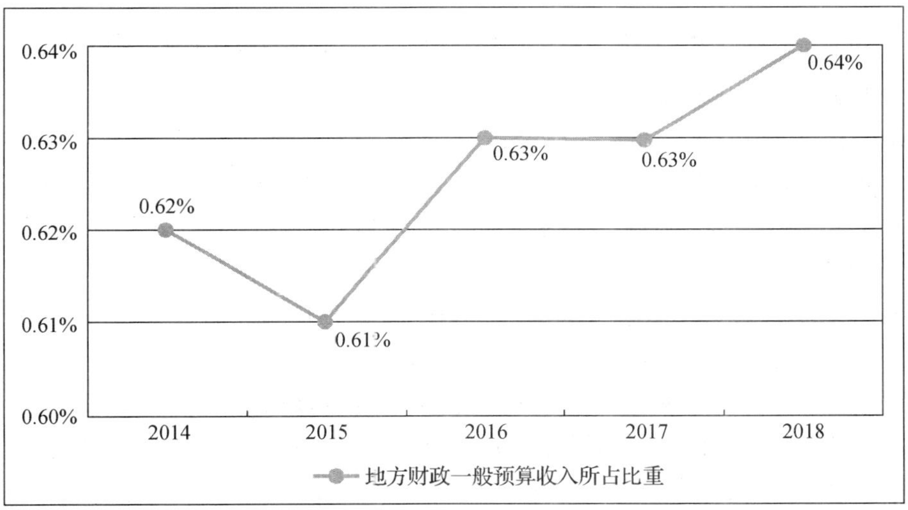

图 5　2014—2018 年蚌埠市地方财政一般预算收入在泛长三角 41 市所占比重的变化趋势

2014—2018 年蚌埠市地方财政一般预算收入在泛长三角 41 市所占比重分别为 0.62%、0.61%、0.63%、0.63%和 0.64%,2018 年较 2014 年增加了 0.02 个百分点,较 2017 年增加了 0.01 个百分点。2018 年,蚌埠市地方财政一般预算收入在泛长三角 41 市地区排名第 28 位,与 2017 年持平。

2018 年,全市财政收入 294.7 亿元,增长 7.4%,其中地方收入 152.7 亿元,增长 8.2%。全市财政支出 295.8 亿元。市本级财政收入 126.6 亿元,增长 10.5%,其中地方收入 41.1 亿元,增长 8.9%。市本级财政支出 76.7 亿元。市本级政府性基金收入 118.4 亿元,支出 118.2 亿元。市本级国有资本经营收入 4.8 亿元,支出 6.8 亿元。市本级社会保险基金收入 68.8 亿元,支出 66.3 亿元。截至 2018 年底,全市地方政府债务余额 281.7 亿元，其中市本级 177.2 亿元。

（三）工业生产总值

2014—2018 年蚌埠市工业生产总值在泛长三角 41 市所占比重分别为 0.83%、0.82%、0.77%、0.78%和 0.82%，2018 年较 2014 年减少了 0.01 个百分点，较 2017 年增加了 0.04 个百分点。2018 年，蚌埠市工业生产总值在泛长三角 41 市所占比重排名第 28 位，较 2017 年上升一位。

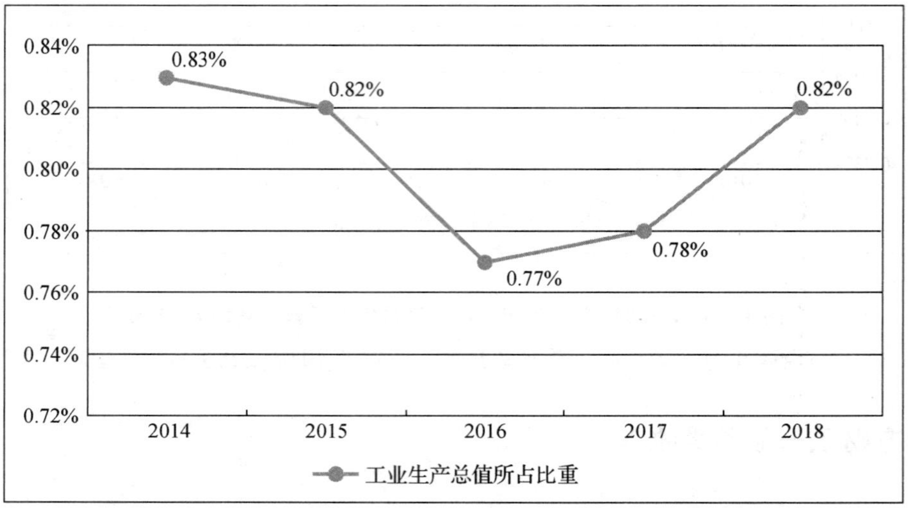

图 6　2014—2018 年蚌埠市工业生产总值在泛长三角 41 市所占比重的变化趋势

2018 年全市规模以上工业企业达 1150 户，全年规模以上工业增加值增长 10.3%。全市多数工业行业增加值保持增长，其中：农副食品加工业增长 17.3%，食品制造业增长 3.9%，酒、饮料和精制茶制造业增长 8.5%，烟草制品业增长 12.1%，化学原料及制品制造业增长 10.9%，医药制造业增长 21.4%，非金属矿物制品业增长 2.6%，汽车制造业增长 14.1%。高新技术产业增加值增长 13.3%，战略性新兴产业产值增长 22.4%。

2018 年蚌埠市完成工业投资增速 38%，高于全省平均水平 13.2 个百分点，居全省第 5 位，同比前移 10 位，其中，工业技术改造完成投资额占工业投资的比重为 64.7%，同比提升 3.4 个百分点。工业能源领域重点加快实施凯盛科技新型显示产业园、8.5 代 TFT-LCD 玻璃基板、丰原集团生物产业基地、八一集团退市进园、比亚迪产业园、台玻玻璃纤维、鸿路钢构智能制造基地、泰富智能制造产业园一期等项目；开工建设中建材纳米二氧化钛、手机零部件制造、微电子科技园、六二八玻璃盖板、经开区希磁传感器微电子芯片、高华电子 OLED 玻璃减薄、蚌山区海勤智能显示制造基地等项目。

（四）进出口总额

2014—2018 年蚌埠市进出口总额在泛长三角 41 市所占比重分别为 0.14%、0.17%、0.13%、0.12%和 0.09%，2018 年较 2017 年减少了 0.03 个百分点。2018 年，蚌埠市进出口总额在泛长三角 41 市排名第 32 位，较 2017 年下降一位。

2018 年，全年进出口总额 14.8 亿美元，比 2017 年下降 16.4%。其中，出口 7.09 亿美元，下降 24.6%；进口 7.71 亿美元，下降 7.2%。

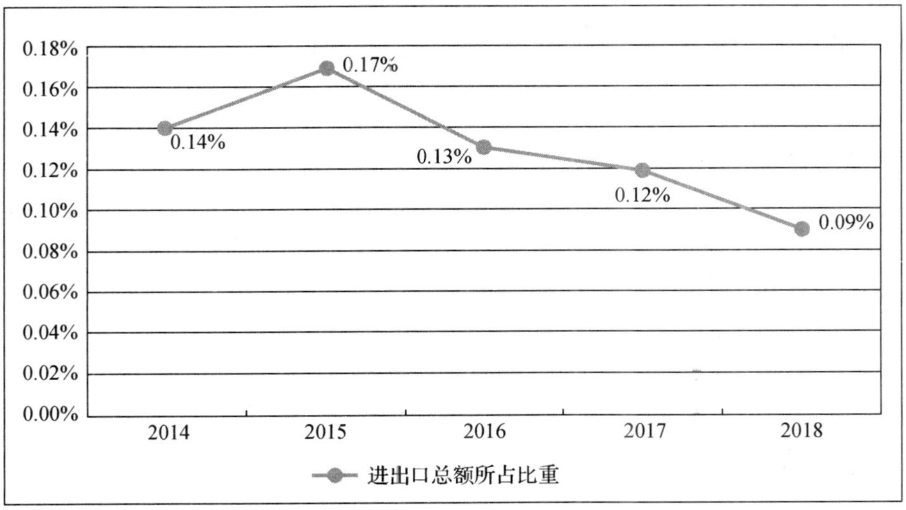

图 7　2014—2018 年蚌埠市进出口总额在泛长三角 41 市所占比重的变化趋势

（五）实际外商直接投资金额

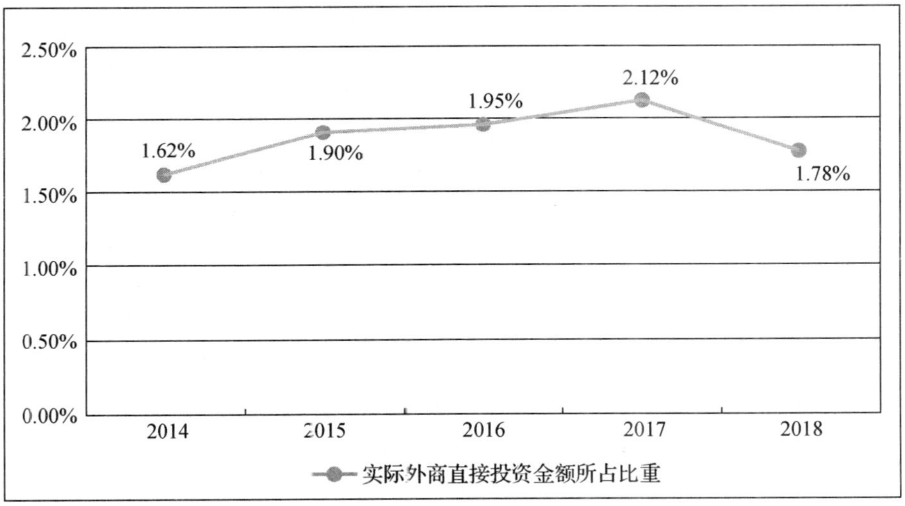

图 8　2014—2018 年蚌埠市实际外商直接投资金额在泛长三角 41 市所占比重的变化趋势

2014—2018 年蚌埠市实际外商直接投资金额在泛长三角 41 市所占比重分别为 1.62%、1.90%、1.95%、2.12%和 1.78%，2018 年较 2014 年增加了 0.16 个百分点，较 2017 年减少了 0.34 个百分点。2018 年，蚌埠市实际外商直接投资金额在泛长三角 41 市排名第 15 位，排名相对靠前。

2018 年，全年外商直接投资 13.98 亿美元，下降 13.1%。实际到位内资 1010.16 亿元，增长 11%，其中省外资金 999.89 亿元，增长 13.9%。

五 淮南市2018年经济社会发展报告

2018年，全市上下坚持以习近平新时代中国特色社会主义思想为指导，全面贯彻落实党的十九大、十九届二中、三中全会精神和习近平总书记视察安徽重要讲话精神，坚持稳中求进工作总基调，深入贯彻新发展理念，落实高质量发展要求，以供给侧结构性改革为主线，围绕建设五大发展美好淮南，统筹推进稳增长、促改革、调结构、惠民生、防风险，着力做好“六稳”工作，全市经济运行稳中有进，各项社会事业发展取得新进步，全面建成小康社会迈出新步伐。

一 淮南市2018年经济发展概况

（一）综合经济

1. 经济总量

全年生产总值1133.31亿元，按可比价格计算，比上年增长4.3%。其中，第一产业增加值122.41亿元，增长3.2%；第二产业增加值527.81亿元，增长4.1%；第三产业增加值483.09亿元，增长4.9%。按常住人口计算，人均地区生产总值达32487元（折合4909美元），比上年增长3.8%。三次产业结构由上年的11.4∶47.3∶41.3调整为10.8∶46.6∶42.6，其中工业增加值占GDP的比重为39.3%。

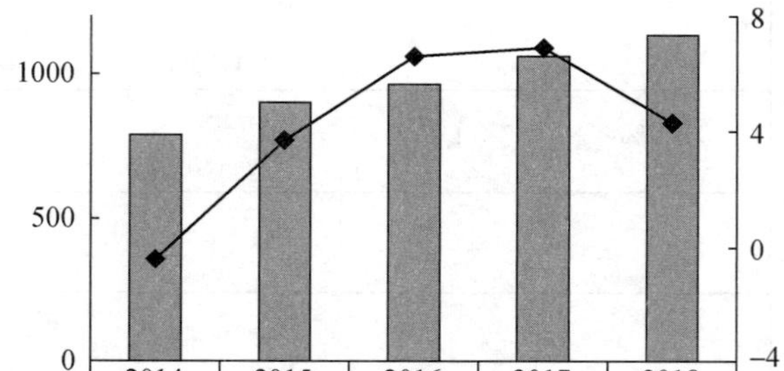

	2014	2015	2016	2017	2018
地区生产总值(亿元)	789.32	901.08	963.84	1060.18	1133.31
增幅(%)	−0.4	3.7	6.6	6.9	4.3

图1 2014—2018年淮南市地区生产总值及增长速度

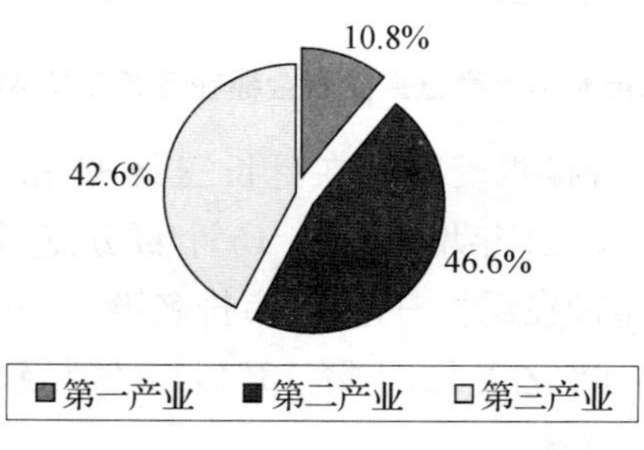

图2 2018年淮南市三次产业结构图

2. 财政收支

全年财政收入173.9亿元，比上年增长7.2%，其中地方财政收入105.4亿元，增长4.0%。全部财政收入中，税收收入140.8亿元，增长7.6%，其中，增值税增长2.7%，营业税下降18.6%，企业所得税增长35.8%。财政支出245.2亿元，增长5.1%。重点支出项目中，教育支出增长18.0%；城乡社区事务支出增长11.5%；医疗卫生支出增长1.5%；科学技术支出增长15.8%；文化体育与传媒支出增长2.7%；交通运输支出下降29.0%。全年33项民生工程实际拨付资金47.8亿元，同比增长5.0%。

3. 物价水平

全市居民消费价格指数同比上涨1.7%，其中，食品烟酒价格上涨1.7%，工业品价格上涨1.9%，服务项目价格上涨1.7%。商品零售价格上涨2.0%。工业生产者出厂价格上涨3.7%。工业生产者购进价格上涨3.9%。

4. 固定资产投资

全年固定资产投资比上年增长2.4%。其中，工业技术改造投资增长28.1%，基础设施投资增长7.5%，民间投资增长7.2%。分产业看，第一产业投资增长67.9%；第二产业投资下降3.3%；第三产业投资下降7.9%。分行业看，工业投资下降3.5%。其中煤炭开采和洗选业投资下降10.1%；电力、热力生产和供应业投资下降67.4%；制造业投资增长43.1%。

全年全市亿元以上在建省重点项目272个，累计完成投资443.6亿元。扎实推进煤制乙二醇、煤制气、潘集电厂等项目前期工作；中安煤化一体化项目一期建成中交，潘集选煤厂、宏泰钢铁50万吨技改、三峡新能源光伏、淮滁高速、淮上淮河大桥等项目建成投产投运；引江济淮淮南段、商合杭高铁淮南段及站点、恒大阳光半岛、皖江物流综合码头、光电产业园等加快推进；总投资27.8亿元的谢家集重点采煤沉陷区综合治理项目获国家批准，2018年完成采煤塌陷区新开工安置房3200套，搬迁入住3600户。

（二）农业

全年粮食种植面积53.2万公顷，比上年增长4.0%；棉花种植面积690公顷，下降15.2%；油料种植面积8869公顷，下降2.1%；蔬菜种植面积2.3万公顷，增长3.8%。

全年粮食总产量320.2万吨，比上年增长5.6%，其中：夏粮产量117.2万吨，增长10.5%；秋粮产量197.5万吨，增长3.3%。油料产量2.7万吨，下降2.9%；棉花产量772吨，下降16.1%；蔬菜产量79.0万吨，增长3.7%。

年末全市生猪存栏53.6万头，比上年增长2.2%；全年生猪出栏118.0万头，增长2.4%。肉类总产量18.2万吨，增长0.8%，其中猪牛羊肉产量11.8万吨，增长1.3%。禽蛋产量8.1万吨，增长3.4%。牛奶产量2.1万吨，增长85.9%。水产品产量17.5万吨，增长2.1%。

年末全市农业机械总动力451.6万千瓦，比上年增长1.1%。各式拖拉机22.3万台，下降1.2%；联合收割机19278台，增长4.0%。全年化肥施用量（折纯）28.0万吨，下降1.6%；农村用电量13.9亿千瓦时，增长2.7%。有效灌溉面积283.33千公顷；节水灌溉面积140.34千公顷。

年末市级以上农业产业化龙头企业251家，其中省级农业产业化龙头企业28家；国家级农业产业化龙头企业1家。

（三）工业和建筑业

1. 工业经济

年末全市规模以上工业企业647户，规模以上工业增加值增长4.1%。其中，国有企业增长12.8%，股份合作企业增长24.1%，外商及港澳台商投资企业增长13.3%。分门类看，采矿业下降2.2%，制造业增长10.0%，电力、热力、燃气及水生产和供应业增长14.6%。

规模以上工业中，34个工业大类行业有18个增加值保持增长。其中，家具制造业增长69.9%，造纸和纸制品业增长36.6%，仪器仪表制造业增长35.7%，电气机械和器材制造业增长26.5%，纺织服装、服饰业增长25.5%，通用设备制造业增长21.4%，汽车制造业增长19.7%，电力、热力生产和供应业增长15.5%，农副食品加工业增长13.0%。工业结构持续优化，全年装备制造业增加值增长14.9%，高技术产业增加值增长 26.9%；战略性新兴产业产值增长 19.6%，占规模以上工业比重达 14.2%。

规模以上工业统计的主要产品产量中，原煤下降 3.2%，洗煤下降 32.7%，发电量增长 12.1%，合成氨下降 81.5%，化肥下降 79.8%，水泥下降 4.1%，矿山专用设备下降 34.3%。

年末全市规模以上工业发电装机容量 1519.5 万千瓦，其中燃煤火电 1441.6 万千瓦，新能源和可再生能源 82.0 万千瓦。当年新增发电装机容量 4 万千瓦，其中，新增光伏发电装机容量 4 万千瓦。

全年规模以上工业企业实现主营业务收入 1167.0 亿元，增长 8.4%。利润总额 58.5 亿元，增长 4.1%，分经济类型看，国有控股企业下降 9.1%；股份制企业下降 6.9%，外商及港澳台商投资企业增长 54.2%；私营企业增长 21.8%。分门类看，采矿业利润 11.3 亿元，比上年下降 48.2%；制造业 22 亿元，增长 7.2%；电力、热力、燃气及水生产和供应业 25.2 亿元，增长 81.4%。

2. 建筑业

年末具有资质等级的总承包和专业承包建筑业企业 104 户。全年房屋建筑施工面积 466.6 万平方米，比上年减少 9 万平方米；房屋竣工面积 251 万平方米，增加 59.7 万平方米。全年实现利润总额 6.53 亿元，增长 36.5%。

（四）服务业

1. 国内贸易

全年社会消费品零售总额 609.0 亿元，比上年增长 11.2%。按经营地统计，城镇实现零售额 445.6 亿元，增长 7.0%；乡村实现零售额 163.4 亿元，增长 24.7%。按消费类型统计，商品零售额 516.2 亿元，增长 8.9%；餐饮收入 92.8 亿元，增长 25.6%。

限额以上单位实现消费品零售额 167.8 亿元，增长 10.5%。全市纳入统计的 24 家开展网络零售业务的限额以上企业，实现网上零售额 2.8 亿元，增长 45.1%，占限额以上消费品零售额比重由上年的 1.0%提高至 1.8%。

从限额以上单位商品零售类值看，吃、用类消费品零售额分别比上年增长 7.2%、15.6%，穿类下降 27.4%；粮油食品类增长 3.2%，服装、鞋帽、针纺织品类下降 24.6%，家用电器和音像器材类增长 6.6%，中西药品类下降 6.4%，石油及制品类增长 49.4%，汽车类下降 1.6%。

2. 交通运输、邮电

全年旅客运输量 3438.8 万人，货物运输量 23418 万吨，比上年分别下降 7.0%和 0.4%。公路客运周转量 21.2 亿人公里，下降 5.1%；公路货运周转量 56.8 亿吨公里，增长 5.5%；水路货运周转量 412.3 亿吨公里，增长 8.7%；港口吞吐量 397.6 万吨，下降 77.9%。

年末全市拥有民用汽车 33.8 万辆，增长 14.1%；其中：载客车 29.3 万辆，增长 14.5%；载货车 4.2 万辆，增长 11.4%；私人汽车 29.3 万辆，增长 15.4%。年末，全市公共汽车 1253 辆，增长 19.7%；出租汽车 3430 辆，较上年下降 5.6%。

年末，全市公路里程达 8539.5 公里，其中，高速公路达 210.6 公里、一级公路达 140.2 公里、二级公路 409.1 公里。铁路正线里程 116.8 公里，其中高速铁路 14.6 公里。

全年电信业务总量 88.3 亿元，增长 242.2%；邮政业务总量 7.5 亿元，增长 25.4%。年末，全市有《快递业务经营许可证》的法人企业 22 家。快递与邮政快递包裹业务量 2372.4 万件，快递与邮政快递包裹业务收入 2.8 亿元，比上年分别增长 57.4%和 39.7%。年末固定电话用户 23.9 万户，下降 4.2%；移动电话用户 267 万户，增长 9.6%，其中 3G 移动电话用户 27.0 万户，4G 移动电话用户 185 万户。城镇家庭每百户拥有固定电话 14 部，同比下降 56.9%；拥有移动电话 235 部，同比增长 0.8%；农村家庭每百户拥有固定电话 13 部，同比下降 53.5%；拥有移动电话 235 部，同比增长 18.1%。年末计算机互联网用户 81 万户，增长 20.1%。

3. 旅游业

全年接待国内游客2790.6万人次，增长12.6%。接待入境旅游人数6.17万人次，增长23.4%。旅游总收入187.6亿元，增长14.0%。其中，国际旅游收入3987万美元，与上年增长8.9%。全市星级饭店29家，客房2546间，分别比上年下降3.3%、1.0%。年末全市共有8个4A级旅游景区。

4. 金融、保险和证券

全年全市金融机构各项存款余额2073.9亿元，比年初增加21.0亿元，增长1.0%。其中，非金融企业存款512.3亿元，比年初减少87.5亿元，降低14.6%；住户存款余额1159.4亿元，比年初增加102.0亿元，增长9.6%。金融机构各项贷款余额为1435.2亿元，比年初增加142.4亿元，增长11.0%。其中，境内短期贷款452.5亿元，比年初增加11.2亿元，增长2.5%；境内中长期贷款910.1亿元，比年初增加118.1亿元，增长14.9%，中长期贷款中住户贷款359.3亿元，增长31.7%。

全年直接融资总额达255.2亿元，比上年减少65.0亿元，同比下降23.7%。当年70家企业在省股权托管交易中心成功挂牌。年末，全市有1家公司在主板上市，1家公司在创业板上市，4家公司在新三板挂牌，183家公司在省股权托管交易中心挂牌。

全年保险业原保险保费收入57.0亿元，比上年增长16.1%，其中财产险业务原保险保费收入17.3亿元，增长16.1%；人身险业务原保险保费收入39.7亿元，增长16.2%。赔款和给付支出17.7亿元，下降0.6%，其中财产险业务赔款支出10.1亿元，增长22.0%；人身险业务赔款和给付支出7.6亿元，下降20.2%。

年末债券市场融资余额437亿元，同比减少5.4%，其中中期票据余额166亿元，短期融资券余额20亿元，企业债余额81亿元。

全年证券交易额1896.1亿元，同比下降20.6%。

5. 房地产业

全年房地产开发投资222.2亿元，比上年增长14.9%。商品房销售面积373.0万平方米，增长11.8%；商品房销售额247.7亿元，增长39.9%；年末商品房待售面积76.9万平方米，下降19.5%。

（五）对外经济

1. 对外贸易

全年进出口总额48303万美元，比上年增长61.4%。其中出口43740万美元，增长60.3%；进口4563万美元，增长73.5%。从出口企业看，国有企业出口增长174.1%，民营企业出口增长45.4%。从出口商品看，机电产品出口增长181.4%。

2. 利用外资

全年新批外商投资企业13家，比上年增长62.5%；合同利用外资42329万美元，增长5.8倍；实际吸收外商直接投资28525万美元，增长19.6%。全年对外工程承包新签合同额42200万美元，下降33.9%；完成营业额52803万美元，增长79.2%。当年外派劳务人员3500人，增长5.6%。引进内资实际到位市外资金总额为545.2亿元，完成年度任务的109.0%；利用亿元以上省外资金项目到位资金466.7亿元，增长2.0%。

二　淮南市2018年社会发展概况

（一）人口、人民生活

年末全市户籍人口389.7万人，比上年增加0.1万人；户籍人口城镇化率43.39%，比上年提高1.49个百分点。常住人口349.0万人，比上年增加0.3万人；常住人口城镇化率64.11%，比上年提高

0.65 个百分点。全市人口出生率 11.81‰,比上年末下降 1.42 个千分点;死亡率 6.9‰,提高 0.78 个千分点;自然增长率 4.91‰,下降 2.2 个千分点。

全年城镇常住居民人均可支配收入 32852 元,比上年增长 8.1%,扣除价格因素,实际增长 6.4%。人均消费性支出 19983.5 元,增长 7.9%。其中,食品烟酒支出增长 3.5%,居住支出下降 5.2%。城镇常住居民恩格尔系数为 32.2%,比上年下降 1.4 个百分点。城镇居民人均住房面积 42.6 平方米,比上年增加 1.9 平方米。

全年农村常住居民人均可支配收入 12926 元,比上年增长 9.2%,扣除价格因素,实际增长 8.1%。农村居民人均消费性支出 10567 元,增长 12.8%。农村常住居民恩格尔系数为 33.7%,比上年下降 2.0 个百分点。农村居民人均住房面积 47.0 平方米,比上年增加 4.2 平方米。

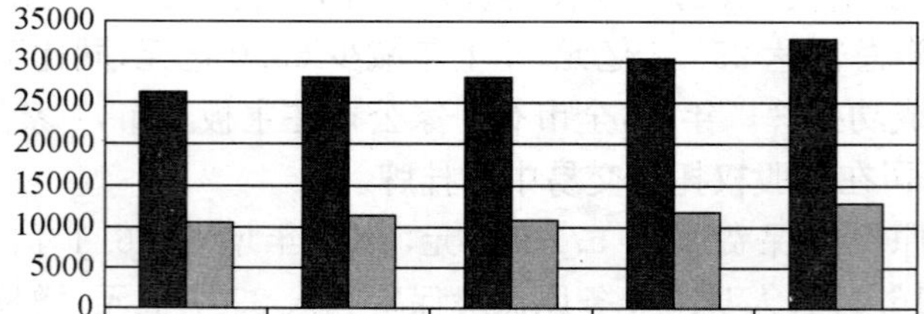

	2014	2015	2016	2017	2018
■城镇居民人均可支配收入(元)	26267	28106	28098	30405	32852
■农村居民人均可支配收入(元)	10547	11433	10848	11841	12926

图 3　2014—2018 年淮南市城乡居民收入对比一览

(二)就业与社会保障

1. 就业工作

全年城镇实名制新增就业 6.4 万人,下岗失业人员再就业 1.9 万人,农村转移劳动力 4.9 万人。年末城镇登记失业率为 3.1%,较上年末提高 0.96 个百分点。

全年新增各类市场主体 3.6 万户,其中新增民营企业 0.9 万户。年末各类市场主体总数达 19.4 万户,同比增长 21.9%。其中民营企业 4.0 万户,同比增长 30.3%。

2. 社会保障和福利

年末全市参加城镇企业职工基本养老保险人数 36.8 万人,同比增长 1.6%;城乡居民养老保险人数 153 万人,同比增长 1.3%。参加城镇职工基本医疗保险人数 58.5 万人,同比增长 1.7%;城镇居民基本医疗保险人数 70.3 万人,增长 1.9%。参加失业保险人数为 31.7 万人,增长 1.4%。全市参加工伤保险人数、生育保险人数分别为 33.7 万人和 28.9 万人,分别增长 0.3%和 4.7%。参加新型农村合作医疗的农业人口 230.7 万人,同比下降 1.7%,参合率为 101.5%。

年末全市 2.7 万人享受城市居民最低生活保障,7.9 万人享受农村居民最低生活保障,农村五保供养 2.5 万人。全年医疗救助 34.3 万人次,抚恤补助各类优抚对象 2.1 万人。

年末全市有各类提供住宿的社会服务机构 75 个,床位 4239 张,收养各类人员 3309 人。不提供住宿的社会服务机构 454 个,其中社区服务中心 142 个,社区服务站 227 个,社区日间照料床位 152 张。全年销售社会福利彩票 22052 万元,筹集社会福利资金 7718 万元。

(三)教育和科学技术

1. 教育事业

年末共有普通高校 6 所,在校学生 62885 人,招收学生 20731 人,毕业生 23685 人。各类中等职业教育(不含技工学校)在校学生 38415 人;普通高中在校学生 50861 人;义务教育在校学生 363704 人,其中初中 112486 人，小学 251218 人；幼儿园在校学生 99196 人。小学学龄儿童入学率和初中阶段适龄人口入学率分别为 99.99%和 92.56%；成人高校在校学生 7783 人。

2. 科技与创新

年末共有高新技术企业 96 家，全年高新技术企业实现总收入 160 亿元。科研机构 130 个。科技人员 18160 人。全年专利申请量 5460 件，比上年增长 1.5%；专利授权量 2313 件，比上年下降 1.9%。全年共取得省部级以上科技成果 6 项；其中：获得省科技进步奖一等奖 2 项，二等奖 1 项，三等奖 3 项。

年末拥有国家级研究院 1 家，国家级工程技术中心 1 家，国家级重点实验室 2 个，国家级工程实验室 1 家，国家级企业技术中心 2 家；省级工程技术研究中心 30 个，省级实验室 3 家；市级工程技术研究中心 110 个，市级重点实验室 2 个；国家级、省、市创新型(试点)企业 131 家。

年末全市科技孵化器共有 11 家，众创空间 24 家，"50·科技之星"创新团队 49 家。当年，全市新增众创空间 8 家，"淮南 50·科技之星"创新团队 10 家。

年末全市有县以上产品质量检验机构 7 个，其中质监系统 4 个，国家质量监督检验中心 1 个；法定计量技术机构 6 个，全年强制检定计量器具 13.53 万台(件)。全年制定、修订地方标准 2 项。年末，有国家地理标志产品 2 个、安徽名牌产品 61 个。

(四) 文化、卫生和体育

1. 文化事业

年末全市有文化馆 9 个，博物馆 5 个，公共图书馆 10 个。各级综合档案馆 8 个，档案馆藏档案、资料 120.6 万卷(册)，与上年持平。广播、电视覆盖率均为 100%。《淮南日报》《淮河早报》全年共发行 130 万份。

2. 卫生事业

年末全市有医疗卫生机构 1437 个，其中医院 78 个，基层医疗卫生机构 1317 个，专业公共卫生机构 38 个，其他卫生机构 4 个。基层医疗卫生机构中，卫生院 79 个，社区卫生服务中心(站)177 个，村卫生室 827 个；专业公共卫生机构中，疾病预防控制中心 9 个，专科疾病防治院(所、站)2 个，妇幼保健院(所、站)10 个，卫生监督所(中心)8 个。全市卫生技术人员 18044 人，其中执业(助理)医师 6229 人，注册护士 8683 人。乡村医生和卫生员 1723 人。医疗卫生机构床位 1.9 万张，其中医院、卫生院床位 1.7 万张。中心血站 1 个，全年共有 2.3 万人次参加了无偿献血。全年医疗卫生机构共诊疗 1310 万人次。

3. 体育事业

全年在省级各项比赛中，淮南市运动健儿获金牌 81 枚，银牌 28 枚，铜牌 45 枚。举办了"淮南国际马拉松赛""2018 中国凤台警营马拉松"等 16 项次重大活动。

(五) 资源、环境保护

全年全市国有建设用地供应总量 1129 公顷，比上年下降 14.4%。其中，工矿仓储用地 156 公顷，下降 56.1%；房地产用地 327 公顷，下降 14.1%；基础设施等其他用地 646 公顷，增长 10.8%。

全年全市供水总量 21.84 亿立方米，其中地表水供水量 20.72 亿立方米，地下水供水量 1.12 亿立方米。全年总用水量 21.84 亿立方米，其中，农业用水量 11.45 亿立方米，工业用水量 7.71 亿立方米，生活用水量 2.10 亿立方米。

年末全市城市污水处理厂日处理能力达 40 万立方米，比上年提高 21.2%；污水处理率达到 99.75%，提高 3.75 个百分点；建成区绿地率达到 42.55%，提高 0.61 个百分点。

当年全市人工造林面积 1022.7 公顷。年末全市森林面积 86.6 千公顷，森林覆盖率 15.7%，较上年提高 0.3 个百分点。活立木总蓄积量 549.9 万立方米，森林蓄积量 450.4 万立方米。

年末全市有市、县级环境监测站 3 个。全市空气质量平均优良天数为 235 天，占全年比例为 65.5%；全市 PM2.5 年均浓度为 54.8 微克/立方米，比上年下降 11.4%。地表水达到或好于Ⅲ类水体比例为 71.4%。

全年能源消费总量 687.66 万吨标准煤，比上年下降 3.51%。电力消费量增长 3.8%。单位 GDP 能耗下降 7.5%。

（六）社会安全

全年亿元 GDP 生产安全事故死亡人数为 0.062 人，比上年下降 28.7%；工矿商贸从业人员十万人事故死亡人数为 0.565 人，下降 36.2%；煤矿百万吨死亡人数为 0.071 人，上升 31.48%。全年发生火灾事故 1716 起。全年发生交通事故 928 起。

三　淮南市在泛长三角地区经济发展中的地位

2018 年，认真贯彻落实党中央、国务院和省委、省政府各项决策部署，积极应对经济下行压力，坚定信心，迎难而上，扎实工作，保持了全市经济平稳增长。

（一）地区生产总值

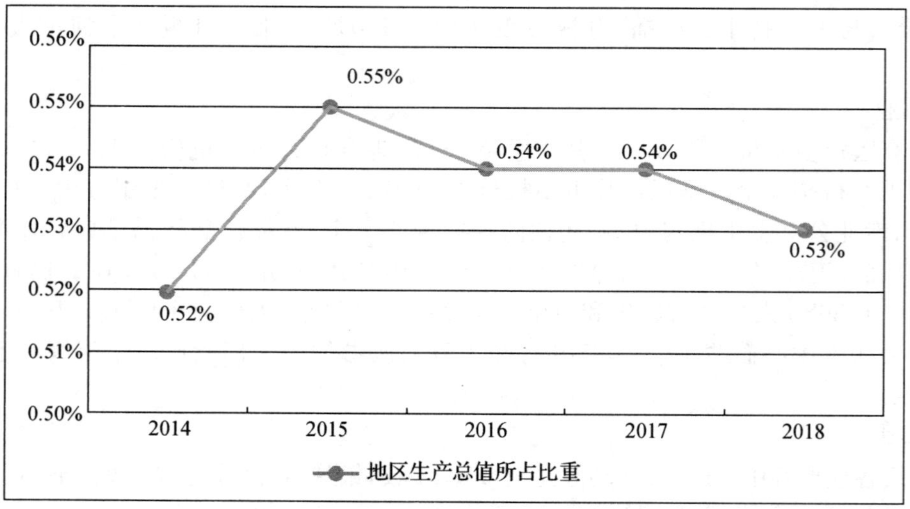

图 4　2014—2018 年淮南市地区生产总值在泛长三角地区 41 市（苏浙两省 24 个地级市、上海市和安徽省 16 市，下同）所占比重的变化趋势

2014—2018 年淮南市地区生产总值在泛长三角地区 41 市所占比重分别为 0.52%、0.55%、0.54%、0.54%和 0.53%。2018 年较 2014 年增加了 0.01 个百分点，较 2017 年减少了 0.01 个百分点。2018 年，淮南市在泛长三角地区 41 市地区生产总值所占比重排名第 38 位，与 2017 年保持一致。

2018 年，淮南市认真落实中央、省关于供给侧结构性改革的部署，积极去产能、调结构，妥善应对经济下行、产业结构矛盾、防风险补短板等叠加压力，经济运行基本面进一步稳固，主要经济指标保持在合理增长区间。初步核算，2018 年全市生产总值 1133.3 亿元，按可比价格计算，比 2017 年同期增长 4.3%。分产业看，第一产业增加值 122.4 亿元，增长 3.2%；第二产业增加值 527.8 亿元，增长 4.1%；第三产业增加值 483.1 亿元，增长 4.9%。三次产业结构调整为 10.8∶46.6∶42.6，服务业比重提升 1.4 个百分点。

从 2018 年全市经济运行情况看，呈现"六稳六提升"态势，经济运行向好的态势更加明显，经济向好基础更加稳固。

六稳六提升。主要指标平稳。GDP 增长 4.3%；规模以上工业增加值增长 4.1%；财政收入增长 7.2%；社会消费品零售总额同比增长 11.2%，其中限上消费品零售额增长 10.5%；固定资产投资增长 2.4%；外贸稳。进出口总额同比增长 51.4%，增速居全省第 1 位。金融稳。金融存、贷款余额分别增长 1.0%、11.0%；实现直接融资 255 亿元。就业稳。全年城镇新增就业 6.35 万人，农村劳动力转移就业 4.89 万人。收入稳。城乡常住居民人均可支配收入分别达 32852 元和 12926 元，分别增长 8.1%、9.2%；物价稳。居民消费价格累计上涨 1.7%，居全省第 13 位，涨幅比全省平均水平低 0.3 个百分点，物价保持基本稳定。六项指标增速提升：(1)GDP 增速比 2017 年同期提升 1 个位次，位居全省第14 位，高于铜陵、淮北；(2)战略性新兴产业产值增速比 2017 年同期提升 8 个位次，位居全省第 5 位；(3)高新技术工业增加值增速比 2017 年同期提升 2 个位次，位居全省第 2 位；(4)金融机构人民币贷款余额增速比 2017 年同期提升 3 个位次，位居全省第 11 位；(5)进出口总额增速比 2017 年同期提升 10 位次，位居全省第 1 位；(6)外商直接投资增速比 2017 年同期提升 2 个位次，位居全省第 5 位。

（二）地方财政一般预算收入

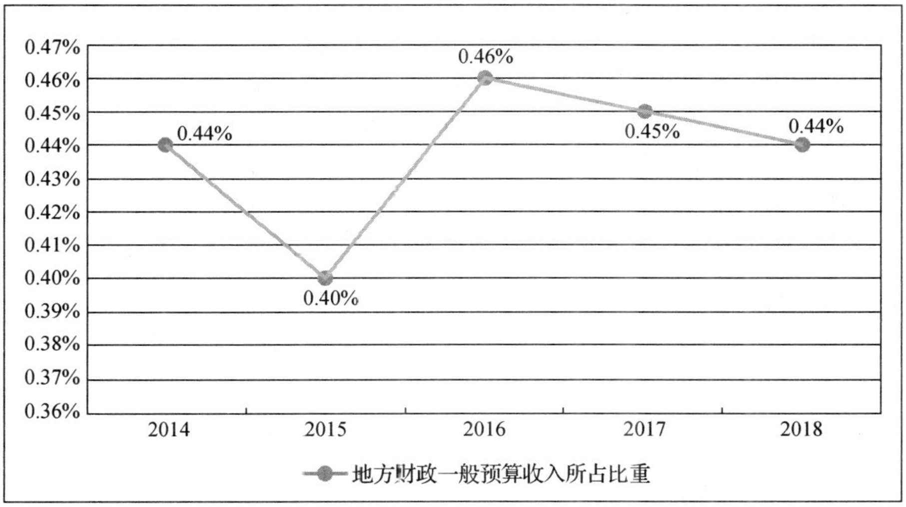

图 5　2014—2018 年淮南市地方财政一般预算收入在泛长三角 41 市所占比重的变化趋势

2014—2018 年淮南市地方财政一般预算收入在泛长三角 41 市所占比重分别为 0.44%、0.40%、0.46%、0.45%和 0.44%，2018 年较 2014 年基本持平，较 2017 年减少了 0.01 个百分点。2018 年，淮南市地方财政一般预算收入在泛长三角 41 市地区排名第 37 位，较 2017 年下降两位。

2018 年全市财政收入完成 173.9 亿元，完成年预算的 101.3%，增长 7.2%，超人代会批准通过的预算增幅 0.2 个百分点，圆满完成了年初确定的财政收入预期目标。

（三）工业生产总值

2014—2018 年淮南市工业生产总值在泛长三角 41 市所占比重分别为 0.61%、0.57%、0.56%、0.57%和 0.56%，2018 年较 2014 年减少了 0.05 个百分点，较 2017 年减少了 0.01 个百分点。2018 年，淮南市工业生产总值在泛长三角 41 市所占比重排名第 36 位，较 2017 年下降一位。

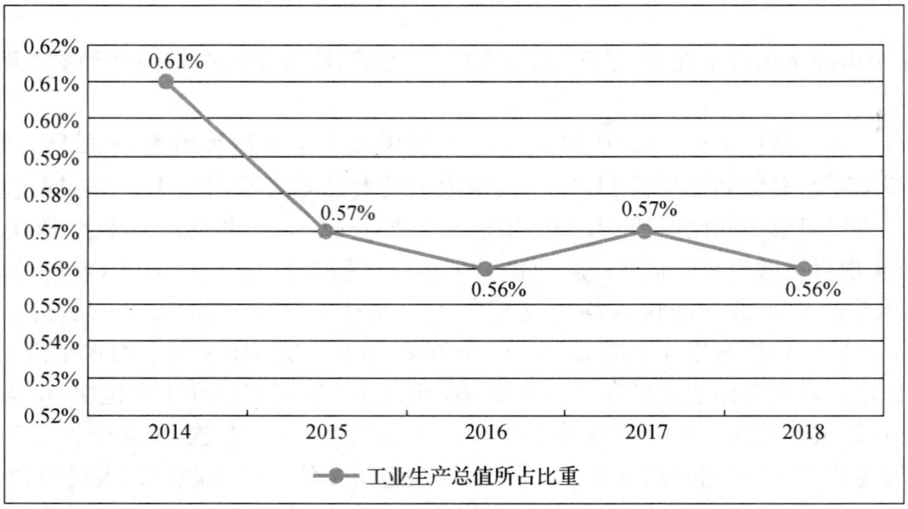

图 6　2014—2018 年淮南市工业生产总值在泛长三角 41 市所占比重的变化趋势

工业生产逐步向好。2018 年，全市规模工业企业增加值同比增长 4.1%，较上半年和前三季度提升 2.9 个、2.7 个百分点。三大行业一降两增。原煤产量 7159 万吨，同比下降 3.2%；洗煤完成 687.8 万吨，同比下降 32.7%。煤炭行业增加值同比下降 2.1%；全市累计发电量完成 699.1 亿千瓦时，同比增长 12.1%，电力行业增加值同比增长 15.5%。非煤电行业增加值同比增长 9.2%。煤炭三年去产能任务圆满完成。2016 年关闭退出 3 对煤矿 495 万吨产能，2017 年 1 对煤矿 400 万吨产能，2018 年 1 对煤矿 600 万吨产能，三年累计煤炭去产能 1500 万吨。税收占比稳步提升。全市税收收入完成 140.8 亿元，增长7.6%，占财政收入的 81.0%，较 2017 年同期提高 0.4 个百分点。新产业培育力度加大。建成安徽大数据交易平台，高新区升格为国家高新技术产业开发区。全年新增规上工业企业 86 家；新增高新技术企业 25 家；汽车制造业增加值增长 19.7%，医药制造业增长 37.2%。

（四）进出口总额

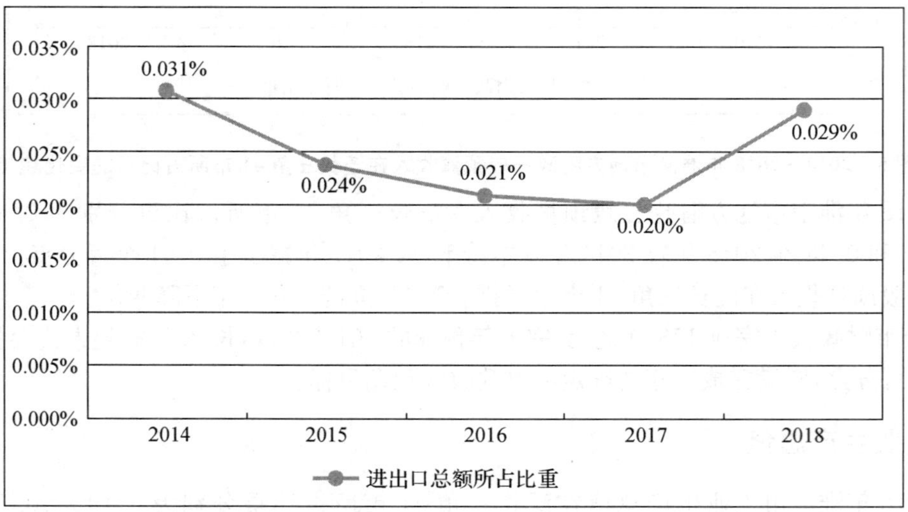

图 7　2014—2018 年淮南市进出口总额在泛长三角 41 市所占比重的变化趋势

2014—2018年淮南市进出口总额在泛长三角41市所占比重分别为0.031%、0.024%、0.021%、0.020%和0.029%，2018年较2017年增加了0.009个百分点。2018年，淮南市进出口总额在泛长三角41市排名第41位，位置较为靠后。

2018年，全年进出口总额48303万美元，比2017年增长61.4%。其中出口43740万美元，增长60.3%；进口4563万美元，增长73.5%。从出口企业看，国有企业出口增长174.1%，民营企业出口增长45.4%。从出口商品看，机电产品出口增长181.4%。

（五）实际外商直接投资金额

图8　2014—2018年淮南市实际外商直接投资金额在泛长三角41市所占比重的变化趋势

2014—2018年淮南市实际外商直接投资金额在泛长三角41市所占比重分别为0.27%、0.28%、0.29%、0.31%和0.36%，2018年较2014年增加了0.09个百分点，较2017年增加了0.05个百分点。2018年，淮南市实际外商直接投资金额在泛长三角41市排名第36位，排名相对靠后。

2018年，招商引资力度取得新突破。到位亿元以上内资545.2亿元，引进亿元以上省外项目资金466.7亿元，实际到位外商直接投资28525万美元，增长19.6%。

六 马鞍山市2018年经济社会发展报告

2018年，面对异常错综复杂的外部环境和艰巨繁重的改革发展稳定任务，在市委、市政府的坚强领导下，全市上下认真贯彻习近平新时代中国特色社会主义思想和党的十九大精神，践行新发展理念，坚持稳中求进工作总基调，坚定信心、迎难而上，经济运行稳中有进、经济结构持续优化、质量效益显著提升、民生保障不断改善，经济社会发展取得新成绩。

一 马鞍山市2018年经济发展概况

（一）综合经济

1. 经济总量

全年实现地区生产总值(GDP)1918.10亿元，居全省第3位；按可比价格计算，比上年增长8.2%。其中，第一产业增加值86.85亿元，增长2.8%；第二产业增加值1027.96亿元，增长8.6%；第三产业增加值803.29亿元，增长8.2%。三次产业结构比重为4.5∶53.6∶41.9。

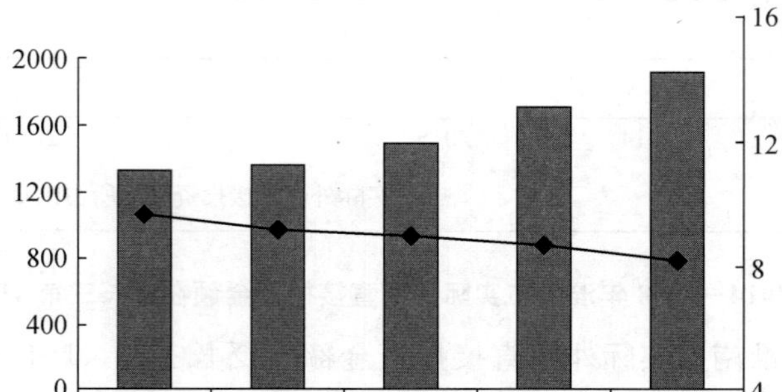

	2014	2015	2016	2017	2018
地区生产总值(亿元)	1333.12	1365.3	1493.76	1710.09	1918.1
增幅(%)	9.7	9.2	9	8.7	8.2

图1 2014—2018年马鞍山市地区生产总值及增长速度

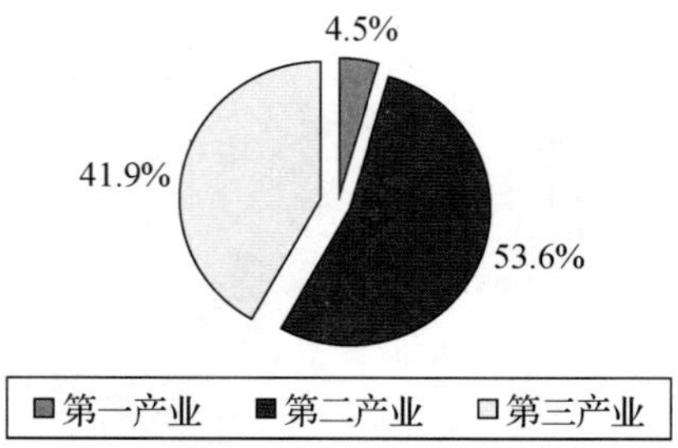

图2 2018年马鞍山市三次产业结构图

2. 财政收支

全年实现财政收入270.66亿元，比上年增长10.3%。税收收入230.70亿元，增长11.0%；税收收入占财政收入比重为85.2%，比上年提升0.5个百分点。财政支出226.56亿元，下降0.5%；其中，民生支出192.64亿元，增长1.9%；社会保障和就业支出30.71亿元，增长8.4%。

3. 物价指数

全年居民消费价格指数(CPI)比上年上涨1.6%。八大类消费品及服务价格指数均有不同程度上涨;其中,涨幅靠前的是医疗保健类和生活用品及服务类,分别上涨2.5%和2.4%;教育文化和娱乐类(2.0%)、居住类(1.8%)、衣着类(1.8%)、其他用品和服务类(1.5%)、食品烟酒类(1.1%)、交通和通信类(0.8%)价格均有不同程度上涨。工业生产者出厂价格指数(PPI)比上年上涨3.1%。

4. 固定资产投资

全年固定资产投资比上年增长10.1%;其中,第一产业投资增长15.6%,第二产业投资增长45.5%,第三产业投资下降9%;三次产业投资比重为2.2∶45.1∶52.7。

全年工业投资比上年增长46%。其中,制造业投资增长48.3%,占全市投资的比重为42.2%,拉动全市投资增长15.1个百分点。

全年实施重点项目804个,完成投资1191亿元。省亿元以上重点项目完成投资959.1亿元,奥克斯空调、华旺新材料等一批重大项目加速建设,国轩高科、华谊名品等一批重大项目建成投产。

(二) 农业

全年实现农业总产值152.74亿元,按可比价格计算,比上年增长2.4%。农作物种植面积22.95万公顷,下降0.2%。粮食总产量109.03万吨,增长1.6%,连续十五年实现增长。

全年肉类总产量9.79万吨,比上年增长1.3%;水产品产量11.10万吨,增长5.0%;禽蛋产量2.43万吨,增长9.8%;牛奶产量4.34万吨,增长22.9%;生猪出栏51.06万头,增长0.8%。

(三) 工业和建筑业

1. 工业经济

按可比价格计算,全年规模以上工业增加值比上年增长9.1%。全市36个工业大类行业中,有28个行业实现增长,行业增长面为77.8%,比上年提升5.5个百分点。企业效益大幅提升,规模以上工业企业实现利税总额323.57亿元,增长28.4%。

全年战略性新兴产业产值比上年增长19.2%;其中,新能源汽车产业增长48.4%,节能环保产业增长36.2%,高端装备制造产业增长18.8%,生物产业增长15.9%,新材料产业增长15.7%,数字创意产业增长12.5%。

全年规模以上工业企业产品销售率为98.4%。多数主要工业产品产量保持增长。

2. 建筑业

全年实现建筑业增加值116.56亿元,按可比价格计算,比上年增长4.3%。房屋建筑施工面积1461.15万平方米,房屋竣工面积333.49万平方米。

(四) 服务业

1. 国内贸易

全年实现社会消费品零售总额589.95亿元,比上年增长13.7%。分城乡看,城镇社会消费品零售总额538.38亿元,增长13.7%;农村社会消费品零售总额51.57亿元,增长14.1%。分消费形态看:商品零售总额513.09亿元,增长13.9%;餐饮收入总额76.86亿元,增长12.1%。

2. 交通运输、邮电

全年铁路客运量721.7万人,铁路货运量279.99万吨;公路客运量1781万人,公路货运量7397万吨;港口货物吞吐量12001万吨,集装箱吞吐量18万标箱。巢马城际铁路签署省市共建协议,马鞍山—南京—镇江城际铁路线获国家批复;宁马城际铁路、宁和城际铁路启动预可研编制;商合杭高铁含山段、郑蒲港铁路加快建设;宁马高速改造前期有序推进。

全年邮电业务收入 21.65 亿元，比上年增长 4.5%。年末固定电话用户 23.25 万户；其中，城市电话用户 9.3 万户，乡村电话用户 13.95 万户。年末移动电话用户 227.7 万户；其中，3G、4G 用户 191.7 万户。年末宽带用户 69.8 万户。

3. 旅游业

全年旅游业总收入 309.54 亿元，比上年增长 17.9%；其中，国际旅游外汇收入 1.42 亿美元，增长 21.2%。全年接待海外旅游者 18.79 万人次，增长 15.0%。星级饭店 17 家；其中，五星级 2 家，四星级 6 家，三星级 7 家。现有 A 级景区 27 处；其中，4A 级景区 7 处。

4. 金融和保险

全市金融机构本外币存款余额 2237.05 亿元，比年初增加 243.00 亿元；其中，单位存款 998.08 亿元，比年初增加 93.66 亿元。金融机构本外币贷款余额 1630.41 亿元，比年初增加 127.86 亿元；其中，短期贷款 388.96 亿元，比年初减少 28.29 亿元；中长期贷款 1020.83 亿元，比年初增加 96.63 亿元。

全市各类保险机构 28 家。全年保费总收入 43.18 亿元，比上年增长 11.6%；其中，财产险保费收入 16.12 亿元，增长 10.6%；人身险保费收入 27.06 亿元，增长 12.3%。

（五）对外经济

1. 对外贸易

全年实现外贸进出口总额 44.80 亿美元，比上年增长 18.2%；其中，进口总额 25.29 亿美元，增长 14.9%；出口总额 19.51 亿美元，增长 22.9%。中小企业进出口总额 23.66 亿美元，增长 27.8%。

2. 利用外资

全年实现实际利用外商直接投资 24.85 亿美元，比上年增长 9.2%。实际利用省外亿元以上项目到位资金 952.3 亿元，增长 14.1%。冠辉新材料、纳百川汽车动力等 17 个 20 亿元以上重大项目签约落地。

二　马鞍山市 2018 年社会发展概况

（一）人口、人民生活

全市户籍人口 229.11 万人；其中，城镇人口 114.24 万人，乡村人口 114.87 万人。据抽样调查，全市常住人口 233.7 万人；城镇化率 68.25%，比上年提升 0.36 个百分点；全年人口出生率 11.52‰，死亡率 5.89‰，自然增长率 5.63‰。

全年城乡居民人均可支配收入 36482 元，比上年增长 9.7%；其中，城镇居民人均可支配收入 45108 元，增长 9.0%；农村居民人均可支配收入 21267 元，增长 9.9%。

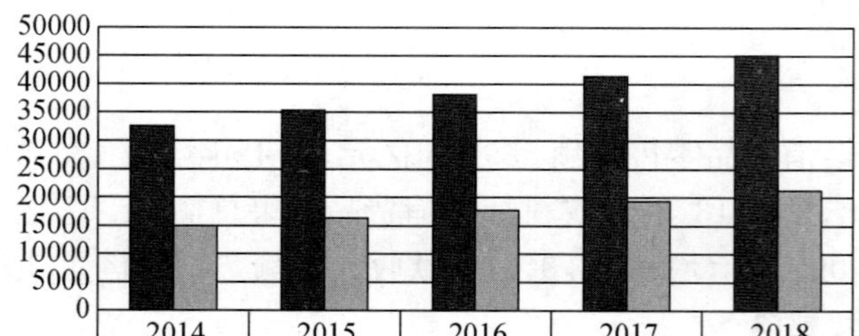

	2014	2015	2016	2017	2018
■城镇居民人均可支配收入(元)	32560	35262	38142	41403	45108
■农村居民人均可支配收入(元)	14969	16331	17719	19358	21267

图 3　2014—2018 年马鞍山市城乡居民收入对比一览

年末全市金融机构个人存款余额1163.49亿元，比上年增长12.1%；其中，活期存款280.78亿元，增长1.0%；定期及其他存款882.71亿元，增长16.1%。

（二）就业与社会保障

1. 就业

全年新增就业7.03万人，下岗失业人员再就业0.98万人，“4050”人员等困难群体再就业3943人，城镇登记失业率2.61%。

2. 社会保障和福利

城镇职工养老保险参保人数61.29万人，失业保险参保人数27.05万人，医疗保险参保人数51.07万人，工伤保险参保人数31.14万人，生育保险参保人数59.92万人。城镇居民医疗保险参保人数47.52万人。新型农村社会养老保险参保人数94.07万人，参保率94.2%。被征地农民养老保障实现即征即保，参保人数16.68万人。

全年城乡最低生活保障救助88万人次，支付低保金3.64亿元。居家养老服务站实现社区、村全覆盖。新增养老机构项目4个、养老床位1089张。社会收养性福利床位数2.03万张；抚恤、补助各类优抚对象1.53万人；接受社会捐赠630.8万元；城镇拥有各种社区服务设施540处；便民利民服务网点769个。福利彩票销售2.65亿元，筹集福利彩票公益金7968.2万元。实现到贫困村、到贫困户产业扶贫项目全覆盖；全面完成1551人的年度脱贫任务。

（三）教育和科学技术

1. 教育事业

全年财政用于教育的支出37.23亿元，比上年增长11.7%。全市高等院校6所；中小学及其他各类学校628所；其中，幼儿园287所，小学224所，特殊教育学校3所，普通中学105所。省一类幼儿园10所，省示范高中11所，省特色初中1所，省特色小学2所，国家重点职业学校5所。中小学及其他各类学校在校学生29.84万人、教职工2.44万人。高中阶段在校学生6.55万人，高中阶段教育毛入学率108.51%。

2. 科技创新与人才

成功获批建设国家创新型城市，荣获国家知识产权示范城市。中冶华天获批国家级企业技术中心。全年高新技术产业增加值比上年增长18.9%，高新技术企业406家，民营科技企业536家，新培育科技“小巨人”企业87家。承担实施省级以上科技计划项目33项，新增省级以上研发平台15个。成功举办第四届全球创客（马鞍山）大赛。

全年实施引智项目10项，入选省“外专百人计划”项目1人。办理外国人来华工作许可证申请100项。获批省级博士后工作站4个。新增享受国贴省贴待遇8人，省战略新型产业领军人才20人。举办国家级、省级高研班6个，实施海外赤子回国行动计划项目1个。开展第四届首席技师选拔和“名师带高徒”活动，认定市级技能大师工作室14个，选拔名师25人，命名表彰市首席技师21人。

（四）文化、卫生和体育

1. 文化事业

成功举办第30届马鞍山中国李白诗歌节、第12届李白国际户外旅游节等群众活动。年末拥有公共图书馆7家，藏书211万册；专业艺术表演团体31个；文化馆7家；综合档案馆7家，总建筑面积2.57万平方米，档案资料206.18万卷（件）。广播人口覆盖率、电视人口覆盖率均为100%。

2. 卫生事业

全市卫生机构1016个；其中，医院、卫生院102个，社区卫生服务机构100个。标准化村卫生室434所，病床9636张，卫生技术人员1.31万人。以乡镇为单位四苗、五苗接种率99.58%，乙肝疫苗首针接种率95.47%。

3. 体育事业

全年参加省常规项目比赛获得奖牌362.5枚;其中,金牌160.5枚、银牌87.5枚、铜牌114.5枚。第十四届安徽省运动会上,本市代表团总得分荣获第3名。成功举办马鞍山首届体育嘉年华等千人以上体育活动20项。

(五)城乡建设

城市建成区面积99.7平方公里。新开工建设城乡基础设施项目162个,完成投资193.32亿元。马濮路建成通车。恒兴路、湖南东路下穿东环高速公路改造完成。银杏大道东延、桃冲路、三台路、雨山九区道口"平改立"、市城乡气象防灾减灾指挥中心、市档案资源管理中心、市消防培训基地暨秀山消防站等一批公益性项目加快推进。完成老旧小区整治改造20个,棚户区改造4547套。

全年新增绿地面积81.75公顷,城区人均公园绿地面积15.02平方米,建成区绿化覆盖率44.19%。

(六)资源和环境

全市已发现40种矿种;其中,金属矿产9种,非金属矿产29种,水汽矿产2种。查明资源储量的矿种共计27种;其中,金属矿产3种,非金属矿产24种。

全年新建或改造绿色长廊40公里、长江防护带新造林180亩。PM2.5平均浓度为44.9微克/立方米,空气质量优良率71.4%,城市饮用水水质达标率100%。新开工建设地下综合管廊1.64公里、污水管网42.42公里。完成黑臭水体整治28条,成功入选全国首批城市黑臭水体治理示范城市。

(七)安全生产

全年亿元GDP生产安全事故死亡人数0.03人,没有较大及以上生产安全事故发生。

三 马鞍山市在泛长三角地区经济发展中的地位

2018年,在市委、市政府的坚强领导下,全市上下深入学习贯彻习近平新时代中国特色社会主义思想和党的十九大精神,坚持稳中求进工作总基调,践行新发展理念,按照"三个走在前列"的要求,同心协力、攻坚克难,全市经济运行呈现总体平稳、稳中有进、进中向好的发展态势。

(一)地区生产总值

2014—2018年马鞍山市地区生产总值在泛长三角地区41市所占比重分别为0.88%、0.84%、0.84%、0.86%和0.90%。马鞍山市地区生产总值在泛长三角41市占比2017年以来止跌上扬,2018年较2014年增加了0.02个百分点,较2017年增加了0.04个百分点。2018年,马鞍山市在泛长三角地区41市地区生产总值所占比重排名第25位,与2017年保持一致。

2018年全市GDP连闯2个百亿元关口,达1918.1亿元,总量居全省第3,比2017年增长8.2%。全市GDP增幅高于全省0.2个百分点;战略性新兴产业产值增幅高于全省3.1个百分点;高新技术产业增加值增幅高于全省5个百分点;社会消费品零售总额增幅高于全省2.1个百分点;实际利用外商直接投资增幅高于全省2.2个百分点;进出口额增幅高于全省1.6个百分点;城镇居民人均可支配收入增幅高于全省0.3个百分点;农村居民人均可支配收入增幅高于全省0.2个百分点。第三产业增加值占比首次突破四成。全市第三产业增加值占GDP比重首次突破四成,创历史新高,达41.9%,比2017年提升3.1个百分点。

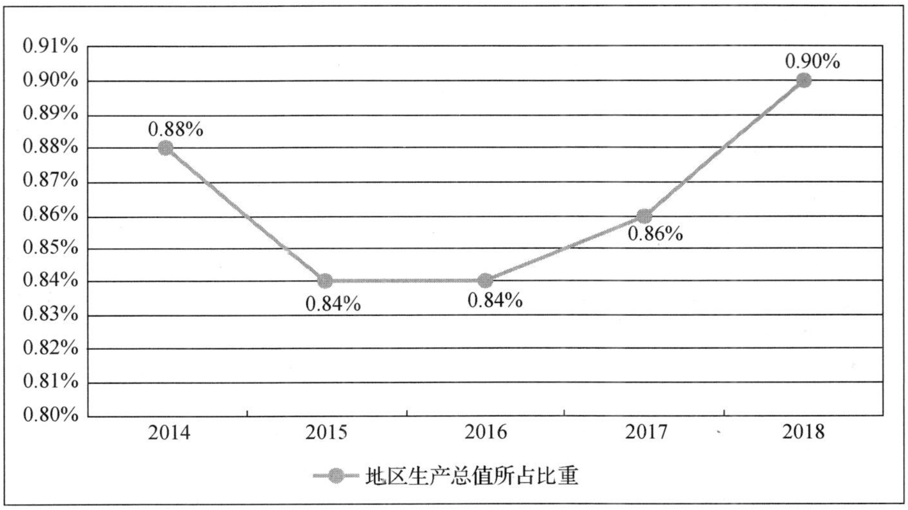

图 4　2014—2018 年马鞍山市地区生产总值在泛长三角地区 41 市
(苏浙两省 24 个地级市、上海市和安徽省 16 个地级市，下同)所占比重的变化趋势

(二) 地方财政一般预算收入

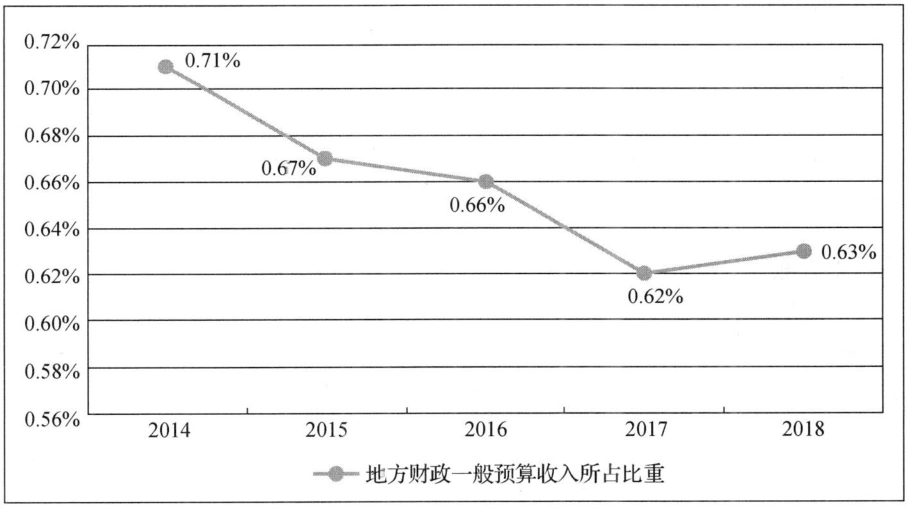

图 5　2014—2018 年马鞍山市地方财政一般预算收入在泛长三角 41 市所占比重的变化趋势

2014—2018 年马鞍山市地方财政一般预算收入在泛长三角 41 市所占比重分别为 0.71%、0.67%、0.66%、0.62%和 0.63%，2018 年较 2014 年减少了 0.08 个百分点，较 2017 年增加了 0.01 个百分点。2018 年，马鞍山市地方财政一般预算收入在泛长三角 41 市地区排名第 29 位，与 2017 年保持一致。

2018 年，全市实现财政收入 270.66 亿元，比 2017 年增长 10.3%，增幅比 2017 年提升 0.2 个百分点。其中，税收收入 230.7 亿元，增长 11%；税收收入占财政收入比重达 85.2%，比 2017 年提升 0.5 个百分点。增值税(21.4%)、企业所得税(30.8%)、个人所得税(26%)等主体税种均保持较快增长。

（三）工业生产总值

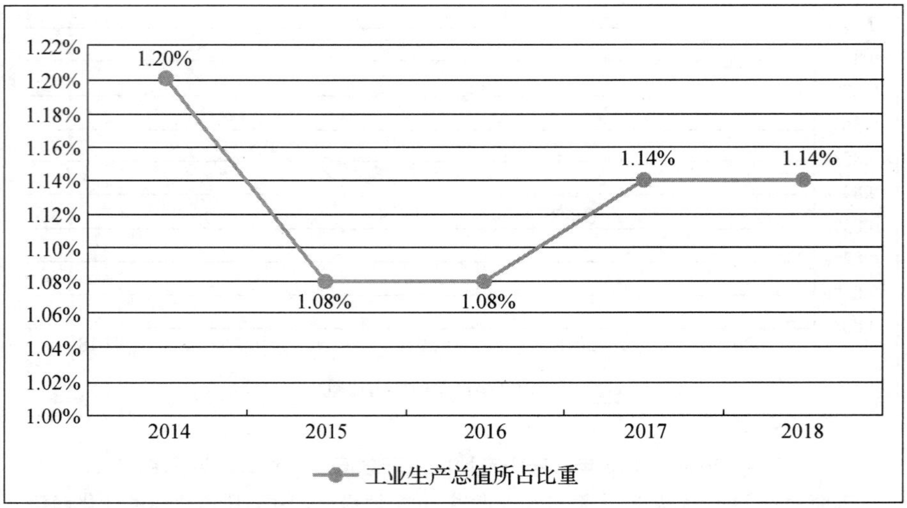

图 6　2014—2018 年马鞍山市工业生产总值在泛长三角 41 市所占比重的变化趋势

2014—2018 年马鞍山市工业生产总值在泛长三角 41 市所占比重分别为 1.20%、1.08%、1.08%、1.14%和 1.14%，2018 年较 2014 年减少了 0.06 个百分点，较 2017 年基本持平。2018 年，马鞍山市工业生产总值在泛长三角 41 市所占比重排名第 25 位，与 2017 年保持一致。

2018 年，全市规模以上工业增加值比 2017 年增长 9.1%。36 个工业大类行业中，有 28 个行业保持增长，行业增长面为 77.8%，比 2017 年提升 5.5 个百分点。重点企业拉动有力，全市 1083 户规模以上工业企业增长面达 68.9%，34 户总产值过 10 亿元企业中有 30 户增长，拉动全市规模以上工业总产值增幅 9.1 个百分点。

（四）进出口总额

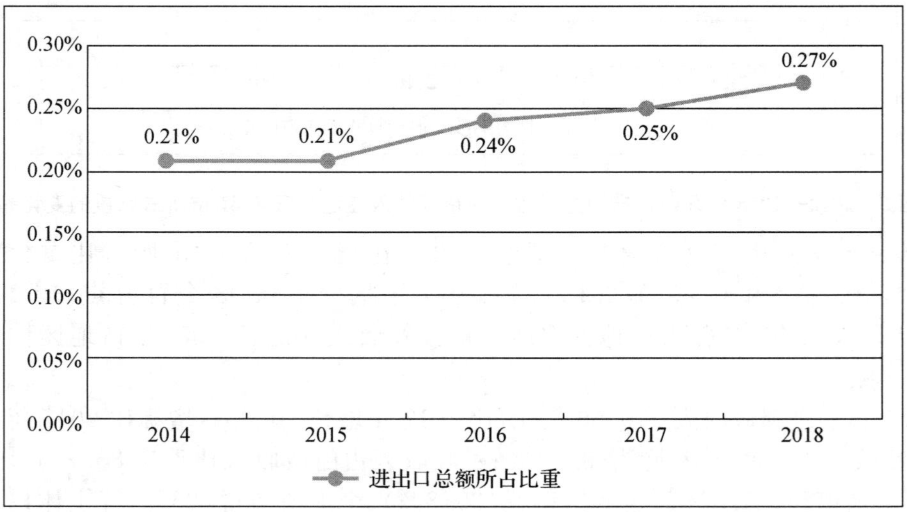

图 7　2014—2018 年马鞍山市进出口总额在泛长三角 41 市所占比重的变化趋势

2014—2018 年马鞍山市进出口总额在泛长三角 41 市所占比重分别为 0.21%、0.21%、0.24%、0.25%和 0.27%，呈持续增加态势，五年间增加了 0.06 个百分点，其中 2018 年较 2017 年增加了 0.02个百分点。2018 年，马鞍山市进出口总额在泛长三角 41 市排名第 27 位，与 2017 年保持一致。

2018 年，全市实现进出口总额 44.8 亿美元，比 2017 年增长 18.2%。其中，出口 19.51 亿美元，增长 22.9%；进口 25.29 亿美元，增长 14.9%。重点企业增长迅速，马钢实现进出口总额 21.15 亿美元，增长 9.1%；金星钛白实现进出口 2.4 亿美元，增长 66.9%。

（五）实际外商直接投资金额

图 8　2014—2018 年马鞍山市实际外商直接投资金额在泛长三角 41 市所占比重的变化趋势

2014—2018 年马鞍山市实际外商直接投资金额在泛长三角 41 市所占比重分别为 2.36%、2.64%、2.72%、3.00%和 3.16%，整体呈现上扬态势，2018 年较 2014 年增加了 0.80 个百分点，较 2017 年增加了 0.16 个百分点。2018 年，马鞍山市实际外商直接投资金额在泛长三角 41 市排名第 11 位，与 2017 年保持一致。

2018 年，全市实现实际利用外商直接投资 24.85 亿美元，比 2017 年增长 9.2%。全市新签约亿元以上工业项目 340 个，新开工 209 个，竣工 135 个。

七 淮北市2018年经济社会发展报告

2018年，全市上下在市委、市政府坚强领导下，以习近平新时代中国特色社会主义思想为指导，全面贯彻落实党的十九大和十九届二中、三中全会精神，坚持稳中求进工作总基调，紧紧围绕中国碳谷·绿金淮北战略和“一二三四五”总体发展思路，坚持高质量转型发展不动摇，直面各种困难挑战不退缩，统筹推进稳增长、促改革、调结构、惠民生、防风险，全市经济呈现平稳健康的运行态势，转型基础更加稳固，发展动能加快转换，深化改革扎实推进，人民生活持续改善，城乡发展稳步均衡，社会经济步入高质量发展、转型升级的新征程。

一 淮北市2018年经济发展概况

（一）综合经济

1. 经济总量

全年全市实现地区生产总值（GDP）985.19亿元，按可比价格计算，比上年增长3.6%。其中第一产业增加值65.29亿元，增长2%；第二产业增加值539.97亿元，增长0.8%；第三产业增加值379.93亿元，增长8%。三次产业结构6.6∶54.8∶38.6，与上年相比，第一产业比重下降0.3个百分点，第二产业比重下降1.8个百分点，第三产业比重提高2.1个百分点。人均生产总值43962元，比上年增加2077元，按可比价格计算，增长2.5%；按年均汇率折算为6643美元。

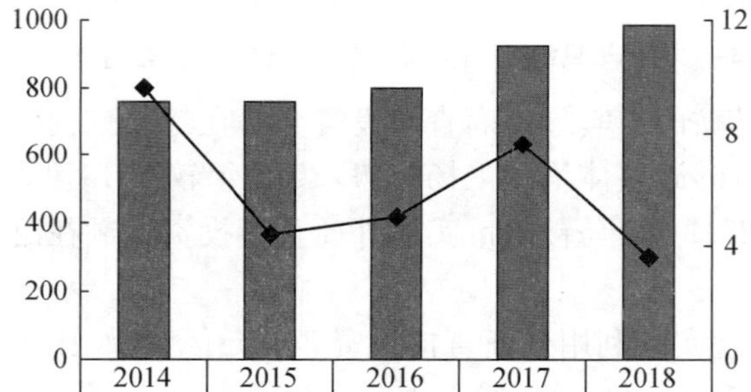

	2014	2015	2016	2017	2018
地区生产总值（亿元）	759.64	760.39	799.03	924.01	985.19
增幅（%）	9.6	4.4	5	7.6	3.6

图1 2014—2018年淮北市地区生产总值及增长速度

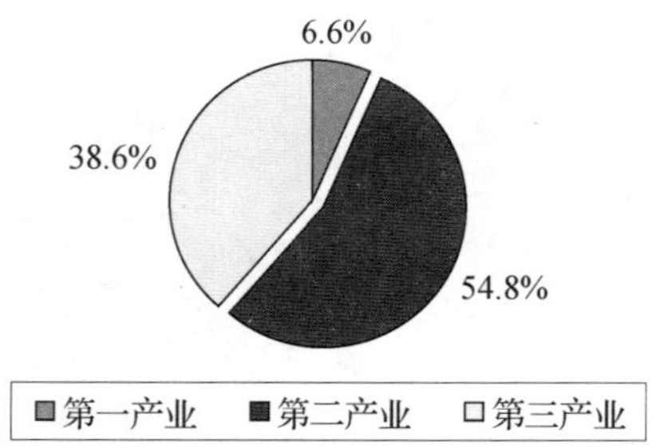

图2 2018年淮北市三次产业结构图

2. 财政收支

全年完成财政收入128.9亿元，比上年增长19.8%，增速居全省第一。其中地方一般预算收入70.3亿元，比上年增收9.8亿元，增长16.2%；上划中央收入55.2亿元，比上年增收11.8亿元，增长27.2%；出口货物退增值税2.4亿元，增长28.2%。分级次看，市级财政收入89.3亿元，增长20.6%；濉溪县财政收入39.6亿元，增长18.1%。全市完成财政支出166.7亿元，增长9.1%。其中一般公共服务支出17.1亿元，增长38.2%；社会保障和就业支出20.1亿元，与上年持平；医疗卫生支出16.5亿元，增长8%；农林水事务支出15.1亿元，增长2.3%；教育支出30亿元，增长18.7%；节能环保支出3.2亿元，下降36.1%；文化体育与传媒支出1.4亿元，增长13%；交通运输支出4.4亿元，增长58.6%。

3. 物价水平

全年居民消费价格上涨2.2%，构成居民消费的八大类商品价格均呈上涨状态。其中食品烟酒类价格上涨2.5%，衣着类上涨1.6%，居住类上涨2.5%，生活用品及服务类上涨1.7%，交通和通信类上涨1.1%，教育文化和娱乐类上涨3.2%，医疗保健类上涨1.7%，其他用品和服务类上涨0.7%。工业生产者出厂价格上涨3.9%；工业生产者购进价格上涨6.2%，其中燃料动力类价格上涨9.2%。

4. 固定资产投资

全市累计完成固定资产投资同比增长9.2%。其中，房地产投资同比增长17.4%；项目投资同比增长6.0%。从三次产业看，第一产业完成投资同比增长18.4%；第二产业完成投资同比增长6.5%；第三产业完成投资同比增长10.7%。从工业投资看，全市工业完成投资同比增长8.2%。其中，采矿业投资同比增长50.9%；电力、燃气和水的生产供应业投资同比增长7.3%；制造业投资同比增长2.9%。全市累计完成工业技改投资同比增长16%，技改投资占工业投资比重达到37.7%，比上年提高2.5个百分点。

全年重点项目共616个，年计划投资453.1亿元，完成投资497.8亿元，同比增长3.7%，占年度计划的109.8%。其中续建项目163个，计划新开工项目202个，储备项目251个。

（二）农业

全年实现农林牧渔业总产值(现价)108.3亿元，按可比价格计算，比上年增长1.4%。其中农业总产值60.4亿元，增长1.4%；林业总产值3.8亿元，下降15.7%；牧业总产值36.7亿元，增长4.8%；渔业总产值4.7亿元，下降11.1%；农林牧渔服务业总产值2.7亿元，增长9.9%。全年粮食播种面积413.5万亩；全年粮食总产量达到144.2万吨，其中夏粮96.7万吨，下降1.2%，秋粮47.5万吨，下降3.2%。油料产量3634吨，增长48.4%；水果产量29.9万吨，增长7.8%；蔬菜产量36.9万吨，增长3.1%。全市营造林累计完成4.8万亩，完成森林长廊示范段33.5公里，折合面积1771.8亩。义务植树380万株。年末林木蓄积量357.5万立方米，林木绿化率达到28.5%。全年出栏肉猪58.3万头，增长3.2%；出栏牛1.9万头，增长29.5%；出栏羊39.5万只，增长9.8%；出栏家禽1670万只，增长1.8%；肉类总产量9.1万吨，增长4.4%；禽蛋产量58936吨，下降1%。水产品产量24670吨，下降10.1%。年末全市生猪存栏32.6万头、牛存栏2.1万头、羊存栏13万只、家禽存栏538万只。

年末全市农业机械总动力267.7万千瓦，比上年增长2.1%；农用拖拉机11.6万台，下降1.3%。全年完成机耕作业面积213.2千公顷，机播面积268.6千公顷，机收面积260.4千公顷。全年农药使用量2593吨，化肥使用量(折纯量)10.6万吨，农村用电量4亿千瓦时。

（三）工业和建筑业

1. 工业经济

全年完成全部工业增加值494.9亿元，比上年增长0.3%，工业占GDP的比重(工业化率)为

50.2%，对全市经济增长的贡献为4.9%，拉动全市GDP增长0.2个百分点。全年“四基一高”产业助推经济转型升级。年末全市规模以上工业企业达到757家，规模以上工业增加值增长0.3%；全市37个工业行业中有20个行业增加值实现增长，其中电力行业增长17.8%，煤化工行业增长31.2%，食品工业增长9.4%，纺织服装增长1.7%；建材行业增加值下降2.7%，煤炭行业下降5.1%。非煤工业占全市工业增加值比重为50.7%，比上年降低11.3个百分点。全年战略性新兴产业产值同比下降3.3%，占规模以上工业比重达到15.7%，比上年下降0.3个百分点；高新技术产业增加值增长3.3%，占规模以上工业比重达到24.8%，比上年提高3.7个百分点。

在重点统计的12种工业产品中，产品产量“五升七降”。其中，发电量222.5亿千瓦时，增长9.5%；小麦粉122.1万吨，增长9.7%；服装4296.1万件，增长2.4%；焦炭404.1万吨，增长19.1%；白酒40709千升，增长0.3%。原煤产量4222.9万吨，下降2%；洗精煤产量1343.3万吨，下降12.3%；饲料77.2万吨，下降0.7%；纱4.8万吨，下降12.9%；布3738.4万米，下降51.6%；日用玻璃制品39683吨，下降51.1%；水泥924.1万吨，下降2.2%。

全年规模以上工业企业实现主营业务收入2189.4亿元，比上年增长3%；实现利税191亿元，增长8%，其中利润95.8亿元，增长16.6%。工业经济效益综合指数255.7%，比上年下降8.3个百分点；产品产销率97.87%，比上年下降0.8个百分点。

2. 建筑业

年末全市资质内总承包和专业承包建筑业企业48家；全年完成建筑业总产值54.9亿元，增长33.8%；竣工产值17.9亿元，增长1.7%。全年房屋建筑施工面积261.2万平方米，竣工房屋面积100.5万平方米。

（四）服务业

1. 国内贸易

全年实现社会消费品零售总额324.5亿元，比上年增长11.6%。按经营地统计，城镇消费品零售额256.8亿元，增长11%；乡村消费品零售额67.7亿元，增长14%。按消费类型统计，实现商品零售309.1亿元，增长11.6%；餐饮收入15.4亿元，增长11.6%。从限额以上单位商品零售类值看，全市粮油、食品类商品零售额12.8亿元，增长12.9%；饮料类商品零售额2.1亿元，增长4.7%；烟酒类商品零售额4.6亿元，下降9.6%；服装鞋帽、针、纺织品类商品零售额5.2亿元，下降0.2%；日用品类商品零售额4.5亿元，增长9.1%；家用电器和音像器材类商品零售额4.8亿元，增长12.7%；中西药品类商品零售额3亿元，增长21.6%；石油及制品类商品零售额15.3亿元，增长17%；汽车类商品零售额34.6亿元，增长13.8%。全市纳入统计的14家开展网络零售业务的限额以上批发零售企业，实现网上零售额1.3亿元，下降37.6%。

2. 交通运输、邮电

全年公路客运量1348万人，旅客周转量12505万人公里，公路货运量14294万吨，货运周转量2195437万吨公里。年末全市公路里程4290.7公里(包括村道)。其中高速公路95公里，国道155公里，省道272.2公里，县道416公里，乡道604.7公里，村道2760.2公里。年末全市民用汽车拥有量27.5万辆，比上年增长16.8%，其中私人汽车拥有量25.1万辆，增长14.8%。

全年邮政行业完成业务总量5.9亿元，比上年增长32.6%；实现业务收入3.7亿元，比上年增长20.6%。其中快递业务量达到1721.3万件，比上年增长43.7%；快递业务收入1.5亿元，比上年增长36.4%。年末全市邮政营业网点56个，机要通信网点2个，村邮站14个，信箱(筒)56处；全市共有快递企业23家，其中邮政速递物流公司(EMS)1家，民营快递企业22家，快递网点217个，各类车辆717辆，从业人员2600人。

全年电信业务收入12.8亿元，比上年增长3.7%。年末固定电话用户15.3万户，比上年减少

5.2万户。年末移动电话用户194.5万户，比上年增加15万户。全市电话普及率达到96.3部/百人。年末国际互联网宽带接入用户62.9万户，比上年增加11.2万户。

3. 旅游业

全市有相山风景区、隋唐大运河博物馆、龙脊山风景区、南湖风景区、双堆集烈士陵园、临涣文昌宫淮海战役总前委旧址及东湖风景区14处A级景区，其中4A级景区3处，3A级景区9处，2A级景区2处；拥有口子国际大酒店及凌云宾馆等星级宾馆3家，其中五星级1家，3星级2家。旅行社35家；省级旅游农家乐18家；旅游商品定点企业13家；旅游从业人员5000多人。全年共接待海外游客21947人次，比上年增长10.1%；接待国内游客1666.4万人次，增长12.8%。旅游外汇收入1095.2万美元，增长16.9%；国内旅游收入109.5亿元，增长14.3%。成功举办葡萄采摘节、黄里杏花节、石榴文化旅游节等节庆活动。

4. 金融、保险和证券

年末全市金融机构人民币各项存款余额1475.4亿元，比年初增加74.8亿元，比上年增长5.3%；其中住户存款余额799.8亿元，比年初增加80.8亿元，增长11.3%；金融机构人民币各项贷款余额937.1亿元，比年初增加68.8亿元，增长7.9%。金融存贷比63.5%，比上年提高1.5个百分点。

全年保费总收入35.8亿元，比上年增长9.9%。其中，人身险业务保费收入21.7亿元，增长4.6%；财产险业务保费收入14.1亿元，增长19.2%。全年赔付支出13.9亿元，下降0.8%。其中，人身险业务赔付支出6.6亿元，下降25.4%，综合赔付率30.3%；财产险业务赔付支出7.3亿元，增长40.9%，赔付率52%。

全市5家证券机构证券账户（沪深合计）数量15.4万户，证券代理交易额1244.2亿元，分别比上年增长8.9%和下降30.5%。44家企业在省区域四板市场挂牌。

5. 房地产业

全年房地产开发完成投资同比增长17.4%，其中住宅投资同比增长28.9%。商品房销售建筑面积173.1万平方米，增长16.5%，其中住宅销售建筑面积145.6万平方米，增长7.7%；房屋施工面积1522.7万平方米，增长0.7%；房屋竣工面积42.7万平方米，下降64.5%。

（五）对外经济

1. 对外贸易

全年实现外贸进出口总额71844万美元，比上年增长18.1%。其中出口66210万美元，增长18.7%；进口5634万美元，增长11.6%。

2. 利用外资

全年新批外商投资企业6家，实际利用外商直接投资25697万美元，比上年下降61.5%。全年新签约招商引资项目222个，其中协议投资亿元以上项目171个，10亿元以上项目9个，15亿元以上项目5个，新开工规模项目176个。

二　淮北市2018年社会发展概况

（一）人口、人民生活

年末全市户籍人口217.9万人，比上年增加9153人，增长0.4%；常住人口225.4万人，比上年增加2.6万人，增长1.2%。户籍人口城镇化率53.4%，比上年提高1.5个百分点；常住人口城镇化率65.1%，比上年提高1.5个百分点。全年人口出生率12.44‰，比上年下降0.99个千分点；人口死亡率4.8‰，比上年上升0.18个千分点；人口自然增长率7.64‰，比上年下降1.17个千分点。

全年居民人均可支配收入 24143 元，比上年增加 2015 元，增长 9.1%。城镇居民人均可支配收入 31959 元，比上年增加 2381 元，增长 8.1%。全年城镇居民人均消费支出 19101 元，增长 5.3%。其中食品烟酒支出 5481 元，增长 2.7%；衣着支出 1669 元，增长 29.8%；居住支出 2710 元，下降 12.4%；生活用品及服务支出 1187 元，增长 34.4%；交通通讯支出 3316 元，下降 27.3%；教育文化娱乐支出 2759 元，增长 71.4%；医疗保健支出 1474 元，增长 37%。年末城镇居民人均住房建筑面积 33.3 平方米，比上年减少 10.7 平方米。每百户城镇家庭拥有家用汽车 27.1 辆，电冰箱 100.5 台，洗衣机 100.6 台，热水器 96.6 台，空调 153.8 台，彩色电视机 102.6 台，计算机 65.5 台，移动电话 249.1 部。

农村居民人均可支配收入 12745 元，比上年增加 1134 元，增长 9.8%。全年农村居民人均消费支出 9320 元，增长 11.9%。其中食品烟酒支出 3005 元，增长 28.5%；衣着支出 521 元，下降 2.7%；居住支出 1843 元，增长 5.4%；生活用品及服务支出 657 元，增长 45.3%；交通通讯支出 973 元，下降 8.9%；教育文化娱乐支出 1003 元，下降 26.7%；医疗保健支出 1187 元，增长 68.0%。年末农村居民人均住房建筑面积 46.1 平方米，比上年减少 1.9 平方米。每百户农村家庭拥有家用汽车 11 辆，电冰箱 97.8 台，洗衣机 95.4 台，热水器 88.9 台，空调 76.8 台，彩色电视机 112.8 台，计算机 27.7 台，移动电话 223.2 部。

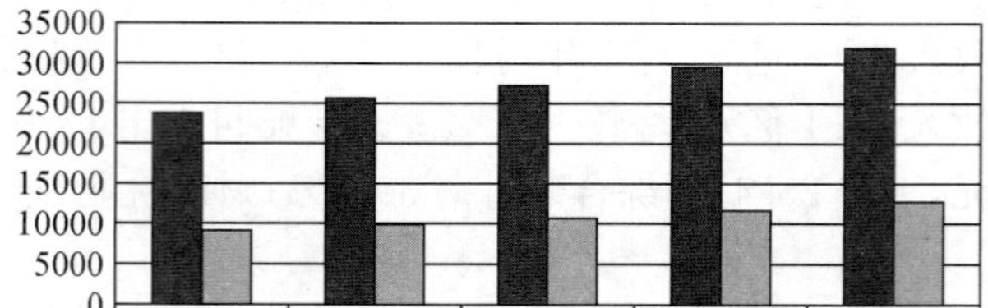

	2014	2015	2016	2017	2018
■城镇居民人均可支配收入(元)	23787	25690	27248	29578	31959
■农村居民人均可支配收入(元)	9116	9882	10653	11611	12745

图 3　2014—2018 年淮北市城乡居民收入对比一览

（二）就业与社会保障

1. 就业工作

全年新增城镇就业岗位 5.2 万个，6151 名下岗失业人员实现再就业，城镇登记失业率控制在 2.57%。年末全市从业人员 122.3 万人，比上年增加 1.5 万人。其中，第一产业从业人员 37.9 万人，比上年减少 0.1 万人；第二产业从业人员 37.8 万人，比上年减少 0.3 万人；第三产业从业人员 46.6 万人，比上年增加 1.9 万人。全年新增私营企业 7002 户，新增注册资金 400.2 亿元；新增个体工商户 17726 户，新增个体从业人员 44198 人。年末全市实有个体工商户 121377 户，个体从业人员 36.4 万人；实有私营企业 26782 家，注册资金 1749.4 亿元。

2. 社会保障和福利

年末全市参加企业职工基本养老（在职）、机关事业单位基本养老（在职）、失业、职工基本医疗、工伤、生育保险人数分别为 355634 人、36563 人、260756 人、427902 人、321408 人、235054 人，分别比上年末增加 10199 人、859 人、3651 人、2444 人、10665 人、998 人。年末参加城乡居民养老保险人数 753101 人，其中农村居民参保人数 633424 人，参加城乡居民养老保险人数比上年末增加 1412 人。

全市享受城市居民最低生活保障的人数为 283446 人，享受农村居民最低生活保障的人数为 313860 人。发放家庭经济困难学生补助金 15 万元。年末各类收养性单位 2 家，床位 152 张，收养各类人员 85 人。建立各种社区服务机构 1675 个，其中社区服务中心 165 个，网点 1510 个。全年销售社会福利彩票 17000 万元，筹集社会福利资金 4776 万元。

推动棚户区改造与老旧小区整治、公共设施完善相结合，实施棚改项目 53 个、开工棚户区改造项目

35918 套，基本建成棚户区改造项目 42422 套。加大县区货币化安置力度，年末开工建设棚改房 32098 套为货币化安置，货币化安置率 89.4%，实物安置 3820 套。

全年培训残疾人 1181 人次，1443 名残疾人实现就业再就业。投入 80 万元，帮扶救助 9344 名贫困重度残疾人和 860 名贫困残疾学生、贫困残疾人家庭子女。为残疾人免费配发辅助器具 2913 件；11617 人次残疾人得到康复服务。

按照每人每年 2300 元(2010 年不变价)的农村贫困标准计算，全年脱贫人口数 3256 人，年末未脱贫人口数 3880 人；贫困发生率为 0.31%，比上年下降 0.26 个百分点。

(三) 教育和科学技术

1. 教育事业

年末全市共有普通高等院校 3 所，当年招生 8602 人，在校学生 32083 人，当年毕业学生 9593 人。全市共有各类中等职业技术学校 8 所，其中普通中专学校 4 所，成人中专学校 1 所，职业高中 3 所；当年招生 9471 人，在校学生 21783 人，当年毕业学生 5110 人。普通中学 121 所，当年招生 36204 人，在校学生 105556 人。其中高中 21 所，当年招生 13616 人，在校学生 39496 人；初中 100 所，当年招生 22588 人，在校学生 66060 人。小学 303 所，当年招生 28954 人，在校学生 156095 人；幼儿园 294 所，入园儿童 35878 人。小学适龄儿童入学率 100%，初中学龄人口入学率 100%；小学毕业生升学率 101.33%，初中毕业生升学率 96.52%。年末全市中小学共有教职工 18183 人，其中专任教师 16897 人。全市各级各类学校(不包括高校)校舍建筑总面积 378.8 万平方米；普通高中生均占有校舍建筑面积 19.4 平方米，普通初中生均占有校舍建筑面积 17 平方米，小学生均占有校舍建筑面积 5.8 平方米，中职生均占有校舍建筑面积 26.6 平方米。

2. 科技与创新

坚持创新为第一动力，全面启动创新型城市创建工作，编制绿金科创大走廊产业发展规划。雒溪铝基复合材料基地获批国家火炬特色基地；平山电厂 135 万千瓦机组成为全球燃煤发电绿色标杆；烈山新型元器件获批省重大新兴产业工程；陶铝研究院特铸生产线具备生产条件，中国商飞、中国铝业、上海交大高层来淮考察，与淮北市共同推进陶铝新材料产业化发展。新认定国家高新技术企业 27 家。全市规模以上高新技术企业达到 70 家，占规模以上工业企业的比重为 10%。获批省级科技项目 12 项；获省科技进步一等奖 1 项、二等奖 1 项、三等奖 3 项。全年共签订各类技术合同 541 项，增长 32%，完成技术交易额 8 亿元，增长 41%。全年专利申请量与授权量分别为 4827 件和 1276 件，其中发明专利申请量与授权量分别为 2500 件和 255 件，拥有有效发明专利 952 件，每万人有效发明专利拥有量 4.3 件。

全年全市产品质量监督抽查 227 家企业 21 类、390 种、452 个批次产品和商品；完成强制检定计量器具 56666 台(件、组)，强检计量器具受检率达到 95%。年末全市共有省名牌产品 74 个，国家地理标志保护产品 4 个。

全市有国家级气象台站 2 个，区域自动气象站 40 个；开展 96121 电话天气自动答询的台站 1 个；开展人工影响天气业务的单位 2 个；全市有天气预报服务网站 1 个，卫星云图接收站 2 个。全年降水量 1136.1 毫米，年平均气温 15.9 摄氏度，无霜期 228 天。

(四) 文化、卫生和体育

1. 文化事业

年末全市共有各级档案馆 6 个，其中国家综合档案馆 5 个、专业档案馆 1 个，馆藏档案资料 126.7 万卷(件、册)，库馆总建筑面积 7810 平方米。年末全市有广播电视台 2 座，广播电台 1 座，中波发射台1 座，电视转播台 2 座，有线电视和有线数字电视户数分别 13.9 万户和 6.6 万户，全市广播综合人口覆盖率99.95%，电视综合人口覆盖率99.65%。全市共有9家数字影院，52块影幕。全市有文艺表演团体39家（其中国有艺术院团2家），国有博物馆5家，公共图书馆和文化馆各5家，音像制品经营单位3家，歌舞娱乐场所38家，网吧87家，电子游戏4家。全年共举办大型文化活动1场，群众性文化活动15次，专业文艺团体演出262场，各类表演团体送文化下乡422场，创作剧（节）目12个。全年全市报纸出版发行4.5万份，销售收入1053.5万元；出版物发行单位147家，销售总额23384.1万元。

2. 卫生事业

年末全市共有卫生机构755个（含村卫生室），床位12592张，卫生技术人员11572人。其中医院70个，床位9252张，卫生技术人员7457人，执业医师及助理医师2668人；乡镇及街道卫生院28个，床位1362张，卫生技术人员1384人，执业医师及助理医师687人；妇幼保健院（所、站）5所，床位364张，卫生技术人员343人，执业医师及助理医师170人；疾病预防控制中心5所，卫生技术人员156人，执业医师及助理医师101人；诊所、卫生所、医务室187个，执业医师及助理医师228人；村卫生室306所，执业医师及助理医师118人。

3. 体育事业

全年举办全民健身活动116次，其中1000人以上活动99次，参加活动总人数30万人次。组织开展全市元旦长跑暨徒步活动、淮北市迎新春军民联欢篮球友谊赛、淮北市篮球春季联赛、淮北市青春毅行活动、淮北市首届国际半程马拉松赛、纪念毛主席“6.10”题词66周年暨百城千村健身气功展示系列活动、淮北市首届南湖龙舟赛、淮北市庆“八一”军民联欢游泳友谊赛、淮北市全民广场舞大赛、纪念第二个“世界健身气功日”大型健身气功展示活动、淮北市首届南湖帐篷音乐节、全国第三届健身鞭精英赛、环江淮万人骑行大赛淮北榴园站等大型群体活动。淮北市运动员在省级以上比赛中获金牌68.45枚、银牌36.5枚、铜牌58.5枚。

（五）城乡建设

城市总体规划修编工作稳步推进，“城市双修”试点工作获住建部肯定，中心湖带及朔西湖片区规划编制基本完成。城市路网不断完善，桂苑东路、学院西路、方安南路等建成通车，泉山隧道全线贯通，泉山北路上跨立交桥、龙山北路加快建设。新增海绵城市10平方公里，建成地下综合管廊14.4公里，完成房屋征收263万平方米。

老城区功能进一步完善。滨河一期、热电厂小区等8个老旧小区完成改造，新建城市绿道38公里、公交候车亭16座、公厕6座，改造菜市场7家，新开通114路公交车，“十分钟便民生活圈”更加完善。“两治三改”工作有序开展，整治违法建筑14万平方米、违法用地1181亩。调整完善棚改政策，明确改造范围和界定标准，优化安置方式，完成棚户区改造35918套，群众居住条件进一步改善。无线城市基本建成，在全省率先实现“数字城管”市域一体化。淮北市荣获2018中国城市治理智慧化优秀奖。

实施农村人居环境整治三年行动，一体化推进农村环境“三大革命”，清理生活垃圾22万吨，完成改厕29735户。扎实推进美丽乡村建设，完成5个镇政府驻地建成区和28个中心村整治任务。出台奖补政策，支持县区加快“四好农村路”建设，完成农村公路畅通工程142公里、贫困村扩面延伸工程27.9公里，濉溪县实现城乡客运公交一体化，获评全省“四好农村路”建设示范县。全市9个镇级农村运输综合服务站、22个农网改造升级项目、农村饮水安全巩固提升工程、农田水利“最后一公里”工程和504户农村危房改造、450户因灾倒损房屋重修工程全面完成，群众得到更多实惠。“大棚房”清理取得初步成效。

（六）环境保护

年末全市拥有环境空气监测点5个。全市空气质量优良率为61.5%。空气主要污染物二氧化硫、二氧化氮、PM10、PM2.5平均浓度分别为17、33.90、57微克/立方米，臭氧日最大8小时滑动平均第90百分位数为183微克/立方米，一氧化碳日均值第95百分位数为1.4毫克/立方米。全市城市集中式饮用水水源地水质达标率为100%。

全年新增城建绿地171.6万平方米，改造提升绿地22.3万平方米，新增街头绿地（游园）4个，建成城市绿道59.7公里。年末城市人均道路面积18.4平方米，建成区绿化覆盖率45.8%，人均公园绿地面积17.4平方米，城市用水普及率99.21%，燃气普及率98.66%。

（七）社会安全

全年全市共发生各类安全生产事故52起，死亡42人，与上年相比，事故起数减少8起，下降13.3%，死亡人数增加4人，上升10.5%，发生3人以上较大事故0起。其中，工矿商贸共发生安全生产死亡事故17起，死亡19人。建筑行业发生事故4起，死亡4人，工商贸其他行业发生事故4起，死亡4人。道路交通共发生死亡事故29起，死亡17人，与上年相比，事故起数减少10起，下降25.6%，死亡人数增加1人，上升6.3%。亿元GDP生产安全事故死亡人数为0.043人，上升4.9%。

三　淮北市在泛长三角地区经济发展中的地位

2018年是极不平凡的一年。一年来，在省委、省政府及市委的坚强领导下，全市人民坚持以习近平新时代中国特色社会主义思想为指导，全面贯彻落实党的十九大和十九届二中、三中全会精神，坚定实施中国碳谷·绿金淮北战略，按照“一二三四五”总体发展思路，坚决扛起重大政治责任不松劲，坚持高质量转型发展不动摇，直面各种困难挑战不退缩，统筹推进稳增长、促改革、调结构、惠民生、防风险，经济社会发展取得新成效，多项重点工作实现新突破。

（一）地区生产总值

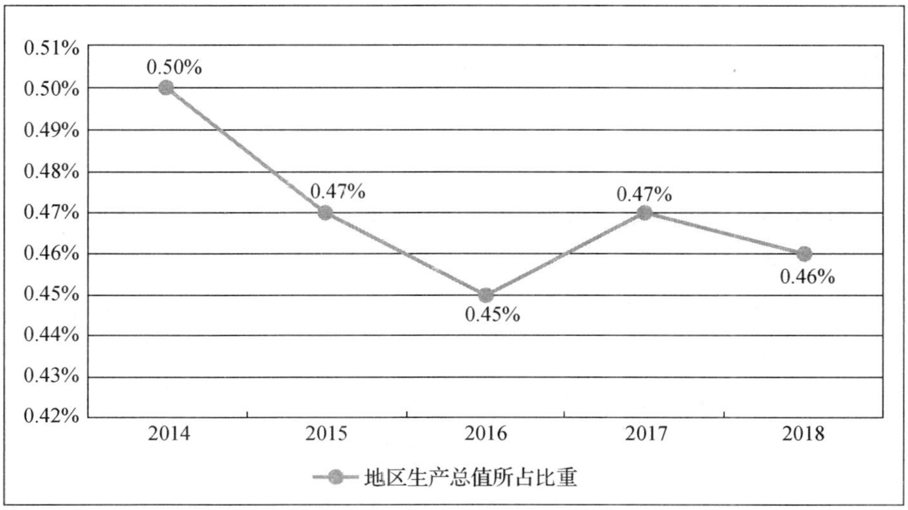

图4　2014—2018年淮北市地区生产总值在泛长三角地区41市（苏浙两省24个地级市、上海市和安徽省16市，下同）所占比重的变化趋势

2014—2018 年淮北市地区生产总值在泛长三角地区 41 市所占比重分别为 0.50%、0.47%、0.45%、0.47%和 0.46%。整体呈下降态势，2018 年与 2014 年相比减少了 0.04 个百分点，与 2017 年相比减少了 0.01 个百分点。2018 年，淮北市在泛长三角地区 41 市地区生产总值所占比重排名第 39 位，位置靠后。

2018 年，全年全市实现地区生产总值(GDP)985.2 亿元，按可比价格计算，比 2017 年增长 3.6%。其中第一产业增加值 65.3 亿元，增长 2%；第二产业增加值 540 亿元，增长 0.8%；第三产业增加值 379.9 亿元，增长 8%。与 2017 年相比，第一产业比重下降 0.3 个百分点，第二产业比重下降 1.8 个百分点，第三产业比重提高 2.1 个百分点。人均生产总值 43962 元，比 2017 年增加 2077 元，按可比价格计算，增长 2.5%；按年均汇率折算为 6643 美元。

经济结构优化升级。全市服务业增加值同比增长 8%，全省第 10 位，增速同比提高 1.1 个百分点。全市三次产业结构比例为 6.6∶54.8∶38.6，服务业占 GDP 比重同比提高 2.1 个百分点。服务业拉动全市 GDP 增长 3 个百分点，成为推动全市经济增长的主动力。2018 年，全市民间投资同比增长 9.2%，同比提高 1.9 个百分点；民间投资总量占全市投资比重为 61.5%，对全市投资增长的贡献率为 61.5%，拉动全市投资增长 5.7 个百分点。2018 年，全市铝基产业产值同比增长 23.4%；碳基产业产值增长 9.3%；硅基产业产值增长 10.6%；生物基产业产值增长 14.1%；高端装备制造业产值增长 11.9%。大数据产业营业收入 12.8 亿元，同比增长 5.1%。

(二) 地方财政一般预算收入

图 5　2014—2018 年淮北市地方财政一般预算收入在泛长三角 41 市所占比重的变化趋势

2014—2018 年淮北市地方财政一般预算收入在泛长三角 41 市所占比重分别为 0.31%、0.31%、0.28%、0.27%和 0.29%，2018 年较 2014 年下降 0.02 个百分点。2018 年，淮北市地方财政一般预算收入在泛长三角 41 市地区排第 40 位。

2018 年，全市财政总收入累计完成 128.9 亿元，同比增长 19.8%，较年初预期超收 12.2 亿元，超预算 10.5%，增幅全省排名第一。尤其是财政总收入中税收收入完成 109.3 亿元，税收占比 84.8%，财政收入实现了总量、质量双提升。

（三）工业生产总值

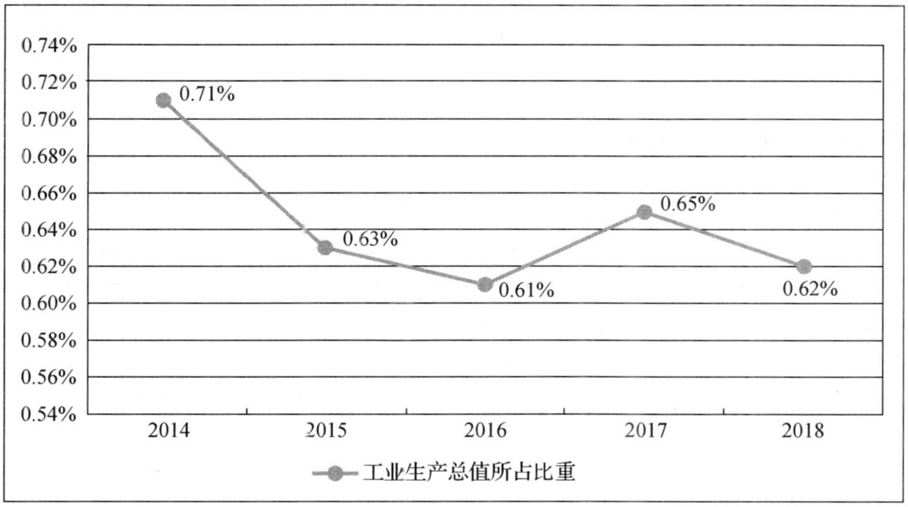

图 6　2014—2018 年淮北市工业生产总值在泛长三角 41 市所占比重的变化趋势

2014—2018 年淮北市工业生产总值在泛长三角中所占比重分别为 0.71%、0.63%、0.61%、0.65%和 0.62%，2018 年较 2014 年减少了 0.09 个百分点，较 2017 年减少了 0.03 个百分点。2018 年，淮北市工业生产总值在泛长三角 41 市中排第 34 位，较 2017 年下降了一位。

2018 年，随着供给侧结构性改革不断深入，工业经济发展势头良好，生产稳定。2018 年，全市规模以上工业增加值同比增长 0.3%。全市战略性新兴产业产值同比下降 3.3%。全市高新技术产业增加值同比增长 3.3%。全市规模以上工业企业实现利润总额 95.8 亿元，同比增长 16.6%；实现利税 191 亿元，增长 8%；实现主营业务收入 2189.4 亿元，增长 3%。主营业务收入利润率 4.37%，同比提高0.51 个百分点。规模以上工业企业每百元主营业务收入中的成本为 85.63 元，同比减少 0.17 元。

（四）进出口总额

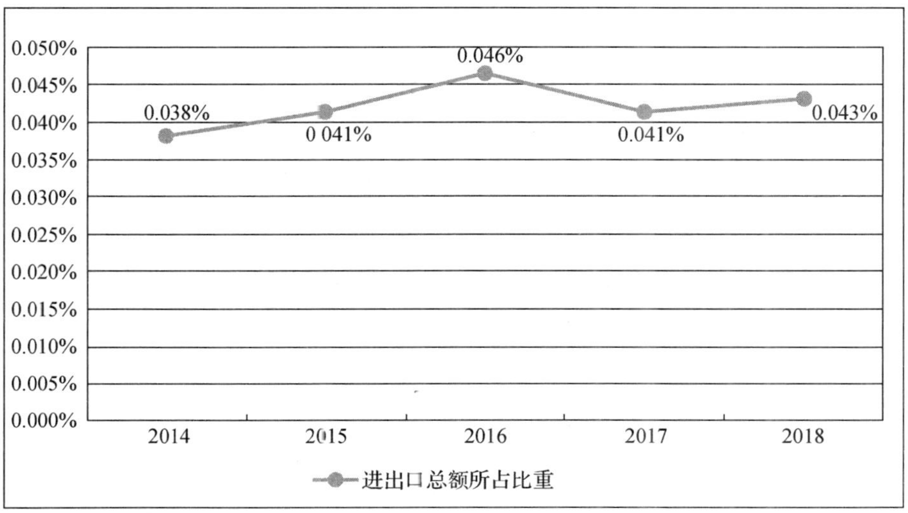

图 7　2014—2018 年淮北市进出口总额在泛长三角 41 市所占比重的变化趋势

2014—2018 年淮北市进出口总额在泛长三角 41 市所占比重分别为 0.038%、0.041%、0.046%、0.041%和 0.043%，2018 年较 2017 年增加了 0.002 个百分点，五年间占比增加了 0.005 个百分点。2018 年，淮北市进出口总额在泛长三角 41 市排第 40 位，较 2017 年下降一位。

2018 年，全年实现外贸进出口总额 71844 万美元，比 2017 年增长 18.1%。其中出口 66210 万美元，增长 18.7%；进口 5634 万美元，增长 11.6%。

（五）实际外商直接投资金额

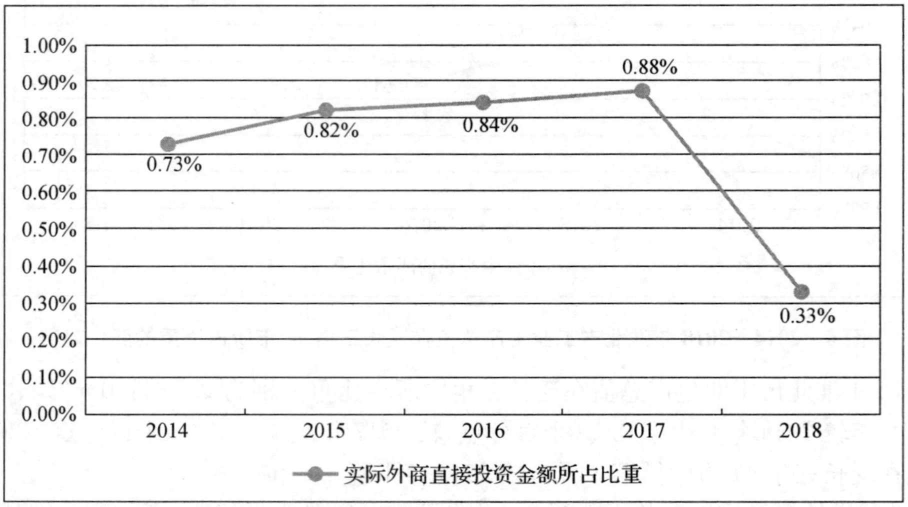

图 8　2014—2018 年淮北市实际外商直接投资金额在泛长三角 41 市所占比重的变化趋势

2014—2018 年淮北市实际外商直接投资金额在泛长三角 41 市所占比重分别为 0.73%、0.82%、0.84%、0.88%和 0.33%，2018 年较 2014 年减少了 0.40 个百分点，较 2017 年减少了 0.55 个百分点。2018 年，淮北市实际外商直接投资金额在泛长三角 41 市中排第 37 位，较 2017 年下降十位。

2018 年全年新批外商投资企业 6 家，实际利用外商直接投资 25697 万美元，比 2017 年下降 61.5%。全年新签约招商引资项目 222 个，其中协议投资亿元以上项目 171 个，10 亿元以上项目 9 个，15 亿元以上项目 5 个，新开工规模项目 176 个。

八　铜陵市 2018 年经济社会发展报告

2018 年，面对复杂严峻的宏观环境和压力叠加的多重挑战，全市上下坚持以习近平新时代中国特色社会主义思想为指导，认真贯彻落实省委、省政府各项决策部署，坚持稳中求进工作总基调，以供给侧结构性改革为主线，按照高质量发展要求，改革创新，攻坚克难，全市经济运行总体平稳、稳中提质，现代化幸福美丽新铜陵建设迈出坚实步伐。

一　铜陵市 2018 年经济发展概况

（一）综合经济

1. 经济总量

全年地区生产总值(GDP)1222.36 亿元，按可比价格计算，比上年增长 3.9%。其中，第一产业增加值 50 亿元，增长 3.0%；第二产业增加值 712.02 亿元，增长 4.9%；第三产业增加值 460.34 亿元，增长 1.9%。三次产业结构由上年的 4.4∶61.6∶34 调整为 4.1∶58.2∶37.7。全员劳动生产率 104792 元/人，比上年增加 9035 元/人。人均地区生产总值 75524 元(折合 11413 美元)，比上年增加 5589 元。

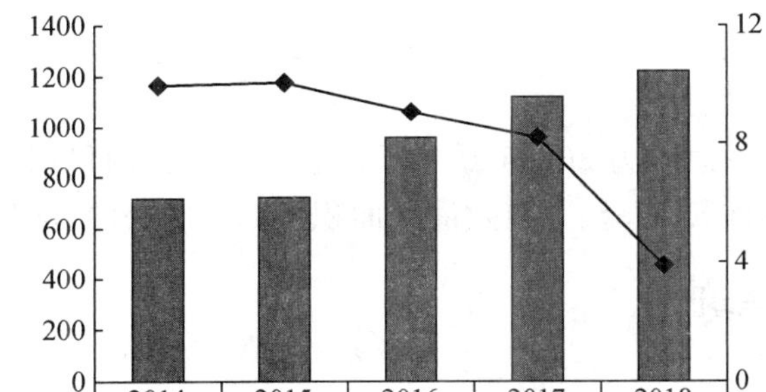

	2014	2015	2016	2017	2018
地区生产总值(亿元)	716.31	721.3	957.25	1122.1	1222.36
增幅(%)	10	10.1	9.1	8.2	3.9

图 1　2014—2018 年铜陵市地区生产总值及增长速度

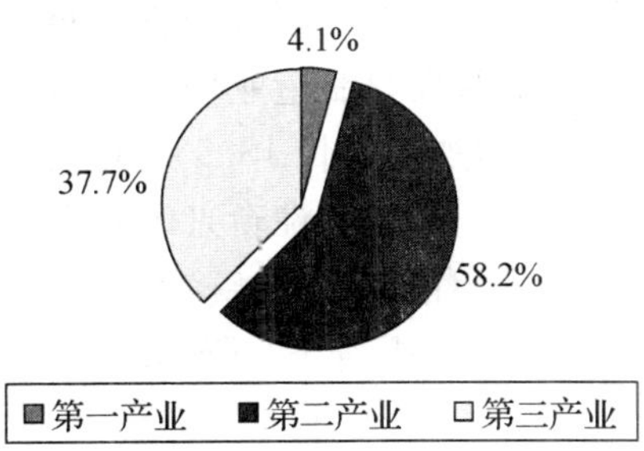

图 2　2018 年铜陵市三次产业结构图

2. 财政收支

全年全部财政收入 180.5 亿元，比上年增长 7.6%。其中，地方财政收入 73.8 亿元，下降 4.6%。地方财政收入中，契税增长 6.2%，国内增值税增长 23.1%，营业税下降 95.6%，企业所得税增长 63.8%。

财政支出154.3亿元，下降3.6%，其中民生类支出126.8亿元，占财政总支出比重达82.2%。

3. 物价水平

全年居民消费价格比上年上涨2.1%，其中食品烟酒价格上涨2.7%。工业生产者出厂价格上涨7.2%，工业生产者购进价格上涨6.9%。

4. 固定资产投资

全年固定资产投资按可比口径计算比上年增长9.0%。其中，民间投资增长18.9%。分产业看，第一产业投资增长15.2%；第二产业投资增长9.3%，其中，工业投资增长9.6%；第三产业投资增长8.6%。

（二）农业

全年农、林、牧、渔业总产值82.97亿元，按可比价格计算，比上年增长3.5%。其中，农业产值33.68亿元，增长3.8%；林业产值6.95亿元，增长11.0%；牧业产值16.77亿元，增长1.2%；渔业产值22.03亿元，增长1.9%；农林牧渔服务业产值3.54亿元，增长7.3%。

全年农作物种植面积17.55万公顷，比上年减少0.43万公顷。其中，粮食作物种植面积12.53万公顷，减少0.25万公顷；棉花种植面积0.66万公顷，减少0.24万公顷；油料作物种植面积2.78万公顷，增加0.01万公顷；蔬菜种植播种面积1.15万公顷，增加0.008万公顷。

全年粮食产量65.13万吨，比上年增产1.6%。油料产量6.03万吨，增产2.3%。棉花产量1.14万吨，减产15.6%。蔬菜产量26.59万吨，增产1.1%。

全年肉类总产量6.37万吨，比上年增长0.2%。禽蛋产量4.37万吨，增长2.8%。水产品产量11.38万吨，增长1.2%。

年末全市农业机械总动力86.86万千瓦。全年化肥施用量（折纯）5.55万吨，下降0.7%。农村用电量6.78亿千瓦时，增长8.5%。有效灌溉面积88.94千公顷，增长8.5%。

（三）工业和建筑业

1. 工业经济

全年全部工业增加值675.3亿元，比上年增长8.8%，其中规模以上工业增加值增长8.9%。在规模以上工业中，分经济类型看，国有控股企业增长7.6%；股份制企业增长10.6%；外商及港澳台商投资企业增长0.1%。分门类看，采矿业下降7.6%，制造业增长9.5%，电力、热力、燃气及水生产和供应业增长15.2%。

规模以上工业中，35个工业大类行业中有26个增加值保持增长。六大主导行业中，有色金属冶炼和压延加工业增加值增长2.7%；电气机械和器材制造业增加值增长34.8%；非金属矿物制品业增加值增长12.0%；化学原料和化学制品制造业增加值增长13.9%；电力生产和供应业增加值增长25.2%；黑色金属冶炼和压延加工业增加值增长36.0%。战略性新兴产业产值增长30.1%。

规模以上工业统计的主要产品产量中，精炼铜（电解铜）比上年下降1.2%；铜材增长11.6%；硫酸（折100%）下降10.6%；化学肥料总计（折纯）下降2.6%；水泥增长17.9%；火力发电量增长19.7%。

全年规模以上工业企业实现主营业务收入3363.3亿元，比上年增长13%。实现利润总额67.8亿元，增长62.2%。

2. 建筑业

全年全社会建筑业增加值61.5亿元，比上年增长5.1%。全年房屋建筑施工面积872.1万平方米，下降2.4%；房屋竣工面积303.3万平方米，下降16.3%。

（四）服务业

1. 国内贸易

全年社会消费品零售总额343.3亿元，比上年增长12.3%。按经营地统计，城镇消费品零售额295.1亿元，增长12.1%；乡村消费品零售额48.2亿元，增长13.5%。按消费类型统计，商品零售额270.4亿元，增长13.9%；餐饮收入72.9亿元，增长6.7%。

限额以上企业（单位）商品零售额中，粮油食品类增长10.2%，饮料类增长40.7%，烟酒类下降4.3%，服装、鞋帽、针纺织品类增长7.7%，日月品类增长94.2%，家用电器和音像器材类增长4.3%，金银珠宝类增长3.8%，中西药品类增长21.5%，石油及制品类增长14.3%，汽车类增长15.5%。

2. 交通运输、邮电

全年铁路旅客运输量295.3万人次，比上年增长16.4%，货物运输量83.86万吨，增长110.9%。公路旅客运输量1730万人，下降19.2%；货物运输量3722万吨，增长20.5%。全年港口货物吞吐量11094万吨，增长0.8%。

年末机动车拥有量21.9万辆，比上年增长4.4%，其中汽车拥有量16.2万辆，增长15.9%。

全年邮政电信业务收入11.4亿元，比上年增长3.88%。其中，邮政业务收入增长20.97%；电信（含电信公司、移动公司、联通公司）业务收入增长16.56%。年末城乡固定电话用户17.98万户，比上年减少1.53万户；移动电话用户126.76万户，增加18.49万户；国际互联网用户82.33万户。

3. 旅游业

全年入境旅游人数3.71万人次，比上年增长18.6%；国内游客1984.91万人次，增长18.1%。旅游总收入157.36亿元，增长23.7%，其中国内旅游收入156.57亿元，增长23.5%。年末全市有A级及以上旅游景点（区）22处，其中4A级景区7处；星级旅游饭店10个，房间数823间；旅行社32家，其中国际旅行社2家。

4. 金融、证券和保险

年末金融机构人民币各项存款余额1387.7亿元，比上年增长13.8%。其中，住户存款余额711.5亿元，增长5.9%；非金融企业存款362.0亿元，下降1.1%。年末金融机构人民币各项贷款余额971.7亿元，增长2.9%。其中，住户贷款195.2亿元，增长19.9%；非金融企业及机关团体贷款776.4亿元，下降0.7%。

年末全市上市公司6家，流通股市价总值510.4亿元。

全年保险业保费收入25.06亿元，比上年增长38.5%。全年赔款与给付6.03亿元。

5. 房地产业

全年房地产开发投资124.4亿元，比上年增长6%。商品房销售面积204.3万平方米，增长18.6%。

（五）对外经济

1. 对外贸易

全年进出口总额55.5亿美元，比上年增长17.6%。其中，出口5.7亿美元，下降14.5%；进口49.7亿美元，增长22.9%。

2. 利用外资

全年实际利用外商直接投资2.7亿美元，比上年增长11.2%。实际到位亿元以上省外投资项目内资548亿元，增长16.1%。

二　铜陵市2018年社会发展概况

（一）人口、人民生活

年末全市户籍人口170.8万人，比上年增加0.24万人。常住人口162.9万人，增加1.1万人。城镇化率56.0%，比上年提高0.2个百分点。全年人口出生率10.8‰，上升0.02个千分点；死亡率8.2‰，上升1.4个千分点；人口自然增长率2.8‰，上升3.4个千分点。

全年常住居民人均可支配收入25443元，比上年增长9.2%。按常住地分，城镇常住居民人均可支配收入35995元，增长8.2%；农村常住居民人均可支配收入14335元，增长9.1%。

全年常住居民人均消费支出15124元，比上年增长3.4%。按常住地分，城镇常住居民人均消费支出23744元，增长9.9%；恩格尔系数为31.2%。农村常住居民人均消费支出9414元，增长0.3%；恩格尔系数为33.5%。

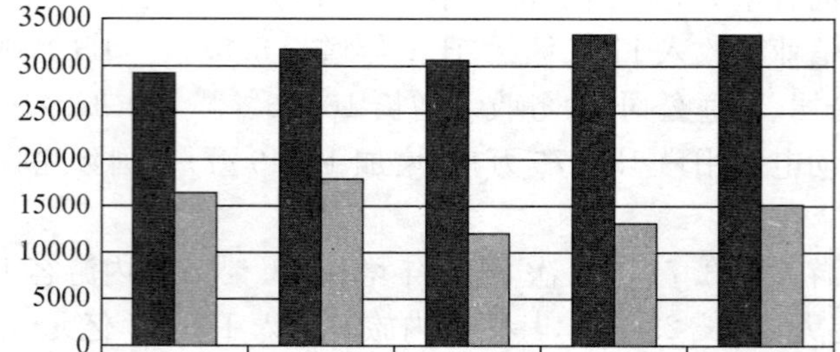

	2014	2015	2016	2017	2018
■城镇居民人均可支配收入(元)	29234	31748	30633	33283	33283
□农村居民人均可支配收入(元)	16405	17898	12054	13145	15124

图3　2014—2018年铜陵市城乡居民收入对比一览

（二）就业与社会保障

1. 就业工作

年末全市从业人员116.55万人，比上年减少0.83万人。其中，第一产业34.28万人，增加0.13万人；第二产业31.67万人，减少0.55万人；第三产业50.60万人，减少0.41万人。全年城镇新增就业人数3.83万人；年末城镇登记失业率2.86%，比上年下降0.23个百分点。

2. 社会保障和福利

年末城镇职工基本养老保险人数29.74万人，城乡居民养老保险参保人数75.42万人，失业保险参保人数18.87万人，工伤保险参保人数24.25万人，城镇职工基本医疗保险参保人数33.82万人，城乡居民医疗保险参保人数54万人，生育保险参保人数20.71万人。年末，全市共有2.8万人享受城镇居民最低生活保障，2.5万人享受农村居民最低生活保障。

（三）教育和科学技术

1. 教育事业

年末全市普通高校在校生36074人，比上年减少177人；中等职业教育学校在校生14778人，增加952人；普通中学在校生72714人，减少2189人，其中高中在校生29240人，减少1842人；小学在校生70430人，减少2916人。全年普通高校毕业生10233人，比上年增加22人；中等职业教育学校毕业生8480人，增加416人；普通中学毕业生25458人，减少626人；小学毕业生13702人，减少853人。成人高等学校在校生和毕业生分别为7417人和2671人。全年社会考生报名参加高等教育自学考试3243人次，其中本科3055人次；全年自学考试毕业生数233人，其中本科230人。

2. 科技与创新

年末全市拥有国家高新技术企业144家，其中当年新认定63家。

年末拥有国家级创新型企业2家、省级创新型企业11家、省级创新型试点企业22家，拥有31个省级工程技术研究中心、3个省级实验室、5个院士工作站、7个省级以上科技孵化器、7个省级以上众创空间、2个省级生产力促进中心。全年获批省级以上科技计划项目115项，获得上级资助资金4929.75万元。全年有3项科技成果获安徽省科学技术进步奖(其中一等奖1项、三等奖2项)。

全市申请专利2721件，其中申请发明专利1432件、实用新型1168件、外观设计121件；授权专利1040件，其中授权发明专利213件、实用新型727件、外观设计100件。

(四) 文化、卫生和体育

1. 文化事业

年末全市拥有登记注册的艺术表演团体7个；文化馆(站)42个；公共图书馆6个，公共图书馆藏书量209.79万册；档案馆6个，馆藏档案49.49万卷册，馆藏资料4.46万册。年末全市有广播电台2座，电视台3座，广播人口覆盖率和电视人口覆盖率均达100%，有线电视入户率65%。

2. 卫生事业

年末全市拥有各类卫生机构576个，其中，医院、卫生院62个，疾病预防控制中心3个。各类卫生机构拥有病床8348张，其中，医院、卫生院病床7502张。全市卫生技术人员8702人，其中，执业医师3337人，注册护师、护士3862人。

年末各种社会福利收养单位60个，拥有床位总数达8620张，在院人数3802人。全年销售福利彩票1.55亿元。

3. 体育事业

全市新建1个社区多功能运动场、3个全民健身广场、28条健身路径、3个社区俱乐部、30个示范晨晚练点。成功举办市第十二届运动会、第四届全民健身运动会暨第八届残疾人运动会，参与人数达到6000人。组队参加省青少年年度锦标赛，夺得金牌52.5枚、银牌37枚、铜牌35枚。年末拥有国家级青少年体育俱乐部9家，国家级体育传统项目学校1所，省级青少年体育俱乐部9所，省级体育传统项目学校、体育专项特色学校15所。

(五) 城乡建设

交通建设加快推进，庐铜铁路基本建成，池州长江公路大桥及连接线建设进展顺利，G3长江公铁大桥项目前期提速推进，国道347进入路面施工，国道236与省道221、335路基成形，农村道路畅通工程三年计划提前完成。新建改造市政道路10条，新投放清洁能源公交车119辆，建成一批电动汽车充电桩，完成新一轮出租车更新；市档案馆、党史馆、非遗展示馆、数字文化体验馆等全面竣工，市一中西湖校区二期工程、儿童医院主体建成，大铜官山公园建设持续推进。滨江生态岸线北延工程全面完工，大通、横港段岸线整治快速推进。镇村建设成果丰硕，农村环境“三大革命”取得阶段性成效，钟鸣镇成为第二批全国特色小镇，胥坝乡群心村、东联镇合兴村人居环境建设获得全国表彰。水利完成投资14亿元，水利水毁工程全面修复，6个中小河流治理项目完工，21座病险水库除险加固，新建和改造提升排涝泵站7座，城乡防洪排涝能力不断增强。

(六) 环境保护

年末全市拥有环境空气监测站点12个。全市城区空气质量优良率71.2%。全市PM10平均浓度为 88 微克/立方米。空气主要污染物二氧化硫、二氧化氮、可吸入颗粒物(PM10)、细颗粒物(PM2.5)、臭氧 8 小时平均浓度分别为 27、50、88.4、58.2、84 微克/立方米，一氧化碳平均浓度为 1.1 毫克/立方米。

全市城市集中式饮用水水源地水质达标率 100%。天井湖、枞阳县境内的菜子湖、白荡湖水质良好。

全年能源消费总量 773.65 万吨标准煤，单位 GDP 能耗下降 5.42%。

(七) 社会安全

全年生产安全事故死亡人数 45 人，亿元 GDP 生产安全事故死亡人数为 0.0387 人，比上年下降 11.8%。全年发生道路交通事故 12758 起，发生火灾事故 86 起。

三　铜陵市在泛长三角地区经济发展中的地位

2018 年，面对复杂严峻的宏观经济形势和持续加大的环保压力，在市委的坚强领导下，全市上下以习近平新时代中国特色社会主义思想为指导，全面贯彻党的十九大和十九届二中、三中全会精神，坚持稳中求进工作总基调，贯彻新发展理念，以实施五大发展行动计划为总抓手，聚力打好三大攻坚战，统筹推进稳增长、促改革、调结构、惠民生、防风险等各项工作，全市经济社会发展总体平稳，基本完成了年度主要目标任务。

(一) 地区生产总值

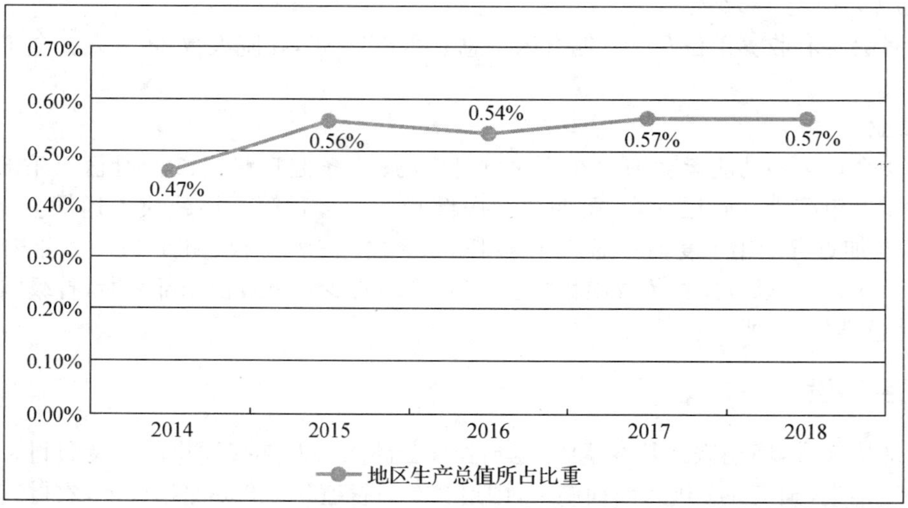

图 4　2014—2018 年铜陵市地区生产总值在泛长三角地区 41 市
(苏浙两省 24 个地级市、上海市和安徽省 16 市，下同)所占比重的变化趋势

2014—2018 年铜陵市地区生产总值在泛长三角地区 41 市所占比重分别为 0.47%、0.56%、0.54%、0.57%和 0.57%。2018 年较 2014 年增加了 0.10 个百分点，与 2017 年基本持平。2018 年，铜陵市在泛长三角地区 41 市中排名第 37 位，与 2017 年保持一致。

2018 年，全年地区生产总值(GDP)1222.36 亿元，按可比价格计算，比 2017 年增长 3.9%。其中，第一产业增加值 50 亿元，增长 3.0%；第二产业增加值 712.02 亿元，增长 4.9%；第三产业增加值 460.34 亿元，增长 1.9%。三次产业结构由 2017 年的 4.4∶61.6∶34 调整为 4.1∶58.2∶37.7。全员劳动生产率 104792 元/人，比 2017 年增加 9035 元/人。人均地区生产总值 75524 元(折合 11413 美元)，比 2017 年增加 5589 元。

（二）地方财政一般预算收入

图 5 2014—2018 年铜陵市地方财政一般预算收入在泛长三角 41 市所占比重的变化趋势

2014—2018 年铜陵市地方财政一般预算收入在泛长三角 41 市所占比重分别为 0.39%、0.34%、0.38%、0.35%和 0.31%，2018 年较 2014 年减少了 0.08 个百分点，较 2017 年减少了 0.04 个百分点。2018 年，铜陵市地方财政一般预算收入在泛长三角 41 市中排第 39 位，较 2017 年下降一位。

2018 年，全市全部财政收入 180.5 亿元，增长 7.6%。其中，地方财政收入 73.8 亿元，下降 4.6%。全市财政支出 154.3 亿元，下降 3.6%。其中，一般公共服务支出 12.3 亿元，下降 1.4%。

（三）工业生产总值

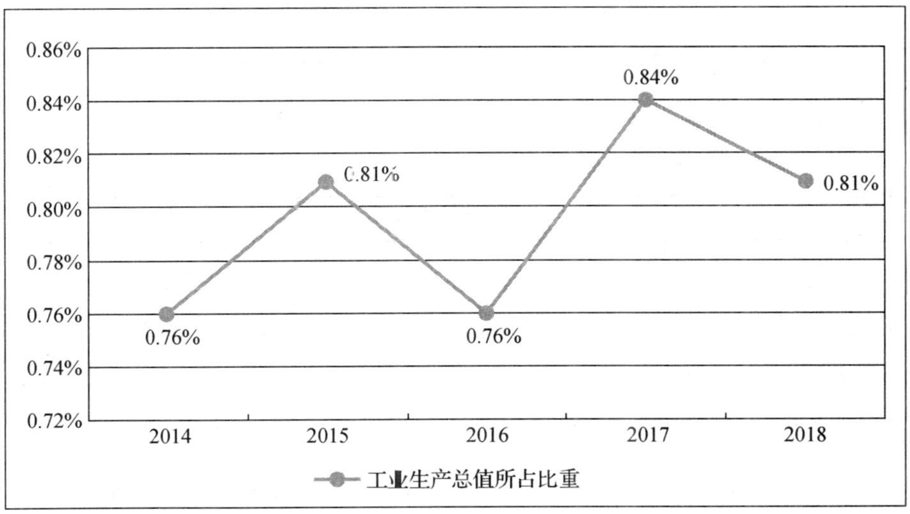

图 6 2014—2018 年铜陵市工业生产总值在泛长三角 41 市所占比重的变化趋势

2014—2018 年铜陵市工业生产总值在泛长三角 41 市所占比重分别为 0.76%、0.81%、0.76%、0.84%和 0.81%，2018 年较 2014 年增加了 0.05 个百分点，较 2017 年减少了 0.03 个百分点。2018 年，铜陵市工业生产总值在泛长三角41市中排第29位，较2017年下降一位。

2018年，全市规模以上工业增加值按可比价格计算，增长5.2%。从主导行业看，六大主导行业工业增加值同比“五升一降”：电力、热力生产和供应业增长13.9%，黑色金属冶炼和压延加工业增长13.4%，有色金属冶炼和压延加工业增长11.9%，非金属矿物制品业增长2.5%，化学原料和化学制品制造业增长2.0%，电气机械和器材制造业下降7.1%。从主要产品看，电解铜93.7万吨，增长11.1%；铜材155.6万吨，增长14.9%；钢材157.9万吨，增长7.3%；水泥864.7万吨，下降6.5%；水泥熟料2972.5万吨，下降3.4%；硫酸(折100%)430.6万吨，增长11.9%；化学肥料(折纯)43.7万吨，下降18.6%；黄金9886千克，下降2.8%。

项目投入上，深化新一轮技改行动，实施亿元以上技改项目69个(预期目标50个)。推进有色铜箔、奥炉等项目投产达效；旭创、信敏惠年产10万吨电池溶剂等项目开工建设；金威年产4万吨铜合金板带等项目加速推进。

创新引领上，举办第四届铜基新材料国际论坛，推进产学研合作，规模以上工业研发投入占比连续三年增长。精达成功争创国家技术创新示范企业和国家企业技术中心，入选国家工业互联网试点示范项目。新能源汽车推广应用获省政府奖励1000万元。全年实施“两化融合”评估诊断企业200家，松宝等3家企业入选国家两化贯标试点，锐展等5家企业通过国家认证。新增工信领域行业标准15个、示范企业3户，领跑全省。创建省级数字化车间5个、智能工厂2个；新增首台套7件、省级新产品10个、工业精品7个。

绿色发展上，实施沿江一公里化工企业整治，推进5户化工企业和3家船厂关闭拆除。连续七年举办合同能源管理对接会，实施35个市级重点节能改造项目，横扫集中供热项目竣工投产。新增国家、省级绿色工厂10家，全省居前。新增省“五个一百”企业28家、能效“领跑者”企业5户；6户企业建成国家级能管平台；关闭小矿山6家，绿色矿山创建面50%，全省领先。预计完成省定节能强度指标，确保省节能考核合格。

服务优化上，深化“四送一服”，协调解决问题109个，全省率先开展工业项目“承诺即开工”试点。落实工业转型升级资金7500万元，争取制造强省资金6045万元，累计降低企业成本38亿元。

(四) 进出口总额

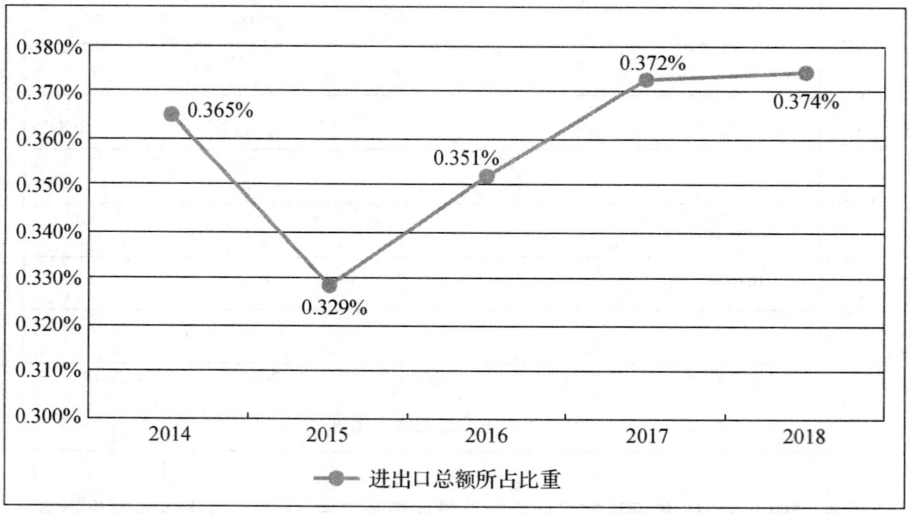

图7　2014—2018年铜陵市进出口总额在泛长三角41市所占比重的变化趋势

2014—2018年铜陵市进出口总额在泛长三角41市所占比重分别为0.365%、0.329%、0.351%、

0.372%和 0.374%，五年间增加了 0.009 个百分点，其中 2018 年较 2017 年增加了 0.002 个百分点。2018 年，铜陵市进出口总额在泛长三角 41 市中排第 24 位，位置相对靠前。

2018 年，全年进出口总额 62.4 亿美元，比 2017 年增长 9.4%。其中，出口 4.6 亿美元，下降19.6%；进口 57.8 亿美元，增长 12.7%。

（五）实际外商直接投资金额

图 8　2014—2018 年铜陵市实际外商直接投资金额在泛长三角 41 市所占比重的变化趋势

2014—2018 年铜陵市实际外商直接投资金额在泛长三角 41 市所占比重分别为 0.26%、0.30%、0.32%、0.36%和 0.42%，2018 年较 2014 年减少了 0.16 个百分点，较 2017 年增加了 0.06 个百分点。2018 年，铜陵市实际外商直接投资金额在泛长三角 41 市中排第 33 位，较 2017 年上升两位。

2018 年，全年实际利用外商直接投资 3.3 亿美元，比 2017 年增长 21.4%。实际到位亿元以上省外投资项目内资 579 亿元，增长 5.6%。

九　安庆市 2018 年经济社会发展报告

2018 年，全市上下在市委、市政府坚强领导下，坚持以习近平新时代中国特色社会主义思想为指导，全面贯彻党的十九大和十九届二中、三中全会精神，坚持稳中求进工作总基调，认真落实新发展理念，深入实施五大发展行动计划，加快建设区域性中心城市，集中精力抓重点工作，保持了经济平稳健康发展和社会和谐稳定，经济社会加快转入高质量发展轨道。

一　安庆市 2018 年经济发展概况

（一）综合经济

1. 经济总量

全年地区生产总值(GDP)1917.59 亿元，按可比价格计算，比上年增长 7.8%。其中，第一产业增加值 200.01 亿元，增长 4.0%；第二产业增加值 956.27 亿元，增长 7.9%；第三产业增加值 761.31 亿元，增长 8.8%。第一、第三产业对地区生产总值增长的贡献 6.1%和 44.2%，分别比上年提高 0.5 个百分点和 4.5 个百分点。地区生产总值中三次产业比例为 10.4∶49.9∶39.7，人均生产总值 41088 元。

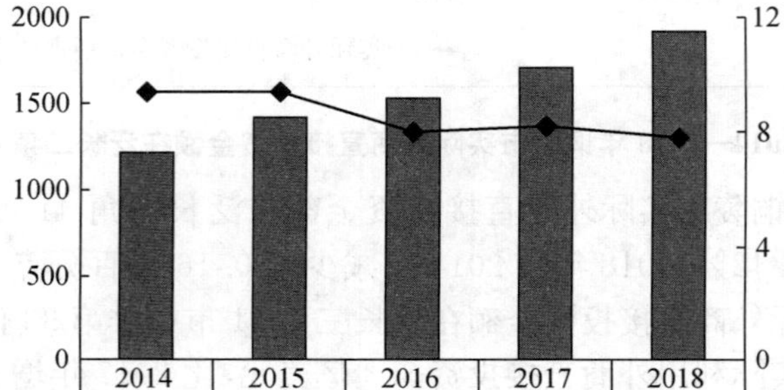

	2014	2015	2016	2017	2018
地区生产总值(亿元)	1214.39	1417.43	1531.18	1708.83	1917.59
增幅(%)	9.4	9.4	8	8.2	7.8

图 1　2014—2018 年安庆市地区生产总值及增长速度

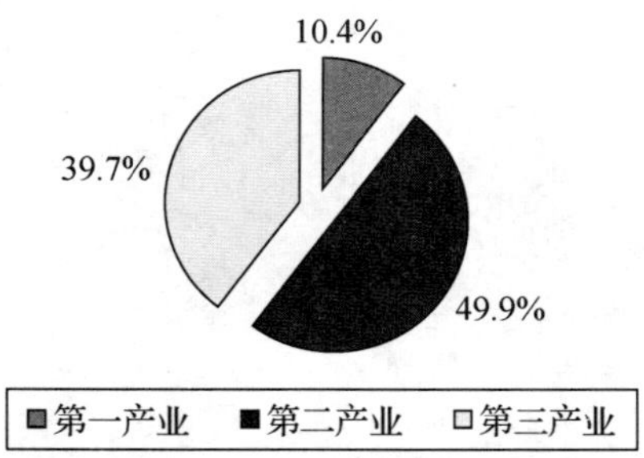

图 2　2018 年安庆市三次产业结构图

2. 财政收支

全年全市财政一般预算收入为 308.9 亿元，比上年增收 18.1 亿元，增长 6.2%。地方财政一般预算收入 133.2 亿元，增长 10.1%。全年地方财政一般预算支出 420.2 亿元，增长 12.7%。其中，一般公共服务支出增长 21.1%，文教科卫事业费支出增长 11.1%，交通运输支出下降 30.3%，城乡社区事务支出增长 6.4%，社会保障补助和就业支出增长 9.6%。

3. 物价水平

全年居民消费价格比上年上涨2.0%，涨幅比上年同期高0.2个百分点，保持温和上涨态势。其中，食品烟酒类价格上涨2.4%，比上年涨幅高2.8个百分点；衣着类价格上涨1.7%；居住类价格上涨2.2%；生活用品及服务类价格上涨1.7%；交通和通信类价格指数为0.8%；教育文化和娱乐类价格上涨2.8%；医疗保健类价格上涨1.8%；其他用品和服务类价格上涨1.3%；全年商品零售价格上涨1.9%。

工业生产者出厂价格比上年上涨5.3%。其中，生产资料价格同比上涨8.2%；生活资料价格同比上涨2.0%。

4. 固定资产投资

全年全社会固定资产投资同比增长12.6%。全年第一产业投资比上年增长37.8%；第二产业投资增长26.5%，其中，工业投资增长26.5%，制造业投资增长36.3%；第三产业投资增长2.3%。技改投资增长20.9%。

全市5000万及以上重点项目建设扎实推进，全年计划总投资5000万及以上项目1078个，同比增长15.5%。

（二）农业

全年粮食种植面积34.58万公顷。其中，稻谷面积25.45万公顷、小麦种植面积4.82万公顷，棉花种植面积4.22万公顷，油料种植面积10.97万公顷，蔬菜种植面积5.93万公顷。

全年粮食总产量195.38万吨，产量增长1.4%。其中，夏粮14.63万吨，下降1.25%。全年油料产量24.81万吨，增长3.7%。棉花产量4.27万吨，增长0.7%。蔬菜产量137.94万吨，增长4.2%。

全年肉类总产量31.20万吨，比上年增长3.3%，其中，猪、羊、牛肉产量20.58万吨，增长3.0%。禽蛋产量15.59万吨，增长5.0%。水产品产量29.55万吨，增长3.3%。

全市农业机械总动力327.33万千瓦，比上年增长3.7%；农用拖拉机9.88万台，增长1.2%；全年化肥施用量(折纯)19.49万吨，下降5.0%。农村用电量14.79万千瓦小时，增长1.6%。

（三）工业和建筑业

1. 工业经济

年末全市规模以上工业企业1748户，比上年减少45户。全年规模以上工业实现增加值增长8.3%。在规模以上工业中，国有及国有控股企业增加值增长4.6%；集体企业增长30.8%；股份制企业增长6.8%；外商及港澳台投资企业增长9.2%。分门类看，采矿业下降9.4%，制造业增长8.5%，电力、热力、燃气及水生产和供应业增长11.2%。

规模以上工业中，38个工业大类行业有31个增加值保持增长，其中计算机、通信和其他电子设备制造业增长28.4%，黑色金属矿采选业下降36.3%，有色金属冶炼和压延加工业增长27.8%，汽车制造业增长13.9%，通用设备制造业增长7.6%，黑色金属冶炼和压延加工业增长40.4%，纺织服装、服饰业增长10.4%，化学原料和化学制品制造业增长16.5%，非金属矿物制品业增长2.9%，电气机械和器材制造业增长19.1%，电力、热力生产和供应业增长11.3%，农副食品加工业增长9.5%。三大工业主导产业增加值增长5.6%，装备制造业增长13.6%，纺织服装业增长15.6%，石油化工业下降2.5%，高新技术产业增长19.0%；战略性新兴产业产值增长19.3%，战略性新兴产业集聚发展基地工业总产值增长15.1%。

规模以上工业统计的主要产品产量中，发电量增长2.8%，柴油下降27.2%，汽油、液化石油气分别增长10.8%、11.0%，水泥增长2.3%，大米增长13.2%，印染布下降13.9%，电力电缆增长43.6%，汽车增长44.6%。

全市规模以上工业经济效益综合指数达到346.41%，比上年同期提高15.39个百分点。实现主营业务收入 2974.4 亿元，增长 14.9%；实现利税 389.3 亿元，增长 17.1%，其中利润 211.4 亿元，增长 30.3%。

2. 建筑业

全社会实现建筑业增加值 116.93 亿元(按现行价格计算)，比上年增长 14.8%。

(四) 服务业

1. 国内贸易

全年社会消费品零售总额 814.9 亿元，增长 15.2%。分城乡看，全年城镇消费品零售额 647.0 亿元，增长 15.0%；乡村消费品零售额 167.9 亿元，增长 16.1%。分行业看，批发零售业零售额 723.1 亿元，增长 15.3%；住宿餐饮业零售额 91.8 亿元，增长 14.5%。

全年全市限额以上大类商品普遍旺销。从限额以上单位商品零售类别看，粮油、食品、饮料、烟酒类增长 13.6%；服装、鞋帽、针纺织品类增长 15.6%；日用品类增长 24.0%；家用电器和音像器材类增长 14.5%；文化办公用品类增长 7.3%；家具类增长 18.0%。反映居民消费结构升级的建筑及装潢材料类、化妆品、金银珠宝、汽车等商品继续热销，分别增长 17.2%、15.2%、21.0%和 13.7%。

2. 交通运输、邮电

全年公路运输客运量为 3336 万人次，同比下降 16%；完成旅客周转量为 30.2 亿人公里，同比下降 12.4%。完成公路货运量 13947 万吨，同比上涨 1.24%；完成货物周转量为 213.8 亿吨公里，同比上涨 5.34%。全年水路共完成旅客运输 33 万人次，同比下降 34%；完成旅客周转量 764 万人公里，同比下降 36%。完成货运量 3624 万吨，同比下降 9.85%；货物周转量 235.7 亿吨公里，同比下降 7.82%。安庆港 2018 年完成货物吞吐量 2984.76 万吨，同比增长 24%。全市民航机场旅客吞吐量 47.8 万人次，同比增长 4%。

到 2018 年末，全市高速公路达 374 公里，一级公路达 103 公里。

全年邮电业务总量 49.14 亿元，增长 17.56%。其中，邮政业务总量 23.65 亿元，增长 40.7%；电信业务收入 25.64 亿元，增长 2.8%。年末本地固定电话用户 51.4 万户；移动电话用户 390.2 万户；年末固定宽带用户 112.4 万户。

年末民用汽车 53.4 万辆，增长 22.1%。民用轿车 46.5 万辆，增长 13.6%。

3. 旅游业

全年接待海外游客 27.9 万人次，增长 8.0%；接待国内游客 6902.9 万人次，增长 13.4%。旅游总收入 706.2 亿元，增长 15.6%。其中，旅游外汇收入 17552.9 万美元，增长 3.1%；国内旅游收入 694.6 亿元，增长 15.9%。

4. 金融和保险

全市金融机构本外币存款年末余额为 3158.8 亿元，比上年末增加 216.8 亿元，增长 7.4%。其中，住户存款余额 1946.3 亿元，增长 10.8%。全市金融机构本外币贷款年末余额为 1971.4 亿元，比上年末增加 263.9 亿元，增长 15.5%。

全年全市实现保费收入 86.1 亿元，同比增长 9%。其中财产保险 27.59 亿元，同比增长 13.87%，人寿保险 58.51 亿元，同比增长 6.84%。行业累计支付赔(给)付款 24.2 亿元，同比增长 13.12%：其中财险业赔付 13.58 亿元，同比增长 10.59%；寿险业给付 10.62 亿元，同比下降 48.59%。

5. 房地产业

全年房地产开发投资 188.16 亿元，增长 15.8%。全年商品房销售面积 509.73 万平方米，增长 11.5%；销售额 320.24 亿元，增长 27.3%。房屋施工面积 2001.97 万平方米，增长 21.1%；房屋竣工面积 238.69 万平方米，下降 1.0%。

（五）对外经济

1. 对外贸易

全年进出口总额 14.47 亿美元，比上年增长 4.11%。其中，出口 10.63 亿美元，增长 0.74%；进口 3.84 亿美元，增长 14.77%。在出口中，机电产品、高新技术产品出口占全部出口的比重由上年的 23.79%提高到 25.70%。

2. 利用外资

全年利用实际外资 25494 万美元，增长 31.8%；新增项目 17 个，合同外资 20143 万美元。

3. 对外劳务

当年外派劳务人员 144 人，增长 100%。

二　安庆市 2018 年社会发展概况

（一）人口、人民生活

年末全市户籍人口 528.44 万人，比上年减少 2.06 万人；常住人口 469.1 万人，增加 4.8 万人。城镇化率 49.22%，比上年提高 0.65 个百分点。人口出生率为 11.53‰；死亡率为 5.58‰；自然增长率为 5.95‰。

全年城镇常住居民人均可支配收入 31187 元，比上年增长 8.8%，扣除价格因素，实际增长 6.6%；城镇常住居民人均消费性支出 17686 元，增长 9.7%，其中，食品支出增长 7.2%，交通与通讯支出下降 3.3%，衣着支出增长 10.5%，娱乐教育文化支出增长 12.3%；城镇居民恩格尔系数为 34.6%，比上年下降 0.7 个百分点。

全年农村常住居民人均可支配收入 12990 元，比上年增长 10.0%。农村常住居民人均生活消费 12176 元，增长 13.8%，其中，食品支出增长 12.0%，交通和通讯支出增长 14.9%。

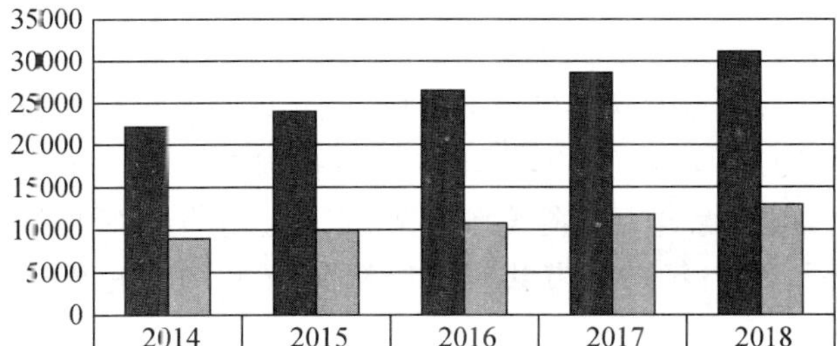

	2014	2015	2016	2017	2018
■城镇居民人均可支配收入(元)	22109	23966	26502	28675	31187
■农村居民人均可支配收入(元)	9024	9985	10814	11814	12990

图 3　2014—2018 年安庆市城乡居民收入对比一览

（二）就业与社会保障

1. 就业工作

全年城镇新增就业 8.02 万人，比预期目标多 3.62 万人。全年有 1.29 万人实现了再就业。年末城镇人口登记失业率为 2.50%。

2. 社会保障和福利

年末全市参加城镇职工基本养老保险人数为 60.24 万人，比 2017 增加 2.57 万人，其中，参保职工 41.76 万人；参保的离退休人员 18.48 万人；参加城乡居民社会养老保险人数为 262.14 万人，其中，领取养老金人数 77.16 万人；参加失业保险的人数为 27.03 万人，领取失业保险金人数为 0.30 万人；参加城镇职工基本医疗保险人数为44.94万人，比上年增加0.62万人，其中，参保职工29.63万人，参保的离退休人员15.31万人；参加城镇居民基本医疗保险人数53.75万人，领取待遇6.42万人次；参加工伤保险人数37.44万人，领取待遇0.32万人次；参加生育保险人数28.82万人，领取待遇0.79万人次。全市年末享受城市居民最低生活保障的人数为2.89万人，享受农村最低生活保障的人数为14.74万人。

年末全市有各类收养性单位213个，拥有床位40009张，收养各类人员9178人。其中：农村五保供养服务机构144个，拥有床位数28043张，收养5202人。全市建立各类社区服务设施298个，其中：社区服务中心45个，社区服务站253个。全年销售社会福利彩票5.28亿元，筹集社会福利资金1.44亿元。

（三）教育和科学技术

1. 教育事业

年末，全市有普通高校5所，当年招生11010人，在校学生38795人，毕业生12111人，其中，硕士研究生：当年招生223人，在校生539人，毕业生118人。各类中等职业教育（含技工学校）当年招生1.17万人，在校生3.88万人，毕业生1.67万人。普通高中招生2.85万人，在校生8.97万人，毕业生3.32万人。初中招生4.34万人，在校生13.44万人，毕业生4.34万人。普通小学招生4.59万人，在校生26.22万人，毕业生4.26万人。初中阶段适龄人口入学率为100%，小学学龄儿童入学率为100%。

2. 科技与创新

全年获省级科技项目69项，市级科技项目18项。全年认定高新技术企业100家，认定高新技术产品100项。全年受理专利申请量9507件，专利授权量3304件，已实施的专利授权量2237件，全年签订各类技术合同124项，技术合同成交金额23526万元。

全市共有县以上产品质量检验机构97个，其中系统内11个，国家检测中心2个。法定计量技术机构8个，强制检定计量器具15.0万台件，报省级修订地方标准数1项。

（四）文化、卫生和体育

1. 文化事业

年末，全市共有艺术表演团体152个，文化馆11个，文化站148个，公共图书馆12个，博物馆17个。全市广播电视台8座，中短波转播发射台1座，调频电视转播发射台14座。全市有线电视用户81.70万户，其中：数字电视用户47.34万户，全市广播电视农村直播卫星用户30.60万户。年末广播综合人口覆盖率为99.69%，电视综合人口覆盖率为99.70%。全年出版报纸4种，总印数2192.66万份；期刊(杂志)种，总印数3.52万册；年末全市共有各级档案馆11个，馆藏档案资料14.7万册，库馆总建筑面积43614平方米。

2. 卫生事业

年末全市共有卫生机构（含诊所、卫生室）2086个。其中医院、卫生院203个卫生防疫机构9个，妇幼保健院（所、站）9个。医院、卫生院床位21158张。全市卫生人员数28908人，其中卫生技术人员22312人，执业医师和执业助理医师8880人，注册护士9320人。乡村卫生院130个，医生、卫生员3046人。全市农村有医疗点的村占总村数的比重达100%。

3. 体育事业

全市运动健儿在国际和国内的重大比赛中，共获得金牌1枚，铜牌2枚。全年一级运动员发展数17人，二级动员发展数99人，发展社会体育指导员780人。全民健身运动蓬勃发展，全年共举办百人以上的体育健身活动106次，参加体育健身活动人数61303人。

（五）城乡建设

美好大宜城建设步伐加快。完成城市建设投资57.5亿元，增长11%，建成区面积从95.2平方公里扩大到101.6平方公里。交通基础设施加快完善。新(改)扩建孝肃路、市府路等34条道路，独秀大道、迎宾大道、皖江大道全线贯通，五里庙和长风港一期码头改造顺利实施。人居环境整治扎实推进。人民路以南历史文化街区L型街改造的示范段即将运营，“四湖两河”截污工程完成，新(改)建排污管网100公里，新增城市绿化面积102万平方米，秦潭湖、石塘湖入湖口环境整治工程开工建设。公共服务体系不断健全。安庆会展中心、海吉星农产品物流园和皖西南快递产业园开工建设，安庆一中龙山校区建成，市一院龙山院区主体工程完工，成功举办第八届中国(安庆)黄梅戏艺术节，养老服务信息一体化平台投用，新增公共停车位1万个，新开通公交线路5条。

乡村振兴战略深入实施。现代农业加快发展。完成粮食生产功能区、重要农产品生产保护区划定工作，新增亿元以上产业化龙头企业20家，农产品加工业产值增长15%，新增省级以上示范合作社19家、示范家庭农场33家，培训新型职业农民5800人，新认证农产品“三品一标”213个，潜山舒席、怀宁蓝莓晋升国家地理标志产品，桐城、岳西成为全国电商百佳县。农村环境持续改善。下浒山水库下闸蓄水，华阳河蓄滞洪区安全项目前期工作顺利，治理中小河流10条，除险加固小水库27座，完成农村道路畅通工程2600公里，建成68个乡镇生活污水处理设施，完成5.2万户农村厕所改造，新建美丽乡村中心村110个，改造农村危房1.3万户，解决了5.8万农村人口饮水安全问题。乡村治理更加规范。圆满完成村(居)民委员会换届工作，建成126个民主法治示范村，岳西土桥村等4个村(社区)成为全省城乡社区协商试点示范单位。

(六)环境保护

2018年安庆市全力以赴抓好污染防治。积极开展河湖清洁行动，地表水国控考核断面水质达到考核要求，县级以上集中式饮用水水源地水质达标率100%；积极开展固体废弃物集中整治，安庆静脉产业园一期开工建设，皖能中科二期建成运行；积极开展大气污染防治，主城区35蒸吨、县域10蒸吨以下工业燃煤锅炉全面取缔，主城区实现烟花爆竹禁限放，全市空气质量综合指数全省第四。扎扎实实推进生态建设。制定实施了《全面打造水清岸绿产业优美丽长江(安庆)经济带“1515”方案》，以“八大行动”构筑生态保护“三道防线”；推深做实了林长制，新增国家级林业经济示范基地2个、省级现代林业示范区2个，完成人工造林和退化林修复20万亩，湿地保护面积157万亩、居全省第一；积极创建国家生态文明建设示范市，深入推进农村“三大革命”，组织开展自然保护区“绿盾2018”行动，岳西成为国家级生态文明示范县，潜山、迎江、宜秀成为省级生态文明示范县区。

2018年末，全市省、市、县环境监测站12个。全市当年审批的建设项目投资总额995.75亿元，累计建成和在建环保项目469个，自年初累计建成和在建环保项目完成投资31.2亿元。全年环境检测站检测到的县(市)、区中，空气质量达二级以上的天数为281天。全市已建成自然保护区5个，其中国家级2个、省级3个。

(七)社会安全

全市发生火灾事故404起，造成直接经济损失1684.4万元；交通事故1380起，死亡215人，造成直接经济损失671.6万元。

三　安庆市在泛长三角地区经济发展中的地位

2018年，面对错综复杂的经济形势和下行压力的挑战，全市上下在市委、市政府的领导下，以“四督四保、四送一服”为抓手，开展经济督导专项行动，着力解决经济运行、项目建设、企业运转中遇到的突出问题。“双四”行动以来，取得了明显成效，经济增速逐步提高，企业效益不断向好、项目建设有力推进，为全年经济企稳回升奠定了坚实的基础。

（一）地区生产总值

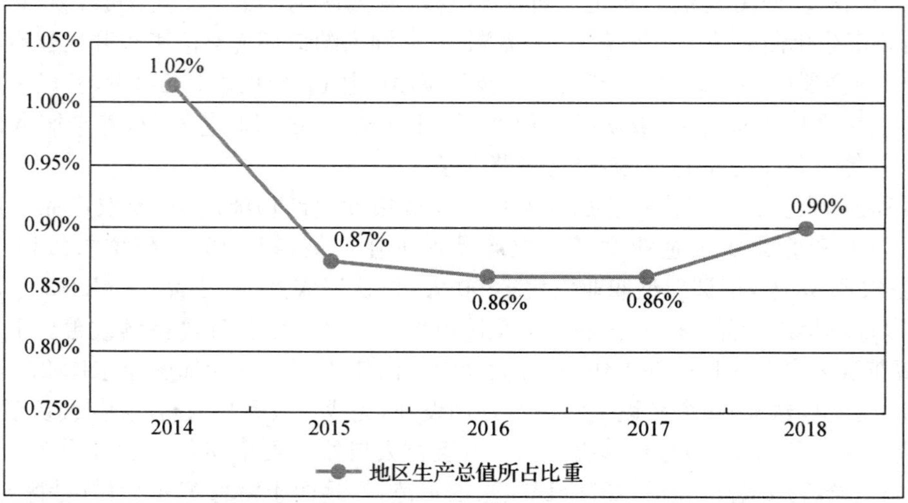

图 4　2014—2018 年安庆市地区生产总值在泛长三角地区 41 市（苏浙两省 24 个地级市、上海市和安徽省 16 市，下同）所占比重的变化趋势

2014—2018 年安庆市地区生产总值在泛长三角地区 41 市所占比重分别为 1.02%、0.87%、0.86%、0.86%和 0.90%。2018 年与 2014 年相比减少了 0.12 个百分点，较 2017 年增加了 0.04 个百分点。2018 年，安庆市地区生产总值在泛长三角地区 41 市中排名第 26 位，较 2017 年保持一致。

2018 年全年地区生产总值(GDP)1917.6 亿元，按可比价格计算，比 2017 年增长 7.8%。其中，第一产业增加值 200 亿元，增长 4.0%；第二产业增加值 956.3 亿元，增长 7.9%；第三产业增加值 761.3 亿元，增长 8.8%。第一、第三产业对地区生产总值增长的贡献 6.1%和 44.2%，分别比 2017 年提高0.5 个百分点和 4.5 个百分点。地区生产总值中三次产业比例为 10.4∶49.9∶39.7，人均生产总值 41088 元。

（二）地方财政一般预算收入

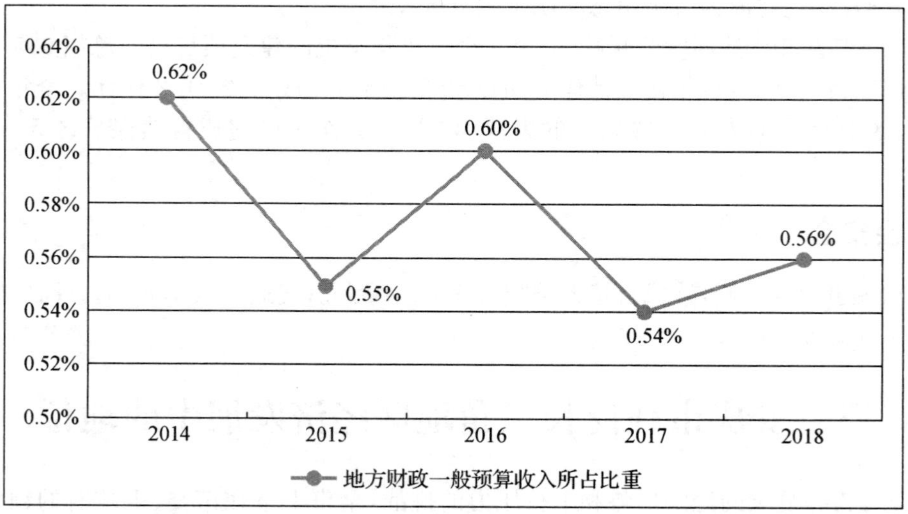

图 5　2014—2018 年安庆市地方财政一般预算收入在泛长三角 41 市所占比重的变化趋势

2014—2018 年安庆市地方财政一般预算收入在泛长三角 41 市所占比重分别为 0.62%、0.55%、0.60%、0.54%和 0.56%，2018 年较 2014 年减少了 0.06 个百分点，较 2017 年增加了 0.02 个百分点。

2018 年，安庆市地方财政一般预算收入在泛长三角 41 市中排第 31 位，与 2017 年保持一致。

2018 年，全市财政收入 308.9 亿元，增长 6.2%。其中，地方财政收入 133.2 亿元，加省补助、2017 年结转等收入 346.9 亿元，预算总收入 480.1 亿元。全市公共财政支出 420.2 亿元，加体制上解、结转下年等支出 59.9 亿元，预算总支出 480.1 亿元。市本级财政收入 154.8 亿元，增长 1.1%。其中，地方财政收入 43.6 亿元，加省补助、2017 年结转等收入 72.9 亿元，预算总收入 116.5 亿元。市本级公共财政支出 92.8 亿元，加体制上解、结转下年等支出 23.7 亿元，预算总支出 116.5 亿元。

（三）工业生产总值

图 6　2014—2018 年安庆市工业生产总值在泛长三角 41 市所占比重的变化趋势

2014—2018 年安庆市工业生产总值在泛长三角 41 市所占比重分别为 1.16%、0.95%、0.94%、0.97%和 1.05%，2018 年较 2014 年减少了 0.11 个百分点，较 2017 年增加了 0.08 个百分点。2018 年，安庆市工业生产总值在泛长三角 41 市中排第 26 位，与 2017 年保持一致。

2018 年，规模以上工业增速呈上升趋势。累计增速已达到 8.3%，提高了 3.6 个百分点。工业企业效益不断向好，全市工业经济效益逐步向好。

（四）进出口总额

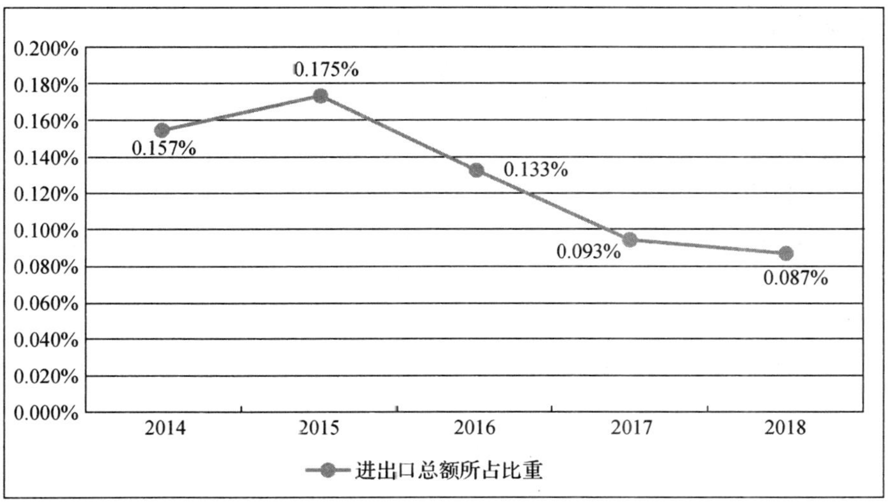

图 7　2014—2018 年安庆市进出口总额在泛长三角 41 市所占比重的变化趋势

2014—2018年安庆市进出口总额在泛长三角41市所占比重分别为0.157%、0.175%、0.133%、0.093%和0.087%，总体上呈现下降态势，2016年以来出现下跌，五年间减少了0.070个百分点，其中2018年与2017年基本持平。2018年，安庆市进出口总额在泛长三角41市中排第33位，与2017年基本一致。

2018年，外贸进出口总值95.8亿元人民币，月度进出口值波动上扬。全市外贸进出口以一般贸易方式为主，其中民营企业进出口占主导地位。2018年主要进口商品为农产品、机电产品、木片等，服装、箱包等7大类劳动密集型产品居出口首位。

2018年中国外贸百强城市名单，安徽省合肥、马鞍山、铜陵、芜湖、蚌埠、安庆、池州7市入围，安庆市位列其中。评选标准包括外贸水平竞争力、结构竞争力、效益竞争力、发展竞争力和潜力竞争力5项共25个指标。在2018年中国城市外贸结构竞争力30强榜单中，位居第29位。

（五）实际外商直接投资金额

图8　2014—2018年安庆市实际外商直接投资金额在泛长三角41市所占比重的变化趋势

2014—2018年安庆市实际外商直接投资金额在泛长三角41市所占比重分别为0.36%、0.25%、0.23%、0.25%和0.32%，2018年较2014年减少了0.04个百分点，较2017年增加了0.07个百分点。2018年，安庆市实际外商直接投资金额在泛长三角41市中排第38位，较2017年上升了一位。

2018年，全年实际利用省外资金680.5亿元，同比增长8%；全年新签约亿元以上项目368个，投资总额1063.7亿元，分别比2017年增长51%和59%。10亿元以上项目24个，投资总额376.54亿元，分别比2017年增长41%和39%。增速高出全省平均水平。特别是安庆市高质量发展会议以来，9—12月份，亿元以上新签约项目208个，投资总额541.93亿元，分别占全年57%、51%；10亿元以上项目16个，投资总额221.51亿元，分别占全年67%、59%。从统计数据看，招商体制机制的完善创新，激发了全市的招商活力，扭转了近年来安庆市招商工作的被动局面，呈现出良好的发展态势。

十　黄山市 2018 年经济社会发展报告

2018 年，面对错综复杂的宏观环境，全市上下在市委、市政府的坚强领导下，坚持以习近平新时代中国特色社会主义思想为指导，认真贯彻党的十九大和十九届二中、三中全会精神，坚持稳中求进工作总基调，践行新发展理念，大力实施五大发展行动计划，全面做好“六稳”工作，全市经济社会持续健康发展。

一　黄山市 2018 年经济发展概况

（一）综合经济

1. 经济总量

全年地区生产总值(GDP)677.91 亿元，按可比价格计算，比上年增长 7.7%。分产业看，第一产业增加值 56.9 亿元，增长 3.1%；第二产业增加值 236.6 亿元，增长 10.2%；第三产业增加值 384.41 亿元，增长 6.6%。人均 GDP 48579 元(折合 7341 美元)，比上年增加 4328 元。

三次产业结构由上年的 9.4∶36.3∶54.3 调整为 8.4∶34.9∶56.7，其中工业增加值占 GDP 比重为 26.8%，比上年降低 2.0 个百分点。三次产业对经济增长的贡献率分别为 3.7%、53.4%和 42.9%，其中：工业对经济增长的贡献率为 42.0%。

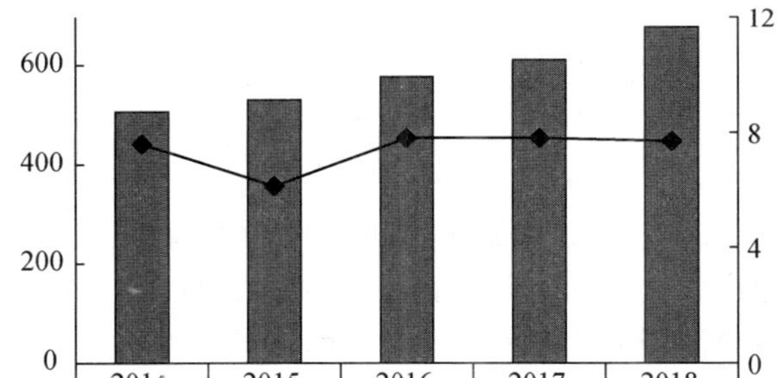

	2014	2015	2016	2017	2018
地区生产总值(亿元)	507.17	530.9	576.82	611.32	677.91
增幅(%)	7.6	6.1	7.8	7.8	7.7

图 1　2014—2018 年黄山市地区生产总值及增长速度

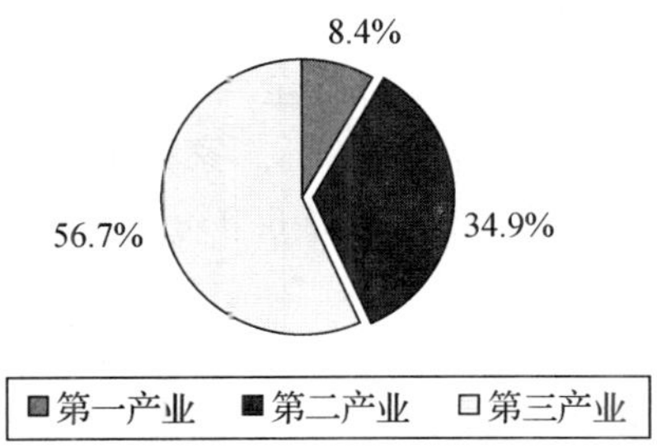

图 2　2018 年黄山市三次产业结构图

2. 财政收支

全年财政收入113.9亿元，比上年增长7.5%，其中地方财政收入77.6亿元，增长3.2%。从地方财政收入来源看，税收收入40.8亿元，增长9.8%，其中增值税和营业税增长16.0%，企业所得税增长28.9%；非税收入36.8亿元，下降3.2%，其中国有资源（资产）有偿使用收入下降4.9%。税收收入占全部财政收入的比重为67.0%，同比提高3.2个百分点。

全年财政支出185.5亿元，下降0.1%，其中民生支出151.2亿元，占财政支出的比重为81.5%。从重点支出项目看，社会保障与就业支出增长14.6%，城乡社区事务支出增长27.1%，科学技术支出增长6.1%，教育支出增长7.0%。全市33项民生工程累计投入45.72亿元，完成年度计划的117.2%。

3. 物价水平

全年居民消费价格（CPI）累计上涨2.4%，较上年提高1.0个百分点，其中服务项目价格上涨2.0%，消费品价格上涨2.7%；八大类消费品及服务价格均呈上升态势。商品零售价格上涨2.4%。工业生产者出厂价格上涨5.2%，工业生产者购进价格上涨5.7%。

4. 固定资产投资

全年固定资产投资按可比口径计算比上年增长15.0%，增速居全省第5位，比上年前移9位。其中，工业技术改造投资增长2.7%，基础设施投资增长8.6%，民间投资增长26.2%。分产业看，第一产业投资下降21.0%，第二产业投资增长23.4%，第三产业投资增长14.6%。分行业看，工业投资增长22.6%，其中制造业投资增长13.3%。

243个省级重点项目完成投资234.4亿元，350个市级重点项目完成投资345.7亿元，86个政府投资项目完成投资35.2亿元。昌景黄高铁安徽段、池黄和宣绩（黄）高铁关键性工程、黄千高速、德上高速、鑫联精工、双桦汽配等160个项目开工建设，杭黄高铁、博盛纺织、博蓝特半导体、源点工业包装、普电焊接等70个项目竣工投产或投入运营，屯溪国际机场迁建、市域旅游铁路、北外环高速、新安江百里大画廊等一批重大项目前期工作加快推进。

（二）农业

全年农林牧渔业总产值97.92亿元，按可比价格计算，比上年增长2.5%，其中，农业产值52.56亿元，增长1.3%；林业产值19.79亿元，增长1.3%；牧业产值20.44亿元，增长7.0%；渔业产值2.48亿元，增长2.3%；农林牧渔服务业产值2.63亿元，增长4.6%。

全年农作物总播种面积95.98千公顷，比上年增加0.55千公顷。粮食作物种植面积50.72千公顷，增加0.57千公顷；其中稻谷种植面积33.72千公顷，减少0.31千公顷。经济作物播种面积45.26千公顷，与上年基本持平。其中，油菜籽种植面积20.16千公顷，减少0.16千公顷；蔬菜种植面积14.90千公顷，增加0.67千公顷。

全年粮食产量29.26万吨，比上年增产0.88万吨，增长3.1%。其中，稻谷产量23.38万吨，增长2.3%；油菜籽3.17万吨，增长0.3%；蔬菜26.72万吨，增长2.4%；园林水果3.98万吨，增长26.6%。年末全市生猪存栏29.20万头，比上年下降11.4%；全年生猪出栏53.06万头，增长5.9%。牛存栏1.57万只，增长23.5%；羊出栏1.37万只，增长9.9%。家禽出栏505.35万只，下降3.1%。肉类总产量5.62万吨，增长2.7%。禽蛋产量1.87万吨，下降6.9%。蚕茧2489吨，下降2.4%。淡水产品产量14123吨，增长6.3%。

全市农业机械总动力82.7万千瓦，比上年增长2.3%。农用拖拉机16263台，下降1.1%。茶叶加工机械15.02万台，下降0.9%。机耕作业面积65.89千公顷，机播作业面积19.95千公顷，机收作业面积52.17千公顷。全年农用化肥施用量（折纯）3.50万吨，下降2.9%；农药使用量2682吨，下降9.8%。农村用电量30082万千瓦时，增长11.3%。耕地有效灌溉面积47.28千公顷，节水灌溉面积19.42千公顷。

全市规模以上农产品加工企业183家，全年农产品加工产值增长6.1%。市级以上龙头企业193家，谢裕大茶叶股份有限公司递补为农业产业化国家重点龙头企业。大力培育徽菊、覆盆子、枇杷、油茶等特色基地，年末各类特色产业基地242万亩。全年新增高效生态茶园3万亩，改造低产茶园5.1万亩，茶叶产量3.73万吨，一产产值34.28亿元，分别增长5.9%和2.9%。全市农产品拥有中国驰名商标10个、安徽省著名商标116个，地理标志保护产品14个、地理标志证明商标4个。

（三）工业和建筑业

1. 工业经济

全市规模以上工业企业554户，比上年减少23户。全年规模以上工业增加值比上年增长10.3%，增速居全省第7位。分经济类型看，国有企业增长12.6%，集体企业增长10.4%，股份合作企业下降7.0%，股份制企业增长11.0%，外商和港澳台商投资企业增长6.0%，其他经济类型企业下降17.6%。

规模以上工业中，全市34个工业大类行业有23个增加值保持增长。其中，计算机、通信和其他电子设备制造业增长41.6%，汽车制造业增长30.5%，非金属矿物制品业增长21.8%，化学原料和化学制品制造业增长16.8%，酒、饮料和精制茶制造业增长15.3%，通用设备制造业增长9.9%，橡胶和塑料制品业增长3.1%。

绿色食品、绿色软包装、汽车电子、精细化工等四大主导产业实现产值占全部规模拟上工业的45.7%，同比增长14.4%，拉动全市工业增长6.6个百分点。战略性新兴产业产值增长16.6%，占规模以上工业比重达32.1%。全市规模以上高新技术产业产值比上年增长20.9%，增加值增长16.8%。

规模以上工业统计的主要产品产量中，罐头增长8.7%，精制茶增长8.9%，丝织品下降8.2%，服装下降16.5%，涂料、初级形态塑料分别增长15.5%和11.4%，塑料制品增长15.7%，水泥增长5.4%，铜材增长14.5%，阀门、金属切削机床分别增长50.1%和16.4%。

全市规模以上工业企业累计完成主营业务收入436.1亿元，比上年增长15.7%；实现利润16.6亿元，增长10.9%。34个工业大类行业全面实现盈利，其中16个行业利润增长。化学原料和化学制品制造业、酒饮料和精制茶制造业、计算机通信和其他电子设备制造业和非金属矿物制品业等4个利润超亿元的行业，合计实现利润9.9亿元，增长29.7%，利润额占全部规模以上工业的59.8%。

2. 建筑业

具有资质等级的总承包和专业承包建筑业企业71家，比上年增加4家。资质内建筑企业完成总产值68.54亿元，增长32.5%；建筑业劳动生产率为21.3万元/人，增长22.3%。全年房屋建筑施工面积544.6万平方米，比上年增加92.6万平方米；房屋竣工面积230.02万平方米，增加15.38万平方米。

（四）服务业

1. 国内贸易

全年社会消费品零售总额377.4亿元，比上年增长11.0%。按经营地统计，城镇消费品零售额315.2亿元，增长11.0%；乡村消费品零售额62.3亿元，增长10.9%。按消费类型统计，商品零售额300.8亿元，增长11.1%；餐饮收入额76.6亿元，增长10.4%。按单位规模统计，限额以上单位零售额101.1亿元，增长11.4%；限额以下单位零售额276.4亿元，增长10.4%。全市纳入统计的39家开展网络零售业务的限额以上批发零售企业实现网上零售额7.3亿元，增长31.6%。

限额以上企业商品零售额中，吃、穿、用类商品零售额分别比上年增长21.8%、6.2%和10.0%。其中，粮油食品类增长19.9%，服装鞋帽针纺织品类增长6.2%，饮料类增长15.0%，家用电器和音像器材类增长2.5%，中西药品类增长9.7%，家具类增长10.4%，汽车类增长2.7%，石油及制品类增长17.3%。

2. 交通运输、邮电

全年各类运输方式完成货运总量5532.68万吨，比上年增长0.8%。其中，公路5525万吨，增长1.1%；水运0.83万吨，下降91.7%；铁路6.63万吨，下降47.9%；民航货邮吞吐量0.22万吨，下降1.8%。完成旅客运输总量3380.3万人，比上年下降4.0%。其中，公路2868万人，下降6.0%；水运125万人，增长11.6%；铁路(含高铁)311.2万人，增长8.0%；民航旅客吞吐量76.1万人，增长4.9%。年末，全市公路线路里程7103公里，其中，高速公路353公里。由于黄杭高铁的开通运营，全市境内高铁运营里程由原来的70.5公里增加到124.5公里。

全市民用汽车拥有量19.88万辆，比上年增长7.6%，其中私人汽车17.58万辆，增长10.5%。民用轿车拥有量11.97万辆，增长10.7%，其中私人轿车11.32万辆，增长11.4%。

全年邮政业务总量7.26亿元，增长16.8%。快递业务量2315万件，快递业务收入2.49亿元，比上年分别增长12.8%和30.8%。全年电信业务总量29.13亿元，比上年增长111.2%。年末本地固定电话用户22.40万户，比上年减少0.81万户；移动电话用户138.54万户，比上年末增加14.28万户，其中：4G移动电话用户100.97万户，增加14.65万户。年末基础电信运营企业计算机互联网宽带接入用户45.13万户，增加11.34万户。

3. 旅游业

全年接待海内外旅游者6486.59万人次，比上年增长12.3%。其中，接待国内游客6223.80万人次，增长12.4%；接待入境旅游者262.79万人次，增长10.6%。在入境旅游者中，外国人159.32万人次，增长9.4%，港澳台同胞103.47万人次，增长12.5%。旅游总收入572.76亿元，增长13.2%。其中，旅游外汇收入8.42亿美元，增长12.2%；国内旅游收入517.04亿元，增长13.3%。年末全市有A级及以上旅游景点(区)48家53处，其中，5A级景区3家8处。星级饭店39家，其中，四星级及以上饭店27家。旅行社193家。

4. 金融和保险

全市金融机构人民币各项存款余额1266.74亿元，比上年增长9.6%，余额比年初增加111.10亿元，同比增加18.73亿元；其中，住户存款余额738.32亿元，增长9.1%，余额比年初增加61.33亿元，同比增加14.00亿元。金融机构人民币各项贷款余额829.09亿元，增长15.7%，余额比年初增加112.72亿元，同比增加5.47亿元。其中，境内短期贷款余额297.77亿元，增长12.4%；境内中长期贷款余额507.63亿元，增长15.5%。中长期贷款中住户贷款余额247.95亿元，增长31.4%。

银行业金融机构不良贷款余额23.63亿元，比年初增加6.15亿元；不良贷款率2.86%，比年初提高0.42个百分点。

全年保险业保费收入28.38亿元，比上年增长6.8%。其中，财产险业务保费收入10.64亿元，增长11.3%；人身险业务保费收入17.74亿元，增长4.2%。赔款和给付11.11亿元，增长5.8%。其中，财产险业务赔款支出5.47亿元，增长26.7%；人身险业务赔款和给付支出5.64亿元，下降8.8%。

5. 房地产业

全年房地产开发投资151.2亿元，比上年增长22.4%。其中，住宅104.5亿元，增长20.5%。商品房销售面积212.9万平方米，增长15.0%。其中，住宅182.6万平方米，增长12.7%。商品房销售额128.4亿元，增长23.3%。其中，住宅112.9亿元，增长24.7%。年末商品房待售面积95.4万平方米，下降15.6%，其中，住宅41.0万平方米，下降23.3%。

（五）对外经济

1. 对外贸易

全年进出口总额95100万美元，比上年增长29.1%。其中，出口76614万美元，增长25.7%；进口18456万美元，增长45.2%。从贸易方式看，一般贸易进出口89949万美元，增长29.5%；加工贸易5117万美元，增长21.3%；其他贸易34万美元，增长52.8%。

2. 利用外资

全年新签内资项目 532 个，协议投资额 938.8 亿元，实际到位资金 241.9 亿元，增长 15.0%。新签亿元以上项目 140 个，为历史之最。成功签约众泰智能网联汽车电子零部件、上海城投高铁 CBD、中青旅汤口文旅小镇等一批亿元重大项目。引进国药萃取、中宸特卫安防、168 总部项目和郎朗艺术基金会歙县音乐教室捐赠项目。全年新批外商投资项目 12 个，比上年增加 2 个，其中新增"一带一路"国家俄罗斯联邦客商投资设立黄山利奥娜卫浴有限公司；合同外资额 4340 万美元，实际利用外商直接投资 20014 万美元，增长 15.5%。

二 黄山市 2018 年社会发展概况

（一）人口、人民生活

全市户籍人口 148.58 万人，比上年末增加 0.12 万人；户籍人口城镇化率 34.39%，比上年末提高 1.49 个百分点。常住人口 140.7 万人，增加 2.3 万人；常住人口城镇化率 51.46%，提高 0.56 个百分点。全年人口出生率 11.79‰，比上年上升 1.23 个千分点；死亡率 6.39‰，上升 0.07 个千分点；自然增长率 5.40‰，上升 1.16 个千分点。

全年常住居民人均可支配收入 23813 元，比上年增长 9.6%。

城镇常住居民人均可支配收入 33551 元，比上年增长 8.9%。从城镇居民收入结构来看，人均工资性收入 19122 元，增长 7.0%；经营净收入 5727 元，增长 19.2%；财产净收入 2290 元，增长 7.8%；转移净收入 6412 元，增长 6.5%。城镇常住居民人均消费支出 19246 元，增长 7.8%，其中食品烟酒支出增长 7.4%，衣着增长 13.2%，居住增长 18.9%，生活用品及服务增长 5.6%，交通和通信下降 3.9%，教育文化娱乐服务增长 9.2%，医疗保健下降 13.2%。城镇常住居民恩格尔系数为 32.3%，比上年下降 0.1 个百分点。年末城镇常住居民人均住房建筑面积 49.3 平方米，比上年增加 0.3 平方米。

全年农村常住居民人均可支配收入 15391 元，比上年增长 9.7%。从农村常住居民收入结构来看，人均工资性收入 6036 元，增长 9.0%；经营净收入 6085 元，增长 11.0%；财产净收入 238 元，增长 13.3%；转移净收入 3032 元，增长 8.0%。农村居民人均消费支出 12470 元，增长 8.8%，其中食品烟酒支出增长 7.9%，衣着增长 20.7%，居住增长 10.4%，生活用品及服务增长 5.4%，交通和通信增长 6.7%，教育文化娱乐服务增长 17.0%，医疗保健下降 8.2%。农村常住居民恩格尔系数为 32.4%，比上年下降 0.3 个百分点。年末农村常住居民人均住房建筑面积 65.5 平方米，比上年增加 1.9 平方米。

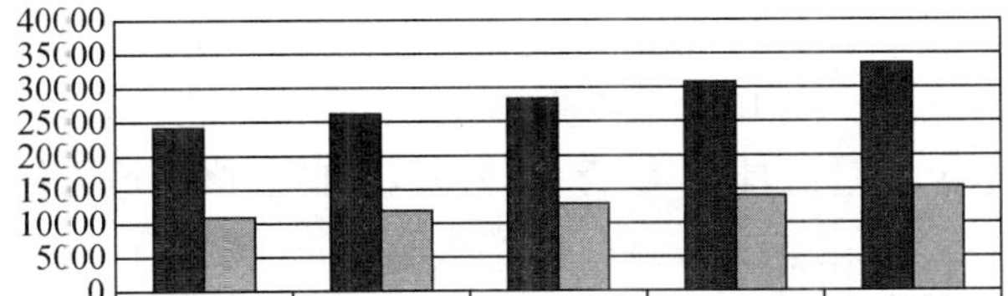

	2014	2015	2016	2017	2018
■城镇居民人均可支配收入(元)	24194	26226	28393	30821	33551
▫农村居民人均可支配收入(元)	10942	11872	12869	14034	15391

图 3 2014—2018 年黄山市城乡居民收入对比一览

（二）就业与社会保障

1. 就业工作

全市城镇实名制新增就业 2.62 万人，其中下岗职工再就业 0.82 万人。年末城镇登记失业率 2.80%，比上年下降 0.77 个百分点。

2. 社会保障和福利

全市参加城镇职工养老保险人数 20.97 万人，比上年增长 1.8%。其中，参保职工 14.60 万人，增长 0.5%，参保离退休人员 6.37 万人，增长 4.8%。参加城镇医疗保险人数 38.99 万人，比上年减少 1.7%，其中，职工参保 21.26 万人，增长 5.0%。参加失业保险人数 11.38 万人，比上年增长 12.9%。参加工伤保险人数 13.02 万人，比上年增长 5.7%。其中，农民工 3.45 万人，增长 19.8%。参加生育保险人数 12.76 万人，增长 5.6%。五项社会保险参保 97.12 万人次，征缴五项社会保险金额 20.93 亿元，增长 14.4%。

全市有各类提供住宿的社会服务机构 26 个；床位数 2798 张，增长 6.7%；收养各类人员 753 人，增长 5.3%。不提供住宿的社会服务机构 829 个。其中，社区服务中心 367 个，社区服务站 85 个。年末 1.15 万城镇居民得到政府最低生活保障；发放最低生活保障金 5848 万元；3.42 万农村居民得到政府最低生活保障，发放最低生活保障金 12626 万元；农村居民得到政府五保救济 7481 人，农村低保覆盖率 3.43%。全年销售社会福利彩票 17059 万元，筹集社会福利资金 1729 万元。

（三）教育和科学技术

1. 教育事业

全市有普通高校 2 所，普通本专科在校生 22630 人。高考文理本科达线率 51.75%。各类中等职业教育（不含技工学校）16 所，在校生 15753 人。普通高中 20 所，在校生 19606 人，高中阶段毛入学率 108.81%。普通初中 95 所，在校生 35210 人，初中阶段适龄人口入学率 100%。小学 132 所，在校生 70871 人，小学学龄儿童入学率 100%。幼儿园 191 所，在校生 37191 人，学前三年毛入园率 104.23%。特殊教育学校 2 所，在校生 115 人。

2. 科技与创新

有省、市工程技术研究中心 108 家，新组建市工程技术研究中心 15 家；有省级院士工作站 8 家，新组建黄山旺荣电子有限公司安徽省院士工作站；拥有省民营科技企业 286 家，新认定 13 户。年末拥有高新技术企业 108 家，其中当年新认定 22 家。

全年共申请专利 2185 件，比上年增长 67.7%；授予专利权 1097 件，增长 32.3%。其中发明专利申请 793 件，授权 152 件。企业专利申请 1511 件，授权 777 件。截至年底，拥有有效发明专利 794 件，每万人口发明专利拥有量 5.74 件。全年共签订技术合同 76 项，技术合同成交金额 4003.95 万元，比上年增长 30.6%。取得各类科技成果 235 项，比上年增加 147 项。

拥有国家地理标志产品 13 个；完成强制性产品认证的企业 26 个；法定计量技术机构 6 个（不含授权检定机构），强制检定计量器具 1.25 万台（件），新制定、修订地方标准 6 项。

（四）文化、卫生和体育

1. 文化事业

全市拥有文化馆 8 个，公共图书馆 11 个，博物馆 54 个（含民办博物馆 35 个），乡镇综合文化站 101 个。全国重点文物保护单位 31 处，省级重点文物保护单位 93 处。国家级非物质文化遗产名录 20 项，省级名录 87 项。广播电台 5 座，中、短波发射台和转播台 6 座，广播节目综合人口覆盖率 99.40%。电视台 5 座，有线电视用户 28.3 万户，电视节目综合人口覆盖率 99.45%。

实施徽剧振兴工程，举办徽班进京故宫展演、故宫博物院藏文房用具暨徽州贡品展，故宫文化创意馆徽派传统工艺馆开馆，徽州大剧院改造完成，市图书馆跻身国家一级馆。现代黄梅戏《远去的差距》、徽剧小戏《三杯停》等4部戏成功入选安徽省2018年戏曲创作孵化计划暨农村现实题材创作工程项目。

2. 卫生事业

全市共有各类卫生机构1049个（含村卫生室）。其中，医院、卫生院133个，妇幼保健院（所、站）7个，专科疾病防治院2个。全市卫生技术人员9301人，比上年增加329人，其中执业（助理）医师3440人，增加42人；注册护士4264人，增加251人。医院和卫生院拥有病床8280张，比上年增加476张。全年医疗卫生机构共诊疗635.4万人次，比上年增长7.3%。村卫生室617个，乡村医生和卫生员551人。新型农村合作医疗覆盖农村人口106.0万人，实际参加农村合作医疗农民105.8万人，平均参合率达99.82%。

3. 体育事业

全市拥有体育场地25个。其中，体育场9个、体育馆6座、运动场（田径场）10个。广泛组织开展全民健身活动，全年举办各级各类全民健身项目193项次，参与健身群众人数达37万人次。在市级以上竞赛中，黄山市运动健儿共夺得金牌42.975枚、银牌18枚、铜牌27枚。龙舟运动员王丽在第十八届亚运会上获得女子12人制龙舟200米项目金牌。成功举办全国竞走大奖赛、全国春季游泳锦标赛、第十三届中国黄山（黟县）国际山地车公开赛、第十四届中国黄山国际登山大会暨超级越野赛等近20项品牌赛事活动。全年电脑体育彩票销售额达2.55亿元，比上年增长78.9%。

（五）环境保护

全年空气质量平均优良天数比例为98.3%，比上年提高0.2个百分点，达到国家二级标准。全市PM10年均浓度41.9微克/立方米，下降18.6%；PM2.5平均浓度23.9微克/立方米，下降8.3%。已建成自然保护区69个，其中国家级2个，省级7个。当年造林面积6483公顷，其中：人工造林面积815公顷，封山育林面积5668公顷。年末森林面积740.7千公顷，森林覆盖率82.9%，活立木总蓄积量4490万立方米。

其中新安江流域河流总体水质状况优，8个监测断面水质为Ⅱ～Ⅲ类；长江流域河流总体水质优，7个监测断面水质为Ⅰ～Ⅲ类。太平湖、丰乐湖水质状况优，奇墅湖水质状况良。全市地表水达标率和集中式饮用水水源地全年水质达标率均达100%。城区环境噪声昼间平均等效声级52.0分贝，城区道路交通噪声昼间平均等效声级为65.7分贝。

（六）社会安全

全年发生生产安全事故32起，比上年减少29起；死亡31人，减少18人。亿元GDP生产安全事故死亡人数为0.046人。发生道路交通事故619起，发生火灾事故316起。

三　黄山市在泛长三角地区经济发展中的地位

2018年，面对错综复杂的宏观环境，全市上下在省委、省政府和市委的坚强领导下，坚持以习近平新时代中国特色社会主义思想为指导，贯彻落实党的十九大和十九届二中、三中全会精神，坚持稳中求进工作总基调，坚持以新发展理念为引领，按照高质量发展要求，深入推进供给侧结构性改革，大力实施五大发展行动计划，着力打好三大攻坚战，全面做好“六稳”工作，保持了经济持续健康发展和社会大局稳定，较好完成了市七届人大一次会议确定的目标任务，实现了新一届政府工作的良好开局。

（一）地区生产总值

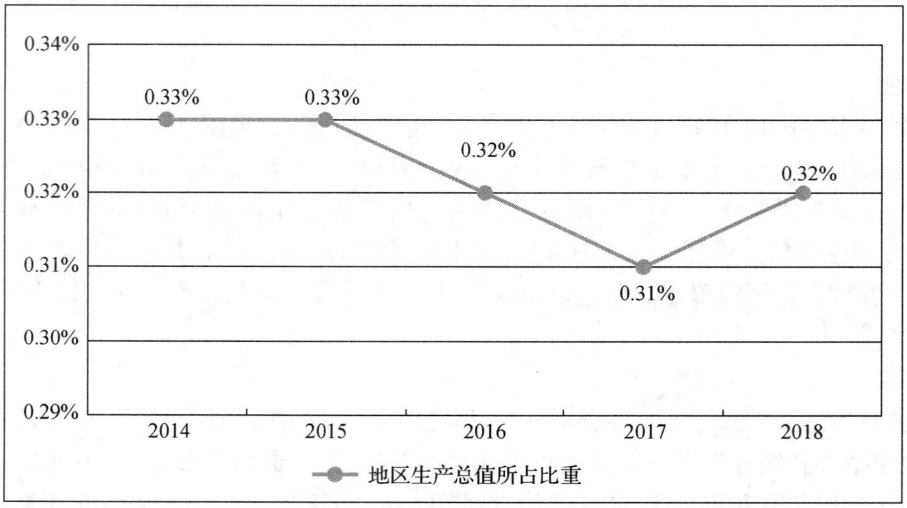

图 4　2014—2018 年黄山市地区生产总值在泛长三角地区 41 市（苏浙两省 24 个地级市、上海市和安徽省 16 市，下同）所占比重的变化趋势

2014—2018 年黄山市地区生产总值在泛长三角地区 41 市所占比重分别为 0.33%、0.33%、0.32%、0.31%和 0.32%。2018 年较 2014 年减少了 0.01 个百分点，较 2017 年增加了 0.01 个百分点。2018 年，黄山市地区生产总值在泛长三角地区 41 市中所占比重排名最后一位。

2018 年，黄山市地区生产总值（GDP）677.9 亿元，按可比价格计算，比 2017 年增长 7.7%。分产业看，第一产业增加值 56.9 亿元，增长 3.1%；第二产业增加值 236.6 亿元，增长 10.2%；第三产业增加值 384.4 亿元，增长 6.6%。人均 GDP 48579 元（折合 7341 美元），比 2017 年增加 4328 元。前四个季度全市生产总值分别增长 7.9%、8.1%、7.6%和 7.7%，下半年经济呈现缓中趋稳态势，全年仍处于平稳合理区间。

（二）地方财政一般预算收入

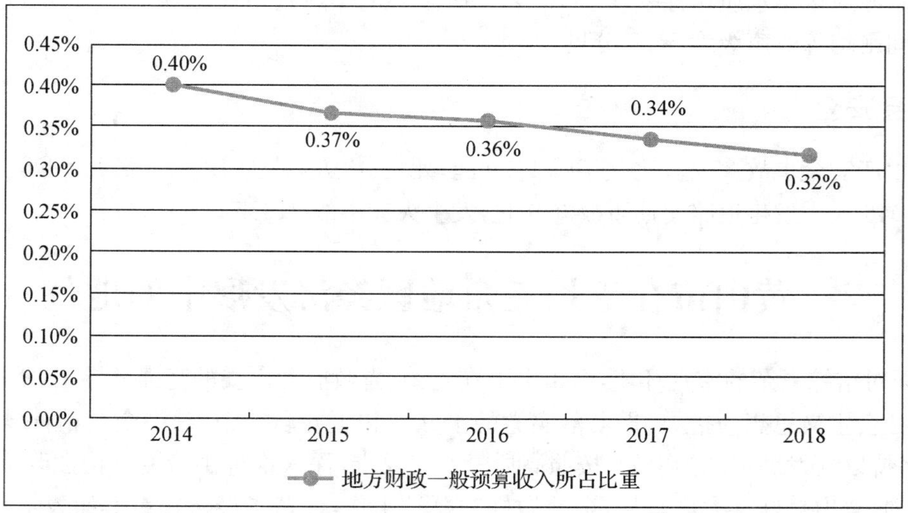

图 5　2014—2018 年黄山市地方财政一般预算收入在泛长三角 41 市所占比重的变化趋势

2014—2018年黄山市地方财政一般预算收入在泛长三角41市所占比重分别为0.40%、0.37%、0.36%、0.34%和0.32%，2018年较2014年减少了0.08个百分点，较2017年减少了0.02个百分点。2018年，黄山市地方财政一般预算收入在泛长三角41市中的排第38位。

2018年，全市完成财政收入113.9亿元，同比增长7.5%，比2017年提高0.5个百分点。其中，全口径税收收入增长12.9%，占财政收入比重为67.0%，同比提高3.2个百分点。

（三）工业生产总值

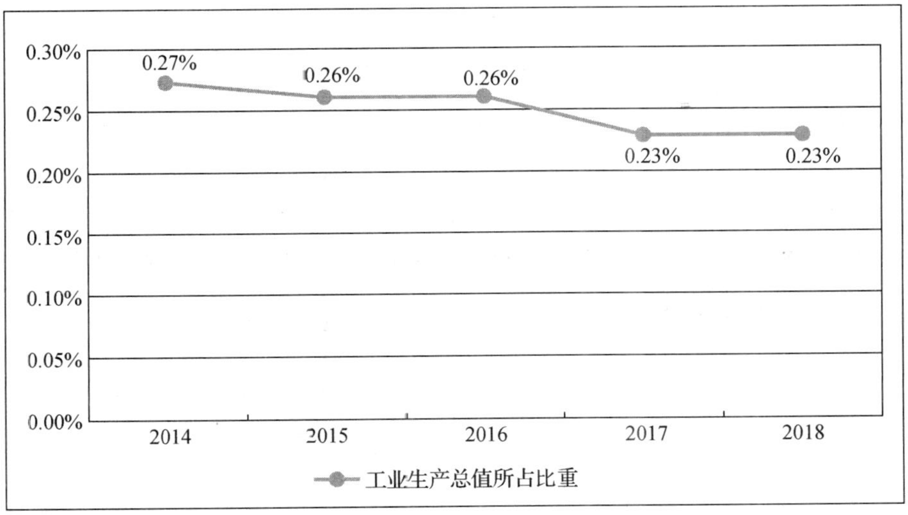

图6　2014—2018年黄山市工业生产总值在泛长三角41市所占比重的变化趋势

2014—2018年黄山市工业生产总值在泛长三角41市所占比重分别为0.27%、0.26%、0.26%、0.23%和0.23%，2018年较2014年减少了0.05个百分点，较2017年比减少了0.01个百分点。2018年，黄山市工业生产总值在泛长三角41市所占比重排最后一位。

2018年，全年实现工业增加值181.7亿元，同比增长10.0%，工业对经济增长的贡献率达42.0%，较2017年提高2.5个百分点，直接拉动GDP增长3.2个百分点，较2017年提高0.1个百分点。从规模以上工业看：一年来全市规模以上工业各月累计增速维持在9.5%～10.4%区间，全年增长10.3%，比全省高1.0个百分点，居第7位。全市34个大类行业中，有23个行业增加值实现增长，其中有14行业高于全市平均增速。绿色食品、绿色软包装、汽车电子、精细化工四大主导产业实现产值增长14.4%；64户“市级队”工业企业产值增长21.3%。

（四）进出口总额

2014—2018年黄山市进出口总额在泛长三角41市所占比重分别为0.064%、0.046%、0.049%、0.049%和0.057%，2018年较2017年减少了0.08个百分点。2018年，黄山市进出口总额在泛长三角41市中排名第35位，较2017年上升一位。

2018年，全市对外贸易虽受贸易摩擦影响，但形势总体稳中向好。全年外贸进出口总额9.51亿美元，同比增长29.1%，增幅比2017年提高16.2个百分点，比全省高12.5个百分点，居第2位。其中：出口额7.66亿美元，同比增长25.7%，比全省高7.4个百分点，列第4位。出口产品中：机电、化工、纺织服装分别增长29.1%、38.9%和29.2%；机电产品占全部出口额比重同比提高0.4个百分点。

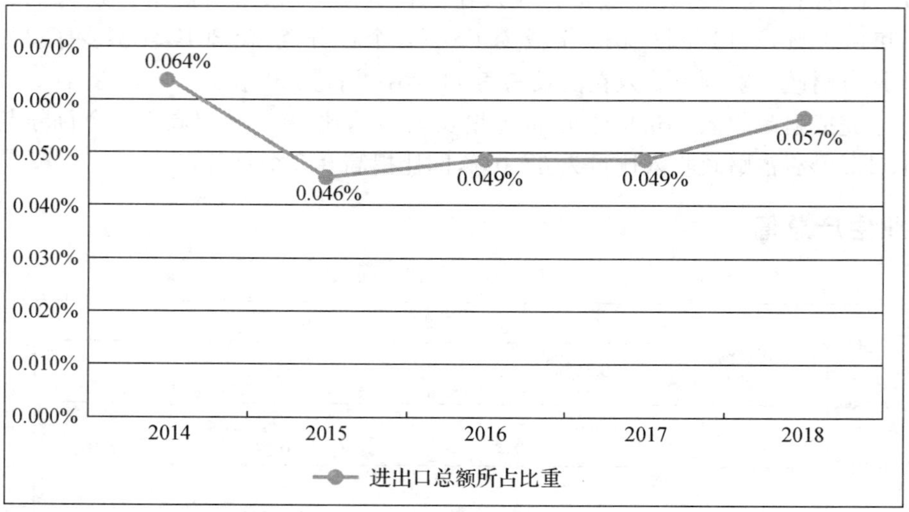

图 7　2014—2018 年黄山市进出口总额在泛长三角 41 市所占比重的变化趋势

（五）实际外商直接投资金额

图 8　2014—2018 年黄山市实际外商直接投资金额在泛长三角 41 市所占比重的变化趋势

2014—2018 年黄山市实际外商直接投资金额在泛长三角 41 市所占比重分别为 0.37%、0.22%、0.21%、0.23%和 0.25%，整体呈现下跌姿态，2018 年较 2014 年减少了 0.12 个百分点，较 2017 年增加了 0.02 个百分点。2018 年，黄山市实际外商直接投资金额在泛长三角 41 市中排第 39 位，与 2017 年相比上升了一位。

2018 年，招商引资形势向好。全年新签内资项目 532 个，协议投资额 938.8 亿元，实际到位资金 241.9 亿元，增长 15.0%。新签亿元以上项目 140 个，为历史之最。成功签约众泰智能网联汽车电子零部件、上海城投高铁 CBD、中青旅汤口文旅小镇等一批亿元重大项目。引进国药萃取、中宸特卫安防、168 总部项目和郎朗艺术基金会歙县音乐教室捐赠项目。全年新批外商投资项目 12 个，比 2017 年增加 2 个，其中新增“一带一路”国家俄罗斯联邦客商投资设立黄山利奥娜卫浴有限公司；合同外资额 4340 万美元，实际利用外商直接投资 20014 万美元，增长 15.5%。

十一 阜阳市2018年经济社会发展报告

2018年，在市委、市政府的坚强领导下，全市上下坚持以习近平新时代中国特色社会主义思想为指导，坚持稳中求进工作总基调，按照高质量发展要求，着力改革创新，凝心聚力，攻坚克难，全市经济社会保持了总体平稳、稳中有进、质效提升的发展态势，综合实力显著增强，高质量发展迈出坚实步伐。

一 阜阳市2018年经济发展概况

（一）综合经济

1. 经济总量

全年实现地区生产总值(GDP)1759.52亿元，按可比价格计算，比上年增长9.5%。其中，第一产业增加值310.68亿元，增长3.5%；第二产业增加值737.22亿元，增长10.3%；第三产业增加值711.62亿元，增长11.8%。三次产业结构由上年的19.8∶41.0∶39.2调整为17.7∶41.9∶40.4。人均生产总值21589元，比上年增加2053元。

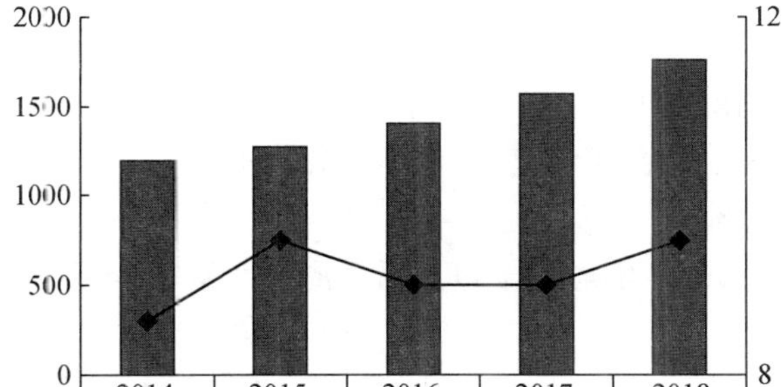

	2014	2015	2016	2017	2018
地区生产总值(亿元)	1188.97	1267.4	1401.86	1571.12	1759.52
增幅(%)	8.6	9.5	9	9	9.5

图1 2014—2018年阜阳市地区生产总值及增长速度

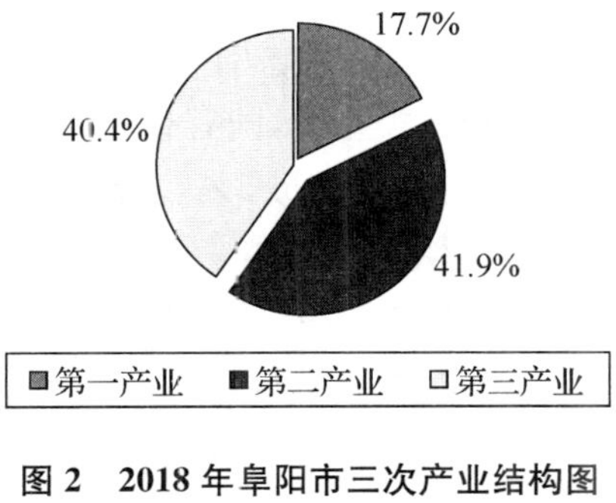

图2 2018年阜阳市三次产业结构图

2. 财政收支

全年财政收入324.8亿元，比上年增长17.2%。其中，地方财政收入187.1亿元，增长18.7%。全部财政收入中，增值税、消费税、企业所得税和个人所得税184.8亿元，同比增长15.7%。全年财政支出

573.8亿元，增长11.3%。其中，民生类支出494.9亿元，增长11.7%。重点支出项目中，城乡社区事务支出62.4亿元，增长25.9%；教育支出106.9亿元，增长10.4%；社会保障和就业支出85.8亿元，增长12.1%；节能环保支出12.1亿元，增长6.4%。

3. 物价水平

全年居民消费价格比上年上涨1.9%。其中，食品烟酒类价格上涨2.7%，衣着类上涨1.6%，居住类上涨1.3%。商品零售类价格上涨1.9%。

4. 固定资产投资

全年固定资产投资同比增长22.1%，连续五年居全省第1位。其中，工业技术改造投资增长58.5%，基础设施投资增长38.9%，民间投资增长29.4%。分产业看，第一产业投资增长54.8%，第二产业投资增长29.5%，第三产业投资增长19.1%。

全年亿元以上项目546个，累计完成投资增长33.1%，其中新开工项目189个。重点项目建设扎实推进，商合杭高铁、郑阜高铁、阜阳北站扩能改造工程加快实施。昊源化工年产50万吨二甲醚、华铂二期技改项目建成投产，华润电厂二期、阜阳卷烟厂易地技改项目开工建设。市博物馆、科技馆、大剧院主体工程完工，阜阳新闻大厦开工建设。

（二）农业

全年粮食作物种植面积973.2千公顷，比上年减少1.5千公顷。油料种植面积20.0千公顷，扩大1.2千公顷。棉花种植面积2.5千公顷，扩大0.4千公顷。蔬菜种植面积94.4千公顷，扩大5.4千公顷。粮经面积比由上年的88.1∶11.9调整为87.2∶12.8。

全年粮食产量513.4万吨，同比下降2.6%。其中，夏粮产量308.9万吨，下降6.2%；秋粮产量204.5万吨，增长3.3%。油料产量5.0万吨，增长4.2%。棉花产量0.3万吨，增长32.2%。蔬菜产量387.6万吨，增长6.1%。

全年肉类总产量56.4万吨，增长4.1%。禽蛋产量16.4万吨，增长3.5%。水产品产量10.3万吨，增长3.6%。

年末全市农业机械总动力(不含农用运输车)696.7万千瓦，增长11.5%。农用拖拉机15.4万台，增长2.0%。其中，大中型拖拉机4.0万台，与上年持平。全年化肥施用量(折纯)35.1万吨，下降1.8%。农村用电量21.1亿千瓦时，增长14.8%。

（三）工业和建筑业

1. 工业经济

年末全市规模以上工业企业1816户，比上年净增64户。全年规模以上工业增加值增长11.6%，比全省高2.3个百分点，居全省第2位。分经济类型看，国有企业增长14.0%，集体企业下降11.1%，股份制企业增长11.3%，外商及港澳台投资企业增长15.5%。分门类看，采矿业增长4.4%，制造业增长11.7%，电力、热力、燃气及水生产和供应业增长19.0%。

规模以上工业中，35个工业行业大类有30个行业增加值保持增长。其中，有色金属冶炼和压延加工业增长43.4%，黑色金属冶炼和压延加工业增长31.5%，医药制造业增长30.3%，金属制品、机械和设备修理业增长25.1%，电力、热力生产和供应业增长19.7%，橡胶和塑料制品业增长19.6%，家具制造业增长14.4%，烟草制品业增长14.0%，电气机械和器材制造业增长13.2%，农副食品加工业增长9.4%，纺织业增长7.9%。高新技术产业增加值增长23.2%，战略性新兴产业产值增长21.2%。战略性新兴产业集聚发展基地工业总产值增长24.5%，其中太和医药基地工业总产值增长26.8%。

规模以上工业统计的主要产品产量中，塑料制品、多色印刷品、电力电缆、卷烟、家具、复合木地板、服装、滚动轴承分别比上年增长29.2%、29.1%、13.8%、8.5%、8.4%、8.2%、8.0%、4.7%。饮料酒、水泥、饲料、精甲醇分别下降1.8%、4.1%、7.0%、16.8%。

全年规模以上工业企业实现利润168.3亿元，增长45.9%。其中，国有企业增长9.4%，集体企业增长52.1%，股份制企业增长47.0%，外商及港澳台商投资企业增长26.0%。主营业务收入2666.9亿元，增长16.7%；实现利税310.5亿元，增长41.1%。规模以上工业经济效益综合指数357.2%，比上年提高32.2个百分点。

2. 建筑业

全年全社会建筑业增加值97.8亿元，按可比价格计算，比上年增长4.4%。全年房屋建筑施工面积2086.0万平方米，增长5.5%；房屋竣工面积580.8万平方米，下降8.5%。

（四）服务业

1. 国内贸易

全年社会消费品零售总额962.2亿元，比上年增长14.1%。按经营地统计，城镇消费品零售额742.8亿元，增长14.0%；乡村消费品零售额219.4亿元，增长14.5%。按消费类型统计，商品零售额814.5亿元，增长14.2%；餐饮收入147.7亿元，增长13.8%。

限额以上企业商品零售额中，粮油食品类89.7亿元，增长26.4%；烟酒类23.2亿元，增长21.0%；服装鞋帽针纺织品类50.1亿元，增长13.4%；化妆品类5.5亿元，增长10.0%；金银珠宝类11.7亿元，增长1.4%；五金电料类5.7亿元，增长12.2%；家用电器和音像器材类28.9亿元，增长17.1%；书报杂志类6.1亿元，增长7.7%；中西药品类115.1亿元，增长13.8%；石油及制品类57.3亿元，增长17.5%；汽车类93.8亿元，增长9.1%；机电产品及设备类6.8亿元，增长24.0%。

2. 交通运输、邮电

全年公路货物运输总量5.0亿吨，比上年增长1.1%；旅客运输总量0.6亿人次，下降7.6%。公路货物运输周转量1256.1亿吨公里，增长5.2%；旅客运输周转量44.8亿人公里，下降3.4%。港口货物吞吐量563.7万吨，下降12.0%。阜阳机场航线10条，覆盖16个城市，民航旅客吞吐量80.0万人次，增长31.1%。

年末全市民用汽车拥有量84.9万辆，比上年增长17.0%。其中，私人汽车72.1万辆，增长18.4%。

全年邮电业务总量59.8亿元，比上年增长4.9%。其中，电信业务总量38.8亿元，下降4.7%；邮政业务总量21.1亿元，增长29.2%。快递服务企业业务量5366.0万件，增长52.1%；快递业务收入5.9亿元，增长56.1%。年末全市固定电话用户38.6万户，比上年减少8.1万户；移动电话用户710.4万户，比上年增加93万户。年末全市计算机互联网宽带接入用户169.4万户，比上年增加29.6万户。

3. 旅游业

全年旅游总收入201.7亿元，比上年增长18.2%。其中，旅游外汇收入951.1万美元，增长8.1%；国内旅游收入201.0亿元，增长18.2%。全年接待游客2763.3万人，增长16.3%。其中，入境游客2.0万人，增长11.9%。

4. 金融和保险

年末全市金融机构人民币各项存款余额4053.6亿元，比年初增加552.3亿元，增长15.8%。其中，住户存款余额2383.5亿元，增长11.6%；非金融企业存款余额686.0亿元，增长9.9%。年末金融机构人民币各项贷款余额2643.1亿元，比年初增加587.7亿元，增长28.6%。其中，住户贷款余额1364.8亿元，增长28.7%；非金融企业及机关团体贷款余额1278.3亿元，增长28.5%。

全年保险业保费收入133.7亿元，比上年增长15.7%。其中，财产险42.7亿元，增长10.2%；寿险

67.7 亿元，增长 8.5%；意外伤害险 2.5 亿元，增长 29.8%；健康险 20.8 亿元，增长 67.3%。

5. 房地产业

全年房地产开发投资 589.7 亿元，比上年增长 14.2%。商品房销售面积 1046.5 万平方米，增长 21.7%；商品房销售额 684.9 亿元，增长 19.8%；年末商品房待售面积 43.4 万平方米，下降 16.4%；商品房施工面积 4444.0 万平方米，增长 20.9%；竣工面积 213.6 万平方米，增长 49.0%。

（五）对外经济

1. 对外贸易

全年进出口总额 13.8 亿美元，比上年增长 24.0%。其中，出口 11.9 亿美元，增长 23.2%；进口 1.9 亿美元，增长 29.3%。从出口贸易方式看，一般贸易出口 10.2 亿美元，增长 22.4%；加工贸易出口 1.6 亿美元，增长 28.6%。

2. 利用外资

全年新批外商投资企业 16 家，比上年增长 77.8%。合同外资 8.2 亿美元，下降 6.7%。实际利用外商直接投资 4.1 亿美元，增长 87.9%。

二　阜阳市 2018 社会发展概况

（一）人口、人民生活

年末全市户籍人口 1070.8 万人，比上年末增加 0.7 万人。据抽样调查，年末全市常住人口 820.7 万人，比上年末增加 11.4 万人；城镇化率 43.29%，比上年末提高 1.54 个百分点。全年常住人口出生率 16.01‰，死亡率 5.17‰，自然增长率 10.84‰。

全年全市城镇常住居民人均可支配收入 30113 元，增长 8.7%，扣除价格因素，实际增长 6.7%；人均消费支出 19586 元，增长 10.4%。农村常住居民人均可支配收入 11830 元，增长 10.1%，扣除价格因素，实际增长 8.1%；人均消费支出 9446 元，增长 10.6%。

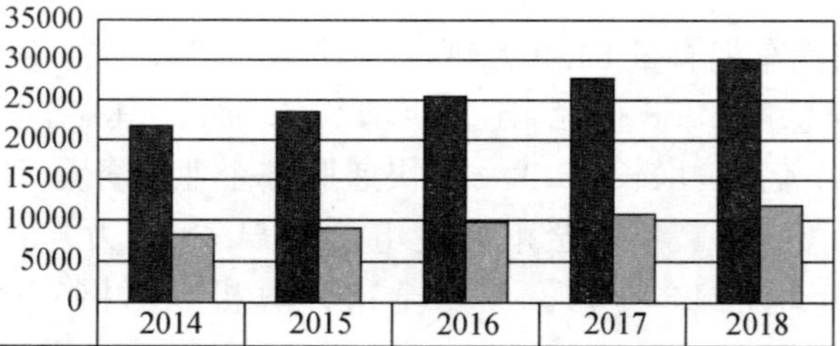

	2014	2015	2016	2017	2018
■城镇居民人均可支配收入(元)	21715	23496	25483	27713	30113
▫农村居民人均可支配收入(元)	8213	9001	9776	10748	11830

图 3　2014—2018 年阜阳市城乡居民收入对比一览

（二）就业与社会保障

1. 就业工作

年末全市就业人员 689.8 万人，比上年增加 16.2 万人。其中，第一产业 226.3 万人，增加 1.4 万人；第二产业 212.4 万人，增加 7.4 万人；第三产业 251.1 万人，增加 7.4 万人。全年城镇新增就业 7.6 万人，失业人员再就业 1.3 万人，就业困难人员再就业 3193 人。年末全市城镇登记失业率 2.14%。

2. 社会保障和福利

年末全市城镇职工养老保险参保 55.9 万人，失业保险参保 26.2 万人，医疗保险参保 44.5 万人，工伤保险参保40.0万人，生育保险参保29.7万人。

年末4.4万人享受城市居民最低生活保障，29.4万人享受农村居民最低生活保障，农村五保供养5.8万人。全年民政部门直接救助89.7万人次，资助困难群众代缴2019年基本医疗保险61.8万人次。

（三）教育和科学技术

1. 教育事业

教育事业加快发展，新建改扩建公办幼儿园76所，阜阳七中、阜阳十中新校区投入使用，阜阳一中新校区加快建设，阜阳师范学院更名大学顺利通过省专家组审核。

至2018年年末全市有普通高校4所，当年招生1.0万人，在校生3.5万人，毕业生1.0万人。各类中等职业教育学校39所，在校生11.9万人。普通中学429所，在校生52.5万人。其中，高中51所，在校生14.6万人；初中378所，在校生37.9万人。小学1345所，在校生79.7万人。幼儿园1262所，在园儿童33.5万人。初中学龄人口入学率100.0%，初中毕业生升学率81.1%，小学适龄儿童入学率100.0%。

2. 科技与创新

年末全市有高新技术企业224家，全年高新技术产业产值增长27.0%。全年专利申请13065件，增长26.4%。其中，发明专利6244件，实用新型专利5780件，外观设计专利1041件。全年专利授权量4892件。其中，发明专利512件，实用新型专利3509件，外观设计专利871件。有效发明专利拥有量1920件，每万人口有效发明专利拥有量2.4件。全年组织实施省级以上科技计划项目204项，有6项科技成果获省科学技术奖，其中二等奖4项，三等奖2项。

（四）文化、卫生和体育

1. 文化事业

精神文明建设成效显著，119人被评为“中国好人”“安徽好人”“阜阳好人”，柳西周、康彬等9人被列为全省重大宣传先进典型。黄岗柳编、杜氏刻铜技艺等进入首批国家级传统工艺振兴目录。成功举办第四届安徽省剪纸艺术节暨第三届阜阳文博会。

年末全市有艺术表演团体1172个。其中，民营院团1168个，国有院团4个。文化馆9个，公共图书馆8个，博物馆7个，美术馆1个，文化站172个。公共图书馆藏书量154.7万册，广播人口覆盖率100%，电视人口覆盖率100%。

2. 卫生事业

阜阳市第五人民医院新区、阜阳民生医院建成使用，医疗资源建设三年发展计划圆满完成，累计新增床位1.8万张。阜南县医共体模式全面推广，太和县人民医院成为全省首家县级国家三级甲等综合医院。计划生育全面实现“一次登记、全程服务”。

年末全市共有医疗卫生机构2930个，其中医院120个，基层医疗卫生机构2763个，专业公共卫生机构36个，其他卫生机构11个。基层医疗卫生机构中，卫生院167个，社区卫生服务中心（站）170个，村卫生室1756个；专业公共卫生机构中，疾病预防控制中心9个，专科疾病防治院（所、站）2个，妇幼保健院（所、站）9个，卫生监督所（中心）9个。年末全市医疗卫生机构卫生人员55058人，其中卫生技术人员41360人，管理人员1767人，工勤技能人员2737人，其他技术人员1987人。卫生技术人员中，执业（助理）医师15412人，注册护士18209人。医疗卫生机构实有床位44205张，其中医院、卫生院床位43907张。全年医疗卫生机构共诊疗3569万人次，出院137.7万人。

3. 体育事业

全市有体育场馆12个，县级全民健身广场7个，乡镇全民健身中心46个，乡镇多功能运动场48个，乡镇级全民健身广场132个，农民体育健身工程1819个，全民健身苑1718个，社区体育俱乐部88个，全民健身晨晚练点923个。全年举办大型全民健身活动177次。其中，千人以上活动35次，参加活动人数13.4万人。全年获得国际赛事金牌1枚；国家级体育赛事金牌3枚、铜牌2枚；省级体育赛事金牌62枚、银牌69枚、铜牌70枚。全市各级社会体育指导员17247人，其中国家级62人、一级826人、二级6196人、三级10163人。全年体育彩票销售额5.7亿元，公益金1.4亿元。

（五）城乡建设

2018年阜阳市强力推进阜城建设，城乡面貌显著变化。始终坚持以中心城市建设为龙头，深入实施城市建设三年行动计划，大力推进全国文明城市创建，阜城建成区面积扩大到140平方公里，人口规模达到140万，完成投资408亿元，再创历史新高，区域性中心城市的美誉度不断提升。规划体系逐步完善，修编完成城市总体规划(2012—2030)，编制"一湖两河"规划，完善相关专项规划，划定生态保护红线、永久基本农田和城镇开发边界控制线，拓展优化了城市发展空间。

基础设施建设加速推进，城南新区、高铁新区、西湖新区建设步伐加快，颍东、颍泉拓展区建设成效明显。西湖景区开发建设全面展开，环湖路实现闭环，水系景观一期工程开工建设。拆违拆旧专项行动加快实施，完成征迁4466万平方米，其中阜城1944万平方米，全市土地出让收入441亿元。新增开工棚户区改造55595套，建成分配公租房61536套。双清湾公园、岳家湖公园、中清河游园建成开放，西湖大道、高铁阜阳西站、复兴大道互通立交、霞光大道高架、阜裕大桥拆除重建等一批重点工程加快推进。改造提升老旧小区167个、背街小巷90个，新建和改造提升农贸市场10个、停车场9个，住宅小区物业管理综合整治试点初见成效，城市形象和文明程度有效提升，受到中央文明委考核组的充分肯定。

五县市规划建设步伐加快，城乡环境整治专项行动全面实施，农村"三大革命"成效明显，完成农村改厕26万户，新建游园、广场1919个，133个美丽乡村示范村建设进展顺利。绿化提升专项行动深入推进，市植物园开工建设，新增绿地3.4万亩，完成造林13.3万亩，绿色已成为颍淮大地的主色调。

（六）环境保护

年末全市查明资源储量矿种5种。其中，查明煤矿储量50.6亿吨，铁矿0.2亿吨。

年末全市有环境监测站6个。其中，市级站1个，县级站5个。阜阳城区空气质量达到国家Ⅱ级标准252天，空气质量优良率69.2%。自然保护区2个，面积2.6万公顷。当年造林面积9234公顷。其中，用材林1273公顷，经济林5891公顷，防护林2070公顷。

（七）社会安全

全年发生火灾事故227起，直接经济损失1860.4万元。发生交通事故500起，造成162人死亡，受伤515人，经济损失494.2万元。

三　阜阳市在泛长三角地区经济发展中的地位

2018年，是全面贯彻党的十九大精神的开局之年。全市人民在省委、省政府和市委的坚强领导下，坚持以习近平新时代中国特色社会主义思想为指导，坚持稳中求进工作总基调，以五大发展行动计划为总抓手，紧紧围绕提速提质提效，深入实施"双轮驱动"战略，坚决打好"三大攻坚战"，顺利完成了市五届人大二次会议确定的目标任务，现代化大美阜阳建设迈出了坚实的步伐。

（一）地区生产总值

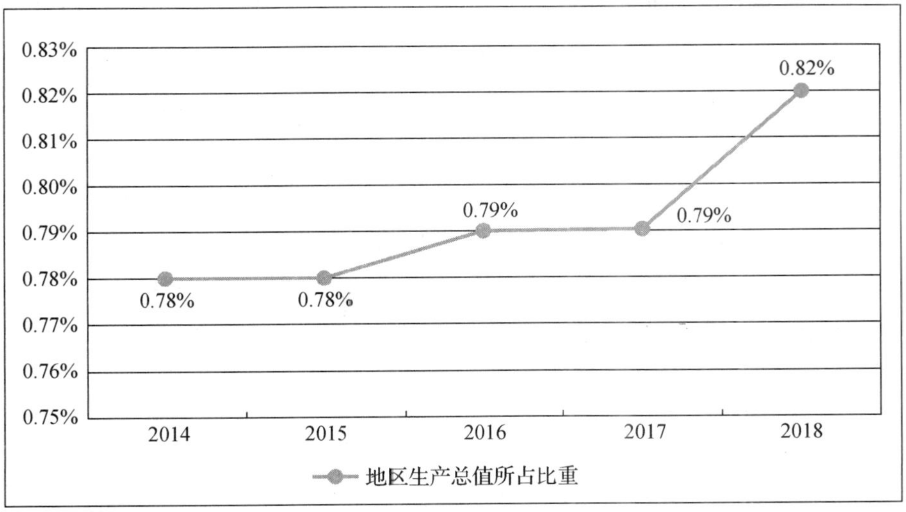

图 4　2014—2018 年阜阳市地区生产总值在泛长三角地区 41 市（苏浙两省 24 个地级市、上海市和安徽省 16 市，下同）所占比重的变化趋势

2014—2018 年阜阳市地区生产总值在泛长三角地区 41 市所占比重分别为 0.78%、0.78%、0.79%、0.79%和 0.82%。地区生产总值在泛长三角 41 市占比整体呈现上扬态势，2018 年较 2014 年比增加了 0.04 个百分点，较 2017 年增加了 0.03 个百分点。2018 年，阜阳市地区生产总值在泛长三角地区 41 市中排名第 28 位，与 2017 年持平。

2018 年，全年全市生产总值 1759.5 亿元，按可比价格计算，同比增长 9.5%，增幅同比提高 0.5 个百分点。其中，第一产业增加值 310.7 亿元，增长 3.5%，第二产业增加值 737.2 亿元，增长 10.3%，第三产业增加值 711.6 亿元，增长 11.8%。

主要指标增速稳居全省前列。固定资产投资、金融机构人民币存款余额、金融机构人民币贷款余额、利用外资、民间投资 5 项指标增速均居全省第 1 位，地区生产总值、规模以上工业增加值、战略性新兴产业产值、财政收入、农村居民人均可支配收入 5 项指标均居全省第 2 位，社会消费品零售总额、高新技术产业增加值、技改投资、财政支出 4 项指标均居全省第 3 位。产业结构优化。2018 年全市三次产业结构由 2017 年的 19.8∶41.0∶39.2 调整为 17.7∶41.9∶40.4。一产回落 2.1 个百分点，二产、三产分别提升 0.9 和 1.2 个百分点。新动能加速汇聚。全市规模以上工业中，战略性新兴产业产值增长 21.2%，居全省第 2；产值占全市规模以上工业比重由 2017 年的 16.0%提高到 23.5%。高新技术产业增加值增长23.2%，居全省第 3 位；增加值占全省比重由 3.1%提高到 5.7%。

（二）地方财政一般预算收入

2014—2018 年阜阳市地方财政一般预算收入在泛长三角 41 市所占比重分别为 0.61%、0.61%、0.63%、0.71%和 0.78%，2018 年较 2014 年增加了 0.17 个百分点，较 2017 年增加了 0.07 个百分点。2018 年，阜阳市地方财政一般预算收入在泛长三角 41 市地区中排第 26 位，与 2017 年保持一致。

2018 年，全市一般公共预算收入完成 187.1 亿元，增长 18.7%，加上级补助收入 361.9 亿元、地方政府一般债券收入 54.1 亿元、调入资金等 80.5 亿元，收入合计 683.6 亿元。2018 年，全市财政收入突破 300 亿元，完成 324.8 亿元，同比增长 17.2%，收入总量实现进位，收入增幅全省前列。全面完成年初预算目标任务。2018 年，全市财政收入完成年初预算的 106.5%，超目标任务 19.8 亿元，五县三区、市经开区、阜合园区均超额完成年初预算。主体税种拉动明显。2018 年,全市增值税、消费税、企业所得税和个人所得税完成 184.8 亿元,同比增长 15.7%,拉动财政收入增长 9 个百分点。县域财政实力显著增强。2018 年,五县三区财政收入完成 251.1 亿元,同比增长 21.2%,高于全市财政收入增幅 4 个百分点;占全市财政收入的 77.3%,同比提高 2.5 个百分点。

图 5　2014—2018 年阜阳市地方财政一般预算收入在泛长三角 41 市所占比重的变化趋势

(三)工业生产总值

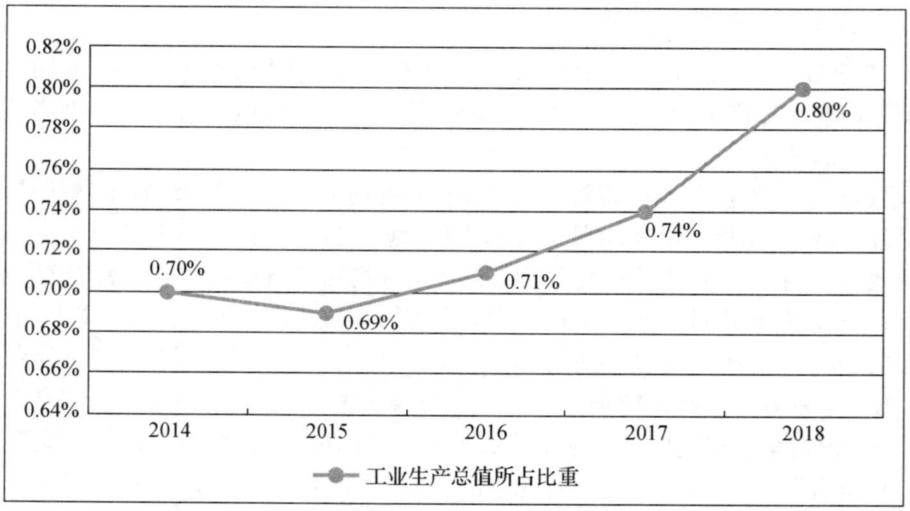

图 6　2014—2018 年阜阳市工业生产总值在泛长三角 41 市所占比重的变化趋势

2014—2018 年阜阳市工业生产总值在泛长三角 41 市所占比重分别为 0.70%、0.69%、0.71%、0.74%和 0.80%,总体呈增加态势,2018 年较 2014 年增加了 0.10 个百分点,较 2017 年增加了 0.06 个百分点。2018 年,阜阳市工业生产总值在泛长三角 41 市中排第 30 位。

2018 年,全市规模以上工业增加值增长 11.6%,增幅为近 5 年同期最好水平,同比提高 1.3 个百分点,比全省高 2.3 个百分点,居全省第 2 位。分经济类型看,国有企业增加值增长 14.0%,股份制企业增长 11.3%,外商及港澳台商投资企业增长 15.5%。分三大门类看,采矿业增加值增长 4.4%,制造业增长 11.7%,电力、热力、燃气及水生产和供应业增长 19.0%。分行业看,35 个工业大类行业增加值中有 30 个增长,16 个增幅超过 10%。

（四）进出口总额

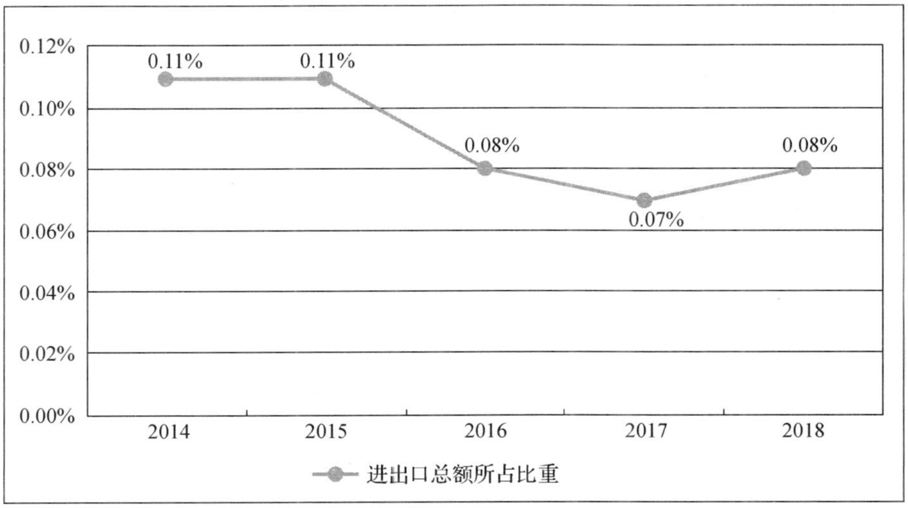

图7 2014—2018年阜阳市进出口总额在泛长三角41市所占比重的变化趋势

2014—2018年阜阳市进出口总额在泛长三角41市所占比重分别为0.11%、0.11%、0.08%、0.07%和0.08%，总体上呈现下滑态势，2018年较2014年减少了0.03个百分点。2018年，阜阳市进出口总额在泛长三角41市排第34位，与2017年持平。

2018年阜阳市进出口总值91.1亿元人民币，比2017年同期（下同）增长21.3%，快于全省平均增幅7.8个百分点。其中，出口78.6亿元，增长20.4%；进口12.5亿元，增长27%。以美元计价，进出口13.8亿美元，增长24%。其中，出口11.9亿美元，增长23.2%；进口1.9亿美元，增长29.3%。

总值排名较2017年持平，各月增速稳中有升。2018年阜阳市进出口总值位居全省第9位，与2017年同期持平。2018年仅3月份同比下降外，其余各月当月同比均呈现增长的良好态势。2018年，全市各季度进出口值分别为17.9亿元、20.7亿元、25.3亿元和27.2亿元，呈现逐季攀升的态势。

实绩企业数量增长，超亿元企业体量扩大。2018年阜阳市进出口实绩企业394家，同比增长41家。其中，进出口值超亿元的大型企业18家，同比增长4家，超亿元企业合计进出口34.2亿元，占全市进出口总值的37.5%。

一般贸易快速增长，加工贸易比重提升。2018年，阜阳市以一般贸易方式进出口72.5亿元，增长20.4%，占全市进出口总值的79.6%。同期，以加工贸易方式进出口18.5亿元，增长24.5%，占比20.3%，较2017年提升0.5个百分点。

传统劳动密集型出口占比近4成，工艺品、薄荷和机电产品出口快速增长。2018年，阜阳市传统劳动密集型产品出口31.3亿元，增长19.3%，占全市出口总值的39.8%。其中，家具13.9亿元，增长34.1%；服装纺织13.4亿元，增长8.2%。同时，工艺品（含植物编结、雕塑、花画等）出口12.7亿元，增长41%；薄荷出口4.8亿元，增长27.8%；机电产品出口4.8亿元，增长31.6%。但特色产品人发出口9.9亿元，下降4.1%。

薄荷、肉及杂碎、人发进口快速增长，纱线进口下降明显。2018年，阜阳市薄荷进口5.1亿元，增长30.2%；肉及杂碎进口1.8亿元，增长2倍；人发进口1.2亿元，增长9.4%；机械设备进口0.3亿元，增长1.3倍；芝麻进口0.8亿元，增长41.9%。同期，纱线进口0.3亿元，下降25%。上述6类商品合计进口占全市进口总值的79.9%。

民营企业遥遥领先，外商投资和国有企业表现乏力。2018年，阜阳市民营企业进出口82.6亿元，增长24.1%，占全市进出口总值的90.7%。同期，外商投资企业进出口6亿元，增长2.6%；国有企业进出口2.5亿元，下降8.1%。

美国、印度和香港市场居前三，"一带一路"沿线市场稳定增长。2018年，阜阳市对美国进出口

18.1 亿元，增长 9.7%；对印度和香港市场分别进出口 8.6 亿元和 7.1 亿元，分别增长 14.4%和 33.5%。同期，对"一带一路"沿线市场进出口 26.7 亿元，增长 24.7%。

太和县和阜南县"双擎驱动"，颍泉区、临泉县、市开发区和颍州区增速较快。2018 年，太和县进出口值 21.8 亿元，增长 6.2%；阜南县进出口 19.9 亿元，增长 42.4%，分别占全市进出口总值的 23.9%和 21.8%。颍泉区、临泉县市开发区和颍州区分别进出口 2.7 亿元、10.1 亿元、6.2 亿元和 5.8 亿元，分别增长 67.2%、40.2%、27.8%和 26.7%。同期，颍上县、颍东区和界首市，分别进出口 9.2 亿元、8.1 亿元和 7.4 亿元，分别增长 16.6%、2.7%和 10.3%。

（五）实际外商直接投资金额

图 8　2014—2018 年阜阳市实际外商直接投资金额在泛长三角 41 市所占比重的变化趋势

2014—2018 年阜阳市实际外商直接投资金额在泛长三角 41 市所占比重分别为 0.22%、0.25%、0.26%、0.29%和 0.52%，2018 年较 2014 年增加了 0.30 个百分点，较 2017 年增加了 0.23 个百分点。2018 年，阜阳市实际外商直接投资金额在泛长三角 41 市中排第 30 位，较 2017 年上升七位。

2018 年，全市累计利用外商直接投资 41213 万美元，同比增长 87.9%。总量居全省第 10 位，同比提升 4 个位次，创历史最高排位；增幅居全省第 1 位，比全省高 80.9 个百分点。从序时进度看，全市利用外资提前 4 个月完成全年目标任务，超过年度目标 17013 万美元。其中，8 个县市区超额完成年度目标任务；阜阳经开区、颍州区分别完成年度目标任务的 79.2%、22.8%。从投资结构看，第二产业利用外资所占比重达 46.9%同比提高 27.6 个百分点，正逼近房地产业等第三产业比重；其中，制造业占比 28.4%，同比提高 21 个百分点，制造业外资项目达到 10 个，占项目总数的 52.6%。从资金来源地看，香港地区投资仍居全市首位，实际投入外资 38363 万美元，占利用外资总额的 93.1%；其余投资来源地为台湾地区、德国、新加坡、美国，实际投入外资分别为 1403 万美元、876 万美元、372 万美元、200 万美元，占利用外资总额的 3.4%、2.1%、0.9%、0.5%。

主要问题：县域发展不均衡。全市 10 个县区中，阜合产业园区突破 1.4 亿美元，占利用外资的 35%以上，是其年度目标任务的近 6 倍；颍泉区完成 6700 多万美元，占利用外资的 16%以上，是其年度目标任务的近 2 倍；阜南县、太和县、颍东区等 3 个县（市、区）分别完成年度目标任务的 220.2%、178.1%、149.7%；界首市、颍上县、临泉县基本完成年度目标任务；阜阳经开区、颍州区没有完成年度目标任务。分布结构不合理。从行业分布看，全市房地产业仍然一家独大，占全市利用外资总量的 50%；制造业及现代服务业占比较小，A1 项目比重不高。从投资来源地看，香港地区依然遥遥领先，占全市利用外资总量的 90%以上；欧美、日本等发达国家投资偏少。外资来源地较为单一。总量规模有待提高。虽然利用外资实现高速增长，但与全省及周边先进市区相比，总量依然偏小，仅占全省总量的 2.4%，不足亳州市及宿州市的 50%。

十二　宿州市 2018 年经济社会发展报告

2018 年，在省委、省政府和市委、市政府的坚强领导下，全市上下深入学习贯彻习近平新时代中国特色社会主义思想和党的十九大精神，坚持稳中求进工作总基调，持续深化供给侧结构性改革，对标高质量发展要求，深入实施五大发展行动计划，全力打好三大攻坚战，现代化五大发展美好宿州建设呈现新局面。

一　宿州市 2018 年经济发展概况

（一）综合经济

1. 经济总量

全年地区生产总值（GDP）1630.22 亿元，按可比价格计算，增长 8.5%。其中：第一产业增加值 253.62 亿元，增长 3.2%；第二产业增加值 600.57 亿元，增长 9.1%；第三产业增加值 776.03 亿元，增长 10.3%。三次产业结构比为 15.6∶36.8∶47.6。人均生产总值 28757 元（折合 4346 美元），比上年增加 2035 元。全员劳动生产率 42465 元/人，比上年增加 2784 元/人。

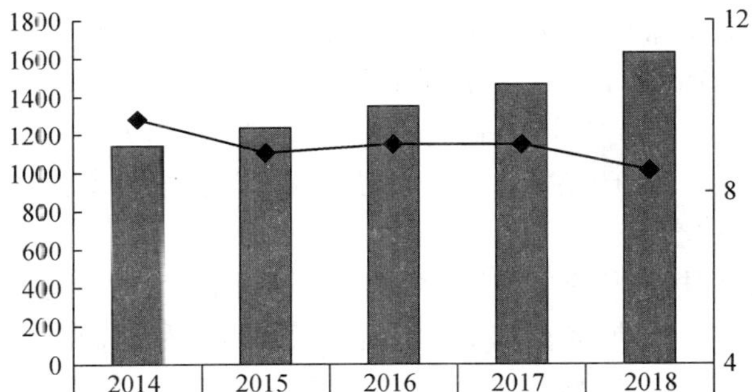

	2014	2015	2016	2017	2018
地区生产总值(亿元)	1140.53	1235.83	1351.82	1466.45	1630.22
增幅(%)	9.7	8.9	9.1	9.1	8.5

图 1　2014—2018 年宿州市地区生产总值及增长速度

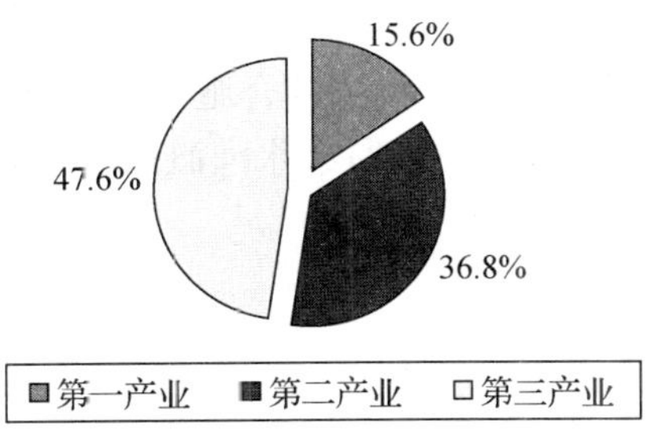

图 2　2018 年宿州市三次产业结构图

2. 财政收支

全年财政收入 175.76 亿元，增长 12.3%，其中，地方财政收入 111.56 亿元，增长 11.4%。全部财政收入中，税收收入 134.07 亿元，增长 13.2%；非税收入 41.69 亿元，增长 9.5%。财政支出 396.59 亿元，增长14.6%，其中，民生支出347.07亿元，增长16.5%，占财政支出的87.5%。从重点支出项目看，教育支出增长10.5%，城乡社区事务支出下降0.6%，社会保障和就业支出增长62.0%。

3. 物价水平

全年居民消费价格比上年上涨1.9%。其中，衣着价格上涨1.3%，居住价格上涨2.5%，交通和通信价格上涨1.3%，教育文化和娱乐价格上涨1.5%，医疗保健价格上涨2.5%。

4. 固定资产投资

全年固定资产投资，比上年增长15.5%。其中，一产投资下降30.3%，二产投资增长17.0%，三产投资增长16.4%。全年工业投资增长16.8%。民间投资增长15.5%，占全市固定资产投资的比重为70.0%，比上年下降6.9个百分点。全年房地产开发投资297.25亿元，增长15.5%。

全年开工建设城镇保障性安居工程住房4.36万套，基本建成1.17万套。列入省亿元以上重点项目607个，完成投资680亿元，完成年度投资计划的130%；新开工项目153个，竣工项目64个。符夹铁路扩能改造工程完工，钱营孜2×350 MW低热值煤发电项目竣工投产，符离大道、G206北段、G310皖苏界至黄口段、宿淮快速通道等12个国省干线一级公路项目加快建设。新汴河航道整治工程、宿马泰盛热电联产等项目开工建设。绿地科技产业园项目落户宿马园区。合新高铁泗县段、宿州火车站综合改造、宿州机场、怀洪新河水系洼地治理工程、宿州至固镇高速公路、淮宿蚌城际铁路等项目前期工作加快推进。

（二）农业

2018年，宿州市农业现代化加快发展。农业产业化水平稳居全省第一方阵，全市规模以上农产品加工产值占全省总产值的9.7%，农业产业化联合体发展到283家、位居全省第一。发端于宿州的农业产业化联合体模式写入2018年中央一号文件。农村“三变”改革已开展375个村、完成改革300个村。“三品一标”认证企业200家、产品289个。埇桥区荣获“中国烧鸡之乡”称号，萧县葡萄、泗县大路口山芋获批国家地理标志保护产品。

全年粮食作物种植面积94.23万公顷，比上年下降0.8%；油料种植面积2.80万公顷，增长5.4%；棉花种植面积0.21万公顷，下降14.4%；蔬菜及食用菌种植面积4.79万公顷，增长4.9%。

全年粮食产量430.02万吨，比上年下降3.7%；油料产量12.77万吨，增长5.2%；棉花产量0.22万吨，下降10.5%；蔬菜及食用菌产量199万吨，增长5.3%。

全年肉类总产量46.11万吨，增长4.6%；牛奶产量0.25万吨，增长1.1%；水产品产量4.39万吨，增长3.7%；禽蛋产量27.48万吨，增长3.0%。

年末全市农业机械总动力758.45万千瓦，增长2.5%，大中型拖拉机保有量3.37万台，联合收割机保有量2.8万台，增长3.6%，大中型拖拉机配套比1∶2.8，耕种收综合机械化水平达到89%。全年农用化肥施用量(折纯)31.54万吨，下降0.4%。其中复合肥17.46万吨，下降0.2%。灌溉面积47.82万公顷，增长1.5%，新增耕地灌溉面积0.70万公顷；节水灌溉面积11.22万公顷，增长3.5%，新增节水灌溉面积0.38万公顷。

（三）工业和建筑业

1. 工业经济

年末全市规模以上工业企业1323家，规模以上工业增加值增长10.1%。其中，农副食品加工业增长7.4%，食品制造业增长3.4%，纺织业增长4.2%，木材加工和木竹藤棕草制品业增长11.0%，电力、热力生产和供应业增长13.2%，煤炭开采和洗选业增长16.9%，皮革羽毛制品和制鞋业增长4.6%。全年战略性新兴产业产值增长20.1%，高新技术产业增加值增长27.6%，农产品加工业产值增长5.2%。35个工业大类行业中有29个增加值保持增长。

规模以上工业统计的主要产品产量中，小麦粉增长 2.1%，饲料下降 8.4%，罐头增长 10.0%，饮料酒下降 33.6%，机制纸及纸板增长 9.2%，塑料制品增长 32.2%，水泥增长 23.1%。

全年规模以上工业企业实现利润总额增长 21.6%，利税增长 18.9%。

2. 建筑业

全年建筑业总产值 370.07 亿元，增长 19.9%。建筑企业房屋建筑施工面积 1312.02 万平方米，增长 15.7%。房屋建筑竣工面积 624.01 万平方米，下降 11.2%。

（四）服务业

1. 国内贸易

全年社会消费品零售总额 554.34 亿元，比上年增长 13.0%，其中，限额以上消费品零售额 248.98 亿元，增长 14.9%。分城乡看，城镇零售额 455.38 亿元，增长 13.2%；乡村零售额 98.96 亿元，增长 11.8%。

限额以上企业商品零售额中，书报杂志、日用品、文化办公用品、家具、煤炭及制品、汽车等零售额分别增长 1.3%、18.0%、11.7%、14.3%、19.0%和 8.6%。

2. 交通运输、邮电

全年公路客运量 0.33 亿人，下降 11.0%，旅客周转量 20.28 亿人公里，下降 7.0%。公路货物运输量 2.55 亿吨，增长 1.1%，货物周转量 518.83 亿吨公里，增长 5.2%。

年末汽车保有量 52.4 万辆，比上年增长 19.1%，其中个人汽车保有量 46.9 万辆，增长 20.3%。

全年邮电业务总量 44.96 亿元，其中，电信业务总量 29.07 亿元，邮政业务总量 15.89 亿元。年末固定电话用户 25.02 万户，移动电话用户 475.50 万户，移动电话普及率 83.9 部/百人；互联网宽带用户达到 115.40 万户。

3. 旅游业

全年入境旅游人数 5.13 万人次，比上年增长 14.0%；国内旅游人数 2613.58 万人次，增长 16.0%。国际旅游外汇收入 2331.78 万美元，增长 13.7%；国内旅游收入 178.17 亿元，增长 18.7%。旅游总收入 179.71 亿元，增长 19.0%。

4. 金融和保险

年末全市金融机构人民币各项存款余额 2291.94 亿元，增长 14.0%。其中，住户存款余额 1418.30 亿元，增长 12.5%。金融机构各项贷款余额 1552.26 亿元，增长 24.4%。全市金融机构存贷比 67.7%，比上年提高 5.6 个百分点。

全年保险业保费收入 89.21 亿元，增长 27.6%。其中，财产险保费收入 28.05 亿元，增长 20.4%；人寿险保费收入 61.16 亿元，增长 31.2%。赔款和给付支出 27.58 亿元，增长 9.3%。其中，财产险赔款 17.11 亿元，增长 42.1%，人寿险赔款和给付 10.47 亿元，下降 20.7%。

（五）对外经济

1. 对外贸易

全年进出口总额 7.42 亿美元，比上年增长 28.3%。其中，进口总额 0.93 亿美元，增长 31.1%；出口总额 6.49 亿美元，增长 27.9%。

2. 利用外资

全年引进外资项目 10 个；合同利用外资 1.74 亿美元，增长 240.1%；外商直接投资 9.28 亿美元，增长 16.9%。实际利用内资 1295 亿元，增长 10.7%。

二　宿州市2018年社会发展概况

（一）人口、人民生活

年末全市户籍人口656.56万人，其中：出生人口9.53万人，出生率为14.52‰；死亡人口5.76万人，死亡率为8.73‰；人口自然增长率为5.79‰。年末全市常住人口568.14万人，城镇化率42.74%，比上年提高1.18个百分点。

全年城镇常住居民人均可支配收入30100元，增长8.7%。城镇常住居民恩格尔系数32.2%，城镇居民人均住房建筑面积46.46平方米，比上年增加9.62平方米。

农村常住居民人均可支配收入11941元，增长10.0%。农村常住居民恩格尔系数为33.6%。农村居民人均拥有住房面积42.45平方米，比上年增加3.29平方米。

年末人均住户存款21602元，比上年减少807元，下降3.6%。

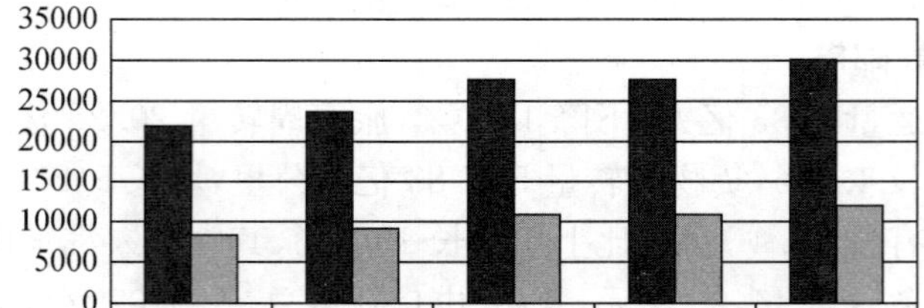

	2014	2015	2016	2017	2018
■城镇居民人均可支配收入(元)	21941	23630	27703	27703	30100
▫农村居民人均可支配收入(元)	8332	9140	10859	10859	11941

图3　2014—2018年宿州市城乡居民收入对比一览

（二）就业与社会保障

1. 就业工作

年末全市从业人员387.4万人。分产业看，第一产业138.7万人，第二产业113.5万人，第三产业135.2万人。全年城镇新增就业5.3万人，安置下岗失业人员再就业1.1万人，转移农业劳动力5.86万人。年末城镇登记失业率2.6%。

2. 社会保障和福利

全年参加城乡居民养老保险人数356.94万人。其中，城镇居民参保7.40万人，农村居民参保349.54万人。城乡居民社会养老保险金领取人数92.31万人，下降0.2%。年末城镇基本医疗保险参保人数82.79万人，增长0.7%。其中，城镇职工参保32.81万人，增长0.9%；城镇居民参保49.98万人，增长0.9%。年末参加农村新型合作医疗人数达514.10万人，参合率达103.7%。

全市各类社会福利收养性单位175个，床位2.1万张。社区服务中心24个，城市社区综合服务设施覆盖率达100%。全市共救助困难群众病患者86.84万人次，支出医疗救助金2.55亿元。农村五保供养对象3.17万人。

全年销售社会福利彩票4.14亿元，筹集福利彩票公益金1.15亿元。

（三）教育和科学技术

1. 教育事业

2018年宿州市深化教育改革，落实教师待遇，推进义务教育均衡发展。新建、改扩建公办幼儿园

64 所，实施“全面改薄”项目建设校舍、维修改造农村中小学校舍共 75.5 万平方米，农村义务教育学生营养改善计划惠及学生 30 万人，新汴河景区被教育部命名为“全国中小学生研学实践教育基地”。

全年普通高等学校招生 1.28 万人，在校学生 3.20 万人，毕业生 0.91 万人。高中阶段招生 2.75 万人，在校生 8.37 万人，毕业生 3.41 万人。高中阶段毛入学率 94.82%。中等职业学校招生 2.55 万人，在校生 5.82 万人，毕业生 2.77 万人。初中阶段招生 6.50 万人，在校生 18.28 万人，毕业生 5.44 万人。初中学龄人口入学率 100%。小学招生 9.19 万人，在校生 49.93 万人，毕业生 6.38 万人。小学学龄儿童入学率 100%。幼儿园在园幼儿 23.90 万人。特殊教育在校学生 0.25 万人。各类民办学校在校学生 23.87 万人。

2. 科技与创新

全年高新技术企业 95 家，其中当年新增企业 10 家。全年专利申请量 3996 件，其中发明专利申请量 1881 件。市级以上科技计划项目 53 个。省科技成果登记 95 项。全市省级以上研发平台 61 个，其中省级工程技术研究中心 13 个，省级院士工作站 8 个，国家级创新平台 1 个。

（四）文化、卫生和体育

1. 文化事业

全市共有公共图书馆 6 个，图书馆藏书量 127.34 万册。群众艺术馆、文化馆 109 个。年末有线电视入户率 26.0%，广播节目综合人口覆盖率 99.7%；电视节目综合人口覆盖率 99.7%。全年组织文艺活动 5809 次。

2. 卫生事业

加快完善医疗卫生服务体系，持续深化综合医改，实施“四型医院”建设，4 家二级医院开展三级医院创建；持续实施医疗卫生服务体系“411”计划，3 家县级医院投入使用，新建、扩建乡镇卫生院 20 个，提前两年完成新建 400 个村卫生室的目标任务；启动卫生健康人才和专科建设“511”计划，创建省级重点专科 10 个；重大疾病防控成效显著，成功承办皖苏鲁豫四省联防联控合作机制会议暨突发公共卫生事件联合应急演练。

全市拥有卫生机构 1826 个。其中，基层医疗卫生机构 1720 个，专业公共卫生机构 22 个，其他卫生机构 3 个。医院、卫生院 189 个，社区卫生服务中心（站）104 个。全市实有床位 2.40 万张，其中医院 1.63 万张，乡镇卫生院 0.69 万张。全市卫生技术人员 2.35 万人，其中，执业（助理）医师 0.94 万人，注册护士 0.97 万人。

3. 体育事业

组织参加安徽省第十四届运动会，金牌总数全省第八、获竞技体育贡献奖，在省第七届残疾人运动会上奖牌总数全省第四，在省第八届少数民族传统体育运动会上金牌数并列全省第二，王春雨勇夺 2018 雅加达亚运会田径女子 800 米金牌。深入开展全民健身活动，城市社区 15 分钟健身圈逐步形成。

年末全市体育社团组织机构数 172 个，青少年体育俱乐部 30 个。全市社会体育指导员 4549 人。全年共开展各项全民健身活动 120 次。省及省以上比赛共获得金牌 72 枚，银牌 32 枚，铜牌 50 枚。

（五）城乡建设

突出统筹联动，城乡面貌显著改观。高度重视规划引领，新一轮城市总体规划修编完成，土地利用总体规划加快修编，专项规划进一步完善。中心城区实施四大类 120 项重点工程，完成投资 150 亿元。银河一路东西延伸工程、宿州火车站综合改造、宿州民航机场等项目前期工作加快推进，新汴河航道整治工程开工建设，符离大道、宿淮快速通道、G206 北段等正在建设，西外环部分路段、拂晓大道北延建成通车，6 条市政道路白改黑工程全面完成，市汽车客运中心站投入运营，智慧交通建设取得显著成效。“五馆一中心”部分竣工验收，春节前可投入使用。埇桥独立工矿区入列国家独立工矿区改造搬迁试点。全力推动全国文明城市创建，扎实开展“十项提升行动”，长期困扰市民日常生活的区域供水紧张、管线私拉乱接、车辆乱停乱放、交通混乱拥堵等一批身边难题正逐步得到解决。大力推进“两治三改”，中心城区完成征迁228万平方米、总量创出新高，安置房建设新开工43577套、基本建成11730套，开工率、基本建成率居全省前列。“555”工程加快实施，四个县建设重点工程100项，完成投资180.5亿元。

乡村振兴战略开局良好，美丽乡村建设走在皖北前列，泗县彭铺村获得中国十大最美乡村、全国百佳乡村旅游目的地荣誉称号。在全省率先实施的城乡建设用地增减挂三年提升行动开局顺利，完成拆迁3.68万亩、复垦3.3万亩、节余指标交易3956亩，探索出了生态型增减挂的“宿州路径”。“四好农村路”建设深入实施。农村环境整治“三大革命”扎实推进，农村垃圾治理基本实现市场化，完成改厕13.4万户，建成乡镇政府驻地污水处理设施45个，泗县入列全省农村人居环境整治三年行动示范县。砀山县入选全省唯一的全国经济林产业区域特色品牌建设试点。萧县龙城镇、埇桥区闵祠村等1镇5村入选省第六批千年古镇、古村落。宿州市作为全省唯一国家级建设用地二级市场试点市，高质量通过自然资源部验收。顺利通过国家节水型城市创建验收、国家园林城市复核。

（六）环境保护

面对污染防治的严峻形势，全市上下痛下决心、勠力同心，全面打响蓝天、碧水、净土“三大保卫战”，中央、省环保督察反馈问题整改有效推进，污染防治攻坚战取得阶段性成效。围绕“五控”工作，扎实开展大气污染防治百日攻坚行动，PM2.5平均浓度57.8微克/立方米、下降17.1%，下降率全省第四；空气优良天数比例60.3%、提高9.5个百分点。开展“洁净宿州”行动，划定高污染燃料禁燃区，城区全面禁售禁放烟花爆竹，加大重点区域机动车、非道路移动机械污染治理力度，全面落实建筑工地扬尘防治“六个百分百”。

主城区重点区域煤改气全面完成，“散乱污”企业排查整治有效推进，282台燃煤小锅炉有279台完成清洁能源替代，192家砖瓦窑厂关闭淘汰并拆除到位，完成156个关停矿山生态修复。精准实施水污染治理，河长制、湖长制全面推行，4个国控考核断面水质达到或优于水质控制目标。

启动主城区污水治理三年攻坚战，改造完成主城区6条道路污水管网、291处雨污合流管网截污点，11条黑臭水体治理初见成效，建成生活污水集中处理厂6座、工业园区集中污水处理厂11座，汴北污水处理厂投入运营，成功争获全国首批黑臭水体治理示范城市。全面落实“土十条”，扎实推进土壤污染治理与修复。

深入开展“清废行动”，290余个固体废物污染问题得到解决，遗患多年的灵璧闵庄垃圾场变身为惠民利民的休闲公园。市县乡村四级林长制工作体系逐步健全。持续推进农村环境综合整治，禁养区内养殖场实施了关闭或搬迁，规模养殖场粪污处理设施装备配套率达90.2%，秸秆综合利用率、畜禽养殖废弃物资源化利用率分别达91.4%、81%。单位GDP能耗下降超额完成省下达目标任务。

（七）社会安全

全年工矿商贸企业生产安全事故18起，死亡18人；各类生产安全事故98起，死亡61人；道路运输事故77起，死亡41人。

三　宿州市在泛长三角地区经济发展中的地位

2018年，面对错综复杂的宏观环境和艰巨繁重的改革发展稳定任务，各地各部门以习近平新时代中国特色社会主义思想为指导，全面贯彻党的十九大和十九届二中、三中全会精神，深入落实国家、省、市各项决策部署，认真执行市五届人大一次会议审议批准的《政府工作报告》以及2018年国民经济和社会发展计划，按照高质量发展要求，聚焦“2＋4＋2”工作总思路，以供给侧结构性改革为主线，深入实施五大发展行动计划，着力打好防范化解重大风险、精准脱贫、污染防治三大攻坚战，加快改革开放步伐，统筹推进稳增长、促改革、调结构、惠民生、防风险各项工作，主要经济指标增幅好于预期、快于全省、位于前列，全年经济社会发展主要目标任务较好完成，计划执行情况总体良好。全市经济运行保持总体平稳、稳中向好的发展态势。21 项主要经济指标增速中，17 项进入全省前八，15 项进入全省前六。

（一）地区生产总值

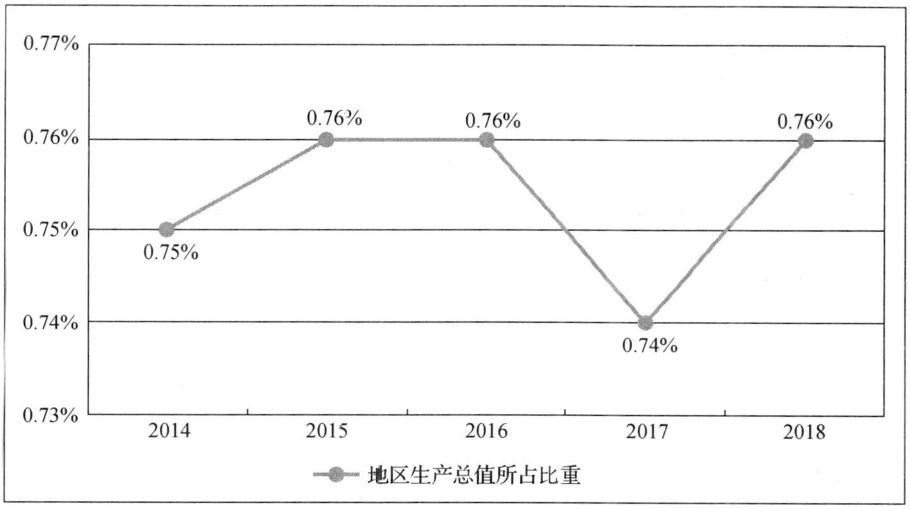

图 4　2014—2018 年宿州市地区生产总值在泛长三角地区 41 市
（苏浙两省 24 个地级市、上海市和安徽省 16 市，下同）所占比重的变化趋势

2014—2018 年宿州市地区生产总值在泛长三角地区 41 市所占比重分别为 0.75%、0.76%、0.76%、0.74%和 0.76%。2018 年与 2014 年相比增加了 0.01 个百分点，较 2017 年增加了 0.02 个百分点。2018 年，宿州市在泛长三角地区 41 市地区生产总值所占比重排名第 30 位，与 2017 年持平。

2018 年全市 GDP 达到 1630.22 亿元，增长 8.5%，高于全省 0.5 个百分点，位居全省第 4 位。分产业看，第一产业增加值 253.62 亿元，增长 3.2%，与全省持平；第二产业增加值 600.57 亿元，增长 9.1%，高于全省 0.6 个百分点；第三产业增加值 776.03 亿元，增长 10.3%，高于全省 1.7 个百分点。产业结构进一步优化，三次产业结构由 2017 年的 17.2∶38.3∶44.5 调整为 15.6∶36.8∶47.6。

（二）地方财政一般预算收入

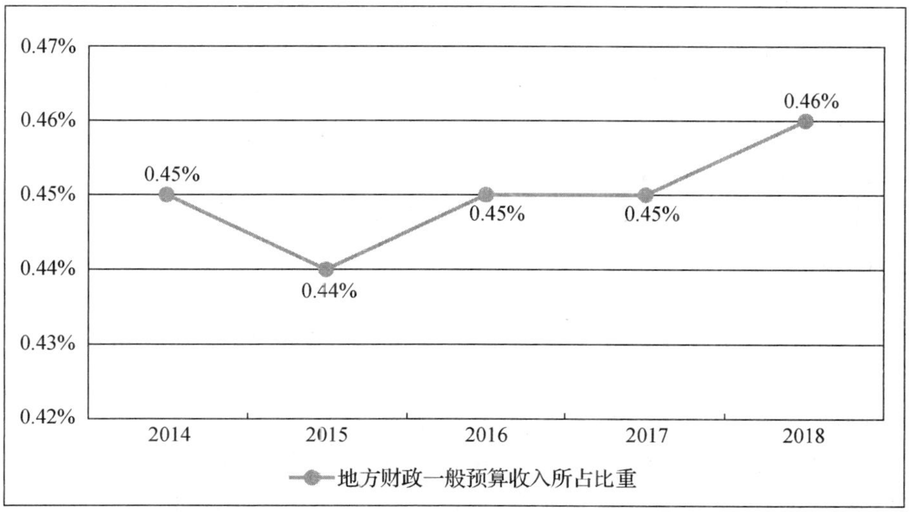

图 5　2014—2018 年宿州市地方财政一般预算收入在泛长三角 41 市所占比重的变化趋势

2014—2018 年宿州市地方财政一般预算收入在泛长三角 41 市所占比重分别为 0.45%、0.44%、0.45%、0.45%和 0.46%，2018 年较 2014 年增加了 0.01 个百分点，较 2017 年增加了 0.01 个百分点。2018 年，宿州市地方财政一般预算收入在泛长三角 41 市地区排第 36 位，与 2017 年持平。

2018 年，全市财政收入 175.76 亿元，增长 12.3%，比 2017 年提高 0.4 个百分点，居全省第 4 位，皖北第 1 位。其中，地方财政收入 111.56 亿元，增长 11.4%，比 2017 年提高 6.7 个百分点。税收收入 134.06 亿元，增长 13.2%，税收收入占财政收入的比重达 76.3%，比 2017 年提高 0.6 个百分点，收入质量进一步提高。增值税、消费税、企业所得税和个人所得税等主体税种完成 87.32 亿元，占税收总量的 65.1%，比 2017 年提高 0.9 个百分点。全市财政支出 396.62 亿元，增长 14.7%，比 2017 年提高 3.6 个百分点。财政支出中民生支出占比为 87.5%，比 2017 年提高 1.4 个百分点。

（三）工业生产总值

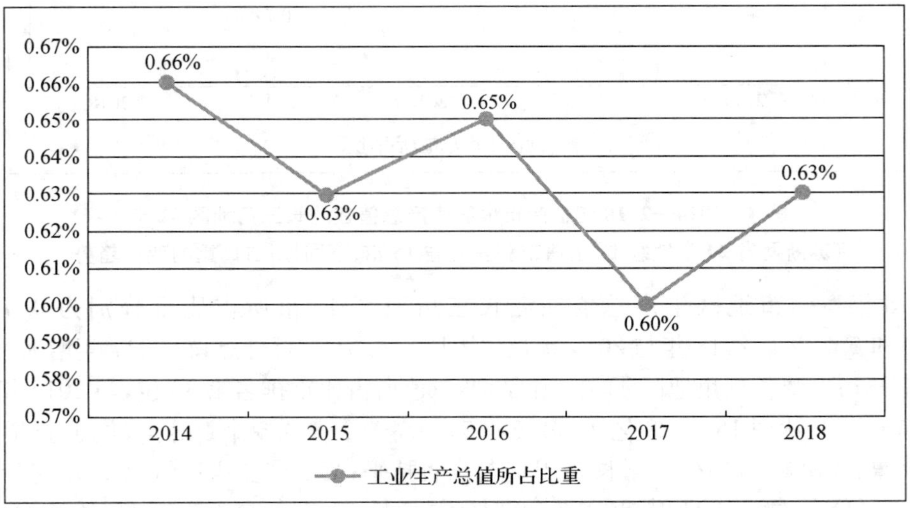

图 6　2014—2018 年宿州市工业生产总值在泛长三角 41 市所占比重的变化趋势

2014—2018 年宿州市工业生产总值在泛长三角 41 市所占比重分别为 0.66%、0.63%、0.65%、0.60%和 0.63%，2018 年较 2014 年减少了 0.03 个百分点，较 2017 年增加了 0.03 个百分点。2018 年，宿州市工业生产总值在泛长三角 41 市地方所占比重排第 33 位，较 2017 年上升了一位。

2018 年，全市规模以上工业增加值增长 10.1%，比 2017 年提高 0.3 个百分点，比全省高 0.8 个百分点，居全省第 9 位。分经济类型看，国有企业增加值增长 14.1%，股份制企业增长 10.3%。分行业看，33 个行业大类中，27 个行业保持增长，17 个行业增速超过 10%。其中，汽车制造业，文教、工美、体育和娱乐用品制造业，专用设备制造业，化学原料和化学制品制造业分别增长 47.2%、36.7%、24.5%、21.9%，对全市规上工业增加值的增长贡献率 34.5%，拉动全市规上工业增长 3.8 个百分点。

（四）进出口总额

2014—2018 年宿州市进出口总额在泛长三角 41 市所占比重分别为 0.045%、0.055%、0.035%、0.039%和 0.044%，五年间占比变化不大，其中 2018 年较 2017 年增加了 0.005 个百分点。2018 年，宿州市进出口总额在泛长三角 41 市排 39 位，较 2017 年上升一位。

2018 年全市进出口总额 7.42 亿美元，增长 28.3%，比 2017 年提高 5.1 个百分点，居全省第 3 位。增速创近 5 年来新高，位次创近 3 年新高。其中，进口总额 0.93 亿美元，增长 31.1%，居全省第 4 位；出口总额 6.49 亿美元，增长 27.9%，居全省第 3 位。

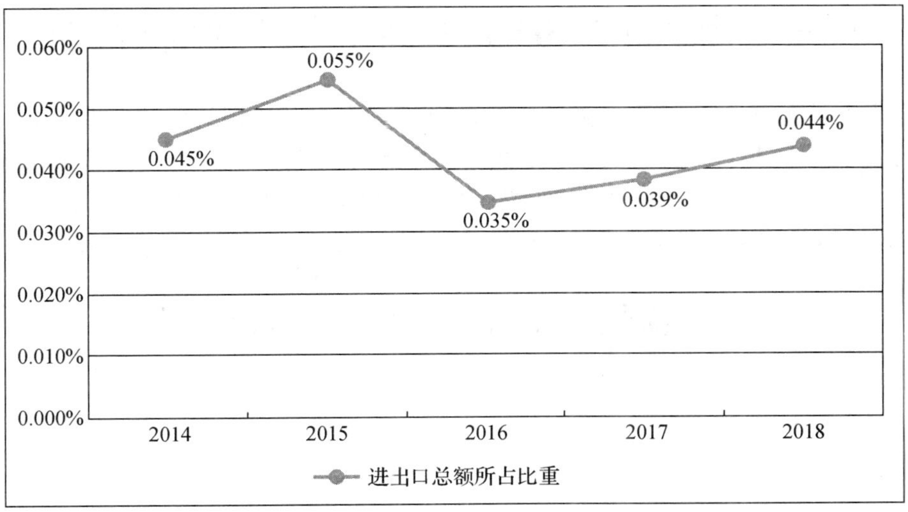

图7　2014—2018年宿州市进出口总额在泛长三角41市所占比重的变化趋势

（五）实际外商直接投资金额

图8　2014—2018年宿州市实际外商直接投资金额在泛长三角41市所占比重的变化趋势

2014—2018年宿州市实际外商直接投资金额在泛长三角41市所占比重分别为0.79%、0.92%、0.95%、1.03%和1.17%，整体呈现上扬姿态，2018年较2014年增加了0.38个百分点，较2017年增加了0.14个百分点。2018年，宿州市实际外商直接投资金额在泛长三角41市排第22位，较2017年上升两位。

2018年，利用外商直接投资9.18亿美元，增长16.9%，比2017年提高9.4个百分点，居全省第6位。

十三　滁州市 2018 年经济社会发展报告

2018 年，全市人民在市委、市政府坚强领导下，以习近平新时代中国特色社会主义思想为指导，深入贯彻落实党的十八大和十九大精神，以新发展理念为引领，统筹推进“五位一体”总体布局和协调推进“四个全面”战略布局，全面做好“稳就业、稳外贸、稳投资、稳金融、稳外资、稳预期”各项工作，滁州市经济社会平稳健康发展，为冲刺总量全省第三、全面建成小康社会奠定了更加坚实基础。

一　滁州市 2018 年经济发展概况

（一）综合经济

1. 经济总量

全年实现生产总值（GDP）1801.75 亿元，比上年增长 9.1%，高于全省 1.1 个百分点，总量居全省第 5 位，增速居全省第 3 位。其中，第一产业增加值 220.73 亿元，增长 3.2%；第二产业增加值 930.07 亿元，增长 10.9%；第三产业增加值 650.95 亿元，增长 9.1%。三次产业结构为 12.3∶51.6∶36.1，其中工业增加值占 GDP 的比重为 45.0%。人均 GDP 达 43999 元（折合 6649 美元），比上年增加 4400 元。

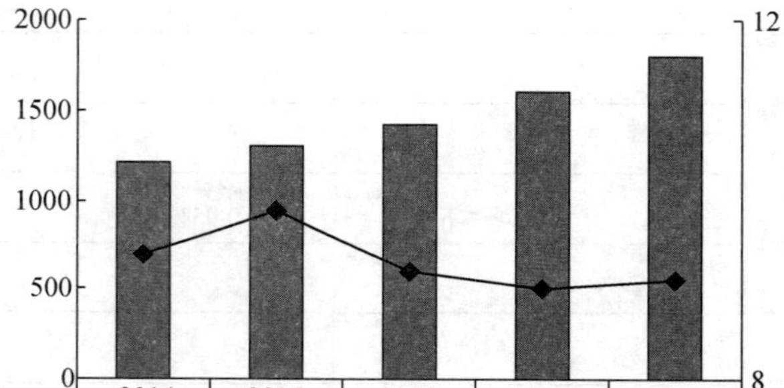

	2014	2015	2016	2017	2018
地区生产总值(亿元)	1214.39	1305.7	1422.83	1604.39	1801.75
增幅(%)	9.4	9.9	9.2	9	9.1

图 1　2014—2018 年滁州市地区生产总值及增长速度

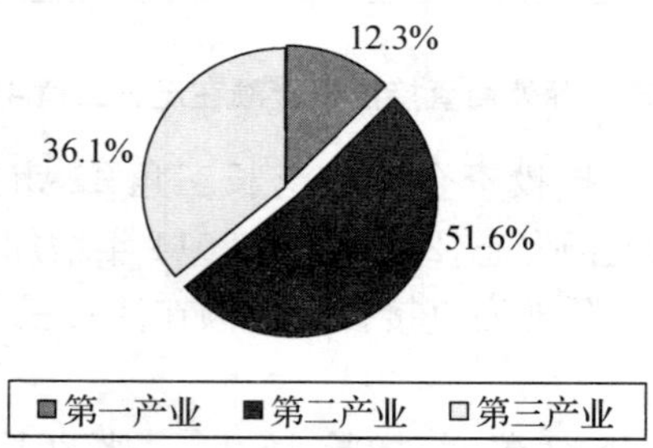

图 2　2018 年滁州市三次产业结构图

2. 财政收支

全年实现财政总收入 324.5 亿元，比上年增长 12.2%。其中，地方财政收入 199.3 亿元，增长 9.2%。从收入来源结构看，各项税收完成 253.4 亿元，比上年增长 14.8%，占财政总收入的 78.1%，占比增长 1.8 个百分点。从实现主体看，市本级财政收入 104.8 亿元，增长 11.5%；县级财政收入 219.7 亿元，增长 12.5%。全年财政支出 404.1 亿元，比上年增长 6%。其中，教育支出 71.6 亿元，增长 15.5%；城乡社区事务支出 80 亿元，增长 8%；农林水事务支出 42.7 亿元，下降 19.4%；社会保障和就业支出 47.7 亿元，增长 6%；医疗卫生和计划生育支出 46.8 亿元，增长 4.5%；交通运输支出 11.3 亿元，下降6.6%；住房保障支出 11.6 亿元，增长 12.6%。用于民生方面支出 345 亿元，比上年增长 3.9%，占总支出的 85.4%，比上年下降 1.7 个百分点。其中 33 项省级民生工程投入 112.9 亿元，比上年增长 12.8%。

3. 物价水平

全年居民消费价格累计上涨 2.0%，涨幅高于上年 0.8 个百分点。从构成类别看，八大类商品和服务价格同比呈现“七涨一平”态势。按涨幅由高到低排列，食品烟酒价格上涨 3.0%，居住价格上涨 2.2%，生活用品及服务价格上涨 2.1%，医疗保健价格上涨 2.0%，衣着价格上涨 1.6%，教育文化和娱乐价格上涨 1.5%，交通和通信价格上涨 0.4%，其他用品及服务价格与上年持平。

全年滁州市工业生产者出厂价格同比上涨 4.5%，上年同期为上涨 4.7%；工业生产者购进价格同比上涨 3.9%，上年同期为上涨 8.3%。

4. 固定资产投资

全年固定资产投资比上年增长 15.4%。其中，500 万元以上项目投资比上年增长 24.4%；按产业分，第一产业投资下降 0.1%；第二产业投资增长 36.6%；第三产业投资增长 5.7%。分行业看，制造业投资增长 45.6%；批发零售业投资下降 19.3%；房地产业投资增长 2.4%；水利、环境和公共设施管理业投资增长 16.7%；居民服务、修理和其他服务业投资下降 79.4%；教育投资增长 29.8%。

全年 500 万元以上固定资产投资施工项目 1236 个。其中，当年新开工项目 688 个，下降 14.5%；亿元以上项目 487 个，同比下降 4.7%；当年已投产项目 423 个。

重大项目建设进展顺利。全年共安排省亿元以上重点项目 627 个，比上年增加 21 个，当年完成投资 1009 亿元，比上年增加 11.8%，完成投资居全省第 5 位，投资完成率 146.79%，居全省第 2 位。其中，续建项目 241 个，实际完成投资 629.4 亿元；新开工项目 206 个，开工数居全省第 3 位，完成投资 272.6 亿元，开工率 100.98%；储备项目 182 个，提前开工 33 个，完成投资 107.4 亿元；竣工项目 141 个，居全省第 3 位，竣工率 136.89%，居全省第 3 位。

计划总投资 240 亿元的惠科光电第 8.6 代薄膜晶体管液晶显示器件、32 亿元的江巷水库、20.87 亿元的年产 90 万吨光伏组件盖板玻璃项目、20.4 亿元的达亮 LED 一条龙新厂投资项目、15.2 亿元的天鼎丰年产 10 万吨非织造布等一批项目加快建设。总投资 142 亿元的滁宁城际铁路（滁州段）一期工程、60 亿元的国能汽车锂电池生产、30 亿元的年产 7.8 亿米仿真丝面料项目、15 亿元的新能源锂电池隔膜及超级电容器等项目按期开工建设。

（二）农业

全年农作物播种面积 90.5 万公顷，比上年减少 3071 公顷，减少 0.3%。其中，粮食作物播种面积 83.4 万公顷，比上年减少 0.7%；油料作物播种面积 3.4 万公顷，比上年减少 0.3%；蔬菜播种面积 2.7 万公顷，比上年增长 2.4%。

全年粮食总产量 459.9 万吨，比上年增产 0.4%。经济作物增长平稳，其中，全年棉花产量 1065 吨，比上年增产 3.4%；蔬菜产量 91.6 万吨，比上年增产 4.6%；水果产量 71.7 万吨，比上年增产 2.3%；油料产量 11.2 万吨，比上年增产 1.1%。

全年肉类总产量 38.6 万吨，比上年增长 4.6%；禽蛋产量 11.3 万吨，比上年增长 2.0%；牛奶产量 2193 吨，比上年增长 13.2%；水产品产量 34.8 万吨，比上年增长 4.2%。

年末，全市农业机械总动力 718.5 万千瓦，比上年增长 4.1%；拖拉机 42 万台，其中大中型

2.9万台；全年化肥施用量(折纯)34.5万吨，比上年下降2.3%。农村用电量11.2亿千瓦时，比上年增长2.8%。年末农田有效灌溉面积达490.99千公顷，全年完成重点水利工程53项，完成投资32.24亿元。

(三) 工业和建筑业

1. 工业经济

全年全部工业实现增加值810.2亿元，比上年增长11.0%。其中，规模以上工业比上年增长11.4%。在规模以上工业中，股份制企业、国有企业和大中型工业企业增长较快。

规模以上工业中，36个工业行业大类中的33个行业增加值同比增长。其中：食品制造业增长39.9%，化学纤维制造业增长33.0%，汽车制造业增长21.6%，仪器仪表制造业增长20.0%，电力、热力生产和供应业增长19.4%，化学原料和化学制品制造业增长17.2%，铁路、船舶、航空航天和其他运输设备制造业增长14.4%，有色金属矿采选业增长12.9%，金属制品业增长12%，烟草制品业增长10.4%，纺织业增长9.4%，酒、饮料和精致茶制造业增长8.9%。

年末，全市共有692家企业列入高新技术产业行业目录，占全市规模以上工业企业单位数的43.4%，增加值占全市规模以上工业的48.4%；年末，战略性新兴产业的企业数为290家，产值累计增长17.7%，占全市规模以上工业的27.8%。

年末，亿元以上工业企业达到522家，工业总产值累计增长21.8%，比全市平均增速高7.1个百分点，对规模工业的贡献率为117%，拉动全市规模工业增长17.2个百分点。

年末，全市六大支柱产业规模以上工业企业1231家，企业数占全市规模以上工业的77.1%，增加值占全市规模以上工业的76.8%，增加值同比增长11.7%，对规模以上工业增长的贡献率达到79.8%，拉动规模工业增长9.1个百分点。

主要工业产品产量方面，卷烟127.7亿支，增长8.5%；水泥1237.9万吨，增长1.7%；家用电冰箱457.8万台，增长11.9%；房间空气调节器234.9万台，增长57.1%；彩色电视机502.1万台，增长11.2%。

全年规模以上工业企业经济效益综合指数为327.8%，规模以上工业实现主营业务收入3082.2亿元，比上年增长15.1%；实现利税总额555.3亿元，比上年增长57.6%，其中利润408.2亿元，比上年增长67.7%。

2. 建筑业

全年建筑业完成增加值119.9亿元，可比价口径增长10.1%。年末，资质以上建筑企业238户，全年共完成建筑业总产值431.1亿元，比上年增长19.7%；实现利润总额17.8亿元，比上年增长55.6%；完成房屋建筑施工面积2114.9万平方米，比上年增长2.0%，其中当年新开工面积1390.6万平方米，比上年增长7.5%；房屋竣工面积1325.2万平方米，比上年增长12.3%。

(四) 服务业

1. 国内贸易

全年实现社会消费品零售总额639.1亿元，比上年增长13.5%。分区域看，城镇实现消费品零售额536.1亿元，乡村实现消费品零售额103.0亿元，分别比上年增长13.3%、14.4%。分行业看，批发零售贸易业实现零售额547.1亿元，增长15.4%；住宿和餐饮业实现零售额92.0亿元，增长15.9%。分构成看，商品零售额548.7亿元，增长13.3%；餐饮收入90.4亿元，增长14.5%。分经营规模看，限上单位零售额317.8亿元，增长14.2%；限下单位零售额321.3亿元，增长12.8%。

从限额以上单位商品零售分类完成情况看，吃类商品零售额55.1亿元，增长13.1%；穿类商品零售额20.3亿元，增长16.4%；用类商品零售额213.7亿元，增长14.5%，其中，金银珠宝类增长23.0%，五金电料类增长14.3%，家用电器和音像器材类增长6.5%，中西药品类增长22.1%，家具类增长10.9%，建筑及装潢材料类增长 19.9%。

2. 交通运输、邮电

全年交通运输、仓储和邮政业增加值 57.7 亿元，比上年增长 2.3%。全年货物运输周转量 449.8 亿吨公里。其中公路货物运输周转量 392.2 亿吨公里；水运货物运输周转量 57.6 亿吨公里。全年旅客周转量 21.4 亿人公里。

年末全市民用汽车拥有量 42.3 万辆，比上年增长 18.2%，其中私人汽车拥有量 36.2 万辆，增长 19.5%；私人轿车拥有量 32.8 万辆，增长 20.1%。

全年电信业务总量 87.1 亿元。邮政业务总量 15.8 亿元，增长 29.6%，业务收入累计完成 9.0 亿元，同比增长 23.1%。邮政寄递服务累计完成 7152.3 万件，同比增长 10.2%。快递业务收入 4.9 亿元，同比增长 35.4%；快递业务累计完成 4577.7 万件，同比增长 26.4%，年末，全市拥有电话 435.1 万户，同比增长 10.3%，其中固定电话用户数 35.0 万户，同比减少 9.3%；移动电话用户数 400.1 万户，同比增长 12.4%。年末国际互联网用户 107.5 万户，同比增长 23.4%。

3. 旅游业

2018 年，全市共接待国内外游客 2757.9 万人次、实现旅游业总收入 240.9 亿元，同比分别增长 15.5%、17.0%，全市旅游业发展指标连续多年保持两位数增长。年末，全市共有 A 级旅游景区 36 个、星级饭店 11 家、星级旅游餐馆 17 家、星级农家乐 179 家、旅行社 63 家、旅行社分社 20 个、旅行社服务网点 79 个。

4. 金融、证券和保险

金融业务快速发展。年末，全市金融机构人民币各项存款余额 2556.7 亿元，比年初增加 284.5 亿元，增长 12.5%。其中，境内单位存款余额 1118.1 亿元，比年初增加 100.9 亿元；境内个人存款余额 1327.9 亿元，比年初增加 151.6 亿元。年末，金融机构各项贷款余额 2045.3 亿元，比年初增加 346.1 亿元，增长 20.4%。从贷款期限看，短期贷款余额 738.3 亿元，比年初增加 38.7 亿元；中长期贷款余额 1236.2 亿元，比年初增加 289.2 亿元。

2018 年新增境外上市公司 1 家，“新三板”挂牌企业 2 家，省区域股权交易中心挂牌企业 51 家。2018 年末，全市有境内外上市公司 5 家，“新三板”挂牌企业 24 家，省区域股权交易中心挂牌企业 105 家。

年末，全市共有产、寿险市级公司 37 家，其中财产险公司 18 家、人身险公司 19 家；保险公司干部员工 3351 人、保险代理人 18088 人，其中财产险公司干部员工 2573 人、保险代理人 2354 人，人身险公司干部员工 778 人、保险代理人 15734 人。全年保费收入 57.8 亿元，同比增长 11.9%。其中，财产保险保费收入 25.0 亿元，同比增长 15.7%；人身保险保费收入 32.8 亿元，同比增长 9.3%。支付赔款（给付）16.9 亿元；缴纳各项税款 1.2 亿元；代扣代缴各项税款 1.8 亿元；保单借款 7.0 亿元。

5. 房地产业

全年完成房地产开发投资 441.6 亿元，增长 3.4%；房屋施工面积 3328.7 万平方米，增长 5.5%，其中新开工面积 982.9 万平方米，下降 18.8%；房屋竣工面积 295.9 万平方米，增长 17.4%。商品住宅销售面积 994.4 万平方米，增长 19.4%；商品住宅销售额 591.0 亿元，增长 24.3%。

（五）对外经济

1. 对外贸易

全年进出口 310254 万美元，比上年增长 11.8%，其中出口总额 231144 万美元，增长 22%，进口总额 79110 万美元，下降 10.2%。从进出口经营主体看，内资生产企业完成 244927 万美元，增长 8.1%；外商投资企业完成 65327 万美元，增长 28.2%。出口国别及地区达 176 个。

2. 利用外资

全年招商引资境内省外 974.6 亿元，增长 15.1%，来自长三角区域资金 466.5 亿元，占境内省外引资总量的 47.9%，同比下降 9.1%。

二　滁州市 2018 年社会发展概况

（一）人口、人民生活

年末全市户籍人口 453.7 万人，常住人口 411.4 万人，比上年增加 3.8 万人。城镇化率 53.42%，比上年提高 1.52 个百分点。2018 年，按常住人口计算，全年人口出生率 11.32‰，比上年下降 1.23 个千分点；死亡率 5.56‰，上升 0.23 个千分点；自然增长率 5.76‰，下降 1.46 个千分点。

全年城镇居民人均可支配收入 31230 元，比上年增长 9.2%；人均消费性支出 20919 元，比上年增长 9.8%。其中：食品支出 6453 元，增长 2.1%；衣着支出 1513 元，增长 3.3%；居住支出 5146 元，增长 18.4%；生活用品及服务支出 1530 元，增长 10.3%；交通通信支出 2362 元，增长 18.6%；教育文化娱乐支出 2313 元，增长 9.4%；医疗保健支出 1152 元，增长 12.3%；其他用品和服务支出 450 元，增长 13.1%。城镇居民恩格尔系数为 30.8%。

年末，每百户城市居民家庭拥有家用汽车 35.3 辆，摩托车 29.0 辆，电冰箱 101.6 台，洗衣机 100.9 台，热水器 93.3 台；空调 174.4 台，彩电 142.3 台，照相机 9.2 台，计算机 77.3 台，中高档乐器 1.9 架，固定电话 38.3 部，移动电话 278.3 部。人均住房建筑面积 39.8 平方米。

全年农村居民人均可支配收入 13126 元，比上年增长 9.9%；农村居民人均生活消费支出 10358 元，比上年增长 11.8%。其中：食品烟酒支出 3642 元，增长 5.0%；衣着支出 419 元，增长 17.3%；居住支出 1974 元，增长 17.7%；生活用品及服务支出 680 元，增长 20.5%；交通通信支出 1417 元，增长 16.0%；教育文化娱乐支出 801 元，下降 11.7%；医疗保健支出 1291 元，增长 12.8%；其他用品和服务支出 134 元，增长 20.8%。农村居民恩格尔系数为 35.2%。

年末，每百户农村居民家庭拥有家用汽车 24.4 辆，摩托车 44.3 辆，电冰箱 107.9 台，洗衣机 84.7 台，热水器 81.0 台，空调 96.9 台，彩电 126.0 台，照相机 1.8 台，计算机 15.6 台，固定电话23.7 部，移动电话 253.4 部。农村居民人均住房面积为 45.0 平方米。

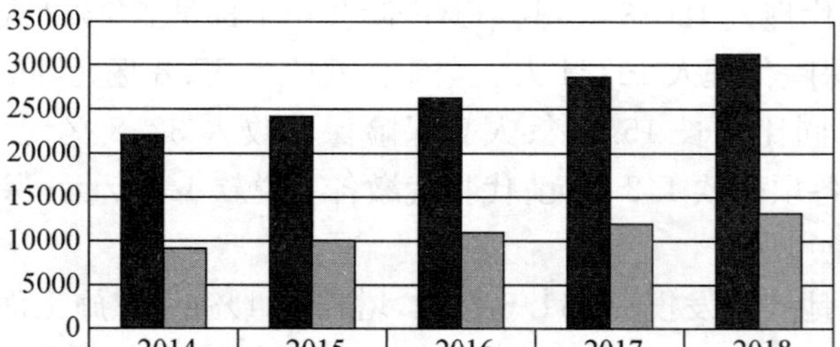

	2014	2015	2016	2017	2018
■城镇居民人均可支配收入(元)	22091	24168	26286	28612	31230
□农村居民人均可支配收入(元)	9171	10070	10956	11947	13126

图 3　2014—2018 年滁州市城乡居民收入对比一览

（二）就业与社会保障

城镇新增就业 8.9 万人，登记失业率为 2.76%，比上年下降 0.24 个百分点。

年末，全市城乡居民基本养老保险（含城镇职工养老保险、城乡居民养老保险）参保人数 203.62 万人，其中：城乡居民养老保险参保人数 154.92 万人。失业保险参保人数为 23.6 万人，工伤保险参保人数为 31.78 万人。职工基本医疗保险 45 万人、城乡居民基本医疗保险 386.1 万人，生育保险参保人数 29.96 万人。

2018 年城市低保人数 3.2 万人，累计救助 41.4 万人，发放救助金 1.9 亿元，人均救助 456 元；农村低保人数 11.2 万人，累计救助 136.9 万人，发放救助金 4.2 亿元，人均救助 304 元。退休人员养老金标准进一步提高。

2018 年末，全市已建工会组织数 4343 个，覆盖职工 30.81 万，发展会员近 30 万人。

2018 年"两节"期间，全市工会筹集送温暖资金 851.16 万元，共帮扶慰问困难职工 3255 户，发放款物 656.26 万元；其中帮扶慰问困难农民工 1223 户，发放款物 62.26 万元；帮扶慰问困难劳模 115 人，发放款物 31.97 万元；慰问一线职工 1404 人。开展医疗帮扶活动，帮扶困难职工 792 人，帮扶金额 371.48 万元。开展助学帮扶活动，共资助 331 名困难职工和农民工子女上学，发放助学资金 133.2 万元。年末，县级以上妇联组织 9 个，县级以上春蕾工程全年筹资 100.7 万元，资助大学、大专和中小学生 600 余人。

年末，全市共有养老服务机构 142 个，床位 21670 张。农村五保供养人数 2.52 万人，比上年末下降 3.8%。年末，城镇社区各种服务设施 1078 个，比上年增长 0.2%。全年福利彩票累计销量 5.25 亿元，比上年增长 3.8%。

（三）教育和科学技术

1. 教育事业

年末，全市共有幼儿园 522 所，比上年增加 12 所，在园幼儿数 11.0 万人，比上年增加 0.9%；小学 226 所，比上年减少 6 所，专任教师 1.4 万人，与上年持平，在校生 24.0 万人，增加 1.3%；普通中学 268 所，增加 1 所，专任教师 1.58 万人，减少 0.6%，在校生 18.75 万人，减少 1.2%；中等职业教育学校 17 所，专任教师 1816 人，在校生 4.4 万人。

2. 科技与创新

全市全社会研发经费投入 31.5 亿元，较上年增长 25.5%，研发经费投入占 GDP 比重为 1.96%，较上年提高 0.2 个百分点。全市拥有省级以上研发平台 152 家(其中国家级研发平台 3 家)、国家级高新技术企业 341 家，比上年增加 55 家；国家级科技孵化器 2 家、国家级众创空间 3 家、省级孵化器 3 家、省级众创空间 8 家、市级众创空间 9 家、省级院士工作站 32 家，较上年增加 12 家。全年高新技术产业产值增长 13.5%，增加值增长 12.3%。全年获省级科技成果登记 430 项、省级科技进步奖 7 项。

（四）文化、卫生和体育

1. 文化事业

县级融媒体中心建设实现全覆盖，市图书馆新馆开馆，5 个县市图书馆被评为国家一级馆。全椒获批"中国地名文化遗产千年古县"。《滁州市非物质文化遗产保护条例》颁布施行。

2018 年末，全市公共图书馆藏书量 186.85 万册，电子图书 442.96 万册。全市广播电视台 8 个，网络分公司 7 家。全市广播综合覆盖率 99.82%，电视综合覆盖率 99.73%。广播全年播放时间 4.23 万小时，其中自办栏目播放时间 2.95 万小时；电视全年播放时间 5.50 万小时，其中自办栏目播放时间 1.72 万小时。广播电视综合覆盖人口 453.22 万。

2. 卫生事业

医疗服务能力进一步提升，建立城市医联体 2 个、县域医共体 20 个，获评全国无偿献血先进城市；明光荣获国家基层中医药工作示范单位，琅琊获批省医养结合示范基地。

2018 年末，全市共有卫生机构 1592 个。其中，医院、卫生院 170 个，疾病控制中心 8 个、妇幼保健机构9个。全市卫生机构拥有床位19159张，比上年增长4.81%，其中医院、卫生院拥有床位18370张，比上年增加856张。卫生机构从业人员2.4万人。其中，医院、卫生院技术人员1.8万人，执业医生6840人，注册护士8059人，防疫人员194人。

3. 体育事业

全年全市组织开展各类群众体育活动732场次。成功承办了23项国家级、省级赛事，组织千人以上群体活动24场次。建成乡镇级全民健身广场10个、街道或社区全民健身苑20个、街道或社区体育俱乐部6个、晨晚练点86个、社区多功能运动场1个和行政村农体工程维护更新58个；新成立体育社团7个，目前共有体育协会数144个、俱乐部23个，总数167个。

2018年全市共有国家级体育传统学校2所，省级体育传统项目学校10所；国家级特色学校25所，省级体育特色学校5所，市级特色学校93所；国家级青少年体育俱乐部12所，省级青少年体育俱乐部24所。全年输送后备人才48人。举办中小学体育比赛7个项目10次比赛。全年省级比赛共获得金牌105.1枚、银牌25枚、铜牌32枚。体育彩票销售4.3亿元。

2018年安徽省第十四届运动会于10月24日在蚌埠顺利闭幕。滁州市共566名运动员参加了青少部手球等20个大项的比赛，在市委、市政府的高度重视和有关部门的大力支持下，经过运动员、教练员的顽强拼搏和代表团全体同志的共同努力，共获得金牌105.1枚、银牌25枚、铜牌32枚，总分3124.6分，金牌总数历史性突破百枚大关，位居全省第五，一举进入全省第一方阵，圆满实现了“保7争6冲5”的预定目标，同时获得了竞技体育贡献奖、体育人才输送奖和体育道德风尚奖。

（五）城乡建设

滁城品质持续提升。完成城市空间规划及城市总规修改，划定“三区三线”。大力实施“四个一”工程，琅琊山北门改造、琅琊阁重建等基本完成；清流河水环境综合治理、三期设计等全面完成；古城清流文化街、南谯北路桥和吴棠故居修缮等工程完工，北湖整治初显成效，奠枕楼、拱极门开门迎客，内城河三期、遵阳街及紫薇北路改造等全力推进；明湖建设步伐加快，坝址区园林景观绿化工程全面完成，明湖大道等建成通车，核心区文旅项目、奥体中心等开工建设。镜园、国防训练基地、东坡中学等竣工，儿童医院二期、福利院二期等基本完成，丰收渠综合治理、中都大道北延和城南路网完善工程等全面推进。花鸟鱼虫市场迁建启用。征收房屋295万平方米。

文明创建成效显著。扎实开展“十大专项行动”，城市精细化管理有效加强，市民参与度、满意度明显提升，国检省检反映良好。3人荣登中国好人榜，3户获评全国“最美家庭”“五好家庭”；志愿服务注册率居全省前列。

县城和镇村建设步伐加快。县城老城改造、新区拓展和园区提升加快推进，共实施重点项目347个，完成投资150多亿元。天长完成全省美丽乡村整县推进试点，凤阳获批全国美丽乡村建设项目试点。“三大革命”扎实推进，89个乡镇政府驻地建成污水处理设施，改厕35087户，综合整治自然村3604个。全省改善农村人居环境推进会在来安召开。

（六）环境保护

水清岸绿产业优美丽长江（安徽）经济带、淮河生态经济带建设积极推进，全域推行河（湖）长制、林长制，中央和省环保督察反馈问题年度整改任务全部完成。PM2.5、PM10平均浓度同比分别下降9.8%、1.8%，优良天数同比提升6个百分点。关闭搬迁规模畜禽养殖场389家，完成入河排污口整治243个，7个国控考核断面水质全部达标，县级以上饮用水源地水质合格率100%。第三污水处理厂建成投运。创成省级节水型城市。全椒和南谯分别创成国家级、省级水生态文明城市。启动国家森林城市创建工作，创成省级森林城镇11个、森林村庄60个，完成造林21.3万亩。皇甫山国有林场将军凹入选国家森林小镇建设试点，南谯太平集村入选全国生态文化村。

年末，全市共有自然保护区 2 个，自然保护区面积 22403 公顷。当年人工造林面积 1422C 公顷。年末森林面积 48 万公顷，活立木总蓄积量 1936 万立方米，森林覆盖率 35.5%。全市共有环境监测站和监察大(支)队 17 个，环保专项资金 1.55 亿元。年末，共有污水处理厂 18 座。城市污水处理率 96.64%。全市年单位生产总值耗能比上年下降 6.08%。

全年，滁州市市区环境空气质量总体上属于良好水平，全市环境空气质量符合《环境空气质量标准》(GB3095—2012)一级标准的天数为 51 天，符合二级标准的天数为 199 天，一、二级标准的天数总计为 250 天，占 68.5%。全年轻度污染 84 天，中度污染 23 天，重度污染 8 天。

(七) 社会安全

全年发生火灾事故 1078 起，直接经济损失 662.8 万元；发生立案道路交通事故 302 起，交通事故死亡人数 171 人。

三 滁州市在泛长三角地区经济发展中的地位

2018 年，是本届政府的开局之年，也是宏观环境错综复杂、各项工作任务极其繁重的一年。在严峻挑战面前，坚持以习近平新时代中国特色社会主义思想为指导，认真贯彻落实党的十九大和十九届二中、三中全会精神，在省委、省政府和市委的坚强领导下，在市人大、市政协的监督和支持下，牢牢把握稳中求进工作总基调，迎难而上、锐意进取，高质量推动五大发展，较好完成了市六届人大一次会议确定的目标任务。

(一) 地区生产总值

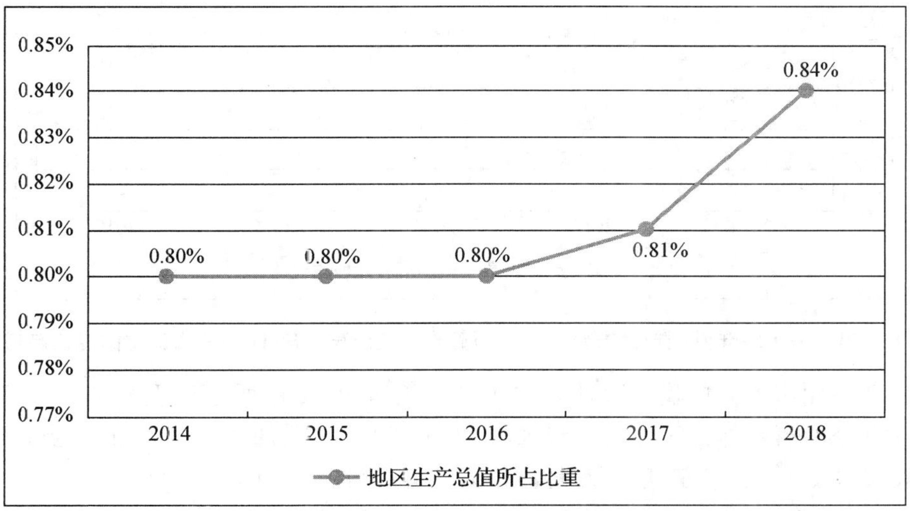

图 4 2014—2018 年滁州市地区生产总值在泛长三角地区 41 市
(苏浙两省 24 个地级市、上海市和安徽省 16 个地级市，下同)所占比重的变化趋势

2014—2018 年滁州市地区生产总值在泛长三角地区 41 市所占比重分别为 0.80%、0.80%、0.80%、0.81%和 0.84%。滁州市地区生产总值在泛长三角 41 市占比整体呈现上扬态势，2018 年与 2014 年比增加了 0.04 个百分点，较 2017 年增加了 0.03 个百分点。2018 年，在泛长三角地区 41 市地区生产总值所占比重排名 27 位，与 2017 年持平。

2018 年，全市生产总值 1801.7 亿元，同比增长 9.1%，高于全省 1.1 个百分点。其中，第一产业增加值220.7亿元，同比增长3.2%；第二产业增加值930.1亿元，同比增长10.9%；第三产业增加值650.9亿元，同比增长9.1%。

2018年，全市三次产业比重由2017年的14.1∶50.9∶35.0调整为12.3∶51.6∶36.1，一产占GDP比重比2017年减少1.8个百分点，二产、三产占GDP比重分别比2017年提高0.7、1.1个百分点，二、三产业对经济增长贡献率分别达到61.8%、32.2%。在工业中，战新和高新产业增速较快。2018年全市战略性新兴产业产值增长17.7%，高于规模工业产值增速3.0个百分点；高新技术产业增加值增长12.3%，高于规模工业增加值增速0.9个百分点。在服务业中，金融业占比较大。2018年金融业占服务业比重达12.9%，金融业对经济增长贡献率达到4.5%。

主要经济指标增速呈现稳中有升、高于同期、快于全省的局面。2018年，全市生产总值同比增长9.1%，高于2017年同期0.1个百分点，高于全省1.1个百分点；规模以上工业增加值同比增长11.4%，高于2017年同期1.5个百分点，高于全省2.1个百分点，居全省第3位；社会消费品零售总额同比增长13.5%，高于2017年同期2.0个百分点，高于全省1.9个百分点，居全省第5位；财政收入同比增长12.2%，高于全省1.8个百分点，居全省第5位；居民可支配收入同比增长10.0%，高于2017年同期0.4个百分点，高于全省0.3个百分点，居全省第3位。

（二）地方财政一般预算收入

图5　2014—2018年滁州市地方财政一般预算收入在泛长三角41市所占比重的变化趋势

2014—2018年滁州市地方财政一般预算收入在泛长三角41市所占比重分别为0.73%、0.74%、0.79%、0.82%和0.83%，整体处于上升态势，2018年较2014年增加了0.10个百分点。2018年，滁州市地方财政一般预算收入在泛长三角41市地区排第25位，与2017年持平。

2018年，全市财政收入324.5亿元，增长12.2%，总量和增速分别居全省第4和第5位。全市完成地方一般预算收入199.3亿元，同比增长9.2%，增速同比提高0.1个百分点。

（三）工业生产总值

2014—2018年滁州市工业生产总值在泛长三角41市所占比重分别为0.92%、0.90%、0.91%、0.95%和1.01%，总体上呈现上升趋势，五年累计增幅达0.09个百分点。2018年，滁州市工业生产总值在泛长三角41市所占比重排第27位，与2017年保持一致。

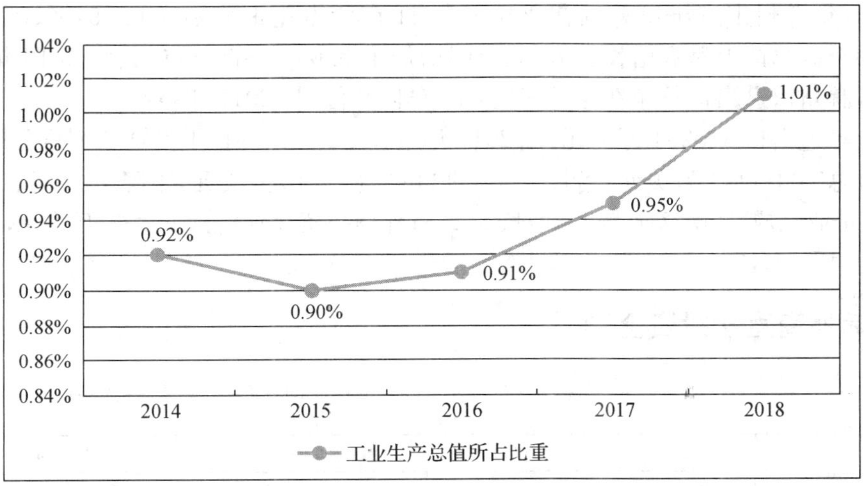

图6　2014—2018年滁州市工业生产总值在泛长三角41市所占比重的变化趋势

2018年，全市规上工业增加值同比增长11.4%，高于全省2.1个百分点，居全省第3位，同比提升1位。2018年，规模以上工业企业单位数达1596家，居全省第5位。从经济类型看，股份制和国有企业实现较高增长。2018年，国有企业增加值增长11.3%，股份制企业增加值增长11.7%，外商港澳台企业增加值增长7.7%。从行业看，化学原料和化学制品制造业、电气机械和器材制造业、有色金属冶炼和压延加工三个行业增速同比提升较多，对规模工业增长贡献较大。2018年，三个行业增加值同比分别增长17.2%、6.6%、41.6%，比2017年同期提高1.4个、1.6个、35.2个百分点，合计对全市规模工业产值增长的贡献率为39.7%，拉动全市规模以上工业增长5.8个百分点。从园区看，苏滁现代产业园、凤阳硅工业园、定远盐化工工业园增长较快。2018年，全市14个开发区累计实现增加值同比增长12.3%，比全市平均增速高0.9个百分点，拉动全市规模以上工业增长9.3个百分点。其中，苏滁现代产业园、凤阳硅工业园、定远盐化工工业园和来安汊河开发区四个园区增加值增速在30%以上，分别为45.4%、33.6%、37.8%和31.6%。从规模看，亿元企业拉动力较强。2018年，全市规模以上工业企业中产值超亿元的企业有522家，比2017年同期增加24家，产值占全市规模以上工业比重达到84.0%。亿元企业增加值同比增长16.2%，比全市平均增速高4.8个百分点，对全市规模以上工业增加值的贡献率达到114.1%，拉动全市规模以上工业增长13.0个百分点。

（四）进出口总额

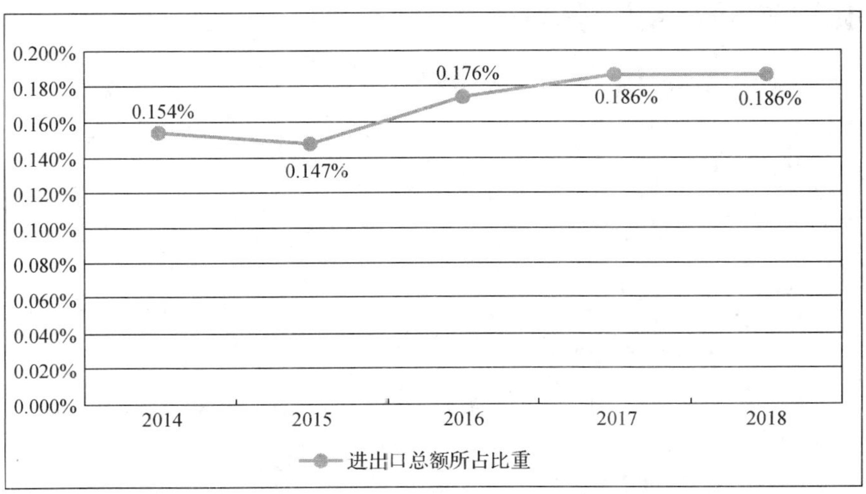

图7　2014—2018年滁州市进出口总额在泛长三角41市所占比重的变化趋势

2014—2018 年滁州市进出口总额在泛长三角 41 市所占比重分别为 0.154%、0.147%、0.176%、0.186%和 0.186%，总体上呈现增长态势，五年间增加了 0.032 个百分点，其中 2018 年较 2017 年基本持平。2018 年，滁州市进出口总额在泛长三角 41 市排 30 位，与 2017 年持平。

2018 年，全年进出口 310254 万美元，比 2017 年增长 11.8%，环比上升 0.7 个百分点，总量居全省第 5 位。其中出口总额 231144 万美元，增长 22%，进口总额 79110 万美元，下降 10.2%。从进出口经营主体看，内资生产企业完成 244927 万美元，增长 8.1%；外商投资企业完成 65327 万美元，增长 28.2%。出口国别及地区达 176 个。

（五）实际外商直接投资金额

图 8　2014—2018 年滁州市实际外商直接投资金额在泛长三角 41 市所占比重的变化趋势

2014—2018 年滁州市实际外商直接投资金额在泛长三角 41 市所占比重分别为 1.24%、1.44%、1.49%、1.61%和 1.77%，呈现连续上扬姿态，2018 年较 2014 年增加了 0.53 个百分点。2018 年，滁州市实际外商直接投资金额在泛长三角 41 市排第 16 位，较 2017 年上升两位。

2018 年全年招商引资境内省外 974.6 亿元，增长 15.1%，来自长三角区域资金 466.5 亿元，占境内省外引资总量的 47.9%，同比下降 9.1%。实现外商直接投资 13.9 亿美元，增长 13.8%，同比提高 6.8 个百分点，高于全省水平 6.8 个百分点。

十四　六安市 2018 年经济社会发展报告

2018 年，面对错综复杂的外部环境和持续加大的经济下行压力，全市上下在市委、市政府坚强领导下，以习近平新时代中国特色社会主义思想为指导，深入贯彻落实党的十九大精神和中央、省市决策部署，坚持稳中求进工作总基调，坚持落实高质量发展要求，全力打好三大攻坚战，扎实推进五大发展，经济实现持续平稳健康发展，转型升级取得明显成效，社会大局保持和谐稳定。

一　六安市 2018 年经济发展概况

(一) 综合经济

1. 经济总量

全年实现地区生产总值(GDP)1288.05 亿元，按可比价格计算，比上年增长 7.6%。分产业看：第一产业增加值 196.68 亿元，增长 2.9%；第二产业增加值 523.09 亿元，增长 8.6%；第三产业增加值 568.28 亿元，增长 8.6%。三次产业结构为 15.3∶40.6∶44.1。按常住人口计算，人均生产总值 26731 元(折合 4040 美元)，比上年增加 2325 元。

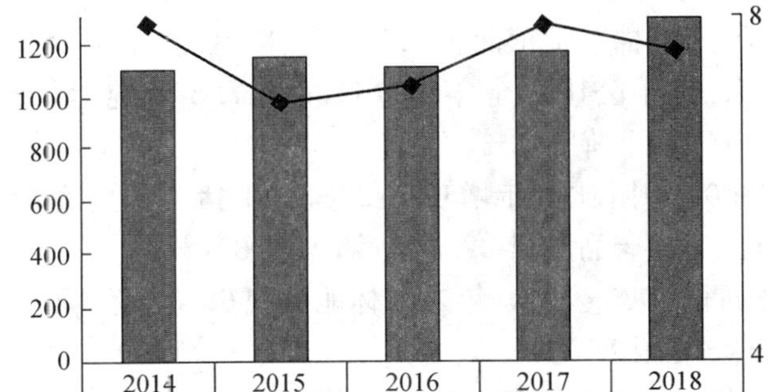

	2014	2015	2016	2017	2018
地区生产总值(亿元)	1095.81	1143.4	1108.15	1168.05	1288.05
增幅(%)	7.9	7	7.2	7.9	7.6

图 1　2014—2018 年六安市地区生产总值及增长速度

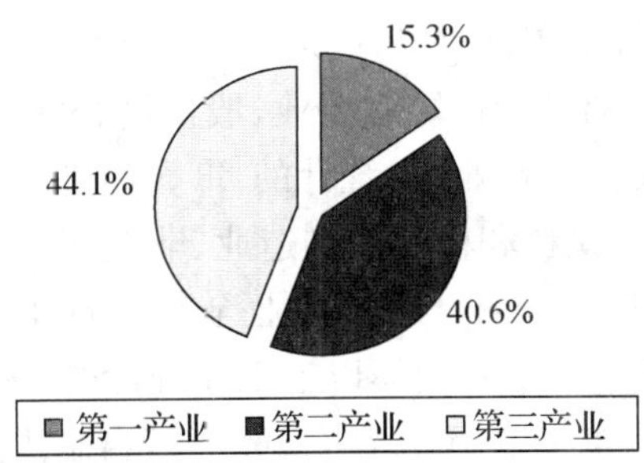

图 2　2018 年六安市三次产业结构图

2. 财政收支

2018 年，全市实现财政收入 205.2 亿元，增长 11.5%。其中：地方财政收入 122.4 亿元，增长8.5%；

中央级收入 76.7 亿元，增长 17.1%。在地方税收收入中，国内增值税 37.0 亿元，增长 12.7%；营业税 0.2 亿元，下降 72.8%；企业所得税 8.2 亿元，增长 41.3%；个人所得税 2.1 亿元，增长 20.1%。全年财政支出 412.7 亿元，增长 10.0%。其中，教育支出增长 12.7%，科学技术支出增长 15.1%，交通运输支出增长 63.1%，农林水事务支出增长 11%，社会保障和就业支出增长 40.8%。全年民生工程累计投入财政资金 344.5 亿元，比上年增长 9.4%；民生支出占财政支出比重为 83.5%。

3. 物价水平

2018 年，居民消费价格指数为 101.7%，居民消费价格同比上涨 1.7%。其中，食品烟酒类价格上涨 1.7%，居住类价格上涨 1.9%，医疗保健类价格上涨 4.9%。工业生产者购进价格指数 103.4%；工业生产者出厂价格指数 101.4%。

4. 固定资产投资

2018 年全年完成固定资产投资比上年增长 13.4%。分产业看，第一产业投资增长 102.7%；第二产业投资增长 18.8%；第三产业投资增长 10.2%。

全年完成工业项目投资增长 16.9%，其中制造业投资增长 32.2%。水利、环境和公共设施管理业投资增长 5.5%，交通运输、仓储和邮政业投资下降 11.3%。

全年新开工项目 570 个，比上年净增 234 个。全年亿元以上重点项目完成投资同比增长 7.7%。

（二）农业

2018 年，全市粮食种植面积 610.32 千公顷，比上年减少 3.06 千公顷；油料种植面积 53.53 千公顷，比上年增加 0.71 千公顷；棉花种植面积 6.87 千公顷，比上年减少 0.08 千公顷；蔬菜种植面积 50.95 千公顷，比上年增加 1.24 千公顷。全年粮食产量 347.8 万吨，增长 1.5%；油料产量 11.8 万吨，增长 0.9%；棉花产量 8357 吨，下降 1.1%。

肉类总产量 38.0 万吨，比上年增长 7.2%，其中猪牛羊肉产量 26.1 万吨，增长 8.9%。禽蛋产量 9.3 万吨，增长 2.1%。水产品产量 22.3 万吨，增长 8.7%。

全年人工造林面积 7086 公顷。年末有林地面积 69.3 万公顷，活立木总蓄积量 3479.9 万立方米，森林覆盖率 45.5%，林木绿化率 51.3%。

全市农业机械总动力 584.9 万千瓦，比上年增长 3.8%。农用拖拉机 17.4 万台，下降 0.5%；全年化肥施用量(折纯)17.4 万吨，下降 4.2%。农村用电量 12.4 亿千瓦小时，增长 7.3%。

（三）工业和建筑业

1. 工业经济

2018 年，全市规模以上工业企业数达到 930 户，全年累计实现规模以上工业增加值同比增长 10.4%，增速创 4 年来新高。分经济类型看：国有企业、股份制企业和外商及港澳台投资企业增长较快，分别增长 16.2%、10.3%和 12.2%。分行业看：统计的 33 个行业大类中有 24 个行业增加值实现增长；在增加值达到 15 亿元的行业中，酒、饮料和精制茶制造业、非金属矿物制品业橡胶和塑料制品业增长较快，增幅分别达到 43.7%、10.2%和 18.9%。规模工业全年实现主营业务收入 1174.5 亿元，增长 11.6%，实现利税 86.7 亿元，与上年基本持平。规模以上工业统计的产品产量中，锂离子电池增长41.0倍，钢材增长 1.4 倍，白酒增长 18.4%，电动自行车增长 16.8%，自来水生产量增长 10.9%，胶合板增长 8.0%，铁矿石原矿量增长 0.9%，家用电冰箱下降 7.1%，发电量下降 1.6%。

2. 建筑业

2018 年，建筑业企业实现总产值 197.7 亿元，比上年增长 14.3%。建筑企业当年房屋建筑施工面积 1243.8 万平方米，同比增长 1.2%。房屋竣工面积 700.8 万平方米，同比增长 11.0%。

（四）服务业

1. 国内贸易

2018 年，实现社会消费品零售总额 668.5 亿元，比上年增长 11.2%。按经营地统计，城镇消费品零售额 361.3 亿元，增长 10.1%；乡村消费品零售额 307.2 亿元，增长 12.6%。按销售类型统计，批发零售业零售额 587.2 亿元，增长 11.2%；住宿餐饮业零售额 81.3 亿元，增长 11.1%。粮油、食品、饮料、烟酒类限上法人企业实现零售额 44.9 亿元，增长 15.3%；服装、鞋帽、针纺织品类零售法人企业实现零售额 10.4 亿元，增长 3.3%；日用品类、化妆品类、书报杂志类分别实现零售额 4.0 亿元、2.4 亿元、4.7 亿元，分别增长 34.0%、21.2%和 95%；金银珠宝类法人企业实现零售额 2.9 亿元，增长 4.7%。按规模分，限额以上商业实现零售额 234.0 亿元，增长 13.1%；限额以下商业实现零售额 434.5 亿元，增长 10.2%。

2. 交通运输、邮电

2018 年，交通运输、仓储及邮政业平稳增长，实现增加值 46.9 亿元，同比增长 4.5%。完成公路货运量 23801 万吨，增长 1.1%，货运周转量 433 亿吨公里，增长 5.2%；客运量 4281 万人次，下降 13.0%，客运周转量 36.2 亿人公里，下降 9.0%。水上货运量 9515 万吨，同比下降 6.5%，水上货运周转量 556.1 亿吨公里，下降 6.2%；水上客运量 41 万人次，下降 21.2%，水上客运周转量 554 万人公里，增长 12.8%。

全市各种机动车辆（不含拖拉机）80.1 万辆，同比增长 9.6%。汽车拥有量 54.6 万辆，增长 13.8%。其中，载客汽车 44.4 万辆，增长 14.7%；载货汽车 9.9 万辆，增长 10.0%。载客汽车中，小型载客汽车 43.6 万辆，增长 14.9%。

全年邮政电信部门完成邮电业务总量 36.2 亿元。其中：邮政部门完成邮政业务收入 9.4 亿元，电信部门完成业务量 26.8 亿元。全市快递业务量完成 5147.0 万件，同比增长 69.2%；业务收入完成 4.4 亿元，同比增长 55.3%。

电信部门拥有本地固定电话用户 26.3 万户，同比减少 2.3 万户；移动电话用户 407.9 万户，同比增加 62.6 万户。互联网用户 86.4 万户，同比增加 16.8 万户。

3. 旅游业

2018 年，接待海外游客 14.1 万人次，增长 11%；接待国内游客 5394.2 万人次，增长 20.2%。旅游总收入 424.8 亿元，增长 21.3%。其中，旅游外汇收入 9978.5 万美元，增长 15.8%；国内旅游收入 417.9 亿元，增长 21.3%。年末全市共有 3A 级旅游景区 19 处，4A 级旅游景区 24 处，5A 级旅游景区 2 处。

4. 金融、证券和保险

全市金融机构人民币各项存款余额 2680.7 亿元，同比增长 10.4%。其中，住户存款余额 1480.4 亿元，增长 12.7%。金融机构人民币各项贷款余额 1846.9 亿元，同比增长 20.1%；余额比年初增加309.5 亿元。

全市证券营业机构 9 家。其中，1 家分公司，8 个营业部。全市证券交易额达 720 亿元，证券新增开户数 1.6 万户。

全市保险机构 40 家，其中财险公司 16 家、寿险公司 24 家。全市保费收入 82.3 亿元，年赔付 17.5 亿元。其中，财产险保费收入 24.3 亿元，年赔付 14.4 亿元；人身险保费收入 58 亿元，年赔付 3.1 亿元。

5. 房地产业

全年完成房地产企业开发投资额 329.8 亿元，增长 12.3%；当年商品房新开工面积 727.1 万平方米，下降 22.1%；施工面积 2963.6 万平方米，增长 12.5%；竣工面积 192 万平方米，下降 5.7%；商品房销售面积680.2万平方米，下降4.3%；销售额403亿元，下降0.8%。

（五）对外经济

1. 对外贸易

2018年，全市实现进出口81305万美元，比上年增长13.2%。其中，出口72013万美元，增长18.8%；进口9292万美元，下降17.4%。

2. 利用外资

全市利用外商直接投资50306万美元，比上年增长14.9%；新备案外资项目13个，与上年持平；合同外资17550万美元，同比增长0.1%。

二　六安市2016年社会发展概况

（一）人口、人民生活

2018年，全市户籍人口588.6万人，比上年增加0.4万人。据全省人口变动抽样调查统计，2018年全市常住人口483.7万人，城镇化率46.1%，城镇化率比上年提高0.7个百分点。常住人口出生率11.98‰，死亡率6.73‰，自然增长率5.25‰。

2018年，全市城镇常住居民人均可支配收入29070元，比上年增长8.8%。城镇居民人均消费性支出18949元，增长8.6%。其中，食品支出6294元，增长3.3%，衣着支出增长10.4%，交通与通讯支出增长5.3%，教育文化娱乐服务支出增长10.2%。城镇居民家庭恩格尔系数为33.2%，同比下降1.7个百分点。城镇居民人均居住面积43平方米，同比增加5平方米。

农村常住居民人均可支配收入11959元，比上年增长10.2%。农村居民人均生活消费支出10034元，增长10.0%。其中，食品支出增长6.3%，交通和通讯支出增长13.8%，居住支出增长12.7%。农村居民人均住房面积44平方米，同比增加1平方米。

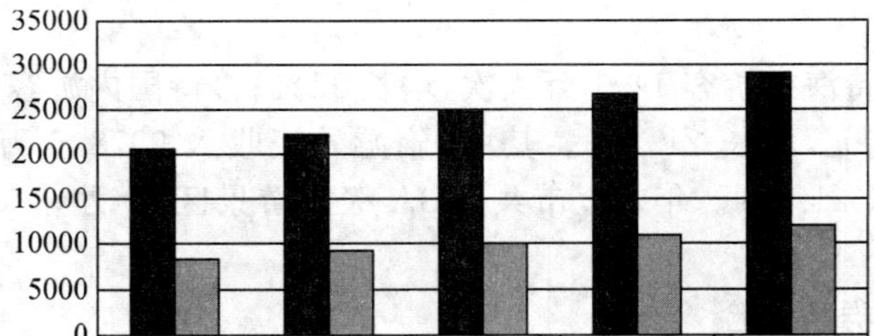

	2014	2015	2016	2017	2018
■城镇居民人均可支配收入(元)	20610	22238	24728	26731	29070
■农村居民人均可支配收入(元)	8287	9197	9960	10857	11959

图3　2014—2018年六安市城乡居民收入对比一览

（二）社会保障

2018年末全市参加城镇基本养老保险32.89万人，失业保险19.74万人，城镇职工基本医疗保险35.22万人，工伤保险29.42万人，生育保险21.10万人；合计征缴五项保险基金38.57亿元，比上年增长19.4%；城乡居民养老保险缴费人数200.02万人；参加城镇居民医疗保险人数522.68万人。全年完成技能脱贫培训9959人、企业新录用人员岗前技能培训11392人，新技工系统培养3424人。

（三）教育和科学技术

1. 教育事业

2018年，全市普通高校4所，当年招生12289人，比上年下降2.1%；在校生40013人，下降5.5%；毕业生12936人，下降1.7%。各类中等职业教育学校31所（不含技工学校），当年招生23652人。普通高中52所，招生30782人，高中阶段毛入学率119.5%。普通初中282所，招生57102人，初中学龄人口入学率为99.99%。小学595所，招生55821人，小学入学率为100%。

2. 科技与创新

全市有省级工程技术研究中心21家，登记科技成果740项，其中获省级科技奖2项。全年申请专利10768件，比上年增长16.6%，授权专利3944件，增长49.1%。科技兴农力度加大，全年选派科技特派员244名，创建专家大院39家。

2018年完成市级以上监督抽查517组，不合格30组，合格率94.2%，比2017年下降2.4个百分点。2018年末，全市法定计量技术机构（含授权）19家，强制检定计量器具15.53万台件。全年各类认证证书2184张，获证组织805家，分别比上年增长15.8%、26%。2018年，全市共参加制、修订国家标准10项，行业标准1项，地方标准16项，团体标准2项，企业自我公开企业标准198项。新认定六安名牌36个。

（四）文化、卫生和体育

1. 文化事业

2018年，全市共有文化馆8个，乡镇（街道）综合文化站140个，公共图书馆6个，年末馆藏书籍总藏量92.13万册（件）。文物保护管理机构7个，博物馆（纪念馆）11个（含民办2家），年末馆藏文物11007件。广播电视台6家，中波发射台1座，调频、电视转播发射台12座，有线广播电视用户19.34万户，广播综合人口覆盖率99.8%，电视综合人口覆盖率99.69%。

2. 卫生事业

全市现有医疗机构2539家，其中三级医疗机构2家，二级医疗机构26家，门诊部50家，诊所175家，卫生院、社区卫生服务中心、卫生站（所）和医务室342家，服务站及村卫生室1910家，其他医疗机构34家。现有床位22473张，执业医师和执业助理医师11170人，注册护士8877人。现有专业公共卫生机构26所，其中妇幼保健院（所）、疾病预防控制中心和卫生监督局（所）各8个，采供血机构1个，医疗紧急救援指挥中心1个。

3. 体育事业

2018年，成功举办2018六安国际马拉松赛事，来自4个国家、13个省市的近万名运动员和马拉松爱好者畅跑五色六安。圆满承办安徽省第二届健身休闲大会，先后举办国际网球金安公开赛、大别山国际马拉松、第五届万佛湖国际库钓大奖赛、第五届全国登山大会（金寨站）等赛事活动。继续举办"毅行六安"全民健身品牌活动，先后开展第十五届迎新春长跑、第七届龙舟赛等群众体育活动。

（五）环境保护

2018年末，全市共有通过标准化认证环境监测站5个。监测的城区空气质量优良率为75.1%。全市集中式饮用水源地水质达标率100%。金寨县被命名为首批国家生态文明示范县，舒城县和霍山县成功创建国家生态县，全市共有19个国家级生态乡镇，3个国家级生态村。

已建成自然保护区4个，其中国家级自然保护区1个、省级自然保护区3个。

（六）社会安全

全年亿元GDP生产安全事故死亡人数为0.087人，比上年下降30.43%。全年发生生产经营性道路交通事故54起，发生工矿商贸生产安全事故47起。

三　六安市在泛长三角地区经济发展中的地位

2018年，全市上下在市委、市政府坚强领导下，以习近平新时代中国特色社会主义思想为指导，深入学习贯彻党的十九大、十九届二中、三中全会精神，凝心聚力，攻坚克难，统筹推进稳增长、促改革、调结构、惠民生、防风险各项工作，扎实推进五大发展，全市经济实现平稳运行，发展质量持续提高，经济结构继续优化。

（一）地区生产总值

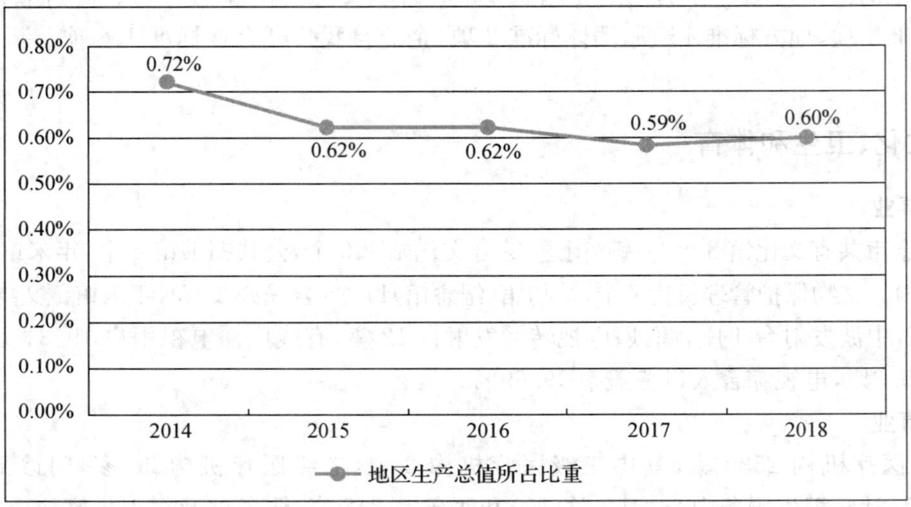

图4　2014—2018年六安市地区生产总值在泛长三角地区41市（苏浙两省24个地级市、上海市和安徽省16市，下同）所占比重的变化趋势

2014—2018年六安市地区生产总值在泛长三角地区41市所占比重分别为0.72%、0.62%、0.62%、0.59%和0.60%。2018年与2014年比减少了0.12个百分点，较2017年增加了0.01个百分点。2018年，六安市在泛长三角地区41市地区生产总值所占比重排名第35位，较2017年保持一致。

2018年，全市实现生产总值1288.1亿元，按可比价格计算，增长7.6%。其中，第一产业增加值196.7亿元，增长2.9%；第二产业增加值523.1亿元，增长8.6%；第三产业增加值568.3亿元，增长8.6%。

（二）地方财政一般预算收入

2014—2018年六安市地方财政一般预算收入在泛长三角41市所占比重分别为0.56%、0.53%、0.46%、0.51%和0.51%，2018年较2014年减少了0.05个百分点，与2017年基本持平。2018年，六安市地方财政一般预算收入在泛长三角41市地区排第34位，较2017年下降了一位。

2018 年，全市财政收入 205.2 亿元，增长 11.5%，增幅比全省高 1.1 个百分点，居全省第 6 位。其中，中央级收入 76.7 亿元，增长 17.1%；地方财政收入 122.4 亿元，增长 8.5%。地方级收入中，增值税增长 12.7%，企业所得税增长 41.3%，土地增值税增长 25.9%，三大税种合计实现收入 56.7 亿元，增长 18.7%，对地方财政收入增长贡献率达 92.7%。全市财政支出 412.7 亿元，同比增长 10.0%。其中，民生支出占 83.5%。财政收入和财政支出分别完成年初预算目标任务的 101.3%和 124.7%。

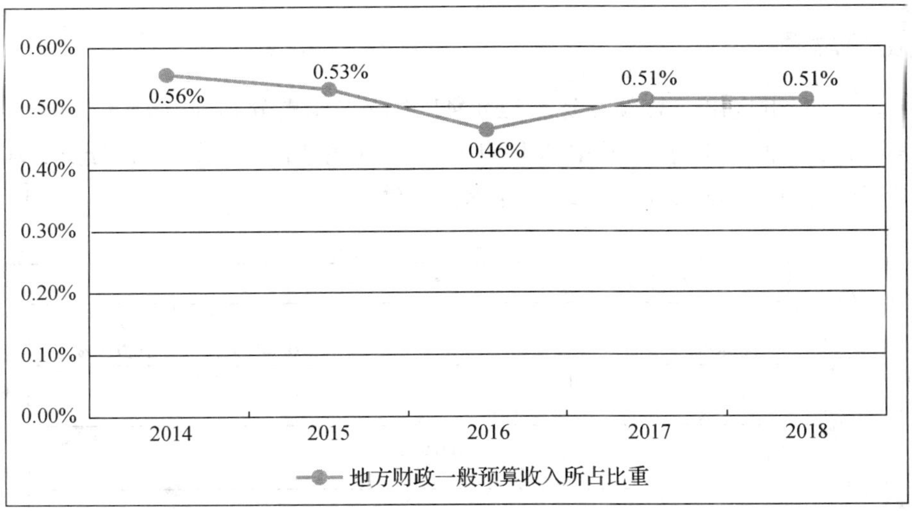

图 5 2014—2018 年六安市地方财政一般预算收入在泛长三角 41 市所占比重的变化趋势

（三）工业生产总值

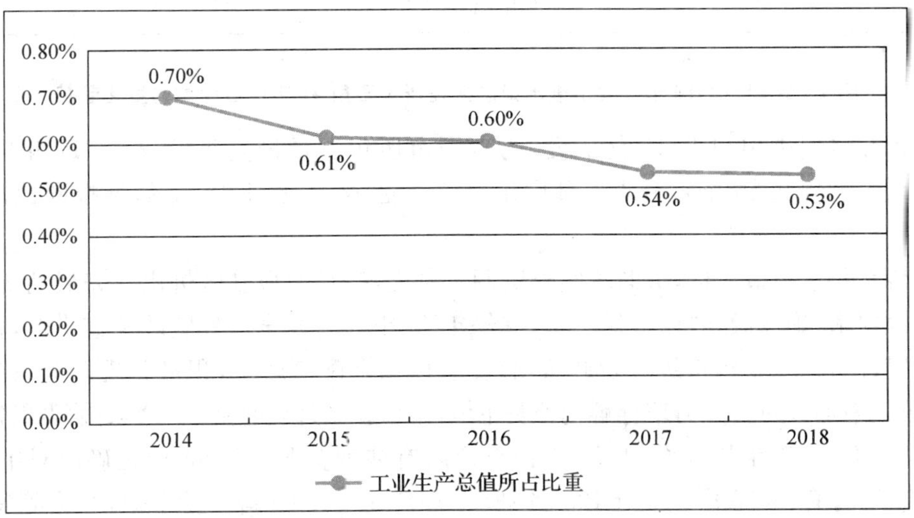

图 6 2014—2018 年六安市工业生产总值在泛长三角 41 市所占比重的变化趋势

2014—2018 年六安市工业生产总值在泛长三角 41 市所占比重分别为 0.70%、0.61%、0.60%、0.54%和 0.53%，2018 年较 2014 年减少了 0.17 个百分点，较 2017 年减少了 0.01 个百分点。2018 年，六安市工业生产总值在泛长三角 41 市所占比重排第 37 位。

2018 年，全市规模以上工业增加值增长 10.4%，同比提高 2 个百分点，比全省高 1.1 个百分点，居全省第 6 位。分经济类型看，国有企业增加值同比增长 16.2%，股份制企业增长 10.3%，外商及港澳台商投资企业增长 12.2%。分三大门类看，采矿业增加值增长 12.1%，制造业增长 11.4%，电力热力生产供应业增长 0.9%。33 个行业中，24 个行业增长同比加快。主要工业产品中，精制食用植物油增长8.6%，白酒增长 18.4%，钢材增长 1.4 倍，电动自行车增长 16.8%，LED 管增长 9.5%，电子元件增长 1.4 倍。

（四）进出口总额

2014—2018 年六安市进出口总额在泛长三角 41 市所占比重分别为 0.048%、0.044%、0.040%、0.048%和 0.049%，五年间基本持平，其中 2018 年较 2017 年增加了 0.001 个百分点。2018 年，六安市进出口总额在泛长三角 41 市排 37 位，较 2017 年保持一致。

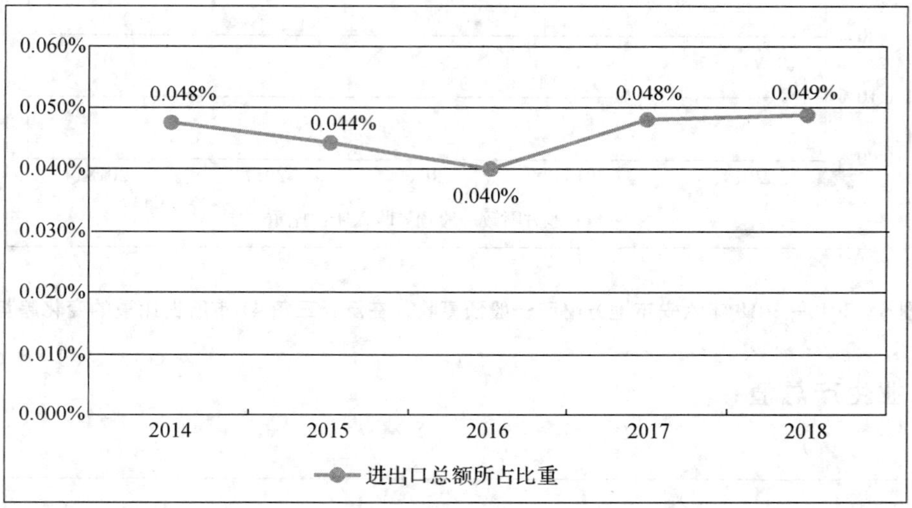

图 7　2014—2018 年六安市进出口总额在泛长三角 41 市所占比重的变化趋势

2018 年，全市实现进出口 8.13 亿美元，为六安市历年总量最高年份，与 2017 年同期相比增长 13.15%，超出全国增幅 0.55 个百分点。其中出口 7.2 亿美元，增长 18.8%，增幅同比回落 1.6 个百分点。

六安市围绕全年进出口目标，贯彻落实外贸调度制度，按月通报县区进出口完成情况，对照序时进度提出督查整改要求，确保做到“以月保季、以季保年”。组织召开全市外贸政策宣讲会，覆盖全市外向型企业 260 余家；出台 2018 年市级外贸政策，督促县区出台配套政策，积极兑现国家、省、市级政策资金，释放外贸政策叠加效应。大力培育孵化外贸主体，全市新增外贸企业 60 余家；协调解决企业有关外贸授信、外贸人员缺失等难点问题 44 个；走访全市所有涉美企业，引导企业正确应对中美经贸摩擦。2018 年，六安市共组织 136 家次企业赴 123 届和 124 届广交会、28 届华交会、徽商大会等展会参展，签订外贸出口订单 1.5 亿美元；组织 200 余家企业赴首届进出口博览会采购、考察，收获颇丰；向企业宣传各境外知名展会 400 余次，组织 23 家次企业参加 8 个境外展会。

（五）实际外商直接投资金额

图 8　2014—2018 年六安市实际外商直接投资金额在泛长三角 41 市所占比重的变化趋势

2014—2018 年六安市实际外商直接投资金额在泛长三角 41 市所占比重分别为 0.47%、0.53%、0.48%、0.58%和 0.64%，整体呈现上扬姿态，2018 年较 2014 年增加了 0.17 个百分点，较 2017 年增加了 0.06 个百分点。2018 年，六安市实际外商直接投资金额在泛长三角 41 市排第 28 位，排名相对靠前。

2018 年，全市利用外商直接投资 5.0 亿美元，增长 14.9%，比全省快 7.9 个百分点。新备案外资项目 13 个，与 2017 年持平；合同外资 17550 万美元，同比增长 0.1%。

十五　宣城市2018年经济社会发展报告

2018年，在市委市政府坚强领导下，全市上下坚持以习近平新时代中国特色社会主义思想为指导，坚持稳中求进工作总基调，围绕“对标沪苏浙，争当排头兵”工作总要求，抢抓长三角一体化高质量发展机遇，锐意进取，扎实工作，国民经济呈现稳中向好态势，转型升级成效明显，人民生活持续改善，社会事业全面发展。

一　宣城市2018年经济发展概况

（一）综合经济

1. 经济总量

全市全年生产总值（GDP）1317.2亿元，按可比价格计算，比上年增长8.32%，比全省高0.3个百分点。分产业看，第一产业增加值135.4亿元，增长3.1%；第二产业增加值641.6亿元，增长10.23%；第三产业增加值540.2亿元，增长7.43%。一二三次产业结构比例为10.3∶48.7∶41。按年均常住人口计算，人均GDP突破50000元大关，达50065元（折合7566美元），比上年增加4598元。

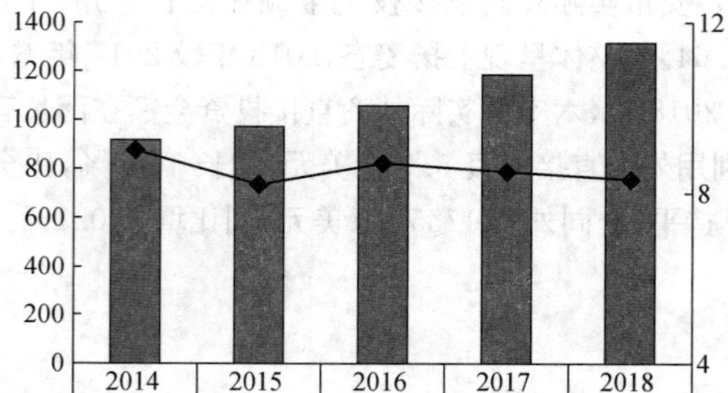

	2014	2015	2016	2017	2018
地区生产总值(亿元)	917.63	971.46	1057.82	1185.56	1317.2
增幅(%)	9	8.2	8.7	8.5	8.32

图1　2014—2018年宣城市地区生产总值及增长速度

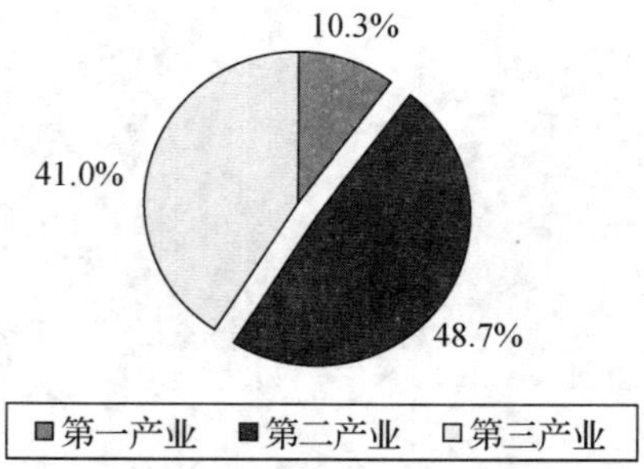

图2　2018年宣城市三次产业结构图

2. 财政收支

全年全市财政总收入240.1亿元，比上年增收19.8亿元，增长9%，其中地方财政收入153.1亿元，增收10.1亿元，增长7.1%。税收收入中增值税47.8亿元，增长10%；企业所得税6.1亿元，增长

28%;个人所得税2.5亿元,增长15.4%。财政支出289.4亿元,比上年增支16亿元,增长5.9%。其中,科学技术支出增长24.4%,教育支出增长4.4%,社会保障和就业支出增支5.9%,医疗卫生支出增长10.1%,城乡社区事务支出增长6.5%。全年33项民生工程投入资金74.5亿元,其中财政资金51.2亿元,分别增长8.4%和21%。

3. 物价水平

全年居民消费价格上涨2%,涨幅比上年高0.9个百分点。其中,食品烟酒价格上涨1.9%。商品零售价格上涨2.4%。工业生产者出厂价格上涨5.7%,工业生产者购进价格上涨3.4%。

4. 固定资产投资

全年固定资产投资比上年增长14.9%,其中技改投资增长52%,民间投资增长29.1%,民间投资占全部投资的比重为72.5%。分产业看,第一产业投资增长86.8%,第二产业投资增长50.2%,第三产业投资下降7.8%。分行业看,工业投资增长51.5%,其中制造业投资增长55.1%;制造业中装备制造业投资增长29%。六大高耗能行业投资增长27.1%。

从重点项目看,全市5000万元及以上在建项目653个,当年完成投资额同比增长21%。其中亿元及以上在建项目417个,完成投资额增长11.8%。北京师范大学宣城学校建设项目、300 MW薄膜太阳能电池项目开工建设,芜黄高速泾县段、旌德段建设项目、宁泾公路泾县段建设工程正在施工。

(二)农业

全年粮食种植面积216.2千公顷,小麦种植面积40.5千公顷,油料种植面积25.7千公顷,棉花种植面积0.5千公顷,蔬菜种植面积23.1千公顷。全年粮食总产量129.14万吨,比上年增长1.21%。油料产量6.3万吨,比上年下降0.4%。棉花产量0.05万吨,增长3.9%。烟叶产量1.3万吨,下降4%。茶叶产量2.9万吨,增长2.8%。

年末全市生猪存栏54.13万头,比上年增长10.3%;全年生猪出栏103.23万头,下降2.9%。全年肉类总产量27.7万吨,下降1.5%。蛋禽产量5.44万吨,增长4.5%。全年水产品产量11.7万吨,增长1.3%。

全年省级龙头企业92家,国家级龙头企业6家,全国绿色原料标准化生产基地6个,省级以上标准化畜禽养殖小区50个,无公害农产品有效论证企业104家。全市现有无公害农产品、绿色食品、有机食品认证产品数分别为152个、179个和130个。

年末全市农业机械总动力260万千瓦,比上年增长1.56%,农用拖拉机达到5.8万台,减少0.69%。联合收割机4983台,增加45台。全年化肥施用量(折纯)11.53万吨,下降6.26%。农村用电量14亿千瓦时,增长1.4%。有效灌溉面积202.5千公顷,新增0.51千公顷;新增节水灌溉面积1.85千公顷。

(三)工业和建筑业

1. 工业经济

年末全市规模以上工业企业1491户,全年规模以上工业增加值比上年增长11%,增速创2015年以来新高。分经济类型看,国有企业增长14.6%,股份制企业增长10.9%,外商及港澳台投资企业增长12.1%。分行业看,35个工业行业大类中有22个行业保持增长,15个行业增幅高于全部工业。重点行业中,计算机、通信和其他电子设备制造业增长39.5%,汽车制造业增长26.5%,化学原料和化学制品制造业增长11.6%,橡胶和塑料制品业增长10.3%。工业结构持续优化,装备制造业增加值增长20.4%,比上年提高6.2个百分点。高新技术产业增加值增长20.1%,增加值占规模以上工业比重由上年的47.9%提高到54.2%。战略性新兴产业产值增长21%,产值占比由上年的33.7%提高到35.6%。

全年规模以上工业主营业务收入1666.7亿元，比上年增长14.2%。实现利润总额137.7亿元，增长42.5%，其中，化学原料和化学制品制造业增长63.8%，橡胶和塑料制品业增长5.4%，非金属矿物制品业增长98.3%，汽车制造业增长11%。全市规模以上工业经济综合效益指数为244.05%，比上年下降21.62个百分点。

2. 建筑业

年末全市资质内建筑企业179家，比上年增加15家。全年房屋建筑施工面积1127.6万平方米，比上年增长4%；房屋竣工面积558.1万平方米，增长24.5%。

（四）服务业

1. 国内贸易

年末全市限额以上单位427家。全年社会消费品零售总额为521.2亿元，比上年增长9.5%。按经营地分，城镇消费品零售额331亿元，增长9.7%；乡村消费品零售额190.2亿元，增长9.2%。按消费形态分，商品零售额465.6亿元，增长9.3%；餐饮收入55.6亿元，增长11.5%。网上零售快速增长，全市有公共网络业务的批零企业50户，比上年增加7户；通过公共网络实现零售额5.9亿元，增长19.2%。限额以上消费品零售额168.9亿元，增长12.6%，其中，粮油、食品类增长13.7%，家用电器和音像器材类增长13.3%，汽车类增长8.4%，石油及制品类增长16.2%。

2. 交通运输、邮电

全年完成公路货物周转量133.6亿吨公里，比上年增长5.3%；公路客运周转量11.3亿人公里，下降13.6%。全年内河港口货物吞吐量282万吨，增长60.2%。

年末全市民用汽车保有量39.8万辆，比上年增长13.3%，其中2018年新注册5万辆。私人汽车保有量36.1万辆，增长14.2%，其中私人轿车23.1万辆，增长20.1%。年末全市等级公路15084.7公里，高速公路429.9公里。

全年邮电业务总量83.1亿元，比上年增长92.8%。年末固定电话用户25.1万户，比上年减少1.6万户；移动电话用户249.8万户，增加23.9万户。年末基础电信运营企业计算机互联网宽带接入用户75.4万户，增加12.3万户。

3. 旅游业

全年接待入境旅游人数24.1万人次，比上年增长17.3%。其中接待外国人15.3万人次，增长20.2%；接待港澳台同胞8.7万人次，增长11.5%。国内游客3680万人次，增长18.1%。实现旅游业总收入321.7亿元，增长19.1%。其中，旅游外汇收入1.2亿美元，增长4.6%；国内旅游收入314亿元，增长19.6%。全市拥有A级及以上旅游景区59处。

4. 金融和保险

年末全市金融机构人民币各项存款余额1801.2亿元，比年初增加125.8亿元，增长7.5%。其中，住户存款余额为1003.2亿元，比年初增加97.6亿元，增长10.8%。人民币各项贷款余额1381.2亿元，增长12.6%，比年初增加154.9亿元。其中，短期贷款余额422.7亿元，增长12.3%；中长期贷款余额909.9亿元，增长13%。

全年保险业保费收入50亿元，比上年增长20.2%。其中，财产险保费收入20亿元；人身险保费收入30亿元。赔款和给付支出15.3亿元，下降10.5%。其中，财产险支出10.3亿元，人身险支出4.9亿元。

5. 房地产业

全年房地产开发完成投资197.9亿元，比上年增长6.6%。商品房销售面积562.7万平方米，增长14%；商品房销售额337.1亿元，增长31.2%。年末商品房待售面积95.1万平方米，下降25.4%。

（五）对外经济

1. 对外贸易

全年进出口总额18.5亿美元，比上年增长21.1%。其中，出口17亿美元，增长21.6%；进口1.5亿美元，增长16%。从出口经营主体看，生产型企业出口增长25.5%，贸易型企业出口下降88%。从出口商品看，机电产品出口增长14.9%，汽车零部件出口增长16.2%，塑料及橡胶件出口增长23.2%，纺织品出口下降13.1%，广义农产品出口增长218.1%，卫浴产品出口增长14.4%。

2. 利用外资

全年新批外商投资企业19家，实际使用外资金额11.2亿美元，比上年增长21.7%。新增境外投资企业7家，实际对外投资498万美元。

二　宣城市2018年社会发展概况

（一）人口、人民生活

年末全市户籍人口278.9万人；常住人口264.8万人，比上年增加3.4万人。常住人口城镇化率55.21%，比上年提高1.52个百分点。全年人口出生率11.54‰，比上年上升1.38个千分点；死亡率7.39‰，上升0.53个千分点；自然增长率4.15‰，上升0.85个千分点。

全年全市城镇常住居民人均可支配收入36554元，比上年增长9%，扣除价格因素，实际增长6.9%。人均消费性支出21091元，增长16.2%。城镇居民恩格尔系数为33.8%，比上年提高0.6个百分点。年末城镇居民人均住房建筑面积38.7平方米，增长1.9%。

全年农村常住居民人均可支配收入16013元，增长9.8%，扣除价格因素，实际增长7.6%。人均消费支出15221元，增长39.3%。农村居民恩格尔系数为35.6%，比上年提高0.4个百分点。年末农村居民人均住房建筑面积41.9平方米，下降1%。

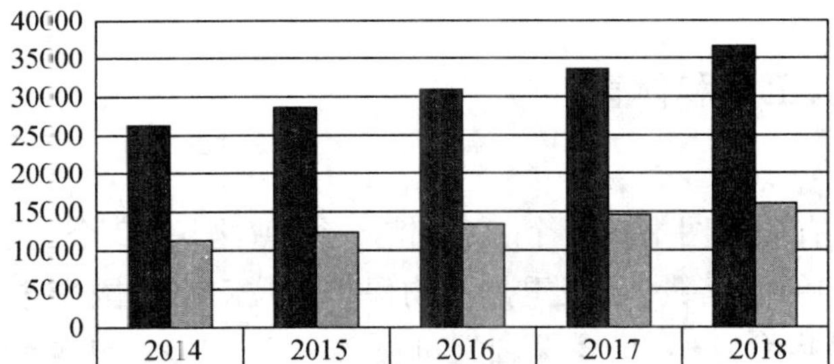

	2014	2015	2016	2017	2018
■城镇居民人均可支配收入(元)	26289	28602	30877	33547.8	36554
■农村居民人均可支配收入(元)	11251	12309	13379	14590.3	16013

图3　2014—2018年宣城市城乡居民收入对比一览

（二）就业与社会保障

1. 就业工作

全年城镇新增就业岗位6.1万个，失业人员再就业1.2万人，困难人员再就业1450人。年末城镇登记失业率3.08%。

2. 社会保障和福利

全年全市参加城镇职工基本养老保险人数为57.7万人，比上年增长17.3%；参加基本医疗保险人数为34.3万人，增长3.1%。参加失业、工伤、生育保险人数分别为18.4万、29.1万和21.8万人，分别增长18.4%、7.7%和4.4%。城乡居民基本养老保险参保人数为146.6万人。参加新型合作医疗人数221.4万人，参合率达104%。

年末全市各种社会福利收养单位床位1.8万张，收养各类人员6866人。全市福利院8个，敬老院95所。年末有1.3万城镇居民享受最低生活保障，6.6万农村居民享受最低生活保障。城市社区综合服务设施覆盖率100%。全年销售社会福利彩票5.5亿元。

（三）教育和科学技术

1. 教育事业

年末全市共有各类学校747所，在校学生33万人，专任教师2.3万人。中职学校13所，在校学生2.9万人。普通高中20所，在校学生3.4万人。高中毛入学率96.5%。初中130所，在校学生6.7万人，初中学龄儿童入学率99.8%。小学159所，在校学生13.4万人。幼儿园419所，在校儿童数6.6万人。高等教育稳步发展，合肥工业大学宣城校区招生人数2300人，在校学生数9530人，毕业生数2946人，专任教师122人（落地宣城的）。宣城市职业技术学院招生人数2932人，在校学生数7128人，毕业生数2721人，专任教师281人。

2. 科技与创新

年末全市高新技术企业259家，新通过认定96家。全市共申请专利7213项，获授权专利3271项，其中发明专利740项。每万人有效发明专利拥有量9.55件，增长43.2%。全年组织申报各类科技计划项目168项，其中，列入国家和省科技计划20项，获省级科学技术奖1项。

年末全市共有县以上产品质量检验机构44个，其中系统内5个，累计完成强制性产品认证的企业103个；法定计量技术机构7个，全年强制检定计量器具9.8万台（件）；制定、修订地方标准14项。截止到2018年底，全市共有中国驰名商标20件、国家地理标志产品6个、安徽省商标品牌示范企业261个。

（四）文化、卫生和体育

1. 文化事业

年末全市拥有公共图书馆8个、文化馆8个、博物馆12个，免费开放乡镇综合文化站87个。全国重点文物保护单位17处，省级重点文物保护单位57处；国家非物质文化遗产名录10项，省级名录67项。拥有广播电台6座，广播综合人口覆盖率99.94%；电视台7座，有线电视用户44.1万户，数字电视用户34.2万户，电视人口覆盖率99.95%。全市有国家综合档案馆8个，向社会开放档案16.9万卷。

2. 卫生事业

年末全市有卫生机构442个（不含村卫生室），其中医院47个，卫生院82个，社区卫生服务中心（站）67个，妇幼保健院（所、站）8个，疾病预防控制中心8个。专业卫生技术人员14316人，其中执业医师4566人、执业助理医生940人，注册护士6220人。卫生机构共有床位14127张。

3. 体育事业

在省十四运会中，宣城市组织682名运动员参赛，获得金牌65枚、银牌20枚和铜牌18枚。输送2名运动员入选省优秀运动队，9名运动员转为省优秀运动队试训，49名运动员进入省体校。新增一级运动员4名，二级运动员39名。新增市级体育传统项目学校8所。

（五）城乡建设

扎实开展全国城市设计试点，推进城市设计全覆盖，入选全国城市设计经验交流城市。加强规划引领，新编、续编规划79项。市区实施畅通、安居、活水、安保、美丽“五大工程”，统筹推进“十大板块”建设，续建和新建项目167个，完成投资196亿元。21条市政道路交付使用，14条道路开工建设。“533”社会事业补短板工程全面推进，皖南医药卫生学校开工建设，市人民医院一期改扩建工程投入使用，市委党校新校区、市五中、皖南中医院等项目完成选址。全民健身馆等11个项目基本完工。实施城区5条内河水质提升工程。新增绿地面积70公顷。国家节水型城市创建通过现场考核。强化征迁保障，开展“清零”行动23次。全市完成征迁拆违174.4万平方米，其中市区100.4万平方米。依法化解北门大唐、中国茶府、利华世纪新城等历史遗留问题。房地产市场保持平稳健康发展。市区分配安置房5955套，年节约超期过渡费近7000万元。高水平通过全国文明城市年度测评，广德、宁国获2018—2020年全国文明城市提名。启动市区生活垃圾分类试点。市生活垃圾焚烧发电项目一期投产。推进城市执法体制改革，城市治理新格局初步形成。

乡村面貌持续改善。美丽乡村建设和农村人居环境整治扎实推进。49个省级中心村建设进度超省定目标。整治11个非正规垃圾堆放点，建成42个乡镇政府驻地污水处理设施，改造自然村非卫生厕所4万户，行政村生活垃圾收运处理实现全覆盖。新增中国美丽休闲乡村3个、传统村落36个。

（六）环境保护

全年全市地表水国省控水质监测断面Ⅰ—Ⅲ类水质占76.5%，其中国控断面水质为55.6%，县级以上城市饮用水源地水源达标率为90.9%，县级以上城市饮用水源地水量达标率为99.8%。全年空气质量达标（API≤100）天数为314天，空气质量优良率为86%（其中优为91天）。全年PM2.5平均浓度43.6微克/立方米，居全省第3位。全市境内有国家级自然保护区2处、省级自然保护区2处，国家森林公园4处，省级森林公园1处。森林覆盖率59.46%。新创省级生态建设示范县3个，省级生态村5个。全年能源消费量646.16万吨标准煤，单位GDP能耗下降2.84%。

（七）社会安全

全年发生各类安全事故125起，死亡76人，各类安全事故损失额为2940.8万元。全年亿元GDP生产安全事故死亡人数为0.079人，比上年下降26.6%。全年发生道路交通事故392起，造成损失额137.1万元；火灾事故504起，损失额314.1万元。

三　宣州市在泛长三角地区经济发展中的地位

2018年是宣城发展进程中极不平凡的一年。在省委、省政府和市委的坚强领导下，以习近平新时代中国特色社会主义思想和党的十九大精神为指导，着力“对标沪苏浙、争当排头兵”，迎难而上、开拓进取、扎实工作，圆满完成市四届人大二次会议确定的目标任务，三大攻坚战初战告捷，高质量发展起步有力，皖苏浙省际交汇区域中心城市建设呈现崭新局面。

（一）地区生产总值

2014—2018年宣城市地区生产总值在泛长三角地区41市所占比重分别为0.60%、0.60%、0.59%、0.60%和0.62%。地区生产总值在泛长三角41市占比整体呈“U”态势，2018年与2014年比增加0.02个百分点，较2017年增加0.02个百分点。2018年，宣城市在泛长三角地区41市地区生产总值所占比重排名第33位，较2017年上升一位。

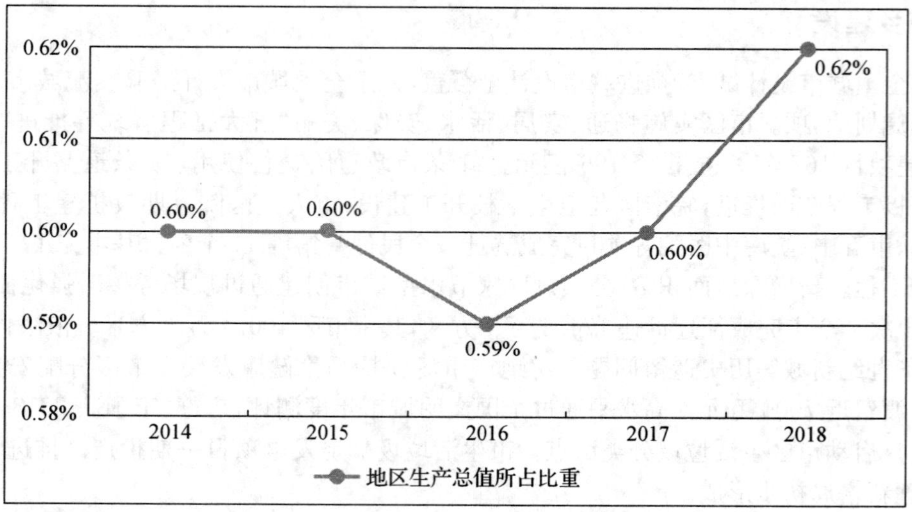

图 4　2014—2018 年宣城市地区生产总值在泛长三角地区 41 市（苏浙两省 24 个地级市、上海市和安徽省 16 市，下同）所占比重的变化趋势

2018 年，全市经济运行呈现总体平稳、稳中有进、动能增强、质效提升的良好局面。全年全市生产总值(GDP)1317.2 亿元，总量连跨两个百亿台阶，同比增长 8.32%。2018 年，全市第一产业增加值 135.4 亿元，增长 3.1%；第二产业增加值 641.6 亿元，增长 10.2%；第三产业增加值 540.2 亿元，增长 7.4%。一二三次产业结构比例为 10.3∶48.7∶41。

（二）地方财政一般预算收入

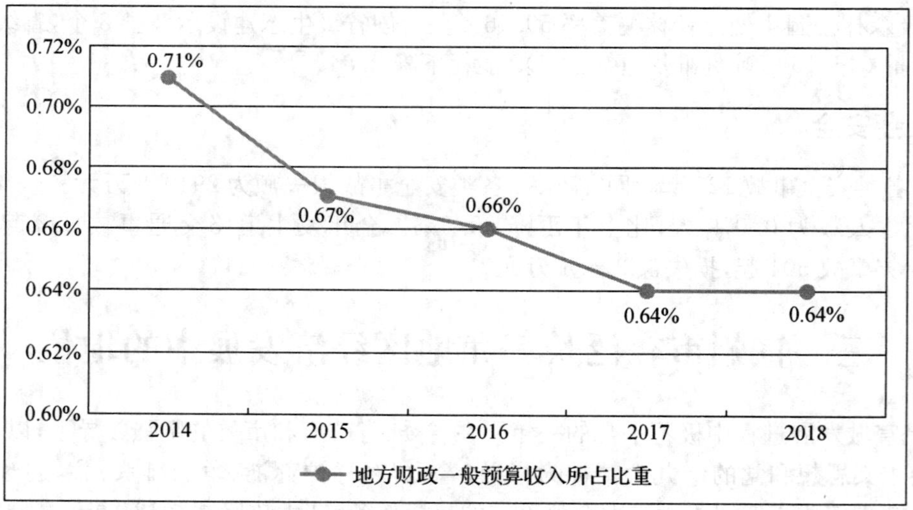

图 5　2014—2018 年宣城市地方财政一般预算收入在泛长三角 41 市所占比重的变化趋势

2014—2018 年宣城市地方财政一般预算收入在泛长三角 41 市所占比重分别为 0.71%、0.67%、0.66%、0.64%和 0.64%，2018 年较 2014 年减少了 0.07 个百分点，与 2017 年持平。2018 年，宣城市地方财政一般预算收入在泛长三角 41 市地区排第 27 位，与 2017 年持平。

2018 年，财政收入质量提高。全年财政收入完成 240.1 亿元，同比增长 9%，增幅居全省第 9 位，高于年初预期目标 0.7 个百分点。税收收入增长 12.4%。税收收入占财政收入比重为 78.4%，同比提高 2.3 个百分点。

（三）工业生产总值

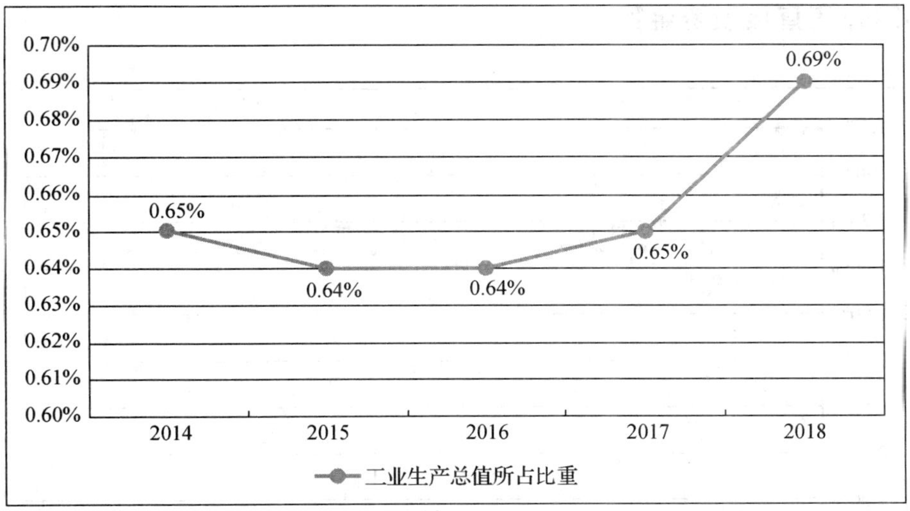

图 6　2014—2018 年宣城市工业生产总值在泛长三角 41 市所占比重的变化趋势

2014—2018 年宣城市工业生产总值在泛长三角 41 市所占比重分别为 0.65%、0.64%、0.64%、0.65%和 0.69%，2018 年较 2014 年增加了 0.04 个百分点，较 2017 年增加了 0.04 个百分点。2018 年，宣城市工业生产总值在泛长三角 41 市所占比重排第 32 位。

2018 年，财政收入质量提高。全年财政收入完成 240.1 亿元，同比增长 9%，增幅居全省第 9 位，高于年初预期目标 0.7 个百分点。税收收入增长 12.4%。税收收入占财政收入比重为 78.4%，同比提高 2.3 个百分点。

（四）进出口总额

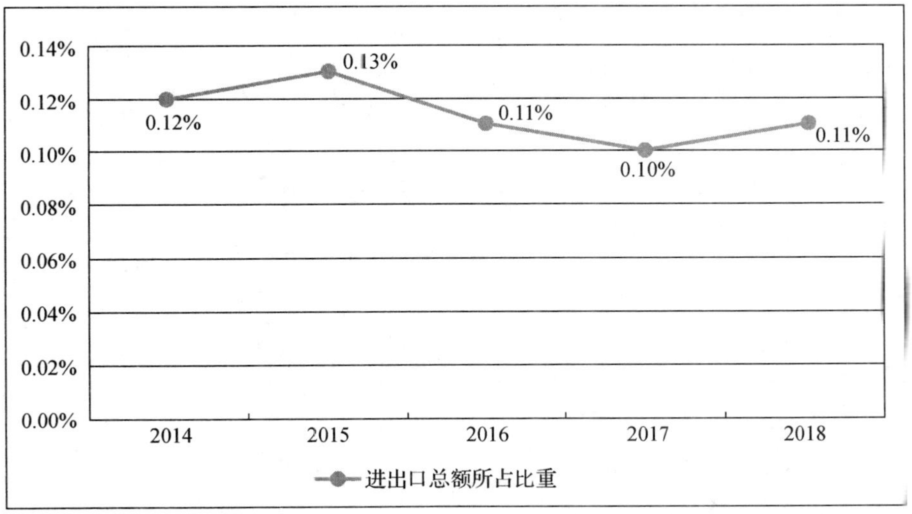

图 7　2014—2018 年宣城市进出口总额在泛长三角 41 市所占比重的变化趋势

2014—2018 年宣城市进出口总额在泛长三角 41 市所占比重分别为 0.12%、0.13%、0.11%、0.10%和 0.11%，五年间减少了 0.01 个百分点，其中 2018 年较 2017 年减少了了 0.01 个百分点。2018 年，宣城市进出口总额在泛长三角 41 市排 31 位，较 2017 年上升一位。

2018 年，全年进出口总额 18.5 亿美元，增长 21.1%，增幅比 2017 年提高 19.4 个百分点，比全省高 4.5 个百分点，居第 7 位。其中，出口 17 亿美元，增长 21.6%；进口 1.5 亿美元，增长 16%。

（五）实际外商直接投资金额

图 8　2014—2018 年宣城市实际外商直接投资金额在泛长三角 41 市所占比重的变化趋势

2014—2018 年宣城市实际外商直接投资金额在泛长三角 41 市所占比重分别为 0.92%、1.08%、1.12%、1.22%和 1.43%，整体呈现上扬态势，2018 年较 2014 年增加了 0.51 个百分点，较 2017 年增加了 0.21 个百分点。2018 年，宣城市实际外商直接投资金额在泛长三角 41 市排第 21 位，较 2017 年上升一位。

2018 年全年实际利用外商直接投资 11.2 亿美元，增长 21.7%，增幅高于全省 14.7 个百分点，居全省第 3 位。

十六　池州市2018年经济社会发展报告

2018年，面对复杂多变的外部环境和艰巨繁重的改革发展任务，全市上下在市委、市政府的坚强领导下，以习近平新时代中国特色社会主义思想为指导，坚持稳中求进工作总基调，按照高质量发展要求，深入实施五大发展行动计划，扎实开展项目建没年活动，突出抓落实、全力破难题，经济社会保持平稳健康发展，现代化“三优”池州建设迈出了新的步伐。

一　池州市2018年经济发展概况

（一）综合经济

1. 经济总量

全年地区生产总值684.93亿元，按可比价格计算，比上年增长5.7%。分产业看，第一产业增加值74.95亿元，增长3.3%；第二产业增加值289.67亿元，增长7.1%，其中全部工业增加值238.5亿元，增长9.0%；第三产业增加值320.31亿元，增长4.9%。三次产业结构比例由上年的11.7∶42.8∶45.5调整为10.9∶42.3∶46.8，其中工业增加值占GDP比重为34.8%。人均GDP为46865元（折合7082美元），比上年增加3687元。

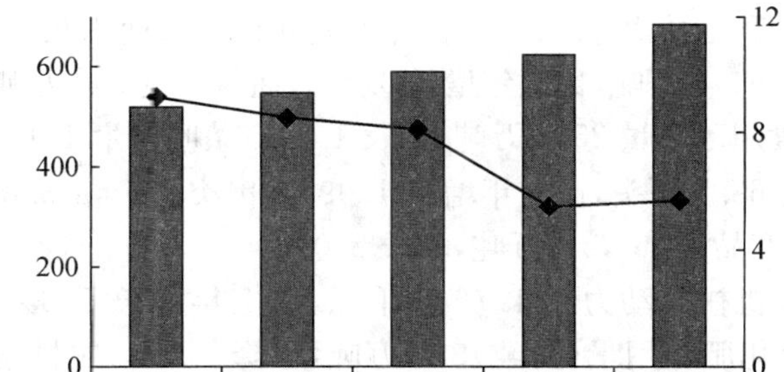

	2014	2015	2016	2017	2018
地区生产总值(亿元)	517.17	544.74	589.02	624.35	684.93
增幅(%)	9.2	8.5	8.1	5.5	5.7

图1　2014—2018年池州市地区生产总值及增长速度

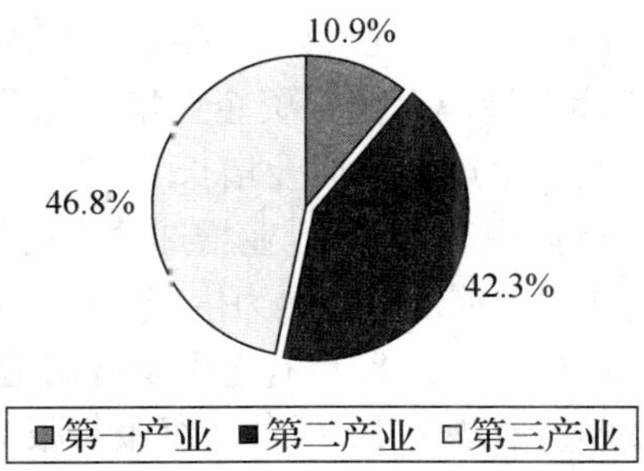

图2　2018年池州市三次产业结构图

2. 财政收支

全年财政收入107.2亿元，比上年增长5.0%，其中地方财政收入64.5亿元，下降1.1%。全部财政收入中，税收收入81.5亿元，增长15.0%。其中，增值税43.3亿元，增长13.7%；企业所得税12.2亿元，增长57.3%；个人所得税2.8亿元，增长33.0%；消费税2.3亿元，增长5.3%。财政支出154.3亿元，增长7.5%，其中民生类支出129.6亿元，占财政总支出的84.0%。从重点支出项目看，医疗卫生与计划生育支出增长10.1%，农林水事务支出增长9.7%，教育支出增长10.2%。全年33项民生工程资金到位33.9亿元。

3. 物价水平

全年居民消费价格比上年上涨1.7%。其中，食品烟酒、衣着、居住、生活用品及服务、交通和通信、教育文化和娱乐、医疗保健、其他用品和服务等价格分别上涨2.3%、1.5%、2.3%、0.2%、0.7%、1.3%、1.7%、0.1%。工业生产者出厂价格比上年上涨7.3%，工业生产者购进价格上涨4.9%。

4. 固定资产投资

全年固定资产投资比上年增长12.1%。其中，民间投资增长15.6%，技改投资增长50.9%。分产业看，第一产业投资增长104.1%，第二产业增长35.4%，第三产业下降1.4%。

扎实开展项目建设年活动，569个市重点项目完成投资比上年增长12.4%。池州长江公路大桥主塔封顶，G3W德上高速池州段、阿李新能源产业园、得奇环保表面处理中心、泰富安东智能制造、童车产业园等项目开工建设，中建材“三新”产业园、德斯兰卡铝基型材、华尔泰双氧水、振宇汽车零部件等项目竣工投产。

（二）农业

全年粮食作物种植面积118.0千公顷，比上年下降1.0%；油料种植面积29.6千公顷，增长0.7%；棉花种植面积4.9千公顷，增长0.9%；蔬菜及食用菌种植面积9.3千公顷，增长0.5%。

全年粮食产量64.8万吨，比上年增长0.2%；油料产量7.0万吨，增长1.2%；棉花产量0.5万吨，增长1.4%；蔬菜及食用菌产量25.6万吨，增长1.5%；茶叶产量1.1万吨，增长1.7%。

全年生猪出栏63.7万头，比上年增长1.99%；肉类总产量8.8万吨，增长2.1%；禽蛋产量3.7万吨，增长3.5%；水产品产量13.4万吨，增长2.0%。

年末全市农业机械总动力134.76万千瓦，比上年增长5.3%；农用拖拉机3.78万台，比上年减少0.44万台；全年化肥施用量(折纯)5.7万吨，下降4.6%；农村用电量4.0亿千瓦时，增长1.6%；有效灌溉面积110.77千公顷，比上年增加0.03千公顷；节水灌溉面积4.0千公顷，比上年增加0.06千公顷。

（三）工业和建筑业

1. 工业经济

年末全市规模以上工业企业597户。全年规模以上工业增加值比上年增长9.0%，其中国有企业增长8.9%，股份制企业增长9.3%，外商及港澳台商投资企业增长5.7%。分门类看，采矿业增长16.0%，制造业增长8.3%，电力、热力、燃气及水生产和供应业增长11.4%。

规模以上工业中，34个工业大类行业中有20个行业增加值保持增长。其中，非金属矿物制品业增长5.5%，有色金属冶炼和压延加工业增长10.8%，电力热力生产和供应业增长12.3%，化学原料和化学制品制造业增长8.9%，电气机械和器材制造业增长28.1%，通用设备制造业增长1.8%，计算机通信和其他电子设备制造业增长27.8%，专用设备制造业增长16.6%，纺织服装服饰业增长6.6%，农副食品加工业增长11.3%，装备制造业增长15.9%。战略性新兴产业产值增长17.2%，电子信息产业产值增长14.3%。

规模以上工业统计的主要产品产量中，粗钢、铜合金、硫酸、合成氨、水泥分别增长38.7%、6.8%、24.5%、5.6%、2.7%，水泥熟料、铅分别下降7.4%、11.7%。

全年规模以上工业企业利润增长234.9%。其中，非金属矿物制品业、有色金属冶炼和压延加工业、化学原料和化学制品制造业、黑色金属冶炼和压延加工业、非金属矿采选业等5个行业利润超5亿元，合计利润占全部工业的69.5%，比上年增长246.3%。

2. 建筑业

全年全社会建筑业增加值51.6亿元，按可比价格计算，比上年下降1.1%。年末资质内建筑企业164个，比上年末增加33个。全年资质内建筑企业主营业务收入110.4亿元，比上年增长32.3%；主营业务成本95.0亿元，增长38.1%；实现利润7.9亿元，增长111.9%。

（四）服务业

1. 国内贸易

全年社会消费品零售总额255.5亿元，比上年增长11.1%。按经营地统计，城镇消费品零售额196.1亿元，增长11.1%；乡村消费品零售额59.4亿元，增长10.9%。按消费类型统计，商品零售额217.1亿元，增长11.1%；餐饮收入38.4亿元，增长11.3%。

全年限额以上消费品零售额93.8亿元，比上年增长11.5%。其中，吃、穿、用类商品零售额分别增长10.8%、8.2%、12.5%，粮油类增长10%，肉禽蛋类增长18.2%，服装类增长8.9%，日用品类增长10.2%，文化办公用品类增长42.1%，中西药品类增长10.8%，建筑及装潢材料类增长12.5%，汽车类增长7.0%，石油及制品类增长13.7%。

全年限额以上批发零售业实现网上商品零售额3.5亿元，比上年增长16.1%。

2. 交通运输、邮电

全年旅客运输量1439万人，比上年下降7.5%；货物运输量10669万吨，增长3.1%。旅客运输周转量（不包括铁路）114701万人公里，下降6.5%；货物运输周转量（不包括铁路）2868460万吨公里，增长5.1%。全年港口货物吞吐量6723万吨，增长40.6%，其中外贸货物吞吐量43.1万吨，增长49.1%。港口集装箱吞吐量17150标准箱（TEU），增长11.5%。全年九华山机场旅客吞吐量45.1万人次，同比下降5.0%；货邮吞吐量836吨，增长105.0%。

年末全市机动车辆拥有量30.2万辆，比上年增长7.9%，其中汽车16.9万辆，增长12.7%。轿车拥有量10.0万辆，增长12.4%，其中私人轿车9.6万辆，增长12.9%。

年末全市公路里程8865公里，比上年增加80公里，其中高速公路257公里。铁路营业里程196.1公里，其中高铁营业里程57.1公里。

全年电信业务收入9.4亿元，比上年增长6.8%；邮政行业业务总量5.6亿元，增长27.1%。快递业务量（含进、出港）4265万件，快递业务收入1.5亿元，比上年分别增长24.8%和54.3%。

年末本地固定电话用户17.3万户，比上年减少0.3万户；移动电话用户134.1万户，增加13.4万户；基础电信运营企业计算机互联网宽带接入用户42.9万户，增加8.1万户。

3. 旅游业

全年共接待国内外游客6392万人次，比上年增长10.9%，其中入境游客113万人次，增长9.1%。旅游总收入692.0亿元，增长12.5%，其中外汇收入6.6亿美元。年末全市共有A级及以上旅游景点（区）38个，其中5A景区1个，4A景区17个，3A景区14个。九华山风景区共接待国内外游客1083万人次，增长7.1%；旅游总收入130.7亿元，增长8.6%。

4. 金融、证券和保险

年末全市金融机构人民币各项存款余额1008.5亿元，比上年增长6.1%，比年初增加58.4亿元。其中，非金融企业存款余额175.0亿元，下降1.3%；住户存款余额662.2亿元，增长11.3%。金融机构人民币各项贷款余额609.7亿元，增长8.8%，比年初增加49.3亿元。其中，短期贷款188.0亿元，下降1.4%；中长期贷款393.1亿元，增长13.7%，中长期贷款中住户贷款227.8亿元，增长22.2%。

年末全市金融机构外汇存款余额2187万美元，比上年下降19.0%，比年初减少513万美元；外汇贷款余额 1023 万美元，比上年下降 72.4%，比年初减少 2680 万美元。

全年直接融资新增 36.6 亿元。其中，九华旅游再筹资 10 亿元、股权融资 13 亿元、政府债券 9.9 亿元、同业存单 2.1 亿元、港股上市融资 0.76 亿港元。全市新增港交所上市企业 1 家（远航港口），上市在审企业 1 家（艾可蓝），辅导备案企业 1 家（安芯电子）。年末"新三板"挂牌企业 7 家，省区域性股权市场挂牌企业 34 家，其中当年新增 10 家。

全年保险业原保险保费收入 29.4 亿元，比上年增长 23.8%。其中，财产险业务原保险保费收入 9.2 亿元，增长 17.0%；人身险业务原保险保费收入 20.2 亿元，增长 27.2%。

5. 房地产业

全年房地产开发投资 74.7 亿元，比上年下降 11.1%。商品房销售面积 181.2 万平方米，增长 12.0%；商品房销售额 106.0 亿元，增长 32.4%。年末商品房待售面积 80.2 万平方米，比上年下降 17.1%。全年保障性安居工程开工 286 套、基本建成 250 套。

（五）对外经济

1. 对外贸易

全年进出口总额 7.6 亿美元，比上年下降 0.8%。其中，出口 2.1 亿美元，增长 4.0%；进口 5.5 亿美元，下降 2.5%。从主要商品看，铜精矿进口 3.3 亿美元，下降 9.0%；农副产品进出口 1.0 亿美元，增长 18.5%；化工产品进出口 0.7 亿美元，增长 23.7%。年末全市进出口超千万美元企业 10 个，比上年增加 2 个，累计实现进出口 6.1 亿美元，占全市进出口总额的 79.8%。

2. 利用外资

全市亿元以上在建省外投资项目 460 个，比上年增加 20 个，当年实际到位资金 501.1 亿元，增长 15.8%。全年新批外商直接投资企业 8 个，利用外商直接投资 3.96 亿美元，增长 1.5%。

二　池州市 2018 年社会发展概况

（一）人口、人民生活

年末全市户籍人口 162.2 万人，比上年减少 0.2 万人。其中，男性 82.9 万人，占 51.1%；女性 79.3 万人，占 48.9%。常住人口 147.4 万人，比上年增加 2.5 万人。全年人口出生率 10.03‰，比上年下降 0.26 个千分点；死亡率 6.87‰，上升 1.27 个千分点；自然增长率 3.16‰，下降 1.53 个千分点。全市常住人口城镇化率 54.1%，比上年提高 0.4 个百分点。

全年常住居民人均可支配收入 22659 元，比上年增长 9.4%。其中，城镇居民人均可支配收入 30884 元，增长 8.8%；农村居民人均可支配收入 14709 元，增长 9.2%。

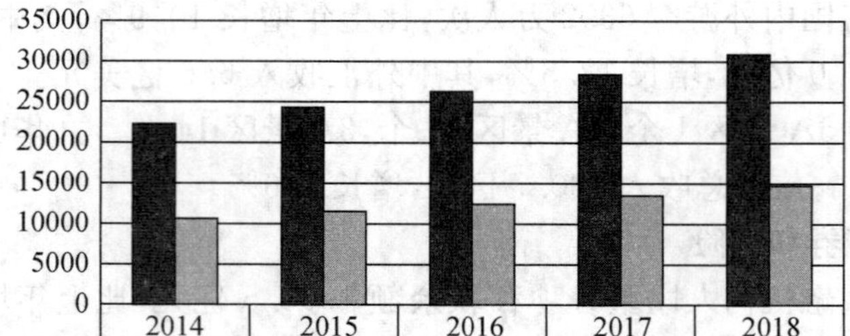

	2014	2015	2016	2017	2018
■城镇居民人均可支配收入(元)	22295	24279	26261	28394	30884
■农村居民人均可支配收入(元)	10629	11511	12409	13476	14709

图 3　2014—2018 年池州市城乡居民收入对比一览

（二）就业与社会保障

1. 就业工作

年末城乡私营企业就业人员和个体劳动者33.43万人，比上年增加3.02万人。全年城镇实名制新增就业2.38万人，下岗失业人员再就业0.5万人。年末城镇登记失业率2.68%，比上年下降0.46个百分点。

2. 社会保障和福利

年末全市参加城镇职工基本养老、基本医疗保险人数分别为12.16、15.05万人，比上年增加0.49、0.68万人；参加失业保险、工伤保险、生育保险人数分别为8.78、10.6、8.94万人；城乡居民养老保险参保86.9万人，比上年增加1.2万人；新型农村合作医疗参保132.2万人，参合率为101.0%。

年末全市共有0.95万人享受城市居民最低生活保障；4.82万人享受农村最低生活保障。全年抚恤补助各类优抚对象0.92万人次。全市共有各类养老服务机构63个，床位0.86万张，在院人数0.65万人。各类社会服务机构95个，其中服务中心11个、服务站65个、其他服务机构10个。社会福利院2个，光荣院1个，儿童福利院2个。全年销售社会福利彩票2.1亿元。

（三）教育和科学技术

1. 教育事业

全市共有普通高等教育学校3所，普通本专科在校学生26115人，成人在校学生2649人。中等职业教育学校7所，在校学生11476人。普通中学98所，在校学生76414人。其中，高中在校学生30851人，高中阶段毛入学率100.6%；初中在校学生数45563人，初中学龄人口入学率100%。小学201所，在校学生83765人，小学入学率100%。

2. 科技与创新

年末全市高新技术企业88户，比上年末净增25户。全年高新技术产业产值和增加值分别比上年增长23.0%、17.5%。全年申请专利4617件，比上年增长7.7%，其中发明专利1587件；授权专利1780件，比上年增长14.0%，其中发明专利授权150件。技术市场成交项目51个，成交额0.82亿元，比上年增长28.1%。引进高层次创新创业人才团队3个，入选省第四批“特支计划”领军人才6人，池州高新区申创国家级高新区进入科技部初审，荣获省科技进步二等奖项目1个。

（四）文化、卫生和体育

1. 文化事业

年末全市共有文化馆6个，公共图书馆5个，国有博物馆4个，乡镇街道综合文化站53个。全国重点文物保护单位9处，省级重点文物保护单位45处。国家级非物质文化遗产名录4项，省级非物质文化遗产名录27项。广播综合人口覆盖率98.78%，电视综合人口覆盖率99.81%。

2. 卫生事业

年末全市有医疗卫生机构1006个，其中医院33个、基层医疗卫生机构915个、专业公共卫生机构55个，其他卫生机构3个。基层医疗卫生机构中，卫生院59个，社区卫生服务中心（站）28个，村卫生室597个；专业公共卫生机构中，疾病预防控制中心6个，专科疾病防治院（所、站）3个，妇幼保健院（所、站）3个，卫生监督所（中心）6个。全市卫生技术人员7809人，其中执业（助理）医师3001人，注册护士3294人。医疗卫生机构实有床位7192张，其中医院、卫生院床位6968张。

3. 体育事业

成功举办2018池州国际马拉松。积极开展丰富多彩的全民健身系列活动，先后举办“大美池州”全国职工健步走大赛、池州市首届传统武术大赛等80多场群众体育赛事活动。

（五）城乡建设

市县空间规划体系初步建立。海绵城市试点任务全面完成，六大片区城市海绵体全面构建。东部产城融合创新区开工建设。建成城市绿道、“白改黑”道路20公里，新增城市绿化面积66.7万平方米，天堂湖公园建成开放，环平天湖“花海”成为一道靓丽的城市风景。扎实开展“两治三改”专项行动，改造老旧小区12个，治理城乡违法建设47万平方米。城市公交体制改革基本完成，新的城市公交集团正式运营，新增新能源公交车48台。新一轮文明城市创建扎实推进。生活垃圾分类试点有序实施，大中型餐饮企业餐厨垃圾集中处置实现全覆盖。编制实施乡村振兴战略规划，建成美丽乡村省级中心村43个；大力推进农村环境“三大革命”，35个乡镇政府驻地、107个中心村污水处理设施基本建成，农村危房改造3144户、农村改厕2.6万户，三县一区城乡环卫一体化落地运行，4G网络、公交通达、直接通邮实现建制村全覆盖。

池州长江公路大桥主塔封顶，池黄高铁、G3W德上高速池州段、九华山机场扩建和G318池州至殷汇段等3条国省干线一级公路开工建设，农村道路畅通工程圆满收官，国省道大中修210公里。长江干流单体规模最大的长九码头一期、江口港区三期和秋浦河航道整治工程开工建设，青通河航道整治疏浚9公里，建成二类渡口“渡改桥”工程2个。平天湖二站等4处主城区除涝骨干工程、秋浦河等7处中小河流治理、20座小水库除险加固工程全面完工，解决4.7万农村人口饮水安全问题。

（六）资源和环境保护

2018年池州市出台主体功能区规划，生态保护红线面积比重达到33.5%。制定实施水清岸绿产业优美丽长江经济带(池州段)“1+7+1”方案，整治“散乱污”企业332户、入河排污口58处，完成畜禽养殖禁养区、限养区调整划定。

强力推进中央、省环保督察等环境突出问题整改，开展万名干部群众大排查大整治行动，原前江工业园区违规堆放工业固废全面整治，升金湖核心区湖面实现“三无”、缓冲区违建全部拆除，东至经开区河沟水质稳定达标、安全防护距离内居民全部搬迁，贵铜公路沿线鸭棚养殖污染根治，主城区滨江片区环境沉疴实现出清。创建绿色矿山14家、整顿关闭9家；拆解非法采砂船舶79艘，成功打掉涉案35人的跨两省六市非法盗采江砂团伙，非法砂场基本清除，主城区和县区砂石集散中心开工建设。

PM2.5、PM10平均浓度降幅和空气优良天数比例增幅均居全省前列。秸秆禁烧监管平台基本建成，地表水断面、空气质量生态补偿机制建立运行，工业固体废物、医疗废物得到有效监管。

单位规模工业增加值能耗下降4.5%以上。东至、青阳经开区获批省级循环化改造园区。河湖长制纵深推进，建成全省首批水生态文明城市。林长制体系全面建立，造林绿化3.6万亩。

年末全市实有自然保护区6个。其中，国家级2个，省级4个。自然保护区面积61.4千公顷，占国土面积的7.4%，其中国家级自然保护区面积36.7千公顷，占保护区面积的60.0%。当年人工造林面积2.4千公顷，退化林修复面积5.0千公顷，森林抚育28.2千公顷。活立木蓄积量2992万立方米，比上年增加64万立方米；森林覆盖率59.9%，比上年提高0.1个百分点。

全年平均降水量1541.2毫米，平均气温为17.1℃。全年能源消费总量492.8万吨标准煤，比上年增长0.8%，全社会电力消费量66.7亿千瓦时，增长9.0%，其中工业用电量50.7亿千瓦时，增长7.3%。万元GDP能耗下降4.64%

年末全市共有环境监测站6个，其中市级1个。全年城区环境空气质量优良天数290天，占有效监测天数的81.0%，全市PM10年均浓度为66微克/立方米，PM2.5年均浓度为43微克/立方米，空气质量继续保持优良。城区环境噪声平均为54.6分贝，达到二级标准(较好)。尧渡河、黄盆河、秋浦河、白洋河、九华河、青通河、长江池州段水质均达到Ⅱ—Ⅲ类，总体水质优良。

年末城市污水处理厂处理能力达15万立方米/日，污水处理总量达4515万立方米，集中处理率95.2%。生活垃圾无害化处理率100%。建成区绿化覆盖率43.2%。

（七）社会安全

全年共发生各类生产安全事故 86 起、死亡 65 人、受伤 58 人，比上年分别下降 34.8%、21.7%、48.7%。其中，商贸制造业事故 8 起；建筑业事故 9 起；采矿业事故 2 起；交通运输业事故 66 起；其他行业事故 1 起。

三　池州市在泛长三角地区经济发展中的地位

2018 年，全市人民在市委、市政府的坚强领导下，以习近平新时代中国特色社会主义思想为指导，坚定新发展理念，深入实施五大发展行动计划，认真贯彻"六稳"要求，突出抓落实、全力破难题，全市经济运行总体平稳、稳中有进。

（一）地区生产总值

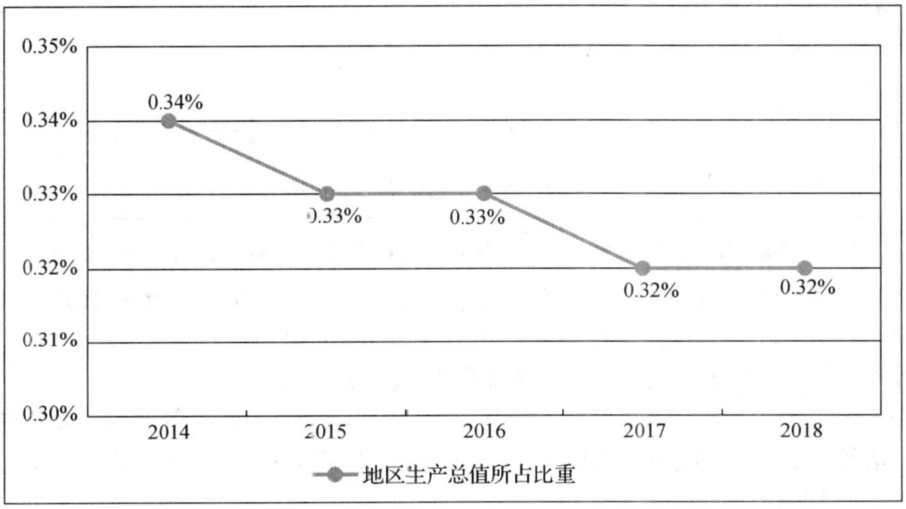

图 4　2014—2018 年池州市地区生产总值在泛长三角地区 41 市（苏浙两省 24 个地级市、上海市和安徽省 16 市，下同）所占比重的变化趋势

2014—2018 年池州市地区生产总值在泛长三角地区 41 市所占比重分别为 0.34%、0.33%、0.33%、0.32%和 0.32%。地区生产总值在泛长三角 41 市占比整体呈现下降态势，2018 年与 2014 年相比下降了 0.02 个百分点，和 2017 年持平。2018 年，在泛长三角地区 41 市地区生产总值所占比重排名第 40 位，位置靠后。

2018 年，全年地区生产总值 684.9 亿元，按可比价格计算，比 2017 年增长 5.7%。分产业看，第一产业增加值 75.0 亿元，增长 3.3%；第二产业增加值 289.7 亿元，增长 7.1%，其中全部工业增加值 238.5 亿元，增长 9.0%；第三产业增加值 320.3 亿元，增长 4.9%。三次产业结构比例由 2017 年的 11.7∶42.8∶45.5 调整为 10.9∶42.3∶46.8，其中工业增加值占 GDP 比重为 34.8%。人均 GDP 为 46865 元（折合 7082 美元），比 2017 年增加 3687 元。

2018 年全市经济运行呈现"稳、进、好"特点。稳，主要体现在主要指标企稳回升。GDP、工业、投资、财政收入等主要经济指标增幅比 2017 年分别提升 0.2、3.0、2.6、3.0 个百分点。进，主要体现在转型升级取得积极进展。战略性新兴产业和高新技术产业产值分别增长 17.2%、23.0%；民间投资增长 15.6%，技改投资增长 50.9%；网上商品零售额增长 16.1%。供给侧结构性改革成效明显，商品房待售面积下降 17.1%，减税降费减轻企业负担 16.0 亿元，规模以上工业企业资产负债率比 2017 年下降 1.5 个百分点，教育、卫生和社会工作等补短板投资分别增长 57.7%、60.6%。好，主要体现在质量效益持续向好。税收收入占财政收入比重由 2017 年 69.4%提高到 76.0%，11 月末规模以上工业企业利润增长 89.4%，城、乡居民人均可支配收入分别增长 8.8%、9.2%，PM2.5、PM10 平均浓度分别下降 28.3%、25.8%，万元 GDP 能耗下降 4.6%。

（二）地方财政一般预算收入

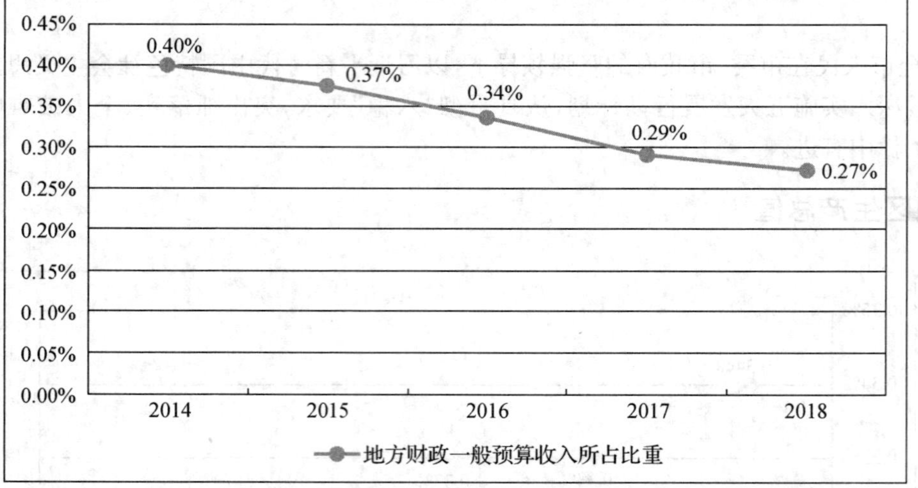

图 5　2014—2018 年池州市地方财政一般预算收入在泛长三角 41 市所占比重的变化趋势

2014—2018 年池州市地方财政一般预算收入在泛长三角 41 市所占比重分别为 0.40%、0.37%、0.34%、0.29%和 0.27%，呈现持续下滑态势，2018 年较 2014 年减少了 0.13 个百分点。2018 年，池州市地方财政一般预算收入在泛长三角 41 市地区排第 41 位，位置靠后。

2018 年，池州全市财政收入 107.2 亿元，增长 5.0%，增幅比 2017 年提高 3.0 个百分点。其中，税收收入 81.5 亿元，增长 15.0%，税收收入占财政收入比重由 2017 年 69.4%提高到 76%。全年财政支出 154.3 亿元，增长 7.5%。

（三）工业生产总值

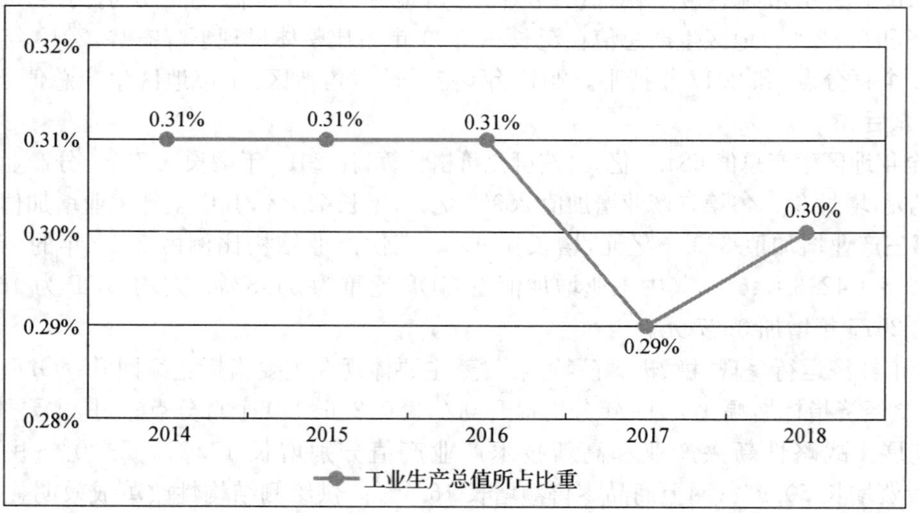

图 6　2014—2018 年池州市工业生产总值在泛长三角 41 市所占比重的变化趋势

2014—2018 年池州市工业生产总值在泛长三角 41 市所占比重分别为 0.31%、0.31%、0.31%、0.29%和 0.30%，2018 年较 2014 年减少了 0.01 个百分点，较 2017 年增加了 0.01 个百分点。2018 年，池州市工业生产总值在泛长三角 41 市所占比重排第 40 位，位置靠后。

2018 年，全市规模以上工业增加值增长 9.0%，比 2017 年提高 3.0 个百分点。其中，采矿业增长 16.0%，制造业增长 8.3%，电力热力燃气及水生产和供应业增长 11.4%。传统产业实现提升。有色、钢铁、非金属矿加工、化工等行业增加值分别增长 10.8%、22.2%、5.5%、8.9%。新兴产业较快增长。战略性新兴产业产值增长 17.2%，占规上工业比重由 2017 年的 14.9%提高到 19.9%；高新技术产业增加值增长 17.5%，高于规上工业增加值增幅 8.5 个百分点。企业效益持续改善。1—11 月份，规模以上工业企业主营业务收入 675.8 亿元，增长 15.5%，居全省第 2 位；实现利润 55.6 亿元，增长 89.4%，居全省第 1 位。战略性新兴产业增幅居全省前列。

（四）进出口总额

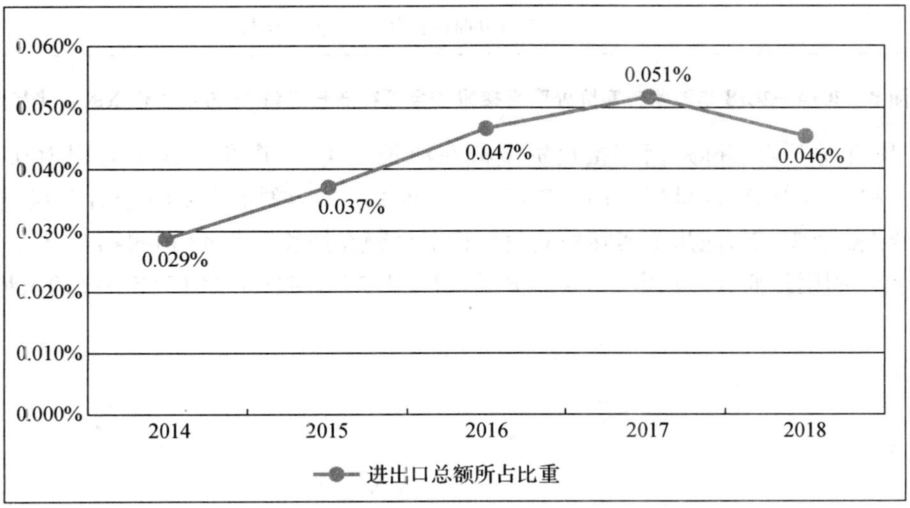

图 7　2014—2018 年池州市进出口总额在泛长三角 41 市所占比重的变化趋势

2014—2018 年池州市进出口总额在泛长三角 41 市所占比重分别为 0.029%、0.037%、0.047%、0.051%和 0.046%，五年间增加了 0.017 个百分点。2018 年，池州市进出口总额在泛长三角 41 市排 38 位，较 2017 年下降了三位。

2018 年，全市进出口总额 7.63 亿美元，其中对“一带一路”国家进出口 1.5 亿美元。2018 年以来，池州市助推菲力克保税仓库成为全省最大单体保税仓库，成功创建国家级生态原产地产品保护示范区，全年对“一带一路”国家进出口 1.5 亿美元，基地企业进出口 5000 万美元，同比增长 53%。同时，协调友进冠华进口合作伙伴在池州设立子公司，2018 年 11 月以来回转进口 3000 余万美元。为了帮助企业拓展市场，池州市组织 40 余家企业参加广交会、中国（阿联酋）贸易博览会等境内外展会，全年新增进出口实绩企业近 40 家。市商务局等有关部门指导县区出台配套政策，对企业开拓国际市场、国际商标注册等方面给予资金支持，争取各级各类外贸政策性资金 3000 余万元。

(五)实际外商直接投资金额

图8 2014—2018年池州市实际外商直接投资金额在泛长三角41市所占比重的变化趋势

2014—2018年池州市实际外商直接投资金额在泛长三角41市所占比重分别为0.40%、0.47%、0.47%、0.51%和0.50%,整体呈现上扬姿态,2018年较2014年增加了0.10个百分点,较2017年减少了0.01个百分点。2018年,池州市实际外商直接投资金额在泛长三角41市排第31位。

2018年,实际利用外商直接投资3.96亿美元,增长1.5%,扭转了2017年下降的态势。

十七　亳州市 2018 年经济社会发展报告

2018 年，面对复杂多变的外部环境和艰巨繁重的改革发展任务，全市上下在市委、市政府的坚强领导下，坚持以习近平新时代中国特色社会主义思想为指导，认真贯彻党中央和省委、省政府决策部署，按照高质量发展要求，深入实施五大发展行动计划，保持了经济社会平稳健康发展，现代化五大发展美好亳州建设迈出新的步伐。

一　亳州市 2018 年经济发展概况

（一）综合经济

1. 经济总量

全年生产总值（GDP）1277.19 亿元，按可比价格计算，比上年增长 10.1％。分产业看，第一产业增加值 210.41 亿元，增长 3.8％；第二产业增加值 496.8 亿元，增长 11％；第三产业增加值 569.99 亿元，增长 12.1％。三次产业结构由上年的 17.7 ∶ 40.[illegible] ∶ 42.2 调整为 16.5 ∶ 38.9 ∶ 44.6，其中工业增加值占 GDP 比重为 31.3％。人均 GDP 24547 元，比上年增加 2162 元。

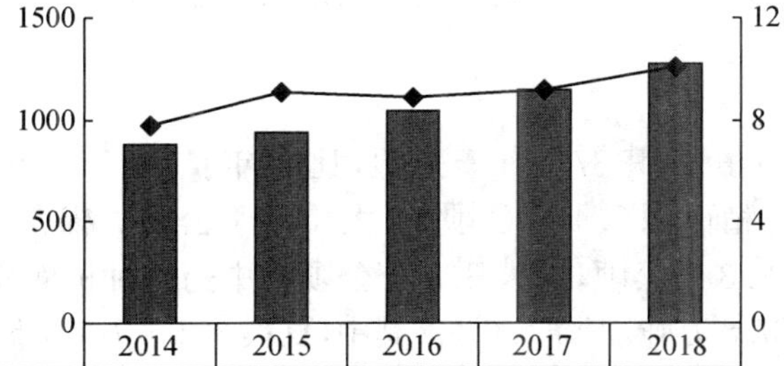

	2014	2015	2016	2017	2018
地区生产总值(亿元)	883.63	942.6	1046.1	1149.79	1277.19
增幅(%)	7.8	9.1	8.9	9.2	10.1

图 1　2014—2018 年亳州市地区生产总值及增长速度

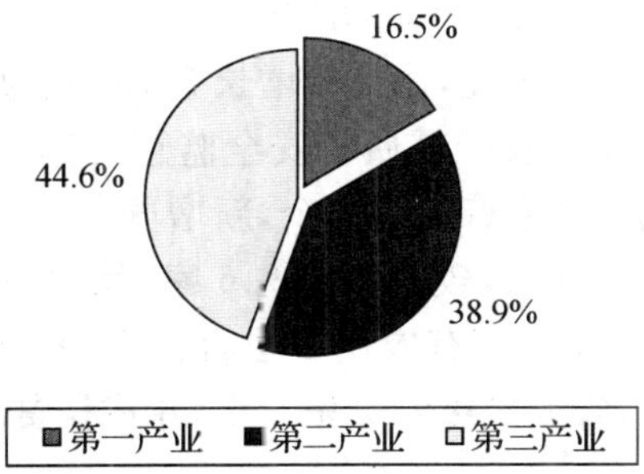

图 2　2018 年亳州市三次产业结构图

2. 财政收支

全年财政收入 200.1 亿元，比上年增长 17.1％，其中地方财政收入 112 亿元，增长 18.4％。全部财政收入中，增值税增长 5.3％，营业税下降 66.7％，企业所得税增长 34.5％。财政支出 343.6 亿元，增长 5.7％，农林水、教育、医疗卫生、社会保障分别增长 0.7％、9.6％、6.8％、12.6％。全力支持脱贫攻坚，强化脱贫资金保障，投入各类扶贫资金 24.8 亿元，较上年增长 92％，有力保障了脱贫攻坚任务落实，蒙城县、谯城区全省首批脱贫摘帽。不断加大财政民生投入，全市民生支出 292.5 亿元，占总支出的 85.2％。

深入实施 33 项民生工程，累计投入 164.3 亿元，同比增长 13.9%，年度目标任务全部完成。

3. 物价水平

全年居民消费价格比上年上涨 2%，其中食品价格上涨 2.0%。商品零售价格上涨 2.4%。工业生产者出厂价格上涨 1.9%，工业生产者购进价格上涨 6.8%。

4. 固定资产投资

全年固定资产投资比上年增长 18%。其中，工业技术改造投资增长 81%；民间投资增长 22.5%。分产业看，第一产业投资增长 118%，第二产业投资增长 45.4%，第三产业投资 7.8%。分行业看，工业投资增长 51.5%，其中制造业投资增长 53.7%。

全年共实施重点项目 725 个、完成投资 1150 亿元，其中亿元以上项目 516 个，比上年增加 134 个。新开工亿元以上项目 266 个，增加 62 个；亿元以上在建工业项目 210 个，增加 57 个，其中新开工亿元以上工业项目 111 个，增加 29 个。383 个省重点项目累计完成投资 826.4 亿元，投资完成率 147.9%，位居全省第 1 位；207 个计划新开工项目已开工 222 个(含储备项目开工 32 个)，开工率 107.3%，位居全省第 4 位；竣工项目 124 个，竣工率 140.9%，位居全省第 2 位。投资完成率、开工率、竣工率等指标持续位居全省前列。市经开区群康药业中药饮片生产、亳芜产业园区汉盛中成药生产、谯城区美誉医药产业园、涡阳县绿色生态建筑生产中心、蒙城县盛客电动车产业园、利辛县万成辉机电机械装备生产等 105 个亿元以上重大产业项目建成投产或主体完工。市经开区梧桐树纺织产业园、亳芜产业园区浪潮云计算产业园、谯城区长白山制药中医药产业园区、涡阳县鸿路钢构绿色装配式建筑生产、蒙城县华能 150 MW 风电、利辛县板集煤矿复建等 38 个超 10 亿元重大项目加快建设。

（二）农业

全年粮食作物种植面积 875.5 千公顷，比上年扩大 5.5 千公顷，建设优质专用粮食生产基地 138.7 千公顷。油料种植面积 7.4 千公顷，扩大 1.3 千公顷。棉花种植面积 1.6 千公顷，扩大 0.1 千公顷。蔬菜种植面积 68.3 千公顷，扩大 3.6 千公顷。中药材种植面积 56.6 千公顷，扩大 6.8 千公顷。

全年粮食产量 487.8 万吨，下降 2.6%。其中，夏粮 302.3 万吨，下降 3.6%；秋粮 185.5 万吨，下降0.9%。油料产量 3.9 万吨，增长 5.1%。棉花产量 0.2 万吨，增长 11.8%。蔬菜产量 269.9 万吨，增长 6.8%。

年末全市生猪存栏 123.3 万头，比上年下降 0.7%；全年生猪出栏 260.7 万头，增长 2.9%。肉类总产量 30 万吨，增长 4.8%，其中猪牛羊肉产量 21 万吨，增长 2%。禽蛋产量 7 万吨，增长 2.5%。牛奶产量 0.8 万吨，增长 16.7%。水产品产量 5.1 万吨，增长 1.8%。

年末全市农业机械总动力 780.5 万千瓦，比上年增长 3%。成为全国唯一实现主要农作物生产全程机械化示范县区全覆盖的省辖市。加强农产品质量安全监管工作，新建农产品安全民生工程快速检测体系 77 套。新认证“三品一标”企业 38 家、产品 73 个，新增巩店香椿等 3 个国家地理标志保护产品。

年末市级以上农业龙头企业达 549 家，较上年新增 6 家，其中国家级 4 家，省级 50 家。全市新建农民专业合作社省级示范点(社)11 个，年末拥有农民专业合作组织 19905 个，合作组织成员 111.2 万人。获批省级以上休闲农业示范点 1 个、省五星级农家乐 1 个，建成扶贫农家小院 40 家。

（三）工业和建筑业

1. 工业经济

年末全市规模以上工业企业达 905 户。全年规模以上工业企业实现增加值比上年增长 11.8%。国有企业和股份制企业生产增长较快，增幅分别比规模工业高了 1.9 个和 0.4 个百分点。

全市 32 个工业行业中，23 个保持增长，增长面达 71.9%。煤炭开采和洗选业增长 51.4%，农副食品加工业增长 9.8%，酒、饮料和精制茶制造业增长 12.6%，医药制造业增长 7.8%，电气机械和器材制造业增长 61.5%，五大主导行业对全市规模以上工业增长贡献率达 65.9%。高新技术产业增加值增长 16.1%。战略性新兴产业产值增长14.8%；农产品加工产值增长10.1%；高新技术产业产值增长17.5%。

规模以上工业统计的主要产品产量中，精制食用植物油增长26.5%，鲜、冷藏肉增长20.4%，白酒增长2.7%、服装增长55.7%、塑料制品增长38%、商品混凝土增长125.6%。

全市规模以上工业企业经济效益综合指数267.7%。企业主营业务收入增长2.9%；利税增长5.2%，其中利润增长4%。农副食品加工业，食品制造业，酒、饮料和精茶制造业，医药制造业，金属制品业，非金属矿物制品业，木材加工和木、竹、藤、棕、草制品业，计算机、通信和其他电子设备制造，电力、热力生产和供应业，煤炭开采和洗选业等10个行业利润均超亿元。

2. 建筑业

全年全社会建筑业增加值97.2亿元，比上年增长11.3%。房屋建筑施工面积661.5万平方米，比上年减少106.1万平方米；房屋竣工面积405.4万平方米，比上年增加67.6万平方米。

（四）服务业

1. 国内贸易

全年社会消费品零售总额590亿元，比上年增长11.6%。按经营地统计，城镇消费品零售额440.2亿元，增长11.6%；乡村消费品零售额149.8亿元，增长11.7%。按消费形态统计，商品零售额518.6亿元，增长11.1%；餐饮收入71.4亿元，增长15.7%。其中，限额以上单位零售额195.8亿元，增长12.3%。

限额以上企业商品零售额中，吃、穿、用类商品零售额分别比上年增长20.8%、11.5%和9.9%。其中，粮油类增长24.8%，肉禽蛋类增长16.3%，服装类增长11.7%，化妆品类增长9.4%，日月品类增长2.4%，中西药品类增长8%，家用电器和音像器材类增长15.4%，石油及制品类增长11.2%，汽车类增长7.1%。

商贸流通示范创建成效显著，获批首批国家级供应链创新与应用试点城市。新增3家"安徽老字号"企业、8家国家级绿色餐饮和国家级酒家酒店企业。新建改造5个农贸市场、5个社区菜店。

2. 交通运输、邮电

全年交通运输、仓储和邮政业增加值40.7亿元，比上年增长4.8%。

全年公路旅客运输量3496万人，下降13.3%，公路和水运货物运输量35027万吨，增长3%；公路旅客运输周转量30亿人公里，下降9.4%，公路和水运货物运输周转量983.4亿吨公里，增长5.5%。全年港口货物吞吐量255万吨，下降76.1%。

年末全市民用汽车拥有量57.8万辆，比上年增长14.5%，其中私人汽车49.9万辆，增长14.7%。轿车拥有量24.4万辆，增长16%，其中私人轿车23.6万辆，增长16.1%。全市城区年末公交营运车辆1240辆，出租车营运车辆3005辆。

全年邮电业务总量102.6亿元。其中，电信业务总量84.8亿元；邮政业务总量17.8亿元。年末本地固定电话交换机总容量31.8万门，比上年增加3万门。本地固定电话用户21.3万户；移动电话用户386.5万户。年末基础电信运营企业计算机互联网宽带接入用户113万户，增加25.9万户。

3. 旅游业

全年入境旅游人数10.4万人次，比上年增长32.2%；国内游客2697.9万人次，增长18.4%。旅游总收入205.8亿元，增长19.9%。其中，旅游外汇收入2254.7万美元，增长27.9%；国内旅游收入204.4亿元，增长19.9%。年末全市共有4A级旅游景点（区）7处，星级酒店16家，旅行社30家。建成北部游客集散服务中心、林拥城景区旅游服务综合体，新建旅游停车场36个、旅游标识标牌160块，新建改建旅游厕所200座。推出"道源问道"中华传统文化之旅精品示范线路，获批国家级中医药健康旅游示范基地1个、省级2个。大力实施旅游富民工程，推出乡村旅游精品线路7条，成功创建省优秀旅游乡镇6个、旅游示范村12个，获批省乡村旅游创客示范基地3个。

4. 金融和保险

年末全市金融机构各项存款余额(人民币口径,下同)2112.7亿元,比上年末增加269.4亿元,增长14.6%。其中,非金融企业存款余额440.1亿元,增长13.8%;住户存款余额1277.7亿元,增长13.9%。金融机构各项贷款余额1662.8亿元,比上年末增加325.6亿元,增长24.4%。其中,短期贷款705.4亿元,增长7.6%;中长期贷款935.7亿元,增长39%,中长期贷款中个人消费贷款414.2亿元,增长39.8%。

年末全市共有9家证券公司营业部,开户股民(含基金)总数8万个,比上年增长21.2%。全市共有保险公司36家,其中,财产保险公司18家,人寿保险公司18家。全年保险业保费总收入82.6亿元,增长17.2%。其中,财产险业务保费收入31.7亿元,增长18.6%;人身险业务保费收入50.8亿元,增长16.3%。赔款和给付21.6亿元,下降16.8%。其中,财产险业务赔款和给付支出20.6亿元,增长47.6%;人身险业务赔款和给付支出7亿元,下降42.1%。

5. 房地产业

全年房地产开发投资364.9亿元,比上年增长13.5%。商品房销售面积627.7万平方米,增长8.2%;商品房销售额392.4亿元,增长16.7%。

(五) 对外经济

1. 对外贸易

全年进出口总额8.3亿美元,比上年增长25.4%。其中,出口7.2亿美元,增长19.1%;进口1.2亿美元,增长87.4%。从出口经营主体看,生产型企业出口增长7%,贸易型企业出口增长99%。从出口商品看,机电产品和高新技术产品出口分别增长86.3%和6.9%。大力实施外贸主体培育壮大工程,孵化进出口实绩企业63家。先后组织44家企业参加境内外展会,达成出口成交额近亿美元;组织112家企业参加首届中国国际进口博览会。

2. 利用外资

全年新批外商投资企业7家;实际到位省外资金722.3亿元,增长36.1%;实际利用外商直接投资9亿美元,增长15.4%。组织参加2018世界制造业大会和中国国际徽商大会,全市集中签约和招商活动签约项目73个,总签约金额795亿元,同比增长10.7%。积极推动企业"走出去"开展对外合作,培育3家外经主体。

二　亳州市2018年社会发展概况

(一) 人口、人民生活

年末全市户籍人口656.8万人,比上年增加6万人;常住人口为523.7万人,城镇化率41%,较上年提高了1.2个百分点;全年出生人口10.5万人,人口出生率为16‰;死亡人口3.8万人,死亡率为5.8‰;人口自然增长率10.3‰。

全年城镇常住居民人均可支配收入29711元,比上年增长9%。人均消费性支出19402元,增长7.2%。其中,食品烟酒支出增长7.6%,衣着增长9%,居住增长6.8%,教育文化娱乐服务增长6%。城镇常住居民恩格尔系数为30.9%,比上年提升0.1个百分点。年末城镇常住居民人均住房建筑面积50.8平方米,比上年增加6.5平方米。

全年农村常住居民人均可支配收入12756元,比上年增长10.1%。人均生活消费支出10768元,增长9.4%。其中,食品烟酒支出增长6.7%,衣着增长50.2%,居住增长14.4%,交通通信下降44.1%。农村常住居民恩格尔系数为34.2%,比上年下降0.9个百分点。年末农村常住居民人均住房建筑面积53.6平方米,比上年增加1.1平方米。

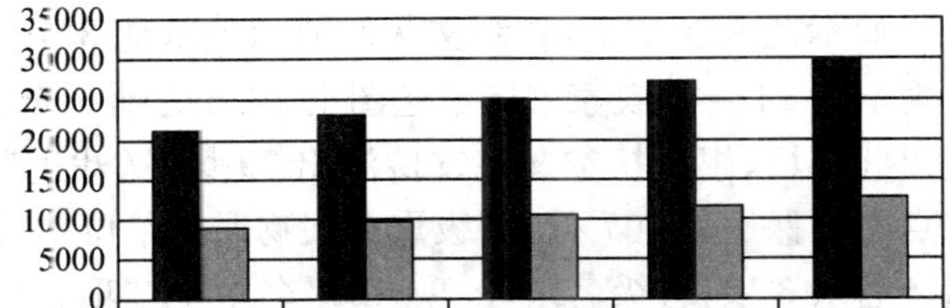

	2014	2015	2016	2017	2018
■城镇居民人均可支配收入(元)	21192	23120	25053	27246	29711
■农村居民人均可支配收入(元)	8967	9738	10576	11591	12756

图3　2014—2018年亳州市城乡居民收入对比一览

(二) 就业与社会保障

1. 就业工作

全年城镇新增就业7.1万人，比上年增长11.7%，提供就业岗位17.4万个，开发就业见习岗位4330个，安置就业见习1502人。年末城镇登记失业率2.75%，较上年下降0.13个百分点。

2. 社会保障和福利

年末全市参加城镇职工基本养老保险27.3万人，城镇职工基本医疗保险25万人，参加失业保险人数为16.1万人。全市参加工伤、生育保险人数分别为25.7万人和20.6万人。被征地农民养老保险制度全面推进，年末被征地农民参保人数15.8万人。全市城乡低保水平进一步提升，全年发放低保金4.7亿元，城镇低保年末保障1万人，农村低保年末保障16.7万人。

年末全市有各类收养性社会福利单位床位3.2万张，收养各类人员1.1万人。城镇建立各种社区服务设施648个，乡镇、街道及县(市、区)级社区服务中心88个，综合性社区服务站101个。全年销售社会福利彩票3.1亿元，筹集公益金3226.8万元。

(三) 教育和科学技术

1. 教育事业

年末全市普通高校2所，在校学生1.3万人。各类中等职业学校(不含技工学校)24所，在校生6.2万人。普通高中27所，在校生8.5万人，高中阶段毛入学率93.5%，比上年上升0.2个百分点。普通初中267所，在校生23万人，初中阶段适龄人口入学率100%。小学1115所，在校生53.1万人，小学学龄儿童入学率100%。各级各类成人学校毕业生1.1万人。全面实施免费义务教育，受益学生76.3万人。“教育扶贫联络员架起农村娃扶智连心桥”的工作经验被国家扶贫领导小组推荐为“2018年全国扶贫优秀案例”。高考实现历史性突破，考入北大、清华的学生总数突破8人。

2. 科技与创新

年末全市有各类专业技术人员5.3万人，比上年增长2.1%。全市新认定高新技术企业49家，全社会研发经费增长26.7%。获评国家知识产权示范企业、国家和省知识产权优势企业13家，获批建设省技术创新中心、省重点实验室各1个，获批省重大新兴产业专项和省重大科技专项11项，新增省技术创新示范企业、省级企业技术中心14家，青年创客空间获评省级科技企业孵化器，市中医药产业技术研究院正式成立。聚力招才引智，新建高水平创新平台5个，新增院士、博士后科研工作站6家，引进高层次创新人才45人。全年受理专利申请6154件，授权专利2007件。亳州经济开发区获批省级高新技术产业开发区。

(四) 文化、卫生和体育

1. 文化事业

年末全市共有专业艺术表演团体286个，文化馆5个，公共图书馆5个，博物馆6个，乡镇综合文化站85个，省级文化产业示范园区1个，省级文化产业示范基地3个。全市农村公益电影放映17543场，送戏下乡2635场，为全市1424个农家书屋配送图书10.6万册。全市组织群众文化活动800多场次、开展城市广场公益演出300场、组织扶贫文艺宣传演出79场、送戏进敬老院300场，完成627个数字农家书屋建设。全国重点文物保护单位7处，省级重点文物保护单位38处，市级重点文物保护单位66处。国家级非物质文化遗产名录3项，省级名录38项，市级名录112项。广播电台4座，中波发射台和转播台1座，广播人口覆盖率100%。电视台4座，有线电视用户7.2万户，电视综合人口覆盖率100%。全年出版报纸2种，总印数1007万份。市文化馆正式建成，市广电中心主体封顶，市数字档案馆基本建成，市博物馆成为全省首家夜间开放的博物馆。

2. 卫生事业

年末全市共有卫生机构1890个，其中医院78个，卫生院92个，社区卫生服务人员19991人，其中执业(助理)医师7197人，注册护士8904人。医院、卫生中心(站)115个，妇幼保健院(所、站)5个，疾病预防控制中心5个。卫生技院实有床位数21454张。全年诊疗2252.6万人次。村卫生室1288个，乡村医生和卫生员5228人，农村有医疗点的村占总村数的100%。参加新型农村合作医疗的农业人口562.4万人，参合率达105.7%。

3. 体育事业

年末全市共有体育场地1440个，其中体育场17个，体育馆2座。全年在国际和国内的重大比赛中，亳州市运动健儿获30枚金牌、26枚银牌和43枚铜牌。"全民健身"系列主题活动蓬勃开展，全年共举办百人以上群众体育活动170次，其中现代体育项目群众活动131次，民间传统体育群众活动39次。初步建成"十五分钟健身圈"，市体育馆正式投用，国际全程马拉松赛、全国航模公开赛等20余项知名赛事在亳州市举办。

(五) 城乡建设

全年共投入城市建设维护资金15.6亿元。市区新修主干路网26.8公里，配套设施正在完善。市主城区新增道路补盲摄像机3100台；新增医院、学校、景区、龙头企业重点部位补盲摄像机1500台；市视频数据平台摄像机接入达6.3万台。城市日供水综合能力16.1万吨，自来水普及率达99.5%。液化气年家庭用量0.2万吨，用气人口35.4万人，城市气化率达97%。年末园林绿地面积3708.2公顷，建成区绿化覆盖率为37.3%，人均公共绿地面积15.9平方米。中心城区发展边界增加到218平方公里，城市蓝线、绿地布局、建设用地性质得到科学优化调整。三县一区新城区路网、电网、水网、绿化、亮化等基础设施加快推进，老城区老旧小区、雨污分流管网、小街巷改造和断头路打通等工程有序实施，新城建设、老城改造齐头并进、持续提速，群众居住环境进一步改善。

全年全市新农村建设规划48处，规划面积934.7万平方米，竣工面积565.3万平方米，搬迁农户7223户。全年市级美丽乡村财政专项投入42959.8万元，省级中心村编制建设项目645个。深入推进农村环境"三大革命"，建成乡镇污水处理设施80个，改造农村厕所10.2万户，回收有毒有害垃圾3583吨。拆除农村破旧房屋248.3万平方米。完成城乡建设用地增减挂钩项目3.1万亩，整改违法用地3484亩，补充耕地3万亩，建成高标准基本农田91万亩。建设"四好农村路"2060公里，改造农村公路危桥152座，新增通客车建制村40个。完成农村电网升级改造投资2.7亿元。铺设天然气镇镇通管道84.9公里。村级红白理事会实现全覆盖。

(六) 资源、环境保护

全年批准建设用地2200.1公顷，建设占用耕地1648.5公顷，出让国有土地使用权1229公顷。补充耕地2191.9公顷，基本农田保护面积51.3万公顷。人工造林10.3千公顷，建设森林生态廊道360公里。

全市已发现各类矿产8种，已探明储量的矿产4种，煤炭储量达50.6亿吨。

全市用水总量10.5亿立方米。年平均气温16.2℃；年日照总时数2002.9小时。年平均降水量

950.4毫米。市科普公园和防灾减灾科普教育中心基本建成，市交通气象监测预警系统建成投入使用。

年末全市有各类气象台站5个，自动观测点147个，市、县级环境监测站4个。全市有3个国家级生态乡镇、26个省级生态镇、56个省级生态村、12个市级生态镇、94个市级生态村。

全市9个水功能区全部达标。涡河龙亢断面水质保持Ⅳ类，西淝河马店孜断面水质保持Ⅲ类，涡河涡阳义门大桥断面水质保持Ⅴ类及以上，涡河岳坊大桥断面水质基本保持Ⅴ类及以上。

全年市区环境空气质量优良天数为223天，空气优良天数比率为61%，同比上升4.5个百分点。PM2.5平均浓度为56微克/立方米，比2017下降11.1%。集中式饮用水水源地水质达标率100%。区域环境噪声平均值为54.5分贝，交通噪声平均值为67.9分贝。建成烟尘控制区1个，面积为169平方公里。建成环境噪声污染达标区面积42.6平方公里。

（七）社会安全

全年共发生各类安全事故90起、死亡70人、伤56人，按可比口径，分别同比下降35.7%、25.5%和48.6%。全市亿元GDP生产安全事故死亡人数为0.06人。开展城乡基础设施隐患大排查大整改活动，排查单位或风险点5万余处，排查隐患1200余处，整改1197处，整改率99.8%。

三　亳州市在泛长三角地区经济发展中的地位

2018年，面对复杂严峻的宏观经济形势和艰巨繁重的改革发展任务，全市人民在省委、省政府和市委的坚强领导下，坚持以习近平新时代中国特色社会主义思想为指导，坚持稳中求进工作总基调，按照高质量发展要求，深入实施五大发展行动计划，突出抓好防范化解重大风险、精准脱贫、污染防治三大攻坚战，强力推进中央巡视反馈问题、药品药材市场、信访维稳、河长制工作四项专项整治，较好完成了市四届人大二次会议确定的主要目标任务，现代化五大发展美好亳州建设迈出新的步伐。

（一）地区生产总值

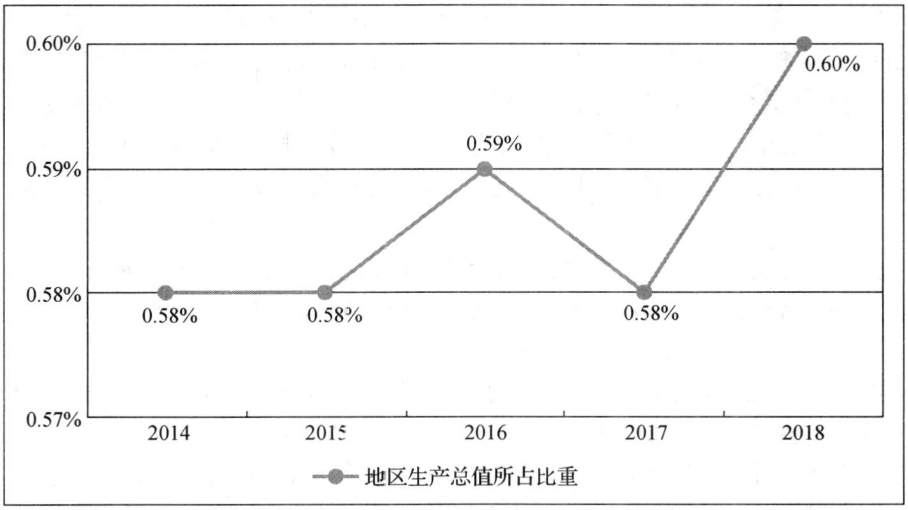

图4　2014—2018年亳州市地区生产总值在泛长三角地区41市（苏浙两省24个地级市、上海市和安徽省16市，下同）所占比重的变化趋势

2014—2018年亳州市地区生产总值在泛长三角地区41市所占比重分别为0.58%、0.58%、0.59%、0.58%和0.60%。2018年与2014年比增加了0.02个百分点。2018年，亳州市在泛长三角地区 41 市地区生产总值所占比重排名第 36 位，与 2017 年持平。

2018 年，全年全市实现生产总值 1277.2 亿元，按可比价格计算，比 2017 年增长 10.1%，快于全省 2.1 个百分点。第一产业实现增加值 210.4 亿元，增长 3.8%；第二产业实现增加值 496.8 亿元，增长 11%；第三产业实现增加值 570 亿元，增长 12.1%。一二三次产业比例为 16.5∶38.9∶44.6。

GDP 同比增长 10.1%，是全省唯一两位数增长的市，连续两年居全省第 1 位；第二产业增加值增长 11%，连续四个季度居全省第 1 位；第三产业增加值增长 12.1%，连续四个季度居全省第 1 位；常住居民人均可支配收入增长 10.2%，居全省第 1 位，创四年来最好位次；规模工业增加值增长 11.8%，连续两年居全省第 1 位；工业投资增长 51.5%，居全省第 1 位；工业技术改造投资增长 81%，居全省第 1 位。

（二）地方财政一般预算收入

图 5　2014—2018 年亳州市地方财政一般预算收入在泛长三角 41 市所占比重的变化趋势

2014—2018 年亳州市地方财政一般预算收入在泛长三角 41 市所占比重分别为 0.43%、0.42%、0.41%、0.42%和 0.47%，2018 年较 2014 年增加了 0.04 个百分点，较 2017 年增加了 0.05 个百分点。2018 年，亳州市地方财政一般预算收入在泛长三角 41 市地区的排第 35 位，与 2017 年比上升了两位。

2018 年全市财政收入完成 200.1 亿元，为预算的 106.2%，增长 17.1%，首次突破 200 亿元，提前两年完成“十三五”规划目标任务。总量位居全省第十位，增幅居全省第三位。全市财政收入完成 200.1 亿元，为预算的 106.2%，增长 17.1%。其中，地方级收入完成 112 亿元，为预算的 108.4%，增长 18.5%。

涡阳县完成 24.4 亿元，增长 16.8%；蒙城县完成 33.2 亿元，增长 17.6%；利辛县完成 22.4 亿元，增长 12.1%；谯城区完成 42.3 亿元，增长 17.6%；亳芜产业园完成 2.6 亿元，增长 19.7%；亳州经开区完成 17.4 亿元，增长 23.5%；市本级完成 57.8 亿元，增长 16.7%。

分部门看，国税部门完成 98.9 亿元，为预算的 104.8%，同比增长 36.4%；地税部门完成 53.6 亿元(含非税收入 4.7 亿元)，为预算的 106.2%，同比下降 8.1%；财政部门完成 18.5 亿元，为预算的105.7%，同比增长 11.7%(剔除营改增因素，国税部门同口径增幅为 22.9%，地税部门同口径增幅为 14.5%)。分级次看，涡阳县完成 20.9 亿元，为预算的 105.3%，增长 15.7%；蒙城县完成 28.3 亿元，为预算的 105.9%，增长 16.5%；利辛县完成 20 亿元，为预算的 103.7%，增长 16.3%；谯城区完成 36 亿元，为预算的 104.9%，增长 15.2%；亳芜产业园完成 2.2 亿元，为预算的 110.4%，增长 10.4%；开发区完成 14.1 亿元，为预算的 121.8%，增长 33.7%；市本级完成 49.5 亿元，为预算的 101.9%，增长 12.4%。

全市财政呈现以下特点：一是收入总量实现突破：全市财政收入从建市以来的 10 亿元，到 2011 年突破 50 亿元，从 2013 年突破 100 亿元到 2018 年突破 200 亿元，总量实现五年翻番，年均增长 18%，排名也由建市时的全省末位提升到全省第十位。二是收入增幅稳居前列：2018 年，全市财政收入增长 17.1%，较 2017 年同期提高 1.1 个百分点，高于全省地市平均水平 6.9 个百分点，位居全省第三位。2011 年以来，全市财政收入增幅连续 8 年排名全省前八位，其中 7 个年份增幅排名全省前三位，3 个年份位居全省第一位。三是收入质量保持稳定：2018 年，全市税收收入完成 170.8 亿元，增长 15.6%，税收占比为 85.3%，排名全省第 5 位。2011 年以来，税收占比保持 85%左右，收入质量稳定在全省前列，财政收入保持有质量可持续增长。

（三）工业生产总值

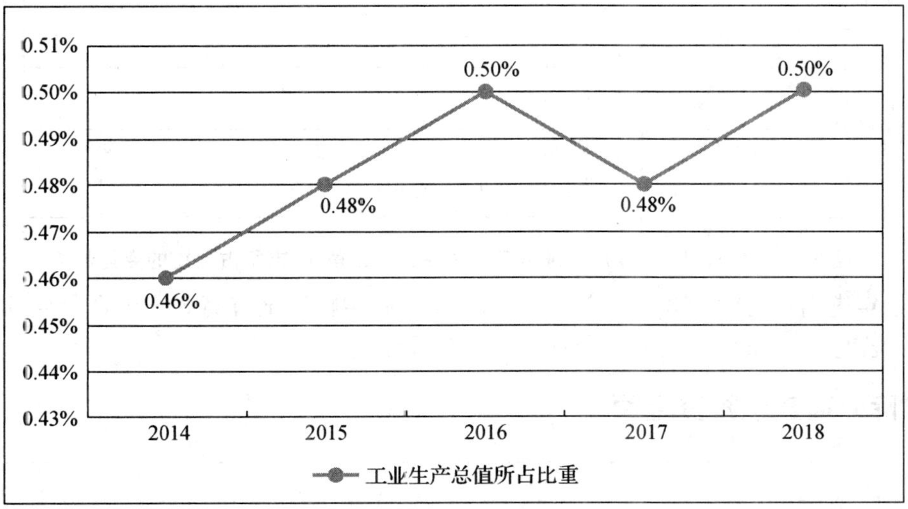

图 6　2014—2018 年亳州市工业生产总值在泛长三角 41 市所占比重的变化趋势

2014—2018 年亳州市工业生产总值在泛长三角 41 市所占比重分别为 0.46%、0.48%、0.50%、0.48% 和 0.50%，2018 年较 2014 年增加了 0.04 个百分点，较 2017 年增加了 0.02 个百分点。2018 年，亳州市工业生产总值在泛长三角 41 市所占比重排第 38 位，较 2017 年保持一致。

2018 年，全年规模以上工业增加值增长 11.8%，增速创近四年新高，比 2017 年同期提高 1.4 个百分点，比全省高 2.5 个百分点，连续 15 个月居全省第 1 位。全市 33 个工业行业大类中有 23 个增加值保持增长。分主导行业看，医药制造业、白酒饮料及精制茶制品业、电力、热力生产和供应业、煤炭开采和洗选业分别增长 7.8%、12.6%、11.8%和 51.4%。

工业发展质效持续提高。规模工业增加值增长 11.8%，工业投资增长 51.5%，技改投资增长 81%，均居全省第一位。新增规模工业企业 79 家，新认定中国驰名商标 2 件，推广应用工业机器人 152 台，规模工业企业主营业务收入利润率提高到 7.9%，谯城区、蒙城县分别位列省制造业发展综合 10 强区、增速 10 快县。规上白酒产业产值 124 亿元、增长 14.7%；古井集团位列中国轻工业食品行业 50 强、省制造业综合实力 50 强，营业收入突破 100 亿元、达 104.8 亿元、增长 19.95%，利税总额 56.9 亿元、增长 26.2%，“古井贡”品牌价值突破 1000 亿元、达 1018.7 亿元。汽车及现代农机装备制造业加快发展，江淮安驰年产 1 万辆 M5 生产线建成投产。煤炭开采和洗选业产值增长 64.1%，纺织服装、计算机及电子设备制造业产值分别增长 15.2%、114.8%。并网太阳能光伏发电装机规模近 100 万千瓦，建成投运生物质发电项目 3 个。单位 GDP 能耗、用水总量控制、万元 GDP 用水量完成年度目标任务。

（四）进出口总额

2014—2018 年亳州市进出口总额在泛长三角 41 市所占比重分别为 0.026%、0.036%、0.039%、

0.045%和0.050%，2018年与2014年比增加了0.0024个百分点。2018年，亳州市进出口总额在泛长三角41市的排第38位，较2017年上升了两位。

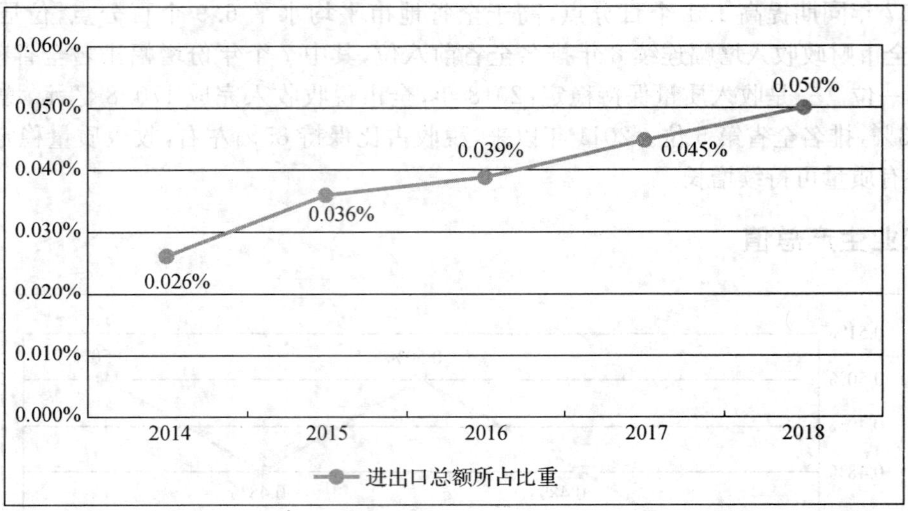

图7　2014—2018年亳州市进出口总额在泛长三角41市所占比重的变化趋势

2018年，全年进出口总额为8.3亿美元，增长25.4%，增幅比全省高8.8个百分点，居全省第5位。其中，出口7.2亿美元，增长19.1%，比全省高0.7个百分点。

（五）实际外商直接投资金额

图8　2014—2018年亳州市实际外商直接投资金额在泛长三角41市所占比重的变化趋势

2014—2018年亳州市实际外商直接投资金额在泛长三角41市所占比重分别为0.80%、0.89%、0.94%、1.03%和1.15%，整体呈现上扬姿态，2018年较2014年增加了0.35个百分点，较2017年增加了0.12个百分点。2018年，亳州市实际外商直接投资金额在泛长三角41市排第24位，较2017年上升一位。

2018年，全年实际利用外商直接投资9亿美元，增长15.4%，高于全省8.4个百分点，居全省第8位。利用外商直接投资呈现下列特点：服务业利用外资占比略超四成，港资到资占比超九成。全市到位外资的国家或地区分别为中国香港、中国台湾和澳大利亚。

第四篇

长三角地区经济社会发展专题报告

扫码阅读

第一章　长三角地区经济发展专题报告

一　长三角产业结构

一、长三角产业结构总体情况

2018 年，长三角实现地区生产总值 211479.24 亿元，按当年价计算，比上年增长 8.3%；占国内生产总值的比重为 23.6%，与上年持平。从三次产业情况看，第一产业实现增加值 8851.11 亿元，比上年增长 2.1%；第二产业实现增加值 88329.03 亿元，增长 6.3%；第三产业实现增加值 114299.10 亿元，增长 10.4%。

2018 年，长三角产业结构得到了进一步调整优化，三次产业结构调整为 4.2∶41.8∶54.0。第一产业所占的比重比上年下降 0.3 个百分点，第二产业下降 0.7 个百分点，第三产业上升 1.0 个百分点。近几年，长三角地区第二产业比重在稳步下降，第三产业比重稳步上升。2018 年，全国三次产业结构调整为 7.2∶40.7∶52.2，长三角第一产业比重比全国平均水平低 3.0 个百分点，而长三角第二、三产业比重比全国平均水平分别高 1.1 个百分点和 1.8 个百分点。

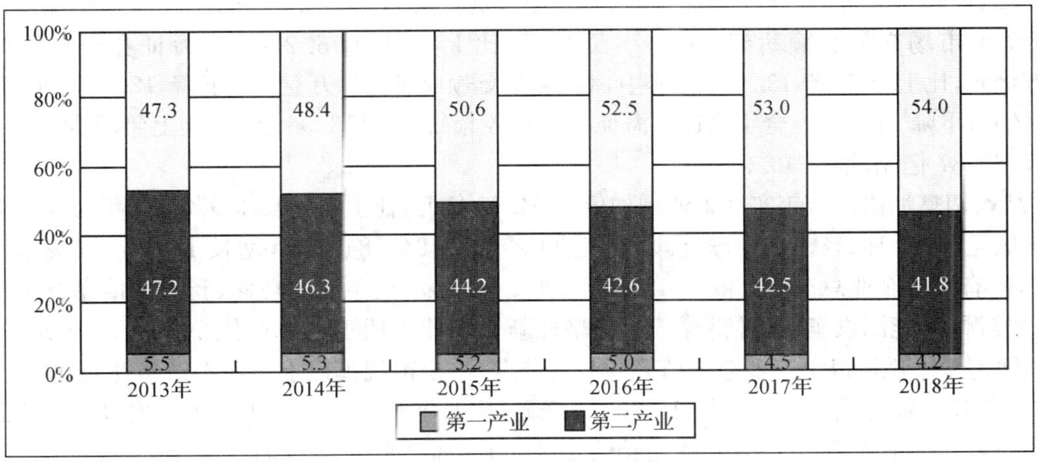

图 1　2013—2018 年长三角地区产业结构情况

从与上海市比较来看，2018 年上海市三次产业结构从上年的 0.3∶30.5∶69.2 调整为 0.3∶29.8∶69.9。第一产业所占的比重低于长三角 3.9 个百分点，第二产业低于长三角 12.0 个百分点，第三产业高于长三角 15.9 个百分点。

从与江苏省比较来看，2018 年江苏省三次产业结构从上年的 4.7∶45.0∶50.3 调整为 4.5∶44.5∶51.0。第一产业所占的比重高于长三角 0.3 个百分点，第二产业高于长三角 2.7 个百分点，第三产业低于长三角 3.0 个百分点。

从与浙江省比较来看，2018 年浙江省三次产业结构从上年的 3.7∶43.0∶53.3 调整为 3.5∶41.8∶54.7。第一产业所占的比重低于长三角 0.7 个百分点，第二产业与长三角持平，第三产业高于长三角 0.7 个百分点。

从与安徽省比较来看，2018 年安徽省三次产业结构从上年的 9.6∶47.5∶42.9 调整为 8.8∶46.1∶45.1。第一产业所占的比重高于长三角 4.6 个百分点，第二产业高于长三角 4.3 个百分点，第三产业低于长三角 8.9 个百分点。

二、上海市产业结构发展现状分析

2018 年，上海市实现生产总值 32679.87 亿元，按可比价格计算，比上年增长 6.6%。其中，第一产业增加值 104.37 亿元，比上年下降 6.9%；第二产业增加值 9732.54 亿元，增长 1.8%；第三产业增加值 22842.96 亿元，增长 8.7%。

第三产业引领发展。全年各种运输方式完成货物运输量 107386.82 万吨，比上年增长 10.4%。旅客发送量 21496.62 万人次，增长 3.1%。全年上海港口货物吞吐量 73047.94 万吨，比上年下降 2.7%；集装箱吞吐量 4201.02 万国际标准箱，增长 4.4%。集装箱水水中转比例达 46.8%，其中，国际中转比例为 8.8%。上海浦东、虹桥两大国际机场全年共起降航班 77.16 万架次，比上年增长 1.5%；进出港旅客 11763.43 万人次，增长 5.1%。其中，国内航线进出港旅客 7665.00 万人次，增长 3.7%；国际及地区航线进出港旅客 4098.43 万人次，增长 8.0%。全年完成邮政业务总量 820.62 亿元，比上年增长 15.3%；电信业务总量 1432.00 亿元，增长 1.1 倍。邮政业全年完成邮政函件业务 5.74 亿件、包裹业务 221.4 万件、快递业务 34.86 亿件；快递业务收入 1020.28 亿元。全年接待国际旅游入境者 893.71 万人次，比上年增长 2.4%。其中，入境外国人 685.9 万人次，增长 2.2%；港、澳、台同胞 207.81 万人次，增长 3.0%。在国际旅游入境者中，过夜旅游者 742.04 万人次，增长 3.2%。全年接待国内旅游者 33976.87 万人次，增长 6.7%。其中，外省市来沪旅游者 16209.12 万人次，增长 4.4%。全年入境旅游外汇收入 73.71 亿美元，增长 8.2%；国内旅游收入 4477.15 亿元，增长 11.2%。至年末，全市中外资金融机构本外币各项存款余额 121112.33 亿元，比年初增加 8654.40 亿元；贷款余额 73272.35 亿元，比年初增加 5736.67 亿元。全年金融市场交易总额达到 1645.78 万亿元，比上年增长 15.2%。上海证券交易所总成交额 264.62 万亿元，比上年下降 13.6%。其中，债券成交额 216.95 万亿元，下降 12.3%；股票成交额 40.32 万亿元，下降 21.1%。全年通过上海证券市场股票筹资 6113.96 亿元，比上年减少 19.3%；发行公司债 17780.87 亿元，增长 19.0%。

工业结构调整加快。全年实现工业增加值 8694.95 亿元，比上年增长 1.9%。全年完成工业总产值 36451.84 亿元，增长 1.3%。其中，规模以上工业总产值 34841.84 亿元，增长 1.4%。在规模以上工业总产值中，国有控股企业总产值 13588.42 亿元，增长 1.1%。全年节能环保、新一代信息技术、生物、高端装备、新能源、新能源汽车、新材料等工业战略性新兴产业完成工业总产值 10659.91 亿元，比上年增长 3.8%，增速快于规模以上工业总产值 2.4 个百分点，占全市规模以上工业总产值比重达 30.6%。全年六个重点工业行业完成工业总产值 23870.77 亿元，比上年增长 1.4%，占全市规模以上工业总产值的比重为 68.5%。全年规模以上工业产品销售率为 99.8%。全年燃料油产量 195909 吨，比上年增长 50.8%；金属切削机床 5990 台，增长 12.4%；智能手机产量 4711.44 万台，增长 4.5%；3D 打印设备产量 578 台，增长 12.5%。全年规模以上工业企业实现利润总额 3350.44 亿元，比上年增长 4.3%；实现税金总额 1972.63 亿元，下降 5.4%。规模以上工业企业亏损面为 20.4%。

农产品产量下降，现代农业加快推进。全年全市实现农业总产值 282.48 亿元，比上年下降 4.4%。其中，种植业 147.54 亿元，下降 2.1%；林业 15.26 亿元，下降 3.6%；牧业 46.34 亿元，下降 17.9%；渔业 55.90 亿元，下降 4.5%；农林牧渔服务业 17.44 亿元，增长 125.4%。全年全市农作物播种面积 28.53 万公顷，比上年减少 0.2%。其中，粮食播种面积 12.99 万公顷，减少 2.5%。粮食产量 103.74 万吨，比上年增长 4.0%；生牛奶产量 33.44 万吨，下降 8.1%；水产品产量 30.85 万吨，增长 4.4%。至年末，全市有 1701 家企业、6396 个产品获得“三品一标”农产品认证。其中，无公害农产品证书使用企业 1342 家，产品 5824 个；绿色食品证书使用企业 350 家，产品 536 个；有机农产品生产企业 9 家，产品 22 个；农产品地理标志 14 个。至年末，全市累计建成设施粮田面积 8.65 万公顷，市级蔬菜标准园 177 家，农业产业化龙头企业 378 家，具有一定经营能力的农民专业合作社 2865 家，经农业主管部门认定的家庭农场 4434 户。

三、江苏省产业结构发展现状分析

2018 年，江苏省实现生产总值 92595.40 亿元，按可比价格计算，比上年增长 6.7%。其中，第一产业增加值 4141.72 亿元，比上年增长 1.8%；第二产业增加值 41248.52 亿元，增长 5.8%；第三产业增加值 47205.16 亿元，增长 7.9%。

工业运行总体稳定，工业企业盈利能力提升，先进制造业加快发展。全年规模以上工业增加值比上年增长 5.1%，其中轻工业增长 3.5%，重工业增长 5.5%。分经济类型看，国有工业增长 5.6%，集体工业增长 4.8%，股份制工业增长 5%，外商港澳台投资工业增长 5.3%。在规模以上工业中，国有控股工业增长 8.1%，民营工业增长 4.1%。全省高技术产业、装备制造业增加值比上年分别增长 11.1%和 8%，高于规模以上工业 6 个和 2.9 个百分点；对规上工业增加值增长的贡献率达 43.4%和 74.2%。分行业看，电子、医药、汽车、专用设备等先进制造业增加值分别增长 11.3%、10.4%、7.2%和 12.5%。代表智能制造、新型材料、新型交通运输设备和高端电子信息产品的新产品产量实现较快增长。新能源汽车、城市轨道车辆、3D 打印设备、智能电视、服务器等新产品产量比上年分别增长 139.9%、107.1%、51.4%、36.4%和 26.2%。全年规模以上工业企业实现主营业务收入比上年增长 7.3%，利润比上年增长 9.4%。规模以上工业企业主营业务收入利润率、成本费用利润率分别为 6.6%、6.9%，比上年提高 0.12 个和 0.13 个百分点。规模以上工业企业资产负债率为 52.6%，总资产贡献率为 12.1%。全年规模以上工业企业产销率达 98.8%。

服务业发展平稳。全年货物运输量比上年增长 5.7%，旅客运输量下降 4.7%；货物周转量比上年下降 0.4%，旅客周转量增长 2.0%。全省机场飞机起降 51.6 万架次，比上年增长 11.5%；旅客吞吐量 5164.6 万人次，增长 16.2%；货邮吞吐量 59.7 万吨，增长 4.5%。完成规模以上港口货物吞吐量 23.3 亿吨，比上年增长 0.6%，其中外贸货物吞吐量 4.9 亿吨，增长 0.5%；集装箱吞吐量 1798 万标准集装箱，增长 4.4%。全年邮政行业业务总量 1050.2 亿元，比上年增长 19.2%；电信业务总量 4811.6 亿元，增长 132.7%。邮政行业业务收入 647.0 亿元，比上年增长 15.4%；电信业务收入 975.1 亿元，增长 6.3%。年末局用交换机总容量 121.2 万门。年末固定电话用户 1364 万户，城市固定电话用户 945.9 万户，乡村固定电话用户 418.1 万户。年末移动电话用户 9794 万户，比上年末增加 986.3 万户。电话普及率达 139 部/百人。年末长途光缆线路总长度 4.04 万公里；年末互联网宽带接入用户 3351.9 万户，新增 245.7 万户。全年接待境内外游客 81823.7 万人次，比上年增长 9.6%；实现旅游业总收入 13247.3 亿元，增长 13.6%。接待入境过夜游客 400.9 万人次，增长 8.3%。其中，外国人 264.7 万人次，增长 9.5%；港澳台同胞 136.2 万人次，增长 6.1%。旅游外汇收入 46.5 亿美元，增长 10.8%。接待国内游客 81422.8 万人次，增长 9.6%，实现国内旅游收入 12851.3 亿元，增长 13.7%。年末全省金融机构人民币存款余额 139718 亿元，比年初增长 7.5%，增加 9775.1 亿元。其中，住户存款比年初增加 4663.9 亿元，非金融企业存款比年初增加 2712.4 亿元。年末金融机构人民币贷款余额 115719 亿元，比年初增长 13.3%，增加 13572.4 亿元。其中，中长期贷款比年初增加 7839.3 亿元，短期贷款比年初增加 3768.9 亿元。

种植业结构继续调整，林牧渔业总体稳定，现代农业加快推进。全年粮食播种面积 547.6 万公顷，比上年减少 5.1 万公顷；棉花种植面积 1.7 万公顷，减少 0.4 万公顷；油料种植面积 26.3 万公顷，减少 0.5 万公顷；蔬菜种植面积 142.5 万公顷，增加 1.7 万公顷。全年粮食总产量 3660.3 万吨，比上年增产 49.5 万吨，增长 1.4%。其中，夏粮 1326.4 万吨，下降 0.7%；秋粮 2333.9 万吨，增长 2.6%。粮食亩产 445.6 公斤，比上年增加 10.1 公斤，增长 2.3%。全年造林面积 4.3 万公顷，比上年增长 27.6%。全年猪牛羊禽肉产量 321.9 万吨，比上年下降 4.0%；禽蛋产量 178 万吨，下降 3.0%；牛奶总产量 50 万吨，增长 2.1%。水产品总产量 493.4 万吨（不含远洋捕捞），下降 2.1%，其中，淡水产品 354.0 万吨、海水产品 139.3 万吨，分别下降 1.1%、4.6%。农业产业结构不断优化，绿色农业、智慧农业、订单农业等现代农业加快发展。全省高效设施农业面积占比达19.6%，高标准农田占比达61.0%，农业机械化水平达84.0%，农业科技进步贡献率提高到68.0%。全省有效灌溉面积达418万公顷，新增有效灌溉面积4.8万公顷，新增节水灌溉面积15.3万公顷；新增设施农业面积3.4万公顷。年末农业机械总动力5042万千瓦，比上年增长1.0%。

四、浙江省产业结构发展现状分析

2018年，浙江省实现生产总值为56197.15亿元，按可比价格计算，比上年增长7.1%。其中，第一产业增加值1967.01亿元，比上年增长1.9%；第二产业增加值23505.88亿元，增长6.7%；第三产业增加值30724.26亿元，增长7.8%。

工业生产和利润保持平稳增长。全年规模以上工业增加值14714.0亿元，比上年增长7.3%。分经济类型看，国有及国有控股企业增长5.8%，私营企业增长7.0%；外商投资企业增长7.4%，港澳台商投资企业增长5.9%。17个传统制造业增加值增长6.0%。规模以上工业销售产值67384.0亿元，增长10.6%，其中，出口交货值11698.0亿元，增长8.6%。在规模以上工业中，数字经济核心产业、文化、节能环保、健康产品、高端装备、时尚制造业增加值分别增长11.8%、4.4%、7.2%、8.0%、9.2%和9.7%；高技术、高新技术、装备制造、战略性新兴产业增加值分别增长13.7%、9.4%、10.0%、11.5%，占比分别为12.8%、51.3%、40.7%和29.6%。在战略性新兴产业中，新一代信息技术和物联网、海洋新兴产业、生物产业增加值分别增长19.9%、10.1%和11.8%。规模以上工业新产品产值率为36.4%，比上年提高1.9个百分点。碳纤维增强复合材料、光纤、太阳能电池、城市轨道车辆、新能源汽车、智能手机、智能电视、工业机器人等产量快速增长。

服务业增长较快。全省共有民航机场7个，全年旅客吞吐量6539万人，其中发送量3375万人。铁路、公路和水运完成货物周转量11538亿吨公里，比上年增长14.2%；旅客周转量1104亿人公里，增长0.7%。港口完成货物吞吐量16.9亿吨，增长6.5%，其中，沿海港口完成13.4亿吨，增长6.2%。宁波一舟山港完成货物吞吐量10.8亿吨，增长7.4%，集装箱吞吐量跃居全球第三，达2635万标箱，增长7.1%。全年邮政业务总量2326亿元，比上年增长34.6%；电信业务总量[8]4099亿元，增长129.1%。年末移动电话用户8309万户，比上年增加719万户，其中使用3G、4G移动电话用户7071万户。固定互联网宽带接入用户2648万户，增加183万户，其中固定互联网光纤宽带接入用户2349万户，增加238万户。移动互联网用户8136万户，增加680万户。全省快递业务量101亿件，比上年增长27.5%。全年旅游产业增加值4391亿元，比上年增长10.0%，占GDP的7.8%；旅游总收入10006亿元，增长11.9%，接待游客6.9亿人次，增长8.7%，其中接待入境过夜游客456.8万人次，下降4.2%。年末全部金融机构本外币各项存款余额116513亿元，比上年末增长8.6%，其中人民币存款余额增长9.4%。住户本外币存款余额46458亿元，增长13.9%。全部金融机构本外币各项贷款余额105775亿元，增长17.2%，其中人民币贷款余额增长17.5%。年末主要农村金融机构(农村信用社、农村合作银行、农村商业银行)人民币贷款余额13946亿元，比年初增加1822亿元。

农业平稳发展。全年粮食总产量599万吨，比上年增长3.3%；油菜籽播种面积97千公顷，增长0.9%；蔬菜646千公顷，增长0.2%；花卉苗木161千公顷，增长0.1%；中药材51千公顷，增长4.6%；果用瓜102千公顷，与上年基本持平。全年肉类总产量105万吨，比上年下降8.8%；水产品总产量611万吨，增长2.8%，其中，海水产品产量481万吨，增长1.8%；淡水产品产量130万吨，增长6.6%。年末生猪存栏517万头，下降4.8%，生猪出栏912万头，下降10.8%。累计创建省级现代农业园区48个、特色农业强镇85个，建成单条产值10亿元以上的示范性农业全产业链68条。严格保护好819万亩粮食生产功能区，完成提标改造65万亩。新增省名牌农产品30个、区域名牌农产品15个，有效期内浙江名牌农产品238个。新增“三品一标”农产品1128个，新增绿色食品基地12.3万亩，现代农业园区、粮食生产功能区内无公害农产品整体认定139.4万亩，主要食用农产品中“三品”比率53.0%以上。

五、安徽省产业结构发展现状分析

2018年，安徽省实现生产总值30006.82亿元，按可比价格计算，比上年增长8.0%。其中，第一产业增加值2638.01亿元，比上年增长3.2%；第二产业增加值13842.09亿元，增长8.5%；第三产业增加值13526.72亿元，增长8.6%。

工业生产和利润保持平稳增长。至年末安徽省规模以上工业企业19421户，比上年减少1028户。全年规模以上工业增加值比上年增长9.3%，增速居全国第4、中部第1位，创近4年新高。其中，国有及国有控股企业增长7.2%，股份制企业增长8.6%，外商及港澳台商投资企业增长12.3%。分门类看，采矿业增长0.8%，制造业增长9.6%，电力、热力、燃气及水生产和供应业增长13.9%。规模以上工业中，40个工业大类行业有32个增加值保持增长。其中，计算机、通信和其他电子设备制造业增长28.8%，医药制造业增长17.0%，黑色金属冶炼和压延加工业增长15.7%，电力、热力生产和供应业增长14.0%，有色金属冶炼和压延加工业增长13.4%，电气机械和器材制造业增长12.1%，化学原料和化学制品制造业增长10.4%，通用设备制造业增长7.0%，农副食品加工业增长6.8%，汽车制造业增长6.0%。工业结构持续优化，全年装备制造业增加值增长12.0%，高技术产业增加值增长22.6%。战略性新兴产业产值增长16.1%，占规模以上工业比重达29.5%，24个战略性新兴产业集聚发展基地工业总产值增长16.6%。规模以上工业统计的主要产品产量中，原煤下降2.3%，发电量增长9.1%，粗钢、钢材分别增长6.7%和7.2%，水泥增长1.8%，彩色电视机增长47.7%，家用洗衣机、家用电冰箱、房间空调器分别增长2.7%、7.2%和3.2%，汽车下降14.4%。新产品中，新能源汽车增长1倍，运动型多用途乘用车(SUV)下降34.5%，锂电池增长27.5%，工业机器人增长18.3%，光纤下降25.6%。全年规模以上工业企业实现利润2448.2亿元，增长27.8%，增速为近7年新高。其中，国有企业下降4.7%，股份制企业增长32.9%，外商及港澳台商投资企业增长2.6%；中小企业增长34.4%；民营企业增长28.8%。降成本取得实效，规模以上工业企业每百元主营业务收入成本85.6元，比上年减少0.6元，为近9年最低水平。

服务业发展势头日趋增强。全年旅客运输量6.4亿人，比上年下降8.3%；货物运输量40.7亿吨，增长0.8%。旅客运输周转量1206.2亿人公里，增长0.8%；货物运输周转量11783.7亿吨公里，增长3.2%。全年港口货物吞吐量5.1亿吨，下降0.2%。全省民航机场旅客吞吐量1360万人次，增长19.1%，其中合肥新桥机场旅客吞吐量1111.1万人次，增长21.5%。全年电信业务总量2257.8亿元，比上年增长171.3%；邮政业务总量316.8亿元，增长27.7%。快递业务量11.2亿件，快递业务收入111亿元，比上年分别增长30.1%和23.9%。年末本地固定电话用户517.2万户，比上年减少34.2万户；移动电话用户5727.6万户，增加728.2万户。每百人拥有电话(含移动)99.8部，增加10.2部。年末基础电信运营企业计算机互联网宽带接入用户1662.4万户，增加338.8万户。全年入境旅游人数607万人次，比上年增长10.5%。其中，外国人354万人次，增长10.3%；港澳台同胞253万人次，增长10.9%。国内游客7.21亿人次，增长15.2%。旅游总收入7241亿元，增长16.8%。其中，旅游外汇收入31.9亿美元，增长10.7%；国内旅游收入7030亿元，增长17.1%。皖南国际旅游文化示范区旅游收入3785.2亿元，增长16.4%。年末全省有A级及以上旅游景点(区)600处。年末全省金融机构人民币各项存款余额50677.3亿元，比上年末增加5068.5亿元，增长11.1%。其中，非金融企业存款余额14929.1亿元，增长5.1%；住户存款余额22994.8亿元，增长12%。年末金融机构人民币各项贷款余额38815.3亿元，比上年末增加4334.1亿元，增长12.6%。其中，境内短期贷款10532.5亿元、增长6.2%；境内中长期贷款25750.1亿元、增长14.8%，中长期贷款中住户贷款12624.3亿元、增长21.9%。

农业平稳发展。全年粮食种植面积7316.3千公顷，比上年减少5.5千公顷。油料种植面积520.2千公顷，增加1.9千公顷。棉花种植面积86.3千公顷，减少1.8千公顷。蔬菜种植面积652.2千公顷，增加24千公顷。稻渔综合种养面积160万亩，增长77.8%。净增“三品一标”农产品1114个。全年粮食产量 4007.3 万吨，比上年减产 12.5 万吨，下降 0.3%。其中，夏粮 1607.5 万吨，减产 37.2 万吨，下降 2.3%；秋粮 2287.1 万吨，增产 38.5 万吨，增长 1.7%。油料产量 158 万吨，增长 2.2%。棉花产量 8.9 万吨，增长 2.9%。年末全省生猪存栏 1356.3 万头，比上年下降 4.3%；全年生猪出栏 2837.4 万头，增长 0.3%。肉类总产量 421.7 万吨，增长 1.6%，其中猪牛羊肉产量 269.7 万吨，增长 0.9%。禽蛋产量 158.3 万吨，增长 2.3%。牛奶产量 30.8 万吨，增长 3.2%。年末全省农业机械总动力 6542.7 万千瓦，比上年增长 3.6%。农用拖拉机 231.1 万台，减少 0.9%。全年化肥施用量(折纯)311.1 万吨，下降 2.4%。农村用电量 180.8 亿千瓦时，增长 5.5%。有效灌溉面积 4543.4 千公顷，新增 40.7 千公顷；新增节水灌溉面积 54.8 千公顷。

二　长三角财政

一、长三角财政总体情况

2018 年，长三角地区一般预算收入为 27699.70 亿元，比上年增长 8.7%。江苏省一般预算收入在长三角中占比最高，为 31.2%，比上年下降 0.9 个百分点；上海市所占比重为 25.7%，同比下降 0.4 个百分点；浙江省所占比重为 23.8%，同比上升 1.0 个百分点；安徽省所占比重为 19.4%，同比上升 0.3 个百分点。

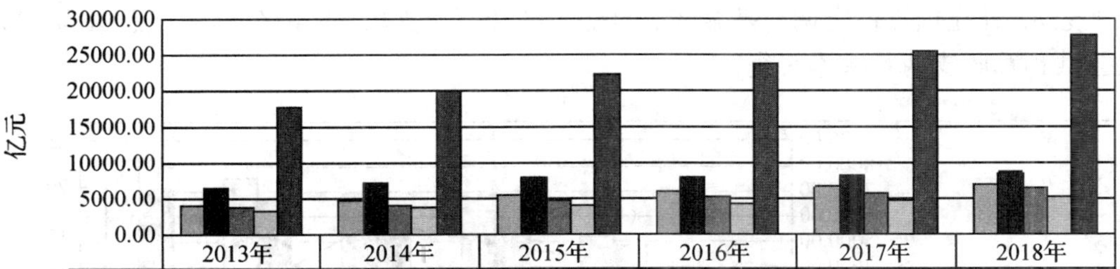

	2013年	2014年	2015年	2016年	2017年	2018年
上海市	4109.51	4871.76	5519.50	6088.03	6642.26	7108.15
江苏省	6568.46	7233.14	8028.59	8121.23	8171.53	8630.16
浙江省	3796.92	4122.02	4809.94	5301.98	5804.38	6598.08
安徽省	3365.08	3663.00	4012.23	4373.15	4857.55	5363.31
长三角	17839.97	19889.92	22370.26	23884.39	25475.72	27699.70

图 1　2013—2018 年长三角地方一般预算收入图及附表(单位:亿元)

2018 年，长三角地区一般预算支出为 35208.55 亿元，比上年增长 10.4%。江苏省一般预算支出在长三角中占比最高，为 33.1%，比上年下降 0.2 个百分点；浙江省所占比重为 24.5%，同比上升 0.9 个百分点；上海市所占比重为 23.7%，与 2017 年持平；安徽省所占比重为 18.7%，同比下降 0.7 个百分点。

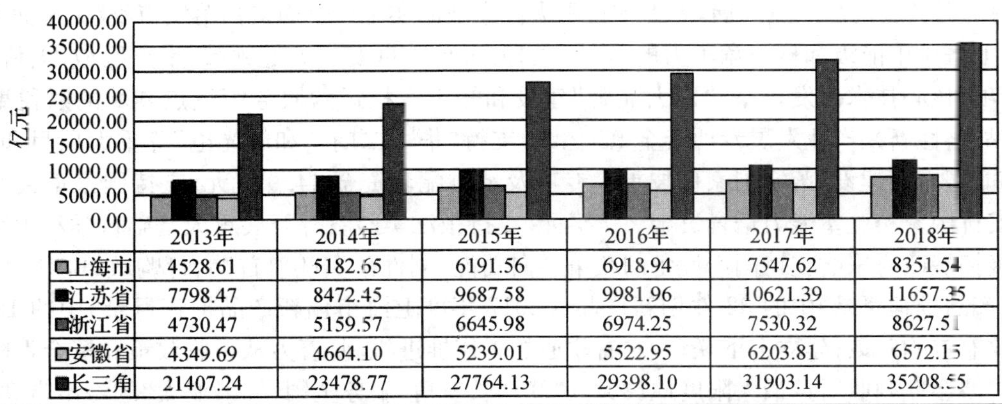

	2013年	2014年	2015年	2016年	2017年	2018年
上海市	4528.61	5182.65	6191.56	6918.94	7547.62	8351.54
江苏省	7798.47	8472.45	9687.58	9981.96	10621.39	11657.35
浙江省	4730.47	5159.57	6645.98	6974.25	7530.32	8627.51
安徽省	4349.69	4664.10	5239.01	5522.95	6203.81	6572.15
长三角	21407.24	23478.77	27764.13	29398.10	31903.14	35208.55

图 2　2013—2018 年长三角地方一般预算支出图及附表(单位:亿元)

二、上海市财政

(一) 上海市地方一般预算收入收支执行情况

2018 年，上海全市一般公共预算收入 7108.1 亿元，为预算的 100%，比上年增长 7.0%。加上中央财政税收返还和补助收入 850.8 亿元，上年结转收入、调入资金、动用预算稳定调节基金等 1085.8 亿元，以及地方政府一般债务收入 382.1 亿元，收入总量为 9426.8 亿元。全市一般公共预算支出 83545 亿元，完成调整预算的 99.1%，比上年增长 10.7%。加上上解中央财政支出 256.7 亿元、地方政府一般债务还本支出 173.5 亿元、补充预算稳定调节基金 471.6 亿元、结转下年支出 173.5 亿元，支出总量为 9426.8 亿元。全市一般公共预算收支执行基本平衡。

2018 年，上海市本级一般公共预算收入 3362.0 亿元，为预算的 100%，比上年增长 6.5%。加上中央财政税收返还和补助收入 850.8 亿元，上年结转收入、区级上解收入、调入资金、动用预算稳定调节基金等 645.0 亿元，以及地方政府一般债务收入 382.1 亿元，收入总量为 5239.9 亿元。市级一般公共预算支出 2791.8 亿元，完成调整预算的 102.7%，增长 26.2%。加上上解中央财政支出 256.7 亿元、市对区税收返还和转移支付支出 1738.0 亿元、地方政府一般债务还本支出 61.5 亿元、地方政府一般债务转贷支出 312.1 亿元、补充预算稳定调节基金 25.4 亿元、结转下年支出 54.4 亿元，支出总量为 5239.9 亿元。市级一般公共预算收支执行基本平衡。

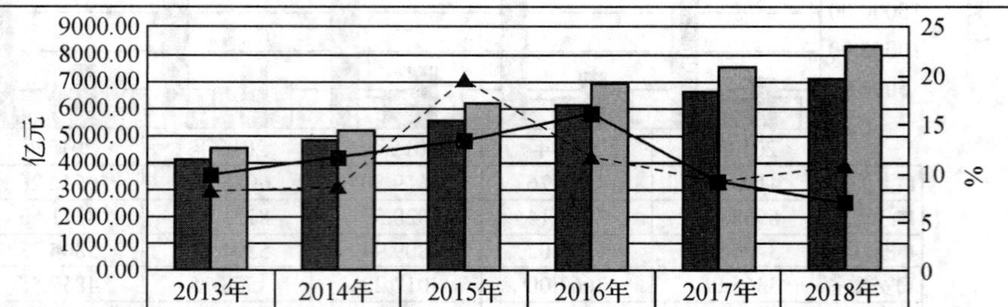

	2013年	2014年	2015年	2016年	2017年	2018年
预算收入(亿元)	4109.51	4871.76	5519.50	6088.03	6642.26	7108.15
预算支出(亿元)	4528.61	5182.65	6191.56	6918.94	7547.62	8351.54
收入增长(%)	9.8	11.6	13.3	16.1	9.1	7.0
支出增长(%)	8.2	8.7	19.5	11.7	9.1	10.7

图 3　2013—2018 年上海市地方财政一般预算收支趋势图

（二）上海财政预算执行与工作特点

1. 围绕促进实现高质量发展，着力支持重大国家战略实施。全面贯彻落实市委《关于面向全球面向未来提升上海城市能级和核心竞争力的意见》，加大对高质量发展关键领域、重点区域、大科学设施、科技重大专项、核心技术研发攻坚、“四大品牌”建设和知识产权运营服务等重点领域的财税聚焦支持力度。落实战略性新兴产业发展专项资金 98 亿元，支持“华力二期”“和辉光电”等重大项目和 12 个研发与转化功能型平台建设；落实国家科技重大专项及地方配套资金 44.9 亿元，支持国家重大科技项目落户上海；安排国家实验室能力培育资金 2.7 亿元，支持张江实验室等开展重大基础科学和关键核心技术研究；积极拓展政府采购支持国产设备的政策导向功能，刚性落实政府首购、订购政策，对《2016 年度上海市创新产品推荐目录》中的 32 件创新产品、《2017 年度上海市创新产品推荐目录》中的 19 件创新产品，实行政府首购政策；建立上下联动、左右联通的工作推进机制，着力从税收政策和资金保障上确保首届中国“进博会”顺利举行，最大限度地放大其“联动长三角、服务全国、辐射亚太”的溢出带动效应；聚力支持在省际对接道路贯通、协同创新网络共建共享、生态环境联防共治和市场体系建设等方面深化合作，促进长三角一体化发展全面提速，深入推进长江经济带发展；将上海自贸区专项发展资金规模从原来的 24 亿元扩大到 40 亿元；将启运港退税政策试点口岸由原来的 8 个扩大至 13 个，促进上海国际金融、贸易、航运中心与自贸实验区联动发展；围绕推进“一带一路”建设，大力支持建立“走出去”综合服务平台，为各类企业开展国际化贸易投资经营提供信息资讯、会展及海外推广、商事法律等全方位、综合性公共服务；进一步加大力度，优化完善东西部扶贫协作和对口支援财政投入机制，重点向深度贫困地区聚焦发力，全力支持打好脱贫攻坚战。

2. 围绕营造国际一流营商环境，着力创新完善财税支持方式。更加注重通过完善公共服务体系、提高公共服务水平来优化营商环境，变事后的"锦上添花"为事前和事中的"雪中送炭"，突出财政支出公共性、普惠性和公平性；通过落实国家有关从 2018 年 5 月 1 日起下调制造业和交通运输等行业增值税税率、退还部分企业期末留抵税额、扩大享受减半征收所得税优惠政策的小型微利企业范围、支持研发创新的新的税收政策、从 2018 年 10 月 1 日起提高个人所得税起征点、清理规范行政事业性收费，以及实施阶段性社保降费等政策措施，有效降低实体经济成本，全市新增"减税降费"超过 500 亿元；结合深化"放管服"改革，全力支持推进政务服务"一网通办"，加快实现从"群众跑腿"向"数据跑路"的转变；认真落实本市促进民营经济发展"27 条"，通过国有资本经营预算安排资金 20 亿元用于支持组建上市公司纾困基金，并将本市中小微企业政策性融资担保基金规模从 50 亿元扩大至 85 亿元，进一步加大担保基金业务创新力度，鼓励、引导各商业银行不断加强对各类科技型和"专精特新型"中小微企业的信贷倾斜支持力度；实施融资租赁业财政政策，鼓励、引导本市融资租赁业创新集聚发展，服务实体经济融资融物；全力做好稳定外贸发展政策服务工作，促进增强出口企业信心；及时研究提出在优化退税方式和拓展退税标的物等方面先行先试的税收政策措施建议，为进一步创新完善本市境外旅客购物离境退税政策、优化国际化的购物消费环境打下了扎实基础。

3. 围绕创造高品质生活，着力支持推进普惠性、基础性、兜底性民生建设。持续推进轨道交通线等重大工程和重点区域建设，加快推进公共服务资源配置和基础设施建设向郊区特别是财力困难区倾斜，支持全面实施乡村振兴战略，推进"美丽上海"建设；强化政府统筹保障责任，将本市城乡居民低保补助水平从每人每月 970 元提高到每人每月 1070 元，适当提高重残无业人员等特殊救济人员和优抚对象补助标准，加强对特困人员、残疾人等群体的兜底保障；支持扩大失业保险援企稳岗政策覆盖面，对符合条件的用人单位按该单位及其职工上年度实际缴纳失业保险费总额的 50%给予稳岗补贴；大力推进医养结合，支持将长期护理保险试点范围从徐汇、普陀、金山扩大到全市其他各区，照护服务对象拓展至 23.4 万人；支持将高水平地方高校建设试点范围从上海大学、中医药大学 2 所扩大至 7 所(新增了上海交通大学医学院、上海理工大学等 5 所高校)；大力推进上海图书馆东馆等重大文化基础设施建设；设立上海文化产业发展投资基金并落实首期市级出资 15 亿元，引导撬动社会资本投入文创产业发展；落实公益性文化、体育场馆运行和开放经费 14.9 亿元，着力推进公共文化服务体系建设；制定实施《上海市历史风貌保护及城市更新专项资金管理办法》，统筹推进风貌保护、城市更新、旧区改造等；落实水利建设补助资金 141.1 亿元，确保本市 2018 年底全面稳定消除河道黑臭任务目标顺利实现；支持构建精细科学的城市智能化管理体系，大力推进垃圾综合治理，支持加强公共安全体系建设，切实补好城市管理短板，促进提高社会治理水平。

4. 围绕推进实现国家治理体系和治理能力现代化，着力深化财政体制、预算管理和国有资产管理制度改革。围绕建立权责清晰的财政体制，研究拟定本市基本公共服务领域市与区财政事权和支出责任划分改革方案；出台本市环境保护税收入划分改革方案，从体制上引导各区加强环境保护和治理；进一步规范和加强政府债务管理，加快构建债务风险防范长效机制；着力推进财政支出定额标准体系和重点支出项目库建设，推进中期财政规划与年度预算有机衔接，增强跨年度重大支出政策的可预期性；出台《关于本市建立健全涉农资金统筹整合长效机制的实施意见》，确保财政政策导向、资金投入重点与本市乡村振兴规划目标任务相适应；将国库集中支付电子化管理改革试点范围扩大到全市各区和部分符合条件的乡镇；全面执行公务卡和现金使用管理制度，经费支出的规范性和透明度进一步提升；建立政府向本级人大常委会报告国有资产管理情况制度，并将本市 2017 年度国有资产综合报告和金融企业国有资产专项报告报市人大常委会审议；进一步加大对市级行政事业单位所办企业清理规范力度，为深化推进政府资金、资产和资源"三资"统筹调剂配置机制改革奠定了扎实基础；着力完善与职能调整、机构编制相适应的财政预算管理体制和经费保障机制，确保机构改革任务顺利落地实施。

5. 围绕提高财政资源配置效率和资金使用效益，着力强化科学化、精细化、规范化管理。修订完善

《上海市市级财政项目预算评审管理办法》，扩大预算评审范围，加快实现预算评审制度化、机制化；结合实施《上海市政府采购实施办法》，及时修订《上海市政府采购评审专家和评审工作管理办法》，明确和强化采购代理机构对评审工作的现场管理职责；选择体现部门履职特点、涉及重要民生和重大支出的33个项目实施重点评价，并邀请部分人大代表、政协委员对重点项目的评价过程进行现场指导监督，着力提高绩效评价的科学性和公信力；首次选择部分金额较大、社会关注度高、代表性强的教育、科技、卫生、交通等领域31个重点支出项目，将项目的基本情况与部门预算一起向社会公开；首次将各市级主管部门重点支出项目绩效自评价报告的摘要汇总和10个市级重点支出项目绩效的评价报告，作为2017年市级决算参阅材料提交市人大，并在会后向社会公开。

2018年，上海市财政运行总体平稳，财政改革发展取得了新进展，预算完成情况总体较好。但在财政运行和财政改革发展方面仍面临一些突出问题与困难。主要表现在：一是财政收支紧平衡特征明显，财政收入增长放缓，支出刚性需求持续增长，收支矛盾日益凸显；二是市区两级政府分领域的财政事权和支出责任划分改革有待进一步深化推进，转移支付制度有待进一步完善；三是与人大预算审查监督重点向支出预算和政策拓展相适应的预算制度改革有待进一步深化、预算编制质量和预算管理水平有待进一步提高；四是行政事业单位“公物仓”的覆盖范围有待进一步拓展，政府资金与资产、资源管理有机结合的“三资”统筹调剂配置机制有待进一步创新完善；五是预算绩效管理理念尚未牢固树立，绩效管理的广度和深度有待进一步拓展，绩效激励约束作用有待进一步加强。对此，应采取更加有效的措施，努力加以解决。

三、江苏省财政

（一）江苏省地方财政一般预算收支执行情况

2018年，江苏省一般公共预算收入8630.16亿元，增长5.6%，税收占比84.2%。其中，税收收入7263.65亿元，增长12%；非税收入1366.51亿元，下降19.0%。考虑到年中国家出台的增值税、企业所得税等减税降费政策因素，全省一般公共预算收入实际增幅在7%以上。全省一般公共预算支出11658.22亿元，增长9.8%。当年全省一般公共预算收入，加中央税收返还及转移支付收入、地方政府一般债务收入及上年结转收入等，收入共计13961.61亿元。当年一般公共预算支出，加上解中央支出、地方政府一般债务还本支出、补充预算稳定调节基金等，当年支出共计13380.14亿元。收支相抵，预计结转下年支出581.47亿元。

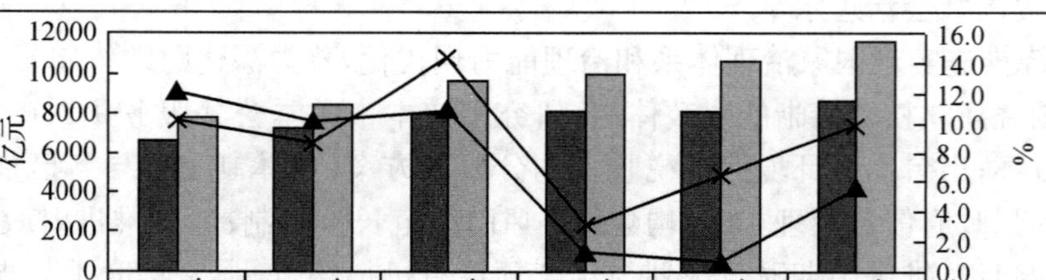

	2013年	2014年	2015年	2016年	2017年	2018年
预算收入(亿元)	6568.46	7233.14	8028.59	8121.23	8171.53	8630.16
预算支出(亿元)	7798.47	8472.45	9687.58	9981.96	10621.39	11657.35
收入增长(%)	12.1	10.1	11.0	1.2	0.6	5.6
支出增长(%)	10.1	8.6	14.3	3.0	6.4	9.8

图4 2013—2018年江苏省地方财政一般预算收支趋势图

2018年，江苏省级一般公共预算收入267.67亿元，加中央税收返还和转移支付收入、地方政府一般债务收入、下级上解收入及上年结转收入等，收入共计5052.36亿元。省级一般公共预算支出1079.01亿元，加上解中央支出、对市县税收返还及转移支付支出、地方政府一般债务转贷支出、地方政府一般债务还本支出、补充预算稳定调节基金等，当年支出共计 4966.38 亿元。收支相抵，预计结转下年支出85.98 亿元。

（二）江苏省财政预算执行与工作特点

1. 注重精准施策，大力推动高质量发展。一是促进经济平稳健康发展。多措并举为企业降低成本 1200 亿元以上。落实“科技 30 条”“人才 10 条”，推动建立以诚信为基础的科研经费管理机制。对 13 个先进制造业集群中引领性、基础性、高成长性项目给予重点支持。支持组建省铁路集团、东部机场集团，支持重大交通基础设施建设。二是支持深化改革扩大开放。做好省级机构改革等各项改革涉及的财政政策制定与经费保障工作。继续支持国际货运班列运行，支持发展总部经济。三是支持实施乡村振兴战略和城镇建设。推动建立涉农资金统筹整合长效机制，整合设立改善苏北地区农民群众住房条件专项资金。支持创建 29 个省级现代农业产业示范园。对 19 个海绵城市和地下综合管廊建设试点市县、24 个省级特色小镇和 21 个重点镇给予奖补。四是加强文化建设。支持文化惠民工程、大运河文化博物馆建设，加快推进大运河文化带建设。五是推动生态保护与修复。完善生态转移支付办法，健全长江大保护财政奖补机制、水环境区域补偿机制。六是保障和改善民生。及时兑现普惠性支出提标政策，推动民生十项实事全面完成。全省一般公共预算支出 75%以上用于保障民生。

2. 聚焦重点任务，全力支持打好三大攻坚战。一是支持打好防范化解重大风险攻坚战。紧紧围绕“三个确保”目标和“清、规、控、降、防”五项要求，积极稳妥防范化解地方政府性债务风险，牢牢守住不发生区域性系统性风险底线。印发防范化解地方政府隐性债务风险等相关文件，进一步规范政府举债融资行为。完善工作机制，建立政府性债务应急处置协调机制。成功发行地方政府债券 2681.9 亿元，有效缓解了市县政府资金紧张状况。二是支持打好精准脱贫攻坚战。按照精准识别、分类施策的要求，加大对重点片区、经济薄弱村和低收入群体的支持。突出产业帮扶，统筹省级农业产业资金支持 12 个省定重点帮扶县区产业富民项目、南北共建农业产业园等。三是支持打好污染防治攻坚战。支持中央环保督察“回头看”反馈问题整改。支持推进“263”专项行动，解决大气、水、土壤等污染突出环境问题。完善与污染物排放总量挂钩的财政政策。

3. 强化系统思维，推动财政管理改革创新。一是深化财税改革。全面落实国家降低增值税税率、统一小规模纳税人标准、试行留抵退税等改革政策。实施省对市县均衡性转移支付办法。加大专项资金整合力度，推行“大专项＋支持方向”方式下达资金。全省累计盘活存量资金超过 2100 亿元。纳入绩效目标管理的省级财政专项资金达 667 亿元。大力推进预决算公开。出台政府采购信用管理办法，简化省级集中采购品目至 42 项。连续两年被国务院表彰为财政管理先进地区。二是推进依法理财。首次向省人大常委会作了国有资产管理情况综合报告和金融企业国有资产专项报告。停征、取消、转出行政事业性收费 8 项，政府性基金停征、降标 3 项。三是优化支持方式。规范推广运用 PPP 模式，已落地项目 307 个，总投资 6324.64 亿元。江苏省政府投资基金已发起设立或参与出资基金 54 支，已投资项目 386 个，投资金额 434.7 亿元。支持政银合作融资，“小微创业贷”累计投放 603 亿元，“科技贷款资金池”累计投放规模达 920 亿元。率先建立财政支持绿色金融发展政策体系。

2018 年，江苏省各项财政改革稳步推进，财政运行规范有序，预算完成情况总体较好。但财政运行和预算执行中还存在一些亟待进一步研究解决的问题，主要是：财政收支矛盾较为突出，紧平衡特征明显；一些部门和单位重分配轻管理，重投入轻绩效，财政资金使用效率亟需提高；预算执行不够均衡，部分项目执行率偏低；政府性债务化解任务繁重等。对此，应通过深化改革与加强管理，努力加以解决。

四、浙江省财政

（一）浙江省地方一般预算收入收支执行情况

2018 年，浙江省一般公共预算收入 6598.08 亿元，增长 11.1%；全省税收收入 5586.50 亿元，增长 11.6%，占一般公共预算收入的 84.7%，收入质量位居全国前列。加上转移性收入 3599.30 亿元，收入合计 10197.38 亿元。全省一般公共预算支出 8627.51 亿元，完成调整后预算的 109.3%，增长 13.0%；加上转移性支出 1569.87 亿元，支出合计 10197.38 亿元。收支相抵，全省一般公共预算收支平衡。

2018 年，浙江省级一般公共预算收入 310.86 亿元，增长 7.0%；加上转移性收入 3172.97 亿元，收入合计 3483.83 亿元。省级一般公共预算支出 576.95 亿元，完成调整后预算的 100.0%，增长 10.6%；加上转移性支出 2906.88 亿元，支出合计 3483.83 亿元。收支相抵，省级一般公共预算收支平衡。

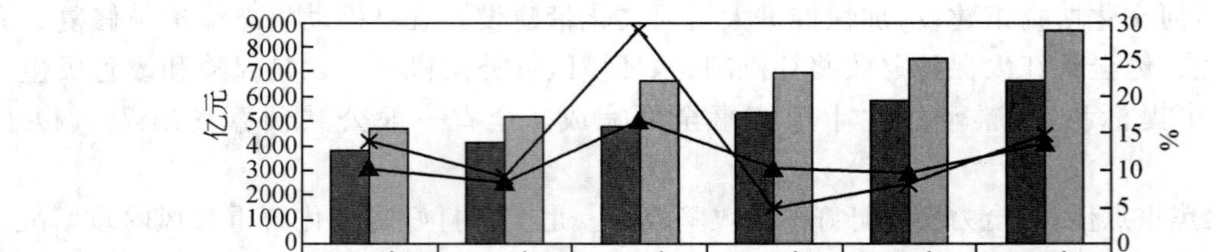

	2013年	2014年	2015年	2016年	2017年	2018年
预算收入(亿元)	3796.92	4122.02	4809.94	5301.98	5804.38	6598.08
预算支出(亿元)	4730.47	5159.57	6645.98	6974.25	7530.32	8627.51
收入增长(%)	10.3	8.6	16.7	10.2	9.5	13.7
支出增长(%)	13.7	9.1	28.8	4.9	8.0	14.6

图 5　2013—2018 年浙江省地方财政一般预算收支趋势图

（二）浙江省财政预算执行与工作特点

着力建机制强保障，助力打好三大攻坚战

一是实施防范化解地方政府隐性债务风险专项行动。按照“底数清、结构清、风险清、责任清”的总体要求，以及“查核总数、科学分类、开好前门、堵死后门、党政同责、逐步化解”的工作方法，编制防范化解地方政府隐性债务风险专项行动实施方案，全面完成 2018 年度地方政府隐性债务化解任务。绍兴市开展土地储备出让预算管理制度改革全国试点取得阶段性成果。

二是强化精准脱贫资金保障。全面落实中央对口支援和东西部扶贫协作的决策部署，2018 年，全省筹措对口支援资金 24.61 亿元；提高东西部扶贫标准，2018 年筹措 28.31 亿元。研究建立东西部扶贫协作市县投入统计制度，不断完善援助资金督查机制。同时，为支持消除集体经济薄弱村，省财政安排扶贫专项资金 9.24 亿元，争取中央财政扶贫专项资金 2.74 亿元，并加强扶贫资金监管，提高资金使用绩效。

三是支持生态文明示范创建。强化政策和资金保障，支持蓝天、碧水、净土、清废四大行动。2018 年，省财政兑现绿色发展财政奖补政策资金 120 亿元。开展省内流域上下游横向生态补偿试点，推动跨省域横向生态补偿试点。安排城镇生活垃圾和污水处理设施建设补助资金 8.72 亿元。成功入围全国山水林田湖草生态保护修复试点省份，获得中央财政 10 亿元基础奖补资金。

着力强创新促转型，助推经济高质量发展

一是支持培育发展新动能。落实浙江省数字经济五年倍增计划，研究出台财政支持政策，推进数字经济“一号工程”深入实施。安排 8 亿元支持之江实验室等重大科创平台建设；安排 4.50 亿元支持杭州城西科创大走廊建设；筹资 7 亿元支持西湖大学建设，其中 2018 年安排 2 亿元。

二是助推传统产业改造提升。落实减税降费政策，全年新增为企业减轻税费负担 578 亿元。积极争取并完成中央下达的增值税留抵退税 84.28 亿元。筹措落实振兴实体经济（传统产业改造）财政专项激励资金 18 亿元。省财政继续给予市、县（市）地方部分增值税当年增收额 5%的奖励，支持市县传统产业改造提升。省财政安排 3.23 亿元择优支持 11 个市、县（市、区）创建“1＋X”产业创新服务综合体。落实首台套产品和“浙江制造精品”政府首购制度，中小微企业合同金额占全省采购规模的比重超过 80%。

三是发挥政府产业基金放大效应。全省政府产业基金规模达 1412 亿元，撬动社会资本 11166 亿元，实现了省政府提出的目标。认真研究打造政府产业基金 2.0 版，加快推进全省政府产业基金投资运作，加大对重点领域、重点产业和重大项目的投资力度。

着力强统筹促发展，支持推动“四大”建设

改革在杭金融企业财政管理体制，加快推进钱塘江金融港湾建设。安排海洋（湾区）经济发展专项资金 20 亿元，支持海洋经济和湾区经济发展。安排省山海协作产业园建设资金 3.45 亿元，支持首批 9 个省级山海协作产业园提升工程和 15 个山海协作生态旅游产业园建设。支持“一带一路”和义甬舟开放大通道建设，完善万亿综合交通重大项目财政保障机制，落实中央和省补助资金 171.36 亿元，发行政府债券 115 亿元；发挥省基础设施投资（含 PPP）基金的引导作用，出资 15.94 亿元支持杭绍台铁路等重大项目实施；争取中央基建投资资金 43.54 亿元，支持公共基础设施建设。

着力兜底线可持续，切实保障民生事业发展

一是支持教育事业发展。安排 26 亿元支持“双一流”高校建设。设立引进名校合作办学省财政专项资金 50 亿元。进一步完善各类生均公用经费制度，从 2018 年开始，确定学前教育生均公用经费最低标准为 500 元/生・年，公办普通高中生均公用经费标准为 1200 元/生・年。

二是支持就业和社会保障。从 2018 年 1 月 1 日起，将全省失业保险金标准统一提高到当地最低工资标准的 80%。调整提高城乡居民基本养老保险省定基础养老金最低标准，月人均增加 20 元。下达中央和省级城乡居民养老保险补助 51.20 亿元，加强职工养老保险目标责任考核，加大职工养老保险省级调剂制度。加大困难群众救助力度，下达中央和省级困难群众补助资金 21.86 亿元。推进实施困难残疾生活补贴和重度残疾人护理补贴制度，安排省级补助资金 9.74 亿元。

三是支持医疗卫生事业发展。将城乡居民基本医疗保险财政补助标准提高至年人均 510 元、城乡居民基本公共卫生服务财政补助标准提高至年人均 55 元、大病保险筹资标准提高至不低于每人每年 40 元。安排“双下沉、两提升”补助资金 2.90 亿元。继续按 500 万元/个的标准支持 6 个重大疾病诊治技术研究中心建设。落实仿制药质量和疗效一致性评价奖补资金 4200 万元。

四是支持文化软实力提升。支持实施“十百千”工程，着力补齐公共文化区域短板。省财政安排 3 亿元，加快推进农村文化礼堂建设。保障浙江小百花艺术中心、浙江自然博物园顺利完工，推进之江文化中心、省全民健身中心等重大文化设施建设。

五是支持农业农村发展。省财政安排 75.07 亿元支持实施“百项千亿防洪排涝工程”等水利项目建设，安排 20.31 亿元支持现代农业发展。安排 11.50 亿元支持美丽乡村建设，安排 16.66 亿元用于垦造耕地、永久基本农田保护、农村土地综合整治等。安排 6.31 亿元用于农村综合改革；安排 1.88 亿元支持地质灾害防治和地质灾害避让搬迁工作。

六是支持住房保障建设。争取土地储备和棚户区改造专项债券 548.60 亿元、中央补助资金 34.53 亿元，安排省级资金 3.50 亿元，支持全省城镇保障性安居工程建设等。省财政安排 2.30 亿元，支持1.25 万户农村困难群众危房改造和其他危房治理。

着力强改革提绩效，加快建立现代财政制度

一是纵深推进“最多跑一次”改革。省财政安排 18.28 亿元，支持省级政府数字化转型建设。政采云平台和统一公共支付平台被列入政府数字化转型“8＋13”重点项目。政采云平台在全省 123 个区划

(含功能区)全部上线,交易金额达 1066 亿元,完成广西等 6 省市以及税务等 3 个部门 204 个区划的推广应用。升级完善统一公共支付平台,通过平台办理教育收费、城乡居民社保缴费及交通违法缴款等业务逾 5845 万笔,资金超过 1586 亿元。深入开展"上门服务至少一次"活动,全省各级财政部门共到部门(单位)上门服务 58793 次,服务人数达 34.71 万人次。

二是积极构建集中财力办大事财政政策体系。认真贯彻省委、省政府关于集中财力办大事、提高财政资金绩效的要求,紧紧围绕"两个高水平"建设的目标,聚焦聚力党中央、国务院和省委、省政府重大决策部署,对未来几年可用财力进行测算,对现有政策进行全面梳理、整合,建立健全省市县联动机制和引导社会资本投入机制。

三是不断深化财税体制机制改革。出台推进省以下财政事权和支出责任划分改革实施意见。研究建立"全方位、全过程、全覆盖"的预算绩效管理体系,探索部门整体绩效预算改革试点。建立健全涵盖基本支出与项目支出的财政支出标准体系。研究提出加强国有金融资本管理的措施。建立国有资产管理情况报告制度,综合报告和国有企业资产专项报告首次提交省人大常委会审议。开展划转部分国有资本充实社会保险基金试点,推进基本养老保险制度改革,防范养老保险基金风险。规范实施 PPP 项目,建立 PPP 财政承受能力监测预警机制。制定事业单位政府购买服务改革实施方案。加快债券发行和使用进度。健全国库集中支付动态监控机制。开展财政扶贫资金、省级部门"小金库"等多项财政专项检查工作。认真贯彻中央和省委关于厉行节约的规定,据初步汇总,2018 年省级一般公共预算安排的"三公"经费支出预计执行数 2.55 亿元,比 2017 年下降 2.6%。

四是认真办理人大代表建议。在省十三届人大一次会议上,人大代表共提出与财政相关的建议 230 件(其中主办 21 件),根据会议决议精神,省财政厅严格落实办理责任,认真开展调查研究,主动、及时与代表沟通,按时办理完毕,满意率达 100%。主办件中,所提问题及建议已经解决或列入计划逐步解决的占 85.7%。

2018 年,浙江省财政运行不断规范,预算完成情况总体较好。但财政运行和预算执行中还存在一些亟待解决的问题:在财政管理过程中还存在个别部门专项资金二次分配、一些部门预算执行进度不快、专项资金使用绩效不高、一些地方和部门离规定的预算公开要求还有差距、部分市县违法违规担保和举债等问题。对此,应高度重视,应通过深化改革、完善制度、严格管理等一系列扎实有效的举措切实加以解决。

五、安徽省财政

(一)安徽省地方一般预算收入收支执行情况

2018 年,安徽省地方一般公共预算收入 3048.7 亿元,增长 8.4%,加:中央税收返还 317.5 亿元、转移支付 2764.5 亿元、地方政府一般债务收入 939.5 亿元、调入资金等 953.2 亿元,收入合计 8023.7 亿元。全省一般公共预算支出 6572 亿元,增长 5.9%,加:一般债务还本支出 823.5 亿元、调出资金等支出 628.2 亿元,支出合计 8023.7 亿元。

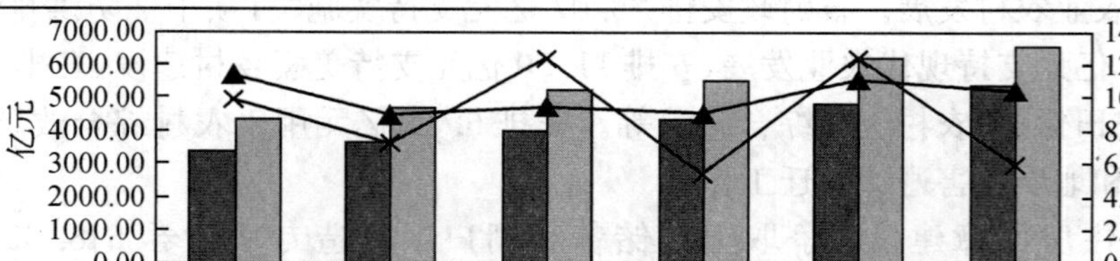

	2013年	2014年	2015年	2016年	2017年	2018年
预算收入(亿元)	3365.08	3663.00	4012.23	4373.15	4857.55	5363.31
预算支出(亿元)	4349.69	4664.10	5239.01	5522.95	6203.81	6572.15
收入增长(%)	11.2	8.9	9.5	9.0	11.1	10.4
支出增长(%)	9.8	7.2	12.3	5.4	12.3	5.9

图 6　2013—2018 年安徽省地方财政一般预算收支趋势图

2018年，安徽省级地方一般公共预算收入完成304.1亿元，增长10.7%。加：中央税收返还317.5亿元、转移支付2764.5亿元、地方政府一般债务收入939.5亿元、调入资金等收入368.3亿元，收入科目合计4693.9亿元。省级一般公共预算支出839.3亿元，增长6.9%。加：对市县税收返还216.1亿元、对市县转移支付2456亿元、一般债务还本支出14亿元、一般债务转贷市县支出842.5亿元、调出资金等支出326亿元，支出科目合计4693.9亿元。

（二）安徽省财政预算执行与工作特点

实施积极财政政策，助推经济高质量发展

有效减轻企业税费负担。全面落实减税政策，全年减税1103.2亿元，较上年（下同）增长19.9%。落实降低增值税税率、统一增值税小规模纳税人标准、部分行业实行增值税留抵退税三项政策，进一步降低增值税纳税人税负。研发费用加计扣除比例提高至75%的范围扩大至所有企业，将小型微利企业年应纳税所得额上限由50万元提高到100万元。省级设立的涉企行政事业性收费项目实现清零，减少收费约14亿元。落实阶段性降低社会保险费率政策，为参保单位减轻养老及其他社会保险缴费负担29.2亿元。

优化民营经济营商环境。全面落实促进民营经济发展若干意见，出台财政贯彻实施意见，及时公开财税优惠事项清单以及行政事业性收费和政府性基金目录清单。常态化推进“四送一服”双千工程，健全财政部门服务民营企业非公经济制度，支持引导各地帮助民营企业解决实际困难。支持商事制度改革，落实公平竞争审查要求，积极营造良好市场环境。

积极缓解小微企业融资难题。安排专项资金实施融资担保业务风险补偿，为12.7万户小微民营企业提供融资担保1372亿元。支持政策性担保机构执行不高于1.2%的优惠担保费率，减轻小微民营企业融资成本。安排续贷过桥资金，带动市县投入，对小微民营企业提供临时性资金支持，帮助近万户企业周转资金505.6亿元。加快推进全省农业担保体系建设，为5908户农业适度规模经营主体提供担保贷款24.3亿元，“劝耕贷”业务实现农业县全覆盖。投入16.3亿元，推动政策性农业保险“增品、提标、扩面”，全省投保大宗农作物和森林保险1.4亿亩，提供风险保障535亿元。

支持普惠金融服务实体经济发展。争取世界银行贷款3.2亿美元，支持养老服务体系建设和农村公路提升改造。兑现普惠金融发展资金7.8亿元，继续实施县域金融机构涉农贷款增量奖励、新型农村金融机构定向费用补贴和创业担保贷款贴息奖补等政策，引导县域金融机构发放贷款约2000亿元。实施上市（挂牌）奖励政策，鼓励企业上市融资。落实新增金融机构奖励政策，支持新设分支机构36个、总部性金融机构1个，促进地方金融体系发展。

聚焦创新驱动发展战略，支持现代化经济体系建设

支持深化供给侧结构性改革。下达专项奖补资金19.9亿元，落实钢铁、煤炭行业化解过剩产能人员安置等奖补政策。安排“三重一创”建设专项引导资金60亿元，支持第三批13个重大新兴产业工程、17个重大新兴产业专项启动建设。投入资金31.7亿元，支持设立种子投资、“三重一创”产业发展、中小企业（专精特新）发展等母基金，打造规模1000亿元省级股权投资基金体系。

推进制造业高质量发展。下达制造强省建设资金24.9亿元，重点支持数字经济、机器人、集成电路、现代医疗医药等产业发展，支持新一代人工智能发展、中国声谷建设、新材料产业发展等规划实施。拨付军民融合深度发展专项资金，支持军民融合重点产业化项目实施，支持推进国家军民融合创新示范区创建工作。

支持促进对外开放发展。落实开放发展战略，拨付外经贸资金3.8亿元，兑现国家进口贴息、出口信用保险、主体培育、对外投资合作等政策，突出支持外贸新业态新模式、市场开拓和主体孵化培育。支持海关特殊监管区域扩能升级，马鞍山综合保税区和合肥空港、安庆（皖西南）、皖东南保税物流中心封关运行。支持成功举办世界制造业大会。

支持加强创新能力建设。聚焦“四个一”创新主平台建设，大幅提高省科技奖奖励标准，完善财政科技资源配置机制。安排创新型省份建设专项资金 13 亿元，保障兑现科技创新若干政策，聚焦基础研究和应用基础研究，支持 10 个省实验室和 10 个省技术创新中心组建运行。支持开展全面创新改革试验，兑现高新技术企业认定奖励政策，引导企业加大研发投入。落实与国内外重点科研院所高校合作政策，支持大院大所设立研发机构、分支机构或研发总部。扩大高校院所科研项目资金管理自主权和财务自主权，促进科技成果转移转化。

全面落实人才政策。完善人才经费保障机制，安排各类人才专项资金 4.9 亿元，全面落实合肥综合性国家科学中心人才建设、新时代“江淮英才计划”等政策，加大高层次、高尖端、紧缺型及战略性新兴产业人才的引进和培养力度。深入推进技工大省建设，统筹新技工系统培养、名师带高徒、职业培训等资金 8.9 亿元，健全技能人才培养财政机制。

着力补齐短板，不断增进群众福祉

支持打好精准脱贫攻坚战。加大财政专项扶贫资金投入力度，全省投入资金 121.3 亿元，增长 25.6%，其中，省级和省以上安排 54.3 亿元，落实打赢脱贫攻坚战三年行动部署，支持推进脱贫攻坚“十大工程”。整合涉农资金 105.4 亿元、债券资金 31 亿元、存量资金 12.8 亿元，支持贫困地区产业发展和基础设施建设。完善财政支持政策，加大对大别山等革命老区、皖北地区、行蓄洪区等深度贫困重点区域支持力度。大幅度提高迁建补助标准，加快推进淮河行蓄洪区居民迁建。大力推进资产收益扶贫，带动 2097 个贫困村集体年均增收 3.8 万元，带动 52.5 万贫困人口人均增收 479 元。建立扶贫资金动态监控平台，健全资金监管长效机制，提升扶贫资金绩效。

持续加大财政民生投入。全面落实以人民为中心的发展思想，精准对接群众需求，聚焦普惠性、基础性、兜底性民生建设，新增学前教育、智慧医疗与家庭医生签约服务、农村环境“三大革命”等 6 项民生工程，全省财政投入民生工程资金 1067.3 亿元，增长 13.5%。强化资金筹措管理，加强项目跟踪调度，强化建后管养，推动民生工程规范化、长效化实施，33 项民生工程全部完成，解决了一批群众关心关注的急事难事。

加强基层基本公共服务功能建设。聚焦 8 大类 25 项具体任务，出台财政支持保障基层基本公共服务功能建设实施意见，建立健全公共财政保障机制，加大各级财政基本公共服务投入。省级增加一般性转移支付规模和比例，提高市县财政基本公共服务保障能力。在此基础上，下达 91.7 亿元，对贫困县区予以重点支持，全力推进基本公共服务均等化。

支持平安安徽建设。加强和创新社会治理，支持市县乡村四级社会服务管理信息化系统建设。支持公安大数据中心和“雪亮工程”建设。加大安全生产资金保障力度，支持道路交通、地质灾害领域安全防控检测信息系统建设。支持推进扫黑除恶专项斗争，不断完善社会治安防控体系。支持实施地质灾害工程治理和地质灾害点搬迁避让项目，提升灾害防御能力。

支持实施乡村振兴战略，促进区域更加协调发展

完善财政支农投入政策。探索建立涉农资金统筹整合长效机制，支持推动农业高质量发展。“一卡通”发放惠农补贴资金 312.2 亿元，覆盖 21 大类 100 小项涉农项目，各项惠农政策有效落地。拨付 5 亿元支持农业产业化发展基金建设运营，撬动金融和社会资本支持农业企业做大做强。安排 1.6 亿元，全面落实农村电商全覆盖奖补政策，争取国家电子商务进农村综合示范，支持实施电商振兴乡村提升工程。

完善农业支持保护体系。下达 30.3 亿元，支持保障粮食产业发展，深入推进优质粮食工程。拨付 72 亿元，落实耕地地力保护补贴政策，受益农户 1175 万户，户均增加转移性收入 613 元。拨付补贴资金 14.4 亿元，启动实施稻谷补贴政策，支持稳定稻谷生产能力，引导增加绿色优质稻谷供给，切实保障稻谷种植收益基本稳定。

统筹推进农村综合改革。大力推进农村“三变”改革、农村集体资产股份合作制改革。投入 5.8 亿元，带动村集体和社会投入 2.4 亿元，开展扶持村级集体经济发展试点。拨付 1.3 亿元，支持国家农村综合性改革试点试验。省级安排 13.2 亿元，支持提升农村基层党组织服务群众能力。投入 19 亿元，全面实施“一事一议”财政奖补，带动村集体组织投入、农民筹资、社会捐赠等 2.9 亿元，支持 8116 个村级公益事业项目建设。

支持实施区域协调发展战略。全面对接长三角地区一体化发展政策，统筹推进“一圈两带三区”建设，省级下达专项资金 22.4 亿元，支持皖北、皖江和南北共建产业园区发展。下达各类转移支付资金 278 亿元，增长 11.4%，支持大别山革命老区补齐基础设施和基本公共服务短板。下达生态功能区、资源枯竭城市转移支付 28.7 亿元，促进区域经济可持续发展。建立水清岸绿产业优美丽长江（安徽）经济带建设财政资金投入机制，拨付 8 亿元，支持长江经济带生态保护修复等重点项目实施。安排 2.4 亿元，对皖南全域旅游示范区、大黄山国家公园予以奖助，支持旅游强省“五个一批”工程建设。

支持新型城镇化建设。下达奖励资金 17.1 亿元，支持提高农业转移人口基本公共服务保障能力，引导农业转移人口举家进城落户。落实县域经济振兴支持政策，支持新型城镇化试点省建设。安排 3.2 亿元，落实取消贫困县国家安排的公益性建设项目县级配套政策。安排城市工作“五统筹”专项资金 4 亿元，重点支持城市污水处理管网建设改造、城市设计试点。统筹 4.4 亿元，支持合肥市地下综合管廊试点和池州市海绵城市试点建设。

深化财税体制改革，加快构建现代财政制度

分领域推进省以下财政事权和支出责任划分改革。出台基本公共服务领域共同财政事权和支出责任划分改革实施方案，明确教育、社会保障等八个领域 18 项基本公共服务事项财政支出责任，配套出台医疗卫生领域财政事权和支出责任划分改革实施方案，确保更好地为群众提供基本公共服务。完善转移支付制度，设立共同财政事权分类分档转移支付，进一步减少专项转移支付，省对市县一般性转移支付规模占比较上年提高 1.9 个百分点。开征环境保护税，明确省与市县收入归属，积极健全地方税体系。

深入推进预算管理改革。省级全面实行“大专项（大类别）＋任务清单”预算编制管理方式，一个部门原则上只设置 1 个对下专项转移支付大专项，基本支出分类管理、项目支出整合归并，打破预算项目支出“只增不减”的固化格局。狠抓存量资金盘活，将部门结转结余资金消化情况与下年预算安排挂钩。全省一般公共预算结转结余 86.1 亿元，占财政支出 1.3%，低于财政部规定上限 7.7 个百分点。全面完成权责发生制政府综合财务报告试点编制工作。

全面实施预算绩效管理。按照“花钱必问效、无效必问责”要求，健全绩效评价体系，省级重点绩效评价由项目拓展到部门整体支出和财政政策，对农村道路畅通工程等 34 个重点项目、2 个部门整体支出、2 项财政政策开展重点绩效评价，涵盖农业、教育、医疗卫生、社会保障、金融等重点领域和社会公众关注项目，涉及财政资金 134.7 亿元。强化绩效评价结果运用，将评价结果作为预算安排的重要参考依据。

统筹推进其他改革事项。做好省级机构改革资产管理和预算经费管理工作，加强涉改部门预算经费保障和财务管理，保障省级机构改革平稳有序推进。推进政府采购改革，简化采购审批程序，优化采购合同管理，提升政府采购效率。完成省级 31 个部门政府购买服务指导性目录编制工作，发布省级政府购买服务实施目录，实施政府购买服务项目 5154 个，涉及预算资金 125 亿元。落实国有金融资本管理改革要求，完善国有金融资本管理体制，加强国有金融机构财政财务监管。积极支持医药卫生体制改革。推进省以下法院检察院财物省级统一管理试点工作。

完善财政预算制度，提高预算管理水平

政府预算体系进一步健全。省属商业一类国有独资企业国有资本收益收取比例由 18%提高到 20%，省级国有资本经营预算调入一般公共预算比例由 20%提高到 25%。制定预算稳定调节基金管理暂行办法，编制省级 2019—2021 年中期财政规划和部门三年滚动财政规划，加强预算项目储备与中期财政规划的衔接。加强省级政府性投资资金管理，规范省级预算单位资金存放。推进全省统一公共支付平台建设和非税收入电子化收缴，助力“互联网＋政务服务”改革。

预算编制进一步科学。常态化提前召开预算编制工作会议,连续三年省市县乡四级一体部署预算编制工作。修订省级部门公用经费定额标准预算管理暂行办法,规范基本支出供给政策。优化部门预算草案文本格式和内容,增强规范性和可读性。省级构建集政策库、基础信息库、项目库、评审库为一体的"四库一平台"编制系统,推进预算编制管理规范化、科学化。

预决算公开进一步推进。拓展公开范围,细化公开内容,规范公开方式,在预决算批复后20日内,省级128个部门全部公开部门预决算,16个市105个县区有序公开预决算,省级政府预决算公开内容从27项增加到34项。创新预算公开评审论证,建立省级预算评审信息化系统,实现省对下专项转移支付和重点部门预算评审全覆盖,公开评审大专项40个,审减率29%;评审部门整体支出2个,涉及金额47亿元,预算安排21亿元,审减率55%,提高预算安排的科学性和公开度。

预算执行进一步规范。硬化预算约束,坚持先有预算后有支出,及时向省人大常委会报告预算调整方案。出台预算执行支出进度通报办法,建立省市县预算执行动态监控体系,对支出进度等情况按月通报,对排名靠后的市县督促整改。构建财政库款管理长效机制,确保财政资金安全稳健运行。

主动接受人大依法监督和政协民主监督。认真落实法定事项报告、议案提案办理等机制,主动征求、广泛听取省人大代表、省政协委员意见建议,办理人大代表建议351件、政协委员提案306件,认真研究,并吸收采纳。全面落实人大预算审查监督重点向支出预算和政策拓展要求,首次向省人大常委会报告国有资产管理情况,继续丰富省级预算联网监督内容,选择2个市开展市级试点,加强与人大预算信息网络联通。落实审计监督全覆盖要求,建立审计重要问题及整改情况统计报送制度,对省级预算执行和其他财政收支情况审计中发现的问题,会同相关预算部门全部整改到位。落实重大事项合法性审查机制,推进法治财政建设。

完善政府举债融资机制,防范化解债务风险

完善以政府债券为主体的举债融资机制。全面完成2018年政府债券发行任务,全年发行政府债券2247.9亿元。其中,新增债券1003.6亿元、再融资债券274.5亿元、置换债券969.8亿元,全面完成存量政府债务置换工作。推进政府专项债券改革,充分发挥棚改、土储、收费公路等专项债券对经济社会发展的积极作用。

建立政府隐性债务管理体制机制。成立省防范化解政府隐性债务风险工作领导小组,全面加强对政府隐性债务管理工作的组织领导。制定防范化解地方政府隐性债务风险实施意见,全面落实地方政府隐性债务问责办法。按照"四清四实"要求,组织开展全省政府隐性债务清理统计,全面摸清政府隐性债务底数,推动各地结合实际制定了化解政府隐性债务风险实施方案,为坚决打赢防范化解重大风险攻坚战打下坚实基础。

加强政府债务限额管理和预算管理。中央分配2018年新增地方政府债务限额1007亿元,依规将一般债务纳入一般公共预算管理,专项债务纳入政府性基金预算管理。截至2018年底,全省政府债务余额6704.6亿元,债务限额7629.1亿元,债务余额低于债务限额,债务风险总体可控。

2018年,安徽省财政运行不断规范,预算完成情况总体较好。但财政运行和预算执行中还存在一些亟待解决的问题:受宏观经济形势影响,全省财政收入增速趋缓,财政重点支出刚性加大,财政收支矛盾将更加突出;区域财政发展不平衡,部分市县财源建设支撑力还不强,一些市县保工资、保运转、保基本民生压力加大;财政投入边界和市场主体责任还需进一步厘清等问题还比较突出,财政可持续发展难度加大;一些使用财政资金的部门和单位绩效观念和主体责任还需加强,"钱等项目"仍然存在,财政投入方式还需要进一步创新,财政资金使用绩效有待进一步提高;一些预算部门预决算公开的主体责任落实不到位,部分市县和预算部门公开还不够及时、完整、细化、规范,预决算公开工作还需进一步加强;少数市本级和县区债务率超过风险警戒值,防范地方政府性债务特别是隐性债务风险的压力较大,等等。对此,应坚持问题导向,切实采取有效措施,认真加以解决。

三　长三角金融业

一、长三角金融运行总体情况

2018 年末，长三角金融机构本外币存款总额为 433051.60 亿元，比上年增长 8.1%，比年初增加 32346.30 亿元，比上年多增 8583.52 亿元。

分地区看，各地区本外币存款稳定上升。2018 年，上海市金融机构本外币存款为 121112.33 亿元，比上年增长 7.7%；占长三角金融机构本外币存款总额的比重为 28.0%，比上年下降 0.1 个百分点。江苏省金融机构本外币存款为 144227.38 亿元，同比增长 7.0%；所占比重为 33.3%，下降 0.3 个百分点。浙江省金融机构本外币存款为 116512.74 亿元，同比增长 8.6%；所占比重为 26.9%，上升 0.1 个百分点。安徽省金融机构本外币存款为 51199.15 亿元，同比增长 11.0%；所占比重为 11.8%，上升 0.3 个百分点。

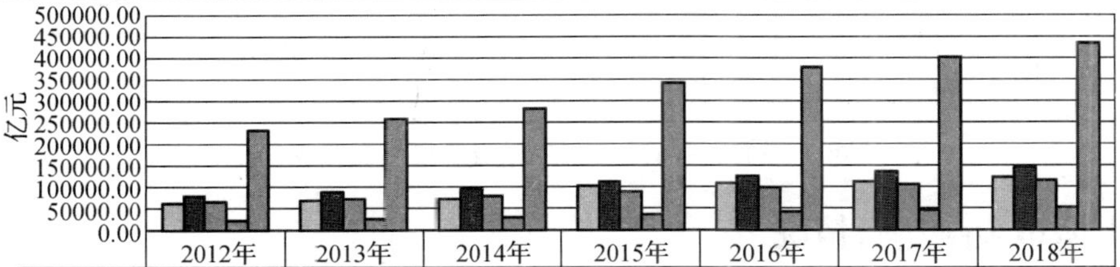

	2012年	2013年	2014年	2015年	2016年	2017年	2018年
上海市	63555.25	69256.32	73882.45	103760.60	110510.96	112461.74	121112.33
江苏省	78109.00	88302.07	96939.01	111329.86	125576.94	134776.17	144227.38
浙江省	66679.08	73732.36	79241.90	90301.61	99530.29	107320.53	116512.74
安徽省	23211.45	26938.23	30088.80	34826.23	41324.33	46146.86	51199.15
长三角	231554.78	258228.98	280152.16	340218.30	376942.52	400705.30	433051.60

图 1　2012—2018 年长三角金融机构本外币存款余额(亿元)

2018 年末，长三角金融机构本外币贷款总额为 336307.86 亿元，比上年增长 13.4%，比年初增加 39723.18 亿元，比上年多增 8656.78 亿元。

分地区看，各地区本外币贷款稳定增长。2018 年，上海市金融机构本外币贷款为 73272.35 亿元，比上年增长 9.1%；占长三角金融机构本外币贷款总额的比重为 21.8%，比上年下降 0.9 个百分点。江苏省金融机构本外币贷款为 117807.90 亿元，同比增长 13.3%；所占比重为 35.0%，同比下降 0.1 个百分点。浙江省金融机构本外币贷款为 105774.91 亿元，同比增长 17.2%；所占比重为 31.5%，上升 1.1 个百分点。安徽省金融机构本外币贷款为 39452.70 亿元，同比增长 12.2%；所占比重为 11.7%，同比下降 0.2 个百分点。

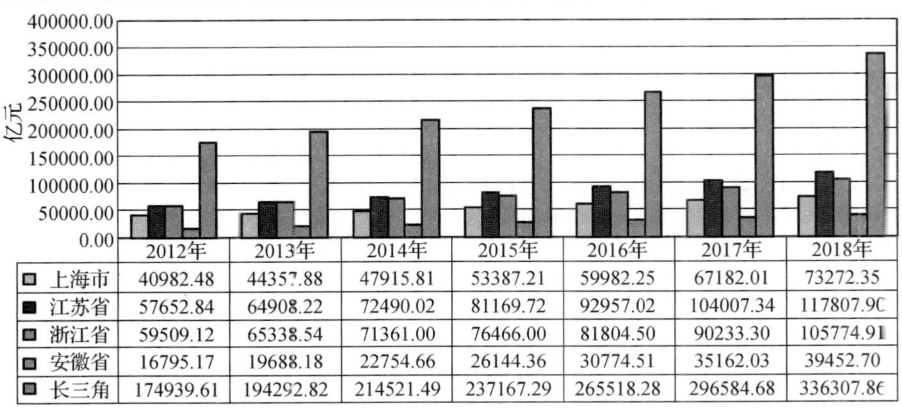

	2012年	2013年	2014年	2015年	2016年	2017年	2018年
上海市	40982.48	44357.88	47915.81	53387.21	59982.25	67182.01	73272.35
江苏省	57652.84	64908.22	72490.02	81169.72	92957.02	104007.34	117807.90
浙江省	59509.12	65338.54	71361.00	76466.00	81804.50	90233.30	105774.91
安徽省	16795.17	19688.18	22754.66	26144.36	30774.51	35162.03	39452.70
长三角	174939.61	194292.82	214521.49	237167.29	265518.28	296584.68	336307.86

图 2　2012—2018 年长三角金融机构本外币贷款余额(亿元)

2018 年，长三角保费收入总额 8206.00 亿元，比上年下降 1.0%。分地区看，2017 年，上海市保费收入为 1405.79 亿元，比上年下降 11.4%；占长三角保费收入总额的比重为 17.1%，比上年下降 2.0 个百分点。江苏省保费收入为 3317.28 亿元，同比下降 3.8%；所占比重为 40.4%，同比下降 1.2 个百分点。浙江省保费收入为 2273.20 亿元，同比增长 5.9%；所占比重为 27.7%，同比上升 1.8 个百分点。安徽省保费收入为 1209.73 亿元，同比增长 9.3%；所占比重为 14.7%，同比上升 1.4 个百分点。

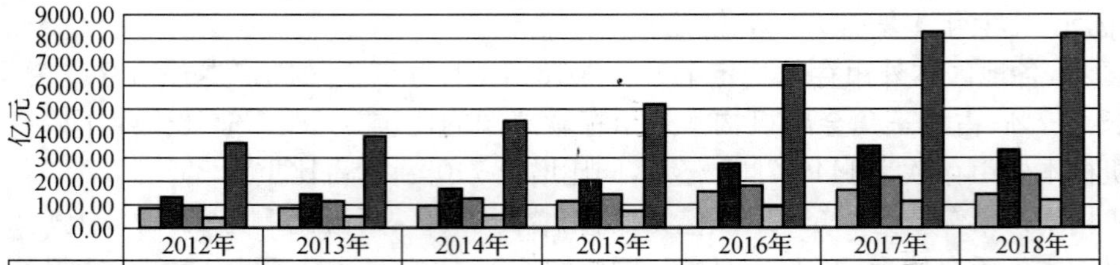

	2012年	2013年	2014年	2015年	2016年	2017年	2018年
上海市	820.64	821.43	986.75	1125.16	1529.26	1587.10	1405.79
江苏省	1301.28	1446.08	1683.76	1989.91	2690.25	3449.51	3317.28
浙江省	984.58	1109.91	1258.04	1435.33	1784.86	2146.88	2273.20
安徽省	453.61	483.01	572.29	698.92	876.10	1107.16	1209.73
长三角	3560.11	3860.43	4500.84	5249.32	6880.47	8290.65	8206.00

图 3　2012—2018 年长三角保险机构保费收入（亿元）

二、上海市金融运行情况

2018 年，上海市金融机构认真抓好各项重点难点金融改革任务，综合运用多种货币政策工具，保持货币信贷及社会融资规模合理增长，维护流动性合理稳定。全年各项存款同比多增，信贷增长处于合理区间，结构进一步优化。证券期货业盈利放缓，保险业继续发挥保障民生功能，金融市场规范稳健运行。

（一）货币信贷运行总体平稳，支持实体经济力度加大

1. 银行业金融机构平稳发展。2018 年末，上海市共有中资银行法人 5 家，外资银行法人 21 家，新型农村机构 139 家，从业人员 11.8 万人，中外资金融机构本外币资产总额 15.4 万亿元，同比增长4.6%；各项存、贷款余额分别为 12.1 万亿元和 7.3 万亿元，同比分别增长 7.7%和 9.1%，增速比上年末分别上升 5.9 个和下降 2.9 个百分点。2018 年，上海市金融机构实现净利润 1734.4 亿元，同比下降 0.3%。

表 1　2018 年上海市银行业金融机构情况

机构类别	营业网点			法人机构（个）
	机构个数（个）	从业人数（人）	资产总额（亿元）	
一、大型商业银行	1677	47549	50867.6	1
二、国家开发银行和政策性银行	14	606	6220.9	0
三、股份制商业银行	701	22450	33351.2	1
四、城市商业银行	409	13780	22599.6	1
五、小型农村金融机构	370	6762	8131.7	1
六、财务公司	24	1749	5953.7	22
七、信托公司	7	2182	739.2	7
八、邮政储蓄银行	483	2983	2027.5	0
九、外资银行	206	12220	14843.2	21
十、新型农村机构	160	2180	275.5	139

续表

机构类别	营业网点			法人机构(个)
	机构个数(个)	从业人数(人)	资产总额(亿元)	
十一、其他	21	5512	9230.4	19
合计	4072	117973	154240.3	212

注:大型商业银行包括中国工商银行、中国农业银行、中国银行、中国建设银行和交通银行;小型农村金融机构包括农村信用社、农村合作银行和农村商业银行;新型农村机构包括村镇银行、贷款公司和农村资金互助社;“其他”包含金融租赁公司、汽车金融公司、货币金融公司、消费金融公司等。

数据来源:中国人民银行上海总部。

2. 各项存款同比多增,储蓄存款回流银行体系特征明显。2018 年,上海市本外币各项存款新增 8654.4 亿元,同比多增 6703.6 亿元。其中,人民币存款新增 7521.2 亿元,同比多增 5586.4 亿元。2018 年,上海市本外币住户存款累计增加 2803.7 亿元,同比多增 2153.7 亿元,其中大额存单和结构性存款分别增加 1560.8 亿元、975.0 亿元;境内非金融企业存款新增 4291.7 亿元,非银行金融机构存款累计减少 104.8 亿元,同比少减 4445.7 亿元。

3. 各项贷款同比少增,结构进一步优化。2018 年,上海市本外币贷款累计增加 5736.7 亿元,同比少增 1463.1 亿元,其中,人民币贷款累计增加 6302.9 亿元,同比少增 900.9 亿元。在各项贷款中,境内贷款累计增加 5618.3 亿元,同比少增 1705.7 亿元;境外贷款累计增加 118.4 亿元,同比多增 242.6 亿元。12 月末,全市普惠口径小微企业贷款余额 2515.5 亿元,同比增长 43.0%;制造业贷款余额 6381.2 亿元,同比增长 5.7%,全年新增 237.6 亿元,同比多增 108.9 亿元;人民币房地产贷款余额 21242.5 亿元,同比增长 7.0%,增速同比下降 6.2 个百分点。

(二)证券期货盈利放缓,资产管理规模平稳增长

1. 证券公司利润有所下降。2018 年末,上海辖区 25 家证券公司合计总资产 14032.5 亿元、净资产 4523.2 亿元、净资本 3799.5 亿元。2018 年累计实现营业收入 646.7 亿元;净利润 151.9 亿元,同比减少 48.3%。从机构数量看,上海市资本市场各类市场主体共计 2584 家,同比减少 30 家,减少机构全部为新三板挂牌公司(减少 88 家),其他类型机构数均同比增加。其中,上市公司 287 家,占全国的 8.1%;新三板挂牌公司 903 家,占全国的 8.4%;证券期货法人经营机构 251 家,约占全国的 31.1%;证券期货各类分支机构 1131 家;从事证券业务的会计、资产评估事务所等其他证券类持牌机构 12 家。证券公司、基金公司、期货公司等多类主要机构的数量均居全国首位。

表 2　2018 年上海市证券业基本情况

项　目	数量
总部设在辖内的证券公司数(家)	25
总部设在辖内的基金公司数(家)	54
总部设在辖内的期货公司数(家)	33
年末国内上市公司数(家)	287
当年国内股票(A 股)筹资(亿元)	182
当年发行 H 股筹资(亿元)	25
当年国内债券筹资(亿元)	10044
其中:短期融资券筹资额(亿元)	132
中期票据筹资额(亿元)	651

数据来源:上海市证监局

2. 资产管理规模平稳增长。2018年末，上海市辖区54家公募基金管理公司和5家取得公募资格的资产管理机构管理资产总规模合计59793.6亿元，较上年同期增长7.7%，其中有9家基金公司总规模突破两千亿；管理公募基金产品1984只，较上年同期增长12.0%；总净值42352.4亿元。其中：47家基金公司开展专户业务，4家开展社保基金管理业务，3家开展企业年金管理业务。上海市辖区基金公司共设立专业子公司39家，海外子公司8家。

3. 期货公司营收微增。2018年末，上海市辖区33家期货公司客户权益达1273.7亿元，占全国的32.7%；实现代理交易额161.2万亿元，占全国的38.3%；累计实现营业收入77.2亿元，较上年同期增加0.9%；实现净利润20.7亿元，较上年同期减少4.4%。

（三）保险市场结构有所优化，保障民生功能提升

1. 上海市法人保险机构数量略有下降，保险市场主体数量总体增长。截至2018年末，上海市共有53家法人保险机构，较上年末减少2家。其中，保险集团公司1家，财产险公司20家（其中自保公司1家），人身险公司22家，再保险公司3家，保险资产管理公司7家。全市共有105家省级保险分支机构，较上年末增加4家。全市共有224家保险专业中介机构法人，较上年末减少1家，保险专业中介分支机构共237家，较上年末增加25家。

2. 保险市场结构有所优化，财产险公司和外资保险公司收入占比持续提升。2018年，上海市原保险保费收入累计1405.8亿元，同比下降11.4%。其中，财产险公司原保险保费收入582.1亿元，同比增长20.6%；人身险公司原保险保费收入823.7亿元，同比下降25.4%。市场结构有所优化，财产险、人身险公司原保险保费收入比例为41:59，财产险公司占比同比上升11个百分点。中、外资保险公司原保险保费收入比例为80:20，外资保险公司占比同比上升5个百分点。

3. 保险赔付支出同比增长，保障民生功能提升。2018年，上海市保险业赔付支出累计581.6亿元，同比上升5.9%，较上年同期上升2.1个百分点。其中，财产险赔款支出271.6亿元，同比增长16.2%，较上年同期上升11.1个百分点；寿险给付207.9亿元，同比减少12.3%；健康险赔款给付82.2亿元，同比增长30.8%；意外险赔款支出19.8亿元，同比增长30.5%，较上年同期下降15.3个百分点。

表3　2018年上海市保险业基本情况

项　目	数量
总部设在辖内的保险公司数（家）	53
其中：财产险经营主体（家）	20
人身险经营主体（家）	22
保险公司分支机构（家）	105
其中：财产险公司分支机构（家）	51
人身险公司分支机构（家）	52
保费收入（中外资，亿元）	1406
其中：财产险保费收入（中外资，亿元）	485
人身险保费收入（中外资，亿元）	921
各类赔款给付（中外资，亿元）	582
保险密度（元/人）	5802
保险深度（%）	4

数据来源：上海市保监局

三、江苏省金融运行情况

2018年，江苏省金融业保持平稳运行，社会融资规模增长适度，金融市场交易活跃。金融基础设施建设不断完善，金融生态环境持续优化。证券业实力持续增强，多层次资本市场建设稳步推进。保险业发展平稳，保险服务创新取得突破。

（一）银行业经营稳健，信贷规模适度增长

1. 机构资产规模稳步增长，盈利水平有所上升。2018年末，江苏省金融机构总资产为17.7万亿元，同比增长6.3%，盈利水平有所上升，全年银行业金融机构实现净利润2009.16亿元，同比增加253.64亿元。全年实现金融业增加值7461.9亿元，同比增长7.0%。

表4　2018年江苏省银行业金融机构基本情况

机构类别	营业网点			法人机构（个）
	机构个数（个）	从业人员（人）	资产总额（亿元）	
一、大型商业银行	4936	107437	60536	0
二、国家开发银行和政策性银行	78	2415	9425	0
三、股份制商业银行	1047	33657	29473	0
四、城市商业银行	906	32549	36575	5
五、城市信用社	0	0	0	0
六、小型农村金融机构	3275	51817	28290	63
七、财务公司	0	460	1408	14
八、信托公司	0	573	346	4
九、邮政储蓄银行	2515	25164	7392	0
十、外资银行	35	2292	1541	6
十一、新型农村机构	173	4625	832	74
十二、其他	0	1136	1421	6
合计	12965	262125	177239	172

注：营业网点不包括国家开发银行和政策性银行和政策性银行、大型商业银行、股份制商业银行等金融机构总部数据；大型商业银行包括中国工商银行、中国农业银行、中国银行、中国建设银行和交通银行；小型农村金融机构包括农村信用社和农村商业银行、农村合作银行；新型农村金融机构包括村镇银行、贷款公司和农村资金互助社；“其他”包含金融租赁公司、汽车金融公司、货币经纪公司、消费金融公司等。

数据来源：中国人民银行南京分行，江苏省银监局、江苏省金融办。

2. 不同币种存款增势出现分化。2018年末，全省金融机构本外币存款余额为14.42万亿元，同比增长7.0%，增速比上年末下降0.3个百分点。全省金融机构人民币存款余额为14万亿元，同比增长7.5%，增速同比上升0.2个百分点。全省金融机构外汇存款余额为657亿美元，同比减少11.2%，增速同比下降25.9个百分点。2018年，全年新增人民币存款9775亿元，同比多增939亿元；受汇率波动和贸易摩擦影响，企业和居民持有外币意愿减弱，全年外币存款下降82.7亿美元，同比少增177.9亿美元。

3. 住户存款、非金融企业存款、非银行业金融机构存款增长加快，广义政府存款增长放缓。2018年末，全省金融机构人民币住户存款余额为5.08万亿元，同比增长10.2%，增速比上年末上升5.2个百分点。非金融企业人民币存款余额为4.99万亿元，同比增长5.7%，增速比上年末上升1.4个百分点。非银行业金融机构人民币存款余额为8556.67亿元，同比增长21.7%，增速比上年末上升16.2个百分点。金融机构人民币广义政府存款余额为3.02万亿元，同比增长3.0%，增速比上年末下降14.5个百分点。

2018年，全省金融机构人民币非金融企业存款新增2712.41亿元，比上年多758.72亿元。非银行业金融机构人民币存款新增1517.67亿元，比上年多1151.33亿元。金融机构人民币广义政府存款新增874.24亿元，比上年少3462.63亿元。

4. 贷款保持适度增长，信贷资源进一步流向实体经济。2018年末，全省本外币各项贷款余额11.8万亿元，同比增长13.3%，增速同比上升1.4个百分点。全年新增本外币贷款1.37万亿元，同比多增2626亿元。

从贷款币种看，受表外业务转表内等原因影响，人民币贷款增速同比提高，全年新增人民币贷款1.36万亿元，同比多增2567亿元。受2018年来贸易摩擦和进出口增速放缓的影响，全省外汇贷款同比增长，增速有所下降。至2018年末，全省外币贷款余额304.36亿美元，同比增长5.0%，增速较上年下降3.7个百分点。

从期限结构看，短期贷款与票据融资增速加快，中长期贷款增速放缓。2018年，全省本外币短期贷款增加3859亿元，同比多增1518亿元。票据融资比年初增加1703亿元，同比多增3415亿元。年末全省本外币中长期贷款余额增速为11.9%，比上年增速下降6.5%，较年初增加7809亿元，同比少增2375亿元。

从贷款投向看，小微企业贷款保持平稳增长，制造业贷款结构优化。2018年末，全省金融机构普惠口径小微企业贷款余额6630.93亿元，同比增长18.8%，增速比上年末上升5.7个百分点。全省制造业本外币贷款余额1.65万亿元，同比增长4.0%，增速同比提升0.1个百分点，比年初新增583亿元：其中，《中国制造2025江苏行动纲要》确定的15个重点领域贷款余额同比增长7.8%，全省钢铁、煤炭、水泥、平板玻璃、船舶等产能过剩行业贷款同比减少11.2%。

5. 银行业整体运行稳健，金融风险防控更加扎实。2018年末，全省银行业金融机构不良贷款率1.21%，比年初下降0.04百分点。不良贷款余额1429亿元，比年初增加130亿元，同比多增93亿元。关注类和逾期贷款余额分别较年初下降76亿元和172亿元。

（二）证券业平稳发展，多层次资本市场建设稳步推进

1. 证券行业平稳发展。2018年末，江苏省共有法人证券公司6家，证券营业部928家，同比增长4.6%。境内，上市公司总数为401家，较上年新增19家，拟上市公司206家，后备上市企业资源充足。IPO融资在全国位居前列，2018年，省内企业IPO融资188.67亿元。省内上市公司通过首发、配股、增发、可转债、公司债在沪深证券交易所筹集资金2249.8亿元。

2. 多层次资本市场建设稳步推进。截至2018年末，江苏省有新三板挂牌公司1273家，总量位列全国前列。企业境内上市公司总股本3639.3亿股，比上年增长11.7%，市价总值31986.1亿元，比上年下降21.4%。江苏区域股权交易中心已有4444家挂牌企业，融资额比年初增加2.2亿元。期货行业稳步发展，全省共有法人期货公司9家，1100家证券期货营业部，期货经营代理交易额15.3万亿元。全年证券市场完成交易额28.7万亿元，证券经营机构股票交易额13.4万亿元。

表5　2018年江苏省证券业基本情况

项　目	数量
总部设在辖内的证券公司数(家)	6
总部设在辖内的基金公司数(家)	0
总部设在辖内的期货公司数(家)	9
年末国内上市公司数(家)	401
当年国内股票(A股)筹资(亿元)	1450.7
当年发行H股筹资(亿元)	1263

续表

项　目	数量
当年国内债券筹资(亿元)	7495
其中:短期融资券筹资额(亿元)	545
中期票据筹资额(亿元)	1518.7

注:当年国内股票(A股)筹资额指非金融企业境内股票融资。
数据来源:江苏省证监局、江苏省金融办、中国人民银行南京分行。

(三)保险业运行良好,服务能力再上新台阶

1. 总体规模处于全国前列。2018年,江苏省累计实现保费收入3317.28亿元,在全国36个省(市)中,保费规模列第二位。其中,财产险保费858.81亿元,同比增长5.5%,江苏产险公司实现承保利润25.12亿元,排名全国第三,承保利润率3.1%,比全国平均水平高3.2个百分点。人身险保费2458.46亿元,同比下降6.7%。

2. 保险保障功能进一步提高,服务民生能力增强。一是助力精准扶贫。向建档立卡贫困人口支付大病保险赔付1.22亿元,赔付14.17万人次,最高赔付金额35.50万元,开办扶贫补充医疗保险,承保范围已覆盖全省28个县(市)927万人,累计赔付达3682万元,1.61万名贫困群众从中获益,与慈善总会合作,将慈善扶贫捐款用于苏北低收入人群的自费医疗费用保障,保障人数达24万人。二是参与养老保障制度建设试点。截至2018年底,税延养老保险试点累计办理2211件,保费收入448.50万元,件均保费及保单续期率保持全国第一。三是大病保险项目成效明显。截至2018年底,共承办江苏地区大病保险项目76个,协议参保人数达5811.29万人。2018年大病保险项目赔付达135.60万人次,赔款金额共计23.04亿元,人均赔付4212.75元,帮助参保群众提高医疗费用报销比例11.8个百分点。

3. 助力新旧动能转换取得新成效。一方面是服务科技创新。2018年,江苏首台(套)保险实现保费收入4.41亿元,为首台(套)重大技术装备提供了177.55亿元风险保障。新材料首批次保险实现保费收入6437.22万元,为应用企业提供风险保障28.56亿元。另一方面是支持江苏企业走出去。出口信用保险积极支持江苏外贸出口及海外投资,服务出口企业18201家,其中服务小微企业13064家,累计支持江苏出口838.22亿美元,为江苏从制造业大省向强省转变注入新动能。

表6　2018年江苏省保险业基本情况

项　目	数量
总部设在辖内的保险公司数(家)	5
其中:财产险经营主体(家)	2
人身险经营主体(家)	3
保险公司分支机构(家)	5739
其中:财产险公司分支机构(家)	2352
人身险公司分支机构(家)	3387
保费收入(中外资,亿元)	3317.3
其中:财产险保费收入(中外资,亿元)	858.8
人身险保费收入(中外资,亿元)	2458.5
各类赔款给付(中外资,亿元)	996.7
保险密度(元/人)	4120.5
保险深度(%)	3.6

数据来源:江苏省保监局。

（四）社会融资规模保持适度增长，支持实体经济能力进一步提升

1. 社会融资规模保持适度增长。2018 年，金融对实体经济支撑作用进一步增强，全省社会融资增量 1.77 万亿元，同比多增 138 亿元。从融资结构看：一是对实体经济信贷投放占比有所提升，全年新增各项贷款 1.35 万亿元，比上年多 2380.84 亿元，占社会融资规模增量的 76.4%，比上年提升 13.0 个百分点。二是表外融资有所减少。全年新增表外融资增量为－1280.97 亿元，比上年少 2177.21 亿元。三是直接融资增量同比有所回升。全省企业直接融资增量为 2854.22 亿元，比上年多 147.02 亿元。

2. 债券发行规模进一步扩大，金融市场创新力度增强。2018 年，江苏企业共发行债务融资工具 5826 亿元，比上年增加 1173 亿元，年末全省债务工具存续余额达 10165 亿元，同比增加 1731 亿元。法人机构主动负债能力不断增强，全省共 8 家地方法人金融机构在银行间债券市场发行各类主动负债工具 361 亿元，同比多发 139 亿元，其中金融债 305 亿元，二级资本工具 38 亿元。

江苏省四家企业发行绿色债券合计 18.8 亿元，其中昆山市公交集团发行全省首支绿色资产支持票据 2.8 亿元。作为民营企业债券融资支持工具首批 3 个试点省份之一，江苏省 2018 年累计共发行 9 只支持工具，标的债券共计 35 亿元，创设 13.3 亿元的风险缓释凭证，债券发行利率较市场低 90 个基点。

3. 银行间市场业务平稳发展。2018 全年江苏省共有 88 家市场成员参与同业拆借交易，同比增加 5 家，累计拆借资金 5.42 万亿元，净拆入资金 3.21 万亿元；218 家市场成员参与质押式回购交易，累计成交 55.56 万亿元；56 家市场成员参与买断式回购交易，累计成交 7752.29 亿元；222 家市场成员参加现券交易，累计交易额 14.21 万亿元。

4. 票据业务有所收缩，利率持续走低。2018 年，全省承兑汇票累计发生额 2.06 万亿元，比上年增加 3467 亿元，票据贴现累计发生额 3.3 万亿元，比上年减少 8664 万亿，主要受票据业务监管趋严、商业银行加强票据风险管控等因素叠加影响，导致票据业务持续收缩。2018 年 1－4 季度，全省票据贴现加权平均利率分别为 5.47%、5.27%、4.29%、3.99%；票据转贴现加权平均利率分别为 4.55%、4.31%、3.62%和 3.39%，票据市场贴现利率明显回落，转贴现利率环比、同比也均出现回落。

（五）金融基础设施不断完善，金融生态环境不断优化

金融基础设施不断完善。持续提升支付便利化水平。不断优化企业开户服务，显著降低新设企业开户时间，相关工作走在全国前列。实施移动便民示范工程，南京等 10 个地市实现了公交场景覆盖，苏州、无锡地铁实现移动支付应用，全省 1300 多条公交线路、15000 多台出租车上线运行移动支付。

积极推动省级综合金融服务平台建设，2018 年上线企业 3.81 万家，成功对接融资 3667 项、138 亿元。征信服务不断改善。中小企业信用体系和农村信用体系建设持续推进，为江苏省 247 万户中小微企业、590 万农户、4929 多户农村经济主体建立了信用档案。

金融消费权益保护工作不断完善。2018 年，江苏辖区金融消费者投诉咨询热线受理投诉 712 件，办结率 100%，全省共计开展执法检查 38 次，现场工作时间累计 1070 人/天，检查网点 62 个，参与执法人员 183 人，督促金融机构切实维护消费者合法权益。

四、浙江省金融运行情况

2018 年，浙江省金融业认真贯彻货币政策和宏观审慎政策双支柱调控，围绕供给侧结构性改革和经济转型升级，切实加大金融服务实体经济力度，全省社会融资总量平稳增长，信贷结构不断优化，证券和保险业稳健发展，金融风险防范化解工作成效明显，金融改革持续深化。

（一）银行业稳健运行，信贷平稳较快增长

2018年，浙江省银行业金融机构积极提升服务实体经济能力，信贷总量平稳较快增长，信贷投向不断优化，资产质量明显改善，金融改革持续深化。

表7 2018年浙江省银行业金融机构基本情况

机构类别	营业网点			法人机构（个）
	机构个数（个）	从业人员（人）	资产总额（亿元）	
一、大型商业银行	3788	91694	50824	0
二、国家开发银行和政策性银行	61	1947	8665	0
三、股份制商业银行	1140	34095	25543	0
四、城市商业银行	1781	48633	31728	13
五、城市信用社				
六、小型农村金融机构	4235	51190	25257	82
七、财务公司	10	413	1464	9
八、信托公司	5	1357	338	5
九、邮政储蓄	1735	9135	4163	0
十、外资银行	29	785	548	0
十一、新型农村机构	358	6092	970	81
十二、其他	84	1161	2944	8
合计	13226	247602	152444	198

注：营业网点不包括国家开发银行和政策性银行、大型商业银行、股份制银行金融机构总部数据；大型商业银行包括中国工商银行、中国农业银行、中国银行、中国建设银行和交通银行；小型农村金融机构包括农村商业银行、农村合作银行、农村信用社；新型农村机构包括村镇银行、贷款公司和农村资金互助社；“其他”包括金融租赁公司、汽车金融公司、货币经纪公司、消费金融公司等。

数据来源：浙江省银监局。

1. 资产负债平稳增长，盈利能力增强。2018年末，浙江省银行业金融机构本外币资产和负债总额同比分别增长8.1%和7.6%，增幅同比提高2.1个和2.2个百分点；全年实现净利润1721.5亿元，同比增长50.1%。

2. 存款同比多增，住户存款增长较快。2018年末，浙江省金融机构本外币存款余额116512.7亿元，同比增长8.6%，增速同比提高0.7个百分点；全年新增存款9192.2亿元，同比多增1402.0亿元。分类型看，住户存款较年初新增5649.5亿元，同比多增3591.4亿元；企业存款新增2235.3亿元，同比少增476.3亿元；政府存款新增2425.9亿元，同比少增892.6亿元；非银行金融机构存款减少1147.3亿元，同比多减755.0亿元。

3. 贷款增长较快，投向不断优化。2018年末，浙江省金融机构本外币贷款余额105774.9亿元，同比增长17.2%；全年新增15500.6亿元，同比多增7071.8亿元。信贷投向持续优化，年末全省普惠口径小微企业贷款余额1.2万亿，同比增长18.7%，新增1914.0亿元，是上年同期的2.2倍；制造业贷款新增760.0亿元，同比多增1200.0亿元，增量为近5年同期最高；个人住房贷款年末余额增速同比回落5.2个百分点。

4. 金融改革持续深化。政策性银行和国有大型商业银行改革创新持续深化，如：中国银行浙江省分行“银税互动，扶小助微”服务改革试点取得成效。农村金融机构改革稳步推进，全省81家农信社中共有78家改制为农村商业银行，村镇银行基本实现县城全覆盖。浙江网商银行、温州民商银行两家民营

银行运行总体稳健。浙商资产管理公司多项改革实现重大突破，成功入选双百计划。

（二）证券业平稳发展，企业上市持续推进

2018年，浙江省多层次资本市场稳步发展，公司并购重组和企业上市稳步推进，证券经营机构业务规模有所下降。

1. 多层次资本市场建设持续推进。2018年末，浙江股权交易中心挂牌企业6601家，比上年增加1290家；新三板挂牌企业932家，比上年减少100家。187家上市公司实施并购重组，与上年持平，并购金额1170.6亿元，比上年增加32.1亿元。

2. 企业上市稳步推进。2018年末，浙江省共有境内上市公司432家，全年新增17家，上市公司数量位居全国第二。其中：中小板上市公司，创业板上市公司分别为142家、82家，分别占全国同类上市公司家数的15.4%、11.1%。2018年，全省境内上市公司累计融资1.01万亿元，比上年增加1035亿元。

表8　2018年浙江省证券业基本情况

项　目	数　量
总部设在辖内的证券公司数(家)	5
总部设在辖内的基金公司数(家)	3
总部设在辖内的期货公司数(家)	12
年末境内上市公司数(家)	432
当年国内股票(A股)筹资(亿元)	384
当年发行H股筹资(亿元)	
当年国内债券筹资(亿元)	1544
其中：短期融资券筹资额(亿元)	－15
中期票据筹资额(亿元)	711

注：当年国内股票(A股)筹资额指非金融企业境内股票融资，债券筹资额为扣除到期兑付额的余额增量。
数据来源：中国人民银行杭州中心支行、浙江省证监局。

3. 证券经营机构业务规模有所下降。2018年末，浙江省共有法人证券公司5家，证券公司分公司98家，证券营业部990家，基金公司3家，期货公司12家，期货公司分公司23家，期货营业部221家。2018年，全省法人证券公司营业收入50.5亿元，同比下降46.4%。证券经营机构累计代理交易额30.4亿元，同比下降20.4%。期货经营机构累计代理交易额35.6万亿元，同比下降11.7%。

（三）保险业发展向好，民生保障功能有效发挥

2018年，浙江省保险业稳健发展，业务结构持续优化，对实体经济和社会民生的服务保障水平进一步提高。

1. 市场主体不断壮大，市场体系持续完善。2018年，浙江省共有各类保险主体181家，其中总公司8家(2家财产险主体、2家寿险主体、1家保险资产管理公司和3家农村保险互助社)，省级分公司173家(财产险公司68家、人身险公司69家)。省级以上专业中介机构340家，保险销售从业人员50万人。保险公司资产合计5441.5亿元。

2. 保费收入较快增长，业务更趋优化。2018年，浙江省保险业共实现保费收入2273.2亿元，同比增长5.9%，其中：财产险保费收入和人身险保费收入同比分别增长10.3%和3.3%。保险业赔付支出762亿元，较上年增加221.9亿元。

表 9　2018 年浙江省保险业基本情况

项　目	数　量
总部设在辖内的保险公司数(家)	8
其中:财产险经营主体(家)	2
人身险经营主体(家)	2
保险公司分支机构(家)	173
其中:财产险公司分支机构(家)	68
人身险公司分支机构(家)	69
保费收入(中外资,亿元)	2273
其中:财产险保费收入(中外资,亿元)	881
人身险保费收入(中外资,亿元)	1392
各类赔款给付(中外资,亿元)	762
保险密度(元/人)	3962
保险深度(%)	4

数据来源:浙江省保监局。

3. 保险保障能力增强,服务实体经济成效显著。2018 年,浙江省小额贷款保证保险累计帮助近 9357 家(次)小微企业,获得贷款约 22.4 亿元(不含宁波)。保单质押贷款年底余额约 300 亿元。关税保证保险助力中小民营企业进口货物通关,为进口企业释放关税保证金超过 4.5 亿元。出口信用保险支持了 1.2 万余家次企业近 700 亿美元的出口值。全年共提供各类风险保障 612.1 万亿元,同比增长 219.6%。

五、安徽省金融运行情况

2018 年,安徽省银行业认真落实稳健中性的货币政策,信贷合理适度增长,服务实体经济力度和精准度提高,多层次资本市场稳步发展,保险保障功能日益增强,金融市场平稳运行,金融生态环境建设成效显现,为供给侧结构性改革和经济高质量发展营造了适宜的货币金融环境。

(一)银行业运行平稳,服务实体经济水平进一步提高

1. 银行业规模稳步增长,利润增速有所放缓。2018 年末,安徽省银行业金融机构资产总额 6.5 万亿元,同比增长 9.4%。受银行计提贷款损失准备增多、核销力度加大等因素影响,银行利润总额增速同比下降 5.2 个百分点。

表 10　2018 年安徽省银行业金融机构基本情况

机构类别	营业网点			法人机构(个)
	机构个数(个)	从业人员(人)	资产总额(亿元)	
一、大型商业银行	2360	47382	21671	0
二、国家开发银行和政策性银行	92	2264	7341	0
三、股份制商业银行	347	7741	5956	0
四、城市商业银行	472	10223	10270	2
五、小型农村金融机构	3120	33691	12827	84
六、财务公司	6	189	544	6

续表

机构类别	营业网点			法人机构(个)
	机构个数(个)	从业人员(人)	资产总额(亿元)	
七、信托公司	1	163	73	1
八、邮政储蓄	1773	15390	4705	0
九、外资银行	5	150	157	0
十、新型农村机构	298	4213	656	68
十一、其他	9	1379	1266	5
合计	8483	122825	65465.6	166

注:营业网点不包括国家开发银行和政策性银行、大型商业银行、股份制银行等金融机构总部数据;大型商业银行包括中国工商银行、中国农业银行、中国银行、中国建设银行和交通银行;小型农村金融机构包括农村商业银行、农村合作银行、农村信用社;新型农村机构包括村镇银行、农村资金互助社、贷款公司和小额贷款公司;“其他”包括金融租赁公司、汽车金融公司、货币经纪公司、消费金融公司等。

数据来源:安徽省银监局。

2. 各项存款平稳增长,住户存款新增占比提高较多。2018 年末,安徽省本外币各项存款余额 51199.2 亿元,同比增长 10.9%;全年增加 5052.3 亿元,同比多增 230 亿元。分部门看,理财类产品收益下降、股市低迷、房地产市场降温等因素叠加,居民投资意愿降低,住户存款全年同比多增 783.5 亿元,在各项存款中增量占比提高 14.0 个百分点。由于企业用款增多、派生存款减少等影响,非金融企业存款全年同比少增 584.9 亿元。广义政府存款受规范地方政府举债行为约束,全年同比少增 157.3 亿元。金融机构同业揽储力度加大,非银行业金融机构存款全年同比多增 189.4 亿元。

3. 各项贷款增势放缓,普惠金融领域支持力度加大。2018 年末,安徽省本外币各项贷款余额 39452.7 亿元,同比增长 12.2%,增速较上年末回落 2.1 个百分点;全年贷款增加 4278.8 亿元,同比少增 108.7 亿元,主要是受地方政府债务置换影响。为加大对实体经济支持力度,中国人民银行合肥中心支行创新开展“千名行长进万企”专项行动,加强政策宣传和督促落实,切实解决银企信息不对称。全年组织 2055 名行长走访民营和小微企业 13881 家,协调解决 7415 家企业融资需求。普惠口径小微企业贷款快速增长,2018 年末同比增长 18.3%,增速高于上年同期 0.8 个百分点。充分发挥政策工具撬动作用,全年累计发放支小再贷款 88.3 亿元、支农再贷款 82.3 亿元(含扶贫再贷款 56.9 亿元),办理小微企业票据再贴现 372.3 亿元。金融精准扶贫成效显著,2018 年末贷款余额同比增长 22.4%,产业精准扶贫贷款累计带动人数超过 200 万。全省“两权”抵押贷款试点工作增量扩面,2018 年末“农地”“农房”抵押贷款余额分别同比增长 127.6%、34.1%。

4. 跨境人民币业务稳步发展,业务覆盖面持续拓宽。2018 年,全省跨境人民币业务实际收付金额累计 588.5 亿元,同比增长 10.2%,人民币占本外币收付总量的 10.9%,较上年同期增加 0.6 个百分点。其中,直接投资跨境人民币收付金额占本外币收付总量的 32.1%。跨境人民币业务覆盖 1682 家涉外企业,涉及 88 个境外国家或地区(包括港澳台),业务覆盖面较上年进一步拓宽。

(二) 证券业稳步发展,企业上市挂牌中部领先

1. 企业上市挂牌取得新进展。全年共新增上市公司 3 家、新三板挂牌企业 26 家、区域性股权市场挂牌企业 1127 家。截至 2018 年底,安徽省主板、新三板和区域性股权市场企业分别为 103 家、340 家和 2986 家,均处于中部领先、全国靠前位置。

表 11　2018 年安徽省证券业基本情况

项　目	数　量
总部设在辖内的证券公司数(家)	2
总部设在辖内的基金公司数(家)	0
总部设在辖内的期货公司数(家)	3
年末境内上市公司数(家)	103
当年国内股票(A 股)筹资(亿元)	47
当年发行 H 股筹资(亿元)	0
当年国内债券筹资(亿元)	1460
其中:短期融资券筹资额(亿元)	487
中期票据筹资额(亿元)	627

注:当年国内股票(A 股)筹资额指非金融企业境内股票融资。
数据来源:安徽省证监局。

2. 融资渠道及产品进一步拓展。全年通过境内主板市场、中小板市场、创业板市场、新三板市场和区域股权市场融资超过 600 亿元。金融产品不断创新,辖内证券公司打造了由私募股权投资、另类投资、新三板投资“三位一体”的风险投资平台;期货公司建立了豆粕、玉米产业培训基地,通过开展“保险+期货”业务,帮助涉农企业及农户管理农产品价格风险。

(三)保险业发展向好,风险保障功能持续发挥

1. 保险业务稳步发展。全年保险业原保险保费收入 1209.7 亿元,比上年增长 9.3%。其中,财产险业务原保险保费收入 408.8 亿元,增长 11.6%;人身险业务原保险保费收入 800.9 亿元,增长 8.1%。赔款和给付 419.2 亿元,增长 5.4%。其中,财产险业务赔款支出 222.8 亿元,增长 19.1%;人身险业务赔款和给付支出 196.5 亿元,下降 6.7%。提供风险保障 54.2 万亿元,同比增长 42.3%,高于保费收入增速 33 个百分点。

表 12　2018 年安徽省保险业基本情况

项　目	数　量
总部设在辖内的保险公司数(家)	1
其中:财产险经营主体(家)	1
人身险经营主体(家)	0
保险公司分支机构(家)	72
其中:财产险公司分支机构(家)	34
人身险公司分支机构(家)	38
保费收入(中外资,亿元)	1210
其中:财产险保费收入(中外资,亿元)	409
人身险保费收入(中外资,亿元)	801
各类赔款给付(中外资,亿元)	419
保险密度(元/人)	1920
保险深度(%)	4

数据来源:安徽省保监局。

2. 民生保障能力稳步提高。大病保险制度实现全覆盖，报销比例提高约 14.0 个百分点，商业保险机构经办医保业务试点、长期护理保险试点陆续开展扶贫小额信贷及保证保险政策不断健全，精准扶贫综合保险试点、免除政策性农业保险自缴保费试点等探索实施，为贫困县特色产业、贫困户光伏发电设备等提供风险保障。

3. 服务实体经济质效不断提升。充分发挥保险资金长期投资优势，支持重点项目余额 982.0 亿元，同比增长 39.9%。创新保险产品业务模式，主要粮食作物保险三级保障体系基本建立。提高对企业出口和融资支持力度，出口信用保险支持省内 3468 家企业累计出口 83.5 亿美元，同比增长 15.3%；辅助企业融资 9855.5 万美元，同比增长 30.0%。

四　长三角外资

一、长三角利用外资总体情况

2018年，长三角实际利用外资总额达785.33亿美元，比上年增长3.4%；占全国实际利用外资总额的比重为58.2%，比上年上升0.2个百分点。其中，江苏省仍然是长三角的引资主力，实际利用外资255.92亿美元，比上年增长1.8%；占长三角实际利用外资总额的32.6%，所占比重比上年下降0.5个百分点。浙江省实际利用外资186.39亿美元，比上年增长4.1%；占长三角实际利用外资总额的23.7%，所占比重上升0.1个百分点。上海市实际利用外资173.00亿美元，比上年增长1.7%；占长三角实际利用外资总额的22.0%，所占比重下降0.4个百分点。安徽省实际利用外资170.02亿美元，比上年增长7.0%；占长三角实际利用外资总额的21.6%，所占比重上升0.7个百分点。

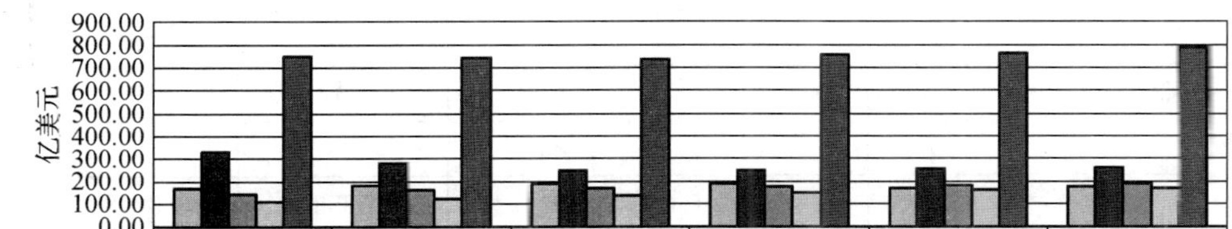

	2013年	2014年	2015年	2016年	2017年	2018年
上海	167.80	181.66	184.59	185.14	170.08	173.00
江苏省	332.59	281.74	242.75	245.43	251.35	255.92
浙江省	141.59	157.97	169.60	175.77	179.02	186.39
安徽	106.88	123.40	136.19	147.67	158.97	170.02
长三角	748.86	744.77	733.13	754.01	759.42	785.33

图1　2013—2018年长三角实际利用外资情况

数据来源：历年上海市、江苏省、浙江省、安徽省统计年鉴。

二、上海市利用外资情况

2018年，上海市新设外商直接投资合同项目5597项，比上年增长41.7%；合同金额469.37亿美元，增长16.8%；全年外商直接投资实际到位金额173.0亿美元，增长1.7%。全年制造业外商直接投资实际到位金额17.84亿美元，增长1.2倍，占全市实际利用外资比重为10.3%；第三产业外商直接投资实际到位金额154.55亿美元，下降4.3%，占比为89.3%。“一带一路”沿线国家在沪投资合同金额占全市比重达10.9%。至年末，在上海投资的国家和地区达182个，在上海落户的跨国公司地区总部累计达670家。其中，亚太区总部88家；投资性公司360家；外资研发中心441家。年内新增跨国公司地区总部45家。其中，亚太区总部18家；投资性公司15家；外资研发中心15家。

表1　2014—2018年上海市按外商投资方式吸收外资情况

指　标	2014年	2015年	2016年	2017年	2018年
签订合同项目(个)	4697	6007	5153	3950	5597
＃合资经营	887	1391	989	847	1014
合作经营	7	6	6	7	5
独资经营	3796	4600	4148	3084	4566
签订合同金额(亿美元)	316.09	589.43	509.78	401.94	469.37

续表

指　标	2014 年	2015 年	2016 年	2017 年	2018 年
#合资经营	70.13	101.76	68.73	63.67	91.87
合作经营	1.91	2.71	3.41	−2.04	−2.51
独资经营	230.19	457.41	425.27	333.28	377.19
实际吸收外资金额(亿美元)	181.66	184.59	185.14	170.08	173.00
#合资经营	21.92	39.27	29.48	29.65	33.85
合作经营	8.29	5.37	0.28	1.58	0.10
独资经营	151.15	138.34	152.32	129.77	131.11

资料来源:历年上海市统计年鉴。

表 2　2014—2018 年上海市按外商分产业投资情况　　亿美元

指　标	2014 年	2015 年	2016 年	2017 年	2018 年
签订合同项目(个)	4697	6007	5153	3950	5597
#第一产业	5	4	0	3	8
第二产业	110	89	95	99	167
第三产业	4582	5914	5058	3848	5422
合同外商直接投资金额	316.09	589.43	509.78	401.94	469.37
#第一产业	0.66	0.61	−0.07	0.42	0.39
第二产业	25.19	19.59	36.13	17.56	75.22
第三产业	278.50	545.00	473.72	383.96	393.76
实际外商直接投资金额	181.66	184.59	185.14	170.08	173.00
#第一产业	0.03	0.21	0.25	0.06	0.14
第二产业	17.78	25.00	21.54	8.49	18.31
第三产业	163.85	159.38	163.35	161.53	154.55

资料来源:历年上海市统计年鉴。

三、江苏省利用外资情况

2018 年,江苏省吸引外资规模继续保持全国领先。新批外商投资企业 3348 家,比上年增加 94 家;新批协议外资 605.22 亿美元,比上年增长 9.2%;实际到账外资 255.92 亿美元,比上年增长 1.8%。新批及净增资 9000 万美元以上的外商投资大项目 353 个,比上年增加 6 个。

表 3　2014—2018 年江苏省外商投资状况　　万美元

指　标	2014 年	2015 年	2016 年	2017 年	2018 年
签订合同项目(个)	3031	2580	2859	3254	3348
#合资经营	709	606	776	1128	1157
合作经营	2	3	15	15	10
独资经营	2316	1963	2062	2094	2162
外商投资股份制企业	4	8	6	14	12
合同外商直接投资金额	4318685	3936089	4313941	5542587	6052216

续表

指　标	2014 年	2015 年	2016 年	2017 年	2018 年
#合资经营	661894	610010	851874	1383933	1472813
合作经营	9808	19050	95114	24854	48806
独资经营	3512530	3222822	3315933	4086719	4470612
外商投资股份制企业	134453	84207	51020	47081	53648
实际外商直接投资金额	2817416	2427469	2454296	2513541	2559248
#合资经营	429339	460420	545032	791142	759623
合作经营	9508	14383	22837	13448	28181
独资经营	2322693	1856173	1825448	1659310	1752963
外商投资股份制企业	55876	96493	60979	49641	16619

资料来源：历年江苏省统计年鉴。

2018 年江苏省各市利用外资情况：

南京市吸收外商直接投资新设立企业 439 家。新增合同利用外资（不含减资）98.22 亿美元，增长 26.5%；新批准总投资净增资千万美元以上大项目 186 个，投资总额 190.61 亿美元，合同外资 82.47 亿美元，占全市新增合同外资总额（不含减资）的 83.96%。全年实际使用外资 38.53 亿美元，比上年增长 4.9%。分产业看，第一产业使用外资 0.07 亿美元；第二产业使用外资 11.83 亿美元，下降 32.0%，其中制造业使用外资增长 8.8%，占全市 29.1%；第三产业使用外资 26.63 亿美元，增长 37.8%。全年开发区合同利用外资 62.33 亿美元，占全市比重 63.5%；开发区实际使用外资 28.35 亿美元，占全市比重 73.6%。

无锡市批准外资项目 434 个，新增协议注册外资 104.78 亿美元，比上年增长 54.0%。到位注册外资 37.15 亿美元，比上年增长 1.1%。战略性新兴产业利用外资占到位注册外资比重 58.3%，全年完成协议注册外资超 3000 万美元的重大外资项目 59 个。至年底全球财富 500 强企业中有 101 家在本市投资兴办了 197 家外资企业。

徐州市实际使用外资 18.98 亿美元，比上年增长 14.4%。新批外商投资企业 263 个，增加 75 个；新批协议外资 57.17 亿美元，增长 34.3%。新批及净增资 3000 万美元以上的项目 169 个，增加 72 个，其中 1 亿美元以上的项目 17 个，增加 3 个。

常州市利用外资力度加大。全年实际使用外资 26.1 亿美元，其中产业类外资占比 55.8%。十大产业链实际到账外资 9.1 亿美元，同比增长 39.5%。全年新增外资项目 356 个，其中新设项目 225 个、增资项目 131 个，累计新签协议注册外资 51.2 亿美元，新增总投资超亿美元项目 30 个，其中产业类项目 17 个。新增世界 500 强投资项目 2 个，省级跨国公司功能性机构 1 家。

苏州市新设外商投资项目 1013 个，实际使用外资 45.2 亿美元，其中服务业实际使用外资占比达 43.7%，新兴产业和高技术项目使用外资占比达 51.5%。年末全市具有地区总部特征或共享功能的外资企业超 300 家。

南通市新批外商投资项目 294 个，比上年下降 15.5%，其中，千万美元以上项目 212 个，比上年下降 17.2%；新批协议外资 70.1 亿美元，增长 30.7%；实际到账注册外资 25.8 亿美元，增长 6.6%。

镇江市新批外商投资企业 85 家，新批协议外资 9.95 亿美元，实际利用外资 8.68 亿美元。新批及净增资 1000 万美元以上项目 23 个。

淮安市新设外资项目 168 个，实际到账注册外资 11.8 亿美元（省口径），比上年增长 0.3%。新设总投资 3000 万美元以上外资项目 73 个，其中 1 亿美元以上项目 16 个；制造业实际利用外资占比 40%，和兴汽车被认定为全省跨国公司地区总部。台资高地建设加快推进，新引进及增资台资项目 48 个，其中超千万美元项目数增长45%，连续7年获评台商投资“极力推荐城市”。

宿迁市新批外商投资企业94个，比上年增长118.6%；完成协议注册外资10.57亿美元，比上年增长63.6%。实际利用外资3.77亿美元，比上年增长3.7%。

泰州市新批协议注册外资29.43亿美元，下降37.4%；新批外商投资企业129个，比上年减少12个；新批及净增资9000万美元以上项目15个，比上年减少11个；实际到账注册外资15.07亿美元，下降6.8%。

盐城市新批利用外资项目144个，其中3000万美元以上项目46个，比上年增长4.5%。注册外资实际到账9.1亿美元，比上年增长15.8%，比上年同期提高4.2个百分点，高于全省平均水平14个百分点，增速全省第一。

连云港市实际利用外资下降。全年实际利用外资6.03亿美元，下降11.0%。其中，新设项目平均规模2983万美元，增长43.9%。

扬州市对外开放层次不断提升。全市实际到账外资13.87亿美元，同比增长13.7%。新批外资项目155个，同比增长14.8%；新增协议外资35.09亿美元，同比增长39.56%。从行业分，服务业实际利用外资8.8亿美元，同比增长40.1%，占全市实际利用外资的63.4%；制造业实际利用外资5.07亿美元，同比下降13.9%，占全市实际利用外资的36.5%。以先进制造业为主的十大战略性新兴产业实际利用外资7.99亿美元，同比增长89.2%，占全市实际利用外资的57.6%，占比与2017年同期提升23.0个百分点。全市对外投资总额5.35亿美元，其中对外承包工程企业完成营业额3.66亿美元，占全市比重68.4%。新批境外投资项目39个，中方协议投资额1.36亿美元，同比增长83.0%。“一带一路”沿线国家投资项目16个，中方协议投资额6830万美元，占全市对外投资总量的50.1%。

表4　2014—2018年江苏省各市实际利用外资情况　　亿美元

指　标	2014年	2015年	2016年	2017年	2018年
南京市	32.91	33.35	34.79	36.73	38.53
无锡市	29.04	32.02	34.13	36.65	36.91
徐州市	16.58	14.28	15.06	16.60	18.98
常州市	24.09	17.21	25.00	22.16	24.22
苏州市	81.20	60.00	60.03	44.83	45.25
南通市	23.05	23.16	23.87	24.23	25.81
连云港市	9.54	8.01	5.50	6.78	6.03
淮安市	11.99	12.14	11.61	11.78	11.82
盐城市	10.47	7.95	7.07	7.89	9.13
扬州市	13.88	8.48	12.04	10.87	12.20
镇江市	12.95	13.05	13.51	13.53	8.68
泰州市	9.39	10.66	13.44	16.18	15.07
宿迁市	6.65	2.98	4.50	3.64	3.77

数据来源：历年江苏省统计年鉴。

四、浙江省利用外资情况

2018年，浙江省新批外商直接投资项目3529个，比上年增加499个；合同外资430.57亿美元，比上年增长24.1%；实际到位外资186.39亿美元，比上年增长4.1%。第三产业合同利用外资307.77亿美元，比上年增长28.9%；占合同外资总额的71.5%，比上年上升2.6个百分点。第三产业实际利用外资

119.98 亿美元，比上年增长 2.7%；占实际利用外资总额的 64.4%，比上年下降 0.8 个百分点。第二产业合同利用外资 122.13 亿美元，实际利用外资 66.19 亿美元，分别比上年增长 21.4%和 7.8%。其中制造业实际利用外资 59.67 亿美元，比上年增长 9.2%，占实际利用外资总额的 35.5%，比重比上年上升 5.0 个百分点。

表 5　2014—2018 年浙江省外商投资状况　　万美元

指　标	2014 年	2015 年	2016 年	2017 年	2018 年
签订合同项目(个)	1550	1778	2145	3030	3529
＃第一产业	36	13	26	23	14
第二产业	461	399	401	569	575
第三产业	1053	1366	1718	2438	2940
合同外商直接投资金额	2441203	2782198	2808140	3468697	4305661
＃第一产业	34570	10657	41703	74577	6608
第二产业	953204	1025283	963426	1005653	1221338
第三产业	1453429	1745932	1803011	2388467	3077715
实际外商直接投资金额	1579725	1696024	1757748	1790210	1863874
＃第一产业	8146	9002	12886	8114	2212
第二产业	592423	719328	715602	614032	661864
第三产业	979156	967694	1029260	1168064	1199798

资料来源：历年浙江省统计年鉴。

2018 年浙江省各市利用外资情况：

杭州市批准外商直接投资 744 家，比上年增长 29.4%，其中总投资 3000 万美元以上企业 224 家，增长 17.9%。实际利用外资 68.3 亿美元，增长 3.3%，其中第二产业 12.5 亿美元，第三产业 55.7 亿美元。至年末，有 121 家世界 500 强企业来杭投资 212 个项目。

宁波市累计批准外商投资项目数 623 个，比上年增加 68 个；合同利用外资 73.5 亿美元，增长 18.3%；实际利用外资 43.2 亿美元，增长 7.2%，累计实际利用外资达到 543.3 亿美元。第三产业新批项目 467 个，增长 13.6%；实际利用外资 26.8 亿美元，增长 25.4%。

嘉兴市新批外商投资项目 350 个；合同利用外资 63.86 亿美元，比上年增长 12.2%；实际利用外资 31.40 亿美元，增长 4.9%(同口径增长 57.7%)。全市制造业实际利用外资 18.2 亿美元，占全市实际利用外资总额的 57.8%。三产实际利用外资 12.5 亿美元，同比增长 24.3%，占全市实际利用外资总额的 39.8%，其中高技术服务业实际利用外资为 1.64 亿美元，占全市实际利用外资总额的 5.2%。

湖州市新批准及增减资利用外资项目 218 个。其中，外商投资企业 136 家，增资项目 51 个；总投资千万美元以上项目 107 个。全年合同外资 34.0 亿美元，比上年增长 27.9%。全年实到外资 12.7 亿美元，比上年增长 20.7%。其中，第一产业 0.04 亿美元，下降 14.7%；第二产业 6.8 亿美元，增长 58.3%；第三产业 5.8 亿美元，下降 5.4%。

绍兴市新批外资项目 230 只，合同利用外资 21.29 亿美元，实到外资 13.51 亿美元，增长 5.0%。其中，新批三产项目 186 只，合同外资 13.07 亿美元，实到外资 8.98 亿美元。新引进总投资亿美元以上项目 13 个，新引进合同外资 3000 万美元以上制造业项目 17 个，合同外资 5000 万美元以上服务业项目 4 个。外资来源以港资为主，实到港资 8.39 亿美元，占全市总量的 62.2%。

舟山市引进外资合同项目 271 个，比上年增长 3.8 倍；实际利用外资 4.18 万美元，增长 3.1%；实际利用市外资金 665.2 亿元；浙商回归到位资金 241.3 亿元。

温州市新批外商直接投资项目 5.34 亿美元，同比增长 49.2%。在“一带一路”沿线建成经营俄罗斯、越南、乌兹别克斯坦 3 个国家级境外经贸合作区，塞尔维亚、乌兹别克斯坦 2 个省级境外经贸合作区。

金华市新批外商投资企业 1007 家；合同利用外资 12.1 亿美元；实际利用外资 3.19 亿美元。二产实际利用外资金额 1.46 亿美元，占全市实际利用外资总额的 45.8%；三产实际利用外资金额 1.73 亿美元，占全市实际利用外资总额的 54.2%。全市省级及以上开发区实际利用外资 2.16 亿美元，占全市总数的 67.7%。

衢州市新批外商投资企业 13 家，合同利用外资 3.32 亿美元，比上年下降 42.4%；实际利用外资 0.74 亿美元，增长 0.5%。

台州市新批外商投资项目 44 个，总投资 8.21 亿美元，合同利用外资 5.05 亿美元，实际利用外资 2.89 亿美元。

丽水市新设外商直接投资项目 29 个，比上年增加 4 个；合同外资 2.96 亿美元，实际利用外资 1.07 亿美元，分别下降 19.4%和 50.7%。

表 6　2014—2018 年浙江省各市实际利用外资情况　　万美元

指　标	2014 年	2015 年	2016 年	2017 年	2018 年
浙东北	1471062	1599187	1642667	1637952	1732701
杭州市	633460	711253	720915	661001	682658
宁波市	402514	423375	451333	402995	432017
嘉兴市	249577	268427	269240	299452	313980
湖州市	98419	94188	100131	105320	127143
绍兴市	67130	94152	80031	128666	135141
舟山市	19962	7792	21017	40518	41762
浙西南	133659	97081	120581	152259	131176
温州市	53267	30123	24330	35822	52307
金华市	27840	27431	34329	43044	31854
衢州市	7009	6006	6109	7396	7431
台州市	27705	11635	33683	44332	28893
丽水市	17838	21886	22130	21665	10691

数据来源：历年浙江省统计年鉴。

五、安徽省利用外资情况

2018 年，安徽省亿元以上在建省外投资项目 5499 个，当年实际到位资金 11942 亿元，比上年增长 9.0%。新批外商投资项目 379 个，比上年增加 41 个。合同利用外资 60.75 亿美元，比上年下降32.9%；实际利用外商直接投资 170.02 亿美元，同比增长 7.0%。到 2018 年末，来皖投资的境外世界 500 强企业增加到 84 家，其中当年新引进 4 家。

表 7　2014—2018 年安徽省外商投资状况　　万美元

指　标	2014 年	2015 年	2016 年	2017 年	2018 年
新批项目(个)	256	289	267	338	379
＃合资经营	103	131	129	166	193

续表

指　标	2014 年	2015 年	2016 年	2017 年	2018 年
合作经营	3	5	2	2	1
独资经营	147	151	134	165	180
外商投资股份制	3	2	2	5	5
合同外资额	310969	393800	411413	905549	607542
＃合资经营	107022	165755	122632	594278	157801
合作经营	8020	10827	5986	700	17184
独资经营	188572	215805	285241	287915	425962
外商投资股份制	7355	1414	－2446	22655	6595
实际利用外商直接投资额	1233978	1361945	1476712	1589652	1700160
＃合资经营	428324	433218	492113	509571	529434
合作经营	4407	7181	5169	7074	18489
独资经营	771762	864674	970700	1019302	1076193
外商投资股份制	29485	56871	8730	53404	76044

资料来源：历年安徽省统计年鉴。

2018 年安徽省各市利用外资情况：

合肥市全年新备案外商投资企业 140 户，比上年增加 12 户。实际利用外商直接投资 32.30 亿美元，比上年增长 6.9％。其中，工业投资 12.40 亿美元，比上年增长 22.8％；服务业投资 19.4 亿美元，同比下降 1.8％。新增总投资（含增减资）31.7 亿美元，同比下降 17.4％。年末境外世界 500 强企业共 45 家，在合肥投资设立 64 家外资企业，新增 4 家。

淮北市新批外商投资企业 6 家，实际利用外商直接投资 25697 万美元，比上年下降 61.5％。全年新签约招商引资项目 222 个，其中协议投资亿元以上项目 171 个，10 亿元以上项目 9 个，15 亿元以上项目 5 个，新开工规模项目 176 个。

亳州市新批外商投资企业 7 家；实际到位省外资金 722.3 亿元，比上年增长 36.1％；实际利用外商直接投资 9.0 亿美元，同比增长 15.4％。组织参加 2018 世界制造业大会和中国国际徽商大会，全市集中签约和招商活动签约项目 73 个，总签约金额 795 亿元，同比增长 10.7％。

宿州市引进外资项目 10 个；合同利用外资 1.74 亿美元，比上年增长 240.1％；外商直接投资 9.18 亿美元，同比增长 16.9％。

阜阳市全年新批外商投资企业 16 家，比上年增长 77.8％。合同外资 8.2 亿美元，比上年下降 6.7％。实际利用外商直接投资 4.1 亿美元，比上年增长 87.9％。

淮南市新批外商投资企业 13 家，比上年增长 62.5％；合同利用外资 42329 万美元，同比增长 5.8 倍；实际吸收外商直接投资 28525 万美元，同比增长 19.6％。

六安市利用外商直接投资 50306 万美元，比上年增长 14.9％；新备案外资项目 13 个，与上年持平；合同外资 17550 万美元，同比增长 0.1％。

马鞍山市实际利用外商直接投资 24.85 亿美元，比上年增长 9.2％。

宣城市新批外商投资企业 19 家，合同外资额 1.1 亿美元；实际使用外资金额 11.2 亿美元，比上年增长 21.7％。

蚌埠市全年实现外商直接投资 13.98 亿美元，比上年下降 13.1％。

铜陵市全年实际利用外商直接投资 3.3 亿美元，比上年增长 21.4％。

池州市全年新批外商直接投资企业 8 个，利用外商直接投资 3.96 亿美元，比上年增长 1.5%。

安庆市全年利用实际外资 25494 万美元，比上年增长 31.8%；新增项目 17 个，合同外资 20143 万美元。

黄山市全年新批外商投资项目 12 个，比上年增加 2 个，其中新增“一带一路”国家俄罗斯联邦客商投资设立黄山利奥娜卫浴有限公司；合同外资额 4340 万美元，实际利用外商直接投资 20014 万美元，比上年增长 15.5%。

表 8　2014—2018 年安徽省各市利用外资情况　　万美元

指　标	2014 年	2015 年	2016 年	2017 年	2018 年
合 肥 市	225877	250678	280843	302037	323000
淮 北 市	54431	59979	64780	66695	25697
亳 州 市	59687	65656	72279	78064	90108
宿 州 市	58966	67623	73033	78510	91805
蚌 埠 市	121357	139197	150383	160963	139845
阜 阳 市	16207	18463	20309	21934	41213
淮 南 市	20095	20797	22298	23859	28525
滁 州 市	92353	105886	114366	122355	139230
六 安 市	35191	38720	37209	43786	50306
马鞍山市	176131	194002	209531	227642	248490
芜 湖 市	200340	230062	251145	268730	291642
宣 城 市	69002	79606	85975	92386	112397
铜 陵 市	19577	22324	24303	27025	32806
池 州 市	30260	34703	36132	39006	39588
安 庆 市	26666	18253	18074	19339	25494
黄 山 市	27838	15996	16052	17321	20014

数据来源：历年安徽省统计年鉴。

五　长三角对外经济

一、长三角对外经济总体情况

2018年，长三角对外承包工程及对外劳务合作完成营业额264.42亿美元，比上年下降12.4%；占到全国总量的15.6%，比上年下降2.3个百分点。其中，上海市对外承包工程及对外劳务合作完成营业额75.41亿美元，比上年下降24.1%；占长三角总量的28.5%，所占比重下降4.4个百分点。江苏省对外承包工程及对外劳务合作完成营业额83.27亿美元，比上年下降12.6%；占长三角总量的31.5%，所占比重下降0.1个百分点。浙江省对外承包工程及对外劳务合作完成营业额75.60亿美元，比上年增长3.8%；占长三角总量的28.61%，所占比重上升4.5个百分点。安徽省对外承包工程及对外劳务合作完成营业额30.14亿美元，比上年下降12.7%；占长三角总量的11.4%，所占比重基本与上年持平。

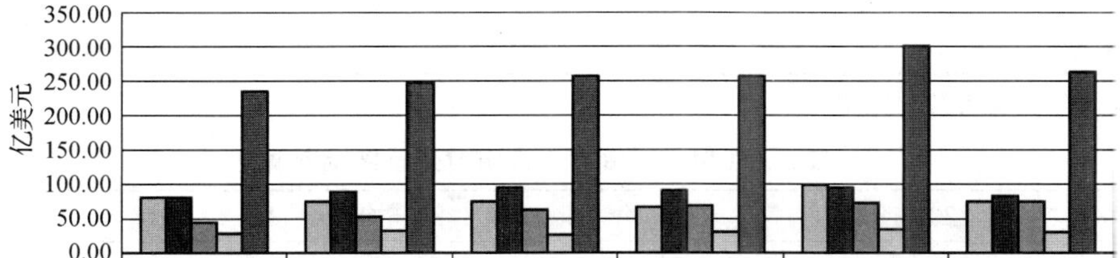

	2013年	2014年	2015年	2016年	2017年	2018年
上海市	80.69	74.00	74.55	68.56	99.30	75.41
江苏省	81.51	88.08	95.07	91.11	95.29	83.27
浙江省	44.03	53.39	61.87	68.33	72.84	75.60
安徽省	29.14	32.27	26.93	30.94	34.54	30.14
长三角	235.37	247.74	258.42	256.94	301.97	264.42

图1　2013—2018年长三角地区对外承包工程与劳务合作完成营业额(单位:亿美元)

2018年，长三角对外投资额为461.87亿美元，比上年增长49.4%；占全国对外直接投资额的32.3%，所占比重比上年上升12.8个百分点。上海市中方对外投资额为168.72亿美元，比上年增长52.2%；占长三角投资总量的36.5%，所占比重上升0.7个百分点。江苏省中方对外投资额为94.84亿美元，比上年增长2.3%；占长三角投资总量的20.5%，所占比重下降9.4个百分点。浙江省中方对外投资额为183.81亿美元，比上年增长90.6%；占长三角投资总量的39.8%，所占比重上升8.6个百分点。安徽省中方对外投资额为14.50亿美元，比上年增长56.4%；占长三角投资总量的3.1%，所占比重上升0.1个百分点。

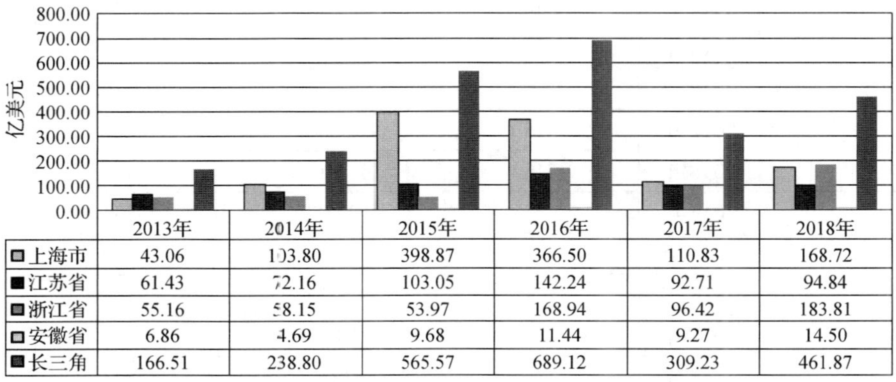

	2013年	2014年	2015年	2016年	2017年	2018年
上海市	43.06	103.80	398.87	366.50	110.83	168.72
江苏省	61.43	72.16	103.05	142.24	92.71	94.84
浙江省	55.16	58.15	53.97	168.94	96.42	183.81
安徽省	6.86	4.69	9.68	11.44	9.27	14.50
长三角	166.51	238.80	565.57	689.12	309.23	461.87

图2　2013—2018年长三角地区中方对外投资额(单位:亿美元)

二、上海市对外经济总体情况

2018 年，上海市备案和核准对外直接投资项目 792 项，比上年增长 30.3%；对外直接投资中方投资额 168.72 亿美元，增长 57.0%。签订对外承包工程合同金额 118.97 亿美元，增长 9.6%；实际完成营业额 75.41 亿美元，下降 24.1%；派出人员 8764 人次，下降 37.0%。对外劳务合作派出人员 9808 人次，下降 48.2%。

表 1　2014—2018 年上海市对外经济合作情况

指　标	2014 年	2015 年	2016 年	2017 年	2018 年
对外承包工程					
签订合同金额(亿美元)	108.90	111.00	118.45	108.50	118.97
实际营业额(亿美元)	74.00	74.55	66.56	99.30	75.41
派出人员(人次)	8532	5866	6497	13902	8764
对外劳务合作					
派出人员(人次)	18163	14369	15290	18935	9808

资料来源：历年上海市统计年鉴。

表 2　2014—2018 年上海市对外直接投资情况

指　标	2014 年	2015 年	2016 年	2017 年	2018 年
企业数(个)	594	1338	1425	608	792
投资额(亿美元)	103.80	398.87	366.50	110.83	168.72

资料来源：历年上海市统计年鉴。

三、江苏省对外经济总体情况

2018 年，江苏省新批境外投资项目 786 个，比上年增加 155 个；中方协议投资 94.84 亿美元，同比增长 2.3%。新签对外承包工程合同额 65.90 亿美元，比上年下降 39.1%。实际完成营业额 83.27 亿美元，比上年减少 12.6%。年末在外人数 37784 人，比上年增加 5840 人。新签劳务人员合同工资总额 5.42 亿美元，比上年增长 23.1%；劳务人员实际收入总额 7.97 亿美元，增长 10.4%；年末在外人数 69755 人，增加 10249 人。协议投资第三产业仍占主导地位，2018 年江苏省对外第三产业协议投资 47.09 亿美元，比上年增长 9.1%，占协议投资的比重为 49.7%，比上年上升 3.1 个百分点。

表 3　2014—2018 年江苏省对外经济合作情况

指　标		合同数(份)	合同金额(万美元)	实际额(万美元)	年末在外人数(人)
对外承包工程	2014 年	1067	966108	795426	36552
	2015 年	875	779596	876128	37907
	2016 年	1543	728708	911122	32403
	2017 年	548	1082087	952857	31944
	2018 年	645	659004	832664	37784
对外劳务合作(工资额)	2014 年	—	120789	85351	59850
	2015 年		51941	74550	63911
	2016 年		45319	69634	55371
	2017 年		44034	72179	59506
	2018 年		54217	79653	69755

资料来源：历年江苏省统计年鉴。

表 4　2014—2018 年江苏省境外投资情况

指　标	2014 年	2015 年	2016 年	2017 年	2018 年
新批项目数(个)	736	880	1067	631	786
按项目类型					
企业	698	851	1049	584	735
子公司	685	806	990	570	723
独资子公司	517	621	759	429	546
合资子公司	168	184	231	141	177
联营公司	13	45	59	14	12
机构	38	29	18	47	51
按主体类型					
国有及国有控股企业	58	52	95	83	72
集体企业	1	3	6	6	6
民营企业	554	693	814	432	587
外资企业	123	132	152	110	121
按业务类型					
＃参股并购类项目	110	170	220	137	156
风险投资类项目	7	7	2	1	1
贸易型项目	277	315	286	213	233
非贸易型项目	459	565	781	418	553
＃境外加工贸易项目	61	65	76	44	53
境外资源开发项目	10	18	7	2	1
中方协议金额(万美元)	721571	1030460	1422365	927073	948424
按项目类型					
企业	721154	1030123	1422194	904664	936117
子公司	712482	996893	1373375	885165	908721
独资子公司	543147	798599	1137147	689252	697944
合资子公司	169335	198294	236228	195913	210777
联营公司	8672	33230	48820	19499	27395
机构	417	337	171	22409	12307
按主体类型					
国有及国有控股企业	65224	59895	180317	138680	86905
集体企业	9998	38164	4641	27705	4673
民营企业	547679	795137	999928	631619	766479
外资企业	98669	137264	237479	129070	90366
按业务类型					
＃参股并购类项目	110347	199902	306426	493901	399939
风险投资类项目	17973	7753	897	2655	500

续表

指　标	2014年	2015年	2016年	2017年	2018年
贸易型项目	167014	225716	242426	106254	187761
非贸易型项目	554557	804744	1179940	820819	760663
#境外加工贸易项目	57923	112433	150458	157283	152956
境外资源开发项目	22658	73734	30808	10000	－527

资料来源：历年江苏省统计年鉴。

2018年江苏省各市对外经济情况：

南京市实现对外投资总额42.0亿美元。境外世界500强设立法人企业、分公司及分支机构数达210个。

无锡市备案投资项目103个，中方协议投资额达到15.23亿美元，比上年增长26.4%，其中1000万美元以上项目26个。

徐州市新签对外承包工程合同额、新签对外承包工程完成营业额分别为2.17亿美元和1.36亿美元；新批境外投资项目21个，境外投资中方协议外资2亿美元。

常州市对外投资稳步推进。全年新增境外投资项目84个，中方协议投资额8.4亿美元，其中“一带一路”投资项目30个，同比增加了14个，中方协议投资额近亿美元，继续保持高位运行。新增境外并购项目19个，中方协议投资额5.8亿美元，增长110.0%，今创集团、恒立液压、远东文化等一批重点企业通过跨国并购整合全球资源、加快海外布局。全年新增国际产能和装备制造合作项目41个，中方协议投资额5.7亿美元。

苏州市新批境外投资项目中方协议投资额26.8亿美元。对外投资扩面增量。在“一带一路”沿线国家和地区新增投资项目64个，中方协议投资额9.11亿美元。

南通市新批境外投资项目68家，中方协议投资额10.48亿美元。新签对外承包劳务合同额17.26亿美元，增长80.5%；完成对外承包劳务营业额17.79亿美元，下降1.7%；新派劳务人员0.89万人次，增长0.5%；年末在外劳务人员2.35万人，下降2.4%。

镇江市累计批准233家企业在64个国家和地区，投资294个境外项目，中方协议投资14.79亿美元。全年新批及增资境外投资项目28个，与上年持平；中方协议投资1.38亿美元，新签订对外承包工程合同额0.53亿美元；完成营业额4.29亿美元，增长30.2%。

四、浙江省对外经济总体情况

2018年，浙江省经审批和核准的境外投资企业和机构共计737家，比上年增加210家。其中，中方投资183.81亿美元，比上年增长90.6%。对外承包工程和劳务合作完成营业额75.60亿美元，比上年增长3.8%；新签对外承包工程和劳务合作合同额41.15亿美元，同比下降20.3%；对外承包工程和劳务合作年底在外人数为33594人，比上年增加5721人。

表5　2014—2018年浙江省对外经济合作情况

项　目	2014年	2015年	2016年	2017年	2018年
新签对外承包工程和劳务合作合同额(万美元)	423539	587412	553693	516116	411499
对外承包工程和劳务合作营业额(万美元)	533922	618719	683295	728427	756048

续表

项　目	2014 年	2015 年	2016 年	2017 年	2018 年
对外承包工程和劳务合作在年底在外人数(人)	31279	32234	33921	27873	33594
新批境外投资企业数(个)	577	760	803	527	737
境外企业中方投资额(万美元)	581489	539701	1689363	964207	1838091

资料来源:历年浙江省统计年鉴。

2018 年浙江省各市对外经济情况:

杭州市设立各类境外投资企业(机构)2008 个,增长 12.8%。全年对外承包工程和劳务合作营业额 25.8 亿美元,增长 9.8%。离岸服务外包合同执行额 69.2 亿美元,增长 7.0%。

宁波市新批境外投资企业和机构 172 家;备案中方投资额 41.4 亿美元,比上年增长 142.1%。全年完成境外承包工程劳务合作营业额 16.8 亿美元,下降 18.9%。

嘉兴市引进招大引强项目 60 个,其中世界 500 强项目 9 个,行业龙头项目 10 个,总投资(增资)超亿美元项目 44 个(含世界 500 强项目 3 个)。

绍兴市新批境外投资企业 31 家,企业增资 13 家,总投资额 71286 万美元,中方投资额 62450 万美元,境外工程营业额 18021 万美元。境外工程主要分布在委内瑞拉、赞比亚、卡塔尔、澳大利亚、阿尔及利亚、巴基斯坦等国家和地区。

舟山市对外经济合作营业额 9.48 亿美元,比上年增长 92.8%;其中,对外承包工程完成营业额 8.08 亿美元,增长 96.8%,占全市外经合作营业额的 85.2%,较上年提升 1 个百分点;共派出各类劳务人员 11372 人次,期末在外 16173 人,期末在外各类人数较上年同期增加 2069 人。

温州市境外投资总额达 5.92 亿美元,新批境外投资项目 35 个,其中"一带一路"沿线国家投资 3.81 亿美元,占全部境外投资比重 64.0%。

金华市新批核准境外投资项目 36 个,境外投资总额 2.34 亿美元,其中中方投资 1.65 亿美元。在"一带一路"沿线国家地区中方投资额 1.36 亿美元,占全市总额的 82.8%。全市完成对外承包工程劳务合作营业额 3.29 亿美元。全年设立境外营销网络项目 30 个,中方投资额 1.28 亿美元。"一带一路"捷克站授牌捷克(浙江)经贸合作园,成为本市首个浙江省级境外经贸合作区。

台州市新批境外投资企业 35 家,中方投资额 20.63 亿美元。全市累计境外投资项目 660 个,中方累计投资额 35.0 亿美元。

五、安徽省对外经济总体情况

2018 年,安徽省新批境外企业(机构)99 个,比上年增加 24 个;协议对外投资 13.41 亿美元,比上年增长 44.6%;实际对外投资 14.50 亿美元,同比增长 56.4%,其中对"一带一路"沿线国家和地区投资 1.90 亿美元,同比增长 1.11 倍。对外承包工程新签合同金额 50.53 亿美元,比上年下降 3.8%;完成营业额 30.14 亿美元,同比下降 12.8%;当年外派劳务人员 9539 人,比上年减少 2035 人;年末在外人数为 19675 人,比上年减少 352 人。

表 6　2014—2018 年安徽省对外经济合作情况

项　目	2014 年	2015 年	2016 年	2017 年	2018 年
新签对外承包工程和劳务合作合同额(万美元)	266764	307024	307609	525243	505342

续表

项　目	2014年	2015年	2016年	2017年	2018年
对外承包工程和劳务合作营业额(万美元)	322693	269258	309408	345443	301379
对外承包工程和劳务合作在年底在外人数(人)	24709	23691	19197	20027	19675
新批境外投资企业数(个)	100	133	121	75	99
协议对外投资额(万美元)	100861	318197	382275	106033	134079
境外企业中方实际投资额(万美元)	46877	96846	114369	92712	145014

资料来源:历年安徽省统计年鉴。

2018年安徽省主要城市对外经济情况:

合肥市对外经济合作新签合同额36.9亿美元,比上年增长20.5%。劳务合作年末在外人员6673人,比上年增长3.7%。

宣城市新增境外投资企业新增境外投资企业7家,实际对外投资498万美元。

亳州市积极推动企业“走出去”开展对外合作,培育3家外经主体。

安庆市全年外派劳务人员144人,比上年增长100%。

淮南市全年对外工程承包新签合同额42200万美元,比上年下降33.9%;完成营业额52803万美元,同比增长79.2%。当年外派劳务人员3500人,比上年增长5.6%。

六　长三角外贸

一、长三角对外贸易总体情况

2018年，长三角(统计对象不含安徽省，下同)对外贸易进出口总值达106323.90亿元，比上年增长10.9%；占全国外贸比重34.9%，比上年下降0.9个百分点。其中，出口额61499.03亿元，比上年增长9.7%；占全国出口比重37.5%，同比下降0.4个百分点。

2018年，上海市对外贸易进出口总额占长三角进出口总额的比重为32.0%，比上年下降1.6个百分点；出口额占长三角出口总额的比重为22.2%，同比下降1.2个百分点。江苏省对外贸易进出口总额占长三角进出口总额的比重为41.2%，比上年上升1.5个百分点；出口额占长三角出口总额的比重为43.3%，同比上升1.4个百分点。浙江省对外贸易进出口总额占长三角进出口总额的比重为26.8%，比上年上升0.1个百分点；出口额占长三角出口总额的比重为34.4%，同比下降0.3个百分点。

表1　2014—2018年长三角地区对外贸易情况　　亿美元、亿元

指　标	2014年		2015年		2016年		2017年		2018年	
	进出口额	出口额	进出口额	出口额	进出口额	出口额	进出口额	出口额	进出口额	出口额
上海市	4666.22	2102.77	4517.33	1969.69	28664.37	12105.45	32237.82	13120.31	34009.93	13666.85
江苏省	5637.62	3418.69	5456.14	3386.68	33634.80	21063.20	38031.24	23487.27	43802.37	26657.68
浙江省	3550.49	2733.29	3467.84	2763.32	22202.08	17666.48	25605.32	19439.76	28511.55	21174.50
安徽省	492.73	314.93	488.08	331.14	2933.80	1882.50	3631.60	2065.20	—	—
长三角	14347.06	8569.68	13929.39	8450.83	87435.05	52717.63	99505.98	58112.54	106323.90	61499.03

注：2016年后(含)货币统计单位为人民币。
资料来源：历年上海市、江苏省、浙江省、安徽省统计年鉴。

二、上海市对外贸易情况

2018年，上海口岸货物进出口总额85317.0亿元，比上年增长7.7%。其中，进口36403.1亿元，比上年增长8.8%；出口48913.9亿元，增长6.9%。全年上海关区货物进出口总额64064.29亿元，比上年增长7.3%。其中，进口26965.19亿元，比上年增长9.2%；出口37099.10亿元，增长6.0%。

2018年，上海市完成货物进出口总额34009.93亿元，比上年增长5.5%。其中，进口20343.08亿元，增长6.4%；出口13666.85亿元，增长4.2%。高新技术产品出口占全市比重为42.0%。按市场分，对欧盟进口4635.49亿元，比上年增长3.3%；出口2432.99亿元，增长4.5%。对美国进口1935.18亿元，比上年下降6.6%；出口3134.44亿元，下降0.4%。对东盟进口2525.88亿元，比上年下降4.4%；出口1696.06亿元，增长6.3%。对日本进口2377.44亿元，比上年增长6.8%；出口1417.74亿元，增长8.3%。与“一带一路”沿线国家和重要节点城市建立经贸合作伙伴关系，货物贸易额占全市比重达到20.6%。

按企业性质分，2018年，上海市国有企业出口232.76亿美元，比上年增长2.0%；外商投资企业出口1344.15亿美元，增长4.0%。按产品分类，高新技术产品出口869.59亿美元，比上年增长3.3%；机电产品出口1436.83亿美元，增长4.8%。按贸易方式分，一般贸易出口961.03亿美元，比上年增长12.7%；加工贸易出口794.10亿美元，增长0.3%。

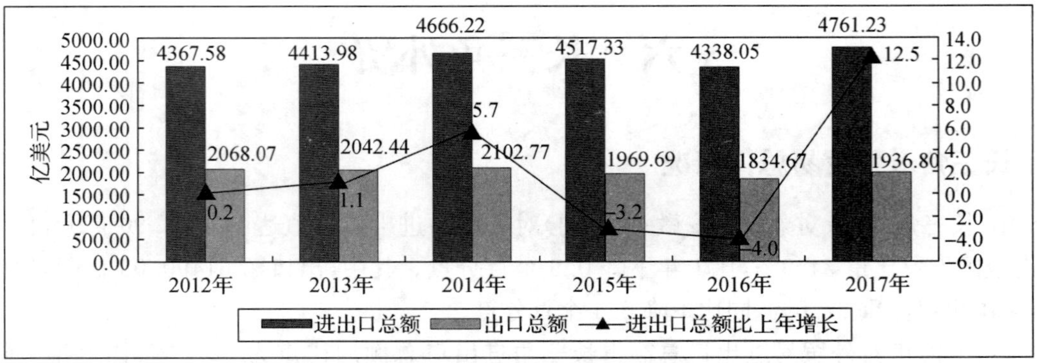

图 1　2012—2017 年上海市进出口总额与增长速度

表 2　2014—2018 年上海市出口情况　　**亿美元**

指　标	2014 年	2015 年	2016 年	2017 年	2018 年
出口总额	2102.77	1969.69	1834.67	1936.81	2071.70
按企业性质分					
#国有企业	279.17	254.26	224.49	228.10	232.76
外商投资企业	1415.62	1320.55	1236.16	1292.95	1344.15
按贸易方式分					
#一般贸易	879.73	838.98	797.25	852.48	961.03
加工贸易	919.88	842.59	734.31	791.46	794.10
按产品类别分					
#机电产品	1456.08	1380.30	1289.16	1371.58	1436.83
#高新技术产品	890.63	861.55	790.60	841.70	869.59

数据来源：历年上海市统计年鉴。

2018 年，上海市对香港特别行政区、台湾地区出口 200.12 亿美元、77.08 亿美元，比上年分别增长 11.4%和 11.3%。对美国、俄罗斯出口 475.10 亿美元、28.40 亿美元，分别增长 2.3%和 18.4%。对日本、韩国出口 215.09 亿美元、68.78 亿美元，分别增长 11.2%和 8.5%。

表 3　2014—2018 年上海市对主要国家和地区出口情况

指　标	2014 年	2015 年	2016 年	2017 年	2018 年
中国香港	184.65	193.43	181.40	179.64	200.12
中国台湾	66.82	61.23	64.41	69.24	77.08
日　本	233.13	213.22	192.07	193.49	215.09
韩　国	71.62	84.80	73.45	63.41	68.78
俄罗斯	30.17	17.08	16.47	23.98	28.40
美　国	498.45	455.79	449.16	464.57	475.10

数据来源：历年上海市统计年鉴。

三、江苏省对外贸易情况

2018 年，江苏省外贸完成进出口总额 43802.37 亿元，比上年增长 9.5%。其中，出口 26657.68 亿元，增长 8.4%；进口 17144.68 亿元，增长 11.3%。从贸易方式看，一般贸易进出口总额 21342.55 亿元，增长10.9%；占进出口总额比重达48.7%，超过加工贸易9.4个百分点。从出口主体看，国有企业、外资企业、私营企业出口额分别增长17.7%、3.6%和15.1%。从出口市场看，对美国、欧盟、日本出口比上年分别增长6%、6.9%和5.5%，对印度、俄罗斯、东盟出口分别增长4.4%、10.5%和13.0%。从出口产品看，机电、高新技术产品出口额分别增长8.9%、8.5%。对"一带一路"沿线国家出口保持较快增长，出口额6459.60亿元，增长8.9%；占全省出口总额的比重为24.2%，对全省出口增长的贡献率为25.7%。

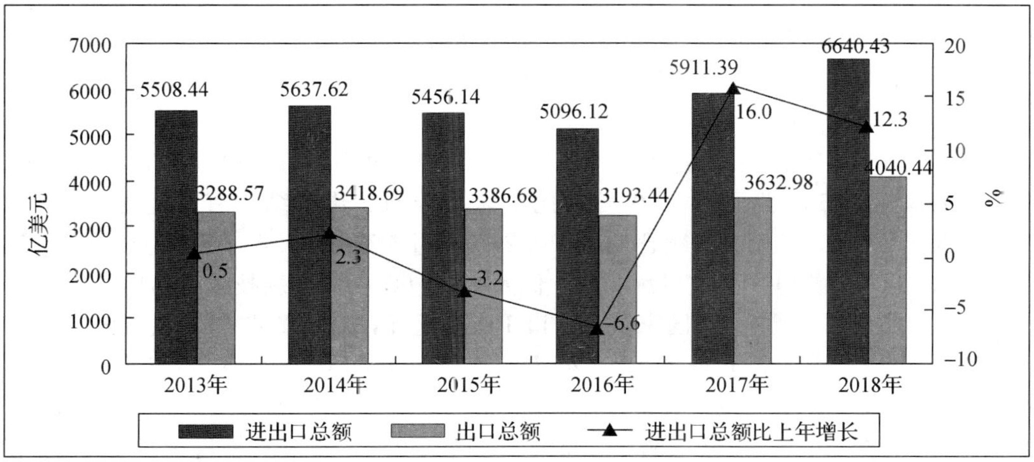

图2　2013—2018年江苏省进出口总额、出口额与增长速度

对俄罗斯出口额为48.99亿美元，比上年增长13.5%；对美国、日本、韩国出口额分别为929.91亿美元、295.73亿美元和224.46亿美元，分别增长8.7%、8.3%和21.7%；对香港特别行政区、台湾地区出口额分别为365.41亿美元、115.17亿美元，分别增长19.9%和10.2%；对欧盟、东盟、非洲、拉丁美洲出口额分别为753.32亿美元、454.60亿美元、99.33亿美元和215.34亿美元，分别增长9.6%、16.2%、14.9%和12.8%。

表4　2015—2018年江苏省进出口商品主要国家和地区　　亿美元

指　标	2015年		2016年		2017年		2018年	
	进出口额	出口额	进出口额	出口额	进出口额	出口额	进出口额	出口额
中国香港	352.45	347.90	278.99	272.69	311.25	304.77	368.76	365.41
中国台湾	434.41	137.83	375.68	99.84	400.59	104.47	442.32	115.17
韩国	585.00	166.78	542.12	166.86	641.67	184.46	787.62	224.46
日本	528.19	280.82	500.67	259.80	560.89	273.01	599.08	295.73
俄罗斯	41.08	34.74	46.71	38.62	53.53	43.18	59.42	48.99
美国	867.63	727.97	840.07	717.29	1007.19	855.85	1075.40	929.91
东盟	596.54	351.07	586.74	351.06	681.60	391.39	783.34	454.60
欧盟	847.35	607.86	821.08	594.80	966.15	687.25	1062.53	753.32
非洲	102.55	87.01	92.65	77.06	107.14	86.47	132.05	99.33
拉丁美洲	280.03	189.33	263.86	169.04	299.92	190.87	349.27	215.34

数据来源：历年江苏省统计年鉴。

2018年江苏省各市对外贸易情况：

南京市实现进出口总额654.91亿美元，比上年增长7.6%。其中，出口总额378.79亿美元，增长10.8%，进口总额276.12亿美元，增长3.4%。从进出口商品市场看，全年对欧盟、美国、日本、韩国和东盟等传统市场进出口额445.40亿美元，增长5.1%，占全市进出口总额的比重为68.0%。其中，出口238.17亿美元，增长8.9%，占全市出口总额的62.9%；进口207.23亿美元，增长1.0%，占全市进口总额的75.1%。从进出口商品构成看，全年高新技术产品出口91.52亿美元，下降4.0%，进口82.42亿美元，下降12.6%。机电产品出口185.48亿美元，增长0.7%，进口158.55亿美元，下降3.0%。

无锡市实现对外贸易进出口总额934.44亿美元，比上年增长15.0%。其中，进口总额366.63亿美元，比上年增长15.5%；出口总额567.81亿美元，比上年增长14.7%。一般贸易实现出口额253.02亿美元，占出口总额的比重49.8%。按人民币计，全年实现对外贸易进出口总额6161.83亿元，比上年增长12.0%。其中，进口总额2418.15亿元，比上年增长12.6%；出口总额3743.68亿元，比上年增长11.6%。

徐州市实现进出口总额773.69亿元，比上年增长46.8%；其中出口总额638.35亿元，增长49.1%。服务贸易进出口总额9.05亿美元，占对外贸易比重为8.76%。出口结构有所优化，一般贸易出口额575.7亿元，增长50.5%，占出口总额比重为90.2%，比上年提高0.8个百分点；加工贸易出口额60.4亿元，增长36.1%。机电产品出口额276.3亿元，增长60.9%，高新技术产品出口额18.5亿元，增长16.9%。分出口市场看，对东南亚国家联盟出口101.5亿元，增长32.1%；对欧盟出口86.8亿元，增长51.5%；对美国出口124.1亿元，增长67.2%；对日本出口19.4亿元，增长33.6%。

常州市对外贸易难中求进。按人民币计价，全市完成进出口总额2266.4亿元，增长7%，其中出口总额1652.9亿元，增长6.3%，进口总额613.5亿元，增长9%。一般贸易进出口1789.3亿元，增长8.2%，占全市比重78.9%。从主要出口市场来看，全市对美国出口353.1亿元，增长9.1%；对欧盟出口304.9亿元，增长17.6%；对东盟出口220.1亿元，增长7.6%；新兴市场加快拓展，对非洲出口增长14.1%，对拉美出口增长13.7%。获评国家级外贸转型升级示范基地3家，新认定市级出口基地4家、进口交易中心2家。

苏州市对外贸易迎难而上。全年实现进出口总额3541.1亿美元，比上年增长12%。其中出口突破2000亿美元，达2068.3亿美元，增长10.5%；进口1472.8亿美元，增长14.2%。分注册类型看，外商投资企业实现进出口2558.9亿美元，比上年增长7.8%，占全市进出口总额比重达72.3%；民营企业和国有企业进出口分别增长19.9%和41.2%。从贸易市场看，对美国出口578.3亿美元，比上年增长8.3%；对欧盟、东盟出口分别增长8.6%和15.7%；对"一带一路"沿线国家和地区出口425.9亿美元，增长11.3%。贸易方式积极转变。全市实现一般贸易出口688.7亿美元，比上年增长13.6%。一般贸易出口占全市出口比重达33.3%，较上年提高0.9个百分点。

南通市按人民币计价实现进出口总值2542.90亿元，增长7.7%，其中，出口总值1676.88亿元，下降0.9%；进口总值866.02亿元，增长29.6%。年末建立进出口贸易关系的国家和地区199个，与上年持平。全市有进出口业绩的企业6521家，增长7.5%。

镇江市实现进出口总额118.39亿美元，比上年增长12.4%，其中出口总额79.80亿美元，增长14.2%；进口总额38.59亿美元，增长8.7%。从出口方式上看，一般贸易出口63.50亿美元，增长17.8%；加工贸易出口15.88亿美元，增长3.3%。分企业类型看，国有企业出口2.27亿美元，增长13.3%；外商投资企业出口34.76亿美元，增长6.9%；民营企业出口41.93亿美元，增长21.5%。从出口市场看，对东盟组织出口10.75亿美元，增长11.1%；对日本出口5.22亿美元，增长7.2%；对欧盟出口10.94亿美元，增长25.9%；对美国出口16.66亿美元，增长24.1%。

淮安市完成进出口总额50.1亿美元，比上年增长8.1%，总量创历史新高。其中，出口33.7亿美元，增长12.1%；进口16.4亿美元，增长0.6%。机电和高新技术产品出口占比40%以上；一般贸易进出口占货物进出口比重58.6%。全市有进出口实绩企业934户，较上年增加71户，进出口超亿美元企业11户。新设境外投资项目10个，完成外经营业额1.73亿美元，增长10.8%。

宿迁市实现进出口总额36.01亿美元，比上年增长22.1%。其中，出口27.17亿美元，增长25.1%；

进口 8.84 亿美元，增长 13.8%。

泰州市完成进出口总额 147.30 亿美元，增长 13.8%，其中出口 95.31 亿美元，增长 16.0%，进口 51.99 亿美元，增长 9.9%。按贸易方式分，一般贸易出口 55.84 亿美元，增长 13.4%；加工贸易出口 38.79 亿美元，增长 18.4%。按企业性质分，外商投资企业出口 47.34 亿美元，增长 8.2%；民营企业出口 45.97 亿美元，增长 26.3%。按商品类别分，机电产品出口 50.33 亿美元，增长 15.2%；农产品出口 4.04 亿美元，增长 13.4%。按出口地区分，对亚洲出口 44.06 亿美元，增长 43.5%；对欧洲出口 16.33 亿美元，下降 5.2%；对美国出口 18.53 亿美元，增长 17.8%。全年完成服务贸易出口 3.14 亿美元，下降 9.6%。

盐城市实现进出口总额 95.5 亿美元，比上年增长 10.4%，其中出口 60.3 亿美元，比上年增长 3.3%，进口 35.2 亿美元，比上年增长 25.1%。

连云港市进出口总额较快增长。全年完成进出口总额 95.47 亿美元，增长 16.2%，居全省第三位。其中，进口总额 53.88 亿元，增长 25.4%，拉动全市进出口增长 13.3 个百分点；出口总额 41.59 亿美元，增长 6.0%，拉动全市进出口增长 2.9 个百分点。其中，医药产业技术出口表现抢眼，恒瑞医药与美国企业累计签订价值 5.7 亿美元的技术转让许可协议。

扬州市进出口总额 113.05 亿美元，下降 5.7%，其中出口 83.6 亿美元，下降 2.1%；进口 29.4 亿美元，下降 14.8%。从出口主体看，民营企业实现出口 43.6 亿美元，占全市出口的 52.2%；外资企业出口 28.9 亿美元，占全市出口的 34.6%；国有企业出口 11.1 亿美元，同比增长 0.6%。从贸易方式看，一般贸易进出口额 86.5 亿美元，占全市货物贸易进出口额的比重为 76.5%，同比下降 5.1%；加工贸易进出口额 24.1 亿美元，同比增长 12.2%。对“一带一路”沿线国家地区累计出口额 19.0 亿美元，同比下降 0.2%，占全市出口比重 22.7%。

表 5　2015—2018 年江苏省各市进、出口情况　　亿美元

指　标	2015 年		2016 年		2017 年		2018 年	
	进出口总额	出口额	进出口总额	出口额	进出口总额	出口额	进出口总额	出口额
南京市	532.40	315.03	502.14	295.94	611.87	344.15	654.91	378.79
无锡市	684.67	422.32	698.05	429.1	812.53	495.19	934.44	567.81
徐州市	54.13	43.89	62.42	52.48	78.01	63.34	117.44	97.08
常州市	280.41	212.56	275.84	208.6	312.66	229.39	343.86	250.72
苏州市	3053.50	1814.59	2737.58	1639.41	3160.79	1871.61	3541.14	2068.31
南通市	315.79	228.26	308.59	230.11	348.20	249.38	385.91	254.53
连云港市	80.45	40.60	70.40	36.84	82.11	39.07	95.47	41.59
淮安市	41.30	30.09	35.04	26.98	46.36	30.03	50.10	33.67
盐城市	81.19	51.24	79.51	47.38	86.53	58.41	95.49	60.31
扬州市	103.38	77.11	96.25	72.59	107.99	78.68	119.93	85.42
镇江市	100.64	68.73	103.17	69.52	105.36	69.85	118.39	79.80
泰州市	102.29	63.77	103.81	66.74	129.48	82.16	147.30	95.31
宿迁市	25.99	18.50	24.22	18.71	29.48	21.72	36.01	27.17

数据来源：历年江苏省统计年鉴。

四、浙江省对外贸易情况

2018 年，浙江省完成进出口总额 28511.56 亿元，比上年增长 11.4%。其中，进口额 7337.06 亿元，

比上年增长19.0%；出口额21174.50亿元，同比增长8.9%。

按贸易方式分。一般贸易出口额16959.95亿元，比上年增长9.4%；加工贸易出口1874.13亿元，同比增长2.2%。机电产品出口额为9207.65亿元，比上年增长9.6%，占出口总额比重为43.5%；高新技术产品出口额为1408.29亿元，比上年增长11.5%，占出口总额比重为6.7%。

按经济类型分。三资企业出口额3507.13亿元，比上年增长2.1%，占出口总额比重为16.6%，所占比重较上年下降1.1个百分点；私营企业出口额15954.24亿元，同比增长10.8%，占出口总额比重为75.3%，所占比重较上年提升1.2个百分点；国有企业出口额1142.63亿元，同比增长8.5%，占出口总额比重为5.4%，所占比重基本与上年持平。

对香港特别行政区、台湾省出口额分别为248.71亿元、211.82亿元，分别比上年增长4.0%和9.8%；对美国、日本、韩国和俄罗斯出口额分别为4148.59亿元、837.44亿元、551.15亿元和589.86亿元，分别比上年增长12.2%、4.1%、9.8%和8.3%；对亚太经济组织、东盟和欧盟出口额分别为10145.11亿元、2022.04亿元和4662.25亿元，分别比上年增长11.5%、16.1%和7.8%。

表6 2015—2018年浙江省对主要市场进出口情况 万元

国别(地区)	2015年		2016年		2017年		2018年	
	进出口总额	出口额	进出口总额	出口额	进出口总额	出口额	进出口总额	出口额
总值	215621649	171701752	222020808	176664804	256053153	194397631	285115595	211745029
亚太经济合作组织	107671513	78388958	112250288	81498822	131947291	90994986	149903026	101451113
中国香港	3614998	3488489	2751601	2653602	2480158	2391753	2764547	2487052
日本	12304996	7373559	12442110	7473988	14629957	8044405	15815671	8374351
中国台湾	6892649	1949866	6218619	1770005	7214608	1929673	7836310	2118214
韩国	7544586	4002403	8503766	4454419	10352997	5021827	12064800	5511525
东南亚联盟	20572293	15018877	22007830	16144464	25790770	17419598	31589458	20220373
欧洲联盟	43005483	37614491	45316755	39473095	50927782	43262570	55675678	46622454
俄罗斯	4785578	4184868	5427461	4450017	6531019	5444714	7186853	5898578
美国	34206979	30415245	36309550	32496267	41959444	36980691	46186004	41485897

注：2015年起以人民币为计价单位。
资料来源：历年浙江省统计年鉴。

2018年浙江省各市对外贸易情况：

杭州市完成货物进出口总额5245亿元，增长3.1%，其中出口3417亿元，下降1.0%，进口1828亿元，增长11.8%。高新技术产品出口518亿元，增长8.3%，机电产品出口1460亿元，增长0.4%。对"一带一路"沿线国家出口1072亿元，占出口总额31.4%。全年服务贸易进出口总额358.9亿美元，增长132.6%，其中出口71.7亿美元，增长21.7%，进口287.2亿美元，增长201%。全年跨境电商进出口总额113.7亿美元，增长14.4%，其中出口80.2亿美元，进口33.5亿美元，分别增长14.2%和14.9%。

宁波市完成口岸进出口总额16016.5亿元，比上年增长15.8%。全年完成外贸自营进出口总额8576.3亿元，增长12.9%，其中出口5550.6亿元，增长11.4%；进口3025.6亿元，增长15.7%。外贸出口占全国比重为3.38%，比上年提高0.13个百分点。全年新增对外贸易经营备案登记企业5350家，累计达42566家；全年有进出口实绩企业20413家。民营企业(包括私营企业和集体企业)出口额占全市出口总额的71.0%，出口额增长14.6%，拉动全市出口增长10.1个百分点；进口额占全市进口总额的54.5%，进口额增长20.7%，拉动全市进口增长10.8个百分点。从产品结构看，机电产品出口额占全市出口总额的55.9%，比上年提高0.4个百分点。从贸易伙伴看，直接与宁波市开展贸易往来的国家和地区达 222 个，其中欧盟、美国和东盟分别完成进出口额 1801.0 亿元、1541.0 亿元和 792.8 亿元，分别增长 15.1%、11.8%和 24.9%，三者合计占同期进出口总额的 48.2%。全年完成对一带一路沿线 64 国进出口额 2233.4 亿元，增长 12.5%，其中对中东欧 16 国进出口额 243.6 亿元，增长 23.1%。

嘉兴市完成进出口总值 2821.20 亿元，比上年增长 14.2%，其中出口总值 2017.33 亿元，增长 13.6%，进口总值 803.87 亿元，增长 15.8%。出口结构进一步优化。机电产品、高新技术产品出口分别比上年增长 17.7%、20.4%，均快于全市出口平均增速；占全市出口总值比重分别为 37.9%和 7.3%，占比同比分别提高 1.3 个和 0.4 个百分点。

湖州市实现外贸进出口总额 885.1 亿元，比上年增长 14.6%。其中，出口 771.0 亿元，增长 13.1%；进口 114.1 亿元，增长 25.9%。按贸易方式分，一般贸易出口 732.5 亿元，增长 14.3%；加工贸易出口 38.4 亿元，下降 5.1%。按企业性质分，生产企业出口 531.8 亿元，增长 21.9%；流通企业出口 99.2 亿元，增长 2.0%；外资企业出口 140.0 亿元，下降 5.4%。按主要产品分，机电产品出口 259.1 亿元，增长 12.2%，纺织原料及纺织制品出口 223.1 亿元，增长 12.5%。按主要市场分，非洲出口增长较快，达到 27.0%；北美洲、拉丁美洲、亚洲、大洋洲、欧洲分别增长 17.8%、17.5%、9.3%、8.8%、8.7%。

绍兴市完成货物进出口总额 2240 亿元，比上年增长 12.2%。其中，出口 2046 亿元，增长 10.5%；进口 194 亿元，增长 33.3%。按贸易方式分，加工贸易进出口 134 亿元，一般贸易进出口 2096 亿元，其他贸易进出口 10 亿元。按国家和地区分，有进出口国家和地区 218 个，其中出口超 6500 万元的国家和地区 124 个。在 15 个主要出口国家和地区中，出口前三位为美国、印度、越南；增幅前三位为孟加拉国、印度尼西亚、墨西哥。"一带一路"沿线国家进出口 894 亿元，比上年增长 12.0%，其中出口 841 亿元，增长 11.2%。按出口产品分，纺织服装出口 1221 亿元，增长 9.0%；机电产品出口 412 亿元，增长 8.8%；高新技术产品出口 38 亿元，增长 1.6%；化工产品出口 167 亿元，增长 18.7%。按企业类型统计，年末有出口实绩企业 9740 家(包括三资企业)，比上年末增加 555 家，其中出口超 6500 万元企业 720 家。

舟山市完成外贸进出口总额 1135.5 亿元，比上年增长 44.9%，进出口总额首次突破千亿大关，创历史新高。其中，出口 424.8 亿元，增长 10.6%；进口 710.7 亿元，增长 78.0%。大宗商品实现进出口额 734.8 亿元，增长 67.0%，占全市进出口比重的 64.7%，其中成品油实现进出口 529.8 亿元，增长1.1 倍。服务贸易进出口 153.8 亿元，增长 17.7%，其中出口 128.2 亿元，增长 19.5%，进口 25.7 亿元，增长 9.6%。

温州市完成进出口总额 1507.2 亿元，比上年增长 13.6%。其中进口 204.7 亿元，增长 20.9%；出口 1302.4 亿元，增长 12.5%。民营企业出口 1190 亿元，增长 14.5%，占全市货物出口总额的 91.4%，比上年提高 1.6 个百分点。对"一带一路"沿线国家出口 474.9 亿元，同比增长 13.1%，从"一带一路"沿线国家进口 102.9 亿元，同比增长 65.3%。全市累计获自营进出口权企业达 1.7 万家，比上年末增长 15.2%，其中本年度自营出口超千万美元企业数 403 家，比上年末增加 50 家，出口超 5000 万美元企业数 40 家。全市国际服务贸易进出口额 165.4 亿元，同比增长 24.3%；其中服务贸易出口额 87.8 亿元，增长 54.8%。

金华市完成进出口总额 3769.0 亿元，比上年增长 10.7%，其中出口总额 3658.3 亿元，增长10.5%；进口总额 110.8 亿元，增长 18.1%。全年有进出口实绩企业 8548 家，比上年净增 1256 家。全市与 232 个国家和地区建立了贸易关系，其中出口超 10 亿元的国家和地区 71 个。全年对"一带一路"国家和地区出口 1571.5 亿元，总量居全省首位。

衢州市实现进出口总额 350.35 亿元，比上年下降 4.5%。其中：出口 232.05 亿元，下降 11.3%；进口 118.30 亿元，增长 12.5%。全市有出口实绩的企业 914 家，比上年增加 116 家，其中当年新启动出口业务企业 211 家，增加 58 家。出口额在 100 万元以上企业 610 家，其中 1000 万元以上的企业 294 家，增加 10 家。全市出口排前三位的市场依次是：美国、欧盟、东盟。对美国出口 34.60 亿元，增长 4.7%；对欧盟出口 32.35 亿元，下降 8.8%；对东盟出口 30.44 亿元，比上年下降 17.1 %。对这三大主要市场出口额合计占全市出口总额的 42.0%。在主要商品出口中：机电产品出口 59.38 亿元，比上年下降 21.7%；高新技术产品出口 9.83 亿元，下降 13.0%；化工医药产品出口 80.99 亿元，增长 20.7%；服装、纺织品出口 20.29 亿元，下降 15.6%。

台州市实现外贸进出口总额 1742.99 亿元，比上年增长 10.4%。其中，出口总额 1537.6 亿元，增长 11.5%；进口总额 205.4 亿元，增长 3.1%。全年外贸企业出口 268.89 亿元，比上年增长 11.8%；三资企业出口 131.86 亿元，增长 2.1%；生产企业出口 1136.84 亿元，增长 12.6%。在出口总额中，一般贸易出口 1407.53 亿元，比上年增长 10.3%；加工贸易出口 129.81 亿元，增长 26.0%。全年高新技术产品出口 96.47 亿元，增长 15.2%；机电产品出口 873.87 亿元，增长 13.4%。全年对美国出口 318.81 亿元，增长 14.7%；对欧盟出口 399.75 亿元，增长 10.7%；对"一带一路"沿线国家出口 545.69 亿元，比上年增长 10.4%。全年有进出口实绩企业 6102 家，比上年增加 544 家。出口国家和地区为 222 个。

丽水市实现进出口总额 247.13 亿元，比上年增长 10.8%。其中，出口 225.91 亿元，增长 10.2%；进口 21.23 亿元，增长 17.4%。对"一带一路"沿线主要国家出口额 88.11 亿元，增长 13.3%。

表 7　2014—2018 年浙江省各市进、出口情况　　亿美元

指　标	2014 年		2015 年		2016 年		2017 年		2018 年	
	进口额	出口额	进口额	出口额	进口额	出口额	进口额	出口额	进口额	出口额
浙东北	731.85	1902.59	632.85	1865.5	619.38	1807.05	805.29	1895.54	993.08	2116.72
杭州市	188.32	491.66	165.00	500.67	177.34	502.59	222.32	467.81	257.60	477.66
宁波市	315.95	731.09	290.00	713.73	288.27	660.97	386.63	735.34	459.37	841.68
嘉兴市	100.83	236.51	81.58	229.27	78.41	235.07	102.55	262.03	121.87	305.85
湖州市	11.83	88.06	13.52	88.55	12.07	90.16	13.39	100.56	17.36	116.83
绍兴市	49.32	297.51	27.60	271.42	20.41	255.64	21.50	273.15	29.42	310.52
舟山市	65.59	57.76	55.16	61.85	42.89	62.63	58.9	56.65	107.46	64.18
浙西南	86.09	830.95	74.26	900.54	67.43	871.69	86.39	931.23	100.37	1054.20
温州市	22.31	185.51	23.63	171.15	20.05	160.77	25.04	170.81	31.28	197.24
金华市	18.16	396.71	13.85	476.73	11.39	471.75	13.86	488.27	16.66	554.97
衢州市	15.63	28.85	11.21	32.92	12.09	30.26	15.49	38.23	18.02	35.04
台州市	27.28	193.51	23.37	188.29	21.36	177.33	29.36	203.62	31.19	232.93
丽水市	2.71	26.37	2.20	31.44	2.53	31.58	2.64	30.30	3.22	34.02

数据来源：历年浙江省统计年鉴。

五、安徽省对外贸易情况

2018 年，安徽省完成进出口总额 629.74 亿美元，比上年增长 17.4%。其中，出口 362.09 亿美元，比上年增长 18.8%；进口 267.65 亿美元，同比增长 15.6%。

从出口经营主体看，生产型企业出口增长 20.1%，贸易型企业出口下降 1.2%。从出口商品看，机电产品、高新技术产品出口分别增长 23.0%和 31.1%。按贸易方式分，一般贸易出口额 249.27 亿美元，比上年增长 16.6%；加工贸易出口额 96.63 亿美元，同比增长 15.1%。

对香港特别行政区、台湾地区出口 16.88 亿美元、5.41 亿美元，分别比上年增长 11.7%和 18.7%。对美国、日本、韩国分别出口 76.65 亿美元、17.78 亿美元、9.67 亿美元，分别增长 35.8%、22.6%和 —4.4%。对德国、俄罗斯出口 10.55 亿美元、5.14 亿美元，分别增长 17.6%和 9.0%。

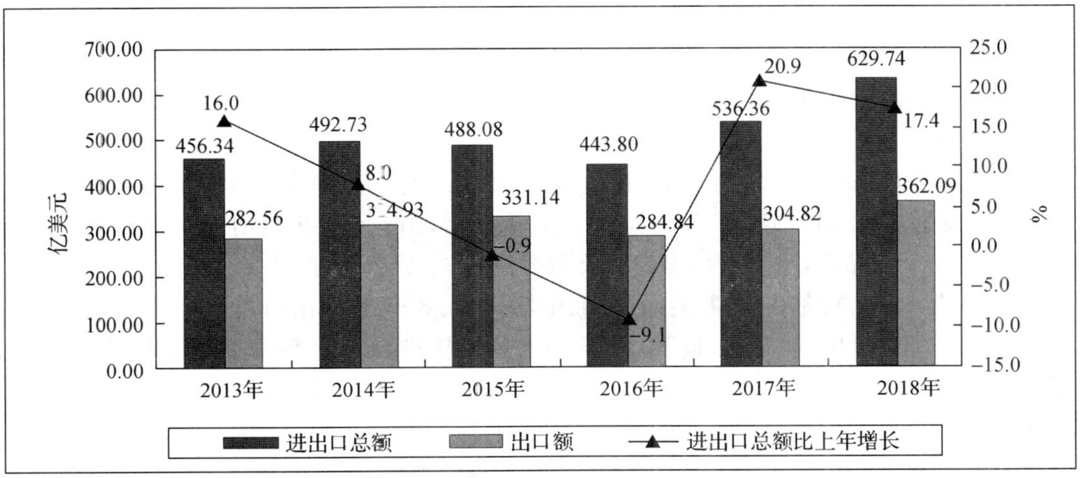

图 3 2013—2018 年安徽省进出口总额、出口额与增长速度

表 8 2014—2018 年安徽省进出口商品主要国家和地区 **万美元**

指 标	2014 年		2015 年		2016 年		2017 年		2018 年	
	进出口额	出口额	进出口额	出口额	进出口额	出口额	进出口额	出口额	进出口额	出口额
中国香港	150425	148053	201320	198195	179423	175418	158064	151137	179473	168786
中国台湾	209029	60275	173549	43441	162028	38285	217427	45613	257650	54126
美国	651757	514345	710737	570066	699442	536757	784552	564478	978224	766513
日本	295476	153541	221474	141709	238587	135355	446329	145084	495879	177810
德国	180940	106751	163148	106672	151487	88859	179382	89643	189993	105459
韩国	244989	101917	207652	100588	167961	80532	277268	101201	309629	96718
俄罗斯	80937	72524	52480	43999	46327	35779	57304	47107	60416	51361

数据来源：历年安徽省统计年鉴。

2018 年安徽省各市对外贸易情况：

合肥市实现进出口总额 308.13 亿美元，比上年增长 23.5%。其中，出口 182.46 亿美元，比上年增长 25.3%；进口 125.67 亿美元，同比增长 21.1%。从出口商品看，机电产品出口额 131.98 亿美元，比上年增长 31.4%；高新技术产品出口额 80.59 亿美元，同比增长 39.5%。

芜湖市实现进出口总额 68.76 亿美元，比上年增长 3.6%。其中，进口总额 24.59 亿美元，比上年增长 3.6%；出口总额 44.16 亿美元，同比增长 3.6%。从出口产品类别看，机电产品出口额 35.11 亿美元，占出口总额的 79.5%。从产品出口地区看，对欧洲出口 7.42 亿美元，占出口总额的 16.8%；对亚洲出口 15.84 亿美元，占出口总额的 35.9%；对北美洲出口 13.49 亿美元，占出口总额的 30.5%。

淮北市实现外贸进出口总额 71844 万美元，比上年增长 18.1%。其中出口 66210 万美元，比上年增长 18.7%；进口 5634 万美元，同比增长 11.6%。

亳州市完成进出口总额 8.3 亿美元，比上年增长 25.4%。其中，出口 7.2 亿美元，比上年增长 19.1%；进口 1.2 亿美元，同比增长 87.4%。从出口经营主体看，生产型企业出口增长 7.0%，贸易型企业出口增长 99.0%。从出口商品看，机电产品和高新技术产品出口分别增长 86.3%和 6.9%。

宿州市完成进出口总额 7.42 亿美元，比上年增长 28.3%。其中，进口总额 0.93 亿美元，比上年增长 31.1%；出口总额 6.49 亿美元，同比增长 27.9%。

蚌埠市完成进出口总额 14.8 亿美元，比上年下降 16.4%。其中，出口 7.09 亿美元，比上年下降

24.6%;进口7.71亿美元,同比下降7.2%。

阜阳市完成货物进出口总额13.8亿美元,比上年增长24.0%。其中,出口11.9亿美元,比上年增长23.2%;进口1.9亿美元,同比增长29.3%。从出口贸易方式看,一般贸易出口10.2亿美元,比上年增长22.4%;加工贸易出口1.6亿美元,同比增长28.6%。

淮南市完成进出口总额48303万美元,比上年增长61.4%。其中出口43740万美元,比上年增长60.3%;进口4563万美元,同比增长73.5%。从出口企业看,国有企业出口增长174.1%,民营企业出口增长45.4%。从出口商品看,机电产品出口增长181.4%。

滁州市完成进出口总额310254万美元,比上年增长11.8%,其中出口总额231144万美元,比上年增长22%,进口总额79110万美元,同比下降10.2%。从进出口经营主体看,内资生产企业完成244927万美元,比上年增长8.1%;外商投资企业完成65327万美元,同比增长28.2%。出口国别及地区达176个。

六安市完成实现进出口总额81305万美元,比上年增长13.2%。其中,出口72013万美元,比上年增长18.8%;进口9292万美元,同比下降17.4%。

马鞍山市实现进出口总额44.80亿美元,比上年增长18.2%;其中,进口总额25.29亿美元,比上年增长14.9%;出口总额19.51亿美元,同比增长22.9%。中小企业进出口总额23.66亿美元,比上年增长27.8%。

宣城市实现进出口总额118.5亿美元,比上年增长21.1%。其中,出口17亿美元,比上年增长21.6%;进口1.5亿美元,同比增长16%。从出口经营主体看,生产型企业出口增长25.5%,贸易型企业出口下降88%。从出口商品看,机电产品出口增长14.9%,汽车零部件出口增长16.2%,塑料及橡胶件出口增长28.2%,纺织品出口下降13.1%,广义农产品出口增长218.1%,卫浴产品出口增长14.4%。

池州市实现出口总额7.6亿美元,比上年下降0.8%。其中,出口2.1亿美元,比上年增长4.0%;进口5.5亿美元,同比下降2.5%。从主要商品看,铜精矿进口3.3亿美元,比上年下降9.0%;农副产品进出口1.0亿美元,同比增长18.5%;化工产品进出口0.7亿美元,同比增长23.7%。年末全市进出口超千万美元企业10个,比上年增加2个,累计实现进出口6.1亿美元,占全市进出口总额的79.8%。

安庆市实现进出口总额14.47亿美元,比上年增长4.11%。其中,出口10.63亿美元,比上年增长0.74%;进口3.84亿美元,同比增长14.77%。在出口中,机电产品、高新技术产品出口占全部出口的比重由上年的23.79%提高到25.70%。

黄山市实现进出口总额95100万美元,比上年增长29.1%。其中,出口76614万美元,比上年增长25.7%;进口18456万美元,同比增长45.2%。从贸易方式看,一般贸易进出口89949万美元,比上年增长29.5%;加工贸易5117万美元,同比增长21.3%;其他贸易34万美元,同比增长52.8%。

表9 2014—2018年安徽省各市进、出口情况 万美元

指标	2014年		2015年		2016年		2017年		2018年	
	进出口额	出口额	进出口额	出口额	进出口额	出口额	进出口额	出口额	进出口额	出口额
合肥市	2074136	1277371	2033125	1371202	1868699	1263549	2495869	1456590	3081266	1824608
淮北市	54808	51958	57687	54587	61321	57038	60809	55761	71844	66210
亳州市	36920	32313	50164	45022	51990	46149	66444	60233	83393	71751
宿州市	65123	57419	75945	66303	46971	38744	57859	50745	74240	64914
蚌埠市	208032	162280	234111	165171	176006	118961	177126	93974	148037	70904
阜阳市	161012	145277	149578	135248	112334	100508	110960	96399	137723	118892
淮南市	44695	35663	33219	28573	27537	23916	29925	27294	48303	43740

续表

指　标	2014 年		2015 年		2016 年		2017 年		2018 年	
	进出口额	出口额	进出口额	出口额	进出口额	出口额	进出口额	出口额	进出口额	出口额
滁州市	220430	151523	204621	144243	233376	168804	277479	189408	310254	231144
六安市	68682	66311	61718	53033	52716	49966	71890	60647	81305	72013
马鞍山市	297185	124558	295522	162653	318297	151267	380465	158896	448049	195132
芜湖市	644665	497428	681891	554223	570917	406746	637683	414397	687565	441644
宣城市	169018	158754	185163	175423	150710	138063	152958	140137	185125	170243
铜陵市	523873	85658	458106	64353	464299	66774	554566	57098	624145	45930
池州市	41193	25982	51979	20777	61879	18400	76844	20024	76346	20832
安庆市	225699	194864	244463	217731	175604	144566	138991	105549	144729	106344
黄山市	91808	81950	63516	52881	65332	54921	73740	61011	95100	76614

数据来源：历年安徽省统计年鉴。

七　长三角交通运输业

一、长三角基本情况

（一）交通运输基础设施不断完善

在构建现代化综合交通运输体系思想指导下，长三角各种交通运输方式加快发展。2018年，长三角铁路营业里程10551千米，比上年增长4.5%；占全国铁路营运里程的比重为8.0%，与2017年持平。公路通车总里程达501323千米，比上年增长1.2%；占全国公路通车的10.3%，下降0.1个百分点。其中，高速公路总里程达14804千米，比上年增长3.2%；占全国的10.4%，下降0.1个百分点。长三角水运航道总里程41830千米，比上年下降0.1%；占全国的32.9%，下降0.1个百分点。

表1　2014—2018年长三角运输线路情况

指　标	2014年	2015年	2016年	2017年	2018年
铁路营业里程(千米)	8947	9831	9970	10098	10551
公路通车里程(千米)	461206	476955	487237	495183	501323
＃高速公路	12949	13530	14087	14344	14804
水运通航里程(千米)	41913	41115	41922	41884	41830

数据来源：历年上海市、江苏省、浙江省、安徽省统计年鉴。

（二）交通运输服务能力平稳发展

2018年，长三角共完成客运量30.86亿人次，比上年减少5.2%；占全国客运量的17.2%，比上年下降0.4个百分点。公路完成客运量22.30亿人次，比上年下降9.1%；占长三角客运量的比重为72.3%，所占比重下降3.1个百分点。铁路完成客运量6.74亿人次，比上年增长7.5%；占长三角客运量的比重为21.8%，所占比重上升2.5个百分点。民用航空完成客运量1.09亿人次，比上年增长6.9%；占长三角客运量的比重为3.5%，所占比重上升1.3个百分点。

2018年，长三角共完成货运量102.99亿吨，比上年增长5.4%；占全国货运量的20.0%，比上年下降0.3个百分点。公路完成货运量62.92亿吨，比上年增长4.7%；占长三角货运量的比重为61.1%，所占比重比上年下降0.4个百分点。水运完成货运量36.77亿吨，比上年增长7.3%；占长三角货运量的比重为35.7%，所占比重比上年上升0.6个百分点。铁路完成货运量1.81亿吨，比上年减少2.7%；占长三角货运量的比重为1.8%，所占比重比上年下降0.1个百分点。长三角港口吞吐量为55.19亿吨，比上年增长1.8%。

表2　2014—2018年长三角客运量、货运量及构成

指　标	2014年	2015年	2016年	2017年	2018年
客运量(亿人次)	44.49	37.29	34.30	32.55	30.86
＃铁路	4.54	4.92	5.65	6.27	6.74
公路	38.53	30.87	27.05	24.54	22.30
水运	0.64	0.65	0.66	0.71	0.73
民用航空	0.78	0.85	0.94	1.02	1.09

续表

指 标	2014 年	2015 年	2016 年	2017 年	2018 年
货运量(亿吨)	92.82	84.94	88.39	97.68	102.99
#铁路	2.07	1.90	1.84	1.86	1.81
公路	58.96	50.72	53.47	60.10	62.92
水运	30.48	30.99	31.65	34.28	36.77
客运量(构成%)	100.0	100.0	100.0	100.0	100.0
#铁路	10.2	13.2	16.5	19.3	21.8
公路	86.6	82.8	78.9	75.4	72.3
水运	1.4	1.7	1.9	2.2	2.4
民用航空	1.8	2.3	2.7	3.1	3.5
货运量(构成%)	100.0	100.0	100.0	100.0	100.0
#铁路	2.2	2.2	2.1	1.9	1.8
公路	63.5	59.7	60.5	61.5	61.1
水运	32.8	36.5	35.8	35.1	35.7
港口吞吐量(亿吨)	48.45	49.12	50.44	54.21	55.19

注:2015 年,各省市统计口径有所调整,数据与以前不具可比性。
数据来源:历年上海市、江苏省、浙江省、安徽省统计年鉴。

(三)综合交通运输结构趋于优化

从各种运输方式的特性来看,现代公路由于突出的优越性——机动、灵活、迅速、方便、直达,将是近距离出行首选的交通方式。同时,高速铁路的大力发展,也为人们远距离出行提供了良好的条件。而在货运方面,由于水路交通运载能力大、投资少、能耗低、单位运输成本低等优越性,将成为长距离货物运输的主要方式。长三角在综合交通运输网络逐步完善的同时,交通运输结构也趋于优化。

2018 年,长三角完成旅客周转量 6327.78 亿人千米,比上年增长 4.0%;占全国旅客周转量的 18.5%,所占比重与上年持平。公路完成 1602.14 亿人千米,比上年下降 5.9%;占长三角客运周转量的 25.3%,所占比重比上年下降 2.7 个百分点。铁路完成 2393.50 亿人千米,比上年增长 5.9% 占长三角客运周转量的 37.8%,所占比重比上年上升 0.7 个百分点。

2018 年,长三角完成货物周转量 61305.61 亿吨千米,比上年增长 8.9%;占全国货物周转量的 30.0%,比上年上升 1.5 个百分点。公路完成 10259.07 亿吨千米,比上年增长 6.0%;占长三角货物周转量的 16.7%,所占比重比上年下降 0.5 个百分点。铁路完成 1228.89 亿吨千米,比上年减少 1.5%;占长三角货物周转量的 2.0%,所占比重比上年下降 0.2 个百分点。水路完成 49096.32 亿吨千米,比上年增长 10.2%;占长三角货物周转量的 80.1%,所占比重比上年上升 0.8 个百分点。

表 3 2014—2018 年长三角旅客、货物周转量及构成

指 标	2014 年	2015 年	2016 年	2017 年	2018 年
旅客周转量(亿人千米)	5505.62	5578.17	5801.71	6082.17	6327.78
#铁路	1785.07	1887.33	2068.71	2259.19	2393.50
公路	2333.77	2080.09	1851.38	1702.23	1602.14
水运	9.96	9.73	9.35	10.72	10.95

续表

指　标	2014年	2015年	2016年	2017年	2018年
货物周转量(亿吨千米)	52759.97	48712.26	48338.69	56304.84	61305.61
#铁路	1391.11	1266.51	1210.11	1248.20	1228.89
公路	11091.30	8598.75	8964.80	9676.79	10259.07
水运	39610.95	38166.38	37461.73	44645.55	49096.32
旅客周转量(构成%)	100.0	100.0	100.0	100.0	100.0
#铁路	32.4	33.8	35.7	37.1	37.8
公路	42.4	37.3	31.9	28.0	25.3
水运	0.2	0.2	0.2	0.2	0.2
民航	25.0	28.7	32.2	34.7	36.7
货物周转量(构成%)	100.0	100.0	100.0	100.0	100.0
#铁路	2.6	2.6	2.5	2.2	2.0
公路	21.0	17.7	18.5	8.9	16.7
水运	75.1	78.4	77.5	79.3	80.1

注:2015年,各省市统计口径有所调整,数据与以前不具可比性。
数据来源:历年上海市、江苏省、浙江省、安徽省统计年鉴。

二、上海市交通运输的基本情况

(一)上海市交通运输总体情况

2018年,上海市完成旅客运输量、货物运输量分别为2.15亿人次和10.74亿吨,分别比上年增长3.1%和10.4%。旅客周转量为2325.82亿人千米,比上年增长9.2%;货物周转量为23258亿吨千米,下降7.2%。

2018年,上海港口货物吞吐量达到7.30亿吨,比上年下降2.7%;完成集装箱吞吐量4201.02万国际标准箱,增长4.4%。集装箱水水中转比例达46.8%,其中,国际中转比例为8.8%。上海浦东、虹桥两大国际机场全年共起降航班77.16万架次,比上年增长1.5%;进出港旅客11763.43万人次,增长5.1%。其中,国内航线进出港旅客7665.00万人次,增长3.7%;国际及地区航线进出港旅客4098.43万人次,增长8.0%。全年上海港接待国际邮轮靠泊406艘次。其中,以上海为母港的邮轮378艘次。邮轮旅客吞吐量275.29万人次,比上年下降7.4%。邮轮母港旅客吞吐量占比97.7%。

年内轨道交通5号线和13号线延伸段实现开通运行。至年末,全市轨道交通运营线路长度达到704.91公里,运营车站415个。至年末,公交运营车辆1.75万辆,运营线路1543条,线网长度8813.80公里;运营出租车4.13万辆。全年市内公共交通客运量58.56亿人次,日均1605万人次,比上年增长1.2%。其中,轨道交通客运量37.10亿人次,增长4.9%;公共汽电车客运量20.65亿人次,下降4.4%。至年末,全市拥有各类民用汽车393.42万辆,比上年增长9.0%。其中,私人汽车302.17万辆,增长10.1%。

表4　2014—2018年上海市交通运输业基本情况

指　标	2014年	2015年	2016年	2017年	2018年
铁路运营里程(千米)	456	456	465	465	466
公路通车里程(千米)	12945	13195	13292	13322	13106

续表

指　标	2014 年	2015 年	2016 年	2017 年	2018 年
#高速公路	825	825	825	829	836
内河航道里程(千米)	2073	2058	2058	2023	1973
客运量总计(万人)	17560	18571	19564	20855	21497
#铁路	9194	9692	10609	11617	12267
公路	3754	3766	3402	3419	3151
水运	90	113	172	176	158
民用航空	4522	5000	5381	5644	5921
旅客周转量(亿人千米)	1427.10	1661.03	1903.39	2130.55	2325.82
货运量总计(万吨)	90341	91239	88689	97257	107387
#铁路	549	471	461	472	468
公路	42848	40627	39055	39743	39595
水运	46583	49700	48787	56619	66906
民用航空	361	371	387	423	418
货物周转量(亿吨千米)	18691	19553	19376	25058	23258
港口货物吞吐量(万吨)	75529	71740	70177	75051	73048

数据来源:历年上海市统计年鉴。

(二)上海市交通运输结构分析

从客运量来分析,2018 年,上海市铁路客运量占主导地位。铁路客运量占客运总量的57.1%,比上年上升 1.4 个百分点;民用航空客运量占客运总量的 27.5%,上升 0.4 个百分点;公路客运量占客运总量的 14.7%,下降 1.7 个百分点。从旅客周转量来分析,2017 年,上海市民用航空旅客周转量占绝对优势。民用航空旅客周转量占旅客周转总量的 90.6%,所占比重比上年上升 1.2 个百分点。

从货运量来分析,2018 年,上海市公路和水运货运量占主导地位。公路货运量占货运总量的 36.9%,比上年下降 4.0 个百分点;水运货运量占货运总量的 62.3 %,上升 4.1 个百分点。从货物周转量来分析,2018 年,上海市水运货物周转量占绝对优势。水运货物周转量占货物周转总量的 98.7%,所占比重比上年上升 0.2 个百分点。

表 5　2014—2018 年上海市交通运输业各项指标构成　%

指　标		2014 年	2015 年	2016 年	2017 年	2018 年
客运量	#铁路	52.4	52.2	54.2	55.7	57.1
	公路	21.4	20.3	17.4	16.4	14.7
	水运	0.5	0.6	0.9	0.8	0.7
	民用航空	25.8	26.9	27.5	27.1	27.5
旅客周转量	#铁路	5.9	5.4	5.2	5.0	4.8
	公路	8.7	7.6	6.0	5.5	4.5
	水运	0.1	0.1	0.1	0.1	0.1
	民用航空	85.3	87.0	88.7	89.4	90.6

续表

指　标		2014 年	2015 年	2016 年	2017 年	2018 年
货运量	#铁路	0.6	0.5	0.5	0.5	0.4
	公路	47.4	44.5	44.0	40.9	36.9
	水运	51.6	54.5	55.0	58.2	62.3
	民用航空	0.4	0.4	0.4	0.4	0.4
货物周转量	#铁路	0.1	0.1	0.1	0.1	0.1
	公路	1.6	1.5	1.5	1.2	1.1
	水运	98.0	98.2	98.2	98.5	98.7
	民用航空	0.3	0.3	0.3	0.2	0.2

数据来源：历年上海市统计年鉴。

三、江苏省的基本情况

2018 年，江苏省完成旅客运输量、货物运输量分别为 12.19 亿人次和 24.74 亿吨，分别比上年下降 4.7%和上升 5.7%。旅客周转量为 1692.14 亿人千米，比上年增长 2.0%；货物周转量为 9684.01 亿吨千米，下降 0.4%。完成港口货物吞吐量 25.85 亿吨，比上年增长 0.6%，其中外贸吞吐量 4.90 亿吨，增长 0.8%。公路通车里程 15.87 万千米，其中高速公路里程 4711 千米，新增 23 千米。铁路营业里程 3033 千米，铁路正线延展长度 5259 千米。年末民用汽车保有量 1783.23 万辆，净增 163.77 万辆，比上年末增长 10.1%。年末个人汽车保有量 1537.62 万辆，净增 129.42 万辆，比上年末增长 9.2%。其中，私人轿车保有量 1066.82 万辆，增长 8.0%；净增 79.22 万辆。

表 6　2014—2018 年江苏省交通运输业基本情况

指　标	2014 年	2015 年	2016 年	2017 年	2018 年
铁路营业里程(千米)	2632	2679	2722	2771	3033
公路通车里程(千米)	157521	158805	157304	158475	158729
#高速公路	4488	4539	4657	4688	4711
内河航道里程(千米)	24342	23559	24366	24366	24362
客运量总计(万人)	156016	153943	134605	127952	121884
#铁路	15374	16116	17814	19786	21204
公路	137270	134553	113493	104566	97025
水运	2563	2392	2272	2431	2383
民用航空	809	882	1025	1169	1272
旅客周转量(亿人千米)	1550.60	1566.40	1591.93	1659.45	1692.14
货运量总计(万吨)	208623	211648	215651	234092	247388
#铁路	6090	5066	5335	5720	5971
公路	114449	113351	117166	128915	139251
水运	75328	80343	79314	85668	87735
民用航空	7.10	7.00	7.61	8.19	7.67
货物周转量(亿吨千米)	11028.47	8887.71	8290.69	9726.15	9684.01

续表

指　标	2014年	2015年	2016年	2017年	2018年
港口货物吞吐量(万吨)	226049	233289	241487	256976	258469
#外贸	37991	39766	44780	48654	49045

注:1. 公路客运量2013年(含)后不包括公交车和出租车的运输量;
2. 公路货运量2013年(含)后不包含农用车和拖拉机的运输量;
3. 根据2015年度全国公路水路运输量小样本抽样调查结果,对2015年公路、内河客货运输量、周转量统计值有所修正,与2014年统计值不具可比性。

资料来源:历年江苏省统计年鉴。

江苏省交通运输结构分析

从客运量来分析,2018年,江苏省公路客运量占绝对优势。公路客运量占客运总量的79.6%,比上年下降2.1个百分点;铁路客运量占客运总量的17.4%,上升1.9个百分点。从旅客周转量来分析,2018年,江苏省公路和铁路旅客周转量占主导地位。公路旅客周转量占旅客周转总量的42.4%,所占比重比上年下降2.6个百分点;铁路旅客周转量占旅客周转总量的47.5%,上升2.3个百分点。

从货运量来分析,2018年,江苏省公路和水运货运量占主导地位。公路货运量占货运总量的56.3%,比上年上升1.2个百分点;水运货运量占货运总量的35.5%,下降1.1个百分点。从货物周转量来分析,2018年,江苏省水运货物周转量占绝对优势。水运货物周转量占货物周转总量的63.2%,比上年下降2.4个百分点;公路货物周转量占货物周转总量的26.3%,比上年上升1.9个百分点。

表7　2014—2018年江苏省交通运输业各项指标构成　　%

指　标		2014年	2015年	2016年	2017年	2018年
客运量	#铁路	9.8	10.5	13.2	15.5	17.4
	公路	88.0	87.4	84.3	81.7	79.6
	水运	1.6	1.6	1.7	1.9	2.0
	民用航空	0.5	0.6	0.8	0.9	1.0
旅客周转量	#铁路	38.0	39.2	42.3	45.2	47.5
	公路	54.9	53.3	49.0	45.0	42.4
	水运	0.2	0.2	0.2	0.2	0.2
	民用航空	6.8	7.4	8.6	9.6	10.0
货运量	#铁路	2.9	2.4	2.5	2.4	2.4
	公路	54.9	53.6	54.3	55.1	56.3
	水运	36.1	38.0	36.8	36.6	35.5
货物周转量	#铁路	3.1	3.4	3.4	3.0	3.1
	公路	17.9	23.3	25.8	24.4	26.3
	水运	73.3	66.2	63.0	65.6	63.2

数据来源:历年江苏省统计年鉴。

四、浙江省的基本情况

2018年,浙江省完成旅客运输量、货物运输量分别为10.15亿人次和26.85亿吨,分别比上年下降

5.4%和上升 11.0%；旅客周转量、货物周转量分别为 1103.66 亿人千米和 11537.91 亿吨千米，分别增长 0.7%和 14.2%。完成港口货物吞吐量 16.92 亿吨，比上年增长 6.5%。其中，沿海港口货物吞吐量 13.35 亿吨，增长 6.2%；内河港口完成 3.57 亿吨，增长 7.8%。至 2018 年末，浙江省公路通车里程 12.07 万千米，新增 561 千米，其中高速公路里程 4421 千米，新增 267 千米。铁路营业里程 2777 千米，铁路复线里程 2256 千米。年末民用汽车保有量 1533.73 万辆，净增 137.08 万辆，增长 9.8%。私人汽车保有量 1347.21 万辆，净增 119.30 万辆，增长 9.7%。其中，私人轿车保有量 891.81 万辆，净增 69.12 万辆，增长 8.4%。

表 8　2014—2018 年浙江省交通运输业基本情况

指　标	2014 年	2015 年	2016 年	2017 年	2018 年
铁路营业里程	2310	2527	2540	2587	2777
公路通车里程	116367	118015	119053	120101	120662
＃高速公路	3884	3917	4062	4154	4421
内河航道里程	9769	9769	9769	9766	9766
客运量总计(万人)	131486	113315	107377	107293	101516
＃铁路	12821	14806	17766	19870	21630
公路	112915	92304	83033	80099	72013
水运	3581	3841	3950	4284	4497
民用航空	2169	2364	2628	3040	3375
旅客周转量(亿人千米)	1076.76	1092.53	1074.99	1096.04	1103.66
货运量总计(万吨)	194918	200710	215018	241993	268530
＃铁路	3548	3332	3332	3513	3728
公路	117070	122547	133999	151920	166533
水运	74267	74797	77646	86513	98219
货物周转量(亿吨千米)	9548.09	9868.98	9788.76	10105.81	11537.91
港口货物吞吐量(万吨)	139071	138136	140866	158832	169210

注：民用航空客运量指发送量，2013 年起公路、水路按新的口径统计。
数据来源：历年浙江省统计年鉴。

浙江省交通运输结构分析

从客运量来分析，2018 年，浙江省公路客运量占绝对优势。公路客运量占客运总量的70.9%，比上年下降 3.8 个百分点；铁路客运量占客运总量的 21.3%，上升 2.8 个百分点。从旅客周转量来分析，2018 年，浙江省公路和铁路旅客周转量占主导地位。公路旅客周转量占旅客周转总量的 36.5%，所占比重比上年下降 2.9 个百分点；铁路旅客周转量占旅客周转总量的 62.9%，上升 2.9 个百分点。

从货运量来分析，2018 年，浙江省公路和水运货运量占主导地位。公路货运量占货运总量的62.0%，比上年下降 0.8 个百分点；水运货运量占货运总量的 36.6%，上升 0.8 个百分点。从货物周转量来分析，2018 年，浙江省水运货物周转量占绝对优势。水运货物周转量占货物周转总量的 81.1%，比上年上升 1.3 个百分点；公路货物周转量占货物周转总量的 17.0%，下降1.0 个百分点。

表 9 2014—2018 年浙江省交通运输业各项指标构成 %

指 标		2014 年	2015 年	2016 年	2017 年	2018 年
客运量	#铁路	10.0	11.7	16.5	18.5	21.3
	公路	85.6	83.4	77.3	74.7	70.9
	水运	2.7	3.0	3.7	4.0	4.4
	民用航空	1.6	1.9	2.4	2.8	3.3
旅客周转量	#铁路	47.7	49.6	56.2	60.0	62.9
	公路	51.8	49.9	43.3	39.4	36.5
	水运	0.5	0.5	0.5	0.6	0.6
	民用航空	—	—	—	—	—
货运量	#铁路	1.8	1.7	1.5	1.5	1.4
	公路	60.5	61.1	62.3	62.8	62.0
	水运	37.6	37.3	36.1	35.8	36.6
货物周转量	#铁路	2.3	2.2	2.2	2.1	1.9
	公路	14.9	15.3	16.6	18.0	17.0
	水运	82.8	82.5	81.2	79.8	81.1

数据来源：历年浙江省统计年鉴。

五、安徽省的基本情况

2018 年，安徽省完成旅客运输量、货物运输量分别为 6.37 亿人次和 40.66 亿吨，分别比上年减少 8.3%和增长 0.8%。旅客周转量、货物周转量分别为 1206.16 亿人千米和 11783.69 亿吨千米，分别比上年增长 0.8%和 3.2%。完成港口货物吞吐量 5.11 亿吨，比上年下降 0.2%；集装箱吞吐量 138.38 万标准箱，增长 20.6%。至 2018 年末，安徽省公路通车里程 20.88 万千米，新增 5541 千米。高速公路里程 4836 千米，新增 163 千米。铁路营业里程 4275 千米。全省民航机场旅客吞吐量 1359.99 万人次，比上年增长 19.1%，其中合肥机场旅客吞吐量 1111.06 万人次，同比增长 21.5%。

表 10 2014—2018 年安徽省交通运输业基本情况

指 标	2014 年	2015 年	2016 年	2017 年	2018 年
铁路营业里程	3549	4169	4243	4275	4275
公路通车里程	174373	186940	197588	203285	208826
#高速公路	3752	4249	4543	4673	4836
内河航道里程	5729	5729	5729	5729	5729
客运量总计(万人)	139823	87107	81426	69429	63659
#铁路	7972	8553	10349	11470	12306
公路	131403	78072	70523	57365	50770
水运	178	185	213	253	240
民用航空	270	297	341	341	343
旅客周转量(亿人千米)	1451.16	1258.21	1231.40	1196.13	1206.16
货运量总计(万吨)	434300	345756	364549	403421	406628

续表

指　标	2014 年	2015 年	2016 年	2017 年	2018 年
＃铁路	10488	10158	9244	8932	7932
公路	315223	230649	244526	280471	283817
水运	108587	104947	110776	114015	114877
货物周转量(亿吨千米)	13500.89	10402.57	10883.24	11414.52	11783.69
港口货物吞吐量(万吨)	43837.92	48044.32	51917.40	51249.41	51134.97

注:2015 年交通运输部组织开展了公路、水路运输量小样本调查工作,重新调整基数,客、货运量及周转量与 2014 年数据不具可比性。

数据来源:历年安徽省统计年鉴。

安徽省交通运输结构分析

从客运量来分析,2018 年,安徽省公路客运量占绝对优势。公路客运量占客运总量的 79.8%,比上年下降 2.8 个百分点;铁路客运量占客运总量的 19.3%,上升 2.8 个百分点。从旅客周转量来分析,2018 年,安徽省铁路和公路旅客周转量占主导地位。铁路旅客周转量占旅客周转总量的 65.0%,比上年上升 2.8 个百分点;公路旅客周转量占旅客周转总量的 31.2%,下降 2.8 个百分点。

从货运量来分析,2018 年,安徽省公路货运量占绝对优势。公路货运量占货运总量的 69.8%,所占比重比上年上升 0.3 个百分点;水运货运量占货运总量的 28.3%,与 2017 年持平。从货物周转量来分析,2018 年,安徽省水运和公路货物周转量占主导地位。水运货物周转量占货物周转总量的 47.8%,比上年下降 0.4 个百分点;公路货物周转量占货物周转总量的 46.3%,上升 0.9 个百分点。

表 11　2014—2018 年安徽省交通运输业各项指标构成　　%

指　标		2014 年	2015 年	2016 年	2017 年	2018 年
客运量	＃铁路	5.7	9.8	12.7	16.5	19.3
	公路	94.0	89.6	86.6	82.6	79.8
	水运	0.1	0.2	0.3	0.4	0.4
	民用航空	0.2	0.3	0.4	0.5	0.5
旅客周转量	＃铁路	42.6	51.1	56.3	62.2	65.0
	公路	55.1	45.7	39.9	34.0	31.2
	水运	0.0	0.0	0.0	0.0	0.0
	民用航空	2.3	3.2	3.8	3.8	3.7
货运量	＃铁路	2.4	2.9	2.5	2.2	2.0
	公路	72.6	66.7	67.1	69.5	69.8
	水运	25.0	30.4	30.4	28.3	28.3
货物周转量	＃铁路	6.0	7.1	6.5	6.4	5.9
	公路	54.8	45.4	45.2	45.4	46.3
	水运	39.2	47.5	48.3	48.2	47.8

数据来源:历年安徽省统计年鉴。

八　长三角纺织服装、服饰业

一、长三角纺织服装、服饰业发展总体概况

2018 年，长三角规模以上纺织服装、服饰企业实现主营业务收入 5936.33 亿元，比上年下降14.9%；占全国规模以上纺织服装、服饰业主营业务收入的比重为 34.1%，同比上升 0.7 个百分点。年末资产总额为 4817.82 亿元，比上年下降 1.8%；占全国规模以上纺织服装、服饰业资产总额的比重为 38.5%，同比上升 0.3 个百分点。负债合计为 2627.41 亿元，比上年增长 3.4%；占全国规模以上纺织服装、服饰业负债总额的比重为 43.2%，同比上升 1.2 个百分点。创造利润总额 335.38 亿元，比上年下降 8.4%；占全国规模以上纺织服装、服饰业利润总额的比重为 33.3%，同比上升 3.1 个百分点。

表 1　2014—2018 长三角地区规模以上纺织服装、服饰业主要经济指标　　亿元

指　标	单位数(个)	工业总产值	资产总计	负债合计	主营业务收入	利润总额
2014 年	6746	7890.06	5491.07	2936.60	7799.75	489.89
2015 年	6724	8329.56	5696.57	3001.56	8171.18	507.22
2016 年	—	8595.57	5698.15	2915.48	8470.90	498.93
2017 年	—	—	4903.76	2540.28	6977.05	366.17
2018 年	—	—	4817.82	2627.41	5936.33	335.38

数据来源：历年上海市、江苏省、浙江省、安徽省统计年鉴。

从资产运营情况来看，2018 年长三角规模以上纺织服装、服饰业资产总额为 4817.82 亿元，比上年下降 1.8%；负债总额为 2627.41 亿元，比上年增长 3.4%。资产总额的减少及负债总额的增加使得长三角规模以上纺织服装、服饰业资产负债率有所上升。2017 年，长三角规模以上纺织服装、服饰业资产负债率为 54.54%，比上年上升 2.74 个百分点；高于全国规模以上纺织服装、服饰业资产负债率 5.99 个百分点。

分地区来看，安徽省规模以上纺织服装、服饰业资产运营情况最好，2018 年，安徽省规模以上纺织服装、服饰业资产负债率为 50.27%，比上年上升 1.61 个百分点；江苏省规模以上纺织服装、服饰业资产负债率为 54.00%，同比上升 3.71 个百分点；上海市规模以上纺织服装、服饰业资产负债率为 54.84%，同比下降 1.63 个百分点；浙江省规模以上纺织服装、服饰业资产负债率最高，为 55.63%，同比上升 2.65 个百分点。

二、上海市纺织服装、服饰业基本情况

（一）上海市纺织服装、服饰行业经济总量

2018 年，上海市纺织服装、服饰企业工业总产值 313.72 亿元，比上年下降 2.8%；年末资产总计 304.59 亿元，同比下降 0.3%；负债合计 167.03 亿元，同比下降 2.6%；实现主营业务收入 363.44 亿元，同比增长 2.1%。

表 2　2014—2018 年上海市规模以上纺织服装、服饰业主要经济指标　　亿元

指　标	单位数(个)	工业总产值	资产总计	负债合计	主营业务收入	利润总额	税金总额
2014 年	428	388.52	388.16	223.87	405.37	3.94	8.79
2015 年	357	347.87	347.13	195.38	373.90	6.76	6.23
2016 年	—	322.50	316.31	170.54	353.89	4.79	5.87
2017 年	—	322.87	303.61	171.44	356.04	0.00	5.05
2018 年	—	313.72	304.59	167.03	363.44	6.75	5.54

数据来源：历年上海市统计年鉴。

（二）上海市纺织服装、服饰行业经济效益

2018年，上海市规模以上纺织服装、服饰企业实现利润6.75亿元。2018年，上海市规模以上纺织服装、服饰企业实现税金总额5.54亿元，比上年增长9.7%。2018年，上海市规模以上纺织服装、服饰企业产值利税率为3.92%，比上年上升2.36个百分点。

三、江苏省纺织服装、服饰业基本情况

（一）江苏省纺织服装、服饰行业经济总量

2018年，江苏省拥有规模以上纺织服装、服饰企业2109家，比上年减少7家；年末资产总额1996.43亿元，同比下降1.2%；负债合计1078.15亿元，同比增长6.1%；主营业务收2639.13亿元，同比下降22.8%；实现利润总额151.27亿元，同比下降31.2%。

表3　2014—2018年江苏省规模以上纺织服装、服饰业主要经济指标　　亿元

指　标	单位数(个)	工业总产值	资产总计	负债合计	主营业务收入	利润总额
2014年	2572	4099.73	2514.22	1283.57	4127.25	300.65
2015年	2495	4404.38	2651.39	1340.33	4386.08	310.85
2016年	2393	4619.83	2716.30	1371.32	4641.92	312.58
2017年	2102	—	2021.04	1016.36	3416.63	219.81
2018年	2109	—	1996.43	1078.15	2639.13	151.27

数据来源：历年江苏省统计年鉴。

（二）江苏省纺织服装、服饰行业经济效益

2018年，江苏省规模以上纺织服装、服饰行业企业亏损面为14.98%，比上年上升3.99个百分点；资产负债率为54.00%，同比上升3.71个百分点；产品销售率为98.63%，同比下降1.00个百分点；成本费用利润率为5.67%，同比下降0.86个百分点；流动资产周转次数为2.32次/年，同比下降0.81次/年；总资产贡献率为13.55%，同比下降4.86个百分点。

表4　2014—2018年江苏省规模以上纺织服装、服饰业主要经济效益指标

指　标	2014年	2015年	2016年	2017年	2018年
企业亏损面(%)	11.51	10.74	9.90	10.99	14.98
资产负债率(%)	51.05	50.55	50.48	50.29	54.00
流动资产周转次数(次/年)	3.11	3.14	3.29	3.13	2.32
成本费用利润率(%)	7.78	7.42	7.01	6.53	5.67
产品销售率(%)	98.78	98.69	98.99	99.63	98.63
总资产贡献率(%)	19.86	19.37	19.2	18.41	13.55

数据来源：历年江苏省统计年鉴。

（三）江苏省纺织服装、服饰行业不同所有制企业经营情况

1. 私营企业

从企业所有制来看，江苏省私营纺织服装、服饰企业占据支柱地位。2018年，江苏省规模以上私营纺织服装、服饰企业数为1291家，比上年增加9家。资产总计1130.90亿元，比上年增长3.4%；占全省规模以上纺织服装、服饰企业总资产的比重为56.6%，同比上升2.5个百分点。主营业务收入为

1505.34亿元，比上年下降22.6%；占全省规模以上纺织服装、服饰企业主营业务收入的比重为57.0%，同比上升7.1个百分点。创造利润总额为98.02亿元，比上年下降25.0%；占全省规模以上纺织服装、服饰企业利润总额的比重为64.8%，同比上升5.4个百分点。

2. 外商投资、港澳台投资企业

2018年，江苏省拥有规模以上外商投资和港澳台投资纺织服装、服饰企业529家，比上年减少1家。资产总计518.89亿元，比上年下降5.9%；占全省规模以上纺织服装、服饰企业总资产的比重为26.0%，同比下降1.3个百分点。实现主营业务收入743.54亿元，比上年下降23.8%；占全省规模以上纺织服装、服饰企业主营业务收入的比重为28.2%，同比下降0.3个百分点。实现利润总额33.53亿元，比上年下降36.1%；占全省规模以上纺织服装、服饰企业利润总额的比重为22.2%，同比下降1.7个百分点。

表5　2016—2018年江苏省规模以上纺织服装、服饰不同所有制企业主要经济指标

指　标	国有及国有控股企业			私营企业			外商投资和港澳台投资企业		
	2016年	2017年	2018年	2016年	2017年	2018年	2016年	2017年	2018年
企业单位数(个)	33	34	33	1457	1282	1291	614	530	529
资产总计(亿元)	55.95	62.63	64.48	1282.51	1093.54	1130.90	551.76	551.15	518.89
负债合计(亿元)	20.87	23.86	22.56	664.92	598.25	651.99	241.22	241.29	269.33
主营业务收入(亿元)	36.67	39.58	38.03	2316.60	1944.39	1505.34	1267.58	975.33	743.54
利润总额(亿元)	1.89	3.14	2.33	163.08	130.62	98.02	72.56	52.49	33.53

数据来源：历年江苏省统计年鉴。

3. 行业经济效益

2018年，江苏省规模以上私营纺织服装、服饰企业亏损面为12.01%，分别低于同期国有及国有控股企业、外商投资和港澳台投资企业3.14个和11.05个百分点。规模以上私营纺织服装、服饰企业成本费用利润率有所降低，为6.25%，低于同期国有及国有控股企业0.16个百分点，高于同期外商投资和港澳台投资企业1.59个百分点。

2018年，江苏省规模以上纺织服装、服饰私营企业流动资产周转次数为2.51次/年，分别高于同期国有及国有控股企业、外商投资和港澳台投资企业1.62次/年和0.27次/年；总资产贡献率为15.23%，分别高于同期国有及国有控股企业、私营企业7.29个和3.35个百分点。

与其他企业相比，国有及国有控股纺织服装、服饰企业资产负债率相对较低。2018年，江苏省规模以上国有及国有控股纺织服装、服饰企业资产负债率为34.99%，分别低于同期私营企业、外商投资和港澳台投资企业22.66个和16.92个百分点。

表6　2016—2018年江苏省规模以上纺织服装、服饰不同所有制企业经济效益指标

指　标	国有及国有控股企业			私营企业			外商投资和港澳台投资企业		
	2016年	2017年	2018年	2016年	2017年	2018年	2016年	2017年	2018年
企业亏损面(%)	18.18	14.71	15.15	6.86	8.19	12.01	15.31	18.49	23.06
资产负债率(%)	37.31	38.09	34.99	51.85	54.71	57.65	43.72	43.78	51.91
流动资产周转次数(次/年)	1.06	0.98	0.89	3.46	3.49	2.51	4.42	2.99	2.24
成本费用利润率(%)	5.32	8.47	6.41	7.13	6.65	6.25	6.10	5.66	4.66
产品销售率(%)	99.24	97.95	95.50	98.69	99.66	99.18	99.39	99.75	97.74
总资产贡献率(%)	7.37	9.40	7.94	21.03	20.1	15.23	23.01	16.83	11.88

数据来源：历年江苏省统计年鉴。

四、浙江省纺织服装、服饰业基本情况

（一）浙江省纺织服装、服饰行业经济总量

2018 年，浙江省拥有规模以上纺织服装、服饰企业 2427 家，比上年减少 45 家；完成工业总产值 2064.62 亿元，同比下降 8.2%；年末资产总额达到 2154.29 亿元，同比下降 2.9%；负债合计 1198.38 亿元，同比增长 2.0%；主营业务收入 2060.40 亿元，同比下降 5.3%；创造利润总额为 127.82 亿元，同比增长 19.7%；实现利税总额为 208.93 亿元，同比增长 6.8%。

表 7　2014—2018 年浙江省规模以上纺织服装、服饰业主要经济指标　亿元

指　标	单位数(个)	工业总产值	资产总计	负债合计	主营业务收入	利润总额	利税总额
2014 年	2706	2499.31	2252.89	1258.12	2392.72	139.97	236.96
2015 年	2748	2532.90	2327.94	1280.17	2410.90	142.35	240.19
2016 年	2568	2495.64	2273.81	1184.15	2372.74	135.12	229.58
2017 年	2472	2248.21	2217.52	1174.90	2174.73	106.74	195.70
2018 年	2427	2064.62	2154.29	1198.38	2060.40	127.82	208.93

数据来源：历年浙江省统计年鉴。

（二）浙江省纺织服装、服饰行业经济效益

2018 年，浙江省规模以上纺织服装、服饰企业成本费用利润率为 6.51%，比上年上升 1.41 个百分点；每百元固定资产原值实现利税 30.57 元，同比上升 2.35 元/百元；每百元主营业务收入实现利税 10.14 元，同比上升 1.14 元/百元；产品销售率为 96.65%；同比上升 0.62 个百分点；出口交货值占工业销售产值比重为 40.30%，同比上升 1.73 个百分点；新产品产值率为 30.58%，同比下降 1.51 个百分点。

表 8　2014—2018 年浙江省规模以上纺织服装、服饰业主要经济效益指标

指　标	2014 年	2015 年	2016 年	2017 年	2018 年
成本费用利润率(%)	—	—	5.96	5.10	6.51
每百元固定资产原值实现利税(元)	34.92	34.11	32.58	28.22	30.57
每百元主营业务收入实现利税(元)	9.90	9.96	9.68	9.00	10.14
产品销售率(%)	96.67	96.39	96.14	96.03	96.65
出口交货值占工业销售产值比重(%)	42.82	40.04	38.93	38.57	40.30
新产品产值率(%)	28.62	32.35	33.70	32.09	30.58

数据来源：历年浙江省统计年鉴。

（三）浙江省纺织服装、服饰行业不同所有制企业经营情况

1. 私营企业

从企业所有制来看，浙江省私营纺织服装、服饰企业占据支柱地位。2018 年，浙江省规模以上私营纺织服装、服饰企业数为 1799 家，比上年增加 36 家。资产总计 826.97 亿元，比上年增长 1.1%；占全省规模以上纺织服装、服饰企业资产总计的比重为 38.4%，同比上升 1.5 个百分点。完成工业总产值 976.87 亿元，比上年下降 10.8%；占全省规模以上纺织服装、服饰企业总产值的比重为 47.3%，同比下降 1.4 个百分点。主营业务收入为 967.72 亿元，比上年下降 8.5%；占全省规模以上纺织服装、服饰企业主营业务收入的比重为 47.0%，同比下降 1.6 个百分点。创造利润总额为 24.33 亿元，比上年下降

35.2%；占全省规模以上纺织服装、服饰企业利润总额的比重为 19.0%，同比下降 16.2 个百分点。

2. 外商投资、港澳台投资企业

2018 年，浙江省拥有规模以上外商投资和港澳台投资纺织服装、服饰企业 453 家，比上年减少 70 家。完成工业总产值 687.90 亿元，比上年下降 12.4%；占全省规模以上纺织服装、服饰企业总产值的比重为 33.3%，同比下降 1.6 个百分点。资产总计 721.96 亿元，比上年下降 9.8%；占全省规模以上纺织服装、服饰企业资产总计的比重为 33.5%，同比下降 2.6 个百分点。实现主营业务收入 689.23 亿元，比上年下降 10.0%；占全省规模以上纺织服装、服饰企业主营业务收入的比重为 33.5%，同比下降 1.7 个百分点。实现利润总额 29.09 亿元，比上年下降 9.5%；占全省规模以上纺织服装、服饰企业利润总额的比重为 22.8%，同比下降 7.3 个百分点。

表 9　2016—2018 年浙江省规模以上纺织服装、服饰不同所有制企业经济指标

指　标	国有及国有控股企业			私营企业			外商投资和港澳台投资企业		
	2016 年	2017 年	2018 年	2016 年	2017 年	2018 年	2016 年	2017 年	2018 年
企业单位数(个)	14	16	15	1795	1763	1799	583	523	453
工业总产值(亿元)	14.31	15.85	18.41	1212.94	1094.82	976.87	827.18	785.36	687.90
资产总计(亿元)	48.73	48.23	56.36	854.46	818.24	826.97	819.11	800.07	721.96
负债合计(亿元)	12.34	11.66	9.54	537.80	532.58	593.43	407.41	405.15	381.49
主营业务收入(亿元)	14.44	15.65	18.38	1149.04	1057.89	967.72	812.32	766.14	689.23
利润总额(亿元)	1.63	2.95	6.29	47.69	37.53	24.33	43.86	32.13	29.09

数据来源：历年浙江省统计年鉴。

3. 行业经济效益

从行业经济效益指标来看，规模以上国有及国有控股企业“每百元固定资产原值实现利税”高于同期私营纺织服装、服饰企业、外商投资和港澳台投资企业。2018 年，浙江省规模以上国有及国有控股企业每百元固定资产原值实现利税 32.58 元，高出同期私营纺织服装、服饰企业 12.65 元/百元；高出同期外商投资和港澳台投资企业 12.57 元/百元。国有及国有控股企业资产负债率最低，为 16.87%，低于同期私营纺织服装、服饰企业 54.89 个百分点；低于同期外商投资和港澳台投资企业 35.97 个百分点。

与其他企业相比，外商投资和港澳台投资纺织服装、服饰企业的出口比重相对较高。2018 年，浙江省规模以上外商投资和港澳台投资纺织服装、服饰企业出口交货值占销售产值的比重为 49.36%，分别高出同期私营企业和国有及国有控股企业 8.21 个和 21.16 个百分点。外商投资和港澳台投资纺织服装、服饰企业的新产品产值率也处于较高值。2018 年，浙江省规模以上外商投资和港澳台投资纺织服装、服饰企业新产品产值率为 32.08%，分别高出国有及国有控股企业及私营企业 22.23 个和 6.99 个百分点。

国有及国有控股纺织服装、服饰企业每百元主营业务收入实现利税 45.79 元，高出同期外商投资和港澳台投资企业 25.74 元/百元，高出同期外商投资和港澳台投资企业 37.93 元/百元。国有及国有控股纺织服装、服饰企业成本费用利润率为 34.79%，高出私营企业 32.39 个百分点，高出外商投资和港澳台投资企业 30.59 个百分点。

表 10　2016—2018 年浙江省规模以上纺织服装、服饰企业不同所有制企业经济效益指标

指　标	国有及国有控股企业			私营企业			外商投资和港澳台投资企业		
	2016 年	2017 年	2018 年	2016 年	2017 年	2018 年	2016 年	2017 年	2018 年
资产负债率(%)	25.32	24.17	16.87	62.94	65.09	71.76	49.74	50.64	52.84
成本费用利润率(%)	10.15	18.28	34.97	4.30	3.67	2.58	5.68	4.36	4.38

续表

指　标	国有及国有控股企业			私营企业			外商投资和港澳台投资企业		
	2016 年	2017 年	2018 年	2016 年	2017 年	2018 年	2016 年	2017 年	2018 年
每百元固定资产原值实现利税(元)	18.20	22.94	32.58	29.67	25.72	19.93	26.70	22.49	20.01
每百元主营业务收入实现利税(元)	25.45	32.96	45.79	7.81	7.22	45.79	9.53	8.40	7.86
产品销售率(%)	98.48	97.90	98.54	96.25	96.87	98.01	96.82	95.69	95.58
出口交货值占工业销售产值比重(%)	20.03	21.77	28.20	35.94	34.89	41.15	50.73	48.22	49.36
新产品产值率(%)	1.54	3.62	9.85	29.44	26.05	25.09	35.80	35.45	32.08

数据来源：历年浙江省统计年鉴。

五、安徽省纺织服装、服饰业基本情况

(一) 安徽省纺织服装、服饰行业经济总量

2018 年，安徽省拥有规模以上纺织服装、服饰企业 1022 家，比上年减少 14 家；主营业务收入 873.36 亿元，同比下降 15.2%；年末资产总额达到 362.51 亿元，同比下降 0.3%；负债合计 183.85 亿元，同比增长 3.5%；创造利润总额为 49.54 亿元，同比增长 25.0%。

表 11　2014—2018 年安徽省规模以上纺织服装、服饰业主要经济指标　　亿元

指　标	单位数(个)	工业总产值	资产总计	负债合计	主营业务收入	利润总额
2014 年	1040	902.50	335.80	171.04	874.41	45.33
2015 年	1124	1044.41	370.11	185.68	1000.30	47.26
2016 年	1139	1157.60	391.73	189.47	1102.35	46.44
2017 年	1036	—	361.59	177.58	1029.65	39.62
2018 年	1022	—	362.51	183.85	873.36	49.54

数据来源：历年安徽省统计年鉴。

(二) 安徽省纺织服装、服饰行业经济效益

2018 年，安徽省规模以上纺织服装、服饰企业总资产贡献率为 21.93%，比上年上升 4.42 个百分点；资产负债率为 50.72%，同比上升 1.61 个百分点；流动资产周转次数为 4.16 次/年，同比下降 0.90 次/年；工业成本费用利润率为 6.01%，同比上升 2.00 个百分点；产品销售率为 95.54%，同比下降 2.76 个百分点。

表 12　2014—2018 年安徽省规模以上纺织服装、服饰业主要经济效益指标

指　标	2014 年	2015 年	2016 年	2017 年	2018 年
总资产贡献率(%)	21.98	20.92	19.17	17.51	21.93
资产负债率(%)	50.94	50.17	48.37	49.11	50.72
流动资产周转次数(次/年)	4.92	5.02	5.23	5.06	4.16

续表

指 标	2014年	2015年	2016年	2017年	2018年
工业成本费用利润率(%)	5.51	4.99	4.42	4.01	6.01
产品销售率(%)	98.33	98.45	98.19	98.30	95.54

数据来源:历年安徽省统计年鉴。

(三)安徽省纺织服装、服饰行业不同所有制企业经营情况

1. 私营企业

从企业所有制来看,安徽省私营纺织服装、服饰企业占据支柱地位。2018年,安徽省规模以上私营纺织服装、服饰企业数为583家,比上年减少179家。资产总计190.63亿元,比上年下降14.8%;占全省规模以上纺织服装、服饰企业资产总计的比重为52.6%,同比下降9.3个百分点。主营业务收入为447.40亿元,比上年下降35.0%;占全省规模以上纺织服装、服饰企业主营业务收入的比重为51.2%,同比下降15.6个百分点。创造利润总额为27.54亿元,比上年下降3.5%;占全省规模以上纺织服装、服饰企业利润总额的比重为55.6%,同比下降16.4个百分点。

2. 外商投资、港澳台投资企业

2018年,安徽省拥有规模以上外商投资和港澳台投资纺织服装、服饰企业41家,比上年减少9家。资产总计38.01亿元,比上年下降14.8%;占全省规模以上纺织服装、服饰企业资产总计的比重为10.5%,同比下降1.8个百分点。实现主营业务收入61.78亿元,比上年下降56.7%;占全省规模以上纺织服装、服饰企业主营业务收入的比重为7.1%,同比下降6.8个百分点。实现利润总额3.19亿元,比上年下降5.6%;占全省规模以上纺织服装、服饰企业利润总额的比重为6.4%,同比下降2.1个百分点。

表13 2016—2018年安徽省规模以上纺织服装、服饰不同所有制企业主要经济指标

指 标	国有及国有控股企业			私营企业			外商和港澳台投资企业		
	2016年	2017年	2018年	2016年	2017年	2018年	2016年	2017年	2018年
企业单位数(个)	9	9	10	843	762	583	57	50	41
资产总计(亿元)	11.57	13.15	13.50	250.21	223.80	190.63	49.70	44.59	38.01
负债合计(亿元)	3.84	4.48	4.80	119.93	106.96	92.31	27.84	25.55	23.05
主营业务收入(亿元)	6.61	7.82	7.78	745.87	687.93	447.40	159.75	142.83	61.78
利润总额(亿元)	1.10	0.89	0.29	33.89	28.53	27.54	3.15	3.38	3.19

数据来源:历年安徽省统计年鉴。

3. 行业经济效益

从行业经济效益指标来看,2018年,安徽省规模以上私营纺织服装、服饰企业总资产贡献率为22.37%,分别高于同期国有及国有控股企业、外商投资和港澳台投资企业16.71个和8.75个百分点;流动资产周转次数为4.28次/年,分别高出同期国有及国有控股企业3.37次/年,高出外商投资和港澳台投资企业2.02次/年;工业成本费用利润率为6.55%,分别高于同期国有及国有控股企业、外商投资和港澳台投资企业2.87个和1.10个百分点。

2018年,安徽省规模以上国有及国有控股纺织服装、服饰企业资产负债率为35.55%,分别低于同期私营企业、外商投资和港澳台投资企业12.87个和25.10个百分点;产品销售率为105.09%,分别高于私营企业、外商投资和港澳台投资企业11.85个和7.92个百分点。

表 14　2016—2018 年安徽省规模以上纺织服装、服饰不同所有制企业主要经济效益指标

指　标	国有及国有控股企业			私营企业			外商和港澳台投资企业		
	2016 年	2017 年	2018 年	2016 年	2017 年	2018 年	2016 年	2017 年	2018 年
总资产贡献率(%)	14.95	11.43	5.66	21.82	20.07	22.37	11.93	11.16	13.62
资产负债率(%)	33.21	34.05	35.55	47.93	47.79	48.42	56.01	57.31	60.65
流动资产周转次数(次/年)	0.81	0.84	0.91	5.64	5.70	4.28	5.97	5.34	2.26
工业成本费用利润率(%)	19.66	12.41	3.68	4.78	4.34	6.55	2.02	2.43	5.45
产品销售率(%)	101.81	101.16	105.09	98.09	98.47	93.24	98.06	99.13	97.17

数据来源:历年安徽省统计年鉴。

九 长三角钢铁产业

一、长三角钢铁产业总体情况

2018年，长三角规模以上钢铁企业资产总计为26177.47亿元，比上年增长0.7%；占全国规模以上钢铁企业资产总计的比重为20.3%，同比上升0.6个百分点。负债合计14330.14亿元，比上年下降1.6%；占全国的比重为18.2%，同比上升0.3个百分点。主营业务收入为35718.23亿元，比上年下降2.2%；占全国的比重为23.2%，同比下降0.4个百分点。利润总额为1889.59亿元，比上年增长4.9%；占全国的比重为26.9%，同比上升2.7个百分点。

表1 2014—2018年长三角规模以上钢铁企业主要经济指标 亿元

指标	企业单位数(个)	工业总产值	资产总计	负债合计	主营业务收入	利润总额
2014年	12671	36077.48	25434.50	15065.97	37022.59	1512.45
2015年	12299	34626.45	24843.10	14315.76	35245.29	1303.86
2016年	—	34643.70	25726.48	14460.77	35595.79	1613.37
2017年	—	—	25986.08	14561.53	36503.20	1801.09
2018年	—	—	26177.47	14330.14	35718.23	1889.59

数据来源：历年上海市、江苏省、浙江省、安徽省统计年鉴。

(一) 主要产品产量

2018年，长三角规模以上钢铁行业生产生铁11568.60万吨，比上年减少1.1%；占全国规模以上钢铁行业生铁产量的比重为15.0%，同比下降1.4个百分点。生产粗钢16428.08万吨，比上年增长3.2%；占全国的比重为17.7%，同比回落1.4个百分点。生产钢材20692.16万吨，比上年增长0.2%；占全国的比重为18.7%，同比下降1.0个百分点。

表2 2014—2018年长三角钢铁企业主要产品产量

产品	2014年	2015年	2016年	2017年	2018年
生铁(万吨)	11862.29	11896.47	11851.97	11700.66	11568.60
粗钢(万吨)	15440.70	16879.86	16820.52	15919.48	16428.08
钢材(万吨)	23001.04	23145.95	22536.56	20643.58	20692.16

数据来源：历年上海市、江苏省、浙江省、安徽省统计年鉴。

(二) 资产运营情况

从资产运营情况来看，2018年，长三角地区规模以上钢铁企业年末资产总额为26177.47亿元，比上年增长0.7%；负债合计为14330.14亿元，比上年下降1.6%。使得2018年长三角地区规模以上钢铁企业资产负债率有所下降，达到54.74%，较上年下降1.30个百分点；低于同期全国规模以上钢铁企业资产负债率6.24个百分点。

分地区来看，上海市规模以上钢铁企业资产运营情况最好，2018年，上海市资产负债率为42.58%，比上年下降4.49个百分点；江苏省规模以上钢铁企业资产负债率为55.20%，同比下降1.77个百分点；浙江省规模以上钢铁企业资产负债率为58.90%，同比下降0.57个百分点；安徽省规模以上钢铁企业资产负债率为 60.59%，同比上升 0.08 个百分点。

二、上海市钢铁产业

（一）上海市钢铁行业经济总量

2018 年，上海市规模以上钢铁企业工业总产值 2570.26 亿元，比上年下降 1.8%；年末资产总计 4097.13 亿元，同比下降 1.8%；负债合计 1744.71 亿元，同比下降 6.9%；主营业务收入 3206.17 亿元，同比下降 0.2%；利润总额 233.54 亿元，同比增长 63.0%；税金总额 62.72 亿元，同比下降 20.2%。

表 3　2014—2018 年上海市规模以上钢铁企业主要经济指标　亿元

指　标	单位数(个)	工业总产值	资产总计	负债合计	主营业务收入	利润总额	税金总额
2014 年	1050	2886.61	3624.62	1721.90	3260.91	133.54	60.40
2015 年	970	2470.52	3523.81	1616.98	2748.41	78.63	57.35
2016 年	—	2341.35	3892.13	1832.10	2720.82	145.31	61.53
2017 年	—	2617.87	4172.18	1873.65	3211.88	143.24	78.63
2018 年	—	2570.26	4097.13	1744.71	3206.17	233.54	62.72

数据来源：历年上海市统计年鉴。

（二）上海市精品钢材制造业基本情况

2018 年，上海市精品钢材制造企业工业总产值 1233.42 亿元，比上年下降 3.6%；资产总计 2722.24 亿元，同比下降 2.9%；主营业务收入 1731.79 亿元，同比下降 2.2%；利润总额 163.61 亿元，同比增长 119.0%；税金总额 30.48 亿元，同比下降 38.7%。

2018 年，上海市精品钢材制造业工业总产值占规模以上钢铁行业工业总产值的比重为 48.0%，所占比重比上年下降 0.9 个百分点；年末资产总计占比为 66.4%，同比下降 0.8 个百分点；主营业务收入占比为 54.0%，同比下降 1.1 个百分点；利润总额占比为 70.1%，同比下降 17.9 个百分点；税金总额占比为 48.6%，同比下降 14.6 个百分点。

表 4　2014—2018 年上海市精品钢材制造业主要经济指标　亿元

指　标	单位数(个)	工业总产值	资产总计	主营业务收入	利润总额	税金总额
2014 年	97	1441.44	2270.62	1773.78	63.61	25.00
2015 年	82	1152.91	2189.90	1391.77	14.87	26.15
2016 年	—	1061.92	2469.38	1351.27	83.34	33.86
2017 年	—	1279.47	2803.27	1770.53	74.71	49.69
2018 年	—	1233.42	2722.24	1731.79	163.61	30.48

数据来源：历年上海市统计年鉴。

（三）上海市钢铁行业主要产品产、销量

2018 年，上海市各种钢铁产品产量下滑，生铁和粗钢滞销，精品钢材供不应求。钢铁行业生产生铁 1476.75 万吨，比上年增长 2.0%；生产粗钢 1630.09 万吨，同比增长 1.4%；生产钢材 1983.32 万吨，同比下降 3.5%。2018 年，上海市精品钢材销售量为 1976.78 万吨，比上年下降 4.1%。

表5 2014—2018年上海市钢铁企业主要产品产、销量

万吨

指标		2014年	2015年	2016年	2017年	2018年
生铁	生产量	1643.29	1686.66	1587.21	1447.72	1476.75
	销售量	1.04	0.95	0.51	1.00	0.99
粗钢	生产量	1774.55	1783.77	1709.14	1607.70	1630.09
	销售量	29.78	29.35	32.92	31.40	32.48
钢材	生产量	2309.14	2202.72	2080.14	2056.04	1983.32
	销售量	2304.91	2176.99	2100.95	2062.09	1976.78

数据来源：历年上海市统计年鉴。

三、江苏省钢铁产业

（一）江苏省钢铁行业经济总量

2018年，江苏省规模以上钢铁企业5162家，比上年增加31家；资产总计13124.70亿元，同比增长1.0%；负债合计7245.41亿元，同比下降2.1%；主营业务收入18237.96亿元，同比下降8.2%；利润总额1061.39亿元，同比下降4.6%。

表6 2014—2018年江苏省规模以上钢铁企业主要经济指标

亿元

指标	单位数(个)	工业总产值	资产总计	负债合计	主营业务收入	利润总额
2014年	5822	19853.84	12389.44	7455.14	20126.01	915.11
2015年	5579	19573.32	12467.28	7234.86	19689.16	894.66
2016年	5373	19581.76	12991.78	7350.54	19951.97	972.83
2017年	5131	—	12992.60	7402.45	19859.72	1112.66
2018年	5162	—	13124.70	7245.41	18237.96	1061.39

数据来源：历年江苏省统计年鉴。

（二）江苏省钢铁行业经济效益

1. 黑色金属冶炼和压延加工业

2018年，江苏省黑色金属冶炼和压延加工业企业亏损面为17.39%，比上年上升6.24个百分点；资产负债率为55.19%，下降2.65个百分点；流动资产周转次数为2.96次/年，下降0.41次/年；成本费用利润率为6.74%，上升0.73个百分点；产品销售率为99.86%，下降0.02个百分点；总资产贡献率为13.99%，上升0.03个百分点。

2. 有色金属冶炼和压延加工业

2018年，江苏省有色金属冶炼和压延加工业企业亏损面为16.76%，比上年上升5.00个百分点；资产负债率为58.85%，下降3.40个百分点；流动资产周转次数为3.10次/年，下降0.28次/年；成本费用利润率为4.39%，上升0.01个百分点；产品销售率为98.94%，上升0.66个百分点；总资产贡献率为14.39%，上升0.38个百分点。

3. 金属制品业

2018年，江苏省金属制品业企业亏损面为13.67%，比上年上升1.89个百分点；资产负债率为53.69%，上升0.57个百分点；流动资产周转次数为2.01次/年，下降0.49次/年；成本费用利润率为5.42%，下降0.57个百分点；产品销售率为98.76%，下降0.39个百分点；总资产贡献率为11.38%，下

降2.93个百分点。

表7 2014—2018年江苏省规模以上钢铁企业主要经济效益指标

指 标		2014年	2015年	2016年	2017年	2018年
黑色金属冶炼和压延加工业	企业亏损面(%)	16.91	20.48	13.37	11.15	17.39
	资产负债率(%)	63.20	61.32	60.48	57.84	55.19
	流动资产周转次数(次/年)	3.62	3.57	3.43	3.37	2.96
	成本费用利润率(%)	3.79	3.41	4.16	6.01	6.74
	产品销售率(%)	98.64	98.82	98.89	99.88	99.86
	总资产贡献率	12.29	10.33	11.16	13.96	13.99
有色金属冶炼和压延加工业	企业亏损面(%)	17.14	18.40	14.01	11.76	16.76
	资产负债率(%)	61.73	59.54	56.68	62.25	58.85
	流动资产周转次数(次/年)	3.39	3.46	3.57	3.38	3.10
	成本费用利润率(%)	3.84	4.34	4.42	4.38	4.39
	产品销售率(%)	98.82	98.12	99.25	98.28	98.94
	总资产贡献率	14.44	15.28	14.56	14.01	14.39
金属制品业	企业亏损面(%)	11.08	12.59	11.01	11.78	13.67
	资产负债率(%)	54.20	52.10	50.53	53.12	53.69
	流动资产周转次数(次/年)	2.62	2.73	2.74	2.50	2.01
	成本费用利润率(%)	6.52	6.72	6.4	5.99	5.42
	产品销售率(%)	98.87	98.36	98.55	99.15	98.76
	总资产贡献率	16.71	16.43	15.63	14.31	11.38

数据来源:历年江苏省统计年鉴。

(三)江苏省钢铁行业主要产品产、销量

江苏省是全国钢铁大省,钢铁行业总量规模和发展水平均居于全国前列,具有较强的影响力。2018年,江苏省生产生铁6796.10万吨,比上年下降4.7%;生产粗钢10426.20万吨,基本与2017年持平;生产钢材12146.70万吨,同比下降1.2%。2018年,江苏省钢材销售量为11888.50万吨,比上年下降0.9%。

表8 2014—2018年江苏省规模以上钢铁企业主要产品产、销量 万吨

指 标		2014年	2015年	2016年	2017年	2018年
生铁	生产量	7080.12	7044.82	7174.08	7132.00	6796.10
	销售量	2487.35	2397.11	2517.71	2393.40	1747.30
粗钢	生产量	10195.51	10995.17	11080.49	10427.70	10426.20
	销售量	2994.29	3279.42	3201.59	3023.80	1794.40
钢材	生产量	13255.21	13560.81	13469.72	12295.40	12146.70
	销售量	13255.21	12968.06	13180.97	11996.40	11888.50

数据来源:历年江苏省统计年鉴。

四、浙江省钢铁产业

（一）浙江省钢铁行业经济总量

2018 年，浙江省规模以上钢铁企业 4095 家，比上年增加 135 家；工业总产值 7116.22 亿元，同比增长 6.4%；资产总计 5102.59 亿元，同比增长 1.2%；负债合计 3005.31 亿元，同比增长 0.2%；主营业务收入 7735.80 亿元，同比增长 16.6%；利润总额 271.08 亿元，同比下降 4.9%；利税总额 460.94 亿元，同比下降 1.3%。

表 9　2014—2018 年浙江省规模以上钢铁企业主要经济指标　　亿元

指　标	单位数（个）	工业总产值	资产总计	负债合计	主营业务收入	利润总额	利税总额
2014 年	4269	7795.62	5790.05	3690.02	7493.50	280.69	447.30
2015 年	4177	7218.31	5297.82	3292.73	6820.41	228.87	394.12
2016 年	3979	7092.15	5270.53	3094.91	6713.09	298.81	464.46
2017 年	3960	6688.32	5041.43	2998.21	6634.73	284.97	467.09
2018 年	4095	7116.22	5102.59	3005.31	7735.80	271.08	460.94

数据来源：历年浙江省统计年鉴。

（二）浙江省钢铁行业经济效益

1. 黑色金属冶炼和压延加工业

2018 年，浙江省黑色金属冶炼和压延加工业每百元固定资产原值实现利税 21.58 元，比上年提高 2.83 元/百元；每百元主营业务收入实现利税 7.21 元，提高 0.02 元/百元；产品销售率 98.16%，下降 0.55 个百分点；出口交货值占工业销售值的 3.26%，上升 0.43 个百分点；新产品产值率为 26.79%，下降 3.95 个百分点。

2. 有色金属冶炼和压延加工业

2018 年，浙江省有色金属冶炼和压延加工业每百元固定资产原值实现利税 28.09 元，比上年减少 8.88 元/百元；每百元主营业务收入实现利税 3.69 元，减少 1.98 元/百元；产品销售率 98.43%，上升 0.29 个百分点；出口交货值占工业销售值的 5.98%，下降 0.14 个百分点；新产品产值率为 25.13%，下降 1.10 个百分点。

3. 金属制品业

2018 年，浙江省金属制品业每百元固定资产原值实现利税 22.21 元，比上年下降 1.96 元/百元；每百元主营业务收入实现利税 7.29 元，下降 0.86 元/百元；产品销售率 98.19%，上升 0.96 个百分点；出口交货值占工业销售值的 29.60%，上升 1.78 个百分点；新产品产值率为 27.97%，上升 1.57 个百分点。

表 10　2014—2018 年浙江省规模以上钢铁企业主要经济效益指标

指　标		2014 年	2015 年	2016 年	2017 年	2018 年
黑色金属冶炼和压延加工业	每百元固定资产原值实现利税（元）	16.48	12.38	18.13	18.75	21.58
	每百元主营业务收入实现利税（元）	5.65	4.78	6.65	7.19	7.21
	产品销售率（%）	95.47	94.92	96.34	98.71	98.16
	出口交货值占工业销售值（%）	4.50	4.50	3.88	2.83	3.26
	新产品产值率（%）	24.50	28.49	27.64	30.74	26.79

续表

指　标		2014年	2015年	2016年	2017年	2018年
有色金属冶炼和压延加工业	每百元固定资产原值实现利税(元)	29.56	26.22	30.48	36.97	28.09
	每百元主营业务收入实现利税(元)	4.30	4.13	5.16	5.67	3.69
	产品销售率(%)	97.49	97.88	97.58	98.14	98.43
	出口交货值占工业销售值(%)	4.59	5.04	5.24	6.12	5.98
	新产品产值率(%)	26.65	26.49	28.62	26.23	25.13
金属制品业	每百元固定资产原值实现利税(元)	26.48	25.64	26.74	24.17	22.21
	每百元主营业务收入实现利税(元)	7.99	8.38	8.91	8.15	7.29
	产品销售率(%)	96.16	95.76	95.62	97.23	98.19
	出口交货值占工业销售值(%)	26.44	27.05	26.49	27.82	29.60
	新产品产值率(%)	25.74	29.83	30.59	26.40	27.97

数据来源:历年浙江省统计年鉴。

(三)浙江省钢铁行业主要产品产量

2018年,浙江省钢铁行业生产生铁873.75万吨,比上年增长2.1%;生产粗钢1266.59万吨,同比增长16.1%;生产钢材3367.14万吨,同比增长7.0%。

表11　2014—2018年浙江省钢铁企业主要产品产量　　万吨

指　标	2014年	2015年	2016年	2017年	2018年
生铁	1140.28	1072.49	847.98	855.54	873.75
粗钢	1748.30	1594.92	1299.59	1090.68	1266.59
钢材	4170.99	4047.72	3760.90	3148.24	3367.14

数据来源:历年浙江省统计年鉴。

五、安徽省钢铁产业

(一)安徽省钢铁行业经济总量

2018年,安徽省规模以上钢铁企业1439家,比上年增加19家;资产总计3853.05亿元,同比增长1.9%;负债总额2334.71亿元,同比增长2.1%;主营业务收入6538.30亿元,同比下降3.8%;利润总额323.58亿元,同比增长24.3%。

表12　2014—2018年安徽省规模以上钢铁企业主要经济指标　　亿元

指　标	单位数(个)	工业总产值	资产总计	负债合计	主营业务收入	利润总额
2014年	1530	5541.41	3630.39	2198.91	6142.17	183.11
2015年	1573	5364.30	3554.19	2171.19	5987.31	101.70
2016年	1551	5628.44	3572.04	2183.22	6209.91	196.42
2017年	1420	—	3779.87	2287.22	6796.87	260.22
2018年	1439	—	3853.05	2334.71	6538.30	323.58

数据来源:历年安徽省统计年鉴。

（二）安徽省钢铁行业经济效益

1. 黑色金属冶炼和压延加工业

2018年，安徽省黑色金属冶炼和压延加工业总资产贡献率为17.31%，比上年上升1.68个百分点；资产负债率为57.38%，同比下降0.58个百分点；流动资产周转次数为2.78次/年，同比下降0.64次/年；工业成本费用利润率为8.50%，同比上升1.78个百分点；产品销售率为99.16%，同比下降0.53个百分点。

2. 有色金属冶炼和压延加工业

2018年，安徽省有色金属冶炼和压延加工业总资产贡献率为9.01%，比上年上升2.47个百分点；资产负债率为67.68%，同比下降2.90个百分点；流动资产周转次数为4.47次/年，同比上升0.39次/年；工业成本费用利润率为2.17%，同比上升0.84个百分点；产品销售率为98.34%，同比下降0.78个百分点。

3. 金属制品业

2018年，安徽省金属制品业总资产贡献率为15.66%，比上年上升0.65个百分点；资产负债率为55.10%，同比上升5.72个百分点；流动资产周转次数为2.08次/年，同比下降0.53次/年；工业成本费用利润率为7.92%，同比上升1.68个百分点；产品销售率为94.59%，同比下降2.91个百分点。

表13　2014—2018年安徽省规模以上钢铁企业主要经济效益指标

指标		2014年	2015年	2016年	2017年	2018年
黑色金属冶炼和压延加工业	总资产贡献率(%)	11.59	5.50	10.08	15.63	17.31
	资产负债率(%)	58.91	57.79	59.67	57.96	57.38
	流动资产周转次数(次/年)	3.30	3.38	3.44	3.42	2.78
	工业成本费用利润率(%)	3.84	0.69	4.22	6.72	8.50
	产品销售率(%)	98.43	98.73	98.73	99.69	99.16
有色金属冶炼和压延加工业	总资产贡献率(%)	6.36	4.63	6.50	6.54	9.01
	资产负债率(%)	67.88	71.30	70.18	70.58	67.68
	流动资产周转次数(次/年)	3.85	4.70	4.20	4.08	4.47
	工业成本费用利润率(%)	0.95	0.66	1.31	1.33	2.17
	产品销售率(%)	98.68	97.66	98.44	99.12	98.34
金属制品业	总资产贡献率(%)	16.88	15.48	15.41	15.01	15.66
	资产负债率(%)	51.75	50.54	48.76	49.38	55.10
	流动资产周转次数(次/年)	2.79	2.81	2.85	2.61	2.08
	工业成本费用利润率(%)	6.66	6.15	6.46	6.24	7.92
	产品销售率(%)	96.48	96.88	97.53	97.50	94.59

数据来源：历年安徽省统计年鉴。

（三）安徽省钢铁行业主要产品产量

2018年，安徽省钢铁行业生产生铁2422.00万吨，比上年增长6.9%；生产粗钢3105.20万吨，同比增长11.2%；生产钢材3195.00万吨，同比增长1.6%。

表 14　2014—2018 年安徽省钢铁企业主要产品产量　　万吨

产　品	2014 年	2015 年	2016 年	2017 年	2018 年
生铁	1998.60	2092.50	2242.70	2265.40	2422.00
粗钢	2451.40	2506.00	2731.30	2793.40	3105.20
钢材	3265.70	3334.70	3225.80	3143.90	3195.00

数据来源：历年安徽省统计年鉴。

十　长三角房地产业

一、长三角房地产业发展情况

2018年，长三角完成房地产开发投资额30934.56亿元，比上年增长19.3%；占全国房地产开发投资的25.7%，所占比重比上年上升2.1个百分点。房屋施工面积163011.20万平方米，比上年增长6.3%；占全国房屋施工面积的19.8%，上升0.2个百分点。房屋竣工面积21330.10万平方米，比上年下降13.4%；占全国房屋竣工面积的22.8%，下降1.5个百分点。商品房销售面积35045.11万平方米，比上年增长15.5%；占全国商品房销售面的20.4%，上升2.5个百分点。

表1　2013—2018长三角房地产业发展情况　　亿元，万平方米，%

指　标	房地产开发投资		房屋施工面积		房屋竣工面积		商品房销售面积	
	绝对额	增速	绝对额	增速	绝对额	增速	绝对额	增速
2013年	20223.52	19.2	133973.20	14.9	21838.73	7.0	24989.31	26.5
2014年	23048.04	14.0	147951.40	10.4	23520.30	7.7	22810.51	−8.7
2015年	23159.41	0.5	149145.80	0.8	24374.74	3.6	26004.80	14.0
2016年	24738.33	6.8	151128.21	1.3	25932.95	6.4	33804.23	30.0
2017年	25936.00	4.8	153405.45	1.5	24639.92	−5.0	30338.82	−10.3
2018年	30934.56	19.3	163011.20	6.3	21330.10	−13.4	35045.11	15.5

数据来源：历年上海市、江苏省、浙江省、安徽省统计年鉴。

2018年，长三角房地产开发实际到位资金为45580.97亿元，比上年增长6.9%；占全国房地产开发实际到位资金的比重为27.5%，所占比重比上年上升0.2个百分点。

从房地产开发企业融资渠道来看，2018年，长三角其他资金为25250.25亿元，比上年增长4.6%；占长三角房地产开发资金的比重为55.4%，所占比重比上年下降1.2个百分点。自筹资金为13020.23亿元，比上年增长18.4%；占房地产开发资金的比重为28.6%，所占比重比上年上升2.1个百分点。国内贷款7243.17亿元，比上年下降2.7%；占房地产开发资金的比重为15.9%，所占比重比上年下降1.6个百分点。

表2　2013—2018年长三角房地产开发企业资金来源　　亿元，%

指　标	实际到位资金	国内贷款		利用外资		自筹资金		其他资金	
		数额	比重	数额	比重	数额	比重	数额	比重
2013年	31710.12	5723.85	18.1	195.58	0.6	10411.61	32.8	15379.06	48.5
2014年	31557.54	6274.22	19.9	224.86	0.7	11121.85	35.2	13936.60	44.2
2015年	31238.21	5233.54	16.8	95.50	0.3	9456.36	30.3	16452.82	52.7
2016年	38978.70	5944.35	15.3	56.62	0.1	9241.27	23.7	23736.46	60.9
2017年	42619.31	7441.12	17.5	48.80	0.1	11000.44	25.8	24128.93	56.6
2018年	45580.97	7243.17	15.9	67.3	0.1	13020.23	28.6	25250.25	55.4

数据来源：历年上海市、江苏省、浙江省、安徽省统计年鉴。

二、上海市房地产业发展情况

在全国房地产调控从紧基调不变的背景下，上海市加强市场监管，实施了规范企业购买商品住房等精细化调控措施，投资投机性购房需求得到有效抑制，楼市预期进一步回归理性，市场运行总体平稳。

房地产市场呈现开发投资低位增长、房屋新开工面积小幅增加、销售面积略有回升的态势。

1. 房地产开发建设总体平稳

(1) 房地产开发投资低位增长

2018年，上海市房地产开发投资低位增长，完成投资4033.18亿元，比上年增长4.6%。从全年走势看，房地产开发投资呈现总体平稳、低位波动态势。1—2月的投资增速(10.1%)为全年最高点，此后总体保持平稳，增速在3.0%～5.3%区间波动。2018年，上海市房地产开发投资占全市固定资产投资的52.9%，比重同比下降0.3个百分点。

从房屋类型看，住宅和办公楼投资小幅增长，商业营业用房投资下降。2018年，上海市住宅投资2225.92亿元，比上年增长3.4%，占房地产开发投资的55.2%，比重下降0.6个百分点；办公楼投资692.71亿元，增长7.9%，占17.2%；商业用房投资461.42亿元，下降8.9%，占11.4%。

从投资结构看，土地购置费快速增长、占比提升，建安工程投资下降。2018年，上海市房地产开发投资中的土地购置费1846.14亿元，比上年增长21.2%，占全部房地产开发投资的45.8%，比重提高6.3个百分点；建安工程投资1971.77亿元，下降6.3%，占48.9%。

(2) 房屋在建规模略有下降

2018年，房屋在建规模略有下降，上海市房屋施工面积14672.37万平方米，比上年下降4.5%。其中，住宅施工面积7520.39万平方米，下降6.2%。

2018年，上海市房屋新开工面积2687.17万平方米，比上年增长2.6%。其中，住宅新开工面积1473.17万平方米，增长5.0%；商办新开工面积517.77万平方米，下降22.3%，连续两年出现两位数下降。

2018年，上海市房屋竣工面积3115.76万平方米，比上年下降8.0%。其中，住宅竣工面积1730.27万平方米，下降7.1%。

表3　2014—2018年上海市房地产业发展情况　　亿元，万平方米，%

指　标	房地产开发投资		商品房施工面积		新开工面积		商品房竣工面积		商品房销售面积	
	绝对额	增速	绝对额	增速	绝对额	增速	绝对额	增速	绝对额	增速
2014年	3206.48	13.7	14690.18	8.7	2782.02	2.8	2313.29	2.6	2084.66	−12.5
2015年	3468.94	8.2	15095.33	2.8	2605.08	−6.4	2647.18	14.4	2431.36	16.6
2016年	3709.03	6.9	15111.24	0.1	2840.95	9.1	2550.64	−3.6	2705.69	11.3
2017年	3856.53	4.0	15362.25	1.7	2618.00	−7.8	3387.56	32.8	1691.60	−37.5
2018年	4033.18	4.6	14672.37	−4.5	2687.17	2.6	3115.76	−8.0	1767.01	4.5

数据来源：历年上海市统计年鉴。

(3) 到位资金更加依赖企业自筹资金

2018年，上海市房地产开发项目本年到位资金5330.46亿元，比上年下降1.0%。从资金来源渠道看，受新建房屋销售面积持续低位以及房地产行业金融监管严格、房企融资渠道收窄影响，项目建设资金更加依赖于企业自筹资金。开发项目本年到位资金中仅自筹资金保持增长、且增幅超两成，其他各类到位资金则均呈下降态势。

表4　2014—2018年上海市房地产资金到位情况　　亿元

指　标	2014年	2015年	2016年	2017年	2018年
本年实际到位资金小计	5269.90	5531.86	6408.78	5384.65	5330.46
国内贷款	1638.84	1516.59	1446.18	1393.78	1326.02
利用外资	69.61	33.92	2.31	5.22	0.11
# 外商直接投资	67.73	32.36	2.31	—	

续表

指　标	2014 年	2015 年	2016 年	2017 年	2018 年
自筹资金	1560.83	1519.99	1490.78	1549.20	1896.42
其他资金	2000.62	2461.36	3469.51	2436.45	2107.91

数据来源：历年上海市统计年鉴。

另据人民银行上海总部统计，截至 2018 年底，上海市中外资金融机构本外币商业性房地产贷款余额 21242.50 亿元，比上年增长 7.0%。其中，房地产开发贷款余额 6072.37 亿元，增长 11.3%；个人购房贷款余额 14110.14 亿元，增长 4.2%。上海市公积金贷款余额 3921.96 亿元，比上年增长 11.1%。

2. 房地产市场销售略有回升

2018 年，上海市房地产市场保持调控政策的连续性和稳定性，从限购、限贷、价格监管到规范企业购房、加强摇号监管，充分体现了中央"房住不炒"的调控决心。在中央决定坚决遏制房价上涨后，市场短期预期有所转变，观望情绪有所增强。但在经历了 2017 年的楼市交易低迷、成交量大幅萎缩后，销售略有回升。

（1）新建房屋销售面积小幅增长

2018 年，上海市新建房屋销售面积 1767.01 万平方米，比上年增长 4.5%。其中，住宅销售面积 1333.29 万平方米，下降 0.6%。随着上海市对"类住宅"项目分类施策、清理整顿工作的推进落实，商办销售逐步恢复正常化。全市办公楼销售面积 147.08 万平方米，比上年增长 18.5%；商业营业用房销售面积 101.75 万平方米，增长 28.3%。

（2）存量房销售低位盘整

据市房地产交易中心统计，2018 年上海市存量房网签面积 1513.46 万平方米，比上年增长 0.2%。其中，存量住宅网签面积 1229.65 万平方米，增长 4.3%。伴随新房市场供应明显增加、交易量的回升，带动了部分置换型需求"卖旧买新"，存量房市场成交量小幅增长。但成交水平依然处于历年低位，甚至低于楼市较为低迷的 2012 年和 2014 年。

（3）楼盘销售出现分化

2018 年，市场化新建住宅销售出现了"冷热不均"的现象。中心城区项目多以改善为主，因其兼具了地段、配套、价格等多方面的优势，且综合性价比高，受到购房者青睐，认筹率较高。而郊区尤其是一些地理位置偏远的项目则少人问津，楼盘呈现销售疲软状态，去化速度较慢。随着下半年供应量的持续上升，购房者可选范围扩大，前期积压需求得到释放，项目销售分化情况日趋加剧，下半年起市中心项目的销售情况也开始出现一定分化。

3. 新建住宅销售均价为每平方米 28981 元

2018 年，上海市新建住宅销售均价 28981 元/平方米。从区域均价看：内环线以内 107730 元/平方米，内外环线之间 54150 元/平方米，外环线以外 20151 元/平方米。

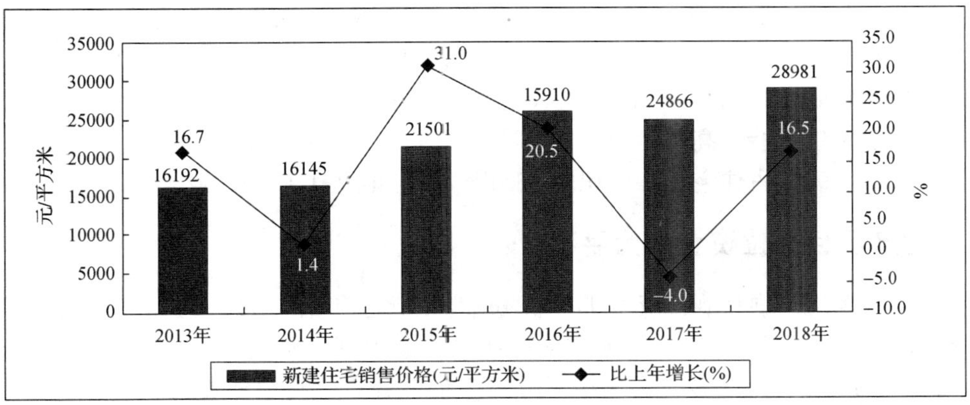

图 1　2013—2018 年上海市新建商品住宅销售价格及增长情况

剔除征收安置住房和共有产权保障住房等保障性住房后的市场化新建住宅的区域均价分别为：内环线以内108155元/平方米，内外环线之间74694元/平方米，外环线以外37298元/平方米。

三、江苏省房地产业发展情况

2018年，受宏观经济、行业政策等因素影响，江苏房地产市场总体处于下行通道，呈现出由热转冷、分化显著的特征。国内外宏观经济形势错综复杂，随着"因城施政、分类调控"的逐步贯彻实施，市场调控政策更为精准，百姓预期更为理性，江苏房地产市场的销售量价有望在政策趋稳的背景下保持总体平稳，但城市分化有可能会进一步加快，三四线城市下行可能性较大。在这一形势下，房企既要精准布局，也要做好产品，努力提升核心竞争力，抓住市场调整期的机遇，获得更好发展。

（一）房地产开发投资平稳增长

2018年，江苏省房地产开发投资额为10982.34亿元，比上年增长14.1%。房地产开发投资占固定资产投资总额的18.2%，所占比重比上年上升0.1个百分点。

从商品房类型看，商品住宅投资8366.18亿元，比上年增长14.4%；占房地产开发投资总额的76.2%，所占比重比上年上升0.2个百分点。办公楼投资400.74亿元，比上年下降5.4%；占开发投资总额的3.6%，同比下降0.6个百分点。商业营业用房投资1198.00亿元，比上年下降1.0%；占开发投资总额的10.9%，同比下降1.7个百分点。

表5　2014—2018年江苏省房地产业发展情况　　亿元，万平方米，%

指　标	房地产开发投资		商品房施工面积		新开工面积		商品房竣工面积		商品房销售面积	
	绝对额	增速	绝对额	增速	绝对额	增速	绝对额	增速	绝对额	增速
2014年	8240.22	13.8	57637.72	9.6	14220.35	−13.1	9620.47	−0.9	9846.84	−14.0
2015年	8153.68	−1.1	58118.44	0.8	11542.56	−18.8	10296.96	7.0	11414.05	15.9
2016年	8956.37	9.8	58761.73	1.1	13670.83	18.4	10073.96	2.2	13962.09	22.3
2017年	9629.11	7.5	59464.23	1.2	13739.10	0.5	9581.73	−4.9	14211.12	1.8
2018年	10982.34	14.1	62673.47	5.4	16821.27	22.4	8536.27	−10.9	13484.21	−5.1

数据来源：历年江苏省统计年鉴。

（二）房地产在建规模基本稳定，商品房新开工面积大幅增长

2018年，江苏省房屋施工面积62673.47万平方米，比上年增长5.4%；其中，住宅施工面积46328.92万平方米，增长6.4%。房屋新开工面积16821.27万平方米，比上年增长22.4%；其中，住宅新开工面积12902.27万平方米，增长25.7%。商品房竣工面积8536.27万平方米，比上年下降10.9%；其中，住宅竣工面积6360.00万平方米，下降10.3%。商品房销售面积13484.21万平方米，比上年下降5.1%；其中，住宅销售面积12040.68万平方米，比上年下降3.6%。居民对改善性住房需求增多，使得144平方米以上住宅销售保持较高位运行。2018年，江苏省144平方米以上住宅销售面积2177.88万平方米，比上年增长3.9%；占住宅销售面积的18.1%，比上年上升1.3个百分点。

（三）房地产项目到位资金较为平稳

2018年，江苏省房地产项目到位资金17798.46亿元，比上年增长7.5%。从资金来源渠道看，三类资金呈现增长趋势。2018年，江苏省房地产投资到位资金中其他资金为10672.78亿元，比上年增长4.4%；占到位资金的比重为60.0%，比上年下降1.7个百分点。利用外资为63.55亿元，比上年增长118.7%；占到位资金的比重为0.4%，比上年上升0.2个百分点。自筹资金为4220.67亿元，比上年增

长 28.7%；占到位资金的比重为 23.7%，比上年上升 3.9 个百分点。国内贷款投资为 2841.45 亿元，比上年下降 6.2%；占到位资金的比重为 16.0%，比上年下降 2.3 个百分点。

表 6 2014—2018 年江苏省房地产资金到位情况 亿元

指 标	2014 年	2015 年	2016 年	2017 年	2018 年
本年实际到位资金小计	12100.16	12039.99	15501.08	16563.47	17798.46
国内贷款	2249.68	1877.93	2299.18	3029.54	2841.45
利用外资	80.79	44.91	8.29	29.07	63.55
自筹资金	4154.86	3416.80	3172.21	3278.81	4220.67
其他资金	5614.83	6700.36	10021.40	10226.04	10672.78

数据来源：历年江苏省统计年鉴。

四、浙江省房地产业发展情况

2018 年我国房地产市场仍然坚持"坚决遏制房价上涨，加快建立促进房地产市场平稳健康发展长效机制"的主基调，全省各级政府紧紧围绕这个主基调，围绕"因城施策，分类调控"原则，房地产市场调控政策不断深化。从房地产市场主要运行指标来看，房地产开发投资持续增长，商品房销售规模低速增长，商品房销售价格有所上涨，新开工面积增速放缓，竣工面积连续下降，企业资金较为紧张。总体来看，房地产市场保持平稳运行，未来房地产调控政策将面临调整，市场以稳为主。

（一）开发投资持续增长，住宅投资增长明显

1. 房地产开发投资持续增长

2018 年全省完成房地产开发投资 9945 亿元，同比增长 20.9%，与全国平均水平（9.5%）相比，浙江省房地产投资增速远高于全国平均水平。分年度来看，全省房地产开发投资增速在经历 2015 年下降后，从 2016 年开始，房地产开发投资出现持续增长态势，2016 年、2017 年和 2018 年房地产开发投资分别达到 7469 亿元、8227 亿元和 9945 亿元，增速分别为 5.0%、10.1%和 20.9%。

表 7 2014—2018 年浙江省房地产业发展情况 亿元，万平方米，%

指 标	房地产开发投资		商品房施工面积		商品房竣工面积		商品房销售面积	
	绝对额	增速	绝对额	增速	绝对额	增速	绝对额	增速
2014 年	7262.38	16.8	42144.35	11.9	6390.17	36.2	4676.83	−4.3
2015 年	7111.93	−2.1	41687.33	−1.1	5892.86	−7.8	5985.30	28.0
2016 年	7469.37	5.0	41609.80	−0.2	7925.40	34.5	8636.80	44.3
2017 年	8226.78	10.1	41236.24	−0.9	6884.18	−13.1	9599.67	11.1
2018 年	9944.93	20.9	44537.06	8.0	5189.67	−24.6	9755.49	1.6

资料来源：历年浙江省统计年鉴。

2. 住宅开发投资增长明显

分类型来看，2018 年全省住宅开发投资实际完成额约为 6707 亿元，同比增长 26.8%，办公楼开发投资实际完成额约为 383 亿元，同比下降 13.0%，商业营业用房开发投资实际完成额约为 788 亿元，同比下降 16.3%，其他房屋开发投资实际完成额约为 1618 亿元，同比增长 34.9%。其中，办公楼、商业营业用房开发投资实际完成额已经连续三年下降，下降幅度较大。住宅和其他房屋开发投资成为房地产开发投资的主要增长点，其中，住宅开发投资增速超过全国平均水平（13.6%）13.2 个百分点。

从住宅投资来看,改善型住宅开发投资增长较快,而刚需住宅开发投资出现下降。2018 年全省 144 平方米以上住房和别墅、高档公寓开发投资完成额分别为 1862 亿元和 566 亿元,同比分别增长 15.8% 和 46.5%。而 90 平方米以下小户型住房开发投资完成额约为 1063 亿元,同比下降 1.3%,已经连续三年出现下降。

分区域来看,11 个城市房地产开发投资出现分化。2018 年湖州、衢州、金华、台州和嘉兴等 5 个城市房地产开发投资额增长较快,同比增速分别为 73.8%、59.5%、44.0%、43.1%和 31.6%,均高于全省 20.9%的水平。杭州、宁波、温州、绍兴和丽水等 5 个城市房地产开发投资额虽然保持增长,但增幅低于全省平均水平。而舟山市房地产开发投资额出现负增长,同比下降 10.5%,是全省 11 个城市房地产开发投资下降的唯一城市。

(二)销售规模低速增长,城市之间出现分化

1. 商品房销售规模低速增长

经过 2017 年商品房销售面积增幅回落后,2018 年全省商品房销售面积增速继续下降。2018 年全省新建商品房销售面积约为 9755 万平方米,同比增长 1.6%,与 2017 年相比(11.1%),增幅下降了 9.5 个百分点。

分类型来看,2018 年全省商品住宅销售面积约为 7936 万平方米,同比增长 3.5%,与 2017 年相比(6.0%),增幅回落了 2.5 个百分点,办公楼销售面积约为 424 万平方米,同比下降 14.1%,商业营业用房销售面积约为 642 万平方米,同比下降了 8.1%,其他房屋销售面积约为 753 万平方米,同比增长 2.0%。由此可见,中央房地产调控政策效应逐渐显现,商品住宅销售面积呈现低速增长态势,办公楼和商业营业用房销售面积增速出现下降。

分月度来看,全省商品房销售面积增速在下半年呈现逐步回落态势。2018 年全省商品房销售面积增速 7 月份达到了 8.0%,但从 8 月份开始全省商品房销售面积增速逐月下降。8 月份、9 月份、10 月份、11 月份和 12 月份商品房销售面积增速分别为 6.8%、4.2%、2.8%、2.4%和 1.6%。

从商品房销售额来看,增幅也呈现下降趋势。2018 年全省新建商品房销售额约为 14090 亿元,同比增长 14.2%。分年度来看,从 2016 年起,全省商品房销售额增速呈现逐年下降趋势,与 2017 年同期增长 28.5%相比,增长幅度下降了 14.3 个百分点。分类型来看,全年商品住宅销售额约为 12096 亿元,同比增长 17.4%,办公楼销售额约为 629 亿元,同比下降 6.7%,商业营业用房销售额约为 985 亿元,同比增长 1.5%,其他房屋销售额约为 379 亿元,同比下降 3.9%。住宅和商业营业用房销售额同比增长,而办公楼和其他房屋销售额同比下降。

2. 城市之间销售面积出现分化

2018 年因国家继续实行“分类调控、因城施策”的房地产调控政策,全省 11 个城市之间商品房销售面积出现分化。杭州市受商品住宅“摇号”政策以及限购、限贷等政策综合影响,商品房销售面积出现较大回落,同比下降了 18.4%。舟山市和衢州市由于“需求外溢”需求减小,商品房销售面积也出现下降,同比分别下降了 7.9%和 5.7%。丽水和台州两个城市商品房销售面积增幅最大,同比分别达到 19.2% 和 12.5%,增幅超过两位数。而嘉兴、温州、湖州、金华、宁波和绍兴等城市,商品房销售面积基本稳定,同比分别增长 9.4%、8.9%、8.7%、8.7%、5.2%和 2.8%。

(三)商品房价格仍上涨,涨幅逐渐趋于理性

1. 新建商品房价格上涨,但上涨幅度有所放缓

将年度商品房销售额除以商品房销售面积,计算得到年度商品房销售平均价格。根据浙江省房地产统计数据资料计算,2018 年全省商品房、商品住宅和非住宅商品房的平均价格分别为 14444 元/平方米、15242 元/平方米和 10962 元/平方米,而 2017 年全省商品房、商品住宅和非住宅商品房的平均价格

分别为 12855 元/平方米、13430 元/平方米和 10568 元/平方米，同比分别上涨了 12.4%、13.5%和 3.7%。与 2017 年涨幅相比，2018 年全省商品房、商品住宅和非住宅的价格上涨幅度有所放缓。

另外，根据浙江省城调队公布的浙江省 11 个设区市新建商品住宅销售价格指数，与 2017 年相比，2018 年全省 11 个设区市新建商品住宅价格也全部上涨。其中，舟山、宁波、嘉兴和杭州四城市涨幅较大，同比分别上涨 6.2%、6.1%、5.7%和 5.6%；涨幅最小的城市有湖州、绍兴和温州三个城市，新建商品住宅价格涨幅分别为 0.5%、1.5%和 1.9%；金华、衢州、台州和丽水四个城市涨幅都在 2.0%以上。

2. 二手住房价格上涨，但逐渐趋于理性

从二手住房来看，根据浙江省城调队公布的浙江省 11 个设区市二手住宅销售价格指数的数据，与 2017 年同期相比，全省 11 个设区市二手住宅销售价格也全部上涨，但与新建商品住宅相比，除个别城市(衢州和舟山二手住宅价格分别上涨 8.2%和 8.1%)涨幅较大外，其他城市二手住宅价格涨幅在 0.7%～4.9%之间，二手住宅价格涨幅小于新建商品住宅价格。

与年初相比，一些城市二手住宅价格下降趋势较为明显。例如，根据浙江省城调队公布的浙江省 11 个设区市二手住房销售价格指数，台州、绍兴和嘉兴 3 城市二手住宅价格下降幅度较大。以台州市为例，2018 年 1 月份，台州市二手住宅价格指数为 117.4，到了 12 月份，二手住宅价格指数为 100.7，与 1 月份相比，二手住宅价格下降了 16.6%。绍兴和嘉兴两城市二手住宅价格下降幅度也较大 与 1 月份相比，绍兴和嘉兴两城市 12 月份二手住宅价格分别下降了 13.9%和 11.6%。总体来看，二手住房价格虽然上涨，但逐渐趋于理性。

(四) 开工面积增速放缓，竣工面积连续下降

1. 房屋新开工面积增速放缓

2018 年，全省房屋新开工面积约为 12879 万平方米，同比增长 27.3%，涨幅低于 2017 年(38.9%) 11.6 个百分点。其中，住宅新开工面积约为 8766 万平方米，同比增长 31.7%；办公楼新开工面积约为 485 万平方米，同比增长 3.7%；商业营业用房新开工面积约为 856 万平方米，同比下降 4.2%；其他房屋新开工面积约为 2773 万平方米，同比增长 31.8%。与 2017 年相比，各种类型房屋新开工面积增速都有所放缓，特别是商业营业用房，已经出现负增长情况。

在房屋新开工面积中，从 2015 年开始，住宅新开工面积占比逐年增长，表明市场住宅开发日益受到开发企业青睐。2015 年、2016 年、2017 年和 2018 年住宅新开工面积分别为 3746 万平方米、4517 万平方米、6654 万平方米和 8766 万平方米，占比分别为 57.3%、62.0%、65.8%和 68.1%。

需要注意的是，刚性需求住宅新开工面积大幅度减少。2018 年 90 平方米以下住宅新开工面积 1136 万平方米，同比下降 5.4%，与 2017 年相比(34.3%)，下降了 39.7 个百分点；144 平方米以上住宅新开工面积 1525 万平方米，同比增长 14.2%；别墅和高档公寓新开工面积 437 万平方米，同比增长 16.1%。从近 3 年住宅新开工面积来看，2018 年 90 平方米以下住宅下降尤其明显。

2. 商品房竣工面积连续下降

2018 年全省房屋竣工面积约为 5190 万平方米，同比下降 24.6%。其中，住宅竣工面积约为 3048 万平方米，同比下降 29.8%，办公楼竣工面积约为 384 万平方米，同比下降 2.1%，商业营业用房竣工面积约为 630 万平方米，同比下降 14.9%，其他房屋竣工面积约为 1128 万平方米，同比下降 20.2%。

分年度来看，全省房屋和住宅竣工面积已经连续两年大幅度下降。2016 年、2017 年和 2018 年全省房屋竣工面积分别为 7925 万平方米、6884 万平方米和 5190 万平方米，2017 年和 2018 年同比分别下降 13.1%和 24.6%。2016 年、2017 年和 2018 年全省住宅竣工面积分别为 5092 万平方米、4339 万平方米和 3048 万平方米，2017 年和 2018 年住宅竣工面积同比分别下降了 14.6%和 29.8%。

(五) 加强金融风险管控,企业资金普遍紧张

1. 加强金融风险管控

2017 年 12 月中央经济工作会议上提出,中央要求今后三年打好三个攻坚战,“防范化解重大风险”居于首位。2018 年中央各部委积极部署房地产市场调控、长效机制构建任务,深化基础性关键制度改革。例如,央行要求切实防范化解金融风险,加强金融风险研判及重点领域风险防控,加强影子银行、房地产金融等宏观审慎管理。国家发改委强调引导规范房地产企业境外发债资金投向,限制房地产企业外债资金投资境内外房地产项目、补充运营资金等,并要求企业提交资金用途承诺。

随着中央一系列化解金融风险、企业债务风险、地方政府债务风险、房地产市场风险等加强金融风险管控措施出台,2018 年房地产开发企业海外融资、公司债、信托、银行贷款等融资渠道受到很大限制,流向房地产的资金规模收缩,融资成本提高,融资难度增加等,对房地产开发企业的资金链形成压力和考验。

2. 企业资金普遍紧张

2018 年全省房地产开发企业到位资金约为 14249 亿元,同比增长 9.3%,增速与 2017 年同期相比(20.0%)下降了 10.7 个百分点。其中,国内贷款约为 2279 亿元,同比增长 11.1%;利用外资约为 4 亿元,同比下降了 72.3%;自筹资金约为 4503 亿元,同比增长了 29.2%;定金及预收款约为 5064 亿元,同比下降 1.2%,个人按揭贷款约为 1904 亿元,同比下降了 8.0%,其他到位资金约为 494 亿元,同比增长 71.7%。

表 8 2014—2018 年浙江省房地产开发资金到位情况 亿元

指 标	2014 年	2015 年	2016 年	2017 年	2018 年
本年资金来源小计	8956.31	8675.58	10859.57	13034.21	14248.78
国内贷款	1817.77	1274.79	1541.37	2052.03	2279.24
利用外资	71.68	15.65	32.33	13.15	3.64
自筹资金	3202.31	2659.44	2672.05	3485.93	4503.43
其他资金	3864.55	4725.70	6613.82	7483.09	7462.46

资料来源:历年浙江省统计年鉴。

从近几年房地产开发企业实际到位资金结构来看,自筹资金、定金及预收款和个人按揭贷款一直是开发企业资金的重要来源,2014 年、2015 年、2016 年、2017 年和 2018 年自筹资金、定金及预收款和个人按揭贷款三项之和占房地产开发企业到位资金的比例分别为 74.9%、80.6%、81.2%、81.9%和80.5%。2018 年房地产开发企业定金及预收款和个人按揭贷款的下降,加上金融风险管控,房地产开发企业融资渠道受限,使得房地产开发企业资金普遍感到紧张。

五、安徽省房地产业发展情况

(一) 房地产开发投资快速增长

2018 年,安徽省房地产开发投资 5974.11 亿元,比上年增长 6.4%。从类型看,安徽省住宅投资快速增长。2018 年,安徽省住宅投资 4563.41 亿元,比上年增长 13.9%;住宅投资占全部房地产开发投资的比重为 76.4%,比上年上升 5.0 个百分点。办公楼投资 186.96 亿元,比上年下降 3.9%;占全部房地产开发投资的比重为 3.1%,比上年下降 0.4 个百分点。商业营业用房投资 794.09 亿元,比上年下降 21.5%;占全部房地产开发投资的比重为 13.3%,比上年下降 4.7 个百分点。

从构成看，安徽省建安投资4067.45亿元，比上年下降4.1%；设备器具购置投资80.87亿元，同比增长2.5%；土地购置面积为2939万平方米，同比下降22.2%；土地购置费1679.75亿元，同比增长49.9%。

表9　2014—2018年安徽省房地产业发展情况　　亿元，万平方米，%

指　标	房地产开发投资		商品房施工面积		新开工面积		商品房竣工面积		商品房销售面积	
	绝对额	增速	绝对额	增速	绝对额	增速	绝对额	增速	绝对额	增速
2014年	4338.96	10.0	33479.11	10.7	8736.77	−13.3	5196.37	0.3	6202.18	−1.0
2015年	4424.86	2.0	34244.67	2.3	7759.35	−11.2	5537.74	6.6	6174.09	−0.5
2016年	4603.56	4.0	35645.44	4.1	8586.37	10.7	5382.95	−2.8	8499.65	37.7
2017年	5612.47	21.9	39169.24	9.9	11398.66	32.8	4747.71	−11.8	9200.71	8.2
2018年	5974.11	6.4	41128.30	5.0	10849.60	−4.8	4488.40	−5.5	10038.40	9.1

资料来源：历年安徽省统计年鉴。

（二）商品房销售平稳，去库存成效不断显现

2018年，安徽省商品房销售面积10038.43万平方米，比上年增长9.1%。其中，商品住宅销售面积8901.25万平方米，比上年增长12.0%；办公楼销售面积169.39万平方米，下降5.6%；商业营业用房销售面积784.32万平方米，下降10.1%。2018年，安徽省商品房销售额7076.95亿元，比上年增长20.6%，增幅比2017年上升4.1个百分点。其中，商品住宅销售额6174.85亿元、办公楼销售额143.17亿元、商业营业用房销售额675.63亿元，分别比上年增长26.6%、下降1.1%和下降11.8%。

2018年底，安徽省商品房待售面积1682.59万平方米，比上年下降16.8%。从构成看，商品住宅待售面积777.62万平方米，比上年下降12.1%；占商品房待售面积的46.2%。办公楼待售面积76.38万平方米，占商品房待售面积的4.5%；商业营业用房待售面积614.53万平方米，占36.5%。

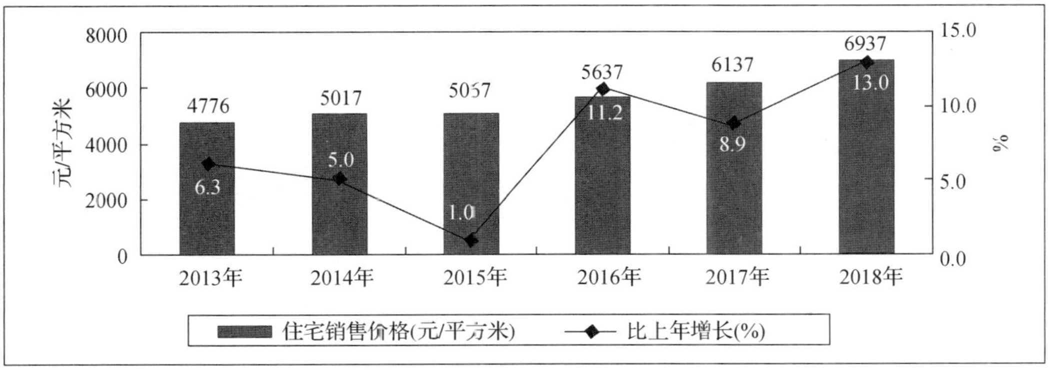

图2　2013—2018年安徽省商品住宅销售价格及增长情况

（三）施工面积保持增长，竣工面积下降

2018年，安徽省房地产开发施工面积41128.30万平方米，比上年增长5.0%，增幅比上年回落4.9个百分点；其中住宅施工面积29191.10万平方米，比上年增长8.7%，增幅比上年回落2.7个百分点。房地产开发新开工面积10849.60万平方米，比上年下降4.8%；住宅新开工面积为8454.70万平方米，比上年下降1.7%。2018年，安徽省房地产竣工面积4488.40万平方米，比上年下降5.5%。；其中住宅竣工面积3184.20万平方米，比上年下降7.0%。

(四)房地产开发资金开始收紧

2018年,安徽省房地产开发企业到位资金8203.27亿元,比上年增长7.4%,增速比上年回落15.6个百分点。其中,自筹资金2399.71亿元,比上年减少10.7%;国内贷款796.46亿元,同比减少17.5%;其他资金5007.10亿元,同比增长25.7%。

表10 2014—2018年安徽省房地产开发资金到位情况 亿元

指 标	2014年	2015年	2016年	2017年	2018年
本年资金来源小计	5231.17	4990.78	6209.27	7636.98	8203.27
国内贷款	567.93	564.23	657.62	965.77	796.46
利用外资	2.78	1.02	13.69	1.36	0
自筹资金	2203.85	1860.13	1906.23	2686.50	2399.71
其他资金	2456.60	2565.40	3631.73	3983.35	5007.10

资料来源:历年安徽省统计年鉴。

十一　长三角汽车产业

一、长三角的总体情况

2018年,长三角汽车制造业年末资产总额24393.66亿元,比上年增长6.8%;占全国汽车制造行业资产总额的比重为30.8%,同比上升0.8个百分点。负债合计13752.82亿元,比上年增长6.3%;占全国汽车制造行业负债总额的比重为29.3%,同比上升0.6个百分点。主营业务收入23127.33亿元,比上年下降1.9%;占全国汽车制造行业主营业务收入的比重为27.7%,同比下降0.2个百分点。创造利润总额2166.70亿元,比上年下降8.2%;占全国汽车制造行业利润的比重为35.6%,同比上升1.3个百分点。

表1　2014—2018年长三角汽车制造行业主要经济指标　　亿元

指　标	2014年	2015年	2016年	2017年	2018年
年末资产总计	14680.83	16950.40	19516.06	22830.65	24393.66
负债合计	7920.68	9255.06	11124.81	12939.72	13752.82
主营业务收入	17583.43	18840.71	21903.51	23576.62	23127.33
利润总额	1920.09	2060.85	2219.47	2360.35	2166.70

数据来源:历年上海市、江苏省、浙江省统计年鉴。

(一)长三角汽车生产情况

从总量上看,长三角汽车产业延续了前几年发展态势,汽车产量再上新高,但增速回落。2018年,长三角汽车产量达到637.16万辆,比上年增长0.4%,增速回落1.3个百分点。2018年,长三角汽车产量占全国的22.9%,所占比重比上年上升1.0个百分点。

表2　2014—2018年长三角各省市及全国汽车产量情况　　万辆

指　标	2014年	2015年	2016年	2017年	2018年
上海市	247.45	242.97	260.77	291.32	297.76
江苏省	125.72	121.75	144.89	125.52	125.38
浙江省	32.72	42.87	58.65	84.54	122.02
安徽省	95.5	125.77	159.67	133.51	92.00
长三角	501.39	533.36	623.98	634.89	637.16
全国	2372.52	2450.35	2811.91	2901.81	2781.90

数据来源:历年上海市、江苏省、浙江省、安徽省及中国统计年鉴。

分地区看,2018年,上海市、浙江省汽车产量占长三角汽车总产量的比重上升,江苏省、安徽省汽车产量占比下降。上海市汽车产量占长三角汽车总产量的比重为46.7%,比上年上升0.8个百分点;浙江省汽车产量占的比重为19.2%,同比上升5.9个百分点;江苏省汽车产量占的比重为19.7%,同比下降0.1个百分点;安徽省汽车产量占的比重为14.4%,同比下降6.6个百分点。

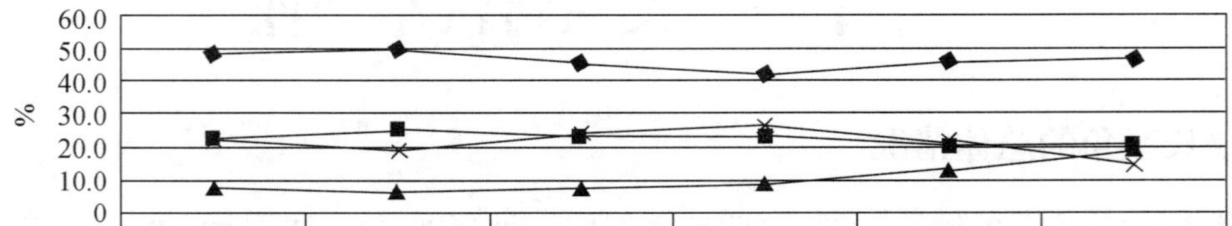

	2013年	2014年	2015年	2016年	2017年	2018年
上海市	47.8	49.4	45.6	41.8	45.9	46.7
江苏省	22.6	25.1	22.8	23.2	19.8	19.7
浙江省	7.9	6.5	8.0	9.4	13.3	19.2
安徽省	21.7	19.0	23.6	25.6	21.0	14.4

图1　2013—2018年三省一市汽车产量占长三角的比重

（二）长三角汽车行业资产运营情况

从资产运营情况来看，2018年，长三角汽车制造行业年末资产总额为224393.66亿元，比上年增长6.8%；负债合计为13752.82亿元，比上年增长6.3%。长三角汽车制造行业资产的增长速度快于负债的增长速度，使得2018年长三角汽车制造行业资产负债率有所下降，达到56.38%，较上年下降了0.30个百分点；低于同期全国汽车制造行业资产负债率2.90个百分点。

分地区来看，2018年，上海市汽车制造行业资产负债率最低，上海市资产负债率为46.66%，比上年下降1.67个百分点；江苏省规模以上汽车制造行业资产负债率为57.51%，同比下降1.47个百分点；浙江省规模以上汽车制造行业资产负债率为62.15%，同比上升0.83个百分点；安徽省规模以上汽车制造行业资产负债率最高，2018年资产负债率为66.37%，同比上升1.77个百分点。

二、上海市汽车产业基本情况

（一）上海市汽车生产与销售情况

2018年，上海市汽车产、销量分别为297.76万辆和297.47万辆，比上年分别增长2.2%和2.9%。其中，轿车的产、销量分别为194.77万辆和194.74万辆，比上年分别减少0.6%和0.7%。

表3　2014—2018年上海市汽车产、销量　　万辆

指标		2014年	2015年	2016年	2017年	2018年
产量	汽车	247.45	242.97	260.77	291.32	297.76
	#轿车	214.22	203.91	207.39	195.94	194.77
销量	汽车	247.05	242.87	261.17	289.12	297.47
	#轿车	213.86	204.19	207.72	196.19	194.74

数据来源：历年上海市统计年鉴。

（二）上海市汽车行业经济总量

汽车产业是上海市的六大重点发展工业行业之一，也是上海市着力发展的优势产业。2018年，上海市完成工业生产总值6832.07亿元，基本与上年持平；实现工业销售产值6834.89亿元，同比增长0.3%；年末资产总计7849.76亿元，同比增长1.3 %；负债合计3662.67亿元，同比减少2.2%；主营业务收入8334.23亿元，同比增长1.1%；实现利润总额1077.68亿元，同比减少2.6%；实现税金总额

410.80 亿元，同比减少 9.5%。

表 4　2014—2018 年上海市汽车行业主要经济指标

指　标	2014 年	2015 年	2016 年	2017 年	2018 年
工业总产值(亿元)	5364.95	5223.80	5849.90	6831.04	6832.07
工业销售产值(亿元)	5322.28	5203.41	5821.11	6815.25	6834.89
年末资产总计(亿元)	5511.02	6033.16	6666.50	7750.76	7849.76
负债合计(亿元)	2397.89	2644.70	3159.10	3746.14	3662.67
主营业务收入(亿元)	6645.70	6574.19	7213.54	8246.69	8334.23
利润总额(亿元)	1062.29	1078.11	1081.97	1106.02	1077.68
税金总额(亿元)	373.94	365.41	389.22	453.92	410.80

数据来源：历年上海市统计年鉴。

(三) 上海市汽车产业基本情况

2018 年上海汽车产销分别为 296.52 万辆和 296.28 万辆(不含上海申龙客车和上汽外地产)，同比分别上升 2.5%和 2.5%。按大类车型分，乘用车产销分别为 284.64 万辆和 284.47 万辆，同比分别上升 2.3%和 2.3%，商用车产销分别为 5.42 万辆和 5.40 辆，同比分别上升 17.0%和 16.6%。

2018 年，在上海产乘用车销售结构上，基本型乘用车共销售 194.74 万辆，占乘用车销售比重 67.0%，比上年同期减少 2.0 个百分点，销量同比下降 0.7%，而 SUV 销售 82.55 万辆，同比则上升 9.6%，多用途(MPV)销售 13.59 万辆，同比上升 5.0%。按排量分析，受购置税优惠取消影响，1.0～1.6 L 销售 156.94 万辆，同比下降 4.5%；而 1.6～2.0 L 销售 37.75 万辆，同比上升 18.6%；2.0 以上仅销售 600 余辆，降幅 37.5%。

上汽旗下乘用车品牌以其优良的性价比、便捷的服务，在全国乘用车市场继续处于领先的地位。在 2018 年销售量排列前十的轿车品牌中，朗逸、桑塔纳、英朗、科沃兹分列一、六、七和第八位，合计销售 129.42 万辆，占十大品牌销量的 39.4%；宝骏 510、途观、荣威 RX5、昂科威位列 SUV 销售量第二、三、六、八 位，合计销售 108.67 万辆，占前十 SUV 品牌销量的 41.9%；五菱宏光、别克 GL8、宝骏 730、宝骏 360 分列 MPV 销售量第一、二、四、五位，合计销售 83.84 万辆，占前十 MPV 品牌销量的 67.9%。上海乘用车良好的品牌优势，确保了上海汽车行业在全国汽车市场的领先地位。

据对上汽外近 40 家企业的统计，显示经营运行状况向好，2018 年工业总产值同比上升 2.5%，主营业务收入同比上升 5.0%，均高于整体增幅，利润总额同比降幅很大，主要是个别大企业由于投资收益由增变为大亏，故掩盖了整体的实际现状，如忽略该项变化，则利润总额有近 20%增幅。经济运行质量其他一些指标方面情况如下：三项费用占主营收入比重 13.41%，比上年同期略有下降；但营业费用有近 10%的增幅；应收账款 36.24 亿元，同比上升 0.9%；存货 27.3 亿元，同比上升 8.6%，但其中产成品存货 13.39 亿元，同比上升 1.8%；资产总计 243.2 亿元，同比上升 1.2%，负债 94.16 亿元，同比上升 0.7%。以上后三项指标均好于全市规模以上企业整体水平。

三、江苏省汽车产业基本情况

(一) 江苏省汽车生产与销售情况

2018 年，江苏省汽车产量为 125.38 万辆，比上年下降 0.1%。轿车的产、销量分别为 58.67 万辆和 59.50 万辆，分别比上年下降 6.14%和 4.3%。载货汽车的产、销量分别为 6.50 万辆和 6.60 万辆，分别比上年下降 34.3%和 32.0%。运动型多用途车(SUV)的产、销量分别为 43.0 万辆和 43.1 万辆，分别比上年增长23.9%和21.8%。新能源汽车的产、销量分别为12.1万辆和12.2万辆，分别比上年增长137.3%和144.0%。

表5　2014—2018年江苏省汽车产、销量　　万辆

指　标		2014年	2015年	2016年	2017年	2018年
产量	汽车	125.72	121.75	144.89	125.52	125.38
	#轿车	74.51	67.56	72.17	62.50	58.67
	载货汽车	14.55	13.90	9.59	9.90	6.50
销量	汽车	125.69	121.68	—	—	
	#轿车	74.82	67.48	72.75	62.20	59.50
	载货汽车	14.50	13.91	9.75	9.70	6.60

数据来源：历年江苏省统计年鉴。

（二）江苏省汽车行业经济总量

2018年，江苏省共有规模以上汽车制造企业1896家，比上年增加10家；从业人员46.90万人，减少1.89万人；年末资产总计6639.93亿元，同比增长6.7 %；负债合计3818.68亿元，同比增长4.1%；主营业务收入7023.03亿元，同比减少6.4%；实现利润总额502.79亿元，同比减少17.8%。

表6　2014—2018年江苏省汽车行业主要经济指标

指　标	2014年	2015年	2016年	2017年	2018年
单位数（个）	1560	1662	1742	1886	1896
从业人员（万人）	40.19	43.05	45.69	48.79	46.90
工业总产值（亿元）	6440.15	6948.74	7910.63	—	
工业销售产值（亿元）	6364.00	6811.93	7790.50	—	
年末资产总计（亿元）	3982.57	4749.25	5574.78	6221.17	6639.93
负债合计（亿元）	2318.51	2808.88	3343.00	3669.21	3818.68
主营业务收入（亿元）	6104.48	6487.01	7470.38	7504.69	7023.03
利润总额（亿元）	554.15	595.43	589.94	611.83	502.79

数据来源：历年江苏省统计年鉴。

（三）江苏省汽车行业经济效益

2018年，江苏省规模以上汽车制造行业企业亏损面为18.62%，比上年上升4.89个百分点；资产负债率为57.51%，同比下降1.47个百分点；产品销售率为98.79%，同比下降0.69个百分点；成本费用利润率为7.56%，同比下降1.23个百分点；流动资产周转次数为1.86次/年，同比下降0.20次/年；总资产贡献率为12.72%，同比下降2.93个百分点。

表7　2014—2018年江苏省汽车行业主要经济效益指标

指　标	2014年	2015年	2016年	2017年	2018年
企业亏损面（%）	12.12	14.92	12.06	13.73	18.62
资产负债率（%）	58.22	59.14	59.97	58.98	57.51
流动资产周转次数（次/年）	2.65	2.36	2.30	2.06	1.86

续表

指　标	2014 年	2015 年	2016 年	2017 年	2018 年
成本费用利润率(%)	9.97	10.04	8.55	8.79	7.56
产品销售率(%)	98.82	98.03	98.48	99.48	98.79
总资产贡献率(%)	23.65	20.95	18.24	15.65	12.72

数据来源:历年江苏省统计年鉴。

(四)江苏省汽车产业的基本情况

2018 年,我国汽车工业产销量 28 年来首次下降。与全国相比,江苏的汽车工业整体保持了运行平稳的态势。全省 2188 家汽车工业企业主营业务收入突破 7952.7 亿元,同比增长 5%,连续 3 年处于全国领先位置。利润总额 604.5 亿元,优于全国汽车产业平均水平。此外,全省重点整车企业共计产销汽车 189 万辆和 190.1 万辆,同比分别下降 0.2%和 0.6%,汽车产量占全国总体的 6.8%,比 2017 年略提高 0.1 个百分点。

江苏省新能源汽车产销量从 2017 年占全国总产销的 8%左右上涨到 2018 年的 13%,预计 2019 年将超过 15%,争取突破 20%。与此同时,江苏省 2018 年动力电池总装机量也攀升到 14.8 Gwh,接近全国的 25%,标志着江苏在新能源汽车产业发展地位的提升。此外,全省 60 家电池、电机、电控重点企业,2018 年实现销售收入 336 亿元,同比增长 25.8%。其中,31 家主要动力电池生产企业和 12 家电解液、隔膜、电极材料配套企业,实现销售收入 244.0 亿元;17 家主要电机、电控研发生产企业,实现销售收入 91.9 亿元。江苏新能源汽车产业已成为国内最具发展潜力的汽车产业集群之一。

江苏已在全国率先出台《江苏省智能网联汽车道路测试实施细则(试行)》,并率先印发《智能网联汽车标准体系建设指南》,开展了无人驾驶测试牌照的发放工作,并建立了智能网联汽车的标准化体系。目前,5G 通信、智能传感等技术取得突破,江苏省在无锡市建成的全球首家城市级车联网应用网络,已在国内引起高度关注。

东风悦达起亚公布 2018 年全年业绩。在中国车市整体负增长的寒冬下,东风悦达起亚保持了正增长。2018 年,东风悦达起亚累计销量达到 370002 辆,同比增长 2.8%,累计产销突破 500 万辆。其中,新一代起亚智跑、起亚 K3 在各自细分市场都表现出色,位居前列。2018 年 12 月,东风悦达起亚整体实现销量 51609 辆,较 11 月环比增长 29.0%,连续 6 个月实现销量增长。2018 年也是东风悦达起亚国际化取得成果的一年。起亚焕驰车型远销埃及和菲律宾,全年整车出口量达到 1256 辆,发动机 288 台,实现了整车及发动机出口业务的新突破。目前,东风悦达起亚已经拥有三座现代化工厂,智能制造技术在东风悦达起亚已开始普遍应用。位于江苏盐城的第三工厂按照智能化程序进行生产,采用了 5400 吨全自动模块冲压生产线、600 余台各类智能机器人。此外,第三工厂还从韩国起亚导入了汽车先进生产管理模式,并进行了本土化改造,实现了柔性生产、精益管理,提高了品控的效率,确保产品更加符合国内消费者的需求。在中国市场,新能源是一个各大汽车企业无法回避的趋势。东风悦达起亚面对中国市场,提出了“新能源车型+传统车型”的双线布局战略。目前,东风悦达起亚已拥有 K5 混动版、K5 插电混动版、KX3 纯电动版、华骐 300E 纯电动车四款新能源汽车,其中,2018 年 11 月新上市的 K5 Pro 与 KX3 纯电动版上市以来,市场表现不俗。尤其是 KX3 作为合资品牌首款纯电动 SUV,显示出了东风悦达起亚争夺中国新能源汽车市场的决心。

长安马自达有限公司由重庆长安汽车股份有限公司和日本马自达汽车株式会社组建成立,前身为长安福特马自达汽车有限公司南京公司,成立于 2005 年,于 2012 年 8 月经国家发改委核准成为具有独立法人资格的现代化合资汽车企业,一直是马自达品牌在中国市场的销量主力合资企业。此前面对快速增长的中国汽车市场和已经稳定占据市场份额的主流一线合资品牌,长安马自达结合自身的产品线和品牌特性，提出了“特色精品战略”。在该战略的指导下长安马自达先后停产了多款老旧车型，仅保留了CX－5和昂克赛拉两款车型征战市场。凭借一直主打的创驰蓝天技术和魂动设计理念，长安马自达由此受到了一批小众消费者的青睐，市场销量逐年增长，但是2018年中国车市整体低迷的市场环境对其造成了影响。2018年1～12月长安马自达的累计销量为163，352辆，同比下跌11.8%；根据此前公布数据统计，2018年12月份长安马自达单月销量为12042辆，同比下跌43.8%。受2018年中国车市整体下行压力影响，长安马自达2018年销量出现了下滑，不过就其整体表现而言还属于正常发挥的状态。

四、浙江省汽车产业基本情况

（一）浙江省汽车生产情况

近几年浙江省汽车产业发展突飞猛进，汽车产量快速增长。2018年，浙江省汽车产量为122.02万辆，比上年增长44.3%；其中轿车产量为91.54万辆，比上年增长47.9%。

表8 2014—2018年浙江省汽车产量 万辆

指 标	2014年	2015年	2016年	2017年	2018年
汽车	32.72	42.87	58.65	84.54	122.02
＃轿车	22.13	32.69	52.77	61.88	91.54

数据来源：历年浙江省统计年鉴。

（二）浙江省汽车行业经济总量

2018年，浙江省共有汽车制造业单位2129个，比上年增加104家；从业人员46.83万人，增加1.83万人；完成工业生产总值5230.78亿元，同比增长4.5%；年末资产总计7148.08亿元，同比增长18.3%；负债合计4442.25亿元，同比增长19.9%；主营业务收入5360.91亿元，同比增长8.3%；实现利润总额509.68亿元，同比下降4.0%；实现利税总额736.75亿元，同比下降5.2%。

表9 2014—2018年浙江省汽车行业主要经济指标

指 标	2014年	2015年	2016年	2017年	2018年
单位数（个）	1753	1851	1902	2025	2129
从业人员（万人）	35.80	38.83	41.25	45.00	46.83
工业总产值（亿元）	2963.96	3681.84	4588.32	5006.24	5230.78
年末资产总计（亿元）	3160.59	3986.48	4654.81	6042.08	7148.08
负债合计（亿元）	1909.45	2375.41	2907.42	3704.91	4442.25
主营业务收入（亿元）	2833.98	3495.68	4420.38	4951.57	5360.91
利润总额（亿元）	210.22	282.51	421.66	530.86	509.68
利税总额（亿元）	325.49	430.46	618.36	777.34	736.75

数据来源：历年浙江省统计年鉴。

（三）浙江省汽车行业经济效益

2018年，浙江省汽车制造行业每百元固定资产原值实现利税39.95元，比上年下降10.54元/百元；每百元主营业务收入实现利税13.74元，同比下降1.96元/百元；产品销售率为98.34%，同比上升0.32个百分点；出口交货值占工业销售9.93%，同比上升0.5个百分点；新产品产值率为58.44 %，同比上升2.80个百分点。

表 10 2014—2018 年浙江省汽车行业主要经济效益指标

指 标	2014 年	2015 年	2016 年	2017 年	2018 年
每百元固定资产原值实现利税(元)	31.35	30.37	42.56	50.49	39.95
每百元主营业务收入实现利税(元)	11.49	12.31	13.99	15.70	13.74
产品销售率(%)	96.17	96.23	96.94	98.02	98.34
出口交货值占工业销售(%)	15.48	11.70	9.90	9.43	9.93
新产品产值率(%)	49.29	53.96	59.98	55.64	53.44

数据来源:历年浙江省统计年鉴。

(四) 浙江省汽车产业的基本情况

浙江省已经初步建成杭州、台州、金华、宁波四大整车基地,形成一批以吉利、众泰为代表的知名汽车品牌,新能源汽车发展尤为突出。

众泰汽车总部位于浙江永康,是一家以汽车整车及汽车关键零部件为核心业务的民营企业,旗下拥有众泰汽车、江南汽车两大自主品牌。2018 年,众泰汽车销量为 23.19 万辆。各车型的表现均比较一般。轿车方面销量比较好的是新能源车型,其中众泰 E200 全年售出 18865 台位居第一,而几款传统的燃油车月销量都只有两位数。此外,众泰汽车自身品牌定位也并非主流,竞争力的欠缺也导致销量出现大幅度下降。从自身品牌力出发,众泰汽车较主流车企仍存在较大竞争差距。

浙江吉利控股集团总部设在杭州,旗下拥有沃尔沃汽车、吉利汽车、领克汽车、Polestar、宝腾汽车、路特斯汽车、伦敦电动汽车、远程新能源商用车等汽车品牌。2018 年,吉利汽车售出 1500838 辆汽车,较上年增长 20.3%,在自主品牌销量榜上与第二名拉开很大距离,销量稳居第一。吉利汽车在上半年总销量 766630 辆,以净利润 65.1 亿元表现的格外突出。相比 2017 年,同期增长了 44.0%,也完成了年初就定下的 158 万销量接近一半的销售额。吉利在下半年同样依靠着多款新车上市让销量持续增长,但吉利在后半年的销售上仍然没有达到预期的效果。在近几年如火如荼的新能源领域,吉利也没有落后。2018 年,吉利相继推出了在现有车型上的新能源汽车,例如帝豪 EV450、博瑞 GE、帝豪 GSe、领克 01PHEV 等多款新能源及电气化产品,说明吉利在为这个目标销量上还是做了充足的准备的。

五、安徽省汽车产业基本情况

(一) 安徽省汽车生产情况

2018 年,安徽省汽车行业产量快速回落,全年汽车产量为 92.00 万辆,比上年下降 31.1%。

表 11 2014—2018 年安徽省汽车产量

万辆

指 标	2014 年	2015 年	2016 年	2017 年	2018 年
汽车	95.50	125.77	159.67	133.51	92.00
#载货汽车	23.84	21.08	26.79	22.70	—
公路汽车	3.96	3.76	2.55	2.15	—

数据来源:历年安徽省统计年鉴。

(二) 安徽省汽车行业经济总量

2018 年,安徽省共有汽车制造业单位 884 个,比上年减少 30 家;从业人员 19.26 万人,同比减少 1.92 万人;年末资产总计 2755.89 亿元,同比下降 2.2%;负债合计 1829.22 亿元,同比增长 0.5%;主营业务收入 2409.16 亿元，同比下降 16.2%；实现利润总额 76.55 亿元，同比减少 31.4%。

表 12　2014—2018 年安徽省汽车行业主要经济指标

指　标	2014 年	2015 年	2016 年	2017 年	2018 年
单位数(个)	802	865	916	914	884
从业人员(万人)	18.64	19.84	21.20	21.18	19.26
工业总产值(亿元)	2113.70	2483.68	3109.93	—	—
工业销售产值(亿元)	2085.36	2428.94	3043.20	—	—
年末资产总计(亿元)	2026.65	2181.51	2619.97	2816.64	2755.89
负债合计(亿元)	1294.83	1426.07	1715.29	1819.46	1829.22
主营业务收入(亿元)	1999.27	2283.83	2799.21	2873.67	2409.16
利润总额(亿元)	93.43	104.80	125.90	111.64	76.55

数据来源：历年安徽省统计年鉴。

（三）安徽省汽车行业经济效益

2018 年，安徽省汽车行业总资产贡献率为 6.10%，比上年下降 1.62 个百分点；资产负债率为 66.38%，同比上升 1.78 个百分点；流动资产周转次数为 1.67 次/年，同比下降 0.25 次/年；工业成本费用利润率为 3.12%，同比下降 0.77 个百分点；产品销售率为 98.02%，同比下降 0.95 个百分点。

表 13　2014—2018 年安徽省汽车行业主要经济效益指标

指　标	2014 年	2015 年	2016 年	2017 年	2018 年
总资产贡献率(%)	8.63	9.23	8.91	7.72	6.10
资产负债率(%)	63.89	65.37	65.47	64.60	66.38
流动资产周转次数(次/年)	1.96	2.07	2.00	1.92	1.67
工业成本费用利润率(%)	4.71	4.59	4.49	3.89	3.12
产品销售率(%)	98.66	97.80	97.85	98.97	98.02

数据来源：历年安徽省统计年鉴。

（四）安徽省汽车制造业的基本情况

经过多年发展，汽车已成为安徽主导产业。不仅拥有奇瑞、江淮、华菱星马等整车生产研发企业，而且拥有环新、国轩高科等汽车核心零部件生产企业，具有乘用车、商用车、工程装备用车、高中档客车等全方位的产业体系。2018 年，安徽汽车行业在受到中国车市整体负增长的寒冬下影响有所回落，未来产量将趋于平稳。自主品牌在质量、性价比、体验等方面已经逐步赶超合资品牌，消费者对于国产汽车，特别是新能源汽车的需求增加也带动了自主品牌汽车销量增长。

2018 年初，奇瑞汽车在中国汽车市场迎来 28 年来首个销量负增长的同时，逆势而上，奇瑞控股集团的汽车业务共销售汽车 752759 辆，同比增长 11.0%，刷新了历史纪录。其中，出口 126993 辆，同比增长 18.0%，连续 16 年位居中国乘用车出口第一；新能源销售 90537 辆，同比增长 146.0%。作为奇瑞控股集团核心业务的汽车板块，乘用车、商用车、传统燃油车和新能源车都创造了抢眼的市场表现。2018 年，随着一批新产品投入市场，集团在各细分市场实现突破。集团旗下的瑞虎 8、艾瑞泽系列、捷途 X70 单月销量均破万辆；瑞虎 8 上市以来连续 6 个月实现环比增长，捷途 X70 上市四个多月销量 4 万多辆；新能源乘用车小蚂蚁 eQ1 单品牌超过 4.4 万台，同比增长 123.0%。下一阶段奇瑞汽车将打造更为高端、年轻、互联的产品，促进销量再度上涨。

安徽江淮汽车集团股份有限公司(简称江淮汽车或JAC),是一家集全系列商用车、乘用车及动力总成等研产销和服务于一体,“先进节能汽车、新能源汽车、智能网联汽车并举的综合型汽车企业集团”。2018年,江淮汽车销售各类整车及底盘46.24万辆,同比下降9.5%;乘用车销量为197520辆,同比下降11.1%;电动乘用车已累计销售63671辆,同比增长125.3%。另据江淮汽车2018年第三季度报告显示,2018年前三季度公司营业总收入为363.31亿元,同比增长2.2%;归属于上市公司股东的净利润为0.48亿元,同比下降78.1%。江淮汽车方面表示,本期业绩预减的主要原因包括:因整车销量较上年同期下降5.5%,同时受新能源政策和产品结构的影响,主营业务收入较上年同期下降3.3%左右,主营业务成本较上年同期下降1.4%左右;汇率波动和融资成本上升,导致财务费用同比增加7183万元左右;因应收账款、存货、专用模具等因素计提的资产减值准备较上年同期增加15740万元左右。

十二　长三角大众传媒产业

一、长三角大众传媒产业基本情况

2018 年，长三角报刊总印数 57.48 亿册，比上年下降 7.7%；总印张数 164.31 亿印张，下降 14.4%。期刊总印数 3.15 亿册，比上年下降 4.3%；总印张数 14.61 亿印张，下降 6.0%。图书总印数 19.03 亿册，比上年增长 7.8%；总印张数 149.69 亿印张，增长 10.0%。

2018 年，长三角报刊总印数占全国报刊总印数的比重为 17.0%，比上年下降 0.2 个百分点；期刊总印数占全国的比重为 13.8%，比上年上升 0.6 个百分点；图书总印数占全国的比重为 19.0%，比上年下降 0.1 个百分点。

表 1　2014—2018 年长三角地区报刊、期刊、图书出版情况

指　标		2014 年	2015 年	2016 年	2017 年	2018 年
报刊	总印数(亿册)	86.09	76.04	67.51	62.29	57.48
	总印张数(亿印张)	374.61	305.47	235.66	192.05	164.31
期刊	总印数(亿册)	3.97	3.72	3.59	3.29	3.15
	总印张数(亿印张)	19.39	18.28	17.30	15.54	14.61
图书	总印数(亿册)	15.10	16.16	16.89	17.65	19.03
	总印张数(亿印张)	113.78	123.79	128.67	136.03	149.69

数据来源：历年上海市、江苏省、浙江省统计年鉴。

二、上海市大众传媒产业基本情况

（一）上海市的总体情况

1. 电视台情况

2018 年，上海市电视台共有发射台 22 座，发射功率 102 千瓦，节目 25 套。公共节目播出时间 179210 小时，比上年增长 227.4%。其中，市级电视台 120299 小时，比上年增长 140.9%；区县级电视台 51873 小时，增长 10 倍。全年制作节目时间 75855 小时，比上年增长 38.6%。

表 2　2014—2018 年上海市电视台情况

指　标	2014 年	2015 年	2016 年	2017 年	2018 年
节目套数(套)	25	25	25	25	25
公共节目播出时间(小时)	179072	178409	179000	54741	179210
全年制作节目时间(小时)	60664	73455	63521	54741	75855

数据来源：历年上海市统计年鉴。

2. 广播电台情况

2018 年，上海市广播电台共有中、短波发射台 3 座，发射功率 227 千瓦，节目 22 套。公共节目播出时间 150620 小时，比上年增长 82.9%。其中，市级广播电台 94796 小时比上年增长 40.5%；区县级广播电台 55824 小时，增长 274.8%。全年制作节目时间 129330 时，比上年增长 57.0%。

表 3　2014—2018 年上海市广播电台情况

指　标	2014 年	2015 年	2016 年	2017 年	2018 年
节目套数(套)	21	21	22	22	22
公共节目播出时间(小时)	137667	136049	145164	82366	150620
全年制作节目时间(小时)	84673	85966	76685	82366	129330

数据来源:历年上海市统计年鉴。

3. 有线电视情况

2018 年,上海有线电视总用户数为 804 万户,比上年增加 8 万户,增长 1.0%。其中,数字电视用户 736 万户,比上年增加 18 万户,增长 2.5%。有线广播电视传输网络干线总长 47815 千米,比上年减少 404 千米,减少 0.8%。

表 4　2014—2018 年上海市有线电视基本情况

指　标	2014 年	2015 年	2016 年	2017 年	2018 年
有线电视总用户数(万户)	587.80	745.50	772.00	796.00	804.00
数字电视用户数(万户)	130.40	139.98	97.14	718.00	736.00
有线广播电视传输网络干线总长(千米)	44092	55035	47129	48219	47815

数据来源:历年上海市统计年鉴。

4. 报刊出版情况

2018 年,上海市共出版报刊 97 种,其中综合报 12 种,专业报 85 种;报刊期数为 8483 期,比上年减少 268 期;每期平均印数 395.83 万份,比上年下降 10.2%;总印数为 8.17 亿份,下降 10.5%;总印张数为 32.08 亿印张,下降 10.9%。

表 5　2014—2018 年上海市报刊出版情况

指　标		2014 年	2015 年	2016 年	2017 年	2018 年
种类(种)	总计	100	98	98	97	97
	综合报	12	12	12	12	12
	专业报	88	86	80	85	85
期数(期)		10269	9662	9219	8751	8483
每期平均印数(万份)		537.43	505.10	478.24	441.00	395.83
总印数(亿份)		11.45	10.80	10.09	9.13	8.17
总印张数(亿印张)		48.96	44.59	37.97	35.99	32.08

数据来源:历年上海市统计年鉴。

5. 期刊出版情况

2018 年,上海市共出版期刊 630 种。出版期数 5649 期,比上年减少 62 期。每期平均印数 528 万份,比上年下降 8.8%;总印数为 0.85 亿册,下降 9.6%;总印张数为 4.56 亿印张,下降 12.8%。

表 6　2014—2018 年上海市期刊出版情况

指　标	2014 年	2015 年	2016 年	2017 年	2018 年
种类(种)	627	628	628	630	630
出版期数(期)	6179	6087	5882	5711	5649

续表

指　标	2014 年	2015 年	2016 年	2017 年	2018 年
每期平均印数(万册、万份)	804	715	653	579	528
总印数(亿册)	1.45	1.28	1.12	0.94	0.85
总印张数(亿印张)	8.10	7.23	6.37	5.23	4.56

数据来源:历年上海市统计年鉴。

6. 图书出版情况

2018 年,上海市共出版图书 30009 种,比上年增加 2237 种。其中,新出版 14227 种,比上年增加 966 种。总印数为 4.81 亿册,比上年增长 13.7%;总印张数为 44.90 亿印张,增长 19.5%。

表 7　2014—2018 年上海市图书出版情况

指　标	2014 年	2015 年	2016 年	2017 年	2018 年
种类(种)	24 676	25954	27462	27772	30009
总印数(亿册)	3.26	3.53	4.17	4.23	4.81
总印张数(亿印张)	30.47	33.83	36.26	37.56	44.90

数据来源:历年上海市统计年鉴。

(二)上海市报刊、期刊、图书出版占比情况

2018 年,上海报刊总印数、总印张数占长三角的比重为 14.2%和 19.5%,分别比上年下降 0.5 个和上升 0.8 个百分点;期刊总印数、总印张数所占比重为 27.0%和 31.2%,分别下降 1.6 个和 2.5 个百分点;图书总印数、总印张数所占比重为 25.3%和 30.0%,分别上升 1.3 个和 2.4 个百分点。

表 8　2014—2018 年上海市报刊、期刊、图书出版占长三角比重　%

指　标		2014 年	2015 年	2016 年	2017 年	2018 年
报刊	总印数	13.3	14.2	14.9	14.7	14.2
	总印张数	13.1	14.6	16.1	18.7	19.5
期刊	总印数	36.5	34.4	31.2	28.6	27.0
	总印张数	41.8	39.5	36.8	33.7	31.2
图书	总印数	21.6	21.8	24.7	24.0	25.3
	总印张数	26.8	27.3	28.2	27.6	30.0

三、江苏省大众传媒产业基本情况

(一)江苏省的总体情况

1. 电视台情况

2018 年,江苏省共有电视台 8 座;电视发射及转播台 106 座;发射机功率为 534 千瓦;电视人口覆盖率为 100.0%;有线电视用户 1641 万户,比上年减增长 2.2%;数字电视用户 1567 万户,增长 6.0%;有线电视入户率 63.2%,比上年下降 2.6 个百分点;节目制作时间为 209004 小时,比上年增长 6.7%。

表 9　2014—2018 年江苏省电视台情况

指　标	2014 年	2015 年	2016 年	2017 年	2018 年
电视台(座)	14	8	8	8	8
电视发射及转播台(座)	83	98	104	106	106
发射机功率(千瓦)	521	510	513	536	534
电视人口覆盖率(%)	99.9	100.0	100.0	100.0	100.0
有线电视用户数(万户)	2291	2226	2069	1606	1641
数字电视用户数(万户)	1787	1761	1754	1479	1567
有线电视入户率(%)	94.6	91.4	84.8	65.8	63.2
节目制作时间(小时)	193135	189429	195036	195865	209004

数据来源:历年江苏省统计年鉴。

2. 广播电台情况

2018 年,江苏省共有广播电台 8 座,中短波发射台及转播台 21 座;中短波发射机功率为 735 千瓦;广播人口覆盖率为 100.0%;节目制作时间为 565828 小时,比上年下降 2.1%。

表 10　2014—2018 年江苏省广播电台情况

指　标	2014 年	2015 年	2016 年	2017 年	2018 年
广播电台(座)	14	14	8	8	8
中短波发射台及转播台(座)	21	21	21	21	21
中短波发射机功率(千瓦)	734	735	735	735	735
广播人口覆盖率(%)	100.0	100.0	100.0	100.0	100.0
节目制作时间(小时)	603551	589282	608779	577970	565828

数据来源:历年江苏省统计年鉴。

3. 报刊出版情况

2018 年,江苏省共有报刊 81 种,比上年减少 61 种;总印数为 214171 万册(万份),比上年下降 6.6%;总印张数为 534958 万印张,下降 16.8%。

表 11　2014—2018 年江苏省报刊出版情况

指　标	2014 年	2015 年	2016 年	2017 年	2018 年
种数(种)	143	143	143	142	81
总印数(万册、万份)	287810	263924	233072	229239	214171
总印张(万印张)	1312412	1083799	813521	643332	534958

数据来源:历年江苏省统计年鉴。

4. 期刊出版情况

2018 年,江苏省共出版期刊 446 种,比上年增加 1 种;总印数为 11272 万册(万份),减少 2.4%;总印张数为 49317 万印张,减少 3.3%。

表 12　2014—2018 年江苏省期刊出版情况

指　标	2014 年	2015 年	2016 年	2017 年	2018 年
种数(种)	442	442	444	445	446

续表

指　标	2014 年	2015 年	2016 年	2017 年	2018 年
总印数(万册、万份)	11807	11431	11954	11544	11272
总印张(万印张)	50730	50133	52332	50983	49317

数据来源:历年江苏省统计年鉴。

5. 图书出版情况

2018 年,江苏省共出版图书 30747 种,比上年增加 1957 种;总印数为 68320 万册(万份),增长 7.4%;总印张数为 506387 万印张,增长 10.8%。

表 13　2014—2018 年江苏省图书出版情况

指　标	2014 年	2015 年	2016 年	2017 年	2018 年
种数(种)	23819	26359	27473	28790	30747
总印数(万册、万份)	55855	62300	62415	63600	68320
总印张(万印张)	397145	433135	450215	457188	506387

数据来源:历年江苏省统计年鉴。

(二) 江苏省报刊、期刊、图书出版占比情况

2018 年,江苏省报刊总印数、总印张数占长三角比重分别为 37.3%和 32.6%,分别比上年上升 0.5 个和下降 0.9 个百分点;期刊总印数、总印张数所占比重分别为 35.8%和 33.8%,分别比上年上升 0.7 个和 1.0 个百分点;图书总印数、总印张数所占比重分别为 35.9%和 33.8%,比上年下降 0.1 个和上升 0.2 个百分点。

表 14　2014—2018 年江苏省报刊、期刊、图书出版占长三角比重　%

指　标		2014 年	2015 年	2016 年	2017 年	2018 年
报刊	总印数	33.4	34.7	34.5	36.8	37.3
	总印张数	35.0	35.5	34.5	33.5	32.6
期刊	总印数	29.7	30.7	33.3	35.1	35.8
	总印张数	26.2	27.4	30.3	32.8	33.8
图书	总印数	37.0	38.6	37.0	36.0	35.9
	总印张数	34.9	35.0	35.0	33.6	33.8

四、浙江省大众传媒产业基本情况

(一) 浙江省的总体情况

1. 电视台情况

2018 年,浙江省共有省市级电视台 12 座;电视节目套数 116 套;电视发射台及转播台 180 座;播出时间为 744396 小时,比上年增长 5.0%;电视人口覆盖率为 99.80%;有线电视实际用户 1874.87 万户,比上年增长 32.1%。

表 15　2014—2018 年浙江省电视节目制作情况

指　标	2014 年	2015 年	2016 年	2017 年	2018 年
省市级电视台(座)	12	12	12	12	12

续表

指　标	2014 年	2015 年	2016 年	2017 年	2018 年
电视节目套数(套)	117	118	118	116	116
电视发射台及转播台(座)	100	176	164	168	180
播出时间(小时)	755633	753757	755972	740705	744393
电视人口覆盖率(%)	99.65	99.69	99.72	99.75	99.80
有线电视实际用户(万户)	1499.71	1562.57	1526.08	1419.56	1874.87

数据来源:历年浙江省统计年鉴。

2. 广播电台情况

2018 年,浙江省共有省市级广播电台 12 座;广播节目套数 112 套;中短波广播发射台和转播台 33 座;县级广播电视台 66 个;广播人口综合覆盖率为 99.73%;全年公共广播节目播出时间 770765 小时,基本与 2017 年持平。

表 16　2014—2018 年浙江省广播节目制作情况

指　标	2014 年	2015 年	2016 年	2017 年	2018 年
省市级广播电台(座)	12	12	12	12	12
广播节目套数(套)	111	113	113	112	112
中短波广播发射台和转播台(座)	36	37	36	38	33
县级广播电视台(个)	66	66	66	66	66
广播人口综合覆盖率(%)	99.57	99.60	99.65	99.68	99.73
全年公共广播节目播出时间(小时)	749740	761835	778581	770768	770765

数据来源:历年浙江省统计年鉴。

3. 报纸出版情况

2018 年,浙江省共出版报纸 66 种,其中综合报 42 种,专业报 16 种;总印量为 211181 万册(万份),比上年减少 19649 万册(万份),同比下降 8.5%;总印张为 648110 万印张,比上年减少 113547 万印张,同比下降 14.9%。

表 17　2014—2018 年浙江省报纸出版情况

指　标		2014 年	2015 年	2016 年	2017 年	2018 年
种类(种)	总计	69	63	67	66	66
	综合报	40	46	42	42	42
	专业报	29	17	17	16	16
总印量(万册、万份)		337367	283634	261658	230830	211181
总印张(万印张)		1479502	1149403	962108	761657	648110

数据来源:历年浙江省统计年鉴。

4. 杂志出版情况

2018 年,浙江省共出版杂志 231 种;总印量为 7366 万册(万份),比上年减少 168 万册(万份),同比下降 2.2%;总印张为 31393 万印张,比上年减少 708 万印张,同比下降 2.2%。

表 18　2014—2018 年浙江省杂志出版情况

指　标	2014 年	2015 年	2016 年	2017 年	2018 年
种数(种)	225	226	226	229	231

续表

指　标	2014年	2015年	2016年	2017年	2018年
总印量(万册、万份)	7765	7719	7690	7534	7366
总印张(万印张)	37651	35800	33618	32101	31393

数据来源：历年浙江省统计年鉴。

5. 图书出版情况

2018年，浙江省共出版本版图书15231种，比上年增加769种；总印量为41810万册(万份)，比上年增加1876万册(万份)，同比增长4.7%；总印张为304983万印张，比上年增加12801万印张，同比增长4.4%。

表19　2014—2018年浙江省图书出版情况

指　标	2014年	2015年	2016年	2017年	2018年
本版图书种数(种)	12687	13711	14165	14462	15231
总印量(万册、万份)	36971	36663	39894	39934	41810
总印张(万印张)	243514	258810	291123	292182	304983

数据来源：历年浙江省统计年鉴。

(二) 浙江省报刊、期刊、图书出版占比情况

2018年，浙江省报刊总印数、总印张数占长三角的比重分别为36.7%和39.4%，分别比上年下降0.4个和0.3个百分点；期刊总印数、总印张数所占比重分别为23.4%和21.5%，分别上升0.5个和0.8个百分点；图书总印数、总印张数所占比重分别为22.0%和20.4%，分别下降0.6个和1.1个百分点。

表20　2014—2018年浙江省报刊、期刊、图书出版占长三角比重　%

指　标		2014年	2015年	2016年	2017年	2018年
报刊	总印数	39.2	37.3	38.8	37.1	36.7
	总印张数	39.5	37.6	40.8	39.7	39.4
期刊	总印数	19.6	20.7	21.4	22.9	23.4
	总印张数	19.4	19.6	19.4	20.7	21.5
图书	总印数	24.5	22.7	23.6	22.6	22.0
	总印张数	21.4	20.9	22.6	21.5	20.4

五、安徽省大众传媒产业基本情况

(一) 安徽省的总体情况

1. 电视台情况

2018年，安徽省电视节目套数111套；电视发射台及转播台109座，减少57座；电视人口覆盖率为99.8%；节目制作时间78913小时，比上年增长3.1%；节目播出时间为646173小时，增长2.1%。

表21　2014—2018年安徽省电视节目制作情况

指　标	2014年	2015年	2016年	2017年	2018年
电视台(座)	14	14	—	—	—
电视节目套数(套)	112	113	109	109	111

续表

指　标	2014年	2015年	2016年	2017年	2018年
电视发射台及转播台(座)	136	285	220	166	109
电视人口覆盖率(%)	98.72	98.93	99.03	99.19	99.83
节目制作时间(小时)	76278	77470	72526	76538	78913
节目播出时间(小时)	610264	613867	595885	632992	646173

数据来源：历年安徽省统计年鉴。

2. 广播电台情况

2018年，安徽省共有广播节目套数105套；中短波广播发射台和转播台25座；广播人口综合覆盖率为99.8%；全年公共广播节目制作时间187384小时，比上年增长5.3%；全年公共广播节目播出时间558614小时，增长7.2%。

表22　2014—2018年安徽省广播节目制作情况

指　标	2014年	2015年	2016年	2017年	2018年
省市级广播电台(座)	14	15	—	—	—
广播节目套数(套)	105	106	104	104	105
中波广播发射台和转播台(座)	23	23	24	25	25
广播人口综合覆盖率(%)	98.6	98.8	98.9	99.04	99.84
全年公共广播节目制作时间(小时)	179638	169776	162808	177955	187384
全年公共广播节目播出时间(小时)	521869	540463	525688	521135	558614

数据来源：历年安徽省统计年鉴。

3. 报纸出版情况

2018年，安徽省共出版报纸98种；每期平均印数299万册(万份)，比上年减少26万册(万份)；总印量为67725万册(万份)，比上年减少3852万册(万份)，下降5.4%；总印张为139280万印张，比上年减少16291万印张，下降10.5%。

表23　2014—2018年安徽省报纸出版情况

指　标	2014年	2015年	2016年	2017年	2018年
种类(种)	98	98	98	98	98
每期平均印数(万册、万份)	500	480	363	325	299
总印量(万册、万份)	121176	104830	79488	71577	67725
总印张(万印张)	464623	375622	201261	155571	139280

数据来源：历年安徽省统计年鉴。

4. 杂志出版情况

2018年，安徽省共出版杂志180种；每期平均印数233万册(万份)，比上年减少26万册(万份)；总印量为4321万册(万份)，比上年减少78万册(万份)，下降1.8%；总印张为19742万印张，比上年减少266万印张，下降1.3%。

表 24　2014—2018 年安徽省杂志出版情况

指　标	2014 年	2015 年	2016 年	2017 年	2018 年
种数(种)	180	180	180	180	180
每期平均印数(万册、万份)	355	313	291	259	233
总印量(万册、万份)	5627	5251	5017	4399	4321
总印张(万印张)	24474	24574	23305	20008	19742

数据来源:历年安徽省统计年鉴。

5. 图书出版情况

2018 年,安徽省共出版本版图书 10040 种,比上年增加 295 种,其中新出版 4248 种;总印量为 32077 万册(万份),比上年增加 1373 万册(万份),增长 4.5%;总印张为 236527 万印张,比上年增加 1240 万印张,增长 0.5%。

表 25　2014—2018 年安徽省图书出版情况

指　标	2014 年	2015 年	2016 年	2017 年	2018 年
本版图书种数(种)	9934	8902	9441	9745	10040
总印量(万册、万份)	25579	27329	24892	30704	32077
总印张(万印张)	192396	207650	182768	235287	236527

数据来源:历年安徽省统计年鉴。

(二) 安徽省报刊、期刊、图书出版占比情况

2018 年,安徽省报刊总印数、总印张数占长三角的比重分别为 11.8%和 8.5%,分别比上年上升 0.3 个和 0.4 个百分点;期刊总印数、总印张数所占比重分别为 13.7%和 13.5%,分别比上年上升 0.3 个和 0.6 个百分点;图书总印数、总印张数所占比重分别为 16.9%和 15.8%,分别比上年下降 0.5 个和 1.5 个百分点。

表 26　2014—2018 年安徽省报刊、期刊、图书出版占长三角比重　%

指　标		2014 年	2015 年	2016 年	2017 年	2018 年
报刊	总印数	14.1	13.8	11.8	11.5	11.8
	总印张数	12.4	12.3	8.5	8.1	8.5
期刊	总印数	14.2	14.1	14.0	13.4	13.7
	总印张数	12.6	13.4	13.5	12.9	13.5
图书	总印数	16.9	16.9	14.7	17.4	16.9
	总印张数	16.9	16.8	14.2	17.3	15.8

十三　长三角旅游业

一、长三角旅游业基本情况

国际旅游方面，2018 年，长三角地区共接待入境游客 2358.36 万人次，比上年下降 22.3%；占全国入境游客量的 16.7%，所占比重比上年下降 5.1 百分点。其中，外国游客 1628.06 万人次，比上年下降 20.0%；占全国外国游客量的 53.3%，所占比重比上年下降 16.4 百分点。长三角国际旅游创汇 178.03 亿美元，比上年下降 19.7%；占全国国际旅游外汇收入的比重为 14.0%，所占比重比上年下降 4.0 个百分点。

国内旅游方面，2018 年，长三角地区共接待国内游客 25.59 亿人次，比上年增长 10.5%；占全国国内游客量的 46.2%，所占比重比上年下降 0.1 个百分点。长三角实现国内旅游收入 34192.47 亿元，比上年增长 13.6%；占全国国内旅游外汇收入的比重为 66.7%，比上年下降 0.8 个百分点。

表 1　2014—2018 年长三角地区旅游业基本情况

指　标	国际旅游业			国内旅游业	
	接待入境旅游人数（万人次）	其中：外国人	国际旅游外汇收入（亿美元）	接待国内旅游人数（亿人次）	国内旅游收入（亿元）
2014 年	2424.49	1655.53	164.51	16.97	20070.44
2015 年	2561.84	1746.92	185.38	18.64	22474.54
2016 年	2789.79	1892.35	203.07	20.69	25760.00
2017 年	3033.99	2035.44	221.62	23.16	30099.04
2018 年	2358.36	1628.06	178.03	25.59	34192.47

数据来源：历年上海市、浙江省、江苏省、安徽省统计年鉴。

分地区看，2018 年，上海市国际旅游外汇收入占长三角国际旅游外汇收入的比重为 41.4%，比上年上升 10.7 个百分点；国内旅游收入占长三角国内旅游收入的比重为 13.1%，同比下降 0.3 个百分点。江苏省国际旅游外汇收入占长三角国际旅游外汇收入的比重为 21.6%，比上年上升 2.7 个百分点；国内旅游收入占长三角国内旅游收入的比重为 37.6%，与上年基本持平。浙江省国际旅游外汇收入占长三角国际旅游外汇收入的比重为 14.6%，所占比重比上年下降 22.7 个百分点；国内旅游收入占长三角国内旅游收入的比重为 28.8%，同比下降 0.3 个百分点。安徽省国际旅游外汇收入占长三角国际旅游外汇收入的比重为 17.9%，比上年上升 4.9 个百分点；国内旅游收入占长三角国内旅游收入的比重为 20.6%，同比上升 0.7 个百分点。

二、上海市旅游业的基本情况

（一）国际旅游情况

2018 年，上海市接待国际旅游入境者 893.71 万人次，比 2017 年增长 2.4%。其中接待入境外国人 685.90 万人次，比上年增长 2.2%。接待港、澳、台同胞 207.81 万人次，比上年增长 3.0%。国际旅游入境游客平均逗留时间 3.7 天/人，比 2017 年上升 0.4 天/人；平均每天来沪旅游人数 24485 人次/天，比上年增加 567 人次/天；国际旅游创汇 73.71 亿美元，比上年增长 8.2%。2018 年，上海市共有 A 级旅游景点 113 家，其中，5A 级景点 3 家，4A 级景点 59 家；共有红色旅游基地 34 个，其中，全国红色旅游基地 12 个。

从外国游客的国别来看，日本仍是上海市的第一大客源国，2018年接待日本游客113.23万人次，比上年减少3.0%，占外国人总数的17.4%，与2017年基本持平。第二大客源国是美国，2018年接待美国游客98.63万人次，比上年增长2.9%，占外国人总数的14.4%，所占比重上升0.1个百分点。

表2　2014—2018年上海市国际旅游入境人数、国际旅游收入

指　标	2014年	2015年	2016年	2017年	2018年
国际旅游入境人数(万人次)	791.30	800.16	854.37	873.01	893.71
#外国人	611.14	614.64	659.83	671.21	685.90
#日本	101.28	92.93	107.49	116.68	113.23
新加坡	21.72	19.85	22.59	23.36	23.77
德国	31.93	29.97	32.48	33.65	32.94
法国	21.81	20.42	22.45	22.17	22.57
英国	22.77	21.70	24.53	24.33	24.14
意大利	12.20	11.92	11.77	12.35	12.51
加拿大	17.19	18.90	22.55	25.08	24.31
美国	77.42	77.08	94.36	95.88	98.63
澳大利亚	20.59	19.05	23.06	25.34	25.29
港澳同胞	66.94	67.53	70.54	73.64	76.78
台湾同胞	113.22	117.99	124.00	128.16	131.03
平均每天来沪旅游人数(人次/天)	21679	21922	23343	23918	24485
来沪旅游者平均逗留天数(天/人)	3.24	3.30	3.21	3.30	3.70
国际旅游(外汇)收入(亿美元)	57.05	59.60	65.30	68.10	73.71

数据来源：历年上海市统计年鉴。

(二)国内旅游情况

2018年，上海市共接待国内游客3.40亿人次，比上年增长6.7%。其中，接待外省市来沪旅游者1.62亿人次，比上年增长4.4%。全年实现国内旅游收入4477.15亿元，比上年增长11.2%。国内旅游者的人均旅游消费总支出为1338元，比上年人均增加74元，同比增长5.9%；其中人均购物费为552元，占人均旅游消费总支出的比重为41.3%，比上年上升8.7个百分点。

表3　2014—2018年上海市国内旅游人数、人均消费支出及国内旅游收入

指　标	2014年	2015年	2016年	2017年	2018年
国内旅游者来沪人数(万人次)	26818	27569	29621	31845	33977
外省市来沪旅游人数	13041	13924	14680	15523	16209
本市市民在本地旅游人数	13777	13645	14941	16322	17768
国内旅游者人均消费支出(元)	1099	1087	1163	1264	1338
#长途交通费	132	143	154	201	183
住宿费	148	152	170	158	146
餐饮费	148	154	164	193	171
购物费	406	383	382	411	552

续表

指　标	2014 年	2015 年	2016 年	2017 年	2018 年
门票费	131	125	144	154	144
娱乐费	39	34	35	27	20
市内交通费	47	48	52	50	45
邮电通信费	7	6	5	4	6
国内旅游收入(亿元)	2950.13	3004.73	3443.93	4025.13	4477.15

数据来源:历年上海市统计年鉴。

(三) 旅行社接待经营情况

2018 年,上海市旅行社共接待境内外来沪旅游者 801.94 万人次,比上年减少 3.5%。其中,接待境外旅游者 59.98 万人次,比上年减少 16.5%;接待境内旅游者 741.96 万人次,减少 2.3%。组织出境游 494.09 万人次,比上年下降 9.7%。旅行社实现营业收入 1602.60 亿元,比上年增长 14.8%;实现利润总额 7.87 亿元,减少 3.7%。

表 4　2014—2018 年上海市旅行社接待经营情况

指　标	2014 年	2015 年	2016 年	2017 年	2018 年
接待境内外来沪旅游者(万人次)	763.08	816.00	807.62	831.14	801.94
境外旅游者	78.51	64.16	57.51	71.85	59.98
#外国人	68.27	56.15	52.37	65.29	54.99
中国香港	3.62	3.23	1.62	1.7	1.04
中国澳门	2.68	1.79	0.33	0.29	0.04
中国台湾	3.95	2.98	3.19	4.57	3.91
境内旅游者	684.57	751.85	750.10	759.29	741.96
出境旅游者(万人次)	242.30	393.34	565.62	547.07	494.09
经营和财务状况					
营业收入(亿元)	723.73	826.72	1165.81	1396.37	1602.60
利润总额(亿元)	6.89	0.31	−5.51	8.17	7.87

数据来源:历年上海市统计年鉴。

(四) 住宿业接待经营情况

2018 年,上海市共有旅游星级饭店 206 家,其中,五星级饭店 72 家;客房 5.53 万间,减少 0.35 万间;床位 8.39 万张,减少 0.46 万张;客房平均出租率为 67.0%,下降 1.8 个百分点;营业收入 200.97 亿元,减少 5.6%;平均房价 753 元/间天,比上年增长 5.6%。

表 5　2014—2018 年上海市旅游星级饭店基本情况

指　标	2014 年	2015 年	2016 年	2017 年	2018 年
饭店数(个)	255	247	238	229	206
客房数(万间)	6.17	6.12	6.03	5.88	5.53
床位数(万张)	9.40	9.23	9.02	8.85	8.39

续表

指　标	2014 年	2015 年	2016 年	2017 年	2018 年
客房平均出租率（%）	63.5	65.5	68.1	68.8	67.0
营业收入（亿元）	193.92	198.15	202.61	212.85	200.97
平均房价（元/间天）	648	686	692	713	753

数据来源：历年上海市统计年鉴。

三、江苏省旅游业的基本情况

（一）国际旅游情况

2018 年，江苏省年接待海外旅游者 400.85 万人次，比上年增长 8.3%。其中接待外国人 264.69 万人次，比上年增长 9.5%。接待港澳台同胞 136.16 万人次，比上年增长 6.1%。旅游创汇 46.48 亿美元，比上年增长 10.8%。

从外国游客的国别来看，日本、韩国、美国仍是江苏省的三大主要客源国。2018 年，江苏省接待日本旅游者 48.50 万人次，比上年增长 5.0%；接待韩国旅游者 43.87 万人次，同比增长 8.8%；接待美国旅游者 28.35 万人次，同比增长 13.8%。美、日、韩三国旅游者合计共占外国游客市场的 45.6%，比上年下降 0.5 个百分点。

表 6　2014—2018 年江苏省接待海外旅游者人数和收入

指　标	2014 年	2015 年	2016 年	2017 年	2018 年
接待人数(万人次)	297.10	305.01	329.77	370.10	400.85
#外国人	197.04	200.84	218.00	241.75	264.69
#日本	41.93	39.71	41.49	46.19	48.50
韩国	34.87	35.82	40.77	40.33	43.87
美国	19.69	20.99	22.54	24.91	28.35
马来西亚	9.87	9.36	9.11	9.87	11.02
德国	9.86	9.90	10.32	10.82	11.43
新加坡	6.86	6.65	6.85	7.29	8.02
加拿大	6.63	7.60	7.88	8.32	9.62
#香港同胞	14.42	14.04	15.38	18.23	21.01
澳门同胞	0.62	0.71	0.82	1.07	1.34
台湾同胞	85.02	89.42	95.58	109.05	113.81
旅游外汇收入(亿美元)	30.33	35.27	38.04	41.95	46.48

数据来源：历年江苏省统计年鉴。

（二）国内旅游情况

2018 年，江苏省接待国内游客 8.14 亿人次，比上年增长 9.6%；实现国内旅游收入 12851.32 亿元，同比增长 13.7%。

2018 年，江苏省接待国内旅游者最多的三个市分别是：苏州市 12847.67 万人次，比上年增长6.7%；南京市 12185.94 万人次，增长 7.1%；无锡市 9817.68 万人次，增长 7.0%。三市合计接待国内旅游者占全省的比重为 42.8%，比上年下降 1.1 个百分点。

2018 年，江苏省有 4 个市国内旅游收入超千亿，国内旅游收入居前三的分别是苏州市 2416.48 亿元，比上年增长 11.8%；南京市 2279.42 亿元，增长 12.8%；无锡市 1906.02 亿元，增长 11.9%。三市合计国内旅游收入占全省的比重为 51.4%，比上年下降 0.6 个百分点。

表 7　2014—2018 年江苏省各市国内旅游业发展情况　　万人次，亿元

指　标	2014 年		2015 年		2016 年		2017 年		2018 年	
	接待人数	旅游收入	接待人数	旅游收入	接待人数	旅游收入	接待人数	旅游收入	接待人数	旅游收入
合计	57113.32	7863.51	61933.65	8769.31	67779.99	9952.47	74287.31	11307.51	81422.84	12851.32
南京市	9419.31	1470.00	9992.66	1612.15	10657.32	1803.45	11383.32	2020.43	12185.94	2279.42
无锡市	7573.72	1229.85	8043.33	1356.25	8586.03	1518.91	9179.34	1702.64	9817.68	1906.02
徐州市	3566.61	423.46	4005.31	485.99	4515.48	565.90	5097.77	658.92	5758.44	766.03
常州市	4989.34	639.98	5443.00	718.35	5989.56	820.04	6582.71	936.79	7224.54	1070.25
苏州市	10028.84	1574.81	10605.45	1728.79	11300.37	1932.50	12046.42	2161.32	12847.37	2416.48
南通市	3066.34	400.60	3387.24	453.04	3792.11	521.98	4247.00	601.43	4766.93	693.33
连云港市	2415.03	297.42	2682.74	338.70	3011.08	391.58	3384.18	454.12	3802.19	526.20
淮安市	2089.60	231.63	2323.79	264.02	2610.54	305.64	2931.74	353.66	3290.11	409.23
盐城市	2014.67	195.21	2266.34	226.27	2573.70	265.56	2926.83	311.75	3326.90	365.89
扬州市	4545.88	525.21	5027.21	592.00	5622.02	681.91	6290.60	785.29	7036.59	904.76
镇江市	4385.48	543.93	4802.68	614.12	5348.34	706.19	5964.56	812.87	6546.70	923.77
泰州市	1848.68	213.63	2037.34	241.54	2282.32	278.22	2558.32	321.39	2868.39	371.23
宿迁市	1169.82	117.79	1316.56	138.08	1491.12	160.60	1694.52	186.90	1950.76	218.71

数据来源：历年江苏省统计年鉴。

（三）各市国际旅游发展情况

2018 年，江苏省接待海外旅游者居前三的市分别是：苏州市 182.78 万人次，比上年增长 4.1%；南京市 81.56 万人次，增长 9.5%；无锡市 58.60 万人次，增长 18.3%。三市合计接待海外旅游者占全省的比重为 80.6%，比上年下降 0.4 个百分点。

2018 年，江苏省有 5 个市旅游创汇超亿美元，其中旅游创汇居前三的三个市是：苏州市 25.22 亿美元，比上年增长 9.4%；南京市 8.83 亿美元，增长 11.4%；无锡市 4.95 亿美元，增长 16.6%。三市合计旅游创汇占全省的比重为 83.9%，比上年下降 0.1 个百分点。

表 8　2014—2018 年江苏省各市国际旅游业发展情况　　人次，万美元

指　标	2014 年		2015 年		2016 年		2017 年		2018 年	
	接待人数	外汇收入	接待人数	外汇收入	接待人数	外汇收入	接待人数	外汇收入	接待人数	外汇收入
合计	2970956	303271	3050104	352729	3297735	380362	3701038	419472	4008509	464836
南京市	566202	55293	588100	63999	637846	67617	745117	79227	815615	83281
无锡市	403116	32994	391343	35783	439185	38954	495425	42482	586016	49514
徐州市	29485	2975	33776	3831	34105	3938	39884	4963	44472	5431

续表

指标	2014年		2015年		2016年		2017年		2018年	
	接待人数	外汇收入	接待人数	外汇收入	接待人数	外汇收入	接待人数	外汇收入	接待人数	外汇收入
常州市	120423	10160	126952	12066	145896	13147	177143	15468	203697	17725
苏州市	1453273	170463	1512029	200183	1612849	216708	1756298	230448	1827753	252200
南通市	187185	10792	172999	11668	180156	12482	185745	12581	195230	13743
连云港市	22972	1876	20345	2064	22624	2281	26140	2716	28936	2951
淮安市	13607	1313	14675	1558	18223	1705	23977	2125	26032	2357
盐城市	42164	4511	49110	5866	53059	6419	64635	8212	70181	8822
扬州市	53539	4919	51229	5588	58561	6280	67818	7506	76358	8341
镇江市	44986	4640	52956	5992	54934	6479	69615	8539	75747	9424
泰州市	29979	2791	31891	3255	36068	3631	40808	4161	45707	4658
宿迁市	4025	546	4699	846	4229	721	8433	1044	12765	1389

数据来源：历年江苏省统计年鉴。

四、浙江省旅游业的基本情况

（一）国际旅游情况

2018年，浙江省接待入境旅游者456.76万人次；其中，接待外国人323.41万人次；接待港澳台同胞133.35万人次。旅游创汇25.96亿美元。

从外国旅游者的国别来看，排前三名的入境客源国分别为韩国、美国和日本。2018年，浙江省接待韩国旅游者39.84万人次；接待美国旅游者33.70万人次；接待日本旅游者31.14万人次。美、日、韩三国旅游者合计共占外国游客市场的32.4%。

表9 2014—2018年浙江省国际旅游业发展情况

指标	2014年	2015年	2016年	2017年	2018年
入境旅游人数合计(万人次)	931.03	1012.04	1120.30	1211.73	456.76
外国人	614.45	672.26	731.62	801.50	323.41
#韩国	95.60	110.33	116.82	102.82	39.84
美国	45.07	48.50	55.57	63.65	33.70
日本	51.51	53.13	55.26	72.82	31.14
意大利	25.00	28.15	30.02	28.47	6.66
马来西亚	25.70	25.52	26.90	33.24	11.32
德国	22.10	22.63	24.69	27.37	11.09
法国	18.45	20.36	23.28	24.06	6.57
港澳台同胞	316.58	339.78	388.68	410.24	133.35
中国香港	109.77	114.35	132.67	137.41	38.04
中国台湾	168.04	182.71	201.50	217.95	85.46

续表

指　标	2014 年	2015 年	2016 年	2017 年	2018 年
中国澳门	38.77	42.73	54.51	54.88	9.85
创汇收入(亿美元)	57.53	67.88	74.31	82.76	25.96

注:2018 年入境旅游者口径和范围调整为入境过夜游客。
数据来源:历年浙江省统计年鉴。

(二)国内旅游情况

2018 年,浙江省接待国内旅游者 6.84 亿人次,比上年增长 8.7%;实现国内旅游收入 9834 亿元,同比增长 12.2%。

表 10　2014—2018 年浙江省国内旅游业发展情况

指　标	2014 年	2015 年	2016 年	2017 年	2018 年
国内旅游人数(亿人次)	4.79	5.25	5.73	6.29	6.84
国内旅游收入(亿元)	5947	6720	7600	8764	9834

数据来源:历年浙江省统计年鉴。

(三)各市国际旅游发展情况

2018 年,杭州市接待入境旅游者数仍遥遥领先其他各市,达到 420.51 万人次;其次是绍兴市,接待人数为 109.95 万人次;再次是温州市,接待人数为 84.29 万人次。三市合计接待入境旅游者占全省的比重为 71.3%。

2018 年,国际旅游收入最高的是杭州市,达 7.43 亿美元;其次是温州市,国际旅游收入 5.01 亿美元;再次是绍兴市,国际旅游收入 4.22 亿美元。三市合计创汇收入占全省的比重为 56.0%。

表 11　2014—2018 年浙江省各市国际旅游业发展情况　　人次,万美元

指　标	2014 年		2015 年		2016 年		2017 年		2018 年	
	接待人数	外汇收入	接待人数	外汇收入	接待人数	外汇收入	接待人数	外汇收入	接待人数	外汇收入
杭州市	3261337	231811	3415619	293065	3632300	314944	4022300	354286	4205063	74279
宁波市	1396802	77832	1575224	80019	1734926	91745	1869109	98980	840102	42100
嘉兴市	706642	22728	726430	25349	707318	21657	715222	22587	555291	29155
湖州市	602847	22511	702900	29073	916233	35758	1116602	43799	536573	29040
绍兴市	702142	24971	734785	26327	824744	29825	891332	31934	1099529	42235
舟山市	315835	16227	322371	18759	339247	17341	344313	17631	147224	6798
温州市	910803	48132	1058136	54918	1210288	60378	1390820	68549	842925	50089
金华市	841864	47974	979042	57991	1127404	64802	1102661	59612	21202	587
衢州市	116046	5696	119914	4929	131968	5958	13480	552	177480	16354
台州市	155286	4909	168560	5876	192350	6478	198827	6750	183787	6355
丽水市	298334	72576	313381	81956	345198	92097	379148	106188	10136	392

注:2018 年入境旅游者口径和范围调整为入境过夜游客。
数据来源:历年浙江省统计年鉴。

五、安徽省旅游业的基本情况

（一）国际旅游情况

2018年，安徽省接待入境旅游者607.04人次，比上年增长10.5%。其中，接待外国人354.06万人次，比上年增长10.3%；接待港澳台同胞252.98万人次，同比增长10.9%。

2018年，安徽省旅游创汇31.88亿美元，比上年增长10.7%，增速较上年回落2.6个百分点。在国际旅游外汇收入项目中，所占比重最大的项目由长途交通费变为商品销售。2018年，商品销售9.88亿美元，比上年增长59.5%；占国际旅游外汇收入的比重为31.0%，比上年上升9.5个百分点。2017年占国际旅游外汇收入比重最大的长途交通，2018年所占比重大幅降低，由2017年的35.7%，下降到2018年的15.5%，所占比重下降20.1个百分点。

从外国旅游者的国别来看，排前三名的入境客源国分别为韩国、美国和日本。2018年，安徽省接待韩国旅游者97.83万人次，比上年增长4.6%；接待美国旅游者33.26万人次，同比增长15.3%；接待日本旅游者24.28万人次，同比增长16.3%。美、日、韩三国旅游者合计共占外国游客市场的43.9%，比上年下降0.7个百分点。

表12　2014—2018年安徽省国际旅游业发展情况

指　标	2014年	2015年	2016年	2017年	2018年
入境旅游人数(万人次)	405.06	444.63	485.35	549.15	607.04
外国人	232.90	259.18	282.91	320.98	354.06
#日本	16.51	17.35	19.86	20.88	24.28
韩国	88.05	84.11	93.06	93.50	97.83
新加坡	10.44	14.38	14.09	15.03	15.92
美国	23.61	21.48	24.96	28.84	33.26
英国	8.11	8.56	9.82	11.85	13.05
法国	9.08	8.48	9.25	11.08	12.40
德国	7.69	9.55	9.85	11.67	13.75
俄罗斯	4.91	5.39	4.93	7.22	8.57
港澳台同胞	172.16	185.44	202.48	228.17	252.98
创汇收入(亿美元)	19.60	22.63	25.42	28.81	31.88

数据来源：历年安徽省统计年鉴。

（二）国内旅游情况

2018年，安徽省接待国内旅游者7.21亿人次，比上年增长15.2%；实现国内旅游收入7030亿元，同比增长17.1%。国内旅游者人均花费974.4元，比上年增长1.7%。其中，购物花费256.4元，比上年增长1.8%；占人均消费的比重为26.3%。

表13　2014—2018年安徽省国内旅游业发展情况

指　标	2014年	2015年	2016年	2017年	2018年
国内旅游人数(万人次)	37899	44404	52241	62627	72147
国内旅游收入(亿元)	3309.80	3980.50	4763.60	6002.40	7030.00

数据来源：历年安徽省统计年鉴。

（三）各市国内旅游发展情况

2018 年，合肥市接待国内旅游者数仍遥遥领先其他各市，达到 12851.70 万人次，比上年增长 15.7%；其次是黄山市，接待人数为 7199.20 万人次，同比增长 12.9%；再次是安庆市，接待人数为 6902.90 万人次，同比增长 13.4%。三市合计接待国内旅游者占全省的比重为 37.4%，比上年下降 0.2 个百分点。

2018 年，安徽省国内旅游收入最高的市是合肥市，为 1721.6 亿元，比上年增长 17.3%；其次是黄山市，旅游收入 724.0 亿元，同比增长 14.6%；再次是芜湖市，旅游收入 707.3 亿元，同比增长 20.0%。三市合计国内旅游收入占全省的比重为 44.8%，比上年下降 0.2 个百分点。

表 14　2014—2018 年安徽省各市接待国内旅游者人数和收入　　万人次，亿元

指　标	2014 年		2015 年		2016 年		2017 年		2018 年	
	接待人数	旅游收入	接待人数	旅游收入	接待人数	旅游收入	接待人数	旅游收入	接待人数	旅游收入
合计	37898.8	3309.7	44403.7	3980.5	52241.2	4763.6	62627.0	6002.4	72147.2	7030.0
合肥市	6534.8	774.3	7784.2	953.2	9236.6	1156.3	11105.5	1468.3	12851.7	1721.6
淮北市	922.2	56.1	1078.1	67.3	1256.8	79.9	1477.4	95.8	1666.4	109.5
亳州市	1257.8	87.8	1504.7	108.4	1775.7	130.4	2278.6	170.5	2697.9	204.3
宿州市	1326.4	79.0	1587.8	98.3	1877.6	119.1	2252.4	150.1	2613.6	178.2
蚌埠市	2200.0	128.8	2628.9	159.8	3139.1	194.0	3800.5	246.1	4454.9	293.8
阜阳市	1414.5	90.4	1670.7	111.8	1975.3	135.1	2374.1	170	2765.4	201.0
淮南市	1297.4	74.1	1518.1	89.4	2109.5	134.0	2473.5	161.7	2784.5	185.0
滁州市	1437.8	111.3	1687.2	135.7	1998.1	163.3	2374.8	203.7	2742.3	238.0
六安市	1887.0	130.7	2241.7	161.0	2529.9	185.8	3090.4	239.1	3617.8	284.6
马鞍山市	2016.8	138.5	2389.6	170.2	2804.0	204.1	3363.3	254.7	3864.5	300.1
芜湖市	2785.3	303.9	3339.4	377.7	3974.6	458.6	4839.1	589.5	5699.6	707.3
宣城市	1800.1	135.8	2144.8	165.6	2558.1	201.3	3115.3	262.6	3680.0	314.0
铜陵市	921.1	60.2	1084.9	72.2	1680.5	126.8	1984.9	156.6	2261.8	181.2
池州市	3471.5	336.9	4096.4	408.5	4799.2	489.3	5630.1	602.8	6344.9	692.7
安庆市	3793.2	337.8	4470.4	409.4	5122.3	479.2	6089	599.3	6902.9	694.6
黄山市	4832.7	464.0	5176.7	491.9	5403.8	506.3	6377.9	631.8	7199.2	724.0

数据来源：历年安徽省统计年鉴。

十四　长三角海洋经济

一、长三角海洋经济的发展情况

初步核算，2018 年全国海洋生产总值 83415 亿元，比上年增长 6.7%，海洋生产总值占国内生产总值的比重为 9.3%。其中，海洋第一产业增加值 3640 亿元，第二产业增加值 30858 亿元，第三产业增加值 48916 亿元，海洋第一、第二、第三产业增加值占海洋生产总值的比重分别为 4.4%、37.0%和 58.6%。据测算，2018 年全国涉海就业人员 3684 万人。

2018 年，北部海洋经济圈①海洋生产总值 26219 亿元，比上年名义增长 7.0%，占全国海洋生产总值的比重为 31.4%；东部海洋经济圈②海洋生产总值 24261 亿元，比上年名义增长 8.0%，占全国海洋生产总值的比重为 29.1%；南部海洋经济圈③海洋生产总值 32934 亿元，比上年名义增长 10.6%，占全国海洋生产总值的比重为 39.5%。

表 1　2013—2018 年长三角两省一市海洋生产总值情况　　亿元

指　标	2013 年	2014 年	2015 年	2016 年	2017 年	2018 年
上海市	5745	6217	6513	7311	8534	9183
江苏省	5180	5960	6406	7000	7217	7619
浙江省	5560	—	6180	6700	7540	—
长三角	16485	—	19099	21011	23291	24261

数据来源：上海市水务海洋局、江苏省海洋与渔业局、浙江省海洋与渔业局。

二、上海市海洋经济发展的情况

上海市位于我国大陆海岸线中部，长江入海口和东海交汇处，海域面积约 10000 平方千米，岸线总长约 518 千米(不含无居民岛)，其中大陆岸线总长 211 千米。共有崇明岛、长兴岛、横沙岛 3 个有居民岛屿，大金山岛、佘山岛、九段沙等 23 个无居民岛屿(沙洲)。拥有港口航道、滩涂湿地、渔业、滨海旅游、风能和潮汐能等多种海洋资源。临港地处长江经济带和海上丝绸之路经济带交汇处，是中国(上海)自由贸易试验区的直接腹地，北邻浦东国际航空港、南接洋山国际枢纽港，是目前世界上少有的集海运、空运、铁路、公路、内河、轨道交通六种综合交通优势的区域。

2018 年，上海海洋产业生产总值达 9183 亿元，占全市地区生产总值(GDP)的 28.1%，成为上海市经济总量的重要组成部分。上海市初步形成了以海洋交通运输业、海洋工程装备制造业、海洋旅游业为代表的现代海洋产业体系。临港海洋高新园区已吸引多家企业注册，成为上海发展海洋经济及创新示范引领的核心区域。尤其在临港地区，目前已形成以海洋园区为代表、以高端海洋装备为引领、以智能制造为特色的产业集聚区，已吸引数百家涉海高新技术企业入驻，并贯通海洋领域全产业链，成为上海市海洋经济发展的桥头堡。

---

① 北部海洋经济圈　由辽东半岛、渤海湾和山东半岛沿岸地区所组成的经济区域，主要包括辽宁省、河北省、天津市和山东省的海域与陆域。

② 东部海洋经济圈　由长江三角洲的沿岸地区所组成的经济区域，主要包括江苏省、上海市和浙江省的海域与陆域。

③ 南部海洋经济圈　由福建、珠江口及其两翼、北部湾、海南岛沿岸地区所组成的经济区域，主要包括福建省、广东省、广西壮族自治区和海南省的海域与陆域。

三、江苏省海洋经济的发展情况

据核算，2017 年江苏全省海洋生产总值达到 7618.8 亿元，比上年增长 9.8%，占地区生产总值的比重为 8.2%。海洋经济的“蓝色引擎”作用持续发挥，不断助推地区经济高质量发展。

从主要海洋产业发展情况看，海洋交通运输业、海洋船舶工业、海洋旅游业和海洋渔业作为江苏省主要海洋产业，总体保持稳步增长，其增加值占主要海洋产业增加值的比重分别为 37.9%、22.5%、17.7%和 11.6%。海洋可再生能源利用业、海洋药物和生物制品业等新兴产业发展势头良好，增速分别达到 32.0%、16.9%。

从区域海洋经济发展情况看，沿海 3 个设区市南通、连云港、盐城海洋生产总值为 3906.8 亿元，比上年增长 9.5%，占全省的比重为 51.3%；10 个非沿海设区市海洋生产总值为 3712 亿元，比上年增长 10.2%，占全省的比重为 48.7%。

四、浙江省海洋经济的发展情况

浙江省积极推动海洋与渔业供给侧结构性改革，海洋经济保障服务能力提升，有效促进了海洋经济的发展。发布了《2018 年度浙江海洋经济发展重大建设项目实施计划》，共安排海洋经济发展建设项目 348 项，总投资 10071 亿元，年度计划投资 1326 亿元。

舟山市列入实施计划的 27 个项目包括 19 个产业类项目和 8 个非产业类项目。19 个产业类项目涉及临港先进制造业，港航物流、大宗商品贸易与航运服务业，滨海旅游业，现代海洋渔业，海洋信息、科创与科教文化产业，海洋新能源产业；8 个非产业类项目涉及港航等基础设施，沿海及海岛地区其他基础设施。从项目构成情况看，27 个项目中，续建项目 24 个，主要包括浙江科鑫重工有限公司耐腐蚀性钢管项目、舟山群岛新区外运长航汽车滚装物流项目、舟山国际水产城远洋（进口）水产品交易市场一期、百里滨海大道（定海段）等；新建项目 3 个，分别为大洋世家现代化海洋食品加工集聚基地建设项目、赛丽文创广场项目、舟山团鸡山生活垃圾焚烧发电三期项目。

台州市共有 59 个项目列入省计划盘子，项目数位居全省第三（仅次于宁波、舟山），占全省项目总数的 16.9%，总投资 1572.6 亿元，2018 年计划投资约 178.3 亿元。从项目分类看，59 个项目主要包括：产业类共 32 个，其中临港先进制造业项目 10 个，沿海石化与海洋新材料产业项目 1 个，港航物流、大宗商品贸易业与航运服务业项目 3 个，滨海旅游业项目 8 个，现代海洋渔业项目 2 个，海洋信息、科创与科教文化产业项目 3 个，海洋医药和生物制造业项目及海水淡化和综合利用业各 1 个，海洋新能源产业 3 个；非产业类共 27 个，其中港航等基础设施项目 15 个，滩涂围垦项目 1 个，沿海及海岛地区其他基础设施项目 3 个，海洋生态建设项目 8 个。从项目构成情况看，59 个项目中，续建项目 39 个，包括金台铁路（含头门港支线）、台州湾大桥、乐清湾大桥、三门湾大桥及接线工程、头门港作业区二期码头工程等重大交通基础设施项目，也包括吉利临海产业园扩建、新吉奥汽车基地、中车配套产业园、彩虹无人机生产基地等临港装备大项目，以及台州游艇小镇、大陈岛核心景区建设、玉环漩门湾国家湿地公园等滨海旅游业项目。新建项目 20 个，主要包括浙江海诺尔生物材料有限公司聚乳酸树脂及制品工程、温岭热刺激光产业园、华电玉环 1 号海上风电机项目、三门核电二期项目、黄岩智能模具小镇科技创新中心项目等一批产业类项目，注重向海洋新兴产业倾斜，进一步加大海洋产业引领海洋经济发展的核心引擎作用。

五、长三角海洋经济发展的对策

（一）上海市海洋经济发展的对策

上海市启动了“参与海丝建设专项研究”，内容主要包括：海洋经济投融资、海洋产业“走出去”和“引进来”、海洋科技创新国际合作、海洋文化交流与教育、海洋公共服务产品提供等 5 个方面，引领海洋经济在更广范围、更深层次参与“一带一路”建设。上海市已从三方面明确了上海海洋经济发展思路：

1. 建立现代海洋产业体系

巩固提升船舶工业、海洋交通运输等传统优势产业。大力发展海洋工程装备、海洋生物医药、海洋新能源等先进制造业。积极培育现代航运服务、海洋金融服务、海洋科技服务等现代服务业。加快推进远洋渔业转型升级。做大做强邮轮等海洋旅游业。

2. 打造“两核三带多点”空间布局

“两核”为临港和长兴岛。临港聚焦海洋装备制造和海洋高新技术产业，重点发展海洋高新技术产业集群；长兴岛聚焦船舶制造和海洋工程装备等产业，打造世界一流的海洋装备岛。

3. 提升海洋经济开放水平

抓住自贸区扩大开放机遇，推动船舶和海工设计制造等领域扩大开放，积极争取海洋国际组织、跨国公司和企业总部落户上海，支持海洋产业投资和输出，打造蓝色总部高地。

（二）江苏省海洋经济发展的对策

大力推动海洋与渔业质量变革、效率变革、动力变革，实现海洋管理能力新提升、海洋经济质量新提升和渔业增效、渔民增收，建设“强富美高”新江苏。一是以海洋督察意见整改为契机，实施最严格的围填海管控措施，强化海岸线修复整治，强化海域有偿使用管理，提高精准用海水平。二是抢抓沿海经济带建设机遇，着力提升政策支撑能力、创新引领能力和金融服务能力等，推动海洋经济高质量发展。三是以生态红线管控为关键，落实最严格的海洋生态红线管控制度，严格海洋工程全过程监管，严格监督陆源污染物入海排放，强化海洋环境监测和海洋生态环境修复，推进海洋生态文明建设。四是以新一轮养殖规划修编为总抓手，科学调整生产布局，促进渔业集约集聚发展。五是突出生态养殖和捕捞减量，在苏南地区率先实施全国最严的《太湖流域池塘养殖水达标排放要求》，推进生态养殖行动，加大海洋减船转产力度，启动长江退捕和长江流域重点水域禁捕，开展水生生态系统保护与修复，促进渔业可持续发展。六是聚焦质量强品牌，坚持按标生产，把优质产品养出来，建立长效机制，让安全监管严起来，实施提升行动，将品牌形象树起来，进一步提高“江苏生态健康渔业”品牌的影响力，促进渔业增效渔民增收。七是启动实施现代渔业建设八项计划，扎实推进渔业转型升级。

（三）浙江省海洋经济发展的对策

1. 加速海洋产业升级与空间组织优化

实现海洋经济的可持续发展，加速浙江传统海洋产业改造进程，提高海洋高新技术产业化效率，同时积极培育新兴海洋产业，为发展未来产业创造条件，促进海洋产业整体结构优化、规模扩大和海洋经济—资源环境系统的运行效率的提升。具体来看，一是发挥特色优势，推进海洋新兴产业、海洋服务业、临港先进制造业和现代海洋渔业发展，建设现代海洋产业基地，健全现代海洋产业体系，增强海洋经济国际竞争力；二是坚持以海引陆、以陆促海、海陆联动、协调发展，注重发挥不同区域的比较优势，优化形成重要海域基本功能区，推进构建“一核两翼三圈九区多岛”的海洋经济总体发展格局。

2. 采取有效措施保障海洋资源持续利用

坚持合理开发、集约利用海洋资源，加快建立科学的资源开发利用与保护机制。一是集约开发利用海洋资源。树立集约开发利用的理念，有偿、有度、有序利用海洋资源，加强海域、海岛、岸线和海洋地质等基础调查与测绘工作。实行海岛、岸线等资源分类指导和管理，依法有序开展围填海工程，合理开发利用海洋资源。二是加强资源利用监管。加强涉海项目的区域规划论证和环境影响评价工作，规范海洋产业、海域围填、海洋工程的规划审批、建设监管和监测评估。加强无居民海岛管理，严格控制无居民海岛开发利用。健全公众参与机制，形成海洋科学开发长效机制。

3. 统筹陆海治理稳定海洋生态环境支撑能力

科学利用海洋资源，加强陆海污染综合防治和海洋环境保护，推进海洋生态文明建设，切实提高海洋生态环境对海洋经济可持续发展的支撑能力。一是加强陆海污染综合防治，即坚持海陆并举、区域联动、防治结合，切实做好陆源污染物入海排放控制和近岸海域污染整治工作。重点实施海陆污染同步监管防治、推动跨区域海洋污染防治。二是推进海洋生态建设和修复。建设象山港海洋综合保护与利用示范区，推进全省“海洋牧场”建设；加强红树林和湿地保护与修复工程建设；优化禁渔休渔制度；实施海洋生态保护区建设计划，加强海洋特别保护区建设。建立海洋渔业种质资源与濒危物种特别保护区、滨海湿地保护区，维护重点港湾、湿地的水动力和生态环境。

十五　长三角服务业

一、长三角服务业发展情况

2018 年，长三角实现地区生产总值 211479.24 亿元，按当年价计算，比上年增长 8.3%；第三产业实现增加值 114299.10 亿元，增长 10.4%。长三角产业结构得到了进一步调整优化，三次产业结构调整为 4.2：41.8：54.0，第三产业比重比上年提高 1.0 个百分点。与全国相比较，第三产业构成高于全国 1.8 个百分点。

分地区看，2018 年，上海市实现服务业增加值 22842.96 亿元，按可比价计算，比上年增长 8.7%；第三产业增加值占生产总值的比重达到 69.9%，比上年上升 0.7 个百分点。江苏省实现服务业增加值 47205.16 亿元，按可比价计算，比上年增长 7.9%；第三产业增加值占生产总值的比重达到 51.0%，比上年提高 0.7 个百分点。浙江省实现服务业增加值 30724.26 亿元，按可比价计算，比上年增长 7.8%；第三产业增加值占生产总值的比重达到 54.7%，比上年提高 1.4 个百分点。安徽省实现服务业增加值 13526.72 亿元，按可比价计算，比上年增长 8.6%；第三产业增加值占生产总值的比重达到 45.1%，比上年提高 2.2 个百分点。

表 1　2014—2018 年长三角服务业发展情况

指标		2014 年	2015 年	2016 年	2017 年	2018 年
上海市	地区生产总值(亿元)	23567.70	25123.45	28178.65	30632.99	32679.87
	服务业增加值(亿元)	15275.73	17022.63	19662.90	21191.54	22842.96
	服务业比重(%)	64.8	67.8	69.8	69.2	69.9
	服务业增速(%)	8.8	10.6	9.6	7.5	8.7
江苏省	地区生产总值(亿元)	66123.71	71255.93	77350.85	85869.76	92595.40
	服务业增加值(亿元)	30774.27	34272.40	38691.60	43169.73	47205.16
	服务业比重(%)	46.5	48.1	50.0	50.3	51.0
	服务业增速(%)	10.0	9.4	9.8	8.5	7.9
浙江省	地区生产总值(亿元)	40173.03	42886.49	47251.36	51768.26	56197.15
	服务业增加值(亿元)	19220.79	21341.91	24091.57	27602.26	30724.26
	服务业比重(%)	47.9	49.8	51.0	53.3	54.7
	服务业增速(%)	8.6	11.3	9.7	9.2	7.8
安徽省	地区生产总值(亿元)	20848.75	22005.63	24117.89	27018.00	30006.82
	服务业增加值(亿元)	7378.69	8602.11	9959.92	11597.45	13526.72
	服务业比重(%)	35.4	39.1	41.3	42.9	45.1
	服务业增速(%)	9.5	10.8	11.3	9.9	8.6
长三角	地区生产总值(亿元)	150713.19	161271.50	176898.75	195289.01	211479.24
	服务业增加值(亿元)	72649.48	81239.05	92405.99	103560.98	114299.10
	服务业比重(%)	48.2	50.4	52.2	53.0	54.0
	服务业增速(%)	10.6	11.8	13.7	12.1	10.4

注：上海市、江苏省、浙江省和安徽省服务业增长率按可比价计算，长三角服务业增长率按当年价计算。2013 年及以后数据行业分类采用《国民经济行业分类》(GB/T 4754—2011)，产业分类按照国家统计局 2012 年制定的三次产业划分规定。

数据来源：历年上海市、江苏省、浙江省和安徽省统计年鉴。

二、上海市服务业发展特点

（一）金融、保险业平稳发展

2018 年，上海市中外资金融机构本外币各项存款余额 121112.33 亿元，比年初增加 8654.40 亿元；贷款余额 73272.35 亿元，比年初增加 5736.67 亿元。

全年金融市场交易总额达到 1645.78 万亿元，比上年增长 15.2%。上海证券交易所总成交额 264.62 万亿元，比上年下降 13.6%。其中，债券成交额 216.95 万亿元，下降 12.3%；股票成交额 40.32 万亿元，下降 21.1%。全年通过上海证券市场股票筹资 6113.96 亿元，比上年减少 19.3%；发行公司债 17780.87 亿元，增长 19.0%。至年末，上海证券市场上市证券 14069 只，比上年末增加 1850 只。其中，股票 1494 只，增加 54 只。

全年上海期货交易所总成交金额 81.54 万亿元，比上年下降 9.3%。中国金融期货交易所总成交金额 26.12 万亿元，增长 6.2%。银行间市场总成交金额 1262.83 万亿元，比上年增长 26.6%。上海黄金交易所总成交金额 10.66 万亿元，增长 9.2%。

全年保险公司原保险保费收入 1405.79 亿元，比上年下降 11.4%。其中，财产险公司原保险保费收入 582.10 亿元，增长 20.6%；人身险公司原保险保费收入 823.69 亿元，下降 25.4%。全年保险赔付支出 581.56 亿元，增长 5.9%。其中，财产险赔款支出 271.62 亿元，增长 16.2%；寿险给付 207.93 亿元，下降 12.3%；健康险赔款给付 82.20 亿元，增长 30.8%；意外险赔款支出 19.81 亿元，增长 30.5%。

（二）旅游业平稳发展

2018 年，上海市接待国际旅游入境者 893.71 万人次，比上年增长 2.4%。其中，入境外国人 685.9 万人次，增长 2.2%；港、澳、台同胞 207.81 万人次，增长 3.0%。在国际旅游入境者中，过夜旅游者 742.04 万人次，增长 3.2%。全年接待国内旅游者 33976.87 万人次，增长 6.7%。其中，外省市来沪旅游者 16209.12 万人次，增长 4.4%。全年入境旅游外汇收入 73.71 亿美元，增长 8.2%；国内旅游收入 4477.15 亿元，增长 11.2%。至年末，全市有星级宾馆 206 家，旅行社 1639 家，A 级旅游景区（点）113 个，红色旅游基地 34 个。

（三）商贸流通业平稳增长

2018 年，上海市实现商品销售总额 11.95 万亿元，比上年增长 5.6%。其中，批发销售额 10.79 万亿元，增长 5.3%。

全年实现社会消费品零售总额 12668.69 亿元，比上年增长 7.9%。其中，无店铺零售额 1925.99 亿元，增长 13.8%。网上商店零售额 1506.70 亿元，增长 15.8%，占社会消费品零售总额的比重为 11.9%。

全年完成电子商务交易额 28938.20 亿元，比上年增长 19.3%。其中，B2B 交易额 18552.60 亿元，增长 14.1%，占电子商务交易额的 64.1%；网络购物交易额（含服务类交易）10385.60 亿元，增长 29.7%，占 35.9%。

至年末，全市已开业城市商业综合体达 256 家。其中，商场商业建筑面积 10 万平方米以上的有 63 家。全年全市城市商业综合体实现营业额达 1777.02 亿元，比上年增长 16.7%。

全年全市新集聚商业零售品牌首店 835 家，其中，国际品牌首店 300 余家，国际零售商集聚度升至全球城市第二位。境外旅客购物离境退税销售额占全国总量的 3/4。

（四）交通运输业和通讯服务业增长较快

2018年，上海市实现各种运输方式完成货物运输量107386.82万吨，比上年增长10.4%。旅客发送量21496.62万人次，增长3.1%。

全年上海港口货物吞吐量73047.94万吨，比上年下降2.7%；集装箱吞吐量4201.02万国际标准箱，增长4.4%。集装箱水水中转比例达46.8%，其中，国际中转比例为8.8%。上海浦东、虹桥两大国际机场全年共起降航班77.16万架次，比上年增长1.5%；进出港旅客11763.43万人次，增长5.1%。其中，国内航线进出港旅客7665.00万人次，增长3.7%；国际及地区航线进出港旅客4098.43万人次，增长8.0%。

全年上海港接待国际邮轮靠泊406艘次。其中，以上海为母港的邮轮378艘次。邮轮旅客吞吐量275.29万人次，比上年下降7.4%。邮轮母港旅客吞吐量占比97.7%。

年内轨道交通5号线和13号线延伸段实现开通运行。至年末，全市轨道交通运营线路长度达到704.91公里，运营车站415个。至年末，公交运营车辆1.75万辆，运营线路1543条，线网长度8813.80公里；运营出租车4.13万辆。全年市内公共交通客运量58.56亿人次，日均1605万人次，比上年增长1.2%。其中，轨道交通客运量37.10亿人次，增长4.9%；公共汽电车客运量20.65亿人次，下降4.4%。

至年末，全市拥有各类民用汽车393.42万辆，比上年增长9.0%。其中，私人汽车302.17万辆，增长10.1%。

2018年，上海市完成邮政业务总量820.62亿元，比上年增长15.3%；电信业务总量1432.00亿元，增长1.1倍。邮政业全年完成邮政函件业务5.74亿件、包裹业务221.4万件、快递业务34.86亿件；快递业务收入1020.28亿元。

三、江苏省服务业发展特点

（一）金融业市场规模进一步扩大，保险业有所波动

至2018年末，江苏省金融机构人民币存款余额139718亿元，比年初增长7.5%，增加9775.1亿元。其中，住户存款比年初增加4663.9亿元，非金融企业存款比年初增加2712.4亿元。年末金融机构人民币贷款余额115719亿元，比年初增长13.3%，增加13572.4亿元。其中，中长期贷款比年初增加7839.3亿元，短期贷款比年初增加3768.9亿元。

证券交易市场保持稳定。年末全省境内上市公司401家，省内上市公司通过首发、配股、增发、可转债、公司债在上海、深圳证券交易所筹集资金2249.8亿元。江苏企业境内上市公司总股本3639.3亿股，比上年增长11.7%；总市值31986.1亿元，比上年下降21.4%。年末全省共有证券公司6家，证券营业部928家；期货公司9家，期货营业部172家；证券投资咨询机构3家。全年证券市场完成交易额28.7万亿元。分类型看，证券经营机构股票交易额13.4万亿元，比上年下降22.3%；期货经营机构代理交易额15.3万亿元，比上年增长20.7%。

全年保费收入3317.3亿元，比上年下降3.8%。分类型看，财产险收入858.8亿元，增长5.5%；寿险收入1985.3亿元，下降10.2%；健康险收入395亿元，增长11.4%；意外伤害险78.1亿元，增长12.1%。全年赔付额996.7亿元，比上年增长1.3%。其中，财产险赔付512.5亿元，增长12.5%；寿险赔付355.9亿元，下降17.9%；健康险赔付104.4亿元，增长42.0%；意外伤害险赔付23.9亿元，增长12.4%。

（二）旅游业增长较快

2018年，江苏省接待境内外游客81823.7万人次，比上年增长9.6%；实现旅游业总收入13247.3亿

元，增长 13.6%。接待入境过夜游客 400.9 万人次，增长 8.3%。其中，外国人 264.7 万人次，增长 9.5%；港澳台同胞 136.2 万人次，增长 5.1%。旅游外汇收入 46.5 亿美元，增长 10.8%。接待国内游客 81422.8 万人次，增长 9.6%，实现国内旅游收入 12851.3 亿元，增长 13.7%。

（三）消费品市场增长平稳

2018 年，江苏省实现社会消费品零售总额比上年增长 7.9%。按经营单位所在地分，城镇消费品零售额增长 7.8%；农村消费品零售额增长 9%。按行业分，批发和零售业零售额增长 7.7%；住宿和餐饮业零售额增长 9.7%。全省限额以上社会消费品零售总额比上年增长 3.6%。从消费品类值看，基本生活类消费增长平稳，部分消费升级类商品零售额增长较快。在限额以上企业商品零售额中，粮油食品饮料烟酒类、服装鞋帽针纺织品类、日用品类商品零售额分别增长 4.4%、7.6%和 9.5%。以智能手机、平板电脑等为代表的通信器材类商品零售额增长 30.8%；书报杂志类增长 15.9%；家具类增长 11.8%。石油制品类商品零售额增长 12.2%。

（四）交通运输基本平稳，通讯服务业快速发展

2018 年，江苏省货物运输量比上年增长 5.7%，旅客运输量下降 4.7%；货物周转量比上年下降 0.4%，旅客周转量增长 2.0%。全省机场飞机起降 51.6 万架次，比上年增长 11.5%；旅客吞吐量 5164.6 万人次，增长 16.2%；货邮吞吐量 59.7 万吨，增长 4.5%。完成规模以上港口货物吞吐量 23.3 亿吨，比上年增长 0.6%，其中外贸货物吞吐量 4.9 亿吨，增长 0.5%；集装箱吞吐量 1798 万标准集装箱，增长 4.4%。年末全省公路里程 16 万公里。其中，高速公路里程 4710 公里。铁路营业里程 3014 公里，铁路正线延展长度 5258.6 公里。年末民用汽车保有量 1783.2 万辆，增长 10.1%；净增 163.8 万辆。年末私人汽车保有量 1537.6 万辆，增长 9.2%；净增 129.4 万辆。其中，私人轿车保有量 1066.8 万辆，增长 8.0%；净增 79.2 万辆。

2018 年，江苏省邮政行业业务总量 1050.2 亿元，比上年增长 19.2%；电信业务总量 4811.6 亿元，增长 132.7%。邮政行业业务收入 647 亿元，比上年增长 15.4%；电信业务收入 975.1 亿元，增长 6.3%。年末局用交换机总容量 121.2 万门。年末固定电话用户 1364 万户，城市固定电话用户 945.9 万户，乡村固定电话用户 418.1 万户。年末移动电话用户 9794 万户，比上年末增加 986.3 万户。电话普及率达 139 部/百人。年末长途光缆线路总长度 4.04 万公里；年末互联网宽带接入用户 3351.9 万户，新增 245.7 万户。

四、浙江省服务业发展特点

（一）金融服务业发展势头良好

2018 年末，浙江省全部金融机构本外币各项存款余额 116512.74 亿元，比上年末增长 8.6%，其中人民币存款余额增长 9.4%。住户本外币存款余额 46457.80 亿元，增长 13.9%。全部金融机构本外币各项贷款余额 105774.91 亿元，增长 17.2%，其中人民币贷款余额增长 17.5%。年末主要农村金融机构（农村信用社、农村合作银行、农村商业银行）人民币贷款余额 13946 亿元，比年初增加 1822 亿元。

2018 年，浙江省保险业实现保费收入 2273.20 亿元，比上年增长 5.9%。其中，财产险保费收入 826.82 亿元，增长 8.7%；人身险保费收入 1446.37 亿元，增长 4.3%。支付各类赔款及给付 761.83 亿元，增长 16.6%。其中，财产险赔付支出 490.33 亿元，增长 13.8%；人身险赔付支出 271.55 亿元，增长 22.0%。

（二）旅游业增速大幅回落

2018 年，浙江省接待国内旅游者 6.84 亿人次，比上年增长 8.8%；实现国内旅游收入 98344.00 亿元，增长 12.0%。浙江省接待入境旅游者 456.76 万人次，比上年下降 62.3%。其中，接待外国人 323.41 万人次，比上年下降 59.6%；接待港澳台同胞 133.35 万人次，下降 67.5%。旅游创汇 25.96 亿美元，比上年下降 68.6%。

（三）商贸流通业较快增长，消费热点突出

2018 年，浙江省社会消费品零售总额 25008 亿元，比上年增长 9.0%。按经营地统计，城镇消费品零售额 20684 亿元，增长 8.6%；乡村消费品零售额 4324 亿元，增长 10.6%。按消费类型统计，商品零售额 22292 亿元，增长 8.5%；餐饮收入额 2716 亿元，增长 12.5%。

在限额以上批发零售贸易业零售额中，通信器材类零售额比上年增长 17.8%，家具类增长 17.3%，日用品类增长 16.7%，石油及制品类增长 15.9%，粮油、食品类增长 14.3%，服装、鞋帽、针纺织品类增长 14.1%，中西药品类增长 12.2%，五金、电料类增长 4.2%，金银珠宝类增长 3.9%，建筑及装潢材料类增长 0.3%，汽车类下降 0.7%。

全省各类商品市场 3759 个，全年交易额为 2.19 万亿元，比上年增长 2.0%。其中，十亿级市场 268 个，百亿级市场 39 个，千亿级市场 2 个。

（四）交通运输业稳步增长、通讯服务业增长较快

2018 年，浙江省公路总里程 12 万公里，其中高速公路 4421 公里。共有民航机场 7 个，全年旅客吞吐量 6539 万人，其中发送量 3375 万人。铁路、公路和水运完成货物周转量 11538 亿吨公里，比上年增长 14.2%；旅客周转量 1104 亿人公里，增长 0.7%。港口完成货物吞吐量 16.9 亿吨，增长 6.5%，其中，沿海港口完成 13.4 亿吨，增长 6.2%。宁波—舟山港完成货物吞吐量 10.8 亿吨，增长 7.4%，集装箱吞吐量跃居全球第三，达 2635 万标箱，增长 7.1%。年末全省民用汽车保有量 1534 万辆，比上年末增长 9.8%，其中个人汽车 1347 万辆，增长 9.7%。民用轿车保有量 964 万辆，增长 8.6%，其中个人轿车 892 万辆，增长 8.4%。

2018 年，浙江省实现邮电业务总量 2326 亿元，比上年增长 34.6%；电信业务总量[8]4099 亿元，增长 129.1%。年末移动电话用户 8309 万户，比上年增加 719 万户，其中使用 3G、4G 移动电话用户 7071 万户。固定互联网宽带接入用户 2648 万户，增加 183 万户，其中固定互联网光纤宽带接入用户 2349 万户，增加 238 万户。移动互联网用户 8136 万户，增加 680 万户。全省快递业务量 101 亿件，比上年增长 27.5%。

五、安徽省服务业发展特点

（一）金融、保险业发展势头良好

2018 年，安徽省金融机构人民币各项存款余额 50677.3 亿元，比上年末增加 5068.5 亿元，增长 11.1%。其中，非金融企业存款余额 14929.1 亿元，增长 5.1%；住户存款余额 22994.8 亿元，增长 12%。年末金融机构人民币各项贷款余额 38815.3 亿元，比上年末增加 4334.1 亿元，增长 12.6%。其中，境内短期贷款 10532.5 亿元、增长 6.2%；境内中长期贷款 25750.1 亿元、增长 14.8%，中长期贷款中住户贷款 12624.3 亿元、增长 21.9%。

2018 年，安徽省上市公司通过境内市场累计筹资 535.1 亿元，比上年增加 71.7 亿元。其中，首次公开发行 A 股 3 只，筹资 14.5 亿元；A 股再筹资（包括配股、公开增发、非公开增发、认股权证）372.6 亿

元；上市公司通过发行可转债、可分离债、公司债筹资148亿元。到2018年末，全省有上市公司103家，上市公司市价总值7903亿元，比上年减少32.3%。全年企业发行短期融资券570.4亿元。全年全省境内证券经营机构证券代理成交额43400亿元，期货经营机构代理交易量205500亿元。

2018年，安徽省保险业保费收入1209.7亿元，比上年增长9.3%。其中，财产险业务原保险保费收入408.8亿元，增长11.6%；人身险业务原保险保费收入800.9亿元，增长8.1%。赔款和给付419.2亿元，增长5.4%。其中，财产险业务赔款支出222.8亿元，增长19.1%；人身险业务赔款和给付支出196.5亿元，下降6.7%。

（二）旅游业平稳增长

2018年，安徽省接待入境旅游者607万人次，比上年增长10.5%。其中，外国人354万人次，增长10.3%；港澳台同胞253万人次，增长10.9%。国内游客7.21亿人次，增长15.2%。旅游总收入7241亿元，增长16.8%。其中，旅游外汇收入31.9亿美元，增长10.7%；国内旅游收入7030亿元，增长17.1%。皖南国际旅游文化示范区旅游收入3785.2亿元，增长16.4%。年末全省有A级及以上旅游景点（区）600处。

（三）消费品市场增长平稳

2018年，安徽省全社会消费品零售总额12100.1亿元，比上年增长11.6%，扣除价格因素实际增长9.4%。按经营地统计，城镇消费品零售额9731.8亿元，增长11.3%；乡村消费品零售额2368.2亿元，增长12.9%。按消费类型统计，商品零售额10778.1亿元，增长11.5%；餐饮收入1322亿元，增长11.8%。全省纳入统计的786家开展网络零售业务的限额以上企业，实现网上零售额492.2亿元，增长36.1%。

限额以上企业商品零售额中，吃、穿、用类商品零售额比上年分别增长13.9%、8.7%和11.1%，粮油类增长6.8%，肉禽蛋类增长14.3%，服装类增长9.5%，日用品类增长12%，中西药品类增长13.4%，家用电器和音像器材类增长12.5%，家具类增长7.3%，通信器材类增长29.5%，建筑及装潢材料类增长15.3%，汽车类增长5.9%，石油及制品类增长17.5%。

（四）交通运输业小幅波动，通讯服务业快速增长

2018年，安徽省完成旅客运输量6.4亿人，比上年下降8.3%；货物运输量40.7亿吨，增长0.8%。旅客运输周转量1206.2亿人公里，增长0.8%；货物运输周转量11783.7亿吨公里，增长3.2%。全年港口货物吞吐量5.1亿吨，下降0.2%。全省民航机场旅客吞吐量1360万人次，增长19.1%，其中合肥新桥机场旅客吞吐量1111.1万人次，增长21.5%。全年新增高速公路163公里、一级公路713公里、铁路营业里程51.7公里。到2018年末，全省高速公路达4836公里、一级公路达4864公里、铁路营业里程达4198.5公里，其中高速铁路营业里程1456.4公里。

2018年，安徽省实现邮电业务总量2257.8亿元，比上年增长171.3%；邮政业务总量316.8亿元，增长27.7%。快递业务量11.2亿件，快递业务收入111亿元，比上年分别增长30.1%和23.9%。年末本地固定电话用户517.2万户，比上年减少34.2万户；移动电话用户5727.6万户，增加728.2万户。每百人拥有电话（含移动）99.8部，增加10.2部。年末基础电信运营企业计算机互联网宽带接入用户1662.4万户，增加338.8万户。

十六　长三角化学工业

一、长三角化学工业总体情况

2018 年，长三角规模以上化学行业企业年末资产总计为 46772.93 亿元，比上年增长 6.0%；占全国的比重为 27.7%，所占比重比上年上升 2.7 个百分点。规模以上化学行业企业负债合计为 22078.96 亿元，比上年增长 5.7%；占全国的比重为 24.1%，所占比重比上年上升 0.4 个百分点。规模以上化学行业企业主营业务收入为 49975.71 亿元，比上年减少 6.2%；占全国的比重为 28.2%，所占比重比上年下降 0.2 个百分点。规模以上化学行业企业实现利润总额 4028.56 亿元，比上年减少 7.0%；占全国的比重为 33.1%，所占比重比上年上升 1.3 个百分点。

表 1　2014—2018 年长三角规模以上化学工业经济指标　　亿元

指　标	企业数(个)	工业总产值	资产总计	负债合计	主营业务收入	利润总额
2014 年	16908	51739.53	38155.04	20286.16	50959.67	2878.28
2015 年	16980	51978.26	40042.03	20216.42	50628.73	3305.09
2016 年	—	54158.28	43174.55	20759.65	53413.50	4012.55
2017 年	—	—	44118.65	20893.95	53307.02	4330.54
2018 年	—	—	46772.93	22078.96	49975.71	4028.56

数据来源：历年上海市、江苏省、浙江省、安徽省统计年鉴。

(一) 主要产品产量

2018 年，长三角化学工业生产化学纤维(不含安徽，下同)3925.06 万吨，比上年增长 11.4%；占全国生产总量的比重为 78.3%，比上年上升 6.1 个百分点。生产汽油 1676.76 万吨，比上年增长 4.8%；占全国生产总量的比重为 12.1%，基本与 2017 年持平。生产轮胎外胎 18694.20 万条，比上年减少 0.9%；占全国生产总量的比重为 22.9%，比上年上升 2.6 个百分点。

表 2　2015—2018 年长三角分地区化学产品产量对比

地区	产品	产量			
		2015 年	2016 年	2017 年	2018 年
上海市	化学纤维(万吨)	45.85	43.34	43.44	39.70
	汽油(万吨)	537.31	536.12	570.01	528.43
	轮胎外胎(万条)	971.00	894.75	806.03	649.37
江苏省	化学纤维(万吨)	1430.62	1458.19	1425.33	1370.47
	汽油(万吨)	657.52	698.65	678.20	809.50
	轮胎外胎(万条)	9508.04	9440.30	10098.00	9341.30
浙江省	化学纤维(万吨)	2186.42	2106.42	2055.70	2514.89
	汽油(万吨)	333.27	307.69	352.08	338.83
	轮胎外胎(万条)	6684.14	7577.77	7967.32	8703.53

续表

地区	产品	产量			
		2015年	2016年	2017年	2018年
安徽省	化学纤维(万吨)	27.00	35.30	39.00	—
	汽油(万吨)	216.60	176.40	243.40	—
	轮胎外胎(万条)	2829.60	4792.00	4958.30	—
长三角	化学纤维(万吨)	3689.89	3643.25	3563.47	
	汽油(万吨)	1744.70	1718.86	1843.69	
	轮胎外胎(万条)	19992.78	22704.82	23829.65	

数据来源:历年上海市、江苏省、浙江省、安徽省统计年鉴。

(二)资产运营情况

2018年,长三角规模以上化学工业年末资产总额为46772.93亿元,比上年增长6.0%;负债总额为22078.96亿元,增长5.7%。由于资产总额增速较快,使得长三角规模以上化学工业的资产负债率下降为47.20%,比上年下降0.16个百分点;低于同期全国规模以上化学工业资产负债率6.88个百分点。

分地区看,2018年,上海市化学工业资产负债率最低,为39.25%,比上年下降1.72个百分点;江苏省资产负债率为47.394%,同比下降0.25个百分点;浙江省化学工业资产负债率为49.03%,同比上升0.49个百分点;安徽省资产负债率最高,为51.19%,同比下降0.15个百分点。

二、上海市化学工业基本情况

2018年,上海市规模以上化学工业企业总产值为6143.09亿元,比上年增长5.2%;年末资产总计为6405.50亿元,同比增长4.3%;负债合计为2514.41亿元,基本与2017年持平;主营业务收入为6565.73亿元,同比增长6.6%;实现利润总额703.31亿元,同比下降2.5%;税金总额为407.99亿元,同比下降14.9%。

表3 2014—2018年上海市规模以上化学工业经济指标 亿元

指 标	企业数(个)	工业总产值	资产总计	负债合计	主营业务收入	利润总额	税金总额
2014年	1789	5673.94	5023.67	2421.81	5847.58	253.21	330.50
2015年	1714	5171.82	5345.95	2286.70	5390.77	398.62	464.82
2016年	—	5096.52	5783.18	2397.55	5391.13	514.24	451.94
2017年	—	5837.68	6139.72	2515.37	6158.57	721.40	479.38
2018年	—	6143.09	6405.50	2514.41	6565.72	703.31	407.99

数据来源:历年上海市统计年鉴。

(一)行业经济总量

1. 工业总产值

2018年,上海市规模以上化学工业企业总产值为6143.09亿元,比上年增长5.2%。其中,石油、煤炭及其他燃料加工业总产值1369.41亿元,比上年增长13.2%;化学原料和化学制品制造业总产值3017.19亿元,同比增长3.7%;医药制造业总产值844.37亿元,同比增长9.7%;化学纤维制造业总产值23.99亿元,同比下降17.4%;橡胶和塑料制品业总产值888.13亿元,同比下降3.5%。

2. 主营业务收入

2018年,上海市规模以上化学工业完成主营业务收6565.72亿元,比上年增长6.6%。其中,石油、煤炭及其他燃料加工业主营业务收入 1378.78 亿元，同比增长 13.5%；化学原料和化学制品制造业主营业务收入 3360.83 亿元，同比增长 5.4%；医药制造业主营业务收入 846.58 亿元，同比增长 15.3%；化学纤维制造业主营业务收入 24.89 亿元，同比下降 32.5%；橡胶和塑料制品业主营业务收入 954.64 亿元，同比下降 2.9%。

3. 资产总额

截至 2018 年底，上海市规模以上化学工业资产总额为 6405.50 亿元，比上年增长 4.3%。其中，石油、煤炭及其他燃料加工业年末资产总额为 809.14 亿元，同比增长 18.8%；化学原料和化学制品制造业年末资产总额为 3015.83 亿元，同比增长 3.1%；医药制造业年末资产总额为 1475.37 亿元，同比增长 9.8%；化学纤维制造业年末资产总额为 39.63 亿元，同比下降 38.5%；橡胶和塑料制品业年末资产总额为 1065.53 亿元，同比下降 5.2%。

表 4　2018 上海市规模以上化学工业主要经济指标　　亿元

行　业	工业总产值	资产总计	负债合计	主营业务收入	利润总额	税金总额
石油、煤炭及其他燃料加工业	1369.41	809.14	315.04	1378.78	108.50	242.75
化学原料和化学制品制造业	3017.19	3015.83	1215.6	3360.83	420.56	91.66
医药制造业	844.37	1475.37	519.27	846.58	110.34	50.44
化学纤维制造业	23.99	39.63	22.91	24.89	0.44	0.45
橡胶和塑料制品业	888.13	1065.53	441.59	954.64	63.47	22.69
合计	6143.09	6405.50	2514.41	6565.72	703.31	407.99

数据来源：《上海市统计年鉴》(2019)。

（二）行业经济效益

1. 利润总额

2018 年，上海市规模以上化学工业完成利润总额 703.31 亿元，比上年下降 2.5%。其中，石油、煤炭及其他燃料加工业利润总额 108.5 亿元，比上年下降 9.8%；化学原料和化学制品制造业利润总额 420.56 亿元，同比增长 3.1%；医药制造业利润总额 110.34 亿元，同比下降 6.6%；化学纤维制造业利润总额 0.44 亿元，同比下降 80.2%；橡胶和塑料制品业利润总额 63.47 亿元，同比下降 12.9%。

2. 税金总额

2018 年，上海市规模以上化学工业完成税金总额 407.99 亿元，比上年下降 14.9%。其中，石油、煤炭及其他燃料加工业税金总额 242.75 亿元，比上年下降 15.7%；化学原料和化学制品制造业税金总额 91.66 亿元，同比下降 19.7%；医药制造业税金总额 50.44 亿元，同比增长 3.1%；化学纤维制造业税金总额 0.45 亿元，同比增长 32.4%；橡胶和塑料制品业税金总额 22.69 亿元，同比下降 18.8%。

三、江苏省化学工业基本情况

2018 年，江苏省规模以上化学工业企业 6961 家，比上年增加 32 家；年末资产总计为 20053.60 亿元，比上年增长 1.1%；负债合计为 9502.43 亿元，同比增长 0.5%；主营业务收入为 23301.88 亿元，同比下降16.9%；实现利润总额 1770.29 亿元，同比下降 16.6%；平均用工人数 120.73 万人，同比下降 10.8%。

表 5　2014—2018 年江苏省规模以上化学工业经济指标　　亿元、万人

指　标	企业数(个)	工业总产值	资产总计	负债合计	主营业务收入	利润总额	用工人数
2014 年	7542	26898.68	17761.36	9274.65	26770.33	1590.74	146.46

续表

指　标	企业数(个)	工业总产值	资产总计	负债合计	主营业务收入	利润总额	用工人数
2015 年	7484	28182.40	18553.46	9243.75	27767.01	1841.19	148.17
2016 年	7342	29905.60	20034.44	9474.96	29889.35	2174.84	149.96
2017 年	6929	—	19841.05	9452.22	28031.23	2122.31	135.37
2018 年	6961	—	20053.60	9502.43	23301.88	1770.29	120.73

数据来源：历年江苏省统计年鉴。

(一) 行业经济总量

1. 主营业务收入

2018 年，江苏省规模以上化学工业完成主营业务收入 23301.88 亿元，比上年下降 16.9%。其中，石油、煤炭及其他燃料加工业主营业务收入 2178.62 亿元，比上年下降 1.4%；化学原料和化学制品制造业主营业务收入 12318.14 亿元，同比下降 21.2%；医药制造业主营业务收入 3431.34 亿元，同比下降 12.6%；化学纤维制造业主营业务收入 2678.21 亿元，同比下降 5.8%；橡胶和塑料制品业主营业务收入 2695.57 亿元，同比下降 21.0%。

2. 资产总额

截至 2018 年底，江苏省规模以上化学工业资产总额为 20053.60 亿元，比上年增长 1.1%。其中，石油、煤炭及其他燃料加工业资产总额为 1031.02 亿元，比上年增长 2.7%；化学原料和化学制品制造业资产总额为 10960.15 亿元，同比下降 0.7%；医药制造业资产总额为 3166.88 亿元，同比增长 7.8%；化学纤维制造业资产总额为 2352.12 亿元，同比增长 2.3%；橡胶和塑料制品业资产总额为 2543.43 亿元，同比下降 0.8%。

3. 利润总额

2018 年，江苏省规模以上化学工业实现利润总额 1770.29 亿元，比上年下降 16.6%。其中，石油、煤炭及其他燃料加工业利润总额 105.50 亿元，同比下降 17.5%；化学原料和化学制品制造业利润总额 919.81 亿元，同比下降 22.3%；医药制造业利润总额 446.12 亿元，同比增长 1.7%；化学纤维制造业利润总额 136.07 亿元，同比下降 9.2%；橡胶和塑料制品业利润总额 162.79 亿元，同比下降 26.9%。

表 6　2018 年江苏省规模以上化学工业主要经济指标　　亿元、万人

行　业	单位数(个)	资产总计	负债合计	主营业务收入	利润总额	用工人数
石油、煤炭及其他燃料加工业	141	1031.02	598.12	2178.62	105.5	3.19
化学原料和化学制品制造业	3294	10960.15	5239.48	12318.14	919.81	49.18
医药制造业	681	3166.88	1165.94	3431.34	446.12	21.54
化学纤维制造业	706	2352.12	1412.63	2678.21	136.07	15.49
橡胶和塑料制品业	2139	2543.43	1086.26	2695.57	162.79	31.33
合计	6961	20053.6	9502.43	23301.88	1770.29	120.73

数据来源：《江苏省统计年鉴》(2019)。

(二) 行业经济效益

1. 石油、煤炭及其他燃料加工业

2018 年，江苏省石油、煤炭及其他燃料加工业主要经济效益指标呈现如下特点：(1) 企业亏损面上升。2018 年，企业亏损面为 19.15%，比上年上升 5.72 个百分点。(2) 产品销售率和成本费用利润率下

降，分别比上年下降 0.21 个和 1.30 个百分点。(3) 总资产贡献率和资产负债率下降。2018 年，企业总资产贡献率为 38.85%，比上年下降 1.62 个百分点；资产负债率为 58.01%，下降 1.85 个百分点。(4) 企业流动资产周转次数为 4.34 次/年，比上年下降 0.16 次/年。

2. 化学原料和化学制品制造业

2018 年，江苏省化学原料和化学制品制造业主要经济效益指标呈现如下特点：(1) 企业亏损面上升。2018 年，企业亏损面为 15.94%，比上年上升 5.62 个百分点。(2) 产品销售率上升。2018 年，企业产品销售率为 98.96%，比上年上升 0.22 个百分点。(3) 资产负债率、成本费用利润率和总资产贡献率有所下降。2018 年，企业资产负债率、成本费用利润率和总资产贡献率分别为 47.80%、7.99% 和 13.44%，分别下降 1.08 个、0.15 个和 3.63 个百分点。(4) 企业流动资产周转次数为 2.23 次/年，比上年下降 0.72 次/年。

3. 医药制造业

2018 年，江苏省医药制造业经济效益指标具有如下特点：(1) 企业亏损面上升。2018 年，企业亏损面为 13.51%，比上年上升 4.82 个百分点。(2) 企业资产负债率、成本费用利润率和产品销售率有所上升。2018 年，企业资产负债率、成本费用利润率和产品销售率分别为 36.82%、14.70% 和 97.69%，分别上升 0.63 个、2.14 个和 0.19 个百分点。(3) 企业总资产贡献率回落。2018 年，企业总资产贡献率为 22.64%，比上年回落 1.31 个百分点。(4) 企业流动资产周转次数有所回落。2018 年，企业流动资产周转次数为 1.87 次/年，比上年回落 0.47 次/年。

4. 化学纤维制造业

2018 年，江苏省化学纤维制造业经济效益指标具有如下特点：(1) 企业亏损面上升。2018 年，企业亏损面为 19.26%，比上年上升 3.33 个百分点。(2) 企业资产负债率和产品销售率有所上升。2018 年，企业资产负债率和产品销售率分别为 60.06% 和 102.02%，比上年分别上升 2.83 个和 3.47 个百分点。(3) 成本费用利润率和总资产贡献率有所下降。2018 年，成本费用利润率为 5.07%，下降 0.27 个百分点；总资产贡献率为 9.90%，下降 0.81 个百分点。(4) 企业流动资产周转次数为 2.35 次/年，比上年下降 0.32 次/年。

5. 橡胶和塑料制品业

2018 年，江苏省橡胶和塑料制品业经济效益指标具有如下特点：(1) 企业亏损面和资产负债率上升。2018 年，企业亏损面为 14.54%，比上年上升 2.89 个百分点；资产负债率为 42.71%，上升 0.66 个百分点。(2) 成本费用利润率和总资产贡献率有所下降。2018 年，成本费用利润率为 6.37%，下降 0.56 个百分点；总资产贡献率为 10.48%，下降 3.52 个百分点。(3) 产品销售率上升。2018 年产品销售率为 98.84%，比上年上升 0.10 个百分点。(4) 企业流动资产周转次数为 1.87 次/年，比上年下降 0.50 次/年。

表 7　2018 年江苏省规模以上化学工业主要经济效益指标 %

指　标	企业亏损面	资产负债率	流动资产周转次数(次/年)	成本费用利润率	产品销售率	总资产贡献率
石油、煤炭及其他燃料加工业	19.15	58.01	4.34	5.42	99.42	38.85
化学原料和化学制品制造业	15.94	47.8	2.23	7.99	98.96	13.44
医药制造业	13.51	36.82	1.87	14.7	97.69	22.64
化学纤维制造业	19.26	60.06	2.35	5.07	102.02	9.9
橡胶和塑料制品业	14.54	42.71	1.87	6.37	98.84	10.48

数据来源：《江苏省统计年鉴》(2019)。

四、浙江省化学工业基本情况

（一）行业经济总量

2018 年，浙江省规模以上化学工业企业 5149 家，比上年增加 112 家；工业总产值为 14429.04 亿元，同比增长 10.0%；年末资产总计为 15616.80 亿元，同比增长 13.2%；负债合计为 7657.69 亿元，同比增长 14.4%；主营业务收入为 15135.27 亿元，同比增长 11.6%；实现利润总额 1155.84 亿元，同比增长 2.7%；利税总额为 1810.22 亿元，同比增长 1.2%。

表 8　2014—2018 年浙江省规模以上化学工业经济指标　亿元

指　标	企业数(个)	工业总产值	资产总计	负债合计	主营业务收入	利润总额	利税总额
2014 年	5170	14380.16	12146.51	6857.52	13808.41	763.92	1320.41
2015 年	5196	13563.56	12617.73	6841.70	12706.57	770.30	1395.81
2016 年	5081	13591.44	13305.31	6765.82	12956.32	985.88	1611.41
2017 年	5037	13120.01	13793.20	6695.72	13560.20	1125.58	1788.25
2018 年	5149	14429.04	15616.80	7657.69	15135.27	1155.84	1810.22

数据来源：历年浙江省统计年鉴。

1. 工业总产值

2018 年，浙江省规模以上化学工业实现工业总产值 14429.04 亿元，比上年增长 10.0%。其中，石油、煤炭及其他燃料加工业总产值 1676.06 亿元，比上年增长 13.6%；化学原料和化学制品制造业总产值 6154.76 亿元，增长 11.4%；医药制造业总产值 1505.48 亿元，增长 12.1%；化学纤维制造业总产值 2558.21 亿元，增长 14.6%；橡胶和塑料制品业总产值 2534.53 亿元，下降 0.4%。

2. 主营业务收入

2018 年，浙江省规模以上化学工业完成主营业务收入 15135.27 亿元，比上年增长 11.6%。其中，石油、煤炭及其他燃料加工业主营业务收入 1734.16 亿元，比上年增长 3.2%；化学原料和化学制品制造业主营业务收入 6635.08 亿元，增长 11.9%；医药制造业主营业务收入 1433.20 亿元，增长 16.4%；化学纤维制造业主营业务收入 2791.24 亿元，增长 25.7%；橡胶和塑料制品业主营业务收入 2541.59 亿元，增长 1.7%。

3. 资产总额

截至 2018 年底，浙江省规模以上化学工业资产总额为 15616.80 亿元，比上年增长 13.2%。其中，石油、煤炭及其他燃料加工业年末资产总额为 1635.13 亿元，比上年增长 82.3%；化学原料和化学制品制造业年末资产总额为 6372.92 亿元，增长 6.6%；医药制造业年末资产总额为 2442.99 亿元，增长 11.8%；化学纤维制造业年末资产总额为 2695.35 亿元，增长 15.6%；橡胶和塑料制品业年末资产总额为 2470.41 亿元，增长 2.8%。

4. 利润总额

2018 年，浙江省规模以上化学工业实现利润总额 1155.84 亿元，比上年增长 2.7%。其中，石油、煤炭及其他燃料加工业利润总额 135.44 亿元，比上年下降 30.4%；化学原料和化学制品制造业利润总额 540.10 亿元，增长 12.9%；医药制造业利润总额 225.82 亿元，增长 11.1%；化学纤维制造业利润总额 136.95 亿元，增长 12.9%；橡胶和塑料制品业利润总额 117.53 亿元，下降 8.3%。

表9　2018年浙江省规模以上化学工业主要经济指标　　亿元

行　业	单位数(个)	工业总产值	资产总计	负债合计	主营业务收入	利润总额	利税总额
石油、煤炭及其他燃料加工业	63	1676.06	1635.13	923.25	1734.16	135.44	367.84
化学原料和化学制品制造业	1557	6154.76	6372.92	2940.94	6635.08	540.10	726.74
医药制造业	430	1505.48	2442.99	909.95	1433.20	225.82	329.83
化学纤维制造业	590	2558.21	2695.35	1518.20	2791.24	136.95	184.84
橡胶和塑料制品业	2509	2534.53	2470.41	1365.35	2541.59	117.53	200.97
合计	5149	14429.04	15616.80	7657.69	15135.27	1155.84	1810.22

数据来源:《浙江省统计年鉴》(2019)

(二)行业经济效益

1. 石油、煤炭及其他燃料加工业

2018年,浙江省石油、煤炭及其他燃料加工业每百元固定资产原值实现利税59.37元,比上年下降15.19元/百元;每百元主营业务收入实现利税21.21元,下降6.03元/百元;产品销售率99.36%,下降0.99个百分点;出口交货值占工业销售值的4.38%,上升4.26个百分点;新产品产值率为11.35%,下降3.26个百分点;成本费用利润率为9.65%,下降5.13个百分点;资产负债率为56.46%,上升8.16个百分点。

2. 化学原料和化学制品制造业

2018年,浙江省化学原料和化学制品制造业每百元固定资产原值实现利税26.89元,比上年上升1.11元/百元;每百元主营业务收入实现利税10.95元,下降0.24元/百元;产品销售率98.33%,下降0.11个百分点;出口交货值占工业销售值的9.12%,上升0.60个百分点;新产品产值率为33.42%,上升2.07个百分点;成本费用利润率为8.82%,上升0.38个百分点;资产负债率为46.15%,下降1.10个百分点。

3. 医药制造业

2018年,浙江省医药制造业每百元固定资产原值实现利税43.08元,比上年上升1.46元/百元;每百元主营业务收入实现利税23.01元,下降0.61元/百元;产品销售率92.51%,下降0.14个百分点;出口交货值占工业销售值的21.64%,上升0.21个百分点;新产品产值率为43.11%,上升4.38个百分点;成本费用利润率为18.19%,下降0.48个百分点;资产负债率为37.25%,上升0.94个百分点。

4. 化学纤维制造业

2018年,浙江省化学纤维制造业每百元固定资产原值实现利税16.76元,比上年上升0.61元/百元;每百元主营业务收入实现利税6.62元,下降0.76元/百元;产品销售率97.21%,下降0.19个百分点;出口交货值占工业销售值的7.53%,上升0.02个百分点;新产品产值率为41.94%,上升3.35个百分点;成本费用利润率为5.08%,下降0.42个百分点;资产负债率为56.33%,上升0.16个百分点。

5. 橡胶和塑料制品业

2018年,浙江省橡胶和塑料制品业每百元固定资产原值实现利税17.50元,比上年下降1.86元/百元;每百元主营业务收入实现利税7.91元,下降0.58元/百元;产品销售率97.44%,下降0.79个百分点;

出口交货值占工业销售值的21.65%，上升1.18个百分点；新产品产值率为28.02%，上升1.23个百分点；成本费用利润率为4.84%，下降0.46个百分点；资产负债率为55.27%，下降0.31个百分点。

表10　2018年浙江省规模以上化学工业主要经济效益指标　%

指　标	资产负债率	成本费用利润率	每百元固定资产原值实现利税（元）	每百元主营业务收入实现利税（元）	产品销售率	出口交货值占工业销售值	新产品产值率
石油、煤炭及其他燃料加工业	56.46	9.65	59.37	21.21	99.36	4.38	11.35
化学原料和化学制品制造业	46.15	8.82	26.89	10.95	98.33	9.12	33.42
医药制造业	37.25	18.19	43.08	23.01	92.51	21.64	43.11
化学纤维制造业	56.33	5.08	16.76	6.62	97.21	7.53	41.94
橡胶和塑料制品业	55.27	4.84	17.5	7.91	97.44	21.65	28.02

数据来源：《浙江省统计年鉴》（2019）。

五、安徽省化学工业基本情况

（一）行业经济总量

2018年，安徽省规模以上化学工业企业2635家，比上年减少11家；年末资产总计为4697.03亿元，同比增长8.1%；负债合计为2404.43亿元，同比增长7.8%；主营业务收入为4972.84亿元，同比下降10.5%；实现利润总额399.12亿元，同比增长10.5%。

表11　2014—2018年安徽省规模以上化学工业经济指标　亿元

指　标	企业数（个）	工业总产值	资产总计	负债合计	主营业务收入	利润总额
2014年	2407	4786.75	3223.50	1732.18	4533.35	270.41
2015年	2586	5060.48	3524.89	1844.27	4764.38	294.98
2016年	2738	5564.72	4051.12	2121.32	5176.70	337.59
2017年	2646	—	4344.68	2230.64	5557.02	361.25
2018年	2635	—	4697.03	2404.43	4972.84	399.12

数据来源：历年安徽省统计年鉴。

1. 主营业务收入

2018年，安徽省规模以上化学工业完成主营业务收入4972.84亿元，比上年下降10.5%。其中，石油、煤炭及其他燃料加工业主营业务收入562.26亿元，比上年增长1.2%；化学原料和化学制品制造业主营业务收入2091.91亿元，下降10.9%；医药制造业主营业务收入897.55亿元，下降3.9%；化学纤维制造业主营业务收入99.22亿元，下降1.2%；橡胶和塑料制品业主营业务收入1321.90亿元，下降18.3%。

2. 资产总额

截至2018年底，安徽省规模以上化学工业资产总额为4697.03亿元，比上年增长8.1%。其中，石油、煤炭及其他燃料加工业年末资产总额为204.05亿元，比上年下降8.2%；化学原料和化学制品制造业年末资产总额为2142.56亿元，增长8.4%；医药制造业年末资产总额为1019.91亿元，增长18.6%；

化学纤维制造业年末资产总额为155.05亿元，增长14.6%；橡胶和塑料制品业年末资产总额为1175.46亿元，增长2.1%。

3. 利润总额

2018年，安徽省规模以上化学工业实现利润总额399.12亿元，比上年增长10.5%。其中，石油、煤炭及其他燃料加工业利润总额28.28亿元，比上年增长29.8%；化学原料和化学制品制造业利润总额188.59亿元，增长24.4%；医药制造业利润总额74.18亿元，增长1.5%；化学纤维制造业利润总额8.79亿元，增长79.4%；橡胶和塑料制品业利润总额99.28亿元，下降9.7%。

表12　2018年安徽省规模以上化学工业主要经济指标　　亿元

行　业	单位数(个)	资产总计	年末负债合计	主营业务收入	利润总额
石油、煤炭及其他燃料加工业	43	204.05	110.56	562.26	28.28
化学原料和化学制品制造业	968	2142.56	1120.25	2091.91	188.59
医药制造业	480	1019.91	533.70	897.55	74.18
化学纤维制造业	47	155.05	75.72	99.22	8.79
橡胶和塑料制品业	1097	1175.46	564.20	1321.90	99.28
合计	2635	4697.03	2404.43	4972.84	399.12

数据来源：《安徽省统计年鉴》(2019)。

（二）行业经济效益

1. 石油、煤炭及其他燃料加工业

2018年，安徽省石油、煤炭及其他燃料加工业经济效益指标呈以下特点：

(1) 流动资产周转次数下降。2018年，企业流动资产周转次数为7.66次/年，比上年下降0.29次/年。(2) 产品销售率、工业成本费用利润率和总资产贡献率上升。2018年，企业产品销售率为99.60%，比上年上升0.25个百分点；工业成本费用利润率为6.26%，上升1.41个百分点；总资产贡献率为72.97%，上升7.58个百分点。(3) 资产负债率上升。2018年，企业资产负债率为54.18%，比上年上升1.85个百分点。

2. 化学原料和化学制品制造业

2018年，安徽省化学原料和化学制品制造业经济效益指标呈以下特点：(1) 流动资产周转次数下降。2018年，企业流动资产周转次数为2.03次/年，比上年下降0.52次/年。(2) 资产负债率下降。2018年，企业资产负债率为52.29%，比上年下降1.88个百分点。(3) 企业总资产贡献率、工业成本费用利润率和产品销售率上升。2018年，企业总资产贡献率为13.19%，比上年上升1.52个百分点；工业成本费用利润率为9.60%，上升2.79个百分点；产品销售率为97.82%，上升2.43个百分点。

3. 医药制造业

2018年，安徽省医药制造业经济效益指标呈以下特点：(1) 流动资产周转次数下降。2018年，企业流动资产周转次数为1.52次/年，比上年下降0.30次/年。(2) 资产负债率和工业成本费用利润率上升。2018年，企业资产负债率为52.33%，比上年上升2.47个百分点；工业成本费用利润率为8.97%，上升0.49个百分点。(3) 总资产贡献率和产品销售率下降。2018年，企业总资产贡献率为11.88%，比上年下降1.01个百分点；产品销售率为93.04%，下降2.88个百分点。

4. 化学纤维制造业

2018年，安徽省化学纤维制造业经济效益指标呈以下特点：(1) 流动资产周转次数下降。2018年，企业流动资产周转次数为1.38次/年，比上年下降1.14次/年。(2) 资产负债率下降。2018年，企业资产负债率为48.84%，比上年下降6.91个百分点。(3) 总资产贡献率、工业成本费用利润率和产品销售率上升。

2018年，企业总资产贡献率为9.94%，比上年上升3.25个百分点；工业成本费用利润率为9.70%，上升4.56个百分点；产品销售率为97.86%，上升1.13个百分点。

5. 橡胶和塑料制品业

2018年，安徽省橡胶和塑料制品业经济效益指标呈以下特点：(1) 流动资产周转次数下降。2018年，企业流动资产周转次数为2.05次/年，比上年下降0.58次/年。(2) 资产负债率和工业成本费用利润率上升。2018年，企业资产负债率为48.00%，比上年上升1.11个百分点；工业成本费用利润率为7.99%，上升0.81个百分点。(3) 总资产贡献率和产品销售率下降。2018年，企业总资产贡献率为13.63%，比上年下降0.43个百分点；产品销售率为97.33%，下降0.30个百分点。

表13　2018年安徽省规模以上化学工业主要经济效益指标

指　标	总资产贡献率	资产负债率	流动资产周转次数(次/年)	工业成本费用利润率	产品销售率
石油、煤炭及其他燃料加工业	72.97	54.18	7.66	6.26	99.60
化学原料和化学制品制造业	13.19	52.29	2.03	9.60	97.82
医药制造业	11.38	52.33	1.52	8.97	93.04
化学纤维制造业	9.94	48.84	1.38	9.70	97.86
橡胶和塑料制品业	13.63	48.00	2.05	7.99	97.33

数据来源：《安徽省统计年鉴》(2019)。

十七　长三角农副食品加工业

一、长三角农副食品加工业总体情况

2018 年，长三角地区规模以上农副食品加工企业资产总计为 3901.92 亿元，比上年增长 3.9%；占全国的比重为 12.7%，同比上升 1.1 个百分点。负债合计 2211.26 亿元，比上年增长 11.8%；占全国的比重为 13.1%，同比上升 1.0 个百分点。主营业务收入为 6409.46 亿元，比上年下降 22.4%。利润总额为 287.29 亿元，比上年下降 23.8%；占全国的比重为 13.5%，同比上升 1.3 个百分点。

表 1　2014—2018 年长三角规模以上农副食品加工业主要经济指标　　亿元

指　标	单位数(个)	工业总产值	资产总计	负债合计	主营业务收入	利润总额
2014 年	4132	8468.42	3763.55	2055.40	8414.22	433.17
2015 年	4286	9084.27	3882.88	2027.01	8898.06	469.64
2016 年	—	9754.18	4170.60	2156.68	9712.58	512.08
2017 年	—	—	3754.14	1978.04	8263.98	377.02
2018 年	—	—	3901.92	2211.26	6409.46	287.29

数据来源：历年上海市、江苏省、浙江省、安徽省统计年鉴。

（一）主要产品产量——食用植物油

2018 年，长三角地区（安徽省未统计）食用植物油产量为 699.69 万吨，比上年增长 7.6%；占全国食用植物油产量的比重为 13.8%，比上年上升 3.1 个百分点。分地区来看，2018 年，上海市生产食用植物油 83.10 万吨，比上年下降 8.6%；占长三角地区食用植物油产量的比重为 11.9%，同比下降 2.1 个百分点。江苏省精制食用植物油产量为 526.10 万吨，比上年增长 2.5%；占长三角地区食用植物油产量的比重为 75.2%，同比下降 3.7 个百分点。浙江省食用植物油的产量为 90.49 万吨，比上年增长 95.4%；占长三角地区食用植物油产量的比重为 12.9%，同比上升 5.8 个百分点。

表 2　2014—2018 年长三角三省一市食用植物油产量　　万吨

指　标	2014 年	2015 年	2016 年	2017 年	2018 年
上海市	109.85	111.45	98.76	90.91	83.10
江苏省	566.03	603.16	749.06	513.10	526.10
浙江省	46.48	58.73	52.18	46.32	90.49
安徽省	122.40	127.70	143.40	112.30	—
长三角	844.76	901.04	1043.40	762.63	699.69

数据来源：历年上海市、江苏省、浙江省、安徽省统计年鉴。

（二）资产运营情况

从资产运营情况来看，2018 年，长三角地区规模以上农副食品加工业年末资产总额为 3901.92 亿元，比上年增长 3.9%；负债总额为 2211.26 亿元，比上年增长 11.8%。由于负债总额增长较快，使得 2018 年长三角地区农副食品加工业资产负债率有所上升，达到 56.67%，比上年上升了 3.98 个百分点；高于同期全国规模以上农副食品加工业 1.99 个百分点。

分地区来看，安徽省规模以上农副食品加工业资产运营情况最好，2018 年，安徽省规模以上农副食品加工业资产负债率为48.71%，比上年上升1.73个百分点；上海市资产负债率49.03%，同比上升0.93个百分点；浙江省规模以上农副食品加工业资产负债率为60.55%，同比上升2.52个百分点；江苏省规模以上农副食品加工业资产负债率最高，为60.93%，同比上升7.24个百分点。

二、上海市农副食品加工业基本情况

（一）行业经济总量

2018年，上海市拥有规模以上农副食品加工企业实现工业总产值296.49亿元，比上年下降7.3%；完成主营业务收入382.14元，同比下降9.1%；年末资产总额311.61亿元，同比增长5.8%；负债合计152.79亿元，同比增长7.9%。

表3　2014—2018年上海市规模以上农副食品加工业主要经济指标　　亿元

指　标	单位数(个)	工业总产值	资产总计	负债合计	主营业务收入	利润总额	税金总额
2014年	144	351.33	257.01	139.53	421.85	13.16	5.18
2015年	142	333.82	263.44	135.12	378.42	12.41	6.87
2016年	—	324.29	278.96	138.72	405.44	14.38	6.65
2017年	—	319.94	294.46	141.64	420.24	13.56	7.85
2018年	—	296.49	311.61	152.79	382.14	15.68	4.80

数据来源：历年上海市统计年鉴。

（二）行业经济效益

2018年，上海市规模以上农副食品加工业实现利润总额15.68亿元，比上年增长15.6%；实现税金总额4.80亿元，同比下降38.9%。

2018年，上海市规模以上农副食品加工业资产负债率为49.03%，比上年上升0.93个百分点；产值利税率为6.91%，同比上升0.22个百分点；成本费用利润率为4.25%，同比上升0.92个百分点。

三、江苏省农副食品加工业基本情况

（一）行业经济总量

2018年，江苏省拥有规模以上农副食品加工企业1453家，比上年增加14家；年末资产总额1731.90亿元，同比下降4.7%；负债合计1055.30亿元，同比增长8.2%；完成主营业务收入3010.16亿元，同比下降32.7%；实现利润总额118.30亿元，同比下降49.6%。

表4　2014—2018年江苏省规模以上农副食品加工业主要经济指标　　亿元

指　标	单位数(个)	工业总产值	资产总计	负债总计	主营业务收入	利润总额
2014年	1571	4202.20	1673.68	938.07	4190.02	253.56
2015年	1660	4680.26	1713.83	885.13	4615.55	290.93
2016年	1679	5076.24	1908.19	1002.25	5100.74	325.18
2017年	1439	—	1816.79	975.39	4475.32	234.70
2018年	1453	—	1731.90	1055.30	3010.16	118.30

数据来源：历年江苏省统计年鉴。

（二）行业经济效益

2018年，江苏省规模以上农副食品加工业企业亏损面为11.98%，比上年上升5.17个百分点；资产负债率为60.93%，同比上升7.25个百分点；产品销售率为98.99%，同比下降0.10个百分点；成本费用利润率为4.04%，同比下降1.50个百分点；流动资产周转次数为3.04次/年，同比回落1.60次/年；总资产贡献率为10.61%，同比回落9.94个百分点。

表5　2014—2018年江苏省规模以上农副食品加工业主要经济效益指标

指　标	2014年	2015年	2016年	2017年	2018年
企业亏损面(%)	7.07	6.63	5.78	6.81	11.98
资产负债率(%)	56.05	51.65	52.52	53.68	60.93
产品销售率(%)	99.26	98.59	99.94	99.09	98.99
成本费用利润率(%)	6.44	6.74	6.83	5.54	4.04
流动资产周转次数(次/年)	4.99	5.74	5.73	4.64	3.04
总资产贡献率(%)	25.14	27.81	26.59	20.55	10.61

数据来源：历年江苏省统计年鉴。

（三）不同所有制企业经营情况

1. 私营企业

从企业所有制来看，江苏省私营农副食品加工企业占据支柱地位。2018年，江苏省规模以上私营农副食品加工企业数为1056家，比上年增加15家。资产总计778.78亿元，比上年下降5.1%；占全省规模以上农副食品加工业资产的比重为45.0%，下降0.2个百分点。主营业务收入为1434.58亿元，比上年下降40.1%；占全省规模以上农副食品加工业主营业务收入的比重为47.7%，下降5.8个百分点。创造利润总额为64.54亿元，比上年下降53.4%；占全省规模以上农副食品加工业利润总额的比重为54.6%，下降4.4个百分点。

2. 国有及国有控股企业

2018年，江苏省拥有规模以上国有及国有控股农副食品加工企业32家；资产总计81.22亿元，比上年增长3.3%；实现主营业务收入134.44亿元，同比下降17.3%；实现利润总额4.19亿元，同比增长17.0%。

3. 外商投资、港澳台投资企业

2018年，江苏省拥有规模以上外商投资和港澳台投资农副食品加工企业159家。资产总计583.15亿元，比上年增长0.2%；占全省规模以上农副食品加工业资产的比重为33.7%，上升1.7个百分点。现主营业务收入968.25亿元，比上年下降3.6%；占全省规模以上农副食品加工业主营业务收入的比重为32.2%，上升9.8个百分点。实现利润总额28.07亿元，比上年下降36.4%；占全省规模以上农副食品加工业利润总额的比重为23.7%，上升4.9个百分点。

表6　2016—2018年江苏省规模以上农副食品加工业不同所有制企业主要经济指标

指　标	国有及国有控股企业			私营企业			外商投资和港澳台投资企业		
	2016年	2017年	2018年	2016年	2017年	2018年	2016年	2017年	2018年
企业单位数(个)	37	32	32	1240	1041	1056	161	159	159
资产总计(亿元)	77.00	78.61	81.22	889.84	820.57	778.78	571.33	581.75	583.15

续表

指　标	国有及国有控股企业			私营企业			外商投资和港澳台投资企业		
	2016 年	2017 年	2018 年	2016 年	2017 年	2018 年	2016 年	2017 年	2018 年
负债合计(亿元)	55.67	57.39	61.16	388.48	376.00	434.32	341.96	330.85	349.37
主营业务收入(亿元)	156.18	162.66	134.44	2804.12	2395.76	1434.58	1188.47	1004.41	968.25
利润总额(亿元)	4.63	3.58	4.19	179.81	138.40	64.54	81.15	44.15	28.07

数据来源:历年江苏省统计年鉴。

表 7　2016—2018 年江苏省规模以上农副食品加工业不同所有制企业主要经济效益指标

指　标	国有及国有控股企业			私营企业			外商投资和港澳台投资企业		
	2016 年	2017 年	2018 年	2016 年	2017 年	2018 年	2016 年	2017 年	2018 年
企业亏损面(%)	27.03	25.00	21.88	3.95	4.51	9.66	11.80	15.09	22.01
资产负债率(%)	72.30	73.00	75.3	43.66	45.82	55.77	59.85	56.87	59.91
流动资产周转次数(次/年)	3.78	3.50	2.56	7.50	6.25	3.55	3.76	2.69	2.56
成本费用利润率(%)	3.13	2.22	3.18	6.90	6.16	4.68	7.28	4.58	2.94
产品销售率(%)	101.59	100.88	97.25	99.80	98.61	97.43	99.65	100.35	102.03
总资产贡献率(%)	9.97	8.75	6.46	32.40	27.37	13.95	20.67	10.46	6.32

数据来源:历年江苏省统计年鉴。

四、浙江省农副食品加工业基本情况

(一)行业经济总量

2018 年,浙江省拥有规模以上农副食品加工企业 670 家,比上年减少 20 家;实现工业总产值 829.98 亿元,比上年下降 12.4%;年末资产总额 827.45 亿元,同比下降 1.1%;负债合计 501.04 亿元,同比下降 3.2%;完成主营业务收入 882.33 亿元,同比下降 7.8%;实现利润总额 31.63 亿元,同比下降 2.4%;实现利税总额 48.06 亿元,同比上升 2.3%。

表 8　2014—2018 年浙江省规模以上农副食品加工业主要经济指标　　亿元

指　标	单位数(个)	工业总产值	资产总计	负债总计	主营业务收入	利润总额	利税总额
2014 年	776	1070.19	772.28	473.64	1049.01	34.97	53.17
2015 年	768	1061.65	799.91	499.09	1004.88	37.03	53.93
2016 年	762	1105.47	831.75	493.29	1063.10	43.90	61.69
2017 年	690	947.67	836.93	485.63	956.46	32.42	46.97
2018 年	670	829.98	827.45	501.04	882.33	31.63	48.06

数据来源:历年浙江省统计年鉴。

(二)行业经济效益

2018 年,浙江省规模以上农副食品加工业企业亏损面为 18.21%,比上年上升 2.85 个百分点;成本费用利润率为 3.69%,上升 0.23 个百分点;每百元固定资产原值实现利税 17.46 元,下降 0.04 元/百元;每百元主营业务收入实现利税 5.45 元,上升 0.54 元/百元;产品销售率为 97.41%;上升 1.82 个百分点;

出口交货值占工业销售17.55%，下降0.41个百分点；新产品产值率为13.50%，上升0.89个百分点。

表9　2014—2018年浙江省规模以上农副食品加工业主要经济效益指标

指　标	2014年	2015年	2016年	2017年	2018年
企业亏损面(%)	12.24	14.45	11.81	15.36	18.21
成本费用利润率(%)	—	—	4.07	3.46	3.69
每百元固定资产原值实现利税(元)	20.79	19.94	23.04	17.50	17.46
每百元主营业务收入实现利税(元)	5.07	5.37	5.80	4.91	5.45
产品销售率(%)	96.93	95.99	96.15	95.59	97.41
出口交货值占工业销售(%)	15.82	15.28	15.48	17.96	17.55
新产品产值率(%)	11.96	13.49	14.03	12.61	13.50

数据来源：历年浙江省统计年鉴。

（三）不同所有制企业经营情况

1. 私营企业

从企业所有制来看，浙江省私营农副食品加工企业占据支柱地位。2018年，浙江省规模以上私营农副食品加工企业数为486家，比上年减少11家。完成工业总产值428.09亿元，比上年下降19.5%；占全省规模以上农副食品加工业总产值的比重为51.6%，下降4.5个百分点。资产总计为359.94亿元，比上年下降6.0%；占全省规模以上农副食品加工业资产总计的比重为43.5%，下降2.2个百分点。主营业务收入为424.20亿元，比上年下降16.4%；占全省规模以上农副食品加工业主营业务收入的比重为48.1%，下降4.9个百分点。实现利润总额为13.68亿元，比上年下降17.2%；占全省规模以上农副食品加工业利润总额的比重为43.3%，下降7.7个百分点。

2. 国有及国有控股企业

2018年，浙江省拥有规模以上国有及国有控股农副食品加工企业20家；完成工业总产值44.51亿元，增长13.3%；资产总计为60.40亿元，增长28.7%；实现主营业务收入54.40亿元，增长11.0%；实现利润总额4.43亿元，增长87.7%。

3. 外商投资、港澳台投资企业

2018年，浙江省拥有规模以上外商投资和港澳台投资农副食品加工企业52家，比上年增加1家。完成工业总产值147.15亿元，比上年下降1.5%；占全省规模以上农副食品加工业总产值的比重为17.7%，上升1.9个百分点。资产总计为128.82亿元，比上年下降7.1%；占全省规模以上农副食品加工业资产总计的比重为15.6%，下降1.0个百分点。实现主营业务收入158.74亿元，比上年增长10.1%；占全省规模以上农副食品加工业主营业务收入的比重为18.0%，上升2.9个百分点。实现利润总额4.03亿元，比上年增长13.5%；占全省规模以上农副食品加工业利润总额的比重为12.7%，上升1.7个百分点。

表10　2016—2018年浙江省规模以上农副食品加工业不同所有制企业主要经济指标

指　标	国有及国有控股企业			私营企业			外商投资和港澳台投资企业		
	2016年	2017年	2018年	2016年	2017年	2018年	2016年	2017年	2018年
企业单位数(个)	21	20	20	549	497	486	53	51	52
工业总产值(亿元)	45.90	39.29	44.51	624.53	531.68	428.09	165.60	149.43	147.15
资产总计(亿元)	46.71	46.92	60.40	400.20	382.87	359.94	129.61	138.64	128.82

续表

指　标	国有及国有控股企业			私营企业			外商投资和港澳台投资企业		
	2016 年	2017 年	2018 年	2016 年	2017 年	2018 年	2016 年	2017 年	2018 年
负债合计(亿元)	27.08	28.00	35.97	231.95	231.81	228.46	68.01	69.03	63.41
主营业务收入(亿元)	47.39	48.99	54.40	586.36	507.17	424.20	162.24	144.17	158.74
利润总额(亿元)	1.91	2.36	4.43	21.49	16.52	13.68	7.10	3.55	4.03

资料来源:历年浙江省统计年鉴。

4. 行业经济效益

从行业经济效益指标来看,私营农副食品加工企业“每百元固定资产原值实现利税”高于同期国有及国有控股企业、外商投资和港澳台投资企业。2018 年,浙江省规模以上农副食品加工私营企业每百元固定资产原值实现利税 17.47 元,高于同期国有及国有控股企业 0.52 元/百元,高于同期外商投资和港澳台投资企业 2.52 元/百元。此外,私营农副食品加工企业新产品产值率较 2017 年回升,高于同期国有及国有控股企业、外商投资和港澳台投资企业。2018 年,浙江省规模以上私营农副食品加工企业新产品产值率达到 13.94%,高于国有及国有控股农副食品加工企业 5.43 个百分点,高于外商投资和港澳台投资农副食品加企业 2.80 个百分点。

与其他企业相比,私营农副食品加工企业的出口比重已经超越外商投资和港澳台投资农副食品加工企业。2018 年,浙江省私营农副食品加工企业出口交货值占销售产值的比重为 20.82%,比上年上升 1.35 个百分点;高于外商投资和港澳台投资企业 1.69 个百分点,高于国有及国有控股农副食品加工企业 3.92 个百分点。

表 11　2016—2018 年浙江省规模以上农副食品加工业不同所有制企业主要经济效益指标

指　标	国有及国有控股企业			私营企业			外商投资和港澳台投资企业		
	2016 年	2017 年	2018 年	2016 年	2017 年	2018 年	2016 年	2017 年	2018 年
资产负债率(%)	57.97	59.67	59.56	57.96	60.55	63.47	52.47	49.79	49.22
成本费用利润率(%)	4.08	4.92	8.28	3.78	3.34	3.32	4.26	2.46	2.60
每百元固定资产原值实现利税(元)	11.07	14.01	16.95	22.73	19.18	17.47	22.15	10.50	14.95
每百元主营业务收入实现利税(元)	4.77	6.15	9.12	5.33	4.98	9.12	6.84	4.01	5.26
出口交货值占工业销售(%)	17.29	22.74	16.90	15.68	19.47	20.82	25.67	22.18	19.13
新产品产值率(%)	7.35	11.03	8.51	13.99	12.43	13.94	11.85	12.31	11.14

数据来源:历年浙江省统计年鉴。

五、安徽省农副食品加工业基本情况

(一) 行业经济总量

2018 年,安徽省拥有规模以上农副食品加工企业 1608 家,比上年减少 79 家;年末资产总额 1030.96 亿元,同比下降 6.3%;负债合计 502.13 亿元,同比下降 2.9%;完成主营业务收入 2134.83 亿元,同比下降 24.6%;实现利润总额 121.68 亿元,同比增长 10.7%。

表 12　2014—2018 年安徽省规模以上农副食品加工业主要经济指标　　亿元

指　标	单位数(个)	工业总产值	资产总计	负债总计	主营业务收入	利润总额
2014 年	1641	2844.70	1060.58	504.16	2753.34	131.48
2015 年	1716	3008.54	1105.70	507.67	2899.21	129.27
2016 年	1786	3248.18	1151.70	522.42	3143.30	128.62
2017 年	1687	—	1100.42	517.02	2832.20	109.90
2018 年	1608	—	1030.96	502.13	2134.83	121.68

数据来源：历年安徽省统计年鉴。

（二）行业经济效益

2018 年，安徽省规模以上农副食品加工企业总资产贡献率为 16.76%，比上年上升 2.63 个百分点；资产负债率为 48.71%，同比上升 1.73 个百分点；流动资产周转次数为 3.78 次/年，同比下降 1.06 次/年；工业成本费用利润率为 6.02%，同比上升 2.00 个百分点；产品销售率为 96.11%，同比下降 2.28 个百分点。

表 13　2014—2018 年安徽省规模以上农副食品加工业主要经济效益指标

指　标	2014 年	2015 年	2016 年	2017 年	2018 年
总资产贡献率(%)	18.30	16.74	15.72	14.13	16.76
资产负债率(%)	47.54	45.91	45.36	46.98	48.71
流动资产周转次数(次/年)	4.82	4.95	5.10	4.84	3.78
工业成本费用利润率(%)	5.00	4.64	4.26	4.02	6.02
产品销售率(%)	98.48	98.37	98.42	98.39	96.11

数据来源：历年安徽省统计年鉴。

（三）不同所有制企业经营情况

1. 私营企业

从企业所有制来看，安徽省私营农副食品加工企业占据支柱地位。2018 年，安徽省规模以上农副食品加工私营工业企业数为 1071 家，比上年减少 230 家。资产总计 627.82 亿元，比上年下降 1.9%；占全省规模以上农副食品加工业资产总计的比重为 60.9%，上升 2.7 个百分点。主营业务收入为 1318.90 亿元，比上年下降 32.6%；占全省规模以上农副食品加工业主营业务收入的比重为 61.8%，下降 7.3 个百分点。创造利润总额为 80.96 亿元，基本与上年持平；占全省规模以上农副食品加工业利润总额的比重为 66.5%，下降 7.1 个百分点。

2. 国有及国有控股企业

2018 年，安徽省拥有规模以上国有及国有控股农副食品加工企业 25 家；资产总计为 32.00 亿元，比上年下降 23.9%；实现主营业务收入 70.04 亿元，同比下降 26.7%；实现利润总额 1.51 亿元，同比增长 15.3%。

3. 外商投资、港澳台投资企业

2018 年，安徽省拥有规模以上外商投资和港澳台投资农副食品加工企业 25 家。资产总计为 99.01 亿元，比上年下降 50.0%；占全省规模以上农副食品加工业资产总计的比重为 9.6%，比上年下降 8.4 个百分点。实现主营业务收入 165.57 亿元，比上年下降 13.8%；占全省规模以上农副食品加工业主营业务收入的比重为 7.8%，上升 1.0 个百分点。实现利润总额 8.42 亿元，比上年增长 62.5%；占全省规模以上农副食品加工业利润总额的比重为 6.9%，上升 2.2 个百分点。

表 14　2016—2018 年安徽省规模以上农副食品加工业不同所有制企业主要经济指标

指　标	国有及国有控股企业			私营企业			外商投资和港澳台投资企业		
	2016 年	2017 年	2018 年	2016 年	2017 年	2018 年	2016 年	2017 年	2018 年
企业单位数(个)	26	29	25	1378	1301	1071	27	27	25
工业总产值(亿元)	83.87	—	—	2265.20	—	—	191.08	—	—
资产总计(亿元)	29.64	42.04	32.00	713.43	640.26	627.82	100.22	197.83	99.01
负债合计(亿元)	16.73	24.15	19.49	292.50	270.50	259.01	66.72	72.74	61.53
主营业务收入(亿元)	79.12	95.60	70.04	2189.67	1955.70	1318.90	195.06	192.13	165.57
利润总额(亿元)	1.83	1.31	1.51	92.25	80.93	80.96	5.54	5.18	8.42

资料来源:历年安徽省统计年鉴。

4. 行业经济效益

从行业经济效益指标来看,私营农副食品加工企业各项指标除"产品销售率"低于同期外商投资和港澳台投资企业外,均处于前列。2018 年,安徽省规模以上农副食品加工私营企业总资产贡献率为 18.38%,高于同期国有及国有控股企业 9.77 个百分点,高于同期外商投资和港澳台投资企业 6.80 个百分点;工业成本费用利润率为 6.52%,分别高于国有及国有控股企业、外商投资和港澳台投资企业 4.34 个和 1.18 个百分点;流动资产周转次数为 3.75 次/年,分别高于国有及国有控股企业、外商投资和港澳台投资企业 0.57 次/年和 0.56 次/年;资产负债率为 46.99%,分别低于国有及国有控股企业、外商投资和港澳台投资企业 13.93 个和 15.16 个百分点。

表 15　2016—2018 年安徽省规模以上农副食品加工业不同所有制企业主要经济效益指标

指　标	国有及国有控股企业			私营企业			外商投资和港澳台投资企业		
	2016 年	2017 年	2018 年	2016 年	2017 年	2018 年	2016 年	2017 年	2018 年
总资产贡献率(%)	10.79	7.76	8.61	17.99	17.28	18.38	8.43	8.17	11.58
资产负债率(%)	56.43	57.46	60.92	41.00	42.25	46.99	66.57	67.46	62.15
流动资产周转次数(次/年)	4.91	3.84	3.18	5.84	7.75	3.75	3.54	3.26	3.19
工业成本费用利润率(%)	2.40	1.38	2.18	4.41	4.32	6.52	2.93	2.78	5.34
产品销售率(%)	91.80	93.59	94.06	98.43	98.21	94.74	100.58	99.54	97.39

数据来源:历年安徽省统计年鉴。

十八　长三角通讯服务业

一、长三角通讯服务业总体情况

2018 年，长三角邮电业务总量为 17118.86 亿元，占全国邮电业务总量的比重为 22.0%，所占比重比上年下降 1.5 个百分点。函件 11.02 亿件，比上年下降 16.1%；占全国函件的比重为 41.3%，同比下降 0.4 个百分点。快递 191.09 亿件，比上年增长 23.2%；占全国快递总量的比重为 37.7%，同比下降 1.0 个百分点。年末固定电话用户为 3697.90 万户，比上年下降 6.7%；占全国固定电话用户的比重为 19.3%，同比下降 1.2 个百分点。年末移动电话用户为 27361.06 万户，比上年增长 11.3%；占全国移动电话用户的比重为 17.5%，同比上升 0.2 个百分点。固定宽带接入用户为 8466.28 万户，比上年增长 9.2%；占全国固定宽带接入用户的比重为 20.8%，同比下降 1.4 个百分点。

表 1　2014—2018 年长三角邮电业总体情况

指　标	2014 年	2015 年	2016 年	2017 年	2018 年
邮电业务总量(亿元)	4858.79	6578.81	7802.72	8788.56	17118.86
#邮政业务总量	1245.11	1754.01	2532.23	3404.26	4513.80
电信业务总量	3613.67	4824.82	5270.49	5384.30	12605.06
函件(亿件)	24.39	19.31	15.58	13.14	11.02
快递(亿件)	52.48	78.59	121.18	155.06	191.09
年末固定电话用户(万户)	5455.53	5009.47	4340.98	3965.48	3697.90
年末移动电话用户(万户)	22950.06	23185.87	22922.87	24580.69	27361.06
固定宽带接入用户(万户)	4197.06	5082.30	6724.48	7750.00	8466.28
移动互联网用户(万户)	13973.06	18400.00	20645.10	24753.75	—

注：移动互联网用户 2014(含)年前不含安徽省数据；2018 年，长三角各地区电信业统计口径有变化，部分数据不可比。

数据来源：历年上海市、江苏省、浙江省、安徽省统计年鉴。

分地区看，2018 年，浙江省邮电业务总量占长三角邮电业务总量的比重最高，为 37.5%，所占比重比上年下降 2.5 个百分点；江苏省邮电业务总量占长三角邮电业务总量的比重为 34.2%，同比上升 0.6 个百分点；安徽省邮电业务总量占长三角邮电业务总量的比重为 15.0%，同比上升 4.6 个百分点；上海市邮电业务总量占长三角邮电业务总量的比重为 13.2%，同比下降 2.8 个百分点。

二、上海市通讯服务业基本情况

2018 年，上海市邮政电信业务总量 2256.96 亿元，比上年增长 60.6%。其中，邮政业务总量 820.62 亿元，比上年增长 15.3%；电信业务总量 1436.34 亿元，比上年增长 107.0%。函件 5.74 亿件，比上年下降 14.8%；快递 34.86 亿件，同比增长 11.9%。邮路及农村投递路线总长度 5.45 万千米，比上年增长 11.0%。年末固定电话用户 663.19 万户，比上年下降 4.0%；年末移动电话用户 3722.28 万户，同比增长12.8%；3G 及 4G 移动电话用户 3626.98 万户，同比增长 29.2%。移动互联网用户 3032.0 万户，比上年减少 10.6%；家庭宽带接入用户 804 万户，同比增长 7.9%。移动电话交换机容量 6548 万户，比上年增长 29.8%；信息通信管线长度 10967 沟千米，比上年增长 2.1%。固定电话普及率为 27.4%，比上年下降 1.2 个百分点；移动电话普及率为 153.6%，同比上升 17.2 个百分点。

表 2　2014—2018 年上海市邮电业基本情况

指　标	2014 年	2015 年	2016 年	2017 年	2018 年
邮电业务总量(亿元)	907.52	1166.07	1074.22	1405.66	2256.96
＃邮政业务总量	310.53	385.75	564.25	711.87	820.62
电信业务总量	596.99	780.32	509.97	693.79	1436.34
函件(亿件)	11.03	9.07	8.26	6.74	5.74
快递(亿件)	12.84	17.08	26.03	31.15	34.86
邮路及农村投递路线总长度(万千米)	9.45	6.12	5.96	4.91	5.45
年末固定电话用户(万户)	840.18	797.29	731.62	690.95	663.19
固定电话普及率(%)	34.6	33.0	30.2	28.6	27.4
年末移动电话用户(万户)	3292.74	3259.93	3156.14	3298.71	3722.28
＃3G、4G 移动电话用户	1664.15	2211.28	2390.09	2807.31	3626.98
移动电话普及率(%)	135.7	135.0	130.4	136.4	153.6
移动电话交换机容量(万户)	4228	4424	4424	5044	6548
家庭宽带接入用户(万户)	600	620	720	745	804
移动互联网用户(万户)	2562.7	2569.3	2662.3	3393.1	3032.0
信息通信管线长度(沟千米)	8860	9975	10459	10741	10967

注:2016 起年电信业务总量调整为按照 2015 年不变单价计算;2018 年邮电业务总量统计口径与 2017 年不同。
数据来源:历年上海市统计年鉴。

三、江苏省通讯服务业基本情况

2018 年,江苏省邮政电信业务总量 5861.83 亿元。其中,邮政业务总量 1050.23 亿元,电信业务总量 4811.60 亿元。邮政电信业务收入 1622.11 亿元,比上年增长 9.9%。其中,邮政业务收入 647.01 亿元,电信业务收入 975.10 亿元,比上年分别增长 15.4%和 6.5%。函件 2.26 亿件,比上年下降 21.0%;快递 43.89 亿件,增长 22.1%。邮路及农村投递路线总长度 48.43 万千米,比上年增长 20.5%。年末固定电话用户 1364.00 万户,比上年下降 9.8%;年末移动电话用户 9794.00 万户,增长 11.2%;固定宽带接入用户 3351.87 万户,增长 7.9%。移动电话交换机容量 19334 万户,比上年增长 81.6%。电话普及率为 139.00 部每百人。固定电话普及率为 16.94 部每百人,比上年下降 1.89 个百分点;移动电话普及率为121.70 部每百人,上升 12.01 个百分点。

表 3　2014—2018 年江苏省邮电业基本情况

指　标	2014 年	2015 年	2016 年	2017 年	2018 年
邮电业务总量(亿元)	1680.80	2280.60	1860.33	2948.63	5861.83
＃邮政业务总量	359.00	516.02	663.69	880.93	1050.23
电信业务总量	1321.80	1764.60	1196.64	2067.70	4811.60
邮电电信业务收入(亿元)	1153.40	1244.30	1345.35	1475.92	1622.11
＃邮政业务收入	299.50	407.22	463.33	560.72	647.01
电信业务收入	853.90	837.08	882.02	915.20	975.10
函件(亿件)	6.26	4.88	3.33	2.86	2.26
快递(亿件)	14.84	22.90	28.38	35.96	43.89

续表

指　标	2014 年	2015 年	2016 年	2017 年	2018 年
邮路及农村投递路线总长度(万千米)	34.90	35.15	37.17	40.20	48.43
年末固定电话用户(万户)	2133.61	1972.99	1708.33	1512.08	1364.00
年末移动电话用户(万户)	8070.35	8227.33	8198.75	8807.69	9794.00
固定宽带接入用户(万户)	1523.35	2183.06	2685.24	3106.15	3351.87
移动电话交换机容量(万户)	10473	10633	10863	10644	19334
长途光缆线路长度(千米)	36249	38841	39083	43111	40366
人均邮电业务量(元/人)	2111.56	2859.22	579.26	698.34	1304.52
电话普及率(部/百人)	128.52	128.50	124.21	128.53	139.00
♯固定电话普及率	26.87	24.80	21.42	18.83	16.94
移动电话普及率	101.65	103.40	102.79	109.69	121.70

注:2017 年开始,工信部调整电信不变单价,电信业务总量口径发生变化;2018 年邮电业务总量统计口径与 2017 年不同。

数据来源:历年江苏省统计年鉴。

四、浙江省通讯服务业基本情况

2018 年,浙江省实现邮电业务总量 6425.51 亿元。其中,邮政行业业务总量为 2326.20 亿元,电信业务总量为 4099.31 亿元。函件 2.62 亿件,比上年下降 14.1%;快递 101.11 亿件,同比增长 27.5%。邮路及农村投递路线总长度 539.03 万千米,比上年增长 31.6%。年末固定电话用户 1153.49 万户,比上年下降 4.8%;年末移动电话用户 8309 万户,同比增长 9.5%;固定宽带接入用户 2648 万户,同比增长 7.5%;移动互联网用户 8136 万户,同比增长 9.1%。移动电话交换机容量 12127 万户,比上年减少 1.2%;长途光缆线路长度 29002 千米,同比增长 4.6%。人均邮电业务量 3102 元,比上年增长 13.0%;固定电话普及率为 20.6 线/百人,同比下降 1.1 线/百人;移动电话普及率 148.6 部/百人,同比上升 12.8 部/百人。

表 4　2014—2018 年浙江省邮电业基本情况

指　标	2014 年	2015 年	2016 年	2017 年	2018 年
邮电业务总量(亿元)	1684.46	2392.11	3715.39	3518.01	6425.51
♯邮政业务总量	538.75	811.01	1250.75	1728.40	2326.20
电信业务总量	1145.70	1581.10	2464.64	1789.61	4099.31
函件(亿件)	5.92	4.52	3.38	3.05	2.62
快递(亿件)	24.57	38.31	59.88	79.32	101.11
邮路及农村投递路线总长度(万千米)	275.33	243.98	271.99	409.47	539.03
年末固定电话用户(万户)	1641.91	1499.76	1287.23	1211.07	1153.49
年末移动电话用户(万户)	7371	7466	7225	7590	8309
固定宽带接入用户(万户)	1276	1316	2160	2464	2648
移动互联网用户(万户)	5065	5430	6366	7456	8136
移动电话交换机容量(万户)	11141	11423	11699	12269	12127
长途光缆线路长度(千米)	25744	26299	24040	27714	29002

续表

指　标	2014 年	2015 年	2016 年	2017 年	2018 年
人均邮电业务量(元/人)	1987	2168	2519	2745	3102
固定电话普及率(线/百人)	30.0	27.2	23.2	21.7	20.6
移动电话普及率(部/百人)	134.6	135.6	130.4	135.8	148.6
固定互联网宽带普及率(户/百人)	23.3	23.9	39.0	44.1	—

注:电信业务总量 2017 年起按 2015 年不变价格计算;2018 年邮电业务总量统计口径与 2017 年不同。
数据来源:历年浙江省统计年鉴。

五、安徽省通讯服务业基本情况

2018 年,安徽省实现邮电业务总量 2574.56 亿元。其中,邮政行业业务总量为 316.75 亿元,电信业务总量为 2257.81 亿元。函件 0.40 亿件,比上年下降 18.4%;快递 11.23 亿件,同比增长 30.1%。邮路及农村投递路线总长度 29.32 万千米,比上年减少 11.5%。年末固定电话用户 517.22 万户,比上年下降 6.2%;年末移动电话用户 5535.78 万户,同比增长 13.3%,其中 3G、4G 移动电话用户 4719.77 万户,同比增长 20.2%。固定宽带接入用户 1662.41 万户,比上年增长 25.6%。

表 5　2014—2018 年安徽省邮电业基本情况

指　标	2014 年	2015 年	2016 年	2017 年	2018 年
邮电业务总量(亿元)	586.01	740.03	1152.78	915.34	2574.56
＃邮政业务总量	36.83	41.23	53.54	83.06	316.75
电信业务总量	549.18	698.80	1099.24	832.28	2257.81
函件(亿件)	1.18	0.84	0.61	0.49	0.40
快递(亿件)	0.23	0.30	6.89	8.63	11.23
邮路及农村投递路线总长度(万千米)	19.78	19.42	20.32	33.13	29.32
年末固定电话用户(万户)	839.83	739.43	613.80	551.38	517.22
年末移动电话用户(万户)	4215.97	4232.61	4342.98	4884.30	5535.78
＃3G、4G 移动电话用户	1678.52	2465.25	3093.46	3928.00	4719.77
移动互联网用户(万户)		3671.8	4179.9	4647.0	—
固定宽带接入用户(万户)	725.41	887.94	1075.04	1323.70	1662.41
本地固定电话局用交换机容量(万门)	917.05	633.98	223.26	185.44	—

注:2017 年电信数据使用新的不变单价;2018 年邮电业务总量统计口径与 2017 年不同。
数据来源:历年安徽省统计年鉴。

六、长三角地区通讯服务业发展措施

(一) 上海市通讯服务业发展措施

1. 加快推进法治建设

加快信息通信业重点领域立法进程。推动《电信法》《网络安全法》等法律法规立法工作。建立健全信息通信业相关法律制度,进一步规范关键基础设施保护、网络安全、数据跨境流动、个人信息保护、新技术新业务开展、电信业务经营许可和互联网基础资源管理。鼓励地方通信管理局结合各地实际加快推进地方性法规立法进程,并推动健全法制监管体系。提高依法行政意识,强化执法各环节的制度化、规范化、程序化，加强市场秩序监管执法与司法的衔接，提升信息通信业法制化水平。

2. 营造多方参与环境

加强政府引导，以企业为主体，调动全社会力量建设信息通信基础设施和发展信息通信技术应用。在政策、标准制定和规划编制中广泛吸取各方意见，提高透明度和社会参与度。鼓励各地加强互联网监测分析，加大对互联网发展的支持力度。鼓励组建产学研用联盟，加强战略、技术、标准、市场等沟通协作，协同创新攻关。引导行业协会等社会组织与企业共同制订互联网行规，鼓励企业积极履行社会责任，推动行业自律。充分发挥政府、企业、社会等各方力量，形成诚信、透明、开放、公正的行业发展环境。

3. 加大政策支持力度

加强财税、金融方面的行业支持力度，鼓励民间资本及创业与私募股权投资，培育中小型创新企业发展，鼓励具备实力的大企业实现全球范围内的资源优化配置，保障信息通信业转型升级发展。加大投入，完善面向宽带的普遍服务长效机制和普遍服务补偿机制。完善和落实支持创新的政府采购政策，推动行业创新产品和服务的研发应用。继续落实研发费用加计扣除和固定资产加速折旧政策，推动新技术应用，加快高耗能老旧设备有序退网。加强安全相关建设投资政策牵引，探索建立政府引导下的安全投入机制，引导社会加大在基础通信网络和重要信息系统方面的安全产品和服务投入。推动环评审批流程优化，多渠道宣传信息通信基础设施相关环保知识，形成社会各界广泛支持的良好发展局面。壮大信息通信行业管理队伍，争取管理机构向地市一级延伸，多途径扩充队伍力量。

4. 加强专业人才培养

鼓励引导政府部门、重点企业完善信息通信业人才培养机制，改革人才引进各项配套制度，优化人才使用和激励机制，提高专业技术人才自主创新和参与科研成果产业化的积极性和主动性，支持优秀人才创新创业。加强教育学科配置的优化，推动建立多方联合培养机制，鼓励企业、高校、科研院所、协会、学会等联合培养通信、互联网、物联网、网络与信息安全相关专业紧缺人才。充分利用学历教育、非学历教育、短期培训等多种途径和方式，加快培育跨领域、国际化、高层次、创新型、实用型信息技术人才和服务团队。利用各类引才引智计划，吸引海外留学人才和各国高精尖缺人才来中国发展，带动国内人才的培养，促进国内科研水平的提升和科研成果转化。

5. 做好规划落地实施

统筹实施网络强国战略、“宽带中国”专项行动和网络与信息安全、应急通信、无线电管理等专项规划。各地方通信管理局负责的规划及企业规划应与本规划充分衔接，细化落实本规划提出的主要目标和发展重点，组织编制实施信息基础设施专项规划，并与各地城市综合规划及各专项规划实现有效衔接。规划实施中出现的新情况和新问题要及时报送行业主管部门。行业主管部门加强对企业落实本规划中重点任务和重大工程的督导，负责组织对本规划实施情况进行中期评估，并根据评估结果调整目标和任务，优化政策保障措施。

（二）江苏省通讯服务业发展措施

1. 推进行业法治建设

推动地方法规尽快出台。在全面落实国家有关信息通信法律法规的基础上，推动《江苏省电信条例》尽快出台，进一步规范网络建设、关键信息通信基础设施保护、网络与信息安全、新技术新业务开展、电信业务经营许可和互联网基础资源管理等工作。

完善市场监管制度。继续推进电信和互联网市场竞争、互联网信息服务与业务经营、移动转售、驻地网市场等领域的监管制度建设，不断完善行业系统体系，规范各市场主体经营活动，维护市场秩序。

2. 加快行业监管转型

加快构建以互联网为核心，以提升信息经济竞争力为优先目标，以促进产业发展为主线，以保障网络安全为前提，以服务社会管理、维护市场秩序、保护消费者权益为要务的行业监管新体系。进一步简政放权，放管结合、优化服务，着力实现管理模式由事前监管为主向事前、事中、事后有机联动的全周期管理转变，由行政协调管理为主向法律、行政、技术、经济综合管理转变，由被动应急式管理向主动协同管理转变，由政府行政管理为主向政府统筹下多方参与的行业治理转变，探索建立政府、企业、社会、公民等各方力量共同参与、相互协作的行业治理机制。加强行业监管部门与政府各部门之间的沟通协作，在规划制定、设施建设、市场监管等方面共同开展政策研究，形成管理合力。引导企业公平竞争、自我管理、推动行业自律，推进行业监管体系和治理能力现代化建设。

3. 加强行业安全管理

完善网络安全管理机制。严格落实实名制。加快出台电话用户实名制操作细则规范，落实网站实名备案制度，完善政府核查与企业自查相结合，部门协同核验机制，提高实名制率。落实企业网络安全主体责任，加大企业网络安全责任考核和事中、事后监管力度。推动关键信息通信基础设施和网络安全设施“同步规划、同步建设、同步运行”，完善网络安全日常监测和防护体系。加快实施关键网络设备的国产化替代。建立新技术新业务安全评估工作机制，加强互联网新技术新业务安全管理。

提升网络安全管理能力和水平。加快网络安全与技术手段建设应用。建设覆盖全省的网络安全管理系统和 IDC 网络安全监测系统，提升网络安全数据关联分析能力，及时发现和有效识别各类网络安全威胁。积极开展新型网络安全威胁应对技术研究和手段建设，提升针对 APT、新型漏洞等攻击的发现和防御能力；完善基于 CDN 的重要信息系统安全防护手段。

持续整治信息网络诈骗。全面规范省内基础电信企业、互联网企业对用户信息采集、存储、使用等行为，防范信息滥用，强化网络数据和用户信息保护。加快推进诈骗电话（含骚扰电话）全网智能拦截平台建设，深入开展打击诈骗电话、非法 VoIP 电话专项行动以及打击治理电信网络新型违法犯罪工作。建立健全政府、企业联合开展防骗宣传工作机制，加大防止电话诈骗、网络诈骗科普知识宣传，提高全民防范电信诈骗意识。

加快网络安全队伍建设。常态化组织开展全省“网络安全竞赛”、“网络安全技能大赛”和“网络安全状元赛”，不断提升网络安全人才技能水平，探索新型安全人才队伍培养模式，选拔和吸纳高层次网络安全优秀专业人才。组建全省信息通信行业网络安全防护大队。

强化行业安全生产监管。严格执行工程建设强制性标准，加大对通信建设工程项目的事中事后检查力度。落实企业安全生产主体责任，强化隐患排查治理，有效防范和坚决遏制生产安全事故的发生，构建安全生产管理工作的长效机制，确保企业安全防护能力切实提升，实现安全运营，安全生产形势持续平稳。

4. 完善应急通信保障

强化应急通信保障协调，实现全省应急通信的统一规划、领导和指挥，进一步加强企业间的信息共享、资源统筹、指挥调度、协同联动、支援保障等协调机制，提升区域应急通信处置效能。健全应急通信预案体系，组织编修各类信息通信保障预案，形成衔接有序、切实可行、动态更新的预案体系。

强化骨干队伍建设。健全专业人员职业发展机制，进一步提升应急通信人员应对极端、复杂和特殊情形的能力。开展应急通信演练和技能竞赛，打造政治过硬、业务精湛、作风顽强、保障有力的专业应急通信保障队伍。

（三）浙江省通讯服务业发展措施

1. 建设优质的网络基础设施

建设高速带宽，强化战略保障

持续推进“网络强国”战略有效实施。全面实现全光网，打造“网络强省”；适度超前引入 10GPON 等高速大容量光通信有线接入技术，推进下一代宽带网络核心技术的应用，加快部署 400Gbps 超高速传输、超大容量 OTN 交换等，大幅提升网络设备吞吐能力；落实电信普遍服务补偿机制要求，进一步消除城乡信息差距。

强化对“互联网＋”战略支撑保障。全面支撑“互联网＋”战略和“智造强国”战略。超前布局下一代互联网，提高网络智能化水平、能力开放水平以及协同程度，全面支撑新业务、新应用的灵活快速部署；全面支撑智慧城市、智慧园区、智慧小镇的建设；协助推动物联网感知设施建设、统筹规划和科学布局绿色互联网数据中心，充分满足工业互联网对基础设施的需求。

统筹网络优化，推动5G试点

持续加强移动宽带建设。优化网络布局和参数，统筹推动网络演进及LTE－A网络部署；持续推动低频段网络退网和频率重耕，提高移动宽带速率和网络质量，增强用户体验；积极推动融合通信业务发展，进一步推广VoLTE、RCS等业务，为实现网络全IP化奠定基础。

积极推进5G试点。积极争取和推动5G试验网建设；以业务应用为先导，用户感知和体验为抓手，充分考虑现有无线通信技术和5G网络的协同使用，定义5G网络的典型业务应用场景；积极配合推进在车联网、物联网等领域的5G试点应用，并有效支撑大型活动通信服务。

优化互联互通，助力信息交互

完成新型互联网交换中心建设，增强浙江省互联网交换能力、有效解决互联网疏导不畅；优化基础电信运营企业互联网骨干网络结构，大幅增加网间互联带宽；创新适合互联网新兴业务的互联互通结算模式，逐步降低互联网企业带宽成本，提升全省的互联互通质量；建设国际通信专用通道，提升国际业务质量，支撑跨境贸易发展，助力跨境电子商务综合试验区的先行先试和率先发展，打造引领全国的“网上丝绸之路”，推动形成“一带一路”线上线下协同共进新格局。

2. 全面提升行业服务的水平

加强网络安全，提升应急保障

深化网络和业务安全防护，优化网络空间治理。持续推进国家网络信息安全技术手段属地化能力建设，建立DDOS等网络攻击的预防、发现、溯源、通报、处置联动机制，全面提升网络基础设施安全防护和网络安全威胁监测处置水平；统筹指导基础电信运营企业和互联网企业加强技术手段建设，深入推进省级信息安全管理平台建设，强化部省平台对接联动和规范使用；加大网络安全监督检查和考核力度，深化互联网新技术新业务安全评估；加强数据安全和用户信息保护，坚决治理垃圾短信、通信信息诈骗、个人信息泄露等社会反映突出的热点问题；加大对党政专用通信基础设施、专用通信网建设的支持力度。

完善重大活动信息通信保障机制，提升应急响应能力。建立健全重大活动等级保障机制，加强部门、地区间协调联动，升级应急通信指挥平台，切实推动应急通信关键装备配备到位和队伍建设，着力提升重大活动、自然灾害、重大突发事件等的应急通信保障能力；继续探索政企联动的投资新机制，多渠道加大应急通信投入，加速宽带卫星、宽带集群应急通信船、无人机等新技术的应用，逐步构建天空地一体的应急通信保障体系。

推动集约共享，践行绿色发展

持续推动资源集约共享。严格贯彻执行工业和信息化部关于通信基础设施共建共享的总体要求，加强对全省通信基础设施共建共享工作的监督管理；深化铁塔公司与基础电信运营企业合作，充分发挥体制机制创新优势，加快集中统一建设和专业化运营，加强基站安全保障，推动绿色节能环保；推进小区宽带网络建设和改造，严格执行光纤到户国家标准，满足多家电信业务经营者平等接入；深化传输资源共享共享，推动开展深度合作；大力推动信息通信基础设施与城镇化建设的协调同步发展。

践行绿色发展理念。积极推动供电系统的配置优化、减少冗余设备，积极跟踪研究新型节能技术并大力推广应用，加快推进老旧高耗能设备退网；优化完善行业节能减排管理体系，积极探索节能量交易、碳交易等新型节能减排市场机制；推进传统数据中心升级，持续优化IDC的PUE值。根据需要推动分布式小型IDC发展，节约骨干资源，优化网络架构，提升安全保障；积极通过信息技术手段改变传统生产生活习惯，降低各行各业能源消耗，助力全社会节能减排。

优化行业管理，提升服务水平

建立健全适应行业改革和面向互联网的监管机制。适应互联网业务跨界融合发展、管理边界模糊特点，全方位加强与相关部门、企业平台以及中介组织的协同管理，建立健全以互联网为核心的监管机制；在电信业务分类管理、互联网基础资源和移动通信转售、引入民营资本、Wi－Fi、云计算、大数据等新的管理领域，加大市场监管力度，加强对网络内容应用服务质量的监管，切实维护用户合法权益；积极探索、推动新型互联网交换中心服务互联网行业的新机制、新模式，促进网间互联互通，完善网间互联价格形成机制。

鼓励民间资本进入，激发行业活力。扩大试点范围，鼓励民间资本以多种模式进入宽带接入市场，参与宽带网络基础设施建设和业务运营；支持移动通信转售企业创新业务提供方式，继续保持移动通信转售业务在全国领先水平；进一步丰富业务内容，促进有序经营，形成优势互补、共同发展的市场格局。

促进市场有序竞争，有效提升行业服务水平。促进基础电信运营企业全业务竞争，鼓励基础电信运营企业与民营企业加强合作，通过市场竞争，推动资费水平持续下降；鼓励基础电信运营企业制定推广普惠面大的资费套餐方案，增强用户获得感；加强市场行为监管，营造公平有序的市场环境，维护消费者合法权益；加强对“提速降费”各项举措落实情况的监督检查，提高用户服务体验；加快推动行业服务互联网化转型，完善业务与服务流程的事前预防、事中管控和事后溯源机制，全面提升行业服务水平。

3. 有力支撑业务的繁荣创新

加速行业融合创新。推动基础电信运营企业由提供基础电信服务为主向全面服务信息社会转型。扩展电信服务边界，丰富电信服务内容，加大向数字化、移动互联网化、融合创新等方面的转型力度；推动电信服务价值延伸，聚焦大数据、物联网等核心资源优势领域，创新业务模式、合作模式和商业模式，驱动行业持续发展；支持互联网企业的创新发展，提供高质量、低成本的基础资源保障，推动互联网技术应用，提升网站服务能力；全面推广三网融合，进一步扩大广电、电信业务双向进入范围。加快融合业务发展，提高产品、内容和服务供给能力。

全面深化业务应用。大力推进“互联网＋”信息应用服务，积极探索互联网与工业的深度创新融合，聚焦制造、商贸、金融、农业、物流、文化创意、城市运行等领域，积极推进移动互联网、物联网、

云计算等新技术新业务新应用与传统产业的融合渗透，在浙江智造、两化融合、打造现代服务业新引擎过程中发挥更大作用；积极建立公共信息服务平台，推进教育、医疗资源共享，提升公共服务水平，大力推动电子商务、物联网、云计算、大数据、互联网金融、智慧物流、数字内容等领域的业务和应用，全面提升政务和民生服务水平。

（四）安徽省通讯服务业发展措施

加强战略规划指导

加强下一代国家信息基础设施发展的国家战略指导，明确国家信息基础设施顶层架构，制订发布“宽带中国”战略、下一代互联网战略行动计划和物联网发展指导意见。统筹实施宽带网络基础设施、互联网、物联网、网络与信息安全、应急通信和无线电管理等专项规划。建立跨行业的信息基础设施统筹规划机制，将信息基础设施规划纳入城乡规划，加强土地利用、水电配套等方面对基础网络设施和应用服务设施的支持。加强技术标准规范建设，将用户驻地网建设纳入住宅建筑规范，在市政、建筑物新建或改扩建时，预留光纤、无线宽带等配套设施建设条件。研究出台节能减排、低效无效资产有序退出等相关配套政策和支持互联网、增值电信业务发展的指导意见。

完善普遍服务机制

积极推动综合利用财政资金、国有资本收益金等多种资金来源，扩大普遍服务政策实施范围和服务内容，研究设立普遍服务基金。推动制订普遍服务成本补偿办法，探索建立与之相适应的部省联动补偿

机制。争取基础网络和应用服务设施建设在产业布局、设施配套等方面予以优先保障。

加大对行业发展支持力度

进一步加强财税、金融支持力度，鼓励民间资本投资电信业。加快安徽省与各基础电信企业集团公司战略合作进程，积极争取工业和信息化部等国家部委、各基础电信企业集团公司的政策、项目、资金支持。各部门在支持通信业转型发展过程中，应注重与精准扶贫工作紧密衔接，加大政策扶持和资源倾斜力度。加强安全建设投资政策引导作用，探索建立政府指导下的安全投入机制，引导社会加大在基础通信网络和重要信息系统方面的安全产品和服务投入。

加强专业人才队伍建设

鼓励引导有关部门、企业完善通信业人才培养和引进机制，优化人才使用和激励机制，提高专业技术人才自主创新和参与科研成果产业化的积极性和主动性，支持优秀人才创新创业。推动教育学科配置优化，鼓励企业和高校、科研院所、职业教育等机构联合培养通信、互联网、物联网、网络与信息安全相关专业紧缺人才。加快培育跨领域、高层次、创新型、实用型信息技术人才和服务团队。

第二章　长三角地区社会发展专题报告

一　城镇化发展

第一节　长三角地区城镇化概况

一、一市三省城镇化发展基本情况

表 1　2014—2018 年长三角地区一市三省城镇人口比重(%)

	2014 年	2015 年	2016 年	2017 年	2018 年
上海市	90.3	90.4	87.9	87.7	88.1
江苏省	65.2	66.5	67.7	68.8	69.6
浙江省	64.9	65.8	67.0	68.0	68.9
安徽省	49.2	50.5	52.0	53.5	54.7

二、省辖市城镇化发展

表 2　2014—2018 年长三角地区各省辖市城镇人口比重(%)

	2014 年	2015 年	2016 年	2017 年	2018 年
一、江苏省					
南京市	80.9	81.4	82.0	82.29	82.5
无锡市	74.5	75.4	75.8	76.00	76.3
徐州市	59.5	61.1	62.4	63.76	65.1
常州市	68.7	70.0	71.0	71.80	72.5
苏州市	74.0	74.9	75.5	75.80	76.1
南通市	61.2	62.8	64.4	66.03	67.1
连云港市	57.1	58.7	60.2	61.70	62.6
淮安市	56.5	58.2	59.7	61.25	62.4
盐城市	58.5	60.1	61.6	62.90	64.0
扬州市	61.2	62.8	64.4	66.05	67.1
镇江市	66.6	67.9	69.2	70.50	71.2
泰州市	60.2	61.6	63.2	64.93	66.0
宿迁市	53.7	55.5	57.5	58.53	60.0
二、浙江省					
杭州市	75.1	75.3	76.2	76.8	77.4

续表

二、浙江省					
宁波市	70.3	71.1	71.9	72.4	72.9
温州市	67.2	68.0	69.0	69.7	70.0
嘉兴市	59.2	60.9	62.9	64.5	66.0
湖州市	57.4	59.2	60.5	62.0	63.5
绍兴市	62.1	63.2	64.3	65.5	66.6
金华市	63.3	64.5	65.7	66.7	67.7
衢州市	49.0	50.2	53.7	55.7	58.0
舟山市	66.3	66.9	67.5	67.9	68.1
台州市	59.5	60.3	61.3	62.2	63.0
丽水市	55.2	56.4	58.0	59.7	61.5
三、安徽省					
合肥市	69.1	70.40	72.05	73.75	74.97
淮北市	59.8	60.76	62.13	63.61	65.11
亳州市	35.7	36.96	38.28	39.77	41.01
宿州市	37.4	38.73	40.03	41.56	42.74
蚌埠市	50.9	52.22	53.74	55.31	57.22
阜阳市	37.5	38.81	40.24	41.75	43.29
淮南市	67.9	60.67	62.05	63.46	64.11
滁州市	47.8	49.02	50.40	51.89	53.42
六安市	41.4	42.81	43.99	45.41	46.08
马鞍山市	63.9	65.15	66.49	67.89	68.25
芜湖市	60.7	61.96	63.46	65.05	65.54
宣城市	49.3	50.64	52.14	53.69	55.21
铜陵市	78.7	52.73	54.14	55.79	55.99
池州市	50.1	51.11	52.30	53.67	54.10
安庆市	42.2	45.87	47.19	48.57	49.22
黄山市	47.0	48.28	49.56	50.90	51.46

三、促进城镇化发展的措施与进展

伴随着经济持续快速发展以及城镇化持续推进，2018 年全国城镇化率已经接近 60%，处于相对较高水平，城镇化已逐步进入中后期发展阶段。在该阶段，城镇化率提升速度放缓、不同区域以及区域内部发展不协调不同步等问题日趋明显，成为中国城镇化新阶段的重要课题。“十三五”规划明确要求，要坚持共享发展、促进协调发展、加强重点区域整体统筹合作，通过“以群带面”的方式进一步提升全国的城镇化水平。

2019 年 5 月 13 日，中央政治局会议正式审议《长江三角洲区域一体化发展规划纲要》，这是继 2015 年《京津冀协同发展规划纲要》、2019 年《粤港澳大湾区发展规划纲要》后又一国家级重要战略规划。

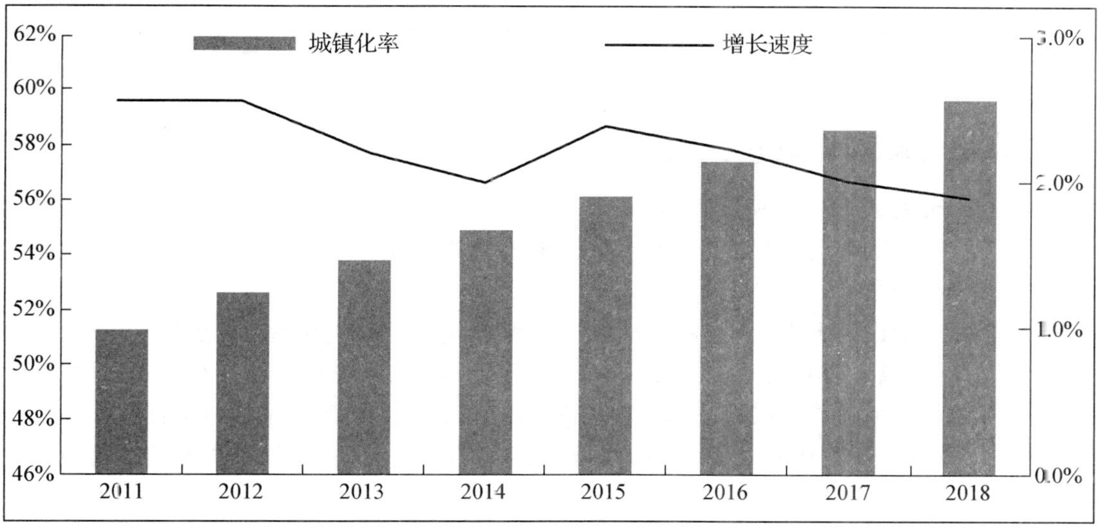

图 1　“十三五”期间城镇化率增速相对“十二五”期间有所回落

表 1　2018 年 11 月长三角一体化上升国家战略后进程加快

时　间	重要事件
2010.06	国务院印发《长江三角洲地区区域规划》作为未来长三角地区发展的纲领性文件
2015.10	“十三五”规划正式将长三角一体化区域发展编为国家级发展战略
2016.06	国家发布《长江三角洲城市群发展规划》,“三省一市”发展战略布局形成
2018.07	《长三角地区区域一体化发展三年行动计划(2018—2020 年)》正式下发,明确任务书和时间表
2018.11	首届进博会总书记发言中提到支持长三角区域一体化发展并上升为国家战略
2018.11	《长江三角洲区域一体化发展规划纲要》编制启动
2019.03	全国两会明确了长三角一体化的国家战略地位,并编制规划纲要
2019.05	中央政治局审议《长三角区域一体化发展规划纲要》
2019.07	《长江三角洲区域一体化发展规划纲要》正式印发

第二节　上海市城镇化和城镇现代化进程与措施

一、以党建引领治理，破解超大城市治理难题

2014 年，上海市委启动一号调研课题——“创新社会治理、加强基层建设”。2015 年 1 月出台的“1＋6”文件，将“加强党的建设”作为街道首要职能，取消招商引资功能，让街道集中精力抓党建、抓公共服务、公共管理、公共安全。

在长宁区新华路街道，“上生·新所”展现出历史保护建筑的原貌风采，幸福里改造成了时尚新地标，原本封闭式厂区变成了敞开式“社区会客厅”。街道改革后，人事考核权和征得同意权、规划参与权、区域内重大决策和重大项目建议权以及综合管理权“五项权力”落地，改变了街道责任无限、权力有限的尴尬局面，街道发挥党建联建功能，累计拆除违法建筑 70588 平方米，推动城市更新战略落地，一个宜商宜居宜业的魅力街区正在形成。

以参与规划权为例，杨浦在全区单元规划修编、杨浦滨江中北段单元规划编制等工作中，均听取街道意见。2017 年至 2018 年共开展 18 项控制性详细规划调整，涉及 8 个街道，共计征询街道意见 43 次，按法定程序开展规划公示 16 次。在街道党工委搭台下，社区居民、设计师、学校、政府部门，共同参与社区微更新，老社区展现“潮”形象。

闵行区古美街道东苑半岛花园，是一个房屋类型极其复杂的小区，别墅、商品房、动迁房……每种房屋类型的物业管理费不等，一度因为公共资源问题，小区内部用绿篱隔开，小区业委会也迟迟不能建立。在“党建领航·红色物业”构想下，古美街道通过居民区党组织，把居委会、业委会、物业服务企业“三驾马车”串联起来，把好选人关，将优秀党员骨干推荐为业委会候选人，在居民区党组织下成立业委会工作联合党支部，加强对业委会和物业服务企业的领导。在多方参与下，小区安全得到保障，2017 年实现盗窃零发案。在居民眼中，小区环境更加整洁优美、物业服务也更贴心。数据显示，古美街道 90％以上的小区，物业费收缴率从原来的 76.1％上升到 91.5％，75％的小区物业投诉下降趋势明显。

在上海，84％符合条件的业委会建立党的工作小组，广泛开展物业党建联建，普遍推行党组织主导的听证会、协调会、评议会等社区“三会”制度。

对于社区治理，徐汇区田林街道探索了另一种路径，一套 AI 赋能的社区管理平台，让群租等问题投诉量同比下降 76％，盗窃和入室盗窃案件同比下降 24.1％和 14.3％。这套平台通过社区遍布的触角，运用人脸识别、智能监控、电子嗅探等智能化感知设施，在精准数据支撑下，有效提升社会治理能级。智慧门禁管理还降低了社区服务风险。他们为空巢老人等弱势群体设定预警规则，80 岁以上老人若 2 天未开门，便会有信息提示给居委干部。

筑牢基层基础，上海社会动员能力空前提升。到 2018 年春节，上海已经连续 4 个春节实现外环以内烟花爆竹基本“零燃放”，外环以外烟花爆竹燃放量明显减少。连续两年多时间，上海推进“五违四必”区域环境综合整治，共拆除违法无证建筑超过 1.3 亿平方米。

过去几年，上海选优建强基层党组织带头人队伍，深入推进“班长工程”。居民区书记实行“事业岗位、事业待遇”，连续任满两届、表现优秀、群众公认的直接进入事业编制，目前已有 832 名书记进编，占比 32％。2015 年换届后，除退休返聘外，居民区书记平均年龄降至 44.5 岁，具有本科以上学历的增长 43％，一批“80 后”本科生、研究生开始“挑大梁”。同时，上海构建起职业化社区工作者体系，一支 4.5 万人的社区工作者队伍，在社区岗位上运转。

二、建言推进张江科学城发展，市政协审议相关调研报告等

2018 年 12 月 10 日，上海市政协召开十三届十七次主席会议，审议“在新的起点上更好推进张江科

学城发展”调研报告等议题。市政协主席董云虎主持。

2018 年 4 月以来，市政协学习委员会组成课题组，围绕张江科学城建设深入开展调研，分析更好推进张江科学城发展的战略价值和基础性条件，提出政策框架思考。报告建议，理顺治理体制，强化政府在服务科技创新上的行动力；做好品质定位和规划细化，强化在未来生活方式与生产方式变革中的适应力；培育科技型巨头企业，强化在全球创新人才集聚中的吸引力；培育自主发展型社会组织，强化在全球协同创新网络中的引领力；阐明张江科学城奉行的人文精神和思维模式，强化“张江科学城”品牌影响力。

会议审议了“深入破解难题瓶颈，推动科技创新中心建设重大政策举措落实落地”调研报告。2018 年初以来，上海市政协教科文卫体委员会以深入开展大调研为抓手，坚持需求导向、问题导向、效果导向，广泛开展调研考察、走访座谈、问卷调查，聚焦强化服务、协同、评估，提高政策到达率、精准率、满意率，进一步推动科创政策落实落地提出具体建议。

会议审议了“传承文脉，保护城市历史风貌”课题调研报告。2018 年，上海市政协文史资料委员会广泛走访历史文化风貌区，边调研边解决问题，成功保护浦东高行镇曹氏老宅建筑群，积极推动书隐楼的修缮保护。调研报告就正确处理制约历史风貌保护利用的矛盾、平衡保护利用与经济发展的关系、推动历史风貌保护和活化利用取得新突破、强化保障、提高历史风貌和历史建筑的知晓度影响力等提出对策。

会议听取了上海市政协 2018 年反映社情民意信息工作情况的汇报。截至 11 月末，市政协共收到社情民意信息稿件 8959 篇，向全国政协报送专报 363 期，向市委市政府报送《社情民意》《建言》《挚友诤言》等刊物 255 期。

会议还审议了政协上海市第十三届委员会常务委员会工作报告（送审稿）、关于十三届一次会议以来提案工作情况的报告（送审稿），听取了市政协 2018 年委员视察工作总结的汇报。

三、垃圾处置能力基本跟上“产量”

2018 年 12 月 10 日，上海市绿化和市容管理局召开新闻通气会，通报上海推进生活垃圾全程分类体系的最新进展：上海力争 2019 年全面建成生活垃圾分类体系，实现全市生活垃圾分类服务全覆盖，并于 2020 年全面达标。

上海从规范收运车辆入手，杜绝混装混运。截至 2018 年 11 月底，上海已规范配置湿垃圾收运车 650 辆、干垃圾收运车 3000 辆、有害垃圾收运车 15 辆，全部实行指定种类垃圾的专车专运。这一做法已逐渐得到社会各界的肯定。专车专运对市民分类产生了激励。

上海市绿化市容局相关负责人坦言，相比生活垃圾的收运中端，末端处置设施建设的进度仍相对滞后，各类生活垃圾中，湿垃圾面临的挑战较大，为此，上海正全力以赴。据不完全测算，上海用于推进《生活垃圾全程分类体系建设行动计划（2018 年—2020 年）》的投资大约在 200 亿元左右，其中，大部分投资就是聚焦末端处置能力的提升。根据计划，上海 2018 年年内将计划新、扩建 5 座湿垃圾处理设施，另有 3 座设施预计 2019 年上半年开工建设；干垃圾以焚烧处理为主，计划新、扩建的 7 座干垃圾处理设施力争 2019 年上半年全部开工。此外，上海还计划建设 1 座设计能力 5000 吨/日的综合填埋场，以满足生活垃圾处理后各类无法利用残渣的处理需求。目前上海日均生活垃圾清运量在 2.6 万吨至 2.7 万吨左右，其中约 4400 多吨为湿垃圾，2.3 万多吨为干垃圾，但未来各类生活垃圾的变量还存在不确定性，所以末端处置能力还要与时俱进。根据相对科学的测算，上海要在“十三五”末形成 7000 吨/日的湿垃圾处理能力，力争 2021 年前后形成 2.8 万吨/日以上的干垃圾焚烧处理能力。

截至 2018 年 12 月初，上海已规范化改造 9700 余座分类垃圾箱房和分类投放点，更新和改造的目的，是让这些收集垃圾的载体也能发挥宣传和引导分类的作用。上海市绿化和市容管理局还透露，上海家用分类垃圾桶和垃圾袋的相关技术规范已经发布，部分生产厂商和零售商已开始执行，很快，市面上就将出现标准化的分类垃圾桶和垃圾袋，为促进居民和单位分类添砖加瓦。

在社会动员方面，上海党政机关和基层党组织充分发挥了“粘合剂”的作用，将社区的居委、物业、业委组织起来，并结合社区条件，对部分高层楼宇物业管理区域，采用楼层设桶等因地制宜的模式，实现了一批批垃圾分类达标和示范居住区。

四、智慧城市发展水平评估报告出炉徐汇静安长宁名列前三

2018 年，上海智慧城市建设从面上推广逐步向行业领域纵深推进。2018 年 12 月 6 日发布的《2018 上海市智慧城市发展水平评估报告》显示，智慧城市发展水平指数为 105.13，相较 2017 年提升 5.6。这是上海市经济和信息化发展研究中心连续第四年发布评估报告。2018 年的评估主要从网络连接的感受度、智慧化应用的渗透度、环境保障的完备性等方面设置了 10 个二级指标和 42 个三级指标。

评估报告结合全市 16 个区的智慧城市建设情况进行综合分析，力求体现各区在智慧城市建设方面的创新成果，综合来看，徐汇、静安、长宁三区位列 2018 年智慧城市发展水平前三名。报告分析，上海智慧城市建设取得显著成效：信息基础设施能级不断提升。截至 2018 年第三季度末，上海市累计完成千兆光纤接入能力覆盖 840 万户，全市家庭光纤宽带用户已达 612 万户；无线城市建设快速发展，4G 网络基本全市覆盖，已经建成 5G 百站规模试验网。

智慧政务体系正在形成。行政审批事项“只跑一次、一次办成”与全程网上办理成为主流，有关事项“一网通办”实际办理时间比法定时限普遍大幅度压缩。上海市作为首批国家公共信息资源开放试点城市，基本建成全市统一管理的政务数据资源目录体系，现已累计汇集数据资源目录 2 万多条、数据项 29 万多个；与浦东、静安、徐汇等试点区实现市区两级数据开放的互联对接，上海市政府数据服务网已累计开放数据集超过 1900 多项，涵盖了经济建设、资源环境、教育科技、道路交通等 12 个重点领域、11 个应用场景。

上海各区均形成区域智慧城市建设顶层设计规划，并通过财政资金支持重大项目建设。各区在生活服务、数字经济、城市治理、绿色发展、政务服务等方面打造了诸多创新应用。

五、奉贤激活“三块地”为乡村振兴探路

2018 年以来，奉贤针对当地农村地区农用地、集体建设用地和宅基地（以下简称“三块地”）发展现状，试验相应的土地“激活”方案，并先后出台 19 个配套文件予以保障，探路大都市乡村振兴路径。

奉贤区委区政府提出，以促进农民增收、优化人居环境为出发点，把“三块地”当作稀缺优质资源，重新发现和放大乡村价值。一场以实现宅基地、集体建设用地、承包地等农村生产生活资料城镇化、股权化、工商资产化的基层试验就此开始。到 2018 年 10 月，奉贤针对“三块地”的激活与价值挖掘工作已初见成效。

针对宅基地空置问题，奉贤主要通过宅基地流转、置换、归并、腾挪等方式，把农村碎片化资源缝合集成，探索发展“一庭院一总部”的总部经济。不久前，入驻奉贤四团镇农展村的一间民宿企业成功践行了以空置宅基地为依托的“乡村总部”模式。企业不仅在农民房内开展民宿业务，还将相关的建筑设计业务板块注册并迁至当地。如今，楼上办公、楼下迎客的特殊格局已经成为这间民宿的特色。

为了增加招商吸引力，奉贤区南桥镇六墩村以租赁形式将宅基地使用权流转到村后，由第三方市场化平台改造运维，同时结合周边绿化、河道的景观升级，确保宅基地成为生态环境优美、对企业有吸引力的“强磁场”。通过宅基地流转，农民也可获得承包地和宅院出租收益，村集体可留存区镇两级税收。针对集体建设用地亩均产出低效问题，奉贤试验以“一公园一总部”“一庄园一总部”的农艺公园模式化解。该种模式是通过回购农村集体建设用地，按照“田成块、林成网、水成系、宅成景”的要求完善生态系统，进一步吸引企业总部入驻，通过导入优势产业实现升级，提高土地效益，壮大村级集体资产。至 2018 年 10 月，奉贤已在黄浦江南岸划定 48 平方公里农艺公园范围，规划建设 150 个田园综合体，已有均瑶集

团、今日头条、悠乐芳、东原地产等20余家企业入驻。

针对农用地沉睡问题，奉贤着重探索农村土地股份合作制改革，以创新和激活土地承包经营权流转机制为手段，推进土地承包管理的法制化、制度化和规范化，促进农民增收。奉贤区首批试点涉及的5个村，将根据实际情况和股权设置的不同，采取多样模式有序推进，其中包括：村级入股外租和自营模式，以农民土地承包经营权入股，由村经济合作社牵头并以村为单位组建村级土地股份合作社，或统一对外租赁或发包，取得的收益按农户土地入股份额进行分配；或由村级土地股份合作社将土地承包经营权作价折股后参与村级农民专业合作社经营，实行保底分红、二次分配。此外，还有镇级入股自营和外租等模式。在此次试点的北新村，2018年，99%的农村承包土地经营权都已经流转到了村级平台，后续村里将按照流转费的相应标准给农民分红。

近年来，奉贤区探索通过多种途径，推进农民相对集中居住，进一步加强土地节约集约利用，并结合美丽乡村建设，打造东方美谷林荫小道等特色项目。

第三节　江苏省城镇化和城镇现代化进程与措施

一、持续推进农业转移人口市民化

（一）进一步放宽户口迁移条件

2018年进一步放宽落户条件、拓宽落户通道、简化落户手续，放宽跨市迁移子女父母相互投靠、退出现役军人落户等政策。全面放开对高校和职业院校毕业生、留学归国人员、技术工人的落户限制，鼓励有条件的地方实行零门槛落户。推动特大城市区分城区、新区和所辖市县制定差别化落户条件，探索搭建区域间转积分和转户籍通道。深入实施设区市范围内户口通迁制度，探索城市群区域内城镇居民户口通迁制度，推动城市群户口迁移政策一体化运作。全年实现进城落户100万人左右。

（二）深入实施居住证制度

搭建省级人口信息综合管理平台，升级改造居住证信息管理系统，规范流动人口信息采集，实现居住证在全省范围“一证通用”。探索实施在实行积分落户的南京、苏州两市间居住证互认，其余11个设区市之间居住证互认。

（三）全面落实支持农业转移人口市民化财政政策

深化“人钱挂钩、钱随人走”，严格落实《省政府关于实施支持农业转移人口市民化若干财政政策的通知》，进一步完善支持农业转移人口市民化的财政政策体系，明确教育、医疗、社保、就业等方面的财政支持办法。健全完善农业转移人口市民化财政奖励机制，落实《江苏省农业转移人口市民化奖励资金管理办法》，对吸纳农业转移人口较多的地区加大支持，对财政困难地区给予倾斜，对落实较好的地区加大奖励力度。

（四）制定实施城镇建设用地增加规模与吸纳农业转移人口落户数量挂钩政策

深化“人地挂钩、以人定地”，制定实施全省城镇建设用地增加规模与吸纳农业转移人口落户数量挂钩的实施细则。依据土地利用总体规划和国家下达的土地利用年度计划，结合上年度农业转移人口落户情况，合理安排各类城镇新增建设用地，保障农业转移人口在城镇落户的合理用地需求。

二、高质量推进城市群建设

（一）推进扬子江城市群建设

编制出台扬子江城市群发展规划，在协同创新、产业转型升级、现代综合交通运输体系、特色城镇体系、生态环境、旅游风光带、岸线开发与保护、合作园区等领域制定实施专项规划和行动计划，谋划一批重大工程、重点项目。探索建立以功能建设为导向的城市群考核机制，推动扬子江城市群建设按规划、按步骤、有抓手、有考核地高效实施。

（二）稳步推进都市圈建设

提升南京首位度和辐射带动能力，加快推进宁镇扬一体化，实体运行旅游一卡通、市民卡一卡通等项目，加快构建由公、铁、水多方式组成的宁镇扬综合交通运输体系，着力打造基础设施无缝对接、产业体系协同互补、公共服务共建共享的一体化先行示范区，促进南京都市圈融合发展。依托盐泰锡常宜和通苏嘉高速铁路及常泰、苏通等过江通道，推进常州、泰州城市群中部重要枢纽建设，建设特色要素市场中心，打造全省南北要素流动和集散的重要节点区域，构建南北向跨江融合发展纵轴，推进南通建设上海大都市区北翼门户城市，提升锡常泰、(沪)苏通一体化水平。

(三) 加快培育新生中小城市

进一步优化行政区划设置，稳妥有序增设一批中小城市，继续推进部分中心城市市区和乡镇行政区划调整工作，扎实做好撤县设市申报工作，支持城市群及新型城镇化综合试点地区范围内符合条件的县和非县级政府驻地特大镇率先申报设市。落实《关于深化经济发达镇行政管理体制改革工作意见》，深化和扩大经济发达镇行政管理体制改革。坚持把小城镇作为统筹城乡发展、推进城镇化的重要节点，分类引导、差别发展、择优培育。

(四) 引导特色小镇健康发展

落实《关于规范推进特色小镇和特色小城镇建设的若干意见》，强化监督检查评估和规范纠偏，支持一批特色小镇高质量发展。聚焦高端制造、新一代信息技术、创意创业、健康养老、现代农业、历史经典等特色优势产业，聚力打造旅游资源独特、风情韵味浓郁、自然风光秀丽的旅游风情小镇，因地制宜、创新机制、推动特色小镇与金融机构进行项目对接，建立特色小镇统计指标体系，探索共享小镇、开放小镇新模式。

三、提高城市发展质量

(一) 加快城市产业转型

适应科技新变化、人民新需要，发挥城市产业载体和创新高地作用，促进要素从低质低效领域向优质高效领域流动，建设实体经济、科技创新、现代金融、人力资源协同发展的产业体系，增强创新力、需求捕捉力、品牌影响力、核心竞争力。发挥中心城市在产业选择和人才吸引上的优势，集中发展高端产业，加快培育世界级先进制造业集群。构建城市间尤其是城市群内横向错位发展、纵向分工协作的产业格局，探索户籍转换、土地指标调剂、税收分享等机制。促进城市产城融合、职住平衡，实现住宅、办公、商业、休闲等功能区相互交织。

(二) 优化城市空间布局

深入实施《江苏省城镇体系规划(2013—2030年)》，编制沿江、沿海城镇体系规划，加快推进规划期为2035年的城市总体规划修编工作。根据生态基底状况和资源环境承载能力，优化城市空间布局，加快划定生态保护红线、永久基本农田、城镇开发边界3条控制线，以及生态、农业、城镇3类空间，统筹布局"紧凑型城镇"和"开敞型区域"两类空间。科学推进城市生态建设，加强生态修复城市修补，塑造城市特色风貌，深入创建生态园林城市，鼓励有条件地区打造特色山水城市。

(三) 提升城市综合服务功能

推动棚户区改造与城市更新相结合，加快推进城镇棚户区、城中村和危房改造，开展老旧小区环境综合整治，推动多层老旧住宅加装电梯等适老化改造，全年新开工棚改房21.5万套、基本建成17万套，建成100个省级宜居示范居住区。实施城镇污水处理提质增效，新增城镇污水处理能力50万立方米/日以上，新建城镇污水主干管网1000公里以上，全省建制镇污水处理设施覆盖率达到95%以上。持续推进城乡生活垃圾分类和治理专项行动，加快建设一批垃圾分类全链条收集示范小区、示范街道，支持有条件的县(市、区)全域推进生活垃圾全链条分类处置。

（四）建设新型城市

全面落实《江苏省绿色建筑发展条例》，城镇新建民用建筑全面按照绿色建筑标准设计建造，新增二星级以上绿色建筑标识项目面积 2600 万平方米，新增节能建筑 1 亿平方米。全面规划智慧便民、智慧兴业、智慧行政、智慧治理等重点工程，支持有条件的城市规划建设政务大数据中心，以区域中心城市为重点开展智慧城市试点示范建设，支持南京、苏州等地率先建设“城市大脑”，开展国家智慧城市建设评价。

（五）推进城市治理现代化

引导各地利用互联网、大数据、人工智能推进城市治理和公共服务智慧化，建设城市空间基础地理信息数据库，力争所有市县整合形成数字化城市管理平台。深化南京、无锡、苏州、宿迁国家信用建设示范城市创建。

四、实施乡村振兴战略

（一）编制乡村振兴规划

以完善产权制度和要素市场化配置为重点，建立健全城乡融合发展体制机制和政策体系，激活主体、激活要素、激活市场，推动城乡要素配置合理化、产业发展融合化、公共服务均等化、基础设施联通化、居民收入均衡化，加快推进农业农村现代化。大力推进“公司＋农民合作社＋家庭农场”组织模式的新型经营主体联合发展。重点培育 100 个省级示范农业产业化联合体。实施新型职业农民培育整省推进、学历教育提升、培育体系建设三项工程，加快培育知识型、技能型、创新型职业农民大军，培育新型职业农民 20 万人。

（二）激发农村资源资产要素活力

深化农村承包土地“三权”分置改革，完善农村承包地“三权”分置办法，完成农村承包土地确权登记颁证验收提交工作。推进农村土地承包经营权信息应用平台和数据库建设，探索确权成果在推进土地流转、抵押融资、农田整治等方面的转化应用，拓展承包经营权权能。研究完善农民闲置宅基地和闲置农房政策，鼓励有条件的农村集体经济组织整合集体土地等资源性资产和闲置农房等，发展民宿经济，兼业经营等新商业、新产业模式。探索农村承包土地的经营权依法向金融机构融资担保、入股从事农业产业化经营，深化农村承包土地的经营权和农民住房财产权抵押贷款试点，探索县级土地储备公司和平台公司参与“两权”抵押。

（三）促进城乡要素合理流动

加快推进农村产权交易市场乡镇全覆盖，实现农村产权进场交易应进必进，探索拓展网上竞价、融资担保等功能，开展农村产权交易市场标准化建设，制定农村产权交易市场国家标准，定期编制并发布全省农村承包土地经营权转让交易价格指数。扩大“三农保险”在农、林、牧、渔等各个领域的覆盖面，鼓励保险机构创新农业保险品种，扩大保产量、保收入等险种试点范围，大力发展商业性补充保险，稳步提高对“三农”特别是新型农业经营主体的保险保障水平。

（四）推进城乡产业融合发展

加大对农村一二三产业融合发展的支持力度，扩大试点范围，以县为单位整体推进，支持构建产业链延伸、产业聚集、农业功能拓展及互联网农业等一二三产业融合发展模式，构建农村一二三产业融合发展体系。推进产业融合载体建设，创建20个农村一二三产业融合发展先导区，抓好16个国家一二三产业融合发展试点，探索推广融合发展先进经验和典型模式，打造全国示范样板。以县级行政区为基础，以建制镇为支点，搭建多层次、宽领域、广覆盖的农村一二三产业融合发展服务平台，完善利益联结机制，促进农业产业链延伸，推进农业与旅游、教育、文化、健康养老等产业深度融合。加快'互联网+'农业发展，推进信息进村入户整省推进示范省、农业电子商务试点省、农业农村大数据试点省、国家农业物联网区域试验工程试点省等建设，创建"一村一品一店"示范村400个。

（五）推动公共资源向农村延伸

均衡配置城乡公共资源，扎实推进城乡基层基本公共服务标准化。建立城乡统一的人力资源市场，完善覆盖城乡、直达到村的公共就业创业服务网络。科学规划学校布局，加快义务教育公办学校标准化建设，建立县域内城乡校长教师交流轮岗机制，健全"城乡统一、重在农村、以县为主"的义务教育经费保障机制，推动城乡义务教育一体化发展。深入推进省内和跨省异地就医直接结算，推进城乡居民异地就医直接结算和无障碍备案，充分发挥"大医精诚"的"南丁格尔"精神，逐步拓展异地就医直接结算项目和定点医疗机构范围。提升城乡居民基本医疗保险制度一体化水平，稳妥实施城乡统一的居民基本医疗保险制度，全面实行社会保障"一卡通"。

五、深化城镇化制度改革

（一）深化城乡制度化改革

完善城镇建设用地，增加与农村建设用地减少相挂钩的制度，落实好城乡建设用地增减挂钩支持扶贫开发政策，积极争取扩大城乡建设用地增减挂钩规模和范围，落实中央新增耕地指标和城乡建设用地增减挂钩节余指标跨省域调剂。深入推进城镇低效用地再开发，建立有进有退、优胜劣汰的城镇低效用地再开发管理机制，持续推进闲置土地处置。

（二）健全城镇化投融资机制

规范新型城镇化建设融资行为，引导地方政府在新型城镇化建设中量力而行，鼓励开发银行等依法合规参与地方政府债务化解、帮助融资平台公司市场化转型、开展融资模式创新，严禁以任何形式违规担保和变相举借政府债务，防范化解隐性债务风险。强化财政资金引导，启动编制公开透明的政府资产负债表，政府举债使用方向要向新型城镇化倾斜，依法依规拓宽城镇建设融资渠道。加强政府和社会资本合作领域政务诚信建设，高质量运用PPP模式支持城镇化建设，进一步放宽准入条件，广泛吸引社会资本参与城市基础设施和市政公用设施建设和运营，健全价格调整机制和政府补贴、监管机制，对民营资本牵头参与PPP项目依法实行采购加分或减价鼓励，奖补资金在既定标准基础上增加10%。

（三）推进行政管理体制改革

以扩大管理权限、优化行政层级、创新运行机制为重点，创新城市设置机制，探索推广经济功能区和行政区合署办公模式，进一步缩减审批事项、优化审批流程，推动行政审批集成化服务。稳步实施省级党政机构改革方案，指导督促省以下党政机构改革，推动机构精简和职能相近部门合并，鼓励探索大部门制改革。顺应人口流动趋势精简乡镇街道，完善现行设镇设街道标准和行政区划调整审核程序，优化乡镇政府公共服务功能，构建公共服务供给与服务需求双向互动机制，大力推进政府购买服务制度。推进江阴集成综合改革试点，在县域治理体系和治理能力现代化方面为全省提供可复制可推广的经验模式。贯彻落实《赋予行政管理体制改革镇经济社会管理权限指导目录》，赋予吸纳人口多、经济实力强的镇同人口和经济规模相适应的管理权，建立改革考核评估体系，积极推广经济发达镇体制改革经验。创定出台深化综合行政执法体制改革指导意见，指导督促各设区市选择一个县（市、区）制定实施县域综合行政执法改革试点方案。

（四）加快推进苏北农村住房和城镇棚户区危旧房改造

2018 年 9 月和 12 月，江苏省两次召开加快改善苏北地区农民群众住房条件工作会议。省委书记娄勤俭强调，要以实施乡村振兴战略为引领，尊重群众意愿，推进苏北地区农民群众按城镇化规律集中居住，显著提升群众的住房条件、人居环境、公共服务和文明程度，真正让农民过上与时代同步的现代城镇生活。根据部署，各地迅速进村入户调研摸底，科学编制实施方案。坚持试点先行，不搞“大拆大建”，确保在 2019 年底前实施一批基础较好、条件成熟的新型农村社区建设项目。据统计，江苏省 2018 年新开工城镇棚户区危旧房、城中村改造 21.5 万套，基本建成 17 万套。

第四节　浙江省城镇化和城镇现代化进程与措施

一、23 万户城中村百姓将迎新居

1 月 9 日上午，浙江省"三改一拆"工作情况通报会在杭州召开。2018 年浙江省计划完成"两个亿"的工作目标——拆除违法建筑 1 亿平方米、完成"三改"面积 1 亿平方米，其中，完成城中村改造 815 个、23 万户，力争所有县(市、区)、功能区达"无违建创建先进县"标准。由此，全省现状建成区范围内的城中村，到 2018 年底将基本完成拆迁。

城中村改造，事关民生福祉。2017 年，浙江省共排查出需改造城中村 1676 个，截至 2017 年 12 月底，已启动拆迁整治 861 个，完成改造 31.84 万户。2018 年的城中村改造，不仅要将拆、治(危旧房治理)、用(拆后利用)结合起来，为百姓谋福利，更要将城中村改造和推进城市有机更新深入结合起来，通过腾笼换鸟为经济转型发展持续注入新动能。

从"两个亿"的目标来看，2018 年浙江省"三改一拆"力度不减。谋定的"三改"目标中，旧厂区改造 2000 万平方米，旧住宅区改造 3000 万平方米，城中村改造 5000 万平方米。拆违目标中，要求新增违建零增长，存量违建处置全覆盖，拆后利用率达 70%以上。

2018 年浙江省将在完成拆改任务的基础上，打造 30 个省级重点改造项目和 30 个省级拆后土地利用示范项目，创成"20 佳最美示范入城口"和"20 佳精品示范道路"，不断优化城乡环境面貌。

2018 年是贯彻党的十九大精神的开局之年。浙江省要围绕美丽中国建设、乡村振兴战略，坚持"创无违、消存量、控增量、优环境"，确保圆满完成各项工作任务。

二、浙江省颁发首本农村宅基地"三权分置"不动产证

2018 年 4 月 24 日，宁波市象山县鹤浦镇小百丈村村民王定龙领到了红通通的农村宅基地资格权人证。这本证书也是浙江省第一本农村宅基地"三权分置"不动产权登记证。

"领了证，心里踏实了，我们老房子也值钱了。"王定龙喜笑颜开。几天前，他已拿到了自家石头屋和土地的第一笔租金 8.5 万元。

2018 年中央一号文件首次提出，探索宅基地所有权、资格权、使用权"三权分置"，适度放活宅基地和农民房屋使用权。4 月，象山启动实施城乡资源要素"双向流动"工程，进一步推动资金、人才等资源要素向农村流动。同时新出台《关于推动农村宅基地"三权分置"的实施意见》，助力乡村振兴。

海岛小村小百丈旅游资源丰富，有老石屋、千亩柑橘园和张苍水兵工厂遗址，也因此被开发者看中，喝上了改革"头口水"。

开发小百丈村的"安可乡建"团队起初也有自己的顾虑，负责人刘小路说："村里的资源吸引人，但开发过程中也怕出现权属纠纷。"一纸证书让刘小路和他的团队打消了顾虑。按照象山农村宅基地"三权分置"的实施意见，刘小路领到了宅基地使用权人证，加上资格权人证和村集体的宅基地所有权人证，三本证书各归其所，农村宅基地"三权分置"一目了然。吃下"定心丸"的刘小路决定在乡村振兴的道路上大展拳脚，把整个村建设成文旅生态村。

象山农村宅基地"三权分置"改革持续深化，为乡村振兴安上了"助推器"。在象山县委主要负责人看来，"农村将越来越有向心力，越来越有活力，也一定能够火。"

三、召开全省特色小镇规划建设工作现场推进会

浙江省特色小镇规划建设工作现场推进会 2018 年 9 月 13 日在余杭艺尚小镇召开。省委书记车俊作出批示，省委副书记、省长袁家军出席会议，并向第二批省级特色小镇授牌。冯飞主持，徐立毅、裘东

耀参加。

车俊在批示中指出，培育创建特色小镇是浙江省贯彻落实新发展理念、深化供给侧结构性改革、推进高质量发展的重要举措。几年来，各地因地制宜、突出特色、改革创新、善作善成，探索走出了一条具有浙江特色、符合规律、可持续的特色小镇发展路子，涌现出一批具有标杆性、引领性、示范性的特色小镇，成为培育发展新动能、推动经济转型升级的重要引擎。各地各部门要高举习近平新时代中国特色社会主义思想伟大旗帜，认真贯彻习近平总书记对浙江工作的重要指示精神，自觉践行"干在实处永无止境，走在前列要谋新篇，勇立潮头方显担当"的新期望，围绕"'八八战略'再深化、改革开放再出发"工作主线，把培育创建特色小镇摆到更加突出位置，加强组织领导，坚持特色发展、创新发展、融合发展、集约发展，高起点规划、高标准推进特色小镇建设，为加快推进"两个高水平"建设、谱写新时代中国特色社会主义浙江篇章作出新贡献。

袁家军指出，特色小镇是浙江的一大创举，也是全面践行新发展理念、培育发展新动能、打好高质量发展组合拳的关键一招。各地各部门要始终坚持以习近平总书记对特色小镇建设重要指示精神为指针，突出因地制宜、特色发展，经常查一查特色小镇建设中是否存在"走了样、变了味"的情况，是否存在"一哄而上"的情况，是否存在"拔苗助长"的情况。要突出产业竞争力特色，聚焦支撑未来发展的重量级产业、新技术新业态新模式和历史经典产业，强化资源整合、项目组合、产业融合。要突出集约节约特色，坚持亩产效益导向，更加注重"多规合一"和功能叠加。要突出体制机制特色，以"最多跑一次"改革为引领，全面深化"亩均论英雄"等改革，增创市场有效、政府有为、企业有利、百姓受益的体制机制新优势。要突出创新创业生态系统特色，围绕建立现代产业体系"典型单元"，着眼"产学研用金、才政介美云"十联动，打造最佳营商环境。

袁家军强调，要瞄准全面践行新发展理念的高端平台，坚持产业立镇、科技强镇、旅游兴镇、文化传镇，高水平制定和实施特色小镇三年行动计划，加快完善特色小镇创建、项目推进和工作考核制度。一要做优做强数字经济、块状经济、幸福产业、历史经典产业等特色产业，做好产业补链、延链、强链三篇文章。二要以"亩均论英雄"改革为抓手，加快集聚人才、科技、金融等高端要素。三要加强特色小镇文化遗产保护开发，大力发展文化产业。四要培育完善现代社区服务功能，让特色小镇引得进高端产业、留得住高端人才。

四、浙江省2018年度智慧城市建设成果优秀奖发布

2018年，全球数字经济处于密集创新期和高速增长期。浙江省作为全国改革开放的先发地，一直以首个国家信息经济示范区建设为主抓手，以"两化"深度融合及智慧城市试点示范建设为发力点，加快实施数字经济"一号工程"；杭州作为数字经济的先行兵，打造全国数字经济第一城不遗余力，四年来，数字经济对杭州市经济增长贡献率超过50%，走出了一条数字经济驱动发展变革、打造"美丽中国"样本的杭州之路。

在数字经济发展中，政府数字化转型加快，百姓获得感大幅提升，特别是形成了一批智慧城市建设的优秀企业、优秀方案、成功经验。

2018年11月22日下午"浙江省智慧城市2018年度高峰论坛暨成果案例发布会"在滨江华美达酒店举行。发布会由浙江省信息化推进服务中心、浙江省经信智慧城市规划研究院、中国信息化百人会案例研究中心、滨江区政府共同主办。

会上，系统地探讨、总结、展示、推广了全省智慧城市建设在"数字赋能、创新驱动、融合发展"方面的发展方向与典型案例，并颁发了"智慧城市建设成果·优秀奖"与"智慧城市建设成果·创新奖"两项大奖。作为智慧政务的重要一环，《华数"最多跑一次"政务自助服务平台》在31个成果案例中脱颖而出，获得"智慧城市建设成果·优秀奖"。

该平台由华数自主研发、建设、运营，浙江华数副总裁蔡高伟代表华数出席领奖，浙江华数集客业务

支撑部虞劼在发布会现场，对该项目进行了演示、推广。

“智慧”体现在哪里？

查询、办理、打印、评价、投诉、缴费六大功能152个高频事项自助办理；24小时不打烊服务，每项业务办结时间约为3分钟；身份证＋人脸识别，双重认证，系统自动获取已知用户信息，直接通过高拍仪上传材料；覆盖杭州地区市、区（县）、乡镇（街道）、村（社区）四级行政服务体系的560个网点。

助力智慧城市，华数“最多跑一次”政务自助服务平台积极为市民打造24小时不打烊的“15分钟便民服务圈”，成为杭州政府推动“最多跑一次”改革的重要载体。

“自3月份上线以来，办件量已达193172件，近三个月的月均办件量高于40000件。”虞劼介绍说。不止于此，华数集团结合自身数字电视终端入户的优势，让“最多跑一次”升级为“群众办事跑零次”，实现大事小事居家办——用户只要在开机首页找到“最多跑一次”板块，通过微信扫一扫屏幕二维码，或通过华数电视App注册，并完成实名认证后登录，即可办理与自助机同步的各类事项。该功能将覆盖已开通自助服务终端地区的华数机顶盒用户。

2018年底前，华数还将在杭州范围内完成700台终端自助机安装，及更多高频事项上线使用。

目前，华数自主研发的“最多跑一次”终端自助机已覆盖杭州、宁波、温州、湖州、金华、绍兴、丽水、衢州等8个地市。华数正在积极对接更多地市的行政服务中心和大数据中心，将自助服务终端复制推广到浙江全省，助力浙江“最多跑一次”改革。

五、印发2018年新型城镇化建设重点任务

2018年7月浙江省发改委印发《浙江省2018年推进新型城镇化建设重点任务》，围绕城市落户、常住人口基本公共服务、城乡融合等多方面提出要求。

一、加快农业转移人口市民化

（1）全面放宽城市落户条件。促进有能力在城镇稳定就业生活的新生代农民工、在城镇就业居住5年以上和举家迁徙的农业转移人口、农村学生升学和参军进入城镇人口在城市举家落户。鼓励对高校和职业院校毕业生、留学归国人员及技术工人实行零门槛落户。中小城市和建制镇要全面放开落户限制。大城市对参加城镇社保年限的要求不得超过5年，宁波市、温州市在实行积分落户时要大幅提高社保和居住年限的权重，鼓励取消年度落户数量限制；其余大城市不得实行积分落户，有条件的城市要进一步降低社保年限要求。杭州市要区分城区、新区和所辖市县，制定差别化落户条件，探索搭建区域间转积分和转户籍通道。探索租赁房屋的常住人口在城市落户。

（2）强化常住人口基本公共服务。实现居住证制度覆盖城镇全部未落户常住人口。以居住证为载体向未落户人口提供城镇基本公共服务及办事便利，鼓励城市群及都市圈内居住证互认。实现公办学校普遍向随迁子女开放。深入推进城乡居民异地就医直接结算，强化基本医保、大病保险和医疗救助等制度的衔接，发展远程医疗服务。深化利用农村集体建设用地建设租赁住房试点，推动建立多主体供应、多渠道保障、租购并举的住房制度。加大对符合条件常住人口的住房保障力度。

（3）深化“人地钱挂钩”配套政策。深化“人钱挂钩、钱随人走”，在安排中央和省级财政转移支付时综合考虑农业转移人口落户数量等因素，完善对落户较多地区的中央财政资金奖励政策。深化“人地挂钩、以人定地”，在制定各地区土地利用计划和安排城镇新增建设用地规模时，进一步增加上年度农业转移人口落户数量指标的权重。

（4）不断提升新市民融入城市能力。推进与中国公共招聘网联网，更好为农民工等新市民提供求职招聘服务。落实农民工职业技能提升计划、农民工等人员返乡创业培训5年行动计划，制定推行终身职业技能培训政策。实施“求学圆梦行动”，重点依托职业院校广泛支持农民工接受学历继续教育与非学历培训。推进职业教育东西协作行动计划，促进贫困地区劳动力转移就业。

二、提高城市群建设质量

推动城市群及国家新型城镇化综合试点地区范围内符合条件的县和非县级政府驻地特大镇率先设市。大力推进小城镇建设，增强小城镇集聚农村转移人口功能。积极培育中心镇，打造农业创业就业的节点和平台。

三、提高城市发展质量

发挥杭州、宁波两大极核在产业选择和人才吸引上的优势，集中发展高端产业和产业高端。加快划定生态保护红线、永久基本农田、城镇开发边界三条控制线，以及生态、农业、城镇空间，作为城市空间布局基本框架。深入创建公交都市；完善快速路、主次干路和支路级配合理的城市路网系统；支持一批综合客运枢纽、货运枢纽（亦即物流园区）建设；加强防洪排涝工程、水资源配置工程、排涝管网、地下综合管廊和消防设施建设。

四、加快推动城乡融合发展

（1）清除要素下乡各种障碍。允许农村承包土地的经营权依法向金融机构融资担保、入股从事农业产业化经营，深化农村承包土地的经营权和农民住房财产权抵押贷款试点。健全适合农业农村特点的农村金融体系，鼓励引导工商资本下乡，探索建立资格准入制度、项目联评联审制度。引导乡村“开门借力”，善用城市新技术、新商业模式及庞大消费需求。

（2）推动公共资源向农村延伸。把公共基础设施建设的重点放在农村，加快农村公路、供水、供气、环保、电网、物流、信息、广播电视建设，进一步提高农村饮水安全保障程度，加大农村“厕所革命”推进力度。优先发展农村教育事业，全面加强乡村小规模学校和乡镇寄宿制学校建设。统筹山水林田湖草系统治理，加强农村突出环境问题综合治理，实施农村人居环境整治3年行动方案。

五、深化城镇化制度改革

（1）深化城乡土地制度改革。改进耕地占补平衡管理办法。加快推进闲置土地处置。扎实推进房地一体的农村集体建设用地和宅基地确权登记颁证。探索宅基地所有权、资格权、使用权“三权分置”。允许地方多渠道筹集资金，用于村集体对进城落户农民自愿退出承包地和宅基地的补偿。

（2）健全城镇化投融资机制。引导地方政府在新型城镇化建设中量力而行，防范化解隐性债务风险。推动地方国企提高收益上缴比例，用于新型城镇化建设。鼓励金融机构加强与城镇化项目规划和运营机构的合作。完善PPP模式，提高民间资本收益预期。

（3）推进行政管理体制改革。探索市辖经济功能区和行政区合署办公。按照设镇设街道标准，顺应人口流动趋势精简乡镇街道。推动特大镇扩权赋能。推动机构精简和职能相近部门合并，鼓励探索大部门制改革。

（4）放大试点地区改革平台作用。全面总结第一批国家新型城镇化综合试点成果，提炼可复制可推广的典型经验，在全省范围内有序推开。推动第二批、第三批试点地区加快改革步伐，发挥好牵引作用。

第五节　安徽省城镇化和城镇现代化进程与措施

一、安徽省加快建设“一圈一带三区”

2018年，安徽省聚焦增强发展整体性平衡性，落实乡村振兴战略重大举措，深入实施“一圈一带三区”建设工程，加快推进新型城镇化，积极推动县域经济振兴，深入实施协调发展行动。

2018年安徽省启动编制乡村振兴战略规划，针对不同类型的村庄先行先试、分类推进。促进一二三产业融合，完成国家农村产业发展融合示范园创建工作。继续实施高标准农田建设规划和新增千亿斤粮食生产能力规划，完善现代种业、规模化养殖、粮油仓储设施、农产品批发市场等农业基础设施。加快粮食生产功能区和主要农产品生产保护区划定和建设，完善玉米、大豆市场化收购加补贴机制，加快推进稻谷、小麦、食糖价格形成机制和收储制度改革。实施新一轮农网改造升级，推进城乡电网融合发展。

2018年，安徽省深入实施“一圈一带三区”建设工程，积极发挥合肥都市圈创新引领带动作用，争取国家级合肥滨湖新区（合肥滨湖科学城）早日获批，尽快启动新区发展规划编制。深入推进皖江城市带承接产业转移示范区优化升级、绿色发展，推动沿江城市跨江联动发展，加快建设具有国际竞争力的先进制造业和现代服务业基地。组织实施中原城市群发展规划安徽省实施方案，做好淮河生态经济带规划编制，加快推进“3＋7”现代产业园建设，筹备召开皖北招商推介会、皖北经济论坛等活动。加大大别山革命老区脱贫攻坚力度，实施一批特色产业培育、基础设施建设和生态环境保护项目，进一步改善生产生活条件。编制完成大黄山国家公园总体方案，支持辖区市县争创国家全域旅游示范区，申报举办中国（黄山）国际文化旅游高层论坛。组织淮北、铜陵国家资源枯竭城市转型发展评估，争取安关国家老工业区搬迁改造示范工程早日获批。

加快推进新型城镇化也是落实区域协调发展的重要任务之一。2018年将推进基本公共服务向常住人口全覆盖，提高户籍人口城镇化率。安徽省还将深入实施中心城市能级提升工程，推动特色小镇健康可持续发展，加快首批25个省级特色小镇建设，再培育20个左右特色小镇。

2018年安徽省启动建设县域特色产业集聚发展基地，支持县域特色产业发展。积极培育县域经济发展新动能，推动建设一批产学研和科技成果转化平台，大力发展“互联网＋”制造和电子商务，实现借势发展。

二、城市综合竞争力不断增强但城市间发展差距较大

《安徽城市发展研究报告2019》采用安徽省16个地级市数据，分析比较16个地级市的综合竞争力、产业竞争力、可持续发展能力、城市创新能力、城乡融合发展、城市生态环境质量，客观评价各市经济、社会、环境等方面的发展水平和发展潜力，为制定科学的城市发展战略提供决策依据。

2018安徽城市综合竞争力十强

排名	城市	得分
1	合肥	2.1755
2	芜湖	0.6585
3	马鞍山	0.1529
4	铜陵	0.0448
5	蚌埠	0.0321
6	滁州	－0.0999

续表

排名	城市	得分
7	六安	－0.1859
8	阜阳	－0.1913
9	淮南	－0.2097
10	淮北	－0.2205

（一）城镇化进程不断加快，城市空间布局有待进一步完善。

随着城镇化进程的快速推进，安徽省城镇化的空间布局逐渐呈现有疏有密的“集聚型城镇空间，开敞型生态空间”以及大小中心城市和特色小城镇的格局。

通过加快合肥、芜马两大经济圈的建设，培育阜阳、蚌埠、黄山、安庆四大增长极，推进滁州、亳州都市区的建设，加快推进沿江、淮合芜宣城市带的发展，形成“两圈两带一群”，进一步凸显城市规模经济，全面实现对接长三角的东向发展的城镇化空间格局。

以中心城市为主导引导周边城市的发展，加快特色小镇的建设规划，形成层次鲜明、结构合理的安徽城镇化体系。

（二）城市群间差距较大，城市群内部发展不均衡。

安徽省皖江城市带、合肥都市圈与皖北城市群整体呈现稳步增长态势，其中皖北城市群经济规模较小，经济发展水平有待提高。

通过三大城市群经济指标以及经济密度的比较可知，城市群内城市发展不均衡，发展差距较大，合肥、芜湖等市经济实力较强，作为区域中心城市，但自身的辐射带动作用相对不足，对周边城市的带动作用不突出，皖北城市群中城市发展缓慢，经济较为落后。

应积极推进合肥成为全国性交通运输枢纽，完善以合肥为中心的交通网络，加快区域内城际高速铁路建设。同时，加强安庆、芜湖、铜陵、马鞍山、蚌埠、阜阳等区域交通枢纽功能，构建立体化交通走廊，加强交通对城市群发展的支撑带动作用，强化以合肥为中心以及三大城市群的经济辐射，完善区域一体化网络布局。

三、稳步有序推进农村集体产权制度改革

3月26日，安徽省农村集体产权制度改革电视电话会议在合肥召开。省委书记李锦斌、省长李国英分别作出批示，省委副书记信长星出席会议并讲话，副省长张曙光主持会议。

李锦斌在批示中强调，农村集体产权制度改革是一项管长远、管根本、管全局的重大改革，也是实施乡村振兴战略的重要制度支撑。要以习近平总书记全面深化改革重要思想为指导，认真贯彻落实中央部署要求，大力弘扬改革创新、敢为人先的小岗精神，把握正确改革方向，坚守法律政策底线，尊重农民群众意愿，分类有序稳慎推进，确保改革经得起实践和群众检验。要以明晰农村集体产权归属、维护农村集体经济组织成员权利为目的，以推进集体经营性资产改革为重点任务，以发展股份合作等多种形式的合作与联合为导向，认真总结试点经验，全面做好清产核资、身份确认、股份量化等工作，建立符合市场经济要求的集体经济运行新机制，确保集体资产保值增值，确保农民受益，增强集体经济发展活力。要加强改革的组织领导，层层压实责任，精心组织实施，努力开创农村改革新局面，为推动安徽省乡村振兴注入强劲动力。

李国英在批示中强调，推进农村集体产权制度改革是全面深化改革的重点任务，是实施乡村振兴战略的重要抓手。要深入贯彻党的十九大精神，按照中央及省委部署要求，把握正确方向，尊重农民意愿，

全面开展清产核资，认真界定成员身份，科学量化资产股份，加快推进集体经营性资产股份合作制改革，推动资源变资产、资金变股金、农民变股东，发展壮大农村集体经济，增加农民财产性收入，不断增强农民群众获得感，为推进城乡协调发展、全面建成小康社会奠定坚实基础。

信长星在讲话中指出，开展农村集体产权制度改革是深化农村改革的重大举措，是增强农村集体经济发展活力的现实需要，是促进农民增收的有效途径。各级各有关部门要把这项改革摆上重要位置，强化组织领导，精心组织实施，积极稳妥推进，确保高质量完成改革任务。要全面开展农村集体资产清产核资，明确集体资产所有权，建立健全集体资产财务管理制度。要坚持试点先行，稳慎把握成员确认、股权设置、股权管理等关键环节，扎实推进农村集体经营性资产股份合作制改革。要健全集体经济组织，鼓励和支持推进农村"三变"改革，发展壮大集体经济，引领和支撑农民逐步实现共同富裕。

张曙光要求，各地、各有关部门要提高认识，把握改革方向，明确改革重点，守住改革底线。要落实主体责任，强化工作保障，加强督查检查，认真总结前期试点经验，抓紧谋划方案，加快推进实施，确保全省农村集体产权制度改革始终沿着正确方向稳步推进。

四、安徽两市成功获批建设国家创新型城市

2018 年 4 月，科技部、国家发改委联合发布《关于支持新一批城市开展创新型城市建设的函》，支持全国 17 个城市开展国家创新型城市建设，马鞍山名列其中，此次安徽省成功入围的还有芜湖市。

近年来，马鞍山积极采取有效措施，加快推进科技创新工作并取得积极成效。在战略层面加强顶层设计，在政策层面打好"组合拳"，在操作层面组织实施一揽子政策措施，先后出台了《马鞍山市科技创新券实施管理办法(试行)》《马鞍山市科技"小巨人"企业培育计划实施办法》《马鞍山市支持企业自主创新若干政策》，形成了从创新源头到成果产业化的"政策链"。这些密集政策的出台，充分调动了企业的创新积极性，进一步提升了企业创新能力，有力促进了产业转型升级。尤其值得一提的是，马鞍山始终把营造良好创新生态作为科技工作的重要方向，围绕产业链部署创新链，围绕创新链完善孵化链，整合集聚各类资源，打造创新创业"四大链条"，促进产业、项目、资金、人才精准对接。同时，马鞍山注重创新投入，着力实现创新投资主体多元化。始终把创新投入作为战略性投资，加大财政科技投入强度，市财政每年兑现各类科技创新政策资金 2 亿元左右。2017 年，马鞍山全社会研究与试验发展经费支出占 GDP 比重 2.61%，居全省第 3 位；高企总数 348 家，居全省第 3 位；每万人发明专利拥有量 16 件，居全省第 3 位。连续 8 次荣获"全国科技进步先进市"称号，先后跻身国家知识产权试点市、省级创新型试点城市行列。

马鞍山将完善建设方案和任务分解落实，采取有效措施，加快国家创新型城市建设，基本形成适应创新驱动发展要求的体制机制，让创新成为全市经济社会发展的主要驱动力，创新能力位居中部地区同类城市前列，主要创新指标达到国家和省创新型城市先进位次，成为全省乃至长三角地区重要的高新技术研发及产业化基地、科技成果转化基地和现代制造业基地。围绕这一目标，马鞍山将构建更具竞争力的现代产业体系，创造发展新优势；进一步明晰各类创新主体的角色定位和发展需求，精准配置创新资源，强化协同创新，系统提升创新能力；聚焦国家区域发展战略总体要求以及马鞍山创新特色，完善区域发展布局，加速创新要素集聚和优化配置，推进全市创新能力和竞争力整体提升；实施更加开放、灵活、有效的人才政策，着力创新人才发展体制机制，统筹推进人才队伍发展，切实把人才优势转化为创新优势、产业优势、竞争优势和发展优势；主动适应国家、省全面推进创新创业的新要求，打造创新创业链条，努力形成大众创业、万众创新的生动局面，加速释放创新潜能；进一步优化创新的制度环境、市场环境和文化环境，构建适应创新驱动发展的体制机制，着力营造良好的创新环境。

五、安徽省 8 条新型城镇化试点经验被推广

2018 年 5 月，国家发改委办公厅下发《关于印发第一批国家新型城镇化综合试点经验的通知》，对第

一批新型城镇化综合试点地区试点经验进行了全面总结，并将主要经验印发全国各地区借鉴。其中，安徽省有 8 条试点经验被列为典型经验向全国推广，是被推广经验最多的省份之一。

这 8 条试点经验分别是：合肥市降低城市落户门槛，合肥市设立城市公共集体户口，滁州市深化“人地挂钩”改革，芜湖市允许农业转移人口缴存住房公积金，天长市推进农村股份合作制改革，金寨县探索宅基地复垦腾退建设用地指标在省内有偿使用，金寨县建立宅基地节约集约利用激励机制，金寨县捆绑叠加宅基地退出与易地扶贫搬迁政策等。

六、全省完成 113 万户农村危房改造

安徽省自 2009 年起实施农村危房改造以来，全省共完成 113 万户危房改造。2018 年计划完成 10 万户危房改造，其中建档立卡贫困户 6 万户以上，重点支持 9 个深度贫困县和 70 个有扶贫任务的县(区)建档立卡贫困户等四类人员农村危房改造任务，确保 2018 年全省 18 个摘帽贫困县农民居住安全。

农村危房改造补助对象是居住在危房中的建档立卡贫困户、低保户、农村分散供养特困人员、贫困残疾人家庭等 4 类重点对象。安徽省累计争取中央农村危房改造资金共计 796904 万元，省财政补助资金共计 258674 万元。2018 年，中央下达危房改造资金 60317 万元，省级资金 28084.3 万元。中央和省级补助资金用于建档立卡贫困户、低保户、农村分散供养特困人员、贫困残疾人家庭等农村困难群众危房改造。

农村危房改造资金以农户自筹为主，政府补助为辅，多渠道筹集。在明确补助对象和标准时，政府实行分类补助，补助标准为：农村建档立卡贫困户、农村分散供养特困人员、低保户和贫困残疾人家庭重建房屋户均 2 万元，修缮加固户均 0.6 万元。安徽省积极探索符合当地实际的农村贫困户危房改造方式，整合使用危房改造、抗震改造、灾损农房恢复重建、贫困残疾人危房改造等资金，重点支持了贫困户危房改造，努力提高补助资金使用效益。对特困户建房资金不足的由县级政府制订方案，兜底解决特困户建房需求。

安徽省合理选择改造建设方式，满足不同困难群众的需求。对拟改造农村危房属整体危险(D 级)的，拆除重建；属局部危险(C 级)的，采取修缮加固的方式。贫困户危房改造以农户自建为主，农户自建确有困难且有统建意愿的，乡镇、村及有关部门发挥组织、协调作用，积极帮助贫困户选择有资质的施工队伍统建。对于分散供养特困人员，各地创新工作方法，通过政府统一建设、空置房置换或对现有旧校舍、旧厂(场)房等闲置房屋修缮加固等方式，帮助困难群众解决最基本的安全住房。同时积极探索与易地扶贫搬迁相结合、贷款贴息、建设集体公租房等多种方式保障贫困户基本住房安全。实行农村贫困户危房改造“一户一档”的农户档案管理制度，批准一户、建档一户，并将农户档案及时、全面、真实、准确录入危房改造信息系统。

二　居民收入情况

第一节　长三角地区居民收入概况

一、一市三省居民收入情况

表1　2014—2018年长三角地区一市三省城镇居民人均可支配收入(元)

	2014年	2015年	2016年	2017年	2018年
上海市	47710	52962	57692	62596	68034
江苏省	34346	37173	40152	43622	47200
浙江省	40393	43714	47237	51261	55574
安徽省	24839	26936	29156	31640	34393

表2　2014—2018年长三角地区一市三省农村居民人均可支配收入(元)

	2014年	2015年	2016年	2017年	2018年
上海市	21192	23205	25520	27825	30375
江苏省	14958	16257	17606	19158	20845
浙江省	19373	21125	22866	24956	27302
安徽省	9916	10821	11721	12758	13996

二、省辖市居民收入情况

表3　2014—2018年长三角地区各省辖市城镇居民人均可支配收入(元)

一、江苏省	2014年	2015年	2016年	2017年	2018年
南京市	42568	46104	49997	54538	59308
无锡市	41731	45129	48628	52659	56989
徐州市	24080	26219	28421	30987	33586
常州市	39483	42710	46058	49955	54000
苏州市	46677	50390	54400	58806	63481
南通市	33374	36291	39247	42756	46321
连云港市	23595	25728	27853	30293	32749
淮安市	25798	28105	30335	32976	35828
盐城市	25854	28200	30496	33115	35896
扬州市	30322	32943	35659	38828	41999
镇江市	35752	38666	41794	45386	48903
泰州市	31346	34092	36828	40059	43452

续表

一、江苏省	2014 年	2015 年	2016 年	2017 年	2018 年
宿迁市	20396	22233	24086	26118	28281
二、浙江省					
杭州市	44632	48316	52185	56276	61172
宁波市	44155	47852	51560	55656	60134
温州市	40510	44026	47785	51866	56097
嘉兴市	42143	45499	48926	53057	57437
湖州市	38959	42238	45794	49934	54393
绍兴市	43167	46747	50305	54445	59049
金华市	39807	43193	46554	50653	54883
衢州市	30583	33212	36188	39577	43126
舟山市	41466	44845	48423	52516	56622
台州市	39763	43266	47162	51374	55705
丽水市	30413	32875	35968	38996	42557
三、安徽省					
合肥市	29348	31989	34852	37972	41484
淮北市	23787	25690	27248	29578	31959
亳州市	21192	23120	25053	27246	29711
宿州市	21941	23630	25533	27703	30100
蚌埠市	24147	26369	28653	31160	33855
阜阳市	21715	23496	25483	27713	30113
淮南市	26267	28106	28098	30405	32852
滁州市	22091	24168	26286	28612	31230
六安市	20610	22238	24728	26731	29070
马鞍山市	32560	35262	38142	41403	45108
芜湖市	27384	29766	32315	35175	38397
宣城市	26289	28602	30877	33548	36554
铜陵市	29234	31748	30633	33283	35995
池州市	22295	24278	26261	28394	30884
安庆市	22109	23966	26502	28675	31187
黄山市	24194	26226	28393	30821	33551

表 4　2014—2018 年长三角地区各省辖市农村居民人均可支配收入(元)

一、江苏省	2014 年	2015 年	2016 年	2017 年	2018 年
南京市	17661	19483	21156	23133	25263
无锡市	22266	24155	26158	28358	30787
徐州市	12811	13982	15274	16697	18206
常州市	20133	21912	23780	25835	28014

续表

一、江苏省	2014 年	2015 年	2016 年	2017 年	2018 年
苏州市	23560	25580	27750	29977	32420
南通市	15821	17267	18741	20472	22369
连云港市	11698	12778	13932	15273	16607
淮安市	12010	13128	14319	15601	17058
盐城市	14414	15748	17172	18711	20357
扬州市	15284	16619	18057	19694	21457
镇江市	17617	19214	20922	22724	24687
泰州市	15076	16410	17861	19494	21219
宿迁市	11677	12772	13929	15268	16639
二、浙江省					
杭州市	23555	25719	27908	30397	33193
宁波市	24283	26469	28572	30871	33633
温州市	19394	21235	22985	25154	27478
嘉兴市	24676	26838	28997	31436	34279
湖州市	22404	24410	26508	28999	31767
绍兴市	23539	25648	27744	30331	33097
金华市	18544	20297	21896	23922	26218
衢州市	15354	16884	18421	20225	22255
舟山市	23783	25903	28308	30791	33812
台州市	19362	21225	23164	25369	27631
丽水市	13635	15000	16459	18072	19922
三、安徽省					
合肥市	14407	15733	17059	18594	20389
淮北市	9116	9882	10653	11611	12745
亳州市	8967	9738	10576	11591	12756
宿州市	8332	9140	9917	10859	11941
蚌埠市	10511	11552	12591	13769	15114
阜阳市	8213	9001	9776	10748	11830
淮南市	10547	10139	10848	11841	12926
滁州市	9171	10070	10956	11947	13127
六安市	8287	9197	9960	10857	11959
马鞍山市	14969	16331	17719	19358	21267
芜湖市	14606	15964	17307	18830	20649
宣城市	11251	12309	13379	14590	16013
铜陵市	16405	11169	12054	13145	14335
池州市	10629	11511	12409	13476	14709
安庆市	9024	9985	10814	11814	12990
黄山市	10942	11872	12869	14034	15391

第二节　上海市居民收入基本情况与措施

一、上海市城乡居民收入基本情况

2018年上海市居民收入实现较快增长，增速同比有所提高。农村居民收入增速连续十年快于城镇居民，城乡居民收入比进一步缩小。

1. 居民收入较快增长，实际增速高于GDP

2018年，上海市居民人均可支配收入64183元，比上年增长8.8%；扣除价格因素，实际增长7.1%，同比提高0.3个百分点。上海市居民收入实现较快增长，实际增速高于GDP增速0.5个百分点。

其中，城镇常住居民人均可支配收入68034元，增长8.7%；扣除价格因素，实际增长7.0%，同比提高0.3个百分点。农村常住居民人均可支配收入30375元，增长9.2%；扣除价格因素，实际增长7.5%，同比提高0.3个百分点。农村常住居民人均可支配收入首次突破3万元大关，增速连续十年快于城镇常住居民，城乡居民收入比进一步缩小至2.24。

2. 收入水平整体提升，四大来源均保持增长

工资性收入占主导地位。2018年，上海市居民人均工资性收入37137元，比上年增长8.1%，增量占可支配收入增量的53.4%，拉动可支配收入增长4.7个百分点。主要因素：一是上海市经济运行总体平稳，就业结构不断优化，带动职工工资收入稳定增长。二是上海市职工最低工资标准的上调和企业工资指导线的发布，助力职工工资水平提高。三是新的工薪所得起征点以及税率调整切实减轻纳税人的税收负担，使个人所得税税负水平更趋合理，有利于提高普通在职职工收入水平。

经营净收入增长较快。2018年，上海市居民人均经营净收入为1821元，比上年增长18.8%。

财产净收入增速趋于合理。2018年，上海市居民人均财产净收入为9666元，比上年增长7.0%。上海房屋出租价格保持稳定，房屋租赁市场需求持续扩大，房屋租赁市场较为活跃，城镇地区居民家庭出租房屋收入增长向好。

转移净收入拉动增收作用显著。2018年，上海居民人均转移净收入15559元，比上年增长10.7%。主要因素：一是单位退休人员基本养老金标准和城乡居保基础养老金标准提高。二是城乡居民最低生活保障标准等一系列社会救助标准上调。三是对离退休人员和困难群体的转移支付力度不断加大。

3. 收入水平领跑全国，城乡增速排名靠前

2018年，上海市居民收入绝对水平继续领先全国，居民人均可支配收入是全国平均水平的2.27倍。从增速排名看，上海市城镇和农村常住居民人均可支配收入增速分别并列全国第3位和第8位，排名靠前。

二、人均GDP突破2万美元

2018年，上海的经济运行总体平稳，结构、质量、效益持续向好，按常住人口计算的人均生产总值达到13.50万元，据此推算人均GDP首次突破2万美元这一关口。同时，在民生改善、社会事业、城市建设和管理、改革创新等方面，上海也取得了新成绩。

近年来，国际、国内经济社会环境都日趋复杂，但上海市的经济依然保持中高速增长状态，处于合理区间。2018年，上海市生产总值达到32679.87亿元，按可比价格计算，比上年增长6.6%。

上海经济的平稳增长，离不开全市产业结构的加快升级。统计显示，2018年，全市第三产业增加值22842.96亿元，比上年增长8.7%，快于第二产业增速，占全市生产总值的比重为69.9%，比上年提高0.7个百分点，对全市经济增长的贡献率达到92.0%，在经济增长中发挥了“稳定器”的作用。

在供给侧结构性改革总体方针的指引下，上海的主要行业发展效益持续提升。2018年，上海规模以上工业产品销售率为99.8%；规模以上工业企业利润总额3350.44亿元，比上年增长4.3%；规模以上工业企业亏损面为 20.4%，降低 0.5 个百分点。在企业利润持续增长的带动下，地方一般公共预算收入比上年增长 7.0%，与经济基本保持同步增长。

2018 年，上海持续深化政府“放管服”改革和营商环境改革，为企业创造了更加良好的市场环境，也为经济增添了活力。统计显示，2018 年，上海经工商登记新设立各类市场主体 39.99 万户，比上年增长 13.2%。

经济运行稳定，改革深化，上海的城市能级在提升，综合服务功能在加强。在金融服务能级方面，统计显示，2018 年，上海金融市场交易总额达到 1645.78 万亿元，比上年增长 15.2%。在 2018 年 GFCI 全球金融中心指数排名中，上海位列第五，仅次于纽约、伦敦、香港、新加坡之后。

市民“获得感”增强，最直接体现来自居民人均可支配收入的快速增长。统计显示，2018 年，全市居民人均可支配收入 64183 元，为全国最高，扣除价格因素，实际增长 7.1%，实际增速比上年提高 0.3 个百分点。城乡居民收入比也从 2017 年的 2.25 缩小到 2.24。

三、职工最低工资标准上调和 2018 年企业工资指导线发布

上海从 2018 年 4 月 1 日起调整最低工资标准。月最低工资标准从 2300 元调整到 2420 元，增加 120 元；小时最低工资标准从 20 元调整到 21 元。

月最低工资标准适用于全日制就业的劳动者，在法定工作时间或依法签订的劳动合同约定的工作时间内提供了正常劳动的，用人单位支付的月工资不能低于月最低工资标准。需要说明的是，上海月最低工资标准不含劳动者个人依法缴纳的社会保险费和住房公积金，它们应由用人单位另行支付。劳动者延长工作时间的加班费，夜班津贴、夏季高温津贴及有毒有害等特殊工作环境下的岗位津贴，伙食补贴、上下班交通补贴、住房补贴也不作为月最低工资标准的组成部分，由用人单位另行支付。

小时最低工资标准适用于非全日制就业的劳动者，即在同一用人单位一般平均每日工作时间不超过 4 小时，每周工作时间累计不超过 24 小时。小时最低工资标准不包含劳动者个人和单位依法缴纳的社会保险费。

上海市人社局表示，在调整最低工资标准时，主要考虑城镇低收入家庭基本生活费用支出、城镇居民消费价格指数、职工平均工资、经济发展水平、企业人工成本等因素，既尽最大可能增强低收入劳动者的获得感，又充分考虑当前经济环境下企业的承受能力，兼顾了企业和劳动者双方的利益。

2018 年 4 月初，上海市总工会、市企业联合会/企业家协会、市工商业联合会联合发布了 2018 年上海市企业工资指导线：平均线为 8%，下线为 3%。

工资指导线在引导企业和职工合理确定工资的增长幅度方面发挥重要作用，目前已成为工会和企业在开展工资集体协商等民主管理活动时的重要参考。

2018 年上海企业工资指导线的平均线为 8%，生产经营正常的企业，可参照平均线确定工资增长幅度。上年平均工资水平为全市职工平均工资二倍以上的企业，工资增长幅度应低于平均线；上年平均工资水平低于全市职工平均工资 60%的企业，增长幅度可适当高于平均线。2018 年上海企业工资指导线的下线为 3%，经济效益下降的企业，可参照下线确定工资增长幅度。生产经营困难的企业，工资增长幅度可以低于下线。

同时，上海市总工会、市企业联合会/企业家协会、市工商业联合会要求：企业应通过民主管理程序，合理确定平均工资增长幅度，以及不同岗位人员的工资水平，既促进企业发展，又保障职工权益，维护劳动关系的和谐稳定；应努力提高工资水平偏低的生产服务一线岗位人员工资水平，一线职工工资增长幅度应不低于本企业职工工资的平均增长幅度，企业高管的工资增长幅度应低于本企业职工工资的平均增长幅度。

四、新个税法助力居民增收

综合各项因素看，2018 年上海市居民人均可支配收入的提高离不开全市宏观经济的平稳运行。

2018 年，上海经济始终运行在合理区间，保持总体平稳、稳中有进的发展态势，经济结构不断优化，发展质量效益不断提升，改革开放力度明显加大，民生福祉持续改善。其中，截至 9 月底，全市城镇登记

失业人数19.25万人，同比减少2.46万人，稳定的就业为居民工资性收入平稳增长打下了良好基础。

在建设具有全球影响力的科技创新中心的进程中，上海还创造了大量具有高附加值的就业岗位，培育了新的经济增长点，这些都将在未来继续带动全市居民收入的稳定增长。

2018年元旦起，新个税法全面实行，而工薪所得起征点和税率调整已先行于2018年10月1日起实施。解放日报·上观新闻从国家税务总局上海市税务局了解到，以顺丰和“三通一达”等5家快递行业重点企业为例，初步统计，个税减除费用上调至每月5000元后，这些公司在全国范围的一线快递员工一年预计减税约2亿元。

2018年，随着全市居民在享受5000元基本减除费用扣除和“三险一金”等专项扣除外，可再享受六项专项附加扣除，国家统计局上海调查总队指出，纳税人的税收负担将进一步减轻，个人所得税税负水平也更趋合理，这将有利于上海市普通在职职工收入水平在2018年获得进一步提高。

五、产业结构加快转型升级

2018年，上海市加快产业结构转型升级，服务经济持续平稳发展，制定旅游、健康、体育等服务业促进政策，深入推进服务业综合改革试点，信息服务业、商务服务业、科研服务业、文化创意产业等现代服务业保持快速发展势头，第三产业增加值比上年增长8.7%，占全市生产总值比重达69.9%。制造业新动能加快培育壮大，出台实施促进资源高效率配置推动产业高质量发展的若干意见，发布上海市产业地图，特斯拉超级工厂、上汽大众MEB工厂、积塔半导体生产线等一批重大产业项目开工建设；成功举办2018世界人工智能大会，一批人工智能龙头企业和创新项目落户；率先在国内开放智能网联汽车道路测试，新能源汽车推广量累计超过20万辆，战略性新兴产业的制造业部分产值增速快于全市规模以上工业2.4个百分点。传统产业改造升级和落后产能调整淘汰深入推进，实施新版产业调整负面清单，全年淘汰落后产能1460项；制定实施土地资源高质量利用的若干意见，全年完成低效建设用地减量15.2平方公里，工业园区单位土地产值提高至74.5亿元/平方公里左右。以“3+5+X”为重要载体的高质量发展重要承载区加快打造，临港科技创新中心主体承载区、世博央企总部集聚区、虹桥世界一流水准商务区建设加快推进，桃浦、南大、吴淞、高桥、吴泾等重点区域加快整体转型升级，金山第二工业区、星火开发区等区域调整转型统筹推进，国际旅游度假区迪士尼新游乐片区建成运营，北外滩综合改造工程启动建设。

六、营商环境改革取得明显成效，全面开放新格局加快构建

2018年，上海市出台着力优化营商环境加快构建开放型经济新体制行动方案，制定实施对标国际先进水平改善营商环境10个专项行动计划，统筹推进落实43个专项政策和配套措施。上海作为全国权重55%的样本城市，助力我国在世界银行营商环境报告中的排名从78位提升到46位。率先推进政务服务“一网通办”，组建市大数据中心，开通运行“一网通办”总门户，完善“企业服务云”功能，推进审批服务事项全程通办、全网通办、全市通办，90%的审批服务事项实现“只跑一次、一次办成”，99%的民生服务事项实现全市通办。降成本力度持续加大，实施9方面18项减税降费政策措施，全年为企业新增减负超过500亿元。修订地方定价目录，政府定价管理项目从53个减少到35个。

全面开放新格局加快构建。自贸试验区“三区一堡”建设深入推进，全面深化方案的98项改革任务基本完成，挂牌成立五年来累计实现外贸进出口额6.1万亿元，实到外资221.3亿美元，新注册企业5.7万家。制定实施“扩大开放100条”政策措施，其中93条已落地实施，一批外资重大项目实现落地。利用外资质量持续提高，全年新设外资项目数量、合同外资金额、实到外资金额分别比上年增长41.7%、16.8%和1.7%，其中制造业、租赁和商务服务业实到外资分别增长1.2倍和10.5%。总部经济加快集聚，全年新增跨国公司地区总部45家、新设外资研发中心15家，累计分别达到670家和441家。加强区域合作交流，加大东西部扶贫协作和对口支援工作力度，制定助力对口地区打赢脱贫攻坚战三年行动计划，全年安排对口支援资金59.8亿元，实施各类项目1299个。

第三节　江苏省居民收入基本情况与措施

一、全体居民人均可支配收入 38096 元，增长 8.8%

2018 年江苏省城乡居民收入稳定增长。据城乡一体化住户调查，全省居民人均可支配收入 38096 元，比上年增长 8.8%。其中，工资性收入 21948 元，增长 7.6%；经营净收入 5386 元，增长 7.8%；财产净收入 3746 元，增长 15.7%；转移净收入 7016 元，增长 9.8%。按常住地分，城镇居民人均可支配收入 47200 元，增长 8.2%；农村居民人均可支配收入 20845 元，增长 8.8%。城乡收入比从 2017 年的 2.28∶1 进一步缩小至 2018 年的 2.26∶1，农村居民收入连续 9 年增速快于城镇居民。

此外，全省居民人均消费支出 25007 元，比上年增长 6.6%。按常住地分，城镇居民人均消费支出 29462 元，增长 6.3%；农村居民人均消费支出 16567 元，增长 6.1%。

江苏省千方百计增加居民收入，成立富民增收工作领导小组，围绕《关于聚焦富民持续提高城乡居民收入的若干意见》，提出针对性较强的 33 条富民政策。2018 年全省城乡居民人均可支配收入分别达到 4.72 万元和 2.08 万元，增长 8.2%和 8.8%。大力实施脱贫攻坚三年行动，对照"两不愁、三保障"和江苏脱贫致富奔小康工程要求，聚焦重点片区、经济薄弱村和低收入群体，着力解决好因病因残因灾致贫返贫问题，67.5 万建档立卡低收入人口增收脱贫，244 个省定经济薄弱村实现达标，低收入人口占比下降到 1%以下。

表 1　江苏城乡居民收入支出指标

指标名称	绝对量(元)	增长(%)
居民人均可支配收入	38096	8.8
#工资性收入	21948	7.6
经营净收入	5386	7.8
财产净收入	3746	15.7
转移净收入	7016	9.8
居民人均生活消费支出	25007	6.6
城镇常住居民人均可支配收入	47200	8.2
#工资性收入	28136	7.0
经营净收入	5053	8.5
财产净收入	5318	15.0
转移净收入	8693	8.1
城镇常住居民人均生活消费支出	29462	6.3
农村常住居民人均可支配收入	20845	8.8
#工资性收入	10222	7.4
经营净收入	6017	7.1
财产净收入	767	12.8
转移净收入	3839	14.8
农村常住居民人均生活消费支出	16567	6.1

二、调结构促转型，力保经济运行稳增长

2018年，在国内外经济环境发生深刻变化的背景下，江苏聚焦高质量发展，主动调结构促转型，全省经济社会发展水平和质量显著提高，经济运行的稳定性、协调性和可持续性进一步增强，具体可用“增长稳、结构优、质态好”来概括。

增长稳，主要表现在三大宏观经济指标增势平稳：从经济增速来看，一季度、上半年、前三季度GDP同比分别增长7.1%、7%和6.7%，尽管增速略有放缓，但全年增速与前三季度持平，经济运行的稳定性和韧性较强；从就业形势看，失业率持续保持较低水平，各月城镇登记失业率均保持在2.97%～2.99%之间，上下波动幅度极小。调查失业率也基本稳定在4%左右；从物价涨幅看，各月CPI涨幅始终低于3%，全年平均涨幅为2.3%，均处在温和上涨区间。宏观指标的平稳运行，充分展现了江苏经济增长韧性足、潜力大的特征，也为全省加快推进高质量发展走在前列提供了坚实的基础。

结构优，主要表现在供需双侧结构均在积极调整优化：从供给侧看，GDP构成中一、二、三产业结构比为4.5%、44.5%、51%，其中第三产业（服务业）比重比2017年提高0.7个百分点，对GDP增长的贡献率达到58.8%，高于第二产业18.9个百分点。

质态好，主要表现在经济运行的内在质量稳步提升：

一是“三个口袋”更加充实。首先，老百姓的钱袋子更鼓了。2018年，全省农村和城镇居民人均可支配收入分别比上年增长8.8%和8.2%。其次，企业的利润更多了。2018年前11个月，全省规模以上工业企业利润总额同比增长8.4%，增速连续两个月回升。主营业务收入利润率为6.41%，同比提高0.03个百分点；资产负债率为53.16%，同比下降0.2个百分点。规模以上服务业企业营业利润同比增长4.6%，从10月份开始由负转正，且连续两个月保持回升。第三，地方财力更强了。全年完成一般公共预算收入8630.2亿元，比上年增长5.6%，增速比2017年提高1个百分点。

二是新兴动能增效发力。从“三新”经济发展势头看，全年战略性新兴产业、高新技术产业产值，比上年分别增长8.8%和11%，占规模以上工业总产值比重分别达到32%和43.8%。新能源汽车、城市轨道车辆、3D打印设备、智能电视、服务器等新产品产量均实现大幅度增长。限额以上批发和零售业通过公共网络实现的零售额、住宿和餐饮业通过公共网络实现的餐费收入，也分别实现25%和49.4%的大幅度增长。

三是绿色发展有力推进。预计全年单位GDP能耗下降5.5%左右，有望超额完成年度目标。全年规模以上工业企业综合能源消费量2.3亿吨标准煤，比上年下降2.5%，降幅扩大1.8个百分点。其中，高耗能行业下降2.7%，降幅扩大2个百分点。

四是综合竞争实力明显提升。全国工商联发布的“2018中国民营企业500强”榜单中，江苏共有86家企业入围，比上年增加4家。县域经济和开发区发展水平保持领先。2018年，江苏23个县市入选全国综合实力百强县市，超过总数1/5。商务部发布的2017年国家级经济技术开发区综合发展水平考核中，江苏有4家开发区进入前10名，比上年增加1家，有16家位次前移。全省现代综合交通运输体系加快建设，公路、铁路、港口、航空等基础设施日臻完善，全省铁路通车里程突破3000公里。

三、提出50项任务助力富民增收

为贯彻省委省政府有关富民工作新部署新安排，2018年3月，江苏省出台《2018年全省富民增收年度工作要点》。《工作要点》对照“富民33条”政策，结合部门职责，围绕全省城乡居民增收中存在的薄弱环节，提出50项具体任务。

着力推动创业创新。包括加快行政审批制度改革、持续推进商事制度改革、加大金融财税支持力度、加快构建聚力创新高新技术计划、加大创业平台载体建设、深化返乡下乡人员创业、拓宽居民财产性收入渠道等7项具体任务。

大力提高就业质量。包括强化就业政策支撑、强化产业用地支持、抓好高校毕业生就业、促进新生代农民工转移就业、抓好就业困难群体就业、强化职业技能培训、着力拓展就业新空间等7项具体任务。

全面推进农村居民增收、补足城乡收入差距短板。包括加快农业结构调整、大力发展粮食产业经济、推进渔业一二三产业融合、加快发展农村电子商务、大力发展休闲农业和乡村旅游、促进农业领域创业创新、深化农村土地改革、深化农村集体产权制度改革、优化支农项目设置、加大农业保险创新试点力度、持续推进精准扶贫精准脱贫、强化“支农支小”服务等12项具体任务。

抓好重点群体激励、发挥示范带动作用。包括促进技能人才增收、抓好企业经营管理人员增收、培育新型职业农民增收、落实科研人员激励政策、加大对小微创业者支持、健全机关事业单位收入激励、健全工资正常增长机制等7项具体任务。

聚焦公共服务惠民、提升群众获得感。包括推进基本公共服务均等化、提升社会保障水平、完善城乡医保体系、继续提高城乡低保标准、加大社会救助力度、保障困难群众住房需求、推动社区教育培训开展、加大教育助困力度、加快推进房屋租赁市场建设、加强医药价格监管、进一步优化社会办医格局、健全基本公共卫生服务、进一步完善养老服务体系等13项具体任务。

深化体制机制建设，夯实富民增收基础。包括加强日常工作调度、及时进行政策调整、抓好增收形势研判、强化政策宣传解读等4项具体任务。

江苏省将对照年度工作要点，加强日常调度、季度通报，力求各项任务落地生效，让城乡居民有更加真切的获得感和幸福感。

四、全省上调820万退休人员养老金

2018年7月，经江苏省政府同意并报国家人社部、财政部批准，江苏2018年退休人员基本养老金调整方案正式出台。全省820万退休人员2018年起增加基本养老金，新增养老金7月底前补发到位。这也是江苏省企业退休人员基本养老金的第十四连调。

此次调整对象为参加江苏企业职工基本养老保险、机关事业单位工作人员基本养老保险并在2017年12月31日前办理退休、退职或领取定期生活费手续的人员。此次调整是国家继2016年、2017年连续两年统一调整企业和机关事业单位退休人员基本养老金以来，又一次同步提高企业和机关事业单位退休人员基本养老金水平，进一步体现机关事业单位和企业养老保险制度的“并轨”。

此次调整基本养老金所需资金，参加企业职工基本养老保险的从各地企业职工基本养老保险基金中列支，参加机关事业单位基本养老保险的从各地机关事业单位养老保险基金中列支。2018年普调仍采取2017年的框架结构，由固定额、与缴费年限挂钩和与本人基本养老金挂钩三部分组成，其中，固定额和与本人基本养老金挂钩调整部分适度下调。

固定额部分退休人员每人每月增加34元。这一调整标准是在2017年标准的基础上按照调整总水平下降幅度进行同比下调。这部分体现基本养老金调整的公平性并对基本养老金水平偏低的退休人员的调整数额和比例提供一定保证。

与本人缴费年限挂钩部分保持2017年标准。在总水平下降的情况下，维持与本人缴费年限挂钩部分的标准不下降，缴费年限在养老金调整中的权重得到提升，更有利于长缴多得的体现。具体办法是本人缴费年限15年及15年以下的部分，缴费年限每满1年，每月增加1.7元；15年以上及25年以下的部分，缴费年限每满1年，每月增加2.7元；25年以上部分，缴费年限每满1年，每月增加3.9元；按缴费年限月增加额不足25.5元的，按25.5元增加。

与本人基本养老金挂钩部分按本人调整前月基本养老金的1.6%挂钩，这一比例因国家调控调整总水平而比17年有所下调。

按2018年调整方案，企退人员人均基本养老金调整幅度约达5.5%左右，机关事业退休人员人均基本养老金调整幅度控制在不超4%，这将进一步缩小机关事业单位和企退人员之间的基本养老金水平相

对差距。

2018 年对于高龄人员的倾斜标准维持 2017 年标准。2017 年底前年满 70 周岁不足 75 周岁、年满 75 周岁不足 80 周岁以及年满 80 周岁以上的退休人员，在参加普调基础上，每人每月分别增发 25 元、35 元和 45 元；2017 年底前年满 70 周岁不足 75 周岁、年满 75 周岁不足 80 周岁以及年满 80 周岁以上的退职及领取定期生活费人员，除参加普调，每人每月分别增发 15 元、25 元和 35 元。

五、淮安脱贫攻坚取得实效

2018 年，淮安市"阳光扶贫"系统助推精准扶贫、结对"点对点"精准帮扶，淮安市 4.6 万党员干部与 12.8 万低收入农户结帮扶对子，协调投入资金 9.55 亿元。

淮安市市长蔡丽新说，"阳光扶贫"是一项创新性系统工程，做好这项工作树立的是标杆，收获的是民心，促进的是发展，要努力把淮安"阳光扶贫"这个品牌越擦越亮、越打越响。

在"互联网＋扶贫""阳光扶贫"系统基础上，涟水县汇聚全县线上线下所有扶贫资源，搭建了"阳光扶贫"超市平台，以创业就业、慈善求助、咨询服务为主题，变"政府端菜"为"群众点菜"，将富民壮村项目、技能培训项目、就业岗位信息、慈善求助信息等清单式展示，供各类人群人工咨询、自助查询。

省定经济薄弱村花桥村党总支书记孙亚群带村民到阳光扶贫超市参观，在扶贫项目菜单中发现了搞土地流转种瓜蒌这一项目，了解到梁岔镇的老井就因此发了财，更加坚定了要做这个项目的决心。回村后，大家纷纷流转土地种瓜蒌，打开了致富的大门。2018 年，花桥村流转 50 亩土地种瓜蒌，不仅瓜蒌长势喜人，"钱"景可观，还解决了 20 户低收入的就业问题。

阳光扶贫超市有创意，有成效，全国数十批考察团慕名前来取经，带动更多的农民脱贫致富。

素有"鱼米之乡"美称的淮安，着力打造绿色安全高质量的食品产业，现有农产品地理标志证明商标 125 件，居全国设区市第一位，食品产业突破千亿元。2018 年，江苏百斯特农业发展有限公司通过了日本全日空航空公司食品安全卫生验收，与其达成合作，提供定制航空餐，百斯特也成为国内首家通过审核、达到该公司航空餐标准的中国食品企业。

作为一家集种植、加工、销售于一体的淮安本土食品企业，江苏百斯特农业发展有限公司引进全自动化国际生产线，构建"生产基地＋中央厨房＋餐饮门店"以及"生产基地＋加工企业＋商超销售"的产销模式，将农业生产、农产品加工与农产品市场服务深度融合，把更多淮安优质的农副产品推向全国、推向世界，更好地带动农业增效、农民增收，让农业成为美丽产业、致富产业、有奔头的产业，助力淮安市从农业大市向农业强市迈进。

为了把好菜品源头关，有足够的优质原材料供应，百斯特进一步延长产业链，打造一千亩的生态种植基地，实施订单化种植，标准化生产。除此之外，百斯特还采用"公司＋农户"的生产模式，将种苗免费提供给周边的种植户，并传授种植技术，建立起以共享经济为主的农业新联合体模式，中央厨房一期工程就可带动 1000 户农民进行增收。

位于盱眙县黄花塘镇的芦沟村以前底子薄、基础弱，一稻一麦是全村人唯一的收入来源。近年来，芦沟村大力实施产业结构调整，农民流转出大规模土地，村集体通过招引现代高效农业产业落户，农民再以承包、合作、入股等形式回归土地，让土地实实在在地成为村集体和村民的聚宝盆，带动村集体、村民双丰收齐致富。

黑皮鸡枞菌，与羊肚菌、竹荪、松茸并称为中国四大名菌，有极高的营养价值和药用价值，是芦沟村农业产业结构调整的头号种子，每 6 小时就可收获一次，每年亩产可达十万斤，带来直接经济效益百万元。目前，芦沟村已经初步实现全村 6400 亩土地全部流转，引入 8 个新型农业经营主体，实现周边村民家门口就业致富，村集体从一穷二白到年收入 108 万元。

2018 年，淮安市围绕现代农业主导产业升级发展，组织实施 114 个农业产业化重点项目，带动低收入农户和经济薄弱村增收脱贫。推进实施"3＋2"产业扶贫行动，编制古淮河沿线和淮涟接合部两个特色产业带总体规划，整体推进涟水、淮安、淮阴三个重点扶贫县区精准脱贫。

淮安市坚持"低保跟着民生走、低保围着脱贫做"，推进低保工作在脱贫攻坚中的兜底保障作用有效发挥。2018年7月1日起，农村年低保标准达到6240元，超过年人均6000元的省定扶贫线。淮安市通过将符合条件的建档立卡扶贫对象纳入低保，提前两年完成政策性兜底脱贫。

2017年8月，淮安市卫计委等10部门印发了《淮安市健康扶贫工程实施意见》。《意见》要求，全面实行农村贫困住院患者"先诊疗后付费"。截至2018年底，淮安区系统平台实现无缝对接，全区11.76万名建档立卡低收入人口的信息全部植入了先诊疗后付费平台，为688名贫困人口减免了20.05万元的医疗费用。

2018年，淮安市新增就业9.24万人，实现再就业6.27万人，新增农村劳动力转移2.61万人，城镇登记失业率保持在1.78%的较低水平。同时，全市基本养老保险、失业保险参保覆盖率超过97%，426.32万参保群众享受到了公平可及的待遇保障。12万低收入人口如期脱贫，建成养老机构30个，为9.7万困难老人购买了养老服务。

第四节　浙江省居民收入基本情况与措施

一、浙江省城乡居民收入基本情况

2018年浙江居民人均可支配收入45840元，比全国平均水平(28228元)高17612元，居全国31个省(区、市)第三位。

2018年，随着浙江经济稳中有进以及一系列促增收、惠民生政策的实施，居民收入继续稳步增长，收入水平保持全国前列，城乡居民收入比进一步缩小。

2018年浙江居民人均可支配收入45840元，比上年同期(42046元)增加3794元，同比名义增长9.0%，增幅比上年同期低0.1个百分点；扣除价格上涨因素，实际增长6.5%，增幅比上年同期低0.4个百分点。分收入来源看，工资性收入26242元，增长8.7%；经营净收入7752元，增长8.8%；财产净收入5244元，增长10.6%；转移净收入6602元，增长9.2%。

分城乡看，城镇常住居民人均可支配收入为55574元，比上年同期(51261元)增加4313元，同比名义增长8.4%，增幅比上年同期低0.1个百分点，扣除价格上涨因素，实际增长6.0%，增幅比上年同期低0.3个百分点。分收入来源看，工资性收入31148元，增长8.1%；经营净收入8316元，增长8.4%；财产净收入7586元，增长9.8%；转移净收入8524元，增长8.4%。

农村常住居民人均可支配收入为27302元，比上年同期(24956元)增加2346元，同比名义增长9.4%，增幅比上年同期提高0.3个百分点，扣除价格上涨因素，实际增长7.0%，增幅与上年同期持平。分收入来源看，工资性收入16898元，增长9.3%；经营净收入6677元，增长9.2%；财产净收入784元，增长9.2%；转移净收入2943元，增长10.3%。

数据显示，2018年城乡居民收入比为2.036∶1，比上年缩小0.018。

2018年浙江居民人均可支配收入比全国平均水平(28228元)高17612元，居全国31个省(区、市)第三位，省(区)第一位。名义增速比全国平均高0.3个百分点。

分城乡看，城镇常住居民人均可支配收入比全国平均水平(39251元)高16323元，居全国31个省(区、市)第三位。增速比全国高0.6个百分点。农村常住居民人均可支配收入比全国平均水平(14617元)高12685元，居全国30个省(区、市)第二位。增速比全国高0.6个百分点。

二、居民收入保持优于全国的平均增速

居民收入是地方经济的晴雨表，浙江省居民收入的常年可持续增长、平衡性增长，便直观反映出浙江经济有品有质有实力。

在收入基数全国靠前的前提下，还保持着优于全国平均的增速。老百姓收入代表的是浙江经济发展的“里子”。作为名副其实的民营经济大省，目前浙江民营经济占全省GDP总量的65%，贡献了全省54%的税收和80%的就业岗位。平均每11个浙江人中就有一位老板，每33个浙江人中就拥有一家企业。

民营经济活跃，老百姓就业机会多，收入增长也快。2018年，浙江城镇常住居民人均工资性收入31148元，农村常住居民人均工资性收入16898元，分别占人均可支配收入的56%和62%，增速分别达到8.1%和9.3%。

冬日的淳安县枫树岭镇下姜村，一尘不染的石板路上，时常可见一队队游客。2018年，该村接待游客突破40万人次，而前一年是11万人次。游客多了，下姜村老百姓的口袋也鼓了。

近年来，通过美丽经济、乡村民宿、农村电商、山村特色种植养殖等多种途径，浙江省乡村振兴大步向前。尤其是守着秀山丽水的农民，真正实现了“绿水青山就是金山银山”的致富梦。

2018 年浙江农村居民收入结构中，经营净收入 6677 元，增长 9.2%；财产净收入 784 元，增长9.2%；转移净收入 2943 元，增长 10.3%。

农村老百姓收入来源多元化，且后劲足。除了占大头的工资性收入外，来自一、三产的经营净收入和房屋田地出租带来的财产净收入等增速也很快。同时，随着财政加大对农村的转移支付，农村养老、医疗等保障水平提高，转移净收入增速最快。

自 1985 年开始，浙江农村常住居民人均收入已连续 34 年领跑全国各省(区)。浙江藏富于民，背后是从量变到质变的累积：

1997 年，浙江在全国第一个消灭贫困县；2002 年，浙江在全国第一个消灭贫困乡镇；2005 年，浙江在全国第一批取消农业税；2015 年，浙江已全面消除家庭人均年收入 4600 元以下贫困户，在全国率先完成脱贫任务。而且，浙江确立的省级扶贫标准——4600 元，比国家标准 2300 元高出整整一倍。如今，围绕消灭集体经济薄弱村的精准脱贫攻坚战，浙江频出实招。

衡量收入增长质量还有一个关键指标，即收入比——2018 年浙江城乡居民收入比为 2.036∶1，比上年缩小 0.018，而 2017 年浙江城乡居民收入比为 2.054∶1，比上年缩小 0.012。近年来，浙江推动城乡均衡发展，加快新型城市化，把城市发展与新农村建设、优化人口生产力布局结合起来，走统筹发展的城市化道路，促进城市基础设施向农村延伸、城市公共服务向农村覆盖。

浙江城乡居民收入比一步步缩小，与农民收入增速加快密不可分。自 2012 年以来，浙江农村居民收入增幅持续保持高于城市居民的增长势头。2018 年城镇常住居民人均可支配收入同比名义增长 8.4%，扣除价格上涨因素，实际增长 6.0%；农村常住居民人均可支配收入同比名义增长 9.4%，扣除价格上涨因素，实际增长 7.0%。

三、着力强创新促转型

2018 年，浙江省为确保区域经济可持续发展，采取了一系列稳增长措施，着力强创新促转型：一是新动能明显增强。启动实施数字经济“一号工程”，制定数字经济五年倍增计划，数字经济核心产业增加值增长 13.1%。建成“无人车间”“无人工厂”66 个，新增上云企业 12 万家。实施人才新政，新增国千、省千人才 320 名。制定科技新政，之江实验室建设顺利推进，西湖大学正式设立，新增高新技术企业 3187 家、科技型小微企业 10539 家，研发经费支出占比达到 2.52%。全面实施凤凰行动、雄鹰行动、雏鹰行动，新增上市公司 28 家、累计 535 家。H7N9 禽流感防治研究成果荣获国家科技进步特等奖，实现零的突破。

二是传统产业改造升级明显加快。新增“浙江制造”标准 559 个、“品字标”企业 442 家、小微企业园区 222 个；新增工业机器人 1.6 万台；创建省级产业创新服务综合体 48 家；淘汰企业落后产能 1733 家、整治“低散乱”企业(作坊)36179 家、处置僵尸企业 393 家。加大降成本力度，减轻企业负担 1550 亿元。

三是需求拉动平稳协调。全面实施投资新政，省市县长项目工程开工建设 326 个。交通投资、高新技术产业投资、民间投资分别增长 25.8%、22.5%和 17.8%，浙商回归到位资金 5285 亿元，实际利用外资 186 亿美元。实施优进优出战略，出台稳外贸 10 条措施，出口增长 9%，进口增长 19%。深入开展“放心消费在浙江”行动，培育发展放心消费示范单位 1.54 万家，累计 1.56 万家企业承诺无理由退货，消费增长 9%。

四是乡村振兴势头良好。大力推进“五万工程”。新建高标准农田 257 万亩，完成粮食生产功能区提标改造 65 万亩。启动乡村全域土地综合整治工程 150 个。消除集体经济薄弱村 6171 个。建成农村电商服务站 1.6 万个、电商专业村 1235 个。启动农村人居环境提升三年行动，新增 A 级以上景区村庄 2640 个、3A 级景区村庄 465 个。新增珍贵树木 2413 万株。新建和改造提升农村公路 1 万公里。新增中国历史文化名镇 7 个、名村 16 个。湖州桑基鱼塘成为全球重要农业文化遗产，龙游姜席堰成为世界灌溉工程遗产。新增 147 万农村人口喝上了达标饮用水。

四、扶贫开发工作全面进入新阶段

2018 年 8 月，在浙江长兴县小浦镇八都岕 5 个村联合建起的养蜂扶贫基地里，第一批蜂箱经过不到 3 个月的精心养殖管理，产出总价约 55 万元的原生态蜂蜜 2000 多公斤，将给低收入农户户均新增 5000 多元收入。

由当地政府引导帮助组成专业合作社，采取“合作社＋基地＋农户”“村集体经济＋合作社＋农户”等运行模式，挖掘特色产业，推动低收入农户就近创业、就业，这是长兴县着力减缓相对贫困，推动低收入农户增收的生动实践，也是浙江省当下实施扶贫开发的一个缩影。

党的十八大以来，浙江省委、省政府深入实施“八八战略”，坚决落实中央扶贫开发的战略部署，创新精准脱贫方法，加大扶贫开发力度，全面消除家庭人均年收入 4600 元以下的绝对贫困现象，走出了一条富有浙江特色的扶贫开发路子，浙江省成为全国各省区农民收入最高、城乡居民收入差距最小、区域发展差距最小的省份之一。

浙江省扶贫开发工作已从消除绝对贫困阶段，全面进入减缓相对贫困的新阶段。

今后浙江扶贫开发工作的主要目标已不是解决“温饱和生存”问题，而是解决“融入和共享”的发展问题，让低收入百姓同全省人民一道进入高水平全面小康社会，努力朝着共同富裕不断迈进。

促进低收入农户加快增收，关键在于增强发展力。2013 年以来，全省各地大力发展特色产业、农家乐、电子商务、来料加工等项目，低收入农户增收步伐持续加快，收入结构也发生重大变化，农业经营性收入比重下降，多种经营性收入明显增加，工资性收入逐步提高。

打赢低收入百姓增收攻坚战，要致力于提高保障力。5 年来，全省各地通过扎实推进异地搬迁和基础设施建设，及时开展金融帮扶和科技帮扶、大力实施科技特派员制度等方式，使低收入农户和扶贫重点村发展的外在环境和发展条件得到显著改善。

通过实施结对帮扶、特扶计划和山海协作工程等，浙江省区域发展水平显著提升，这对于低收入农户的带动作用也十分明显。2013 年到 2017 年，省级 229 个单位组成 29 个帮扶团组，为 2000 个扶贫重点村落实帮扶项目 5000 多个，到位帮扶资金 6.64 亿元，引进资金 8.17 亿元。

新时代的浙江，将以打赢低收入百姓增收攻坚战作为全省新阶段扶贫开发工作的主载体，不漏一村、不落一人，扎实做好扶贫开发工作。

五、全省“一亩山万元钱”建设成效显著

2018 年是浙江省深化推进“一亩山万元钱”行动的开局之年，全省科技推广系统以促进林农增收为导向，加大实用新技术推广示范力度，建设了一批示范基地，总结出一批科技富民新典型新案例，彰显推广富民成效；以增强队伍能力为导向，落实联系制度，组建了一批专家团队，聘用一批林技推广能手和乡土专家，完善推广体系建设；以提升林农素质为导向，开展多期技术培训和送科技下乡活动，丰富推广手段应用。“一亩山万元钱”科技富民模式已成为浙江乡村振兴的新亮点、农民增收致富的新途径和现代林业经济的新样板，充分发挥了林业科技推广在助力乡村振兴战略实施中的重要作用。

一是推广成效日趋明显。编制出台了《浙江省“一亩山万元钱”五年行动计划(2018 年—2022 年)》。全省共建设示范基地 89.58 万亩，培训林农 22586 人次，参与企业或合作社 1800 个、农户数 45357 户，实现总产值 80.86 亿元，超额完成了行动计划任务。同时，集合全省林技推广系统之力，编写《2018 年“一亩山万元钱”科技富民典型案例》，详细地介绍了目前较为成熟、有实际产出效益的 106 个典型案例，新增山地生态果品(杨梅、猕猴桃)高效栽培、花卉苗木(特色种苗)精品化栽培、森林多功能融合经营等新典型以及效益分析，图文并茂、生动实在地展现浙江省“一亩山万元钱”科技富民模式的新成效，为产业壮大、生产发展和林农增收开辟了新路径。“一亩山万元钱”科技富民模式普及与推广活动连获第十八届科技兴林奖科普活动一等奖和第七届“梁希科普活动奖”。

二是推广体系日趋完备。编制印发了《浙江省"一亩山万元钱"五年行动林业科技指导专家责任制度手册》，落实68个县(市、区)的省级指导专家、县级首席专家和乡镇责任林技员联系制度 组建"一亩山万元钱"创新模式技术推广指导专家团队，逐步形成多元化林技推广队伍。特别是省级林业乡土专家有100名入选首批中国林业乡土专家，数量居全国首位，1人成功通过林业专业高级工程师职务任职资格评审。乡土专家队伍建设受到国家林草局科技司、中国林学会的点赞和中国绿色时报头版的报道，进一步激励了广大科技人员深入生产一线服务林农，也为林业科技成果的转移转化提供了组织和人才保障。

三是推广手段日趋多样。通过连续15年举办"林业科技周"、连续8年积极组织参与省政协送科技下乡、定期召开面向林农的林业技术培训班等科技推广普及活动，充分发挥好全省1179个基层公共服务中心、2283名责任林技员和6800名林技推广能手的作用，实行联村、联户、联地块，手把手、一对一地向林农推广适用技术、提高林农素质。尤其是开发应用的"林技通"，提升了基层林技推广工作的信息化水平，打通了林业科技推广的最后一公里。目前已注册3.3万多用户，林户占95%，活跃用户数占27%，林技提问回复率90%，从最初试点的临安，"入县下乡、进村入户"推向全省51个林区县(市、区)。连续4年入选全省林业信息化建设十件大事。

第五节　安徽省居民收入基本情况与措施

一、安徽省城乡居民收入基本情况

2018年安徽居民收入增长加快，就业物价保持稳定。全年城镇常住居民人均可支配收入34393元，增长8.7%，增幅比上年提高0.2个百分点，比全国高0.9个百分点；农村常住居民人均可支配收入13996元，增长9.7%，比上年提高0.8个百分点，比全国高0.9个百分点，与全国平均水平差距比上年缩小53元。城乡居民人均收入倍差2.46，比上年缩小0.02。

城镇常住居民人均可支配收入方面，马鞍山、合肥、芜湖、宣城、铜陵城镇常住居民人均可支配收入超全省平均水平，其中，马鞍山、合肥城镇常住居民人均可支配收入超4万，分别为45108元、41484元。芜湖、宣城、铜陵位居第三、第四、第五，城镇常住居民人均可支配收入分别为38397元、36554元、35995元。亳州、六安城镇常住居民人均可支配收入不足3万，其中六安最低，仅29070元。

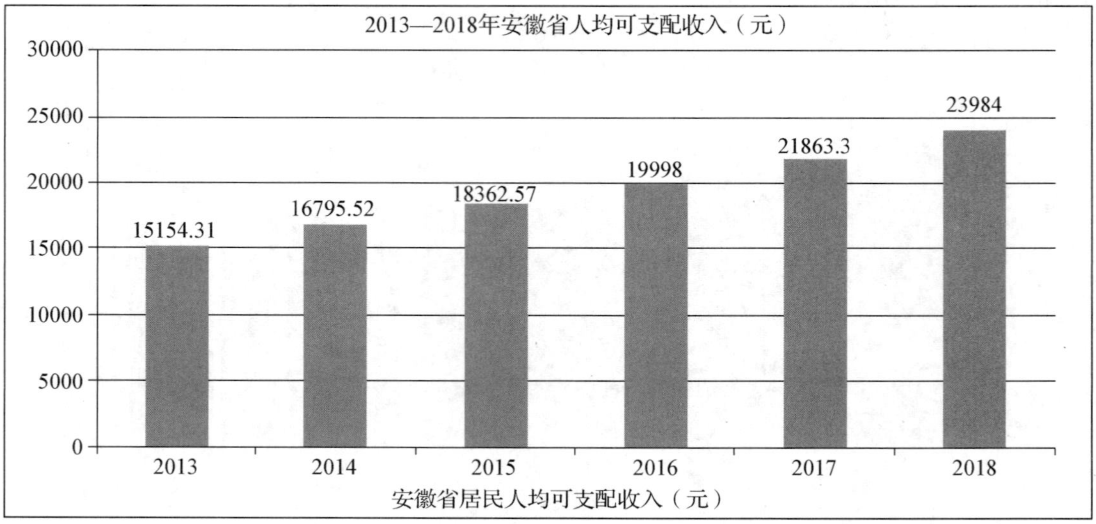

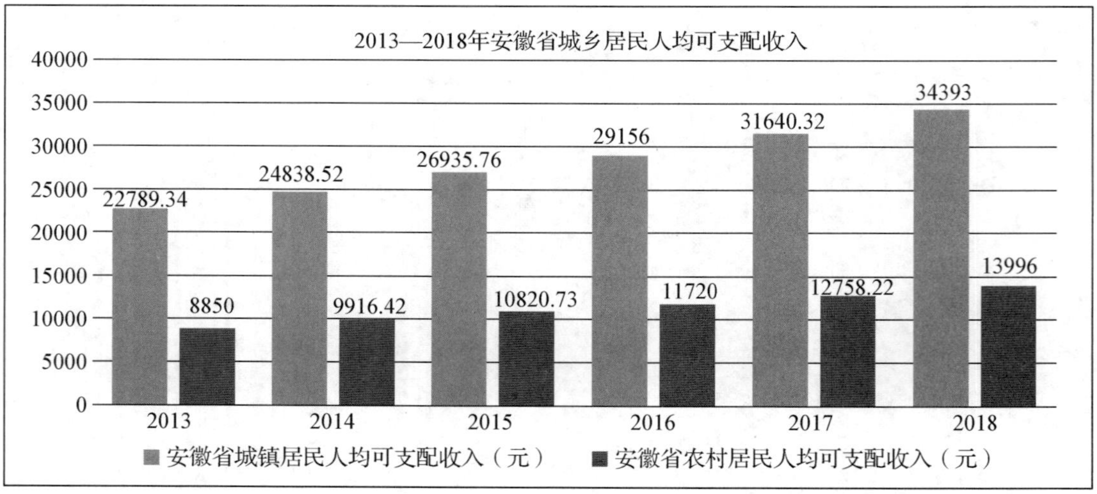

农村常住居民人均可支配收入方面，8市农村常住居民人均可支配收入超全省平均水平，其中，马鞍山、芜湖、合肥农村常住居民人均可支配收入超2万元，分别为21267元、20649元、20389元。宣城农村

常住居民人均可支配收入16013元，黄山农村常住居民人均可支配收入15391元。阜阳农村常住居民人均可支配收入最低，仅11830元。

马鞍山、铜陵、合肥、宣城城乡居民人均可支配收入差距超全省平均水平，其中，马鞍山城乡居民人均可支配收入差距最大，达到23841元。池州城乡居民人均可支配收入差距最少，仅16175元。不过，农村常住居民人均可支配收入增速明显高于城镇。

二、出台《关于持续增加城镇居民收入的意见》

2018年11月，安徽省政府出台《关于持续增加城镇居民收入的意见》，意见从七个方面提出了24条具体措施：

（一）大力促进就业，增加工资性收入

1. 创造更多高质量就业岗位

组织实施就业促进行动，深入开展高校毕业生就业创业促进计划和基层成长计划，2018年至2020年，累计城镇新增就业力争超过200万人，高校毕业生总体就业率达到90%以上。

2. 强化就业帮扶援助

实施就业扶持民生工程，每年开发2万个就业见习岗位，吸纳毕业2年内离校未就业高校毕业生就业见习；通过政府购买服务每年提供5万个公益性岗位，安置就业困难人员就业；每年扶持1万名残疾人创业就业。提高就业补助标准，见习人员基本生活补助标准每人每月不低于1600元，其中财政补助标准由每人每月800元提高至1000元；为各类困难高校毕业生发放一次性求职创业补贴，补贴标准由每人800元提高至1000元。

3. 开展职业技能培训

完善终身职业技能培训体系，实施精准技能培训计划，鼓励支持企业广泛开展职工岗位技能培训，将企业发生的职工教育经费支出税前扣除限额从2.5%提高到8%，确保60%以上职工教育经费用于一线职工的技能教育培训。推行企业新型学徒制，按企业支付给职业院校培训费用的60%给予企业补助。推行"互联网＋职业培训"，探索建设全省网络职业培训平台，所需资金从省级技工大省建设专项经费中安排。

4. 提供全方位公共就业服务

加强人力资源市场主体培育，健全统一规范、竞争有序、充满活力的人力资源市场服务体系。实施基层公共就业服务能力保障计划和"智慧就业"项目，推动"互联网＋职业指导"，推广"最多跑一次"便民举措。

（二）鼓励创业创新，增加经营净收入

1. 扎实推进"创业江淮"行动

继续实施创客逐梦、创业领航、创业筑巢、融资畅通、青年创业、高端人才创业、返乡农民工创业、退役士兵创业等"八大工程"。开展创业服务能力提升计划，组建创业服务专家团，定期发布创业地图，全面发行电子创业券，优化阶梯式创业培训，提升创业服务云平台、创业创新竞赛平台。举办"创客中国""赢在江淮"等系列创业大赛，打造"江淮双创汇"活动品牌。全面落实税收、金融、信贷、人才等支持创业政策，利用天使投资、创业投资、产业投资基金及"政保贷、政银贷、小微企业无还本续贷"等金融产品，稳妥开展"社保贷"试点，按规定为依法诚信小微企业提供不超过200万元、最长不超过2年的信用贷款。

2. 大力扶持各类人员创业

支持高校、科研院所等事业单位专业技术人员离岗创业，经所在单位同意可在科技型企业兼职并按规定获得报酬。对毕业2年内高校毕业生及经学校同意的高校学生、就业困难人员、返乡创业农民工首

次创办小微企业并正常经营6个月以上的，给予不少于5000元的一次性创业扶持补贴；对领取失业保险金人员自主创业或与其他领取失业保险金人员合伙创业，连续缴纳失业保险费满6个月的，给予5000元创业成功补贴。

3. 加大小微企业扶持力度

实施"专精特新"中小企业培育工程，完善企业数据库，开展安徽省"专精特新板"中小企业挂牌工作。每年认定省成长型小微企业100户，每户给予一次性奖补50万元。深化"放管服"改革，全面推开"证照分离"，推动"照后减证"，加快构建以信用为核心的新型市场监管机制。深入开展"便民办税春风行动"，落实促进小微企业发展税收优惠政策，将享受当年一次性税前扣除优惠的企业新购进研发仪器、设备单位价值上限从100万元提高到500万元，将享受减半征收企业所得税优惠政策的小微企业年应纳税所得额上限从50万元提高到100万元。对小微企业招用就业困难人员、高校毕业生就业按规定给予社保补贴，对新招用人员开展岗位培训给予一定职业培训补贴；对稳定就业12个月以上的高校毕业生，按照其1个月缴纳社会保险工资基数标准，给予一次性就业奖励。

4. 支持创业孵化载体建设

在现有省级农民工创业园、经济技术开发区、产业集聚区、现代农业示范区等园区，建设省级农民工返乡创业示范园150个，给予每个园区120万元资金补助。每年认定扶持4～5家青年创业园，支持建设一批创业示范大学、创业示范学院。建设或认定一批专业化、集成化、市场化的科技企业孵化器，发展低成本、便利化、全要素、市场化的众创空间。认定一批基础设施完备、服务功能齐全、示范作用强的省级小微企业创业基地，建设一批高水平的"双创"示范基地。利用自有住房创业且生产或服务运营正常的，可给予一定额度的补贴。落实社会资本孵化基地补贴，租用社会资本、民营企业或高校投资建设和管理运营的孵化基地创业的，可享受最长3年的租金补贴。完善"双创"线上服务，推进各地建立线上服务平台。

（三）组织开源清障，增加财产净收入

1. 鼓励投资实体经济

支持居民财产向资本转变，着力提高居民股权红利收入，引导居民参股创办企业或出资入股、联合投资建设经营风险小、预期回报好的经营项目。鼓励社会资本进入基础设施、市政公用事业、社会事业、金融服务等领域，通过特许经营、公建民营、民办公助等形式获得相应投资收益。完善创新型中小企业上市股权激励和员工持股计划制度规则，鼓励城镇居民大力投资发展制造产业、新兴技术产业、生产性和生活性服务业。

2. 增加居民财产收益

鼓励城镇居民利用家庭生活闲置资金，积极投资固定资产并出租，获得不动产收益。在征地拆迁、房屋征收、征用公民财产过程中，依法保护公民合法财产不受侵犯。

（四）落实托底保障，增加转移净收入

1. 扩大社会保障覆盖范围

全面实施全民参保计划，强化市县社会保险扩面征缴责任，大力推进新业态从业人员、服务业从业人员、中小微企业职工、灵活就业人员等群体参加社会保险。鼓励在城乡流动就业的居民持续参加社会保险。积极推进公务员和参照公务员管理事业单位工作人员参加工伤保险，探索适应新业态从业人员参加工伤保险方式。健全低保对象动态管理和精准识别长效机制，做到应保尽保。

2. 提高社会保障待遇水平

按照国家部署调整企业和机关事业单位退休人员基本养老金，建立城乡居民养老保险待遇确定和基础养老金正常调整机制。建立完善统一的城乡居民基本医疗保险和大病保险制度，把大病保险制度范围扩大到城镇职工基本医疗保险参保人员；健全医疗保险稳定可持续筹资和报销比例调整机制。

3. 精准兜底保障困难群体

符合条件的城镇特困人员，参照就业扶贫、健康脱贫等政策提高服务保障水平。加强特困人员生活保障，按照不低于当地上年度居民人均消费性支出的60%确定基本生活标准。

4. 提升公共服务惠民水平

完善经济困难学生资助政策体系，全面落实从学前教育到研究生教育家庭经济困难学生（包括残疾学生）资助政策。加强流动人口健康教育和促进，免费为城乡居民提供国家规定的公共卫生计生服务项目，大力推进流动人口基本公共卫生计生服务均等化。

（五）完善调整机制，规范收入分配秩序

1. 深化工资制度改革

深化机关、事业单位工资制度改革，落实基本工资正常调整机制。根据国家部署实施地区附加津贴制度，规范津贴补贴标准。积极开展国有企业工资决定机制改革，及时发布工资指导线，推进国有企业工资总额分类调控和分级管理，加强事前引导、事中控制和事后监督。

2. 缩小收入分配差距

健全岗位统筹管理机制，实行多劳多得、优绩优酬、同工同酬政策，企事业单位工资水平向关键岗位、生产一线岗位和紧缺急需的高层次、高技能人才倾斜，建立基于岗位价值、能力素质、业绩贡献的技术工人工资分配制度。允许高校院所按规定自主分配、决定绩效工资，科研人员享受成果转化收益的比例不低于70%。认真落实新时代教师队伍建设改革意见，确保中小学教师平均工资收入水平不低于或高于当地公务员平均工资收入水平。

3. 规范金融理财行为

加强金融理财产品监管，依法保护合规民间借贷市场主体的合法权益，严厉打击理财市场欺骗储户、不实宣传、监管套利等违规行为以及非法集资犯罪活动、非法经营金融业务，持续开展互联网金融专项整治行动，整治网络借贷业务以及"现金贷""校园贷""首付贷"等违法违规行为。

（六）健全监测机制，加强监督管理

1. 完善监测预警体系

定期开展公务员与企业相当人员工资水平调查比较。完善居民生活必需品价格变动对低收入群体生活影响动态监测机制，适时启动价格补贴。实施城镇居民收入监测能力提升行动，运用大数据、云计算等技术，提升居民收入信息监测水平。建立电子化居民收入调查统计系统，推行记账户电子记账。建立收入分配政策评估体系，对有关政策的执行情况和效果进行评估。

2. 加强市场价格监测

完善就业失业统计指标体系，建立人力资源市场价格监测协调机制，合理确定人力资源市场监测定点单位，及时分析人力资源市场价格变动情况，定期发布行业工资市场指导价。

3. 强化工资支付保障

畅通欠薪举报投诉渠道，健全工资支付举报投诉案件四级联动机制，实现"一点举报投诉、全省联动受理"。健全工资保证金差异化缴存办法，全面落实农民工实名制管理、专用账户管理和银行代发工资制度。

（七）强化保障措施，确保增收政策落实

1. 加强组织领导

各地、各有关部门要切实加强对城镇居民增收工作的组织领导，建立体制机制，细化政策措施，搭建增收载体，拓宽增收渠道，确保城镇居民增收工作各项政策措施落到实处。

2. 加强协调配合

各地、各有关部门要加强政策衔接和上下联动，努力形成促进城镇居民增收的工作合力。省城镇居民增收工作联席会议定期会商，分析形势，跟踪评估，动态掌握促进增收政策落实及效果。

3. 加强宣传引导

各地、各有关部门要积极宣传解读增收政策，及时回应社会关切，努力营造促进增收致富的良好社会环境，不断激发城镇居民的积极性、主动性和创造性，切实提高收入水平。

4. 加强考核评估

各地要建立城镇居民收入预测模型，积极开展收入水平预测评估。落实城镇居民增收市、县（市、区）政府行政首长负责制，将促进城镇居民增收纳入政府目标管理绩效考核。

具体任务分解表

序号	工作任务	牵头责任单位	配合单位	时限要求
1	建立高质量就业评价体系，把高质量就业纳入政府高质量发展指标、政绩考核体系。出台就业工作问责约谈办法。	省人力资源社会保障厅	省发展改革委等	2018年底前
2	建立实体经济、科技创新、现代金融与人力资源协同发展机制，建立重大政策、重大投资对就业影响评估机制。	省人力资源社会保障厅	省发展改革委等	2019年底前
3	提高就业见习人员基本生活补助标准，为各类困难高校毕业生发放一次性求职创业补贴。	省人力资源社会保障厅	省教育厅、省财政厅、省残联等	2018年底前
4	将企业发生的职工教育经费支出税前扣除限额从2.5%提高到8%。	省税务局	省财政厅等	2018年底前
5	支持高校、科研院所等事业单位专业技术人员离岗创业。对首次创办小微企业并正常经营6个月以上的，给予一次性创业扶持补贴；对领取失业保险金人员自主创业或与其他领取失业保险金人员合伙创业，连续缴纳失业保险费满6个月的，给予创业成功补贴。	省人力资源社会保障厅	省教育厅、省科技厅、省财政厅等	2018年底前
6	省市联动支持高层次科技人才团队在省内开展科技成果转化活动，省“扶持高层次科技人才团队在皖创新创业专项资金”择优在市（县）先行投入支持的基础上，以债权投入或者股权投资的方式给予300～1000万元支持。	省科技厅	省财政厅等	2018年底前
7	对小微企业招用就业困难人员、高校毕业生就业按规定给予社保补贴，对新招用人员开展岗位培训给予一定职业培训补贴；对稳定就业12个月以上的高校毕业生，给予一次性就业奖励。	省人力资源社会保障厅	省经济和信息化厅、省财政厅等	2018年底前
8	利用自有住房创业且生产或服务运营正常的，可给予一定额度的补贴。	省住房城乡建设厅	省财政厅等	2018年底前

续表

序号	工作任务	牵头责任单位	配合单位	时限要求
9	全面实施全民参保计划。积极推进公务员和参照公务员管理事业单位工作人员参加工伤保险，探索适应新业态从业人员参加工伤保险方式。	省人力资源社会保障厅	省财政厅、省税务局等	2019年底前
10	鼓励在省级以上开发区建立促进企业工资增长奖励基金，对提高职工工资的企业每年按照实际增长总额的5%给予奖补。适时调整最低工资标准，合理调整高温津贴。	省发展改革委	省人力资源社会保障厅、省国资委、省财政厅等	2019年底前
11	允许高校院所按规定自主分配、决定绩效工资，科研人员享受成果转化收益的比例不低于70%。	省科技厅	省人力资源社会保障厅、省财政厅等	2018年底前

三、创新推进贫困地区融资

安徽省创新举措，加快推进贫困地区融资，对贫困地区成功上市企业，给予不超过100万元奖励。目前全省扶贫开发县域共有上市公司20家，新三板挂牌企业110家。

扩大贫困地区融资规模。抓金融机构信贷投放。推动贫困地区银行机构可贷资金主要用于当地信贷投放，扶贫攻坚期内，力争贫困县每年各项贷款增速高于当年全省各项贷款平均增速，新增贷款占全省贷款增量的比重高于上年水平；贫困户贷款增速高于农户贷款平均增速。抓扩大直接融资规模。支持贫困地区企业对接多层次资本市场上市挂牌，实现股权和债券融资。对改制完成并办理上市辅导备案登记、成功上市的企业，省财政分阶段给予不超过100万元奖励；对成功在“新三板”挂牌的中小企业，省财政按首次融资额的1%给予不超过70万元奖励；对在省股权托管交易中心成长板挂牌的“专精特新”企业，省财政每户给予一次性奖补20万元。

推动贫困地区企业直接融资。对照沪深交易所及“新三板”门槛，“一企一策”培训辅导扶贫开发地区后备企业，充分利用企业IPO、“新三板”挂牌“即报即审、审过即发(挂)”的“绿色通道”，加快推进上市挂牌。截至2017年末，全省扶贫开发县域共有上市公司20家，比年初新增1家；新三板挂牌企业110家，比年初新增36家；省股交中心挂牌企业945家，比年初新增260家。支持金融机构在扶贫开发工作重点县组建旅游产业基金，开发贫困地区旅游资源。

为防范金融风险，安徽省发挥政策性融资担保扶贫作用。通过财政不断注资，扩大政策性融资担保机构资本规模；推动政策性融资担保机构完善法人治理结构，推进业务管理流程化、规范化；建立健全以融资担保作用发挥和风险防控为核心指标的融资担保机构绩效评价体系和政策扶持挂钩机制，推广新型政银担合作贷款业务，增强政策性融资担保机构增信服务能力。截至2017年底，全省共有政策性融资担保机构114家，实现融资担保机构扶贫开发地区全覆盖，注册资本269.68亿元；扶贫开发地区在保余额1057.07亿元，占全省在保余额的近50%；新型政银担在保余额618.54亿元，同比增长17.87%

四、聚焦“活绿”抓发展“三变”改革促增收

绩溪县长安镇梧川村距县城27公里，是县级林长大会山重点生态功能区的核心区，境内自然和人文景观资源丰富，有号称“皖南井冈山”的革命老区模范村民组，是苏浙皖赣四省红色根据地，荣获2016年度安徽省“美丽乡村”建设省级示范村，荣获2017年度安徽省乡村旅游示范村、宣城市乡村旅游示范村称号。自开展集体林权制度改革以来，林业相关惠农政策出台，梧川村紧紧抓住这一机遇，积极推动林业“三变”改革，不断壮大村集体经济，生态环境得到改善，群众收入稳步提高，林业生产出现可喜景象。

(一) 企业参与，促增收

大会山旅游公司成立于2015年，注册资金50万元，员工20人，自开展集体林权制度改革以来，该公司积极参与，按照有关文件精神，推进林业“三权”分置，签订统一委托经营协议面积5150亩，占林地面积37.9%，其中集体山场2130亩，农户承包山场3020亩。大力发展森林生态旅游，不断完善基础设施，投资2180万元，兴建大会山生态休闲农庄，建立农产品展示厅等，起到了筑巢引凤的作用。并在春季举办“寻革命足迹，赏黄高峰映山红”以及在秋季举办“观枫树坞枫叶、走金岭古道”等活动，吸引更多驴友前来。村内农家乐场所增加，旅游综合收入达到500万元。该村作为全县集体林权改革试点村，以绩溪县大会山旅游公司为依托，在不破坏生态资源的前提下，用集体山场经营权为资源资产入股，开展红色旅游、森林徒步游，带动周边农家乐、农产品销售及民宿休闲，每年增加村集体收入10万元，农民人均可增加收入300元。

(二) 特色产业，稳增收

该村借助全面推行林长制之机，培育新型经营主体，大力发展民生林业。社会能人冯金法，通过流转梧川村农户山场308.1亩，梧川村民组等集体山场1060亩，于2011年6月成立金岭油茶种植合作社，建立示范基地。通过基地，辐射带动周边850户种植油茶，2018年金岭油茶种植合作社被评为省级农民林业专业合作社示范社、省级森林抚育示范基地，2018年油茶籽产量比2017年增加了30%，产值达200多万元，为农户获得稳定的收入，在用工上，优先考虑贫困户，助推贫困户脱贫致富，截至目前，已成功使4户贫困户脱贫。梧川村现在有油茶面积3000余亩，形成从种植到加工及销售一条线的油茶产业链，真正实现山增绿、林增效、民增收。

(三) 引进资本，保增收

梧川村经森林资源评估1000多万元，其中主要有黄高峰、牛栏坪、枫树坞三块旅游景区。按照县委县政府“五百”工程部署安排，结合乡村振兴战略，创建梧川村3A级旅游景区，加大宣传，通过招商引资的方式，吸引外来资金发展本村森林旅游。据估计，未来发展之后，村集体会收入20万元，每位村民每年能有600元入手，极大地保证林农收入。

五、来安县精准打造资产收益脱贫“稳定器”

来安县近年来抢抓农村“三变”改革机遇，积极创新财政资金扶贫模式，以资产收益扶贫为抓手，探索推广资产收益扶贫“八步法”，精准打造扶贫“稳定器”，让贫困户持续收益、保底分红，助力全县打赢打好脱贫攻坚战。

优选项目“稳增收”。严格把控项目选择标准，筛选年保底资产收益率不低于8%扶贫项目，为脱贫致富打牢基础。2018年该县精准实施张山大棚蔬菜、龙山稻谷加工、半塔农产仓储等产业项目11个，财政投资1756万元，实现资产收益142.1万元。

探索模式“创经验”。注重选树不同基础、不同类型、不同模式的村，推动形成一批集体经济示范村和明星村。该县六郎村探索资产收益扶贫“八步法”管理模式，创出清产核资、建立台账、量化资产、确定对象、制定方案、规范程序、股权分配和兑现分红等经验，成为安徽省资产收益扶贫示范样板村。

科学折股“量分红”。各村结合实际，将贫困户股权细分为一般股、较困股和特困股等股种，重点向弱劳力户、无劳力户倾斜，做到多个档次有区分、有倾斜。2018年该县11个贫困村799户1668人参与资产收益扶贫项目折股量化，共计分红156.6万元，最高一户分红达6804元。

防范风险“强保障”。鼓励贫困村通过购买政策性农业保险、商业保险等风险保障措施，降低自然灾害和不可抗力造成的损失，有效达到风险管控、利益保障作用。目前，该县2019年度探索精准扶贫综合保险全覆盖工作已启动。

三　劳动就业情况

第一节　长三角地区劳动就业概况

一、一市三省劳动就业情况

表 1　2014—2018 年长三角地区一市三省从业人员数(万人)

	2014 年	2015 年	2016 年	2017 年	2018 年
上海市	1365.63	1361.51	1365.24	1372.65	1375.66
江苏省	4760.83	4758.5	4756.22	4757.80	4750.90
浙江省	3714.15	3733.65	3760.00	3796.00	3836.00
安徽省	4311.00	4342.10	4361.60	4377.90	4385.30

二、省辖市劳动就业情况

表 2　2014—2018 年长三角地区各省辖市就业人员数(万人)

一、江苏省	2014 年	2015 年	2016 年	2017 年	2018 年
南京市	453.0	455.0	456.0	457.6	462.6
无锡市	389.5	390.0	387.0	388.3	388.2
徐州市	480.9	482.1	483.4	482.7	483.1
常州市	281.0	281.0	281.4	281.7	282.2
苏州市	693.4	691.4	691.3	691.6	692.3
南通市	462.0	460.0	458.0	456.0	455.0
连云港市	251.1	250.3	250.5	250.6	250.5
淮安市	281.9	282.5	283.6	284.5	285.1
盐城市	445.5	445.7	446.0	441.6	431.8
扬州市	265.6	264.5	263.4	265.0	267.1
镇江市	192.7	193.1	194.3	194.5	194.8
泰州市	285.0	281.3	278.1	278.7	275.5
宿迁市	279.2	281.6	283.2	285.0	282.7
二、浙江省					
杭州市	654.92	663.03	676.95	681.06	696.10
宁波市	511.50	509.50	520.00	532.00	540.62
温州市	567.57	573.98	574.00	575.26	575.81
嘉兴市	332.29	328.91	329.73	332.45	335.50
湖州市	182.97	184.48	187.11	188.93	191.50

续表

二、浙江省					
绍兴市	345.67	346.80	348.07	348.00	346.60
金华市	345.51	346.01	347.31	349.30	353.50
衢州市	134.16	130.58	132.02	133.42	134.83
舟山市	74.32	74.50	74.70	75.00	75.10
台州市	402.15	407.32	404.36	406.65	407.79
丽水市	140.63	141.15	142.69	144.02	144.21
三、安徽省					
合肥市	513.9	523.8	530.3	538.1	542.8
淮北市	114.8	116.3	118.5	120.8	122.3
亳州市	353.4	361.3	355.7	360.9	367.6
宿州市	369.9	375.9	377.6	380.4	389.2
蚌埠市	218.5	226.6	231.8	236.1	262.2
阜阳市	610.1	632.9	660.2	673.6	692.2
淮南市	138.0	220.7	226.4	223.7	219.5
滁州市	282.6	288.7	298.1	291.6	310.4
六安市	433.2	385.3	395.8	403.7	407.8
马鞍山市	136.9	140.0	140.4	141.2	144.3
芜湖市	200.8	207.1	219.1	221.2	221.8
宣城市	203.0	202.9	203.1	203.7	204.0
铜陵市	47.7	119.0	117.4	117.0	116.5
池州市	114.1	114.8	114.5	114.5	114.6
安庆市	436.7	346.0	339.8	334.1	334.2
黄山市	98.0	98.0	98.1	98.4	99.6

第二节　上海市劳动就业基本情况与措施

一、上海市劳动就业基本情况

2018年上海市就业和社会保障不断加强。全年全市新增就业岗位58.17万个，比上年增加0.27万个。截至12月底，全市城镇登记失业人数19.41万人，比上年末减少2.65万人。2018年，上海市制定实施新一轮鼓励创业带动就业专项行动计划和技能提升行动计划，全年帮扶引领成功创业11583人，帮助长期失业青年就业创业8777人，完成技能培训105.8万人次。继续提高最低工资、养老金、低保、医疗救助等民生保障标准，进一步扩大低保和医疗救助覆盖范围，基本建立残疾儿童康复救助制度。全面开展长期护理保险试点，全市接受社区居家照护和养老机构照护的老年人达到23.4万人。养老服务供给能力稳步提高，新增养老床位7103张，改建失智老人照护床位1194张，改造郊区农村薄弱养老机构44家，新增老年人日间服务中心81家。全年新增户外职工“爱心接力站”1003个，新建改建标准化菜市场62家、社区智慧微菜场575家。

二、稳就业、防失业、提质量

近年来，上海市紧紧围绕稳就业、防失业、提质量的目标推进各项工作，全市就业形势持续向好，就业规模日益扩大，就业结构不断优化，失业人数保持在较低水平。

2018年上海市新增就业岗位58.17万个，超过全年50万个的目标，城镇登记失业人数为19.41万人，稳定在全年目标23万人以内。

上海的就业形势，以“稳”字当先。这既得益于市委、市政府始终把就业摆在经济社会发展全局中的突出位置，也得益于经济的稳定增长和转型升级，战略性新兴产业、先进制造业、现代服务业等产业的发展为就业带来了新的增长极，同时还离不开上海市实施的各项稳就业、防失业举措。通过构建就业保障、创业扶持、技能提升、就业服务和风险防范体系，上海市努力提升劳动者的就业质量和满意度，稳住了就业基本盘。

（一）保障重点群体就业

上海的就业形势总体比较稳定，但部分群体的就业压力始终存在，比如青年人“慢就业”、少数青年长期失业、就业困难人员市场化就业有难度、离土农民就业转型困难等。针对这些问题，上海市把青年大学生、就业困难人员、农村劳动力作为重点对象，构建起就业保障体系。为扶持青年大学生就业，市政府出台覆盖在校、求职、在职三个阶段青年群体的综合政策举措，构建促进青年就业的完整体系，实施扶持失业青年就业“启航”计划，推出青年见习、职业训练营、高校毕业生求职创业补贴等政策。2018年，上海市已帮助8777名长期失业青年实现就业创业。

针对困难群体，上海市建立起了梯度化、分层次、有衔接的就业援助政策体系，确立公益性岗位安置、企业吸纳和自主灵活就业相结合的困难人员就业帮扶机制，确保“零就业家庭”在确认后1个月内至少1人实现就业，“就业困难人员”在认定后3个月内实现就业。2018年共帮扶3.5万名就业困难人员实现就业。

（二）鼓励创业带动就业

围绕建设具有全球影响力的科创中心的要求，上海市开展了多轮鼓励创业带动就业的专项行动计划，发挥创业带动就业的倍增效应。据统计，前三轮行动计划累计帮扶引领成功创业10.6万人，带动就业82.5万人，2018年已帮扶引领成功创业11583人。

“有专业的人员，却没有研发经费，急得我都睡不着觉。”2016年，张春睿创办了倍闻智能科技有限公司，从事钣金行业机器人自动化集成和应用。他坦言，作为中小微企业，公司最大的困难就是“缺钱”。针对初创企业融资瓶颈，上海市结合国家政策和实际情况推出了最高15万元的创业前创业担保贷款，帮助创业者解决缺乏启动资金的难题。成功入围第五届上海市十佳创业新秀后，张春睿收到了来自人社部门的10万元创业补贴，并在人社部门的帮助下与贷款机构成功对接，获得了50万元创业贷款。

同时，上海市探索构建了能力测评、创业培训、创业见习、专家辅导相结合的创业者能力提升模式，提升创业者能力，并出台青年大学生初创期社会保险费补贴、创业场地房租补贴等政策，降低初创成本。

（三）构建服务体系防范风险

为防范和应对局部行业、局部地区、局部领域的失业风险，上海市积极构建了"形势监测＋助企稳岗＋预警应对"相结合的失业风险防范体系，打造就业监测机制。

为减轻用人单位负担，从源头上防控失业风险，上海市按照中央和市委、市政府工作部署，为积极优化全市营商环境，降低企业成本，促进实体经济发展减少职工失业风险，上海市2013年来已先后4次降低职工社保缴费费率，总计下降超过6个百分点。同时，上海市还实施了援企稳岗护航行动，对于稳定就业岗位的用人单位，按单位及其职工上年度实际缴纳失业保险费总额的50％给予稳岗补贴扶持，引导用人单位少裁员、不减员。该项政策自2018年5月份实施以来，截至9月底，已有10.5万家用人单位成功申请补贴，补贴金额总计20亿元。

提升劳动者职业技能，才能帮助他们更好就业。近年来，上海市已建立起面向全体劳动者的职业培训制度。2018年，全市参加职业培训的各类劳动者达105.8万人，其中失业人员培训后跟踪就业率达59.27％。

三、上海市中职毕业生就业率持续稳定

2018年上海市75所全日制普通中等职业学校（简称"中职校"）毕业生的就业（含升学）率持续保持稳定，就业率高达98.75％，比2017年提高0.38％。2018年毕业生平均起薪增长至3173元，2017年这一数字为3105元。

2018年全市75所全日制普通中等职业学校毕业生总数29388人，比2017年减少328人，下降1.10％。就业（含升学）人数29022人，就业率为98.75％。总体上看，近几年来，受适龄学生数量波动等因素影响，中职毕业生规模有所下降，但就业（含升学）率保持稳定并缓慢提升。2018年毕业生主要分布在17个专业大类132个专业，对应三大产业和22个行业大类。毕业生人数居前五位的分别是财经商贸类、加工制造类、交通运输类、信息技术类和医药卫生类，占总数的70.92％。除体育与健身类就业率继续排名末尾（84.00％）、资源环境类倒数第二（93.91％），其余专业大类的就业率均在97％以上。

在直接就业的毕业生中，从事第一产业的47人，占直接就业学生的0.43％；从事第二产业的3386人，占直接就业学生的31.08％；从事第三产业的为7463人，占直接就业学生的68.49％。与2017年相比，从事第二产业比例有所下降，从事第三产业比例有所上升。令人关注的是，2018年毕业生平均起薪增长至3173元，其中超过3001元的比例为55.64％，处于3001—5000元区间的比例为54.3％，5000元以上占1.34％，此外，2001—3000元的比例为27.37％。

统计显示，中职毕业生中升入高一级院校继续深造的共18122人，升学比例达61.66％，比2017年的56.23％上升超过5个百分点。其中，升入本科院校的有1046人，占5.77％；升入高职专科院校的有16499人，占91.04％；进入成人高校等其他方式升学的577人，占3.18％。与2017年相比，升入高一级院校的各类型比例基本保持稳定。近几年来，中职毕业生的升学比例呈逐年上升趋势，从2013年的40.68％升至2018年的61.66％。

四、发布鼓励创业带动就业专项行动计划

2018年7月，上海市发布《鼓励创业带动就业专项行动计划（2018—2022年）》，提出未来5年全市要帮扶引领成功创业5万人，在市、区两级发展创业孵化示范基地超过300家，创业指导站和特色创业型社区均达到80个。

计划明确，个人创业担保贷款和创业前创业担保贷款对象范围进一步扩大，个人免担保额度也进一步提高，部分首次在沪成功创业并稳定正常经营一定时间的群体将获一次性创业补贴。

首次成功创业可获一次性补贴

随着创新创业大潮兴起，上海市创业主体日益多元化，中青年创业群体明显增多，留学回国人员、海外人才、外省市人才在沪创业的热情普遍高涨，而原有政策侧重于青年大学生和本市户籍人员。同时，初创企业在激烈市场竞争中并不占优势，总体生存发展比较困难，稳定就业能力还不强。

市人社局相关负责人介绍，新一轮行动计划针对这些问题，在四方面实现了政策突破创新，包括完善创业担保贷款和贴息政策、整合并完善初创期创业组织社会保险费补贴政策、完善创业场地房租补贴政策、推出首次创业一次性补贴政策。

根据行动计划，上海市将个人创业担保贷款的对象范围扩大到符合条件的上海市户籍创业者、持有上海市居住证的在沪创业者，将创业前创业担保贷款的对象范围调整为符合条件的本市青年大学生、本市高校在读及毕业且持有上海市居住证的非本市户籍青年，进一步提高个人免担保额度，加大贴息力度，降低融资成本。

实施更普惠创业带动就业政策

就业是民生之本。2009 年至 2017 年，上海市连续实施了三轮鼓励创业带动就业三年行动计划，累计帮扶引领成功创业 10.6 万人，带动就业 82.5 万人。“鼓励创新创业是扩大就业、促进劳动者创富增收的积极举措，是培育发展新动能、助推经济转型升级的重要路径。”市就业促进中心负责人表示，新一轮行动计划更加注重改善创业企业的生存发展环境。

为确保创业带动就业成效更显著、工作更可持续、更有利于目标任务的实现和考量，新一轮行动计划的实施周期由原来的三年延长至五年，同时力求“全程覆盖”，围绕创业准备、企业创办、企业初创、企业发展的全过程，提出加强创业能力培养、提升创办企业的便利化程度、实施更加普惠的创业带动就业政策、促进创业企业创新发展等举措，构建覆盖创业“全生命周期”的政策扶持链。

计划提出，未来五年全市要帮扶引领成功创业 5 万人，成立三年以内的初创组织每年创造就业岗位不低于 30 万个，居民创业活动率要保持在 12%以上的较为活跃的水平。而在发展创业载体方面，未来五年市、区两级创业孵化示范基地超过 300 家，创业指导站和特色创业型社区均达到 80 个。

五、召开在沪央企退役士兵安置工作通气会

为贯彻落实中央有关文件要求，进一步加强和推进在沪央企退役士兵安置工作，11 月 2 日，上海市双退办召开 2018 年在沪央企退役士兵安置工作通气会，部分在沪央企人力资源（组织）部门的负责同志近 170 人参加。

会上，上海市双退办对政府安排工作退役士兵的相关安置政策、安置工作程序、对象特点等情况进行了详细的讲解。参会的部分在沪央企介绍了企业的退役士兵安置工作情况并提出有关问题。在热烈的现场交流中，市双退办解答了退役士兵安置工作的操作流程、社保接续、福利待遇、劳动合同签订、岗位匹配度等实际操作中经常遇到的问题，各在沪央企表示对于退役士兵的群体情况有了更加深入的了解，对安置政策也有了进一步的认识，表示要全力支持此项工作，在 2017 年工作的基础上，针对企业自身实际提供更多匹配度高、符合退役士兵特点的工作岗位。

上海市双退办负责人结合新形势下国家对退役士兵安置工作的新要求新任务，就如何为退役士兵与企业提供更好的服务，并以此进一步提高本年度安置质量作了具体部署。退役士兵安置工作事关国防建设、军队建设和社会稳定大局，思想上要高度重视，各企业要认真学习有关政策文件，带头发挥示范作用，保障他们实现高质量的就业，共同担起国家政治责任，确保顺利圆满高质量地完成 2018 年政府安排工作退役士兵的安置任务。今后，安置部门将继续加强同各企业间的紧密联系，定期沟通情况、交流信息，建立长期合作机制，做好每年安置工作。同时希望各企业也为自主就业退役士兵提供充足优质的岗位，市双退办将通过举办市场化专场招聘会等多种形式，为企业和退役士兵搭建就业服务平台，优先推荐退役士兵就业，让更多的退役士兵得到更好的选择机会，不断提高就业的成功率和满意度。

第三节　江苏省劳动就业基本情况与措施

一、江苏省劳动就业基本情况

2018年末，江苏省就业人口4750.9万人，占常住人口总数的59.01%。与2017年末相比，就业人口减少6.9万人，占总人口的比重下降0.24个百分点。全省就业人口占三次产业的数量分别为764.89万人、2033.39万人、1952.62万人，占就业人口的比重分别为16.1%、42.8%、41.1%。与2017年末相比，第一、第二产业就业人口分别减少34.42万人、7.71万人，第三产业就业人口增加35.23万人；第一、第二产业就业人口比重分别下降0.7个、0.1个百分点，第三产业就业人口比重上升0.8个百分点。

在总人口低速增长、劳动年龄人口大幅减少的情况下，全省常住人口就业总量近年来呈波动式下降态势，与此同时，就业结构在进一步优化。分产业就业结构变化体现出，第一，城镇化发展持续快速稳定的推进，第一产业继续呈挤出效应，就业人数保持较大规模的缩减。第二，在劳动力资源的缩减、供给侧改革的双重作用下，劳动力密集型企业，尤其是制造业加快转型升级步伐，吸纳就业能力有所下降。同时，再就业帮扶行动和职业培训计划，有效解决了释放的劳动力就业问题，稳定了就业形势。第三，第三产业内部传统行业的分工进一步细化、深化，新型行业不断涌现，也是就业人数增加的主要因素。而随着人口老龄化程度的进一步推进，针对老年人口的服务行业增加迅速。

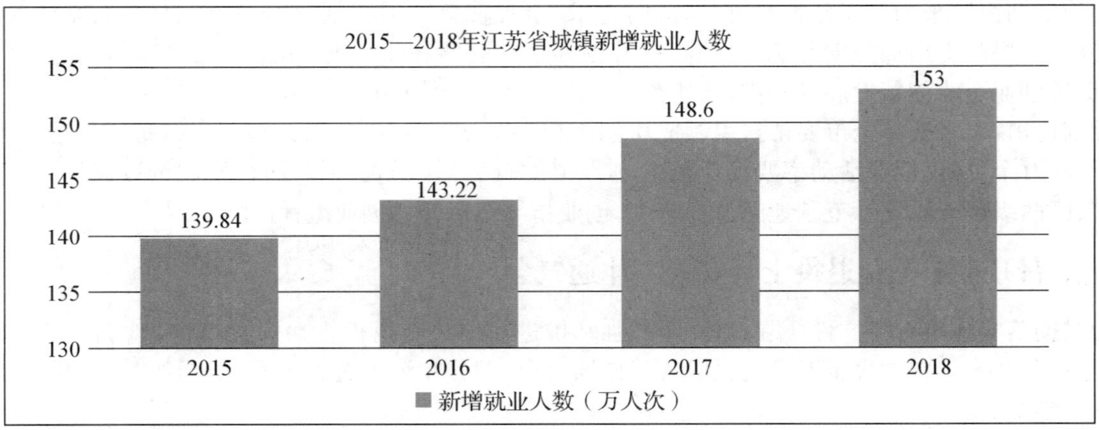

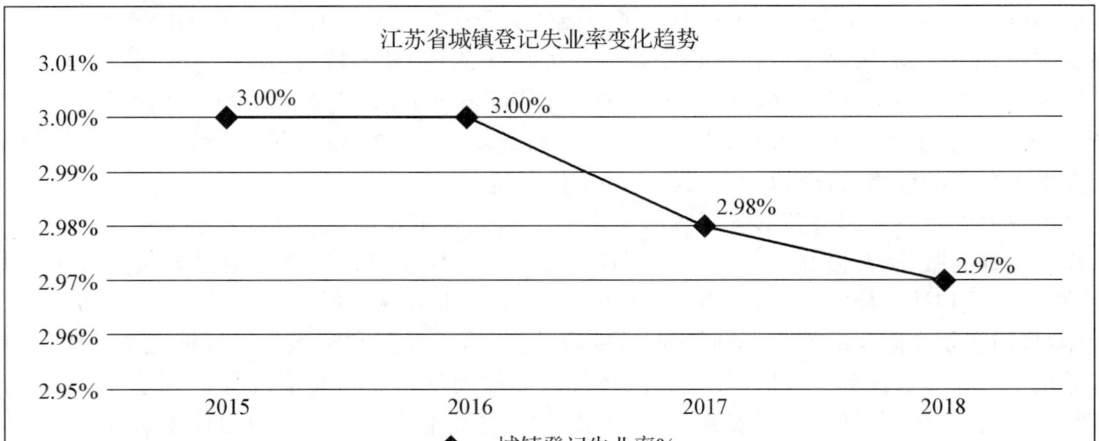

在全国城镇新增就业人数不断增加的大背景下，2018 年江苏省城镇新增就业继续增长，全年创下 153 万人的历史新高，超额完成 110 万人的预期目标。全年扶持 30.1 万人成功创业，带动就业 121.3 万人。失业保持较低水平，年末全省城镇登记失业率 2.97%，比上年末下降 0.01 个百分点。全年新增转移农村劳动力 25.5 万人，转移率达 75.2%，比上年末提高 0.9 个百分点。

在失业率方面，纵观 2015—2018 年江苏省城镇就业情况，2018 年末城镇登记失业率为 2.97%，对比 2017 年失业率 2.98%下降 0.01 个百分点。近几年来，江苏省城镇登记失业率整体保持稳定趋势，失业情况仍需不断改善。

2018 年江苏省城镇失业人员再就业 89.5 万人，城乡就业困难人员就业再就业 31.9 万人，比上年分别增长 11%、26.6%。

二、18 项新政鼓励大学生到基层就业创业

2018 年 3 月，江苏省委省政府印发《关于进一步引导和鼓励高校毕业生到基层工作的实施意见》，通过 18 项措施引导和鼓励大学生基层就业。

《实施意见》鼓励高校毕业生到基层机关事业单位工作。基层单位出现岗位空缺，优先招录高校毕业生或拿出一定数量的岗位专门招录高校毕业生。对报考乡镇（街道）公务员职位和事业单位岗位的笔试试题可单独命制，基层卫生计生事业单位招聘全科等急需紧缺专业高效毕业生可直接考察聘用。省、社区市机关新录用高校毕业生没有基层工作经历的，须安排到县以下单位锻炼 1 年以上。

加大社会保障、公共教育、医疗卫生、文化体育、农业技术、农村水利、扶贫开发、城乡社区建设、社会救助等领域购买服务的力度，用于吸纳高校毕业生就业。到乡镇（街道）、村（社区）从事公共管理和社会服务的高校毕业生，其收入参照当地上年度在岗职工平均工资水平确定。

《实施意见》鼓励高校毕业生到经济薄弱地区发展特色产业，开展精准扶贫。实施以高校毕业生为主体的现代青年农场主培养计划，支持其以资金入股、技术参股等方式加入农民专业合作社等经济组织，鼓励其兴办家庭农场，按规定享受农业补贴政策。

鼓励高校毕业生在基层创办企业、从事个体经营或网络创业，按规定给予一次性创业补贴、创业场地运营补贴、创业项目补贴、创业带动就业补贴、创业担保贷款及贴息。

建立体现基层一线专业技术人才工作实际特点的职称评价标准，对基层中小学教师、卫生专技人员、农业技术人员，实行单独分组、单独评审。合理设置城市中小学教师、卫生、农业、林业、水利等系列（专业）专业技术人才申报高级职称的基层工作服务经历条件。到乡镇以下（含乡镇）中小学、卫生事业单位工作的高校毕业生，可提前定级，定级时薪级工资高定一级。对县级以下（不含县级）基层单位工作的农、林、牧、渔、水利等科技人员实行浮动工资。落实乡镇机关事业单位工作人员的工作补贴政策，向条件艰苦的偏远乡镇和长期在乡镇工作的人员倾斜。

《实施意见》要求，省级机关录用公务员，除部分特殊职位外，一律从具有两年以上基层工作经历的人员中考录。省、设区市所属事业单位面向社会公开招聘时，应拿出一定数量岗位公开招聘有基层事业单位工作经历的人员。全省每年安排一定数量的机关事业单位岗位，从服务期满考核合格的基层服务项目人员中考录公务员、招聘事业单位工作人员。

三、江苏高校毕业生就业情况

2018 年，江苏省高校毕业生总数为 56.2 万人，同比增加 0.6 万人，总量再创历史新高，同时，江苏省继续保持人才“净流入”状态。截至 2018 年 12 月 31 日，年终总就业率为 96.9%，其中：协议就业率为 75.8%，灵活就业率为 2.4%，升学出国率为 18.7%。

一是从学历层次看：不同学历层次之间的就业率差距在逐年缩小：毕业研究生就业率 96.7%、本科毕业生就业率 96.8%、专科毕业生就业率 97.0%。

二是从地区分布看：一方面，留在江苏就业的 33.0 万人，占就业人数的 78.0%，高于江苏省生源数比例 5.7 个百分点；高水平大学（原“985”“211”高校）留苏就业 2.7 万人，占实际就业人数的 51.5%，高于高水平大学在江苏省生源数比例 18.6 个百分点，继续保持人才“净流入”状态；到省外就业人数较多的有上海 2.6 万人、浙江 1.6 万人、广东 0.7 万人。另一方面，留在江苏就业的毕业生中，到苏南地区就业的 21.5 万人，占 65.1%；到苏中地区就业的 5.0 万人，占 15.2%；到苏北地区就业的 6.5 万人，占 19.7%。长三角地区及江苏苏南地区等经济发达区域对毕业生的吸引力显著突出。

三是从就业单位看：各类企业吸纳毕业生 36.2 万人，占总就业人数的 66.4%；到机关、事业单位就业 5.7 万人，占总就业人数的 10.4%；升学、出国 10.5 万人，占总就业人数的 19.3%；到部队、国家及地方基层项目就业等 0.3 万人；自主创业及自由职业 0.1 万人。各类企业仍是吸纳毕业生的主渠道，自主创业人数较往年有所提高。

四是从行业流向看：吸纳毕业生人数较多的行业有：制造业 8.8 万人、软件和信息技术服务业 5.0 万人、教育业 3.7 万人、建筑业 3.5 万人。吸纳毕业生人数较少的主要有采矿业 0.1 万人、水利环境和公共设施管理业 0.5 万人、农林牧渔业 0.6 万人、房地产业 0.8 万人。传统行业和传统产业近几年接收毕业生的数量始终保持稳定。

四、新经济新业态撬动就业富矿

SLAM 研发工程师、高通量测序实验专员、微信运营专员、DCS 操作工、细胞主管……3 月 31 日举办的南京江北新区人才专场招聘会上，很多岗位让人耳目一新。江北新区定位于智能制造、生命健康、新材料等现代产业体系，需要很多新经济产业人才，仅 2018 年就要吸纳至少 2 万名大学毕业生。

新经济人才高薪难求

这两年，由新技术、新产业、新经济带来的新材料、生物医药、智能制造、信息技术、人工智能等就业岗位，已成为各地人才市场重金引才主体，一些大数据、人工智能岗位，本科毕业生年薪 30 万元起步仍难觅人才。

在互联网和人工智能的推动下，2017 年我国人工智能人才需求量比上年增长 179%，这些人才需求 55%集中在民营新兴科技创业企业，其中以软件工程师、IT 技术支持/维护工程师、JAVA 工程师、数据库开发工程师等最为吃香。

适应新经济新业态的人才需求，高校纷纷行动起来。江苏 46 所高校 2018 年新增 111 个本科专业，其中信息技术领域和人工智能方向最多，有 10 所高校申请开设“机器人工程”专业，11 所高校申请开设“数据科学与大数据技术”。全国新获批“机器人工程”专业的高校更是从 2014 年的 1 所增至 85 所。

“平台＋个人”催旺灵活就业

新技术引发的新产业、新业态带来就业机会，也颠覆传统就业形态。特别是互联网平台的诞生将偏僻的山村与世界连为一体，让曾经只能外出打工的农民在家门口轻松实现就业增收。

25 岁的宿迁宿城区耿车镇小伙董陆军，2017 年返乡创办“沐格的多肉”网店，每天营业额达 4000 元，还解决八名大龄农民就业问题。

宿迁市人社局就业管理中心张亮告诉记者，宿迁 1405 个行政村已实现网店全覆盖，农民收入新增部分 70%来自网络经济。在乡村经济快速发展吸引下，2017 年宿迁返乡就业、创业人员达 10 万人，其中返乡创业 1.5 万人，有 5600 名低收入劳动者成为网店店主，5.2 万低收入人口参与网络经济，26 万低收入人口在电商发展中受益。

与传统的就业相比，互联网就业更加灵活自由，劳动者市场议价能力更强，而且以发展性“就业＋创业”为趋势。借力“互联网＋”江苏省灵活就业人员近年持续增长。全省城镇新增就业人数中，灵活就业人数占比从“十二五”初的 14.3%增至“十二五”末的 19.1%。“十三五”以来，灵活就业人数在新增就业人群中的比例也是连年增长。

"放水养鱼"也需规范服务

面对爆发式增长的新型就业业态，江苏省2015年起将其作为就业服务体系建设的试点项目进行重点监测，及时掌握新兴业态就业规模，对就业的贡献率及其变化情况。2016年，省委、省政府将"加强对灵活就业、新就业形态的支持"作为重点工作积极推进。省政府还把电子商务发展促进就业纳入各地就业发展规划，支持大学生开展电子商务创业。推动电子商务进农村，带动农村地区的农产品和加工品销售。

但作为刚刚起步的就业形式，新就业业态面临着一系列挑战。对于新经济新业态的分类，国内尚无统一标准，尤其对已拥有千万就业规模的网络就业创业缺乏统计标准和统计制度，使得日常公共就业服务难以跟进到位。

新技术、新产业、新业态催生的新就业业态大多依赖平台企业，由此派生出平台、用户、劳动者等多方利益主体，其经营模式和用工模式表现出很强的跨界性和灵活性，从业人员和服务单位之间在工作时间、工作形式、报酬支付、管理规则上往往与传统企业不同，很难适应现行标准劳动关系。一旦出现劳动争议或纠纷，是否适应现行劳动法律法规，业界存在较大分歧。

因此，相关部门在"放水养鱼"鼓励发展新就业业态的同时，应抓紧制定出台更具包容性的政策，研究确定平台企业、新就业形态等市场主体的法律定位和各方责权利关系，分类施策。对不同领域、不同类型平台企业采取有针对性的监管模式，界定不同监管部门和平台的职责边界。制定新型灵活就业的界定标准和认定范围，探索对应新型灵活就业的工资工时等劳动基准。建立新就业形态从业人员职业伤害的保险办法等，以保护新兴就业形态持续健康发展。

五、300亿元民生资金稳就业促创业

江苏省政府2018年12月15日印发《关于做好当前和今后一个时期促进就业工作的实施意见》，出台一系列涉及广大企业和劳动者切身利益的重大政策。

2018年以来，江苏就业形势总体平稳，预计全年城镇新增就业150万人以上；城镇登记失业率控制在3%以内，低于4%的预期目标。高校毕业生、农村转移劳动力、建档立卡低收入农户、"去产能"行业职工等重点群体就业稳定。经济增长是拉动就业的"火车头"，当前宏观经济总体平稳、稳中有变，就业面临的不稳定不确定因素明显增多。7月31日，中央政治局会议作出"六稳"的决策部署，把"稳就业"摆在首位。11月16日，国务院印发《关于做好当前和今后一个时期促进就业工作的若干意见》，从支持企业稳定发展等5个方面提出15条政策措施。在贯彻落实中央决策部署的基础上，江苏省政府结合江苏实际出台上述《实施意见》。

对困难企业支持力度更大

企业是吸纳就业的主体，而困难企业通常职工人数多、稳岗难度大，更需要政府扶持。《实施意见》明确，在对不裁员、少裁员参保企业返还上年度实际缴纳失业保险费50%的普惠性政策基础上，加大对困难企业返还力度，2019年元旦至年底全年返还标准按6个月的当地月人均失业保险金和参保职工人数确定；困难企业组织开展职工在岗培训，职工教育经费不足部分可由就业补助资金予以适当支持。允许企业通过与职工集体协商，采取协商薪酬、弹性工时、轮岗轮休等措施，稳定就业岗位和劳动关系，支持企业通过转型转产、多元化经营、资产重组、培训转岗、鼓励"双创"等方式，拓宽内部分流安置渠道。

与以往相比，《实施意见》在困难企业认定上将连续亏损时间从原来的3年缩短为6个月或一年内亏损超过8个月。

小微企业创业贷升至300万元

融资难、融资贵，是初始创业者面临的最大问题。《实施意见》明确，将创业担保贷款调整为富民创业担保贷款，支持对象扩大到江苏省行政区域内的全体城乡创业者（包括外地户籍在江苏创业人员）。根据吸纳就业情况，将个人贷款最高额度从30万元提高到50万元、小微企业贷款最高额度从200万元

提高到300万元。个人贷款期限最长不超过3年，小微企业不超过2年，贷款累计次数不超过3次，由财政按规定给予贴息。

对企业强烈渴望的减税降费，《实施意见》明确，对用人单位和职工失业保险缴费比例总和从3%阶段性降至1%的现行政策，2019年4月底到期后延续实施。职工医疗保险统筹基金累计结余过高的统筹地区，可阶段性适当降低单位缴费费率，同时不提高个人缴费费率。困难企业经批准可缓缴除基本医疗保险费外的社会保险费，缓缴期最长6个月。

失业青年可领就业见习补贴

高校毕业生等青年、就业困难人员、建档立卡低收入农户劳动力等是就业的重点群体。《实施意见》明确，从2019年元旦起实施“三年十万青年就业见习计划”，将就业见习补贴范围由离校未就业高校毕业生扩展至16岁至24岁失业青年，并适当提高补贴标准。实行失业登记常住地服务，特别是大龄、残疾、低保家庭、建档立卡低收入农户劳动力等劳动者，可在常住地申请认定为就业困难人员，享受就业援助。2019年元旦至2020年年底，对就业困难人员、零就业家庭成员、建档立卡低收入农户劳动力参加职业培训期间，每月按当地城市居民最低生活保障标准给予生活费补贴。对于既没有享受低保又没有享受失业保险的生活困难下岗失业人员，给予临时生活救助。

据测算，这一《实施意见》出台，将给省内企业和职工带来实惠超过300亿元。

第四节　浙江省劳动就业基本情况与措施

一、浙江省劳动就业基本情况

2018 年，浙江城镇新增就业 125.3 万人，连续六年超过 100 万人，同时失业率降至近年来新低，年末城镇登记失业率为 2.6%。

在经济运行总体平稳的背景下，各项就业指标表现平稳，浙江省 2018 年"稳就业"工作进展较为顺利。2018 年底，浙江在册企业 224.47 万户、个体工商户 422.63 万户，同比分别增长 14.38%和 8.46%。浙江 2018 届高校毕业生 30.63 万人，初次就业率为 96.75%，连续八年超过 95%。

和一些人对就业市场"僧多粥少"的惯常印象相反，当前浙江就业机会较多，2018 年浙江省 99 家人力资源市场招聘岗位数与求职人数的比值保持在 1.8 以上，相当于 1 个求职者对应着 1.8 个就业岗位。

2018 年，为促进就业工作，浙江积极"开源节流"，开展就业援助的同时大力推动创业带动就业。一方面，在对零就业家庭实施动态清零的过程中，浙江帮扶困难人员就业 15.93 万人，消除零就业家庭 309 户；另一方面，浙江各地推动创业政策落地，开展"互联网＋创业"培训试点，全年扶持农村电商创业 3.55 万人，带动就业 13.58 万人。扶持大学生、登记失业人员实现创业 5.48 万人，发放创业担保贷款 26.7 亿元；帮扶中西部省份建档立卡人员来浙就业 37.27 万人。

此外，浙江省还切实发挥失业保险稳就业的作用，延续单位费率下调政策，提高失业保险金标准。2018 年，全省发放了稳岗补贴和技能提升补贴 8.47 亿元和 7069 万元，惠及企业 5.44 万家，职工 4.16 万人次。

二、创新工作举措优化就业服务

过去 5 年，浙江省每年城镇新增就业均超 100 万人，占全国总量的十分之一。

近年来，浙江省始终把高校毕业生、困难群体的就业作为就业工作的重中之重，不断实施积极就业政策，创新工作举措，优化就业服务，成效明显。浙江省每年帮助困难群体就业 10 万人左右，高校毕业生初次就业率多年保持在 95%以上。浙江大学生就业实习平台 2018 年 6 月成功上线，每天免费向大学生发布 20 万余个有效实习岗位。

杭州市大学生就业创业"师友计划"，是杭州市全面贯彻落实就业促进专项行动战略部署，助推创新创业生态发展的重要举措。该计划在凝聚就业创业资源，构建大学生就业创业能力提升服务体系，促进师友交流及互助成长等方面，发挥着极其重要的作用。

和传统的大学生创业服务方式不同，杭州市的"师友计划"以提升大学生就业创业能力为目标，坚持"引领、陪伴、成长、分享"的人本理念，通过导师带教、职场实践、讲座培训、结对辅导等方式，促进政府、高校、企业、导师、学生五方联动，集聚社会力量广泛参与，共同推动大学生就业创业。

"师友计划"导师选聘采取"导师自主网上提出申请、高校指导站推荐"的方式进行，通过杭州就业网——"师友计划"的"导师风采"版块集中展示，接受在线申请、宣讲预约，为高校选拔结对学生和组织主题宣讲活动提供支持。在导师的选聘标准上，以企业家、企业中高层管理人员、资深 HR 为主，高校教师、政府部门政策专家、社会中介机构专业人士为辅；要求导师富有强烈的社会责任感和奉献精神，具有丰富的就业创业经验和专业知识，愿意奉献时间和精力帮扶大学生就业创业。

在具体选聘流程上，导师经市人社部门资格审定后，由市万名大学生创业实训工程指导小组办公室统一聘任。导师聘任条件、聘任期限、聘期绩效评价和续聘流程按《杭州市普通高等学校毕业生就业创业工作协调小组关于深化大学生创业导师制工作的意见》执行，导师开展结对辅导或提供专项服务，并按规定享受补贴。"师友计划"正是通过社会资源与在校学生对接互通的方式，帮助青年学生提前熟悉职场，明晰社会需求，使青年学生得以直接学习导师的成功经验，迅速成长成才。

近年来，杭州市就业部门推出多项大学生创业就业服务项目，包括“创想教研室”“小鹏助飞”“一起招聘会”“导师训练营”等，逐步构建起大学生就业创业能力提升服务体系。其中，“有何高见”项目便是“师友计划”的一项重要内容。

近年来，“有何高见”历经项目发现、项目培育、项目蜕变、高见大汇 4 大主题板块，开展了校内教师学生创业意识启蒙、创新创业项目挖掘、创业能力集训、创业导师陪跑、项目成果展示等活动。通过活动预热、高见论坛、项目挖掘、项目海选 4 个环节，“有何高见”共挖掘校内潜力项目 200 多项；通过项目海选（初选）、项目集训、商业计划书修改等环节，遴选合格项目 120 余项；此后再通过选拔复选、导师配对、项目指导 3 个环节，共选出 70 多个项目，配对校外优秀企业导师，开展了为期 1 年的项目助跑活动。

“师友计划”的核心是通过导师这一群体的“手把手、面对面”指导，将社会需求传达给在校学生，让学生们学习导师的成功经验，实现学习课堂从教室向社会的转移，迅速成长成才，尽可能缩短大学生职场“懵懂期”。在这个过程中，导师作用至关重要，所以，如何发挥导师在“师友结对”中的最大作用，杭州市就业部门想了不少办法。目前以结对小组为单位，分成若干个班级，每个班级有 30 名学员和 10 名导师，分别配 1 名带班班主任、1 名助理班主任，通过推选的班委，联系导师开展年度活动与学习。

正是通过这种班级化管理的方式，导师们的资源实现横向互通，而抱团取暖的“集体式”互帮互助的氛围也日益浓厚。在班级化管理的前提下，导师和学生的直接结对辅导作为助力大学生适应社会的主要方式，在“师友计划”中一直是很多大学生和导师之间亦师亦友进行交流的方式。对于很多创业导师来讲，他们参加这项创业就业指导活动，相当于从事一项纯公益事业。很多人因为事业、家庭以及社会事务活动比较多，空闲时间很少，但还是牺牲个人的休息时间来和结对大学生进行沟通交流和指导，其目的就是通过这样一项公益活动来发掘和发现更多的创业人才，让适合创业的大学生能够找到自己的创业起点在哪里。对结对学生事无巨细地关心，无怨无悔地付出，甚至是倾力相助，是很多创业导师的常态。

据统计，近年来，杭州市就业部门一共吸纳 516 位社会各界人士做导师，涵盖各行业的企业家、中高层管理人员、教授专家。通过结对辅导的方式，导师每年都会对近 3000 多名在校大学生开展就业创业辅导。此外，在职业规划方面，“师友计划”通过职场体验基地、创业先锋团、沙龙和分享活动等多种活动方式，帮助在校大学生完成职业规划。

2018 年是“师友计划”推行的第六年，随着该计划的日臻完善和深入实施，一批又一批青年学子迅速成长成才。

三、出台政策激励农技人员创业

2018 年 2 月，浙江省农业厅、省林业厅、省海洋与渔业局、省科技厅联合发文实施《关于激励农业科技人员创新创业的意见》（下称《意见》）。《意见》包括鼓励农业科研人员和农技推广人员离岗创新创业；鼓励农技推广人员在岗开展增值服务，鼓励农业科技成果转化等内容。

《意见》首先明确提出，鼓励农业科研人员和农技推广人员离岗到省内农业生产经营主体从事科技服务或在省内创办各类新型农业生产经营主体。离岗期间，相关人员的社会保险费用（含职业年金）单位缴费部分由所在事业单位承担，个人缴费部分均由个人承担，缴费基数参照所在事业单位同类人员确定。

《意见》鼓励农技推广人员在岗开展增值服务。根据农业生产经营主体的要求，在岗的农技推广人员可通过合同等形式，围绕产前、产中、产后提供单项或综合性技术服务。

为鼓励农业科技成果转化，《意见》明确了农业科研机构、涉农高等院校和农技推广机构对由财政资金支持形成的科技成果（不涉及国防、国家安全、国家利益、重大社会公共利益），具有使用权、处置权和收益权。《意见》还明确了农业科技成果转化的收益比例，从技术转让或许可所得净收入中提取不低于

70%的比例用于奖励给完成和转化科技成果作出重要贡献的人员。

为鼓励其他农业技术人员创新创业,《意见》明确改革现有职称评审制度,将参评主体向农业生产经营主体中的技术人员以及返乡创业大学生、农创客等拓展。

值得一提的是,《意见》对领导干部或者具有独立法人资格单位党政正职领导进行科技成果转化作出了详细规定;并明确以上人员不得到企业开展增值服务,或利用职务便利给予企业项目支持并获取收益。

四、宁波市发布就业创业新政

2018年4月3日,宁波市人民政府印发《关于做好当前和今后一段时期就业创业工作的实施意见》(甬政发〔2018〕17号,以下简称《意见》)。与该市以往就业创业政策相比,《意见》在优化创业生态、加强毕业生就业实践、统筹城乡就业、鼓励毕业生就业创业等诸多方面进行了拓展与创新。

一是开展创业型区县(市)创建。全面开展创业型区县(市)创建活动,强化创业政策、创业培训、创业平台为主体的创业服务体系建设,持续优化创业环境,提升创业活跃程度,促进创业带动就业。

二是加强创业孵化基地建设。开展市级创业孵化示范基地评选,对获评基地给予当年每新引入1家高校毕业生创业实体5000元,最高不超过30万元的补贴。

三是实施"甬优桥"行动计划。建设政府、学校、企业、人力资源服务机构等多方联动的"线上+线下"就业实践服务体系,引导更多高校毕业生来甬实践就业。

四是统一城乡失业保险政策。从2018年1月1日起,农民合同制职工与城镇职工同等参保缴费和享受失业保险待遇。之前所在单位为其缴纳失业保险费的时间按50%计算,作为单位和个人的共同缴费时间。

五是鼓励毕业生在养老、家政服务和现代农业创业就业。在校大学生和毕业5年以内的高校毕业生初次创办养老、家政服务企业和现代农业生产经营主体的,给予连续3年总额10万元的补贴。毕业生在这三个行业领域就业的,给予3年每年1万元的就业补贴。

六是强化高校毕业生基层服务保障。高校毕业生到乡镇(街道)、村(社区)专职从事公共管理、社会服务以及从事公安机关警务辅助工作的,确保其收入不低于当地上年度全社会在岗职工平均工资,并为其按时足额缴纳社会保险费和住房公积金。

七是健全就业实践服务体系。加强就业实践基地建设,对获评市级大学生就业实践示范基地的企业给予每家3万元奖补。将见习补贴从最低工资标准的50%提高至60%,并实施实践期间的综合商业保险补贴和招用后补缴基本养老保险补贴,强化高校毕业生就业能力培养,着力化解就业结构性矛盾。

八是进一步加大困难毕业生就业创业扶持。将求职创业补贴对象范围扩展到贫困残疾人家庭、建档立卡贫困家庭的高校毕业生,补贴标准从每人1500元提高到3000元。

五、出台稳就业新政百亿元红包促就业

2018年12月,浙江省人社厅相关负责人通报了全省2018年就业情况,并对浙江省新出台的《关于做好当前和今后一个时期促进就业工作的实施意见》(下称"新政")进行了介绍。

2018年,浙江城镇新增就业125.3万人,约占全国的十分之一,已连续六年超过100万人。作为就业"主力军",浙江省2018届高校毕业生30.63万人,初次就业率达96.75%。同时,浙江省还吸引了超30万的外省高校毕业生前来就业。

据人社部门统计,2018年浙江省99家人力资源市场的求人倍率(招聘岗位数与求职人数的比值)保持在1.8以上,相当于1个求职者对应着1.8个就业岗位,就业机会多。而全省失业率持续低位运行,截至2018年底,全省城镇登记失业率仅为2.6%。

此外,浙江省困难群体就业也得到进一步帮扶,2018年全省共帮扶就业困难人员实现就业15.93万人。

新政规定，2019 年 1 月 1 日至 12 月 31 日，对裁员率不高且符合浙江产业结构调整方向的特定困难工业企业，可按一定比例返还部分社会保险费用。据测算，2019 年，仅这一项针对困难企业的“特惠”政策可为企业减负百余亿元。同时，新政对裁员率不高且已参加失业保险的企业也制定了相应的优惠政策，预计在 2019 年还可为浙江省企业减负 30 亿元。

新政还在创业政策方面进行了完善。对符合一定条件的自主创业人员提高了贷款额度，着力解决初次创业人员的融资难题，对入驻实体数量多、孵化效果好、带动就业的省级创业孵化示范基地将给予一定数额的一次性奖补。

广大普通劳动者也可享受到新政带来的“红利”。在劳动者提升技能方面，新政从稳就业角度，重点规定了特定困难企业和失业人员的培训政策。例如对困难企业保留岗位、组织职工培训的，政府给予适当资金支持；对参加培训的就业困难人员和零就业家庭成员，除了培训补贴，还可按当地最低生活保障标准再给予培训期间生活费补贴。在促进失业人员、就业困难人员等群体就业方面，新政加强了“兜底”，如劳动者失业后可在常住地办理失业登记，申请享受当地就业创业服务和就业扶持政策。

第五节　安徽省劳动就业基本情况与措施

一、安徽省劳动就业基本情况

2018年安徽省城镇新增就业70.5万人，创历史新高，城镇登记失业率2.83%，高校毕业生就业率96.83%。近年来，安徽省城镇新增就业人数总体保持增长趋势。2014年安徽省城镇新增就业67.1万人；到2018年安徽省城镇新增就业突破70万人；五年时间，安徽省城镇新增就业累计达337.9万人。2019年，安徽省将确保全省城镇新增就业63万人以上，城镇登记失业率在4.5%以内。

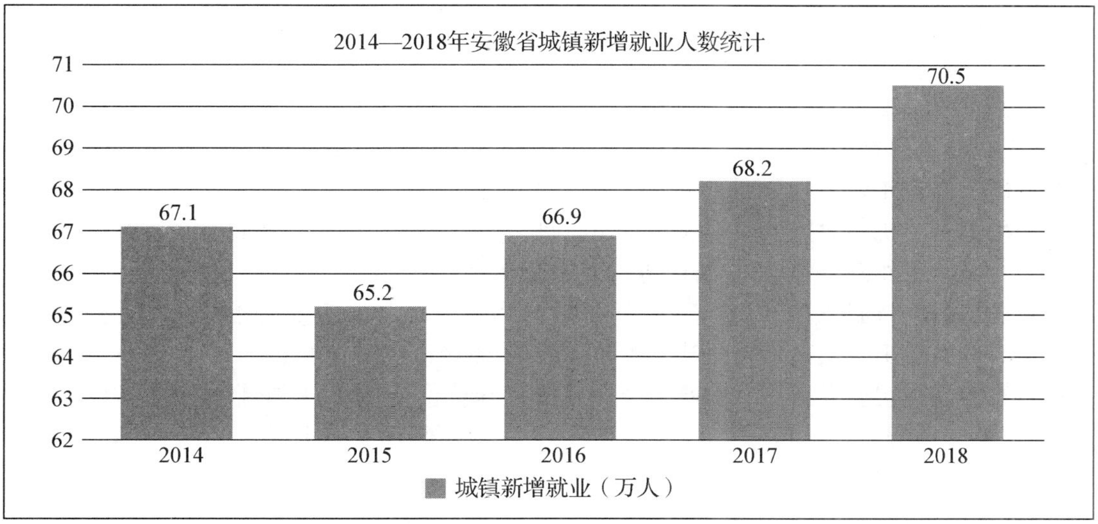

安徽省是中国重要的农产品生产、能源、原材料和加工制造业基地，汽车、机械、家电、化工、电子、农产品加工等行业在全国占有重要位置。随着经济发展和人均国民收入水平的提高，劳动力存在着首先由第一产业向第二产业转移、然后再向第三产业转移的趋势。

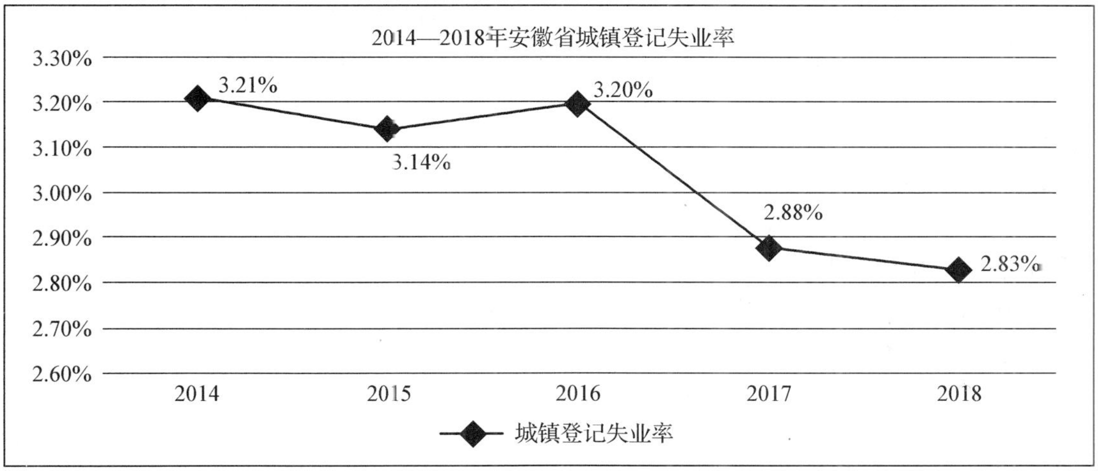

2017年末安徽省从业人员4377.9万人，比上年增加16.3万人。其中，第一产业1363.3万人，减少20.2万人；第二产业1259.5万人，增加14万人；第三产业1755.1万人，增加22.5万人。城乡私营企业从业人员和个体劳动者1232.7万人，增加176.5万人。全年城镇实名制新增就业68.2万人，下岗失业

人员再就业 21.4 万人。年末城镇登记失业率 2.88%，比上年下降 0.32 个百分点。全省农民工总量 1918.1 万人，其中外出农民工 1415.4 万人。

安徽省 2014—2018 年实有城镇登记失业人数总体表现为下降趋势，到 2018 年全省共有 28.1 万城镇失业人口，比 2014 年的 31.45 万减少了 3.35 万人。近年来中国登记失业率和调查失业率都处于下降的态势，城镇新增就业人数也在增加。在此大背景下，安徽省城镇登记失业率也有所下降，从 2014 年的 3.21%降至 2018 年的 2.83%，为近五年来失业率最低水平。

二、合肥推出多重惠政吸引各类人才创新创业

2018 年 4 月 26 日，合肥正式出台《关于进一步支持人才来肥创新创业的若干政策》，未来七年内将拿出超百亿元资金，从引进人才、培育人才、创业扶持等多个方面推出多重优惠政策，以进一步营造良好的“养人”环境，吸引各类人才在肥创新创业。

根据这一政策，合肥市将围绕战略性新兴产业、优势主导产业、现代服务业和现代农业等重点产业领域，以及教育、文化、卫生等公共服务领域的人才需求，定期发布人才目录，面向全球引进急需紧缺人才。对于来肥企业工作且符合人才目录的博士、全日制硕士和“双一流”高校本科毕业生以及其他急需紧缺人才，合肥市在三年内每月分别给予 3000 元、2000 元生活补贴。

同时，鼓励第三方机构对接产业需求和城市发展，帮助企业引进急需紧缺人才，每成功引进并签订三年以上劳动合同、工作满一年后，按每引进一人给予 1 万元奖励。

今后，合肥市将坚持服务基层和培养人才相结合、市场主导和政府推动相结合，着力在基层一线培养锻炼青年人才，打造出一支高素质的基层人才队伍，服务城市建设发展。

此外，合肥市还将定期发布高校毕业生企业薪酬指导价位，鼓励高校毕业生到各类园区创新创业，到一线企业发展。到街镇、村居等基层工作的高校毕业生，薪酬标准将不低于上年度全市职工平均工资标准。此外，合肥市还将积极采取政府购买服务方式，每年统筹提供 3000 个以上基层社会服务岗位。

合肥市鼓励社会各界为大学生实习、见习提供岗位和场所，每年稳定提供 5 万个以上实习、见习岗位。利用阳光就业服务平台，为毕业生提供便利的见习机会，对参加见习的毕业生按规定给予 3 至 12 个月见习人员基本生活补贴。对见习期满留岗就业率高的见习基地，按吸纳人数给予见习基地人均 1000 元的一次性奖励。

合肥市坚持政府主导、市区联动、社会参与、资源共享，建立多主体供应、多渠道保障、租购并举的住房制度，加快推进人才公寓(租赁住房)建设。放宽人才落户政策，凡自愿来肥工作的普通高校(高等职业院校)应届毕业生、留学归国人员，研究生以上学历、年龄在 40 周岁以下本科学历、中级及以上专业技术人员、高级工(国家职业资格三级)及以上高技能人才，可先行落户。这些人才在合肥创新创业，落户后即可购买首套房。

对新落户在肥工作暂无自有住房的博士、35 岁以下的硕士、毕业 3 年内的全日制本科和大专、高等职业院校毕业生，合肥市在 3 年内按每人每年 2 万元、1.5 万元和 0.6 万元的标准发放租房补贴(不含党政机关、国有企事业单位人员)。

今后，合肥市将不断加大财政投入力度，全面落实创业担保贷款政策和税费减免政策，鼓励天使基金、风险投资和创业投资基金等社会资本以多种方式支持大学生创业，拓宽多元化资金支持渠道，为各类群体创业提供资金支持。

高校毕业生首次创办小微企业并正常运营 6 个月以上的，可享受 1 万元一次性创业补贴。同时，设立大学生创业创新引导资金，为在校或毕业 5 年内的大学生创办企业提供免资产抵押融资支持，最高可提供免息贷款 10 万元，贷款期限最长不超过 2 年。对在校和毕业 5 年内的大学生创业企业进行综合评价，每年选出 100 个左右优秀大学生创业团队，最高给予 10 万元项目资助。

合肥市将鼓励社会各界整合资源，建设各类创业平台，推动老旧商业设施、仓储设施、闲置楼宇、过

剩商业地产转为创业孵化基地，引导各类人才入驻创新创业。各县（市）区、开发区在地理位置、商业环境、交通条件适宜的地带，建设创新街区、创业特区、众创空间，为在校或毕业5年内的大学生提供低成本或免费创业工位。

今后，合肥市将支持和引导社会力量参与创业就业服务，鼓励多种模式建设"就业创业一站式服务中心"，服务中心成功为本地企业输送各类人才，签订1年以上劳动合同并缴纳社会保险的，按500元/人给予奖补。在肥高校设立一批"高校毕业生就业加油站"，综合设置招聘信息发布、就业指导服务、创业咨询培训等功能区，通过审核的，给予20万元一次性建设补助；年度绩效考核评估合格的"就业创业一站式服务中心"或"高校毕业生就业加油站"，分别给予年度运行补助10万元。

合肥市将大力推进"互联网＋政务服务"，按照"最多跑一趟"要求，建设一体化人才智慧服务平台，实现网上统一申报、统一受理、统一审核、统一拨付，方便各类人才在肥创新创业。

此外，合肥市还将委托第三方机构编制发布"合肥人才创新创业报告"，定期开展人才发展环境满意度调查，完善人才工作绩效评估和征信体系，逐步建立人才项目评审"全程纪实、责任留痕"制度，增强人才评价公信力，进一步优化创新创业环境。

三、探索建立创业指导大师工作室

《安徽省创业指导大师工作室认定管理办法（试行）》2018年6月初出台，对创业指导大师工作室的功能和作用、申报与评审、资金补助与项目效果、日常运行管理作出明确要求。

创业指导大师工作室每年评审认定一次，先由地方遴选推荐，再由省级专家评审，公示确认后进行授牌。

创业指导大师工作室主要在创业服务机构、高等院校中认定，具有开展精准创业培训和创业服务、总结推广创业服务工作的先进经验、培养创业服务后备人才等综合功能。申报创业指导大师工作室需要具备的条件包括：至少要有1位领衔创业指导大师及2名以上工作人员；认真宣传贯彻国家、省、市促进创业的法律法规和政策措施；协调落实促进创业各项优惠政策；建立完善的创业指导大师人才培养、评价、选拔、使用和激励制度；能够为工作室提供稳定的资金支持以及包括场所、设备在内的必要工作条件。经认定的省级创业指导大师工作室，财政将给予一次性补助，主要用于大师工作室所需设备购置、人才培养、技能交流等支出。

四、全省就业创业工作会议在合肥召开

7月19日，安徽省就业创业工作会议在合肥召开，传达学习省委书记李锦斌、省长李国英对就业创业工作的批示要求，副省长杨光荣出席会议并讲话。

李锦斌在批示中指出，近年来，安徽省就业形势总体稳定，就业质量持续提升，创业创新活力激发，有力推动了经济发展和民生改善。就业是最大的民生。全省各地各部门要认真学习贯彻习总书记关于就业工作的重要指示要求，深入实施就业优先战略和更加积极的就业政策，统筹做好高校毕业生、就业困难人员等重点群体就业创业工作，突出抓好就业扶贫，开展职业技能培训，更好地促进就业和经济发展良性互动，为全面建设现代化五大发展美好安徽提供有力支撑。

李国英在批示中指出，全省人力资源和社会保障系统认真学习贯彻习近平总书记关于就业工作的重要指示要求，落实省委、省政府决策部署，深入实施就业优先战略，全省就业规模不断扩大，就业质量不断提升，就业形势持续向好。下一步，要坚持把就业作为最大民生，全面落实积极就业政策，大力实施就业创业促进工程，加大就业脱贫力度，注重解决结构性就业矛盾，做好全方位公共就业服务，努力实现更高质量和更充分就业，不断增进人民群众获得感、幸福感。

杨光荣在讲话中强调，各地、各有关部门要认真学习贯彻李锦斌、李国英重要批示精神，准确把握形势，进一步增强做好就业创业工作的责任感和使命感。要坚持规划协同扩大就业，精准施策帮扶就业，

创优营商环境稳定就业，优化公共服务促进就业，精心打造“2＋N”招聘日等公共就业服务新品牌，全面推广“接您回家”活动经验，多措并举抓好新时代就业创业各项工作。要强化责任落实，密切协同配合，加强督查指导，确保就业目标任务完成。

会上，还为部分就业工作先进集体和个人代表颁发了奖牌和证书，有关市县、就业服务机构、企业、院校和创业学生代表分别作了交流发言。

五、枞阳县“421”模式助推就业稳定脱贫

2018年枞阳县已建成就业扶贫驿站55家，是省任务数的4倍；认定就业扶贫基地86家，是省任务数的6倍；创建就业扶贫车间（工厂）20家，是省任务数的2.2倍；开发居家就业岗位3585个，吸纳贫困劳动者就业1813人；开发农村辅助性岗位983个，实现贫困劳动者兜底就业669人；开展技能脱贫培训33个班次、1437人。2016年以来，全县共实现贫困劳动者就业22042人，其中，通过帮扶实现就业6094人，累计发放各类就业脱贫补贴资金1949.7万元。

“一人就业，全家脱贫。”近年来，枞阳县在脱贫攻坚工作中，始终把推进人社扶贫、就业脱贫摆在重要位置，以提升造血功能、增强内生动力为核心，构建起“四业二岗一扶”的就业扶贫“421模式”（培育生态友好型产业、发展劳动密集型企业、支持返乡创业、组织外出务工就业，开发居家就业岗位、开发农村辅助性公益岗位，实施技能培训扶智扶贫），为该县贫困劳动者实现就业稳定脱贫提供保障。

注重发挥就业扶贫政策“引擎功能”。先后出台了《枞阳县就业脱贫工程实施意见》《就业扶贫驿站建设实施方案及运行管理暂行办法》等系列政策文件，并细化政策措施，明确工作流程，使工作推进有章可循、规范有序。

打造就业扶贫驿站“龙头工程”，做到“三个规范”，即规范建设方式，实现就业扶贫驿站的打造与提升村级服务能力相结合、与贫困村村部改造相结合、与当地产业发展状况相结合；规范建设内容，凸显“公共就业、社会保障、电子商务和金融保险”四大功能，同时根据各村产业发展基础，有针对性地引导一批企业、车间和加工点入驻驿站；规范运营管理，采取“县级指导、乡镇管理、村建村营”的方式运营。合力创建就业扶贫车间“支撑平台”，一方面依托资源禀赋，鼓励结对共建，有针对性地引入项目；另一方面积极引导企业参与，动员枞阳籍在外创业成功人士返乡创建产业扶贫基地，安徽玉堂雨具公司已在枞阳县建成8家就业扶贫车间，成功创造了“1＋N”模式。

多举措拓宽就业创收渠道。发挥居家就业“创收效应”，利用居家就业补助政策杠杆撬动等多种举措开发居家就业岗位，组织贫困劳动者就近就地从事手工编织、来料加工等工作，或者以“非全日制工作”方式灵活就业；对于无法离乡、无业可扶、无力脱贫的“三无”深度贫困劳动者的就业问题，枞阳县在2017年开发保洁、保绿、保安、护林、护路“三保两护”岗位的基础上，还增加了护水、护光伏等辅助性岗位。高质量做好技能培训“扶智文章”，结合产业状况和贫困劳动者的文化程度，开发了22个契合度高、针对性实用性强的培训项目，各乡镇选送生源、确定培训科目后，县里送技下乡、送教上门，全程跟班、全程问效，确保培训效果和质量。

枞阳县就业脱贫的成效还体现在“一个率先”“三个全覆盖”“三大组合拳”“四大模式”上，即在全省率先建设了功能完备、服务便捷的就业扶贫驿站；就业扶贫驿站、就业扶贫车间（基地、工厂）覆盖全县贫困村，农村辅助性岗位覆盖全县所有村；打好了“技能扶贫＋扶智扶志”“电子商务＋就业扶贫”“就业扶贫＋金融保险”组合拳；构建起“产业＋就业”“创业＋就业”“劳务＋就业”“企业＋就业”的就业扶贫模式。

四　社会保障情况

第一节　上海市社会保障情况与措施

一、上海市社会保障基本情况

2018 年末，上海市共有 1573.37 万人（包括离退休人员）参加城镇职工基本养老保险，有 78.70 万人参加城乡居民基本养老保险。最低生活保障标准从上年的每人每月 970 元提高到 1070 元，增长 10.3%。月最低工资标准从 2300 元提高到 2420 元，小时最低工资标准从 20 元提高到 21 元。

2018 年末，上海市共有 1524.82 万人（包括离退休人员）参加职工基本医疗保险，有 342.76 万人参加城乡居民基本医疗保险。

2018 年末，上海市民政部门共有各类提供住宿的收养性社会服务机构 830 个，床位 15.08 万张。其中，养老机构 712 家，床位 14.41 万张。在全市养老机构中，由社会投资开办的 352 家，床位 6.31 万张。全市建有社区老年人日间服务中心 641 家，社区老年人助餐服务点 815 家。

2018 年各级政府支出城镇居民最低生活保障金 18.23 亿元，农村居民最低生活保障金 3.04 亿元，特困供养金 0.66 亿元，粮油帮困 0.83 亿元，医疗救助金 4.58 亿元。

二、公布 2018 年社保缴费基数

上海人社局发布 2018 年度上海市职工社会保险缴费标准：自 2018 年 4 月 1 日起，本市 2018 年度职工社会保险缴费基数上、下限分别调整为 21396 元和 4279 元。机关、企事业、社会团体、个体工商户等各类人群的社保缴费比例标准见下图：

对象		机关、事业、企业、社会团体等单位	有雇工的个体工商户	灵活就业人员（含非全日制从业人员）
缴费基数		4279～21396 元	4279～21396 元	4279～21396 元
养老	单位缴费	20%	20%业主	28%
	个人缴费	8%	8%个人（含业主）	11.5%
医疗	单位缴费	9.5%	9.5%业主	
	个人缴费	2%	2%个人（含业主）	
失业	单位缴费	0.5%	0.5%业主	
	个人缴费	0.5%	0.5%个人（含业主）	
生育	单位缴费	1%	1%业主	
工伤	单位缴费	0.2%～1.9%	0.2%～1.9%业主	

注：1. 单位缴费基数按单位内职工个人月缴费基数之和确定。
2. 按照《上海市工伤保险实施办法》的规定，非全日制从业人员由用人单位缴纳工伤保险费并享受相应的工伤保险待遇。
3. 工伤保险具体实行行业差别费率加浮动费率办法。

三、上海工伤保险费率降五成

近年来，上海市工伤保险参保人数和待遇水平逐步提高，工伤事故发生率持续下降，工伤预防、工伤

补偿和工伤康复“三位一体”的工伤保险体系正不断健全，劳动者权益得到进一步保障。

截至2017年底，上海市工伤保险参保人数已达958.06万人，同比增加1.5%。尤其是长期游离于工伤保险覆盖范围之外的建筑施工人员，逐渐打破了长期以来“参加保险投商保、发生事故靠私了”的传统定式，接受了按项目参加工伤保险的理念和做法。2017年，上海市共计有4255个建设项目新办理了按项目参加工伤保险手续，涉及建筑业职工约80万人，基本实现了新开工项目100%参保。

参保人员的待遇水平进一步提高。2017年，上海工伤保险人均享受水平46916元，同比增长5%。用人单位的缴费负担也在减轻。2018年，为进一步减轻用人单位负担，优化营商环境，促进上海市实体经济平稳发展，上海市自2018年5月1日至2019年4月30日期间，阶段性降低用人单位工伤保险费率50%，降率后工伤保险平均费率在全国处于最低水平。

据统计，2018年全年，上海市工伤保险享受待遇人数近6.4万人，同比减少2.1%；全市各区共做出工伤认定结论超过4.8万件，做出因工负伤劳动能力鉴定3.9万件，同比分别减少4.6%和6.7%，且连续第三年下降。

四、上海率先建立最低生活保障制度确立“9+1”现代社会救助体系

1993年，上海在全国率先建立城镇居民最低生活保障制度。1993年5月，市民政局、市劳动局、市财政局、市人事局、市社会保障局、市总工会共同发文，首次公布了城镇居民最低生活保障标准，从1993年6月1日起执行。这是全国最早的居民最低生活保障标准。

1994年，上海建立了农村居民最低生活保障制度，低保标准划分为近郊、远郊和海岛三条线。城镇的低保标准高于农村，近郊标准高于远郊，远郊高于海岛。到2005年，农村居民最低生活保障标准归并，三条线并为一个标准，并与城镇居民最低生活保障标准按照1∶1.5的比例确定。1996年，上海实施了全国第一个省市级的社会救助政府规章《上海市社会救助办法》。

上海创设城乡低保制度以来，不断完善救助制度体系，科学设定低保标准，创新单项救助政策，促进就业救助联动，健全救助手段，拓展救助覆盖面，丰富救助形式，取得了突出成效，为全国社会救助事业的发展提供了“上海经验”。

根据经济社会发展水平、居民人均可支配收入增长、物价变动等综合因素，上海适时调整城乡居民最低生活保障标准，更好地保障低收入群体的基本生活。以城镇低保标准为例，1993年至今先后22次调整，由1993年建立之初的每人每月120元，到2018年提高到每人每月1070元。截至2018年9月底，上海市共有城乡低保对象19.11万人，其中城镇15.64万人，农村3.47万人，并对10.34万人实施粮油帮困措施。

在实施城乡低保对象生活救助的基础上，上海针对贫困家庭经常性面临的就医、住房、子女教育等突出困难，逐步完善单项救助政策。进入21世纪，上海积极构建广覆盖、有梯度、相衔接的现代社会救助体系，确立了以最低生活保障、特困人员供养为基础，支出型贫困家庭生活救助、受灾人员救助和临时救助为补充，医疗救助、教育救助、住房救助、就业救助等专项救助相配套，社会力量充分参与的社会救助“9+1”制度体系。

五、上海积极探索社会化养老服务发展新思路新模式

为应对人口老龄化，经过长期探索实践，2005年，上海率先提出了构建“9073”养老服务格局的发展思路。随着人口深度老龄化，社会养老服务快速发展，2014年，上海进一步提出，到2020年要全面建成涵盖养老服务供给、服务保障、政策支撑、需求评估、行业监管“五位一体”的社会养老服务体系。

从“9073”到“五位一体”，上海不断构建和完善养老服务体系的“四梁八柱”，积极探索社会化养老服务发展的新思路、新模式，为国家建立新型养老服务体系提供重要经验。

“9073”养老服务格局，是指3%的老年人接受机构养老服务；7%的老年人可得到政府福利政策支持

的社区养老服务;90%的老年人在家以自助或家庭成员照顾为主,自主选择各类社会服务资源。到"十二五"末,上海基本形成了以居家为基础、社区为依托、机构为支撑的社会养老服务格局。

养老服务供给体系,解决的是养老床位和社区养老服务总量不足的问题。上海市探索长者照护之家、社区综合为老服务中心两种社区嵌入式养老服务。前者将社区内闲置资源改造为小型住养机构,一般300~500平方米,为有需要的老年人提供短期住养照料、大病出院后康复护理、家庭喘息服务等。到2017年底,中心城区和郊区城市化地区的街镇已至少拥有一家长者照护之家。后者面积约1000平方米,是包括长者照护之家、日间照料中心、助餐点、护理站或卫生站等在内的"枢纽式"为老服务综合体,为社区老年人提供日托、全托、助餐、助浴、康复、护理等一站式养老服务。到2019年底,预计社区综合为老服务中心将实现街镇全覆盖。

2015年年初,上海在全国率先实施老年照护统一需求评估。这是促进养老服务资源与需求公平有效对接的重大改革,也是整个社会养老服务体系建设中的关键环节。根据评估结果,按照照护等级提供相应的养老服务,探索建立轮候、转介机制,并通过梯度化的医保支付、财政补贴政策,实现养老服务资源的优化配置。随着长期护理保险制度的探索推进,老年照护统一需求评估又作为长护险的准入门槛,明确不同评估等级的老年人享受相应的长护险待遇。这些评估结果,为上海市进一步优化养老服务供给结构,提供了重要的依据。

六、出台两项新政扩大求职创业和社会保险费补贴范围

2018年7月初,上海市人力资源和社会保障局出台实施两项针对高校毕业生的促进就业新政策,进一步提升高校毕业生就业竞争力,加大困难毕业生帮扶力度。

近年来,上海市高校毕业生规模屡创历史新高,就业压力不容忽视。按照此前规定,上海市符合条件的高校毕业生可通过所在高校向区人社部门申请1000元/人的求职创业补贴。新政将贫困残疾人家庭的毕业生、建档立卡贫困家庭的毕业生以及特困人员中的毕业生纳入了补贴范围,将惠及更多困难高校毕业生,助力其顺利实现就业。

同时上海市也扩大了用人单位新招用毕业年度高校毕业生社会保险补贴的适用范围。按照此前规定,符合条件的用人单位可以申请高校毕业生社会保险费补贴,补贴标准为用人单位缴纳社会保险费的50%。新政将享受社会保险费补贴的范围从小微企业扩大到了各类社会团体,政策的实施将有效降低用人单位吸纳高校毕业生就业的用人成本,为其招揽人才稳定发展提供便利。同时也将发挥用人单位吸纳高校毕业生就业潜力,促进更多高校毕业生到小微企业和社会组织实现就业。

第二节　江苏省社会保障情况与措施

一、江苏省社会保障基本情况

2018年,江苏省稳步实施全民参保计划,参保覆盖面持续扩大。2018年末全省城乡基本养老、城乡基本医疗、失业、工伤、生育保险参保人数分别为5538万人、7721.18万人、1671.3万人、1777.2万人和1694.46万人,比上年末分别增加160.4万人、102.08万人、88.4万人、87万人和112.45万人。城乡居民基本养老保险基础养老金最低标准由每人每月125元提高到每人每月135元。城乡居民医保人均财政补助最低标准提高到每人每年589元。

覆盖城乡的社会保障体系逐步完善。坚持广覆盖、保基本、多层次、可持续的原则,积极实施全民参保计划,努力实现"应保尽保",江苏各类城乡基本社会保险覆盖率均保持在97%以上。城乡居民医疗保险统筹层次不断提升,出台《关于整合城乡居民基本医疗保险制度的实施意见》,稳步推进城乡居民医疗保险政策统一,促进城乡居民能够公平享有基本医疗保险权益。不断扩大药物报销范围,2018年包括17种抗癌药在内的309个药品纳入医保支付范围,医疗保险待遇稳步提升。基本医疗保险经办服务逐步优化,由传统的线下柜面服务逐步实现线上、线下联动服务模式,异地就医直接结算对象和范围进一步扩大。稳步提高养老保险待遇水平,2018年度退休人员养老金人均调整提高5%,其中,企业退休人员人均调整超过5.5%。建立城乡居民基本养老保险待遇确定和基础养老金正常调整机制,连续7年提高城乡居民基本养老保险基础养老金标准,城乡居民养老保险基础养老金实现"七连增",2018年最低标准提高至135元,比2012年增加65元。强化对特殊困难群体救助和保障,全省城乡低保平均保障标准为每人每月685元、670元,均位列全国各省区前列。困境儿童、残疾人等特殊困难群体保障制度进一步完善,保障水平不断提升,其中全省散居和集中供养孤儿养育标准均达到每人每月1470元和2158元。积极构建多层次、多主体的住房保障体系,满足住房困难群体的住房需求,2018年新开工棚户区(危旧房)改造25.62万套,基本建成保障性住房24.24万套(户),发放租赁补贴2.29万户。

二、城乡居保扶贫实现"三个100%"

2018年以来,江苏省委、省政府积极贯彻中央关于打赢脱贫攻坚战的部署,围绕减少相对贫困、缩小收入差距、促进共同富裕,组织实施脱贫致富奔小康工程,按照一个不少、一户不落的要求,深化扶贫开发、推进脱贫攻坚取得决定性进展。

(一) 精准施策,全员覆盖

按照中央和省部署要求,江苏省人力资源社会保障系统紧紧围绕保障和改善民生主线,将社会保险扶贫融入脱贫攻坚大局,创新推出"三个100%"社保扶贫举措,为精准扶贫、精准脱贫走出了一条具有江苏特色的探索之路。

"三个100%"是指对建档立卡未标注脱贫的低收入人口、低保对象、特困人员等困难群体,确保100%登记参保,各地财政100%为其代缴全部不低于省定最低标准城乡居民养老保险费,100%享受城乡居民基本养老保险待遇。同时,鼓励各地对新农保制度实施时未满60周岁现满60周岁、符合参加城乡居民基本养老保险条件、未享受城乡居民养老保险待遇的困难群体,探索通过社会资助、集体补助、财政补贴等多种形式,为其代缴全部不低于省定最低标准城乡居民养老保险费,将其纳入城乡居民基本养老保险扶贫工作范围。

据了解,2018年上半年,江苏省人社厅在泗洪县试点推行"三个100%"扶贫举措,该县政府支出2341万元,为3.24万名困难人员实施全额代缴城乡居民基本养老保险费。

（二）政策优惠，服务便捷

试点成功后，江苏省人社厅于 9 月 14 日协调省扶贫办、省民政厅和省残联等部门和单位制定出台了《关于精准实施城乡居民基本养老保险扶贫工作的意见》，在进一步明确城乡居民基本养老保险扶贫对象和目标任务的基础上，要求全省对具有江苏户籍、符合参加城乡居民基本养老保险条件的建档立卡未脱贫的低收入人口、低保对象、特困人员等困难群体，出台一系列优惠政策。

从入口实施代缴政策。通过由地方人民政府为其代缴全部不低于省定最低标准的城乡居民养老保险费，将困难群体全部纳入城乡居民基本养老保险覆盖范围。

从出口提高保障水平。健全城乡居民基本养老保险待遇确定与基础养老金最低标准正常调整机制，逐步提高城乡居民基本养老保险最低缴费标准和基础养老金标准。同时，鼓励强化多缴多得、长缴多得，提高困难群体养老待遇水平。

从政策上体现优先原则。加强城乡居民基本养老保险与农村最低生活保障、特困人员救助供养等社会救助制度的统筹衔接，“十三五”期间，在认定农村低保和扶贫对象时，省政府确定的城乡居民基本养老保险基础养老金暂不计入家庭收入。按照只叠加、不扣减、不冲销的原则，做好制度衔接，保证贫困人员有更多收入来源。

在过程中优化服务。对建档立卡未脱贫的低收入人口、低保对象、特困人员等困难群体享受政府代缴政策的，由社保经办机构进行集中办理；突出信息化引领，推进实施“智慧居保”项目建设，进一步提升经办服务能力和作风建设水平，打造方便快捷的一站式服务。

（三）强化调度，帮扶到位

江苏省人社厅强化信息引领。进一步与扶贫、民政、残联等部门和单位建立沟通协调和信息共享机制，牵头开发社保扶贫信息统计系统，通过精准识别和采集困难群体的基本情况，利用信息化手段有效提取困难群体人员的数据信息和做好统计上报工作，全面摸清城乡居民基本养老保险扶贫工作的底数。

强化全员培训。组织全省城乡居民基本养老保险工作人员进行专项培训，针对扶贫工作的理念、概念、基本内容、政策规定进行详细讲解，力求统一思想、统一步调、统一时间节点，强力推进社会保险扶贫工作。

强化工作调度。坚持跟踪问效，有效组织开展工作调度，并由相关部门组成联合督查组，对扶贫政策贯彻落实情况进行督查调研，确保完成城乡居民基本养老保险扶贫目标任务。

强化工作宣传。明确全省要坚持上下联动、协调有序开展宣传工作，让群众了解政策，看到实惠，并有效开展扶贫领域作风问题专项治理。通过强力推进，有效调度，江苏省尤其是实施脱贫致富奔小康工程的 12 个重点县（区），财政代缴最低缴费标准实现了“100％”落实到位。

三、“智慧居保”暨城乡居民养老保险工作会议在灌南召开

2018 年 3 月 9 日，江苏省人社厅在连云港市灌南县召开全省“智慧居保”暨城乡居民养老保险工作会议。省人社厅相伯伟副厅长出席会议并讲话。

相伯伟副厅长指出，“十三五”以来江苏省城乡居民养老保险在制度与人群覆盖、保障与待遇水平、经办管理与服务等方面取得了长足发展，为完善全省社会保障体系、维护改革发展稳定大局作出了重要贡献。他强调，各地要准确把握社会保险工作面临的新形势新挑战，全面抓好扩面提标，强化保障兜底功能，增强群众获得感、幸福感、安全感，在助推江苏全省早日建成更高水平小康社会中展示更大作为。

相伯伟副厅长要求，全省系统上下要坚持统筹协调，以项目载体化、平台信息化、服务标准化为主要抓手，力争在重点难点工作上取得新进展、新突破。一是聚焦重点群体，织密扎牢保障网眼，在推进扩面征缴量质并举上下功夫。要全面实施全民参保计划，以“一人不漏、一户不落”为目标，采取差别化、针对

性的措施，实施精准扩面，持续推进各类人群稳定参保续保。二是强化宣传引导，鼓励群众多缴长缴，在提升养老保障水平上下功夫。要依托“金保工程”和省政务服务“一张网”，大力推进“互联网＋社保”建设，丰富完善网上办事项目，线上线下同步提升，更好满足参保人员多样化的服务需求，着力打造“统一社保”、“保捷社保”和“贴心社保”，推进城乡社会保障公共服务均等化。

会上，江苏省农保中心张莉主任对2018年江苏全省城乡居民养老保险经办工作进行了全面部署。2018年，全省城乡居民养老保险工作要紧紧围绕更好保障和改善民生，在全省“两大体系”建设统一部署下，理顺体制机制，转变工作职能，以项目具体化、平台信息化、服务标准化为主线，推动经办各项工作强基础、上水平、出品牌，努力实现城乡居民养老保险“从有到好”。一是探索推行统一征缴新方式，全面完成年度参保目标任务。二是按时完成基础养老金提标发放，确保惠民政策及时落地兑现。三是全面推进社会保险扶贫工作，确保困难群众依法参加社会保险。四是建立被征地农民社会保障信息库，完善业务经办规程，确保制度实施。五是开展江苏省集中宣传月活动，增强参保群众知晓度、信任度、满意度。六是开展专题业务培训，全面加强基层经办队伍能力建设。七是江苏省同步推进“智慧居保”，年内建成江苏省统一的信息化综合管理服务平台，全面提升江苏省经办水平。

会议期间，江苏省人社厅信息中心刘明主任对全省“智慧居保”项目建设方案进行了详细解读。与会人员观摩了灌南县李集乡参保居民在线缴费和自助资格认证等便民服务新举措。全省城乡居民养老保险集中宣传月活动在李集乡二圩村正式启动。

四、召开全省征地补偿和被征地农民社会保障工作现场会

2018年4月19日，为贯彻落实《江苏省征地补偿和被征地农民社会保障办法》(省政府第93号令)、《省政府办公厅关于严格落实社会保障切实做好征地补偿安置工作的通知》(苏政办发【2017】34号)和《关于进一步做好被征地农民社会保障相关工作的通知》(苏人社发【2017】359号)精神，提升征地补偿和被征地农民社会保障经办业务水平，规范统一经办业务信息化管理流程，推进被征地农民社会保障经办信息化建设，省人社厅、省国土厅在南通市崇川区联合召开全省征地补偿和被征地农民社会保障工作现场会。省人社厅相伯伟副厅长出席会议并作重要讲话。

相伯伟副厅长指出，征地补偿和被征地农民社会保障工作事关乡村建设发展，事关和谐稳定大局，事关人民群众切身利益，必须站在全局和政治的高度，切实增强做好征地补偿和被征地农民社会保障工作的责任感，使命感和紧迫感，把这项工作抓实抓好；要坚持问题导向，准确把握征地补偿和被征地农民社会保障工作面临的形势，进一步增强大局观念、担当意识和底线思维，坚持问题导向，奋力开拓创新，大胆突破瓶颈，扎实推进新增被征地农民刚性进保、应保尽保；同时创新协作模式，有效推进征地补偿和被征地农民社会保障经办工作。相厅长要求，要始终以信息化建设为引领，坚持探索创新，强化协同协作，狠抓贯彻落实，力争从源头上规范管理，在操作上畅通路径，在关键环节取得实质性突破，确保高效经办服务，推动被征地农民社会保障工作开创新局面。

会上，省农保中心张莉主任对2018年全省征地补偿和被征地农民社会保障经办信息化工作进行了全面部署。张主任会上详细分析了93号令执行面临的诸多难题，强调要直面存在难题，更好地把握新形势和新要求，并对南通市崇川区2014年以来取得的成绩和经办服务信息化平台建设模式予以充分肯定，为各地建设好“管用、科学、规范、高效”的信息化经办管理平台提出了建设性指导意见：一是借鉴崇川经验，提高思想认识；二是掌握业务流程，破解工作瓶颈；三是明确各方职责，形成推进合力；四是强化督查督办，确保落地见效。力争江苏征地补偿和被征地农民社会保障工作继续走在全国前列。

会议期间，省国土资源厅王永章处长和省人社厅农保处徐庚乾处长分别详细解读了93号令、34号文和359号文等相关文件的主要精神，剖析当前江苏省被征地农民社会保障工作中存在的突出的问题；部署了全省征地补偿和被征地农民社会保障报批审核、备案备查等相关工作；省人社厅信息中心刘明主任就全省下一步“智慧居保”工程建设推进工作进行了具体布置。会后参会代表现场观摩了南通市崇川

区狼山镇街道剑山社区村级经办服务平台。

各设区市人力资源和社会保障局分管局长、农保处处长、经办机构主任，各设区市国土资源局负责建设用地报批的处室主要负责人，昆山市、泰兴市、沭阳县人社局经办机构负责人、国土局负责建设用地报批的科室主要负责人，部分县(区)人社局经办机构负责人、南通市各县(区)人社局经办机构负责人参加会议。

五、江苏省人社厅农保中心与省建行联手打造“互联网＋人社＋金融”服务新模式

2018 年 7 月 18 日，江苏省人社厅农保中心与江苏省建设银行在连云港市签署被征地农民社会保障业务框架合作协议。中国建设银行、江苏省分行领导；连云港市市政府领导；江苏省人社厅和连云港市人社局领导；以及全省人社系统、建行系统、连云港市相关部门负责同志出席签约会。

为深入实施人社部“互联网＋人社”2020 行动计划，不断提升江苏省人力资源和社会保障工作效能，2018 年 3、4 月份，江苏省人社厅分别在灌南县、南通市崇川区召开全省“智慧居保”和“征地补偿和被征地农民社会保障”工作现场会，对江苏省城乡居保和被征地农民社会保障信息化建设工作进行全面部署。为全面落实江苏省厅会议要求，连云港市人社局先行先试，于 2018 年 3 月在全国人社系统中率先与中国建设银行开展人社信息化战略合作，共同致力于打造全方位、多渠道的“智慧人社”便民服务平台。2018 年 6 月，在省厅农保中心的关心指导下，在建设总行技术团队和人社业务部门的通力合作下，连云港市顺利完成“智慧人社”子系统之一的被征地农民社会保障信息化管理系统建设任务，实现了被征地农民社会保障工作在线化、一体化、精细化、规范化，形成贯通市、县、乡、村，覆盖所有参保人群、连接国土、财政等相关部门和各种保障形式的信息网络，实现管理的科学化和现代化，为被征地农民刚性进保提供了技术支撑。

在连云港市人社局和建设银行开展“银政”合作的创新实践基础上，省农保中心将通过与建设银行深度合作积极打造“互联网＋居保＋金融”的服务新模式，系统性地解决经办服务的“最后一公里”问题，使全省 2300 万城乡居民享有人社审批、查询、缴费、认证服务，以及被征地农民刚性进保，全面提升社会保障信息化水平，最终将实现“让数据多跑路，让市民少跑腿甚至不跑腿”，从而为群众提供及时、便捷、高效、优质的人社服务，在更大范围和更高层次加快推进人社事业高质量发展。

第三节　浙江省社会保障情况与措施

一、浙江省社会保障基本情况

2018年末浙江省参加基本养老保险人数4081万人，参加基本医疗保险人数5369万人，参加失业保险、工伤保险、生育保险人数分别为1478万人、2088万人和1477万人。正常缴费企业退休人员基本养老金月人均超过3200元。城乡居民养老保险基础养老金月人均最低标准提高到155元，因工死亡职工供养亲属抚恤金月人均提高100元。

2018年浙江省积极推进各项社会救助事业发展，基本民生保障取得新突破。截至2018年底，浙江省人均月低保标准达到771元，位居全国第四、省区第一。

截至2018年底，全省在册城乡低保对象72.7万人(不含五保)，其中，城镇22.1万人，农村50.6万人。新增低保对象9.2万人，通过动态管理累计退出低保对象17.8万人，在册低保边缘对象36.4万人，低保资金(含各类补贴)支出45.2亿元，比上年增长33.9%；浙江省已率先在全国实现县(市、区)城乡低保标准一体化，丽水、衢州、嘉兴等6个设区市实现区域统筹。截至2018年底，全省城乡人均月低保标准达到771元，其中最高为杭州主城区每人每月955元。此外，浙江省全面开展“救急难”工作，在乡镇(街道)全面建立了备用金制度，确立24小时内保证救助措施到位的应急救助机制。2018年全省临时救助困难群众共计26.97万人次，发放临时救助金2.8亿元。

全年支出医疗救助资金12.1亿元，比上年增长36.9%。中央和省财政投入补助资金62.7亿元，新增各类机构养老床位数2万张。

2018年发行各类福利彩票167.8亿元，比上年增加11.4亿元，筹集公益金48.3亿元。

二、浙江省率先实现低保标准城乡一体化

浙江省率先在全国全面实现县(市、区)域范围内低保标准城乡一体化。2018年底，全省人均月低保标准达到771元，全省在册城乡低保对象72.7万人，占户籍人口的1.54%。

为破解低保标准城乡二元机制带来的“救助不平衡、不充分”难题，近年来，浙江省不断完善最低生活保障制度。早在2014年，浙江省就出台了全国第一部社会救助法规——《浙江省社会救助条例》，规范城乡低保标准，此后陆续出台相关文件健全城乡低保认定、动态管理机制。2017年，浙江省重新修订《浙江省最低生活保障办法》，统一城市和农村低保对象的申请和认定条件、待遇和监督管理等内容，进一步推进低保城乡统筹发展。

与此同时，浙江省综合考虑各地财力和低保人群实际情况，鼓励科学有序缩小城乡低保标准差距，规定最低生活保障标准由设区的市人民政府按照当地居民生活必需的费用确定，要求县级以上人民政府将最低生活保障资金和工作经费纳入财政预算，省财政对县(市、区)城乡低保工作任务重、工作成效好、保障经费不足的地方给予适当倾斜。

近年来，浙江省加快推进城镇化建设步伐和大力实施新农村、美丽乡村建设，城乡居民生活水平整体提高、差距逐步缩小。目前，浙江省低保人员总数基本保持稳定，呈现城镇低保人数逐年相对增加、农村低保人数逐年下降的趋势。全省低保标准城乡一体化，进一步提高农村低保群众基本生活保障水平，让农村低保群众共享小康社会发展成果，同时也促进了城镇与农村低保人口的流动，有利于推动户籍制度改革，从而推动城乡深度融合发展，让发展成果惠及更多困难群众。

三、农村低保专项治理取得阶段性进展

2018年5月以来，浙江省全面开展农村低保专项治理工作，集中治理“人情保”“关系保”“错保”“漏

保”，查处农村低保工作中的腐败和作风问题。2018 年 11 月底，省民政厅提交农村低保专项治理整改落实情况阶段性报告。报告显示，截至 2018 年 10 月底，全省新增低保对象 63435 人，因收入增加、财产超标、病情好转、人员死亡等累计退出低保对象 91305 人，全省在册城乡低保对象共 71.9 万人。

8 月初，浙江省民政厅会同省纪委驻厅纪检组抽调人员组成 5 个调研组，赴全省 11 个设区市开展为期 2 个月的集中督查。同时，将农村低保专项治理纳入全省扶贫领域腐败和作风问题专项治理的总体部署，各地民政部门主动与监察委、扶贫办等部门组成联合治理小组开展地毯式排查，并公布举报方式，接受社会监督。

督查、排查结果显示，全省农村低保工作总体运行规范，仅发现个别侵占低保金、优亲厚友等违法乱纪案例，但仍存在财产核对认定难、基层工作力量不足等制约农村低保工作规范化运作的瓶颈问题。

2018 年 11 月，浙江省社会救助家庭经济状况核对平台已与 9 个省级部门 13 类信息数据实现自动比对，并通过对接中国人民银行杭州中心支行金融城域网，实现 50 多家银行存款数据自动核对，年底前将增加到 100 多家。

四、解民忧、转作风，舟山市社保窗口经办更有温度

2018 年，舟山市社保局高度重视窗口作风建设，以深化落实“最多跑一次”改革为契机，全面升级便民经办服务体系，坚持以服务方式改进和服务能力提升为目标，持续推进优质服务窗口专项行动，实现“一窗办、简化办、随时办、就近办、贴心办”，不断增强办事群众的幸福感、获得感。

第一、“跑一次＋”全面升级经办服务体系，便捷高效解民忧

深入推进“最多跑一次”改革，进一步完善全市统一的社会保险公共服务平台建设，推进无差别一窗受理，不断拓展“一卡通办”事项，全面推进证明材料“不用交”、表格信息“不用填”和异地业务“不用跑”，不断优化便民服务体验。

一是实行全科受理，实现“一窗办”。通过流程再造、信息共享、网上流转等方式，率先在全省实现“一窗受理”，所有经办事项实现无差别全科受理，做到“取号无差别、窗口无差别、人员无差别”，并开启“前台综合受理、后台分类审批、统一窗口出件”新模式。二是拓展一卡通办，实现“简化办”。为进一步方便群众办理社保业务，实现“不用交、不用填、不用跑”目标，在地税、银行一站式服务基础上，进一步优化业务经办流程，全面梳理经办事项，精简材料近 50%。33%的事项实现“跑零次”，40%的事项做到“即时办理”，80%以上的窗口经办事项实行免填单受理，50%的民生事项实现身份证或社会保障卡“一卡通办”，基本做到个人事项免填单和免证明，经办综合提速达 43.52%。三是推广自主经办，实现“随时办”。借助于信息技术支撑完成数据推送，将实体窗口延伸到网上、掌上和自助服务终端等虚拟平台，不断健全自主经办服务体系。全面推广企业网上申报，企业单位基本实现网上申报，机关事业单位网上办理业务占可申报业务的 82%。个人参保事项可通过网上办事大厅、手机 APP 及微信公众号等平台自主经办，个人社保信息网上查询和参保证明网上打印及“刷脸”认证等模式深受参保人员欢迎。四是延伸基层平台，实现“就近办”。积极推动全市社保经办一体化建设，率先在全省推进“医疗费用报销”等 38 项业务全市互通联办，并统筹推进市区社保管理一体化改革，打通市本级与定海、普陀两区之间的行政区划壁垒，实现共享通办，充分激发同城效应。同时，加快“互联网＋人社”标准化服务平台应用，将社保受理前台从市级窗口延伸到乡镇(街道)平台，市本级 50%以上的业务实现下延，方便群众就近办理社保业务，做到办事不出岛。

第二、“标准化＋”试点打造优质服务品牌，贴心服务转作风

以国家级标准化试点建设为契机，从经办环境、服务标准、经办要求等方面，不断优化综合柜员制经办模式，努力建立社保经办标准化服务体系，积极转变经办作风，确保窗口准时高效受理业务，并做到贴心、依法、规范经办。

一是全面优化，创一流环境。2018 年 4 月起，舟山市社保局整体搬迁进驻市人力社保公共服务平

台，在启用社保综合窗口的基础上，按照国家和行业标准，明确划分柜台受理服务、自助服务、等候休息、咨询服务等区域，因地制宜完善相应便民设施，为办事群众提高人本化、开放式服务。二是全面部署，定统一标准。按照标准化建设要求，梳理经办业务事项，编制完成了《服务依据标准》《服务项目标准》《服务要求标准》等标准手册，推动政策集成，并形成经办标准，不断健全社会保险经办管理服务标准化体系，为一窗受理及业务延伸工作奠定标准基础。三是全面提升，强过硬队伍。积极弘扬“热情、高效、便民”的社保文化，扎实推进干部职工素质提升行动，通过社保大讲堂、主题沙龙、“头脑风暴”等多种方式，增强理论指导实践本领。同时，强化礼仪培训，规范服务标准，严格执行工作纪律，贯彻落实作风建设各项要求，求真务实，全面提升经办服务品质。四是全面推进，建长效机制。充分认识窗口作风建设的长期性、复杂性和艰巨性，由主要负责人履行“第一责任人”职责，坚持一级抓一级，层层抓落实，做到作风建设与业务经办工作同步并全面推进。同时，建立监督检查长效机制，坚持实行大厅值班制，经常性开展督查，加强舆情应对与应急处置，进行服务承诺，不断提高群众的经办满意度。

五、17 种抗癌药纳入浙江省医保

降低患者用药负担，浙江先行一步。2018 年底，浙江省将 17 种抗癌药全部纳入省医保乙类药品报销范围，并首次开展了抗癌药专项集中采购，预计每年可节约费用近 9 亿元。

近年来，分子靶向等疗效确切的抗癌药陆续上市，引发社会关注和患者期待，但享有专利、独家的抗癌药价格较高，患者费用负担偏重。2018 年 10 月，国家医疗保障局印发通知，将 17 种谈判抗癌药品纳入医保乙类范围，并同步确定了这些药品的医保支付标准。浙江省成为全国首批落地谈判结果的省份，截至 2018 年 12 月 14 日，17 种抗癌药全省累计发生药品费用 5266 万元，共计 3422 名患者享受到政策实惠，推算每年可节约费用 5.6 亿元。

2018 年底，省肿瘤医院已常备此次纳入医保的抗癌药共 13 种。“以治疗肺癌的靶向药物‘泰瑞莎’为例，过去一盒的价格为 5.1 万元并且自费，目前价格为 1.53 万元并列入医保报销的乙类目录，患者每盒仅需负担 3000 元左右。”省肿瘤医院医保办副主任程斌告诉记者。

据悉，在 17 种抗癌药中，9 种由大病保险谈判药品转为医保报销药品，8 种由自费药直接转为医保报销药品，绝大部分药品由医保支付。

除此之外，浙江省还首次开展了抗癌药专项集中采购，中标产品平均价格降幅 11.56%。

第四节　安徽省社会保障情况与措施

一、安徽省社会保障基本情况

2018年末安徽省参加城镇职工养老保险人数为1141.7万人。参加失业保险人数为505.53万人，全年为14.9万名失业人员发放了不同期限的失业保险金。全省参加工伤、生育保险人数分别为601.82万人和586.3万人。城乡居民养老保险参保人数3487.76万人。参加新型农村合作医疗的农业人口4653万人，参合率为104%。

2018年末42.7万人享受城市居民最低生活保障，180.6万人享受农村居民最低生活保障，农村五保供养37.7万人。全年民政部门直接救助286.7万人次，资助参加基本医疗保险403.9万人次。

2018年，安徽持续优化财政支出结构、倾斜民生，全省累计投入民生工程资金1067.3亿元，同比增长13.5%，33项民生工程目标任务全面完成。在11项工程类项目当中，通过实施“四好农村路”建设，全年共建成1.7万公里的农村道路；通过实施棚户区改造，全年新开工保障房近30万套，改造老旧小区20多万户。在22项补助类项目当中，通过实施城乡居民医保、养老、教育等项目，全年累计为广大群众支付了400亿元的医疗费用、发放了127亿元的困难救助资金、资助了近160万名贫困学子等。

二、坚持兜底保障打赢脱贫攻坚战

2018年，安徽省民政厅会同省直有关部门先后出台了一系列文件，以实施社保兜底脱贫工程为重点，统筹做好农村低保、特困人员救助供养、临时救助等工作。

安徽省民政部门按照农村低保和建档立卡贫困人口各自识别认定的标准、程序等，分别把符合条件的对象纳入救助或帮扶范围，实现双向衔接。在农村低保动态调整时，将因病、因残及其他医临时困难返贫的建档立卡贫困家庭作为重点，截至2018年底，安徽省农村低保对象180.64万人，其中建档立卡贫困户107.55万人，占低保对象的59.5%。

按照安徽省委、省政府要求，安徽民政厅制定下发了《关于加快最低生活保障城乡统筹的指导意见》，分三步推进城乡低保统筹，2018年部分地区实现城乡统筹，2020年全省全面实现低保政策、标准、程序、管理城乡统筹。截至2018年底，全省共有64个县区实现低保标准城乡统筹，占县区总数的61%。全省农村低保平均标准为5942元/年，占城市低保标准的比例为87.3%，城乡差距不断缩小。

落实特困人员供养政策。安徽各级民政部门按照不低于上年度当地居民消费性支出的60%和不低于基本生活标准的10%，确定特困人员基本生活及照料护理标准，完善特困人员供养标准动态调整机制。截至2018年底，全省共保障特困人员38.1万人，特困人员集中和分散供养水平分别达到月人均706元和598元。

为加大医疗救助、临时救助力度，安徽省资助农村低保对象、特困供养人员和建档立卡贫困户参加当地农村合作医疗或城镇居民医疗保险，配合卫计、扶贫等部门做好“351”兜底保障，健全完善贫困人口综合医疗保障体系。与此同时，民政厅逐步在乡镇(街道)建立临时救助备用金制度，提高救助水平。截至2018年12月底，安徽医疗救助共惠及困难群众737.34万人次，支出26.92亿元；全省临时救助共12.4万人次，支出资金25105.0万元，平均救助水平为2024.4元/人次，缓解了困难群众突发性、临时性困难。

安徽省还多措并举，完善兜底脱贫监管制度。持续开展农村低保专项治理，将专项治理工作与完善低保政策、规范公示制度、开展抽查暗访、做好信息比对相结合，切实提升治理的针对性和实效性。

此外，安徽省广泛运用“互联网＋监督”，全面建立申请救助家庭经济状况核对系统，实现相关系统有效衔接、信息资源共享，应用信息化和高科技手段，对社会救助工作实行动态实时监测，初步实现申请救助对象准确认定。全面应用低保信息系统和医疗救助一站式系统，实现低保等网上申请审批，提高监督检查工作效率和工作水平。

三、积极探索发展智慧养老

近年来，安徽各级民政部门根据民政部的指导和省政府的部署，积极探索发展智慧养老，主要开展了以下三个方面的工作：

一是搭建智慧养老发展政策框架。先后出台《关于推进智慧养老建设的指导意见》《安徽省智慧养老院建设规范(试行)》等规范性文件，起草《加快发展智慧养老服务若干政策》。

二是加大智慧养老领域试点示范力度。全力支持智慧养老机构试点工作，打造了1+3+5+N的智慧养老机构建设模式，努力为全省智慧养老机构创建提供示范。积极开展全国智慧健康养老应用试点示范申报工作。启动全省第一批智慧养老示范遴选工作，创建8家示范智慧养老机构和智慧社区居家养老服务项目。

三是夯实智慧养老发展应用基础。推进智慧养老服务设施建设，推广智慧养老新兴技术研发应用。全省社区居家养老服务信息平台实现市辖区全覆盖，部分地市还正在规划建设贯通全市、覆盖城乡的养老服务信息平台，为居家老年人提供紧急呼叫、照料护理等转介服务；省内一些养老机构积极探索对入住老人开展智能化服务，已经取得较好应用经验。

安徽省将持续优化智慧养老发展环境，抓紧建设全省性养老服务数据资源中心和应用服务平台，打造一批智慧养老机构和智慧社区居家养老服务示范项目，制定财政奖补、金融扶持、试点推广等政策，引导智慧养老产业发展。

四、工伤保险费率将实现全省统一

2018年6月，《安徽省工伤保险费率管理暂行办法》经省政府常务会审议通过，已下发各地，将于7月1日正式实施。《暂行办法》明确规定，按照以支定收、收支平衡的原则，在全省范围实现工伤保险基准费率和浮动费率的统一，并在此基础上适当下调工伤保险费率。

当前，安徽省经济发展进入新常态，统一规范全省工伤保险费率，适当下调费率，减轻用人单位负担，支持实体经济发展，是落实中央和省委、省政府有关精神，为经济发展创造良好环境的需要。建立浮动费率制度，利用经济杠杆促进用人单位注重工伤预防工作，是避免、减少工伤事故和职业病的发生，保障职工生命安全，促进企业稳定发展的重要手段。

《暂行办法》规定，安徽省一类至八类工伤风险类别的行业基准费率分别为该行业用人单位工资总额的0.2%、0.4%、0.6%、0.8%、1.0%、1.3%、1.6%、1.9%，其中三类、四类、五类行业分别比国家规定的费率下调0.1%，有利于促进安徽省制造业实体经济的发展。以建设项目为单位参加工伤保险的各类建筑施工企业，按照项目工程合同造价的1.2‰缴纳工伤保险费，较2015年安徽省确定的2‰下调了0.8‰。预计费率下调之后，将每年为用人单位减轻工伤保险缴费负担2.4亿元。

《暂行办法》规定，根据用人单位上一参保缴费年度支缴率情况，工伤保险费率在基准费率的基础上，最高可上浮至150%，最低可下浮至50%，利用经济杠杆促进用人单位注重工伤预防工作。

下一步，安徽省将加快全省统一的信息系统建设，强化经办能力建设，提升经办管理服务水平，确保工伤保险费率调整工作的平稳实施。

五、东至县"三到位""三转变"有效提升城乡居保质量

2018年，安徽省东至县人社局积极创新思路，坚持"三到位"，突出"三转变"，扎实推进城乡居保民生工程，提前完成年度目标任务，实现城乡居保质量有效提升。截止到11月底，当年缴费人数19.52万人，待遇领取人数8.98万人，目标任务完成率达108.50%，人均缴费水平267.08元。

（一）坚持“三个到位”提供有力保障

业务培训到位。采取购买公益性岗位、劳务派遣的方式聘用乡镇就业和社会保障协理员，由各乡镇负责管理和考核。城乡居保中心实行一部联系乡镇工作，对乡镇工作人员加强指导，有针对性地进行业务培训，进一步提升基层人员服务能力。

工作措施到位。县城乡居保领导小组年初分解下达任务至各乡（镇）人民政府，乡（镇）与村（居）委会签订责任书，层层分解任务，压实工作责任，形成了县、乡镇、村三级联动抓落实的工作格局。

职责明确到位。县人社局城乡居保中心加强内部分工，对外实行联系乡镇负责制，对内按股室分工，按业务操作流程坚持实行“三审一批”制度。实行周例会制度，加强工作部署、落实、督促、总结。

（二）突出“三个转变”提升参续保率

由抓分散续保向抓集中续保转变，突出一个“早”字。每年的 2～4 月份，由县居保中心牵头，各乡镇就业和社会保障事务所积极参与，开展“城乡居保续保扩面集中征缴”活动，让参保人员逐渐养成年初集中续缴保费的习惯，通过多年集中征缴活动的开展，城乡居保工作成效显著。

由抓会议部署向抓重点调度转变，突出一个“促”字。县、乡工作人员经常深入村居加强业务指导，重点对后进乡（镇）、村（居）进行督促调度，指导和帮助解决工作中存在的问题。全面推行服务承诺制，不断提升经办服务效能和水平，尽量让群众少跑路，不跑路。

由抓适时通报向抓以奖代补激励机制转变，突出一个“奖”字。为最大限度调动各镇、村、组干部及经办人员的积极性，在质量提升年活动中采用以奖代补手段，不断加大工作推进力度，明确责任制。

五　教育、科研发展情况

第一节　上海市教育、科技发展情况与措施

一、2018年上海学校数及在校学生情况

至2018学年末，上海市共有普通高等学校64所，普通中等学校913所，普通小学721所，特殊教育学校30所。普通高等学校在校生数有所增加，毕业生数有所减少，中等专业学校的在校生和毕业生数均有所减少(见表1)。上海市共有49家机构培养研究生，全年招收全日制研究生5.27万人，在校全日制研究生15.85万人，毕业全日制研究生4.31万人。九年义务教育入学率保持在99.9%以上，高中阶段新生入学率达99.4%。

至2018学年末，上海市共有民办普通高校19所，在校学生11.03万人；民办普通中学131所，在校学生8.37万人，民办小学111所，在校学生10.66万人。上海市共有成人中高等学历教育学校26所，成人职业技术培训机构631所，老年教育机构290所。上海市共有校外教育机构23所。其中，青少年活动中心(含少年宫)19所，少年科技站3所，少年之家1所。

表1　2018学年上海各级各类学校学生情况及其增长速度

类别	在校学生数(万人)	比上学年增长(%)	毕业学生数(万人)	比上学年增长(%)
普通高等学校	51.78	0.6	13.25	−1.3
普通中等学校	67.93	2.7	16.56	−3.7
普通中学	59.07	3.5	13.62	−3.5
高　中	15.82	−0.4	5.19	1.2
初　中	43.25	5.1	8.43	−6.2
中等专业学校	5.98	−5.2	2.07	−3.3
职业学校	1.99	0.5	0.61	−12.9
技工学校	0.89	9.9	0.26	0.24
普通小学	80.02	1.9	15.03	5.0
特殊教育学校	0.44	2.3	0.07	−12.5

二、2018年上海科技企业与申请专利情况

上海市科技小巨人培育企业共1798家，技术先进型服务企业305家(含2018年向国家备案认定技术先进型服务企业12家)。2018年内共认定高新技术企业3653家，上海市2016—2018年有效期内高新技术企业总数已达到9206家，净增长1564家。全年共落实高新技术企业减免所得税额160.97亿元，享受企业数3310家。落实技术先进型企业减免所得税额5.12亿元，享受企业数174家。全年共认定高新技术成果转化项目656项，比上年增长33.1%，认定数量创5年新高。其中，电子信息、生物医药、新材料等重点领域项目占86.3%。至年末，共认定高新技术成果转化项目12118项。

全年专利申请量150233件，比上年增长14.0%。其中，发明专利申请62755件，增长14.9%；实用新型专利申请69564件，增长14.2%；外观设计专利申请17914件，增长10.7%。全年专利授权量92460件，比上年增长27.0%。其中，发明专利授权量21331件，增长3.1%；实用新型专利授权量55581

件，增长 39.2%；外观设计专利授权量 15548 件，增长 27.6%。全年 PCT 国际专利申请量 2500 件，比上年增长 19.1%。至 2018 年末，上海市有效发明专利达 114966 件，比上年末增长 14.5%，有效发明专利五年以上维持率为 78.6%；每万人口发明专利拥有量达 47.5 件，比上年增长 14.5%。全年经认定登记的各类技术交易合同 21630 件，比上年增长 0.3%；合同金额 1303.20 亿元，增长 50.2%。

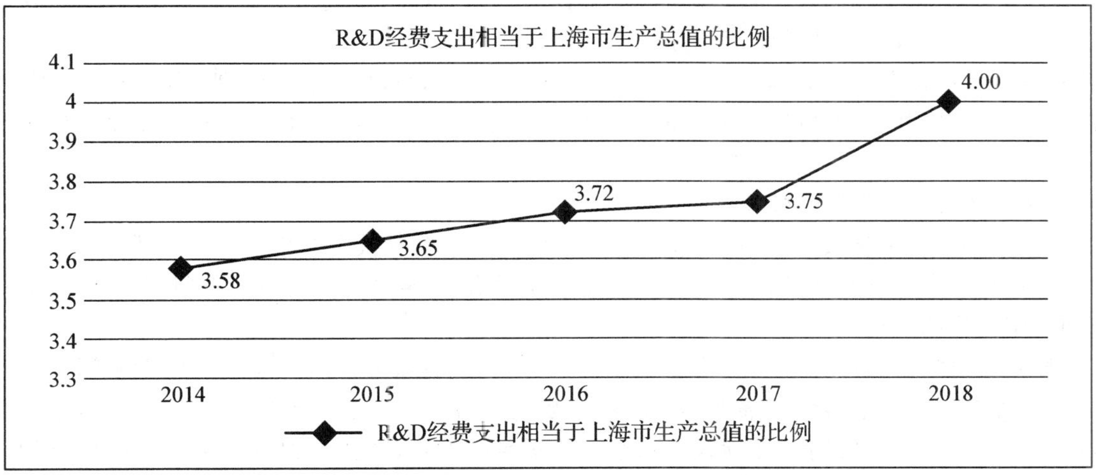

三、抓好教师队伍建设

在上海，教师队伍改革建设已经积累了不少有益经验。结合教育综合改革，上海坚持“面向全体、高端引领、农村优先、关注新教师”的原则，在教师素质平均水平较高的情况下，不断提升教师队伍的整体水平，着力增强教师育德能力和育德意识，发挥教师在立德树人中的核心作用，为上海教育综合改革奠定了扎实的人力资源基础。

五年来，上海义务教育阶段教师平均收入增加 87%，116 名中小学教师获评“正高级”职称，青年教师、中年骨干教师、普教系统的名师、教育家纷纷在不同的培训体系中找到了成长路径。截至 2018 年 2 月初，上海共有中小学(幼儿园)专任教师约 15.72 万人，其中本科学历及以上 13.32 万人，占 84.7%；40 岁以下教师人数超过 50%，总体呈现年纪轻、学历高的特点。

第一、为不同层次教师发展“搭梯子”

多年来，上海建立了针对青年教师、骨干教师和高端教师的多种发展途径，教师们明显感觉走上讲台后，发展通道清晰，工作动力十足。

上海早在六年前就建立了见习教师规范化培训制度，让大学毕业生实现从校园到讲台的“无缝衔接”。如今，该制度已培养出近 3 万名新教师，约占全市基础教育系统教师总数的 20%。

一名较为资深的学科教师或特级教师领衔，跨校或跨区 4 至 6 人组成核心团队，针对自己感兴趣的话题进行研究。“团队计划”打破了我国传统以行政机构为主导的教师发展路径，形成了以一线教师为主体的团队发展组织模型，目前已形成 13 个团队实践研究成果，其成员共出版专著 27 本。

高端教师对一个区域教育全局的引领有着重要作用。2005 年起，上海市推出普教系统名校长名教师培养工程(简称“双名工程”)。十多年来，已实施三期的“双名工程”培养出近 3000 名学员，成为全市教育教学改革的中坚力量。据统计，几乎所有荣获“上海市教育功臣”称号的普教系统名师、名校长都曾担任“双名工程”基地主持人。其中，第三期“双名工程”从 2011 年实施至今，截至 2018 年 2 月已获得三项国家教学成果一等奖，主持人及学员出版专著超过 120 本，为推进上海教育综合改革出谋划策。

第二、打破中小学教师职称“天花板”

2013 年至今，沪上中小学教师队伍中，出现了 116 名“教授级”教师，他们都是正高级教师。这是上海中小学师资队伍改革的又一重要举措。

2015年，深化中小学教师职称制度改革，设置中小学教师正高级职称。上海对此的探索早就起步，继2013年在徐汇、普陀、浦东三区试点并评审产生首批11名正高级教师、2016年在全市推广并评审出51名正高级教师后，2018年又有53名教师通过正高级教师职务评审。这些教师分布于基础教育各学段，涵盖20门学科，其中学前教育教师两名、乡村教师两名。这些正高级职称教师中，70%是在专业发展领域已有成就的一线教师和教研工作者。

破除职称"天花板"，留给老师的不仅是希望，还有使命感和责任感。职称评聘的杠杆作用，使得教师更注重克服专业发展中的困境，拓宽教师职业发展通道，为本市教育综合改革提供了坚实的人才保障和智力支撑。

第三、提高待遇，教师获得感满满

五年来，上海市中小学教师平均收入增长了87%。义务教育教师绩效工资增长明显。2018年，上海继续大力提高中小学(幼儿园)教师绩效工资水平，努力形成导向明确的激励机制、科学管用的绩效管理机制和落实到位的督导机制。

义务教育阶段学校实行全市统一的教师绩效工资水平，消除了城镇学校与乡村学校间教师待遇的差距，郊区教师的工资水平得到大幅度提高。按照规定，各区在核定学校绩效工资总量时，还对乡村学校予以倾斜，进一步提高乡村教师待遇，激励教师扎根乡村教育，各区也根据本区域实际情况制订乡村教师津贴、专用班车等政策，稳定乡村教师队伍。

绩效工资改革不仅要总体提升教师收入，更重要的是转变收入分配的理念。改革的核心是营造"薪随事转、多劳多得、优绩优酬"的氛围，利用增量契机优化分配结构。根据要求，各区绩效工资筹量为绩效总量的10%，学校统筹量不得低于总量的50%。绩效注重向一线教师、骨干教师、乡村教师、班主任和作出突出成绩的教职工倾斜，向工作量大、责任重、业绩优秀的教师倾斜。

四、上海700多所中小学图书馆2018年华丽"变身"

在上海，中小学生图书馆不再等于"书架＋阅览室"，而成为学校的文献资源中心、教学支持中心、师生活动中心和对外服务交流中心，实现了功能提升。截至2017年底，上海全市共完成610所小学、初中和近100所高中图书馆功能提升，建成一大批集"藏、借、阅、研、休"功能为一体的现代化学校图书馆。

据悉，2018年全年上海市中小学图书馆共有纸质书刊5989万册，比上年度增加217万册，生均纸质图书册数52册。在不同学段，学校图书馆各具特色。小学图书馆侧重童趣，激发学生学习兴趣。初中图书馆突出求知欲和探究精神的培育。高中图书馆重点打造合作学习和研究性学习平台。不少学校还积极创造条件，因地制宜，将纸质书报刊流通服务点向教室、走廊、门厅等延伸拓展，并设置数字书报刊资源的下载设施，营造了"校园处处有书读""校园处处可读书""校园处处在读书""学校建在图书馆中"的书香氛围。

2018年春节以来，上海市进一步加强中小学图书馆的图书资源建设。同时注重优质资源的配置，加强了数字资源的规划与建设。入选"全国最美校园书屋"的黄浦区卢湾一中心小学彩云图书馆利用云计算资源建立而成，不仅利用简单智能化的操作让每名同学都能自主高效地借阅图书，还开设了"经典导读"活动，建立了30多个微信导读群，每个群配备导读老师，在线指导学生读书，帮助学生掌握读书方法，提高阅读能力；大同中学图书馆利用图书馆开设文史哲研修课程、课题研究课、专题研修课等课程，并引入数学、物理等专题性"慕课"，供学生上网自主选修。嘉定区从2018年元月开始推进"慧雅阅读"项目，其中的任务之一就是推动图书馆与学科教学深度融合，自然学科"松鼠悦读会"和"嘉定话讲科学"已成为颇具影响力的线上阅读资源。为了改善学校图书馆"重藏轻用"的现象，嘉定区倡导学校将一定数量的图书馆图书、期刊或学生自荐的图书、期刊，存放到班级、公共空间、走廊等地，配置公共图书架柜、计算机网络终端和较为有特色"阅读书吧""读书角"等，实现开放式、立体式的阅读空间建设。

截至2018年3月中旬，上海市中小学图书馆建设仍存在一些问题，例如，部分学校重建设、轻管理和应用，忽视图书馆内涵建设；图书馆在岗管理人员较三年前减少了5.07%，学历结构仍不理想，图书馆管理人员专业能力和管理水平亟待提升。2018年上海市还将进一步推进"城乡义务教育一体化"图书馆功能提升项目，深化高中图书馆功能提升工作，促进学校图书馆的功能升级。

五、"2018年度中国科学十大进展"上海斩获前两名

"2018年度中国科学十大进展"2019年2月27日揭晓，其中"基于体细胞核移植技术成功克隆出猕猴"和"创建出首例人造单染色体真核细胞"两项成果出自上海科学家团队，并以高票位列前两名。

"2018年度中国科学十大进展"遴选活动由科技部基础研究管理中心牵头举办。终选采取网上投票方式，邀请中国科学院院士、中国工程院院士、973计划顾问组和咨询组专家、973计划项目首席科学家、国家重点实验室主任、部分国家重点研发计划负责人等2600余名专家学者对30项候选科学进展进行网上投票，得票数排名前十位的入选"2018年度中国科学十大进展"。

目前绝大多数脑疾病之所以不能得到有效治疗，主要原因之一是研发药物通用的小鼠模型和人类相差甚远，研发出的药物在人体应用时大都无效或有副作用。中国科学院神经科学研究所/脑科学与智能技术卓越创新中心孙强和刘真研究团队经过五年攻关，最终成功得到两只健康的体细胞克隆猴。2018年1月25日，国际顶尖学术期刊《细胞》以封面文章在线发表这一重大突破。

中国科学院分子植物科学卓越创新中心/植物生理生态研究所覃重军和薛小莉研究组、赵国屏研究组与中国科学院生物化学与细胞生物学研究所周金秋研究组等合作，在国际上首次人工创建单条染色体的真核细胞，且仍具有正常的细胞功能。该成果于2018年8月2日在国际顶尖学术期刊《自然》在线发表。

六、高校思政课改革显成效

教育部于2018年元月起开展的"高校思政课教学质量年"专项工作中，3000个原生态思政课堂的3万余名学生参与了随机调研。最新出炉的调研报告显示，思政课教学状况总体良好，学生对思政课及授课教师获得感强、满意度高，思政课有力推动了马克思主义中国化最新成果"入脑入心"。

"中国影视动画中所体现的世界观、人生观和价值观是什么?""如何将中国精神融入未来影视动画创作中，如何实现中国故事与中国影视动画的完美结合?"在上海师范大学"马克思主义基本原理概论"课上，教师赵晓芳一个又一个有力的发问，让学生在不断思考中，把哲学思辨与对专业课内容的深刻反思紧密联系起来，课堂"抬头率"明显提高。

"重科研轻课堂教学"曾是高校思政工作长期存在的不足。思政课课程改革后，华东理工大学的"形势与政策"课不再是一个教师的课堂，而是成立教研组，进行集体备课；也不再只是一节课45分钟的课堂，要有课前预习和课后思考。同时，确保"形势与政策"课与其他思政课和各类课程形成协同效应。

同济大学"中国近现代史纲要"课特别增设了实践环节，学生通过参阅文献和实地调研，对家乡的文化和发展脉络有了深入了解。思政课在发挥应有的思政教育功能的同时，还努力发挥它的应用价值。据悉，同济大学这门思政理论课已被评为上海市精品课程。

教育部调研报告指出，思政课堂正在涌现一批效果确切、口碑良好的优秀教学方法。教师们精心设计教学模式，尊重学生个性与特点，有效调动学生学习主体性，使思政课变得"有意思""都爱听""真相信"。

党的十八大尤其全国高校思政工作会议以来，思政课从"独奏"逐步变为"合奏"，思政课+课程思政的大思政教育体系真正构建。

复旦大学首批开出了《经济与社会》《人文与医学》《政治与社会》《环境与人类》等5门课程思政公开课，主讲教师来自医学院、国际关系、物理等学校各院系，受到学生追捧。

据悉，上海将加大试点力度，鼓励更多高校、院系、教师积极探索课程思政，并在全市推出十大"课程思政"。同时，还将评选课程思政教学名师、示范学院等，推出一批名师、团队和院系。

第二节　江苏省教育、科技发展情况与措施

一、2018年江苏教育、科技有关数据

2018年，江苏全省共有普通高校142所。普通高等教育招生62.74万人，在校生200.09万人，毕业生53.87万人；研究生教育招生6.91万人，在校生19.46万人，毕业生4.74万人。高等教育毛入学率达58.3%，比上年提高1.6个百分点；高中阶段教育毛入学率达99%以上。全省中等职业教育在校生62.6万人(不含技工学校)。特殊教育招生0.48万人，在校生3.12万人。全省共有幼儿园7222所，比上年增加240所；在园幼儿255.58万人，比上年减少4.95万人。学前三年教育毛入园率98%以上。

表1　各阶段教育学生情况

指　标	招生数		在校生数		毕业生数	
	绝对数(万人)	比上年增长(%)	绝对数(万人)	比上年增长(%)	绝对数(万人)	比上年增长(%)
普通高等教育	62.74	4.9	200.09	2.9	53.87	0.6
#研究生	6.91	7.1	19.46	10.1	4.74	3.0
普通高中教育	35.21	11.9	98.08	4.0	31.24	−1.6
普通初中教育	80.23	5.9	225.76	8.2	62.35	1.8
小学教育	102.23	7.3	560.44	3.7	81.62	5.5

表2　江苏各级学校教师负担学生数

指标名称		2014年	2015年	2016年	2017年	2018年
普通高等学校	教师数(万人)	10.45	10.72	10.98	10.98	11.64
	平均每个教师负担学生数(人)	17.7	17.5	17.4	17.7	17.2
普通中等学校	教师数(万人)	31.15	30.84	31.48	31.64	32.89
	平均每个教师负担学生数(人)	11.4	11.2	11.3	11.4	11.75
普通小学	教师数(万人)	27.02	27.79	28.92	30.02	31.61
	平均每个教师负担学生数(人)	17.4	18.0	18.1	17.99	17.73

2018年，江苏全省专利申请量、授权量分别达60.03万件、30.7万件，其中发明专利申请量19.88万件，比上年增长6.31%；发明专利授权量4.2万件，增长1.21%；PCT专利申请量达5500件，增长19.8%；万人发明专利拥有量达26.45件，增长17.56%。全省企业共申请专利43.76万件。全年共签订各类技术合同4.2万项，技术合同成交额达1152.6亿元，比上年增长32%。省级以上众创空间达746家。2018年，江苏共有50个项目获国家科技奖，获奖总数位列全国各省第一。

组织实施省重大科技成果转化专项资金项目124项，省资助资金投入8.38亿元，新增总投入72.81亿元。新认定国家高新技术企业超过8000家，企业研发经费投入占主营业务收入比重提高至1.3%，大中型工业企业和规模以上高新技术企业研发机构建有率保持在90%左右，国家级企业研发机构达到145家，位居全国前列。全省已建国家级高新技术特色产业基地160个。

全社会研究与试验发展(R&D)活动经费占地区生产总值比重达2.64%(新口径)，研究与试验发展(R&D)人员78万人。全省拥有中国科学院和中国工程院院士98人。各类科学研究与技术开发机构中，政府部门属独立研究与开发机构达466个。建设国家和省级重点实验室171个，科技服务平台277个，工程技术研究中心3404个，企业院士工作站326个，经国家认定的技术中心117家。

二、2018 年江苏省教育事业进展情况

2018 年，江苏教育改革持续深化，学前教育资源供给不断增加，义务教育优质均衡发展加快推进，现代职业教育体系不断完善，高等教育事业得到加强，“双一流”和高水平大学建设取得新成效。

基础教育优质发展。2018 全年新建改扩建幼儿园 581 所、义务教育阶段学校 444 所、普通高中 35 所。建设基础教育内涵建设项目 335 个，建成 823 个融合教育资源中心。推进义务教育城乡一体化发展，推动义务教育学校标准化建设和优质均衡发展县创建。普通高中课程改革积极有序推进。职业教育质量稳步提升。公布了 531 个现代职业教育体系建设试点项目。高等教育内涵建设不断加强。“双一流”和高水平大学建设持续推进。启动优势学科三期项目建设。26 所高校的 124 个学科进入 ESI 前 1%。

教育体制改革有序推进。扎实推进国家“完善县域内义务教育教师均衡配置体制机制”等 3 项教育综合改革重点推进事项。遴选高教综合改革试点项目 30 个。民办教育管理更加规范。实施分类管理，积极促进民办学校健康发展。教育对外开放步伐稳健。加强和规范外国留学生管理，93 所高校招收培养留学生 4.59 万名。现有中外合作办学机构和项目 323 个。

教育服务发展能力不断提升。继续实施江苏高校协同创新计划，成立江苏高校协同创新联盟。加强高校科技创新平台建设，新增省级大学科技园 1 个、省工程研究中心 21 个、高职院校工程技术研究开发中心 39 个。产教融合持续深化，全省高校累计选聘 1711 名行业企业专家担任产业教授。完善产学研合作机制，推动创新链和产业链“双向融合”。

教育保障能力建设展现新作为。教育优先发展得到强化。率先建立并实施面向设区市人民政府的履行教育职责考核评价制度。教育信息化水平继续提升。江苏全省中小学接入 100 兆以上宽带的学校占 85.8%，开通师生网络学习空间 858 万个。实施教师信息技术应用能力提升工程，培训 37 万人次。

三、2018 年江苏教育十大新闻揭晓

2019 年初，“2018 江苏教育十大新闻”揭晓，集中展现了一年来江苏教育的发展、变化和成就，展示了江苏广大教育工作者的精神风采。

2018 年，全省教育系统全面落实省委、省政府和教育部部署要求，深入贯彻国家及省教育规划纲要，改革创新，务实奋进，全省教育事业改革发展取得令人瞩目的成就，教育综合实力和整体水平位居全国前列，各类教育质量指标在全国名列前茅，为经济社会发展提供了有力的人才支撑和智力保障。本次评选出的年度十大新闻，真实反映了江苏教育一年来取得的显著成绩。

以十大新闻之一“南京理工大学教授王泽山荣获 2017 国家最高科学技术奖”为例，2018 年 1 月 8 日，国家科学技术奖励大会在北京人民大会堂举行，82 岁的中国工程院院士、南京理工大学教授王泽山接过国家最高科学技术奖证书。60 多年来，他带领团队不断奋斗，推动我国火炸药事业的快速发展，为我国武器装备的更新换代作出了杰出贡献。

十大新闻中的一些关键词让人倍感振奋。如“改革开放 40 年来江苏省教育改革取得巨大成就，涌现出以胡福明为代表的‘改革先锋’”中的“先锋”，“省委传达学习全国教育大会精神，切实把优先发展教育作为重要先手棋来抓”中的“先手棋”。

十大新闻中“江苏省制定《关于深化教育体制机制改革的实施意见》”“江苏出台教师队伍建设系列政策”“省教育厅等 9 部门联合出台学校体育改革实施意见”等，均体现了江苏省教育改革的新成就、新战略、新思路，彰显了江苏省深化教育改革的力度。

“省政府教育督导委员会首次对设区市人民政府履行教育职责进行考评”，在全国率先建立健全“一级督一级”督政体系。

“江苏省部署教育领域人民群众反映强烈突出问题专项治理工作”，坚持以人民为中心发展教育，切

实回应了人民关切，提高人民群众教育获得感。

“省政府出台文件加快推进职业教育现代化，深化产教融合发展；全国职业院校技能大赛江苏实现‘十连冠’”，则反映了江苏职业教育创新发展取得的喜人成就。

据悉，自2013年起，江苏教育报刊总社连续组织江苏教育年度十大新闻评选，评选活动得到全省各级教育部门、广大师生的积极支持和普遍认同。江苏教育年度十大新闻评选已成为全国教育同行和主流媒体观察了解江苏教育的窗口，彰显出越来越广泛的影响力。

2018年12月初，江苏教育报刊总社成立工作小组，专门负责“2018江苏教育十大新闻”评选组织工作。评选采取省市初选、专家评选、综合评议相结合的方式进行。在征集多方意见的基础上，初步筛选出17条候选新闻。同时，主办方联合江苏省教育新闻工作者协会，邀请人民日报社江苏分社、中央人民广播电台江苏记者站、新华社江苏分社、新华日报、江苏卫视、中国江苏网等媒体单位的11位专业记者，对候选新闻进行评议。经统计选票及相关专家定评后，产生“2018江苏教育十大新闻”。附列十大新闻如下：

2018江苏教育十大新闻

1. 省委传达学习全国教育大会精神，切实把优先发展教育作为重要先手棋来抓

2. 改革开放40年来江苏省教育改革取得巨大成就，涌现出以胡福明为代表的“改革先锋”

3. 南京理工大学教授王泽山荣获2017国家最高科学技术奖

4. 江苏省制定《关于深化教育体制机制改革的实施意见》，明确江苏未来教育改革发展的目标任务

5. 江苏出台教师队伍建设系列政策，确立新时期教师发展路线图

6. 江苏省部署教育领域人民群众反映强烈突出问题专项治理工作，坚持以人民为中心发展教育，提高人民群众教育获得感

7. 省教育厅等9部门联合出台学校体育改革实施意见，将促进学生健康摆在优先发展战略地位

8. 江苏省专项整治幼儿园“小学化”，各地强力规范幼儿园教学行为

9. 省政府出台文件加快推进职业教育现代化，深化产教融合发展；全国职业院校技能大赛江苏实现“十连冠”

10. 省政府教育督导委员会首次对设区市人民政府履行教育职责进行考评，“一级督一级”的教育督政体系更加完善

四、2018年度江苏省科学技术奖揭晓

2019年5月10日，江苏省委、省政府在南京召开全省科学技术奖励大会。江苏省委常委、常务副省长、省委秘书长樊金龙主持大会，副省长马秋林宣读了《省政府关于2018年度江苏省科学技术奖励的决定》。省委书记、省人大常委会主任娄勤俭出席大会，并向江苏的国家最高科学技术奖获得者、国家科学技术进步奖一等奖获奖代表颁发省配套奖励证书。省委副书记、省长吴政隆在会上讲话，省政协主席黄莉新出席。

2018年度江苏省科学技术奖共276项，其中一等奖45项，二等奖79项，三等奖152项。7家企业获得2018年度江苏省企业技术创新奖，5名外籍专家获得2018年度江苏省国际科学技术合作奖。

江苏省科学技术一等奖获奖者钱七虎院士和亨通光纤科技有限公司总经理陈伟，代表全省科技工作者作了发言。

本次获评的江苏省科学技术奖主要有五大亮点：

一是突出产业关键核心技术。获奖项目创新水平高，拥有授权发明专利1707件，平均每项就有6件。围绕13个先进制造业集群培育，聚焦智能电网、先进材料、生物医药等江苏省优势产业领域的项目占比超过70%；应用类获奖项目占比近80%，累计新增销售额近900亿元。

二是突出企业技术创新主体地位。获奖项目中企业主持完成的120项，占比43%；其中，一等奖中

企业主持的有6项，为历年最高。

三是突出国家级科技项目承接。获奖项目获得国家重大科技专项、国家重点研发计划和国家自然科学基金等国家科技计划支持的有139项，占比50.4%。一等奖中有40项承担国家科技计划，占比88.9%。

四是突出中青年科技骨干培养。276位第一完成人中，45周岁以下的中青年科研人员有86人，占31.2%；第一完成人平均年龄49.5岁，比2017年下降0.3岁。

五是突出民生领域科技进步。获奖项目聚焦改善生态环境、引领乡村振兴、推进"健康江苏"建设等民生热点问题，其中，资源与环境、农业与林业、生命健康等领域的获奖项目共有99项，占比36%。

五、2018年江苏省高新技术产业主要数据

为深入实施创新驱动发展战略，引导各地大力发展高新技术产业，加快推动供给侧结构性改革，促进产业结构调整和优化升级，江苏省科技厅和省统计局对全省高新技术产业季度运行情况进行动态跟踪分析，及时提供决策依据，公布的2018年全省高新技术产业的主要数据如下：

第一、总体情况。2018年1～12月全省高新技术产业（工业，下同）同比增长11.0%，出口交货值同比增长12.7%。

第二、主要行业。全省高新技术产业中，航空航天制造业工业总产值同比增长17.75%，占高新技术产业总产值的0.36%；电子计算机及办公设备制造业工业总产值同比增长5.38%，占4.13%；电子及通信设备制造业工业总产值同比增长13.48%，占23.21%；医药制造业工业总产值同比增长12.27%，占7.26%；仪器仪表制造业工业总产值同比增长12.53%，占5.46%；智能装备制造业工业总产值同比增长13.22%，占29.81%；新材料制造业工业总产值同比增长8.77%，占24.78%；新能源制造业工业总产值同比增长－1.34%，占4.99%。

第三、区域分布。全省高新技术产业主要分布在苏南及沿江地区，苏南五市高新技术产业产值同比增长10.80%，占全省的64.09%；苏中三市高新技术产业产值同比增长14.26%，占全省的24.15%；苏北五市高新技术产业产值同比增长5.12%，占全省的11.76%。

	增幅	占全省比重(%)
南京市	19.15%	9.99%
无锡市	12.61%	12.86%
徐州市	5.29%	3.15%
常州市	11.25%	9.70%
苏州市	7.93%	27.94%
南通市	16.91%	12.58%
连云港市	－6.75%	1.82%
淮安市	22.16%	1.64%
盐城市	4.25%	3.89%
扬州市	10.70%	5.60%
镇江市	4.89%	3.60%
泰州市	12.26%	5.97%
宿迁市	7.71%	1.27%

第三节　浙江省教育、科技发展情况与措施

一、2018年浙江教育、科技有关数据

2018年末浙江省共有小学3301所，招生66.2万人；在校生360.6万人，比上年增长1.9%，小学学龄儿童入学率为100%。共有初中1742所，招生54.3万人；在校生161.5万人，比上年增长3.6%，初中入学率为100%。全省各类中等职业教育学校246所（不含技工学校），招生17.8万人，在校生52.6万人；普通高中591所，招生25.5万人，在校生76.9万人，毕业生25.3万人。

全省共有普通高校109所（含独立学院及筹建院校）。研究生（含非全日制）、本科、专科招生比例为1.0∶5.5∶4.9；高等教育毛入学率为60.1%。全年研究生（含非全日制）招生29760人，其中，博士生3339人，硕士生26421人。

义务教育中小学专任教师33.8万人，比上年增长2.4%。中等职业教育（不含技工学校）专任教师3.4万人，生师比15.3∶1；专任教师学历合格率为97.5%。双师型教师占专任教师和专业课教师的比例分别为45.3%和83.6%。普通高等学校专任教师中副高及以上职称教师所占比例为45.7%；具有硕士及以上学位教师比例为84.0%。

全省共有幼儿园8453所，在园幼儿193.4万人，比上年减少1.2%。幼儿园专任教师13.0万人，比上年增加0.5万人；幼儿教师学历合格率为99.97%。

2018年，浙江省全社会研究和发展（R&D）经费支出占生产总值的2.52%，比上年提高0.07个百分点。财政一般公共预算支出中科技支出379.7亿元，比上年增长25.1%。

有国家认定的企业技术中心113家（含分中心）。新认定高新技术企业3187家，累计14649家。新培育科技型中小企业10539家，累计50898家。全年专利申请量45.6万件；授权量28.5万件，其中发明专利授权量3.3万件，比上年增长13.2%。科技进步贡献率为61.8%。新增“浙江制造”标准559个。

二、出台学前教育生均经费制度指导意见

2018年2月底，为推进浙江省学前教育发展，省财政厅、省教育厅制定了《关于建立浙江省学前教育生均经费制度的指导意见》（下称《意见》），从2018年开始，确定全省学前教育生均公用经费最低标准为500元/生·年，自4月1日起施行。

学前教育生均经费，是指按幼儿园在园幼儿人数平均的经费收入，主要包括财政安排的经费补助、保教费收入、办学投入经费以及其他收入等。《意见》要求各地建立学前教育生均经费制度，根据当地生源、经济发展状况及物价水平，完善学前教育成本分担机制，合理确定并定期调整普惠性幼儿园收费标准，进一步完善家庭承担比例。

《意见》指出，从2018年开始，确定全省学前教育生均公用经费最低标准为500元/生·年。在省定学前教育生均公用经费最低标准的基础上，各地应结合本地区经济社会发展水平、学前教育发展状况、办园成本差异、办学质量和规模、财力状况等因素，因地制宜、科学合理确定本地区不同等级、不同规模幼儿园的生均公用经费标准。

学前教育生均公用经费制度，同样支持民办普惠性幼儿园发展。对辖区内符合条件（办园行为规范，达到等级园标准以上，且收费不高于同级公办园收费标准2倍）的普惠性民办幼儿园，均应给予生均公用经费补助，补助水平与同等级公办幼儿园一致。

三、浙江大学精心打造高水平本科人才培养体系

2018年，浙江大学认真贯彻落实新时代全国高等学校本科教育工作会议精神，从四个方面精心打造

高水平本科人才培养体系。

第一、加强顶层设计，强化人才培养优先地位。一是完善组织体系。成立“一流本科教育行动计划”领导小组，各院系建立相应工作机构，签订本科教育目标责任书，健全校院两级教育教学的责任体系。二是加强统筹谋划。学校“双一流”实施方案设立“开环整合的人才培养体系”专项，综合改革实施方案推出落实本科课程教学模式改革、人才培养国际化机制改革等30余项改革举措，促进政策资源优先考虑本科教育。三是制定行动计划。经广泛讨论，出台《浙江大学一流本科教育行动计划（2018—2020）》，系统提出了推进一流本科教育的主要路径和关键举措，并对强化教学过程管理、开展本科教育质量评价等15个方面86项工作任务进行逐项细化分解，推动本科教育落细落实。

第二、深化教育改革，提升教育教学内涵质量。一是推动培养模式改革。推进新一轮通识教育改革，实施“大班授课、小班研讨”模式，打造高质量通识核心课程。在持续推进原有辅修、双专业、双学位培养的基础上，依托优势特色专业增设“微辅修”培养模块，设置综合交叉型实验、实习、科研训练等项目，鼓励学生跨专业学习，促进多学科交叉融合培养。二是推动教学方法创新。推进科教协同育人，推动学生早进课题、早进实验室、早进团队，强化基于项目的探究性学习。优化本科教育“1＋3”管理模式，探索建立与新时代思政管理、特色养成教育、交叉复合培养以及学生自我管理相配套的新型学习生活共同体。推进开放式、个性化的在线教育和体验教学，加快建设“学在浙大”网上教学平台，推进智慧教室、虚拟课堂建设，打造新型学习空间。三是推动资源体系开放。加强第一课堂、第二课堂、第三课堂、第四课堂协同培养，全面推进本科生海外交流，增设海外交流经历学分，推出“世界名校交流计划”，与国际知名大学探索“2＋2”、“3＋x”等联合培养本科生的新模式，开展学生海外交流项目400余个，2018年学校本科生海外交流比例已超过70％。

第三、强化队伍建设，提高教师教书育人能力。一是加强师德师风建设。成立党委教师工作部，建立师德建设工作领导小组和师德建设工作委员会，实施“育人强师”全员培训，构建师德教育、考核、监督和惩处体系，将师德表现作为教师年度考核、职称评审、岗位聘任、干部选拔、派出进修和评优奖励等重要依据，坚决落实师德“一票否决”制。二是提升教师业务能力。建立教师教学发展中心，加强教师教学能力提升培训。大力推动院士、文科资深教授、国家“千人计划”“万人计划”专家等高层次人才面向本科生开课，推进落实教授每年为本科生至少主讲一门课程的教学要求。举办新入职专任教师教学培训，选聘高层次人才担任青年教师职业导师、选派青年教师赴海外高水平大学学习交流，助推青年教师成长成才。三是引导聚焦立德树人。修订完善教师专业技术职务评聘、岗位聘任等办法，提高教学业绩在职称评聘、岗位聘任、薪酬体系中的比重；加强教学奖励和宣传，设立“求是特聘教学岗”，推出“心平”奖教金、优质教学奖、唐立新教学名师奖等评选表彰，激发教师投入教学的积极性主动性。

第四、汇聚各方资源，完善本科教育支撑保障。一是优化配置教育教学资源。以迎接本科教学审核评估为契机，进一步强化人才培养中心地位，逐步建立多渠道教育教学投入机制，“双一流”建设经费、津贴奖励等优先保证本科教育教学发展。深化“最多跑一次”改革，优化简化流程，方便师生办事。二是形成协同育人合力。召开本科教育工作会议，进一步凝聚全校聚焦本科教育的共识。建立校院两级领导干部听课和教学督导制度，举办首届专业节、本科生班主任主题班课展示大赛等活动，营造全校重视本科教育的氛围。推动“思政课程”向“课程思政”转变，提升全校服务本科教育的实效。三是强化育人质量保障。邀请第三方针对本科生开展历时5年的连续调研，形成本科生在校学习体验的跟踪评估报告，建立教学质量持续改进机制，周期性发布《浙江大学教学质量白皮书》，完善“教学一思政”两维和“院系一专业一课程（教师）”多级的本科教育质量评价，调研发现浙大本科生对教学满意度逐年提高。

四、出台“科技新政50条”

2018年12月初，浙江省政府印发《关于全面加快科技创新推动高质量发展的若干意见》（浙政发〔2018〕43号）（下称“科技新政”）。

“科技新政”由总体要求、政策举措和保障措施三部分组成。其中，在政策举措部分，从 6 个方面提出了 50 条政策举措，针对性强、创新性强、操作性强，将成为全省高质量发展的重要推动力。

50 条政策举措中，浙江省首先提出或独有的政策共 26 条，比如，积极推动与国家自然科学基金委共同设立数字经济联合基金；率先启动数字经济、生命健康两个重大科技专项；加快推进具有全球影响力的数字科技创新中心和生物医药研发中心建设等，重在发挥浙江省优势，补齐浙江省创新短板。

第一、定方向全力建设创新型省份

浙江省科技创新工作总目标可以概括为‘一强三高’，即以创新强省为工作导向，以高新企业、高新技术、高新平台为重点，加快打造‘互联网＋’和生命健康两大科技创新高地。

在体现创新强省的标志性成果方面，“科技新政”明确，力争通过 5 年的努力，建成 10 个左右具有国际竞争力的高能级创新平台，取得 100 项左右国际先进的标志性科技成果，培育 100 家左右具有核心技术竞争力的创新型领军企业。为了实现目标，“科技新政”提出了相应的投入保障，5 年内省财政安排 600 亿元左右，市县财政联动投入 600 亿元左右，引导金融资本、社会资金投入 2900 亿元左右，带动全社会研发投入 9000 亿元左右。

第二、强重点攻坚关键核心技术

“科技新政”提出，瞄准世界科技前沿，聚焦国家战略需求，实施 5 个以上重大基础研究专项。在人工智能、精准医疗、先进制造等方向实现原创成果重大突破。

“科技新政”明确，紧扣新兴产业发展和传统产业改造提升的技术需求，实施 15 个以上重大科技专项，将率先启动数字经济、生命健康两个重大科技专项。浙江省财政 5 年投入省级重大科技专项 60 亿元以上，市县财政联动投入 200 亿元以上，带动全社会研发投入 1000 亿元以上。

在聚焦高端创新资源集聚方面，“科技新政”明确，推进之江实验室建设，积极争创国家实验室，2018 年至 2022 年省财政安排 100 亿元支持之江实验室建设（含购建大科学装置）。同时要提升重点高校科技创新能力，引进和培育高端创新载体。

在区域协同创新方面，“科技新政”提出了“三廊两区一带”的区域协同创新布局，即高水平建设两个国家自主创新示范区、加快三条科创大走廊建设、推进市县乡村创新发展。

第三、抓主体激发全社会创新能力

“科技新政”明确，大力推进科技企业“双倍增”行动。重点支持 100 家骨干高新技术企业成为创新型领军企业。推动规模以上工业企业研发活动、研发机构、发明专利全覆盖，推进省级重点企业研究院扩面提质。力争到 2022 年建设 100 家海外研发中心和海外创新孵化中心。

“科技新政”提出，深化科技创新券制度，减轻中小微企业创新成本。实施专利和标准国际化战略，省财政给予每件 PCT 国际专利申请不超过 1 万元的申请费用补助。

在激发全社会创新活力层面，“科技新政”提出深化科技体制改革。其中，在省重大科技专项和领军型创新创业团队项目中，推行首席专家负责制，赋予科研人员更大的人、财、物自主支配权和技术路线决策权。对完成科技成果作出重要贡献的人员可给予 70％以上的权属奖励。修订科技奖励办法，实行提名制，提高科技奖励标准。加强科研诚信建设，对学术不端行为实行零容忍。

“科技新政”还提出，全面构建“产学研用金、才政介美云”十联动的创新创业生态系统，打造具有浙江特色的“十联动”创新联合体。到 2022 年，建成 300 个产业创新服务综合体，实现块状经济和产业集群全覆盖，省财政 5 年投入 30 亿元以上，市县联动投入 100 亿元以上，引导社会资本投入 300 亿元以上。

五、浙江省 25 项成果荣获国家科学技术奖

国家科学技术奖励大会 2019 年 1 月 8 日上午在北京举行。浙江省共有 25 项科技成果荣获 2018 年度国家科学技术奖，其中浙江省主持完成的获奖项目 7 项，参与完成的 18 项。主持完成的获奖项目包括国家技术发明奖二等奖 3 项，国家科学技术进步奖一等奖 1 项、二等奖 3 项。

浙江大学是浙江省科技创新的领头羊和主力军，本次共主持完成获奖项目 4 项。浙大龚晓南院士领衔的科研团队完成的“复合地基理论、关键技术及工程应用”项目，荣获国家科学技术进步奖一等奖。该项目创建了复合地基理论体系，研发了系列高性能复合地基技术，形成了完整工程应用体系，实现了地基的快速、经济和高效处理，使我国复合地基技术始终处于国际领先水平。复合地基已成为与浅基础、桩基础并列的土木工程第三种常用基础型式，被作为本科生和研究生教材与教学的重要内容，并广泛应用于建筑、铁路、公路、机场、堆场和港航等工程建设领域。研究成果显著推动了行业科技进步，社会和经济效益巨大。

生命健康是浙江省科技创新主攻方向之一，浙江省主持完成和参与完成的获奖项目各有 3 项在这一领域。这些项目均取得了突破性成果，达到国际先进甚至领先水平，有效带动了相关产业的高质量发展，产生了显著的经济社会效益。如温州医科大学等单位完成的“我国原创细胞生长因子类蛋白药物关键技术突破、理论创新及产业化”项目荣获国家科学技术进步奖二等奖，该项目针对细胞生长因子类重组蛋白药物关键技术及产业化开展大量原创性研究，获批上市三种重要创新产品，10 年间累计销售突破 100 亿元。其中，重组牛碱性成纤维细胞生长因子滴眼液，是世界上首个上市的成纤维细胞生长因子家族药物。

第四节　安徽省教育、科技发展情况与措施

一、2018年安徽教育、科技有关数据

2018年末，安徽省有研究生培养单位21个，在学研究生63464人。普通高校110所，普通本专科在校生113.9万人。高等教育毛入学率52.2%。各类中等职业教育(不含技工学校)344所，在校生75.3万人。普通高中661所，在校生107.5万人。高中阶段毛入学率91.7%。初中2833所，在校生209.2万人，初中阶段适龄人口入学率99.56%。小学7908所，在校生456.8万人，小学学龄儿童入学率99.98%。

2018年安徽各级各类教育学生情况

指　　标	招生数(万人)	在校生数(万人)	毕业生数(万人)
研究生	2.39	6.35	1.77
普通本专科	33.6	113.9	33.5
中等职业教育	29.4	75.3	25.7
普通高中	35.9	107.5	36.9
初中阶段	70.0	209.2	63.7
小学	81.8	456.8	68.2

2018年末安徽省有各类专业技术人员230.7万人，比上年增长1.01%。科研机构6018个，其中大中型工业企业办机构1390个。从事研发活动人员24.4万人。全年用于研究与试验发展(R&D)经费支出630亿元，增长11.5%；相当于全省生产总值的2.1%。

全省有国家大科学工程5个；有国家重点(工程)实验室26个，省重点实验室152个；有省级以上工程(技术)研究中心721家，其中国家级39家。有省级高新技术产业开发区19个，其中国家级6个。有高新技术企业5403家，其中当年新认定1432家。

全年登记科技成果8213项，其中登记各类财政资金支持形成的科技成果888项。安徽省科技奖科技成果有：城域量子通信组网技术、面向语音语言新一代人工智能关键技术及开放创新平台、分布式光纤应变测试技术及应用、智能化移动微创装备关键技术及产业化、空天探测光电图像精细处理技术及应用等。全年受理申请专利207428件、增长17.9%，授权专利79747件、增长36.9%。2018年末全省有效发明专利61475件。全年输出技术合同成交额321.31亿元，增长28.7%；吸纳技术合同成交额354.49亿元，增长31%。

二、立德树人根本任务落实有力

2018年，安徽省教育系统认真贯彻落实党的十九大精神和全国教育大会精神，在立德树人根本任务上狠下功夫。

一是继续深化德育工作。加强中小学校德育工作，启动实施高校思想政治工作质量提升工程和“三全育人”综合改革试点，成立全省易班发展中心。开展“学习新思想千万师生同上一堂课”活动，全省高校现场巡回授课100余场次，约11万人次现场听课、150万人次观看网络直播。大力推进道德模范、身边好人、劳动模范、工匠大师、文化名家等进校园。

二是加强意识形态工作。落实党委意识形态工作责任制，组织开展高校意识形态阵地管理大排查、大整治、大督查活动，同时开展中小学意识形态工作自查，进一步加强校园阵地建设和管理。系统推进

大中小学课程教材建设，把好课程教材政治关思想关质量关。加强宣传思想文化阵地管理，严格实行哲学社会科学类报告会、论坛等“一会一报”制，开展学报、学术期刊质量监测和年检审核，严格落实出版发行阵地“三审三校”制。建立网络舆情监测、预警、应对和隐患排查化解机制，切实维护网络意识形态安全。

三是进一步强化素质教育。以语言文字工作为抓手，大力弘扬中华优秀传统文化，2018 年中国语言资源保护工程安徽省项目及 15 个调查保护课题通过国家验收。广泛开展学校体育四级联赛，依托高校成立 3 所足球学院。深化美育教学改革，多渠道破解美育师资短缺问题。组织开展第二届全省校园读书创作活动，近 350 多万师生参加，荣获第五届中国教育改革创新奖特别奖。

三、各类教育发展步伐明显加快

一是基础教育公平优质发展。新建、改扩建公办幼儿园 402 个，普惠性学前教育资源进一步扩大。统筹推进县域内城乡义务教育一体化改革发展，超大班额全部消除，控辍保学工作进一步加强。继续实施第二期特殊教育提升计划，加大适龄残疾儿童少年接受义务教育的保障力度。全面推进高中阶段教育普及攻坚，建立公办普通高中学校生均公用经费财政拨款制度。

二是职业教育转型发展。率先推行各级各类职教资源整合和学校布局结构调整，并逐市、逐县、逐校审核调整规划并推进实施。出台中职学校省级办学条件和标准，启动开展达标建设和办学水平评估。加强产教融合、校企合作，出台《安徽省职业教育校企合作促进办法》。中职高职和应用型本科院校首次实现国家级教学成果奖一等奖全覆盖。

三是高等教育内涵式发展。加快一流学科专业与高水平大学建设，制定了《安徽省地方应用型高水平本科院校建设标准》，统筹落实加大专项资金支持力度，全力支持中国科学技术大学建设中国特色、世界一流大学。针对当前安徽省高等教育领域存在的热点、难点问题研制的“高水平本科教育建设行动计划”已初步定稿。在全省高校推行公共体育艺术教育俱乐部制教学改革。

四是民办教育健康发展。完善分类管理、差异化扶持的民办教育政策体系，推进放开民办教育收费试点。印发《校外培训机构设置标准(试行)》，规范校外培训机构发展。部署指导全省民办高校和民办非学历高等教育机构扎实开展防范和打击非法集资系列专项活动。

四、教育体制机制改革纵深推进

一是加强教育改革总体部署。省委高度重视教育改革发展，省政府积极落实教育职责，出台了《关于深化教育体制机制改革的实施意见》《关于全面深化新时代教师队伍建设改革的实施意见》《对市级人民政府履行教育职责的评价办法》等一系列文件，为教育体制机制改革纵深推进提供了制度支撑。

二是推进育人方式改革。进一步推进研学旅行，印发《关于中小学研学旅行实施意见》，遴选 35 个省级研学旅行基地和营地，全面推进综合实践课程开设，印发《关于切实落实中小学综合实践课程开设的通知》。深化创新创业教育，安徽省获得国家级大学生创新创业训练计划项目立项 3241 个，连续 7 年居全国前两位 3 所高校入选全国创新创业教育典型经验高校。稳步推进教育信息化，4900 个农村教学点实现在线课堂全覆盖，实施资源建设“1341”工程，首批 364 所智慧示范学校和实验学校全面完成基础版建设，安徽省基础教育信息化教学应用水平连续 2 年居全国第一位。

三是推进办学模式改革。深化高等教育领域“放管服”改革，启动高校所属企业体制改革，推进科研体制机制改革，大力推进高校协同创新融入“四个一”创新主平台建设。制定加强和改进中外人文交流工作方案，成功举办“一带一路”大学校长论坛。

四是推进管理体制改革。建立健全省市县三级督政体系，完成第四届省督学换届。启动市级政府履行教育职责评价，印发了《对市级政府履行教育职责评价工作的实施方案》和《市级政府履行教育职责考核指标和评分办法》，指导各地扎实开展评价工作。健全并完善县(市、区)党政领导干部履行教育职责的评价制度和县级人民政府履行教育职责的评价制度。

五是推进保障机制改革。聚焦筹好用好管好教育经费，制定《关于进一步调整优化结构提高教育经费使用效益的实施意见》。在全国率先出台《关于全面深化新时代教师队伍建设改革的实施意见》，创新实行财政转移支付与中小学教师待遇优先保障政策落实挂钩，全面推行编制周转池制度，进一步做好教育部直属师范大学师范生公费教育有关工作。

五、安徽省推进中小学"县管校聘"改革促进师资均衡配置

近年来，安徽省积极探索教师队伍管理新机制，深入推进中小学教师"县管校聘"管理改革，提高教师素质、优化师资配置，推动义务教育由基本均衡向优质均衡发展。

典型引路，积极探索。2013 年省政府出台《关于加强教师队伍建设的意见》，启动中小学教师"无校籍管理"制度改革。教师由县级教育行政主管部门在编制内统筹管理，由学校根据需要按期聘用，动态调整，合理流动，促进了教师资源均衡配置。同时遴选了 17 个县（区）开展改革试点。按照"编制总量控制、职称岗位总量控制，具体由教育部门统筹使用"的办法，促进教师编制、职称随教师交流而流动，实现教师由"学校人"向"系统人"转变，扫清县域内义务教育学校教师校长交流轮岗的体制机制障碍。2015 年在全省全面推行中小学教师"无校籍管理"和"县管校聘"制度改革。

部门联动，强化职责。省教育厅会同省编办、省人力资源和社会保障厅、省财政厅共同开展调查研究，寻求解决问题对策。联合印发了《关于深化中小学教师"县管校聘"管理改革的指导意见》，明确实行"市级统筹、县级实施"的工作机制，市县教育、编制、人社和财政等部门建立联席会议制度，指导各地稳步实施；明确并细化了教育、编制、人社和财政部门对教师队伍管理的职责边界，理顺了教师动态调整的程序，强化了各部门推进改革的责任心和规范性。

完善机制，提供保障。创新编制管理机制，按照"标准统一、动态调整、余缺调剂"的基本思路，统筹存量编制资源，建立中小学教职工编制"周转池"制度，形成全省一体、城乡统筹、余缺调剂、周转使用的管理新机制，提高编制使用效率。完善岗位统筹管理机制，按照"统一标准、岗位统筹、分类核定、职数统管"的原则，采取区分学段、打包核定的办法，将县域内同类型学校专业技术岗位进行整合，统一核定县域内岗位总量，打破岗位资源校际壁垒，实行集中管理，统筹使用。逐步建立教师退出机制，以岗位职责为依据，逐步建立以竞聘上岗为核心的教师退出机制，充分释放教师队伍活力。

政策配套，促进落实。实施中小学教师职称制度改革，明确城镇中小学教师晋升高级教师职称须具有在乡村学校或薄弱学校任教 2 年以上的经历。建立督导考核机制，将中小学教师"县管校聘"管理改革实施情况作为市县政府教育发展目标管理绩效考核、党政领导干部履行教育职责督导考核的重要内容。推进中小学教师"县管校聘"管理改革的实践探索，为推动教师交流轮岗、促进教育均衡提供了良好的政策环境。2017 年全省交流教师 39794 名，105 个县（区）全部通过国家评估认定，成为中西部首个实现义务教育发展基本均衡县全覆盖的省份。

六、安徽区域创新能力连续 7 年居全国第一方阵

2018 年，安徽省以合肥综合性国家科学中心、合肥滨湖科学城、合芜蚌国家自主创新示范区、全面创新改革试验省"四个一"创新主平台建设为抓手，坚定不移实施创新驱动发展战略，着力提升关键核心技术创新能力。中科院合肥物质科学研究院"人造太阳"EAST 首次实现 1 亿摄氏度运行；中科大首次实现 18 个量子比特的纠缠；中国电科 38 所"魂芯二号 A"芯片单核性能超过国际市场上同类芯片性能 2.5 倍；蚌埠玻璃院成功拉引世界最薄 0.12 毫米超薄浮法电子玻璃。《中国区域创新能力评价报告 2018》显示，安徽区域创新能力综合排名全国第 10 位，中部排名第 2 位，连续 7 年区域创新能力稳居全国第一方阵。

七、2018年安徽科技成果转化收益逾万亿元

2018年安徽省共登记科技成果8213项，其中4905项成果共实现转化收益10960.77亿元，分别为自我转化收入10935.74亿元、技术转让与许可收入24.13亿元、合作转化收入0.9亿元。

在2018年登记的8213项科技成果中，应用技术类成果8166项，软科学类成果21项、基础理论类成果26项。以企业为主体完成的成果占总数的88.2%，企业成为安徽省自主创新的最大主体。应用技术类成果占成果登记总数的99.42%，主要分布在先进制造、新材料、电子信息等领域，其中自选课题项目成果占绝大多数，国内领先水平以上的应用技术成果占3.53%。实现产业化应用的有3782项，占成果总数的46.3%。

据介绍，完成上述科技成果，共投入研发经费863.87亿元，其中国家投入2.78亿元、部门投入3.11亿元、地方投入6.7亿元，自有资金843.7亿元。合肥、芜湖、六安登记科技成果居安徽省前三位；合芜蚌三市共登记成果2371项，占成果总数的28.9%。

六　文化事业发展情况

第一节　上海市文化发展情况与措施

一、上海市文化发展有关数据

2018 年，上海市成功举办第三十五届“上海之春”国际音乐节、第二十届中国上海国际艺术节、第三届上海艾萨克·斯特恩国际小提琴比赛、上海国际电影电视节、第六届市民文化节等重大文化活动。全年市民参与文化活动人数达 3255 万人次。继续实施新一轮公共文化从业人员“三年万人培训”项目，年内参训 1 万余人次。历史博物馆、国际乒联博物馆、中国证券博物馆、广富林文化遗址公园、海昌海洋公园等建成开放。至 2018 年末，全市有市、区级文化馆、群众艺术馆 25 个，艺术表演团体 329 个，市、区级公共图书馆 23 个，档案馆 49 个，博物馆 131 个。全市共有公共广播节目 22 套，公共电视节目 25 套。至 2018 年末，全市共有有线电视用户 804 万户，有线数字电视用户 736 万户。全年生产电视剧 51 部，共 2190 集；动画电视 8388 分钟。全年共出版报纸 8.17 亿份、各类期刊 0.85 亿册、图书 4.80 亿册；摄制完成 86 部影片。

上海市文化发展有关情况

指标名称	2014 年	2015 年	2016 年	2017 年	2018 年
文化馆、群艺馆(个)	26	25	24	25	25
艺术表演团体(个)	180	233	273	210	329
公共图书馆(个)	25	25	24	24	23
档案馆(个)	44	44	50	49	49
博物馆(个)	120	100	124	125	131
公共广播节目(套)	21	21	22	22	22
公共电视节目(套)	25	25	25	25	25
生产电视剧(部)	19	52	52	40	51
出版报纸(亿份)	12.01	10.8	10.08	9.13	8.17
出版期刊(亿册)	1.45	1.27	1.11	0.94	0.85
出版图书(亿册)	3.26	3.53	4.18	4.23	4.8
完成电影(部)	36	44	80	82	86

二、2018 年度上海文化市场发展情况

至 2018 年底，上海市注册文化市场经营单位 8855 家，比 2017 年增长 14.7%。其中，各类演出主体 1992 家，艺术品经营单位 349 家，网络文化经营单位 2273 家，动漫企业 207 家，娱乐场所 2548 家，上网服务营业场所 1486 家。

文化市场总体健康平稳发展。2018 年，上海市演出、艺术品、网络游戏、娱乐等文化市场总体健康平稳发展。其中，演出市场发展保持增长势头，上海市共举办营业性演出场次 30086 场，观众人次 1613.5 万，票房收入约 18 亿元，同比增长 12.5%。艺术品市场发展势头良好，全年从上海各口岸进出口艺术品总计 736 批(次)，同比增长 6%，进出口艺术品 13629 件。国际知名品牌“太阳马戏”“贝浩登画廊”等相

继进驻上海。受游戏版号停审影响，网络游戏市场增速放缓，但电竞产业的崛起为市场注入新活力。娱乐、互联网上网服务市场发展平稳，在行业转型升级的同时，一些不适应市场发展需求的经营单位逐步退出市场竞争。

演出集聚效应初步显现。围绕打造“亚洲演艺之都”的目标，拥有上海大剧院、文化广场、黄浦剧场、中国大戏院等39个剧场和展演空间的“演艺大世界——人民广场剧场群”正式命名，成为沪上最具标志性的演艺集聚区。2018年“演艺大世界”专业剧场完成演出2945场，占比37.6%，占上海市专业剧场的1/3，吸引观众197.8万，占比40%，是上海市演出密集度最高，演艺集聚效应最凸显的区域，剧场票房收入1.67亿，占上海市的17.2%。

艺术品交易彰显潜力。2018年11月集中举办的三大本地艺博会——西岸艺术与设计博览会、ART021、上海艺博会继续扩大规模和影响力，呈现出不同层次、针对不同消费群体的市场细分，吸引国内外知名艺术机构、收藏家、专业观众集聚上海。如西岸艺术与设计博览会2018年参展画廊115家，国际画廊占60%，展示作品2000余件，货值近20亿人民币。海内外参展机构数量和质量的提升、藏家和专业观众参与热情高涨，无不显示出上海成为世界重要艺术品交易中心的潜力。

电竞行业快速发展。2018年，上海先后举办了CSGO群星联赛S5、DOTA2第三届亚洲邀请赛、中国DOTA2超级锦标赛等电竞赛事，这些本土企业打造的电竞品牌已逐步成为国内最知名的电竞赛事品牌，并稳步走向国际。此外，《上海市电子竞技运动员注册管理办法(试行)》正式发布，上海率先实行电竞运动员注册制，推进了打造全球电竞之都的进程。

传统行业转型升级持续深化。电子竞技的火热带动了互联网上网服务行业回暖，上网服务营业场所上座率有所提升，业主积极提升电脑硬件配置，上网服务营业场所向小而精方向发展。娱乐行业积极探索创新、融合发展，不少游艺娱乐场所拓展“虚拟＋现实”娱乐空间，歌舞娱乐场所创新经营模式，如“弹指之间”颠覆传统酒吧业态模式，经过多次转型，现已基本完成从线上到线下的音乐孵化平台雏形。

三、召开全市公共文化建设工作会议

2月2日，2018年上海市公共文化建设工作会议在上海展览中心召开。上海市政协主席、市委常委、宣传部部长董云虎出席会议并讲话，市文广影视局作上海公共文化建设工作报告。

会议总结了2017年上海市公共文化建设情况，部署了2018年重点工作。2018年，上海将紧扣2019年在全国率先建成现代公共文化服务体系的目标，找差距、补短板、抬底部、提亮点，重点聚焦三方面工作：一是提升公共文化服务功能，着力聚焦“最后一公里”，夯实基层(居村)公共文化服务，深入推进社区文化活动中心服务标准化、运营社会化、管理专业化、供给精准化，持续推进重要公共文化设施建设；二是丰富公共文化供给，完成“文化上海云”2018版升级，办好2018年上海市民文化节，整合多方资源为公共文化服务注入新动力；三是强化公共文化服务保障机制，进一步学习贯彻《中华人民共和国公共文化服务保障法》，大力推动公益性文化事业单位改革，开展国家公共文化服务体系示范区(项目)创建，广泛开展文化志愿服务，强化公共文化服务监督评价制度。

会议指出，要以习近平新时代中国特色社会主义思想为指导，深入贯彻落实党的十九大精神，深入贯彻落实中央和市委决策部署，加快构建体现时代发展趋势、符合文化发展规律、彰显上海城市特色、契合市民文化需求的现代公共文化服务体系，着力打响上海公共文化品牌。

会议强调，要把握时代要求，从全面建成小康社会、强化人民群众共同价值追求、提升上海城市文化软实力的高度，深刻认识加快构建现代公共文化服务体系的重大意义。要明确发展方向，始终坚持社会主义先进文化前进方向，把弘扬社会主义核心价值观作为主线，贯穿于公共文化建设各方面、过程；始终坚持以人民为中心的工作导向，深入推进供给侧结构性改革，把握需求、重心下移，不断增强公共文化建设的内生动力；始终坚持追求卓越的发展取向，加强“对标意识”，按照“担当新的文化使命、打响上海文化品牌”大调研的部署，抓住公共文化建设重点环节、突出问题，问需于民、问计于民、问政于民，确保公共文化健康发展。

会议要求，要突出工作重点，进一步完善公共文化设施体系，优化网络布局，聚焦“最后一公里”，全面强化4500个标准化居村综合文化活动室（中心）服务功能；进一步创新公共文化运营服务模式，提升管理效能；进一步增强公共文化内容有效供给，精准对接需求；进一步加强统筹协调，创新组织形式，建强基层队伍，形成公共文化建设合力，以新气象、新作为努力开创上海公共文化建设新局面。

会议还通报了“第七届全国服务农民、服务基层文化建设先进集体”上海获奖名单。徐汇区、宝山区、青浦区、上海市群众艺术馆、嘉定镇街道社区文化活动中心作交流发言。

四、上海市民文化节开启线上线下新模式

五年来，“365天永不落幕”的上海市民文化节，已成为全国公共文化的“金名片”。2018年是贯彻落实党的十九大精神的启动之年，也将迎来改革开放40周年。站在新的历史起点上，市民文化节再出发、再超越。2月5日上海市率先启动“2018云上市民文化节”，开启互联网办节新模式。

本届市民文化节将以“文化让生活更美好”为主题，延续传统，贯穿全年举办，重点聚焦“城市美好生活”“中华优秀文化”“市民艺术风采”“人文艺术培训”四方面内容。时间上将按春、夏、秋、冬四个活动季逐步推进，营造随时能参与、随地能获取、周周有亮点、月月有高潮的浓郁文化氛围。

2018年上海同步推出“线下”“线上”两种办节模式，将依托“文化上海云”和各子云平台，策划设计基于互联网技术和数字文化消费模式的市民文化活动，面向不同年龄、不同职业、不同兴趣爱好的市民，打造开放、全天候的市民文化节。2月5日，“2018云上市民文化节”率先启动，“春活动季”推出“年·味道”“听·声音”“秀·美图”“赏·艺术”“玩·现场”五大版块，“新春家宴故事”“我眼中的上海文化名片”等活动给市民带来随听、随看、随参与的互动体验。

2018年，市民文化节还将重点推出“改革开放四十周年”“红色经典文化传承”“中华优秀传统文化”“城市公共文化空间”四大系列活动。围绕“改革开放四十周年”主题，将联合各方举办“改革开放40周年”知识大赛、市民写作大赛、新诗创作朗诵大赛、上海市民文化艺术大展等，用问、讲、考、比、展等方式引领市民回顾40年来的伟大成就。围绕“红色经典文化传承”主题，将推出党的诞生地知识大赛、故事大赛、“市民解说员”大赛，让每一位市民都能成为上海红色文化的宣传者、传播者。

五、长三角博物馆教育联盟成立

2018年5月19日，作为“博物致知”首届长三角博物馆教育博览会的系列活动之一，“博物馆：一个共同体”专题论坛暨长三角博物馆教育联盟成立仪式在上海世博会博物馆举行。

在“博物馆：一个共同体”专题论坛暨长三角博物馆教育联盟成立仪式上，在上海市文化广播影视管理局、上海市教育委员会、江苏省文物局、浙江省文物局、安徽省文物局、上海青少年学生校外联席会议办公室的共同倡议下，长三角博物馆教育联盟宣告成立。上海博物馆、南京博物院、浙江博物馆、安徽博物馆等29家参展单位启动“长三角博物馆教育联盟”。

南京博物院副院长刘文涛接受“澎湃新闻艺术评论”采访时表示，中国博物馆界的首次联盟将把区位优势整合起来，一方面相关工作人员会碰撞出新思路、互相促进，另一方面也便于公众理解整个区位的文化和传统，更好地利用区位内的博物馆资源，从而在整体上使相关博物馆资源充分发挥作用，因此博物馆教育联盟是一种全新的样式和模本。

上海科技馆馆长王小明认为，博物馆教育的灵魂，首先是个性化，其次是以物为魂的教育方式。讲好藏品背后的故事，是博物馆教育的特点。在博物馆联盟未来的合作上，他认为，不仅仅是学术交流，重点在于能否形成产业，以项目形式为纽带，联盟会做得更佳。

此次长三角博物馆教育联盟在上海成立，将深挖“教化江南”的文化底蕴，发挥区域协同创新优势，大力推动长三角区域内博物馆教育资源、技术、人才等要素的流动。依托江南文化生根发展的上海，孕

育出独特的海派文化，更迎来红色文化的燎原星火。长三角博物馆教育联盟将全面贯彻落实博物馆发展新要求，全力推进博物馆事业发展上新台阶，深入推动博物馆领域区域协同创新，着力发挥博物馆的教育功能，以博物馆特有的文化资源和传播方式，打造博物馆教育的金名片。未来，长三角博物馆教育联盟将通过举办教育主题博览会、学术研讨会、培训工作坊等形式，构建博物馆文化资源共建共享平台。并建立长效合作机制，区域联动，携手共建符合长三角世界级城市群定位的一流公共文化服务体系。

联盟也将与上海市教育委员会开展多方位的合作，发挥各自资源优势，加强顶层设计，通过共同举办教师培训研习、共同策划教育活动、共同编写教育资料等途径，积极探索博物馆与学校教育合作的内容、形式与模式，实现博物馆教育与学校教育的联动合作，发展共赢。会上，上海市大中小德育一体化教师育德实践基地正式揭牌。

在专题论坛上，出席本次论坛的长三角地区博物馆馆长、教育界专业人士、企业代表等围绕"博物馆：一个共同体"的主题展开了深入探讨。

上海博物馆馆长杨志刚在主题发言中介绍了上海博物馆与长三角博物馆开展互动的情况，2017 年 12 月上海博物馆与南京博物院、苏州博物馆共同推出了"艺游江南"展览教育联动项目，赋予古老的江南文化新的时代内涵。打响上海文化品牌，大力弘扬红色文化、海派文化、江南文化，博物馆是活化文化资源的最佳载体，也将成为城市中的文化新地标。

上海科技馆馆长王小明呼吁在长三角"共建以博物馆为纽带的教育生态系统"，他认为"博物馆丰富的主题资源和开放自由的学习环境决定了它比任何社会教育机构都适合在这个生态系统中扮演纽带的角色。"

南京博物院副院长刘文涛将传播学中的"分众传播"理念引入博物馆运营管理，采取"分众服务"的模式，承认差异，尊重个性，争取让不同年龄、不同教育背景、不同喜好的观众各得其所、各取所需，取得了较好的效果。

作为本次论坛的支持单位，上海自贸区国际文化投资发展公司也将为博物馆提供技术支持，将搭建一个面向所有文博单位开放的文化创意产品授权开发平台，及时提供 IP 资源的梳理、选择、规范化等方面的专业服务。

此外，与会人员就未来的馆际合作、馆校合作达成基本共识，联合三省一市博物馆的力量共同打造江南文化品牌，期待更多的博物馆、美术馆、科技馆、纪念馆加入，加深彼此之间的情感维系，构建更专业、高效的沟通协作机制，共同打造更广阔的平台；实现优势资源互补，开创长三角一体化发展的新局面。

第二节　江苏省文化发展情况与措施

一、江苏省文化发展有关数据

2018年,江苏省公共文化服务水平提升,城乡公共文化服务体系不断完善。全省共有文化馆、群众艺术馆115个,公共图书馆115个,博物馆322个,美术馆31个,综合档案馆113个,向社会开放档案79.55万件。共有广播电台8座,中短波广播发射台和转播台21座,电视台8座,广播综合人口覆盖率和电视综合人口覆盖率均达100%。全省有线电视用户1666.82万户。全年生产故事影剧片61部;出版报纸21.92亿份,出版杂志1.14亿册,出版图书6.84亿册。

江苏各地区文化部门文化产业增加值综合情况

单位名称	总产出(千元)	中间消耗(千元)	增加值(千元)	劳动者报酬(千元)	生产税净额(千元)	固定资产折旧(千元)	营业盈余(千元)
总计	18798442	9688097	9110345	5873366	53248	946310	2237421
省级	1519969	424641	1095328	933872	9595	141854	10007
南京市	1586494	731948	854546	775539	12226	64075	2706
无锡市	824310	246131	578179	431868	6758	132368	7185
徐州市	481672	129077	352595	303839	684	47063	1009
常州市	8745050	6180593	2564457	318653	1509	42511	2201784
苏州市	2148112	918472	1229640	1024780	10448	191044	3368
南通市	473917	114427	359490	281789	1918	73899	1884
连云港市	265719	64419	201300	156504	2135	40227	2434
淮安市	366126	91164	274962	255154	452	19163	193
盐城市	452112	100925	351187	311846	738	36199	2404
扬州市	726351	328091	398260	348869	1935	46039	1417
镇江市	378518	128463	250055	207712	1000	41302	41
泰州市	557227	106416	450811	407441	603	40355	2412
宿迁市	272865	123330	149535	115500	3247	30211	577

二、2018江苏在解放思想中高质量推进文化建设

2018年,江苏全省深入贯彻党的十九大精神,进一步解放思想,在解放思想中立足战略视野科学谋划,运用系统思维统筹规划,努力建设学术领先、影响广泛、具有鲜明江苏特色的文化生命体,提升文化国际竞争力,高质量、全方位地推进文化强省建设。

一是立足文化自信,在解放思想中高质量推进传统文化传承创新。立足文化自信、高质量传承创新中华优秀传统文化,首先要进一步解放思想,秉持客观和科学的态度,结合江苏的历史性实践,通过具体化的、创新性的举措,将文化建设融会于现代化建设的进程之中;其次,要进一步解放思想,坚持创造性转化和创新性发展相结合,不复古泥古,要有鉴别地不断吸收国外优秀文明成果,坚持社会主义核心价值观,对传统文化取其精华、去其糟粕,调动各方力量,讲好中国故事,唱响中国声音,推动新时代中国特色社会主义文化走向世界。

二是立足乡村振兴,在解放思想中高质量推进乡村文化提升发展。实施乡村振兴战略,是推动农业

农村高质量发展的一个重大举措，要把高质量推进乡村文化建设，作为实施乡村振兴战略的一个引领性工程。一要坚持不断解放思想，着力强化和提升广大群众治理自身、创育自身的思想力和行动力。尊重和发挥群众的首创精神，是新时代推动思想解放的一条基本经验。二要坚持不断解放思想，着力强化和提升乡镇(街道)村文化设施建设。要按照有标准、有网络、有内容、有人才、有队伍的要求，建立健全和不断提升乡镇(街道)村公共文化服务体系，进一步加强和提升基层综合性文化服务中心建设，实现乡镇(街道)村两级公共文化服务的全覆盖和全提升；要从政策支撑和资金支持层面，进一步提升乡镇(街道)综合文化站和村(社区)综合文化服务中心等基础设施。三要坚持不断解放思想，着力强化和提升田园文化工程建设。要在秉承其自然天成的独特资源禀赋的基础上，进一步提升规划设计水平，进一步强化和提升乡村特色田园文化、特色园林文化、特色村庄文化等工程建设，强化和提升优秀农耕文化遗产、乡村文物古迹、优秀传统村落、悠久传统建筑、文明农业遗迹、灌溉工程遗产的保护性建设。

三是立足精神高地，在解放思想中高质量推进文化产业创新发展。文化产业发展要筑起思想文化高峰，就是要坚守经济效益和社会效益兼顾、坚持社会效益第一，确保文化产业高质量和文化产品高品位；就是要以高质量文化产业为主轴，着力培育有创新力、竞争力的重点文化企业、骨干文化企业，着力发展具有新内涵、新模式的创新型文化业态；就是要注意推进文化产业与新技术、金融等产业的深度融合，促进文化产业与制造业、旅游业、商贸业等融合发展，着力培育一批特色鲜明、创新能力强的国内外知名品牌企业，建设一批高起点、规模化、代表文化发展方向的重点文化产业基地(园区)，着力推动文化产业和文化作品从“高原”向“高峰”迈进。在推动文化产业发展中，要注意充分运用技术新突破，加快发展以智能技术为创新要素的新型文化产业。

四是立足人才支撑，在解放思想中高质量推进文化人才队伍培育。江苏文化人才队伍培育的目标，就是造就熟悉世情国情省情、具有国际视野和世界眼光、能够在国际交流中有实力直接展开文化对话的学术英才，就是培养精通管理和具有较强组织能力的文化管理人才、业内公认的文化骨干人才、擅长文化经营的文化产业人才和技术创新人才。立足人才支撑、高质量推进文化人才队伍培育，关键是要进一步解放思想，建立健全文化人才培养机制，统筹推进文化人才队伍建设，推进优秀文化作品、人才、团队和项目的有机结合，实现文艺创作、学术创新与人才培养、队伍建设的互动发展。要根据文化人才分布学科的不同特点，依据分类指导、循序渐进的原则，加快构建充满活力、富有效率、更加开放、有利于文化发展的体制机制，充分激发文化人才队伍建设活力。要进一步解放思想，建立健全文化人才评价发现、培养开发、选拔任用、流动配置机制，优化文化人才发展环境，建立起统一、规范、科学的文化人才激励保障机制。要进一步解放思想，拓宽经费来源渠道，探索多元投入机制，加大经费投入力度，对优质文化产业和优秀文艺创作，在资金、政策、资源上给予重点支持。

五是立足制度保障，在解放思想中高质量推进文化体制改革创新。在推进文化发展体制的改革创新中，要进行思想再解放和再洗礼、观念再更新和再创新，要通过不断解放思想，涤荡清除与新思想、新时代不相适应的机制性束缚和体制性障碍；要立足战略性视野进行战略谋划和周密设计，进一步改革完善文化工作管理体制、文化产品生产引导机制和公共文化服务机制，建立健全现代公共文化服务体系、现代文化产业体系、现代文化市场体系，激发文化创造活力、市场创新活力；要在解决关键性问题、突破难点性问题上下功夫，围绕坚守人民立场、激活文化市场，坚守思想高地、构建文化高峰，坚守人才为本、突破体制障碍等重点问题，不断完善创新现代文化管理体制和文化生产经营机制，完善创新文化产业和文化产品的评价标准和评鉴体系。

三、吹响文艺精品创作高地冲锋号角，第三届“紫金文化奖章”颁发

2018年10月23日～24日，江苏省宣传思想工作会议在南京召开，省委书记娄勤俭强调，要认真贯彻习近平新时代中国特色社会主义思想和总书记在全国宣传思想工作会议上的重要讲话精神，准确把握宣传思想工作的新坐标新方位，推动全省宣传思想工作挺立潮头、走在前列，凝聚建设“强富美高”新

江苏、推动高质量发展的强大精神力量。

会上，范小青、周梅森、柯军、徐利明、盛小云、章剑华六名文艺工作者荣获省委、省政府授予的“紫金文化奖章”。这六位文艺工作者，是江苏文化的代表人物、领军人物，为构建江苏文化高峰作出了重要贡献。

会议同时指出，要努力构筑思想文化引领高地、道德风尚建设高地、文艺精品创作高地，推动宣传思想工作走在前列，为全省高质量发展提供坚强有力的思想保证和精神支撑。

四、部署大运河文化带建设，“让人们一提到运河就想到江苏”

江苏是大运河起源地，深厚的历史积淀留下了丰富的文化遗产。2018 年 6 月 7 日，省委理论学习中心组举行学习会，省大运河文化带建设工作领导小组举行第一次全体会议，研究部署江苏省大运河文化带建设工作。省委书记、省大运河文化带建设工作领导小组组长娄勤俭指出，习近平总书记关于大运河文化带建设的重要指示批示，为推动大运河文化带建设提供了根本遵循。我们一定要深刻领会把握、坚决贯彻落实，增强文化自信和文化自觉，站在民族文化复兴的高度，创造性、高质量地推进大运河文化带江苏段建设，使其成为大运河文化带的先导段、示范段、样板段，成为江苏文化建设高质量的鲜明标志和闪亮名片。要通过共同努力，把江苏段建设成大运河文化带中最精彩的一段，让人们一提到运河想到的是江苏，欣赏运河之美首选到江苏，研究运河文化必须到江苏，展示运河形象全国向往着江苏。

讲好当代运河故事，江苏文化界不断拿出新作为：“画说运河——江苏美术家采风写生创作活动”2018 年 6 月启动，江苏老中青三代共计 70 位画家，分赴江苏境内大运河沿线采风创作，并进行了展览。从 6 月到 8 月，新华日报《人文周刊》推出“行走运河 11 城”系列报道，钩沉运河辉煌历史，让运河文化更加深入人心。

五、艺术的盛会，人民的节日，“一节一会”盛大上演

2018 紫金文化艺术节 9 月 29 日～10 月 27 日在江苏热情上演。21 台新创汇演剧目、8 台优秀参演剧目、9 台外邀优秀剧目、6 场音乐会、6 场艺术作品展览、13 场地市群文广场演出、22 部大学生戏剧展演、“100＋”群众文化活动……11 月 8 日～30 日，第二届紫金京昆艺术群英会继续将文艺播撒进千家万户。名家、名剧、名团齐聚江苏，除了省内新创原创剧目、经典剧目之外，还邀请了国家京剧院等外地名团优秀剧目，群英荟萃，精彩纷呈。

演出剧目体现新成果，艺术惠民推出新举措，宣传推广开辟新渠道。“一节一会”的精彩呈现，得到了人民群众的踊跃参与和社会各界的大力支持，充分体现了文艺的时代性、艺术性和公益性，使江苏“紫金”文化系列品牌更加光彩夺目。

六、推进文化建设高质量，探讨文艺精品创作新路径

2018 年 7 月 5 日，江苏召开文艺精品创作生产视频会议，会议要求以高质量发展标准抓好文艺精品创作生产，下大力气、花真功夫抓好文艺精品创作生产，努力推动江苏文艺创作出“高峰”。

打造文艺精品，必须重视文化人才的培养。省委、省政府计划用 3 年左右时间，建设一支以“紫金文化名家”为引领、“紫金文化英才”为中坚、“紫金文化优青”为支撑的高素质文化人才队伍，培养更多的优秀文艺人才。

七、“江苏文脉”工程浩荡推进

绵延数千年的江苏文脉历久而弥新。“江苏文脉整理与研究工程”2016 年启动，将历时 10 年，全面梳理江苏历史文化发展脉络，提炼江苏历史文化精神，努力实现历史文化的创造性转化与创新性发展，传承发扬江苏地域文化。作为“江苏文脉整理与研究工程”重要成果之一，2018 年 12 月《江苏文库》首批

图书隆重发布。

江苏文脉整理与研究工程成果《江苏文库》,作为江苏文化集大成之作、历史上第一部江苏文化百科全书,既突出江苏文化的脉络与主体,又彰显江苏文化的丰富与多彩,具有集成性、经典性、引领性等特点。

江南文化是中华文化的重要组成部分。江苏作为历史上江南文化的重要创造者和承载地,正在自觉承担起新时代江南文脉传承发展的使命,使江南文脉成为江苏文化标识。

12 月在无锡举行首届江南文脉论坛,本次论坛内涵丰富、亮点纷呈,涵盖了哲学、文学艺术、出版、文博、园林等多个领域。140 多位专家学者作专题演讲或交流发言,从多个维度、多个方面深入探讨了江南文化所蕴含的人文底蕴、哲学智慧及其所构建的精神家园,围绕江南文化的时代价值和现实意义开展了广泛深入的对话交流,是一次关于江南文化的盛会、思想的盛宴。

论坛上还举行了专场文艺演出《能不忆江南》,发布了江苏文脉整理和研究工程首批成果《江苏文库》86 册图书,举办了"古韵苏风——名家作品展",集中展出 31 幅历代江南书画精品。论坛的圆满成功,为研究和传播江南文化搭建了一个高端平台。

八、名家名作精彩纷呈,"江苏省文艺名家晋京展演"

繁荣文艺创作、推动文艺创新,离不开德艺双馨的文艺名家。"江苏省文艺名家晋京展演"是省委宣传部、省文联落实推动文化高质量发展的重要举措,旨在集中宣传展示一批江苏各个艺术领域的名家名作,加快构筑文艺精品创作高地,推动文艺事业繁荣发展。

《"春风上巳天·北大站"石小梅专场演出》作为 2018 江苏文艺名家晋京第一场展演,于 2018 年 11 月在北京大学百周年纪念讲堂连演三场,充分演绎昆曲经典艺术之美。《与古为新——孙晓云书法作品展》11 月 23 日在中国国家博物馆开幕,展出了著名书法家孙晓云近几年创作的一百余幅精品力作。同时,"2018 江苏省文艺名家广州展演"也于 2018 年 11 月举行了著名表演艺术家、中国戏剧"梅花大奖"得主顾芗的专场演出,倾倒羊城。作为对外推介江苏名家名作的重要窗口,文艺名家展演系列活动正成为推动江苏文艺精品创作高地的一项重要抓手。

九、文学苏军又一佳绩,江苏三人获得第七届鲁迅文学奖

8 月 11 日,第七届鲁迅文学奖获奖名单公布,江苏作家朱辉的短篇小说《七层宝塔》、胡弦的诗集《沙漏》、王尧的文学评论《重读汪曾祺兼论当代文学相关问题》等 3 篇(部)作品获奖,创造了江苏文学鲁迅文学奖获奖数量的历史最佳。

此次荣获大奖的三位作家均是"文学苏军"的中坚力量,他们的创作实力已经得到了文坛的广泛认可,同时也展示出"文学苏军"阵容齐整、实力强劲的耀眼风采。

十、"书香江苏"气息悠长,第八届江苏书展人气爆满

2018 年 7 月 13 日～16 日,第八届江苏书展在美丽的苏州金鸡湖畔举行。江苏书展始于 2011 年,8 年来,江苏书展坚持着"阅读的盛会,读者的节日"总定位,让书香萦绕江苏大地,催生阅读之树生根发芽。第八届书展进一步聚焦"书业",着力在"服务读者、引领阅读"上下功夫。主展场设置主题出版馆、江苏馆、主宾馆、港台海外馆、特色书店馆、文创文具馆、数字阅读馆等 15 个馆区。500 多家出版发行单位带来 10 万余种精品图书参展,来自全省各地的读者顶着炎炎夏日赶赴书香盛宴。

江苏书展一直致力于用新的活动形式丰富读者体验、用新的创新丰富书展内涵。在本届书展举办的 170 余项阅读推广活动中,除了一般性的读书分享活动,还有"书香中国大讲堂""新华书房·读书论坛"等精品节目,毕飞宇、蒙曼等公众人物来到现场,让更多的普通读者获得与名家面对面交流、互动的机会。

十一、"吴韵汉风""水韵江苏",江苏文化港台绽华彩

随着江苏原创歌剧《鉴真东渡》的首演,第三届"吴韵汉风江苏文化艺术节"正式在台湾拉开了大幕。该艺术节是苏台两地文化交流的品牌项目,从6月15日持续到25日,200多人的江苏文化艺术代表团在台北、新北、高雄等地展开文化艺术节的各项活动,全面展示了江苏文化魅力。

2018香港江苏文化嘉年华于4月20日至22日举行,为期3天的活动中,江苏特色文艺演出、江苏非物质文化遗产项目展示展演,再加上江苏特产展示展销和江苏美食与特色旅游文化产品推介,向香港市民生动充分地展示江苏元素。

第三节　浙江省文化发展情况与措施

一、浙江省文化发展有关数据

2018年末浙江省共有公共图书馆103个，文化馆101个，文化站1374个，博物馆337个，隶属文化部门艺术表演团体64个。广播、电视人口综合覆盖率分别为99.73%和99.80%。共有影视制作机构3368家，其中上市公司26家；全年制作电视剧52部2358集，动画片54部19393分钟；制作影片117部，电影票房收入48.9亿元，比上年增长11.3%。图书出版社14家；公开发行报纸95种，出版期刊233种；新闻出版营业收入23.4亿元。

2018年，全省文化发展总指数保持稳定上升，六大领域（文化资源支撑力、文化价值引领力、公共文化服务力、文化产业竞争力、区域文化创新力和公众评价）都有不同程度的增长。

其中，文化价值引领力和公共文化服务力增幅明显，实现两位数增长。特别是文化价值引领力以19.84%的增幅继续居于各领域首位，并超过上年16.36%的增幅。这反映了在浙江文化建设中，社会公众积极性日益提高，参与深度和受益广度在不断提升。

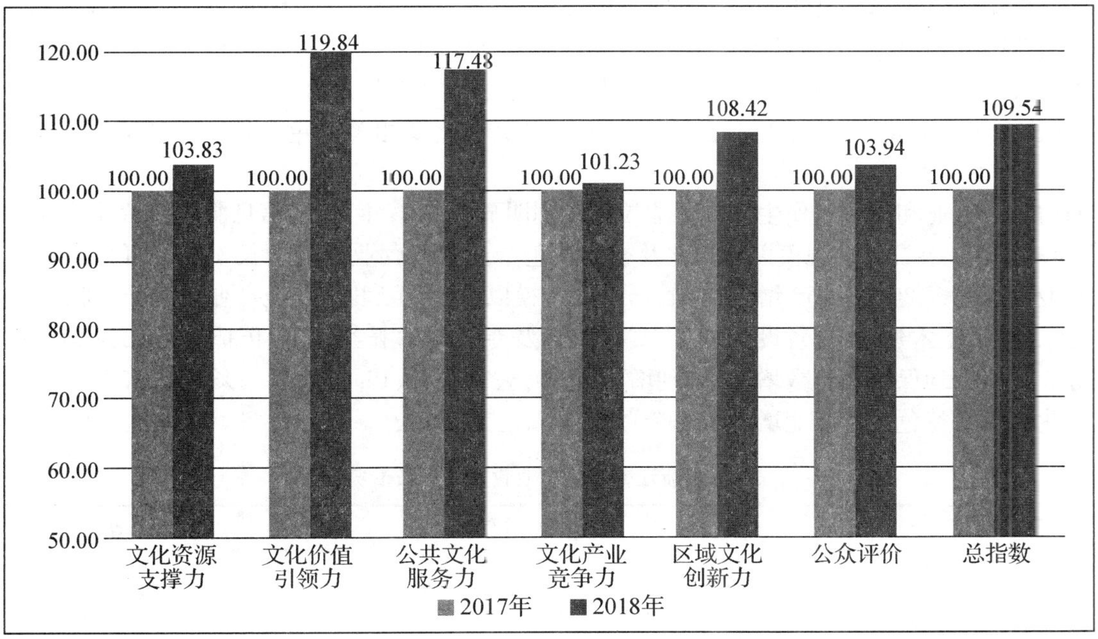

各领域对浙江省文化发展指数的贡献度，从大到小排序为：文化价值引领力（39.53%）、公共文化服务力（31.17%）、区域文化创新力（15.89%）、文化资源支撑力（6.84%）、公众评价（4.13%）和文化产业竞争力（2.44%）。其中，贡献度超过两位数的指标都与人民群众在文化活动方面的参与度密切相关，彰显了人民群众在文化建设中的主体地位和文化建设共建共享的内在要求。

同上年相比，六大领域31项指标中有25项上升，占80.65%。其中文化价值引领力、公共文化服务力、区域文化创新力和公众评价领域中各指标均呈上升态势，彰显了浙江文化建设的强劲动能。文化价值引领力在绝大多数设区市均为增长贡献度最大的领域。

对比各领域的贡献度，文化价值引领力在杭州、宁波、温州、嘉兴、湖州、金华、衢州、舟山等8市均为贡献度最高的领域。

绍兴、台州、丽水3市的公共文化服务力在各领域中贡献度最高。

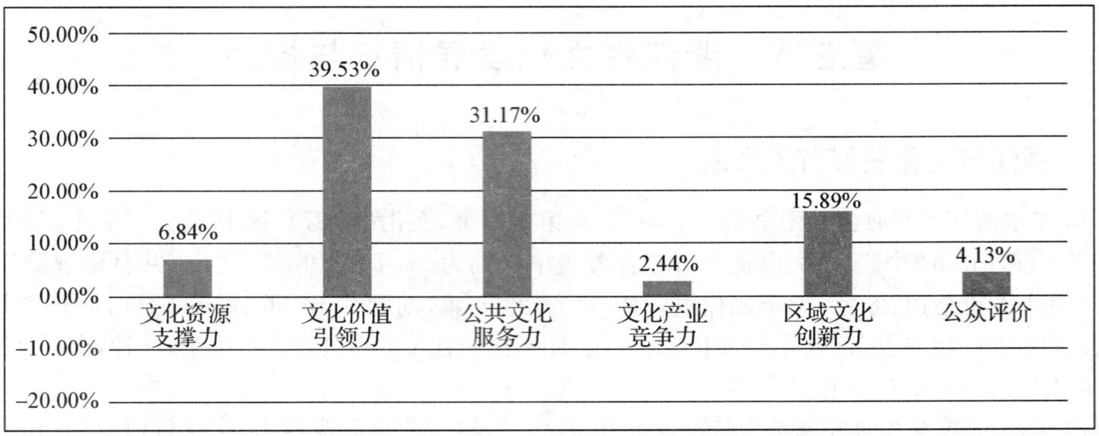

二、文化产业收入突破10000万元

2018年，浙江省文化产业发展环境不断优化，继续保持良好的发展态势。2018年全省5705家规模以上文化及相关特色产业企业营业收入10091亿元，比上年增长12.3%。

其中文化服务业支撑作用明显。2018年，文化服务业营业收入5696亿元，占规模以上文化及相关特色产业营业收入的56.4%，比上年增长17.0%，拉动规模以上文化及相关特色产业营业收入增长9.2个百分点。文化制造业、文化批发零售业和文化建筑业营业收入分别为3077亿元、1301亿元和17亿元，分别增长6.4%、7.4%和52.9%，合计拉动规模以上文化及相关特色产业营业收入增长3.1个百分点。

新闻信息服务业和内容创作生产服务业拉动作用明显。2018年，新闻信息服务业营业收入2375亿元，比上年增长17.8%，拉动规模以上文化及相关特色产业企业营业收入增长4.0个百分点；内容创作生产服务业营业收入2083亿元，增长15.1%，拉动规模以上文化及相关特色产业企业营业收入增长3.0个百分点；文化类土木建筑、创意设计服务、文化商务及专业技术服务、文化传播渠道、文化辅助生产和中介服务5个行业均保持两位数增长，分别增长52.9%、16.6%、15.0%、11.5%和10.5%，合计拉动规模以上文化及相关特色产业企业增长4.1个百分点。

2018年浙江省文化产业收入及增长情况

指　　标	营业收入(亿元)	同比增速%
规模以上文化企业	10091	12.3%
文化服务业	5696	17.0%
文化制造业	3077	6.4%
文化批发零售业	1301	7.4%
文化建筑业	17	52.9%
新闻信息服务业	2375	17.8%
内容创作生产服务业	2083	15.1%

三、印发《浙江省传承发展浙江优秀传统文化行动计划》

2018年5月2日，浙江省人民政府印发《浙江省传承发展浙江优秀传统文化行动计划》，提出以人民需求为本、以历史文化为脉、以特色文化为魂，加快推进浙江省优秀传统文化保护事业的高质量发展。到2022年，实施浙江世界级文化遗产培育申报工程、传统村落民居保护工程、非物质文化遗产展示体验工程、浙江优秀传统文化研究阐释工程、浙江优秀传统文化精品创作服务工程、浙江特色传统文化重点提升工程等六大工程，打造浙江文化金名片，推进文化浙江建设。

四、江浙沪特色文化产业项目路演及推广活动在嘉兴举行

9月5日至7日，由浙江省文化厅和嘉兴市人民政府主办，深圳证券信息有限公司、嘉兴市文化广电新闻出版局、嘉兴市文产办联合承办的“2018江浙沪特色文化产业项目路演及推广活动”在嘉兴华美达酒店举行。根据文化和旅游部产业发展司的安排部署，本次活动以“文化与资本对话，创新与梦想起航”为主题，将进一步推动江浙沪地区特色文化产业发展，搭建文化企业与投资机构对接、交流、合作的股权融资平台。

9月6日上午，“2018江浙沪特色文化产业项目路演及推广活动”正式开幕。文化和旅游部产业发展司政策法规处副处长齐斌，上海市文化广播影视管理局党组成员、副局长金雷，江苏省文化厅巡视员马宁，浙江省文化厅党组成员、副厅长黄健全，深圳证券信息有限公司科技金融事业部副总监宋小敏，嘉兴市人民政府副市长邢海华，市委宣传部常务副部长、市文产办主任王登峰，嘉兴市文化广电新闻出版局局长金琴龙等出席活动。邢海华副市长在开幕式上致欢迎辞，王登峰副部长介绍了嘉兴市文化产业政策。

在随后的项目路演会上，来自暴风动漫、蓝海创意云平台、拈花湾、国礼宋锦、艾德无线、侠客小镇、天雷动漫、手滑科技、猪猪星球、诠视文化、上港邮轮城、摩登大自然、扬州玉器厂等优质文化企业的13个项目参与现场路演，7个项目进行书面推介，涵盖文化旅游、工艺美术、演艺娱乐、节庆会展、创意设计、文化创意和设计服务等众多领域。各项目突出自身特色，向与会投融资机构全方位展示了项目概况、市场分析、盈利模式、核心优势、预期收益及融资规划等内容。众多投融资机构代表对路演项目表现出浓厚兴趣，会后进行了积极接洽。

9月5日下午，深圳市创新投资集团有限公司红土赛格智能产业投资基本合伙人赵现明对路演企业进行了投融资实务培训。培训结束后，路演企业进行了彩排。9月7日，部分与会代表赴乌镇考察文化产业。

来自全国各地的40多家投融资机构代表，江浙沪三地近70家文化企业，浙江省各地文广新局，嘉兴市文化产业领导小组成员单位以及各县(市、区)政府、宣传和文化部门的相关领导和多家新闻媒体共计200余人参加了本次活动。

五、2018绍兴传承鲁迅情怀，发展鲁迅文化

2018年是鲁迅发表《狂人日记》，投入五四新文化运动100周年。2018年12月3日，主题为“鲁迅情怀与文化自信”的2018鲁迅文化论坛在北京全国政协礼堂举行，中国文联副主席、书记处书记李前光，国务院参事、中国作家协会副主席张抗抗，光明日报社总编辑张政，中国音乐家协会名誉主席傅庚辰，北京外国语大学校长彭龙，延安大学党委书记薛义忠致辞。鲁迅文化基金会会长兼秘书长周令飞作主旨演讲。绍兴市委书记马卫光作主题演讲。

李前光在致辞中说，鲁迅是20世纪中国最重要的作家之一，也是新文化运动重要的奠基人，对中国现代文学作出了不可磨灭的贡献，对五四运动后中国社会思想文化发展产生了深远影响。研讨鲁迅情怀文化自信的联系、传承和意义，旨在向全社会传播和弘扬这种跨越时空、富有永恒魅力、立足本国而又面向世界的中华民族的宝贵精神财富。希望本次论坛对于传承和发展鲁迅情怀，提振和彰显民族文化自信，助力新时代中华文化发展起到积极的推动作用。

周令飞在演讲中说，鲁迅的思想和精神，是我们民族文化中最丰富、最深邃、最宝贵的财富，并成为推动中华民族前进的重要精神源泉。鲁迅精神中包含着鲜明的文化情怀元素：鲁迅的爱国情怀、“立人”思想、“拿来主义”、对被压迫者的关注和同情、对“韧性战斗”的坚持、对中华民族奋发崛起的追求，都是

重要的组成部分。鲁迅情怀渗透着一种民族文化自信。提振和彰显文化自信，需要全社会共同为此目标而不懈努力。

马卫光在演讲中说，绍兴文化对鲁迅的思想、品格、情怀、精神的形成以及文学创作产生了重要影响。绍兴文化注重家国天下，培育了鲁迅"我以我血荐轩辕"的爱国情怀；绍兴文化蕴含战斗精神，培育了鲁迅"横眉冷对千夫指"的革命情怀；绍兴文化饱含民本思想，培育了鲁迅"俯首甘为孺子牛"的人民情怀。作为鲁迅的家乡，我们要不忘初心、牢记使命，坚定文化自信，弘扬绍兴文化，担当传承鲁迅情怀、鲁迅精神的历史责任，大力推动鲁迅文化永续发展，高标准打造鲁迅文化高地，努力把家乡建设得城市美丽、民生富庶、生态优美、文化繁荣。会上还举行了鲁迅文化基金会创二代传承基金授牌仪式。

六、2018杭州文创产业八大亮点工作令人瞩目

2018年12月17日，杭州市之江文化产业带艺创小镇召开全球发布会，作为产业带重点项目之一的象山艺术公社率先亮相。

2018年，杭州文创产业在多种挑战叠加下，砥砺奋进，创新发展，交出了一份速度与质量并举的优秀发展答卷。据杭州市统计局最新数据显示，全市文创产业实现增加值3347亿元，同比增长11.6%，占GDP比重达24.8%，产业总实力再创新高，成为全市国民经济的重要支柱性产业。

与往年相比，2018年杭州文创产业呈现出速度与质量并重、规模与效益并举的发展特色，其中八大亮点工作令人瞩目：

《关于加快建设国际文化创意中心的实施意见》正式发布，杭州文创产业步入国际化发展新征程。提出要加快全国文化创意中心向国际文化创意中心转变，这不仅为杭州文创产业未来发展明确了战略目标，也标志着杭州文创产业正式步入国际化发展的新阶段。

正式启动之江文化产业带建设，全力打造文创产业提质增效发展新引擎。目前，中国(浙江)影视产业国际合作实验区、首家国字号动漫博物馆、浙江国家音乐产业基地萧山园区、北影(杭州)国家级电影产业基地等55个重点建设项目正在如火如荼地建设推进中。

优势行业实力凸显，提升文创产业新能级。以数字化、网络化为代表的新兴文创产业——数字内容产业发展态势良好，全年增加值约占全部文创产业的63%，成为全市文创产业乃至全市经济发展重要的新增长点。

动漫节文博会产效双收，会展平台彰显新内涵。第十四届中国国际动漫节吸引了85个国家和地区的2641家企业机构参与，实际成交及达成意向金额138.35亿元，在办展规模、参与人数、交易金额、节展效益等各项指标上再创历史新高。第十二届杭州文博会吸引了41个国家和地区的2100余家文创企业和机构参展，签约合作及意向成交金额达159.5亿元(含项目融资逾100亿元)，比上届文博会翻两番。此外，第四届中国数字阅读大会、2018中国影视艺术创新峰会、MIPChina杭州影视内容高峰论坛、第二届杭州国际工艺周等产业活动成功举办。

企业持续创新发展，不断积聚领军新力量。2018年，宋城演艺、华策影视再次入选"全国文化企业30强"。此外，全年成功引进了贝纳通影视、益达悠影视、速赢科技等十余家重点文创企业落地杭州。截至2018年底，全市规模以上文创企业数达2742家，实现主营业务收入8369亿元，同比增长20.3%。

招揽大师培育新人，持续增强文化创新活力。目前，杭州已拥有30余位文化名人和包括唐家三少、猫腻、匪我思存、沧月等在内的100余位知名网络作家，成为国内外集聚文化名人最多的城市之一。截至2018年底，全市文创规模以上企事业单位从业人员约72万人。据标准城市研究院排行显示，杭州文创产业活力居全国首位。

文化金融融合发展，创新政银合作新举措。制定出台《杭州市文化创意产业信贷风险池补助资金使用管理细则(试行)》(杭财教会[2018]3号)，进一步规范对文创金融机构和企业的资金支持机制。加快提升文创产业授信规模，杭州市文创办与杭州联合银行组建规模1100万元的市文创产业"助文贷"风险

补偿基金，目前，文创风险补偿基金规模累计达 6900 万元。

深化国际交流合作，扩大杭州文创品牌新影响。翻翻动漫等 17 家文创企业及《富春山居图随想》等 15 个文化项目分别入选 2017—2018 年度浙江省文化出口重点企业和重点项目名单，两项入选数均居全省第一。2018 年 5 月 25 日，“杭州英国文化创意产业交流中心”在诺丁汉市正式揭牌落地，成为杭州市第一个在英国建立的文创交流窗口，成为对外讲述“新时代杭州故事”的重要交流平台。

未来五年，杭州文创产业将以之江文化产业带等平台为重点，深入实施文化固本、行业引领、平台建设、主体培育、内容生产、文化金融、人才培育、开放带动等“八大重点工程”，全面推进文创产业提质增效发展，全力打造特色鲜明、发展领先的国际文化创意中心，让城市因文化更精彩，让生活因创意更美好，为杭州“一城一窗”建设作出新的更大贡献。

第四节　安徽省文化发展情况与措施

一、安徽省文化发展有关数据

2018年末，安徽省拥有文化馆123个，公共图书馆124个，博物馆196个（含民营博物馆），乡镇街道综合文化站1438个，全国重点文物保护单位130处、合并国保项目2处，省级重点文物保护单位708处，国家级非物质文化遗产名录72项，省级名录478项。2018年末全省广播电视台79座，中波发射台和转播台25座，广播节目综合人口覆盖率99.84%。电视节目综合人口覆盖率99.82%。有线电视用户792.65万户。全年出版报纸98种，总印数7.18亿份；期刊（杂志）180种，总印数0.43亿册；图书10059种，总印数3.22亿册。有各级国家综合档案馆124个，馆藏档案资料3001.48万卷（件、册），库馆总建筑面积46.96万平方米。

2018年6月9日，徽班进京展演活动在故宫博物院宁寿宫畅音阁大戏楼内上演，传统徽剧《万花献瑞》《小宴》《观阵》《贵妃醉酒》《徽班进京》等精彩亮相，这是继228年前徽班进京之后，徽剧再次重现故宫，实现了历史和现代的交融。

此次活动是继“徽匠神韵”故宫特展、“明月清风——故宫博物院藏新安八家书画展”活动之后，安徽省与故宫博物院合作推进优秀传统文化传承发展的又一项重要活动，推动文化遗产以多种方式走进人们的生活，感受它的魅力。

2018年，聚焦脱贫攻坚、美丽乡村建设、安徽好人等现实题材，实施创作孵化计划，推出梆子戏《春风化雨》、黄梅戏《一个都不能少》、舞剧《大禹》等一批大戏、小戏。实施地方戏曲剧种分类保护，完成全省31个戏曲剧种（数量居全国第三）普查；举办全省稀有剧种展演，19个稀有剧种、3个戏曲声腔集中演出。

“文化扶贫，携手小康——全省惠民巡演乡村行”活动于2018年9至12月在国贫县、省贫县、连片特困县的贫困乡镇和村共演出逾千场，充分发挥了文化在脱贫攻坚中的作用，以文化人，扶志扶智，让贫困群众真正享受到“文化民生”带来的幸福生活。

2018年，安徽加快文化“走出去”步伐，统筹全省文化资源，组织开展“欢乐春节”、安徽文化周、中非文化周、“中俄两河领域”等系列特色文化交流项目，组织对外和对港澳台文化交流项目近50批次，涵盖40余个国家和地区。

2018年10月17日至24日，副省长杨光荣率领安徽省旅游文化代表团圆满完成对英国、土耳其友好访问。期间，代表团在德比郡、牛津大学和伊斯坦布尔、安塔利亚省举行4场旅游推介活动，隆重宣介“美好安徽迎客天下”，反响热烈。

二、倾力打造文艺精品，用心抒写伟大时代

2018年，安徽省文艺工作者坚持以人民为中心的创作导向，深入生活、扎根人民，用心用情用功抒写伟大时代。2018年，反映安徽省科技创新成就的报告文学《领跑者》在《人民文学》第8期“新时代纪事”栏目推出；以全国重大典型张劼先进事迹为题材创作的《特殊的勋章》，入选中宣部、中国作协组织的“时代楷模”报告文学创作项目。

徽风吹艺苑，皖韵吐芳华。近年来，安徽省文艺工作者把提高质量作为文艺作品的生命线，不断推出讴歌党、讴歌祖国、讴歌人民、讴歌英雄的精品力作，多个“国”字号奖项花落江淮。

著名诗人陈先发的诗集《九章》荣获第七届鲁迅文学奖诗歌奖；合肥演艺股份有限公司创排的小品《等爱回家》荣获第十届中国曲艺“牡丹奖”文学奖；滁州日报记者汪强荣获第十二届中国摄影金像奖纪实摄影类大奖；合肥演艺股份有限公司创作的舞蹈《命运》入选第十一届中国舞蹈“荷花奖”现代舞奖。

敢于“走出去”，大方“展身段”。为庆祝改革开放 40 年，安徽省首次在中国美术馆举办规模最大、门类最全的《新时代新徽派——安徽书画 40 年精品晋京展》。故宫博物院畅音阁举行徽班进京展演活动，“徽班进京”228 年后徽腔徽调再次唱响故宫。主动“请进来”，善于“巧借力”。2018 年，安徽省策划举办“中国文艺名家看安徽”系列活动，分 8 个批次分别邀请全国知名摄影家、音乐家、诗人、曲艺家、戏剧家、美术家、舞蹈家、作家，行走江淮大地，感知时代气象，汲取创作营养。

三、推动文化产业发展，丰富群众精神生活

党的十九大报告提出，满足人民过上美好生活的新期待，必须提供丰富的精神食粮。近年来，安徽省文化企业继续成长壮大，持续进行创造性转化、创新性发展，全省不断完善公共文化服务体系，增加百姓文化消费的选项。

繁荣文化产业，凸显文化软实力。2018 年，安徽出版集团和安徽新华发行集团同时第 9 次入选“全国文化企业 30 强”，其中安徽新华发行集团总体经济规模连续 5 年保持全国同行第一，并且连续 3 年入选“中国企业 500 强”。2 月，华米科技在美国纽约证券交易所上市，成为小米生态链首家在美上市企业，也是在纽交所敲钟的首家皖企。在第 25 届北京国际图书博览会上，安徽展团共向美国、印度、新加坡等国和中国台湾地区输出版权逾 500 项，实现全国省份版权输出排名“十一连冠”。

创新是引领发展的第一动力。2018 年，安徽省文化企业不断推出中国首创、世界一流的产品和服务。至 2018 年 10 月，“共享书店”已在安徽、北京、上海等地布局 40 家，用户达 33.66 万人，月户复借率 79%。“有戏安徽”专区已构建剧场、电视、手机、网络“四位一体”传播模式，打造 7 个直播平台，实现艺术与技术有机融合。

让老百姓共享文化发展成果，始终是文化发展的出发点和落脚点。2018 年，全省 89 个博物馆、123 个公共图书馆、18 个美术馆、121 个文化馆、1438 个文化站，共计 1789 个公共文化场馆免费向公众敞开大门。元旦、春节期间，全省向群众送“文化年货”，累计开展各类活动 6000 余场。第五届安徽文化惠民消费季推出 40 项重点活动，征集 701 家特约商户，安排 918 万元省级资金，让城乡居民共享文化嘉年华。11 家单位入选第七届“全国服务农民、服务基层文化建设先进集体”名单，入选单位总数并列全国第一位，且全部七大门类均有单位入选。

四、2018 年安徽省作品版权登记逾 2 万件

2018 年安徽省作品版权登记数达 20225 件，居全国第 10 位，较 2017 年增长了 10214 件，增长率达 102.03%，增长速度居全国第 4 位。

安徽省自 2016 年 7 月 1 日在全省范围内实现作品版权免费登记制度以来，登记数增长率连续 3 年超过 100%，登记作品版权类型由 12 类增长为 16 类，主要包括摄影作品、美术作品、文字作品及工程设计图、产品设计图等。

2018 年，安徽省版权局在积极推进作品版权自愿登记工作的同时，着力提升版权登记服务水平，不仅对版权登记实行免费服务，而且开发了网上登记系统，版权人可以在网上直接完成登记。此外，安徽省版权局还积极推动版权登记服务向基层延伸，除安徽省版权交易中心外，在宿州市、马鞍山市、黄山市试点设立作品版权登记代办点，进一步方便权利人办理版权登记。2018 年，安徽省版权局将进一步加大作品版权登记工作力度，扩大作品版权自愿登记工作宣传和服务范围，除在相关市增加作品版权登记代办点外，还将推动版权登记服务进高校和文化企业，并探索依托已登记作品资源开展分析研究，引导版权开发利用，促进版权产业发展。

五、2018 安徽文化遗产保护：推进凤阳明中都城等建设

2018 年，安徽省加强文化遗产保护利用，取得突出成效。

一是出台实施方案。安徽省委、省政府出台了《安徽省革命文物保护利用工程实施方案》，公布了20处国保单位保护规划。

二是实施文物保护工程。完成"引江济淮"文物勘探、发掘项目34个。黟县"猪栏酒吧"民宿入选中国古迹遗址保护协会"乡村遗产酒店"首批示范项目。在全国第一批次完成古籍普查登记任务，完成率达100%。《向往——"我"与安徽改革开放四十年》展览入选国家文物局重点推介的"弘扬中华优秀传统文化，培育社会主义核心价值观"十大主题展览。推进凤阳明中都城等5个国家考古遗址公园和大运河文化带安徽段建设。

三是加强非遗传承。安徽全省45人入选第五批国家级非遗传承人名单，入选数居全国第六位。第一次举办了戏曲类非遗扶持项目集中展演展示活动。联合中科大等高校举办非遗传承人群研修研习培训400余人次。

四是深化与故宫博物院合作。在故宫畅音阁成功举办"徽班进京"展演活动，这是继228年前徽班进京之后，传统徽剧再次在故宫演出；故宫徽派传统工艺馆开馆运营；故宫凤阳明中都皇故城考古工作站挂牌成立。

六、2018年池州市完成文化产业增加值24.44亿，部分指标全省靠前

近年来，安徽省池州市高度重视文化产业发展工作，健全工作机制，出台扶持政策，培训产业主体，拓宽文化市场，扭转了文化企业规模过小、文化园区发展缓慢、文化产业增加值上升乏力的势头，促进了文化产业健康较快发展。

2018年池州市完成文化产业增加值24.44亿元，同比增长23.28%，增幅列全省第三位；文化产业增加值占全市GDP比重3.92%，增幅列全省第一位；规模以上文化企业74家，同比增长5.7%，增幅列全省第八位，其中新入规产值亿元以上企业6家。在2018年度省政府文化产业发展目标管理绩效考核中，也取得了一定的进步，其中文化产业发展工作推进情况单项考核指标名列全省第一位。

除建立健全领导机制、落实文化经济扶持政策等措施外，池州市还加大了园区、项目建设力度，推动文化产业聚集。加快了省重点扶持的文化产业园区建设。至2018年底，杏花村文化旅游区入驻企业8家，累计完成投资20.5亿元，区内《杏花醉雨》演艺项目硬件建设基本完成；大愿文化园入园人次和营业收入稳步提升；大愿文化园二期《九华大典》演艺项目投资完成4.06亿元，剧本撰写、作曲及演员培训初步完成，预计2019年初开始演出。

此外，青阳县富贵陵阳文化旅游区、石台醉山野影视基地等建成开放。池州市大九华圣武雕塑有限公司等5家企业入选第六届安徽省文化产业示范基地名单；池州市杏花村文化旅游区影视拍摄基地入选2018年安徽省新闻出版广播影视产业园区(基地)；2018年全市17个项目入选省重点建设文化项目库，总投资额128.08亿元，计划投资20.04亿元，全年完成投资21.51亿元。

池州市近期将重点推进池州市孝肃文化旅游街项目、富景垚文旅原创产品基地、贵池茶厂文创基地等特色园区(基地)建设，重点推进贵池区万罗山生态文化旅游区开发、东至县三条岭生态旅游开发建设、青阳县礼貌山文化旅游开发等文旅项目，重点推进朱备禅修小镇、陵阳摄影小镇、庙前运动小镇、龙泉樱花小镇等文化类特色小镇项目，重点推进东流、殷汇、石门等老街古道整治修复工作，推动中小文化产业聚焦发展。

池州市成立文化产业项目招商组，定期外出开展招商工作。安徽秋浦河旅游公司"石台秋浦文化旅游产业园"项目、安徽富贵陵阳文化旅游公司"富贵陵阳文化旅游区"项目、池州美帝雅旅游制品公司"景泰蓝平版画"项目入选文化和旅游部《2018文化产业项目手册》，池州傩文化产业园等12个项目入选2018年安徽文化产业重点招商项目库。全年引进注册文化企业45家，协议引资额25亿元，当年完成投资2.8亿元。"慢生活、深呼吸、养身养心杏花村"系列文化旅游等14项活动被列为省重点项目。

七、长三角建立文化金融合作服务平台

2018 年 11 月 30 日，上海市徐汇区及南京、杭州、宁波、绍兴、蚌埠 6 个区市党委宣传部，在上海西岸艺术中心联合主办首届“长三角文化金融合作论坛”，并共同签约建立长三角文化金融合作服务平台，为长三角文化企业和文化产业项目的发展提供专业服务和支撑。

“长三角文化金融合作论坛”是首届长三角文博会“区域联动”活动之一。长三角文化金融合作服务平台委托上海联合产权交易所具体实施，将提供信息共通、资源共享、平台共建和业务共拓等服务。在筹备期间，该平台对长三角区域的文化企业进行了融资项目征集，共收集到 60 多个优质融资项目。作为平台首批服务对象，这些项目获得与资本机构的高效对接服务。

作为首批签约市，蚌埠市将利用长三角文化金融合作服务平台在文化金融领域的经验、优势、服务模式及创新成果，为文化企业在融资、上市等方面提供金融服务。

七 体育事业发展情况

第一节 上海市体育发展情况与措施

一、上海市体育发展情况

2018年,上海体育紧紧围绕建设全球著名体育城市和健康上海的目标,各项工作取得了新突破、新成绩和新进步。

2018年内成功举办国际国内重大赛事175次。成功举办F1中国大奖赛、ATP1000网球大师赛、环球马术冠军赛、上海国际马拉松赛等品牌赛事。上海城市业余联赛共开展赛事活动6186个,参与市民近250万人次。成功举办上海市第十六届运动会,共有约220万人次参与。共有76名上海体育健儿在雅加达亚运会上共获得19金牌人次。2018年内全市共新建89条市民健身步道、新建改建72片市民球场、342个市民益智健身苑点。

全面贯彻落实全民健身国家战略。超额完成市政府体育实事项目建设任务,共新建89条市民健身步道、新建改建72片市民球场、新建改建342个市民益智健身苑点。2018年上海城市业余联赛举办赛事场数、参与人数均创历史新高。加大对市民的科学健身指导。国际象棋、航天模型高度火箭等非奥项目取得新突破。成功举办第五届全国大众冰雪季启动仪式。加强竞技项目新周期备战工作。积极引进、选调运动员至一线队伍,与体制外联办共建备战队伍。平昌冬奥会上,上海选手首次出现在冬奥会的舞台上。雅加达亚运会上,上海有76名运动员入选中国体育代表团。上海上港夺得2018年度中超冠军。科医科教和运动员文化建设不断强化。创新办好第十六届市运会。赛事规模远超历届,参与人数创新高。注册运动员达3万余人。新增了活动版块,9大活动项目参与总人次达220万。参赛队伍更加多元,竞赛成绩屡有突破。各类宣传广泛开展。强化青少年体育公共服务体系建设。广泛开展青少年体育赛事活动,组织开展青少年体育公益培训,扶持青少年体育社会组织发展,推进青少年体育指导人员队伍建设等。加快打造国际体育赛事之都。优化体育赛事发展环境,2018年全年国际国内重大比赛175个,其中国际赛事约占四成。加快提升体育产业发展能级。召开2018年上海市体育产业联席会议。出台《关于加快本市体育产业创新发展的若干意见》。2017年本市体育产业总产出(总规模)达1266.93亿元,同比增长21.1%;增加470.26亿元,占当年全市GDP比重1.6%。推进重大体育设施项目建设。徐家汇体育公园项目全面开工建设;浦东专业足球场项目、嘉定市民体育公园项目一期足球公园项目开工建设。崇明体育训练基地建设项目完成开办入驻,交付使用等。全面深化体育领域改革。组建市竞技体育训练管理中心、市体育训练基地管理中心、市体育场馆设施管理中心。召开市足球改革发展联席会议。完成市体育总会换届改革。不断加强体育法治建设。不断提升体育党建和大调研工作成效。摄制反映上海体育改革开放40年成果的纪录片《沸腾时代》并在东方卫视播出,引起较好反响。

二、发布《2018年上海市全民健身发展报告》

2018年上海全民健身事业总体发展状况令人满意,经常参加体育锻炼的人数占常住人口比例为42.8%,可供市民健身的人均体育场地面积达2.23 m^2。值得一提的是,工作没时间依然排在制约锻炼因素首位,没有参加锻炼的市民中因为惰性因素占到43.8%,因为家务忙占到37%。

《2018年上海市全民健身发展报告》(简称“300指数”)2019年9月18日发布。数据显示,2018年上海全民健身事业总体发展状况令人满意,市民对社区体育场地设施的满意度有所提升,经常参与体育锻炼人口比例保持稳定,市民体质健康状况良好。

2018年的300指数总分为245.8分，较上一年度有所提升。“健身环境”“运动参与”以及“体质健康”三项组成单项指标均处于“满意”区域。

其中，“健身环境”为80.8分，发展总体持稳。截至2018年底，全市可供市民健身的体育场地面积达到54028318 m^2，可供市民健身的人均体育场地面积达2.23 m^2，人均体育场地面积（国家统计标准）2.1 m^2。体育场地面积的增加，得益于政府的大力投入和保障。2018年，市、区两级政府在全民健身事业上总投入财政经费达28.6亿元，较上年增长136.4%。其中，总投入的83.6%作为全民健身专项工作经费；其余16.4%的投入作为全民健身日常工作经费。

在全民健身赛事领域的“放管服”改革下，“运动参与”指数升至81.5分。2018年，上海经常参加体育锻炼的人数占常住人口比例为42.8%。与2017年相比，19～29岁、50～59岁、60岁及以上市民成为上海市民经常参加体育锻炼人口比例增长的主要推动力。市民参加体育锻炼的主要目的为改善体质、增进健康，其次为调节情绪减轻压力、减肥塑身和增加体力活动等。据统计，跑步、快走（健步走）、骑自行车等成为市民经常参加的体育锻炼项目。

值得一提的是，制约经常参加体育锻炼的市民中，16.7%是因为工作没时间，14.4%是因为缺乏运动设施，11.6%是因为怕受伤。另外，没有参加体育锻炼的市民中，54.8%亦是工作没时间，惰性和家务忙没时间分别为43.8%和37%。

2018年，上海举办的赛事活动充分动员社会力量参加，不断丰富全民健身办赛主体，赛事品质和市场效益不断提升。作为上海全民健身代表性赛事，上海城市业余联赛实现了100%社会化办赛，其中有154家企业和248个社会组织参与，共举办活动6186个，80万市民、近250万人次参与赛事。参与人数最多的是篮球项目，其次是围棋和跆拳道项目。

与往年相比，上海市民体育消费情况呈收敛态势。数据显示，2018年上海有体育消费人群占比为80.9%，人均体育消费升至2580元。其中，6～17岁的青少年人均体育消费为3327元，较消费水平最高的18～59岁人群仅低39元，青少年人群的体育消费能力不容忽视。

报告显示，“体质健康”指数为83.5分，总体发展令人满意。2018年，全市共有186082位成、老年人进行了体质测定，其中成年人体质达标率为97.9%，优良率为64.1%；老年人体质达标率为97.8%，优良率为55.7%。2018年，青少年体质达标率为96.9%，优良率为46.4%，优良率较2017年上升3.6个百分点。总体上上海青少年学生体质健康状况稳步回升。

值得注意的是，50岁及以上的市民健身素养得分显著低于50岁以下市民。此外，上海市民运动干预得分最低，需要提升市民对相关知识的了解和掌握。

《2018年上海市全民健身发展报告》由上海市体育局委托第三方上海体育学院承担评估工作。报告最后也提出了引领体育公共服务提档升级的发展对策。

报告认为，首先要便民惠民，不断完善市民身边的健身环境。徐家汇体育公园、浦东足球场、市民体育公园等重大体育设施项目，智慧健身路径、智慧健身步道、智慧体育公园将不断投入建设。其次要开放创新，着力打造精彩纷呈的赛事活动。还要主动积极构建科学健身指导的新格局。

三、2018年上海市青少年体育工作会议召开

2018年4月25日，上海市体育局在东方体育中心召开了2018年上海市青少年体育工作会议暨上海市第十六届运动会赛风赛纪监察与反兴奋剂工作部署会。上海市体育局党委书记、局长徐彬，市体育局副巡视员杨培刚出席会议，并为上海荣获2017年“全国体育事业突出贡献奖”的有关单位和个人颁奖。

本次会议由上海市体育局科教处（青少年体育处）处长张漪主持，市教委、市团委、市妇联相关部门，市体育局相关处室，相关直属单位负责人及市体育总会、有关单项运动协会负责人，各区体育局、部分青少年体育俱乐部及社会办训单位代表参加了本次会议。

市体育局党委书记、局长徐彬表示，2018年是贯彻党的十九大精神的开局之年，是改革开放40周年，同时也是实施"十三五"规划承上启下的关键之年。上海青少年体育工作在上海体育事业发展中扮演着重要角色，发挥着基础性作用。做好2018年全市青少年体育工作对开创新时代上海体育改革发展新局面，加快推动"全球著名体育城市"建设和"健康上海"建设具有十分重要的意义，要用改革的理念、创新的思维、严谨的态度、科学的方法来开展青少年体育工作。上海市体育局党委书记、局长徐彬提出四点要求：

一是要充分认识加强青少年体育的重要意义，切实增强做好新时代青少年体育工作的积极主动性。加强青少年体育工作是贯彻习近平新时代中国特色社会主义思想加快建设体育强国的必然要求，是推动建设全球著名体育城市和健康上海的现实需要，是努力开创新时代上海体育改革发展新局面的重要举措。

二是要聚焦年度青少年体育重点任务，以改革创新精神全力办好第十六届市运会。要统一思想精心筹办，做好组织参赛工作；树立正确的政绩观，注重后备人才培养；坚持竞赛活动两手抓，营造良好体育氛围；严格加强反兴奋剂管理，严肃赛风赛纪。

三是要坚持办人民群众满意的青少年体育，全面做好本市青少年体育各项工作。要大力实施青少年体育活动促进计划，加强青少年体育技能普及；完善竞技体育后备人才培养体系，培养青少年体育拔尖人才。

四是要加强对青少年体育工作的组织领导，为青少年体育发展提供更加有力的保障。要加强组织领导，完善保障措施，抓好工作落实，要紧扣年度本市青少年体育工作的目标和任务，细化任务分工，明确时间节点，加强检查督促，以钉钉子的精神确保各项工作落到实处。

市体育局副巡视员杨培刚同志总结了2017年上海市青少年体育工作，部署了2018年工作要点。2018年上海市青少年体育工作将围绕四个方面展开：

一是以改革的精神办好上海市第十六届运动会，充分展示本市青少年体育工作各项成果，将市运会办成全市青少年的体育盛会。

二是贯彻实施"青少年体育活动促进计划"，建立健全青少年体育公共服务体系，广泛开展青少年体育赛事活动，切实加强青少年体育场地设施建设，大力培育青少年体育指导员，推进青少年体育融入所有青少年的生活学习。

三是贯彻实施《关于加强竞技体育后备人才培养工作的指导意见》，推进竞技体育后备人才培养"雏鹰计划"，加强青训教练员队伍建设，完善青少年体育竞赛体系，加快构建青少年训练新格局。

四是进一步贯彻落实《上海市体教结合促进计划（2016—2020年）》，完善工作机制、强化督导工作，推进体育传统校、二线运动队及校园体育联盟建设及校园体育文化建设，促进体教深度融合。

四、2018年上海市体育产业发展联席会议全体会议召开

2018年8月29日上午，2018年上海市体育产业发展联席会议全体会议在市政府召开。陈群副市长出席会议并讲话。

陈群指出，做大做强体育产业是满足人民生活新需求、推动经济高质量发展的重要举措，也是建设卓越的全球城市、打响上海"四大品牌"的应有之义。当前，本市体育产业呈现良好发展态势。他要求，下阶段，要充分认识新时代体育产业发展面临的新机遇，抓好"体育产业30条"等政策的贯彻落实，推动本市体育产业实现更高质量发展；要加快构建现代体育产业体系，打开产业发展空间，完善体育产业结构；要丰富和扩大市场供给，千方百计加强体育健身设施供给，丰富体育产品市场，精心筹办2019年篮球世界杯等国际大赛；要深化体育产业"放管服"改革，创新赛事管理制度，继续推进体育社会组织改革，加强体育基金会和体育协会监管；要加快培育一批体育龙头企业，培育一批体育"独角兽"企业；要推进各类体育服务平台建设，提高体育产业行业管理水平，守住安全底线，营造一流的市场环境。

自2015年第一次联席会议全体会议召开以来，上海体育产业发展取得了新进展、新成效。一是产业规模，节节攀升。统计数据显示，2015年至2018年，上海体育产业总规模和增加值连续保持两位数快速增长，总规模从767.05亿元增长至1266.93亿元，增加值从308.22亿元增长至470.26亿元，增加值占全市GDP的比重从1.3%提升至1.6%。主营从事体育经济活动的单位数量，从2015年的7938家增长至2017年的11489家。服务业在体育产业总规模中占比超过六成。二是科学规划，引领发展。重视顶层设计，不断优化体育产业发展环境。三是搭建平台，提供服务。推进体育资源交易平台、体育产业投融资平台和体育产业信息服务平台建设，努力促进市场要素流动。四是夯实基础，优化机制，认真做好产业统计和消费调查基础工作，积极开展体育产业示范基地创建工作，充分发挥示范引领作用。五是部门协作，融合发展，注重加强部门与区域的合作，逐渐形成体育相关产业联合发展的良好态势。六是加强推广，开拓市场，体育企业活力不断增强，体育消费水平不断提高，总体呈现快速发展态势。

会议透露，下一步，上海市将以《关于加快本市体育产业创新发展的若干意见》的发布为契机，以大调研梳理出的困扰体育企业发展的问题为导向，加强政策聚焦，增进组织协调，服务市场主体，着力提高体育产业发展质量。一是要坚持政府引导，深化体制改革。转变政府职能，完善政策配套，加强组织领导。二是要坚持市场主导，增强内生动力，具体是要搭建服务平台，建设行业协会，培育市场主体。

市体育局党委书记、局长徐彬主持会议，副局长许琦汇报近年来上海体育产业工作情况及下阶段工作安排。市商务委、市旅游局、杨浦区、崇明区政府交流发言。

五、2018年上海体育产业总规模达1496.11亿

2018年上海市体育产业总产出（总规模）为1496.11亿元，增加值为556.90亿元，占当年全市GDP的比重为1.7%。

按照国家体育产业11个大类分类，体育服务业（除体育用品及相关产品制造、体育场地设施建设外的其他9大类）总产出和增加值分别为1134.77亿元和485.93亿元，占上海市体育产业总产出和增加值的比重分别为75.8%和87.3%。其中，体育用品及相关产品销售、出租与贸易代理业总产出和增加值最大，分别为589.75亿元和279.70亿元，占上海市体育产业总产出和增加值的比重分别为39.4%和50.2%。

2018年上海市体育产业总产出和增加值

体育产业类别名称	总量（亿元）		结构（%）	
	总产出	增加值	总产出	增加值
上海市体育产业	1496.11	556.90	100.0	100.0
体育管理活动	43.05	22.08	2.9	4.0
体育竞赛表演活动	65.71	46.70	4.4	8.4
体育健身休闲活动	69.02	29.39	4.6	5.3
体育场地设施管理	21.18	10.67	1.4	1.9
体育经纪与代理、广告与会展、表演与设计服务	7.15	2.95	0.5	0.5
体育教育与培训	27.54	17.55	1.8	3.2
体育传媒与信息服务	130.52	56.01	8.7	10.1
其他体育服务	180.84	20.88	12.1	3.7
体育用品及相关产品制造	351.81	69.35	23.5	12.5
体育用品及相关产品销售、出租与贸易代理	589.75	279.70	39.4	50.2
体育场地设施建设	9.53	1.62	0.6	0.3

第二节　江苏省体育发展情况与措施

一、江苏省体育发展情况

2018年，江苏省成功举办第19届省运会，促进群众体育和竞技体育、体育事业和体育产业协调发展，江苏健儿在第18届亚运会上取得优异成绩。在重大比赛中获世界冠军5项，获金牌58人次，获银牌37人次，获铜牌55人次。

2018年2月5日，江苏省委、省政府在南京举行大会，表彰本省在第十三届全运会上取得优异成绩的运动员、教练员以及做出重要贡献的先进集体。在第十三届全运会上，江苏体育代表团在竞技体育项目上获得35枚金牌、26枚银牌、45枚铜牌，实现了参赛成绩位居第一方阵目标；在首次增加的群众比赛项目上获得8枚金牌、7枚银牌、13枚铜牌，位列奖牌榜前列，顺利完成了参赛任务；在首次增加的田径、游泳项目青少年组比赛中获得2枚金牌，4枚银牌，3枚铜牌，为江苏省体育后备人才队伍建设积蓄了力量。在取得优异运动成绩的同时，江苏体育代表团还获得了“体育道德风尚奖”。

2018年，江苏全省建成较大规模的体育公园700个，新建健身步道1000多公里。

二、群众体育发展取得新突破

2018年，江苏省积极贯彻全民健身国家战略，加快落实江苏省政府和省体育局年度群众体育事项，群众体育发展取得新突破。

第一、“大体育”工作格局初步形成

江苏省以全地域覆盖、全周期服务、全社会参与、全球化合作、全人群共享为要求，不断深化改革创新，加快完善“政府主导、部门协同、全社会参与”的“大群体”发展格局，“大体育”工作格局初步形成。

2018年是江苏省运会年，作为首次增设15个大项76个小项的群众比赛项目的第十九届江苏省运会，在运动员参赛资格的设置上充分体现覆盖全人群、开放发展的特点。本届省运会以“全民动起来、江苏更精彩”为主题，共设比赛项目80个大项，全省13个设区市代表团、近2万名运动员参加，赛事规模创江苏省运会历史新高。本届省运会实现三个重要转变：一是首次取消了金牌总数、奖牌总数和总分数的排名；二是从重少数向重全体转变；三是从重成绩向重人才转变。比赛从5月开始到9月结束，时间跨度长，直接参加到决赛的运动员近2000人。整个省运会群众项目比赛期间，没有出现一例严重赛风赛纪问题，各参赛队均获得体育道德风尚奖。同时在比赛中，有非洲留学生参加了舞龙、龙舟项目，在苏州生活的美国人参加了航模项目，充分体现了国际交流。

第二、公共体育服务体系进一步完善

2018年，江苏各地充分利用老旧街区、闲置厂房、立交桥下等改建增建公共体育设施，不断提升城市社区“10分钟体育健身圈”服务内涵。继续实施农民体育健身工程提档升级，乡镇（街道）绝大多数都建有小型全民健身中心和2000平方米的多功能运动场。制定体育公园建设标准，下发《江苏省公共体育设施基本标准》，新建500公里健身步道，建成700个体育公园。

江苏省各地积极承办国际、国家群众体育赛事和活动，广泛开展群众喜闻乐见的体育赛事和活动，全省每年有组织的体育活动参与人数达5000万人次。“长江经济带”全民健身大联动、全民健身日活动、新年登高活动等定期举办，省市县联动，品牌效应不断彰显。“迈进新时代幸福舞起来”全省广场舞大赛，关注参与的群众超百万人。据统计，2018年江苏省经常参加体育锻炼人口比例达37.1%。

第三、公共体育服务水平进一步提高

贯彻《健康江苏2030规划纲要》，建成省国民体质监测与科学健身指导平台，指导江苏省体育系统完成30万人次的国民体质检测与运动健身指导。在全国率先实现县（市、区）国民体质监测中心全覆盖，建成省级以上体质测定与运动健身指导站 108 个，每年为 30 多万人次群众免费进行体质测定、运动能力评估、科学健身指导等服务。建成全省全民健身电子地图，为城乡居民提供各类便捷的资讯服务。大力发展全民健身志愿者队伍，江苏省社体指导员突破 30 万人。

与此同时，江苏省抓好社会体育指导员等级升级培训，2018 年，江苏省培训一线社体指导员 23 个项目 60 期 6000 余人，培训一级社体指导员 14 个项目 14 期 1148 人，国家级社会体育指导员 4 期 28 个项目 336 人全部合格。此外，对 4000 名常年服务在全民健身志愿服务一线的社体指导员进行技能再培训，江苏省社体指导员人数突破 30 万人。

三、2018 江苏体育文创交流沙龙启动，聚焦体育 IP 商业化

4 月 3 日，2018 江苏体育文创交流沙龙在江苏省五台山体育中心正式启动。活动增设三个互动话题，围绕如何推动江苏体育文化产业的发展，促进体育文创的多模式应用为主题，共同探讨体育文化产业相关的体育商业运营模式，对体育文创、体育小镇、IP 落地，你最关心的体育政策及体育文化周边等问题进行交流互动，对如何构建江苏省体育产业的良好态势，推动体制机制创新、结构业态优化、资本市场建设、产业集约集聚等方面进行全新的剖析，助力江苏省体育文化高水平、高质量、高特色地健康发展。

近年来，江苏省不断加大文化体育产业发展的推进力度，重点推动体制机制创新、结构业态优化、资本市场建设、产业集约集聚的全面发展，全省文化体育产业呈现出全方位、纵深化的良好态势。《江苏体育发展"十三五"规划》提出，"十三五"期间，实现体育产业规模和质量同步增长，群众体育消费得到较大提升，体育产业规模发展、集约发展、创新发展水平位居全国前列，总规模超过 5000 亿元。更多体育企业向服务业延伸，体育产业链拉长、附加值提高，体育服务业增加值在体育产业增加值占比达到 35% 左右。

这次活动对江苏省体育文创模式、体育文创平台及体育产业中的 IP 价值发掘进行深入探讨，立足体育产业，围绕文化体育的 IP 商业化品牌化等问题，邀请业内知名投资方、品牌方、体育运营商、媒体等多方人士到场，通过"主题演讲""模式分享""案例巡讲""智慧问答"等板块，共同分享最新、最前沿的文化体育商业运营模式，探讨最具价值的 IP 商业化路径，搭建行业上下游各方交流平台，推动文化体育生态健康有序发展。

2018 年江苏体育局重点推出 2018 首届江苏体育文化创意设计大赛，将体育产业创新作为产业发展开端，将原有的传统赛事、场馆运作、装备制造等赋予文化创新的力量，对其本身的运作模式进行增量升级，完善及改进体育产业的运作模式，扩充产业内容的辐射领域，引导文化产业的人才及企业机构进入体育产业中，以服务于江苏本土体育产业为宗旨，以提升全省体育产业升级为最终目标，以此推动具有江苏特色体育文化产业的向上力。

四、2018 年江苏省属体育社团秘书长座谈会顺利召开

12 月 17 日，2018 年江苏省属体育社团秘书长座谈会在南京举行。省体育总会秘书长李一冰、各省属体育社团负责人以及体总秘书处所有工作人员参加了本次会议。

会上，各协会秘书长畅所欲言，依次对本协会 2018 年的工作亮点和 2019 年的工作思路进行介绍。值得一提的是，本次会议多个协会开拓创新，采用了视频汇报的方式，通过对协会日常场景、比赛精彩画面的再现以及详实的语音解说，更加直观、立体地展现了各体育协会的精神风采及其 2018 年度的丰硕成果。

2018 年，各省属体育社团开拓创新，携手向前。无论是改革发展的推进，组织架构的建设，还是各类赛事活动的举办，都做出了很多亮点和特色。

一是思路新。各协会在谋划工作思路和方向上，能融入体育事业发展和整个社会发展的大局，同时，在各项具体工作的开展中，比如规范管理、开展赛事活动、扶持组织发展等方面，都做得更细致、更专业、更有序。

二是态度真。协会工作其实很辛苦，很多同志都是因为热爱而默默地奉献，不求回报，同时工作做得特别认真、细致、踏实，广大群众的双休日，处处可见各协会工作人员开展全民健身活动的忙碌身影。

三是实干强。2018 年的工作很多，大家做出的亮点也很多。各协会都能将原先已经建立的、好的思路、方法、制度做得更好，同时又积极去开拓创新，有的协会在社会化、实体化等方面探索了新路径，在自主 IP 品牌赛事打造、体育与各行业的跨界融合等方面做出了亮点，特别有借鉴、推广意义。

江苏省体育总会李一冰在总结发言中充分肯定了各省属体育协会 2018 年的工作成绩，同时也就新形势下体育社团改革和发展提出五点建议：

第一、提高站位，将党建工作干出实效。体育协会的发展要永远跟党走，坚定四个意识，按照习总书记对体育工作的要求积极落实，确保方向的正确。要将党建工作的方向性和业务工作的机制性充分融合，通过抓好党建工作来引领和促进协会日常工作的开展。强化协会临时党支部的政治引领作用，严格落实党风廉政要求，探索形式多样的党群活动方式，强化基层组织的凝聚力、号召力、战斗力。

第二、积极探索，将改革步伐踩准踏实。体育协会的改革可以说已经进入了深水区和攻坚期，特别是在顶层设计不够完善的时候，希望省属协会能先试先行，主动参与，从体育工作的点、线、面去思考和规划，特别是面对行业协会商会脱钩的形式，如何推动协会实体化、市场化，增强造血功能等，都需要去探索和开拓。

第三、勇于开拓，将网络架构建设完善。首先省属协会很多都对应有了市级、甚至县级的协会，下一步要发挥上下联动机制，资源整合，共建共享，一起做实做强。第二是推动协会将组织向基层延伸，建立相对完善的纵向组织关系。很多协会十三个市还没有实现全覆盖，下一阶段要把这一点做实。第三是扶持俱乐部发展，开展俱乐部联赛、申报俱乐部扶持资金等，将俱乐部建设作为工作重点去推。

第四、创新引领，将赛事活动做出体系。江苏省属协会的赛事活动也很多，而如何将赛事活动建立一个体系很重要，希望各协会进行系统梳理、定位划分，充分发挥 1＋1＞2 的整体效应。同时，精心打造拳头产品。将品牌赛事的品牌化做得更全面、更立体，丰富品牌内涵外延，拓展产业链和价值链，重点锻造自主 IP，发挥边际效应。重点国际大赛的承接举办，积极与国际组织交流沟通和对接。

第五、融入大局，将跨界整合建成平台。融合发展是下一阶段的重要思路，我们要关注国家、社会、民生，寻找主题和可挖掘的点做文章；我们要关注健康、文化、旅游、互联网、金融等领域，搭建资源整合共享的平台；我们要关注体育领域的发展关键点，主动融入体育综合体、体育公园、体育小镇等建设中，扩展空间提升内涵。我们要认真思考体育和社会组织的价值，积极参与社会治理，为社会和谐稳定、人民健康幸福做出贡献。

五、2018 年江苏体育产业总规模预估 4000 亿元

江苏省体育局在 3 月 29 日召开的 2019 江苏体育产业大会上透露，预估 2018 年江苏体育产业总规模 4000 亿元左右，增加值 1340 亿元左右，占全省 GDP 比重达 1.45%，体育消费总规模将达到 1800 亿元，全省城乡居民人均体育消费近 2300 元。

这次大会的主题是“建体育强省、促跨界融合”，体育产业是衡量体育强省的重要指标和推进创建工作的关键环节。2017 年全省体育产业创造增加值 1219.58 亿元，同比增长 16.2%，占 GDP 的 1.42%，其中体育服务业占体育产业总增加值的比重达到 58.4%。2018 年的数据在此基础上又有提升，预估全省体育产业总规模 4000 亿元左右，增加值 1340 亿元左右，占全省 GDP 比重达到 1.45%。

近年来体育消费成为社会消费新热点，目前江苏时尚体育运动井喷发展，山地户外、水上、冰雪、航空运动以及电竞、汽摩、击剑、马术等时尚体育运动发展迅猛，2017 年全省城乡居民人均体育消费 2028 元，体育消费总规模达 1628 亿元；预估 2018 年全省城乡居民人均体育消费近 2300 元，体育消费总规模将达到 1800 亿元。

在大会上，江苏省第三批共建体育健康特色小镇名单发布，七家小镇所在县（市、区）政府在会上递

交共建协议，同时还发布了江苏省第二批13家体育服务综合体名单。据介绍，江苏省体育局分三批与有关县（市、区）级政府共建20家体育健康特色小镇，并推荐四家小镇入选国家级运动休闲特色小镇试点项目；分两批认证了27个体育服务综合体。

围绕发展高质量体育产业、建设新时代体育强省的目标，江苏将进一步强化市场主导与政府引导协同发力，促进体育产业多维融合；进一步强化供给和需求侧同频共振，促进体育产业提质增效；进一步强化载体和平台建设有序推进，促进体育产业健康发展；进一步强化改革创新和"放管服"双管齐下，促进体育产业持续发展。

六、江苏省2018年城乡居民体育消费总规模达1918亿元

2019年11月21日，江苏省体育局向社会公布《2018年度江苏省城乡居民体育消费统计公报》。2018年，江苏省城乡居民体育消费总规模达1918亿元（人民币，下同），同比2017年增长了17.8%。

统计显示，2018年度江苏省城乡居民体育消费支出总额人均2382元，同比2017年增长了17.5%。其中，体育用品类（人均602.51元）、体育培训类（人均362.85元）、体育彩票费用（人均333.37元）和俱乐部会员费（人均227.70元）分别位居人均体育消费支出额度的前4位。围绕健身休闲与竞赛表演的支出合计占比70.6%，体育消费内容结构更趋服务型、参与型消费。

同时，2018年江苏省城乡居民人均体育消费支出的地区差异整体上呈现"苏南＞苏中＞苏北""城镇＞农村"的情况，中青年是体育消费的主力军。体育消费支出水平随着学历水平和收入水平的上升而上升，城市高级专业技术人才的体育消费支出额度最高。

根据统计，2018年，江苏省城乡居民参与人次较多的体育运动项目，排名前5位的分别为：徒步、路跑及马拉松、羽毛球、棋牌类、跳绳；排名后5位的则是定向越野、摩托艇、漂流探险类、航空飞行类、皮划艇。

2018年江苏省城乡居民体育消费数据还显示，江苏省健身休闲服务体系日益完善，体育竞赛表演活动体系不断丰富，体育消费满意度不断提升，经抽样调查显示全省城乡居民体育消费总体满意度为75.9%，较2017年提升了4.7个百分点。

据了解，江苏将进一步加快新时代体育强省建设，不断提高体育产业发展质量，大力促进全民健身与体育消费，更好满足人民群众的美好生活需求。

第三节　浙江省体育发展情况与措施

一、浙江省体育发展情况

2018年浙江省运动员在各类国际性、洲际性、全国性比赛中共获得世界锦标赛、世界杯总决赛冠军14个，世界杯分站赛、系列赛冠军25个，世界青年锦标赛冠军4个，亚洲锦标赛、亚洲杯赛冠军9个，亚洲青年锦标赛冠军17个，全国一类比赛冠军80个、二类比赛冠军96个、青少年比赛冠军343个。

2018年末全省人均体育场地面积2.16平方米，经常参加体育锻炼人数占总人口的41.3%，城乡居民国民体质合格率保持在92.9%以上。有省级全民健身中心24个、中心村全民健身广场(体育休闲公园)534个、社区多功能运动场585个。国家级体育后备人才基地18个，省级体育后备人才基地50个。国家级体育传统项目学校17个。省级青少年体育俱乐部413所。国家体育产业示范基地(运动休闲示范区)5个、体育旅游示范基地1个、国家级运动休闲特色小镇3个。省级运动休闲基地17个、运动休闲旅游示范基地26个。

2018年销售体育彩票206.2亿元，比上年增加69.2亿元，增长50.5%。

二、2018年浙江体育十大新闻事件

浙江体育十大新闻事件评选是从全省11个设区市为单位自荐开始，经过一轮海选后，从近40条新闻事件中初选出20条候选项目。之后经20多位省内体育领域相关专家，资深媒体人的投票后，产生最终的2018年浙江体育十大新闻事件：

(1) 浙江省实施《浙江省体育赛事管理办法》：2月1日，浙江省正式实施《浙江省体育赛事管理办法》。新规实施以来，社会力量办赛更加放开手脚。目前，各级体育部门持续加强对赛事承办的指导与服务，同时加强监督力度，用好“黑名单”的威慑力。体育赛事市场的良性运作，也吸引更多社会主体投身体育事业发展，增添体育市场活力。

(2) 石智勇全国锦标赛、世界锦标赛连破世界纪录：4月20日举行的2018年全国锦标赛上，石智勇在69公斤级比赛中以抓举163公斤，挺举197公斤，总成绩360公斤夺得三枚金牌，并超过总成绩世界纪录。11月5日在土库曼斯坦世锦赛中，夺得男子73公斤级挺举、抓举和总成绩三项冠军，并以164公斤、196公斤和360公斤打破三项世界纪录。

(3) 雅加达亚运会浙江健儿创历史：在十八届雅加达亚洲运动会上，浙江健儿留下一组引以为豪的数据——23金18银8铜，计49枚奖牌，创造境外参加亚运会金牌的新纪录，也是历届以来浙江亚运赛场奖牌最多的一届，其中沙滩排球、网球、桥牌、攀岩等领奖台上第一次出现浙江选手。

(4) 亚运会进入杭州时间，筹备工作全面开展：9月2日，在雅加达亚运会闭幕式上，中国正式接旗，亚运会进入“杭州时间”。杭州亚运会筹备工作驶入快车道。2018年底，杭州已经确定了34个竞赛项目，按照“杭州为主、全省共享”和“以运动员为中心、以赛事为主体”的原则，全省现有53个场馆及设施，所有的场馆将在2021年3月之前全部完成。同时，杭州亚运会的会徽已经发布，市场招商工作全面启动。

(5) “温州社会力量办体育”一周年成果显现，中央媒体集体聚焦：9月5日，体育总局与省政府在温州签订“联合开展社会力量办体育全国试点”协议正好满一周年。一年来，“社会力量办体育”作为改革的重要内容之一，纳入2018年度浙江省委深化改革领导小组工作要点加以研究、部署、推进，明确了17项政策创新工作，以及29项重点工作。这些试点工作在浙江正在加速形成一系列、一整套可复制的经验与模式。9月5日～10日，7家中央主流媒体、十多名记者，在温州、宁波、绍兴、杭州等进行为期六天的聚焦采访，报道引起强烈社会反响。

(6) 浙江省第十六届运动会举行：9 月 16 日～26 日，浙江省第十六届运动会在湖州举行。本届省运会共决出现场金牌 912 枚、奖牌 2579 枚，其中新设立高尔夫、马术、击剑等 5 个大项。相比以往，取消了金牌、奖牌和总分数排名，努力营造“不以金牌论英雄，英雄要敢于争第一”的人才培养环境和氛围。

(7) 女排世俱杯燃爆绍兴，“女排精神”闪耀古城：12 月 4 日～9 日，2018 女排世俱杯在绍兴举行。这是代表世界女排俱乐部最高水平的赛事，也是我国第一次承办这项比赛。作为东道主，浙江女排第一次亮相女排世俱杯。赛事期间，“中国女排纪念改革开放 40 周年”系列活动走进绍兴，群星璀璨，高朋满座，“女排精神”得以更好地彰显与传播、传承与弘扬。

(8) 杭州世游赛(25 米)钱塘江畔上演：12 月 11 日～16 日，第 14 届世游赛(25 米)在杭州举行。178 个国家和地区、1000 多名运动员在 46 个项目中展开激烈拼争。浙江、中国健儿在赛场上均创造优异成绩。这是杭州、浙江有史以来承办的最高规格的国际单项体育赛事，同时也是 2022 年杭州亚运会前的重要实战练兵。

(9) 徐嘉余迎大丰收，成浙江体坛最大赢家：12 月 16 日，徐嘉余获本年度中国体育最具突破奖。凭借在各个赛场上的不俗表现，攒下了极高的人气。其中在世游赛东京站的 100 米仰泳决赛中，以 48 秒 88 改写了世界纪录。

(10) 浙江体彩年度销量首次突破 200 亿元：12 月 18 日，浙江体育彩票年度销量达 200.12 亿元，史上首次突破 200 亿元大关。全国各省(市、区)销量排名继续位居第 4 位。筹集公益金 47.70 亿元，社会贡献再创历史新高。

三、2018 年浙江省全民健身活动状况大数据

2018 年，随着“全民健身”和“健康中国”国家战略的深入推进，“我运动，我健康，我快乐”的健康生活方式得到浙江居民的普遍认同，成为新追求。浙江体育科学研究所和浙江省国民体质监测中心作为全省全民健身大数据采集管理和分析研究专业机构，对 2018 年浙江省体育场地设施建设、国民体质合格率和经常参加体育锻炼人数比例等涉及全民健身的大数据进行了统计分析，相关数据发布如下：

第一、2018 年浙江省“十大民生实事”工程助推体育场地设施建设上台阶，老百姓健身的地方多了。截至 2018 年底，全省共有体育场地数量 151251 个，与 2017 年相比，增幅为 5.4%。其中 2018 年新增体育场地数量中前五位依次是：全民健身路径 1970 条，篮球场 1232 片，健身房 800 个，步行道 431 条，乒乓球房(馆)430 个。杭州市的体育场地数量最多，为 24290 个，占全省的 16.1%。

截至 2018 年底，全省体育场地面积共计 124119770 平方米，与 2017 年相比增长了 12.6%。其中对 2018 年新增体育场地面积贡献率前五位的体育场地依次是：登山步道占 22.6%，步行道占 15.9%，步行骑行综合道占 13.1%，田径场占 5.2%，篮球场占 5.0%。杭州市的体育场地面积最大，为 19573481.7 万平方米，占全省的 15.7%。

全省人均体育场地面积达到 2.19 平方米。相比 2017 年增幅 11.2%。其中 2018 年人均体育场地面积增幅前三名的地区是：绍兴市增长 17.6%，宁波市增长 17.3%，湖州市增长 15.5%。绍兴市人均体育场地面积达到 2.49 平方米，列全省第一。

2018 年浙江省各市体育场地情况

省、市	场地数量	场地面积	人均面积
浙江省	151251	12411.98	2.19
杭州市	24290	1957.35	2.07
宁波市	21864	1830.67	2.29
温州市	19238	1872.20	2.03

续表

省、市	场地数量	场地面积	人均面积
湖州市	6881	712.32	2.38
嘉兴市	12585	1043.65	2.24
绍兴市	13839	1249.11	2.49
金华市	16733	1200.18	2.16
衢州市	6476	444.97	2.04
舟山市	3391	277.44	2.38
台州市	17675	1351.11	2.21
丽水市	8279	472.98	2.16

第二、2018年浙江省经常参加体育锻炼人数比例达到41.3%,运动促进健康意识大幅提升。截至2018年底,浙江省经常参加体育锻炼人数达到41.3%(含在校学生),与2017年相比,增长3.2个百分点。其中:20岁及以上的人群经常参加体育锻炼人数比例为28.1%,比2017年增长3.5个百分点;男性是28.6%,女性是27.5%,分别比2017年增长3.4和3.6个百分点;城镇居民为32.0%,乡村居民为23.8%,分别比2017年增长2.5和4.1个百分点,城乡差距缩小。

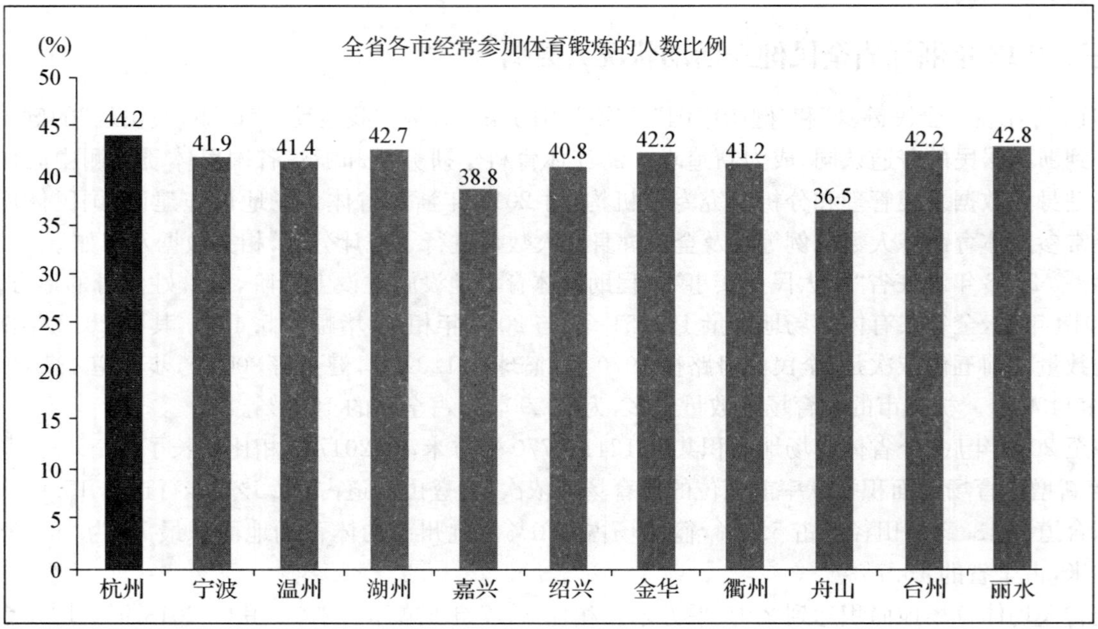

第三、2018年浙江省国民体质合格率达到92.9%,老百姓的体质健康水平又提升了。2018年浙江省达到《国民体质测定标准》"合格"等级以上的人数比例为92.9%,比2017年提高0.7个百分点。年龄:3～6岁幼儿达到"合格"等级以上的比例为93.5%;20～39岁成年人为93.1%,40～59岁成年人为92.5%,60～69岁老年人为91.8%,分别比2017年提高0.3. 0.7、0.6、1.0个百分点。性别:男性达到"合格"等级以上的比例为92.6%,女性为93.2%,分别比2017年提高0.8和0.6个百分点。

城乡:城镇人群达到"合格"等级以上的比例为93.4%,乡村为92.2%,分别比2017年提高0.5和1.0个百分点。

第四、2018年浙江居民健身活动的几个显著特征

浙江居民参加体育锻炼的目的前三位是:一是增强体质,占比30.1%;二是增加体力活动,占比

21.9%；三是丰富业余生活，占比15%。随着年龄增长，增强体质、防病治病的比例增高。

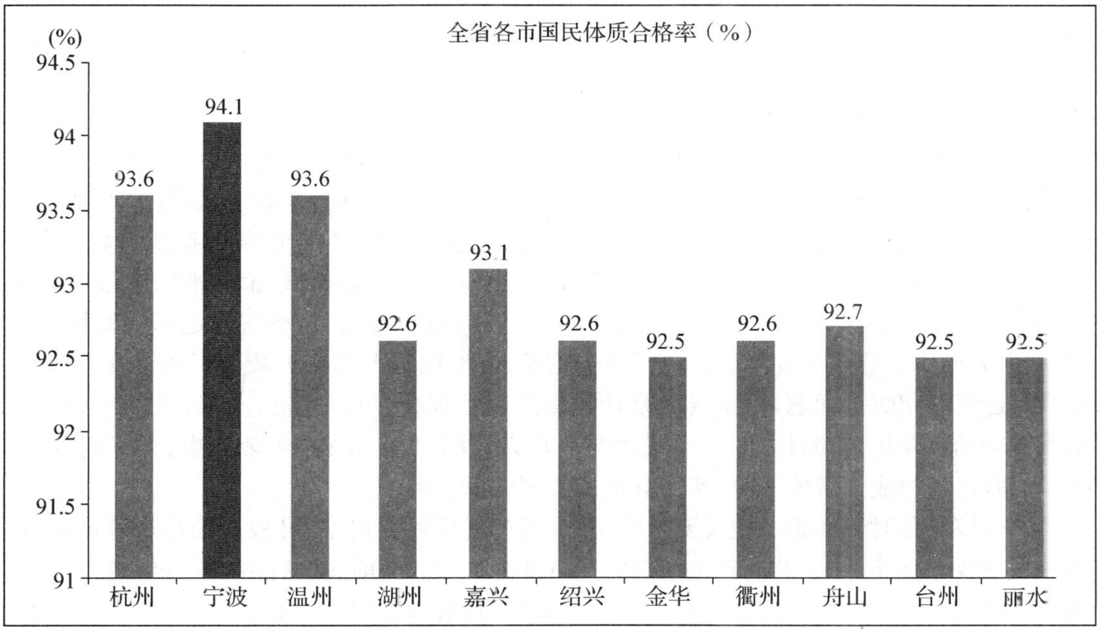

在浙江的健身人群中喜欢健步走和跑步类项目的人数比例最高，达到52%，还有不少人喜欢户外骑行、球类和登山类项目，而广场舞和健身操类项目是女性比较喜欢的健身方式。

浙江居民首选是去健身步道和公园山地等地方锻炼，占比51.2%；其次是居家室内和居住小区空地锻炼，占比26.1%；排在第三位的是去公共体育场地和健身俱乐部锻炼，占比17.1%。

浙江居民排在第一位的体育消费是购买运动服装鞋帽或体育锻炼器材等，占比50.6%；其次是健身办卡、聘请教练和租用场地；在观看体育比赛和购买体育杂志、书籍等方面也有一些体育支出。

四、“一带一路”国际攀岩大师赛落户宁波

在宁波位于鄞江镇上化山，这里有巨大高耸的岩石、绿意盎然的草坪、帆船状的攀岩设施……这是位于宁波市海曙区鄞江镇上化山的攀岩公园。2018年3月，由国家攀岩集训队合作共建、浙江省攀岩项目省队市办的项目——国家攀岩集训队（浙江）在这里落户。

现在又传来好消息，2018“一带一路”国际攀岩大师赛（中国宁波）将于5月26日至27日在海曙鄞江攀岩公园举行。

3月16日，宁波市、区两级相关部门人员专程赴国家体育总局登山运动管理中心，与该中心对接落实“一带一路”国际攀岩大师赛（中国宁波）落户海曙相关事宜。双方就《2018“一带一路”国际攀岩大师赛（中国宁波）合作协议》有关细节进行了进一步协商明确。

随着这项国际比赛落户宁波，届时将有100余名国内外攀岩运动员赴宁波海曙一展风采，其中包括除国内运动员以外，来自15个国家和地区的40名左右高水平攀岩运动员。而该项赛事的顺利落户，对进一步提升宁波海曙地方知名度和城市品位，促进本地社会经济和文化体育产业健康、可持续发展，起到有力的推动作用。

对此，国家体育总局登山运动管理中心也希望宁波通过几年努力，在将“一带一路”国际攀岩大师赛（中国宁波）打造成品牌赛事的同时，依托国家攀岩集训队、海曙鄞江攀岩公园等平台优势，结合海曙鄞江丰富的人文历史资源，着手打造攀岩小镇、运动休闲小镇，最大限度展现攀岩大师赛的品牌价值。

五、浙江省2018年推出24小时“智享无人值守场馆”

“24小时开放，无人值守！”2018年，由浙江杜克体育发展有限公司（简称杜克体育）新研发的浙江省第一个24小时无人值守的场馆门禁管理系统——“智享无人值守场馆”在网上火了。据悉，该场馆系统已于2018年4月中旬在杭州投入使用。

事实上，在3月26日举行的浙江省体育好场馆讨论专题会上，“智享无人值守场馆”就已经引起广泛关注。浙江省体育场馆协会会长赵荣良表示：“中国已经进入智慧商业新时代，体育智能化、无人化、数字化、物联网化、信息化的创新科技已成为必然。”他认为，杜克体育推出的动宝智享无人值守球场就是从全民体育需求侧的角度，推进体育产业供给侧结构性改革的有益尝试，值得推广学习与应用。

据了解，“智享无人值守场馆”内的智能场馆的灯光、自动售卖机、共享篮球足球等器械以及离开结算都将实现无人操作。通过这种“无人值守”新运营模式，不仅很大程度上减少了场馆管理运营成本高、设备维护难、运营时间短等问题，更重要的是让场馆运营数据化，可以精准记录每个月直至全年的各类数据，从而推动场馆在运动项目上的科学设置与运动人群的时间、结构、年龄层次、喜好的分析，构成场馆运营生态圈，让场馆成为智能终端，实现真正意义上的智慧场馆。

与此同时，该项目对于场馆的建设要求并不高，场馆规模可大可小，可根据场地量身定制，球馆可固定可拆卸，可改装可新建，充分挖掘新老场馆的项目潜力。这是当前我国打造“15分钟健身圈”，以及“体育进校园”“体育进公园”的政策方针最有力的科技保障，有效地解决了设备设施开放难、管理难、运营难等问题。

第四节　安徽省体育发展情况与措施

一、安徽省体育发展情况

2018年在国际国内重大比赛中，安徽省运动健儿共获得47枚金牌、45枚银牌、67枚铜牌。2018全年共举办百人以上的群众体育健身活动3127次，参加活动总人数361万人次。人均体育场地面积约为1.51平方米。全年体育彩票销售97.27亿元。

2018年上半年安徽省体育事业统计数据如下：

第一、群众体育活动情况

2018年1～6月，全省共组织百人以上群众体育活动1492次，其中：国家级活动6次，占0.40%；省级活动25次，占1.68%；地市级活动372次，占24.93%；县(区)级活动1089次，占72.99%；参加活动总人次189.00万。

第二、社会体育指导员发展情况

2018年1～6月，全省共培训各级社会体育指导员5376人，其中：一级49人、二级1562人、三级3765人，认证社会体育指导员3666人，其中：二级1032人、三级2634人。

截至2018年6月30日，安徽省共有公益性社会体育指导员133000人，其中：国家级851人、一级11476人、二级38306人、三级82367人。职业性社会体育指导员10445人，其中：高级27人、中级2794人、初级7634人。

第三、体育社团发展情况

2018年1～6月，全省新成立法人体育社团组织37个，新发展会员12556人，举办活动1381次，参加人次56.53万。截至2018年6月底，全省共有法人体育社团2146个，其中：省级体育社团30个，市、县(市、区)级体育社团2066个；全省会员总数158.58万人。

第四、竞技体育成绩情况

截至2018年6月30日，安徽省在国际国内重大比赛中共获得18枚金牌，17枚银牌，29枚铜牌，其中在国际重大比赛共获得1枚金牌。

第五、青少年体育发展情况

截至2018年6月30日，安徽省共有6所国家级、9所省级青少年户外体育活动营地；174所国家级、239所省级青少年体育俱乐部；5所国家示范性青少年体育俱乐部；15所国家级、237所省级传统项目学校；8所国家高水平体育后备人才基地；10所安徽省重点高水平体育后备人才基地；4所安徽省高水平体育后备人才基地；32所安徽省高水平体育后备人才单项训练基地。

第六、体育产业发展情况

全省体育系统共有体育企业17家，其中：省体育局系统8家；2018年1～3月，体育产业收入共5637.18万元。

第七、体育彩票销售情况

2018年1～6月，全省共销售体育彩票40.20亿元，其中：电脑体育彩票39.58亿元、即开型体育彩票0.62亿元，同比增长68.27%。

第八、体育设施建设情况

2018年1～6月份全省新建成公共体育场馆3个，分别为望江县文体中心体育场、龙子湖区全民健身体育中心体育场、郎溪县全民健身中心。截至2018年6月底，全省共有公共体育场馆422个。

截至6月30日，全省共建成15539个农民体育健身工程(全省行政村农体工程实现全覆盖)、89个国家级乡镇农民体育健身工程、911个乡(镇)级全民健身广场、131个县(区)级全民健身广场、40个“雪炭工程"、12个国家级全民健身中心、4684个全民健身苑(路径)、7个国家级和965个省级社区体育健身俱乐部、3个国家级全民健身户外活动基地、7548个省级全民健身示范晨晚练点,建成16个市级和93个县级国民体质监测中心(站)。

第九、公共体育场馆使用情况

截至6月30日,全省体育系统常年对外开放的主要公共体育场馆338个,其中:体育场(田径场)78个、体育馆63个、游泳馆(池)130个、室内全民健身活动中心67个。

2018年1～6月,全省体育系统公共体育场馆共举办大中型活动(500人以上)384次,共接待活动人次627.03万。

安徽省体育活动基本情况表

指　　标	2010年	2015年	2017年	2018年
举办全民健身活动次数(次)	2920	2176	2508	3127
参加全民健身活动人数(万人)	324.76	337.88	305.00	361.00
优秀运动员(人)	852	657	677	763
运动健将	159	185	180	175
一级运动员	280	207	246	283
二级运动员	160	125	120	127
等级教练员人数(人)	652	633	632	636
等级裁判员发展人数(人)	864	489	401	772
在国内外比赛中获奖牌数(枚)	160	116	126	159
金牌	57	35	37	47
银牌	42	31	38	45
铜牌	61	50	51	67
体育俱乐部(个)	445	1013	1263	1547
青少年体育俱乐部	172	459	521	582
社区体育健身俱乐部	177	554	742	965
其他体育俱乐部	46			

注:由于裁判员审批制度改革,2015年安徽省未审批一级裁判员,以致裁判员发展人数比上年大幅度减少。

二、2018年安徽省体育十大新闻

2019年初,由安徽省体育局主办、安徽省体育记者协会承办的2018年度安徽体育十大新闻评选正式揭晓。具体评选结果如下。

1. 李锦斌、李国英会见全省体育系统"双先"和群众体育工作者代表

10月16日晚,省委书记李锦斌,省委副书记、省长李国英等省领导在蚌埠市体育中心会见了全省体育系统先进集体、先进工作者和群众体育工作者代表。李锦斌发表了热情洋溢的讲话,希望各位"双先"代表和广大群众体育工作者深入学习贯彻习近平总书记关于体育工作的重要论述,为安徽体育事业发展再立新功,为加快建设体育强省再作贡献。

2. 安徽省政府召开全省体育工作会议,部署体育强省建设

12月11日,省政府在合肥召开全省体育工作会议,总结回顾党的十八大以来全省体育改革发展的主要成绩,部署做好新时代安徽体育改革发展工作,加快建设体育强省。副省长王翠凤出席会议并讲话。蚌埠、马鞍山市政府作交流发言,省体育局等五个省直部门作主题发言。

3. 安徽省第十四届运动会在蚌埠市创新举办

10月16日至24日，安徽省第十四届运动会在蚌埠市举办。全省16个市、98所高校派出运动员参赛，总体参赛规模约2.6万人次。是历届省运会中项目设置最多、参赛规模最大、赛期跨度最长、办赛项次最多的一次体育盛会。

4. 第五届中国汽车(房车)露营大会落户芜湖，总签约金额达153亿元

11月2日至5日，第五届中国汽车(房车)露营大会在芜湖举行。大会以“露营天下、芜湖为家”为主题，设置了“展、论、签、评、游、赛、进”七大板块共11项内容。总签约项目66个，总签约金额153亿元。国际汽联主席让・托德、中国汽车摩托车运动联合会专门致函感谢。

5. 安徽省著名运动员王春雨勇夺雅加达亚运会女子800米冠军，时隔24年为中国队再夺该项目金牌

8月28日晚，王春雨在雅加达亚运会女子800米决赛中，凭借强劲的竞技实力和丰富的比赛经验，以2分01秒80的赛季最好成绩夺得该项目金牌。

6. 安徽省体育局“科学健身志愿服务行动”获评安徽省十大志愿服务行动

12月3日，安徽省十大志愿服务行动发布暨志愿之夜文艺展演在马鞍山大剧院举行。安徽省体育局“科学健身志愿服务行动”获评安徽省十大志愿服务行动。

7. 安徽体彩销量再创新高，突破97亿元

2018年安徽省体育彩票销量攀上新高度，达到97.27亿元，销量同比增长61.15%，筹集体育彩票公益金21.49亿元，为体育强省建设提供了重要保障。

8. “最强舞王”广场舞大赛成功举办，全省20000余人参赛

8月30日，安徽省“最强舞王”广场舞大赛总决赛在合肥举行。本次大赛以“舞动徽风皖韵，助力健康安徽”为主题，以“办在基层，热在基层”为指导思想，全省共举行海选赛42场，参赛队伍1182支，参赛人数23630人，吸引了514.9万人关注。

9. 安徽省运动员苏丽包揽世锦赛女子10米移动靶混合速比赛个人、团体冠军

9月11日，在韩国昌原进行的第52届射击世锦赛女子10米移动靶混合速个人和团体比赛中，苏丽两破世界纪录，分别以391环的个人最好成绩和1125环的团体总成绩，夺得个人和团体冠军。

10. 亳州市50万人齐练五禽戏

12月5日，“中国五禽戏之乡”亳州市举办50万人齐练健身气功五禽戏活动。来自机关、学校、企事业单位、社区、农村的五禽戏爱好者分别在各习练点同时习练五禽戏，人数之巨，场地之多，规模之大，在全国尚属首次。

三、召开安徽省第二届健身休闲大会新闻发布会

4月18日，安徽省第二届健身休闲大会新闻发布会在六安举行，省体育局副局长陈海军、六安市副市长王岚出席会议并讲话，省体育局、六安市文广新局相关部门和单位的负责同志参会。

由安徽省体育局、安徽省体育总会、六安市人民政府主办，安徽省社会体育指导中心、六安市文化广电新闻出版局(体育局、版权局)、各相关单位和运动协会承办的安徽省第二届健身休闲大会将于5～6月在六安市举办。

陈海军指出，举办健身休闲大会是落实全民健身国家战略、促进民生、改善人民幸福的重大举措，是安徽省体育局、六安市人民政府推广发展休闲运动，发展全民健身事业，提高人民健身水平和幸福指数，落实建设体育强省、建设五大发展美好安徽的具体体现。为贯彻创新办赛的理念，大会组委会将在成功举办第一届的基础上，继续将本届运动会办成一次体育与旅游、文化融合的运动会，办成全民健身的体育嘉年华。

本届大会以“健身融入生活，运动促进健康”为主题，主要呈现了以下特点：一是回味历史，弘扬红色革命传统。本届大会将红色文化与体育文化相融合，将健身休闲运动项目与六安特有条件相结合，为群

众打造了喜闻乐行的参与体育运动的良好平台，以寓教于乐的方式诠释红色文化核心价值、进行革命传统教育，将开展“重走红军路，感悟红色文化”登山比赛和优秀社会体育指导员全民健身志愿服务进革命老区活动等，让参与人群在享受运动和健身的同时，增强民族凝聚力和历史责任感。二是亲近自然，引领全民健身时尚。大会充分利用六安市美丽的自然环境，赛事活动尽量安排在室外，依托绿水青山资源，避免新建场地，充分利用已有设备，发挥六安“三区四县”优势，尽量不购置、少购置赛事器材，促进赛事与自然环境的融合，引导健身人群走出室内，享受自然，引领健康生活新时尚。另外，赛事时间尽量选择安排在节假双休日，增加了健身人群参与的可能，力争将赛事办成健身群众的休闲度假节日。三是项目丰富，推进群体活动开展。本届大会保留了第一届健身休闲大会设置的登山、健身瑜伽、徒步、定向越野、钓鱼、龙舟、自行车骑行 7 个项目，新增加了太极拳(剑)、健身秧歌、风筝、门球、柔力球 5 个项目，注重了民间传统体育项目和休闲项目的推广，全部竞赛项目坚持以大众喜爱或户外休闲的项目为主，力争将全民健身与运动休闲有机结合，加快全民健身与全民健康的深度融合，为推进全民健身活动广泛开展作出努力。四是广泛参与，助力体育强省建设。本届大会参赛人群除了以 16 个省辖市、省直机关体育联合会为单位组队设置甲组参赛外，在太极拳(剑)、健身瑜伽、自行车骑行、登山、徒步、钓鱼、龙舟等7 个项目中设置乙组，并增设奖金，向社会开放，广泛吸引参与人群，允许以单项运动协会、体育俱乐部、行业体协、企业、学校为单位组队参赛，允许周边省市组队参赛，降低了户籍限制，扩大了参赛年龄范围，增加了赛事人群的覆盖面，预计直接参与人数超万人，间接参与人数达 5 万人。本届大会将全力发挥省级赛事活动的示范引领作用，引导全民健身活动广泛开展，助力体育强省建设。

四、2018 安徽省第一届智力运动会在亳州市拉开战幕

弈动亳州城，智绘安徽梦。5 月 1 日上午，安徽省第一届智力运动会开幕式在亳州市行政中心多功能厅举行。亳州市委书记汪一光和省体育局局长高维岭参加开幕式并启动开幕球。省体育局副局长陈海军，亳州市人民政府副市长曹振萍，围棋世界冠军唐伟星、江维杰，象棋世界冠军蒋川，省体育局相关处室、单位负责人参加开幕式。开幕式由亳州市人民政府副市长侯化主持。

亳州市副市长曹振萍致欢迎辞，表示亳州市将以优美的环境、优秀的团队、优质的服务全力以赴当好东道主，努力打造全民智运、魅力智运、精彩智运、真情智运、平安智运、高效智运，努力办出特色、办出亮点，办成安徽省体育发展历史上的品牌赛事，和大家一道为广大群众献上一场富有挑战、充满活力、精彩纷呈的棋牌文化盛宴。

省体育局副局长陈海军致开幕辞，指出举办这次全省智力运动会，是安徽省探索体育发展新路子的一个有益尝试，是对安徽省棋牌类智力运动发展成果的一次全面检阅。希望组委会精心组织，周密安排，热情服务，努力把首届智力运动会办成热烈、节俭、文明、具有标志意义的智力运动会，为下一届智力运动会举办积累经验、提供智慧。相信这次智力运动会一定能够举办成为安徽省智力运动发展的标志性赛事，一定能够成为安徽省棋牌运动的里程碑。

开幕式过后还举行了精彩的文艺展演活动以及围棋世界冠军车轮战表演、中国象棋世界冠军盲棋对战表演。当天下午，围棋比赛、掼蛋比赛陆续开赛。

安徽省第一届智力运动会以宣传和推动体力运动和智力运动和谐发展为目标，本着“展现内涵、彰显魅力、普及大众、促进发展”的宗旨，提出打造“竞技、普及、文化、产业”综合平台的办赛思路和“全民智运、健康智运、文化智运、魅力智运”的办赛理念，充分展现智力运动集健身、益智、竞技、文化于一体的丰富内涵。从而吸引更多的爱好者参与智力运动，推动安徽省全民健身广泛开展。本届运动会由安徽省体育局、安徽省体育总会、亳州市人民政府共同主办，由安徽省社会体育指导中心、亳州市体育局、安徽省棋院、安徽省围棋协会、安徽省象棋协会、安徽省桥牌协会、安徽省扑克牌协会共同承办。比赛将从 5 月1 日持续到 8 日，参赛规模达 1300 余人。

五、2018年第五届长三角运动休闲体验季安徽当涂站启动

5月6日下午，2018年第五届长三角运动休闲体验季安徽当涂站启动仪式在甑山旅游度假区举行。安徽省体育局副局长甄国栋、马鞍山市体育局局长霍更生、当涂县县长吴瑞新以及安徽、江苏、浙江、上海三省一市的体育部门有关负责人出席启动仪式。

此次活动由安徽省体育局、江苏省体育局、浙江省体育局、上海市体育局主办，当涂县人民政府、马鞍山市体育局承办，是当涂县推进融入长三角发展的一项有力措施，活动内容丰富。

来自皖、苏、浙、沪四省市200名体育旅游爱好者齐聚当涂，体验水上拔河、水上排球、真人cs、室内滑雪等体育休闲项目，感受“运动、休闲、旅游”生活新方式。

安徽当涂是一座历史文化与现代文明交相辉映、经济建设与生态文明协调发展的宜业宜居宜游之城，也是名副其实的全国文明城市、全省美丽乡村建设先进县。近年来，当涂县大力倡导全民健身，加快发展旅游产业，先后荣获全国群众体育先进单位、长三角最佳慢生活旅游名城等称号，大青山李白文化旅游区、现代农业示范区诗城人家景区成功创建国家4A级旅游景区，当涂已经成为运动休闲的理想之地。

八　医疗卫生发展情况

第一节　上海市医疗卫生发展情况与措施

一、上海市医疗卫生发展情况

2018年上海市共有医疗卫生机构5298所，卫生技术人员20.65万人。全年全市医疗机构共完成诊疗人次2.76亿人次；上海地区婴儿死亡率3.52‰；孕产妇死亡率1.15/10万，其中，户籍人口孕产妇死亡率1.10/10万；全市常住人口出生性别比为10：7。2018年上海市继续推进家庭医生"1+1+1"签约服务，至2018年末，签约居民666.30万人，常住居民签约率为30%。其中，60岁以上老年人签约373.59万人，重点人群签约377.03万人。签约医疗机构组合内就诊率70.58%，签约社区就诊率46.51%。

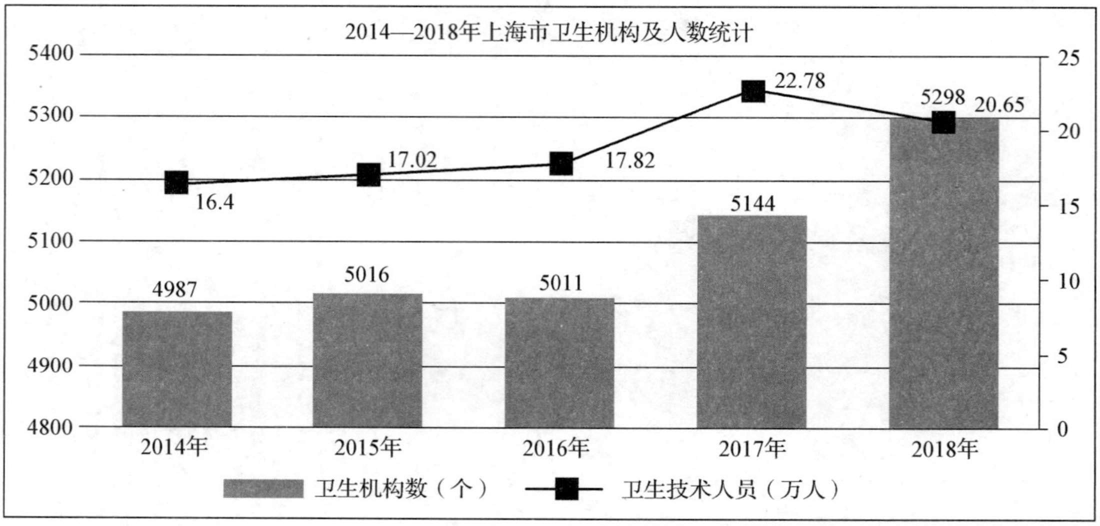

2018年上海市卫生机构基本情况

指　　标	数值
卫生机构数(所)	5298
＃医院	364
门诊部	917
社区卫生服务中心	246
疾病预防控制中心	19
卫生监督所	17
卫生技术人员数(万人)	20.65
＃执业(助理)医师	7.49
＃医院执业(助理)医师	4.71
注册护士	9.35

注：卫生机构数中含部队医院、医疗卫生机构的分支机构。

2018年向7.25万计划生育特殊对象发放特别扶助金5.66亿元，27.68万人领取了农村计划生育家庭奖励扶助金4.3亿元。21.83万人领取了年老退休时一次性计划生育奖励费，共计11.19亿元。继续推进“60岁以上老人接种肺炎疫苗”项目，累计接种142万余剂次。持续推进第三轮社区大肠癌筛查工作，截至年底，完成初筛571638人，初筛阳性121417例，初筛阳性率21.2%。

持续推进儿科医疗联合体建设，年内新增62家签约医疗机构。至2018年末，全市提供儿科诊疗服务的医疗机构增加到234家。儿科联合体五家牵头医院普通儿内科门诊量比2017年下降。加快23家综合医院儿科示范门急诊建设。全年累计抢救危重孕产妇657例、危重新生儿4352例，抢救成功率分别为99.7%和87.4%。

年内新增社区综合为老服务中心80家、老年人日间服务中心81家、养老床位7103张、完成1194张失智老人照护床位、44家农村薄弱养老机构改造。继续推进“新建医疗急救分站”市政府实事项目，新建“7个医疗急救分站”，全市急救分站合计164个，平均服务半径缩短为3.5公里，急救平均反应时间缩短至14分钟。在全国率先开通“962120”热线，开展非急救转运业务，试运营以来共服务近5万人次。全年招录全科住院医师规范化培训400人，为历年之最；通过住院医师规范化培训合格的全科医生249人，其中231人到本市基层就业。

二、召开2018年全市卫生计生工作会议

4月3日，上海市政府召开了2018年全市卫生计生工作会议。上海将以深化社区卫生综合改革、实施临床重点专科“腾飞”计划、推进现代医院管理制度建设、促进健康服务业发展等举措为抓手，大力推进上海卫生计生事业高质量发展，全力实施健康上海建设，让广大市民有更多的健康获得感，使上海市民主要健康指标继续保持世界先进水平。副市长翁铁慧出席会议并讲话。

会议提出，上海将深化社区卫生服务综合改革，继续做实“1+1+1”签约服务机制，让社区卫生服务中心、家庭医生成为群众家门口的健康守护者。深化公立医院改革，推进现代医院管理制度建设，启动实施临床重点专科计划，加快建设亚洲医学中心城市。广泛开展健康促进行动，健全疾病预防控制体系。传承发展中医药事业。完善全面两孩政策配套措施，优化产科、儿科等医疗资源配置。会上，明确了2018年全市卫生健康“任务清单”。

第一、实施临床重点专科“腾飞”计划

对标国际最高标准、最好水平，上海将遴选管理水平高、基础设施好、服务能力强、医疗技术先进的医院为骨干单位，通过实施“腾飞计划”，构建临床重点专科“振龙头、强主体、展两翼”的发展格局，争创2家以上国家医学中心、10家以上国家区域医疗中心、15个以上国家级临床重点专科，强化上海医学核心竞争力。

“振龙头”，就是要创建一批国际领先水平的专科。以“具备争创国家医学中心和国家区域医疗中心能力，在权威学术研究机构专科排名领先，获得国家自然科学奖或科学技术进步奖，专科疾种组合指数在全市名列前茅”等国内优势专科为主体，争创成为具有国际影响力的领先专科，代表国内专科发展的最高水平。

“强主体”，就是要巩固一批国内一流水平的专科。以“在权威学术研究机构专科排名领先，获得国家自然科学奖或科学技术进步奖的医疗技术水平突出二级专科以及部分三级专科，专科疾种组合指数在全市名列前茅”等国内特色专科为主体，巩固国内专科发展的一流领先水平。

“展两翼”，就是要发展一批重点亚专科和交叉学科。“一翼”以“专业品牌特色鲜明、技术精湛、适宜临床推广应用”的亚专科为主体，加快实施专业细化战略，使专科技术向精、深发展。另“一翼”以“医理、医工”等新兴、交叉专科为主体，打破学科限制和管理壁垒，引导推动临床专业力量的整合，促进医学临床资源的综合集成和高效利用。

第二、推进分级诊疗制度建设

深化社区卫生服务综合改革，推进家庭医生制度建设和医疗联合体建设，逐步构建分级诊疗制度，解决看病就医中的痛点、堵点问题，增强市民对健康服务便捷、有效的获得感和满意度。建立二、三级医院与社区专人专窗、信息化联动支持的上下衔接机制，推进全市预约诊疗服务管理平台建设，加强全市预约号池管理。加强医养结合，优化完善老年照护统一需求评估标准和评估指南，协同实施长期护理保险制度。完善安宁疗护服务体系建设，推进国家安宁疗护试点。推广"健康云"应用，加强信息惠民服务，改善患者就医和健康服务体验。

加强家庭医生制度建设，实施家庭医生签约服务费，做实"1＋1＋1"医疗机构组合签约，逐步提高老年人、慢性病患者等重点人群的签约覆盖率，强化家庭医生管健康、管费用的职能。推进医疗联合体建设，落实医疗联合体建设和发展实施意见，重点推进"新华—崇明"医联体改革和若干个专科、专病类医联体建设，鼓励社会办医疗机构加入医联体。

第三、加强健康促进

以"共建共享、全民健康"为主题，实施"普及健康生活"战略，加强健康危险因素干预，逐步提高居民健康素养和健康期望寿命。深化全民健康生活方式和健康素养促进行动，推进"三减三健、戒烟限酒、适量运动、心理健康和道路交通安全"等5项重点行动。深入开展爱国卫生运动，加快推进城乡环境卫生整洁行动，加强国家卫生区镇常态管理。鼓励市民健康自我管理小组多元化、规范化发展，开展健康促进志愿者进家庭、进社区、进单位、进学校、进医院活动。

第四、完善公共卫生体系

重点推进疾病防控、精神卫生、卫生应急、血液保障等体系建设，提高疾病防控能力。疾病防控体系建设将优化市、区两级重点传染病诊治网络布局，强化医疗机构传染病诊治能力建设。精神卫生体系建设将探索建立符合严重精神障碍患者服务管理要求和心理卫生服务需求的精神卫生体系运行管理机制。卫生应急体系建设主要推进陆海空立体化、院前院内紧密衔接的应急救援体系建设，做好首届中国国际进口博览会等重大活动的医疗卫生保障。血液保障体系建设主要完善临床用血管理一体化平台，优化献血点位布局，提高血液保障能力。

第五、传承发展中医药事业

制定上海市中医药发展战略规划纲要（2018—2035），实施新一轮中医药事业发展三年行动计划。实施中医医疗机构评审评价。创建国家和区域中医诊疗中心，开展以流派特色为核心的中医诊疗中心和专科专病建设，大力推广中医特色诊疗技术，推进中西医临床协同。探索中医专科专病联盟等形式的中医医联体建设，发展"治未病"服务，加强"治未病"平台建设。推进中医药融入家庭医生服务，开展新一轮中医药特色示范社区卫生服务中心建设。

第六、促进健康服务业发展

市卫生计生委牵头制定本市健康服务业发展政策，大力优化营商环境，以健康医疗、健康服务、健康保险为重点，健康信息为支撑，新兴健康服务业为新动能，加快构建与卓越全球城市功能定位相匹配的健康服务业体系。按照亚洲医学中心城市定位，支持发展一批高水平、有特色的社会办医，切实改善社会办医生态环境。加快以上海国际医学园区和新虹桥国际医学中心为代表的健康产业园区发展，大力发展健康旅游服务和精准医疗服务，推动医疗健康服务与移动互联网、物联网、云计算、可穿戴设备、人工智能等技术的融合发展，大力培育智慧医疗产业。发展中医养生保健服务，建设中医药健康旅游示范区，推广"海上中医"品牌。

三、上海家庭医生签约六百六十六万居民

截至2018年底，上海市家庭医生"1＋1＋1"医疗机构组合共签约居民666万人，常住居民签约率达30％。2018年，签约居民中社区卫生服务中心向上级医院转诊超过80万人次，上级医院向社区转诊

6.9 万人次，转诊更及时、畅通成为居民切实的获得感。

第一、慢性病签约率超八成

目前上海签约居民中，十类重点人群(65 岁以上老年人、孕产妇、儿童、高血压患者、糖尿病患者、结核病患者、残疾人、贫困人口、计划生育特殊家庭和严重精神障碍患者)签约率达 54%。其中，高血压患者、糖尿病患者签约率超过 84%，残疾人和计划生育特殊家庭签约率超过或达到 70%。

2018 年，在诊间签约、社区签约等渠道基础上，市卫生健康委探索推进“互联网＋”家庭医生签约服务，丰富签约手段。市民通过“上海健康云”App 便可线上签约家庭医生。“目前签约家庭医生的中老年人、慢性病患者占比达 80%，我们探索线上签约，期望签约服务可以覆盖更多青年、职业人群。”市卫生健康委副主任吴乾渝说。线上签约至 2019 年初一月有余，已有 600 余名市民成功签约，平均年龄为 40 岁左右。

第二、率先探索“签约服务费”

社区卫生服务离不开高素质、高水平家庭医生队伍。会议传出消息，2018 年底上海已有注册全科医师 8300 余名(四分之一经过规范化培训)，提前达到国家 2020 年规划目标。但以国际标准——一名家庭医生合理签约服务居民人数 2000 人推算，全市家庭医生总量应在 1.2 万人以上，仍存在一定差距。

激发家庭医生内在活力，2018 年上海在全国率先探索实施“家庭医生签约服务费”，按照每位“1＋1＋1”签约居民 10 元/月的标准，根据有效签约、有效服务、有效控费考核后，向家庭医生团队支付。据了解，服务费的考核标准体系，将签约居民健康管理效果、初诊转诊效率、合理费用管理等纳入，与激励直接匹配，从机制上激发家庭医生的服务活力，促使家庭医生从“要我做”转变为“我要做”。家庭医生职业发展，也已写入上海卫生事业的发展中。未来上海将考虑建立全科医学院、设立全科医学博士点、遴选全科学领军人才等，以此鼓励促进家庭医生队伍健康持久发展。

第三、全年开具慢病长处方 648 万张

数据显示，2018 年上海各社区共开具慢病长处方 648 万张、延伸处方已累计开具 240 万张，疲于奔波上级医院单纯配药的慢性病患者，实现有效下沉。2018 年，各区向社区提供远程会诊服务 33 万人次，区域影像诊断中心、心电诊断中心、超声诊断中心分别服务 137 万人次、91 万人次、17 万人次；区域病理会诊中心接受社区标本 1.9 万例，区域医学检验中心接收社区标本 372 万件。优质医疗资源支撑社区，实现了同质化诊疗，为首诊下沉奠定基础。

居民“用脚投票”，2011—2018 年全市社区卫生服务公众满意度整体水平持续处于高位，2016、2017 年连续两年居于全市十大服务行业满意度测评之首。60 岁以上人群的满意度评价结果最高，达 90.74。

四、推出不良医疗机构退出机制

2018 年 6 月，上海发布《关于推进健康服务业高质量发展加快建设一流医学中心城市的若干意见》(以下简称“健康服务业 50 条”)，半年来各项政策落实稳步推进。2019 年 1 月 15 日，上海市卫健委召开的新闻发布会传出消息，扶持高水平社会办医品牌化发展，目前上海通过第三方评价，评选出 62 家星级品牌社会办医机构，未来还将通过星级评选，促进社会办医提高服务水平和质量。

第一、高水平社会办医纳保

上海市卫健委主任邬惊雷介绍，上海推进自主定价高水平社会办医机构纳保工作。至 2019 年初，全市已有多家高水平社会办医机构(包括上海国际医学中心、嘉会国际医院、德达医院等)纳入本市医保结算。医保病人在“纳保”医疗机构就医，医保部分费用由医保基金予以结算，剩余部分由病人自己承担或由商业健康保险结算。

嘉会国际医院相关负责人表示，纳保后病人可用医保结算 10%至 20%的就医总费用。肿瘤患者最高可获 70%的医保结算，覆盖乳腺癌、胃肠癌、肺癌等多个病种。数据显示，嘉会国际医院纳入医保三个月，医院门诊量翻了一倍，国际前沿技术的可及性大幅提升。

第二、衔接保险业制造业

健康服务业50条落地后，市卫健委与上海保险交易所签约，合作推进全国首个健康保险交易中心建设，先期试点开展保险产品创新和核保理赔服务等工作。2018年底，平安健康正引入“健行天下”健康管理平台，国寿、平安人寿、友邦、泰康养老等着手开展在线问诊、门诊预约及陪诊、健康评估等服务，新华人寿、泰康养老等针对不同人群提供个性化健康体检或肿瘤早筛服务，太保安联参股质子重离子医院，已推出多款肿瘤健康险产品。

与此同时，健康服务业与制造业已对接。市卫健委已会同市科委、申康中心，研究建设“上海市临床医学研究中心”。2018年底，全市共有38家医疗机构取得医疗器械临床试验机构备案，其中35家为药物临床试验基地。据悉，上海正支持国产心脏起搏器（创领心律）等生物医药创新产品在本市医疗机构临床使用，2018年底该产品已进入本市多家三甲医院。

第三、推进不良执业记分管理

针对健康服务50条中关于放宽社会办医规划限制、大型医疗设备配置、医疗技术管理等要求，市卫健委启动多项政策细则制定工作。2019年初，全市全科诊所审批备案管理办法已经发布，护士区域注册管理、互联网诊疗服务管理实施方案、社会办医疗机构执业审批管理、医疗技术临床应用管理实施细则、浦东新区社会办医疗机构乙类大型医用设备配置备案管理办法（试行）和告知承诺制试点方案等一批政策，将于2019年初陆续出台。下阶段，上海将推进新修订的“医疗机构不良执业行为记分管理办法”“医师不良执业行为记分管理办法”，形成不良医疗机构、不良执业人员的退出机制。

第四、培育高端家庭医生服务

随着健康服务50条落地，上海“5＋X”健康服务业园区建设正有力推进。2018年11月，上海（南翔）精准医学产业园、安亭国际医疗等两个产业园区已正式开园。其中“抗癌登月”精准医学大数据云计算服务平台等一批项目已落户上海（南翔）精准医学产业园，IVD加速服务平台、细胞资源共享平台等一批创新平台也已落户安亭国际医疗产业园。

发布会透露，实施健康服务业50条，下一步上海还将梳理医疗健康领域的准入许可项目，该取消的许可就取消，促进更开放的市场准入环境建设，同时严格管理医疗行业退出机制，将行业治理好。2019年，上海还将发展国际医疗旅游，在全市遴选一批在国际上有竞争力的医疗服务项目，面向全球推送，开展国际化医疗服务；发展高端家庭医生服务市场，培育若干家庭医生服务品牌。

五、第二届“上海医改十大创新举措”

经过近三个月的甄选，由上海市卫生健康委指导，《解放日报》联合上海市卫生和健康发展研究中心（上海市医学科学技术情报研究所）组织开展、上海市健康促进中心协办的第二届“上海医改十大创新举措”结果2019年1月正式发布。“推进‘放管服’改革，出台实施上海健康服务业50条，打造上海健康服务品牌，建设一流的医学中心城市”等10条医改创新举措最终获得殊荣；“牵头‘长三角联盟’，筑起城市群健康‘六张网’”等20条医改创新举措荣获提名奖。

第二届“上海医改十大创新举措”推选活动自2017年10月启动以来，社会反响热烈，共收到办医主体、医疗卫生机构和市级卫生计生相关学会（协会）等推荐申报的95条举措，较首届77条申请举措数量上有了进一步提升。经专家严格遴选产生30条入围举措，覆盖办医主体，有关大学，区卫生计生委，三、二、一级医院，公共卫生机构和社会医疗机构等，充分体现了上海医改取得的进展和成效。创新举措展示上海医改风采之时，更凝练了医改经验精华、实现引领示范功效，推进医改朝着更高、更远目标发展。

上海一直走在全国医改前列，部分举措开创全国医改先河。2018年，上海市正式出台“健康服务业50条”政策，旨在构建以健康医疗、健康服务、健康保险为重点，健康信息为支撑，新兴健康服务业为新动能的健康服务业体系。为建成亚洲医学中心城市，2018年底申城也已打造了“5＋X”健康医疗服务业布局，培育发展社会办医品牌。“推进‘放管服’改革，出台实施上海健康服务业50条，打造上海健康服务品牌，建设一流的医学中心城市”扶持高水平社会办医品牌化发展，这一医改举措此次评选中一举夺魁。

上海医改在高瞻远瞩的同时，也时刻心系百姓的获得感。此次评选出的十大医改举措，不乏直接让百姓从中获益的举措。如来自长宁区卫计委、天山社区卫生服务中心的“探索家庭医生功能社区服务‘长宁模式’，填补职业人群健康管理空白点”，探索功能社区健康服务，对接白领健康需求，尝试利用医生八小时外的时间定点服务白领，这一项目自2016年以来已累计开展261场活动，服务2万人次，并在携程、春秋、天山商圈白领服务中心建立了医疗服务点，有效弥补了职业人群的服务盲区；来自上海市医疗急救中心的“推进实施分类救护改革，提高急救资源效率”，在2018年大调研的推进下，市医疗急救中心大胆尝试分类救护，合理配置急救资源，开通“962120”康复出院专线并提供预约服务，将急救与非急救业务彻底分开。分类救护实行后，中心城区120急救反应时间下降至12分钟左右，达到历史最佳水平，广受市民好评。

获奖名单：

第一名　上海市卫生健康委规划发展处

推进“放管服”改革，出台实施“上海健康服务业50条”，打造上海健康服务品牌，建设一流医学中心城市

第二名　长宁区卫生计生委　长宁区天山社区卫生服务中心

探索家庭医生功能社区服务“长宁模式”，填补职业人群健康管理空白点

第三名　松江区卫生计生委

全面深化公立医院改革，创建分级诊疗图，提升区域健康水平

第四名　复旦大学附属中山医院

产学研医协同创新，“中国制造”打响品牌

第五名　上海市医疗急救中心

推进实施分类救护改革，提高急救资源效率

第六名　上海交通大学医学院附属瑞金医院

先进诊疗设备结合物联网技术，创新建设国家标准化代谢性疾病管理中心

第七名　上海市卫生计生信息中心

构建基于大数据的卫生全行业创新监管大数据中心，强化行业精细化、科学化监管

第八名　浦东新区卫生计生委　浦东新区卫生监督所

探索消毒产品生产企业“宽许可，严监管”改革，降低准入门槛与保障卫生质量两不误、两促进

第九名　静安区卫生计生委

发挥区域康复优势，全面落实康复分级诊疗

第十名　复旦大学附属儿科医院

建设儿科疑难危重症诊治体系，推进社区儿科同质化发展，五区50万儿童将享受健康体检筛查。

第二节　江苏省医疗卫生发展情况与措施

一、江苏省医疗卫生发展情况

2018 年末江苏省共有各类卫生机构 33254 个，比上年增加 1216 个。其中，医院 1853 个，疾病预防控制中心 117 个，妇幼卫生保健机构 114 个。各类卫生机构拥有病床 49.15 万张，其中医院拥有病床 38.72 万张。共有卫生技术人员 59 万人，其中执业医师、执业助理医师 23.34 万人，注册护士 26.03 万人，疾病预防控制中心卫生技术人员 0.63 万人，妇幼卫生保健机构卫生技术人员 1.23 万人。

江苏医疗卫生机构数

	2018 年	2017 年
总计	33253	32037
医院	1853	1727
公立医院	467	473
民营医院	1386	1254
基层医疗卫生机构	30294	29118
#社区卫生服务中心(站)	2769	2780
乡镇卫生院	1053	1056
门诊部	1932	1481
村卫生室	15311	15320
诊所、卫生所、医务室	9225	8479
专业公共卫生机构	808	911
#疾病预防控制中心	117	116
专科疾病防治院(所、站)	41	43
妇幼保健院(所、站)	114	110
卫生监督所(中心)	104	104
计划生育技术服务机构	348	459
其他卫生机构	298	281

2013—2018 年江苏医疗卫生机构床位数统计图

2018 年江苏医疗卫生机构卫生人员数 739314 人，其中，执业（助理）医生数量 233263 人。

2013—2018 年江苏医疗卫生机构卫生人员数统计图

2013—2018 年江苏执业（助理）医生数量统计图

2017 年江苏医疗卫生机构诊疗人次 58434 万人次，2018 年江苏医疗卫生机构诊疗人次 59442 万人次。

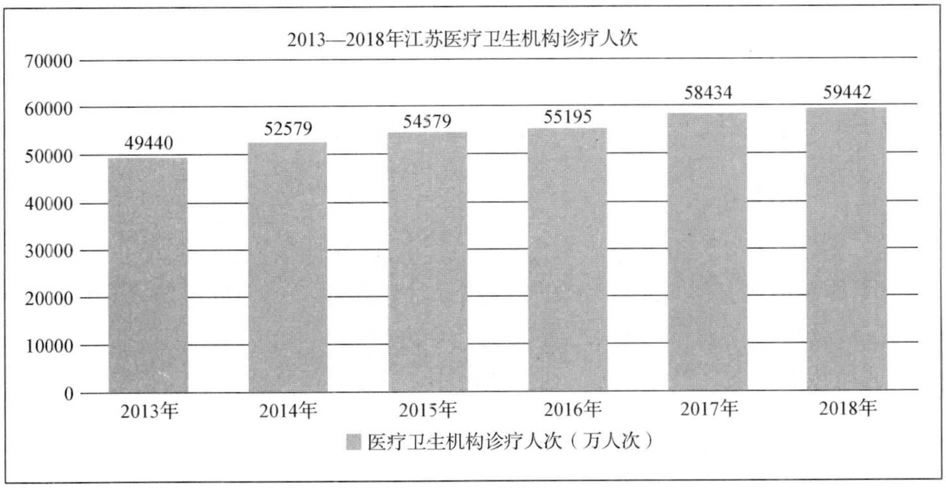

2013—2018 年江苏医疗卫生机构诊疗人次

2013—2018 年江苏医疗卫生机构入院及出院人数

年份	江苏医疗卫生机构入院人数(万人)	江苏医疗卫生机构出院人数(万人)	江苏住院病人手术人次(万人)
2013 年	1053.7	1049.3	264.7
2014 年	1152.0	1148.2	286.8
2015 年	1217.6	1214.1	302.5
2016 年	1309.0	1302.8	330.1
2017 年	1418.0	1416.2	352.5
2018 年	1449.4	1447.5	381.1

2017 年江苏城镇居民人均医疗保健支出 1624.5 元,2018 年江苏城镇居民人均医疗保健支出 1573.7 元。

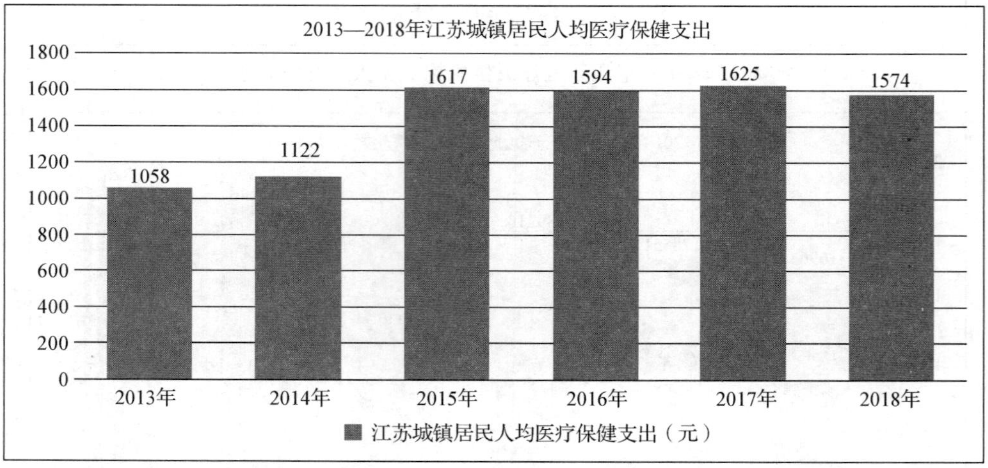

2013—2018 年江苏城镇居民人均医疗保健支出

二、2018 年全省卫生健康工作进展情况

2018 年,江苏省卫生健康系统坚持以习近平新时代中国特色社会主义思想为指导,将全面从严治党贯穿于事业发展全过程,谋思路、抓重点、补短板、强弱项,卫生健康事业高质量发展走在前列,实现良好开局。

第一、健康江苏建设深入推进。实施全民健康素养提升行动,开展"三减三健"专项行动、全民自救互救素养提升工程和"2018 健康江苏行"环省主题宣传活动,全省居民健康素养水平提高到 24.37%。加强慢性病综合防控,8 个国家级慢性病综合防控示范区通过国家复审,新建成 8 个省级达标区。启动实施青少年近视眼防控工作。积极开展健康城市健康村镇建设,新建成省健康镇 46 个、省健康村 252 个、省健康社区 284 个。14 个国家卫生城市、56 个国家卫生乡镇顺利通过复审,连云港等 4 个市实现省级卫生乡镇全覆盖。对 13 个设区市健康城市发展状况进行监测评估,推动健康江苏建设深入开展。

第二、医药卫生体制改革持续深化。分级诊疗格局加快构建。大力推进紧密型医联体建设,全省建有医联体 352 个,三级公立医院全部参与、二级以上社会办医疗机构参与比例达 49.81%。加快五大救治中心建设,建成区域级胸痛救治中心 9 家、创伤救治中心 9 家、卒中救治中心 6 家。以点单式签约和首诊式签约为重点,出台绩效考核办法,引导做细做实家庭医生签约服务。由二、三级医院向基层医疗卫生机构、接续性医疗机构下转人次较上年增长 29.88%、上转增长 14.64%,其中徐州等地下转患者增长近 90%,全省县域就诊率接近 90%。公立医院改革向纵深发展。省政府办公厅印发《关于建立现代医院管理制度的实施意见》，全省74.8%的三级公立医院、30.9%的二级公立医院和18.5%的社会办非营利性医院开展章程制定。制定儿科医疗及儿童保健新增项目调价方案，出台医疗服务价格动态调整改革方案和部分“互联网＋”医疗服务项目试行价格标准。药品供应保障更加有力。落实短缺药品每月零报告制度，对14种药品实行省级定点储备。新一轮药品集中采购竞价议价采购产品价格平均降幅为18.04%，267个抗癌药品平均降幅为8.65%。对标全国最低价调整血管介入等六大类高值医用耗材价格，1569个产品平均价格降幅11.2%。印发药品供货企业积分、医药购销领域商业贿赂不良记录、公立医疗机构药品耗材采购监督等三个考核办法，规范药品耗材购销行为。综合监管不断加强。全面推进执法全过程记录等三项制度，落实“双随机一公开”抽查机制，抽查14199件、完结率100%。各地依法查处违法案件7532起。率先出台医疗卫生信用信息管理暂行办法，配合严厉打击“医疗骗保”行为，实现联动查办案件、联合惩戒。

第三、公共卫生服务不断优化。基本公共卫生服务水平稳步提高。全省基本公共卫生服务补助标准提高到人均不低于65元，免费为城乡居民提供55项基本公共卫生服务。重大疾病防控成效显著。全面落实血吸虫病、艾滋病、结核病等重大疾病防治规划，发现并治疗肺结核病患者2.5万例、管理艾滋病病毒感染者和病人2.47万例，传染病发病率为118.68/10万，保持在全国较低水平。累计为适龄儿童免费预防接种2028万针次，免疫规划疫苗接种率保持在95%以上。及时应对处置长春长生公司问题疫苗案件，全面排查、封存问题疫苗，科学指导群众续种补种，广泛开展咨询服务，解疑释惑，保持社会稳定。妇女儿童健康保障全面加强。实施母婴安全三年行动计划，完善妇幼健康服务体系，全省孕妇产前筛查率达92.88%、新生儿疾病筛查率达98.29%，无锡等地对高危孕产妇进行生育全程专案管理。确定10家机构为第一批省级儿童早期发展基地。突发公共卫生事件处置及时有效。加强H7N9流感防控，妥善处置全球首例人感染H7N4、全省首例H5N6流感病例，有效做好30多起事故卫生应急处置工作，圆满完成第十九届省运会等重大活动医疗卫生保障任务。食品安全风险监测持续加强。强化食品安全风险监测和标准服务，监测食品中化学性污染物及有害因素样品3350份，食品微生物及其致病因子样品3340份。

第四、医疗服务水平进一步提升。医疗服务体系不断完善。新增医疗卫生机构床位数2.12万张、卫生人员3.46万人以上，其中新增执业（助理）医师1.22万人。新增儿童医院1家、精神病医院3家、康复医院13家、老年病专科医院3家，省人民医院、省肿瘤医院、苏大附一院、中大医院被确定为国家疑难病症诊治能力提升工程建设单位，52个国家临床重点专科建设项目通过国家评估；5家县级医院被新确认为三级医院，71%的县级医院达到国家县医院医疗服务能力推荐标准，其中徐州、南通、镇江、泰州等地县医院已全面达标。基层卫生服务能力显著增强。在18个县（市、区）开展“大基层”体系建设试点，省扶持757个基层医疗卫生机构基础设施建设和设备装备，作为全国首批10个试点省建成首批26个社区医院，新增省示范乡镇卫生院59个、示范村卫生室808个、基层特色科室89个。扬州市18个农村区域性医疗中心中有8家创成二级医院；宿迁市所有村居卫生机构均达到省定标准。医疗服务持续改善。实施新一轮改善医疗服务三年行动计划，苏北人民医院、淮安市第一人民医院被评为全国年度“改善医疗服务示范医院”。246家二级以上医院开展日间手术，165家二级以上医院开展多学科联合诊疗，严格执行医疗质量安全核心制度，458家医疗机构开展临床路径管理。社会办医发展加快。发布《江苏省社会资本举办医疗机构投资指引（2018年版）》，推进医疗机构、医师准入审批改革，全省民营医院诊疗人次达6100万人次，较上年增长220万人次，占医院总诊疗人次的23%。

第五、中医药事业加快发展。服务体系建设得到增强。推进基层能力提升“十三五”行动计划，基层机构中医馆建设达标率65.1%，新建68个全国和省名老中医药专家传承基层工作站，徐州、扬州市创成“全国基层中医药工作先进单位”。新增国家中医住院医师规范化培训基地5个、全国名老中医药专家传承工作室和基层名老中医药专家传承工作室建设单位9个。省中医院妇科、南京市中医院肛肠科等6个专科成为国家区域中医（专科）诊疗中心建设单位，3个病种入选国家重大疑难疾病中西医临床协作试点项目。人才培养成效显著。启动省名中医评选工作，遴选确定29名省中医药领军人才培养对象，5人入选国家“岐黄学者”培养工程，新增全国中药特色传承人才培养对象10人。传承研究更加深入。省中西医结合医院入选第二批国家中医临床研究基地建设单位，21个国家中医药管理局重点学科顺利通过验收，获得国家中医药重点研发计划项目3项、国家科技进步奖二等奖和国家技术发明奖各1项。

第六、卫生人才队伍建设和科技创新取得突破性进展。“六个一”工程深入实施。全系统新增333工程第一层次培养对象4人、第二层次35人、第三层次462人；医教协同更加密切。新增9个住院医师规范化培训基地，新招收住院医师规范化培训学员4200人。基层人才队伍得到加强。首次全省联动举办基层卫生人才专场招聘会，一次性录用477人，带动全省招聘4951人。贯彻落实省政府办公厅《关于改革完善全科医生培养与使用激励机制的实施意见》，新培养全科医生2900名。扩大农村订单定向医学生免费招生规模，实际招收1634人，较上年增加54%，总数居全国第一。12个县(市、区)开展基层卫生人才“县管乡用”试点，遴选2500名省级优秀基层卫生骨干人才，确定45个基层卫生人员实训基地建设单位，安排700名乡镇卫生院临床医师和3200名乡村医生到上级医院务实进修，组织乡村医生培训1.17万人次。卫生科技创新与成果转移转化取得新突破。苏大附一院入选第四批国家临床医学研究中心，8个省部级以上重点实验室建设管理水平再上新台阶。申报国家新药创制重大科技专项132项，是2017年的1.9倍，省人民医院“药物临床评价技术平台建设”课题获批国家示范性项目；医疗卫生机构通过省科学技术一、二等奖终审的项目数达全省获奖总数的14.7%；取得发明专利135项，推广适宜技术53项。对外交流合作进一步深化。启动援桑给巴尔妇女宫颈癌筛查项目，成功举办2018南京国际胰腺峰会、“仁心仁术·中国传统医学与马耳他展览”，组织175名医护人员赴国(境)外研修，新增国际友好医院23对。

第七、重点人群健康保障全面加强。医养结合深入发展。实施健康老龄化三年行动计划，遴选10家省示范性医养结合机构，确定9家安宁疗护省级试点，新增护理院23家、医养结合机构80家。全面两孩政策稳妥实施。办理生育登记55.41万件、再生育审批12575件；为204万计划生育奖扶、特扶对象发放扶助金26.93亿元，实现计划生育特殊家庭联系人制度、家庭医生签约、就医绿色通道“三个全覆盖”。建成计划生育心理健康服务项目54家。3个区被国家评为“流动人口基本公共卫生服务均等化示范区”。健康扶贫成效显著。联合省政府扶贫办召开现场会，推进健康扶贫责任落实。农村建档立卡低收入人口家庭医生签约率达97.02%；全面落实农村低收入人口住院“先诊疗后付费”政策，大病专项救治总病种数达30种，全省因病致贫人口从2016年的50万户、135万人下降到29万户、70万人。

第八、服务保障进一步优化。重大项目建设取得新进展。省人民医院门急诊病房综合楼等一批重大医疗服务设施建成并投入使用，苏大附一院总院二期工程等一批项目新批立项，全系统新增中央投资项目10个、投资规模达10.36亿元。“互联网＋医疗健康”加快推进。省智慧健康平台与13个设区市、98%的县(市、区)平台实现互联互通，标准化建设居民电子健康档案4300多万份，40个县(市、区)向居民开放电子健康档案在线查询。出台32条“互联网＋医疗健康”便民惠民服务措施，省集约式预约诊疗服务平台2018年预约量达603万人次，同比增长34.57%。6家三级医院电子病历应用水平达到五级，205家医院开通手机App或微信公众号。全省建立区域性远程会诊中心45个、远程影像诊断中心61个、远程心电诊断中心44个，89%的县(市、区)面向基层开展集中读片等远程医疗服务。新闻宣传有声有色。组织新闻发布、媒体集中采访活动，隆重庆祝首个中国医师节，开展优秀医师先进事迹巡回宣讲，命名“百名医德之星”“十大医德标兵”和“优秀基层医师”，1人当选“全国最美医生”、1人当选“全国最美家庭医生”，6人入选“中国好医生中国好护士”月度人物。此外，全系统150名干部人才奔赴西藏拉萨等五省区开展对口帮扶，组团式援疆模式得到国家卫生健康委和省委省政府充分肯定。法制、安全稳定、干部保健、离退休干部等工作均取得新成绩。

第九、全面从严治党深入推进。主体责任进一步压实。制定落实全面从严治党主体责任2018年度任务清单，明确党组履行“一岗双责”的具体任务。党的建设进一步加强。配合省委组织部制定出台《江苏省加强公立医院党的建设工作实施办法》，强化支部书记培训，组织解放思想大讨论，出台以党建引领的行业文化建设指导意见。警示教育进一步强化。认真落实中央巡视反馈意见，编印下发《违纪违法事实和忏悔录汇编》，制作警示教育片，建成网上廉政教育馆；召开省市县乡四级6000余人参加的警示教育大会，从违规违纪问题中吸取教训，聚焦"三大重点"，开展"三项活动"，切实用身边事教育身边人，起到震慑作用。专责监督意见整改取得阶段性成效。省本级出台制度规定21项，13个设区市共对应出台相关制度文件174项，32个委管委属单位共出台文件89项。开展医疗购销领域突出问题、行风突出问题专项治理。召开全省强化行风建设和医院基础管理专题电视电话会议，组织各医院进行险情、险点、险种、险象排查和控制廉政风险，对违反"九不准"行为等进行重点整改，加强医德医风建设各项工作，行业风气得到有效净化。

三、深化审评审批制度改革　鼓励药品医疗器械创新

江苏省委办公厅、省政府办公厅2018年9月印发《关于深化审评审批制度改革鼓励药品医疗器械创新的实施意见》（下称《意见》），大力鼓励本省在药品、医疗器械领域的技术创新。

《意见》鼓励和支持有条件的医疗机构和社会力量设立临床试验机构，重点培育能承担新药、创新医疗器械研究的临床试验机构，加快形成以探索性研究的临床试验机构为引领、以验证性研究的临床试验机构为基础的专业化临床试验资源格局；鼓励医疗机构设立专职临床试验部门，配备职业化的临床试验研究者。

《意见》指出，对临床试验研究者在职务提升、职称晋升等方面与临床医生一视同仁，鼓励临床医生参与药品医疗器械技术创新活动；全力推进药品上市许可持有人制度试点工作，允许药物研发机构申报药品上市许可持有人，支持药品上市许可持有人合理配置资源并进行委托生产，有条件的地区可制定药品上市许可持有人制度试点风险保障资金和专项奖励补贴政策，调动企业参与试点的积极性；支持符合条件的生物医药企业申报高新技术企业，加大企业研发费用加计扣除和高新技术企业所得税优惠等政策执行力度，引导企业进一步加大创新投入。

四、加大医保付费方式改革　生育医疗费用按单元病种直接结算

2018年4月18日，江苏省人社厅、财政厅、省卫计委联合出台《关于进一步做好生育保险工作的意见》，意见明确，全省要加大付费方式改革力度，产前检查、住院分娩和计划生育手术的医疗费用要按规定实行按单元、病种付费，由经办机构与定点医疗机构直接结算。

落实生育保险政策是实施全面两孩政策的重要保障措施。意见明确，各地要结合全民参保计划实施，进一步扩大生育保险覆盖面，将所有用人单位和职工纳入生育保险覆盖范围，做到应保尽保。要加大基金征缴力度，依法征收生育保险费。进一步提高生育保险基金市级统筹管理水平，完善市级风险调剂金制度，加大调剂力度。有条件的地区要积极探索生育保险基金在设区市范围内统一管理和使用，增强基金的统筹共济和保障能力。要加强生育保险定点协议管理，切实保障参保人员生育医疗权益，促进生育医疗服务行为规范。要加大付费方式改革力度，产前检查、住院分娩和计划生育手术的医疗费用要按规定实行按单元、病种付费，由经办机构与定点医疗机构直接结算。充分利用医保智能监控系统，强化监控和审核，控制生育医疗费用不合理增长。

此外，还要加强生育保险运行风险管理，建立基金监测制度，定期对生育保险基金运行情况进行分析，全面建立基金风险预警机制，将基金累计结余控制在6～9个月支付额度的合理水平。

五、2018江苏省支持社会力量办医院

江苏省政府门户网站2018年7月30日公布《关于支持社会力量提供多层次多样化医疗服务的实施意见》。《意见》中提出，到2020年，打造一批有较强影响力的健康产业集聚平台，力争社会办医规模水

平和发展质量走在全国前列，人民群众对社会办医的获得感和满意度明显提升，多层次多样化医疗服务新格局基本形成。

江苏将逐步拓宽社会办医领域，鼓励发展基层医疗服务、大力发展专业化医疗服务、全面发展中医药服务、有序发展前沿医疗服务和积极发展个性化医疗保健。将各类主题举办的诊所、门诊部、一级医疗机构、康复医疗中心、护理中心等纳入基层医疗卫生服务体系。符合条件的社会办医疗机构开展签约服务，在转诊、收付费、考核激励等方面与公立医疗机构享有同等待遇。推进社会力量举办或运营高水平全科诊所，支持全科医生个体或合伙开办全科诊所，符合规定的纳入基本医保定点范围。引导社会力量深入专科医疗领域，扩大服务有效供给，培育专业化优势。优先支持社会力量举办妇产、儿科、精神、康复、护理、安宁疗护等专科医疗机构。支持社会力量优先举办中医类专科医院，发展中医特色的康复医院、护理院。支持社会力量针对老年人健康需求，通过市场化运作方式开办医养结合机构。

各地在制定或调整医疗卫生服务体系规划、医疗机构设置规划时，按照到 2020 年每千常住人口不低于 1.5 张床位的标准，为社会办医疗机构预留规划空间，并及时向社会公布。

各地要按规定全面落实社会办医各项税收优惠政策，对社会办医疗机构提供的医疗服务按规定免征增值税，进一步落实对社会办非营利性医疗机构企业所得税支持政策。省级财政还将统筹现有专项资金，按规定对符合条件的社会办非营利性医疗机构重点专科建设、人才培养、医疗设备购置等给予适当补助。

第三节　浙江省医疗卫生发展情况与措施

一、浙江省医疗卫生发展情况

2018年末浙江省共有卫生机构3.3万个(含村卫生室),其中,医院1288个,卫生院1166个,社区卫生服务中心(站)5310个,诊所(卫生室、医务室)11089个,村卫生室11483个,疾病预防控制中心100个,卫生监督所(中心)102个。卫生技术人员48.6万人,比上年末增长5.5%,其中,执业(助理)医师19.1万人,注册护士20.2万人,分别增长6.4%和7.1%。医疗卫生机构床位数33.2万张,增长5.7%,其中,医院29.4万张,卫生院1.9万张。医院全年总诊疗28292万人次,增长2.4%。

全省预约诊疗服务平台预约请求量1063万人次,预约成功量747万次,比上年分别增长15.3%和9.2%,日均预约成功量2.0万次,新增注册用户215万人,增长3.1%,日均注册量为0.6万人次。全年新接入医院238家,累计接入医院522家。

二、从数字看浙江医改

互联网+医疗健康:

浙江基本实现全省所有医院和基层医疗卫生机构的网络联通和数据共享,现区域检验、影像、心电、病理共享的县(市、区)比例分别达90%、100%、99%和89%。

截至2018年底,浙江省预约诊疗服务平台接入医疗机构近500家,累计注册用户达1072万人,预约总量4831万人次,预约成功3435万人次,预约成功率71.1%。同时,加快推进与“浙里办”APP的对接融合工作。

浙江省分级转诊平台与杭州、温州、台州、嘉兴、湖州、绍兴、衢州、舟山、宁波、丽水等10个区域平台的对接,接入省转诊平台的二级及以上公立医院达到321家。截至2018年底,全省转诊总量超10万笔,其中门诊转诊约9.8万笔,检查转诊377笔,住院转诊926笔,月均转诊量约5000笔。在此基础上进行拓展升级,结合政务钉钉,打造医疗健康“掌上办事”服务。国家卫生健康委2018年专门在浙江省召开新闻发布会推广浙江“互联网+医疗健康”发展及便民惠民服务的经验。

“互联网+医疗健康”便民惠民,云医院,云平台,云诊室,远程医疗得到有效普及。

为了减少群众下载不同医院App的麻烦,浙江全省统一的公益性预约诊疗服务平台被升级建设为“浙江健康导航”平台,接入全省近500家医院的预约挂号服务,统一提供省级医院门诊叫号及检查检验报告查询服务,集成省内150余家医院和多个地市的互联网医疗服务门户,覆盖全省95%以上的二级及以上公立医院,它还能根据既往就诊信息和需求,智能推荐合适的医院和医生;浙江居民电子健康卡正在推广应用,群众可以用它来集成个人身份的实名认证、预约挂号、信息查询、(医保)移动支付、金融服务等智慧医疗服务。

医疗质量:

目前全省共产生了81个区域专病中心、7个区域专病中心培育单位。经过5年的建设,区域专病中心医疗技术水平不断提升,共有1050项技术通过引进或在原有技术的基础上进行改良,另有560项技术经过自主研发进入临床应用,为临床诊疗提供了更多的手段和方法。国家卫生健康委2018年专门在浙江省召开新闻发布会推广浙江提升医疗技术和质量经验。

“三医”联动:

积极稳妥地推进医疗服务价格改革,降低药品耗材、检验检查的费用,宁波市、湖州市和11个县(市、区)率先开展了破除“以药补医”后的新一轮医疗服务价格调整。各市按病种付费的病种数已超过100个,金华各县(市、区)、瑞安市、德清县等地实行了住院服务按病组付费改革,医保基金支出增长率呈现下降趋势。医疗费用全年增幅总体控制在10%以下。

家庭医生：

截至2018年9月底，全省家庭医生签约服务人数达1709.6万人，占常住人口的32.36%；老年人等十类重点人群共签约覆盖率达70.06%。人均基本公共卫生服务经费提高至每人每年55元，全省城乡居民电子健康档案建档率达87.49%；高血压患者规范管理率达65.13%，血压控制率达64.61%；糖尿病患者规范管理率达64.61%，血糖控制率达56.27%。

三、医疗卫生系统"最多跑一次"改革

浙江省医疗卫生服务领域深化"最多跑一次"改革，包括十大就医便民惠民措施：

1. 看病少排队

实现分时精准预约，每个时段精确到30分钟以内。多举措缩短排队时间，现场挂号排队时间不超过10分钟。

2. 付费更便捷

提供现金、支票、银行卡、微信、支付宝、社会保障卡等不少于6种支付途径。

3. 检查少跑腿

检查项目由预约中心统一预约，尽量将各项检查预约项目安排在一次性完成。

4. 住院更省心

三甲医院推广日间服务，扩大日间手术病种范围。日间手术将占择期手术的15%以上。

5. 便民惠民服务更贴心

设立综合服务中心，提供轮椅等租借、小件物品寄存、资料打印、病历复印、相关证明审核盖章、医保政策咨询等服务。

6. 急救更快速

实现患者信息院前院内共享，构建快速、高效、全覆盖的急危重症医疗救治体系。

7. 配药更方便

实现处方系统与药房配药系统无缝对接，做到门诊取药"随到随取"。

8. 母子健康服务更温馨

推广母子健康手册App，提供政策宣传、服务提醒、信息查询、健康指导、互动交流等母子健康服务。

9. 转诊更顺畅

基层医疗卫生机构为有转诊需求的患者预约专家门诊、预约辅助检查、联系住院床位，实行精准

转诊。

10. 发展互联网＋医疗健康

实现电子健康档案和电子病历互通共享，积极发展远程医疗服务。

四、2018年浙江卫生健康主要工作回顾

2018年，浙江省卫生健康工作围绕中心、服务大局，凸显了卫生健康事业的新地位。率先响应省委提出的“最多跑一次”改革向公共服务领域延伸的要求；主动融入乡村振兴战略；全面对接富民强省十大行动计划；紧紧围绕数字经济“一号工程”，大力发展“互联网＋医疗健康”服务；聚力打赢脱贫攻坚战；积极服务国家“一带一路”战略。

2018年，浙江省卫健委各相关单位凝心聚力、克难攻坚，干出了卫生健康事业的新业绩。医疗卫生服务领域“最多跑一次”改革十项举措全面推进：省市级医院高峰排队平均时间从8分钟缩短到4分钟，门诊和病区智慧结算率分别达到79.85％、72.71％，95％的三甲医院开展了日间手术；县域医共体建设从试点转向全面推进：11个试点县(市、区)工作持续深化，试点地区县域就诊率提高4个百分点，基层就诊率提高6.1个百分点，新增59个县(市、区)制定实施意见，54个由当地政府印发；综合医改迎难而进：公立医院医疗总费用增长9.2％，门急诊和出院均次费用分别增长3.70％和1.24％，药品集中采购价格平均下降5.87％，30个县(市、区)实施了基层医疗卫生机构补偿机制改革；医疗质量水平进一步提升：二级以上医院全面开展DRG质量与绩效评价，三级医院疑难重症病人增长31.73％，三四级手术例数增加20.29％；健康浙江建设领导体制和工作机制基本建立：指标体系基本构建，启动了试考核工作；“互联网＋医疗健康”发展优势明显：居民电子健康卡全省发卡量累计超过1000万张，“浙江健康导航”上线运行，互联网医院平台搭建完成。

2018年统筹协调、全面发展，构建了卫生健康事业的新格局。坚持以基层为重点：家庭医生签约覆盖率提高到36％，其中重点人群覆盖率超过73％，基本公共卫生服务项目经费人均标准提高到55元，高血压和糖尿病规范管理率均达到60％以上；坚持预防为主：全省甲乙类传染病报告发病率为193.24/10万、死亡率为0.73/10万，艾滋病病毒感染者和病人增幅均为近三年新低，顺利通过全国省级消除疟疾评估，孕产妇、婴儿和5岁以下儿童死亡率持续巩固在历史低水平，完成240余万妇女免费“两癌”检查，0～3岁儿童发育监测146万人次，重大突发公共卫生事件“零发生”；坚持中西医并重：新创建1个国家基地、2个国家区域中心和3个国家重大疑难疾病中西医协作项目，13个县级中医院入选首批全国县级强院；坚持以创新为动力：出台22条人才新政，累计选拔卫生领军人才30人、创新人才200人、医坛新秀424人，牵头国家重大科技项目30项，国家基金500余项。

2018年干在实处、走在前列，开创了卫生健康事业的新优势。推动形成改革新优势：“最多跑一次”入选全国2018年度医改十大新举措，浙医二院“最多跑一次”改革经验被省委改革办推广，县域医共体建设被评为省政府改革创新奖项目前三甲，公立医院综合改革获中央财政奖励1431万元，金华市、德清县被国务院评为真抓实干成效明显地区；推动形成服务新优势：国家基本公共卫生服务考核成绩位列全国第一，国家卫健委两次在浙江召开新闻发布会，向全国推广浙江省医疗技术能力和质量水平提升、“互联网＋医疗健康”的工作经验，架构完成全国唯一试点样板的省域社会心理服务体系，第4次荣获全国无偿献血先进省称号，智慧医疗被评为浙江省民生获得感示范工程等；推动形成科技新优势：“中国(浙江)卫生健康科技研发转化平台”被列为国家科技体制改革试点，6家医院科技创新力入选全国百强，传染病学科连续5年蝉联全国第一，浙医一院病毒性肝炎、浙医儿院儿童保健和儿童疾病、温医眼视光医院眼部疾病获批国家临床医学研究中心，《出生缺陷综合预防规范》获省级标准创新重大贡献奖。

2018年提振信心、锤炼队伍，营造了卫生健康事业的新气象。党的领导全面加强：省委出台了全面加强公立医院党的建设工作的意见，加快落实推进公立医院党委领导下的院长负责制；干部作风明显转变：深入贯彻落实省委“大学习大调研大抓落实”部署，制定鼓励创新创业、干事担当、容错免责的实施办

法，在全系统开展“模拟患者”体验活动，暗访体验468人次，提交240篇体验报告，提出848条意见建议；行业环境有效改善：全面部署“清廉医院”建设，在全国率先取消计划生育目标责任制考核，全面下放卫生专业高级职称的评审权限，精心组织首个“中国医师节”活动，首次开展“医师终身荣誉”评选表彰，隆重举办援外医疗50周年系列活动，代表全国卫生健康系统参加中国青年志愿服务项目大赛，摘得“两金四银”。

五、2018浙江省医疗卫生服务领域“最多跑一次”十佳

2018年浙江省医疗卫生服务领域“最多跑一次”十佳案例中，杭州市用血费用“一站式”减免成为十佳之一。

杭州市献血管理中心依托市卫生健康委信息化建设，在全国率先上线用血费用“一站式”系统，于2018年12月18日实现了在杭州市范围内无偿献血者及其亲属用血费用“一站式”减免，临床用血费用在就诊医院“即用即免”“异地减免”。

传统的用血费用报销模式，费时又费力。无偿献血者及其亲属用血需要先付费、再报销，有时候因为献血者对报销政策不了解，材料没带齐，以至于多次往返才能完成用血费用报销，因而让很多献血者放弃享受此项政策福利，进而影响到无偿献血事业的发展。

用血费用“一站式”减免系统上线启用后，无偿献血者及其亲属再也不用像过去那样先付费，再凭发票、出院小结、献血证、关系证明等一系列材料到献血地进行手工报销，免去了献血管理机构报销的路上来回奔波，缓解经济困难户垫付用血费用的资金压力。同时，原先报销血费需要半天或一天的办理时间，如今费用减免、智能计算只需10秒钟就可以完成。

截至2019年3月27日，全市共有737人次享受了此项便民服务，累计减免金额约72万余元。

第四节　安徽省医疗卫生发展情况与措施

一、安徽省医疗卫生发展情况

2018年末安徽省共有医疗卫生机构24926个，其中医院1140个、基层医疗卫生机构23076个、专业公共卫生机构605个，其他卫生机构105个。基层医疗卫生机构中，卫生院1366个，社区卫生服务中心（站）1891个，村卫生室15317个；专业公共卫生机构中，疾病预防控制中心120个，专科疾病防治院（所、站）45个，妇幼保健院（所、站）120个，卫生监督所（中心）112个。全省卫生技术人员33.4万人，其中执业（助理）医师12.7万人，注册护士15万人。乡村医生和卫生员3.8万人。医疗卫生机构床位32.9万张，其中医院、卫生院床位31.2万张。全年医疗卫生机构共诊疗3亿人次。

2018年末，全省医疗卫生机构数达24926个，比上年增加442个。卫生人员总数达42.7万人，较上年增加1.9万人（增长4.74%）。每千人口医疗卫生机构床位数由2017年的4.89张增加到2018年的5.19张。

全省医疗卫生机构及床位数

机构类别	机构数（个）		床位数（张）	
	2017年	2018年	2017年	2018年
总计	24484	24926	305804	328123
医院	1095	1140	233157	253595
公立医院	360	353	167912	180942
民营医院	735	787	65329	72653
医院中：三级医院	68	68	79927	87330
二级医院	346	374	113182	125422
一级医院	428	463	23210	24693
基层医疗卫生机构	22626	23076	65140	67023
＃社区卫生服务中心	400	394	8044	8290
＃政府办	225	248	4863	4912
＃乡镇卫生院	1367	1365	56878	58458
＃政府办	1366	1364	56569	58417
社区卫生服务站	1483	1497		
村卫生室	15331	15317		
诊所（医务室）	3739	4070		
专业公共卫生机构	668	605	6837	7045
＃疾病预防控制中心	121	120		
卫生监督机构	113	112		
妇幼保健机构	118	120	4026	4499
专科疾病防治机构	48	45	2781	2542
其他机构	95	105	670	460

2018年，安徽省门诊总量29764.7万人次，住院总量1011.1万人次。全省公立医院次均门诊费用为244.6元，较全国平均水平（272.2元）低27.6元；公立医院人均住院费用8078.1元，较全国平均水平

(9976.4 元)低 1898.3 元。

2018 年,安徽省乡镇卫生院和社区卫生服务中心(站)门诊服务量达 8458.8 万人次,较上年增长 10.8%,高于全省总诊疗量增长水平(5.6%),占全省门诊总量的 28.4%,高于同期全国的平均水平(23.1%)。

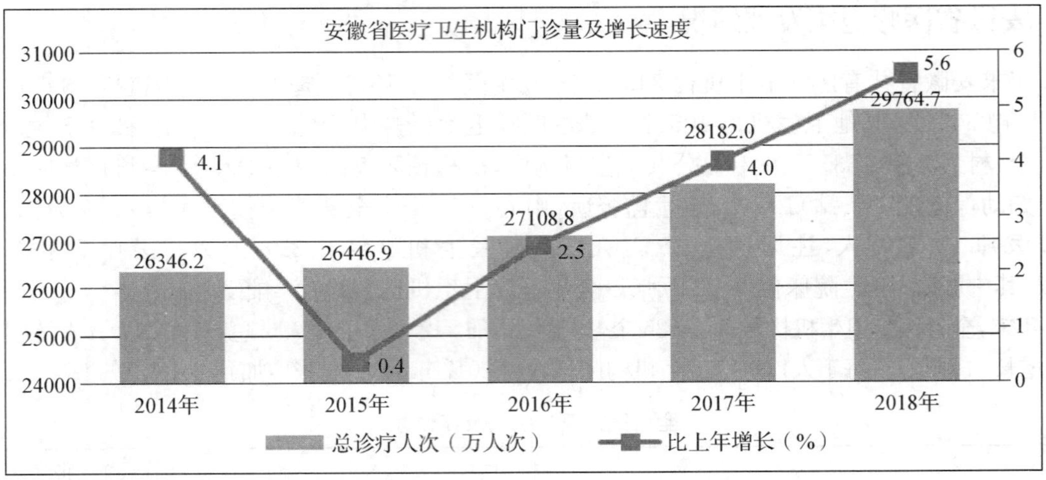

2018 年,全省共出生 86.48 万人,比 2017 年减少 12.11%。其中一孩 33.86 万人(占 39.15%),二孩 45.02 万人(占 52.06%)。

截至 2018 年底,安徽二级以上公立医院中,31.8%开展了预约诊疗,98.1%开展了临床路径管理,49.8%开展了远程医疗服务,73%参与同级检查结果互认。

二、安庆市实现县域医共体全覆盖

截至 2018 年 9 月,安庆市已实现县域医共体全覆盖,并实现了市、县、乡三级诊疗信息的联通互享;组建 5 个城市医联体和精神卫生、病理和中医 3 个专科医联体;2018 年上半年,全市 120.79 万人签约了家庭医生服务。安庆市医改各项工作稳步推进,分级诊疗服务体系初步建立。

安庆市全面推进县域医共体建设,全市 7 个试点县(市)共组建了 15 个医共体。各县级医院"100+N"收治病种与乡镇卫生院"50+N"收治病种的"重叠度"逐步下降,县级医院下转病人人次逐步增加,县乡之间"双向转诊"机制初步形成,总住院率控制较好,按病种付费执行率稳步提高,住院实际补偿比较同期有所提升。另外,太湖县、怀宁县、望江县已稳步开展县域医共体中心药房试点工作。

借助现代计算机互联网技术,通过搭建远程心电、远程影像管理平台,实现了市、县、乡三级诊疗信息的联通互享,截至 2018 年 6 月底,远程心电系统已完成 64428 例病人常规心电报告处理,真正让老百姓足不出户便可以享受到县医院甚至三甲医院专家的医疗服务。

安庆市不断探索多种形式的城市医联体建设,截至 2018 年 9 月,安庆市已建成 8 个松散型医联体。其中,由市区五家二级以上医院:市立医院、市一院、市二院、海军安庆医院、南京鼓楼医院集团安庆市石化医院牵头联合市区 17 所社区卫生服务中心及 7 所乡镇卫生院组建 5 个城市医联体,通过专家定期坐诊、进修学习、远程会诊等方式提升基层服务能力,形成上下联动的接续诊疗体系;成立了精神卫生、病理和中医 3 个专科医联体,带动和提升县级医院的服务能力。另外,安庆市还组建了 3 个紧密型医联体和 2 个其他形式医联体。

三、阜阳市现代医药产业发展强劲

安徽阜阳市现代医药产业发展强劲,2018 年前 8 月,全市医药制造业完成产值 107.4 亿元,同比增长 27.8%,占全市规模以上工业总产值的 6%。

金秋时节,位于太和经开区的安徽贝克联合制药有限公司生产繁忙。作为国际上产能最大、品种最全的抗乙肝、抗艾滋病原料药生产基地——贝克联合制药近年来不断加强研发，产品创新走在行业前列，其中，拉米夫定产品市场占有率超过80%。

近年来，阜阳市坚持把现代医药产业作为全市的主导产业，努力打造以阜阳太和现代医药产业集聚发展基地为主体、界首市和阜阳城区为两翼的现代医药产业集聚区，初步形成了集医药研发、生产、销售"三位一体"的现代医药健康产业体系。

至2018年9月底，全市已有规模以上生物制药企业106家，集聚发展态势明显。其中，作为全省首批14个战略性新兴产业集聚发展基地之一的阜阳太和现代医药产业集聚发展基地，在全省战略性新兴产业集聚发展基地年度评估中，由2015年的第八名上升至2017年的第五名，2018年前8月实现产值142.4亿元，同比增长18.2%。

集聚发展壮大着阜阳现代医药产业规模，创新驱动积蓄着产业发展后劲。截至2018年9月底，全市规模以上生物制药企业已建立院士工作站1个、省企业技术中心6个、省工程研究中心2个、省级抗病毒药物工程实验室1个、博士后工作站2个，两家企业跻身高新技术企业行列。

围绕创新创业孵化能力建设，阜阳太和现代医药产业集聚发展基地重点打造中科生物医药创新创业及产业化平台、中科国际精准医学产业园、高端医疗器械智能产业园、高端原料药和制剂服务平台等创新平台，同时不断加大项目建设力度，相继开工建设了拜善晟制药、锦海医疗器械、大森林药业、恒达药业、百盛药业、新天生物、碧得宝药业、欣奕华医药等一批重大项目，不断为医药产业发展注入新动能。

四、马鞍山市医保中心又推便民新举措

马鞍山市参保男职工未就业配偶的生育保险就医将实现划卡实时结算，意味着参保男职工未就业配偶生孩子将不用先垫钱后报销了。

据了解，2018年10月1日，马鞍山市将实行参保男职工未就业配偶生育医疗费用在生育保险定点医疗机构实时结算。参保男职工未就业配偶确诊妊娠后，即可到生育保险经办机构办理登记备案手续，备案后发生的符合规定的生育医疗费用在选定的生育保险定点医疗机构直接划卡实时结算。

"在此之前，本市职工、居民、灵活就业人员生育保险均实现实时结算，但男职工未就业配偶确诊怀孕后需到生育保险经办机构办理登记备案，先行垫付费用分娩后再携带相关材料到经办机构办理报销手续。"马鞍山市医保中心工作人员称，这既给参保人员带来不便和经济压力，也耗费经办机构投入大量的人力手工报销。

新规实行后，男职工未就业配偶在生育保险定点医疗机构发生的符合规定的生育医疗费用按照居民生育保险支付比例限额支付，高于限额的按限额支付，低于限额的按实结算。经办机构与定点医疗机构按照限额结算，超过限额的按照限额标准结算，低于限额标准的按实结算。

自此，马鞍山生育保险就医从参保女职工到居民、灵活就业人员再到男职工未就业配偶，全部实现定点医疗机构划卡实时结算，率先实现生育保险就医、结算一站式服务。

五、重拳打击欺诈骗取医疗保障基金行为

2018年12月20日至21日，安徽省打击欺诈骗取医疗保障基金专项行动"回头看"工作调度会在合肥召开，将打击欺诈骗取医疗保障基金专项行动进一步向纵深推进。

自2018年9月以来，按照国家医保局和省政府统一部署，安徽省全面开展打击欺诈骗取医疗保障基金专项行动。省医保局成立后，又根据国家医保局的要求组织开展自查行动"回头看"，通过广泛发动群众参与，设立举报电话受理骗保线索，加强部门联动执法，实行线索集中交办与重点督办结合的方式，进一步加大打击欺诈骗保行为专项行动力度，取得初步成果。据统计，专项行动以来共受理举报线索270条，完成线索核查188条，正在核实线索82条；全省共核实巡查医药机构4378家（其中医疗机构1926家，药店2452家）；共暂停医药机构服务协议318家，解除医药机构服务协议33家，其中移交司法机关处理案件26件，处理人数21人；通过追回、拒付等方式挽回基金损失4562.8万元，给予罚款处罚

985.6万元，有力地维护了医保基金安全，规范了医保秩序。

欺诈骗保行为已成为侵蚀医保基金的毒瘤，必须铲除。下一步，省医保局将坚决贯彻落实国家医保局和省委省政府的部署要求，建立案件线索核查“日报告、周调度”机制，保持反欺诈骗保高压态势，坚决做到“认识到位，用好杀手锏；措施到位，打好组合拳；处罚到位，打赢攻坚仗；制度到位，织密监管网”，坚持“公立民营一样查、大额小额一起查、所有线索一律查”，斩断伸向基金的“黑手”，确保基金安全，守护好老百姓的治病钱、救命钱，提供更有效的医疗保障服务。

六、芜湖将设空中医疗救援基地

2018年12月，安徽省政府办公厅公布了《安徽省直升机医学救援工作方案（试行）》（以下简称“方案”）。方案提出，到2020年，全省将按照“100公里至150公里飞行半径、接报后15分钟起飞、30分钟到达”的标准布局，打造覆盖全省的“黄金一小时”生命医学救援网络，基本建成全境、全时、高效的直升机医学救援体系。

方案指出，将逐步在全省16个市部署医学救援直升机，原则上每市1架，相应配套建设停机坪和机库；在合肥、蚌埠、芜湖3个市增设直升机配件及维修器材仓库，负责全省医学救援直升机定检和维修。61个县（市），每个县（市）设置1～3个直升机临时起降点。在黄山、九华山等重点旅游景区和大流量、长距离以及事故易发区的高速公路服务区设置直升机临时起降点。鼓励工矿区、特殊工业区和重点仓库等区域自建直升机起降点。

安徽省已完成15起直升机救援案例。据悉，2017年，安徽省对突发事件航空医学救援进行了有益尝试和探索，总计完成15起医学救援直升机实际案例，包括院前救援、器官转运、院间转运等。

据了解，芜湖也有一个救援的实际案例。2017年11月24日11:08，一架医学救援直升飞机停在芜湖市第二人民医院附近的体育场，飞机内转运的是一位突发气道梗阻的70多岁患者。12:48，救援直升机稳稳地落在上海市第一人民医院南部（松江院区）内的停机坪上，机上的患者随即入住急诊危重病房进一步诊治。这也是安徽省首次“空中120”跨省转院。

停机坪在航空医疗服务中同样至关重要。“直升机救援对起降场地、实时天气等要求很高，要同时满足这些条件不容易。省内有直升机停机坪的医院很少，很多时候只能通过地面120将患者转移到能够供直升机起降的操场或开阔空地。”参与安徽省直升机医学救援的金汇通航相关人士表示，到2018年，安徽省仅合肥、蚌埠部署了医学救援直升机停机坪和机库。今后，芜湖也将设立空中医疗救援基地，将部署停机坪和机库。“安徽省救援直升机停机坪基础设施建设，迫在眉睫。”该人士表示，据统计，美国约有1408架专业医疗构型直升机，共有301个救援中心，1015个直升机救援起降点，覆盖了全国60%的洲际公路网络，为全国85%的人口提供服务保障。安徽省实际使用的直升机停机坪约15个，完全不足以支撑安徽省14.01万平方千米辖区面积及6254.8万常住人口的救援需求。

弋矶山医院被定为省级直升机医学救援定点医院。方案提出，安徽省将按统一规划、军民融合、自愿参与、双向选择原则，选择确定直升机医学救援定点医院。原则上以救治能力强的综合医院为主，以专科医院为辅。到2020年，全省建立80～100家直升机医学救援定点医院，实现市县全覆盖。确定安徽省紧急医疗救护基地项目单位安徽医科大学第一附属医院、蚌埠医学院第一附属医院和皖南医学院弋矶山医院为省级直升机医学救援定点医院。其中，蚌埠医学院第一附属医院和皖南医学院弋矶山医院分别承担淮河流域、长江流域安徽段水上突发事件直升机医学救援任务。

安徽省将培训1500～2000名合格的随机医学救护人员。方案指出，到2020年，全省培训1500～2000名合格的随机医学救护人员。救护队伍人员由医师、护理人员组成，定点医院负责组建。每次救援过程至少配备2名医学救护人员，负责转运过程中随机医学救护工作。据悉，安徽省目前使用医疗机构＋企业单位的模式，即上机医护由合作的医疗机构（医院或120急救中心）派出，上机医护均已经过通航企业提供的直升机医学救援培训。“上机实操时间短，有些经过培训也不能完全胜任实际救援。”业内人士表示，2018年，全省仅安医大一附院及合肥市120急救中心等几名医护完成过实际的跟机救援任务。建立随机医学救护队伍，已刻不容缓。

九　环境保护情况

第一节　上海市环境保护的情况与措施

一、2018 上海市环保成绩单

上海市环保部门提交市人大审议的《2018 年环境状况和环境保护目标完成情况的报告》中有几个数字颇为亮眼：2018 年，国家和上海明确的环境保护目标任务已全面完成。大气方面，上海提前两年完成《第七轮环保三年行动计划（2018—2020 年）》中提出的“PM2.5 年均浓度为 37 微克/立方米、AQI 优良率为 80%左右”两项目标。水方面，预计可以完成国务院《水污染防治行动计划》对上海的要求。污染减排方面，经初步核定，2018 年上海二氧化硫、氮氧化物、化学需氧量、氨氮排放总量削减目标预计可以顺利完成。全社会环保投入继续保持在全市生产总值的 3%左右。

一、空气质量方面

报告指出，上海 2018 年 PM2.5 平均浓度为 36 微克/立方米，较 2017 年下降 7.7%，较 2013 年基准年已下降 41.9%，低于长三角 41 个城市平均水平（44 微克/立方米）。环境空气质量指数（AQI）优良天数为 296 天，优良率为 81.1%。

推进 PM2.5 和臭氧（O_3）的协同控制，将是上海接下来大气污染治理持续攻坚的重点和难点。报告指出，上海 PM2.5 年均浓度较 2013 年大幅下降的同时，臭氧污染上升态势明显，其作为首要污染物对污染天数的贡献已连续两年超过 PM2.5，在 2018 年达到 35 天。据介绍，PM2.5、O_3 形成机理复杂，主要受挥发性有机物（VOCs）和氮氧化物等前体物排放影响，与工业、交通、城市建设和生活等领域关系密切。

二、水环境质量方面

报告指出，2018 年，上海主要河流断面（259 个国考和市考断面）水环境功能区达标率为 76.7%，较上年上升 17.6%。通过多年治理，黄浦江、苏州河等大江大河和绝大部分中小河道水质有了明显改善，但全市水体的优良比例仍较低，特别是中小河道水质波动较大，中心城区部分河道在雨季仍存在局部、间歇性黑臭，主要原因是雨污混接、市政泵站放江、污水处理能力不足、排水系统不够完善等。

三、其他生态环境状况

报告指出，2018 年上海区域环境噪声有所改善，昼间时段平均等效声级为 54.6 dB(A)，较上年下降 1.1 dB(A)，达到较好水平；夜间时段为 48.3 dB(A)，保持一般水平。道路交通噪声有小幅下降。此外，森林覆盖率达 16.8%以上，生态用地仍显不足。固体废物中，生活垃圾、建筑垃圾、危险废物受处理能力制约，处理压力还未得到根本缓解。近岸海域水质仍呈富营养化状态，长江口生态监控区处于亚健康状态。

报告还披露，2018 年全年，上海市环保系统查处案件 3047 件，处罚金额近 5.3 亿元，同比增长 11.07%。多种执法手段有效运用，作出按日计罚 8 件，处罚金额共 2021.8 万元，实施查封扣押 139 件，限制生产、停产整治 9 件，移交公安部门行政拘留 23 件，涉嫌环境污染犯罪移交公安部门 38 件。

市生态环境局局长寿子琪表示，2019 年，上海将聚焦深化污染治理，全面落实攻坚战实施意见和 11 个专项行动，滚动推进第七轮环保三年行动计划，加快实施大气治理计划，加快推进“四大结构”调整，重点推进柴油货车和非道路移动机械治理、燃油燃气锅炉低氮改造、产业结构调整、散乱污企业整治。

聚焦区域联防联控，牢牢把握长三角一体化发展上升为国家战略的契机，进一步发挥上海的龙头带动作用，完善协作机制，强化联合行动，深入推进秋冬季治污攻坚、流域协同治理、生态环境信息共享、环境信用联合奖惩、临界市县区生态环境协作机制建设等重点任务，合力推动绿色生态长三角建设。

二、黄浦区持续推进大气污染防治工作

为全面落实责任，持续推进大气污染防治工作，进一步改善空气质量，上海市领导主持召开2018年上海市大气污染防治强化方案动员部署会。黄浦区环保局积极响应动员部署会会议精神，落实信息发布与工作部署。

一、加强建设工地扬尘监管，规范扬尘防治措施

区环保局通过工地监管微信群进行信息发布，一方面督促建设工地根据相关规范实施各项防尘控制措施，另一方面严格夜间施工审批，告知其除特殊情况外，同一工地当月累计夜间施工不得超过10天的管控要求。

二、落实职能部门工作部署，强化重点区域整治

区环保局通过黄浦重污染应急微信群，传达动员部署会会议精神，并就各职能部门工作内容进行部署。主要围绕加强道路保洁与整治乱设摊工作，强化重点区域综合整治。并通过黄浦重污染应急微信群信息平台，各部门做好各项监管工作的沟通与反馈。同时，各职能部门自3月份起，每周三下班前同步将大气污染防治工作落实情况反馈区环保局，区环保局进行工作汇总并报送市局。

三、加大监察支队巡查检查，确保保障措施到位

区环保局充分落实会议精神，局监察支队加大日常巡查检查，严格管控餐饮油烟排放，督促建筑工地防尘措施的落实，检查汽修单位密封喷漆的实施，确保各项措施落实到位。

四、细化大气污染防治工作方案

区环保局按照《2018年上海市大气污染防治方案》和《2018年春冬季空气质量保障强化方案》要求，细化完善2018年区大气污染防治工作方案，力求高标准开展大气污染防治工作。

三、浦东率先试点环保执法事权下沉

位于浦东新区北蔡镇的“客家小厨”生意一直不错，可是周边居民不但无心享受“口福”，反而叫苦不迭。原来，这家饭馆油烟多、噪声大，严重的时候居民不得不紧闭门窗。

接到投诉后，大华一居居委书记徐庆伟一边反馈给街镇的工作人员，一边做好长期安抚居民的心理准备。没想到，从居民反映到整改完毕，只花了不到1个月的时间，比以前快了许多——这得益于浦东新区环保执法的创新之举。

两小时到达处置现场。“快”的秘诀在于2017年11月，浦东新区城管执法局开展的环保执法事权下沉试点。试点将23项可以通过现场检查、调查能直观判定的环保违法行为全部下沉到街镇一级，包括建设项目、废水、固废、环保设施运行等。

浦东新区监管对象多、投诉量大：每年关于环境问题的信访量有1万多件次，占全市四分之一。而专业的在编环保执法人员只有85人。即便“超负荷”运转，仍显“力不从心”。

浦东新区城管执法局副局长奚帼华介绍，开展试点之后，街镇城管中队能在2小时内作出反应处置，及时制止违法行为，最大限度地降低对环境的污染。轻微的环保违法行为，街镇结合居委会一起劝说、指导，可以避免商户的抵触情绪，减少环境问题反复发生。

自从环保执法权下放后，环保问题逐步从“被动查处”向“主动发现”延伸。首个试点镇书院镇，将镇内工业园区的企业也纳入日常巡查监管。书院镇拥有100多家小型企业，主要为小五金、木器行业。对环保法规不熟悉是小型企业的一大痛点。上海易具精密工具股份有限公司员工仅20余人，负责人沈云华坦言：“公司缺乏环境保护方面的专业技术人才，同时也缺乏对环境保护法的全面了解。”

按照环保要求，企业生产必须门窗紧闭，以防粉尘、焊烟扩散。城管执法中队案审科科长姜涛和同事每天出去巡逻，格外留意企业的生产情况。“如果企业生产时门窗开着，我们就会前去检查。”姜涛表示，除了整改，还会对企业进行环保法规的科普。经过专业指导，上海易具精密工具股份有限公司在总

公司各地分公司中的规范管理水平名列前茅。

浦东新区环保执法事权下沉，属于全市首创。2016 年上海出台《上海市人民政府关于扩大浦东新区城市管理领域相对集中行政处罚权范围的决定》，成为环保执法事权下沉的起点。

正式试点一年多来，浦东新区以点带圈、以圈带面，从书院镇拓展到 6 个重点镇，再覆盖到 24 个镇。同时，环保执法事权从 23 项拓展至 99 项，占比约为环保执法事权总量的三分之一。

据了解，接下来环保执法事权下沉将覆盖到浦东新区的所有街镇。由于环保执法需要较强的专业性，街镇一级的城管队员还需要开展专业培训。

四、上海结束 2018 年第一批环保督察进驻，共办结涉环境案件 406 件

2018 年 7 月 5 日起，上海环境保护督察组进驻黄浦、闵行、松江三区开展 2018 年度的首轮环保督察。截至 7 月 26 日，上海环保部门宣布此轮环保督查进驻结束。在这期间，督察组共办结涉环境案件 406 件，罚款 5146 万余元。

据上海环保部门透露，此轮环保督查组进驻三区，目的在于全面督察贯彻落实国家和本市环境保护决策部署、环境保护责任落实、环境保护目标完成、突出环境问题及处理等方面的情况：第一阶段，通过个别谈话、调阅资料、调研座谈、受理举报等方式开展区级层面督察，掌握了被督察区的生态环境保护工作现状，梳理出了若干问题线索；第二阶段，通过暗查夜查、调查问询、查阅资料、实地调研等方式开展下沉督察，坚持街镇全覆盖、环境要素全覆盖的工作要求，全面摸清被督察区环境状况，以问题为导向，对重要问题线索，开展针对性地补充调查、梳理完善，确保高效督察，精准发力。

截至 2018 年 7 月 25 日，督察进驻期间工作任务全部完成。进驻期间，督察组共计与 121 名领导干部进行个别谈话，其中区级领导 25 人，部门和街镇主要领导 96 人。累计走访问询有关部门和单位 22 个，召开座谈会 32 场，调阅资料 1429 份，现场检查点位 1005 个，交办问题线索 307 个。督察组高度重视群众信访举报问题的查处，要求三区边督边改，即知即改，积极回应社会关切，累计向三区交办有效举报 496 件，已办结 406 件。督察期间，三区合计责令整改 475 家，立案处罚 340 家，共计罚款 5146 万余元；行刑衔接 1 件，查封 4 家，约谈 83 人。

督查期间，黄浦、闵行、松江三区高度重视环保督察工作，分别成立督察领导小组，领导班子成员带头开展环境检查，牵头落实督察整改，主动查漏补缺，推动环保顽疾解决。黄浦区各部门全力配合督察工作，督察问题即知即改，充分发挥部门合力，5 天内彻底移除 2000 余吨垃圾山，解决垃圾临时堆场扰民问题；闵行区各部门和街镇持续开展领域、行业和辖区自查自纠，督察期间开展了污染企业、黑臭河道、垃圾堆放、文明施工、扬尘等多项集中整治；松江区各职能部门开展了违法违规建设项目、危废管理、雨污混接等多次专项检查，各街镇也积极落实属地环保责任，开展环保巡查 6400 余户次。

上海环保部门表示，进驻督察结束后，督察组还将对督察过程中了解的情况和发现的问题进行汇总，剖析问题产生的原因，提出针对性的意见建议，形成督察报告反馈被督察区。对已经交办、待查处落实的群众投诉举报问题，督察组将督促三区持续推进边督边改工作，确保人民群众投诉举报的环境问题能够查处到位、整改到位、公开到位、问责到位。

五、市河长办突检河道整改实效

2018 年 9 月，上海市河长制办公室通报了徐汇区漕河泾港至龙华港、长宁区新泾港、松江区嘉富丽小区河、宝山区场北围场河等首批 4 条段问题河道，2018 年 5 月至 7 月的监测结果显示，它们已连续3 个月水质黑臭。曝光只是开始，监督还在继续。

被通报后，徐汇区下决心彻底整改，先是针对龙华污水处理厂处理达标后的生活污水，新建了 1.2 公里管道，将生活污水接入白龙港污水处理系统，为龙华港减负，相关工程已于 10 月 4 日基本结束。针对源头雨污混接这一症结，预计 2018 年年底前，徐汇区将完成 45 处市政混接改造，2020 年基本完成住

宅小区混接整治。

长宁区新泾港2018年5月到7月也发生了水质不稳定的问题。长宁区为此采取一急一缓两种举措:急的是让新泾港流经的徐汇、闵行、长宁在沿线泵闸的管理上联动,加速恢复泵站放江后的水质。缓的是用3年,结合精品小区建设等专项,逐渐解决沿线商户、企事业单位和50多个小区的雨污混接问题。截至2018年9月,新泾港的水质已暂时摆脱黑臭,但仍需持续监测达标才能“摘帽”。

2018年10月,市河长办正在制定河长制年度考核方案,对各区落实河长制工作情况进行考评,考评结果将纳入市管党政领导干部综合考核评价。

六、坚定走“生态发展之道”,好生态让崇明享受更多“发展红利”

崇明地处长江入海口,是长江“门户”、长三角“前厅”、上海“北大门”,由于受地缘、历史、基础等因素影响,崇明长期以来经济和社会发展水平滞后于上海市其他地区。崇明一直在研究探索一条适合自身的发展路径,最终“换道前行”,坚定走“生态发展之道”已让百姓感受到好生态的“发展红利”。

“崇明”和“生态”不是天然联系在一起的,找到“生态发展之道”是不断摸索、碰壁、再尝试的曲折过程。20世纪80年代,崇明吸收市区工业辐射,大力发展乡镇企业和村办企业,实现了经济高速发展,葵花吊扇、远东冰箱等品牌全市甚至全国闻名。不过90年代开始,岛屿经济固有的劣势开始显现,崇明工业发展陷入滑坡亏损,一些企业被迫向外转移。崇明开始尝试改善投资环境、尝试加大开发力度等,但始终收效不大。

进入新世纪后,上海市、原崇明县两级党委政府都意识到必须正视崇明发展传统经济的“先天不足”,要扬长避短,发挥区位和资源优势,把发展经济和保护环境协调起来。2016年12月,《崇明世界级生态岛发展“十三五”规划》发布,指出到2020年崇明将形成现代化生态岛基本框架。

生态发展之道,让崇明百姓感受到了实实在在的好处。至2018年9月底,崇明区生活垃圾分类减量工作已覆盖全区18个乡镇、269个行政村、129个居住小区,“垃圾河滩随手扔,路过都要捂鼻子”的日子早已一去不返。农村生活污水处理方面,崇明明确到2018年实现全区农村生活污水处理率达100%的目标,此前已邀请中车集团、北控水务、远达股份、上海电气4家企业在四个乡镇开展提标试点,取得显著成效,村沟宅河恢复到了能“淘米洗衣冲凉澡”的清澈。至2018年9月底,崇明拥有各类森林资源44万余亩,森林覆盖率达25.7%,但崇明还在植树造林——不是为了“数据好看”,而是促进林、旅、文化等多功能叠加,通过设林间跑步道、骑行道等方式,增加人们对林业建设的感受度和获得感。

七、上海最美污水处理厂建设有新进展

上海嘉定南翔污水处理厂是全国首座“清水砼”下沉式再生水厂,也是华东地区首座下沉式再生水厂,该项目地下部分隐藏的是污水处理厂,地上部分是开放式的生态绿地公园及科普教育中心,大幅度提高土地的利用价值,同时扭转了人们对传统污水处理厂“脏、污、臭”的观念,是一个环境友好、土地集约、资源利用型的污水处理厂,又被誉为上海最美污水处理厂。

上海嘉定南翔污水处理厂位于上海市嘉定区南翔镇科盛路698号,规划分两期建设,其中一期绿化工程绿化面积60799.5平方米,从2018年3月份开工建设,2018年9月已基本完工。项目在建设过程中秉承着“自然、洁净、生态、安全”的理念,兼顾工艺与功能、建筑与环境的有机融合,园区内生态湖与环园河水来自地下污水处理厂处理之后的高品质水,栽植了大量的睡莲、荷花、慈姑、千屈菜等水生植物,目前已经吸引了白鹭、野鸭等鸟类前来栖息;园区内有一个长达3公里的健身步道和五人制标准化足球场,待项目开放后市民们可来此健身运动;此外,园区里还配备了一个1200平方米的儿童乐园,小朋友们也可以在此玩耍嬉戏;园区东侧的水科普博物馆主体已经建设完毕,正在进行外立面的装修装饰,这座集科普、文化、教育为一体的博物馆建成开放以后将向市民传递更多绿色环保的理念。

该项目预计2018年年底将会全部建设完成并对市民开放,项目建成后工程服务面积达45.8平方米,不但能解决南翔地区的污水处理问题,更为周边的市民提供了一个休闲、健身、娱乐的公园。

第二节　江苏省环境保护的情况与措施

一、环境质量持续改善，PM2.5下降2.0%

2018年江苏省环境空气质量持续改善，优良天数比率为68%，与2017年相比保持稳定，13个设区市优良天数比率介于56.2%～79.7%之间。主要污染物中颗粒物、二氧化硫、二氧化氮和一氧化碳浓度同比有所下降，臭氧浓度同比持平。其中，全省PM2.5年均浓度较2017年下降2.0%，达到国家年度考核目标。2018年，按照《江苏省重污染天气应急预案》，全省共发布5次蓝色预警、5次黄色预警、1次橙色预警。

水环境质量总体有所改善。104个国考断面中，年均水质符合《地表水环境质量标准》Ⅲ类标准的断面比例为68.3%，较年度考核目标高两个百分点；劣Ⅴ类断面比例为1.0%，优于年度考核目标0.9个百分点。长江干流江苏段总体水质为优，10个断面水质均为Ⅱ类。淮河干流江苏段4个监测断面年均水质均符合Ⅲ类标准，与2017年相比水质保持稳定。太湖湖体高锰酸钾盐指数和氨氮年均浓度均处于Ⅱ类，总磷和总氮年均浓度均处于Ⅳ类。列入省政府目标考核的太湖流域137个重点断面水质达标率为94.2%，较2017年上升9.5个百分点。太湖湖体综合营养状态指数为56.0，同比下降0.8，总体处于轻度富营养状态。

2018年江苏省对国家网82个土壤背景点位开展土壤环境质量监测，结果显示，有72个未超过《土壤环境质量农用地土壤污染风险管控标准(试行)》风险筛选值，达标率为87.8%。此外，社会生活噪声和交通噪声仍是影响全省城市声环境质量的主要因素。生态遥感监测结果显示，全省生态环境状况指数为66.2，各设区市生态环境状况指数处于61.4～70.7之间，生态环境状况均处于良好状态。

江苏主要污染物排放情况

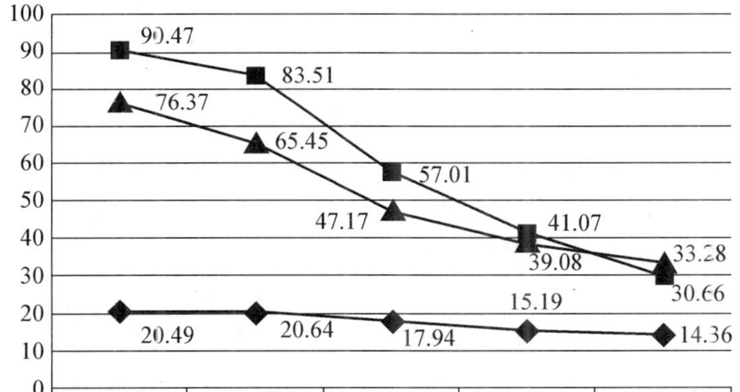

	2014年	2015年	2016年	2017年	2018年
◆ 工业废水排放量（亿吨）	20.49	20.64	17.94	15.19	14.36
■ 二氧化硫排放量（万吨）	90.47	83.51	57.01	41.07	30.66
▲ 烟（粉）尘排放量（万吨）	76.37	65.45	47.17	39.08	33.28

二、2018江苏坚守生态底线，打好污染防治攻坚战

2018年是我国生态环境保护事业发展史上具有重要里程碑意义的一年，习近平生态文明思想正式确立，新发展理念、生态文明、美丽中国载入宪法，生态环境机构改革自上而下全面启动。首次以党中央名义召开全国生态环境保护大会，发出了打好污染防治攻坚战的号召。

这一年对江苏生态环境保护事业来说也是意义非凡。省委、省政府召开全省生态环境保护大会，设立打好污染防治攻坚战指挥部，确立“1＋3＋7”攻坚战体系并出台一系列重要文件。省人大常委会通过《关于聚焦突出环境问题依法推动打好污染防治攻坚战的决议》，省政协牵头开展了长三角污染防治联动民主监督，省纪委出台了《切实履行监督首要职责为打好污染防治攻坚战提供坚强纪律保障工作方案》，省公安厅、交通运输厅等专门出台文件，动员部署全系统打好污染防治攻坚战工作。全省各地认真落实党中央、国务院和省委、省政府决策部署，牢固树立“绿水青山就是金山银山”的理念，全力打好污染防治攻坚战，扎实推动生态环境质量稳步改善。

一是强力推进治理修复，扎实改善生态环境质量。组织实施9100多项治污工程，出台空气质量改善、断面水质改善2个强制减排方案，加强长江生态环境保护、太湖水环境综合治理。针对环境质量改善滞后的地区，严格采取驻点帮扶、强化督查、公开约谈、区域限批、挂牌督办等一系列“硬措施”。修订《江苏省重污染天气应急预案》，成功保障上合青岛峰会、国际进口博览会、国家公祭日等重大活动环境质量。太湖治理连续11年实现“两个确保”。完成农用地土壤污染状况详查，初步构建土壤环境信息管理平台。编制完成《生物多样性保护优先区域规划》《重点流域水生生物多样性保护方案》。推进“绿盾2018”问题整改，取缔拆除项目55个，恢复湿地7.2万亩。

二是重拳开展环境执法，有力震慑环境违法行为。全力配合中央环保督察“回头看”，建立领导包案、整改销号、奖惩挂钩等机制，督察组交办的3910件环境信访问题整改完成率达63％。完成第三批省级环保督察。联合出台两法衔接实施细则，建立“2＋N”重大案件联合调查处理机制。组织开展沿江八市“共抓大保护”交叉互查、辐射安全综合检查等10余个专项行动，依法查处“辉丰案”“灌河口案”等一批大案要案。全省环保部门下达行政处罚决定书1.91万件，罚款金额21.29亿元，同比上升36％和136％；配合公安机关侦办环境污染犯罪案件537件、抓获犯罪嫌疑人1575人，同比上升6％和68％。连续10年组织环保局长大接访，赴京到省信访批次、人次、来信均明显下降。省生态环境厅接报处置突发环境事件信息34起，同比减少35.8％，连续四年无较大及以上等级突发环境事件。泗洪受上游来水影响受灾得到妥善处置。

三是围绕大局主动作为，服务经济发展成效明显。坚持“依法依规监管、有力有效服务”，出台服务高质量发展“十条”、便民服务“十二条”、畜禽规范养殖“九条”，建立“厅市会商”机制，推动苏南沿江高铁、盛虹炼化等一批大项目顺利落地。开展“企业环保接待日”，组织“千名环保干部与企业结对帮扶”。建立“金环对话”机制，联合9部门出台绿色金融“三十三条”，在全国率先推出“环保贷”，牵头举办“环保项目银企对接会”，促成意向融资169亿元。与国开行签订开发性金融合作备忘录。出台环保应急管控豁免“十一条”，首批200家企业纳入豁免名单。深化“放管服”改革，环评报告书审批时限压缩至30个工作日，8项核与辐射审批事项并入全省政务服务“一张网”。

四是坚持系统长远谋划，生态环保基础不断夯实。修订《江苏省太湖水污染防治条例》等8个地方性法规，出台《江苏省挥发性有机物污染防治管理办法》，发布《太湖地区城镇污水处理厂及重点行业主要水污染物排放限值》等4项地方标准。制定“三线一单”，初步划定4431个环境管控单元，完成31.3万家污染源普查工作，“十三五”水专项涉苏项目扎实推进。编制江苏省生态环境监测监控系统、环境基础设施、生态环境标准等三个基础性工程建设方案以及化工园区环境治理工程实施意见，辐射预警监测实现设区市“全覆盖”。成功举办国际生态环境新技术大会。与英国埃塞克斯郡、日本爱知县、芬兰等国家和地区的生态环境部门签订7项合作协议，数量为历年之最。

五是强化组织宣传引导，汇聚生态环保强大合力。围绕中央环保督察“回头看”、精准帮扶、服务高质量发展等主题，在主流媒体持续发声，充分运用“两微”平台，不断放大生态环保声音，特别是对“环保一刀切”“环保影响发展”等杂音、噪音，主动发声、有力回击，切实坚定了决心，增强了信心。全省环保社会组织联盟增加到34家，环保设施向公众开放点增加到40个，生态环境部在南京召开现场会，推广江苏经验做法。“江苏生态环境”微信公众号跃居全国省级环保政务微信排行榜第三名。

六是稳步推进各项改革，更好破解难题激发活力。完成生态环境厅转隶组建工作，设区市局领导干部调整为以省厅为主的双重管理体制，环境监测机构“垂改”基本完成。出台生态环境损害赔偿制度改革“1+8”文件，省政府诉安徽海德公司案被最高法评为2018年全国十大行政民事案件。深化与污染物排放总量挂钩的财政政策。建立企业环保信任保护原则。完善企业环保信用评价制度，全省参评企业达3.45万家，同比增长15%。连云港四级“湾长制”全覆盖。大力推行“试点工作法”，鼓励基层大胆改革创新。

三、生态保护引领区建设规划通过专家评审

2018年元月18日，省环保厅在南京组织召开《生态保护引领区建设规划》专家评审会。省环保厅党组成员、副厅长陈志鹏以及省发改委、经信委、财政厅、旅游局、太湖办等相关处室负责人，无锡、常州市“263”办以及宜兴市和武进区人民政府及相关部门负责人参加了会议。会议邀请了南京大学、南京师范大学、省工程咨询中心、环保部南京环科所和省政府研究室等单位的权威专家组成专家组。

编制单位省环科院和环保部环境规划院分别对《宜兴市生态保护引领区建设规划》和《常州市武进区生态保护引领区建设规划》内容进行了专题汇报。与会专家和领导对两个规划成果予以高度评价，认为《规划》根据国家、江苏省关于生态文明建设的政策要求和重大部署，把握了当前社会经济与环境发展特征和面临的形势，深入解读生态保护引领区的内涵，准确定位发展方向，科学设定目标和指标，明确了重点工程，确立了规划实施的保障体系。专家组一致同意通过评审。

其中，《宜兴生态保护引领区建设规划》旨在以率先建成美丽江苏的现实模样为目标，以全面改善入湖河流水质为重点，以优美山水环境为特色，以转变经济发展方式为主线，以生态环境整治为抓手，努力建成环境治理样板区、绿色发展示范区、生态宜居典范区、制度创新先行区，成为引领全省乃至全国的美丽中国示范区，推动人与自然和谐发展现代化建设新格局。《武进生态保护引领区建设规划》从构建生态安全格局、推进苏南模式绿色升级、统筹水生态环境综合治理、强化环境风险管控、打造美丽宜居家园、构建多元环境治理体系等方面提出了规划任务。

陈志鹏副厅长在发言中强调，在习近平新时代中国特色社会主义思想指导下，国家和江苏省对生态保护提出了更高的要求。在新时期新阶段，宜兴市和武进区开展生态保护引领区建设，在更高起点上谋篇布局，对建成高水平的生态文明建设示范区具有重要的现实指导意义。两个规划目标明确，重点突出，具有较强的指导性和可操作性，会后，希望宜兴市和武进区联合编制单位进一步完善，针对规划目标，突出生态保护引领区建设的重点，彰显区域特色，力求发挥生态引领的先进作用。

四、投入降尘设备，在线监督管理，扬尘治理“宿迁模式”获点赞

2018年2月2日记者在宿迁采访时发现，抑尘雾炮、扬尘在线监测、输送带喷淋、车辆冲洗机等“高大上”的设备在重点项目工地及大型混凝土搅拌厂都可以见到。宿迁大气办将这些设备作为易产生扬尘场地的标配，通过在线监管，有效治理了扬尘。

走进宿迁经济开发区青海湖路小学的施工工地大门，迎面一块LED显示屏滚动着PM2.5和PM10实时数据。施工场地内道路有专人清扫，出场车辆必过洗车台，未施工的地块全部被覆盖。当显示屏上PM2.5数值一过75微克/立方米后，设在6台吊塔上的喷淋设备及四周的抑尘雾炮就自动运转，水雾喷洒开来10分钟后，扬尘在线监控PM2.5数值回落至52微克/立方米。

城市扬尘污染主要来自建筑工地、道路、堆场以及工矿企业等，其中以建筑工地扬尘污染较为严重，是造成城市空气污染的主要因素之一。“这里以前可以说是风起尘扬。”宿迁大气办督查组组长管士杰说，为了治理工地扬尘，又不影响工程施工，市大气办多方调研会商制定出一套监管办法，工地在市大气办的指导下投运降尘设备，同时将工程施工场地监控接入市大气办电脑，以便及时发现问题，实行精准监管。

宿迁贝斯特建材有限公司负责人说，相比以前洒水降尘的土办法，抑尘雾炮投用后，降尘效果大大提升，每天还能节约170吨用水。“我们公司体量很大，以前为了降尘每天要用掉近200吨水。不停地洒水降尘，使得厂区内到处水汪汪的，一到冬季还上冻结冰，给车辆和人员行走带来隐患。”2018年，这家企业在市大气办指导下，投入十余万元，在厂区内和室内堆场配备10台抑尘雾炮，安装了两块扬尘在线监测LED显示屏，并在混凝土送料带上安装喷淋，还上了分离机除尘，作业区域视频探头也都接入了市大气办电脑，厂区内目前做到了除尘无死角。

“这套扬尘治理监管模式非常好，企业为此点赞。”宿迁市华益混凝土有限公司总经理赵如意说，市里对存在污染问题的企业没有简单关停，而是集思广益，通过有效的管控指导，为企业找到了出路。赵如意坦言，2017年底企业在被管控期间，无所适从，索性停产观望。一些小的混凝土搅拌黑站点及周边地区的厂家闻风而动，跳出来抢生意，期间公司损失百万元。如今，按照要求用上治尘设备后，企业运转正常、干劲十足。

管士杰说，选择混凝土搅拌企业进行重点监管，目的就是抓住中间环节，有效调节上游原材料储运堆场和下游施工工地管理，供需方必须达到环境治理要求才能对接。目前这套治理扬尘的管控办法正在市县区全面推广，2018年市大气办还将联合交管部门，严控外埠散装水泥车辆随意进入施工工地，本地运载建材车辆则实行持证作业模式加以规范。同时要求辖区施工单位和生产企业必须完善环境管理要求，打击“散乱污”小企业黑作坊。

五、划定480块生态保护红线区域

江苏省政府2018年6月印发《江苏省国家级生态保护红线规划》。作为全国生态保护红线“一张图”中的一部分，江苏此次共划定480块生态保护红线区域，力求从源头上扭转生态环境恶化的趋势，为人居环境安全提供有力生态保障，为经济社会可持续发展提供必要生态支撑。

根据规划，此次全省陆域共划定8大类407块生态保护红线区域，总面积8474.27平方公里，占全省陆域国土面积的8.21%；全省海域共划定8大类73块生态保护红线区域，总面积9676.07平方公里，占全省海域国土面积的27.83%，其中禁止类红线区面积680.72平方公里、限制类红线区面积8995.35平方公里。

这480块红线区域占全省13.14%的国土面积，保护着江苏60%以上的森林（林地）生态系统和50%以上的湿地生态系统，将长江、太湖、骆马湖、高邮湖、邵伯湖、淮北丘岗、江淮丘陵、宁镇山地、宜溧山地等具有重要水源涵养、水土保持、洪水调蓄功能的区域，以及苏北滨海湿地、洪泽湖湿地等具有重要生物多样性维护功能的区域都划入生态保护红线，形成“一横两纵三区”的生态安全格局。

江苏省政府要求，生态保护红线原则上按禁止开发区域的要求进行管理，严禁不符合主体功能定位的各类开发活动，严禁任意改变用途。相关规划要做到与生态保护红线衔接，并符合生态保护红线空间管控要求，不符合的，要及时调整。空间规划编制要将生态保护红线作为重要基础，发挥生态保护红线对国土空间开发的底线作用。

江苏省还将生态红线保护纳入省级环保督察重要内容，将生态保护红线目标任务完成情况，管控措施执行、保护修复情况、生态保护成效等纳入年度环境保护目标责任书和生态文明建设目标考核体系，作为领导干部综合评价重要依据。对生态保护成效突出的地方、单位和个人予以奖励，对造成破坏的，依法依规予以严肃处理。

第三节　浙江省环境保护的情况与措施

一、2018 年浙江省生态环保进展情况

2018 年，浙江省全面打响蓝天、碧水、净土、清废四大污染防治攻坚战，生态环境质量在较高水平上持续改善。

全省地表水环境质量持续提升。水质达到或优于地表水环境质量三类标准的省控断面占 84.6%，比上年上升 2.2 个百分点；无劣五类断面。全省跨行政区域河流交接断面水质达标率 90.3%，与上年比总体保持稳定向好趋势。

在八大水系、运河和河网中，江河干流总体水质基本良好，其中钱塘江、曹娥江、甬江、瓯江、飞云江、苕溪六条水系水质达到或优于三类水质标准，水质优良；椒江达到或优于三类水质标准断面占 90.9%，比上年上升 9.1 个百分点。平原河网水质达到或优于三类水质断面占 54.8%，比上年上升了 16.7 个百分点。

浙江省湖泊水库总体水质较好。水库水质总体优良，主要为二类水质；湖泊水质相对水库略差，其中西湖和东钱湖水质为Ⅲ类，个别湖泊有一定程度富营养化的情况出现。

全省开展监测的县级以上城市集中式饮用水水源地 91 个，个数达标率为 94.5%，比上年上升 1.1 个百分点。11 个设区城市主要集中式饮用水水源个数达标率为 90.5%，与上年比总体保持稳定向好趋势。

环境空气中 PM2.5 浓度明显下降，全省城市空气质量总体好于 2017 年。浙江省 11 个设区城市日空气质量(AQI)优良天数比例平均为 85.3%，比上年上升 2.6 个百分点；PM2.5 年均浓度平均为 33 微克/立方米，同比下降 15.4%。宁波、温州、衢州、舟山、台州和丽水等 6 个城市环境空气质量达到二级标准。

全省 69 个县级以上城市日空气质量(AQI)优良天数比例平均为 90.8%，比上年上升 0.8 个百分点。PM2.5 年均浓度平均为 31 微克/立方米，比上年下降 11.4%。

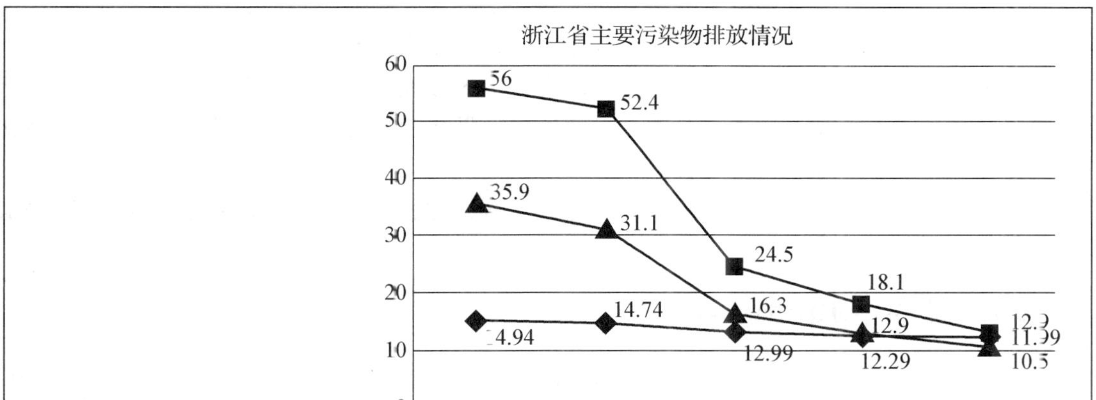

	2014年	2015年	2016年	2017年	2018年
工业废水排放量（亿吨）	14.94	14.74	12.99	12.29	11.99
二氧化硫排放量（万吨）	56	52.4	24.5	18.1	12.9
烟（粉）尘排放量（万吨）	35.9	31.1	16.3	12.9	10.5

近岸海域水体质量呈改善趋势。近岸海域中，一、二类海水占 39.6%，三类海水占 17.6%，四类和劣四类海水占 42.8%。与上年相比，一、二类海水比例上升 7.5 个百分点，三类海水比例上升 0.8 个百分点，四类和劣四类海水比例下降 8.3 个百分点。

全省酸雨污染比往年有所改善。降水 pH 年均值为 5.06，比上年上升 0.15(改善)；酸雨率 58.7%，比上年下降 3.9 个百分点。

全省城市声环境质量总体较好。11 个设区城市区域环境噪声平均为 54.7 分贝，城市道路交通噪声平均为 67.6 分贝，总体稳定。在影响城市声环境的各类噪声源中，生活和交通噪声源仍是主要噪声源。

全省辐射环境质量总体良好。环境电离辐射水平处于本底涨落范围内，核电运行对公众造成的辐射剂量远低于国家规定的限值；环境电磁辐射水平、电磁辐射设施周围环境敏感目标的电磁辐射水平低于国家规定的公众曝露控制限值。

总体来看，2018 年浙江省水和大气环境质量进一步改善，生态系统格局总体稳定，核与辐射安全得到有效保障，人民群众切实感受到生态环境质量的积极变化。

此外，受数据收集时间所限，生态环境状况评价较其他环境要素要滞后一年，根据该评价结果显示，2017 年浙江省生态环境状况等级为优，全省县域生态环境指数分布在 47.6～91.0 之间，生态环境状况等级为优的县(市、区)有 58 个，其面积占全省总面积的 83.4%。

二、扎实推进环保各项工作取得实效

2018 年是打赢蓝天保卫战的开局之年，保卫蓝天方面，浙江全面推进工业废气治理，完成了钢铁、石化、水泥等十个重点行业废气清洁排放改造项目 100 个、工业废气治理项目 1075 个、涉气"散乱污"企业整治 5500 家。浙江省已经连续 4 年将雾霾治理纳入政府十方面民生实事，提前两年实现 PM2.5 削减 20%的目标，超额完成"大气十条"下达的考核任务，连续 3 年保持国家考核优秀。

碧水行动方面，浙江省建立"一月一提醒、一月一督查、一月一通报、一月一考评"机制，严防劣Ⅴ类水反弹和国家"水十条"考核断面水质下降；净土行动方面，浙江全面完成农用地详查，全面铺开重点行业企业用地土壤污染详查；在清废行动上，浙江全年新建成生活垃圾处置设施 25 座，新开工项目 32 个，全省设区城市生活垃圾分类覆盖面达到 80%以上，县级城区达到 50%以上，农村分类覆盖面达 61%，全省城镇生活垃圾回收利用率 33.5%。

2018 年 11 月，记者从省生态环境厅了解到，浙江省全力推进清废行动攻坚战，加大监督执法力度，2018 年上半年，在省级专项督查中查处固废违法企业 81 家。近年来，浙江省维护土壤环境工作迈出坚实步伐，连续出台一系列计划方案、工作和措施，每年实施固体废物专项执法行动。

至 2018 年 11 月，全省危险废物处置利用能力达 792.8 万吨/年。2018 年已启动实施超期贮存危废的动态化清零工作。此外，浙江省已初步建成危险废物信息化视频监控体系，实现全省重点危废产生单位和危废持证经营单位联网监控率"两个 100%"。

浙江省还将进一步推进处置能力匹配化、监管手段信息化、制度设计科学化、执法力度最大化，确保打赢清废行动攻坚战。

三、多措并举整治水源地环境

截至 2018 年 11 月底，浙江全省 224 个县级水源地问题已完成整治 223 个，完成比例达 99.6%。目前，仅剩绍兴汤浦水库二级保护区内工业企业问题尚在整改之中，预计 12 月底前完成整改。

2018 年 3 月，生态环境部、水利部联合开展饮用水水源地环境保护专项行动。浙江省将水源地环境整治与中央环保督察整改"举一反三"工作结合，着力解决饮用水水源地突出环境问题。采用发文督办、向市委书记致信、现场督查督办、交叉检查、集中约谈等多种方式深入推进水源地环境整治，目前已取得一定成效。

在推进水源地环境整治工作中，各地因地制宜，利用无人机探测等手段对农业面源污染控制、农村生活污水处理、环境综合整治情况、生态环境保护工程等进行详细的检查。针对目前饮用水源保护区内存在农田的现状难以改变、村庄整体搬迁成本高的问题，遂昌投资 6000 多万元实施饮用水源取水口上移工程。象山成立专项工作小组，斥资 2000 万元完成 3 家企业补偿搬迁。全省还通过建立专项行动微信工作群，建起快速有效的信息沟通渠道，并按月持续通报各设区市、有关县(市、区)水源地环境整治进展情况，督促指导整治滞后地区找准差距、精准发力。

截至2018年11月底，浙江省生态环境厅开展了多轮次督查，核查督办水源地环境整治情况，指导督促地方政府和有关部门依法依规、科学合理做好环境问题综合整治。浙江省还结合实际细化水源地环境问题整治销号要求，"一个问题、一个销号报告、一本销号台账"，规范销号流程，完善台账资料，杜绝表面整改、虚假整改。

生态环境部也对浙江省有关工作予以肯定和表扬。环境监察简报（水源地专刊）通报表扬了浙江省水源地环境整治成效，以及龙泉市等有关县（市、区）在水源地环境整治中涌现出的好经验与好做法。

为巩固饮用水水源地环境整治成果，浙江省接下来计划开展全省饮用水水源地环境问题整治"回头看"执法检查专项行动，利用卫星遥感影像、无人机等技术手段，结合传统台账检查和现场核查，核实核准问题整治完成情况。

四、城镇生活垃圾分类向高质量、精细化阶段迈进

以"加快建立分类投放、分类收集、分类运输、分类处理的垃圾处置系统"为指导，浙江城镇生活垃圾分类向高质量、精细化阶段稳步迈进。早在2010年，浙江省便在杭州市率先推行垃圾分类试点。2015年，全省各设区市全面推开垃圾分类工作，省政府将"设区市城区生活垃圾分类收集覆盖面达到50%"作为民生实事项目，对各市进行考核。到2017年底，全省设区市城区生活垃圾分类收集覆盖面超过70%，县以上城市生活垃圾无害化处理率达到了99.9%以上。"到2020年，50%以上市县将具备两种（含）以上生活垃圾末端分类处置能力。"随着全省末端分类处置促进前端分类长效推进成为主流，2017年出台的《浙江省生活垃圾无害化处理设施建设"十三五"规划》提出了新的工作目标。

123座设计处理能力约7.1万吨/日的末端处理设施分散在城市之间，全省设区市本级城市生活垃圾分类覆盖面超过55%，使全省城镇生活垃圾无害化处理率保持在99.9%以上。以"小手拉大手"等为代表的公益活动，逐渐演化为凝聚全民力量垃圾分类的文化自觉，垃圾分类的政府、企业、群众多元治理格局初步形成。

杭州市已建立完善了生活垃圾治理法规、政策体系，系统推进分类投放、分类收集、分类运输和分类处理，全市开展垃圾分类生活小区2031个，各类机关、企事业单位1827家，分类覆盖面达到85%以上，实现分类覆盖范围稳步扩展、分类质量持续提高、市容环境有效改善，顺利入选全国第一批生活垃圾分类示范城市。

连续三年，宁波市召开了生活垃圾分类处理与循环利用工作推进大会，与各区（园区管委会）以及有关部门（单位）签订了责任状，明确年度工作任务。2017年7月，《宁波市党政机关等公共机构生活垃圾强制分类实施方案》正式颁布，宁波垃圾分类进入"强制化"推进阶段。

在嘉兴，自2017年10月1日起，嘉兴市正式推行市区城镇生活垃圾分类，并发布了三年行动计划，如今，市区垃圾分类覆盖面已经达到78%，预计2019年将达到100%。

在湖州，该市在相继出台《湖州中心城市小区生活垃圾分类示范性试点实施方案》《2017年湖州中心城市生活垃圾分类工作考核办法（试行）》等一系列方案、办法之后，实施"三年三步走"战略（即：精准分类试行年、精准分类推广年、精准分类提升年），致力于推进垃圾分类精细化发展。

自2018年4月1日起，《浙江省城镇生活垃圾分类管理办法》正式实施。《办法》提出，县级以上人民政府将生活垃圾分类纳入国民经济和社会发展规划。与此同时，任何单位和个人都有按照规定分类投放生活垃圾的责任和义务，违者不仅面临处罚，还可能被记入信用档案。这意味着浙江省垃圾分类向精细化、法制化方向更迈进了一步，为各地市深化城镇垃圾分类提供了科学遵循和参考。

曾几何时，餐厨垃圾处理是制约台州垃圾分类工作的一个短板，全市产生餐厨垃圾约640吨/日，部分混杂在生活垃圾中进入填埋场或焚烧厂处理，给处理终端设施带来了一定压力。

2017年9月，台州引进黑水虻生物技术结合物联网技术处置餐厨垃圾，仅用一个月时间，便在椒江

区葭沚街道水门村建成餐厨垃圾生态化智慧处置示范园，日处理规模达20吨/天，通过这种模式，餐厨垃圾最终转化为黑水虻虫体和虫粪，成为禽鱼养殖和农业种植所需的高级有机肥，实现生态化和资源化处置。该模式在全省尚属首创，2018年3月，示范园被住建部确定为全国生活垃圾处理终端公众开放点。

与“互联网＋”元素深度融合，探索垃圾分类智能化发展之路，也是浙江省垃圾分类模式创新的一大特征。手机扫一扫二维码，就能领垃圾袋；废旧物品投放，重量自动显示；垃圾分类正确，返还兑换积分……2017年7月，海宁长安镇（高新区）首批智能垃圾分类设备正式启用，通过“一户一码”实名制追踪到户；宁波市通过厨余垃圾专用袋上的二维码数据关联居民家庭，并以扫码拍照评级的方式核查厨余垃圾分类质量，建立居民家庭分类行为和分类质量档案，以便开展精准指导；杭州市区则在127个小区开展二维码、物联网等智能科技手段的智慧垃圾分类试点。

《浙江省城市垃圾分类“十三五”规划》明确指出，“仅靠政府财政补助推动垃圾分类，难以做到可持续发展，急需确立市场机制，充分发挥企业在分类处理中的主体作用。”近年来，浙江各地市积极引入第三方力量，以市场化操作模式，调动居民参与热情，盘活垃圾分类产业活力。

2017年5月起，杭州市潮鸣街道引入垃圾分类服务企业浙江九仓再生资源开发有限公司，以有偿回收促垃圾分类。试点两个月，便累计回收生活垃圾60余吨，吸引1000多户居民踊跃参与，小区垃圾减量达20%左右。在杭州其他街道，企业有偿回收厨余垃圾的“金甲虫”模式、企业督导垃圾分类的“洁来雅”模式等纷纷试点落地。

在宁波，宁波市厨余厂、餐厨厂和海曙区焚烧厂均采用PPP模式由社会资金独立（或与国有资本合作）投资、建设、运营，筹集社会资金达17.56亿元。与此同时，宁波与河海大学合作成立了“宁波市生活垃圾分类政府管理和社会参与机制研究基地”，重点研究和探索社会参与机制，吸纳社会智慧服务全市垃圾分类工作。

2018年3月2日，由浙江省建设厅、共青团浙江省委、浙江省文明办联合各地市共青团共同组织举办的“小手拉大手”垃圾分类志愿者服务行动拉开大幕，这一天，志愿者们向新时代发出春天的邀约，奏响城镇生活垃圾分类新乐章。

五、浙江省率先实现河长制信息化全覆盖

点一点开始河长履职、拍一拍上传巡查照片、扫一扫检查河道水质，2018年起，浙江省5.7万名河长巡河将更加高效。经过前期3个多月的系统优化，2018年1月，浙江省在全国率先上线了覆盖省、市、县、乡、村五级的河长制信息化平台。

各级河长只需打开手机上的河长制APP，就能撰写河长日志、查询河道数据、记录巡河轨迹、实时上报图文水情等。

据了解，河长制信息化平台采取省（流域）、市、县分级建设。过去，各级平台之间数据不共享。此次系统优化后，数据实现互联互通，用户还可以通过PC端、移动APP、微信公众号等多个端口使用河长制信息系统。

“河长制信息化实现全覆盖后，河道数据、河长巡查数据实现了全面共享。”绍兴市河长办专职副主任杨骅说，“这让我们对上下游水情、污染治理的重难点等有更加全面的研判。”

2018年初，河长制信息化平台已接入河长、河道、河湖断面等基础数据13万余条，巡河、水质、考核等业务动态数据247万余条。

依托河长制信息化平台，浙江省对河长也采取电子化考核。河长制信息化平台的记录数据，将作为河长履职合格与否的重要依据，省去了繁琐的台账资料，使考核更加高效、科学。

下一步，浙江省将加快构建河长履职大数据体系和全省河长制协同办公平台，连通人大、媒体、公众等各类监督平台，打造“智慧河长”。

第四节　安徽省环境保护的情况与措施

一、2018 安徽省环保工作完成情况

2019 年 5 月 22 日，安徽省第十三届人大常委会第十次会议审议省人民政府关于 2018 年度全省环境状况和环境保护目标完成情况的报告。根据报告，2018 年安徽全省 PM2.5 年均浓度比上年下降 12.5%，降幅在长三角区域位居前列，全省空气质量优良天数比例超七成。

第一、全省空气质量大幅改善

2018 年，在全省气象条件与上年整体相当的情况下，空气质量明显改善。全省 PM10 年均浓度为 76 微克/立方米，比上年下降 13.6%；全省 PM2.5 年均浓度为 49 微克/立方米，比上年下降 12.5%，降幅在长三角区域位居前列；全省空气质量优良天数比例达 71%，比上年提高 4.3 个百分点，实现“两下降一提高”。

为了打好这场蓝天保卫战，安徽自 2018 年 3 月起，在全省开展了规模最大、周期最长（为期一年）、执法最严的大气污染防治强化督查工作，共检查污染源 16760 个，发现存在问题点位 7864 个，整改完成 6470 个。

同时大力推进散煤治理和煤炭减量替代。有 50 个省级及以上开发区实现了集中供热，减少散煤消费量约 372 万吨。开展煤炭清洁利用，发展生物质能，新增可再生能源发电装机 305 万千瓦。

支持新能源汽车产业创新发展和推广应用，全年新能源汽车生产和销售推广分别为 15.8 万辆和 15.7 万辆。

第二、水环境质量稳步提升

2018 年，全省国考断面水质优良比例 75.2%，较上年提高 3.5 个百分点；劣Ⅴ类断面比例 1.9%，较上年下降 0.9 个百分点；全省 226 个城市建成区黑臭水体中有 187 个达到“不黑不臭”的目标，消除比例为 82.7%，较上年提高 19.6 个百分点。

在打好碧水保卫战方面，安徽全力打造美丽长江（安徽）经济带。截至 2018 年底，列入国家长江办整治的 234 个沿江非法码头已全部拆除，完成复绿 173 个，整治无证经营码头 925 个，重拳整治非法偷排、非法采砂等行为。

同时，加快推进巢湖综合治理，开展重点污染水体达标工程建设，对巢湖 12 个不达标的水功能区进行整改提升，开工建设环巢湖污水管网 326.2 公里。截至 2018 年底，十五里河、派河、双桥河等 3 条重污染入湖河流水质改善。

推进黑臭水体和农村面源治理，开展城镇污水处理“提质增效”三年行动，强化专项整治。2018 年，新增污水处理能力 43.75 万吨/日，新增污水管网 1288 公里，完成整治 150 个城市黑臭水体，开展农村黑臭水体排查工作。

第三、土壤污染详查深入推进

2018 年，农用地土壤污染状况详查基本完成，全省共采集并分析检测表层土壤样品 12633 件、深层土壤样品 926 件、农产品样品 3540 件，初步掌握农用地土壤污染状况；全省 16 个市 94 个县（区、市）建立了疑似污染地块清单。

安徽加强固体废物污染防治，全省共排查固体废物环境问题 1763 个，现已基本完成整改。加快推进垃圾分类处理，扎实推进合肥、铜陵 2 个国家级和淮北、滁州、宣城、池州、马鞍山、芜湖市 6 个省级生活垃圾强制分类试点。淮南、蚌埠、淮北 3 市入选全国建筑垃圾治理试点城市。建成运行生活垃圾处理设施 5 座，新增生活垃圾处理能力 2700 吨/日，累计超过 4 万吨/日。

第四、积极构建生态环境智慧监管体系

安徽着眼打造国内一流“智慧环保”，大力推进自动监控设备“三个全覆盖”，完成重点排污单位1140多个监控点位自动监控设备安装并联网，基本完成长江干流入河排污口在线监测实施建设，完成全省116个国控考核断面新建水站建设和已建水站设备更新改造并全部联网，建成390个国家地下水监测点并动态监测。依托网络平台，深入推进污染源普查。

二、省环保厅督查组进驻皖江五市专项督查剑指环境突出问题

在池州市贵池区前江工业园区，竟有部分企业非法将工业固体废物堆放长江岸边，已查明总量约6.05万吨。2018年4月4日上午，省委书记李锦斌在长江安徽段环境污染突出问题专项整改推进会上强调，坚决打好长江安徽段污染防治攻坚战，确保生态优先绿色发展理念落到实处。省环保厅当日连夜制订专项整治督查工作方案。4月份，该厅已派出4个督查组，推动沿江各市解决固体废物环境污染突出问题。

3月27日至29日，新华社联合省环保厅对池州市贵池区前江工业园区进行暗访，发现该园区部分企业非法将工业固体废物堆放长江岸边。经查，两处现场堆放固体废物约6.05万吨，其中有异味的0.8万吨，未采取防扬散、防流失、防渗漏“三防”措施的1.45万吨。暗访还发现部分企业存在有毒气体夜间超标排放行为。此前，安徽省还发现一起固体废物污染环境案件，即2017年下半年发生的跨省界向铜陵市长江堤坝内转移、倾倒62.88吨危险废物的重大污染环境案件，至2018年4月已采取刑事强制措施9人。

把长江安徽段生态环境修复好、保护好，是打好“三大攻坚战”之一污染防治攻坚战的题中应有之义，省委、省政府高度重视。省环保厅4月4日连夜制订了《安徽省皖江固体废物环境污染突出问题专项整治督查工作方案》，组织开展为期一个月的专项整治督查工作。该厅成立4个督查组，各由一位厅领导带队，对铜陵、池州、马鞍山、安庆、芜湖5市组织开展固体废物环境污染突出问题专项整治督查。4月5日至8日为首次现场督查，清明期间全部进驻。督查内容为皖江5市落实省专项整改推进会部署情况；长江水运航道河道等可能的固体废物倾倒目标场所排查情况；沿江经济园区组织、工业和医疗危险废物产生单位等7大重点领域排查情况；非法倾倒点及非法转移、倾倒、处置案件查处情况等。

省环保厅有关负责人表示，督查组将通过实地查看、调阅资料、明察暗访、座谈等方式，全面了解各地固体废物非法转移、倾倒、处置排查和整改情况，尽快形成督查报告，推动各市解决固体废物环境污染突出问题。

就池州市贵池区前江工业园区部分企业违法问题，目前，环保部门对鑫茂公司、恒鑫公司、优源公司违法堆置固体废物、大气污染防治措施不到位等事实清楚的违法行为，均依法先期作出10万元的顶格行政处罚决定；对铜陵金飞达贸易有限公司等4家企业和1名自然人分别作出2万元至5万元行政处罚决定；其他违法行为正按程序调查，依法严惩；对现场发现的固废及淋溶水已进行取样检测，委托环保部南京环境科学研究所开展污染物检测、生态环境损害评估、环境修复等相关工作；对固体废物来源，已派员赴上海对相关企业进行调查。与此同时，省环保厅决定对前江工业园及入园所有企业进行全面排查，彻底查清全部违法违规行为，依法予以处罚，对有关责任人严肃问责。

三、2018亳州市实施林长制构筑森林生态廊道

2018年元月24日，亳州市委、市政府出台《亳州市全面推行林长制工作方案》(以下简称《方案》)，明确市委常委、市政府副市长11名领导同志担任市级林长，分别负责督促、指导1～2个森林生态廊道发展与保护，以点带面，推动林长制全面落实。这是继2017年推行“河长制”以后，在生态保护方面采取的又一重要举措，旨在构筑森林生态廊道，为打造生态亳州提供制度保障。

《方案》明确提出，按照属地管理、分级负责的原则，2018年全面建立市、县区、乡镇(街道)、村(社区)四级林长制组织体系；到2021年，增绿增效行动计划全面完成，沿主干河流、主干道路、环城镇森林生态

廊道基本形成；到2030年，全市森林资源保护管理制度进一步健全完善，林业治理能力和治理水平显著提高，生态产品和林产品供给能力全面增强。

"十三五"期间，亳州市将抓好三类森林生态廊道建设：一是按照淮河一级支流、二级支流、大中沟，分别建设完善不同宽度的沿主干河流森林生态廊道；二是沿高速、国道、省道、县乡道路，建设沿主干道路森林生态廊道；三是结合林拥城、省级森林城镇、美丽集镇建设，营建环城镇林带，与自然水系、湿地、道路等共同构成具有生态防护、景观观赏、净化大气环境、生物多样性保护等多功能的环城镇森林生态廊道。

四、打造采煤沉陷区生态治理"淮南样板"

近年来，淮南市委、市政府创新落实国家"坚持资源开采与沉陷防治同步、综合治理和合理利用相结合"的决策部署，利用采煤沉陷形成的地形地貌实施改造，"变废为宝、化腐朽为神奇"，生态修复再现湖泊风光，村庄搬迁建设美丽家园，生态优势转变为发展优势，生态红利惠及沉陷区广大村庄和百姓，下活了一盘沉陷棋，换来了一城绿水青山。

顶层设计　果断决策——全力推进采煤沉陷区综合治理

"淮南市委、市政府准确把握国家《关于加快推进采煤沉陷区综合治理的意见》等文件精神，并与全市'十三五'经济社会发展规划、城市建设总体规划、土地利用总体规划统筹协调，先后编制采煤沉陷区综合治理'十三五'规划、治理利用规划等。"淮南市沉治办负责人介绍，淮南市强化组织协调，成立市采煤沉陷区生态治理与经济振兴工作领导小组，统筹指导全市沉陷区综合治理各项工作；组建市采煤沉陷区综合治理办公室，作为政府工作部门负责具体执行；建立市矿联席会议制度，促进市企沟通协调工作正常化、规范化。强化信息掌控，建立沉陷区"一张图、一张表、一个数据库"动态管理机制，确保沉陷区相关信息实时更新。强化资金投入，与国家开发银行签订100亿元贷款协议，推进沉陷区综合治理；建立市级采煤沉陷区发展专项资金，用于村庄搬迁及生态治理，鼓励并引导社会资金加大投入。

近年来，淮南市累计投入采煤沉陷区综合治理资金119.6亿元，其中，村庄搬迁资金93.2亿元，安置居民16.3万人；投入生态修复资金26.4亿元，治理沉陷区26平方公里；争取各类政策项目11个，总投资36亿元。预计到2020年，淮南市沉陷区治理利用率将达到50%，其中稳沉区域的治理利用率达到90%。

科学搬迁　探寻新路——群众搬得动、稳得住、能致富

淮南市以节约土地资源、提高安置质量为原则，将采煤沉陷区村庄搬迁与新型城镇化结合起来，积极推进整村异地搬迁，建设安置点58个，以及凤凰湖、滨河新城等可容纳万人以上的集中安置区6个。近年来，淮南市形成了"搬迁用地先用后补，建设资金先付后算，安置新村先建后分"的"三先三后"创新做法；制定了搬迁补偿方式由据实补偿转变为按人口补偿为主的办法；加快户籍制度改革，实现每年约1万沉陷区农业人口在城镇落户。

"搬得出"是手段，"稳得住、能致富"是目的，淮南市以培训带动就业，实施沉陷区农民就业援助行动，对采煤沉陷区失地农民进行就业培训，累计投入培训资金2600万元。以创业带动就业，在集中搬迁安置区内和周边配套建设农民创业园、劳动密集型工业园，为失地农民提供就业岗位，形成了"凤凰湖"安置模式。新建采煤沉陷区综合安置区工业园和农民工创业园3个，培训和输出失地农民工3万多人次，为失地农民提供就业岗位24000个。

成效显著　再发新力——社会、生态、经济效益兼顾

"采取技术手段，区分稳沉与非稳沉、新生沉陷区和已有沉陷区，区分轻重缓急，制定差异化的政策措施，采取针对性的治理方式。"市沉治办负责人表示，对于东部稳沉区，积水少，主要以修复区域生态系统，改善城市的生态环境为主。如重点项目"九大资源枯竭矿区环境修复与开发"已开工建设，五年内计划投资101.5亿元，一期工程15.6平方公里，投入12亿元，现在已建成大通湿地公园、老龙眼水库等环

境修复区，把“城市荒地垃圾区”营造成“山、水、林、居”和谐优美的宜居宜游生态园区，25 万居民直接受益。

对于中部相对稳沉区，积水占沉陷面积 40%以上，主要是以海绵城市、湿地生态公园为特色，规划建设总面积约 30 平方公里生态涵养区，把蔡楚文化、淮河风情、矿山遗址、历史典故等有机融合，使之交相辉映。如正在计划实施的“全国采煤沉陷区综合治理试点区”项目，总投资 27.7 亿元；对于北部非稳沉区，积水占沉陷面积 60%以上，主要采取移民搬迁、涵养水源、发展漂浮式水面光伏办法。如建成并网的潘集区泥河镇潘一矿采煤沉陷区 15 万千瓦水面光伏电站项目、凤台县顾桥矿采煤沉陷区 15 万千瓦水面光伏电站项目、凤台县新集一矿采煤沉陷区 10 万千瓦水面光伏电站项目等。

淮南市还结合“宜农则农、宜林则林、宜渔则渔、宜游则游”的思路大力发展现代服务业，如通过老矿区的综合治理，创建了生态修复与休闲娱乐相结合的“东华怡乐”生态园模式，以矸石填埋、覆土造地发展多种经营的“创大”模式；加快发展现代农业，如以沉陷区土地入股，采取“公司＋合作社＋农户”方式养殖水产，创造了生态修复同农业产业结构调整相结合的“后湖模式”；以发展生态观光农业为切入点，把采煤沉陷区生态环境修复建设与旅游相结合的“绿馨园模式”等。

五、2018 年安徽全省秸秆利用率达到 88%

2018 年安徽省大力培育秸秆综合利用龙头企业，打造综合利用园区平台，优化利用技术，拓展利用渠道，大力推进农作物秸秆综合利用，全省秸秆综合利用率达到 88%，比上年度增长 0.7 个百分点。

为拓展利用渠道，安徽省举办 2018 年秸秆综合利用产业博览会，共签约 96 个项目，签约总金额 275 亿元。截至 11 月底，签约项目已开工建设 63 个，其中 5 亿元以上开工项目 9 个，累计完成投资 38.12 亿元。提升完善秸秆综合利用扶持政策，对已出台的政策进一步完善集成，从财政、金融、用地、用电、运输、税收等方面支持秸秆利用。加快园区建设，认定阜阳经济技术开发区、阜南县经济开发区、桐城市经济技术开发区为省第一批秸秆综合利用产业园区。

贯彻落实秸秆综合利用奖补政策。全省共有 644 家企业签订了秸秆收购利用协议，截至 11 月底全省 48 户秸秆综合利用企业享受增值税即征即退优惠 6226 万元。全年共核定安排秸秆禁烧和综合利用奖补资金 16.27 亿元，其中省以上奖补资金 10 亿元。实施秸秆综合利用提升民生工程，举办技术培训班，推广先进技术。实施中央财政综合利用试点项目，截至 11 月底已累计拨付中央财政试点资金 2297.9 万元，完成企业配套资金投入近 2 亿元。

十　社会稳定情况

第一节　上海市促进社会稳定工作情况与措施

一、2018中国(上海)社会治理创新实践案例发布

2018中国(上海)社会治理创新实践案例7月6日在上海发布。经过案例申报、网络点赞及专家评审等环节，陆家嘴金融城理事会“业界共治”平台、黄浦“文化思南”区域化党建、嘉定菊园新区生活垃圾定时定点投放先行先试等案例入选2018中国(上海)社会治理创新实践十佳案例。无证无照食品经营综合治理、闵行区人民检察院首创性侵者从业限制机制等10个优秀案例及12个提名案例也同时揭晓。

此次活动收到由上海各区、委办局等单位报送的110多个案例。同上一届相比，此次入选的创新实践案例展露出时代新气象，上海基层社会治理创新实践不仅出现了新探索和新趋势，还与上海“四大品牌”建设同频共振，相得益彰。作为上海建设国际金融中心的核心承载区，上海自由贸易试验区管理委员会陆家嘴管理局在上海自贸试验区制度创新背景下探索政府职能转变，以全国首创的“业界共治＋法定机构”模式，力开区域公共治理模式之新，树起“上海服务”新标杆。黄浦“文化思南”传承和发展区域特色文脉资源，“思南读书会”“思南赏艺会”等一系列文化惠民项目擦亮“上海文化”品牌。

党的十九大报告强调，要“打造新时代共建共治共享的社会治理格局”。在上海，社会治理不再是政府独自承担的任务，社会力量和公众社会治理的协同作用得以充分发挥，社会治理社会化和公共服务市场化渐成趋势。长宁区新华路街道办事处与上海万科企业有限公司共同在微更新领域展开社区实践，五角场街道引入高校人才力量，聘请相关专家担任“社区规划师”。政府牵头，社会力量参与，社区公共空间微更新改造有了专业规划和设计支持，社区更新工作的整体品质实现有效提升。

中共上海市委组织部副部长、市社会工作党委书记孙甘霖在活动现场讲话时表示，2018年是《上海市委关于进一步创新社会治理加强基层建设的意见》和6个配套文件(简称“1＋6”文件)落地的第五年，上海基层涌现出的创意、鲜活的案例和不懈努力，为党建引领基层治理工作的创新发展，提供了不竭的动力。实践证明，凡是社区党建做得好的地方，社区的共建共治共享效果就较好。宝山顾村镇依托“红帆港”党群服务站，以党建带工建，推动实现“两新”党组织与非公企业工会的深度融合，组织建设非公企业“职工之家”，为职工群众谋福利。正是因为杨浦五角场街道创智坊小区和国定路第一社区居民区党组织的“绣花功夫”，一扇“睦邻门”才由此开启，让共享精神“破墙而入”。

“共建共治共享”走出新路，社会治理创新让老百姓获得感与日俱增。浦东新区“美好周家渡”战略打造标准化样板居民区，社区环境更好了；虹口“全岗通3.0”换来百姓人心通，居民办事更方便了；嘉定区菊园新区细化垃圾分类激励措施、创新定时定点投放机制，“绿色自治”让社区风气更文明了。

人人参与、人人尽力、人人共享，以人民为中心创新社会治理是上海实现“共建共治共享”的题中之义。奉贤区“美丽乡村・美丽约定”行动通过村民参与、村民制定、村民遵守的方式，实现村规民约再升级，用“村民的话”管“村民的事”。静安区彭浦镇发动青年团员、全职妈妈等社区“新鲜血液”参与治理，“青春社区”生机盎然。上海引导社区群众依法有序参与社区治理，充分发挥自治章程、村规民约、居民公约等“软法之治”的作用，变“为民做主”为“由民做主”，不断培养居民群众的规则思维、程序思维和法治认同，构建城乡社区治理新格局。

2018 中国(上海)社会治理创新实践案例

序号	案例	报送单位
十佳案例		
1	陆家嘴金融城理事会(业界共治)平台	中国(上海)自由贸易试验区管理委员会陆家嘴管理局
2	“文化思南”区域化党建	中共上海市黄浦区委党校
3	生活垃圾定时定点投放先行先试	上海市嘉定区菊园新区管理委员会
4	“全岗通 3.0”治理通	上海市虹口区曲阳路街道党工委、办事处
5	“睦邻门”破“心墙”	上海市杨浦区五角场街道党工委、办事处
6	非公企业“职工之家”组织建设	中共上海市宝山区顾村镇委员会
7	“青春社区”自治机制	上海市静安区彭浦镇阳城贵都居民区党总支
8	汇民智、集众力推动城市微更新	上海市长宁区新华路街道办事处、上海万科企业有限公司
9	标准化样板居民区建设	上海市浦东新区周家渡街道党工委、办事处
10	“美丽乡村·美丽约定”行动	上海市奉贤区地区工作办公室
优秀案例		
11	无证无照食品经营综合治理	上海市市场监督管理局
12	“活力楼组”创新社区微治理	上海市宝山区民政局
13	提能增效“楼长制”	上海市普陀区长寿路街道党工委
14	互联网租赁自行车数字化执法管理	上海市公安局交警总队
15	“和美五里”街区共同体建设	上海市黄浦区五里桥街道党工委
16	人工智能助力公共安全	上海市徐汇区地区工作办公室,田林街道党工委、办事处
17	“一个鸡蛋的暴走”公益活动	上海联劝公益基金会
18	“幸福邻里”带动老式里弄装电梯	上海市静安区石门二路街道新福康里居民区党总支
19	“党员三先”引领亲邻社区	上海市徐汇区地区工作办公室,斜土街道党工委、办事处
20	安亭镇“信用+社区治理”模式	上海市嘉定区发展和改革委员会

二、2018 年公众安全感、满意度创历史新高

2018 年上海公众安全感、满意度指数连续 6 年实现“双提升”,并创历史新高。2019 年 1 月 6 日,上海市公安局召开局处长会议,总结 2018 年全市公安工作,全面部署 2019 年工作任务。市委常委、市委政法委书记陈寅,副市长、市公安局局长龚道安出席会议并讲话。

会议明确,2019 年上海公安工作总体思路是坚持以习近平新时代中国特色社会主义思想和习近平总书记对上海工作的重要指示要求为指导,以推动高质量发展和创造高品质生活为目标,以推进社会治理体系和治理能力现代化为方向,以建国 70 周年大庆和进博会安保为主线,以风险管控和隐患整治为重心,为上海城市更有序、更安全、更干净而不懈努力。

会议强调,2019 年,全市各级公安机关要紧紧围绕“忠实履行职责使命、持续建设智慧公安、全面深化公安改革、做强做实基层基础、主动融入社会治理、严管厚爱公安队伍”六个方面,进一步加强打防管控工作、优化公安行政管理,持续创造安全的政治环境、稳定的社会环境、公正的法治环境、优质的服务环境;进一步深化智慧公安重点项目建设,为警务活动和社会治理提供更强大的支撑;进一步抓好警务流程再造和队伍管理升级,推动公安改革向纵深发展;进一步推进执法规范化建设和综合保障支撑,不断增强基层实力、激发基层活力、提高基层战斗力;进一步推动全民安防、协同治理、精准警务衔接融合,

助力社会治理能力现代化；进一步加强思想政治和纪律作风建设，持续提升公安队伍凝聚力、战斗力。

会议要求，上海公安机关要在智慧公安的牵引下，着力推动上海公安工作“全面提档升级”，重点实现“五个转变”：工作理念从管理为中心向服务为中心转变，工作格局从单打独斗向共建共治转变，工作重心从应急处置向风险管控转变，警务运作从粗放低效向集约高效转变，队伍管理从以事为本向以警为本转变。

2018 年，上海公安机关以首届进博会安保工作为主线，以智慧公安建设为引擎，高标准、高质量完成了各项安全保卫任务，确保了社会治安持续稳定。年内，全市公安机关深入推进“严扫净保”专项行动，全市报警类 110、违法犯罪案件接报数同比分别下降 18.2%、20.8%，连续 4 年保持命案全破，火灾起数、道路交通事故数同比分别下降 10.7%、11.6%。全市建成智能安防系统的 2700 余个小区全部实现“零发案”，建成智能消防感知系统的 3500 余栋高层建筑全部实现“零火灾”。

三、法院律师服务平台再升级　向基层法律服务工作者开放

上海市高级人民法院 2018 年 9 月 29 日与上海司法局共同签署《上海法院律师服务平台向本市基层法律服务工作者开放合作备忘录》。继 2015 年 1 月在全国首家上线律师服务平台、2017 年升级向全国律师开放之后，再次升级上海法院律师服务平台的诉讼服务功能。

《备忘录》规定，凡是符合《基层法律服务工作者管理办法》规定的执业条件，经核准执业登记，领取《法律服务工作者执业证》，在基层法律服务所中执业，且接受当事人委托或经依法指定担任案件代理人或辩护人的法律工作者，都可按照平台运行规则使用上海法院律师服务平台。

截至 2018 年 8 月，已有 18 万余名注册律师注册登录上海法院律师服务平台，占全国注册律师人数一半以上。平台已向全国 1500 多家律师事务所的 1.89 万名律师提供诉讼服务 398 万余人次，获得律师用户广泛好评。此次，律师服务平台采用“整体开放＋个别申请”两种方式，向沪上所有基层法律服务工作者开放。上海司法局提供统一的法律服务工作者信息数据库和电子身份信息认证密钥，与平台技术对接后，平台向数据库内的全部法律服务工作者开放。那些因客观原因不在数据库内的法律工作者，可以向平台提交个人身份信息和执业相关资料，经审核验证后享受平台服务。

四、2018 年上海调解知识产权纠纷案件数量创新高

2018 年，上海各区知识产权纠纷人民调解委员会共受理知识产权纠纷案件 2157 件，创历史新高，其中调解成功 1497 件，约占 69.4%；在调案件 382 件，约占 17.7%；中止调解案件 46 件，约占 2.1%；知识产权纠纷人民调解员人数达到 142 人。

据了解，2018 年上海知识产权调解案件呈现两方面特点：第一个特点是，调解工作案源主要来自法院移交案件。依托知识产权“诉调对接”机制，全年上海法院系统共移交案件 1464 件，约占受理总量的 67.9%。其中，上海知识产权法院自 2018 年 3 月全面开展诉中委托调解以来，积极探索法官与调解员“协调配合，共同调解”的诉调协作机制，共委托调解案件 304 件，调解成功 123 件，调解成功率 40.46%。此外，行政部门移交知识产权调解案件 70 件，约占 3.2%；自行申请调解案件 536 件，约占 24.8%；展会受理案件 87 件，约占 4%。

据介绍，上海知识产权调解案件呈现的另外一个特点是，调解案件类型主要是版权类案件。据了解，在受理案件的类型上，版权类案件共 1735 件，约占受理总量的 80.4%；商标类案件 352 件，约占 16.3%；专利类案件 55 件，约占 2.5%；其他类型案件 15 件，约占 0.7%。在调解成功的案件类型中，版权类案件 1284 件，约占 85.8%；商标类案件 171 件，约占 11.4%；专利类案件 39 件，约占 2.6%；其他类型案件 3 件。

据了解，自 2015 年以来，为形成知识产权纠纷多元化解决机制，上海大力构建知识产权纠纷人民调解工作体系，建立了一支由知识产权代理人、知识产权律师、退休法官、退休知识产权行政管理人员、高校知识产权专业教师等组成的人民调解员队伍，推动知识产权纠纷人民调解工作取得实效，为知识产权大保护格局的建立提供了可复制、可推广的经验。

五、2018 上海市公安局多措并举推进“一网通办”

“一网通办”是 2018 年上海重点打造的高效政务服务品牌，也是上海智慧政府建设的核心标志，其目标是民众和企业办事线上“一个总门户、一次登录、全网通办”，线下“只进一扇门、最多跑一次”。在这一思想指引下，上海公安局认真践行以服务为中心的工作理念，进一步提升政务服务精细化、规范化、智能化水平，使群众办事更便捷、政府办事更高效。

目前上海市公安局已将公安全部 71 个审批事项和 16 个服务事项接入上海市“一网通办”总门户，整合线上服务渠道；同时，“一网通办”线下平台也在同期搭建。据上海市公安局出入境管理局中国公民出国(境)证件管理处副处长侯晓文介绍，出入境事项接入“一网通办”共有 12 项，包括本地市民办理护照、往来港澳通行证、往来台湾通行证等。但公安工作因其特殊性一些业务必须线下办理，因此线上预约，线下优先办理成为“一网通办”较常见的一个形式。“办理出入境证件因为需要采集相关生物特征，所以最后还是需要本人来现场办理。所以我们在一网通办的平台上做的是网上预约。网上预约会做一个初步的预审核，预约成功以后，可以根据申请人的需求选择办证的地点和时间，可以进行预约。一网通办的平台和 APP 上还有个流量监控的显示，它可以显示每天每个点办证的情况，就是这个点现在的办证人流，可以给申请人做一个参考。选择完之后，申请人就线下到我们的出入境管理部门来办理出入境证件。”

为了让老百姓就近办理所需业务，从 2018 年开始，上海市公安局积极探索试点线下公安派出所“综合窗口”。市民到“综合窗口”同时可以办理户政、治安、出入境、交警等“跨警种”综合性业务。刚刚在上海市宝山公安分局顾村派出所办理完交通违章业务的张先生告诉记者，在家门口办业务能少走十公里，省时又省力，“我今天是来处理交通违章的。以前的话还要跑十几公里去很远的交警大队去处理。现在的话在家门口派出所就可以处理了，很方便。而且以往去交警大队的话，要排好长时间队，现在在这都不需要排队。感觉这项措施挺惠民的，挺方便我们的。”

针对人民群众生活中较为常见的驾驶证办证换证需求，上海市公安局交警总队还推出了“警医邮”服务。上海市公安局交警总队车管所郎琨明警官介绍说，现在，广大驾驶人和驾驶学员在体检的医疗机构即可“一站式”办理各类驾驶证业务，解决领证换证手续烦琐等问题，“我们办‘警医邮’网点初衷首先就是方便群众，让群众可以少跑腿，也丰富用户的一个选择渠道。我们传统的窗口还是可以申办业务的，但有些群众觉得就近还是医院，那么可以到医院来办，丰富渠道。”截止到 2019 年 5 月，“警医邮”便民服务办理的业务量已达到 32 万笔。

上海市 6 家“综合窗口”试点派出所运行 8 个月以来，已办理业务数万笔。据了解，2019 年上海市还将扩大至 45 个“综合窗口”试点派出所，未来将在全市范围内全面推开。

上海市公安局相关负责人表示，接下来，上海公安局将新增 100 项业务流程优化再造事项、新增 100 项高频个人事项全市通办。到 2019 年底时，争取做到，行政审批事项承诺审批时限与 2017 年相比平均减少一半。

六、平安长三角建设推新举措　沪苏浙皖司法厅(局)签合作协议

2018 年 10 月 30 日，沪苏浙皖司法厅(局)在上海召开共同推进更高质量平安长三角法治长三角建设座谈会，并签署《沪苏浙皖司法厅(局)关于共同推进更高质量平安长三角法治长三角建设的合作协议》，进一步深化四地司法厅(局)区域合作，全力做好首届中国国际进口博览会的安全保障工作。

《合作协议》明确了合作宗旨和工作原则，提出要围绕法治建设、法律服务、监管执行、队伍建设、信息化建设和数据资源共享几个领域，大力推进 20 项具体任务，包括建立行政立法和规范性文件制定协作机制、统一法律服务行业管理规范和标准、加大区域内专业性社会资源的共享力度、实现信息数据资源一站式共享共用等内容。

四地司法厅(局)区域合作采取轮值制，每个轮值周期为一年，沪苏浙皖司法厅(局)依次作为轮值方。轮值期间，由轮值方牵头推进实施区域合作年度工作，包括制定计划、开展调研、会签文件、编发简报、组织督查等。同时，为提升合作水平，四地司法厅(局)建立专职联络交流和分解落实制度，专门负责研究制定和推动落实相关领域的协同发展具体任务。

第二节　江苏省促进社会稳定工作情况与措施

一、江苏2018年公众安全感提升到97.6%

2018年，江苏省各级政法机关打好治安防控整体仗，全面构建社会面治安防控网、重点行业治安防控网、乡镇街道和村社区治安防控网、机关企事业单位内部安全防控网，全省刑事案件保持发案下降、破案上升良好态势。打好风险化解攻坚仗，成功办理处置一批重大涉众型经济犯罪案件。深入开展打击电信网络诈骗犯罪专项行动，电信网络诈骗犯罪增长的势头得到有效遏制。清水蓝天行动、食药打假利剑行动捷报频传，净网2018、打击枪爆、猎狐行动硕果累累。各地坚持发展新时代"枫桥经验"，实现矛盾不上交、平安不出事、服务不缺位。

江苏省各级政法机关打好严打犯罪主动仗，成功打掉一批黑恶势力犯罪集团，深挖查处一批黑恶势力"保护伞"。2018年9月，江阴法院对4起恶势力犯罪集团案件集中宣判，拉开全省法院对黑恶势力犯罪案件集中宣判的大幕。12月，淮安中院与淮安开发区、淮安区、洪泽区、金湖县4家法院，对7件黑恶势力犯罪案件进行集中宣判，58名黑恶势力犯罪人员被押上法庭。

2018年5月试行的江苏法治社会建设指标体系，覆盖法治宣传、依法治理、法治创建、公共法律服务等多方面，为江苏推进法治社会建设，提供重要目标指向和参考评价依据。江苏省还制定政法机关服务保障专项指导意见，出台服务创新型省份建设、实体经济发展等22项措施；制定政法机关依法保障和服务民营企业健康发展的意见，出台保护民营企业及经营者合法权益、规范执法司法行为等23条举措。

不断满足人民群众日益增长的民主、法治、公平、正义需求，是政法机关深化改革的根本动力。省公安厅出台"重量级"举措，深化人口服务管理"放管服"十项措施，实现身份证换补领全省通办，户政业务户籍派出所"一站办"，苏北5市城镇户口通迁，群众好评如潮。

全省政法机关不断深化改革，提高服务质量促发展。稳妥推进政法机关内设机构改革，重新组建省司法厅。部署开展司法体制综合配套改革，审查逮捕案件、公诉案件办案周期明显缩短，刑事案件一审服判率超过96%。推进以审判为中心的刑事诉讼制度改革，制定刑事证据审查指引，统一司法标准。聚力守好绿水青山，助力长江大保护，为全国提供公益诉讼的江苏实践样本。高标准推进网格化社会治理创新，建设"全要素网格"12万个，配备专兼职网格员近30万名，完成省级网格化社会治理大数据中心一期建设。

为打造高素质的政法队伍，2018年全省政法机关做了很多卓有成效的努力。推广盐城等地做法，探索建立重大事项请示报告、政治建设述职、政治督察三项制度，增强思想政治建设实效。扎实开展岗位练兵、技能比武和业务考核，深入推进党风廉政建设，完善执法权力运行机制，引导广大干警习惯和善于在聚光灯下执法办案。优化司法队伍结构，首次从律师和法学专家中公开选拔法官、检察官。

二、江苏"利剑2018—1号"专案行动重拳打击电信网络诈骗犯罪

2018年4月下旬以来，江苏省公安厅在全省组织开展了为期2个月的"利剑2018—1号"专案行动，集中打击当前较为多发的网络购物、网络兼职、代办信用卡等电信网络诈骗犯罪，共抓获电信网络诈骗犯罪嫌疑人1673名，打掉涉案团伙226个，摧毁窝点214个，有力遏制了此类犯罪高发态势。

行动期间，江苏省公安厅挂牌督办的26串案件已成功侦破25串，抓获犯罪嫌疑人201名，摧毁窝点39个。南京市公安局会同高淳分局，在广东、广西警方大力支持下，经过2个月的侦查，破获一起涉案金额39万元的电信网络诈骗案件，抓获犯罪嫌疑人18名，一举摧毁了相关的贩卡、诈骗、洗钱团伙，实现了全链条打击。徐州市公安局会同丰县公安机关先后在广西北海、云南富宁、福建安溪等地抓获犯罪嫌疑人8名，破获网络贷款诈骗系列案件10余起，涉案金额100余万元。常州市公安局从诈骗取款嫌疑人

入手,循线追踪诈骗团伙,在广东惠州抓获犯罪嫌疑人 6 名,破获案件 10 余起,涉案金额 20 余万元。

电信网络诈骗案件侦破难度较大,行动期间,江苏省反诈骗中心组织专门力量,对全省高发、现行电信网络诈骗案件进行集中、深入研判,为办案机关提供信息、技术和专家等方面的支持,迅速突破多起有影响的重大案件。4 月 26 日,镇江市公安局京口分局辖区发生一起财会人员被诈骗 444.8 万元案件,省市区三级公安刑侦部门通力合作,抓获犯罪嫌疑人 3 名,追回涉案资金 118 万元。6 月初,省反诈骗中心组织南通市公安局刑侦部门对冒充银行发送信用卡逾期短信诈骗系列串案进行侦办,于 6 月 14 日在重庆抓获犯罪嫌疑人 6 名,破获案件 500 余起,涉案金额 1000 万元。

江苏省各级公安机关不断丰富宣传形式,提升群众防范意识。省公安厅刑警总队会同厅新闻中心以及省内主流媒体,在重要时段对三类诈骗典型案例予以曝光,进一步提升防范宣传工作的针对性和实效性。截至 2018 年 7 月,已发布"江苏反诈警情快报"135 期,取得了良好的宣传效果。同时,省反诈中心在"江苏反诈"微信公众号发布防骗信息 388 条,有力提升了广大群众的防骗意识。各地公安机关同步加大防范电信网络诈骗犯罪宣传力度。6 月 14 日,南京市公安局召开全市电信网络诈骗案件防范工作部署会,坚持"以打开路、以防为主、打防并举"的总体思路,强化全警整体联动,提升宣传防范合力。常州市公安局与当地媒体密切互动,采用"实时报、走出去、请进来"等形式,进一步利用好、发挥好当地新闻媒体的平台作用。苏州市公安局从 5 月 21 日至 6 月 20 日,部署开展了为期一个月的电信网络诈骗犯罪集中宣传防范月活动,集中开展媒体宣传、社会面宣传等活动,并对发案进行责任倒查,确保工作取得实效。

三、2018 年江苏省无锡监狱打造"大数据+证据保全"新模式

2018 年,江苏省无锡监狱以自主开发应用的证据信息管理系统为基础,利用大数据技术,推进证据保全信息采集全覆盖、动态数据全共享、智能研判全激活,推动证据保全由静态信息留存向动态数据应用升级,打造"大数据+证据保全"的证据保全新模式。

一是信息采集全覆盖。推进监区证据采集点、监狱证据制作室和证据保全库等建设,通过执法记录仪采集站、电脑监控视频截图、现场照片拍摄录入、文档资料转换导入等,依托证据信息管理系统,系统数据与案卷归档同步生成,将所有可能灭失或今后难以取得的证据全部网上传输操作,确保证据数据源头高质高量。至 2018 年 7 月,所有留存在证据保全中心文档资料全部录入证据保全信息管理系统,形成了监狱证据数据库,民警在镜头下教育管理成为一种常态和习惯。

二是动态数据全共享。列明证据指引管理操作目录清单,将零星、散落的证据信息整合起来,并对内存数据提供精准筛选、智能匹配服务,实现证据保全与规范执法、安全防控、教育管理的精准对接。在以往,监狱证据保全中心留存的证据,往往仅是经办民警知晓,有了证据信息管理系统后,只要在系统里输入关键词,相关信息就能智能匹配,大大提高了证据信息应用效率,让民警切实感受到"大数据+证据保全"带来的便利。

三是智能研判全激活。通过证据保全数据库建设,坚持用数据说话、用数据分析、用数据决策,建立防范执法风险分级预警机制,管理部门可以随时监测到有关事件数据、涉及人头动态信息,有利于及时科学作出分析研判,提升超前防控工作预见性和高效性。2018 年 5 月以来,先后对 11 名已有 2 次重大违规罪犯予以预警,起到了较好的警示约束作用。通过证据信息管理系统应用,充分使证据信息激活起来,为对重点人头防控和疑难事件处置、矛盾纠纷化解等提供了可靠证据数据支撑。

四、持续打造网格化社会治理"江苏品牌"

2019 年 2 月 26 日,江苏省创新网格化社会治理部署推进会在常州举行。江苏省委常委、政法委书记王立科就全省创新网格化社会治理机制工作作出批示,江苏省委政法委常务副书记、江苏省网格化领导小组办公室主任朱光远,江苏省公安厅党委委员、江苏省公安厅副厅长、江苏省网格化领导小组办公

室副主任程建东出席会议并讲话，江苏省网格化领导小组部分成员单位分管领导出席会议，常州市委副书记、政法委书记蔡骏致辞。

王立科在批示中指出，2018年，江苏各地各有关部门围绕打造共建共治共享社会治理格局，初步形成了具有江苏特色的“网络＋网格”基层社会治理新模式，在维护稳定、服务发展、保障民生等方面中发挥了积极作用。他强调，2019年是深化提升网格化社会治理创新的关键之年，江苏要更加注重以“规范提升年”为载体，以网格创建达标为抓手，持续打造网格化社会治理“江苏品牌”，为江苏高质量发展走在前列创造良好社会环境。

据了解，2018年，江苏全省上下聚力推进网格化社会治理创新工作，取得了阶段性成效。目前，全省共规范设立网格12万个，配备专兼职网格员近30万名，县乡村三级网格化服务管理中心基本实现全覆盖；全年各地网格员共采集上报各类矛盾纠纷事件885万件、源头排查各类安全隐患396万起，90%以上的安全隐患和矛盾纠纷在网格内得到发现和处置，试点地区非警务类警情下降40%左右；基本建成省网格化社会治理大数据中心一期平台并汇聚数据资源1454类9776亿条，发送研判指令11.8万条，指导基层管控漏管失控重点人员1019名。

会议指出，2019年，江苏要坚持以维护社会大局稳定为基本任务，深化网格化社会治理创新，健全网格矛盾排查化解机制、网格风险预警防控机制、平安网格协同建设机制，切实提升社会风险预测预警预防能力，全力保障政治稳、社会稳、大局稳；要坚持以人民为中心，充分发挥基层党组织领导作用，进一步完善自治、法治、德治“三治融合”机制，着力打造共建共治共享新格局；要坚持把服务保障大局、主动融入中心工作作为网格化社会治理的主攻方向，强基础、抓规范、创特色、重实效。

会上，会议代表观看了江苏省创新网格化社会治理机制工作专题片，南京市、常州市、苏州吴江区、海安市、淮安洪泽区高良涧街道等单位分别作经验介绍。

五、全省推广社会治安综合保险

2018年11月19日，江苏省在淮安召开全省社会治安综合保险工作推进会，江苏省将推广覆盖家庭财产、意外伤害、第三者责任的社会治安综合保险。

“每天不到三毛钱，幸福平安一整年”，这是对社会治安综合保险最通俗易懂的解释。该保险由政府主导、人保运作，将商业保险与综合治理相结合，把群众日常生产生活风险大部分纳入保障范畴。保险分为城市版和农村版两类，以户为单位参保，保期分为1年到3年，一年期100元/户，两年期150元/户，三年期200元/户。

每当遇到治安侵害，受限于破案率、流程等因素，并不是所有受害人都能得到及时的事后补偿。2015年3月，《省政府关于加快发展现代保险服务业的实施意见》出台，明确鼓励发展治安保险。2018年8月，淮安在全省率先开展社会治安综合保险。2018年2月，淮安市遭遇暴雪灾害，造成涟水县、淮阴区等多地数千户农户房屋、室内财产等大量损失。灾情发生后，受灾户只需一张理赔资料纸，只跑一趟即可获得理赔款，并在两个工作日内即可赔付到位，最高可达15万元。

中国人民财产保险股份有限公司江苏省分公司总经理夏玉扬介绍，目前南京、镇江、常州、苏州、淮安、徐州、南通、连云港、扬州等地已开办“综治保险”，累计保障人数超过300万人，保障总额达680多亿元。人保财险江苏省分公司将与全省各级综治部门携手，进一步完善推进机制、优化服务流程，加快复制推广，不断提升保险覆盖面和保障功能。

六、三项目入围第五届中国法治政府奖

第五届中国法治政府奖2018年10月28日在北京举行颁奖礼，15个单位获得“中国法治政府奖”，南京市城市管理局、南京市人民政府法制办公室报送的《南京市城市治理法治化的创新实践》喜获殊荣；16个单位获得“中国法治政府提名奖”，苏州市人民政府法制办公室报送的《重大行政决策目录化管理与

网上运行工作》、南京市江宁区人民政府法制办公室的《房屋征收法务专员制度》两个项目上榜。

早在2013年，南京市就出台《南京市城市治理条例》和《南京市金牌调解法》，以立法的形式确立公众参与城市治理的制度。截至2018年，组建南京市城治委，并推出16期城市治理圆桌论坛，成功摸索出一条具有南京特色的城市治理公众参与和构建学习型法治政府之路。第五届中国法治政府奖评委会认为，2018年南京公众参与的机制模式鲜明有效，不仅适用于南京，也适用于全国其他城市如南昌、长沙、西安、成都等，具有可推广性。比如治理机动车占道经营的城管、公安、交管的三联动机制等，都让老百姓有实实在在的获得感。

“中国法治政府奖”每两年评选一次。其奖励对象为各级政府及其职能部门在推进依法行政、建设法治政府方面采取的具有重要价值、产生明显社会效益、对于建设法治政府具有示范效应的制度与举措。

第三节　浙江省促进社会稳定工作情况与措施

一、2018年浙江省群众安全感满意率达96.84%

2018年，浙江省政法机关认真学习贯彻习近平新时代中国特色社会主义思想，以“八个排头兵”指标体系为总抓手，坚持发展新时代“枫桥经验”，践行“两个维护”的行动更加自觉，深化平安浙江建设的举措更加有力，推进基层社会治理现代化的成效更加显著，深化政法领域改革的步伐更加坚定，人民群众安全感满意率达到96.84%。

多年来，浙江省民间借贷案件高发、多发，因此引发的刑事犯罪和社会治安问题也日趋增多。针对这一顽疾，台州法院在全国率先推行职业放贷人名录制度，700多名法院“常客”入列。对入册职业放贷人的涉诉案件，法院从立案、审判、执行等各方面从严审查、慎重处理，对发现非法集资发放民间借贷等情形依法予以制裁，构成犯罪的移送公安机关依法追究刑事责任。

2018年，省委政法委协调省高院、省检察院、省公安厅等构建跨部门协同治理工作机制，建立职业放贷人名录制度，按季度向协同治理单位通报情况，严厉打击与民间借贷相关的刑事犯罪，规范民间借贷交易秩序。全省法院受理民间借贷案件比上年下降5.6%，近10年来首次出现负增长。

2018年，省检察院加强对“立的对不对、抓的该不该、判的公不公、执行的严不严”等问题的监督，全省三级检察院同时成立公益损害与诉讼违法举报中心，让群众对侵害公共利益等现象“告状有门”“维权有路”，共受理举报7247件，发出纠正违法通知书、检察建议2547件，已纠正整改1705件。

13万余人，这是目前活跃在浙江省基层的人民调解员数量。他们扎根在城市乡村，为群众讲法理、说情理，把大量矛盾纠纷化解在基层，成为践行新时代“枫桥经验”的中坚力量。

在银行从业20多年的蒋小兰，现在是杭州市银行业人民调解委员会调解员，以扎实的专业知识获得银行机构和客户的一致好评；从教30多年的黄卫国，退休后成了绍兴市校园伤害纠纷人民调解委员会主任，守护孩子们的平安健康；缙云人麻孟飞从部队转业从事司法行政工作，在群众中树立了良好口碑……省司法厅着力加强人民调解员队伍建设，统筹推进律师、法援、人民调解等工作，顺应社会矛盾发展的新变化，满足人民群众日益增长的法治需求。

2018年，浙江省部署推进全科网格建设规范提升工程、“三治融合”基层社会治理体系建设推广工程、“互联网+”社会治理深化提升工程等系列行动，以项目化推进高水平建设平安浙江三年行动，一批群众反映强烈的突出问题得到有效整治，基层社会治理“一张网”体系得以进一步延伸。

如今，浙江30万余名网格员活跃在6.8万个网格上，政法机关一体化办案系统在各设区市、55个县(市、区)推广应用……社会治安形势持续好转，人民群众的安全感和满意度显著提升。

改革出活力。浙江省政法领域以“最多跑一次”为牵引，在更高起点上推进政法工作改革创新。

杭州互联网法院审判模式的革命性变革，使打官司“一次不用跑”成为现实；浙江移动微法院在全省上线，实现了“手机打官司”全覆盖；省检察院建成“12309”检察服务中心，统一受理群众控告、申诉和举报；省司法厅行政审批事项全部实现“最多跑一次”，公证机构创新跨国远程视频办证……信息化建设，成为政法领域的一场效率革命，“云上公安”“智慧法院”“智慧检务”“之江法云”等成为浙江省政法工作新亮点。

二、2018新版《浙江省社会治安综合治理条例》开始施行

2018年一开年，新修订的《浙江省社会治安综合治理条例》就经过了浙江省12届人大常委会第45次会议审议通过，于2018年元旦起施行。

为深入贯彻中央和省委决策部署，进一步提高新时代社会治理能力现代化水平，浙江省人大常委会

对原《浙江省社会治安综合治理条例》进行了修订。修订后的条例贯彻了综治新理念，进一步创新和完善综治工作体制机制，明确政府和综治组织职责，突出社会共治，强化综治措施和领导责任。

会议指出，贯彻实施好条例，要在坚持和发展新时代“枫桥经验”上下功夫，不断丰富“枫桥经验”新的时代内涵，创造新的实践成果，更好地彰显“枫桥经验”在新时代的理论价值和实践价值。要在夯实综治基层基础上下功夫，加强各级综治中心规范化建设，全面深化网格管理，推进公共服务管理资源整合、重心下移、力量下沉。要在补齐短板、防控风险上下功夫，以提高人民群众获得感、幸福感、安全感、稳定感为目标，创新机制体制，积极学习各地调解精神和责任精神，落实综治措施，努力构建社会风险预测预警预防新体系。要在推动共建共治共享上下功夫，鼓励、支持社会力量参与社会治安综合治理工作，以自治、法治、德治“三治融合”为方向，创新基层社会治理新型模式。

三、浙江2018年“扫黑除恶”成绩单公布

2019年元月24日晚，浙江省公安厅组织开展了为期三天的“钱潮五号”集中统一收网行动，再次掀起了打击犯罪的高潮。

2月1日，浙江省公安厅召开新闻通报会，通报了2018年浙江省扫黑除恶专项斗争战果和“钱潮五号”集中统一收网行动情况。会上还公布了浙江省第二批十起涉黑涉恶典型案例。

浙江省公安厅刑侦总队副总队长章宏庆介绍，为确保“钱潮五号”集中统一收网行动取得预期成效，浙江省公安厅精心谋划、周密部署，全省各级公安机关共出动警力2.2万名，在浙江省及10余个省市同步开展抓捕工作，共抓获涉黑涉恶违法犯罪嫌疑人2000余名，破获案件1000余起；关停电信网络新型违法犯罪团伙157个，抓获嫌疑人2085名，破获案件4951起；关停网络赌博团伙79个，抓获嫌疑人586名，破获案件330起；破获黄赌、食药环案件523起，抓获嫌疑人1015名；破获毒品案件90起，抓获嫌疑人149名，缴获各类毒品2800余克；查扣资金和追缴赃款、赃物折合人民币1.6亿元。

同时，浙江省公安机关还全面加强了社会面巡逻整治，共启动公安检查站136个、治安卡点713个，盘查人员10万余名；检查涉危从业单位5163家，整改隐患825处；检查重点场所、寄递物流企业1.8万余家，发现违禁物品16件，处罚违规场所企业128家。

浙江省公安厅党委委员、副厅长聂展云表示，2018年2月7日，浙江省公安厅发布了《浙江省公安厅关于深入开展扫黑除恶专项斗争的通告》，公布了线索举报范围和受理方式，向广大群众广泛征集线索，并不断创新宣传方式，依托官方“双微”平台、各类自媒体、网络等新媒体以及电视、报纸、广播等传统媒体，深入宣传扫黑除恶的决心和成效。2018年9月19日，浙江省公安厅召开新闻发布会，选择10起典型案例向全社会公布，教育发动群众，震慑犯罪分子，并公开向社会悬赏通缉50名涉黑恶逃犯，群众反响积极，形成了浓厚的社会氛围。

聂展云说，2018年全年，浙江省累计打掉涉黑涉恶团伙2090个（其中涉嫌黑社会性质组织犯罪65个），抓获各类团伙成员1.8万名，破获案件1.2万起，缴获枪支69支，扣押非法资产22.74亿元，向纪检监察机关移交了一批涉黑涉恶腐败和“保护伞”线索。专项斗争开展的一年来，浙江省刑事案件立案同比下降13.07%，命案、“两抢”、盗窃案件立案同比分别下降8.91%、38.79%、27.25%，社会治安环境明显改善。

据了解，下一步，浙江省公安机关将按照“钱潮五号”集中统一收网行动的总体部署要求，依法做好案件办理和社会面稳控工作，最大限度消除社会不安定因素，让人民群众切实拥有安全感和稳定感。

四、城市大脑建设：一份走向全国的“杭州方案”

2016年云栖大会上，杭州正式宣布启动建设“城市大脑”。2017年云栖大会上，城市大脑1.0版发布。2018年9月19日，升级为2.0版。

现阶段，作为“大脑中枢”的杭州，正在积极推进着城市大脑交通V3.0建设——主要目标是扩大应

用范围至主城区全覆盖、作为标准应用覆盖所有区县(市)大队等,向交通安全防控领域延伸,打造大数据环境下的新型交通管理应用平台。

第一、交通治理　实时分析各项交通指标

3 年内,杭州从全国"堵城"第 3 降到第 57。目前,城市大脑 V2.0 每 2 分钟便对城市道路交通状况进行一次扫描,实时感知在途交通量、延误指数、拥堵指数、快速路车速等 7 项"生命指标"。并对可能发生异变、突变的交通趋势,提前作出警示,为指挥人员采取交通诱导和调整交通组织、勤务部署等应对措施赢得时间、占据先机。

据高德地图等第三方发布的数据显示:杭州市道路拥堵排名从 2015 年的全国第 3 位下降到了 2018 年的第 57 位;2018 年国庆期间,杭州绕城公路延误指数为 1.18,首度未进全国高速拥堵榜单;西湖景区居全国最受欢迎景区第 2,但拥堵排名列全国第 68 位;杭州这个国庆日均交通量达 182 万辆,同比增长了 24%,但平均延误指数大幅下降。

第二、"老赖"车辆无处遁形

除了助力解决交通拥堵等问题,城市大脑也应用于重点车辆报警、套牌车辆自动识别等功能,与路面警力查缉相结合,快速发现、快速指令、快速拦截。

9 月份以来,交警已查获 20 次以上多违车辆 1000 余辆次,成为交警部门强化情报研判、精准打击重点车辆的重要科技支撑。同时根据公安部交管局部署,依靠 V2.0,在 11 月份成功查获假牌套牌等涉牌违法行为 20 多起,目前已有 3 名违法驾驶人被处行政拘留。

第三、城市管理　小圆点,大学问

无感支付时代即将来临。这段时间,不少杭州市民会发现,城管工作人员正在道路公共停车泊位上,加装一个直径 10 厘米,高度约 4 厘米的"圆点"。别小看这些圆点,它们是一种隐藏在地下的无线地磁车位检测器,可随时进行精确定位。有了它们,车主停车后无需再等待收费员前来收费,不用掏现金甚至不用手机就能走人。

截至 2018 年 11 月,全市已有 9000 余个道路停车泊位安装了地磁感应器。2018 年底前,全市 1.2 万余个道路公共停车泊位基本都能实现无感支付。

第四、首个城市级共享泊位平台上线

点点支付宝即可预约停车。为了解决停车这件头疼的事,2018 年 1 月 4 日,杭州启动国内首个城市级共享泊位平台,让闲置停车位作为一种存量资源,以"共享"的方式焕发生机。市民通过支付宝即可预约停车。

"共停"以杭州全市除社会公共停车场外的其余各类停车场库为资源目标,将分散的停车信息和不同时段闲置的政府机关、企事业单位以及楼盘小区、个人私家车位资源统筹起来,通过"共停"平台实现车位业主、物业、平台各方利益共享。

自平台上线以来,目前已有 1000 余个车位上线共享。预计到 2018 年底前,市级公共机构及国企泊位将全部上线共享。

互联网时代,如果把一个城市看做是一个人,那么城市中的道路、建筑就是人的四肢,河流、湖泊就是人的血液,而散落在城市的各个角落的大数据,就是构成人体的细胞。

五、2018 浙江法院丰富联络形式,注重落实转化

浙江省高级人民法院历来重视人大代表、政协委员联络工作,拓宽联络渠道、创新联络形式、丰富联络载体,倾听各方意见建议,切实抓好落实转化,为新时代人民法院工作创新发展引入不竭"动力源"。

2018 年,浙江全省法院办结各类案件 179.3 万件,办案质量、效率、效果指标继续保持在全国前列。2019 年元月 31 日,在浙江省十三届人大二次会议上,浙江高院工作报告以 97.24%的赞成率获得高票通过。

这一切成绩的取得，离不开人大和政协监督，离不开广大代表、委员的意见建议、理解支持。

2018年，浙江高院收到45件两会代表、委员建议和提案，在第一时间明确督办领导、责任部门和责任人，全部在规定期限内办结，代表、委员对办理态度、联系沟通、答复质量、解决情况均表示满意。

浙江高院以规范化建设为抓手，出台了《关于领导干部批阅批转的群众来信办理工作规定》，进一步规范了代表、委员关注案件的办理流程、责任，力争做到全程督办、全程留痕、全程可查，件件有回音、事事有着落。2018年办结全国和省代表、委员关注案件16件、其他专项督查件158件。

2010年，浙江高院就建立了三级法院院长定向分级联络全国和省人大代表工作制度，并严格落实"全年主动联络不少于两次，上门走访不少于一次"的要求。2018年7月，浙江高院院长李占国带队上门走访省人大、省政协和党外人士，主动通报法院工作，当面征求意见建议，坦诚回应关心关切，获得高度评价。同时，浙江高院还通过邀请代表、委员视察法院、旁听庭审、见证执行等形式，让大家零距离接触法院，不断提高监督实效。

第四节　安徽省促进社会稳定工作情况与措施

一、创新开展人民调解　多元化解矛盾纠纷

近年来，安徽省人民调解工作围绕中心，服务大局，在维护社会稳定、促进经济发展中的职能作用得到充分发挥，为深入推进平安安徽、法治安徽建设作出了重要贡献。一是扎实开展纠纷排查化解。各地充分发挥人民调解职能优势，在继续做好婚姻家庭、邻里、损害赔偿等常见、传统矛盾纠纷化解的同时，聚焦医疗卫生、交通事故、劳动争议、环境保护、物业等重点领域，扎实开展矛盾纠纷预防、排查和化解工作，切实把矛盾纠纷解决在基层，化解在萌芽状态。每年通过人民调解化解的矛盾纠纷量都在五、六十万件。二是创新调解特色品牌。省司法厅与安徽广播电视台联合策划，共同推出"走基层、拜人民调解员为师"系列专题调解节目。桐城市借助深厚的传统文化底蕴，将"礼让""孝道"等文化融入矛盾纠纷调解中，创造了"六尺巷调解工作法"。濉溪县设立临涣茶馆人民调解委员会，总结出"一杯茶"调解法，以此为素材拍摄的微视频，荣获中央政法委平安中国微视频优秀奖。宣城市全力打造"宣城调解七法"工作品牌，得到省领导的批示肯定。三是开展人民调解专项活动。省司法厅先后组织开展"寻找最美人民调解员""行业性专业性矛盾纠纷集中排查化解""化解纠纷　筑牢防线　喜迎十九大"等专项活动。亳州市开展"人民调解化解信访积案摘牌竞赛活动"，蚌埠市开展争创"金牌调解员"活动，马鞍山市开展"我的调解故事"创建活动，宣城市开展"十大金牌人民调解员"暨"宣城调解七法"技能比武大赛活动。全省各地围绕重大活动、敏感时期、纠纷多发季节，组织开展形式多样的矛盾纠纷排查调处活动，及时有效发挥了人民调解维护社会稳定的"第一道防线"作用。

近年来，安徽省司法行政机关一直把构建横向到边，纵向到底的人民调解组织网络作为工作的重要目标。一是着力巩固规范传统调解组织。全省乡镇街道、村居民委员会全部规范设立了人民调解委员会，村民小组、居民小区设立了调解小组，构建了乡镇街道调委会——村居调委会——村民居民调解小组的调解组织体系，形成了覆盖全省城镇乡村的纠纷排查化解网络。至 2018 年 11 月，全省共设立人民调解委员会 2.1 万个，其中村(居)调委会 1.76 万个，乡镇(街道)调委会 1529 个。二是大力推进行业性专业性调解组织建设。各地设立了类型多样的行业性、专业性人民调解组织，着力做好医疗、交通、物业、环保、信访、劳动争议等矛盾纠纷多发领域纠纷调解工作。全省市县两级已全部建立医疗纠纷和道路交通事故纠纷人民调解组织。省司法厅联合省人社厅、省妇联、省工商联等多部门进一步推进劳动争议、婚姻家庭纠纷、商事纠纷人民调解机制建设，努力在不同层级普遍建立劳动争议、婚姻家庭纠纷人民调解组织。亳州等地成立了环境保护纠纷调解委员会，淮南等地成立了物业纠纷人民调解委员会。至 2018 年 11 月全省已建立各类行业性专业性人民调解组织 988 个，行业性、专业性人民调解组织已成为安徽省化解矛盾纠纷的重要力量。三是积极设立地域性联合调解组织。部分县(市、区)在接边区域设立联合人民调解委员会，滁州、亳州、池州、安庆、黄山等市接边省份设立联合调解组织，建立联调工作机制，通过定期轮流召开协调会通报会等方式，积极化解接边地区群众生产生活中的矛盾纠纷，接边联调工作成效不断凸显。天长市和江苏省南京市六合区自 1986 年成立"皖苏冶山地区联合人民调解委员会"，30 多年来，各成员单位共调处各类矛盾纠纷 1.6 万件，赢得了党委政府的充分肯定和群众的普遍赞誉。

二、安徽省健全依法逐级走访机制

2018 年 6 月 29 日，记者在安徽省信访局获悉，安徽省积极健全引导来访人依法逐级走访机制，推动信访事项及时就地解决。对不属于本级受理范围的事项，信访部门告知来访人不予或不再受理，并耐心做好解释，引导其按规定逐级反映。

"'属地管理、分级负责，谁主管、谁负责，依法、及时、就地解决问题与疏导教育相结合'是《信访条例》明确的信访工作原则。"省信访局有关负责人介绍，各级政府信访工作机构和其他行政机关应按照这一原则和有关规定，分级受理职责范围内的信访事项，并按规定的程序和期限办理。国家信访局出台《关于进一步规范信访事项受理办理程序引导来访人依法逐级走访的办法》，安徽省出台《实施细则》，要求各级政府及其部门高度重视初信初访，及时就地妥善处理信访事项，防止因受理不及时、办理不到位导致信转访或走访上行。

根据《办法》和《实施细则》，信访人提出信访事项，一般应采用书信、电子邮件、网上投诉等书面形式。信访人采用走访形式提出信访事项，应根据信访事项的性质和管辖层级，到依法有权处理的本级或上一级机关设立或者指定的接待场所提出。首先接谈的机关先行受理，不得推诿。对跨越本级和上一级机关提出的信访事项，上级机关不予受理，并引导来访人以书面或走访形式向依法有权处理的机关提出，同时将相关情况及时通报下级有关机关。

"省信访局和省直部门对应当但未经市信访局和市直部门受理的信访事项，按规定告知来访人不予受理，引导其按照相关规定逐级反映。"省信访局负责人介绍，已经受理但正在办理期限内的，告知来访人不予受理，等待书面答复(复查、复核)意见。对县级及以下机关处理(复查)意见不服，但在复查(复核)期限内的，告知来访人不予受理，引导其走复查(复核)程序。对已经复查复核终结的，告知来访人不再受理。对涉法涉诉的，不予受理，告知来访人依照有关法律、行政法规规定的程序向有关机关提出。

三、安徽省重拳扫黑除恶

自2018年初扫黑除恶专项斗争开展以来，安徽省公安机关严厉打击黑恶犯罪，全力守护江淮平安。截至9月30日，共摧毁涉黑组织51个，恶势力犯罪集团263个，破获刑事案件2482起。扫黑除恶专项斗争有力促进了社会治安大局持续向好，1月至9月，全省刑事立案数同比下降10.1%。

专项斗争期间，公安机关剑指黑恶犯罪，持续发起凌厉攻势。结合安徽省实际，明确将威胁政治安全、把持基层政权、利用家族宗族势力横行乡里、煽动村民闹事、强揽工程、欺行霸市、操纵经营黄赌毒、非法高利放贷、插手民间纠纷、组织策划群体性事件、组织雇佣网络"水军"、职业医闹、跨国跨境犯罪等13类黑恶势力列为重点，全面实施精准打击。

省公安厅针对"套路贷"违法犯罪高发态势，集中部署开展专项打击行动，先后打掉涉嫌"套路贷"违法犯罪团伙60个，其中涉黑组织16个；淮南市公安机关针对淮河及支流采砂乱象，开展专项打击，一举打掉多个涉黑涉恶团伙；蚌埠市公安机关针对辖区非法采矿、非法占用耕地等违法犯罪猖獗的情况，打掉盘踞地方多年、社会影响恶劣的涉黑组织。

对黑恶势力犯罪案件，一律实行专案专办，由侦办地公安机关领导担任专案组长，相关警种、部门同步上案、合成作战，综合采取提级管辖、指定管辖、异地用警、异地羁押等措施，集中发力攻坚。对性质恶劣、危害严重、社会关注的涉黑涉恶专案，实行省市县公安机关主要领导、分管领导领办，全程跟进、督办指导、夯实办案责任，提升办案质效。

四、安徽公安推出39项便民利企措施

2018年12月19日，安徽省公安厅召开新闻发布会，公布了安徽省公安机关深化"放管服"改革39项措施，涉及户政管理、治安管理、保安监管、执法办案、交通管理、出入境管理、边检通关服务管理、综合服务等8个方面内容。

39项措施具体为：在户政管理方面，推出了"互联网＋户政服务"；开设居民身份证、居住证、港澳台居民居住证办理"绿色通道"；居民身份证相片"多拍优选"；居民身份证换证提醒；乘机临时身份证明自助办理等5项措施。在治安管理方面，推出了简化典当业特种行业开办许可程序；为忘带身份证群众提供住宿上网便利；精简枪支民爆物品烟花爆竹政务服务事项申请材料等9项措施。保安监管方面，推出

了压缩保安服务公司和培训单位开办许可时限；简化保安分公司备案程序；简化自招保安员单位备案流程等5项措施。在执法办案方面，推出拓展群众报警服务渠道；刑事案件办理状态网上查询；生效行政处罚、行政复议决定网上查询等3项措施。在交通管理方面，推出了货车跨省（区、市）异地检验；机动车驾驶人考试“一证通考”；邮政网点代办交管业务；“一键挪车”自助服务等6项措施。在出入境管理方面，推出了换（补）发出入境证件就近办理；团队旅游签证就近办理；压缩出入境证件签发时限等7项措施。在边检通关服务管理方面，推出了“边检服务掌上直通车”；实行国际航行船舶边检手续“网上申报”等3项措施。在综合服务方面，推出了公安政务服务事项“全网通办”等措施。

2018年，安徽省公安机关聚焦群众和企业办事的难点、堵点和关心、关切，在户政治安、出入境、车驾管等方面累计出台200余项便利措施。安徽省公安厅积极开展“减证便民”专项行动，对政务服务事项的申请材料进行逐项梳理，省级事项共取消申请材料140项，精简比例超过60%，市级公安事项精简比例超过50%，切实给群众和企业“松绑”“减负”。为解决群众办事“多头跑”“跑多次”问题，安徽省公安机关推行网上申请、网上审批、在线支付、快送寄递等多方式，省级公安政务服务事项于2018年6月底100%实现“最多跑一次”，市级和县级公安政务服务事项“最多跑一次”比例均超过95%，真正方便群众办事创业。

五、阜阳积极构建乡村治理新体系

2018年7月，阜阳市委出台《关于实施“固本强基十大工程”强化乡村振兴战略政治保障的意见》，并配套下发10个实施方案，全面加强新形势下基层党风廉政建设，夯实农村基层基础工作，积极构建乡村治理新体系。

第一、把村级小微权力关进“笼子”

“群众信访反映村干部的问题占信访总量的60%左右，村干部违纪违法问题仍然易发多发。”阜阳市实施“固本强基十大工程”领导小组办公室负责同志介绍，当前阜阳市农村基层存在的一些突出问题，已成为制约加快发展的重要因素。特别是村（社区）组织软弱涣散、村务管理不规范、上级监督不到位、保障措施不完善等问题，干部群众反映最强烈、要求最迫切。

为解决这些问题，使村级小微权力规范运行、阳光运作，阜阳市从群众最关注的农村集体“三资”管理、惠农资金管理和发放、土地和房屋征收补偿、农村产权流转交易市场建设四个方面，制定了配套方案。同时，深入推进“阳光村务”常态化管理提升，群众可通过“一网一屏一微”对村级事务进行查询，以便于监督。

比如，在农村集体“三资”管理方面，将全面开展新一轮清产核资，摸清底数，建立台账；建立村级财务收支、审批、预决算和公开等制度，探索村级财务钱账分管模式，完善村账乡管机制，确保村集体资金规范运行、集体资产保值增值和资源有效合理利用。

第二、推进城乡公共服务均等化

为推动农村生产要素合理流动和优化配置，阜阳市将推进农村产权流转交易市场建设，采取政府主导、市场运作的方式，将市场建设和运行经费纳入各级财政预算，加快农村产权流转交易市场建设。

力争2018年12月底前，建设成县（市、区）、乡镇（涉农街道）联动的农村产权流转交易市场体系，实现全市范围内农村集体资产流转及村级工程建设项目招投标，全部在各级农村产权流转交易市场进行交易，防止暗箱操作。

在加强乡村为民服务机构标准化建设方面，着力构建标准统一、覆盖城乡、功能完善、管理规范、上下联动、运行高效的四级为民服务体系，确保2019年12月底前，全市乡镇为民服务中心建成率100%，标准化率90%。其中，所有城区社区标准化率不低于80%，美丽乡村示范点标准化率100%。

第三、推进党内监督向基层延伸

在推进党内监督向村级延伸方面，压紧压实全面从严治党政治责任，对村干部出现的苗头性、倾向性问题坚持抓早抓小，经常咬耳扯袖、红脸出汗。充分发挥乡镇纪检监察工作室和乡镇纪委职能作用，建立健全监督工作机制，强化对村"两委"班子成员特别是"一把手"的监督；开展"监督执纪重心下移进百村"工作，在全市确定100个村，由市、县（市、区）纪检监察机关重点联系监督，实行动态管理；健全落实村干部经济责任审计制度，对工程建设、征迁安置补偿等群众关注的重大事项开展专项审计。

第四、让村干部有保障、有希望、有所养

一项调查发现，大部分村干部待遇较低，退下来之后，待遇补贴少，社会保障差。为改善这一现象，阜阳市出台了完善村干部激励保障机制，加大从优秀村级党组织书记中选拔乡镇领导干部、考录公务员工作力度，对工作成绩突出的通过破格选拔、挂职兼任等方式进入乡镇党政班子，探索从优秀村干部中招聘乡镇事业单位工作人员；在各级"两代表一委员"中提高村干部名额比例；建立村干部报酬正常增长机制，村党组织书记和村委会主任基本报酬按照不低于所在县（区）农村常住居民人均可支配收入2倍标准；完善村干部养老保险、离任生活补助等制度，真正使村干部收入有保障、干好有希望、退后有所养。

同时，加强村级党组织标准化建设，重点做好党组织设置、加强班子队伍建设、强化党员教育管理、健全党内组织生活、为民便民服务、场所建设管理、工作运行机制、基本经费保障、档案台账资料等9个方面工作，探索建立村级党组织书记候选人预审制度，选优配齐配强村级党组织班子；认真做好发展党员工作，制定发展党员计划，坚持标准、规范程序、保证质量，避免"近亲繁殖"。

六、安徽商务诚信公共服务云平台上线

2018年7月3日，记者从安徽省商务厅获悉，安徽省商务诚信公共服务云平台已于日前正式上线运行，打通与全省公共信用信息平台、大型电商平台对接，融合政府数据与社会数据资源，加强全省对外贸易、外商投资、投资合作、内贸流通等领域企业数据分析利用，全省87万多商务领域市场主体诚信基本数据接入，实现"网络通、数据通、业务通和管控通"。

据了解，该云平台依托互联网、省政务外网，通过商务领域市场主体数据多方聚合、系统信息整合，以及归集互联网涉商务领域市场主体的关联信息，构建了全维度、多样化、具有安徽地域特色、拥有商务领域诚信应用的大数据服务平台。

目前，云平台拥有监管平台、公众平台、业务平台3大平台。其中，监管平台深度聚合安徽商务主体数据，结合行业发展态势，对商务系统重点领域重点行业的诚信趋势实施精准监管，企业诚信动态、行业发展趋势、地区投资热点轻松掌握；公众平台面向公众，构建商务诚信主体画像，传播商务诚信政策，提供多种诚信民生应用，让诚信社会的建设变得更可及；业务平台以商务主管部门职能职责为切入点，打通数据孤岛，理顺业务流程，实现省、市、县（区）商务部门与市场主体互动，有效提高服务监管针对性和有效性。

平台自上线以来，已有500余家企业正式认领并入驻"品牌保护"，日均数据吞吐量10G，日访问量达千余次。同时，围绕服务平台开发设计的社交圈、微信公众号也陆续推出，进一步方便市场主体、社会大众参与查诚信、评诚信、用诚信。

第五篇

经济社会发展重要指标

扫码阅读

第一章　长三角地区重要经济发展指标

表 1　长三角地区国民经济和社会发展总量与速度指标(2018 年)

指　　标	长三角	上海市	江苏省	浙江省	安徽省
人口与就业					
人口(万人)					
年末常住人口	22535.08	2423.78	8050.70	5737.00	6323.60
就业(万人)					
从业人数	14347.86	1375.66	4750.90	3836.00	4385.30
宏观经济					
国民核算(亿元)					
地区生产总值	211479.24	32679.87	92595.40	56197.15	30006.82
第一产业	8851.11	104.37	4141.72	1967.01	2638.01
第二产业	88329.03	9732.54	41248.52	23505.88	13842.09
第三产业	114299.10	22842.96	47205.16	30724.26	13526.72
地区生产总值比上年增长(%)		6.6	6.7	7.1	8.02
固定资产投资(亿元)					
全社会固定资产投资总额					
财政(亿元)					
地方财政收入	25385.09	7108.15	8630.16	6598.08	3048.7
地方财政支出	35208.5	8351.54	11657.35	8627.51	6572.1
物价(上年=100)					
居民消费价格指数		101.6	102.3	102.3	102.0
国内商业					
社会消费品零售总额(亿元)	83007.04	12668.69	33230.35	25007.90	12100.1
对外经济贸易和旅游					
进出口总额(亿美元)	16751.43	5156.49	6640.43	4324.77	629.74
出口	9685.78	2071.70	4040.44	3211.55	362.09
教育、科技、文化					
教育					
高等学校本专科在校学生(万人)	448.26	51.78	180.63	101.94	113.91
普通中学在校学生(万人)	937.95	59.07	323.84	238.4	316.64
小学在校学生(万人)	1457.9	80.02	560.44	360.6	456.84
文化					
图书出版量(亿册)	19.03	4.81	6.83	4.18	3.21
杂志出版量(万册)	31464	8505	11272	7366	4321

续表

指　　标	长三角	上海市	江苏省	浙江省	安徽省
报纸出版量(亿份)	57.48	8.17	21.42	21.12	6.77
家庭、生活、环境					
全体居民人均可支配收入(元)		64183	38096	45840	23984
城镇常住居民人均可支配收入(元)		68034	47200	55574	34393
农村常住居民人均可支配收入(元)		30375	20845	27302	13996
全体居民人均消费支出(元)		43351	25007	29471	17045
城镇常住居民人均消费支出(元)		46015	29462	34598	21523
农村常住居民人均消费支出(元)		19965	16567	19707	12748

表 2　长三角地区国民经济和社会发展结构指标(2018 年)

指　　标	上海市	江苏省	浙江省	安徽省
人口与就业				
人口				
城乡结构				
城镇	88.1	69.6	68.9	54.7
乡村	11.9	30.4	31.1	45.3
性别结构				
男	49.5	50.30	51.2	51.9
女	50.5	49.70	48.8	48.1
就业				
产业结构				
第一产业	3.0	16.1	11.4	30.9
第二产业	30.7	42.8	45.1	28.8
第三产业	66.3	41.1	43.5	40.3
宏观经济				
国民核算				
地区生产总值产业结构				
第一产业	0.3	4.5	3.5	8.8
第二产业	29.8	44.5	41.8	46.1
第三产业	69.9	51.0	54.7	45.1
产业经济				
工业				
工业产值按轻重分				
轻工业		27.9	35.5	
重工业		72.1	64.5	
运输业				
货运量结构				

续表

指　　标	上海市	江苏省	浙江省	安徽省
铁路	0.4	2.4	1.4	2.0
公路	36.9	56.3	62.0	69.8
水运	62.3	35.5	36.6	28.3
民用航空	0.4			
对外经济贸易和国际旅游				
海外旅游人数结构				
外国人	76.7	60.8	70.8	58.3
港澳台同胞	23.3	39.2	29.2	41.7
教育、科技、文化				
教育				
在校学生结构				
大学生	27.1	17.6	15.5	9.9
中学生	31.0	32.9	33.6	28.8
小学生	41.9	49.4	50.8	39.6
专任教师结构				
大学生	26.2	15.5	13.4	9.2
中学生	39.7	42.4	42.0	36.7
小学生	33.4	42.1	44.6	37.5
生活、环境				
生活				
城镇居民消费结构				
食品	24.1	26.1	27.1	31.0
衣着	4.7	6.5	6.4	7.7
居住	33.4	27.5	26.5	22.8
其他	37.8	39.9	40.0	38.5
农村居民消费结构				
食品		26.2	30.3	33.0
衣着		4.9	5.2	5.0
居住		24.9	25.3	23.6
其他		44.0	39.2	38.4

表3　长三角地区主要年份地区生产总值　　单位:亿元(按当年价格计算)

年　份	长三角	上海市	江苏省	浙江省	安徽省
1989	3484.08	696.54	1321.85	849.44	616.25
1990	3760.85	781.66	1416.50	904.69	658.00
1991	4247.98	893.77	1601.38	1089.33	663.50
1992	5427.24	1114.32	2136.02	1375.70	801.20
1993	7480.44	1519.23	2998.16	1925.91	1037.14
1994	10057.96	1990.86	4057.39	2689.28	1320.43
1995	13041.54	2518.08	5155.25	3557.55	1810.66
1996	15266.79	2980.75	6004.21	4188.53	2093.30
1997	17179.05	3465.28	6680.34	4686.11	2347.32
1998	18626.53	3831.00	7199.95	5052.62	2542.96
1999	20076.38	4222.30	7697.82	5443.92	2712.34
2000	22408.96	4812.15	8553.69	6141.03	2902.09
2001	24859.55	5257.66	9456.84	6898.34	3246.71
2002	27925.26	5795.02	10606.85	8003.67	3519.72
2003	32833.38	6762.38	12442.87	9705.02	3923.11
2004	39710.16	8165.38	15136.78	11648.70	4759.30
2005	46902.71	9365.54	18769.32	13417.68	5350.17
2006	54514.62	10718.04	21965.61	15718.47	6112.50
2007	65081.37	12668.89	26296.15	18753.73	7360.92
2008	75951.78	14276.79	31357.00	21462.69	8851.66
2009	83260.62	15287.56	34905.98	22998.24	10062.82
2010	99515.17	17436.85	41962.18	27747.65	12359.33
2011	117004.70	19539.07	49788.20	32363.38	15300.65
2012	127399.00	20558.98	54870.91	34739.13	17212.05
2013	139962.80	22264.06	60690.44	37756.58	19229.34
2014	151240.60	24068.20	66123.71	40173.03	20848.75
2015	161840.80	25659.18	71255.93	42886.49	22005.63
2016	176941.04	28183.51	77350.85	47251.36	24117.89
2017	195320.19	30632.99	85869.76	51768.26	27018.00
2018	211479.24	32679.87	92595.40	56197.15	30006.82

表4 长三角地区主要年份第一产业生产总值 单位:亿元(按当年价格计算)

年 份	长三角	上海市	江苏省	浙江省	安徽省
1990		34.24	355.17	225.04	
1991		34.06	345.14	245.22	
1992		34.16	393.82	262.67	
1993		37.82	490.59	315.96	
1994		47.61	683.98	438.65	
1995		59.82	866.24	549.96	
1996		68.72	989.18	594.93	
1997		72.03	1035.8	618.90	
1998		73.84	1047.16	609.30	
1999		74.49	1037.37	606.31	
2000	2497.77	76.68	1048.34	630.98	741.77
2001	2593.03	78.00	1094.48	659.78	760.77
2002	2658.98	79.68	1110.44	685.20	783.66
2003	2710.72	81.02	1162.45	717.85	749.40
2004	3215.63	83.45	1367.58	814.10	950.50
2005	3411.10	90.26	1461.51	892.83	966.50
2006	3574.99	93.81	1545.05	925.10	1011.03
2007	4105.12	101.84	1814.63	986.02	1200.18
2008	4726.95	111.80	2096.47	1095.96	1418.09
2009	5036.19	113.82	2255.84	1163.08	1495.45
2010	5747.47	114.15	2530.94	1360.56	1729.02
2011	6793.30	124.94	3051.38	1583.04	2015.31
2012	7398.16	127.80	3400.36	1667.88	2178.73
2013	7599.87	124.89	3447.49	1760.34	2267.15
2014	7901.23	124.26	3607.40	1777.18	2392.39
2015	8351.89	109.82	3952.47	1832.91	2456.69
2016	8686.99	114.34	4039.75	1965.18	2567.72
2017	8672.13	110.78	4045.16	1933.92	2582.27
2018	8851.11	104.37	4141.72	1967.01	2638.01

表5 长三角地区主要年份第二产业生产总值 单位:亿元(按当年价格计算)

年 份	长三角	上海市	江苏省	浙江省	安徽省
1989		466.18	657.06	386.25	
1990		505.60	692.59	408.18	
1991		550.64	793.92	494.11	
1992		677.39	1119.26	653.43	
1993		902.38	1598.05	983.96	
1994		1148.45	2186.77	1398.12	
1995		1430.37	2715.26	1854.52	
1996		1610.47	3074.12	2232.17	
1997		1789.72	3411.86	2554.57	
1998		1889.63	3640.10	2766.94	
1999		2004.55	3920.15	2974.74	
2000	10998.53	2231.93	4435.89	3273.93	1056.78
2001	12166.60	2431.38	4907.46	3572.88	1254.88
2002	13686.46	2654.47	5604.49	4090.48	1337.04
2003	16668.21	3249.43	6787.11	5096.38	1535.29
2004	20579.19	3947.01	8536.90	6250.38	1844.90
2005	24520.16	4451.11	10658.40	7164.75	2245.90
2006	28739.03	5056.43	12459.91	8511.51	2711.18
2007	33896.97	5674.34	14697.42	10154.25	3370.96
2008	39286.41	6207.97	17312.09	11567.42	4198.93
2009	41848.09	6143.59	18939.12	11860.16	4905.22
2010	50202.58	7376.81	22201.79	14187.36	6436.62
2011	58559.30	8128.44	25790.21	16331.27	8309.38
2012	62290.63	8063.93	27821.77	17000.09	9404.84
2013	66473.17	8147.16	29888.45	18047.52	10390.04
2014	70429.74	8434.97	31742.04	19175.06	11077.67
2015	71948.59	8259.03	33031.06	19711.67	10946.83
2016	75810.64	8406.28	34619.50	21194.61	11590.25
2017	83055.90	9330.67	38654.87	22232.08	12838.28
2018	88329.03	9732.54	41248.52	23505.88	13842.09

表 6 长三角地区主要年份第三产业生产总值 单位:亿元(按当年价格计算)

年 份	长三角	上海市	江苏省	浙江省	安徽省
1989		200.73	340.61	252.24	
1990		241.82	368.74	271.47	
1991		309.07	462.32	350.00	
1992		402.77	622.94	459.60	
1993		579.03	909.52	625.99	
1994		794.80	1186.64	852.51	
1995		1027.79	1573.75	1153.07	
1996		1301.56	1940.91	1361.43	
1997		1603.53	2232.68	1512.64	
1998		1867.53	2512.69	1676.38	
1999		2143.26	2740.30	1862.87	
2000	8912.66	2503.54	3069.46	2236.12	1103.54
2001	10099.92	2748.28	3454.90	2665.68	1231.06
2002	11579.80	3060.87	3891.92	3227.99	1399.02
2003	13454.45	3431.93	4493.31	3890.79	1638.42
2004	15915.34	4134.92	5232.30	4584.22	1963.90
2005	18971.45	4824.17	6649.41	5360.10	2137.77
2006	22200.60	5567.80	7960.65	6281.86	2390.29
2007	27079.28	6891.94	9784.10	7613.46	2789.78
2008	31938.42	7956.03	11948.44	8799.31	3234.64
2009	36376.35	9028.17	13711.02	9975.01	3362.15
2010	43565.13	9942.25	17229.45	12199.74	4193.69
2011	51652.10	11280.46	20946.61	14449.07	4975.96
2012	57710.21	12361.79	23648.78	16071.16	5328.48
2013	65860.98	13985.61	27354.50	17948.72	6572.15
2014	72875.39	15501.64	30774.27	19220.79	7378.69
2015	81491.04	17274.62	34272.40	21341.91	8602.11
2016	92405.98	19662.89	38691.60	24091.57	9959.92
2017	103560.98	21191.54	43169.73	27602.26	11597.45
2018	114299.10	22842.96	47205.16	30724.26	13526.72

表7 长三角地区主要年份工业生产总值 单位:亿元(按当年价格计算)

年 份	长三角	上海市	江苏省	浙江省	安徽省
1990		469.83	634.13	363.74	
1991		514.79	725.83	438.36	
1992		636.68	1017.94	581.73	
1993		846.71	1451.97	876.26	
1994		1074.37	2002.22	1243.37	
1995		1318.93	2467.63	1645.51	
1996		1466.12	2754.80	1983.90	
1997		1614.13	3016.44	2285.24	
1998		1687.39	3157.69	2484.97	
1999		1807.29	3387.99	2679.68	
2000	9071.85	2022.53	3848.52	2945.70	885.10
2001	10708.93	2194.09	4270.90	3181.94	1062.00
2002	12035.39	2399.07	4880.09	3640.84	1115.09
2003	14703.25	2980.43	6004.05	4462.97	1255.80
2004	18239.46	3646.47	7612.76	5491.33	1488.90
2005	21859.69	4104.65	9572.97	6344.71	1837.36
2006	25758.87	4659.17	11273.86	7585.47	2240.37
2007	30485.97	5254.57	13330.66	9090.74	2810.00
2008	35119.20	5695.23	15589.58	10328.72	3505.67
2009	36886.38	5546.27	16834.62	10440.77	4064.72
2010	44296.90	6689.90	19722.49	12477.11	5407.40
2011	51699.99	7403.07	22864.42	14370.50	7062.00
2012	54834.34	7301.05	24605.23	14902.22	8025.84
2013	58389.27	7368.20	26303.42	15837.20	8880.45
2014	61694.98	7619.88	27847.72	16771.90	9455.48
2015	62893.85	7431.36	28980.20	17217.47	9264.82
2016	66510.79	7555.34	30455.15	18655.12	9845.18
2017	72797.21	8392.84	34013.60	19474.48	10916.31
2018	76970.10	8694.95	36111.64	20499.57	11663.94

表8　长三角地区主要年份建筑业生产总值　　单位：亿元（按当年价格计算）

年　份	长三角	上海市	江苏省	浙江省	安徽省
1990		35.77	58.46	44.44	
1991		35.85	68.09	55.75	
1992		40.71	101.32	71.70	
1993		55.67	146.08	107.70	
1994		74.08	184.55	154.75	
1995		111.54	247.63	209.01	
1996		144.35	319.32	248.27	
1997		175.59	395.42	269.33	
1998		202.24	482.41	281.97	
1999		197.26	532.16	295.06	
2000	1296.68	209.40	587.37	328.23	171.68
2001	1457.67	237.29	636.56	390.94	192.88
2002	1651.39	255.40	724.40	449.64	221.95
2003	1964.37	269.00	782.46	633.42	279.49
2004	2339.73	300.54	924.14	759.05	356.00
2005	2657.25	346.46	1085.44	816.81	408.54
2006	2973.12	397.26	1186.05	919.00	470.81
2007	3400.29	419.77	1366.76	1052.80	560.96
2008	4167.20	512.74	1722.50	1238.70	693.26
2009	4961.70	597.32	2104.50	1419.38	840.50
2010	5905.68	686.91	2479.30	1710.25	1029.22
2011	6859.28	725.37	2925.75	1960.78	1247.38
2012	7456.28	762.88	3216.54	2097.86	1379.00
2013	8162.47	802.13	3593.22	2243.01	1524.11
2014	8850.96	843.02	3902.52	2467.10	1638.32
2015	9171.04	855.22	4058.52	2558.38	1698.92
2016	9427.72	879.81	4173.66	2610.72	1763.53
2017	10411.58	970.79	4651.75	2845.48	1943.56
2018	11520.23	1071.75	5148.45	3098.81	2201.22

表9　长三角地区主要年份地区生产总值中第一产业比重　　单位:%(按当年价格计算)

年　份	长三角	上海市	江苏省	浙江省	安徽省
1990		4.4	25.1	24.9	
1991		3.8	21.5	22.5	
1992		3.1	18.4	19.1	
1993		2.5	16.4	16.4	
1994		2.4	16.9	16.3	
1995		2.4	16.8	15.5	
1996		2.3	16.5	14.2	
1997		2.1	15.5	13.2	
1998		1.9	14.5	12.1	
1999		1.8	13.5	11.1	
2000	11.2	1.6	12.2	10.3	25.6
2001	10.5	1.5	11.6	9.6	23.4
2002	9.5	1.4	10.5	8.6	22.3
2003	8.3	1.2	9.3	7.4	19.1
2004	8.1	1.0	9.0	7.0	20.0
2005	7.3	1.0	7.8	6.7	18.1
2006	6.6	0.9	7.0	5.9	16.6
2007	6.4	0.8	6.9	5.3	16.3
2008	6.3	0.8	6.7	5.1	16.0
2009	6.1	0.7	6.5	5.1	14.9
2010	5.8	0.7	6.0	4.9	14.0
2011	5.9	0.7	6.1	4.9	13.2
2012	5.9	0.6	6.2	4.8	12.7
2013	5.5	0.6	5.7	4.7	11.8
2014	5.3	0.5	5.5	4.4	11.5
2015	5.2	0.5	5.5	4.3	11.1
2016	5.0	0.4	5.2	4.2	10.6
2017	4.5	0.4	4.7	3.7	9.6
2018	4.2	0.3	4.5	3.5	8.8

表 10　长三角地区主要年份地区生产总值中第二产业比重　　单位:%(按当年价格计算)

年　份	长三角	上海市	江苏省	浙江省	安徽省
1990		64.7	48.9	45.1	
1991		61.6	49.6	45.4	
1992		60.8	52.4	47.5	
1993		59.4	53.3	51.1	
1994		57.7	53.9	52.0	
1995		56.8	52.7	52.1	
1996		54.0	51.2	53.3	
1997		51.6	51.1	54.5	
1998		49.3	50.6	54.8	
1999		47.5	50.9	54.6	
2000	49.1	46.4	51.9	53.3	36.4
2001	48.9	46.2	51.9	51.8	38.7
2002	49.0	45.8	52.8	51.1	38.0
2003	50.7	48.1	54.6	52.5	39.1
2004	51.7	48.4	56.4	53.6	38.8
2005	52.4	47.5	56.8	53.4	42.0
2006	52.9	47.2	56.7	54.1	44.4
2007	52.4	44.8	55.9	54.1	45.8
2008	52.0	43.5	55.2	53.9	47.4
2009	50.1	40.2	54.3	51.6	48.8
2010	50.3	42.3	52.9	51.1	52.1
2011	49.8	41.6	51.8	50.5	54.3
2012	48.6	39.2	50.7	48.9	54.6
2013	47.2	36.6	49.2	47.8	54.0
2014	46.3	35.0	48.0	47.7	53.1
2015	44.2	32.2	46.4	45.9	49.8
2016	42.5	29.8	44.8	44.8	48.1
2017	42.5	30.5	45.0	43.0	47.5
2018	41.8	29.8	44.5	41.8	46.1

表11　长三角地区主要年份地区生产总值中第三产业比重　　单位：%(按当年价格计算)

年　份	长三角	上海市	江苏省	浙江省	安徽省
1990		30.9	26.0	30.0	
1991		34.6	28.9	32.1	
1992		36.1	29.2	33.4	
1993		38.1	30.3	32.5	
1994		39.9	29.2	31.7	
1995		40.8	30.5	32.4	
1996		43.7	32.3	32.5	
1997		46.3	33.4	32.3	
1998		48.8	34.9	33.2	
1999		50.7	35.6	34.2	
2000	39.8	52.0	35.9	36.4	38.0
2001	40.6	52.3	36.5	38.6	37.9
2002	41.5	52.8	36.7	40.3	39.8
2003	41.1	50.7	36.1	40.1	41.8
2004	40.1	50.6	34.6	39.4	41.3
2005	40.3	51.5	35.4	39.9	40.0
2006	40.5	51.9	36.2	40.0	39.1
2007	41.3	54.4	37.2	40.6	37.9
2008	41.7	55.7	38.1	41.0	36.5
2009	43.8	59.1	39.3	43.4	36.4
2010	43.9	57.0	41.1	44.0	33.9
2011	44.3	57.7	42.1	44.6	32.5
2012	45.5	60.1	43.1	46.3	32.7
2013	47.3	62.8	45.1	47.5	34.2
2014	48.4	64.4	46.5	47.9	35.4
2015	50.6	67.3	48.1	49.8	39.1
2016	52.5	69.8	50.0	51.0	41.3
2017	53.0	69.2	50.3	53.3	42.9
2018	54.0	69.9	51.0	54.7	45.1

表 12　长三角地区主要年份地区生产总值构成中工业比重　　单位：%(按当年价格计算)

年　份	长三角	上海市	江苏省	浙江省	安徽省
1989		62.1	45.4	40.8	
1990		60.1	44.8	40.2	
1991		57.6	45.3	40.2	
1992		57.1	47.7	42.3	
1993		55.7	48.4	45.5	
1994		54.0	49.3	46.2	
1995		52.4	47.9	46.3	
1996		49.2	45.9	47.4	
1997		46.6	45.2	48.8	
1998		44.0	43.9	49.2	
1999		42.8	44.0	49.2	
2000	45.2	42.0	45.0	48.0	30.5
2001	44.6	41.7	45.2	46.1	32.7
2002	44.7	41.4	46.0	45.5	31.7
2003	46.5	44.1	48.3	46.0	32.0
2004	47.8	44.7	50.3	47.1	31.3
2005	48.4	43.8	51.0	47.3	34.3
2006	48.9	43.5	51.3	48.3	36.7
2007	48.3	41.5	50.7	48.5	38.2
2008	47.7	39.9	49.7	48.1	39.6
2009	44.7	36.3	48.2	45.4	40.4
2010	44.6	38.4	47.0	45.0	43.8
2011	43.9	37.9	45.9	44.4	46.2
2012	42.7	35.5	44.8	42.9	46.6
2013	41.4	33.1	43.3	41.9	46.2
2014	40.5	31.7	42.1	41.7	45.4
2015	38.5	29.0	40.7	40.1	42.1
2016	37.3	26.8	39.4	39.5	40.8
2017	37.3	27.4	39.6	37.6	40.4
2018	36.4	26.6	39.0	36.5	38.9

表 13　长三角地区主要年份地区生产总值中建筑业比重　　单位:%(按当年价格计算)

年　份	长三角	上海市	江苏省	浙江省	安徽省
1989		4.8	4.3	4.7	
1990		4.6	4.1	4.9	
1991		4.0	4.3	5.1	
1992		3.7	4.7	5.2	
1993		3.7	4.9	5.6	
1994		3.7	4.5	5.8	
1995		4.4	4.8	5.9	
1996		4.8	5.3	5.9	
1997		5.1	5.9	5.7	
1998		5.3	6.7	5.6	
1999		4.7	6.9	5.4	
2000	5.8	4.4	6.9	5.3	5.9
2001	5.9	4.5	6.7	5.7	5.9
2002	5.9	4.4	6.8	5.6	6.3
2003	6.0	4.0	6.3	6.5	7.1
2004	5.9	3.7	6.1	6.5	7.5
2005	5.7	3.7	5.8	6.1	7.6
2006	5.4	3.7	5.4	5.8	7.7
2007	5.2	3.3	5.2	5.6	7.6
2008	5.5	3.6	5.5	5.8	7.8
2009	6.0	3.9	6.0	6.2	8.4
2010	6.0	3.9	5.9	6.2	8.3
2011	5.9	3.7	5.9	6.1	8.2
2012	5.9	3.7	5.9	6.0	8.0
2013	5.9	3.6	5.9	5.9	7.9
2014	5.9	3.5	5.9	6.1	7.9
2015	5.7	3.3	5.7	6.0	7.7
2016	5.4	3.1	5.4	5.5	7.3
2017	5.6	3.2	5.4	5.5	7.2
2018	5.4	3.3	5.6	5.5	7.3

表 14　长三角地区生产总值项目结构(增加值)(2018 年)

单位:亿元

指　　标	长三角	上海市	江苏省	浙江省	安徽省
地区生产总值	211479.24	32679.87	92595.40	56197.15	30006.82
第一产业	8851.11	104.37	4141.72	1967.01	2638.01
第二产业	88329.03	9732.54	41248.52	23505.88	13842.09
工业	76970.10	8694.95	36111.64	20499.57	11663.94
建筑业	11520.23	1071.75	5148.45	3098.81	2201.22
第三产业	114299.10	22842.96	47205.16	30724.26	13526.72
交通运输、仓储和邮政业				2082.45	985.8
信息传输、软件和信息技术服务业					
批发和零售业				6709.27	2006.9
住宿和餐饮业				1321.03	543.7
金融业			7461.86	3931.99	2064.6
房地产业			5269.76	3508.09	1897.5
租赁和商务服务业					
科学研究和技术服务业					
水利、环境和公共设施管理业					
居民服务、修理和其他服务业					
教育					
卫生和社会福利业					
文化、体育和娱乐业					
公共管理、社会保障和社会组织					

第二章　长三角地区重要社会发展指标

表 15　长三角地区总人口基本情况　　单位:万人

年　份	长三角	上海市	江苏省	浙江省	安徽省
2010	21575.51	2302.66	7869.34	5446.51	5957.0
2011	21677.26	2347.46	7898.80	5463.00	5968.0
2012	21765.41	2380.43	7919.98	5477.00	5988.0
2013	21882.64	2415.15	7939.49	5498.00	6030.0
2014	21976.74	2425.68	7960.06	5508.00	6083.0
2015	22074.57	2415.27	7976.30	5539.00	6144.0
2016	22204.30	2419.70	7998.60	5590.00	6196.0
2017	22359.63	2418.33	8029.30	5657.00	6255.0
2018	22535.08	2423.78	8050.70	5737.00	6323.6

表 16　长三角地区劳动就业基本情况(2018 年)

指　　标	长三角	上海市	江苏省	浙江省	安徽省
从业人员合计(万人)	14347.86	1375.66	4750.90	3836.00	4385.3
第一产业(万人)	2597.18	40.83	764.89	437.86	1353.6
第二产业(万人)	5450.31	422.82	2033.39	1730.80	1263.3
第三产业(万人)	6300.37	912.01	1952.62	1667.34	1768.4
年末城镇登记失业人数(万人)		19.41	34.37		28.1
年末城镇登记失业率(%)		3.57	3.0	2.60	2.8

表 17　长三角地区从业人员基本情况　　单位:万人

年　份	长三角	上海市	江苏省	浙江省	安徽省
2010	13531.46	1090.76	4754.68	3636.02	4050.0
2011	13657.57	1104.33	4758.23	3674.11	4120.9
2012	13773.07	1115.50	4759.53	3691.24	4206.8
2013	14113.43	1368.91	4759.89	3708.73	4275.9
2014	14151.61	1365.63	4760.83	3714.15	4311.0
2015	14195.76	1361.51	4758.50	3733.65	4342.1
2016	14243.06	1365.24	4756.22	3760.00	4361.6
2017	14304.35	1372.65	4757.80	3796.00	4377.9
2018	14347.86	1375.66	4750.90	3836.00	4385.3

表 18　长三角地区年末尚有失业人员

单位:万人

年　份	长三角	上海市	江苏省	浙江省	安徽省
2010	128.01	27.73	40.65	31.13	28.5
2011	137.35	27.33	41.45	31.67	36.9
2012	137.33	27.05	40.47	33.41	36.4
2013	138.41	26.37	37.61	34.93	39.5
2014	134.64	25.63	36.57	33.14	39.3
2015	125.41	24.81	36.01	33.69	30.9
2016	123.72	24.26	35.21	33.85	30.4
2017		22.06	34.69		29.0
2018		19.41	34.37		28.1

表 19　长三角地区人民生活水平情况(2018 年)

指　　标	上海市	江苏省	浙江省	安徽省
就业				
上海市	江苏省	浙江省	安徽省	
城镇居民家庭每户就业人口(人)	1.18	1.60	1.55	
每一城镇就业者负担人数(人)	2.16	1.85	1.85	1.81
城镇登记失业率(%)	3.57	2.97	2.60	2.83
收入与支出				
城镇居民人均可支配收入(元)	68034	47200	55574	34393.08
城镇居民生活消费支出(元)	46015	29462	34598	21522.72
农村居民人均可支配收入(元)	30375	20845	27302	13996.02
农村居民生活消费支出(元)	19965	16567	19707	12748.08
职工年平均工资(元)	105176	86590	88883	74378
人均储蓄存款余额(元)	117871		79854	
生活质量				
居民家庭恩格尔系数(%)		26.1		
城镇居民恩格尔系数(%)		26.1		31.00
人均住房面积(平方米)	37.0	50.2		
农村人均住房面积(平方米)		56.4	65.44	52.94
城市公用事业				
用水普及率(%)	99.99	100	100.00	99.75
人均公共绿地面积(平方米)	8.20	14.70	13.73	14.67
文化、教育和卫生				
文化				
城镇每百户拥有彩色电视机(台)	175	171.3	172	132.91

续表

指　　标	上海市	江苏省	浙江省	安徽省
农村每百户拥有彩色电视机(台)	162	149.9	176	129.12
农村每百户家用电脑拥有量(台)	37	34.5	45.54	25.6
城镇每百户家用电脑拥有量(台)	107	77.6	86.43	66.16
居民家庭文教娱乐支出比重(%)	11.6	10.3	10.28	
城市	11.9	10.6	10.6	11.02
教育				
每万人口在校学生数(人)				
大学生数	214	248.5	192.09	225
中学生数	244	402.3	530.64	633
小学生数	330	696.1	628.50	730
平均每一教师负担学生(人)				
大学	12	17.2	17.37	18.2
中学	10	11.8	12.62	13.7
小学	14	17.7	17.14	18.3
卫生				
每万人拥有医生数(人)	31	29.0	33.5	20.05
居民家庭医疗保健支出比重(%)	7.1	8.1	6.99	
城市	7.0	7.7	6.61	6.59

表 20　长三角地区农村居民人均可支配收入基本情况　　单位:元

年　份	上海市	江苏省	浙江省	安徽省
2010	13746	9067	11303	5285
2011	15644	10744	13071	6232
2012	17401	12133	14552	7160
2013	19208	13521	17494	8098
2014	21192	14958	19373	9916
2015	23205	16257	21125	10821
2016	25520	17606	22866	11720
2017	27825	19158	24956	12758
2018	30375	20845	27302	13996

表 21　长三角地区城镇居民家庭人均可支配收入基本情况　　单位:元

年　份	上海市	江苏省	浙江省	安徽省
2010	31838	22273	27359	15788
2011	36230	25570	30971	18606
2012	40188	28808	34550	21024
2013	43851	31585	37080	23114

续表

年　份	上海市	江苏省	浙江省	安徽省
2014	47710	34346	40393	24839
2015	52962	37173	43714	26936
2016	57692	40152	47237	29156
2017	62596	43622	51261	31640
2018	68034	47200	55574	34393

表 22　长三角地区城镇居民家庭恩格尔系数

单位:%

年　份	上海市	江苏省	浙江省	安徽省
2010	33.5	36.5	34.3	38.0
2011	35.5	36.1	34.6	39.8
2012	36.8	35.4	35.1	38.7
2013	34.9	34.7	34.4	39.1
2014	35.0	28.5		33.3
2015		28.1		33.7
2016		28.0		32.5
2017		27.5		32.1
2018		26.1		31.0

表 23　长三角地区城镇居民家庭基本情况(2018 年)

指　　标	上海市	江苏省	浙江省	安徽省
基本情况				
调查户数(户)		4630		
平均每户家庭人口(人)	2.54	3.0	2.87	3.0
平均每户就业人口(人)	1.18	1.6	1.55	
平均每一就业人口负担人数(人)	2.16	1.9	1.85	1.81
平均每户就业面(%)		54.0	54.01	
人均家庭总收入				
人均可支配收入(元)	68034	47200	55574	34393.08
人均家庭总支出				
人均消费性支出	46015	29462	34598	21522.72
#食品	11104	7687	9371	6672.05
衣着	2139	1926	2232	1661.08
家庭设备用品及服务	2205	1786	1967	1321.35
医疗保健	3222	2273	2287	1419.32
交通通讯	5108	3820	5010	2630.35
娱乐教育文化服务	5491	3129	3684	2372.43
居住	15376	8104	9154	4909.87

表 24　长三角地区农村居民家庭基本情况(2018 年)

指　　标	上海市	江苏省	浙江省	安徽省
基本情况				
调查户数(户)		1970		
平均每户家庭人口(人)	2.39	2.9	2.93	3.08
平均每户就业人口(人)	1.28	1.8	1.84	
平均每一就业人口负担人数(人)	1.87	1.7	1.59	1.75
人均家庭总收入				
人均可支配收入(元)	30375	20845	27302	13996
人均家庭总支出				
人均消费性支出	19965	16567	19707	12748.08
#食品		4338	5966	4208.26
衣着		812	1018	635.01
家庭设备用品及服务		939	1053	772.45
医疗保健		1530	1627	1036.65
交通通讯		2960	2953	1556.14
娱乐教育文化服务		1547	1788	1271.11
居住		4130	4993	3013.25

表 25　长三角地区房地产投资主要指标(2018 年)

指　　标	上海市	江苏省	浙江省	安徽省
房屋建筑面积(万平方米)				
施工面积	14672.37	62673.47	44537.06	41128.3
#住宅	7520.39	46328.92	27437.16	29191.1
竣工面积	3115.76	8536.27	5189.67	4488.4
#住宅	1730.27	6360.00	3047.84	3184.2
商品房销售情况				
房屋销售面积(万平方米)	1767.01	13484.21	9755.49	10038.4
商品房销售额(亿元)	4751.50		14089.85	7076.95

表 26　长三角地区商品零售价格指数　　(上年=100)

年　份	上海市	江苏省	浙江省	安徽省
2010	101.7	103.2	103.9	103.2
2011	104.1	104.6	105.5	105.3
2012	101.2	102.1	101.9	102.1
2013	100.2	101.4	101.0	101.2
2014	100.9	101.6	100.9	100.4
2015	101.1	100.6	99.9	99.7
2016	100.8	100.8	101.0	100.8

续表

年　份	上海市	江苏省	浙江省	安徽省
2017	100.9	101.9	101.4	101.7
2018	101.6	102.6	102.1	101.9

表 27　长三角地区居民消费价格指数　(上年＝100)

年　份	上海市	江苏省	浙江省	安徽省
2010	103.1	103.8	103.8	103.1
2011	105.2	105.1	105.4	105.6
2012	102.8	102.6	102.2	102.3
2013	102.3	102.3	102.3	102.4
2014	102.7	102.2	102.1	101.6
2015	102.4	101.7	101.4	101.3
2016	103.2	102.3	101.9	101.8
2017	101.7	101.7	102.1	101.2
2018	101.6	102.3	102.3	102.0

表 28　长三角地区主要年份农业总产值　单位：当年价格亿元

年　份	长三角	上海市	江苏省	浙江省	安徽省
2010	4935.57	159.98	2256.99	1041.30	1477.30
2011	5584.83	169.82	2622.67	1152.04	1640.30
2012	6134.73	176.80	2942.11	1229.36	1786.46
2013	6568.05	177.93	3137.14	1336.79	1916.19
2014	6914.18	175.46	3325.67	1385.96	2027.09
2015	7358.52	167.86	3675.87	1434.71	2080.08
2016	7402.32	146.58	3663.42	1455.29	2137.03
2017	7647.04	146.40	3764.73	1494.49	2241.42
2018	7656.73	150.09	3735.02	1517.96	2253.66

注：2007—2018 年农林牧渔业产值及其中项农业与牧业已根据第三次全国农业普查核定数据进行了修订。

表 29　长三角地区主要年份林业总产值　单位：当年价格亿元

年　份	长三角	上海市	江苏省	浙江省	安徽省
2010	340.33	7.58	78.12	119.35	135.28
2011	416.68	7.73	92.81	134.07	182.07
2012	461.16	9.77	99.75	142.14	209.50
2013	491.71	9.80	107.30	141.54	233.07
2014	557.08	8.83	118.18	147.00	283.07
2015	583.13	12.30	129.09	151.63	290.11
2016	591.77	13.21	129.33	158.15	291.08
2017	641.28	15.31	136.73	170.16	319.08
2018	673.00	15.80	147.25	177.01	332.94

表 30 长三角地区主要年份渔业总产值 单位:当年价格亿元

年 份	长三角	上海市	江苏省	浙江省	安徽省
2010	1649.47	54.25	805.25	522.18	267.79
2011	2087.82	57.14	1060.44	655.75	314.49
2012	2332.48	60.84	1235.40	687.05	349.19
2013	2571.25	63.35	1351.11	757.97	398.82
2014	2689.68	66.02	1426.74	779.36	417.56
2015	2860.56	55.67	1517.51	855.86	431.52
2016	3037.37	50.31	1621.88	899.07	466.11
2017	3137.31	58.39	1623.43	979.28	476.21
2018	3313.00	56.21	1707.87	1043.27	505.65

表 31 长三角地区主要年份畜牧业总产值 单位:当年价格亿元

年 份	长三角	上海市	江苏省	浙江省	安徽省
2010	2265.84	65.72	921.90	448.42	829.80
2011	2857.95	83.82	1188.32	546.33	1039.48
2012	2926.46	79.75	1223.48	549.04	1074.19
2013	2968.52	79.52	1219.09	546.18	1123.73
2014	2867.42	81.96	1179.22	472.23	1134.01
2015	2972.73	80.84	1257.92	426.18	1207.79
2016	3182.18	80.17	1326.67	455.60	1319.74
2017	2912.13	61.17	1157.98	371.29	1321.69
2018	2787.27	48.32	1091.31	331.80	1315.84

表 32 长三角地区主要年份粮食产量 单位:万吨

年 份	长三角	上海市	江苏省	浙江省	安徽省
2010	7311.06	132.12	3284.99	686.24	3207.71
2011	7290.96	121.95	3357.10	676.41	3135.50
2012	7491.26	122.39	3431.55	648.22	3289.10
2013	7435.74	114.15	3440.82	601.17	3279.60
2014	7655.37	112.89	3523.04	603.61	3415.83
2015	8367.99	112.08	3594.71	583.97	4077.23
2016	7624.23	99.55	3542.44	564.84	3417.40
2017	8310.43	99.78	3610.80	580.14	4019.71
2018	8370.41	103.74	3660.28	599.14	4007.25

表 33 长三角地区主要年份棉花产量 单位:万吨

年 份	长三角	上海市	江苏省	浙江省	安徽省
1980		7.62	41.81	8.29	

续表

年　份	长三角	上海市	江苏省	浙江省	安徽省
1990		1.22	46.42	6.42	
2000	62.99	0.12	31.45	2.92	28.50
2010	54.43	0.36	26.08	2.23	25.76
2011	65.05	0.48	24.68	2.29	37.60
2012	53.79	0.38	22.04	1.97	29.40
2013	48.15	0.39	20.93	1.72	25.11
2014	43.83	0.12	15.95	1.43	26.33
2015	27.55	0.04	11.69	1.07	14.75
2016	23.01	0.03	3.69	0.83	18.46
2017	11.79	0.02	2.57	0.60	8.6
2018	11.73	0.01	2.06	0.81	8.85

表 34　长三角地区主要年份油料产量

单位：万吨

年　份	长三角	上海市	江苏省	浙江省	安徽省
1980		9.60	38.64	28.86	
1990		18.20	112.39	48.35	
2000	584.96	16.37	225.65	57.88	285.06
2010	345.83	2.45	127.78	39.47	176.13
2011	371.90	1.86	116.44	39.85	213.75
2012	381.30	1.73	113.58	38.30	227.69
2013	375.81	1.50	111.10	37.78	225.43
2014	364.86	1.28	104.12	30.66	228.80
2015	302.02	1.18	98.04	31.35	171.45
2016	330.38	0.90	88.67	25.98	214.83
2017	267.68	0.76	85.36	26.90	154.66
2018	274.22	0.71	86.04	29.43	158.04

表 35　长三角地区农业现代化情况（2018 年）

指　　标	长三角	上海市	江苏省	浙江省	安徽省
农业机械化情况					
机耕面积（千公顷）	14889.12	285.30	6194.34	919.97	7489.51
机械收获面积（千公顷）	13209.51	104.90	5087.14	768.53	7248.94
农村电气化情况					
农村用电量（亿千瓦小时）			1933.14	1008.31	180.79
农用物资使用情况					
化肥施用量（折纯量）（万吨）	690.33	8.37	292.45	77.76	311.75
农用塑料薄膜使用量（万吨）	29.74	1.48	11.61	6.87	9.78
农药使用量（万吨）	21.07	0.32	6.96	4.37	9.42

表 36　长三角地区规模以上工业企业单位数(2018 年)　　单位:个

项　目	长三角	上海市	江苏省	浙江省	安徽省
总　计			45675	41541	18775
按轻重工业分					
轻工业			17371	20697	8366
重工业			28304	20844	10409
按行业分					
制造业			45002	40741	18092
农副食品加工业			1453	670	1608
食品制造业			416	322	482
酒、饮料和精制茶制造业			166	212	385
烟草制品业			6	1	5
纺织业			4188	4609	678
纺织服装、服饰业			2109	2427	1022
皮革、毛皮、羽毛及其制品和制鞋业			530	1611	329
木材加工和木、竹、藤、棕、草制品业			1054	673	584
家具制造业			303	898	311
造纸和纸制品业			544	933	224
印刷和记录媒介复制业			601	603	330
文教、工美、体育和娱乐用品制造业			1228	1205	538
石油加工、炼焦和核燃料加工业			141	63	43
化学原料和化学制品制造业			3294	1557	968
医药制造业			681	430	480
化学纤维制造业			706	590	47
橡胶和塑料制品业			2139	2509	1097
非金属矿物制品业			2596	1734	2077
黑色金属冶炼和压延加工业			759	564	133
有色金属冶炼和压延加工业			943	744	219
金属制品业			3460	2787	1087
通用设备制造业			4094	4455	1146
专用设备制造业			3076	1865	917
汽车制造业			1896	2129	884
铁路、船舶、航空航天和其他运输设备制造业			840	534	160
电气机械和器材制造业			4078	4076	1223
计算机、通信和其他电子设备制造业			2542	1441	647
仪器仪表制造业			884	582	149
其他制造业			136	343	122
废弃资源综合利用业			128	135	186

续表

项目	长三角	上海市	江苏省	浙江省	安徽省
金属制品、机械和设备修理业			11	39	11
电力、燃气及水的生产和供应业			617	673	373
电力、热力的生产和供应业			364	412	226
燃气的生产和供应业			111	101	78
水的生产和供应业			142	160	69

表 37 长三角地区规模以上工业企业主营业务收入(2018 年) 单位:亿元

项目	长三角	上海市	江苏省	浙江省	安徽省
总计	276522.98	38886.41	128085.59	72342.96	37208.02
按登记注册类型分					
内资企业		15564.56	82309.88		33167.86
港、澳、台商投资企业	30324.23	5179.58	15784.41	7290.41	2069.83
外商投资企业	57536.61	18142.27	29991.29	7432.73	1970.32
按行业分					
制造业	258939.69	37142.95	121781.69	66159.16	33855.89
农副食品加工业	6409.46	382.14	3010.16	882.33	2134.83
食品制造业	2697.20	733.34	859.06	506.36	598.44
酒、饮料和精制茶制造业	2320.02	145.11	1118.49	478.53	577.89
烟草制品业	2750.56	931.73	594.24	873.39	351.20
纺织业	10137.86	204.61	4973.31	4258.86	701.08
纺织服装、服饰业	5936.33	363.44	2639.13	2060.40	873.36
皮革、毛皮、羽毛及其制品和制鞋业	2204.51	177.22	563.12	1073.54	390.63
木材加工和木、竹、藤、棕、草制品业	1931.99	53.56	872.60	443.67	562.16
家具制造业	1897.78	337.36	310.68	977.06	272.68
造纸和纸制品业	3663.36	293.57	1416.56	1606.57	346.66
印刷和记录媒介复制业	1694.80	200.67	693.44	450.21	350.48
文教、工美、体育和娱乐用品制造业	3996.58	575.60	1815.49	1188.24	417.25
石油加工、炼焦和核燃料加工业	5853.82	1378.78	2178.62	1734.16	562.26
化学原料和化学制品制造业	24405.96	3360.83	12318.14	6635.08	2091.91
医药制造业	6608.67	846.58	3431.34	1433.20	897.55
化学纤维制造业	5593.56	24.89	2678.21	2791.24	99.22
橡胶和塑料制品业	7513.70	954.64	2695.57	2541.59	1321.90
非金属矿物制品业	9802.36	679.76	3784.29	2689.31	2649.00
黑色金属冶炼和压延加工业	14626.34	1731.79	8849.40	2112.81	1932.34
有色金属冶炼和压延加工业	10182.36	392.41	3739.29	2817.06	3233.60
金属制品业	10909.53	1081.97	5649.27	2805.93	1372.36
通用设备制造业	17197.18	3151.51	7817.61	4747.70	1480.36

续表

项　目	长三角	上海市	江苏省	浙江省	安徽省
专用设备制造业	10189.96	1343.35	5833.37	1899.39	1113.85
汽车制造业	23127.33	8334.23	7023.03	5360.91	2409.16
铁路、船舶、航空航天和其他运输设备制造业	4077.12	683.98	2601.42	635.18	156.54
电气机械和器材制造业	26969.23	2394.83	13620.90	7263.69	3689.81
计算机、通信和其他电子设备制造业	30186.69	5675.34	17448.26	4449.88	2613.21
仪器仪表制造业	4476.06	432.86	2971.00	920.47	151.73
其他制造业	520.53	52.60	138.86	225.24	103.83
废弃资源综合利用业	772.99	38.94	127.07	246.31	360.67
金属制品、机械和设备修理业	285.88	185.34	9.76	50.85	39.93
电力、燃气及水的生产和供应业	15799.92	1736.81	5871.42	6044.95	2146.74
电力、热力的生产和供应业	13498.41	1234.98	5151.53	5218.73	1893.17
燃气的生产和供应业	1746.12	401.97	540.98	614.47	188.70
水的生产和供应业	555.38	99.85	178.91	211.75	64.87

表 38　长三角地区规模以上工业企业利润总额(2018 年)　　单位:亿元

项　目	长三角	上海市	江苏省	浙江省	安徽省
总　计	19156.14	3350.44	8491.89	4649.59	2664.22
按登记注册类型分					
内资企业		1430.14	5340.54		2424.39
港、澳、台商投资企业	2156.93	326.86	1151.63	594.07	84.37
外商投资企业	4285.17	1593.44	1999.72	536.56	155.45
按行业分					
制造业	18045.88	3273.29	8049.71	4312.27	2410.61
农副食品加工业	287.29	15.68	118.30	31.63	121.68
食品制造业	230.08	68.25	77.86	44.40	39.57
酒、饮料和精制茶制造业	350.69	4.82	204.84	48.34	92.69
烟草制品业	371.47	232.02	90.24	43.52	5.69
纺织业	488.17	9.75	225.21	203.76	49.45
纺织服装、服饰业	335.38	6.75	151.27	127.82	49.54
皮革、毛皮、羽毛及其制品和制鞋业	110.23	10.63	29.97	35.50	34.13
木材加工和木、竹、藤、棕、草制品业	124.14	2.07	55.04	26.90	40.13
家具制造业	113.41	39.80	15.43	35.78	22.40
造纸和纸制品业	214.99	13.04	92.04	78.71	31.20
印刷和记录媒介复制业	119.34	16.47	51.22	24.94	26.71
文教、工美、体育和娱乐用品制造业	242.15	35.14	116.51	57.72	32.78
石油加工、炼焦和核燃料加工业	377.72	108.50	105.50	135.44	28.28
化学原料和化学制品制造业	2069.06	420.56	919.81	540.10	188.59

续表

项　目	长三角	上海市	江苏省	浙江省	安徽省
医药制造业	856.46	110.34	446.12	225.82	74.18
化学纤维制造业	282.25	0.44	136.07	136.95	8.79
橡胶和塑料制品业	443.07	63.47	162.79	117.53	99.28
非金属矿物制品业	944.62	52.12	282.57	235.93	374.00
黑色金属冶炼和压延加工业	1017.57	163.61	595.12	106.71	152.13
有色金属冶炼和压延加工业	296.09	14.50	163.38	48.82	69.39
金属制品业	575.93	55.43	302.89	115.55	102.06
通用设备制造业	1310.92	210.41	640.20	341.61	118.70
专用设备制造业	815.76	121.47	451.36	157.32	85.61
汽车制造业	2166.70	1077.68	502.79	509.68	76.55
铁路、船舶、航空航天和其他运输设备制造业	243.76	12.85	226.75	—4.59	8.75
电气机械和器材制造业	1651.67	183.33	812.43	378.98	276.93
计算机、通信和其他电子设备制造业	1437.50	152.39	766.91	372.75	145.45
仪器仪表制造业	469.86	52.16	290.01	110.54	17.15
其他制造业	31.66	5.32	6.74	9.10	10.50
废弃资源综合利用业	56.54	7.19	9.71	14.71	24.93
金属制品、机械和设备修理业	11.38	7.10	0.61	0.30	3.37
电力、燃气及水的生产和供应业	936.95	75.80	418.73	317.45	124.97
电力、热力的生产和供应业	724.34	49.55	296.65	284.85	93.29
燃气的生产和供应业	144.07	14.96	89.95	19.73	19.43
水的生产和供应业	68.55	11.30	32.13	12.87	12.25

表 39　长三角地区规模以上工业企业利税总额(2018 年)　　单位:亿元

项　目	长三角	上海市	江苏省	浙江省	安徽省
总　计		5323.07		7695.04	
按登记注册类型分					
内资企业		2618.04			
港、澳、台商投资企业		529.28		861.42	
外商投资企业		2175.76		765.69	
按行业分					
制造业		5188.22		7136.91	
农副食品加工业		20.48		48.06	
食品制造业		101.79		66.73	
酒、饮料和精制茶制造业		14.43		79.24	
烟草制品业		953.62		436.16	
纺织业		13.71		362.21	
纺织服装、服饰业		12.29		208.93	

续表

项　目	长三角	上海市	江苏省	浙江省	安徽省
皮革、毛皮、羽毛及其制品和制鞋业		14.27		78.17	
木材加工和木、竹、藤、棕、草制品业		4.14		43.57	
家具制造业		48.31		77.70	
造纸和纸制品业		22.51		166.63	
印刷和记录媒介复制业		24.40		42.82	
文教、工美、体育和娱乐用品制造业		41.38		100.51	
石油加工、炼焦和核燃料加工业		351.25		367.84	
化学原料和化学制品制造业		512.22		726.74	
医药制造业		160.78		329.83	
化学纤维制造业		0.89		184.84	
橡胶和塑料制品业		86.16		200.97	
非金属矿物制品业		71.73		356.21	
黑色金属冶炼和压延加工业		194.09		152.37	
有色金属冶炼和压延加工业		17.19		104.01	
金属制品业		84.98		204.56	
通用设备制造业		282.87		516.02	
专用设备制造业		150.15		234.14	
汽车制造业		1488.48		736.75	
铁路、船舶、航空航天和其他运输设备制造业		28.54		18.67	
电气机械和器材制造业		232.82		587.42	
计算机、通信和其他电子设备制造业		163.44		506.53	
仪器仪表制造业		61.53		151.38	
其他制造业		7.47		17.98	
废弃资源综合利用业		9.09		27.57	
金属制品、机械和设备修理业		13.20		2.35	
电力、燃气及水的生产和供应业		132.42		527.97	
电力、热力的生产和供应业		99.93		479.74	
燃气的生产和供应业		17.15		25.23	
水的生产和供应业		15.34		23.00	

表 40　长三角地区建筑业总产值

单位:亿元

年　份	长三角	上海市	江苏省	浙江省	安徽省
2010	31781.95	4300.19	12405.90	12210.90	2864.96
2011	38480.44	4586.28	15122.74	15171.80	3599.62
2012	45153.43	4843.44	18423.55	17656.00	4230.44
2013	52716.03	5102.84	21990.84	20658.80	4963.55
2014	58746.70	5499.94	24592.93	23170.90	5482.93

续表

年　份	长三角	上海市	江苏省	浙江省	安徽省
2015	60675.62	5652.47	24785.81	24541.40	5695.94
2016	63538.96	6046.19	25791.76	25653.90	6047.11
2017	69211.97	6426.42	27956.71	27999.17	6829.67
2018	75517.17	7112.32	30846.66	29669.74	7888.45

表 41　长三角地区交通运输基本情况(2018 年)

指　　标	长三角	上海市	江苏省	浙江省	安徽省
运输线路长度(公里)					
铁路营业里程	10551	466	3033.00	2777	4275
公路通车里程	501323	13106	158729	120662	208826
＃高速公路	14804	836	4711	4421	4836
内河航道里程	41830	1973	24362	9766	5729
客运量总计(万人)	308556	21497	121884	101516	63659
铁路	67407	12267	21204	21630	12306
公路	222959	3151	97025	72013	50770
水运	7278	158	2383	4497	240
民用航空	10911	5921	1272	3375	343
旅客周转量(亿人公里)	6327.78	2325.82	1692.14	1103.66	1206.16
货物运输量总计(万吨)	1029933	107387	247388	268530	406628
铁路	18099	468	5971	3728	7932
公路	629196	39595	139251	166533	283817
水运	367737.1	66906	87735	98219	114877.1
货物周转量(亿吨公里)	56263.61	23258	9684.01	11537.91	11783.69
民用车辆拥有量(万辆)	5414.46	423.13	1987.16	1775.89	1318.60
＃民用汽车拥有量	4530.45	393.42	1783.23	1533.73	820.07
＃载客汽车	4100.24	358.37	1652.10	1391.32	698.45
载货汽车	397.76	32.87	116.24	136.78	111.87
＃私人汽车	3899.27	302.17	1537.62	1347.21	712.27
港口货物吞吐量(万吨)	551861.97	73048	258469	169210	51134.97

表 42　长三角地区客运量基本情况

单位:万人

年　份	长三角	上海市	江苏省	浙江省	安徽省
1980		2369	34002	28454	
1990		3835	48339	60347	
2000	300303	6893	107244	124133	62033
2010	627697	13456	226627	228017	159597
2011	678613	13519	247405	231900	185789
2012	730955	14547	268371	234366	213671

续表

年　份	长三角	上海市	江苏省	浙江省	安徽省
2013	431870	15933	152172	136790	126975
2014	444885	17560	156016	131486	139823
2015	372936	18571	153943	113315	87107
2016	342972	19564	134605	107377	81426
2017	325529	20855	127952	107293	69429
2018	308556	21497	121884	101516	63659

表 43　长三角地区铁路客运量基本情况　　单位:万人

年　份	长三角	上海市	江苏省	浙江省	安徽省
1980		1692	3364	2421	
1990		2476	4788	3018	
2000	14774	2980	4891	3909	2994
2010	28992	6095	9711	7634	5552
2011	31215	6198	10598	8439	5980
2012	33625	6758	11757	8725	6385
2013	39196	7972	13435	10579	7210
2014	45361	9194	15374	12821	7972
2015	49167	9692	16116	14806	8553
2016	56538	10609	17814	17766	10349
2017	62743	11617	19786	19870	11470
2018	67407	12267	21204	21630	12306

表 44　长三角地区公路客运量基本情况　　单位:万人

年　份	长三角	上海市	江苏省	浙江省	安徽省
1980		200	26463	19326	
1990		605	41850	51083	
2000	279217	2482	101713	116996	58026
2010	588889	3634	215850	215708	153697
2011	637005	3477	235673	218415	179440
2012	686511	3748	255358	220517	206888
2013	379893	3720	135555	121185	119433
2014	385342	3754	137270	112915	131403
2015	308695	3766	134553	92304	78072
2016	270451	3402	113493	83033	70523
2017	245449	3419	104566	80099	57365
2018	222959	3151	97025	72013	50770

表 45　长三角地区水运客运量基本情况

单位：万人

年　份	长三角	上海市	江苏省	浙江省	安徽省
1980		446	4175	6702	
1990		555	1701	6214	
2000	4851	539	514	2938	860
2010	3969	85	590	3155	139
2011	4278	78	579	3466	155
2012	4273	66	594	3454	159
2013	5701	68	2454	3111	68
2014	6412	90	2563	3581	178
2015	6531	113	2392	3841	185
2016	6607	172	2272	3950	213
2017	7144	176	2431	4284	253
2018	7278	158	2383	4497	240

表 46　长三角地区民用航空客运量基本情况

单位：万人

年　份	长三角	上海市	江苏省	浙江省	安徽省
1995		567	48	235	
2000	1461	892	126	290	153
2010	5846	3642	476	1520	208
2011	6115	3766	555	1580	214
2012	6545	3974	662	1670	239
2013	7080	4173	728	1915	264
2014	7770	4522	809	2169	270
2015	8543	5000	882	2364	297
2016	9375	5381	1025	2628	341
2017	10194	5644	1169	3040	341
2018	10911	5921	1272	3375	343

表 47　长三角地区货运量基本情况

单位：万吨

年　份	长三角	上海市	江苏省	浙江省	安徽省
1980		20037	16527	9577	
1990		22848	49399	33474	
2000	257810	47954	90436	74884	44536
2010	668250	81023	188558	170563	228106
2011	760045	93318	212594	185717	268416
2012	829197	94376	231295	191084	312442
2013	869890	91535	194048	187915	396392

续表

年　份	长三角	上海市	江苏省	浙江省	安徽省
2014	928182	90341	208623	194918	434300
2015	849354	91239	211648	200711	345756
2016	883907	88689	215651	215018	364549
2017	976763	97257	234092	241993	403421
2018	1029933	107387	247388	268530	406628

表 48　长三角地区铁路货运量基本情况

单位：万吨

年　份	长三角	上海市	江苏省	浙江省	安徽省
1980		4484	3420	1523	
1990		1257	4235	1691	
2000	13560	1055	4077	1955	6473
2010	23312	959	6374	3888	12091
2011	24843	888	7282	4166	12507
2012	24158	825	7223	3847	12263
2013	23103	694	6806	4037	11566
2014	20675	549	6090	3548	10488
2015	19027	471	5066	3332	10158
2016	18372	461	5335	3332	9244
2017	18637	472	5720	3513	8932
2018	18099	468	5971	3728	7932

表 49　长三角地区公路货运量基本情况

单位：万吨

年　份	长三角	上海市	江苏省	浙江省	安徽省
1980		7284	4427	3012	
1990		8714	27904	22879	
2000	175173	28369	59056	55008	32740
2010	451442	40890	123500	103394	183658
2011	511609	42685	140803	108654	219467
2012	569461	42911	153696	113393	259461
2013	554797	43809	103709	107186	300093
2014	589530	42848	114449	117010	315223
2015	507174	40627	113351	122547	230649
2016	534746	39055	117166	133999	244526
2017	601049	39743	128915	151920	280471
2018	629196	39595	139251	166533	283817

表 50　长三角地区水运货运量基本情况

单位:万吨

年　份	长三角	上海市	江苏省	浙江省	安徽省
1980		8267	6482	5042	
1990		12864	15908	8904	
2000	67585	18442	25902	17921	5320
2010	183118	38803	48702	63258	32355
2011	212712	49389	54012	72872	36439
2012	223474	50302	58639	73817	40716
2013	239318	46697	70909	76662	45050
2014	304765	46583	75328	74267	108587
2015	309857	49770	80343	74797	104947
2016	316523	48787	79314	77646	110776
2017	342815	56619	85668	86513	114015
2018	367737	66906	87735	98219	114877

表 51　长三角地区民用车辆拥有量(2018 年)

单位:万辆

指　　标	长三角	上海市	江苏省	浙江省	安徽省
合　　计	5504.78	423.13	1987.16	1775.89	1318.60
汽车	4530.45	393.42	1783.23	1533.73	820.07
载客汽车	4100.24	358.37	1652.10	1391.32	698.45
#轿车	2826.54	235.85	1166.15	963.74	460.80
载货汽车	397.76	32.87	116.24	136.78	111.87
摩托车	676.98	20.57	188.62	215.44	252.35
拖拉机	335.10	1.00	83.98	18.86	231.26

表 52　长三角地区私人车辆拥有量(2018 年)

单位:万辆

指　　标	长三角	上海市	江苏省	浙江省	安徽省
民用汽车	4150.60	302.17	1537.62	1347.21	963.60
载客汽车	3689.10	301.26	1475.00	1262.18	650.66
轿车	2603.64	209.53	1066.82	891.81	435.48
载货汽车	192.63	0.65	53.46	83.11	55.41
摩托车	668.39	19.94	184.77	212.85	250.83

表 53　长三角地区邮电业务基本情况(2018 年)

指　　标	长三角	上海市	江苏省	浙江省	安徽省
邮电业务总量(亿元)	17118.86	2256.96	5861.83	6425.51	2574.56
函件(亿件)	11.02	5.74	2.26	2.62	0.40
特快专递(亿件)	189.77	33.54	43.89	101.11	11.23
报刊期发数(万份)			969.35		488

续表

指　　标	长三角	上海市	江苏省	浙江省	安徽省
年末固定电话用户(万户)	3697.90	663.19	1364.00	1153.49	517.22
年末移动电话用户(万户)	27361.06	3722.28	9794.00	8309	5535.78
固定互联网用户(万户)	8435.20	772.92	3351.87	2648	1662.41
邮路及农村投递路线总长度(万公里)	642.24	5.45	48.43	559.04	29.32
邮电通信工具拥有量					
长途光缆线路长度(公里)		10967	40366	29002	

表 54　长三角地区社会消费品零售总额

单位:亿元

年　份	长三角	上海市	江苏省	浙江省	安徽省
1980		80.43	122.56	74.87	
1990		333.86	515.43	353.75	
1995		1050.96	1741.92	1472.66	
2000		1865.28	2908.46	2553.59	
2005	15137.55	2979.50	5735.50	4645.85	1776.70
2010	34480.44	6186.58	13606.34	10387.02	4300.50
2011	40677.54	7185.83	16058.31	12532.80	4900.60
2012	46136.70	7840.40	18411.11	14199.59	5685.60
2013	52450.70	8556.96	20878.20	15970.84	7044.70
2014	58553.90	9303.49	23458.07	17835.34	7957.00
2015	64701.01	10131.50	25876.77	19784.74	8908.00
2016	71624.69	10946.57	28707.12	21970.80	10000.20
2017	78984.45	11745.96	31737.41	24308.48	11192.60
2018	83007.04	12668.69	33230.35	25007.90	12100.10

表 55　长三角地区批发和零售总额

单位:亿元

年　份	长三角	上海市	江苏省	浙江省	安徽省
1980		70.28	114.35	69.62	
1990		265.67	472.72	321.45	
1995		864.01	1573.01	1360.01	
2000		1493.13	2583.19	2235.01	
2005		2637.29	5051.70	4033.32	
2010	30705.69	5494.69	12207.18	9231.22	3772.60
2011		6446.61	14320.87		4321.40
2012		7039.16	16448.83		5005.50
2013		7714.96	18694.85		6225.50
2014		8414.81	21229.55		7032.90
2015		9116.93	23414.30		7912.10

续表

年 份	长三角	上海市	江苏省	浙江省	安徽省
2016		9874.15	25899.14		8914.20
2017		10596.67	28610.25		9781.75
2018		11471.62	29801.39		10577.50

表 56 长三角地区住宿和餐饮业总额

单位:亿元

年 份	长三角	上海市	江苏省	浙江省	安徽省
1980		3.41	4.72	2.86	
1990		17.08	24.17	15.90	
2000		134.12	269.59	237.67	
2005		342.21	583.09	534.85	
2010	3440.24	691.89	1147.99	1072.46	527.90
2011		739.22	1359.27		579.20
2012		801.24	1588.08		680.10
2013		842.00	1788.44		819.20
2014		888.68	2040.85		924.10
2015		1014.57	2263.56		995.87
2016		1072.42	2591.25		1086.06
2017		1149.29	2891.36		1410.87
2018		1197.07	3428.96		1522.50

表 57 长三角地区限额以上批发和零售业法人企业数(2018 年)

单位:个

项 目	长三角	上海市	江苏省	浙江省	安徽省
总 计	56419	7082	22302	19601	7434
#国有及国有控股			922	941	335
批发业	35103	5158	13717	13794	2434
#国有及国有控股			660	479	210
按登记注册类型分					
内资企业	32559	3415	13256	13476	2412
国有企业	286	28	193	28	37
集体企业	53	4	34	10	5
股份制企业	23	2	3	17	1
私营企业	25404	2243	10629	11133	1399
港、澳、台商投资企业	910	562	193	147	8
外商投资企业	5864	1181	268	171	4244
按行业分					
农、林、牧产品批发		77	599		
食品、饮料及烟草制品批发		437	909	762	
纺织、服装及家庭用品批发		709	1986	4102	

续表

项　目	长三角	上海市	江苏省	浙江省	安徽省
文化、体育用品及器材批发		177	347	592	
医药及医疗器材批发		267	516	465	
矿产品、建材及化工产品批发		1943	6835	5404	
机械设备、五金交电及电子产品批发		1339	1981	1985	
贸易经纪与代理		90	163	85	
其他批发		119	381	227	
零售业	21316	1924	8585	5807	5000
＃国有及国有控股			262	462	125
按登记注册类型分					
内资企业	20540	1623	8349	5619	4949
国有企业	104	32	38	22	12
集体企业	151	14	85	29	23
股份制企业	74	10	10	46	8
私营企业	14440	818	6301	3979	3342
港、澳、台商投资企业	453	175	136	100	42
外商投资企业	323	126	100	88	9
按行业分					
综合零售		225	737	472	
食品、饮料及烟草制品专门零售		124	923	348	
纺织、服装及日用品专门零售		304	545	289	
文化、体育用品及器材专门零售		114	544	225	
医药及医疗器材专门零售		123	440	301	
汽车、摩托车、燃料及零配件专门零售		721	3181	2562	
家用电器及电子产品专门零售		103	1041	572	
五金、家具及室内装修材料专门零售		78	610	200	
货摊、无店铺及其他零售业		132	564	838	

表 58　长三角地区限额以上批发和零售业产业活动单位(2018 年)　　单位:个

项　目	长三角	上海市	江苏省	浙江省	安徽省
总　计		32399	44498		
＃国有及国有控股			5087		
批发业		12223	17131		
＃国有及国有控股			1653		
按登记注册类型分					
内资企业		5829	16439		
国有企业		51	357		
集体企业		7	70		

续表

项　　目	长三角	上海市	江苏省	浙江省	安徽省
股份制企业		2	16		
私营企业		3145	12091		
港、澳、台商投资企业		2929	373		
外商投资企业		3465	319		
按行业分					
农、林、牧产品批发		108	714		
食品、饮料及烟草制品批发		1453	1211		
纺织、服装及日用品批发		3743	2370		
文化、体育用品及器材批发		486	382		
医药及医疗器材批发		560	938		
矿产品、建材及化工产品批发		2945	8660		
机械设备、五金交电及电子产品批发		2591	2208		
贸易经纪与代理		130	166		
其他批发		207	482		
零售业		20176	27367		
＃国有及国有控股			3434		
按登记注册类型分					
内资企业		12200	25008		
国有企业		80	117		
集体企业		109	236		
股份制企业		58	10		
私营企业		5232	14278		
港、澳、台商投资企业		3694	576		
外商投资企业		4282	1783		
按行业分					
综合零售		5328	4257		
食品、饮料及烟草制品专门零售		2929	3296		
纺织、服装及日用品专门零售		7354	1255		
文化、体育用品及器材专门零售		897	1136		
医药及医疗器材专门零售		1655	7927		
汽车、摩托车、燃料及零配件专门零售		1045	5872		
家用电器及电子产品专门零售		490	2109		
五金、家具及室内装修材料专门零售		156	681		
无店铺及其他零售		322	834		

表 59　长三角地区限额以上批发和零售业从业人员(2018 年)　　单位:人

项　目	长三角	上海市	江苏省	浙江省	安徽省
总　计	3041001	872203	993271	800946	374581
♯国有及国有控股			100211	85924	54574
批发业	1510334	506351	465668	419663	118652
♯国有及国有控股			62153	47065	31924
按登记注册类型分					
内资企业	1097963	193479	398873	393757	111854
国有企业	36885	1576	15921	8934	10454
集体企业	1705	129	748	441	387
股份制企业	722	51	211	410	50
私营企业	598675	85947	214035	254364	44329
港、澳、台商投资企业	150159	109438	23013	15154	2554
外商投资企业	259854	203434	43782	10752	1886
按行业分					
农、林、牧产品批发		2660	20412		
食品、饮料及烟草制品批发		67761	60806	66256	
纺织、服装及日用品批发		137406	111838	133915	
文化、体育用品及器材批发		16478	14936	16436	
医药及医疗器材批发		63748	70303	36744	
矿产品、建材及化工产品批发		67560	112828	93709	
机械设备、五金交电及电子产品批发		139439	61958	60614	
贸易经纪与代理		2945	3000	1666	
其他批发		8354	9587	5778	
零售业	1530667	365852	527603	381283	255929
♯国有及国有控股			38058	38859	22650
按登记注册类型分					
内资企业	1162793	169957	418601	335324	238911
国有企业	7182	1620	3301	723	1538
集体企业	5513	949	2760	1172	632
股份制企业	1716	196	144	1173	203
私营企业	622768	71545	239767	191687	119769
港、澳、台商投资企业	195549	91172	66923	23441	14013
外商投资企业	172325	104723	42079	22518	3005
按行业分					
综合零售		85716	176861	99931	
食品、饮料及烟草制品专门零售		22627	36584	12470	
纺织、服装及日用品专门零售		152874	36977	39095	

续表

项　目	长三角	上海市	江苏省	浙江省	安徽省
文化、体育用品及器材专门零售		17277	23251	11905	
医药及医疗器材专门零售		12976	43593	30367	
汽车、摩托车、燃料及零配件专门零售		43659	133208	121115	
家用电器及电子产品专门零售		10999	44416	26461	
五金、家具及室内装修材料专门零售		5336	12385	5446	
无店铺及其他零售		14388	20328	34493	

表 60　长三角地区对外经济主要指标(2018 年)

单位:亿美元

指　标	长三角	上海市	江苏省	浙江省	安徽省
进出口总额		5156.49	6640.43	28511.56(亿元)	629.74
进口总额		3084.79	2599.99	7337.06(亿元)	267.65
初级产品			334.24	2672.80(亿元)	128.28
工业制成品			2118.86	4664.26(亿元)	139.37
出口总额		2071.70	4040.44	21174.50(亿元)	362.09
初级产品			58.58	668.54(亿元)	22.23
工业制成品			3786.02	20505.97(亿元)	339.86
合同外商直接投资项目(个)	12853	5597	3348	3529	379
合同外商直接投资	1565.91	469.37	605.22	430.57	60.75
实际外商直接投资	785.33	173.00	255.92	186.39	170.02
接待海外旅游者(万人次)	2358.36	893.71	400.85	456.76	607.04
外国人	1628.06	685.90	264.69	323.41	354.06
港澳台同胞	730.3	207.81	136.16	133.35	252.98
旅游外汇收入(亿美元)	178.03	73.71	46.48	25.96	31.88

表 61　长三角地区合同外商直接投资项目(2018 年)

单位:个

指　标	长三角	上海市	江苏省	浙江省	安徽省
合　计	12853	5597	3348	3529	379
合资经营企业	3399	1014	1157	1035	193
合作经营企业	16	5	10		1
独资经营企业	9381	4566	2162	2473	180

表 62　长三角地区合同外商直接投资金额(2018 年)

单位:亿美元

指　标	长三角	上海市	江苏省	浙江省	安徽省
合　计	1565.91	469.37	605.22	430.57	60.75
合资经营企业	338.65	91.87	147.28	83.72	15.78
合作经营企业	4.09	−2.51	4.88		1.72
独资经营企业	1203.66	377.19	447.06	336.81	42.60

表 63　长三角地区实际外商直接投资金额(2018 年)　　单位:亿美元

指　　标	长三角	上海市	江苏省	浙江省	安徽省
合　计	785.33	173.00	255.92	186.39	170.02
合资经营企业	204.03	33.85	75.96	41.28	52.94
合作经营企业	4.77	0.10	2.82		1.85
独资经营企业	547.14	131.11	175.30	133.11	107.62

表 64　长三角地区接待海外旅游者人数和收入(2018 年)

项　目	长三角	上海市	江苏省	浙江省	安徽省
接待人数(人次)	23583608	8937100	4008509	4567577	6070422
外国人	16280615	6859000	2646909	3234062	3540644
日本	2171584	1132300	485023	311413	242848
新加坡	556959	237700	80237	79867	159155
美国	1939311	986300	283482	336958	332571
加拿大		243100	96223	76308	
英国	527812	241400	63952	92006	130454
法国	467990	225700	52513	65746	124031
德国	692090	329400	114272	110937	137481
意大利		125100	44863	66556	
澳大利亚		252900	93621	71190	
港澳台同胞	7302992	2078100	1361600	1333514	2529778
旅游外汇收入(亿美元)	178.03	73.71	46.48	25.96	31.88

表 65　长三角地区国内旅游者人数　　单位:万人次

年　份	长三角	上海市	江苏省	浙江省	安徽省
2010	101830.60	21463.00	35518.60	29500.00	15349.0
2011	121058.81	23079.00	41150.01	34295.00	22534.8
2012	139884.51	25094.00	46437.41	39124.00	29229.1
2013	154570.30	25991.00	51539.20	43439.00	33601.1
2014	169705.12	26818.00	57113.32	47875.00	37898.8
2015	186438.35	27569.00	61933.65	52532.00	44403.7
2016	206942.19	29621.00	67779.99	57300.00	52241.2
2017	231627.31	31845.00	74287.31	62868.00	62627.0
2018	255932.84	33977.00	81422.84	68386.00	72147.0

表 66　长三角地区保险业务主要指标(2018 年)　　单位:亿元

指　　标	长三角	上海市	江苏省	浙江省	安徽省
保费收入	8206.00	1405.79	3317.28	2273.20	1209.73
财产险	2579.52	485.09	858.81	826.82	408.80

续表

指　　标	长三角	上海市	江苏省	浙江省	安徽省
#机动车辆保险			653.34	618.17	330.29
人身险	5626.47	920.70	2458.47	1446.37	800.93
人身意外伤害险			78.11	68.28	26.05
健康险			395.04	264.00	162.83
寿险			1985.32	1114.09	612.05
各项赔款和给付	2759.40	581.56	996.72	761.88	419.24
财产险	1497.25	271.62	512.53	490.33	222.77
#机动车辆保险			410.85	379.84	179.10
人身险	1262.13	309.93	484.19	271.55	196.46
人身意外伤害险			23.89	17.08	5.48
健康险			104.40	76.64	63.80
寿险			355.90	177.83	127.18

表 67　长三角地区科研机构数(2018 年)

单位:个

指　　标	长三角	上海市	江苏省	浙江省	安徽省
科技机构数(个)	45680	2923	24728	11808	6221
#科研单位	418	106	130	92	90
大中型工业企业	33177	2556	22469	2850	5302
高等院校		123	1219	846	

表 68　长三角地区三种专利申请受理量(2018 年)

单位:件

项　目	长三角	上海市	江苏省	浙江省	安徽省
申请受理量合计	1413493	150233	600306	455526	207428
#发明	513402	62755	198801	143064	108782
实用新型			294090	219176	86914
外观设计			107415	93286	11732

表 69　长三角地区三种专利授权量(2018 年)

单位:件

项　目	长三角	上海市	江苏省	浙江省	安徽省
授权量合计	763795	92460	306996	284592	79747
#发明	110746	21331	42019	32550	14846
实用新型			200333	172435	55445
外观设计			64644	79607	9456

表 70　长三角地区文化艺术和文物事业机构情况(2018 年)

单位:个

项　目	长三角	上海市	江苏省	浙江省	安徽省
艺术业		314	999		2969
#艺术表演团体	5348	254	662	1573	2859

续表

项　目	长三角	上海市	江苏省	浙江省	安徽省
图书馆业	368	23	116	103	126
群众文化服务业		239	1379		1559
文化馆、站	4289	214	1264	1374	1437
文化馆	362	24	115	101	122
艺术教育业	25	1	13	7	4
文艺科研	27	2	7	7	11
文物业	1415	142	439	528	306
博物馆	998	131	329	337	201

表 71　长三角地区教育事业基本情况(2018 年)

指　　标	长三角	上海市	江苏省	浙江省	安徽省
学校数(所)					
普通高等学校	450	64	167	109	110
普通中学	9425	833	2765	2333	3494
小学	16032	721	4103	3300	7908
特殊教育	290	30	102	85	73
专任教师(万人)					
普通高等学校	28.55	4.46	11.64	6.34	6.11
普通中学	78.11	5.93	28.64	19.79	23.75
小学	83.26	5.68	31.61	21.04	24.93
特殊教育	0.91	0.13	0.35	0.26	0.17
招生数(万人)					
普通高等教育	153.32	20.64	62.74	33.95	35.99
研究生	18.58	6.30	6.91	2.98	2.39
本专科生	134.74	14.34	55.83	30.97	33.60
普通中学	319.57	18.51	115.44	79.74	105.88
小学	268.44	18.25	102.23	66.18	81.78
特殊教育	1.18	0.06	0.27	0.35	0.50
在校学生(万人)					
普通高等教育	500.00	69.47	200.08	110.19	120.26
研究生	51.75	17.69	19.46	8.25	6.35
本专科生	448.26	51.78	180.63	101.94	113.91
普通中学	937.94	59.07	323.84	238.39	316.64
小学	1457.87	80.02	560.44	360.57	456.84
特殊教育	7.24	0.44	1.7	1.95	3.15
毕业生数(万人)					

续表

指　　标	长三角	上海市	江苏省	浙江省	安徽省
普通高等教育	136.79	17.50	53.87	30.13	35.29
研究生	12.83	4.25	4.74	2.07	1.77
本专科生	123.96	13.25	49.13	28.06	33.52
普通中学	279.93	13.62	93.60	72.13	100.58
小学	221.61	15.03	81.62	56.73	68.23
特殊教育	0.78	0.07	0.21	0.30	0.20

表 72　长三角地区卫生事业机构数(2018 年)　　单位:个

项　目	长三角	上海市	江苏省	浙江省	安徽省
总　计	96232	5298	33253	32755	24926
医院	4645	364	1853	1288	1140
综合医院	2482	176	1028	555	723
中医院	441	19	138	171	113
中西结合医院	104	10	37	33	24
专科医院	1329	121	474	472	262
疗养院	35	4	14	13	4
社区卫生服务中心	11008	1038	2769	5310	1891
卫生院	4753	1162	1057	1168	1366
门诊部	5112	917	1932	1831	432
专科疾病防治院(所、站)	118	16	41	16	45
疾病预防控制中心(防疫站)	356	19	117	100	120
卫生监督所	335	17	104	102	112
医学科学研究机构	34	9	9	6	10

第六篇

重要文献

扫码阅读

上海市关于促进资源高效率配置推动产业高质量发展的若干意见

提高资源配置效率效能是产业高质量发展的应有之义。当前，上海城市发展处于经济动能转换的关键阶段，资源环境约束趋紧，需要建立以创新发展提质增效为核心的资源高效率配置制度，盘活存量资源，加快腾笼换鸟，着力提高经济密度和投入产出效率。为此，现就本市促进资源高效率配置，推动产业高质量发展提出如下若干意见：

一、明确总体要求

（一）指导思想

按照习近平总书记关于"提高资源配置效率效能、推动资源向优质企业和产品集中"和"积极稳妥腾退化解旧产能，为新动能发展创造条件、留出空间，实现腾笼换鸟、凤凰涅槃"的指示，以高质量发展为引领，加快推动质量变革、效率变革和动力变革，着力提升城市能级和核心竞争力。主动服务国家战略，围绕上海建设国际经济、金融、贸易、航运、科技创新中心和打响"四大品牌"的要求，以产业发展规划为引领，以资源利用效率为标准，以"腾笼换鸟"政策创新为支撑，推动存量产业用地有效盘活和高效利用，努力把上海建设成为世界一流水平、引领未来发展、具有国际竞争力和影响力的全球卓越制造基地，努力走出符合超大城市规律的产业高质量发展新路。

（二）基本原则

1. 坚持规划统筹

加强产业规划与空间规划的有机衔接，围绕功能定位优化空间布局，协同推进产业提质增效与城市空间优化，打造一批集中度和显示度高的特色产业聚集区。

2. 坚持绩效导向

实施资源利用效率评价，以评促转，以评促优。坚持用市场化法治化手段，促进生产要素的合理流动和优化组合，加大淘汰落后产能的力度，引进优质企业，加快"腾笼换鸟"，实现"凤凰涅槃"，推动经济高质量发展。

3. 坚持标准引领

建立产业高质量发展评价体系，提升产业质量优势。明确项目优选标准，对新引入项目，实施分区分类引导，严把土地供应和产业准入关。建立园区开发运营主体考评激励制度，优化开发运营机制，提高园区品质。

4. 坚持有序推进

坚持点面结合，滚动调整。聚焦一批重点园区整体转型升级，为高精尖产业落地提供高质量资源供给。鼓励局部和零星转型升级，因地制宜，提升产业能级。

二、加强产业规划布局统筹

（一）加强产业战略引领

承接国家战略要求，聚焦科技创新中心建设，推动产业一体化发展。超前布局未来前沿产业，在生命健康、人工智能、量子通信、空天海洋等领域加强布局。加快培育战略性新兴产业，聚焦发展新一代信息技术、智能制造装备、生物医药与高端医疗器械、新能源与智能网联汽车、航空航天、新材料、节能环保等产业，加快形成产业发展新动能。改造提升传统优势产业，加快推动汽车、船舶、钢铁、化工、都市等产业升级改造，提升核心竞争力。

（二）加快编制产业地图

围绕资源禀赋，绘制产业地图，形成品牌和特色，进一步提高产业发展集中度和显示度，对标国际一流，打造世界级产业集群。市级统筹全市产业规划布局，编制和落实产业地图，在产业功能定位、空间结构优化、重大项目招引、增量资源配置、产业跨区合作等方面加强政策聚焦。区级强化区域发展资源和招商引资工作统筹，着力发展优势产业，在产业准入、土地供应、资源利用效率评价、存量土地盘活利用等方面做好工作引导。镇级弱化优化招商引资职能并做好安商稳商服务，着力做好参与本区域规划编制、土地清腾、企业服务和监管等工作。

（三）深化区域分类指导

按照工业向规划产业区块集中的要求，深化落实“产业基地一产业社区一零星工业用地”三级产业空间布局体系，加强产业用地保障，建设先进制造业特色园区和产业集群。依托张江、紫竹、漕河泾、市北、杨浦、嘉定、临港、松江 G60 科创走廊等高新技术产业园区、大学城和重要产业基地，建设产业创新功能集聚区和科创城区。顺应产城融合和产业融合发展趋势，发展量多面广、规模适宜的嵌入式创新空间，为新兴产业和小微科创企业提供成长空间。

三、实施资源利用效率评价制度

（一）建立资源利用效率评价制度

以用地、用水、用能、污染排放等单位资源要素产出率和科技创新、劳动效率等创新要素生产率为主要内容，对存量工业用地进行资源利用效率评价。市级统筹部署，区级负责实施，在市级评价办法指导下，各区因地制宜制定具体评价办法，结合规划引导、行业特征和企业特点等因素，设定资源利用效率评价分类分档标准，并综合考虑区域特色产业、品牌、专利、环保、安全等奖惩因素，设立加分、降级、一票否决等调整规则。

（二）实施差别化政策指导

以评价结果为依据，建立资源要素差别化配置机制。市级部门在产业准入、技术改造、土地供应、财税、电价、环保、金融服务等方面深化差别化政策指导，扶优汰劣，协同推进资源合理配置。各区结合招商引资统筹机制，加强评价结果应用，以评价结果为参照，在新增土地供应、土地全生命周期管理、企业技术改造、产业结构调整、存量土地二次开发等工作中对资源利用高效的区域和企业予以重点支持。

（三）加大空间优化治理力度

对资源利用效率高的区域、行业和企业，引导资源高效优配，提升发展品质。对资源低效利用相对集中的片区，加大产业结构调整和“腾笼换鸟”力度。将城市开发边界外的现状低效工业用地逐步纳入低效用地减量，城市开发边界内、产业区块外的现状低效用地逐步纳入城市更新和产业融合发展，产业区块的片区逐步纳入整体调整和产业升级的范围。对零星低效存量土地，鼓励其按照规划要求，纳入收储或自主转型。

四、建立高质量发展标准体系

（一）严格产业项目准入和结构调整管理

进一步加强产业引导，更新本市产业用地指南，提供重点行业产业项目的开发和产出强度标准，作为核定项目用地规模、实施项目准入或退出评估的工作指引。各区着力优化本区产业项目准入统筹和落地机制，加强全生命周期管理，开展资源利用效率评价。进一步推进产业结构调整，实施高于国家要求的产业结构调整负面清单，提高存量企业调整筛选标准，重点淘汰高能耗、高污染、高风险企业，压减低技术劳动密集型、低端加工型、低效用地型等一般制造业企业。

（二）制定产业高质量发展指标体系

以产业地图为引导，以资源利用效率评价制度为基础，对标国际最高标准和最好水平，从产出效率、科技创新、品质品牌等维度综合考量，分类制定各产业领域高质量发展指引，建立指标体系动态调整机制，引导资源要素聚焦关键环节和薄弱领域，促进全产业链整体跃升，全面提高经济的投入产出效率。

（三）建立产业园区高质量发展评价机制

着力塑造园区品牌，加强园区运营监管，实施园区开发主体名录制备案管理。开展园区开发主体综合评价，围绕产业集聚发展、创新创业、资源利用、投资环境等维度建立指标体系并定期开展评价，评价结果与园区主体认定等工作相挂钩。支持各类优秀市场主体参与园区整体转型升级和零星地块盘活利用，促进资源和创新要素的流动和集聚。

五、加快存量低效用地转型升级

（一）聚焦全市产业重点区域着力打造“产业新区”

大力实施“3＋5＋X”区域整体转型高质量发展战略，推动临港、虹桥、世博三大地区与吴泾、高桥、南大、吴淞、桃浦五大重点整体转型区域，以及金山第二工业区、星火开发区等X个区级整体转型区域，发挥资源禀赋和区域特色优势，前瞻布局高端高新产业，引进高质量优质项目，打造成为土地高效利用、产业集群发展、高经济密度的产业高质量发展新标杆。积极探索产业重点区域的新机制、新模式和新政策，聚焦规划土地、产融对接、平台建设、产业生态圈等关键领域，创新政策和制度供给，先行先试推动整体区域转型升级。市级建立推动产业重点区域发展的领导机制，统筹协调全局性、重大性政策安排及战略性、功能性项目落地工作；各区建立具体工作推进机制。

（二）聚焦低效园区实施整体转型“腾笼换鸟”

各郊区可结合产业功能定位情况和资源利用效率评价结果，选择至少一个低效产业园区，作为区级重点功能区域，市、区联动推进整体转型升级。坚持特色产业规划，突出产业集群布局，为高质量发展腾出空间。各区制定推进低效工业园区整体转型升级三年行动计划。提高园区运营开发水平，引进优秀开发主体，鼓励品牌合作联动发展。多措并举推进转型升级，一方面鼓励采取回购、节余土地分割转让等市场化方式盘活存量，另一方面可探索发挥原业主的积极性，采取入股、合作开发方式，引导资源高效流动。

（三）支持零星工业用地转型升级

对未纳入整体转型区域的零星工业用地，在符合规划、用途管制、公益优先的前提下，充分发挥市场对资源配置的决定性作用，调动原权利人和各类开发主体的积极性，引导零星工业用地按照规划用途自行开发。鼓励各区围绕产业发展规划和资源利用效率评价结果，制定存量工业用地收储和收购计划，规范政府收购价格核定办法，对零星分散低效用地加大处置力度，化零为整，为引进优质项目腾出空间。

六、创新资源盘活利用政策

（一）创新空间规划政策

加强规划保障，稳定产业空间规划布局，保障工业、研发等产业用地需求，发展多层次、多样化的产业空间载体，支持实体经济发展。适应产业创新跨界融合发展趋势，建立宽松灵活的产业空间管理机制，鼓励发展产业综合体和产业创新体，研究土地复合混合开发利用等规划引导措施。强化空间集约利用，探索提高容积率上限、促进“产业上楼”等开发强度激励措施，支持配套设施集中混合设置、开发多层地下空间。加强城市更新指引，优化园区更新项目审批流程，突出产业功能引导，重点支持“退二优二”等产业提升类项目。

（二）优化土地盘活改造政策

制定低效用地再开发专项规划，加强对开发规模、布局、用途和时序的统筹，腾出的存量资源优先用于重大产业项目及优质存量企业的扩产扩能。优化工业用地土地储备机制，研究土地增值收益分配办法，各区可制定工业用地收储年度计划，土地权利人可向市、区土地储备机构申请土地使用权收储。探索带建筑储备、以楼换地、以股换地、以合并竞争方式确定项目投资主体和用地者等政策创新，优化存量土地收购政策，加大对园区开发运营主体的存量收购支持力度。在符合规划、不改变用途的前提下，鼓励原工业土地使用权人自主或联合改造开发。对传统工业转为先进制造业或与生产性服务业融合发展，以及工业企业、科研机构转型为生产性服务业等情况的，可享受在五年内不改变用地主体和规划条件的过渡期支持政策；过渡期满，需办理改变用地主体和规划条件手续时，除符合《划拨用地目录》的可保留划拨外，其余可以协议方式办理。

（三）探索财税支持政策

研究建立“腾笼换鸟”专项资金，适当提高产业结构调整专项资金的规模和补贴力度，支持存量土地二次开发工作。鼓励社会资本和基金参与产业园区“退二优二”和“腾笼换鸟”，并按照规定享受相关财政支持和税收优惠政策。

（四）加大产融对接支持力度

增强全球金融资源配置功能，推动全球功能性机构高度集聚，不断提升市场规模与能级。鼓励社会资本与功能性国资平台合作，设立园区转型升级基金，推动存量土地盘活，促进产城融合发展。在风险可控和商业可持续的前提下，拓展金融服务链条，在贷款授信、保险服务、投贷联动、多层次资本市场融资等方面对产业转型升级区域予以重点支持，推动科技金融创新。

（五）在重点功能区域开展政策创新试点

试点财政支持政策，由各区出资收储并经市政府认定的用于二次开发的工业用地，其土地出让收入全额缴入区级国库。试点规划土地创新支持政策，率先实施综合用地分类、合理确定开发强度、建设产业创新综合体、开展土地混合利用、加强规划弹性适应能力等措施。试点环保支持政策，对制造服务融合、产业功能复合、新兴业态混合的项目，优化环保评审准入制度，加强工作指引。

七、落实工作保障

（一）建立市、区“腾笼换鸟”专项工作推进机制

由市政府领导主抓，市发展改革委、市经济信息化委牵头推进整体统筹协调工作，并开展专项督查考核。市规划国土资源局负责为已明确产业规划定位的区块，包括留白区块，启动规划审批、制定办法和实施管理。市环保局负责环评源头预防和环保管理。市经济信息化委负责明确产业规划并推进特色产业集群发展。各相关部门负责制定和实施差别化政策。各区负责推动区域内的资源高效配置和“腾笼换鸟”工作。由市经济信息化委、市统计局牵头汇集法人库、空间地理信息库和经济社会发展综合数

据平台等相关信息，定期采集数据，推动市、区两级产业用地数据库建设。

（二）推动存量资源市场化流转

充分发挥市场作用促进资源高效配置，利用本市各类资源要素交易市场，推动土地、厂房等资源要素的流转交易。鼓励各区建设资源要素流转服务平台，推动资源要素与产业升级的供需对接。积极引导和规范企业进行工业用地的有序流转，严控工业地产炒作行为。对存量工业用地上的房屋用途改变、公司股权（结构）变更、房地产权属变更与转移、房屋出租等行为依法加强监管，确保符合产业发展、土地规划、环境保护、安全生产等各项要求。

（三）加强服务保障优化营商环境

聚焦“腾笼换鸟”过程中的“痛点”“堵点”问题，加大政策创新力度，持续推进“放管服”改革，激发市场活力和社会创造力。着力建设国际一流的营商环境，加强顶层设计，将资源要素保障能力作为营商环境的重要内容，优化存量资源配置，扩大优质增量供给，提高资源利用效率。稳定企业发展预期，为优质企业扩大投资、实施技改、获得增量要素资源提供精准服务。重视各区和企业的改革探索，在坚持标准的前提下留出一定空间，形成有利于各区改革和企业提质的环境条件，鼓励多种主体、多种形式的“腾笼换鸟”实践，增强发展活力。

上海市工业互联网产业创新工程实施方案

工业互联网作为新一代信息技术与制造业深度融合的产物，通过构建网络、平台、安全三大功能体系，打造人、机、物全面互联的智能化发展模式。加快建设和发展工业互联网，是顺应全球新一轮工业革命发展趋势、推动经济高质量发展的优先战略选择，是服务国家制造强国和网络强国战略、巩固提升实体经济能级、全力打响“上海制造”品牌的重要支撑。为加快推进本市工业互联网产业创新发展，制定本实施方案，实施期限为2018年—2020年。

一、明确总体要求

（一）指导思想

全面贯彻党的十九大精神，以习近平新时代中国特色社会主义思想为指导，落实《国务院关于深化“互联网＋先进制造业”发展工业互联网的指导意见》，根据《工业和信息化部上海市人民政府关于共同推进工业互联网创新发展促进制造业转型升级的战略合作框架协议》，加快发展先进制造业，推动互联网、大数据、人工智能和实体经济深度融合，为上海加快推进“五个中心”建设，促进长三角地区经济一体化发展、加速向全球卓越制造基地迈进奠定坚实基础。

（二）发展目标

到2020年，通过实施上海工业互联网“533”创新工程，即构建“网络、平台、安全、生态、合作”五大体系，落实“功能体系建设、集成创新应用、产业生态培育”三大行动，实现“全面促进企业降本提质增效、推动传统产业转型升级、助力国家在工业互联网发展中的主导力和话语权”三大目标，全力争创国家级工业互联网创新示范城市，并带动长三角世界级先进制造业集群发展。

——基本建成低时延、高可靠、广覆盖的工业互联网网络基础设施体系。5G、IPv6等新型网络技术在工业领域率先商用，工业互联网标识解析国家顶级节点在上海的建设任务基本完成，企业互联网专线和数据流量资费总体降低40％以上。

——建立多层次、系统化的工业互联网平台体系。培育1—2个具有国际竞争力的通用型工业互联网平台，打造15个以上面向重点产业、重点环节的行业级平台，形成50个以上针对特定行业、特定区域的企业级平台，实现千个工业APP加载、十万家企业上云上平台，显著带动工业转型升级。

——基本建立完备可靠的工业互联网安全保障体系。工业互联网安全保障能力显著提升，推动千家工业企业落实安全措施，百家重点企业落实检查评估、监测预警、通报应急等保障制度，打造十家工业互联网安全示范性标杆企业。

——基本建立工业互联协同创新与产业应用生态体系。工业互联网新模式、新业态、新产业加速涌现，创建十个以上创新实践示范基地，建设百个以上创新应用重点项目，培育百家工业互联网服务机构，配套建设试验验证、检验检测等应用型平台，制定工业互联网建设与评估等系列标准。

——基本建成全方位、立体化的工业互联网开放合作体系。以更加开放的胸怀持续推进工业互联网区域、部市和国际合作交流，率先建立长三角工业互联网平台，组建长三角工业互联网产业联盟，扩大工业互联网重大国家节点项目、产业基金对长三角的辐射带动效应。

二、开展功能体系建设行动

（一）夯实网络基础

1. 加快网络改造升级

全面推进在重点园区、产业集聚区及周边区域建设低时延、高可靠、广覆盖的基础网络。根据国家试点进程，加快5G网络覆盖和试商用。实施光纤宽带万兆进厂区，推进软件定义网络（SDN）等新技术部署。试点推进以IPv6、工业无源光网络（PON）、工业无线等技术升级企业内网，提高互联互通和网络适配能力，探索运用先进网络技术促进智能化生产和服务。

2. 推动网络提速降费

进一步提升工业网络速度、降低资费水平，特别是大幅降低中小企业互联网专线接入资费水平。鼓励基础电信运营商与工业企业加强合作，促进大中小企业网络融通发展，提供面向不同场景、不同需求的个性化、差异化资费套餐与服务模式。

3. 推进标识解析建设

落实标识解析国家顶级节点在上海的建设任务，加快标识解析在长三角地区的服务辐射能力。率先推动标识解析在船舶、汽车、化工等行业的试点应用，实现供应链系统和生产系统间精准对接，以及跨地区、跨行业的产品全生命周期管理，促进信息资源集成共享。

（二）加快平台培育

1. 推动平台梯度建设

通过分类施策、同步推进、动态调整，推动形成多层次、系统化的平台发展格局。以电信运营商、互联网企业等为主体，聚焦产业“横坐标”，建设跨地区、跨行业、跨领域的通用型平台，满足各类型企业数字化、网络化、智能化发展需求，降低企业信息化建设成本。以行业龙头企业为主体，聚焦产业“纵坐标”，建设面向重点产业、重点环节的行业级平台，通过人机互动、设备互联、数据流通实现生产资源优化配置、制造能力精准交易。以大型工业企业为主体，推动企业从单项应用向综合集成跨越，建设面向特定行业、特定区域的企业级平台，实现企业内部互联互通、高效协同，推动企业提质增效。

2. 提升平台核心能力

强化工业数据的核心驱动作用。加强平台资源集聚能力，有效整合研发设计、生产制造、设备运行与管理、工业电子商务等数据，实现互联互通、资源共享。聚焦平台数据创新应用，通过对工业数据的全面深度感知、实时动态传输与高级建模分析，形成面向不同行业和场景的工艺优化、流程优化、设备维护与事故风险预警等应用服务，实现企业生产与运营管理的智能控制、优化和决策。

3. 培育新型工业软件

支持工业软件云化发展，鼓励平台运营商、应用提供商、第三方软件商等构建新一代研发工具软件和业务系统软件。培育一批面向预测性维护、协同研发、全生命周期管理等特定应用和场景的基础共性、行业通用及企业专用的新型工业APP。鼓励平台开放共享工业知识、算法工具等微服务组件，打造工业互联网技术创新开源社区，逐步形成工业应用软件开发者创新生态。

（三）提升安全保障

1. 提升安全防护能力

加强工业互联网安全体系研究，建立涵盖设备、控制、网络、平台和数据的多层次工业互联网安全保障体系。引导企业提升工业互联网安全防护和应急处理能力，强化相关信息安全产品、解决方案在汽车、电力、水务、装备制造、轨道交通等行业试点示范应用。

2. 夯实安全保障基础

对照国际、国家工业安全标准，打造3～5家本市工业信息安全专业支撑机构，争取国家工业互联网安全资质授权。大力培育安全咨询、整改加固、产品认证、风险评估等社会化工业互联网安全服务发展，依托产业联盟、协会强化相关服务审查评估，规范相关安全服务有序开展。建立工业互联网安全应急保障工作机制，提升应急保障能力。

3. 发展工业信安产业

在普陀、宝山等基础较好的区域，建设国家级工业信息安全主题产业园区。围绕标识解析系统安全、工业控制系统安全、工业互联网平台安全、工业数据安全需求，推进攻击防护、漏洞挖掘、入侵发现、态势感知、安全审计、可信芯片等安全技术研发与产业化。

三、开展集成创新应用行动

（一）大型企业集成创新

1. 加大重点产业示范应用

聚焦工业互联网六类重点产业，抓住互联网化关键环节，培育产业发展新模式新动能。电子信息产业重点聚焦智能装配、智能包装与物流、智能检测与质量优化、个性化定制设计等，全面提升产品全生命周期管理水平。装备制造与汽车产业重点聚焦互联智能工厂、制造服务化、供应链协同、智能网联汽车等，全面提升工业生产自动化水平、设备运行效能和产品创新。生物医药产业重点聚焦生产状态在线监控、产品全流程追溯、大数据应用创新等，实现产品安全可控、研发快速高效。航空航天产业重点聚焦网络化协同研发、产品远程诊断、大数据应用创新等，全面提升骨干企业基于互联网的协同制造水平和在线增值服务能力。钢铁化工产业重点聚焦大数据应用创新、早期介入、产业交易生态圈等，推动全产业链集成创新和服务制造化转变。都市产业重点聚焦云制造、大规模个性化定制、众包众创等，推进都市产业领域的纵向集成和横向集成等多维度应用。

2. 激发企业“双创”活力

依托工业互联网搭建服务大众创业、万众创新和大中小企业融通发展的多层次应用格局。鼓励行业骨干企业开放供应链资源和市场渠道，输出数据采集、边缘计算、设备连接、生态搭建等能力，与中小企业通过专业分工、服务外包、订单生产等多种形式，建立协同创新、合作共赢的“双创”新模式。支持大型制造企业与互联网企业开展合资并购、投融资、品牌培育、工业电子商务、物流配送等领域合作，利用互联网优化供应链和服务链体系，不断增强工业资源配置优化能力。

（二）中小企业应用普及

1. 推动企业上云上平台

根据中小企业实际需求，推动开展计算资源、存储资源、网络资源、安全防护、办公桌面等基础设施及非核心业务系统上云上平台，促进企业降本增效。支持中小企业将研发设计、生产制造、运营管理等核心业务能力向平台迁移，实现企业内部互联互通、高效协同。通过上海市企业服务云、两化融合公共服务平台、工业互联网研发与成果转化功能型平台建设，加强对企业上云上平台的引导和资源对接。

2. 拓展企业深度应用场景

围绕企业之间的业务数据互联互通，推动企业核心业务、生产设备和关键环节等上云上平台，促进产业链、供应链高效协同和资源配置优化，实现企业业务流程再造和组织模式创新，并逐步向智能化生产、网络化协同、个性化定制、服务化延伸的工业互联网“新四化”模式升级。

四、开展产业生态培育行动

（一）加强产业创新

1. 促进关键技术研发

重点推进工业控制芯片、人工智能芯片、工业传感器、5G 物联网通信模块、工业智能硬件、现场数据采集与集成、工业数据分析、生产建模仿真等重点领域技术研发与应用。加快制造执行系统与产品全生命周期管理等工业软件研发和产业化。

2. 优化解决方案供给

面向产业转型升级需求，着力提升数据与工业知识、机理、经验的集成创新水平，形成一批面向工业智能软件和服务的整体解决方案。引导电信运营商、互联网企业、工业企业等转型发展，开展工业电子商务、供应链、相关金融信息等创新型生产性服务。

3. 融合新型信息技术

提升新一代信息技术与制造业融合创新能力。面向工业互联网未来发展，促进边缘计算、大数据、人工智能、增强现实、虚拟现实、区块链等前沿技术在工业互联网中的应用研究与探索，推动和引导制造业企业在研发创新、生产管理、质量控制、故障诊断等过程的改造焕新。

（二）优化发展生态

1. 推动产业集群发展

推动本市国家公告开发区、产业园区、生产性服务业功能区与工业互联网平台企业合作，打造工业互联网标杆园区，建设市级工业互联网创新实践基地。加快推动实践基地网络设施和安全保障能级提升，推进平台项目落地、集成创新应用与产业生态打造。进一步推动有条件的实践基地，申报国家级新型工业化产业示范基地。

2. 强化服务支撑能力

构建工业互联网服务资源库目录，加强供需精准对接。引导本市相关电信运营商、平台运营方、服务机构、第三方软件商、数据服务商及集成商等为各类型企业提供网络升级改造、“建平台”、上云上平台、工业 APP、数据挖掘、两化融合管理体系贯标、工控安全等专业化服务。

3. 创新金融服务方式

依托工业互联网产业发展基金，通过政府引导和市场化运作，加速工业互联网新技术、新产品、新模式产业孵化。鼓励银行业金融机构创新信贷产品，在依法合规、风险可控、商业可持续的前提下，探索开发融资租赁等业务。加强产融合作，探索基于海量生产数据开发保险产品。

（三）推动开放合作

1. 加强国际交流

建立国际组织、产业联盟、知名企业等多层次沟通对话与协同合作机制，支持本市重点产业园区、骨干企业、研究机构与国际领军企业全面交流和深度合作。鼓励企业参与制定工业互联网标准规范和国际规则。

2. 深化部市合作

落实工业互联网部市合作协议内容，加快推动工业互联网创新中心、工业互联网标识解析体系国家顶级节点、国家工业互联网产业联盟测试床、制造强国产业基础大数据平台、工业互联网安全技术试验与测评重点实验室等一批重大国家节点项目建设，全力争创国家级工业互联网创新示范城市。

3. 增强区域联动

立足长三角一体化战略，建设长三角工业互联网平台体系，加大通用型、行业级工业互联网平台的应用共享力度。组建长三角工业互联网产业联盟，联动区域企业协同开展上云上平台、服务目录推荐、产融对接等。成立长三角首席信息官（CIO）联盟，推动工业互联网复合型人才的跨区域流动和优化配置，助力打造长三角世界级先进制造业集群。

五、营造工业互联网多元创新环境

（一）强化组织保障

上海市推进《“中国制造 2025”上海行动纲要》工作领导小组设立工业互联网专项工作组，统筹工业互联网发展工作，由分管副市长担任组长，形成由市经济信息化委、市发展改革委、市国资委等相关部门和各区政府、大型龙头企业等参与的工业互联网协同推动机制。

（二）加强财政支持

进一步整合优化市级财政对于工业互联网发展的专项支持，加大对工业互联网重点项目的倾斜力度，明确各区财政资金配套保障，引导企业加大工业互联网投入和项目建设。扩大本市“四新服务券”服务内容和服务对象，重点支持企业网络、平台和安全体系能力建设。统筹现有产业转型升级发展基金，引导多元社会资本支持工业互联网发展。

（三）搞好标准引领

加快建立统一、综合、开放的工业互联网标准体系，鼓励社会团体、产业联盟制定符合工业互联网行业需求的先进团体标准。制定本市工业互联网建设与评估指南以及创新应用效益分析、标杆园区、标杆工厂、工业电子商务交易服务等系列标准。鼓励工业互联网平台运营商参与制定平台数据接入标准。深入推进两化融合管理体系贯标，明确以新型能力为主线、以数据要素为驱动的核心导向，助推企业“建平台、用平台”。

（四）强化人才支撑

注重自主培养与引进人才相结合，建立多层次工业互联网人才体系架构。充分发挥骨干企业、高校、研究院所作用，打造联合实训与定向培养基地，形成“产学研用”协同推进的人才培养及激励机制。联合相关高校院所，推广普适性教育，培育制造业与互联网复合型人才。设立上海工业互联网专家咨询委员会，组织开展战略问题研究和重大决策咨询。全面推广企业首席信息官、首席数据官制度。

（五）激发市场活力

充分发挥工业互联网对经济高质量发展的引领作用，助推工业互联网企业做大做强。支持工业互联网平台运营方创新解决方案推广模式，鼓励采用效益分享机制。积极开展工业互联网创新示范项目、标杆园区、标杆工厂等的评估与认定。组建上海工业互联网协会。依托工博会、全球信息化论坛等宣传载体，搭建企业展示与合作交流平台。

上海市人民政府关于加快本市高新技术企业发展的若干意见

（沪府发〔2018〕40）

各区人民政府，市政府各委、办、局：

为深入实施创新驱动发展战略，加快建设具有全球影响力的科技创新中心，做大做强本市高新技术产业，现提出加快本市高新技术企业发展的若干意见如下：

一、总体要求

（一）指导思想

以习近平新时代中国特色社会主义思想为指导，全面贯彻落实党的十九大精神，大力实施创新驱动发展战略，围绕建设具有全球影响力的科技创新中心，积极营造一流营商环境，加快完善创新生态系统，全面增强高新技术企业创新实力和市场竞争力，推动本市高新技术企业成为打响“四大品牌”、率先实现高质量发展的重要生力军。

（二）基本原则

——坚持提质增量。支持科技型中小企业发展壮大，扩大高新技术企业后备队伍，在提升高新技术企业发展质量的同时，不断扩大企业数量规模。

——坚持发挥市场作用。既注重发挥政府的引导作用，更要充分发挥市场力量和各类社会主体的作用，积极支持高新技术企业发展和壮大。

——坚持放管服结合。提升政府公共服务水平，优化高新技术企业认定服务机制和工作流程，提升服务科技型企业创新发展的能力。

——坚持市、区联动。建立健全市、区之间沟通协调和工作协同机制，发挥各区在引进、培育和扶持高新技术企业发展中的主体作用，形成推动高新技术企业发展的强大合力。

（三）工作目标

到2020年，全市有效期内高新技术企业总量达到1.5万家左右，营业收入超过3万亿元，利润总额达到2800亿元，研发费用投入超过2000亿元；到2022年，全市有效期内高新技术企业总量超过2万家，涌现出一批具有国际竞争力的高新技术领军企业。

二、重点措施

（一）实施高新技术企业培育工程

1. 建立高新技术企业培育库

参照国家高新技术企业的认定标准，围绕本市重点产业发展领域，以及科技与产业发展新业态、新模式，由市科技、财政和税务等相关部门制定本市高新技术企业培育入库标准和实施细则，将主营业务收入符合国家支持高新技术领域范围、拥有自主知识产权且研发投入不低于3%、科技人员占企业职工总数的比例不低于5%、高新技术产品服务收入占总收入的比例不低于40%等标准的科技型中小企业，纳入高新技术企业培育库。对在高新技术领域有重大、特色创新的企业，可一事一议。凡入库培育企业实行动态管理、跟踪服务，形成“发现一批、服务一批、推出一批、认定一批”的培育机制。

2. 完善高新技术企业培育体系

遵循企业成长规律,构建完善"科技创业团队一初创期科技型企业一高新技术入库培育企业—高新技术企业"的科技企业培育链。实施"大众创业、万众创新"升级版,举办创业大赛,鼓励和支持科技创业,为创业团队提供孵化服务,在登记注册等方面提供便利。支持初创期科技型企业发展,创新服务方式和手段,引导社会资本支持企业发展,提升初创期科技型企业持续发展能力,增加高新技术企业源头供给。

3. 优化高新技术企业培育载体

发挥科技园区、工业园区和经济开发区等企业培育载体的作用,提升孵化器(含众创空间)、大学科技园、文化创意园区等服务科技创业团队、初创期科技型企业的能力和水平。符合条件的孵化器(含众创空间)、大学科技园可享受免征房产税、增值税等优惠政策。加强市区联动,开展"创新创业集聚区"建设试点,鼓励有条件的区建设产业特点清晰、创新资源丰富、技术支撑有力、孵化服务完善、生活配套齐全的高新技术企业集聚区。

(二)提升高新技术企业创新能力

1. 增强高新技术企业研发实力和水平

全面推进高新技术企业技术创新体系及研发机构建设,优先在高新技术企业和入库培育企业中建设工程技术中心、企业重点实验室、企业技术中心。鼓励支持高新技术企业和入库培育企业参与重大工程建设、重大产业技术研发、重大技术装备研发和行业共性技术的攻关等;支持高新技术企业和入库培育企业申报各类科技和产业化专项资金和计划。

2. 推动产学研协同创新

建立完善科研人员校企、院企共建双聘机制,鼓励科技人员面向企业开展技术开发、技术咨询、技术服务、技术培训等服务;支持高新技术企业和入库培育企业与高校、科研院所共建概念验证、熟化孵化等技术转化平台。完善科技资源开放共享机制,落实成果转化相关政策,支持和鼓励科技人员离岗创业实施科技成果转化或以转让的方式支持企业提升技术创新能力。

3. 加强高新技术企业人才培育和集聚

面向高新技术企业发展需求,本市各类科技创业人才计划向高新技术企业倾斜,为符合条件的高新技术企业高层次人才申报职称提供绿色通道,推动创新人才向高新技术企业集聚。高新技术企业紧缺急需的具有本科及以上学历并取得相应学位的专业技术人员、管理人员和创新团队核心成员可申办本市常住户口。

4. 加快创新产品应用推广

完善支持创新和中小科技企业的政府采购政策,实施创新产品政府首购、订购和"三首"(装备首台套、材料首批次、软件首版次)等非招标方式的应用示范等政策,推动高新技术企业创新技术及产品的应用推广。鼓励大企业以"众研、众包、众筹"等开放创新方式,支持和帮助科技型中小企业围绕大企业创新需求开展研发,提升创新能力和创新产品应用。

(三)优化创新政策环境

1. 创新财政投入方式

实施高新技术企业财政扶持政策,对入库培育企业给予一次性资金支持,支持额度按照企业上一年度发生的研发费用10%确定,最低20万元,最高200万元。加大"科技创新券"和"四新券"的使用力度并扩大支持范围,支持更多的高校、科研院所和科技中介服务机构、创业服务机构为初创期科技型企业、科技型中小微企业提供研发与转化服务。

2. 优化科技金融生态

建设完善科技金融信息服务平台,推广小巨人贷、履约贷、微贷通等科技金融创新产品,不断拓宽高新技术企业融资渠道。在高新技术企业认定的同时,鼓励商业银行为符合条件的企业提供主动授信,并结合风险补偿、政策性融资担保等方式，着力解决企业融资难、融资贵问题。加快发展各类创新创业投资基金和产业基金，放大政府引导基金的杠杆作用，与银行融资产品探索形成投贷联动。鼓励高新技术企业改制上市，开辟上市绿色通道。

3. 为高新技术企业降税减负

落实好高新技术企业所得税优惠、研发费用加计扣除政策，企业研发费按照75%比例加计扣除，进一步降低企业成本。开展科技型中小企业评价工作，高新技术企业和科技型中小企业亏损结转弥补年限延长至十年。鼓励科研人员实施科技成果转化，高新技术企业给予科研人员符合条件的股权奖励，可按照规定享受分期或递延缴纳个人所得税政策。优先保障高新技术企业用地，支持园区对入驻高新技术企业提供房租优惠政策。

（四）提升政府创新服务水平

1. 优化完善认定流程

简化认定工作流程，按照政务服务"一网通办"和企业群众办事"只进一扇门""最多跑一次"的要求，在高新技术企业认定过程中，着力减表格、减环节、减时间。取消月度数据申报、专利上报资料、查新报告、产学研合作报告等申报表格。改革申报流程，取消不合理的前置环节，用好中介机构专项审计报告内容，相关部门加强事后监管。合理界定研发费用归集范围和高新技术产品（服务）收入，加快审核速度，实行放开申报、即时受理、每月审核。

2. 加快专利审查速度

对涉及节能环保、新一代信息技术、生物、高端装备制造、新能源、新材料、新能源汽车、智能制造、文化创意等国家重点发展及本市重点鼓励的高新技术领域的专利申请，可按照规定，由上海市知识产权局向国家知识产权局推荐请求优先审查，加快专利授权速度。注册在浦东的生物医药、集成电路、脑科学与人工智能、大数据等产业领域的企业，可通过中国（浦东）知识产权保护中心提出专利快速审查，进一步缩短专利授权周期，并争取扩展到全市范围。

三、保障措施

（一）加强组织协调

各有关部门、各区政府和各园区管委会要站在全局和战略高度，充分认识促进高新技术企业发展的重要意义，把支持高新技术企业发展纳入重要议事日程。要充分发挥市高新技术企业认定指导小组的组织、服务和协调作用，建立完善部门会商制度，加强统筹指导和协同推进。

（二）完善工作机制

各有关部门、各区政府要建立健全工作机制，明确工作目标，落实服务机构，制定工作方案，安排专项经费，做到上下联动、协同推进，为高新技术企业发展提供专业、高效的服务，着力扩大政策的覆盖面、知晓率和兑现度。

（三）加强统计监测

有关部门要组织开展高新技术企业动态监测工作，加强对高新技术企业的跟踪和分析，定期发布高新技术企业发展报告，通报高新技术企业认定工作结果。

上海市人民政府
2018年11月3日

江苏省政府办公厅关于进一步激发民间有效投资活力促进经济持续健康发展的实施意见

（苏政办发〔2018〕4 号）

各市、县（市、区）人民政府，省各委办厅局，省各直属单位：

为认真贯彻党的十九大精神和习近平新时代中国特色社会主义思想，全面落实《国务院办公厅关于进一步激发民间有效投资活力促进经济持续健康发展的指导意见》（国办发〔2017〕79 号）要求，切实破解民间投资发展遇到的困难和障碍，进一步激发民间有效投资活力，充分发挥投资对优化供给结构的关键性作用，促进经济持续健康发展，现提出以下意见。

一、深刻认识新时期激发民间有效投资活力的重要意义

近年来，我省民间投资不断发展壮大，占全社会投资比重逐步提高至近 70％，在稳增长、促改革、调结构、惠民生中发挥了重要作用。党的十九大报告指出，全面实施市场准入负面清单制度，清理废除妨碍统一市场和公平竞争的各种规定和做法，支持民营企业发展，激发各类市场主体活力。持续增强民间有效投资活力，有利于深化供给侧结构性改革，进一步提高供给体系质量；有利于强化创新，提升经济发展核心竞争力；有利于提高保障和改善民生水平，加强和创新社会治理；有利于推进生态文明体制改革，形成节约资源和保护环境的空间格局。各地各有关部门要进一步提高认识、开拓创新，把激发民间有效投资活力放在更加重要位置，充分发挥民间投资在经济社会发展中的支撑和促进作用，推动全省经济高质量发展。

二、持续深化“放管服”改革，全面推进不见面审批

按照“简无可简、放无可放”的原则，全面推行“网上办、集中批、联合审、区域评、代办制、不见面”办理模式，加快实现“3550”目标，努力使“不见面”审批（服务）成为全省普遍的制度安排，为民营企业提供更加高效便捷的服务。加快推进企业投资项目信用承诺制试点，变“先批后建”为“先建后验”，促进民间投资项目尽快落地。健全涉企审批无偿代办机制，为民营企业无偿提供接洽、联系、申请、办结等全流程精准化的“店小二”服务。充分发挥江苏政务服务网作用，加快“多图联审”“多评合一”“互联网＋审图”“模拟审批”等改革，打造高效便捷的网上政务服务平台，让民营企业办事更加便捷、更有效率。巩固扩大南通市、苏州工业园区等 4 个相对集中行政许可权改革试点，加快推进泰州等 4 个设区市、江阴等 7 个县市、南京江北新区等 19 个省级以上开发区扩大试点工作，实现 13 个设区市相对集中行政许可权改革试点全覆盖，积极推动县级集中行政许可权改革试点。减少行政许可事项，除涉及安全、环保等事项外，对技术工艺成熟、通过市场机制和事中事后监管能保证质量安全的工业产品，一律按国家要求取消生产许可。继续开展市县简政放权创业创新环境评价，以评促改，持续优化民营企业营商环境。

三、认真开展报建审批事项清理核查，提高民间投资项目办理效率

认真落实清理规范投资项目报建审批事项有关要求，精简合并投资项目报建审批事项，不得擅自增加行政审批事项，不得擅自增加审批环节，切实防范权力复归和边减边增。各地各有关部门要依据《中华人民共和国行政许可法》等法律法规和报建审批事项有关文件规定，对上报的民间投资项目报建审批情况开展一次全面细致的清理核查，逐项梳理已报审的民间投资项目报建审批事项办理情况，明确办理时限，加快办理进度。能够办理的，要尽快办理；暂不具备办理条件的，要帮助民营企业尽快落实有关条件；依法依规确实不能办理的，要主动做好解释工作。对无正当理由拖延不办的，要加大问责力度，通过

约谈、通报、督办等方式督促限期整改，必要时对相关责任人给予处分。要针对清理核查中发现的问题，进一步改进工作，提高效率，优化民间投资项目报建审批服务。

四、推动产业转型升级，加快构建现代产业体系

加快实施《中国制造2025江苏行动纲要》，健全省市共建特色产业培育体系，积极推动智能制造、增材制造、轨道交通装备、工业机器人、智能电网装备、航空装备、能源装备、新能源汽车、高端船舶等特色产业发展，加快培育特色产业基地和产业标杆。鼓励民营企业进入"互联网＋"领域，深入落实省大数据发展行动计划，优化大数据产业布局与企业分布，引导和支持民营企业进入大数据产业及相关领域；深化互联网产业园、众创园建设，打造全省互联网企业展示、交流与合作平台，加强基础配套设施建设和公共服务供给，打造一批我省互联网示范企业。鼓励民间资本开展多元化农业投资，支持农村新产业新业态发展，推动民间资本与农户建立股份合作等紧密利益联结机制，对带动农户较多的市场主体加大支持力度。积极推动民营企业与央企、外企开展战略合作，优化产业布局，提升产业发展水平，加快培育壮大新兴产业。省工业和信息化转型升级专项资金、省政府投资基金等扶持引导资金通过多种方式，广泛吸纳和聚合各类社会资本，进一步加大企业技术改造支持力度，重点加大集成电路等关键领域和薄弱环节投资力度，推动我省重点领域、重点产业实现突破发展。

五、支持民间投资创新发展，积极抢占高端环节

高水平建设科技创新载体，坚持以社会力量为主，运用市场化机制、资本化途径，推动龙头企业、高校院所、创投机构等各类主体加快建设众创空间、科技企业孵化器等科技创新载体。加快建设科技公共服务平台，依托高新技术产业开发区等布局建设一批科技服务平台，创建一批省级高端装备制造业示范和特色产业基地，做强产业链条，吸引更多民营企业落地投产。鼓励民营企业建立重点实验室、工程研究中心、技术创新中心、企业技术中心等研发机构。大力发展知识产权运营新业态，支持民间投资设立知识产权运营机构，通过培育高价值专利、组建专利池、撮合知识产权交易等方式，盘活知识产权资产。进一步推进科技成果转化，促进科技成果转化向前端延伸，积极探索科技成果转化新渠道，大力鼓励和支持企业特别是小微企业实施科技成果转化。支持具备条件的中小民营企业参与高新技术企业培育"小升高"计划，鼓励企业向新模式与新业态转型，加快成长为行业有影响的高新技术企业。加快推进省技术产权交易市场建设，强化线上平台功能开发，建设线下技术转移服务体系，缩短科技成果转化周期。支持民营企业参与行业发展标准规范制定，对民营企业主导或参与国际、国家级行业标准和技术规范制定修订的，各级财政可视情况给予奖励。

六、大力推进政府和社会资本合作(PPP)项目，拓展合作规模和层次

进一步加大基础设施和公用事业领域改革开放力度，除国家法律法规明确禁止准入的行业和领域外，一律向民间资本开放，禁止排斥、限制或歧视民间资本的行为，支持民间资本股权占比高的社会资本方参与PPP项目，调动民间资本积极性。鼓励民间资本采取混合所有制、设立基金、组建联合体等多种方式，参与投资规模较大的PPP项目。分类施策支持民间资本参与PPP项目，针对不同PPP项目投资规模、运营期限、工程技术等特点，采取多种方式支持民间资本参与，充分发挥民营企业创新、运营等方面优势。鼓励民间资本采取TOT、ROT等多种运作方式，规范有序盘活存量资产，丰富民营企业投资机会，回收的资金主要用于补短板项目建设，形成新的优质资产，实现投资良性循环。健全PPP项目价格和收费调整机制，通过适当延长合作期限、积极创新运营模式、充分挖掘项目商业价值等，建立PPP项目合理回报机制，吸引民间资本参与。着力提高民营企业融资能力，推动PPP项目资产证券化，PPP融资支持基金、PPP项目以奖代补资金向民间投资参与的PPP项目适度倾斜，有效降低融资成本。完善PPP项目储备库，对入库项目定期梳理并规范有序开展推介工作。各地和各有关部门在制定政策、编制

规划和确定实施方案时，要认真听取民间资本意见，充分吸收采纳合理建议。

七、降低企业经营成本，增强民间投资动力

落实和完善全面推开营改增试点政策，落实好研发费用税前加计扣除政策和高新技术企业所得税优惠政策，加强涉企经营服务性收费和中介服务收费监管。降低企业用工成本，继续落实阶段性降低失业保险费率至1%的政策，对符合条件的困难企业缓缴除基本医疗保险费之外的社会保险费，落实适当降低企业住房公积金缴存比例政策，推动各地出台或完善户口迁移政策和配套措施，合理调整最低工资标准，各级财政安排专项资金加大对企业职工培训的支持力度。深化输配电价格改革，推进电力市场化交易等，积极稳妥推进售电侧改革，支持民间资本参与电力市场竞争，扩大大用户直供电规模及范围。鼓励灵活选择长期租赁、租让结合、先租后让、弹性出让等方式供应土地，用好用足标准厂房、科技孵化器用地支持政策，落实好设施农用地政策，有效降低民营企业用地成本。调整完善公路收费政策，科学合理确定车辆通行费标准，开展物流领域收费专项检查，着力解决“乱收费、乱罚款”等问题。督促各商业银行严格执行“七不准”“四公开”等收费规定，科学合理定价，精简收费项目，切实降低民间投资主体融资成本。加大金融违规收费清理和处罚力度，严肃查处银行业金融机构发放贷款时附加不合理条件等变相提升企业融资成本行为。组织开展全省降成本政策落实及涉企收费检查，重点检查各类“红顶中介”及行业协会依托行政权力、垄断地位乱收费等问题，切实减轻企业负担。

八、创新金融支持，破解民营企业融资难题

鼓励金融机构加大创新力度，完善特许经营权、收费权、知识产权等权利的确权、登记、抵押、流转等配套制度，发展和丰富循环贷款等金融产品，加快建设普惠金融体系。督促银行业金融机构合理确定贷款利率水平和还款方式，积极探索银科互动、投贷联动等业务，进一步深化小微企业转贷方式创新，着力提供多层次、多样化的融资服务。实施小微企业应收账款融资专项行动，充分发挥应收账款融资服务平台作用，推动供应链核心企业支持小微企业应收账款融资，引导金融机构扩大应收账款业务规模，着力解决对企业抽贷、压贷、断贷等融资难题。加快省级综合金融服务平台建设，积极推进“银税互动”、银行业金融机构和信用信息共享平台之间的合作等，有效整合金融产品、融资需求等资源，实现银企一站式高效率对接。创新金融支持，加快发展科技保险、专利保险、重大技术装备保险以及信用保证保险，完善农业保险制度，增加农业保险险种，推进融资模式和征信机制创新。加强对备案信用评级机构监管，督促信用评级机构全面准确反映民营企业信用状况。发展政府支持的融资担保和再担保机构，支持再担保机构深入推进风险分担合作模式，加大风险分担模式合作范围，发挥好再担保机构政策性属性，加快省农业信贷担保体系建设。鼓励各地设立信贷风险补偿基金、过桥转贷资金池、科技金融风险补偿资金等，加大对中小微企业、科技创新企业的支持。支持符合条件的企业通过发行非金融企业债务融资工具、公司债券、企业债券等融资，拓展企业融资渠道。充分利用多层次资本市场，积极鼓励和支持实力较强的民营企业通过主板、中小板、创业板和新三版、区域性股权市场(挂牌)融资。

九、加强政务诚信建设，确保政府诚信履约

建立健全政务信用管理体系，健全守信激励与失信惩戒机制，探索开展区域政务诚信状况评价，在改革试点、项目投资、专项资金安排、评先评优、社会管理等政策领域、工作组织和绩效考核中应用政务诚信评价结果。加强政府采购、招投标等重点领域政务诚信建设，不得违法违规承诺优惠条件，认真履行并严格兑现依法合规作出的政策承诺以及协议和合同，不得以政府换届、相关责任人更替等理由拒不执行，不得随意改变约定，不得出现“新官不理旧账”等情况。完善行政监察机构和审计部门对政务诚信的管理体制，开展政务失信专项治理，对地方政府拒不履行政府所作的合法合规承诺，特别是严重损害民营企业合法权益、破坏民间投资良好环境等行为，加大查处力度。对造成政府严重失信违约行为的主

要责任人和直接责任人要依法依规追究责任，惩戒到人。建立社会监督和第三方机构评估机制，发挥社会舆论监督作用，畅通民意诉求和投诉渠道，引导和支持信用服务机构、高校及科研院所等第三方机构对各地、各部门政务诚信建设绩效开展综合评价评级。

十、加强政策统筹协调，稳定市场预期和投资信心

大力推行"互联网＋政务服务"，加强部门间协调配合和与国家层面的对接，科学审慎研判拟出台政策的预期效果和市场反应，统筹把握好政策出台时机和力度。建立健全公平竞争审查制度，防止出台排除、限制民营企业参与竞争的政策措施。深化以市场监管领域为重点的综合行政执法改革，在加强监管的同时要明确政策导向，提出符合法律法规和政策规定的具体要求，正确引导投资预期。完善公平、开放、透明的市场规则，稳定市场预期、增强市场活力，帮助民营企业充分利用好国内大市场，加大对适应国内消费升级和产业转型需要项目的投资力度，支持劳动密集型产业向苏北和中西部地区梯度转移。围绕经济运行态势和宏观政策取向，加大政策解读力度，帮助民营企业准确理解政策意图。完善政策发布等信息公开机制，在江苏政务网上设立涉企政策服务窗口，汇集国家和省全部涉企政策，便于企业查找和运用，建立涉企政策手机推送制度和网上集中公开制度，加大政府信息数据开放力度。

十一、构建"亲""清"新型政商关系，提高政府服务水平

构建制度化、常态化政企沟通渠道，逐步推广企业评议政府服务和营商环境做法，加大对民营企业转型升级、创新创优等先进典型宣传力度，坚定民营企业发展信心。进一步发挥工商联和协会商会在企业与政府沟通中的桥梁纽带作用，倾听民营企业呼声，帮助解决实际困难。因地制宜明确政商交往"正面清单"和"负面清单"，着力破解"亲"而不"清"、"清"而不"亲"等问题。贯彻落实完善产权保护制度依法保护产权的政策措施，加强各种所有制经济产权保护，激发和保护企业家精神。实施严格的知识产权保护制度，加大知识产权侵权违法行为惩治力度，依法对各类市场主体和创新主体的知识产权同等保护。组织开展民营企业家专业化、精准化培训，提升民营企业经营管理水平。

十二、狠抓政策落实，切实增强民营企业获得感

各地各有关部门要全面梳理国家和省已出台的鼓励民间投资政策措施，逐项检查政策措施在本地区、本领域落实情况，重点打通政策落实"最后一公里"，对尚未有效落实的政策措施，认真分析原因，抓紧研究解决办法，确保政策尽快落地。充分发挥地方和部门积极性，鼓励以改革的办法、创新的思维进一步实化、细化、深化鼓励民间投资的具体措施，努力解决制约民间投资增长的深层次问题，进一步激发民间有效投资活力。

各设区市人民政府、省各有关部门要按照本意见要求，切实抓好贯彻落实，进一步做好民间投资各项工作。省发展改革委要加强统筹协调，会同有关部门对本意见落实情况进行督促检查和跟踪分析，重大事项及时向省政府报告。

江苏省人民政府办公厅

2018 年 1 月 3 日

江苏省政府办公厅关于推进供应链创新与应用培育经济增长新动能的实施意见

（苏政办发〔2018〕35号）

各市、县（市、区）人民政府，省各委办厅局，省各直属单位：

近年来，随着信息技术的发展，供应链与互联网、物联网深度融合，已进入到智慧供应链的新阶段。党的十九大报告提出，在现代供应链等领域培育新增长点、形成新动能。加快推进供应链创新与应用，是落实党中央、国务院决策部署的重要举措，有利于促进产业协同发展、深化供给侧结构性改革，有利于促进供需精准匹配、引领消费升级，有利于深度融入全球供给体系、提升产业国际竞争力。为贯彻落实《国务院办公厅关于积极推进供应链创新与应用的指导意见》（国办发〔2017〕84号），经省人民政府同意，现提出以下意见。

一、总体要求

（一）指导思想

以习近平新时代中国特色社会主义思想为指导，全面贯彻党的十九大精神，统筹推进"五位一体"总体布局和协调推进"四个全面"战略布局，坚持以人民为中心的发展思想，坚持稳中求进工作总基调，牢固树立和贯彻落实创新、协调、绿色、开放、共享的发展理念，以提高发展质量和效益为中心，以推进供给侧结构性改革为主线，以供应链与互联网、物联网深度融合为路径，以信息化、标准化、信用体系建设和人才培养为支撑，高效整合各类资源和要素，打造大数据支撑、网络化共享、智能化协作的智慧供应链体系，为实现经济高质量发展、建设"强富美高"新江苏提供强大动力。

（二）基本原则

——创新驱动。深入实施创新驱动战略，加强人工智能、物联网、大数据、云计算等新技术在供应链领域的广泛应用，提升供应链智能化水平，提升供应链企业的创新力和竞争力，进一步促进供应链模式、业态和服务创新。

——需求导向。坚持以需求为导向，加强供应链上下游企业的联动，强化需求信息的获取和反馈，进一步优化产品和服务供给，促进供需精准匹配，推动产业转型升级，提高经济运行质量和效益。

——协同共享。加强资源整合和流程优化，促进产业协同发展、跨界发展。引导企业在竞争中加强合作，打破相对封闭的传统管理和运作模式，共享供应链资源、信息和渠道。深化社会分工，推动地区之间、城乡之间、产业之间、企业之间加强供应链协同合作。

——绿色发展。坚持节约资源和保护环境的基本国策，倡导绿色生产、绿色流通和绿色消费，将绿色、环保、可持续的发展理念贯穿于供应链各个环节。积极构建绿色供应链体系，建立全社会逆向物流体系，促进全产业链条的绿色发展。

——开放安全。树立开放发展的理念，积极推进供应链全球布局，通过更广更深地融入全球供给体系，推进"一带一路"建设。坚持引进来和走出去并重，面向全球吸纳高端生产要素，提升供应链核心竞争力。建立完善风险预警体系，提升风险防控能力，提高全球供应链安全水平。

（三）目标任务

力争到2020年，培育一批包括供应链核心企业、服务企业和终端企业在内的供应链骨干企业，其中，主营业务收入在千亿元以上的龙头企业3—4家，进入全国供应链百强的领先企业15—20家。形成一批供应链新技术和新模式，供应链资源整合能力显著提升，重点产业建成智慧供应链，基本建立绿色供应链体系，有效融入全球供应链网络，跨界融合共享的供应链生态初步形成。供应链综合竞争力位居全国前列，争创全国供应链创新与应用的先行区和示范区。

二、重点举措

（一）以供应链创新促进本省优势产业发展

1. 推进制造业协同化、智能化

鼓励引导制造企业应用精益供应链等管理技术，建立和完善从研发设计、生产制造到售后服务的全链条供应链体系。支持供应链核心企业建立协同平台，带动上下游企业协同采购、协同制造、协同物流。出台工业互联网发展支持政策，加快发展工业互联网，培育工业互联网平台，推动企业"上云"。加快发展大数据产业，提供数据挖掘和商业智能服务，鼓励企业运用大数据开展柔性化生产、个性化制造和精准营销。推进重点行业供应链体系的智能化，加快人机智能交互、工业机器人、智慧物流等技术装备的应用，不断增强智能制造、敏捷制造能力。（省经济和信息化委、省发展改革委、省科技厅、省商务厅负责）

2. 发展基于供应链的生产性服务业

鼓励相关企业向供应链上游拓展协同研发、众包设计、解决方案等专业服务，向供应链下游延伸远程诊断、维护检修、仓储物流、技术培训、融资租赁、消费信贷等增值服务，推动制造供应链向产业服务供应链转型。开展多层次服务型制造试点示范，探索推进"产业联盟＋总集成总承包""电商＋个性化定制"等服务模式。实施服务型制造示范企业培育计划，培育300家发展模式典型、示范推广性强的服务型制造示范企业。（省经济和信息化委、省发展改革委、省科技厅、省商务厅、省金融办负责）

3. 进一步提升本省建筑业竞争优势

鼓励总承包商等供应链核心企业与上下游企业密切合作，形成稳定的供应链条。支持企业以多种方式拓展工程咨询、系统集成、运营维护、监测维修等全产业链业务。构建面向建筑工业化的供应链，大力发展装配式建筑，推动建筑全装修。推广"互联网＋集采"方式，搭建标准化、规范化的交易体系。鼓励建立物流联盟，共享物流节点，提高物流效率。推广"建营一体化"，更多采用EPC、BOT、PPP等模式，促进工程与投资相结合。推进对外承包工程，鼓励上下游企业互补合作，抱团出海。（省住房城乡建设厅、省经济和信息化委、省商务厅、省交通运输厅、省发展改革委负责）

4. 加快供应链技术的创新和应用

加快人工智能、云计算、大数据、物联网等新技术在供应链领域的应用，支持供应链核心企业牵头组织、联合攻关，加快关键和共性技术研发，提高供应链智能化水平。加强对供应链先进技术的引进、消化、吸收和再创新，不断提升供应链核心竞争力。推动感知技术在供应链关键节点的应用，促进全链条信息共享和综合集成，逐步推行供应链的可视化。推动大中型企业全面开展两化融合管理体系贯标，提升企业供应链应用水平。积极支持符合条件的供应链企业申报高新技术企业，调动供应链企业创新积极性。（省经济和信息化委、省科技厅、省发展改革委、省商务厅、省质监局负责）

（二）提升流通现代化水平

1. 推动流通业创新和转型

支持南京、无锡、徐州等地开展商贸流通改革创新试点，积极探索流通领域供应链创新与应用。实施"商贸＋互联网"工程，利用信息技术加快传统商业改造，努力打造精准感知需求、信息互联互通、客户资源共享、业态功能互补的现代化智慧商圈。推动实体零售创新转型，探索智慧商店、无人商店等新业态新模式。提高商品批发和大型零售企业对上下游渠道的资源整合能力，以平台化、信息化、国际化为发展方向，向供应链核心企业转型。支持餐饮、住宿、养老、文化、体育、旅游、生活服务、资源回收等各类服务业企业运用新一代信息技术，以供应链思维和方式创新商业模式，提升服务水平。（省商务厅、省发展改革委、省科技厅负责）

2. 推进流通与生产深度融合

强化信息技术在供应链终端企业的广泛应用，促进流通的扁平化、集约化、共生化。鼓励销售终端与生产商、代理商直接对接，减少中间环节。鼓励批发零售物流企业整合供应链资源，构建采购、分销、仓储、配送供应链协同平台，深化数据挖掘、分析与预测，及时准确传导需求信息，引导前端企业根据市场变化，加速产品创新和结构调整。加强物流标准化在生产和流通领域的推广应用，着力推进标准托盘循环共用体系建设，进一步降低物流成本，提高生产和流通效率。（省商务厅、省经济和信息化委、省农委、省质监局负责）

3. 提升供应链服务实体经济水平

实施“供应链服务企业成长工程”，大力培育新型供应链服务企业。引导传统商贸企业、物流企业、外贸综合服务企业、信息咨询和科技服务企业等向供应链服务企业转型，向市场提供供应链金融、供应链管理、代理采购分销、产品质量追溯、知识产权服务、虚拟生产、报关报检、国际国内物流等各类专业化供应链业务。推动供应链综合服务平台建设，聚合核心企业、物流企业、金融机构、增值服务商等各类企业，提供覆盖生产、消费全生命周期的“一站式”供应链服务。探索构建生物医药等专业化供应链体系，积极打造影视制作企业交流平台，助力相关产业集聚发展。支持苏州市供应链体系建设综合试点，在物流标准化、供应链平台搭建、追溯体系建设等供应链服务功能提升上先行先试。（省商务厅、省经济和信息化委、省科技厅、省交通运输厅、省金融办、省质监局、江苏检验检疫局、南京海关、省食品药品监管局、省新闻出版广电局负责）

（三）推动农村产业融合发展

1. 优化农村产业组织体系

鼓励和支持农业种养殖、加工企业向下游延伸，农产品流通企业向上游延伸，建立集农产品生产、加工、流通、服务于一体的农业供应链体系，发展种养加、产供销、内外贸一体化的现代农业。鼓励承包农户采用土地流转、股份合作、农业生产托管等方式融入农业供应链体系，积极推进农业产业化联合体建设，完善“企业＋合作社＋基地＋农户”的生产经营模式，促进多种形式的农业适度规模经营。加强产销衔接，优化种养结构，增加绿色优质农产品供给，推动农业生产向消费导向型转变。（省农委、省供销合作总社、省海洋与渔业局、省商务厅负责）

2. 加强农业支撑体系建设

大力发展农业生产性服务业，推动农业生产服务外包，提升农业生产专业化水平。大力发展智慧农业，推动现代信息技术在农业生产、经营、管理、服务各环节和农村经济社会各领域的广泛应用，促进农业信息化和数字化。推动建设农业供应链信息平台，促进政策、市场、科技等信息共享。落实乡村振兴战略，实施新供销服务三农综合平台建设工程，推动三农服务链创新发展。大力发展“互联网＋冷链物流”，强化冷链物流基础设施建设，着力提升冷链物流信息化水平。大力发展农产品精深加工，推进农产品标准化体系建设，打造区域性农产品品牌。多方合作拓展农业供应链金融服务。（省农委、省供销合作总社、省海洋与渔业局、省科技厅、省商务厅、省金融办、人民银行南京分行、江苏银监局、江苏保监局负责）

3. 大力发展农村电子商务

大力发展农村电商公共服务平台，完善人才培训、普惠金融、物流配送和综合服务网络，实现人才、信息、物流等资源共享。推动快递和电商协同发展，深入推进快递下乡工程。支持打造“网上供销合作社”，充分发挥既有经营网络优势，进一步畅通工业品下乡、农产品进城通道。继续推进县、镇、村三级示范体系建设，推动农村电商集聚发展。到2020年，建成30个农村电商示范县、100个农村电商示范镇、500个农村电商示范村、100个乡镇电商特色产业园(街)区。(省商务厅、省农委、省供销合作总社、省交通运输厅、省邮政管理局负责)

(四)积极稳妥发展供应链金融

1. 推进供应链金融服务实体经济

推动省联合征信公司、金融机构、供应链核心企业等开放共享信息。鼓励政府采购中心、供应链核心企业以及大型供应链服务企业与人民银行应收账款融资服务平台对接，为供应链上下游中小微企业融资提供便利。支持符合条件的供应链核心企业和大型供应链服务企业申请设立或合作设立民营银行、企业财务公司、融资租赁公司、担保公司、商业保理公司、小额贷款公司等。大力发展商业保理，支持供应链上下游关联企业联合发行集合债券、票据，推动供应链企业开展资产证券化业务。支持省政府投资基金加大在供应链领域的投资力度，鼓励供应链企业利用股权投资基金等相关金融工具，以市场化方式整合供应链资源。鼓励供应链企业上市，支持定位于开展全球性业务的供应链企业在海外上市。鼓励保险机构与供应链企业加强合作，服务供应链企业发展。(省金融办、人民银行南京分行、江苏银监局、江苏证监局、江苏保监局、省发展改革委、省财政厅、省商务厅、省经济和信息化委负责)

2. 有效防范供应链金融风险

推动金融机构、供应链核心企业建立债项评级和主体评级相结合的风险控制体系。健全供应链金融担保、抵押、质押机制，鼓励开展应收账款及其他动产融资质押和转让登记，防止重复质押和空单质押。按照“谁审批、谁监管，谁主管、谁监管”原则，完善各类新型金融组织的监管和风险处置机制。推动供应链金融健康稳定发展，鼓励金融机构运用大数据、区块链、物联网、人工智能等新技术，加强对供应链金融的风险监控，提高风险管理水平，确保资金流向实体经济。(省金融办、人民银行南京分行、江苏银监局、省商务厅负责)

(五)积极倡导绿色供应链

1. 大力推动绿色制造

积极创建国家生态文明建设示范县(市)，在创建活动中支持绿色产业发展，鼓励采购绿色产品和服务，推动形成绿色制造供应链体系。建设生态工业园区，按照相关标准对工业园区进行生态化改造，引导企业使用低毒无害原料、引入绿色生产工艺、生产绿色生态产品。大力发展循环经济，突破循环经济关键链接技术，推动企业内部、各关联企业及产业之间循环利用和耦合发展。健全环保信用体系，开展环保失信企业联合惩戒。(省经济和信息化委、省环保厅、省发展改革委、省商务厅、省质监局负责)

2. 积极推行绿色流通

在全社会培育健康科学的消费文化，倡导绿色环保有机的消费理念，普及绿色消费知识，以绿色消费引领绿色流通。鼓励流通企业采购和销售绿色产品，落实流通领域节能环保技术产品推广目录，开发应用绿色包装材料，建立绿色物流体系。推动运输、装卸、仓储等相关企业贯彻执行绿色标准。培育一批集节能改造、节能产品销售和废弃物回收于一体的绿色商场。(省商务厅、省环保厅、省经济和信息化委、省交通运输厅、省发展改革委负责)

3. 建立逆向物流体系

优化再生资源产业链，鼓励建立基于供应链的废旧资源回收利用平台。加快再生资源回收体系建设，创新再生资源回收模式，依托线上线下开展再生资源回收，建设线上废弃物和再生资源交易市场。重点针对电子、电器、汽车、轮胎、蓄电池、包装物等产品领域，落实生产者责任延伸制度，促进产品回收和再制造发展。(省发展改革委、省经济和信息化委、省商务厅负责)

（六）努力构建全球供应链

1. 积极参与国家“一带一路”建设

加强与国际国内互联互通，加快推进交通枢纽、物流通道、信息平台等基础设施建设，结合沿线国家工业化和基建需求，推动本省钢铁、水泥等优势产能走出去。全面落实《江苏省中欧班列建设发展实施方案(2017—2020)》，加强对全省中欧班列的统筹协调和资源整合，加快形成布局合理、设施完善、便捷高效、安全畅通的中欧班列综合服务体系，进一步增强中欧班列区域竞争力。加强与“一带一路”沿线国家和地区的园区合作，加强与境外园区的对接，打通供应链，实现融资、物流、商务服务等方面的联动，搭建本省开发区与境外园区间的高效互动合作机制。（省发展改革委、省商务厅、省财政厅、省交通运输厅负责）

2. 积极融入全球供应链网络

推动国际产能合作和装备制造业走出去，支持本省优势产业到境外设立生产加工基地，建设营销网络，逐步建立本地化的供应链体系。鼓励境外产业园区建设，借鉴新加坡等境外工业园区建设经验，实行“建工厂+建市场”相结合。大力发展跨境电子商务，依托公共海外仓等载体平台，建立完善跨境电商境内外物流配套体系，加快融入境外零售网络体系。建立面向全省企业、高校、国际留学生的走出去企校国际人才信息平台，服务江苏企业走出去。（省商务厅、省发展改革委、省教育厅、省人力资源社会保障厅负责）

3. 提升供应链全球竞争力

开展上市公司海外并购专项行动，鼓励本省企业通过并购扩大市场渠道、获得关键技术和国际品牌。加强自主品牌建设，鼓励企业提升品牌国际影响力，培育一批有较高国际知名度的区域品牌。推动本省优势出口行业在重点国别地区培育一批展示中心、分拨中心、批发市场、零售和售后服务网点。加大力度吸引跨国公司以及国际知名供应链服务企业在江苏设立地区总部和研发、营销、供应链管理、财务结算、利润中心等功能性机构。（省商务厅、省发展改革委、省工商局、省质监局负责）

三、支撑体系

（一）加强质量安全追溯体系建设

坚持政府引导与市场化运作相结合，利用先进信息技术，加快推进全省农产品、食品、药品、农业生产资料、特种设备、危险品、稀土产品等七大类重要产品追溯体系建设，形成来源可追、去向可查、责任可究的信息链条。完善追溯运行管理机制，推进跨部门、跨地区追溯体系对接和信息互通共享。提升追溯体系综合服务功能，扩大追溯信息在事中事后监管、行业发展促进、信用体系建设等方面的应用。鼓励建设消费者深度参与的双向互动追溯模式，开通统一服务窗口，提供“一站式”查询服务。（省质监局、省农委、省经济和信息化委、省食品药品监管局、省商务厅、省发展改革委负责）

（二）加快培养多层次供应链人才

支持各类高等院校和职业学校设置供应链相关专业和课程，鼓励企业和专业机构加强培训，培养供应链专业人才。出台吸引国内外优秀供应链人才优惠政策，用好“外专百人计划”等人才政策，为外国供应链人才来苏提供工作生活便利。成立供应链战略咨询委员会，支持高校、研究机构开展供应链重大问题研究，提供决策参考，为供应链发展提供智力支持。（省教育厅、省人力资源社会保障厅、省商务厅负责）

（三）加快供应链信用监管体系建设

加强各类供应链平台对接，充分利用现有信息共享平台对接国家级信用信息系统，强化对信用评级、信用记录、风险预警、违法失信行为等信息的披露和共享。研究利用区块链等新技术，建立基于供应链的信用评价机制。创新供应链监管机制，整合市场准入、进出口、产品质量监督、检验检疫、寄递物流等方面政策，加强供应链风险管控，促进供应链健康稳定发展。（省经济和信息化委、省发展改革委、省商务厅、省交通运输厅、省金融办、人民银行南京分行、江苏银监局、南京海关、省工商局、江苏检验检疫局、省质监局、省邮政管理局负责）

（四）推进供应链标准体系和统计调查体系建设

建立政府引导、中介组织推动、骨干企业示范的供应链标准实施应用机制。加快建立供应链标准体系，研究制定信息、技术、服务等领域的关键性标准，引导重点企业开展供应链标准化试点示范。推动企业提高供应链管理流程标准化水平，推进供应链服务标准化，提高供应链系统集成和资源整合能力。支持企业参与国际、国家标准化活动，推动江苏供应链标准国际化进程。完善供应链统计体系，积极开展供应链行业统计调查。（省质监局、省商务厅、省发展改革委、省经济和信息化委、省统计局负责）

（五）加强供应链行业组织建设

推动建立供应链行业协会、学会、商会、联合会等组织，加强供应链研究，制定满足市场和创新需要的标准。鼓励行业组织建立供应链公共服务平台，提供供应链信息咨询、人才培训等专业化服务。支持行业组织加强行业自律，促进行业健康有序发展。（省民政厅、省发展改革委、省经济和信息化委、省商务厅、省质监局负责）

四、保障措施

（一）加强组织领导

建立省供应链创新与应用工作联席会议机制，联席会议办公室设在省商务厅，定期召开会议，研究提出工作目标和任务，协调各方行动，形成工作合力。

（二）强化政策支持

围绕供应链管理的重点领域、重点产业和骨干企业，实施企业成长、技术创新、平台建设、人才培养、标准制定等一批供应链创新与应用工程，出台配套政策，引导和激励企业开展供应链创新与应用。

（三）开展试点示范

积极开展供应链试点示范，组织地方和企业申报国家级试点，及时总结、复制推广先进地区的经验和做法。加大对供应链创新与应用的宣传力度，调动全社会参与的积极性，为供应链创新与应用营造良好的发展环境。

各地各有关部门要高度重视供应链创新与应用工作，健全工作机制，明确任务分工，加强跟踪服务，确保各项目标任务落到实处。各地要结合实际，制定本地区的具体实施方案，细化政策措施，精心组织实施。各有关部门要制定配套措施，加强协作配合，共同推进全省供应链创新与应用工作。

江苏省人民政府办公厅
2018 年 4 月 6 日

江苏省政府办公厅关于大力发展粮食产业经济加快建设粮食产业强省的实施意见

（苏政办发〔2018〕2号）

各市、县（市、区）人民政府，省各委办厅局，省各直属单位：

粮食是重要的战略商品，粮食产业是重要的基础产业。近年来，本省高度重视粮食产业发展，粮食产业结构不断优化，粮食仓储条件逐步改善，粮食流通效能日益提高，为促进经济社会发展奠定了坚实基础。当前，粮食供给由总量不足转为结构性矛盾，库存高企、销售不畅、优质粮食供给不足、深加工转化滞后等问题突出，粮食产业链条不长、创新动力不足、市场竞争力不强等短板明显。为加快发展粮食产业经济，把江苏建设成为粮食产业强省，根据《国务院办公厅关于加快推进农业供给侧结构性改革　大力发展粮食产业经济的意见》（国办发〔2017〕78号）要求，紧密结合江苏实际，提出如下实施意见。

一、总体要求和发展目标

（一）总体要求

全面贯彻党的十九大精神和中央农村工作会议精神，以习近平新时代中国特色社会主义思想为指导，以实施乡村振兴战略为新时代做好“三农”工作的总抓手，认真落实国家粮食安全战略，积极践行创新、协调、绿色、开放、共享发展理念，以推进农业供给侧结构性改革为主线，以增加绿色优质粮食产品供给、促进农民持续增收为重点，坚持市场主导、政府引导，产业融合、协调发展，创新驱动、提质增效的基本原则，坚持质量兴农、绿色兴农的发展方向，大力实施优质粮食工程，加快推进农业由增产导向转向提质导向，打造新动能，促进粮食产业创新发展、转型升级、提质增效，推动形成“种粮农民种好粮、收储企业收好粮、加工企业产好粮、人民群众吃好粮”的粮食流通新体系，构建更高层次、更高质量、更有效率的粮食安全保障体系，推动江苏由粮食产业大省向粮食产业强省转变。

（二）发展目标

到2020年，初步建成适应江苏省情和粮情的现代粮食产业体系，产业发展的质量和效益明显提升，更好地保障粮食供给、带动农民增收、促进产业升级。绿色优质粮食产品有效供给稳定增加，全省粮油优质品率提高30%以上，实现粮油加工业总产值3000亿元以上，粮食加工转化率达到88%，打造主营业务收入50亿元以上粮食企业5个，建成省级粮食产业园区30个，省级以上粮食产业化龙头企业和粮食产业集群辐射带动能力持续增强，把江苏建设成为产值千亿级的全国油脂加工中心和世界级粮食机械装备制造基地，粮食科技创新能力和粮食质量安全保障水平位居全国前列。

二、培育壮大粮食产业主体

（三）增强企业活力

深化国有粮食企业改革，加快转换经营机制，提高江苏粮食产业竞争力。构建跨区域、跨行业“产购储加销”协作机制，使粮食产业链成为“以工补农、以城带乡”的有效载体。深化省内外粮食产销衔接合作关系，引导粮食企业兼并重组，拓展上下游产业链，做强做优做大一批流通主体。鼓励国有粮食企业依托现有收储网点，主动与新型农业经营主体和粮食加工企业等开展合作，稳定优质粮源，实施“藏粮于企”。鼓励粮食企业“走出去”，扩大江苏粮食版图，培育具有国际市场竞争力的大型粮食企业集团。支持有条件的粮油企业上市。（省粮食局、省农委、省国资委等负责）

（四）支持协同发展

充分发挥江苏区位、资源优势，培育壮大粮食市场主体，建立健全统一、开放、竞争、有序的粮食市场体系。发挥骨干企业的示范带动作用，鼓励多元主体开展多种形式的合作与融合，大力培育粮食产业化联合体，实现各类主体分工合作、产业联结、一体发展。支持发展民营粮食企业、农村经济合作组织和粮食经纪人等新型经营主体，作为粮食市场体系的有益补充。支持符合条件的多元主体积极参与“优质粮食工程”等项目建设。鼓励龙头企业与产业链上下游各类市场主体联合成立粮食产业联盟，共同制订标准、创建品牌、开发市场、攻关技术、扩大融资等，实现优势互补。鼓励通过产权置换、股权转让、品牌整合、兼并重组等方式，实现粮食产业资源优化配置。（省发展改革委、省粮食局、省经济和信息化委、省农委、省工商局等负责）

（五）培育流通主体

引导优势资源向优势企业转移，形成一批拥有核心竞争力、产业关联度大、带动能力强的重点龙头企业，培育一批大型粮食集团，有效发挥其推动粮食产业经济发展的引领作用。鼓励和支持申报国家级农业龙头企业，认定和扶持一批具有核心竞争力和行业带动力的粮食产业化省级重点龙头企业。引导支持龙头企业与新型农业经营主体和农户构建稳固的利益联结机制，调优种植品种，稳定优质粮源，实行优质优价，带动农民增收致富，促进企业发展增效。支持符合条件的龙头企业参与承担政策性粮食收储业务，逐步建立储备粮市场竞价机制。在确保区域粮食安全的前提下，探索创新龙头企业参与地方粮食储备机制。（省发展改革委、省粮食局、省农委、中储粮南京分公司等负责）

三、创新粮食产业发展方式

（六）推动产业集聚

优化粮食企业发展模式，积极发展混合所有制经济，加速资源、资金、资产集聚，形成一批辐射范围广、带动能力强的粮食产业集群。围绕沿海、沿大运河、沿长江、沿陇海线规划建设粮食仓储物流体系，加强产业基地和产业园区建设，鼓励建设国家现代粮食产业发展示范园区（基地），促进优势企业、先进技术、高端人才和资金进入园区，发挥园区的聚集、辐射和带动效应。科学规划粮食产业布局，注重发挥区域优势和特色，继续推进淮安、盐城、高邮、兴化、东海等大米加工产业群，泰兴、丹阳、南通、徐州等面粉加工产业群，苏州、南通、泰州、连云港等食用植物油加工产业群，扬州、无锡、常州、苏州等粮机制造产业群，提升江苏粮食产业集中度。（省发展改革委、省粮食局、省经济和信息化委、省商务厅等负责）

（七）坚持品牌引领

支持各地通过质量提升、自主创新、品牌创建、特色产品认定等，积极申报“中国好粮油”产品、驰名商标、江苏省名牌、地理标志证明商标和集体商标公用品牌、地理标志产品等，提升江苏粮油产品的美誉度。突出地域优势和特色粮油培育发展，促进品牌整合，打造江苏省域粮食品牌。加大粮食产品的专利权、商标权等知识产权保护力度，严厉打击制售假冒伪劣产品行为。加大粮食文化资源的保护和开发利用力度，支持爱粮节粮宣传教育基地和粮食文化展示基地建设，鼓励发展粮食产业观光、体验式消费等新业态。（省粮食局、省工商局、省质监局、省发展改革委、省经济和信息化委、省农委、省知识产权局、省旅游局等负责）

（八）促进全产业链发展

推动粮食企业向上游与新型农业经营主体开展产销对接和协作，通过定向投入、专项服务、良种培育、订单收购、代储加工等方式，建设原料加工基地，探索开展绿色优质特色粮油种植、收购、储存、专用化加工试点；向下游延伸建设物流营销和服务网络，实现粮源基地化、加工规模化、产品优质化、服务多样化，着力打造绿色、有机的优质粮食供应链。开展粮食全产业链信息监测和分析预警，加大供需信息发布力度，引导粮食产销平衡。至2020年，在每个设区市重点培植1个含粮食种植、购销、仓储、物流、加工、销售全产业链运行的产业化经营示范企业，为调整产业结构、扩大产业规模探索可行路径。（省发展改革委、省粮食局、省农委等负责）

四、加快粮食产业转型升级

（九）发展精深加工

主动适应农业供给侧结构性改革需要，推动粮食加工逐步由粮食初级产品向高端产品、特色产品转变。依托科研院所，联合省内米、面、油、饲料、粮机龙头企业，构建江苏粮食行业精深加工合作平台，开展粮油精深加工技术研究和产品开发，增加专用米、专用粉、专用油、功能性稻米等食品以及保健、化工、医药等方面的有效供给。支持出台粮食精深加工转化扶持政策，促进粮食企业加大技术改造力度，倒逼落后加工产能退出。（省发展改革委、省粮食局、省科技厅、省经济和信息化委、省财政厅等负责）

（十）发展循环经济

鼓励粮食企业探索多途径实现粮油副产物循环、全值和梯次利用，提高粮食综合利用率和产品附加值。推进绿色储粮，鼓励粮食企业建立绿色、低碳、环保的循环经济系统，降低单位产品能耗和物耗水平。推广“仓顶阳光工程”、稻壳发电等新能源项目，大力开展米糠、碎米、麦麸、麦胚、玉米芯、饼粕等副产物综合利用示范，促进产业节能减排、提质增效。（省发展改革委、省粮食局、省经济和信息化委、省农委、省科技厅、江苏能源监管办等负责）

（十一）推进主食产业化

加快推进以传统蒸煮米面制品为代表的主食产业化进程，努力构建现代化主食产业体系。支持推进米、面、杂粮及薯类等主食制品的工业化生产、社会化供应等产业化经营方式，大力发展方便食品、速冻食品。到2020年，实现主食产业化率明显提高，主食品质量明显提高，培育一批市场占有率高的全国知名品牌，形成一批冷冻冷藏、物流配送、连锁专卖为一体的较为完善的主食供应网络，使成品粮应急加工和供应体系更加健全，主食产业化发展水平明显提升。（省粮食局、省经济和信息化委、省农委、省商务厅、省工商局、省质监局等负责）

（十二）实施“优质粮食工程”

加快实施以粮食产后服务体系建设、粮食质检体系建设、“中国好粮油”行动为主要内容的“优质粮食工程”。针对市场化收购条件下农民收粮、储粮、卖粮、清理烘干等诸多难题，建立专业化的粮食产后服务中心，力争在“十三五”末实现全省产粮大县全覆盖，形成完整的服务链。加强粮食质量安全检测监管能力建设，健全粮食质检体系运行机制，提高从田间到餐桌全过程的粮食质量安全保障水平，把好食品质量安全源头关。以消费者“喜欢什么”，促进流通环节“收什么”，引导种植环节“种什么”，推动形成“优粮优价”市场流通机制。引导粮油加工龙头企业向生产领域延伸，建立优质粮油生产基地，发展订单农业，稳定优质粮源。支持企业发展优质稻麦、富硒粮油、绿色有机油脂等优势特色粮油生产，新增一批较有影响的省级以上绿色优质粮油名牌，让城乡居民由“吃得饱”向“吃得好”“吃得健康”转变。（省粮食局、省发展改革委、省农委、省工商局、省质监局、省财政厅等负责）

五、夯实粮食产业发展基础

（十三）建设粮食现代物流

主动策应国家“一带一路”建设和长江经济带发展战略，加快推进全省粮食物流基础设施建设，提升沿江、沿海、沿运河、沿陇海线粮食物流产业园区建设水平，积极承接国内外粮食集散中转，为粮食进出、产业发展提供支持。到2020年，江苏粮食仓储和物流能力达到600亿斤，支持新建仓容60亿斤，收储能力和物流效能显著提升，建成一批功能完备、管理规范、特色鲜明、效益突出的粮食产业园区。加快粮食物流标准化建设，推广原粮物流“四散化”、集装化、标准化，推动成品粮物流托盘等标准化装载单元器具的循环共用，提升粮食物流上下游设施设备及包装标准化水平。（省发展改革委、省粮食局、省交通运输厅、省商务厅、省质监局等负责）

（十四）推进“智慧粮食”建设

积极倡导“互联网＋”思维，加强粮食信息化关键技术和专用装备研发，提升收购、储存、调运、加工、供应等各个环节信息化水平，建成具有江苏特色的“智慧粮食”新体系。坚持统一建设规划、统一技术标准、统一管理平台，加强省、设区市、涉粮企业信息化建设，对接国家级平台，链接市县及基层涉粮企业，实现横向互联、纵向互通。积极发展粮食电子商务，打造省级电子商务平台，推广“网上粮店”等新型粮食零售业态，促进线上线下融合。（省粮食局、省发展改革委、省经济和信息化委、省质监局等负责）

（十五）发展装备制造

对接“中国制造2025”，发展高效节粮节能粮油加工、质检装备。充分利用江苏粮机制造发展优势，提高关键粮油机械及仪器设备制造水平和自主创新能力，提升粮食品质及质量安全快速检测设备的技术水平。结合新仓型建设提升配套装备水平，配备高效自动化设备，完善粮库以及粮食加工企业散接散卸设施装备。推动信息化与粮食装备工业化的融合发展，全面实现粮库作业自动化、智能化。引入智能机器人和物联网技术，开展粮食智能工厂、智能仓储、智能烘干等应用示范，加大粮食自主专用信息化装备研发，提升江苏仓储智能化水平。（省粮食局、省发展改革委、省经济和信息化委、省科技厅、省商务厅等负责）

（十六）强化科技创新

支持粮食企业建立研发中心，打造企业技术创新平台。鼓励支持科研机构、高校与企业通过共同设立研发基金、共建实验室与成果转化工作站等方式，聚焦企业科技创新需求。加大对营养健康、质量安全、节粮减损、加工转化、现代物流、“智慧粮食”等领域相关基础研究和关键技术研发的支持力度，推进信息、生物、新材料等高新技术在粮食产业中的应用。支持粮食领域省级以上工程实验室、重点实验室建设，加大粮食科技成果集成示范基地、科技协同创新共同体和科技创新联盟的建设力度，推进科技资源开放共享。（省科技厅、省粮食局等负责）

（十七）强化人才培育

创新人才发展体制，激发人才创新创造活力。采取与粮食行业高等院校联合办学、委托培养、在职进修等方式，完善政产学研用相结合的协同育人模式，加快培养基层一线仓储保管、质量检验、设备研发、市场营销等专业技术人才和实用型人才。支持企业加强与科研机构、高校合作，创新人才引进机制。加强职业技能培训，举办职业技能竞赛活动，培育“粮工巧匠”，提升粮食行业职工技能水平。（省粮食

局、省人力资源社会保障厅、省教育厅等负责）

六、落实加快粮食产业经济发展的政策措施

（十八）加大财税扶持力度

统筹利用商品粮大省、产粮产油大县奖励资金以及粮食风险基金等支持粮食产业发展。各级政府要建立稳定的财政投入机制，统筹安排好各级支持粮食产业发展的资金，其中产粮大县的奖励资金，支持粮食产业经济发展不低于50％。积极引导金融资本、社会资本加大对粮食产业的投入。对符合规定的新获得省级以上农业产业化龙头企业、中国好粮油产品、中国驰名商标、江苏省名牌产品的企业给予适当奖励。新型农业经营主体购置仓储、烘干设备，可按规定享受农机具购置补贴。落实粮食加工企业从事农产品初加工所得按规定免征企业所得税政策和国家简并增值税税率有关政策。地方国有和国有控股粮食购销企业从事地方粮油储备、最低收购价等政策性业务，按国家现行税收政策免征增值税、土地使用税、房产税、印花税等。粮食企业为开发新技术、新产品、新工艺所发生的研发经费以及各级政府补助的财政性资金，符合有关税收政策规定条件的，在计算应纳税所得额时扣除。（各设区市人民政府，省财政厅、省发展改革委、省国税局、省地税局、省粮食局、省农委等负责）

（十九）落实用地用电等优惠政策

在土地利用年度计划中，对粮食产业发展重点项目用地予以统筹安排和重点支持。支持和加快国有粮食企业依法依规将划拨用地转变为出让用地，增强企业融资功能。改制重组后的粮食企业，可依法处置土地资产，用于企业改革发展和解决历史遗留问题。落实粮食初加工用电执行农业生产用电价格政策。（省国土资源厅、省粮食局、省电力公司等负责）

（二十）优化金融政策

拓宽企业融资渠道，为粮食收购、加工、仓储、物流等环节提供多元化金融服务。政策性、商业性金融机构要结合职能定位和业务范围，在风险可控的前提下，加大对粮食产业发展和省级以上农业产业化龙头企业的信贷支持。支持建立以地方政府为主导，财政性资金注入等多渠道筹措的粮食收购共同担保基金，财政性资金比例不低于30％。建立健全粮油产业融资担保机制。支持符合条件的粮食企业上市融资或在新三板挂牌，以及发行公司债券、企业债券和并购重组等。引导粮食企业合理利用农产品期货市场管理价格风险。鼓励和支持保险机构为粮食企业开展对外贸易和“走出去”提供保险服务。（省农发行、省粮食局、江苏银监局、省财政厅等负责）

（二十一）加强组织领导

各级政府要高度重视粮食产业经济发展，因地制宜制定推进本地区粮食产业经济发展的实施意见、规划或方案，加强统筹协调，明确职责分工。加大粮食产业经济发展实绩在粮食安全省长责任制考核中的权重。要结合精准扶贫、精准脱贫要求，大力开展粮食产业扶贫。粮食部门要协调推进粮食产业发展有关工作。发展改革、财政部门要强化对重大政策、重大工程和重大项目的支持，发挥财政投入的引导作用，撬动更多社会资本投入粮食产业。农业部门要加强优质粮食品种的种植推广，支持粮食产业化龙头企业申报评定。各相关部门要根据职责分工，抓紧完善配套措施和部门协作机制，并发挥好粮食等相关行业协会商会在标准、信息、人才、机制等方面的作用，合力推进粮食产业经济发展。（各设区市人民政府，省粮食局、省财政厅、省发展改革委、省农委、省经济和信息化委、省扶贫办等负责）

江苏省人民政府办公厅
2018年1月4日

江苏省政府办公厅关于进一步推进物流降本增效促进实体经济发展的实施意见

（苏政办发〔2018〕17号）

各市、县（市、区）人民政府，省各委办厅局，省各直属单位：

为认真贯彻落实党的十九大精神，以习近平新时代中国特色社会主义思想为指引，推进供给侧结构性改革，加快培育物流业发展新动能，进一步推进物流降本增效，营造物流业良好发展环境，促进实体经济健康发展，根据《国务院办公厅关于进一步推进物流降本增效促进实体经济发展的意见》（国办发〔2017〕73号）精神，结合本省实际，提出如下实施意见。

一、着力深化“放管服”改革

（一）简化行政审批程序

按照简政放权、放管结合、优化服务改革要求，在确保企业生产运营安全的基础上，清理、归并和精简物流企业和物流从业人员的证照资质，加强事中事后监管。指导各地开展快递领域在同一工商登记机关管辖范围内实行“一照多址”改革。进一步简化快递企业设立分支机构备案手续，完善末端网点备案制度。严格落实快递业务员职业技能确认与快递业务经营许可脱钩政策。（责任单位：省工商局、邮政管理局）

（二）完善证照管理和车辆检验检测制度

制定道路水路运输证件管理工作规范，优化服务流程，推进年审结果签注网上办理。加快制定普通货运车辆省内异地年审和驾驶员异地考核规范，2018年6月底前实现普通货运车辆省内异地年审和驾驶员省内异地考核。督促各地取消危险货物道路运输驾驶员异地从业资格证转籍要求。推进普通货运车辆安全技术检验、综合性能检测和环保检测结果互认，杜绝重复检测、重复收费，推动安检、综检和环检“三站合一”，减少杜绝重复检测、重复收费。严格落实取消营运车辆二级维护强制性检测政策。（责任单位：省交通运输厅、公安厅、质监局、环保厅）

（三）优化道路运输通行管理

落实跨省大件运输并联许可全国联网工作，推进由起运地省份统一受理、沿途省份限时并联审批。各地应科学合理规划货车通行区域，完善货车通行证制度，对需要进入城市限行、禁行区域的货车，发放指定时间和线路的通行证。完善城乡物流配送跨部门协同工作机制，进一步完善城市配送车辆通行管理政策，统筹优化交通安全和通行管控措施。（责任单位：省交通运输厅、公安厅、商务厅）

（四）规范公路、水路货运执法行为

科学合理设置公路超限检测站。严格执行货车超限超载违法行为处罚有关规定，开展联合执法，实行由交通部门公路管理机构负责监督消除违法行为、公安交管部门单独处罚记分的治超联合执法模式，对货车超限超载违法行为的现场检查处罚一律引导至省政府批准设立的公路超限检测站进行，坚决杜绝乱处罚和重复处罚，维护货车驾驶人合法权益。积极推行行政执法公示制度、执法全过程记录制度、重大执法决定法制审核制度。依据法律法规，抓紧制定公路货运、水路运输处罚事项清单，明确处罚标准并向社会公布。加强重点货运源头监管，研究制定江苏省公路超限超载处罚实施细则，落实“一超四

罚"措施，研究制定高速公路入口称重管理系统建设技术要求，实施高速公路入口称重劝返模式。严格货运车辆、船舶执法程序，执法人员现场执法时必须持合法证件，规范使用执法记录仪等执法监督设备。公路货运和水路货运罚款落实罚缴分离政策，按照规定要求统一缴入国库。完善公路货运、水路货运执法财政经费保障机制。进一步健全监督制约机制，完善货运执法监督举报平台。（责任单位：省交通运输厅、省公安厅、省水利厅、省财政厅、江苏海事局，各设区市人民政府）

（五）推进贸易通关便利化

全面推进海关通关一体化改革，实行"一次申报、分步处置"通关模式，推行"自报自缴"，简化通关环节，提升通关效率。优化流程管理、深化审单放行改革，持续提高检验检疫口岸放行效率。加快推进国际贸易"单一窗口"建设，积极推广应用"单一窗口"标准版，实现一点接入、共享共用、免费申报。全面加强电子口岸平台与各口岸和口岸管理部门的系统对接。鼓励支持内河运输企业探索开展内外贸集装箱同船运输业务。（责任单位：南京海关、江苏检验检疫局、省公安厅、省交通运输厅、江苏海事局）

二、切实推进降税清费工作

（六）优化车辆通行收费

组织开展高速公路分时段、分路段差异化收费调查研究，研究制定本省高速公路分时段差异化收费方案。全面推广货车使用电子收费系统（ETC）非现金支付方式。继续实施货车通行费优惠政策，对持有"运政苏通卡"的货运车辆享有通行费优惠10％的政策，延续到2020年12月31日。继续严格执行鲜活农产品"绿色通道"政策，免收整车合法装载运输鲜活农产品车辆通行费。积极落实中欧班列通行优惠政策，实行中欧班列货物进出连云港、南京、苏州、徐州、南通等地主要铁路装车点和集货点的公路集装箱运输免收过路费等扶持政策。逐步减少普通国省干线公路收费站数量。（责任单位：省交通运输厅、物价局、财政厅、经济和信息化委）

（七）降低水路运输收费

全面清理涉及水运的各类收费，规范过闸费等收费项目。将全省交通船闸过闸费、水利船闸过闸费（不含经营性船闸）分别在现有征收标准上给予20％、10％的优惠政策延续到2020年12月31日。对集装箱货运船舶过交通船闸、水利船闸免收过闸费。（责任单位：省交通运输厅、水利厅、物价局、财政厅）

（八）做好公路水路通行费等营改增相关工作

落实收费公路通行费增值税发票开具工作实施方案，完成收费公路收费系统改造，依托全国统一的收费公路通行发票服务平台，开具高速公路通行费增值税电子发票。进一步落实好国家增值税抵扣政策，做好经营性道路、桥、闸通行费增值税抵扣工作。（责任单位：省交通运输厅、国税局、财政厅）

（九）加大物流领域收费清理力度

全面梳理物流领域的行政事业性收费、经营服务性收费和行业协会收费，加强监督管理，严禁不按政策标准收费。完善港口服务价格形成机制，改革拖轮计费方式，落实国家港口收费计费办法。全面清理口岸各类收费，规范收费项目，免除查验没有问题外贸企业的吊装、移位、仓储等费用，降低集装箱进出口环节合规成本。清理规范铁路运输企业收取的杂费、专用线代运营代维护费用、企业自备车检修费用等，以及地方政府附加收费、专用线产权或经营单位收费、与铁路运输密切相关的短驳等两端收费。

（责任单位：省交通运输厅、物价局、经济和信息化委、财政厅，各设区市人民政府）

（十）落实物流相关税收政策

按照国家统一部署，贯彻落实好交通运输业个体纳税人异地代开增值税发票管理制度，做好纳税宣传和代开发票服务工作。用好江苏政务服务网，加强与国税系统对接，为个体纳税人提供网上纳税申报服务。按规定全面落实物流企业大宗商品仓储设施用地城镇土地使用税减半征收优惠政策。加大政策宣传力度，确保物流领域相关税收政策落实到位。（责任单位：省国税局、财政厅、地税局）

三、提升枢纽通道物流服务能力

（十一）加强跨区域物流通道建设

进一步强化沿沪宁线、沿长江、沿海、沿东陇海、沿运河五大物流通道能力，重点推进过江通道建设，增强过江通道能力，提升交通基础设施互联互通水平和关键物流节点功能。全力推进连云港一霍尔果斯串联起的新亚欧陆海联运通道建设，协力打造“一带一路”合作倡议下的标杆和示范项目。（责任单位：省发展改革委、交通运输厅、经济和信息化委、商务厅，相关设区市人民政府）

（十二）打造一批重点物流枢纽

结合国家级物流枢纽布局和建设规划，进一步强化南京、徐州、苏州、连云港四大综合性物流枢纽功能。着力推进南京长江区域性航运物流中心、南京空港枢纽经济区、徐州铁路枢纽、太仓集装箱干线港等建设发展。加快推进上合组织（连云港）国际物流园建设，建成面向“一带一路”沿线国家的区域性国际物流枢纽。（责任单位：省发展改革委、交通运输厅、经济和信息化委，相关设区市人民政府）

（十三）加快完善物流集疏运体系

加强铁路、公路、水运、民航、邮政等基础设施建设衔接。依托重点港区、多式联运枢纽、物流园区和重要空港等节点，推进入园、入港区铁路专用线、集装箱多式联运设施、内河集疏运航道建设以及航空货运站的改造扩建，进一步提升中转联运设施功能。重点开辟通向全球主要枢纽机场和重要城市的国际远程航线，形成通达欧美、辐射亚洲的国际航空货运网络。加快南京机场大通关基地建设，提升陆空联运及空空联运能力。推动交通、邮政融合发展，在主要交通枢纽规划建设一批邮件、快件集散处理中心、转运中心等基础设施。进一步落实国家利用车购税等相关资金支持港口集疏运铁路、公路建设的相关政策，畅通港站枢纽“微循环”。（责任单位：省交通运输厅、发展改革委、铁路办、经济和信息化委、邮政管理局、财政厅，相关设区市人民政府）

（十四）提升铁路物流服务水平

充分发挥铁路长距离干线运输优势，进一步提高铁路货运量占全省货运总量的比重。加快推进铁路物流基地建设，重点推动解决铁路运输“最后一公里”问题。大力发展铁路集装箱多式联运，统筹布局铁路集装箱办理站和还箱点，加快形成点、线、网相互协调、技术设备先进、功能完善的铁路集装箱运输网络。支持铁路运输企业与港口、园区、大型制造企业、物流企业等开展合资合作开行货物列车，积极推动港口、园区铁路自备线资源开放共享。加快发展高铁快运物流和电商快递班列。鼓励企业自备载运工具的共管共用，提高企业自备载运工具的运用效率。大力推进物联网、无线射频识别（RFID）等信息技术在铁路物流服务中的应用。（责任单位：省发展改革委、经济和信息化委、交通运输厅、铁路办、邮政管理局，相关设区市人民政府）

（十五）推进中欧班列集约化发展

加强对全省中欧班列的统筹协调和资源整合，进一步增强中欧班列区域竞争力。贯彻落实《江苏省中欧班列建设发展规划实施方案（2017—2020）》，提升江苏中欧班列品牌影响力，加快形成布局合理、设施完善、便捷高效、安全畅通的中欧班列综合服务体系。推进中欧班列运营模式创新，形成沿途加挂、分拨的联运机制，重点打造“连新亚”“宁新亚”“苏满欧”等中欧班列品牌。（责任单位：省交通运输厅、发展改革委、经济和信息化委、交通运输厅、商务厅、铁路办）

四、大力发展智慧物流

（十六）推动物流数据开发共享

依托江苏省大数据中心，推进公路、铁路、航空、水运、邮政及公安、工商、海关、质检等领域相关物流数据对接和开放共享，加快开展物流大数据应用示范。加强物流信息资源整合，推动跨地区、跨行业物流信息互联共享，推进各物流园区之间实现信息联通兼容。（责任单位：省经济和信息化委、发展改革委、交通运输厅、邮政管理局、商务厅、公安厅、工商局、质监局、国税局，江苏检验检疫局，南京海关）

（十七）加强物流公共信息平台建设

加快物流业与互联网融合。落实《江苏省企业互联网化提升计划》，推动物流企业物流管理的信息化应用和互联网化提升。鼓励建设物流公共服务云平台和物流行业特色应用平台，打造一批集政府服务和监管、在线交易和跟踪、在线支付和结算、信息发布、产品展示、推广营销、互动交流、系统及设备终端应用等功能为一体的具有行业和区域影响力的物流信息平台。（责任单位：省经济和信息化委、发展改革委、交通运输厅、商务厅）

（十八）推广应用高效便捷物流新模式

推进实施“互联网＋高效物流”，大力发展“互联网＋”车货匹配、“互联网＋”运力优化、“互联网＋”运输协同、“互联网＋”仓储交易等新业态、新模式。加大政策支持力度，培育一批骨干龙头企业，深入推进无车承运人试点工作，通过搭建互联网平台，创新物流资源配置方式，扩大资源配置范围，实现货运供需信息实时共享和智能匹配。加快推进重点船闸内河船舶智能过闸、调度、排挡系统的开通运行。（责任单位：省经济和信息化委、交通运输厅、发展改革委）

（十九）加强物流技术装备研发与应用

加快移动互联网、大数据、物联网、云计算等现代信息技术在物流中的应用开发及推广，推进运输、仓储、装卸、包装、配送等物流环节的智能化建设。加快推进关键物流技术装备产业化进程，加强物流机器人、自动分拣设备等智能化物流装备的研发创新和推广应用。培育一批物流企业技术中心，加大对科技型中小物流企业的支持力度，进一步提升物流企业的技术水平和创新能力，支持具备条件的物流企业申报高新技术企业。支持物流龙头企业依托自身优势建设众创空间、孵化器等载体平台，提供专业化的创新创业孵化服务。（责任单位：省经济和信息化委、科技厅）

五、推进制造业供应链应用创新

（二十）推进供应链创新和应用示范

适应现代产业柔性、智能、精细发展要求，提升制造业供应链管理的精益化、定制化、一体化水平。

按照国家打造大数据支撑、网络化共享、智能化协作的智慧供应链体系要求，完善本省重点产业供应链体系，推广先进供应链管理经验，加快培育一批供应链创新与应用示范企业，建设一批跨行业、跨领域的供应链协同、交易和服务示范平台。（责任单位：省经济和信息化委、商务厅、发展改革委）

（二十一）提升制造业物流管理水平

对接制造业转型升级需求，大力支持提供精细化、定制化、一体化服务的第三方物流发展，提高面向线上线下双重渠道的供应链整合能力。依托特色产业集群和先进制造业基地，加快建设与制造业配套衔接的公共外库等仓储配送设施。鼓励大型生产制造企业开放自营物流系统，面向社会提供公共物流服务。鼓励快递企业全面服务制造企业，提供精准、便利的个性化服务。积极开展制造业物流成本核算与对标，引导企业对物流成本进行精细化管理，提高制造业物流管理水平。（责任单位：省经济和信息化委、发展改革委、邮政管理局）

六、加快城乡物流网络建设

（二十二）大力发展共同配送

开展城乡高效配送专项行动，通过科学布局、整合资源、完善机制，加强网络构建、模式创新、技术应用、共享协同，推进城乡配送网络化、集约化、标准化，进一步完善城市共同配送体系。推进城乡配送公共信息平台建设，积极推广“货的”“定制化配送公交”等新型末端配送模式。鼓励使用节能与新能源车辆从事共同配送，按规定对符合条件的节能和新能源汽车给予财政补助。加快研究制定本省快递专用电动三轮车的技术标准及上路行驶和停靠规定，建立源头管控和路面联动的邮政快递末端配送车辆管理模式。（责任单位：省商务厅、交通运输厅、公安厅、邮政管理局、发展改革委、经济和信息化委、财政厅）

（二十三）完善配送网络节点

统筹规划建设一批开放共享、干线运输与城乡配送有效衔接的共同配送中心。整合利用城市商业网点、快递网点、社区服务机构等设施资源，建设公共末端配送网点。在学校、社区、机关等区域合理布局邮政服务用房用于建设末端配送站，加强智能快递柜、智能信包箱等末端配送设施建设。加强配送车辆停靠作业管理，结合实际设置专用临时车位等停靠作业区域。（责任单位：省商务厅、交通运输厅、邮政管理局、公安厅、住房城乡建设厅、国土资源厅、发展改革委、经济和信息化委）

（二十四）加快农村物流设施建设

按照县、乡、村三级网络架构和“多站合一、资源共享”的模式，推进三级农村物流节点体系建设。以县为重点规划建设连锁经营共同配送体系，加快推进农产品进城和工业品下乡的双向物流配送体系建设。加强农村公共仓储设施建设，推进交通运输、商贸流通、供销、邮政等物流资源与电商、快递等企业的物流服务网络和设施共享衔接，提升农村邮政网点、村邮站、电商服务网点、三农服务站等物流服务功能。（责任单位：省交通运输厅、商务厅、供销社、邮政管理局）

七、加强物流标准化建设

（二十五）建立健全物流标准化体系

加快物流信息标准、服务标准和管理标准的研究、制定与推广。支持仓储设施、转运设施、运输工具、停靠和装卸站点的标准化建设和改造，推动条形码、RFID 等物流技术及智慧物流信息标准化建设。

推广应用电子运单、电子仓单、电子面单等电子化单证。积极推动铁路集装箱多式联运标准化建设。推进无锡等市国家物流标准化试点和苏州市供应链体系建设。(责任单位:省质监局、商务厅、经济和信息化委、交通运输厅、铁路办、邮政管理局)

(二十六)加强物流装载单元化建设

加强物流标准的配套衔接。鼓励商贸流通企业、制造企业、标准托盘运营企业、物流园区、第三方物流企业开展标准托盘(1200 mm×1000 mm)及包装基础模数(600 mm×400 mm)的应用推广及循环利用,促进包装箱、周转箱、集装箱等上下游设施设备的标准化,推动标准装载单元器具的循环共用,做好与相关运输工具的衔接。加快推进区域性、全国性托盘循环共用系统及叉车公共租赁平台建设,鼓励开展托盘租赁、维修等延伸服务。鼓励推广使用共享快递盒。(责任单位:省商务厅、质监局、经济和信息化委、邮政管理局、发展改革委)

(二十七)推进运输工具标准化集装化

推进货运车型标准化,推广使用中置轴汽车列车、厢式货车等专用货车,促进货运车辆标准化、轻量化。适时启动不合规平板半挂车等车型治理工作,分阶段有序推进车型替代和分批退出,2018 年 6 月底全面完成不合规车辆运输车更新淘汰。大力推动甩挂运输发展,培育一批甩挂运输龙头示范企业。深化推进船型标准化,加快推广内河集装箱船型、绿色环保船型,推动本省研究的江河、江海直达船型纳入部颁船型标准并推广应用。(责任单位:省交通运输厅、公安厅、经济和信息化委)

八、充分发挥示范带动作用

(二十八)深入推进物流园区示范工程

培育一批辐射带动能力强、技术水平先进、集散能力突出、用地节约集约、公共服务完善的省级示范物流园区和省级重点物流基地,推动园区(基地)在多业融合、多式联运、共同配送、智慧物流、绿色物流、公共平台等领域开展试点示范。进一步完善示范园区考核评价体系,对考核评价优秀的省级示范物流园区,在资金、政策等方面大力扶持,并推荐申报国家级示范物流园区。(责任单位:省发展改革委、经济和信息化委、国土资源厅、住房城乡建设厅)

(二十九)继续开展多式联运示范工程

推进部、省级多式联运示范工程项目建设,完善多式联运示范工程动态管理工作机制,做好部、省示范工程项目运营情况动态监测工作,组织开展省示范工程年度目标考核和跟踪评估,加大支持运行效果好的示范项目,逐步淘汰运行效果不佳的项目。在建立合作机制、完善基础设施、联运信息共享、运输规则规范等方面形成试点示范,探索提供“一单制”的多式联运全程运输服务,有效推动本省多式联运运营模式和联运产品创新,提升一体化运输组织和服务效能。(责任单位:省交通运输厅、发展改革委、经济和信息化委)

(三十)开展智能仓储示范工程

按照国家提高物流仓储智能化、信息化水平,以点带面推动传统仓储转型升级的要求,推进本省智能化仓储示范工作,推广应用大数据、云计算、物联网、移动互联网等先进技术和智能化装备,提升仓储、分拣、包装等作业效率和仓储管理水平,降低物流仓储成本。(责任单位:省经济和信息化委、发展改革委、商务厅)

九、强化要素保障力度

（三十一）加强对物流发展的规划和用地支持

各地在编制城市总体规划和土地利用总体规划时，要综合考虑物流发展用地，统筹安排物流及配套公共服务设施用地选址和布局，在综合交通枢纽、产业集聚区等物流集散地布局和完善一批物流园区、配送中心等，确保规划和物流用地落实，禁止随意变更。对纳入国家和省级示范的物流园区新增物流仓储用地给予重点保障，对符合省支持和保障重大产业项目用地计划暂行办法的物流项目，优先安排用地计划。对政府供应的物流用地，应纳入年度建设用地供应计划，依法采取招标、拍卖或挂牌等方式出让。鼓励各地通过弹性出让、长期租赁、先租后让、租让结合等多种方式供应物流仓储等工业用地。积极支持利用工业企业旧厂房、仓库和存量土地资源建设物流设施或提供物流服务，涉及原划拨土地使用权转让或租赁的，经批准可采取协议方式办理土地有偿使用手续。在符合相关规定的前提下，经市、县人民政府批准，利用现有房屋和土地兴办生产性服务业等的，可实行继续按原用途和土地权利类型使用土地的过渡期政策，过渡期为 5 年。研究建立重点物流基础设施建设用地审批绿色通道，提高审批效率。（责任单位：省住房城乡建设厅、国土资源厅，各设区市人民政府）

（三十二）加大对物流设施建设的投融资支持力度

加大对物流基础设施的投资扶持力度，特别是支撑“一带一路”、长江经济带战略实施的关键性、枢纽性物流设施建设。国家和省专项资金优先支持示范物流园区、重点物流基地、多式联运枢纽和列入规划的重点物流项目。支持符合条件的国有企业、金融机构、大型物流企业集团等设立现代物流产业发展投资基金。鼓励金融机构探索适合物流业发展特点的供应链金融产品和融资服务方案，通过完善供应链信息系统研发，实现对供应链上下游客户的内外部信用评级、综合金融服务、系统性风险管理。支持银行依法探索扩大与物流公司的电子化系统合作。鼓励物流企业采用发行企业债、公司债、短期融资券、中期票据、定向工具、资产证券化等方式拓展融资渠道。（责任单位：省发展改革委、财政厅、金融办、经济和信息化委、商务厅、交通运输厅，江苏证监局，人民银行南京分行）

（三十三）健全物流行业信用体系

落实国家部委《关于对运输物流行业严重违法失信市场主体及其有关人员实施联合惩戒的合作备忘录》，对失信企业在行政审批、资质认定、银行贷款、工程招投标、债券发行等方面予以限制，构建守信激励和失信惩戒机制。（责任单位：省经济和信息化委、交通运输厅、工商局、发展改革委，省现代物流协会）

（三十四）强化人力资源保障

充分发挥本省科教人才优势，推动物流企业与高等院校、科研院所和技工院校开展多种形式的合作，校企合作共建物流实训基地和实验基地，校企双方共同培养物流专业技能人才。大力开展职业技能培训，积极提升物流从业人员的技能水平和职业素养，强化中高层管理人员的物流管理能力培养，形成多层次的物流教育培训体系。落实国家降低社保费率政策，切实降低企业用工成本。（责任单位：省教育厅、人力资源社会保障厅、经济和信息化委）

各地各有关部门要充分认识物流降本增效对深化供给侧结构性改革、促进实体经济发展的重要意义，加强组织领导，明确责任分工，结合本地本部门实际，深入落实本实施意见明确的各项政策措施，完善制定相关实施细则，扎实推进各项工作。省发展改革委会同相关部门加强工作指导和督促检查，成立联席会议制度，定期研究会商，及时解决政策实施中存在的问题，确保各项政策措施的贯彻落实。

江苏省人民政府办公厅

2013 年 2 月 17 日

浙江省农业厅关于加快农创客培育发展的意见

各市、县(市、区)农业局,厅各单位:

为深入贯彻省委省政府《全面实施乡村振兴战略高水平推进农业农村现代化行动计划(2018—2022)》(浙委发〔2018〕16 号),推动乡村人才振兴,促进乡村振兴和农业高质量发展,现就加快农创客培育发展提出如下意见:

一、充分认识农创客培育发展的重要意义

农创客是指年龄在 45 周岁以下,拥有高校大专及以上学历,在农业领域创业创新,担任农民专业合作社、农业企业、家庭农场等农业生产经营主体负责人或拥有股权的人员。

近年来,本省通过出台政策、搭建平台、营造氛围等多种途径,培育了一批有知识、有活力、有创业创新精神的农创客,在推进乡村振兴和农业高质量发展中发挥了积极的作用。但农创客发展总体还处于起步阶段,队伍规模还不大,缺技术、缺经验、缺支持等问题还比较突出,与乡村人才振兴的要求相比,还存在不小的差距。各地要站在促进乡村人才振兴的高度,采取切实有效措施,加快农创客培育发展,为更好解决现代农业发展短板,激发农业创业创新活力,高水平推进农业农村现代化提供坚实的人才保障。

二、准确把握农创客培育发展的总体要求

坚持以习近平新时代中国特色社会主义思想为指导,加强"一懂两爱"教育,增强农创客"三农"情怀;坚持立足当地实际、产业特点、个体因素,遵循市场规律,充分运用市场化手段,因地制宜、因势利导抓好农创客培育发展;坚持综合运用政策引领、信息发布、技术服务、专项培训等多种措施,提高农创客能力素质,帮助农创客创业成功。力争到 2022 年,建立起一支 3000 人左右、涵盖农业主要产业、创新引领作用突出的农创客队伍,构建起框架完整、措施精准、机制有效的农创客政策支持体系,引导农创客运用新理念、新知识、新技术,以信息化、智能化、融合化手段,发展新业态、构建新模式、拓展新领域,充分发挥农创客在提高农业效益和竞争力、实现小农户与现代农业发展有机衔接、助推农业高质量发展和乡村振兴战略实施中的生力军作用。

三、引导大学毕业生投身农业创业创新

(一)加大面向大学生信息发布和高校定向培养力度

积极发布宣传农业资源要素、政策优势,吸引大学毕业生投身农业农村创业创新。宣传王一成等先进事迹,增强大学毕业生从事农业、奉献农业的情怀。充分利用大学生农业定向培养机制,鼓励支持其成为服务当地农业发展的农创客;定向培养生调查摸底时注重农创客意向,突出种养大户、农业企业、农民专业合作社、家庭农场等主体的下一代,努力使"农二代"成为农创客。

(二)加强农创客创业创新引导

鼓励各地举办农业创新创业大赛,提升农业创业创新能力水平。支持开展优秀农创客评选及农创客示范基地培育,推介一批农创客典型人物和先进案例,进一步引导和推动各类大学生投身农业创新创业。鼓励农创客按照职业农民职称评审要求,申报高级农艺(畜牧、兽医、工程)师。支持农创客参加"双新双创"博览会、省农博会等,促进农创客产品销售,展示农创客形象。

四、加强农创客培训和服务

（三）组织开展农创客大培训

充分利用现有的培训资源条件，免费开展农创客大培训，培训结果计入农业继续教育考核。充分利用高校资源，支持举办农创客研究生班，培养高层次农创客人才。依托王一成畜牧产业服务团队，组织实施畜牧兽医系统“千人计划”，在农创客中培育一批骨干人才。

（四）优化农创客对接服务

加强融资渠道对接，鼓励设立农创客发展产业基金，通过阶段参股、风险补偿、跟进投资等方式投资农创客企业；积极对接创投机构、众筹平台，引导社会资本投向农创客企业。加强专家导师对接，组织“三农六方”科研教学机构、省农业产业技术创新与推广服务团队等为农创客提供生产经营及技术服务；支持农创客与高校、科研院所建立稳定合作关系，创办企业研究院、区域创新平台、科研中心、院士（博士）工作站等。加强信息资源对接，促进信息进村入户工程、农民信箱、农技110、土地流转等资源与农创客互联互通；依托农业信息监测分析预警体系，为农创客提供市场信息服务。

（五）建设农创客集聚平台

采取政府资金与社会资本相结合等方式，鼓励各地因地制宜打造农创客产业园、创新园、众创空间等各类集聚发展平台，引导各类资源向平台集聚，促成农创客在平台成长提升；鼓励农创客申报创业创新示范基地建设，并在同等条件下优先倾斜。鼓励农创客联合农技专家、涉农高校、科研机构、创投机构等主体自愿结成地方性、联合性、非营利性社会组织，加强合作联系，共享创业资源。

五、进一步加大农创客支持力度

（六）加大财政支持力度

鼓励农创客承担综合性、融合性项目，采用直接补助、项目扶持、贷款贴息、担保补贴、以奖代补等方式，推动财政支农项目服务重点落实到符合条件的农创客。落实《关于进一步引导和鼓励高校毕业生到基层工作的实施意见》（浙委办发〔2017〕46号）中明确的补助政策，符合条件的在校和毕业大学生初次到农业领域创业，并担任法定代表人或主要负责人的，给予连续3年的创业补贴，补贴标准为第一年5万元、第二年3万元、第三年2万元。

（七）推动金融支持力度

推动省级农业信贷担保公司向市县延伸时覆盖农创客，通过保费补贴、风险代偿等形式提供担保支持，化解农创客因无资产抵押而造成的贷款难问题。推动完善农业保险支持政策，不断满足农创客对农业保险的多样化需求。

（八）加大资源要素支持力度

根据相关用地政策，鼓励农创客使用集体建设用地开展创业创新，依托自有和闲置农房院落发展休闲农业；指导农创客通过公开流转交易市场流入土地，签订规范的土地流转书面协议，有效减少化解流转风险。鼓励农创客企业申请浙江名牌农产品，培育发展自主品牌，支持农创客参与产销对接活动，对列入计划参加国（境）外农产品展销活动的给予补助。

（九）支持农创客开展农业科技创新与推广

进一步打通科研和产业之间的通道，加速农创客科技成果转移转化。激励农创客加大研发投入力度，鼓励其通过股权期权等措施在科技成果转化过程中得到合理回报；支持单独申报农业科技奖，优先申报科技示范户。优先考虑符合条件的农创客成为农业新技术、新品种、新机具的示范户，按有关政策给予奖励，提升其示范带动能力。

（十）支持农创客开展农业社会化服务

支持农创客按照农业部等3部门《关于加快发展农业生产性服务业的指导意见》（农经发〔2017〕6号）要求，发展农机作业、集中育秧、统防统治、加工储存、沼液转运等农业社会化服务；对从事农机作业的农创客，按照规定享受农机购置补贴和高耗能农机报废补偿等政策。支持农创客开展职业农民培养，优先把符合条件的农创客基地列入各级农业实训基地、农民田间学校等。

六、强化落实保障

（十一）加强组织引导

农创客作为农业生产经营主体的重要组成部分，是乡村人才振兴的重要内容。各地要将其作为推动农业农村发展的重要举措来抓，充分发挥好主管职责，明确工作任务，落实人员力量，并加强与人力社保、科技、团委等部门的联合联动，精心组织、统筹安排，积极落实各项政策，切实做好农创客培育发展工作。

（十二）加强制度建设

要结合本地实际，建立农业部门领导与农创客结对制度，定期走访，针对农创客发展中的技术、融资、保险、土地等问题，及时了解，并出台针对性措施，努力帮助解决，助力其发展壮大。要加强调查摸底，对农创客数量、业态、规模等进行统计，掌握动态数据。

（十三）加强宣传推介

充分利用各类新闻媒体，全方位、多角度加大农创客典型宣传报道力度，切实把对农创客的优惠政策、公共服务资源和农创客发展的现状成效等信息传递给社会各界，争取广泛支持，积极营造良好的发展氛围，并激励农创客在乡村振兴、农业绿色高质量发展等农业农村现代化建设中建功立业。

浙江省农业厅
2018年9月14日

浙江省口岸管理和服务办法

第一条　为了规范口岸管理，优化口岸服务，保障口岸安全高效运行，促进对外开放和经济社会发展，根据有关法律、法规规定，结合本省实际，制定本办法。

第二条　本办法所称的口岸，是指依法设立在港口、机场、车站或者跨境通道，供人员、货物、物品和交通运输工具出入国(关、边)境的特定区域。

第三条　本省行政区域内口岸开放管理、通关服务优化、口岸运行保障等工作，适用本办法。

第四条　省人民政府按照国家口岸管理要求，统筹推进本省口岸建设和发展。

省人民政府口岸主管部门负责组织协调全省口岸管理工作，指导下级人民政府口岸管理工作。口岸所在地设区的市、县(市、区)人民政府口岸主管部门负责协调本行政区域内的口岸管理工作。

国家设在本省的海关、海事、边检等口岸查验机构(以下统称口岸查验机构)依法做好检查、检验、检疫和监督管理等工作，协同落实其他口岸管理工作。

第五条　省人民政府口岸主管部门会同有关部门和口岸查验机构根据国家口岸发展规划，以及本省对外开放和经济社会发展的需要，组织编制全省口岸发展规划，并按照规定程序报批和公布。口岸发展规划应当包括新开放口岸、扩大开放口岸、口岸查验机构及其人员配备的需求测算，并明确口岸开放范围内对外启用的项目名称、位置、预测吞吐量等内容。

编制港口、机场等专项规划涉及口岸开放的，有关部门应当征求同级口岸主管部门和口岸查验机构的意见。

第六条　口岸的开放由省人民政府口岸主管部门和口岸所在地设区的市人民政府按照口岸发展规划和其他有关规定组织实施。

新开放口岸或者扩大开放口岸，由口岸所在地设区的市人民政府向省人民政府提出申请，按照国家规定报国务院批准。

第七条　新开放口岸或者扩大开放口岸应当按照国家批准的要求进行建设，口岸查验设施应当符合国家口岸查验设施标准。

省人民政府口岸主管部门应当会同口岸查验机构、口岸所在地设区的市人民政府等有关单位做好相关协调、落实工作。港口、机场、铁路等建设项目涉及口岸开放的，有关部门在办理核准、备案手续时，应当征求同级口岸主管部门和有关口岸查验机构的意见。

第八条　新开放口岸或者扩大开放口岸的查验设施建成后，省人民政府口岸主管部门商有关机关、口岸查验机构等单位同意，按照国家规定向国家口岸主管部门提出口岸开放验收申请。

第九条　口岸开放范围内的码头、车站、机场通道等作业区需要正式启用的，由省人民政府口岸主管部门会同口岸查验机构等单位按照国家规定的标准和程序进行验收。验收合格的，报省人民政府批准启用，同时报国家口岸主管部门备案。

第十条　非开放区域需要临时开放，或者已开放区域需要临时突破限制条件供人员、货物、物品和交通运输工具出入境的，经省人民政府口岸主管部门或者省级直属海事机构商有关口岸查验机构同意，并按照规定报国家有关部门批准后，由县级以上人民政府口岸主管部门协调口岸查验机构开展检查、检验、检疫及监督管理等工作。

第十一条　口岸开放范围内尚未正式启用的作业区，因口岸建设、应急保障等情形需要临时启用的，应当经省人民政府口岸主管部门商有关口岸查验机构等单位同意。

第十二条　省人民政府口岸主管部门、口岸查验机构应当加强口岸数字化建设，利用移动互联网、物联网、人工智能、大数据等信息技术，提高口岸查验智能化和信息化水平。

省人民政府口岸主管部门应当推进口岸数据无偿共享。除法律、法规、规章另有规定外，口岸查验机构之间应当实现公共数据共享。

第十三条　省人民政府口岸主管部门负责推进国际贸易“单一窗口”建设，建立跨部门的综合服务管理平台，并对运行情况进行绩效评估。

口岸查验机构应当提高通关申报、查验、放行、后续监管等环节的信息化应用水平，方便自然人、法人和非法人组织通过国际贸易“单一窗口”一次性递交口岸查验机构要求的标准化电子信息，并通过国际贸易“单一窗口”统一反馈处理结果。

省人民政府口岸主管部门会同有关部门建立口岸收费公布制度，规范口岸收费，降低进出口环节合规成本。口岸收费目录清单应当在口岸现场和国际贸易“单一窗口”公布。

第十四条　口岸所在地设区的市人民政府应当建立口岸服务一站式运行协调机制，按照减环节、减材料、减时限的要求，优化通关流程，完善通关服务。

口岸查验机构应当根据业务需要，合理安排人员和通关服务时间，确保通关及时、高效、便捷。

对涉及通关模式创新和影响通关效率的重大问题，县级以上人民政府口岸主管部门应当会同有关单位提出建议，报口岸所在地人民政府协调推进。

第十五条　海事管理机构根据口岸查验需要，组织召集边防检查、海关等其他口岸查验机构对国际航行船舶实施联合登临检查，提高船舶出入境查验效率；因疫病疫情以及打击走私、贩毒、非法出入境等情形需要口岸查验机构单独登临检查的，按照国家有关规定执行。

第十六条　口岸所在地县级以上人民政府及其有关部门、口岸查验机构应当按照国家规定和深化“最多跑一次”改革的要求，实行口岸查验机构之间信息互换、监管互认、执法互助，实现全省口岸跨部门、跨区域的监管一体化，促进贸易便利化，优化营商环境。

省人民政府口岸主管部门应当推进口岸查验机构整合监管资源，创新口岸监管服务模式，运用科技设施和手段，压缩整体通关时间和成本，提升通关效率。

第十七条　省人民政府口岸主管部门应当根据跨区域通关和贸易便利化的需要，与其他省、自治区、直辖市建立口岸跨区域合作机制，提升口岸服务“一带一路”、长江经济带、长三角区域一体化等国家战略和中国(浙江)自由贸易试验区建设的功能。

省人民政府口岸、交通运输等主管部门应当与其他省、自治区、直辖市相关部门加强口岸物流协作，推进江海直达、铁海联运、陆空联运等多式联运发展，支持口岸运营单位、航运企业跨区域合作。

第十八条　口岸所在地县级以上人民政府应当根据举办重要国际会议、重大国际赛事、大型国际展览等重大活动的需要，建立通关服务保障机制，确保重大活动通关安全便捷。

县级以上人民政府口岸主管部门应当会同口岸查验机构、有关部门、口岸运营单位根据重大活动的特点和通关需求，制定专项工作方案，明确具体工作职责，开展通关服务保障工作。

对于需要给予礼遇的国内外重要出入境人员，由外事主管部门通报口岸查验机构按照有关礼遇规定办理。

第十九条　口岸所在地县级以上人民政府住房和城乡建设、交通运输等主管部门应当按照职责加强对口岸及其周边交通、仓储、堆场等基础设施的建设和管理，建立并完善口岸集疏运体系，实现多种运输方式统筹、协调发展。

遇有旅客滞留、交通堵塞等情况时，口岸所在地县级以上人民政府公安、交通运输等主管部门应当及时采取措施疏导旅客和车辆。

第二十条　县级以上人民政府口岸、公安、交通运输、商务、市场监督管理等主管部门应当协同口岸查验机构加强口岸风险的预警防范，配合做好打击走私、防范非法出入境、防控传染病疫情、管控危险货物等口岸安全保障工作。

口岸所在地县级以上人民政府应当建立口岸突发事件应急处置联动机制，协调处理口岸突发事件。边防检查机构应当会同县级以上人民政府划定口岸限定区域，并实施有效的封闭管理。

口岸运营单位应当制定安全生产规章制度和操作规程，加强安全生产教育和培训，落实安全生产责任，排查和消除安全隐患。

第二十一条　口岸建设和日常维护、查验保障等经费按照规定由口岸所在地县级以上人民政府负担的，应当纳入同级人民政府财政预算。

口岸临时开放所需的查验保障经费，由口岸所在地设区的市、县(市、区)人民政府统筹。

第二十二条　县级以上人民政府有关部门和口岸查验机构应当采取措施，支持国际货运代理、国际船舶代理、报检报关代理等市场中介机构发展，加强对市场中介机构的监管。

国际货运代理、国际船舶代理、报检报关代理等行业协会应当建立健全行业管理规范，履行行业服务、自律管理等职能，促进市场中介机构诚信经营、公平竞争，提高市场中介机构的服务能力和水平。

第二十三条　省和设区的市人民政府口岸主管部门应当对口岸运行情况进行分析和监测，定期公布口岸运行情况。口岸查验机构、口岸运营单位应当定期向设区的市人民政府口岸主管部门报送口岸运行情况和有关数据。

第二十四条　省和设区的市人民政府口岸主管部门应当会同口岸查验机构、有关部门对口岸现场查验设施条件、通关业务量、通关效率和服务水平等情况进行评估，并协调落实相应的管理措施。根据评估情况，口岸需要整改或者退出的，按照国家规定办理。

县级以上人民政府口岸主管部门应当支持口岸查验机构健全通关服务窗口业务规范，组织有关单位、行业协会、企业对口岸服务情况进行评价，并向社会公布评价结果。

第二十五条　对同一口岸范围内涉及两个以上口岸查验机构管理职能并影响口岸正常运行的争议事项，可以根据需要报请口岸所在地人民政府或者上一级口岸主管部门协调处理。

第二十六条　本办法自 2019 年 2 月 1 日起施行。

安徽省人民政府关于持续增加城镇居民收入的意见

根据党中央、国务院有关决策部署和要求，为进一步推动本省城镇居民收入持续稳定增长，现提出如下意见。

一、总体要求

以习近平新时代中国特色社会主义思想为指导，全面贯彻落实党的十九大和十九届二中、三中全会精神，坚持以人民为中心的发展思想，着力推进供给侧结构性改革，激发重点群体活力，拓宽居民增收渠道，城镇居民收入增长保持与经济增长同步、劳动报酬与劳动生产率提高同步，确保实现到2020年城镇居民人均收入比2010年翻一番以上。坚持按劳分配原则，完善按要素分配体制机制，鼓励勤劳守法致富，促进收入分配格局持续优化，城镇居民群体间收入差距持续缩小，城镇困难群体生活得到有效保障，共建共享的格局初步形成。

二、大力促进就业，增加工资性收入

（一）创造更多高质量就业岗位

组织实施就业促进行动，深入开展高校毕业生就业创业促进计划和基层成长计划，2018年至2020年，累计城镇新增就业力争超过200万人，高校毕业生总体就业率达到90%以上。强化政府促进就业责任，建立高质量就业评价体系，把高质量就业纳入政府高质量发展指标、政府目标管理绩效考核体系，出台就业工作问责约谈办法。建立实体经济、科技创新、现代金融与人力资源协同发展机制，建立重大政策、重大投资对就业影响评估机制，推动就业岗位与人力资源有效衔接。（责任单位：省人力资源社会保障厅、省发展改革委、省教育厅等，列第一位的为牵头责任单位，下同）

（二）强化就业帮扶援助

实施就业扶持民生工程，每年开发2万个就业见习岗位，吸纳毕业2年内离校未就业高校毕业生就业见习；通过政府购买服务每年提供5万个公益性岗位，安置就业困难人员就业；每年扶持1万名残疾人创业就业。提高就业补助标准，见习人员基本生活补助标准每人每月不低于1600元，其中财政补助标准由每人每月800元提高至1000元；为各类困难高校毕业生发放一次性求职创业补贴，补贴标准由每人800元提高至1000元。强化就业援助分类帮扶和实名制动态管理，开展充分就业社区建设，扎实做好城镇就业困难人员就业援助工作，确保零就业家庭动态清零。（责任单位：省人力资源社会保障厅、省教育厅、省财政厅、省残联等）

（三）开展职业技能培训

完善终身职业技能培训体系，实施精准技能培训计划，鼓励支持企业广泛开展职工岗位技能培训，将企业发生的职工教育经费支出税前扣除限额从2.5%提高到8%，确保60%以上职工教育经费用于一线职工的技能教育培训。推行企业新型学徒制，按企业支付给职业院校培训费用的60%给予企业补助。推行“互联网+职业培训”，探索建设全省网络职业培训平台，所需资金从省级技工大省建设专项经费中安排。建立与产业导向、培训成本、财力状况等相适应的培训补贴标准动态调整机制，定期调整发布《就业技能培训工种目录和补贴标准》和本省紧缺职业（工种），鼓励市县在省财政确定的培训补贴标准基础上，结合重点产业发展提高当地培训补贴标准。到2020年力争新增培训工种至200个以上，补贴标准在现有基础上提高20%以上。（责任单位：省人力资源社会保障厅、省税务局、省教育厅、省财政厅等）

（四）提供全方位公共就业服务

加强人力资源市场主体培育，健全统一规范、竞争有序、充满活力的人力资源市场服务体系。实施基层公共就业服务能力保障计划和“智慧就业”项目，推动“互联网＋职业指导”，推广“最多跑一次”便民举措。加快“安徽公共招聘网”“阳光就业网”和“安徽创业服务云平台”建设。常态化推进“每月逢3招工”“每周周六招才”等“2＋N”就业招聘工作，深入开展“接您回家”活动，打造就业招聘活动品牌。推广“公共人力资源市场＋民营职业介绍机构”和“现场招聘、橱窗招聘、网络招聘＋职业介绍”的“3＋1”招聘模式，每年提供220万个以上就业岗位。鼓励支持有条件的地方建设国家级和省级人力资源产业园，为劳动者提供招聘、培训、薪酬、咨询、健康等多位一体、一站式、订单式管理服务。（责任单位：省人力资源社会保障厅、省发展改革委、省经济和信息化厅、省财政厅、省工商联等）

三、鼓励创业创新，增加经营净收入

（五）扎实推进“创业江淮”行动

继续实施创客逐梦、创业领航、创业筑巢、融资畅通、青年创业、高端人才创业、返乡农民工创业、退役士兵创业等“八大工程”。开展创业服务能力提升计划，组建创业服务专家团，定期发布创业地图，全面发行电子创业券，优化阶梯式创业培训，提升创业服务云平台、创业创新竞赛平台。举办“创客中国”“赢在江淮”等系列创业大赛，打造“江淮双创汇”活动品牌。全面落实税收、金融、信贷、人才等支持创业政策，利用天使投资、创业投资、产业投资基金及“政保贷、政银贷、小微企业无还本续贷”等金融产品，稳妥开展“社保贷”试点，按规定为依法诚信小微企业提供不超过200万元、最长不超过2年的信用贷款。鼓励各市适当放宽创业担保贷款借款人条件、提高贷款利率上限，具体贴息标准和条件由各市自行确定。（责任单位：省人力资源社会保障厅、省教育厅、省经济和信息化厅、省国资委、省税务局、省地方金融监管局、人行合肥中心支行等）

（六）大力扶持各类人员创业

支持高校、科研院所等事业单位专业技术人员离岗创业，经所在单位同意可在科技型企业兼职并按规定获得报酬。对毕业2年内高校毕业生及经学校同意的高校学生、就业困难人员、返乡创业农民工首次创办小微企业并正常经营6个月以上的，给予不少于5000元的一次性创业扶持补贴；对领取失业保险金人员自主创业或与其他领取失业保险金人员合伙创业，连续缴纳失业保险费满6个月的，给予5000元创业成功补贴。省市联动支持高层次科技人才团队在省内开展科技成果转化活动，省“扶持高层次科技人才团队在皖创新创业专项资金”择优在市（县）先行投入支持的基础上，以债权投入或者股权投资的方式给予300～1000万元支持。健全鼓励创业和宽容失败的保障机制，对新创业失败的企业法定代表人或主要出资人给予不超过1万元的社会保险补贴。（责任单位：省人力资源社会保障厅、省教育厅、省科技厅、省财政厅等）

（七）加大小微企业扶持力度

实施“专精特新”中小企业培育工程，完善企业数据库，开展安徽省“专精特新板”中小企业挂牌工作。每年认定省成长型小微企业100户，每户给予一次性奖补50万元。深化“放管服”改革，全面推开“证照分离”，推动“照后减证”，加快构建以信用为核心的新型市场监管机制。深入开展“便民办税春风行动”，落实促进小微企业发展税收优惠政策，将享受当年一次性税前扣除优惠的企业新购进研发仪器、设备单位价值上限从100万元提高到500万元，将享受减半征收企业所得税优惠政策的小微企业年应纳税所得额上限从50万元提高到100万元。对小微企业招用就业困难人员、高校毕业生就业按规定给予社保补贴，对新招用人员开展岗位培训给予一定职业培训补贴；对稳定就业12个月以上的高校毕业生，按照其1个月缴纳社会保险工资基数标准，给予一次性就业奖励。（责任单位：省经济和信息化厅、省税务局、省市场监管局、省教育厅、省财政厅、省人力资源社会保障厅等）

（八）支持创业孵化载体建设

在现有省级农民工创业园、经济技术开发区、产业集聚区、现代农业示范区等园区，建设省级农民工返乡创业示范园150个，给予每个园区120万元资金补助。每年认定扶持4～5家青年创业园，支持建设一批创业示范大学、创业示范学院。建设或认定一批专业化、集成化、市场化的科技企业孵化器，发展低成本、便利化、全要素、市场化的众创空间。认定一批基础设施完备、服务功能齐全、示范作用强的省级小微企业创业基地，建设一批高水平的"双创"示范基地。利用自有住房创业且生产或服务运营正常的，可给予一定额度的补贴。落实社会资本孵化基地补贴，租用社会资本、民营企业或高校投资建设和管理运营的孵化基地创业的，可享受最长3年的租金补贴。完善"双创"线上服务，推进各地建立线上服务平台。（责任单位：省人力资源社会保障厅、省发展改革委、省财政厅、省经济和信息化厅、省科技厅、省教育厅、省住房城乡建设厅、团省委、省税务局等）

四、组织开源清障，增加财产净收入

（九）鼓励投资实体经济

支持居民财产向资本转变，着力提高居民股权红利收入，引导居民参股创办企业或出资入股、联合投资建设经营风险小、预期回报好的经营项目。鼓励社会资本进入基础设施、市政公用事业、社会事业、金融服务等领域，通过特许经营、公建民营、民办公助等形式获得相应投资收益。完善创新型中小企业上市股权激励和员工持股计划制度规则，鼓励城镇居民大力投资发展制造产业、新兴技术产业、生产性和生活性服务业。推进国有控股混合所有制企业员工持股试点工作，引导企业员工投资持股。优化投资、融资条件，盘活闲置厂房等社会资源，引导城镇居民参与众创空间建设。规范债券发行、资本筹集渠道，鼓励城镇居民投资实体经济，获取资本市场收益。（责任单位：省发展改革委、省国资委、省住房城乡建设厅、人行合肥中心支行等）

（十）增加居民财产收益

鼓励城镇居民利用家庭生活闲置资金，积极投资固定资产并出租，获得不动产收益。在征地拆迁、房屋征收、征用公民财产过程中，依法保护公民合法财产不受侵犯。（责任单位：省住房城乡建设厅、省国资委、省地方金融监管局、省公安厅等）

五、落实托底保障，增加转移净收入

（十一）扩大社会保障覆盖范围

全面实施全民参保计划，强化市县社会保险扩面征缴责任，大力推进新业态从业人员、服务业从业人员、中小微企业职工、灵活就业人员等群体参加社会保险。鼓励在城乡流动就业的居民持续参加社会保险。积极推进公务员和参照公务员管理事业单位工作人员参加工伤保险，探索适应新业态从业人员参加工伤保险方式。健全低保对象动态管理和精准识别长效机制，做到应保尽保。统筹社会保险与社会救助制度，构建以最低生活保障、特困人员供养为基本，受灾人员救助、医疗、教育、住房、就业救助和临时救助等专项救助衔接的社会救助体系，将符合条件的城镇居民纳入特困人员救助供养范围。（责任单位：省人力资源社会保障厅、省税务局、省民政厅、省财政厅、省教育厅、省住房城乡建设厅、省残联等）

（十二）提高社会保障待遇水平

按照国家部署调整企业和机关事业单位退休人员基本养老金，建立城乡居民养老保险待遇确定和基础养老金正常调整机制。建立完善统一的城乡居民基本医疗保险和大病保险制度，把大病保险制度范围扩大到城镇职工基本医疗保险参保人员；健全医疗保险稳定可持续筹资和报销比例调整机制，到2020年，城镇职工基本医疗保险、城镇居民基本医疗保险政策范围内住院医疗费用报销比例分别稳定在80%、75%左右。探索推行按设区的市最高标准统一全省失业保险金发放标准及流程。完善低保标准与当地上年度居民人均消费性支出同步增长机制，适时调整最低生活保障标准。鼓励具备条件的商业保险机构参与基本医保的经办服务。支持商业保险机构参与职业年金、企业年金市场化投资运营，提高养老保障水平。开展划转部分国有资本充实社保基金试点，稳妥推进国有资本收益补贴社会保障工作。（责任单位：省人力资源社会保障厅、省卫生健康委、省民政厅、省财政厅、省国资委、安徽银保监局等）

（十三）精准兜底保障困难群体

符合条件的城镇特困人员，参照就业扶贫、健康脱贫等政策提高服务保障水平。加强特困人员生活保障，按照不低于当地上年度居民人均消费性支出的60%确定基本生活标准。将符合住房困难条件的最低生活保障家庭、分散供养特困人员等城镇救助对象，全部纳入公共租赁住房保障范围。完善多层次救助体系，为重度残疾人、计生特别扶助对象、低保人员、特困人员代缴养老保险，落实困难群体参加居民医疗保险个人缴费补贴政策，落实贫困精神残疾人药费补助，提高孤儿生活保障标准，按规定发放残疾人生活补贴和护理补贴，开展就业年龄段精神、智力和重度肢体残疾人托养服务。完善低保家庭贫困状况评估指标体系，将因家庭成员出现重大疾病、子女就学、突发事件等导致家庭财力支出远远超出承受能力而造成绝对生活贫困的纳入收入统计范畴，稳步扩大低保保障范围。（责任单位：省民政厅、省人力资源社会保障厅、省卫生健康委、省财政厅、省住房城乡建设厅、省残联等）

（十四）提升公共服务惠民水平

完善经济困难学生资助政策体系，全面落实从学前教育到研究生教育家庭经济困难学生（包括残疾学生）资助政策。加强流动人口健康教育和促进，免费为城乡居民提供国家规定的公共卫生计生服务项目，大力推进流动人口基本公共卫生计生服务均等化，到2020年全省人均基本公共卫生服务经费标准高于国家规定标准。完善城镇住房保障体系，力争到2020年建立实物配租与租赁补贴并举的保障制度，形成保基本、促公平、可持续的公共租赁住房体系，实现城镇基本住房保障常住人口全覆盖。深入推进公共文化设施免费开放，开展"安徽文化惠民消费季"等活动。培育发展居家养老服务机构，引入社会组织及家政、餐饮企业等社会力量，大力发展智能养老，兴办或运营托老所、老年助餐点、社区日间照料中心、老年活动中心、虚拟养老院等。（责任单位：省教育厅、省民政厅、省财政厅、省人力资源社会保障厅、省住房城乡建设厅、省文化和旅游厅、省卫生健康委、省发展改革委、省残联等）

六、完善调整机制，规范收入分配秩序

（十五）深化工资制度改革

深化机关、事业单位工资制度改革，落实基本工资正常调整机制。根据国家部署实施地区附加津贴制度，规范津贴补贴标准。积极开展国有企业工资决定机制改革，及时发布工资指导线，推进国有企业工资总额分类调控和分级管理，加强事前引导、事中控制和事后监督。鼓励在省级以上开发区建立促进企业工资增长奖励基金，对提高职工工资的企业每年按照实际增长总额的5%给予奖补。以非公有制企业为重点，加快建立工资集体协商制度，指导企业形成向一线职工倾斜的工资正常增长机制。适时调整

最低工资标准，合理调整高温津贴。（责任单位：省人力资源社会保障厅、省财政厅、省发展改革委、省国资委等）

（十六）缩小收入分配差距

健全岗位统筹管理机制，实行多劳多得、优绩优酬、同工同酬政策，企事业单位工资水平向关键岗位、生产一线岗位和紧缺急需的高层次、高技能人才倾斜，建立基于岗位价值、能力素质、业绩贡献的技术工人工资分配制度。允许高校院所按规定自主分配、决定绩效工资，科研人员享受成果转化收益的比例不低于70%。认真落实新时代教师队伍建设改革意见，确保中小学教师平均工资收入水平不低于或高于当地公务员平均工资收入水平。健全不同地区、不同行业、不同岗位的差别化激励办法，建立阳光化福利保障制度。发挥个人所得税调节作用，促进收入分配更加科学合理。（责任单位：省人力资源社会保障厅、省科技厅、省教育厅、省财政厅、省民政厅、省国资委、省税务局、省经济和信息化厅、省总工会、省工商联等）

（十七）规范金融理财行为

加强金融理财产品监管，依法保护合规民间借贷市场主体的合法权益，严厉打击理财市场欺骗储户、不实宣传、监管套利等违规行为以及非法集资犯罪活动、非法经营金融业务，持续开展互联网金融专项整治行动，整治网络借贷业务以及“现金贷”“校园贷”“首付贷”等违法违规行为。（责任单位：省地方金融监管局、省财政厅、省公安厅、省国资委、人行合肥中心支行、安徽银保监局、安徽证监局等）

七、健全监测机制，加强监督管理

（十八）完善监测预警体系

定期开展公务员与企业相当人员工资水平调查比较。完善居民生活必需品价格变动对低收入群体生活影响动态监测机制，适时启动价格补贴。实施城镇居民收入监测能力提升行动，运用大数据、云计算等技术，提升居民收入信息监测水平。建立电子化居民收入调查统计系统，推行记账户电子记账。建立收入分配政策评估体系，对有关政策的执行情况和效果进行评估。（责任单位：省人力资源社会保障厅、省地方金融监管局、省发展改革委、省财政厅、人行合肥中心支行等）

（十九）加强市场价格监测

完善就业失业统计指标体系，建立人力资源市场价格监测协调机制，合理确定人力资源市场监测定点单位，及时分析人力资源市场价格变动情况，定期发布行业工资市场指导价。落实社会救助和保障标准与物价上涨挂钩联动机制，保障低收入群体基本生活水平不因价格上涨而降低。支持和引导农副产品平价店建设，强化居民消费价格涨幅调控目标落实，保持居民消费价格基本稳定。（责任单位：省发展改革委、省人力资源社会保障厅、省民政厅、省市场监管局等）

（二十）强化工资支付保障

畅通欠薪举报投诉渠道，健全工资支付举报投诉案件四级联动机制，实现“一点举报投诉、全省联动受理”。健全工资保证金差异化缴存办法，全面落实农民工实名制管理、专用账户管理和银行代发工资制度。畅通工资争议处理“绿色通道”，加强裁审衔接。加强新业态从业人员、家政服务人员、劳务派遣人员获取劳动报酬权益维护。组织开展农民工工资欠薪积案化解攻坚行动，实施治欠保支三年行动计划，建立企业欠薪报告制度，将有欠薪失信行为的用人单位按规定列入“黑名单”，记入各地公共信用信息平台和国家企业信用公示系统（安徽）并实施联合惩戒。（责任单位：省人力资源社会保障厅、省发展

改革委、省经济和信息化厅、省国资委、省商务厅、省住房城乡建设厅、省市场监管局等）

八、强化保障措施，确保增收政策落实

（二十一）加强组织领导

各地、各有关部门要切实加强对城镇居民增收工作的组织领导，建立体制机制，细化政策措施，搭建增收载体，拓宽增收渠道，确保城镇居民增收工作各项政策措施落到实处。

（二十二）加强协调配合

各地、各有关部门要加强政策衔接和上下联动，努力形成促进城镇居民增收的工作合力。省城镇居民增收工作联席会议定期会商，分析形势，跟踪评估，动态掌握促进增收政策落实及效果。

（二十三）加强宣传引导

各地、各有关部门要积极宣传解读增收政策，及时回应社会关切，努力营造促进增收致富的良好社会环境，不断激发城镇居民的积极性、主动性和创造性，切实提高收入水平。

（二十四）加强考核评估

各地要建立城镇居民收入预测模型，积极开展收入水平预测评估。落实城镇居民增收市、县（市、区）政府行政首长负责制，将促进城镇居民增收纳入政府目标管理绩效考核。

附件：具体任务分解表

安徽省人民政府

2018 年 11 月 23 日

安徽省支持数字经济发展若干政策

（2018 年 10 月 23 日）

为深入贯彻国家数字经济发展战略及省委、省政府加快建设“数字江淮”决策部署，大力发展数字经济，推进数字产业化、产业数字化，构建现代化经济体系，实施以下政策。

一、支持数字技术创新

支持建设工业互联网创新中心。有效整合高校、科研院所、企业创新资源，围绕重大共性需求和重点行业需要，开展工业互联网产学研协同创新，促进技术创新成果产业化。鼓励各市政府对创新中心建设用地、办公场所、人才引进等方面予以优先保障。（牵头责任单位：省经济和信息化部门，配合单位：省科技、财政等部门，各市人民政府）

培育“互联网＋制造”示范。对制造业与互联网融合、工业互联网、大数据产业、软件“铸魂”工程等领域的国家级试点示范企业（项目）给予一次性奖补，最高 100 万元。（牵头责任单位：省经济和信息化部门，配合单位：省财政等部门）

促进人工智能技术创新。对获得国家级人工智能与实体经济深度融合创新项目的，给予一次性奖补 100 万元。支持智能硬件产品生产，对技术创新水平较高、市场竞争力突出、在本省生产且年销售收入不低于 1000 万元的智能硬件产品，每年优选不超过 50 个给予一次性奖补，每个最高 50 万元。对通过国家智能家用电器标准评定并在本省批量生产的智能家居产品给予一次性奖补，最高 100 万元。对在本省生产成套智能家居系统且该系统年销售收入不低于 3000 万元的企业给予一次性奖补，最高 100 万元。（牵头责任单位：省经济和信息化、发展改革部门，配合单位：省财政等部门）

加快数字技术标准研究。对主导制定国际、国家（行业）相关数字技术标准并取得实效的企业，分别给予每个标准一次性奖补 100 万元、50 万元。（牵头责任单位：省经济和信息化部门，配合单位：省财政、质监等部门）

二、加强市场主体培育

培育和引进骨干企业。对总部（含研发总部和区域总部）新落户本省的全国电子信息百强、软件百强、互联网百强企业，每户给予一次性奖补 200 万元。对首次进入全国电子信息百强、软件百强、互联网百强的企业，分别给予一次性奖补 100 万元。对首次进入安徽省重点电子信息、软件企业名单的企业，分别给予一次性奖补 50 万元。（牵头责任单位：省经济和信息化部门，配合单位：省发展改革、财政、工商等部门，各市、县人民政府）

支持企业做大做强。对本省数字技术企业营业收入首次达到 1 亿元、10 亿元的，分别给予一次性奖补 100 万元、500 万元。企业首次进入国家“独角兽企业”名单的，鼓励所在市政府采取“一事一议”方式给予支持。（牵头责任单位：省经济和信息化、发展改革部门，有关市人民政府，配合单位：省财政等部门，安徽证监局）

催生“双创”新主体。对获得国家级制造业“双创”试点示范的企业，给予一次性奖补 100 万元。对获得“创客中国”“创响中国”安徽省创新创业大赛一、二、三等奖的项目，每个分别奖补 50 万元、25 万元、10 万元。（牵头责任单位：省经济和信息化、发展改革部门，配合单位：省财政、人力资源社会保障等部门）

三、大力培育数字经济平台

推动“皖企登云”。鼓励企业突破数据集成、平台管理、开发工具、微服务框架、建模分析等关键技术，建设工业互联网（云）平台。每年优选一批企业级工业互联网（云）平台，每个奖补50万元；优选一批工业互联网（云）公共平台，每个奖补100万元。建立动态管理的工业互联网（云）服务资源库目录，对优秀服务商予以重点宣传推荐。（牵头责任单位：省经济和信息化部门，配合单位：省财政等部门）支持各类企业和创业者以工业互联网（云）平台为基础，利用大数据、物联网、人工智能、区块链等新技术，积极培育平台经济、分享经济等新业态、新模式。（牵头责任单位：省经济和信息化部门，配合单位：省发展改革等部门）

促进大中小企业融通发展。鼓励行业龙头和骨干企业基于互联网平台开放各类资源，面向公众提供创新创业服务。对平台内创业项目年收入总计超过1亿元、5亿元、10亿元的平台主体企业，分别给予20万元、50万元、100万元的一次性奖补。（牵头责任单位：省经济和信息化部门，配合单位：省财政、发展改革等部门）

完善企业信息化公共服务平台。支持各地建立完善公共服务平台，为企业提供信息系统建设、企业运用云资源、智能化改造等规划咨询、方案设计、监理培训类服务。定期对各公共服务平台开展服务能力测试和可信度评估，推动平台服务水平和质量提升。（牵头责任单位：各市、县人民政府，配合单位：省经济和信息化等部门）

四、打造数字经济产业生态

建设数字经济特色园区。鼓励高端智能装备、信息网络通信设备等高技术产业，以及大数据服务、互联网金融等应用型产业向园区集聚。支持现有优势产业集聚区探索适应数字经济特点的政策措施，打造数字经济生态体系。鼓励骨干企业以产业链延伸和产业集聚为目标，积极引入产业配套企业，打造优势产业链。相关行业龙头企业在园区设立区域总部或子公司的，当地可根据企业需求提供一定的办公场所和人才公寓。（牵头责任单位：各市、县人民政府，配合单位：省发展改革、经济和信息化等部门）

构建数字技术应用生态。支持数字经济领域的平台型企业通过开放平台功能与数据、提供开发环境与工具等方式，广泛汇聚第三方应用开发者，构建开发与应用良性互动生态。每年安排1000万元，奖补一批由本省企业自主研发并取得实效的工业APP。（牵头责任单位：省经济和信息化部门，配合单位：省财政等部门）

培育信息化解决方案供应商。培育推广工业研发设计、生产制造、经营管理、营销服务等应用解决方案。对获得工业互联网领域国家级、省级优秀解决方案的，每个分别奖补100万元、50万元。（牵头责任单位：省经济和信息化部门，配合单位：省财政等部门）

培育数字经济创新共享服务联合体。支持省内数字经济领域的产学研平台资源整合，提供创意设计、研究开发、检验检测、标准信息、成果推广、创业孵化、跨界合作、展览展示、教育培训等一体化服务。每年优选一批联合体给予一次性奖补，每个最高500万元。（牵头责任单位：省经济和信息化部门，配合单位：省财政、质监、商务、教育等部门）

五、大力发展"数字+"社会服务

推广智慧学校、智慧医疗、智慧养老。各级统筹教育项目资金，支持智慧学校（校园）建设，鼓励利用优质数字资源和新一代信息技术，推动教育理念与模式、教学内容与方法的改革创新。加快全省全民健康信息平台和远程医疗服务平台建设，推进基层医疗卫生机构辅助诊疗系统试点，打造省级基层智慧医疗和家庭医生服务示范区。推进智慧养老云平台建设，实施智慧养老机构创建工程，探索推行基于互联网的医养结合服务新模式，发挥各类养老产业基金作用。（牵头责任单位：省教育、卫生计生、民政部门，配合单位：省财政、经济和信息化等部门）对获得国家级智慧健康养老应用示范企业的，按相关规定给予奖补。（牵头责任单位：省经济和信息化部门，配合单位：省财政、卫生计生、民政等部门）

发展智慧旅游、智慧交通。指导建设一批智慧旅游试点景区、试点单位，省旅游发展相关专项资金对全省智慧旅游大数据体系研发及服务平台建设给予适当倾斜。建设无车承运人信用管理平台、联网治超综合管理系统、交通安全监测平台、交通一卡通、城市公共交通综合服务平台等。优化创新税收征管模式，支持无车承运人新业态发展。（牵头责任单位：省交通运输、旅游发展部门，配合单位：省财政、经济和信息化、税务等部门）

推进电子商务、智慧物流发展。统筹省级电子商务发展专项资金，重点支持农村产品上行、品牌培育、示范创建等，并对贫困地区电子商务发展予以倾斜。培育跨境电商生态链和产业链。推动智慧物流基础设施和信息平台建设，建设一批智慧物流园区。（牵头责任单位：省商务、发展改革部门，配合单位：省财政、交通运输等部门）

推进智慧社区建设。融合社区服务资源，推广社区网格化数字管理模式，构建开放的社区服务综合体，推进智慧社区试点。（牵头责任单位：省民政部门，配合单位：省财政、经济和信息化等部门）鼓励其他社会领域开展“数字＋”建设。

六、加快发展“互联网＋政务服务”

推进“互联网＋政务服务”建设。进一步深化“互联网＋政务服务”，推进“一网、一门、一次”改革，大力提升政务服务水平，为企业和群众提供更便利、更快捷、更高效率的服务。（牵头责任单位：省政务服务部门，配合单位：省发展改革等部门）

建立全省统一的政务云平台。原则上各政务部门新建的信息化系统在政务云平台上部署，不再批准政务部门在政务云平台之外新建信息系统。各部门已有的信息平台和信息系统逐步迁入政务云平台。（牵头责任单位：省发展改革部门，配合单位：省政务服务等部门，各市人民政府）

深化商事制度改革。统筹推进“证照分离”和“多证合一”改革，进一步扩大证照整合覆盖面。动态调整本省“多证合一”改革证照事项目录。推进企业名称登记管理改革，推进企业登记全程电子化和电子营业执照应用。进一步完善市场主体简易注销登记制度，扩大小微企业名录宣传和应用。（责任单位：省工商等部门）

七、完善信息基础设施

支持应用基础设施建设。支持有条件的市建设云计算中心、超算中心、数据中心、灾备中心等。全面扩大本省4G网络覆盖面，加快5G网络建设步伐，开放路灯、监控杆、机关事业单位办公楼等公共资源为5G网络提供基础支撑，供电部门提供便捷的5G基站电力报装流程。引导社会资本参与公共场所WLAN建设。加快部署基于IPv6的下一代互联网。统筹推进“一中心两基地多园区”的云计算大数据产业布局，引导各地因地制宜发展物联网。按照国家统一部署，推进北斗系统建设、产业、应用等各层面发展。加强网络安全事件的监测预警、防护处置、态势感知等系统设施建设，全面提升安全保障能力。（责任单位：省经济和信息化部门、省发展改革部门、省通信管理局、省网信办、省电力公司等）

推进企业内外网建设。鼓励企业综合运用IPv6、工业无源光网络、时间敏感网络、工业无线技术改造内网，科学运用窄带物联网和宽带网络，每年评选一批“网效之星”企业，每个给予一次性奖补50万元。（牵头责任单位：省经济和信息化部门，配合单位：省财政等部门，省通信管理局）

八、加强人才智力保障

积极引进高层次人才。对引进人才按有关规定予以支持，对引进的数字经济领域项目团队和高端领军人才按规定发放“江淮优才卡”。开设高层次人才职称评审绿色通道。支持企业在国外建立离岸研发中心、技术基地或孵化器。（牵头责任单位：省人力资源社会保障部门、省人才办，配合单位：各市人民政府，省财政等部门）

大力培养数字经济创新人才。支持相关企业设立博士后工作站，培养数字经济青年创新人才。支持企业推广首席信息官制。在数字经济领域组织开展享受政府特殊津贴人员、省学术和技术带头人及后备人选等高层次人才的选拔培养。推进“互联网+职业培训”，提高数字经济培训领域的便利度和可及性。健全人才工作绩效评估和征信体系，建立数字经济人才创新的容错和奖励机制。（牵头责任单位：省人力资源社会保障部门，配合单位：省经济和信息化、教育等部门）

鼓励校企合作培养技能人才。鼓励省内高校和职业院校开设与数字经济相关的专业。鼓励高校和职业院校、科研院所与企业合作培养数字经济应用型人才，支持有条件的企业与高校和职业院校、科研院所合作建立数字经济实训基地。支持各云计算、大数据、网络安全等数字产业基地和高校、职业院校、社会培训机构合作，举办创新创业大赛、技能大赛等活动。（牵头责任单位：省教育、人力资源社会保障部门，配合单位：省经济和信息化等部门）

加强重大贡献荣誉激励。每年评选10个“数字经济领军企业”，给予每家企业一次性奖补100万元；评选10名“发展数字经济领军人物”，给予其领导的团队一次性奖补50万元。（牵头责任单位：省经济和信息化部门，配合单位：省教育、人力资源社会保障等部门）

九、加强财税支持和要素保障

强化资金支持。统筹“三重一创”、科技创新、制造强省等政策资金，对数字经济项目按规定给予支持。充分发挥各类基金的作用，促进数字经济发展壮大。（牵头责任单位：省财政部门，配合单位：省发展改革、科技、经济和信息化等部门）

落实税收优惠政策。严格落实固定资产加速折旧、企业研发费用加计扣除、软件和集成电路产业企业所得税优惠、小微企业税收优惠等政策。经认定为高新技术企业的，减按15%的税率征收企业所得税。落实股权激励和技术入股有关所得税政策。（牵头责任单位：省税务部门，配合单位：省财政、金融工作、科技、人力资源社会保障等部门）

加大金融支持力度。鼓励银行业金融机构优化数字技术企业信贷审批流程，适度提升风险容忍度，开展知识产权、商标专用权、专利权、股权、应收账款等质押贷款，扩大信用贷款规模。创新“税融通”业务，助力中小企业融资。建立省数字经济企业上市挂牌后备资源库，支持企业对接多层次资本市场上市挂牌，省财政按规定予以奖励。支持符合条件的企业发行债券。（牵头责任单位：省金融工作部门、安徽银监局，配合单位：省经济和信息化、科技、财政、税务、工商等部门，人行合肥中心支行）同等条件下，国有及国有控股担保（再担保）公司对数字经济企业给予优先担保，担保费率不高于1.2%。对数字经济领域高新技术企业投保的科技保险按规定给予补助。（牵头责任单位：省财政部门、安徽银监局，配合单位：省科技部门、省金融工作部门、安徽证监局、省担保集团等）

优先安排建设用地。各地可结合实际，确定当地重点发展的数字产业，以“先存量、后增量”的原则，优先安排用地供应。属于下一代信息网络产业（通信设施除外）、新型信息技术服务、电子商务服务等经营服务项目，可按商服用途落实用地。在不改变用地主体、规划条件的前提下，开发互联网信息资源，利用存量房产、土地资源发展新业态、创新商业模式、开展线上线下融合业务的，可实行继续按原用途和土地权利类型使用土地的过渡期政策。过渡期满，可根据企业发展业态和控制性详细规划，确定是否另行办理用地手续事宜。（牵头责任单位：各市人民政府，配合单位：省国土资源等部门）

给予用电支持。对符合条件的云计算中心、超算中心、数据中心、灾备中心等执行工商业及其他电价中的两部制电价。支持通信、广电运营企业及相关IT企业参加电力用户与发电企业直接交易。完善信息基础设施用电的临时性扶持政策，进一步降低用电成本。（牵头责任单位：省物价、能源部门，配合单位：省电力公司，有关市人民政府）

十、统筹组织实施

加强组织领导。设立省数字经济发展领导小组，省政府主要负责同志任组长，有关负责同志任副组长，省有关部门和单位负责同志为成员，统筹协调全省数字经济发展工作。领导小组办公室设在省经济和信息化委，会同省有关单位具体负责数字经济发展、支持政策落实等工作。建立健全数字经济发展统计监测指标体系。

保障政策落实。由省经济和信息化委会同有关部门制定落实具体实施细则，规范政策享受申报程序，加强审核评估，强化省、市和部门会商，充分利用信息管理平台，避免多头重复享受政策。加快资金拨付，加强资金监管、绩效评价和审计监督。各地各有关部门要完善配套政策，形成政策联动，推进政策落地。

加大宣传力度。充分运用各类媒体及数字经济平台，加强数字经济支持政策及新技术、新产品、新模式和领军企业、领军人物等宣传，营造全社会积极参与数字经济发展的良好氛围。

本政策由省经济和信息化委负责解释。

安徽省人民政府关于进一步推进中小企业“专精特新”发展的意见

中小企业是本省经济发展的重要力量，在促进经济增长、推动创新、增加税收、扩大就业、改善民生等方面作用举足轻重。加快中小企业发展，是建设制造强省、发展实体经济、培育新动能的重要支撑。为贯彻中央及省委关于扶持中小企业发展的决策部署，加强对中小企业创新创业支持，现就进一步推进中小企业“专精特新”发展提出如下意见。

一、总体要求

（一）指导思想

以习近平新时代中国特色社会主义思想为指导，全面贯彻党的十九大精神，深入实施《中国制造2025安徽篇》，坚持质量第一、效益优先，以供给侧结构性改革为主线，加强政策扶持，完善服务体系，优化发展环境，引导中小企业坚定走“专精特新”发展之路，推动经济发展质量变革、效率变革、动力变革，为加快推进制造强省建设、开创现代化五大发展美好安徽建设新局面提供重要支撑。

（二）发展方向

引导制造业中小企业专业化、精细化、特色化、新颖化发展。专业化，即专注核心业务，提高专业化生产、服务和协作配套的能力，为大企业、大项目和产业链提供零部件、元器件、配套产品和配套服务。精细化，即精细化生产、精细化管理和精细化服务，以美誉度高、性价比好、品质精良的产品和服务在细分市场中占据优势。特色化，即利用特色资源，弘扬传统技艺和地域文化，采用独特工艺、技术、配方或原料，研制生产具有地方或企业特色的产品。新颖化，即开展技术创新、管理创新和商业模式创新，培育新的增长点，形成新的竞争优势。

（三）主要目标

以“研发一流技术、制造一流产品、培育一流企业家、实施一流管理”为目标，培育一大批发展速度快、创新能力强、产品质量优、经济效益好的“专精特新”中小企业；打造一批技术服务出色、在国内细分市场占有率第一的“单打冠军”；壮大一批在国内有重要影响力的“行业小巨人”。力争到2020年，“安徽省专精特新中小企业”达3000户以上，其中，主营业务收入10亿元以上“行业小巨人”50户，成为发展新兴产业的新引擎、引领中小企业转型升级的主力军。

二、重点任务

（一）加强培育指导

坚持梯次培育、动态管理，按照“储备一批、培育一批、提升一批”的原则，打造具有持续创新力和竞争力的中小企业群体。实施“专精特新”中小企业培育工程，指导各市开展市级“专精特新”中小企业培育，每年培育入库“专精特新”中小企业1000户，并认定“安徽省专精特新中小企业”500户左右。集中政策资源，扶持一批企业成为国内细分市场领域的“单打冠军”“配套专家”和“行业小巨人”。坚持对标立杆，围绕企业核心竞争力、内部管理、技术创新、质量品牌、商业模式等进行深度挖掘，开展系列宣传报道，发布全省“专精特新”中小企业年度发展报告。

（二）增强创新能力

发挥企业创新主体作用，推进产学研用合作，提升企业在细分领域关键技术的研发创新能力。鼓励中小企业与高校、科研院所建立“技术攻关联盟”，支持“专精特新”中小企业建立技术中心、工程技术研究中心等。鼓励高校、科研院所和大型企业向社会开放科技资源，为中小企业创新发展提供支持。鼓励各地支持中小企业采用新技术开展工程化研究应用，推进科技成果转化。支持“专精特新”中小企业开展技术改造，鼓励企业通过融资租赁等方式加快装备改造升级步伐。推进“机器换人”，全省每年组织中小企业推广应用工业机器人3000台。“专精特新”中小企业研发支出占主营业务收入比重不断提高，创新带动作用不断增强。

（三）强化载体建设

依托工业园区、小微企业创业基地和产业集群专业镇等载体，提升中小企业“专精特新”“块状”发展水平。大力推进合肥国家级小微企业创业创新基地示范城市建设。鼓励小微企业创业基地（园区）建设标准化多层厂房，降低政府投资建设的工业标准化厂房租金。每年培育认定30个省级小微企业创业基地。推进产业集群专业镇建立健全1家融资服务机构、1个中小企业公共服务平台、1家省级以上企业技术中心或工业设计中心、1个区域品牌、1个专业协会“五个一”公共服务体系。

（四）提升质量品牌

引导企业牢固树立质量第一意识，积极采用卓越绩效、六西格玛、精益生产等先进质量管理模式，提高产品质量。推进企业对标生产，支持企业主导制定行业标准、国家标准、国际标准。深入实施增品种、提品质、创品牌“三品”行动和安徽工业精品培育提升行动，引导企业大力发展智能、环保、健康产品，每年培育认定省级新产品300个、工业精品50个。推动“专精特新”中小企业实施商标品牌发展战略，建设商标品牌公共服务平台，支持“专精特新”中小企业创建驰名商标、省名牌产品，申报中华老字号、安徽老字号，开展境内外商标、地理标志和农产品商标的注册和维权。

（五）完善服务体系

加快完善中小企业公共服务体系，建立覆盖全省的网络化、智慧化企业服务平台。推进服务平台专业化、品牌化建设，建立健全评价和激励机制，重点培育省中小企业公共服务示范平台200家，进一步完善政策咨询、创业创新、知识产权、投资融资、人才培训、市场开发、财务指导、信息化服务等各类服务功能，为中小企业提供质优价廉的普惠服务。发挥行业协会等社会组织服务中小企业的作用，鼓励建立面向中小企业的检验检测、计量校准、管理诊断、权益维护等服务机构。

（六）提升信息化水平

推动互联网、大数据、人工智能在中小企业生产、研发、管理、营销、服务等方面的普及推广和深化应用。普及中小企业电子商务应用，鼓励中小企业依托第三方电子商务平台开展网络销售。推进工业互联网平台向中小企业开放平台入口以及数据信息、计算能力等资源，实现软件与服务、设计与制造、关键技术与标准的开放共享。开展生产线和车间的数字化改造，培育智能工厂，分行业、分区域推广核心装备、关键工序数字化改造方案，每年认定省级智能工厂、数字化车间80个。

（七）促进协作配套

鼓励大型制造企业、互联网企业、高校和科研机构开放或合作共建制造业创新平台，为中小企业提供高端装备使用、原型设计开发、生产工艺咨询、产业链配套等服务。鼓励“龙头＋配套”协同发展，建立信息对接平台，举办中小企业与大型企业配套合作项目对接活动，引导“专精特新”中小企业与龙头骨干企业形成专业化协作配套关系。支持产业集群专业镇建设协作配套示范基地，鼓励产业集群专业镇龙头企业加大对产业链上中小企业的带动扶持。帮助企业开拓市场，持续开展“精品安徽、精彩安徽”系列宣传，支持“专精特新”中小企业参加中国国际中小企业博览会、中国国际工业博览会、APEC中小企业技术交流暨展览会等大型展会。认真落实政府采购促进中小企业发展的政策，通过预留采购分额、实行评审优惠、鼓励联合体投标和分包等措施，提高中小企业参与政府采购活动的能力。

（八）提高管理水平

加强中小企业经营管理人员教育培训，依托国内知名高校、科研院所、行业协会商会等开展精准化的理论、政策、科技、管理和法规培训，全面增强中小企业高管发现机会、整合资源、创造价值、回馈社会的能力。每年评选全省制造业优秀企业家50名，培训“专精特新”中小企业高管1000人次，组织一批“专精特新”领军企业家赴德国、日本学习借鉴国际先进管理经验，培养一批具有全球战略眼光、市场开拓精神、管理创新能力和社会责任感的优秀企业家。鼓励有条件的中小企业建立现代企业制度，完善法人治理结构。提升技工队伍素质，打造具有工匠精神的企业技工队伍，广泛开展职工岗位练兵和技术比武活动，每两年评选200名安徽省技术能手、100名安徽省技能大奖获得者、50名“江淮杰出工匠”，打通高技能人才与工程技术人才职业发展通道，支持符合条件的高技能人才申报工程系列专业技术人才职称评审。

三、推进措施

（一）加强组织领导

省发展民营经济领导小组统筹协调推进全省中小企业“专精特新”发展工作，强化整体部署和协同推进，加强督促指导。进一步强化省级层面促进中小企业发展工作协同机制，形成发展合力。建立考核评价体系，将“专精特新”发展情况纳入省政府对各市的目标考核。每年通报各市“专精特新”中小企业培育和发展情况。完善认定标准和程序，加强对“专精特新”中小企业的综合评价。各地要建立完善推进中小企业“专精特新”发展的工作协调机制。

（二）强化资金支持

充分利用现有政策资金，加大对“专精特新”中小企业的支持力度。对省认定的“专精特新”和成长型小微企业，每户分别给予一次性奖补50万元。对在省股权托管交易中心挂牌的“专精特新”中小企业，每户给予一次性奖补20万元。对评为国家级、省级小微企业创业创新基地的，分别给予一次性奖补100万元、50万元。支持制造业中小企业开展设备融资租赁业务，采取补贴等方式，对融资期限3年期及以上业务，按照融资规模8%的比例对融资租赁中小企业进行补贴，每户企业最高可达500万元。设立并运营省中小企业（专精特新）发展基金，主要投向“专精特新”等优质中小企业。各地应当根据实际情况，在本级财政预算中安排中小企业发展专项资金。

（三）优化金融服务

创新信贷产品和服务，大力推广“税融通”、续贷过桥资金及新型政银担业务等金融创新产品。开展应收账款融资，推动供应链核心企业主动确认中小企业应收账款，扩大应收账款融资规模。建立“专精特新”中小企业融资需求库，定期向银行等金融机构推介。每年推动100户“专精特新”中小企业在“安徽专精特新板”挂牌。开展中小企业金融知识普及教育活动，分阶段、分层次对“专精特新”中小企业开展教育培训。

（四）加强监测督查

依托安徽工业云平台，建立和完善省“专精特新”中小企业运行监测体系，逐步建立中小企业市场监测、风险防范和预警机制。加大对中小企业“专精特新”发展推进工作的督查力度，对执行政策不力、落实政策不到位的地区和部门进行通报。

各市要结合实际制定“地方版”和“加强版”政策措施，确保各项目标任务落到实处。

附件：具体任务分解表

安徽省人民政府

2018年5月30日

第七篇

大事记

扫码阅读

大事记(2018 年)

一月

1 月 1 日　为实现高质量发展积蓄新动能浙江省建设投资集团募集资金 18.17 亿元。

安徽省黄山电子商务产业园暨黄山颐高广场在该市歙县开工,计划总投资 23 亿元。

安徽省 2017 年前 11 月全省规模以上工业企业实现利润总额 2003.9 亿元。

1 月 2 日　安徽省发挥投资优化供给结构,总投资 1667.1 亿元。

毛泽东 1924 年来到上海工作时所居住的地方,茂名北路 120 弄 5、7、9 号毛泽东旧居陈列馆重新开放。

1 月 3 日　2017 年江苏体彩销量首破 200 亿元。

长三角中欧(含中亚方向)班列 2017 年共开行 1127 列(其中返程 55 列),同比增加 362 列,同比增长 47.32%。

1 月 4 日　省慈善总会携手驻苏央企联合开展的慈善精准扶贫特别行动取得阶段性成果。

浙江省海宁举行全市重点平台招商引资项目集中签约仪式,投资总额为 107.6 亿元。

上海地产(集团)有限公司原副总裁、上海虹桥经济技术开发区联合发展有限公司原董事长辛继平(副局级)涉嫌贪污、受贿、徇私舞弊低价出售国有资产、隐瞒境外存款罪一案,由上海市人民检察院第一分院向上海市第一中级人民法院提起公诉。

中国(杭州)第三届国际机器人西湖论坛在浙江省杭州举行,产业规模突破 30 亿元。

全国首个大运河产业发展基金——“江苏省大运河文化旅游发展基金”在南京成立。

《上海市城市总体规划(2017—2035 年)》正式对外公布。上海的城市性质定为长江三角洲世界级城市群的核心城市,国际经济、金融、贸易、航运、科技创新中心和文化大都市。

1 月 5 日　上海歌舞团在林肯艺术中心高水准完成美国首演《朱鹮》飞到纽约引发观众共鸣。

第 44 届世界技能大赛,江苏获奖选手和江苏技能大奖获得者受到省政府表彰奖励。

1 月 6 日　安徽省 2017 年共办理华东三省一市银行汇票业务 12533 笔,金额 496.31 亿元。

上海首个外企行业的青年人才组织——上海外企青年人才协会 6 日在沪诞生。

1 月 8 日　南京理工大学的王泽山院士在 2017 年度国家科学技术奖励大会上荣获国家最高科学技术奖。

国家京剧院与南京市京剧团在宁签署《结对共建》合作协议。

上海共有 58 项牵头及合作完成的重大成果荣获国家科学技术奖,占全国获奖总数的 20.7%。

1 月 9 日　黄炎培职业教育思想研究会 2017 学术年会在南京召开。

安徽省滁州经开区国家级智能家电产业 2017 年前 10 个月实现产值 399.4 亿元。

1 月 10 日　纽约时报广场纳斯达克大屏、路透大屏,牵手相约黄浦江畔的“外滩之窗”大屏,一同滚动播映“欢乐春节——上海文化周·纽约”活动短片。

安徽省 2017 年 1 月到 11 月农产品共计出口 10.57 亿美元。

安徽省合肥市庐江县 2017 年实现地区生产总值 275 亿元,全社会固定资产投资 375 亿元。

1月11日 新华日报创刊80周年暨在南京出版69周年纪念大会在宁举行。

1月12日 长江三角洲地区主要领导座谈会在苏州举行。

由上海市委网信办开设的“上海大调研”微信公众号，将于上午8时正式亮相。

安徽省铜陵市以建设国家产业转型升级示范区为契机，2017年非铜产业产值达1350亿元。

1月13日 长三角区域大气污染防治协作小组第五次工作会议暨长三角区域水污染防治协作小组第二次工作会议在苏州召开。

浙江省1191个小城镇环境综合整治项目完成投资1286.23亿元。

2017年浙江省新设外商投资企业3030家，实际利用外资1207.3亿元。

1月14日 浙江省嘉兴市引进高质量外资项目，2017年引进总投资超1亿美元项目21个。

1月15日 上海体育场通过重新梳理增加赛事活动配套设施，将成为能够进行综合田径赛事和草地运动的综合性体育场。

解放日报社联合上海市卫生和健康发展研究中心主办的首届“上海医改十大创新举措”评选正式揭晓。

2017年浙江省油品化工贸易交易额突破500亿元。

1月16日 2017年浙江年度进出口规模均创历史新高，实现进出口总值2.56万亿元。

2017年前11个月安徽省工业投资完成11672亿元，其中技改投资完成6688亿元。

盐通铁路正式开工建设盐城至南通高铁正式开建。这条连接“南沿江”与“通苏嘉”，通往上海、南京、杭州等中心城市的“钢铁彩虹”，让830万盐城人的高铁梦想开始与现实“接轨”。

上海市十四届人大常委会第四十三次会议表决通过，决定任命吴清为上海市人民政府副市长。

2017年安徽省在建徽商回归项目中投资总额1298.3亿元，实际到位资金251.2亿元。

1月17日 总投资200亿元的浙江省西塘·中国演艺小镇项目正式签约。2017年完成旅游投资超1600亿元。

2018年浙江省交通将投资2150亿元，围绕“大湾区、大花园、大通道、大都市区”建设，推进基础设施重大项目。

1月18日 中国国际经济贸易仲裁委员会江苏仲裁中心今天在南京正式启用。

《文汇报》创刊80周年座谈会在上海展览中心举行。

1月19日 南京市第十五届人大常委会19日举行第三十九次会议，决定任命蓝绍敏为南京市副市长、代理市长。

浦东新区2018年就业援助月全面启动。

由浙江省社会科学界联合会等承办的“浙江省改革强省”学术研讨会在浙江省杭州举行。

浙江省社科院在浙江省杭州市举行《浙江蓝皮书》(2018年)发布会。

1月20日 任命黄澜同志为江苏省人民政府副秘书长(正厅级)。

上海戏剧学院召开2018年文艺创作工作会议。

上海地产集团正式发布沪上首个国企租赁住房业务品牌——城方。

1月21日 作为全国首家股份合作制企业诞生地的浙江省台州，传统产业，经济总量突破4000亿元。

第十届中部博览会和 2017 中国国际徽商大会上，安徽省共集中签约重大项目 222 个，投资总额 3409 亿元。

1 月 22 日　市商务委拟定“打响上海购物品牌三年行动计划”。

1 月 23 日　江苏省社科普及工作联席会议首次会议在南京召开。

2017 年安徽省利用省外资金继续保持平稳增长，全省亿元以上外投资项目 5482 个，实际到位资金 10954.8 亿元。

1 月 24 日　江苏省十二届人大常委会第三十四次会议确认 808 名江苏省第十三届人民代表大会代表资格。

梳理区省界“断头路”，全力推进打通工程，上海青浦对接苏浙将打通 13 条断头路。

安徽省软件服务业 2017 年实现营业收入 615.6 亿元，完成软件业务收入 314.3 亿元。

1 月 25 日　南京市监察委员会正式挂牌。至此江苏省 13 个设区市、96 个县(市、区)监察委员会全部组建到位。

在世界首个体细胞克隆猴诞生地上海，即将成立国际灵长类研究中心。

安徽省开放发展实力显著提高，货物贸易进出口累计实现 2406 亿美元。

应国务院总理李克强邀请，大不列颠及北爱尔兰联合王国首相特雷莎·梅将于 1 月 31 日至 2 月 2 日对中国进行正式访问并举行新一轮中英总理年度会晤。

1 月 26 日　进一步优化营商环境、长三角一体化发展、上海打响“四个品牌”建设、基础教育、养老等问题成为关注焦点。

中国联合国教科文组织世界遗产中心，正式推荐位于杭州北郊余杭区的“良渚古域遗址”作为 2019 年世界文化遗产申报项目。

2017 年安徽省规模以上工业企业实现利润总额 2285.3 亿元。

1 月 27 日　“中国工业遗产保护名录(第一批)”发布会在中国科技会堂举行。

1 月 28 日　上海已有 38 万户居民实现了电、水、燃气“三单合一”的缴费模式。

截至 2017 年底，共有 80 家境外世界 500 强企业在安徽省投资设立 152 个项目，全年外商来皖直接投资158.97 亿美元。

“2018 春节文艺嘉年华系列·上海春联大会——百位书法名家现场书写春联迎新活动”在华东师范大学体育馆举行。

1 月 29 日　浙江中捷(宁波)产业合作园授牌暨慈溪市重大项目签约活动滨海经济开发区举行，在慈溪市重大项目集中签约活动上集中签约生产基地等 15 个重大项目落户，总投资 130 亿元人民币。

安徽省 2017 年工业和技改投资超额完成年度 6600 亿元的预期目标，突破 7000 亿元。

1 月 30 日　人力资源和社会保障部副部长汤涛、上海市副市长彭沉雷与西蒙·巴特利和大卫·霍伊共同签署了《中国上海 2021 年第 46 届世界技能大赛谅解备忘录》标志着第 46 届世界技能大赛筹备工作正式启动。还签署了《世界技能博物馆合作建设意向书》。

安徽省巢湖研究院揭牌仪式在安徽省合肥学院举行。

1 月 31 日　由英国著名杂志《歌剧》主办的 2018 国际歌剧大奖公布入围作品名单，江苏原创歌剧《拉贝日记》入选。

江苏省与腾讯公司签署战略合作协议。省委书记娄勤俭会见腾讯公司董事会主席兼首席执行官马化腾一行，省长吴政隆出席签约活动。

第 15 届风云浙商颁奖典礼在浙江省杭州市举行，10 位“风云浙商”逐一出炉。

安徽省财政 PPP 项目入库金额和落地项目金额，分别突破 3000 亿元、2000 亿元。

安徽省纳入财政部 PPP 综合信息平台项目落地 210 个，总投资 2169.1 亿元。

二月

2 月 1 日 江苏省监察委员会正式挂牌成立。

上海正在打造“本土第一、世界精品”的黄浦江旅游休闲区，高标准规划水上游览新线路、新产品、新服务，布局沿江景观带、游览区、服务点。

第二十四届“蓝天下的至爱”大型慈善晚会，在上海东视剧场举行。

上海江苏苏州浙江湖州铁路南浔交通枢纽工程开工仪式在浙江省湖州南浔段施工现场举行，2018 年计划投资 1 亿元。

浙江省聚焦八大万亿产业，着力打造小而专、精、新、美的微企集群。

浙江省 2017 年省属企业实现营业收入 7730 亿元、利润总额 322 亿元。

2 月 2 日 江苏省安全生产工作电视电话会议召开。

上海市市长应勇会见英国首相特雷莎·梅率领的代表团一行。

2 月 3 日 中国·扬州首届运河主题国际微电影展新闻发布会在京举行。

2 月 4 日 2018 中国南京国际梅花节在明孝陵景区拉开帷幕，南京春季旅游产品推广活动也同步举行。

安徽省蚌埠 2017 年硅基产业实现产值 439 亿元。

2 月 5 日 江苏省委、省政府在南京表彰在省第十三届全运会上取得优异成绩的运动员、教练员以及做出重要贡献的先进集体。

上海市安全生产监督管理局原党组书记、局长齐峻（正局级）涉嫌受贿、私分国有资产罪一案，目前已由上海市人民检察院第二分院依法向上海市第二中级人民法院提起公诉。

2 月 6 日 近日从国土部门获悉，江苏省提前实现实体经济企业 5 个工作日内取得不动产权证书的目标。

全球 56 家资管机构、16 家第三方服务机构在陆家嘴齐聚一堂，酝酿发起设立陆家嘴全球资管联合会（暂定名）。联合会的资产管理总规模超过 30 万亿美元，将占全球资产管理总规模的 40%。

以“绿水青山就是金山银山”理念为主题的浙江省文史研究馆新馆在浙江省杭州市正式启用。

安徽省皖北地区经济增长领先，2017 年皖北六市生产总值 7850.2 亿元。

2 月 8 日 第八届“盛世春光——2018 江苏省国画院新春献礼贺岁大展”在省美术馆开幕。

鲁迅纪念馆与北京艺术博物馆共同主办的“红红火火中国梦——中国木版年画展”在上海开展。

近日，财政部公布第四批政府和社会资本合作（PPP）示范项目名单，浙江省有 11 个 PPP 项目入选投资额全国居首，涉及投资额 808 亿元。

近日，江苏省政府印发《江苏省关于加强政务诚信建设的实施意见》《江苏省关于建立完善守信联合激励和失信联合惩戒制度的实施意见》《江苏省公共信用信息管理办法（试行）》等 3 个文件。

2 月 9 日 2018 年上海市信访工作暨 2016—2017 年度先进表彰会议举行。

引江济淮工程是安徽省历史上单个获得中央预算内投资项目工程已争取83亿元。

浙江省温州市打造小微企业“梦工厂”，小微园年总产值达249亿元。

获悉花莲发生地震，在沪台商发起募捐活动，共募得善款新台币500万元。

2月10日 浙江省城中村改造再提速，签订总额达7000亿元的战略合作协议。

2月11日 新春军地座谈会在南京举行，东部战区司令员刘粤军、政委何平和省委书记娄勤俭、省长吴政隆等军地领导欢聚一堂。

浙江省长兴经济技术开发区与浙江吉利控股集团正式签订协议，吉利将投资326亿元在长兴建设新能源汽车项目。

近日从省工商局获悉，2017年浙江省新设注册资本在500万元以下的小微企业30.7万家，实现税金总额396.25亿元。

2月12日 上海市委书记李强等赴“好八连”亲切慰问，感谢大家对经济社会发展大力支持和帮助。

上海市委书记李强，市委副书记、市长应勇会见浙江省舟山市委书记俞东来，市委副书记、代市长何中伟率领的党政代表团一行。

近日安徽省一批重大水利项目获中央68.2亿元资金补助。

2月13日 由上海市人民政府和中国科学院联合成立的张江实验室管理委员会召开第一次会议。

2月15日 商务部与上海市人民政府昨天在沪签署部市合作框架协议。

2月16日 周浦小上海春节民俗文化展示会举行。

2月21日 浙江省宁海县召开招商引资大会，现场签约了总投资25.5亿元的6个项目。

2月22日 南京海关发布，江苏外贸实现“开门红”，1月三项主要指标与2017年同期比均实现正增长。

安徽省69家重点流通企业春节期间共实现销售额23.3亿元。

2月23日 江苏省政府常务会议审议通过《企业投资项目省级部门“不再审批”事项清单(第二批)》。

2月24日 江苏省检察院召开全省检察机关扫黑除恶专项斗争电视电话会议。

江苏省在南京举行纪念周恩来同志诞辰120周年座谈会，深切缅怀周恩来同志的光辉业绩和不朽功勋。

上海市一场别开生面的微党课拉开了《不忘初心，牢记使命——迎接建党100周年革命圣地系列之“跨越时空的井冈山精神”》主题展的序幕。

浙江省衢州市农村综合改革试验区打造10个亿元产业链，规模生产实现全覆盖。

2月25日 浙江省临海市在浙江头门港经济开发区集中开工的10个重大项目仪式，投资总额达到100.6亿元。

2月26日 苏州市市长李亚平授予美国冷泉港实验室总裁布鲁斯·斯蒂尔曼博士“苏州市科技合作贡献奖”。

2018“中国最好大学排名”最新发布：上海市共有22所高校上榜，其中10所高校入围全国百强，百强高校数量位居全国第三。

浙江省宁波市海曙区望春工业园区内，新增扩产投资8亿元的重大产业项目——宁波环球广电科技公司光通信产品生产基地项目在桩机轰鸣声中正式动工。

未来五年浙江省农信机构将计划投入5000亿元贷款资金，推动“三农”高质量发展。

2月27日 江苏省综合交通运输学会(协会)成立大会在南京举行。

江苏省公布2018实施的419个重点工业投资项目,总投资额达5866.4亿元。

中天上材增材制造有限公司在江苏南通成立,这家由中天科技集团与上海材料研究所合资组建的企业,将生产具有自主知识产权的3D打印金属粉末耗材,应用于航空、航天、医疗等行业。

2月28日 苏州市吴江高新区(盛泽镇)的纺织产业连续3年保持高增长——恒力、盛虹等丝绸纺织品牌成为“中国丝绸第一镇”的新名片。

继“闵行城市书房”后,上海市闵行区文广局再次携手社会力量推出汇集朗读与歌唱功能的“敏读亭”。

浙江省杭州高新区(滨江)重磅扶持资金150亿元以上,用于支持高新技术产业发展和中小企业创新创业。

三月

3月1日 第28届中国华东进出口商品交易会(简称“华交会”)在上海开幕。

3月2日 总投资100亿美元的华虹无锡集成电路研发和制造基地项目在新吴区开工建设。

上海市习近平新时代中国特色社会主义思想研究中心揭牌成立。

3月3日 十三届全国人大一次会议江苏代表团举行首次全体会议。

南京市溧水区集中签约19个招商引资项目,总投资达629亿元。总投资达200多亿元的23个项目当日集中开工。

出席十三届全国人大一次会议的上海市代表今天下午举行组团会议,推举殷一璀为上海市代表团团长,应勇、沈春耀、廖国勋为上海市代表团副团长。

3月4日 第28届华东进出口商品交易会在沪落下帷幕。

3月5日 上海市人民政府印发了《上海市人民政府关于本市开展第四次经济普查的通知》。

浙江省苍南县“双百亿”重大项目集中竣开工,59个项目总投资达214.31亿元。

中国国际进口博览会招展工作进入快车道。已有120多个国家(地区)的上千家企业,包括近百家世界500强和行业龙头企业报名参展。

3月6日 十三届全国人大一次会议上海代表团举行全体会议。其中提到:三省一市共同努力把长三角建成全国贯彻新发展理念引领示范区。

浙江省及中石化集团重点工程项目中石化浙江甬台温成品油管道,项目总投资25亿元。

南京大学宣布成立人工智能学院。

3月7日 上海召开市重大工程建设工作会议。

安徽省2018年获国家批复的首个重大水利工程长江马鞍山河段二期整治工程,估算总投资101934万元。

美国食品药品监督管理局(FDA)日前宣布,正式批准由中国中裕新药创制、药明生物生产的抗艾滋病新药Trogarzo(ibalizumab-uiyk)上市。

3月8日 上海召开架空线整治和管理工作联席会议,正式启动全市架空线入地及合杆整治,逐步消除“黑色污染”。

浙江省宁波市在经济和社会发展上取得丰硕成果,成为全国第九个累计实际利用外资超500亿美元的城市。

安徽省阜阳市加大科技创新工作力度,2017年全社会研发投入8.95亿元。

3月9日　由西安话剧院演出、一举拿下中国舞台艺术政府最高奖“文华奖”以及“五个一工程奖”等奖项的话剧《麻醉师》在南京上演。

“跨入新时代　你我来奉献——上海大学生地铁志愿服务主题活动”在地铁一号线人民广场站音乐角举行。

浙江省萧山湘湖管理资本规模超过2700亿元，注册资本240亿元。

3月10日　安徽省徽州文化生态保护实验区设立10年，应适时将实验区“升级”为保护区。

3月11日　载重4万吨、长180米的“中谷珠海”轮缓缓驶抵太仓港集装箱码头，开启太仓—厦门、珠海、广州三地首航。

世界内河游轮巨头维京游轮旗下“维京太阳号”搭载的900多名外国游客，在历经了80多天的环球航行后抵达上海港国际客运中心码头，开启上海之旅。

上海代表团今天上午举行全团会议，审议宪法修正案草案建议表决稿等。

3月12日　江苏省暨南京市各界人士在中山陵举行谒陵仪式，纪念伟大的民族英雄、伟大的爱国主义者、中国民主革命的伟大先驱孙中山先生逝世93周年。

中国民主革命伟大先行者孙中山先生逝世93周年纪念活动在位于上海香山路的孙中山故居内举行。

总投资295亿元的吉利汽车项目群在宁波杭州湾新区破土动工。

安徽省阜阳造林绿化启动新花都全域旅游目的地建设，总产值近50亿元。

3月13日　央视中文国际频道（CCTV4）《记住乡愁》栏目播出由南京电影制片厂摄制的《安丰镇：民安物丰，以善立人》。

国际琥珀联盟与上海宝玉石交易中心达成战略合作，共同筹办琥珀国际（上海）企业管理有限公司，全球首个国际琥珀公盘也将落户上海。

浙江省鄞州“六大专项行动”聚焦发展总投资约2500亿元的456个重大项目。

浙江省杭州举行战略合作协议签约仪式，2017年期货交易额达37.97万亿元。

浙江省永嘉县总投资45.02亿元的481个村级集体经济项目集中开工。

3月15日　“铲释三城——宁镇扬三地考古成果展”在扬州博物馆公展。

江苏股权交易中心与省养老产业投资基金在南京举行战略合作签约。

3月16日　天津艾康尼克新能源汽车公司、天津金沙江股权投资管理公司与泰州市姜堰区签订投资合同。

上海市经信委为2017年度新认定的469家“专精特新”企业集体授牌，这是上海首次在全市范围内对“专精特新”企业公开组织集体授牌仪式。

中纺一统智能纺织项目签约仪式在北京举行。40亿元智能纺织项目落户沭阳。

3月17日　由南京广电集团主办的“一首歌温暖一座城、我为南京写首歌”大型征歌活动将在南京启动。

3月18日　第一届南方派作家电影研讨会在苏州福纳影视基地举行。

首批通过风险评估的ATCC微生物样本从浦东机场进境，并已抵达上海和苏州2家生物医药企业的研发实验室，整个流程用时不足72小时。

安徽省萧县投入资金2.25亿元，计划建设10处农村饮水安全巩固提升工程。

安徽省重点实施种植业提质增效工程等农业发展“十大工程”中休闲农业综合营业收入达到700亿元，农产品电子商务交易额400亿元。

3月19日　南京长江五桥北塔重达163吨的首块索塔钢壳吊装成功，标志长江五桥索塔施工全面展开。

由上海东方卫视中心纪录片团队摄制的三集纪录片《愚园路》制作完成。

第一届中国(宁波)海外工程师大会将在浙江省宁波市北仑召开,企业新增产值306亿元,增加利税近25.1亿元。

3月20日 中兴通讯南京澳门智能制造基地项目在江宁滨江开发区破土动工,项目总投资200亿元,总规划建筑面积126万平方米。

我国著名纺织史学家及教育家、96岁的周启澄教授200余万字、插图千余张的《中国纺织通史》将在沪首发。

浙江省绍兴2017年整合涉村资金59亿元,撬动了更多社会资金参与帮扶。

3月21日 支付宝旗下的蚂蚁金服推出消费维权新方式:消费者在店里通过支付宝消费之后,如果当天商家被行政机关处罚,消费者将自动得到通过支付宝转账的赔付金。

上海作为首届"中国品牌日"系列活动主办地,也同步举办了标识造型揭幕和活动开幕倒计时50天仪式。

安徽省黄山市黄山区猴魁茶核心产区农户年均收入达20万元。

3月22日 2018年度省基础研究计划(省自然科学基金)项目发布。

上海首条无人驾驶APM线路(旅客自动捷运系统)——浦江线通过了试运营专家评审。

浙江省舟山市定海区累计完成投入38.35亿元,使得境内河库山川容颜蝶变,生态环境稳中向好。

3月23日 江苏省成功备案4单慈善信托计划。新增慈善信托计划全部在苏州落地。

《十五贯》片段将由上昆老艺术家计镇华与刘异龙在上海大剧院上演,揭开"霓裳雅韵·兰庭芳菲"上海昆剧团建团40周年系列演出大幕。

南京医科大学举办纪念颜守民教授诞辰120周年暨儿科学院发展研讨会,南医大将成立儿科学院,南京儿童医院院长黄松明任院长。

浙江省温州市海洋经济增加值达到100亿元规模。

3月24日 由南通大学原党委书记、江苏长江经济带研究院首席专家成长春领衔的教育部重大课题攻关项目《推动长江经济带发展重大战略研究》,24日在我省开题。

安徽省推进与沪苏浙一体化发展,在建省外投资项目实际到位资金突破万亿元。

3月25日 苏州市重大项目开工现场会在昆山高新区举行。一批投资规模大、质量水平高、经济效益优的项目开工。

德国籍音乐家莱因哈德·巴尔(Reinhard Bahr)在赴上海音乐学院就任教授前,在中国驻汉堡总领馆领取了外国人才签证。

浙江省杭州湾上虞经济技术开发区总投资超200亿元的新材料产业发展基地已签约。

3月26日 中国首个国际性的儿童文学奖项——"陈伯吹国际儿童文学奖"将携原创插画展。

首度亮相博洛尼亚童书展。

中国原油期货在上海期货交易所子公司——上海国际能源交易中心正式挂牌交易。

浙江省预计春茶产量将增产值超过29亿元。

浙江省杭州市余杭区将安排300亿元财政资金,专项用于扶持重点产业发展。

安徽省科技和高新技术产业稳步提升,2017年实现技术市场合同成交额249.6亿元。

3月27日 南京江北新区与英国剑桥大学在北京签署合作协议,剑桥大学—南京科技创新中心项目落户南京江北新区国际健康城。

上海芭蕾舞团红色经典《白毛女》走进中央党校（国家行政学院）礼堂。

浙江省大唐袜业新产品产值从 174.4 亿元增加到 214 亿元。

浙江省桐庐县项目园区，计划总额 1000 万元的投资进入最后谈判阶段。

3 月 28 日　江苏省镇江市的恒神股份和惠龙国际两家企业共同入选《2017 年中国独角兽企业榜单》。

几内亚比绍共和国最高司法法院保罗·萨尼亚院长、安哥拉共和国最高法院克里斯蒂诺·莫拉雷斯·蒂尔瓦副院长、赤道几内亚共和国最高法院安东尼奥－阿法诺副院长一行到访上海。

3 月 30 日　浙江省湖州市吴兴区举行引进项目集中签约仪式，计划总投资超 256.6 亿元。

安徽省推动长江经济带发展工作会议在安徽省合肥市召开。

2018 智造中国峰会·上海松江——G60 科创走廊“上海制造”要素对接大会在上海松江举行。

3 月 31 日　“淮海经济区农业科技创新与转化联盟”在徐州成立，200 多位联盟成员单位的代表出席会议。

上海首条胶轮路轨全自动无人驾驶 APM 线（旅客自动运输系统）——浦江线试运行。

江苏省泗阳举办农业招商重大项目推介会，投资总额都 27 亿元。

江苏省苏州相城区在北京举办科技投资推介会，现场签约 74 个项目，总投资额达 876 亿元。

四月

4 月 1 日　全国首张环境保护税税票在上海开出，标志着环境保护税在全国顺利实施。

浙江省桐庐县“凤溪玫瑰”项目计划总额 10 亿元的投资进入园区。

4 月 2 日　2018 浙江省江山市发展大会开幕，现场签署了 12 个投资项目，预计总投资 76.7 亿元。

4 月 3 日　上海将争创 2 家以上国家医学中心，实施临床重点专科“腾飞”计划，强化核心竞争力。

长三角铁路基建投资计划高达 805.84 亿元，加上即将推进的盐通铁路、沪苏湖铁路等项目，计划新线开通里程 600 公里。

4 月 4 日　上海特色小城镇的创建，为上海经济聚合各类高端要素、通过长三角联动推动经济转型升级提供了一条可行之道，更好地融入长三角一体化发展。

4 月 7 日　中央调研组来上海开展关于“深化长三角一体化合作，促进区域经济协调发展”的重点考察调研，更好推动长三角一体化发展。

以“助力乡村振兴，促进淮商崛起”为主题的第五届淮商峰会在江苏省淮安隆重开幕。

4 月 8 日　浙江省海盐县有高新技术、交通水利、餐饮食品等新开工项目 20 个，总投资达 65.7 亿元。

总投资 128 亿元的安徽省芜湖—黄山高速公路项目泾县段正式开工。

自贸区内外全球维修业再起蓬头，上海“全球维修”服务品牌，产值达 4.96 亿美元。

4 月 9 日　浙江省杭州区块链产业园启动仪式在杭州举行，基金规模达 100 亿元人民币。

4 月 10 日　上海 2018 年推进各领域技术改造项目 1700 项，完成技改投资 690 亿元。

江苏省苏州工业园区高端制造与国际贸易区举行重点项目签约仪式。德尔福研发中心，麦格纳闭锁全球研发中心、北大医疗创新谷等 10 个项目正式落户高贸区，总投资达 50 亿元。

江苏省沛县推出不少新产业、新项目，总投资为 1261 亿元。

浙江省对口支援新疆的 229 个项目集中开工，总投资 65.72 亿元，安排援疆资金 17.38 亿元。

4 月 12 日 上海人大常委会 3～5 月份大调研计划已经形成，常委会和各委员会一共确定了 26 个大调研项目。

浙江省宁波均胜电子股份有限公司收购日本高田资产顺利交割，收购价格为 15.88 亿美元。

4 月 13 日 上海电气承建全球最大太阳能光热项目，总投资额 38.6 亿美元，以“世界最高标准”赢得迪拜项目。

2018 中国(宁波)特色文化产业博览会在浙江省宁波国际会展中心开幕，签约总金额逾 70 亿元。

4 月 15 日 2017 年安徽省文化产品实现进出口额 7.1 亿美元。

4 月 16 日 上海市领导会见香港苏浙沪社团代表成员，希望以上海及长三角地区下一步发展为契机，促进沪港共同发展和长三角一体化建设。

4 月 18 日 以“改革开放四十周年与长江经济带发展”为主题的第四届长江经济带发展论坛在上海举行。

主题为“融合・增长・机遇”的第七届拉美太平洋联盟投资论坛在江苏省南京举行。

京东公司与中国电信江苏公司云计算战略合作签约仪式在江苏省宿迁市举行，双方总投资额达数十亿元。

2018 扬州“烟花三月”国际经贸旅游节开幕式在江苏旅游职业学院新校区举行，当天共有 80 个项目集中开工，总投资近 500 亿元。

4 月 19 日 我国首个国家级、国际性、专业型的技术贸易展会，第六届中国(上海)国际技术进出口交易会在上海世博展览馆举办。

2018 第七届中国苏州文化创意设计产业交易博览会暨首届苏州文化创意周在江苏省苏州市开幕，各类交易总额超过 260 亿元。

4 月 20 日 上海、江苏、浙江、安徽三省一市在上海签署了《长三角地区知识产权一体化发展合作框架协议》，并启动 2018 年长三角地区知识产权宣传周活动。

以“绿色、生态、安全、创新”为主题的首届中国(淮安)国际食品博览会在江苏省淮安市开幕，总投资 160 亿元。

4 月 21 日 位于浙江省湖州经济技术开发区的微宏动力系统(湖州)有限公司三期项目总投资 30 亿元。

第十五届中国・扬中河豚文化节闭幕，有 25 个项目集中签约，总投资 116 亿元。

4 月 22 日 浙江省杭州临安区举行全区 17 个重大项目集中开工仪式目，总投资额 190.7 亿元。

2018 中国海门经贸投资洽谈会在江苏省海门举行，项目总投资达 878 亿元。

4 月 23 日 浙江省交通集团实现营业收入 1108.14 亿元、利润总额 96.94 亿元，集团合并资产总额 3272.60 亿元、净资产 1118.22 亿元。

4 月 24 日 日喀则经济开发区在上海召开新闻发布会，重点发展国际商贸物流和战略性新兴产业等产业。

世界 500 强企业雀巢集团在中国医药城投资兴建的新工厂江苏省泰州市竣工，一期投资超过 10 亿元。

4 月 25 日　宿迁(上海)产业合作对接会 25 日在上海举行,共签约 14 个项目,计划总投资 113.08 亿元。

江苏省泰州市推进项目大突破,一季度实际完成投资 150 亿元。

4 月 26 日　为加快融入长三角一体化,江苏省南通市在上海举办"1+4"高质量发展环境说明会,产业投资项目总投资达 730 亿元。

4 月 27 日　总投资近 100 亿元的我国投资最大、建设周期最长的国家重大科技项目——硬 X 射线自由电子激光装置在上海张江开工建设。

江苏省 2018 年重大项目 240 个,实施项目 220 个,年度计划投资 5225 亿元。

4 月 28 日　以"创新引领,共建世界级城市群品牌"为主题的第四届长三角城市·品牌发展论坛在上海举行。

全国首家省级民盟史馆浙江民盟史馆开馆仪式在浙江省杭州市举行。

4 月 29 日　聚焦"上海制造"品牌、面向长三角一体化,百亿级项目纷纷落户于上海松江区。

在江苏省泰州医药高新区实施大健康产业重点项目 98 个,总投资 554 亿元。

4 月 30 日　浙江省青田县丽水(青田)侨乡投资项目交易中心招商工作,挂牌项目 572 个,涉及金额达 3000 多亿元。

五月

5 月 1 日　以"国际动漫·美丽杭州"为主题的第十四届中国国际动漫节成果通报会在浙江省杭州市举行。达成签约交易,加上动漫节消费金额,总计 163.21 亿元。

5 月 2 日　从 2013 年到 2017 年,安徽省五年累计完成技术改造投资 2.88 万亿元。

5 月 3 日　知名产业园区——上海"制造强区"嘉定,全区规模以上工业总产值力争达 7500 亿元,战略性新兴产业产值力争达 1200 亿元。

"发挥世界级城市群核心城市作用,推动长三角一体化发展"专题学习会在上海举行。

5 月 4 日　国家发改委和中国科办主办的 2018 年"创响中国"活动,在上海杨浦区全国双创示范基地启动。

5 月 5 日　全球第一个城市级 LTE-V2X 车联网示范应用重大项目在江苏省无锡签约。

5 月 6 日　上海与江苏省大丰产业联动开发建设推进协调领导小组第二次联席会议在江苏省盐城市大丰区举行,2017 总投资 40 多亿元的 8 个重大项目集中落地。

5 月 7 日　为纪念中国改革开放四十年,打响"上海文化"品牌,洋溢浓郁上海文化特色的 2018 维也纳联合国中文日系列活动,在联合国维也纳中央大厅拉开帷幕。

5 月 8 日　总投资 30 亿元的慕思寝具华东区"五中心一基地"项目落于浙江省嘉兴市南湖区余新镇智能家居产业园。

5 月 9 日　浙江省衢州巨化集团,以世界最大氟制冷剂生产基地为核心,实现营收 266.59 亿元。

从《2017 年江苏省海洋经济统计公报》数据上得知,2017 本省海洋生产总值为 7217 亿元。

5 月 10 日　上海社会科学院举行的上海服务贸易创新系列论坛,共实现数字贸易出口 85 亿美元。

5 月 11 日　首届长三角民政论坛在上海开幕,上海、江苏、浙江、安徽民政部门决定全面实施战略合作,将三省一市民政事业融入长三角一体化发展。

"西藏好水"长三角专场推介活动在上海举行,集中展示了西藏自治区 12 家参展企业、28 种规格的产品。

5月12日 浙江省湖州市吴兴区的浙江三一装备有限公司实现地区生产总值123.1亿元。

5月13日 首届"中国—东盟媒体合作论坛"在江苏省无锡开幕。来自东盟十国的25位记者，在无锡进行了采访考察，实地了解江苏经济社会文化发展情况。

5月14日 江苏省科技服务业机构总数共5.5万家，2017年全省科技服务业总收入达7481亿元。

5月15日 总投资达58.8亿元的中芯集成电路制造项目在浙江省绍兴市落地。

5月16日 中韩(盐城)产业园投资说明会暨第十一届海盐文化节在江苏省盐城开幕，签约20个重大合作项目，总投资为238亿元人民。

5月17日 由中国电信上海公司与虹桥商务区管委会共同建设的全国首个"5G示范商务区"正式启动。

联合国粮农组织政府间茶叶工作组(FAO-IGG/Tea)第23届会议在浙江省杭州市开幕。

全国首届"红色文化研究与学科建设"学术研讨会在浙江省杭州召开。

5月18日 浙江省社会科学院哲学研究所与浙江南孔文化旅游开发有限公司联合举办的"中国南孔文化及浙江姓氏研讨交流会"在浙江省杭州举行。

以"长三角区域生态环境保护司法协作机制构建"为主题的沪苏浙皖检察长座谈会在安徽召开。

5月19日 上海市人民政府与中国电子科技集团有限公司在上海签署战略合作框架协议，首期资金投入规模100亿元左右。

5月20日 以"文化新传承、创意新境界"为主题的首届上海远见文化高峰会在金山举行。

江苏省沛县举行产业发展推介大会，有30个项目签约，总投资340多亿元。

5月22日 以"优化营商环境，推动长三角一体化发展"为主题的"上海民建浦江论坛"在上海长宁区政府举行。

江苏省连云港市与珠海云洲智能科技有限公司签署合作协议，推进无人船研发及产业化项目，计划总投资10亿元。

5月23日 杭州萧山国际机场三期工程是浙江省大通道建设行动计划的十大标志性项目之一，总投资规模接近300亿元。

2018"高层次人才海州行"系列活动——海州区现代农业科技与发展论坛在江苏省连云港举办，实现农业总产值36.75亿元。

5月24日 南京大学苏州创新研究院、中科院光电技术研究所、苏州研究院等院校地企重大科技合作项目在江苏省苏州高新区集中签约，经费超200亿元。

上海市政协的委员们赴金山区，开展重点协商办理"推动长三角一体化发展"提案专题活动。

江苏省沛县采用新模式建设基础设施，已落地实施6个项目，总投资59.58亿元。

5月25日 以"迈向卓越的全球城市——创新·人文·生态·区域"为主题的第十一届"中华学人与21世纪上海发展"研讨会在上海举行。

以"新时代侨企科技创新与转型发展"为主题的2018年浙江省侨商会科技创新委员会年会在浙江省杭州市举行，总投资3700多亿美元。

5月26日 沪苏浙皖四地政法系统在上海召开长三角政法系统推进座谈会，开创共同推进更高质量的崭新局面。

总投资 90 亿元的 42 个项目集中签约落户浙江省嘉兴市南湖区。

5 月 27 日　落户于浙江省嘉兴科技城的平谦国际(嘉兴)现代产业园已破土动工,总投资为 5 亿美元。

A. O. 史密斯环境电器全球超级产研基地在江苏省南京溧水经济开发区建成投产,项目总投资约 9.4 亿元。

5 月 28 日　上海文广演艺集团和杭州文广演艺集团在浙江省杭州大剧院签署战略合作协议,共搭长三角文化联动网络。

江苏省徐州鼓楼高新技术产业开发区揭牌成立,总投资达 253 亿元。

5 月 29 日　"2018 中国长三角青商高峰论坛"在上海举行。

江苏省苏州盐城沿海合作开发园区举行重点项目集中签约、开工、投产仪式,总投资近 100 亿元。

5 月 30 日　由上海外高桥造船有限公司为中远集运量身定制的"中远海运室女座"号,被列为国家级重大创新项目。

5 月 31 日　围绕"发挥世界级城市群核心城市作用,推动长三角一体化发展"主题开展协商议政,在上海召开。

全国汽车零部件再制造领域唯一的国家级产品质量监督检验中心落户张家港,已完成投资 1.2 亿元。

六月

6 月 1 日　以"聚焦高质量,聚力一体化"为主题的长三角地区主要领导座谈会在上海召开。

中国・盱眙第一山古城改造等 12 个总投资 285.36 亿元的项目和圣海・天鹅湖文化旅游中心等 7 个总投资 42.2 亿元的项目正在建设之中。

6 月 2 日　江苏省与上海市、浙江省和安徽省签署《长三角地区打通省际断头路合作框架协议》,共同全面推进省际对接道路各项工作。

上海将联合苏浙皖文联共同组建"长三角文艺发展联盟",共同挖掘江南文化艺术资源。

长三角区域大气污染防治协作小组工作会议暨长三角区域水污染防治协作小组工作会议在上海召开。

6 月 3 日　浙江省长兴市总投资 10 亿元以上的大项目合计总投资超过千亿元。

江苏省句容景区,20181～4 月旅游总收入达 73.56 亿元。

以"拥抱大湾区,发展大绍兴"为主题的浙江省绍兴发展大会共签约了 16 个优质招商项目,总投资达 687.7 亿元。

6 月 5 日　浙江省杭州市至 2020 年本级力争创投引导基金规模达 30 亿元、天使投资引导基金规模达 10 亿元。

6 月 6 日　上海青浦苏州两地签署了《区域联动发展全面战略合作框架协议》的协议,将为加快长三角一体化进程起到积极作用。

6 月 7 日　主题为"迈入新时代的上海国际金融中心建设"第十届陆家嘴论坛将在上海举行。

第二十届浙江投资贸易洽谈会在浙江宁波举行,共签约重大项目 24 个,总投资额 658.9 亿元人民币。

6 月 8 日　浙江省宁波市举行国际投资合作洽谈会暨重大项目签约仪式,共签约重大项目 73 个,投资额超千亿元。

1至5月江苏省南京市级重大项目共完成投资1185.38亿元。

浙江省嘉兴市秀洲区举行重大项目签约仪式，20个项目集中签约，总投资216.5亿元。

江苏省洪泽湖生态综合开发项目在江苏省淮安市洪泽区蒋坝天鹅湾开工，总投资超百亿元。

6月11日 总规模148亿元的张家港基金在江苏省张家港市暨阳湖金融街正式启动。

6月11日 新一代信息技术产业科技创新大会在江苏省南通市举行，总投资超过140亿元的28个重大项目现场签约。

首届长三角三省一市公共机构节能管理创新与发展论坛在上海召开。

以“新时代旅游与乡村振兴”为主题的首届新时代江苏旅游发展论坛在江苏省南京市开幕，实现营业收入近900亿元。

6月12日 “一体化推进·高质量发展”加强长三角合作推进产业链专题活动在上海举行。

6月13日 长三角地区主要领导座谈会在上海召开，发布了《长三角地区一体化发展三年行动计划》。

上海市食品安全信息追溯现场会在上海举行，把长三角三省一市打造成中国食品产业最发达、食品质量最安全、食品消费最有保障的地区之一。

6月14日 为期2天的“进一步完善长三角地区立法工作协同座谈会”在上海召开，如何更好地在长三角一体化发展中发挥作用进行了讨论交流。

6月15日 安徽省重点项目建设平稳推进，前5个月累计完成投资5620.8亿元。

6月16日 江苏省南京市推进102个东西部扶贫协作项，总投资达46.9亿元。

2018安徽秸秆综合利用产业博览会落幕，会上集中签约96个项目，总金额275亿元。

6月18日 浙江省正式发布了《浙江省加快培育发展新动能行动计划》。2017年全省“三新”经济增加值1.25万亿元。

上海、江苏、浙江在安徽投资在建亿元以上项目1579个，实际到位资金1415.8亿元。

6月19日 位于上海市金山区枫泾镇与浙江省平湖市新埭镇的交界处张江长三角科技城领导小组会议在上海市金山区枫泾镇召开。

浙江省杭州市萧山区钱江世纪城集中开工32个重大项目，总投资517亿元。

日前，安徽省六安市300个纳入省调度重点项目共完成投资268.7亿元，年度计划投资达580.3亿元。

6月20日 “长三角文艺发展联盟”在上海成立，来自沪苏浙皖四地的文艺家齐聚申城，共同见证。

浙江省嘉兴经济技术开发区举行第四届“携手共进、合作共赢”招商大会暨重大项目签约仪式，共签约项目38个，总投资约285亿元。

中船重工702研究所“中国船舶科学研究中心东方船艇靖江制造基地”项目签约落户江苏省靖江。

6月21日 主题是“‘一带一路’与国际会展业”的第五届“国际会展业CEO上海峰会”在上海开幕。

“国家西兰花良种重大科研联合攻关”在浙江正式启动，也是第一次牵头承担国家良种重大科研联合攻关项目。

6月22日 长三角区域智慧广电与人工智能语音技术战略合作签约仪式在上海举行。项目是沪苏浙皖政府领导共同发起的"长三角一体化发展战略合作"的重要项目。

主题为"知识产权与经济社会的高质量发展——动力、使命、前景"的第六届"三江知识产权国际论坛"在江苏省镇江市开幕。

浙江大学师生研发的机器人，摘得全球顶尖机器人足球比赛——机器人世界杯(RobCup)的桂冠。

6月23日 浙江省新设外商投资企业1243家，投资总额273.2亿美元，合同外资145.7亿美元，实际外资72.4亿美元。

6月27日 总投资为103.6亿元的浙江省金华花园集团生物医药科技园项目在金华经济技术开发区健康生物产业园正式开工建设。

6月28日 以"深化依法治国实践背景下的检察权运行"为主题的第十四届国家高级检察官论坛在上海市举行。

浙江省湖州市吴兴区举行二季度引进项目集中签约仪式，总投资153.3亿元。

2018年1～5月安徽省吸收外商直接投资70.7亿美元。

总投资144亿元的中海油江苏滨海LNG项目在江苏省滨海港启动。

以围绕"科技创新与推进江苏乡村振兴"主题的由九三学社江苏省委主办的第十一届"江苏九三论坛"在江苏省泰州市举行。

安徽省芜湖市24个重点项目分别举行集中开工、签约仪式，计划总投资78.38亿元。

6月30日 安徽省合肥高新区2018年百个亿元以上高质量发展项目集中签约活动在合肥举办，协议投资额约557亿元。

七月

7月1日 上海实施住房租赁合同网签备案制度。

上海黄浦区打造"长三角@黄浦共享服务区"，为长三角商旅文提供共享服务。

近日杭州汽轮机股份有限公司中标全球功率最大的工业驱动机组。

江苏省首家监察学院在南京审计大学成立。

7月2日 在2018年美国印刷大奖上，上海获得金奖26项、银奖14项、铜奖15项，22家送评单位斩获奖项。

浙江卧龙电气集团股份有限公司与美国通用电气公司签署协议。

2018海峡两岸艺术家交流活动暨江苏省台湾小镇美术馆在江苏句容揭牌。

日前，安徽省商务诚信公共服务云平台上线运行。

7月3日 国家集成电路创新中心、国家智能传感器创新中心在上海揭牌。

7月4日 上海市政府与中国宝武钢铁集团有限公司在沪签署推进吴淞地区整体转型升级合作协议。

江苏2018第五届"紫金奖"文化创意设计大赛设"创意孵化基金"1000万元。

7月5日 中国文化艺术政府奖第三届动漫奖颁奖座谈会在上海举行。

"长三角城市治理最佳实践案例评选"启动，至10月在上海、江苏、浙江、安徽范围内组织开展。

浙江石油化工有限公司总投资1730亿元，4000万吨/年炼化一体化一期项目银团签约仪式在杭州举行，银团贷款总金额达607亿元。

江苏省15个市级新税务机构(13个设区市及苏州工业园区、张家港保税区)统一挂牌。

沪苏浙皖人大常委会在杭州签署深化长三角地区人大工作协作机制1+1协议。

7月6日 中科院强磁场科学中心刘青松药物学研究团队研发的针对急性白血病的靶向药物获批临床试验。

安徽省六安市发行"行进在红色旅途上"红色旅游纪念邮册。

7月7日 日前，上海青浦工业园区与江苏苏州工业园区、浙江嘉兴经济技术开发区、安徽巢湖经济开发区签约启动长三角人工智能产业联盟。

中国科大与安徽省投资集团、安徽国元集团、合肥兴泰集团在中国科大举行墨子量子科技基金签约活动。

7月8日 中国法学青年论坛在上海华东政法大学举行。

首届海峡两岸青年发展论坛在杭州开幕。

7月9日 第十四届中国国际动漫游戏博览会闭幕。

浙江台州市开工总投资462亿元的49个重大项目。

江淮汽车集团与大众汽车集团（中国）及西雅特在德国柏林签署谅解备忘录，共建新能源汽车研发中心和新产品研发平台。

《上海市工业互联网产业创新工程实施方案》发布。

7月10日 上海市公布扩大开放行动方案100条。

"筑梦长三角乡村振兴"系列活动启动仪式在上海举行。

第十届苏州国际精英创业周在苏州国际博览中心开幕。

安徽省党政代表团与新疆维吾尔自治区党委、政府在乌鲁木齐举行对口支援工作座谈会。

7月11日 交通运输部与上海市政府签署《关于深化上海综合交通运输体系发展　加快推进上海国际航运中心建设2018—2020合作协议》。

规划年产50万辆纯电动整车的特斯拉首个海外超级工厂落户上海临港地区。

浙江钱塘江流域小城镇环境综合治理项目荣获了世界银行2018财年可持续发展领域副行长团队奖。

《史良生平事迹展》开展仪式在常州史良故居举行。

7月12日 长三角三省一市产业和信息化合作推进会在上海举行。

2018年度长三角地区政协联合调研第一次工作会议在上海举行。

之江实验室在浙江省杭州举行首席科学家聘任仪式，中国工程院院士潘云鹤和邬江兴受聘。

安徽省政府出台《支持机器人产业发展若干政策》，加快机器人产业发展。

7月13日 "绿水青山"全国美术作品展暨丽水巴比松作品展览在浙江丽水市美术馆开幕。

第八届江苏书展在苏州开幕。

7月14日 "文学浙军"亮新单——"浙江小说10家"丛书出版。

"俯仰两无愧"——叶圣陶文献展（第一期）在苏州开展。

中国台联2018年台胞青年千人夏令营安徽分营在合肥开营。

7月15日 长三角精准医疗检验开发服务平台揭牌，苏浙沪区域"名医工作室"签约落户，长三角眼健康产业联盟发起成立。

2018年台湾大学生浙江夏令营在杭州开营。

2018首届"米芾杯"国际青少年书法大赛在镇江市举行。

7月16日 上海市国资委出台了《关于本市国有企业全力打响上海"四大品牌"的实施方案（2018—2020）》。

浙江横店影视产权交易中心在横店开张。
美国康宁公司汽车内饰玻璃项目在合肥签约。
安徽省宣城市绩溪县良才墨业有限公司“艺栗斋及图”商标被认定为中国驰名商标。

7 月 17 日 中国科学院与上海市政府为共建张江药物实验室、G60 脑智科创基地、传染病免疫诊疗技术协同创新平台举行签约和揭牌仪式。
沪苏浙皖大数据联盟签署《沪苏浙皖三省一市大数据联盟合作备忘录》。
“纪念张太雷同志诞辰 120 周年学术研讨会”在江苏省委党校召开。
《安徽省技术转移体系建设实施方案》出台。

7 月 18 日 上海启动新版不动产登记信息在线查询系统。
上海市政府与复旦大学共建上海(复旦大学)扶贫研究中心。
《长三角地区一体化发展三年行动计划(2018—2020 年)》印发。
沪苏浙皖四省市政协片区座谈会在杭州召开。

7 月 19 日 上海、江苏、浙江和安徽三省一市的食安办签订《长三角地区食品安全信息追溯体系建设战略合作协议》。
连横纪念馆十周年庆系列活动在杭开幕。
安徽马钢 160 件时速 320 公里高速车轮进入德国市场。

7 月 20 日 2018(第七届)上海国际青少年科技博览会暨“明日科技之星”国际邀请赛在沪举行。
2017 年度江苏人大新闻奖颁奖,共有 61 件新闻作品获奖。
安徽省发行 269.6 亿元 2018 年安徽省政府债券。
中国医学装备大会暨第 27 届学术与技术交流年会在苏州开幕。

7 月 21 日 第三届中国物流金融与供应链高端峰会在镇江举行。
安徽省面向海内外招引高层次科技人才团队,最高奖励千万元。
2018 年第一届中国上海跆拳道国际邀请赛在上海开幕。

7 月 22 日 浙江省 2018 德清投资贸易人才洽谈会共签约 45 个项目,总投资额超 700 亿元。
2018 世界击剑锦标赛在无锡市新体育中心开幕。
教育部“基础学科拔尖学生培养计划”学生学术交流会在合肥举行。

7 月 23 日 千名香港青年来浙江参访交流。

7 月 24 日 由湖南省人民政府主办的“2018 湖南—长三角经贸合作洽谈周”在沪启动。
宣城市安徽省立医院、共建安徽省立医院皖南妇幼分院揭牌。

7 月 25 日 首列“进口博览会专列”地铁在上海人民广场站发车。
来自 22 个国家的 25 位专家学者到浙江乡村考察调研浙江的发展经验。
2018 年度长三角区域污染防治联动民主监督第一次工作会议在宁举行。
中国科学院微生物研究所与江苏省高淳高新技术产业开发区全面合作签约仪式在北京举行。
黄山入选世界生物圈保护区,成为全球首个拥有联合国教科文组织三项名录遗产的自然保护地。

7 月 26 日 上海浦东先进能源动力研究中心在上海临港地区成立。
2018(第十三届)城市发展与规划大会在苏州开幕。
华为靖江云计算数据中心在江苏靖江上线。
安徽省政府出台《支持机器人产业发展若干政策》《安徽省机器人产业发展规划(2018—2027 年)》。

7月27日 全国人大重点督办建议现场会在杭州举行。
《安徽省环境空气质量生态补偿暂行办法》实施。
2018中国黄山书会在合肥开幕。

7月28日 2018年道达尔·世界羽毛球锦标赛在南京国际博览会议中心开幕。
第四届中国“互联网+”大学生创新创业大赛暨“青年红色筑梦之旅”全国对接活动在蚌埠举行。

7月29日 上海浦东新区产业创新中心成立。
第22届国际太阳能光化学转换与储能大会(简称IPS-22)在合肥举行。
安徽省农业科技创新联盟成立大会在合肥召开。

7月30日 上海虹桥基金小镇在上海闵行区揭牌。
安徽省向高层次人才发放“江淮优才卡”,提供13项优待服务。

7月31日 世行贷款浙江千岛湖及新安江项目签约和启动仪式在浙江省淳安举行。
江苏省重大产业项目现场推进会在南通召开。

八月

8月1日 上海音乐学院原创歌剧《贺绿汀》在北京保利剧院上演。
浙江大学与宁波市共建浙大宁波“五位一体”校区。
以德国生物化学家哈特穆特·米歇尔命名的“诺贝尔奖工作站”,在江苏徐州经济技术开发区揭牌。

8月2日 江苏省与华夏银行在南京签署战略合作协议。

8月3日 第六届上海国际芭蕾舞比赛在上海开幕。
中国环境科学学会2018年科学技术年会在合肥开幕。
第十四届长三角贸促系统联席会议在合肥举行。

8月4日 微信与南京市江宁区签署战略合作协议,建设“微信智慧示范区”。

8月5日 江苏南通市如东洋口港至上海港集装箱班轮开航。

8月6日 2018年度地方高校“学科创新引智计划”,上海3所,浙江、江苏各2所高校入选。
第十六届中国国际数码互动娱乐展览会(ChinaJoy)在沪落幕。
杭州2022年亚运会会徽“潮涌”揭晓。

8月7日 浙江省红色地名展在浙江革命烈士纪念馆开幕。
中加物联网与区块链产业发展研究院无锡分院揭牌。
安徽省光伏扶贫工程项目年增收约20亿元,惠及40多万贫困户。

8月8日 上海保交所国际再保险平台上线。
南京市出台《关于深化来宁台胞宜学宜业宜游宜居服务的若干措施》。
安徽省实施省级小麦临时收储政策。

8月9日 人工晶体智能制造研发中心落户上海临港,将对来自俄罗斯的人工晶体模具成型生产线进行智能化升级。
桐景原生物科技(上海)有限公司与一家俄罗斯企业签订合同,引进总金额达2000万欧元。
2018(第六届)苏商大会在南京召开。
有研粉末合肥新材料产业基地项目在合肥开工,计划投资10亿元。

8月10日　最高人民法院关于上海金融法院案件管辖的规定施行。
苏州工业园区161个总投资超600亿元重点项目集中签约。

8月11日　第七届鲁迅文学奖获奖名单揭晓，上海作家小白、陈思和获奖。浙江作家黄咏梅获奖。江苏作家朱辉、胡弦、王尧获奖。安徽诗人陈先发获奖。

8月12日　完成中国大洋第49航次科考任务的"向阳红10"船回到浙江舟山长峙岛5000吨级科考码头。

8月13日　小米生态链华东区总部及小米工业设计研究院落户G60科创走廊，合作签约仪式在上海临港松江科技城举行。
长城汽车股份有限公司、张家港市政府在南京签署新能源汽车项目合作协议，与宝马公司联合打造汽车新品牌——"光束"。

8月14日　沪企绿地控股参与天津国企天津建工集团混合所有制改革。
2018年全国职业学校创新创效创业大赛决赛在南京开幕。

8月15日　上海青浦区、江苏昆山市、江苏吴江区、浙江嘉善县四地签署了环淀山湖战略协同区一体化发展合作备忘录和区域化专项合作协议。
长三角地区政协联合调研第一次工作会议在安徽召开。

8月16日　万华化学有限公司高性能材料研究院项目在宁波开工。
镇江市举行省属企业与镇江市国企合作发展恳谈会，12个项目集中签约。
上海市妇幼保健中心和上海市第一妇婴保健院共建成立"上海市妇产科保健与临床基地"与"上海市妇产科临床培训与实训中心"。

8月17日　上海报业集团与中国移动上海公司共同签署战略合作协议。
沪苏浙皖四地作协在沪签约联合组建"长三角文学发展联盟"。
金华市与华为公司达成战略合作，推动数字经济发展。
合肥天麦生物科技发展有限公司生产的重组人胰岛素注射液上市。
安徽省撤销开发区及特别政策区47个。

8月18日　2018世界人工智能大会形象标识和首批战略合作伙伴发布。
中国自由贸易试验区阿里巴巴进口非特殊用途化妆品合作项目在浙江舟山签约。
深化新能源及智能化领域合作，浙江吉利与马来西亚宝腾成立新合资公司。
江苏省政府同意评定王继才同志为烈士。
中国漕运城、板闸遗址公园项目在淮安开工建设，总投资28.7亿元。
第二届中国合肥·智能服务机器人产业技术发展论坛暨人工智能项目与资本对接会在合肥举行。

8月19日　中非民营经济合作高峰论坛筹备会在杭州举行。
首届"太湖·西湖"企业家论坛在江苏无锡举行。"太湖·西湖"企业家联盟成立，共助长三角一体化发展。
第34届国际湖沼学大会在南京举行。
淠史杭工程开工建设60周年纪念活动在安徽省六安市举行。

8月20日　上海市政府与腾讯公司在沪签署深化合作框架协议。
8卷21册的《于漪全集》在上海图书馆首发。
马克思主义理论学科研究高层论坛在东南大学举行。
2018年"文明旅游为中国加分出行有礼"主题宣传活动启动仪式暨安徽文明旅游誓师大会在安徽黄山市举办。

8月21日 第二届海峡两岸铜雕艺术大学生实训夏令营在安徽铜陵启动。

8月22日 “2018第三届海峡两岸青少年创客大赛”在上海同济大学嘉定校区落幕。

“浙江人大工作与时俱进奖”发布。

国内首座计算机博物馆在浙江萧山签约。

“乡村振兴——2018公益创新峰会”在南京举行。

第七届中国创新创业大赛安徽赛区总决赛在合肥落幕。

8月23日 “上海市地方志发展研究中心”在上海复旦大学揭牌成立。

2018中国(浙江)区域品牌创新峰会在杭州举行。

8月24日 第二届中国国际医药技术大会在连云港开幕。

“生态文明安徽行—中国画名家看安徽”采风活动在安徽省凤阳县小岗村启动。

2018上海海峡两岸青年创业大赛总决赛暨颁奖典礼在上海落幕。

8月25日 浙江·阿克苏出口产业合作园建设启动。

2018中国江苏二胡之乡民族音乐盛典·中国音乐小金钟全国二胡展演暨纪念杰出的民间音乐家阿炳诞辰125周年音乐会在江苏大剧院开幕。

安徽省萧县汉画像石拓片在京展出。

8月26日 上海交通大学与国家海洋局第二海洋研究所达成战略合作,双方共建海洋学院、极地深海研究院,服务海洋强国建设、长三角一体化建设和上海科创中心建设。

8月27日 浙江设立15个世界技能大赛集训基地。

8月28日 2018年上海市环境保护第二批督察工作全面启动。

宁波签约18个重点项目,总投资额达476亿元。

安徽省潜山县撤县设市揭牌。

8月29日 2017年度上海金融创新奖向社会公布,“信托登记系统”和“债券通”获特等奖。

浙报传媒再获“亚洲报业10大品牌”称号。

8月30日 安徽宣城市“绩溪火腿”“旌德黄牛”“黄花云尖茶”获2018年第二次农产品地理标志产品。

8月31日 上海市工商联和相关企业在云南和贵州遵义共签署13个产业扶贫项目,投资金额达255.57亿元。

第二届海峡两岸经济社会发展论坛在浙江宁波举行。

江苏省江阴—靖江工业园区举行总投资70亿元的8个重点项目集中开工暨企业服务中心揭牌仪式。

第十四届中国国际软件产品和信息服务交易博览会在南京开幕。

中国科技大学潘建伟院士荣获“中国侨界杰出人物”荣誉称号。

“李大成作品观摩展”在上海中国画院开幕。

九月

9月1日 2018长三角工业互联网峰会暨G60科创走廊工业互联网协同创新工程上海市松江区开幕。

由3名诺奖获得者领衔的生命科学诺奖院士工作站在南京成立,携手专攻恶性肿瘤诊疗。

中国科学技术大学高新园区奠基仪式在安徽合肥举行。

9月2日 中国侨联第十届委员会海外顾问、海外委员130余人到访江苏。

上海市首家区河湖管理事务中心成立。

9月3日 上海市首家12309检察服务中心在上海宝山区人民检察院揭牌。

"纪念中国人民抗日战争胜利73周年诵读活动"在南京航空烈士公墓举行。

中国作协庆祝改革开放40周年主题采风暨"全国知名作家看安徽"活动在皖举办。

9月4日 南京长江大桥记忆计划获第二届伦敦设计双年展特别荣誉奖。

9月5日 第三届世界公益慈善论坛在上海开幕。

杭州国际日开启，九大项目现场签约。

第四届江苏慈善奖在宁颁奖。

9月6日 中非民营经济合作高峰论坛在杭州国际博览中心开幕。

2018中国人工智能峰会在南京国际博览会议中心召开。

"2018中国·南京金秋经贸洽谈会"重大项目集中签约仪式举行，共有55个重大项目签署合作协议，总投资达2466亿元。

9月7日 上海社会科学院成立60周年大会暨第四届世界中国学贡献奖颁奖仪式举行。

中国—多哥商务论坛在杭州举行。

2018全球服务贸易大会在南京召开，江苏省再担保集团、中电建贸服集团、南京中博智慧信息科技有限公司和高淳区政府共同签署全球供应链贸易担保体系战略合作协议，签约贸易额达100亿元人民币。

长三角新能源产业专业委员会在江苏盐城揭牌。

2018第八届中国·江苏国际餐饮博览会在南京开幕。

合肥市瑶海区集中开工57个大建设重点项目，总投资超200亿元。

中国(江苏)—埃塞俄比亚投资发展对接会在江苏昆山举行。

9月8日 "台北—上海·微游双城"活动启动。

之江实验室人工智能领域5大研究中心正式挂牌成立。

第三届江苏志愿服务展示交流会在常州开幕。

合肥干细胞与再生医学研究院6个高端生物医药项目进驻合肥。

9月10日 浙江移动微法院上线。

第28届中国人大新闻奖评选委员会全体会议暨人大新闻舆论工作座谈会在安徽省金寨县举行。

9月11日 浙江省119家高风险药品生产经营企业签订落实企业主体责任承诺书。

"汉石墨韵——鲁迅与汉画像石拓片展"在上海鲁迅纪念馆展出。

由江苏省人民政府、香港贸易发展局共同举办的苏港合作联席会议第六次会议在连云港市举行。

世界自然保护联盟亚洲区会员委员会会议在安徽省黄山市开幕。

9月12日 2018年上海市"白玉兰纪念奖"颁授仪式举行，来自19个国家的50位杰出外籍人士获此殊荣。

2018浙江·台湾合作周在杭州开幕。

南通举行中央创新区招商推介会，23个重大科创项目现场签约。

第八届中国(安庆)黄梅戏艺术节优秀黄梅戏剧目展演拉开帷幕。

9月13日 上海人工智能企业深兰科技宣布，携旗下深兰科学院与卢森堡国家实验室共同成立自动驾驶、智能和精密制造、数据和金融安全三个中欧联合实验室，将在欧洲和中国同时设立研究中心。

《上海社会组织自律公约》在沪发布。

长三角协调会智慧医疗发展联盟成立大会暨长三角智慧医疗高峰论坛在上海市举行。

9月14日 中国国际进口博览会供水保障指挥中心和上海首个基于大数据技术建立的供水信息综合保障系统启动。

香港特别行政区全国人大代表来浙视察情况介绍会在杭州举行。

第二十届(2018)江苏农业国际合作洽谈会在江苏连云港开幕。

中核集团第四届"核你在一起"科普开放周活动启动仪式暨第三届中国高校学生课外"核+X"创意大赛对话交流活动在合肥举行。

9月15日 世界物联网博览会在江苏无锡开幕。

中国安徽名优农产品暨农业产业化交易会在合肥开幕。

由香港求是科技基金会主办、中国科学技术大学承办的"2018年度求是奖颁奖典礼"在中科大举行。

9月16日 上海社会组织展示馆在上海公益新天地园开馆。

2018上海台北双城健康讲坛暨第38届解放健康讲坛在台北市举行。

第九届中国国际医药博览会在江苏泰州开幕。

第十一届中国国际种业博览会暨第十六届全国种子信息交流与产品交易会在合肥开幕。

"纪念周恩来诞辰120周年"美术作品巡展在镇江市美术馆举行。

9月17日 2018世界人工智能大会在上海开幕。

浙江日报报业集团与百度在杭州联合举行"数说浙江"发布会。

沪苏浙皖政协联合调研区域污染防治协作机制落实情况。

2018数字经济高质量发展创新峰会在江苏常州开幕。

第十届合肥农交会闭幕,本届农交会落实签约项目118个,总投资额达638.44亿元。

大型原创徽剧《徽班》在安徽艺术剧场首演。

9月18日 "大雅清音——上海昆剧团跨界系列音乐会"在上海音乐厅举行。

"数字经济暨数字丝绸之路国际会议"在杭州举行,"数字(网上)丝绸之路国际产业联盟"工作机制成立。

第二届中国—中东欧国家非物质文化遗产保护专家级论坛在杭州开幕。

江苏世界侨商大会在南京召开。

9月19日 第二十届中国国际工业博览会开幕式暨颁奖仪式在国家会展中心(上海)举行。

浙江大学管理学院携手阿里云共同组建浙江大学管理学院-阿里云数字经济研究院。

2018杭州·云栖大会开幕。

2018年国际和平日纪念活动在南京开幕。

第五届中国丝绸之路国际物流博览会在江苏连云港开幕。

教育创新暨中外大学校长论坛在安徽中国科学技术大学举行。

第四届中国(铜陵)铜基新材料产业发展国际论坛开幕。

9月20日 上海旅游节经典活动玫瑰婚典在上海外滩举行,来自长三角地区的22对新人参加婚典。

2018两岸青年就业创业研讨会在江苏昆山举行。

中国科学技术大学建校 60 周年纪念大会在合肥举行。
陈嘉庚科学奖基金会嘉庚论坛在安徽中国科大举行。
国际权威学术期刊《自然》在线发表中国科大潘建伟院士团队重要成果，在世界上首次成功实现器件无关的量子随机数。
安徽省与清华大学在合肥签署深化战略合作框架协议。

9 月 21 日 中国首个工业品期权铜期权在上海期货交易所挂牌交易。
中国声谷人工智能教育实验室落户合肥市望湖小学。这是全国首个小学人工智能教育实验室。

9 月 22 日 2018 上海国际大众体育节在上海揭幕。
安徽省滁州市投资环境推介暨重点项目签约仪式举行，共签约 108 个招商项目，协议投资额 1062 亿元。
浙江省三门县、安吉县授予国家气候中心为“国家气候标志”。

9 月 23 日 复兴号列车 G99 次和 G100 次分别在上海虹桥站和香港西九龙站间首发对开，这标志着沪港两地正式跨入了高铁直通时代。
第 20 届中国工博会在国家会展中心（上海）落幕。
第十二届杭州文化创意产业博览会落幕，共计合作签约及意向成交（含项目融资）达 159.5 亿元。

9 月 25 日 上海市科学技术协会第十次代表大会开幕。

9 月 26 日 第 17 届中国国际跨国采购大会在上海开幕。
浙江省政府与中国商飞公司在杭州签署战略合作协议。
浙江省政府与中国进出口银行在杭州签署战略合作协议。
2018（第六届）江苏互联网大会在南京开幕。
第五届徽商奥斯卡全球年度盛典推介会在合肥召开。

9 月 27 日 由沪苏浙皖文明办联合主办的长三角全国文明城市（区）文化交流研讨会在上海召开。
浙江“千村示范、万村整治”工程被联合国环境规划署授予最高环保荣誉——2018 年“地球卫士奖”。
京东城市科技有限公司、京东智能城市南京研究院在南京启动。
第八届中国黄梅戏艺术节在安徽省安庆市开幕。

9 月 28 日 中国首批异地办理的营业执照和工业产品生产许可证在 G60 科创走廊诞生。
长三角地区异地就医门诊费用试点直接结算启动仪式在上海举行。
在第三届国际经贸洽谈会上，共有 16 个项目完成签约，总投资超过 270 亿元。
杭州市余杭区举行 2018 年三季度重大项目集中开工暨集中签约活动，16 个重大项目同时开工，总投资约 342 亿元。
“央地科技发展宝应示范区”揭牌，两个新能源汽车企业落户江苏宝应。
第十五届长三角法学论坛在合肥举办。

9 月 29 日 2018“美好生活”上海公共文化空间创新大赛颁奖典礼在上海落幕。
江苏省宿迁市举行 94 个重大项目集中开工仪式，计划总投资 379.4 亿元。
安徽法律服务网即“12348 安徽法网”上线运行。

9 月 30 日 日本籍人士藤本道生获“上海市荣誉市民”称号，爱尔兰籍人士派特里克·莱特维奇等 10 人获“白玉兰荣誉奖”。

第七届中国国际版权博览会新闻发布会在苏州召开。
2018 安徽上市公司高质量发展论坛暨安徽上市公司发展报告发布会在合肥开幕。

十月

10 月 1 日 江苏省首届宁镇扬花卉节开幕。
2018 上音国际打击乐节开幕。
大型互动体验情景剧《梦回十七房》在宁波市首演。
国道 347 公路普济圩至枞阳段试通车。

10 月 2 日 江苏机器人标委会落户常州。

10 月 3 日 宝华山举办第三届国际民俗文化节。

10 月 4 日 进博会前首次全要素大彩排举行。

10 月 6 日 浙江省年产超百亿元特色小镇已有 10 个。

10 月 7 日 第十届中国曲艺牡丹奖颁奖系列活动新闻发布会在扬州举行。

10 月 8 日 2018 第九届环太湖国际公路自行车赛在无锡开幕。
上海市政府与中央广播电视总台在沪签署深化战略合作框架协议。
长江三角洲总部和上海总站在沪成立。
越剧《风乍起》再现温商精神，优秀剧目在杭州展演。
世界最大宣纸在安徽泾县抄制成功。

10 月 9 日 上海首张药品研发企业上市许可人营业执照发出。
温州 38 条举措推动民办教育改革。
“改革与创新”安徽论坛在合肥举行。
安徽省签署综合性国家科学中心及大科学装置科学研究联合基金框架协议。

10 月 10 日 江苏太仓市与上海嘉定区签署长三角地区省际公交对接战略协议。
2018“健康中国”发展大会在南京开幕。
2018 沪太协同发展推介会在沪举行。
由浙江省农业厅和省农科院共同筹建的浙江农艺师学院成立。
安徽省首届院士创新发展高峰论坛在合肥举行。
“剧荟江南——新时代长三角戏剧联合发展论坛”在上海召开。

10 月 11 日 2018 实体经济发展大会在无锡召开。
第十七届中国苏州电子信息博览会开幕。
上海市 2018 年老年节文艺晚会举行。
安徽省城乡环境卫生设施设备与固体废弃物处理技术博览会在合肥举办。

10 月 12 日 2018 世界智能制造大会在南京开幕。
长三角区域污染防治协作机制会议在上海召开。
台州市政府与浙江工业大学签订共建浙江工业大学台州研究院合作协议。
马鞍山(博望)机床暨刃模具博览会开幕。

10 月 13 日 第八届江苏省职业教育创新大赛展评会开幕。
统战史学术研讨会在上海举行。
浙江上虞举行王充思想学术研讨会。

10 月 14 日 民建江苏省九届六次常委会议在南京召开。

第二届"一带一路"与全球治理国际论坛在复旦大学开幕。
民建中央"工匠精神"论坛在合肥举办。

10月15日 江苏省政协系统联动民主监督推进会召开。
首届中国国际进口博览会"吨位"最大的展品——来自德国的"金牛座龙门铣"运至展馆。

10月16日 第十五届长三角科技论坛在合肥举行。
第十届苏浙沪皖知联会主题论坛在徐州举办。
第十六届上海软件贸易发展论坛开幕。
世界粮食日活动在杭州举行。
国内首台脉冲式电子顺磁共振波谱仪在皖问世。
安徽省第十四届运动会在蚌埠开幕。

10月17日 南京举办夕阳红歌会。
上海商标海外维权保护办公室挂牌成立。
宁波成立东西部扶贫协作指挥中心。
杭州调整迁移落户政策。
安徽省社会扶贫工作经验交流会议在合肥召开。

10月18日 人大代表与三农专家对接会在宁召开。
上海中小企业发展论坛举行。
"改革开放40年与马克思主义中国化"理论研讨会在上海召开。
国际标准化培训基地落户杭州。
农工党安徽省委举行成立60周年纪念大会。
安徽广电(县域)融媒体联盟成立。

10月19日 江苏省2018—2019年知识产权合作会商会议在南京召开。
第20届中国上海国际艺术节开幕。
浙江省首个"亲青帮"校园工作站在浙江大学揭牌成立。
皖北经济发展2018年会在阜阳召开。

10月20日 江苏省产学研专场对接洽谈会举行。
"习近平新时代中国特色社会主义思想与浦东开发开放——浦东论坛"在浦东新区区委党校举行。
第十四届中国科技政策与管理学术年会在沪举行。
2018中国(浙江)环保博览会在杭州举行。
世界传播论坛2018:一带一路与新闻传播学教育的跨文化交流暨上海大学新闻传播学院揭牌仪式举行。
首届中国—中东欧国家图书馆联盟馆长论坛在杭州举行。
2018年长三角地区机关党建工作研讨会在合肥召开。

10月21日 长江中下游大盾构技术峰会在南京召开。
电视剧《在远方》在杭州开机。
全国脱贫攻坚先进事迹巡回报告会在安徽金寨举行。

10月22日 2018国际生态环境新技术大会在南京开幕。
2018第五届上海军民两用技术促进大会在上海开幕。
十四届浙江省委第五次县委书记工作交流会召开。

安徽省委十届八次全体会议在合肥召开。

10 月 23 日 国际氢能与燃料电池汽车大会在如皋开幕。

第三届 2018 亚太邮轮大会在上海宝山拉开帷幕。

浙江省十三届人大常委会举行第六次会议。

长江三角洲检测机构发展与合作论坛第十七届年会在芜湖举行。

10 月 24 日 江苏省第六届残疾人职业技能竞赛在南京开幕。

上海市沪东、沪西地区人民检察院成立。

“2018 第二届浙江本土跨国公司成长论坛”在杭州举行。

浙江省部署深化平安浙江建设举措。

2018 首届声博会在合肥召开。

无人机高峰论坛在安徽滁州举行。

10 月 25 日 江苏省乡村振兴巾帼行动现场推进会在睢宁县举行。

2018 年青年企业家论坛在上海召开。

浙江省作家协会第九次代表大会在杭州召开。

安徽省中华职业教育社第六次代表大会在合肥召开。

10 月 26 日 航空复合材料产业基地落地张家港。

长三角学校少年宫发展联盟在上海成立。

浙江省政府与商务部在京签署合作协议。

第七届海峡两岸(马鞍山)电子信息博览会开幕。

10 月 27 日 2018 紫金文化艺术节落幕。

第三届江苏传媒发展论坛在南京大学举行。

上海市法学会第十一次会员代表大会召开。

2018 第四届杭州女子长跑赛在西湖边开跑。

安徽省媒体融合暨县级融媒体中心建设现场推进会在淮北召开。

第八届皖江地区历史文化研讨会在宣城召开。

10 月 28 日 第十届江苏省园博会总结会在扬州召开。

第十届上海宝山国际民间艺术节拉开帷幕。

中国宁波“一带一路”国家文化交流中心奠基。

安徽省中医药学会 2018 年学术年会暨黄山论坛在合肥举行。

10 月 29 日 江苏省三项目入围第五届中国法治政府奖。

中国车商高峰论坛在上海举行。

首届浙江慈善爱心榜发布暨优秀慈善微电影展播活动在杭州举行。

安徽省首个青少年网络素养教育基地揭牌。

“一带一路”循环经济产业联盟在合肥成立。

10 月 30 日 中国工程科技发展战略江苏研究院成立。

浦江创新论坛开幕。

第五届“西湖论善”论坛在杭州举行。

安徽省第七届残运会在蚌埠开幕。

10 月 31 日 第五个世界城市日中国主场活动在徐州举办。

第四届浙江戏剧奖·金桂表演奖在杭州举行。

安徽省综治工作标准化现场推进会召开。

十一月

11 月 1 日　2018 中国(南京)文化科技融合成果交易会开幕。
第九届民盟文化论坛在上海社会科学院开幕。
浙江省启动《反间谍法》宣传周。
第六届中国・合肥技工节举行。

11 月 2 日　“2018 医学免疫与临床应用高峰论坛”在南京开幕。
江苏省科技装备业商会在宁成立。
上海国际舞蹈中心首次全区域向市民开放参观。
浙江省政府与中国航空集团在杭州签署战略合作框架协议。
第四届浙江全民阅读节暨 2018 宁波书展・宁波读书节在宁波举行。
安徽省 7 件作品荣获第二十八届中国新闻奖。

11 月 3 日　第九届世界华语辩论锦标赛(江苏赛区)开幕。
“绿水青山待我还”台湾同胞抗日遗址遗迹摄影展在沪开幕。
第二届钱塘江论坛在杭州开幕。
第六届安徽文化论坛在淮北开幕。
皖台 MBA 教育论坛在合肥举行。

11 月 4 日　《钟山》创刊四十周年座谈会在宁召开。
南京马拉松开跑。
第四届中俄媒体论坛在上海举行。
第 11 届中国义乌国际森林产品博览会落下帷幕。
首届“安财(黄山)国际金融论坛”在黄山市举办。

11 月 5 日　无锡推出 21 项便民化改革措施。
首届中国国际进口博览会在上海开幕。
上海市政府与以色列科技部在沪签署关于开展科技合作的备忘录。
虹桥国际财经媒体和智库论坛在上海举行。
越南贸易促进局杭州贸易促进办公室揭牌仪式在上海举行。
首届中国国际进口博览会在国家会展中心(上海)开幕。

11 月 6 日　江苏省政协十二届四次常委会议在宁开幕。
第二届国际科创园区(上海)博览会海内外高端人才招聘会在上海新国际博览中心举办。
第五届世界互联网大会“互联网之光”博览会在乌镇开幕。
安徽省举办进口需求发布会暨合作交流恳谈会。

11 月 7 日　首届中欧创新合作峰会在宁举行。
亚欧地区服务贸易推介洽谈会在沪举行。
第五届世界互联网大会在浙江省乌镇开幕。
安徽省政府新闻办召开 2018 安徽省民营企业百强排序新闻发布会。

11 月 8 日　一站式进口服务平台落户南京。
2018 年产业国际竞争力合作论坛在上海举行。
第五届世界互联网大会“媒体变革与传播创新”论坛在乌镇举行。
安徽省剪纸艺术节暨阜阳市文博会开幕。

合肥—赫尔辛基中欧班列开通。

11 月 9 日 紫金京昆艺术群英会开幕。
2018 中国(南京)软件互联网创新创业大赛启动。
第七届中国国际石油贸易大会在上海举行。
宁波与“一带一路”国家贸易对接会在上海举行，宁波签下 12 亿美元进口大单。
安徽省首届地震科普大会举行。

11 月 10 日 第十六届苏州市民间艺术节开幕。
江苏首届研学旅行高峰论坛在宁举办。
上海市第十六届运动会举办闭幕式。
第 17 届中国·金华工业科技合作洽谈会拉开序幕。
“中国城市学年会·2018”在杭州举行。
2018 安徽百强企业发布会在合肥举行。

11 月 11 日 江苏省乡村振兴与城乡融合发展研讨会在南京举行。
连接上海金山区与浙江省嘉兴市的叶新公路新建工程开工。
浙江省新闻界庆祝中国记者节暨新闻奖颁奖报告会在杭州举行。
第十六届中国水论坛在黄山举办。

11 月 12 日 江苏省暨南京市各界人士拜谒中山陵。
“国际资管行业发展大会”在陆家嘴举行。
“长三角商会促进民营经济一体化发展——安徽行”举行。

11 月 13 日 外媒访苏活动启动仪式在南京举行。
2018 沪港合作与发展研讨会在上海召开。
浙江省“青春助力乡村振兴”专项行动现场推进会在丽水召开。
杭州启用“多规合一”平台。乡村振兴高层论坛在合肥举行。

11 月 14 日 轻纺与食品产业现代工程技术高层论坛在无锡举行。
上海社科界学术年会举行。
浙江省未成年人保护法治宣传教育活动启动。

11 月 15 日 全国新农民新技术创业创新论坛在宁举行。
“世博演艺资源开发利用活动”在上海启动。
中国(宁波)知识产权保护中心挂牌成立。
黄山旅游节暨安徽国际旅行商大会开幕。

11 月 16 日 全国农村集体产权制度改革试点推进会在南京召开。
中国国际旅游交易会在上海开幕。
第三届浙江省微电影奖在衢州举行。
世界“宁波帮·帮宁波”发展大会在宁波举行。
第十二届中国(合肥)国际家用电器暨消费电子博览会开幕。

11 月 17 日 第三届“南京论坛”在南京大学仙林校区开幕。
“刘少奇与新四军”研讨会在上海举行。
首届华侨进口商品博览会暨青田进口葡萄酒交易会在浙江青田开幕。

11 月 18 日 《江海学刊》创刊 60 周年座谈会在南京召开。
2018 上海国际马拉松赛开跑。
“青春放歌——上海大学生校园歌会”在复旦大学举办。

商合杭铁路控制性工程跨淮河特大桥成功合龙。

11 月 19 日 新华日报社常州分社成立。

上海市安全生产暨火灾防控会议召开。

首届联合国世界地理信息大会在湖州德清举行。

安徽省妇女第十三次代表大会在合肥开幕。

11 月 20 日 第十一届江苏省绿色建筑发展大会在南京召开。

民进华东六省一市第二十次工作研讨会在上海开幕。

浙江省首个纾困债投资项目落地台州。

安徽省十三届人大常委会第六次会议开幕。

11 月 21 日 南通百亿专项资金催生 5000 亿元地标产业。

上海市新型智库建设工作推进会举行。

浙江省区块链技术研究院在杭州揭牌。

浙江·贵州扶贫协作工作座谈会在杭州举行。

中安联合聚乙烯装置在安徽建成。

11 月 22 日 牛津大学研究院(苏州)揭幕。

上海市卫生系统青年人才高峰论坛举行。

第二届“中国—阿拉伯国家政党对话会”在杭州举行。

安徽省级机构改革人员转隶工作会议召开。

11 月 23 日 第四届江苏技能状元大赛总决赛开赛。

首届中国国际进口博览会上海城市保障总结表彰大会举行。

2018 浙江农业博览会举行。

上虞 17 个重大项目集中开工。

2018 海外侨胞故乡行巢湖侨创峰会在合肥举行。

11 月 24 日 长三角综合交通发展大会在南京召开。

上海市市级机关机构改革推进会举行。

浙江农业博览会在杭州举行。

长三角综合交通发展大会在南京召开。

首届安徽青少年体育嘉年华开幕。

11 月 25 日 首届长三角三省一市旅游协会联席会议在苏州召开。

2018 江苏乡村振兴百镇高峰论坛 2 在南京举行。

海外中青年代表人士主题交流活动在上海举行。

浙江省举行“2018 互联网法律大会·检察论坛”。

由安徽大学主办的“中拉合作研讨会”召开。

11 月 26 日 江苏省政府举行宪法宣誓仪式。

浦东新区政府与上海广播电视台举行区台战略合作签约仪式。

宁波、杭州入选“2018 中国最具幸福感城市”。

安徽省委省政府制定 30 条举措力促民营经济发展。

11 月 27 日 人民生活高质量主题论坛在南通举行。

上海市深化非公企业工会改革推进会召开。

浙沪省际天然气实现互联互通。

第二批 11 家安徽省级机构举行挂牌仪式。

11 月 28 日 徐州在沪签下总金额 34.8 亿元文化产业大单。
首届长三角科技交易博览会在上海举行。
首届长三角国际文化产业博览会在上海举行。
第十届长三角地区法院司法协作工作会议在上海举行。

11 月 29 日 《江苏省乡村振兴战略实施规划(2018—2022)》发布。
首届长三角国际文化产业博览会在上海开幕。

11 月 30 日 第二届紫金京昆艺术群英会在南京闭幕。
"2018 年首届长三角红色文化旅游论坛"在上海举行。
安徽省第五届工业设计大赛颁奖仪式在蚌埠市举行。
长三角红色文化旅游区域联盟成立。

十二月

12 月 1 日 第十三届江苏省"五星工程奖"颁奖仪式在南京举行。
第五届东北亚和平与发展论坛在上海开幕。
第二届浙江全民生态运动会在德清县举行。
"长三角文化金融合作论坛"在上海联合主办。

12 月 2 日 首届长三角国际文化产业博览会在上海举办。
安全知识竞赛总决赛在复旦大学举行。
安徽省危险化学品安全生产专题会议召开。

12 月 3 日 首届江南文脉论坛在无锡开幕。
2018 外交官与民营企业家交流活动在上海举行。
浙江省首个"宪法宣传周"启动。
首届江南文脉论坛在无锡开幕。
安徽省职工法律知识竞赛决赛在合肥举行。

12 月 4 日 江苏四项目入选国家工业遗产。
上海市宗教工作情况通报会召开。
安徽省学雷锋志愿服务工作推进会在马鞍山市召开。

12 月 5 日 全国人大监察和司法工作座谈会在南京召开。
江苏省妇女第十三次代表大会在南京开幕。
上海市干部教育培训工作会议召开。
安徽省首届志愿服务发展论坛举行。

12 月 6 日 2018 年江苏中小企业景气指数发布。
上海市政府举行第 29 批跨国公司地区总部和研发中心颁证仪式。
浙江(杭州)国际生物医药产业投资峰会在杭州召开。
安徽省港航发展暨省港航集团公司成立会议在合肥召开。

12 月 7 日 江苏省建百个技能大师工作室。
浙江省国有企业混合所有制改革项目推介会在杭州举行。
第三届中国大运河国际论坛在杭州举行。
沪苏浙皖共建长三角区域创新共同体。
安徽省十三届人大常委会公布五年立法规划。

12 月 8 日 江苏省第九次律师代表大会在南京开幕。

2018 健康上海一公共卫生发展论坛揭牌。
首届世界中医药科技大会在杭州举行。
第十三届安徽省大学生职业规划设计大赛在滁州市落幕。

12 月 9 日 淮海经济区协同发展座谈会在徐州召开。
2018 中国创新设计大会暨好设计颁奖仪式在宁波举行。
安徽省获中国工业大奖 4 个奖项。

12 月 10 日 第十二届新华高峰会南京举行。
上海市总工会部署送温暖活动。
浙江省出台“科技新政 50 条”。
江淮大众研发中心开工建设。

12 月 11 日 南京禄口机场南京南站城市候机楼试运行。
首届全球 IC 企业家大会暨第十六届中国国际半导体博览会在上海举行。
2018 年第十四届世界游泳锦标赛(25 米)开幕式在杭州举行。
安徽电信 IPTV 三方合作协议签署。

12 月 12 日 第六届中国一中亚合作论坛在扬州举行。
民盟上海市委庆祝改革开放 40 周年。
上海三联书店最大实体店在北京开业。
2018 中国浙江网上技术市场活动周在杭州开幕。
安徽巢湖综合治理攻坚战打响。

12 月 13 日 民革江苏省第十一届委员会第三次全体会议在南京开幕。
上海市委、市政府召开上海市农村综合帮扶工作推进会。
工业互联网标识解析国家顶级节点(上海)启动上线。
杭州、宁波等市获“国家公交都市建设示范城市”称号。
安徽老年远程教育推进会在合肥召开。

12 月 14 日 江苏省森林防火工作会议在溧阳举行。
上海法学法律人演讲赛举行。
第二届浙江 119 消防奖揭晓。
天地信息网络(安徽)研究院在合肥举行揭牌仪式。

12 月 15 日 民盟江苏省十二届三次全会在南京召开。
上海青少年国际交流中心成立。
2018 国际花园城市决赛上，衢州获得“国际花园城市”称号。
安徽省科学技术协会第十次代表大会在合肥开幕。

12 月 16 日 2019 年“我们的中国梦”——文化进万家活动在徐州启动。
首届长三角海归青年创新创意创业高峰会议在沪举行。
浙商书院在杭举行揭牌成立仪式。
安徽省加入首批国家自然科学基金区域创新发展联合基金。

12 月 17 日 无人驾驶电动巴士亮相南京。
上海市作家协会第十次会员大会开幕。
2018 年“浙江政协 · 崇学讲坛”第八讲在杭州举行。
安徽医科大学与北京航空航天大学合肥创新研究院正式签署合作协议。

12 月 18 日 民进江苏省十届三次全会在宁召开。

安全产业协同创新推进会在徐州举行。
农工党上海市委举行全体会议。
上海推进生活垃圾管理立法。
浙江省政协十二届五次常委会议在杭州举行。
安徽省庆祝改革开放40周年科技创新成果展在合肥开幕。

12月19日 民建江苏省九届三次全体(扩大)会议在南京召开。
民盟上海市委召开全委扩大会议。
浙江工匠培训学院在杭州成立。
民革安徽省十三届二次全委会议召开。
国轩高科科技创新大会在合肥举行。

12月20日 "长三角金融合作论坛暨2018浦东—南京金融对接交流会"在南京举行。
民建上海市委三次全会召开。
浙江省卫生健康委发布的移动端应用"浙江健康导航"平台上线。
安徽省级12348公共法律服务热线开通。

12月21日 长三角地区政协主席第二次联席会议在南京召开。
九三学社上海市委全体会议召开。
"上海市促进民营经济发展政策宣讲活动"举行。
2018浙江国际智慧交通产业博览会在杭州开幕。
安徽省宣传部长座谈会在合肥召开。

12月22日 江苏经济现代化发展研究院在南京成立。
2018上海国际导航产业与科技发展论坛在上海举行。
杭州首趟"城市大脑"数字旅游专线(杭州至桐庐)开通。
安徽省统一战线理论研究会第四次会员代表大会在合肥召开。

12月23日 江苏省综合交通运输学会(协会)在南京举行一届二次会员代表大会。
上海市庆祝改革开放40周年大会举行。

12月24日 南京市四地获评国家生态文明建设示范市县。
上海市人民政府与中国太平保险集团有限责任公司签署战略合作协议。
浙江省地质科技创新创业园在杭州开园。
安徽省庆祝改革开放40周年科技创新成果展举行。

12月25日 "淮海战役精神深刻内涵和时代价值"研讨会在徐州举行。
上海市统一战线(工作)先进集体和先进个人表彰大会举行。
农工党浙江省委会十二届三次全会在杭州召开。
黄山至杭州高铁开通运营。

12月26日 智慧商贸发展高峰会在宁举办。
上海市庆祝改革开放40周年理论研讨会举行。
2018浙江省民生公益峰会在杭州举行。
中科院宁波材料所杭州湾研究院揭牌。
安徽省法官检察官惩戒委员会成立。
安徽省音协、曲协、摄协召开代表大会。

12月27日 九三学社江苏省委八届三次全会在南京召开。
民进浙江省委会十届三次全会在杭州召开。

安徽省举行 2019 新年音乐会。

12 月 28 日　致公党江苏省委六届三次全会召开。

上海市第十一届委员会召开第六次全体会议。

浙江改革开放 40 周年理论研讨会在杭州举行。

第二届粤港澳大湾区徽商峰会举行。

12 月 29 日　江苏赴京举办人才项目“四对接”活动。

长三角协同优势产业基金在上海成立。

首届全国智能体育大赛总决赛在杭州举行开幕式。

“股债结合助力科创”活动在合肥举行。

民建安徽省委召开九届三次全委扩大会议。

12 月 30 日　扬子江药业荣膺 5 项全国同行业第一。

浙商 2018 年会暨 2018 浙商温暖者大会在杭州举行。

第五届安徽省动漫大赛颁奖典礼举行。

12 月 31 日　《大运之河》MV 在扬州首发。

上海举行新年音乐会。

安徽名优农产品暨农业产业化交易会在上海举行。

图书在版编目(CIP)数据

长三角年鉴. 2019 / 孙克强主编. — 南京 : 河海大学出版社，2020. 9

ISBN 978-7-5630-6475-5

Ⅰ. ①长… Ⅱ. ①孙… Ⅲ. ①长江三角洲－2019－年鉴 Ⅳ. ①Z525

中国版本图书馆 CIP 数据核字(2020)第 177380 号

书　　名 / 长三角年鉴(2019)
　　　　　CHANGSANJIAO NIANJIAN(2019)
书　　号 / ISBN 978-7-5630-6475-5
主　　编 / 孙克强
主　　办 / 长三角与长江经济带研究中心/ 长江经济网
协　　办 / 长三角城市经济协调会办公室/ 南京大学文化产业发展研究院
责任监制 / 蔡荣治
通讯地址 / 南京市建邺路 168 号　　邮政编码:210004
编辑部电话 / (025)83734866
网　　址 / www. yangtze. org. cn

出　　版 / 河海大学出版社
地　　址 / 南京市西康路 1 号(邮编:210098)
电　　话 / (025)83737852(总编室)　(025)83722833(发行部)
网　　址 / http://www. hhup. com
电子信箱 / hhup@hhu. edu. cn
责任编辑 / 毛积孝　彭志诚
特约校对 / 董　瑞　黎　红
装帧设计 / 段　伟

总 经 销 / 河海大学出版社发行部
经　　销 / 江苏省新华发行集团有限公司
读者服务 / 邮购部(025)83722833
印　　刷 / 南京文博印刷厂

开　　本 / 880 毫米×1230 毫米　1/16
印　　张 / 71. 75
插　　页 / 20
字　　数 / 2205 千字
版　　次 / 2020 年 9 月第 1 版
印　　次 / 2020 年 9 月第 1 次印刷
定　　价 / 580. 00 元(精装)